Zeller/Stöber
Zwangsversteigerungsgesetz

Beck'sche Kurz-Kommentare

Band 12

Zeller/Stöber

Zwangsversteigerungsgesetz

**Kommentar zum ZVG
der Bundesrepublik Deutschland mit einem Anhang
einschlägiger Texte und Tabellen**

von

Kurt Stöber

Regierungsdirektor a. D.
Rothenburg ob der Tauber

15., völlig neubearbeitete Auflage
des von Dr. Friedrich Zeller von der 6. bis zur 10. Auflage
bearbeiteten Werks

C. H. BECK'SCHE VERLAGSBUCHHANDLUNG
MÜNCHEN 1996

Wilhelmi, ZVG, 1. Auflage 1934
Wilhelmi, ZVG, 2. Auflage 1937
bearbeitet von Dr. Walter Wilhelmi

Wilhelmi-Vogel, ZVG 3. Auflage 1952
Wilhelmi-Vogel, ZVG, 4. Auflage 1956
Wilhelmi-Vogel, ZVG, 5. Auflage 1959
bearbeitet von Dr. Hermann Vogel

Wilhelmi-Vogel-Zeller, ZVG, 6. Auflage 1965
bearbeitet von Dr. Friedrich Zeller

Zeller, ZVG, 7. Auflage 1967
Zeller, ZVG, 8. Auflage 1971
Zeller, ZVG, 9. Auflage 1974
Zeller, ZVG, 10 Auflage 1979
bearbeitet von Dr. Friedrich Zeller

Zeller, ZVG, 11. Auflage 1983
bearbeitet von Kurt Stöber

Zeller/Stöber, ZVG, 12. Auflage 1987
Zeller/Stöber, ZVG, 13. Auflage 1989
Zeller/Stöber, ZVG, 14. Auflage 1993
bearbeitet von Kurt Stöber

Die Deutsche Bibliothek – CIP-Einheitsaufnahme

Zeller, Friedrich:
Zwangsversteigerungsgesetz : Kommentar zum ZVG der Bundesrepublik Deutschland mit einem Anhang einschlägiger Texte und Tabellen / Zeller/Stöber. Von Kurt Stöber. – 15., völlig neubearb. Aufl. des von Friedrich Zeller von der 6. bis zur 10. Aufl. bearb. Werks. – München : Beck, 1996
 (Beck'sche Kurz-Kommentare; Bd. 12)
 ISBN 3 406 41071 5
NE: Stöber, Kurt [Bearb.]; GT

ISBN 3 406 41071 5

© 1996 C.H.Beck'sche Verlagsbuchhandlung (Oscar Beck), München
Druck der C.H. Beck'schen Buchdruckerei Nördlingen
Gedruckt auf säurefreiem, alterungsbeständigem Papier
(hergestellt aus chlorfrei gebleichtem Zellstoff)

Vorwort

Einzelfragen und Besonderheiten des Immobiliarvollstreckungs- und Grundstücksrechts haben Rechtspraxis, Rechtsprechung und Schrifttum seit Erscheinen der Vorauflage wiederum in überreichem Maße beschäftigt. Sie haben neuerlich eine weitgehende Überarbeitung und Vertiefung wesentlicher Teile des Buchinhalts erfordert. Daß die dadurch bedingte Inhaltserweiterung sich nicht in einem vermehrten Seitenumfang des Bandes erkennbar macht, bewirken das geänderte Buchformat und die neu gestalteten Hinweise auf Rechtsprechung sowie Schrifttum in Fußnoten. Der Kommentar ist damit zugleich noch handlicher und übersichtlicher geworden.

Neu zu erläutern war § 9 a EGZVG, der ab 1. Januar 1997 die Zwangsversteigerungsfähigkeit bebauter Grundstücke im Beitrittsgebiet sicherstellen soll. Wegen der Bedeutung dieser Regelung über Beschlagnahme- und Versteigerungsumfang bebauter Grundstücke und des grundlegenden § 9 über das Bestehenbleiben eines nachrangigen Altenteils (Leibgedings) ist das Einführungsgesetz nun selbständig kommentiert. Das bewährte ZVG hat der Gesetzgeber durch Einfügung der § 145 a und § 158 a über Grundpfandrechte in ausländischer Währung nur geringfügig ergänzt; Bedeutung konnten diese Bestimmungen noch nicht erlangen. Der neue Satz 2 des § 52 Abs. 2 über das Bestehenbleiben der (versteigerungsfesten) Erbbauzinsreallast indes wird die Praxis alsbald sicher nachhaltig beschäftigen; in der neu gestalteten Darstellung über die Reallast für den Erbbauzins finden die erkennbaren Probleme ihren Niederschlag. Bereits wiedergegeben sind auch die ab 1. Janaur 1999 durch das EGInsO eingefügten neuen Vorschriften und Änderungen des ZVG. Auf das (anstehende) Gesetz zur Abschaffung der Gerichtsferien konnte noch hingewiesen werden.

Als weitere Schwerpunkte der Neubearbeitung zu nennen sind die neu gestaltete Kommentierung des § 27 über die Zulassung des Beitritts, die Behandlung der geänderten Gerichtskostenvorschriften sowie die Erläuterungen zum Verfahren nach ZwV-Unterwerfung durch einen Bevollmächtigten, zur Mehrwertsteuer bei Lieferung eines Grundstücks im Zwangsversteigerungsverfahren und zur dinglichen Wiedervollstreckung vor Eintragung des Erstehers und der Sicherungshypothek.

Bei Zwangsversteigerung und Zwangsverwaltung ergeben sich mit dem Zusammentreffen von Vollstreckungsverfahrens- und Grundstücksrecht vielfältige Rechtsfragen, mannigfache Besonderheiten und vielerlei Schwierigkeiten. Schwerwiegende Auswirkungen haben Grundstücksversteigerungsverfahren für alle Beteiligte. Jedem Erwerbsinteressenten stellen sich bei dem Bestreben, ein Grundstück oder anderes Objekt bei Zwangsversteigerung „günstig" (was das immer auch sein mag) zu erwerben, vielerlei Erwägungen zur Sicherung und Wahrung seiner Belange. Immobiliarvollstreckungsrecht kommt damit von jeher eine Sonderstellung zu. Der Praxis auf diesem Rechtsgebiet rasche Orientierung zu bieten und zuverlässige Aussage zu geben, ist unverändert Anliegen dieses Erläuterungsbuchs.

Die Gesetzgebung des Bundes ist bis 15. Aug. 1996 berücksichtigt. Rechtsprechung und Schrifttum sowie die wesentliche Gesetzgebung der Länder sind bis Frühsommer 1996 erfaßt.

Für Anregungen und Hinweise schulde ich besonderen Dank. Nach wie vor nehme ich sie gerne entgegen.

Vorwort

Dankbar bin ich den Landesjustizverwaltungen für Hinweise zur Kontrolle und auch zur weiteren Erfassung der Vorschriften über zentrale Versteigerungsgerichte und der im Anhang abgedruckten landesrechtlichen Bestimmungen.

Rothenburg ob der Tauber, im August 1996   Kurt Stöber

Aus dem Vorwort zur 10. Auflage

1. Diese 10. Auflage des ZVG-Kommentars erscheint im neuen Format der Beck'schen Kurzkommentare und in vollständiger Neubearbeitung. Die seit der 6. Auflage eingeführten Besonderheiten dieses Buches in Einteilung und Darstellung sind beibehalten und ausgebaut. . . .
2. Das Buch ist das Ergebnis der Lebensarbeit des Verfassers. Es verwertet die Berufserfahrungen als Rechtsanwalt und als langjähriger Vollstreckungsrichter, auch als Leiter des Registergerichts München und des Konkurs- und Vollstreckungsgerichts München, verbunden mit Anregungen aus langjähriger Unterrichtstätigkeit an der Universität und bei der praktischen Aus- und Fortbildung der Studenten, Referendare und Rechtspfleger. Verarbeitet sind darum auch Anliegen von Anwälten und Fragen des Handels- und Registerrechts. Fast alles ist selbst „ausprobiert". . . .
3. Der Erläuterungsstoff ist weiterhin nach Stichworten alphabetisch geordnet, um lange Überlegungen über die Gliederung zu ersparen . . . Die Erläuterungen selbst, auch diejenigen zum ZVG-Einführungsgesetz und zu den anderen Texten, sind ohne Vor- und Zwischenbemerkungen bei den dazu sachlich gehörenden ZVG-Paragraphen eingeordnet, um mehrfaches Nachschlagen zu vermeiden. . . .
4. . . . 5. . . . Muster, Beispiele und Fälle aus der Praxis sollen der Praxis dienen. Dabei wird der Kommentar durch das Handbuch ergänzt, auf das immer wieder verwiesen wird. Vieles muß in beiden Büchern behandelt werden, vieles findet sich von der Zweckbestimmung her nur in dem einen oder anderen der beiden. Der Kommentar muß sich nach dem Aufbau des Gesetzes richten und auch theoretische Überlegungen anstellen. Das Handbuch bringt, von Mustern und Beispielen ausgehend, den natürlichen Verfahrensablauf. Beide zusammen sollen durch ein schwieriges Spezialgebiet mit unterschiedlichen und wechselnden Ansichten von Schrifttum und Rechtsprechung führen. . . .
6. Obwohl die Immobiliarvollstreckung und andere wichtige Rechtsgebiete in der Hand des Rechtspflegers liegen, hat der Gesetzgeber diesen bisher nicht unmittelbar in ZPO und ZVG eingebaut, sondern als Ausnahme vom Richter-Verfahren gestaltet. Dies macht es häufig nötig, erst das Ausnahmeverfahren des Richters und auf ihm aufbauend das Regelverfahren des Rechtspflegers darzustellen.
7. . . . 8. Alle Zitate aus Rechtsprechung und Schrifttum stehen in Fußnoten, die ihrerseits keine sachlichen Erläuterungen enthalten, um den Lesefluß nicht zu stören. . . .

München, Februar 1979   Dr. Zeller

Inhalt

Abkürzungen XV
Schrifttum XIX

Kommentar
Gesetz über die Zwangsversteigerung und die Zwangsverwaltung

Einleitung
I. Grundstücksvollstreckung als Verfahrensrecht 1
II. Immobiliarvollstreckung (ZPO §§ 864–871) 7
III. Maßnahmen des Zwangsvollstreckungsverfahrens und ZPO-Verfahrensrecht; Verfahrensgrundsätze 18
IV. Schuldnerschutz nach ZPO § 765 a 70
V. Zwangshypothek (ZPO §§ 866, 867) 92
VI. Zwangsvollstreckung und Kostenrecht 119

Erster Abschnitt. Zwangsversteigerung und Zwangsverwaltung von Grundstücken im Wege der Zwangsvollstreckung [§§ 1–161]

Erster Titel. Allgemeine Vorschriften [§§ 1–14]

§ 1 [Zuständiges Amtsgericht – Vollstreckungsgericht] 151
§ 2 [Bestimmung des zuständigen Gerichts] 154
§ 3 [Zustellungen von Amts wegen] 160
§ 4 [Zustellung durch Aufgabe zur Post] 164
§ 5 [Zustellungsbevollmächtigter beim Grundbuchamt] 167
§ 6 [Bestellung eines Zustellungsvertreters] 168
§ 7 [Aufgaben und Vergütung des Zustellungsvertreters] 171
§ 8 [Zustellung des Anordnungs- und Beitrittsbeschlusses] 174
§ 9 [Beteiligte] 175
§ 10 [Rangordnung der Rechte] 185
§ 11 [Rangfolge in derselben Rangklasse] 212
§ 12 [Rangfolge von Haupt- und Nebenansprüchen] 216
§ 13 [Laufende Beträge wiederkehrender Leistungen] 221
§ 14 [Ansprüche von unbestimmtem Betrag] 227

Zweiter Titel. Zwangsversteigerung [§§ 15–145]

I. Anordnung der Versteigerung [§§ 15–27]
§ 15 [Anordnungsbeschluß] 230
§ 16 [Inhalt des Antrags] 334
§ 17 [Voraussetzungen der Anordnung] 340
§ 18 [Verbindung mehrerer Verfahren] 347
§ 19 [Grundbucheintragung, Mitteilungen des Grundbuchamts] ... 352
§ 20 [Beschlagnahmebeschluß, Beschlagnahmeumfang] 361
§ 21 [Umfang der Beschlagnahme: Besonderheiten] 373
§ 22 [Wirksamwerden der Beschlagnahme, Zahlungsverbot] 376

Inhalt

§ 23	[Wirkung der Beschlagnahme]	380
§ 24	[Verwaltung und Benutzung durch den Schuldner]	388
§ 25	[Sicherung der ordnungsmäßigen Bewirtschaftung]	389
§ 26	[Veräußerung nach der Beschlagnahme]	393
§ 27	[Beitrittsbeschluß]	396

II. Aufhebung und einstweilige Einstellung des Verfahrens [§§ 28–34]

§ 28	[Entgegenstehende grundbuchmäßige Rechte]	405
§ 29	[Rücknahme des Antrags]	420
§ 30	[Einstweilige Einstellung auf Bewilligung des Gläubigers]	424
§ 30a	[Einstweilige Einstellung auf Antrag des Schuldners]	434
§ 30b	[Antrag, Belehrung, Entscheidung, Rechtsmittel]	443
§ 30c	[Einstweilige Einstellung auf Konkursverwalterantrag]	458
§ 30d	[Erneute einstweilige Einstellung auf Antrag]	468

Ab. 1. 1. 1999:

§§ 30d–f	[Einstellung nach Eröffnung des Insolvenzverfahrens]	476, 477
§ 31	[Fortsetzung des eingestellten Verfahrens]	477
§ 32	[Zustellung der Einstellungs- und Aufhebungsbeschlüsse]	488
§ 33	[Einstellung oder Aufhebung durch Versagung des Zuschlags]	489
§ 34	[Löschung des Versteigerungsvermerks bei Aufhebung]	494

III. Bestimmung des Versteigerungstermins [§§ 35–43]

§ 35	[Versteigerungsgericht]	495
§ 36	[Zeit und Ort des Versteigerungstermins]	497
§ 37	[Mußinhalt der Terminsbestimmung]	501
§ 38	[Sollinhalt der Terminsbestimmung]	511
§ 39	[Bekanntmachung der Terminsbestimmung im Amtsblatt]	513
§ 40	[Anheftung an Gerichtstafel, sonstige Veröffentlichung]	516
§ 41	[Zustellung der Terminsbestimmung, Mitteilungen]	518
§ 42	[Akteneinsicht]	522
§ 43	[Bekanntmachungs- und Zustellungsfristen]	524

IV. Geringstes Gebot. Versteigerungsbedingungen [§§ 44–65]

§ 44	[Begriff des geringsten Gebots, Deckungsgrundsatz]	531
§ 45	[Berücksichtigung im geringsten Gebot]	550
§ 46	[Wert wiederkehrender Naturalleistungen]	560
§ 47	[Berechnungszeit wiederkehrender Leistungen]	562
§ 48	[Bedingte Rechte, Vormerkung, Widerspruch]	564
§ 49	[Bargebot]	567
§ 50	[Zuzahlung für nichtbestehendes Grundpfandrecht]	574
§ 51	[Zuzahlung für nichtbestehendes sonstiges Recht]	579
§ 52	[Bestehenbleibende Rechte]	588
§ 53	[Schuldübernahme bei Grundpfandrechten]	600
§ 54	[Fälligkeit der bestehenbleibenden Grundpfandrechte]	603
§ 55	[Gegenstand der Versteigerung, Zubehör]	606
§ 56	[Gefahrübergang, Nutzungen, Lasten, Mängelgewähr]	615
§ 57	[Rechte und Pflichten aus einem Miet-(Pacht-)Vertrag]	623
§ 57a	[Sonderkündigungsrecht gegenüber dem Mieter (Pächter)]	630
§ 57b	[Vorausverfügung, Rechtsgeschäft über Miet-(Pacht-)Zins]	638
§ 57c	[Beschränkung des Sonderkündigungsrechts]	648
§ 57d	[Ermittlung/Aufforderung der Mieter (Pächter), Anmeldung]	656
§ 58	[Zuschlagskosten]	659
§ 59	[Abweichung bei geringstem Gebot und Versteigerungsbedingungen]	661
§ 60, 61	[aufgehoben]	673
§ 62	[Vorbereitende Erörterungen, Vortermin]	673
§ 63	[Einzel-, Gruppen- und Gesamtausgebot]	675

Inhalt

| § 64 | [Verteilung eines vorgehenden Gesamtgrundpfandrechts] | 684 |
| § 65 | [Abgesonderte Versteigerung, anderweitige Verwertung] | 694 |

V. Versteigerung [§§ 66–78]

§ 66	[Versteigerungstermin bis zur Bietstunde]	697
§ 67	[Verlangen nach Sicherheitsleistung]	715
§ 68	[Höhe der Sicherheitsleistung]	719
§ 69	[Art der Sicherheitsleistung]	721
§ 70	[Entscheidung über die Sicherheitsleistung]	726
§ 71	[Behandlung unwirksamer Gebote]	731
§ 72	[Erlöschen der Gebote, Übergebot]	752
§ 73	[Bietstunde]	756
§ 74	[Verhandlung über den Zuschlag]	760
§ 74 a	[Wertfestsetzung, Mindestgebot]	761
§ 74 b	[Ausnahme von § 74 a]	796
§ 75	[Einstweilige Einstellung wegen Zahlung im Termin]	798
§ 76	[Einstweilige Einstellung nach Deckung aus Einzelgebot]	801
§ 77	[Ergebnisloser Termin, Fortsetzung als Zwangsverwaltung]	803
§ 78	[Feststellungen im Protokoll]	808

VI. Entscheidung über den Zuschlag [§§ 79–94]

§ 79	[Keine Bindung an Vorentscheidungen]	812
§ 80	[Nicht protokollierte Terminsvorgänge]	814
§ 81	[Zuschlagsberechtigte: Meistbietender, Zessionar, Vollmachtgeber]	815
§ 82	[Wesentlicher Inhalt des Zuschlagsbeschlusses]	833
§ 83	[Zuschlagversagungsgründe]	836
§ 84	[Heilung von Verfahrensmängeln des § 83]	842
§ 85	[Antrag auf Zuschlagsversagung mit neuer Versteigerung]	844
§ 85 a	[Zuschlagsversagung bei Meistgebot unter 50%]	848
§ 86	[Wirkung der Zuschlagsversagung]	859
§ 87	[Verkündung der Zuschlagsentscheidung]	861
§ 88	[Zustellung des Zuschlagsbeschlusses]	865
§ 89	[Wirksamwerden des Zuschlags]	867
§ 90	[Eigentumserwerb durch Zuschlag]	868
§ 91	[Erlöschen von Rechten, Liegenbelassungsvereinbarung]	873
§ 92	[Wertersatz für erlöschende Rechte]	886
§ 93	[Zuschlagsbeschluß als Vollstreckungstitel]	905
§ 94	[Gerichtliche Verwaltung für Rechnung des Erstehers]	913

VII. Beschwerde [§§ 95–104]

§ 95	[Zulässigkeit der Beschwerde vor Zuschlagsentscheidung]	916
§ 96	[Anzuwendende Vorschriften für Beschwerde gegen Zuschlag]	924
§ 97	[Beschwerdeberechtigte bei Zuschlagsentscheidung]	929
§ 98	[Beginn der Beschwerdefrist bei Zuschlagsentscheidung]	932
§ 99	[Beschwerdegegner, mehrere Beschwerden gegen Zuschlag]	935
§ 100	[Zulässige Beschwerdegründe gegen Zuschlagsentscheidung]	937
§ 101	[Zuschlagsentscheidung auf erste und weitere Beschwerde]	941
§ 102	[Zusätzliche weitere Beschwerde nach Erlösverteilung]	943
§ 103	[Zustellung der Beschwerdeentscheidung]	944
§ 104	[Wirksamwerden der Zuschlagserteilung in der Beschwerde]	945

VIII. Verteilung des Erlöses [§§ 105–145]

§ 105	[Bestimmung und Bekanntmachung des Verteilungstermins]	945
§ 106	[Vorbereitende Anmeldungen, vorläufiger Teilungsplan]	950
§ 107	[Feststellung der Teilungsmasse]	950
§ 108	[Verwertung der Sicherheit]	953

Inhalt

§ 109 [Verfahrenskosten, Verteilung des Überschusses] 955
§ 110 [Zurücksetzung nicht rechtzeitig angemeldeter Rechte] 956
§ 111 [Betagte Ansprüche, Abzug von Zwischenzins] 958
§ 112 [Verteilung des Erlöses beim Gesamtausgebot] 960
§ 113 [Aufstellung des Teilungsplans] 966
§ 114 [Aufnahme in Teilungsplan nach Grundbuch oder Anmeldung] 971
§ 114 a [Erweiterte Befriedigung des Erstehers] 1018
§ 115 [Verhandlung über den Teilungsplan, Widerspruch] 1030
§ 116 [Aussetzung des Teilungsplans bis zur Rechtskraft des Zuschlags] 1043
§ 117 [Ausführung des Teilungsplans bei Bargebotszahlung] 1044
§ 118 [Ausführung des Teilungsplans bei Nichtzahlung] 1054
§ 119 [Hilfsverteilung bei bedingten Ansprüchen] 1063
§ 120 [Ausführung des Teilungsplans bei bedingten Ansprüchen] 1066
§ 121 [Zuteilung auf Ersatzansprüche nach § 92 Abs 2] 1068
§ 122 [Verteilung des Erlöses auf Gesamtrecht] 1072
§ 123 [Hilfsverteilung bei Forderungsübertragung auf Gesamtrecht] 1075
§ 124 [Hilfsverteilung bei Widerspruch und im Falle des § 115 Abs 4] 1077
§ 125 [Zuteilung der Zuzahlungen nach §§ 50, 51] 1080
§ 126 [Unbekannter Berechtigter: Hilfsverteilung, Hinterlegung] 1087
§ 127 [Grundpfandrechtsbriefe und Vollstreckungstitel] 1090
§ 128 [Sicherungshypothek für Forderungen und Übererlös] 1092
§ 129 [Beschränkte Geltendmachung der Sicherungshypotheken] 1101
§ 130 [Eintragungs- und Löschungsersuchen] 1104
§ 130 a [Löschungsanspruch im Eintragungsersuchen] 1116
§ 131 [Vorlegung der Grundpfandrechtsbriefe nicht nötig] 1123
§ 132 [Vollstreckbarkeit der übertragenen Forderung] 1123
§ 133 [Wiedervollstreckung] 1126
§ 134 [aufgehoben] 1132
§ 135 [Vertreter zur Ermittlung des unbekannten Berechtigten] 1132
§ 136 [Kraftloserklärung von Grundpfandrechtsbriefen] 1133
§ 137 [Nachträgliche Ermittlung des Berechtigten] 1134
§ 138 [Ermächtigung zum Aufgebot des unbekannten Berechtigten] 1136
§ 139 [Termin bei nachträglicher Ermittlung des Berechtigten] 1137
§ 140 [Aufgebotsverfahren zur Ausschließung des Berechtigten] 1138
§ 141 [Termin nach Erlaß des Ausschlußurteils] 1139
§ 142 [Erlöschen der Rechte auf den hinterlegten Betrag] 1140
§ 143 [Außergerichtliche Einigung über die Erlösverteilung] 1141
§ 144 [Außergerichtliche Befriedigung der Berechtigten] 1144
§ 145 [Anzuwendende Vorschriften im Falle der §§ 143, 144] 1147

IX. Grundpfandrechte in ausländischer Währung [§ 145 a]

§ 145 a [Ausländische Währung bei Zwangsversteigerung] 1148

Dritter Titel. Zwangsverwaltung [§§ 146–161]

§ 146 [Anzuwendende Vorschriften, Mitteilung an die Beteiligten] 1149
§ 147 [Zwangsverwaltung gegen den Eigenbesitzer] 1166
§ 148 [Umfang der Beschlagnahme, Verwaltung und Benutzung] 1169
§ 149 [Wohnrecht und Unterhalt des Schuldners] 1172
§ 150 [Bestellung des Zwangsverwalters, Übergabe des Grundstücks] 1179
§ 150 a [Instituts-Zwangsverwalter] 1183
§ 150 b [Schuldner als Zwangsverwalter] 1186
§ 150 c [Aufsichtsperson für den Schuldner-Zwangsverwalter] 1189
§ 150 d [Beschränktes Verfügungsrecht des Schuldner-Verwalters] 1192
§ 150 e [Vergütung des Schuldner-Zwangsverwalters] 1193
§ 151 [Wirksamwerden der Beschlagnahme, Zahlungsverbot] 1195

Inhalt

§ 152 [Aufgaben des Zwangsverwalters, Miet- und Pachtverträge] 1196
§ 152a [Rechtsverordnung über Geschäftsführung und Vergütung] 1226
§ 153 [Vollstreckungsgericht und Zwangsverwalter] 1231
§ 153a [Entgelt für Ernährung der Tiere des Schuldners] 1239
Ab. 1. 1. 1999:
§§ 153b, c [Einstellung nach Eröffnung des Insolvenzverfahrens] 1239, 1240
§ 154 [Verantwortlichkeit und Rechnungslegung] 1240
§ 155 [Die zu berücksichtigenden Ansprüche] 1245
§ 156 [Öffentliche Lasten, Verteilungstermin, Teilungsplan] 1256
§ 157 [Planausführung und Ergänzung, unbekannte Berechtigte] 1263
§ 158 [Termin für Zahlungen auf das Kapital von Grundpfandrechten] 1266
§ 158a [Ausländische Währung bei Zwangsverwaltung] 1268
§ 159 [Klage auf Abänderung des Teilungsplans] 1268
§ 160 [Außergerichtliche Verteilung] 1269
§ 161 [Aufhebung der Zwangsverwaltung] 1270

**Zweiter Abschnitt. Zwangsversteigerung von Schiffen,
Schiffsbauwerken und Luftfahrzeugen im Wege der
Zwangsvollstreckung [§§ 162–171 n]**

**Erster Titel. Zwangsversteigerung von Schiffen und
Schiffsbauwerken [§§ 162–171]**

§ 162 [Anzuwendende Vorschriften] 1280
§ 163 [Zuständiges Vollstreckungsgericht, weitere Beteiligte] 1287
§ 164 [Antragsvoraussetzungen] 1288
§ 165 [Bewachung und Verwahrung des Schiffes, Treuhandschaft, zusätzliches Wirksamwerden der Beschlagnahme] 1289
§ 166 [Beschlagnahme gegen Schiffer, Schiffer als Beteiligter] 1294
§ 167 [Besonderheiten zur Terminsbestimmung] 1294
§ 168 [Bekanntmachung der Terminsbestimmung] 1295
§ 168a [aufgehoben] 1296
§ 168b [Anmeldung beim Registergericht vor Terminsbekanntmachung] .. 1296
§ 168c [Schiffshypothek in ausländischer Währung] 1297
§ 169 [Miet- und Pachtzins, Schiffshypothek gegen Ersteher] 1298
§ 169a [Wertfestsetzung und Zuschlagsversagung bei Seeschiff] 1299
§ 170 [Bewachung und Verwahrung des versteigerten Schiffes] 1299
§ 170a [Zwangsversteigerung eines Schiffsbauwerks] 1300
§ 171 [Zwangsversteigerung ausländischer Schiffe] 1301

**Zweiter Titel. Zwangsversteigerung von Luftfahrzeugen
[§§ 171 a–171 n]**

§ 171a [Anzuwendende Vorschriften] 1304
§ 171b [Zuständiges Amtsgericht – Vollstreckungsgericht] 1306
§ 171c [Antrag und Anordnung, Bewachung und Verwahrung, Treuhandschaft, Beschlagnahme] 1307
§ 171d [Besonderheiten zur Terminsbestimmung] 1308
§ 171e [Registerpfandrechte in ausländischer Währung] 1309
§ 171f [Miet- und Pachtzins, Registerpfandrecht gegen Ersteher] 1310
§ 171g [Bewachung und Verwahrung des versteigerten Luftfahrzeugs] 1310
§ 171h [Zwangsversteigerung ausländischer Luftfahrzeuge] 1310
§ 171i [Rangklasse 3 und 4 bei ausländischen Luftfahrzeugen] 1311
§ 171k [Veräußerung und Belastung ausländischer Luftfahrzeuge nach der Beschlagnahme] 1311

Inhalt

§ 171 l [Benachrichtigung der ausländischen Registerbehörde und Beteiligten, öffentliche Bekanntmachung im Ausland].................................. 1312
§ 171 m [Beschwerde gegen Zuschlag ausländischer Luftfahrzeuge]................ 1313
§ 171 n [Wertersatz für Mietrecht an ausländischem Luftfahrzeug] 1314

Dritter Abschnitt. Zwangsversteigerung und Zwangsverwaltung in besonderen Fällen [§§ 172–185]

§ 172 [Versteigerung und Verwaltung auf Konkursverwalterantrag]............. 1314
§ 173 [Beschlagnahmewirkung nur im Sinne von ZVG §§ 13, 55]............... 1324
§ 174 [Abweichendes geringstes Gebot, Doppelausgebot]............................ 1326
Ab. 1. 1. 1999:
§ 174 a [Geringster Gebot nach Antrag der Insolvenzverwalters] 1329
§ 175 [Zwangsversteigerung auf Antrag des Erben]..................................... 1329
§ 176 [Anzuwendende Vorschriften nach Antrag des Erben] 1330
§ 177 [Glaubhaftmachung bei Versteigerung auf Erbenantrag] 1333
§ 178 [Einfluß des Nachlaßkonkurses bei Antrag des Erben]........................ 1334
§ 179 [Ausschluß des Nachlaßgläubigers vom übrigen Nachlaß] 1335
§ 180 [Teilungsversteigerung, anzuwendende Vorschriften, Einstellung]....... 1336
§ 181 [Voraussetzungen für Antrag auf Teilungsversteigerung] 1402
§ 182 [Geringstes Gebot und Ausgleichsbetrag]... 1407
§ 183 [Kein Sonderkündigungsrecht für Miet- und Pachtverträge] 1421
§ 184 [Sicherheitsleistung der Miteigentümer]... 1422
§ 185 [Zuweisung eines landwirtschaftlichen Betriebs] 1424

Einführungsgesetz zu dem Gesetz über die Zwangsversteigerung und die Zwangsverwaltung

§ 1 [Inkrafttreten des ZVG; allgemeine Vorschriften]............................... 1427
§ 2 [Fortgeltung des Landesrechts allgemein] 1428
§ 3 [Landesgesetzliche Entschädigungsansprüche].................................... 1428
§ 4 [Rang öffentlicher Lasten] 1428
§ 5 [Katasterauszug]... 1429
§ 6 [Zusätzlicher Inhalt der Terminsbestimmung]..................................... 1429
§ 7 [Weitere Terminsveröffentlichungen].. 1429
§ 8 [Anmeldung alter Hypotheken] 1429
§ 9 [Nicht eintragungsfähige Rechte, Alteneil] 1429
§ 9 a [Bebaute Grundstücke im Beitrittsgebiet]... 1435
§ 10 [Landesrecht zur Sicherheitsleistung]... 1442
§ 11 [Landesrecht zur Feststellung des Grundstückswertes] 1442
§ 12 [Landesrecht zum Aufgebotsverfahren] 1442
§ 13 [Übertragung der Verfahrensdurchführung auf andere Stellen] 1443
§ 14 [aufgehoben]
§ 15 [gegenstandslos]

Inhalt

Anhang

A. Textanhang

I. Bundesrecht

	Nr	Seite
Zwangsversteigerungsgesetz (Hinweise)	T 1	1445
ZVG-Einführungsgesetz (Hinweise)	T 2	1445
Abgabenordnung (AO) vom 16. 3. 1976	T 3	1445
Abgabenordnung-Einführungsgesetz vom 14. 12. 1976	T 4	1449
Derzeit nicht belegt	T 5	
Apothekengesetz vom 15. 10. 1980	T 6	1449
Aufgaben-des-Vollstreckungsgerichts-Verfügung 1935	T 7	1450
Außenwirtschaftsgesetz vom 28. 4. 1961	T 8	1451
Bahnunternehmengesetz vom 7. 3. 1934	T 9	1451
Baugesetzbuch (BauGB) vom 8. 12. 1986	T 10	1452
BauGB-MaßnahmenG vom 28. 4. 1993	T 11	1457
Binnenschiffahrtsgesetz (BinSchG) vom 20. 5. 1898	T 12	1458
Binnenschiffahrt-Vollstreckungsschutzgesetz, 24. 5. 1933	T 13	1460
Brennrechte-Verfügung vom 16. 1. 1940	T 14	1461
Derzeit nicht belegt	T 15	
Bundesbankgesetz vom 22. 10. 1992	T 16	1462
Bundesversorgungsgesetz (BVG) vom 22. 1. 1982	T 17	1462
Flurbereinigungsgesetz (FlurbG) vom 16. 3. 1976	T 18	1462
Grundbücher-Wiederherstellungs-Versorgung, 26. 7. 1940	T 19	1464
Grunderwerbsteuergesetz (GrEStG 1983) v. 17. 12. 1982	T 20	1465
Grundsteuergesetz (GrStG) vom 7. 8. 1973	T 21	1468
Handelsgesetzbuch (Seerecht) vom 10. 5. 1897	T 22	1468
Derzeit nicht belegt	T 23	
Handwerksordnung vom 28. 12. 1965	T 24	1471
Derzeit nicht belegt	T 25	
Heuerlingswohnungen-Verordnung vom 10. 3. 1937	T 26	1472
Heuerlingswohnungen-Durchführungsverordnung 1938	T 27	1472
Hypothekenbankgesetz vom 19. 12. 1990	T 28	1473
Kabelpfandgesetz vom 31. 3. 1925 (Hinweis)	T 29	1473
Derzeit nicht belegt	T 30	
Landesrechtliche-Schuldtitel-Verordnung vom 15. 4. 1937	T 31	1474
Landesrentenbankgesetz vom 7. 12. 1939	T 32	1474
Luftfahrzeugrechtegesetz vom 26. 2. 1959	T 33	1474
Mitteilungen-in-Zivilsachen-(MiZi)-Anordnung	T 34	1477
Reichssiedlungsgesetz vom 11. 8. 1919	T 35	1479
Reichsversicherungsordnung vom 15. 12. 1924	T 36	1480
Schiffsbankgesetz vom 8. 5. 1963	T 37	1480
Schiffsversteigerungstermine-Verfügung vom 7. 3. 1941	T 38	1481
Schornsteinfegergesetz (SchfG) vom 15. 9. 1969	T 39	1481
Sozialgesetzbuch (SGB) – Verwaltungsverfahren – vom 18. 8. 1980	T 40	1481
Vermögensgesetz (VermG) vom 2. 12. 1994	T 41	1482
Versteigerungsterminsvordrucke-Verfügung v. 16. 8. 1938	T 42	1482
Verwaltungsvollstreckungsgesetz vom 27. 4. 1953	T 43	1483
Wasserverbandsgesetz (WVG) vom 12. 2. 1991	T 43a	1484
Wohnungsbindungsgesetz (WoBindG) vom 22. 7. 1982	T 44	1484
Zahlungen-aus-öffentlichen-Kassen-Gesetz 1938 (Hinweis)	T 45	1485

Inhalt

Zwangsverwalterverordnung vom 16. 2. 1970 .... T 46 1486
Derzeit nicht belegt .... T 47

II. Landesrecht

(Bad)Württ BGB-Ausführungsgesetz vom 29. 12. 1931 .... T 48 1494
BadWürtt GVG-Ausführungsgesetz vom 16. 12. 1975 .... T 49 1495
Bay BGB-Ausführungsgesetz vom 20. 9. 1982 .... T 50 1497
Bay GVG-Ausführungsgesetz vom 23. 6. 1981 .... T 51 1497
Bay Geschäftsstellen-Geschäftsanweisung (GAnwZ) v. 23. 1. 1980 .... T 52 1498
Berl ZVG-Ausführungsgesetz vom 23. 9. 1899 .... T 53 1499
Brandenburg .... T 54 1502
Brem ZVG-Ausführungsgesetz vom 19. 3. 1963 .... T 55 1503
Hamb ZVG-Ausführungsgesetz vom 17. 3. 1969 .... T 56 1503
Hess ZVG-Ausführungsgesetz vom 20. 12. 1960 .... T 57 1504
Mecklenburg-Vorpommern .... T 58 1506
Niedersächs ZVG-Ausführungsgesetz vom 23. 9. 1899 .... T 59 1506
NordrheinWestfäl Landschaftliche-Kreditanstalten-Gesetz v. 3. 8. 1897 .. T 60 1511
Nordrhein-Westfäl ZVG-Ausführungsgesetz v. 23. 9. 1899 .... T 61 1513
RheinlPfälz ZVG-Ausführungsgesetz vom 30. 8. 1974 .... T 62 1518
Saarl ZVG-Ausführungsgesetz vom 23. 9. 1899 .... T 63 1519
Sächsisches Verfahrensausführungsgesetz vom 24. 5. 1994 .... T 64 1523
Sachsen-Anhalt .... T 65 1523
SchleswHolst ZVG-Ausführungsgesetz vom 23. 9. 1899 .... T 66 1523
Thüringen .... T 67 1526

B. Tabellenanhang

Diskont- und Lombardsätze .... T 1 1527
Lebenserwartung .... T 2 1528
Zins- und Diskontierungsformeln .... T 3 1529

Sachregister 1539

Abkürzungen

Abl	ablehnend
AcP	Archiv für civilistische Praxis, Band 150 ff [1949 ff]
AG	Amtsgericht
AGBG	Gesetz zur Regelung des Rechts der Allgemeinen Geschäftsbedingungen
AIZ	Allgemeine Immobilienzeitung (1954 ff)
AktG	Aktiengesetz
AktO	Aktenordnung
AnfG	Anfechtungsgesetz
AnwBl	Anwaltsblatt (1950 ff)
AP	Arbeitsrechtliche Praxis, Nachschlagewerk des Bundesarbeitsgerichts
Art.	Artikel
AusfVO	Ausführungsverordnung
BArbG	Bundesarbeitsgericht
BauGB	Baugesetzbuch
BayJMBl	Bayerisches Justizministerialblatt (1946 ff)
BayObLG	Bayerisches Oberstes Landesgericht auch: Entscheidungen des Bayerischen Obersten Landesgerichts in Zivilsachen (1948 ff) [BayObLGZ]
BayRS	Bayerische Rechtssammlung, Stand: 1. 1. 1983
BayVerfGH	Bayerischer Verfassungsgerichtshof
BB	Der Betriebsberater (1946 ff)
Betrieb	Der Betrieb (1948 ff)
BFH	Bundesfinanzhof
BGB	Bürgerliches Gesetzbuch
BGBl I	Bundesgesetzblatt, Teil I
BGBl III	Bundesgesetzblatt, Teil III, Sammlung des Bundesrechts
BGH	Bundesgerichtshof auch: Entscheidungen des Bundesgerichtshofs in Zivilsachen [BGHZ]
BGHWarn	Warneyer, Rechtsprechung des Bundesgerichtshofs in Zivilsachen (1963 ff)
BinSchG	Binnenschiffahrtsgesetz
BlGrBW	Blätter für Grundstücks-, Bau- und Wohnungsrecht (1952 ff)
BNotO	Bundesnotarordnung
BRAGO	Bundesgebührenordnung für Rechtsanwälte
BRAO	Bundesrechtsanwaltsordnung
BSG	Bundessozialgericht
BSHG	Bundessozialhilfegesetz
BStBl II	Bundessteuerblatt, Teil II (früher Teil III), Veröffentlichungen des Bundesfinanzhofs
BVerfG	Bundesverfassungsgericht auch Entscheidungen des Bundesverfassungsgerichts [BVerfGE]
BWNotZ	Zeitschrift für das Notariat in Baden-Württemberg (1955 ff)
DDR	(frühere) Deutsche Demokratische Republik
Denkschrift	Denkschrift zum ZVG (siehe bei Schrifttum)
DGVZ	Deutsche Gerichtsvollzieherzeitung (1950 ff)

Abkürzungen

DNotZ	Deutsche Notar-Zeitschrift (1950 ff)
DR A	Deutsches Recht, Ausgabe A (Wochenausgabe)
DRiZ	Deutsche Richterzeitung (1950 ff)
DRpflZ	Deutsche Rechtspflegerzeitschrift (1962 ff)
DRZ	Deutsche Rechts-Zeitschrift (1946–1950)
DtZ	Deutsch-Deutsche Rechts-Zeitschrift (1990 ff)
DWW	Deutsche Wohnungswirtschaft (1949 ff)
E	Entscheidungsanhang (unveröffentlichte Entscheidungen in Auszügen) in 11. (auch 10.) Auflage dieses Kommentars
EG	Einführungsgesetz
ErbbauVO	Erbbaurechtsverordnung
EWIV	Europäische wirtschaftliche Interessenvereinigung
FamRZ	Zeitschrift für das gesamte Familienrecht (1954 ff)
FG	Finanzgericht
FGG	Gesetz über die Angelegenheiten der freiwilligen Gerichtsbarkeit
FlurbG	Flurbereinigungsgesetz
GBBerG	Grundbuchbereinigungsgesetz
GBO	Grundbuchordnung
GBV	Grundbuchverfügung
GGV	Gebäudegrundbuchverfügung
GKG	Gerichtskostengesetz
GrEStG	Grunderwerbsteuergesetz
GrStG	Grundsteuergesetz
GrundE	Das Grundeigentum (1957 ff)
GrundG	Grundgesetz
GVG	Gerichtsverfassungsgesetz
GVKG	Gerichtsvollzieherkostengesetz
GVO	Grundstücksverkehrsordnung
HambJVBl	Hamburgisches Justizverwaltungsblatt (1952 ff)
HessJMBl	Justizministerialblatt für Hessen (1949 ff)
HGB	Handelsgesetzbuch
HinterlO	Hinterlegungsordnung
HRR	Höchstrichterliche Rechtsprechung
HuW	Haus und Wohnung (1946–1957) (seit 1957: GrundE)
InsO	Insolvenzordnung
JBlRhldPf	Justizblatt Rheinland-Pfalz (1947–1973)
JBlSaar	Justizblatt des Saarlandes (1957–1967) (früher: SRZ)
JMBlNW	Justizministerialblatt für das Land Nordrhein-Westfalen (1947 ff)
JR	Juristische Rundschau (1947 ff)
JurBüro	Das juristische Büro (1950 ff) (bis 1955 einschließlich: Das Büro)
JuS	Juristische Schulung (1960 ff)
Justiz	Die Justiz, Amtsblatt des Justizministeriums Baden-Württemberg (1952 ff)
JVBl	Justizverwaltungsblatt (1957–1972)
JW	Juristische Wochenschrift
JZ	Juristenzeitung (1951 ff) (früher SJZ)

Abkürzungen

KG	Kammergericht
KKZ	Kommunal-Kassen-Zeitschrift
KO	Konkursordnung
KostO	Kostenordnung
KostVfg	Kostenverfügung
KTS	Konkurs, Treuhand und Sanierung (1955 ff)
LG	Landgericht
LM	Lindenmaier/Möring: Das Nachschlagewerk des Bundesgerichtshofs in Zivilsachen
LuftfzRG	Gesetz über Rechte an Luftfahrzeugen
MDR	Monatsschrift für Deutsches Recht (1947 ff)
MittBayNot	Mitteilung des Bay Notarvereins, der Notarkasse und der Landesnotarkammer Bayern (1949 ff)
MittRhNotK	Mitteilungen der Rheinischen Notarkammer (1960 ff)
NdsRpfl	Niedersächsische Rechtspflege (1947 ff)
NJW	Neue Juristische Wochenschrift (1947 ff)
NJW-RR	NJW-Rechtsprechungs-Report, Zivilrecht (1986 ff)
NVwZ	Neue Zeitschrift für Verwaltungsrecht
NVwZ-RR	NVwZ-Rechtsprechungs-Report
OLG	Oberlandesgericht
OLG	Die Rechtsprechung der Oberlandesgerichte auf dem Gebiet des Zivilrechts, Hrsgg von B. Mugdan und R. Falkmann (Bände 1 [1900] – 46 [1928])
OLGRep	OLG Report (Schnelldienst zur Zivilrechtsprechung)
OLGZ	Sammlung von Entscheidungen der Oberlandesgerichte in Zivilsachen (1965–1994)
PartGG	Gesetz über Partnerschaftsgesellschaften Angehöriger Freier Berufe (Partnerschaftsgesellschaftsgesetz)
RdL	Recht der Landwirtschaft (1949 ff)
RG	Reichsgericht
RGBl I	Reichsgesetzblatt, Teil I
RGZ	Entscheidungen des Reichsgerichts in Zivilsachen, Band 1–171 (1880–1943)
RHeimstG	(früheres) Reichsheimstättengesetz
RpflBlatt	Rechtspflegerblatt (1953 ff)
Rpfleger	Der Deutsche Rechtspfleger (1948 ff)
RpflG	Rechtspflegergesetz
RpflJahrbuch	Rechtspfleger-Jahrbuch (1953 ff)
RpflStud	Rechtspfleger-Studienheft (1977 ff)
S	Seite
SachenRBerG	Sachenrechtsbereinigungsgesetz
SchfG	Schornsteinfegergesetz
SchiffsRG	Gesetz über Rechte an eingetragenen Schiffen und Schiffsbauwerken
SchlHA	Schleswig-Holsteinische Anzeigen, Justizministerialblatt für Schleswig-Holstein (1946 ff)
SGB	Sozialgesetzbuch
SJZ	Süddeutsche Juristenzeitung (1946–1950) (später JZ)
SRZ	Saarländische Rechts- und Steuerzeitschrift (1948–30. 6. 1957) (später: JBlSaar)

Abkürzungen

UBGG	Gesetz über Unternehmensbeteiligungsgesellschaften
UStDV	Umsatzsteuer-Durchführungsverordnung
UStG	Umsatzsteuergesetz
VerglO	Vergleichsordnung
VersR	Versicherungsrecht (1950 ff)
VIZ	Zeitschrift für Vermögens- und Investitionsrecht (1991 ff.)
VwVG	Verwaltungsverfahrensgesetz
WEG	Wohnungseigentumsgesetz
WGV	Wohnungsgrundbuchverfügung
WM	Wertpapier-Mitteilungen, Teil IV: Wirtschafts-, Wertpapier- und Bankrecht (1947 ff) (bis Nr 26/1970: WPM IV, früher: WPM IV B)
WuM	Wohnungswirtschaft und Mietrecht (1950 ff)
WürttNotV	Mitteilungen aus der Praxis, Zeitschrift für das Notariat in Württemberg (1949–1954)
ZBlfG	Zentralblatt für Freiw. Gerichtsbarkeit
ZGB	Zivilgesetzbuch
ZIP	Zeitschrift für Wirtschaftsrecht (1980 ff)
ZMR	Zeitschrift für Miet- und Raumrecht (1952 ff)
ZPO	Zivilprozeßordnung
ZSEG	Gesetz über die Entschädigung von Zeugen und Sachverständigen
ZVG	Zwangsversteigerungsgesetz
ZVG-Handbuch	Stöber, ZVG-Handbuch, 6. Auflage 1992
ZZP	Zeitschrift für Zivilprozeß (1950 ff)

Schrifttum*

1. Zwangsversteigerungsrecht

Armstroff Ernst, Die Zwangsvollstreckung in das bewegliche und unbewegliche Vermögen, 3. Auflage 1933

Badstübner Paul, Die Zwangsvollstreckung in das unbewegliche Vermögen in der gerichtlichen Praxis, 1902

Brand/Baur, Die Zwangsversteigerungs- und Zwangsverwaltungssachen in der gerichtlichen Praxis, 1930
Bearbeiter: Brand A und Baur J

Dassler/Schiffhauer/Gerhardt/Muth, Gesetz über die Zwangsversteigerung und die Zwangsverwaltung, Kommentar, 12. Auflage 1991
Bearbeiter: Schiffhauer Horst, Gerhardt Walter und Muth Johannes M.

Denkschrift zum ZVG, Denkschrift zu dem Entwurf eines Gesetzes über die Zwangsversteigerung und die Zwangsverwaltung nebst dem Entwurf eines Einführungsgesetzes, zitiert nach Hahn/Mugdan, Die gesamten Materialien zu den Reichs-Justizgesetzen, 5. Band 1897

Dispeger Siegfried, Die Praxis der Zwangsversteigerung und Zwangsverwaltung, Handbuch, 1905

Drischler Karl, Gesetz über die Zwangsversteigerung und die Zwangsverwaltung, Textausgabe mit erläuternden Hinweisen, 4. Auflage 1986

Eickmann Dieter, Zwangsversteigerungs- und Zwangsverwaltungsrecht, Kurzlehrbuch, 1991

Fischer Louis, Das Verfahren der Zwangsversteigerung nach dem ZVG an einem Rechtsfall dargestellt, 5. Auflage 1909

Fischer/Schäfer, Die Gesetzgebung, betreffend die Zwangsvollstreckung in das unbewegliche Vermögen im Reiche und in Preußen, 2. Auflage 1910
Bearbeiter: Fischer O und Schaefer L

Fraeb W M, Zwangsversteigerung und Zwangsverwaltung, erläuterte Handausgabe, 1929

Freund J, Die Zwangsvollstreckung in Grundstücke, 3. Auflage 1901

Groutars Gottfried, Die Zwangsvollstreckung in das unbewegliche Vermögen, 1951

Günther J, Reichsgesetz über die Zwangsversteigerung und die Zwangsverwaltung (2 Teile), 1899/1900

Hagemann Karl, Die Zwangsvollstreckung in das Erbbaurecht, 1929

von Henle Wilhelm und Henle Eugen, Gesetz über die Zwangsversteigerung und die Zwangsverwaltung, 5. Auflage 1933

Hintzen Udo, Immobiliarzwangsvollstreckung, 2. Auflage 1995

Jaeckel/Güthe, Kommentar zum Zwangsversteigerungsgesetz, 7. Auflage 1937
von Jaeckel Paul und Güthe Georg, neu bearbeitet von Volkmar Erich und Armstroff Ernst

Kleemann/Kusche, Grundriß der Zwangsversteigerung für Gläubiger, Schuldner, Rechtspfleger, 1990
Bearbeiter: Klemann Wilhelm und Kusche Benno

Korintenberg/Wenz, Gesetz über die Zwangsversteigerung und die Zwangsverwaltung, 6. Auflage 1935
Bearbeiter: Korintenberg Werner und Wenz Peter

---

* Stand Juli 1996

Schrifttum

Krech/Fischer, Zwangsvollstreckung in das unbewegliche Vermögen, 10. Auflage 1929
Bearbeiter: Krech Johannes und Fischer O

Kretzschmar Ferdinand, Das Reichsgesetz über die Zwangsversteigerung und die Zwangsverwaltung, 1904

Kretzschmar Ferdinand, Die Zwangsversteigerung und die Zwangsverwaltung, 1911

Lancelle Georg, Gesetz über die Zwangsversteigerung und die Zwangsverwaltung, 1973

Lupprian Heinz, Gesetz über die Zwangsversteigerung und die Zwangsverwaltung, erläutert zum Handgebrauch, 1952

Mohrbutter/Drischler, Die Zwangsversteigerungs- und Zwangsverwaltungspraxis; Band 1: 7. Auflage 1986; Band 2: 7. Auflage 1990
Bearbeiter: Radtke Manfred und Tiedemann Heinz-Adolf

Motive zum ZVG, Motive zu dem Entwurfe eines Gesetzes betreffend die Zwangsvollstreckung in das unbewegliche Vermögen, amtliche Ausgabe, 1989

Münchmeyer C, Gefahren in der Zwangsversteigerung (Prüfung der Hauptgrundsätze des ZVG) 1901

Muth Johannes, Zwangsversteigerungspraxis, 1989

Nix Margret, Grundsätze der Zwangsverwaltung, 1990

Nußbaum Arthur, Die Zwangsversteigerung und Zwangsverwaltung, 1916 (Neudruck 1969)

von der Pfordten Theodor, Kommentar zu dem Gesetz über die Zwangsversteigerung und die Zwangsverwaltung, 1905

Pohle Rudolf, Gesetz über die Zwangsversteigerung und die Zwangsverwaltung, Textausgabe mit Verweisungen, 1950

Reinhard Paul, Einfluß der neuen Gesetzgebung auf die Zwangsversteigerung und Zwangsverwaltung, 3. Auflage 1927

Reinhard/Müller, Das Zwangsversteigerungsgesetz (ausführlich erläutert), 3./4. Auflage 1931 (mit Nachtrag 1932)
Bearbeiter: Reinhard Paul und Müller Hans

Samter M K, Handbuch zum Verfahren der Zwangsversteigerung und Zwangsverwaltung, 1904

Schöller W, Die Zwangsversteigerung und Zwangsverwaltung von Grundstücken im Wege der Zwangsvollstreckung, 1899

Steiner/(Bearbeiter), Zwangsversteigerung und Zwangsverwaltung
Band 1: 1984; Band 2: 1986
Bearbeiter: Eickmann Dieter, Hagemann Klaus, Storz Karl-Alfred, Teufel Helmut

Stöber Kurt, ZVG-Handbuch (Zwangsvollstreckung in das unbewegliche Vermögen) 6. Auflage 1992 (des von Friedrich Zeller in 3. und 4. Auflage mitbearbeiteten Handbuchs)

Storz Karl-Alfred, Praxis des Zwangsversteigerungsverfahrens, Leitfaden, 6. Auflage 1991

Storz Karl-Alfred, Praxis der Teilungsversteigerung, Leitfaden, 1992

Teufel Helmut, Zwangsversteigerung und Zwangsverwaltung, Rechtspfleger-Studienbuch, 2. Auflage 1984

Weber Hermann, Die Grundstücks-Zwangsverwaltung 1932

Wenz Peter, Zwangsvollstreckung in das unbewegliche Vermögen, 3. Auflage 1943

Wolff Eberhard, Zwangsversteigerungs- und Zwangsverwaltungsrecht (Sparkassenheft) 3. Auflage 1990
Bearbeiterin: Hennings Dorothee

Wolff Th, Das Reichsgesetz über die Zwangsversteigerung und Zwangsverwaltung, 3. Auflage 1909

Schrifttum

2. Grundbuch- und Sachenrecht, Zivilprozeßrecht, sonstiges

Bärmann/Pick, Wohnungseigentumsgesetz, Kommentar, 13. Auflage 1994
 Bearbeiter: Bärmann Johannes und Pick Eckhart
Bärmann/Pick/Merle, Wohnungseigentumsgesetz, Kommentar, 6. Auflage 1987
 Bearbeiter: Bärmann Johannes, Pick Eckhart und Merle Werner
Baumann/Brehm, Zwangsvollstreckung, Lehrbuch, 2. Auflage 1982
 Bearbeiter: Baumann Jürgen und Brehm Wolfgang
Baumbach/Lauterbach/Albers/Hartmann, Zivilprozeßordnung mit Gerichtsverfassungsgesetz und anderen Nebengesetzen, 54. Auflage 1996
 begründet von Baumbach Adolf, fortgeführt von Lauterbach Wolfgang,
 Bearbeiter: Albers Jan und Hartmann Peter
Baur/Stürner, Zwangsvollstreckungs-, Konkurs- und Vergleichsrecht, Lehrbuch, 12. Auflage 1996
 Bearbeiter: Stürner Rolf
BGB/RGRK-(Bearbeiter), Das Bürgerliche Gesetzbuch mit besonderer Berücksichtigung der Rechtsprechung des Reichsgerichts und des Bundesgerichtshofes, Kommentar, 12. Auflage 1974 ff
Blomeyer Karl, Zwangsvollstreckung, 2. Auflage 1956
Böhle-Stamschräder/Kilger, Vergleichsordnung, 11. Auflage 1986
 Bearbeiter: Kilger Joachim
Brox/Walker, Zwangsvollstreckungsrecht, 5. Auflage 1996
 Bearbeiter: Brox Hans und Walker Wolf-D.

David, Über den Umgang mit Schuldnern, 14. Auflage 1995
 Bearbeiter: David Peter
Demharter, Grundbuchordnung, 21. Auflage 1995
 Bearbeiter: Demharter Johann

Grunsky Wolfgang, Grundzüge des Zwangsvollstreckungs- und Konkursrechts, 4. Auflage 1987
Güthe/Triebel, Grundbuchordnung, 6. Auflage 1936–1937
 Bearbeiter: Triebel Franz
Haegele/Schöner/Stöber, Grundbuchrecht, 10. Auflage 1993
 Bearbeiter: Schöner Hartmut und Stöber Kurt

Ingenstau Jürgen, Erbbaurecht, Kommentar, 6. Auflage 1995
Jauernig Othmar, Zwangsvollstreckungs- und Konkursrecht, 19. Auflage 1990
Jauernig/(Bearbeiter), Bürgerliches Gesetzbuch, 7. Auflage 1994
 Bearbeiter: Jauernig Othmar, Schlechtriem Peter, Stürner Rolf, Teichmann Arndt, Vollkommer Max
Jonas/Pohle, Zwangsvollstreckungsnotrecht, Erläuterungsbuch, 16. Auflage 1954
 Bearbeiter: Jonas Martin und Pohle Rudolf
Kilger/Karsten Schmidt, Konkursordnung, 16. Auflage 1995
 Bearbeiter: Karsten Schmidt
Kuntze/Ertl/Herrmann/Eickmann, Grundbuchrecht, Kommentar zur Grundbuchordnung, Grundbuchverfügung und WEG-Grundbuchverfügung, 4. Auflage 1991
 Bearbeiter: Kuntze Joachim, Ertl Rudolf, Herrmann Hans, Eickmann Dieter
Meikel/(Bearbeiter), Grundbuchrecht, Kommentar, 7. Auflage, Band 1: 1986; Band 2: 1988; Band 3 Teil I: 1993; Band 3 Teil II: 1995; Sonderband 1995
 Bearbeiter: Bestelmeyer Horst, Böhringer Walter, Böttcher Roland, Brambring Günter, Bühler Martin, Ebeling Kurt, Kraiß Harro, Lichtenberger Peter, Morvilius Theodor, Nowak Barbara, Roth Herbert, Schmid Horst, Sieveking Arnold, Simmerding Franz, Streck Edgar
Mohrbutter Christian, Die Eigentümerrechte und der Inhalt des Erbbaurechts bei dessen Zwangsversteigerung, 1995

Schrifttum

Mohrbutter Jürgen, Handbuch des gesamten Vollstreckungs- und Insolvenzrechts, 2. Auflage 1974
Bearbeiter: Mohrbutter Jürgen und Mohrbutter Harro
MünchKomm/(Bearbeiter), Münchener Kommentar zum Bürgerlichen Gesetzbuch, 2. Auflage 1984 ff (Band 4: Sachenrecht, 1986), tlw 3. Auflage 1993 ff
v Oefele/Winkler, Handbuch des Erbbaurechts, 2. Auflage 1995
Bearbeiter: v Oefele Helmut und Winkler Karl
Palandt/(Bearbeiter), Bürgerliches Gesetzbuch, 55. Auflage 1996
Bearbeiter: Bassenge Peter, Edenhofer Wolfgang, Heldrich Andreas, Diederichsen Uwe, Heinrichs Helmut, Putzo Hans und Thomas Heinz
Rosenberg/Gaul/Schilken, Zwangsvollstreckungsrecht, 10. Auflage 1987, begründet von Rosenberg Leo, fortgeführt von Gaul Hans Friedhelm und Schilken Eberhard
Staudinger/(Bearbeiter), Kommentar zum Bürgerlichen Gesetzbuch, 13. Auflage 1995 (soweit noch nicht erschienen: 12. Auflage 1978 ff
Stein/Jonas/(Bearbeiter), Zivilprozeßordnung, 21. Auflage 1994 ff
Bearbeiter: Bork Reinhard, Brehm Wolfgang, Grunsky Wolfgang, Leipold Dieter, Münzberg Wolfgang, Roth Herbert, Schlosser Peter, Schumann Ekkehard
Stöber Kurt, Forderungspfändung, Zwangsvollstreckung in Forderungen und andere Vermögensrechte, Erläuterungsbuch, 11. Auflage 1996
Thomas/Putzo, Zivilprozeßordnung mit Gerichtsverfassungsgesetz und Einführungsgesetzen, 19. Auflage 1995
Bearbeiter: Thomas Heinz und Putzo Hans
Weitnauer Hermann, Wohnungseigentumsgesetz, Kommentar, 8. Auflage 1995
Bearbeiter: Weitnauer Hermann, Hauger Maria und Lüke Wolfgang (unter Mitarbeit von Mansel Heinz-Peter)
Wieczorek/Schütze, Zivilprozeßordnung und Nebengesetze, Einleitung – § 127 a: 3. Auflage 1994 ff; im übrigen 2. Auflage 1975 ff
Wolfsteiner Hans, Die vollstreckbare Urkunde, 1978
Zöller/(Bearbeiter), Zivilprozeßordnung mit Gerichtsverfassungsgesetz und den Einführungsgesetzen, mit Internationalem Zivilprozeßrecht, Kostenanmerkungen, 19. Auflage 1995
Bearbeiter: Geimer Reinhold, Greger Reinhard, Gummer Peter, Herget Kurt, Philippi Peter, Stöber Kurt und Vollkommer Max

Gesetz über die Zwangsversteigerung und die Zwangsverwaltung

Einleitung

Übersicht

I. Grundstücksvollstreckung als Verfahrensrecht 1–10
II. Immobiliarvollstreckung (ZPO §§ 864–871) 11–19
III. Maßnahmen des Zwangsvollstreckungsverfahrens und ZPO-Verfahrensrecht, Verfahrensgrundsätze 20–51
IV. Schuldnerschutz nach ZPO § 765 a 52–61
V. Zwangsypothek (ZPO §§ 866, 867) 62–75
VI. ZwV und Kostenrecht 76–91

I. Grundstücksvollstreckung als Verfahrensrecht

Literatur: Berkemann, Fairneß als Rechtsprinzip, JR 1989, 221; Gerhardt, Bundesverfassungsgericht, Grundgesetz und Zivilprozeß, speziell: Zwangsvollstreckung, ZPP 95 (1982) 467; Goerlich, Eigentum als Verfahrensgarantie, DVBl 1978, 362; Mohrbutter, Zu den Rechtsfolgen der Entscheidung des Bundesverfassungsgerichts vom 24. 3. 1976 – 2 BvR 804/75 – für das Zwangsversteigerungsverfahren, DRiZ 1977, 39; Quack, Verfahrensrecht und Grundrechtsordnung, Rpfleger 1978, 197; Schiffhauer, Soziale Aspekte im Zwangsversteigerungsverfahren, Rpfleger 1978, 397; Schneider, Die Belehrungspflicht in der Teilungsversteigerung, MDR 1977, 353; Stöber und Vollkommer, Anmerkung zu BVerfG v. 24. 3. 1976, Rpfleger 1976, 392; Suhr, Eine grundrechtsdogmatisch aufschlußreiche Zwangsversteigerung wegen vermögenswerter Rechte, NJW 1979, 145; Vollkommer, Verfassungsmäßigkeit des Vollstreckungszugriffs, Rpfleger 1982, 1 (auch JA 1982, 286); Weitzel, Der grundrechtswidrige Zuschlag, JuS 1976, 722.

Zwangsvollstreckung in das unbewegliche Vermögen regelt das Gesetz über die Zwangsversteigerung und die Zwangsverwaltung als Teil des Zwangsvollstreckungsrechts der Zivilprozeßordnung (ZPO § 869). Immobiliarvollstreckung ist damit Verfahrensrecht zur Durchsetzung eines materiellen Anspruchs mit staatlichem Zwang. Mit der Verwirklichung materiellen Zivilrechts dient Zwangsvollstreckung in das unbewegliche Vermögen Gläubigerinteressen (Antragstellerinteressen). Der Staat als Inhaber des Zwangsmonopols[1] handelt durch seine Vollstreckungsorgane (bei Immobiliarvollstreckung durch das Vollstreckungsgericht) hoheitlich. Die verfassungsrechtliche Ermächtigung zum Eingriff in das Eigentum des Schuldners (Antragsgegners) gibt das GrundG mit Art 14 Abs 1 Satz 2. Das Verfahren findet in dem Ziel seine Rechtfertigung, eine begründete Geldforderung des Gläubigers zu befriedigen[2] oder einen anderen materiellen Anspruch des Antragstellers zu verwirklichen[3]. 1

Mit dem materiellen **Liegenschaftsrecht** hängt Immobiliarvollstreckung in ihren Voraussetzungen und Wirkungen eng zusammen (Denkschrift S 34). Die Befriedi- 2

---

[1] BVerfG 61, 126 (136) = MDR 1983, 188 (189) = NJW 1983, 559 = Rpfleger 1983, 80.
[2] BVerfG 46, 325 (335) = KTS 1978, 157 = MDR 1978, 380 = NJW 1978, 368 = Rpfleger 1978, 206.
[3] BVerfG 42, 64 (75) mit abw Meinung Geiger S 79 = FamRZ 1976, 436 mit abw Meinung Geiger S 439 = KTS 1976, 287 = MDR 1976, 820 = NJW 1976, 1391 mit abw Meinung Geiger S 1393 = Rpfleger 1976, 389 mit abw Meinung Geiger S 391 und mit teils krit Anm Stöber und zust Anm Vollkommer.

Einleitung 2 Grundstücksvollstreckung als Verfahrensrecht

gung des Gläubigers einer Hypothek (BGB § 1113) oder eines sonstigen auf Zahlung aus dem Grundstück gerichteten Rechts (insbesondere einer Grundschuld, BGB § 1191) erfolgt im Wege der Zwangsvollstreckung (BGB § 1147). Damit setzt das materielle Sachenrecht zur Verwirklichung des Rechts des Hypothekengläubigers oder sonstigen dinglichen Berechtigten die Regelung der Immobiliarzwangsvollstreckung voraus. Als Schuldnervermögen sind Grundstücke (näher Einl Rdn 11–15) aber auch Gegenstand der Zwangsvollstreckung wegen Geldforderungen, mithin wegen der Ansprüche, für die nicht das Grundstück dinglich, sondern nur dessen Eigentümer als Schuldner mit seinem Vermögen persönlich haftet (ZPO § 864–871). Immobiliarvollstreckung regelt daher Verfahrensrecht zugleich als Unterart des allgemeinen Zwangsvollstreckungsrechts (siehe ZPO § 869).

3 In **besonderen Fällen** finden Zwangsversteigerung und Zwangsverwaltung nicht zur Verwirklichung eines Geldanspruchs, sondern mit anderem Verfahrensziel statt. Mit Konkursverwalter-Zwangsversteigerung und Konkursverwalter-Zwangsverwaltung (§§ 172–174) wird das Verfügungs- und Verwaltungsrecht des Konkursverwalters (KO § 6 Abs 2) verwirklicht. Die Zwangsversteigerung eines Nachlaßgrundstücks (§§ 175–179) soll dem Erben Kenntnis vom Schuldenstand und damit eine Grundlage für seine Entscheidung verschaffen, ob er seine beschränkte Haftung geltend machen will. Die Zwangsversteigerung zum Zwecke der Aufhebung einer Gemeinschaft (meist Teilungsversteigerung genannt, §§ 180–185) dient der Verwirklichung des materiellen Auseinandersetzungsanspruchs eines Grundstücksmiteigentümers.

4 Immobiliarvollstreckung hat als Mittel zur **Verwirklichung materiellen Rechts** formalen Charakter. Das gewährleistet im Spannungsfeld zwischen den Interessen des Gläubigers (Antragstellers) und Schuldners (Antragsgegners)[4] Rechtssicherheit bei gleichmäßiger Wahrung der unterschiedlichen Belange der Verfahrensbeteiligten[5].

5 Das Immobiliarvollstreckungsrecht zeichnet sich durch eine Häufung schwierigster rechtlicher und wirtschaftlicher Probleme aus[6]. Das Verfahren ist, bedingt durch die hohe Ausbildung des Realkredits, auf kunstvollen Grundsätzen aufgebaut[7]. Die Vermischung von Prozeßgrundsätzen mit stark ausgeprägtem Formzwang und sachenrechtlichen Elementen bereitet den Verfahrensbeteiligten vielfach Schwierigkeiten. Aufgewogen wird das durch große Vorzüge des Gesetzes, das im ganzen dem Realkredit den notwendigen kräftigen Schutz unter gleichzeitiger Wahrung der sonstigen berechtigten Interessen darbietet[7]. Schutz vor vermögensrechtlichen Einbußen, die insbesondere Versehen, Irrtümer oder gar Unkenntnis nach sich ziehen[8], bieten die den Grundrechtsgarantien entspringende Belehrungs- und allgemeine prozessuale Fürsorgepflicht des Vollstreckungsgerichts (Einl Rdn 24).

6 Das Immobiliarvollstreckungsrecht hat mit weitreichenden wirtschaftlichen Auswirkungen und seinen den Beteiligten zumeist nicht leicht zugänglichen rechtlichen Schwierigkeiten, aber auch mit seinem teilweise technischen Charakter und mit strengen Formerfordernissen seit **jeher verantwortungsvolle Verfahrensgestaltung** durch den Richter des Vollstreckungsgerichts erfordert. Dessen Stellung im Zwangsversteigerungsverfahren bezeichnet zutreffend schon Nußbaum[9] formell als besonders starke und materiell als besonders verantwortungsvoll. Weil in der Hand des Richters (jetzt Rechtspflegers) hier die Wahrung von Interessen liegt, hat Nußbaum[9] bereits 1916 herausgestellt:
„Um so mehr wird das Gericht seine Tätigkeit unter dem Gesichtspunkt des nobile officium aufzufassen haben. Ist es schon im Prozeß Sache des Amtsrichters,

---

[4] BGH 70, 206 (210) = MDR 1978, 839 = NJW 1978, 950 = Rpfleger 1978, 131.
[5] Schiffhauer ZIP 1981, 832 (I).
[6] Schiffhauer Rpfleger 1978, 397 (VI 3).
[7] Nußbaum, Zwangsversteigerung, S 11.
[8] OLG Köln MDR 1981, 591 = Rpfleger 1981, 311.
[9] Nußbaum, Zwangsversteigerung, S 22, 23.

7.1 Einleitung

eine formalistische Handhabung der Geschäfte zu vermeiden und im Rahmen der richterlichen Pflichten auf eine sachlich ersprießliche Lösung hinzuwirken, so gilt dies in erhöhtem Maße für das Immobiliarvollstreckungs- und namentlich für das Zwangsversteigerungsverfahren. Insbesondere sollte der Richter den Parteien und ihren Vertretern, die sich etwa unerwarteten Schwierigkeiten gegenübersehen, deren Überwindung nicht erschweren, sondern möglichst erleichtern. Mit Recht wurde bereits in dem Bericht der Kommission des preußischen Herrenhauses zur Beratung des Gesetzes von 1883 betont, der Richter habe die Erledigung der Subhastationsgeschäfte nicht bureaukratisch zu betreiben, sondern es liege ihm eine vermittelnde, ausgleichende und fördernde Tätigkeit ob."
In besonderem Maße hat die neuere Entwicklung verantwortungsvolle Verfahrensleitung durch den Richter/Rechtspfleger des Vollstreckungsgerichts zur Wahrung der Interessen der (aller) an einer Immobiliarvollstreckung Beteiligten herausgestellt. Sie hat mit dem Gebot zu rechtsstaatlicher Verfahrensgestaltung (Einl Rdn 7) und mit der als Belehrungs- und allgemeine prozessuale Fürsorgepflicht[10] verstandenen Aufklärungspflicht (ZPO § 139; Einl Rdn 24) Verwirklichung des Grundrechtsschutzes in der Zwangsvollstreckung zu gewährleisten.

7.1 Anwendung des Verfahrensrechts und Verfahrensgestaltung stehen unter den **Garantiefunktionen des Grundgesetzes.** Verfahrensrecht muß daher im Blick auf die Grundrechte ausgelegt und angewendet werden[11]. Das gebietet eine rechtsstaatliche Verfahrensgestaltung[12] gleichgültig, ob es sich um eine Versteigerung im Rahmen der Zwangsvollstreckung oder um eine Teilungsversteigerung handelt[13]. Vollstreckungsgerichte haben in ihrer Verfahrensgestaltung die erforderlichen Vorkehrungen zu treffen, damit Verfassungsverletzungen durch Zwangsvollstreckungsmaßnahmen ausgeschlossen sind[14]. Besondere Bedeutung kommt der Gewährleistung des Eigentums (GrundG Art 14 Abs 1) zu; sie beeinflußt nicht nur die Ausgestaltung des materiellen Rechts, sondern wirkt zugleich auf das zugehörige Verfahrensrecht ein[15]. Verfahrensrecht hat rein instrumentalen Charakter[16]; es soll der Herbeiführung gesetzesmäßiger und unter diesem Blickpunkt richtiger, aber darüber hinaus auch im Rahmen dieser Richtigkeit gerechter Entscheidungen dienen[17]. Deshalb ist Vollstreckungsrecht als Verfahrensrecht so anzuwenden, daß einerseits das materielle Recht des Gläubigers eine reale Verwirklichungschance hat[18] (Justizgewähranspruch auf wirkungsvolle Durchsetzung des zivilrechtlichen Anspruchs[19]), andererseits aber der Eingriff in das grundgesetzlich geschützte Eigentum nicht über das notwendige Maß hinausgeht (dazu auch[20]). Gewähr dafür, einen angemessenen Erlös zu erhalten, bietet die verfassungsmäßige Eigentumsgarantie nicht (Einl Rdn 10). Unmittelbar aus GrundG Art 14 folgt aber die Pflicht der Gerichte, bei Eingriff in das verfassungsrechtlich gewährleistete Eigentum einen tatsächlich wirksamen Rechtsschutz zu gewähren[21]. Der Zugriff auf das Eigen-

---

[10] Vollkommer Rpfleger 1976, 393 (Anmerkung).
[11] BVerfG 49, 252 = NJW 1979, 538 = Rpfleger 1979, 12.
[12] BVerfG 46, 325 = aaO (Fußn 2); BVerfG 42, 64 = aaO (Fußn 3); BVerfG 49, 220 mit abw Meinung Böhmer S 228 = MDR 1979, 286 = NJW 1979, 534 mit abw Meinung Böhmer S 535 = Rpfleger 1979, 296; BVerfG 51, 150 = KTS 1979, 275 = Rpfleger 1979, 296.
[13] BVerfG 51, 150 = aaO; LG Aurich NdsRpfl 1979, 108.
[14] BVerfG 52, 214 = MDR 1980, 116 = NJW 1979, 2607 = Rpfleger 1979, 450.
[15] BVerfG 46, 325 = aaO (Fußn 2); BVerfG 49, 220 = aaO; BVerfG 51, 150 = aaO.
[16] BVerfG 42, 64 = aaO (Fußn 3).
[17] BVerfG 42, 64; 46, 325 und 49, 220 = je aaO (Fußn 12).
[18] Quack Rpfleger 1978, 197.
[19] BVerfG (Kammerbeschluß) NJW 1988, 3141.
[20] Vollkommer Rpfleger 1982, 1 (8 zu Nr 12).
[21] BVerfG 46, 325 = aaO (Fußn 2); BVerfG 49, 220 = aaO (Fußn 12); BVerfG 51, 150 = aaO (Fußn 12).

Einleitung 7.1

tum ist zudem durch den Grundsatz der Verhältnismäßigkeit[22] und das Übermaßverbot[23] begrenzt (dazu auch[24]). Der Grundsatz besagt, daß der Eingriff in das grundgesetzlich geschützte Eigentum erforderlich und angemessen sein muß, um das Verfahrensziel zu erreichen. Zweck und Mittel müssen in einem vernünftigen Verhältnis zueinander stehen. Das kann bei Verfahrensgestaltung Abwägung der entgegenstehenden Interessen des Gläubigers (Antragstellers) an der Verwertung des Grundstücks einerseits und des Schuldners (Antragsgegners) an der Erhaltung seines Vermögens andererseits erfordern[25]. Grundsätzliche Schutzfunktionen erfüllen hierbei insbesondere die Bestimmungen des Verfahrensrechts über den Schuldnerschutz (§§ 30 a–d, § 180 Abs 2, 3; ZPO § 765 a), die dem Schuldner die Möglichkeit geben, die Zwangsversteigerung des durch GrundG Art 14 geschützten Eigentums abzuwenden[26]. Stets muß dem Schuldner effektiver Rechtsschutz gewährleistet werden[27]. Das schließt den Anspruch auf eine „faire Verfahrensdurchführung" ein, der zu den wesentlichen Ausprägungen des Rechtsstaatsprinzips gehört[28].

7.2 Verfahrensrecht (auch Vollstreckungsverfahrensrecht) läßt in weiten Bereichen im Interesse einer dem jeweiligen Verfahrensgegenstand angemessenen Prozedur **Ermessens- und Beurteilungsspielräume** zur Leitung, Förderung und Ausgestaltung des Verfahrensganges offen[29]. Sie müssen im Einzelfall im Blick auf das Verfahrensziel und die Grundrechte ausgelegt und angewendet werden; sie dürfen insbesondere nicht zu einer Verkürzung des grundrechtlich gesicherten Anspruchs auf einen effektiven Rechtsschutz führen[30]. Überschritten ist der den Gerichten bei Handhabung der Verfahrensrechts gesetzte Ermessens- und Beurteilungsspielraum jedenfalls dann, wenn die Rechtsanwendung bei verständiger Würdigung der das Grundgesetz beherrschenden Gedanken nicht mehr verständlich ist und sich daher der Schluß aufdrängt, daß sie auf sachfremden Erwägungen beruht[31].

7.3 „Allgemeines Prozeßgrundrecht" ist der Anspruch auf ein **faires Verfahren;** abgeleitet wird es aus dem Rechtsstaatsprinzip[32]. Der Richter/Rechtspfleger muß das Verfahren so gestalten, wie die Verfahrensbeteiligten es von ihm erwarten dürfen: Er darf sich nicht widersprüchlich verhalten, darf aus eigenen oder ihm zuzurechnenden Fehlern oder Versäumnissen keine Verfahrensnachteile ableiten und ist allgemein zur Rücksichtnahme gegenüber den Verfahrensbeteiligten in ihrer konkreten Situation verpflichtet[32].

8 Rechtsstaatliche **Verfahrensgestaltung** kann im Einzelfall gebieten:

8.1 Aufkärung (ZPO § 139) des Antragstellers eines Teilungsversteigerungsverfahrens über die Tragweite des sofortigen Zuschlags bei unzulänglichem Meistgebot und die Möglichkeit, Erteilung des Zuschlags mit Einstellungsbewilligung (§ 30) oder Antragsrücknahme (§ 29) zu verhindern[33]. Desgleichen Aufklärung des

---

[22] BVerfG 52, 214 = aaO (Fußn 14); OLG Schleswig Rpfleger 1979, 470 = SchlHA 1979, 215; Böhmer, Sondervotum, BVerfG 49, 228; NJW 1979, 535.
[23] Böhmer aaO (Fußn 22).
[24] Vollkommer Rpfleger 1982, 1 (8 zu Nr 12).
[25] BVerfG 51, 150 = aaO (Fußn 12).
[26] BVerfG 49, 220 = aaO (Fußn 12).
[27] BVerfG 46, 325; 49, 220; 49, 252 und 51, 150 = je aaO (Fußn 11, 12); OLG Schleswig Rpfleger 1979, 470 = SchlHA 1979, 215; OLG Celle KTS 1979, 320 = Rpfleger 1979, 116.
[28] BVerfG 46, 325; 49, 220 und 51, 150 = je aaO (Fußn 11, 12); OLG Celle und OLG Schleswig wie Fußn 27.
[29] BVerfG 42, 64 und 46, 325 = aaO (Fußn 12).
[30] BVerfG 49, 220 = aaO (Fußn 12).
[31] BVerfG 42, 64 = aaO (Fußn 12); BVerfG (Kammerbeschluß) NJW 1993, 1699 = Rpfleger 1993, 32 mit Anm Hintzen.
[32] BVerfG 78, 123 (126) mit weit Nachw = NJW 1988, 2787 = Rpfleger 1988, 533.
[33] BVerfG 42, 64 = aaO (Fußn 3).

bestrangig betreibenden Gläubigers einer Forderungsversteigerung über die nachteiligen Folgen der Zuschlagserteilung bei geringem Meistgebot des nachrangigen Gläubigers (oder eines Dritten) mit Erlöschen des bestrangigen Grundpfandrechts bei fast völligem Ausfall und die Möglichkeit, Erteilung des Zuschlags mit Einstellungsbewilligung (§ 30) oder Antrag nach § 74 a Abs 1 zu verhindern[34] (nicht zutreffend die Bedenken dagegen von[35]). Zur Aufklärung Einl Rdn 24.

8.2 Entscheidung über den Zuschlag nicht sogleich im Versteigerungstermin, sondern in einem **späteren Verkündungstermin** (§ 87) zu treffen, damit der Schuldner (Antragsgegner) Gelegenheit erhält, von geeigneten Rechtsbehelfen zum Schutz seines Eigentums Gebrauch zu machen[36]. Ihm ist damit insbesondere zu ermöglichen, Einstellungsantrag durch seinen bei Ende der Bietstunde im Versteigerungsraum nicht anwesenden Rechtsanwalt stellen zu lassen[37] oder bei krassem Mißverhältnis zwischen Meistgebot und Grundstückswert selbst in der Zwischenzeit Vollstreckungsschutz in Anspruch zu nehmen[38]. Wenn das Meistgebot in einem angemessenen Verhältnis zum Verkehrswert steht (wie zB bei Meistgebot über $7/10$ des Grundstückswertes), hat jedoch das Vollstreckungsgericht (ohne besondere Gründe) keine Veranlassung, dem Schuldner noch gesondert Gelegenheit zur Sellung eines Antrags nach ZPO § 765 a zu geben[39].

8.3 Kurzzeitige **Unterbrechung des Versteigerungstermins** (§ 66 Rdn 11) nach Schluß der Versteigerung (§ 73 Abs 2) vor Verkündung der Entscheidung über den Zuschlag (§ 87 Abs 1), insbesondere auf übereinstimmenden Antrag von Gläubiger und Schuldner, wenn begründete Aussicht besteht, daß es anschließend zur einstweiligen Einstellung kommt[40].

8.4 Rechtzeitige Entscheidung über einen Einstellungsantrag des Schuldners, damit dieser bei Ablehnung auf den Ernst der Lage hingewiesen ist, seine rechtliche Situation überprüfen und sich schlüssig werden kann, ob er eine (verhältnismäßig geringe) titulierte Forderung bezahlen oder es auf die Versteigerung des Grundstücks mit allen rechtlichen und wirtschaftlichen Konsequenzen ankommen lassen will[41].

8.5 Wahrung schützwürdiger Belange des Gläubigers mit beschleunigter Verfahrensfortführung. Wenn der Schuldner den Fortgang des Verfahrens unentwegt zielstrebig mit aussichtslosen Anträgen (auch untauglichen Ablehnungsgesuchen) und unzulässigen Beschwerden zu blockieren versucht, kann ihm daher damit begegnet werden müssen, daß seine Anträge mangels Rechtsschutzbedürfnis als unzulässig und unbeachtlich behandelt werden. Dann ist insbesondere das laufende Verfahren ohne Rücksicht auf solche mißbräuchliche Anträge[42] (dort für Verzögerung bei sachgerechter Behandlung aber kein Anhalt) fortzusetzen[43] und der Schuldner darauf zu verweisen, sachliche Einwendungen mit Beschwerden gegen den Zuschlag geltend zu machen. Zu querulatorischen Verzögerungsmaßnahmen des Schuldners auch[44].

Allgemeine **Verfahrensgrundsätze** des Immobiliarvollstreckungsverfahrens sind:

9.1 Parteiherrschaft: Immobiliarvollstreckung wird nur auf Antrag angeordnet (§ 15; Dispositionsmaxime). Der Gläubiger bleibt Herr seines Verfahrens (Einl

---

[34] BVerfG (Kammerbeschluß) Rpfleger 1993, 32 mit krit Anm Hintzen.
[35] Hintzen Rpfleger 1993, 33 (Anmerkung).
[36] BVerfG BVerfG 51, 150 = aaO (Fußn 12); OLG Celle aaO (Fußn 27).
[37] OLG Celle aaO (Fußn 27).
[38] BVerfG 46, 325 und 51, 150 = je aaO (Fußn 12).
[39] LG Frankenthal Rpfleger 1984, 194.
[40] OLG Düsseldorf OLGZ 1994, 608 = Rpfleger 1994, 429.
[41] BVerfG 49, 220 = aaO (Fußn 12).
[42] AG Bernkastel-Kues und LG Trier, beide Rpfleger 1991, 70.
[43] OlG Köln Rpfleger 1980, 233 = VersR 1980, 686.
[44] Engel Rpfleger 1981, 81.

Einleitung 9.1 Grundstücksvollstreckung als Verfahrensrecht

Rdn 21.2). Das Verfahren wird daher eingestellt, wenn der Gläubiger dies bewilligt (§ 30); es wird aufgehoben, wenn der Gläubiger seinen Antrag zurücknimmt (§ 29).

9.2 Amtsbetrieb: Das auf Antrag (§ 15) angeordnete Verfahren wird ohne Anträge der Beteiligten von Amts wegen durchgeführt. Nur zur Wahrung individueller Einzelrechte bedarf es eines gesonderten Antrags. Anträge sind nötig für: Anordnung (§ 15), Beitritt (§ 27), Fortsetzung (§ 31), abweichende Versteigerungsbedingung (§ 59), Gesamtausgebot (§ 63 Abs 2), Verteilung einer Gesamthypothek (§ 64), Erlöschen eines nach landesrechtlicher Regelung unberührt bleibenden Rechts (EGZVG § 9 Abs 2), Sicherheitsleistung (§ 67 Abs 1), erhöhte Sicherheitsleistung (§ 68 Abs 2), Fortsetzung eines wegen Deckung aus Einzelgebot eingestellten Verfahrens (§ 76 Abs 2), Übergang zur Zwangsverwaltung (§ 77 Abs 2), zweiten Termin (§ 85), gerichtliche Verwaltung (§ 94), Rechtsmittel (§ 95), Aussetzung der Ausführung des Teilungsplans (§ 116), Wiederversteigerung (§ 133), Aufgebotsverfahren (§ 138). Zu diesen das Verfahren fördernden Anträgen kommen noch zahlreiche das Verfahren hemmende oder beseitigende (Einstellungs- und Aufhebungsanträge usw). Zustellungen erfolgen von Amts wegen (§ 3).

9.3 Beteiligtenzuziehung: Die am Grundstück Berechtigten werden als Beteiligte (§ 9) zu dem Verfahren zugezogen, damit sie ihre Rechte wahren können. Die Interessen der bei Eintragung des Versteigerungsvermerks aus dem Grundbuch ersichtlichen Berechtigten werden weitgehend von Amts wegen wahrgenommen. Rechte und Ansprüche, die zur Zeit der Eintragung des Versteigerungsvermerks nicht aus dem Grundbuch ersichtlich waren, bedürfen zwingend der Anmeldung (siehe zB §§ 9, 28, 37 Nr 4, § 41 Abs 1, §§ 45, 114).

9.4 Deckungsgrundsatz: Die Versteigerung wird unter Wahrung der dem betreibenden Gläubiger vorgehenden Rechte ausgeführt. Zugelassen wird nur ein Gebot, durch welches die dem Anspruch des Gläubigers vorgehenden Rechte sowie die Verfahrenskosten gedeckt werden (geringstes Gebot, § 44 Abs 1).

9.5 Rechtliches Gehör: Es ist nach GrundG Art 103 Abs 1 zu gewähren. Einzelheiten Einl Rdn 46.

9.6 Surrogationsgrundsatz: Mit dem Zuschlag tritt an die Stelle des Grundstücks, dessen Eigentümer der Ersteher wird (§ 90 Abs 1), der Versteigerungserlös. An diesem setzen sich die mit dem Zuschlag erlöschenden Grundstücksrechte (§ 91 Abs 1) fort. Einzelheiten: § 91 Rdn 2.5.

10 Die **Verfahrensregeln der Zwangsversteigerung** sind auf die Konkurrenz der Bieter ausgerichtet[45]. Sie sollen mit freiem Wettbewerb der am Erwerb Interessierten gewährleisten, daß das Grundstück zu einem seinem Wert möglichst entsprechenden Gebot zugeschlagen und auf diesem Weg möglichst wertrichtig Deckung für die auf ihm ruhenden Lasten erreicht werden kann[45]. Der Erlös braucht deswegen nicht rundweg der denkbar günstigste zu sein[46]. Wer sich in einer Zwangslage befindet und durch den Verkauf eines Grundstücks von drückenden Schulden befreien muß, kann sein Eigentum nicht immer zu günstigen Bedingungen in Geldwert umsetzen[47]. Veräußerungszwang kann den Verkaufswert mindern. Angemessenen Erlös gewährleistet die verfassungsmäßige Eigentumsgarantie (GrundG Art 14 Abs 1) bei Zwangsversteigerung so wenig wie im Falle einer freihändigen Veräußerung[47]. Die Rechtmäßigkeit einer Zwangsversteigerung kann daher nicht allein deshalb in Frage gestellt werden, weil sie einen angemessenen Erlös nicht erbracht hat[47]. Wenn der für den Eigentümer durch die Zwangsversteigerung eintretende Vermögensverlust (zB über 20 000 DM) in keinem vertret-

---

[45] BGH KTS 1979, 190 = MDR 1979, 217 = NJW 1979, 162; Stöber ZIP 1981, 944.
[46] BVerfG 42, 64 = aaO (Fußn 3).
[47] OLG Celle Rpfleger 1979, 390.

baren Verhältnis zur Höhe der zu befriedigenden Forderung des Gläubigers steht (zB nicht einmal 1000 DM) gebietet jedoch der Grundsatz der Verhältnismäßigkeit Eigentumsschutz[48] (Einl Rdn 48, auch 52 ff). Sonst verletzt ein Zuschlag nicht schon deshalb die verfassungsmäßige Eigentumsgarantie, weil er auf ein (weit) unter dem Verkehrswert des Grundstücks liegendes Meistgebot erteilt worden ist[49]. Es gibt jedoch keinen allgemeinen Erfahrungssatz, daß der Versteigerungserlös nicht dem wirklichen Wert des versteigerten Grundstücks entsprechen würde[50]. Die Versteigerung ist aber nicht rechtmäßig, wenn die Funktion, die das Gesetz der Konkurrenz der Bieter im Versteigerungsverfahren zur Interessenwahrung zumißt, unerfüllt bleibt. Das ist der Fall, wenn Teilnehmer an der Versteigerung es verstehen, diese Konkurrenz zu schwächen oder auszuschalten[51]. Wer das Ziel der gesetzlichen Regelung der Zwangsversteigerung unterläuft, insbesondere die freie Konkurrenz unter Bietern ausschaltet, um sich zum Schaden der übrigen an der Versteigerung Beteiligten Vermögensvorteile zu verschaffen, oder wer den Zuschlag sonst durch ein unlauteres Verhalten bei der Versteigerung erschleicht, ist daher dem Vorwurf der Sittenwidrigkeit ausgesetzt[51]. Der mit den guten Sitten nicht zu vereinbarende Gebrauch einer Rechtsstellung wird nicht durch das formal nach den formstrengen Vorschriften des ZVG verlaufende Verfahren gedeckt[51]. Zur Sittenwidrigkeit allgemein Einl Rdn 52; zur Sittenwidrigkeit eines Bietabkommens § 71 Rdn 8; zur sittenwidrigen Ausnutzung eines Zuschlags § 81 Rdn 9; zu Schadensersatz bei sittenwidriger Ausnutzung eines Mißverständnisses (über die Bedeutung früher möglich gewesener Ausgebote mit Zahlungsfristen)[51].

II. Immobiliarvollstreckung (ZPO §§ 864–871)

Übersicht

Grundstücke als Gegenstand von ZVG-Verfahren ... 11	Verhältnis zur Vollstreckung in bewegliches Vermögen ... 17
Grundstücksbruchteile ... 12	Zwangsmaßregeln der Immobiliarvollstreckung ... 18
Grundstücksgleiche Rechte ... 13	Zwangsvollstreckung als Verfahrensrecht der ZPO ... 19
Gebäudeeigentum im Beitrittsgebiet . 14	
Sonstige Gegenstände ... 15	
Umfang der Immobiliarvollstreckung ... 16	

Zivilprozeßordnung. Achtes Buch. Zwangsvollstreckung

2. Abschnitt. Zwangsvollstreckung wegen Geldforderungen

2. Titel. Zwangsvollstreckung in das unbewegliche Vermögen

ZPO § 864 (1) Der Zwangsvollstreckung in das unbewegliche Vermögen unterliegen außer den Grundstücken die Berechtigungen, für welche die sich auf Grundstücke beziehenden Vorschriften gelten, die im Schiffsregister eingetragenen Schiffe und die Schiffsbauwerke, die im Schiffsbauregister eingetragen sind oder in dieses Register eingetragen werden können.

(2) Die Zwangsvollstreckung in den Bruchteil eines Grundstücks, einer Berechtigung der im Absatz 1 bezeichneten Art oder eines Schiffes oder Schiffsbauwerks ist nur zulässig, wenn der Bruchteil in dem Anteil eines Miteigentümers besteht oder wenn sich der Anspruch des Gläubigers auf ein Recht gründet, mit dem der Bruchteil als solcher belastet ist.

---

[48] Böhmer, Sondervotum, BVerfG 49, 228 = NJW 1979, 535; Vollkommer Rpfleger 1982, 1 (5 zu Nr 7).
[49] OLG Celle Rpfleger 1979, 390.
[50] BGH MDR 1980, 575 = NJW 1980, 1580 = Rpfleger 1980, 184.
[51] BGH NJW 1979, 162 = aaO (Fußn 45).

Einleitung 11

11 Grundstücke als Gegenstand von ZVG-Verfahren

11.1 Grundstücke unterliegen der Zwangsvollstreckung in das unbewegliche Vermögen (ZPO § 864 Abs 1). Grundstück im Rechtssinn (damit auch als Gegenstand der Immobiliarvollstreckung) ist eine räumlich fest abgegrenzte Bodenfläche (mit dem Raum darüber und darunter, BGB § 905), die im Grundbuch an einer besonderen Stelle eingetragen ist[1], oder anders gesagt: ein Stück Land, das gegenüber seiner Umgebung räumlich abgegrenzt, durch Vermessung festgelegt und mit einer amtlichen Nummer versehen und dazu im Grundbuch eingetragen ist. Als rechtliche Einheit eingetragen sein muß das Grundstück im Grundbuch auf einem Grundbuchblatt (GBO § 3 Abs 1) oder auf einem gemeinschaftlichen Grundbuchblatt (GBO § 4 Abs 1) unter einer besonderen Nummer (GVB § 6 Abs 1). Ist noch kein Blatt angelegt, kann der Gläubiger (Antragsteller) die Anlegung nach GBO § 14 erwirken. Sind Grundbücher abhanden gekommen oder zerstört, so müssen sie vor Vollstreckungsbeginn gemäß Grundbücher-Wiederherstellungsverordnung (Textanhang T 19) auf Antrag wiederhergestellt werden. Ein buchungsfreies (= nicht im Grundbuch eingetragenes) Grundstück (GBO § 3 Abs 2) nimmt nicht am Rechtsverkehr teil.

11.2 Vermessungstechnisch und grundbuchrechtlich werden die Grundstücke nach „Gemarkung" und „Flurstücknummer" bezeichnet (in Bayern früher nach „Steuergemeinde" und „Plannummer", seit 1935 auch hier aufgehoben). Grundstück im vermessungstechnischen Sinn ist das Flurstück, im tatsächlichen Sinn ist es ein räumlich abgegrenzter Teil der Erdoberfläche; im wirtschaftlichen Sinn ist es eine wirtschaftliche Einheit von Bodenflächen, zB nach dem Grundstücksverkehrsgesetz, Baugesetzbuch, Reichssiedlungsgesetz. Ein Flurstück kann nicht aus mehreren Grundstücken im Rechtssinn bestehen; ein Grundstück im Rechtssinn kann mehrere Flurstücke umfassen, mindestens aber eines, nicht nur einen realen Teil davon. Als Teilfläche eines Grundstücks kann ein Flurstück nicht selbständig Gegenstand einer Immobiliarvollstreckung sein (Rdn 11.7; Ausnahme bei Vereinigung und Bestandteilszuschreibung).

11.3 Wenn mehrere Grundstücke **vereinigt** worden sind (BGB § 890 Abs 1) und diese selbständig belastet waren, behält jedes Teilgrundstück seinen bisherigen Grundpfandrechtsstand; die Grundpfandrechte des einen Teils ergreifen nicht das mit ihm vereinigte Grundstück. Die bisherigen Teile sind unwesentliche Bestandteile des neuen Grundstücks[2]. Daher beschränkt sich hier die Zwangsvollstreckung wegen des dinglichen Anspruchs des Gläubigers aus einem vor der Vereinigung eingetragenen Grundpfandrecht auf den dafür haftenden Teil[3]. Mitversteigerung (oder Zwangsverwaltung) des erst nach der Belastung mit ihm vereinigten Teils kann der Gläubiger wegen seines dinglichen Anspruchs nicht betreiben. Die Vollstreckung richtet sich gegen das alte Grundstück, nur gegen den mit dem vollstreckenden Recht belasteten Teil; es ist auch der Vollstreckungsvermerk so einzutragen[4].

11.4 Mit **Bestandteilszuschreibung** (BGB § 890 Abs 2) wird das aufgenommene Grundstück vom Stammgrundstück verschluckt. Die Lasten bestehen an den bisherigen Einzelgrundstücken fort; es ergreifen aber die Grundpfandrechte des Stammgrundstücks auch das aufgenommene (BGB § 1131) und es gehen die auf dem aufgenommenen Grundstück schon haftenden besonderen Rechte den anderen im Range vor. Ein Gläubiger, dessen Recht erst nach der Zuschreibung eingetragen ist, und ein persönlicher Gläubiger können nach Bestandteilszuschrei-

---

[1] RG 84, 265 (270); BayObLG 1954, 258 (262); BayObLG Rpfleger 1981, 190 (191 rechte Spalte); Haegele/Schöner/Stöber, Grundbuchrecht, Rdn 561.
[2] Haegele/Schöner/Stöber, Grundbuchrecht, Rdn 624.
[3] Wendt Rpfleger 1983, 192 (V 3).
[4] Jaeckel/Güthe §§ 15, 16 Rdn 7.

Immobiliarvollstreckung 11.7 **Einleitung**

bung nur in das ganze Grundstück vollstrecken. Aus einem vor Zuschreibung am aufgenommenen Grundstück lastenden Recht kann dessen Gläubiger nur die Zwangsversteigerung dieses Grundstücks betreiben (keine Mithaft des Hauptgrundstücks). Der Gläubiger eines vor Beschlagnahme am Hauptgrundstück eingetragenen Rechts kann die Zwangsversteigerung des ihm haftenden neuen (einheitlichen) Grundstücks (BGB § 1131) betreiben. Er kann aber auch, wenn ihm die Zuschreibung nachteilig ist (zB wegen hoher Vorbelastungen am zugeschriebenen Grundstück) zunächst nur die Zwangsversteigerung des belasteten Hauptgrundstücks betreiben[5] und dadurch wieder die Abtrennung des zugeschriebenen Teils herbeiführen.

11.5 **Vereinigung** oder **Bestandteilszuschreibung** (BGB § 890) **erst nach Beschlagnahme** (§ 20) ändert den Gegenstand des Zwangsversteigerungsverfahrens nicht. Die Bestandsveränderung bleibt dem Beschlagnahmegläubiger gegenüber unwirksam (§ 20 Abs 1 Satz 1). Das Verfahren zur Zwangsversteigerung des beschlagnahmten bisherigen (rechtlich selbständigen) Grundstücks nimmt seinen Fortgang; es betrifft nicht das neue (einheitliche) Grundstück, erstreckt sich somit nicht auf die durch Vereinigung oder Bestandteilszuschreibung einbezogene Grundstücksfläche. Das gilt auch bei Bestandsveränderung, wenn die vereinigte oder zugeschriebene Teilfläche nur als Zuflurstück (Flurstück ohne selbständige Flurstücksnummer; zu ihm[6]) ausgewiesen war. Durch Beitritt können die Beschlagnahmewirkungen auch auf den neuen Grundstücksteil erstreckt werden, der noch nicht beschlagnahmt ist (persönlicher Gläubiger kann hier immer beitreten, dinglicher nur, wenn die Haftung für ihn erweitert ist). **Nach** Vereinigung oder Bestandteilszuschreibung ist nur noch das damit entstandene neue (einheitliche) Grundstück als Grundstück im Rechtssinn Gegenstand der Grundstückszwangsvollstreckung (ZPO § 864 Abs 1; Einl Rdn 11.3 und 11.4). Persönliche Gläubiger und Gläubiger eines nach Vereinigung oder Bestandteilszuschreibung eingetragenen dinglichen Rechts können nur noch die Zwangsversteigerung dieses neuen (einheitlichen) Grundstücks betreiben, nicht mehr aber die der bisher rechtlich selbständig gewesenen Grundstücke vollstrecken; diese sind nur noch reale Teile (unwesentliche Bestandteile) des einheitlichen (neuen) Grundstücks (als Grundstücksteile müßten sie für selbständige Vollstreckung wieder rechtlich verselbständigt werden; Einl Rdn 11.7). Gleiches gilt für Gläubiger der vor Vereinigung oder Bestandteilszuschreibung bestehenden Belastungen, deren Grundpfandrechte mit Nachverpfändung (Pfandunterstellung) auf den bisher nicht belastet gewesenen Grundstücksteil ausgedehnt worden sind.

11.6 Zum **Vollstreckungstitel** für Zwangsversteigerung nach Vereinigung oder Bestandteilszuschreibung: § 16 Rdn 3.9 und 3.10.

11.7 Sonst kann in **reale Grundstücksteile** nicht vollstreckt werden, solange die Teile nicht durch Teilung (zu ihr[7]) rechtlich verselbständigt sind. Auch Verfahrenseinstellung oder Verfahrensaufhebung kann hinsichtlich eines realen Grundstücksteils nicht erfolgen (auch nicht, wenn er als Flurstück mit eigener Flurstücknummer bezeichnet und im Grundbuch eingetragen ist). Ein Zuflurstück (ein selbständiges Grundstück, das nur vorübergehend vermessungstechnisch besteht und keine eigene Flurstücksnummer hat), zB eine zur öffentlichen Straße weggemessene Grundstücksteilfläche, kann (mit dem Vollstreckungsvermerk) auf das künftige Grundbuchblatt übertragen und vom Gläubiger freigegeben werden. Der Versteigerungsvermerk wird dann nach Aufhebung des Verfahrens hinsichtlich dieses Zuflurstücks gelöscht.

---

[5] Dassler/Muth § 1 Rdn 9; Steiner/Hagemann Einl Rdn 22.
[6] Haegele/Schöner/Stöber, Grundbuchrecht, Rdn 684.
[7] Haegele/Schöner/Stöber, Grundbuchrecht, Rdn 666.

Einleitung 12

12 Grundstücksbruchteile

12.1 Auch auf den **Bruchteil** (ideeller oder gedachter Teil) eines Grundstücks (auch eines grundstücksgleichen Rechts, Gebäudeeigentums, Schiffs, Schiffsbauwerks, Luftfahrzeugs) kann sich die Zwangsvollstreckung in unbewegliches Vermögen erstrecken (ZPO § 864 Abs 2).

12.2 a) Der **Bruchteil** eines Grundstücks (anderen Objekts) kann Gegenstand der Immobiliarvollstreckung sein, wenn er „in dem **Anteil eines Miteigentümers** besteht" (ZPO § 864 Abs 2; Miteigentümer eingetragen oder Erbe des Eingetragenen, § 17 Abs 1). Bei der Gemeinschaft nach Bruchteilen (BGB §§ 741 ff) steht das Eigentum den Teilhabern gemeinschaftlich zu ziffernmäßig bestimmten ideellen Anteilen zu (zB je ½, ¼ usw, aber auch in Prozenten möglich, zB je 50%). Über seinen ideellen (nur rechnerischen) Anteil am gemeinschaftlichen Grundstück kann jeder Teilhaber verfügen (BGB § 747); er kann mit einer Hypothek (BGB § 1114), Grundschuld (§ 1192 Abs 1) oder Rentenschuld (§ 1199) sowie Reallast (BGB § 1106) belastet werden. Demzufolge ist auch die Zulässigkeit der Zwangsvollstreckung in den Bruchteil eines Grundstücks (anderen Objekts) bestimmt. Sie kann wegen des dinglichen Anspruchs aus einem an dem Grundstücksbruchteil lastenden Rechts und wegen eines persönlichen Anspruchs gegen den Bruchteilsmiteigentümer als haftender Schuldner (Einl Rdn 2) erfolgen.

b) „In dem Anteil eines Miteigentümers" besteht der Bruchteil eines Grundstücks auch, wenn ein dienendes Grundstück noch einem Eigentümer gehört, dieser aber die Teilung und Zuordnung der Miteigentumsanteile zu herrschenden Grundstücken erklärt hat und Eintragung der Miteigentumsanteile auf den Grundbuchblättern der herrschenden Grundstücke erfolgt ist (GBO § 3 Abs 6 mit Abs 5). Diese **Buchung nach GBO § 3 Abs 6** ermöglicht Anteilsbealstung (BGB § 1114) und ebenso Zwangsvollstreckung in den Bruchteilen wegen eines dinglichen oder wegen eines persönlichen Anspruchs (ZPO § 864 Abs 2).

12.3 a) Der **Bruchteil** eines Grundstücks (anderen Objekts) kann Gegenstand der Immobiliarvollstreckung auch sein, wenn Miteigentum nicht mehr besteht, der Anspruch des Gläubigers sich aber „auf ein **Recht** gründet, mit dem der **Bruchteil** als solcher **belastet** ist" (ZPO § 864 Abs 2). Das ist insbesondere der Fall, wenn ein früherer Miteigentümer seinen Miteigentumsanteil mit einer Hypothek, Grundschuld, Rentenschuld oder Reallast belastet hat (Einl Rdn 12.2) und dessen Bruchteilsmiteigentum dann weggefallen ist, zB deshalb, weil aus dem Miteigentum Alleineigentum wurde[1]. Dem wird der Fall gleichgestellt, daß sich mit einer Gesamtgrundschuld belastete Grundstücksmiteigentumsanteile in der Hand eines Miteigentümers (oder auch eines Dritten) vereinigt haben, der Grundschuldgläubiger infolge Teilnichtigkeit der Sicherungsabrede hinsichtlich eines (einzelner) der früheren Miteigentümer aber nur die Zwangsversteigerung (Zwangsverwaltung) des vormaligen Miteigentumsanteils des (oder der) anderen Grundstücksmiteigentümers betreiben kann[2]. In den früheren (nicht mehr bestehenden) Miteigentumsanteil kann ebenso vollstreckt werden, wenn ein Bruchteilsmiteigentümer den weiteren Bruchteil als Vorerbe hinzuerworben und nur den früheren Anteil gesondert belastet hat[3], wenn nach Zuschlag die Sicherungshypothek für eine übertragene Forderung (§ 128) an einem früheren (durch Zuschlag nicht mehr bestehenden) Miteigentumsanteil eingetragen ist, und wenn ein Schuldner seinen Miteigentumsanteil auf den anderen Miteigentümer nach AnfG § 3 anfechtbar übertragen hat (für die nach Verurteilung des Anfechtungsgegners dann zu dul-

---

[1] BayObLG DNotZ 1971, 659 = Rpfleger 1971, 316.
[2] BGH 106, 19 (27) = DNotZ 1989, 609 mit Anm Schmitz-Valckenberg = MittBayNot 1989, 83 und 207 mit Anm Schelter = MDR 1989, 434 = NJW 1989, 831.
[3] BayObLG 1968, 104 = DNotZ 1968, 626 = MDR 1968, 842 = NJW 1968, 1431 = Rpfleger 1968, 221.

Immobiliarvollstreckung   12.7 **Einleitung**

dende Vollstreckungsmaßnahme wird fingiert, daß der Miteigentumsanteil noch fortbesteht)[4].

b) Die Zwangsvollstreckung in den nicht mehr bestehenden Bruchteil eines Miteigentümers dient der Verwirklichung des Anspruchs des Gläubigers des Rechts, mit dem der Bruchteil als solcher noch belastet ist (zur Besonderheit für den Anfechtungsgläubiger Abs a). Sie kann daher nur wegen des **dinglichen Anspruchs** dieses Gläubigers (dinglicher Titel erforderlich, § 15 Rdn 9) erfolgen; zur Verwirklichung dieses Anspruchs wird für die Vollstreckung fingiert, daß der belastete „ideelle" Miteigentumsanteil fortbesteht. Die Bruchteilsbelastung besteht nicht mehr, wenn der Miteigentümer das Grundstück ganz erworben und danach die (bisherige) Bruchteilshypothek (-grundschuld usw) auf das Gesamtgrundstück erstreckt hat; die Zwangsvollstreckung in den vormaligen Bruchteil ist dann ausgeschlossen.

12.4 Zur **Vollstreckung in Grundstücksmiteigentum** kommen in Frage: Zwangsversteigerung oder Zwangsverwaltung des einzelnen Grundstücksbruchteils (ZPO § 866 Abs 1 mit § 864 Abs 2); Eintragung einer Zwangshypothek am einzelnen Bruchteil (ZPO § 866 Abs 1 mit § 864 Abs 2); zulässig sind auch Pfändung des Rechts auf Aufhebung der Gemeinschaft (BGB § 749 Abs 1)[5] (§ 180 Rdn 11.2) und Pfändung des Anteils an den Früchten der gemeinsamen Sache (BGB § 743 Abs 1). Nicht aber kommen in Frage: Pfändung des „Miteigentumsanteils", weil die Zwangsvollstreckung in unbewegliches Vermögen nur nach ZPO § 864 erfolgen darf; Rechtspfändung aus ZPO § 857, weil dies ein Recht voraussetzt, das nicht Gegenstand der Immobiliarvollstreckung ist[6].

12.5 Ein **Gesamtgrundpfandrecht** (BGB § 1132) stellt die (ursprüngliche oder nachträglich durch Veräußerung eines Bruchteils des haftenden Grundstücks entstandene) Belastung **mehrerer Miteigentumsanteile** eines Grundstücks (anderen Objekts), damit auch des ganzen in Miteigentum stehenden Grundstücks, dar[7] (mit Nachw). Der Gläubiger kann daher wegen seines dinglichen Anspruchs nach seinem Belieben (BGB § 1132 Abs 1) in jeden belasteten Miteigentumsanteil (damit in einzelne, mehrere oder alle) vollstrecken. Als Gläubiger des Anspruchs aus einer Hypothek (Grundschuld usw) kann nach Übergang des Grundstücks in Bruchteilseigentum daher auch ein Grundstücksmiteigentümer in die Bruchteile der anderen Miteigentümer vollstrecken (hier keine Vollstreckung in den Eigenanteil, BGB § 1197 Abs 1). Wird gleichzeitig in mehrere Bruchteile vollstreckt, so sind sie wie mehrere Grundstücke zu behandeln. Verbindung der Verfahren ist nur nach § 18 möglich.

12.6 Bei **Miteigentum zur gesamten Hand** (Erbengemeinschaft, Gesellschaft, Gesamtgut der Gütergemeinschaft) bestehen an den einzelnen Grundstücken (anderen Objekten) des Gesamthandvermögens keine Anteile der Mitberechtigten. Die Gemeinschaftsmitglieder sind ungeteilte Eigentümer der zum gemeinsamen Vermögen gehörenden Sache; solange die Gemeinschaft besteht, ist jedes Vermögensstück durch die Bestimmung, dem Gemeinschaftszweck zu dienen, dinglich gebunden und der Verfügung des einzelnen Mitglieds entzogen (zB BGB §§ 719, 2040). In den Anteil an den zum Gesamthandvermögen gehörenden Grundstücken (anderen Objekten) findet eine Immobiliarvollstreckung daher nicht statt. Der Gesamthandsvermögensanteil unterliegt der Rechtspfändung (ZPO §§ 857, 859; dazu § 180 Rdn 11).

12.7 Wenn ein Gläubiger den vollen wirtschaftlichen Wert eines **Bruchteils** nutzen will, muß er nach Pfändung die Auseinandersetzung der Gemeinschaft betreiben, weil Zwangsversteigerung oder Zwangsverwaltung eines **Bruchteils** immer

---

[4] BGH 90, 207 (214) = MDR 1984, 486 = NJW 1984, 1986.
[5] Stöber, Forderungspfändung, Rdn 1542–1546 mit weit Nachw.
[6] Furtner NJW 1957, 1620.
[7] BGH 40, 115 (120).

Einleitung 12.7 Immobiliarvollstreckung

wieder erfolglos bleiben (in der Versteigerung zu hohe Belastungen; in der Zwangsverwaltung erhebliche Schwierigkeiten bei Bruchteilen, § 146 Rdn 3). Der Gläubiger kann nicht aus einer Zwangshypothek an einem Bruchteil das ganze Grundstück über BGB § 751 Satz 2 oder § 1258 versteigern lassen, weil die Eintragung der Zwangshypothek keine Pfändung ist, sondern nur der Sicherung dient, und weil ja auch eine Vertragshypothek an einem Bruchteil nicht diesen Weg beschreiten kann.

12.8   Grundstücksbruchteil ist auch das **Wohnungseigentum** und das **Teileigentum** nach dem WEG. Als Sondereigentum an einer Wohnung oder an nicht zu Wohnzwecken dienenden Räumen bestehen sie aus der Verbindung eines Miteigentumsanteil am gemeinschaftlichen Eigentum mit Einzeleigentum; sie sind damit als besondere Art des Bruchteilsmiteigentums echtes Grundstückseigentum[8], das den näheren Regelungen des WEG unterliegt, nicht aber (was früher vereinzelt angenommen wurde) grundstücksgleiche Rechte.

12.9   Hierher gehören auch noch die verschiedenen Arten des landesrechtlichen **Stockwerkseigentums** (in den Ländern unterschiedlich geregelt). Zur Teilungsversteigerung § 180 Rdn 7.24.

13   Grundstücksgleiche Rechte

13.1   Die Zwangsvollstreckung in eine „Berechtigung, für welche die sich **auf Grundstücke beziehenden Vorschriften** gelten" (= grundstücksgleiches Recht = selbständige Berechtigung), erfolgt nach den Vorschriften über die Zwangsvollstreckung in Grundstücke: ZPO § 870. Auch hier kann in Bruchteile vollstreckt werden. Vollstreckungsvoraussetzung ist wie bei den Grundstücken, daß die Rechte ein Grundbuchblatt (Erbbaugrundbuchblatt) haben (wenn nicht, muß der Gläubiger dessen Anlage erwirken oder bei zerstörten oder abhandengekommenen Blättern die Wiederherstellung beantragen, Einl Rdn 11.1).

13.2   **Zu den** grundstücksgleichen **Rechten gehören:** I. Erbbaurecht: vor 22. 1. 1919 nach BGB § 1017, seitdem nach ErbbauVO §§ 11, 14. II. Wohnungserbbaurecht und Teilerbbaurecht nach WEG § 30 als Unterart des Erbbaurechts. III. Bergwerkseigentum (seit 1. 1. 1982) nach Bundesberggesetz (BBergG) vom 13. 8. 1980 (BGBl 1980 I 1310) § 9 Abs 1. IV. Landesrechtliches Stockwerkseigentum nach EBBGB Art 131 (= uneigentliches) und Art 182 (eigentliches Stockwerkseigentum). V. Landesrechtliche Realgemeindeanteile nach EGBGB Art 164.

13.3   **Nicht mehr** hierher gehören landesrechtliches Erbpachtrecht, Büdnerrecht, Häuslerrecht nach EGBGB Art 63, aufgehoben durch das Kontrollratsgesetz Nr 45.

13.4   Nur noch **beschränkt** hierher gehören landesrechtliche Realgewerberechtigungen, die im Grundbuch eingetragen sind (waren); nach Bundesberggesetz (§ 149) aufrechterhaltenes Bergwerkseigentum und Kohlenabbaugerechtigkeit nach EGBGB Art 67 und Landesrecht; sonstige Mineraliengewinnungsrechte nach EGBGB Art 68 und Landesrecht; Jagd- und Fischereigerechtsame nach EGBGB Art 69, bezüglich der Jagdrechte außer Kraft durch Reichs- und Bundesjagdgesetz; erbliche Nutzungsrechte nach EGBGB Art 196; reale Bann- und Zwangsrechte nach EGBGB Art 74 (Fährrecht; Schiffsmühlenrecht; früher auch Apothekenrealrechte, jetzt Rdn 13.5; früher auch Brennrechte, jetzt § 55 Rdn 4 und § 66 Rdn 6.7; früher auch Kaminkehrrechte, jetzt verliehene Kehrbezirke; früher auch Hufschmieds-, Brauerei-, Müllerei-, Gastwirtschafts- und ähnliche Gewerbegerechtsame, jetzt durch grundsätzliche Gewerbefreiheit und die entsprechenden Neuregelungen gegenstandslos; früher auch Abdeckereigerechtigkeit, durch Reichsgesetz vom 1. 2. 1934 aufgehoben).

13.5   Ein **Apothekenrealrecht** (Einl Rdn 13.4) hat wirtschaftlich nur noch eingeschränkte Bedeutung. Für den Betrieb einer Apotheke ist jetzt nur die persön-

---

[8] OLG Düsseldorf MittBayNot 1963, 327 = MittRhNotK 1963, 565.

Immobiliarvollstreckung 14.3 **Einleitung**

liche Betriebserlaubnis nötig, die nur ein Apotheker erhält. Früher gab es entweder ein staatliches Privileg (in Gebieten preußischen Rechts) oder ein Realrecht (in Gebieten bayerischen Rechts); das dingliche Recht war subjektiv-persönlich (selbständige Apothekengerechtigkeit) oder subjektiv-dingliche (als radiziertes Recht Bestandteil des Grundstücks). Die selbständige Gerechtigkeit bekam ein eigenes Grundbuchblatt, war belastbar und der Zwangsversteigerung und Zwangsverwaltung unterworfen. Diese Rechte sind vom Apothekengesetz (Textanhang T 6) aufrechterhalten, jedoch dahin abgeschwächt, daß auch ihre Inhaber der Betriebserlaubnis bedürfen, die allerdings als erteilt gilt (Apothekengesetz §§ 26, 27). Die Realrechte werden jetzt als Bestandteil des Grundstücks mitversteigert; sie erhöhen dessen Wert vor allem wegen des oft seit Jahrhunderten bestehenden Apothekennamens.

Gebäudeeigentum im Beitrittsgebiet 14

14.1 Auf Gebäudeeigentum, das in den Ländern **Brandenburg, Mecklenburg-Vorpommern, Sachsen, Sachsen-Anhalt** und **Thüringen** sowie in dem Teil des Landes Berlin, in dem das Grundgesetz früher nicht galt (**Beitrittsgebiet**) fortbesteht, findet das Grundstücksrecht des Bürgerlichen Gesetzbuchs Anwendung (EGBGB Art 233 § 4 Abs 1 und 3). Gebäudeeigentum unterliegt damit als Eigentumsform des unbeweglichen Vermögens (wie Grundstücke) der Immobiliarvollstreckung (ZPO § 864 Abs 1). Gebäudeeigentum sind als persönliches Eigentum eines Nutzungsberechtigten Gebäude (Baulichkeiten, Anlagen, Anpflanzungen oder Einrichtungen), die errichtet sind

- nach **ZGB-DDR** § 288 Abs 4 auf einem volkseigenen Grundstück auf Grund eines verliehenen Nutzungsrechts zur Errichtung und persönlichen Nutzung eines Eigenheimes oder eines anderen persönlichen Bedürfnissen dienenden Gebäudes (ZGB-DDR § 287 Abs 1);
- nach **ZGB-DDR** § 292 Abs 3 auf der zum Bau eines Eigenheims oder anderen persönlichen Bedürfnissen dienenden Gebäudes zugewiesenen Bodenfläche einer Landwirtschaftlichen Produktionsgenossenschaft oder anderen sozialistischen Genossenschaft (§ 291 ZGB-DDR);
- auf Grund **anderer Rechtsvorschriften** (EGBGB Art 233 § 4 Abs 7) als Gebäudeeigentum in Verbindung mit einem Nutzrecht am Grundstück.

Zu diesem Gebäudeeigentum nach ZGB-DDR siehe EGBGB Art 233 § 4 und die Erläuterungen hierzu in den Kommentaren zum BGB; Einzeldarstellung auch bei[1].

14.2 Als Gebäudeeigentum **ohne dingliches Nutzungsrecht** sind unabhängig vom Eigentum am Grundstück Eigentum des Nutzers

- nach **EGBGB Art 233 § 2 b** Gebäude und Anlagen landwirtschaftlicher Produktionsgenossenschaften sowie Gebäude und Anlagen von Arbeiter-Wohnungsbaugenossenschaften und von gemeinnützigen Wohnungsbaugenossenschaften auf ehemals volkseigenen Grundstücken in den Fällen von EGBGB Art 233 § 2 a Abs 1 Satz 1 Buchst a und b;
- nach **EGBGB Art 233 § 8** Gebäude und Anlagen, an denen auf Grund der Rechtsverhältnisse auf Grund des früheren ZGB-DDR § 459 und den dazu ergangenen Ausführungsvorschriften Gebäudeeigentum entstanden ist.

14.3 Als vom Grundstückseigentum unabhängiges Eigentum gehört Gebäudeeigentum (Gebäude, Baulichkeiten, Anlagen, Anpflanzungen sowie Einrichtungen) mit seinen wesentlichen Bestandteilen nicht zu den Bestandteilen des Grundstücks (EGBGB Art 231 § 5 Abs 1 als Ausnahme von BGB §§ 93, 94). Als wesentliche Bestandteile des Gebäudes gelten das Nutzungsrecht am Grundstück und die erwähnten Anlagen, Anpflanzungen oder Einrichtungen (EGBGB Art 231 § 5 Abs 2).

---

[1] Haegele/Schöner/Stöber, Grundbuchrecht, Rdn 699 a ff.

Einleitung 14.4　　　　　　　　　　　　　　　　　Immobiliarvollstreckung

14.4 Gebäudeeigentum ist auf einem besonderen **Grundbuchblatt** (Gebäudegrundbuchblatt) nachgewiesen (für das Gebäudeeigentum ohne dingliches Nutzungsrecht von EGBGB Art 233 § 2 b dort Abs 2 Sat 1). Anlegung und Führung regelt die Verordnung über die Anlegung und Führung von Gebäudegrundbüchern (Gebäudegrundbuchverfügung – GGV) vom 15. 7. 1994 (BGBl I 1606). Das dem Gebäudeeigentum zugrunde liegende **Nutzungsrecht** wird von Amts wegen in das Grundbuch des belasteten Grundstücks eingetragen (EGBGB Art 233 § 4 Abs 1 Satz 2). Die Eintragung erfolgt in der zweiten Abteilung dieses Grundbuchs. Sie regelt GGV § 5. Gebäudeeigentum ohne dingliches Nutzungsrecht wird von Amts wegen in das Grundbuch des betroffenen Grundstücks eingetragen (EGBGB Art 233 § 2 c Abs 1 und § 2 b Abs 2 Satz 3 sowie § 8 Satz 2). Die Eintragung erfolgt in der zweiten Abteilung dieses Grundbuchs. Sie regelt GGV § 6.

14.5 Behandlung eines Gebäudeeigentums bei Versteigerung des Grundstücks: EGZVG § 9 a mit Erläuterungen.

14.6 Gebäudeeigentum sind nicht **Wochenendhäuser** sowie andere Baulichkeiten, die der Erholung, Freizeitgestaltung oder ähnlichen persönlichen Bedürfnissen dienen und in Ausübung eines vertraglich vereinbarten Nutzungsrechts errichtet wurden (ZGB-DDR § 296 Abs 1 Satz 1). Sie waren unabhängig vom Eigentum am Boden Eigentum des Nutzungsberechtigten (soweit nichts anderes vereinbart war, ZGB-DDR § 296 Abs 1 Satz 1). Für das Eigentum an diesen Baulichkeiten galten (und gelten) die Bestimmungen über das Eigentum an beweglichen Sachen entsprechend (ZGB-DDR § 296 Abs 1 Satz 2). Über sie ist nun nach BGB §§ 929 ff zu verfügen; sie unterliegen der Zwangsvollstreckung in das bewegliche Vermögen mit Pfändung (ZPO §§ 808, 809) durch den Gerichtsvollzieher.

15　Sonstige Gegenstände

15.1 Der Zwangsvollstreckung in das unbewegliche Vermögen unterliegen auch
a) **Luftfahrzeuge** und ihre Bruchteile (§ 171 a Rdn 1);
b) **Schiffe** und **Schiffsbauwerke** und ihre Bruchteile (ZPO § 864), wobei Schwimmdocks wie Schiffsbauwerke behandelt werden (§ 162 Rdn 1);
c) **Bahneinheiten** nach Landesrecht (ZPO § 871; dazu § 15 Rdn 12).

15.2 Das **Kabelpfandgesetz** (BGBl III 403–10; Textanhang 14. Aufl T 19) ist am 1. 1. 1995 außer Kraft getereten (Art 13 § 1 Nr 1 Postneuordnungsgesetz vom 14. 9. 1995, BGBl I 2325 [2396]).

ZPO § 865 (1) Die Zwangsvollstreckung in das unbewegliche Vermögen umfaßt auch die Gegenstände, auf die sich bei Grundstücken und Berechtigungen die Hypothek, bei Schiffen oder Schiffsbauwerken die Schiffshypothek erstreckt.
(2) Diese Gegenstände können, soweit sie Zubehör sind, nicht gepfändet werden. Im übrigen unterliegen sie der Zwangsvollstreckung in das bewegliche Vermögen, solange nicht ihre Beschlagnahme im Wege der Zwangsvollstreckung in das unbewegliche Vermögen erfolgt ist.

16　Umfang der Immobiliarvollstreckung

16.1 Gegenstände, auf die sich bei **Grundstücken** oder grundstücksgleichen Rechten **die Hypothek erstreckt,** werden für die Zwangsvollstreckung als Bestandteile des unbeweglichen Vermögens behandelt (ZPO § 865 Abs 1). Das gilt auch für die Zwangsvollstreckung in ein lastenfreies Grundstück und für die Zwangsversteigerung (-verwaltung) auf Antrag des Gläubigers eines (persönlichen) Zahlungsanspruchs[1]. Grund[1]. Erhaltung des wirtschaftlichen Zusammenhangs zwischen Grundstück und mithaftenden Gegenständen zur Erzielung eines angemessenen Erlöses und Wahrung der Interessen des Gläubigers, der seine Befriedigung

---

[1] Zöller/Stöber, ZPO, § 865 Rdn 1 und 2.

Immobiliarvollstreckung   17.2 **Einleitung**

aus dem Grundstück und den übrigen Gegenständen nicht in getrennten Verfahren suchen soll.

16.2 Hypothekarisch **haftende Gegenstände** eines Grundstücks: BGB §§ 1120–1130. Zu diesen Gegenständen und zu ihrer Beschlagnahme durch Zwangsversteigerung § 20 Rdn 3 und § 21 Rdn 2; zur Beschlagnahme durch Zwangsverwaltung § 148 Rdn 2.

16.3 Bei **Schiffen** und Schiffsbauwerken gilt gleiches für die der Schiffshypothek haftenden Gegenstände (ZPO § 865 Abs 1); zu diesen Gegenständen § 162 Rdn 2.2. Entsprechendes gilt für Gegenstände, auf die sich bei Luftfahrzeugen das Registerpfandrecht erstreckt (§ 171 a Rdn 4).

Verhältnis zur Vollstreckung in bewegliches Vermögen   **17**

17.1 Zubehör des Schuldners (Grundstückseigentümers) kann **nicht mobiliargepfändet** werden (ZPO § 865 Abs 2). Verbotswidrige Pfändung ist nichtig[1] (anders[2]: als fehlerhaft anfechtbar) und kann auch nicht nachträglich durch Wegfall der Zubehöreigenschaft geheilt werden, solange das Zubehör nicht von der Hypothekenhaftung frei ist. Vor Immobiliarbeschlagnahme darf also nur alles andere bewegliche Vermögen außer dem Zubehör gepfändet werden. Das Verbot gilt nicht für Zubehör des Mieters oder des Pächters[3]. Ob es auch für die Anwartschaft auf Zubehör gilt § 20 Rdn 3.5 und § 55 Rdn 3. Gegen Fortsetzung einer verbotswidrigen Mobiliarvollstreckung kann der Hypothekengläubiger Erinnerung (ZPO § 766, da Verstoß gegen ZPO § 865 Abs 2), nach allgemeiner Ansicht auch Widerspruchsklage nach ZPO § 771 erheben (auch Klage nach ZPO § 805 auf bevorzugte Befriedigung als minderer Rechtsbehelf). Die Mobiliarvollstreckung ist auch dann unzulässig, wenn Sachen, die in Ausübung eines Rechts mit dem Grundstück verbunden sind, laut Vertrag als wesentliche Bestandteile gelten[4]. Wurde Inventar eines stillgelegten Betriebes vom Konkursverwalter vor der Anordnung der Zwangsversteigerung veräußert, so verlor das Zubehör diese Eigenschaft schon mit der Stillegung[5], haftete aber noch dem Hypothekengläubiger[5], dieses Zubehör wurde mit der Veräußerung frei[6], aber der Erlös gehört dem Hypothekengläubiger[7]; das Zubehör unterliegt hier jedoch nicht mehr der Beschlagnahme[7].

17.2 Vom Grundstück getrennte **Erzeugnisse** und **sonstige Bestandteile,** auf die sich die Grundpfandhaftung noch erstreckt (BGB § 1120), unterliegen der Zwangsvollstreckung in das bewegliche Vermögen, solange nicht ihre Beschlagnahme erfolgt ist (ZPO § 865 Abs 2), können somit bis dahin durch den Gerichtsvollzieher gepfändet werden (ZPO § 803 Abs 1, § 808). Grund: Vereinfachung des Vollstreckungsverfahrens. Beschlagnahme ist **nach** Pfändung beseitigt die Rechtswirkungen der Pfändung nicht[8]. Ist die nachfolgende Beschlagnahme durch einen **rangschlechteren** Gläubiger oder durch den Gläubiger einer persönlichen Vollstreckungsforderung (Rangklasse 5 des § 10) bewirkt, dann hat der Gerichtsvollzieher zu verwerten. Das dann der Beschlagnahme gegenüber vorrangige Pfändungspfandrecht (ZPO § 804) wird durch das nachfolgende Veräußerungsverbot (§ 23 Abs 1 Satz 1) nicht berührt. Bei Beschlagnahme durch einen **rangbesse-**

---

[1] OLG München MDR 1957, 428; Zöller/Stöber, ZPO, § 865 Rdn 11.
[2] Gaul NJW 1989, 2509 (2512) mit weit Nachw; MünchKomm/Eickmann, ZPO, § 865 Rdn 11.
[3] AG Bonn DGVZ 1962, 98.
[4] LG Berlin DGVZ 1976, 26.
[5] BGH 60, 267 = KTS 1973, 256 = MDR 1973, 667 = NJW 1973, 997 und 1973, 1611 Leitsatz mit abl Anm Schmidt = Rpfleger 1973, 243.
[6] RG 143, 241 (245).
[7] BGH 60, 267 = aaO (Fußn 5)
[8] RG 143, 241 (245).

Einleitung 17.2 Immobiliarvollstreckung

ren Gläubiger hat Pfandverwertung durch den Gerichtsvollzieher zu unterbleiben (ZPO § 772). Weil der Pfandgegenstand schon bei Pfändung dem Grundpfandrecht gehaftet hat, kommt dem mit Beschlagnahme bewirkten Veräußerungsverbot gegenüber der Pfändung stärkere Wirkung zu. Der Pfandgläubiger muß sein Befriedigungsrecht zur Berücksichtigung in der Zwangsversteigerung oder Zwangsverwaltung anmelden (§ 37 Nr 4). Rechtsbehelf für Beschlagnahmegläubiger, wenn der Gerichtsvollzieher unzulässig verwertet: Erinnerung (ZPO § 766), dann sofortige Beschwerde (ZPO § 793), außerdem Klage nach ZPO § 772 (§ 771) oder (als minderer Rechtsbehelf) Klage nach ZPO § 805.

17.3 Besonderheit für Pfändung von **Früchten auf dem Halm** mit Rücksicht auf bevorstehende Trennung: ZPO § 810.

ZPO § 866 (1) Die Zwangsvollstreckung in ein Grundstück erfolgt durch Eintragung einer Sicherungshypothek für die Forderung, durch Zwangsversteigerung und durch Zwangsverwaltung.

(2) Der Gläubiger kann verlangen, daß eine dieser Maßregeln allein oder neben den übrigen ausgeführt werde.

(3) Eine Sicherungshypothek (Absatz 1) darf nur für einen Betrag von mehr als fünfhundert Deutsche Mark eingetragen werden; Zinsen bleiben dabei unberücksichtigt, soweit sie als Nebenforderung geltend gemacht sind. Auf Grund mehrerer demselben Gläubiger zustehender Schuldtitel kann eine einheitliche Sicherungshypothek eingetragen werden.

18 Zwangsmaßregeln der Immobiliarvollstreckung

18.1 Für die Immobiliarvollstreckung gibt es **drei Möglichkeiten: I. Zwangsversteigerung** von Grundstücken (ZPO § 866 Abs 1), Grundstücksbruchteilen (ZPO § 864 Abs 2, § 866 Abs 1), Gebäudeeigentum, grundstücksgleichen Rechten (ZPO § 870, § 866 Abs 1), Schiffen und Schiffsbauwerken (auch Schwimmdocks) (ZPO § 870 a Abs 1; ZVG §§ 162, 170 a; Schiffsrechtegesetz §§ 73 a, b, 81 a) und Luftfahrzeugen (§ 171 a). **II. Zwangsverwaltung** von Grundstücken (ZPO § 866 Abs 1), Grundstücksbruchteilen (ZPO § 864 Abs 2, § 866 Abs 1), Gebäudeeigentum und grundstücksgleichen Rechten (ZPO § 870, § 866 Abs 1), (nicht zulässig für Schiffe, Schiffsbauwerke, Luftfahrzeuge). **III. Zwangshypothek** auf Grundstücken (ZPO § 866 Abs 1), Grundstücksbruchteilen (ZPO § 864 Abs 2, § 866 Abs 1), Gebäudeeigentum, grundstücksgleichen Rechten (ZPO § 870, § 866 Abs 1) oder Schiffshypothek auf Schiffen und Schiffsbauwerken (auch Schwimmdocks) (ZPO § 870 a, 866 Abs 1) oder Registerpfandrecht an Luftfahrzeugen (Luftfahrzeugrechtegesetz, §§ 1, 99).

18.2 Die **Zwangsversteigerung** soll, wenn durch Schutzmaßnahmen dem Schuldner das Eigentum nicht erhalten werden kann, durch bestmögliche zwangsweise Verwertung möglichst viele Gläubigeransprüche befriedigen und vielleicht auch noch für den Schuldner einen Überschuß erzielen. Die **Zwangsverwaltung** soll durch bestmögliche zwangsweise Nutzung des Objekts mit Hilfe eines Zwangsverwalters die laufenden Verbindlichkeiten befriedigen und die betreibenden Ansprüche wegfertigen. Die **Zwangshypothek** (Schiffshypothek, Registerpfandrecht) dient nur der Sicherung der Forderung.

18.3 Der Gläubiger kann die Rdn 18.1 genannten Vollstreckungsmaßnahmen **einzeln oder nebeneinander** betreiben (ZPO § 866 Abs 2). Grund[1]: Verschiedene Bedeutung, welche die einzelnen Maßregeln haben. Beschränkungen gelten bei der Sicherungsvollstreckung (ZPO § 720 a Abs 1 Buchst a: nur Eintragung einer Sicherungshypothek), Arrestvollzug (ZPO § 932: nur Eintragung einer Sicherungshypothek) und für Vollstreckung in eine (vormalige) Heimstätte (§ 15 Rdn 31). Das Verbot der Überpfändung (ZPO § 803 Abs 1) gilt nur für bewegli-

---

[1] Begründung zur CPO-Novelle, Hahn/Mugdan, 8. Band (1898), S 165.

Immobiliarvollstreckung 19 **Einleitung**

ches Vermögen, nicht für die Immobiliarvollstreckung[2] (Ausnahme in § 76), auch nicht bei gleichzeitiger Vollstreckung in bewegliches und unbewegliches Vermögen[3]. Unser Rechtsgebiet kennt vielmehr ausdrücklich ein „Recht zur Häufung" der Vollstreckungsmöglichkeiten[4]. Bei offensichtlichem Mißbrauch durch den Gläubiger bleibt nur ZPO § 765 a (Rdn 52 ff). Ein sorgfältiger Gläubiger wird seit 1. 1. 1978 sogar bei einem Antrag auf Anordnung der Zwangsversteigerung oder Beitritt zur Zwangsversteigerung aus einer dinglich nicht gesicherten Forderung immer gleichzeitig auch die Eintragung einer Zwangshypothek beantragen, um sich den bei der Zwangshypothek jetzt durch BGB § 1179 a gegenüber vorgehenden Eigentümergrundpfandrechten bestehenden gesetzlichen Löschungsanspruch zu sichern[5], den er für seine persönliche Forderung nicht hat und auch durch die Versteigerungsbeschlagnahme nicht erhält.

ZPO § 867 (1) Die Sicherungshypothek wird auf Antrag des Gläubigers in das Grundbuch eingetragen; die Eintragung ist auf dem vollstreckbaren Titel zu vermerken. Mit der Eintragung entsteht die Hypothek. Das Grundstück haftet auch für die dem Schuldner zur Last fallenden Kosten der Eintragung.

(2) Sollen mehrere Grundstücke des Schuldners mit der Hypothek belastet werden, so ist der Betrag der Forderung auf die einzelnen Grundstücke zu verteilen; die Größe der Teile bestimmt der Gläubiger.

Zur Zwangshypothek Einleitung V Rdn 62–75.

ZPO § 868 (1) Wird durch eine vollstreckbare Entscheidung die zu vollstreckende Entscheidung oder ihre vorläufige Vollstreckbarkeit aufgehoben oder die Zwangsvollstreckung für unzulässig erklärt oder deren Einstellung angeordnet, so erwirbt der Eigentümer des Grundstücks die Hypothek.

(2) Das gleiche gilt, wenn durch eine gerichtliche Entscheidung die einstweilige Einstellung der Vollstreckung und zugleich die Aufhebung der erfolgten Vollstreckungsmaßregeln angeordnet wird oder wenn die zur Abwendung der Vollstreckung nachgelassene Sicherheitsleistung oder Hinterlegung erfolgt.

Erläuterungen Einleitung V Rdn 73.

ZPO § 869 Die Zwangsversteigerung und die Zwangsverwaltung werden durch ein besonderes Gesetz geregelt.

Zwangsvollstreckung als Verfahrensrecht der ZPO   19

Zwangsvollstreckung in das unbewegliche Vermögen ist als Verfahrensrecht Teil der ZPO. Das ZVG ist deshalb so zu lesen, als stünden seine Vorschriften im achten Buch der ZPO, nämlich an der Stelle des § 869. Auf die Verfahren des ZVG sind daher die allgemeinen Vorschriften der ZPO über die Zwangsvollstreckung (§§ 704 ff) und die allgemeinen Vorschriften über das Verfahren überhaupt anzuwenden, soweit nicht Ausnahmen des ZVG entgegenstehen[1].

ZPO § 870 Auf die Zwangsvollstreckung in eine Berechtigung, für welche die sich auf Grundstücke beziehenden Vorschriften gelten, sind die Vorschriften über die Zwangsvollstreckung in Grundstücke entsprechend anzuwenden.

Erläuterungen Einleitung Rdn 13.

ZPO § 870 a (1) Die Zwangsvollstreckung in ein eingetragenes Schiff oder in ein Schiffsbauwerk, das im Schiffsbauregister eingetragen ist oder in dieses Register eingetragen

---

[2] LG Bad Kreuznach Rpfleger 1957, 353; LG Stuttgart ZZP 72 (1959) 324; Noack DGVZ 1967, 81 (I); Nußbaum, Zwangsversteigerung, § 5 (I d).
[3] LG Bad Kreuznach aaO (Fußn 2).
[4] Stein/Jonas/Münzberg, ZPO, § 866 Rdn 2.
[5] Stöber Rpfleger 1977, 425 (V 4).
[1] Denkschrift zum ZVG S 35; RG 73, 194 (195); Jaeckel/Güthe, Vorbem vor dem Gesetz = Korintenberg/Wenz, Einführung Kapitel 1 (I 1).

Einleitung 19 Zwangsvollstreckungsverfahren

werden kann, erfolgt durch Eintragung einer Schiffshypothek für die Forderung oder durch Zwangsversteigerung.

(2) § 866 Abs 2, 3, § 867 gelten entsprechend.

(3) Wird durch eine vollstreckbare Entscheidung die zu vollstreckende Entscheidung oder ihre vorläufige Vollstreckbarkeit aufgehoben oder die Zwangsvollstreckung für unzulässig erklärt oder deren Einstellung angeordnet, so erlischt die Schiffshypothek; § 57 Abs 3 des Gesetzes über Rechte an eingetragenen Schiffen und Schiffsbauwerken vom 15. November 1940 (Reichsgesetzbl. I S. 1499) ist anzuwenden. Das gleiche gilt, wenn durch eine gerichtliche Entscheidung die einstweilige Einstellung der Zwangsvollstreckung und zugleich die Aufhebung der erfolgten Vollstreckungsmaßregeln angeordnet wird oder wenn die zur Abwendung der Vollstreckung nachgelassene Sicherheitsleistung oder Hinterlegung erfolgt.

ZPO § 871 Unberührt bleiben die landesgesetzlichen Vorschriften, nach denen, wenn ein anderer als der Eigentümer einer Eisenbahn oder Kleinbahn den Betrieb der Bahn kraft eigenen Nutzungsrechts ausübt, das Nutzungsrecht und gewisse dem Betriebe gewidmete Gegenstände in Ansehung der Zwangsvollstreckung zum unbeweglichen Vermögen gehören und die Zwangsvollstreckung abweichend von den Vorschriften des Bundesrechts geregelt ist.

III. Maßnahmen des Zwangsvollstreckungsverfahrens und ZPO-Verfahrensrecht, Verfahrensgrundsätze

Übersicht

Anfang (Beginn) und Aufhebung (Ende) von ZVG-Verfahren 20	Haftung der Prozeßbevollmächtigten bei ZVG-Verfahren 36
Anträge, Ausnützung von Möglichkeiten in ZVG-Verfahren 21	Haftung der Rechtspfleger und Richter bei ZVG-Verfahren 37
Anwaltszwang, Beiziehung eines Rechtsanwalts 22	Heimkehrrecht 38
Aufgaben des Vollstreckungsgerichts in ZVG-Verfahren 23	Kostenentscheidung in ZVG-Verfahren 39
Aufklärungspflicht 24	Kostenfestsetzung in ZVG-Verfahren 40
Ausländer in ZVG-Verfahren 25	Kosten: Gerichtskasse/Amtskasse bei ZVG-Verfahren 41
Ausschließung und Ablehnung von Gerichtspersonen 26	Muster und Beispiele 42
Aussetzung, Unterbrechung, Ruhen von ZVG-Verfahren 27	Pfändungen im Zusammenhang mit ZVG-Verfahren 43
Begründung von gerichtlichen Beschlüssen 28	Prozeßfähigkeit und Parteifähigkeit in ZVG-Verfahren 44
Berichtigung von gerichtlichen Beschlüssen 29	Prozeßkostenhilfe im ZVG-Verfahren 45
Devisenrecht in ZVG-Verfahren 30	Rechtliches Gehör in ZVG-Verfahren 46
Einstweilige Einstellung in ZVG-Verfahren; ZPO-Einstellungen 31	Rechtspfleger und Richter in ZVG-Verfahren 47
Fristen in ZVG-Verfahren 32	Rechtsschutzbedürfnis in ZVG-Verfahren 48
Gerichtsferien in ZVG-Verfahren 33	Vergleiche in ZVG-Verfahren 49
Gesetzliche Vertreter in ZVG-Verfahren 34	Vollmacht in ZVG-Verfahren 50
Haftung der Gläubiger bei ZVG-Verfahren 35	Währungsreform, Aufwertung, Lastenausgleich und ZVG-Verfahren 51

20 Anfang (Beginn) und Aufhebung (Ende) von ZVG-Verfahren

20.1 Vollstreckungsverfahren sind durch **Beginn** und Ende der Zwangsvollstreckung begrenzt[1]. Zwangsversteigerung und Zwangsverwaltung beginnen schon

---

[1] Zöller/Stöber, ZPO, vor § 704 Rdn 33.

Zwangsvollstreckungsverfahren   20.4 **Einleitung**

mit dem Beschluß, durch welchen sie angeordnet werden (ist durch die Bestimmung des § 16 Abs 2 ausgesprochen, Denkschrift S 38), nicht erst mit der Zustellung dieses Beschlusses an den Schuldner (dieser bewirkt Beschlagnahme, § 22 Abs 1, § 146 Abs 1). Angeordnet ist das Vollstreckungsverfahren **mit Unterzeichnung** des Anordnungsbeschlusses. Dieser ist gerichtliche Vollstreckungsmaßnahme, die als einleitende Verfügung mit Unterzeichnung bewirkt ist. In diesem Zeitpunkt müssen daher auch die Voraussetzungen für den Beginn der Zwangsvollstreckung (ZPO §§ 704, 724, 750 ua) und der Verfahrensanordnung (§§ 17, 146 Abs 1, auch § 147) vorliegen. Daher kann nicht abweichend vom Beschlußdatum (als Zeitpunkt der Unterzeichnung) auf den Zeitpunkt der „Hinausgabe" (durch Einlage in das Zustellungs- oder Postabholungsfach oder durch Übergabe an den Gerichtswachtmeister zwecks Zustellung), ersichtlich aus einem Aktenmerk des Urkundsbeamten (so aber[2]; auch Hinausgabe des Eintragungsersuchens an das Grundbuchamt) abgestellt werden; alle vor diesem Zeitpunkt liegenden Vorgänge sind nicht nur interne Geschäftsvorgänge des Gerichts. Ausführungshandlungen der Geschäftsstelle (mit ihren durch die Geschäftslast und andere unabwägbare Zufälligkeiten bedingten Verzögerungen) kennzeichnen das Vollstreckungshandeln des Vollstreckungsorgans nicht. Der noch nicht „hinausgegangene" Beschluß unterliegt zwar noch dem jederzeitigen Zugriff des Gerichts; er kann geändert, neu formuliert oder vernichtet werden; dann ist der frühere gegenstandslos, als ob er nicht ergangen wäre. Bleibt es aber bei dem Beschluß, so ist sein Datum maßgebend, für Gericht und Beteiligte gleichermaßen feststellbar.

20.2 Ohne Bedeutung ist, daß der Beschlagnahmebeschluß „als beschwerdefähige Entscheidung **existent**" erst mit seiner Absendung (Hinausgabe) angesehen werden kann[3], weil erst damit das Gericht den Erlaß nach außen erkennbar macht. Der Erlaß selbst muß auf jeden Fall vorher liegen. Bei Anordnung des Verfahrens hat nämlich das Gericht „zugleich das Grundbuchamt um Eintragung dieser Anordnung in das Grundbuch zu ersuchen" (§ 19 Abs 1). Wegen der besonderen Eilbedürftigkeit wird das Ersuchen wohl immer schon vor den Beschlußausfertigungen „hinausgegeben". Wäre der Erlaß mit der Hinausgabe der Beschlußausfertigungen gleichbedeutend, so würde das Eintragungsersuchen gesetzwidrig schon vorher ergehen. In der natürlichen Verfahrensfolge unterschreibt der Rechtspfleger das Eintragungsersuchen unmittelbar nach dem Anordnungsbeschluß, nachdem dieser also mit seiner Unterschrift „erlassen" ist.

20.3 Entsprechend muß für die Vollstreckungsmaßnahme der Zwangshypothek die bei Unterschrift datierte **Eintragungsverfügung** des Grundbuchamts (GBO § 44 Abs 1 Satz 2) entscheiden, nicht die tatsächliche Eintragung. Bei Eintragung in das maschinell geführte Grundbuch, die nicht besonders verfügt wird, ist darauf abzustellen, wann sie von der für die Führung des Grundbuchs zuständigen Person veranlaßt ist (GBO § 130).

20.4 Zwangsversteigerung und Zwangsverwaltung **enden** als Einzelvollstreckungsmaßnahme mit ihrem vollständigen Abschluß nach Aufhebung des Verfahrens. **Aufhebungsfälle:**

A. Vollstreckungsversteigerung: I. Grundstücke und grundstücksgleiche Rechte: ZVG § 28, § 29, § 30 (mit § 31), § 30 a (mit §§ 30 b, 31), § 30 c (mit §§ 30 b, 31), § 30 d (mit §§ 30 b, 31), § 33, § 37 Nr 5 (mit § 55), § 77 Abs 2, § 83 (mit §§ 84, 86, 33); ZPO § 765 a, § 775 (mit § 776); II. Schiffe und Schiffsbauwerke: ZVG § 162, § 170 a, § 171 (mit §§ 28, 29, 30, 30 a, 30 b, 30 c, 30 d, 31, 33, 37 Nr 5, §§ 55, 77 Abs 2, §§ 83, 84, 86); ZPO § 765 a, § 775 (mit § 776); III. Luft-

---

[2] Steiner/Hagemann § 8 Rdn 9.
[3] BGH BGHWarn 1973, 771 = VersR 1974, 365; OLG Frankfurt MDR 1974, 761 = NJW 1974, 1389 = OLGZ 1974, 302 = Rpfleger 1974, 272; Zöller/Vollkommer, ZPO, § 329 Rdn 18.

Einleitung 20.4

fahrzeuge: ZVG § 171, § 171 h (je mit §§ 28, 29, 30, 30 a, 30 b, 30 c, 30 d, 31, 33, 37 Nr 5, §§ 55, 77 Abs 2, §§ 83, 84, 86); ZPO § 765 a, § 775 (mit 776).

B. Zwangsverwaltung von Grundstücken und grundstücksgleichen Rechten: ZVG § 146 (mit §§ 28, 29), § 161; ZPO § 775 (mit § 776).

C. Konkursverwalterverfahren: I. Konkursverwalterzwangsversteigerung von Grundstücken, grundstücksgleichen Rechten, Schiffen, Schiffsbauwerken, Luftfahrzeugen: ZVG § 172 (mit §§ 28, 29, 30, 31, 33, 37 Nr 5, § 77 Abs 2, §§ 83, 84, 86) und dazu § 162, 170 a 171, 171 a, 171 h; II. Konkursverwalterzwangsverwaltung von Grundstücken und grundstücksgleichen Rechten: ZVG § 172 (mit §§ 146, 28, 29, 161).

D. Nachlaßversteigerung von Grundstücken, grundstücksgleichen Rechten, Schiffen, Schiffsbauwerken, Luftfahrzeugen: ZVG § 175 (mit §§ 28, 29, 30, 31, 37 Nr 5, § 77 Abs 2, §§ 83, 84, 86); ZPO § 775 (mit § 776); dazu ZVG §§ 162, 170 a, 171, 171 a, 171 h.

E. Teilungsversteigerung von Grundstücken, grundstücksgleichen Rechten, Schiffen, Schiffsbauwerken, Luftfahrzeugen: ZVG § 180 Abs 1 (mit §§ 28, 29, 30, 30 b, 31, 37 Nr 5, § 77 Abs 2, §§ 83, 84, 86); ZPO § 775 (mit § 776); dazu ZVG §§ 162, 170 a, 171, 171 a, 171 h.

20.5 Aufhebungsmaßnahmen können sich auf dieselben **Gegenstände** beziehen wie die Verfahren selbst, also Grundstücke, Grundstücksbruchteile usw, in der Regel aber nicht auf Grundstücksteile (dazu Einl Rdn 11). Zubehör kann gesondert freigegeben werden (§ 55 Rdn 3).

20.6 Aufhebung des Verfahrens ist nicht gleichbedeutend mit **Verfahrensende**. Wird das Verfahren eines oder mehrerer betreibender Gläubiger aufgehoben und sind noch andere vorhanden, so laufen deren Verfahren weiter (zB § 29 Rdn 2.9). Werden die Verfahren aller betreibenden Gläubiger aufgehoben, so muß das Gericht erst noch die Beschlagnahmevermerke löschen lassen (§ 34), die Kosten bewerten, Urkunden zurückgeben usw, bevor es die Akten weglegen kann. Nach der Aufhebung der Zwangsverwaltung gegenüber allen betreibenden Gläubigern sind außerdem noch weitere Tätigkeiten des Vollstreckungsgerichts und des Zwangsverwalters möglich und nötig (§ 161 Rdn 5, 6), bevor das Verfahren endet. Im Falle des Zuschlags endet das Zwangsversteigerungsverfahren ohne Aufhebung, die Vollstreckung selbst allerdings schon mit dem Ende des Verteilungstermins, nach dem außer der etwaigen Widerspruchsklage noch die gerichtliche Verfügung über hinterlegte Beträge und das Grundbuchersuchen (§ 130) erledigt werden müssen. Für einen beitrittswilligen Gläubiger (der nicht auf andere Weise Beteiligter des Verfahrens ist) endet das Zwangsversteigerungsverfahren mit der Rechtskraft des Zuschlags (danach kein Beitritt mehr möglich, § 27 Rdn 2.5). Für einen Bietinteressenten, der nicht geboten hat oder zweifelsfrei überboten worden ist oder dessen Gebot endgültig zurückgewiesen ist, endet das Verfahren mit dem verkündeten „Schluß der Versteigerung", also mit dem Ende der Bieterzeit (§ 73 Rdn 3), für den Meistbietenden, der nicht zum Zuge kommt, mit der rechtskräftigen Versagung des Zuschlags (§ 86 Rdn 2) oder mit rechtskräftigem Zuschlag an einen anderen. Je nach Verfahrens- und Interessenlage kann so das Verfahrensende unterschiedlich sein, unabhängig von der formellen Aufhebung.

21 Anträge, Ausnützung von Möglichkeiten in ZVG-Verfahren

21.1 In den Verfahren des ZVG gilt der **Antragsgrundsatz** (Einl Rdn 9.1): Das Gericht wird nur auf Antrag tätig. Die Verfahren werden auf Antrag durch Anordnungsbeschluß (§ 15) in Gang gebracht. Bei bestimmten Verfahrensvorgängen sind weitere Anträge nötig, so nach einer einstweiligen Einstellung der Fortsetzungsantrag (§ 31) oder auch wenn wegen Nichterreichung der $7/10$-Grenze der

Zwangsvollstreckungsverfahren 22.1 **Einleitung**

Zuschlag versagt werden soll (§ 74 a Abs 1) oder wenn nach einem ergebnislosen Versteigerungstermin ein neuer Termin angesetzt werden soll (§ 77 Rdn 2) usw. In anderen Fällen wieder sind Anträge zwar nicht nötig, aber zweckdienlich, so bei Versteigerung mehrerer Grundstücke in einem Verfahren der Antrag auf Gruppen- oder Gesamtausgebot (§ 63 Abs 2) oder bei der Verhandlung über den Zuschlag Anträge zur Entscheidung (§ 74 Rdn 2).

21.2 Der Antragsteller (Gläubiger) ist grundsätzlich **"Herr" seines Verfahrens.** Er kann (in bestimmten Grenzen) sein Verfahren einstweilen einstellen lassen (§ 30), er kann durch Antragsrücknahme das Verfahren aufheben lassen (§ 29) oder durch Teilrücknahme den Versteigerungsgegenstand beschränken (§ 29 Rdn 4) usw.

21.3 Der Antragsteller soll sich nicht darauf verlassen, daß seine Sache, einnmal eingeleitet, „von selbst laufe" oder daß er von Amts wegen auf alle Einzelheiten und Möglichkeiten hingewiesen werde. Amtliche **Belehrungen** erfolgen **nur ausnahmsweise** (Einl Rdn 23); die gerichtliche Aufklärungspflicht (Einl Rdn 24) und das rechtliche Gehör (Einl Rdn 46) erfassen nicht alle einem Antragsteller günstigen oder ungünstigen Vorgänge. Der Antragsteller soll durch Rückfragen bei Gericht, durch Akteneinsicht (§ 42) und durch Einholung sachkundigen Rates (Einl Rdn 22) seine **eigene Sache** bestmöglich **fördern** und durch verständlich begründete Sachanträge, durch fristgemäße Äußerung zu Gegenanträgen und durch sachlich begründete Rechtsbehelfe und Rechtsmittel am Verfahren mitwirken.

21.4 „Wie eine betriebsame Partei im Erkenntnisverfahren vermöge ihres Einflusses auf den Gang des Prozesses die Herbeiführung der Entscheidung beschleunigen kann, so geht auch im Vollstreckungsverfahren der betriebsame Gläubiger dem säumigen und langsamen vor"[1].

21.5 Auch der Antragsgegner (Schuldner) kann durch **Ausnützung gesetzlicher Möglichkeiten** Schaden vermeiden oder verringern. Das Gericht kann Vollstreckungsschutz nur gewähren, wenn er beantragt wird (zB Einl Rdn 53.2). Der Antragsgegner muß sich selbst nach seinen Rechten und Möglichkeiten erkundigen, weil auch er nur ausnahmsweise von Amts wegen belehrt (zB § 30 b Abs 1 Satz 2) oder eingeschränkt im Rahmen der gerichtlichen Aufklärungspflicht oder des rechtlichen Gehörs unterrichtet wird.

21.6 Soweit Anträge nicht in einem Termin gestellt werden müssen (zB im Versteigerungstermin), können sie schriftlich eingereicht werden (auch durch einen Bevollmächtigten) oder mündlich zu Protokoll der Geschäftsstelle des zuständigen Gerichts erklärt werden. Alle **Anträge,** soweit sie zu Protokoll zulässig sind, können bei jedem beliebigen Amtsgericht **zu Protokoll** gegeben werden. Sie müssen dort aufgenommen werden (ZPO § 129 a Abs 1), werden allerdings erst mit dem Eingang bei dem zuständigen Gericht wirksam (ZPO § 129 a Abs 2). Auf Wunsch kann das Protokoll auch dem Antragsteller zur Weitergabe an das zuständige Gericht ausgehändigt werden (ZPO § 129 a Abs 2).

Anwaltszwang, Beiziehung eines Rechtsanwalts 22

22.1 Vor dem Vollstreckungsgericht besteht keine gesetzliche Verpflichtung, sich durch einen Rechtsanwalt vertreten zu lassen (ZPO § 78 Abs 1). Weil damit im ersten Rechtszug kein Anwaltszwang besteht, können Beschwerde zum Landgericht und weitere Beschwerde zum Oberlandesgericht auch durch Erklärung zu Protokoll der Geschäftsstelle eingelegt werden (ZPO § 569 Abs 2 Satz 2). Daher kann der Verfahrensbeteiligte auch Erinnerung gegen eine Entscheidung des

---

[1] Bernhardt, Vollstreckungssperre nach der Vergleichsordnung (1929; Neudruck 1970), Einleitung.

Einleitung 22.1   Zwangsvollstreckungsverfahren

Rechtspflegers[1] (auch wenn der Richter sie dem Landgericht als Beschwerde vorlegt, RpflG § 11 Abs 1 und 2) und weiter Beschwerde[2] selbst einlegen. Er braucht sich auch im anschließenden (schriftlichen) Beschwerdeverfahren nicht durch einen beim Beschwerdegericht zugelassenen Rechtsanwalt vertreten zu lassen[3]. Zwar besteht vor dem Landgericht und Oberlandesgericht Anwaltszwang (ZPO § 78 Abs 1); eine schriftliche Erklärung in den Fällen, in denen (wie hier) die Beschwerde zu Protokoll der Geschäftsstelle eingelegt werden kann, kann jedoch auch zu Protokoll der Geschäftsstelle abgegeben werden (ZPO § 573 Abs 2 Satz 2). Daher besteht Anwaltszwang auch im schriftlichen Verfahren vor dem Beschwerdegericht nicht (ZPO § 78 Abs 3). Unerheblich ist damit, daß für die sofortige Beschwerde gegen die Entscheidung des Rechtspflegers des Landgerichts über einen Kostenfestsetzungsantrag auch abweichend die Meinung vertreten wird, Anwaltszwang bestehe auch für Einlegung der Beschwerde zum Oberlandesgericht und im anschließenden schriftlichen Verfahren vor diesem Gericht (Nachweise bei[4]).

22.2 Die ZVG-Verfahren sind in zahlreichen **Einzelfragen** so **schwierig** gestaltet, daß die Wahl des im Einzelfall richtigen Weges gründlicher Überlegung bedarf. Alle Fristen und Rechtsbehelfe zu beachten, ist selbst für Rechtskundige nicht einfach. Ein Gläubiger (Antragsteller), ein Schuldner (Antragsgegner) oder ein sonst mit der Aussicht oder wenigstens Hoffnung auf einen Erlösanteil am Verfahren Beteiligter, der sich der Hilfe eines auf diesem Rechtsgebiet erfahrenen Rechtsanwalts bedient, ist daher sicher gut beraten, insbesondere im Versteigerungs- und Verteilungstermin, wo Anträge, Widersprüche, Zustimmungen usw sofort erfolgen und sofort entschieden werden müssen, wo die Stellungnahme zu gegnerischen Anträgen weitreichende Folgen haben kann. **Der Rechtsanwalt muß alles tun,** um bei eigener gründlicher Vorbereitung seinen Mandanten sachgerecht zu vertreten, Vorteile für ihn zu erzielen und Nachteile von ihm abzuwenden; er muß für ihn alle Fristen und Möglichkeiten beachten und unterliegt strenger Haftung (Einl Rdn 36).

23 Aufgaben des Vollstreckungsgerichts in ZVG-Verfahren

23.1 Die (frühere) Allgemeine Verfügung hierüber vom 3. 1. 1935 (Textanhang T 7), für Niedersachsen am 26. 4. 1955 ausdrücklich aufgehoben, ist auch sonst für Richter nicht mehr bindend (GrundG Art 97). Ihre Regeln für das Verhalten des Gerichts bei Zwangsversteigerung und Zwangsverwaltung können für Richter und Rechtspfleger nur **unverbindliche Empfehlungen** darstellen, die viel Selbstverständliches enthalten.

23.2 Ein verständiges Gericht wird **Anträge,** gleich welcher Art, immer **unverzüglich** behandeln. Für den Antragsteller kann das Schicksal seines Begehrens existenzentscheidend sein. Wo durch schuldhafte Verzögerung Schaden entsteht, können Rechtspfleger und Richter einer Haftung unterliegen (Einl Rdn 37). Wo durch besondere Umstände Verzögerungen nicht zu vermeiden sind, wird man mindestens einen Zwischenbescheid erwarten können. Auch der einem staatlichen Zwangsverfahren Unterworfene hat eine Menschenwürde, die „zu achten und zu schützen" „Verpflichtung aller staatlichen Gewalt" ist (GrundG Art 1). Rechtzeitige Entscheidung über einen Einstellungsantrag gebietet der grundrechtliche Anspruch auf effektiven Rechtsschutz (Einl Rdn 8).

23.3 Das Gericht wird vorgeschriebene **Belehrungen** (nur in bestimmten Fällen vorgesehen, zB § 30 b Abs 1, § 31 Abs 3) in verständlicher Weise vornehmen, nicht durch einfache Bezugnahme auf manchmal schwer verständliche Paragraphen.

---

[1] Zöller/Grummer, ZPO, § 569 Rdn 14; Wieczorek/Schütze/Steiner, ZPO, § 78 Rdn 45.
[2] Zöller/Grummer, ZPO, § 569 Rdn 22.
[3] Zöller/Vollkommer, ZPO, § 78 Rdn 46, Wieczorek/Schütze/Steiner aaO.
[4] Zöller/Herget, ZPO, §§ 103, 104 Rdn 21 „Anwaltszwang".

Zwangsvollstreckungsverfahren 24.2 **Einleitung**

23.4 Entscheidungen des Vollstreckungsgerichts sind ohne mündliche Verhandlung möglich (ZPO § 764 Abs 3) (mit Ausnahmen). Vielfach ist aber eine **mündliche Verhandlung** empfehlenswert. Insbesondere kann das Gericht bei Einstellungsanträgen nach §§ 30 a, c, d, 180 Abs 2 und 3 in geeigneten Fällen mündliche Verhandlung ansetzen: § 30 b Abs 2 Satz 2, § 180 Abs 2 Satz 3 und Abs 3 Satz 3. In dieser Verhandlung können die Voraussetzungen für die Einstellung vielfach leichter geklärt werden; bei der Teilungsversteigerung sind Abreden über die Auseinandersetzung und Abfindungsbeträge möglich.

23.5 Überhaupt kann das Gericht in zivilprozessualen Verfahren in jeder Verfahrenslage die **gütliche Einigung** versuchen. Es kann hierzu einen „Güteversuch" anordnen (ZPO § 279 Abs 1) und auch das persönliche Erscheinen anordnen (ZPO § 279 Abs 2, § 141). Diese zunächst für den Prozeß bestimmte allgemeine Verfahrensregel gilt auch für die unter das 8. Buch der ZPO fallenden Verfahren, also für die Verfahren des ZVG, auch die Teilungsversteigerung. Gerade hierbei führen diese Versuche nicht selten zur vergleichsweisen Einigung.

23.6 Das Gericht hat in vernünftiger Weise von seiner **Aufklärungspflicht** (ZPO § 139) Gebrauch machen (Einl Rdn 24).

23.7 Das Gericht wird sich nicht auf die formale Abwicklung des formstrengen Verfahrens beschränken, sondern vor allem **wirtschaftliche Beweggründe** und Auswirkungen genau bedenken. Es wird sich um eine sachgemäße Erledigung bemühen, unvoreingenommen zwischen den Beteiligten stehen und um einen Ausgleich berechtigter Interessen bemüht sein.

23.8 Seine, nach gründlicher Prüfung alles Vorgetragenen, ergehende Entscheidung wird das Gericht verständlich **begründen** (Einl Rdn 28).

Aufklärungspflicht 24

24.1 Die gerichtliche Aufklärungspflicht nach ZPO § 139 ist **Amtspflicht** des Richters/Rechtspflegers auch in Zwangsversteigerungsverfahren[1] (s auch Rdn 8). Das Gericht muß dafür sorgen, daß die Verfahrensbeteiligten „über alle erheblichen Tatsachen sich vollständig erklären und die sachdienlichen Anträge stellen" (ZPO § 139 Abs 1); es hat „auf die Bedenken aufmerksam zu machen, die in Ansehung der von Amts wegen zu berücksichtigenden Punkte obwalten" (ZPO § 139 Abs 2). Auf einen rechtlichen Gesichtspunkt, den eine Partei erkennbar übersehen oder für unerheblich gehalten hat, ist vor Entscheidung hinzuweisen (ZPO § 278 Abs 3).

24.2 Die gerichtliche Aufklärung dient der Herbeiführung gesetzmäßiger und unter diesem Gesichtspunkt richtiger und damit gerechter Entscheidungen[2]. Die Aufklärungspflicht ist als **Belehrungs-** und allgemeine **prozessuale Fürsorgepflicht** zu verstehen[3]. Dem Gericht ist damit die Aufgabe zugewiesen, über die Rolle eines lediglich passiven Beobachters hinaus durch aktives (gestalterisches[4]) Eingreifen in den Verfahrensablauf zu einem sachlich richtigen und gerechten Verfahrensausgang beizutragen[5]. Ein Beteiligter ist vor einer seine Rechtslage verändernden Entscheidung zu veranlassen, seinen wahren Willen über den ihn betreffenden Verfahrensfortgang zu äußern[6]. Der Rechtspfleger darf nicht teilnahmslos zusehen, sondern muß durch Aufklärung handelnd eingreifen, wenn ein Beteilig-

---

[1] BVerfG 42, 64 = aaO (Rdn 1 Fußn 3); BVerfG (Kammerbeschluß) NJW 1993, 1699 = Rpfleger 1993, 32 mit Anm Hintzen; OLG Hamm JurBüro 1986, 1889 = Rpfleger 1986, 441.
[2] BVerfG 42, 64 = aaO (Rdn 1 Fußn 3) und BVerfG 46, 325 = aaO (Rdn 1 Fußn 2).
[3] Vollkommer Rpfleger 1976, 393 (Anmerkung).
[4] OLG Düsseldorf NJW 1993, 2542.
[5] OLG Hamm JurBüro 1986, 1889 = Rpfleger 1986, 441.
[6] BVerfG 42, 64 = aaO (Rdn 1 Fußn 3).

Einleitung 24.2   Zwangsvollstreckungsverfahren

ter (Gläubiger, Schuldner, Antragsteller, Antragsgegner, Miteigentümer, sonstiger Beteiligter) Gefahr läuft, infolge eines nach Verfahrenslage sachlich gebotenen, aber unterlassenen Antrags einen Rechtsverlust zu erleiden[7].

24.3 Aufklärungs- und Hinweispflicht besteht auch gegenüber einem **geschäftlich erfahrenen**, rechtskundigen und **anwaltlich vertretenen** Beteiligten. Jedoch braucht hier nicht ohne weiteres mit der Möglichkeit gerechnet werden, daß der Beteiligte oder sein Anwalt etwas übersehen (und deshalb den Sachverhalt unvollständig vorgetragenen oder einen sachdienlichen Antrag nicht gestellt[8]) oder falsch beurteilt hat[9]. Im Einzelfall kann aber auch der geschäftlich gewandte, mit den einschlägigen Rechtsfragen grundsätzlich vertraute Beteiligte oder der Anwalt in der Beurteilung einer Verfahrenssituation irren. Dann muß das Gericht auch einen solchen Beteiligten zur Erreichung eines sachlich richtigen und gerechten Verfahrensergebnisses auf seinen zutage getretenen Irrtum hinweisen[10] (Hinweispflicht zum Schutz des Beteiligten vor Nachteilen).

24.4 Die richtig verstandene Aufklärungspflicht steht mit der Grundpflicht zur **Unparteilichkeit** des Versteigerungsrechtspflegers nicht in Widerspruch; sie wird durch diese auch nicht gemindert[11]. Kein Verfahrensbeteiligter hat ein schutzwürdiges Interesse daran, daß erforderliche Aufklärung und Hinweise unterbleiben und er eigene Vorteile im Verfahren erzielt. Ein Beteiligter, der als Bieter auftritt, hat keinen (schützenswerten) Anspruch auf günstigen Erwerb des Grundstücks durch Unterlassen der Aufklärung des Gläubigers (Antragstellers)[12].

24.5 Art und Umfang der Aufklärung müssen sich an der jeweiligen Verfahrenslage orientieren. ZPO § 139 hält insoweit einen **Ermessens- und Beurteilungsspielraum** zur Leitung, Förderung und Ausgestaltung des Verfahrens offen[12]. Aufzuklären ist, wenn „Anlaß" besteht. Das ist der Fall, wenn ein Beteiligter zu einem geschäftsunerfahrenen Personenkreis gehört oder wenn das hilflose Verhalten eines im Termin Anwesenden Zweifel aufkommen läßt, ob er das seine Rechte verändernde Verfahrensergebnis erkennt und billigt[13].

24.6 Zu erfüllen ist die gerichtliche Aufklärungspflicht durch **Hinweise**, Erörterungen und Fragen. Damit unterscheidet sie sich vom rechtlichen Gehör (GrundG Art 103 Abs 1; Einl Rdn 46); es begründet ein Recht des Beteiligten auf Äußerung und eine Pflicht des Gerichts, anzuhören oder entgegenzunehmen. Art und Umfang der Aufklärung hängen vom Einzelfall ab. Das Gericht muß den Anschein der Parteilichkeit vermeiden (sonst könnte Ablehnung wegen Befangenheit erfolgen). Eine nicht von einem Rechtsanwalt vertretene Partei, die offensichtlich rechtsunkundig ist, ist über die rechtlichen Folgen ihres Handelns aufzuklären, auch über die ihres Nichthandelns. Auf sachlich richtige Fassung (Formulierung) eines Antrags muß hingewirkt werden. Was im Verfahren von Amts wegen zu beachten ist (zB die Prozeß- und Parteifähigkeit, uU auch die Vollmacht), ist im Falle von Bedenken mit den Beteiligten zu erörtern (ZPO § 139 Abs 2). Darauf hinzuwirken ist, daß unrichtige Parteibezeichnungen berichtigt werden, daß unklare Anträge klar gefaßt werden, daß alle notwendigen Erklärungen abgegeben werden. Nicht zu fragen braucht das Gericht, wo nach seiner Überzeugung alles genügend geklärt ist. Auf einen Gesichtspunkt, den ein Beteiligter erkennbar übersehen oder für unerheblich gehalten hat, darf eine Entscheidung, soweit es

---

[7] BVerfG NJW 1993, 1699 = aaO (Fußn 1); Vollkommer aaO (Fußn 3).
[8] BGH Rpfleger1977, 359.
[9] Schneider MDR 1968, 721 (722).
[10] OLG Hamm JurBüro 1986, 1889 = Rpfleger 1986, 441; Vollkommer, Die Stellung des Anwalts im Zivilprozeß, III 3 (S 50–53); Schiffhauer Rpfleger 1978, 397 (VI 2).
[11] BVerfG 42, 64 = aaO (Rdn 1 Fußn 3) = OLG Hamm JurBüro 1986, 1889 = Rpfleger 1986, 441; Vollkommer aaO (Fußn 3).
[12] BVerfG 42, 64 = aaO (Rdn 1 Fußn 3).
[13] BVerfG 42, 64 = aaO (Rdn 1 Fußn 3) = Vollkommer aaO (Fußn 3).

sich nicht um eine Nebenforderung handelt, nur gestützt werden, wenn er Gelegenheit zur Äußerung erhalten hat (ZPO § 278 Abs 3). Hiernach muß jeder betroffene Beteiligte (soweit es sich nicht um eine Nebenforderung handelt) nochmals besondere Gelegenheit zur Äußerung zu solchen tatsächlichen und rechtlichen Gesichtspunkten erhalten, auf die das Gericht eine Entscheidung stützen will, sobald die Fehleinschätzung der Verfahrenslage durch ihn erkennbar wird. Es ist für eine nach Sachlage angemessene Möglichkeit zur Äußerung zu sorgen. Das Gericht braucht dabei aber seine Auffassung von der Sache nur knapp darzulegen[14], es muß sich also nicht rechtlich festlegen, bevor es entscheidet. Es darf nur niemand überrumpelt werden; kein Beteiligter soll erst aus der Entscheidung erfahren, daß das Gericht völlig andere Erwägungen für erheblich hielt, als diejenigen, die anscheinend bisher zugrunde gelegt oder mündlich erörtert wurden. Dabei verpflichtet ZPO § 139 zur tatsächlichen Aufklärung, ZPO § 278 zur rechtlichen. Auch das Versteigerungssgericht muß für ein gerechtes Verfahren[15], für „Fair play" (Einl Rdn 7.3) sorgen. Zur Hinweispflicht[16]; einschlägig auch[17].

24.7 Seiner Aufklärungspflicht genügt das Gericht zum Teil schon durch die **vom ZVG vorgesehenen** und gebotenen **Hinweise:** auf Mängel des Versteigerungs- oder Zwangsverwaltungsantrags (für Anordnung wie für Beitritt) durch Aufklärungsverfügung (§ 15 Rdn 3.6); auf die Notfrist für einen Einstellungsantrag nach § 30 b Abs 1 und auf die Frist für einen Fortsetzungsantrag nach § 31 Abs 3; auf drohende Rechtsverluste im Rahmen der Terminsbestimmung nach § 37 Nr 4 und 5; auf den Deckungsgrundsatz des geringsten Gebots nach § 44 Abs 1; auf die bevorstehende Ausschließung von Anmeldungen im Versteigerungstermin nach § 66 Abs 2 durch den gesetzlichen Hinweis im Termin; auf das Bestehenbleiben des Alteinteils nach Einführungsgesetz § 9 (EGZVG § 9 Rdn 4.3) und den Gegenantrag; auf die Bedeutung der $^7/_{10}$-Grenze aus § 74 a; auf das Antragsrecht des Erstehers aus § 116; auf die Eigentumsverhältnisse bei Grenzüberbau (§ 55 Rdn 6.6). Diese teils zwingend vorgeschriebenen, teils wenigstens gebotenen Hinweise allein können aber im Einzelfall zur Erfüllung der Aufklärungs-/Hinweispflicht nicht genügen. Nur mit der allgemeinen Frage, ob noch Erklärungen abgegeben werden, genügt das Gericht seiner Hinweispflicht nicht[18].

24.8 Im einzelnen kann schwer festzustellen sein, was und wann aufzuklären ist. Mit Rücksicht auf die Entscheidung des Bundesverfassungsgerichts[19] (sie ist allgemein verbindlich) sind die Voraussetzungen in jedem Fall genau zu prüfen, weil eine unterlassene Aufklärung zur Aufhebung des Zuschlags (mit erheblichen Rechtsfolgen) führen kann[19]. Die Anwendung darf auch nicht übertrieben werden. So muß das Gericht nicht etwa vor oder bei Beginn der Bietstunde darauf hinweisen, daß unter bestimmten Umständen Sicherheitsleistung des Bieters verlangt werden könne. Das gehört an sich schon in den Bereich der Rechtsberatung (die Grenzen sind schwer festzustellen), die nicht Aufgabe des Gerichts ist. Trotzdem ist dieser Hinweis recht zweckmäßig, weil er manchen Ärger erspart. Dann sollte aber auch rechtzeitig auf die notwendige Art der Sicherheitsleistung hingewiesen werden. Über den allgemeinen Verfahrensablauf müssen sich die Terminsteilnehmer rechtzeitig vergewissern. Es tritt auch niemand für eine so weitgehende Aufklärung ein. Der Rechtspfleger muß auch nicht einen Gläubiger im Versteigerungstermin belehren, wie er vorgehen müsse, damit das Grundpfandrecht eines anderen ausfalle[20]. Dagegen hat er die Erschienenen über die Tragweite der

---

[14] Hartmann Rpfleger 1977, 1 (II 14 c).
[15] BVerfG 46, 325 = aaO (Rdn 1 Fußn 2); 49, 220 und 51, 150 (= je Rdn 7 Fußn 12).
[16] Schneider MDR 1977, 881.
[17] Quack Rpfleger 1978, 197.
[18] OLG Hamm JurBüro 1986, 1889 = Rpfleger 1986, 441.
[19] BVerfG 42, 64 = aaO (Rdn 1 Fußn 3).
[20] BGH Betrieb 1976, 886 = WM 1976, 585.

Einleitung 24.8 Zwangsvollstreckungsverfahren

Gebote aufzuklären[21], am besten dadurch, daß er die gesetzlichen Bekanntmachungen und Hinweise und die Feststellung des geringsten Gebots (§ 66 Abs 1) sorgfältig und verständlich, nicht formalistisch und übereilt erledigt. Aufklärung des Antragstellers einer Teilungsversteigerung sowie des Gläubigers der Forderungsversteigerung bei unzureichendem (geringem) Meistgebot anläßlich der Verhandlung über den Zuschlag (ZVG § 74): Einl Rdn 8.1. Folgerichtig muß dann auch der Schuldner in der Vollstreckungsversteigerung (enger[22]: keine generelle Aufklärungspflicht; bestimmt sich nach den Umständen des Einzelfalls) und der Antragsgegner in der Teilungsversteigerung und den anderen besonderen Verfahren (§§ 172, 175) Gelegenheit erhalten, bei unzureichendem Meistgebot einen Schutzantrag einzureichen oder sonst einen zulässigen Weg zu wählen. Ebenso ist auch der (bestrangig) vollstreckende Gläubiger, dem mit dem Meistgebot eines (nachrangig) zur Befriedigung aus dem Grundstück Berechtigten (wegen § 85 a Abs 3) Verlust droht, auf die Zuschlagsfolge hinzuweisen (§ 85 a Rdn 4.6). Daß der im Versteigerungstermin anwesende bevollmächtigte Rechtsanwalt des Schuldners nicht darauf hingewiesen worden ist, daß ein Vollstreckungsschutzantrag (ZPO § 765 a) nur berücksichtigt werden kann, wenn er vor der Zuschlagsverkündung gestellt wird, kann aber jedenfalls dann nicht als Verfahrensfehler angesehen werden, wenn die Erfolgsaussichten eines etwaigen Vollstreckungsschutzantrags höchst zweifelhaft sind[23].

24.9 Über diese sehr weitreichenden gerichtlichen Pflichten hinaus hat das Gericht aber keine Verpflichtung, ja auch kein Recht zur Beratung der Beteiligten und zu **Rechtsauskünften** ([24] meint, die Aufklärungspflicht komme einer Beratungspflicht gleich). Es darf sich also nicht im Gespräch mit den Beteiligten mit der Zweckmäßigkeit eines bestimmten Vorgehens oder mit Abwägung wirtschaftlicher Überlegungen oder mit dem Verfahrensrisiko allgemein befassen. Unzulässige Rechtsberatung wäre es, wenn das Gericht auf eine (zB nur aus einer Gläubigeranmeldung) erkennbare Pfändungsmöglichkeit einer durch den Zuschlag erloschenen versteckten Eigentümergrundschuld hinweisen würde; dies darf das Gericht auch nicht gegenüber der Gerichtskasse.

24.10 Die gerichtliche Aufklärungspflicht beschränkt sich nicht auf Gläubiger und Schuldner, Antragsteller und Antragsgegner. Auch **sonstige Beteiligte** (§ 9), selbst wenn sie ein angemeldetes Recht noch nicht glaubhaft gemacht haben, sind durch gerichtliche Aufklärung, soweit sie als nötig oder angemessen anzusehen ist, vor Rechtsverlust zu schützen. So ist etwa ein Zubehöreigentümer, der sich als Beteiligter angemeldet hat (§ 9 Nr 2), rechtzeitig nach Maßgabe von § 37 Nr 5 zu belehren. Es ist weiter ein Beteiligter auf die offensichtliche Unzulänglichkeit seiner Anmeldung hinzuweisen, zB darauf, daß Kosten (insbesondere Anwaltskosten) nur bei rechtzeitiger Anmeldung den Rang der Hauptsache teilen (§ 10 Abs 2, § 37 Nr 4, § 110). Es ist auch ein Pfandgläubiger darauf hinzuweisen, daß eine Zustellung an das Vollstreckungsgericht als Drittschuldner rechtsunwirksam ist oder daß die Pfändung einer Sicherungsgrundschuld ohne die Forderung oder eines Rückgewähranspruchs statt der Eigentümergrundschuld wertlos sein kann. Wenn sich zeigt, daß eine Grundschuld zu den bestehenbleibenden Rechten gehört, wird der persönliche Schuldner darauf hinzuweisen sein, daß er wegen § 53 Abs 2 die persönliche Forderung anmelden müsse. Bietinteressenten sind auf eine (bekannt gewordene) Unrichtigkeit des Sachverständigengutachtens hinzuweisen[25].

24.11 Jede Aufklärung im Versteigerungstermin (entsprechend auch im Verteilungstermin) ist als wesentlicher Vorgang der Verhandlung im **Protokoll** festzuhal-

---

[21] Nußbaum, Zwangsversteigerung, § 16 (I b).
[22] OLG Celle KTS 1979, 116 = NdsRpfl 1979, 34 = Rpfleger 1979, 116.
[23] OLG Frankfurt Rpfleger 1979, 391.
[24] Mohrbutter DRiZ 1977, 39 (II 1).
[25] OLG Oldenburg Rpfleger 1989, 381.

ten (ZPO § 160 Abs 2, ZVG § 78)[26]. Schon um Haftungsgefahren für das Gericht auszuschließen, muß das Protokoll die Art der erfolgten Aufklärung hinreichend enthalten, so etwa (Vorschlag von[27]): „Die Antragstellerin wurde auf die Möglichkeit hingewiesen, den Versteigerungsantrag zurückzunehmen oder die Verfahrenseinstellung zu bewilligen".

24.12 Auch **nicht anwesende Beteiligte** sind im Rahmen der gesetzlichen Möglichkeiten vom Gericht durch Aufklärung zu schützen[27]. Das kann bei Vorgängen im Versteigerungstermin schriftlich oder durch Übermittlung des den aufklärenden Hinweis enthaltenden Protokolls geschehen, wobei das Gericht, um dem Betroffenen Gelegenheit zum Eingreifen zu geben, für die Entscheidung über den Zuschlag einen besonderen Verkündungstermin ansetzen muß (§ 87 Abs 2). Eine Vertagung des Verteilungstermins ist dagegen nicht vorgesehen; was einem in diesem Termin nicht Anwesenden nicht schon vor dem Termin schriftlich mitgeteilt werden kann, geht eben endgültig zu seinen Lasten.

24.13 Mangelnde Aufklärung durch das Gericht ist ein wesentlicher Verfahrensmangel. Allein darin, daß ein Verfahrensbeteiligter auf eine irrige Beurteilung der Verfahrenssituation nicht hingewiesen wurde, liegt allerdings nicht stets schon ein Verfahrensfehler. Hinzukommen muß vielmehr, daß das Gericht diesen Irrtum erkannt oder doch dadurch fehlerhaft gehandelt hat, daß es einen klar zutage liegenden Irrtum übersehen hat oder ihm nicht nachgegangen ist[28]. Beruht eine Entscheidung, insbesondere ein Zuschlag mit seinen weitreichenden Folgen, darauf, daß die Frage der Aufklärungspflicht aus Erwägungen verneint worden ist, die bei verständiger Würdigung der das Grundgesetz beherrschenden Gedanken nicht mehr verständlich sind, so ist GrundG Art 3 Abs 1 (Gleichheit vor dem Gesetz) verletzt[29]. Dieser Verstoß kann mit **Verfassungsbeschwerde** gerügt werden. Aber nicht durch das Bundesverfassungsgericht nachprüfbar ist eine nur verfahrensrechtlich fehlerhafte Handhabung der Aufklärungspflicht, die nur auf unrichtiger Auslegung des § 139, nicht aber zugleich auch auf sachfremder Anwendung der das Grundgesetz beherrschenden Gedanken beruht; ein solcher Fehler ist im allgemeinen Beschwerdeverfahren (§§ 95 ff) zu rügen.

Ausländer in ZVG-Verfahren

25.1 Die **Parteifähigkeit** eines ausländischen Gläubigers oder Schuldners richtet sich nach dem Recht des Staates, dem er angehört, bestimmt bei einem Personenzusammenschluß somit der Verwaltungssitz (ZPO § 50 Abs 1 mit EGBGB Art 7 Abs 1; näher hierzu[1]). **Prozeßfähig** ist ein Ausländer nach ZPO § 55, wenn er nach dem Recht seines Heimatstaates (EGBGB Art 7 Abs 1) oder nach deutschem Recht prozeßfähig ist. Die (organschaftliche) Vertretung einer ausländischen juristischen Person oder anderen parteifähigen Personenvereinigung bestimmt sich nach dem Recht des Sitzes der (tatsächlichen) Hauptverwaltung.

25.2 Für die im Inland durchzuführenden Verfahren sind auf jeden Fall die **deutschen Verfahrensvorschriften** der ZPO und des ZVG anzuwenden, dazu die Sondervorschriften über Exterritoriale und Angehörige fremder Streitkräfte, über Zustellungen im Ausland und Vollstreckbarkeit ausländischer Vollstrek-

---

[26] Vollkommer und Stöber Rpfleger1976, 392 (Anmerkungen).
[27] Vollkommer Rpfleger 1976, 393 (Anmerkung)
[28] OLG Hamm JurBüro 1986, 1889 = Rpfleger 1986, 441.
[29] BVerfG 42, 64 und NJW 1993, 1699 = aaO (Fußn 1).
[1] Zöller/Geimer/Vollkommer, ZPO, IZPR Rdn 19 und § 50 Rdn 2; MünchKomm/ Lindacher, ZPO, § 50 Rdn 68, 69 = Geimer, Internationales Zivilprozeßrecht, Rdn 1936, 2203.

Einleitung 25.2 Zwangsvollstreckungsverfahren

kungstitel (EGZPO §§ 1, 3; GVG §§ 18–21; Truppenstatut; Haager Zivilprozeßübereinkommen, Abkommen mit verschiedenen Staaten, Abkommen über die Vollstreckung gerichtlicher Entscheidungen samt Ausführungsgesetzen; Näheres in den ZPO-Kommentaren).

25.3 Güterstand: EGBGB Art 15 (Übergangsrecht EGBGB Art 220 Abs 3). Ausländer beim Grundstückserwerb: § 71 Rdn 7.

26 Ausschließung und Ablehnung von Gerichtspersonen

26.1 Auf Rechtspfleger, Richter und Urkundsbeamte sind die für den Prozeß geltenden Vorschriften (ZPO §§ 41–49) anzuwenden. Die Ablehnung eines Versteigerungsrechtspflegers kann nur darauf gestützt werden, daß ein gegenständlich **vernünftiger Grund** vorhanden ist, der den Ablehnenden von seinem Standpunkt aus befürchten läßt, der Rechtspfleger werde nicht unparteiisch sachlich entscheiden[1].

26.2 Mit der nach Grundsätzen rechtsstaatlicher Verfahrensgestaltung gebotenen Aufklärung eines Verfahrensbeteiligten (ZPO § 139; Einl Rdn 24) verletzt der Richter/Rechtspfleger seine Pflicht zur **Unparteilichkeit** nicht[2]. Gibt der Richter/Rechtspfleger in Ausübung der Verfahrensleitung einen Hinweis auf seine Beurteilung der Sach-, Streit- und Rechtslage, so hat ein Beteiligter wegen des ihm ungünstigen Inhalts dieses Hinweises keinen Anlaß, Mißtrauen gegen die Unparteilichkeit des Richters/Rechtspflegers zu erheben[3]. Verfahrensverstöße oder fehlerhafte Entscheidung lassen noch nicht den Schluß auf Befangenheit zu[4]. Auch die Erfolglosigkeit des Antragstellers in einem anderen Verfahren vor dem abgelehnten Richter/Rechtspfleger begründet allein noch nicht die Besorgnis der Befangenheit. Die Anbringung eines Ablehnungsgesuchs in einem anderen Verfahren rechtfertigt auch nicht die Enthaltung von weiterer Tätigkeit des dort abgelehnten Richters/Rechtspflegers (ZPO § 47); es bedarf hierzu vielmehr eines eigenen Ablehnungsgesuchs[4]. In einem Zwangsversteigerungsverfahren der Gerichtskasse begründet nicht schon allein die Mitwirkung an der Entscheidung, die den Kostenanspruch ausgelöst hat, die Besorgnis, daß ein Richter befangen sei[5]. Die Unvoreingenommenheit eines Richters/Rechtspflegers wird im allgemeinen auch nicht dadurch beeinträchtigt, daß wegen der angeblich unsachlichen Behandlung der früheren Sache von der Partei massive strafrechtliche Vorwürfe erhoben worden sind[5]. Die Mitgliedschaft des Richters/Rechtspflegers in der Verbandsversammlung eines Sparkassenzweckverbandes, der Gewährträger der vollstreckenden Gläubigerin ist, die Aufklärung über den für Einwendungen gegen die Vollstreckung aus einer Grundschuld vorgeschriebenen Rechtsweg und die Vorbereitung wesentlicher Teile des Protokolls über den Verteilungstermin können für sich allein nicht als Anzeichen einer Voreingenommenheit des Richters/Rechtspflegers gewertet werden[6].

26.3 Über das Ablehnungsgesuch gegen den Richter des Vollstreckungsgerichts **entscheidet** das Landgericht (ZPO § 45 Abs 2), über die Ablehnung des Rechtspflegers entscheidet der Richter des Vollstreckungsgerichts (RpflG § 10 Satz 2). Wenn ein Richter mißbräuchlich (etwa nur zur Verfahrensverschleppung) abgelehnt wird, kann der Abgelehnte das Gesuch selbst als unzulässig verwerfen[7].

---

[1] LG Göttingen Rpfleger 1976, 55.
[2] BVerfG 42, 64 = aaO (wie Rdn 1 Fußn 3).
[3] OLG Karlsruhe OLGZ 1978, 224.
[4] BayObLG Rpfleger 1980, 193; OLG Düsseldorf NJW 1993, 2542.
[5] OLG Frankfurt NJW 1980, 1805 Leitsatz = Rpfleger 1980, 300.
[6] LG Göttingen Rpfleger 1976, 55.
[7] BGH NJW 1992, 983; OLG Düsseldorf Rpfleger 1994, 340; OLG Koblenz Rpfleger 1985, 368.

Zwangsvollstreckungsverfahren 27.3 **Einleitung**

Ob das auch für den Rechtspfleger gelten kann, erscheint zweifelhaft (dafür[8]; aber Verfahrensverschleppung droht nicht, weil ein Termin fortgeführt werden kann, ZPO § 47, und sofortige Entscheidung des zuständigen Richters möglich ist); nicht zulässig dürfte es sein, daß der Rechtspfleger ein nochmaliges Ablehnungsgesuch deshalb als unzulässig übergeht, weil es (vermeintlich) bereits rechtskräftig entschiedene Gründe wiederholt (anders[9]). Vor Erledigung des Ablehnungsgesuchs (Rechtskraft des Beschlusses, durch den es für unbegründet erklärt wird) kann der abgelehnte Richter/Rechtspfleger zwar einen Versteigerungstermin zu Ende führen[10], dann aber die Zuschlagsentscheidung nicht erlassen (Wartepflicht des ZPO § 47; zu dieser für frühere Ansicht, daß Beschwerde keine aufschiebende Wirkung habe, auch[11]). Ein kurz vor Terminsbeginn wegen Besorgnis der Befangenheit abgelehnter Rechtspfleger soll nach[12] den Termin nicht durchführen können; dem ist nicht zu folgen (so zutreffend[13]).

26.4 Rechtsmittel: Gegen den Beschluß, durch den das Gesuch für begründet erklärt wird, findet kein Rechtsmittel statt, gegen den Beschluß, durch den das Gesetz für unbegründet erklärt wird, findet sofortige Beschwerde statt (ZPO § 46 Abs 2), jedoch keine weitere Beschwerde[14] (§ 568 Abs 2 Satz 1).

Aussetzung, Unterbrechung, Ruhen von ZVG-Verfahren 27

27.1 Eine **Aussetzung** oder **Unterbrechung** des Verfahrens nach ZPO §§ 148–155 und §§ 239–250 gibt es in den Verfahren des ZVG und in ZVG-Beschwerdeverfahren aus mehreren Gründen nicht[1]: I. Das ZVG enthält Sondervorschriften über Einstellung und Aufhebung des Verfahrens (zB §§ 26, 28–30 d, 180 Abs 2, 3) (anders[2]). II: In der Vollstreckung fehlt es dem auch für ZPO § 148 wesentlichen Abhängigkeit vom Bestehen oder Nichtbestehen eines anderen Rechtsverhältnisses. III. Die Zulässigkeit der Vollstreckung bestimmt sich nach dem Vorhandensein eines vollstreckbaren Titels mit Klausel und Zustellung und nicht nach dem wirklichen Bestehen einer Forderung. IV. Die Vollstreckung ist auf rasche Durchsetzung gerichtet und verträgt sich ihrer Natur nach nicht mit einer Aussetzung[3] oder Unterbrechung (anders[4]). V. Die genannten Vorschriften der ZPO sprechen selbst nur vom Prozeß.

27.2 Aus all diesen Gründen gibt es hier auch kein **Ruhen des Verfahrens** nach ZPO § 251[5].

27.3 Auch ZVG-Verfahren nach den §§ 172, 175, 180 werden in Anwendung der Vollstreckungsvorschriften des ZVG und der ZPO durchgeführt. Daher gibt es auch bei ihnen Aussetzung, Unterbrechung, Ruhen des Verfahrens nicht.

---

[8] Schriftleitung zu OLG Koblenz Rpfleger1985, 368.
[9] LG Kiel Rpfleger 1988, 544 mit zust Anm Wabnitz.
[10] OLG Celle NdsRpfl 1989, 77 = NJW-RR 1989, 569; LG Aachen Rpfleger1986, 59.
[11] BayVerfGH NJW 1982, 1746.
[12] LG Konstanz Rpfleger1983, 490 mit abl Anm Weber.
[13] Weber Rpfleger 1983, 491 (Anmerkung).
[14] OLG Karlsruhe Rpfleger 1995, 402.
[1] OLG Bamberg JurBüro 1982, 1411; OLG Frankfurt JurBüro 1976, 658 = Rpfleger 1975, 441; OLG Hamm JMBlNW 1963, 132; LG Frankenthal Rpfleger 1986, 24; LG Köln JMBlNW 1949, 4; LG Landshut NJW 1953, 1518.
[2] OLG Hamm JMBlNRW 1954, 129 = MDR 1954, 683 = NJW 1954, 1123.
[3] Obermaier, Rechtsnachfolge in Zwangsvollstreckung bei Tod (1970), S 6–8, und Obermaier DGVZ 1973, 145 (B I).
[4] Sojka MDR 1982, 13 (3.).
[5] AG Köln DGVZ 1965, 12.

28 Begründung von gerichtlichen Beschlüssen

28.1 ZPO § 329 schreibt für Beschlüsse keine Begründung vor; das ZVG sagt hierüber nichts. Die Meinungen gingen früher auseinander (dazu näher[1]). **Begründungspflicht** auch für Beschlüsse des Richters/Rechtspflegers des Vollstreckungsgerichts folgt nach jetzt einhelliger Ansicht jedoch aus rechtsstaatlichen Verfahrensgrundsätzen (Einl Rdn 7)[2] (je mit Nachweisen). Danach beruht die Begründungspflicht auf der Erwägung, daß dem Betroffenen eine sachgemäße Verteidigung seiner Rechte ermöglicht werden muß[3]. Auf letztinstanzliche, den Rechtsweg abschließende Entscheidungen trifft dies nicht zu. Dem Grundgesetz läßt sich nicht entnehmen, daß jede gerichtliche Entscheidung mit einer Begründung zu versehen ist[4] und daher auch nicht, daß eine mit einem ordentlichen Rechtsmittel nicht mehr anfechtbare Entscheidung stets mit einer Begründung zu versehen ist[5]. Eine letztinstanzliche Entscheidung muß aber jedenfalls dann und insoweit begründet werden, als von dem eindeutigen Wortlaut einer Rechtsnorm abgewichen werden soll und der Grund hierfür sich nicht schon eindeutig aus den den Beteiligten bekannten oder für sie ohne weiteres erkennbaren Besonderheiten des Falles ergibt[6].

28.2 Rechtspflicht ist die **Begründung** stets, wenn der Beschluß einem **Rechtsmittel unterliegt**[7]. Der Staatsbürger, in dessen Rechte eingegriffen wird, hat dann ein Recht darauf zu erfahren, warum das Gericht seinen Fall so und nicht anders entschieden hat, ob das Für und Wider sachlich abgewogen wurde. Damit sind zugleich dem Rechtsmittelgericht die Gründe erkennbar zu machen, die für eine angefochtene Entscheidung maßgebend waren[8]. Begründung ist notwendig bei Zurückweisung eines Antrags[9], wenn einem Antrag bei Vorliegen von Einwendungen stattgegeben wird, bei Ermessensentscheidung und für Einstellungsbeschlüsse. Keiner Begründung bedarf ein Beschluß (ebenso wie in vergleichbaren Fällen ein Urteil; ZPO § 313 a Abs 1), wenn auf Rechtsmittel und Begründung verzichtet ist und wenn die Entscheidung übereinstimmenden Anträgen[10] oder Auffassungen der Parteien entspricht.

28.3 Gründe eines Beschlusses haben (wie beim Urteil) eine kurze **Zusammenfassung der Erwägungen** zu enthalten, auf denen die Entscheidung in tatsächlicher und rechtlicher Hinsicht beruht (ZPO § 313 Abs 3 entsprechend)[11]. Daß zu allem, was von einer Partei vorgebracht worden ist, ausdrücklich Stellung genommen wird, kann nicht verlangt werden[11]. Auf die Rechtsausführungen einer veröffentlichten (insbesondere höchstrichterlichen) Entscheidung kann Bezug genommen werden[11]. Das Gericht darf sich aber in der Begründung nicht mit allgemei-

---

[1] Zeller, ZVG, 10. Aufl 1979, Rdn 12 (2–4) zu § 1.
[2] OLG Frankfurt JurBüro 1980, 763 = Rpfleger 1980, 156; OLG Hamm FamRZ 1977, 744 (746); OLG München JurBüro 1980, 285 = MDR 1980, 146; LG Berlin Rpfleger 1978, 55.
[3] BVerfG 50, 287 (B II) = NJW 1979, 1161.
[4] BVerfG NJW 1982, 925.
[5] BVerfG 50, 287 (B II) = NJW 1979, 1161.
[6] BVerfG 71, 122 = MDR 1986, 379 = NJW 1987, 1619; BVerfG (Kammerbeschluß) NJW 1993, 1909.
[7] BGH FamRZ 1982, 1200; OLG Bamberg JurBüro 1962, 632; OLG Celle MDR 1966, 513 = NJW 1966, 936 und 1367 Leitsatz mit abl Anm Schneider sowie 2174 mit zust Anm Arndt = OLGZ 1966, 430 = Rpfleger 1967, 20; OLG Hamm MDR 1991, 452; KG Berlin FamRZ 1994, 454 = NJW 1974, 2010; OLG München JurBüro 1981, 769 = Rpfleger 1981, 157; OLG Schleswig JurBüro 1980, 704 und 1981, 1903.
[8] OLG Düsseldorf JMBlNW 1972, 17 = OLGZ 1972, 245.
[9] OLG Düsseldorf JurBüro 1981, 1540 mit zust Anm Mümmler = Rpfleger 1981, 408 Leitsatz = OLG Köln MDR 1971, 225.
[10] LG Stade KTS 1972, 203 = RpflJahrbuch 1973, 192 Leitsatz.
[11] BGH FamRZ 1982, 1200.

nen Floskeln begnügen (die formelhafte Wiederholung des Gesetzeswortlauts stellt keine Begründung dar), sondern muß im einzelnen auf das Für und Wider eingehen und dazu Stellung nehmen[12]. Jeder ist verärgert, wenn er durch eine nichtssagende Mitteilung den Eindruck bekommt, man habe sich nicht um seine Sache bemüht. Für jeden ist seine Sache die wichtigste. Wenn sonst keine Zweifel möglich sind, dem Antrag voll stattgegeben wird oder die Gründe sich unmittelbar aus dem Gesetz oder einer gefestigten Rechtsprechung ergeben und die Erwägungen damit auf der Hand liegen, kann die Begründung auf einen Hinweis auf gesetzliche Grundlage und Folgen zusammengefaßt werden. Dies darf allerdings nicht nur mit einer für Nichtjuristen unverständlichen Paragraphen-Aufzählung ersetzt werden. Entbehrlich ist die Erörterung irrtümlicher Rechtsansichten[13]; eingehend zu begründen ist die Entscheidung zweifelhafter oder schwieriger Fragen.

28.4 Wo die Begründung fehlt, aber nötig ist, kann sie (muß sie) der Rechtspfleger bei der Vorlage an den Richter oder der Richter im Falle seiner Nichtabhilfe bei Vorlage an das Beschwerdegericht **nachholen.** Die nachgeholte Begründung ist den Parteien mitzuteilen.

28.5 Wo die Begründung nötig ist, ist ihr Fehlen ein erheblicher **Verfahrensmangel,** der zur Aufhebung des Beschlusses und zur Zurückverweisung der Sache führt.

Berichtigung von gerichtlichen Beschlüssen 29

29.1 Nach ZPO § 319 Abs 1 kann (ein Urteil) berichtigt werden, und zwar jederzeit und von Amts wegen (natürlich auch auf Antrag), wenn es sich um „Schreibfehler, Rechenfehler und ähnliche **offenbare Unrichtigkeiten**" handelt. Nur eine versehentliche Abweichung des vom Gericht Erklärten und des vom Gericht Gewollten rechtfertigt demnach eine Berichtigung[1]; der Irrtum muß offenbar sein[1]. Die Vorschrift darf nicht zu großzügig angewandt werden, um nicht erhebliche Unsicherheiten in das Verfahren hereinzubringen. Berichtigungsbeschlüsse, die erkennbar keine gesetzliche Grundlage haben, besitzen trotz formeller Rechtskraft keine verbindliche Wirkung[2]. Wenn berichtigt werden darf, ist die berichtigte Fassung rückwirkend allein maßgebend.

29.2 Offenbare Unrichtigkeiten dieser Art können auch im Rahmen eines **ZVG-Verfahrens** berichtigt werden, so im Anordnungs- und Beitrittsbeschluß (§ 15 Rdn 4.15), im Zuschlagsbeschluß (§ 82 Rdn 4), aber auch ganz allgemein bei allen anderen Beschlüssen.

29.3 Gegen einen Berichtigungsbeschluß des Rechtspflegers gibt es befristete **Rechtspflegererinnerung;** der Richter kann abhelfen oder legt als Durchgriffserinnerung dem Beschwerdegericht vor. Gegen die ablehnende Entscheidung des Rechtspflegers gibt es befristete Rechtspflegererinnerung, die der Richter endgültig entscheidet (keine Vorlage an das Beschwerdegericht).

29.4 Hat der Richter einen Berichtigungsbeschluß erlassen, gibt es sofortige **Beschwerde** gegen ihn. Lehnt er die Berichtigung ab, gibt es kein Rechtsmittel (ZPO § 319 Abs 3). Falls er aber ohne sachliche Prüfung oder unter Verkennung des Begriffs der „offenbaren Unrichtigkeit" abgelehnt hatte, gibt es einfache Beschwerde gegen ihn[3].

29.5 Protokolle können nach ZPO § 164 berichtigt werden (§ 78 Rdn 3). Zur Berichtigung von Vollstreckungstiteln § 15 Rdn 40.

---

[12] Arndt NJW 1966, 2174 (Anmerkung).
[13] Hartmann Rpfleger 1977, 1 (II 18 b).
[1] BGH MDR 1984, 824 = NJW 1985, 742.
[2] OLG Hamm DGVZ 1960, 170 mit zust Anm Schriftleit = Rpfleger 1960, 298 mit zust Anm Berner; Zöller/Vollkommer, ZPO, § 319 Rdn 29.
[3] Petermann Rpfleger 1973, 153 (IV a) ; OLG Hamm FamRZ 1986, 1136.

30 Devisenrecht in ZVG-Verfahren
Nach dem Außenwirtschaftsgesetz (Textanhang T 8) gibt es zur Zeit in unserem Wirtschaftsgebiet (Gesetz § 4 Abs 1 Nr 1) (mit dem Gebiet der Bundesrepublik Deutschland nicht ganz übereinstimmend) **keine Devisenbeschränkung** im Grundstücksverkehr von Gebietsansässigen (Gesetz § 4 Abs 1 Nr 3) und Gebietsfremden (Gesetz § 4 Abs 1 Nr 4). In inländische Grundstücke (Grundstücksbruchteile, Gebäudeeigentum, grundstücksgleiche Rechte, Schiffe, Schiffsbauwerke, Luftfahrzeuge) von Gebietsfremden kann unbeschränkt vollstreckt werden; auch Teilungsversteigerung ist insoweit zulässig. Gebietsfremde können ihrerseits in inländische Grundstücke usw unbeschränkt vollstrecken, auch die Teilungsversteigerung darüber betreiben oder sonst an ZVG-Verfahren beteiligt sein. Gebote von Gebietsfremden: § 71 Rdn 7.

31 Einstweilige Einstellung in ZVG-Verfahren; ZPO-Einstellungen
31.1 Unter „Einstellung" versteht das ZVG (im Gegensatz zur KO) immer nur die einstweilige Einstellung, bei der das Verfahren anhängig bleibt. Die Einstellungsmaßnahmen beziehen sich (wie Aufhebungsmaßnahmen), auf dieselben Gegenstände wie das Verfahren selbst, also Grundstücke, Grundstücksbruchteile usw, in der Regel aber nicht auf Grundstücksteile (Einl Rdn 11.7). Hinsichtlich Zubehör kann gesondert eingestellt werden (§ 55 Rdn 3).
31.2 Einstellungsfälle im Rahmen eines ZVG-Verfahrens:
A. Vollstreckungsversteigerung: I. Grundstücke (auch Gebäudeeigentum) und grundstücksgleiche Rechte: ZVG § 28, § 30, § 30 a (mit § 30 b, 31), § 30 c (mit §§ 30 b, 31), § 30 d (mit §§ 30 b, 31), § 33, § 37 Nr 5 (mit §§ 55), § 75, § 76, § 77 Abs 1, § 83 (mit §§ 84, 86, 33), § 85, § 85 a; ZPO § 765 a, § 769, § 775; VerglO § 13. II. Schiffe und Schiffsbauwerke: ZVG § 162, § 170 a, § 171 (je mit §§ 28, 30, 31, 30 a, 30 b, 30 c, 30 d, 33, 37 Nr 5, §§ 55, 75, 76, 77 Abs 1, §§ 83, 84, 86, 85); ZPO § 765 a, § 769, § 775; VerglO § 13. III. Luftfahrzeuge: ZVG § 171 a, § 171 h (je mit §§ 28, 30, 31, 30 a, 30 b, 30 c, 30 d, 33, 37 Nr 5, §§ 55, 75, 76, 77 Abs 1, §§ 83, 84, 86, 85); ZPO § 765 a, § 769, § 775; VerglO § 13.
B. Zwangsverwaltung von Grundstücken (auch Gebäudeeigentum) und grundstücksgleichen Rechten: ZVG § 146 (mit § 28); ZPO § 769, § 775, § 776, nur in Ausnahmefällen § 765 a; VerglO § 13.
C. Konkursverwalterverfahren: I. Konkursverwalterzwangsversteigerung von Grundstücken (auch Gebäudeeigentum), grundstücksgleichen Rechten, Schiffen, Schiffsbauwerken, Luftfahrzeugen: ZVG § 172 (mit § 28, 30, 33, 37 Nr 5, § 77 Abs 1, §§ 83, 84, 85 a, 86); dazu auch ZVG §§ 162, 170 a, 171, 171 a, 171 h. II. Konkursverwalterzwangsverwaltung von Grundstücken (auch Gebäudeeigentum) und grundstücksgleichen Rechten: ZVG § 172 (mit §§ 146, 28).
D. Nachlaßversteigerung von Grundstücken (auch Gebäudeeigentum), grundstücksgleichen Rechten, Schiffen, Schiffsbauwerken, Luftfahrzeugen: ZVG § 175 (mit §§ 28, 30, 31, 37 Nr 5, § 77 Abs 1, §§ 83, 84, 85 a, 86); ZPO § 769, § 775; dazu §§ 162, 170 a, 171, 171 a, 171 h.
E. Teilungsversteigerung von Grundstücken (auch Gebäudeeigentum), grundstücksgleichen Rechten, Schiffen, Schiffsbauwerken, Luftfahrzeugen: ZVG § 180 Abs 2 und 3, § 180 Abs 1 (mit §§ 28, 30, 30 b, 31, 37 Nr 5, § 77 Abs 1, §§ 83, 84, 85 a, 86); ZPO §§ 769, 770, 771 Abs 2, § 775; dazu §§ 162, 170 a, 171, 171 a, 171 h.
31.3 Bei der Einstellung erfolgt regelmäßig eine **Belehrung** des Gläubigers (Antragstellers) über die Fortsetzung (§ 31 Abs 3). Fortgesetzt wird grundsätzlich auf Antrag binnen bestimmter Frist. Einzelheiten, auch über die Folgen der Fristversäumung (und über ausnahmsweise Fortsetzung von Amts wegen) bei den einzelnen Kommentarstellen.

31.4 Bei der **Vollstreckungsversteigerung** beziehen sich Einstellungen nur auf die das Verfahren **betreibenden Gläubiger.** Sie lassen die Ansprüche der sonstigen Beteiligten unberührt; sind aber die Verfahren aller Gläubiger eingestellt, so gibt es auch für die anderen Beteiligten keine Versteigerung und keine Erlösverteilung. Jede Einstellung bezieht sich nur auf ein ganz bestimmtes Verfahren eines Gläubigers aus einem Anordnungs- oder Beitrittsbeschluß. Die Verfahren der anderen Gläubiger aus ihren Beschlagnahmebeschlüssen werden davon nicht berührt und laufen, unter Beachtung der für sie geltenden Fristen und anderen Vorschriften, weiter. Der Wegfall eines Gläubigers, dessen Verfahren eingestellt wird, kann aber die Berechnung des geringsten Gebotes verändern oder die Erlösverteilung beeinflussen.

31.5 Bei der **Teilungsversteigerung** bezieht sich die Einstellung nur auf einen bestimmten **Antragsteller,** läßt die Verfahren der anderen Antragsteller unberührt, auch die Ansprüche der sonstigen Beteiligten (falls das Verfahren überhaupt noch durchgeführt wird), kann aber das geringste Gebot beeinflussen. Wenn bei der **Zwangsverwaltung** eine Einstellung ausnahmsweise vorkommt, wird das Verfahren der anderen betreibenden Gläubiger und der sonstigen Beteiligten nicht berührt. In der Konkursverwalter- und Nachlaßversteigerung (§§ 172, 175) bringt die Einstellung durch oder gegen den einzigen Antragsteller das ganze Verfahren zum Stillstand.

31.6 **ZPO-Einstellungen:** Prozeßgericht (ZPO § 769 Abs 1) und Vollstreckungsgericht (ZPO § 769 Abs 2) können auf Vollstreckungsabwehrklage hin (ZPO § 767) oder auf Widerspruchsklage (ZPO § 771) oder auf Klage gegen die Vollstreckungsklausel (ZPO § 768) die Zwangsvollstreckung **einstellen.** Das Vollstreckungsgericht kann auch in fünf besonderen Fällen (ZPO § 775 Nr 1–5) einstweilen einstellen.

31.7 **Prozeßgerichtliche** Einstellungen sind auch im Wege einer Einstweiligen Verfügung möglich[1], sowohl zur Vollstreckungsversteigerung wie zur Teilungsversteigerung[1]; doch kann ein Rechtsschutzbedürfnis nicht bestehen, wenn Einstellung durch das Prozeßgericht (Einl Rdn 31.6) erwirkt werden kann[2]. In der Regel wird dem Gläubiger oder Antragsteller bei Androhung von Zwangsgeld oder Zwangshaft nach ZPO § 888 verboten (ZPO § 938 Abs 2), ein Zwangsversteigerungsverfahren (Vollstreckungsversteigerung, Teilungsversteigerung) oder Zwangsverwaltungsverfahren zu betreiben. Obwohl sich das Verbot nicht unmittelbar an das Vollstreckungsgericht wendet, darf dieses nicht durchführen, was das Prozeßgericht verbietet. Manchmal lautet die Einstweilige Verfügung (unzweckmäßig) auch dahin, daß das Verfahren unmittelbar eingestellt werde.

31.8 Einstellungsbeschlüsse des Prozeßgerichts (auch des allgemeinen Vollstreckungsgerichts) sind dem für Zwangsversteigerung oder Zwangsverwaltung zuständigen Vollstreckungsgericht in **Ausfertigung,** nicht in Abschrift oder Fotokopie, vorzulegen. Gleich wie sie lauten, bringen sie das Zwangsversteigerungs- oder Zwangsverwaltungsverfahren nicht unmittelbar zum Stillstand. Das Vollstreckungsgericht muß durch besonderen **Ausführungsbeschluß** sein Zwangsversteigerungs- oder Zwangsverwaltungsverfahren noch ausdrücklich einstellen, verbunden mit einer Fortsetzungsbelehrung des Gläubigers oder Antragstellers (Muster im ZVG-Handbuch Rdn 191–194), zuzustellen (§ 32) an Schuldner (Antragsgegner) und betroffenen Gläubiger (Antragsteller), unter Terminsabsetzung (falls schon Versteigerungstermin für diesen Gläubiger oder Antragsteller bestimmt, andere bleiben unberührt), mitzuteilen (falls Termin entfällt) an Behörden und sonstige Beteiligte.

---

[1] LG Bonn NJW 1970, 2303.
[2] OLG Schleswig SchlHA 1989, 44.

Einleitung 31.9 Zwangsvollstreckungsverfahren

31.9 Der Ausführungsbeschluß des Versteigerungsgerichts beruht auf ZPO § 775. Er ist **bis zur Zuschlagsverkündung** möglich (nach Schluß der Versteigerung durch Versagung, § 33), weil durch diese der Ersteher bereits Rechte erworben hat, die ihm nicht mehr außerhalb eines Rechtsmittelverfahrens genommen werden können. Spätere Einstellungen des Prozeßgerichts beeinflussen nur noch das Verteilungsverfahren in der Weise, daß der Teilungsplan aufgestellt, der Betrag für den von der Einstellung betroffenen Gläubiger aber hinterlegt wird (§ 117 Rdn 6).

31.10 Ein Einstellungsbeschluß des Prozeßgerichts wird **wirksam,** sobald er aus dem internen Bereich des Gerichts herausgeht[3]; er wendet sich an das Vollstreckungsorgan und ist von diesem zu berücksichtigen, wenn er ihm in zuverlässiger Weise zur Kenntnis gebracht wird[3]. Das Vollstreckungsorgan muß nicht von sich aus prüfen, ob einer ergangen sei[3] (eine Amtsermittlungspflicht, zB durch Beziehung der Prozeßakten, besteht nicht), der Schuldner muß ihm in vorgeschriebener Form Kenntnis verschaffen[3], wobei es aber genügt, wenn die Kenntnis in anderer Weise erlangt ist[3], indem etwa der Gläubiger selbst vorlegt oder das Prozeßgericht Mitteilung gibt. Vollstreckungshandlungen, die das Vollstreckungsgericht erlassen hat, weil ihm eine vom Prozeßgericht angeordnete Einstellung der Zwangsvollstreckung nicht bekannt und noch nicht nachgewiesen war, sind nicht unwirksam; sie sind aber als unzulässig anfechtbar und auf Erinnerung (Beschwerde) des Schuldners aufzuheben[4]. Bestehen bleiben können unter den Voraussetzungen des ZPO § 776 Satz 2 nur Vollstreckungsmaßregeln, die schon vor Wirksamwerden der Einstellung vorgenommen wurden. Wenn in Ausführung der prozeßgerichtlichen Einstellung das Zwangsversteigerungs- oder Zwangsverwaltungsverfahren eingestellt wird, bevor der zugehörige Vollstreckungsvermerk im Grundbuch eingetragen war, kann auch angeordnet werden, daß das Eintragungsersuchen nicht abgesandt wird.

31.11 Nach ZPO § 775 Nr 5 genügt für die Einstellung ein **Posteinzahlungsschein.** Darunter fallen Postanweisungsabschnitt, Zahlkartenabschnitt, Lastschriftbeleg der Postbank, Quittung im Posteinlieferungsbuch, nicht aber unbeglaubigte Fotokopien von Zahlungsbelegen[5] und nicht der Nachweis, daß ein Wertbrief (mit Geld) abgesandt sei. Angesichts des heutigen bargeldlosen Zahlungsverkehrs muß aber auch eine **Bankquittung** über die Einzahlung auf oder für ein Konto des Gläubigers genügen.

31.12 Fortsetzung (§ 31 Abs 1) kann der Gläubiger oder Antragsteller nach Wiederaufhebung der prozeßgerichtlichen Einstellung oder nach ihrem sonstigen Wegfall (zB durch Urteil) verlangen. Wird nach ZPO § 775 Nr 4 (Quittung) oder Nr 5 (Postbeleg, Bankbeleg) eingestellt, so kann der Gläubiger jederzeit die Fortsetzung verlangen[6]; wenn der Gläubiger sofort widerspricht, Erfüllung bestreitet und Fortsetzung verlangt, unterbleibt die Einstellung überhaupt[7]. Der Schuldner hat nur die Möglichkeiten aus ZPO §§ 767, 769 (Abwehrklage mit prozeßgerichtlicher Einstellung) oder bei formellen Mängeln aus ZPO § 766 beim Vollstreckungsgericht selbst.

32 Fristen in ZVG-Verfahren

32.1 In ZVG-Verfahren sind die **allgemeinen Vorschriften** aus ZPO und BGB anzuwenden.

---

[3] Kirberger Rpfleger 1976, 8.
[4] OLG Hamm NJW 1961, 1824; LG Berlin MDR 1975, 672 = Rpfleger 1976, 26.
[5] AG Berlin-Wedding DGVZ 1976, 93.
[6] OLG Hamm MDR 1973, 857 = OLGZ 1973, 488 = Rpfleger 1973, 324.
[7] OLG Hamm MDR 1970, 687 = NJW 1970, 1556 = Rpfleger 1970, 212; OLG Hamm DGVZ 1980, 153 = OLG Frankfurt MDR 1980, 63 Leitsatz.

Zwangsvollstreckungsverfahren   32.3 **Einleitung**

32.2 Aus der ZPO sind anzuwenden:
§ 222: Es gelten für Fristen die Vorschriften des BGB. Eine Frist, die an einem Samstag (Sonnabend), **Sonntag** oder allgemeinen Feiertag (bundes- oder landesrechtlich festgelegt) endet, verlängert sich bis zum nächstfolgenden Werktag.
§ 233: Die Hemmung des Fristenlaufs durch **Gerichtsferien** (dazu aber Einl Rdn 33) gilt nicht für Notfristen und für Fristen in Feriensachen.
§ 224: Durch **Parteivereinbarung** können Fristen abgekürzt werden, aber nicht Notfristen. Auf Antrag können richterliche und gesetzliche Fristen abgekürzt oder verlängert werden, gesetzliche aber nur in den besonders bestimmten Fällen.
§ 225: Über den eben genannten Antrag kann ohne **mündliche Verhandlung** entschieden werden. Abkürzungen oder mehrmalige Verlängerung ist nur nach Anhörung des Gegners zulässig. Der Beschluß über die Zurückverweisung eines Fristverlängerungsantrags ist nicht anfechtbar (beim Richter, wohl aber beim Rechtspfleger; RpflG § 11 Abs 1).
§ 233: Wiedereinsetzung in den vorigen Stand kann auf Antrag gewährt werden, wenn ohne Verschulden eine Notfrist oder die Wiedereinsetzungsantragsfrist nicht eingehalten werden konnte.
§ 234: Der genannte Antrag muß binnen zwei Wochen gestellt werden, beginnend mit dem Tag, da das Hindernis behoben ist.
§ 236: Die **Form** des Antrags richtet sich nach den Vorschriften für die versäumte Handlung. Der Antrag muß die Angabe der die Wiedereinsetzung begründeten Tatsachen enthalten (zB daß der Antragsteller sich in einem Gebiet mit Seuchen, Erdbeben, Überschwemmungen aufgehalten habe); diese sind glaubhaft zu machen. In der Antragsfrist ist die versäumte Handlung nachzuholen; ist dies geschehen, so kann Wiedereinsetzung auch ohne Antrag gewährt werden.
§ 237: Über die Wiedereinsetzung **entscheidet** (unanfechtbar bei erteilter Wiedereinsetzung, § 238) das Gericht, das über die versäumte Handlung zu entscheiden hat. Bei sofortiger Beschwerde entscheidet das Beschwerdegericht. Bei einem Antrag aus § 30 a entscheidet das Vollstreckungsgericht. Im Rechtspflegerverfahren ist der Rechtspfleger auch für die Wiedereinsetzung zuständig. Die Regel, daß gemeinsame Entscheidung über Wiedereinsetzung und nachgeholtes Rechtsmittel erfolge, gilt auch bei der Durchgriffserinnerung[1]. Über ein mit ihr verbundenes Wiedereinsetzungsgesuch entscheidet der Erstrichter förmlich, wenn er die Erinnerung für zulässig und begründet hält, sonst das Beschwerdegericht auf seine Vorlage hin[2]. Bei der Wiedereinsetzungs-Entscheidung dürfen dem Gesuchsteller Verzögerungen der Postbeförderung durch die Post AG und Verzögerungen bei der Entgegennahme des Gesuchs durch das Gericht (zB Abholung aus einem Postfach schon vor Ende des Tages) nicht zur Last gelegt werden[3].

32.3 Aus dem BGB sind anzuwenden:
§ 187 Abs 1: Für den **Beginn** der Frist wird der Tag des Ereignisses (Verkündung, Zustellung) nicht mitgerechnet.
§ 188: Eine Frist nach Tagen **endet** mit Ablauf des letzten Tages, eine Frist nach Wochen, Monaten, Vierteljahren, Halbjahren, Jahren endet mit Ablauf des Tages der letzten Woche oder des letzten Monats, der durch seine Benennung oder Zahl dem entspricht, auf den das Ereignis fällt (zB Beginn am 10. Juni, Monatsfrist endet am 10. Juli). Fehlt im letzten Monat dieser Tag, endet die Frist mit dem letzten Tag des Monats (zB Beginn am 30. oder 31. Januar, Ende am 28. bzw 29. Februar).

---

[1] OLG Hamm KTS 1973, 143 = OLGZ 1972, 316.
[2] OLG Düsseldorf MDR 1975, 233 = Rpfleger 1974, 429; OLG Düsseldorf Rpfleger 1983, 29 mit zust Anm Meyer-Stolte; OLG Düsseldorf Rpfleger 1989, 56; OLG Hamburg MDR 1971, 509 = Rpfleger 1971, 215 und 395 Leitsatz mit abl Anm Bergerfurth.
[3] BVerfG 44, 302 = NJW 1977, 1233 = Rpfleger 1977, 245.

Einleitung 32.3 Zwangsvollstreckungsverfahren

§ 189: Ein halbes Jahr = sechs Monate, ein Vierteljahr = drei Monate, ein halber Monat = fünfzehn Tage.
§ 190: Bei **Verlängerung** der Frist wird vom Ablauf der vorherigen Frist an gerechnet.

32.4 Unterschieden werden Notfristen und normale Fristen.

a) **Notfristen** aus dem Gebiet des ZVG (Wiedereinsetzung gegen ihre Versäumung ist möglich) sind folgende: zwei Wochen für die sofortige Beschwerde (ZPO §§ 793, 577 Abs 2); zwei Wochen für die befristete Erinnerung gegen den Rechtspfleger (RpflG § 11 Abs 1); zwei Wochen für Einstellungsanträge (§ 30 b Abs 1, § 30 c Abs 2, § 30 d Abs 1, § 180 Abs 2 und 3), zwei Wochen für bestimmte Beschwerden gegen den Zuschlag bei Luftfahrzeugen (§ 171 m.).

b) **Normale Fristen** (keine Notfristen) sind alle übrigen aus dem Bereich des ZVG (keine Wiedereinsetzung gegen ihre Versäumung möglich). Bei ihnen unterscheidet man eigentliche und uneigentliche Fristen.

32.5 **Eigentliche Fristen** sind Zeiträume zur Vornahme einer Parteihandlung (= Handlungsfristen) oder zur Vorbereitung der Partei auf einen Termin (= Zwischenfristen, auch Warte- oder Überlegungsfristen). Die eigentlichen Fristen wenden sich also an die Verfahrensbeteiligten und verlangen von ihnen eine Handlung oder Überlegung. Eigentliche Fristen aus dem Gebiet des ZVG, und zwar Handlungsfristen sind: ein Monat für die Widerspruchsklage (§ 115 Abs 1, ZPO § 878); sechs Monate für erweiterte Zuschlagsbeschwerde bei Luftfahrzeugen (§ 171 m); weitere eigentliche Fristen, und zwar Zwischenfristen sind: zwei bzw sechs Wochen für Bekanntmachung im Amtsblatt (§ 43 Abs 1, § 85); vier Wochen für Zustellungen und Ladungen vor dem Versteigerungstermin (§ 43 Abs 2, § 85); zwei Wochen für die Ladung des Erstehers oder Zahlungspflichtigen oder Meistbietenden zum Verteilungstermin (§ 105 Abs 4); sechs Wochen bzw ein Monat für Bekanntmachung bei Luftfahrzeugen (§ 171 l Abs 2).

32.6 **Uneigentliche Fristen** sind Zeiträume zur Vornahme einer gerichtlichen Handlung oder Zeiträume, während deren das Verfahren ausgesetzt ist oder Fristen gehemmt sind, auch Ausschlußfristen und ähnliche. Diese Fristen wenden sich an das Gericht und verlangen von ihm eine Tätigkeit oder Nicht-Tätigkeit. Dazu gehören: ein, zwei oder vier Jahre für rückständige wiederkehrende Leistungen (§ 10 Abs 1 Nr 2, 3, 4); sechs Monate für Fortsetzungsantrag (§ 31); ein, zwei, sechs Monate für Anberaumung des Versteigerungstermins (§ 36 Abs 2, § 85); vier Wochen für Mitteilung über betreibende Gläubiger (§ 41 Abs 2; keine feste Frist, verlangt nur „im Laufe der vierten Woche"); zwei Wochen für Berechnung laufender Leistungen nach dem Versteigerungstermin (§ 47); vier, zwölf und mehr Jahre Kündigungsschutz für Mieter und Pächter (§ 57 c); drei bis sechs Monate Wartefrist für zweiten Versteigerungstermin (§ 74 a Abs 3); drei Monate für Fortsetzungsantrag (§ 76 Abs 2); eine Woche für Entscheidungsverkündung (§ 87 Abs 2); zwei Wochen oder drei Tage für Anfertigung des Teilungsplans (§ 106); drei Monate für Nichteintritt der Befriedigungswirkung (§ 118 Abs 2); sechs Monate für Rangverlust (§ 129); drei Monate für Aufgebotswartezeit (§ 138); ein Jahr für Rechnungslegung durch Zwangsverwalter (§ 154); sechs Monate für Anmeldungen beim Registergericht (§ 168 b).

32.7 Über Fristen wird in unserem Rechtsgebiet grundsätzlich **keine Belehrung** erteilt, außer bei bestimmten Einstellungs- und Fortsetzungsentscheidungen. Auch dort, wo eine Belehrung ausnahmsweise erfolgt, muß die Belehrung nicht alle Modalitäten der Fristberechnung enthalten, auch nicht den Hinweis, daß eine an einem gesetzlichen Feiertag ablaufende sich um einen Tag verlängert[4].

---

[4] BVerfG NJW 1971, 2217 mit abw Meinung Seuffert und Anm Schriftleit und NJW 1972, 243 Leitsatz mit abl Anm Weihrauch.

Zwangsvollstreckungsverfahren 33.3 **Einleitung**

Gerichtsferien in ZVG-Verfahren 33

Literatur: Drischler, Teilungsversteigerung und Gerichtsferien, JVBl 1965, 153; Drischler, Keine Gerichtsferien bei Teilungsversteigerung? Rpfleger 1989, 85; Stöber, Keine Gerichtsferien bei Teilungsversteigerung, MDR 1989, 12.

33.1 Die Gerichtsferien **beginnen** am 15. Juli und **enden** am 15. September (nicht am 14.) (GVG § 199). Auf das Zwangsvollstreckungsverfahren sind sie **ohne Einfluß** (GVG § 202). Ferienlose Vollstreckungsverfahren sind auch alle ZVG-Verfahren[1] sowie die Erinnerungs- und Beschwerdeverfahren in diesen Angelegenheiten. In diesen Verfahren ist die gerichtliche Tätigkeit somit in der Zeit der Gerichtsferien nicht eingeschränkt. Auch in der Zeit vom 15. Juli bis 15. September werden in diesen Verfahren Termine abgehalten und Entscheidungen erlassen; es laufen auch alle Fristen weiter.

33.2 Auch die Konkursverwalter-Zwangsversteigerung (so auch[2]; anders[3]), und -Zwangsverwaltung (§§ 172–174), die Nachlaßversteigerung (§§ 175–179; anders[4] und die Teilungsversteigerung (§§ 180–185; so auch[5];anders[6]) gehören zu den Zwangsvollstreckungsverfahren, auf die Gerichtsferien keinen Einfluß haben[7]. Diese Verfahren in besonderen Fällen des dritten Abschnitts des ZVG (§§ 172–185) sollten nach früher weit verbreiteter Ansicht (Nachweis für weitere Äußerungen im Schrifttum[8]) den Gerichtsferien unterliegen. Eine solche Abgrenzung von Rechtsdurchsetzungsverfahren entspricht jedoch weder ihrer Verfahrensregelung als Teil des Zwangsvollstreckungsrechts noch dem Sinn und Zweck von GVG § 202. Die Vorschrift trifft für gerichtliche Verfahren Bestimmung. Sie erfaßt damit im Gegensatz (und in Abgrenzung) zu Feriensachen in einzelnen Erkenntnisverfahren (GVG § 200 Abs 2) **alle** nach ZPO § 869 als Teil des 8. Buchs über „Zwangsvollstreckung" im ZVG geregelten Verfahren (siehe Einl Rdn 19). Dazu gehören auch die Verfahren in den besonderen Fällen des dritten Abschnitts des ZVG; diese sind nicht nur nach Verfahrensregelung als Teil des 8. Buchs der ZPO, sondern zudem auch nach Verfahrensgegenstand und Verfahrensziel Vollstreckungsverfahren. Für die zeitweilig weithin vertretene abweichende Ansicht findet sich keine rechtfertigende Begründung; ihre sonderbaren (wirklichkeitsfremden) Auswirkungen (dazu[9]) wurden früher nahezu nicht aufgezeigt, nicht erkannt und nicht bedacht. Als gesetzeswidriger Formalismus, für den das Vollstreckungsverfahrens- und Gerichtsverfassungsrecht keine Rechtsgrundlage bietet, ist diese Ansicht abzulehnen. Zur abzulehnenden Ansicht (mit Einzelheiten) noch 12. Aufl., § 1 Rdn 17.4 (Fristberechnung) und Rdn 18 sowie § 172 Rdn 5.8, § 176 Rdn 3.9 und § 180 Rdn 7.13 (die dort dargestellte Meinung ist aufgegeben).

33.3 Gerichtsferien wird es **ab 1997** (voraussichtlich) **nicht mehr** geben (Gesetz zur Abschaffung der Gerichtsferien, noch nicht verkündungsreif; siehe BT-

---

[1] Stöber MDR 1989, 12.
[2] AG Göttingen NdsRpfl 1995, 41; Hintzen, ImmobiliarZwV, Rdn 1030.
[3] Dassler/Schiffhauer § 172 Rdn 12; Drischler, ZVG, § 174 Anm 6; Mohrbutter/Drischler Muster 176 Anm 3.
[4] Dassler/Schiffbauer § 176 Rdn 7; Drischler, ZVG, § 176 Anm 8; Mohrbutter/Drischler Muster 178 Anm 2.
[5] AG Göttingen NdsRpfl 1995, 41; OLG München Entscheidungsanhang E 132.
[6] OLG Hamm JMBlNW 1964, 69; OLG Karlsruhe Justiz 1991, 132 = MDR 1991, 669 = Rpfleger 1991, 263; OLG Koblenz NJW 1961, 131 Leitsatz; Drischler JVBl 1965, 153, JurBüro 1981, 1441 (I 7) und Rpfleger 1989, 85; Schiffhauer ZIP 1982, 526 (III); Dassler/Schiffhauer § 180 Rdn 32; Drischler, ZVG, § 180 Anm 5; Mohrbutter/Drischler Muster 179 Anm 15 a; Steiner/Teufel § 180 Rdn 91.
[7] Stöber MDR 1989, 12.
[8] Stöber MDR 1989, 12 (I, Fußn 9).
[9] Stöber MDR 1989, 12 (II und IV).

Einleitung 33.3   Zwangsvollstreckungsverfahren

Drucks 13/200 und 13/5001). ZPO § 227 Abs 3 wird dann in der Zeit vom 1. 7.–31. 8. Anspruch auf Terminsverlegung bei bloßem Antrag begründen. Das wird jedoch nicht für Zwangsvollstreckungsverfahren gelten (ZPO § 227 Abs 3 Nr 7), zu denen die Zwangsversteigerungen (auch in besonderen Fällen, §§ 172–185) gehören.

34 Gesetzliche Vertreter in ZVG-Verfahren: Einl Rdn 44.2–44.8

35 Haftung der Gläubiger bei ZVG-Verfahren

35.1 Der Gläubiger darf auch in der Immobiliarvollstreckung nur in **sachgemäßer Weise** von seinen Rechten Gebrauch machen. Wenn er Vollstreckungsmaßnahmen durchführt, die ihm keinen Nutzen bringen, dem Schuldner aber schaden, ist dies sittenwidrig; der Schuldner kann dann Schutz mit Maßnahmen aus ZPO § 765 a beantragen (Einl Rdn 52 ff).

35.2 Der Vollstreckungszugriff begründet zwischen Gläubiger und Schuldner eine **gesetzliche Sonderbeziehung** privatrechtlicher Art. Für den Gläubiger folgen daraus Sorgfaltspflichten; auch Pflichten zur Wahrung der Interessen des Schuldners kann diese Rechtsbeziehung erzeugen[1]. Mitteilung hat der Gläubiger dem Vollstreckungsgericht davon, daß die materielle Grundlage der Vollstreckung entfallen ist (insbesondere mit Tilgung der Vollstreckungsforderung), jedenfalls dann zu geben, wenn er das dem Schuldner zugesagt hat[1]. Die Zusage begründet die Verpflichtung, dem Vollstreckungsgericht rechtzeitig vor einem anstehenden Termin entsprechende Mitteilung zukommen zu lassen, um auf diese Weise die Fortsetzung der Zwangsvollstreckung zu verhindern[1].

35.3 Das zwischen einem Grundpfandrechtsgläubiger und dem Schuldner bestehende Verhältnis fordert nach Treu und Glauben, daß der Gläubiger nicht einen **Irrtum des Schuldners** über die Höhe der vollstreckbaren Forderung ausnützen darf, um den Schuldner durch eine Zwangsversteigerung von Haus und Hof zu vertreiben[2]. Eine unzulässige Ausnützung eines solchen Irrtums ist nicht nur dann anzunehmen, wenn der Gläubiger den Irrtum des Schuldners erkannt hat, sondern auch dann, wenn er sich der Erkenntnis des offen hervorgetretenen Irrtums in grobfahrlässiger Weise verschließt[2]. Wenn der Schuldner etwa meint, es werde nicht nur wegen der Zinsen, sondern auch wegen des Kapitals betrieben, und wenn er darum von der rechtzeitigen Zahlung absieht, ist der Gläubiger verpflichtet, den Irrtum aufzuklären und dem Schuldner den Betrag zu nennen, durch dessen Zahlung die Zwangsversteigerung abgewendet werden kann[2].

35.4 Verstöße gegen seine Pflichten können den Gläubiger **schadensersatzpflichtig** nach BGB §§ 823, 826 machen. Schadensersatzpflichtig ist der Gläubiger dem Schuldner, wenn er seine Zusage, das Vollstreckungsgericht von der Wegfertigung der Vollstreckungsforderung zu benachrichtigen, schuldhaft nicht einhält[3]. Der Versteigerungsantrag (Zwangsverwaltungsantrag) einer Vollstreckungsbehörde, die im Verwaltungszwangsverfahren vollstreckt (§ 15 Rnd 38), ist Amtshandlung, deren Pflichtmäßigkeit nach BGB § 839 zu beurteilen ist[4] (für Konkursantrag einer Gemeindefinanzbehörde). Er ist amtspflichtwidrig, wenn die gesetzlichen Antragsvoraussetzungen erkennbar nicht gegeben sind[4] sowie[5] (für verfrühten Antrag einer Gemeinde als Steuergläubigerin).

---

[1] BGH MDR 1985, 485 = NJW 1985, 3080.
[2] RG 91, 341.
[3] BGH MDR 1985, 485 = NJW 1985, 3080.
[4] BGH 110, 253 = MDR 1990, 803 = NJW 1990, 2675.
[5] BGH NJW 1992, 2086 = Rpfleger 1992, 400.

36.2 Einleitung

Haftung der Prozeßbevollmächtigten bei ZVG-Verfahren 36

Literatur: Storz, Besondere Gefahrenquellen in der Zwangsversteigerung für den Rechtsanwalt als Berater eines Gläubigers, ZIP 1980, 1049; Storz, Besondere Gefahrenquellen in der Zwangsversteigerung für den Rechtsanwalt als Berater eines Gläubigers im Versteigerungstermin und im Verteilungsverfahren, ZIP 1981, 16.

36.1 Die Auftragsübernahme verpflichtet den Rechtsanwalt (das gilt für den Rechtsbeistand in gleicher Weise) zu einer allgemeinen **umfassenden,** erschöpfenden Belehrung und **Interessenwahrung.** Er hat dabei eine verantwortliche Tätigkeit, da er durch rechtzeitige und sachdienliche Anträge das Verfahren entscheidend beeinflussen kann. Sowohl die Anhörung und Befragung des Mandanten als auch die eigentliche juristische Beratungstätigkeit muß der Anwalt grundsätzlich persönlich ausüben; dies darf er nicht dem Bürovorsteher überlassen[1]. Der Anwalt ist darum auch verpflichtet, Termine selbst oder durch einen geeigneten Vertreter wahrnehmen zu lassen[2] (den Vertreter hat er eingehend einzuweisen[3]). Als unabhängiger Berater und Vertreter in allen Rechtsangelegenheiten[3] muß der Anwalt die Interessen des Auftraggebers in jeder Richtung wahrnehmen und Aufträge so erledigen, daß voraussehbare und vermeidbare Nachteile nicht entstehen können. Er muß sein Verhalten so einrichten, daß er auch die nur möglichen Schäden vermeidet[4], wenn die Möglichkeit auch nur von einem Rechtskundigen vorausgesehen werden kann[4]. Die Geschäftsbesorgung hat der Rechtsanwalt so zu erledigen, daß Nachteile, die sich ergeben könnten, vermieden werden[5]. Er muß seinen Auftraggeber ausreichend über den Gang des Verfahrens und für ihn damit verbundene Gefahren sowie über die Möglichkeit des Mitbietens aufklären[6] Sowohl bei der Belehrung wie bei der Auftragsausführung selbst hat er von zwei in Frage kommenden Wegen immer nur zu wählen, der für den Auftraggeber der weniger gefährliche ist[7], der am sichersten zum erstrebten Erfolg führt, er muß wenigstens auf die Gefahren aus dem anderen Weg hinweisen[7]. Wenn die rechtliche Beurteilung zu begründeten Zweifeln Anlaß gibt, muß er auch die Möglichkeit einer seinem Mandanten ungünstigeren Rechtsauffassung berücksichtigen[7] und seine Maßnahmen so treffen, daß im Falle der günstigeren Beurteilung der Rechtslage kein Nachteil entsteht[7]. Als Vertreter des Schuldners oder eines Miteigentümers darf er sich nicht auf Erklärungen des Gläubigers oder Antragstellers verlassen, der Einstellung des Verfahrens zuzustimmen, und dem Versteigerungstermin fernbleiben[8]. Für Anwalt und seinen Mandanten begründet der Anwaltsvertrag die Nebenpflicht, einander so weit zu informieren, daß gerichtliche Auflagen sachgemäß und ausreichend beantwortet werden können. Bei lückenhaften und oberflächlichen Informationen muß der Anwalt daher auf ihre Vervollständigung dringen und notfalls den Auftraggeber auch über prozeßrechtliche Nachteile unterrichten, die sich auf einer Pflichtverletzung im Verfahren (auch aus einer Verletzung der allgemeinen Prozeßförderungspflicht) erfahrungsgemäß ergeben können[9]. Der Anwalt ist schadensersatzpflichtig, wenn durch sein Verschulden das Ziel, die Interessen des Auftraggebers wahrzunehmen, nicht erreicht wird.

36.2 Wer sich als Rechtsanwalt (oder Rechtsbeistand) in dem sehr schwierigen Spezialgebiet der Immobiliarvollstreckung nicht ganz sicher fühlt, sollte lieber eine

---

[1] BGH MDR 1982, 131 = NJW 1981, 2741.
[2] BGH MDR 1961, 120 = NJW 1961, 601; BGH 79, 249 = JurBüro 1981, 1176 mit Anm Mümmler = KTS 1981, 428 = MDR 1981, 482 = NJW 1981, 2065 = Rpfleger 1981, 187.
[3] BGH NJW 1961, 601 = aaO (Fußn 2).
[4] BGH MDR 1975, 480 = WM 1975, 368.
[5] RG 151, 259.
[6] BGH 79, 249 = aaO (Fußn 2).
[7] RG 151, 259.
[8] BGH 79, 249 = aaO (Fußn 2).
[9] BGH Betrieb 1982, 327 = MDR 1982, 386.

Einleitung 36.2   Zwangsvollstreckungsverfahren

Vertretung rechtzeitig ablehnen. Verfahren dieser Art kann man nicht „nebenbei mitnehmen". Auch in einem zunächst einfach aussehenden Verfahren ist jederzeit mit **unvorhergesehenen Schwierigkeiten** von großer Tragweite zu rechnen.

36.3 Gefahren drohen schon **vor einem Verfahren.** Wenn der Anwalt durch einen Pfandabstand erfährt, daß bewegliches Vermögen des Schuldners nicht vorhanden sei, aber von Grundbesitz Kenntnis hat, darf er nicht erst das Offenbarungsverfahren betreiben, sondern muß sofort (wegen drohender Rangverschlechterung) auch die Zwangsversteigerung anordnen lassen oder Eintragung einer Zwangshypothek beantragen (die einen Rang sichert und den gesetzlichen Löschungsanspruch begründet).

36.4 Wird ein Anwalt in einem schon laufenden Verfahren neu bestellt, so darf er sich nicht darauf beschränken, erst die Gerichtsakten zur Einsichtnahme anzufordern, sondern muß diese sofort selbst bei Gericht einsehen, dabei den Fristenlauf überprüfen und etwa gebotene Rechtsbehelfe sofort einlegen[10]; selbst wenn er vom Gericht über den Fristenlauf eine Auskunft erhält, muß er dies an Hand des Gesetzes überprüfen[10], er ist durch eine falsche Auskunft des Gerichts **nicht entschuldigt**[10]. Bei rechtswidriger Vollstreckung muß der Rechtsanwalt auch vorsorglich tätig werden, um eine eventuelle Schädigung seines Mandanten zu verhindern; das kann Erkundigung beim Vollstreckungsgericht über die Einleitung der Zwangsvollstreckung und deren Fortgang gebieten, aber auch Hinweis auf das Eigentum des Mandanten und Bitte um Terminmitteilung erfordern, um noch rechtzeitig Drittwiderspruchsklage erheben zu können[11].

36.5 Viele Gefahren drohen **im Lauf des Zwangsversteigerungs-** oder **Zwangsverwaltungsverfahrens:** Bei der Belehrung über die Abgabe von Geboten (Ausweispflicht, notarielle Vollmacht, Sicherheitsleistung usw); bei Irrtum über die Höhe des abgegebenen oder abzugebenden Gebots (Bestehenbleibende Rechte); bei nicht rechtzeitiger Anfechtung des Zuschlags (Frist ab Verkündungstermin); bei Belehrung über Fragen der Grunderwerbsteuer (strenger Standpunkt des Bundesfinanzhofs); bei unterlassenem Hinweis an das Gericht über erkennbare Verfahrensmängel oder auf eine notwendige Protokollierung (zB für Sicherheitsantrag) oder auf die offenbare Unrichtigkeit des geringsten Gebots; bei unterlassenem Widerspruch gegen Zulassung oder Zurückweisung eines Gebots (nur Widerspruch kann spätere Rechtsbehelfe ermöglichen); bei falscher Berechnung oder bei Versäumung einer Frist; bei unterlassener oder unvollständiger oder verspäteter Anmeldung von Ansprüchen (endgültiger Rangverlust nach § 110); bei Nichtteilnahme an einem Versteigerungs- oder Verteilungstermin (Anträge werden grundsätzlich im Termin gestellt und entschieden); bei Unterlassung von begründeten Einstellungsanträgen oder Rechtsbehelfen; bei nicht rechtzeitiger oder nicht richtiger Verständigung des Mandanten über Zustellungen; bei Nichtvorlage der notariellen Vollmacht für formbedürftige Verfahrensvorgänge (fehlende Bietungsvollmacht[12] nach § 71 oder fehlende notarielle Vollmacht für den Antrag aus § 85); bei unterlassener Erklärung nach § 81 Abs 2 oder 3 (falls er einsteigern sollte, aber dies mangels notarieller Vollmacht nicht konnte)[12]; bei unterlassener rechtzeitiger Herbeiholung seines Mandanten in solchem Fall[12]; bei nicht oder nicht rechtzeitig eingelegtem begründetem Widerspruch im Verteilungstermin; bei nicht rechtzeitiger Ablösung eines Rechts, durch die sich die Versteigerung hätte vermeiden lassen[13]; bei unterlassenen Anträgen aus §§ 59, 63, 65, 74 a, 115; bei unzureichendem Meistgebot (er muß hier alle verfahrensrechtlichen Möglichkeiten ausschöpfen, um Erteilung des Zuschlags zu verhindern, insbesondere wenn Anlaß zur Besorgnis besteht, daß der Antragsteller einer Tei-

---

[10] OLG Stuttgart JurBüro 1976, 972.
[11] OLG Düsseldorf NJW-RR 1995, 628.
[12] BGH MDR 1975, 480 = WM 1975, 368.
[13] BGH VersR 1967, 395.

Zwangsvollstreckungsverfahren 37.3 **Einleitung**

lungsversteigerung versuchen werde, das Grundstück möglichst billig zu ersteigern)[14], usw.

36.6 Muß der Mandant, um einen Ausfall zu verhüten, das Grundstück **selbst einsteigern,** so ist dies eine mittelbare, aber adäquat verursachte Folge eines schuldhaften Verhaltens des Anwalts[15] (für die dieser haftet); auf einen Schaden ist der etwaige Gewinn anzurechnen[15].

36.7 Vertritt ein Rechtsanwalt gleichzeitig **zwei Beteiligte** mit gleichgerichteten Interessen in einem Teilungsversteigerungsverfahren, und ist er einem der beiden Beteiligten gegenüber verpflichtet, ihn über die Möglichkeit des Mitbietens im Versteigerungstermin zu belehren oder einen entsprechenden Bietauftrag auszuführen, dann trifft ihn auch dem anderen Beteiligten gegenüber die Pflicht, dem ersteren diese Ersteigerungsmöglichkeit zu erhalten[16]. Zur Vertretung mehrerer Gläubiger durch denselben Anwalt in der Zwangsvollstreckung[17].

Haftung der Rechtspfleger und Richter bei ZVG-Verfahren 37

37.1 Der **Richter** des Amtsgerichts ist in der Immobiliarvollstreckung nur noch selten tätig, daher auch nur vereinzelt Haftungsgefahren ausgesetzt. Wo Richter tätig werden, haben sie dieselben Gesichtspunkte zu beachten wie der Rechtspfleger (Einl Rdn 37.3). Für den Richter trifft wie für Beamte den Staat die Haftung (GrundG Art 34), wo der Richter nach BGB § 839 haften würde, also für Schäden durch Ausübung öffentlicher Gewalt und Verletzung einer Amtspflicht gegenüber Beteiligten oder Bietern. Die Haftung entfällt, wenn bei fahrlässigem Verhalten der Verletzte auf andere Weise Ersatz erlangen kann oder wenn er es unterlassen hat, den Schaden durch Gebrauch eines förmlichen Rechtsbehelfs abzuwenden (BGB § 839 Abs 1 Satz 2 und Abs 3). Rückgriffsrecht des Staates bei Vorsatz oder grober Fahrlässigkeit: GrundG Art 34.

37.2 Der **Rechtspfleger** hat alle ZVG-Verfahren selbständig durchzuführen. Für seine Haftung als Beamter gilt das Einl Rdn 37.1 Gesagte.

37.3 Der Rechtspfleger hat für die sachgemäße Erledigung der Verfahren zu sorgen. Es drohen ihm **zahlreiche Gefahren,** zB: falsche Fassung von Anordnungs- und Beitrittsbeschluß mit Auswirkung auf das geringste Gebot; Rangverschiebungen hierbei durch verspätete Entscheidung und Zustellung; unterlassene Belehrung nach §§ 30 b, 31, 57 d; unrichtige Belehrungen, insbesondere über Fristen; Nichteinhaltung der Fristen für Ladungen, Ausschreibungen, Zustellungen; unvollständige Ladungen und Bekanntmachungen; Nichtbeachtung von Zustellungsmängeln; fehlerhafte Wertfestsetzung (§ 74 a Abs 5), zB deshalb, weil ein offenkundig fehlerhaftes Wertgutachten nicht überprüft wurde, unrichtiger Grundbuchschrieb in der Terminbestimmung; fehlende Hinweise auf § 37 Nr 4 und 5; falsches geringstes Gebot (der Rechnungsbeamte, wo vorhanden, haftet nur für den rein rechnerischen Teil, aber auch hier der Rechtspfleger für offensichtliche Rechenfehler); Nichteinhaltung der Bietstunde; Verlassen des Sitzungszimmers ohne Verlängerung der Bietstunde; unterlassene Hinweise und Belehrungen und Mitteilungen im Termin, die nötig sind; Nichtbeachtung von Geboten oder Widersprüchen; Fehler bei der Sicherheitsleistung; unterlassener Ausschluß von Anmeldungen; unrichtiger Gebotaufruf und Versteigerungsschluß; unterlassener Hinweis auf mögliches Doppelausgebot bei Altenteil; unterlassene Protokollierung (§ 80; zB fehlende Angabe über Beginn der Bietstunde[1]); Zuschlag trotz schwerer Verfahrensfehler; ungerechtfertigte Vertagung; unrichtiges

---

[14] BGH 79, 249 = aaO (Fußn 2).
[15] RG 84, 386.
[16] BGH MDR 1985, 134 = NJW 1985, 1897.
[17] Kümmelmann AnwBl 1981, 175.
[1] BGH KTS 1987, 149 = MDR 1987, 298 = NJW-RR 1987, 246 = Rpfleger 1987, 118.

Einleitung 37.3   Zwangsvollstreckungsverfahren

Aufstellen und Ausführen des Teilungsplanes; Nichtbeachtung von Widersprüchen gegen den Teilungsplan; unvorsichtiges Umgehen mit Geldern; unrichtiges Grundbuchersuchen; Nichtüberwachung des Zustellungs- und Ermittlungsvertreters; Nichtüberwachung des Zwangsverwalters; usw.

37.4 Pflichten des Gerichts (mit Haftungsgefahr) bestehen nicht nur gegenüber den bei den Amtsgeschäften unmittelbar Beteiligten (also den eigentlichen Verfahrensbeteiligten aus § 9), sondern **gegenüber allen,** deren Belange nach der besonderen Natur des Rechtsgeschäfts durch dieses berührt werden und in deren Rechtskreis dadurch eingegriffen wird, auch wenn sie nur mittelbar und unbeabsichtigt betroffen werden[2]. Pflichten bestehen also auch gegenüber (den nicht am Verfahren beteiligten) Bietern und bloßen Bietinteressenten.

37.5 Richtern und Rechtspflegern dieses Rechtsgebiets ist der rechtzeitige und genügend hohe Abschluß einer **Berufshaftpflichtversicherung** (mit Einschluß dieses besonderen Berufsrisikos am Vollstreckungsgericht) anzuraten.

38 Heimkehrerrecht

Das Heimkehrergesetz sah für Deutsche, die nach dem zweiten Weltkrieg verspätet in das Bundesgebiet kamen, auf Antrag **Vollstreckungsschutzmaßnahmen** vor (Gesetz § 26). Das Gesetz ist aufgehoben (Art 1 § 1 Gesetz vom 20. 12. 1991, BGBl I 2317).

39 Kostenentscheidung in ZVG-Verfahren

Literatur: Stöber, Die Kostenentscheidung beim Vollstreckungsschutz nach §§ 30 a–d, 180 Abs 2 ZVG, Rpfleger 1956, 95.

39.1 Vollstreckungstitel für Beitreibung der dem Schuldner zur Last fallenden **notwendigen Kosten** der Zwangsvollstreckung (ZPO § 788 Abs 1 Satz 1) bleibt der Hauptsachetitel (Einl Rdn 40.2). Kostenausspruch des Vollstreckungsgerichts als Erstattungstitel (ZPO § 103 Abs 1) schließt diese gesetzliche Regelung der Kostenpflicht und des vereinfachten Verfahrens zur Durchsetzung des Erstattungsanspruchs aus. Die Verpflichtung des Schuldners, Kosten der Zwangsvollstreckung zu tragen, wird daher in Beschlüssen des Vollstreckungsgerichts, die die Vollstreckungsmaßnahme oder als Entscheidung ohne mündliche Verhandlung ergehen (ZPO § 764 Abs 3) nicht mit Kostenausspruch festgelegt. Keine Kostenentscheidung erhalten daher ein Anordnungs- und ein Beitrittsbeschluß, ein Fortsetzungsbeschluß, ein Wertfestsetzungsbeschluß und ähnliche Beschlüsse. Kosten des Zuschlags: § 82 Rdn 2.9.

39.2 Verfahren über einen **Einstellungsantrag** des Schuldners nach §§ 30 a–d sind (unselbständiger) Teil des Zwangsversteigerungsverfahrens. Die Kosten dieser Verfahren sind daher Kosten der Zwangsvollstreckung. Notwendige Kosten fallen somit dem Schuldner nach ZPO § 788 Abs 1 zur Last. In der Entscheidung (stattgebenden wie ablehnenden) über einen Einstellungsantrag nach §§ 30 a–d ist daher keine Kostenentscheidung zu treffen[1]. Die Kosten können auch nicht durch Kostenausspruch nach ZPO § 788 Abs 3 dem Gläubiger auferlegt werden. Einstellungsverfahren in der Teilungsversteigerung: § 180 Rdn 12.10.

39.3 Kosten des Schutzverfahrens nach ZPO § 765 a: Einl Rdn 60.

39.4 Auch bei **Zurückweisung** oder **Zurücknahme** eines Anordnungs- oder Beitrittsantrags (vor oder nach Entscheidung über ihn) bestimmt sich die Kostenpflicht nach ZPO § 788 Abs 1, nicht nach dem Unterliegen (ZPO § 91 Abs 1, auch § 92) und nicht nach ZPO § 269 Abs 3 Satz 2 (würde Prüfung ausschließen,

---

[2] RG 151, 175.
[1] Stöber Rpfleger 1956, 95; Mohrbutter/Drischler Muster 26 Anm 7 a; Steiner/Storz § 30 a Rdn 63.

was notwendig war)[2] (anders[3]). Wenn trotz Antragszurückweisung oder -zurücknahme Zwangsvollstreckungskosten notwendig entstanden sind, hat sie der Schuldner zu tragen; Erstattungsgrundlage ist dann ZPO § 788 Abs 1; Kostenausspruch (Kostenentscheidung) hat daher nicht zu ergehen (klarstellende Begründung im Zurückweisungsbeschluß ist jedoch zulässig und geboten).

39.5 Die Kosten einer **nicht notwendigen** Zwangsvollstreckungsmaßnahme hat der Gläubiger zu tragen[4]. Dazu gehören auch dem Schuldner durch eine solche Vollstreckungsmaßnahme entstandene Aufwendungen[4]. Geltend gemacht werden müssen solche Kosten des Schuldners im Festsetzungsverfahren; sie können nicht nach ZPO § 788 Abs 1 beigetrieben werden. Als Festsetzungsgrundlage ist ein Kostenausspruch des Vollstreckungsgerichts erforderlich (ZPO § 103 Abs 1). Bei Zurückweisung eines Anordnungs- oder Beitrittsantrags ist daher auch über die den Gläubiger treffenden Kosten zu entscheiden, wenn der Schuldner am Vollstreckungsverfahren beteiligt war und seine durch die nicht notwendige Zwangsvollstreckungsmaßnahme verursachten Aufwendungen (wie insbesondere bei Vertretung durch einen Rechtsanwalt) als Verfahrenskosten dem Gläubiger zur Last fallen[5]. Entsprechendes gilt, wenn der Antrag zurückgenommen wird[6]. Kein Kostenausspruch erfolgt bei Zurückweisung oder Zurücknahme eines Anordnungs- oder Beitrittsantrags, wenn der Schuldner an dem Verfahren über den Antrag noch nicht beteiligt war (gegnerloses, einseitiges Verfahren).

39.6 Erledigung eines Zwangsvollstreckungsverfahrens mit der Folge, daß über Verfahrenskosten nach billigem Ermessen zu entscheiden wäre (ZPO § 91 a), tritt nicht schon dadurch ein, daß der Schuldner die Vollstreckungsforderung des Gläubigers befriedigt. Das Verfahren wird in diesem Fall nur auf Antragsrücknahme des Gläubigers (§ 29) oder nach Entscheidung einer Vollstreckungsgegenklage des Schuldners (ZPO § 776) aufgehoben. Beides kann nur geschehen, wenn der Gläubiger auch wegen der Verfahrenskosten befriedigt ist, über die es dann keiner Entscheidung bedarf. Mit Zurücknahme des Antrags endet das Vollstreckungsverfahren auch, wenn der Schuldner den Gläubiger nach Antragstellung, aber vor Anordnung des Verfahrens (Zulassung des Beitritts) befriedigt hat. „Erledigungserklärung" des Gläubigers ist in diesem Fall Antragsrücknahme. ZPO § 91 a findet keine Anwendung, weil der Antrag keine Streitentscheidung im Kostenpunkt bewirken konnte (Einl Rdn 39.1) und daher auch kein Streit im Kostenpunkt anhängig bleiben kann, sondern die Kostenpflicht sich nach der Notwendigkeit bestimmt (ZPO § 788 Abs 1). Erledigung der Hauptsache im Erinnerungs- und Beschwerdeverfahren Einl Rdn 39.9 und 39.10.

39.7 In Entscheidungen des Vollstreckungsgerichts sollte nicht gesagt werden: **„Kosten fallen nicht an";** oder „Die Entscheidung ist frei von Gebühren und Auslagen". Dieser Umstand ist nicht zu „entscheiden", er ergibt sich vielmehr aus den Kostengesetzen und ist bei der Kostenberechnung selbständig zu prüfen. Kommt diese Prüfung zu einem anderen Ergebnis als die „Entscheidung", so verwirrt der Vermerk nur; er bindet den Rechtspfleger bei Kostenfestsetzung und den Urkundsbeamten bei Kostenberechnung nicht. Zu „entscheiden" ist immer nur, wer die Kosten zu tragen hat, nicht aber, ob und welche Kosten anfallen.

39.8 In der **Konkursverwalter**versteigerung und -zwangsverwaltung (§§ 172–174) und in der **Erben**zwangsversteigerung (§§ 175–179) entstehen keine Zwangsvollstreckungskosten. Das Gericht erhebt die Verfahrenskosten vom An-

---

[2] KG Rpfleger 1981, 318; LG Berlin JurBüro 1967, 678; LG Oldenburg ZIP 1983, 224.
[3] LG Münster JMBlNW 1952, 168.
[4] Zöller/Stöber, ZPO, § 788 Rdn 11.
[5] KG Rpfleger 1981, 318; OLG Koblenz JurBüro 1982, 1897; Zöller/Stöber, ZPO, § 788 Rdn 21.
[6] OLG Koblenz JurBüro 1982, 1897; Zöller/Stöber, ZPO, § 788 Rdn 21.

Einleitung 39.8 Zwangsvollstreckungsverfahren

tragsteller. Eine Kostenentscheidung ergeht in diesen Verfahren nicht. Kosten der Teilungsversteigerung: § 180 Rdn 7.14.

39.9 Die Kosten des Verfahrens über eine **Vollstreckungserinnerung** (ZPO § 766) sind Kosten eines eigenständigen Rechtsbehelfs, nicht Kosten der (beanstandeten) Zwangsvollstreckung. Der Beschluß hat daher auch über die Kosten zu entscheiden[7] (ZPO § 308 Abs 2). Die Kosten einer ohne Erfolg eingelegten Erinnerung fallen dem Erinnerungsführer zur Last (ZPO § 97 Abs 1 entsprechend)[8]. Kostenpflicht bei erfolgreicher Erinnerung: ZPO §§ 91 ff[9]. Bei Zurücknahme ergeht Kostenentscheidung nach ZPO § 269 Abs 3, bei Erledigung nach ZPO § 91 a (siehe[10]). Für diese Kostenentscheidung ist der Richter (nicht der Rechtspfleger) zuständig[11].

39.10 Die Kosten des Verfahrens über eine **Beschwerde** (ZPO § 793) (auch sofortige weitere Beschwerde) sind Kosten eines selbständigen Zwischenstreits. Es ist daher im Beschwerdeverfahren über die Kosten zu entscheiden[12] (ZPO § 308 Abs 2). Die Kosten einer ohne Erfolg eingelegten Beschwerde fallen dem Beschwerdeführer zur Last (ZPO § 97 Abs 1). Kostenpflicht bei erfolgreicher Beschwerde: ZPO §§ 91 ff. Bei Zurücknahme ergeht Kostenentscheidung nach ZPO § 269 Abs 3, bei Erledigung nach ZPO § 91 a[13] (auch dann, wenn der Schuldner den Gläubiger nach Zurückweisung des Antrags auf Verfahrensanordnung oder Beitrittszulassung im Beschwerdeverfahren befriedigt[14]). Die Beschwerde im Vollstreckungsschutzverfahren (§§ 30 a–d) kann sich auch dadurch erledigen, daß der Gläubiger seinen Versteigerungsantrag zurücknimmt; auch dann erfolgt die Kostenentscheidung nach ZPO § 91 a[15]. Zu Besonderheiten für die Beschwerde bei Entscheidung über einen Schuldnerantrag nach ZPO § 765 a siehe Einl Rdn 60.2.

39.11 Notwendige Zwangsvollstreckungskosten (ZPO § 788 Abs 1) sowie Kosten eines Erinnerungs- und Beschwerdeverfahrens, die nach der Kostenentscheidung der Schuldner zu tragen hat, sind für den Gläubiger (sonstigen Beteiligten) **Kosten der Rechtsverfolgung** zur Befriedigung aus dem Grundstück (§ 10 Abs 2). Berücksichtigung erfordert Anmeldung (§ 10 Rdn 15.8). Der Kostenausspruch, daß der Gläubiger Kosten einer nicht notwendigen Vollstreckungsmaßnahme zu tragen hat, schließt Geltendmachung zur Befriedigung nach § 10 Abs 2 aus.

40 Kostenfestsetzung in ZVG-Verfahren

40.1 Die notwendigen Kosten der Zwangsvollstreckung (§ 10 Rdn 15) kann der Gläubiger „**zugleich mit dem** zur Zwangsvollstreckung stehenden **Anspruch**" (ZPO § 788 Abs 1 Satz 1), somit ohne Kostenfestsetzungsbeschluß als Vollstreckungstitel, **beitreiben**. Das Vollstreckungsgericht muß für diese Kosten prüfen, ob sie als beitreibbare Zwangsvollstreckungskosten (dem Grunde nach) in der beanspruchten Höhe notwendig entstanden sind[1]. Für Berücksichtigung eines Ansatzes genügt (wie bei Kostenfestsetzung, ZPO § 104 Abs 2) Glaubhaftmachung[1] (Beweis ist nicht nötig). Eine anwaltschaftliche Versicherung genügt für Auslagen für Post- und Telekommunikationsdienstleistungen, die dem Rechtsanwalt entstanden

---

[7] BGH MDR 1989, 142 = NJW-RR 1989, 125 = Rpfleger 1989, 79.
[8] Zöller/Stöber, ZPO, § 766 Rdn 34.
[9] BGH Rpfleger 1989, 79 = aaO (Fußn 7); Stein/Jonas/Münzberg, ZPO, § 766 Rdn 41; Zöller/Stöber, ZPO, § 766 Rdn 34.
[10] Zöller/Stöber, ZPO, § 766 Rdn 34.
[11] LG Frankenthal Rpfleger 1984, 361 mit Anm Meyer-Stolte.
[12] BGH Rpfleger 1989, 79 = aaO (Fußn 7).
[13] LG Deggendorf FamRZ 1964, 49.
[14] OLG Schleswig Rpfleger 1962, 430 Leitsatz.
[15] LG Göttingen NdsRpfl 1958, 92 = RpflJahrbuch 1959, 244 Leitsatz.
[1] Zöller/Stöber, ZPO, § 788 Rdn 15; LG Darmstadt JurBüro 1988, 1087 = Rpfleger 1988, 332.

Zwangsvollstreckungsverfahren **40.4 Einleitung**

sind (ZPO § 91 Abs 2), während sonst Belege (Quittungen oder Nachnahmeumschläge) des Gerichts, Notars oder Gerichtsvollziehers und Durchschriften der Vollstreckungsanträge vorzulegen sind oder wenigstens die Aktenzeichen über Verfahren desselben Gerichts (dessen Akten leicht einzusehen sind) benannt werden müssen, aus denen die Angaben zu ersehen sind.

40.2 „Zugleich" (Einl Rdn 40.1) bedeutet nicht, daß die Kosten nur zusammen mit der Hauptsache beigetrieben werden könnten, sondern bestimmt, daß der Hauptsachetitel auch für Beitreibung der Zwangsvollstreckungskosten Vollstreckungstitel ist[2]. Beitreibung ohne Festsetzungsbeschluß ist daher auch noch möglich, wenn die Hauptsache schon durch Zahlung oder Vollstreckung erledigt ist, wenn nur der Hauptsachetitel (der zur Vollstreckung nötig ist; ein besonderer Kostentitel ist dann nicht erforderlich) noch nicht an den Schuldner ausgehändigt ist[2] (mit Einzelheiten).

40.3 Der Gläubiger kann seine Kosten, auch wenn er sie in der vereinfachten Form mit der Hauptsache beitreiben könnte, immer **festsetzen** lassen[3]. Es ist sogar zu empfehlen, bei Vollstreckungsmaßnahmen, die sich über längere Zeit erstrecken, in angemessenen Zeitabständen die Kosten festsetzen zu lassen. Festsetzungsgrundlage (ZPO § 103 Abs 1) ist der Hauptsachetitel mit ZPO § 788 Abs 1 Satz 1. Der Kostenausspruch (die Kostenentscheidung) des Vollstreckungsgerichts ist Festsetzungsgrundlage (nach ZPO § 103 Abs 1 mit § 794 Abs 1 Nr 3) für die vom Gläubiger zu tragenden nicht notwendigen Zwangsvollstreckungskosten (Einl Rdn 39.5) und für die Kosten eines Erinnerungsverfahrens (Einl Rdn 39.9) sowie gegebenenfalls auch eines Schutzverfahrens nach ZPO § 765 a (ZPO § 788 Abs 3); für Kosten eines Beschwerdeverfahrens ist die Kostenentscheidung des Beschwerdegerichts (Einl Rdn 39.10) Festsetzungsgrundlage.

40.4 a) Zuständig für die Festsetzung der Zwangsvollstreckungskosten ist der **Rechtspfleger** (RpflG § 21 Nr 1). b) „Gericht des ersten Rechtszugs", dessen Rechtspfleger für die Festsetzung zuständig ist (ZPO § 103 Abs 2 Satz 1) ist nach Ansicht des BGH[4] das **Prozeßgericht** (des ersten Rechtszugs), dessen Vollstreckungstitel Festsetzungsgrundlage ist. Demnach ist der Rechtspfleger des Vollstreckungsgerichts für die Festsetzung der durch Vollstreckung eines gerichtlichen Vollstreckungstitels entstandenen Zwangsvollstreckungskosten nicht zuständig. Dieser Ansicht des BGH sind das BArbG[5], das BayObLG[6] und nun weitgehend auch Oberlandesgerichte (diese vielfach unter Aufgabe früher anderer Meinung; dazu 12. Auflage, § 1 Rdn 36.5) gefolgt. Die nicht überzeugend begründete Ansicht des BGH wird den Erfordernissen des Vollstreckungsverfahrens, den Zuständigkeitsbestimmungen für ZPO-Verfahren (ZPO § 764: Zuständigkeit des Amtsgerichts als Vollstreckungsgericht; ZPO § 103 Abs 2: zuständig ist das Gericht, nicht das Prozeßgericht, des ersten Rechtszugs) und den praktischen Gegebenheiten nicht gerecht. Ihr ist weiterhin zu widersprechen (hierzu bereits eingehend[7]). Der Trennung von Zwangsvollstreckungs- und Erkenntnisverfahren trägt sie nicht Rechnung. Sie beachtet nicht, daß bei Festsetzung von Zwangsvollstreckungskosten das Betragsverfahren nicht auf der Kostengrundentscheidung des Rechtsstreits aufbaut. Zweckwidrig bewirkt sie, daß je nach Vollstreckungstitel, der den Vollstreckungsanspruch ausweist, an Stelle des sachnahen Vollstreckungsgerichts das mit der

---

[2] Zöller/Stöber, ZPO, § 788 Rdn 14.
[3] BVerfG 84, 6 (7) = NJW 1991, 2758; BGH KTS 1982, 451 = MDR 1982, 728 = NJW 1982, 2070 = Rpfleger 1982, 235; BGH 90, 207 (210) = MDR 1984, 485 = NJW 1984, 1868.
[4] BGH NJW 1982, 2070 und BGH 90, 207 = je aaO; BGH MDR 1986, 732 = NJW 1986, 2438 = Rpfleger 1986, 236.
[5] BArbG BAG 42, 62 = Betrieb 1983, 1052 = MDR 1983, 611.
[6] BayObLG JurBüro 1987, 761 = Rpfleger 1987, 124; BayObLG JurBüro 1989, 1575 = MDR 1989, 918; BayObLG 1988, 305 (307) = Rpfleger 1989, 80.
[7] Stöber Rpfleger 1966, 296.

Einleitung 40.4 Zwangsvollstreckungsverfahren

Zwangsvollstreckung nicht befaßte Prozeßgericht (Besonderheit nach ZPO §§ 887, 888, 890) und damit auch Strafgerichte, Gerichte der freiwilligen Gerichtsbarkeit und Arbeitsgerichte für die Kostenfestsetzung zuständig sind. Sie bewirkt, daß über den Erstattungsanspruch und entstandene Kosten im Festsetzungsverfahren als Nachverfahren Gerichte zu entscheiden haben, für die in der Zwangsvollstreckung als Hauptverfahren eine Zuständigkeit gar nicht begründet ist. Damit wird die Zuständigkeit des Prozeßgerichts für Festsetzung von Zwangsvollstreckungskosten als Gericht des ersten Rechtszuges angenommen, obgleich Zwangsvollstreckung ein Erkenntnisverfahren nicht einmal voraussetzt (Zwangsvollstreckung aus nichtrichterlichen Titeln, zB ZPO § 794). Es soll dementsprechend auch für die Festsetzung von Kosten der Zwangsvollstreckung aus einem Vollstreckungsbescheid das Gericht (des ersten Rechtszugs) zuständig sein, das für eine Entscheidung im Streitverfahren zuständig gewesen wäre[8] (auch[9] für vollstreckbare Urkunde). c) Durch den Rechtspfleger des Vollstreckungsgerichts hat Kostenfestsetzung zu erfolgen, wenn Kosten eines vom Vollstreckungsgericht (dem Beschwerdegericht, ZPO § 793) in einem Vollstreckungsverfahren (Verfahren nach dem 8. Buch der ZPO) entschiedenen Zwischenstreits festzusetzen sind, Festsetzungsgrundlage sonach die in diesem Streitverfahren ergangene Kostenentscheidung des Vollstreckungsgerichts (Beschwerdegerichts) ist[10] (in den Fällen ZPO § 766, auch ZPO § 765 a, sowie für Vollstreckungs-Beschwerdeverfahren, nach[11] außerdem für das Verfahren über einen Einstellungsantrag, wenn das Vollstreckungsgericht über die Kostenpflicht entschieden hat). Für Festsetzung der gesetzlichen Vergütung des in einem Zwangsvollstreckungsverfahren tätig gewesenen Rechtsanwalts (BRAGO § 19) ist streitig, ob der Rechtspfleger des Vollstreckungsgerichts (so zutreffend[12]) oder des Prozeßgerichts (so [13]) zuständig ist.

40.5 Gegen den Kostenfestsetzungsbeschluß des Rechtspflegers gibt es befristete **Rechtspflegererinnerung** mit Abhilferecht des Rechtspflegers, über die bei Nichtabhilfe der Richter der Instanz entscheidet, wenn er sie für zulässig und begründet hält oder wenn der Beschluß, von ihm erlassen, nicht anfechtbar wäre (nicht über 100 DM), während er sie sonst als Durchgriffserinnerung vorzulegen hat (gegen seine Entscheidung sofortige Beschwerde, falls über 100 DM) (RpflG § 11 Abs 1, 2, 4, 6, ZPO § 104 Abs 3).

41 Kosten: Gerichtskasse/Amtskasse bei ZVG-Verfahren

41.1 Die Kosten des Verfahrens (Gerichtskosten) ohne die Kosten für Anordnung und Beitritt, ohne die Kosten für den Zuschlag und ohne Kosten für nachträgliche Verteilungsverhandlungen, sind gemäß § 109 Abs 1 in allen Zwangsversteigerungsverfahren **vorweg** aus dem Versteigerungserlös und gemäß § 155 Abs 1 vorweg aus der Zwangsverwaltungsmasse durch das Vollstreckungsgericht bzw den Zwangsverwalter **zu entnehmen**. Dies gilt auch, wenn dem (betreibenden) Gläubiger/Antragsteller Prozeßkostenhilfe (früher: Armenrecht) bewilligt ist (Einl Rdn 45) oder wenn er gebühren- oder kostenbefreit ist (Einl Rdn 87).

41.2 Die Gerichtskosten für Anordnung und Beitritt hat der (betreibende) Gläubiger/Antragsteller als Kostenschuldner (GKG § 53 Abs 1) an die Gerichtskasse/Amtskasse zu zahlen. Hat er Prozeßkostenhilfe (Armenrecht) (Einl Rdn 45) oder ist er gebühren- oder kostenbefreit (Einl Rdn 87), so sind in der Vollstreckungsversteigerung und in der Zwangsverwaltung diese Kosten von der Gerichtskasse/Amtskasse nach § 10 Abs 2 zur Zahlung an sie an der Rangstelle des Rechts

---

[8] BGH KTS 1988, 191 = MDR 1988, 291 = NJW-RR 1988, 186 = Rpfleger 1988, 79.
[9] OLG Düsseldorf Rpfleger 1991, 339.
[10] BGH MDR 1989, 142 = NJW-RR 1989, 125.
[11] OLG Schleswig JurBüro 1991, 603 = SchlHA 1991, 114.
[12] OLG München JurBüro 1985, 1191 = Rpfleger 1985, 324.
[13] OLG Hamm JurBüro 1983, 1656 = MDR 1983, 1034 = Rpfleger 1983, 499.

Zwangsvollstreckungsverfahren 41.4 **Einleitung**

beim Vollstreckungsgericht **anzumelden** (KostVfg § 4 Abs 4). Geltendmachung der Kosten durch die Gerichtkasse/Amtskasse nach § 10 Abs 2 zur Zahlung an der Rangstelle des Rechts ist nicht auf den Fall beschränkt, daß dem Gläubiger/ Antragsteller Prozeßkostenhilfe „ohne Zahlungsbestimmung" bewilligt ist (insofern mißverständlich der Wortlaut von KostVfg § 4 Abs 4). Der Schuldner haftet auch für solche Kosten (GKG § 54 Nr 4); er ist als Gegner des betreibenden Gläubigers/Antragstellers von der Zahlung der Kosten nicht befreit (kein Fall von ZPO § 122 Abs 2). Weil Bewilligung der Prozeßkostenhilfe Geltendmachung der Kosten nur gegen den Gläubiger/Antragsteller auf die vom Gericht getroffenen Bestimmungen beschränkt (ZPO § 122 Abs 1 Nr 1), können Kosten in allen Fällen der Prozeßkostenhilfe, mithin auch durch Zahlungen nach Festsetzung des Gerichts noch nicht getilgte Kosten, gegen den Schuldner als Grundstückseigentümer und damit zur Zahlung aus dem Versteigerungserlös an der Rangstelle des Rechts geltend gemacht werden. Wenn Kosten aus dem Versteigerungserlös eingezogen werden können, ist vorläufige Einstellung der Zahlungen, die mit Bewilligung der Prozeßkostenhilfe festgesetzt worden sind, nach ZPO § 120 Abs 3 zu bestimmen. Für Kosten, die von der Gerichtskasse/Anmtskasse nach § 10 Abs 2 an der Rangstelle des Rechts geltend zu machen sind, ist daher Zweitschuldnerrechnung auf den Vollstreckungsschuldner (GKG § 54 Nr 4) der Kasse beschleunigt und unter Hinweis auf § 37 Nr 4 und § 45 zuzuleiten[1]. In der Teilungsversteigerung ist dieses Verfahren weder bei Prozeßkostenhilfe (Armenrecht) noch bei Kostenbefreiung möglich.

41.3 Für **Gebühren-** bzw **Kostenbefreiung** in der Vollstreckungsversteigerung und Zwangsverwaltung ist dabei zu beachten: Die Anordnungs- und Beitrittskosten sind im Rang des Gläubigers, aber vor seinem Anspruch auf wiederkehrende Leistungen und Hauptsache zu befriedigen. Das gilt selbst dann, wenn der Gläubiger hierdurch ganz oder zum Teil mit seinen genannten Ansprüchen ausfällt, weil er keinesfalls infolge der Kostenbefreiung um den Betrag der Kosten vorrücken darf, weil er nicht mit seinem Anspruch an Zinsen und Hauptsache in die Rangstelle der Kosten einrücken darf[2] (anders[3]). Der Kostenbefreite wird hierdurch, wirtschaftlich gesehen, doch mit Kosten belastet[4]; obwohl der Gläubiger des Kostenanspruchs (Gerichtskasse/Amtskasse) und des Hauptanspruchs (betreibender Gläubiger) nicht mehr identisch sind (was § 12 auch nicht verlangt[5]), besteht der Zusammenhang von Hauptsache und Kosten weiter und es bleibt die alte Befriedigungsfolge des § 12[6].

41.4 Für **Prozeßkostenhilfe** (Armenrecht) des betreibenden Gläubigers in der Vollstreckungsversteigerung und Zwangsverwaltung ist zu beachten: Man muß die Staatskasse, die bei normaler Kostenpflicht des betreibenden Gläubigers ohne Rücksicht auf seinen Ausfall zum Zuge käme, weil sie Anordnungs- und Beitrittsgebühr von ihm erheben würde, bei Prozeßkostenhilfe (Armenrecht) an der Rangstelle des Gläubigers befriedigen (wie wenn er einfach trotz Kostenpflicht noch nicht bezahlt hätte), also vor seinen Ansprüchen auf wiederkehrende Leistungen und Hauptsache[7] (anders[8]: bei Mindererlös stehe die Kasse zwar in der Rangstelle des Gläubigers, aber hinter ihm, sie müsse den Ausfall tragen, da die Kosten-

---

[1] Drischler RpflJahrbuch 1962, 322 (B III 4); Nieken SchlHA 1960, 213.
[2] LG Kiel SchlHA 1960, 209.
[3] Voigt JVBl 1966, 129.
[4] Nieken SchlHA 1960, 213.
[5] LG Kiel SchlHA 1960, 209.
[6] LG Kiel und Nieken je aaO (Fußn 5 und 4); Jaeckel/Güthe § 12 Rdn 1; Steiner/Hagemann § 10 Rdn 181 und § 12 Rdn 5.
[7] Stöber JVBl 1961, 248 = Drischler RpflJahrbuch 1962, 322 (B III 4) und JVBl 1963, 169; Nieken SchlHA 1960, 213; Dassler/Muth § 10 Rdn 71; Steiner/Hagemann § 10 Rdn 181 und § 12 Rdn 5.
[8] Voigt JVBl 1966, 129.

Einleitung 41.4   Zwangsvollstreckungsverfahren

verfügung nur eine Verwaltungsvorschrift sei). Die Rangfolge ergibt sich nicht aus der Kostenverfügung, sondern aus ZVG § 12, der die Reihenfolge Kosten, Zinsen, Hauptsache festlegt, ohne Besonderheiten bei Prozeßkostenhilfe (Armenrecht). Eine Vorwegentnahme der Anordnungs- und Beitrittskosten aus dem Versteigerungserlös bzw der Zwangsverwaltungsmasse ist ja durch § 109 Abs 1 und § 155 Abs 1 untersagt (anders[9]: diese Beschränkung gelte nur für den Beteiligten selbst, nicht für den Fiskus, der ihm durch Prozeßkostenhilfe (Armenrecht) die Kosten gestundet habe; gesetzlich nicht vertretbar).

41.5 Die **Gerichtskasse** /Amtskasse kann auch wegen der Kosten dem Verfahren **beitreten,** da ja für alle Kosten der Vollstreckungsschuldner haftet (GKG § 54 Nr 4) (nicht in der Teilungsversteigerung anwendbar). Ihre bloße Anmeldung zur Vollstreckungsversteigerung oder Zwangsverwaltung würde dann nicht zum Erfolg führen, wenn der betreibende Gläubiger (mit Kostenbefreiung, Prozeßkostenhilfe oder Armenrecht) seinen Verfahrensantrag zurücknimmt, weil es dann zu keiner Erlösverteilung oder Masseauszahlung kommt; das Rechtsschutzbedürfnis für den Beitritt ist darum zu bejahen[10]. Steht schon der betreibende Gläubiger (mit Prozeßkostenhilfe, Armenrecht oder Kostenbefreiung) an aussichtsloser Stelle, würde die Kasse mit einem Beitritt erst recht nichts mehr bekommen. Über die Vollstreckung durch die Kasse § 15 Rdn 18).

42 Muster und Beispiele

42.1 Sie finden sich an zahlreichen Stellen dieses Kommentars, vor allem im ZVG-Handbuch.

42.2 Für Beschlüsse allgemein empfiehlt sich etwa **folgender Kopf,** in dem, entsprechend der Eigenschaft der Immobiliarvollstreckungen als sachbezogener Verfahren, die sich gegen Grundstücke richten, alle nötigen Angaben enthalten sind:
„... **Beschluß** im Zwangs(versteigerungs)verfahren über den ($^1/_2$-Anteil des Herrn ... am) Grundbesitz zu ..., Gemarkung ..., Flurstücknummer ..., eingetragen im Grundbuch des Amtsgerichts ... für ..., Band ..., Blatt ..., auf ...:"

42.3 Es empfiehlt sich immer, die verschiedenen Verfahren der betreibenden **Gläubiger** (die voneinander unabhängig sind) besonders zu **kennzeichnen,** etwa: „..., hier Gläubiger ...".

42.4 Bei Rechtsbehelfen und **Rechtsmitteln** empfiehlt sich, den Antragsteller zu kennzeichnen, etwa: „... hier Beschwerde des Schuldners ...".

42.5 Auf jeden Fall sollte zur Vermeidung von Unklarheiten bei Einstellungen, Änderungen, Aufhebungen, Fortsetzungen immer angegeben werden: „... das Zwangs(versteigerungs)verfahren aus dem (Anordnungs)beschluß vom ..., Gläubiger ..., wird ...".

43 Pfändungen im Zusammenhang mit ZVG-Verfahren

43.1 Pfändungsbeschlüsse werden dem Gericht im Rahmen der ZVG-Verfahren häufig vorgelegt. Sie können nur verwendet werden, wenn sie **wirksam** sind. Es genügt nicht die Angabe, gepfändet werde ein „Anspruch aus jedem Rechtsgrund"[1]. Aus[1] läßt sich, knapp zusammengefaßt, entnehmen: Der Pfändungsbeschluß muß die gepfändete Forderung und ihre Rechtsgrundlage so genau bezeichnen, daß sie von anderen unterschieden werden kann und daß die Feststellung ihrer Identität gesichert ist; das Rechtsverhältnis, aus dem die Forderung hergeleitet wird, muß wenigstens in allgemeinen Umrissen angegeben werden; für

---

[9] Drischler Rpfleger 1969, 119 (3 a) ; Nieken SchlHA 1960, 213.
[10] LG Oldenburg Rpfleger 1970, 215.
[1] BGH 13, 42 = NJW 1954, 881 = Rpfleger 1954, 371; BGH MDR 1965, 738 = Rpfleger 1965, 365 mit zust Anm Stöber; BGH KTS 1975, 222 = MDR 1975, 567 = NJW 1975, 980 = Rpfleger 1975, 219.

die Auslegung können außerhalb des Beschlusses liegende Umstände nicht herangezogen werden; es gnügt nicht, daß der Pfändungsbeschluß für die unmittelbar daran Beteiligten (Gläubiger, Schuldner, Drittschuldner) den Pfändungsgegenstand hinreichend deutlich bezeichnet, er muß es auch anderen gegenüber tun, insbesondere gegenüber weiteren Gläubigern des Schuldners; übermäßige Anforderungen sind dabei nicht zu stellen. Denkbare Fälle behandeln außer den einschlägigen Stellen der ZPO-Kommentare insbesondere[2]. Über die Pfändung von Auseinandersetzungsansprüchen auch § 180 Rdn 11, von Erbanteilen oder Miteigentumsanteilen § 15 Rdn 27, in der Zwangsverwaltung § 152 Rdn 14.

43.2 Hypotheken sind nach ZPO § 830 zu pfänden, **Grundschulden** nach ZPO § 857 Abs 6 mit § 830: bei Briefrechten durch Erwirkung des Pfändungsbeschlusses und Inbesitznahme des Briefes (Herausgabe oder Wegnahme durch den Gerichtsvollzieher), bei Buchrechten durch Erwirkung des Pfändungsbeschlusses und Grundbucheintragung. Aus dem sehr umfangreichen Schrifttum hierzu neben den einschlägigen Erläuterungen der ZPO-Kommentare seien genannt:[3].

43.3 Folgende **Ansprüche** sind dabei nach ZPO § 829 (Pfändungsbeschluß mit Zustellung) zu pfänden: Rückstände von Zinsen; Nebenleistungen und Kosten; vorgemerkte Ansprüche; durch Zuschlag erloschene Rechte; durch Sicherungshöchstbetragshypothek gesicherte Forderungen (ZPO § 837 Abs 3); Hilfsansprüche, um die Hauptpfändung durch Verschaffung oder Sicherstellung von Unterlagen vorzubereiten, zB Ansprüche auf Briefherausgabe, Grundbuchberichtigung, Briefvorlage zur Bildung eines Teilbriefes.

43.4 Eigentümerhypotheken sind nach ZPO § 830, Eigentümergrundschulden nach ZPO § 857 Abs 6 mit § 830 zu pfänden, also wie normale Hypotheken oder Grundschulden; bei Briefrechten durch Pfändungsbeschluß und Inbesitznahme des Briefes (Herausgabe oder Wegnahme), bei Buchrechten durch Pfändungsbeschluß und Grundbucheintragung (hierzu aus dem kaum noch zu übersehenden Schrifttum:[4]). Die Pfändung erfolgt hier nicht nach ZPO § 857 Abs 1 und 2 mit § 829 durch Zustellung des Pfändungsbeschlusses an den Schuldner (so zB noch[5]). Pfändung einer künftigen Eigentümergrundschuld:[6] (abgelehnt zB von[7]).

43.5 Ein Pfändungsbeschluß, der sich an einen Drittschuldner im **Ausland** wendet, kann im Inland erlassen werden. Seine Zustellung im Wege der Rechtshilfe wird aber in der Regel von den fremden Staaten verweigert, so daß doch ein Titel im Ausland selbst erwirkt werden muß. Dazu: § 180 Rdn 11.

Prozeßfähigkeit und Parteifähigkeit in ZVG-Verfahren

Literatur: Arens, Die Prozeßvoraussetzungen in der Zwangsvollstreckung, Festschrift für Schiedermair, 1976, S 1; Bork, Die Prozeßfähigkeit nach neuem Recht, MDR 1991, 97; Brammsen, Die Prüfung der Prozeßfähigkeit des Vollstreckungsschuldners durch die Vollstreckungsorgane, JurBüro 1981, 13; Frank, Zustellung und Zwangsvollstreckung gegen minderjährige Schuldner, JurBüro 1983, 481; Hoffmann, Die Prüfung der Partei- und Prozeßfähigkeit im Vollstreckungsverfahren, KTS 1973, 149; P. Kirberger, Zur Zulässigkeit der Überprüfung der Prozeßfähigkeit des Schuldners durch die Vollstreckungsorgane, FamRZ 1974, 637; Kropp, Die Zwangsvollstreckung in das unbewegliche Vermögen eines Minder-

---

[2] Bohn, Hypothekenpfändung, 6. Aufl 1964; Bohn/Berner, Pfändbare Forderungen, 1957; Stöber, Forderungspfändung, 11. Auf 1996.
[3] Bohn, Hypothekenpfändung, Rdn 186–195, 329, 333, 337–339; Bohn/Berner, Pfändbare Forderungen, Rdn 186–195, 198–200; Stöber, Forderungspfändung, Rdn 1795–1885; Stöber RpflJahrbuch 1962, 303 (II, III, V, XI).
[4] Stöber, Forderungspfändung, Rdn 1913–1974; Zöller/Stöber, ZPO, § 857 Rdn 18–24.
[5] Sottung, Pfändung der Eigentümergrundschuld (1957).
[6] Stöber, Forderungspfändung, Rdn 1932 und 1948–1952; Zöller/Stöber, ZPO, § 857 Rdn 125.
[7] Blumentahl NJW 1971, 2032 (Anmerkung).

Einleitung 44   Zwangsvollstreckungsverfahren

jährigen. Umgehung des Vormundschaftsgerichts, MDR 1960, 464; Kube, Hat der Gerichtsvollzieher bei der Zustellung eines Titels die Prozeßfähigkeit des Vollstreckungsschuldners selbständig zu prüfen?, MDR 1969, 11; Kunz, Der Minderjährige im Zwangsvollstreckungsverfahren, DGVZ 1979, 53; Mager, Zustellungen, Zwangsvollstreckungen und Proteste gegen Minderjährige, DGVZ 1970, 33; Roth, Zwangsvollstreckung gegen prozeßunfähige Schuldner, JZ 1987, 895.

44.1 Parteifähigkeit, somit die Fähigkeit, im Vollstreckungsverfahren Gläubiger oder Schuldner (Antragsteller oder Antragsgegner) sein zu können (ZPO § 50 Abs 1), ist (persönliche) Vollstreckungsvoraussetzung[1]. Das Vollstreckungsgericht hat die Parteifähigkeit in jeder Lage des Vollstreckungsverfahrens von Amts wegen zu prüfen[2] (ZPO § 56 Abs 1). Ergibt sich, daß der Schuldner bereits bei Beginn der Zwangsversteigerung oder Zwangsverwaltung nicht parteifähig war, ist das (fehlerhafte) Verfahren aufzuheben[2]. Eine Fortsetzung gegen den Rechtsnachfolger ist unzulässig[2].

44.2 Prozeßfähigkeit, somit die Fähigkeit, Prozeßhandlungen selbst oder durch einen selbst bestellten Vertreter wirksam vorzunehmen oder entgegenzunehmen (prozessuale Handlungsfähigkeit, ZPO § 52), ist persönliche Vollstreckungsvoraussetzung Das Vollstreckungsgericht hat die Prozeßfähigkeit in jeder Lage des Vollstreckungsverfahrens von Amts wegen zu prüfen[3] (ZPO § 56 Abs 1). Jedoch sind Anordnung der Zwangsversteigerung oder Zwangsverwaltung sowie Zulassung des Beitritts als rangwahrende und Beschlagnahmewirkung (§ 23) auslösende Vollstreckungszugriffe auch gegen den prozeßunfähigen (nicht vertretenen) Schuldner (Antragsgegner) zulässig (so für Pfändung[4]. Beschlagnahme mit Zustellung des Beschlusses an den Schuldner (Antragsgegner, nicht aber nach § 22 Abs 1 Satz 2, § 151 Abs 1, 2) bleibt dann jedoch ausgeschlossen. Gläubiger (Antragsteller) und für das weitere Verfahren auch Schuldner (Antragsgegner) müssen in der Zwangsvollstreckung immer prozeßfähig oder gesetzlich vertreten sein[5], der Schuldner (Antragsgegner) schon deshalb, weil er jederzeit entscheiden können muß, ob er von Rechtsbehelfen (insbesondere ZPO §§ 766, 767, 793) Gebrauch machen will[6]. Nicht geboten sein muß Prozeßfähigkeit nur bei Einstellung für deren Dauer; vorliegen muß Prozeßfähigkeit insbesondere auch, wenn vom Schuldner eine Prozeßhandlung gefordert oder ihm gegenüber eine Handlung vorzunehmen ist, zB bei Zustellung des Hinweises auf das Antragsrecht nach § 30 b, bei Verfahrensfortsetzung oder Zuschlagsentscheidung sowie dann, wenn ihm rechtliches Gehör zu gewähren ist.

44.3 Wurde der Vollstreckungstitel dem (bekannt oder nicht erkennbar) prozeßunfähigen Schuldner zugestellt, so ist eine Vollstreckungsvoraussetzung (ZPO § 750 Abs 1) nicht gegeben. Der Verfahrensmangel ist von Amts wegen zu beachten. Es kann, insbesondere auch bei Minderjährigkeit des Schuldners, daher nicht darauf ankommen, ob das Prozeßgericht die Prüfung der Prozeßfähigkeit vorgenommen oder übersehen hat (anders[7]: Prüfung der Vollstreckungsorgane ist auf den späteren Wegfall der Prozeßfähigkeit und bei Minderjährigen auf den Fall beschränkt, daß die Prozeßunfähigkeit offensichtlich ist oder das Prozeßgericht die Prozeßfähigkeit ausdrücklich nicht geprüft hat). Verfahrensanordnung oder Zulassung des Beitritts sind als Vollstreckungshandlungen (staatliche Hoheitsakte) bei

---

[1] Zöller/Stöber, ZPO, vor § 704 Rdn 16.
[2] OLG Hamm JurBüro 1990, 530 = MDR 1990, 347 = OLGZ 1990, 209 = Rpfleger 1990, 131.
[3] BGH NJW-RR 1986, 1571.
[4] Stein/Jonas/Münzberg, ZPO, vor § 704 Rdn 80; Zöller/Stöber, ZPO, vor § 704 Rdn 16; Roth JZ 1987, 895 (V 2).
[5] Zöller/Stöber aaO (Fußn 4); Stein/Jonas/Münzberg, ZPO, vor § 704 Rdn 79.
[6] OLG Frankfurt JurBüro 1976, 658 = Rpfleger 1975, 441.
[7] Roth JZ 1987, 895 (V 2); Brammsen JurBüro 1981, 13 (III) = Kunz DGVZ 1979, 53.

Verstoß gegen ZPO § 750 Abs 1 jedoch nicht unwirksam, sondern auf Rechtsbehelf (gegebenenfalls von Amts wegen) wieder aufzuheben[8] (mit Nachw). Wenn Zustellung an den gesetzlichen Vertreter nachgeholt, sonach mit Behebung des Mangels die Fehlerhaftigkeit der Zwangsvollstreckungsmaßnahme beseitigt ist, kann sie nicht mehr aufgehoben werden[9] (mit Einzelheiten). Daher ist die Immobiliarvollstreckung nicht sogleich aufzuheben (so aber noch bis zur 13. Auflage), sobald die genannte Tatsache dem Gericht bekannt wird, sondern nur nach § 28 einzustellen (bei späterem Bekanntwerden ist noch der Zuschlag zu versagen[10], § 83 Nr 6) und mit dem alten Beschlagnahmezeitpunkt fortzusetzen, wenn Zustellung nachgeholt und damit Hebung des Hindernisses nachgewiesen wird.

44.4 Verliert der Schuldner die Prozeßfähigkeit **nach Beschlagnahme** und ist er durch einen Prozeßbevollmächtigten vertreten, so erfolgt keine Verfahrensunterbrechung (wie im Prozeß nach ZPO § 241)[11]. War der Schuldner nicht durch einen Prozeßbevollmächtigten vertreten, wird das Verfahren ebenfalls nicht unterbrochen, weil das ZVG für alle Einstellungs- und Aufhebungsmöglichkeiten Sondervorschriften hat (dazu Einl Rdn 27), weshalb die allgemeinen Vorschriften nicht anwendbar sind. Das Gericht hat aber nach FGG § 50 durch Mitteilung an das Vormundschaftsgericht zu veranlassen, daß ein Betreuer bestellt wird. Die Bestellung eines Betreuers (BGB § 1896) hat als solche keine Auswirkung auf die Geschäftsfähigkeit des Betreuten (diese beurteilt sich nach § 104 Nr 2). Im Verfahren steht jedoch der Betreute einem nicht prozeßfähigen Beteiligten gleich, wenn er als Gläubiger oder Schuldner (Antragsteller oder Antragsgegner) durch seinen Betreuer vertreten wird (ZPO § 53 mit BGB § 1902); dann erfolgen auch Zustellungen nur an den Betreuer (ZPO § 53 mit § 171 Abs 1). Betreuung mit Einwilligungsvorbehalt (BGB § 1903) bewirkt in dessen Umfang Prozeßunfähigkeit des Betreuten (ZPO § 52 mit BGB § 1903 Abs 1 Satz 2, §§ 108 ff), gesetzlich vertreten wird er dann durch seinen Betreuer.(BGB § 1902). Bis zur Bestellung eines Betreuers für einen prozeßunfähig gewordenen Schuldner ist ein Zustellungsvertreter nach § 6 zu verwenden oder Zustellung an die Vormundschaftsbehörde zu veranlassen (§ 6 Abs 3), falls wegen Eilbedürftigkeit (zB bevorstehender Versteigerungstermin) die Bestellung des Betreuers durch das Vormundschaftsgericht nicht abgewartet werden kann; für entsprechende Anwendung von ZPO § 779 Abs 2 ist daher kein Raum (dafür aber[12]). An den prozeßunfähig gewordenen Schuldner kann nicht mehr wirksam zugestellt werden.

44.5 Wird vom Gläubiger ein **gesetzlicher Vertreter** des nicht prozeßfähigen Schuldners (Antragsgegner) benannt, so führt das Vollstreckungsgericht nicht Ermittlungen von Amts wegen, sondern stellt an den Benannten zu. Sobald feststeht, daß er nicht ordnungsgemäß bestellt ist, wird die Zustellung an den richtigen wiederholt.

44.6 Wenn in ZVG-Verfahren **Zweifel** über die Prozeßfähigkeit des Schuldners (Antragsgegners) für den Zeitpunkt des Verfahrensbeginns oder für später auftreten, lassen sich zwei gegensätzliche Standpunkte vertreten: a) wenn der Schuldner behauptet, er sei zu einem bestimmten Zeitpunkt oder überhaupt prozeßunfähig, so sei es seine Sache, dies darzutun[13]; vom Gesetz werde zum Schutz des Rechtsverkehrs die Rechts-, Geschäfts- und Prozeßfähigkeit eines Menschen vermutet[14]; das Vollstreckungsgericht dürfe davon ausgehen, daß der Schuldner prozeßfähig

---

[8] Zöller/Stöber, ZPO, vor § 704 Rdn 34.
[9] Zöller/Stöber, ZPO, vor § 704 Rdn 35.
[10] Jaeckel/Güthe § 83 Rdn 4; Korintenberg/Wenz § 83 Anm 2.
[11] OLG Frankfurt JurBüro 1976, 658 = Rpfleger 1975, 441; Zöller/Stöber, ZPO, vor § 704 Rdn 16.
[12] Roth JZ 1987, 895 (V 3).
[13] Mohrbutter/Drischler Muster 1 Anhang, Anm 12.
[14] OLG Frankfurt aaO.

Einleitung 44.6 Zwangsvollstreckungsverfahren

sei, weil das schon im vorausgehenden Erkenntnisverfahren geprüft werden mußte[15]; das Vollstreckungsgericht benötige Vollstreckungstitel in Ausfertigung und mit Zustellung[15] und sei dann an den Titel gebunden[16]; sei darin kein gesetzlicher Vertreter benannt, könne es davon ausgehen, daß der Schuldner prozeßfähig sei[16]; da Störungen der Geistestätigkeit selten seien, könne man Gegenbeweis von der Partei verlangen, die in einem angeblichen solchen Zustand Prozeßhandlungen vollzogen oder Prozeßvollmacht erteilt habe; b) die Prozeßfähigkeit müsse im Gegenteil als Prozeß- und Vollstreckungsvoraussetzung bewiesen werden; das Rechtspflegeorgan habe berechtigte Zweifel von Amts wegen zu klären[17]; sei dies nicht möglich, so müsse die betroffene Person als prozeßunfähig angesehen werden[18].

44.7 Man muß die Probleme ganz **nach der Lage des Einzelfalls** angehen. Wenn ein Schuldner (Antragsgegner) bisher keinerlei Auffälligkeiten zeigte, mindestens nichts darüber bekanntgeworden ist, wenn auch im Titel kein gesetzlicher Vertreter benannt ist, wenn da plötzlich der Schuldner (Antragsgegner) behauptet, prozeßunfähig zu sein oder gewesen zu sein, muß man von der gesetzlichen Vermutung der Prozeßfähigkeit ausgehen und ihm den Beweis für das Gegenteil aufbürden, bei dessen Nichtgelingen auch den Nachteil hieraus. Dann muß, weil Störungen der Geistestätigkeit nach der Lebenserfahrung Ausnahmeerscheinungen sind, von der Partei, die sich auf Prozeßunfähigkeit beruft, die Darlegung von Tatsachen erwartet werden, aus denen sich ausreichende Anhaltspunkte dafür ergeben, daß die Behauptung der Prozeßunfähigkeit richtig sein könnte[19]. Diese Lebenserfahrung kann aber im Einzelfall nicht bedeutsam sein, wenn der Schuldner (Antragsgegner) bei Vorsprachen, in Terminen oder schriftlichen Äußerungen oder laut Schilderung vertrauenswürdiger Personen bestimmte Auffälligkeiten zeigt, die begründete Zweifel an der Prozeßfähigkeit überhaupt oder für einen bestimmten Zeitpunkt entstehen lassen, wenn er etwa für Belehrungen, Zustellungen, Fragen unansprechbar erscheint. Dann ist solchen Zweifeln (auch in der Teilungsversteigerung[20]) von Amts wegen nachzugehen und die Prozeßfähigkeit mit Mitteln des Freibeweises zu klären[21]. Es sind alle zumutbaren und Erfolg versprechenden Erkenntnisquellen auszuschöpfen[21]. Der Gläubiger (Antragsteller) hat dann Tatsachen und Beweiserbieten für die als Verfahrensvoraussetzung zu prüfende Prozeßfähigkeit darzutun[21]. Sind die möglichen Erkenntnisquellen erschöpft und bestehen begründete Zweifel fort, dann ist die Prozeßfähigkeit nicht nachgewiesen. In beiden Fällen sollte man eine ärztliche Untersuchung (in der Regel amtsärztlich) erst nach Rechtskraft des Beschlusses hierüber ausführen. Für die Kosten hat der Gläubiger (Antragsteller) als das Verfahren veranlasster Teil aufzukommen (ihm gegebenenfalls im Rahmen von ZPO § 788 zu ersetzen). Vorschuß von ihm nach GKG § 68 Abs 3 Satz 1 anfordern (ist ja von Amts wegen zu prüfen), aber schon vor dessen Eingang die Untersuchung durchführen lassen.

44.8 Minderjährige werden von beiden Elternteilen gesetzlich vertreten. Bei Erreichen der Volljährigkeit nach der Beschlagnahme wird das Verfahren ohne Titelumschreibung und neue Zustellung gegen den volljährig gewordenen Schuldner fortgeführt. Gegen den Minderjährigen kann durch Zwangshypothek, Zwangsversteigerung und Zwangsverwaltung ohne Genehmigung des Vormundschaftsgerichts vollstreckt werden[22]. Hätte der Titel der Genehmigung bedurft, hat das

---

[15] Mager DGVZ 1970, 33 (III 4).
[16] Kube MDR 1969, 10.
[17] OLG Oldenburg Rpfleger 1969, 135; OLG Stuttgart Rpfleger 1996, 36.
[18] OLG Hamm FamRZ 1960, 199 Leitsatz = NJW 1959, 2215 = Rpfleger 1959, 351 mit Anm Haegele; OLG Stuttgart aaO.
[19] BGH 18, 184 (189 f).
[20] OLG Karlsruhe FamRZ 1992, 846 Leitsatz = Justiz 1993, 224 Leitsatz.
[21] OLG Frankfurt FamRZ 1994, 1125.
[22] Kropp MDR 1960, 464.

Zwangsvollstreckungsverfahren 45.2 **Einleitung**

Vollstreckungsorgan doch nicht die sachlichen Voraussetzungen zu prüfen, wenn es auch auf Mängel in der sich aus der Lage des Falles ergebenden Weise aufmerksam zu machen hat. Vollstreckungsgericht und Grundbuchamt können nicht wegen Fehlens der Genehmigung die Vollstreckung verweigern[22]. Ist der Titel nicht in Ordnung, so muß der Schuldner eben durch seinen gesetzlichen Vertreter Vollstreckungsabwehrklage erheben[22].

Prozeßkostenhilfe im ZVG-Verfahren 45

45.1 Für den Bereich des ZVG gelten die allgemeinen **Vorschriften der ZPO** über Prozeßkostenhilfe (ZPO §§ 114–127 a). Prozeßkostenhilfe auch in der Zwangsvollstreckung bewirkt die nach dem verfassungsrechtlichen Gleichheitsgrundsatz in Verbindung mit dem Sozialstaatsprinzip notwendige weitgehende Angleichung der bemittelten und unbemittelten Parteien im Bereich des Rechtsschutzes[1].

45.2 Prozeßkostenhilfe wird für jeden Rechtszug besonders bewilligt (ZPO § 119 Satz 1). Die für das Erkenntnisverfahren bewilligte Prozeßkostenhilfe schließt daher die Zwangsvollstreckung nicht ein[2]. Prozeßkostenhilfe für die **Zwangsvollstreckung** wird auf besonderen Antrag nach selbständiger Prüfung bewilligt[3], Voraussetzung ist unter anderem (ZPO § 114), daß die Rechtsverfolgung hinreichende Aussicht auf Erfolg bietet. Das ist nicht der Fall, wenn Verkehrswert des Grundstücks und vorhandene Belastungen keine Aussicht begründen, daß der Gesuchsteller als Gläubiger aus einem Versteigerungserlös etwas erhalten werde. Für jedes selbständige Vollstreckungsverfahren ist Prozeßkostenhilfe gesondert zu bewilligen[4] (Folge von ZPO § 119 Satz 1; für Pauschalbewilligung für Zwangsvollstreckungsmaßnahmen des angerufenen Vollstreckungsgerichts[5], in Sonderfällen[6]); die für eine Mobiliarvollstreckung oder Forderungspfändung bewilligte Prozeßkostenhilfe schließt ein Immobiliarvollstreckungsverfahren nicht ein. Die hierfür erforderliche gesonderte Bewilligung der Prozeßkostenhilfe kann auf Antrag für Zwangsversteigerung und Zwangsverwaltung in einem Beschluß ausgesprochen werden. Dem Schuldner kann zur Wahrung seiner Rechte für ein (bestimmtes) Zwangsversteigerungs- oder Zwangsverwaltungsverfahren Prozeßkostenhilfe gewährt werden, nicht nur für Einzelmaßnahmen in solchen Verfahren (wie Erinnerung, Stellung eines Einstellungsantrags). Abweichender Ansicht, Prozeßkostenhilfe könne nicht für das Verfahren insgesamt, sondern nur für konkrete Einzelmaßnahmen[7] oder regelmäßig nicht für bloß vorsorglichen Rechtsschutz im Verseigerungstermin[8] bewilligt werden, kann nicht zugestimmt werden. Zweck der Prozeßkostenhilfe (Einl Rdn 45.1), Rechtswahrung und damit Rechtsverfolgung (ZPO § 14) in Gesamtverfahren durch den Schuldner (vgl Einl Rdn 22.2), für den gilt, durch Ausnützung gesetzlicher Möglichkeiten Schaden zu vermeiden oder zu verringern (Einl Rdn 21.5), sowie Waffengleichheit bei Vertretung des Gläubigers durch einen Rechtsanwalt (ZPO § 121 Abs 2; auch Einl Rdn 22.5) schließen jede Einschränkung des Grundsatzes aus, daß Bewilligung der Prozeßkostenhilfe für jeden Rechtszug erfolgt (ZPO § 119). Beschwerdeverfahren in der

---

[1] BVerfG 56, 139; Rpfleger 1981, 184 und BVerfG 78, 104 (108).
[2] Behr und Hantke Rpfleger 1981, 265; Schneider MDR 1981, 1 (II 4 b, c).
[3] Wax FamRZ 1985, 10 (C III 1).
[4] LG Bayreuth JurBüro 1982, 1735; LG Berlin JurBüro 1989, 836 mit zust Anm Mümmler; LG Bielefeld JurBüro 1985, 1105 mit Anm Mümmler = Rpfleger 1985, 39; LG Frankenthal MDR 1982, 585 = Rpfleger 1982, 235; LG Gießen JurBüro 1984, 291 mit zust Anm Mümmler = Rpfleger 1983, 45 ̃ und DGVZ 1993, 139; LG Heilbronn JurBüro 1992, 558 = Rpfleger 1993, 26; LG Köln Rpfleger 1989, 516; Behr und Hantke Rpfleger 1981, 276.
[5] LG Fulda Rpfleger 1984, 34.
[6] LG Frankenthal MDR 1982, 585 = Rpfleger 1982, 235.
[7] LG Bielefeld Rpfleger 1987, 210; LG Münster MDR 1994, 1254 = Rpfleger 1995, 36.
[8] LG Krefeld Rpfleger 1988, 156 mit krit Anm Meyer-Stolte.

53

Einleitung 45.2 Zwangsvollstreckungsverfahren

Zwangsvollstreckung leiten einen jeweils besonderen Rechtszug ein, für den Prozeßkostenhilfe gesondert zu beantragen und zu bewilligen ist (ZPO § 119 Satz 1)

45.3 Zuständig für Bewilligung der Prozeßkostenhilfe für die Zwangsvollstreckung ist das Vollstreckungsgericht[9], und zwar auch dann, wenn Zwangsvollstreckung aus dem in einer Familiensache erwirkten Vollstreckungstitel erfolgen soll[10]. Es entscheidet der Rechtspfleger (RpflG § 20 Nr 5). Über den Antrag auf Prozeßkostenhilfe für ein Beschwerdeverfahren entscheidet das Beschwerdegericht.

45.4 Wirkung der Bewilligung der Prozeßkostenhilfe: Beiordnung eines Rechtsanwalts (nicht Rechtsbeistands[11]) auf Antrag nach ZPO § 121 Abs 2 (nach[12] nur jeweils für ein konkretes Vollstreckungsverfahren). Beiordnungsantrag kann im Wege der Auslegung in dem Antrag des Schuldners auf Bewilligung der Prozeßkostenhilfe für eine Zuschlagsbeschwerde zu erblicken sein[13]. Ansprüche des Staatskasse wegen rückständiger und entstehender Gerichtskosten sowie übergegangener Ansprüche des beigeordneten Rechtsanwalts dürfen gegen die Partei nur nach den Bestimmungen des Bewilligungsbeschlusses (ZPO § 120) geltend gemacht werden (ZPO § 122 Abs 1 Nr 1). Der beigeordnete Rechtsanwalt kann gegen die Partei Ansprüche auf Vergütung nicht geltend machen (ZPO § 122 Abs 1 Nr 3). Auf die Verpflichtung, die dem Gegner entstehenden Kosten zu erstatten (§ 10 Abs 2; ZPO § 788), hat die Bewilligung der Prozeßkostenhilfe keinen Einfluß (ZPO § 123). Der Zeitpunkt, von dem ab die Bewilligung wirksam wird, sollte, wenn der Antrag erst nach Beginn des Vollstreckungsverfahrens gestellt ist, im Bewilligungsbeschluß festgelegt werden.

45.5 Über die **Änderung** der Entscheidung über zu leistende Zahlungen bei wesentlicher Verbesserung der Verhältnisse (ZPO § 120 Abs 4; auch Anordnung sofortiger Zahlung aller bereits fälligen Kosten[14]) und über die **Aufhebung** der Bewilligung der Prozeßkostenhilfe (ZPO § 124) entscheidet gleichfalls das Vollstreckungsgericht. Zuständig ist der Rechtspfleger (RpflG § 20 Nr 4 c mit Ausnahme). Die Aufhebung bewirkt, daß die Vergünstigungen des ZPO § 122 (Rdn 45.4) entfallen, der Beteiligte sonach alle entstandenen und entstehenden Kosten zu zahlen hat. Späterer Erwerb von Vermögen ermöglicht Aufhebung der Bewilligung mit Wirkung für die noch entstehenden Kosten durch den Rechtspfleger (RpflG § 20 Nr 5). Eine rückwirkende Aufhebung kann daher auch nicht bei Zuteilung aus dem Erlös angeordnet werden. Soweit die Vollstreckungsforderung zu dem von einem Gläubiger einzusetzenden Vermögen gehört (ZPO § 115 Abs 2), dürfte es aber zulässig sein, bei der Bewilligung Bestimmung des aus diesem Vermögen zu zahlenden Betrags (ZPO § 120 Abs 1) mit der Maßgabe zu treffen, daß Fälligkeit mit Zuteilung aus dem Erlös eintritt.

45.6 Zu Prozeßkostenhilfe für die Zwangsvollstreckung (insbesondere wegen Kinderunterhalts) siehe noch[15], zur Prozeßkostenhilfe für Hauseigentümer siehe[16].

45.7 Die bisherigen Ausführungen bezogen sich auf die Vollstreckungsversteigerung und auf die Zwangsverwaltung; sie sind dort für Gläubiger und Schuldner anzuwenden. Dem Schuldner wird in der **Zwangsverwaltung.** Prozeßkostenhilfe jedoch nur ausnahmsweise bewilligt werden können, zB wenn Beiordnung eines Anwalts in einem schwierigen Verteilungstermin oder in einem schwierigen Wei-

---

[9] OLG Celle JurBüro 1982, 131 mit zust Anm Mümmler = NdsRpfl 1981, 232; LG Gießen DGVZ 1993, 139; Schneider und Wax je aaO (Fußn 2 und 3).
[10] BGH FamRZ 1979, 421 = MDR 1979, 564 = NJW 1979, 1048 = Rpfleger 1979, 195.
[11] OLG Düsseldorf JurBüro 1989, 1716 = MDR 1989, 1108.
[12] LG Bielefeld JurBüro 1985, 1105 mit Anm Mümmler = Rpfleger 1985, 39.
[13] OLG Köln Rpfleger 1983, 413.
[14] OLG Nürnberg Rpfleger 1994, 421.
[15] Bobenhausen Rpfleger 1984, 394.
[16] Schneider Rpfleger 1985, 49.

sungsverfahren nach § 153' oder im Beschwerdeverfahren notwendig wird. Die Ausführungen gelten auch für Antragsteller und Antragsgegner in der **Teilungsversteigerung.** Soweit der Miteigentumsanteil zu dem von der Partei einzusetzenden Vermögen gehört (ZPO § 115 Abs 2 mit Ausnahme für kleines Hausgrundstück, besonders Familienheim, kann auch Zweifamilienhaus sein[17], nach Bundessozialhilfegesetz § 88 Nr 7) ist es zulässig, mit der Bewilligung Bestimmung des aus diesem Vermögen zu zahlenden Betrags (ZPO § 120 Abs 1) mit der Maßgabe zu treffen, daß Fälligkeit mit Erlösverteilung infolge der dann möglichen Auseinandersetzung der Miteigentümer eintritt[18]. In Verfahren nach §§ 172, 175 ist Prozeßkostenhilfe kaum denkbar.

45.8 Wenn **vor dem 1. 1. 1981 das Armenrecht** bewilligt wurde, sind die bisherigen Vorschriften weiter anzuwenden (Gesetz über die Prozeßkostenhilfe, BGBl 1980 I 677; Art 5 Abs 1). Das dem Gläubiger im Rechtsstreit für das Verfahren der ersten Instanz bewilligte Armenrecht streckt sich damit auch weiterhin auf die Zwangsvollstreckung (ZPO § 115 Abs 1 Nr 1 aF)[19].

45.9 Bei Prozeßkostenhilfe (Armenrecht) des Gläubigers sind die Kosten der Anordnungs- und eines Beitrittsbeschlusses an der Rangstelle des Rechts von der Gerichtskasse/Amtskasse einzuheben (Einl Rdn 41). Alle sonstigen Verfahrenskosten werden vorweg aus dem Versteigerungserlös bzw der Zwangsverwaltungsmasse entnommen (§§ 109, 155 Abs 1).

Rechtliches Gehör in ZVG-Verfahren 46

46.1 Jedermann hat vor Gericht Anspruch auf rechtliches Gehör (GrundG Art 103 Abs 1; für Bayern außerdem Bay Verfassung Art 91 Abs 1). Ob das rechtliche Gehör gewährt wurde, muß jedes Gericht vor Erlaß einer Entscheidung prüfen[1]. Jeder Verfahrensbeteiligte kann unter der Rüge, in seinem Anspruch auf rechtliches Gehör verletzt zu sein, **Verfassungsbeschwerde** erheben (BVerfGG § 90 Abs 1), allerdings nur, wenn vorher der normale Rechtsmittelzug ausgeschöpft ist[2].

46.2 Zur Gewährung rechtlichen Gehörs sind zahlreiche grundlegende und weiterführende Entscheidungen des BVerfG ergangen. Eingehende Erläuterungen geben die Kommentare zum Grundgesetz und zur Zivilprozeßordnung (Baumbach/Lauterbach/Hartmann, 54. Aufl 1996, Einl III Rdn 16–20 und Grundz § 128 Rdn 41–45; MünchKomm/Lüke, ZPO (1992) Einl Rdn 114–138; Stein/Jonas/Leipold, ZPO, 20. Aufl 1994, Rdn 9–61 vor § 128; Thomas/Putzo, ZPO, 19. Auf 1995, Einl I Rdn 9–29; Zöllner/Greger, ZPO, 19. Aufl 1995, vor § 128 Rdn 3–8); dort finden sich auch vielfache Nachweise auf Rechtssprechung und Schrifttum (weitere Rechtsprechungsnachweise auch hier in 14. Aufl 1993, Einl Rdn 46). Zusammengefaßt gilt:

46.3 Rechtliches Gehör (GrundG Art 103 Abs 1) gibt den Beteiligten eines gerichtlichen Verfahrens ein Recht darauf, sich vor Erlaß der Entscheidung zu dem zugrunde liegenden Sachverhalt zu äußern (zB[3]) und auch rechtliche Erwägungen vorzutragen (zB[4]). Jeder Beteiligte soll vor einer Entscheidung, die seine Rechte betrifft, zu Wort kommen, um Einfluß auf das Verfahren und sein Er-

---

[17] OLG Zweibrücken JurBüro 1982, 294.
[18] OLG Saarbrücken Rpfleger 1987, 125.
[19] Mümmler JurBüro 1982, 321 (9.2).
[1] BVerfG 36, 85 = MDR 1974, 207 = NJW 1974, 133 = Rpfleger 1974, 12; BVerfG (Kammerbeschluß) NJW 1995, 2095.
[2] BVerfG 5, 9 = NJW 1956, 985.
[3] BVerfG 84, 188 = NJW 1991, 2823; BVerfG (Kammerbeschluß) NJW-RR 1993, 253 (254).
[4] BVerfG (Kammerbeschluß) NJW-RR 1993, 383.

gebnis nehmen zu können[5] (mit Nachw). Dem entspricht die Pflicht des Gerichts, den Vortrag der Beteiligten zur Kenntnis zu nehmen und bei seiner Entscheidung in Erwägung zu ziehen[6]. Zugrunde gelegt werden dürfen einer Entscheidung nur Tatsachen und Beweismittel, zu denen sich die Beteiligten äußern konnten[7]. Hierunter fallen auch gerichtskundige Tatsachen[8], auch der Inhalt anderer Verfahrensakten (zB[9]) und auch ein von einem Beteiligten eingereichtes Gutachten[10]. Es muß Gelegenheit bestanden haben, Anträge zu stellen und sachdienliche Ausführungen zu machen, somit insbesondere auch zur Erwiderung auf eine dem Gericht zur Entscheidung unterbreitete Stellungnahme (zu Vorbringen) des Gegners. Jedoch darf rechtliches Gehör nicht zu einem uferlosen Austausch von Schriftsätzen führen; Schriftsätze, die nichts Neues bringen, brauchen nicht mehr zugeleitet werden.

46.4 Die Anhörung kann **mündlich oder schriftlich** unmittelbar oder mittelbar (über den Rechtsanwalt) erfolgen. Hat ein Beteiligter einen Vertreter (Bevollmächtigten, insbesondere Rechtsanwalt) bestellt, so kann nur unter seiner Beteiligung ausreichende Anhörung stattfinden[11]. Von Beweisergebnissen muß die Partei Kenntnis haben[12], ebenso von einem Sachverständigengutachten[13], auch davon, daß Akten beigezogen wurden, die verwertet werden sollen[14]. Ein Prozeßunfähiger kann Gehör nur durch Anhörung seines gesetzlichen Vertreters erhalten[15]. Das Gericht kann zur Äußerung eine Frist setzen; es muß jedenfalls auf eine Äußerung angemessene Zeit gewartet werden[16]. Eine selbst gesetzte Frist muß das Gericht auf jeden Fall abwarten[17], auch wenn ihm die Sache entscheidungsreif erscheint[18]. Ein während der Frist eingehender Schriftsatz muß berücksichtigt werden[19], wenn er neue Tatsachen, Beweismittel oder Rechtsausführungen enthält, nicht bloße Wiederholungen. Fristgerecht ist ein Schriftsatz eingegangen, wenn er rechtzeitig in die Verfügungsgewalt des Gerichts gelangt ist[20]; das ist auch der Fall, wenn der Schriftsatz in der Postverteilungs-/Posteinlaufstelle in einen für die Gerichtspost bestimmten Korb eingelegt ist[21]. Aber auch Äußerungen, die nach Fristablauf bis zum Erlaß der Entscheidung eingehen, müssen noch berücksichtigt werden[22], sie können nicht nach ZPO § 296 oder 296 a zurückgewiesen werden[22]. Ein Fristge-

---

[5] BVerfG 84, 188 = aaO (Fußn 3).
[6] BVerfG (Kammerbeschluß) NJW-RR 1993, 253 (254).
[7] BVerfG 7, 239 = MDR 1958, 152 = NJW 1958, 297 Leitsatz = Rpfleger 1958, 261 und 1964, 40 Leitsatz; BVerfG 1, 418 = NJW 1953, 177; BVerfG 6, 12 = MDR 1957, 84 = NJW 1957, 17 und 1957, 947 Leitsatz mit abl Anm Schätzler = Rpfleger 1957, 11 mit Anm Oldorf und 1964, 40 Leitsatz; BVerfG ständig, zB NJW 1991, 2757; BVerfG 55, 95 (98) ; BVerfG 67, 96 (99).
[8] BVerfG 10, 177 = MDR 1960, 24 = NJW 1960, 31 = Rpfleger 1964, 41 Leitsatz.
[9] BVerfG (Kammerbeschluß) NJW 1994, 1210.
[10] BVerfG 62, 392.
[11] OLG Celle KTS 1979, 320 = NdsRpfl 1979, 34 = Rpfleger 1979, 116.
[12] BVerfG 8, 184 = NJW 1959, 1723 = Rpfleger 1959, 89 und 1964, 40 Leitsatz.
[13] BVerfG 15, 214 = Rpfleger 1964, 41 Leitsatz.
[14] BVerfG (Kammerbeschluß) NJW 1994, 1210.
[15] BayVerfGH FamRZ 1979, 347 Leitsatz = Rpfleger 1976, 350 mit zust Anm Kirberger.
[16] BVerfG 60, 313 = NJW 1982, 1691; OLG Köln Rpfleger 1984, 424.
[17] BVerfG 61, 37 = NJW 1982, 2367.
[18] BVerfG 12, 110 = Rpfleger 1964, 41 Leitsatz; BVerfG 42, 243 = MDR 1977, 202; BVerfG 64, 224.
[19] BVerfG 58, 353 = NJW 1982, 30; BVerfG 60, 120 = NJW 1982, 1453; BVerfG 67, 199.
[20] BVerfG 52, 203 = MDR 1980, 117 = NJW 1980, 580 = Rpfleger 1979, 451; BVerfG 60, 243 = NJW 1982, 1804.
[21] BVerfG 57, 117 = NJW 1981, 1951 = Rpfleger 1981, 285.
[22] OLG München MDR 1981, 1025 = OLGZ 1981, 489.

währungsgesuch muß berücksichtigt werden[23]. Wenn nach der Entscheidung, aber vor Hinausgabe der Ausfertigung zur Zustellung, noch ein Schriftsatz eingeht, muß er noch berücksichtigt werden[24]. Akteneinsicht ist keine Gewährung rechtlichen Gehörs. Verletzt ist das rechtliche Gehör auch, wenn ein bei Gericht eingegangener, aber nicht zu den Akten gelangter Schriftsatz nicht berücksichtigt[25] oder sonst erhebliches Vorbringen nicht beachtet[26] (auch übersehen[27]) ist. In den Entscheidungsgründen müssen die wesentlichen, der Rechtsverfolgung oder Rechtsverteidigung dienenden Tatsachenbehauptungen verarbeitet werden[28].

46.5 Aus dem Prozeßgrundrecht des rechtlichen Gehörs (GrundG Art 103 Abs 1) folgt keine Frage- und Aufklärungspflicht des Gerichts in bezug auf seine Rechtsansicht[29]. Doch dürfen die Beteiligten auch von **rechtlichen Erwägungen** des Gerichts nicht überrumpelt werden. Es ist daher auch die rechtliche Seite nach ZPO § 139 und ZPO § 278 Abs 3 zu erörtern. Die Beteiligten müssen Gelegenheit haben, sich auch zur Rechtslage zu äußern[30].

46.6 Das Rechtsmittelgericht hat gleichermaßen rechtliches Gehör zu gewähren, aber auch einen etwaigen Verstoß durch die Vorinstanzen zu beseitigen[31]. Ist das rechtliche Gehör in der ersten Instanz nicht gewährt, so kann es in der Beschwerdeinstanz nachgeholt werden und wird durch Anhörung nachgeholt[32]. Ein Schriftsatz, der in Unkenntnis darüber, daß eine Erinnerung dem Landgericht nach RpflG § 11 Abs 2 Satz 4 bereits als Beschwerde vorgelegt ist, noch beim Amtsgericht eingereicht wird, muß von diesem an das Rechtsmittelgericht weitergeleitet werden. Das Beschwerdegericht verletzt den Anspruch des Schuldners auf rechtliches Gehör, wenn es eine zur Beschwerdebegründung erbetene Abschrift des Protokolls über den Versteigerungstermin nicht erteilt[33].

46.7 Ein Verstoß gegen GrundG Art 103 Abs 1 wird bereits darin gesehen, daß das Gericht nach formloser Übersendung eines Gutachtens (über den Verkehrswert[34]), der Beschwerdeschrift[35] oder sonst einer wesentlichen Urkunde (zB einer Zeugenaussage[36]) davon ausgeht, der Beteiligte habe Gelegenheit zur Äußerung gehabt, ohne sich auf geeignete Weise (etwa durch Eingangsbescheinigung oder dadurch, daß der Beteiligte sich geäußert hat[36]) vom Zugang der Postsendung zu überzeugen (es bestehe keine Vermutung für den Zugang eines formlos mit der Post übersandten Schreibens, da Postsendungen verlorengehen können). Hiergegen sagt mit Recht[37], daß diese Verschärfung der Anforderungen die Beschwerdevorschriften der ZPO aufheben würde; man muß sich auf das Funktionieren des normalen Postverkehrs verlassen können.

---

[23] BayVerfGH BayJMBl 1963, 313 = MDR 1963, 376.
[24] BVerfG 46, 315 = NJW 1978, 413 mit Anm Jekewitz; BayObLG 1980, 378 = MDR 1981, 409 = Rpfleger 1981, 144; OLG Frankfurt MDR 1962, 744 = Rpfleger 1962, 340 mit zust Anm Lappe.
[25] BVerfG 46, 185 = MDR 1978, 201 Leitsatz; BVerfG 61, 78 = NJW 1982, 2368; BVerfG 61, 119 = Rpfleger 1982, 478.
[26] BVerfG 47, 182 = NJW 1978, 989.
[27] BVerfG 60, 247.
[28] BVerfG 54, 43 = FamRZ 1980, 151 und 58, 353 = NJW 1982, 30.
[29] BVerfG 74, 1 = NJW 1987, 1192.
[30] BVerfG DtZ 1992, 327.
[31] BVerfG 49, 252 = NJW 1979, 538 = Rpfleger 1979, 12.
[32] BVerfG 5, 9 = NJW 1956, 985; BVerfG 5, 22 = NJW 1956, 1026; BVerfG 7, 109 = NJW 1957, 1673 = Rpfleger 1957, 408 und 1964, 40 Leitsatz; BVerfG 9, 303 = Rpfleger 1964, 41 Leitsatz.
[33] OLG Celle ZIP 1982, 1007.
[34] BVerfG (Kammerbeschluß) NJW 1991, 2757.
[35] BVerfG 36, 85 = aaO (Fußn 1).
[36] BVerfG (Kammerbeschluß) NJW 1995, 2095.
[37] Scheld Rpfleger 1974, 212 (I, II, VI, VII).

Einleitung 46.8

46.8 Zur Gewährung rechtlichen Gehörs gehört es auch, daß für Personen, die nicht die deutsche Sprache beherrschen, ein Dolmetscher beigezogen wird, damit sie alle Vorgänge zuverlässig erfassen und verfolgen können.

46.9 Rechtsmittelweg bei Versagung des rechtlichen Gehörs § 95 Rdn 6.5.

46.10 Entscheidend ist: Das rechtliche Gehör darf nicht Formsache sein, die Verfahrensbeteiligten dürfen nicht als Statisten behandelt werden, sondern als Rechtsuchende, deren **menschliche Würde** es gebietet, daß sie ausreichend und rechtzeitig zu Wort kommen, um ihre Sache zu vertreten. Richter und Rechtspfleger sollen so handeln, wie sie in eigener Sache behandelt werden wollen.

47 Rechtspfleger und Richter in ZVG-Verfahren

47.1 Der Rechtspfleger ist in allen ZVG-Verfahren uneingeschränkt zuständig (RpflG § 3 Nr 1 i); auch sind ihm alle einschlägigen Geschäfte des Vollstreckungsgerichts im Zwangsvollstreckungsverfahren nach dem 8. Buch der ZPO (§§ 704– 945) übertragen, **ausgenommen** die Entscheidung über Vollstreckungserinnerungen nach ZPO § 766 (RpflG § 20 Nr 17) und die Vereidigung von Dolmetschern im Termin (RpflG § 4 Abs 2 Nr 1)[1]. Verfassungsmäßige Bedenken gegen die Übertragung der Entscheidungen nach dem ZVG auf den Rechtspfleger bestehen nicht[2]. Vergleichsbeurkundung: Einl Rdn 49.4.

47.2 Der Schuldner darf, wie dem gesetzlichen Richter (GrundG Art 101 Abs 1 Satz 2), auch dem gesetzlichen Rechtspfleger nicht entzogen werden, sofern die betreffende Entscheidung nicht von untergeordneter Bedeutung ist[3] (bei Verstoß ist die Entscheidung zwar wirksam, aber anfechtbar[3]). **Gesetzlicher Richter/ Rechtspfleger** ist dabei nicht das Vollstreckungsgericht als organisatorische Einheit, sondern der im Einzelfall nach Gesetz und Geschäftsverteilungsplan Zuständige[3].

47.3 Der Rechtspfleger ist für die **Aufnahme** schwieriger und bedeutsamer **Anträge** und Erklärungen, die zur Niederschrift der Geschäftsstelle abgegeben werden können, und zur Aufnahme von Rechtsbehelfen zuständig, soweit sie gleichzeitig begründet werden (RpflG § 24 Abs 2; Besonderheit in Hamburg RpflG § 36 a). Wenn der Rechtspfleger einen Antrag zu Protokoll genommen hat, ist er angeblich nicht von der weiteren Ausübung seiner Tätigkeit als Rechtspfleger ausgeschlossen[4] (anders[5]). Hiergegen bestehen aber (mit[6]) erhebliche Bedenken vor allem bei der Aufnahme von Anträgen, über die der Rechtspfleger dann selbst zu entscheiden hat, wegen der widerstreitenden Interessen, durch die wohl die Unparteilichkeit des Rechtspflegers gefährdet wird. Wie soll ein Rechtspfleger einen für den Schuldner aussichtsreichen (nämlich alle Gesichtspunkte hinreichend berücksichtigenden) Antrag aus ZPO § 765 a aufnehmen, den Schuldner hierbei hinsichtlich aller Voraussetzungen und Möglichkeiten aufklären, um dann anschließend völlig unvoreingenommen über eben diesen Antrag zu entscheiden und ihn mangels der Voraussetzungen gar abzulehnen? Für das Publikum ist ein solch gespaltenes Denken einfach unverständlich. Anträge einfacher Art mag dort, wo dies zulässig ist, der Beamte des mittleren Dienstes aufnehmen. Einstellungsanträge überschreiten aber in der Regel seine Zuständigkeit (RpflG § 24 Abs 2). Da der Gesetzgeber es versäumt hat, manche notwendigen Folgerungen aus dem Vorhandensein des Rechtspflegers als Rechtspflegerorgan zu ziehen, kann sich ein pflichtbewußter Rechtspfleger hier nur für befangen erklären, um dann den geschäfts-

---

[1] Keidel NJW 1957, 521 (IV).
[2] OLG Celle Rpfleger 1979, 390.
[3] LG Frankfurt DRpflZ 1974, 21.
[4] LG Hamburg Rpfleger 1958, 94 mit zust Anm Bruhn.
[5] Arnold/Meyer-Stolte, RpflG, § 10 Rdn 12.
[6] Niederée DRpflZ 1975, 51.

planmäßigen Vertreter (bei der Aufnahme des Antrags) eintreten zu lassen; Befangenheit nicht erst für die nachfolgende Entscheidung, sondern gerade für die vorausgehende Aufnahme des Antrags. Anhörung von Beteiligten im vorgesehenen Rahmen des Verfahrens oder die Erfüllung der vorgeschriebenen Aufklärungspflicht fallen nicht hierunter, vorausgesetzt, daß den Beteiligten hierbei nicht Anträge oder Einwendungen in den Mund gelegt werden[6].

47.4 Der Rechtspfleger ist bei seiner Tätigkeit nur dem Gesetz unterworfen und entscheidet **selbständig** (RpflG § 9), das heißt sachlich unabhängig. Er muß aber eine Sache dem Richter **vorlegen,** wenn er von dessen Entscheidung (von der Entscheidung seines, des für ihn zuständigen Richters, nicht irgendeines Richters am selben Gericht, RpflG § 28)[7] abweichen will oder wenn sich bei der Bearbeitung rechtliche Schwierigkeiten ergeben oder wenn zwischen seinem und dem richterlichen Geschäft ein so enger Zusammenhang besteht, daß eine getrennte Behandlung nicht sachdienlich ist oder wenn ausländisches Recht anzuwenden ist (RpflG § 5 Abs 1). Der Richter bearbeitet die Sache, solange er es für erforderlich hält, kann sie aber auch jederzeit, also auch sofort, zurückgeben, wobei dann der Rechtspfleger an die vom Richter mitgeteilte Rechtsauffassung gebunden ist (RpflG § 5 Abs 2). Gibt der Richter die Sache zurück, darf der Rechtspfleger sie nicht erneut vorlegen mit der Begründung, er wolle von dieser Rechtsauffasung abweichen[8].

47.5 Die „**rechtliche Schwierigkeit**" ist nicht eine Schwierigkeit allein wegen eines umfangreichen oder verwickelten Sachverhalts oder wegen besonderer wirtschaftlicher Bedeutung des Geschäfts, sondern eine Schwierigkeit rechtlicher Art gerade für den zuständigen Rechtspfleger. Ob dies vorliegt, entscheidet der Rechtspfleger nach pflichtgemäßer Selbstprüfung, ob er die Sache bewältigen kann, also subjektiv nach seinen Kenntnissen und Fähigkeiten, nicht nach einer Durchschnittsbefähigung oder sonst objektiven Gesichtspunkten[9]. Ohne Vorlage kann jederzeit ein persönliches Gespräch mit dem Richter dienlich sein.

47.6 Die gesetzliche Zuständigkeit des Rechtspflegers erstreckt sich nicht auf Vorlagen an das Bundesverfassungsgericht oder das für Verfassungsstreitigkeiten zuständige Gericht eines Landes wegen Verfassungswidrigkeit eines Gesetzes nach GrundG Art 100 Abs 1[10].

47.7 Wenn der Rechtspfleger ein ihm nicht zustehendes Geschäft (es sind nur noch wenige Fälle) durchführt, ist es unwirksam (RpflG § 8 Abs 4). Bei Streit oder **Ungewißheit** darüber, ob der Richter oder Rechtspfleger zuständig sei, entscheidet der Richter durch unanfechtbaren Beschluß (RpflG § 7); im Bereich des ZVG erlangt dies keine Bedeutung, weil hier Zuständigkeiten geklärt sind.

Rechtsschutzbedürfnis in ZVG-Verfahren 48

Literatur: Schiffhauer, Die Geltendmachung von Bagatellforderungen in der Zwangsversteigerung, ZIP 1981, 832; Schiffhauer, Die offensichtlich aussichtslose Zwangsversteigerung, Rpfleger 1983, 236; Wieser, Die zwecklose Zwangsversteigerung, Rpfleger 1985, 96.

48.1 Ein **Rechtsschutzbedürfnis** ist sachliche Verfahrensvoraussetzung der Zwangsvollstreckung[1]; es muß auch in der Zwangsversteigerung und Zwangsverwaltung gegeben sein. Dem aus prozessualen Einzelvorschriften entwickelten Grundsatz liegt der Gedanke zugrunde, daß niemand die Gerichte unnütz oder gar

---

[7] Strauß Rpfleger 1957, 33 und 1957, 131.
[8] BGH BB 1968, 1265 = VersR 1968, 1186.
[9] Arnold/Meyer-Stolte, RpflG, § 10 Rdn 20.
[10] BVerfG 30, 170 = MDR 1971, 372 = NJW 1971, 605 = Rpfleger 1971, 173; BVerfG 55, 370 = NJW 1981, 674 = Rpfleger 1981, 54 mit Anm Meyer-Stolte; BVerfG 61, 75 = NJW 1982, 2178.
[1] BVerG 61, 126 (135) = MDR 1983, 188 = NJW 1983, 559 = Rpfleger 1983, 80; Zöller/Stöber, ZPO, vor § 704 Rdn 17.

Einleitung 48.1 Zwangsvollstreckungsverfahren

unlauter bemühen oder ein gesetzlich vorgesehenes Verfahren zur Verfolgung rechtswidriger und insoweit nicht schutzwürdiger Ziele ausnutzen darf[2]. Das Fehlen eines Rechtsschutzbedürfnisses wird **von Amts wegen** berücksichtigt; Amtsermittlung der Tatsachen, die für oder gegen ein Rechtsschutzbedürfnis sprechen könnten, erfolgt jedoch nicht. Tatsachenvortrag und Beweislast für ein Rechtsschutzbedürfnis obliegen dem Antragsteller; es gilt freie Beweiswürdigung (ZPO § 286). Auf Bedenken hat das Vollstreckungsgericht aufmerksam zu machen (ZPO § 139).

48.2 Ob ein Rechtsschutzbedürfnis gegeben ist, kann in einem Zwangsvollstreckungsverfahren und damit im Zwangsversteigerungs- und Zwangsverwaltungsverfahren allerdings nur unter Berücksichtigung der Besonderheiten des formal gestalteten Durchsetzungsrechts gewürdigt werden. Der Gläubiger hat ein Recht darauf, daß ihm das Vollstreckungsgericht als Vollstreckungsorgan auf Antrag Rechtsschutz gewährt (Vollstreckungsanspruch; dazu[3]). Beginn und Ablauf der Zwangsversteigerung/Zwangsverwaltung als Einzelverfahren der Geldvollstreckung sind zwingend festgelegt; Zwangsversteigerung, Zwangsverwaltung und Eintragung einer Sicherungshypothek als Maßregeln der Zwangsvollstreckung können nebeneinander ausgeführt werden (ZPO § 866 Abs 3); Schuldnerrechte sind mit Rechtsbehelfen (Einstellungsanträgen) und Rechtsmitteln zu wahren; dem Gläubiger einer Bagatellforderung ist keine Wertgrenze gesetzt, die Immobiliarvollstreckung ist ihm nicht verschlossen. Daß mit Anwendung eines ungeeigneten Zwangsmittels für den Gläubiger (sonst für Antragsteller) im Einzelfall kein Rechtsschutzbedürfnis besteht, muß sich daher aus dessen Besonderheiten ergeben.

48.3 Einem Immobiliarvollstreckungsantrag fehlt das Rechtsschutzbedürfnis nicht deshalb, weil der Gläubiger sich aus **anderen Objekten** seines Schuldners (bewegliches Vermögen, Forderungen, Rechte) befriedigen, mithin einfacher und billiger zum Verfahrenszeil kommen könnte. Denn für schnellere, einfachere Gläubigerbefriedigung mit anderen Zwangsvollstreckungmaßnahmen fehlen jedenfalls bei Entscheidung über den Anordnungs- und über einen Beitrittsantrag Anhaltspunkte. Die Einbringlichkeit einer Vollstreckungsforderung durch Zwangsvollstreckung in das bewegliche Vermögen des Schuldners mit Pfändung körperlicher Sachen durch den Gerichtsvollzieher oder mit Forderungspfändung kann aus vielerlei tatsächlichen oder rechtlichen Gründen zweifelhaft sein. Weil Ergebnis und Erfolg solcher Zwangsvollstreckungen in das bewegliche Schuldnervermögen sich nie sicher voraussehen lassen, kann einem Gläubiger insbesondere das Recht nicht versagt sein, mit Anordnungs- und Beitrittsbeschluß die Beschlagnahme des Grundstücks (§ 20) zu bewirken und damit ein noch ranggünstiges Recht auf Befriedigung aus dem Grundstück zu erlangen (§ 10 Abs 1 Nr 5) (so auch bereits[4]; außerdem[5]) (vorherige ergebnislose Mobiliarvollstreckung fordert[6]). Der vorherigen Durchführung eines Verfahrens auf Abnahme der eidesstattlichen Versicherung bedarf es nicht[6].

48.4 a) Auch der Gläubiger einer nur **geringen Forderung** hat mit seinem Vollstreckungsanspruch (Einl Rdn 48.2) grundsätzlich das Recht auf Immobiliarvollstreckung. Es gibt keinen allgemeinen Grundsatz des Inhalts, daß die Zwangsversteigerung oder die Zwangsverwaltung wegen einer nur geringen Forderung nicht betrieben werden dürfe[7], dazu auch ZVG-Handbuch Rdn 111. Das Rechts-

---

[2] BGH 54, 181 (184) = MDR 1970, 1007 = NJW 1970, 2033; RG 155, 72 (75).
[3] Zöller/Stöber, ZPO, vor § 704 Rdn 2.
[4] Stöber, ZVG-Handbuch, Rdn 111.
[5] Steiner/Hagemann §§ 15, 16 Rdn 134.
[6] LG Oldenburg KTS 1982, 146 = Rpfleger 1981, 492.
[7] BGH MDR 1973, 89 = NJW 1973, 894; OLG Schleswig Rpfleger 1979, 470 = SchlHA 1979, 215; Zöller/Stöber, ZPO, § 753 Rdn 8 = Stein/Jonas/Münzberg, ZPO, vor § 704 Rdn 47 a; Schiffhauer ZIP 1981, 832; Schumann NJW 1981, 1031 (Buchbesprechung).

schutzbedürfnis fehlt daher auch dem Antrag auf Anordnung der Zwangsversteigerung (oder Zwangsverwaltung) und dem Antrag auf Zulassung des Beitritts zu einen Immobiliarvollstreckungsverfahren wegen einer Bagatellforderung nicht (wie hier[8], anders[9]; grundsätzlich zum Verbot der Übermaßvollstreckung[10]). Ein Rechtsschutzbedürfnis folgt in dem formal gestalteten Vollstreckungsverfahren bereits aus dem Gläubigerinteresse auf Befriedigung der durch den Vollstreckungstitel begründet ausgewiesenen Geldforderung (Einl Rdn 1; so auch[11]). Eine Bagatellforderung kann auch ein Schuldner aufbringen, der in bedrängten Verhältnissen lebt; grundsätzlich muß daher auch gegen ihn die zwangsweise Durchsetzung des materiellen Anspruchs des Gläubigers möglich sein[12]. Selbst sittenwidrige Härte der Vollstreckung im Einzelfall (dazu Einl Rdn 52 ff) schließt nicht das Rechtsschutzbedürfnis aus, sondern ist mit Schutz nach ZPO § 765 a abzuwenden.

b) Ein Rechtsschutzbedürfnis für die vom Gläubiger einer nur geringen Forderung gewählte Maßregel der Immobiliarvollstreckung kann zudem deshalb nicht verneint werden, weil mehrere **Vollstreckungsmaßregeln** auch **nebeneinander** ausgeführt werden können (ZPO § 866 Abs 2) und eine Reihenfolge nicht vorgesehen ist[13], sowie insbesondere auch, weil als Voraussetzung der Zwangsvollstreckung in Liegenschaften weder eine vorherige fruchtlose Mobiliarvollstreckung noch ein Vollstreckungsanspruch betragsmäßig erfordert ist (über frühere Gesetzesvorhaben für eine Betragsgrenze[14]). Wenn die Forderung des Gläubigers 500 DM nicht übersteigt, ermöglicht das Gesetz (ZPO § 866 Abs 2) überhaupt nur Zwangsversteigerung oder Zwangsverwaltung. Das trägt auch der Erwägung Rechnung, daß solche Vollstreckung in Immobilien mit Erfüllung durch den Eigentümer erfahrungsgemäß die rasche Befriedigung der geringen Gläubigerforderung bewirkt, deren längerfristige Sicherung durch Eintragung einer Zwangshypothek weder erwünscht noch gerechtfertigt erscheint.

c) Dem Recht des Gläubigers einer nur geringen Forderung, mit Beschlagnahme eine Befriedigungschance aus dem Grundstück zu wahren, fehlt ein Rechtsschutzbedürfnis auch nicht deshalb, weil nach den **Besonderheiten des Falles** (leicht verwertbares anderes Vermögen, hohe Grundstücksvorbelastung) die Versteigerung keine notwendige Vollstreckungsmaßnahme wäre. Denn Vollstreckungskosten eines im Einzelfall nicht gebotenen Immobiliarvollstreckungsverfahrens treffen als nicht notwendig den Gläubiger, sind vom Schuldner sonach nicht zu zahlen (ZPO § 788 Abs 1). Wenn auch in einem solchen Fall das Rechtsschutzbedürfnis gegeben ist, kann das Zwangsversteigerungsverfahren doch für den Schuldner eine sittenwidrige Härte darstellen, gegen die er dann nach ZPO § 765 a vorgehen kann (Einl Rdn 52 ff).

d) Zulässig ist daher jedenfalls die Versteigerung eines Grundstücks im Werte von 70 000 DM auf Antrag des Gläubigers einer Forderung von etwa 1000 DM, sofern nur dem Schuldner effektiver Rechtsschutz (Rdn 48.5) gewährt wird (zu letzterem eingehend[15]). Ein Rechtsschutzbedürfnis muß immer auch bei Vollstreckung einer durch den Schuldtitel insgesamt ausgewiesenen geringen Forderung bejaht werden. Andernfalls würde bei Bagatellforderungen das Erkenntnisverfahren ins Leere gehen, das sich mit Schaffung des Vollstreckungstitels als rechtmäßig erwiesen hat.

---

[8] Steiner/Hagemann, §§ 15, 16 Rdn 128; Schiffhauer ZIP 1981, 832; Drischler KTS 1981, 389 (1.).
[9] AG Mainz Rpfleger 1981, 26.
[10] Vollkommer Rpfleger 1982, 1 (8; zu Nr 12).
[11] Steiner/Hagemann §§ 15, 16 Rdn 127.
[12] OLG Düsseldorf NJW 1980, 1171; Stöber, Forderungspfändung, Rdn 488 a.
[13] OLG Schleswig Rpfleger 1979, 470 = SchlHA 1979, 215; Schiffhauer ZIP 1981, 832 (V).
[14] Steiner/Riedel, ZVG, 8. Aufl 1973/1976, § 15 Rdn 6 c (6).
[15] Böhmer BVerfGE 49, 228 = NJW 1979, 535.

Einleitung 48.4 Zwangsvollstreckungsverfahren

Allenfalls könnte die Vollstreckung einer Bagatellforderung als rechtsmißbräuchlich unzulässig sein, wenn aus ganz besonderen Gründen berechtigte Schutzinteressen des Schuldners eindeutig überwiegen. Das könnte bei Vollstreckung geringer Restzinsen oder einer sonst ganz unbedeutenden Rest- oder Nebenforderung wie insbesondere der bis zur Gutschrift des dem Gläubiger überwiesenen Forderungsbetrags noch aufgelaufenen geringfügigen Zinsen und Kosten der Fall sein (Beispiele und Nachweise bei[16]. Hierfür setzt[17] (in Anlehnung an die Gerichtsgebühr für Anordnungs- oder Beitrittsbeschluß) die Wertgrenze mit 10 DM (jetzt 100 DM) an; dem kann gefolgt werden (dagegen noch für Wertgrenze von (vordem) 50 DM oder noch höher[18]). Die Tatsache, daß Vollstreckungskosten die Gläubigerforderung übersteigen, rechtfertigt es jedenfalls nicht, eine Vollstreckung als rechtsmißbräuchlich anzusehen (so allgemein[19]) Die praktische Bedeutung der so gesehenen Vollstreckungsgrenze ist jedoch gering. Zudem muß dann vor Zurückweisung des Antrags dem Gläubiger rechtliches Gehör (Einl Rdn 46) gewährt werden. Wenn der Schuldner böswillig nicht zahlt, wenn er die Zahlung einer geringen restlichen Zinsforderung ausdrücklich verweigert[20] oder wenn andere Vollstreckungsmaßnahmen völlig aussichtslos sind, könnte auch Zurückweisung des wegen einer Bagatellforderung gestellten Zwangsversteigerungsantrags Rechtsverweigerung sein, mithin durch den Grundatz der Verhältnismäßigkeit nicht gedeckt sein[21]). Das muß für Anordnungs- und Beitrittsantrag gleichermaßen gelten (anders[21]): Beitritt ist immer zuzulassen, weil Schuldner schon durch Geltendmachung anderer Ansprüche sein Eigentum verliert).

48.5 Ob bei **Durchführung** des Versteigerungsverfahrens Schuldnerbelangen mit rechtsstaatlicher (insbesondere mit fairer) Verfahrensgestaltung in besonderer Weise Rechnung zu tragen und auf Antrag gegebenenfalls Schuldnerschutz zu gewähren ist, wenn die Versteigerung nur wegen einer geringen Forderung betrieben wird, ist keine Frage des Rechtsschutzbedürfnisses. Bedeutung erlangt hierfür, daß Anwendung des Verfahrensrechts und Verfahrensgestaltung unter den Garantiefunktionen des Grundgesetzes stehen (Einl Rdn 7). Das erfordert, daß nach Sicherung der Befriedigungschance des Gläubigers mit Beschlagnahme dem Schuldner mit Hinweis auf Einstellungsmöglichkeiten und Aufklärung über die Folgen der Verfahrensfortführung eine reelle Chance auf Erhaltung seines Eigentums am Grundstück gegeben wird[21]. Sachfördernd hierfür kann Bestimmung eines Termins zur mündlichen Verhandlung über einen Einstellungsantrag (§ 30 b Abs 2 Satz 2), aber auch nochmalige Abmahnung des Schuldners vor Erteilung des Auftrags zur Grundstücksschätzung an den Sachverständigen (§ 74 a Abs 5) und vor Terminsbestimmung sein. Näher dazu auch[22]. Die rigorose Vollstreckung einer (gesicherten) Restforderung (von rund 500 DM) des Staates durch Versteigerung des letzten wertvollen Vermögensstücks des Schuldners (unbelastetes Grundstück mit Wert von 60 000 DM) kann unter besonderen Umständen auch zu Schadensersatz verpflichtende Amtspflichtverletzung durch Verletzung des Grundsatzes der Verhältnismäßigkeit darstellen (von[23] für Vollstreckung einer restigen Hypothekengewinnabgabe erörtert).

48.6 Wahrung des verfassungsmäßig garantierten **Grundsatzes der Verhältnismäßigkeit** und des Übermaßverbots (Einl Rdn 7) schließt das Recht des Gläubigers einer nur geringen Forderung auf Immobiliarvollstreckung dem Grundsatz

---

[16] Stöber, Forderungspfändung, Rdn 488 a; Schiffhauer ZIP 1981, 832 (IV).
[17] Schiffhauer ZIP 1981, 832 (VIII 2).
[18] Steiner/Hagemann §§ 15, 16 Rdn 129.
[19] LG Bochum Rpfleger 1990, 117.
[20] AG Dinslaken JurBüro 1982, 783.
[21] Schiffhauer ZIP 1981, 832 (VIII 2–4).
[22] Schiffhauer ZIP 1981, 832 (VIII 4).
[23] BHG MDR 1973, 89 = NJW 1973, 894.

Zwangsvollstreckungsverfahren 48.8 **Einleitung**

nach gleichfalls nicht aus. Verhältnismäßigkeitsgrundsatz und Übermaßverbot erfordern Abwägung der Gläubiger- und Schuldnerinteressen. Ablehnung oder Zurückstellung der Verfahrensanordnung oder Beitrittszulassung, die zu Verlust oder Minderung der Befriedigungschance des Gläubigers führen könnten, rechtfertigt das nicht. Schutz des Schuldners vor unverhältnismäßigem Eingriff in sein grundgesetzlich garantiertes Eigentum ist mit rechtsstaatlicher Verfahrensgestaltung, insbesondere mit den Einstellungsmöglichkeiten des Verfahrensrechts zu gewährleisten[24]. Bis zu einer Entscheidung des Vollstreckungsgerichts auf Antrag des Schuldners in einem Schutzverfahren nach ZPO § 765 a ist Verfahrensanordnung (Beitritt zu einem Verfahren) zulässig[25]. Schaden könnte dem Schuldner damit allenfalls entstehen, weil er nicht mehr gegenüber dem Gläubiger über das Grundstück verfügen kann (§ 23). Wenn dieser Schaden unverhältnismäßig ist (nach[26] dann, wenn er nicht geringer als der beizutreibende Geldbetrag des Gläubigers ist; kaum nachweisbar und feststellbar) kann Schutz nach ZPO § 765 a geboten sein. Für eine weitere Einschränkung gibt auch[27] keinen Anhalt; er weist darauf hin, daß Berechtigung des Antrags auf Einleitung **und** Durchführung der Zwangsversteigerung von Amts wegen zu prüfen gewesen sei, und zwar nicht bereits bei Entscheidung über den Anordnungsantrag, sondern auf Grund der einem Einstellungsantrag des Schuldners zu entnehmenden Rüge, die vom Gläubiger gewählte Art der Vollstreckung sei nicht Rechtens. Beanstandet wird von[27] auch nicht die Anordnung der Versteigerung wegen einer geringen Forderung des Gläubigers, sondern die Durchführung der Versteigerung als schwerste Vollstreckungsmaßnahme, ehe auch nur der Versuch einer weniger belastenden unternommen worden ist. Das übersieht[28] (insoweit unklar[29]), das jedoch nicht das Vollstreckungsrecht des Gläubigers einer Bagatellforderung (Anspruch unter 500 DM) verneint, sondern auf Antrag des Schuldners nach ZPO § 765 a Schutz gewährt hat. Mit Anordnung der Zwangsversteigerung oder Zulassung des Beitritts ist der Grundsatz der Verhältnismäßigkeit der Mittel selbst dann nicht verletzt, wenn dem Gläubiger andere Vollstreckungsmöglichkeiten zur Verfügung stehen. Denn andere Vollstreckungsmaßnahmen können im Ergebnis einschneidendere Folgen für den Schuldner haben als die Immobiliarbeschlagnahme (so die Lohnpfändung wegen der Gefahr des Verlustes des Arbeitsplatzes oder die Offenbarungsversicherung wegen der Eintragung ins Schuldnerverzeichnis und der damit gefährdeten Kreditwürdigkeit) (so für das Verhältnis zur Mobiliarvollstreckung oder der Wohnung[30]).

48.7 Nichtbestehen oder Erlöschen des durch einen Vollstreckungstitel ausgewiesenen Gläubigeranspruchs sind mit den gegen den Schuldtitel zulässigen Rechtsbehelfen (Einspruch, Berufung, Revision, Vollstreckungsabwehrklage usw) geltend zu machen. Unterbleibt dies, so kann einem Vollstreckungsantrag Gläubigers das Rechtsschutzbedürfnis nicht abgesprochen werden, die Vollstreckung bleibt dann als Staatstätigkeit rechtmäßig[31]. Entsprechend ist auch, wenn die Ausnutzung eines sachlich unrichtigen Vollstreckungstitels infolge besonderer Umstände sittenwidrig im Sinne von BGB § 826 und damit als unzulässige Rechtsausübung anzusehen ist, dies mit Klage geltend zu machen.

48.8 Auch wenn sich das Grundstück auf Grund seiner Lage, wegen Bauverbots oder Baubeschränkung oder anderer Umstände oder infolge hoher Vorbelastung

---

[24] Schiffhauer ZIP 1981, 832 (VIII 3 und 4).
[25] Wieser ZZP 98 (1985) 50 (1 F 1).
[26] Wieser aaO (C II 2).
[27] Böhmer BVerfGE 49, 228 = NJW 1979, 535.
[28] LG Frankenthal (Pfalz) Rpfleger 1979, 433.
[29] AG Mainz Rpfleger 1981, 26.
[30] OLG Düsseldorf NJW 1980, 1171.
[31] OLG Schleswig Rpfleger 1979, 470 = SchlHA 1979, 215; Stein/Jonas/Münzberg, ZPO, vor § 704 Rdn 22.

voraussichtlich nur **schwer** oder derzeit voraussichtlich noch nicht **veräußern** läßt, kann dem Versteigerungsantrag nicht das Rechtsschutzbedürfnis abgesprochen werden (so auch[32]). Das ZVG setzt mit den Sondervorschriften über Verfahrensaufhebung nach zweimaliger Einstellung (§ 30 Abs 1) oder nach zweimaligem Versteigerungsversuch (§ 77 Abs 2) selbst Grenzen. Wer innerhalb dieser Grenzen das Gericht in Anspruch nimmt, handelt nicht rechtsmißbräuchlich (so auch[33]). Eine dem ZPO § 803 Abs 2 vergleichbare Vorschrift kennt das ZVG nicht, entsprechende Anwendung (für diese[34]) jedoch ist ausgeschlossen (so auch[35]). ZPO § 803 Abs 2 beruht auf der Erwägung, daß der Gegenstand des beweglichen Schuldnervermögens keinen oder doch keinen nennenswerten Verkehrswert hat und daher bei Veräußerung kein kostendeckender Verwertungserlös zu erzielen sein wird. Bei Versteigerung eines Grundstücks ist ein Verwertungserlös für (wenigstens teilweise) Gläubigerbefriedigung aber nicht schon wegen völliger Wertlosigkeit dieses Vollstreckungsgegenstandes ausgeschlossen; sie kann nur im Einzelfall an hohen Vorbelastungen scheitern, die den Grundstückswert erschöpfen. Ergebnislos bleiben kann die Versteigerung nur wegen des Verfahrensgrundsatzes, daß ein Gebot neben den Verfahrenskosten auch die dem Anspruch des Gläubigers vorgehenden Rechte zu decken hat (§ 44; geringstes Gebot). Daher ist ein rechtsähnlicher Tatbestand für analoge Anwendung des ZPO § 803 Abs 2 nicht gegeben. Grundstücksbelastungen können sich zwischen Verfahrensanordnung und späterer Durchführung der Versteigerung vielfach ändern. Ein Grundstück im Wert von 20 000 DM, das mit einer Grundschuld in Höhe von 100 000 DM vorbelastet ist, ist nach Löschung dieser Grundschuld ohne weiteres verwertbar. Im (formalisierten) Anordnungsverfahren (auch im Verfahren über einen Beitrittsantrag) hat das Vollstreckungsgericht jedenfalls keine Möglichkeit, sich über Vorbelastungen und damit die Aussichten späterer Grundstücksverwertung Gewißheit zu verschaffen. Es können Eigentümergrundschulden entstanden und Löschungsverpflichtungen zu erfüllen sein (bei Grundschulden auch auf Grund eines Rückgewähranspruchs); daß eine (auch hohe) Vorbelastung wegfällt und es daher doch noch zu einer Befriedigung des Gläubigers kommen kann, kann daher nicht nur als nicht vorhersehbare Veränderung und rein theoretische Möglichkeit angesehen werden (so aber[36]). Hohe Vorbelastungen allein können daher für einen Versteigerungsantrag nicht das Rechtsschutzbedürfnis ausschließen und es nicht rechtfertigen, einen Versteigerungsantrag (auch Beitrittsantrag) zurückzuweisen (so richtig[37], anders[38]) oder das Verfahren aufzuheben[39] (anders[40]). Zudem beruht schon § 77 Abs 1 auf der Erwägung, daß dem Gläubiger nicht ohne weiteres zugemutet wird, von dem Verfahren bereits dann Abstand zu nehmen, wenn der erste Termin kein Ergebnis gehabt hat (Denkschrift S 54). Der Gläubiger kann in jedem Fall einen späteren zweiten Termin beantragen und selbst nach dessen Scheitern die Beschlagnahmewirkungen mit dem Antrag erhalten, das Verfahren als Zwangsverwal-

---

[32] Steiner/Hagemann §§ 15, 16 Rdn 135.
[33] Steiner/Hagemann §§ 15, 16 Rdn 137.
[34] LG Augsburg Rpfleger 1986, 146; LG Bielefeld Rpfleger 1987, 424; LG Düsseldorf JurBüro 1987, 786 = Rpfleger 1987, 210; LG Regensburg NJW-RR 1988, 447; Wieser Rpfleger 1985, 96 (I 5).
[35] OLG Hamm Rpfleger 1989, 34; LG Berlin Rpfleger 1987, 209; LG Krefeld Rpfleger 1994, 35 und 1996, 120; LG Dortmund JurBüro 1988, 1417; LG Freiburg Rpfleger 1989, 469; LG Münster JurBüro 1988, 1416 = MDR 1989, 77 = Rpfleger 1989, 34; LG Stade, LG Aachen und LG Göttingen alle Rpfleger 1988, 420.
[36] Wieser Rpfleger 1985, 96 (I).
[37] OLG Koblenz MDR 1986, 65 = Rpfleger 1986, 25 mit Anm Meyer-Stolte; LGe Aachen, Dortmund, Freiburg, Göttingen, Münster und Stade, alle Fußn 35.
[38] Wieser Rpfleger1985, 96 (I 5).
[39] LG Krefeld Rpfleger 1996, 120.
[40] OLG Düsseldorf Rpfleger 1989, 470.

tung fortzusetzen. Weil dann hohe Vorbelastungen bei Verteilung der Nutzungen des Grundstücks nicht mit Kapitalbeträgen berücksichtigt werden (§ 155 Abs 2), kann Gläubigerbefriedigung noch immer zu erwarten sein. Für diese bleibt gewährleistet, daß Verfügungen des Schuldners über das Grundstück seit der Beschlagnahme trotz erfolglos gebliebener Zwangsversteigerung dem Gläubiger gegenüber unverändert unwirksam sind (Denkschrift S 54). Einem Versteigerungsantrag kann bei dieser gesetzlich ermöglichten Verfahrensgestaltung das Rechtsschutzbedürfnis nicht schon deshalb abgesprochen werden, weil derzeit keine Verwertungsmöglichkeit zu bestehen scheint (oder auch tatsächlich besteht). Bei langer Verfahrensdauer kann mit Besserung der allgemeinen oder besonderen Verhältnisse auch ein zunächst nicht verwertbares Objekt verkäuflich werden; die Verfahrenslage kann sich auch durch starke Wertänderungen, Wegfall besserrangiger Gläubiger oder Anträge aus § 59 (die bei hoher Vorbelastung naheliegen) zugunsten des Gläubigers ändern. Auch gibt es durchaus Gläubiger, die zu unerwartet hohem Meistgebot selbst einsteigen. Daher kann einem Verfahren nicht das Rechtsschutzbedürfnis versagt werden (so wohl auch[41]: keine von Anfang an zwecklose Versteigerung, wenn die Befriedigung des Gläubigers praktisch für möglich zu halten ist), wenn sich nicht ausnahmsweise das Scheitern aller Versuche nach langer Verfahrensdauer und nach geänderten Verhältnissen voraussagen läßt (ähnlich für den Fall von ZPO § 765 a[42]). Vorsicht mit allen Vorausberechnungen. Manchmal kommen selbst anscheinend **aussichtslose Ansprüche** im Rahmen eines Versteigerungsverfahrens noch durch freiwillige Veräußerung des Objekts (soll nach[43] Zwecklosigkeit der Versteigerung nicht ausschließen) oder im Rahmen des Verwertungsmoratoriums (§§ 30 a–d, auch ZPO § 765 a) wenigstens teilweise zum Zuge. Mancher Schuldner leistet auch (das kann nicht dem Gläubiger angelastet werden) erst nach Ausschöpfung vollstreckungsrechtlicher Maßnahmen durch den Gläubiger; selbst für eine angeblich aussichtslose Forderung kann sich daher ein Beitritt wegen zu erwartender Ratenzahlungen empfehlen (anders[44]: Zweck des Verfahrens sei es nicht, den Schuldner zum Zahlen zu zwingen, sondern aus dem Versteigerungserlös den Gläubiger zu befriedigen).

48.9 Eine **sittenwidrige Härte** der Maßnahmen läßt das Rechtsschutzbedürfnis noch nicht entfallen. Zweckwidrige und darum nicht schutzwürdige Ziele verfolgt aber der Gläubiger mit einem Versteigerungsantrag, wenn im Einzelfall ganz besondere Umstände hervortreten, die das auch außergewöhnlichen Verhältnissen noch gesetzmäßige Vollstreckungsverlangen als unnütz oder unlauter erscheinen lassen. Das könnte vorliegen, wenn der Gläubiger einer Bagatellforderung (auch ein anderer Gläubiger) nach Verfahrensaufhebung infolge wiederholter ergebnisloser Versteigerungstermine (§ 77) sogleich neuen Versteigerungsantrag stellt, ohne daß eine Änderung der Verhältnisse in Aussicht steht. Praktischer Fall[45]: Grundstück im Wert von 3760, vorbelastet mit 42 790; in einem früheren Versteigerungstermin kein Gebot; Verfahren daher eingestellt und später aufgehoben. Für einen Versteigerungsantrag bei unveränderten Verhältnissen fehlt das Rechtsschutzbedürfnis.

48.10 Hierhin gehört auch die Frage, ob bei **Amortisationsrechten** der Gläubiger wegen jeder neuen Fälligkeit **beitreten** darf. Einerseits entstehen dem Schuldner unnötige Kosten durch den Beitritt, falls im Laufe des Verfahrens die Teilforderung auch ohne Beitritt befriedigt wird. Andererseits besteht aber ohne Beitritt die Gefahr, daß der Schuldner oder ein Dritter die betreibenden Ansprüche ablöst (§ 75 Rdn 2) und daß so die nichtbetreibenden eben nicht zum Zuge

---

[41] Wieser Rpfleger 1985, 96 (I 1 a).
[42] OLG Köln MDR 1972, 877 = Rpfleger 1972, 378.
[43] Wieser Rpfleger 1985, 96 (I 1 d).
[44] Wieser Rpfleger 1985, 96 (I 1 b).
[45] LG Limburg/Lahn DGVZ 1970, 186.

kommen; auch könnte bei längerer Verfahrensdauer und vorzeitigem Ende des Verfahrens (vor Befriedigung der „neuen" Fälligkeit) mindestens deren Zinsanteil eine Rangverschlechterung (§ 10 Rangklasse 4 auf Rangklasse 8) erleiden. Man wird auch diese Frage nur nach dem Einzelfall beantworten können. Dem Gläubiger kann man wohl den Beitritt (aus genanntem Schutzinteresse) nicht verwehren (so auch[46]), man wird aber wohl später bei den Kosten zu prüfen haben, ob sie für den Schuldner notwendig waren (§ 10 Rdn 15.1). Bei jeder In-Frage-Stellung des Rechtsschutzbedürfnisses ist größte Vorsicht geboten; insbesondere muß man beiden Teilen vor einer Entscheidung ausführliche Gelegenheit zur Erläuterung ihrer Standpunkte geben und sich vor der Vorwegnahme vermutlicher Ergebnisse hüten. Durch verhinderte Vollstreckungsakte kann man dem Gläubiger Schaden zufügen, der vielleicht nicht mehr zu ersetzen ist; wegen unnützer Kosten kann sich der Schuldner immer noch mit dem Gläubiger auseinandersetzen.

48.11 In der **Zwangsverwaltung** ist mit der Möglichkeit, dem Gläubiger einen Vorschuß abzuverlangen (§ 161 Abs 3), schon etwas gegen nicht aussichtsreiche Verfahren getan. Nur ganz besondere Umstände können auch hier das Rechtsschutzbedürfnis verneinen lassen. Das könnte der Fall sein, wenn ein Grundstück, das auch weiterhin keine Erträge bringen kann (zB ein unbebautes und infolge seiner Lage nicht vermietbares Grundstück) nach Aufhebung der Zwangsverwaltung mangels Vorschußleistung auf Antrag desselben Gläubigers (oder eines erkennbar ebenfalls nicht vorschußbereiten anderen) sogleich erneut in Zwangsverwaltung genommen werden soll. Schaden, der mit Anordnung der Zwangsverwaltung dem Schuldner dadurch entsteht, daß ihm mit Beschlagnahme die Verwaltung und Benutzung des Grundstücks entzogen wird (§ 148 Abs 2), kann bei geringer beizutreibender Gläubigerforderung unverhältnismäßig sein[47]. Bis zu einer Entscheidung des Vollstreckungsgerichts auf Antrag des Schuldners im Schutzverfahren nach ZPO § 765 a ist Verfahrensanordnung (Zulassung des Beitritts) jedoch zulässig (Einl Rdn 48.6). ZPO § 803 Abs 2 (dazu Einl Rdn 48.8) findet auch auf die Zwangsverwaltung keine entsprechende Anwendung (anders[48]).

49 Vergleich in ZVG-Verfahren

Literatur: Hornung, Der Einfluß des Beurkundungsgesetzes auf die gerichtlichen Beurkundungsbefugnisse im Zwangsversteigerungsverfahren (Abschn. IV); Rpfleger 1972, 203.

49.1 Ein gerichtlicher Vergleich kann **auch in der Zwangsvollstreckung**[1], somit auch in einem Zwangsversteigerungs- oder Zwangsverwaltungsverfahren (auch in der Teilungsversteigerung[2]) geschlossen werden. Es muß sich um einen Vergleich zwischen den Parteien (oder zwischen einer Partei und einem Dritten) zur „Beilegung des Rechtsstreits" (ZPO § 794 Abs 1 Nr 1), also zum Abschluß des Versteigerungsverfahrens, handeln, der auch gegenseitiges Nachgeben (BGB § 779) erfordert. Dabei genügen auch geringfügige Zugeständnisse.

49.2 Nach Verkündung des Zuschlags ist ein Vergleich natürlich nur mehr über den Versteigerungserlös möglich, da die Rechte des Erstehers nicht rückgängig gemacht werden können (§ 96 Rdn 2).

49.3 Ein vor Gericht geschlossener Auseinandersetzungsvergleich (vornehmlich in der Teilungsversteigerung) wahrt die Form der notariellen Grundstücksveräuße-

---

[46] Steiner/Hagemann §§ 15, 16 Rdn 133.
[47] Wieser ZZP 98 (1985) 50 (C III).
[48] LG Frankfurt Rpfleger 1989, 35.
[1] Stein/Jonas/Münzberg, ZPO, § 794 Rdn 18; Zöller/Stöber, ZPO, § 794 Rdn 5; Hornung Rpfleger 1972, 203 (IV 1).
[2] RG 165, 161 = Kammergericht JFG 14, 355 = JW 1936, 3477; Schiffhauer ZIP 1982, 526 (X).

Zwangsvollstreckungsverfahren   50.3 **Einleitung**

rung nach BGB § 313.[3] Bei dem Abschluß des Vergleichs können sich die Beteiligten aber auch auf einen gerichtlichen **Vorvertrag** beschränken und den endgültigen Vertrag (etwa mit einer Auflassung) einem Notar überlassen. Vorsicht ist bei Auflassungen in Vergleichen geboten (Formalien, Grunderwerbsteuer, Vorkaufsrechte, behördliche Genehmigungen). Für den Vergleichsabschluß (nicht aber für die Auflassung) genügt es sogar, wenn eine Seite in einem Termin zu Protokoll ein Angebot macht, die andere Seite in einem späteren Termin dieses Angebot zu Protokoll annimmt, wobei die Vereinbarung nicht ausdrücklich als Vergleich bezeichnet wird.

49.4 Zur **Beurkundung** eines Vergleichs ist der Rechtspfleger im Rahmen seines Verfahrens zuständig, insbesondere auch bei der Teilungsversteigerung[4]. Dabei ist das Beurkundungsgesetz kein Hindernis[5]. Der Vergleich kann im Vortermin, im Versteigerungstermin, im Verkündungstermin geschlossen werden. Hierzu auch im ZVG-Handbuch Rdn 411, 730.

Vollmacht in ZVG-Verfahren   50

50.1 Die **ZPO-Vorschriften** über Prozeßbevollmächtigte (§§ 78 ff) gelten auch in der Zwangsvollstreckung und damit auch in den Verfahren der Zwangsversteigerung und Zwangsverwaltung. Der Bevollmächtigte ist auch hier als „Prozeßbevollmächtigter" zu bezeichnen, nicht einfach als „Vertreter". Die Rechte eines Prozeßbevollmächtigten sind umfassender als die eines Terminvertreters.

50.2 Die Prozeßvollmacht muß auf eine **prozeßfähige Person** lauten (ZPO § 79). Dies kann nur eine natürliche und geschäftsfähige Person sein (ZPO § 51). Wird ein Verein, eine juristische Person bevollmächtigt, so ist deren gesetzlicher Vertreter gemeint[1]. Bevollmächtigt werden können ein Rechtsanwalt, ein zugelassener Rechtsbeistand, andere Personen geschäftsmäßig (haupt- oder nebenberuflich, entgeltlich oder unentgeltlich) nur im Rahmen des Rechtsberatungsgesetzes. Ein Notar (der nicht Anwalt ist) kann nicht Bevollmächtigter im Zwangsversteigerungsverfahren sein[2]; mindestens darf er dann nicht als Bevollmächtigter auftreten, wenn mehrere Beteiligte aus seiner Beurkundung mit gegensätzlichen Interessen auftreten (Teilungsversteigerung)[3]. Nicht berührt wird die Wirksamkeit der einem Anwaltsnotar erteilten Vollmacht durch den Verstoß gegen ein Tätigkeitsverbot nach der BRAO oder gegen eine Amtspflicht nach der BNotO (abstrakte Vollmacht ist unabhängig von der Wirksamkeit des ihrer Erteilung zugrunde liegenden Geschäfts)[4].

50.3 Die Vollmacht ist grundsätzlich von Amts wegen zu **prüfen,** ausgenommen, wenn ein **Rechtsanwalt** (nicht jedoch Rechtsbeistand) Bevollmächtigter ist (ZPO § 88 Abs 2), sonst auf Rüge des Gegners (ZPO § 88 Abs 1). Auch ein im Wege der Prozeßkostenhilfe Beigeordneter bedarf neben der Bestellung noch einer Vollmacht. Wer im Vollstreckungstitel als Bevollmächtigter genannt ist, braucht keine besondere Vollmacht vorzulegen, gleich woher der Titel stammt[5], mithin auch bei Vollstreckung eines landgerichtlichen Urteils. Wenn ein Nichtanwalt in einem Vollstreckungsbescheid als Bevollmächtigter bezeichnet ist, muß je-

---

[3] OLG München DNotZ 1971, 544 = FamRZ 1971, 93 = MDR 1970, 928.
[4] OLG Nürnberg Rpfleger 1972, 305; Hornung Rpfleger 1972, 203 (IV 3) ; Schiffhauer ZIP 1982, 526 (X).
[5] Hornung Rpfleger 1972, 203 (IV 2) ; Schiffhauer aaO.
[1] Zöller/Vollkommer, ZPO, § 79 Rdn 2.
[2] OLG Koblenz MittBayNot 1953, 157.
[3] BGH 51, 301 = DNotZ 1969, 503 = JurBüro 1969, 948 = MDR 1969, 572 = NJW 1969, 929.
[4] OLG Hamm Rpfleger1992, 77.
[5] LG Hamburg AnwBl 1961, 23; Jaeckel/Güthe §§ 15–16 Rdn 5; Stöber, Forderungspfändung, Rdn 470; Stöber, ZVG-Handbuch, Rdn 416.

Einleitung 50.3 Zwangsvollstreckungsverfahren

doch noch eine Vollmacht vorgelegt werden, weil der Vollstreckungstitel ohne Vollmachtsnachweis erwirkt sein kann (ZPO § 703)[6].

50.4 Im übrigen ist die Bevollmächtigung durch eine **schriftliche** Vollmacht nachzuweisen und diese zu den Gerichtsakten abzugeben (ZPO § 80 Abs 1). Vorzulegen ist das Original der Vollmachtsurkunde; Telefaxe, Fotokopien oder andere Vervielfältigungen reichen nicht aus[7], desgleichen nicht die schriftliche Bestätigung eines Dritten über die Bevollmächtigung[8]. Die Vollmacht ermächtigt zu allen einschlägigen Prozeßhandlungen (ZPO § 81); zum Geldempfang nur mit einem ausdrücklichen Zusatz hierüber; nicht zum Bieten oder zur Abgabe von gebotsähnlichen Anträgen (zB § 85), hier nur in öffentlicher oder öffentlich beglaubigter Form. Das Gericht kann auch sonst auf Antrag des Gegners öffentliche Beglaubigung anordnen (ZPO § 80 Abs 2). Die schriftliche Vollmacht muß handschriftlich unterzeichnet sein (BGB § 126 Abs 1)[9]. Die Unterschrift muß ergeben, wer unterzeichnet hat, ob etwa bei einem Handelsunternehmen in Organ, ein Prokurist usw; eine faksimilierte Unterschrift genügt nicht[9]. Es muß genügen, wenn die Vollmacht in Urschrift dem Gericht vorgezeigt und dabei (weil sie sich vielleicht auch noch auf andere Geschäfte bezieht oder etwa eine Generalvollmacht ist) eine (gerichtlich oder vom Anwalt) beglaubigte Abschrift zu den Akten abgegeben wird. Die Vollmacht kann auch zu Protokoll des Gerichts erklärt werden, braucht dann nicht unterschrieben zu werden. Vielfach wird von großen Banken, Versicherungen usw auf eine bei den Generalakten des Gerichtsvorstands hinterlegte allgemeine Vollmacht Bezug genommen. Dies wird für zulässig erachtet[10], ist aber unpraktisch und hinsichtlich Gültigkeit und Umfang schwer, meist nur mit Zeitverlust nachzuprüfen. Jedenfalls ist die Vollmacht erst als nachgewiesen anzusehen, wenn die Nachprüfung durch einen Aktenvermerk bestätigt ist.

50.5 Zum Erlöschen der Vollmacht siehe § 3 Rdn 3.3.

50.6 Der Prozeßbevollmächtigte kann auch in der Zwangsvollstreckung **ohne Vorlage** einer Vollmacht einstweilen zugelassen werden (ZPO § 89), jedoch mit Vorsicht, wo es sich um entscheidende Verfahrensabschnitte handelt, also keinesfalls im Versteigerungs- und Verteilungstermin mit sofort zu entscheidenden Anträgen. Auch eine Vollstreckungsschutzentscheidung wird erst nach Vorlage der Vollmacht ergehen können.

50.7 Tritt ein **vollmachtloser Vertreter** auf und wird seine Vertretung auch nachträglich nicht genehmigt (bei sorgfältiger Beachtung aller Vorschriften kann das eigentlich in der Immobiliarvollstreckung nicht vorkommen), so sind die Kosten grundsätzlich dem aufzuerlegen, der den nutzlosen Verfahrensaufwand veranlaßt hat[11], die vom vollmachtlosen Vertreter veranlaßten Kosten somit diesem[12] wie insbesondere dann, wenn er den Mangel der Vollmacht gekannt hat[13]. Im Kopf einer Entscheidung ist der angeblich Vertretene als Partei zu nennen und der Vertreter mit dem Vermerk „als Prozeßbevollmächtigter aufgetreten"[14]; Rechtsmittel steht dem Vertreter zu[15] (anders[16]: Kosten der Partei aufzuerlegen, die sich

---

[6] Bank JurBüro 1980, 1620.
[7] BGH 126, 266 = MDR 1994, 938 = NJW 1994, 2298.
[8] OLG München OLGZ 1993, 223.
[9] OLG Köln Rpfleger 1970, 355.
[10] Zöller/Vollkommer, ZPO, § 80 Rdn 11.
[11] BGH 121, 397 = NJW 1993, 1865.
[12] BGH MDR 1983, 292 = NJW 1983, 883; OLG Frankfurt JurBüro 1980, 1389 = OLGZ 1980, 278 = Rpfleger 1980, 315; OLG Köln MDR 1982, 239 = OLGZ 1982, 187 = Rpfleger 1982, 98; Schneider Rpfleger 1976, 229 (II 1).
[13] BGH 121, 397 = aaO (Fußn 11).
[14] OLG Frankfurt Rpfleger 1980, 315 = aaO (Fußn 12); Schneider Rpfleger 1976, 229 (III 3).
[15] Schneider Rpfleger 1976, 229 (III 4).
[16] Renner MDR 1974, 353 (357).

Zwangsvollstreckungsverfahren 51.4 **Einleitung**

außerhalb des Verfahrens an den angeblichen Vertreter halten kann). Den Vertretenen als Partei treffen die Kosten, wenn er den Verfahrensaufwand veranlaßt hat wie dann, wenn der Vertreter auf Grund ihm erteilter, aber nicht wirksamer Vollmacht gehandelt hat[17] (weitergehend: wenn er einen Vertreter, der seine Vollmacht nicht nachweisen konnte, zu seinem Auftreten im Verfahren veranlaßt hat[18]).

50.8 Über herrenlose Grundstücke § 15 Rdn 22, über Bietvollmacht § 71 Rdn 6.3; über Vollmacht bei Teilungsversteigerung auf Gläubigerantrag § 180 Rdn 11.10

Währungsreform, Aufwertung, Lastenausgleich und ZVG-Verfahren 51

51.1 Die Vorschriften aus der Zeit der **Inflation** von 1923 mit ihrer Währungsumstellung vom 13. 10. 1923 (1 Billion Papiermark = 1 Rentenmark) und von 1924 (1 Rentenmark = 1 Reichsmark) samt anschließender Aufwertungsgesetzgebung haben ihre Bedeutung verloren, sie sind nur noch in seltenen Ausnahmefällen anwendbar, so etwa die damaligen Vorschriften über Hypotheken und Schiffshypotheken in ausländischer Währung, über die in Roggen und Weizen, Feingold, Goldmark, Warenwert eingetragenen Grundpfandrechte und Schiffshypotheken. Wer sie benötigt, möge die 9. Auflage hierüber nachlesen und die einschlägigen Text dort verwenden.

51.2 Durch die **Währungsreform** vom 21. 6. 1948 wurden im damaligen Bundesgebiet alle Geldbeträge und vorher begründeten Verbindlichkeiten (mit Ausnahmen) im Verhältnis 10 : 1 auf Deutsche Mark umgestellt. Das bezog sich auch auf Grundpfandrechte, bei denen (mit Ausnahmen) dem eingetragenen Gläubiger nur noch $^1/_{10}$ als Stammrecht verblieb, während $^9/_{10}$ zunächst als Umstellungsgrundschuld, später als Hypothekengewinnabgabe (= HGA) für Zwecke des Lastenausgleichs beansprucht wurden. Die **Hypothekengewinnabgabe**, vom **Lastenausgleichsgesetz** geschaffen, war öffentliche Last; sie mußte seit 1966 durch einen Grundbuchvermerk gesichert sein. Die Verwaltung oblag den landesrechtlich festgelegten Stellen (meist bestimmten Finanzämtern). Die Last stand ausnahmsweise an erster Stelle aller (sonst gleichberechtigten) öffentlichen Lasten aus § 10 Rangklasse 3. Das Rechtsgebiet bot vielerlei Besonderheiten und zahllose umstrittene Einzelfragen, die heute keine Rolle mehr spielen. Wer ausnahmsweise noch Vorgänge einschlägiger Art zu bearbeiten hat, kann das an Hand der 9. Auflage tun, in der sich auch die einschlägigen Texte finden und Rechtsprechung wie Schrifttum behandelt sind.

51.3 Die auf Grundstücken im **Beitrittsgebiet** (Einl Rdn 14) lastenden Altrechte (Reichsmarkhypotheken) wurden nicht abgewertet. Umgestellt auf Deutsche Mark wurden die auf Mark der (ehem) DDR lautenden Forderungen und Verbindlichkeiten mit Wirkung vom 1. Juli 1990 im Verhältnis 1:2 (Vertrag über die Schaffung einer Währungs-, Wirtschafts- und Sozialunion vom 18. Mai 1990, BGBl 1990 II 537 = GBl 1990 I 332, Art 10 Abs 5 und Anlage I Art 7 § 1 Abs 1, mit Ausnahmen ua für Renten und weitere wiederkehrende Zahlungen). Damit ist auch für Grundpfandrechte an Grundstücken im Beitrittsgebiet ein Umrechnungsbetrag von einer Deutschen Mark zu zwei Reichsmark oder Mark der DDR getreten.

51.4 Die Umrechnung einer **wertbeständigen Hypothek**, Grundschuld oder Rentenschuld, die vor dem 1. 1. 1976 (Inkrafttreten des Zivilgesetzbuchs der DDR) auf einem Grundstück im Beitrittsgebiet (Einl Rdn 14.1) bestellt wurde, mit einem festen Satz regelt GBBerG § 1. Die Umrechnung wertbeständiger Rechte, auch einer Reallast, die bereits auf Grund von Reichsvorschriften zu einem festen Satz auf Reichsmark umgestellt worden sind, bestimmt sich nach

---

[17] BGH 121, 397 = aaO (Fußn 11).
[18] OLG Frankfurt Rpfleger 1980, 315 = aaO (Fußn 12); OLG Hamm NJW-RR 1990, 767; OLG Köln Rpfleger 1970, 355; Schneider Rpfleger 1976, 229 (I 2).

Einleitung 51.4 Zwangsvollstreckungsverfahren

GBBerG § 2. Die Umrechnung der von reichsrechtlichen Umstellungsvorschriften mit einem festen Umrechnungswert nicht erfaßten wertbeständigen Rechte sieht GBBerG § 3 vor.

51.5 In steigendem Maße werden **Wertsicherungsklauseln** verwendet, indem zB Leistungen an die jeweilige Höhe bestimmter Beamtengehälter gebunden werden. Grundsätzlich sind solche Klauseln durch das Währungssystem vom 20. 6. 1948, § 3 verboten, können aber unter bestimmten Voraussetzungen von der Bundesbank genehmigt werden. Hierüber 9. Auflage und einige Stellen dieser Auflage.

IV. Schuldnerschutz nach ZPO § 765 a

ZPO § 765 a (1) Auf Antrag des Schuldners kann das Vollstreckungsgericht eine Maßnahme der Zwangsvollstreckung ganz oder teilweise aufheben, untersagen oder einstweilen einstellen, wenn die Maßnahme unter voller Würdigung des Schutzbedürfnisses des Gläubigers wegen ganz besonderer Umstände eine Härte bedeutet, die mit den guten Sitten nicht vereinbar ist. Betrifft die Maßnahme ein Tier, so hat das Vollstreckungsgericht bei der von ihm vorzunehmenden Abwägung die Verantwortung des Menschen für das Tier zu berücksichtigen.

(2) Eine Maßnahme zur Erwirkung der Herausgabe von Sachen kann der Gerichtsvollzieher bis zur Entscheidung des Vollstreckungsgerichts, jedoch nicht länger als eine Woche, aufschieben, wenn ihm die Voraussetzungen des Absatzes 1 glaubhaft gemacht werden und dem Schuldner die rechtzeitige Anrufung des Vollstreckungsgerichts nicht möglich war.

(3) Das Vollstreckungsgericht hebt seinen Beschluß auf Antrag auf oder ändert ihn, wenn dies mit Rücksicht auf eine Änderung der Sachlage geboten ist.

(4) Die Aufhebung von Vollstreckungsmaßregeln erfolgt in den Fällen der Absätze 1 und 3 erst nach Rechtskraft des Beschlusses.

Übersicht

Allgemeines zu ZPO § 765 a	52	Schutzverfahren nach Antragstellung, Entscheidung	58
Antragsberechtigung und Antrag	53	Sofortige Beschwerde; Rechtspflegererinnerung	59
Härte und Sittenwidrigkeit als Schutzvoraussetzungen	54		
Härtefälle im einzelnen	55	Verfahrenskosten	60
Maßregeln des Schuldnerschutzes	56	Verhältnis zu anderen Vorschriften	61
Schuldnerantrag	57		

Literatur: Anheiner, Zur Gewährung von Vollstreckungsschutz im Zwangsversteigerungsverfahren, insbesondere auf Grund des § 765 a ZPO, NJW 1956, 1668; Bloedhorn, Die neuerer Rechtsprechung zu §§ 765 a, 811 und 813 a ZPO, DGVZ 1976, 104; Böhle-Stamschräder, Neuregelung des Vollstreckungsrechts, NJW 1953, 1449; Drischler, Vollstreckungsschutz bei der Zwangsvollstreckung in das unbewegliche Vermögen unter besonderer Berücksichtigung der Härteklausel des § 765 a ZPO, Rpfleger 1956, 91; Fuchs-Wissemann, Zur eigenartigen Entstehungsgeschichte des § 765 a ZPO, DRiZ 1978, 110; Riedel, § 765 a ZPO und das Zwangsversteigerungsverfahren, NJW 1955, 1705; Stöber, Ist § 765 a ZPO bei der Zwangsversteigerung zur Aufhebung einer Gemeinschaft anwendbar?, Rpfleger 1960, 237; Teufel, § 765 a ZPO in der Teilungsversteigerung, Rpfleger 1976, 86.

52 Allgemeines zu ZPO § 765 a

52.1 Zweck der Vorschrift: ZPO § 765 a regelt Schuldnerschutz zur Milderung untragbarer, dem allgemeinen Rechtsgefühl widersprechender Härten, die das formstrenge Vollstreckungsrecht im Einzelfall mit sich bringt[1]. ZPO § 765 a ist **Generalklausel** des Vollstreckungsschutzes (Magna Charta des Vollstreckungs-

---
[1] Zöller/Stöber, ZPO, § 765 a Rdn 1.

70

Schuldnerschutz nach ZPO § 765 a 52.6 **Einleitung**

schutzes). Verwandt ist ZPO § 765 a mit BGB §§ 138, 157, 226, 242, 826, wo in Darstellung eines allgemeinen Rechtsgedankens überall das Verbot sittenwidrigen Handelns festgelegt ist. Hervorgegangen ist die Schutzbestimmung aus dem Vollstreckungsmißbrauchgesetz vom 13. 12. 1934 (RGBl 1934 I 1234) und aus der Schutzverordnung vom 4. 12. 1943 (RGBl 1943 I 666). Die Vorschrift ist ein vollstreckungsrechtlicher Rechtsgrundsatz des allgemeinen Rechtssatzes über die Unzulässigkeit von Rechtsmißbrauch und des Verbots sittenwidrigen Handelns.

52.2 Anwendungsbereich: Als allgemeine Schutzvorschrift des Vollstreckungsverfahrens findet ZPO § 765 a bei Zwangsvollstreckungen jeder Art Anwendung, auch bei Zwangsvollstreckung wegen Geldforderungen in das unbewegliche Vermögen (ZPO §§ 864–871). Anwendbar ist ZPO § 765 a insbesondere in der **Vollstreckungsversteigerung**[2].

52.3 Auch für die **Zwangsverwaltung** wird ZPO § 765 a allgemein als anwendbar angesehen[3], und zwar „als einzige aber sehr seltene Einstellungsmöglichkeit"[4] auf Antrag des Schuldners. Jedoch kennt das Zwangsverwaltungsverfahren an sich keine Einstellung (§ 146 Rdn 6). Wenn ausnahmsweise doch eingestellt werden soll, kann das nur in der Weise geschehen, daß das Verfahren als solches weiterläuft, der Zwangsverwalter im Amt bleibt und weiterhin die Nutzungen einzieht, aber angewiesen wird, an den von der Einstellung betroffenen Gläubiger nicht mehr auszuschütten, sondern für diesen zu hinterlegen (§ 146 Rdn 6.7). Für die Aufhebung oder Untersagung des Verfahrens ist ZPO § 765 a bei Zwangsverwaltung ohne Besonderheiten anwendbar. Über Anwendung von ZPO § 765 a für den Unterhalt des Schuldners in der Zwangsverwaltung Näheres bei § 149 Rdn 4.

52.4 In der **Konkursverwalterversteigerung** nach § 172 findet ZPO § 765 a keine Anwendung (so auch[5]). Der Gemeinschuldner (Grundstückseigentümer) hat keine Verfügungsgewalt über sein Vermögen. Diese steht dem Konkursverwalter zu (KO § 6), auf dessen Antrag die Versteigerung erfolgt. Der Gemeinschuldner ist im Verfahren nach § 172 nicht Beteiligter (§ 172 Rdn 3); er ist während des Konkurses nicht antragsberechtigt (§ 30 c Rdn 2.1), somit auch nicht nach § 765 a.

52.5 In der **Nachlaßversteigerung** nach § 175 findet ZPO § 765 a gleichfalls keine Anwendung (so auch[5]). Dieses Verfahren erfolgt auf Antrag des Erben (§ 175 Abs 1) oder eines an seiner Stelle Berechtigten. Daneben besteht eine Antragsberechtigung des Erben nach ZPO § 765 a daher nicht.

52.6 Bei Zwangsversteigerung zur Aufhebung einer Gemeinschaft (§§ 180–185) ist ZPO § 765 a als allgemeine Vorschrift des Vollstreckungsrechts anwendbar. Mit Zwangsversteigerung zur Aufhebung einer Gemeinschaft erfolgt Verwirklichung der schuldrechtlichen Auseinandersetzungsanspruchs eines Miteigentümers in Form rechtlichen Zwangs (Einl Rdn 3). Als Zwangsverfahren findet die Teilungsversteigerung gegen den Willen der Miteigentümer, die Antragsgegner sind, in einem als Teil des Zwangsvollstreckungsrechts geregelten Verfahren (ZPO § 869) statt; durchgeführt wird sie unter Anwendung der allgemeinen Bestimmungen des Vollstreckungsrechts. In diesem Verfahren hat der Antragsteller die Rechte des betreibenden Gläubigers, der Antragsgegner die Rechte des Schuldners aus der Vollstreckungsversteigerung (§ 180 Rdn 6.5). Entsprechende Anwendung der Vorschriften über die Vollstreckungsversteigerung (§ 180 Abs 1) und damit der allgemeinen Verfahrensvorschriften der Zivilprozeßordnung (ZPO § 869) gebietet auch in der Teilungsversteigerung auf Antrag Schutz vor sittenwidriger Härte des Zwangsverfahrens. Als allgemeine Schutzvorschrift des Voll-

---

[2] BVerfG 49, 220 (225, 227, 228) = MDR 1979, 286 = NJW 1979, 534 = Rpfleger 1979, 296; BGH 44, 138 = MDR 1965, 899 = NJW 1965, 2107 = Rpfleger 1965, 302.
[3] Jonas/Pohle, ZwVNotrecht, § 756 a Anm 2; Mohrbutter/Drischler Muster 29 Anm 7; Drischler Rpfleger 1956, 91; Pöschl NJW 1956, 372.
[4] Drischler JurBüro 1964, 471 (A I 8).
[5] Riedel NJW 1955, 1705 (II)

Einleitung 52.6   Schuldnerschutz nach ZPO § 765 a

streckungsrechts ist ZPO § 765 a nicht auf die Geldvollstreckung beschränkt. Für den Antragsgegner der Teilungsversteigerung gebietet „entsprechende Anwendung" der Vorschriften über die Vollstreckungsversteigerung gleichen Schutz gegen Maßnahmen des staatlichen Zwangs zur Durchsetzung des materiellen Anspruchs des Antragstellers. Es gibt keinen Grund, der es rechtfertigen könnte, etwa drohende Verschleuderung des Grundstücks bei zu geringem Gebot (bei krassem Mißverhältnis von Meistgebot und Grundstückswert) in der Vollstreckungsversteigerung nach der Generalklausel von ZPO § 765 a auszuschließen, bei hoheitlichem Handeln des Vollstreckungsgerichts in der Teilungsversteigerung aber als Verfahrensergebnis mit Erteilung des Zuschlags zu billigen. Als Maßnahme rechtlichen Zwangs ist die Teilungsversteigerung jedenfalls für die Anwendung von ZPO § 765 a der Vollstreckungsversteigerung gleich (deren Verfahrensvorschriften entsprechend angewendet werden), nicht aber einem freihändigen Verkauf. Die von ZPO § 765 a geforderte Interessenabwägung zwischen Gläubiger und Schuldner ist nicht auf ein Versteigerungsverfahren wegen einer Geldforderung beschränkt, sondern auch in der Teilungsversteigerung mit Würdigung der gegensätzlichen Interessen von Antragsteller und Antragsgegner ohne weiteres möglich und geboten. Der Rechtscharakter der Teilungsversteigerung als Zwangsverfahren, in dem sich der (als Gläubiger zu behandelnde) Antragsteller und der Antragsgegner (in der Verfahrensstellung des Schuldners) gegenüberstehen, gebietet mit entsprechender Anwendung (§ 180 Abs 1; ZPO § 869) geradezu auch Schutz des Antragsgegners nach der Generalklausel des Vollstreckungsschutzes. Daher ist mit[6] die (früher) vielfach vertretene Gegenmeinung abzulehnen, daß ZPO § 765 a in der Teilungsversteigerung nicht anwendbar sei (so[7]). Das Bundesverfassungsgericht[8] hat diese Frage nicht näher erörtert.

---

[6] OLG Braunschweig NJW 1961, 129 mit abl Anm Sebode; OLG Bremen Rpfleger 1979, 72; OLG Hamburg MDR 1954, 369; OLG Hamm NJW 1955, 149 mit Anm Schriftleit (überholt durch Fußn 7); OLG Karlsruhe OLGZ 1994, 107 (110) = Rpfleger 1993, 413 (414); OLG Karlsruhe (ZS Freiburg) NJW 1994, 223; OLG Köln MDR 1991, 452 = NJW-RR 1992, 1261 = Rpfleger 1992, 197; OLG München BayJMBl 1954, 273 = NJW 1955, 149 Leitsatz (überholt durch Fußn 7); OLG Nürnberg NJW 1954, 722; OLG Schleswig JurBüro 1964, 612 = SchlHA 1964, 263; LG Aschaffenburg MDR 1959, 135; LG Stuttgart Justiz 1961, 169 = Rpfleger 1961, 51; LG Stuttgart Justiz 1975, 74; LG Stuttgart Justiz 1975, 272 mit zust Anm Holch; LG Stuttgart MDR 1993, 83 = Rpfleger 1992, 491; Zöller/Stöber, ZPO, § 765 a Rdn 2; Leyserer MDR 1956, 644; Pöschl BWNotZ 1967, 129 (5); Stöber Rpfleger 1960, 237 sowie Rpfleger 1960, 254 (Anmerkung) und in Besprechung zu Steiner/Riedel, ZVG, 7. Aufl (Nachtrag), Rpfleger 1960, 423; Stöber JVBl 1963, 50 (VIII) ; Teufel Rpfleger 1976, 84 (V, IX).

[7] OLG Hamm Rpfleger 1960, 253 mit abl Anm Stöber; OLG Hamm JMBlNW 1963, 237 = Rpfleger 1964, 341 mit zust Anm Haegele = OLG Hamm JMBlNW 1972, 203 = KTS 1973, 143 = OLGZ 1972, 316; OLG Karlsruhe ZMR 1973, 89; OLG Koblenz NJW 1960, 828; OLG München NJW 1961, 787; OLG Oldenburg NdsRpfl 1954, 131 = NJW 1955, 150 = Rpfleger 1954, 377 mit zust Anm Mohrbutter; LG Berlin MDR 1959, 47; LG Berlin FamRZ 1987, 1067 = NJW-RR 1988, 253; LG Berlin Rpfleger 1993, 297; LG Bielefeld Rpfleger 1983, 168; LG Braunschweig NdsRpfl 1977, 106; LG Frankenthal Rpfleger 1985, 315; LG Hildesheim MDR 1971, 589; Baumbach/Lauterbach/Albers/Hartmann, ZPO, § 765 a Rdn 7; Dassler/Schiffhauer § 180 Rdn 72; Jaeckel/Güthe § 180 Rdn 1 (zum fr. Notrecht); Mohrbutter/Drischler Einleitung 1 C und Muster 29 Anm 5; MünchKomm/Arnold, ZPO, § 765 a Rdn 19; Stein/Jonas/Münzberg, ZPO, § 765 a Rdn 3; Bloedhorn DGVZ 1976, 104 (II); Drischler seit Rpfleger 1953, 549 ständig, so Rpfleger 1956, 91, JurBüro 1963, 241, RpflJahrbuch 1966, 325 (C b 9 I), Rpfleger 1967, 9 (9) und RpflJahrbuch 1971, 316 (IV B b 1); Mohrbutter Rpfleger 1954, 235, DRiZ 1977, 39 (II 3), Rpfleger 1954, 378 (Anmerkung) und NJW 1955, 124; Riedel NJW 1955, 1705 (II); Riggers JurBüro 1968, 583 (7 a) mit JurBüro 1971, 490 (2 c); Schneider MDR 1980, 817 (I 3); Sebode NJW 1961, 129 (Anmerkung).

[8] BVerfG 51, 150 (157) = KTS 1979, 275 = Rpfleger 1979, 296.

54.1 Einleitung

Antragsberechtigung und Antrag 53

53.1 Auf ZPO § 765 a kann sich **jeder Schuldner** berufen, gegen den sich eine Zwangsvollstreckung richtet, auch jede Personenhandelsgesellschaft (Offene Handelsgesellschaft, Kommanditgesellschaft), Partnerschaft sowie Europ wirtschaftliche Interessenvereinigung, und jede juristische Person (insbesondere Gesellschaft mbH, Aktiengesellschaft), ein Ausländer oder Staatenloser sowie der Konkursverwalter[1] (anders[2] sowie hier bis 12. Auflage, § 30 c Rdn 10.3). Der Konkursverwalter übt in Ansehung der Konkursmasse das Verwaltungs- und Verfügungsrecht aus (KO § 6 Abs 2); ihm gewährleistet ZPO § 765 a daher Schutz bei sittenwidriger Härte, die abgesonderte Befriedigung (KO §§ 4, 47) mit Zwangsversteigerung eines Massegrundstücks zum Nachteil der Konkursmasse als Haftungsobjekt zur gemeinschaftlichen Befriedigung der Konkursgläubiger (KO § 3) im Einzelfall mit sich bringt. Der Schuldner selbst kann während eines Konkursverfahrens keinen Einstellungsantrag stellen[3] weil ihm die prozessuale Handlungsfähigkeit fehlt und er daher Rechte eines Beteiligten nicht ausüben kann[4] (nicht richtig[5]: der Schuldner könne Antrag stellen, wenn vom Konkursverwalter kein Schutzantrag nach ZPO § 765 a gestellt wird).

53.2 Schutz nach ZPO § 765 a wird **nur auf Antrag** des Schuldners gewährt. Dem Schuldner ist damit die Entscheidung anheimgegeben, ob er von der Schutzvorschrift Gebrauch machen will; sieht er davon ab, so nimmt er das damit verbundene Risiko in Kauf[6]. Das Antragserfordernis ist mit dem Grundgesetz vereinbar[7]. Als Schutzbestimmung des Vollstreckungsverfahrensrechts untersteht ZPO § 765 a den Garantiefunktionen des Grundgesetzes (Einl Rdn 7). Effektiver Rechtsschutz und faire Verfahrensdurchführung müssen es dem Schuldner ermöglichen, die Zwangsversteigerung seines durch GrundG Art 14 geschützten Eigentums mit Einstellungsantrag nach ZPO § 765 a abzuwenden, insbesondere mithin gegenüber einer unverhältnismäßigen Verschleuderung seines Grundvermögens nach ZPO § 765 a um Rechtsschutz nachzusuchen. Dazu näher Einl Rdn 7, 8.

53.3 Ein am Grundstück **Berechtigter** (Gläubiger, § 10) kann nach ZPO § 765 a Zuschlagsversagung auch dann nicht beantragen, wenn er teilweise durch ein sittenwidriges Gebot nicht gedeckt ist. ZPO § 765 a ist Schutzvorschrift für den Schuldner; Gläubigerschutz gewährleisten § 74 Abs 1 und § 85, auch § 85 a; zur Umgehung dieser Bestimmungen ist ZPO § 765 a nicht benützbar (abzulehnen daher[8]).

Härte und Sittenwidrigkeit als Schutzvoraussetzungen 54

54.1 Eine **Härte** muß für eine Maßnahme nach ZPO § 765 a die Zwangsvollstreckung wegen **ganz besonderer Umstände** bedeuten, die **mit den guten Sitten nicht zu vereinbaren** ist. Wirtschaftliche oder soziale Gesichtspunkte und allgemeine Interessenabwägungen rechtfertigen die Beschränkung der Vollstreckung nicht. Bei Prüfung dessen, was als eine mit den guten Sitten nicht zu vereinbarende Härte anzusehen ist, müssen auch die Wertentscheidungen des Grundge-

---

[1] OLG Braunschweig NJW 1968, 164 = OLGZ 1968, 62; OLG Celle OLGZ 1973, 252; OLG Hamm KTS 1977, 50 mit Anm Schriftleit = NJW 1976, 1754 = OLGZ 1976, 489 = Rpfleger 1976, 146; OLG Karlsruhe Justiz 1968, 281; Stein/Jonas/Münzberg, ZPO, 765 a Rdn 19; Zöller/Stöber, ZPO, § 765 a Rdn 3.
[2] Mohrbutter KTS 1968, 59 (Anmerkung).
[3] LG Köln KTS 1968, 59 mit abl Anm Mohrbutter; AG Hannover Rpfleger 1987, 166.
[4] BVerfG 51, 405 = KTS 1980, 26 = MDR 1979, 907 = NJW 1979, 2510.
[5] OLG Celle ZIP 1981, 1005.
[6] OLG Celle ZIP 1981, 1005; Zöller/Stöber, ZPO, § 765 a Rdn 19.
[7] BVerfG 61, 126 = MDR 1983, 188 = NJW 1983, 559 = Rpfleger 1983, 80.
[8] Pöschl BWNotZ 1967, 129 (3).

Einleitung 54.1 Schuldnerschutz nach ZPO § 765 a

setzes und die dem Schuldner in der Zwangsvollstreckung gewährleisteten Grundrechte berücksichtigt werden[1].

54.2 Härten bringt jede Vollstreckung mit sich, diese muß der Schuldner in Kauf nehmen, damit muß er sich abfinden[2], Verluste muß er hinnehmen, wenn er eine fällige Schuld nicht bezahlen kann, sie liegen im Wesen der Zwangsvollstreckung, dürfen nur nicht so groß werden, daß die Vollstreckungsmaßnahme, insbesondere der Zuschlag, als sittenwidrig erscheint. Für Anwendung von ZPO § 765 a genügt auch erhebliche Härte nicht, nicht einmal (allein), daß der Schuldner seine Existenz verliert. Härten und Verluste lassen sich bei Zwangsversteigerung so wenig ausschließen wie sie bei freihändigem Verkauf vermeidbar sind, wenn sich der Eigentümer in einer Zwangslage befindet und nur durch Veräußerung des Grundstücks von drückenden Schulden befreien kann. Die Maßnahme des Gläubigers muß moralisch verwerflich sein.

54.3 Als **Ausnahmevorschrift**[3] ist ZPO § 765 a trotz des scheinbaren Ermessensspielraums eng auszulegen. Es ist ein strenger Maßstab anzulegen, es sind hohe Anforderungen an die Erfüllung der Voraussetzungen zu stellen Mit Recht sagt[4] „Das Gesetz will nur in besonders liegenden Ausnahmefällen, in denen das geschriebene Recht versagt, Lücken im Schuldnerschutz aus Billigkeitserwägungen . . . schließen". Die Vorschrift ist daher nur in Ausnahmefällen anzuwenden, nur mit großer Zurückhaltung, nur wenn die Gesetzesanwendung zu einem ganz untragbaren Ergebnis führen würde[5], nur wenn die dem Schuldner durch die Vollstreckung drohenden Nachteile schlechthin dem Rechtsgefühl aller billig und gerecht Denkenden widersprechen. Andere Schutzvorschriften dürfen nicht durch eine unkontrollierte Anwendung der ZPO § 765 a unterlaufen werden. Die Vollstreckung aus einem mit rechtsstaatlichen Garantien ausgestatteten Vollstreckungstitel muß aus ganz besonderen Gründen im Einzelfall zu Folgen für den Schuldner führen, die über die mit jeder Vollstreckung verbundene Härte so weit hinausgehen, daß sie als sittenwidrig nicht mehr in Kauf genommen werden können. Zu vermeiden ist unerträgliche Härte und sittenwidriges Pochen auf formalen Rechtszwang.

54.4 Sittenwidrige Härte bewirkt die Zwangsvollstreckung, wenn sie moralisch zu beanstanden wäre, auch wenn den Gläubiger selbst kein Vorwurf trifft, die Vollstreckung aber sittenwidriges Ergebnis hat[6]. Als sittenwidrig kann man bezeichnen Vollstreckungsmaßnahmen, die den Schuldner schädigen ohne dem Gläubiger den geringsten Nutzen zu bringen, die moralisch verwerflich sind, weil die Vollstreckung nur zu dem Zweck erfolgt, dem Schuldner Kosten zu verursachen[7], wenn ein Gläubiger offensichtlich böswillig gegen den Schuldner vorgeht, aber auch eine Maßnahme, die das Leben oder die Gesundheit des Schuldners (Suizidgefährdung) oder seiner Angehörigen unmittelbar gefährdet[8].

---

[1] BVerfG 52, 214 (219 f) = MDR 1980, 116 = NJW 1979, 2607 = Rpfleger 1979, 450.
[2] OLG Hamm NJW 1955, 149; OLG Karlsruhe BWNotZ 1968, 224; OLG Köln JurBüro 1996, 159 = NJW-RR 1995, 1472; LG Lüneburg MDR 1956, 237.
[3] BGH 44, 138 = MDR 1965, 899 = NJW 1965, 2107 = Rpfleger 1965, 302; OLG Frankfurt MDR 1981, 412 = OLGZ 1981, 250 = Rpfleger 1981, 117; LG Lüneburg MDR 1956, 237.
[4] Jonas/Pohle, ZwVNotrecht, § 765 a Anm 4 a.
[5] BGH 44, 138 = aaO (Fußn 3); OLG Frankfurt Rpfleger 1981, 117 = aaO (Fußn 3); OLG Karlsruhe BWNotZ 1967, 318 = RpflJahrbuch 1969, 265 Leitsatz; LG Köln KTS 1968, 59 mit abl Anm Mohrbutter.
[6] OLG Hamm NJW 1957, 68 = Rpfleger 1957, 313.
[7] LG Lüneburg MDR 1976, 1027.
[8] BVerfG 52, 214 = aaO (Fußn 1); BVerfG (Kammerbeschluß) Rpfleger 1994, 427; BVerfG (Kammerbeschluß) NJW 1994, 1719 = Rpfleger 1994 470; AG Hannover Rpfleger 1990, 174.

54.5 Die (sittenwidrige) Härte muß **den Schuldner selbst** treffen, nicht Dritte[9]. Die Auswirkungen der Zwangsvollstreckung auf einen nahen Angehörigen des Schuldners (zB Gefahr für Leben oder Gesundheit eines ernsthaft erkrankten betagten Elternteils) können aber auch für den Schuldner selbst (sittenwidrige) Härte begründen[10]. Härte kann auch zu bejahen sein, wenn sie der Schuldner selbst verschuldet hat; bei der Interessenabwägung (Einl Rdn 54.6) wird dies allerdings gegen ihn sprechen. Unbelehrbarkeit eines Schuldners ist kein Umstand, der für eine Härte spricht. Auf Verschulden des Gläubigers kommt es nicht an. ZPO § 765 a ist auch anwendbar, wenn der Gläubiger die außergewöhnliche Härte nicht erkennen konnte[11]. Interessen Dritter bleiben auf der Gläubiger- und auf der Schuldnerseite unberücksichtigt[12], desgleichen das Interesse des Meistbietenden, wenn der Zuschlag aus ZPO § 765 a versagt werden soll[13]. Es kann daher auch nicht angenommen werden (so aber[14]), das Interesse des Erstehers erfordere gewisse Grenzen für die Anwendung von ZPO § 765 a (anders[15]): auch Belange sonstiger Beteiligter, zB nachstehender Hypothekengläubiger, seien zu berücksichtigen). Nicht zu berücksichtigen sind auch angebliche Angebote weiterer Bietinteressenten.

54.6 Sittenwidrige Härte muß die Zwangsvollstreckung unter Würdigung des **Schutzbedürfnisses des Gläubigers** bedeuten. Die Verhältnisse müssen damit auch in Härtefällen klar und eindeutig zugunsten des Schuldners sprechen. ZPO § 765 a verlangt eine **Interessenabwägung** zwischen Schuldner und Gläubiger: es muß eine sittenwidrige Härte für den Schuldner abwendbar sein, das Schutzbedürfnis des Gläubigers aber voll gewürdigt werden. Im Vordergrund steht das Interesse des Gläubigers[16], vorausgesetzt, daß er formell ordnungsgemäß vollstreckt[17]. Es dürfen nicht einseitig die Interessen des Schuldners, seine Schwierigkeiten und sozialen Nöte beachtet werden, was sehr häufig aber geschieht. Gläubigerinteressen müssen nachhaltig gewürdigt werden. Allein die Erwägung, daß der Gläubiger bei einer vom Schuldner angebotenen Schuldentilgung letztlich besser fahre als bei Durchführung der Zwangsversteigerung, rechtfertigt jedoch nicht schon Annahme einer sittenwidrigen Härte für den Schuldner.[18] Nur bei krassem Mißverhältnis der für und gegen die Vollstreckung sprechenden Interessen kommt eine Einstellung in Frage[19]. Auf die sogenannte Schutzwürdigkeit des Schuldners kommt es hierbei nicht an[19]. Auch die wirtschaftlichen Verhältnisse des Schuldners sind nur bedingt unter dem Gesichtspunkt der guten Sitten zu untersuchen. Das Gericht darf von seinem nachprüfbaren Ermessen keinen unsachgemäßen Gebrauch machen. Die Voraussetzungen sind zB gegeben, wenn der Titel sehr jung ist, die Forderungen gering, der Gläubiger in geordneten wirtschaftlichen Verhältnissen ohne wesentliches Interesse an sofortiger Vollstreckung, weil schon durch Mobiliarvollstreckung gesichert, der Verlust des Schuldners aber unverhältnismäßig hoch wäre, weil er nur eine kleine Rente hat und im eigenen Haus mietfrei

---

[9] OLG München BayJMBl 1955, 76 = JurBüro 1955, 200 Leitsatz; OLG Schleswig DGVZ 1956, 106 = SchlHA 1956, 115.
[10] OLG Frankfurt NJW-RR 1994, 81; OLG Köln FamRZ 1994, 1046 = MDR 1994, 728 = NJW 1994, 1743 = Rpfleger 1994, 267; OLG Karlsruhe (ZS Freiburg) Rpfleger 1994, 223.
[11] Jonas/Pohle, ZwVnotrecht, § 765 a Anm 4 e.
[12] OLG München und OLG Schleswig aaO (Fußn 9); LG Wiesbaden MDR 1955, 620 mit Anm Schriftleitg.
[13] OLG Hamburg MDR 1954, 369; OLG Saarbrücken OLGZ 1966, 182.
[14] Leyrseder MDR 1956, 644.
[15] Jonas/Pohle, ZwVnotrecht, § 765 a Anm 4 d.
[16] Grund NJW 1956, 126.
[17] Jessen NJW 1956, 1059.
[18] OLG Köln JurBüro 1996, 159 = NJW-RR 1995, 1472.
[19] Jonas/Pohle, ZwVnotrecht, § 765a Anm 4 c und d.

Einleitung 54.6 Schuldnerschutz nach ZPO § 765 a

wohnt und wenn der Gläubiger die Einstellung nur deshalb nicht bewilligt, weil ihn der Schuldner beleidigt hat, wenn der Gläubiger also aus neben der Sache liegenden Gründen vollstreckt, die keinen Schutz verdienen. Für das **Schutzbedürfnis des Gläubigers** ist etwa zu beachten: daß er mit einem Titel grundsätzlich ein schutzwürdiges Vollstreckungsinteresse hat; wann und woraus seine Forderung entstanden ist, etwa als Schadensersatzanspruch aus unerlaubter Handlung des Schuldners; wie lange der Gläubiger mit Klage und Vollstreckung schon gewartet hat; ob der Schuldner Versprechungen nicht eingehalten hat, ob der Schuldner erfüllen könnte, aber nicht will; welches besondere Interesse des Gläubigers an der sofortigen Vollstreckung besteht; ob er etwa selbst dringend darauf angewiesen ist, weil er zB eine alte oder im Vertrauen auf die Erfüllung neu eingegangene Verpflichtung erledigen muß; ob der Schuldner alles ihm rechtlich und moralisch Zumutbare getan hat, um dem Gläubiger zu seinem Recht zu verhelfen (muß also alle Einnahmen ausnützen und darf sich nicht für andere Zwecke des Vermögens entäußern).

55 Härtefälle im einzelnen

55.1 Die **besondere Härte** kann sich aus der gewählten Vollstreckungsart oder der einzelnen Vollstreckungsmaßnahme ergeben[1], vielleicht auch aus der gewählten Vollstreckungszeit[2] (zB Todesfall in der Familie des Schuldners). Eine Härte liegt etwa vor, wenn die Gesundheit des Schuldners oder seiner Angehörigen gefährdet wird (Einl Rdn 54.4); es kann aber nicht einfach Krankheit des Schuldners genügen, desgleichen nicht schon die Gefahr psychogener Störungen[3], wohl aber fortgeschrittene Schwangerschaft oder hohes Alter. Eine wirtschaftlich offensichtlich zwecklose, in erster Linie in Schädigungsabsicht betriebene Vollstreckung (sehr schwer festzustellen), etwa an aussichtloser Rangstelle, stellt eine besondere Härte dar[4], wenn also die Vollstreckung eine reine Schikane ist, wenn die Forderung gegenüber dem Grundstückswert sehr gering ist. Im letzten Fall bestehen allerdings erhebliche Bedenken für die Anwendung von ZPO § 765 a, weil auch eine geringfügige Forderung, die der Schuldner umso leichter zahlen könnte, mit allen staatlichen Machtmitteln beigetrieben werden muß (sonst müßte sich der Staat weigern, einen Titel dafür zu geben). Anders ist es aber, wenn der Schuldner eine höhere Hauptsache schon getilgt und nur noch verhältnismäßig geringfügige Kosten zu zahlen hat und Leistung auch ernsthaft zu erwarten ist, oder wenn durch schon begonnene Raten eine nicht zu lange Abzahlungszeit gewährleistet ist oder wenn der Gläubiger eine Zahlung nur abgelehnt hat, weil er vom Schuldner beleidigt worden ist (siehe Rdn 54.6) oder wenn minderjährige Schuldner mit wertvollem Grundbesitz die nicht sehr hohe Forderung unter Aufsicht eines Vormunds von ihrem Arbeitsverdienst alsbald abtragen können. Der häufige Hinweis auf eine geplante Umschuldung genügt nicht; es müßte schon durch die weitere Vollstreckung eine eingeleitete und aussichtsreiche Schuldenabwicklung gestört und unmöglich gemacht werden, durch die sonst der Schuldner seinen Besitz erhalten und den Verlust großer Werte vermeiden kann, während die berechtigten Ansprüche der Gläubiger ohne unzumutbare Verzögerung zum Zuge kommen würden. Keine Härte dieser Art liegt vor, wenn der Gläubiger gegenüber dem Schuldner schon erhebliche Geduld bewiesen hat, nun aber auf Durchsetzung seiner Forderung besteht. Sittenwidrige Härte ist jedoch (regelmäßig) gegeben, wenn der Gläubiger sich weigert, bei Abwicklung und Auszahlung des zu seiner Befriedigung (Ablösung des Grundpfandrechts) auf Anderkonto eines Notars bereitge-

---

[1] LG Wiesbaden JurBüro 1955, 451 Leits = MDR 1955, 620; Zöller/Stöber, ZPO, § 765 a Rdn 9; Jonas/Pohle, ZwVNotrecht, § 765 a Anm 4 a.
[2] Zöller/Stöber, ZPO, § 765 a Rdn 9; Jonas/Pohle, ZwVNotrecht, § 765 a Anm 4 a.
[3] OLG Köln MDR 1988, 152 = OLGZ 1988, 253.
[4] LG Limburg DGVZ 1970, 186 mit zust Anm Schiffhauer.

55.2 Einleitung

stellten Betrages (in zumutbarer Weise) mitzuwirken[5]. Härte wurde verneint, wo verpachtete Grundstücke eines kranken, schon von Sozialhilfe lebenden Schuldners versteigert wurden und der Sozialhilfebedarf hierdurch stieg, ohne daß aber die Krankheit betroffen wurde[6]. Versteigerung eines Einlagegrundstücks während eines Flurbereinigungsverfahrens würde eine Härte bedeuten, wenn der Schuldner mit seinem Grundbesitz auch das auf dem Abfindungsgrundstück neu errichtete Gebäude ohne Gegenwert verliert[7] (und dem Schutzbedürfnis des Schuldners nicht schon mit Festlegung abweichender Versteigerungsbedingung Rechnung getragen werden kann; § 59 Rdn 5.7).

55.2 Umstritten ist, ob ein Verfahren sittenwidrig ist, wenn es der Gläubiger an **aussichtsloser Rangstelle** betreibt (nutzloses Verfahren), während die anderen stillhalten[8], wenn ein Gläubiger trotz völliger Aussichtslosigkeit (Grundstückswert 24 000 DM, geringstes Gebot 61 000 DM, altes nicht ausbaufähiges Haus, Gläubiger will nicht einsteigern, betreibt nur persönlich, hat nichts zu erwarten) auf Termin besteht. Doch gibt es manchmal auch in zunächst aussichtslos erscheinenden Verfahren ein Ergebnis (besserrangige Gläubiger fallen weg; Grundpfandrechte werden gelöscht; unerwartet hohe Gebote aus persönlichem Interesse, Gläubiger steigert selbst ein, um Verlust zu verringern), so daß man nicht mit Sicherheit voraus das Verfahren für aussichtslos bezeichnen kann (s auch Einl Rdn 48). Es wäre daher eine unzulässige Vorwegnahme des Versteigerungsergebnisses, wollte man das Verfahren aufheben, weil voraussichtlich der Gläubiger nicht zum Zuge komme, weil voraussichtlich ein Gebot nicht abgegeben werde, weil das Verhalten des Gläubigers darum nur Schikane sei[9] (etwas weitergehend[10]: die Vollstreckung eines persönlichen Gläubigers in ein in Bau befindliches Grundstück könne unter besonderen Umständen sittenwidrig sein). Wenn der Gläubiger dauernd nicht mit Befriedigung seines Anspruchs an völlig aussichtsloser Rangstelle rechnen kann, kann die Zwangsversteigerung nicht zur Verwertung des Grundstücks führen (hohes geringstes Gebot führt zur Erfolglosigkeit der Versteigerung, § 77), das Verfahren für den Schuldner somit keine mit den guten Sitten nicht zu vereinbarende Härte bringen (anders[11]: sittenwidrige Härte, wenn Befriedigung des Gläubigers aus dem Versteigerungserlös wegen hoher Vorbelastungen nicht einmal teilweise erwartet werden kann). Verfahrenskosten können nicht notwendig sein, somit den Gläubiger treffen (ZPO § 788 Abs 1). Eine sittenwidrige Härte mit Vollstreckung durch einen derzeit an aussichtsloser Rangstelle stehenden Gläubiger kann sich nicht aus der Art der Vollstreckungsmaßnahme, sondern allenfalls aus dem Zeitpunkt der Vollstreckung ergeben (dazu Einl Rdn 55.1). Verfahrensaufhebung (bewirkt Wegfall der Beschlagnahmewirkungen, ZPO § 765 a Abs 4) kann aber nach ZPO § 765 a nicht allein deshalb angeordnet werden, weil der Gläubiger derzeit mit seinem Anspruch an aussichtsloser Rangstelle vollstreckt. Schikane (mit Folgen aus ZPO § 765 a) kann es sein, wenn die Zeit oder die Art eines an sich durchsetzbaren Anspruch so gewählt ist, daß sie dem Gläubiger keinen Vorteil bringt, sondern nur dem Zweck dient, dem Schuldner Schaden zuzufügen, wenn also die Vollstreckung gerade zu dieser Zeit, gerade in dieser Art ein unangemessenes Mittel zur Erzielung eines an sich billigenswerten Zweckes ist.

---

[5] OLG Koblenz OLGZ 1985, 453 = Rpfleger 1985, 499 und 1986, 62 Leitsatz mit zust Anm Alisch.
[6] OLG Hamm Rpfleger 1970, 405.
[7] OLG Hamm Rpfleger 1987, 258.
[8] Schiffhauer Rpfleger 1978, 397 (IV 2); Jonas/Pohle, ZwVNotrecht, § 765 a Anm 4 b.
[9] OLG Köln MDR 1972, 877 = Rpfleger 1972, 378 und JurBüro 1996, 159 = NJW-RR 1995, 1472; LG Hannover MDR 1984, 764; LG Limburg Rpfleger 1977, 219; LG Lüneburg MDR 1976, 1027; LG Oldenburg Rpfleger 1982, 303.
[10] BGH BGHWarn 1972, 445 = KTS 1973, 70.
[11] OLG Düsseldorf Rpfleger 1989, 470.

Einleitung 55.3   Schuldnerschutz nach ZPO § 765 a

55.3 Bei der Zuschlagsentscheidung wird es als sittenwidrig behandelt, wenn **Verschleuderung** des Grundstücks droht, also bei krassen Mißverhältnis von Grundstückswert und Meistgebot[12], wobei noch eine zweite Voraussetzung erfüllt werden muß, daß nämlich konkrete Anhaltspunkte vorliegen, daß später das Ergebnis günstiger sein werde[13]. Wann ein krasses Mißverhältnis vorliegt, ist nach den Gesamtumständen des Einzelfalls zu beurteilen. Die Regelung in § 85 a hat die Grenze der Sittenwidrigkeit nicht etwa bei 50 vH des Verkehrswerts festgeschrieben[14]. Krasses Mißverhältnis wird gleichwohl zu bejahen sein, wenn das Meistgebot unter 50 % des Grundstückswerts liegt[15] oder knapp darüber (anders:[16] 50 % genügen noch nicht, auch:[17] im Regelfall Mißverhältnis nur bei Gebot unter 50 %, kann somit nur im 2. Termin praktisch werden); [18]bei 35 % Mißverhältnis; [19]bei 10 % Mißverhältnis; [20]Versteigerung zur Hälfte des Wertes ist keine unverhältnismäßige Verschleuderung; [21]ein Meistgebot von 62% des Wertes begründet (in der Regel) kein grobes Mißverhältnis; [22]ein Drittel des Verkehrswertes kommt einer Verschleuderung zumindest nahe; anschaulich hierzu insbesondere auch[23]. Die Überlegungen gelten nicht im ersten Termin nach § 85 a, wenn das Meistgebot unter 50 % des Wertes ist, weil dann immer der Zuschlag versagt werden muß, sind aber anzustellen bei über 50 % oder im zweiten Termin. Außerordentlicher Vollstreckungsschutz nach ZPO § 765 a kann auch zur Anwendung kommen, wenn bei einem Gebot von über 50 % im ersten Versteigerungstermin Versagung des Zuschlags nach § 85 a ausscheidet [24].

55.4 Verfahrensmängel begründen ZPO § 765 a, wenn der Gläubiger sie verursacht und dadurch Vorteile erzielt hat[25]. Das Schutzbedürfnis des Gläubigers steht auch nicht entgegen, wenn er nicht dringend auf alsbaldige Erfüllung angewiesen ist und die Befriedigung nur kurze Zeit hinausgeschoben wird. Der vom Schuldner beantragte Schutz kann durch Interessenabwägung sogar zum Vorteil des Gläubigers gereichen, indem etwa notarielles Kaufangebot höher ist als das unter dem Grundstückswert liegende Meistgebot (hier kann nicht der Gläubiger Versagungsantrag stellen; es ist auch nicht von Amts wegen einzugreifen).

55.5 Es ist **keine** sittenwidrige **Härte**, wenn ein Gläubiger von mehreren Vollstreckungsmöglichkeiten diejenige wählt, die ihm am meisten Erfolg verspricht. Allerdings kann es als Mißbrauch angesehen werden, wenn der dingliche Gläubiger nur Zinsen oder Annuitäten beitreiben will und hierzu die Versteigerung statt der

---

[12] OLG Düsseldorf Rpfleger 1989, 36 mit Anm Meyer-Stolte und (als Vorinstanz) LG Krefeld, Rpfleger 1988, 375; OLG Hamburg MDR 1954, 369; OLG Nürnberg NJW 1954, 722; LG Köln KTS 1968, 59 mit abl Anm Mohrbutter.
[13] OLG Celle KTS 1979, 320 = NdsRpfl 1979, 34 = Rpfleger 1979, 116; OLG Celle ZIP 1981, 1005; OLG Düsseldorf aaO (Fußn 12); OLG Frankfurt JurBüro 1976, 533 mit zust Anm Mümmler; OLG Frankfurt Rpfleger 1979, 391; OLG Hamm KTS 1977, 50 = NJW 1976, 1754 = OLGZ 1976, 489 = Rpfleger 1976, 146; OLG Koblenz JurBüro 1986, 1587; LG Köln KTS 1968, 59 mit abl Anm Mohrbutter.
[14] OLG Karlsruhe OLGZ 1994, 107 = Rpfleger 1993, 413.
[15] OLG Düsseldorf aaO (Fußn 12); OLG Frankfurt Rpfleger1976, 25; OLG Hamm aaO (Fußn 13) und JMBlNW 1952, 179 = MDR 1952, 754; OLG Hamburg und OLG Nürnberg je aaO (Fußn 12).
[16] OLG Hamm OLGZ 1971, 190.
[17] OLG Koblenz NJW-RR 1988, 690 (692) und JurBüro 1986, 1587.
[18] LG Stuttgart Justiz 1975, 272 mit Anm Holch.
[19] OLG Schleswig Rpfleger 1975, 372 mit zust Anm Schiffhauer = SchlHA 1975, 146.
[20] Arnold MDR 1979, 358 (III 8, Fußn 70).
[21] OLG Karlsruhe aaO (Fußn 14).
[22] LG Bielefeld Rpfleger 1983, 168.
[23] Schiffhauer Rpfleger1978, 397 (IV 3).
[24] Hornung Rpfleger1979, 365 (D VI 3).
[25] LG Kiel SchlHA 1970, 141.

Zwangsverwaltung wählt, ohne daß er die Hauptsache zu bekommen wünscht, nur um einen besonders starken Druck auf den Schuldner auszuüben, wenn er also für seine geringe Forderung ein Zwangsmittel wählt, das dafür seiner Natur nach nicht geschaffen ist. Das Recht des Gläubigers darf aber nicht durch eine zu weit aufgefaßte Generalklausel gefährdet werden. Zur Begründung der Härte genügt nicht, wie schon für die Sittenwidrigkeit dargelegt (Einl Rdn 55.7), der Titel sei falsch oder erschlichen, aber auch nicht, er sei durch ein Gegenrecht beseitigt[26]. Einwendungen gegen den Bestand des Anspruchs sind in dem Verfahren nach ZPO § 765 a ausgeschlossen[27]; sie müssen mit den dafür gegebenen Rechtsbehelfen geltend gemacht werden. Vollstreckung der ganzen Forderung nach Wegfall teilweisen Forderungserlasses mit Vergleich infolge nur geringfügigen Überschreitens des Zahlungstermins ist in der Regel noch keine treuwidrige Wahrnehmung einer formalen Rechtsposition im Übermaß[28] und daher auch keine sittenwidrige Härte. Die Versteigerung eines kleinen Hausgrundstücks auf Antrag eines unterhaltsberechtigten Angehörigen, der Sozialhilfe erhalten und deshalb beigetriebene Unterhaltsbeträge an den Sozialhilfeträger abzuführen hat, kann jedoch sittenwidrige Härte begründen. Wenn der Sozialhilfeträger den Übergang des Anspruchs gegen den unterhaltspflichtigen Schuldner nach Bundessozialhilfegesetz § 90 nicht bewirken darf, weil das Hausgrundstück dem Schuldner als Familienheim dient, kann sich der Schuldner auf den nach BSHG § 88 Abs 2 Nr 7 gewährten Vermögensschutz auch bei Vollstreckung durch den formal berechtigten, aber ablieferungspflichtigen Unterhaltsgläubiger mit Antrag nach ZPO § 765 a berufen[29].

55.6 Die Vollstreckung eines nur **vorläufig vollstreckbaren Titels** ist nicht sittenwidrig[30]. Dessen Vollstreckung ist das gesetzliche Recht des Gläubigers und der Sinn der vorläufigen Vollstreckbarkeit; wenn das Berufungsgericht von der Möglichkeit der einstweiligen Einstellung nicht Gebrauch macht, ist die Vollstreckung keine Härte, wenn nicht noch besondere Umstände vorliegen, um ZPO § 765 a anwenden zu können (siehe Einl Rdn 55.1). Ebenso liegt in der Vollstreckung von Gerichtskosten durch die Gerichtskasse nicht schon deshalb eine sittenwidrige Härte, weil der Schuldner gegen die seine Kostenschuld begründende Entscheidung ein Rechtsmittel eingelegt hat[31].

55.7 Keine Maßnahmen aus ZPO § 765 a auslösen kann es, wenn der Gläubiger aus einem erschlichenen oder unrichtigen oder fehlerhaften Titel vollstreckt, weil das Vollstreckungsgericht sich nicht mit der **materiellen Seite** befassen darf[32] (anders:[33]). Daher ist auch nicht zu berücksichtigen, daß der Gläubiger angeblich aus einem nichtigen Urteil in der Form einer ordnungsgemäßen vollstreckbaren Ausfertigung vollstrecke (anders:[34]) oder daß er in der Zwangsverwaltung schon befriedigt sei[35]. In all diesen Fällen ist Vollstreckungsgegenklage das gegebene Mittel, das Verfahren aus ZPO § 765 a dient nicht dazu, sachliche Einwendungen gegen die Forderung, sei es Bestand oder Höhe, nachzuprüfen. Wenn ein solcher Prozeß schwebt, kann nicht ein Vollstreckungsschutzverfahren aus ZPO § 765 a nach ZPO § 148 ausgesetzt werden, weil es die Aussetzung in ZVG-Verfahren nicht gibt. Würde sich das Vollstreckungsgericht mit der materiellen Seite befassen, würde die Rechtskraftwirkung der Titel illusorisch. Es er-

---

[26] LG Wiesbaden MDR 1955, 620.
[27] OLG Koblenz NJW 1957, 1197 Leitsatz; LG Wiesbaden aaO.
[28] BGH MDR 1980, 483 = NJW 1979, 1043.
[29] OLG Frankfurt OLGZ 1980, 472 = Rpfleger 1980, 440.
[30] OLG Koblenz NJW 1957, 1197 Leitsatz; LG Düsseldorf MDR 1959, 309.
[31] OLG Frankfurt MDR 1981, 412 = OLGZ 1981, 250 = Rpfleger1981, 117.
[32] OLG Hamburg MDR 1970, 426; Bloedhorn DGVZ 1976, 104 (II); Schiffhauer BlGrBW 1971, 63 (XI 2).
[33] LG Düsseldorf MDR 1959, 309.
[34] LG Köln WuM 1957, 77.
[35] OLG Bremen NJW 1968, 2249 Leitsatz = OLGZ 1969, 60.

Einleitung 55.7 Schuldnerschutz nach ZPO § 765 a

scheint auch unzulässig, bei erheblichen Bedenken, daß der Titel sittenwidrig erlangt sei, dem Schuldner durch Einstellung auf begrenzte Zeit Gelegenheit zum Prozeß zu geben und nur, wenn er die Frist nicht nützt, eine erneute Einstellung erst als Rechtsverweigerung abzulehnen. Der Schuldner hat während der langen Dauer des Versteigerungsverfahrens genügend Zeit zu prozessualem Vorgehen und zur Herbeiführung der Einstellung durch das Prozeßgericht nach ZPO § 769 Abs 1.

56 Maßregeln des Schuldnerschutzes

56.1 Das Vollstreckungsgericht kann eine Vollstreckungsmaßnahme **einstweilen einstellen,** aufheben oder schon vor ihrer Durchführung untersagen (ZPO § 765 a Abs 1). ZPO § 765 a sieht neben der Möglichkeit der zeitweiligen Einstellung sonach auch die – selbst auf Dauer wirkende – Untersagung der Zwangsvollstreckung vor[1]. Es sind dies Maßnahmen, die über § 30 a hinausgehen können. Eine Anordnung aus ZPO § 765 a kann sich nur auf einzelne, bestimmte Vollstreckungsmaßnahmen beziehen, nicht aber die Vollstreckung im ganzen ausschließen oder aufheben. Maßnahme der Zwangsvollstreckung, gegen die Schutz gewährt werden kann, ist auch bereits die Zwangsversteigerung oder -verwaltung eines (bestimmten) Objekts insgesamt als Vollstreckungsmaßnahme in unbewegliches Vermögen (ZPO § 866 Abs 1), nicht nur ein konkreter Verfahrensakt im Rahmen eines solchen Immobiliarvollstreckungsverfahrens (Zuschlag; Räumung; anders[2]); vielfach wird jedoch erst eine (anstehende) konkrete Vollstreckungshandlung mit Eingriff in den Lebensbereich des Schuldners sittenwidrige Härte begründen können (so zutreffend[2]). Kein Eingriff ist nach beendeter Vollstreckung möglich; sie kann nicht rückgängig gemacht werden; ZPO § 765 a kann jedenfalls nach Rechtskraft des Zuschlags nicht mehr angewendet werden, gerade noch durch Versagung des Zuschlags (dazu Einl Rdn 57.2).

56.2 Einstellung des Verfahrens ist der Regelfall, weil der Gläubiger durch eine Aufhebung seinen Rang verlieren würde. Erfolgen darf sie grundsätzlich nur auf bestimmte Zeit, nicht für alle Zukunft[3] (anders[4]: ohne Befristung; anders auch[5]: befristet oder unbefristet möglich). Aus der Erwägung, daß die Einstellung nach ZPO § 765 a nicht den Titel dauernd beseitigen darf, muß eine Befristung erfolgen; die Einstellung soll ja nur eine vorübergehende Hilfe für den Schuldner sein, sonst muß er eben Vollstreckungsgegenklage erheben. Die Frist ist hier nicht auf sechs Monate begrenzt; es bietet sich aber nach dem Aufbau des ZVG die Frist von sechs Monaten an. Für sie spricht, daß sich auch die Voraussetzungen des ZPO § 765 a in der Regel nur für eine gewisse Zeit im voraus übersehen lassen, weil sich die Verhältnisse ändern können. Es ist weniger empfehlenswert, sich auf die Ausnahme zu verlassen, daß das Gericht auf Antrag nach ZPO § 765 a Abs 3 den Beschluß wieder aufheben oder ändern können (so schlägt[6] vor), als vielmehr bei Fortdauer der sittenwidrigen Härte auf erneuten Antrag erneut einzustellen. Man kann ein ZVG-Verfahren mit seiner

---

[1] BVerfG 52, 214 (219) = MDR 1980, 116 = NJW 1979, 2607 = Rpfleger 1979, 450.

[2] OLG Köln FamRZ 1994, 1046 = MDR 1994, 728 = NJW 1994, 1743 = Rpfleger 1994, 267.

[3] KG Berlin JR 1951, 662; OLG Koblenz NJW 1957, 1197; LG Düsseldorf MDR 1961, 510; LG Frankenthal Rpfleger 1984, 68; LG Göttingen NdsRpfl 1953, 225; LG Münster MDR 1954, 297; AG Wuppertal MDR 1954, 619; Breithaupt NJW 1953, 1002; Grund NJW 1955, 1344.

[4] Bohn NJW 1955, 1709; vRichthofen NJW 1953, 1380.

[5] OLG Hamm MDR 1954, 742; OLG München BayJMBl 1954, 236 = NJW 1954, 1612; LG Braunschweig NdsRpfl 1953, 184; Bauknecht NJW 1954, 52; Grein NJW 1954, 419; Reinhold SchlHA 1954, 172.

[6] Bohn NJW 1955, 1709.

erheblichen Tragweite nicht unbefristet liegen lassen. Zur Vermeidung unzulässiger Grundrechtsbeeinträchtigungen des Schuldners kann aber auch die Vollstreckung aus einem rechtskräftigen Titel für einen längeren Zeitraum einzustellen sein[7].

56.3 Aufhebung des Verfahrens ist gegen und ohne Sicherheitsleistung zwar möglich, sollte aber nur erfolgen, wenn auf andere Weise der Zweck, eine sittenwidrige Härte zu vermeiden, nicht erreicht werden kann, somit nur im äußersten Fall, wenn Einstellung nicht genügt oder wo Einstellung nach der Art des Verfahrens nicht in Frage kommt, zB in der Zwangsverwaltung. Man darf äußerstens die Vollstreckung ganz aufheben, wenn damit dem Gläubiger noch nicht jede Möglichkeit genommen ist, seinen Anspruch zu verwirklichen[8].

56.4 Untersagung **(Ablehnung)** des Verfahrens kann schon vor dem Verfahren ebenfalls in der Weise erfolgen, daß eine bestimmte beantragte Maßnahme abgelehnt wird. Die völlige Ablehnung, ohne zeitliche Begrenzung, würde den in einem anderen Verfahren geschaffenen Titel außer Kraft setzen. Auch dieses Mittel sollte nur gewählt werden, wenn auf andere Weise der Zweck nicht erreicht werden kann, nur mit größter Zurückhaltung, wenn etwa der Anspruch in grobem Mißverhältnis zu dem abzuwendenden Schaden steht. Ebenso wird nur in besonders gelagerten Einzelfällen zur Vermeidung unzulässiger Grundrechtsbeeinträchtigungen des Schuldners die Vollstreckung aus einem rechtskräftigen Titel für einen längeren Zeitraum einzustellen sein[9, 10] hält die Ablehnung des Verfahrensantrags für unzulässig, weil der Schuldner nicht vorher gehört werden könne; nicht richtig.

56.5 Kein Eingriff darf erfolgen, wenn der Stillstand des Verfahrens keinem Beteiligten nützt, so in der Zwangsverwaltung, wo zwar der betroffene Gläubiger nichts aus der Masse erhält, der Schuldner aber weiterhin nicht die Verwaltung und Benutzung des Objekts hat und mit den Verwaltungskosten belastet bleibt (hierzu Einl Rdn 52.3). Die Maßnahmen des Gerichts sind mit oder ohne Zahlungsauflagen möglich. Sie können den vollstreckbaren Anspruch ganz oder zum Teil erfassen. Es sind auch vorläufige Anordnungen nach ZPO § 766 Abs 1, § 732 Abs 2 möglich[11] (Einl Rdn 58.7), aber nicht eine Verfahrensaussetzung nach ZPO § 148 (dazu Einl Rdn 27).

Schuldnerantrag

57.1 Eine Entscheidung nach ZPO § 765 a kann nur **auf Antrag des Schuldners** ergehen (ZPO § 765 a Abs 1; Einl Rdn 53). Der Antrag muß aber nicht ausdrücklich auf ZPO § 765 a gestützt, muß nicht ausdrücklich gestellt sein. Es genügt die Erkennbarkeit des Begehrens[1] aus dem Sachvortrag[2]. Das Gericht ist schon zur Prüfung und Entscheidung in dieser Hinsicht verpflichtet, wenn die tatsächlichen Behauptungen des Schuldners die Möglichkeit einer sittenwidrigen Vollstreckung ergeben, auch wenn er das Wort „Sittenwidrigkeit" gar nicht gebraucht und auch den § 765 a nicht nennt. Es genügt auch, wenn der Schuldner eine andere Einstellungsvorschrift nennt (zB § 30 a) und dabei Umstände anführt, die eine Vollstreckung als sittenwidrig erscheinen lassen[3]; es genügt also Einstel-

---

[7] BVerfG 52, 214 = aaO (Fußn 1).
[8] LG Düsseldorf MDR 1961, 510.
[9] BVerfG 52, 214 = aaO (Fußn 1).
[10] LG Limburg Rpfleger 1977, 219.
[11] OLG Celle MDR 1954, 426; Pohle MDR 1955, 210 (2).
[1] OLG Frankfurt Rpfleger 1979, 391.
[2] Jessen NJW 1956, 1059; Schneider MDR 1983, 546.
[3] BVerfG 49, 220 (II., Seit 225) mit abw Meinung Böhmer S 228 = MDR 1979, 286 = NJW 1979, 534 mit abw Meinung Böhmer = Rpfleger 1979, 296; OLG Köln JMBlNW 1990, 138 = NJW-RR 1990, 511.

Einleitung 57.1 Schuldnerschutz nach ZPO § 765 a

lungsantrag mit Tatsachenvortrag; es genügt, wenn der Vortrag des Schuldners darauf hinausläuft, daß die Versteigerung eine sittenwidrige Härte darstellt[4], einen äußersten Härtefall. Es genügt, wenn das Vorbringen des Schuldners klar erkennen läßt, daß er das Vorgehen des Gläubigers für unsittlich, unmoralisch oder für eine Schikane und daher für unzulässig hält[5]; es genügt sogar, wenn aus den Umständen zu entnehmen ist, daß jede gesetzliche Möglichkeit einer Einstellung beansprucht wird[6]. Doch enthält deswegen nicht jeder Antrag auf Einstellung nach § 30 a ohne weiteres zugleich auch einen Einstellungsantrag nach ZPO § 765 a[7]. Findet sich in einem allein auf § 30 a gestützten Antrag keine Bezugnahme auf ZPO § 765 a und sind keine Tatsachen vorgetragen, die ersichtlich über die Voraussetzungen des § 30 a hinausgehen, so enthält der Schuldnerantrag nicht zugleich auch einen Schutzantrag nach ZPO § 765 a[7].

57.2 Der Antrag aus ZPO § 765 a ist an keine **Frist** gebunden; zulässig ist er in jeder Lage des Versteigerungsverfahrens (für die Beschwerdeinstanz Einl Rdn 59). Schon vor Verfahrensbeginn kann Untersagung der (künftigen) Vollstreckungsmaßregel beantragt werden (Einl Rdn 56.4). Als Antrag auf Verfahrenseinstellung zur Abwendung der Grundstücksverschleuderung (Versagung des Zuschlags, § 33) kann der Schutzantrag nach ZPO § 765 a **nur bis zur Erteilung des Zuschlags** (Wirksamwerden mit Verkündung oder Zustellung durch das Beschwerdegericht, §§ 89, 104) gestellt werden[8], somit auch noch nach Schluß der Bietstunde[9] (§ 73 Abs 2) als Antrag auf Versagung des Zuschlags[10], insbesondere bei Verhandlung über den Zuschlag (§ 74), aber auch noch im Verkündungstermin (§ 87 Abs 1) vor Verkündung des Zuschlags, nicht mehr nach Verkündung des Zuschlags[11] (das Vollstreckungsgericht kann seine Zuschlagsentscheidung nicht mehr ändern; abzulehnen daher die Gegenmeinung[12], Antrag aus ZPO § 765 a sei noch bis zur Rechtskraft des Zuschlags möglich), und nicht erstmals mit Erinnerung/Beschwerde gegen den Zuschlag (Einl Rdn 59). Ein erst nach Rechtskraft des Zuschlags gestellter Antrag aus ZPO § 765 a ist auf jeden Fall unzulässig[13] (unbestritten). Rechtsstaatliche Verfahrengestaltung erfordert bei krassem Mißverhältnis zwischen Meistgebot und Grundstückswert (nicht aber bei einem Meistgebot über $7/10$ des Grundstückswerts), daß dem Schuldner mit Anberaumung eines Verkündungstermins (§ 87) Gelegenheit gegeben wird, Vollstreckungsschutz nach ZPO § 765 a in Anspruch zu nehmen (Einl Rdn 8.2). Antrag auf Schutz nach ZPO § 765 a kann auch **wiederholt** werden (anders[14]: kein Rechtsschutzbedürfnis). Eine rechtskräftig abgelehnte Einstellung aus ZPO § 765 a kann später dennoch erfolgen, wenn das mit Rücksicht auf eine Änderung der Sachlage beim neuen Antrag geboten ist[15], wohl auch dann, wenn nur die unveränderte Sachlage anders beurteilt wird, aber nur auf neuen Antrag, weil der erste durch Ablehnung erledigt

---

[4] KG Berlin MDR 1966, 61 = NJW 1965, 2408 = OLGZ 1965, 288.
[5] Grund NJW 1957, 428 (Anmerkung).
[6] OLG München BayJMBl 1954, 273 = NJW 1955, 149 Leitsatz mit Anm Schriftl.
[7] OLG Karlsruhe JurBüro 1995, 607 = Rpfleger 1995, 426.
[8] OLG Düsseldorf Rpfleger 1987, 514; OLG Hamm NJW 1955, 149; OLG Koblenz NJW 1956, 1683; OLG Nürnberg NJW 1954, 722; LG Frankenthal Rpfleger 1984, 194; Leyerseder MDR 1956, 644; Steiner/Storz § 30 a Rdn 79.
[9] OLG Nürnberg NJW 1954, 722.
[10] OLG Hamm NJW 1955, 149; LG Osnabrück Rpfleger 1955, 19 mit zust Anm Mohrbutter.
[11] OLG Celle NdsRpfl 1978, 56; OLG Düsseldorf Rpfleger 1987, 514; OLG Frankfurt Rpfleger 1975, 326 mit zust Anm Schiffhauer; OLG Hamm NJW 1955, 149.
[12] OLG Koblenz NJW 1956, 1683; LG Mannheim BWNotZ 1968, 129 Leitsatz; Böhmer zu BVerfG 49, 228 (240) = NJW 1979, 535; Riedel NJW 1955, 1705 (II).
[13] OLG Braunschweig NdsRpfl 1959, 204.
[14] Peters ZZP 90 (1977) 145 (V).
[15] Donau NJW 1954, 1315; Mohrbutter NJW 1955, 124.

ist (anders[16]: es müßten neue Tatsachen vorgetragen werden, die eine andere Beurteilung rechtfertigen; bezieht sich allerdings nicht auf ZPO § 765 a).

57.3 Zurückgenommen werden kann der Antrag bis zur Entscheidung, nach Erinnerung/Beschwerde auch bis zur Entscheidung über den Rechtsbehelf. Der Schuldner kann auch davon absehen, einen Vollstreckungsschutzantrag zu stellen. Ein Vorausverzicht auf Vollstreckungsschutz nach ZPO § 765 a vor Beginn der Zwangsvollstreckung oder vor Wirksamkeit einzelner Maßnahmen des Zwangsvollstreckungsverfahrens (wie vor Erteilung des Zuschlags) ist jedoch unzulässig[17], weil ZPO § 765 a nicht nur der Wahrung der Einzelinteressen des Schuldners dient, sondern als Schutzbestimmung des Vollstreckungsrechts auch öffentlichem Interesse Rechnung trägt (anders[18]: könne verzichten). Deshalb kann Berufung auf ZPO § 765 a auch nicht vertraglich ausgeschlossen werden.

57.4 Eine rein **vorsorgliche Prüfung** des Gerichts (ohne Antrag) ist nicht zulässig. Allerdings darf nicht übersehen werden, daß in einem Vollstreckungsschutzantrag aus § 30 a häufig auch ein Einstellungsantrag nach ZPO § 765 a mit enthalten ist (Einl Rdn 57.1) oder im Rahmen einer Vollstreckungserinnerung nach ZPO § 766 vorgebracht wird.

Schutzverfahren nach Antragstellung, Entscheidung 58

58.1 Zuständig für die Entscheidung über den Antrag des Schuldners ist als Vollstreckungsgericht das Amtsgericht, bei dem das Zwangsversteigerungsverfahren (Zwangsverwaltungsverfahren) anhängig ist (§§ 1, 2). Rechtsstaatliche Verfahrensgrundsätze gebieten rechtzeitige Entscheidung über den Schutzantrag des Schuldners nach ZPO § 765 a. Der entscheidungsreife Antrag darf nicht zurückgestellt und nicht erst bei Entscheidung über den Zuschlag abgelehnt werden (so[1] für einen Antrag nach § 30 a; siehe auch Einl Rdn 8.3).

58.2 Es gelten die allgemeinen **Verfahrengrundsätze** des ZPO-Verfahrens (dazu § 30 b Rdn 4). Der Schuldner hat daher durch Sachvortrag die Tatsachen geltend zu machen und im Streitfall zu beweisen, die wegen ganz besonderer Umstände sittenwidrige Härte der Zwangsvollstreckungsmaßnahme ausweisen. Der Gläubiger hat den Sachverhalt darzulegen und erforderlichenfalls zu beweisen, der Würdigung seines Schutzbedürfnisses ermöglicht und ausweist, daß die Schutzvoraussetzungen von ZPO § 765 a nicht vorliegen. Der **Gläubiger** muß zu dem Antrag **gehört** werden; er muß sich äußern können (zum rechtlichen Gehör Einl Rdn 46). Über den Antrag kann schriftlich entschieden oder mündliche Verhandlung angesetzt werden (ZPO § 764 Abs 3). Mündliche Verhandlung ist vielfach ratsam, weil sich durch Erörterung des Sachverhalts mit den Beteiligten die Einstellungsgründe oft leichter klären lassen (siehe auch § 30 b Rdn 4.4).

58.3 Entschieden wird durch **Beschluß**; er ist zu begründen (Einl Rdn 28). Zugestellt wird er an den Gläubiger, wenn dem Schuldnerantrag ganz oder teilweise stattgegeben wurde, an den Schuldner, wenn sein Antrag (auch nur teilweise) abgelehnt wurde (ZPO § 329 Abs 3); immer zugestellt wird bei Aufhebung und Einstellung (§ 32); sonst erfolgt nur (formlose) Mitteilung. Wenn nach Schluß der Bietstunde entschieden wird und ein wirksames Gebot abgegeben ist, kann über den Antrag nur durch Zuschlagsversagung (§ 33) oder Zuschlagserteilung entschie-

---

[16] AG Bonn MDR 1955, 681 Leits mit Anm Glaser.
[17] OLG Hamm MDR 1960, 312 = NJW 1960, 104; LG Mannheim Justiz 1961, 231 = MDR 1963, 226 Leitsatz; Stein/Jonas/Münzberg, ZPO, § 765 a Rdn 10; Zöller/Stöber, ZPO, § 765 a Rdn 25.
[18] LG Göttingen NdsRpfl 1958, 210 = ZMR 1958, 368 mit Anm Fischer; LG Mannheim WuM 1962, 94.
[1] BVerfG 49, 220 mit abw Meinung Böhmer S 228 = MDR 1979, 286 = NJW 1979, 534 mit abw Meinung Böhmer S 535 = Rpfleger 1979, 296.

Einleitung 58.3 Schuldnerschutz nach ZPO § 765 a

den werden (auch wenn der Antrag bei Verhandlung über den Zuschlag nicht mehr wiederholt worden ist[2]), nicht mehr durch eine selbständige Einstellungsentscheidung (anders[3]: Zuschlagsversagung nur, wenn dem Antrag entsprochen wird; Zurückweisung des unbegründeten Antrags kann zuvor selbständig erfolgen; der Antrag hat zu dieser Zeit aber nur noch Versagung des Zuschlags zum Ziel, so daß Zurückweisung den Versagungsgrund von § 83 Nr 6 verneint und nur noch Zuschlagsbeschwerde begründet [Einl Rdn 59.9] sowie im Beschwerdeverfahren Berücksichtigung von Amts wegen nach § 100 Abs 1 und 3 erfordert). Wird der Zuschlag erteilt, so ist die Einstellung abgelehnt; wird der Zuschlag versagt, so gilt das mit Rechtskraft des Beschlusses als Einstellung (§ 86). Wird der Antrag nach Schluß der Versteigerung (überflüssig) durch selbständigen Beschluß zurückgewiesen, ist vor Rechtskraft bei Entscheidung über den Zuschlag der Versagungsgrund von § 83 Nr 6 vom Vollstreckungsgericht (§ 79) und im Beschwerdeverfahren (§ 100 Abs 3) neu zu prüfen (so auch[3]).

58.4 War der Antrag auf ZPO § 765 a schon vor der Bietstunde gestellt und gesondert entschieden und wurde der Antrag bei der Verhandlung über den Zuschlag nicht (ausdrücklich) wiederholt, so hat sich das Vollstreckungsgericht **in der Zuschlagsentscheidung** nicht damit befassen, weil ja der Antrag schon entschieden war und ein neuer nicht gestellt wurde (anders[4]: läßt das nur für den abschließend, also wohl rechtskräftig entschiedenen Antrag gelten; anders auch[5]: verlangt zu Unrecht, daß der entschiedene Antrag ohne Wiederholung in der Zuschlagsentscheidung nochmals zu prüfen und zu entscheiden sei, dies verstößt gegen die Vorschrift, daß aus ZPO § 765 a nur auf ausdrücklichen Antrag entschieden werden darf; § 79, auf den sich das Gericht beruft, ersetzt den Antrag nicht).

58.5 Bei einer Einstellung aus ZPO § 765 a ist eine **Belehrung** des Gläubigers über die Fortsetzung des Verfahrens nicht vorgesehen. Aus dem allgemeinen Grundgedanken von § 31 Abs 3 wird man aber in ZVG-Verfahren auch hier eine Belehrung mindestens für empfehlenswert halten; es könnte die Beteiligten irreführen, wenn einmal eine Belehrung erfolgt, einmal nicht (dazu auch § 31 Rdn 2). Bei einer Einstellung aus ZPO § 765 a ist auch nicht vorgeschrieben, daß die **Fortsetzung** nach § 31 erfolgen müsse. Es wird vertreten, § 31 gelte hier nicht[6]. Man wird aber auch hier die allgemeinen Grundgedanken von § 31 anwenden müssen, weil ja § 31 allgemein von Einstellungen spricht (dazu § 31 Rdn 3).

58.6 Wenn das Gericht aus ZPO § 765 a Vollstreckungsmaßnahmen aufhebt, erfolgt die Aufhebung erst **nach Rechtskraft** des Beschlusses (ZPO § 765 a Abs 4). Der Grund liegt darin, daß mit der Aufhebung (Hinausgabe des Beschlusses oder Verkündung in mündlicher Verhandlung) sonst die Beschlagnahme entfallen würde und bei Wiederaufhebung des aufhebenden Beschlusses durch die nächste Instanz (oder durch den Richter der Instanz) nicht rückwirkend wiederhergestellt werden könnte (§ 15 Rdn 5.4). Es empfiehlt sich den Aufschub im Beschluß selbst zum Ausdruck zu bringen[7], etwa: „Die Aufhebung wird erst wirksam, wenn dieser Beschluß Rechtskraft erlangt hat", oder: „Dieser Beschluß wird erst mit Eintritt der Rechtskraft wirksam". Bis zur Rechtskraft kann nichts unternommen werden, was der Aufhebung entgegenstehen würde[8].

58.7 Der Antrag auf Schutz nach ZPO § 765 a hat **keine aufschiebende Wirkung**. Das Vollstreckungsgericht (Rechtspfleger) kann jedoch vor Entscheidung in

---

[2] OLG Saarbrücken OLGZ 1966, 182.
[3] OLG Karlsruhe Rpfleger1995, 471.
[4] Schneider MDR 1980, 617 (II 2).
[5] OLG Hamm Rpfleger 1960, 410.
[6] Drischler Rpfleger 1956, 91.
[7] Böhle-Stamschräder NJW 1953, 1449 (II 1); Schuler NJW 1961, 719 (4).
[8] Riedel JR 1953, 397.

Schuldnerschutz nach ZPO § 765 a   **59.1 Einleitung**

entsprechender Anwendung von ZPO § 766 Abs 1 Satz 2, § 732 Abs 2 eine **einstweilige Anordnung** erlassen, zB den Versteigerungstermin absetzen. Hierfür wird glaubhaftes Vorbringen des Schuldners verlangt, das Beurteilung der Erfolgsaussichten des Antrags ermöglicht. Aufhebung der Zwangsversteigerung (Zwangsverwaltung) kann mit einstweiliger Anordnung nicht angeordnet werden. Die einstweilige Anordnung wird mit der Entscheidung gegenstandslos. Beschwerde gegen eine einstweilige Anordnung des Richters wird nicht für zulässig erachtet; die des Rechtspflegers ist daher mit befristeter Erinnerung (RpflG § 11 Abs 1) anfechtbar. Wird vor Rechtskraft des ablehnenden Beschlusses die Vertagung des Versteigerungstermins verweigert, so ist das kein Grund zur Zuschlagsversagung[9]. Es ist auch keine Willkür, wenn der Versteigerungstermin vor Entscheidung der Beschwerde aus ZPO § 765 a durchgeführt wird. Es ist sogar zulässig, daß vor der Entscheidung über die Beschwerde aus ZPO § 765 a der Zuschlag erteilt wird (Einl Rdn 59.4).

58.8 Das Vollstreckungsgericht kann seine Entscheidung über Maßnahmen zu ZPO § 765 a wieder **aufheben oder ändern,** wenn dies mit Rücksicht auf eine Änderung der Sachlage geboten ist (ZPO § 765 a Abs 3), also entgegen ZPO §§ 793, 577 Abs 3, weil ja die Entscheidung aus ZPO § 765 a nur befristet anfechtbar und daher formeller Rechtskraft fähig ist. Die Aufhebung oder Änderung kann aber nur auf Antrag erfolgen (ZPO § 765 a Abs 3), nicht von Amts wegen und nur bei Änderung der Sachlage. Sie kann sich auf eine stattgebende wie auf eine ablehnende Erst-Entscheidung beziehen[10]. Dabei ist das Gericht an frühere Entscheidungen nicht gebunden[10]. Die Änderung oder Aufhebung sollte aber zurückhaltend erfolgen, damit ein rechtskräftiger Abschluß des Verfahrens möglich wird[10]. Dabei taucht die Frage auf, wer eine Entscheidung des Rechtsmittelgerichts in solcher Weise aufheben oder ändern kann. An sich kann das Vollstreckungsgericht keine Entscheidung des Rechtsmittelgerichts ändern, es ist an sie gebunden, außer wenn das Landgericht die Beschwerde zurückgewiesen oder das Oberlandesgericht das Landgericht aufgehoben und das Amtsgericht bestätigt hat. Diese Beschränkung wäre praktisch unbrauchbar, weil für den Vollstreckungsschutz grundsätzlich das Vollstreckungsgericht zuständig ist und die höheren Gerichte nur im Wege des Rechtsmittels statt des Amtsgerichts entschieden haben. Daher muß (wie im Verfahren der Einstweiligen Verfügung) das untere Gericht die Entscheidung des oberen ändern oder aufheben können[11] (anders:[12] will das untere Gericht an die Entscheidung des oberen binden, falls das Rechtsmittel nur nicht als unzulässig verworfen sei, die Oberentscheidung trete an die Stelle der unteren; will aber auch eine Änderung durch das Obergericht nicht mehr zulassen, weil dessen Tätigkeit mit der Entscheidung beendet sei: damit wäre § 765 a Abs 3 unanwendbar).

Sofortige Beschwerde; Rechtspflegererinnerung   59

59.1 Gegen den (selbständigen) Beschluß (Einl Rdn 58.3) findet **sofortige Beschwerde** statt (ZPO § 793 Abs 1), wenn der Rechtspfleger entschieden hat somit befristete Rechtspflegererinnerung (RpflG § 11 Abs 1). Weitere Beschwerde ist (als sofortige) bei neuem, selbständigem Beschwerdegrund zulässig (ZPO § 793 Abs 2, § 568 Abs 2)[1]. Ergeht eine Entscheidung sowohl nach

---

[9] LG Hamburg Rpfleger 1958, 94 mit zust Anm Bruhn.
[10] Riedel NJW 1955, 1705 (III).
[11] Donau NJW 1954, 1315; Drischler Rpfleger 1956, 91.
[12] Gäbelein JZ 1955, 260 (III).
[1] OLG München BayJMBl 1954, 273 = NJW 1955, 149 Leitsatz; OLG Neustadt MDR 1956, 750; OLG Nürnberg Rpfleger 1966, 149; OLG Oldenburg NdsRpfl 1954, 131 = NJW 1955, 150 = Rpfleger 1954, 377 mit zust Anm Mohrbutter; Schneider MDR 1983, 546.

Einleitung 59.1 Schuldnerschutz nach ZPO § 765 a

ZVG §§ 30 a–d, 180 Abs 2, 3 wie nach ZPO § 765 a, so ist nur der Entscheidungsteil zu ZPO § 765 a noch mit weiterer Beschwerde anfechtbar[2]; weitere Beschwerde aus den Einstellungsgründen des ZVG bleibt ausgeschlossen (§ 30 b Abs 3 Satz 2). Wird der Antrag auch auf weitere Beschwerde aus ZPO § 765 a abgelehnt, so ist Gegenvorstellung (§ 95 Rdn 2.6) nicht mehr zulässig, wenn inzwischen der Zuschlag erteilt ist[3]. Erfolgt die Entscheidung im Zuschlagsbeschluß (Einl Rdn 58.3), so ist dieser anzufechten. Rechtsmittel gegen den (selbständigen) Beschluß über den Antrag nach ZPO § 765 a kann nach Zuschlagsverkündung nicht mehr gesondert eingelegt werden (siehe auch Einl Rdn 59.4).

59.2 Wenn Beschwerde (auch weitere Beschwerde; entsprechendes gilt jeweils auch für die Rechtspflegererinnerung) gegen den (selbständigen) Beschluß über den Antrag nach ZPO § 765 a (somit nicht gegen die mit Erteilung oder Versagung des Zuschlags getroffene Entscheidung) erhoben ist, unterscheidet sich das **Verfahren** nicht von sonstigen Beschwerdeverfahren in Vollstreckungssachen. Das Beschwerdegericht prüft und entscheidet die Voraussetzungen des ZPO § 765 a und trifft die Anordnungen hieraus, wenn das untere Gericht zu Unrecht sie abgelehnt hat, oder hebt sie auf, wenn das untere Gericht sie zu Unrecht angeordnet hat. Das Beschwerdegericht kann also in diesem Fall selbst die **Einstellung** gewähren und muß **nicht** dazu an das Vorgericht zur Anordnung der Einstellung **zurückverweisen**[4], falls seine eigene Entscheidung ohne weitere tatsächliche Erhebungen möglich ist. Auch das Beschwerdegericht ist in solchen Fällen als Vollstreckungsgericht tätig. Das Beschwerdegericht kann aber auch, wenn es die Beschwerde für begründet hält, zur Sachentscheidung an das Amtsgericht zurückverweisen und ihm die erforderlichen Anordnungen übertragen (ZPO § 575), wobei dieses an die Rechtsauffassung des Obergerichts gebunden ist. Die Entscheidung des Amtsgerichts ist dann wieder normal anfechtbar. Diese Zurückverweisung soll nur erfolgen, wo etwa umfangreiche Ermittlungen nötig sind.

59.3 Bei diesem gesonderten Vollstreckungsschutzverfahren muß der Antrag aus ZPO § 765 a (samt Sachvortrag dazu) nicht schon vor dem Vollstreckungsgericht gestellt gewesen sein. Es kann etwa bisher ein Schutzantrag nur auf § 30 a gestützt gewesen sein und erstmals in der Beschwerde auch ZPO § 765 a erwähnt werden. **In der Beschwerde** dieses Vollstreckungsschutzverfahrens ist jedes **neue Vorbringen zulässig** (ZPO § 570). Der Schutz aus ZPO § 765 a kann in jeder Verfahrenslage beansprucht werden (Einl Rdn 57.2), also auch erstmals vor dem Beschwerdegericht[5] (Prüfung erstmals durch das Beschwerdegericht ohne Antrag gibt aber einen neuen selbständigen Beschwerdegrund[6]. Es wird ja nicht eine Rechtsverletzung des Amtsgerichts festgestellt (wie bei der Zuschlagsbeschwerde), sondern geprüft, ob im jetzigen Augenblick der Entscheidung eine Schutzmaßnahme laut Antrag möglich ist. Das Beschwerdegericht (dann als Vollstreckungsgericht tätig) darf selbst entscheiden (ZPO § 575) und muß nicht (es kann aber) zurückverweisen; ZPO § 764 (Vollstreckungsgericht ist Amtsgericht) schließt das nicht aus. Der Gläubiger verliert auch keine Instanz hierdurch (zum Schuldner § 95 Rdn 6.4); wird er durch die Beschwerdeentscheidung erstmals beschwert, hat er weitere Beschwerde (gegen das Amtsgericht hätte er auch nur eine und keine andere gehabt). Auch in ZPO § 263 über die Klageänderung liegt kein Hindernis, weil immer noch derselbe Antrag gestellt wird, nur gestützt auf andere Vorschrif-

---

[2] OLG München aaO; Schneider MDR 1983, 546.
[3] OLG Braunschweig OLGZ 1965, 313.
[4] KG Berlin MDR 1966, 61 = NJW 1965, 2408 = OLGZ 1965, 288; Jessen NJW 1956, 1059 (2); Riedel NJW 1955, 1705 (II).
[5] OLG Stuttgart OLGZ 1975, 368.
[6] OLG Karlsruhe JurBüro 1995, 607 = Rpfleger 1995, 426.

Schuldnerschutz nach ZPO § 765 a 59.6 **Einleitung**

ten. In diesem Sinne[7]; anders: das Beschwerdegericht müsse den Antrag an das Vollstreckungsgericht verweisen, sein Beschwerdeverfahren inzwischen aussetzen oder durch Zwischenentscheidung einstellen, es müsse immer erst das Vollstreckungsgericht über ZPO § 765 a ausdrücklich entscheiden, bevor das Beschwerdegericht entscheiden dürfe, oder der Antrag sei in der Beschwerde gar nicht mehr zulässig[8].

59.4 Ist eine Erinnerung/Beschwerde gegen die Ablehnung eines Antrags aus ZPO § 765 a noch nicht entschieden, so darf doch das Vollstreckungsgericht den **Zuschlag erteilen**[9]. Die Zuschlagsentscheidung muß also nicht bis zur Erledigung des genannten Verfahrens ausgesetzt werden[10]. Wenn gegen den Zuschlag Rechtspflegererinnerung/Beschwerde eingelegt wird, darf auch nicht auf Grund eines Antrags aus ZPO § 765 a das Rechtsmittelverfahren ausgesetzt werden; in der Vollstreckung gibt es keine Aussetzung (Einl Rdn 27) (anders:[11] die Aussetzung sei im vorliegenden Fall nur bei verspätetem, ersichtlich unbegründetem oder rechtsmißbräuchlichem Antrag abzulehnen). Neben dem Zuschlagsrechtsmittelverfahren gibt es nicht noch ein besonderes Verfahren aus ZPO § 765 a[12]; das Beschwerdegericht darf nicht insoweit an das Amtsgericht zurückverwiesen, sondern muß in seinem Verfahren gemäß § 83 Nr 6 entscheiden[12]; gegen eine unzulässige Entscheidung des Beschwerdegerichts im eben genannten Sinne wäre Vollstreckungserinnerung aus ZPO § 766 zulässig[12].

59.5 Die Beschwerde (Erinnerung) des Gläubigers und Bieters gegen die **Versagung des Zuschlags** (§ 97) kann nach § 100 mit § 83 Nr 6 auch darauf gestützt werden, daß einem Schutzantrag des Schuldners nach ZPO § 765 a zu Unrecht stattgegeben wurde. Die Versagung kann bestätigt oder der Zuschlag erteilt werden (keine Rückverweisung). Beschwerde des Bieters ermöglicht Berücksichtigung seiner Interessen jedoch nicht (Einl Rdn 54.5), kann somit nicht Prüfung der sittenwidrigen Härte durch das Beschwerdegericht ermöglichen, sondern nur bei Verfahrensverstoß (so bei Versagung des Zuschlags ohne Schuldnerantrag) Erfolg haben[13]. Der Meistbietende kann eine Zuschlagsversagung daher aus ZPO § 765 a insoweit nicht mit Erfolg anfechten, als es sich um die Abwägung der Gläubiger/Schuldner-Interessen handelt[13], sondern nur insoweit, als die formalen Voraussetzungen zu prüfen sind (ob Antrag rechtzeitig gestellt, ob Antragsrecht besteht, welche Tatsachen zugrunde gelegt wurden[13]).

59.6 Wenn sich **nach Versagung des Zuschlags** aus anderen Gründen (§ 83 Nr 1–5 und 7) eine Beschwerde des Gläubigers oder Bieters als begründet erweist, ist vom Beschwerdegericht auch der bereits vor Erteilung des Zuschlags gestellte Schuldnerantrag nach ZPO § 765 a zu prüfen. Ist ihm mit Schutz gegen sittenwidrige Grundstücksversteigerung stattzugeben, dann ist der Antrag vom Beschwerdegericht als Versagungsgrund zu berücksichtigen (§ 83 Nr 6 mit § 100 Abs 3).

---

[7] OLG Hamburg MDR 1958, 432; OLG Hamm JR 1955, 64; OLG Koblenz MDR 1955, 749; OLG Köln JMBlNW 1959, 181 = ZZP 1960, 303; OLG München MDR 1959, 930; OLG Stuttgart NJW 1954, 515 und OLGZ 1968, 446.
[8] OLG Braunschweig NdsRpfl 1959, 204; KG Berlin MDR 1960, 1018 = NJW 1957, 428 mit abl Anm Grund; KG Berlin MDR 1960, 1018; OLG Hamm NJW 1958, 834 = Rpfleger 1958, 122 mit zust Anm Bruhn; OLG Nürnberg Rpfleger 1966, 149; LG Berlin erwähnt bei Grund NJW 1956, 126 (II); LG Berlin DGVZ 1962, 62; LG Darmstadt MDR 1959, 309; Grund NJW 1956, 126 (II) und NJW 1957, 428 (Anmerkung).
[9] BGH 44, 138 = MDR 1965, 899 = NJW 1965, 2107 = Rpfleger 1965, 302; Jansen DNotZ 1960, 221; Lorenz MDR 1961, 371; Mohrbutter MDR 1955, 711 (712); Schneider MDR 1980, 617 (II 2); Stöber Rpfleger 1969, 221 (V).
[10] BGH 44, 138 = aaO (Fußn 9); Mohrbutter KTS 1968, 59 (Anmerkung).
[11] OLG Düsseldorf JMBlNW 1962, 127.
[12] OLG Hamm KTS 1970, 228 mit zust Anm Mohrbutter = OLGZ 1970, 189.
[13] OLG Hamm KTS 1977, 50 = NJW 1976, 1754 = OLGZ 1976, 489 = Rpfleger 1976, 146.

87

Einleitung 59.7　　　　　　　　　　　Schuldnerschutz nach ZPO § 765 a

59.7 Der Schuldner kann **nach Versagung des Zuschlags** Einstellungsantrag auch noch stellen, wenn der Gläubiger (oder Bieter) Beschwerde erhoben hat[14]. Beansprucht er **erstmals vor dem Beschwerdegericht** Schutz nach ZPO § 765 a, dann hat das Beschwerdegericht über den Antrag selbst zu entscheiden (§ 101 Abs 1). Wenn die Beschwerde begründet ist, ist Rückverweisung an das Vollstreckungsgericht nicht zulässig (§ 101 Abs 1 als Ausnahme von ZPO § 575).

59.8 Beschwerde (Rechtspflegererinnerung) **des Schuldners** gegen den Zuschlag kann nach § 100 Abs 1 mit § 83 Nr 6 darauf gestützt werden, daß die „Zwangsversteigerung... aus einem sonstigen Grund unzulässig" ist. Diese Vorschrift hat das Vollstreckungsgericht dann verletzt, wenn es einen im Zeitpunkt seiner Zuschlagsentscheidung vorliegenden Antrag aus ZPO § 765 a zu Unrecht abgelehnt oder nicht entschieden hat (bzw umgekehrt, wenn es ihm zu Unrecht durch Zuschlagsversagung stattgegeben hat). Wenn kein solcher Antrag ihm vorlag (kein unerledigter), durfte es in dieser Richtung nicht entscheiden (keine Entscheidung von Amts wegen). Die Anwendung der Generalklausel des ZPO § 765 a ist somit für Erteilung/Versagung des Zuschlags zeitlich begrenzt in der ersten Instanz durch § 33, in der Beschwerdeinstanz durch § 100 (mit § 83 Nr 6).

59.9 Der **Schuldner** kann mit **Beschwerde gegen den Zuschlag**, mit dem zugleich ein bereits beim Vollstreckungsgericht gestellter Antrag aus ZPO § 765 a mit entsprechendem Sachvortrag abgelehnt wurde (Einl Rdn 58.3), seinen Schutzantrag nach ZPO § 765 a weiter verfolgen (§ 100 mit § 83 Nr 6). Wenn die Beschwerde begründet ist, hat das Beschwerdegericht unter Aufhebung des Zuschlags die Maßnahme nach ZPO § 765 a selbst anzuordnen (keine Rückverweisung an das Vollstreckungsgericht, § 101 Abs 1 als Ausnahme von ZPO § 575).

59.10 a) Nach **Erteilung des Zuschlags** kann der Schuldner Schutzantrag nach ZPO § 765 a **nicht mehr** (neu) **stellen** (Einl Rdn 57.2), somit auch nicht erstmals mit Erinnerung/Beschwerde gegen den Zuschlag[15]. Die Zuschlagsbeschwerde kann daher auch nicht auf solche neue Tatsachen gestützt werden, welche die Einstellung des Versteigerungsverfahrens nach ZPO § 765 a rechtfertigen könnten[16]. Ausgeschlossen ist damit auch die Berücksichtigung erst mit Zuschlagsbeschwerde geltend gemachter neuer Tatsachen zur (weiteren) Begründung eines bereits früher gestellten Antrags. Stellt der Schuldner gleichwohl nach Erteilung des Zuschlags zur Begründung seiner Beschwerde neu Antrag nach ZPO § 765 a, so muß das Beschwerdegericht auch über diesen Beschwerdegrund (auf den die Beschwerde nicht mehr gestützt werden kann) selbst entscheiden (§ 100 mit § 83 Nr 6); es darf die Sache nicht an das Versteigerungsgericht zurückverweisen[17].

b) Vertreten wird daher zu Unrecht, der Antrag aus ZPO § 765 a könne auch noch nach Erteilung des Zuschlags bis zu dessen Rechtskraft gestellt werden, wobei unterschiedliche Vorschläge gemacht werden (Entscheidung durch das Beschwerdegericht selbst, Einstellung bzw Aussetzung des Beschwerdeverfahrens

---

[14] OLG Schleswig JurBüro 1975, 1508 = Rpfleger 1975, 372 mit zust Anm Schiffhauer = SchlHA 1975, 146.
[15] OLG Bamberg NJW 1956, 429 mit abl Anm Riedel; OLG Celle NdsRpfl 1978, 56 und KTS 1979, 320 = Rpfleger 1979, 116; OLG Düsseldorf Rpfleger 1987, 514; OLG Frankfurt Rpfleger 1975, 326 mit zust Anm Schiffhauer und Rpfleger 1979, 391; OLG Hamm JMBlNW 1952, 179 = MDR 1952, 754 und NJW 1955, 149; OLG Köln JMBlNW 1988, 31 = MDR 1988, 152 = OLGZ 1988, 253; OLG Schleswig aaO (Fußn 14); OLG Stuttgart OLGZ 1975, 368; LG Frankenthal Rpfleger 1984, 194; LG Koblenz NJW 1957, 427; LG Mannheim BWNotZ 1968, 29 Leitsatz; LG München I BB 1955, 368; LG Osnabrück NJW 1959, 682 mit Anm Mohrbutter; LG Stuttgart BWNotZ 1973, 44.
[16] BGH 44, 138 = aaO (Fußn 9); OLG Hamm NJW 1955, 149 und NJW 1976, 1754 = aaO (Fußn 13); OLG Köln MDR 1988, 152 = aaO (Fußn 15); OLG Koblenz NJW 1956, 1683.
[17] OLG Düsseldorf Rpfleger 1987, 514.

zwecks Verweisung des Antrags an das Vollstreckungsgericht oder zur Ermöglichung eines neuen Antrags beim Vollstreckungsgericht). Dabei meinen die einen, die maßgebenden Tatsachen dürften nicht nach der Zuschlagserteilung liegen, weil neue nicht berücksichtigt werden dürften, indem ZPO § 570 (zulässig neues Vorbringen in der Beschwerde) durch § 100 für den Zuschlag ausgeschlossen sei[18]; andere meinen, § 100 enthalte nur eine sachliche Beschränkung der Beschwerdegründe, keine zeitliche[19] und schließe nicht ZPO § 570 aus (Gegenteil ist durch[20] entschieden, daß ZPO § 765 a nicht erstmals in der Zuschlagsbeschwerde beantragt werden könne); andere meinen, der Beschwerdeführer dürfe nicht in der Lage gewesen sein, die maßgebenden Tatsachen vor der Zuschlagserteilung geltend zu machen[21]; wieder andere meinen, neue Anträge und Tatsachen seien bis zur Rechtskraft des Zuschlags zulässig (wobei in der Regel vorgeschlagen wird, das Verfahren des Beschwerdegerichts einzustellen oder auszusetzen und den Einstellungsantrag an das Vollstreckungsgericht zu verweisen oder dort einen neuen Antrag stellen und entscheiden zu lassen, oder auch gesagt wird, der Antrag könne nach dem Zuschlag nur noch beim Vollstreckungsgericht gestellt werden, es sei nur vorsorglich gleichzeitig Zuschlagsanfechtung nötig)[22]. Vermittelnd meint[23], der Antrag könne dann nicht nach Zuschlagsverkündung gestellt werden, wenn er mit einer eigens zu diesem Zweck eingebrachten Zuschlagsbeschwerde eingebracht sei.

c) Wer nach Erteilung des Zuschlags (§ 74) bis zu dessen Rechtskraft noch Anträge aus ZPO § 765 a zulassen will, beachtet nicht, daß nach Schluß der Versteigerung über einen Einstellungsgrund, auch nach ZPO § 765 a, **nur durch Erteilung oder Versagung des Zuschlags** entschieden werden darf (§ 33) und folgerichtig nur entschieden werden kann, wenn die Entscheidung noch nicht verkündet ist und wenn der Antrag vorher gestellt ist. Anträge nach der Zuschlagsverkündung (gleich ob an das Vollstreckungsgericht oder ob an das Beschwerdegericht gerichtet) sind unzulässig: das Vollstreckungsgericht/Rechtspfleger darf seine Entscheidung nicht ändern (ZPO § 577 Abs 3, RpflG § 11 Abs 2 Satz 1); das Beschwerdegericht/der Erinnerungsrichter kann darüber nicht entscheiden, weil neue Tatsachen und neue Anträge beim Zuschlag durch § 100 ausgeschlossen sind (von dieser „einschränkenden" Auslegung des § 100 geht auch[24], aus; dies hält demgegenüber[25] für verfassungwidrig). § 100 ist eine Sondervorschrift, die allen sonstigen Regeln der ZPO, auch deren § 570, vorgeht[26], weil nach § 96 die Vorschriften der ZPO über die Beschwerde nur angewandt werden dürfen, sowie nicht §§ 97–104 etwas anderes bestimmen (gerade das tun sie in § 100). § 100 läßt Zuschlagsbeschwerde (und das gilt ebenso für die Rechtspflegererinnerung, RpflG § 11 Abs 4) nur bei bestimmten Gesetzesverletzungen zu, wenn also das Versteigerungsgericht eine einschlägige Vorschrift auf den ihm unterbreiteten Tatbestand nicht oder nicht richtig angewandt hat. Die Zuschlagsanfechtung kann also nicht

---

[18] OLG Koblenz NJW 1956, 1683.
[19] OLG Bamberg Rpfleger1975, 144 mit abl Anm Schiffhauer.
[20] BGH 44, 138 = aaO (Fußn 9).
[21] OLG Düsseldorf JMBlNW 1962, 127; OLG Koblenz NJW 1957, 1197 Leitsatz; Mohrbutter und Leyerseder NJW 1958, 370.
[22] OLG Braunschweig NdsRpfl 1959, 204; KG Berlin NJW 1957, 1240 mit zust Anm Lent; OLG Koblenz NJW 1955, 148 und 427 Leitsatz mit Anm Jansen; OLG Koblenz MDR 1956, 558; OLG Schleswig SchlHA 1957, 76 mit Anm Schriftleit; Jonas/Pohle, ZwVNotrecht, § 765 a Anm 6 c.
[23] OLG Celle NdsRpfl 1978, 56.
[24] BVerfG 46, 325 (335) = KTS 1978, 157 = MDR 1978, 380 = NJW 1978, 368 = Rpfleger 1978, 206; BVerfG 49, 220 mit abw Meinung Böhmer S 228 = MDR 1979, 286 = NJW 1979, 534 mit abw Meinung Böhmer S 535 = Rpfleger 1979, 296.
[25] Böhmer in abw Meinung zu BVerfG 49, 228 = NJW 1979, 535.
[26] BGH 44, 138 = aaO (Fußn 9).

auf Tatsachen gestützt werden, die nach Zuschlagsverkündung eingetreten oder dem Versteigerungsgericht bekanntgeworden sind[26], somit keine neuen Anträge und auch nicht neue Tatsachen zu früheren Anträgen. Mit dem Erfordernis rechtzeitiger Antragstellung ist die Gewährung des Schuldnerschutzes nach ZPO § 765 a vom Verfahrensrecht an eine formelle Voraussetzung bedungen. Wenn der Schuldner ihr entsprochen hat, erfolgt im Beschwerde/Erinnerungsverfahren die verfassungsrechtlich gewährleistete vollständige Nachprüfung des Zuschlags in tatsächlicher und rechtlicher Hinsicht. Daß nach der Prozeßordnung die Beschreitung des Rechtswegs von der Fristwahrung und damit hier von rechtzeitiger Antragstellung (bis zur Erteilung des Zuschlags) abhängig gemacht ist, ist aus verfassungsrechtlicher Sicht unbedenklich.

60 Verfahrenskosten

60.1 Die Kosten des Schutzverfahrens sind **Kosten der Zwangsvollstreckung**[1] (ZPO § 788 Abs 1). Ein Kostenausspruch ergeht daher bei (stattgebender wie ablehnender) Entscheidung über einen Antrag nach ZPO § 765 a nicht, wenn die Kosten als notwendige Zwangsvollstreckungskosten dem Schuldner zur Last fallen (anders[2]: Kostenentscheidung immer, weil es sich hierbei um ein selbständiges Verfahren mit voll ausgebildetem Rechtszug handelt und weil hier eine besondere Gerichtsgebühr anfällt; für Kostenentscheidungen auch[3]). Das gilt auch bei Erledigung mit Rücknahme des Antrags durch den Schuldner oder mit Einigung von Gläubiger und Schuldner, desgleichen bei Entscheidung über einen Antrag nach ZPO § 765 a mit Erteilung (wie Versagung) des Zuschlags für den einschlägigen Verfahrensabschnitt (der Ersteher trägt nur die Kosten für Erteilung des Zuschlags, § 58). Dem Gläubiger können die notwendigen Kosten des Verfahrens über den Schuldnerantrag durch Kostenentscheidung (ganz oder teilweise) auferlegt werden (bei mehreren Gläubigern auch nur einem oder einzelnen von ihnen, anderen nicht), wenn dies aus besonderen Gründen der Billigkeit entspricht (ZPO § 788 Abs 3); für jeden Gläubiger sind nur „seine" Gründe bedeutsam. Die besonderen Gründe für den Kostenbeschluß gegen den Gläubiger müssen in seinem Verhalten liegen; Verschulden ist nicht verlangt[4]. Entscheidung etwa: „... Die Kosten dieses besonderen Verfahrensabschnitts trägt der Gläubiger. Gründe: ..."

60.2 Die Kosten des Verfahrens über eine **Beschwerde** gegen eine (stattgebende wie ablehnende) Entscheidung nach ZPO § 765 a (auch sofortige weitere Beschwerde) sind Kosten eines selbständigen Zwischenstreits. Es ist daher im Beschwerdeverfahren über die Kosten (nach ZPO §§ 91 ff)[5], zu entscheiden (ZPO § 308 Abs 2; anders[6]: Kosten treffen den Schuldner nach ZPO § 788 Abs 1, auch wenn das Schutzverfahren in der Hauptsache für erledigt erklärt wurde; Einzelheiten Einl Rdn 39.10. Es wird jedoch ZPO § 788 Abs 3 als Sondernorm angesehen, deren abweichende Regelung es ermöglicht, den mit seinem Vollstreckungsschutzantrag erfolgreichen Schuldner auch mit den Kosten des Beschwerdeverfahrens zu belasten, wenn er nach Abweisung seines Antrags durch das Vollstrek-

---

[1] OLG Hamm JMBlNW 1956, 186 = JZ 1957, 23 mit zust Anm Pohle = NJW 1957, 28 und 636 mit abl Anm Donau; OLG München NJW 1959, 393; LG Essen Rpfleger 1955, 164; LG Freiburg NJW 1954, 1690; Hodes NJW 1954, 260; Zöller/Stöber, ZPO, § 788 Rdn 26.
[2] OLG Düsseldorf Rpfleger 1950, 238; Bauknecht MDR 1954, 391; Schmidt-Futterer WuM 1961, 81 (1).
[3] LG Berlin Rpfleger 1991, 219.
[4] Zöller/Stöber, ZPO, § 788 Rdn 26.
[5] OLG München NJW 1959, 393; OLG Nürnberg JurBüro 1965, 811 = NJW 1965, 1282 = Rpfleger 1966, 326 Leitsatz.
[6] LG Berlin Rpfleger 1991, 219.

kungsgericht mit dem Antrag erst im Beschwerderechtszug durchdringt[7]. Wenn ein Vollstreckungsschutzantrag erstmals im Beschwerdeverfahren (im Verfahren der weiteren Beschwerde) gestellt oder erweitert wird (von ZVG § 30 a zB auf ZPO § 765 a), treffen demzufolge die durch den Antrag oder die Erweiterung verursachten Kosten der Beschwerde (soweit solche anfallen) nach ZPO § 788 den Schuldner[8] (soweit sie nicht nach ZPO § 788 Abs 3 dem Gläubiger auferlegt werden). Sonst ist ZPO § 788 Abs 3 auf das Verfahren der weiteren Beschwerde nicht anzuwenden[9]. Mit den Kosten einer ohne Erfolg eingelegten Beschwerde des Gläubigers kann der Schuldner nicht (abweichend von ZPO § 97) belastet werden[9] (anders[10]: dem Schuldner müssen auch dann die Kosten auferlegt werden, wenn der Gläubiger das Rechtsmittel eingelegt hat und damit nicht durchdringt; wenn es der Billigkeit entspricht, sind nach ZPO § 788 Abs 3 dem Gläubiger die Kosten aufzuerlegen).

Verhältnis zu anderen Vorschriften 61

61.1 Über das Verhältnis eines Verfahrens aus ZPO § 765 a zu der Einstellungs**bewilligung** des Gläubigers nach § 30 Näheres in § 30 Rdn 6.9. Wie dort ausgeführt, geht die Einstellungsbewilligung vor.

61.2 ZPO § 765 a hat gegenüber **anderen Schutzvorschriften** des ZVG (§§ 30 a–d, 180 Abs 2, 3) dem Grunde nach zwar nicht subsidiäre Bedeutung[1], ist somit nicht Auffangtatbestand für Fälle, in denen andere Schutzmöglichkeiten erschöpft sind[2]; ähnlich[3]: aber neben § 30 a nur in Ausnahmefällen; anders[4]: sei neben §§ 30 a–d überhaupt nicht anwendbar; anders auch[5]: erst müßten alle anderen Behelfe erschöpft sein. Der Antrag nach ZPO § 765 a kann daher auch auf Gründe gestützt werden, die bereits in Einstellungsverfahren nach §§ 30 a–d, 180 Abs 2, 3 geltend gemacht werden konnten. ZPO § 765 a soll nicht nur zur Auffüllung von Gesetzeslücken dienen[6], sondern auch primär angewandt werden[7]. Ein Schutzbedürfnis nach dem als Ausnahmevorschrift eng auszulegenden ZPO § 765 a (Einl Rdn 54.3) besteht aber nicht, wenn der Schuldner bereits nach anderen Bestimmungen ausreichend geschützt ist oder werden kann.

61.3 ZPO § 765 a darf nicht dazu benützt werden, einen **versäumten Antrag** aus § 30 a nachzuholen. Die Voraussetzungen für beide Einstellungsmöglichkeiten sind unterschiedlich; so ist bei ZPO § 765 a im Gegensatz zu § 30 a nicht vorausgesetzt, daß die Versteigerung durch Einstellung vermeidbar sei. Man kann auch nicht sagen, daß Gründe, die § 30 a rechtfertigen, für ZPO § 765 a nur geeignet seien, wenn sie nachweislich nach Ablauf der Notfrist für § 30 a eingetreten seien. Es ist zulässig, beide Anträge gleichzeitig zu stellen und auch gleichzeitig zu entscheiden. Auch nach Einstellungsablehnung aus § 30 a ist noch ein Antrag aus ZPO § 765 a möglich, ohne daß dafür völlig neue Gründe vorgetragen werden müßten.

---

[7] OLG München NJW 1959, 393.
[8] OLG Nürnberg aaO (Fußn 5).
[9] OLG München NJW 1959, 393.
[10] LG Freiburg NJW 1954, 1690.
[1] LG Osnabrück Rpfleger 1955, 19 mit zust Anm Mohrbutter; Zöller/Stöber, ZPO, § 765 a Rdn 13.
[2] LG Osnabrück und Zöller/Stöber je aaO; Drischler Rpfleger 1953, 497 und 549; Mohrbutter JurBüro 1954, 385 (1 a) und NJW 1955, 124 (A 1 a) ; Riedel DRiZ 1953, 177 und JR 1953, 397 (II).
[3] Mohrbutter Rpfleger 1955, 19 (Anmerkung).
[4] Lancelle, ZVG; § 30 d (2).
[5] LG Düsseldorf MDR 1961, 510; Jonas/Pohle, ZwVNotrecht, § 765 a Anm 4 h.
[6] Drischler Rpfleger 1965, 91.
[7] LG Osnabrück aaO (Fußn 1); Drischler Rpfleger 1953, 497 und 549 sowie 1965, 91 und 1967, 357 (9) ; Mümmler JurBüro 1973, 689 (I C 2 a).

Einleitung 61.4 Schuldnerschutz nach ZPO § 765 a

61.4 Darüber, ob ZPO § 765 a nach zwei Einstellungen aus ZVG §§ 30 a, d zum dritten oder weiteren Male durch **ZVG § 30 d** Abs 2 ausgeschlossen ist, Näheres bei § 30 d Rdn 7.
61.5 Über das Verhältnis von ZPO § 765 a zu **ZVG § 74 a** auch bei § 74 a Randnr 11.4, zu § 85 a bei diesem.

V. Zwangshypothek (ZPO §§ 866, 867)

Übersicht

Als Vollstreckungsmaßnahme	62	Kosten des Gläubigers und der Eintragung	70
Antrag des Gläubigers	63	Mängel der Zwangshypothek	71
Antragsprüfung, Vollstreckungs- und Eintragungsvoraussetzungen	64	Rechtsbehelfe	72
Beanstandung von Vollstreckungs- und Eintragungshindernissen	65	Übergang auf Eigentümer	73
Betrag der Gläubigerforderung	66	Zwangshypothek bei Arrestvollziehung	74
Eintragung der Zwangshypothek	67	Zwangshypothek im Verwaltungszwangsverfahren	75
Gesamtrecht; mehrere Grundstücke	68		
Grundstücksvollstreckung mit dinglichem Titel (Duldungstitel)	69		

62 Als Vollstreckungsmaßnahme

Literatur: Drischler, Die Zwangsvollstreckung durch Eintragung einer Sicherungshypothek und die Vollstreckung, JurBüro 1961, 5; Grund, Die Eintragung von Zwangs- und Arresthypotheken, WürttNotV 1950, 224 und 1951, 10; Haeferlin, Die Zwangshypothek, JurBüro 1953, 385; Haegele, Die Zwangs- und Arresthypothek, BWNotZ 1972, 107; Hagemann, Die Zwangshypothek im Zwangsversteigerungsverfahren, Rpfleger 1982, 165; Honisch, Probleme der Zwangshypothek, NJW 1958, 1526; Löscher, Die Eintragung von Zwangshypotheken in das Grundbuch, JurBüro 1982, 1617 und 1791 sowie 1983, 41; Quardt, Einzelfragen zur Zwangshypothek, JurBüro 1960, 177; Scherneck, Die Zwangsvollstreckung in das unbewegliche Vermögen, JurBüro 1952, 65; Schumann, Die Eintragung einer Zwangshypothek, JurBüro 1950, 33; Stender, Die Zwangs- und Arresthypothek, JurBüro 1973, 13.

62.1 Eintragung einer Sicherungshypothek ist neben Zwangsversteigerung und Zwangsverwaltung weitere Maßregel der Zwangsvollstreckung in ein Grundstück, auch in den Bruchteil eines Grundstücks (bei Buchung nach GBO § 3 Abs 6 auch in den Miteigentumsanteil eines „Allein"eigentümers, s Einl Rn 12.2 zu b) und jedes andere Objekt der Immobiliarvollstreckung (Einl Rdn 11–13, 15) (ZPO § 866 Abs 1). Der Gläubiger erlangt mit ihrer Eintragung eine Sicherungshypothek nach BGB § 1184 mit Rang vor späteren Rechten am Grundstück (BGB § 879) und vor Gläubigern noch nicht gesicherter Vollstreckungsforderungen, die später die Beschlagnahme mit Zwangsversteigerung oder Zwangsverwaltung bewirken (§ 10 Abs 1 Nr 4, 5). Die Zwangshypothek unterscheidet sich von der Sicherungshypothek des bürgerlichen Rechts nur durch ihren Entstehungstatbestand und einige daraus folgende Besonderheiten (insbesondere ZPO § 868). Dem Gläubiger ermöglicht Vollstreckung mit Eintragung einer Sicherungshypothek Schonung des Schuldners ohne Gefährdung seiner eigenen Interessen[1]. Die Zwangshypothek nur in Form der Sicherungshypothek ist mit Rücksicht auf den Schuldner vorgesehen; er bleibt in der Lage, die ihm gegen die Forderung zustehenden Einreden auch einem dritten gutgläubigen Erwerber gegenüber geltend zu machen[1]. Für den Gläubiger begründet Eintragung der Zwangshypothek (seit

---

[1] Begründung zum Entwurf eines Gesetzes betr Änderungen der CPO, 1897, abgedr bei Hahn/Mugdan, Die gesamten Materialien zu den Reichs-Justizgesetzen, Band VIII, 1898, Seite 165.

Zwangshypothek 62.5 **Einleitung**

1. 1. 1978) den gesetzlichen Löschungsanspruch gegenüber Eigentümerrechten (BGB § 1179 a)[2] (für Arresthypotheken gilt das nicht, ZPO § 932 Abs 1 Satz 2; hier gilt es erst, wenn die Umschreibung in eine Zwangshypothek erfolgt ist; hierzu Einl Rdn 74.1). Ein sorgsamer Vollstreckungsgläubiger wird daher jetzt immer zugleich mit dem Anordnungs- oder Beitrittsantrag im Zwangsversteigerungsverfahren aus einer persönlichen Forderung die Eintragung einer Zwangshypothek beantragen, um sich so den für diese geltenden gesetzlichen Löschungsanspruch aus BGB § 1179 a gegenüber vorgehenden Eigentümergrundpfandrechten (den er als Versteigerungsgläubiger eines persönlichen Anspruchs nicht hat) zu sichern.

62.2 Die Eintragung der Sicherungshypothek ist als **Maßnahme der Zwangsvollstreckung** Vollstreckungsakt **und** verfahrensrechtlich **Grundbuchgeschäft** (Akt der freiwilligen Gerichtsbarkeit)[3]. Das Grundbuchamt wird als Vollstreckungsorgan und als Organ der Grundbuchführung tätig. Die Hypothek entsteht mit der Eintragung (ZPO § 867 Abs 1 Satz 2), also mit Unterzeichnung im Grundbuch (GBO § 44 Abs 1) oder Aufnahme in den Datenspeicher (GBO § 129 Abs 1 Satz 1). Ihr Erwerb ist als Maßnahme der Zwangsvollstreckung nicht nach BGB § 878 gegen Verfügungsbeschränkungen vor Eintragung[4] (anders[5]) und für einen gutgläubigen Erwerber nicht nach BGB § 892 geschützt[6]. Erteilung eines Hypothekenbriefes ist ausgeschlossen (BGB § 1185 Abs 1).

62.3 Die Zwangshypothek wird auch eingetragen, wenn schon **Zwangsversteigerung** oder Zwangsverwaltung angeordnet und eingetragen ist. Sie hat dann aber Rangklasse 6 (aus ZVG § 10); bei Eintragung nach dem Vollstreckungsvermerk ist sie immer anzumelden (§ 9 Nr 2; § 37 Nr 4; § 44 Abs 1, § 114 Abs 1, § 156 Abs 2). Abgelehnt werden kann die Eintragung der Zwangshypothek nicht deshalb, weil wegen Geringwertigkeit des Grundstücks und hoher Vorbelastungen eine Befriedigung bei Zwangsversteigerung (derzeit) nicht zu erwarten ist[7].

62.4 An Schiffen (usw) ist zwangsweise eine **Schiffshypothek** eintragbar (ZPO § 870 a), an Luftfahrzeugen ebenso ein **Registerpfandrecht** (Luftfahrzeugrechtegesetz § 99 Abs 1). In diesen Fällen ist statt des Grundbuchamts die entsprechende Registerbehörde zuständig.

62.5 Keine Zwangshypothek ist die „**Sicherungshypothek des Bauunternehmers**"[8] nach BGB § 648 (meist als Bauhandwerkersicherungshypothek bezeichnet). Der Unternehmer eines Bauwerks oder eines einzelnen Teils des Bauwerks hat danach einen schuldrechlichen Anspruch, für seine Forderungen eine Sicherungshypothek an dem Baugrundstück des Bestellers zu erhalten (Ausnahme: BGB § 648 a Abs 4). Eine Zwangsvollstreckung wegen einer Geldforderung (Eintragung einer Zwangshypothek) erfolgt nicht hieraus. Bestellt wird diese Hypothek nicht auf Grund eines Leistungs- oder Duldungstitels, sondern durch Einigung (BGB § 873) oder einen sie ersetzenden rechtskräftigen Titel (ZPO § 894) und Eintragung. Sie kann durch Vormerkung gesichert werden, die wieder auf Grund Einigung oder eines sie ersetzenden Titels in die Hypothek umgeschrieben wird.

---

[2] Stöber Rpfleger 1977, 425 (V 4).
[3] BGH 27, 310 = DNotZ 1958, 480 = MDR 1958, 498 = NJW 1958, 1090 = Rpfleger 1958, 216 mit Anm Riggers; BGH KTS 1976, 299 = MDR 1976, 830 = NJW 1977, 48; OLG Hamm Rpfleger 1973, 440.
[4] BGH 9, 250 = NJW 1953, 898; BGB-RGRK/Augustin § 878 Rdn 6.
[5] Wacke ZZP 82 (1969) 377; MünchKomm-Wacke, BGB, § 878 Rdn 18; Staudinger/Ertl, BGB, § 878 Rdn 4.
[6] BGH BB 1963, 286 = BWNotZ 1963, 67 Leitsatz = WM 1963, 219.
[7] LG Marburg Rpfleger 1984, 406.
[8] OLG Frankfurt NJW-RR 1995, 1359; Rpfleger 1995, 500.

Einleitung 63

63 Antrag des Gläubigers

Literatur: Riggers, Der Antrag auf Eintragung einer Zwangshypothek, JurBüro 1966, 917; Schneider, Die Zwangshypothek für obsiegende Streitgenossen, MDR 1986, 817.

63.1 Die Zwangshypothek wird nur auf **Antrag** eingetragen (ZPO § 867 Abs 1). Der Antrag darf nicht weiter gehen als die Titelforderung, darf jedoch darunter bleiben[1]. Der Antrag muß wegen GBO § 13 Abs 2 schriftlich niedergelegt sein; er bedarf aber nicht der Beurkundung oder öffentlichen Beglaubigung, GBO § 29 ist hier nicht anzuwenden.

63.2 Der Gläubiger kann als Antragsteller durch jede prozeßfähige Person vertreten werden (ZPO § 79). Die **Bevollmächtigung** ist nach Vollstreckungsrecht[2], somit durch schriftliche Vollmacht (Einl Rdn 50.4) nachzuweisen; diese ist zu den Grundakten abzugeben (ZPO § 80 Abs 1; GBO § 10); sie bedarf keiner Beglaubigung. Prüfung der Vollmacht wie Einl Rdn 50.3.

63.3 Der Antrag muß das **Grundstück** übereinstimmend mit dem Grundbuch oder durch Hinweis auf das Grundbuchblatt **bezeichnen** (GBO § 28 Satz 1) (Muster im ZVG-Handbuch Rdn 15). Die Forderung ist betragsmäßig anzugeben (Hauptsache, Zinsen, Kosten, andere Nebenleistungen, Einl Rdn 66), jedoch ohne Antrags- und Eintragungskosten (wegen ZPO § 867 Abs 1 Satz 3).

63.4 Der Antrag muß den **Gläubiger** in Übereinstimmung mit dem Vollstreckungstitel bezeichnen. Nennt dieser einen Einzelkaufmann mit seiner Firma (HGB § 17 Abs 2), dann ist der Gläubiger mit seinem in das Grundbuch einzutragenden Familien- und Vornamen sowie mit Beruf (oder Geburtsdatum) und Wohnort (GBV § 15 Abs 1 Buchst a) anzugeben (dazu auch Einl Rdn 67.2). Für mehrere Gläubiger kann im Antrag das einzutragende Beteiligungsverhältnis (GBO § 47) bestimmt werden, wenn es sich aus dem Vollstreckungstitel nicht ergibt; dann jedoch bedarf der Antrag der Form des GBO § 29 (anders[3]: Angabe unterliege nicht dem Formzwang von GBO § 29; dem ist nicht zu folgen, weil die Eintragungsgrundlage hier durch das Urteil nicht ersetzt ist). Streitgenossen, die in einem Rechtsstreit obsiegt haben und dabei denselben Anwalt hatten, sind hinsichtlich des Erstattungsanspruchs Gesamtgläubiger, wenn sie gemeinsam ohne Angabe eines Beteiligungsverhältnisses einen Kostenfestsetzungsbeschluß über einen einheitlichen Betrag erwirkt haben[4]. Der von einer Rechtsanwaltsgemeinschaft erwirkte Kostenfestsetzungsbeschluß ist, wenn er ein Beteiligungsverhältnis der Gläubiger nicht nennt, dahin auszulegen, daß jeder der namentlich bezeichneten Rechtsanwälte als Gesamtgläubiger nach BGB § 428 berechtigt sein soll. Der Angabe und des Nachweises der Art und des Inhalts des Gemeinschaftsverhältnisses bedarf es dann nicht[5]. Jedoch darf sich ein nach Erlaß des Kostenfestsetzungsbeschlusses in die Sozietät aufgenommener Rechtsanwalt an der Vollstreckung nur beteiligen, wenn auch er einen auf seinen Namen lautenden Vollstreckungstitel gegen den Kostenschuldner erwirkt hat[6]. Wenn der Gläubiger als natürliche Person im Vollstreckungstitel mit seiner Firma benannt ist (HGB § 17 Abs 2), muß das Grundbuchamt prüfen, ob er mit dem unter seinem bürgerlichen Namen als Gläubiger einzutragenden Antragsteller identisch ist[7] (siehe das Einl Rdn 64.2 Gesagte).

63.5 Der Antrag muß sich gegen den im Grundbuch als **Eigentümer** Eingetragenen richten (GBO § 39 Abs 1; zur Firma des Einzelkaufmanns § 15 Rdn 25.10).

---

[1] RG 71, 312 (315).
[2] Zöller/Stöber, ZPO, § 867 Rdn 2; Stöber, ZVG-Handbuch, Rdn 16.
[3] OLG Köln OLGZ 1986, 11 = Rpfleger 1986, 91 = Schneider MDR 1986, 817.
[4] BGH Rpfleger 1985, 321.
[5] OLG Saarbrücken Rpfleger 1978, 227; LG Saarbrücken JurBüro 1989, 711.
[6] OLG Saarbrücken Rpfleger 1978, 227.
[7] BayObLG JurBüro 1983, 116 = Rpfleger 1982, 466.

Zwangshypothek 64.1 **Einleitung**

Ist der im Vollstreckungstitel benannte Schuldner der Erbe des Eingetragenen, so ist der Antrag auf Eintragung einer Zwangshypothek gegen ihn möglich, er muß jedoch eingetragen werden (GBO § 40 Abs 1). Ist der Titelschuldner nicht eingetragen, so kann der Gläubiger nach GBO § 14 das Grundbuch berichtigen lassen oder eine Berichtigung nach GBO §§ 82, 82 a anregen; hierzu nötige Urkunden kann er nach ZPO § 792 verlangen. Hatte die Vollstreckung gegen den eingetragenen Eigentümer schon begonnen, dann darf sie nach ZPO § 779 ohne Titelumschreibung in den Nachlaß fortgesetzt werden (§ 15 Rdn 30); Voreintragung des Erben ist dann nicht erforderlich (GBO § 40 Abs 1). Voreintragung ist aber nötig, wenn der verstorbene Schuldner, gegen den die Zwangsvollstreckung schon begonnen hatte, durch Rechtserwerb außerhalb des Grundbuchs Eigentümer geworden, aber noch nicht eingetragen war; dann jedoch darf im Wege der Grundbuchberichtigung auch der Tote eingetragen werden (obwohl das Grundbuch hierdurch erneut unrichtig ist), um die Zwangshypothek eintragen zu können und so das langwierige Verfahren zur Ermittlung der neuen Erben samt Erbscheinsverfahren, Grundbuchberichtigung usw zu ersparen (so überzeugend[8] gegen die gegenteilige Entscheidung[9]). Zum Antrag gegen den als Schuldner noch nicht eingetragen Ersteher siehe § 130 Rdn 6. Wenn der Schuldner noch nicht Eigentümer ist (zB nur Vormerkungsberechtigter), kann keine Zwangshypothek gegen ihn eingetragen werden. Es kann aber sein Auflassungsanspruch gepfändet werden (mit Sequesterbestellung und Bewilligung einer Sicherungshypothek durch diesen nach ZPO § 848 Abs 2), unter Umständen ist schon das Anwartschaftsrecht aus Auflassung pfändbar (zu diesem Fragenbereich Näheres bei[10]). Ist schon aufgelassen, der Schuldner aber noch nicht eingetragen, kann unter Umständen der Umschreibungsanspruch gepfändet und für ihn die Umschreibung beantragt werden[11].

63.6 Mit dem Antrag sind dem Grundbuchamt der **Vollstreckungstitel** mit Zustellungsnachweis und alle sonst für den Beginn der Zwangsvollstreckung erforderlichen Urkunden sowie die zur Glaubhaftmachung von Kosten dienenden Belege (Einl Rdn 70.3) vorzulegen. Ein zum Titel gehörender Wechsel ist hier sofort mit vorzulegen (dazu: 15 Rdn 44). Nach Vermerk der Eintragung auf dem vollstreckbaren Titel (ZPO § 867 Abs 1 Satz 1) wird dieser an den Gläubiger zurückgegeben. Vorher ist beglaubigte Abschrift zu den Akten des Grundbuchamts zu nehmen (GBO § 10 Abs 1), auch von der Zustellungsurkunde, den sonstigen Urkunden und Kostenbelegen, auch von Wechseln.

63.7 Zurückgenommen werden kann der Antrag ganz oder zum Teil bis zur Unterzeichnung der Eintragung im Grundbuch oder Aufnahme in den Datenspeicher (Einl Rdn 62.2). Dazu ist (auch für die Vollmacht zur Rücknahme oder für den Widerruf einer Vollmacht) öffentliche oder öffentlich beglaubigte Form nach GBO §§ 29, 31 nötig[12]. Bei formloser Rücknahme ist Gelegenheit zur formgerechten Rücknahme zu geben oder antragsgemäß einzutragen oder bei Eintragungshindernissen der Antrag zurückzuweisen (ZVG-Handbuch Rdn 38).

Antragsprüfung, Vollstreckungs- und Eintragungsvoraussetzungen 64

64.1 Das Grundbuchamt handelt bei Eintragung einer Zwangshypothek als Vollstreckungsorgan und als Organ der freiwilligen Gerichtsbarkeit (Einl Rdn 62.2). Zu **prüfen** hat es daher

---

[8] Hagena Rpfleger 1975, 389 (2).
[9] KG Berlin Rpfleger 1975, 133.
[10] Stöber, Forderungspfändung, Rdn 2034 ff und 2054 ff.
[11] OLG Neustadt MDR 1962, 486.
[12] OLG Hamm MittRhNotK 1985, 77 = Rpfleger 1985, 231.

Einleitung 64.1 Zwangshypothek

- die **Voraussetzungen der Zwangsvollstreckung;** sie bestimmen sich nach der Zivilprozeßordnung (ZPO §§ 704 ff) (den Verwaltungsvollstreckungsgesetzen; dazu Einl Rdn 75);
- die **Zulässigkeit der Grundbucheintragung** nach den Verfahrensvorschriften der Grundbuchordnung.

64.2 Vollstreckungsvoraussetzungen sind

a) **Antrag** (ZPO § 867 Abs 1 Satz 1); zu ihm und zur Vollmacht Einl Rdn 63.

b) **Vollstreckbares Endurteil** (ZPO § 704) oder anderer Vollstreckungstitel (ZPO § 794 usw). Ist die Zwangsvollstreckung aus dem Schuldtitel einstweilen eingestellt, so scheidet er als Vollstreckungsgrundlage aus[1]; wird dennoch Antrag gestellt, so ist der Gläubiger mit Aufklärungsverfügung (ZPO § 139, auch ZPO § 278 Abs 3) auf das Vollstreckungshindernis hinzuweisen und der Antrag sodann erforderlichenfalls zurückzuweisen[1]. Der Schuldner muß als **Eigentümer im Grundbuch** (bzw im entsprechenden Register) eingetragen sein (GBO § 39). Ist er im Vollstreckungstitel mit seiner **Firma** benannt, muß das Grundbuchamt in seiner Eigenschaft als Vollstreckungsorgan zur Prüfung der Voraussetzungen der Zwangsvollstreckung mit den ihm zur Verfügung stehenden Mitteln selbständig und auf eigene Verantwortung ermitteln, ob der mit seinem bürgerlichen Namen eingetragene Grundstückseigentümer (GVB § 15), auf dessen Grundstück die Zwangshypothek eingetragen werden soll, der in dem Vollstreckungstitel nur mit seiner Firma (HGB § 17 Abs 2) bezeichnete Schuldner ist (§ 15 Rdn 25.11). Gelegenheit zur Klärung der Identität des im Vollstreckungstitel mit seiner Firma bezeichneten Schuldners dem eingetragenen Grundstückseigentümer ist dem Gläubiger erforderlichenfalls (§ 15 Rdn 25.11) mit Zwischenverfügung unter Fristsetzung nach ZPO § 139 zu geben (§ 15 Rdn 3). Die Verfügung ist nicht rangwahrend im Sinne von GBO § 18 Abs 2, weil das Eintragungshindernis nicht in einer grundbuchrechtlichen Vorschrift (GBO §§ 39, 40), sondern in dem vermeintlichen Fehlen einer vollstreckungsrechtlichen Voraussetzung für die Zwangseintragung (ZPO § 750) liegt[2]. Der Titel braucht nicht auf den bürgerlichen Namen des Schuldners umgeschrieben zu werden[3], es darf nur an der Identität kein Zweifel bestehen[4].

c) Urkundlicher Nachweis aller **weiteren Voraussetzungen** für den Beginn der **Zwangsvollstreckung** wie Vollstreckungsklausel (ZPO § 724), namentliche Bezeichnung von Gläubiger und Schuldner im Vollstreckungstitel oder der ihm beigefügten Vollstreckungsklausel (ZPO § 750 Abs 1), Zustellung (ZPO § 750), Fälligkeit der Gläubigerforderung (ZPO § 751 Abs 1, so bei Unterhalt, Mietzinsen), Sicherheitsleistung (ZPO § 751 Abs 2), soweit nicht Eintragung im Wege der Sicherungsvollstreckung erfolgen kann (Einl Rdn 64.3; jetzt die Regel), Nachweis der Gegenleistung oder des Annahmeverzugs[5] (ZPO § 765), Ablauf der Wartefrist (ZPO § 750 Abs 3, § 798). Im einzelnen siehe die Anmerkungen zu § 15.

d) **Glaubhaftmachung** der bisherigen **Zwangsvollstreckungskosten** (ZPO § 788 Abs 1) dem Grunde (mit Notwendigkeit) und der Höhe nach (siehe Einl Rdn 70.3).

e) **Nicht zu prüfen** sind vom Grundbuchamt materiellrechtliche Einwendungen gegen den vollstreckbaren Anspruch[6] die mit Vollstreckungsabwehrklage geltend

---

[1] OLG Frankfurt Rpfleger 1974, 443.
[2] BayObLG 1956, 218 = DNotZ 1956, 596 mit abl Anm Schweyer = NJW 1956, 1800 = Rpfleger 1957, 22.
[3] Zöller/Stöber, ZPO, § 750 Rdn 10.
[4] BayObLG 1956, 218 = aaO; LG Hamburg DGVZ 1957, 124 = Rpfleger 1957, 257 mit zust Anm Bull.
[5] OLG Hamm Rpfleger 1983, 393; LG Wuppertal Rpfleger 1988, 153.
[6] OLG Köln Rpfleger 1991, 149; LG Waldshut-Tiengen MittRhNotK 1987, 164.

zu machen sind (ZPO § 767), Einwendungen förmlicher Art gegen Vollstreckungsunterlagen (ZPO §§ 732, 768) und der Widerspruch eines Dritten (ZPO §§ 771 – 774); sie bleiben unbeachtlich, bis Einstellung der Zwangsvollstreckung erfolgt ist (oben b). Die im Urteil vorbehaltene Beschränkung der Haftung auf eine Vermögensmasse (für Erben auf Nachlaß, ZPO § 780, für Übernehmer auf den Bestand eines Vermögens, ZPO § 786; dort auch weitere Fälle) bleibt bei der Zwangsvollstreckung unberücksichtigt, bis Einwendungen mit Vollstreckungsgegenklage erhoben sind (ZPO §§ 781, 785, 786); sie sind bis zur Einstellung der Zwangsvollstreckung oder Entscheidung des Rechtsstreits nicht zu beachten[7].

64.3 Für **Sicherungsvollstreckung** (ZPO § 720 a Abs 1 Buchst b), muß die Wartefrist des ZPO § 750 Abs 3 abgelaufen sein. Vollstreckungstitel und die Klausel (diese stets, also auch die einfache Klausel[8], außerdem[9] mit weit Nachw, auch zur Gegenansicht) müssen dem Schuldner sonach zwei Wochen vorher zugestellt sein (ZPO § 750 Abs 3). Weiter ist Voraussetzung, daß der Schuldner von seiner Befugnis, die Vollstreckung abzuwenden, keinen Gebrauch gemacht hat. Er kann die Eintragung des Zwangsrechts durch Sicherheitsleistung in Höhe des Hauptanspruchs abwenden, falls nicht der Gläubiger seinerseits doch noch vorher schon Sicherheit geleistet hat (ZPO § 720 a Abs 3). Aus der durch Sicherungsvollstreckung erlangten Zwangshypothek darf der Gläubiger erst nach Leistung und Nachweis der Sicherheit (ZPO § 720 a Abs 1 Satz 2, § 751 Abs 2) sowie dann, wenn das Urteil inzwischen rechtskräftig oder sonst unbedingt vollstreckbar geworden ist und alle weiteren Erfordernisse für den Beginn der Zwangsvollstreckung aus dem damit ohne Sicherheitsleistung vollstreckbaren Titel vorliegen, die Zwangsversteigerung oder Zwangsverwaltung des Grundstücks betreiben. Vor Ablauf der Wartefrist von zwei Wochen des ZPO § 750 Abs 3 kann eine Zwangshypothek auf Grund eines nur gegen Sicherheitsleistung vorläufig vollstreckbaren Titels nur eingetragen werden, wenn die Sicherheit geleistet und durch eine öffentliche oder öffentlich beglaubigte Urkunde nachgewiesen und auch eine Abschrift dieser Urkunde zugestellt ist (ZPO § 751 Abs 2).

64.4 Voraussetzungen der Grundbucheintragung sind
a) Bezeichnung des Grundstücks im Antrag nach Maßgabe von GBO § 28 Satz 1 und der zu vollstreckenden Geldbeträge in Deutscher Mark (GBO § 28 Satz 2).
b) Voreintragung des Schuldners (GBO § 39).
c) Bezeichnung des Gemeinschaftsverhältnisses mehrerer Gläubiger als Eintragungsgrundlage nach GBO § 47.

64.5 Bei Eintragung der Zwangshypothek auf einem **Erbbaurecht** (auch auf einem Eigentümererbbaurecht[10]) ist ErbbauVO § 5 zu beachten. Zur Beibringung oder gerichtlichen Ersetzung der Eigentümerzustimmung kann dem Gläubiger mit Zwischenverfügung Frist gesetzt werden[11]. Das eingetragene Belastungsverbot wirkt auch gegen eine Zwangshypothek, Eintragung ohne Zustimmung des Grundstückseigentümers ist schwebend unwirksam[12]. Der Erbbauberechtigte hat jedoch gegen den Grundstückseigentümer einen Anspruch auf Zustimmung; der Gläubiger wird auf den Weg verwiesen, den Zustimmungsanspruch des Erbbauberechtigten nach ZPO § 857 Abs 3 zu pfänden und sich zur Einziehung überweisen

---

[7] BayObLG mitgeteilt Rpfleger 1989, 396.
[8] KG Berlin DGVZ 1988, 93 = JurBüro 1988, 790 = MDR 1988, 504 = Rpfleger 1988, 359; OLG Hamm JurBüro 1989, 1748 = Rpfleger 1989, 378; OLG Schleswig NJW-RR 1988, 700; OLG Karlsruhe JurBüro 1991, 270 = Justiz 1991, 56 = Rpfleger 1991, 51; OLG Stuttgart MDR 1990, 61; NJW-RR 1989, 1535.
[9] Zöller/Stöber, ZPO, § 720 a Rdn 4.
[10] OLG Hamm MDR 1985, 585 = OLGZ 1985, 159 = Rpfleger 1985, 233.
[11] OLG Celle MDR 1985, 331.
[12] OLG Hamm MittBayNot 1953, 290 = Rpfleger 1953, 250; Furtner NJW 1966, 182 (C II 3 a); Löscher JurBüro 1961, 429 (35).

Einleitung 64.5

zu lassen[13]. Das aber ist nicht für erforderlich zu halten. Es entscheidet der Gläubiger darüber, ob die Verfügung (im Wege der Zwangsvollstreckung) durch das Grundbuchamt erfolgt. Es erscheint daher als dem Sinn der ErbbauVO §§ 7, 8 entsprechend, dem Gläubiger sowohl die Ausübung des in ErbbauVO § 7 Abs 1 normierten Zustimmungsanspruchs als auch ein Antragsrecht im Sinne des ErbbauVO § 7 Abs 3 ebenso zuzugestehen (dem zustimmend[14]), wie für Versteigerung des Erbbaurechts (nun) dem betreibenden Gläubiger [15] (dazu auch § 15 Rdn 13). Wenn für Belastungen bestimmter Gläubiger Ausnahmen von der Zustimmungsbedürftigkeit festgelegt sind (zB keine Zustimmung für Hypotheken von Körperschaften und Anstalten des öffentlichen Rechts), gelten sie auch für Zwangshypotheken solcher Gläubiger[16], mit mißverständlichem Leitsatz).

64.6 a) Auf Grund eines nach dem **Anfechtungsgesetz** ergangenen Urteils auf Duldung der Zwangsvollstreckung wegen einer Geldforderung kann eine Zwangshypothek nicht vor Rechtskraft des Titels eingetragen werden[17].

b) Nach dem **Baugesetzbuch** ist die Eintragung einer Zwangshypothek nicht beschränkt. In Umlegungsverfahren[18], Sanierungsgebieten[18] und Entwicklungsbereichen bedarf ihre Eintragung keiner Genehmigung nach BauGB § 51 und §§ 144, 169 (letztere früher Städtebauförderungsgesetz §§ 15, 57). Das gilt natürlich nicht, wenn die Eintragung einer Zwangshypothek nur als Umgehung der sonst nicht möglichen Eintragung einer Grundschuld erfolgen soll, wobei aber keine persönliche Forderung besteht (für die allein eine Zwangshypothek eingetragen werden kann)[19] (anders zu Unrecht[20]).

c) Für **landwirtschaftliche Grundstücke** gibt es keine Beschränkung, diese können jederzeit mit einer Zwangshypothek belastet werden.

d) Für Eintragung einer Zwangshypothek auf dem Grundstück eines **Minderjährigen** ist keine vormundschaftsgerichtliche Genehmigung nötig.

e) Der Grundbesitz eines **Vorerben** kann mit einer Zwangshypothek belastet werden, wenn der Nacherbschaftsvermerk (GBO § 51) im Grundbuch eingetragen ist, auch wenn es sich nicht um eine befreite Vorerbschaft handelt; das Grundbuchamt prüft nicht, ob die Eintragung gegenüber dem Nacherben wirksam ist (dazu auch § 15 Rdn 30).

64.7 Die Zwangsvollstreckung in eine (vormalige) **Reichsheimstätte** durch Eintragung einer Sicherungshypothek wegen einer persönlichen Schuld des Heimstätters hat RHeimstG § 20 beschränkt. Dieser Schutz des Heimstätters besteht nach Aufhebung des RHeimstG bis 31. 12. 1998 für solche Forderungen weiter, die am 1. 10. 1993 (= Aufhebung der RHeimstG) bestanden haben (§ 15 Rdn 31.3; Ausnahme dort), damit auch, wenn der Vollstreckungstitel für die schon früher entstandene Forderung erst nach diesem Zeitpunkt geschaffen wurde. Für sie ist bis dahin Eintragung einer Zwangshypothek nur zulässig, wenn die Schuld des Heimstätters bei Erwerb der Heimstätte bereits bestanden hat; sie kann zudem nur bis zum Ablauf eines Jahres nach dem Heimstättenerwerb beantragt werden (RHeimstG § 20 Abs 2). Dieser Beschränkung unterliegt jedoch die Eintragung

---

[13] BGH 33, 76 = DNotzZ 1961, 31 = MDR 1960, 833 = NJW 1960, 2093 = Rpfleger 1961, 192 = OLG Hamm MDR 1993, 686 = OLGZ 1994, 12 = Rpfleger1993, 334 und 1994, 59 Leitsatz mit abl Anm Streuer.
[14] Streuer Rpfleger 1994, 59 (Anmerkung).
[15] BGH 100, 107 = MDR 1987, 570 = NJW 1987, 1942 = Rpfleger 1987, 257 und 320 Leitsatz mit Anm Drischler.
[16] OLG Celle Rpfleger 1985, 22.
[17] LG Hamburg Rpfleger 1951, 567 mit abl Anm Bruhn.
[18] LG Regensburg MittBayNot 1977, 146 = Rpfleger 1977, 224; AG Eschweiler Rpfleger 1978, 187.
[19] Riggers JurBüro 1977, 1671.
[20] LG Regensburg aaO.

Zwangshypothek

einer Zwangshypothek wegen öffentlicher Abgaben nicht (RHeimstG § 20 Abs 3), wozu auch Beiträge zur Berufsgenossenschaft gehören[21]. Für eine Forderung, die erst nach dem 30. 9. 1993 entstanden ist, besteht nach Aufhebung des RHeimstG kein Schutz vor Zwangsvollstreckung mehr, kann eine Zwangshypothek sonach uneingeschränkt eingetragen werden.

64.8 Vollstreckung bei fortgeltendem Güterstand der **Eigentums- und Vermögensgemeinschaft** nach dem Familiengesetzbuch der (ehem) DDR: § 15 Rdn 10.5 Vollstreckung in **Bruchteilseigentum** eines Ehegatten nach Überleitung in den gesetzlichen Güterstand der Zugewinngemeinschaft erfordert Voreintragung des Schuldners (GBO § 39 Abs 1) und seines Miteigentumsanteils in Bruchteilen[22] (GBO § 47). Die Eintragung als Berichtigung des Grundbuchs kann der Gläubiger beantragen[23] (GBO § 14). Allein sein Antrag auf Eintragung der Zwangshypothek wird nicht dahin ausgelegt, daß er (auch) auf Grundbuchberichtigung gerichtet ist[23]. Nachweis des Schuldneranteils in Bruchteilen ermöglicht Berufung auf die Vermutung von EGBGB Art 234 § 4 a Abs 3. Erforderlich ist auch Voreintragung des Schuldners (ggfs seines Miteigentumsanteils), der nach EGBGB Art 233 § 11 (Ehegattenbruchteil Abs 5) Eigentümer eines Grundstücks aus der Bodenreform geworden ist.

64.9 Ist der Schuldner sowohl **Eigentümer des Grundstücks** als auch Eigentümer des **Gebäudeeigentums** auf dem Grundstück (Einl Rdn 14.1), so ist nach SachenRBerG § 78 Abs 1 Satz 1 eine Belastung allein des Gebäudes oder des Grundstücks ohne das Gebäude nicht mehr zulässig. Schwierigkeiten, die sich damit ergeben (dazu[24]), sollten mit dem Wortlaut von SachenRBerG § 78 Abs 1 Satz 1 zu lösen sein mit Belastung des Grundstücks zusammen mit dem Gebäudeeigentum (abweichend von ZPO § 867 Abs 2) (anders[25]).

Beanstandung von Vollstreckungs- und Eintragungshindernissen 65

65.1 Vollstreckungsrechtliche Antragsmängel (Einl Rdn 64.2) schließen den Beginn der Zwangsvollstreckung und damit des Grundbucheintragungsverfahrens aus. Der Antrag, der einen vollstreckungsrechtlichen Mangel aufweist, wahrt daher **keinen Vollzugsrang** nach GBO § 17. Rangwahrende Zwischenverfügung nach GBO § 18 Abs 1 kann zur Behebung eines Vollstreckungsmangels deshalb nicht ergehen[1]. **Beanstandung** hat im Vollstreckungsverfahren zu erfolgen[2], dem Gläubiger ist daher mit **Aufklärungsverfügung** nach ZPO § 139 (auch ZPO § 278 Abs 3) Gelegenheit zur Behebung des Vollstreckungshindernisses zu geben[3]. Für die Eintragungsreihenfolge (GBO § 17) ist dann der Zeitpunkt maßgebend, in dem das Vollstreckungshindernis behoben wird (Eingang beim Grundbuchamt, GBO § 13 Abs 2). Nach früher überwiegender anderer Ansicht sollte bei Fehlen einer Vollstreckungsvoraussetzung der Eintragungsantrag ohne Zwischen-

---

[21] LG Lübeck SchlHA 1964, 261 = OLG Köln KTS 1966, 104 = Rpfleger 1967, 14 mit zust Anm Stöber.
[22] LG Neubrandenburg DtZ 1995, 420 = MDR 1995, 525 = Rpfleger 1995, 250.
[23] LG Berlin Rpfleger 1994, 247.
[24] Schreiben des Bundesjustizministeriums über Zwangshypotheken in Grundstücke oder darauf befindliche Gebäudeeigentum vom 2. 3. 1995, DtZ 1995, 199.
[25] LG Chemnitz Rpfleger 1995, 456 mit Anm Wanek.
[1] BGH 27, 310 = DNotZ 1958, 480 = MDR 1958, 498 = NJW 1958, 1090 = Rpfleger 1958, 216 mit Anm Riggers; BayObLG 1956, 218 = DNotZ 1956, 596 mit abl Anm Schweyer = NJW 1956, 1800 = Rpfleger 1957, 22; OLG Düsseldorf MDR 1990, 62 = OLGZ 1990, 16 = Rpfleger 1990, 60; Stöber, ZVG-Handbuch, Rdn 18 a; Zöller/Stöber, ZPO, § 867 Rdn 1; Haegele/Schöner/Stöber, Grundbuchrecht, Rdn 2179 und 2194; Stein/Jonas/Münzberg, ZPO, § 867 Rdn 26.
[2] Zöller/Stöber und Stöber, ZVG-Handbuch, je aaO.
[3] LG Mainz Rpfleger 1991, 302.

Einleitung 65.1 — Zwangshypothek

verfügung sofort abzulehnen sein[4]. Damit würde das Grundbuchamt als Vollstreckungsorgan jedoch gegen die ihm als Amtspflicht obliegende Aufklärungspflicht (Einl Rdn 24) verstoßen und dem Gebot rechtsstaatlicher Verfahrensgestaltung (Einl Rdn 7, 8) nicht genügen. Diese Ansicht ist somit abzulehnen.

65.2 Zur Herstellung eines **grundbuchrechtlichen Eintragungserfordernisses** (Einl Rdn 64.4) ist Gelegenheit mit **Zwischenverfügung** nach GBO § 18 Abs 1 zu geben[5]. Die Zwischenverfügung ist rangwahrend nach GBO § 18 Abs 2.

65.3 Wenn der Antrag einen vollstreckungsrechtlichen Mangel aufweist (Beispiel: Vollstreckungstitel fehlt, ist nicht vollstreckbar ausgefertigt oder nicht zugestellt) und zugleich ein grundbuchrechtliches Eintragungserfordernis nicht erfüllt ist (Beispiel: Voreintragung des Schuldners fehlt, GBO § 39), ist Beginn der Zwangsvollstreckung ausgeschlossen (Einl Rdn 65.1). Der Antrag kann daher nur insgesamt mit Aufklärungsverfügung im Vollstreckungsverfahren beanstandet werden, nicht aber bereits wegen des grundbuchrechtlichen Eintragungshindernisses vorweg auch mit rangwahrender Zwischenverfügung nach GBO § 18. Erst wenn das Vollstreckungshindernis (alle) behoben ist, wahrt der Antrag im Grundbuchverfahren die Vollzugsreihenfolge von GBO § 17; erst von da an kann daher zur Behebung eines (noch) fortbestehenden grundbuchrechtlichen Eintragungshindernisses mit rangwahrender Zwischenverfügung nach GBO § 18 Abs 1 Frist gesetzt werden.

65.4 Zurückzuweisen ist der Eintragungsantrag mit Beschluß, wenn das Vollstreckungs- oder Eintragungshindernis nach Ablauf der mit Aufklärungs- oder Zwischenverfügung gesetzten Frist nicht behoben ist oder (ohne Fristsetzung), wenn es sich um einen nicht behebbaren Mangel handelt (dann ist aber vor Entscheidung Hinweis nach ZPO § 278 Abs 3 oder rechtliches Gehör zu gewähren). Der Zurückweisungsbeschluß ist zu begründen (Einl Rdn 28).

66 Betrag der Gläubigerforderung

66.1 Für Eintragung der Sicherungshypothek muß die **Forderung** des Gläubigers **mehr als 500 DM** betragen (ZPO § 866 Abs 3 Satz 1), also mindestens 500,01 DM. Grund: Das Grundbuch soll nicht mit geringwertigen Eintragungen überlastet werden.

66.2 Zinsen bleiben für Bemessung der Gläubigerforderung (von mehr als 500 DM) unberücksichtigt (ZPO § 866 Abs 3 Satz 1 Halbs 2). Zinsrückstände, die in der Zwangsvollstreckung betragsmäßig geltend gemacht werden (350 DM für die Zeit vom . . . bis . . .), werden als Hauptsache vollstreckt, sind somit für den Mindestbetrag von 500,01 DM mit anderen Hauptsacheforderungen zusammenzurechnen[1]. Die Zwangsvollstreckung ist als Vollstreckungsverfahren vom Erkenntnisverfahren unabhängig. Für den Charakter der Zinsen als Nebenforderung oder Hauptsacheanspruch in der selbständigen Zwangsvollstreckung (somit für die Betragsgrenze von 500,01 DM des ZPO § 866 Abs 3) kommt es daher allein darauf an, wie die Zinsen in der Zwangsvollstreckung betragsmäßig geltend gemacht werden[1]. Bedeutungslos dafür ist, wie Zinsen im Erkenntnisverfahren verlangt waren und daher im Vollstreckungstitel ausgewiesen sind. Daß Zinsen über den Rechtsstreit hinaus ihren Charakter als Nebenforderungen behalten, erfordert die Selbständigkeit der Zwangsvollstreckung nicht. Zinsrückstände, die im Vollstreckungstitel als Nebenforderung ausgewiesen sind, werden als Hauptsache voll-

---

[4] BGH 27, 310 und BayOblG 1956, 218 = je aaO (Fußn 1); RG 60, 70 (72); OLG Frankfurt Rpfleger 1974, 443; LG Münster JMBlNW 1953, 199; Furtner MDR 1964, 460; Habscheid NJW 1967, 225 (III).

[5] Stöber, ZVG-Handbuch, Rdn 18 a; Zöller/Stöber, ZPO, § 867 Rdn 5; Hoche DNotZ 1957, 3.

[1] Zöller/Stöber, ZPO, § 866 Rdn 5.

streckt, wenn sie in der Zwangsvollstreckung betragsmäßig geltend gemacht werden; als solche sind sie daher für den Mindestbetrag von 500,01 DM mit anderen Hauptsacheforderungen zusammenzurechnen[1]; anders:[2] keine Berücksichtigung der Zinsen, die nicht selbständig eingeklagt waren. Wenn Zinsen selbständig oder zusammengefaßt mit Hauptsache eingeklagt waren, können sie gesondert eingetragen werden, falls dann die Forderung über 500 DM ist[3]. Eine besondere Zwangshypothek für nur als Nebenforderung verlangte Zinsen ist nicht möglich[3]; auch die als Nebenforderung vergessenen sind nachträglich nicht mehr eintragbar[3] (anders:[4] als Nebenforderung aus demselben Titel zulässig, nicht aber aus einem neuen Titel). Zinsrückstände können aber betragsmäßig als Hauptsache vollstreckt werden. Der Betrag der kapitalisierten Zinsrückstände ist dann Geldbetrag der Forderung, für den Zwangsvollstreckung durch Eintragung einer Sicherungshypothek (ZPO § 866) erfolgen kann[5]. Daher kann bei Vollstreckung nur der Zinsen, die für einen bestimmten Zeitraum betragsmäßig verlangt werden, eine Zwangshypothek eingetragen werden[6], und zwar auch dann, wenn die Hauptsacheforderung noch geschuldet und nicht mit vollstreckt wird (anders[7]; nicht richtig).

66.3 Kosten dürfen zur Hauptsache hinzugerechnet werden, auch andere Nebenforderungen, die Kosten auch, wenn sie nicht ausdrücklich festgesetzt waren, zB Vollstreckungskosten. Eintragungsfähig also: 475 DM Hauptsache und 30 DM Kosten und . . .% Zinsen (dazu Muster der Eintragungsverfügung im ZVG-Handbuch Rdn 19).

66.4 Für Forderungen desselben Gläubigers aus mehreren Vollstreckungstiteln (auch Urteil und Kostenfestsetzungsbeschluß, mehrere Vollstreckungsbescheide, desgleichen Hauptsachetitel und nach ZPO § 788 Abs 1 mit beizutreibende bisherige Zwangsvollstreckungskosten) kann eine einheitliche Zwangssicherungshypothek eingetragen werden (ZPO § 866 Abs 3 Satz 2). Die Ansprüche eines Gläubigers aus mehreren Vollstreckungstiteln können zusammengefaßt werden, auch wenn (oder soweit) sie einzeln unter 500 DM liegen (es muß aber der gesamte Betrag ohne Zinsen 500 DM übersteigen) und auch, wenn Ansprüche Dritter durch Abtretung oder Erbfolge hinzuerworben wurden (dann jedoch Klauselumstellung, ZPO § 727, und Zustellung, ZPO § 750 Abs 2, erforderlich). Unzulässig ist aber die Zusammenfassung von Forderungen verschiedener Gläubiger, die erst zusammen 500 DM übersteigen würden. Wenn auch nicht Titel mehrerer Gläubiger zusammengefaßt werden dürfen, so können doch mehrere Gläubiger aus einem Titel berechtigt sein (zur Bezeichnung des Rechtsverhältnisses im Antrag Einl Rdn 63.4). Die Zusammenrechnung mehrerer Titel ist, anders ausgedrückt, zulässig, wenn es sich um ein einheitliches Schuldverhältnis handelt, wenn also Gläubiger derselbe Gläubiger oder dieselbe Gläubigermehrheit und Schuldner überall derselbe Schuldner oder dieselbe Schuldnermehrheit ist.

66.5 Ein Urteil auf Zahlung von **Bruttolohn** ist vollstreckungsfähig[8], ermöglicht somit wegen des Bruttolohnanspruchs auch Eintragung einer Zwangshypothek. Möglich ist deren Eintragung aber auch, wenn mit der Bruttoforderung des Gläubigers „Zinsen von dem sich hieraus ergebenden Nettobetrag" vollstreckt werden[9]; für Grundbucheintragung bestimmt sind diese Nettozinsen, wenn der Schuldtitel als Gläubigerforderung auf Zinsen aus dem Bruttolohnbetrag, auflösend

---

[2] Quardt JurBüro 1960, 177 (I 1) = Schumann JurBüro 1950, 33.
[3] AG Pinneberg Rpfleger 1969, 171 mit abl Anm Haegele.
[4] Haegele Rpfleger 1969, 171 (Anmerkung).
[5] Haegele/Schöner/Stöber, Grundbuchrecht, Rdn 2189.
[6] LG Bonn Rpfleger 1982, 76.
[7] OLG Schleswig JurBüro 1982, 913 = Rpfleger 1982, 301 mit zust Anm Hellmig.
[8] BArbG BAGE 15, 220 = MDR 1964, 625 = NJW 1964, 1338 und 1823 Leitsatz mit krit Anm Putzo; Zöller/Stöber, ZPO, § 704 Rdn 6 mit weit Nachw.
[9] LG Bonn JurBüro 1995, 159 = MDR 1995, 747.

Einleitung 66.5   Zwangshypothek

bedingt durch die Minderung um den Abzugsbetrag, verstanden wird und Eintragung so erfolgt.

66.6 Nach Eintragung der Zwangshypothek kann für **weitere** (festgesetzte oder Zwangsvollstreckungs-)**Kosten** oder für andere Nebenforderungen eine selbständige Zwangshypothek nur eingetragen werden, wenn der Anspruch wieder 500 DM übersteigt[10].

66.7 Eine Zwangshypothek für eine Forderung von 500 DM oder weniger ist nichtig[11] (Ausnahme bei Verteilung Einl Rdn 68). Sie ist als inhaltlich unzulässig von Amts wegen zu löschen (GBO § 53 Abs 1).

67 Eintragung der Zwangshypothek

Literatur: Bärmann, Zur Grundbuchfähigkeit der Wohnungseigentümer-Gemeinschaft, DNotZ 1985, 395; Böhringer, Die Wohnungseigentümergemeinschaft als Gläubiger einer Zwangshypothek für Hausgeldrückstände, BWNotZ 1988, 1; Jansen, Rangvorbehalt und Zwangsvollstreckung, AcP 152, 508.

67.1 Bei Eintragung muß die Zwangshypothek im Grundbuch als **Sicherungshypothek** bezeichnet werden (BGB § 1184 Abs 2). Der Gläubiger (für mehrere auch die Anteile in Bruchteilen oder das Gemeinschaftsverhältnis, GBO § 47), der Geldbetrag der Forderung, der Zinssatz und der Geldbetrag anderer Nebenleistungen müssen im Grundbuch angegeben werden; im übrigen (auch zur Bezeichnung der Forderung) kann und soll (GBO § 44 Abs 2) auf den Vollstreckungstitel (bei Verwaltungsvollstreckung auf den Eintragungsantrag) Bezug genommen werden (ersetzt hierfür die Eintragungsbewilligung) (BGB § 1115 Abs 1 mit § 874). Muster einer Eintragungsverfügung im ZVG-Handbuch Rdn 19.

67.2 Der **Gläubiger** ist nach GBV § 15 zu bezeichnen, als natürliche Person sonach mit Familien- und Vornamen, Beruf und Wohnort oder Geburtsdatum, als juristische Person, Handelsgesellschaft, Partnerschaft und Europ wirtschaftliche Interessenvereinigung mit dem Namen oder der Firma und dem Sitz. Der **Einzelkaufmann** ist auch dann mit seinem bürgerlichen Namen einzutragen, wenn er im Vollstreckungstitel mit seiner Firma (HGB § 17 Abs 2) bezeichnet ist[1] (siehe auch Einl Rdn 63.4). Gläubiger, der als Einzelkaufmann unter seiner Firma bezeichnet ist, ist der Firmeninhaber bei Eintritt der Rechtshängigkeit (§ 15 Rdn 25.10). Feststellung des mit seiner Firma bezeichneten Einzelkaufmanns (bei Bezeichnung im Antrag Prüfung) hat durch das Grundbuchamt als Vollstreckungsorgan zu erfolgen (§ 15 Rdn 25.11; Zweifel gehen zu Lasten des Gläubigers, § 15 Rdn 25.12). Daher ist der Antrag nicht zurückzuweisen, wenn der Vollstreckungstitel oder Antrag den bürgerlichen Namen des Gläubigers nicht nennt (anders[1]; es erfolgt jedoch keine von der Eintragungsunterlage abweichende Eintragung; eingetragen wird mit seinem bürgerlichen Namen vielmehr der im Vollstreckungstitel mit seinem Handelsnamen nach HGB § 17 Abs 2 ordnungsgemäß bezeichnete Gläubiger). **Wohnungseigentümer** sind als Gläubiger einzeln[2] namentlich (GBV § 15 Abs 1) mit ihrem Gemeinschaftsverhältnis (GBO § 47) zu bezeichnen. Als Rechtsverhältnis ist die Wohnungseigentümergemeinschaft anzugeben[3]; nicht für ausreichend erachtet wird die Angabe „Gesamtberechtigte gemäß § 432 BGB"[3]. Eintragung der Wohnungseigentümer-Gemeinschaft als solcher kann nicht erfolgen[4] (anders[5]), auch nicht als „Gemeinschaft der Wohnungseigen-

---

[10] RG 61, 423.
[11] RG 60, 279 (284).
[1] BayObLG NJW-RR 1988, 980 = Rpfleger 1988, 309.
[2] OLG Köln MDR 1995, 36 = OLGZ 1994, 521 = Rpfleger 1994, 496 mit abl. Anm Sauren; LG Aachen Rpfleger 1994, 496 mit abl Anm Sauren.
[3] KG Berlin OLGZ 1986, 47 = Rpfleger 1985, 435.
[4] OLG Köln und LG Aachen je aaO (Fußn 2); LG Mannheim BWNotZ 1982, 19.

tümer..., bestehend aus den in der dem Vollstreckungstitel beigefügten Liste aufgeführten Personen als Berechtigte gemäß BGB § 432"[6] Für Bezeichnung der Wohnungseigentümer kann aber Angabe des Vor- und Familiennamens und (abweichend von GBV § 15 Abs 1 Buchst a) der Grundbuchblätter des Wohnungseigentums jedes der Miteigentümer genügen[7] (anders[8]). Einzutragen ist der Verwalter als Prozeßstandschafter (hierzu[9]), wenn ihn der Vollstreckungstitel als Inhaber der Gläubigerforderung bezeichnet[10] (anders[11]: nicht zulässig; abzulehnen, weil der im Vollstreckungstitel Bezeichnete seinen Vollstreckungsanspruch geltend macht). Nicht eintragbar ist eine Sicherungshypothek jedoch für den im Vollstreckungstitel mit „inkassobefugter Verwalter der Eigentümergemeinschaft X" bezeichneten Gläubiger[12] (weist weder den Verwalter noch die Wohnungseigentümer eindeutig als Gläubiger aus; Auslegung kaum denkbar). Der Anspruch an einen Miteigentümer auf Lasten- und Kostenbeitrag (WEG § 16 Abs 2) steht Wohnungseigentümern gemeinschaftlich zu; das für die Gläubigergemeinschaft maßgebende Rechtsverhältnis ergibt sich aus dem Vollstreckungstitel über einen solchen Anspruch in der für die Eintragung erforderlichen Weise hinreichend bestimmt[13] (noch für Mitgläubiger nach BGB § 432) (anders[14]). Für **Zwangsgeld** (ZPO § 888) ist als Gläubiger der Kläger zu bezeichnen und einzutragen; die Gerichtskasse ist bei Eintragung als Zahlungsempfänger anzugeben[15]. Die Erben sind als Berechtigte einzutragen, wenn der Nachlaßverwalter eine zum Nachlaß gehörenden Forderung vollstreckt[16].

67.3 Geldbetrag der Forderung, der in Spalte 3 als Betrag des Rechts (GBV § 11 Abs 4) und in Spalte 4 in Buchstaben zu schreiben ist (GBV § 17 Abs 1 Satz 1 mit § 11 Abs 5) ist die Vollstreckungsforderung. Dieser Forderungsbetrag wird durch den Vollstreckungsantrag des Gläubigers bestimmt; er kann sich aus mehreren Einzelansprüchen (Hauptsache, vorgerichtliche Auslagen, kapitalisierte Zinsen, festgesetzte Kosten, frühere Zwangsvollstreckungskosten) sowie aus den durch mehrere Schuldtitel (ZPO § 866 Abs 3 Satz 2) ausgewiesenen Gläubigeransprüchen zusammensetzen (hierzu näher[17]). Der Zinssatz muß bestimmt sein, bei Abhängigkeit von dem Diskont- oder Lombardsatz muß ein Höchstsatz angegeben werden[18] (BGB § 1115). Den für Diskont- oder Lombardzinsen im Vollstreckungstitel nicht bezeichnete Höchstsatz der Zinsen muß der Gläubiger in seinem (schriftlichen) Antrag bezeichnen. Künftige (insbesondere über den Eintragungstag hinaus fortlaufende) Zinsen können als Nebenforderungen eingetragen werden; ZPO § 751 Abs 1 steht dem nicht entgegen. Der Anfangstag der Verzinsung (der vor dem Eintragungstag liegen kann), kann durch Bezugnahme eingetragen werden. Ist ein Titel-Anspruch unverzinslich, so haftet das Grundstück für die gesetzlichen Zinsen (BGB § 1118) ohne Eintragung; die gesetzlichen Zinsen dürfen nicht eingetragen werden; in der Zwangsversteigerung und Zwangsverwaltung

---

[5] Bärmann DNotZ 1985, 395; Böhringer BWNotZ 1988, 1.
[6] BayObLG 1984, 239 = DNotZ 1985, 424 = MDR 1985, 142 = Rpfleger 1985, 102.
[7] OLG Köln (Fußn 2).
[8] LG Aachen aaO (Fußn 2).
[9] BGH 104, 197 (199) = NJW 1988, 1910.
[10] LG Bochum Rpfleger 1985, 438; LG Lübeck Rpfleger 1992, 343 mit zust Anm Meyer-Stolte.
[11] OLG Celle Rpfleger 1986, 484; OLG Köln sowie LG Aachen alle Rpfleger 1988, 526 mit Anm Sauren.
[12] LG Frankfurt NJW-RR 1993, 589 = Rpfleger 1993, 238.
[13] LG Bochum Rpfleger 1981, 148 mit zust Anm Meyer-Stolte.
[14] Grundbuchamt Heidelberg BWNotZ 1984, 174.
[15] AG Hamburg Rpfleger 1982, 31.
[16] OLG Hamm JurBüro 1988, 1420 = MDR 1988, 865 = Rpfleger 1989, 17.
[17] Haegele/Schöner/Stöber, Grundbuchrecht, Rdn 2187.
[18] KG Berlin Rpfleger 1971, 316 mit zust Anm Haegele.

Einleitung 67.3

werden sie auf Anmeldung berücksichtigt (ZVG § 45 Abs 1, § 114 Abs 1, § 155 Abs 2). Als andere Nebenleistungen werden Strafzinsen (einmalige oder fortlaufende), Säumniszuschläge oder Zinseszinsen eingetragen (nicht aber zB festgesetzte Kosten, frühere Zwangsvollstreckungskosten, kapitalisierte Zinsen, die als Vollstreckungshauptsache geltend gemacht sind; diese sind als Vollstreckungsanspruch des Gläubigers Hauptsacheteil). Eintragungskosten: Einl Rdn 70.2.

67.4 Die Zwangshypothek ist immer **Buchhypothek** (BGB § 1185 Abs 1), Ausschluß der Brieferteilung wird daher nicht eingetragen. Daß die Eintragung im Wege der Zwangsvollstreckung erfolgt, wird wegen der für die Sicherungshypothek geltenden Besonderheiten (ZPO § 868) angegeben[19] (genügend: „Zwangssicherungshypothek"). Die Sicherungsvollstreckung (ZPO § 720 a) wird als Grund der Eintragung nicht vermerkt[20] (auch ZVG-Handbuch Rdn 19). Sammelbuchung (zusammengefaßte Eintragung nach Verteilung) wäre zulässig, ist jedoch nicht zu empfehlen (dazu[21]).

67.5 In **ausländischer Währung** kann die Zwangshypothek nicht eingetragen werden (GBO § 28 Satz 2); bei einem Titel in ausländischer Währung bleibt nur der Weg einer Höchstbetragshypothek in deutscher Währung[22]. Zu ermitteln ist der DM-Betrag durch Umrechnung nach der Zeit des Eintragungsantrags, in dem die Kursberechnung erfolgt sein muß; Zinsen sind in den Höchstbetrag einzuordnen[23].

67.6 Einen für den Grundstückseigentümer eingetragenen **Rangvorbehalt** kann der Gläubiger bei oder nach Eintragung der Zwangshypothek nicht ausnützen[24]. Das ist jetzt allgemeine Ansicht (unstreitig); zu den überholten früheren Meinungen siehe 12. Auflage § 1 Rdn 82.10 und 82.11

67.7 Die Zwangshypothek kann nachträglich durch Einigung von Gläubiger und Schuldner in eine Hypothek oder Grundschuld umgewandelt werden (BGB § 1186).

67.8 Für eine Zwangshypothek ist keine Vormerkung möglich.

68 Gesamtrecht; mehrere Grundstücke

Literatur: Bruder, Zwangshypothek bei mehreren zu belastenden Grundstücken, NJW 1990, 1163; Groß, Zwangshypothek als Gesamthypothek? BWNotZ 1984, 111; Reuter, Das vergessene Problem der §§ 866 III, 867 II ZPO, Rpfleger 1986, 285.

68.1 Belastung **mehrerer Grundstücke** des Schuldners mit einer Zwangshypothek, somit Eintragung einer ursprünglichen Gesamt-Zwangshypothek auf mehreren Grundstücken desselben Schuldners, ist **nicht zulässig** (ZPO § 867 Abs 2). Doppelsicherung durch Zwangshypothek ist auch verboten, wenn die Grundstücke nacheinander im Wege der Zwangsvollstreckung belastet werden sollen[1]. Grund[2]: Schutz des Schuldners vor übermäßiger Belastung seines Grundbesitzes mit Doppelsicherung des Gläubigers und Abwendung der mit einer Gesamthypothek verbundenen Schwierigkeiten. Wenn die Hypothek auf mehreren Grundstücken desselben Schuldners eingetragen werden soll, muß der Betrag der Forderung auf die einzelnen Grundstücke **verteilt** werden. Die Größe der Forderungsteile bestimmt der Gläubiger. Die Teile müssen nicht je über 500 DM betragen,

---

[19] Haegele/Schöner/Stöber, Grundbuchrecht, Rdn 2186.
[20] Zöller/Stöber, ZPO, § 867 Rdn 7.
[21] Haegele/Schöner/Stöber, Grundbuchrecht, Rdn 2193.
[22] RG 106, 74; LG Osnabrück Rpfleger 1968, 122; K. Schmidt ZZP 98 (1985) 32 (46).
[23] RG 106, 74.
[24] RG 114, 426; BGH 12, 238 = DNotZ 1954, 378 = NJW 1954, 954; OLG Frankfurt MDR 1953, 243; LG München I MittBayNot 1953, 104.
[1] OLG Düsseldorf MDR 1990, 62 = OLGZ 1990, 16 = Rpfleger 1990, 60.
[2] Begründung der CPO-Novelle, Hahn/Mugdan, Materialien, Band VIII (1898), S 167.

Zwangshypothek 68.3 **Einleitung**

wie das ZPO § 866 Abs 3 für die Zwangshypothek selbst fordert (Einl Rdn 66), nur der Gesamtbetrag muß es[3] (dagegen[4]); ZPO § 866 Abs 3 Satz 1 erfordert nur, daß die Vollstreckungsforderung insgesamt (die Summe der Einzelhypotheken) einen Betrag von 500 DM übersteigt[5]. Zinsen sind als Nebenforderungen bei jeder Teilforderung einzutragen[6]. Belastung eines Grundstücks allein mit Zinsen als Nebenleistungen (über die Teilforderung hinaus) ist unzulässig. Eine Rangfolge der Teile für die Befriedigung muß der Gläubiger (auch wenn die Teile gleich groß sind) nicht angeben[7]. Teilleistungen des Schuldners werden mangels anderweitiger Bestimmung (die Schuldner obliegt) nach BGB § 366 verrechnet[7]. Muster für die Verteilung im ZVG-Handbuch Rdn 26. Mit Eintragung nach Verteilung der Gläubigerforderung entstehen Einzelhypotheken (ZPO § 867 Abs 1 Satz 2).

68.2 Die **Verteilung** hat im (schriftlichen) Eintragungsantrag zu erfolgen; sie bedarf nicht der Form aus GBO § 29. Fehlende Verteilung der Forderung ist vollstreckungsrechtlicher Antragsmangel. Gelegenheit zur Nachholung der Verteilung ist daher unter Fristsetzung mit Aufklärungsverfügung nach ZPO § 139 (auch ZPO § 278 Abs 3) zu geben (Einl Rdn 65.1). Diese Verfügung ist nicht rangwahrend im Sinne von GBO § 18 Abs 2, weil das Eintragungshindernis nicht in einer grundbuchrechtlichen Vorschrift liegt[8]. Die nachträgliche Verteilung ist Ergänzung (Vervollständigung) des Vollstreckungs/Eintragungsantrags; sie ist somit wie dieser schriftlich einzureichen[9]; nicht richtig somit frühere Ansicht, die nachträgliche Verteilung als formbedürftige teilweise Antragsrücknahme ansah[10].

68.3 Die **nachträgliche Verteilungserklärung** wirkt nicht auf den Eingang des ersten Antrags zurück[11] (BGB § 878 ist auf Rechtserwerb in der Zwangsvollstreckung nicht anwendbar, siehe Einl Rdn 65.2). Wenn die Verteilung nachgeholt wird, ist für die **Eintragungsreihenfolge** (GBO § 17) und damit für den Rang der Zwangshypothek mithin nicht der (frühere) Eingang des unvollständigen Antrags, sondern der Zeitpunkt maßgebend, in dem der die Verteilung enthaltende (weitere) Antrag beim Grundbuchamt eingeht[12]. Wenn nach Zurückweisung des Antrags Erinnerung (Beschwerde) eingelegt und zugleich das Hindernis behoben wird, ist die Beschwerde unbegründet und neuer Eintragungsantrag in richtiger Form zu stellen [13].

---

[3] RG 84, 265 (276) ; OLG Hamm DGVZ 1976, 117 mit zust Anm Jakobs = KTS 1975, 305 = MDR 1975, 763 = NJW 1975, 2025 Leitsatz = OLGZ 1975, 305 = Rpfleger 1975, 261; OLG Dresden OLG 3, 201; OLG Colmar OLG 5, 331; Stein/Jonas/Münzberg, ZPO, § 867 Rdn 40; Zöller/Stöber, ZPO, § 867 Rdn 15.
[4] Reuter Rpfleger 1986, 285.
[5] RG 84, 265 (276) ; Zöller/Stöber, ZPO, § 867 Rdn 15.
[6] Haegele/Schöner/Stöber, Grundbuchrecht, Rdn 2194.
[7] BGH MDR 1991, 1093 = NJW 1991, 2022 = Rpfleger 1991, 903.
[8] BGH 27, 310 = DNotZ 1958, 480 = MDR 1958, 498 = NJW 1958, 1090 = Rpfleger 1958, 216 mit Anm Riggers; Haegele/Schöner/Stöber, Grundbuchrecht, Rdn 2194; Honisch NJW 1958, 1526 (3).
[9] Haegele/Schöner/Stöber, Grundbuchrecht, Rdn 2195; Stein/Jonas/Münzberg, ZPO, § 867 Rdn 39; Zöller/Stöber, ZPO, § 867 Rdn 15; Honisch NJW 1958, 1526 (4); Vollkommer in Besprechung zu Stein/Jonas, 19. Aufl 1972/1975, Rpfleger 1976, 446 (rechte Spalte Mitte).
[10] Haegele BWNotZ 1972, 107 (I 4); Grund WürttNotV 1950, 224 (A XI); Riggers Jur-Büro 1966, 917 (1 I 6).
[11] BGH 27, 310 = aaO (Fußn 8); BayObLG 1952, 49 = NJW 1952, 746; BayObLG 1956, 218 = DNotZ 1956, 596 mit abl Anm Schweyer = NJW 1956, 1800 = Rpfleger 1957, 22; OLG Düsseldorf Rpfleger 1990, 60 = aaO (Fußn 1); Zöller/Stöber, ZPO, § 867 Rdn 15; Honisch NJW 1958, 1526 (4); Hoche DNotZ 1957, 3.
[12] BGH 27, 310 = aaO (Fußn 8).
[13] LG Münster JMBlNW 1953, 199.

Einleitung 68.4 — Zwangshypothek

68.4 Wurde verbotswidrig eine Gesamt-Zwangshypothek eingetragen, so ist sie von Amts wegen nach GBO § 53 Abs 1 zu **löschen**[14]. Denn die Verteilung der Forderung ist eine Voraussetzung für den Beginn der Vollstreckung[15] (auch ZVG-Handbuch Rdn 26). Mit späterer Löschung der Gesamt-Zwangshypothek auf allen weiteren Grundstücken wird die Zwangshypothek, die nur noch auf einem Grundstück eingetragen bleibt, nicht wirksam (anders[16]; nicht richtig, die inhaltlich unzulässig eingetragene Gesamt-Zwangshypothek kann nicht später heilen). Nicht entstanden ist eine zweite Zwangshypothek, wenn zunächst auf einem Grundstück eine Zwangshypothek in voller Forderungshöhe eingetragen wurde und später auf Grund eines weiteren Antrags unter Verletzung von ZPO § 867 Abs 2 für die gleiche Forderung (oder einen Teil dieser Forderung) nochmals eine Zwangshypothek auf einem anderen Grundstück (sonstigen Objekt) des Schuldners eingetragen wird[17]. Die Wirksamkeit der zuerst (zulässig) eingetragenen Einzel-Zwangshypothek wird davon nicht berührt[17]. Die zweite Zwangshypothek ist als inhaltlich unzulässig von Amts wegen zu löschen (GBO § 53 Abs 1 Satz 2), wenn sich diese Unzulässigkeit aus dem Eintragungsvermerk und den dort zulässigerweise in Bezug genommenen Eintragungsunterlagen selbst ergibt[18] (Mithaftvermerk gemäß GBO § 48; Buchung der mehreren Grundstücke im Bestandsverzeichnis desselben Grundbuchblatts). Ergibt sich der Gesetzesverstoß nicht allein aus dem Grundbuchblatt des zweiten Grundstücks (mit Einschluß der in Bezug genommenen Eintragungsunterlagen), dann ist Eintragung eines Amtswiderspruchs (GBO § 53 Abs 1 Satz 1) bei der nicht entstandenen zweiten Zwangshypothek geboten[18].

68.5 Es gibt aber **Ausnahmefälle** für das Zusammentreffen mehrerer Zwangshypotheken. Eine Gesamt-Zwangshypothek entsteht (nachträglich), wenn das belastete Grundstück später geteilt wird, somit auch, wenn ein Grundstücksteil abgeschrieben wird und die Belastung mangels Pfandfreigabe mitübertragen werden muß. Diese Teilung des mit der Zwangshypothek belasteten Grundstücks ist zulässig. Wenn ein Gläubiger den Anspruch auf Übertragung mehrerer Grundstücke nach ZPO § 848 wegen einer Forderung hat pfänden und sich überweisen lassen, so hat er ein Gesamtpfandrecht an den Eigentumsverschaffungsansprüchen (ZPO § 804, BGB §§ 1273, 1222); werden diese Ansprüche erfüllt, so erwirbt er kraft Gesetzes eine Gesamt-Sicherungshypothek an den Grundstücken (ZPO § 848 Abs 2); sie ist im Wege der Grundbuchberichtigung einzutragen.

68.6 Eine Gesamtzwangshypothek entsteht, wenn für die Vollstreckungsforderung **Grundstückseigentümer gesamtschuldnerisch haften** und auf jedem ihrer Grundstücke eine Zwangshypothek eingetragen wird[19]. Für eine Gesamtschuld aller Wohnungseigentümer kann somit eine Zwangshypothek auch an jedem Wohnungseigentum (als Gegenstand der Immobiliarvollstreckung, Einl Rdn 12.11), damit an allen Wohnungseigentumsanteilen eingetragen werden.

68.7 Haften mehrere Schuldner als **Gesamtschuldner,** so ist also die Zwangshypothek so zu beantragen und einzutragen, daß auf dem Gesamtgrundbesitz jedes einzelnen von ihnen die Schuldsumme ganz, aber auf die einzelnen Grundstücke dieses Schuldners verteilt eingetragen wird und daß hierbei die gesamtschuldnerische Haftung der einzelnen Grundstücksmassen der verschiedenen Schuldner vermerkt wird[20].

---

[14] RG 163, 121 (125).
[15] BGH 27, 310 = aaO (Fußn 8).
[16] Streuer Rpfleger 1988, 513 (B I).
[17] BayObLG Rpfleger 1986, 372; LG Mannheim Rpfleger 1981, 406; LG München II Rpfleger 1989, 96.
[18] BayObLG Rpfleger 1986, 372; LG München II Rpfleger 1989, 96.
[19] BGH DNotZ 1961, 407 = MDR 1961, 673 = NJW 1961, 1352 = Rpfleger 1961, 353; LG Duisburg JurBüro 1981, 624 mit zust Anm Muth.
[20] Löscher JurBüro 1961, 225 (V).

Zwangshypothek 69.1 **Einleitung**

68.8 Wenn ein Grundstück im **Bruchteilsmiteigentum** mehrerer Schuldner steht oder Miteigentumsanteile nach GBO § 3 Abs 6 gebucht sind (Einl Rn 62.1), findet in die Anteile für Zwangsvollstreckung wie in Grundstücke statt (ZPO § 864 Abs 2). Wegen BGB § 1114 gilt das auch für die Verteilungsvorschrift in ZPO § 867 Abs 2[21], denn bei Belastung eines solchen Grundstücks mit einer Hypothek entsteht eine Gesamthypothek und das ist auch bei der Zwangshypothek nicht anders[22]. Wenn aber die Bruchteilseigentümer samtverbindlich für die ganze Schuld haften, kann wieder eine Gesamtzwangshypothek an jedem Bruchteil eingetragen werden, ohne daß ZPO § 867 Abs 2 hindern würde[22].

68.9 Zulässig sind natürlich mehrere Zwangshypotheken für **verschiedene Forderungen** desselben Gläubigers gegen denselben Schuldner auf demselben Grundstück oder auf verschiedenen Grundstücken[23]. Sie können (ZPO § 866 Abs 3 Satz 2), müssen aber nicht einheitlich eingetragen werden; es muß aber völlig zweifelsfrei sein, welche Forderung aus welchem Titel auf welchem Grundstück gesichert werden soll[23]. Unzulässig ist aber eine sogenannte Ausfallzwangshypothek für den Fall, daß in der Zwangsversteigerung die ersteingetragene Zwangshypothek ausfalle[24], und zwar auch dann, wenn (vollstreckungsrechtlich) Zweifel an der hineinreichenden Sicherung durch die bereits eingetragene Zwangshypothek bestehen[25].

68.10 Spätere **Erhöhungen** einer Zwangshypothek sind nur als Neueintragung möglich ([26]meint unzutreffend, die Erhöhung müsse nicht 500 DM übersteigen). Wenn auf einem Grundstück die Zwangshypothek eingetragen ist und andere Grundstücke für dieselbe Forderung belastet werden sollen, muß der Gläubiger in Höhe des neuen einzutragenden Teils verzichten und der Verzicht eingetragen (BGB § 1168) oder der neu einzutragende Teil gelöscht sein[27], es genügt nicht, wenn dem Schuldner nur Löschungsbewilligung oder Verzichterklärung ausgehändigt ist (ZVG-Handbuch Rdn 39). Zulässig ist es, wenn eine Verkehrshypothek eingetragen ist, auf einem anderen Grundstück eine Zwangshypothek einzutragen[28] (auch ZVG-Handbuch Rdn 39); kritisch dazu und für Mithaftvermerk[29]), nicht aber an selben Grundstück. Zulässig ist erst recht die Eintragung einer Zwangshypothek, wenn zur Sicherung der Gläubigerforderung an einem anderen Grundstück (aber auch an demselben Grundstück) bereits eine (forderungsunabhängige, BGB § 1191 Abs 1) (Sicherungs-)Grundschuld bestellt worden ist[30].

Grundstücksvollstreckung mit dinglichem Titel (Duldungstitel) 69

Literatur: Schneider, Die Zwangsvollstreckung in ein Grundstück nach Erlangung einer Sicherungshypothek, JurBüro 1975, 1315; Stöber, Erfordert die Zwangsversteigerung mit dem Rang einer Zwangshypothek einen dinglichen Vollstreckungstitel? Rpfleger 1956, 326; Stöber, Dinglicher Vollstreckungstitel bei Zwangsversteigerung mit dem Rang einer Zwangssicherungshypothek, MDR 1961, 17.

69.1 Der Gläubiger erlangt mit Eintragung der Zwangshypothek für seine (persönliche) Vollstreckungsforderung eine **Sicherungshypothek** nach BGB § 1184 (Einl Rdn 62.1). Sie ist keine Zwischenstufe zu weiteren Vollstreckungs-

---

[21] Löscher JurBüro 1961, 339 (Nr 23).
[22] BGH DNotZ 1961, 407 = aaO (Fußn 19).
[23] LG Lübeck SchlHA 1962, 199.
[24] OLG Stuttgart NJW 1971, 898 = OLGZ 1971, 257 = Rpfleger 1971, 191.
[25] LG Hechingen Rpfleger 1993, 169.
[26] Löscher aaO (Fußn 21).
[27] RG 98, 106 (108); Löscher JurBüro 1961, 377 (Nr 32).
[28] RG 163, 121 (125); BayObLG MDR 1991, 163 = MittBayNot 1991, 26 = Rpfleger 1991, 53.
[29] Böhringer BWNotZ 1988, 97 (III).
[30] BayObLG Rpfleger 1991, 53 = aaO (Fußn 28); LG Lübeck Rpfleger 1985, 287.

Einleitung 69.1 Zwangshypothek

maßnahmen, somit nicht Beginn der Zwangsversteigerung oder Zwangsverwaltung, sondern eine selbständig neben diesen beiden stehende Vollstreckungsart für das unbewegliche Vermögen (ZPO § 866 Abs 1 und 2). Als Belastung des Grundstücks gewährt die Zwangshypothek ihrem Gläubiger (dinglichen) **Anspruch** auf Zahlung des Hypothekenbetrages **aus dem Grundstück** (BGB § 1113 mit § 1184). Die Befriedigung dieses (dinglichen) Gläubigeranspruchs aus dem Grundstück erfolgt im Wege der Zwangsvollstreckung (BGB § 1147), somit durch Zwangsversteigerung oder Zwangsverwaltung. Diese findet nur aus einem Endurteil (ZPO § 704) oder sonstigen Vollstreckungstitel (insbesondere ZPO § 794) statt, das oder der diesen dinglichen Anspruch des Gläubigers ausweist (Erlangung dieses Titels § 15 Rdn 9.4). Somit ist für die Vollstreckung des mit Eintragung der Zwangshypothek erlangten dinglichen Anspruchs ein **dinglicher Vollstreckungstitel** (Duldungstitel) nötig (§ 15 Rdn 9). Der Leistungstitel über die Geldforderung, die mit Eintragung der Zwangshypothek in das Grundstück als Schuldnervermögen vollstreckt wurde, weist den dinglichen Anspruch nicht aus. Die Zwangsversteigerung oder Zwangsverwaltung wegen des dinglichen Anspruchs (= an der Rangstelle des Rechts) ermöglicht der (vollstreckte) Zahlungstitel daher nicht; für Zwangsversteigerung oder Zwangsverwaltung wegen des dinglichen Anspruchs (mit dem Rang der Zwangshypothek) wird er nicht benötigt. Der auf den Schuldtitel gesetzte Vermerk (ZPO § 867 Abs 1) verschafft ihm nicht die Wirkung eines dinglichen Titels; er hat nur die Eigenschaft einer Vollstreckungsbestätigung, die auch den Schuldner schützen soll. Dem Gläubiger hat die Eintragung der Zwangshypothek (ZPO § 867 Abs 1 Satz 1) dieselben Rechte wie eine rechtsgeschäftlich bestellte Sicherungshypothek verschafft, aber nicht mehr als solche; daher kann er nicht besser gestellt werden als der Gläubiger einer Verkehrshypothek, der für die Zwangsvollstreckung in das Grundstück (BGB § 1147) einen dinglichen Titel benötigt (§ 15 Rdn 9). Der Grundgedanke ist (auch), daß ein persönlicher Titel nicht zur Versteigerung aus der Rangstelle der Hypothek genügt, weil gegen eine dingliche Klage andere Einwendungen erhoben werden können. Bei Duldungsklage (BGB § 1147) ist der Gläubiger der auf Grund eines rechtskräftigen Titels erwirkten Zwangshypothek (auch nach Eigentumswechsel[1]) für die gesicherte Geldforderung der Darlegungs- und Beweislast enthoben (anders, wenn dem Titel die materielle Rechtskraft fehlt[2]). Der (darlegungs- und beweispflichtige) Grundstückserwerber kann gegen diese Duldungsklage nur die nach ZPO § 767 Abs 2, § 796 Abs 2 zulässigen Einwendungen erheben[3].

69.2 Daß **dinglicher Titel** (Duldungstitel) für die Vollstreckung des mit Eintragung der Zwangshypothek erlangten Anspruchs (an der Rangstelle des Rechts) notwendig ist (wie man ihn bei jeder anderen Hypothek benötigt), entspricht allgemeiner und längst gefestigter Ansicht in Rechtsprechung und Schrifttum[4] (und andere). Abzulehnen, weil vom Gesetz nicht gedeckt: dinglicher Titel sei nicht nötig, wenn zwischen Hypothekeneintragung und Versteigerungsanordnung kein Eigentümerwechsel stattgefunden hat (so noch[5] und andere) oder er sei nie

---

[1] BGH KTS 1988, 199 und 386 = MDR 1988, 314 = NJW 1988, 828.
[2] BGH 124, 164 = KTS 1994, 304 = MDR 1994, 1040 = NJW 1994, 460.
[3] BGH NJW 1988, 828 = aaO (Fußn 1).
[4] RG 123, 169 (171) und frühere Entscheidungen des RG; OLG Düsseldorf MDR 1975, 1026 Leitsatz = Rpfleger 1975, 355; OLG München MDR 1984, 674 = OLGZ 1984, 248 = Rpfleger 1984, 325; LG Berlin Rpfleger 1975, 128 (unter Aufgabe von NJW 1954, 1290); MünchKomm/Eickmann, ZPO, § 867 Rdn 57; Stein/Jonas/Münzberg, ZPO, § 867 Rdn 38; Zöller/Stöber, ZPO, § 866 Rdn 6; Dassler/Muth § 16 Rdn 7; Jaeckel/Güthe §§ 15–16 Rdn 11; Steiner/Hagemann §§ 15, 16 Rdn 36; Stöber, ZVG-Handbuch, Rdn 10; Schneider JurBüro 1975, 1315 (1), ebenso weitere Abhandlungen desselben Verfassers, so JurBüro 1975, 1161 (II); Stöber Rpfleger 1956, 326 und MDR 1961, 17 (V).
[5] Bauer JurBüro 1965, 521 (III H).

Zwangshypothek 70.2 **Einleitung**

nötig (so[6] und andere). Der dingliche Titel muß den Gläubiger der Sicherungshypothek und als Schuldner des Duldungsanspruchs den Eigentümer des Grundstücks bezeichnen (ZPO § 750).

69.3 Beitritt wegen des dinglichen Anspruchs, wenn der Gläubiger bereits für seine persönliche Vollstreckungsforderung (vor oder nach Eintragung der Zwangshypothek) Beschlagnahme erwirkt hat: § 10 Rdn 9.4. Aufnahme der Hypothek in das geringste Gebot, wenn sie dem (persönlichen) Anspruch des vollstreckenden Gläubigers (in Rangklasse § 10 Abs 1 Nr 5) im „Rang" vorgeht: § 44 Rdn 4.5. Abtretung der Zwangshypothek ist Rechtsnachfolge; Vollstreckung eines dinglichen Titels für den Zessionar erfordert nach ZPO § 750 Abs 2 daher Rechtsnachfolgeklausel und Zustellungsnachweise. Keinen dinglichen Titel benötigt man zur Zwangshypothek, wenn man nur in einem von anderen Gläubigern betriebenen Verfahren den auf die Hypothek entfallenden Erlösanteil in Empfang nehmen will (falls sie dem bestrangig betreibenden Gläubiger nachgeht und damit erlischt; andernfalls würde sie ja bestehenbleiben).

69.4 Zur Vollstreckung aus einer Zwangshypothek benötigen die im **Verwaltungszwangsverfahren** vollstreckenden Stellen keinen dinglichen Titel (sie brauchen ja nie einen Titel vorlegen, so Finanzamt, § 15 Rdn 34, oder Gerichtskasse, § 15 Rdn 18). Sie stellen nur Vollstreckungsanträge, müssen aber im Antrag erkennbar machen, ob sie dinglich oder persönlich vollstrecken wollen (§ 15 Rdn 38).

Kosten des Gläubigers und der Eintragung 70

Literatur: Eiselt, Zur Eintragungsfähigkeit der Kosten der Zwangsvollstreckung bei der Sicherungszwangshypothek, BWNotZ 1984, 68; Löscher, Berücksichtigung von Kosten bei Eintragung einer Zwangshypothek, Rpfleger 1960, 355; Löscher, Die Eintragung von Zwangshypotheken in kostenrechtlicher Sicht, JurBüro 1982, 979; Mümmler, Anwaltsgebühren bei Eintragung einer Sicherungs(zwangs)hypothek, JurBüro 1981, 1476.

70.1 Zu **unterscheiden** sind die Kosten der Eintragung der Zwangshypothek, die früheren Vollstreckungskosten und die Prozeßkosten. Die Eintragungskosten richten sich für das Gericht nach KostO §§ 62, 63 (dazu[1]), für die Rechtsanwälte nach BRAGO § 57 Abs 1, § 58 Abs 3 Nr 6 (dazu[2]), zuzüglich der etwaigen Auslagen, und der eigenen Kosten und Auslagen der Partei (§ 10 Rdn 15). Alle zur Zwangshypothek gehörenden Kosten fallen dem Schuldner nur zur Last, soweit sie notwendig sind (ZPO § 788 Abs 1 Satz 1).

70.2 Für die **Eintragungskosten** (Kosten des Gerichts, der Partei, ihres Anwalts) haftet das Grundstück kraft Gesetzes und im Rang der Zwangshypothek, soweit sie dem Schuldner zur Last fallen (ZPO § 867 Abs 1 Satz 3). Sie sind nicht eintragungsbedürftig (bei Zwangsversteigerung und Zwangsverwaltung können sie aus dem Grundstück verlangt werden[3]), aber auch nicht eintragungsfähig[3]. Wenn man ihre Eintragung nicht schon für unzulässig ansieht, ist sie doch mindestens unnötig und darum abzulehnen[4]. Wird die Eintragung dennoch beantragt, so kann das Grundbuchamt dem Antrag unter Weglassen der nicht eintragungsfähigen Kosten stattgeben[5] nicht aber den ganzen Eintragungsantrag zurückweisen und auch

---

[6] Jonas/Pohle, ZwVNotrecht, § 866 Anmerk II; Wieczorek, ZPO, § 866 Anm c; Schalhorn JurBüro 1974, 562 (565).
[1] Löscher JurBüro 1982, 979.
[2] Mümmler JurBüro 1981, 1476.
[3] Stein/Jonas/Münzberg, ZPO, § 867 Rdn 44; Zöller/Stöber, ZPO, § 867 Rdn 13; Löscher Rpfleger 1960, 355 (B).
[4] Drischler JurBüro 1961, 5 (I).
[5] Haegele/Schöner/Stöber, Grundbuchrecht, Rdn 2192; Stöber, ZVG-Handbuch, Rdn 24; Löscher Rpfleger 1960, 355 (B).

Einleitung 70.2   Zwangshypothek

nicht den Antragsteil zurückweisen, der sich auf die Eintragungskosten bezieht; es braucht auch nicht durch eine Zwischenverfügung klären lassen, ob insoweit der Antrag zurückgenommen wird.

70.3 Die bisherigen (notwendigen) **Vollstreckungskosten** (Mobiliarvollstreckung, Offenbarungsversicherungsverfahren, Forderungspfändungen, bisherige Immobiliarvollstreckungsverfahren) sind Vollstreckungsforderung des Gläubigers, somit als Geldbetrag der Gläubigerforderung bei Eintragung der Zwangshypothek im Grundbuch zu bezeichnen (BGB § 1115 Abs 1, Einl Rdn 67.3). Das Grundbuchamt prüft sie selbständig (als Vollstreckungsorgan), sowohl ihre Höhe wie ihre Notwendigkeit. Es ist kein besonderer Vollstreckungstitel für sie nötig, sie müssen also nicht festgesetzt sein[6] (Festsetzung verlangen zu Unrecht[7]). Die Entstehung der Vollstreckungskosten und ihre Höhe ist aber glaubhaft zu machen; sie können auch belegt werden (Quittungen, sonstige Nachweise), ([8]fordern, soweit Höhe und Anfall nicht offenkundig seien, öffentliche Urkunden oder Festsetzung; geht zu weit). **Pauschbeträge** dürfen für die Kosten nicht eingetragen werden, nur die tatsächlich angefallenen Beträge. Auch hier hat der Gläubiger die Kosten möglichst niedrig zu halten, weil der Schuldner Kosten für unnötige, übermäßige, aussichtslose Vollstreckungshandlungen nicht zu tragen hat.

70.4 Die **Prozeßkosten** sind gleichfalls Vollstreckungsforderung, müssen somit als Geldbetrag der Gläubigerforderung eingetragen werden (BGB § 1115 Abs 1, Einl Rdn 67.3). Sie müssen sich natürlich aus einem Titel ergeben, also festgesetzt sein.

70.5 Die **Gerichtskosten** für Eintragung der Zwangshypothek werden der Gerichtskasse/Amtskasse vom Gläubiger als Antragsteller geschuldet (KostO § 2 Nr 1), als notwendige Kosten der Zwangsvollstreckung außerdem vom Vollstreckungsschuldner (Grundstückseigentümer) (KostO § 3 Nr 4). Beide haften als Gesamtschuldner (KostO § 5 Abs 1 Satz 1). Als Kostenschuldner kann der Vollstreckungsschuldner insbesondere in Anspruch genommen werden, wenn dem Gläubiger Prozeßkostenhilfe bewilligt ist (Einl Rdn 45) oder wenn dieser gebühren- oder kostenbefreit ist (Einl Rdn 87). Die Kostenpflicht des Vollstreckungsschuldners besteht auch bei Eintragung einer Zwangshypothek auf Ersuchen des Finanzamts[9]. Die Notwendigkeit der Kosten – nach Grund und Umfang – bestimmt sich auch für die Kostenpflicht des Schuldners nach ZPO § 788 Abs 1 Satz 2[10]; sie ist vom Standpunkt des Gläubigers zu beurteilen[11]. Notwendige Zwangsvollstreckungskosten sind die Gerichtskosten für Eintragung einer Zwangshypothek immer, wenn der Gläubiger diese Vollstreckungsmaßnahme objektiv für notwendig halten konnte, auch wenn sie später nicht zum erstrebten Erfolg führt. Das wird im Hinblick auf die mit Eintragung der Zwangshypothek verbundene Sicherung mit Aussicht auf Befriedigung bei Grundstücksveräußerung sowie auf Grund des dem Gläubiger der Zwangshypothek zustehenden gesetzlichen Löschungsanspruch (BGB § 1179 a) durchweg der Fall sein. Keine notwendigen Zwangsvollstreckungskosten sind aber Kosten, die durch unnötige, übermäßige, aussichtslose oder von vorneherein ungerechtfertigte Vollstreckungsmaßnahmen entstanden sind[12]. Bei übermäßiger Belastung des Grundstücks mit einer Zwangshypothek sind not-

---

[6] LG Regensburg Rpfleger 1979, 147.
[7] LG Lüneburg JurBüro 1951, 267; LG Mosbach NJW 1954, 1940.
[8] OLG Celle NJW 1972, 1902; Stender JurBüro 1973, 13 (II b cc).
[9] OLG Hamm JurBüro 1975, 65 = Rpfleger 1973, 377; OLG Köln Rpfleger 1977, 459 und JurBüro 1980, 910 mit zust Anm Mümmler.
[10] OLG Hamm JurBüro 1975, 65 = Rpfleger 1973, 377; OLG Köln JurBüro 1986, 900 = Rpfleger 1986, 240.
[11] OLG Düsseldorf JurBüro 1975, 1238 = Rpfleger 1975, 265; OLG Hamm aaO (Fußn 9).
[12] OLG Düsseldorf aaO (Fußn 11); OLG Hamm aaO (Fußn 9); LG Wuppertal JurBüro 1979, 84 mit zust Anm Mümmler.

wendige Kosten nur diejenigen, die sich bei Eintragung einer Sicherungshypothek zu einem der Belastungsfähigkeit angepaßten Betrag ergeben hätten[13]. Kosten für Eintragung einer offensichtlich aussichtslosen oder einer vom Gläubiger zu vertretenden fehlerhaften Zwangshypothek hat der Schuldner nicht als notwendige Zwangsvollstreckungskosten zu tragen. Die Zulässigkeit eines Duldungsbescheids als Grundlage der Zwangsvollstreckung gegen einen außerhalb des Besteuerungsverfahrens stehenden Dritten kann mit der Notwendigkeit der Kosten im Kostenansatzverfahren nicht geprüft werden[14]. Wenn jedoch der Vollstreckungstitel aufgehoben ist (vgl ZPO § 788 Abs 2) und ebenso wenn sich die Verwaltungsvollstreckung als nicht berechtigt erweist, weil der vollstreckte Anspruch nicht bestanden hat, ist die Notwendigkeit entfallen, der Schuldner mithin nicht nach KostO § 3 Nr 4 für Eintragungskosten haftbar[15]. Eine Haftung des Schuldners für notwendige Eintragungskosten entfällt nicht mit nachträglicher Aufteilung der Steuerschuld zusammen veranlagter Eheleute[16] und auch nicht dadurch, daß in finanzgerichtlichen Verfahren zunächst nur die Vollstreckbarkeit des der Zwangsvollstreckung zugrunde liegenden Duldungsbescheids nachträglich aufgehoben wird[17]. Wenn das Grundstück versteigert wird, sind noch geschuldete Kosten für Eintragung der Sicherungshypothek von der Gerichtskasse/Amtskasse nach § 10 Abs 2 zur Zahlung an sie an der Rangstelle des Rechts beim Vollstreckungsgericht anzumelden.

70.6 Die Gerichtskosten für **Löschung** der Zwangshypothek werden der Gerichtskasse/Amtskasse vom Antragsteller geschuldet (KostO § 2 Nr 1). Die Löschungskosten sind keine Kosten der Zwangsvollstreckung; sie können nicht nach ZPO § 788 Abs 2 festgesetzt werden[18].

Mängel der Zwangshypothek

Literatur: Furtner, Rechtliche Bedeutung von Zwangseintragungen, die unter Verletzung vollstreckungsrechtlicher Vorschriften im Grundbuch vorgenommen wurden, DNotZ 1959, 304; Lüke, Die Auswirkung der öffentlich-rechtlichen Theorie der Zwangsvollstreckung auf die Zwangshypothek, NJW 1954, 1669.

71.1 Wird eine Zwangshypothek eingetragen, obwohl Vollstreckungsvoraussetzungen fehlen, so ist zu **unterscheiden,** ob durch die Mängel die Zwangshypothek nichtig oder nur anfechtbar ist, und zu überlegen, ob die Mängel im zweiten Fall heilen können und ob dies rückwirkend geschehen kann.

71.2 Nichtig sind Vollstreckungsakte nur ausnahmsweise, nämlich bei grundlegenden schweren Mängeln[1], wenn also wesentliche Voraussetzungen oder wesentliche Formvorschriften verletzt sind[2]. Das ist der Fall, wenn die Zwangshypothek für einen Betrag von 500 DM oder weniger (ZPO § 866 Abs 3; Rdn 66.6) oder als Gesamthypothek (ZPO § 867 Abs 2; Rdn 68.4) eingetragen wurde oder wenn sie trotz eines Konkursverfahrens entgegen dem Vollstreckungsverbot in KO § 14 eingetragen wurde (ausgenommen an Grundstücken, die nicht zur Konkursmasse

---

[13] OLG Düsseldorf aaO (Fußn 11); OLG Hamm aaO (Fußn 9).
[14] OLG Köln JurBüro 1980, 910 mit zust Anm Mümmler.
[15] LG Wuppertal aaO (Fußn 12).
[16] OLG Düsseldorf aaO (Fußn 11).
[17] OLG Köln JurBüro 1980, 910 mit Anm zust Mümmler.
[18] OLG Frankfurt JurBüro 1981, 786; OLG München MDR 1989, 460 = Rpfleger 1989, 255; OLG Stuttgart JurBüro 1981, 285 = Justiz 1981, 79 = Rpfleger 1981, 158; LG Berlin JurBüro 1988, 1419 = Rpfleger 1988, 457.
[1] BGH 66, 79 = KTS 1976, 234 = MDR 1976, 648 = NJW 1976, 851 = Rpfleger 1976, 177.
[2] BayObLG 1975, 398 = MDR 1976, 410 = Rpfleger 1976, 66 und 123 Leitsatz; Stein/Jonas/Münzberg, ZPO, vor § 704 Rdn 131 und § 867 Rdn 14; Zöller/Stöber, ZPO, vor § 704 Rdn 34 und § 867 Rdn 21.

Einleitung 71.2   Zwangshypothek

gehören[3]) oder bei Eintragung während eines Vergleichsverfahrens entgegen VerglO § 13. Für unwirksam wird eine Zwangshypothek auch gehalten, wenn ein Vollstreckungstitel überhaupt fehlt oder wenn die Vollstreckung aus einem Titel eingestellt ist, weil dann dieser Titel als Vollstreckungsgrundlage ausscheidet[4], und dies auch dann, wenn das Grundbuchamt keine Kenntnis von der Einstellung hatte[5]; ein solcher Mangel kann jedoch nicht Wirkungslosigkeit des Vollstreckungshandelns und damit nicht Nichtigkeit der Zwangshypothek, sondern nur Anfechtbarkeit begründen ([6]mit Nachweisen).

71.3   Andere Mängel führen zur **Anfechtbarkeit.** Die Eintragung ist zwar gesetzwidrig, aber gültig[7]. Es entsteht ein durch Anfechtung auflösend bedingtes Recht[8], bis zur Aufhebung durch Rechtsmittelentscheidung wirksam[9] (anders:[9]). Fehlende Zustellung ist kein so schutzwürdiger Mangel, daß der Vollstreckungsakt nichtig wäre[10], auch nicht, wenn die Hypothek vor Fälligkeit der Forderung eingetragen war (zB wegen erst künftig fälliger Unterhaltsbeträge). Auch fehlende Sicherheitsleistung macht nicht die eingetragene Zwangshypothek nichtig; es entsteht auch hier eine auflösend bedingte Zwangshypothek, durch Nachholung rückwirkend wirksam (anders[11]); der Schuldner kann auch auf die Sicherheitsleistung verzichten und dadurch den Mangel heilen; bei Heilung ist die Hypothek von Anfang an mit dem Rang der Eintragung wirksam. Wenn die Zwangshypothek sich in eine Eigentümergrundschuld verwandelt hat (Einl Rdn 73), weil die zur Abwendung der Vollstreckung mögliche Sicherheitsleistung erfolgt ist, dann lebt die Zwangshypothek, sobald der Vollstreckungstitel unbeschränkt vollstreckbar ist, nicht mehr auf, sondern bleibt Eigentümergrundschuld, die der Gläubiger pfänden kann. Die Zwangshypothek ist auch wirksam, wenn der Gläubiger die erforderliche Sicherheit geleistet, aber in der Hinterlegungsurkunde nicht auf Rücknahme verzichtet hat, weil die Hinterlegungsstelle trotz des Mangels verpflichtet ist, nach HinterlO §§ 12, 13 die Voraussetzungen für die Auszahlung zu prüfen (gerichtliche Anordnung oder rechtskräftige Entscheidung)[12]. Unterlassene Vollstreckungsanzeige bei Zwangsvollstreckung gegen eine Gemeinde (EGZPO § 15 Nr. 3 iVm Landesrecht) sollte Nichtigkeit der Zwangshypothek ebenfalls nicht bewirken (anders[13]).

71.4   Jedenfalls können Mängel durch Nachholung des Unterlassenen oder Behebung des Fehlerhaften **heilen,** und zwar rückwirkend, so daß die Eintragung von Anfang an als ordnungsgemäß gilt[14]. Denn Staatshoheitsakte sind auch dann wirksam, wenn sie wegen Fehlern anfechtbar sind, weil das Bedürfnis nach Rechtssicherheit die Vermutung der Gültigkeit verlangt. Werden die Voraussetzungen nachträglich geschaffen, so richtet sich der Rang des Rechts gemäß BGB § 879 Abs 2 nach dem Zeitpunkt der Eintragung. Allerdings ist dabei mit Rücksicht auf die Zwischenrechte, die unter Beachtung der Vorschriften entstanden sind und die nicht beeinträchtigt werden dürfen, Vorsicht geboten, Rückwirkung

---

[3] BGH KTS 1974, 103 = MDR 1974, 299 = NJW 1974, 147 = Rpfleger 1974, 62.
[4] OLG Frankfurt Rpfleger 1974, 443.
[5] LG Saarbrücken Rpfleger 1975, 328.
[6] Zöller/Stöber, ZPO, vor § 704 Rdn 34 mit Nachw.
[7] BGH 66, 79 = aaO (Fußn 1); Stein/Jonas/Münzberg, ZPO, § 750 Rdn 7.
[8] OLG Frankfurt MDR 1956, 111.
[9] Drischler JurBüro 1961, 5 (I); Furtner DNotZ 1959, 304 (I 1, II 2) und MDR 1964, 460; GBAmt Eppelheim und OLG Karlsruhe BWNotZ 1989, 23.
[10] BGH 66, 79 = aaO (Fußn 1).
[11] BayObLG 1975, 398 = aaO (Fußn 2).
[12] Löscher JurBüro 1962, 249 (250).
[13] BayObLG Rpfleger 1995, 106.
[14] BGH 66, 79 = aaO (Fußn 1); BayObLG Rpfleger 1995, 106; OLG Schleswig NJW-RR 1988, 700; Streuer Rpfleger 1988, 513 (A II, B II 1); Stein/Jonas/Münzberg, ZPO, § 867 Rdn 14.

Zwangshypothek 73.1 **Einleitung**

also nur unter Beachtung dieser Rechte. Anders[15] keine Rückwirkung bei der Heilung einer Zwangshypothek.

71.5 Von **Amts wegen zu löschen** als inhaltlich unzulässig ist die Zwangshypothek nach GBO § 53 Abs 1 Satz 2 nur, wenn sich die Unzulässigkeit aus dem Eintragungsvermerk selbst oder den zulässigerweise in Bezug genommenen Eintragungsunterlagen ergibt[16]; andere Beweismittel dürfen nicht verwendet werden. Verstöße gegen vollstreckungsrechtliche und grundbuchrechtliche Vorschriften rechtfertigen daher die Amtslöschung der Zwangshypothek nur, wenn dadurch die Hypothek im Grundbuch als ein Recht mit einem gesetzlich nicht erlaubten Inhalt verlautbart ist und damit die Eintragung als eine erkennbar inhaltlich unzulässige im Grundbuch erscheint[17]. Das ist der Fall bei Eintragung der Zwangshypothek unter dem Mindestbetrag von 500,01 DM (ZPO § 866 Abs 3; Einl Rdn 66)[17], und bei Eintragung als Gesamthypothek auf mehreren Grundstücken (Einl Rdn 68).

Rechtsbehelfe 72

72.1 Die **Zurückweisung** des Antrags ist mit (Grundbuch)Beschwerde anfechtbar (GBO § 71 Abs 1) (entsprechend bei der Schiffshypothek[1] Schiffsregisterordnung § 75), bei Entscheidung durch den Rechtspfleger sonach mit (unbefristeter) Erinnerung nach RpflG § 11.

72.2 Bei **Eintragung** findet Beschwerde nach GBO § 71 (unbefristete Rechtspflegererinnerung nach § 11 RpflG) statt[2] (anders[3]: keine Rechtspflegererinnerung, sondern stets Beschwerde, nicht richtig), nicht jedoch Erinnerung nach ZPO § 766 und nicht sofortige Beschwerde nach ZPO § 793[3]. Verlangt werden kann dann aber nur Eintragung eines Widerspruchs[4] (GBO § 53; soll nach[5] auch ohne Gesetzesverletzung möglich sein; nicht richtig) oder Löschung einer inhaltlich unzulässigen Eintragung (GBO § 71 Abs 2 Satz 2). Die Beschwerde (somit auch Rechtspflegererinnerung) gegen die Eintragung einer inhaltlich zulässigen Zwangshypothek mit dem Ziel ihrer Löschung ist dann zulässig, wenn nach dem konkreten Inhalt des Grundbuchs die Möglichkeit eines gutgläubigen Erwerbs sowohl für die Vergangenheit (infolge Fehlens einer entsprechenden Eintragung) wie für die Zukunft (infolge eingetragenen Widerspruchs) rechtlich ausgeschlossen ist[6].

Übergang auf den Eigentümer 73

73.1 Die Vorschriften des BGB, nach denen eine Sicherungshypothek **Eigentümergrundschuld** (auch Eigentümerhypothek) wird, gelten auch für die Zwangs-

---

[15] BGH 27, 310 = DNotZ 1958, 480 = MDR 1958, 498 = NJW 1958, 1090 = Rpfleger 1958, 216 mit Anm Riggers; RG 60, 70 (72); Wieczorek, ZPO, § 867 Anm B III b 1; Furtner DNotZ 1959, 304 (I 1, II 2) und MDR 1964, 460; Hoche DNotZ 1957,3.

[16] BayObLG 1975, 398 = aaO (Fußn 2); BayObLG JurBüro 1981, 1098 = Rpfleger 1982, 98; BayObLG Rpfleger 1986, 372; OLG Frankfurt DGVZ 1981, 84 = OLGZ 1981, 261 = Rpfleger 1981, 312.

[17] BayObLG 1975, 398 und OLG Frankfurt Rpfleger 1981, 312 = je aaO (Fußn 2 und 16).

[1] BayObLG JurBüro 1991, 1565 = KTS 1991, 624 = Rpfleger 1992, 28.

[2] RG 106, 74 (75); BayObLG 1975, 398 = MDR 1976, 410 = Rpfleger 1976, 66 und 123 Leitsatz; BayObLG Rpfleger 1982, 98; BayObLG JurBüro 1996, 159 = Rpfleger 1996, 189; OLG Frankfurt OLGZ 1981, 261 = Rpfleger 1981, 312; OLG Hamm Rpfleger 1973, 440 und DGVZ 1976, 117 mit zust Anm Jakobs = KTS 1975, 305 = MDR 1975, 763 = NJW 1975, 2025 Leitsatz = OLGZ 1975, 305 = Rpfleger 1975, 261; OLG Köln OLGZ 1967, 499.

[3] KG Berlin NJW-RR 1987, 592 = OLGZ 1987, 257 = Rpfleger 1987, 301; BayObLG JurBüro 1996, 159 = Rpfleger 1996, 189.

[4] BayObLG Rpfleger 1995, 106.

[5] OLG Celle NdsRpfl 1990, 8 = Rpfleger 1990, 112 und 253 Leitsatz mit abl Anm Münzberg.

[6] BGH MDR 1975, 655 = NJW 1975, 1282 = Rpfleger 1975, 246; OLG Frankfurt aaO (Fußn 2).

Einleitung 73.1 Zwangshypothek

hypothek (desgleichen für die Arresthypothek)[1]. Eigentümergrundschuld wird die Sicherungshypothek daher, wenn die vollstreckte (mit Arrest gesicherte) Forderung erlischt (BGB § 1163 Abs 1 Satz 2 mit § 1177 Abs 1); das Recht erwirbt damit der Eigentümer im Zeitpunkt des Erlöschens der Forderung. Wenn die Forderung bereits bei Eintragung der Zwangs-/Arresthypothek nicht besteht, steht die Sicherungshypothek von vorneherein (als Grundschuld) dem Eigentümer zur Zeit ihrer Eintragung zu (BGB § 1163 Abs 1 Satz 1)[2]. Verzichtet der Gläubiger auf die Hypothek, so erwirbt sie der Eigentümer (BGB § 1168 Abs 1).

73.2 Als **Sonderbestimmung** regelt **ZPO** § 868 (für Arresthypothek mit ZPO § 932 Abs 2) den Erwerb der Zwangshypothek durch den Eigentümer aus prozessualen Gründen. Die Zwangshypothek wird demnach Eigentümergrundschuld, wenn die zu vollstreckende Entscheidung oder ihre vorläufige Vollstreckbarkeit aufgehoben wird, ferner wenn die Zwangsvollstreckung für unzulässig erklärt oder ihre Einstellung angeordnet wird (ZPO § 868 Abs 1); weiterhin wenn die einstweilige Einstellung der Vollstreckung und zugleich die Aufhebung der erfolgten Maßregeln angeordnet wird oder wenn die zur Abwendung der Vollstreckung gestattete Sicherheitsleistung oder Hinterlegung erfolgt ist (ZPO § 868 Abs 2). Diese Vorschriften entsprechen ZPO § 775 Nr 1–3 und § 776. Der Grundstückseigentümer erwirbt das Recht mit Erlaß (Verkündung, Zustellung) der Entscheidung oder mit der Hinterlegung, ohne Eintragung, und zwar der Eigentümer bei Eintritt des Ereignisses. Wird die Entscheidung, durch die solches bewirkt war, wieder aufgehoben, so wird das Eigentümerrecht nicht mehr zur Zwangshypothek, sondern kann vom Gläubiger nur gepfändet werden.

73.3 Wie BGB § 1163 Abs 1 Satz 2 regelt ZPO § 868 Fälle, in denen das Recht des Gläubigers aus der Sicherungshypothek **in Wegfall** kommt; die Hypothek geht in diesen Fällen nach Begründung des Gläubigerrechts mit Eintritt einer späteren Tatsache auf den Grundstückseigentümer über[3]. Wenn die Forderung nicht zur Entstehung gelangt ist oder bei Eintragung der Zwangs/Arresthypothek bereits wieder erloschen war, steht die Sicherungshypothek nach BGB § 1163 Abs 1 Satz 1 von vorneherein dem Eigentümer zu[4]. Sie ist auf ihn nach BGB § 1163 Abs 1 Satz 2 übergegangen, wenn die Forderung nach Eintragung der Zwangs/Arresthypothek, aber vor Eintritt einer der in ZPO § 868 bezeichneten Ereignisse, erloschen ist (etwa weil sie vom Grundstückseigentümer getilgt wurde). Dann ist (nochmaliger) Rechtserwerb durch den Eigentümer mit späterem Eintritt eines prozessualen Tatbestands der in ZPO § 868 genannten Art ausgeschlossen[5]. Ist umgekehrt der Übergang der Hypothek auf den Eigentümer auf Grund eines prozessualen Erwerbsgrundes bereits nach ZPO § 868 erfolgt, dann kann die Zwangs-/Arresthypothek nicht mehr später nach den Vorschriften des BGB Eigentümergrundschuld werden[6]. Der Eigentümer ist dann jeweils bereits Berechtigter. Die Veräußerung des Grundstücks ändert an dieser Berechtigung nichts[7]. Bei Eigentumswechsel zwischen dem Übergang der Zwangs/Arresthypothek auf den Eigentümer und dem späteren (weiteren) Erwerbstatbestand für eine Eigentümergrundschuld bleibt das Recht daher dem (früheren) Eigentümer, der es vor Veräußerung des Grundstücks bereits erworben hat.

73.4 Eine im Wege der **Verwaltungsvollstreckung** nach Abgabenordnung (und den auf sie verweisenden Verwaltungsvollstreckungsgesetzen) eingetragene

---

[1] RG 178, 398.
[2] RG aaO (Fußn 1); Kammergericht OLG 26, 155.
[3] RG aaO (Fußn 1); Kammergericht OLG 21, 23.
[4] RG aaO (Fußn 1); Kammergericht OLG 26, 155; BGH JuS 1978, 66 (bearbeitet von K. Schmidt) = WM 1978, 1130; Zöller/Stöber, ZPO, § 868 Rdn 1.
[5] RG und Zöller/Stöber je aaO (Fußn 4).
[6] RG aaO (Fußn 4).
[7] BGH aaO (Fußn 4); RG aaO (Fußn 1), Kammergericht OLG 26, 155.

Zwangshypothek

74.2 Einleitung

Zwangshypothek geht bei Stundung oder Aussetzung der Vollziehung nur dann nach ZPO § 868 auf den Eigentümer über, wenn zugleich die Aufhebung der Vollstreckungsmaßnahme angeordnet ist (Abgabenordnung § 322 Abs 1 Satz 3).

73.5 Der Rechtserwerb aus ZPO § 868 Abs 1 ist durch diese Vorschrift rechtlich begründet. Daher besteht kein Anspruch aus **ungerechtfertigter Bereicherung** gegen den Grundstückseigentümer[8]. Über das Eigentümerrecht bei der Zwangshypothek auch[9] und ZVG-Handbuch Rdn 40. Zu Besonderheiten der Schiffszwangshypothek ZPO § 870 a Abs 3.

Zwangshypothek bei Arrestvollziehung 74

74.1 Die **Vollziehung eines Arrestes** in ein Grundstück (anderes Objekt der Immobiliarvollstreckung) erfolgt durch Eintragung einer Sicherungshypothek für die Forderung (ZPO § 932 Abs 1 Satz 1). Diese ist eine besondere Art **Sicherungshöchstbetragshypothek** und eine besondere Art Zwangshypothek. Als Sicherungshöchstbetragshypothek ist sie eine durch die Feststellung der Forderung auflösend bedingte Eigentümergrundschuld. Eingetragen wird die Arresthypothek auf Antrag des Gläubigers (ZPO § 932 Abs 2 mit § 867 Abs 1 Satz 1); das Arrestgericht ersucht nicht um Eintragung. Einer Vollstreckungsklausel bedarf der Arrestbefehl nur zur Vollziehung für einen anderen als den in ihm bezeichneten Gläubiger oder gegen einen anderen als den bezeichneten Schuldner (ZPO § 929 Abs 1). Die Arresthypothek hat keinen gesetzlichen Löschungsanspruch gegenüber Eigentümerrechten (ZPO § 932 Abs 1 Satz 2; dazu kritisch[1]), wie er sonst der Zwangshypothek zusteht (Einl Rdn 62.1). Erst nach Umschreibung der Arresthypothek in eine Zwangshypothek nach Vorlage eines Vollstreckungstitels und auf besonderen Antrag hin erlangt der Gläubiger aus dieser Zwangshypothek den seit 1. 1. 1978 bestehenden gesetzlichen Löschungsanspruch[1].

74.2 Der Antrag auf Eintragung der Arresthypothek muß wegen der **Vollzugsfrist** von einem Monat (ZPO § 929 Abs 2) ab Verkündung des Urteils oder Zustellung eines nicht verkündeten Urteils oder des Arrestbeschlusses an den Antragsteller (ZPO § 929 Abs 2) oder ab Aushändigung an den Antragsteller[2] bei dem Grundbuchamt eingehen (Eingangszeitpunkt GBO § 13 Abs 2 und 3); für die Einhaltung der Frist gilt dieser Antragseingang (nicht der Eingang beim Amtsgericht allgemein[3]) als Vollzug (ZPO § 932 Abs 3). Eintragungsverfügung und Eintragung müssen also nicht innerhalb der Frist erfolgen, wohl aber müssen in der Frist alle nötigen Unterlagen vorhanden sein oder nachgebracht werden. Der Vollzug ist schon vor Zustellung des Arrestbeschlusses an den Schuldner möglich; die Zustellung muß aber binnen einer Woche nach Vollzug (also nach Eingang beim Grundbuchamt) und noch vor Ablauf der Monatsfrist erfolgen (ZPO § 929 Abs 3). Das Grundbuchamt überwacht die Zustellung nicht. Sobald es die Nichteinhaltung der Frist erkennt (durch Vorlage des Zustellungsnachweises; Feststellung ohne Formzwang nach GBO § 29 in freier Beweiswürdigung[4]), löscht es auf Antrag des Schuldners und ohne Mitwirkung des Gläubigers[5] (rechtliches Gehör, GrundG Art 103 Abs 1, jedoch geboten) oder auf Antrag des Gläubigers ohne Mitwirkung des Schuldners[6] die Hypothek (anders[7]: die mit Fristablauf eingetrete-

---

[8] BGH KTS 1976, 299 = MDR 1976, 830 = NJW 1977, 48.
[9] Honigmann, Die Zwangshypothek unter besonderer Berücksichtigung ihrer Umwandlung in eine Eigentümerhypothek, 1957.
[1] Stöber Rpfleger 1977, 425 (V 4).
[2] Zöller/Vollkommer, ZPO, § 929 Rdn 5 und 10.
[3] OLG Düsseldorf NJW-RR 1994, 1024 = Rpfleger 1993, 489; LG Lübeck Rpfleger 1995, 66 und 294 Leitsatz mit abl Anm Gleußner.
[4] OLG Köln OLGZ 1987, 405 (406) = Rpfleger 1987, 301.
[5] Haegele/Schöner/Stöber, Grundbuchrecht, Rdn 2232.
[6] Wittmann MDR 1979, 549.

Einleitung 74.2 — Zwangshypothek

ne Grundbuchunrichtigkeit kann nur auf Grund Unrichtigkeitsnachweis nach GBO § 22 Abs 1 in der Form von GBO § 29 oder auf Grund Bewilligung von Gläubiger und Eigentümer berichtigt werden). Eintragung eines Amtswiderspruchs[7] (GBO § 53 Abs 1 Satz 1) ist nicht möglich (keine Gesetzesverletzung bei zulässiger Arrestvollziehung vor Zustellung). Nach Löschung kann, wenn die Frist zum Vollzug noch läuft, auf Antrag erneut eine Arresthypothek eintragen werden. Auf die Einhaltung der Frist kann der Schuldner nicht verzichten[8]. Wenn ein durch Eintragung der Sicherungshypothek zunächst vollzogener Arrest auf Widerspruch des Schuldners aufgehoben, im Berufungsverfahren jedoch ganz oder teilweise bestätigt wird, bedarf es jedenfalls dann, wenn die Hypothek vor Erlaß des Berufungsurteils auf Antrag des Schuldners gelöscht worden war, einer erneuten Vollziehung innerhalb der mit Verkündung des Berufungsurteils in Lauf gesetzten Vollziehungsfrist; die ursprüngliche Vollziehung wirkt nicht fort[9].

74.3 Die Arresthypothek ist als Sicherungshöchstbetragshypothek einzutragen (ZPO § 932 Abs 1). Als Höchstbetrag ist die **Lösungssumme** einzutragen (ZPO § 932 Abs 1, § 923). Muster für die Eintragung im ZVG-Handbuch Rdn 41. Die Eintragung ist auf dem Arrestbefehl zu vermerken (ZPO § 932 Abs 2 mit § 867 Abs 1). Die zu sichernde Forderung, also die Lösungssumme, muß den Betrag von 500 DM übersteigen (ZPO § 932 Abs 2 mit § 866 Abs 3). Die Hauptforderung selbst kann auch unter 500 DM sein, wenn nur die Lösungssumme den Betrag überschreitet[10] (auch ZVG-Handbuch Rdn 42). Bei Belastung mehrerer Grundstücke (Einl Rdn 68) ist die Lösungssumme zu verteilen (ZPO § 932 Abs 2 mit § 867 Abs 2), wobei auch hier die Teile unter 500 DM sein können (ZVG-Handbuch Rdn 44). Der jeweils eingetragene Höchstbetrag wird als Lösungssumme der einzelnen Sicherungshypothek für Arrestaufhebung (ZPO § 934 Abs 1) angesehen[11].

74.4 Soll aus dem Recht betrieben werden, ist wie bei jeder Zwangshypothek noch ein **dinglicher Titel** (Duldungstitel) nötig (Einl Rdn 69). Aus dem dinglichen Arrest kann nicht unmittelbar die Zwangsversteigerung oder Zwangsverwaltung betrieben werden.

74.5 Die Arresthypothek kann in eine Zwangshypothek **umgewandelt** werden (dazu auch ZVG-Handbuch Rdn 45), wobei der Vollstreckungstitel (nach Eigentumswechsel der Titel gegen den Schuldner bei Eintragung der Arresthypothek[12], gegen früher andere allgemeine Meinung) Einigung und Bewilligung des Eigentümers ersetzt. Die Umwandlung erfolgt nicht von selbst mit rechtskräftiger Verurteilung des Schuldners im Hauptsacheprozeß, sondern muß beantragt werden; sie kann nur beantragt werden, wenn alle Voraussetzungen für die Eintragung einer Zwangshypothek gegeben sind, so etwa über die Höhe der Forderung nach ZPO § 866 Abs 3[13]. Der Antrag ist nicht formbedürftig. Bei Belastung mehrerer Grundstücke muß die Verteilung der Forderung (ZPO § 867 Abs 2) formlos wiederholt werden. Der Umwandlungsantrag ist Antrag auf Vornahme einer Vollstreckungsmaßnahme und darum nach einer Konkurseröffnung nicht mehr zulässig[14]. Die Umwandlung erfolgt nach den Grundsätzen in BGB § 1186. Der Antragsberechtigte muß den Antrag nicht stellen. Er kann Zwangsversteigerung oder Zwangsverwaltung auch unmittelbar aus der Arresthypothek mit dinglichem Titel betreiben. Die Umwandlung (mit anschließendem Vorgehen aus der Zwangshypothek)

---

[7] BayObLG Rpfleger 1993, 397.
[8] OLG Frankfurt OLGZ 1982, 103 = Rpfleger 1982, 32.
[9] KG Berlin JurBüro 1981, 298 = Rpfleger 1981, 119.
[10] Haegele BWNotZ 1972, 107 (VI 1 b).
[11] LG Bremen Rpfleger 1994, 163.
[12] LG Zweibrücken NJW-RR 1995, 512.
[13] Löscher JurBüro 1961, 225 (VIII).
[14] OLG Frankfurt Rpfleger 1975, 103.

Zwangshypothek 75.2 **Einleitung**

ist eine zusätzliche Möglichkeit der Vollstreckung. Sie verschafft den gesetzlichen Löschungsanspruch (Einl Rdn 62.1).

74.6 Wird der Arrest durch Urteil aufgehoben, fällt die Hypothek dem **Eigentümer** im Zeitpunkt der Aufhebung des Arrestes zu (ZPO § 932 Abs 2 mit § 868) (hierzu auch Einl Rdn 73). Löschungskosten: Einl Rdn 70.6

74.7 Wurde die Arresthypothek entgegen dem Antrag nur auf einem Grundstück statt auf mehreren eingetragen (hierbei mit Verteilung), so ist das für den Schuldner ohne Bedeutung, weil er nach Tilgung der Forderung oder nach dem Verzicht des Gläubigers auf das Recht die Eigentümergrundschuld nur in dem Umfang erwirbt, in dem vorher das Recht bestanden hat; er hat hierzu keinen Anspruch auf **Grundbuchberichtigung;** auch das dem Arrestgläubiger wegen des Fehlers zustehende Beschwerderecht geht nicht auf den Schuldner über.

Zwangshypothek im Verwaltungszwangsverfahren 75

Literatur: Bruhn, Eintragung einer Zwangshypothek für das Finanzamt, Rpfleger 1954, 437; Fichtelmann, Nochmals: Die Eintragung von Sicherungs-(Zwangs-)Hypotheken für das Finanzamt, Rpfleger 1965, 138; Kulla, Die Eintragung von Sicherungs-(Zwangs-)Hypotheken für das Finanzamt, Rpfleger 1965, 9 und 300; Kulla, Die Auswirkungen der Änderung des § 372 AO auf die Eintragung von Sicherungshypotheken, Rpfleger 1966, 100; Pfaff, Hypothekarische Sicherung von Ansprüchen mehrerer Steuergläubiger bzw nur eines Steuergläubigers, BWNotZ 1968, 254.

75.1 Im Verwaltungszwangsverfahren (§ 15 Rdn 38) erfolgt Zwangsvollstreckung in ein Grundstück (anderes Objekt der Immobiliarvollstreckung) gleichfalls auch durch **Eintragung einer Sicherungshypothek** für die Forderung (Abgabenordnung § 322 Abs 1 Satz 2 mit ZPO § 866 Abs 1 sowie die sonstigen Verwaltungsvollstreckungsgesetze). An die Stelle des Titels tritt der Antrag der Vollstreckungsbehörde, die zu bestätigen hat, daß die gesetzlichen Voraussetzungen für die Vollstreckung vorliegen (Abgabenordnung § 322 Abs 3); ein Leistungsbescheid ist nicht vorzulegen[1]. Der Antrag ist Eintragungs**ersuchen** nach GBO § 38 (Schiffsregisterordnung § 45; Abgabenordnung § 322 Abs 3)[2]. Er muß daher von der zuständigen Behörde unterschrieben und mit Siegel oder Stempel versehen sein (GBO § 29 Abs 3); Ausfertigung genügt nicht. Auch die Gerichtskasse (Amtskasse), die im Verwaltungszwangsverfahren vollstreckt (§ 15 Rdn 18), benötigt zur Eintragung keinen Vollstreckungstitel[3].

75.2 Daß die gesetzlichen Voraussetzungen für die (Verwaltungs)Vollstreckung vorliegen, unterliegt **nicht** der Beurteilung (Prüfung) des **Grundbuchamts** (Abgabenordnung § 322 Abs 3 Satz 3). Das Grundbuchamt **prüft** somit nicht die sachlichen Voraussetzungen der Vollstreckung, sondern nur die **förmlichen,** ob also die ersuchende Behörde allgemein zuständig ist oder die Forderung ihrer Art nach dem Verwaltungszwangsverfahren unterliegt[4] (dazu ZVG-Handbuch Rdn 28; Amtswiderspruch bei Eintrgung der Zwangshypothek für eine nicht der Verwaltungsvollstreckung zugängliche Forderung[5]), ob im Antrag die gesetzlichen Voraussetzungen der Vollstreckung bestätigt sind, auch ob die Unterschrift des zuständigen Beamten und Siegel oder Stempel der Behörde nicht fehlen (GBO § 29 Abs 3). Ein sachliches Prüfungsrecht hat das Grundbuchamt auch nicht hinsichtlich der Bestätigung, der Schuldner betreibe selbständig ein Erwerbsgeschäft nach ZPO

---

[1] BGH 3, 140 = NJW 1951, 763 = Rpfleger 1951, 611.
[2] BGH aaO (Fußn 1); BayObLG JurBüro 1981, 1098 = Rpfleger 1982, 98.
[3] BayObLG 1948–1951, 610 = Rpfleger 1952, 133 mit zust Anm Bruhn und 1955, 337 Leitsatz.
[4] BayObLG JurBüro 1981, 1098 = Rpfleger 1982, 98; LG Detmold Rpfleger 1993, 333; LG Siegen DNotZ 1958, 647.
[5] LG Detmold aaO (Fußn 4).

Einleitung 75.2   Zwangshypothek

§ 741[6], und auch nicht bei einem Duldungsbescheid gegen den Grundstückseigentümer, der selbst nicht Steuerschuldner ist[7].

75.3 Die Forderung muß auch bei Verwaltungsvollstreckung 500 DM übersteigen[8] (Einl Rdn 66). Steuerzinsen (Abgabenordnung § 233) bleiben dabei unberücksichtigt, soweit sie als Nebensache geltend gemacht sind (ZPO § 866 Abs 3). Dies gilt nicht für rückständige Steuersäumniszuschläge (Abgabenordnung § 240) und Verspätungszuschläge (Abgabenordnung § 152), die zwar steuerliche Nebenleistungen sind (Abgabenordnung § 3 Abs 3), als den Zinsen nicht gleiche Steuerforderungen (Einl Rdn 75.5) aber ebenso wie Zwangsgelder und Kosten (ohne Antrags- und Eintragungskosten) in die Berechnung der Wertgrenze einzubeziehen sind.

75.4 Als **Gläubiger** einzutragen ist die **Körperschaft**, der die Vollstreckungsbehörde angehört (Abgabenordnung § 252), also bei einem Finanzamt des Landes das Land, auch wenn es sich um Bundessteuern handelt, die Bundesrepublik Deutschland bei Vollstreckung durch ein Hauptzollamt, die als Körperschaft vollstreckende Gemeinde usw, nicht die vollstreckende Behörde (Gerichtskasse, Finanzamt) und nicht deren Vertreter (Leiter oder Vorstand). In der Eintragung wird beim Fiskus in Klammern die besondere Vermögensmasse vermerkt, zu der die Forderung gehört, zB Freistaat Bayern (Landesjustizkasse Bamberg); dazu ZVG-Handbuch Rdn 28. Auch bei Vollstreckung von Steuerforderungen von Bund und Land wird als Gläubiger nur die Körperschaft eingetragen, der die Vollstreckungsbehörde angehört (Abgabenordnung § 252); damit können hier also (im Gegensatz zur Vollstreckung anderer Gläubiger) Forderungen mehrerer Gläubiger zusammengefaßt werden.

75.5 Steuersäumniszuschläge (Abgabenordnung § 240) müssen in das Grundbuch eingetragen werden; sie sind keine gesetzlichen Verzugszinsen[9], für die das Grundstück kraft Gesetzes (nach BGB § 1118) haften würde[10]. Gleiches gilt für Verspätungszuschläge (Abgabenordnung § 152) und Zwangsgelder (Abgabenordnung § 329). Künftige Steuersäumniszuschläge (Abgabenordnung § 240), die zusammen mit den Steuern beigetrieben werden, müßten als steuerliche Nebenleistungen (wie Zinsen, Einl Rdn 67) eintragbar sein (vgl Abgabenordnung § 254 Abs 3).

75.6 Auch bei Verwaltungsvollstreckung ist der Betrag der Forderung zu verteilen, wenn **mehrere Grundstücke** (andere Objekte) des Schuldners mit der Zwangshypothek belastet werden sollen (ZPO § 867 Abs 2 mit Abgabenordnung § 322 Abs 1 Satz 2).

75.7 Wenn der im Verwaltungszwangsverfahren zu vollstreckende Anspruch **öffentliche Last** des Grundstücks (§ 10 Abs 1 Nr 3; Rangklasse 3) ist, ist er von der Eintragung in das Grundbuch ausgeschlossen (GBO § 54). Ausnahme (siehe GBO § 54): Eine Zwangshypothek kann unter der **aufschiebenden Bedingung** eingetragen werden, daß das Vorrecht wegfällt (Abgabenordnung § 322 Abs 5). Auch für Beträge, die (bei Eintragung) bereits in Rangklasse 7 des § 10 Abs 1 ZVG fallen, kann somit eine Zwangshypothek eingetragen werden.

75.8 Über die wechselnde Behandlung der **steuerlichen Zwangshypothek** vor dem 1. 1. 1977 möge man die eingehende Darstellung der 9. Auflage nachlesen (§ 1 Anmerk 430).

---

[6] BayObLG Rpfleger 1984, 232.
[7] OLG Hamm Rpfleger 1983, 481.
[8] BayObLG 1953, 157 = Rpfleger 1955, 337 Leitsatz; Keidel Rpfleger 1955, 333 (a).
[9] BSozialG KTS 1988, 782.
[10] AG Glückstadt Rpfleger 1966, 14.

VI. Zwangsvollstreckung und Kostenrecht

Übersicht

a) Gerichtskosten	76–87	Verfahrensauslagen des Gerichts (KostVerz Teil 9)	84
Gebühr für Anordnung/Beitritt (KostVerz Nr 5100)	76	Rechtsbehelf gegen Kostenansatz; Nichterhebung von Gerichtskosten	85
Gebühr für das Versteigerungsverfahren (KostVerz Nr 5110, 5111)	77	Zwangsverwaltungskosten (KostVerz Nr 5200, 5201)	86
Gebühr für den Versteigerungstermin (KostVerz Nr 5120)	78	Zwangsvollstreckung und Kostenbefreiung	87
Gebühr für die Erteilung des Zuschlags (KostVerz Nr 5130)	79	b) Gerichtsvollzieherkosten	88
Gebühr für das Verteilungsverfahren (KostVerz Nr 5140, 5141)	80	c) Rechtsanwaltskosten (BRAGO §§ 68–71)	89
Gebühr für Vergleichsabschluß	81	d) Rechtsbeistandskosten	90
Mehrere betreibende Gläubiger	82	e) Sachverständigenkosten	91
Gebühr für Erinnerung/Beschwerde (KostVerz Nr 5400, 5401)	83		

a) Gerichtskosten

GKG § 29 Zwangsversteigerung. (1) Bei der Zwangsversteigerung von Grundstücken sind die Gebühren für das Verfahren im allgemeinen und für die Abhaltung des Versteigerungstermins nach dem gemäß § 74 a Abs 5 des Gesetzes über die Zwangsversteigerung und die Zwangsverwaltung festgesetzten Wert zu berechnen. Ist ein solcher Wert nicht festgesetzt, so ist der Einheitswert maßgebend. Weicht der Gegenstand des Verfahrens vom Gegenstand der Einheitsbewertung wesentlich ab oder hat sich der Wert infolge bestimmter Umstände, die nach dem Feststellungszeitpunkt des Einheitswerts eingetreten sind, wesentlich verändert, oder ist ein Einheitswert noch nicht festgestellt, so ist der nach den Grundsätzen der Einheitsbewertung geschätzte Wert maßgebend. Wir der Einheitswert nicht nachgewiesen, so ist das Finanzamt um Auskunft über die Höhe des Einheitswerts zu ersuchen; § 30 der Abgabenordnung steht der Auskunft nicht entgegen.

(2) Die Gebühr für die Erteilung des Zuschlags bestimmt sich nach dem Gebot ohne Zinsen, für das der Zuschlag erteilt ist, einschließlich des Werts der nach den Versteigerungsbedingungen bestehenbleibenden Rechte zuzüglich des Betrags, in dessen Höhe der Ersteher nach § 114 a des Gesetzes über die Zwangsversteigerung und die Zwangsverwaltung als aus dem Grundstück befriedigt gilt. Im Falle der Zwangsversteigerung zur Aufhebung einer Gemeinschaft vermindert sich der Wert nach Satz 1 um den Anteil des Erstehers an dem Gegenstand des Verfahrens; bei Gesamthandeigentum ist jeder Mitberechtigte wie ein Eigentümer nach dem Verhältnis seines Anteils anzusehen.

(3) Die Gebühr für das Verteilungsverfahren bestimmt sich nach dem Gebot ohne Zinsen, für das der Zuschlag erteilt ist, einschließlich des Wertes der nach den Versteigerungsbedingungen bestehenbleibenden Rechte. Der Erlös aus einer gesonderten Verwertung oder sonstigen Verwertung (§ 65 des Gesetzes über die Zwangsversteigerung und die Zwangsverwaltung) wird hinzugerechnet.

(4) Sind mehrere Gegenstände betroffen, so ist der Gesamtwert maßgebend.

(5) Bei Zuschlägen an verschiedene Ersteher wird die Gebühr für die Erteilung des Zuschlags von jedem Ersteher nach dem Wert der auf ihn entfallenden Gegenstände erhoben. Eine Bietergemeinschaft gilt als ein Ersteher.

GKG § 30 Zwangsverwaltung. Die Gebühr für die Durchführung des Zwangsverwaltungsverfahrens bestimmt sich nach dem Gesamtwert der Einkünfte.

GKG § 31 Schiffe, Schiffsbauwerke, Luftfahrzeuge und grundstücksgleiche Rechte. Die §§ 29 und 30 gelten entsprechend für die Zwangsversteigerung von Schiffen, Schiffsbauwerken und Luftfahrzeugen sowie für die Zwangsversteigerung oder die Zwangsver-

Einleitung

Zwangsvollstreckung und Kostenrecht

waltung von Rechten, die den Vorschriften der Zwangsvollstreckung in das unbewegliche Vermögen unterliegen, einschließlich der unbeweglichen Kuxe.

GKG § 32 Zwangsliquidation einer Bahneinheit. Bei der Zwangsliquidation einer Bahneinheit bestimmt sich die Gebühr für das Verfahren nach dem Gesamtwert der Bestandteile der Bahneinheit.

GKG-Kostenverzeichnis

Nr.	Gebührentatbestand	Gebührenbetrag oder Satz der Gebühr nach § 11 Abs 2 GKG

Teil 5
Verfahren nach dem Gesetz über die Zwangsversteigerung und die Zwangsverwaltung; Zwangsliquidation einer Bahneinheit

Die Gebühren 5100, 5200 und 5300 werden für jeden Antragsteller gesondert erhoben; Gesamtgläubiger, die den Antrag gemeinsam stellen, gelten als ein Antragsteller. Betrifft ein Antrag mehrere Gegenstände, wird die Gebühr nur einmal erhoben, soweit durch einen einheitlichen Beschluß entschieden wird. Für ein Verfahren nach § 765 a ZPO wird keine, für das Beschwerdeverfahren die Gebühr 5400 erhoben; richtet sich die Beschwerde auch gegen eine Entscheidung nach § 30 a ZVG, gilt Satz 2 entsprechend.

I. Zwangsversteigerung

5100	Entscheidung über den Antrag auf Anordnung der Zwangsversteigerung oder über den Beitritt zum Verfahren............	100 DM
5110	Verfahren im allgemeinen............	0,5
5111	Beendigung des Verfahrens vor Ablauf des Tages, an dem die Verfügung mit der Bestimmung des ersten Versteigerungstermins unterschrieben ist: Die Gebühr 5110 ermäßigt sich auf............	0,25
5120	Abhaltung mindestens eines Versteigerungstermins mit Aufforderung zur Abgabe von Geboten............ Die Gebühr entfällt, wenn der Zuschlag aufgrund des § 74 oder § 85 a ZVG, § 13 oder § 13 a des Gesetzes über Vollstreckungsschutz für die Binnenschiffahrt versagt bleibt.	0,5
5130	Erteilung des Zuschlags............ Die Gebühr entfällt, wenn der Zuschlagsbeschluß aufgehoben wird.	0,5
5140	Verteilungsverfahren............	0,5
5141	Fall der §§ 143, 144 ZVG: Die Gebühr 5140 ermäßigt sich auf............	0,25

II. Zwangsverwaltung

5200	Entscheidung über den Antrag auf Anordnung der Zwangsverwaltung oder über den Beitritt zum Verfahren............	100 DM
5210	Durchführung des Verfahrens; Für jedes angefangene Jahr, beginnend mit dem Tag der Beschlagnahme............	0,5

III. Zwangsliquidation einer Bahneinheit

5300	Entscheidung über den Antrag auf Eröffnung der Zwangsliquidation............	100 DM
5310	Verfahren im allgemeinen............	0,5
5311	Verfahren wird eingestellt: Die Gebühr ermäßigt sich auf............	0,25

Zwangsvollstreckung und Kostenrecht 76.2 **Einleitung**

IV. Beschwerdeverfahren

5400	Verfahren über Beschwerden, wenn für die angefochtene Entscheidung eine Festgebühr bestimmt ist:	
	Die Beschwerde wird verworfen oder zurückgewiesen	100 DM
	Wird die Beschwerde nur teilweise verworfen oder zurückgewiesen, kann das Gericht die Gebühr nach billigem Ermessen auf die Hälfte ermäßigen oder bestimmen, daß eine Gebühr nicht zu erheben ist.	
5401	Verfahren über sonstige Beschwerden, die nicht nach anderen Vorschriften gebührenfrei sind:	
	Soweit die Beschwerde verworfen oder zurückgewiesen wird.........	0,25

Gebühr für Anordnung/Beitritt (KostVerz Nr 5100)

76.1 Gerichtsgebühr nach GKG-KostVerz Nr 5100: Festgebühr von 100 DM. Die Gebühr wird erhoben für die **Entscheidung über den Antrag** auf Anordnung der Zwangsversteigerung eines Grundstücks (anderen Objekts) oder Zulassung des Beitritts zur Vollstreckungsversteigerung (§ 15) und ebenso für die Entscheidung über den Antrag des Konkursverwalters (§ 172), eines Berechtigten nach § 172 sowie eines Berechtigten (auch eines pfändenden Gläubigers) auf Teilungsversteigerung (§ 180). Gleichgültig ist, ob der Gläubiger Antrag wegen eines (dinglichen) Anspruchs aus nur einem Grundstücksrecht oder wegen der (dinglichen) Ansprüche aus verschiedenen Rechten oder wegen dinglicher Ansprüche und persönlicher Forderungen oder wegen verschiedener, durch einen oder mehrere Vollstreckungstitel ausgewiesene Vollstreckungsforderungen gestellt hat. Unerheblich ist ebenso, ob dem Antrag (ganz oder zum Teil) stattgegeben wird oder ob er (ganz oder zum Teil) abgelehnt wird, und ob die Entscheidung mit Verfahrensanordnung oder Zulassung des Beitritts sowie Zurückweisung des weitergehenden Antrags in einem Beschluß zusammengefaßt oder in gesonderten Beschlüssen abgefaßt wird. Unerheblich ist ebenso, ob dem Antrag zunächst nur teilweise stattgegeben wird, im übrigen aber Zwischenverfügung zur Behebung des Hindernisses ergeht und erst später der weitergehende (restige) Antrag stattgebend oder ablehnend verbeschieden wird. Stets handelt es sich um die durch die Festgebühr abgegoltene „Entscheidung über den Antrag". Es macht keinen Unterschied, ob die Entscheidung beim Vollstreckungsgericht oder beim Beschwerdegericht ergeht und ob mit oder ohne mündliche Verhandlung. Die Gebühr fällt auch für die Entscheidung über einen Antrag des im Verwaltungszwangsverfahren vollstreckenden Finanzamts (Gerichtskasse, andere Vollstreckungsbehörde) an (Gebührenbefreiung Einl Rdn 87), ebenso bei Wiedervollstreckung nach § 133 (der Antrag leitet ein neues Verfahren ein, § 133 Rdn 2.1). Wird der Anordnungs- oder Beitrittsantrag vor Erlaß der Entscheidung zurückgenommen, so fällt die Gebühr nicht an. Teilweise Rücknahme des Antrags vor oder nach Erlaß der Entscheidung ist ohne Einfluß auf die Höhe der Festgebühr. Die Festgebühr beträgt auch dann 100 DM (ermäßigt sich somit nicht), wenn die vollstreckbare Forderung des Gläubigers oder der Wert des Grundstücks geringer ist; sie soll (auch) eine Hemmschwelle für Gläubiger sehr geringer Forderungen darstellen; das für den Schuldner besonders einschneidende Verfahren zu beantragen[1].

76.2 Ausgelöst wird die Anordnungs-/Beitrittsgebühr durch die **Entscheidung** über den Antrag. Die „Entscheidung" ergeht, wenn die Urschrift mit der Unterschrift versehen wird (siehe Einl Rdn 20.1, nicht erst, wenn sie von der Geschäftsstelle zur Zustellung gegeben ist) oder wenn sie (ausnahmsweise, zB vom Beschwerdegericht) verkündet wird. Der Gebührenanfall durch die Unterschrift steht unter dem Vorbehalt, daß die Unterschrift nicht zurückgenommen wird.

---

[1] Begründung BT-Drucks 12/6962, S 82.

Einleitung 76.2   Zwangsvollstreckung und Kostenrecht

Eine Zwischenverfügung des Gerichts zur Behebung von Mängeln löst die Anordnungsgebühr noch nicht aus.

76.3 Getrennt abgefaßte und zeitlich nacheinander eingegangene **Anträge desselben Gläubigers** sind in einem Beschluß zusammenzufassen (§ 15 Rdn 4.13). Der Beschluß als die Entscheidung über jeden Antrag auf Anordnung oder Beitrittszulassung löst die Festgebühr von 100 DM daher nur einmal aus (keine mehrfache Entscheidung auf Anordnung oder Zulassung des Beitritts). Maßgebend ist allein, ob eine Entscheidung ergeht oder mehrere Entscheidungen, nicht aber, ob ein Antrag oder mehrere gestellt werden. Jede **selbständige Entscheidung** über das in gesonderten Anträgen gestellte Begehren eines Gläubigers (Anordnung, Beitritt, Abweisung) löst eine eigene (gesonderte) Festgebühr aus. Wenn ein Gläubiger seinem eigenen Verfahren später beitritt, etwa wegen weiterer zwischenzeitlich fällig gewordener Zinsen oder weil er erst persönlich betrieben hat und dann aus dem dinglichen Recht (zB der Zwangshypothek) vollstreckt, entsteht die Festgebühr von 100 DM daher wieder neu. Sie entsteht ebenso wieder neu, wenn nach Verfahrensordnung (Zulassung des Beitritts) über einen Gegenstand (zB Grundstück A oder Miteigentumsanteil des Ehemanns) für einen neuen Antrag des gleichen Gläubigers für einen weiteren (anderen) Gegenstand des gleichen Schuldners oder eines anderen Eigentümers (zB Grundstück B oder Miteigentumsanteil des Ehegatten) zu entscheiden ist, auch wenn die Verfahren zugleich nach § 18 verbunden werden.

76.4 Werden gleichzeitig oder nacheinander **Zwangsversteigerung und Zwangsverwaltung** beantragt, so fallen zwei Anordnungsgebühren an, weil zwei gebührenpflichtige Entscheidungen vorliegen (GKG-KostVerz Nrn 5100 und 5200). Das gilt auch, wenn die Entscheidungen über beide Verfahren in einem Beschluß ergehen (sehr unzweckmäßig, weil zwei verschiedene Arten von Verfahren mit getrennter Aktenführung vorliegen). Es handelt sich, wenn auch auf einem Papier, um zwei sachliche Entscheidungen.

76.5 Durch die Anordnungsgebühr wurde nach dem bis Ende 1975 gültigen Kostenrecht des GKG eine recht umfassende Tätigkeit des Gerichts **abgegolten,** deren Zusammenhang mit dem Anordnungsverfahren im einzelnen umstritten war (darüber 9. Auflage des Buchs). Jetzt bezieht sich die Anordnungsgebühr nur auf die Entscheidung über die Anordnung (bzw den Beitritt), während die eine Verfahrensgebühr auslösende „Verfahren im allgemeinen", „sogleich nach dem Beschluß über die Anordnung der Zwangsversteigerung" beginnt, wobei „besondere Handlungen des Gerichts" „zur Verwirklichung des Gebührentatbestands nicht erforderlich" sind (Begründung zu GKG-KostVerz aF Nr 1510 und 1511 aF). Allerdings wird sich entgegen der Annahme des Gesetzgebers doch eine „Handlung" als nötig erweisen (Einl Rdn 77.2).

76.6 Zum **Anordnungsabschnitt** des Verfahrens gehört gebührenmäßig nur die gerichtliche Entscheidung, positiv oder negativ. Die ihr vorausgehenden Vorgänge (Entgegennahme des Antrags, Aufnahme zu Protokoll der Geschäftsstelle, Registrierung, Anlage der Akten, Rückfragen, Aufforderung zur Ergänzung, Berichtigung oder Vorlage von Unterlagen, auch mit Zwischenverfügung, sonstiger Schriftwechsel mit dem Antragsteller, auch eine Anhörung des Schuldners oder Antragsgegners vor der Entscheidung usw) sind gebührenfrei; bei Rücknahme in diesem Vorstadium also keine Gebühr. Erstattungspflichtige Auslagen (Einl Rdn 84) sind auch aus diesem Abschnitt zu zahlen.

76.7 Für **jeden Gläubiger** (Antragsteller bei Nachlaßversteigerung nach § 175 oder Teilungsversteigerung nach § 180) wird die Festgebühr nach GKG-KostVerz Nr 5100 gesondert erhoben (Vorbemerkung zu GKG-KostVerz Teil 5). Für die Entscheidung über jeden Antrag eines weiteren Gläubigers (Antragstellers) auf Zulassung des Beitritts zu einem Zwangsversteigerungsverfahren entsteht daher gesondert eine Festgebühr von 100 DM. Sie wird ebenso für die Entscheidung über jeden Antrag mehrerer Gläubiger (sonstiger Antragsteller) einzeln (somit mehrfach)

Zwangsvollstreckung und Kostenrecht 76.9 **Einleitung**

erhoben, wenn die (gleichzeitigen) Entscheidungen in einem Beschluß zusammengefaßt werden (§ 15 Rdn 4.13). **Gesamtgläubiger,** die den Antrag gemeinsam stellen, gelten als ein Antragsteller (Vorbemerkung aaO); das gilt auch, wenn Gesamtgläubiger als Pfändungsgläubiger gemeinsam Antrag auf Teilungsversteigerung stellen. Stellen Gesamtgläubiger Anträge einzeln (nach Verfahrensanordnung Antrag auf Zulassung des Beitritts), so wird die Festgebühr für jeden Antragsteller gesondert erhoben.

76.8 a) Betrifft ein Antrag **eines Gläubigers** (anderen Antragstellers) **mehrere Gegenstände,** somit mehrere Grundstücke oder andere Objekte oder mehrere Bruchteile eines Grundstücks (anderen Objekts), und wird durch einen **einheitlichen** (Anordnungs/Beitritts/Zurückweisungs-)**Beschluß** entschieden, so wird die Gebühr nach GKG-KostVerz Nr 5100 **nur einmal** erhoben. Nur einmal fällt die Festgebühr somit an, wenn die Zwangsversteigerung eines aus mehreren Grundstücken bestehenden Grundbesitzes desselben Schuldners (§ 18 Rdn 2.1), bei Vollstreckung eines an jedem Grundstück oder Grundstückseigentumsanteil bestehenden Rechts sowie bei gesamtschuldnerischer Haftung auch verschiedener Eigentümer (§ 18 Rdn 2.2 und 2.3), durch einheitlichen Beschluß angeordnet wird[2]. Nur eine Anordnungs- oder Beitrittsgebühr gibt es in diesem Fall auch bei getrennt abgefaßten und zeitlich nacheinander eingegangenen Anträgen desselben Gläubigers, die in einem Beschluß zusammengefaßt sind (Rdn 76.3). Maßgebend ist ohne Rücksicht auf die Art und Zahl der Vollstreckungstitel allein, ob der Antrag eines Gläubigers (Antragstellers) mehrere Gegenstände betrifft und über eine Entscheidung ergeht. Ermessensmißbräuchliche Ablehnung oder Unterlassung einer nach § 18 möglichen und sachdienlichen Verbindung mit Entscheidung durch nur einen Beschluß ist jedoch unrichtige Sachbehandlung, so daß Mehrkosten nicht zu erheben sind (GKG § 8 Abs 1).

b) Durch **einheitlichen Beschluß** wird über einen Antrag, der mehrere Gegenstände betrifft, auch entschieden, wenn Entscheidung zum Teil mit Verfahrensanordnung der Zulassung des Beitritts ergeht und im übrigen Zurückweisung des weitergehenden Antrags erfolgt (wie Rdn 76.1). Das muß auch gelten, wenn diese gleichzeitige Entscheidung äußerlich in gesonderten Schriftstücken jeweils als eigener Beschluß abgefaßt wird. Mit „einheitlichem Beschluß" ist nicht die selbständige Form des Schriftstücks (Beschlusses) bezeichnet, sondern die Gesamtheit der einheitlichen Entscheidung. Wollte man das anders sehen, so wären Mehrkosten infolge unrichtiger Sachbehandlung nicht zu erheben (GKG § 8 Abs 1). Ebenso ist unerheblich zu bleiben, ob dem Antrag eines Gläubigers (Antragstellers) **für alle Gegenstände** zunächst nur teilweise stattgegeben wird, im übrigen aber (so wegen der Gläubigerforderung aus einem weiteren, noch nicht zugestellten Vollstreckungstitel) Zwischenverfügung zur Behebung des Hindernisses ergeht und erst später der weitergehende (restige) Antrag stattgebend oder ablehnend verbeschieden wird (wie Rdn 76.1). Nicht durch einheitlichen Beschluß entschieden wird hingegen, wenn dem Antrag zunächst nur wegen **eines Objekts** (oder einzelner) durch Anordnung der Zwangsversteigerung (Zulassung des Beitritts) stattgegeben werden kann, hinsichtlich eines anderen Objekts (mehrer weiterer Objekte) jedoch Zwischenverfügung zur Behebung eines Hindernisses ergeht (zB weil hier Schuldnereintragung fehlt, § 17 Abs 1), und später erst der Antrag für dieses weitergehende Objekt stattgebend oder ablehnend verbeschieden wird. Dann fallen zwei Gebühren an.

76.9 Betreffen Anträge **mehrerer Gläubiger** (anderer Antragsteller) **mehrere Gegenstände,** so wird die Festgebühr nach GKG-KostVerz Nr 5100 für jeden Gläubiger (Antragsteller) gesondert erhoben (Vorbemerkung aaO; Einzelheiten Rdn 76.7). Jedoch entsteht bei Entscheidung durch einheitlichen Beschluß die Gebühr für jeden einzelnen (gesondert gebührenpflichtigen) Gläubiger (Antragstel-

[2] Begründung BT-Drucks 12/6962, S 81.

Einleitung 76.9 Zwangsvollstreckung und Kostenrecht

ler), dessen Antrag mehrere Gegenstände betroffen hat, nur einmal (wie Rdn 76.8).

76.10 Gesondert erhoben wird die Festgebühr von 100 DM auch für jeden von mehreren Antragstellern einer **Teilungsversteigerung** (§ 180; mehrere Miteigentümer, Erben, Pfändungsgläubiger oder sonstige Antragsberechtigte). Dies gilt auch, wenn die Anträge (zB mehrerer Miterben) gleichzeitig gestellt sind und die Entscheidungen in einem Beschluß zusammengefaßt werden. Die Verfahren der mehreren Antragsteller sind voneinander unabhängig. Gesamtgläubigern, die bei gemeinsamem Antrag nur als ein Antragsteller gelten (Rdn 76.7), stehen sie nicht gleich; daß Miteigentümer (sonstige Antragsteller), die gemeinsam Antrag stellen, wie ein Antragsteller behandelt werden sollen, ist nicht vorgesehen.

76.11 Fälligkeit: Mit Erlaß der Entscheidung (GKG § 62 Abs 1); keine Vorschußpflicht (GKG § 3). **Kostenschuldner:** Antragsteller (GKG § 53 Abs 1), außerdem ua Vollstreckungsschuldner nach GKG § 54 Nr 4. Keine Vorwegnahme aus dem Versteigerungserlös (§ 109 Abs 1).

77 Gebühr für das Versteigerungsverfahren (KostVerz Nr 5110, 5111)

Literatur: Drischler, Zur Verfahrensgebühr des § 61 Abs 1 Nr 1 GKG, JVBl 1962, 102; Drischler, Die Verfahrenskosten im Falle der Nichtzahlung des Bargebots in der Zwangsversteigerung, JVBl 1963, 169; Mümmler, Entstehung und Höhe der Verfahrensgebühr des § 61 Abs 1 Ziffer 1 GKG, JVBl 1962, 51; Schneider, Der Gegenstandswert in Zwangsversteigerungsverfahren nach neuem Recht, MDR 1976, 180; Stöber, Die Gebühr für das Zwangsversteigerungsverfahren im allgemeinen (§ 61 Abs 1 Nr 1 GKG), JVBl 1962, 152.

77.1 Für das Versteigerungsverfahren wird nach GKG-KostVerz Nr 5110 eine **allgemeine Verfahrensgebühr** von 0,5 des Gebührensatzes (GKG § 11 Abs 2) erhoben. Diese Gebühr ermäßigt sich auf 0,25 des Gebührensatzes, wenn das Verfahren vor Ablauf des Tages endet, an dem die Verfügung mit der Bestimmung des ersten Versteigerungstermines unterschrieben ist. Beendet ist das Verfahren mit Zurücknahme des Versteigerungsantrags (§ 29 Rdn 2.5) oder Aufhebung aus anderem Grund (zB aus § 28). Endet das Verfahren erst am Tag der Terminbestimmung (Unterzeichnung) oder danach durch Rücknahme oder sonstige Aufhebung vorzeitig, so wird davon die 0,5 Verfahrensgebühr nicht mehr berührt. Auslagen werden in beiden Fällen erhoben. Terminsverfügung, die Gebührenermäßigung ausschließt, ist in einem Verfahren zur Versteigerung mehrerer Grundstücke (§ 18) auch die Terminsbestimmung zur Versteigerung nur eines (einzelner) dieser Grundstücke. Auch wenn für Versteigerung der weiteren Grundstücke vor Verfahrensbeendigung Versteigerungstermin nicht mehr bestimmt wird, ist daher die allgemeine Verfahrensgebühr mit 0,5 des Gebührensatzes aus dem Gesamtwert der Gegenstände (GKG § 29 Abs 4) zu erheben. Durch diese Verfahrensgebühr sind alle gerichtliche Handlungen und Maßnahmen in dem Versteigerungsverfahren (pauschal) abgegolten. Gesondert zu vergüten sind jedoch die Abhaltung des Versteigerungstermins (Einl Rdn 78), die Durchführung des Verteilungsverfahrens (Einl Rdn 80) und bestimmte Beschwerdeentscheidungen (Einl Rdn 85).

77.2 Das Verfahren im allgemeinen beginnt unmittelbar nach der Anordnung der Zwangsversteigerung, also sogleich nach Erlaß des Beschlusses über die Anordnung der Zwangsversteigerung (Beitrittszulassung); besondere Handlungen des Gerichts zur Verwirklichung des Gebührentatbestandes von GKG-KostVerz Nr 5110 sollen daher nicht erforderlich sein. Wirksam ist der Anordnungs/Beitrittsbeschluß, wenn er dem Gläubiger (Antragsteller) mitgeteilt ist (ZPO § 329 Abs 3). Zustellung an den Schuldner ist keine weitere Voraussetzung der Wirksamkeit, wie sich schon daraus ergibt, daß vor dieser Zustellung die Beschlagnahme durch Zugang an das Grundbuchamt wirksam werden kann (§ 22). Diese Zustellung (die sich unter Umständen im Ausland über Monate erstrecken kann) gehört, ebenso wie das Eintragungsersuchen an das Grundbuchamt, die Mitteilungen an die Behörden und an die Mieter usw bereits zum „Verfahren im allgemeinen". Insoweit ist also doch eine Handlung des Gerichts nötig, das „allgemeine Verfahren" einzuleiten. Erweist sich die Zustellung an den Schuldner als undurchführbar, weil er etwa vor Vollstreckungsbeginn gestorben war, und wird nun die Beschlagnahme wieder aufgehoben, so ist außer der Anordnungsgebühr die 0,25-Verfahrensgebühr verfallen. Nur wenn der Antragsteller (Gläubiger) zwar nach Unterschrift, aber vor Hinausgabe der Entscheidung an den Schuldner den Antrag zurückgenommen hätte, wäre nur die Anordnungsgebühr entstanden.

77.3 Wird der Anordnungsantrag **abgelehnt,** so wird die Entscheidung nur an den Antragsteller (Gläubiger) zugestellt. Der Anordnungsabschnitt ist damit beendet, das „allgemeine Verfahren" beginnt erst gar nicht. Es ist nur eine Anordnungsgebühr zu zahlen.

77.4 Wird eine die Anordnung ablehnende Entscheidung auf **Rechtsmittel** hin (befristete Durchgriffserinnerung = befristete Beschwerde) **bestätigt,** die Beschwerde also verworfen oder zurückgewiesen, so fällt neben der Anordnungsgebühr nur die Beschwerdegebühr an (GKG-KostVerz Nr 5400), aber keine Verfahrensgebühr. Wird eine stattgebende Entscheidung auf Rechtsmittel des Schuldners hin wieder aufgehoben, so war die Verfahrensgebühr (infolge Zustellung an den Schuldner) schon angefallen und entfällt nicht wieder, weil hier eine dem Konkursverfahren (GKG-KostVerz Nr 4220) entsprechende Vorschrift fehlt.

77.5 Würde eine (positive oder negative) Entscheidung über die Anordnung auf Grund mündlicher Verhandlung **verkündet** (ZPO § 329 Abs 1) (theoretisch möglich, praktisch wohl nie vorkommend), so würde die Verkündung die Anordnungsgebühr auslösen (Einl Rdn 76.2), aber keine Verfahrensgebühr. Es handelt sich ja immer noch um den Anordnungsabschnitt.

77.6 Für **Einstellungsverfahren** nach §§ 30 a – d, 180 Abs 2 – 4, wird keine besondere Gerichtsgebühr erhoben; ebenso wird für Vollstreckungsschutzverfahren nach ZPO § 765 a innerhalb eines Zwangsversteigerungsverfahrens keine Gebühr erhoben (Vorbemerkung zu GKG-KostVerz Teil 5), somit die Gebühr nach GKG-KostVerz Nr 1641 nicht ausgelöst. Die Tätigkeit des Vollstreckungsgerichts in Einstellungs- und Vollstreckungsschutzverfahren ist pauschal durch die allgemeine Verfahrensgebühr (GKG-KostVerz Nr 5110; bei vorzeitiger Verfahrenserledigung ermäßigt nach Nr 5111) abgegolten. Gleichgültig ist, ob auf Schuldnerantrag ein Schutzverfahren nach ZPO § 765 a innerhalb eines ZVG-Verfahrens gesondert durchgeführt wird, ob ein Antrag aus ZPO § 765 a mit einem Einstellungsantrag aus § 30 a – d, 180 Abs 2 – 4 verbunden wird, aber auch, ob ein (zurückgewiesener oder zurückgenommener) Einstellungs- oder Vollstreckungsschutzantrag später wiederholt wird oder im Laufe des Verfahrens Antrag neu gestellt und auf neue Gründe gestützt wird. Es fällt auch keine Gebühr an für Einstellungsverfahren nach ZPO §§ 769, 771 und nach ZPO §§ 775, 776, weil hierfür im GKG keine Gebühr festgesetzt ist (GKG § 1 Abs 1).

77.7 Geschäftswert ist für die Verfahrensgebühr (die 0,5 wie die 0,25) der vom Gericht nach § 74 a festgesetzte Verkehrswert (GKG § 29 Abs 1 Satz 1). Diesem muß, auch wenn im GKG nicht erwähnt, der nach Binnenschiffahrtsvollstreckungsschutzgesetz § 15 festgesetzte Schiffswert gleichgesetzt werden. Nur wenn der Wert nicht festgesetzt ist, entscheidet der steuerliche Einheitswert (GKG § 29 Abs 1 Satz 2). Dies gilt aber nur, wenn der Wert tatsächlich gerichtlich festgesetzt ist, nicht also, wenn er nur geschätzt oder ermittelt, aber nicht ausdrücklich festgesetzt ist[1] (anders noch[2]); dabei muß der erste Festsetzungsbeschluß des Gerichts ge-

---
[1] Mümmler JurBüro 1969, 577.
[2] LG Köln MDR 1964, 770.

Einleitung 77.7   Zwangsvollstreckung und Kostenrecht

nügen, auch wenn etwa ein Beteiligter noch anfechten kann. Anders ausgedrückt: der Einheitswert kommt als Gegenstandswert nur dann nicht in Frage, wenn der Verkehrswert (des Grundstücks bzw der Schiffswert) gerichtlich festgesetzt ist[3]. Der festgesetzte Wert umfaßt auch die mit beschlagnahmten Zubehörstücke, so daß für abgesondert zu verwertende (§ 65) nichts hinzuzurechnen ist. Ändert sich der festgesetzte Wert auf Rechtsmittel hin, so entscheidet der neu festgesetzte Wert (gleich, ob erhöht oder verringert). Wird der Wert von Amts wegen (oder auf Antrag eines Beteiligten) infolge neuer Tatsachen und Umstände geändert, ist der höchste in dem abgegoltenen Verfahrensabschnitt festgesetzte Wert maßgebend (ähnlich[4]).
Beispiel: Nach Zubehörfreigabe wird der Wert vor Bestimmung des ersten Versteigerungstermins herabgesetzt. Die 0,5-Gebühr GKG-Kostverz Nr 5110 wird nach dem festgesetzten höheren Wert erhoben (keine Beendigung des Verfahrens vor Terminsbestimmung).
Der Einheitswert verliert mit Ablauf des 31. 12. 1996 seine Bedeutung als steuerliche Bemessungsgrundlage[5]. Bis dahin hat der Gesetzgeber eine Neuregelung zu treffen. Über diesen Zeitpunkt hinaus kann daher auch GKG § 29 Abs 1 Sätze 2–4 nicht mehr angewendet werden. In welchem Umfang an die Stelle des bisherigen Einheitswertes eine künftige steuerliche Bemessungsgrundlage treten wird, ist noch nicht überschaubar.

77.8 Wenn der **Einheitswert** als Gegenstandswert in Betracht kommt, ist der nach den Grundsätzen der Einheitsbewertung (nicht der Grundstücksverkehrsbewertung) geschätzte Wert maßgebend, wenn der „Gegenstand" des Immobiliarvollstreckungsverfahrens (nicht der Wert des Verfahrensgegenstandes) „vom Gegenstand der Einheitsbewertung" (nicht vom Einheitswert) wesentlich abweicht oder „sich der Wert infolge bestimmter Umstände", die nach dem Feststellungszeitpunkt des Einheitswertes eingetreten sind (nicht vorher eingetretene) „wesentlich verändert" hat oder ein Einheitswert noch überhaupt festgestellt ist (GKG § 29 Abs 1 Satz 3). Beispiel für Gegenstandsabweichungen: Es wird ein jetzt bebautes Grundstück versteigert, der Einheitswert ist nur für das unbebaute festgesetzt, oder es wird ein Hof ohne Inventar versteigert, während des Einheitswerts immer auch landwirtschaftliches Inventar erfaßt. Beispiele für Wertänderung: Umbau oder teilweise Zerstörung eines Gebäudes, nicht aber allgemeine Wertsteigerung für Grundstücke[6]. Die Abweichung oder Wertveränderung muß „wesentlich", darf somit nicht geringfügig sein; die Freigabe eines einzelnen Inventarstücks oder die Bebauung mit einer Gartenlaube in den genannten Beispielen genügt also nicht. Wertschätzung nach den Grundsätzen der Einheitsbewertung soll Bestimmung eines dem wahren Einheitswert nahekommenden Wertes ermöglichen; weitergehende Anforderungen, wie sie bei Ermittlung nach freiem Ermessen denkbar wären, sind nicht gestellt[7]. Der berichtigte Einheitswert kann höher als der festgestellte Einheitswert, aber auch niedriger sein; er soll nicht nur Wertsteigerungen, sondern auch Wertminderungen ausgleichen. Kommt zB Zubehör hinzu oder weg, so darf nicht einfach der Verkehrswert des Zubehörs dem Einheitswert zu- oder abgerechnet werden, sondern der Einheitswert ist um den entsprechenden Bruchteil seines Betrages zu erhöhen oder zu verringern. Dabei ist gleich, ob es sich um fremdes Eigentum handelt, das nach Beginn des Verfahrensabschnitts schon unmittelbar nach Anordnung der Zwangsversteigerung nach § 55 freigegeben wurde.

---

[3] LG München I JurBüro 1972, 802 und 1973, 893 Leitsatz mit Anm Mümmler = Rpfleger 1972, 424.
[4] LG Paderborn Rpfleger 1989, 168.
[5] BVerfG NJW 1995, 2615 und 2624.
[6] LG Berlin Rpfleger 1966, 276 mit Anm Stöber; Mümmler JurBüro 1969, 577 (B 2); Stöber JVBl 1960, 272 (VII B).
[7] Begründung BT-Drucks 12/6962, S 64.

Zwangsvollstreckung und Kostenrecht 77.11 **Einleitung**

77.9 Erstreckt sich das Verfahren auf **mehrere Grundstücke** (oder andere Objekte) (Verfahren müssen also verbunden sein; ob berechtigt, hier ohne Einfluß), so wird die Gebühr für das allgemeine Verfahren (GKG-KostVerz Nr 5110 oder ermäßigt sich nach Nr 5111) aus den Gesamtwerten erhoben (GKG § 29 Abs 4). Zusammengerechnet werden die festgesetzten Grundstückswerte oder die Einheitswerte bzw berichtigten Einheitswerte). Werden die Verfahren später **getrennt,** so erlangt Bedeutung, daß die Versteigerungsverfahrensgebühr als Pauschgebühr das Verfahren im allgemeinen **vor und nach** der Trennung umfaßt. Daher ist sowohl die vor als auch die nach Trennung nach dem jeweiligen Geschäftswert dieses Verfahrensabschnitts zu berechnende allgemeine Verfahrensgebühr zu bestimmen und der höhere Gebührenbetrag zu erheben (entspricht dem Pauschgebührensystem). Beispiele:

a) **Vor** Trennung keine Terminsverfügung; 0,25 Verfahrensgebühr aus dem Gesamtwert. Nach Trennung Terminsverfügungen in allen Einzelverfahren; jeweils 0,5 Verfahrensgebühren aus dem Wert des Einzelverfahrens. Diese ergeben den höheren Gebührengesamtbetrag, sind somit zu erheben.

b) **Vor** Trennung keine Terminsverfügung; 0,25 Verfahrensgebühr aus dem Gesamtwert. **Nach** Trennung Terminsverfügung nur noch in einem der Einzelverfahren; 0,5 Verfahrensgebühr aus dem Wert dieses Einzelverfahrens. Der höhere Gebührenbetrag ergibt sich aus der Summe des Anteils (bemessen nach dem Verhältnis der Grundstückswerte) des Verfahrens ohne Terminsbestimmung an der 0,25 Verfahrensgebühr und des Einzelverfahrens mit 0,5 Verfahrensgebühr.

c) **Vor** Trennung Terminsverfügung; 0,5 Verfahrensgebühr aus dem Gesamtwert. Terminsverfügung wird vor Trennung wieder aufgehoben; **danach** in allen Einzelverfahren keine weitere Terminsverfügung. 0,25 Verfahrensgebühren aus den Einzelwerten. Der höhere Gebührenbetrag (0,5 Gesamtverfahrensgebühr) oder Summe der Einzelverfahren) wird erhoben.

d) **Vor** Trennung Terminsverfügung; 0,5 Verfahrensgebühr aus dem Gesamtwert. Terminsverfügung vor Trennung wieder aufgehoben; **danach** weitere Terminsverfügung nur noch in einem gesonderten Verfahren. Nach Trennung 0,5 sowie weitere 0,25 Verfahrensgebühren aus den jeweiligen Einzelwerten. Der höhere Gebührenbetrag (0,5 Gesamtverfahrensgebühr oder Summe der Einzelgebühren von 0,5 und 0,25 aus den Einzelwerten) wird erhoben.

e) **Vor** Trennung Terminsverfügung; Trennung, ohne daß diese Terminsverfügung bis dahin aufgehoben worden wäre. Für jedes Einzelverfahren 0,5 Verfahrensgebühr aus den jeweiligen Einzelwerten nach GKG-KostVerz Nr 1510 (für diese einzelnen Pauschgebühren keine ermäßigende Beendigung des Verfahrens vor Trennung).

Entsprechendes gilt, wenn getrennte Verfahren **später verbunden** werden. Die schon getrennt angefallenen Gebührenbeträge werden nicht mehr berührt; die Pauschgebühr im Gesamtverfahren nach GKG-KostVerz Nr 5110 und/oder 5111 wird nach dem Gesamtwert bestimmt. Der höhere Gebührenbetrag wird erhoben.

77.10 Der Einheitswert ist vom Schuldner (Eigentümer), soweit möglich auch vom Gläubiger (Antragsteller, auch Konkursverwalter, Miterben usw) **nachzuweisen** (Vorlage des Einheitswertbescheides). Wird er nicht nachgewiesen, so ist das Finanzamt um Auskunft über die Höhe des Einheitswertes zu ersuchen (§ 29 Abs 1 Satz 4). Die Anforderung beim Finanzamt ist letztes Mittel zur Wertermittlung[7]; daher steht Abgabenordnung § 30 (Steuergeheimnis) der Auskunft nicht entgegen (§ 29 Abs 1 Satz 4).

77.11 Fälligkeit: Im Verteilungstermin oder mit Aufhebung des Verfahrens (GKG § 62 Abs 1). Findet kein Verteilungstermin statt, weil außergerichtlich verteilt wird, dann werden die Gebühren fällig, sobald der Nachweis über die au-

Einleitung 77.11   Zwangsvollstreckung und Kostenrecht

ßergerichtliche Verteilung erbracht wird (§ 143) bzw bei außergerichtlicher Einigung die 2-Wochen-Frist abgelaufen ist (§ 144 Abs 1). **Vorschußpflicht:** GKG § 66 Abs 1. Die Terminsbestimmung und das weitere Verfahren dürfen nicht von der Vorschußzahlung abhängig gemacht werden. **Kostenschuldner:** Antragsteller (soweit die Gebühren nicht dem Erlös entnommen werden können) (GKG § 53 Abs 1), außerdem ua Vollstreckungsschuldner nach GKG § 54 Nr 4. Vorschußpflichtig ist der (betreibende) Gläubiger (Antragsteller) (GKG § 53 Abs 1); mehrere haften als Gesamtschuldner. Wenn allerdings einer oder einige ihr Verfahren einstellen ließen (oder es ihnen gegenüber eingestellt wurde) ist der Vorschuß nur von den anderen zu erheben. Mehrere Vorschuß Leistende haben gegeneinander Ausgleichsansprüche nach BGB § 426 (anders[8]) (außerhalb der Versteigerung durchzusetzen). Vorwegnahme aus dem Versteigerungserlös nach § 109 Abs 1.

78 Gebühr für den Versteigerungstermin (KostVerz Nr 5120)

78.1 Gerichtsgebühr nach GKG-KostVerz Nr 5120: 0,5 des Gebührensatzes. Die Gebühr entsteht mit der Aufforderung zur Abgabe von Geboten; damit gilt der Versteigerungstermin kostenrechtlich als abgehalten. Wird der Termin schon vor der Geboteaufforderung durch Einstellung oder Aufhebung beendet, fällt keine Terminsgebühr an. Der Vortermin (§ 62) und etwaige Besprechungstermine fallen nicht unter diese Gebühr; sie werden durch die Verfahrensgebühr abgegolten (Einl Rdn 77). Das weitere Schicksal des Termins (nach der Aufforderung) ist grundsätzlich ohne Einfluß auf die Gebühr, ob also kein Gebot abgegeben wird, ob (nach der Aufforderung) das Verfahren eingestellt oder aufgehoben wird, ob der Zuschlag erteilt oder versagt wird. Nur wenn der Zuschlag gemäß § 74 a oder § 85 a oder Binnenschiffahrtsvollstreckungsschutzgesetz § 13 oder § 13 a ($5/10$- oder $7/10$-Grenze) versagt wird, dann entfällt die Versteigerungsterminsgebühr (GKG-KostVerz Nr 5120); auch dann müssen aber die schon entstandenen Auslagen (Rechnungsbeamter, Reisespesen, gemieteter Raum usw) erstattet werden. Erhoben wird die Gebühr für die Abhaltung mindestens eines Versteigerungstermins, damit auch dann nur einmal, wenn mehrere Versteigerungstermine stattfinden (GKG-KostVerz Nr 5120).

78.2 Wenn **mehrere Grundstücke** in einem verbundenen Verfahren (§ 18) getrennt ausgeboten werden, und zwar nicht auf einmal, sondern nacheinander (dies auch in Terminen einzeln für jedes Grundstück), so entsteht für alle Grundstücke die Terminsgebühr schon mit der ersten Aufforderung zur Abgabe von Geboten, weil der Termin bereits mit der ersten Aufforderung als abgehalten gilt (GKG-KostVerz Nr 5120). Die für alle Grundstücke gemeinsame Terminsgebühr fällt auch an, wenn es im Lauf des Termins (durch Einstellung oder Rücknahme) zum Aufruf der weiteren Grundstücke nicht mehr kommt. Werden aber im selben Termin mehrere nicht verbundene Verfahren durchgeführt (das wird nicht für zulässig erachtet, § 66 Rdn 10.1), so entsteht für jedes Verfahren die Terminsgebühr gesondert.

78.3 Geschäftswert ist der vom Gericht nach § 74 a festgesetzte Verkehrswert (GKG § 29 Abs 1 Satz 1); hierzu Einl Rdn 77.7. Wenn mehrere Grundstücke (andere Objekte) verteigert werden, ist der Gesamtwert der Gegenstände maßgebend, für die bei Aufforderung zur Abgabe von Geboten Versteigerungstermin abgehalten wird (GKG § 29 Abs 4); ausgenommen bleibt somit der Wert der Objekte, für die Versteigerungstermin nicht bestimmt oder vorher Verfahrenseinstellung/aufhebung erfolgt ist.

78.4 Fälligkeit, Vorschußpflicht, **Kostenschuldner** und Vorwegnahme: wie Einl Rdn 77.11.

---

[8] AG Saarbrücken JurBüro 1978, 726 mit abl Anm Mümmler.

Zwangsvollstreckung und Kostenrecht 79.4 **Einleitung**

Gebühr für Erteilung des Zuschlags (KostVerz Nr 5130)

79.1 Gerichtsgebühr nach GKG-KostVerz Nr 5130: 0,5 des Gebührensatzes. Die Gebühr entfällt (wird nicht erhoben), wenn der Zuschlagsbeschluß (auf Erinnerung oder Beschwerde) aufgehoben wird. Sie entsteht auch, wenn nach Versagung des Zuschlags erst durch das Beschwerdegericht (oder bei Entscheidung über die Erinnerung) Zuschlag erteilt wird. Eine Bietergemeinschaft (§ 71 Rdn 4) gilt als ein Ersteher (GKG § 29 Abs 5 Satz 2), die Gebühr entsteht somit bei Zuschlag an eine Bietergemeinschaft nur einmal. Bei Versteigerung mehrerer Grundstücke und Zuschlag an verschiedene Ersteher wird die Gebühr von jedem Ersteher (somit mehrfach) nach dem Wert des ihm zugeschlagenen Grundstücks (anderen Objekts) erhoben (GKG § 29 Abs 5 Satz 1). Bei Zuschlag mehrerer Grundstücke an einen Ersteher nach Versteigerung im Einzelausgebot (§ 63 Abs 1) entsteht die Gebühr für diese Erteilung des Zuschlags (einmal) nach dem Gesamtwert (GKG § 29 Abs 4). Versagung des Zuschlags und Versteigerung abgesondert verwerteter Sachen (§ 65) lösen keine Zuschlagserteilungsgebühr aus, sondern werden durch die Versteigerungsgebühr mit abgegolten.

79.2 Die Zuschlagserteilungsgebühr kann nach besonderen Gesetzen ausnahmsweise **entfallen**, so nach Reichssiedlungsgesetz (Textanhang T 36) § 29.

79.3 **Geschäftswert** ist das Meistgebot (für das der Zuschlag erteilt wird), ohne Zinsen (aus § 49), einschließlich des Wertes der bestehenbleibenden Rechte (GKG § 29 Abs 2 Satz 1). Wenn das Gebot einem zur Befriedigung aus dem Grundstück Berechtigten erteilt ist, erhöht sich dieser Geschäftswert um den Betrag, in dessen Höhe der Ersteher nach § 114 a ZVG als aus dem Grundstück befriedigt gilt (GKG § 29 Abs 2 Satz 1). Das gilt nach[1] auch dann, wenn die Rechte aus dem Meistgebot abgetreten sind und der Zessionar als Ersteher die Voraussetzungen des § 85 a Abs 3 nicht erfüllt. Hinterlegungszinsen bei Hinterlegung als Bietersicherheit oder des Meistgebots rechnen nicht mit. Auch die außerhalb des geringsten Gebotes bestehenbleibenden Belastungen werden nicht mitgerechnet, ebenso nicht die (schon im baren Meistgebot enthaltenen) liegenbelassenen Rechte (die Liegenbelassung wird ohnehin erst meistens im Verteilungstermin erkennbar) (Begründung hierzu Einl Rdn 80.3). Der Erlös aus einer abgesonderten Verwertung (§ 65) ist hier (im Gegensatz zur Verteilungsverfahrensgebühr) nicht einzurechnen, weil sich ja der Zuschlag des Objekts selbst nicht auf sie erstreckt.

79.4 Der **Wert der bestehenbleibenden Rechte** bestimmt sich nach den in §§ 50, 51 enthaltenen Wertvorschriften (anders[2]: maßgebend sei der wirtschaftliche Wert, der Verkehrswert, also der Betrag, den der Ersteher aufwenden müsse, um eine Ablösung zu erreichen, der sei frei zu schätzen). Bei eingetragenen Kapitalbeträgen sind somit diese anzusetzen, bei möglicher Ablösung der Ablösungswert, bei Höchstbetragsrechten der eingetragene Höchstbetrag, Gesamtbelastungen in voller Höhe (ausgenommen bei einem Verfahren nach § 64 Abs 2) (somit wie in § 50 Rdn 2 und § 51 Rdn 3). Hier hat[3] Bedenken, wenn es sich um bestehenbleibende Gesamtrechte handelt, meint: der Wert der Rechte sei nicht gleich ihrem Nennbetrag, wenn der Grundstückswert geringer sei, sei dies die oberste Grenze des für die Belastung einzusetzenden Betrags, da sonst unter Umständen die Belastung viel höher sei als der Wert des Objekts, etwa bei Wohnungseigentumsanteilen, die noch mit dem Gesamtrecht belastet seien. Dem kann nicht zugestimmt werden; der Ersteher (zum Bieten nicht gezwungen) hat in solchem Fall die volle Gesamtbelastung bewußt übernommen und muß sogar, wenn er nicht voll hieraus in Anspruch genommen wird, eine Zuzahlung nach § 50 leisten (§ 50 Rdn 2); dafür gibt es ja die Möglichkeit der Verteilung nach § 64. Hat der Ersteher aber die volle Belastung übernommen, so muß er auch in Höhe dieser

---

[1] LG Lüneburg Rpfleger 1988, 113.
[2] LG Saarbrücken Rpfleger 1971, 157.
[3] LG Freiburg Justiz 1977, 349.

Einleitung 79.4

seiner Leistung, dieses seines Gebots die Zuschlagsgebühr (und die Grunderwerbsteuer) bezahlen, die sich nach dem Gebot bestimmt, gleich ob dieses über oder unter dem Wert des Objekts liegt. Das GKG hat hier bewußt gerade nicht die Gebühr an den Objektwert gebunden. Wenn man[3] folgt, müßte man auch sonst bei überhöhtem Gebot den Grundstückswert als Obergrenze ansetzen. Das aber hat GKG § 29 nicht vorgesehen.

79.5 Bei der **Teilungsversteigerung** vermindert sich der Gegenstandswert, wenn der Ersteher schon bisher Miteigentümer war, um seinen Anteil an dem versteigerten Gegenstand, wobei im Falle von Gesamthandseigentum jeder Mitberechtigte wie ein Bruchteilsmiteigentümer zu seinem Anteil angesehen wird (GKG § 29 Abs 2 Satz 2). Der bisherige Miteigentümer, der das Objekt ersteht, soll für seinen Anteil keine Zuschlagserteilungsgebühr bezahlen.

79.6 Fälligkeit: Mit Verkündung des Zuschlags, bei Erteilung durch das Beschwerdegericht mit Zustellung an den Ersteher (GKG § 62 Abs 1 Satz 2); keine Vorschußpflicht (GKG § 3). **Kostenschuldner:** Ersteher (die an einer Bietergemeinschaft Beteiligten samtverbindlich); Mithaft des Meistbietenden bei Abtretung der Rechte aus dem Meistgebot oder Bieten für einen anderen (GKG § 53 Abs 2). Keine Vorwegnahme aus dem Versteigerungserlös nach § 109 Abs 1.

79.7 Für die Eintragung des Erstehers und der Sicherungshypotheken entstehen Gebühren nach der KostO. Die Auslagen für die Zustellung des Zuschlagsbeschlusses an den Ersteher und an andere (§ 88) sind allgemeine Verfahrensauslagen, die zusammen mit den anderen Auslagen zu erheben sind. Sie treffen also nicht den Ersteher, auch nicht nach § 58 (§ 58 Rdn 3).

80 Gebühr für Verteilungsverfahren (KostVerz Nr 5140, 5141)

80.1 Gerichtsgebühr nach GKG-KostVerz Nr 5140: 0,5 des Gebührensatzes. Dies ist eine **Pauschalgebühr,** die alle Tätigkeiten des Gerichts abgilt. Das Verteilungsverfahren beginnt mit der Bestimmung des Verteilungstermins (§ 105 Abs 1). Zum Verteilungsverfahren gehören auch die Übersendung der Beträge an den Berechtigten, die Bestellung eines Ermittlungsvertreters (§ 135), nachträgliche Verteilungshandlungen (§§ 137, 141; für sie dürfen nicht nach § 109 die Kosten nicht aus dem Versteigerungserlös entnommen werden, es fallen aber nach dem jetzigen Kostenrecht außer Auslagen keine besonderen Kosten an), die Ermächtigung zum Aufgebot unbekannter Berechtigter (§ 138), nicht aber das Aufgebotsverfahren selbst. Mehrere Termine bilden ein Verfahren.

80.2 Wird das Verteilungsverfahren **außergerichtlich** durchgeführt (§§ 143, 144), so beträgt die Verteilungsverfahrensgebühr des Gerichts nur 0,25 (GKG-KostVerz Nr 5141), aber nur, wenn sich die außergerichtliche Verteilung auf den gesamten Erlös erstreckt, da sonst die volle Gebühr (auch soweit außergerichtlich verteilt) erhoben werden muß. Das Verteilungsverfahren beginnt hier mit der entsprechenden Mitteilung der Beteiligten an das Gericht über ihre Absicht.

80.3 Der **Geschäftswert** bestimmt sich nach dem Gebot ohne Zinsen (aus § 49, auch ohne Hinterlegungszinsen), für das der Zuschlag erteilt ist, einschließlich des Wertes der nach den Versteigerungsbedingungen bestehenbleibenden Rechte (§ 29 Abs 3 Satz 1; zur Bewertung dieser Rechte Einl Rdn 79.4). Hinzugerechnet wird der Erlös aus einer gesonderten Versteigerung oder sonstigen Verwertung nach § 65 (GKG § 29 Abs 3 Satz 2). Nicht hinzugerechnet werden die außerhalb des geringsten Gebots bestehenbleibenden Rechte, auch wenn sie im Zuschlag bezeichnet (erwähnt) sind. Auch ein liegenbelassenes Recht (§ 91 Abs 2) wird nicht hinzugerechnet (es ist im baren Meistgebot bereits enthalten und mindert dieses, § 91 Abs 3)[1]; völlig falsch somit die Ansicht von[2], das neben dem vollen Bargebot

---

[1] LG Krefeld Rpfleger 1978, 392.
[2] LG Krefeld Rpfleger 1976, 332 mit abl Anm Stöber.

und den bestehenbleibenden Rechten auch noch die liegenbelassenen zusätzlich ansetzte und so den Gegenstandswert fast verdoppelte, in offensichtlicher Verkennung des Begriffs der Liegenbelassung. Am Gegenstandswert ändert sich nichts durch nachträgliche Verteilungshandlungen, die sich nur auf einen Teil der Masse erstrecken (anders[3], der hier die Sondermasse zugrunde legen will). Im Falle der Zwangsversteigerung zur **Aufhebung einer Gemeinschaft** vermindert sich bei Zuschlag an einen der bisherigen Miteigentümer der Wert nicht „um den Anteil des Erstehers an dem Gegenstand des Verfahrens". Das war bis 31. 12. 1986 streitig; gesetzliche Klarstellung ist jedoch mit Neufassung des § 29 Abs 3 Satz 1 GKG ab 1. 1. 1987 erfolgt (Begründung, BT-Drucks 10/5113, Seite 46).

80.4 Erstreckt sich das Verteilungsverfahren auf **mehrere Grundstücke** (Verfahren verbunden), so werden die Meistgebote zusammengerechnet (GKG § 29 Abs 4). Die Gebühr wird dann einheitlich berechnet, auch wenn die Verteilung in mehreren Terminen erfolgen würde.

80.5 Fälligkeit, Kostenschuldner und Vorwegnahme: wie Einl Rdn 77.11. Wenn nur ein Grundstück (einzelnes Objekt) eines verbundenen (gemeinsamen) Verfahrens versteigert wurde, werden aus seinem Erlös nur die Gebühren und Auslagen vorweg entnommen, die auf dieses versteigerte entfallen; es werden also, weil die Gebühren (soweit sie nach dem Wert berechnet werden) aus dem Gesamtwert berechnet werden müssen, diese Teile der Kosten nach dem Verhältnis der Grundstückswerte aufgeteilt[4] (auch die zugehörigen Auslagen[4]) und nur bezüglich der versteigerten Objekte entnommen; die Anteile an den Kosten aber, die auf die nicht versteigerten entfallen, trägt eben der betreffende betreibende Gläubiger[4]; andernfalls würden die Gläubiger der versteigerten Objekte benachteiligt. Keine Vorschußpflicht (GKG § 3).

Gebühr für Vergleichsabschluß 81

81.1 Für einen Vergleich über den Gegenstand des Zwangsversteigerungs-/-verwaltungsverfahrens (zulässig, Einl Rdn 49) wird keine gesonderte Gerichtsgebühr erhoben. Die Tätigkeit des Gerichts im Zusammenhang mit dem Vergleichsabschluß wird durch die Verfahrensgebühr (Versteigerungsverfahrensgebühr, Zwangsverwaltungsverfahrensgebühr) mit abgegolten[1].

81.2 Von dem den Verfahrensgegenstand **überschreitenden Vergleichsgegenstand** wurde früher eine besondere Vergleichsgebühr, nämlich 1/4 der vollen Gebühr, erhoben (GKG-KostVerz Nr 1170 aF; dazu hier 14. Auflage). Dem kann man nicht mehr folgen. GKG-KostVerz Nr 1660 sieht eine besondere Gebühr für den Abschluß eines Vergleichs vor Gericht „in einem Rechtsstreit" vor. Der Gebührentatbestand erstreckt sich nach der Gliederung des Kostenverzeichnisses (Teil I) auf bürgerliche Rechtsstreitigkeiten „außer Verfahren der Zwangsversteigerung und Zwangsverwaltung". Für den Abschluß eines Vergleichs in einem ZVG-Verfahren ist in dem hierfür allein erheblichen Teil 5 des Kostenverzeichnisses keine Gebühr vorgesehen. Eine solche kann daher auch dann nicht in Rechnung gestellt werden, wenn der Vergleichsabschluß zur Erledigung des Versteigerungsverfahrens Einbeziehung eines den Verfahrensgegenstand übersteigenden Vergleichsgegenstandes erfordert. Auch diese Tätigkeit des Gerichts wird durch die Gebühr für das Verfahren im allgemeinen (GKG-KostVerz Nr 5110) abgegolten, deren Anwendungsbereich weit gespannt ist.

Mehrere betreibende Gläubiger 82

Literatur: Stöber, Wie haften mehrere betreibende Gläubiger für die Kosten eines Zwangsversteigerungsverfahrens?, JVBl 1960, 175.

---

[3] Mohrbutter KTS 1963, 21 (30).
[4] Korintenberg/Wenz §§ 63–64 Anm II 1.
[1] OLG Köln JVBl 1968, 192.

Einleitung 82.1

82.1 In Zwangsversteigerungs- oder Zwangsverwaltungsverfahren ist Schuldner der Kosten (Gebühren und Auslagen) der **Antragsteller** (betreibende Gläubiger) (GKG § 53 Abs 1 Satz 1). Wenn mehrere Gläubiger (in der Teilungsversteigerung Antragsteller) das Verfahren betreiben, haften sie als Gesamtschuldner (GKG § 58 Abs 1) neben dem Vollstreckungsschuldner (GKG § 54 Nr 4).

82.2 Die **gesamtschuldnerische** Haftung kann nur für Kosten gelten, die jedem der mehreren zur Last fallen. Kosten für Anordnung und Beitritt treffen jeden nur hinsichtlich seines Antrags (Einl Rdn 76). Kosten des Zuschlags treffen nur den Ersteher (GKG § 53 Abs 2). Die Verfahrensgebühr, die Versteigerungsterminsgebühr, die Verteilungsverfahrensgebühr (und in der Zwangsverwaltung die Zwangsverwaltungsverfahrensgebühr) treffen alle. Schuldner der Schreibauslagen ist jeweils der Veranlassende (GKG § 56 Abs 1; Einl Rdn 84). Die sonstigen Auslagen treffen alle (GKG § 53 Abs 1 Satz 2). Dabei muß man nicht unterscheiden, zu welchem Verfahrensabschnitt die Auslagen gehören (zB die Kosten der Schätzung gehören an sich zum allgemeinen Verfahren); wer eine Gebühr schuldet, ist auch für alle Auslagen haftbar. Es haftet also für die Kosten von Anordnung und Beitritt der Antragsteller, der die Tätigkeit des Gerichts in Anspruch nimmt[1]; für die anderen Gebühren (und alle Auslagen, ausgenommen bestimmte Schreibauslagen) jeder, durch den eine Handlung veranlaßt wurde, die die Gebühr ausgelöst hat[1]. Gläubiger (Antragsteller), die wieder ausscheiden oder deren Verfahren eingestellt ist, haften also nicht für später entstehende Kosten[1]. Jeder haftet für die Kosten, die entstanden wären, wenn er allein betrieben hätte[1].

82.3 Die **Gerichtskasse** (Amtskasse) kann sich bei samtverbindlicher Haftung nach Belieben an einen oder mehrere halten. In ihrem Innenverhältnis sind die mehreren zu gleichen Anteilen verpflichtet (BGB § 426). Hat einer von ihnen Prozeßkostenhilfe, so haften, soweit Zahlungen an die Landeskasse nicht zu leisten sind, die anderen an seiner Stelle (anders als bei der Kostenbefreiung; Einl Rdn 87); Ausnahme in GKG § 58 Abs 2, wenn der haftende Kostenschuldner, der Prozeßkostenhilfe hat, Entscheidungsschuldner (GKG § 54 Nr 1) ist. Im übrigen ist die Haftung von praktischer Bedeutung in der Regel nur für die Frage der Vorschüsse, da ja bei Versteigerung die Kosten (ausgenommen für Anordnung und Beitritt, aber sonst alle Gebühren und Auslagen, abgesehen von bestimmten Schreibauslagen) vorweg aus dem Versteigerungserlös zu entnehmen sind (§ 109), bei der Zwangsverwaltung im Falle einer Ausschüttung vorweg aus der Verwaltungsmasse (§ 155 Abs 1); auf diese Weise werden dann auch die Vorschüsse wieder an die jeweiligen Einzahler rückerstattet. Kommt es nicht bis zu diesem Verfahrensabschnitt, bleibt es bei der samtverbindlichen Haftung aller.

83 Gebühr für Erinnerung/Bescherde (KostVerz Nr 5400, 5401)

83.1 Die **Vollstreckungserinnerung** nach ZPO § 766 ist frei von Gerichtsgebühren (GKG § 1 Abs 1); Auslagen (zB Sachverständigenkosten, Postgebühren für Zustellungen) werden jedoch erhoben.

83.2 Die **Rechtspflegererinnerung** (RpflG § 11) ist gerichtsgebührenfrei (RpflG § 11 Abs 6 Satz 1); Auslagen werden erhoben. Wenn der Richter die Erinnerung bei Nichtabhilfe dem Rechtsmittelgericht vorlegt, gilt sie als Beschwerde gegen die Entscheidung des Rechtspflegers (RpflG § 11 Abs 2 Satz 5); dann ist in den Fällen von GKG-KostVerz Nr 5400 und 5401 die Beschwerdegebühr zu erheben. Diese Gebühr entsteht nicht, wenn die Beschwerde zurückgenommen oder für erledigt erklärt wird; damit ist RpflG § 11 Abs 6 Satz 2 hier ohne Bedeutung.

83.3 Eine **Beschwerdegebühr** wird für die Beschwerde in Zwangsversteigerungs- und Zwangsverwaltungssachen (darunter fallen auch die Rechtspflegererin-

---

[1] Stöber JVBl 1960, 175.

Zwangsvollstreckung und Kostenrecht 83.6 **Einleitung**

nerung, wenn sie bei Nichtabhilfe dem Beschwerdegericht vorgelegt wird [Rdn 83.2], und die Beschwerde im Richterablehnungsverfahren innerhalb einer Zwangsversteigerung[1]) nur erhoben, wenn die Beschwerde verworfen oder zurückgewiesen wird. Erhoben werden bei Verwerfung oder Zurückweisung der Beschwerde

- gegen die Entscheidung über den Antrag auf Anordnung der Zwangsversteigerung (GKG-KostVerz Nr 5100) oder Zwangsverwaltung (GKG-KostVerz Nr 5200) oder über den Beitritt zum Verfahren sowie über den Antrag auf Eröffnung der Zwangsliquidation einer Bahneinheit (GKG-KostVerz Nr 5300) nach **GKG-KostVerz Nr 5400** eine Festgebühr von 100 DM. Wird die Beschwerde nur teilweise verworfen oder zurückgewiesen, kann das Beschwerdegericht die Gebühr nach billigem Ermessen auf die Hälfte ermäßigen oder bestimmen, daß eine Gebühr nicht zu erheben sei;
- in Verfahren über sonstige Beschwerden (sofern sie nicht nach anderen Vorschriften gebührenfrei sind) nach **GKG-KostVerz Nr 5401** 0,25 des Gebührensatzes. Zu diesen Verfahren gehören insbesondere die Beschwerde gegen die Entscheidung über den Zuschlag (§ 96), gegen die Entscheidung über einen Einstellungsantrag nach §§ 30 a – d, 180 Abs 2 und 3, gegen den Beschluß über die Festsetzung des Grundstückswertes (§ 74 a Abs 5) sowie gegen jede Entscheidung, welche die Aufhebung, sonst die einstweilige Einstellung oder die Fortsetzung des Verfahrens betrifft (§ 79), dann Beschwerden im Erlösverteilungs- (§ 105) und Zwangsverwaltungsverfahrens (§ 146).

83.4 Für Entstehen der Beschwerdegebühr ist gleichgültig, ob Beschwerde sogleich gegen eine Vollstreckungsentscheidung (§ 95 Rdn 2.4) oder erst nach Entscheidung über eine Erinnerung (ZPO § 766) gegen eine Zwangsvollstreckungsmaßregel (§ 95 Rdn 2.2) stattfindet. In den besonderen Fällen gebührenpflichtiger Verfahren über eine Beschwerde entsteht die Gebühr sowohl für das landgerichtliche Verfahren über die (Erst)Beschwerde (ZPO § 793 Abs 1) als auch für das anschließende Verfahren über eine (sofortige) weitere Beschwerde (ZPO § 793 Abs 2).

83.5 Keine Gebühr wird erhoben, wenn die Beschwerde vor Entscheidung zurückgenommen wird, wenn sie für erledigt erklärt wird sowie auch, wenn ihr stattgegeben wird.

83.6 Für das Verfahren über eine Beschwerde gegen eine Entscheidung über einen Antrag des Schuldners auf **Vollstreckungsschutz nach ZPO § 765 a** wird nach Vorbemerkung zu GKG-KostVerz Teil 5 im Falle von GKG-KostVerz Nr 5400 gleichfalls eine Festgebühr von 100 DM erhoben. Richtet sich diese Beschwerde auch gegen eine Entscheidung nach § 30 a (gleiches gilt für §§ 30 c, d sowie § 180 Abs 2 und 3), so wird die Gebühr nur einmal erhoben, soweit durch einheitlichen Beschluß entschieden wird (Vorbemerkung zu GKG-KostVerz Teil 5). Die Festgebühr von 100 DM wird auch erhoben, wenn durch einheitlichen Beschluß die Beschwerde gegen die Entscheidung nach ZPO § 765 a verworfen oder zurückgewiesen, der Beschwerde nach § 30 a aber stattgegeben wird (oder umgekehrt). Auch dann kann das Gericht die Gebühr nach billigem Ermessen auf die Hälfte ermäßigen oder bestimmen, daß eine Gebühr nicht zu erheben ist. Eine Beschwerde oder weitere Beschwerden gegen den Zuschlag ist auch dann nur nach GKG-KostVerz Nr 5401 gebührenpflichtig, wenn nach ZPO § 765 a zu prüfen war[2] (keine Gebühr nach GKG-KostVerz Nr 5400). Das Verfahren über die Beschwerde gegen eine Entscheidung des Vollstreckungsgerichts über die Erinnerung nach ZPO § 766 bei Zwangsvollstreckung aus einem Zuschlagsbeschluß (§§ 93, 132 Abs 2) ist nicht Teil des Zwangsversteigerungsverfahrens; die Be-

---

[1] OLG München JurBüro 1985, 1372 = MDR 1985, 946 = Rpfleger 1985, 377.
[2] OLG Frankfurt JurBüro 1985, 261 = Rpfleger 1984, 479.

Einleitung 83.6

schwerdegebühr für dieses Verfahren bestimmt sich daher[3] nach GKG-KostVerz Nr 1905.

83.7 Wird der weiteren Beschwerde stattgegeben und werden die angefochtenen Entscheidungen sowie die Entscheidung des Vollstreckungsgerichts aufgehoben, dann ist das Verfahren über die weitere Beschwerde gebührenfrei; auch die Erstbeschwerde ist dann nicht verworfen oder zurückgewiesen, so daß auch für dieses Beschwerdeverfahren keine Gebühr zum Ansatz kommt. Wird die weitere Beschwerde gegen eine Antrags- oder Beitrittsentscheidung nur teilweise verworfen oder zurückgewiesen, ihr im übrigen aber unter teilweiser Aufhebung der angefochtenen Entscheidung stattgegeben, so kann das Gericht der weiteren Beschwerde die Erstgebühr nach GKG-KostVerz Nr 5400 für das Verfahren über die Erstbeschwerde und die Gebühr für das Verfahren über die weitere Beschwerde nach billigem Ermessen je auf die Hälfte ermäßigen oder bestimmen, daß eine Gebühr nicht zu erheben ist. Wird der Beschwerde stattgegeben und die angefochtene Entscheidung des Vollstreckungsgerichts aufgehoben, auf weitere Beschwerde des Gegners aber die angefochtene Beschwerdeentscheidung wieder aufgehoben, dann wird für das Verfahren über die weitere Beschwerde keine Gerichtsgebühr erhoben (ihr wurde stattgegeben); für die dann verworfene oder zurückgewiesene Erstbeschwerde ist dann die Beschwerdegebühr vom ersten Beschwerdeführer geschuldet. Hat die weitere Beschwerde des Gegners im Antrags/Beitrittsverfahren nur teilweise Erfolg, dann wird vom ersten Beschwerdeführer die Festgebühr nach GKG-KostVerz Nr 5400 (ggfs ermäßigt sie sich oder fällt ganz weg) und gleichfalls eine Gebühr nach GKG-KostVerz Nr 5400 vom Beschwerdeführer der 2. Instanz erhoben; für ein Verfahren über sonstige Beschwerden bestimmt GKG-KostVerz Nr 5401 für jede Instanz den Gebührenbetrag von 0,25 aus dem verworfenen oder zurückgewiesenen Teil (geschuldet vom jeweiligen Beschwerdeführer). Wird die weitere Beschwerde zurückgenommen oder wird sie für erledigt erklärt, so wird für das Verfahren vor dem Gericht der weiteren Beschwerde keine Gebühr erhoben; eine Gebühr für die verworfene oder zurückgewiesene Erstbeschwerde nach GKG-KostVerz Nr 5400 oder 5401 bleibt dann geschuldet.

83.8 Beschwerden **mehrerer Beteiligter** gegen dieselbe Entscheidung (zB gegen die Festsetzung des Grundstückswertes) leiten ein Verfahren ein; eine Beschwerdegebühr wird bei Verwerfung oder Zurückweisung daher nur einmal erhoben.

83.9 Auslagen werden bei gebührenfreien (GKG-KostVerz Nr 5400 und 5401) für begründet befundenen Beschwerden nicht erhoben; Ausnahme: wenn das Beschwerdegericht die Kosten dem Gegner des Beschwerdeverfahrens auferlegt hat (Vorbemerkung zu GKG-KostVerz Teil 9). Erhoben werden Auslagen somit insbesondere auch bei gebührenpflichtigen Beschwerden sowie dann, wenn die Beschwerde zurückgenommen oder für erledigt erklärt wurde.

83.10 a) Der **Wert des Beschwerdegegenstandes** richtet sich nach ZPO § 3; das gilt auch im Rahmen von GKG § 29 wegen der Verweisung in GKG § 12 Abs 1 auf ZPO § 3 (als Wertbestimmung „für die Zuständigkeit"; so auch[4]; anders[5]: er bestimme sich nur nach GKG § 29 und sei somit derselbe wie in der ersten Instanz; nicht zu billigen; jetzt aufgegeben[6]). Für die Wertfrage können nur Anhaltspunkte gegeben werden.

---

[3] OLG München JurBüro 1992, 744 = MDR 1992, 912 = Rpfleger 1992, 309.
[4] OLG Bamberg JurBüro 1979, 1863 mit Anm Mümmler; OLG Bremen JurBüro 1984, 89 mit zust Anm Mümmler; KG Berlin JurBüro 1982, 1223 und 1399 = Rpfleger 1982, 233; OLG Zweibrücken JurBüro 1981, 112 mit zust Anm Mümmler; LG Bayreuth JurBüro 1976, 1248 und JurBüro 1978, 892; Mümmler JurBüro 1980, 961 (26.2); Schneider MDR 1976, 180 (181).
[5] OLG Bremen JurBüro 1977, 1591 mit abl Anm Mümmler = Rpfleger 1977, 421.
[6] OLG Bremen JurBüro 1984, 89 mit zust Anm Mümmler.

b) Bei **Einstellungsentscheidungen** muß das Interesse des Schuldners an dem vorübergehenden Aufschub und das Interesse des Gläubigers an der Versagung dieses Schutzes bemessen werden und Wertgrundlage sein, nicht der Grundstücks- oder Einheitswert (der allerdings angemessen mit zu berücksichtigen ist, nach[7] mit einem Bruchteil), nicht die Forderung (von der in der Regel nur ein Bruchteil, etwa $1/3$–$1/4$[8] als Wert in Frage kommt), weil nicht Verhinderung, sondern nur Aufschub begehrt bzw versagt wird (wo nur wegen eines Teiles Beschwerde erhoben ist, entscheidet ein noch geringerer Wert). In diesem Sinne etwa:[9], anders:[10] maßgebend sei die Vollstreckungsforderung oder Grundstückswert. Für die Beschwerde gegen die Entscheidung über einen Einstellungsantrag nach § 180 Abs 2 ist auch das Interesse an weiterer mietfreier Nutzung des Grundstücks (6monatiger Mietwert der Räume) angenommen worden[11]; damit ist der Bewertung jedoch eine Nebenfolge der begehrten Einstellung zugrunde gelegt und dem Miteigentümerinteresse an Verwirklichung seines Auseinandersetzungsanspruchs nicht Rechnung getragen.

c) Bei Beschwerde gegen den Beschluß, durch den nach § 74 a Abs 5 der **Grundstückswert** festgesetzt ist, ist das Interesse des Beschwerdeführers an einer höheren oder niedrigeren Wertfestsetzung frei zu bestimmen (ZPO § 3). Es richtet sich nicht nach dem Unterschiedsbetrag zwischen dem festgesetzten und erstrebten Grundstückswert, sondern nach dem Interesse an der Erzielung eines höheren Erlöses im Hinblick auf den Versagungsgrund des § 85 a Abs 1 oder einen Versagungsantrag nach § 74 a Abs 1 oder nach dem mit einem geringeren Wert verfolgten Interesse an unbehinderter alsbaldiger Grundstücksveräußerung durch Abwendung der mit solchen Versagungsgründen bedingten Verzögerungen. Mit einem Drittel der Differenz zwischen festgesetztem und erstrebtem Wert hat[12] das Interesse an der Abänderung des festgesetzten Grundstückswerts angesetzt (20% der Differenz nach[13]).

d) Bei der **Zuschlagsbeschwerde** geht das Interesse des Gläubigers auf rasche und erfolgreiche Beendigung, das Interesse des Schuldners auf Aufschub oder Vermeiden einer Verschleuderung oder auch nur auf Versteigerung zu einem höheren Wert (Wert nach dem wirtschaftlichen Interesse des Schuldners dann regelmäßig Unterschied zwischen festgesetztem Verkehrswert und Meistgebot zuzüglich bestehenbleibende Rechte[14]; so auch für nicht näher begründete Beschwerde des Schuldners[15]); bei Beschwerde des Bieters kann das Interesse auch auf Grundstückserwerb zu einem geringeren Erwerbspreis gehen[16]. Die Befriedigungsfiktion des § 114 a ist für den Beschwerdewert unerheblich. Der Grundstückswert ist allerdings bei Abwägung aller Umstände unter Anwendung eines objektiven Maßstabes zu berücksichtigen; da Zuschlag eine endgültige Entscheidung ist (im Gegensatz zur Einstellungsentscheidung), ist der Wert jedenfalls höher als bei dieser[17].

---

[7] OLG Stuttgart Justiz 1986, 413 Leitsatz.
[8] KG Berlin JurBüro 1971, 182 = Rpfleger 1971, 193; LG Bayreuth JurBüro 1976, 802 und 1248.
[9] OLG Bamberg BayJMBl 1952, 218 = JurBüro 1953, 200 und JurBüro 1981, 919; Berg NJW 1953, 707 (Anmerkung); Gerold JurBüro 1959, 503; Mümmler JVBl 1962, 81 (2); Schneider MDR 1982, 265 (IV 3): Stöber Rpfleger 1960, 73 in Besprechung zu Wilhelmi/Vogel, ZVG, 5. Aufl; Stöber JVBl 1963, 50 (I).
[10] OLG München NJW 1953, 1716; Kröger JVBl 1961, 153 (154).
[11] LG Passau JurBüro 1986, 251.
[12] KG Berlin JurBüro 1969, 260 = Rpfleger 1968, 403.
[13] OLG Celle Rpfleger 1982, 435.
[14] KG Berlin Rpfleger 1982, 233 = aaO (Fußn 4); Schneider MDR 1985, 353 (VI 2).
[15] KG Berlin Rpfleger 1982, 233 = aaO (Fußn 4).
[16] OLG Zweibrücken aaO (Fußn 4).
[17] OLG Bamberg JurBüro 1972, 249 mit zust Anm Mümmler; OLG Zweibrücken aaO (Fußn 4).

Einleitung 83.10   Zwangsvollstreckung und Kostenrecht

Dieser Grundsatz muß auch für die Teilungsversteigerung gelten, wo es auch um widerstreitende Interessen geht. Bei ihr wird allerdings das Interesse an einer möglichst raschen Beendigung nicht so hoch anzusetzen sein wie bei der Vollstreckungsversteigerung; insbesondere wenn der Antragsgegner selbst die Versteigerung beantragt, kann sein Interesse am Aufschub nicht hoch sein. Der Wert der Zuschlagsbeschwerde kann nach Interessenlage sogar den Wert der ersten Instanz überschreiten. Das von einem Bieter mit der Beschwerde gegen einen den Zuschlag versagenden Beschluß verfolgte Interesse geht auf Erwerb des Grundstücks. Der Beschwerdewert entspricht daher dem durch das bare Meistgebot zuzüglich bestehenbleibende Rechte feststehenden Grundstückswert.

e) Der Wert einer Beschwerde gegen den **Teilungsplan** bestimmt sich nach dem Interesse des Beschwerdeführers an der Planänderung[18].

f) Der Wert der Beschwerde gegen die Festsetzung der **Vergütung des Zwangsverwalters** (§ 153 Abs 1) bemißt sich nach dem Interesse des Beschwerdeführers an der Abänderung der Vergütung, für zurückliegende Zeit mithin nach dem Unterschied zwischen der festgesetzten und der mit dem Beschwerdeantrag erstrebten anderen Verwaltervergütung.

84 Verfahrensauslage des Gerichts (KostVerz Teil 9)

84.1 Als gerichtliche Auslagen werden neben den gerichtlichen Gebühren erhoben: Auslandszustellungskosten, Bekanntmachungskosten, Postgebühren bestimmter Art, Rechnungsgebühren, Reisespesen, Sachverständigenentschädigung, Schreibauslagen.

84.2 Auslandszustellungskosten (GKG-KostVerz Nr 9013) sind die Beträge, die ausländischen Behörden oder Einrichtungen zustehen und die sonstigen Kosten des Rechtshilfeverkehrs mit dem Ausland, und zwar auch dann, wenn diese Kosten aus besonderen Gründen (zB aus Gründen der Gegenseitigkeit) im Einzelfall nicht tatsächlich bezahlt werden müssen. Sie entstehen vornehmlich für die Zustellung der Anordnungs- und Beitrittsbeschlüsse an im Ausland ansässige Beteiligte (§ 8), können aber auch für weitere Zustellungen anfallen, wenn von der Möglichkeit, durch Aufgabe zur Post zuzustellen (§ 4), kein Gebrauch gemacht wird. Die Kosten können je nach Bestimmungsstaat eine beträchtliche Höhe erreichen; sie umfassen auch notwendige Übersetzungen und Beglaubigungen und die behördliche Vorprüfung im Inland.

84.3 Bekanntmachungskosten (GKG-KostVerz Nr 9004) sind die Kosten, die durch öffentliche Bekanntmachung entstehen, mit Ausnahme der Entgelte für Post- und Telekommunikationsdienstleistungen. Es handelt sich um die Kosten der besonderen Veröffentlichung des Versteigerungstermins im Amtsblatt und anderen Blättern nach ZVG §§ 39, 40, sowie um Kosten der allgemeinen öffentlichen Bekanntmachung nach ZPO § 204 (Bekanntmachung im Bundesanzeiger oder anderen Blättern).

84.4 Entgelte für Telekommunikationsdienstleistungen, nicht aber für den Telefondienst (GKG-KostVerz Nr 9001). Telefonentgelte werden auch für im Telefaxdienst übermittelte Abschriften nicht erhoben (GKG-KostVerz Nr 9000). Neben Gebühren, die sich nach Streitwert richten, werden Telekommunikationsentgelte nur erhoben, soweit sie (zusammen mit den Zustellungskosten, Einl Rdn 84.5) 100 DM überschreiten (Vorbemerkung zu GKG-KostVerz Teil 9).

84.5 Kosten für Zustellung durch
– die Post mit Zustellungsurkunde (Postzustellgebühr) oder Einschreiben gegen Rückschein (zB im Falle von § 4 Satz 2) in voller Höhe;

---

[18] OLG Bamberg JurBüro 1979, 1863 mit Anm Mümmler; Schneider MDR 1980, 265 (271).

Zwangsvollstreckung und Kostenrecht **84.7 Einleitung**

- Justizbedienstete nach ZPO §§ 211, 212 (unmittelbare Zustellung durch den Gerichtswachtmeister) anstelle der tatsächlichen Aufwendungen jeweils in Höhe von 10 DM (GKG-KostVerz Nr 9002, für Zustellungen durch Justizbedienstete mit GvKostG § 16 Abs 1).

Erhoben werden auch die Kosten erfolgloser Zustellungen, außer wenn das Gericht diese verschuldet hat[1] (in diesem Fall Nichterhebung, Einl Rdn 85.2). Jedoch werden in Zwangsversteigerungs- und Zwangsverwaltungsverfahren Kosten für Zustellungen neben den Gebühren, die sich nach dem Streitwert richten, nur erhoben. soweit sie (zusammen mit Telekommunikationsentgelten, Rdn 84.4) 100 DM überschreiten (Vorbemerkung zu GKG-KostVerz Teil 9). Grund: Sie sind in die Wertgebühren eingerechnet. Die Zustellung des Anordnungs- sowie der Beitrittsbeschlüsse gehört hierfür zum „Verfahren im Allgemeinen" (Einl Rdn 77.2 für Zustellung an den Schuldner). Zustellungskosten werden hierfür somit nur erhoben, soweit sie zusammen mit den anderen Zustellungsauslagen (und Telekommunikationsentgelten) im Verfahren vor dem Vollstreckungsgericht 100 DM überschreiten. Auslagen über 100 DM sind zu erheben; in Großverfahren mit zahlreichen Verfahrensbeteiligten sollen die Auslagen für Zustellungen die Gebühreneinnahmen nicht aufzehren oder übersteigen. Diese Obergrenze gilt für die Auslagen „in einer Instanz", somit das Verfahren vor dem Vollstreckungsgericht insgesamt, nicht bloß für einen gebührenpflichtigen Verfahrensabschnitt (wie allgemeines Verfahren, Versteigerungs- oder Verteilungsverfahren usw). Nicht erhoben werden dürfen die Kosten andersartiger Zustellungen und Mitteilungen, zB für die Aufgabe zur Post per Einschreiben oder für Übersendung an Rechtsanwälte gegen Empfangsbestätigung nach ZPO § 212 a[2].

84.6 Rechnungsgebühren (GKG § 72). Soweit in den Ländern der Bundesrepublik noch besondere Rechnungsbeamte für Rechnungsarbeiten (für die Aufstellung des geringsten Gebots und des Teilungsplanes, § 66 Abs 1, § 113 Abs 1, § 156 Abs 1) bestellt werden, sind als Auslagen Rechnungsgebühren zu erheben. Bemessen werden sie nach dem für die Arbeit erforderlichen Zeitaufwand (nur für den erforderlichen, nicht den tatsächlichen), und zwar 20 DM für die Stunde, wobei auch die letzte, bereits begonnene Stunde voll berechnet wird (GKG § 72 Abs 1). Die Rechnungsgebühren setzt das Vollstreckungsgericht fest; gegen die Festsetzung beim Rechtspfleger unbefristete Erinnerung, beim Richter Beschwerde für den Kostenschuldner und die Staatskasse (GKG § 72 Abs 2); Beschwerde nur, wenn der Beschwerdewert 100 DM übersteigt (für Erinnerung keine Wertgrenze); einzulegen schriftlich oder zu Protokoll; Abhilferecht des Gerichts; Verfahren gebührenfrei, nicht aufschiebend, keine weitere Beschwerde möglich (GKG § 5 Abs 2–6, RpflG § 11 Abs 1–4, 6). Die Rechnungsgebühren werden auch dann erhoben, wenn der Rechnungsbeamte landesrechtlich keine besondere Vergütung erhält; jedoch dort nicht, wo kein besonderer Rechnungsbeamter bestellt wird, sondern seine Aufgaben zu den Dienstaufgaben des Rechtspflegers oder eines anderen Beamten gehören. Den Rechnungsbeamten, wo noch zugelassen, kann auch der Rechtspfleger, wie früher der Richter, unbeschränkt zuziehen Die landesrechtlichen Vorschriften sind abgedruckt in: Piller/Hermann, Justizverwaltungsvorschriften, Nr 10 Anlage III. Baden-Württemberg, Berlin, Hessen, Niedersachsen, Nordrhein-Westfalen, Saarland, Schleswig-Holstein: keine Rechnungsgebühren, Dienstaufgabe; Bayern, Rheinland-Pfalz: Rechnungsbeamte, auch durch Rechtspfleger bestellbar, Gebührenanteil; Hamburg: hauptamtliche (ohne Gebührenanteil) oder nebenamtliche (mit Gebührenanteil), auch durch Rechtspfleger bestellbar.

84.7 Reisespesen (GKG-KostVerz Nr 9006): Erhoben werden als Auslagen die bei Geschäften außerhalb der Gerichtsstelle (auswärtige Termine) den Gerichtsper-

---

[1] KG Berlin NJW 1969, 1444 = Rpfleger 1969, 316.
[2] Stöber Rpfleger 1965, 261 (IV 2); Stöber JVBl 1966, 5 (I–IV); Voigt JVBl 1966, 8.

Einleitung 84.7   Zwangsvollstreckung und Kostenrecht

sonen (Richter, Rechtspfleger, Urkundsbeamte; wo noch zulässig, auch Rechnungsbeamte) auf Grund gesetzlicher Vorschriften (bundes- oder landesrechtlich) gewährten Vergütungen (Reisekostenvergütung, Auslagenersatz) und die Kosten für die Bereitstellung von Räumen (zB für einen Termin in einem Gasthaus), außerdem km-Kosten für den Einsatz von Dienstkraftfahrzeugen. Die Kosten eines bei der Dienstfahrt eingesetzten Dienstkraftfahrers werden angesetzt, wenn diesem nach den für Gerichtspersonen geltenden Regelungen eine besondere Vergütung gewährt wird.

84.8 Sachverständigenentschädigung (GKG-KostVerz Nr 9005) = Einl Rdn 91.

84.9 Schreibauslagen (GKG-KostVerz Nr 9000 mit Einzelheiten).

84.10 Fällig zur Zahlung werden die Auslagen, sobald eine Kostenentscheidung ergangen ist oder wenn das Verfahren beendet ist (GKG § 63 Abs 1); Schreibauslagen werden sofort nach ihrer Entstehung fällig (GKG § 64 Abs 1). **Schuldner** der im Verfahren entstehenden Auslagen ist (ebenso wie bei den Gebühren), soweit sie nicht dem Erlös entnommen werden können (Versteigerungserlös oder Zwangsverwaltungsmasse), der Antragsteller des Verfahrens (GKG § 53 Abs 1); sie werden also im Verteilungstermin aus dem Versteigerungserlös entnommen, in der Zwangsverwaltung zur Begleichung aus der Masse unmittelbar beim Zwangsverwalter angefordert. Auch hier ist Zweitschuldner der Vollstreckungsschuldner, soweit es sich um notwendige Kosten der Zwangsvollstreckung handelt (GKG § 54 Nr 4). Schuldner der Schreibauslagen ist ferner, wer sie veranlaßt hat (Antragsteller der Abschrift oder der Beteiligte, der nicht genügend Abschriften vorlegte) (GKG § 56 Abs 1). Mehrere Verpflichtete haften als Gesamtschuldner (GKG § 58 Abs 1). Für Schreibauslagen kann voller **Vorschuß** verlangt werden (GKG § 64 Abs 2), für andere Auslagen ein genügender Vorschuß (GKG § 68 Abs 3), der auch noch nach Erstellung des Sachverständigengutachtens erhoben werden kann[3]. Die Erhebung eines Auslagenvorschusses (für das Verkehrswertgutachten) steht im pflichtgemäßem Ermessen des Kostenbeamten[4]. Die Vornahme einer Handlung kann aber, weil in der Immobiliarvollstreckung alle Vorgänge von Amts wegen erfolgen müssen, nicht von der Vorschußzahlung für Auslagen abhängig gemacht werden (GKG § 3, § 68 Abs 1 mit 3, zB nicht der Auftrag an einen Sachverständigen zur Grundstücksschätzung). Eine Ausnahme gilt nur für die Auslandszustellung, bei der immer ein zur Deckung geeigneter Vorschuß erhoben wird, nach dessen Zahlung erst das Zustellungsverfahren durchgeführt wird (Vorschriften über den Rechtshilfeverkehr mit dem Ausland in Zivilsachen). Sind an einem Verfahren mehrere betreibende Gläubiger (Antragsteller) beteiligt, so haften sie für die dem Antragsteller zur Last fallenden Auslagen als Gesamtschuldner, Gebührenbefreite haben in der Regel die Auslagen zu ersetzen (Einl Rdn 87).

84.11 Gegen die Anordnung von Vorschüssen oder Vorauszahlungen auf Auslagen und wegen ihrer Höhe ist, ohne Rücksicht auf die Höhe des Betrags, beim Richter **Beschwerde** möglich (GKG § 6), beim Rechtspfleger unbefristete Erinnerung, mit Abhilferecht des Gerichts; Verfahren gebührenfrei, keine weitere Beschwerde. Nichterhebung von Auslagen Einl Rdn 85.

85   Rechtsbehelf gegen Kostenansatz; Nichterhebung von Gerichtskosten

85.1 Gegen den **Kostenansatz** (Aufstellung der Gerichtskostenrechnung, Anforderung von Vorschüssen, nicht aber die Kostenfestsetzung) gibt es die **Kostenerinnerung** sowohl für den Kostenschuldner wie für die Staatskasse zum Gericht des Kostenbeamten (GKG § 5 Abs 1). Über die Kostenerinnerung entscheidet der Rechtspfleger, wo er für das Hauptsacheverfahren zuständig ist[1], also in der Im-

---

[3] OLG Stuttgart JurBüro 1981, 253.
[4] LG Berlin JurBüro 1985, 259.

Zwangsvollstreckung und Kostenrecht 86.1 **Einleitung**

mobiliarvollstreckung erster Instanz (anders zB[2], die Kostenerinnerung sei nicht dem Rechtspfleger übertragen). War der zuständige Rechtspfleger selbst als Kostenbeamter tätig, darf er nicht über die Kostenerinnerung entscheiden[3] (auch Nichtabhilfe und Richtervorlage nach RpflG § 11 Abs 2 Satz 2 ist ihm versagt[4]), er muß seinen Vertreter im Amt tätig werden lassen. Gegen die Entscheidung des Rechtspflegers gibt es unbefristete **Rechtspflegererinnerung** nach RpflG § 11, die der Richter nur bei über 100 DM Beschwerdewert als Durchgriffserinnerung vorlegen darf, sonst selbst entscheiden muß, auch wenn der Beschwerdewert durch Teilabhilfe unter 100 DM absinkt[5]. Gegen die Richterentscheidung gibt es unbefristete **Beschwerde**, falls der Wert des Beschwerdegegenstands 100 DM übersteigt (GKG § 5 Abs 2 Satz 1), mit Abhilferecht des Richters (GKG § 5 Abs 4 Satz 1), ohne weitere Beschwerde (GKG § 5 Abs 2 Satz 3), weitere Beschwerde selbst dann nicht zulässig, wenn das Beschwerdegericht die Erinnerung wegen Fristversäumnis als unzulässig verworfen hat[6]. Erinnerung und Beschwerde auch zu Protokoll der Geschäftsstelle möglich, ohne Anwalt, ohne aufschiebende Wirkung, Verfahren gebührenfrei, keine Erstattung von Kosten (GKG § 5 Abs 3–6).

85.2 Nicht erhoben werden Gerichtskosten, die bei richtiger Sachentscheidung nicht entstanden wären (GKG § 8 Abs 1 Satz 1). Dazu gehören auch Auslagen für eine von Amts wegen veranlaßte Terminverlegung oder Vertagung (GKG § 8 Abs 1 Satz 2). Man bezeichnete den Vorgang früher als Niederschlagung. Sie bezieht sich nicht auf außergerichtliche Kosten. Die Entscheidung obliegt dem Gericht (GKG § 8 Abs 2 Satz 1), also im Rechtspflegerverfahren dem Rechtspfleger, kann aber vorher schon „im Verwaltungsweg" erfolgen (GKG § 8 Abs 2 Satz 2). Wann Kosten durch unrichtige Sachbehandlung entstanden sind, hängt ganz vom Einzelfall ab, etwa für überflüssige Zustellungen oder Zustellungen mit falscher Anschrift (obwohl die richtige dem Gericht bekannt war), Tätigkeiten ohne notwendigen Antrag, Nichteinhaltung vorgeschriebener Fristen usw. Im wesentlichen handelt es sich also um Verstöße, wie sie Rechtspfleger und Richter Haftungsgefahren bereiten (Einl Rdn 37). Der Grundgedanke ist, dem Bürger nicht Kosten aufzubürden, die er nicht bezahlen müßte, wenn das Rechtspflegerorgan pflichtgemäß gehandelt hätte. Nichterhebung erfolgt von Amts wegen oder auf Antrag (= Kostenerinnerung, GKG § 5 Abs 1); bei Zurückweisung einfache Beschwerde (unbefristete Rechtspflegererinnerung). Ausnahmsweise können gerichtliche Kosten auch nicht erhoben werden bei abweisendem Bescheid oder Zurücknahme eines Antrags, wenn der Antrag auf „unverschuldeter Unkenntnis der tatsächlichen oder rechtlichen Verhältnisse durch die Beteiligung beruht (GKG § 8 Abs 1 Satz 3), wobei allerdings strenge Voraussetzungen anzulegen sind.

Zwangsverwaltungskosten (KostVerz Nr 5200, 5210) 86

86.1 Gerichtsgebühr für Entscheidung über den Antrag auf **Anordnung** der Zwangsverwaltung oder über den **Beitritt** zum Verfahren nach GKG-KostVerz Nr 5200: Festgebühr von 100 DM. Hierzu Einl Rdn 76. Diese Anordnungsgebühr fällt auch an, wenn eine Zwangsverwaltung durch Einstweilige Verfügung des Prozeßgerichts angeordnet (zB zur Sicherung des Hypothekengläubigers nach

---

[1] BayObLG 1974, 329 = Rpfleger 1974, 391; KG Berlin JurBüro 1987, 406; OLG Frankfurt JurBüro 1977, 844 und Rpfleger 1977, 267; OLG Hamm JurBüro 1978, 238 = Rpfleger 1978, 37; OLG Zweibrücken JurBüro 1981, 1709 mit zust Anm Mümmler und JurBüro 1989, 501; LG München II Rpfleger 1973, 15.
[2] LG Berlin JurBüro 1976, 533 mit abl Anm Mümmler; LG Koblenz Rpfleger 1984, 435 mit abl Anm Meyer-Stolte; Bischof MDR 1975, 632 (1.2).
[3] Siehe die Fußn 1 Genannten sowie LG Bayreuth JurBüro 1985, 1228 mit Anm Mümmler.
[4] BayObLG JurBüro 1990, 895 = Rpfleger 1990, 245 und Rpfleger 1993, 484.
[5] Bischof MDR 1975, 632 (2.2).
[6] OLG München JurBüro 1985, 1372 = MDR 1985, 946 = Rpfleger 1985, 377.

Einleitung 86.1 Zwangsvollstreckung und Kostenrecht

BGB § 1134) und daraufhin vom Gläubiger bei Gericht beantragt wird (die Einstweilige Verfügung ist nur der Titel, schafft nur die Rechtsgrundlage, ersetzt aber nicht den Anordnungsbeschluß des Vollstreckungsgerichts), und zwar auch hier durch die Entscheidung. Keine Anordnungsgebühr entsteht jedoch bei Überleitung der Zwangsversteigerung in die Zwangsverwaltung nach § 77 Abs 2 Satz 2, weil hier keine neue Entscheidung über eine Verfahrensanordnung ergeht. Auch bei Anordnung der Sicherungsverwaltung nach § 94 fällt keine Anordnungsgebühr an; sie ist Sicherungsmaßnahme im bereits anhängigen Verfahren.

86.2 Gerichtsgebühr außerdem als **Verfahrensgebühr** für jedes angefangene Jahr, beginnend mit dem Tag der Beschlagnahme, nach GKG-KostVerz Nr 5210: 0,5 des Gebührensatzes. Geschäftswert: Gesamtwert der Einkünfte (GKG § 30) des jeweiligen Jahres. Maßgebend sind die Bruttoeinkünfte, also die Nutzungen des zwangsverwalteten Grundstücks, die der Zwangsverwalter in Geld eingenommen hat oder die ihm nach Umsetzung in Geld gemäß § 152 Abs 1 zugeflossen sind (nicht aber der Wert der dem Schuldner überlassenen Wohnräume), jetzt ohne irgendwelche Vorabzüge, und zwar die Einkünfte jeweils eines Jahres, weil die Gebühr auch jeweils für ein Jahr berechnet wird. Dauert die Verwaltung weniger als ein Jahr, so entscheiden die Gesamteinkünfte der Verwaltungszeit. Zur Frage der Einkünfte aus Gewerbebetrieb § 152 Rdn 6. Das Jahr wird **vom Tag der Beschlagnahme an** (§§ 22, 151) gerechnet oder ab der Überleitung nach § 77, nicht von der Besitzergreifung an (soweit diese nicht Beschlagnahmezeitpunkt ist, § 151 Abs 1). Die Jahre werden voll gerechnet, auch wenn das Verfahren bald wieder aufgehoben wird. Die Beschlagnahme (und damit die Verfahrensgebühr) endet bei Rücknahme des Antrags mit Eingang bei Gericht; bei Aufhebung wegen Zuschlags dauert sie an, bis der Verwalter alle Geschäfte abgewickelt hat (sie trifft auch ab Zuschlag nicht den Ersteher, weil gegen ihn keine Zwangsverwaltung läuft, dazu § 161 Rdn 6); sonst endet sie mit Erlaß des Aufhebungsbeschlusses. Mindestgebühr 20 DM (GKG § 11 Abs 3 Satz 1).

86.3 Die Verfahrensgebühr umfaßt im jeweiligen Jahr die **gesamte Tätigkeit des Gerichts:** Ermittlungen, Bestellung des Zwangsverwalters, Anweisungen an ihn, Übergabe des Grundstücks, Festsetzung der Vergütung, Auferlegung einer Sicherheit, Verhängung von Zwangsgeld, Entlassung des Verwalters, Anordnung über die Viehernährung nach § 153 a, Verhandlungen und Entscheidungen, Zahlungsverbote, Räumungsanordnungen nach § 149, Aufstellung eines Teilungsplans und Abhaltung des Termins hierzu, Zahlungsanordnungen nach § 157, Kapitalzahlungstermin, Rechnungsprüfungen, Aufhebungsbeschluß, Löschungsersuchen usw. Die Verfahrensgebühr fällt auch an, wenn keine besondere Tätigkeit des Gerichts nötig war. Vollstreckungsschutzverfahren aus ZPO § 765 a (soweit überhaupt in der Zwangsverwaltung möglich) lösen keine besondere Gebühr aus (Vorbemerkung zu GKG-KostVerz Teil 5). Auslagen des Gerichts (Einl Rdn 84) werden gesondert erhoben (mit der nächstfälligen Gebühr, sonst am Verfahrensende).

86.4 Wenn **mehrere Objekte** einem verbundenen Verfahren unterliegen (auch Grundstücksbruchteile), wird die einheitliche Verfahrensgebühr aus dem Gesamtwert der (zusammengerechneten) Einkünfte erhoben (entspricht GKG § 29 Abs 4). Bei Verwaltung eines Bruchteils sind als Einkünfte nur der entsprechende Anteil an den Gesamteinkünften zu werten.

86.5 Die 0,5-Verfahrensgebühr jährlich entsteht auch bei Zwangsverwaltung auf Betreiben des Konkursverwalters (§ 172) sowie bei Fortsetzung einer ergebnislosen Zwangsversteigerung als Zwangsverwaltung (§ 77 Abs 2), ebenso bei Institutsverwaltung (§ 150 a) oder wenn der Schuldner als Verwalter bestellt ist (§ 150 b). Diese Jahresgebühr fällt aber nicht an für die Verwaltung oder Bewachung als Sicherungsmaßnahme nach § 25, nicht für die Verwaltung auf Rechnung des Erstehers nach § 94, nicht für die Bewachung und Verwahrung von Schiffen nach § 165 oder Luftfahrzeugen nach § 171 c Abs 2, auch nicht für die außergerichtliche Zwangsverwaltung landschaftlicher Kreditanstalten.

86.6 Fälligkeit: Anordnungs- und Beitrittsgebühr mit Entscheidung (GKG § 62 Abs 1 Satz 1 und 2). Jahres-Verfahrensgebühr: am Ende eines jeden Jahres und mit Aufhebung des Verfahrens (GKG § 62 Abs 2). **Vorschußpflicht:** GKG § 66 Abs 2. **Kostenschuldner:** Antragsteller, für Jahres-Verfahrensgebühr jedoch nur, soweit sie nicht dem Erlös entnommen werden kann (GKG § 53 Abs 1). Weil der Verwalter nicht vorschußpflichtig ist, kann der Gebührenvorschuß von ihm nur formlos eingefordert werden (keine Sollstellung auf den Verwalter).

Zwangsvollstreckung und Kostenbefreiung 87

87.1 Die Gesetze unterscheiden zwischen Kosten- und Gebührenfreiheit. **Kostenfreiheit** bedeutet, daß Gebühren und Auslagenersatz entfallen; **Gebührenfreiheit** bedeutet, daß Gebühren entfallen, aber die Auslagen zu ersetzen sind, allerdings diese nicht vorauszuzahlen[1]. Die Befreiung kann eine persönliche sein (bezieht sich auf bestimmte natürliche oder juristische Personen) oder eine sachliche (bezieht sich auf bestimmte Vorgänge).

87.2 Persönlich kostenbefreit sind die Bundesrepublik Deutschland und deren Länder (GKG § 2 Abs 1). Die Stadtstaaten Berlin und Hamburg sind selbst in gemeindlichen Angelegenheiten kostenbefreit (weil Staat und Gemeinde übereinstimmen), nicht aber der Stadtstaat Bremen (aus mehreren Gemeinden bestehend), er ist nur in Landesangelegenheit kostenbefreit. Persönlich kostenbefreit sind auch die nach den Haushaltsplänen des Bundes oder eines Landes verwalteten öffentlichen Anstalten und Kassen (GKG § 2 Abs 1). Persönlich befreit sind die sonst nach Bundes- oder Landesrecht kosten- oder gebührenbefreiten Einrichtungen (GKG § 2 Abs 2). Persönlich kostenfrei sind zB Bundesautobahn, Bundesstraßenverwaltung, Bundeswasserstraßenverwaltung, Bundesoberseeamt, Deutsche Landesrentenbank, Deutsches Rotes Kreuz, landesrechtlich verschieden auch Kirchen und Religionsgemeinschaften, Rundfunkanstalten usw.

87.3 Wegen des großen Umfangs der Befreiungsvorschriften und ihrer verschiedenartigen Ausgestaltung und der zahlreichen Ausnahmen wird auf das besondere Kostenschrifttum verwiesen.

87.4 Wird eine Zwangsversteigerung oder Zwangsverwaltung **gegen** einen **Gebührenbefreiten** betrieben (dürfte in der Praxis kaum vorkommen), so sind die Gebühren (bzw Kosten), soweit sie nicht dem Erlös entnommen werden können, vom Antragsteller zu erheben (GKG § 53 Abs 1), ausgenommen die Zuschlagskosten, für die der Ersteher haftet (GKG § 53 Abs 2). Die Vorschrift in GKG § 2 Abs 4 (die einem Kostenbefreiten auferlegten oder von ihm durch Vergleich übernommenen Kosten sind nicht zu erheben, als Ausnahme von § 49) ist nur für bürgerliche Rechtsstreitigkeiten mit einer Kostenentscheidung bestimmt, nicht für die ZVG-Verfahren, für die GKG § 53 ausnahmslos die Haftung des Antragstellers bei nicht aus dem Erlös entnehmbaren Kosten festlegt; kommt der betreibende Gläubiger mit seinem Kostenanspruch nicht aus dem Erlös zum Zuge, so hat er die Kosten zu tragen, gleich ob der Vollstreckungsschuldner ein kostenbefreiter oder ein „normaler" Schuldner ist. Durch die Kostenbefreiung des Gegners darf er zwar keinen Nachteil, aber auch keinen Vorteil haben.

87.5 Wenn ein **Gläubiger** (Anordnungs- und Beitrittsgläubiger) in der Vollstreckungsversteigerung Gebühren- oder Kostenfreiheit hat, werden die Anordnungs- und Beitrittsgebühr an der Rangstelle des Rechts von der Gerichtskasse erhoben. Der Gebührenbefreite darf nicht mit seinen Ansprüchen aus Zinsen und Hauptsache in die Rangstelle der Kosten einrücken[2] (anders[3]). Alle sonstigen Ver-

---

[1] Mielke Rpfleger 1970, 159 (V).
[2] LG Kiel RpflJahrbuch 1962, 256 sowie 268 und 1967, 195 je Leitsatz = SchlHA 1960, 209.
[3] Voigt JVBl 1966, 129.

Einleitung 87.5   Zwangsvollstreckung und Kostenrecht

fahrenskosten werden wie immer aus dem Versteigerungserlös vorweg entnommen (§ 109). In der Zwangsverwaltung wird mit den Anordnungs- und Beitrittskosten ebenso verfahren; die sonstigen Verfahrenskosten werden vorweg aus der Zwangsverwaltungsmasse entnommen (§ 155 Abs 1). In der Teilungsversteigerung können die Anordnungs- und Beitrittskosten für den Kostenbefreiten nicht aus seinem Erlösanteil entnommen werden, weil es an einer Rangstelle im Sinne von § 10 Abs 2 hier fehlt, die Kostenbefreiung endgültig ist, der Anteil am Erlös nicht durch sie geschmälert werden darf. Auch hier werden die sonstigen Kosten vorweg aus dem Erlös entnommen (§ 109).

87.6 Wenn vom gebührenbefreiten betreibenden Gläubiger (Antragsteller) im übrigen keine Kosten erhoben werden, dürfen andere **Beteiligte** daraus **keinen Vorteil** und **keinen Nachteil** haben. Wenn also mehrere Gläubiger (Antragsteller) betreiben (sie haften als Gesamtschuldner, GKG § 58 Abs 1) und einer befreit ist, so vermindert sich der gesamt zu erhebende Kostenbetrag (auch Sachverständigenauslagen für das Wertgutachten[4]) um den Anteil, der den Befreiten im Verhältnis zu den anderen getroffen hätte (BGB § 426: gleiche Anteile bei mehreren Verpflichteten)[5]; die Nichtbefreiten zahlen nur die Anteile, die sie vom Befreiten nicht verlangen können[6], weil sie nicht zur Zahlung höherer Beträge herangezogen werden dürfen, als wenn ihnen ein Nichtbefreiter gegenüberstanden wäre[7]. Das gilt auch, wenn mehrere Miteigentümer die Teilungsversteigerung betreiben und einer von ihnen (bei gesamtschuldnerischer Haftung aller) befreit ist.

88   b) Gerichtsvollzieherkosten

88.1 Der Gerichtsvollzieher wird im Rahmen der Immobiliarvollstreckung nur in einigen Fällen tätig. Er erhält dafür Gebühren, dazu als Nebenkosten Schreibauslagen, Wegegelder, Postgebühren, Kosten für Hilfspersonen und Vordrucke (Gerichtsvollzieherkostengesetz = GvKostG, §§ 21, 24, 28, 29, 35–37).

88.2 Für die **Feststellung von Mietern oder Pächtern** nach ZVG § 57 b Abs 1 erhält er für jede festgestellte Person je 10 DM (Hälfte der Festgebühr von GvKostG § 13 Abs 2), aber für die vierte und jede weitere festgestellte Person nur noch je 5 DM, bei Nichtermittlung 10 DM (dazu die genannten Nebenkosten) (GVKG § 29). Dabei kommt es für die Feststellung (und Bezahlung) auf die Personen an, die selbständig Inhaber eines Miet- oder Pachtrechts sind, zB bei Eheleuten als Mieter beide Personen, dagegen nicht auf Kinder, Hausgehilfen, Untermieter oder andere, die ihr Benutzungsrecht vom Mieter ableiten (Gerichtsvollzieherkostengrundsätze Nr 36).

88.3 Für die **abgesonderte Versteigerung** beweglichen Sachen nach § 65 Abs 1 erhält er eine Versteigerungsgebühr, die sich nach dem Erlös berechnet (GvKostG § 21) (dazu die genannten Nebenkosten).

88.4 Für die **Besitzübertragung** an den Zwangsverwalter gemäß § 150 Abs 2 fällt eine Gebühr von 40 DM an (= doppelte Festgebühr von GvKostG § 13 Abs 2) und, wenn das Geschäft mehr als eine Stunde dauert, für jede angefangene weitere Stunde je 20 DM (GvKostG § 24) (dazu die genannten Nebenkosten).

88.5 Für die **Entsetzung aus dem Besitz** und die Einweisung in den Besitz bei Grundstücken, Schiffen, Schiffsbauwerken nach § 93, ZPO § 885 wie Rdn 88.4.

---

[4] Mümmler JurBüro 1984, 671.
[5] OLG Hamburg DNotZ 1965, 370.
[6] LG Hamburg JVBl 1961, 133; Stöber JVBl 1960, 241 (I A, II, IV); LG Münster JurBüro 1985, 1064 mit zust Anm Mümmler.
[7] LG Hamburg JurBüro 1955, 157.

Zwangsvollstreckung und Kostenrecht 89.3 **Einleitung**

88.6 Für die **Bewachung und Verwahrung** von Schiffen, Schiffsbauwerken, Luftfahrzeugen nach §§ 165, 170, 170 a, 171, 171 c, 171 g, 171 h, Luftfahrzeugrechtegesetz §§ 99, 106 erhält der Gerichtsvollzieher eine feste Gebühr von 40 DM (= doppelte Festgebühr von GvKostG § 13 Abs 2), bei Erfolglosigkeit 20 DM (GVKG § 28) (dazu die genannten Nebenkosten). Dazu § 165 Rdn 5.

c) Rechtsanwaltskosten (BRAGO §§ 68–71) 89

Literatur: Gerold, Anwaltsgebühren im Verfahren über die Einstellung des Zwangsversteigerungsverfahrens, JurBüro 1959, 503; Mümmler, Die Gebühren des Rechtsanwalts im Zwangsversteigerungsverfahren, JurBüro 1972, 745; Mümmler, Anwaltliche Tätigkeit bei der Vorbereitung eines Zwangsversteigerungsverfahrens, JurBüro 1979, 168; Mümmler, Anwaltliche Vertretung eines Miteigentümers in der Teilungsversteigerung, JurBüro 1978, 1462; Mümmler, Anwaltsgebühren im Rahmen einer Teilungsversteigerung, JurBüro 1979, 1285; Mümmler, Erhöhung der Gebühr des § 68 Abs 1 Nr 1 BRAGO nach § 6 Abs 1 S 2 BRAGO, JurBüro 1981, 1798; Mümmler, Anwaltsgebühr bei einheitlichem Zwangsversteigerungsverfahren gegen mehrere Schuldner, JurBüro 1983, 1464; Mümmler, Gebühren des Rechtsanwalts bei Vertretung mehrerer Schuldner in Zwangsversteigerungsverfahren, JurBüro 1983, 1623; Mümmler, Anwaltliche Tätigkeit im Vortermin nach § 62 ZVG? JurBüro 1984, 986; Mümmler, Vertretung Nichtbeteiligter im Zwangsversteigerungsverfahren, JurBüro 1987, 660; Mümmler, Rechtsanwaltsgebühren bei der Teilungsversteigerung, JurBüro 1987, 1475 und 1989, 925; Mümmler, Anwaltliche Vergütung bei Tätigkeit in und nach einem Zwangsversteigerungsverfahren, JurBüro 1992, 151; Papke, Die Gebühren des Rechtsanwalts bei Abschluß eines Vergleichs in der Teilungsversteigerung, AnwBl 1964, 5; Riedel, Mangel der Rechtsanwaltsgebühren im Zwangsversteigerungs- und Zwangsverwaltungsverfahren, JurBüro 1961, 167; Schalhorn, Welche Gebühr kann der Rechtsanwalt für die Vertretung eines Schuldners im Verfahren der Zwangsversteigerung eines Erbbaurechts berechnen? JurBüro 1969, 407; Schalhorn, Welche Gebühren stehen dem Rechtsanwalt im Zwangsversteigerungsverfahren für die Vertretung des Beteiligten zu? Nach welchen Werten sind die zu berechnen? JurBüro 1971, 117; Schmidt, Gegenstandswert bei Vertretung eines Miterben in der Teilungsversteigerung, JurBüro 1961, 531.

89.1 Für die Rechtsanwaltsgebühren kommt es nur darauf an, **in welcher Eigenschaft** der Vertretene den Rechtsanwalt in Anspruch genommen hat (als betreibender Gläubiger, sonstiger Gläubiger, Schuldner, Antragsteller, Antragsgegner, sonstiger Beteiligter, Bieter, Nichtbeteiligter), nicht aber darauf, ob der Vertretene vom Gericht als Beteiligter anerkannt wird (auch Nichtbeteiligte können vertreten werden). Vertritt der Rechtsanwalt **gleichzeitig** im Zwangsversteigerungs- und Zwangsverwaltungsverfahren, so erhält er beide Gebührenarten nebeneinander[1], es handelt sich um selbständige Verfahren.

89.2 Das Gebührenrecht gilt **für alle** Immobiliarvollstreckungs**verfahren** (Vollstreckungsversteigerung, Zwangsverwaltung, Konkursverwalterversteigerung und -verwaltung, Nachlaß- und Teilungsversteigerung) und für alle der Immobiliarvollstreckung unterliegenden Objekte (Grundstücke, Bruchteile, Gebäudeeigentum, grundstücksgleiche Rechte, Schiffe, Schiffsbauwerke, Luftfahrzeuge), nicht für die Eintragung einer Zwangshypothek (Einl Rdn 70.1), nicht für die Vergütung des Zwangsverwalters (§ 152 a Rdn 4), nicht für die Vergütung als Zustellungsvertreter aus § 6 (§ 7 Rdn 3) sowie als Ermittlungsvertreter aus § 135 (§ 135 Rdn 2), nicht für den Widerspruchsprozeß oder andere Prozesse, nicht für ein Aufgebotsverfahren aus §§ 138, 140, nicht für die Mitwirkung bei besonderer Verwertung nach § 65, nicht für die Vollstreckung aus dem Zuschlag. Für die Wiederversteigerung oder erneute Zwangsverwaltung aus § 133 fallen alle Gebühren neu an.

89.3 Gebühren und Auslagen müssen rechtzeitig **angemeldet** und spezifiziert werden, soweit sie sich nicht betragsmäßig aus dem Anordnungs- oder Beitrittsantrag ergeben (§ 37 Nr 4, § 45 Abs 1, § 114 Abs 1).

---

[1] LG Berlin JurBüro 1967, 240.

Einleitung 89.4

89.4 Der **Gegenstandswert** richtet sich hier nicht nach dem für die Gerichtsgebühren (entgegen BRAGO §§ 8, 9), sondern nach Sondervorschriften und ist vom Gericht auf Antrag festzusetzen (BRAGO § 10).

89.5 Die Gebühren gelten auch, wenn der Anwalt nicht im gesamten Verfahren vertritt, sondern nur **einzelne Handlungen** vornimmt.

89.6 Rechtsanwalts-**Versteigerungsverfahrensgebühr** zu $3/10$ (BRAGO § 68 Abs 1 Nr 1): Sie umfaßt die gesamte Tätigkeit des Rechtsanwalts für einen Beteiligten im „Verfahren bis zur Einleitung des Verteilungsverfahrens", beginnend mit der Entgegennahme des Vertretungsauftrags[2], aber ohne die Vertretung im Versteigerungstermin (die gesondert abgegolten wird). Die Gebühr wird auch als „Betriebsgebühr" bezeichnet. Sie umfaßt alles, was an Anwaltstätigkeit im genannten Verfahrenszeitraum anfällt und nicht ausdrücklich ausgeschlossen ist. Dazu gehören (gleich, für welchen Beteiligten, ob Gläubiger, Schuldner usw) im Rahmen des Zwangsversteigerungsverfahrens: Androhung der Versteigerung; Kündigungsschreiben; Antrag an das zuständige Gericht (§ 2); Antrag auf Anordnung oder Beitritt (§§ 15, 27); Antrag auf Erlaß eines Zahlungsverbots (§ 22 Abs 2); Antrag auf Anordnung von Sicherungsmaßregeln (§ 25); Mitwirkung bei Verfahren aus § 28; ganze oder teilweise Rücknahme (§ 29); Mitwirkung bei Einstellungen auf Grund prozeßgerichtlicher Maßnahmen; Fortsetzung eingestellter Verfahren (§ 31); Antrag auf Zustellung der Beschlagnahme an die Mieter und Pächter und auf Feststellung der Mieter und Pächter (§ 57 b Abs 1 Satz 2 und 4); Vertretung im Vortermin (§ 62, nicht mit der Versteigerungstermingebühr abgegolten; dazu auch[3]); Bemühungen um eine gütliche Einigung, insbesondere in der Teilungsversteigerung[4]; Vorbereitung des Versteigerungstermins; Prüfung des geringsten Gebots außerhalb des Versteigerungstermins; Wahrnehmung des Zuschlagsentscheidungstermins (§ 87); Antrag auf gerichtliche Verwaltung gegen den Ersteher (§ 94); Vertretung beim Wertfestsetzungsverfahren (§ 74 a); Anträge außerhalb des Versteigerungstermins auf abgeänderte Versteigerungsbedingungen (§ 59), auf Zuschlagsversagung (§ 85 Abs 1), auf abgesonderte Verwertung (§ 65); weiterhin: Anmeldungen zum Versteigerungstermin; Vertretung bei Einstellung wegen Zahlung oder Ablösung (§ 75); nachträgliche Äußerung zum Zuschlag im Verkündungstermin (§ 87 Abs 3); Antrag auf abweichendes geringstes Gebot bei der Konkursverwalterversteigerung (§ 174); Vollstreckungserinnerungen (ZPO § 766) und Rechtspflegererinnerungen (RpflG § 11), die sich auf Anordnung[5], Beitritt, Einstellung, Aufhebung beziehen; zur Vorbereitung des Verfahrens Beschaffung von Notfristzeugnis, Rechtskraftzeugnis, Vollstreckungsklausel, Zustellungen und Herbeiführung eines Verzichts auf ein Wiederkaufsrecht zur Vorbereitung einer Teilungsversteigerung[6]. Vor allem gehören hierher nach ausdrücklicher Gesetzesvorschrift (BRAGO § 68 Abs 1 Satz 1) alle Einstellungsverfahren aus §§ 30–30 d und § 180 Abs 2 (auch Abs 3), also die Mitwirkung (gleich auf welcher Seite) bei bewilligten und beantragten Einstellungen der genannten Art.

89.7 Von der Rechtsanwalts-Versteigerungsverfahrensgebühr nicht umfaßt wird das **Einstellungsverfahren** aus ZPO § 765 a, bei dem die Rechtsanwaltstätigkeit (gleich auf welcher Seite) mit einer besonderen Gebühr von $3/10$ zu vergüten ist (BRAGO §§ 57, 58 Abs 3 Nr 3)[7]. Der Gegenstandswert ist hierfür auf Antrag vom Gericht festzusetzen und hier nach freiem Ermessen des Gerichts zu bestimmen (ZPO § 3)[8], wobei das Interesse des Gläubigers an der Nicht-Einstellung von

---

[2] OLG Hamburg JurBüro 1975, 1346.
[3] Mümmler JurBüro 1984, 986.
[4] Mümmler JurBüro 1978, 1462.
[5] LG Berlin JurBüro 1984, 1188.
[6] Mümmler JurBüro 1979, 1285 (1287).
[7] Riedel JurBüro 1961, 167; Stöber JVBl 1963, 50.
[8] Stöber JVBl 1963, 50 (I).

Zwangsvollstreckung und Kostenrecht 89.11 **Einleitung**

Bedeutung ist. Außerdem besonders zu vergüten sind auch Versteigerungstermin (Einl Rdn 89.9) und Verteilungsverfahren (Einl Rdn 89.10), Beschwerden (Einl Rdn 89.15) und Prozesse sowie die Anwaltstätigkeit nach Verfahrensaufhebung zur Befriedigung des Gläubigers aus einem Verkaufserlös (Tätigkeit nach BRAGO § 118); auch gibt es eine besondere Hebegebühr (BRAGO § 22).

89.8 Die Rechtsanwalts-Versteigerungsverfahrensgebühr wird nicht ermäßigt, wenn das Verfahren vorzeitig beendet wird, selbst wenn der Antrag sogleich nach der Anordnung wieder zurückgenommen wird.

89.9 Rechtsanwalts-**Versteigerungsterminsgebühr** zu $4/10$ (BRAGO § 68 Abs 1 Nr 2): Sie fällt an für die Wahrnehmung des Versteigerungstermins (nicht eines Vortermins), gleich welcher Beteiligte vertreten wird (betreibender Gläubiger, Schuldner, Antragsteller, Antragsgegner, sonstiger Gläubiger, sonstiger Beteiligter), gleich ob ein oder mehrere Versteigerungstermine stattfinden. Es genügt eine auch kurzfristige Anwesenheit im Termin nach dessen Aufruf, aber vor dem Schluß des Termins, wobei eine besondere Tätigkeit nicht nötig ist, aber alle Tätigkeiten im Termin abgegolten werden (Anträge, Erklärungen, Anmeldungen, Verhandlung über die Sicherheit, Übergabe der Sicherheit usw). Ist der Anwalt nur mit der Vertretung im Termin beauftragt, erhält er dennoch auch die Verfahrensgebühr[9].

89.10 Rechtsanwalts-**Verteilungsverfahrensgebühr** zu $3/10$ (BRAGO § 68 Abs 1 Nr 3): Diese erhält der Rechtsanwalt für die Vertretung eines Beteiligten (gleich welcher Art) im gerichtlichen (§§ 105 ff) wie auch im außergerichtlichen Verteilungsverfahren (§§ 143, 144). Er muß dabei mitwirken, somit eine Tätigkeit entwickeln, die irgendwie mit der Verteilung zusammenhängt. Anwesenheit im Termin selbst ist dazu nicht nötig. Es genügt aber nicht die bloße Entgegennahme der Ladung zum Termin, wohl aber die Prüfung des Teilungsplanes. Die Gebühr umfaßt jede Tätigkeit zwischen Bestimmung des Termins und Erlösverteilung; dazu gehören Anmeldungen (Einreichung der Anspruchsberechnung, Vorlage von Pfändungsbeschlüssen), Teilnahme am Termin, auch an mehreren, Mitwirkung bei der Aufstellung des Plans, Verhandeln über den Plan, Widerspruch gegen den Plan, Liegenbelassungsvereinbarung im Termin, Protokollangelegenheiten, nachträgliche Ausführung des Plans, auch der Antrag auf Ermächtigung zum Aufgebot (nicht das Aufgebotsverfahren) (§ 138) und die Verteilung nach einem Widerspruchsprozeß (ZPO § 882). Vertritt der Rechtsanwalt nur im Verteilungsverfahren, fällt keine Verfahrensgebühr zusätzlich an.

89.11 Der **Gegenstandswert** zu den bisher behandelten Rechtsanwaltsgebühren (Versteigerungsverfahren, Versteigerungstermin, Verteilungsverfahren) richtet sich danach, wer vertreten wird. Wird der betreibende Gläubiger (einer Vollstreckungsversteigerung) oder ein nach § 9 Nr 1 und 2 Beteiligter (siehe § 9 Rdn 2) vertreten, so bestimmt sich der Gegenstandswert (BRAGO § 68 Abs 3 Nr 1) nach dem Wert des dem Gläubiger oder Beteiligten zustehenden Rechts unter Einrechnung der Nebenforderungen (Zinsen, Kosten; im Gegensatz zu Gerichtsgebühren, GKG § 22). Wird vom Gläubiger nur wegen eines Teils der Forderung betrieben, so entscheidet deren Betrag nur, wenn es sich um eine persönlich betreibende Forderung aus § 10 Rangklasse 5 handelt. Die genannten Werte sind aber auf jeden Fall nach oben begrenzt, und zwar für Versteigerungsverfahrens- und Versteigerungstermingebühr durch den Wert des Objekts (wie in § 66 Abs 1, § 74 Abs 5 bestimmt), für Verteilungsgebühr aber durch den zu verteilenden Erlös (= Bargebot und Zinsen aus § 49 und Sondererlös nach § 65, ohne bestehenbleibende Rechte[10]). Wird aber der Schuldner vertreten oder ein Beteiligter, der nicht unter die vorher genannte Vorschrift (BRAGO § 68 Abs 3 Nr 1) fällt (Antragstel-

---

[9] Schneider MDR 1976, 180.
[10] Mümmler JurBüro 1979, 1285 (1287).

ler und Antragsgegner der Teilungsversteigerung, Konkursverwalter, Testamentsvollstrecker, Nachlaßverwalter, Miterbe, Miteigentümer, Gesamthandsberechtigter), so bestimmt sich der Gegenstandswert (BRAGO § 68 Abs 3 Nr 2) nach dem Wert des Objekts (wie vorher behandelt), auch wenn Wertfestsetzung (§ 74 a) nicht erfolgt ist[11], in der Verteilung nach dem Erlös (wie vorher behandelt), wobei aber bei Miteigentümern oder Mitberechtigten die Höhe ihres Anteils[12] (am Wert oder Erlös) (der rechnerische, nicht der tatsächliche) entscheidet. Da für den Wert auf § 66 Abs 1, § 74 a Abs 5 Bezug genommen ist, handelt es sich um den Verkehrswert, wie vom Gericht festgesetzt (falls nicht festgesetzt, nach gleichen Grundsätzen zu berechnen). Belastungen werden nicht abgezogen. Betreibt ein Gläubiger, der einen Miteigentumsanteil oder Auseinandersetzungsanspruch gepfändet hat, die Teilungsversteigerung, so ist er Beteiligter nach § 9 Nr 1 und wird behandelt, wie eingangs dieses Abs gesagt; sein Gegenstandswert richtet sich also nach dem Wert seiner Forderung. Zum Gegenstandswert auch[13].

89.12 Vertritt der Rechtsanwalt einen Gläubiger oder sonstigen Beteiligten in einem Verfahren über **mehrere Grundstücke,** Bruchteile von Grundstücken, Gebäudeeigentum, grundstücksgleiche Rechte, Schiffe, Schiffsbauwerke oder Luftfahrzeuge (§ 18), so erhält er die Gebühren nur einmal[14]. Es handelt sich dann um eine Angelegenheit (mit zusammengerechnetem Wert, wo es auf den Grundstückswert ankommt), wenn das Gericht ein (verbundenes) Verfahren durchführt. Werden Verfahren später verbunden, so bleiben die angefallenen Gebühren unberührt; neu anfallende Gebühren werden nach den Gesamtwerten berechnet. Werden die Verfahren wieder getrennt, dann bleiben angefallene Gebühren unberührt; von der Trennung an entstehen getrennte Gebühren für jedes Verfahren nach seinem Objektwert ab Trennung. Bei der Pauschgebühr erlangt Bedeutung, daß diese bereits vor der Verbindung oder wieder nach der Trennung aus den Einzelwerten voll anfallen kann.

89.13 Rechtsanwalts-**Zwangsverwaltungsanordnungsgebühr** (= Beitrittsgebühr) zu ³/₁₀ (BRAGO § 69 Abs 1 Nr 1): Diese erhält der Rechtsanwalt für die Vertretung des Antragstellers (= betreibenden Gläubigers) nur im Verfahren über den Anordnungs- bzw Beitrittsantrag. Das gilt auch bei der von ihm beantragten Überleitung eines ergebnislosen Zwangsversteigerungsverfahrens in eine Zwangsverwaltung (§ 77 Abs 2) oder dann, wenn er auf Grund einer Einstweiligen Verfügung des Prozeßgerichts (siehe Einl Rdn 86.1) den Antrag stellt. Der Umfang seiner Tätigkeit ist ohne Bedeutung. Es wird hierdurch alles abgegolten von der Auftragsentgegennahme bis zum Anordnungs- oder Beitrittsbeschluß (bzw zu deren Ablehnung) (beide eingeschlossen). Nicht hierunter fallen aber die gerichtliche Verwaltung gegen den Ersteher (§ 94), nicht auch Sicherungsmaßnahmen gegen den Schuldner (§ 25), auch nicht die Bewachung und Verwahrung von Schiffen (§ 165) oder Luftfahrzeugen (§ 171 c Abs 2). Übernimmt er die Vertretung erst nach der Anordnung oder dem Beitritt, so fällt diese Gebühr für ihn nicht mehr an. Bei vorzeitiger Beendigung des Anordnungs- oder Beitrittsabschnitts (durch Rücknahme des Antrags vor der gerichtlichen Entscheidung) ermäßigt sich diese Gebühr nicht. Der Gegenstandswert bestimmt sich nach dem Anspruch, dessentwegen Anordnung oder Beitritt beantragt ist, wobei Nebenforderungen mitzurechnen sind; dabei sind künftige wiederkehrende Leistungen mit einem Jahresbetrag zu berücksichtigen (BRAGO § 69 Abs 2 Satz 1). Für den Antrag des Rechtsanwalts, der ein und denselben Gläubiger vertritt, die Zwangs-

---

[11] Mümmler JurBüro 1978, 1462 und JurBüro 1979, 1285 (1287).
[12] LG Bonn JurBüro 1980, 887; Mümmler JurBüro 1979, 1285 (1287).
[13] OLG Nürnberg JurBüro 1967, 912; Riedel JurBüro 1961, 167; Schneider MDR 1976, 180.
[14] OLG Köln JurBüro 1981, 154; LG Münster JurBüro 1980, 1687 mit Anm Mümmler = Rpfleger 1980, 401; Mümmler JurBüro 1983, 1464.

Zwangsvollstreckung und Kostenrecht 89.16 **Einleitung**

verwaltung mehrerer Grundstücke (auch Wohnungseigentumsrechte) desselben Schuldners in demselben Verfahren anzuordnen, erhält er die Zwangsverwaltungsanordnungsgebühr nur einmal[15]; die Gebühr entsteht in derselben Angelegenheit (BRAGO § 13 Abs 2)[15]. Wenn der Rechtsanwalt Antrag für jedes Grundstück (jedes Wohnungseigentumsrecht) gesondert stellt und die Verfahren bei Anordnung auch nicht verbunden werden (§ 18), gehören die verschiedenen Gegenstände nicht zusammen; dieselbe Angelegenheit (BRAGO § 13 Abs 2) ist dann nicht gegeben, so daß die Zwangsverwaltungsanordnungsgebühr für jeden Antrag gesonders entstanden ist (teilweise anders[15]). Wird ein anderer Beteiligter, etwa der Schuldner vertreten, fällt nicht diese Gebühr, sondern die Zwangsverwaltungsverfahrensgebühr für den Anwalt an (Einl Rdn 89.14).

89.14 Rechtsanwalts-**Zwangsverwaltungsverfahrensgebühr** zu ³/₁₀ (BRAGO § 69 Abs 1 Nr 2): Diese Pauschgebühr erhält der Rechtsanwalt für die Vertretung des Antragstellers (= betreibenden Gläubigers) im weiteren Zwangsverwaltungsverfahren nach der Anordnung oder dem Beitritt, einschließlich des Verteilungsverfahrens, aber auch für die Vertretung eines sonstigen Beteiligten (zB des Schuldners) im Zwangsverwaltungsverfahren überhaupt, gleich in welchem Umfang, auch bei Wahrnehmung von Terminen (es genügt schon, wenn ein Schreiben an den Zwangsverwalter gerichtet wird). Die Gebühr wird auch als Betriebsgebühr bezeichnet. Die Mindestgebühr ist hierbei 75 DM; im übrigen richtet sich der Gegenstandswert bei der Vertretung des betreibenden Gläubigers (wie bei Anordnung oder Beitritt) nach dem betreibenden Anspruch; bei wiederkehrenden Leistungen nach einem Jahresbetrag, Nebenleistungen einzurechnen; bei der Vertretung des Schuldners richtet sich der Gegenstandswert nach dem zusammengerechneten Wert der betreibenden Ansprüche; bei der Vertretung eines sonstigen Beteiligten (zB eines dinglichen Gläubigers, der selbst nicht betreibt) nach billigem Ermessen (BRAGO § 69 Abs 1 Nr 2, Abs 2, § 8 Abs 2 Satz 2).

89.15 Rechtsanwalts-**Beschwerdegebühr** bei der Zwangsversteigerung und Zwangsverwaltung je ⁵/₁₀ als Prozeßgebühr, als Terminswahrnehmungsgebühr und als Beweisaufnahmegebühr (BRAGO § 70 Abs 1): Diese Gebühren erhält der Rechtsanwalt für die Vertretung eines beliebigen Beteiligten, nicht bei Erinnerung oder Rechtspflegererinnerung, sondern im Verfahren der Beschwerde und weiteren Beschwerde. Bei der Durchgriffserinnerung läuft die Beschwerde erst ab Nichtabhilfe und Vorlage, sie gilt dann als Beschwerde (RpflG § 11 Abs 2 Satz 5). Für die Terminsgebühr genügt die Anwesenheit in einem vom Gericht angesetzten Termine, Anträge müssen nicht gestellt werden. Bei mehreren Beschwerdeverfahren entstehen mehrere Gebühren, falls die Verfahren nicht miteinander verbunden sind. Der Gegenstandswert richtet sich hier nach dem für die Gerichtsgebühren (BRAGO § 70 Abs 2, § 8 Abs 1 Satz 1).

89.16 Rechtsanwalts-**Beschwerdegebühr** zu ²/₁₀ (BRAGO § 68 Abs 2): Diese erhält der Rechtsanwalt für die Vertretung eines Bieters (besser: Bietinteressenten), der nicht Verfahrensbeteiligter ist, und zwar für die gesamte Tätigkeit hierbei, die er entwickelt, auch wenn es mehrere Termine sind. Ist der Bieter aber Beteiligter, wird die Tätigkeit des Anwalts aus Anlaß des Bietens durch die anderen Gebühren mit abgegolten; anders[16]: zusätzliche Gebühr nach BRAGO § 68 Abs 2 auch für einen Rechtsanwalt, der für einen Beteiligten bietet Es genügt irgendwie auf die Ausführung des Auftrags gerichtete Tätigkeit des Anwalts, zB Vertretung im Versteigerungstermin, Vorbereitung darauf, Abgabe von Geboten, Übergabe der Sicherheit, Erklärungen zur Sicherheit, Erklärungen über die verdeckte Vollmacht, Liegenbelassungsvereinbarung. Nicht mit dieser Gebühr abgegolten (sondern mit Gebühren nach BRAGO §§ 118, 120) werden: Verhandlungen mit den dinglich Berechtigten, Bietungsabkommen, Ausbietungsverträge, Einholung behördlicher

---

[15] OLG Köln JurBüro 1981, 154.
[16] Mümmler JurBüro 1972, 751.

Einleitung 89.16   Zwangsvollstreckung und Kostenrecht

Genehmigungen und ähnliche Vorgänge. Gegenstandswert für die Bietervertretungsgebühr ist das höchste für den Auftraggeber abgegebene Gebot und, wenn keines abgegeben wurde, der Objektswert (BRAGO § 68 Abs 3 Nr 3). Das Gebot besteht aus Bargebot und zugehörigen bestehenbleibenden Belastungen. Objektswert ist der vom Gericht nach § 74 a festgesetzte Verkehrswert, wo keiner festgesetzt ist, der tatsächliche Verkehrswert (nicht wie bei manchen Gerichtsgebühren der Einheitswert).

89.17 Rechtsanwalts-**Nichtbeteiligtenvertretungsgebühr** zu je $5/10$–$10/10$ als Geschäftsgebühr, Besprechungsgebühr, Beweisaufnahmegebühr (BRAGO § 118 Abs 1 Nr 1–3): Diese erhält der Rechtsanwalt für die Vertretung von Personen, die weder Verfahrensbeteiligte noch Bieter sind, aber in einem Zwangsversteigerungs- oder Zwangsverwaltungsverfahren irgendetwas vorzubringen haben, sich vielleicht zu Unrecht als Beteiligte ansehen und dementsprechende Anträge stellen. In der Regel ist vom Mittelwert auszugehen (also je $7,5/10$). Der Gegenstandswert richtet sich nach billigem Ermessen (BRAGO § 8 Abs 2). Es wird auch geäußert, daß eine Ratsgebühr nach BRAGO § 20 ausgelöst werde.

89.18 Rechtsanwalts-**Vergleichsgebühr** zu $10/10$ (BRAGO § 23 Abs 1 Satz 1): Diese erhält der Rechtsanwalt für seine Mitwirkung an einem abgeschlossenen Vergleich in dem (gerichtlich anhängigen) Verfahren. Sie fällt nicht an, wenn er an einer außergerichtlichen Verteilung (§§ 143, 144) mitwirkt (ist durch die Verteilungsverfahrensgebühr abgegolten, Einl Rdn 89.10). Gegenstandswert für den Vergleich ist der bereinigte Anspruch (die beizutreibende Forderung). Für Beschaffung einer Bürgschaft zur Absicherung des Vergleichs kann eine weitere Gebühr nach BRAGO § 118 entstehen[17].

89.19 Stellt der Rechtsanwalt für denselben Auftraggeber hintereinander mehrere Anträge (Anordnung und Beitritt oder zwei Beitritte), so werden die Gegenstandswerte zusammengerechnet, Gebühren nur einmal gerechnet (BRAGO § 7 Abs 2). Wird aber das erste Verfahren aufgehoben (Grund gleichgültig) und später wegen derselben Forderung desselben Gläubigers neuer Antrag gestellt, so handelt es sich um zwei verschiedene Verfahren mit zwei Gebühren. Vertritt der Rechtsanwalt mehrere Gläubiger mit verschiedenen Forderungen, so sind das verschiedene Verfahren, für jedes besondere Gebühren. Bei Gesamtgläubigern gibt es nur eine Gebühr[18]. Vertritt der Rechtsanwalt sonst „in derselben Angelegenheit" mehrere Auftraggeber, gleich in welcher Eigenschaft (so als Berechtigte in Erbengemeinschaft, Ehemann und Ehefrau als Grundstückseigentümer je zur Hälfte, wenn gegen sie als Gesamtschuldner vollstreckt wird), dann liegt ein einheitlicher Auftrag, somit dieselbe Angelegenheit vor. Der Rechtsanwalt erhält die Gebühren aus den zusammengerechneten Gegenstandswerten (BRAGO § 7 Abs 2) (und die Auslagen) nur einmal (BRAGO § 6 Abs 1 Satz 1) ohne die Möglichkeit der Erhöhung bei mehreren Auftraggebern nach BRAGO § 6 Abs 1 Satz 2 (anders:[19] nach BRAGO § 6 Abs 1 Satz 2 zu erhöhen). Gleich ist dabei, ob die mehreren von vornherein vertreten werden oder erst nacheinander dazu kommen, so durch nachträgliche Verbindung der Verfahren nach § 18. Jeder der Auftraggeber haftet aber nur für die Gebühren und Auslagen, die für seinen Auftrag entstanden wären. Vertritt der Rechtsanwalt dieselbe (natürliche oder juristische) Person in unterschiedlicher Eigenschaft (als Hypothekar und als Gläubiger zB), so erhält er die Gebühren getrennt, ohne Anrechnung aufeinander. Ob in „einer Angelegenheit" gegen einen oder mehrere Schuldner vollstreckt wird, ist ohne Einfluß auf die Anwaltsgebühren.

89.20 Rechtsanwalts-**Auslagen:** Rechtsanwälte erhalten zusammen mit den Gebühren jeweils auch Ersatz ihrer Auslagen, nämlich Mehrwertsteuer, Postgebühren, Schreibauslagen, Reisespesen (BRAGO § 25 Abs 2, 3, §§ 26–28), nicht aber

---

[17] Mümmler JurBüro 1981, 673.
[18] Mümmler JurBüro 1981, 1798
[19] Lappe NJW 1976, 166 (III 6); Mümmler JurBüro 1983, 1623.

ihre allgemeinen Geschäftsunkosten (BRAGO § 25 Abs 1), die durch die Gebühren mit abgegolten werden.

89.21 Mehrwertsteuer der Rechtsanwälte: Der Anwalt erhält Ersatz der auf seine Vergütung (und Unkosten) entfallenden Mehrwertsteuer, es sei denn, diese wird nach dem Umsatzsteuergesetz, § 19 Abs 1, wegen des geringen Umsatzes (keine 25 000 DM im vorangegangenen Kalenderjahr und voraussichtlich keine 100 000 DM im laufenden Kalenderjahr) nicht erhoben (BRAGO § 25 Abs 2). Steuersatz ab 1. 1. 1993: 15 vH. Beträge können vom unterlegenen Gegner verlangt werden, wenn sie vom obsiegenden Teil zum sogenannten Vorsteuerabzug nicht verwendet werden können (war früher umstritten); zur Berücksichtigung genügt Erklärung (ZPO § 104 Abs 2 Satz 3).

89.22 Postgebühren der Rechtsanwälte: Sie werden in allen Arten nach tatsächlichen Anfall ersetzt; es kann dafür je Angelegenheit und Rechtszug ein Pauschalsatz bis zu 15% der gesetzlichen Gebühren, höchstens 40 DM (zuzüglich der darauf entfallenden Mehrwertsteuer) berechnet werden (BRAGO § 26). Bei Berechnung der tatsächlich angefallenen können bei Ferngesprächen im Ortsbereich nur die wirklichen Gebühreneinheiten berechnet werden, keine erhöhten Pauschsätze (die Fernsprechgrundgebühren gehören zu den allgemeinen Geschäftsunkosten).

89.23 Schreibauslagen der Rechtsanwälte: Der Anwalt erhält den für gerichtliche Schreibauslagen geltenden Satz von 1 DM je Seite für die ersten 50 Seiten und 0,30 DM für jede weitere Seite (ohne Rücksicht auf Seitengröße, Zeilen, Textart, Sprache, Herstellungsart) für bestimmte Abschriften oder Ablichtungen (nicht für alle) (BRAGO § 27 Abs 1, 2 mit GKG-KostVerz Nr 9000).

89.24 Reisespesen der Rechtsanwälte: Bei Geschäftsreisen (zB zu auswärtigem Versteigerungstermin) erhält der Anwalt die Auslagen für Verkehrsmittel, bei Benützung eines eigenen Kraftwagens 0,52 DM für jeden angefangenen Kilometer des Hin- und Rückwegs sowie bare Auslagen (insbesondere Parkgebühren; BRAGO § 28 Abs 1), dazu je nach Dauer der Abwesenheit ein Tage- und Abwesenheitsgeld und Ersatz der Übernachtungskosten (BRAGO § 28 Abs 2).

d) Rechtsbeistandskosten 90

90.1 Rechtsbeistände (Personen denen die Erlaubnis zur geschäftsmäßigen Besorgung fremder Rechtsangelegenheiten erteilt wurde, Rechtsberatungsgesetz, Schönfelder Nr 99, § 1) können auch in Immobiliarvollstreckungsangelegenheiten beraten und vertreten, soweit sie uneingeschränkt oder für dieses Rechtsgebiet zugelassen sind. In der mündlichen Verhandlung vor Gericht dürfen sie nur auftreten, wenn sie Mitglied der Rechtsanwaltskammer oder ausdrücklich als Prozeßagenten zugelassen sind (ZPO § 157 Abs 1, 3). Sie erhalten **Gebühren und Auslagen** wie Rechtsanwälte (für Gebühren gelten keine ermäßigten Sätze mehr) (Kostenrechtsänderungsgesetz, Schönfelder Nr 124, Art IX).

90.2 Die Kosten der Rechsbeistände sind für den Gegner **erstattungspflichtig.** Beiordnung der Rechtsbeistände im Wege der Prozeßkostenhilfe ist unzulässig (Einl Rdn 45.4).

e) Sachverständigenkosten 91

91.1 Die Entschädigung des Sachverständigen, der in einem ZVG-Verfahren angehört wird (dazu § 74 a Abs 5), richtet sich nach dem ZuSEG. Der Sachverständige wird für seine **Leistung,** nicht für seinen Verdienstausfall, entschädigt (Gesetz § 3 Abs 1). Die Entschädigung bestimmt sich nach der erforderlichen Zeit (zu dieser Gesetz § 4); ihre Höhe regelt § 3 Abs 2 und 3 des Gesetzes. Ersatz von Aufwendungen: Gesetz §§ 8–11.

Einleitung 91.2   Zwangsvollstreckung und Kostenrecht

91.2 Auch der als Sachverständiger herangezogene sogenannte **Sachverständigenausschuß** (§ 74 a Rdn 10), wird nach den Vorschriften des ZSEG entschädigt[1] Die Entschädigung richtet sich nach der Dauer der Tätigkeit jedes einzelnen Ausschußmitglieds; für alle Ausschußmitglieder ist ein einheitlicher Stundensatz auszuwerfen[1]. Umsatzsteuer fällt für die Sachverständigentätigkeit des Gutachterausschusses nicht an[1].

91.3 Wird ein Sachverständiger mit Erfolg von den Beteiligten **abgelehnt** und kann deshalb sein Gutachten nicht verwertet werden, so verliert er, falls er seine Ablehnung nur durch leichte Fahrlässigkeit verursacht hat, nicht den Entschädigungsanspruch. Er hat keinen Entschädigungsanspruch für die infolge der Ablehnung unterbliebene Tätigkeit[2]. Für die bis zur Ablehnung vorgenommene Tätigkeit hat der Sachverständige keinen Entschädigungsanspruch, wenn er den Ablehnungsgrund durch sein Verhalten in vorwerfbarer Weise (bei einfacher Fahrlässigkeit nicht der Fall) herbeigeführt hat[3]. Der Entschädigungsanspruch des Sachverständigen entfällt auch, wenn er bei der Entgegennahme des Auftrags einen ihm bekannten Ablehnungsgrund verschwiegen hat, obwohl er davon ausgehen mußte, daß von dem Grund weder das Gericht noch die Partei Kenntnis hat[4] Verwirkt sein kann der Entschädigungsanspruch, wenn das Gutachten schwerwiegende inhaltliche Mängel enthält und die Leistung damit unverwertbar ist[5]. Das Interesse auf Freistellung von Kosten für das Gutachten eines abgelehnten Sachverständigen ist mit Erinnerung (GKG § 5) geltend zu machen[6]. Für die (vom Gericht erbetene) Stellungnahme zu einem Ablehnungsgesuch erhält der Sachverständige keine Entschädigung[7].

---

[1] OLG München Rpfleger 1976, 264.
[2] BGH BB 1976, 438 = LM ZuSEG Nr 4 = MDR 1976, 575 = NJW 1976, 1154 = Rpfleger 1976, 178; OLG Braunschweig NdsRpfl 1983, 142; OLG Frankfurt JurBüro 1979, 575; OLG Hamburg JurBüro 1978, 898 = MDR 1978, 237; OLG Hamm JurBüro 1979, 1687 = MDR 1979, 942; OLG Koblenz Rpfleger 1981, 37; OLG München Rpfleger 1981, 208; OLG Schleswig JurBüro 1979, 407; SchlHA 1979, 58 und JurBüro 1984, 583.
[3] OLG Bamberg JurBüro 1989, 1169; OLG Hamburg JurBüro 1989, 1019; OLG Koblenz JurBüro 1988, 1732; Müller JR 1981, 52.
[4] Müller JR 1981, 52.
[5] OLG Koblenz FamRZ 1993, 562.
[6] BGH MDR 1984, 305 = NJW 1984, 870 = Rpfleger 1984, 120 Leitsatz.
[7] LG Krefeld JurBüro 1984, 262.

Erster Abschnitt. Zwangsversteigerung und Zwangsverwaltung von Grundstücken im Wege der Zwangsvollstreckung

Erster Titel. Allgemeine Vorschriften

[Zuständiges Amtsgericht – Vollstreckungsgericht]

1 (1) **Für die Zwangsversteigerung und die Zwangsverwaltung eines Grundstücks ist als Vollstreckungsgericht das Amtsgericht zuständig, in dessen Bezirke das Grundstück belegen ist.**

(2) **Die Landesregierungen werden ermächtigt, durch Rechtsverordnung die Zwangsversteigerungs- und Zwangsverwaltungssachen einem Amtsgericht für die Bezirke mehrerer Amtsgerichte zuzuweisen, sofern die Zusammenfassung für eine sachdienliche Förderung und schnellere Erledigung der Verfahren erforderlich ist. Die Landesregierungen können die Ermächtigung auf die Landesjustizverwaltungen übertragen.**

Allgemeines zum Zwangsversteigerungsgesetz 1

1.1 Das ZVG, eng verbunden mit dem materiellen Liegenschaftsrecht des BGB (Einl Rdn 2), trat mit der in den verschiedenen Gebieten unterschiedlich erfolgten Grundbuchanlegung in Kraft (EGZVG § 1). Es wurde durch zahlreiche Landesgesetze ergänzt und vielfach geändert. Überstanden hat es zwei Weltkriege und zahlreiche politische und wirtschaftliche Entwicklungen. Noch immer gilt es als „ein Meisterwerk begrifflicher Konstruktion, ohne daß darüber eine Berücksichtigung der Interessen aller Beteiligten zu kurz kommt"[1].

1.2 Das ZVG regelt (von geringfügigen landesrechtlichen Besonderheiten abgesehen) nach dem Wegfall der besonderen Zuständigkeiten in Baden-Württemberg ab 1. 1. 1972 das einschlägige Verfahren im ganzen Geltungsbereich einheitlich. Zusammen mit den §§ 864–871 der ZPO und Sondergesetzen für Schiffe und Luftfahrzeuge und in Verflechtung mit BGB, ErbbauVO, WEG und anderen **bietet** uns das ZVG eine sehr komplizierte **Sonderabteilung** des Rechtslebens. Eine systematische Übersicht über das ganze Rechtsgebiet in der Ablauffolge der Verfahren mit zahlreichen Mustern und Beispielen bringt das ZVG-Handbuch[2]. Der Kommentar, an die Reihenfolge des ZVG gebunden, bringt kurze Übersichten jeweils am Anfang eines Verfahrensabschnitts.

Übersicht zu §§ 1–14 2

In dem **Ersten Abschnitt** des Gesetzes (§§ 1–161) über Zwangsversteigerung und Zwangsverwaltung von Grundstücken im Wege der Zwangsvollstreckung befaßt sich dessen 1. Titel (§§ 1–14) mit den allgemeinen Vorschriften, die (mit Besonderheiten) für alle Verfahrensarten gelten. Es sind das Regeln über die Zuständigkeit (§§ 1, 2), Zustellung (§§ 3–8), die grundsätzliche Frage, wer Beteiligter ist (§ 9), und über die für das ZVG typische grundsätzliche Rangordnung (§§ 10–14).

Zuständigkeit 3

3.1 Sachlich zuständig ist das Amtsgericht (GVG § 22) als **Vollstreckungsgericht** (§ 1 Abs 1; ZPO § 764) in allen Verfahrensarten des ZVG und für alle Gegenstände der Immobiliarvollstreckung. Landesrechtliche Zuständigkeitsregelungen sind nach Aufhebung des EGZVG § 13 nicht mehr möglich.

---

[1] Grunsky, Zwangsvollstreckungsrecht, § 3 (IV 3).
[2] Stöber, ZVG-Handbuch, 6. Aufl 1992.

§ 1   3.2   Allgemeine Vorschriften

3.2 a) Örtlich zuständig für die Zwangsversteigerung und Zwangsverwaltung eines Grundstücks (Grundstücksbruchteils, Wohnungseigentums, Gebäudeeigentums, grundstücksgleichen Rechts) ist dasjenige Amtsgericht, in dessen Bezirk das Grundstück usw „belegen" ist (§ 1 Abs 1). Abgestellt ist auf die Lage des Grundstücks im Gerichtsbezirk, nach der sich regelmäßig (GBO § 1 Abs 1 Satz 2), nicht aber immer (GBO § 4 Abs 2) auch die Zuständigkeit für die Führung des Grundbuchs bestimmt. Sondervorschriften regeln die örtliche Zuständigkeit für Schiffe (§ 163 Abs 1, § 171 Abs 2), Schiffsbauwerke (§ 170 a Abs 2) und Luftfahrzeuge (§ 171 b Abs 1, § 171 h).

b) Grundsätzlich ist als Vollstreckungsgericht jedes Amtsgericht für seinen Dienstbereich zuständig (§ 1 Abs 1). Durch Rechtsverordnung können die Landesregierungen oder die von ihnen ermächtigten Landesjustizverwaltungen (seit 1. 7. 1957) jedoch die Zwangsversteigerungs- und Zwangsverwaltungssachen (alle Verfahren des ZVG) jeweils für mehrere **Gerichtsbezirke** einem Amtsgericht als gemeinsamem Gericht zuweisen (§ 1 Abs 2). Bayern hat dies sofort getan und so erreicht, daß die doch recht schwierigen Verfahren von den mit dem Rechtsgebiet in besonderem Maße vertrauten, erfahrenen Rechtspflegern der größeren Gerichte bearbeitet werden. Die Zentralisierung bringt aber mit der Entfernung der Zentralgerichte für Schuldner und Beteiligte immer wieder auch Erschwernisse; sie ist oft dem für interessenwahrende Verfahrensgestaltung (Einl Rdn 7) wünschenswerten Kontakt zwischen Beteiligten (insbesondere Schuldner) und dem Vollstreckungsgericht hinderlich. Auf das Versteigerungsergebnis kann es sich nachteilig auswirken, wenn das Vollstreckungsgericht wegen räumlicher Entfernung mit Besonderheiten des örtlichen Grundstücksmarkts nicht mehr vertraut ist (daher kritisch gegen Konzentrierung der Versteigerungsverfahren auch[3]). Andere Bundesländer sind aus beachtenswerten Erwägungen nur zum Teil nachgefolgt. Ob eine „schnellere Erledigung der Verfahren" deren Zusammenfassung bei Zentralgerichten erfordert hat (Voraussetzung nach § 1 Abs 2), könnte durchaus in Frage gestellt werden.

3.3 Landesrechtliche Vorschriften nach dem jetzigen Stand:
Baden-Württemberg: Verordnung über die Zuständigkeit der Amtsgerichte in Zwangsversteigerungs- und Zwangsverwaltungssachen vom 30. 7. 1971 (GBl 1971, 359), § 2 Nr 2 neu gefaßt durch Verordnung vom 17. 2. 1977 (GBl 1977, 97), § 1 Nr 4 Buchst c und § 2 Nr 3 Buchst a und c geändert durch Verordnung vom 15. 12. 1994 (GBl 1994, 670).
Bayern: § 29 Abs 1 der Verordnung über gerichtliche Zuständigkeiten im Bereich des Staatsministeriums der Justiz (Gerichtliche Zuständigkeitsverordnung Justiz – GZVJu) vom 2. 2. 1988 (BayGVBl 1988, 6), geändert durch Verordnung vom 18. 2. 1988 (GVBl 1988, 31) und vom 6. 7. 1995 (GVBl 1995, 343): mit Abweichungen grundsätzlich das Amtsgericht am Sitz des übergeordneten Landesgerichts.
Brandenburg: § 9 Abs 2 der Verordnung über gerichtliche Zuständigkeiten und Zuständigkeitskonzentrationen (Gerichtszuständigkeits-Verordnung – GerZustV) vom 3. 11. 1993 (GVBl 1993 II 689), zuletzt geändert durch § 9 der Verordnung vom 18. 11. 1995 (GVBl 1995 II 686).
Nordrhein-Westfalen: Verordnung zur Bildung gemeinsamer Amtsgerichte für Zwangsversteigerungs- und Zwangsverwaltungssachen vom 26. 11. 1970 (GV. NW 1970, 761 = SGV. NW 311) geändert durch Verordnungen vom 2. 4. 1975 (GV. NW 1975, 351), vom 7. 2. 1979 (GV. NW 1979, 45), vom 4. 9. 1980 (GV. NW 1980, 825), vom 15. 11. 1983 (GV. NW 1983, 558) und vom 23. 9. 1991 (GV. NW 1991, 373).
Rheinland-Pfalz: § 2 der Landesverordnung über die gerichtliche Zuständigkeit in Zivilsachen und Angelegenheiten der freiwilligen Gerichtsbarkeit vom 22. 11.

---

[3] Steiner/Hagemann § 1 Rdn 1.

Zuständiges Amtsgericht – Vollstreckungsgericht 3.7 § 1

1985 (GVBl 1985, 267 = BR 301-6), geändert durch Landesverordnung vom 5. 7. 1988 (GVBl 1988, 152).
Sachsen: Verordnung über gerichtliche Zuständigkeiten (Gerichtliche Zuständigkeitsverordnung – SächsGerZustVO) vom 14. 7. 1994 (GVBl 1994, 1313 = BS 303-3) (§ 1 Abs 1 mit Anlage Nr 2).
Schleswig-Holstein: Landesverordnung über die Bildung gemeinsamer Amtsgerichte für Zwangsversteigerungs- und Zwangsverwaltungssachen vom 16. 11. 1981 (GVoBl 1981, 333), geändert durch Art VI § 4 des Gesetzes vom 8. 2. 1994 (GVoBl 1994, 124).
Thüringen: § 7 der Verordnung über gerichtliche Zuständigkeiten in der ordentlichen Gerichtsbarkeit vom 12. 8. 1993 (GVBl 1993, 563 = GS II 300-0-15), §-Zahl geändert durch Verordnung vom 27. 7. 1995 (GVBl 1995, 772).

3.4 Die **Zuständigkeit** des Gerichts **bleibt** unberührt, wenn das Verfahren ordnungsgemäß angeordnet ist, das Grundstück aber später einem anderen Grundbuchbezirk und damit einem anderen Verfahrensgericht zugeteilt wird und der Gesetzgeber keine Übergangsregelung trifft[4].

3.5 Die (sachliche und örtliche) Zuständigkeit ist eine **ausschließliche** (ZPO § 802 mit § 869). Abweichende Vereinbarung der Beteiligten ist unzulässig (ZPO § 40 Abs 2).

3.6 Die Zuständigkeit ist als sachliche Vollstreckungsvoraussetzung **von Amts wegen zu prüfen,** auch vom Beschwerdegericht.

3.7 a) **Abzugeben** an das für mehrere Gerichtsbezirke nach § 1 Abs 2 zuständige gemeinsame Vollstreckungsgericht ist der Antrag, wenn er bei einem nicht zuständigen Gericht im gemeinsamen Bezirk gestellt ist. Dem Antragsteller ist Abgabenachricht zu erteilen. Weitergabe an das zuständige Gericht ist allgemeine Amtsobliegenheit des nicht mehr zuständigen Gerichts im Versteigerungsbezirk des gemeinsamen Gerichts.

b) Der sonst bei einem unzuständigen Amtsgericht gestellte Antrag, über den noch nicht entschieden ist, kann auf Antrag des Antragstellers (nicht von Amts wegen) an das zuständige Gericht **weitergeleitet** (formlos abgegeben) werden. Möglich wäre auch **Verweisung,** weil ZPO § 281 auch auf Verfahrensarten ohne mündliche Verhandlung[5] und damit auf Zwangsvollstreckungsverfahren Anwendung findet. Sie kann aber nur erfolgen, wenn das zuständige Gericht eindeutig bestimmt werden kann, keinesfalls, wenn erst unter mehreren zuständigen eines nach § 2 bestimmt werden muß. Die Verweisung bewirkt, daß das Verfahren von dem neuen Gericht übernommen und fortgeführt wird, der Antrag somit bei ihm wirksam gestellt ist. Diese Verweisungswirkung im Gegensatz zur nur formlosen Abgabe erlangt für Zwangsversteigerung und Zwangsverwaltung zwar kaum einmal Bedeutung. Sicherungswirkung für Beschlagnahme hat der beim unzuständigen Gericht gestellte Verfahrensantrag nicht. An den Verweisungsbeschluß ist das angegangene Gericht entgegen ZPO § 281 Abs 2 nicht gebunden, weil es nur selbst über seine Zuständigkeit entscheiden kann. Gerichtsgebühren fallen erst mit der Entscheidung des Gerichts an (Einl Rdn 76). Parteikosten im Verfahren vor dem unzuständig angegangenen Gericht treffen den Antragsteller (ZPO § 281 Abs 3). Sachgerecht ist es daher nahezu immer, wenn der Antragsteller Abgabe (Weiterleitung) beantragt oder den beim unzuständigen Gericht gestellten Antrag zurücknimmt und neuen Antrag beim zuständigen Gericht stellt. Verweisung könnte aber im Gläubigerinteresse liegen für Aufrechterhalten der verjährungsunterbrechenden Wirkung des Antrags (BGB § 209 Abs 2 Nr 5 mit § 216) und zur Erhaltung des Rechtszugs für bereits entstandene Rechtsanwaltsgebühren (BRAGO § 14).

---

[4] OLG Frankfurt Rpfleger 1980, 396.
[5] RG 131, 197 (200).

§ 2 Allgemeine Vorschriften

3.8 Zurückzuweisen ist ein bei dem unzuständigen Gericht gestellter Antrag auf Verfahrensanordnung nach Anhörung des Antragstellers, wenn weder Abgabe noch Verweisung beantragt ist.

3.9 a) **Nach Verfahrensanordnung** können die Beteiligten die Zuständigkeit mit Rechtsbehelf (Erinnerung oder Beschwerde) gegen den Anordnungsbeschluß rügen. Die Unzuständigkeit ist nicht heilbarer Zuschlagversagungsgrund (§ 83 Nr 6, § 84); dieser ist vom Beschwerdegericht von Amts wegen zu berücksichtigen (§ 100 Abs 3). Sobald der (unheilbare, § 84 Abs 1) Verfahrensmangel festgestellt wird, ist das von einem unzuständigen Gericht angeordnete Verfahren daher (nach Anhörung der Beteiligten) von Amts wegen aufzuheben (§§ 28, 79 mit § 83 Nr 6 und § 86). Einstellung kann zunächst erfolgen, wenn Gelegenheit zu geben ist, Bestellung des Vollstreckungsgerichts als nach § 2 zuständiges Gericht zu erwirken.

b) **Verweisung nach Verfahrensanordnung** würde ZPO § 281 auf Antrag ermöglichen; anders[6], auch[7] (Wegfall der Beschlagnahmewirkungen mit Verfahrensaufhebung schließt aber neue Entscheidung über den Antrag nicht aus). Die Verweisungswirkung des ZPO § 281 (Einheitlichkeit des Verfahrens) erfährt jedoch für Zwangsversteigerungs- und Zwangsverwaltungsverfahren mit den Beschlagnahmewirkungen eine grundlegende Einschränkung. Auch Verweisungsantrag und Verweisung räumen die fehlerhafte Beschlagnahme mit Verfahrensanordnung durch ein unzuständiges Gericht als Aufhebungsgrund nicht aus. Verweisung kann daher nicht zur Folge haben, daß die fehlerhaft zustande gekommenen Beschlagnahmewirkungen beibehalten bleiben. Das zuständige Gericht hat in eigener Entscheidung über die Anordnung des Verfahrens zu befinden; wenn es anordnet, tritt erst damit die Beschlagnahme ein. Daher ist auch bei Verweisung die Aufhebung der unzulässig gewesenen Beschlagnahme von Amts wegen auszusprechen. Sicherungswirkung für Beschlagnahme kommt der Verweisung daher auch in diesem Fall nicht zu (siehe Rdn 3.7). Wenn gleichwohl ohne vorherige Verfahrensaufhebung verwiesen wird, dauert die Beschlagnahme zwar als Hoheitsmaßnahme bis zur Aufhebung des Verfahrens an. Diese ist durch das nach Verweisung zuständige Gericht anzuordnen; es hat dann über die nun bei ihm anhängigen Verfahrensantrag neu zu entscheiden.

3.10 Nach **Rechtskraft des Zuschlags** kann die Zuständigkeit nicht mehr gerügt werden. Ein Mangel der Zuständigkeit berührt den Verfahrensfortgang (§§ 105 ff) nicht mehr.

[Bestimmung des zuständigen Gerichts]

2 (1) **Ist das Grundstück in den Bezirken verschiedener Amtsgerichte belegen oder ist es mit Rücksicht auf die Grenzen der Bezirke ungewiß, welches Gericht zuständig ist, so hat das zunächst höhere Gericht eines der Amtsgerichte zum Vollstreckungsgerichte zu bestellen; die Vorschriften des § 37 der Zivilprozeßordnung finden entsprechende Anwendung.**

(2) **Die gleiche Anordnung kann getroffen werden, wenn die Zwangsversteigerung oder die Zwangsverwaltung mehrerer Grundstücke in demselben Verfahren zulässig ist und die Grundstücke in den Bezirken verschiedener Amtsgerichte belegen sind. Von der Anordnung soll das zum Vollstreckungsgerichte bestellte Gericht die übrigen Gerichte in Kenntnis setzen.**

---

[6] Steiner/Hagemann § 1 Rdn 33.
[7] Mohrbutter/Drischler Muster 8 Anm 1.

Bestimmung des zuständigen Gerichts 3.1 § 2

Allgemeines zu § 2 1

1.1 Zweck der Vorschrift: Bestimmung der (ausschließlichen, ZPO § 802) örtlichen Zuständigkeit in den Fällen, in denen aus besonderen Gründen die Regel des § 1 versagt oder die Zwangsversteigerung (Zwangsverwaltung) mehrerer in verschiedenen Amtsgerichtsbezirken gelegener Grundstücke in einem Verfahren (§ 18) durchzuführen ist.

1.2 Anwendungsbereich: Die Vorschrift gilt auch für die Zwangsverwaltung, für das Konkursverwalterverfahren (§ 172), für das Nachlaßverfahren (§ 175) und für die Teilungsversteigerung (§ 180), nicht aber für Schiffe (§ 162 Rdn 3) und (wegen § 171 b Abs 1) nicht für Luftfahrzeuge.

Bestimmung des zuständigen Gerichts: Voraussetzungen 2

2.1 a) Lage des Grundstücks zugleich in den Bezirken verschiedener Amtsgerichte (Abs 1, erste Alternative); hier wären nach § 1 beide Gerichte zuständig. Praktisch wird das nur nach Vereinigung oder Bestandteilszuschreibung (BGB § 890) der Fall sein.

b) (Oder) Ungewißheit mit Rücksicht auf die Grenzen der Gerichtsbezirke darüber, zu welchem Bezirk das Grundstück gehört (Abs 1, zweite Alternative; nicht mehr von praktischer Bedeutung). Wenn die Grenzen des Grundstücks selbst ungewiß sind, kann die Zuständigkeit nur nach ZPO § 36 Nr 6 geklärt werden.

c) (Oder) Zwangsversteigerung (Zwangsverwaltung) mehrerer in den Bezirken verschiedener Amtsgerichte belegener Grundstücke kann und soll nach § 18 im selben Verfahren erfolgen. Wenn die Zwangsversteigerung eines Grundstücksbruchteils angeordnet ist und sodann durch Gebietsänderungsgesetz ein anderes Amtsgericht für das Grundstück zuständig wird und dort die Zwangsversteigerung des anderen Bruchteils angeordnet werden soll, ist das gemeinsame Vollstreckungsgericht in entsprechender Anwendung des § 2 Abs 2 Satz 1 zu bestimmen[1].

2.2 Gerichtsbezirk ist immer der Versteigerungsbezirk, bei landesrechtlich vereinigten Gerichten nach § 1 Abs 2 somit der Bezirk des vereinigten Gerichts. § 2 gilt nicht nur über die Zuständigkeit zwischen verschiedenen Abteilungen (oder Kammern) desselben Gerichts zu entscheiden ist; hier entscheidet der Geschäftsverteilungsplan, bei Streit über dessen Auslegung und Anwendung das Präsidium[2].

2.3 Auch im Vollstreckungsverfahren anwendbar ist außerdem **ZPO § 36** (für Nr 6:[3]) über die Bestimmung des zuständigen Gerichts, wenn (Nr 1) das an sich zuständige Gericht rechtlich (Ausschließung oder Befangenheit aller Rechtspfleger und Richter dieses Gerichts) oder tatsächlich (Krankheitsausfall aller dort Beschäftigten) verhindert ist, wenn (Nr 5) verschiedene Gerichte sich für zuständig erklärt haben oder wenn (Nr 6) verschiedene Gerichte sich für unzuständig erklärt haben.

Gesuch 3

3.1 a) In den Fällen des **Abs 1** ist ein Gesuch eines Beteiligten (Gläubiger, Schuldner, anderer Verfahrensbeteiligter nach § 9) erforderlich (§ 2 Abs 1 mit ZPO § 37 Abs 1). Von Amts wegen oder auch auf Anregung eines der Gerichte erfolgt diese Bestimmung nicht (anders[4]). Das Gesuch kann schriftlich oder zu

---

[1] OLG Frankfurt Rpfleger 1980, 396.
[2] BGH MDR 1975, 770 = NJW 1975, 1424; BGHSt 26, 191 (199) = NJW 1975, 2304.
[3] BGH FamRZ 1983, 578 = NJW 1983, 1859; RG 139, 351.
[4] Steiner/Hagemann § 2 Rdn 9.

§ 2 3.1 Allgemeine Vorschriften

Niederschrift der Geschäftsstelle gestellt werden; Anwaltszwang besteht (auch beim höheren Gericht) nicht. Für die Vollmacht gilt ZPO § 88 Abs 2.

b) Das Gesuch hat als Prozeßhandlung die Voraussetzungen der Zuständigkeitsbestimmung darzutun (Darlegungslast des Antragstellers); aus ihm muß sich daher ergeben, daß das beabsichtigte Verfahren durchgeführt werden kann. Weil die allgemeinen Vollstreckungsvoraussetzungen in dem vorbereitenden Bestimmungsverfahren nicht geprüft werden (§ 2 Rdn 4.2), brauchen die für den Beginn der Zwangsvollstreckung erforderlichen Urkunden (vollstreckbarer Schuldtitel, Vollstreckungsklausel, Zustellungsnachweis usw, § 16 Abs 2) und Nachweise über die besonderen Voraussetzungen der Verfahrensanordnung (§ 17) dem Gesuch nicht beigefügt werden[5] (anders[6]); Vorlage ist dennoch zweckmäßig.

c) Wird der Antrag auf Bestimmung der Zuständigkeit nach § 2 Abs 1, ZPO § 37 Abs 1 nicht gestellt, so muß das für die ZVG-Verfahren selbst angerufene Gericht **Frist setzen**, binnen deren die notwendige Zuständigkeitsbestimmung herbeigeführt werden kann; bei Weigerung oder nach Ablauf der Frist muß der Verfahrensantrag zurückgewiesen werden. Wurde das ZVG-Verfahren schon in unzulässiger Weise angeordnet (bei § 2 Abs 1 ist ja noch kein Gericht dafür zuständig), so muß dieses bis zur Entscheidung des höheren Gerichts oder bis zum Ablauf der gesetzten Frist eingestellt und nach Fristablauf oder negativer Entscheidung des höheren Gerichts aufgehoben werden (aus § 28).

3.2 Für Zwangsversteigerung (Zwangsverwaltung) **mehrerer Grundstücke** in demselben Verfahren (Fall des Abs 2) kann Bestimmung des zuständigen Gerichts mit Gesuch eines Beteiligten verlangt werden. Es kann auch bereits in einem gemeinsamen Versteigerungsantrag für mehrere Grundstücke zu erblicken sein (Auslegungsfrage). Weil die Verbindung mehrerer Verfahren von Amts wegen möglich ist (§ 18 Rdn 3.1), kann die Anordnung auch auf Anregung eines der mit einem Verfahren befaßten Gerichte getroffen werden[7]. Hier sind ja mehrere Gerichte, jedes für sein Verfahren zuständig. Diese sollen nur aus **Zweckmäßigkeitserwägungen** nach § 18 verbunden werden; dazu müssen auf jeden Fall die Voraussetzungen des § 18 erfüllt sein[8]. Es können schon mehrere Verfahren angeordnet sein[9] oder nur eines[10] oder einige von ihnen oder noch keines[11]. Die Entscheidung des höheren Gerichts kann also schon vor Beginn der Verfahren erfolgen, aber auch noch, wenn die Verfahren schon laufen und irgendein Gläubiger die Verfahren zusammenlegen lassen will.

3.3 In den Fällen des **ZPO § 36 Nr 5 und 6** wird das Bestimmungsverfahren auch durch Vorlage eines der am Kompetenzkonflikt beteiligten Gerichte eingeleitet[12]. Für die Vorlage (in den in vollem Umfang übertragenen ZVG-Verfahren) ist der Rechtspfleger zuständig.

4 Verfahren, Entscheidung

4.1 a) Die Bestimmung trifft das für die beteiligten Gerichte **gemeinsame höhere Gericht,** also für Amtsgerichte in verschiedenen Landgerichts-Bezirken das gemeinsame Oberlandesgericht, für Amtsgerichte in verschiedenen Oberlandesge-

---

[5] BayObLG 1974, 15 = NJW 1974, 1204 = Rpfleger 1974, 167.
[6] Korintenberg/Wenz § 2 Anm 3.
[7] BGH KTS 1984, 499 = MDR 1985, 52 = NJW 1984, 2166 = Rpfleger 1984, 363; BayObLG Rpfleger 1990, 131; OLG Frankfurt Rpfleger 1980, 396.
[8] Denkschrift zum ZVG S 35; BayObLG 1974, 15 = aaO.
[9] KG Berlin OLG 15, 289; OLG Frankfurt Rpfleger 1980, 396.
[10] LG Halle a. S. JW 1932, 3218.
[11] OLG Frankfurt Rpfleger 1980, 396.
[12] BayObLG 1985, 397 = MDR 1986, 326 = NJW-RR 1986, 421 = Rpfleger 1986, 98; Zöller/Vollkommer, ZPO, § 37 Rdn 2.

Bestimmung des zuständigen Gerichts 4.4 § 2

richts-Bezirken Bayerns das Bayerische Oberste Landesgericht[13], außerhalb Bayerns der Bundesgerichtshof.

b) In beiden Fällen des § 2 ist für die Bestimmung des höheren Gerichts nicht vorausgesetzt, daß gegen eine Weigerung des **Rechtspflegers,** ein Verfahren zu übernehmen oder abzugeben, erst die Entscheidung des Richters im Wege der Rechtspflegererinnerung herbeigeführt wird[14].

4.2 Das Verfahren fällt in das Gebiet der Rechtspflege[15]; die Bestimmung ist **Akt der Rechtsprechung**[16], nicht Akt der Justizverwaltung. Als eine das spätere Anordnungsverfahren vorbereitende Maßnahme ist die Zuständigkeitsbestimmung gegenüber dem ZVG-Verfahren selbständig; sie ist nicht unmittelbar Teil des ZVG-Verfahrens[17]. Sie kann daher auch schon vor Stellung des Vollstreckungsantrags und vor Anordnung der Versteigerung[18] getroffen werden. Die allgemeinen Vollstreckungsvoraussetzungen sowie Zulässigkeit und Aussichten des beabsichtigten Verfahrens[19] werden daher nicht von Amts wegen geprüft. Denn es soll nur das Gericht bestimmt werden, vor dem Recht gesucht werden kann und zu dessen Aufgaben die sachliche Entscheidung des Antrags gehört[20]. Erforderlich ist daher nur, daß das Verfahren durchgeführt werden kann, die für seinen Beginn erforderlichen Voraussetzungen (zB die Zustellung des Vollstreckungstitels) bis zur Entscheidung des zu bestimmenden Gerichts herbeigeführt werden können. Nur wenn offensichtlich ist, daß das Verfahren nicht durchgeführt werden kann (Gläubiger läßt etwa erkennen, daß er gar keinen Vollstreckungstitel hat), fehlt ein Rechtsschutzbedürfnis[19]; Gerichtsstandsbestimmung ist dann ausgeschlossen.

4.3 Von **rechtlichem Gehör** des Schuldners ist in der Regel abzusehen[20]. Wenn das Verfahren wegen eines persönlichen Vollstreckungsanspruchs (Rangklasse 5 des § 10 Abs 1) angeordnet werden soll, rechtfertigt Sicherung der Beschlagnahmewirkung Nichtanhörung des Schuldners (er könnte schnell noch belasten oder veräußern). Aber auch wenn das Verfahren wegen eines dinglichen Rechts (Rangklasse 4 des § 10 Abs 1) betrieben werden soll, macht Gewährleistung des Zwecks der Zwangsversteigerung regelmäßig Nichtanhörung des Schuldners erforderlich[21] (der durch Anhörung gewarnte Schuldner könnte die Beschlagnahme mit Veräußerung und Entfernung von Zubehörstücken, Bestandteilen und Erzeugnissen gefährden, BGB § 1121). Auch vor Anordnung einer Teilungsversteigerung rechtfertigt sich dann aber Anhörung des Antragsgegners nicht (dazu auch § 180 Rdn 5.8). Wenn Anhörung des Schuldners (Antragsgegners) nicht erfolgt, ist er an dem zur einseitigen Bestimmungsverfahren nicht unmittelbar beteiligt[22]. Erfolgt Bestimmung nach Abs 2 auf Anregung eines mit dem Verfahren befaßten Gerichts (§ 2 Rdn 3.2), wird in dem das spätere Anordnungsverfahren nur vorbereitenden Verfahren zur Zuständigkeitsbestimmung auch Anhörung des daran nicht unmittelbar beteiligten Gläubigers (Antragstellers) unterbleiben können.

4.4 Als Vollstreckungsgericht ist das Amtsgericht **zu bestimmen,** in dessen Bezirk nach dem Ermessen des höheren Gerichts bei Ungewißheit über die Grenzen der Bezirke das Grundstück gelegen ist, sonst das Amtsgericht, bei dem die

---

[13] BayObLG 1974, 15 = NJW 1974, 1204 = Rpfleger 1974, 167; Keidel Rpfleger 1955, 333.
[14] KG Berlin OLGZ 1968, 472 = Rpfleger 1968, 225.
[15] BayObLG 1974, 15 = aaO.
[16] Zöller/Vollkommer, ZPO, § 36 Rdn 6.
[17] RG 125, 299 (310); BayObLG 1974, 15 = aaO (Fußn 13).
[18] BGH KTS 1984, 499 = MDR 1985, 52 = NJW 1984, 2166 = Rpfleger 1984, 363.
[19] BayObLG 1974, 15 = aaO (Fußn 13) und Rpfleger 1990, 131.
[20] BGH NJW 1984, 2166 = aaO (Fußn 7) und KTS 1985, 132 = WM 1984, 1342; BayObLG 1974, 15 = aaO (Fußn 13); Steiner/Hagemann § 2 Rdn 14.
[21] BGH NJW 1984, 2166 = aaO (Fußn 7) und KTS 1985, 132 = aaO (Fußn 20).
[22] BayObLG 1974, 15 = aaO (Fußn 13).

§ 2 4.4 Allgemeine Vorschriften

Aussicht für die Erzielung eines möglichst hohen Erlöses am günstigsten ist (dazu auch[23]). Im Falle des Abs 2 entscheidet das höhere Gericht zugleich auch über die Voraussetzungen der Verbindung der Zwangsversteigerung (Zwangsverwaltung) mehrerer Grundstücke zu einem Verfahren nach pflichtgemäßem Ermessen unter Abwägung der Interessen der Beteiligten mit[24] (§ 18 Rdn 3.1). Ein gemeinsames Verfahren (§ 18) ist abzulehnen, wenn es unter Mitberücksichtigung wirtschaftlicher Interessen zu einer Benachteiligung von Beteiligten führen kann. Es ist auch nicht zu bestimmen, wenn es (wie bei Eigentumswohnungen oder sonst bei Grundbesitz, der keine wirtschaftliche Einheit bildet und auch nicht so beschaffen ist, daß er von einem Ersteher einheitlich genutzt werden könnte) nicht gerechtfertigt ist, Vermögenswerte zu Lasten des Schuldners dem örtlichen Bieterkreis zu entziehen[25]. Praktischer Fall: Zwar dieselbe Erbengemeinschaft, aber Grundstücke ohne wirtschaftlichen Zusammenhang, Vereinigung nicht werterhöhend; gemeinsame Versteigerung in Coburg würde für das weit entfernte Grundstück im Bayerischen Wald geringeren Erlös bringen, weil für dieses der örtliche Bieterkreis entfiele. Aber auch[26]: Wald- und Landwirtschaftsflächen, die mit einer Grundschuld belastet sind und deren größter sowie wertvollster Teil im Bezirk des (als zuständig) bestimmten Gerichts liegt.

4.5 Entscheidungs**muster** ZVG-Handbuch Rdn 50. Einen Kostenausspruch hat die Entscheidung des höheren Gerichts nicht zu treffen. Die **Kosten** des Bestimmungsverfahrens sind Kosten des Hauptsacheverfahrens (vgl[27]), (notwendige) Parteikosten somit Kosten der Rechtsverfolgung nach § 10 Abs 2. Bei Ablehnung oder Zurücknahme eines Bestimmungsantrags wird (wenn zum Verfahren der Schuldner als Antragsgegner zugezogen war) über die Kosten in entsprechender Anwendung von ZPO § 91 oder ZPO § 269 Abs 3 (hier auf Antrag) entschieden (hierzu[28]).

4.6 Der Beschluß, der das zuständige Gericht bestimmt, wird dem Antragsteller des Zuständigkeitsverfahrens formlos mitgeteilt, ebenso dem Grundstückseigentümer (Vollstreckungsschuldner), wenn er gehört wurde (ZPO § 329 Abs 2); andernfalls erhält der Grundstückseigentümer (Vollstreckungsschuldner) keine Nachricht. Anders[29]: Mitteilung des Beschlusses erfolgt immer nur an Antragsteller, nicht an Grundstückseigentümer (Vollstreckungsschuldner). Sonstigen Verfahrensbeteiligten wird der Beschluß nicht bekannt gemacht.

4.7 Die ablehnende Entscheidung des höheren Gerichts wird, wenn sie mit sofortiger Beschwerde anfechtbar ist, dem Antragsteller des Zuständigkeitsverfahrens zugestellt (ZPO § 329 Abs 2), sonst formlos mitgeteilt. Dem Grundstückseigentümer (Vollstreckungsschuldner) wird sie formlos mitgeteilt, wenn er gehört wurde.

4.8 Werden Verfahren aus verschiedenen Gerichtsbezirken verbunden, so soll das vom höheren Gericht bestellte Vollstreckungsgericht die anderen beteiligten Gerichte **in Kenntnis setzen** (Abs 2 Satz 2). Dies soll verhindern, daß eines dieser Gerichte in Unkenntnis der festgesetzten Zuständigkeit seinerseits ein Verfahren anordnet. Es handelt sich aber bei der Vorschrift nur um eine Ordnungsvorschrift, deren Nichtbeachtung gesetzlich nicht mit einem Nachteil bedacht ist. In sonstigen Fällen muß der Gläubiger (Antragsteller) die stattgebende Entscheidung dem

---

[23] BGH NJW 1984, 2166 = aaO (Fußn 7) und KTS 1985, 132 = aaO (Fußn 20); BGH KTS 1986, 718 = NJW-RR 1986, 1383 = Rpfleger 1987, 29 und KTS 1987, 143.
[24] BGH aaO (Fußn 23, alle Entscheidungen); BGH KTS 1986, 719; BayObLG 1974, 15 = aaO (Fußn 13).
[25] BGH KTS 1986, 719.
[26] BGH KTS 1987, 143.
[27] BGH MDR 1987, 735 = NJW-RR 1987, 757.
[28] BGH KTS 1987, 143.
[29] RG 125, 299 (310).

Bestimmung des zuständigen Gerichts 5.3 § 2

dann zuständigen Gericht mit seinem Verfahrensantrag vorlegen oder zu diesem nachreichen.
4.9 Rechtsbehelfe: Der Beschluß, der das zuständige Gericht bestimmt, ist unanfechtbar (ZPO § 37 Abs 2). Die ablehnende Entscheidung ist mit sofortiger Beschwerde anfechtbar (ZPO § 37 Abs 1, § 793), ausgenommen dann, wenn ein Oberlandesgericht entschieden hat (ZPO § 567 Abs 3) oder der Bundesgerichtshof oder das Bayerische Oberste Landesgericht.
4.10 Es fällt **keine Gebühr** für die Bestimmung des zuständigen Gerichts an. Die Tätigkeit wird durch die Verfahrensgebühr (Einl Rdn 77), im Falle einer Beschwerde durch die Beschwerdegebühr abgegolten. Fällt keine Verfahrensgebühr an, weil es nicht zum Verfahren kommt, und keine Beschwerdegebühr, weil kein anderes Beschwerdeverfahren durchgeführt wird, so wird eben keine Gebühr erhoben. Für die Vergütung des Rechtsanwalts gehört die Bestimmung des zuständigen Gerichts zu dem durch die Gebühr des BRAGO § 68 Abs 1 Nr 1 abgegoltenen Rechtszug (BRAGO § 37 Nr 3 entsprechend). Der nicht zur Vertretung im Zwangsvollstreckungsverfahren bestellte Rechtsanwalt erhält eine Schriftsatzgebühr nach BRAGO § 56.

Zuständigkeitsbindung 5

5.1 Die Bestimmung des höheren Gerichts ist bindend. Dem Vollstreckungsgericht wird damit die Amtsprüfung und Entscheidung darüber abgenommen, ob es örtlich zuständig ist (ZPO § 802)[30]. Zuständigkeitsbindung besteht gegenüber allen betreibenden Gläubigern, gleich, ob sie vor oder nach der Entscheidung beigetreten sind; sie besteht auch gegenüber allen sonstigen Beteiligten. Im Falle des Abs 2 begründet die Bestimmung Bindungswirkung auch hinsichtlich der Voraussetzungen für die Durchführung der Versteigerung mehrerer Grundstücke in demselben Verfahren (§ 18). Vor dem für zuständig bestimmten Gericht kann daher kein Gläubiger verlangen, daß die dort (durch das Obergericht für verbunden erklärten und daher) anhängigen Verfahren wieder getrennt werden. Das schließt nicht aus, daß die Verbindung wieder aufgehoben wird (§ 18 Rdn 3.8), wenn neue Tatsachen nach dem Ermessen des für zuständig bestimmten Gerichts ergeben, daß Versteigerung der mehreren Grundstücke nicht mehr in demselben Verfahren erfolgen „soll" (anders[31]: Trennung nicht mehr möglich). Daß nicht mehr sachdienliche Verfahrensverbindung bestehen bleiben müsse, gebietet Zuständigkeitsbestimmung nicht. Für sachgerechte Verfahrenstrennung braucht der Gläubiger auch nicht (wie[32] annehmen) mit Antragszurücknahme und Herbeiführung neuer Beschlagnahme nachteilige Folgen in Kauf zu nehmen.
5.2 Das als zuständig bestimmte Gericht bleibt für die **ganze Verfahrensdauer** zuständig, auch wenn das Verfahren wegen eines der mehreren Grundstücke aufgehoben oder abgetrennt wird und auch, wenn nach teilweiser Aufhebung des Verfahrens nur noch für Grundstücke fortzusetzen ist, die nicht im Bezirk des gemeinschaftlichen Gerichts liegen[32]. Fall aus der Praxis: Grundstück I im Bezirk A, Grundstück II im Bezirk B; zuständig laut Obergericht für die Anordnung aus einem Gesamtrecht X das Gericht A; Gläubiger Y trat hinsichtlich Grundstück II bei; vor dem Versteigerungstermin nahm Gläubiger X seinen Antrag hinsichtlich beider Grundstücke zurück; anhängig blieb das Verfahren über II bei Gericht A (das ursprünglich für dieses Grundstück nicht zuständig war).
5.3 Die einmal begründete Zuständigkeit besteht auch für jeden weiteren **Beitritt,** solange das Verfahren läuft (anders[33]: Bestimmung hat für jeden Beitritt neu

---
[30] BayObLG 1974, 15 = aaO (Fußn 13).
[31] Steiner/Hagemann § 2 Rdn 18; Korintenberg/Wenz § 18 Anm 3.
[32] Steiner/Hagemann § 2 Rdn 18.
[33] Jaeckel/Güthe § 2 Rdn 4.

§ 2 5.3   Allgemeine Vorschriften

zu erfolgen). Weitere Bestimmung durch das dann übergeordnete gemeinsame Gericht (kann jetzt auch OLG, BayObLG oder BGH sein) ist aber erforderlich, wenn ein neuer Gläubiger die Versteigerung anderer (neuer) Grundstücke in das Verfahren einbeziehen will.

[Zustellungen von Amts wegen]

3 Die Zustellungen erfolgen von Amts wegen

Literatur: Drischler, Die Zustellungen im Zwangsversteigerungsverfahren, JVBl 1962, 83; Drischler, Förmliche Zustellungen in Immobilarvollstreckungsverfahren, JVBl 1965, 225; Vollkommer, Ist das Empfangsbekenntnis vom Zustellungsempfänger mit seinem vollen Namen zu unterschreiben?, Rpfleger 1972, 82.

1 Allgemeines zu § 3

1.1 Zweck der Vorschrift: Sicherung des Verfahrensfortgangs mit Ausführung der Zustellungen an alle Beteiligte von Amts wegen. Die Bestimmung versteht sich aus der Zeit, in der die Zivilprozeßordnung vom Selbstbetrieb der Parteien ausging. Daher sind die Zustellungsvorschriften der ZPO (§§ 166–207) auf ein Verfahren abgestimmt, in dem sich zwei Parteien gegenüberstehen; für die Immobiliarvollstreckung passen sie nur beschränkt, weil hier auch Dritte heranzuziehen sind und weil Beschlüsse ergehen, die trotz Verkündung zuzustellen sind. Im Gegensatz zur Parteizustellung, die für Verfahren nach der ZPO (bis 30. 6. 1977) vorherrschend war, stellt § 3 daher den Grundsatz auf, daß Zustellung in allen ZVG-Verfahren (auch in Beschwerdeverfahren) von Amts wegen erfolgen[1] (ausgenommen die Vorpfändung nach § 22 Abs 2 Satz 3 mit ZPO § 845).

1.2 Ob (und wem) ein Beschluß (oder eine Verfügung) zuzustellen oder nur formlos mitzuteilen ist, richtet sich nach dem betreffenden Verfahrensvorgang (zB §§ 32, 41 Abs 1, § 57 b Abs 1, § 85 Abs 2, §§ 88, 105 Abs 2; ZPO § 329 Abs 2, 3; dazu an den einzelnen Stellen).

1.3 Anzuwenden sind (unter Beachtung der Ausnahmen in ZVG §§ 3– 8) aus der ZPO § 170 Abs 1, §§ 171, 173, 174, 175 Abs 1 Satz 3, §§ 176–178, 180–193, 195–200, 202–213 a. Mitteilungen und Zustellungen in ZVG-Verfahren an Behörden und Organisationen regelt bundeseinheitlich die Vorschrift „MiZi" (Textanhang T 34). Auch gibt es landesrechtliche Sondervorschriften sowie bundeseinheitliche Vorschriften über den Rechtshilfeverkehr mit dem Ausland in Zivilsachen (Rechtshilfeordnung für Zivilsachen). Zu beachten sind auch Sondervorschriften für Soldaten und NATO-Truppen (§ 15 Rdn 35), sowie bei Verfahren über Bergwerke, Bergwerksanteile, Bergwerkseigentum (hier landesrechtlich in den ZVG-Ausführungsgesetzen) und beim Wohnungseigentum (§ 41 Rdn 2).

1.4 Für Bewirkung der Zustellungen (ebenso für Mitteilungen) hat die **Geschäftsstelle** Sorge zu tragen (ZPO § 209). Ihr Urkundsbeamter (GVG § 153), nicht eine Hilfskraft, hat die Zustellungen (Mitteilungen) ohne besondere Weisung zu besorgen[2]; er handelt, soweit nicht der Rechtspfleger/Richter Anordnungen (Weisungen[3]; an sie ist der Urkundsbeamte gebunden[4]) über die Zustellung trifft, in eigener Zuständigkeit und Verantwortung[5]. Wegen der Haftung des Rechtspflegers/Richters für die richtige Zustellung (Einl Rdn 37) sollte Beschlüssen,

---

[1] Denkschrift S 36; Motive zum ZVG zu § 17 (S 102).
[2] BGH NJW 1956, 1878; RG 105, 422 (423).
[3] BGH NJW 1956, 1878.
[4] BGH NJW-RR 1993, 1213 (1214).
[5] RG 105, 422 (423).

Zustellungen von Amts wegen 2.3 § 3

Terminsbestimmungen, Verfügungen immer eine besondere Verfügung des Rechtspflegers/Richters über die Art der Zustellung oder Mitteilung und die Person des Adressaten beigefügt werden. Der Rechtspfleger/Richter hat die ordnungsgemäße und fristgerechte Zustellung zu überwachen, wenn sie (wie nach § 43 Abs 2, § 83 Nr 1, § 105 Abs 2 und 4, § 130 Abs 1) für den Verfahrensfortgang notwendig oder bedeutsam ist.

Form und Mängel der gerichtlichen Zustellungen 2

2.1 Beschlüsse und Verfügungen des Gerichts, die nicht in einem Termin verkündet werden, sind formlos **mitzuteilen** (ZPO § 329 Abs 2 Satz 1). **Zugestellt** aber werden sie, wenn sie eine Terminsbestimmung enthalten oder eine Frist in Lauf setzen (ZPO § 329 Abs 2 Satz 2) oder einen Vollstreckungstitel bilden oder der sofortigen Beschwerde (befristeten Rechtspflegererinnerung) unterliegen (ZPO § 329 Abs 3 und RpflG § 11 Abs 1). Formlos mitgeteilt werden zB Anordnungs- und Beitrittsbeschlüsse an den Gläubiger, wenn seinem Antrag voll stattgegeben ist, oder nicht mehr anfechtbare Beschwerdeentscheidungen (ausgenommen nach § 104) oder Mitteilungen nach § 41 Abs 2 und § 146 Abs 2 usw[6].

2.2 Die **Verwechslung** der beiden Möglichkeiten verhindert nicht die Existenz eines Beschlusses und nicht seine sachliche Nachprüfung durch das Rechtsmittelgericht. Zustellung statt Mitteilung genügt immer; (formlose) Mitteilung ist keine der Zustellung gleichwertige Bekanntmachung, begründet somit die an die Zustellung geknüpften Bekanntmachungswirkungen nicht. Die Entscheidung ist aber vorhanden (existent)[7] und beschwerdefähig, wenn sie aus dem inneren Bereich des Gerichts herausgelangt ist. Solange sie nur einen inneren Vorgang bildet, kann sie zurückgenommen, abgeändert, vernichtet werden[8]. Ein verkündeter Beschluß muß, um eine Rechtsmittelfrist in Lauf zu setzen, auch noch zugestellt werden, wenn nicht das Gegenteil festgesetzt ist wie in §§ 88, 98 für den Zuschlagsbeschluß.

2.3 a) Das zuzustellende Schriftstück muß einen ordnungsgemäßen **Beglaubigungsvermerk** haben. Die Zustellung ist sonst wirkungslos[9]. Der Erlaß der Entscheidung (Terminsbestimmung usw) mit Unterzeichnung muß in der dem Zustellungsadressaten zugehenden beglaubigten Abschrift mit Wiedergabe des Namens des Rechtspflegers/Richters, der die Entscheidung erlassen (unterzeichnet) hat, dargestellt sein. Genügend (wenn auch nicht zu empfehlen; der Urkundsbeamte kennt den Namen) ist der Vermerk „gez. Unterschrift"[10]. Wenn die dem Zustellungsadressaten zugegangene beglaubigte Abschrift nicht erkennen läßt, ob die Entscheidung (Terminsbestimmung usw) unterschrieben und damit überhaupt erlassen worden ist, ist der Mangel so schwerwiegend, daß er einer wirksamen Zustellung entgegensteht[10]. Das ist auch der Fall, wenn die zugestellte Abschrift an Stelle der Unterschrift ein Fragezeichen aufweist[10], und wird außerdem angenommen, wenn in ihr der Name des Rechtspflegers/Richters lediglich in Klammern maschinengeschrieben wiedergegeben ist[11] (ablehnend dazu[12]). Ein solcher Zustellungsmangel kann nicht gemäß ZPO § 187 geheilt werden[13].

---

[6] OLG München BayJMBl 1954, 161 = MDR 1954, 424.
[7] BGH BGHWarn 1973, 771 = VersR 1974, 365; OLG Köln KTS 1976, 303 = MDR 1976, 497 = Rpfleger 1976, 101; OLG Frankfurt MDR 1974, 761 = NJW 1974, 1389 = OLGZ 1974, 302 = Rpfleger 1974, 272.
[8] RG 96, 350; OLG Frankfurt aaO (Fußn 7).
[9] BGH JVBl 1964, 184 = MDR 1964, 316 = VersR 1964, 848; RG 99, 140.
[10] BGH KTS 1982, 121 = MDR 1982, 138 = NJW 1981, 2256.
[11] BGH FamRZ 1982, 482 = VersR 1982, 971; BGH MDR 1972, 482 = NJW 1975, 781 = ZZP 88 (1975) 330 mit abl Anm Vollkommer.
[12] Vollkommer ZZP 88 (1975) 334 (Anmerkung).
[13] BGH KTS 1982, 121 = MDR 1982, 138 = NJW 1981, 2256.

§ 3 2.3   Allgemeine Vorschriften

b) Mit der Anschrift des Zustellungsgegners ist die **Sendung** nach ZPO § 211 Abs 1 Satz 2 auch dann ordnungsgemäß versehen, wenn eine inzwischen (zB durch Eheschließung) eingetretene, dem Gericht noch unbekannte Namensänderung nicht berücksichtigt ist, sofern die Person des Zustellungsadressaten nur zweifelsfrei bestimmt ist[14]. Angabe eines unrichtigen Aktenzeichens auf dem Zustellungsumschlag soll die Zustellung unwirksam machen[15]. Bei Ersatzzustellung sind die schriftliche Mitteilung über die Niederlassung (ZPO § 182) und deren ordnungsgemäße Beurkundung unerläßlich[16]; die Mitteilung muß die genaue Anschrift des Adressaten enthalten[17]. Ersatzzustellung ist nur von der Wohnung aus zulässig, nicht von einem Geschäftslokal aus[18] (wird bei der Post nicht immer beachtet). Der Postzusteller muß den Tag der Zustellung auf der zuzustellenden Sendung vermerken (ZPO § 212 Abs 1); unterläßt er dies, so ist die Zustellung zwar nicht unwirksam, sie setzt aber Notfristen nicht in Lauf (ZPO § 187 Satz 2)[19], weil ja der Zustellungsempfänger damit keinen amtlichen Nachweis über den Tag der Zustellung in Händen hat. Gleiches gilt, wenn der (nach ZPO § 195 Abs 2 Satz 2) vorgeschriebene Vermerk des Tages der Zustellung auf der Sendung von dem Datumsvermerk auf der Zustellungsurkunde abweicht[20] oder wenn die Zustellungsurkunde keine eindeutige Eintragung über den Tag der Zustellung (ZPO § 191 Nr 1) enthält[21]. Zustellung gegen Empfangsbekenntnis (ZPO § 212 a) an einen Rechtsbeistand ist nicht vorgesehen, somit unwirksam[22], auch wenn dieser mit einem Rechtsanwalt eine Sozietät bildet[23].

c) Hat der Postbedienstete die **Zustellungsurkunde** nicht unterschrieben, so kann die Unterschrift nicht mehr nachgeholt werden[24], ebenso andere zwingende Teile der Zustellungsurkunde nach ZPO § 191 (zB Nr 4: Mitteilung bei Zustellung durch Niederlegung[25]), sobald die Urkunde an das Gericht abgesandt ist.

d) Unter Verwendung sogenannter Fensterbriefumschläge können Zustellungen bei Beachtung der gesetzlichen Vorschriften erfolgen[26]. Bei der öffentlichen Zustellung muß der Vermerk über den Aushang unterzeichnet sein; Handzeichen genügt nicht[27].

2.4 Ein Zustellungsmangel kann nach ZPO § 187 (mit § 209) geheilt sein ([28]für Zustellung der Terminsbestimmung). Ausnahme für Notfrist nach ZPO § 187 Abs 2. Einzelheiten siehe die ZPO-Kommentare.

---

[14] OLG Düsseldorf JurBüro 1982, 1742.
[15] BGH MDR 1966, 44 = Rpfleger 1965, 272.
[16] BGH MDR 1990, 32 = NJW 1990, 176 = Rpfleger 1989, 417.
[17] LG Köln DGVZ 1966, 89.
[18] BGH MDR 1968, 493 = Rpfleger 1968, 183; BGH NJW 1976, 149 = VersR 1976, 296.
[19] Gemeinsamer Senat der obersten Gerichtshöfe des Bundes BGHZ 67, 355 = BVerwGE 51, 378 = MDR 1977, 378 = NJW 1977, 621 = Rpfleger 1977, 127; OLG Hamburg MDR 1983, 410.
[20] BVerwG NJW 1980, 1482 = Rpfleger 1980, 101.
[21] BVerwG NJW 1983, 1076 = Rpfleger 1983, 160.
[22] OLG Frankfurt JurBüro 1986, 1893.
[23] LG Krefeld Rpfleger 1987, 167.
[24] BGH MDR 1961, 583 = Rpfleger 1961, 351 = VersR 1961, 511; BGH FamRZ 1981, 249 = MDR 1981, 394 = NJW 1981, 874 = Rpfleger 1981, 101 und 289 Leitsatz mit krit Anm Klässel.
[25] BHG NJW 1990, 176 = aaO (Fußn 16).
[26] LG Krefeld NJW 1980, 466 Leits = Rpfleger 1980, 71.
[27] BGH 80, 320 = MDR 1981, 841 = Rpfleger 1981, 349.
[28] LG Krefeld Rpfleger 1988, 375 und OLG Düsseldorf Rpfleger 1989, 36 mit Anm Meyer-Stolte.

Zustellungen von Amts wegen 3.3 § 3

2.5 Es empfiehlt sich dringend, Zustellungserfordernisse **genau zu beachten.** Am Beginn etwa des Verfahrens bringt das nur kleine Verzögerungen mit sich, wenn eine Zustellung wiederholt werden muß; nach dem Zuschlag kann bei anderer Rechtsauffassung des Rechtsmittelgerichts das ganze Verfahren in Frage gestellt sein. Die Frage, ob im voraus auf eine Zustellung verzichtet werden kann, hängt von der Art des Zuzustellenden ab und wird an den einschlägigen Stellen behandelt (§ 15 Rdn 47, § 32 Rdn 2 usw).

Vertreter und Bevollmächtigte als Zustellungsempfänger 3

3.1 Zustellungen erfolgen statt an den Beteiligten selbst an seinen **Bevollmächtigten** oder den sonst Berechtigten, jeweils solange die Vollmacht oder Berechtigung besteht, so an: Generalbevollmächtigte (ZPO § 173), Zustellungsbevollmächtigte (ZPO § 174), Prozeßbevollmächtigte (ZPO § 176), Grundbuch-Zustellungsbevollmächtigte (§ 5), Zustellungsvertreter (§ 6), **Parteien kraft Amtes** (Konkursverwalter, Nachlaßverwalter, Zwangsverwalter) und gesetzliche Vertreter. Lediglich zur Empfangnahme von Zustellungen kann jeder Beteiligte (§ 9) einen Bevollmächtigten bestellen (Zustellungsbevollmächtigter, siehe ZPO § 174, im Gegensatz zum Prozeßbevollmächtigten), der nicht im Bereich des Vollstreckungsgerichts wohnhaft sein muß (dann aber Aufgabe zur Post möglich, § 4). Notwendig ist formlose Mitteilung hierüber an das Vollstreckungsgericht zu dessen Vollstreckungsakten. Zeigt der Bevollmächtigte selbst die Bestellung an, hat er schriftliche Vollmacht vorzulegen, sofern er nicht Rechtsanwalt ist (ZPO § 88 Abs 2).

3.2 Zustellungen für **Minderjährige** oder sonst **Prozeßunfähige** müssen an den gesetzlichen Vertreter erfolgen. Solange das Vollstreckungsgericht nichts darüber weiß, darf es davon ausgehen, daß der Schuldner prozeßfähig sei[29] (zur Frage der Prozeßfähigkeit Einl Rdn 44). An **Parteien kraft Amtes** ist im Rahmen ihrer Tätigkeit zuzustellen, also nur innerhalb des ihnen zustehenden Rechts zur Wahrnehmung fremder Rechte im eigenen Namen.

3.3 Das Verfahren vor dem Vollstreckungsgericht gehört „zum ersten Rechtszug" (ZPO § 178 Satz 2). Daher müssen, wenn ein Prozeßtitel vorliegt und darin ein Prozeßbevollmächtigter des Schuldners benannt ist, alle Zustellungen **in der Vollstreckungsversteigerung** und **Zwangsverwaltung** (die anderen Verfahren laufen ohne Vollstreckungstitel) an den Prozeßbevollmächtigten erfolgen[30] (ZPO §§ 178, 176), auch wenn die Partei neben ihm tätig wird, sogar wenn der Prozeßbevollmächtigte im Ausland wohnt[31], bis der Vertretene mitteilt, daß der Bevollmächtigte nicht mehr tätig sei[32] oder daß ein anderer (an Stelle des bisherigen[33]) tätig sei. Zustellung an einen (bisherigen) Prozeßbevollmächtigten kann auch nicht mehr erfolgen, wenn der Vertretene sonst zu verstehen gegeben hat (zB durch Antragstellung nach ZPO § 765 a[34], persönliche Wahrnehmung anderer Prozeßhandlungen, Stellungnahme zu einem Antrag), daß er nicht mehr durch diesen vertreten sein will[35]. Sobald ein neuer Prozeßbevollmächtigter bestellt ist, darf nur an ihn zugestellt werden. Andernfalls wäre die Zustellung wirkungslos. Diese Regeln gelten auch, wenn nicht aus einem erstinstanzlichen Titel vollstreckt wird, sondern aus einem der höheren Instanz[36]. Nach Mitteilung des Rechtsanwalts, der in einem Rechtsstreit, in dem die Vertretung durch einen Rechtsanwalt nicht geboten ist

---

[29] LG Essen MDR 1956, 236 mit abl Anm Flies.
[30] LG Gießen Rpfleger 1981, 26.
[31] BGH LM BEG 1956 § 209 Nr 59 = MDR 1963, 829 Leitsatz.
[32] BGH MDR 1964, 832 = NJW 1964, 2062 Leitsatz; OLG München Rpfleger 1970, 250; LG Gießen Rpfleger 1981, 26.
[33] OLG Frankfurt NJW-RR 1986, 1500 = Rpfleger 1986, 391.
[34] LG Berlin MDR 1994, 307.
[35] LG Trier Rpfleger 1988, 29.
[36] LG Gießen Rpfleger 1981, 26.

§ 3 3.3 Allgemeine Vorschriften

(Parteiprozeß), zum Prozeßbevollmächtigten bestellt war, daß sein Mandat beendet ist, sind Zustellungen nicht mehr an ihn, sondern wieder an die Partei selbst zu bewirken[37]. Auch Anzeige der Mandatsniederlegung durch den im Anwaltsprozeß (ZPO § 78 Abs 1) bestellten Prozeßbevollmächtigten bewirkt für das Zwangsvollstreckungsverfahren ohne weiteres das Erlöschen der Vollmacht[38], so daß Zustellungen wieder an die Partei selbst zu bewirken sind. Wenn der im Rechtsstreit durch einen Rechtsanwalt vertreten gewesene Gläubiger selbst die Zwangsvollstreckung beantragt, bringt er zum Ausdruck, daß er im Zwangsvollstreckungsverfahren nicht durch einen Bevollmächtigten vertreten sein will; Zustellungen erfolgen dann an den Gläubiger selbst[39]. Zustellung an einen Unterbevollmächtigten genügt nicht. Bei mehreren Prozeßbevollmächtigten genügt Zustellung an einen von ihnen; mit der Zustellung an den ersten von ihnen beginnen die Fristen zu laufen[40].

3.4 Wenn Anordnungs- oder Beitrittsbeschlüsse an den im Titel genannten Prozeßbevollmächtigten zugestellt werden (und das müssen sie), so empfiehlt sich gleichzeitig formlose **Mitteilung an den Schuldner** selbst, damit dieser ohne Verzögerung von der Beschlagnahme unterrichtet wird und die kurze Antragsfrist nicht versäumt. Dies wurde von[41] als überflüssig und irreführend abgelehnt; es gibt aber zahlreiche Fälle, in denen der Schuldner nur hierdurch vom Verfahren Kenntnis erhält, weil der frühere Prozeßbevollmächtigte nicht mehr für ihn tätig ist und den Beschluß unbeachtet läßt oder zurücksendet oder verspätet weitergibt. In der formlosen Mitteilung sollte man vermerken, daß die Frist ab Zustellung an den Prozeßbevollmächtigten läuft und daß auch weitere Zustellungen an ihn erfolgen müssen, solange nicht der Schuldner dem Gericht etwas anderes mitteilt.

3.5 Zustellungen an einen **Gemeinschuldner** im Verfahren über ein aus der Konkursmasse freigegebenes Grundstück oder an ihn als Bevollmächtigten eines Dritten benötigen den Zusatz: „Zustellen außerhalb des Konkurses" oder: „Zustellen trotz Konkurs"; die Sendungen werden sonst von der Post dem Konkursverwalter zugeleitet (KO § 121). Die Anordnung einer Postsperre durch das Konkursgericht hat nicht zur Folge, daß Zustellungen, die nicht die Konkursmasse betreffen, durch Auslieferung der an den Gemeinschuldner gerichteten Sendungen an den Konkursverwalter mit Wirkung gegen den Gemeinschuldner ausgeführt werden könnten[42].

[Zustellung durch Aufgabe zur Post]

4 Wohnt derjenige, welchem zugestellt werden soll, weder am Orte noch im Bezirke des Vollstreckungsgerichts, so kann die Zustellung durch Aufgabe zur Post erfolgen, solange nicht die Bestellung eines daselbst wohnhaften Prozeßbevollmächtigten oder Zustellungsbevollmächtigten dem Gericht angezeigt ist. Die Postsendung muß mit der Bezeichnung „Einschreiben" versehen werden.

1 Allgemeines zu § 4

1.1 Zweck der Vorschrift: Vereinfachung der Art der Zustellung mit Zulassung der Zustellung durch Aufgabe zur Post (ZPO § 175 mit § 213) in erweiter-

---

[37] BGH FamRZ 1991, 51 = MDR 1991, 342 = NJW 1991, 295.
[38] OLG Koblenz Rpfleger 1978, 261.
[39] Dassler/Schiffhauer/Gerhardt, ZVG, (hier:) 11. Aufl 1978, § 3 Anm 3; Jaeckle/Güthe § 3 Rdn 6; Korintenberg/Wenz § 3 Anm 2 d; Steiner/Hagemann § 3 Rdn 27.
[40] Fraenkel JR 1965, 10.
[41] Dassler/Schiffhauer/Gerhardt aaO (Fußn 39); ihnen folgend Steiner/Hagemann § 3 Rdn 30 und §§ 15, 16 Rdn 234.
[42] BayObLGSt 1979, 25 = NJW 1979, 1218 Leitsatz = Rpfleger 1979, 215.

Zustellung durch Aufgabe zur Post 2.2 § 4

tem Umfang. Wegen der zumeist großen Zahl der Beteiligten, ohne deren Zuziehung das Verfahren nicht durchgeführt werden kann, soll damit der Gefahr begegnet werden, daß Anwendung der strengeren Zustellungsvorschriften der ZPO zu einer Unterbrechung oder Verzögerung des Verfahrens führt (Denkschrift S 36).

1.2 Anwendungsbereich: Die Vorschrift gilt in allen ZVG-Verfahren, auch für die Zwangsverwaltung und in Beschwerdeverfahren, und bei allen vorkommenden Zustellungen (für Terminsladung und Wertfestsetzung[1]) an Beteiligte, § 9, ebenso aber zB auch an Bieter, Ersteher, mithaftenden Bürgen, Meistbietenden, §§ 88, 103, § 105 Abs 2, Zwangsverwalter und auch an Ausländer mit einer Ausnahme: Der Anordnungsbeschluß und Beitrittsbeschlüsse dürfen an den Schuldner (Antragsgegner) nicht auf diese Weise zugestellt werden (§ 8). Sie gilt nicht für Zustellung einer Vorpfändung, die im Parteibetrieb erfolgt (§ 22 Abs 2 Satz 3).

1.3 Voraussetzungen: Der Zustellungsadressat darf weder am Ort noch im Bezirk des Vollstreckungsgerichts (Versteigerungsbezirk, § 1 Rdn 3) wohnen und auch nicht dem Gericht einen in diesem Bezirk wohnhaften Prozeßbevollmächtigten oder Zustellungsbevollmächtigten (§ 15 Rdn 2.1) angezeigt haben. Auch eine Zustellung, die an den Prozeßbevollmächtigten (Zustellungsbevollmächtigten) des Adressaten zu erfolgen hat, kann durch Aufgabe zur Post bewirkt werden, wenn der Bevollmächtigte nicht im Versteigerungsgerichtsbezirk wohnt (so bei Wohnsitz im Ausland[2]). Anwendbar ist die Vorschrift auch, wenn der gesetzliche Vertreter eines Prozeßunfähigen oder der Vorstand einer juristischen Person außerhalb wohnt. Die Beteiligten müssen nicht vorher auf diese Möglichkeit hingewiesen werden[3]. Für die Feststellung der Voraussetzungen sind immer die Verhältnisse im Zeitpunkt der Ausführung mit Aufgabe zur Post (nicht der der Zustellungsanordnung; so aber[4]) maßgebend.

Bewirkung der Zustellung durch Aufgabe zur Post 2

2.1 Das Vollstreckungsgericht **kann** in den Fällen des § 4 Zustellung von Amts wegen statt auf dem sonst vom Gesetz vorgesehenen Weg (§ 3 mit ZPO §§ 208–212 b) durch Aufgabe zur Post als Einschreibesendung bewirken. Es muß von dieser Möglichkeit nicht Gebrauch machen, es kann auch den normalen gesetzlichen Weg wählen. Für welche Art es sich entscheidet, darf nicht von fiskalischen Interessen bestimmt werden (für Zustellung durch die Post können Postgebühren als Auslagen zu erheben sein, GKG-KostVerz Nr 9002; siehe aber auch Vorbemerkung zu GKG-KostVerz Teil 9, für die Aufgabe zur Post dagegen nicht), sondern nur **nach sachlichen Gesichtspunkten**[5]. Wenn die Partei einen Prozeß- oder Zustellungsbevollmächtigten hat, der zwar nicht im Bezirk des Vollstreckungsgerichts, aber im Inland wohnt, kann durch Aufgabe zur Post zugestellt werden; üblich und empfehlenswert ist auch dann aber Zustellung in normaler gesetzlicher Form. Bei Zustellung von Terminsbestimmungen ist durchweg der zuverlässigere Weg mit Zustellungsurkunde vorzuziehen, auch wenn hierdurch eine Verzögerung entsteht, um so einen einwandfreien Nachweis zu erhalten und sich nicht der Gefahr auszusetzen, daß ein Verfahrensvorgang unwirksam sei oder eine Entscheidung aufgehoben werden.

2.2 Der zuständige Rechtspfleger/Richter sollte bei seiner Entscheidung oder Zustellungsverfügung immer auch bestimmen (dazu § 3 Rdn 1.4), ob nach den Zustellungsvorschriften der ZPO oder nach § 4 durch Aufgabe zur Post zugestellt werden soll, und die Wahl nicht der Geschäftsstelle überlassen[6]. Wenn keine

---
[1] LG Krefeld Rpfleger 1990, 266.
[2] BGH MDR 1963, 829 Leitsatz = VersR 1963, 973.
[3] BGH MDR 1963, 486 = VersR 1963, 564.
[4] Drischler JVBl 1962, 83 (2); Steiner/Hagemann § 4 Rdn 6.
[5] Stöber JVBl 1966, 5 (III).
[6] Stöber aaO (Fußn 5); Jaeckel/Güthe § 3 Rdn 4.

§ 4 2.2 Allgemeine Vorschriften

Verfügung getroffen ist, steht es im Ermessen des Urkundsbeamten, in welcher Form er die Zustellung ausführt (§ 3 Rdn 1.4).

2.3 Zu erfolgen hat die Zustellung durch Aufgabe zur Post nach ZPO § 213. Die Geschäftsstelle **gibt** das zuzustellende Schriftstück verschlossen mit Anschrift des Adressaten, mit Angabe des Absenders und mit Geschäftsnummer versehen **zur Post** (kann mit Hilfe des Gerichtswachtmeisters geschehen). Erst nach erfolgter Aufgabe der Sendung bei der Post (durch den Gerichtswachtmeister) macht die Geschäftsstelle in den Akten einen Zustellungsvermerk (ZPO § 213), der auf keinen Fall fehlen darf[7], sonst ist die Zustellung unwirksam, ebenso wenn die Sendung nicht unter „Einschreiben" aufgegeben ist. Wenn das zu übergebende Schriftstück mit unrichtiger oder in einem wesentlichen Teil unvollständiger Anschrift des Zustellungsempfängers zur Post gegeben worden ist, ist die Zustellung nicht wirksam[8]. Das gilt bei der im Ausland zu bewirkenden Zustellung durch Aufgabe zur Post insbesondere, wenn das Land, in dem der Bestimmungsort liegt, als Teil der Adresse des Zustellungsempfängers nicht bezeichnet ist[8]. Klare (und ausgeschriebene) Angabe des Bestimmungslandes ist immer geboten (ratsam), wenngleich strenge Anforderungen im Einzelfall einer Förmelei gleichkommen können (so für Zürich und Rom[9]) und wenn Abkürzung genügen mag („E" für „Espana"[9]). Eine mangelhafte Zustellung kann mangelfrei wiederholt und damit nachgeholt werden[10]; auch der Aktenvermerk kann später noch nachgeholt werden.

2.4 Der Aktenvermerk (Muster im ZVG-Handbuch Rdn 61) muß Betreff und Aktenzeichen enthalten, da er sonst unwirksam ist[11]. Genaue Bezeichnung des zuzustellenden Schriftstücks erfordert auch Angabe seines Datums (bei Zustellung nach dem BayVwZVG zwingend nach[11]). Nennen muß der Zustellungsvermerk auch den Tag der Aufgabe zur Post; fehlt seine Angabe (oder ist sie unrichtig), so ist die Zustellung zwar nicht unwirksam, aber sie setzt Notfristen nicht in Lauf (hierzu § 3 Rdn 2.3). Er ist nur wirksam, wenn er von dem Urkundsbeamten der Geschäftsstelle unterschrieben ist[12]. Allein dadurch, daß der Einlieferungsschein auf die in der Akte befindliche Urschrift des zuzustellenden Schriftstücks geklebt wird, kann der Tag der Aufgabe zur Post daher nicht wirksam in den Akten vermerkt werden (anders[13] für Zustellung nach dem Verwaltungszustellungsgesetz, weil nach dessen § 4 Abs 2 es „des Namenszeichens des damit beauftragten Bediensteten nicht bedarf"). Der Aktenvermerk darf nicht vor Hinausgabe an den Gerichtswachtmeister angefertigt werden[14], weil er die erfolgte Zustellung beurkunden muß. Der Aktenvermerk kann vom Urkundsbeamten auch nach Einlegung eines Rechtsmittels noch nachgeholt werden[15]. Datierung des Zustellungsvermerks ist nicht vorgeschrieben; unrichtige Angabe des Datums seiner Anfertigung ist daher unschädlich[16]. Der Aktenvermerk hat Bedeutung wie der Zustellungsvermerk des Postzustellers oder des Gerichtsvollziehers über die erfolgte Zustellung[17]. Es muß darum sich die Geschäftstelle vom Gerichtswachtmeister die durch diesen erfolgte

---

[7] BGH 8, 314 = NJW 1953, 422 = Rpfleger 1953, 235.
[8] BGH 73, 388 = MDR 1979, 750 = Rpfleger 1979, 195.
[9] OLG Köln MDR 1986, 243 = OLGZ 1986, 216 = Rpfleger 1986, 142.
[10] BGH 32, 370 = MDR 1960, 829 = NJW 1960, 1763 = Rpfleger 1961, 13.
[11] BayObLG 1975, 184 = NJW 1975, 2150 Leitsatz = VersR 1975, 1150 mit zust Anm Späth.
[12] BGH MDR 1979, 126 = NJW 1979, 218 = Rpfleger 1979, 15.
[13] BVerwG Rpfleger 1982, 30.
[14] BGH MDR 1966, 131 = Rpfleger 1966, 143.
[15] BGH MDR 1983, 204 = NJW 1983, 884 = Rpfleger 1983, 75; BGH MDR 1987, 483 = NJW 1987, 1707 = Rpfleger 1987, 156.
[16] BGH NJW 1983, 884 = aaO (Fußn 15).
[17] BGH NJW 1979, 218 = aaO (Fußn 12); BayObLG 1975, 184 = aaO (Fußn 11).

Aufgabe zur Post per Einschreiben bestätigen lassen (Einsicht in das Postbuch)[18]; sie kann vorher nur in den Akten vermerken, daß sie das Schriftstück dem Gerichtswachtmeister zu diesem Zweck übergeben habe, doch hat dies noch keine Zustellungswirkung[19]. Der Sendung selbst soll nach bundeseinheitlichen Verwaltungsanordnungen ein Merkblatt beigegeben werden, daß es sich um eine Zustellung durch Aufgabe zur Post handle und daß die Zustellung mit der Aufgabe zur Post am . . . als bewirkt gelte (ZVG-Handbuch Rdn 61).

2.5 Mit der ordnungsgemäßen Aufgabe zur Post **gilt die Zustellung als bewirkt** (ZPO § 175 Abs 1), auch wenn die Sendung als unbestellbar oder wegen Todes des Adressaten zurückkommt, soweit nicht der Tod dem Gericht schon bei Aufgabe bekannt war. Der Tag des Zugangs der Einschreibesendung ist für die Zustellung nicht maßgebend, auch wenn Zustellung mit Aufgabe zur Post durch Einschreibesendung „mit Rückschein" erfolgt ist[20]. Auch wenn diese eine Sendung als zugestellt gilt, muß dann für alle weiteren Zustellungen an denselben Adressaten ein Zustellungsvertreter nach § 6 Abs 2 bestellt werden. Hierzu[21], auch im ZVG-Handbuch Rdn 61.

[Zustellungsbevollmächtigter beim Grundbuchamt]

5 Die Bestellung eines Zustellungsbevollmächtigten bei dem Grundbuchamte gilt auch für das Verfahren des Vollstreckungsgerichts, sofern sie diesem bekannt geworden ist.

Allgemeines zu § 5 1

1.1 Zweck der Vorschrift: Zustellung an einen besonderen Vertreter, für die der Wille des Zustellungsadressaten angenommen wird, daß der von ihm zur Empfangnahme grundbuchamtlicher Zustellungen ermächtigte Bevollmächtigte auch für die Zustellungen ermächtigt sein soll, die in dem Vollstreckungsverfahren von Amts wegen erfolgen[1].

1.2 Anwendungsbereich: Wie § 4 Rdn 1.2.

Zustellung an Grundbuch-Zustellungsvertreter 2

2.1 Voraussetzungen: a) Bestellung eines Zustellungsbevollmächtigten bei dem Grundbuchamt (für Schiffe und Luftfahrzeuge statt Grundbuchamt Registerbehörde). Nur wenn die Bestellung auf die (oder einzelne) Grundbuchangelegenheiten beschränkt ist, gilt sie für das Verfahren vor dem Vollstreckungsgericht nicht[2]. Zustellungsbevollmächtiger ist eine am Ort oder im Bezirk des Grundbuchamts (Vollstreckungsgerichts) wohnhafte Person, die zum Empfang des Schriftstücks bevollmächtigt ist (ZPO § 174 Abs 1 Satz 1). Er ist zu unterscheiden vom Prozeßbevollmächtigten, an den auch im Vollstreckungsverfahren zuzustellen ist (ZPO §§ 176, 178).

b) Die Bestellung des Grundbuch-Zustellungsbevollmächtigten muß zur **Kenntnis** des Vollstreckungsgerichts gelangt sein. Das kann erfolgt sein durch Mitteilung des Grundbuchamts (§ 19 Abs 2), die auch durch Übersendung einer beglaubigten Abschrift des Wohnungsblatts aus den Grundbuch geschehen sein kann[3], aber auch

---

[18] BGH MDR 1966, 131 = Rpfleger 1966, 143.
[19] BGH NJW 1979, 218 = aaO (Fußn 12).
[20] BGH NJW 1987, 1707 = aaO (Fußn 15).
[21] Drischler JVBl 1962, 83 (4).
[1] Motive zum ZVG S 105.
[2] Dassler/Muth § 5 Rdn 3; Drischler JVBl 1962, 83 (3).
[3] RG 157, 89 (92).

§ 5 2.1 Allgemeine Vorschriften

durch Einsicht in die Grundakten oder auf sonstige Weise (gleichgültig wie). Zeigt der Beteiligte selbst dem Vollstreckungsgericht an, daß er bei dem Grundbuchamt einen Zustellungsbevollmächtigten bestellt hat, so liegt darin zugleich eine Bestellung gegenüber dem Vollstreckungsgericht.

2.2 Die dem Vollstreckungsgericht zur Kenntnis gelangte Bestellung eines Grundbuch-Zustellungsbevollmächtigten ist zu beachten; **Zustellungen** haben **an ihn** zu erfolgen. Eine Zustellung, die dennoch an den Beteiligten selbst vorgenommen wird, ist jedoch nicht unwirksam (keine Anwendung des ZPO § 176)[4]. Wirksam ist eine Zustellung an den Vertretenen statt an den Zustellungsbevollmächtigten auch dann, wenn das Gericht den Bevollmächtigten nicht kennt. Als falsche Zustellung unwirksam ist die Zustellung an einen vom Grundbuchamt unrichtig benannten, in Wirklichkeit dort nicht, nicht mehr (Bestellung ist bereits widerrufen) oder von dem mit mehreren Rechten an der Versteigerung Beteiligten nur für eines dieser Rechte bestellten Zustellungsbevollmächtigten[5]. Ist eine Zustellung an den Zustellungsbevollmächtigten nicht möglich (zB wegen unbekannten Aufenthalts), so gilt er als nicht bestellt; für ihn kann kein Zustellungsvertreter nach § 6 bestellt werden.

2.3 Der Zustellungsbevollmächtigte ist **nur zum Empfang** von Zustellungen ermächtigt; er ist aber nicht Prozeßbevollmächtigter, also nicht zur Vertretung im Verfahren berechtigt, erst recht nicht verpflichtet.

2.4 Die Zustellungsvollmacht kann durch Mitteilung des Vollmachtgebers zu den Vollstreckungsakten **widerrufen** werden. Widerruf durch Anzeige zu den Grundakten erlangt nur Bedeutung, wenn er zur Kenntnis des Vollstreckungsgerichts gelangt (anders[6]: genügt nicht); nachträgliche Mitteilung durch das Grundbuchamt an das Vollstreckungsgericht sieht § 19 nicht vor. Der Tod des Vollmachtgebers ist dagegen ohne Einfluß auf die Vollmacht.

[Bestellung eines Zustellungsvertreters]

6 (1) **Ist der Aufenthalt desjenigen, welchem zugestellt werden soll, und der Aufenthalt seines Zustellungsbevollmächtigten dem Vollstreckungsgericht nicht bekannt oder sind die Voraussetzungen für eine öffentliche Zustellung aus sonstigen Gründen (§ 203 der Zivilprozeßordnung) gegeben, so hat das Gericht für denjenigen, welchem zugestellt werden soll, einen Zustellungsvertreter zu bestellen.**

(2) **Das gleiche gilt, wenn im Falle der Zustellung durch Aufgabe zur Post die Postsendung als unbestellbar zurückkommt. Die zurückgekommene Sendung soll dem Zustellungsvertreter ausgehändigt werden.**

(3) **Statt der Bestellung eines Vertreters genügt es, wenn die Zustellung für nicht prozeßfähige Personen an die Vormundschaftsbehörde, für juristische Personen oder für Vereine, die als solche klagen und verklagt werden können, an die Aufsichtsbehörde angeordnet wird.**

1 Allgemeines zu § 6

1.1 Zweck der Vorschrift: Erleichterung der ungehinderten und sicheren Durchführung des Verfahrens[1].

1.2 Anwendungsbereich: Wie § 4 Rdn 1.2.

---

[4] Jaeckel/Güthe §§ 4, 5 Rdn 5.
[5] KG Berlin OLG 4, 375; Jaeckler/Güthe §§ 4, 5 Rdn 4 und 5; Drischler aaO (Fußn 2).
[6] Jaeckel/Güthe §§ 4, 5 Rdn 3; Steiner/Hagemann § 5 Rdn 6.
[1] Motive zum ZVG, S 106.

Bestellung eines Zustellungsvertreters 2.4 **§ 6**

Anlaß der Bestellung eines Zustellungsvertreters (Absätze 1 und 2) 2

2.1 Ein Zustellungsvertreter **muß** nach **Abs 1** bestellt werden, wenn der Aufenthalt desjenigen, welchem zugestellt werden soll (Zustellungsadressat), und der Aufenthalt seines (etwaigen) Zustellungsbevollmächtigten dem Vollstreckungsgericht unbekannt ist. Genügend ist Nichtkenntnis des Gerichts; objektives Unbekanntsein ist nicht verlangt[1]. Die Bestellung hat bei Vorliegen dieser Voraussetzungen zu erfolgen; sie liegt nicht im Ermessen des Gerichts. Umstritten ist allerdings, ob und wie das Gericht seine Nichtkenntnis beheben soll.

2.2 Nachforschungen des Gerichts sind auf jeden Fall zulässig[2], es dürfen allerdings keine Verzögerungen entstehen. Nach[2] soll das Gericht nicht dazu verpflichtet sein. Es soll andererseits nicht unnötige Kosten entstehen lassen und muß nach[3] die Grundbuchmitteilungen einsehen, aber nicht die Grundakten. [4]meint, Nachforschungen seien eine nobile officium des Gerichts, zuerst müsse eine Klärung versucht werden, mindestens, wenn zwar der Wohnort, nicht aber die Straße bekannt sei. Sehr weitgehend meint[5]: das Gericht brauche sich nur an den Inhalt der Versteigerungsakten halten, einschließlich der darin enthaltenen Grundbuchblattabschrift, es müsse sich nicht einmal durch Anruf oder Anfrage beim Grundbuchamt desselben Gerichts vergewissern, es sei schon berechtigt, einen Zustellungsvertreter zu bestellen, wenn das Grundbuchamt in seiner Mitteilung nach § 19 die Adressen nicht mitgeteilt habe.

2.3 Diese Einschränkungsversuche sind abzulehnen (siehe bereits[6]). Das Gericht muß doch mindestens, wenn die Grundakten zu den Versteigerungsakten gelangt sind (das ist die Regel nach § 19 Abs 2), aus ihnen Namen und Adressen **zu ermitteln suchen.** Vor allem ist auch die Mitteilung des Grundbuchamts nach § 19 ohne diese Adressen unvollständig und muß zur Vervollständigung zurückgegeben werden. Wenn das Grundbuchamt bei den meist zahlreichen Grunddienstbarkeiten (bei denen dies häufig geschieht) Namen und Adressen der Beteiligten nicht mitteilt, muß das Gericht ermitteln, wie erwähnt, und darf nicht einfach die nötigen Feststellungen durch Bestellung eines Zustellungsvertreters umgehen[6]. Die einmal erfolgte Feststellung der Adressen genügt allerdings, bis sich bei Eigentumswechsel der begünstigten Grundstücke der neue Eigentümer meldet[7], es muß dies nicht ständig überprüft werden[7]. Oft allerdings sind die Berechtigten bestehenbleibender Dienstbarkeiten (die nach §§ 9, 41 zu laden sind) gestorben oder verzogen, ihre Ermittlung durch Zustellungsvertreter ist kostspielig, sie haben in der Regel kein Interesse am Verfahren über das Nachbargrundstück. Hier kann (mit großer Vorsicht) wegen § 84 Abs 1 von einem Zustellungsvertreter abgesehen werden (dagegen aber[8]).

2.4 Dem Fall des unbekannten Aufenthalts (§ 6 Rdn 2.1) steht es gleich, wenn bei bekanntem Zustellungsbevollmächtigten Zweifel gegen die Wirksamkeit der Bestellung bestehen, die nicht einwandfrei zu klären sind[9], oder wenn der Adressat der Zustellung **gestorben** ist und seine Erben dem Vollstreckungsgericht unbekannt sind. Im letztgenannten Fall hat das Gericht nicht von sich aus die Erben zu ermitteln, sondern für die unbekannten Erben (nicht für den Verstorbenen, der nicht mehr Beteiligter sein kann) einen Zustellungsvertreter zu bestellen. Stirbt ein Beteiligter, für den schon ein Zustellungsvertreter bestellt ist, ohne daß das Vollstreckungsgericht vom Tod weiß, so wirkt die Bestellung auch für die Erben.

---

[2] LG Aachen Rpfleger 1965, 144 mit abl Anm Stöber; Drischler JVBl 1962, 83 (4 a).
[3] Jaeckel/Güthe §§ 6, 7 Rdn 1; LG Aachen und Drischler je aaO (Fußn 2).
[4] Mohrbutter/Drischler Muster 16 Anm 2.
[5] LG Aachen aaO (Fußn 2).
[6] Stöber Rpfleger 1965, 145 (Anmerkung).
[7] Stöber aaO; Schiffhauer Rpfleger 1975, 187 (I 7).
[8] Steiner/Hagemann § 6 Rdn 14.
[9] LG Berlin JW 1935, 3062.

§ 6 2.5 Allgemeine Vorschriften

2.5 Ein Zustellungsvertreter **muß** nach **Abs 1** außerdem bestellt werden, wenn die **Voraussetzungen der öffentlichen Zustellung** aus sonstigen Gründen gegeben sind (ZPO § 203 Abs 2: unausführbare oder keinen Erfolg versprechende Auslandszustellung; § 203 Abs 3: Zustellung an Exterritoriale). Denn grundsätzlich ist öffentliche Zustellung in den ZVG-Verfahren verboten und durch die Bestellung eines Zustellungsvertreters ersetzt. Dies gilt nicht für die Zustellung von Anordnungs- und Beitrittsbeschlüssen an den Schuldner (Antragsgegner), für die § 8 die Anwendung von § 6 verbietet und damit wieder ZPO § 203 zuläßt.

2.6 Ein Zustellungsvertreter muß ebenso bestellt werden (§ 6 **Abs 2**), wenn bei Zustellung durch Aufgabe zur Post (§ 4) die **Postsendung** als **unbestellbar** zurückkommt. Das gilt auch, wenn der Adressat gestorben ist und seine Erben dem Gericht unbekannt sind; auch hier ist der Vertreter für die unbekannten Erben zu bestellen. Bei Aufgabe zur Post gilt zwar die Sendung, obwohl sie zurückkommt, als ordnungsgemäß zugestellt (ZPO § 175 Abs 1; § 4 Rdn 2.5); es werden damit auch Fristen in Lauf gesetzt; aber der Zustellungsvertreter muß bestellt werden, um den Berechtigten wenigstens nachträglich zu ermitteln[10] und um weitere Zustellungen in Empfang zu nehmen (die ja nicht mehr durch Aufgabe zur Post zugestellt werden dürfen). Die zurückgekommene Sendung soll dem Zustellungsvertreter ausgehändigt werden (§ 6 Abs 2 Satz 2); wesentlich ist dies nicht.

3 Bestellung und Auswahl des Zustellungsvertreters

3.1 Muster für den Beschluß: „Für den zur Zeit aufenthaltsunbekannten Beteiligten . . . wird als Zustellungsvertreter . . . bestellt (ZVG § 6)".

3.2 Der Beschluß über die Bestellung ist dem Zustellungsvertreter formlos **mitzuteilen** (ZPO § 329 Abs 2 Satz 1). Eine Gerichtsgebühr fällt nicht an.

3.3 Das Gericht ist frei in der Auswahl, es hat aber mit Sorgfalt auszuwählen[11]. Die **Auswahl** eines nicht geeigneten Vertreters kann Schadensersatzpflicht begründen[11]. Der vom Gericht Ausgewählte ist nicht zur Übernahme verpflichtet. Will er die Übernahme der Tätigkeit ablehnen, muß er dies unverzüglich dem Gericht mitteilen. Verspätete Ablehnung kann Schadensersatzpflicht begründen.

3.4 Das Gericht ist nicht verpflichtet, den als Zustellungsvertreter Bestellten zu **belehren,** anzuweisen und im einzelnen zu **überwachen**[12] (anders[13]: Belehrungspflicht). Es muß ihm keine Bestallung aushändigen, kann dies aber tun[14]. Es muß ihn nicht besonders verpflichten[14]. Das Gericht kann kein Zwangsgeld gegen ihn verhängen[14], kann keine periodischen Berichte von ihm anfordern[15], wohl aber muß es überwachen, ob er überhaupt tätig wird[15]; daher kann es, wenn er seine Pflichten nicht oder nicht mehr ordnungsgemäß erfüllen kann (Krankheit) oder will, ihn entlassen[16] und durch einen anderen ersetzen. Stirbt er oder wird sein Aufenthalt unbekannt, so ist dem Vertretenen ein neuer Vertreter zu bestellen[17]. Nicht nötig (aber zweckmäßig) ist, daß er im Bezirk des Vollstreckungsgerichts wohnt; an ihn kann ja seinerseits wieder nach § 4 (durch Aufgabe zur Post) zugestellt werden[18] (nicht zu empfehlen).

---

[10] Jaeckel/Güthe §§ 6, 7 Rdn 2; Drischler JVBl 1962, 83 (4 c).
[11] RG 157, 89 (92).
[12] Jonas/Pohle, ZwVNotrecht, § 6 Anm 2 c.
[13] RG 157, 89 (92); Steiner/Hagemann § 6 Rdn 19, § 7 Rdn 2.
[14] RG 157, 89 (92).
[15] Dassler/Muth § 7 Rdn 2.
[16] RG 157, 89 (92); Dassler/Muth aaO (Fußn 15).
[17] Drischler JVBl 1962, 83 (4).
[18] RG 157, 89 (92).

Aufgaben und Vergütung des Zustellungsvertreters § 7

Vormundschaftsbehörde und Aufsichtsbehörde (Absatz 3) 4

4.1 Für eine **nicht prozeßfähige Person** (ZPO §§ 52, 55) und für einige **Körperschaften** muß trotz unbekannten Aufenthalts der Zustellungsadressaten (bzw trotz Vorliegen der Voraussetzungen einer öffentlichen Zustellung oder trotz einer als unzustellbar zurückgekommenen Postsendung) dann kein Zustellungsvertreter bestellt werden, wenn Zustellung an die **Vormundschaftsbehörde** angeordnet wird oder an die **Aufsichtsbehörde** erfolgen kann (Abs 3). Diese Zustellung „genügt" statt der Bestellung eines Vertreters; sie ist also wahlweise möglich; es kann daher auch in diesen Fällen ein Zustellungsvertreter bestellt werden. Anwendbar ist diese Vorschrift auch, wenn bei dem gesetzlichen Vertreter der nicht prozeßfähigen Person oder Körperschaft, an den zuzustellen wäre, eine Interessenkollision vorliegt (BGB §§ 181, 1795)[19] (anders[20]). Vormundschaftsbehörde ist das Vormundschaftsgericht oder eine landesrechtlich bestimmte Stelle. Die Zustellung an die Aufsichtsbehörde ist nur möglich, wenn eine vorhanden ist (Denkschrift S 36); das Registergericht ist keine solche[21]. Die Aufsichtsbehörde hat den Zustellungsempfänger zu ermitteln (oder Bestellung des fehlenden Vertreters bzw Organs zu veranlassen) und zu benachrichtigen und zugestellte Schriftstücke ihm auszuhändigen.

4.2 Als **Körperschaften** kommen für § 6 Abs 3 in Frage: rechtsfähiger Verein (nicht der nichtrechtsfähige); Fiskus, Körperschaften, Stiftungen, Anstalten des öffentlichen Rechts (BGB § 89); alle Handelsgesellschaften mit Rechtspersönlichkeit; Genossenschaften; Versicherungsvereine auf Gegenseitigkeit. Bei den genannten Handelsgesellschaften kann es sich auch um eine im Handelsregister schon gelöschte, im Grundbuch noch eingetragene handeln. Ob dabei der Zustellungsvertreter oder die Aufsichtsbehörde die nochmalige bzw nachträgliche Bestellung von Abwicklern beantragen will (AktG § 273 Abs 4; Löschungsgesetz, Schönfelder Nr 53 bei § 80, § 2 Abs 3), unterliegt deren pflichtgemäßen Ermessen; nötig ist es wohl, wenn Obliegenheiten anfallen, für die sie nicht ermächtigt sind, oder wenn eine Erlöszuteilung zu erwarten ist. Aufsichtsbehörde ist dabei nicht der satzungsgemäße Vorstand oder Aufsichtsrat[21], sondern eine nach Bundes- oder Landesrecht zuständige staatliche Stelle[21], zB bei Stiftungen und Anstalten des öffentlichen Rechts, auch bei Vereinen eine landesrechtlich bestimmte Behörde. Bevor das Vollstreckungsgericht sich mit umfangreichen Ermittlungen befaßt, sollte es lieber sofort einen Zustellungsvertreter bestellen.

[Aufgaben und Vergütung des Zustellungsvertreters]

7 (1) **An den Zustellungsvertreter erfolgen die Zustellungen, solange derjenige, welchem zugestellt werden soll, nicht ermittelt ist.**

(2) **Der Zustellungsvertreter ist zur Ermittlung und Benachrichtigung des Vertretenen verpflichtet. Er kann vor diesem eine Vergütung für seine Tätigkeit und Ersatz seiner Auslagen fordern. Über die Vergütung und die Erstattung der Auslagen entscheidet das Vollstreckungsgericht.**

(3) **Für die Erstattung der Auslagen haftet der Gläubiger, soweit der Zustellungsvertreter von dem Vertretenen Ersatz nicht zu erlangen vermag; die dem Gläubiger zur Last fallenden Auslagen gehören zu den Kosten der die Befriedigung aus dem Grundstücke bezweckenden Rechtsverfolgung.**

---

[19] Jaeckel/Güthe §§ 6–7 Rdn 8 und 14; Steiner/Hagemann § 6 Rdn 25.
[20] Drischler JVBl 1962, 83 (4).
[21] Motive zum ZVG S 109.

§ 7 1 Allgemeine Vorschriften

1 Allgemeines zu § 7

Zweck und **Anwendungsbereich:** Die Vorschrift regelt mit Aufgaben und Vergütung sowie Auslagenersatz des Zustellungsvertreters die Wirkungen seiner nach § 6 erforderlichen Bestellung. Die Vorschrift ist in allen ZVG-Verfahren anwendbar; Einschränkung: § 8.

2 Aufgaben des Zustellungsvertreters (Absätze 1 und 2)

2.1 Er **muß** im Rahmen des Verfahrens, für das er bestellt ist, für den von ihm Vertretenen Zustellungen jeder Art in **Empfang nehmen** (§ 7 Abs 1), jedoch nicht Anordnungs- und Beitrittsbeschlüsse (§ 8), auch nicht die zu den Anordnungs- und Beitrittsbeschlüssen gehörenden Ergänzungs- und Berichtigungsbeschlüsse und nicht die dem Verfahrensbeginn vorausgehenden Zustellungen (Vollstreckungstitel, Sicherheitsleistung usw). Mit der wirksamen Zustellung an den Vertreter treten alle Wirkungen der Zustellung voll ein. Weil Zustellungen für den nicht ermittelten Beteiligten an den Zustellungsvertreter erfolgen, findet öffentliche Zustellung (ZPO § 203) nicht statt.

2.2 Der Zustellungsvertreter **erhält auch** die Einstellungsbelehrung nach § 30 b Abs 1, falls diese nicht dem Anordnungs- oder Beitrittsbeschluß an- oder beigefügt ist, sowie etwaige Fortsetzungsbeschlüsse (die keinen Anordnungs- oder Beitrittsbeschluß darstellen), Terminsladungen, Zuschlagsbeschluß usw (da er ja grundsätzlich alle Zustellungen erhält). Er ist aber weder berechtigt noch verpflichtet Anträge zu stellen, Rechtsmittel einzulegen, Termine wahrzunehmen, Anmeldungen abzugeben, auf zugeleitete Schriftsätze sich zu äußern, Verzichte zu erklären usw und ist auch nicht anzuhören[1]. Im Bedarfsfall hat hier das Vollstreckungsgericht beim Vormundschafts- bzw Nachlaßgericht die Bestellung eines Abwesenheitspflegers (BGB § 1911), eines Pflegers für unbekannte Beteiligte (BGB § 1913), eines Nachlaßpflegers (BGB § 1960) anzuregen. Hierzu auch im ZVG-Handbuch Rdn 65.

2.3 Der Zustellungsvertreter **muß** weiter den Vertretenen **ermitteln** und benachrichtigen (§ 7 Abs 2) und muß ihm die erhaltenen Schriftstücke aushändigen. Nach Ermittlung des Vertretenen wird an diesen nicht nochmals zugestellt. Wietere (neue) Zustellungen erfolgen aber nur noch an den Ermittelten. Stirbt der Vertretene während der Ermittlungen oder ist er schon vorher gestorben, dann muß der Zustellungsvertreter die Erben ermitteln und benachrichtigen und ihnen die Schriftstücke aushändigen. Die an den Vertreter erfolgten Zustellungen wirken, wenn sich herausstellt, daß der Vertretene schon gestorben war, gegen die Erben. Das Ergebnis seiner Ermittlungen muß der Zustellungsvertreter dem Gericht mitteilen. Unternimmt er nichts, so sind alle Zustellungen an ihn (soweit sie erfolgen dürfen) wirksam, aber er ist unter Umständen schadensersatzpflichtig.

2.4 Die durch Aufgabe zur Post zugestellten (§ 4), dann aber als unbestellbar zurückgekommenen Sendungen (§ 6 Abs 2) werden dem Zustellungsvertreter **ausgehändigt** (§ 6 Abs 2 Satz 2, nur Ordnungsvorschrift, Nichtbeachtung ohne Bedeutung), aber nicht neu zugestellt, weil die Zustellung schon als bewirkt gilt.

2.5 Die Bestellung zum Zustellungsvertreter **umfaßt nicht** auch die Tätigkeit nach § 135 (Ermittlung eines unbekannten Berechtigten nach dem Verteilungstermin durch einen besonderen Ermittlungsvertreter) oder nach ZPO §§ 779, 787 (besonderer Vertreter bei Vollstreckungshandlungen oder bei Vollstreckung in herrenlose Objekte). Wenn die Bestellung für Zwangsversteigerung und Zwangsverwaltung gelten soll, muß ein Zustellungsvertreter in jedem dieser (getrennten) Verfahren bestellt werden. Wird aber die Zwangsversteigerung wegen Nichtab-

---

[1] Drischler JVBl 1962, 83 (4); Jaeckel/Güthe § 7 Rdn 6–7; Steiner/Hagemann § 7 Rdn 7.

Aufgaben und Vergütung des Zustellungsvertreters 3.4 § 7

gabe von Geboten im Termin nach § 77 Abs 2 als Zwangsverwaltung fortgesetzt, so bleibt die Vertretung, weil es sich um dasselbe Verfahren handelt.

2.6 Das Amt des Zustellungsvertreters **endet** mit der Mitteilung an das Gericht über das Ergebnis der Ermittlungen. Es dauert jedoch fort, wenn der Ermittelte nicht der richtige Beteiligte ist. Es endet auch, wenn das Gericht anderweitig (gleich auf welche Weise) die Anschrift erfährt, ohne daß es hierfür auf die (gebotene) Benachrichtigung des Zustellungsvertreters ankommt. Zustellungen, die nach Kenntnis des Vollstreckungsgerichts von der Ermittlung des Vertretenen (oder seines Bevollmächtigten), gleich auf welche Weise sie erlangt ist, an den Zustellungsvertreter erfolgen, sind unwirksam. Solange Zweifel bestehen, soll an den Vertreter und den Ermittelten zugestellt werden. Wenn nach Ermittlung der Aufenthaltsort desjenigen, dem zugestellt werden soll, von neuem unbekannt wird oder sonst die Voraussetzungen für eine öffentliche Zustellung später wieder eintreten, ist ein Zustellungsvertreter neu zu bestellen.

Vergütung und Auslagen des Zustellungsvertreters (Absätze 2 und 3) 3

3.1 Eine **Vergütung** für seine Tätigkeit erhält der Zustellungsvertreter vom Vertretenen, wenn er ihn ermittelt hat. Über die Vergütung entscheidet das Vollstreckungsgericht (§ 7 Abs 2). Das gilt auch, wenn der Vertreter zu Unrecht bestellt war[2].

3.2 Ersatz seiner (aller, nicht nur der baren) **Auslagen** kann der Zustellungsvertreter gleichfalls von dem ermittelten Vertretenen fordern. Darüber entscheidet ebenfalls das Vollstreckungsgericht (§ 7 Abs 2). Für den Auslagenersatz (nicht für die Vergütung) haftet subsidiär (soweit der Vertreter von dem Vertretenen Ersatz nicht erlangen kann, § 7 Abs 3) der betreibende Gläubiger[3] (Entscheidung hierüber nur im Prozeßweg, nicht durch das Vollstreckungsgericht), mehrere betreibende als Gesamtschuldner[4].

3.3 Wenn als Zustellungsvertreter ein **Rechtsanwalt** bestellt war, ist die BRAGO nicht anwendbar. Vielmehr entscheidet über die Höhe der Vergütung das Gericht nach billigem Ermessen. Zu berücksichtigen sind die Dauer, Schwierigkeit und Haftungsgefahr der Tätigkeit, die Forderung und das Interesse des Vertretenen und die Arbeitsleistung des Vertreters. Über die Auslagen, zuzüglich der Mehrwertsteuer, die auf sie entfällt, wird im Rahmen von ZPO § 91 (Notwendigkeit) entschieden. Die auf die Vergütung entfallende Mehrwertsteuer ist zwar in die Vergütung einzurechnen, also die vorgesehene Vergütung um den Betrag der Mehrwertsteuer zu erhöhen; so für die ähnliche Vergütung von Vormund und Pfleger[5], auch[6] (anders aber[7], daß sie gesondert bei den Auslagen zu ersetzen sei) (hierzu auch ZVG-Handbuch Rdn 66); ähnlich für die gleichgelagerte Konkursverwaltungsvergütung nach der Vergütungsordnung (vom 25. 5. 1960, abgedruckt in Kilger/K. Schmidt, KO, 16. Aufl 1993, Anhang 6) § 4 Abs 5, wo die Steuer in der Vergütung enthalten ist; trotzdem kann bei der Festsetzung der Vergütung die Mehrwertsteuer zur Ermöglichung eines Vorsteuerabzugs durch besondere Erwähnung des Steuersatzes „ausgeworfen" werden.

3.4 Festsetzungsbeschluß des Vollstreckungsgerichts gegen den Vertretenen ergeht, nach Gebühren und Auslagen getrennt, nur auf Antrag des Vertreters. Dabei sind genaue Angaben im Beschluß nötig, weil er ein Vollstreckungstitel gegen

---

[2] LG Lüneburg Rpfleger 1962, 57 mit Anm Drischler; Dassler/Muth § 7 Rdn 7.
[3] Drischler JVBl 1962, 83.
[4] Jaeckel/Güthe §§ 6–7 Rdn 7; Steiner/Hagemann § 7 Rdn 15; Dischler aaO (Fußn 3).
[5] KG Berlin NJW 1973, 762 = Rpfleger 1973, 24; OLG Hamm MDR 1972, 1035 = NJW 1972, 2038 = Rpfleger 1972, 370.
[6] LG München I Rpfleger 1972, 371 in Anm der Schriftleit zu OLG Hamm.
[7] OLG Hamburg MDR 1972, 782 = NJW 1972, 1427.

§ 7 3.4 Allgemeine Vorschriften

den Vertretenen ist, und zwar nach ZPO § 794 Nr 3; erhält (auf Antrag) eine Vollstreckungsklausel. Der Festsetzungsbeschluß wird dem Vertreter formlos mitgeteilt (bei teilweiser Ablehnung aber zugestellt), dem Vertretenen zugestellt (wo nötig öffentlich).

3.5 Muster für Vergütungsbeschluß (oder im ZVG-Handbuch Rdn 66): „Der statt des verstorbenen Beteiligten ... vom Zustellungsvertreter ermittelte Beteiligte ... (der bisher aufenthaltsunbekannte vom Zustellungsvertreter ermittelte Beteiligte ...) hat an den durch Beschluß des Vollstreckungsgerichts ... vom ... bestellten Zustellungsvertreter ... für dessen Tätigkeit eine Vergütung von DM ... (hierin ...% = ... DM Mehrwertsteuer eingeschlossen) und einen Auslagenersatz von ... DM, zuzüglich ...% Mehrwertsteuer zu zahlen. Gründe: ... war (ist) als ... am Zwangsversteigerungsverfahren beteiligt, ist aber verstorben (war aber aufenthaltsunbekannt). Ihm mußte daher ein Zustellungsvertreter bestellt werden (ZVG § 6). Dieser hat die Erben (ihn) ermittelt. Er hat für seine Tätigkeit vom Ermittelten eine vom Gericht festzusetzende Vergütung (die auch die hierauf entfallende Mehrwertsteuer einschließt) und Ersatz seiner notwendigen Auslagen zu fordern (ZVG § 7), wobei auf die Auslagen entfallende Mehrwersteuer gesondert zu erstatten ist. Für die Höhe der Vergütung war zu berücksichtigen ... (zeitraubend, Haftungsgefahr, fehlende Unterlagen ...). Die notwendigen Auslagen (ZPO § 91) sind glaubhaft gemacht."

3.6 Gegen den Festsetzungsbeschluß des Rechtspflegers gibt es **Rechtspflegererinnerung** zum Richter (befristete, RpflG § 11 Abs 1 Satz 2); der Richter darf sie nur dann als Durchgriffserinnerung vorlegen (und entsprechend gibt es gegen eine von ihm erlassene Entscheidung auch nur dann sofortige Beschwerde), wenn der Beschwerdewert 100 DM übersteigt, wie in ZPO § 567 Abs 2 für Prozeßkosten bestimmt; keine weitere Beschwerde gemäß ZPO § 568 Abs 3. Die Beschwerde ist hier nicht durch § 95 ausgeschlossen, weil keine Entscheidung gegen den Schuldner vorliegt[8]. Wenn der Vertreter Beschwerde einlegt, ist das Beschwerdegericht durch das Verbot der reformatio in peius (ZPO § 536 entsprechend) gehindert, die Vergütung herabzusetzen.

3.7 Vergütung und Auslagen sind **keine Verfahrenskosten** nach § 109 und daher nicht ins geringste Gebot und den Verteilungsplan aufzunehmen, auch nicht auf Anmeldung des Zustellungsvertreters. Nur Auslagen, die der betreibende Gläubiger als Zweitschuldner dieser Auslagen (§ 7 Rdn 3.2) freiwillig oder nach Verurteilung durch das Prozeßgericht ersetzt hat, sind auf seine Anmeldung hin und an seiner Rangstelle als Kosten der Rechtsverfolgung (§ 7 Abs 3) aufzunehmen.

[Zustellung des Anordnungs- und Beitrittsbeschlusses]

8 Die Vorschriften der §§ 4 bis 7 finden auf die an den Schuldner zu bewirkende Zustellung des Beschlusses, durch welchen die Zwangsvollstreckung angeordnet oder der Beitritt eines Gläubigers zugelassen wird, keine Anwendung.

1 Allgemeines zu § 8

1.1 Zweck der Vorschrift: Wahrung der Schuldnerbelange mit Anordnung, daß Anwendung der Bestimmungen über die vereinfachte Zustellung in ZVG-Verfahren (§§ 4–7) auf die für den Schuldner wichtige Einleitung des Verfahrens und Beitrittszulassung ausgeschlossen ist[1].

---

[8] Drischler Rpfleger 1962, 57 (Anmerkung) und JVBl 1962, 83.
[1] Motive zum ZVG S 110; Denkschrift S 36.

Beteiligte § 9

1.2 Anwendungsbereich: Die Vorschrift gilt in allen ZVG-Verfahren, auch in der Zwangsverwaltung, aber auch in Verfahren nach §§ 172, 175, 180, also insbesondere in der Teilungsversteigerung für die Zustellung an den Antragsgegner. Sie gilt nur für die Zustellung an den Schuldner (Antragsgegner), nicht aber für die Zustellung eines Anordnungs- oder Beitrittsbeschlusses an den Gläubiger (Antragsteller). Zustellung an den Schuldner ist auch die Zustellung, die an seinen Prozeßbevollmächtigten zu erfolgen hat (ZPO §§ 176, 178). Untersagt ist nur die Zustellung des Anordnungs- und der Beitrittsbeschlüsse an den Schuldner; alle sonstigen Zustellungen können auch an den Schuldner (seinen Prozeßbevollmächtigten) in der erleichterten Form der §§ 4–7 erfolgen.

Zustellung von Anordnungs-/Beitrittsbeschluß 2

2.1 Der Anordnungsbeschluß und jeder Beitrittsbeschluß kann an den Schuldner (seinen Prozeßbevollmächtigten) lediglich **nach den Vorschriften der ZPO** über die Zustellung von Amts wegen zugestellt werden. Deren Zustellung außerhalb des Gerichtsbezirks durch Aufgabe zur Post (§ 4) oder an einen beim Grundbuchamt bestellten Zustellungsbevollmächtigten (§ 5) oder an einen vom Vollstreckungsgericht aufgestellten Zustellungsvertreter (§ 6) ist ausgeschlossen. Eine Zustellung, die dennoch nach §§ 4–7 erfolgt, wäre wirkungslos; sie würde Aufhebung des Versteigerungstermins (§ 43 Abs 2) und Versagung des Zuschlags (§ 83 Nr 1) gebieten.

2.2 Wird der Anordnungsbeschluß einer Teilungsversteigerung einem im Ausland wohnenden Miteigentümer (der Antragsgegner ist) nicht vorschriftsmäßig zugestellt (also auf dem diplomatischen Wege über ein Ersuchen der Auslandsbehörden), sondern durch **Einschreibebrief mit Rückschein,** so ist dies ein unheilbarer Mangel[2]. Das gilt ähnlich in der Vollstreckungsversteigerung bei Zustellungen an den Schuldner und auch für andere Arten des Versuchs.

2.3 Anordnungs- und Beitrittsbeschluß können bei unbekanntem Aufenthalt des Schuldners an ihn nur nach ZPO §§ 203–206 **öffentlich zugestellt** werden[3]. Dies geschieht nach Bewilligung durch das Vollstreckungsgericht (Rechtspfleger[4], RpflG § 3 Nr 1 i) durch Anheftung an die Gerichtstafel (ZPO § 204 Abs 2), nach Bestimmung des Gerichts zusätzlich auch durch Einrücken in Verkündungsblätter (ZPO § 204 Abs 3 Satz 2): Veröffentlichung im Bundesanzeiger erfolgt nicht, weil ja diese Beschlüsse keine Terminsladung enthalten (ZPO § 204 Abs 3 Satz 1). Entgegen ZPO § 204 Abs 1 ist kein Antrag des betreibenden Gläubigers auf Bewilligung der öffentlichen Zustellung nötig, weil die Zustellung von Amts wegen erfolgen muß.

[Beteiligte]

9 In dem Verfahren gelten als Beteiligte, außer dem Gläubiger und dem Schuldner:
1. diejenigen, für welche zur Zeit der Eintragung des Vollstreckungsvermerkes ein Recht im Grundbuch eingetragen oder durch Eintragung gesichert ist;
2. diejenigen, welche ein der Zwangsvollstreckung entgegenstehendes Recht, ein Recht an dem Grundstück oder an einem das Grundstück belastenden Rechte, einen Anspruch mit dem Rechte auf Befriedigung aus dem Grundstück oder ein Miet- oder Pachtrecht, auf Grund des-

---

[2] LG Koblenz Rpfleger 1972, 183.
[3] Drischler Rpfleger 1953, 497; Pöschl NJW 1954, 136.
[4] OLG München MDR 1988, 679 = Rpfleger 1988, 370.

§ 9 1 — Allgemeine Vorschriften

sen ihnen das Grundstück überlassen ist, bei dem Vollstreckungsgericht anmelden und auf Verlangen des Gerichts oder eines Beteiligten glaubhaft machen.

Literatur: Sievers, Sind die Miteigentümer Beteiligte im ZVG-Verfahren?, Rpfleger 1990, 335.

1 Allgemeines zu § 9

1.1 Zweck der Vorschrift: Bestimmung und Begrenzung des Kreises der Beteiligten[1]. Beteiligte sind nach näherer Maßgabe der einzelnen ZVG-Vorschriften (zB § 41 Abs 1, § 43 Abs 2, § 66 Abs 1, §§ 88, 105 Abs 2, §§ 106, 113 Abs 1, § 146 Abs 2) zum Verfahren zuzuziehen, damit sie am Verfahren teilnehmen und ihre Rechte wahren können. Welche (natürliche und juristische) Personen gemeint sind, wenn Einzelbestimmungen des ZVG Beteiligte nennen, regelt die allgemeine Norm des § 9 vorweg.

1.2 Anwendungsbereich: Die Vorschrift gilt in allen ZVG-Verfahren, auch für die Zwangsverwaltung, auch in der Konkursverwalter- (§ 172), Nachlaß- (§ 175) und Teilungsversteigerung (§ 180). Mitunter gilt als Beteiligter auch, wer ein angemeldetes Recht noch nicht glaubhaft gemacht hat (§ 41 Abs 3, §§ 88, 105 Abs 2). Ausnahme für Beschwerdeverfahren nach § 99.

1.3 Ergänzt wird § 9 durch Einzelvorschriften, die den Kreis der Beteiligten für Sonderfälle erweitern, zB § 163 Abs 3, § 166 Abs 2; ErbbauVO § 24.

1.4 Als **andere Bezeichnungen** für Personen, die in einem ZVG-Verfahren in Erscheinung treten, kennt das ZVG noch: Antragsteller (§ 181 Abs 2), Berechtigte (zB § 74 b), Beschwerdeführer (§ 99 Abs 1), Bieter (zB §§ 67, 71, 72), Eigenbesitzer (§ 147), Ersteher (zB §§ 82, 90), Meistbietender (zB § 81 Abs 1), neu eingetretener Eigentümer (zB § 67 Abs 2), unbekannter Berechtigter (zB §§ 126, 135), Widersprechender (§ 115), mithaftender Bürge (zB § 105 Abs 2, 4).

2 Beteiligte: Grundfälle der Zwangsversteigerung

2.1 § 9 Einleitung: Beteiligter ist der **Gläubiger** = betreibende Gläubiger (§ 9 Rdn 3.10), und zwar ohne Anmeldung. In den Verfahren nach §§ 172, 175, 180 wird der Antragsteller wie ein Gläubiger behandelt.

2.2 § 9 Einleitung: Beteiligter ist der **Schuldner** = Vollstreckungsschuldner (§ 9 Rdn 3.28), und zwar ohne Anmeldung. In den Verfahren nach §§ 172, 175, 180 wird der Antragsgegner wie ein Schuldner behandelt.

2.3 § 9 Nr 1: Beteiligte sind alle, für die zur Zeit der Eintragung des Vollstreckungsvermerks (§ 37 Rdn 5.4) ein **Recht** im Grundbuch **eingetragen** ist = **dinglich Berechtigte** oder Realberechtigte oder Realbeteiligte, und zwar ohne Anmeldung. Maßgeblich ist die Grundbucheintragung, nicht eine dem Vollstreckungsgericht nach § 19 Abs 2 erteilte (unrichtige) Grundbuchblattabschrift. Zu eingetragenen Beteiligten gehören Eigentümer, Miteigentümer (zu Bruchteilen oder zur gesamten Hand), Berechtigte aus Hypotheken, Grundschulden (auch ein Miteigentümer als gesamtberechtigter Grundschuldgläubiger[2]), Reallasten, Grunddienstbarkeiten, beschränkten persönlichen Dienstbarkeiten, Nießbrauch, Dauerwohnrecht, Erbbaurecht, sowie bei Vollstreckung in Wohnungseigentum oder Wohnungserbbaurecht die übrigen Wohnungseigentümer oder Wohnungserbbauberechtigten (§ 9 Rdn 3.35). Nicht darauf abgestellt ist, ob der Eingetragene tatsächlich Rechtsinhaber ist (siehe BGB § 891 Abs 1). Auch der unrichtig Eingetragene (BGB § 894) ist daher Beteiligter. Der eingetragene Gläubiger eines

---

[1] Motive zum ZVG zu § 8 (S 88); Denkschrift S 36.
[2] BGH DNotZ 1975, 487 = MDR 1975, 307 = NJW 1975, 445 = Rpfleger 1975, 84.

Beteiligte 2.8 § 9

Briefgrundpfandrechts ist Beteiligter, solange nicht der wirkliche Berechtigte in wirksamer Form sein Recht nach § 9 Nr 2 anmeldet und sich als Berechtigter ausweist (BGB § 1155), ebenso der eingetragene Gläubiger einer Hypothek, solange nicht der wirklich Berechtigte eine Eigentümergrundschuld oder sonst den gesetzlichen Übergang des Rechts anmeldet und nachweist (anders[3]: bei nicht valutierter Hypothek sei der Eingetragene nicht Beteiligter). Grundbucheintragung eines Gläubigerwechsels: § 9 Rdn 3.12.

2.4 § 9 Nr 1: Beteiligte sind alle, für die zur Zeit der Eintragung des Vollstreckungsvermerks (§ 37 Rdn 5.4) ein **Recht** im Grundbuch durch Eintragung **gesichert** ist = Grundbuchgesicherte oder Realberechtigte oder Realbeteiligte, also Berechtigte aus einer Vormerkung, einem Widerspruch, einem Verfügungsverbot oder Pfändungsvermerk, und zwar ohne Anmeldung.

2.5 § 9 Nr 2: Beteiligte sind alle, die ein der Zwangsvollstreckung entgegenstehendes **Recht anmelden** = Anmeldungsbeteiligte. Hierzu gehören nichteingetragene Grundstückseigentümer, Interventionsgläubiger als Eigentümer von unter Eigentumsvorbehalt gelieferten Zubehörstücken (§ 37 Nr 5, § 55 Abs 2; sie bleiben Beteiligte, auch wenn hinsichtlich ihres Anteils das Verfahren aufgehoben wird), Nacherben, das Anfechtungsrecht des Konkursverwalters nach dem AnfG, Veräußerungsverbote (BGB §§ 135, 136; ZPO § 772) usw.

2.6 § 9 Nr 2: Beteiligte sind alle, die ein **Recht** an dem Grundstück oder an einem das Grundstück belastenden Recht **anmelden** = dinglich Anmeldende, auch Anmeldungsbeteiligte. Hierzu gehören Berechtigte aus den nach der Eintragung des Vollstreckungsvermerks eingetragenen dinglichen Rechten oder ebensolchen oder nicht eingetragenen Rechten an einer Grundstücksbelastung (Pfandrecht oder Abtretung oder Rechtsübergang kraft Gesetzes, BGB §§ 412, 401), oder neue Eigentümer nach dem genannten Zeitpunkt, außerdem Berechtigte aus einem zwar vor der Eintragung des Vollstreckungsvermerks eingetragenen Recht, das zu Unrecht gelöscht ist und Gläubiger einer ohne Eintragung entstandenen Sicherungshypothek (BGB § 1287 Satz 2; ZPO § 848 Abs 2).

2.7 § 9 Nr 2: Beteiligte sind alle, die einen **Anspruch** mit dem Recht auf Befriedigung aus dem Grundstück **anmelden** = Befriedigungsberechtigte oder Realberechtigte, auch Anmeldungsbeteiligte. Hierzu gehören die eine Zwangsverwaltung betreibenden Gläubiger wegen ihrer Verfahrensvorschüsse (§ 10 Rangklasse 1), land- und forstwirtschaftliche Bedienstete wegen ihrer Lohn- und Unterhaltsansprüche (§ 10 Rangklasse 2), Berechtigte aus einer öffentlichen Last (§ 10 Rangklasse 3), aus einer Überbaurente (BGB §§ 912–916), aus einer Notwegrente (BGB §§ 917– 918), aus einer sogenannten altrechtlichen (nicht eintragungsbedürftigen) Grunddienstbarkeit (EGBGB Art 187), Früchtepfandrechtsgläubiger bei landwirtschaftlichen Grundstücken nach dem Düngemittelgesetz vom 15. 11. 1977 (BGBl I S 2134).

2.8 § 9 Nr 2: Beteiligter ist auch der Gläubiger, der einen schuldrechtlichen **Rückgewähranspruch** auf eine (Sicherungs-) Grundschuld (§ 114 Rdn 7.7) anmeldet (anders[4]) (wenn er nicht bereits in anderer Eigenschaft, insbesondere als nachrangiger dinglicher Berechtigter, Verfahrensbeteiligter ist). Ihm steht zwar weder ein Recht an dem Grundstück oder an einem das Grundstück belastenden Recht noch ein Anspruch mit dem Recht auf Befriedigung aus dem Grundstück zu. Der schuldrechtliche Anspruch (Grundlage BGB §§ 305, 241 oder § 812) ist aber dennoch einem Rechtsinhaber als Sicherungsgeber (Eigentümer, Zedent eines Grundpfandrechts) entstanden, bleibt somit Ausfluß dieser Berechtigung. Der Gläubiger ist daher nach der umwälzenden Entwicklung im gesamten Kreditsiche-

---

[3] Pikart WM 1968, 1190 (I 4).
[4] OLG Hamm OLGZ 1992, 376 = Rpfleger 1992, 308; OLG Köln KTS 1988, 572 = Rpfleger 1988, 324; Dassler/Muth § 9 Rdn 17.

rungswesen mit der umfassenden Verbreitung der Grundschulden als Kreditsicherungsmittel und damit auch der Rückgewähransprüche jedenfalls im Wege der Auslegung der Regelungslücke als Berechtigter anzusehen, dem Anmeldung Beteiligtenstellung gewährt. Dem entspricht der Standpunkt des BGH[5], daß ein Gläubiger nach Abtretung oder Pfändung (und Überweisung) des (schuldrechtlichen) Rückgewähranspruchs diesen im Verteilungstermin mit Widerspruch geltend machen kann; denn nur als Beteiligter (§ 115 Rdn 3.4) ist der Zessionar oder Pfändungsgläubiger zum Widerspruch berechtigt (ein am Verfahren nicht Beteiligter kann Widerspruch als Rechtsbehelf im Verteilungsverfahren nicht erheben). Daraus folgt zugleich, daß schuldrechtliche Ansprüche in sonstigen Fällen nicht zu den Rechten und Ansprüchen gehören, mit deren Anmeldung die Stellung eines Beteiligten erlangt werden könnte.

2.9 § 9 Nr 2: a) Beteiligte sind alle, die ein **Miet- oder Pachtrecht,** auf Grund dessen ihnen das Grundstück (auch Teile des Grundstücks, insbesondere Räume) überlassen ist, **anmelden** = Mieter und Pächter, auch Anmeldungsberechtigte. Beteiligte sind Mieter oder Pächter auf Anmeldung hin nur, wenn das Grundstück auf Grund des Miet- oder Pachtrechts (hierfür ist aber schriftlicher Mietvertrag nicht erforderlich) ihnen vom Berechtigten (Eigentümer, Nießbraucher, Hausverwalter, sonst Berechtigter) vor oder nach der Beschlagnahme überlassen ist (Vermieterpflicht nach BGB § 536), also nicht bei Besitzerwerb durch verbotene Eigenmacht. Sie sind Beteiligte auch, wenn das Grundstück vom Berechtigten auf Grund des Miet- oder Pachtrechts überlassen, aber noch gar nicht benutzungsfähig ist, weil zB das Wohn- oder Geschäftshaus erst im Bau ist. Mieter und Pächter können anmelden, solange das Verfahren läuft, nicht nur bis zur Aufforderung zur Abgabe von Geboten; die Eigenschaft als Beteiligter ist von diesem Zeitpunkt nicht abhängig, wohl aber die Erhaltung ihrer Rechte gegenüber dem Ersteher.

b) Der **Untermieter** (Unterpächter), dem das Grundstück (Teile des Grundstücks, insbesondere Räume) auf Grund seines Untermietrechts (Unterpachtrechts) überlassen ist, ist bei Anmeldung gleichfalls Beteiligter nach § 9 Nr 2 (anders[6]). Dem steht nicht entgegen, daß zwischen dem Vermieter (jeweils auch für Verpächter) und Untermieter (jeweils auch für Unterpächter) keine vertraglichen Beziehungen bestehen. Ebenso kommt es nicht darauf an, ob dem Untermieter das Grundstück mit Erlaubnis des Vermieters berechtigt überlassen ist (BGB § 549 Abs 1) oder ob die Überlassung an den Untermieter einen vertragswidrigen Gebrauch der gemieteten Sache darstellt (BGB § 550). Solange ein Anspruch des Vermieters auf Unterlassung eines vertragswidrigen Gebrauchs nicht durchgesetzt ist (BGB § 550), betrifft infolge der Überlassung des Grundstücks an den Untermieter auf Grund seines Untermietrechts das Verfahren dessen Interessen, deren Wahrung § 9 Nr 2 mit Beteiligung am Verfahren ermöglichen soll.

c) Erfahrungsgemäß senden Mieter vielfach schriftliche Mitteilungen an das Gericht. Nicht jede Mitteilung ist als Anmeldung im Sinne von § 9 Nr 2 anzusehen. Äußerungen über Mietvorauszahlungen, Baukostenzuschüsse, Mietkautionen sind als Erklärungen nach § 57 d anzusehen, andere mögen rein informatorischen Charakter haben. Ob wirklich eine Anmeldung nach § 9 Nr 2 beabsichtigt ist, mit ihrer Folge, Verfahrensbeteiligter zu sein, auf die Versteigerungsbedingungen nach § 59 einzuwirken oder ein Ablösungsrecht nach BGB § 268 auszuüben (§ 15 Rdn 20), und mit dem Wunsch, alle Mitteilungen und Zustellungen zu erhalten und an Terminen teilzunehmen, muß das Gericht in jedem Einzelfall nach den vorgetragenen Umständen entscheiden, im Zweifel zugunsten des Mieters. Klärung kann oft auch durch Rückfrage beim Mieter erfolgen. Mieter, die ausgezogen sind, sind nicht mehr zu berücksichtigen.

---

[5] BGH KTS 1991, 464 = MDR 1991, 1201 = NJW-RR 1991, 1197 (1198) = Rpfleger 1991, 381 (382).

[6] Jaeckel/Güthe § 9 Rdn 8; Steiner/Hagemann § 9 Rdn 87.

Beteiligte 3.10 **§ 9**

Beteiligte in Einzel- und Sonderfällen sowie bei Zwangsverwaltung 3

3.1 Behörden, an die bestimmte Mitteilungen oder Zustellungen zu richten sind, auch die von ihnen vertretenen Körperschaften, sind nicht Beteiligte, solange sie nicht ein zu berücksichtigendes Recht anmelden.

3.2 Bei **Bergwerksversteigerung** sind die landesrechtlich Bestimmten Beteiligte, so in Bayern die bergrechtliche Gewerkschaft, im ehemals preußischen Rechtsbereich der Grubenvorstand.

3.3 Besitzer nach BGB §§ 1000, 1001, 1003 sind nicht Beteiligte (Ausnahme für die Zwangsverwaltung).

3.4 Dauerwohnrecht, Dauernutzungsrecht nach WEG sind Rechte an einem Grundstück; bei dessen Versteigerung ist daher jeder Berechtigte Beteiligter nach § 9 Nr 1 oder Nr 2.

3.5 Eigentümer, Eigentumswechsel: a) Eigentümer des mit einem Erbbaurecht belasteten Grundstücks: Rdn 3.7.

b) Der neue Grundstückseigentümer nach Eintragung des Vollstreckungsvermerks ist Beteiligter nach § 9 Nr 2 (bei vorheriger Eintragung nach § 9 Nr 1), also nur, wenn er sein eingetragenes Eigentum anmeldet. Diese Anmeldung ist auch nötig, wenn das Gericht schon durch grundbuchamtliche Mitteilungen vom Eigentumswechsel Kenntnis hat (ersetzt Anmeldung nicht). Der neue Eigentümer steht nach der Anmeldung nicht an der Stelle des bisherigen Schuldners, gegen den das Verfahren seinen Fortgang nimmt. Er hat jedoch alle von der Beschlagnahme nicht berührten Rechte und Pflichten des Grundstückseigentümers, erhält mithin auch den Erlösüberschuß (siehe § 128 Abs 2).

3.6 Enteignungsverfahren nach Baugesetzbuch: Der Enteignungsvermerk (BauGB § 108 Abs 6) begründet für die Enteignungsbehörde nicht die Stellung eines Beteiligten (§ 15 Rdn 6.5).

3.7 Erbbaurecht: Bei Vollstreckung in das mit dem Erbbaurecht belastete Grundstück ist der Erbbauberechtigte Beteiligter nach § 9 Nr 1, also ohne Anmeldung. Bei Vollstreckung in das Erbbaurecht ist der Grundstückseigentümer nach ErbbauVO § 24 ebenfalls ohne Anmeldung Beteiligter.

3.8 Ersteher des Grundstücks ist nicht Beteiligter, weil dies weder in § 9 noch sonstwo festgelegt ist.

3.9 Flurbereinigung: Der Staat ist an der Immobiliarvollstreckung von in die Flurbereinigung einbezogenen Grundstücken nicht Beteiligter[7].

3.10 Gläubiger ist derjenige, für welchen das Verfahren angeordnet ist[8] oder der Beitritt zu dem Verfahren zugelassen worden ist (betreibender Gläubiger). Die Unterscheidung, nur den Anordnungsgläubiger als Betreibenden zu bezeichnen, den Beitrittsgläubiger als Beigetretenen, ist unnötig. Beide sind (betreibende) Gläubiger. Bei etwa gleichzeitigen Anträgen ist es oft Zufall, wer Anordnungs- und wer Beitrittsgläubiger ist. Bei Wegfall des ursprünglichen Anordnungsgläubigers hat jeder Beitrittsgläubiger (jeder ist vom anderen unabhängig) weiterhin dieselben Rechte, wie wenn auf seinen Antrag die Versteigerung angeordnet wäre (§ 27 Abs 2). (Betreibender) Gläubiger ist auch derjenige, dessen Verfahren vorübergehend eingestellt ist, wenn es nur nicht aufgehoben ist (anders[9]: er sei aus dem Kreis der Beteiligten ausgeschieden; unrichtig, es ruhen nur bestimmte Folgen des Betreibens). Grundpfandrechtsgläubiger, die nicht betreiben, bezeichnet das ZVG nicht als Gläubiger, sondern als Beteiligte oder Berechtigte. Gläubigerwechsel = § 15 Rdn 29, 30. Verfahren nach §§ 172, 175, 180 = § 9 Rdn 2.1.

---

[7] Wehr RdL 1971, 197 (198).
[8] Motive zum ZVG, zu § 8; Denkschrift S 36.
[9] OLG Nürnberg MDR 1976, 234 = NJW 1976, 902 Leitsatz = OLGZ 1976, 126.

§ 9 3.10   Allgemeine Vorschriften

Wird ein Anordnungs- oder Beitrittsbeschluß aufgehoben, so ist der betreffende Gläubiger in dieser Eigenschaft nicht mehr Beteiligter (hat dann insoweit auch keine Ladungen, Mitteilungen, Zustellungen mehr zu bekommen), vielleicht aber noch als Grundpfandrechtsgläubiger oder sonstiger Beteiligter.

3.11 Grenzregelungsverfahren: Die Gemeinde ist als Gläubigerin der festgesetzten Geldleistungen Beteiligte nach § 9 Nr 1, wenn diese als öffentliche Last im Grundbuch vermerkt sind (BauGB § 81 Abs 2 mit § 64 Abs 3 und 6). Wenn der Grundbuchvermerk (noch) nicht oder erst nach dem Vollstreckungsvermerk eingetragen worden ist, wird die Gemeinde nur auf Anmeldung Beteiligte (§ 9 Nr 2).

3.12 Grundbucheingetragene sind, entgegen § 9 Nr 1, nicht mehr Beteiligte, wenn sie seit Eintragung des Vollstreckungsvermerks **wieder gelöscht**[10] oder wenigstens nachgewiesen löschungsreif[10] sind (im letzten Fall ist Vorsicht geboten, lieber weiter als Beteiligte behandeln, bis Löschung wirklich durchgeführt). Ist die **Abtretung** eines Grundbuchrechts eingetragen, wird von da an nicht mehr der frühere Gläubiger, sondern der neue als Beteiligter behandelt. Bei verzinslichen Rechten kann aber, falls die Zinsen nicht ab Beginn abgetreten sind, der frühere Gläubiger noch mit den früheren Zinsen beteiligt sein. Ist die Abtretung eines Briefgrundpfandrechts angemeldet (§ 9 Nr 2) und hat sich der Zessionar als Berechtigter nach BGB § 1155 ausgewiesen, wird von da an (wie bei eingetragener Abtretung) nicht mehr der frühere Gläubiger, sondern nur noch der Neugläubiger als Beteiligter behandelt (wenn nicht alle Zinsen abgetreten sind, kann auch hier der frühere Gläubiger noch mit älteren Zinsen beteiligt sein). Wenn die Abtretung eines Briefgrundpfandrechts angemeldet ist (§ 9 Nr 2), der Zessionar sein Gläubigerrecht aber nicht in der Form des BGB § 1155 nachweisen kann (er legt nur schriftliche Abtretungserklärung vor), sind der bisherige und der neue Gläubiger als Beteiligte zu behandeln, bis der bisherige Gläubiger die Abtretung bestätigt; wenn er mitteilt, daß er infolge Abtretung nichts mehr zu bekommen hat, ist er nicht mehr als Beteiligter zu behandeln. Teilt ein Grundpfandrechtsgläubiger sonst mit, daß er nichts mehr zu bekommen habe, könnte ein Eigentümerrecht entstanden sein (Vorsicht bei Grundschulden) (§ 15 Rdn 11). Genügt für Löschung des Rechts im Grundbuch ein Todesnachweis und liegt dieser vor, ist der Berechtigte auch als Beteiligter ausgeschieden, falls die Verhältnisse einwandfrei festzustellen sind. Bei Zweifeln sollte man sich lieber auf den Grundbuchinhalt verlassen.

3.13 Grundpfandrechtszession: Ein auf Grund Teilabtretung eines Grundpfandrechts entstandener Anspruch auf Übergabe des Teil-Briefs verwandelt sich mit dem Erlöschen des Grundpfandrechts in einen Anspruch darauf, daß der Zedent dem Zessionar den auf den abgetretenen Teil entfallenden Betrag des Versteigerungserlöses übereignet oder daß er duldet, daß der Zessionar selbst als Hebungsberechtigter auftritt; dieser schuldrechtliche Anspruch macht den Zessionar noch nicht zum Beteiligten nach § 9[11] (dazu § 114 Rdn 5.1).

3.14 Herrenloses Grundstück: Der frühere Eigentümer ist nicht Beteiligter.

3.15 Konkursverwalter: Er ist allein verfügungsbefugt (KO § 6) und erhält alle Zustellungen und Mitteilungen, er ist kraft eigenen Rechts Beteiligter, nicht der Gemeinschuldner[12] (anders[13]: der Gemeinschuldner sei weiterhin Beteiligter). Der Grundstückseigentümer, an dessen Stelle der Konkursverwalter als Beteiligter getreten ist, kann Rechte eines Beteiligten selbst nicht mehr ausüben[14], im Verfahren zur Versteigerung eines in die Konkursmasse fallenden Grundstücks kann er auch

---

[10] Jaeckel/Güthe § 45 Rdn 2.
[11] BGH BB 1962, 1222 = WM 1962, 1138.
[12] Wolff ZIP 1980, 417 (II 2); Jaeckel/Güthe § 172 Rdn 2.
[13] OLG Hamm Rpfleger 1966, 24.
[14] BVerfG 51, 405 = KTS 1980, 26 = MDR 1979, 907 = NJW 1979, 2510.

Beteiligte 3.21 § 9

Verfassungsbeschwerde nicht erheben[14]. Der Gemeinschuldner kann durch Freigabe des Grundstücks aus der Konkursmasse (KO § 114) oder durch Beendigung des Konkursverfahrens (KO §§ 163, 190, 202, 204) Beteiligter werden; er muß dann das Immobiliarvollstreckungsverfahren in der zu diesem Zeitpunkt bestehenden Form und Lage gegen sich gelten lassen. Schon vorher ist es oft zweckmäßig, wenn er alle Zustellungen und Mitteilungen formlos und ohne Belehrung und mit einem Hinweis erhält, daß dies vorbehaltlich der Rechte des Konkursverwalters geschehe; eine Rechtsgrundlage besteht dafür nicht. Wird der Konkurs erst eröffnet, nachdem schon Zwangsversteigerung angeordnet ist, dann übernimmt der (allein verfügungsbefugte) Konkursverwalter für den Gemeinschuldner im weiteren Verfahren die Stellung des Beteiligten.

3.16 Landwirtschaftsbehörde ist bei der Versteigerung landwirtschaftlicher Grundstücke nicht Beteiligte[15].

3.17 Luftfahrzeuge = § 171 a Rdn 3.

3.18 Mieter = § 9 Rdn 2.9

3.19 Miteigentum: Bei Vollstreckung in einen Grundstücksbruchteil sind die Miteigentümer (der anderen Bruchteile) Beteiligte, und zwar ohne Anmeldung, wenn sie bei Eintragung des Versteigerungsvermerks schon im Grundbuch standen (§ 9 Nr 1), andernfalls mit Anmeldung (§ 9 Nr 2)[16]. Ihre Rechte werden durch die Zwangsversteigerung berührt; mit denjenigen, deren Interesse aus dem Grundbuch hervorgeht[17], erfaßt § 9 auch sie. Auf deren Gemeinschaftsverhältnis (BGB §§ 741–758, §§ 1008–1011) mit den sich aus dem Bruchteilseigentum ergebenden Ansprüchen gegen Miteigentümer (Früchteanteil und Gebrauchsbefugnis, gemeinschaftliche Verwaltung und Benutzung usw) und auch gegen Dritte wirkt sich die Bruchteilsvollstreckung aus. Für Gesamtrechte haften sie (dinglich) mit. Bei Beendigung der Gemeinschaft haben sie bei Teilung mitzuwirken; sie haben die Teilungsversteigerung zu betreiben oder unterliegen ihr als Antragsgegner. Im Grundbuch ist ihr Recht (§ 9 Nr 1) oder Recht an dem Grundstück (§ 9 Nr 2) als Miteigentum eingetragen; das ihm entsprechende Interesse wahrt § 9 mit der Beteiligtenstellung. Nicht erfordert ist schon nach dem Gesetzeswortlaut, daß es sich um ein Recht „auf Befriedigung aus dem Grundstück" (zB § 10 Abs 1 Einleitungssatz) handeln müsse (daher nicht richtig[18], der Eintragung eines [beschränkten] „dinglichen Rechts" voraussetzt). Ist der Miteigentümer gesamtberechtigter Grundschuldgläubiger (auch als Gläubiger einer Eigentümergrundschuld), so ist er schon deshalb Beteiligter[19] nach § 9 (ohne oder mit Anmeldung). Ein Miteigentümer, zu dessen Gunsten als Anteilsbelastung des zu versteigernden Grundstücksbruchteils die Regelung der Verwaltung und Benutzung oder der Ausschluß (die Beschränkung) des Kündigungsrechts eingetragen ist (BGB § 1010), ist Beteiligter auch auf Grund dieser Eintragung. Wohnungseigentum: § 9 Rdn 3.35.

3.20 Notwegrente: Die aus BGB §§ 917, 918 Berechtigten sind am Verfahren über das notwegberechtigte Grundstück nur nach Anmeldung beteiligt (§ 9 Nr 2).

3.21 Öffentliche Lasten: Die nach § 10 Rangklasse 3 Berechtigten sind nur auf Anmeldung Beteiligte (§ 9 Nr 2). Der Grundbuchvermerk begründet jedoch die Beteiligtenstellung für Geldleistungen im Grenzregelungsverfahren (§ 9 Rdn 3.11) und nach dem Umlegungsplan (§ 9 Rdn 3.31).

---

[15] OLG Stuttgart Justiz 1967, 148 = OLGZ 1967, 301; AG Ravensburg BWNotZ 1981, 174.
[16] OLG Stuttgart NJW 1966, 1036 = OLGZ 1966, 57 = Rpfleger 1966, 113 mit zust Anm Diester; Steiner/Hagemann § 9 Rdn 47.
[17] Jaeckel/Güthe § 9 Rdn 1 und 3.
[18] Sievers Rpfleger 1990, 335.
[19] BGH DNotZ 1975, 487 = MDR 1975, 307 = NJW 1975, 445 = Rpfleger 1975, 84.

§ 9 3.22   Allgemeine Vorschriften

3.22 Öffentlichrechtliche **Inanspruchnahme** staats- oder völkerrechtlicher Art (Bundeswehr, Stationierungstruppen usw) macht den Inhaber dieses Rechts nicht zum Beteiligten, so bei Inanspruchnahme nach dem Bundesleistungsgesetz (Sartorius Band I Nr 665), Landbeschaffungsgesetz (dort Nr 690), Truppenstatut (Sartorius, Band II Nr 66 b) usw.

3.23 Pächter = § 9 Rdn 2.9.

3.24 Pfändungsgläubiger: Wenn die Pfändung (eines Grundpfandrechts, eines anderen Grundstücksrechts oder eines Gemeinschaftsanteils) nicht vor dem Vollstreckungsvermerk im Grundbuch eingetragen war, muß sie angemeldet werden. Die Anmeldung des Pfändungsgläubigers (auch nach Pfändung eines Rückgewährsanspruchs, s Rdn 2.8) begründet nur für ihn die Beteiligtenstellung, nicht auch für den Grundpfandgläubiger (Inhaber des Rechts), dessen Recht gepfändet ist (falls dieser wegen nachträglicher Eintragung anmelden müßte).

3.25 (Ehemalige) **Reichsheimstätte:** § 15 Rdn 31.7.

3.26 Rentenbank: Die Landwirtschaftliche Rentenbank (früher Deutsche Rentenbank) ist bei Zwangsversteigerung oder Zwangsverwaltung eines zu ihren Gunsten belasteten (landwirtschaftlich, forstwirtschaftlich, gärtnerisch genutzten) Grundstücks ohne Anmeldung Beteiligte (Vorläufige Durchführungsbestimmungen zur Rentenbankverordnung vom 14. 11. 1923, RGBl 1923 I 1092, § 42). Zu den kaum noch anzuwendenden Vorschriften 9. Auflage mit Texten.

3.27 Schiffe: siehe § 163 Abs 3, § 166 Abs 1 und 2. Beteiligte sind mit Anmeldung außerdem die in HGB § 754 und BinSchG § 107 genannten Schiffsgläubiger.

3.28 Schuldner (früher Subhastat) ist derjenige, gegen den sich die Vollstreckung richtet, gegen den das Verfahren angeordnet ist[20] (auch durch Zulassung eines Beitritts). Das ist bei Grundstücken der (eingetragene) Grundstückseigentümer (zu Eheleuten in Gütergemeinschaft § 15 Rdn 10.2), bei Zwangsverwaltung auch der Eigenbesitzer (§ 147), bei Erbbaurecht der Erbbaurechtsberechtigte, bei Schiffen der Schiffseigner, Schiffer, Eigenbesitzer (§ 164). Gemeint ist damit nicht der persönliche Schuldner einer Hypothekenforderung, der nach BGB § 1166 vom Gläubiger zu benachrichtigen ist. Schuldnerwechsel § 9 Rdn 3.5 und § 15 Rdn 30. Verfahren nach §§ 172, 175, 180 = § 9 Rdn 2.2.

3.29 Städtebauliche Sanierungs- und Entwicklungsmaßnahmen: Die Gemeinde, die eine Sanierungs- oder Entwicklungssatzung beschlossen hat, ist bei Versteigerung/Verwaltung eines Grundstücks, in dessen Grundbuch ein Sanierungs- (BauGB § 143 Abs 4) oder Entwicklungsvermerk (BauGB § 165 Abs 9) eingetragen ist, nicht Beteiligte (§ 15 Rdn 6.5).

3.30 Überbau: Die aus BGB §§ 912–916 Berechtigten sind am Verfahren über das überbauende Grundstück Beteiligte nach § 9 Nr 2, also nur auf Anmeldung hin. Bei der Versteigerung des überbauten Grundstücks wird der Eigentümer des überbauenden ebenfalls erst durch Anmeldung (§ 9 Nr 2) Beteiligter.

3.31 Umlegungsverfahren: Die Umlegungstelle (Gemeinde) ist bei Versteigerung/Verwaltung eines Grundstücks, in dessen Grundbuch ein Umlegungsvermerk (BauGB § 54 Abs 1) eingetragen ist, nicht Beteiligte (§ 15 Rdn 6.5). Als Gläubigerin der im Umlegungsplan festgesetzten Geldleistungen ist die Gemeinde jedoch Beteiligte nach § 9 Nr 1, wenn die Leistungen als öffentliche Last im Grundbuch vermerkt sind (BauGB § 64 Abs 1, 3 und 6). Wenn der Grundbuchvermerk (noch) nicht oder erst nach dem Vollstreckungsvermerk eingetragen worden ist, wird die Gemeinde nur auf Anmeldung Beteiligte (§ 9 Nr 2).

3.32 Verfügungsverbot (BGB §§ 135, 136; ZPO § 772): Die damit Eingetragenen sind Beteiligte ohne Anmeldung nach § 9 Nr 1. Eintragung nach dem Ver-

---

[20] Motive zum ZVG, zu § 8; Denkschrift S 36.

Beteiligte 3.37 § 9

steigerungsvermerk erfordert Anmeldung nach § 9 Nr 2. Zur Veräußerungsbeschränkung nach BauG § 35 Abs 6 Sätze 2 und 3 siehe § 15 Rdn 6.6.

3.33 Vormerkung: Die damit Eingetragenen sind Beteiligte ohne Anmeldung nach § 9 Nr 1. Eintragung erst nach dem Versteigerungsvermerk erfordert Anmeldung nach § 9 Nr 2.

3.34 Widerspruch: Die Berechtigten, für die ein Widerspruch eingetragen ist, sind Beteiligte ohne Anmeldung nach § 9 Nr 1. Eintragung erst nach dem Versteigerungsvermerk erfordert Anmeldung nach § 9 Nr 2.

3.35 Wohnungseigentum und Wohnungserbbaurecht (entsprechend Teileigentum und Teilerbbaurecht) nach dem WEG: Bei ihrer Versteigerung sind die übrigen Eigentümer bzw Berechtigten Beteiligte[21], bei Eintragung vor dem Vollstreckungsvermerk ohne, bei Eintragung nachher mit Anmeldung[21] (§ 9 Nr 1 bzw Nr 2) (Vertretung durch den Verwalter = § 41 Rdn 2), beim Erbbaurecht auch der Grundeigentümer.

3.36 Zwangsverwaltung: Beteiligte sind gemäß § 9 der (betreibende) Gläubiger, der Schuldner, der mit einem dinglichen Recht vor dem Zwangsverwaltungsvermerk Eingetragene, der ein späteres Recht Anmeldende (vorausgesetzt, daß es berücksichtigt werden darf, § 157 Rdn 2), der sonst nach § 9 Anmeldende, ferner einige bisher besonders oben Genannte. Zwangsversteigerung und Zwangsverwaltung des gleichen Grundstücks sind voneinander getrennt; Beteiligung an einem Verfahren umfaßt nicht als solche auch die Beteiligung am anderen. Von den an der Zwangsverwaltung Beteiligten sind in einem gleichzeitigen Zwangsversteigerungsverfahren Beteiligte daher nur die eine Zwangsverwaltung betreibenden Gläubiger mit ihren Verfahrensvorschüssen nach § 10 Rangklasse 1, und zwar nur mit Anmeldung, alle anderen an der Zwangsverwaltung Beteiligten aber nur dann, wenn sie nach den Vorschriften der Zwangsversteigerung Beteiligte sind (zB Gläubiger dinglicher Rechte, die an beiden Verfahren teilnehmen, oder Gläubiger persönlicher Ansprüche, die beide Verfahren hieraus beitreiben). Umgekehrt sind an der Zwangsversteigerung Beteiligte an der Zwangsverwaltung nur beteiligt, wenn sie deren Voraussetzungen erfüllen (zB mit dinglichen Rechten in beiden oder persönlich beide betreibend).

3.37 Besonderheiten im Beitrittsgebiet: a) Bei Versteigerung des Grundstücks ist der **Gebäudeeigentümer** Beteiligter
– als dinglicher Berechtigter nach § 9 Nr 1, wenn sein dem Gebäudeeigentum zugrunde liegendes Nutzungsrecht (EGBGB Art 231 § 5 mit Art 233 § 4) oder sein nutzungsrechtsloses Gebäudeeigentum (EGBGB Art 231 § 5 mit Art 233 § 2 b und 8) im Grundbuch des belasteten oder betroffenen Grundstücks (Abteilung II) zur Zeit der Eintragung des Versteigerungsvermerks eingetragen ist,
– sonst als Anmeldungsbeteiligter nach § 9 Nr 2, wenn er sein dem Gebäudeeigentum zugrunde liegendes Nutzungsrecht oder sein nutzungsrechtsloses Gebäudeeigentum anmeldet und erforderlichenfalls glaubhaft macht.

b) Bei Versteigerung des Gebäudeeigentums ist er der **Eigentümer des Grundstücks,** das mit dem Nutzungsrecht des jeweiligen Gebäudeeigentümers belastet oder vom nutzungslosen Gebäudeeigentum betroffen ist, **nicht** Beteiligter (anders[22]; seine Rechtsstellung ist mit der des Eigentümers des Erbbaurechts-Grundstücks jedoch nicht vergleichbar). Für ihn ist im Gebäudegrundbuchblatt kein „Recht" eingetragen. Die Bezeichnung des „Gebäudeeigentums auf Grund eines dinglichen Nutzungsrechts" im Bestandsverzeichnis dient, ebenso wie die Angabe bei nutzungsrechtslosem Gebäudeeigentum, der Darstellung (Bezeichnung) des Gebäudeeigentumsbestands, ist somit nicht Eintragung eines „Rechts"

---

[21] OLG Stuttgart NJW 1966, 1036 = aaO (Fußn 16).
[22] Keller Rpfleger 1992, 501 (II 4).

§ 9 3.37 Allgemeine Vorschriften

im Sinne von § 9 Nr 1. Als dinglicher Realberechtigter (§ 9 Nr 1) ist der Eigentümer des belasteten oder betroffenen Grundstücks jedoch Beteiligter, wenn für ihn ein Widerspruch nach Gebäudegrundbuchverfügung (GGV) § 11 im Gebäudegrundbuchblatt eingetragen ist.

c) Der **Besitzberechtigte** (Nutzer) **aus der Sachenrechtsbereinigung** aus dem Recht zum Besitz gemäß EGBGB Art 233 § 2 a ist bei Versteigerung des Grundstücks Beteiligter

– als dinglicher Berechtigter nach § 9 Nr 1, wenn ein Vermerk zur Sicherung seiner Ansprüche im Grundbuchblatt des betroffenen Grundstücks (Abteilung II; der Vermerk hat Vormerkungswirkung, EGBGB Art 233 § 2 c Abs 2 Satz 3) zur Zeit der Eintragung des Versteigerungsvermerks eingetragen ist,

– sonst als Anmeldungsbeteiligter nach § 9 Nr 2, wenn er sein Besitzrecht aus der Sachenrechtsbereinigung aus dem Recht zum Besitz anmeldet und erforderlichenfalls glaubhaft macht.

d) Der Berechtigte eines Anspruchs auf **Rückübertragung eines Vermögenswertes** nach dem Vermögensgesetz (VermG) ist Beteiligter nach § 9 Abs 2, wenn er den Anspruch bei Versteigerung des betroffenen Grundstücks anmeldet (anders[23]: nicht Beteiligter).

e) Der Berechtigte eines **Mitbenutzungsrechts** im Sinne von ZGB-DDR § 321 Abs 1 bis 3 und § 322 (dazu EGBGB Art 233 § 5) ist bei Versteigerung des belasteten Grundstücks Beteiligter als dinglicher Berechtigter nach § 9 Nr 1, wenn sein Recht im Grundbuch eingetragen ist, sonst nach § 9 Nr 2, wenn er sein mit dem 31. 12. 1995 nicht erloschenes (dazu Grundbuchbereinigungsgesetz [GBBerG] §§ 8, 9) Recht anmeldet und erforderlichenfalls glaubhaft macht.

f) Der **Nutzer,** der auf Grund eines Überlassungs-, Miet-, Pacht- oder sonstigen Vertrags zur Nutzung eines Grundstücks berechtigt ist (Schuldrechtsanpassungsgesetz [SchuldRAnpG] § 4) ist Beteiligter nach § 9 Nr 2, wenn er sein Miet- oder Pachtrecht, auf Grund dessen ihm das Grundstück überlassen ist, anmeldet und erforderlichenfalls glaubhaft macht. Die Bestimmungen über Miete und Pacht sind auf Verträge über Rechtsverhältnisse zur Nutzung von Grundstücken (Einzelheiten SchuldRAnpG § 1) anzuwenden (SchuldRAnpG § 6 Abs 1). Dazu gehören die schuldrechtlichen Nutzungsbefugnisse auf Grund eines Vertrags über die Nutzung von Bodenflächen zur Erholung (ZGB-DDR § 286 Abs 1 Nr 4; Einzelheiten ZGB-DDR §§ 312–315; vgl Überleitungsvorbehalt EGBGB Art 232 § 4 Abs 1 Satz 2).

3.38 Zur Beteiligung auch im ZVG-Handbuch Rdn 52–59.

4 Die Anmeldung der Beteiligten

4.1 Anmeldung ist Erklärung (Willensbekundung), daß der Berechtigte des nicht grundbuchersichtlichen Rechts (Anspruchs) zum Verfahren als Beteiligter zugezogen sein will und sein Recht (Anspruch oder auch die nicht grundbuchersichtliche Tatsache) im Verfahren berücksichtigt werde. Bei Eigentumswechsel erfordert Anmeldung eine Willensbekundung des neuen Eigentümers dahin, daß er neben dem (bisherigen) Schuldner (oder an dessen Stelle) als Beteiligter zugezogen sein will; es genügt bereits, wenn er einen Einstellungsantrag stellt oder sich in ein laufendes Einstellungsverfahren in Schuldnereigenschaft einschaltet. Mitteilung des Grundbuchamts (§ 19 Abs 3) und sonstige Kenntnis des Gerichts oder der Beteiligten ersetzen die erforderliche Anmeldung nicht. Anmeldung in der Zwangsverwaltung genügt für die Zwangsversteigerung nicht, ebenso nicht Anmeldung in der Zwangsversteigerung für die Zwangsverwaltung. Anmeldung für einen anderen erfordert Vollmacht; Prüfung nach ZPO § 88, bei Anmeldung durch einen

---

[23] Keller Rpfleger 1994, 194 (IV 2).

Rechtsanwalt mithin nur, wenn der Mangel der Vollmacht gerügt wird. Näher zur Anmeldung § 37 Rdn 5, zu Erklärungen der Mieter auch § 9 Rdn 2.9.

4.2 Für die Anmeldung, um Beteiligter zu sein, ist grundsätzlich keine **Frist** und kein **Zeitpunkt** festgelegt. Wer dort, wo Termine gesetzt sind (§ 37 Nr 4 und 5, § 66 Abs 2, § 114), verspätet anmeldet, muß gewisse Nachteile erleiden, bleibt aber für das weitere Verfahren Beteiligter. Sonst kann angemeldet werden, solange das Verfahren nicht beendet ist, wobei aber vielleicht die Anmeldung keine Bedeutung mehr hat. Wer erst später Beteiligter geworden ist, zB erst nach dem sogenannten Schluß der Versteigerung (§ 73), muß das bisherige Verfahren gegen sich gelten lassen und kann keine Wiederholung erledigter Verfahrensabschnitte verlangen (Besonderheit in § 74 a Rdn 7 und 9).

4.3 Glaubhaftmachen (ZPO § 294) des Anspruchs kann vom Gericht oder von einem Beteiligten bei den dazu Verpflichteten (§ 9 Nr 2) jederzeit, auch noch nach Zuziehung des durch eine Anmeldung Beteiligten erst im Laufe des Verfahrens, verlangt werden. Das Gericht wird Glaubhaftmachung nur fordern, wenn sie nach Sachlage zur Darlegung der Berechtigung des Anmeldenden nötig erscheint. Unterbleibt Glaubhaftmachung, verliert der Anmeldende seine Stellung als Beteiligter, sofern er nicht ausnahmsweise auch bereits vor Glaubhaftmachung als Beteiligter zu behandeln ist (§ 41 Abs 3, § 88 Satz 2, § 105 Abs 2 Satz 2). Eine offensichtlich unbegründete oder „frivole" Anmeldung kann das Gericht zurückweisen[24], allerdings ohne vorheriges Verlangen nach Glaubhaftmachung nur, wenn sie nicht ernstlich gemeint oder nicht geeignet ist, die Stellung eines Beteiligten zu gewähren[25], weil in diesem Fall das Verlangen sinnlos wäre.

Verzeichnis der Beteiligten in ZVG-Verfahren 5

Es ist sehr zu empfehlen, in den Akten jedes Zwangsversteigerungs- und Zwangsverwaltungsverfahrens (auch der Verfahren nach ZVG §§ 172, 175, 180) ein Verzeichnis aller am Verfahren Beteiligten **anzulegen** und **laufend zu ergänzen**. Es sollte die genauen Anschriften, den Prozeßbevollmächtigten, Blattzahl der Vollmacht, Blattzahl des einschlägigen Anordnungs- oder Beitrittsbeschlusses oder der Anmeldung und den Vermerk enthalten, welche Beteiligteneigenschaft gegeben ist, auch welche Grundbuchstelle ein dingliches Recht hat. Diese Liste hat sich langjährig bewährt, sie bietet jederzeit einen lückenlosen Verfahrensüberblick. In Terminen kann nach ihr die Anwesenheit festgestellt, bei allen Zustellungen und Mitteilungen nach ihr gearbeitet werden.

[Rangordnung der Rechte]

10 (1) **Ein Recht auf Befriedigung aus dem Grundstücke gewähren nach folgender Rangordnung, bei gleichem Range nach dem Verhältnis ihrer Beträge:**

1. **der Anspruch eines die Zwangsverwaltung betreibenden Gläubigers auf Ersatz seiner Ausgaben zur Erhaltung oder nötigen Verbesserung des Grundstücks, im Falle der Zwangsversteigerung jedoch nur, wenn die Verwaltung bis zum Zuschlage fortdauert und die Ausgaben nicht aus den Nutzungen des Grundstücks erstattet werden können;**

1 a. *im Falle einer Zwangsversteigerung, bei der das Insolvenzverfahren über das Vermögen des Schuldners eröffnet ist, die zur Insolvenzmasse gehörenden Ansprüche auf Ersatz der Kosten der Feststellung der beweglichen Gegenstände, auf die sich die Versteigerung erstreckt; diese Kosten sind nur zu erheben, wenn ein*

---

[24] Henle, ZVG, § 9 Anm 11.
[25] Jaeckel/Güthe § 9 Rdn 9.

§ 10 Allgemeine Vorschriften

Insolvenzverwalter bestellt ist, und pauschal mit vier vom Hundert des Wertes anzusetzen, der nach § 74 a Abs 5 Satz 2 festgesetzt worden ist;

2. bei einem land- oder forstwirtschaftliche Grundstücke die Ansprüche der zur Bewirtschaftung des Grundstücks oder zum Betrieb eines mit dem Grundstücke verbundenen land- oder forstwirtschaftlichen Nebengewerbes angenommenen, in einem Dienst- oder Arbeitsverhältnis stehenden Personen, insbesondere des Gesindes, der Wirtschafts- und Forstbeamten, auf Lohn, Kostgeld und andere Bezüge wegen der laufenden und der aus dem letzten Jahre rückständigen Beträge;

3. die Ansprüche auf Entrichtung der öffentlichen Lasten des Grundstücks wegen der aus den letzten vier Jahren rückständigen Beträge; wiederkehrende Leistungen, insbesondere Grundsteuern, Zinsen, Zuschläge oder Rentenleistungen, sowie Beträge, die zur allmählichen Tilgung einer Schuld als Zuschlag zu den Zinsen zu entrichten sind, genießen dieses Vorrecht nur für die laufenden Beträge und für die Rückstände aus den letzten zwei Jahren. Untereinander stehen öffentliche Grundstückslasten, gleichviel ob sie auf Bundes- oder Landesrecht beruhen, im Range gleich. Die Vorschriften des § 112 Abs 1 und der §§ 113 und 116 des Gesetzes über den Lastenausgleich vom *14. August 1952 (Bundesgesetzbl I S 446) [jetzt 1. 10. 1969, Bundesgesetzbl I S 1909]* bleiben unberührt;

4. die Ansprüche aus Rechten an dem Grundstück, soweit sie nicht infolge der Beschlagnahme dem Gläubiger gegenüber unwirksam sind, einschließlich der Ansprüche auf Beträge, die zur allmählichen Tilgung einer Schuld als Zuschlag zu den Zinsen zu entrichten sind; Ansprüche auf wiederkehrende Leistungen, insbesondere Zinsen, Zuschläge, Verwaltungskosten oder Rentenleistungen, genießen das Vorrecht dieser Klasse nur wegen der laufenden und der aus den letzten zwei Jahren rückständigen Beträge;

5. der Anspruch des Gläubigers, soweit er nicht in einer der vorhergehenden Klassen zu befriedigen ist;

6. die Ansprüche der vierten Klasse, soweit sie infolge der Beschlagnahme dem Gläubiger gegenüber unwirksam sind;

7. die Ansprüche der dritten Klasse wegen der älteren Rückstände;

8. die Ansprüche der vierten Klasse wegen der älteren Rückstände.

(2) Das Recht auf Befriedigung aus dem Grundstücke besteht auch für die Kosten der Kündigung und der die Befriedigung aus dem Grundstücke bezweckenden Rechtsverfolgung.

Hinweis: Abs 1 Nr 1 a ist eingefügt mit Wirkung ab 1. 1. 1999 durch Art 20 Nr 1 EGInsO (BGBl 1994 I 2911 [2918]).

Übersicht

Allgemeines zu § 10 1	Rangklasse 5 9
„Rangklasse 0" 2	Rangklasse 6 10
Rangklasse 1 3	Rangklasse 7 11
Rangklasse 2 4	Rangklasse 8 12
Rangklasse 2/3 5	„Rangklasse 9" 13
Rangklasse 3 6	Rang bei Schiffsversteigerung 14
Rangklasse 3/4 7	Rechtsverfolgungskosten (Absatz 2) .. 15
Rangklasse 4 8	

Literatur: a) Zu **Rangklasse 3:** Belge, Haftung und Sicherung für Anliegerbeiträge, Rpfleger 1952, 145; Drischler, Die Grundsteuer in der Zwangsversteigerung, Rpfleger 1984, 340; Elsner, Grundsteuer bei der Zwangsversteigerung, BB 1985, 452; Fischer, Rechtliche Gestaltung und Probleme der öffentlichen Grundstückslast, NJW 1955, 1583; Hornung, Grund-

Rangordnung der Rechte　　　　　　　　　　　　　　　　　　1.5　§ 10

steuer und Zwangsversteigerung, KKZ 1988, 205; Jäger, Zur Zulässigkeit der Begründung öffentlich-rechtlicher Grundstückslasten aufgrund landesrechtlicher Vorschriften, DVBl 1979, 24; Schreiber, Die öffentlichen Grundstückslasten nach § 10 Ziff 3 ZVG und ihre Rangverhältnisse, Rpfleger 1951, 117.
b) Zu **Rangklasse 3/4**: Drischler, Das Früchtepfandrecht nach dem Gesetz zur Sicherung der Düngemittel- und Saatgutversorgung, Rpfleger 1948/49, 499.
c) Zu **Rangklasse 4**: Böttcher, Sonstige Nebenleistungen nach § 1115 BGB, Rpfleger 1980, 81; Böttcher, Abtretung von Nebenleistungen bei Grundpfandrechten, Rpfleger 1984, 85; Canaris, Der Zinsbegriff und seine rechtliche Bedeutung, NJW 1978, 1891; Haegele, Zinsen und sonstige Nebenleistungen bei Grundpfandrechten, RpflJahrbuch 1974, 311; Kaps, Die Tilgungshypothek, DR 1941, 412; Riedel, Die Anwachsungs-Hypothek, JurBüro 1972, 469; Stöber, Nebenleistungen einer Grundschuld, ZIP 1980, 833.

Allgemeines zu § 10　　　　　　　　　　　　　　　　　　　　　　　　　1

1.1 Zweck der Vorschrift und **Anwendungsbereich:** Bestimmung der Ansprüche, die ein Recht auf Befriedigung aus dem Grundstück gewähren, und ihrer Reihenfolge mit Einteilung in acht (ab 1999: neun) Rangklassen, sowie Regelung des Verhältnisses der Rangklassen zueinander (Denkschrift S 36, 37). Damit ist § 10 die **Grundlage** aller Verfahren nach dem ZVG: für die Berechnung des geringsten Gebots in der Vollstreckungsversteigerung (§§ 44, 49, 52); für die Verteilung des Erlöses in der Vollstreckungsversteigerung (§§ 109, 112–114); für die Verteilung der laufenden Nutzungen in der Zwangsverwaltung (§§ 155, 156, mit Besonderheiten dort und bezüglich des Früchtepfandrechts nach dem Düngemittelgesetz); auch in den weiteren Verfahren des ZVG, nämlich Schiffsvollstreckungsversteigerung (§§ 162–171 mit Besonderheiten in HGB §§ 754–764 und Binnenschifffahrtsgesetz §§ 102, 105–109 und Binnenschiffahrtsvollstreckungsschutzgesetz), Luftfahrzeugvollstreckungsversteigerung (§§ 171 a–171 n mit Besonderheiten in § 171 i und im Luftfahrzeugrechtsgesetz), ferner mit Einschränkungen auch in der Konkursverwalterversteigerung und Konkursverwalterzwangsverwaltung (§ 172), in der Nachlaßversteigerung (§ 175) und in der Teilungsversteigerung (§ 180).

1.2 Die grundlegende Rangordnung des § 10 hat alle **Sondervorschriften** ersetzt, auch die landesrechtlichen, soweit sie nicht in EGZVG §§ 2–3 aufrechterhalten sind, zB für Bayern (§ 10 Rdn 5). § 10 enthält eine erschöpfende Aufzählung[1]. Über abweichende Rangklassen in der Zwangsverwaltung § 155 Rdn 2 und 3, über die Schiffsversteigerung § 162 Rdn 7. Zu BauGB § 64 Abs 4 siehe § 10 Rdn 6.19.

1.3 Grundsatz aus der Einleitung von § 10: Andere Ansprüche, insbesondere persönliche Forderungen an den Grundstückseigentümer als Schuldner, deren Gläubiger das Verfahren nicht betreiben (und damit nicht in Rangklasse 5 des § 10 Abs 1 stehen), haben kein Recht auf Befriedigung aus dem Grundstück.

1.4 Die Rangordnung der Ansprüche bestimmt, daß jede folgende Rangklasse Rang **nach der vorausgehenden** hat. Ansprüche aus einer späteren Rangklasse kommen immer erst dann zum Zuge, wenn alle Ansprüche der vorhergehenden Rangklasse gedeckt sind. Berücksichtigung der in einer Rangklasse unter sich gleichberechtigten Ansprüche erfolgt nach dem Verhältnis der zugleich auszuzahlenden Beträge (§ 11 Rdn 1.3).

1.5 Die Rangordnung des § 10 ist **zwingend;** sie kann nicht durch Vereinbarungen der Beteiligten geändert werden (anders[2]); Richter und Rechtspfleger müssen sich an die gesetzliche Rangordnung halten (keine Abweichung im Wege abgeänderter Versteigerungsbedingungen, § 59 Rdn 2). Außerhalb des Vollstreckungsverfahrens ist jedoch die Vereinbarung möglich, daß die Rangordnung des § 10 für Beteiligte nicht gelten soll ([3]für den Umfang der Ausfallshaftung des Bürgen).

---

[1] RG 71, 424.
[2] Henle, ZVG, § 10 Anm 1.
[3] BGH KTS 1992, 696 = MDR 1993, 139 = Rpfleger 1992, 533.

§ 10 1.6   Allgemeine Vorschriften

1.6 Befriedigt werden die Berechtigten teils mit, teils ohne Anmeldung (dazu bei den einzelnen Rangklassen). **Rangverschlechterungen** durch unterlassene oder verspätete Anmeldung oder durch mangelhafte oder unterlassene Glaubhaftmachung sehen vor: § 9 Nr 2, § 37 Nr 4, § 45 Abs 1, § 66 Abs 2, §§ 110, 114 Abs 1.

2 „Rangklasse 0"

Das ZVG bestimmt an verschiedenen Stellen (§ 44 Abs 1, § 49 Abs 1, § 109 Abs 1, § 155 Abs 1), daß **vor** den acht Rangklassen des § 10 Abs 1 die „Verfahrenskosten" zu decken sind. Zur besseren Anschaulichkeit der Einstufungsfolge kann man sich diese hilfsweise als Rangklasse 0 vorstellen.

3 Rangklasse 1

3.1 In dieser Rangklasse stehen **Zwangsverwaltungsvorschüsse.** Das sind die Aufwendungen für Erhaltung oder nötige Verbesserung des Grundstücks, die der Gläubiger verauslagt hat. Das Vorrecht beruht auf „dem Gesichtspunkte der nützlichen Verwendung" (Denkschrift S 37). **Ausgaben** zur Grundstückserhaltung oder -verbesserung können sein Instandsetzungskosten (insbesondere bei Gebäudereparatur), Leistungen für Brand-, Hagel-, Haftpflicht- und sonstige Versicherung des Grundstücks und mithaftender Gegenstände, Lohn des zur Bewirtschaftung erforderlichen Personals, Kosten für Haltung des Viehbestandes sowie für Anschaffung landwirtschaftlicher Geräte, aber auch für einen Umbau oder die Vollendung eines Neubaus[4] (nicht aber für Errichtung eines Neubaus auf einem bisher unbebauten Grundstück[5]). Ein Vorschuß für die Vergütung des Zwangsverwalters rechnet dazu, wenn die Zwangsverwaltung zur Erhaltung der Substanz oder des Wertes des Grundstücks nötig ist[6] (so im Falle von BGB § 1134 Abs 2, nicht in dem von ZPO § 938 Abs 2). Anspruch mit Rangklasse 1 hat nur ein die **Zwangsverwaltung betreibender Gläubiger,** auch nach Zulassung des Beitritts (§ 27 Abs 2), nicht aber der Zwangsverwalter und nicht eine andere Person (Besonderheit § 155 Abs 4), auch nicht der Gläubiger der Sicherungsmaßnahmen (§ 25), und nicht der Beteiligte, der gerichtliche Verwaltung (§ 94) veranlaßt hat. Der Anspruch besteht für die vom Zwangsverwaltungsgläubiger freiwillig zweckbestimmt geleisteten Ausgaben ebenso wie für die auf Veranlassung des Gerichts (§ 161 Abs 3) erfolgten Aufwendungen. Wenn der Gläubiger durch einen Mietvertrag zu seinen Ausgaben verpflichtet war, hindert das doch sein Vorrecht nicht, wenn der von ihm geleistete Mietzins dem Mietwert entspricht[7]. Ausgaben können für den begünstigten Zweck auch als Sachleistungen aufgewendet sein (Lieferung von Baustoffen, Arbeitsleistungen); jedoch begründen Aufwendungen außerhalb des von § 10 Abs 1 Nr 1 gezogenen Rahmens keinen Befriedigungsanspruch, so nicht die Kosten für Lieferung von Material auf Grund eines mit dem Zwangsverwalter geschlossenen Kaufvertrags[8]. Der Zwangsverwalter selbst hat wegen seines Anspruchs auf Vergütung und Ersatz der Auslagen keinen Anspruch nach Rangklasse 1, ebenso nicht der Ersteher für Aufwendungen, wenn der Zuschlag aufgehoben und später einem anderen Meistbietenden erteilt wird. Für Aufwendungen des Gläubigers vor Anordnung der Zwangsverwaltung besteht ein Befriedigungsanspruch nach Rangklasse 1 nicht[9]; daran kann auch durch Vereinbarung der Beteiligten nichts geändert werden.

---

[4] RG 73, 397 (401); KG Berlin OLG 15, 25.
[5] KG Berlin OLG 15, 25.
[6] RG 25, 227.
[7] BGH BB 1954, 391 = LM LASG § 3 a Nr 2 Leitsatz.
[8] OLG Dresden OLG 19, 179.
[9] RG 145, 195; OLG Dresden OLG 19, 179; Mohrbutter KTS 1956, 107 (6).

Rangordnung der Rechte 3.5 § 10

3.2 Zur Erhaltung und nötigen Verbesserung des Grundstücks müssen die Ausgaben objektiv **bestimmt** gewesen und auch tatsächlich **verwendet** worden sein[10]. Dafür kann der mit der Zwangsverwaltung verfolgte Zweck Bedeutung erlangen; gerichtliche Anforderung eines Vorschusses veranlaßt nur Vorauszahlung des zur Verfahrensfortführung erforderlichen Geldbetrages (§ 161 Abs 3), gewährleistet damit allein aber noch nicht die erforderliche Zweckbestimmung des Verfahrens und der dafür nötigen Aufwendungen. Andererseits ist auch nicht ausdrücklich verlangt, daß die Aufwendungen zur Fortsetzung der Zwangsverwaltung erforderlich gewesen sind (§ 161 Abs 3); als Ausgaben zur Grundstückserhaltung oder -verbesserung werden aber Aufwendungen nicht gelten können, die Fortsetzung eines Zwangsverwaltungsverfahrens nicht erfordert hat. Daß die Aufwendungen auch tatsächlich Erhaltung oder Verbesserung des Grundstücks **bewirkt** haben und der Vorteil noch bei Versteigerung vorhanden ist, kann so wenig verlangt werden wie das Befriedigungsrecht mit Vorrang auf einen Betrag beschränkt worden ist, um den das Grundstück bei Zwangsversteigerung noch verbessert ist[11] (anders[12], auch[13]: kein Vorrecht, wenn trotz Verwendung ein Vorteil nicht erzielt worden ist; Mißerfolg trägt Gläubiger). Aufwendungen für Verbesserungen des Grundstücks, die tatsächlich erfolgt sind, aber im Rahmen der Zwangsverwaltung nicht notwendig waren, begründen keinen Befriedigungsanspruch in Rangklasse 1, so wenn an der nicht nötigen neuen Gebäudeausstattung nur dem Gläubiger für den bevorstehenden Grundstückserwerb gelegen war.

3.3 Zinsen: § 155 Abs 3 (dort Rdn 8).

3.4 Für Ansprüche **Dritter** aus der Lieferung von **Düngemitteln, Saatgut** oder **Futtermitteln** (näher § 155 Abs 4 Satz 1) sowie für **Kredite** zur Bezahlung solcher Lieferungen (näher § 155 Abs 4 Satz 2) besteht gleichfalls Anspruch in Rangklasse 1. Diese Ansprüche kommen auch in einer der Verwaltung folgenden Zwangsversteigerung in Rangklasse 1 zum Zuge; Regelung ihres Befriedigungsrechts und Rangs in § 155 Abs 4 ist nur erfolgt, weil es sich in erster Linie um Forderungen handelt, die bei Zwangsverwaltung zu decken sind[14]. Daher nicht richtig[15]; daß in § 155 keine auf die Zwangsverwaltung beschränkte Regelung getroffen ist, zeigt dessen Abs 3; beide Regelungen des früheren Notrechts mit diesem Anwendungsbereich sind „ohne sachliche Änderung" übernommen. Für Beschränkung des Vorrechts solcher im Verfahrensinteresse gemachten Aufwendungen (Gesichtspunkt der nützlichen Verwendung, § 10 Rdn 3.1) nur auf das Zwangsverwaltungsverfahren fehlt auch jeder rechtfertigende Grund.

3.5 In der **Zwangsversteigerung** besteht ein Anspruch der Rangklasse 1 nur, wenn die Zwangsverwaltung bis zum Zuschlag fortgedauert hat[16]. Das gewährleistet Zusammenhang zwischen dem Versteigerungserlös und der durch die Ausgaben bewirkten Erhaltung oder Verbesserung des Grundstücks. Betrieben oder bis zum Zuschlag fortgesetzt worden sein kann die Zwangsverwaltung auch von einem anderen Gläubiger. Der die Zwangsverwaltung betreibende Gläubiger hat Anspruch auf Auslagenersatz mithin auch, wenn er die Zwangsversteigerung selbst überhaupt nicht beantragt hat oder als betreibender Gläubiger vor oder nach der Zwangsversteigerungsbeschlagnahme weggefallen ist, aber ein anderer Gläubiger die anhängige Zwangsverwaltung (nicht ein neues Zwangsverwaltungsverfahren) bis zum Zuschlag fortgesetzt hat. Erforderlich ist außerdem, daß die Ausgaben nicht aus den Nutzungen des Grundstücks erstattet werden können[16] (§ 10 Abs 1

---

[10] LG Bochum Rpfleger 1994, 517.
[11] Motive zum ZVG, zu § 9 Nr 1.
[12] LG Bochum Rpfleger 1994, 517; Jaeckel/Güthe § 10 Rdn 3.
[13] Steiner/Hagemann § 10 Rdn 25.
[14] Jonas/Pohle, ZwVNotrecht, § 10 Anm 2 und § 155 Anm 4 d.
[15] Steiner/Hagemann § 10 Rdn 22 und 23.
[16] LG Bochum aaO (Fußn 10).

§ 10 3.5   Allgemeine Vorschriften

Nr 1). Die Unmöglichkeit, sie aus der Verwaltung zu decken, muß objektiv sein; der Gläubiger muß erst die Befriedigung in der Zwangsverwaltung versucht haben. Gleich ist, ob erst Zwangsversteigerung, dann Zwangsverwaltung angeordnet war oder umgekehrt.

3.6 Mehrere Ansprüche der Rangklasse 1 haben in Zwangsversteigerung und -verwaltung **gleichen Rang** (§ 10 Abs 1, einleitender Satz).

3.7 In der **Zwangsversteigerung** müssen die Ansprüche der Rangklasse 1 angemeldet werden, und zwar zur Rangwahrung spätestens im Versteigerungstermin vor der Aufforderung zur Abgabe von Geboten (§ 37 Nr 4, § 45 Abs 1, §§ 110, 114). Diese Anmeldung erübrigt sich nicht deshalb, weil sich Anfall und Höhe der Ausgaben aus den Zwangsverwaltungsakten ergeben (beide Verfahren sind getrennt). In der **Zwangsverwaltung** sind die Ansprüche im Teilungsplan festzustellen (§ 156 Abs 2 Satz 1) und hierfür anzumelden (§ 156 Abs 2 Satz 4 mit § 114).

3.8 Wenn die Voraussetzungen der Rangklasse 1 fehlen, können die Ausgaben als **Kosten der Rechtsverfolgung** nach § 10 Abs 2 im Rang des Hauptanspruchs berücksichtigt werden, soweit es notwendige Vollstreckungskosten sind.

3.9 Vollstreckt werden kann der Anspruch eines die Zwangsverwaltung betreibenden Gläubigers auf Ersatz seiner Ausgaben zur Erhaltung oder nötigen Verbesserung des Grundstücks, die zu den vom Schuldner zu tragenden Zwangsvollstreckungskosten gehören (§ 10 Rdn 3.8), auf Grund des Hauptsachetitels[16] mit ZPO § 788 (Einl Rdn 40.2). Kosten nicht notwendiger (auch vorzeitiger) Vollstreckung infolge der möglichen Befriedigung aus dem Grundstück trägt dann aber der Gläubiger. Bei Zwangsversteigerung oder/und Zwangsverwaltung hat der vollstreckende Gläubiger mit dem Kostenerstattungsanspruch Rangklasse der Hauptsacheforderung[16] (zumeist 4 oder 5 des § 10 Abs 1). Vollstreckung in Rangklasse 1 ist nach dem Wesen dieser Vorrangklasse ausgeschlossen. Vorrangige Berücksichtigung des Anspruchs in Rangklasse 1 beruht auf „dem Gesichtspunkt der nützlichen Verwendung" (§ 10 Rdn 3.1); es handelt sich um Aufwendungen, die eine wegen einer anderen Gläubigerforderung betriebenen Zwangsverwaltung erfordert hat. Daher sollen sie dem Gläubiger auch in diesem Zwangsverwaltungsverfahren (nicht in einem neuen, § 10 Rdn 3.5) oder in einer mit diesem in Zusammenhang stehenden Zwangsversteigerung vorrangig erstattet werden. Vorrangige Vollstreckung in das Grundstück zur Erhaltung des Erstattungsanspruchs losgelöst von dem bisher vollstreckenden (anderen) Gläubigeranspruch oder fortwährender Vollstreckung anderer Ansprüche weiterer Gläubiger mit Zwangsverwaltung und Zwangsversteigerung widerspricht dem Wesen des Vorrechts in Rangklasse 1. Ein nachrangiger Gläubiger könnte andernfalls über Leistung des Zwangsverwaltungsvorschusses für die Zwangsversteigerung des Grundstücks zur Bildung des geringsten Gebots (§ 44) eine Rangstellung erlangen, die seinem mit Zwangsverwaltung vollstreckten nachrangigen Hauptanspruch nicht gebührt. Dem Hauptanspruch vorgehende Rechte würden dann bei Feststellung des geringsten Gebots nicht mehr berücksichtigt werden (§ 44). Daß sie durch die von ihnen nicht veranlaßte Zwangsverwaltung in dieser Weise Schaden erleiden, rechtfertigt Vorschußleistung eines die Zwangsverwaltung betreibenden Gläubigers nicht. Er kann den Vorschuß in einer Zwangsverwaltung oder Zwangsversteigerung vorrangig daher nur dann fordern und erhalten, wenn er aus den Nutzungen oder aus dem Erlös des fortgeführten Verfahrens gedeckt werden kann. Zudem würde Vollstreckung des Anspruchs mit Rangklasse 1 Vollstreckungstitel über den bevorrechtigten Anspruch erfordern (§ 15 Rdn 9), somit Duldungstitel[16], der den Anspruch dieser Rangklasse bevorrechtigt ausweise. Zur Berücksichtigung des Anspruchs im Teilungsplan der Zwangsverwaltung kann ein solcher Titel jedoch nicht erlangt werden, weil er nicht benötigt wird (§ 10 Rdn 3.7) und der Anspruch vorrangig entfällt, wenn die Zwangsverwaltung aufgehoben wird. In der Zwangsversteigerung besteht der Anspruch nur, wenn Deckung aus den Zwangsverwaltungsausga-

Rangordnung der Rechte 4.3 **§ 10**

ben objektiv unmöglich ist (§ 10 Rdn 3.5) und die Verwaltung bis zum Zuschlag fortdauert. Ein Urteil (anderer Vollstreckungstitel), dessen Vollstreckung nach seinem Inhalt von dieser durch den Gläubiger zu beweisenden Tatsache abhängt, könnte wegen ZPO § 726 Abs 1 nicht vollstreckbar ausgefertigt werden. Damit fehlt zugleich aber das Rechtsschutzbedürfnis für Erlangung eines Duldungstitels über einen solchen Vorranganspruch. Entsprechendes gilt für die Ansprüche Dritter aus Lieferung von Düngemitteln usw (§ 10 Rdn 3.4). Der Zahlungstitel über einen solchen Anspruch ermöglicht Vollstreckung in der vorrangigen Klasse 1 auch dann nicht, wenn die bevorrechtigte Rechtsnatur des Anspruchs dargelegt (glaubhaft gemacht oder nachgewiesen) wird (Anspruch mit seiner Rechtsnatur ist vom Vollstreckungsgericht nicht zu prüfen).

3.10 Zu Rangklasse 1 im ZVG-Handbuch Rdn 70.

Rangklasse 2

4.1 In dieser Rangklasse stehen die **Litlohnansprüche** (auch Lidlohn: von „Liten" sowie „Laten" = Halbfreie, Hörige; Begriffserklärung[17]) der in Land- und Forstwirtschaft zur Grundstücksbewirtschaftung beschäftigten Personen. Grund (Denkschrift S 37): Diese Personen tragen durch ihre Dienste zur Erhaltung des wirtschaftlichen Standes bei und arbeiten so zum Nutzen aller, die Befriedigung aus dem Objekt erwarten dürfen.

4.2 a) Das Vorrecht besteht nur bei Versteigerung land- oder forstwirtschaftlicher Grundstücke und eines Grundstücks mit einem Nebenbetrieb. **Landwirtschaftliche Grundstücke** sind der Bodenbewirtschaftung und/oder der mit Bodennutzung verbundenen (nicht also der gewerblichen) Tierhaltung gewidmet, um pflanzliche oder tierische Erzeugnisse zu gewinnen; dazu gehören insbesondere Grundstücke für den Ackerbau, die Wiesen- und Weidewirtschaft, den Erwerbsgartenbau, den Erwerbsobstbau und den Weinbau sowie die Fischerei in Binnengewässern (Grundstücksverkehrsgesetz § 1 Abs 2). **Forstwirtschaftliche** Grundstücke werden mit Ausnutzung des Waldbodens, insbesondere durch Auf- und Abforstung, bewirtschaftet. Das Vorrecht besteht auch, wenn es sich nur um kleinen landwirtschaftlichen Grundbesitz und damit um ein land- oder forstwirtschaftliches Einzelgrundstück handelt.

b) **Nebenbetriebe** sind hier: Mühle, Sägewerk, Molkerei, Käserei, Branntweinbrennerei, Brauerei, Ziegelei, Tonwarenfabrikation, Herstellung bzw Gewinnung und Zubereitung von Obstwein, Säften, Essig, Tafelwasser, Gartenerzeugnissen, Torf, Torferzeugnissen, Holzkohle, Harz, Pech, Sand, Kies, Kalk, Schiefer, Ton usw (dazu auch HGB § 3 Abs 3 und die Kommentare hierzu). Die Nebenbetriebe müssen mit dem Grundstück so verbunden sein, daß allein oder hauptsächlich aus dem Grundstück die Rohstoffe dafür entnommen werden, und es muß das Nebengewerbe auf dem zu versteigernden Grundstück, nicht auf anderen des Schuldners, durchgeführt werden[18].

4.3 Bevorrechtigt sind Ansprüche der bei dem Schuldner (Grundstückseigentümer) in einem **Dienst-** oder **Arbeitsverhältnis** stehenden Personen, somit insbesondere des Gesindes, der Wirtschafts- und Forstbeamten, auch wenn der Anspruch von einem Pfandgläubiger des Berechtigten eingezogen wird (soweit überhaupt pfändbar). Es muß sich nicht um ein Dauerdienstverhältnis handeln[19], es genügt auch ein vorübergehendes Arbeitsverhältnis als Tagelöhner (auch Aushilfe ist daher genügend, so auch[20]; anders[21]). Das Befriedigungsrecht begründet auch

---

[17] Stöber, ZVG-Handbuch, Rdn 71; Wacke ZIP 1991, 1472.
[18] Mohrbutter/Drischler Muster 57 Anm 2.
[19] Dassler/Muth § 10 Rdn 15; Mohrbutter/Drischler Muster 57 Anm 1.
[20] Korintenberg/Wenz § 10 Anm II 2.
[21] Jaeckel/Güthe § 10 Rdn 11; Steiner/Hagemann § 10 Rdn 49.

ein vom Zwangsverwalter begründetes Dienstverhältnis (§ 152 Abs 1). Das Dienst- oder Arbeitsverhältnis muß nicht bis zur Beschlagnahme fortbestehen[22]. Es muß aber auf einem Abhängigkeitsverhältnis beruhen. Kinder des Schuldners, die dem elterlichen Hausstand angehören und so zur Dienstleistung in Haushalt und Geschäft verpflichtet sind (BGB § 1619), haben keinen Anspruch auf Vergütung und fallen daher nicht hierunter, falls nicht nach den Umständen des Falles ein (mindestens stillschweigender) Dienstleistungsvertrag abgeschlossen ist[23]. Ein Minderjähriger kann nach BGB § 113 zur eigenen Geltendmachung des Anspruchs berechtigt sein. Von einem Nießbraucher, Pächter[24] oder von einem Dritten (Hypothekengläubiger)[25] zur Bewirtschaftung des Grundstücks angenommene Personen haben kein Recht auf Befriedigung aus dem Grundstück, ebenso nicht die Ansprüche von Tierärzten, Steuerberatern, Dreschmaschinenverleihern, Lieferanten, auch nicht Ansprüche aus Miete oder Kauf.

4.4 Nur **Lohn, Kostgeld** und andere **Bezüge** dieser Personen als Entgelt aus dem Dienst- oder Arbeitsverhältnis sind bevorrechtigt. Dazu gehören auch der gesetzliche Entgeltfortzahlungsanspruch und die Arbeitnehmeranteile der Sozialversicherungsbeiträge, nicht aber die Arbeitgeberanteile, nicht Schadensersatzansprüche aus dem Arbeitsverhältnis, nicht Ansprüche des Fiskus wegen des Steuerabzugs vom Arbeitslohn, nicht Ansprüche für häusliche oder persönliche Dienste (reine Hausangestellte zB); wohl aber für Hausangestellte, deren Verwendung im Wirtschaftsbetrieb überwiegt.

4.5 Das Befriedigungsvorrecht in Rangklasse 2 ist beschränkt auf **laufende Beträge** und auf die aus dem letzten Jahr rückständigen (Abgrenzung § 13 Rdn 2). Bei einem schon aufgelösten Dienstverhältnis ist die Frist zu berechnen, wie wenn es bis zur Beschlagnahme fortgedauert hätte. Ältere Rückstände können nur durch Beitritt in Rangklasse 5 (also mit Titel) erreicht werden.

4.6 Das Befriedigungsvorrecht wird durch **Wechsel des Grundstückseigentümers** während der maßgebenden Bezugszeit nicht berührt, gilt also auch für Ansprüche gegen Vorgänger und für das von einem Nachfolger nicht übernommene Gesinde. Es können sogar in der Wiederversteigerung Beträge aus der Zeit vor der ersten Versteigerung mitberücksichtigt werden, wenn sie im ersten Verfahren nicht angemeldet waren und die maßgebende Frist noch eingehalten ist. Berechtigt sind ja auch noch Ansprüche, die erst nach der Beschlagnahme entstehen.

4.7 Falls **mehrere Grundstücke** bewirtschaftet werden, aber nur eines oder einige versteigert werden, sind die bevorrechtigten Ansprüche aufzuteilen, und zwar, weil das Gesetz hierzu nichts sagt, nach Größe und Wert der Grundstücke und nach Art und Umfang der für sie geleisteten Dienste[26] (anders[27]: die Bevorrechtigten müßten nicht gerade bei der Bewirtschaftung dieser Grundstücke gearbeitet haben, wer beim Schuldner an einem der Grundstücke gearbeitet habe, sei an allen bevorrechtigt, außer bei ganz getrennten Gütern).

4.8 Untereinander sind die in Rangklasse 2 gehörenden Ansprüche gleichberechtigt (§ 10 Abs 1, einleitender Satz).

4.9 In der **Zwangsversteigerung** müssen die Ansprüche der Rangklasse 2 angemeldet werden, und zwar zur Rangwahrung spätestens im Versteigerungstermin vor der Aufforderung zur Abgabe von Geboten (§ 37 Nr 4, § 45 Abs 1, §§ 110, 114). Diese Anmeldung erübrigt sich nicht deshalb, weil sich Anfall und Höhe der Ansprüche aus den Zwangsverwaltungsakten ergeben (beide Verfahren

---

[22] Dassler/Muthe § 10 Rdn 15; Mohrbutter/Drischler Muster 57 Anm 1.
[23] BGH FamRZ 1973, 298 = KTS 1973, 254 = MittBayNot 1973, 212 = WM 1973, 563.
[24] Steiner/Hagemann § 10 Rdn 50; Korintenberg/Wenz § 10 Anm II 2.
[25] OLG München OLG 14, 202.
[26] Mohrbutter/Drischler Muster 57 Anm 4; Steiner/Hagemann § 10 Rdn 52.
[27] Henle, ZVG, § 10 Anm 11.

sind getrennt). In der **Zwangsverwaltung** sind die Ansprüche im Teilungsplan festzustellen (§ 156 Abs 2 Satz 1) und hierfür anzumelden (§ 156 Abs 2 Satz 4 mit § 114).

4.10 Landesrechtlich ist in oder hinter diese Rangklasse ein Vorrecht für gewisse Ansprüche von Bergarbeitern eingefügt (für Bayern § 10 Rdn 5).

Rangklasse 2/3 5

Diese Zwischenklasse für **bergrechtliche** Ansprüche in **Bayern** hat nur noch für eine Übergangszeit Bedeutung. Auf Grund von EGZVG § 2 waren durch das bayerische ZVG-Ausführungsgesetz (10. Auflage, Textanhang T 50) Art 39 gewisse bergrechtliche Ansprüche hinter Rangklasse 2 und vor Rangklasse 3 eingefügt. Dieses Gesetz ist aufgehoben (BayerGVG-AusfG vom 23. 6. 1981, BayGVBl Seite 188, Art 56 Abs 2 Nr 3). Jedoch gilt Art 39 des vormaligen bayerischen ZVG-AusfG noch für die vor Inkrafttreten des Bundesberggesetzes vom 13. 8. 1980 (BGBl I Seite 1310) entstandenen unbeweglichen Kuxe, die nach dem Bundesberggesetz noch für eine Übergangszeit fortbestehen, bis zu deren Erlöschen oder ihrer Aufhebung (Bayer GVG-AusfG Art 55 Abs 5).

Rangklasse 3 6

6.1 In diese Rangklasse gehören **öffentliche Grundstückslasten.** Öffentlich-rechtliche Lasten sind alle persönlichen, sachlichen und finanziellen Leistungen, die dem Bürger zugunsten der Allgemeinheit auferlegt werden[28]. Öffentliche Grundstückslasten sind sie, soweit ein Grundstück dafür dinglich haftet. Für diese gibt es keine gesetzliche Begriffsbestimmung[29]; ihr Entstehen richtet sich nach öffentlichem Recht (Gesetz oder Satzung eines autonomen Verbands), ihr weiteres Schicksal dann nach Privatrecht[30]. Die öffentliche Grundstückslast ist also eine im öffentlichen Recht (des Bundes oder eines Bundeslandes) kraft Gesetzes oder Satzung geschaffene Abgabenverpflichtung, die in Geld durch wiederkehrende oder einmalige Leistungen zu erfüllen ist und bei der die dingliche Haftung des Grundstücks besteht[31] (siehe Abgabenordnung § 77 Abs 2), neben der eine persönliche Zahlungsverpflichtung des Schuldners gegeben sein kann. Welche Zahlungsverpflichtung eine solche öffentliche Grundstückslast ist, wird meist in einer Rechtsvorschrift (Gesetz oder Satzung) ausdrücklich gesagt; sie kann darin aber auch diese Eigenschaft einfach durch die rechtliche Gestaltung und die Beziehung zum Grundstück erhalten[32]. Doch muß aus Gründen der Klarheit und Rechtssicherheit aus der gesetzlichen Regelung eindeutig hervorgehen, daß die Abgabeverpflichtung auf dem Grundstück lastet, daß mithin nicht nur eine persönliche Haftung des Abgabenschuldners, sondern auch die dingliche Haftung des Grundstücks besteht[33]. Zweifel in dieser Hinsicht schließen die Berücksichtigung einer Zahlungspflicht als öffentliche Last aus[34]. Wenn eine Vorschrift des öffentlichen Rechts eine Beitragspflicht für öffentliche Einrichtungen unabhängig davon begründet, ob der Schuldner Grundstückseigentümer ist, muß sie klarstellen, daß die Verpflichtung für den Fall der Heranziehung des (jeweiligen) Grundstückseigen-

---

[28] BGH KTS 1971, 192 = MDR 1971, 205; Fischer NJW 1955, 1583 (I).
[29] BGH KTS 1971, 192 = MDR 1971, 205 und KTS 1981, 595 = MDR 1981, 1002 = NJW 1981, 2127 = Rpfleger 1981, 349.
[30] Fischer NJW 1955, 1583 (2) (II).
[31] BGH NJW 1981, 2127 = aaO (Fußn 29); Fischer NJW 1955, 1583 (I).
[32] BGH KTS 1971, 192 = MDR 1971, 205; BGH NJW 1981, 2127 = aaO (Fußn 29); BGH KTS 1988, 826 = MDR 1989, 60 = NJW 1989, 107 = Rpfleger 1988, 541; Fischer NJW 1955, 1583 (IV).
[33] BGH NJW 1981, 2127 und 1989, 107 = je aaO (Fußn 29 und 32); LG Aachen NJW-RR 1993, 1488.
[34] BGH NJW 1981, 2127 = aaO (Fußn 29) und LG Aachen NJW-RR 1993, 1488.

tümers den Charakter einer öffentlichen Last hat[34]. Wenn eine Beitragspflicht durch den Gesetzgeber nicht zumindest gesetzlich im Grundsatz als öffentliche Last festgelegt ist, kann sie nicht durch Verordnung (und darauf beruhende Satzung) als öffentliche Last ausgestaltet werden[35]. Die Eigenschaft als öffentliche Grundstückslast fällt nicht weg, wenn über die Höhe der Abgabe in einem Verwaltungsgerichtsverfahren ein Vergleich geschlossen wird[36].

6.2 Abgeltungslast/Abgeltungshypothek: Die nach dem 1. Weltkrieg geschaffene Gebäudeentschuldungssteuer wurde 1942 aufgehoben; sie mußte durch einen 10-Jahresbetrag abgegolten werden, der öffentliche Last war, ablösbar durch ein Bankdarlehen, dieses zu sichern durch eine Abgeltungshypothek an erster Stelle der Rangklasse 4. Ende 1964 erloschen die Lasten (GBMaßnG § 23). Einzelheiten noch in der 9. Auflage. Im Beitrittsgebiet (Einl Rdn 14.1) erloschen die Abgeltungslasten mit dem Ende des Jahres 1995 (GBMaßnG § 23 mit § 36 a Satz 1, Letzterer BGBl 1995 I 897). Auch in diesem Gebiet darf eine Abgeltungshypothek (auf Antrag) nach Ablauf des Jahres 1995 nicht mehr eingetragen werden (GBMaßnG § 22 mit § 36 a Satz 1). Eine (noch) eingetragene Abgeltungshypothek hat Vorrang vor allen anderen am Grundstück bestehenden Rechten; sie erlischt in Höhe der zurückgezahlten Beträge (Gebäudeentschuldungssteuer-DVO 1942 § 8 Abs 3); eine Eigentümergrundschuld besteht damit nicht.

6.3 Entschuldungsrente auf landwirtschaftlichen Grundstücken war öffentliche Last. Einzelheiten in der 9. Auflage.

6.4 Erschließungskosten (Straßenkosten, Anliegerbeiträge) nach dem Baugesetzbuch (BauGB §§ 127–135) sind Kosten der Planung, Herstellung, Pflasterung, Beleuchtung, Kanalisation usw öffentlicher Straßen, Wege und Plätze, früher landesrechtlich teils freiwillig durch Sicherungshypothek zu sichern, teils als öffentliche Last bestimmt, sind jetzt bundeseinheitlich eine öffentliche Grundstückslast. Nach BauGB (vordem Bundesbaugesetz) § 134 Abs 2 ruhen jedoch nur Beiträge für Ersterschließung, nicht auch Beiträge für den Ausbau bereits bestehender Erschließungsanlagen, als öffentliche Last auf dem Grundstück[37] (Erbbaurecht, dinglichen Nutzungsrecht, Wohnungs- oder Teileigentum; Ausnahme nach Landesrecht möglich, BauGB § 128 Abs 2). Als öffentliche Last können Erschließungskosten nicht mehr durch eine Sicherungshypothek gesichert werden (GBO § 54), solange sie in Rangklasse 3 steht, also höchstens bedingt für den Fall des Rangverlustes durch eine aufschiebend bedingte, wirksam mit Wegfall des Hindernisses[38], oder durch eine Grundschuld oder durch eine Sicherungshöchstbetragshypothek[39]. Aus früher eingetragenen Rechten darf weiter vollstreckt werden, sie sind nicht erloschen. Gemeinden haben beide Möglichkeiten des Vorgehens, aus der früheren Sicherungshypothek (oder aus der ausnahmsweise neu eingetragenen Sicherung) oder aus der öffentlichen Last. Erschließungslasten, die erst nach dem Zuschlag fällig werden, treffen den Ersteher (§ 56 Satz 2 mit BGB § 103). Vorher fällige sind als öffentliche Last anzumelden und aus dem Bargebot zu befriedigen. Werden sie nicht angemeldet, so werden sie nicht aus dem Erlös beglichen und der Ersteher haftet für sie nicht; er ist nicht Rechtsnachfolger des Schuldners, hat nur zu übernehmen, was im Zuschlag festgesetzt oder gesetzlich besonders bestimmt ist. Vorausleistungen auf den Erschließungsbeitrag können bereits verlangt werden, wenn ein Bauvorhaben genehmigt ist (BauGB § 133 Abs 3). Auch die durch Vorausleistungsbescheid (nicht jedoch die durch Vorauszahlungsvereinbarung) begründete Forderung ruht gemäß BauGB § 134 Abs 2 als

---

[35] BGH NJW 1981, 2127 und NJW 1989, 107 = je aaO (Fußn 29 und 32).
[36] BGH KTS 1971, 192 = MDR 1971, 205.
[37] BGH NJW 1981, 2127 = aaO (Fußn 29).
[38] BayObLG 1956, 122 und 1962, 290; LG Köln DNotZ 1962, 393 = Rpfleger 1962, 104 mit krit Anm Haegele.
[39] LG Köln aaO (Fußn 38).

öffentliche Last auf dem Grundstück[40]. Bei Fälligkeit des Vorauszahlungsbetrags (BauGB § 135 Abs 1) vor dem Zuschlag ist er als öffentliche Last anzumelden und aus dem Bargebot zu befriedigen. Wenn ein Vorausleistungsbescheid bestandskräftig geworden ist, besteht ein Anspruch auf Wiederaufgreifen des Verwaltungsverfahrens auch nach dem Zuschlag im Zwangsversteigerungsverfahren frühestens mit Fälligkeit des endgültigen Erschließungsbeitrags[41]. Zinsen aus der Last können in der Versteigerung nicht verlangt werden, außer wenn die Last verrentet ist (BauGB § 135). Die Jahresleistungen des in Form einer **Rente** zu zahlenden Erschließungsbeitrags stehen wiederkehrenden Leistungen nach § 10 Abs 1 Nr 3 gleich (BauGB § 135 Abs 3 Satz 4). Zu den dem Baugesetzbuch entsprechenden Bestimmungen des vormaligen Bundesbaugesetzes siehe Textanhang der 12. Auflage T 16.

6.5 Flurbereinigung: Die Teilnehmer der Flurbereinigungsverfahren (dazu § 15 Rdn 17) sind zu Geldbeiträgen verpflichtet (FlurbG § 19 Abs 1), die als öffentliche Last auf dem Grundstück ruhen (FlurbG § 20). Nichtbeteiligte Grundstückseigentümer können einen Beitrag zu den Ausführungskosten schulden, der öffentliche Grundstückslast ist (FlurbG § 106).

6.6 Grundsteuer nach dem Grundsteuergesetz ruht dann, wenn die Gemeinde sie erhebt (Gesetz § 1); als öffentliche Last auf Grundstücken (natürlich auch auf Grundstücksbruchteilen) und Erbbaurechten (Gesetz §§ 12, 10). Fällig ist sie zu je einem Viertel am 15. Februar, 15. Mai, 15. August, 15. November oder in einem Jahresbetrag auf Antrag am 1. Juli, bei Kleinbeträgen auch abweichend (Gesetz § 28). Sie ist von der Gemeinde anzumelden.

6.7 Hypothekengewinnabgabe: Einl Rdn 51.2.

6.8 Knappschaftsbeiträge waren nach Knappschaftsgesetz § 148 Abs 2 bei Vollstreckung in Bergwerkseigentum, unbewegliche Bergwerksanteile, selbständige Kohlenabbaugerechtigkeiten oder Salzabbaugerechtigkeit öffentliche Last des Objekts.

6.9 Kommunalabgaben, das sind Abgaben, die Gemeinden und Gemeindeverbände für die Inanspruchnahme öffentlicher Einrichtungen oder Anlagen als sogen Benützungsgebühren erheben, können je nach landesrechtlicher Regelung öffentliche Lasten sein[42] (nicht richtig[43]). Entsprechendes gilt für Beiträge und Umlagen, die Gemeinden und Gemeindeverbände für die Mitgliedschaft in einem Wasser- und Bodenverband oder in einem Zweckverband zahlen (sogenannte Verbandslasten) und als Gebühren denjenigen auferlegt haben, die Einrichtungen und Anlagen des Verbandes in Anspruch nehmen oder denen der Verband Vorteile gewährt. In Betracht kommen Straßenreinigungsgebühren und Anschluß-, Benützungs- sowie Bezugskosten für Gas, Strom, Wasser und Fernwärme. Abgaben für ein wirtschaftliches Gemeindeunternehmen zur Versorgung mit Gas, Strom, Trinkwasser, zur Abfall- und Abwasserbeseitigung, für Kanalisation, Müllabfuhr und Straßenreinigung, sind öffentliche Abgaben, wenn das Unternehmen in öffentlich-rechtlicher Organisationsform (zumeist als Eigenbetrieb) geführt wird. Die Erhebung der Abgaben erfordert dann Satzungsgrundlage, die den Abgabenschuldner bezeichnen und (gegebenenfalls in Verbindung mit Landesgesetz) die Eigenschaft als öffentliche Last erkennbar machen muß. Keine öffentlichen Lasten sind sonach gemeindliche Benutzungsgebühren, die nur vom jeweiligen Benutzer (auch Mieter, Pächter) für die Inanspruchnahme öffentlicher Einrichtungen erhoben werden können, mithin nicht dem Grundstück (seinem jeweiligen Eigentümer) auferlegt sind. Ge-

---

[40] BVerwG DVBl 1982, 543 = NVwZ 1982, 377; OVG Nordrhein-Westfalen KTS 1983, 153.
[41] OVG Nordrhein-Westfalen aaO (Fußn 40).
[42] Verwaltungsgerichtshof Kassel NJW 1981, 476.
[43] Messer NJW 1981, 1406 (1408, 1411).

meindlichen Versorgungsunternehmen auf privatrechtlicher Grundlage (GmbH, Aktiengesellschaft) wird ein privatrechtliches Entgelt geschuldet; ihm fehlt die Eigenschaft als öffentliche Abgabe; es kann daher auch nicht öffentliche Grundstückslast sein. Einem beliehenen Unternehmer ist als Privatmann die Zuständigkeit eingeräumt, bestimmte einzelne hoheitliche Aufgaben im eigenen Namen zu erfüllen (zu diesem Zweck Hoheitsbefugnisse auszuüben)[44]; ihm wird daher ein privatrechtliches Entgelt geschuldet, das nicht öffentliche Grundstückslast sein kann. Für Bayern gilt das Kommunalabgabengesetz (KAG) idF vom 4. 4. 1993 (BayGVBl 264, mit Änderungen), nach dessen Artikel 5 zur Deckung des Aufwands der Gemeinden und Landkreise für die Herstellung, Anschaffung, Verbesserung oder Erneuerung ihrer öffentlichen Einrichtungen (Investitionsaufwand) Beiträge von den Grundstückseigentümern und Erbbauberechtigten erhoben werden, die als öffentliche Last auf Grundstück, Erbbaurecht, Wohnungs- und Teileigentum ruhen. Sie unterliegen der Abgabenordnung (§ 15 Rdn 34). Nach dem hessischen Kommunalabgabengesetz ruht der Anspruch einer Gemeinde auf Erstattung der Kosten für die Herstellung eines (Kanal-)Grundstücksanschlusses als öffentliche Last auf dem Grundstück[45]. Straßenreinigungs- und Kanalbenutzungsgebühren stellen in Niedersachsen (nach[46]) keine öffentlichen Lasten dar. Eine Straßenausbauabgabe nach dem Schlesw-Holst Kommunalabgabengesetz wird nicht als öffentliche Grundstückslast angesehen[47].

6.10 Landesrechtliche Grundstückslasten können je nach den Landes-Ausführungsgesetzen zum ZVG oder BGB öffentliche Grundstückslasten sein. In Betracht kommen nach Landesrecht Abgaben und Leistungen, die auf dem Grundstück lasten und nicht auf einer privatrechtlichen Verpflichtung beruhen. Hierzu können gehören Deichlasten, Schullasten, Kirchenlasten und Patronatslasten. Wesentliche landesrechtliche Bestimmungen siehe ZVG-Handbuch Rdn 74 b.

6.11 Landesrentenbankrente für die Deutsche Siedlungs- und Landesrentenbank nach dem Landesrentenbankgesetz steht (bei Eintragung im Grundbuch bis 30. 3. 1980, WohnungsbauÄndG 1980, BGBl I 159, 167, Artikel 4 Abs 2) den öffentlichen Lasten gleich (Gesetz § 14 Abs 1), geht den dinglichen Rechten vor (HeuerlingsVO § 6; DurchführungsVO dazu § 1 Abs 2).

6.12 Landwirtschaftliche Rentenbank: Die Reallast ist als öffentliche Grundstückslast anzusehen. Sie hat kaum noch Bedeutung. Näheres in der 9. Auflage.

6.13 Schornsteinfeger: Öffentliche Grundstückslast sind die Kehrgebühren nach SchFG § 25, einschließlich der Gebühren für die Bau- und Gebrauchsabnahme, samt Wegegeldern und anderen Auslagen (auch Umsatzsteuer). Anspruch auf Verzugszinsen begründet SchFG § 25 Abs 4 nicht[48]. Haftung bei Eigentumswohnanlagen: § 44 Rdn 5.29.

6.14 Steuern- und Abgaben-**Nebenleistungen:** Soweit die Ansprüche selbst als öffentliche Grundstückslasten zu befriedigen sind und dabei der Abgabenordnung unterliegen (Gesetz § 1), sind als steuerliche Nebenleistungen auch Verspätungszuschläge, Zinsen und Säumniszuschläge mit eingeschlossen. Ein Zwangsgeld (Abgabenordnung § 328) zur Durchsetzung eines Verwaltungsaktes dient nicht der Verwirklichung dinglicher Haftung (ist keine Vollstreckung des Anspruchs auf Zahlung aus dem Grundstück), nimmt somit am Vorrang einer öffentlichen Last nicht teil. **Kosten** sind nach § 10 Abs 2 (wie die öffentliche Last) in Rangklasse 3 des § 10 Abs 1 bevorrechtigt, wenn sie durch eine die Befriedigung aus dem Grundstück bezweckende Rechtsverfolgung (notwendig, ZPO § 788) verursacht

---

[44] BGH 119, 75 (80) = NJW 1992, 2570 = Rpfleger 1993, 75.
[45] Verwaltungsgerichtshof Kassel NJW 1981, 478 Leitsatz.
[46] AG Osterholz-Scharmbeck Rpfleger 1986, 489.
[47] BGH NJW 1989, 107 = aaO (Fußn 32).
[48] BVerwG NJW-RR 1994, 972.

Rangordnung der Rechte 6.17 § 10

sind; dazu gehören nicht die Kosten der Rechtsverfolgung gegen den (für die öffentliche Last, zB nach Grundsteuergesetz § 10) persönlich zahlungspflichtigen Steuerschuldner (§ 10 Rdn 15).

6.15 In **Umlegungsverfahren** nach BauGB §§ 57–61 für die Gemeinde festgesetzte Geldleistungen sind öffentliche Last des Grundstücks (oder Erbbaurechts) (BauGB § 64 Abs 3). Ebenso sind Geldleistungen für eine Gemeinde aus einer Grenzregelung öffentliche Last (BauGB § 81 Abs 2). Geldleistungen (Vorschüsse und Beiträge) aus früheren Umlegungsverfahren nach dem Bundesbaugesetz (§§ 57–62, 64) siehe dort (Textanhang 12. Auflage, T 16).

6.16 Wasser- und Bodenverbände: Die Beiträge der dinglichen Verbandsmitglieder sind öffentliche Grundstückslasten (Wasserverbandsgesetz vom 12. 2. 1991, BGBl I 405).

6.17 a) **Einmalige Leistungen,** die mit den „aus den **letzten vier Jahren** rückständigen Beträgen" in Rangklasse 3 fallen, sind die öffentlichen Lasten des Grundstücks, die nach ihrer Anspruchsgrundlage bei Fälligkeit in einem Betrag zu leisten sind. Das gilt auch für Hauptsachebeträge (einmalige Leistungen), die in Teilbeträgen (Raten; dann keine gleichzeitige Fälligkeit) zu erfüllen sind. Beispiele: Erschließungsbeitrag nach BauBG § 127 (Fälligkeit § 135), einmaliger Beitrag zur Teilnehmergemeinschaft bei Flurbereinigung, einmaliger Beitrag nach den Kommunalabgabegesetzen der Länder. Der Zeitpunkt der (gesetzlichen) **Fälligkeit** (zB für Erschließungskostenbeitrag BauGB § 135 Abs 1), nicht bereits der Zeitpunkt, in dem eine öffentliche Last entstanden ist (zB für Erschließungskostenbeitrag BauGB § 133 Abs 2) oder der Beitragsbescheid bekanntgemacht ist, ist als Zeitpunkt, in dem die Verpflichtung zu entrichten (BGB § 103) und mit dessen Ablauf sie rückständig ist (dazu nachf b), für Abgrenzung maßgeblich, ob das Grundstück im Eigentum des Schuldners haftet oder die Last vom Ersteher zu tragen ist (§ 56 Satz 2; anders[49], schon nach dem Wortlaut des § 10 Abs 1 Nr 3 nicht richtig). Eine (einmalige) öffentliche Last, die infolge Fälligkeit erst nach dem Zuschlag der Ersteher trägt (§ 56 Satz 2), wird nicht in das geringste Gebot aufgenommen (§ 44); ihr Bestehenbleiben bestimmt sich daher auch nicht nach § 52; sie gehört nicht zu den nach § 10 Abs 1 Nr 3 berechtigten „rückständigen" Beträgen; daher unterliegt sie auch nicht der Anmeldepflicht nach § 37 Nr 4 (anders[49], der Anmeldung bereits fordert, wenn die Pflicht mit Herstellung der Anlage entstanden ist, auch wenn Ansprüche noch nicht genau bezifferbar und fällig sind; dann besteht aber auch kein rückständiger Anspruch nach § 10 Abs 1 Nr 3 und kein Rechtsgrund für Aufnahme in das geringste Gebot).

b) Für die aus den **letzten 4 Jahren rückständigen Beträge** der einmaligen Leistungen bestimmt § 10 Abs 1 Nr 3 (nur) das Vorrecht; dazu, wie dieser Zeitraum festgestellt wird, sagt die Vorschrift nichts. § 13 trifft (nur) für wiederkehrende Leistungen Bestimmung, welche Beträge Rückstände sind, und unterscheidet damit zugleich von diesen die laufenden Beträge. Für Hauptsachebeträge trifft diese Vorschrift keine Bestimmung; sie ist auch nicht entsprechend anwendbar. Für einen Hauptsachebetrag, damit auch für den Anspruch auf Entrichtung einer (einmaligen) öffentlichen Grundstückslast, bedarf es aber auch keiner selbständigen Regelung des Begriffs „rückständige Beträge". Er steht mit dem Fälligkeitszeitpunkt bereits zuverlässig fest. Denn **rückständig** ist eine Leistung grundsätzlich, wenn der Termin für ihre **Fälligkeit vorbei** ist, ohne daß der Anspruch getilgt oder sonst erloschen ist. Diese Abgrenzung liegt auch der Lastenverteilung bei Grundstücksversteigerung zugrunde. Der Ersteher hat eine einmalige öffentliche Last zu tragen, wenn sie vom Zuschlag an zu entrichten ist (§ 56 Satz 2 mit BGB § 103). Anspruch auf Befriedigung aus dem Grundstück gewährt sie nach § 10 Abs 1 Nr 3 daher nur, wenn sie bei Fälligkeit nicht bezahlt, somit rückständig ist

---

[49] Stoltenberg RpflJahrbuch 1988, 370.

(siehe die Abgrenzung in BGB § 103). „Aus den letzten vier Jahren rückständige Beträge" sind daher die „Ansprüche auf Entrichtung der öffentlichen Lasten des Grundstücks", die als einmalige Leistungen **in den letzten vier Jahren vor dem Zuschlag fällig geworden** sind. Vier Jahre nach Fälligkeit gehört ein Anspruch auf Entrichtung einer öffentlichen Last somit nicht mehr zu den nach § 10 Abs 1 Nr 3 bevorrechtigten Ansprüchen. Nur dann fällt das Vorrecht mit Zeitablauf nicht weg, wenn der Berechtigte in dieser 4-Jahresfrist wegen seines Anspruchs auf Entrichtung der (einmaligen) öffentlichen Last die Beschlagnahme des Grundstücks erwirkt hat. Wahrung seines Vorrechts für die Dauer des Verfahrens, auf die er keinen Einfluß nehmen kann, gewährleistet dem Gläubiger der öffentlichen Last sein Vollstreckungszugriff, weil die Beschlagnahme der Sicherung des Erfolgs des Verfahrens dient (§ 20 Rdn 1.1), Beeinträchtigung seines Anspruchs, mithin auch Rangverlust, der Berechtigte daher nicht mehr erleiden kann.

c) Für Anwendung des § 13 zur Bestimmung des „Rückstands" eines Anspruchs auf Entrichtung einer einmaligen öffentlichen Last ist kein Raum. § 13 trifft nur für Abgrenzung der wiederkehrenden laufenden von den rückständigen Leistungen Bestimmung. Als maßgeblicher Zeitpunkt ist die (erste) Beschlagnahme daher zur einheitlichen Berechnung der Leistungen festgesetzt, die **für eine bestimmte Zeit** zu erbringen sind. Der Regelung liegt die Erwägung zugrunde, daß die Berechnung „für die verschiedenen Fälle wiederkehrender Leistungen" (Denkschrift S 38; für öffentliche Lasten ebenso wie für Ansprüche aus Rechten am Grundstück, aber auch für Litlohnansprüche) eine für alle Gläubiger in demselben Verfahren gleichmäßige sein muß[50]. Daher ist für alle Gläubiger gleichmäßig auf die erste Beschlagnahme abgestellt. Dem kommt für eine Hauptsacheleistung, damit auch für eine als öffentliche Last seltenere einmalige Leistung (diese haben erst mit der Krisenzeit der 30er Jahre bei längerfristige Grundstücksbelastungen allgemeinere Bedeutung erlangt[51]) keine Bedeutung zu. Zur Bestimmung der Zeitdauer eines mit Fälligkeit entstehenden einmaligen Rückstands trifft § 13 keine Regelung. Über ihren durch den Wortlaut festgelegten Anwendungsbereich hinaus sowie nach Sinn und Zweck kann die Vorschrift nicht für die Begriffsbestimmung herangezogen werden, was in anderen Fällen und damit auch als Anspruch auf Entrichtung einer öffentlichen Last rückständig ist. Ihre analoge Anwendung schließen die grundsätzlichen Unterschiede der Fälle aus. Bei einmaligen öffentlichen Lasten sind Rückstände nicht von laufenden Beträgen abzugrenzen; ein Recht auf Befriedigung in Rangklasse 3 begründet nur der einmalige Anspruch auf Entrichtung der Last. Damit fehlt schon die Grundlage für Bestimmung eines solchen aus den letzten vier Jahren rückständigen Anspruchs nach der Regelung des § 13. Gleichermaßen schließen Wortlaut und Zweck von § 10 Abs 1 Nr 3 Bestimmung des Rückstandes aus den letzten vier Jahren nach dem in § 13 festgesetzten Zeitpunkt der „ersten" Beschlagnahme aus. Würde der Rückstand mit der in § 13 getroffenen Bestimmung nach dem Zeitpunkt der (ersten) Beschlagnahme bemessen, dann würde damit nämlich der berücksichtigungsfähige Anspruch auf Entrichtung der öffentlichen Lasten aus den letzten vier Jahren in die Zeit vor diese Beschlagnahme verlegt; in Widerspruch zu § 10 Abs 1 Nr 3 würde sich dann für die jüngeren, nämlich für die von der Beschlagnahme bis zur Versteigerung fällig werdenden öffentlichen Lasten überhaupt kein nach § 10 Abs 1 Nr 3 zu berücksichtigender Anspruch ergeben. Wenn bei Zwangsversteigerung eine früher für die Zwangsverwaltung bewirkte Beschlagnahme als „die erste" maßgeblich wäre (§ 13 Abs 4), wäre die Folge noch sonderbarer; die Beschlagnahme durch Zwangsverwaltung würde dann zudem Bedeutung erlangen, obgleich sie für Hauptsachebeträge öffentlicher Lasten (einmalige Leistungen) ein Vorrecht in Rangklasse 3 des § 10 Abs 1 überhaupt nicht kennt (§ 155 Abs 2). Die Entwick-

---

[50] Motive zum ZVG S 13.
[51] Jonas/Pohle, ZwVNotrecht, § 10 Anm 4 c.

Rangordnung der Rechte 6.22 § 10

lung, die zur nunmehrigen Fassung des § 10 Abs 1 Nr 3 geführt hat (soweit sie nach den unzulänglichen Quellen noch feststellbar ist), spricht für die hier vertretene Auslegung. Sie macht erkennbar, daß das Vorrecht der einmaligen Leistung von einer kürzeren Frist auf vier Jahre in einer Zeit erstreckt wurde, in der (bis dahin kaum bedeutsame einmalige) öffentliche Grundstückslasten eine solche Höhe erreicht hatten, daß sie der Eigentümer aus seinen Einkünften nicht mehr decken konnte. Folge war vielfach, daß der Berechtigte entweder nur zur Wahrung seines Vorrechts die Beschlagnahme des Grundstücks erwirken oder gar die Versteigerung durchführen mußte[51]. Mit Erstreckung des Vorrechts der einmaligen Leistungen auf vier Jahre sollte dem Gläubiger ein Entgegenkommen auf längere Zeit ermöglicht werden[51]. Ausdehnung des Rückstands auf die Zeit vor einer „ersten" Beschlagnahme des Grundstücks nach der für einmalige Leistungen nicht getroffenen und nicht passenden Regelung des § 13 unter Außerachtlassung der danach bis zum Zuschlag noch fällig werdenden Beträge ist damit nicht erfolgt.

6.18 Wiederkehrende Leistungen sind öffentliche Lasten des Grundstücks, die nach ihrer Anspruchsgrundlage (regelmäßig oder unregelmäßig) wiederkehrend für bestimmte Zeitabschnitte zu erbringen sind. Beispiele: Grundsteuer, Jahresleistungen bei verrentetem Erschließungsbeitrag (BauGB § 135 Abs 3 Satz 4), außerdem die im Gesetzeswortlaut genannten Zinsen, Zuschläge (zB Säumniszuschläge) oder Rentenleistungen sowie Tilgungszuschläge, „die zur allmählichen Tilgung einer Schuld als Zuschlag zu den Zinsen zu entrichten sind". Solche echte Tilgungsrechte waren das Abgeltungsrecht und die Hypothekengewinnabgabe (hierzu 10. Aufl 1979). Wiederkehrende Leistungen fallen in die Rangklasse 3 mit den **laufenden Beträgen** und mit den **Rückständen aus den letzten zwei Jahren**. Die Unterscheidung der laufenden Beträge von den Rückständen und damit auch die Berechnung der Rückstände aus den letzten zwei Jahren bestimmt § 13; Einzelheiten dort.

6.19 Alle öffentlichen Lasten, sind in Rangklasse 3 unter sich **im Range gleich.** Frühere Sondervorschriften sind aufgehoben, die Ermächtigung für das Landesrecht in EGZVG § 4 ist gegenstandslos. Für die der Gemeinde im Umlegungsplan festgesetzte Geldleistung kann nach BauGB § 64 Abs 4 eine Rangbestimmung getroffen sein. Einem Grundpfandrecht (Hypothek, Grundschuld, Rentenschuld) kann danach ein Befriedigungsvorrecht vor der öffentlichen Last oder einem Teil derselben bewilligt sein.

6.20 Rückstände von mehr als zwei Jahren bei wiederkehrenden Leistungen und von mehr als vier Jahren bei einmaligen Leistungen gehören in Rangklasse 7 (§ 10 Rdn 11). Die Fristen können nicht durch Vereinbarung oder Stundung verlängert werden (dazu § 13 Rdn 2), ebenso nicht durch Vollstreckungsaufschub (Abgabenordnung § 258). Öffentlichrechtliche Geldansprüche können einer Verjährung oder Ausschlußfrist unterliegen; dazu für Steuerforderungen nach der Abgabenordnung § 15 Rdn 34. In Bayern erlischt die Haftung des Grundstücks für fällige wiederkehrende Leistungen mit dem Ablauf von zwei, für fällige einmalige Leistungen mit dem Ablauf von vier Jahren nach dem Eintritt des Zeitpunkts, von dem an die Leistung gefordert werden kann, sofern das Grundstück nicht vorher beschlagnahmt worden ist. Das Grundstück haftet jedoch nicht über den Zeitpunkt hinaus, in dem die persönliche Schuld erlischt (BayBGB-AusfG vom 20. 9. 1982, BayRS 400-1-J, Artikel 70 Abs 2).

6.21 Öffentliche Grundstückslasten müssen, weil nicht aus dem Grundbuch ersichtlich, immer **angemeldet** werden (§ 37 Nr 4, § 45 Abs 1, § 114 Abs 1); auf Verlangen sind sie auch glaubhaft zu machen (§ 9 Nr 2); sie gelten als glaubhaft gemacht, wenn von der berechtigten Stelle eine spezifizierte Aufstellung eingereicht wird.

6.22 Im **geringsten Gebot** sind die **laufenden** wiederkehrenden Leistungen bis einschließlich vierzehnten Tag nach der Versteigerung einzusetzen (§ 47), im

§ 10 6.22   Allgemeine Vorschriften

Teilungsplan dagegen bis zum Tag vor dem Zuschlag einschließlich, weil ab Zuschlagstag der Ersteher die Lasten zu tragen hat (§ 56, BGB § 103). Die Begrenzung im Teilungsplan wird bei Grundsteuern leicht übersehen, weil diese immer für längere Zeitabschnitte (Vierteljahr bzw Jahr) angemeldet werden. Beim geringsten Gebot wird häufig übersehen, daß die Beträge in der Regel von den Gemeinden nur bis einschließlich des Tages vor dem Versteigerungstermin angemeldet werden; um die Fristvorschrift des § 47 zu erfüllen, müssen dann die Leistungen für fünfzehn, nicht nur für vierzehn Tage hinzugerechnet werden (die Frist endet ja erst am vierzehnten Tag nach dem Versteigerungstermin). Ein weiteres Problem entsteht, wenn der Zuschlag später als zwei Wochen nach dem Versteigerungstermin erfolgt; wenn der Berechtigte dann zum Verteilungstermin die über § 47 hinausgehenden Ansprüche noch anmeldet, ist dies eigentlich verspätet und es muß dieser die Frist von § 47 überschreitende Anspruch an sich nach § 110 den anderen Ansprüchen nachgesetzt werden. Es liegt aber nicht in der Hand des Gläubigers und kann nicht sein Risiko sein, wenn das Gericht den Zuschlag weiter hinauszögert (etwa, weil irgendeine Entscheidung abgewartet werden muß, zB Ersetzung der Zustimmung zur Versteigerung eines Erbbaurechts, § 15 Rdn 13). Erfolgen kann weitergehende Anmeldung der Grundstückslasten zum Versteigerungstermin mit dem Zusatz, daß diese vorsorglich auch angemeldet werden, wenn der Zuschlag später als zwei Wochen nach dem Versteigerungstermin erteilt wird. Auch wo dies nicht ausdrücklich verlangt ist, kann die Anmeldung (im Wege der Auslegung) vom Gericht bis zum gesetzlichen Endzeitpunkt erstreckt werden (den ja nur das Gericht durch seine Terminansetzung ohne Einflußmöglichkeit der Gläubiger bestimmt), soweit es sich um einfach fortlaufende Leistungen handelt. Wo allerdings durch Nachberechnung oder Grundbetragsänderung oder in anderer Weise sich eine in der früheren Anmeldung nicht gedeckte Erhöhung ergibt, muß es bei der Regel bleiben, also Anwendung von § 110.

6.23 Gegenüber öffentlichen Grundstückslasten ist eine **Ablösung** durch gefährdete Gläubiger gemäß BGB § 268 möglich; hierzu § 15 Rdn 20.14.

6.24 Die öffentliche Grundstückslast darf **nicht in das Grundbuch eingetragen** werden (GBO § 54) (Ausnahme für Vermerk der Geldleistungen nach einem Umlegungsplan, BauGB § 64 Abs 6). Für sie kann, solange sie Rangklasse 3 hat, keine Sicherungshypothek eingetragen werden, keine freiwillige und keine zwangsweise (Einl Rdn 75). Bedingte Sicherung, nämlich unter der aufschiebenden Bedingung, daß das Rangvorrecht wegfällt, ist möglich (Abgabenordnung § 322 Abs 5). Laufende Beträge können auf anderen (nichtbelasteten) Grundstücken des Schuldners gesichert werden. Rückstände der Rangklasse 7 auch auf dem haftenden Grundstück.

6.25 Keine öffentlichen Grundstückslasten sind:
− Feuerwehrbeiträge;
− Forderungen aus persönlichen Versicherungen (die nur mit Titel in Rangklasse 5 betreiben können);
− Beiträge zu Sozialversicherungen aller Art;
− der nach Abschluß einer Sanierung an die Gemeinde zu entrichtende Ausgleichsbetrag (BauGB § 154 Abs 4 Satz 3);
− der Geldbetrag zur Ablösung der Herstellungspflicht für Kraftfahrzeugstellplätze, der nach landesrechtlicher Bauordnung vom Bauherrn oder Grundstückseigentümer zu leisten ist, wenn (landesrechtlich) keine dingliche Haftung des Grundstücks (eindeutig) festgelegt ist[52];
− persönliche Steuern des Eigentümers, auch wenn sie aus Anlaß der Tätigkeit des Zwangsverwalters zu zahlen sind, oder die Steuerpflicht sich auf den Betrieb eines auf dem Grundstück geführten Unternehmens gründet (Abgabenordnung §§ 74, 75), so Einkommen-, Umsatz-, Vermögensteuer, Körperschaftsteuer, Ver-

---

[52] LG Aachen NJW-RR 1993, 1488.

Rangordnung der Rechte 8.1 § 10

brauchssteuern (Bier, Getränke, Tabak usw), Gewerbesteuer[53] (vor 1. 1. 1977 bei dieser zum Teil etwas anders, dazu 9. Auflage);
– Grunderwerbsteuer im Gegensatz zur Grundsteuer;
– die öffentliche Wohnungsbindung nach dem Wohnungsbindungsgesetz.

6.26 Zu öffentlichen Grundstückslasten auch ZVG-Handbuch Rdn 73–75.

Rangklasse 3/4 7

7.1 Bei landwirtschaftlichen Grundstücken kann ein in eine Zwischenklasse 3/4 (vom ZVG nicht vorgesehen) einzuordnendes gesetzliches **Pfandrecht an den Früchten** bestehen: Düngemittelsicherungsgesetz. Es geht allen an den Früchten bestehenden dinglichen Rechten im Rang vor (Gesetz § 2 Abs 4), nicht aber den Ansprüchen in Rangklasse 1– 3 (anders[54]), und kann neben dem Vorrechtsanspruch des § 155 Abs 4 (§ 10 Rdn 3.4) bestehen (dazu[55]).

7.2 Das Pfandrecht **erstreckt sich** auf die Früchte derjenigen Ernte, zu deren Ertragssteigerung Düngemittel oder Saatgut im Rahmen einer ordnungsmäßigen Wirtschaftsweise (zu dieser[56]) vom Eigentümer, Besitzer, Nutznießer oder Pächter des Grundstücks nach dem 31. Juli beschafft und verwendet worden sind, und zwar sowohl wegen der Ansprüche aus der Lieferung wie aus Darlehen für ihre Bezahlung (Gesetz § 1). Das Pfandrecht erlischt mit der Entfernung der Früchte vom Grundstück (mit Ausnahmen) (Gesetz § 2) und mit dem 1. April des auf die Ernte folgenden Jahres, falls es nicht vorher geltend gemacht ist (Gesetz § 4).

7.3 Wird die Zwangsversteigerung **nach der Ernte** angeordnet, so erstreckt sich ihre Beschlagnahme auch auf die Früchte, soweit diese noch Zubehör des Grundstücks sind (§ 21 Abs 1). Diese Früchte unterliegen keiner Mobiliarvollstreckung (ZPO § 865 Abs 2 Satz 1). Damit sind sie auch dem Früchtepfandrecht des Gesetzes nicht unterworfen (Gesetz § 1 Abs 1 Satz 2); die sonst aus ihm Berechtigten (§ 10 Rdn 7.2) sind am Zwangsversteigerungsverfahren nicht beteiligt.

7.4 Wird die Zwangsversteigerung **vor der Ernte** angeordnet, so erstreckt sich ihre Beschlagnahme auch auf die Erzeugnisse, die noch mit dem Boden verbunden sind (§ 21 Abs 1). Der Früchtepfandrechtsgläubiger geht den dinglichen Gläubigern vor, muß sein Recht aber anmelden, damit es bestehenbleibt (§ 37 Nr 4, § 45)[57]. Das Recht wird dann im geringsten Gebot als bestehenbleibend (§ 52) behandelt; der Ersteher erwirbt diese Gegenstände dann mit dem Früchtepfandrecht belastet[58].

7.5 Früchtepfandrecht in der Zwangsverwaltung § 148 Rdn 2; zum Früchtepfandrecht im ZVG-Handbuch Rdn 76.

Rangklasse 4 8

8.1 In diese Rangklasse gehören **alle dinglichen Rechte,** soweit sie nicht in Klasse 6 oder 8 fallen, also **Rechte am Grundstück** (oder Grundstücksbruchteil, Wohnungseigentum, Gebäudeeigentum oder grundstücksgleichen Recht), die das Eigentum (Bruchteilseigentum, Wohnungseigentum, Erbbaurecht, Gebäudeeigentum usw) belasten oder beschränken und unmittelbar aus ihm zu befriedigen sind oder Wertersatz nach § 92 erhalten. Dazu gehören: Hypothek (BGB § 1113), Grundschuld (BGB § 1191), Rentenschuld (BGB § 1199), Grunddienstbarkeit (BGB § 1018), beschränkte persönliche Dienstbarkeit (BGB § 1090), Nießbrauch

---

[53] LG Stuttgart Rpfleger 1976, 329 mit zust Anm Stöber.
[54] Steiner/Hagemann § 10 Rdn 14 mit Fußn 23.
[55] Jonas/Pohle, ZwVNotrecht, § 155 Anm 5.
[56] BGH 120, 368 (371) = NJW 1993, 1791.
[57] Drischler Rpfleger 1948/49, 499; Mohrbutter/Drischler Muster 56 Anm 3 A.
[58] Drischler Rpfleger 1948/49, 499.

§ 10 8.1 Allgemeine Vorschriften

(BGB § 1030), Reallast (BGB § 1105), dingliches Vorkaufsrecht (BGB § 1094), Erbbaurecht (ErbbauVO § 1), Wohnungserbbaurecht und Teilerbbaurecht (WEG § 30), Dauerwohnrecht und Dauernutzungsrecht (WEG § 31). Hierher gehören auch die besonderen wie Sicherungshypothek (BGB § 1184), Sicherungshöchstbetragshypothek (BGB § 1190), Zwangshypothek (ZPO § 867). Hierher gehören auch die nicht eintragungsbedürftigen (und nicht eintragungsfähigen) Rechte der Überbaurente (BGB § 912), Notwegrente (BGB § 917), altrechtlichen Dienstbarkeit (EGBGB Art 187), die noch nicht eingetragenen aus BGB § 1287, ZPO § 848 Abs 2, und die zu Unrecht gelöschten Rechte. Als Rechte an einem Grundstück (auch Gebäudeeigentum) im Beitrittsgebiet (Einl Rdn 14) gehören hierher auch das Vorkaufsrecht nach ZGB-DDR § 306, das Nutzungsrecht an einem Grundstück für selbständiges Eigentum nach ZGB-DDR § 288 Abs 4, § 292 Abs 3 (Einl Rdn 14.1; es gilt als wesentlicher Bestandteil des Gebäudes EGBGB Art 231 § 5 Abs 2; zum Nutzungsrecht zur Erholung siehe § 57 Rdn 8), das Mitbenutzungsrecht nach ZGB-DDR § 286 Abs 3 mit §§ 231, 322, die Hypothek und Höchstbetragshypothek nach ZGB-DDR §§ 452, 454 a, und die Aufbauhypothek nach ZGB-DDR § 456 sowie die Zwangshypothek (Grundstücksvollstreckungsordnung §§ 4, 5). Übersicht zu Rangklasse 4 auch im ZVG-Handbuch Rdn 77–79.

8.2 Hierher gehören auch **Eigentümerrechte.** Sie werden in der Immobiliarvollstreckung grundsätzlich wie Fremdrechte behandelt (Sonderregelung für Zinsen und Vollstreckung), können wie diese durch Zuschlag erlöschen oder bestehenbleiben. Sie entstehen aus Hypotheken oder Grundschulden, entweder ursprünglich (= originär, hier wieder vorläufige und endgültige) oder nachträglich (= abgeleitet oder derivativ). Eigentümer**hypothek:** auch die Forderung, die durch die Hypothek gesichert ist, steht dem Eigentümer zu (forderungsbekleidet); Eigentümer**grundschuld:** nur das dingliche Recht steht dem Grundstückseigentümer zu (forderungsentkleidet). In bestimmten Fällen entsteht kein Eigentümerrecht, so bei (vormaliger) Reichsheimstätte nach RHeimstG § 17 Abs 2 Satz 2 (dazu § 15 Rdn 31.2), aus der Hypothek nach dem ZGB-DDR (§ 44 Rdn 5, 14), bei der Schiffshypothek nur eine Eigentümerhypothek, keine Eigentümergrundschuld.

8.3 Hauptansprüche (einmalige Leistungen, Kapitalleistungen) werden hier (im Gegensatz zu Rangklasse 3) ohne zeitliche Beschränkung berücksichtigt, also auch, wenn sie mehr als vier Jahre „rückständig" sind. **Wiederkehrende Leistungen** werden (wie in Rangklasse 3) mit laufenden Beträgen und mit bis zu zwei Jahren rückständigen berücksichtigt. Die Abgrenzung regelt § 13; Einzelheiten dort. Ältere Rückstände gehören in Rangklasse 8. Stundung = § 13 Rdn 2.

8.4 Zu den Hauptansprüchen zählen hier (im Gegensatz zu Rangklasse 3, wo sie zu den wiederkehrenden Leistungen gerechnet werden) auch „Ansprüche auf Beträge, die zur allmählichen Tilgung einer Schuld als **Zuschlag** zu den Zinsen zu entrichten sind (§ 10 Abs 1 Nr 4). Ihre Behandlung in Zwangsversteigerung und Zwangsverwaltung ist unterschiedlich.

8.5 Rang mehrerer Rechte am Grundstück: § 11 Abs 1. Über die Frage, ob ein dingliches Recht einem Gläubiger der Rangklasse 5 gegenüber unwirksam ist und damit in Rangklasse 6 steht, Näheres bei § 10 Rdn 10.

8.6 Alle Ansprüche, die bei Eintragung des Vollstreckungsvermerks nicht aus dem Grundbuch ersichtlich sind, müssen **angemeldet** werden (§ 37 Nr 4, §§ 45, 110, 114), also später eingetragene, nichteingetragene oder zu Unrecht gelöschte, auch zu den rechtzeitig eingetragenen die rückständigen wiederkehrenden Leistungen (§ 13), Kosten, der Geldwert von Nebenleistungen. Zu Einzelfragen nach Zinsen, Nebenleistungen (Verwaltungskosten, Provisionen usw) § 12 Rdn 3. Bei jedem dinglichen Recht werden seinerseits berücksichtigt (Reihenfolge § 12 Rdn 1): Kosten der dinglichen Rechtsverfolgung (§ 10 Rdn 15), wiederkehrende Leistungen mit Nebenleistungen, Hauptanspruch.

8.7 Bei der **Tilgungshypothek** (Amortisationshypothek) zahlt der Schuldner gleichbleibende, aus Zinsen und Tilgung bestehende Leistungen in einem bestimmten Prozentsatz des ursprünglichen Kapitals bis zur völligen Tilgung, so daß die bei fortschreitender Tilgung ersparten Zinsen der Tilgung zuwachsen. In der Zwangsversteigerung sind die einzelnen Amortisationsraten in Zinsanteil und Kapitalanteil zu zerlegen; der **Zinsanteil** ist mit zeitlicher Beschränkung (laufend und zwei Jahre Rückstand) zu berücksichtigen, der Kapitalanteil ohne diese Beschränkung, nach dem Grundsatz: Zinsen altern, Tilgungszuschläge nicht. In der Zwangsverwaltung dagegen werden die Tilgungszuschläge als wiederkehrende Leistungen behandelt (§ 155 Abs 2). Anmeldepflichtig sind nur Rückstände und Leistungen aus einem nach dem Vollstreckungsvermerk eingetragenen (auch aus einem nicht eingetragenen, insbesondere zu Unrecht gelöschten) Recht.

8.8 Bei der **Abzahlungshypothek** zahlt der Schuldner wechselnde Jahresleistungen (Tilgungssatz bleibt immer gleich, Zinsanteil allmählich geringer) oder feste Tilgungsbeträge, die an den Zinsfälligkeitstagen die Zinsen einschließen (so daß an diesen Terminen dann jeweils die reine Tilgungsleistung um den Zinsbetrag geringer ist). Die Tilgungsraten gehören nicht zu den wiederkehrenden Leistungen[59]. Sie werden in der Zwangsversteigerung als Hauptsachebeträge befriedigt, in der Zwangsverwaltung können sie, weil dort in Rangklasse 4 nur wiederkehrende Leistungen berücksichtigt werden dürfen (§ 155 Abs 2), nicht in den Teilungsplan eingesetzt werden, bis aus ihnen das Verfahren betrieben wird und sie in einem Kapitalzahlungstermin (§ 158) befriedigt werden können.

8.9 Das Objekt haftet für **Nebenforderungen** aus einer Hypothek nur so lange, als die Hauptsache eingetragen ist. Wird die Hypothek gelöscht, erlischt sie auch für die Nebenforderungen. Hierzu und über gesonderte Abtretung von Zinsforderungen, auch von rückständigen[60]. Zu den Nebenleistungen § 12 Rdn 3. Ob ein Disagio (Damnum) dann, wenn das Darlehen (aus einem Vertrag vor dem 1. 1. 1987) nach BGB § 247 Abs 1 Satz 1 vorzeitig gekündigt wird, in vollem Umfang oder nur in Höhe des auf die verkürzte Laufzeit entfallenden Anteils geschuldet wird, mithin auch als Nebenleistung einer Hypothek gesichert ist, wird als Frage der Auslegung des Darlehensvertrags angesehen[61]. Unzulässig nach BGB § 247 Abs 1 Satz 2 ist das Kündigungsrecht nicht beschränkt, wenn der Schuldner bei vorzeitiger Beendigung des Kreditverhältnisses das Disagio in voller Höhe tragen muß[62].

Rangklasse 5

9.1 Hierher gehören die **Beschlagnahmeansprüche**. Diese Rangklasse umfaßt alle Ansprüche der vollstreckenden Gläubiger, gleich ob Anordnungs- oder Beitrittsgläubiger, gleich in welcher Rangklasse ihr Recht sonst stehen würde. Die betreibenden Ansprüche werden behandelt, als ob im Beschlagnahmezeitpunkt eine Hypothek an letzter Rangstelle für sie eingetragen wäre (Denkschrift S 37).

9.2 Wird **aus** einem Anspruch der **Rangklassen 2–4 betrieben**, so steht der vollstreckende Gläubiger mit den Ansprüchen an der gesetzlich ihnen zukommenden „vorhergehenden" Rangstelle (zB mit einem dinglichen Recht in Rangklasse 4). Mit den in Rangklasse 6–8 gehörenden unwirksamen Ansprüchen oder älteren Rückständen hat der vollstreckende Gläubiger Rangklasse 5. Er erhält den Erlösanteil nur einmal an der besseren Rangstelle 5, soweit dies dort möglich ist. Es kann also ein Berechtigter durch Anordnungs- oder Beitrittsbeschluß seinen Rang aus

---

[59] LG Duisburg RpflJahrbuch 1959, 269 Leitsatz; LG Köln MDR 1951, 487.
[60] Balser NJW 1958, 698; Böttcher Rpfleger 1984, 85.
[61] BGH 81, 124 = DNotZ 1983, 303 = MDR 1981, 914 = NJW 1981, 2180; BGH 111, 287 = NJW 1990, 2250.
[62] BGH MDR 1981, 914 Leitsatz = NJW 1981, 2181.

§ 10 9.2 Allgemeine Vorschriften

Rangklasse 6–8 nach Rangklasse 5 verbessern (zB wenn er aus älteren Rückständen der Rangklasse 8 betreibt), nicht aber sich aus Rangklasse 2–4 nach Rangklasse 5 verschlechtern. Die Ansprüche der Ranklasse 5 gehen mit all ihren Teilen den (nicht betreibenden) Ansprüchen aus Rangklasse 8 vor.

9.3 Vollstreckt ein dinglicher Gläubiger **nur persönlich,** also nur wegen der persönlichen (schuldrechtlichen) Forderung (wenn er zB zur Zwangshypothek keinen dinglichen Titel hat), so ist er vollstreckender Gläubiger in Rangklasse 5; sein dingliches Recht bleibt aber in Rangklasse 4. Folge bei Bildung des geringsten Gebots: § 44 Rdn 4.5.

9.4 Vollstreckt ein dinglicher Gläubiger **zunächst persönlich** und erwirbt er etwa **später** einen **dinglichen** Titel, so kann er nicht nachträglich durch irgend eine Erklärung oder Berichtigung seinen Rang verbessern (die Beschlagnahme ist in einem bestimmten Rang und auf Grund eines bestimmten Anspruchs erfolgt, hier auf Grund eines persönlichen), sondern muß aus dem dinglichen Titel ausdrücklich beitreten (auch § 15 Rdn 9). Betreibt der Gläubiger dann dinglich und persönlich, so werden die Ansprüche je an ihrer Rangstelle berücksichtigt. Der Gläubiger muß nur zum Verteilungstermin anmelden, aus welchem Anspruch (an welcher Rangstelle) er die ihm zustehenden Beträge insgesamt einmal erheben will (das Gericht müßte sonst den dinglichen Anspruch laut Grundbuch erfüllen, insoweit würde der persönliche laut Beschlagnahmebeschluß erlöschen und nicht mehr berücksichtigt werden). Er soll aber nicht den persönlichen Beschlagnahmeantrag zurücknehmen, weil sich zum dinglichen Anspruch ein Widerspruch aus § 115 oder ein anderes Hindernis ergeben könnte und weil auch die Kosten des persönlichen Betreibens an der dinglichen Rangstelle gedeckt werden.

9.5 Der Rang **mehrerer betreibender** (Anordnungs- und Beitritts-)**Gläubiger** richtet sich nach § 11 Abs 2. Über das Verhältnis von Ansprüchen aus Rangklasse 4 zu Rangklasse 5: § 11 Rdn 3. Zu Rangklasse 5 auch im ZVG-Handbuch Rdn 80–81.

9.6 Die Ansprüche eines betreibenden Gläubigers müssen nicht **angemeldet** werden, soweit sie sich aus dem Beschlagnahmeantrag ergeben (§ 114 Abs 1 Satz 2); dazu gehören auch die aus dem Beschlagnahmeantrag ziffernmäßig ersichtlichen Gerichts- und Anwaltskosten (§ 10 Rdn 15.8). Es ist aber zweckmäßig, die Ansprüche anzumelden, mindestens die Kosten, da über den Umfang doch vielleicht Meinungsverschiedenheiten zwischen Gläubiger und Gericht bestehen können.

10 Rangklasse 6

10.1 In dieser Klasse sind **relativ unwirksame dingliche Rechte.** Dies sind Ansprüche, die an sich in Rangklasse 4 gehören würden, die aber infolge einer ihnen zeitlich vorausgehenden Zwangsversteigerungs- oder Zwangsverwaltungsbeschlagnahme dem Beschlagnahmegläubiger gegenüber relativ unwirksam sind (§ 23). Wiederkehrende Leistungen sind nur mit laufenden Beträgen und mit Rückständen aus den letzten zwei Jahren in Rangklasse 6; ältere Rückstände fallen in Klasse 8. Die Unwirksamkeit bezieht sich auf vorausgehende Anordnungs- und Beitrittsbeschlüsse und gilt nur gegenüber deren Gläubigern. Zu späteren Beschlagnahmegläubigern, denen gegenüber das Recht infolge ihrer nachfolgenden Beschlagnahme wirksam ist, hat es wieder Rangklasse 4. Das Rangverhältnis ist jedem Beschlagnahmegläubiger gegenüber selbständig festzustellen. Gegenüber mehreren Beschlagnahmegläubigern können sich die Rangklassen 4, 5 und 6 wiederholen (Beispiel im ZVG-Handbuch Rdn 83).

10.2 Wird aus solchen Ansprüchen das Verfahren **betrieben,** so rücken sie (gegenüber dem betreibenden Gläubiger, dem gegenüber sie unwirksam sind) in Rangklasse 5 auf. Als nicht betreibende werden sie in der Zwangsverwaltung überhaupt nicht berücksichtigt (§ 155 Abs 2). Auch in der Zwangsversteigerung können sie, wenn nicht betreibend, nur auf Anmeldung berücksichtigt werden

(§ 37 Nr 4, §§ 45, 114), wenn sie (wie regelmäßig) nach dem Vollstreckungsvermerk eingetragen sind; wenn sie betreiben, gilt der Beschlagnahmeantrag als Anmeldung (§ 114 Abs 1 Satz 2). Wenn (ausnahmsweise) Eintragung noch vor oder zugleich mit dem Versteigerungsmerk erfolgt ist, wird der Anspruch nach Maßgabe der § 37 Nr 4, §§ 45, 114 von Amts wegen in Rangklasse 6 berücksichtigt.

10.3 Der Rang **mehrerer** solcher **Rechte** richtet sich nach § 11 Abs 1, also nach dem Grundbuchrang (§ 11 Rdn 3). Zu diesen Rechten auch im ZVG-Handbuch Rdn 82–83.

Rangklasse 7

11.1 In dieser Klasse stehen **ältere Rückstände der Rangklasse 3**. Es handelt sich um Ansprüche, die an sich in Rangklasse 3 gehören würden, wenn sie nicht die dort für Rückstände geltenden Fristen von zwei und vier Jahren überschreiten würden. Sobald das Verfahren aus ihnen betrieben wird, rücken sie in Rangklasse 5 auf (§ 10 Rdn 9.2). Wenn nicht betreibend, sind sie anzumelden (§ 37 Nr 4, §§ 45, 114); als betreibend gelten sie durch den Beschlagnahmeantrag als angemeldet (§ 114 Abs 1 Satz 2). Verjährung wird nur auf Einrede des Schuldners berücksichtigt (dazu: § 15 Rdn 37). Ältere Ansprüche aus Rangklasse 2 (Litlohn) fallen nicht hierunter.

11.2 Der Rang der Ansprüche dieser Rangklasse richtet sich mangels eines Grundbuchrangs **nach dem früheren Rang** der Rechte in Rangklasse 3; sie sind also alle untereinander gleichrangig (§ 10 Abs 1 Nr 3).

11.3 Zu dieser Rangklasse auch im ZVG-Handbuch Rdn 84.

Rangklasse 8

12.1 In dieser Klasse stehen **ältere Rückstände der Rangklasse 4**. Es handelt sich um Ansprüche, die an sich in Rangklasse 4 gehören würden, wenn sie nicht als wiederkehrende Leistungen (ohne zugehörige Tilgungsbeträge, § 10 Rdn 8.7 und 8.8) mehr als zwei Jahre rückständig wären. Die Abgrenzung regelt § 13; Einzelheiten dort. Ein Wechsel des Gläubigers bleibt für die Tatsache des Rückstands ohne Bedeutung[63]; was rückständig war, bleibt rückständig[63]; von Dritten abgelöste Ansprüche der Klasse 6 bleiben in dieser Rangklasse[63]. Hauptsachebeträge bleiben immer in Rangklasse 4, auch die Tilgungszuschläge, nur die reinen wiederkehrenden Leistungen können also in Rangklasse 8 geraten. Auch die dem betreibenden Gläubiger gegenüber unwirksamen Ansprüche aus Rechten am Grundstück in Rangklasse 6 sind für die nachrangige Berücksichtigung Ansprüche der „vierten Klasse". Ihre mehr als zweijährigen Rückstände fallen daher ebenfalls in Klasse 8 (so auch[64], anders[65]). Sie sind als Ansprüche aus einem Recht an dem Grundstück (Klasse 4) infolge Begründung nach Beschlagnahme nur dem Gläubiger gegenüber unwirksam, verlieren damit aber ihr Recht auf Befriedigung aus dem Grundstück und ihr Rangverhältnis zu anderen Grundstücksrechten (§ 11 Abs 1) nicht. Wenn folglich der Anspruch aus einem solchen Recht der „vierten Klasse" nur wegen seines „Rangs" nach dem Gläubiger in Klasse 6 berücksichtigt wird, müssen ausgeschiedene ältere Rückstände als solche eines Rechts der vierten Klasse nachrangig in Rangklasse 8 zum Zuge kommen. Mit den Ansprüchen „der vierten Klasse wegen der älteren Rückstände" stellt der Wortlaut der Nr 8 des § 10 Abs 1 nur auf „die Ansprüche aus Rechten an dem Grundstück", nicht aber darauf ab, ob sie dem Gläubiger gegenüber wirksam oder unwirksam sind. Die mehr als zwei Jahre rückständigen wiederkehrenden Leistungen der nur dem Gläubiger gegenüber unwirksamen Grundstücksbelastungen können auch nach

---

[63] RG 91, 297.
[64] Steiner/Hagemann § 10 Rdn 166.
[65] Jaeckel/Güthe § 10 Rdn 20.

dem Gesetzeszweck nicht mit der Folge entfallen, daß dem Grundstückseigentümer trotz ihm gegenüber wirksamer Haftung des Grundstücks ein Erlösüberschuß gebührt (siehe § 128 Abs 2). Das trägt weiter der Besonderheit Rechnung, daß das nachträglich eingetragene Recht einem Beschlagnahmegläubiger gegenüber unwirksam, einem später dazu gekommenen Beschlagnahmegläubiger gegenüber aber wirksam sein kann (Rdn 10.1). Beispiel: Nach Beschlagnahme am 1. 4. 1996 wird am 6. 4. 1996 eine Zwangshypothek mit Zinsen ab 1. 1. 1993 eingetragen. Laufende Leistungen in Klasse 6 sind die Zinsen ab 1. 4. 1996 (§ 13 Abs 3), Zweijahresrückstände in Klasse 6 sind die Zinsen vom 1. 4. 1994–31. 3. 1996; ältere Rückstände in Klasse 8 sind die Zinsen vom 1. 1. 1993–31. 3. 1994.

12.2 Der Rang der Ansprüche aus Klasse 8 **untereinander** richtet sich gemäß § 11 Abs 1 nach dem Grundbuchrang.

12.3 Sobald das Verfahren aus Ansprüchen der Klasse 8 betrieben wird, rücken sie in Rangklasse 5 auf (Rdn 9.2). Wenn nicht betreibend, sind sie anzumelden (§ 37 Nr 4, §§ 45, 114); als betreibend gelten sie durch den Beschlagnahmeantrag als angemeldet (§ 114 Abs 1 Satz 2). Verjährung wird nur auf Einrede des Schuldners berücksichtigt (dazu: § 15 Rdn 37).

12.4 Zur Rangklasse 8 auch im ZVG-Handbuch Rdn 85.

13 „Rangklasse 9"

Das ZVG kennt in § 10 nur 8 Rangklassen. Es werden aber nach § 37 Nr 4 solche Rechte, die bei Eintragung des Vollstreckungsvermerks nicht aus dem Grundbuch ersichtlich waren und auch nicht spätestens im Versteigerungstermin vor der Aufforderung zur Abgabe von Geboten angemeldet wurden, bei der Feststellung des geringsten Gebots nicht berücksichtigt, also wie nicht vorhanden behandelt, sowie bei der Verteilung des Versteigerungserlöses **„den übrigen Rechten nachgesetzt"**; sie gehen auch nach § 110 „den übrigen Rechten nach". Sie stehen also hinter den Ansprüchen aller 8 Rangklassen des ZVG. Zur besseren Anschaulichkeit der Einstufungsfolge, kann man sich solche zurückgesetzte Ansprüche hilfsweise als „Rangklasse 9" vorstellen.

14 Rang bei Schiffsversteigerung

Bei **Schiffsversteigerung** gelten Vorrechte für bestimmte Forderungen. Auch ist die Rangfolge gegenüber § 10 geändert. Dazu § 162 Rdn 7.

15 Rechtsverfolgungskosten (Absatz 2)

15.1 Die **Kosten** „der Kündigung und der die Befriedigung aus dem Grundstück bezweckenden Rechtsverfolgung" kommen in allen Rangklassen neben dem Hauptanspruch zum Ansatz (§ 10 Abs 2 als Erweiterung des BGB § 1118 für alle Ansprüche). Mit Deckung auch dieser Kosten erfolgt vollständige Befriedigung des Gläubigers in dem Verfahren. Daß nur **notwendige** Kosten zur Verfolgung und Durchsetzung eines Anspruchs erstattet verlangt werden können, gilt als allgemeiner (übergeordneter) Grundsatz auch für die Kosten des § 10 Abs 2 in allen Fällen (für vollstreckenden Gläubiger ZPO § 788 Abs 1 mit § 91; für dingliche Kosten des BGB § 1118 auch BGB § 242).

15.2 Anspruch auf Befriedigung auch wegen der Kosten der Kündigung und (insbesondere) der Rechtsverfolgung besteht nach § 10 Abs 2 **in allen ZVG-Verfahren,** auch bei Zwangsverwaltung, Konkursverwalter- (§ 172), Erben- (§ 175) und Teilungsversteigerung (§ 180), **und für alle Beteiligte,** nicht nur für den (betreibenden) Gläubiger. Kündigungskosten (für sie in Zwangsverwaltung Einschränkung durch § 155 Abs 2) werden auch einem Beteiligten erstattet, der wegen seines gekündigten Rechts selbst die Zwangsversteigerung nicht betreibt. Beteiligte, denen durch Teilnahme an dem von einem anderen Berechtigten betriebenen Verfahren (etwa durch Beauftragung eines Rechtsanwalts für Anmeldung und Terminswahrnehmung oder durch eigene Teilnahme am Termin) Kosten entstehen, haben Anspruch auf Befriedigung aus dem Grundstück an der Rangstelle ihres Rechts auch, wenn bar zu zahlende Ansprüche nicht bestehen (wie zB für den Berechtigten einer bestehenbleibenden Grunddienstbarkeit oder eines Wohnungsrechts). Das Recht auf Befriedigung aus dem Grundstück auch für Rechtsverfolgungskosten besteht nicht nur für Kosten, die durch Teilnahme an dem durchgeführten Verfahren erwachsen sind, dessen Erlös zu verteilen ist, sondern auch für (notwendige) Kosten früherer, wieder aufgehobener Verfahren. Für Verfahrensbeteiligte dient notwendiger Rechtsverfolgung auch die Teilnahme an einem Verfahren, das ein Dritter betreibt und auf dessen Fortsetzung sowie Aufhebung mit Antragsrücknahme sie keinen Einfluß haben.

15.3 Kosten der Kündigung sind die Kosten der Anfertigung und Zustellung der Kündigung sowie die Kosten der Vertretung dabei und die Kosten einer Vertreterbestellung nach BGB § 1141 Abs 2 zur Kündigung einer Hypothek (falls der Grundstückseigentümer nicht im Inland wohnt oder unbekannten Aufenthalts ist oder über seine Person unverschuldet Unkenntnis besteht). Mehrkosten der Vertretung bei Kündigung, insbesondere durch einen Rechtsanwalt, sind nur erstattungsfähig, wenn das Rechtsverhältnis besondere Schwierigkeiten aufwies, die Beauftragung eines Rechtsanwalts zur zweckmäßigen Rechtsverfolgung durch den Gläubiger nötig machten[66].

15.4 Kosten der die Befriedigung aus dem Grundstück bezweckenden **Rechtsverfolgung** sind die durch Zwangsversteigerung oder Zwangsverwaltung veranlaßten Aufwendungen. Sie können dem Gläubiger eines Anspruchs nach § 10 Abs 1 Nrn 1–8 für Vorbereitung der Vollstreckung in das Grundstück, für Verfahrensanordnung oder Beitrittszulassung und für Teilnahme am Zwangsversteigerungs- oder Zwangsverwaltungsverfahren entstanden sein. Dazu gehören die Kosten der dinglichen Klage, soweit sie der Eigentümer zu tragen hat (hierzu § 15 Rdn 9.4), die Kosten einer nach Grundstücksbelastung für die Zwangsvollstreckung wegen des dinglichen Anspruchs erstellten notariellen Urkunde (ZPO § 794 Abs 1 Nr 5; nicht aber die Kosten der Bestellungsurkunde mit Eintragungsbewilligung), die Kosten für Ausfertigung und Zustellung des dinglichen Vollstreckungstitels (ZPO § 788 Abs 1 Satz 2), die Kosten eines Grundbuchauszugs, die Gerichtskosten für Anordnung des Verfahrens und für Zulassung des Beitritts, die Kosten für Vertretung bei Antragstellung und im Verfahren, für Anmeldung der Ansprüche sowie für Wahrnehmung der Termine (insbesondere Kosten für Zeitversäumnis und Reisekosten, Rdn 15.6), Kosten eines Zustellungsvertreters nach § 7 Abs 3, in der Zwangsversteigerung auch die aus den Erträgnissen nicht gedeckten Kosten eines Zwangsverwaltungsverfahrens. **Nicht** zu den dinglichen Rechtsverfolgungskosten gehören die Kosten einer persönlichen Klage (Forderungsklage; desgleichen nicht Mehrkosten, die durch Verbindung der persönlichen Klage mit der dinglichen Klage entstanden sind) sowie Kosten der Ausfertigung und Zustellung des Urteils über einen in Rangklasse 5 fallenden Gläubigeranspruch (erhalten diese Rangklasse nur, wenn auch sie in das Grundstück vollstreckt werden), Kosten früherer Vollstreckung in das bewegliche Schuldnervermögen (Mobiliarvollstreckung) und eines Offenbarungsverfahrens (sie sind nur als Vollstreckungsforderung mit Grundstücksbeschlagnahme in Rangklasse 5 beitreibbar) sowie Kosten des Grundstückserwerbs (des Bietens, einer Bietervollmacht, der Sicherheitsleistung des Bieters und des Zuschlags), auch wenn der Bieter/Ersteher Gläubiger ist und zur „Rettung" seines Rechts erwirbt.

15.5 Rechtsverfolgungskosten sind als **notwendig** (ZPO § 91) erstattungsfähig, wenn der Gläubiger oder Beteiligte sie im Zeitpunkt der Entstehung objektiv

---

[66] Staudinger/Scherübl, BGB, § 1118 Rdn 10.

für notwendig (erforderlich) halten konnte. Kosten des Rechtsanwalts für notwendige Rechtsverfolgung sind stets zu erstatten (ZPO § 91 Abs 2 Satz 1). Notwendig sind auch Kosten einer Vollstreckungsmaßnahme, die sich im Ergebnis als unzulässig herausstellt und zu keinem Ergebnis führt, wenn der Gläubiger die Unzulässigkeit nicht erkennen konnte[67], wenn er also die Maßnahme im Zeitpunkt der Entstehung der Kosten objektiv für notwendig halten konnte[68], nicht aber, wenn er die Aussichtslosigkeit kannte[69]. Die Kosten einer Zustellung durch den Gerichtsvollzieher sind trotz der Möglichkeit von Anwalt zu Anwalt (ZPO § 198) immer notwendig, nicht nur (so aber einschränkend[70]), wenn die zustellende Partei ein berechtigtes sachliches Interesse an dieser schnellen und sicheren Zustellung hat. Notwendig sind die Kosten für Maßnahmen aus § 25[71]. Notwendige Vollstreckungskosten sind die Auslagen für die Grunderwerbsteuer, damit der Schuldner im Grundbuch eingetragen werde[72]; anders[73] (darüber muß der Gläubiger einen Titel erwirken und in Rangklasse 5 beitreten). Nicht notwendig sind die Kosten einer vorzeitigen Vollstreckung[74] (zB vor Fälligkeit) und die Kosten mehrfacher Vollstreckung, wo eine genügt hätte. Nicht notwendig sind Kosten, die der Gläubiger vermeiden konnte, wenn er sorgfältig und gewissenhaft handelte, zB bei ungenauer Bezeichnung des Schuldneranschrift oder Nichtangabe des gesetzlichen Vertreters oder bei verspäteter Rücknahme eines Verfahrensantrags (wenn Zahlung schon vor Beginn oder vor weiteren kostenpflichtigen Maßnahmen erfolgt war) (selbst wenn der Gläubiger das nicht wußte, weil er vom Zahlungsempfänger – Rechtsanwalt, Bank – eine unrichtige Auskunft erhielt[75]). Notwendig sind nicht die Mehrkosten, die durch mehrere Anträge entstehen, wenn sie in einen hätten zusammengefaßt werden können[76]. Nicht notwendig sind die Kosten einer freiwilligen Rechtsnachfolge auf Gläubigerseite (durch Abtretung) für neue Vollstreckungsklausel und neue Zustellung[77], ebenso Zinsen und Kosten eines Kredits zur Bezahlung von Vorschüssen an das Gericht[78]. Die Hebegebühr des Rechtsanwalts ist in der Regel nicht notwendig[79]; sie ist nur erstattungsfähig, wenn besondere Umstände die Gelderhebung durch den Rechtsanwalt ausnahmsweise erfordern, nicht aber, wenn dem Gläubiger zugemutet werden kann, Überweisung des ihm zustehenden Geldbetrags (auch des Versteigerungserlöses) an sich selbst zu veranlassen[80].

15.6 Parteikosten für **Teilnahme** an einem gerichtlichen **Termin** (zu deren Höhe Rdn 15.7), damit auch die Kosten für Terminswahrnehmung durch Vertreter von Banken, Versicherungen, Bausparkassen usw, können auch bei anwaltlicher Vertretung erstattungsfähig sein. Kosten für Teilnahme am Versteigerungs- und am Verteilungstermin sind in der Regel notwendig und damit erstattungsfähig. In den beiden Terminen fallen wichtige Entscheidungen, können manche

---

[67] OLG Hamburg DGVZ 1963, 136 = NJW 1963, 1015; Stöber, Forderungspfändung, Rdn 829.
[68] Stöber, Forderungspfändung, Rdn 829.
[69] OLG München NJW 1958, 1687.
[70] KG Berlin DGVZ 1981, 51 = Rpfleger 1981, 121.
[71] LG Schweinfurt WM 1966, 1275.
[72] Schiffhauer Rpfleger 1975, 12 (15); Haug NJW 1963, 1909; Laves JW 1930, 1909; Stöber, Forderungspfändung, Rdn 2052 mit Fußn 49.
[73] LG Köln MDR 1953, 560; Stein/Jonas/Münzberg, ZPO, § 788 Rdn 15.
[74] AG Düsseldorf NJW 1955, 594 mit zust Anm v Richthofen.
[75] LG Berlin JurBüro 1968, 556.
[76] OLG München NJW 1958, 1687.
[77] Jaeckel/Güthe § 30 Rdn 24.
[78] OLG Nürnberg Rpfleger 1972, 179.
[79] OLG Frankfurt Rpfleger 1952, 445; LG Berlin Rpfleger 1976, 438.
[80] LG Münster JurBüro 1980, 1687 mit Anm Mümmler = Rpfleger 1980, 401.

Rangordnung der Rechte 15.9 § 10

entscheidende Anträge gestellt, verhandelt und entschieden werden, kann sich die Verfahrenslage durch Einstellungen oder Rücknahmen oder gewisse Anträge so erheblich verändern, daß die Anwesenheit oder Vertretung darin einfach unerläßlich ist (man denke allein an die Möglichkeiten von Einzel-, Gruppen-, Gesamtausgeboten oder abweichenden Anträgen, zu denen und zu anderen Vorgängen eben nur die Anwesenden gehört werden können und von denen es vielleicht abhängt, ob ein Anspruch noch zum Zuge kommt). Natürlich muß das Vollstreckungsgericht auch hier in jedem Einzelfall entscheiden, ob die Anwesenheit nötig war, somit die Kosten notwendig entstanden sind. Wenn ein Beteiligter seine Rechte durch schriftliche Anmeldung voll wahren kann, ist seine Reise zum Termin nicht nötig. Er benötigt auch immer einen zuteilbaren Anspruch bei dem die Kosten mit zugeteilt werden können (zB nicht Mieter und Pächter, die ja aus der Masse nichts erhalten).

15.7 Reisekosten bemessen sich auch für die Befriedigung aus dem Grundstück (§ 10 Abs 2) nach ZPO § 91 Abs 1 Satz 2 (entsprechende Anwendung) nach dem Gesetz über die Entschädigung von Zeugen und Sachverständigen. Das gilt für Entschädigung der Zeitversäumnis ebenso wie für Fahrtkosten[81] und sonstigen Aufwand[82]. Für den durch Abwesenheit vom Aufenthaltsort oder durch die Wahrnehmung eines Termins am Aufenthaltsort verursachten Aufwand ist daher eine Entschädigung erstattungsfähig, die nach den persönlichen Verhältnissen des Beteiligten oder seines Terminsvertreters zu bemessen ist (ZPO § 91 Abs 1 Satz 2 mit ZSEG § 10 Abs 1). Die Entschädigung für den durch Abwesenheit vom Aufenthaltsort verursachten Aufwand soll den Satz der Reisekostenstufe B für Richter im Bundesdienst nicht überschreiten (ZSEG § 10 Abs 2 mit Einzelheiten). Zehrkosten bei Terminen am Aufenthaltsort: Bis zu 6 DM für jeden Tag bei Abwesenheit von mehr als vier Stunden (ZSEG § 10 Abs 3). Entschädigung für Vertreter von Banken, Versicherungen, Bausparkassen usw (damit auch ein sogenanntes Ortsgeld) ist in diesem Rahmen erstattungsfähig. Verdienstausfall der Beauftragten solcher Institute rechnet (wie Personalkosten bei Behörden[83], anders jedoch[84]) zu den allgemeinen Unkosten der Bearbeitung der Rechtsangelegenheit, die nicht erstattet werden.

15.8 Berücksichtigung der Kosten **erfordert Anmeldung** (für Rangwahrung nach § 37 Nr 4 uU auch Glaubhaftmachung); ein Kostenfestsetzungsbeschluß ist nicht nötig. Angemeldet werden müssen die (nicht grundbuchersichtlichen) Kosten der Kündigung und Rechtsverfolgung zur Befriedigung aus dem Grundstück immer (§ 37 Nr 4, §§ 45, 114), und zwar rechtzeitig (§ 37 Nr 4, §§ 110, 114; über die Anmeldung § 37 Rdn 5). Als angemeldet gelten die Kosten des betreibenden Gläubigers, soweit sie sich aus dem Beschlagnahmeantrag als Gerichts-, Anwalts- oder sonstige Parteikosten ergeben (§ 114 Abs 1 Satz 2).

15.9 Die **Anmeldung** der Kosten muß (wie jede Anmeldung) Rechtsgrund des Anspruchs und einen bestimmten Betrag angeben (dazu allgemein[85], auch § 37 Rdn 5). Sie muß als Prozeßhandlung sonach die einzelnen Ansätze dem Grunde nach und betragsmäßig bezeichnen (Gebühren- und Auslagentatbestand sowie Höhe; spezifizierte Parteikosten). Betragsmäßig bestimmt ist dabei ein Ansatz auch, wenn er sich aus den Angaben ohne weiteres ziffernmäßig errechnen oder bestimmen läßt (Beispiel: 3/10 Gebühr nach § . . . . . BRAGO [oder § . . . . . GKG mit KostVerz Nr . . . . .] aus . . . . . DM Geschäftswert; oder: Beitrittsgebühr

---

[81] BVerwG Rpfleger 1984, 158 mit Anm Hellstab.
[82] Hellstab Rpfleger 1984, 158 (Anmerkung).
[83] BVerwG Rpfleger 1989, 255; LG Köln JurBüro 1994, 229; Zöller/Herget, ZPO, § 91 Rdn 13 „Behörden".
[84] OLG Bamberg JurBüro 1992, 242; OLG Stuttgart MDR 1990, 635 = NJW-RR 1990, 1341; Oppeln-Bronikowski Rpfleger 1984, 342.
[85] BGH 21, 30 (33) = KTS 1956, 120.

§ 10 15.9   Allgemeine Vorschriften

wie in der gerichtlichen Kostenrechnung festgestellt; dennoch nicht empfehlenswert). Das kann uneingeschränkt aber nur für Kosten gelten, deren Höhe schon feststeht oder bereits feststellbar ist. Für die nach Anmeldung zum Versteigerungstermin (nicht zum Teilungsplan) erst entstehenden, noch ungewissen Kosten (insbesondere Parteiauslagen für Informationsreisen, weitere Terminswahrnehmungen, Rechtsanwaltskosten in Beschwerdeverfahren, auch für Vertretung im späteren Verteilungsverfahren) kann nur Anmeldung eines Pauschalbetrags[86] mit Angabe, wofür er geltend gemacht wird[87] (Anspruchsgrund) verlangt werden. Dies trägt dem Zweck der Anmeldung voll Rechnung, der darin besteht (wegen dieses Anmeldezwecks[88]), Gläubiger über die Höhe der ihnen vorgehenden Ansprüche zu unterrichten und dem Schuldner die Möglichkeit zu eröffnen, zu den angemeldeten Ansprüchen Stellung zu nehmen. Anmeldung weiterer (neuer) Kosten und Erhöhung angemeldeter Beträge (auch eines Pauschalbetrags) nach Aufforderung zur Abgabe von Geboten ist nur mit Rangverlust für den nachgemeldeten Teil möglich (§ 37 Nr 4, § 110). Wenn eine Anmeldung für bereits entstandene Kosten nur einen gemeinsamen Pauschalbetrag verlangt oder für noch anfallende Kosten nur einen pauschalen Betrag ohne Bezeichnung des Anspruchsgrunds nennt und mangels hinreichender Anhaltspunkte auch nicht durch Auslegung dem Grund und Betrage nach auf bestimmte Kosten bezogen werden kann, macht sie nicht erkennbar, was zur Berücksichtigung geltend gemacht ist; ihr kann daher als Prozeßhandlung keine Bedeutung, somit insbesondere nicht die Wirkung der rangwahrenden Anmeldung nach § 37 Nr 4 zukommen.

15.10 Ob das Vollstreckungsgericht zu **prüfen** hat, daß angemeldete Kosten in der verlangten Höhe entstanden sind und notwendig waren, und ob hierfür Ansätze **glaubhaft** zu machen sind (ZPO § 104 Abs 2), ist nicht ausdrücklich bestimmt und nicht geklärt, wird aber angenommen[89]. Dem ist mit[90] nicht zu folgen. Auszugehen ist davon, daß § 37 Nr 4 und § 45 Abs 1 Glaubhaftmachung verlangen, wenn der Gläubiger widerspricht. Erfolgt erforderliche Glaubhaftmachung dann nicht, können Kosten bei Feststellung des geringsten Gebots überhaupt nicht berücksichtigt und bei Verteilung des Versteigerungserlöses nur mit Rang nach allen anderen Rechten (§ 110) in den Teilungsplan aufgenommen werden. Im Versteigerungstermin erfolgt durch das Vollstreckungsgericht Prüfung angemeldeter Kosten für Rechte, die nicht in das geringste Gebot aufzunehmen sind (§ 44), überhaupt nicht. Für Aufnahme in das geringste Gebot ist sonst (§§ 44, 45) ebenso wie für Aufnahme in den Teilungsplan (§ 114) nur verlangt, daß Kosten ordnungsgemäß angemeldet sind (die einzelnen Ansätze müssen sonach nach Grund und Betrag geltend gemacht sein; Rdn 15.9) und nach § 10 Abs 2 ein Recht auf Befriedigung aus dem Grundstück gewähren. Die Anmeldung eines Anspruchs, der nach § 10 kein Recht auf Befriedigung aus dem Grundstück gewährt, wird bei Feststellung des geringsten Gebots (§ 37 Rdn 5.18) und zur Aufnahme in den Teilungsplan (§ 114 Rdn 2.8) nicht berücksichtigt. Daher sind für Feststellung des geringsten Gebots und Aufstellung des Teilungsplans Kosten daraufhin zu überprüfen, ob sie ordnungsgemäß (auch rechtzeitig) angemeldet und als Kosten der Kündigung und der die Befriedigung aus dem Grundstück bezweckenden Rechtsverfolgung (§ 10 Abs 2) notwendig entstanden sind. Weil Glaubhaftmachung nicht verlangt ist (§ 45 und § 114 erklären ZPO § 104 Abs 2 nicht

---

[86] Jaeckel/Güthe § 10 Rdn 24; Mohrbutter/Drischler Muster 60; Steiner/Hagemann § 10 Rdn 177.
[87] Steiner/Hagemann § 10 Rdn 177.
[88] BGH 21, 30 (33) = aaO (Fußn 85).
[89] OLG Dresden OLG 15, 35; Dassler/Muth § 10 Rdn 70; Jaeckel/Güthe § 10 Rdn 24; Korintenberg/Wenz § 10 Anm III 5; Steiner/Hagemann § 10 Rdn 178.
[90] Reinhard/Müller § 10 Anm X 2.

Rangordnung der Rechte 15.12 § 10

für anwendbar), kann Grundlage der Prüfung nur die Anmeldung sein. Sie hat die Kosten substantiiert als Kündigungs- oder Rechtsverfolgungskosten mit Befriedigungsanspruch nach § 10 Abs 2 auszuweisen, nicht aber darüber hinaus weiter glaubhaft zu machen. Das entspricht den Verfahrensgrundsätzen des ZVG, nach denen Berücksichtigung eines nicht grundbuchersichtlichen Anspruchs Anmeldung, nicht aber (außerhalb § 37 Nr 4 und § 45) Glaubhaftmachung für gerichtliche Prüfung erfordert und Einwendungen von den Beteiligten mit den dafür vorgesehenen Rechtsbehelfen geltend zu machen sind. Dabei konnte es auch für Kosten in ZVG-Verfahren bewenden, weil Kostenanfall und Kostenhöhe nahezu ausnahmslos durch die in den Akten festgehaltenen Prozeßhandlungen der Parteien (ihrer Bevollmächtigten) und durch den Verfahrensablauf ausgewiesen sind (sieht man einmal von Parteiauslagen für Informationsreise, Porto und Telefon usw ab) und Beteiligte vor Aufnahme in das geringste Gebot und in den Teilungsplan immer Gelegenheit zur Stellungnahme haben (§ 66 Abs 1, § 114 Abs 1), es für Prüfung mithin über substantiierte Anmeldung hinaus einer weitergehenden Glaubhaftmachung gar nicht bedarf. Weitergehende Anforderungen können aber auch an die Berücksichtigung der Kündigungs- und Rechtsverfolgungskosten des vollstreckenden (auch beigetretenen) Gläubigers nicht gestellt werden. Letztere werden zwar auch als Zwangsvollstreckungskosten (ZPO § 788 Abs 1) zugleich mit dem zur Zwangsvollstreckung stehenden Anspruch beigetrieben (ZPO § 788 Abs 1). Auch für sie begründet aber § 10 Abs 2 das Recht auf Befriedigung aus dem Grundstück und zusammen mit § 114 als lex specialis auch die Grundlage für Berücksichtigung nach verfahrensrechtlichen Erfordernissen des ZVG.

15.11 Umsatzsteuerbeträge (Mehrwertsteuer) können mit Kosten der Kündigung und dinglichen Rechtsverfolgung verlangt werden, wenn der Berechtigte sie nicht als Vorsteuer abziehen kann (ergibt sich aus ZPO § 104 Abs 2 Satz 3, der hier jedenfalls entsprechend anwendbar ist). Glaubhaftmachung dieser Tatsache ist zu substantiierter Anmeldung der Mehrwertsteuer nur erforderlich, wenn der Gläubiger widerspricht (§ 37 Nr 4), und dann nur für Aufnahme in das geringste Gebot (§ 45 Abs 1) oder Rangwahrung (§ 37 Nr 4). Für Glaubhaftmachung zur Berücksichtigung an der Rangstelle des Gläubigeranspruchs muß dann Erklärung des Berechtigten genügen daß er die Beträge nicht als Vorsteuer abziehen kann (ZPO § 104 Abs. 2 Satz 3; was für Kostenfestsetzung genügt, ist auch für Kostenerstattung auf Grund Anmeldung ausreichend). Für Prüfung durch das Vollstreckungsgericht muß auch hier allein ordnungsgemäße Anmeldung genügen (wie Rdn 15.10).

15.12 Bei **Aufhebung** eines Zwangsversteigerungs- oder Zwangsverwaltungsverfahrens hat der Schuldner die notwendigen Kosten der Rechtsverfolgung der mit einem Recht auf Befriedigung aus dem Grundstück am Verfahren Beteiligten gleichfalls zu tragen[91] (auch soweit sie keinen Vollstreckungstitel besitzen). Erstattungsgrundlage ist hier ZPO § 788 Abs 1 (siehe Einl Rdn 39.4). Für die Beitreibung dieser dem Schuldner zur Last fallenden notwendigen Kosten der Zwangsvollstreckung ist Vollstreckungstitel der Hauptsachetitel des Beteiligten (Einl Rdn 39.1). Im Festsetzungsverfahren müssen die Kosten geltend gemacht werden, wenn der Gläubiger über seinen Anspruch auf Befriedigung aus dem Grundstück noch keinen Vollstreckungstitel erwirkt hat (Einl Rdn 39.5) (wenn er zB nach Eintragung seiner Grundschuld oder Zwangshypothek keinen Duldungstitel erlangt hat oder wenn dem Berechtigten einer Grunddienstbarkeit Kosten notwendig entstanden sind). Hierfür ist als Festsetzungsgrundlage ein Kostenausspruch des Vollstreckungsgerichts erforderlich (ZPO § 103 Abs 1). Es ist daher auf Antrag des Erstattungsberechtigten über die den Schuldner treffenden Kosten zu entscheiden (siehe das Einl Rdn 39.5 Gesagte, das entsprechend gilt).

---

[91] LG Münster JMBlNW 1952, 168.

§ 11 1 Allgemeine Vorschriften

[Rangfolge in derselben Rangklasse]

11 (1) **Sind Ansprüche aus verschiedenen Rechten nach § 10 Nr 4, 6 oder 8 in derselben Klasse zu befriedigen, so ist für sie das Rangverhältnis maßgebend, welches unter den Rechten besteht.**

(2) **In der fünften Klasse geht unter mehreren Ansprüchen derjenige vor, für welchen die Beschlagnahme früher erfolgt ist.**

Literatur: Bleutge, Rangvorbehalt und Bestandteilszuschreibung, Rpfleger 1974, 387; Feuerpfeil, Die Rangeinheit von Haupt- und Veränderungsspalten in Abteilung II und III des Grundbuchs, Rpfleger 1983, 298; Meyer-Stolte, Rangverhältnis mehrerer Nachverpfändungen, Rpfleger 1971, 201; Rieve, Mehrfache Ausnutzung eines Rangvorbehalts, NJW 1954, 1434; Ripfel, Rangänderung zwischen einem Recht mit und einem solchen ohne Rangvorbehalt, BWNotZ 1962, 37; Schiffhauer, Die Wirkung des Rangvorbehalts in der Zwangsversteigerung, BlGrBW 1962, 17; Schmid, Die angebliche Rangeinheit von Haupt- und Veränderungsspalten in Abteilung II und III des Grundbuchs, Rpfleger 1982, 251 und (nochmals) Rpfleger 1984, 130; Unterreitmayer, Die stufenweise Ausnützung des Rangvorbehalts, Rpfleger 1960, 282; Zeitler, Rangrücktritt hinter ein Recht mit Rangvorbehalt, Rpfleger 1974, 176.

1 Allgemeines zu § 11

1.1 Zweck der Vorschrift: Regelung des Rangverhältnisses der Ansprüche aus verschiedenen Rechten, die nach § 10 Abs 1 in derselben Rangklasse zu berücksichtigen sind. Ihr Rang bestimmt die Reihenfolge der Berücksichtigung und Befriedigung. Ansprüche aus einer späteren Rangklasse kommen immer erst dann zum Zuge, wenn alle Ansprüche des vorgehenden Rangs voll gedeckt sind.

1.2 Anwendungsbereich: § 11 gilt für alle ZVG-Verfahren, Abs 2 nicht für die Teilungsversteigerung (§ 180 Rdn 7.2); Besonderes für Zwangsverwaltung (§ 155 Abs 2), für Schiffe (§ 162 Rdn 3) und Luftfahrzeuge (§ 171 a Rdn 3).

1.3 Wo mehrere Ansprüche aus verschiedenen Rechten (dazu auch § 12 Rdn 1.3) gleichen Rang haben, sind sie nach dem Verhältnis der Beträge zu berücksichtigen (§ 10, einleitender Satz in Abs 1). Verhältnis der Beträge bedeutet Verhältnis der Gesamtansprüche jedes Gläubigers ohne Aufgliederung, also in der Zwangsversteigerung Kosten, Zinsen, Hauptsache des einen zusammengerechnet gegenüber Kosten, Zinsen, Hauptsache des anderen zusammengerechnet, und bei Zwangsverwaltung in der zweiten, dritten und vierten Rangklasse (§ 155 Abs 2) Kosten, Zinsen des einen zusammengerechnet gegenüber Kosten, Zinsen des anderen zusammengerechnet, überall natürlich nur die an derselben Rangstelle zu berücksichtigenden Beträge. Erst wenn auf diese Weise der Gesamtanteil jedes einzelnen am Erlösanteil errechnet ist, wird der einzelne Anspruch dann nach § 12 wieder in Kosten, Zinsen, Hauptsache unterteilt, falls der Erlösanteil nicht für alles ausreicht. Muster hierzu ZVG-Handbuch Rdn 86.

2 Rangverhältnis bei nichteingetragenen Ansprüchen

2.1 Die Ansprüche der **Rangklasse 1** (Zwangsverwaltungsvorschüsse) **und 2** (Litlohn) sind je in ihrer Klasse untereinander gleichberechtigt (§ 10 Abs 1 einleitender Satz).

2.2 Öffentliche Grundstückslasten der **Rangklasse 3** haben unter sich gleichen Rang (§ 10 Rdn 6.19). Ebenso ist es bei diesen Ansprüchen aus öffentlichen Lasten in der **Rangklasse 7** (§ 10 Rdn 11.2).

3 Rangverhältnis in den Rangklassen 4, 6, 8 (Absatz 1)

3.1 Mehrere Rechte an einem Grundstück haben unter sich in ihrer jeweiligen Rangklasse (Klasse 4, 6 und 8 des § 10 Abs 1) Rang nach ihrem **materiellen**

Rangverhältnis. Es bestimmt sich nach BGB § 879 Abs 1: in derselben Grundbuchabteilung nach der Reihenfolge der Eintragung; in verschiedenen Abteilungen nach dem Eintragungstag, bei gleichem Eintragungstag Gleichrang. Ein abweichendes Rangverhältnis kann eingetragen (BGB § 879 Abs 3) oder durch Sondervorschrift (Rdn 3.3–6) geregelt sein. Die Eintragung ist für das Rangverhältnis auch dann maßgebend, wenn die zum Erwerb des Rechts nach BGB § 873 erforderliche Einigung erst danach zustande gekommen ist (BGB § 879 Abs 2). Einzelheiten in den BGB-Kommentaren zu BGB § 879. Nachträgliche Änderung des Rangverhältnisses und Rangvorbehalt Rdn 5.

3.2 Für die Eintragung des Rangs der Rechte am Grundstück (Rangklasse 4, 6 und 8 des § 10 Abs 1) sind die Vermerke in den Grundbuch-**Veränderungsspalten** (Abteilung II Spalten 4 und 5; Abteilung III Spalten 5–7) mit der jeweiligen Eintragung in der Hauptspalte, auf die sie sich beziehen, als einheitliche Eintragung anzusehen[1] (auch[2]). Auch für die in der Veränderungsspalte eingetragenen Rechtsänderungen bestimmt sich daher, wenn keine Rangabweichung nach BGB § 879 Abs 3 eingetragen ist, der Rang gemäß BGB § 879 Abs 1 nach den Eintragungen in der Hauptspalte, und zwar nach der Reihenfolge der Eintragungen in derselben Abteilung oder nach den Eintragungstagen für die in verschiedenen Abteilungen eingetragenen Rechte[3]; dagegen[4]. Das gilt für nachträglich eingetragene Zinsänderungen[5] (anders[6]) ebenso wie für Abtretungen, insbesondere aber für die in die Änderungsspalte eingetragenen sogenannten Nachverpfändungen (Pfandunterstellungen). Wenn also bei mehreren auf einem Blatt gebuchten Grundstücken, von denen eines bisher schon belastet war, die Belastung nun auch auf die anderen erstreckt wird[7], dann ist das neu belastete Grundstück in derselben Rangfolge belastet wie das erste; seine neuen Belastungen haben nicht etwa unter sich Gleichrang.

3.3 Bei **Zuschreibung** eines Grundstücks zu einem anderen als dessen Bestandteil (BGB § 890 Abs 2) erstrecken sich die an dem Stammgrundstück bestehenden Hypotheken (Grundschulden, Rentenschulden) auf das zugeschriebene Grundstück (BGB § 1131 Satz 1). Rechte, mit denen das zugeschriebene Grundstück belastet ist, gehen aber im Rang vor (BGB § 1131 Satz 2). Eine Reallast wird nicht nach BGB § 1131 auf das zugeschriebene Grundstück erstreckt (wegen BGB § 1107 streitig; aber herrschende Meinung; dazu mit Nachweisen[8]). Andere Rechte werden durch Bestandteilszuschreibung nicht verändert; sie bleiben Einzelbelastungen des jeweiligen Grundstücks.

3.4 Der Rang **nicht eingetragener Rechte** (BGB § 1075 Abs 1; Überbaurente, Notwegrente, altrechtliche Grunddienstbarkeiten usw; siehe EGBGB Art 184, 187) untereinander und im Verhältnis zu eingetragenen Rechten (Besonderheit aber nach BGB § 914 Abs 1, § 917 Abs 2) bestimmt sich nach der Zeit ihrer Entstehung. Der Rang einer gesetzlich nach BGB § 1287 Satz 2, ZPO § 848 Abs 2 Satz 2 entstandenen Sicherungshypothek bestimmt sich nach dem Zeitpunkt des Erwerbs des Pfandrechts; sie geht damit den vom Schuldner bewilligten

---

[1] RG 132, 106 (111, 112); BayObLG 1959, 520 = DNotZ 1960, 540 = NJW 1960, 1155; OLG Hamm OLGZ 1985, 23 = Rpfleger 1985, 17 und 144 Leitsatz mit Anm Streuer; OLG Köln MittRhNotK 1982, 177; Haegele/Schöner/Stöber, Grundbuchrecht, Rdn 2656.
[2] BGH 26, 344 = DNotZ 1958, 252 = NJW 1958, 630.
[3] KG Berlin DNotZ 1941, 348 = DR 1941, 1557 = JFG 22, 284 = HRR 1941 Nr 683; Haegele/Schöner/Stöber, Grundbuchrecht, Rdn 2659.
[4] Schmid Rpfleger 1982, 251 und 1984, 130.
[5] RG 132, 106 (111, 112); BayObLG 1959, 520 = aaO (Fußn 1); Haegele/Schöner/Stöber, Grundbuchrecht, Rdn 2493–2499.
[6] Schmid aaO (Fußn 4).
[7] Meyer-Stolte Rpfleger 1971, 201 (V).
[8] Haegele/Schöner/Stöber, Grundbuchrecht, Rdn 652.

§ 11 3.4   Allgemeine Vorschriften

Grundpfandrechten im Rang vor[9]. Vorrang haben jedoch Rechte, die dem Veräußerer nach dem Rechtsverhältnis zu bestellen sind, dem der ver- oder gepfändete Auflassungsanspruch entsprungen ist[10] (dazu mit Nachweisen[11]). Ein **zu Unrecht gelöschtes** Recht am Grundstück behält seinen bisherigen Rang. Durch gutgläubigen Rechtserwerb Dritter (BGB § 892), den der Berechtigte eines nicht eingetragenen Rechts gegen sich gelten lassen muß, kann sich das Rangverhältnis nach dem Entstehungszeitpunkt oder des gelöschten Rechts aber ändern.

3.5 Eine dem **Eigentümer** oder einem der Eigentümer oder dem **persönlichen Schuldner** zugefallene Hypothek (auch die aus einer Grundschuld entstandene Eigentümergrundschuld) behält den Rang des bisherigen Fremdrechts. Entsteht nur eine Teil-Eigentümerrecht (oder fällt eine Hypothek dem persönlichen Schuldner nur teilweise zu), so kann es nicht zum Nachteil des dem Gläubiger verbliebenen Restes geltend gemacht werden (BGB § 1176), muß somit diesem nachgehen.

3.6 Sonstiger Übergang eines Grundstücksrechts kraft Gesetzes auf einen anderen ändert das Rangverhältnis nicht; das Recht behält seinen **bisherigen Rang**. Geht nur ein **Teil** des Rechts über, so hat dieser Rang nach dem Restanspruch des bisherigen Gläubigers (BGB § 426 Abs 2 Satz 2, § 774 Abs 1 Satz 2, § 1143 Abs 1 Satz 2). Ist ein Recht abgelöst (BGB § 268 Abs 1), so hat es den bisherigen Rang. Wird nur ein Teil abgelöst, so hat dieser Rang nach dem Restbetrag des bisherigen Gläubigers (BGB § 268 Abs 3 Satz 2), und zwar auch dann, wenn ein (nach Verrechnungsabrede, siehe § 16 Rdn 3.4) „erstrangig" vollstreckbarer Teilbetrag abgelöst wurde[12]. Der Übergang einer Hypothek auf den Versicherer, der den Hypothekengläubiger befriedigt hat, kann nicht zum Nachteil eines gleich- oder nachstehenden Hypothekengläubigers geltend gemacht werden, dem gegenüber die Verpflichtung des Versicherers zur Leistung bestehen geblieben ist (Versicherungsvertragsgesetz § 104) (Fall der gesetzlichen Rangänderung[13]).

3.7 Wird ein Grundpfandrecht an **mehrere** (wirksam) **abgetreten** und wird über den Rang der Abtretungen untereinander nichts vereinbart, so haben die abgetretenen Hauptsacheteile des Rechts unter sich gleichen Rang; der Zeitpunkt der Abtretung ist dabei ohne Einfluß, frühere Abtretung schafft keinen Vorrang. Der Gesamtanspruch jedes einzelnen (Kosten, Zinsen, Hauptsache) ist gleichrangig mit den anderen; der auf das Recht entfallende Erlös wird nach dem Verhältnis der Ansprüche geteilt und erst der Einzelanspruch dann nach ZVG § 12 beurteilt (hierzu im ZVG-Handbuch Rdn 86 ein Beispiel).

3.8 Das Rangverhältnis der bis 3. 10. 1990 entstandenen Rechte an einem Grundstück und Gebäudeeigentum im **Beitrittsgebiet** (Einl Rdn 14) bestimmt sich nach dem Zeitpunkt der Eintragung im Grundbuch (EGBGB Art 233 § 3 Abs 1, § 9 Abs 1). Nach dem Zeitpunkt der Entstehung bestimmt sich der Rang bei Rechten, die nicht der Eintragung in das Grundbuch bedürfen und nicht eingetragen sind (EGBGB Art 233 § 9 Abs 2). Bei einem eingetragenen Mitbenutzungsrecht ist der vermerkte Zeitpunkt oder Rang maßgebend (EGBGB aaO). Eine Aufbauhypothek (-grundschuld) behält ihren Vorrang (EGBGB Art 233 § 9 Abs 3 mit Einzelheiten).

---

[9] BGH 49, 197 = DNotZ 1968, 483 = MDR 1968, 313 = NJW 1968, 493 und 1087 mit Anm Rose.
[10] KG Berlin JFG 4, 339; BayObLG 1972, 46 = DNotZ 1972, 536 = Rpfleger 1972, 182; Zöller/Stöber, ZPO, § 848 Rdn 8.
[11] Stöber, Forderungspfändung, Rdn 2050, 2053.
[12] BGH Rpfleger 1990, 378 (379); OLG Celle Rpfleger 1990, 378 = WM 1990, 860, je mit abl Anm Muth Rpfleger 1990, 380.
[13] LG Lüneburg Rpfleger 1988, 112.

Rangfolge in derselben Rangklasse 5.2 § 11

Rangverhältnis in der Rangklasse 5 (Absatz 2) 4

4.1 Das Rangverhältnis der Ansprüche des (betreibenden; auch beigetretenen, § 27 Abs 2) **Gläubigers** richtet sich nach dem Zeitpunkt der Beschlagnahme (§ 11 Abs 2). Maßgebend ist der Zeitpunkt der Beschlagnahmewirksamkeit (§§ 22, 151 Abs 1 und 2). Sind also zwei Beitrittsbeschlüsse gleichzeitig zugestellt oder sind zwei Gläubiger in einem Beschluß zusammengefaßt, so haben die Ansprüche unter sich gleichen Rang. Dies gilt bei in einem Anordnungsbeschluß zusammengefaßten Ansprüchen mehrerer Gläubiger auch, wenn die Beschlagnahme schon durch Zugang des Eintragungsersuchens an das Grundbuchamt wirksam wird.

4.2 Bei den betreibenden Ansprüchen der Rangklasse 5 ist **nicht zu unterscheiden,** ob sie aus einem Recht der Rangklassen 6–8 oder aus persönlichen Vollstreckungsforderungen stammen. Ein Recht der Klassen 1–4 bleibt, auch wenn aus ihm betrieben wird, in seiner Rangklasse und unterliegt dort den dafür geltenden Rangvorschriften. Der dazu gehörende Beschlagnahmebeschluß aber (der ja auch über das Recht aus Klasse 1–4 hinausgehende Teilansprüche enthalten kann) (§ 10 Rdn 9.2) steht hinsichtlich der nicht in Klasse 1–4 fallenden Teile in dem für Klasse 5 festgelegten Rangverhältnis, ohne Rücksicht auf die Herkunft der Ansprüche, weil § 11 Abs 2 hierfür keine Ausnahmen vorsieht. Diese Regelung gilt ebenso, wenn Rechte aus Rangklasse 6–8 betreiben, weil diese ja durch das Betreiben eine Rangverbesserung erfahren (§ 10 Rdn 9.2). Sobald sie nach Klasse 5 aufrücken, unterliegen sie auch deren Rangvorschriften (so auch[14]). Die Gegenmeinung[15], die aus Klasse 1–4, 6–8 stammenden Ansprüche würden auch in Klasse 5 die alte Rangfolge haben, widerspricht dem § 11 Abs 2.

Rangvorbehalt, Rangänderung (Rangtausch) 5

5.1 Mit **Rangvorbehalt** (BGB § 881) kann einem erst später zu bestellenden Recht an dem Grundstück Vorrang vor dem früher unter Rangvorbehalt eingetragenen Recht gewährt werden. Ausnutzung des Rangvorbehalts begründet (abweichend von BGB § 879) Vorrang des später eingetragenen, in den Vorbehalt eingerückten Rechts. Unberührt bleibt der spätere Rang solcher Rechte, für die der vorbehaltene Vorrang nicht ausgenützt worden ist; Einschränkung der Vorbehaltswirkung infolge solcher Zwischenrechte begründet BGB § 881 Abs 4. Näheres in den BGB-Kommentaren zu § 881.

5.2 Rangtausch richtet sich nach BGB § 880. Näheres in den BGB- Kommentaren hierzu. Hier kann nur kurz darauf eingegangen werden. Zwischenrechte dürfen nicht beeinträchtigt werden (BGB § 880 Abs 5). Man kann nur den Platz abtreten, den man hat. Tritt ein mit anderen gleichrangiges Recht zurück, wird auch das vortretende gleichrangig. An Hauptsache und Zinsen (hier Ausnahmen nach BGB § 1119 Abs 1) kann nur soviel vortreten, als dem Zurücktretenden zustand. Für Kosten gilt aber § 10 Abs 2; die tatsächlichen Kosten der Rechtsverfolgung werden immer an der Rangstelle des Rechts befriedigt, ohne Rücksicht auf das Zwischenrecht. Wenn das Recht, das den Vorrang eingeräumt hat, durch Rechtsgeschäft aufgehoben wird (BGB § 875), bleibt der Vorrang für das tauschende erhalten (BGB § 880 Abs 4). Hinfällig wird die Rangänderung aber, wenn das zurücktretende Recht auf andere Weise erlischt (kraft Gesetzes, zum Beispiel mit Eintritt einer auflösenden Bedingung, durch Tod eines Nießbrauchers oder Dienstbarkeitsberechtigten, das Gesamtgrundpfandrecht mit Befriedigung nach BGB § 1173 Abs 1 oder § 1181 Abs 2). Mit (rechtsgeschäftlicher oder gesetzlicher) Aufhebung des vortretenden Rechts erlangt das zurücktretende wieder seinen früheren Rang. Wurde der Vorrang durch ein Recht eingeräumt, aus dem Zwangsversteigerung oder Zwangsverwaltung nicht betrieben werden kann (Dienstbar-

---

[14] Steiner/Hagemann § 11 Rdn 27.
[15] Drischler JVBl 1964, 159 (Fußn 6).

keit), so hat der Rangtausch natürlich auf das Immobiliarvollstreckungsverfahren keinen Einfluß; betreibt also der Tauschpartner, so steht er nicht an der Rangstelle des anderen. Ein Widerspruch gegen den Rang bewirkt noch keine Rangänderung.

[Rangfolge von Haupt- und Nebenansprüchen]

12 **Die Ansprüche aus einem und demselben Rechte haben untereinander folgende Rangordnung:**
1. **die Ansprüche auf Ersatz der im § 10 Abs 2 bezeichneten Kosten;**
2. **die Ansprüche auf wiederkehrende Leistungen und andere Nebenleistungen;**
3. **der Hauptanspruch.**

Literatur: Amann, Durchsetzung der Reallast ohne Verlust der Reallast, DNotZ 1993, 222.

1 Allgemeines zu § 12

1.1 Zweck der Vorschrift und **Anwendungsbereich:** Regelung der Tilgungsfolge mehrerer Ansprüche aus demselben Recht in der gleichen Rangklasse. § 12 gilt für alle ZVG-Verfahren.

1.2 Bei nicht ausreichender Masse sind zuerst die **Kosten,** dann die **wiederkehrenden Leistungen** und zuletzt die **Hauptsache** zu decken (entspricht BGB § 367 Abs 1). Diese Befriedigungsfolge erlangt Bedeutung, wenn nach der Rangfolge des § 11 für Ansprüche aus verschiedenen Rechten der auf ein Recht (auch für Gläubiger in Rangklasse 5) fallende Erlös nicht zur Deckung aller Einzelansprüche des Berechtigten ausreicht. Erst wenn nach § 11 errechnet ist, was auf den einzelnen Anspruch insgesamt entfällt, wird bei diesem nach § 12 vorgegangen (Beispiel im ZVG-Handbuch Rdn 87).

1.3 Berechtigung des gleichen Gläubigers setzt § 12 nicht voraus; die Befriedigungsfolge besteht auch, wenn nach (Teil)**Abtretung** ohne Rangbestimmung für Ansprüche auf Kosten, Zinsen und/oder Hauptsache aus **demselben Recht** mehrere Gläubiger berechtigt sind. Wenn Teilabtretung (ohne Rangbestimmung) in der Weise erfolgt ist, daß nur die Zinsen eines Grundpfandrechts (unter Vorbehalt des Kapitals) oder nur das Kapital eines Grundpfandrechts (unter Vorbehalt der Zinsen) übertragen worden sind oder in der Weise, daß das Kapital eines Grundpfandrechts (ohne Zinsen) an einen Gläubiger und nur die Zinsen dieses Grundpfandrechts (ohne Kapital) an einen anderen Zessionar übertragen worden sind, bleiben die Teile Ansprüche aus einem und demselben Recht, deren Tilgungsfolge sich nach § 12 bestimmt. Die Kosten aller Berechtigten sind dann (unter sich gleichrangig) nach § 12 Nr 1 vorweg zu decken; dann folgen nach § 12 Nr 2 die Zinsen und dann erst kommt nach § 12 Nr 3 der Hauptanspruch. Verschiedene Rechte, für die ein Rangverhältnis nach § 11 bestünde, sind durch solche Teilabtretung nicht entstanden. Teilabtretung des Kapitals des Grundpfandrechts (ohne Rangbestimmung) schafft dagegen selbständige Teilrechte zu gleichem Rang[1]; die Ansprüche sind daher nach dem Verhältnis der Beträge zu berichtigen (§ 11 Rdn 3.7). Wenn dann wieder nur Zinsen eines Teilrechts abgetreten werden, bleiben diese Ansprüche aus ihrem Teilrecht, mit dem sie (sofern keine Rangbestimmung erfolgt ist) in der Tilgungsfolge des § 12 zum Zuge kommen. Beispiel: Grundschuld zu 100.000 DM mit Zinsen; abgetreten sind an Z 40.000 DM ohne Rangbestimmung zusammen mit Zinsen hierzu; die Zinsen des restigen 60.000 DM sind abgetreten an D. Rangverhältnis nach § 11 Abs 1: Kosten des Z sowie Zinsanspruch des Z und Hauptsacheanspruch zu 40.000 DM zusammengerechnet im Gleichrang mit Kosten der beiden Gläubiger sowie Zins-

---

[1] BGH 46, 242 = MDR 1967, 209 = NJW 1967, 388 (389).

Rangfolge von Haupt- und Nebenansprüchen 2 **§ 12**

anspruch des D und Hauptsacheanspruch zu 60.000 DM zusammengerechnet. Beide Gleichrangteile sind nach dem Verhältnis der Beträge zu befriedigen (§ 10 Abs 1, einleitender Satz mit § 11 Abs 1). Wenn der Erlös, der auf den nicht abgetretenen Hauptsacheteil nebst den abgetretenen Zinsen daraus des D nicht zur vollen Deckung der Ansprüche ausreicht, gebührt er nach der Befriedigungsfolge des § 12 zunächst (Nr 1) den (beiden) Berechtigten für gleichrangige Kosten, dann (Nr 2) D für Zinsen und erst dann (Nr 3) dem Gläubiger des Hauptanspruchs zu 60.000 DM.

1.4 Nicht anwendbar ist § 12, wenn nach nur **teilweisem Übergang** eines Anspruchs **kraft Gesetzes** dieser nicht zum Nachteil des Gläubigers geltend gemacht werden kann (bei Teilablösung nach BGB § 268 Abs 3 Satz 2, Teilübergang auf Gesamtschuldner nach § 426 Abs 2 Satz 2, auf Bürgen nach § 774 Abs 1 Satz 2, auf Eigentümer nach § 1143 Abs 1 Satz 2); hier gilt § 11 (§ 11 Rdn 3.6). Geht für allein abgetretene Zinsen die Hypothek nach BGB §§ 268 (1150), 426, 774 über, so steht der übergegangene Anspruch dem Anspruch auf Hauptsache und laufende Zinsen des bisherigen Gläubigers nach.

1.5 Das **Verbraucherkreditgesetz** bestimmt für eine Gläubigerforderung in Rangklasse 5 des § 10 Abs 1 eine von BGB § 367 Abs 1 abweichende Tilgungsreihenfolge. Zahlungen, die zur Tilgung der gesamten Gläubigerforderung nicht ausreichen, sind danach zunächst auf die Kosten der Rechtsverfolgung (unter Einschluß der Vollstreckungskosten in das Grundstück, § 10 Abs 2), dann auf den übrigen gechuldeten Betrag (VerbrKrG § 11 Abs 1) und zuletzt auf die nach Eintritt des Verzugs angefallenen Zinsen, die auf gesondertem Konto zur nachrangigen Verrechnung zu verbuchen sind (VerbrKrG § 11 Abs 2), anzurechnen. Damit ändert das Verbraucherkreditgesetz für die Vollstreckungsforderung des Gläubigers die Tilgungsreihenfolge auch in Abweichung von der Rangfolge des § 12. Voraussetzung ist jedoch, daß der Vollstreckungstitel diese Tilgungsreihenfolge nach VerbrKrG § 11 Abs 3 Satz 1 ausweist[2]. Wenn bereits das Urteil (der sonstige Vollstreckungstitel) gegen VerbrKrG § 11 verstößt, wird titelgemäß vollstreckt und verrechnet[3], somit in der Rangfolge des § 12. Für einen Vollstreckungstitel, dessen Hauptforderung auf Zinsen lautet, gilt die Tilgungsreihenfolge von VerbrKrG § 11 nicht (dort Abs 3 Satz 4; dazu[4] mit Nachw).

Rangverhältnis der Kosten (§ 12 Nummer 1) 2

Kosten der Kündigung und der die Befriedigung aus dem Grundstück bezweckenden Rechtsverfolgung (§ 10 Abs 2) sind als Anspruch bei allen Rechten (Rangklassen 1–8 des § 10 Abs 1) **vor** den Nebenleistungen und der Hauptsache zu befriedigen (§ 12 Nr 1). Haben verschiedene Gläubiger zu Ansprüchen aus demselben Recht im gleichen Rang Kostenansprüche (siehe Rdn 1.3), so haben diese untereinander gleichen Rang; Vorrang eines Gläubigers (zB für mit Vorrang abgetretenen Zinsen) kommt auch seinen Kosten zu. Andere Kosten (kosten persönlicher Rechtsverfolgung, vorgerichtliche Kosten) gewähren nur für einen vollstreckenden Gläubiger Anspruch auf Befriedigung aus dem Grundstück (Rangklasse 5 des § 10 Abs 1); sie gehören im Verhältnis zu anderen Ansprüchen dieses Gläubigers zu den anderen Nebenleistungen nach § 12 Nr 2. Nicht richtig ist (so aber[5]), daß diese Kosten Rang entsprechend § 12 Nr 1 einnehmen. Diese Kosten sind Vollstreckungsforderung des Gläubigers, die nur als dessen Anspruch mit Beschlagnahme ein Recht auf Befriedigung aus dem Grundstück gewährt (Rangklasse 5); sie sind daher Vollstreckungsanspruch neben der Hauptsacheforderung,

---

[2] Zöller/Stöber, ZPO, § 753 Rdn 7 a.
[3] Münzberg WM 1991, 170 (II 2 b, III und IV); Zöller/Stöber aaO (Fußn 2).
[4] Zöller/Stöber aaO (Fußn 2).
[5] Steiner/Hagemann § 12 Rdn 5 (mit Fußn 12).

somit Nebenleistungen, nicht aber Kosten der Befriedigung der (gesamten) in Rangklasse 5 fallenden Vollstreckungsforderung des Gläubigers. Über die Rangfolge bei Kostenbefreiung des Gläubigers Einl Rdn 87, bei Prozeßkostenhilfe (früher Armenrecht) Einl Rdn 45.

3 Rangverhältnis wiederkehrender Leistungen (§ 12 Nummer 2)

3.1 Wiederkehrende Leistungen und andere Nebenleistungen sind **nach** den Kosten und **vor** dem Hauptanspruch zu befriedigen (§ 12 Nr 2), wenn der Erlösanteil nicht für den ganzen Anspruch ausreicht. Zwischen laufenden und rückständigen wiederkehrenden Leistungen und Nebenleistungen wird dabei nicht mehr unterschieden[6]; wenn der Erlös nicht für alle ausreicht, sind aber regelmäßig erst die älteren zu befriedigen (BGB § 366 Abs 2; dazu Rdn 3.5). Sind aus demselben Anspruch mehrere Gläubiger berechtigt, so sind deren Nebenleistungsansprüche untereinander gleichrangig (ebenso wie bei den Kosten; Rdn 2). **Hauptanspruch,** der an letzter Stelle zum Zuge kommt (§ 12 Nr 3) ist die als Hypothek oder Grundschuld eingetragene Grundstücksbelastung, die Ablösungssumme einer Rentenschuld, sonst der an die Stelle eines erloschenen Rechts getretene Anspruch auf Wertersatz (§ 92 Abs 1; im Gegensatz zu fälligen Leistungen).

3.2 Wiederkehrende Leistungen sind als Nebenleistungen insbesondere die **Zinsen** (Gebrauchsvergütung für Kapitalüberlassung), und zwar die rechtsgeschäftlichen (für Grundpfandrecht BGB § 1115 Abs 1) ebenso wie die gesetzlichen (BGB § 1118). Aber auch **wiederkehrende Leistungen** gehören hierher, die nicht Nebenleistungen sind, so die einzelnen Leistungen der Reallast und Rentenschuld; das entspricht BGB § 1107 und § 1200 Abs 1 über die Anwendung der für Hypothekenzinsen geltenden Vorschriften. „**Andere**" Nebenleistungen (ungenauer Wortlaut will die in BGB § 1115 Abs 1 bezeichneten Nebenleistungen erfassen) sind alle außerhalb des Kapitals (insbesondere eines Grundpfandrechts), jedoch abhängig von ihm zu entrichtenden Beträge. Für sie haftet das belastete Grundstück kraft eines Grundpfandrechts nur, wenn sie im Grundbuch eingetragen sind (BGB § 1115 Abs 1; Einigung als weiteres Belastungserfordernis BGB § 873 Abs 1). Nebenleistungen können einmalig, fortlaufend, für die ganze Dauer des Rechts, nur von einem Anfangstermin an oder bis zu einem Endtermin (BGB § 163), und aufschiebend oder auflösend bedingt (BGB § 158) zu beanspruchen sein. Tilgungsbeträge sind jedoch keine Nebenleistungen, sondern als Kapitalanteile[7] Hauptsacheanspruch nach § 12 Nr 3.

3.3 Zu **Nebenleistungen** öffentlicher Lasten (steuerlichen Nebenleistungen) § 15 Rdn 34. Nebenleistungen aus **Rechten am Grundstück** kommen in verschiedenster Art vor. Nebenleistungen einer **Hypothek** können außer den Zinsen sein (siehe BGB § 1115 Abs 1) zum Beispiel Abschlußprovision oder Umsatzprovision (laut[8] keine Zinsen), Bearbeitungsgebühren (laut[9] sind pauschal als Generalkosten erhobene als Zinsen anzusehen), Bereitstellungsgebühren[10], Bürgschaftsgebühr[11], Geldbeschaffungskosten, die im Wege der Tilgungsstreckung zu erstatten sind[12], andere Kosten als die in BGB § 1118 und ZVG § 10 Abs 2 genannten, also Kosten, für die das Grundstück nicht kraft Gesetzes haftet (nicht also Kosten der Kündigung und der die Befriedigung aus dem Grundstück bezweckenden Rechtsverfolgung), Kreditgebühren, Mahngebühren, Säumniszuschläge, Strafzinsen bei unpünktlicher Kapital- oder/und Zinszahlung oder bei Eintritt sonstiger Umstände

---

[6] Steiner/Hagemann § 12 Rdn 6.
[7] RG 104, 68 (72).
[8] Belke BB 1968, 1219 (III 2 d).
[9] Belke aaO (Fußn 8) (III 2 a).
[10] Haegele RpflJahrbuch 1974, 311 (I 4).
[11] LG Bielefeld Rpfleger 1970, 335.
[12] LG Düsseldorf Rpfleger 1963, 50 mit Anm Haegele.

oder Ereignisse[13] (laut[14] sind dies aufschiebend bedingte Zinsen und zugleich Vertragsstrafe, laut[15] sind es andere Nebenleistungen, jedenfalls sind sie nicht Zinzeszinsen[16]); Versicherungsprämien für zur Sicherung der Forderung eingegangene Versicherungen, Verwaltungskostenbeiträge[17] Verwaltungskostenzuschläge, Verzugs- und Überziehungsgebühren, Vorfälligkeitsentschädigung[18] und Zinseszinsen (BGB § 248 Abs 2 Satz 2)[19], außerdem Disagio oder Damnum (sonstige Entschädigung für höhere Auszahlung), wenn es infolge Tilgungsstreckung außerhalb des Kapitals als Nebenleistung geschuldet ist. Es handelt sich um den Abzug vom Nennbetrag des vertraglichen Darlehens (Unterschiedsbetrag zwischen Nenn- = Rückzahlungsbetrag und dem Darlehensnehmer tatsächlich zugeflossener Verfügungsbetrag). Wird der Abzugsbetrag einbehalten, ist er Teil der Darlehensschuld (BGB § 607 Abs 2), somit der durch die Hypothek (Hauptsache) gesicherten Geldsumme. Für die Frage, ob der Abzugsbetrag auch bei vorzeitiger Rückzahlung des Darlehens voll geschuldet ist, ist entscheidend, ob es sich um laufzeitunabhängige Darlehensnebenkosten (so bei zinsverbilligtem Kredit aus öffentlichem Förderungsprogramm[20]) wie Kosten der Darlehensbeschaffung oder Bearbeitungskosten handelt[21] oder (wie heute zumeist) um vorweggezahlte Zinsen[22]; hierfür entscheidet Vertragsauslegung[23]. Die Begriffe überschneiden sich zum Teil. Bei der **Zwangshypothek** können Nebenleistungen sein Strafzinsen, Säumniszuschläge oder Zinseszinsen, nicht aber Kosten, die durch einen Vollstreckungstitel (insbesondere Kostenfestsetzungsbeschluß) ausgewiesen sein mußten oder nach ZPO § 788 Abs 1 mit vollstreckt wurden, die mithin als (Teil der) Vollstreckungsforderung, nicht aber als Nebenforderung, geltend gemacht wurden[24], ebenso nicht Zinsrückstände, die betragsmäßig (kapitalisiert) vollstreckt und als Hauptsachebetrag der Sicherungshypothek eingetragene Grundstücksbelastung sind[24]. Nebenleistungen einer **Grundschuld** (BGB § 1191 Abs 2) sind weitere Belastung des Grundstücks, die zur Belastung mit der bestimmten Grundschuldhauptsache hinzutritt[25]. Nebenleistungen **des Gläubigers** (Rangklasse 5 des § 10 Abs 1) sind die als solche vollstreckten Beträge, für die Anordnung des Verfahrens oder Zulassung des Beitritts (§ 27 Abs 2) erfolgt ist.

3.4 Nicht vor dem Hauptanspruch in Rangklasse 4 (bzw 6) sind die älteren Rückstände der wiederkehrenden Leistungen und anderen Nebenleistungen der Rangklasse 8 zu befriedigen. § 12 regelt das Rangverhältnis in der gleichen Rangklasse (§ 12 Rdn 1.1), ändert aber die Rangfolge des § 10 Abs 1 nicht ab. Daher ist auch der Gläubiger nicht dem Schuldner gegenüber berechtigt, eine nach § 12 Nr 3 dem Hauptanspruch zugefallene Zuteilung erst noch auf ältere Zinsrückstände in Rangklasse 8 zu verrechnen (so auch[26]; anders aber[27]).

3.5 Für nur **teilweise** Deckung des Anspruchs **eines** Berechtigten entweder an verschiedenartigen Kosten, unterschiedlichen wiederkehrenden Leistungen und/

---

[13] KG Berlin JFG 9, 271.
[14] Belke aaO (Fußn 8) (II).
[15] OLG München WM 1966, 666 mit abl Anm Koch.
[16] RG 37, 274.
[17] OLG Neustadt DNotZ 1961, 666 mit Anm Ripfel = NJW 1961, 2260; OLG Frankfurt Rpfleger 1978, 409.
[18] OLG Karlsruhe Rpfleger 1968, 353.
[19] KG Berlin JFG 1, 461.
[20] BGH NJW 1992, 2285 und NJW 1993, 47.
[21] OLG Frankfurt NJW 1981, 1963 = ZIP 1981, 379; Canaris NJW 1978, 1891.
[22] Belke aaO (Fußn 8) (III 2 b).
[23] BGH 111, 287 = NJW 1990, 2285; BGH NJW 1993, 47 und 1995, 2778.
[24] Haegele/Schöner/Stöber, Grundbuchrecht, Rdn 2187 und Rdn 2189.
[25] Stöber ZIP 1980, 613.
[26] Reinhard/Müller § 12 Anm III.
[27] Jaeckel/Güthe § 12 Rdn 3.

oder anderen Nebenleistungen oder Hauptsachebeträgen trifft das ZVG keine Regelung. Eine Bestimmung hat dennoch das Vollstreckungsgericht bei Zuteilung nach billigem Ermessen vorzunehmen; es hat sich dabei an BGB § 366 Abs 2 zu halten (geringere Sicherheit bei früherer Verjährung; größere Sicherheit bei Mithaft eines Dritten usw).

4 Vereinbarung abweichender Rangfolge

4.1 Die Rangfolge des § 12 ist nicht zwingend, es kann auch eine Vereinbarung darüber zwischen Gläubiger und Schuldner, daß die Hauptsache vor Kosten und Zinsen zu befriedigen sei, erfolgen[28], etwa schon bei der Bestellung des Grundpfandrechts. Dabei verlangt[29] die Grundbucheintragung; gesetzlich ist dies nicht gedeckt; mindestens muß die Bezugnahme auf die Eintragungsbewilligung genügen. Die Vereinbarung kann auch während des Zwangsversteigerungsverfahrens zwischen Gläubiger und Schuldner erfolgen; eine besondere Form ist dafür nicht vorgeschrieben. Der Schuldner wird hier weniger bereit sein, weil er vielleicht einen Nachteil befürchtet. Die Änderung kann auch durch abgeänderte Versteigerungsbedingung nach § 59 erfolgen, natürlich unter Zustimmung des Schuldners (§ 59 Abs 1 Satz 2), die dieser vielleicht nicht geben wird. Die Folgen zeigt ein Beispiel: Würde der Gläubiger eines erlöschenden Rechts nach § 12 nur wegen der Kosten und Zinsen und wegen eines Teiles der Hauptsache befriedigt, dann könnte er wegen des Restes der Hauptsache aus einer gleichzeitig laufenden Zwangsverwaltung nichts erhalten (§ 155 Abs 2 Satz 1); mit der Abweichung erhält er vielleicht die ganze Hauptsache aus der Versteigerung, Zinsen und (soweit dort berücksichtigungsfähig) auch Kosten vielleicht aus der bei Zuschlag noch nicht abgerechneten Verwaltungsmasse (häufiger Fall, daß noch Mietzinsrückstände beizutreiben und für die Verwaltung trotz inzwischen erfolgten Zuschlags zu verwerten sind), und zwar nach der Versteigerungsverteilung. Ohne diese Regelung würde vielleicht ein Nachrangiger zum Zuge kommen oder sogar der Schuldner aus der Verwaltungsmasse einen Überschuß erhalten, den der Gläubiger erst wieder pfänden müßte. Der Gläubiger, der die Mitwirkung des Schuldners vermeiden will oder muß, könnte auch folgenden Weg wählen: er meldet in der Versteigerung nur an Hauptsache, Kosten, vielleicht Zinsen ab Zuschlag, soviel eben voraussichtlich hier gedeckt werden kann; die nicht angemeldeten anderen laufenden Zinsen müßte das Gericht von Amts wegen einsetzen (§ 114 Abs 1 Satz 1), weil Nichtanmeldung kein Verzicht ist (§ 114 Rdn 4), falls nicht der Gläubiger erklärt, diese Beträge wolle er in dem Versteigerungsverfahren nicht erheben (Minderanmeldung im Verfahren; siehe § 45 Rdn 7; kann nicht als materiellrechtlicher Verzicht angesehen werden). Weil dem Gläubiger Versteigerungserlös und Verwaltungsmasse haften, wenn er an beiden Verfahren beteiligt ist, hat er die Wahl, ob er Zinsen aus dem einen oder anderen Verfahren erheben will[30]. Natürlich darf er dieselbe Leistung nur einmal erhalten und sie muß jeweils im anderen Verfahren angerechnet werden[30]. Er muß, auch im Hinblick auf die Folgen einer Liegenbelassung (§ 91 Rdn 5), in eigener Verantwortung entscheiden, welcher Weg ihm günstiger erscheint. Besonderheiten für Schiffe und Zwangsverwaltung: § 146 Rdn 3, § 162 Rdn 3.

4.2 Eine **Änderung der Reihenfolge** des § 12 kann auch aus Anlaß der Abtretung von Zinsen zwischen Zedenten und Zessionar vereinbart werden, daß etwa der Zedent mit seiner Stammforderung den Vorrang vor den Zinsen behalten solle[31], wobei dies nicht im Grundbuch eingetragen werden muß[31].

---

[28] Jaeckel/Güthe § 12 Rdn 1; Steiner/Hagemann § 12 Rdn 3.
[29] Jaeckel/Güthe aaO (Fußn 28).
[30] Reinhard/Müller § 12 Anm V.
[31] Reinhard/Müller § 161 Anm V 1.

4.3 a) Für eine **Reallast** ist abweichende Vereinbarung der Befriedigungsreihenfolge des § 12 mit dinglichem Inhalt auch in der Weise zulässig, daß das Stammrecht (die Reallast als Ganzes) „Vorrang" vor den Einzelleistungen (BGB § 1107) hat[32]. Die Bedeutung dieser Abweichung darf jedoch nicht verkannt und überschätzt werden. Wirkung hat sie nur bei nicht ausreichender Masse für die Befriedigungsreihenfolge des § 12 (Rdn 1.2; entspricht BGB § 367 Abs 1). Teilung der Reallast bewirkt sie nicht; ein materielles Rangverhältnis zwischen mehreren Teilen des Rechts wird somit nicht in der Weise begründet, daß bei Vollstreckung fälliger Einzelleistungen in das haftende Grundstück das Stammrecht als dem Anspruch des Gläubigers vorgehend nach § 44 in das geringste Gebot aufgenommen werden könnte (diesen Anschein erweckt verfehlt[32]). Das Recht des Gläubigers wird vielmehr nicht in das geringste Gebot aufgenommen, wenn er nur wegen eines Teils seines Anspruchs die Zwangsversteigerung betreibt (§ 44 Rdn 4.3). Daher werden die nach § 12 Nr 2 vorweg zu befriedigenden Zinsen und anderen Nebenleistungen nicht im geringsten Gebot berücksichtigt, wenn der Gläubiger eines Grundpfandrechts die Zwangsversteigerung nur wegen eines danach wegzufertigenden Hauptanspruchs (§ 12 Nr 3) betreibt. Ebenso komt auch bei Abwandlung der Befriedigungsreihenfolge des § 12 die Reallast als Ganzes (das Stammrecht) nicht als bestehen bleibendes Recht in das geringste Gebot, wenn wegen erst danach wegzufertigender Einzelleistungen die Zwangsversteigerung betrieben wird. Wenn der Berechtigte die Zwangsversteigerung betreibt, erlischt somit stets die Reallast (das Stammrecht) als Grundstücksbelastung (§ 91 Abs 1; dazu auch[33]).

b) Dem Interesse des Berechtigten am Fortbestand der Reallast könnte deren Aufteilung in **rangverschiedene Teile** Rechnung tragen (erfordert Erklärung und Grundbucheintragung). Aufteilung der Reallast in eine vorrangige Teilreallast mit allen nach dem Zuschlag fälligen Leistungen und eine nachrangige Teilreallast mit den zuvor fälligen Leistungen wird für zulässig gehalten (dazu näher[34]). Dann bleibt die bei Feststellung des geringsten Gebots zu berücksichtigende vorrangige Teilreallast bestehen (§ 52 Abs. 1), wenn der Reallastgläubiger wegen seiner Einzelleistungen im Rang der nachrangigen Teilreallast die Zwangsversteigerung betreibt.

[Laufende Beträge wiederkehrender Leistungen]

13 (1) **Laufende Beträge wiederkehrender Leistungen sind der letzte vor der Beschlagnahme fällig gewordene Betrag sowie die später fällig werdenden Beträge. Die älteren Beträge sind Rückstände.**

(2) Absatz 1 ist anzuwenden, gleichviel ob die Ansprüche auf wiederkehrende Leistungen auf öffentlichem oder privatem Recht sich auf Bundes- oder Landesrecht beruhen oder ob die gesetzlichen Vorschriften andere als die in § 10 Abs 1 Nr 3 und 4 bestimmten Fristen festsetzen; kürzere Fristen als die in § 10 Abs 1 Nr 3 und 4 bestimmten werden stets vom letzten Fälligkeitstag vor der Beschlagnahme zurückgerechnet.

(3) Fehlt es innerhalb der letzten zwei Jahre an einem Fälligkeitstermin, so entscheidet der Zeitpunkt der Beschlagnahme.

(4) Liegen mehrere Beschlagnahmen vor, so ist die erste maßgebend. Bei der Zwangsversteigerung gilt, wenn bis zur Beschlagnahme eine Zwangsverwaltung fortgedauert hat, die für diese bewirkte Beschlagnahme als die erste.

---

[32] BayObLG 1990, 282 = DNotZ 1991, 805 = KTS 1991, 203 = MDR 1991, 154 = NJW-RR 1991, 407 = Rpfleger 1991, 50.
[33] Haegele/Schöner/Stöber, Grundbuchrecht, Rdn 1317 a.
[34] Amann DNotZ 1993, 222.

§ 13 1   Allgemeine Vorschriften

1 Allgemeines zu § 13

1.1 Zweck und **Anwendungsbereich:** Festlegung des Zeitpunktes, der für die Unterscheidung laufender Beträge wiederkehrender Leistungen von den Rückständen maßgebend ist. Diese Unterscheidung gilt für alle ZVG-Verfahren; sie regelt die Grenze zwischen den laufenden und den rückständigen Beträgen für alle Fälle, in denen das ZVG zwischen laufenden und rückständigen wiederkehrenden Leistungen unterscheidet (§ 10 Abs 1 Nr 2, 3, 4, 7 und 8, § 45 Abs 2, §§ 47, 114 Abs 2, §§ 129, 155 Abs 2, § 156 Abs 1; außerdem EGZVG § 2 Abs 2, § 3); Besonderheit für Schiffe, Konkursverwalterverfahren, Nachlaßversteigerung: § 162 Rdn 3, § 172 Rdn 4, § 176 Rdn 2. Die Vorschrift ist anzuwenden, gleich ob es sich um Leistungen aus privaten oder öffentlichen Rechten, nach Bundes- oder Landesrecht oder mit anderen als den in § 10 Abs 1 Nr 3–4 genannten Fristen handelt (§ 13 Abs 2).

1.2 Begriffsbestimmung für Rückständigkeit gibt § 13 nur für die Abgrenzung der wiederkehrenden Leistungen in ZVG-Verfahren, nicht auch für sonstige Fälle der Abgrenzung (siehe bereits § 10 Rdn 6.17), insbesondere nicht für den Begriff „Rückstände" in BGB §§ 197, 1159, 1178 sowie ZPO § 830. In solchen Fällen ist eine Leistung grundsätzlich rückständig, wenn der Termin für ihre Fälligkeit vorbei ist, ohne daß der Anspruch getilgt oder erloschen ist.

1.3 Der Wechsel des Gläubigers ist ohne Einfluß[1]; was rückständig ist, bleibt es auch bei einem Gläubigerwechsel[1].

2 Begriff der laufenden Beträge wiederkehrender Leistungen (Abs 1–3)

2.1 Laufende Beträge wiederkehrender Leistungen sind „der letzte vor der Beschlagnahme fällig gewordene Betrag sowie die später fällig werdenden Beträge" (§ 13 Abs 1 Satz 1); alle „älteren Beträge sind **Rückstände**" (§ 13 Abs 1 Satz 2). „Beschlagnahme" ist dabei der Beschlagnahmewirksamkeitszeitpunkt (§ 22 Rdn 2). Es kommt auf den Fälligkeitszeitpunkt an, nicht auf den Zeitabschnitt, auf den sich die einzelne Leistung bezieht. Es ist also gleich, ob im voraus oder nachträglich bezahlt werden muß, ob der Betrag für den Zeitraum vor oder nach dem Fälligkeitstermin geschuldet ist. Dazu ein Beispiel: Beschlagnahme wirksam am 1. 7., Zinsen fällig am 30. 6.; kein Unterschied, ob diese für die Zeit vom 1. 4. bis 30. 6. oder vom 1. 7. bis 30. 9. oder vom 1. 6. bis 31. 8. usw zu zahlen sind.

2.2 Maßgebend nach § 13 ist der **letzte** Fälligkeitstermin **vor** der Beschlagnahme. Beispiel: Beschlagnahme wirksam am 1. 7., letzter Fälligkeitstermin vorher 30. 6. Werden die Leistungen am Tag der Beschlagnahme selbst fällig, so entscheidet nicht dieser Termin, sondern eben der letzte Fälligkeitstermin vorher. Beispiel: Beschlagnahme wirksam am 1. 7., Zinsen jeweils fällig am 1. 1. und 1. 7.; maßgebend der vorausgehende 1. 1. Ein Beispiel auch im ZVG-Handbuch Rdn 88.

2.3 Wenn innerhalb der letzten zwei Jahre vor der Beschlagnahme ein **Fälligkeitstermin fehlt,** entscheidet für die Abgrenzung von laufenden und rückständigen Leistungen der Zeitpunkt der Beschlagnahme (§ 13 Abs 3). Beispiel: Beschlagnahme wirksam am 1. 7. 1996, Fälligkeitstermine 1. 5. 1994, 1. 5. 1997 usw; maßgebend der Beschlagnahmewirksamkeitszeitpunkt. Beispiel auch im ZVG-Handbuch Rdn 90. Es werden also Fälligkeitstermine, die über zwei Jahre zurückliegen, nicht berücksichtigt. Alle Beträge bis zum Tag vor der Beschlagnahme einschließlich sind hier Rückstand, auch wenn sie noch gar nicht fällig gewesen wären[2]. Auch dann entscheidet der Beschlagnahmezeitpunkt, wenn das Recht so spät eingetragen ist, daß ein Fälligkeitstermin vor der Beschlagnahme noch fehlt. Beispiel: Recht eingetragen 10. 2. 1995, erster Zinstermin 31. 12. 1995, Beschlag-

---

[1] RG 91, 297.
[2] Jaeckel/Güthe § 13 Rdn 3.

Laufende Beträge wiederkehrender Leistungen 2.5 **§ 13**

nahme wirksam 1. 10. 1995; laufende Zinsen ab 1. 10. 1995, bis einschließlich 30. 9. 1995 Rückstand. Ebenso ist für öffentliche Lasten (Grundsteuer) der Beschlagnahmezeitpunkt maßgebend, wenn (so bei Nachberechnung von Grundsteuer) die Fälligkeit überhaupt erst nach Beschlagnahme eingetreten ist[3].

2.4 Es **fehlt** an einem bestimmten **Fälligkeitstermin** innerhalb der Frist von zwei Jahren vor dem Beschlagnahmewirksamkeitszeitpunkt immer in folgenden Fällen: bei Verzugszinsen (BGB § 288), Prozeßzinsen (BGB § 291), Wechsel- und Scheckzinsen (nach dem Wechsel- bzw Scheckgesetz) (sie sind alle bei Zahlung der Hauptsache fällig); ferner bei den Zinsen für eine Sicherungshypothek oder eine Zwangshypothek (Zinsen laufen hier täglich weiter); schließlich bei Grundschulden ohne Zinsfälligkeitstermin (kommen selten vor) und bei Zinsen, die nach einer Verfallklausel (abweichend von den vereinbarten Zahlungsterminen) fortlaufend zu erbringen sind. In diesen Fällen beginnen die laufenden Zinsen (anderen wiederkehrenden Leistungen) nach Abs 3 des § 13 **am Tag** der Beschlagnahme. Zinsen für den letzten Tag vor der Beschlagnahme gehören daher nicht zu den laufenden Beträgen (so auch[4]; anders[5]). Abgrenzung nach dem nur im Fall von Abs 1 des § 13 maßgeblichen letzten Zeitpunkt vor der Beschlagnahme schließt Abs 3 des § 13 für alle Fälle aus, in denen es an einem Fälligkeitszeitpunkt fehlt. Das gilt auch in Ansehung der gesetzlichen Zinsen, bei denen von einem besonderen Fälligkeitstermin nicht die Rede sein kann[6], gleichermaßen daher auch für andere Fälle, in denen Zinsen und andere Nebenleistungen fortlaufend anwachsen, Fälligkeitszeitpunkte für ihre Erfüllung aber weder als Inhalt des Rechts noch gesetzlich bestimmt sind. Ein Fälligkeitstermin im Sinne von § 13 Abs 1 ergibt sich nicht daraus, daß (wie zB bei der Zwangshypothek) Zinsen fortlaufend anwachsen (täglich anfallen).

2.5 Der **Fälligkeitszeitpunkt** für Anwendung von § 13 **ergibt sich** bei dinglichen Rechten der Rangklasse 4, 6, 8 aus der Grundbucheintragung bzw der dort in Bezug genommenen Eintragungsbewilligung (BGB §§ 1115, 874). Für eine Darlehenshypothek soll, wenn nichts anderes bestimmt ist (selten), BGB § 608 gelten (zB[7]), die Zinsfälligkeit also nach Ablauf je eines Jahres seit der Hingabe des Darlehens bestehen[8]. Dem ist nicht zu folgen. Der Anfangszeitpunkt der Verzinsung muß sich aus der Eintragungsbewilligung ergeben[9]. Enthält sie keine nähere Angabe, so wird sie dahin ausgelegt, daß Zinsen erst vom Tag der Eintragung an gefordert werden können oder gesichert sein sollen. Für diese Zinsen ergeben sich aber aus der in Bezug genommenen Eintragungsbewilligung dann keine Fälligkeitszeitpunkte. Es fehlt mithin an einem bestimmten Fälligkeitstermin. Bei Ansprüchen aus öffentlichen Grundstückslasten der Rangklasse 3, 7 ergibt sich der Fälligkeitszeitpunkt aus einem Gesetz oder einer kraft Gesetzes erlassenen Satzung oder dem einzelnen Steuer- bzw Leistungsbescheid, der eine Leistungsverpflichtung für einen bestimmten Zeitpunkt fälligstellt, bei Ansprüchen aus Litlohn der Rangklasse 2 aus dem Dienstvertrag oder allgemeinen Tarifvertrag. Der Fälligkeitszeitpunkt muß nicht innerhalb des Zeitraumes liegen, für den die Leistung zu erbringen ist, er kann auch nach ihm liegen. So kann etwa eine Steuerbehörde deshalb, weil der Grundstückseinheitswert noch nicht feststand oder weil der Schuldner die notwendigen Berechnungsunterlagen nicht vorlegte oder eine Anmeldung

---

[3] OLG Oldenburg NdsRpfl 1982, 165 = Rpfleger 1982, 350.
[4] Jaeckel/Güthe § 13 Rdn 3; Steiner/Hagemann § 13 Rdn 18.
[5] Bohn, Hypothekenrecht, Rdn 1449; Bauch Rpfleger 1985, 466 (D II 6).
[6] Motive zum ZVG, zu § 14 Abs 2 (S 100).
[7] Jaeckel/Güthe § 13 Rdn 2; Korintenberg/Wenz § 13 Anm 2; Steiner/Hagemann § 13 Rdn 16.
[8] Mohrbutter/Drischler Muster 60 Anm 2.
[9] LG Aachen Rpfleger 1963, 116 mit Anm Haegele; Haegele/Schöner/Stöber, Grundbuchrecht, Rdn 1957.

§ 13 2.5   Allgemeine Vorschriften

versäumte, eine Steuer oder andere Abgabe erst für einen zurückliegenden Zeitabschnitt festsetzen und damit für einen bestimmten Zeitpunkt fälligstellen[10]. Das Vollstreckungsgericht ist an diese Festsetzung gebunden (mit der die Steuerforderung als Zahlungsanspruch erst entsteht[11]) und muß diese besondere Fälligstellung bei der Anwendung von §§ 10, 13 zugrunde legen.

2.6 Die Fälligkeit wiederkehrender Leistungen kann sich auch nach einer **Verfallklausel** bestimmen, die als Inhalt des dinglichen Rechts vereinbart (und im Grundbuch eingetragen; Bezugnahme genügt) ist. Eine nach der Verfallklausel eingetretene Fälligkeit wiederkehrender Leistungen bestimmt dann auch den Zeitpunkt, nach dem laufende Beträge von den Rückständen abzugrenzen sind. Das gilt, wenn vereinbart ist, daß Zinsen und andere wiederkehrende Leistungen sofort fällig und fortlaufend zu erbringen sind, wenn der Schuldner (eine bestimmte Zeit) in Zahlungsverzug kommt, über sein Vermögen das Konkursverfahren eröffnet oder die Zwangsversteigerung oder Zwangsverwaltung des belasteten Grundstücks angeordnet wird oder ein sonstiges Ereignis eintritt. Ist dem Gläubiger nur die Möglichkeit eingeräumt, bei Eintritt eines solchen Ereignisses Zinsen und andere wiederkehrende Leistungen fällig zu stellen, dann wird ihre Fälligkeit erst durch die (empfangsbedürftige) Gestaltungserklärung des Gläubigers herbeigeführt. Auf die nach einer Verfallklausel eingetretene (meist dann fortlaufende) Fälligkeit der Zinsen und anderen Nebenleistungen ist (abweichend von den periodischen Zahlungsterminen) im Verfahren abzustellen, wenn darüber Klarheit besteht. Das ist der Fall, wenn der Eintritt des Ereignisses für sofortige (fortlaufende) Fälligkeit der Zinsen nachgewiesen oder sonst dem Vollstreckungsgericht (sicher) zur Kenntnis gelangt ist wie dann, wenn der Gläubiger künftige Zinsen als fortlaufende Nebenleistungen vollstreckt (§ 15 Rdn 15.2) oder bereits in einem Zwangsverwaltungsverfahren (nachgewiesen) geltend gemacht hat. Wenn und solange Zinsen auf Grund einer Verfallklausel fortlaufend fällig werden, kann nicht deshalb wieder auf die vereinbarten periodischen Fälligkeitszeitpunkte zurückgegriffen werden, weil der Gläubiger sich auf die nach der Verfallklausel eingetretene Fälligkeit nicht beruft, fortlaufende Zahlung somit nicht verlangt. Eine Änderung eingetretener Zinsfälligkeiten wäre vielmehr nur als Inhaltsänderung (BGB §§ 877, 873; erfordert Einigung und Eintragung) möglich; dem Beschlagnahmegläubiger gegenüber könnte sie keine Wirksamkeit erlangen (§ 23 Abs 1). Zahlungsbestimmungen müssen nicht für alle Forderungsteile (alle Teile eines Grundpfandrechts) gleich sein; es können für Hauptsache (zB sofort oder nach 3monatiger Kündigung fällig) und Zinsen sowie andere Nebenleistungen (zB halbjährlich nachträglich) auch unterschiedliche Fälligkeiten vereinbart (als Inhalt des Grundpfandrechts bestimmt) sein[12]. Daher müssen auch Zinsen nicht fortlaufend fällig werden, sondern fallen weiterhin nach den für sie vereinbarten Zahlungsbestimmungen an, wenn die Fälligkeit der Hauptsache eines Grundpfandrechts mit Kündigung oder auf Grund einer Verfallklausel eintritt. Daß die Fälligkeit der Hauptsache auch die der Zinsen und anderen Nebenleistungen zur Folge haben soll, bedarf klarer Vereinbarung in den Zahlungsbestimmungen oder (für deren Auslegung) zuverlässiger Anhaltspunkte darüber, daß sie so zu verstehen sind.

2.7 Welchen Einfluß eine **Stundung**, Teilzahlungsvereinbarung, Ratenbewilligung oder sonstige nachträgliche Verschiebung eines ursprünglichen Fälligkeitstermins (wie man sie auch nennen mag) haben kann, ist eine davon ganz verschiedene Frage. Stundung (und jede andere damit übereinstimmende Möglichkeit) bedeutet das Hinausschieben der Fälligkeit einer Forderung bei Bestehenbleiben der Erfüllbarkeit, mag sie vor dem ursprünglichen Termin erfolgen oder nachträglich.

---

[10] BGH 19, 163 (171) = NJW 1956, 180; BGH MDR 1959, 469 = NJW 1959, 987; RG 83, 87 und 140, 307.
[11] OLG Frankfurt MDR 1983, 757.
[12] Haegele/Schöner/Stöber, Grundbuchrecht, Rdn 1935.

Laufende Beträge wiederkehrender Leistungen 2.8 § 13

Stundung hemmt die Verjährung (BGB § 202 Abs 1) bzw unterbricht sie im Steuerrecht (Abgabenordnung § 231). Die gestundete Forderung kann der Gläubiger vor Ablauf der Stundungsfrist nicht verlangen, auch nicht zwangsweise beitreiben. Privatrechtliche Ansprüche, über die der Gläubiger durch Abtretung, Verzicht usw verfügen kann, darf er auch beliebig stunden; öffentlichrechtliche Ansprüche können auf gesetzlicher Grundlage gestundet werden (in Abgabenordnung § 222 ist die Stundung von Steuern und anderen Abgaben ausdrücklich vorgesehen).

2.8 Die Frage ist aber, **ob** eine **Stundung** die **Fristen** von zwei und vier Jahren in ZVG § 10, von denen § 13 ausgeht, **beeinflussen kann.** Bejaht wird dies für das ZVG unmittelbar von[13], für das ähnliche Konkursvorrecht mit Frist von einem Jahr in KO § 61 Abs 1 Nr 2 (allerdings nur bei Stundung vor dem ursprünglichen Fälligkeitstermin) von[14] (anders jetzt[15]). Verneint wird die Frage für das ZVG unmittelbar (für die Rangklasse 3) von[16] und (allgemein) von[17]. Es muß hier auf die Grundlagen des ZVG zurückgegangen werden. Die Denkschrift (S 37) sagt für Rangklasse 3, im Interesse des Realkredits würde hier bewußt und abweichend von der Jahresfrist der Konkursordnung das Vorrecht auf zwei Jahre Rückstand beschränkt, um in Fällen eines Notstands für diesen Zeitraum die Verpflichtungen stunden zu können, und zu Rangklasse 4, aus denselben Gründen würde hier ein Rückstand von zwei Jahren zugelassen. Die Motive[18] sagen bei Notständen sei es möglich, Abgaben der Rangklasse 3 ungefährdet (dh ohne Rangverlust) auf zwei Jahre zu stunden, ebenso für Rangklasse 4. Beide Stellen zeigen, daß die Schöpfer des ZVG davon ausgegangen sind, daß die Fristen festliegen und nur in ihrem Höchstrahmen durch Stundung ausgenützt werden können. Stundung kann sie also nicht über den gesetzlichen Rahmen hinaus verlängern. Stundung macht den ursprünglichen Fälligkeitstermin nicht gegenstandslos und bewahrt einen gesetzlichen Vorrang nicht über die Zeit hinaus, die diesen Ansprüchen nach §§ 10, 13 zusteht (so schon im ZVG-Handbuch Rdn 89). Im übrigen ergibt sich für den Vorrang nach KO § 61 nicht aus einer der Entscheidungen des Reichsgerichts[19], daß durch Stundung vor der ursprünglichen Fälligkeit die Vorrangsfrist verlängert werde. Die Entscheidungen[19] befassen sich gar nicht mit Stundung, sondern nur mit der Rdn 2.5 behandelten Fälligstellung einer vorher noch nicht festgesetzten, ja noch nicht festsetzbaren Steuer. Selbst wenn man sie entgegen ihrem Inhalt dahin auslegen wollte, sind sie nicht auf das ZVG anwendbar. Im ZVG handelt es sich nicht um die persönliche Steuer- oder Abgabenschuld des Grundstückseigentümers (in der Konkursordnung geht es um die persönlichen Schulden des Gemeinschuldners; der Konkurs ist über sein Vermögen eröffnet). In ZVG § 10 und in der ganzen Vollstreckungsversteigerung geht es um die dingliche Haftung des Versteigerungsobjekts, nicht den Steuerschuldner, sondern Haftungsgegenstand ist. Es wird von persönlichen Steuerschulden des Eigentümers wie von allen anderen persönlichen Ansprüchen gegen ihn nur dann berührt, wenn wegen dieser persönlichen Ansprüche ausdrücklich das Verfahren in Rangklasse 5 betrieben wird (folgerichtig gibt es diese Klasse bei der Teilungsversteigerung nicht und auch bei der Vollstreckungsversteigerung gibt es für sie keine Fristen irgendwelchen Vorrangs; weiter folgerichtig werden auch diese persönlichen Ansprüche durch die Beschlagnahme verdinglicht, weil das ZVG, übrigens auch in Rangklasse 1 und 2,

---

[13] Jaeckel/Güthe § 13 Rdn 2.
[14] Mohrbutter, Handbuch des Vollstreckungsrechts, § 68 (II 2 b); Senst/Eickmann/Mohn, Handbuch für das Konkursgericht, Rdn 241.
[15] Kilger/K. Schmidt, Konkursordnung, § 61 Anm 5 b.
[16] Henle, ZVG, § 10 Anm 17; Korintenberg/Wenz § 13 Anm 2.
[17] Steiner/Hagemann § 13 Rdn 25.
[18] Motive zum ZVG S 96–97.
[19] RG 83, 87 und 140, 307.

eben nur Ansprüche gegen das Grundstück kennt und darum zB in § 53 Ausnahmevorschriften für die persönliche Schuld bringen muß). Für die dingliche Haftung des Versteigerungsobjekts hat das ZVG im Interesse aller Beteiligten die zwingende Rangfolge der §§ 10, 11 und die ebenso zwingenden Begriffsbestimmungen des § 13 über die Abgrenzung von laufenden und rückständigen Leistungen und deren Abhängigkeit vom Fälligkeitstermin geschaffen. Diese können nicht durch Vereinbarung der Beteiligten, nicht durch abgeänderte Versteigerungsbedingungen nach § 59, erst recht nicht durch einseitige Stundung des Gläubigers geändert werden. Die Fristen des § 10 können nicht verlängert und nicht verkürzt werden. Es kann also auch nicht ein Finanzamt oder eine Gemeinde durch Stundung die nichtbezahlten öffentlichen Lasten in den Vorrangszeitraum „hineinretten". Darauf, ob die Stundung vor oder nach der ursprünglichen Fälligkeit erfolgt sei, kommt es überhaupt nicht an.

3 Einheitlicher Zeitpunkt für mehrere Beschlagnahmen (Absatz 4)

3.1 Beschlagnahme ist in ZVG-Verfahren für jeden betreibenden Gläubiger sein Beschlagnahmewirksamkeitszeitpunkt (§§ 22, 27, 151 Abs 1 und 2). Für die Berechnung aber, welche wiederkehrenden Leistungen als laufend, welche als rückständig gelten (§ 13 Abs 1), entscheidet für alle am Verfahren Beteiligten (gleich ob sie betreiben oder nicht) einheitlich der **erste Beschlagnahmewirksamkeitszeitpunkt** (§ 13 Abs 4 Satz 1). Dies gilt auch, wenn der Anordnungsbeschluß (zB wegen Antragsrücknahme) wieder aufgehoben wird und aus einem Beitrittsbeschluß weiter betrieben wird (es bleibt also bei dem Beschlagnahmewirksamkeitszeitpunkt des Anordnungsbeschlusses). Grund: Die Berechnung der Rückstände muß in demselben Verfahren für alle Gläubiger nach gleichen Grundsätzen erfolgen[20]. Richtet sich der maßgebende Beschlagnahmebeschluß gegen mehrere Schuldner (nicht aber Bruchteilseigentümer; dazu Rdn 3.4) und hängt die Wirksamkeit von der Zustellung an diese ab (also nicht vom Eingang des Eintragungsersuchens beim Grundbuchamt), so entscheidet der Tag, an dem an den letzten der mehreren Schuldner zugestellt ist.

3.2 Wird **zuerst** die Zwangs**verwaltung** angeordnet, dann die Zwangsversteigerung und dauert die Zwangsverwaltung bis zur Zwangsversteigerungsbeschlagnahme fort, so entscheidet auch für die Zwangsversteigerung dieser frühere Beschlagnahmezeitpunkt aus der Zwangsverwaltung (§ 13 Abs 4 Satz 2). Die Zwangsverwaltung darf somit nicht wieder aufgehoben oder ihre Beschlagnahmewirkung mit Antragsrücknahme erloschen sein, bevor die Zwangsversteigerungsbeschlagnahme wirksam geworden ist. Wird sie später wieder aufgehoben, so bleibt für die Versteigerung dennoch der Beschlagnahmezeitpunkt der früheren Zwangsverwaltung maßgebend. Umgekehrt gilt die Regel nicht. Wird erst die Zwangsversteigerung, dann die Zwangsverwaltung angeordnet, behält die Zwangsverwaltung ihren eigenen Beschlagnahmewirksamkeitszeitpunkt. Wird ein Zwangsversteigerungsverfahren nach § 77 Abs 2 in eine Zwangsverwaltung übergeleitet, dann hat das übergeleitete Zwangsverwaltungsverfahren den Beschlagnahmezeitpunkt der Versteigerung.

3.3 Im Falle von Rdn 3.1 ist die Lage ganz anders, wenn der **Anordnungsbeschluß** schon **erlischt**, bevor ein Beitrittsbeschluß wirksam wurde (durch Zustellung nach § 22 Abs 1 Satz 1); der Anordnungsbeschluß erlosch zB bei Antragsrücknahme schon mit dem Eingang der Rücknahme bei Gericht, nicht erst mit der ausdrücklichen Aufhebung (§ 29 Rdn 2), die Zustellung des Beitritts hat sich vielleicht, insbesondere bei mehreren Schuldnern, verzögert. Dann ist die Beitrittsbeschlagnahme die erste, weil sie ein neues Verfahren einleitet[21] (mit

---

[20] Motive zum ZVG S 100.
[21] Jaeckel/Güthe § 13 Rdn 2.

einem neuen Vollstreckungsvermerk im Grundbuch, der alte ist zu löschen) (§ 27 Rdn 4.6). Hier gibt es also keine Rückwirkung auf die frühere Beschlagnahme, ausgenommen natürlich, wenn etwa eine ältere Zwangsverwaltungsbeschlagnahme noch fortdauern würde, wie Rdn 3.2 ausgeführt (dann wäre sie maßgebend).

3.4 Mehrere Grundstücke bzw Grundstücks**bruchteile:** Die bisherigen Ausführungen bezogen sich auf den Beschlagnahmewirksamkeitszeitpunkt bei demselben Objekt. Hier entscheidet immer der früheste von mehreren Zeitpunkten. Das ZVG geht aber davon aus, daß jedes Grundstück und jeder Grundstücksbruchteil für sich einem Verfahren unterworfen wird, es kennt keine Einheit des Verfahrens (§ 18 Rdn 1). Auch eine Verbindung von Verfahren (§ 18) ändert daher mangels einer gesetzlichen Bestimmung hierüber nichts an den Beschlagnahmewirksamkeitszeitpunkten der **einzelnen** Verfahrens**objekte.** Sind mehrere Objekte gemeinsam beschlagnahmt, so haben sie denselben Beschlagnahmewirksamkeitszeitpunkt. Werden sie aber zu unterschiedlichen Zeiten beschlagnahmt, so ändert sich hieran durch eine Verbindung (die in diesem Falle ja nur nachträglich erfolgen kann) nichts. Jedes Objekt behält seinen Beschlagnahmewirksamkeitszeitpunkt; für jedes ist § 13 getrennt anzuwenden (mehrere Beschlagnahmebeschlüsse über dasselbe Objekt, Zwangsverwaltung über dasselbe Objekt). Wird Grundstück A 1995 beschlagnahmt, Grundstück B 1996, werden dann die Verfahren verbunden, so behält doch jedes seinen Zeitpunkt nach § 22. Wird über A Zwangsverwaltung, später die Zwangsversteigerung angeordnet, über B gleichzeitig mit A nur die Zwangsversteigerung oder später die Zwangsversteigerung, so wirkt bei ihm nicht die Zwangsverwaltungsbeschlagnahme als erster Zeitpunkt. Das gilt auch für Grundstücksbruchteile und es gilt auch im Falle von Gruppen- und Gesamtausgeboten. Die dadurch für die Zinsberechnung entstehenden Schwierigkeiten müssen in Kauf genommen werden.

3.5 Zu einschlägigen Fragen im ZVG-Handbuch Rdn 90–93.

[Ansprüche von unbestimmtem Betrag]

14 Ansprüche von unbestimmtem Betrage gelten als aufschiebend bedingt durch die Feststellung des Betrags.

Literatur: Teufel, Gedanken zu § 14 ZVG, Rpfleger 1977, 193.

Allgemeines zu § 14

Zweck und **Anwendungsbereich:** Regelung, wie ein Anspruch, der nach § 10 Abs 1 ein Recht auf Befriedigung aus dem Grundstück gewährt, in dem Verfahren (namentlich bei Feststellung des geringsten Gebots sowie bei Verteilung des Versteigerungserlöses) dann zu behandeln ist, wenn er seinem Betrage nach unbestimmt ist (Denkschrift S 38). Das ist „der Natur der Sache entsprechend" in der Weise bestimmt, „daß der Anspruch als durch die Feststellung des Betrags bedingt zu gelten hat" (Denkschrift S 38). Als „fiktiv bedingter Geldanspruch" kann der betragsmäßig unbestimmte Anspruch (er ist seiner Natur nach kein bedingter[1]) in der auf Berücksichtigung und Befriedigung bestimmter Geldansprüche abgestellten Zwangsversteigerung und Zwangsverwaltung mit einem festen Geldbetrag erfaßt werden. § 14 gilt als allgemeine Vorschrift für alle ZVG-Verfahren.

---

[1] Reinhard/Müller § 14 Anm I.

2 Art der Ansprüche von unbestimmtem Betrag

2.1 Mit „unbestimmtem Betrage" bezeichnet § 14 den **Geldbetrag**[2]. Ansprüche von unbestimmtem Betrage sind somit solche, die nicht auf einen bestimmten Geldbetrag lauten. Das ist der Fall, wenn ein Anspruch entweder überhaupt nicht auf Zahlung eines bestimmten (betragsmäßig festgelegten) oder bestimmbaren (ohne weiteres errechenbaren) Geldbetrags gerichtet ist (sondern etwa auf Naturalleistungen) oder wenn er zwar Geldanspruch ist, der Geldbetrag seiner Höhe nach aber noch nicht feststeht[3]. Unbestimmt sein kann in dieser Weise ein Anspruch auf wiederkehrende Leistungen, aber auch der Anspruch aus einem nicht auf Zahlung eines Kapitals gerichteten Recht an dem Grundstück (Hauptsache).

2.2 Überhaupt **nicht auf Geldzahlung** gerichtet sind insbesondere Litlohnansprüche (§ 10 Abs 1 Nr 2), soweit sie in Naturalleistungen geschuldet sind, und rückständige Einzelleistungen der Reallast (BGB § 1105), die nicht in Geld bestehen. Geldanspruch, dessen **Geldbetrag der Höhe nach** noch nicht feststeht, ist der Wertersatzanspruch des § 92, der an die Stelle eines durch den Zuschlag erloschenen, nicht auf Kapitalzahlung gerichteten Rechts getreten ist. Gerichtet sein kann dieser Ersatzanspruch auf einmaligen Wertersatz (§ 92 Abs 1) oder auf Wertersatz durch Zahlung einer Geldrente (§ 92 Abs 2). Ein durch Vormerkung (BGB § 883) oder Widerspruch (BGB § 899; auch GBO § 18 Abs 2, § 53 Abs 1) gesicherter Anspruch ist als bedingter Anspruch (§§ 48, 119) nach § 14 auch betragsmäßig bedingt, wenn ein Recht mit Anspruch von unbestimmtem Betrage gesichert ist (zB eine Reallast, Grunddienstbarkeit, beschränkte persönliche Dienstbarkeit, Nießbrauch usw; ebenso die Auflassungsvormerkung). Wenn für ein Recht der Höchstbetrag des Wertersatzes bestimmt ist (erfordert Grundbucheintragung, BGB § 882), ist der Geldbetrag seiner Höhe nach durch den bestimmten Höchstbetrag begrenzt; er steht bis zu dieser Wertgrenze im Einzelfall aber der Höhe nach noch nicht fest, ist somit durch den Wertersatzbetrag begrenzter Anspruch von unbestimmtem Betrage. Die ohne Beschränkung auf einmal Höchstbetrag eingetragene Kautionshypothek des früheren preußischen Rechts steht als Geldbetrag der Höhe nach nicht fest; der Anspruch ist daher unbestimmt nach § 14. Das ablösbare Recht ist durch die Ablösungssumme bestimmt (§ 92 Abs 3), fällt somit nicht unter § 14.

2.3 Kein unbestimmter Anspruch nach § 14 ergibt sich aus

a) **Grundpfandrechten** (Hypothek, Grundschuld und Rentenschuld); ihr Berechtigter hat Anspruch auf Zahlung einer bestimmten Geldsumme aus dem Grundstück und betragsmäßig bestimmter Zinsen sowie anderer Nebenleistungen. Einen unbestimmten Anspruch begründet daher auch nicht die wertbeständige Hypothek und die Hypothek in **ausländischer Währung**[4]. Die Beträge stehen fest, sie müssen nur nach den reichs/bundesrechtlichen Umrechnungsvorschriften (Einl Rdn 51.1) oder nach den Vorschriften des Grundbuchbereinigungsgesetzes (Einl Rdn 51.4) umgerechnet werden.

b) einem **betagten** unverzinslichen Anspruch (§ 111). Sein Betrag steht fest.

c) einer **Sicherungshypothek** (BGB § 1184). Bei ihr steht der Geldbetrag fest. Das gilt auch für die Zwangs-Sicherungshypothek.

d) einer **Sicherungshöchstbetragshypothek** (BGB § 1190); bei ihr ist nicht der Geldbetrag unbestimmt, sondern nur die Person des Berechtigten (dazu § 14

---

[2] Kommissionsbericht, Drucksache 607, abgedruckt in Hahn/Mugdan, Materialien, S 38; Jaeckel/Güthe § 14 Rdn 2.
[3] Jaeckel/Güthe § 14 Rdn 2; Korintenberg/Wenz § 14 Anm 1; Steiner/Teufel § 14 Rdn 8, 9.
[4] Dassler/Muth § 14 Rdn 6; Jaeckel/Güthe § 14 Rdn 2.

Ansprüche von unbestimmtem Betrag 2.4 § 14

Rdn 2.1)[5]. Sie ist vorläufige Eigentümergrundschuld, auflösend bedingt durch den Nachweis des Bestehens einer Forderung für den Eingetragenen. Zur Höchstbetragshypothek nach ZGB-DDR § 454 a siehe § 48 Rdn 2.4.

e) einer **Arresthypothek** (ZPO § 932); bei ihr ist nicht der Geldbetrag unbestimmt, sondern nur die Person des Berechtigten. Das Grundstück haftet mit dem Geldbetrag der Lösungssumme (ZPO § 932 Abs 1 Satz 1), auch wenn (bzw soweit) der Arrestbefehl aufgehoben oder der Anspruch im Hauptsacheprozeß abgewiesen wird; das Recht steht dann dem Eigentümer zu (ZPO § 932 Abs 2, § 868).

f) der **Schiffshöchstbetragshypothek** nach Schiffsrechtegesetz § 75. Sie ist ein bedingtes Recht, bedingt durch die Feststellung von Betrag und Höhe der Forderung für den Eingetragenen, und kann nicht zum Eigentümerrecht werden. Sie wird ohne den Umweg des § 14 unmittelbar als bedingtes Recht (§§ 48, 50 Abs 2, §§ 119, 120) behandelt[6].

g) einem Altenteils- und **Unterhaltsanspruch** in Geld, der bei oder bis zum Eintritt eines unbestimmten oder ungewissen Ereignisses (Tod, Heirat) besteht.

h) einem Anspruch in **ausländischer Währung**; sein Geldbetrag steht mit dem in deutsche Währung umrechenbaren Anspruch fest.

i) einer **Wertsicherungsklausel**, durch die der Anspruch an den Lebenshaltungskosten-Index, einen bestimmten Beamtengehalt oder einen Tariflohn gebunden ist, weil sie ohne weiteres Berechnung und damit betragsmäßige Bestimmung des Anspruchs ermöglicht.

2.4 § 14 soll auch auf Ansprüche anzuwenden sein, die **dem Grunde nach** nicht festgestellt (insbesondere weil sie bestritten) sind[7]. Dafür soll sprechen[8], daß die Ungewißheit über das Bestehen eines Anspruchs „selbstverständlich" jene über seinen Geldwert mit umfaßt und daß die Unbestimmtheit in der Feststellung des Betrags ihre Grenzen findet, diese Feststellung aber auch eine verbindliche Aussage über das Bestehen (zumindest das Entstehen) des Anspruchs enthalte. Dem ist nicht zu folgen (so siehe[9]). Mit einem „unbestimmten Anspruch", bei dem das Recht auf Befriedigung aus dem Grundstück nach § 10 Abs 1 selbst ungewiß ist im Sinne von zweifelhaft hinsichtlich seines Bestehens oder Fortbestehens oder seiner Dauer, befaßt sich § 14 nicht. Ungewißheit dem Grunde nach über einen betragsmäßig bestimmten Anspruch (zB das Bestehen einer Grundschuld) erfordert für Berücksichtigung im Verfahren keine Feststellung des Betrags; der Anspruch ist nicht bis dahin bedingt. Berücksichtigung des Anspruchs bestimmt sich vielmehr nach den einzelnen Verfahrensvorschriften. Er ist in das geringste Gebot und in den Teilungsplan nach dem Inhalt des Grundbuchs (oder nach Anmeldung und ggfs Glaubhaftmachung) aufzunehmen (§§ 45, 114); Einwendungen gegen seine Berücksichtigung sind mit den Rechtsbehelfen des Verfahrens geltend zu machen. Eine Ungewißheit auch „dem Grunde nach" vorbehaltlich der Feststellung des Betrags ist folgerichtig daher nicht denkbar. Ebenso aber braucht sich (umgekehrt) die Ungewißheit über einen betragsmäßig unbestimmten Anspruch nicht auf den Grund (das Bestehen) des Anspruchs zu erstrecken. Der Anspruch (zB der Litlohnanspruch in Natur, das Recht aus einer Reallast) kann zweifelsfrei (bestimmt) bestehen (hierwegen auch BGB § 891 Abs 1), der Anspruch betragsmäßig dennoch unbestimmt sein. Nur für den unbestimmten Anspruchsbetrag aber trifft § 14 eine Regelung.

---

[5] Dassler/Muth § 14 Rdn 6; Jaeckel/Güthe § 14 Rdn 3; Korinthenberg/Wenz Einführung Kapitel 22 (2).
[6] Jaeckel/Güthe § 14 Rdn 4; Korintenberg/Wenz § 14 Anm 4.
[7] Teufel Rpfleger 1977, 193 (II und VIII 1); Steiner/Teufel § 14 Rdn 10.
[8] Teufel aaO (Fußn 7).
[9] Dassler/Muth § 14 Rdn 2.

§ 14 3   Allgemeine Vorschriften

3 Berücksichtigung als „aufschiebend bedingter Anspruch"

3.1 Als „fiktiver" bedingter Anspruch (§ 14 Rdn 1) ist der durch Feststellung des Betrages aufschiebend bedingte Anspruch im Verfahren nach den **Bestimmungen über** die Berücksichtigung eines **aufschiebend bedingten Anspruchs** zu behandeln. Der Anspruch/das Recht wird daher wie ein unbedingtes Recht in das geringste Gebot aufgenommen (§ 48; für wiederkehrende Naturalleistungen aber auch § 46; sonst § 51 Abs 2). Zuteilung erfordert Hilfsverteilung nach § 119 und Planausführung nach § 120. Die Denkschrift (S 38) nennt als anzuwendende Bestimmung auch § 50 Abs 2 Nr 1. Weil im geringsten Gebot das Recht jedoch mit seinem eingetragenen Inhalt, nicht aber mit einem Geldbetrag, der unbestimmt ist, als bestehen bleibend berücksichtigt wird, ist aber kein erst noch betragsmäßig festzustellender Anspruch, somit kein „Anspruch von unbestimmtem Betrage" erfaßt; das berücksichtigte Recht ist daher nicht allein deshalb bedingt im Sinne von § 50 Abs 2 Nr 1, weil es mit einem nicht auf Geldzahlung gerichteten Inhalt bestehen bleibt. Die für betragsmäßige Feststellung des geringsten Gebots erforderliche Regelung trifft § 51 Abs 2. Daher erlangt § 14 in diesem Zusammenhang keine Bedeutung.

3.2 Mit **Feststellung des Betrags** wird der bis dahin aufschiebend bedingte Anspruch endgültig Anspruch von bestimmtem Geldbetrag. Bedeutsam wird die Feststellung des Betrags vor allem für Aufnahme des Anspruchs auf einmaligen Wertersatz oder auf Wertersatz durch Zahlung einer Geldrente (§ 92) in den Teilungsplan (§§ 114, 121) und für Ausführung des Teilungsplans. Für das Verteilungsverfahren sei daher auf die Ausführungen zu § 92 verwiesen. Über die Behandlung der unbestimmten Ansprüche auch an den einschlägigen Stellen für das geringste Gebot bzw den Teilungsplan (§ 44 Rdn 4, 5, § 114 Rdn 4).

Zweiter Titel. Zwangsversteigerung

I. Anordnung der Versteigerung

[Anordnungsbeschluß]

15 Die Zwangsversteigerung eines Grundstücks wird von dem Vollstreckungsgericht auf Antrag angeordnet.

Übersicht

Allgemeines zur Vollstreckungsversteigerung	1
Allgemeines zu ZVG § 15	2
Anordnungsantrag; Allgemeine Voraussetzungen, Prüfung	3
Anordnungsbeschluß	4
Anordnungsverfahren und -beschluß: Rechtsbehelfe	5
Baugesetzbuch (BauGB)	6
Bundesversorgungsgesetz, Reichsversicherungsordnung	7
„DDR"-Schuldtitel	8
Dinglicher Titel, Duldungstitel	9
Eheliches Güterrecht	10
Eigentümergrundpfandrecht (Zwangsvollstreckung)	11
Eisenbahnrecht	12
Erbbaurecht	13
Erbbaurechts-Grundstück	14
Fälligkeit der betreibenden Ansprüche, Kündigung	15
Fiskus und Körperschaften als Schuldner	16
Flurbereinigung	17
Gerichtskasse, Amtskasse	18
Gesellschaft, Handelsgesellschaft, Verein	19
Gläubiger-Ablösung	20
Grundstücksbruchteile, Gemeinderecht, Straßenfläche	21
Herrenlose Immobilie	22
Konkursverfahren, Vergleichsverfahren	23
Landwirtschaftliche Grundstücke	24
Name und Firma in der Vollstreckung	25
Nießbrauch	26
Pfandrecht	27
Rechtliches Gehör des Schuldners	28
Rechtsnachfolge des Gläubigers	29
Rechtsnachfolge (Tod) des Schuldners	30

Anordnungsbeschluß 1.5 **§ 15**

Reichsheimstättenrecht, Reichssiedlungsrecht	31	Vollstreckungstitel in Sonderfällen/Vormundschaftsgerichtliche Genehmigung	41
Sicherheitsleistung für und gegen die Zwangsvollstreckung	32	Vorkaufsrecht, Ankaufsrecht, Wiederkaufsrecht	42
Sozialleistungsansprüche	33	Wartefrist betreibender Ansprüche	43
Steuerforderungen	34	Wechsel und Schecks als Vollstreckungsunterlagen	44
Truppenstatut, Soldaten	35		
Veräußerungsverbot, Sequestration	36	Wohnungseigentum, Teileigentum	45
Verjährung	37	Zug-um-Zug-Leistung bei Vollstreckungsansprüchen	46
Verwaltungszwangsverfahren	38		
Vollstreckungshindernisse und -Mängel (ohne Titel, Klausel)	39	Zustellung und Mitteilungen im Anordnungsverfahren	47
Vollstreckungstitel und -klausel (auch Mängel hierbei)	40	Zwangsversteigerung und Sachenrechtsbereinigung	48

Allgemeines zur Vollstreckungsversteigerung 1

1.1 Die Vollstreckungsversteigerung (auch Forderungsversteigerung genannt) kann eine **erstmalige** sein (§ 15) oder eine **erneute** (§ 133, diese mit einigen Besonderheiten). Eine Einführung in das Verfahren in der ungefähren Reihenfolge des Geschehensablaufs bietet das ZVG-Handbuch.

1.2 Die besonderen Vorschriften für das Vollstreckungsversteigerungsverfahren regelt das ZVG im **ersten Abschnitt** (§§ 1–161) = Zwangsversteigerung und Zwangsverwaltung von Grundstücken im Wege der Zwangsvollstreckung im Anschluß an den ersten Titel über allgemeine Vorschriften (§§ 1–14) in seinem **zweiten Titel** (§§ 15–145). Das Verfahren dient dem Ziel, Grundstücke (oder Grundstücksbruchteile, Wohnungseigentum, Gebäudeeigentum oder grundstücksgleiche Rechte) zwangsweise zu veräußern, um aus dem Erlös die daran Berechtigten zu befriedigen (Einl Rdn 1 und 2). Zwangsversteigerung ist als Zwangsvollstreckung **Ausübung hoheitlicher Befugnisse**[1]. Die „Zwangsvollstreckung in das unbewegliche Vermögen" (Immobiliarvollstreckung) erfolgt wegen einer fälligen (privatrechtlichen oder öffentlichrechtlichen) Geldforderung, aus einem persönlichen oder dinglichen Schuldtiteln (bei bestimmten Vollstreckungsarten ohne Titel). Voraussetzungen und Grenzen der Vollstreckungshandlungen sind, mit bestimmten Ausnahmen, den Vereinbarungen der Parteien entzogen[2].

1.3 Zuerst wird das Objekt beschlagnahmt (§§ 15–34), dann wird es versteigert (§§ 35–104), schließlich wird der Erlös verteilt und das Grundbuch der neuen Rechtslage angepaßt (§§ 105–145).

1.4 Die **Beschlagnahme** erfolgt durch Anordnungsbeschluß (§ 15) und Beitrittsbeschlüsse (§ 27), immer nur auf Antrag (§ 16). Der Schuldner muß eingetragener Eigentümer oder der Erbe des Eingetragenen sein (§ 17). Im Grundbuch wird ein Vermerk eingetragen (§ 19). Die Beschlagnahme wird wirksam durch bestimmte Vorgänge (§ 22); sie umfaßt bestimmte Gegenstände (§§ 20, 21) und hat bestimmte Wirkungen (§§ 23, 24). Bei Hindernissen wird das Verfahren eingestellt oder aufgehoben (§§ 26, 28). Aufgehoben wird es auch bei Antragsrücknahme (§ 29), eingestellt, und zwar nur „einstweilen" (vorübergehend), auf Bewilligung des Gläubigers und auf Antrag des Schuldners bzw seines Konkursverwalters (§§ 30–31). Eingestellt oder aufgehoben wird auch unter den vollstreckungshindernden Voraussetzungen nach ZPO §§ 775, 776 (Einl Rdn 31) und bei Gewährung von Vollstreckungsschutz nach ZPO § 765 a (Einl Rdn 52).

1.5 Die **Versteigerung** erfolgt in einem öffentlichen Termin (§§ 35, 36, 66), nach Ablauf gewisser Fristen und Erledigungen bestimmter Ladungen, Mitteilun-

---

[1] Zöller/Stöber, ZPO, vor § 704 Rdn 1.
[2] RG 128, 81 (85).

§ 15 1.5 Anordnung der Versteigerung

gen, Bekanntmachungen, Zustellungen (§§ 36, 41, 43), nach Beschaffung bestimmter Unterlagen (§ 19), nach Ermittlung über und Aufforderung an Mieter und Pächter (§ 57 d), nach Schätzung und Festsetzung des Wertes (§ 74 a), manchmal nach einem Vortermin (§ 62), im übrigen in einem sehr formstrengen Verfahren mit zahlreichen Erfordernissen (§§ 66, 73), auf Grund eines geringsten Gebots mit Deckungsgrundsatz (§ 44), teils in bar (§ 49), teils mit zu übernehmenden Belastungen (§ 52), wobei bestimmte Miet- und Pachtverträge fortbestehen, aber ausnahmsweise gekündigt werden können (§ 57 a). Versteigerungsbedingungen können unter bestimmten Voraussetzungen abweichend festgestellt werden (§ 59). Jedermann darf bieten (§§ 71–73), muß unter Umständen Sicherheit leisten (§§ 67–70). Von mehreren Objekten, deren Verfahren verbunden werden kann (§ 18), ist jedes einzeln, sind aber auch mehrere oder alle zusammen zu versteigern (§ 63). Das Objekt wird mit **Zuschlag** durch staatlichen Hoheitsakt originär dem Meistbietenden für sein Meistgebot übertragen (§ 81), falls keine Hindernisse bestehen (§§ 83, 84, 85 a) und kein zulässiger Versagungsantrag gestellt wird, insbesondere wegen Nichterreichung des relativen Mindestgebots (§ 74 a). Der Ersteher wird mit der Verkündung des Zuschlags (§ 87) Eigentümer (§§ 89, 90), unter Übergang von Nutzungen und Lasten (§§ 53, 54, 56) und unter Erlöschen bestimmter Belastungen (§ 91). Aus dem Zuschlag kann er vollstrecken (§ 93). Der Zuschlag kann, wie auch bestimmte andere Verfahrensvorgänge, angefochten werden (§§ 95–104).

1.6 Nach dem Zuschlag wird der **Erlös** in einem besonderen Verteilungstermin (§§ 105–107) nichtöffentlich, auf Grund eines Teilungsplans (§§ 106, 109, 113, 114) unter Vorwegnahme der Verfahrenskosten (§ 109) unter die Berechtigten **verteilt** (§ 109). Gegen den Plan kann Widerspruch erhoben werden (§ 115); der Widersprechende muß binnen Monatsfrist Widerspruchsklage erheben (ZPO §§ 876–882). Die Verteilung kann auch außergerichtlich erfolgen (§§ 143, 144). Wird das bare Meistgebot nicht bezahlt, werden den dafür Berechtigten Forderungen gegen den Ersteher übertragen (§ 118) und Sicherungshypotheken zugeteilt (§ 128), aus denen die beschleunigte erneute Vollstreckung durch Zwangsversteigerung oder Zwangsverwaltung (meist Wiederversteigerung genannt) erfolgen kann (§ 133). Nach der Verteilung und Erfüllung anderer Voraussetzungen wird das Grundbuchamt um Berichtigung im Sinne der neuen Rechtslage ersucht (§ 130). Unbekannte Erlösberechtigte werden gesondert ermittelt (§§ 135–142).

2 Allgemeines zu ZVG § 15

2.1 Zweck der Vorschrift: § 15 stellt (für Abgrenzung im Hinblick auf ZPO § 753 Abs 1) klar, daß Zwangsversteigerung eine dem Vollstreckungsgericht zugewiesene Vollstreckungsmaßregel ist[1] und daß Verfahrensanordnung (ebenso Zulassung des Beitritts nach § 27) von einem Antrag abhängig ist (Denkschrift S 38).

2.2 Anwendungsbereich: Die Vorschrift gilt für **alle Verfahrensarten** des ZVG, für die Vollstreckungs-, Konkursverwalter- (§ 172), Nachlaß- (§ 175) und Teilungsversteigerung (§ 180), aber auch für die Zwangsverwaltung (§ 146). Sie gilt für Grundstücke, Grundstücksbruchteile, Wohnungseigentum, Gebäudeeigentum, grundstücksgleiche Rechte, für Schiffe und Schiffsbauwerke (§ 162) sowie für Luftfahrzeuge (§ 171 a).

3 Anordnungsantrag: Allgemeine Voraussetzungen, Prüfung

3.1 Ein **Antrag** ist Erfordernis jeder Zwangsvollstreckung bereits nach den allgemeinen Verfahrensgrundsätzen der Zivilprozeßordnung, die auch für die Zwangsversteigerung und Zwangsverwaltung gelten (ZPO § 869). Grund: Die Zwangsvollstreckung dient Gläubigerinteressen. Der Gläubiger (Antragsteller) be-

---

[1] Motive zum ZVG S 121.

Anordnungsbeschluß 3.4 § 15

stimmt daher Beginn, Art und Ausmaß des Vollstreckungszugriffs[1]. Für das ZVG-Verfahren bringt das § 15 nochmals zum Ausdruck[2]. In welcher Weise der Gläubiger den Antrag zu stellen hat, bestimmt § 16 als Ordnungsvorschrift (Denkschrift S 38). Als Prozeßhandlung, die das Verfahren einleitet, darf der Antrag nicht von einer Bedingung abhängig gemacht werden[3]. Von Amts wegen wird eine Zwangsversteigerung oder Zwangsverwaltung nie angeordnet. Zurücknahme des Antrags = § 29.

3.2 Der Gläubiger, der einen Antrag auf Zwangsversteigerung stellen will, sollte sich über folgende Punkte **vergewissern,** ohne daß die Reihenfolge dabei eine Rolle spielt, weil alle Voraussetzungen gleich wichtig sind, gleichzeitig erfüllt sein müssen. Wesentliche Voraussetzungen sind: a) Vollstreckungstitel (bei bestimmten Behörden Vollstreckungsantrag); b) Vollstreckungsklausel (nicht bei allen Titeln nötig); c) sonstige urkundliche Nachweise: Zustellungsnachweis für Titel, Ablauf der Wartefrist, Eintritt der Kalendertagsfälligkeit, vorherige Sicherheitsleistung, Voraussetzungen für Zug-um-Zug-Leistung nachgewiesen, Vollmacht, Wechsel oder Schecks zum Titel, Rechtsnachfolge-Nachweise mit Zustellung, nicht dagegen nötig der Hypothekenbrief; d) Erfüllung besonderer Voraussetzungen: eheliches Güterrecht, Verwaltungsvollstreckungsbesonderheiten; e) Nichtvorliegen von Beschränkungen: Fiskus, Konkursverfahren, Vergleichsverfahren, Nacherbschaft, Reichsheimstätte (§ 15 Rdn 31.3), Erbbaurecht, sonstige Besonderheiten; f) Zuständigkeit des Vollstreckungsgerichts; g) Parteifähigkeit, Prozeßfähigkeit; h) Feststellung, ob der Schuldner im Grundbuch eingetragen oder Erbe des Eingetragenen ist (§ 17 Abs 1), ob das dingliche Recht, aus dem betrieben werden soll, im Grundbuch eingetragen ist, ob sich aus Abteilung II des Grundbuchamts keine entgegenstehenden Rechte ergeben; i) Inhalt des Antrags (§ 16). Dazu auch im ZVG-Handbuch Rdn 13.

3.3 Zuständig für die Entscheidung über einen Anordnungs- und Beitrittsantrag ist das **Vollstreckungsgericht** (Rechtspfleger), aber, wenn die Vollstreckungsvoraussetzungen erst in der Beschwerdeinstanz erbracht sind, auch das **Beschwerdegericht** (samt Belehrung, Grundbuchersuchen, Zustellung und Mitteilung) (für Beitritt auch § 27 Rdn 4.3). Die Entscheidung muß mit größter Sorgfalt und Beschleunigung erfolgen; auch bei schwierigen Fragen darf keine unnötige Verzögerung eintreten (ZVG-Handbuch Rdn 110). Dies ist nicht ausdrücklich vorgeschrieben, folgt aber aus dem Rechtsstaatsgrundsatz. Wenn das Vollstreckungsgericht Grundbuchfehler entdeckt, soll es das Grundbuchamt sofort darauf hinweisen.

3.4 Das Gericht ist an den **Antrag** des Gläubigers **gebunden;** es kann auch an Zinsen und Kosten nicht mehr zusprechen, als verlangt ist (ZPO § 308 Abs 1), aber auch nicht weniger, soweit der Antrag begründet ist. Bei offensichtlichen Schreib- oder Rechen**fehlern** im Antrag (die nicht sogleich ausgeräumt werden können) ist kurze (ggfs fernmündliche) Rückfrage geboten, um dem Gläubiger Kosten und Rangverlust zu ersparen. Im übrigen prüft das Gericht die Zulässigkeit der erstrebten Maßnahme und die formelle Ordnungsmäßigkeit von Titel, Klausel und Zustellung. War der Verkäufer des Grundstücks (zB ein Bauträger) im Kaufvertrag über das Grundstück vom Käufer (dem jetzigen Schuldner) ermächtigt worden, Grundpfandrechte mit Wirkung für den Käufer zu bestellen, so muß der Kaufvertrag mit der Ermächtigung (Vollmacht) mit vorgelegt werden (§ 15 Rdn 40.18). Das Vollstreckungsgericht prüft dagegen nicht, ob materiellrechtlich ein Anspruch besteht. Es prüft auch nicht, ob die Klausel erteilt werden durfte, ob insbesondere bei notariellen Urkunden mit unbeschränkter Vollstreckungsklausel die Ansprüche gekündigt oder sonst fällig sind (§ 15 Rdn 40). Sind alle förmlichen

---

[1] Zöller/Stöber, ZPO, vor § 704 Rdn 19.
[2] Motive zum ZVG S 121; Denkschrift S 38.
[3] BVerfG 68, 132 (142) = NJW 1985, 846.

§ 15 3.4   Anordnung der Versteigerung

Voraussetzungen erfüllt, muß es auch dann das Verfahren anordnen, wenn es weiß, daß die Forderung nicht mehr besteht (§ 15 Rdn 40).

3.5 Zu **prüfen** hat das Vollstreckungsgericht bei Entscheidung über den Anordnungsantrag alle Voraussetzungen, die im Einzelfall für Anordnung der Zwangsversteigerung (oder Zwangsverwaltung) oder Zulassung des Beitritts erfüllt sein müssen. Für Anordnung der Vollstreckungsversteigerung (ebenso Zulassung des Beitritts nach § 27) müssen die für den Beginn der Zwangsvollstreckung erforderlichen Voraussetzungen (ZPO §§ 704 ff) vorliegen und das Grundstück dem Schuldner gehören (dies nach § 17 zu prüfen). Es müssen als Verfahrensvoraussetzungen die persönlichen Prozeßvoraussetzungen (Parteifähigkeit, Prozeßfähigkeit, gesetzliche Vertretung und ggfs Prozeßführungsbefugnis) und die sachlichen Prozeßvoraussetzungen (Antrag, Gerichtsbarkeit, Rechtsweg und Zuständigkeit, auch Rechtsschutzbedürfnis) (zu diesen Vollstreckungsvoraussetzungen[4]) vorliegen. Es dürfen aber auch keine der Versteigerung des Grundstücks als Schuldnervermögen **entgegenstehende Rechte** vorhanden sein. Solche erfordern nicht nur nachträgliche Einstellung oder Aufhebung des Verfahrens nach § 28, sondern hindern die Anordnung des Verfahrens (oder Zulassung des Beitritts), wenn sie schon bei Entscheidung über den Vollstreckungsantrag bekannt sind. Zu entgegenstehenden Rechten nachfolgend und bei § 28, für die Teilungsversteigerung auch bei § 180. Die für den Beginn der Zwangsvollstreckung nötigen Voraussetzungen werden, soweit sie nicht bereits mit den allgemeinen Darlegungen in der Einl und hinsichtlich der Zuständigkeit bei § 2 erläutert sind, unter den nachstehenden Randnummern mitbehandelt, außerdem nach dem Aufbau des Gesetzes auch bei §§ 16, 17, 18 und 27 sowie für die Zwangsverwaltung bei § 146.

3.6 Wenn der Antrag **Mängel oder Lücken** aufweist, also berichtigt oder ergänzt werden muß, ist auf sachdienliche Antragstellung mit **Aufklärung** nach ZPO § 139 hinzuwirken (zur Aufklärungspflicht Einl Rdn 24). Gelegenheit zur Äußerung vor Entscheidung ist dem Gläubiger zu geben, wenn er bei Antragstellung einen rechtlichen Gesichtspunkt übersehen oder für unerheblich gehalten hat (ZPO § 278 Abs. 3). Gelegenheit zur sachdienlichen Antragstellung, Behebung eines Antragshindernisses oder Äußerung erhält der Gläubiger mit Aufklärungsverfügung unter Fristsetzung. Die Verfügung ist nicht rangwahrend im Sinne von GBO § 18 (wird in ihr zweckmäßig vermerkt). Muster für eine Zwischenverfügung im ZVG-Handbuch Rdn 112. Dem Schuldner wird sie nicht mitgeteilt (er würde sonst vor der Vollstreckung gewarnt). Dem Gläubiger bzw seinem Prozeßbevollmächtigten (ZPO § 176) ist sie, weil sei eine Frist in Lauf setzt, von Amts wegen zuzustellen (ZPO § 329 Abs 2). Um Zustellungskosten zu vermeiden und das Verfahren nicht zu verzögern, kann man sie auch zunächst formlos mitteilen und erst, wenn der Gläubiger Einwendungen hat oder nicht ihr nachkommen will, noch zustellen (ZVG-Handbuch Rdn 112). Kleinere Mängel können durch fernmündliche Rückfrage behoben werden. In der Praxis wird sich kaum ein Gläubiger widersetzen (Rechtsbehelf Rdn 5.2), da die Beanstandung eines Antrags stets wohl auf der ständigen Rechtspraxis des Gerichts und auf den Rechtsmittelentscheidungen des übergeordneten beruht. Die mit Aufklärungsverfügung gesetzte Frist kann verlängert werden, sie ist keine Ausschlußfrist; auch nach ihrem Ablauf können die Mängel beseitigt werden (wenn vor dem Beschwerdegericht, erläßt dieses, unter Aufhebung des abweisenden Beschlusses, den Anordnungs- oder Beitrittsbeschluß). Wenn das Vollstreckungsgericht keine Frist gesetzt hatte, kann es nach Ablauf einer angemessenen Zeit den Versteigerungsantrag zurückweisen[5]. Kostenentscheidung: Einl Rdn 39. Muster für Zurückweisung im ZVG-Hand-

---

[4] Zöller/Stöber, ZPO, vor § 704 Rdn 15–17 mit Zöller/Greger, ZPO, vor § 253 Rdnr 9–21.

[5] OLG Düsseldorf MDR 1971, 495 = Rpfleger 1971, 175; OLG München JVBl 1971, 65 = MDR 1971, 312 = Rpfleger 1971, 64; LG Oldenburg Rpfleger 1976, 109.

Anordnungsbeschluß 4.4 **§ 15**

buch Rdn 113. Der Beschluß ist zu begründen[6]. Bedingte Zulassung eines unvollständigen oder unrichtigen Antrags ist nicht möglich.

3.7 Der für die Entscheidung zuständige Rechtspfleger soll **nichts übereilen,** nicht nach Schema arbeiten und trotz aller Arbeitsbelastung und Alltagsroutine in jedem einzelnen an ihn herangetragenen Fall immer wieder alle allgemeinen und besonderen Voraussetzungen bedenken, wie sie insbesondere bei den §§ 1, 15, 16, 17, 18, 27, 28, 146, 162, 171 a, 172, 175, 180 behandelt sind. Andernfalls können Haftungsgefahren entstehen. Auch für den Antragsteller und seinen Bevollmächtigten können solche entstehen. Fehler bei Verfahrensbeginn können das ganze weitere Verfahren in Frage stellen.

Anordnungsbeschluß 4

4.1 Über die **Form** des Anordnungs- und Beitrittsbeschlusses sagt das ZVG nichts. Der Beschluß muß jedoch als Maßnahme der Zwangsvollstreckung die Anordnung des Verfahrens (Zulassung des Beitritts, § 27) bestimmen und die Angaben nach ZVG § 16 enthalten[1] (ZVG-Handbuch Rdn 115), also: Grundstück (bzw sonstiges Objekt) (Gemarkung, Flurstücknummer, Grundbuchstelle), Eigentümer (Schuldner), Vollstreckungstitel (Behörde, Datum, Aktenzeichen), Anspruch (Gläubiger, Art und Höhe des Anspruchs). Die Zustellung des Titels wird immer wieder auch im Anordnungsbeschluß bezeichnet; notwendig (und zu empfehlen) ist das nicht.

4.2 Muster für Anordnungsbeschluß

a) Nach der üblichen Beschlußeinleitung (dazu Einl Rdn 42) kann der Anordnungsbeschluß **etwa lauten:**
Die **Zwangsversteigerung**
des im Grundbuch des Amtsgerichts . . . für Gemarkung . . . Band . . . Blatt . . .
auf den Namen des Schuldners . . .
eingetragenen Grundstücks
Flurstücknummer . . . [mit Wirtschaftsart, Lage und Größe, ggfs auch Gemarkung]
wird wegen des dem Gläubiger zustehenden dinglichen – persönlichen – Anspruchs (Rangklasse . . . des § 10 Abs 1 ZVG) im Betrage von
. . . DM Hauptsache
nebst . . . Zinsen seit dem . . .
. . . DM . . . [andere Nebenleistungen, Prozeßkosten, frühere Vollstreckungskosten usw]
und wegen der Kosten der gegenwärtigen Rechtsverfolgung
angeordnet.
Dieser Beschluß gilt zugunsten des Gläubigers als Beschlagnahme des Grundstücks.

b) **Fassung** auch: ZVG-Handbuch Rdn 114.

c) Bei einem Grundstücksbruchteil (auch bei Wohnungseigentumsanteil, Gebäudeeigentum) und bei einem grundstücksgleichen Recht sowie bei Anordnung der Versteigerung anderer Gegenstände (Schiff, Schiffsbauwerk, Luftfahrzeug) ist der Wortlaut entsprechend anzupassen. Zu Besonderheiten der Anordnung in Verfahren nach §§ 172, 175, 180 siehe dort.

4.3 Während im Antrag das **Grundstück** nur so bezeichnet werden muß, daß es mit Sicherheit festgestellt werden kann, ist es **im Beschluß** genau zu bezeichnen. Am zuverlässigsten erfolgt Bezeichnung übereinstimmend mit dem Grundbuch.

4.4 Der **Anspruch** des Gläubigers ist seiner Höhe nach (betragsmäßig; Teilanspruch siehe § 16 Rdn 3.4) und nach seiner Art **(Rechtsnatur)** zu kennzeichnen,

---

[6] OLG Düsseldorf und OLG München je aaO (Fußn 5).
[1] Dassler/Muth § 15 Rdn 5; Jaeckel/Güthe § 15, 16 Rdn 1 a; Korintenberg/Wenz §§ 15, 16 Anm 5; Steiner/Hagemann §§ 15, 16 Rdn 216.

§ 15 4.4 — Anordnung der Versteigerung

also ob dinglich oder persönlich oder öffentliche Last nach Rangklasse 3 des ZVG § 10 Abs 1 (ZVG-Handbuch Rdn 116). Dabei könnte auf den Schuldtitel Bezug genommen werden, der auf einen dinglichen Anspruch aus einem eingetragenen Recht oder auf einen persönlichen Anspruch lautet[2]. Dies ist aber unzweckmäßig, der Beschlagnahmebeschluß sollte als staatlicher Hoheitsakt die Rechtsnatur des Anspruchs vielmehr selbst zweifelsfrei bezeichnen. Keinesfalls soll auf den Antrag Bezug genommen werden[3]. Es kann allerdings der Zuschlag nicht deshalb angefochten werden, weil im Anordnungs- oder Beitrittsbeschluß nicht ausdrücklich erwähnt war, ob er aus dinglichem oder persönlichem Anspruch ergangen war, falls nur wenigstens auf den Titel Bezug genommen war, der dies ersehen ließ. Falls Angaben über die Art des Titels im Beschluß fehlen, ist dies aufzuklären. Wenn der Gläubiger einen dinglichen und einen persönlichen Titel vorlegt ist davon auszugehen, daß er auf jeden Fall mit seinem Antrag zum Ziel kommen will, sein Vollstreckungsantrag also wegen aller aus seinen Titeln sich ergebenden Ansprüche gestellt sein soll. Sicher will er, weil besserrangig, zunächst dinglich betreiben; sollten aber hierbei Schwierigkeiten bestehen (Hypothek zB nichtig), so will er mit den anderen Ansprüchen zum Zuge kommen (hierzu § 16 Rdn 3). Folgerichtig ist es im Beschluß auch anzugeben, wenn der Gläubiger aus Rangklassen 2 betreibt. Die Rangfolge des § 12 für Deckung des Gläubigeranspruchs bei nicht ausreichender Masse wird im Anordnungsbeschluß nicht festgestellt; gleichermaßen wird in ihm auch die Tilgungsreihenfolge von VerbrKrG § 11 (zu dieser § 12 Rdn 1.5) nicht bezeichnet.

4.5 Kann dem Antrag auf **dingliche Beschlagnahme** nicht stattgegeben werden (weil dinglicher Titel fehlt), so erfolgen Anordnung oder Beitritt aus dem persönlichen Anspruch, unter Zurückweisung des Antrags auf dinglichen Rang; hierfür keine besondere Kostenpflicht, weil die Anspruchshöhe dadurch nicht berührt wird. Wird später ein dinglicher Titel vorgelegt, so muß neuer Beitritt erfolgen (§ 10 Rdn 9.4).

4.6 Die **Kosten des Verfahrens** müssen im Beschluß nicht aufgeführt werden, weil die Kosten der Rechtsverfolgung immer an der Rangstelle des Rechts befriedigt werden (§ 10 Abs 2). Ein Hinweis ist aber zweckmäßig, etwa auf die „Kosten der gegenwärtigen Rechtsverfolgung", damit sie nicht übersehen werden und auch der Schuldner, wenn er die Vollstreckung abwenden will, bei seiner Zahlung die Kosten mitberücksichtigt. Aus diesem Grunde können auch die im Antrag bereits betragsmäßig geltend gemachten und angefallenen Kosten, insbesondere die mit Antragstellung entstandenen Anwaltskosten des Gläubigers samt (vom Gläubiger nicht als Vorsteuer abziehbare, § 10 Rdn 15.11) Mehrwertsteuer und Auslagen mit aufgeführt werden. Kostenpauschalbeträge und die erst in späteren Verfahrensabschnitten noch entstehenden Kosten gehören nicht in den Beschluß. Da alle Kosten der Anordnung oder des Beitritts im Verfahren nur dann als angemeldet gelten, wenn sie aus dem Anordnungs- oder Beitrittsantrag ersichtlich sind (§ 114 Abs 1 Satz 2), im übrigen aber ausdrücklich angemeldet werden müssen (§ 114 Rdn 4), ist auch der Vermerk üblich: „. . . Kosten der Rechtsverfolgung, falls diese rechtzeitig angemeldet werden". Zu den Kosten auch ZVG-Handbuch Rdn 118.

4.7 Die **Beschlagnahme** ist gesetzliche Folge der Verfahrensanordnung (§ 20). Als solche müßte sie nicht ausdrücklich im Beschluß ausgesprochen werden. Bezeichnung der Beschlagnahmewirkung im Beschluß ist aber zweckmäßig und als üblich zu empfehlen.

4.8 Wird die Vollstreckungsversteigerung (oder Zwangsverwaltung) auf Grund der **Pfändung** und Überweisung eines dinglichen Rechts angeordnet, so muß im Anordnungsbeschluß zusätzlich auch die Einziehungsbefugnis mit dem Betrag der

---

[2] RG 134, 56.
[3] Fröhlich Rpfleger 1959, 56 (57) (Anmerkung).

Anordnungsbeschluß 4.13 § 15

Vollstreckungsforderung des pfändenden Gläubigers an den Pfandschuldner bezeichnet werden. Der Schuldner muß ja wissen, durch Zahlung welchen Betrags er die Zwangsversteigerung oder Zwangsverwaltung abwenden kann. Der Gläubiger seinerseits darf nur wegen des ihm tatsächlich zustehenden Betrags das Verfahren betreiben. Ist eine Hypothek von 10 000 DM für eine Forderung von 1000 DM gepfändet, so ist die Einziehungsbefugnis des Pfandgläubigers der Höhe nach durch seine Vollstreckungsforderung von 1000 DM begrenzt[4].

4.9 Über die genannten Angaben hinaus bedarf ein Anordnungs- und Beitrittsbeschluß im allgemeinen keiner **Begründung**; es ergibt sich bereits aus dem notwendigen Beschlußinhalt, daß die Vollstreckungsvoraussetzungen geprüft wurden und vorliegen. Nur wenn der Schuldner dem Antrag schon widersprochen hat oder sonst besonderer Anlaß gegeben ist (Einl Rdn 28), besteht Rechtspflicht zu weiterer Begründung.

4.10 Jeder Anordnungs- und Beitrittsbeschluß erfordert **Belehrung des Schuldners** über Einstellungsmöglichkeiten nach § 30 a (§ 30 b Abs 1). Dies gilt auch gegenüber dem Konkursverwalter (§ 30 c Rdn 4) und in der Teilungsversteigerung (§ 180 Rdn 12). Es empfiehlt sich, dem Beschluß diese Belehrung des Schuldners anzufügen (Näheres bei § 30 b Rdn 2). Sie kann auch auf einem besonderen Blatt beigegeben werden. Der Nachweis der Belehrung ist aber leichter, wenn diese (in Urschrift und Ausfertigungen) dem Beschluß unmittelbar angefügt ist.

4.11 In der Urschrift des Beschlusses folgen dann noch die **Verfügungen** des Gerichts über: Zustellungen, Eintragungsersuchen an das Grundbuchamt, Mitteilungen, Einholung der Brandversicherungsurkunde, Mieterermittlungsauftrag an Gerichtsvollzieher oder Anfrage über Mieter bei Gemeinde oder Zwangsverwalter, Kostenbewertung, Wiedervorlage (mit Eingang oder nach zwei Wochen ab Zustellung an den Schuldner).

4.12 Der Anordnungsbeschluß muß vom Rechtspfleger (mit vollständigem Namen) **unterzeichnet** werden (ZPO § 329 Abs 1 Satz 2 mit § 317 Abs 2 Satz 1). Kennzeichnung nur mit einer Paraphe genügt nicht[5].

4.13 **Mehrere** gleichzeitig zu entscheidende **Anträge** desselben Gläubigers oder verschiedener Gläubiger sind in **einem Beschluß** zusammenzufassen, damit kein Rangunterschied durch unterschiedliche Zustellungen nach § 11 Abs 2 eintreten kann. Dabei kommt es nicht auf den Zeitpunkt an, zu dem die verschiedenen Anträge bei Gericht eingegangen sind, sondern darauf, ob sie gleichzeitig entscheidungsreif sind (ZVG-Handbuch Rdn 122). Die mehreren Anträge haben unter sich keine zeitliche Rangfolge; sie sind zeitlich gleichrangig. In einem Beschluß ist auch dann zu entscheiden, wenn aus Gründen der Aktenführung die einzelnen Anträge oder die auf mehrere Grundstücke (oder Bruchteile) sich beziehenden Anträge in verschiedenen Akten mit verschiedenen Geschäftsnummern behandelt werden (§ 18 Rdn 3). Ein gemeinsamer Beschluß ist dann allerdings nur zulässig, wenn es sich um dasselbe Grundstück (Grundstücksbruchteil) handelt oder wenn die Verfahren über verschiedene Objekte nach § 18 verbunden werden dürfen und tatsächlich verbunden werden (zB durch gemeinsamen Beschluß) (§ 18 Rdn 3). In diesem Fall wird der Originalbeschluß (mit Belehrung, Zustellungsnachweisen usw) in die Akten eingelegt, in denen das gemeinsame Verfahren fortgeführt wird; in die weiteren Akten kann eine Abschrift des gemeinsamen Beschlusses eingelegt werden; diese Akten sind sodann nicht mehr fortzuführen, sondern den gemeinsamen Verfahrensakten einzuverleiben (AkteO § 5 Nr 4). Ein gemeinsamer Beschluß ist nicht zulässig, wenn die Verfahren nicht verbunden wer-

---

[4] Stöber, Forderungspfändung, Rdn 590.
[5] BGH 76, 236 (241); OLG Köln NJW 1988, 2806; OLG Köln; Rpfleger 1991, 198; OLG Köln JMBlNW 1992, 126 = JurBüro 1992, 262.

§ 15 4.13 Anordnung der Versteigerung

den dürfen, wenn also ein Gläubiger in das Grundstück A, ein anderer in das Grundstück B desselben Schuldners aus (naturgemäß unterschiedlichen) persönlichen oder dinglichen Ansprüchen vollstrecken will oder einer in den Hälfteanteil des Schuldners A, der andere in den Hälfteanteil des Schuldners B am selben Grundstück oder derselbe Gläubiger aus persönlichen oder unterschiedlichen dinglichen Ansprüchen in den Hälfteanteil des A und den des B am selben Grundstück.

4.14 Mehrere Gläubiger, für die einheitlich in einem Beschluß das Verfahren angeordnet oder der Beitritt zugelassen wurde, betreiben das gemeinsame **Verfahren** dennoch **selbständig,** voneinander unabhängig. Einstellungen, Fortsetzungen, Aufhebungen wirken nur für und gegen den davon Betroffenen; auch Termine sind nur für den davon Betroffenen angesetzt. Es gibt keine Einheit des Verfahrens[6].

4.15 Offensichtliche **Schreibversehen** oder sonstige Unrichtigkeiten des Anordnungsbeschlusses (auch Beitrittsbeschlusses) (Namen, Grundstücksbeschreibung, Titelangaben) können nach ZPO § 319 berichtigt werden (dazu Einl Rdn 29), allerdings nicht zu großzügig. Wurde der Beschluß für einen nicht beantragten Teil erlassen (Antrag nur Teilbetrag, erlassen für vollen Betrag, so handelt es sich nicht mehr um ein Schreib- oder Rechenversehen, das berichtigt werden könnte. Hier muß Teilaufhebung erfolgen (Nichterhebung der Kosten Einl Rdn 85).

5 Anordnungsverfahren und -beschluß: Rechtsbehelfe

5.1 Der **Schuldner** hat gegen den Anordnungsbeschluß, wenn er vorher (wie regelmäßig) nicht gehört wurde, die Vollstreckungserinnerung nach ZPO § 766. Die Entscheidung über diese Erinnerung ist mit sofortiger Beschwerde nach ZPO § 793 Abs 1 anfechtbar (dazu § 95 Rdn 2). Wenn der Anordnungsbeschluß nach (vorheriger) Anhörung des Schuldners ergeht, ist der Beschluß Entscheidung im Vollstreckungsverfahren (§ 95 Rdn 2.1); auch Anfechtung durch den Schuldner hat dann mit sofortiger Rechtspflegererinnerung/sofortiger Beschwerde zu erfolgen (nicht mit unbefristeter Erinnerung nach ZPO § 766).

5.2 Die **Zwischenverfügung** (Aufklärungsverfügung) zur Behebung von Hindernissen durch den Gläubiger (Rdn 3.6) ist mit befristeter Rechtspflegererinnerung/sofortiger Beschwerde anfechtbar (§ 95 Rdn 5.1). Gegen die **Ablehnung** des Versteigerungsantrags (ganze oder teilweise) hat der Gläubiger die befristete Rechtspflegererinnerung bzw sofortige Beschwerde (§ 95 Rdn 5.1) (keine Vollstreckungserinnerung).

5.3 Sofortige (weitere) Beschwerde (nicht einfache Beschwerde) gegen die Beschwerdeentscheidung des Landgerichts ist nur bei neuem, selbständigem Beschwerdegrund gegeben (ZPO § 568 Abs 2); sie findet auch gegen die Aufhebung des Anordnungsbeschlusses durch das Landgericht auf (unbefristete) Beschwerde hin statt[1].

5.4 Die **Beschlagnahme** (§ 20) **erlischt** bei Aufhebung des Anordnungsbeschlusses (ebenso eines Beitrittsbeschlusses) **sofort** mit Wirksamwerden der Entscheidung[2] durch Bekanntgabe (Zustellung, Mitteilung, Verkündung). Verfügungen des Schuldners über das Grundstück (insbesondere Veräußerung und Belastung) sind damit auch dem Gläubiger gegenüber wieder wirksam möglich, frühere Verfügungen (in der Zeit zwischen Beschlagnahme und Aufhebung) werden

---

[6] Mohrbutter KTS 1973, 272 (273) (Anmerkung).
[1] OLG Frankfurt Rpfleger 1979, 29.
[2] BGH 66, 394 = KTS 1977, 40 = MDR 1976, 1014 = NJW 1976, 1453 = Rpfleger 1976, 298; OLG Hamm DGVZ 1960, 23 = Rpfleger 1959, 283 mit Anm Berner und JMBlNW 1962, 235 = Rpfleger 1963, 19 mit Anm Berner; OLG Nürnberg MDR 1960, 931 Leitsatz = Rpfleger 1961, 52 mit Anm Berner.

Anordnungsbeschluß 5.5 **§ 15**

sogleich voll wirksam. Gleich ist, ob der Anordnungsbeschluß vom Rechtspfleger aufgehoben wird, der einer Vollstreckungserinnerung (ZPO § 766) abhilft oder durch den Richter, der über eine Beschwerde (auch Erinnerung) entscheidet, oder durch das Beschwerdegericht[3]. Rückwirkend kann die (erloschene) Beschlagnahme nicht wieder hergestellt werden (sie kann rückwirkend nicht wieder aufleben)[4], wenn die aufhebende Entscheidung angefochten und vom Beschwerdegericht (oder vom Richter auf Rechtspflegererinnerung hin) aufgehoben wird. Die Beschwerde (auch die Rechtspflegererinnerung) hat keine aufschiebende Wirkung (ZPO § 572 Abs 1). Der (frühere) Rang der aufgehobenen Beschlagnahme ist für den Gläubiger verloren[5]. Es muß das Verfahren neu angeordnet (§ 15) oder der Beitritt des Gläubigers zugelassen werden (§ 27); dieser Beschluß gilt erst mit dem Zeitpunkt seines Wirksamwerdens (§ 22) als (neue) Beschlagnahme[6] zugunsten des Gläubigers (§ 20). Bis dahin ist das Grundstück zugunsten des Gläubigers nicht beschlagnahmt (ist es beschlagnahmefrei)[7]. Beschwerde (Rechtspflegererinnerung) ist mit dem Ziel zulässig, eine neue Anordnung der Versteigerung (der Beitrittszulassung) anzuordnen; diese neue Beschlagnahme ist mit Beschwerde zu begehren. Die Voraussetzungen der Verfahrensanordnung (Zulassung des Beitritts) müssen bei Entscheidung über den (neuen) Beschlagnahmeantrag vorliegen; daß sie früher bestanden haben (die Aufhebung somit unzulässig erfolgt ist) genügt nicht (keine Neuanordnung daher zB, wenn der Schuldner nicht mehr eingetragener Eigentümer ist, § 17 Abs 1). Eine (weitere) Beschwerde mit dem (ausschließlichen) Ziel, den Beschlagnahmebeschluß wieder herzustellen (weil seine Voraussetzungen nur zum Zeitpunkt des Erlasses vorgelegen haben, jetzt aber nicht mehr gegeben sind) ist unzulässig[8]. Neue Anordnung der Beschlagnahme (auch einer Teilungsversteigerung[9]) kann mit Beschwerde (auch Rechtspflegererinnerung) gegen die Aufhebung gewollt sein (Auslegung), auch wenn dies nicht ausdrücklich verlangt ist.

5.5 Mit der **Anordnung,** daß der Aufhebungsbeschluß erst **mit seiner Rechtskraft wirksam** werde oder daß das Verfahren erst mit Rechtskraft der Entscheidung aufgehoben werde[10], können Gefahren und Nachteile ausgeschlossen werden, die sich mit dem sofortigen Wirksamwerden des Aufhebungsbeschlusses ergeben, wenn er (insbesondere in höherer Instanz) noch korrigiert werden kann. Diese Anordnung entspricht dem Grundgedanken von ZPO § 765 a Abs 4; sie ist von Amts wegen zu treffen. Allgemein wird sie nicht nur für zulässig, sondern für geboten erachtet (Ermessensentscheidung); sie wird als zwingend angesehen, wenn die Erfolgsaussichten für Anfechtung des Aufhebungsbeschlusses von vornherein gegeben sind[11] (auch zur Haftung bei schuldhafter Verletzung der Amtspflicht, von dieser Möglichkeit Gebrauch zu machen). Wenn der Aufhebungsbeschluß nur mit unbefristeter Erinnerung oder Beschwerde anfechtbar ist, kann ausgesprochen werden, daß er erst mit Ablauf einer bestimmten Frist (zB ein

---

[3] OLG Hamm OLGZ 1971, 66.
[4] BGH 66, 394 = aaO (Fußn 2); RG 84, 200; OLG Hamm Rpfleger 1959, 283 = aaO (Fußn 2); OLG Köln OLGZ 1987, 209 = Rpfleger 1986, 488; OLG Saarbrücken OLGZ 1971, 425; Zöller/Stöber, ZPO, § 766 Rdn 30 und § 776 Rdn 4.
[5] BGH 66, 394 = aaO (Fußn 2); OLG Hamm Rpfleger 1959, 283 = aaO (Fußn 2).
[6] BGH 66, 394 = aaO (Fußn 2); OLG Saarbrücken OLGZ 1971, 425.
[7] RG 84, 200.
[8] OLG Koblenz Rpfleger 1986, 229.
[9] LG Frankenthal Rpfleger 1983, 120.
[10] KG Berlin MDR 1966, 515; OLG Hamm Rpfleger 1957, 354 mit zust Anm Berner; OLG Hamm DGVZ 1960, 23 = Rpfleger 1959, 283 mit Anm Berner; OLG Hamm JMBlNW 1962, 235 = Rpfleger 1963, 19 mit Anm Berner; OLG Nürnberg MDR 1960, 931 Leitsatz = Rpfleger 1961, 52 mit Anm Berner; Stöber, Forderungspfändung, Rdn 742; Zöller/Stöber, ZPO, § 766 Rdn 30.
[11] SchlHOLG SchlHA 1993, 91.

§ 15 5.5 Anordnung der Versteigerung

Monat) wirksam werde. Es kann sich dann auch empfehlen, den Gläubiger (unter Hinweis auf die dann befristeten Rechtsbehelf) vorher anzuhören.

6 Baugesetzbuch (BauGB)

6.1 Das **Enteignungsverfahren** (BauGB §§ 85–122) ist kein Hindernis für die Immobiliarvollstreckung, auch nicht im Sinne von § 28. Der Enteignungsvermerk hat nur nachrichtliche Bedeutung. Genehmigungspflichtig ist nur eine (rechtsgeschäftliche) Verfügung über das Grundstück (BauGB § 109 Abs 1 mit § 51 Abs 1), nicht aber Einleitung und Durchführung einer Zwangsversteigerung (auch einer Teilungsversteigerung) oder Zwangsverwaltung und nicht Erteilung des Zuschlags. Von der Einleitung des Enteignungsverfahrens gibt die Enteignungsbehörde dem Vollstreckungsgericht Kenntnis (BauGB § 108 Abs 7). Eigentumserwerb des Erstehers mit Zuschlag (§ 90) berührt den Fortgang des Enteignungsverfahrens nicht. Der Ersteher wird im Enteignungsverfahren Beteiligter (BauGB § 106 Abs 1 Nr 2), sobald sein Eigentumserwerb der Enteignungsbehörde bekannt wird. Der Enteignungsvermerk bleibt eingetragen; das Vollstreckungsgericht kann um seine Löschung nicht nach § 130 ersuchen. Die Enteignungsbehörde gibt dem Vollstreckungsgericht außerdem von dem Enteignungsbeschluß Kenntnis, wenn dem Enteignungsantrag stattgegeben worden ist (BauGB § 113 Abs 5). Wenn durch Enteignung das Eigentum an dem Grundstück entzogen (BauGB § 86 Abs 1 Nr 1) und das Recht des Gläubigers nicht aufrechterhalten und nicht ersetzt wird, hat er Anspruch auf Wertersatz aus der Geldentschädigung für das Eigentum an dem Grundstück (BauGB § 97 Abs 4). An dieser Entschädigung setzen sich die Rechte der Entschädigungsberechtigten fort (Surrogationsgrundsatz). Ersetzt wird der bisherige Rechtszustand durch den im Enteignungsbeschluß geregelten neuen Rechtszustand mit dem in der Ausführungsanordnung festgesetzten Tag (BauGB § 117 Abs 5). Wenn die Entschädigungsberechtigten sich nicht einigen, kann Einleitung eines gerichtlichen Verteilungsverfahrens beantragt werden (BauGB § 119 Abs 1). Aufhebung des Eigentums des Schuldners und Begründung lastenfreien Eigentums des Enteignungsbegünstigten begründen durch Hoheitsakt ein der Zwangsversteigerung (oder Zwangsverwaltung) entgegenstehendes Recht (§ 28; entsprechende Anwendung). Das Verfahren ist daher aufzuheben, und zwar mit der Maßgabe, daß es für ein Verteilungsverfahren bei der bereits erfolgten Beschlagnahme sein Bewenden hat (BauGB § 119 Abs 3 Nr 2). Wird das Beschlagnahmerecht des Gläubigers aufrechterhalten (BauGB § 97 Abs 1), dann hat die Enteignung auf den Fortgang des Verfahrens keinen Einfluß.

6.2 Auch ein **Grenzregelungsverfahren** (BauGB §§ 80–84) bildet kein Hindernis für die Immobiliarvollstreckung. Das Eigentum an den ausgetauschten oder einseitig zugeteilten Grundstücksteilen und Grundstücken geht lastenfrei auf den neuen Eigentümer über (BauGB § 83 Abs 3 Satz 1). Mit Eintritt des neuen Rechtszustands ist ein Zwangsversteigerungs- oder Zwangsverwaltungsverfahren für den auf den neuen Eigentümer übergegangenen Grundstücksteil (ein übergegangenes Grundstück) daher aufzuheben (wie Rdn 6.1). Sind Wertänderungen oder Wertunterschiede in Geld auszugleichen (BauGB § 81 Abs 1), dann sind dingliche Berechtigte auf den Geldanspruch des Eigentümers angewiesen (BauGB § 81 Abs 3). Sie können Einleitung eines gerichtlichen Verteilungsverfahrens beantragen (BauGB § 81 Abs 3 mit § 119). Wenn über das Grundstück des neuen Eigentümers, dessen Bestandteil ausgetauschte oder zugeteilte Grundstücksteile und Grundstücke werden (BauGB § 83 Abs 3 Satz 2) ein Zwangsversteigerung oder Zwangsverwaltung anhängig ist, nimmt das Verfahren für das Grundstück in seinem damit begründeten neuen Bestand seinen Fortgang; gesonderte Beschlagnahme der zugeteilten Fläche erfolgt daher nicht (Folge von BauGB § 83 Abs 2; der bisherige Rechtszustand wird durch den neuen ersetzt).

6.3 Städtebauliche Sanierungsmaßnahmen (BauGB §§ 136–164) und städtebauliche **Entwicklungsmaßnahmen** (BauGB §§ 165–171) schaffen kein Hin-

Anordnungsbeschluß 7.1 § 15

dernis für Immobiliarvollstreckung. Der Sanierungs- (BauGB § 143 Abs 4) und der Entwicklungsvermerk (BauGB § 165 Abs 9) haben nur nachrichtliche Bedeutung. Genehmigungspflichtig ist nur eine (rechtsgeschäftliche) Verfügung über das Grundstück (BauGB § 144 Abs 2 Nr 1), nicht aber Einleitung und Durchführung einer Zwangsversteigerung (auch einer Teilungsversteigerung, § 180 Rdn 7.5). Der Genehmigung bedarf die Belastung eines Grundstücks (BauGB § 144 Abs 2 Nr 2 und § 169 Abs 1 Nr 1). Zwangsversteigerung auf Antrag des Gläubigers eines ohne erforderliche Genehmigung eingetragenen Grundpfandrechts ist daher nach § 28 (entsprechende Anwendung) für nachträgliche Beibringung der Genehmigung einzustellen, ggfs auch aufzuheben. Eigentumserwerb des Erstehers mit Zuschlag (§ 90) berührt die weitere Durchführung der städtebaulichen Sanierungs- oder Entwicklungsmaßnahme nicht. Der Sanierungs/Entwicklungsvermerk bleibt eingetragen, das Vollstreckungsgericht kann um seine Löschung nicht nach § 130 ersuchen.

6.4 Ein **Umlegungsverfahren** (BauGB §§ 45–79) ist kein Hindernis für die Immobiliarvollstreckung, auch nicht im Sinne von § 28. Der Umlegungsvermerk (BauGB § 54 Abs 1) hat nur nachrichtliche Bedeutung. Die Verfügungssperre (BauGB § 51 Abs 1) betrifft eine Zwangsversteigerung oder Zwangsverwaltung nicht. Für die Durchführung dieser Verfahren (auch der Teilungsversteigerung) ist keine Genehmigung nötig, auch für den Zuschlag nicht. Eigentumserwerb des Erstehers mit Zuschlag (§ 90) berührt den Fortgang des Umlegungsverfahrens nicht. Der Ersteher tritt als Beteiligter in das Umlegungsverfahren in dem Zustand ein, in dem es sich befindet (BauGB § 49). Der Umlegungsvermerk bleibt eingetragen; das Vollstreckungsgericht kann um seine Löschung nicht nach § 130 ersuchen. Im Umlegungsverfahren können Grundstücksrechte und grundstücksgleiche Rechte verändert werden (BauGB § 61). Neu zugeteilte Grundstücke oder die Geldabfindungen treten an die Stelle der alten Grundstücke (BauGB § 63).

6.5 Der im Grundbuch eingetragene Enteignungsvermerk (BauGB § 108 Abs 6), Sanierungsvermerk (BauGB § 143 Abs 4), Entwicklungsvermerk (BzuGB § 165 Abs 9) oder Umlegungsvermerk (BauGB § 54 Abs 1) begründet für die Enteignungsbehörde oder Gemeinde (auch als Umlegungsstelle) **nicht** die Stellung eines **Beteiligten** (§ 9 Rdn 3.6, 3.29 und 3.31). Der Vermerk hat nur nachrichtliche Bedeutung; er dient der Rechtssicherheit und dem Rechtsschutz. Bei Grundbucheinsicht soll er über die Einleitung des Verfahrens und die damit eingetretenen Rechtswirkungen (Verfügungs- und Veränderungssperre, Genehmigungspflicht, Vorkaufsrecht, Verfahrenswirkung gegen den Erwerber als eingetretenem Rechtsnachfolger) unterrichten. Rechte begründet er nicht, mithin auch nicht ein Recht, das nach § 9 Nr 1 die Stellung eines Beteiligten begründen könnte.

6.6 Eine **Veräußerungsbeschränkung** nach BauGB § 35 Abs 6 Satz 2 und 3 zur rechtlichen Sicherung, daß die Veräußerung des mit einem Altenteilerhaus im Außenbereich bebauten Grundstücks nicht ohne das Hofgrundstück erfolgt (BauGB § 35 Abs 1 Nr 2 d), wird mit Eintragung in das Grundbuch (Abteilung II) wirksam. Sie erfaßt die Zwangsversteigerung nicht. Die (eingetragene) Baugenehmigungsbehörde ist Beteiligte (§ 9 Rdn 3.32).

Bundesversorgungsgesetz, Reichsversicherungsordnung 7

Literatur: Wolber, Das absolute Verfügungsverbot aus § 610 Abs 2 RVO bei Rentenabfindungen der gesetzlichen Rentenversicherung, Rpfleger 1978, 433; Wolber, Eintragung und Löschung befristeter Verfügungsverbote, Rpfleger 1982, 210.

7.1 Die Belastung oder/und Veräußerung eines Grundstücks (Erbbaurechts, Wohnungseigentums) kann zur bestimmungsgemäßen Verwendung einer nach dem Bundesversorgungsgesetz § 72 gewährten **Kapitalabfindung** bis zu fünf Jahren durch einen **Sperrvermerk** im Grundbuch von der Genehmigung der zuständigen Landes-Verwaltungsbehörde (in Bayern Landesversorgungsamt) abhängig

§ 15 7.1 Anordnung der Versteigerung

sein (Gesetz § 75). Es handelt sich um ein Verfügungsverbot mit absoluter Wirkung[1] (siehe auch[2]). Wirksam wird es mit Eintragung in das Grundbuch auf Ersuchen der zuständigen Behörde. Gegenüber voreingetragenen Rechten wirkt das Verbot nicht.

7.2 Der **Zwangsverwaltung** steht das Verfügungsverbot nicht entgegen; sie bewirkt keine Belastung oder Veräußerung des Grundstücks. Auch die Zwangsversteigerung aus einem vor dem Vermerk eingetragenen Grundpfandrecht bedarf keiner Genehmigung[3]. Die Fortführung der Versteigerung auf Antrag des Gläubigers eines persönlichen Anspruchs wird durch ein erst nach Beschlagnahme wirksam gewordenes Veräußerungsverbot nicht berührt (anders[4]; aber das Veräußerungsverbot erlangt keine Wirksamkeit gegen die am Grundstück bereits Berechtigten; vgl[5]). Sonst aber gehen die Ansichten auseinander.

7.3 Als gesetzliches Verfügungsverbot soll das Veräußerungsverbot der Zwangsversteigerung entgegenstehen[6]. Jedoch soll die **Zwangsversteigerung** aus einer mit Genehmigung der Verwaltungsbehörde eingetragenen Hypothek oder Grundschuld keiner Genehmigung bedürfen[7], nach anderer Ansicht aber nur dann nicht, wenn bei Genehmigung der Belastung ausdrücklich vereinbart worden sei, daß hier die Vollstreckung zum Inhalt der Hypothek oder Grundschuld gehöre[8]. Wenn zwar die Belastung, nicht aber die Versteigerung gestattet worden sei, soll die Versteigerung aus dem dinglichen Recht nicht ohne Genehmigung angeordnet werden können[8]. Nicht genügen soll, daß die Verwaltungsbehörde mit ihrem dinglichen Recht hinter ein anderes zurückgetreten sei[8].

7.4 Die Veräußerungsgenehmigung ist nach Sinn und Zweck der Bestimmungen über Sicherung der Kapitalabfindung zu fordern, wenn die Versteigerung **nach Eintragung des Sperrvermerks** wegen eines persönlichen Gläubigeranspruchs oder wegen des dinglichen Anspruchs des Gläubigers eines nach dem Sperrvermerk ohne gleichzeitige Veräußerungsgenehmigung eingetragenen dinglichen Rechts angeordnet werden soll. Bei Versteigerung auf Antrag des Gläubigers eines vor dem Sperrvermerk eingetragenen Rechts oder eines nachher mit Veräußerungsgenehmigung eingetragenen Rechts ist eine Genehmigung nicht erforderlich. So kann der Staat für Bauzwecke dingliche Lasten genehmigen, sich aber vorbehalten, aus sozialen Gründen vor einer Vollstreckung Möglichkeiten zur Rettung zu erwägen; der dingliche Gläubiger wieder, der nur eine Belastungsgenehmigung erhalten hat, kann vor Kreditgewährung das Risiko abschätzen. Eine (erforderliche) Genehmigung muß bereits bei Erlaß des Anordnungsbeschlusses (Beitrittsbeschlusses) vorliegen, nicht erst zum Zuschlag (so auch[9]; anders[10]). Die von der Zustimmung des Grundstückseigentümers zur Veräußerung eines Erbbaurechts (§ 15 Rdn 13) abweichende Behandlung gebieten die unterschiedlichen Zwecke der beiden Veräußerungsverbote. Die ErbbauVO will den Grundstückseigentümer davor schützen, daß ihm bei Versteigerung des Erbbaurechts ein nicht genehmer, nicht leistungsfähiger Erbbauberechtigter aufgezwungen werde, daß also in einem an sich zulässigen Versteigerungsverfahren der Zuschlag nicht ohne Kontrolle des Grundstückseigentümers erfolgen soll, daß dieser prüfen kann, ob der voraussicht-

---

[1] Wolber Rpfleger 1978, 433 und 1982, 210; Stein/Jonas/Münzberg, ZPO, § 772 Rdn 5.
[2] RG 105, 71.
[3] RG 105, 71; Stein/Jonas/Münzberg, ZPO, § 772 Rdn 5; Dassler/Muth § 28 Rdn 18; Steiner/Eickmann § 28 Rdn 60.
[4] Steiner/Eickmann § 28 Rdn 62.
[5] RG 130, 209.
[6] Wolber Rpfleger 1982, 210 (1).
[7] Steiner/Eickmann § 28 Rdn 61.
[8] LG Bamberg Entscheidungsanhang E 8.
[9] Steiner/Eickmann § 28 Rdn 61.
[10] Wolber Rpfleger 1982, 210 (1).

Anordnungsbeschluß 9.1 § 15

liche Ersteher nach seiner Persönlichkeit in sittlicher, geistiger und vermögensrechtlicher Beziehung keine Bedenken erregt. Das Bundesversorgungsgesetz aber will verhüten, daß die dem Schuldner zur Schaffung eines Heimes vorzeitig ausgezahlte Rente durch Vollstreckung verlorengeht, daß also überhaupt ein Vollstreckungsverfahren in Gang kommt. Die Vorschrift soll die bestimmungsgemäße Verwendung des vom Staat gewährten Kapitals gewährleisten; sie ist als Ausnahme von der dem Eigentum innewohnenden Verfügungsmacht nicht ausdehnend auszulegen.

7.5 Wenn eine erforderliche Genehmigung fehlt, sind Anordnung der Zwangsversteigerung und Zulassung des Beitritts nicht zulässig. Wenn gleichwohl Verfahrensanordnung (Beitrittszulassung) erfolgt ist, ist nach § 28 zu verfahren. Verstoß begründet für die Verwaltungsbehörde auch Erinnerung nach ZPO § 766 (weil eine Vollstreckungsvoraussetzung fehlt), nicht aber Widerspruchsklage nach ZPO § 772.

7.6 Nach **Reichsversicherungsordnung** § 610 kann die bestimmungsgemäße Verwendung einer Abfindungssumme durch die Anordnung gesichert sein, daß die Weiterveräußerung und Belastung des erworbenen Grundstücks oder grundstücksgleichen Rechts bis zu fünf Jahren nur mit Genehmigung des Trägers der Unfallversicherung zulässig sind. Die Anordnung wird mit der Eintragung in das Grundbuch wirksam. Als Verfügungsverbot hat der Sperrvermerk die § 15 Rdn 7.2–7.5 besprochenen Wirkungen.

„DDR"-Schuldtitel 8

Urteile (andere Vollstreckungstitel) der Gerichte der ehem **DDR** aus der Zeit vor dem 3. Okt. 1990 (siehe ZPO-DDR § 88) bleiben wirksam; sie können vollstreckt werden (Einigungsvertrag Art 18 Abs 1). Unter Mark sind die vom Sitz des Gerichts, von dem der Titel stammt, gemeint[11]. Umstellung auf Deutsche Mark ist im Verhältnis 2:1 erfolgt (Staatsvertrag Art 7 § 1 mit Anlage I mit Ausnahme für die nach dem 30. Juni 1990 fällig werdenden wiederkehrenden Zahlungen, auch Unterhalt, dort Abs 2).

Dinglicher Titel, Duldungstitel 9

9.1 Dinglicher Vollstreckungstitel gegen den Grundstückseigentümer auf **Duldung der Zwangsvollstreckung** in das Grundstück ist zur Vollstreckung eines Anspruchs auf Zahlung aus dem Grundstück (BGB § 1147) notwendig. Benötigt wird ein Vollstreckungstitel auf Duldung der Zwangsvollstreckung in das Grundstück somit zur Vollstreckung aus einer **Hypothek** (Zahlungstitel ermöglicht nur Vollstreckung der [gesicherten] Forderung in Rangklasse 5 des § 10 Abs 1), auch einer Zwangshypothek (Einl Rdn 69), und **Grundschuld** sowie der Einzelleistungen einer Rentenschuld, außerdem zur Vollstreckung aus einer **Reallast** (erfordert für Naturalleistungen und Handlungen Duldungstitel über die Gläubigerforderung mit dem aus dem Grundstück zu zahlenden Geldbeträgen[1]). Der dingliche Titel muß mit Vollstreckungsklausel (ZPO § 724) und Zustellungsnachweis (ZPO § 750 Abs 1) sowie mit etwaigen Rechtsnachfolgenachweisen vorgelegt werden. Ist aus dem Titel der dingliche Anspruch nicht ersichtlich, kann nur persönlich betrieben werden. Legt der Gläubiger eine vollstreckbare Urkunde über den dinglichen Anspruch und die (gesicherte persönliche) Forderung vor und schränkt er seinen Antrag nicht ein, so will er im Zweifel wegen der beiden aus dem Titel sich ergebenden Ansprüche betreiben (§ 15 Rdn 4.4).

---

[11] OLG Hamm JMBlNW 1962, 233 = Rpfleger 1962, 408 mit zust Anm Berner.
[1] AG Deggendorf und LG Deggendorf Rpfleger 1990, 308.

§ 15 9.2   Anordnung der Versteigerung

9.2 Jeder dingliche Titel (der nicht zur Zahlung verpflichtet, sondern den Grundstückseigentümer dazu, die Verwertung des Grundstücks durch den Gläubiger zu dulden) muß ersehen lassen, **aus welchem dinglichen Recht** die Vollstreckung zu dulden ist. Es genügt nicht: „... aus der zustehenden Grundschuld..."[2]; es genügt nicht bloße Bezugnahme auf die Grundbuchstelle. Der Titel muß auf einen genau bezeichneten Geldbetrag (und Nebenleistungen) lauten[2] und auf ein bestimmtes Recht sich beziehen[2]. Er muß den dinglichen Anspruch genau so bezeichnen, wie er im Grundbuch eingetragen ist; falls das Recht dabei nicht nach der Grundbuch-Nr bezeichnet ist, darf keinerlei Zweifel möglich sein[2]. Der Auslegung des Titels sind enge Grenzen gesetzt. Nötig also: „Duldung der Zwangsvollstreckung in das Grundstück Gemarkung... Flurstücknummer... (Grundbuch für... Band... Blatt...) aus der in Abteilung III Nr... des Grundbuchs eingetragenen Grundschuld zu... DM samt... % Zinsen ab ...".

9.3 Bezeichnung des **haftenden Grundstücks** im dinglichen Titel: § 16 Rdn 3.7. Der Zwangsvollstreckung auf Grund eines dinglichen Titels unterliegt nur das belastete (haftende) Grundstück (andere Objekt), aus dem der zu befriedigende dingliche Anspruch zu zahlen ist (BGB § 1147), nicht ein anderes Grundstück (sonstiges Objekt) im Schuldnervermögen. Ob das demnach für den dinglichen Anspruch des Gläubigers haftende Grundstück mit dem Grundpfandrecht auch materiell belastet ist, prüft das Vollstreckungsgericht nicht; es prüft nur, ob das Grundstück vorhanden ist und der Titel mit dem Grundbuchbeschrieb hinsichtlich der Identität des Grundstücks übereinstimmt. Wenn der Gläubiger einer Grundschuld seinen (dinglichen) Anspruch auf Zahlung aus dem Grundstück (BGB § 1191 Abs 1) vollstreckt, braucht ein durch die Grundschuld gesicherter Zahlungsanspruch nicht tituliert zu sein und nicht nachgewiesen werden. Es ist Natur der Grundschuld, daß der Gläubiger sich ohne den Nachweis einer Forderung aus dem Grundstück befriedigen kann. Die Grundschuld ist abstrakt, es besteht keine persönliche Schuldverpflichtung, nur die Pflicht, die Befriedigung aus dem Grundstück zu dulden, die der Eigentümer durch Zahlung abwenden kann. Wenn eine durch die Grundschuld gesicherte Forderung nicht oder nicht mehr besteht, begründet der schuldrechtliche Rückgewährungsanspruch (§ 114 Rdn 7.7) eine Einrede gegen die Grundschuld (BGB § 1157 mit § 1192 Abs. 1); diese ist vom Schuldner mit der Vollstreckungsabwehrklage geltend zu machen.

9.4 Einen **dinglichen Titel** (auf Duldung der Zwangsvollstreckung aus einem eingetragenen Recht) **erlangt der Gläubiger:** a) durch notarielle Unterwerfungserklärung des Schuldners nach ZPO § 794 Abs 1 Nr 5. In der Urkunde muß der dingliche Anspruch in einer die Zwangsvollstreckung ermöglichenden Weise, also bestimmt und unter Bezeichnung des Grundstücksrechts benannt sein[3]. Daß auch die Bestellung des auf Grund öffentlich beglaubigter Urkunde bereits eingetragenen Grundpfandrechts noch öffentlich beurkundet werde, ist für die Vollstreckbarkeit der notariellen dinglichen Unterwerfungserklärung nicht erforderlich[3]. b) durch Klage auf Duldung; c) vor 1. 7. 1977 auch durch einen Zahlungsbefehl/Vollstreckungsbefehl auf Duldung nach ZPO § 688 alt, § 794 Abs 1 Nr 4 alt, sogar im Urkundenverfahren nach ZPO § 703 a alt (seit 1. 7. 1977 ist Mahn-/Vollstreckungsbescheid nicht mehr wegen eines Duldungsanspruchs zulässig). Für die Duldungsklage besteht ein Rechtsschutzbedürfnis auch hinsichtlich der Zwangshypothek[4]. Der Gläubiger muß nicht den Schuldner vor Klageerhebung

---

[2] Reuter MittBayNot 1970, 130 (IV).
[3] BGH 73, 156 = DNotZ 1979, 342 = MDR 1979, 567 = NJW 1979, 928 = Rpfleger 1979, 132.
[4] OLG Oldenburg BlGrBW 1955, 109 mit zust Anm Mohrbutter = NJW 1955, 635; OLG Schleswig SchlHA 1958, 287; LG Hamburg JurBüro 1959, 292.

zur notariellen Unterwerfung auffordern[5] (anders[6] wegen der Kosten nach ZPO § 93 nötig, auch[7] mit Hinweis auf ältere Rechtsprechung). Hat der Schuldner vor der Klageerhebung eine solche Urkunde übergeben, besteht natürlich kein Anlaß mehr für die Klage. Ersatz eines fehlenden dinglichen Titels im Wege geänderter Versteigerungsbedingungen nach § 59 in § 59 Rdn 5.4.

9.5 Betreibt ein Gläubiger zunächst persönlich und erwirkt er dann einen dinglichen Titel oder legt er diesen erst später vor, so wird nicht rückwirkend der Anordnungs- oder Beitrittsbeschluß geändert; es ist **neuer Beitritt** nötig (§ 10 Rdn 9.4) weil es sich um völlig verschiedene Ansprüche handelt.

9.6 Bei **Verwaltungsvollstreckung** durch das Finanzamt, die Gerichtskasse und andere Behörden stellt die Vollstreckungsbehörde auch den für Vollstreckung des dinglichen Anspruchs erforderlichen Antrag (Abgabenordnung § 322 Abs 3). Daß die gesetzlichen Voraussetzungen der beantragten Vollstreckung des dinglichen Anspruchs vorliegen, unterliegt nicht der Beurteilung des Vollstreckungsgerichts, auch nicht bei einer Zwangshypothek.

9.7 Fall aus der Praxis: Mann und Frau zu je $1/2$ Miteigentümer, Hypothek bestellt, persönliches Schuldanerkenntnis, Unterwerfungsklausel aus Versehen nicht eingetragen; Mann gestorben, Frau Alleineigentümerin, hinsichtlich ihres früheren Anteils dingliche Vollstreckung auch ohne eingetragene Unterwerfung möglich nach ZPO § 794 Nr 5, weil keine Rechtsnachfolge insoweit vorlag (ZPO § 800 ist Zustellungserleichterung für Rechtsnachfolge); hinsichtlich erebten Anteils Rechtsnachfolge, § 800 mangels Eintragung nicht anwendbar, nur persönliche Vollstreckung insoweit. Zur dinglichen Befriedigung gab es vier Wege: a) Unterwerfung beim Notar hinsichtlich des erebten Anteils, Zustellung des Titels, keine Eintragung nötig; b) Umschreibung der Klausel auf Grund Erbscheins auf die Frau, Zustellung von Titel, Klausel und Erbschein nach ZPO § 750, keine Eintragung nötig; c) Duldungstitel erwirken, Zustellung des Titels, keine Eintragung nötig; d) in einem von einem rangbesseren Gläubiger betriebenen Verfahren kann das Recht auch ohne Eintragung der Unterwerfungsklausel befriedigt werden (so geschehen).

9.8 Fall aus der Praxis: Eine Reallast war an drei Grundstücken eingetragen, obwohl nur an zwei von ihnen bestellt; Anordnung dinglich nur hinsichtlich der zwei Grundstücke, hinsichtlich des dritten nur persönlich, weil insoweit ein dinglicher Anspruch nicht bestand, das Grundbuch nur unrichtig war und dies erkennbar für das Vollstreckungsgericht.

Eheliches Güterrecht

Literatur: Arnold, Zwangsvollstreckung bei fortgeltendem Güterstand der Eigentums- und Vermögensgemeinschaft, DtZ 1991, 80; Baur, Zwangsvollstreckungs- und konkursrechtliche Fragen zum GlBerG, FamRZ 1958, 252; Berner, Neuregelung der Zwangsvollstreckung gegen Ehegatten im Zeichen der Gleichberechtigung, Rpfleger 1958, 201; Capeller, Nochmals: Notarielle Unterwerfungsklausel bei Ehegatten, NJW 1959, 201; Hornung, Die Bedeutung des ehelichen Güterrechts für die Zwangsvollstreckung, KKZ 1980, 221 und 1981, 1; Müller, Zwangsvollstreckung gegen Ehegatten, 1970; Rauscher, Immobiliarzwangsvollstreckung bei fremdem Güterstand, Rpfleger 1988, 89; Wassermann, Die Zwangsvollstreckung gegen Eheleute nach § 744 a ZPO, FamRZ 1991, 507; Weirich, Notarielle Unterwerfungs-

---

[5] OLG Hamm JMBlNW 1952, 265; OLG Köln NJW 1977, 256; OLG Frankfurt MDR 1980, 855.
[6] LG Itzehoe SchlHA 1968, 214; OLG Düsseldorf JMBlNW 1968, 262; OLG Karlsruhe MDR 1981, 939 und Justiz 1987, 25; OLG München NJW 1968, 556; OLG Oldenburg BB 1984, 2026; OLG Schleswig JurBüro 1987, 1078 = SchlHA 1987, 95; OLG Saarbrücken MDR 1982, 499.
[7] OLG München MDR 1984, 674 = OLGZ 1984, 248 = Rpfleger 1984, 325.

klausel bei Ehegatten, NJW 1959, 1478 und (nochmals) NJW 1959, 2102; Wittekopf, Zwangsvollstreckung gegen Ehegatten, 1955.

10.1 Zugewinngemeinschaft (BGB §§ 1363–1390): Das Vermögen ist nicht gemeinschaftlich, jeder Ehegatte verwaltet seines selbst. Ein Vollstreckungstitel muß sich gegen den Ehegatten richten, der als Schuldner Eigentümer des Grundstücks ist. Duldungstitel gegen den anderen Ehegatten ist nicht nötig (Gewahrsam oder Besitz sind keine der Immobiliarvollstreckung entgegenstehenden Rechte). Auch BGB § 1365 hindert die Vollsteckung in das Grundstück eines Ehegatten nicht, weil Vollstreckungsakte keine rechtsgeschäftlichen Verfügungen sind[1] (zur Teilungsversteigerung § 180 Rdn 3.13). Vollstreckt ein Ehegatte, so ist auch das keine Verfügung nach § 1365 und er bedarf nicht der Zustimmung des anderen.

10.2 a) **Gütergemeinschaft** (BGB §§ 1415–1518): Zur Vollstreckung in das Gesamtgut ist ein Titel gegen den allein verwaltenden Gatten nötig und genügend (ZPO § 740 Abs 1); wenn keiner allein verwaltet, ist ein Titel (Leistungstitel) gegen beide nötig. Gesamtgutsverwalter ist, wer durch Ehevertrag dazu bestimmt ist, sonst sind es beide (BGB § 1421). Ist die Gütergemeinschaft vor 1. 4. 1953 geschlossen, gilt der Mann als Verwalter (Gleichberechtigungsgesetz Art 8 I Nr 6). Betreibt der nicht oder nicht allein Verwaltende selbständig ein Erwerbsgeschäft, so genügt Titel gegen ihn (ZPO § 741). Darunter fällt jede auf Wiederholung angelegte, der Erzielung von Einkünften dienende wirtschaftliche Tätigkeit[2], somit ein Unternehmen des Handels- oder Gewerberechts ebenso wie jede freiberufliche Tätigkeit (zB eine Arztpraxis[3] oder ein landwirtschaftlicher Betrieb[4]), nur nicht ein Dienstverhältnis als Arbeitnehmer. Das Geschäft kann sogar schon in Liquidation sein. Selbständig betreibt ein Ehegatte das Erwerbsgeschäft, wenn er selbständiger Unternehmer ist (in Abgrenzung gegenüber abhängiger Tätigkeit)[4]; der Erwerbstätige muß nicht alleiniger Inhaber des Geschäfts sein; selbständig durch einen Ehegatten betrieben wird ein Erwerbsgeschäft auch dann, wenn es von beiden in Gütergemeinschaft lebenden und das Gesamtgut gemeinschaftlich verwaltenden Ehegatten geführt wird[4]. Vollstreckungstitel gegen den das Erwerbsgeschäft betreibenden Ehegatten ist für die Zwangsvollstreckung wegen aller Schulden, nicht nur der geschäftlichen, sondern auch der persönlichen, genügend[5]. Es ist nicht nachzuweisen und nicht zu prüfen, daß es sich um Geschäftsschulden handelt[5]. Wenn eine Verbindlichkeit nach materiellem Recht nicht dem Gesamtgut zur Last fällt (vgl BGB § 1460) muß vielmehr der andere Ehegatte seine Einwendungen mit Widerspruchsklage nach ZPO § 774 verfolgen.

b) Die Voraussetzungen (Verwaltungsrecht oder alte Gütergemeinschaft oder Erwerbsgeschäft) muß der vollstreckende Gläubiger beweisen[6] (Bescheinigung von Notar, Registergericht, Grundbuchamt, Gewerbeamt usw; alte Gütergemeinschaft meist aus Grundbuch ersichtlich). Für die Tatsache des Gewerbes genügt nicht die Berufsbezeichnung im Titel, sie könnte irreführend veranlaßt sein, daher Urkunden nötig. Leben die Ehegatten getrennt oder in Scheidung und wird einem ein Unterhaltsbetrag zugesprochen, so hat ihn der Verwaltende aus den Erträgnissen des Gesamtguts zu zahlen; tut er es nicht, kann der andere in das eigene Gesamtgut vollstrecken. Das muß auch gelten, wenn sich Ehegatten dahin auseinandergesetzt haben, daß der eine gegen Zahlung eines bestimmten Betrags das Alleineigentum erhalten soll, aber nicht zahlt. Es genügt Titel gegen den Verpflichteten. Ist die Versteigerung eines Gesamtgrundstücks wirksam angeordnet, so wird sie durch

---

[1] Baur FamRZ 1958, 252 (II 2).
[2] BGH 83, 76 = FamRZ 1982, 468 = MDR 1982, 489 = NJW 1982, 1810; BayObLG 1983, 187 = FamRZ 1983, 1128 = Rpfleger 1983, 407.
[3] RG 144, 1 (2); BGH 83, 76 = aaO (Fußn 2); OLG Karlsruhe OLGZ 1976, 333.
[4] BayObLG 1983, 187 = aaO (Fußn 2).
[5] BayObLG 1983, 187 = aaO (Fußn 2); Zöller/Stöber, ZPO, § 741 Rdn 7.
[6] LG Frankenthal Rpfleger 1975, 371.

Anordnungsbeschluß 10.5 **§ 15**

Aufhebung der Gütergemeinschaft nicht unwirksam[7]. Ist ein Titel gegen beide vorhanden und stirbt ein Teil, so ist auf den anderen nach ZPO § 727 umzuschreiben und nach ZPO § 750 Abs 2 neu zuzustellen.

c) **Schuldner** sind bei Zwangsversteigerung eines zum Gesamtgut gehörenden Grundstücks beide Ehegatten, gegen die sich als (eingetragene) Grundstückseigentümer (§ 9 Rdn 3.28) die Vollstreckung richtet, auch wenn sie (zulässig) nur mit einem gegen den allein verwaltenden oder ein Erwerbsgeschäft betreibenden Ehegatten erfolgt[8].

d) Zur Vollstreckung in Vorbehalts- oder Sondergut (BGB §§ 1417, 1418) ist ein Titel gegen den Betroffenen nötig; zur Vollstreckung bei fortgesetzter Gütergemeinschaft ist ein Titel gegen den überlebenden Gatten nötig und genügend (ZPO § 745 Abs 1).

10.3 Gütertrennung (BGB § 1414): Keine Besonderheit; zur Vollstreckung gegen jeden Ehegatten ist ein Titel gegen ihn nötig und genügend.

10.4 Alte Güterstände: Bei Verwaltung und Nutznießung des Mannes (wo vertraglich fortbestehend, BGB §§ 1408, 1409) ist zur Vollstreckung in Frauenvermögen Leistungstitel gegen die Frau und Duldungstitel alter Art (ZPO § 739 alt) gegen den Mann nötig[9]. Bei Errungenschafts- und Fahrnisgemeinschaft (wo fortbestehend, BGB §§ 1408, 1409, Gleichberechtigungsgesetz Art 8 I Nr 7) ist zur Vollstreckung in Gesamtgut Titel gegen den Mann nach ZPO § 740 alt nötig und genügend, zur Vollstreckung in das eingebrachte Gut der Frau Duldungstitel nach ZPO § 739 alt, in das Vorbehaltsgut der Frau Titel gegen diese[9]. Für Flüchtlinge und Vertriebene, die einen Güterstand nach anderem Recht hatten, gilt seit 1. 10. 1969 oder bei späterem Zuzug ab Beginn des 4. Monats nach Zuzug das Bundesrecht, falls nichts anderes im Güterrechtsregister eingetragen ist (Bundesgesetz vom 4. 8. 1969).

10.5 a) Bei fortgeltendem Güterstand der **Eigentums- und Vermögensgemeinschaft** nach dem Familiengesetzbuch der (ehem) DDR (nur bei Erklärung nach EGBGB Art 234 § 4 Abs 2 bis 2. 10. 1992) ist für die Zwangsvollstreckung in ein Grundstück (auch Gebäudeeigentum) im gemeinsamen Eigentum (FGB-DDR § 13 Abs 1, § 14 Abs 1) ein Leistungsurteil (anderer Vollstreckungstitel) gegen beide Ehegatten nötig (ZPO § 740 Abs 2 mit § 744 a; gemeinschaftliche Gesamtgutsverwaltung nach EGBGB Art 234 § 4 a Abs. 1). Genügend ist ein Urteil (anderer Vollstreckungstitel) gegen einen Ehegatten nach Maßgabe von ZPO § 741 (mit § 744 a), wenn er selbständig ein Erwerbsgeschäft betreibt[10]. Nach Beendigung des Güterstands der Eigentums- und Vermögensgemeinschaft, aber vor Auseinandersetzung, erfordert Zwangsvollstreckung in gemeinsames Eigentum Vollstreckungstitel gegen beide Ehegatten (ZPO § 743 mit § 744 a; dazu[11]). Zwangsvollstreckung nur in den (gesamthänderischen) Anteil eines der Ehegatten am Grundstück ist nicht möglich (Anteilspfändung: ZPO § 860 Abs 2 mit § 744 a). Zwangsvollstreckung in Grundbesitz im Alleineigentum eines Ehegatten (insbesondere bei Erwerb vor Eheschließung, FGB-DDR § 13 Abs 2, und bei abweichender Vereinbarung, FGB-DDR § 14 Abs 1) erfordert nur einen Vollstreckungstitel gegen diesen.

b) Mit Überleitung in den gesetzlichen Güterstand der Zugewinngemeinschaft des BGB am 3. Okt. 1990 (EGBGB Art 234 § 4 Abs 1) wurde früher gemeinschaftliches Vermögen (FGB-DDR § 13 Abs 1) Eigentum der Ehegatten zu gleichen Bruchteilen (EGBGB Art 234 § 4 a mit Besonderheiten). Der Bruchteil jedes der Ehegatten ist Gegenstand der Immobiliarvollstreckung (ZPO § 864 Abs 2).

---

[7] OLG Koblenz Rpfleger 1956, 164.
[8] LG Zweibrücken Rpfleger 1995, 223.
[9] Berner Rpfleger 1958, 201.
[10] Arnold DtZ 1991, 80 (84); MünchKomm/Arnold, ZPO, § 744 a Rdn 26, 27.
[11] Lipp FamRZ 1995, 65 (72).

11 Eigentümergrundpfandrecht (Zwangsvollstreckung)

Literatur: Lorenz, Weitere Fragen zur konkursrechtlichen Problematik der Eigentümergrundschuld, KTS 1962, 28; Stöber, Die Beschränkungen des § 1197 BGB bei Verpfändung und Pfändung einer Eigentümergrundschuld, Rpfleger 1958, 339.

11.1 Grundsatz: Der Grundstückseigentümer kann als Inhaber eines Eigentümerrechts nicht die Zwangsvollstreckung hieraus zum Zweck seiner Befriedigung (Zwangsversteigerung oder Zwangsverwaltung) betreiben: BGB § 1197 Abs 1. Grund: Der Schuldner soll nicht zum Nachteil seiner Gläubiger sich durch Vollstreckung in das eigene Grundstück Vorteile verschaffen; er könnte sonst sein Grundstück für einen geringen Betrag selbst einsteigern und alle nachgehenden Belastungen erlöschen lassen[1].

11.2 Pfand- und Pfändungspfandgläubiger: a) Sie unterliegen der Beschränkung des BGB § 1197 Abs 1 nicht. Wenn sich das (bisherige) Eigentümerrecht nach Pfandreife mit Abtretung an den Pfandgläubiger (an Zahlungs Statt) oder mit Überweisung an den Pfändungsgläubiger an Zahlungs Statt (ZPO § 835) in ein Fremdrecht verwandelt hat, ist der Eigentümer nicht mehr Gläubiger, BGB § 1197 Abs 1 somit nicht mehr anwendbar. Aber auch der Pfandgläubiger nach Pfandreife (BGB §§ 1282, 1291) und der Pfändungsgläubiger[2] nach Überweisung zur Einziehung (ZPO § 835) können als Einziehungsberechtigte die Zwangsvollstreckung zum Zwecke der Befriedigung des Eigentümerrechts in das Grundstück betreiben[2] (so auch[3]; anders früher[4]). Die Beschränkung des BGB § 1197 Abs 1 ist demjenigen, der gleichzeitig Grundstückseigentümer und Inhaber der Grundschuld ist, als rein persönliche Beschränkung zur Vermeidung mißbräuchlicher Rechtsausübung (§ 15 Rdn 11.1) auferlegt; das Eigentümerrecht ist deswegen nicht inhaltlich beschränkte Grundschuld. Auf den einziehungsberechtigten Pfandgläubiger ist die Beschränkung von BGB § 1197 Abs 1 daher nicht anzuwenden.

b) Auch der Gläubiger muß (wie bei jedem Grundpfandrecht, aus dem er vollstrecken will, § 15 Rdn 9) neben dem Pfändungs- und Überweisungsbeschluß einen dinglichen Titel haben[5]. Er kann als Rechtsnachfolger (ZPO § 727) vollstreckbare Ausfertigung (oder Teilausfertigung) der notariellen Urkunde (ZPO § 794 Abs 1 Nr 5) erhalten, wenn der Eigentümer die nach der Unterwerfungsklausel vollstreckbare Grundschuld für sich bestellt (BGB § 1196)[6] oder erworben hat, nachdem das Grundpfandrecht als Hypothek oder Grundschuld Fremdrecht war[6] (zB mit Erlöschen der durch eine Hypothek gesicherten Forderung, BGB § 1163 Abs 1 Satz 2) (anders[7] für die durch Tilgung der Forderung entstandene Eigentümergrundschuld; das ist aber gleichfalls Rechtsnachfolgefall für den dinglichen Anspruch). Nicht als Rechtsnachfolger des in der Schuldurkunde bezeichneten Gläubigers wird der Eigentümer und damit sein Pfandgläubiger angesehen, wenn Vollstreckungsunterwerfung wegen einer Hypothekenforderung erfolgt, die

---

[1] Motive zum BGB Band III S 679.
[2] BGH 103, 30 = DNotZ 1988, 777 = KTS 1988; 395 = MDR 1988, 395 = NJW 1988, 1026 = Rpfleger 1988, 181.
[3] OLG Köln NJW 1959, 2167; LG Bremen MDR 1954, 678 = NJW 1955, 184 mit abl Anm Horber; LG Hof Rpfleger 1965, 369 mit zust Anm Stöber; LG Münster JMBlNW 1956, 4; Stöber, Forderungspfändung, Rdn 1960; Stöber Rpfleger 1956, 326 (VI), Rpfleger 1958, 339 (V–VIII) und RpflJahrbuch 1962, 303 (XI); Dassler/Muth vor § 15 Rdn 29; Steiner/Hagemann §§ 15, 16 Rdn 182; Stein/Jonas/Brehm, ZPO, § 857 Rdn 109; Zöller/Stöber, ZPO, § 857 Rdn 29; Westermann NJW 1960, 1723 (Anmerkung).
[4] OLG Düsseldorf JMBlNW 1960, 163 = NJW 1960, 1723 mit abl Anm Westermann; LG Darmstadt MDR 1958, 853; Horber NJW 1955, 184 = (Anmerkung); Schumacher BB 1961, 273.
[5] BGH 103, 30 aaO (Fußn 2); Stöber Rpfleger 1965, 369 (Anmerkung).
[6] Stöber Rpfleger 1958, 339.
[7] OLG Hamm Rpfleger 1987, 297 mit Anm Knees.

Anordnungsbeschluß 11.4 **§ 15**

Hypothek aber infolge Nichtvalutierung Eigentümergrundschuld geblieben[8] (BGB § 1163 Abs 1 Satz 1) oder das Recht sonst sogleich in der Person des Eigentümers entstanden ist (zB bei Nichtaushändigung des Briefes, BGB § 1163 Abs 2).

11.3 Konkursverwalter: a) War die Eigentümergrundschuld an einem Massegrundstück schon vor Konkurseröffnung entstanden, so ist sie nach KO § 1 Teil der Konkursmasse. Wenn ein Gläubigerrecht nach Konkurseröffnung Eigentümergrundschuld wird, bestimmt sich die Massezugehörigkeit nach dem Erwerbsgrund. Erwerbshandlungen, die der Konkursverwalter gemäß KO § 6 vornimmt, führen zum Erwerb für die Konkursmasse. In die Konkursmasse fällt daher die mit Befriedigung eines Hypothekengläubigers durch den Konkursverwalter nach BGB § 1163 Abs 1 Satz 2, § 1177 entstandene Eigentümergrundschuld[9]. Ebenso fällt die Eigentümergrundschuld in die Konkursmasse, die der Konkursverwalter an dem zu dieser gehörenden Grundstück des Gemeinschuldners nach BGB § 1196 bestellt[9]. Bei Befriedigung des Hypothekengläubigers durch den Gemeinschuldner mit Mitteln aus Neuerwerb fällt die Eigentümergrundschuld dem konkursfreien Vermögen des Gemeinschuldners zu[10]. Gleiches gilt, wenn der Gläubiger auf das Recht gemäß BGB § 1168 zugunsten des konkursfreien Vermögens verzichtet; Verzicht des Gläubigers zugunsten der Konkursmasse führt zur Massezugehörigkeit[11]. Die Freigabe des Grundstücks aus der Konkursmasse durch den Konkursverwalter bezieht sich nicht auf die Rechte aus einer Eigentümergrundschuld[12].

b) BGB § 1197 Abs 1 hindert den Konkursverwalter nicht, die **Vollstreckungsversteigerung** aus der Eigentümergrundschuld betreiben[13]; er handelt dabei auf Grund auferlegter Verwaltung, muß die Masse bestmöglich verwerten und kann hierbei nicht den Beschränkungen unterliegen, die für den Schuldner im Interesse seiner Gläubiger gelten (der Konkursverwalter handelt im Interesse aller Gläubiger). Zwar hat er die Möglichkeit des Sonderverfahrens aus ZVG § 172 (die Belastung des Grundstücks mit einer Eigentümergrundschuld ist nicht hinderlich, BGB § 1197 Abs 1 nicht einschlägig). BGB § 1197 Abs 1 hindert aber auch die Vollstreckungsversteigerung nicht, wenn man die Stelle richtig liest; sie lautet: „... so kann er nicht die Zwangsvollstreckung ... betreiben", der Schuldner nämlich; auf alle anderen bezieht sich dies nicht. Auch das Eigentümerrecht enthält das Recht auf Befriedigung aus dem Grundstück, das nur für den Schuldner selbst gehemmt ist[13], und zwar nur für die Zeit der Rechtsinhaberschaft als Grundstückseigentümer. Man würde sonst dem Gemeinschuldner Vollstreckungsschutz gegenüber dem Konkursverwalter gewähren[13]; dies ist nicht Sinn von BGB § 1197 Abs 1.

11.4 Zession, Grundstücksveräußerung: Das bisherige Eigentümerrecht wird durch Abtretung (auch Überweisung an Zahlungs Statt, ZPO § 835) wieder zum Fremdrecht, ebenso durch Wechsel des Grundstückseigentümers (Veräußerung des Grundstücks; Eigentumserwerb durch Ersteher mit Bestehenbleiben des Eigentümergrundpfandrechts), wenn der neue Eigentümer nicht auch die Eigentümergrundschuld erwirbt. Von dem Zeitpunkt der Abtretung oder des Eigentumswechsels an kann der Berechtigte aus der (bisherige) Eigentümergrundpfandrecht daher wieder in das Grundstück vollstrecken; die Vollstreckungsbeschränkung des BGB § 1197 Abs 1 besteht nicht mehr. Rechtsnachfolgeklausel für den Erwerber der Eigentümergrundschuld: wie § 15 Rdn 11.2 (zu b).

---

[8] KG Berlin JFG 13, 404 = JW 1936, 2754 mit Anm Henke; Stöber Rpfleger 1958, 339.
[9] BayObLG 1980, 255 = DNotZ 1981, 576 = Rpfleger 1980, 429.
[10] Kilger/K. Schmidt, Konkursordnung, § 47 Anm 3.
[11] Lorenz KTS 1962, 28.
[12] BGH DNotZ 1978, 729 = KTS 1979, 98 = MDR 1979, 44 = Rpfleger 1978, 363; LG München I KTS 1976, 247; Mohrbutter KTS 1956, 107 (7); Kilger/K. Schmidt, Konkursordnung, § 6 Anm 4 d aa.
[13] Worm KTS 1961, 119 (124).

§ 15 11.5   Anordnung der Versteigerung

11.5 Sonderfall: Hat ein Grundstücksmiteigentümer eine Grundschuld am ganzen Grundstück (also teils Eigentümerrecht, teils Fremdrecht), so kann er entweder in das ganze Grundstück oder in die Bruchteile der anderen Miteigentümer vollstrecken. Die Vollstreckung allein in seinen eigenen Bruchteil untersagt ihm BGB § 1197, wie in Abs 1 ausgeführt.

11.6 Zinsen (BGB § 1197 Abs 2): § 114 Rdn 6.9–6.12. Löschungsvormerkung und Löschungsanspruch § 114 Rdn 9.

12 Eisenbahnrecht

12.1 In Vermögen eines Bahnunternehmens kann nach dem Gesetz über Maßnahmen zur Aufrechterhaltung des Betriebes von Bahnunternehmen des öffentlichen Verkehrs (Bahnunternehmensgesetz; Textanhang T 9) nur beschränkt vollstreckt werden. Die Zwangsversteigerung eines Grundstücks, das dem Betrieb eines Bahnunternehmens des öffentlichen Verkehrs gewidmet ist (Gesetz § 3 Abs 2), darf angeordnet, aber nur mit Zustimmung der Aufsichtsbehörde (Gesetz § 5) durchgeführt werden (Gesetz § 3). Das Gesetz gilt nur, wenn landesrechtliche Vorschriften fehlen (Gesetz § 3 Abs 4). Die Eigenschaft als Bahnunternehmen ist kein der Versteigerung entgegenstehendes Recht nach § 28; Versteigerung kann also sofort angeordnet werden, doch ist das Verfahren dann bis zum Erlöschen der Betriebsgenehmigung oder bis zur Zustimmung der Aufsichtsbehörde einstweilen einzustellen (Gesetz § 3 Abs 1). Über die Frist für die Fortsetzung des eingestellten Verfahrens § 31 Rdn 3.

12.2 Landesrechtlich können Nutzungsrechte an einer Eisenbahn und bestimmten Betriebsgegenständen der Immobiliarvollstreckung unterliegen und abweichend vom ZVG geregelt werden (ZPO § 871).

13 Erbbaurecht

Literatur: Behmer, Der Rang des Heimfallanspruchs beim Erbbaurecht, Rpfleger 1983, 477; Busse, Zur Zwangsversteigerung von Erbbaurechten, NJW 1955, 1546; Busse, Folgen der Unwirksamkeit eines Erbbaurechts, Rpfleger 1957, 108; Furtner, Die rechtsgeschäftliche Verfügungsbeschränkung und ihre Sicherung, NJW 1966, 182; Haegele, Streit- und Zweifelsfragen um das Erbbaurecht, Justiz 1956, 89; Haegele, Folgen der Unwirksamkeit eines Erbbaurechts, Rpfleger 1957, 108; Haegele, Streitfragen und Probleme des Erbbaurechts, Rpfleger 1967, 279; Hagemann, Zwangsvollstreckung in das Erbbaurecht, 1929; Hagemann, Die Zwangsversteigerung eines Erbbaurechts, Gruchot Beiträge 65, 31; Hansen, Wann ist die Zustimmung des Grundstückseigentümers zur Zwangsversteigerung des Erbbaurechts erforderlich, SchlHA 1954, 77; Kalter, Einige Rechtsfragen zur Zwangsvollstreckung im Erbbaurecht, KTS 1966, 177; Kappelhoff, Die im voraus erteilte Zustimmung des Grundstückseigentümers zur Zwangsversteigerung des Erbbaurechts, Rpfleger 1985, 281; Kehrer, Rechtsfragen um das Erbbaurecht, BWNotZ 1957, 52; Lutter, Zustimmung zur Erbbaurechtsübertragung für den Fall der Zwangsversteigerung, DNotZ 1960, 235; Mohrbutter/Riedel, Zweifelsfragen zum Erbbaurecht, NJW 1957, 1500; Chr. Mohrbutter, Die Eigentümerrechte und der Inhalt des Erbbaurechts bei dessen Zwangsversteigerung, Dissertation (1995); Muth, Belastungsbeschränkung des Erbbaurechts, Rpfleger 1991, 441; Pöschl, Das Erbbaurecht in der Zwangsversteigerung, BWNotZ 1956, 41; Pöschl, Zwangsversteigerung von Erbbaurechten, BB 1951, 977 und 1961, 581; Rahn, Die Dinglichkeit des Heimfallanspruches, und der sonstigen zum Inhalt eines Erbbaurechts bestehenden Verpflichtungen des Erbbauberechtigten, BWNotZ 1961, 53; Reinke, Eigentümerzustimmung in der Zwangsversteigerung des Erbbaurechts, Rpfleger 1990, 498; Scharen, Der Heimfallanspruch in der Zwangsversteigerung des Erbbaurechts, Rpfleger 1983, 342; Stakemann, Zur Zwangsversteigerung des Erbbaurechts, NJW 1984, 962; Weichhaus, Der Heimfallanspruch bei der Zwangsversteigerung eines Erbbaurechts, Rpfleger 1979, 329.

13.1 Das **alte Erbbaurecht** aus der Zeit vor 22. Jan. 1919 richtet sich nach BGB §§ 1012–1017. Die Beziehungen zwischen Grundstückseigentümer und Berechtigten sind schuldrechtlicher Art. Das Recht ist dingliche Belastung des

Anordnungsbeschluß 13.5 § 15

Grundstücks und zugleich selbst grundstücksgleiches Recht (BGB § 1017 Abs 1 und § 1012). Belastung und Veräußerung sind nicht an die Zustimmung des Grundstückseigentümers gebunden. Der Grundstückseigentümer hat keinen Heimfallanspruch; er ist am Vollstreckungsverfahren über das Erbbaurecht nicht beteiligt.

13.2 Das **neue Erbbaurecht** aus der Zeit ab 22. Jan. 1919 untersteht der Erbbaurechtsverordnung (ErbbauVO). Es ist meist für 99 Jahre, oft auch nur für 75 Jahre bestellt. Wesentlicher Bestandteil des Erbbaurechts ist das Bauwerk (ErbbauVO § 12). Als **grundstücksgleiches Recht** (ErbbauVO § 11 Abs 1) ist das Erbbaurecht Gegenstand der Immobiliarvollstreckung (ZPO § 870). Der Grundstückseigentümer ist bei Zwangsvollstreckung in das Erbbaurecht gesetzlich Beteiligter nach § 9 (ErbbauVO § 24). Alle folgenden Ausführungen beziehen sich auf dieses neue Erbbaurecht. Es kann auch als Wohnungserbbaurecht oder Teilerbbaurecht bestehen; Vorschriften über das Wohnungseigentum (Teileigentum) gelten dann entsprechend (WEG § 30).

13.3 Im **Anordnungsbeschluß** (Beitrittsbeschluß) ist das Erbbaurecht als Gegenstand der Zwangsvollstreckung genau zu bezeichnen (§ 15 Rdn 4.3). Die Bezeichnung erfolgt am zuverlässigsten nach der Eintragung des Erbbaurechts im Bestandsverzeichnis des Erbbaugrundbuchs (GBV § 56). Der dort durch Bezugnahme auf die Eintragungsbewilligung eingetragene Inhalt des Erbbaurechts (GBV § 56 Abs 2) wird nicht gesondert mit aufgeführt, desgleichen nicht eine eingetragene Verfügungsbeschränkung nach ErbbauVO § 5. Beschluß**beispiel** (im Anschluß an § 15 Rdn 4.2)

Die **Zwangsversteigerung**
des im Erbbaugrundbuch des Amtsgerichts ... für Gemarkung ... Band ... Blatt ... auf den Namen des Schuldners ... vorgetragenen
Erbbaurechts, das eingetragen ist auf dem im Grundbuch von ... Band ... Blatt ... unter Nr 2 des Bestandsverzeichnisses verzeichneten Grundstück Flurstücknummer ... [mit Wirtschaftsart, Lage und Größe, ggfs auch Gemarkung]
in Abteilung II Nr 1 für die Dauer von ... Jahren
wird wegen ... angeordnet.
Dieser Beschluß gilt zugunsten des Gläubigers als Beschlagnahme des Erbbaurechts.

13.4 Von der Beschlagnahme erfaßt (§ 20) und **Gegenstand der Zwangsversteigerung** (§§ 55, 90) ist das Erbbaurecht mit seinem gesetzlichen (ErbbauVO § 1) und vertragsmäßigen (ErbbauVO §§ 2–8) Inhalt. Die mit dinglicher Wirkung als Inhalt des Erbbaurechts vereinbarten Rechte und Pflichten gehören daher nicht in die Versteigerungsbedingungen und nicht in das geringste Gebot (sie sind nicht Belastungen des Rechts). Ihre dingliche Wirkung hat die rechtliche Bindung des Erstehers zur Folge, daß das Erbbaurecht mit seinem gesetzlichen und verdinglichten vertragsmäßigen Inhalt erwirbt (dazu § 52 Rdn 2.8).

13.5 a) Als **Inhalt des Erbbaurechts** kann vereinbart sein, daß der Erbbauberechtigte zur Veräußerung (und/oder Belastung) des Erbbaurechts der **Zustimmung** des Grundstückseigentümers bedarf (ErbbauVO § 5 Abs 1, auch Abs 2 mit Einzelheiten für Belastungsbeschränkung). Diese Verfügungsbeschränkung wird ausdrücklich in das Grundbuch eingetragen (GBV § 56 Abs 2); materiellrechtlich würde sie aber auch mit Bezugnahme auf die Eintragungsbewilligung entstehen[1]. Wegen des näheren Inhalts der Beschränkung, ebenso hinsichtlich etwaiger Ausnahmen, kann auf die Eintragungsbewilligung Bezug genommen sein[2].

b) Eine **Veräußerungsbeschränkung**, die Inhalt des Erbbaurechts ist, gilt auch für die Zwangsvollstreckung (ErbbauVO § 8), und zwar nicht nur für Vollstreckungs-

---
[1] Haegele/Schöner/Stöber, Grundbuchrecht, Rdn 1781.
[2] BayObLG 1979, 227 (230) = DNotZ 1980, 50 = Rpfleger 1979, 384.

§ 15 13.5 Anordnung der Versteigerung

versteigerung, sondern auch für die Konkursverwalter- (§ 172), Nachlaß- (§ 175) und Teilungsversteigerung (§ 180), nicht aber für eine Wiedervollstreckung aus einer Sicherungshypothek nach § 128, weil dieses Verfahren nur die Folge eines vorausgegangenen zulässigen Verfahrens ist[3] (anders[4]).

c) Wenn **nur die Belastung** zustimmungspflichtig ist (ErbbauVO § 5 Abs 2), kann die Versteigerung ohne Zustimmung erfolgen. Auch für Verfahrenansordnung (Zulassung des Beitritts) auf Antrag eines persönlichen Gläubigers ist dann keine Zustimmung erforderlich[5]) (anders[6]). Die Beschlagnahmewirkung (§ 23 Abs 1) steht einer Belastung mit einem Grundpfandrecht oder einer Reallast (ErbbauVO § 5 Abs 2) weder rechtlich noch wirtschaftlich gleich. Wenn Interessen des Grundstückseigentümers nicht mit Veräußerungszustimmung (ErbbauVO § 5 Abs 1) geschützt sind, soll die Veräußerlichkeit und damit die Zwangsversteigerung gerade nicht eingeschränkt sein. Daß sie zur Eintragung einer (dann nicht zustimmungspflichtigen) Sicherungshypothek (§ 128) führen kann (nicht aber muß), ist gesetzliche Folge der ohne Zustimmung zulässigen und wirksamen Veräußerung. Ein Beschlagnahmeverbot (mit Gefahr des Rangverlustes für den antragstellenden persönlichen Gläubiger; Haftungsfall) begründet deswegen allein ErbbauVO § 5 Abs 2 nicht. Als abwegig abzulehnen ist die noch weitergehende Ansicht[7]), der persönliche Gläubiger bedürfe, wenn Veräußerung (ErbbauVO § 5 Abs 1) und Belastung (ErbbauVO § 5 Abs 2) zustimmungspflichtig seien, doppelter Zustimmung (für Verfahrensanordnung und dann für Erteilung des Zuschlags). Eine gegen das Verbot verstoßende Grundstücksbelastung ist unwirksam (ErbbauVO § 8 Abs 1); ist die erforderliche Belastungsgenehmigung nicht erteilt (und nicht ersetzt), dann besteht die dennoch eingetragene Grundstücksbelastung nicht. Das ist mit Vollstreckungsgegenklage (ZPO § 771) geltend zu machen (kein Fall des § 28)[8].

13.6 Der Vereinbarung einer **Veräußerungsbeschränkung** als Inhalt des Erbbaurechts müssen bereits vorhandene dingliche Berechtigte, insbesondere Gläubiger von Grundpfandrechten, zustimmen. Berechtigte später eingetragener dinglicher Rechte müssen die bei Eintragung ihres Rechts bereits bestehende Veräußerungsbeschränkung gegen sich gelten lassen. Die Veräußerungsbeschränkung gilt daher immer auch für Verfahren aus einem Grundpfandrecht (oder einer Reallast)[9]. In der Zustimmung zur Belastung des Grundstücks (ErbbauVO § 5 Abs 2) liegt nicht auch zugleich die Zustimmung zur Veräußerung mit Erteilung des Zuschlags[10] (anders[11]: nach Zustimmung zur Belastung keine Zustimmung zur Zwangsversteigerung). Zustimmungspflichtig ist eine Zwangsversteigerung auch, wenn der zustimmungspflichtige Grundstückseigentümer zugleich Erbbauberechtigter, somit Schuldner ist[12], außerdem auch wenn sie der Grundstückseigentümer

---

[3] MünchKomm/v. Oefele, ErbbauVO § 8 Rdn 6; Steiner/Hagemann §§ 15, 16 Rdn 186.
[4] Dassler/Gerhardt § 133 Rdn 16.
[5] Muth Rpfleger 1991, 441 (III).
[6] Steiner/Eickmann § 28 Rdn 68; Kalter KTS 1966, 137 (145); Reinke Rpfleger 1990, 498 (III 4).
[7] Reinke Rpfleger 1990, 498 (III 6).
[8] Muth Rpfleger 1991, 441 (II 1).
[9] BGH 100, 107 = MDR 1987, 570 = NJW 1987, 1942 = Rpfleger 1987, 257 und 320 Leitsatz mit Anm Drischler; OLG Hamm MDR 1985, 585 = OLGZ 1985, 159 (161, 162) = Rpfleger 1985, 233; OLG Hamm DNotZ 1987, 40 = JMBlNW 1986, 283 = OLGZ 1986, 385; KG Berlin DNotZ 1984, 384 = MDR 1984, 581 = OLGZ 1984, 171 = Rpfleger 1982, 282.
[10] BGH 100, 107 = aaO (Fußn 9); OLG Hamm Rpfleger 1985, 233 = aaO (Fußn 9); KG Berlin Rpfleger 1982, 282 = aaO (Fußn 9).
[11] LG Frankfurt DNotZ 1959, 598 Leitsatz = NJW 1959, 772; LG Hof DNotZ 1954, 210 = NJW 1954, 1247 = SchlHA 1954, 294 mit zust Anm Eisenberger; Jaeckel/Güthe § 28 Rdn 2.
[12] OLG Hamm Rpfleger 1985, 233 = aaO (Fußn 9).

Anordnungsbeschluß 13.10 § 15

selbst betreibt (so auch[13]). Wenn der Grundstückseigentümer im voraus erklärt, niemals zustimmen zu wollen, ist doch das Verfahren nicht aufzuheben, sondern durchzuführen, weil ja die Zustimmung ersetzbar ist.

13.7 Anordnung und Durchführung der **Zwangsverwaltung** ist immer auch zulässig, wenn Zustimmungspflicht nach ErbbauVO § 5 vereinbart ist, weil sie keine Veräußerung und auch keine Belastung herbeiführt[14].

13.8 Auch die **Anordnung der Zwangsversteigerung** eines Erbbaurechts, ebenso Zulassung des Beitritts (§ 27) und die Fortführung des Verfahrens, setzen die Zustimmung des Grundstückseigentümers (zur Veräußerung nach ErbbauVO § 5 Abs 1) nicht voraus, können somit ungehindert erfolgen[15]. Die Zustimmung muß jedoch bei Entscheidung über den Zuschlag erteilt oder ersetzt sein[16].

13.9 Die Zustimmung ist nicht formbedürftig; sie kann somit dem Vollstreckungsgericht **schriftlich** [17] oder zu Protokoll erklärt werden (anders[18]: in der Form von GBO § 29 zufolge § 84 Abs 2 mit § 83 Nr 6 entsprechend; es wird aber kein Verfahrensmangel nachträglich geheilt, sondern eine Voraussetzung der Verfahrensdurchführung geschaffen). Sie ist bis zur Zuschlagsentscheidung nach BGB § 183 widerruflich[19] (zum Widerruf bis Grundbucheintragung[20]). Wenn sie (richtig) erst zum Zuschlag eingeholt und erteilt wird, kann sie nicht mit Vorbehalten oder Bedingungen verbunden werden (anders[21]). Es ist dann auch nicht mehr die Besonderheit möglich (und nötig), dem Verfahren zuzustimmen, aber einen Vorbehalt bezüglich der Person des Erstehers zu machen. Die Bedingung, die Rechte des Eigentümers müßten in das geringste Gebot aufgenommen werden oder der Ersteher müsse alle Rechte und Pflichten aus dem Erbbauvertrag (also auch die nur rein schuldrechtlichen) übernehmen[21], mußte schon in die Versteigerungsbedingungen (als Abänderung nach § 59) aufgenommen werden. Die im voraus erteilte Zustimmung des Grundeigentümers bindet nicht dessen Rechtsnachfolger[22], weil es eine ganz persönliche Entscheidung des Grundstückseigentümers zur Zeit des Zuschlags ist.

13.10 Zustimmung kann der Erbbauberechtigte (Schuldner) von dem Grundstückseigentümer **verlangen**, wenn anzunehmen ist, daß durch die Veräußerung der mit der Bestellung des Erbbaurechts verfolgte Zweck nicht wesentlich beeinträchtigt oder gefährdet wird und daß die Persönlichkeit des Erwerbers Gewähr für eine ordnungsmäßige Erfüllung der sich aus dem Erbbaurechtsinhalt ergebenden Verpflichtungen bietet (ErbbauVO § 7 Abs 1 Satz 1). Auch für weitere Fälle kann ein Anspruch auf Erteilung der Zustimmung als Inhalt des Erbbaurechts vereinbart sein (ErbbauVO § 7 Abs 1 Satz 2). Der mit Bestellung des Erbbaurechts verfolgte Zweck ist nicht nur nach dem vertragsgemäßen Inhalt des Erbbaurechts zu be-

---

[13] BayObLG 1960, 467 = DNotZ 1961, 266.
[14] Furtner NJW 1966, 182 (C II 3 a); Lutter DNotZ 1960, 235 (1); Kalter KTS 1966, 137 (145).
[15] BGH 33, 76 = DNotZ 1961, 31 = MDR 1960, 833 = NJW 1960, 2093 = Rpfleger 1961, 192; BayObLG 1960, 467 = DNotZ 1961, 266.
[16] BGH 33, 76 und BayObLG 1960, 467 = je aaO (Fußn 15); LG Aachen JurBüro 1983, 303 = Rpfleger 1983, 119.
[17] Dassler/Schiffhauer § 81 Rdn 34; Steiner/Hagemann/Storz §§ 15, 16 Rdn 189 und § 81 Rdn 23.
[18] BGB-RGRK/Räfle, ErbbauVO § 8 Rdn 8.
[19] LG Essen KTS 1977, 191 = RpflJahrbuch 1978, 46 und 205 je Leitsatz; v. Oefele/Winkler, Erbbaurecht, Rdn 4.282; MünchKomm/v. Oefele, ErbbauVO § 8 Rdn 11; Dassler/Schiffhauer § 81 Rdn 34; Steiner/Hagemann/Storz §§ 15, 16 Rdn 189 und § 81 Rdn 23; Schiffhauer Rpfleger 1986, 326 (343, X 4).
[20] BGH MDR 1963, 32 = NJW 1963, 36 = Rpfleger 1963, 378 mit Anm Haegele.
[21] Pöschl BWNotZ 1956, 41.
[22] Haegele Justiz 1956, 89 (VII).

stimmen (so aber noch[23]); dazu kann auch die Erzielung von Erbbauzins gehören[24]. Die Verfolgung dieses Zwecks hat der Grundstückseigentümer jedoch selbst eingeschränkt, wenn er der Belastung des Erbbaurechts mit einem gegenüber der Erbbauzinsreallast vorrangigen Grundpfandrecht zugestimmt hat (die vorrangige Belastung wäre ohne Sinn, wenn die sich daraus ergebende Folge, daß bei Zwangsversteigerung der nachrangige Erbbauzins erlischt, mit Verweigerung der Veräußerungszustimmung nicht hinzunehmen wäre). Wenn aus dem vorrangigen Grundpfandrecht die Zwangsversteigerung betrieben wird, wird daher die für den Zuschlag erforderliche Zustimmung des Grundstückseigentümers ohne ausreichenden Grund verweigert, wenn dies lediglich darauf gestützt wird, daß die Erbbauzinsreallast infolge des Zuschlags erlischt (anders noch[25]) und der Meistbietende nicht bereit ist, in die schuldrechtlichen Verpflichtungen des zahlungsunfähigen Erbbauberechtigten hinsichtlich des Erbbauzinses einzutreten[26] (daher Ersetzung der Zustimmung nach ErbbauVO § 7 Abs 3)[26]. Das gilt gleichermaßen, wenn Zustimmung lediglich deshalb verweigert wird, weil der Meistbietende die Übernahme einer dinglich nicht gesicherten Erbbauzinserhöhungsvereinbarung ablehnt (anders noch[27]). Der Durchsetzung des Anspruchs auf Ersetzung der Zustimmung kann jedoch der Einwand unzulässiger Rechtsausübung entgegenstehen, wenn der vollstreckende Grundpfandgläubiger entgegen seiner zur Erlangung des Rangrücktritts gegebenen Zusage Darlehensmittel bestimmungswidrig ausgezahlt hat (dazu[28]).

13.11 Wenn die Zustimmung, auf die (gesetzlich) nach ErbbauVO § 7 Abs 1 Anspruch besteht, ohne ausreichenden Grund verweigert wird, kann sie auf Antrag in einem Verfahren der freiwilligen Gerichtsbarkeit durch das Amtsgericht **ersetzt** werden (ErbbauVO § 7 Abs 3 Satz 1). Wirksamwerden der ersetzenden amtsgerichtlichen Verfügung: ErbbauVO § 7 Abs 3 Satz 2 mit FGG § 53 Abs 1 Satz 1, Abs 2. Das Vollstreckungsgericht muß Termin zur Verkündung der Zuschlagsentscheidung bestimmen (§ 87) und entsprechend hinausschieben, damit eine Entscheidung über die Ersetzung der Zustimmung erwirkt werden kann[29]. Für einen weitergehend vereinbarten (nur schuldrechtlich wirkenden, nicht aber als dinglicher Inhalt des Erbbaurechts) Zustimmungsanspruch des Erbbauberechtigten ist nicht das Gericht der freiwilligen Gerichtsbarkeit, sondern das Prozeßgericht zuständig[30].

13.12 Antrag auf Ersetzung der Zustimmung nach ErbbauVO § 7 Abs 3 kann der Erbbauberechtigte selbst (auch sein Konkursverwalter[31]) stellen. Aber auch der die Zwangsversteigerung des Erbbaurechts betreibende Gläubiger ist berechtigt, den Anspruch aus ErbbauVO § 7 Abs 1 auf Zustimmung geltend zu machen und die gerichtliche Ersetzung der verweigerten Zustimmung zu beantragen[32]. Erforderlich ist daher nicht, daß er den Zustimmungsanspruch des Erbbauberechtigten pfänden und sich zur Einziehung überweisen läßt[33] (für diesen Weg aber noch[34]). Der Meistbietende ist nicht antragsberechtigt[35].

---

[23] KG Berlin Rpfleger 1982, 282 = aaO (Fußn 9).
[24] BGH 100, 107 = aaO (Fußn 9).
[25] OLG Hamm DNotZ 1987, 40 = aaO (Fußn 9).
[26] BGH 100, 107 = aaO (Fußn 9).
[27] OLG Oldenburg Rpfleger 1985, 203 mit Anm Hagemann.
[28] BGH 100, 107 = aaO (Fußn 9).
[29] BGH 33, 76 = aaO (Fußn 15).
[30] BGH 98, 362 = MDR 1987, 221 = NJW 1987, 442 = Rpfleger 1987, 61.
[31] OLG Hamm DNotZ 1967, 499 = MDR 1967, 127 = OLGZ 1966, 574 = Rpfleger 1967, 415 mit zust Anm Haegele.
[32] BGH 100, 107 = aaO (Fußn 9); OLG Köln OLGZ 1969, 228; Rpfleger 1969, 300.
[33] BGH 100, 107 = aaO (Fußn 9).
[34] BGH 33, 76 = aaO (Fußn 15).
[35] OLG Köln OLGZ 1969, 228 = Rpfleger 1969, 300.

Anordnungsbeschluß 13.15 § 15

13.13 Wenn während der Zwangsversteigerung das Erbbaurecht **erlischt,** wird das Verfahren gegenstandslos, es ist mangels eines Verfahrensgegenstands aufzuheben. Es erstreckt sich nicht auf die (nur schuldrechtliche) Entschädigungsforderung aus ErbbauVO § 28. Erlischt das Recht nach dem Zuschlag, so hat der Ersteher Anspruch auf die Entschädigung.

13.14 Ein **nichtiges Erbbaurecht** besteht als grundstücksgleiches Recht nicht, kann somit nicht Gegenstand der Immobiliarvollstreckung sein.

a) Bei **inhaltlich unzulässiger Eintragung** verbieten sich Verfahrensanordnung und -durchführung. Die Nichtigkeit ergibt sich in diesem Fall aus dem Inhalt der Grundbucheintragung (auch der zulässig in Bezug genommenen Eintragungsbewilligung). Das Vollstreckungsgericht hat bei Prüfung des Anordnungsantrags daher zu berücksichtigen, daß ein Erbbaurecht als Gegenstand, über den im Verfahren durchgeführt werden soll, nicht gebucht ist (§ 17 Rdn 3.1), Schuldnereigentum am Gegenstand der Vollstreckung somit nicht besteht. Nichtig wegen unzulässigen Rechtsinhalts ist zB ein Erbbaurecht, das nicht zur ersten Rangstelle bestellt oder eingetragen ist[36], sowie ein auflösend bedingtes Erbbaurecht. Gutgläubiger Erwerb ist bei inhaltlich unzulässig eingetragenem nichtigem Erbbaurecht (Nichtigkeit ergibt sich aus dem Grundbuchinhalt) ausgeschlossen[37] Durch Zuschlag kann ein nicht existierendes Erbbaurecht nicht erworben werden (siehe § 90 Rdn 2.4).

b) Wenn das **Grundbuch unrichtig ist,** weil die Grundbucheintragung ihrem Inhalt nach zulässig, aber die dingliche Erbbaurechts**bestellung nichtig** ist (Beispiele: Unwirksamkeit der Einigung, auch bei Einigung mit einem Vertreter ohne Vertretungsmacht, Fehlen einer notwendigen gerichtlichen oder behördlichen Genehmigung), verbieten sich Verfahrensanordnung und -durchführung gleichermaßen. Die Feststellung wird (wegen BGB § 891) jedoch vom Prozeßgericht zu treffen sein. In diesem Fall kann aber gutgläubiger Erwerb des Erbbaurechts oder eines Grundpfandrechts an dem Erbbaurecht erfolgen sein[38]. Für den Dritten, der im guten Glauben an den Bestand des Rechts dieses oder ein dingliches Recht daran erworben hat, wird das Erbbaurecht dann fingiert. Daher kann der Gläubiger, der gutgläubig ein Recht an einem (unwirksamen) Erbbaurecht erworben hat sowie nach gutgläubigem Erwerb ein persönlicher Gläubiger dieses (neuen) Erbbauberechtigten und der Gläubiger eines von diesem Erbbauberechtigten bestellten Grundpfandrechts die Versteigerung des Erbbaurechts betreiben. Der Ersteher wird trotz des Mangels Erbbauberechtigter[39]. Eigentum des Erstehers begründet der Zuschlag als Hoheitsakt auch, wenn die Versteigerung von einem anderen Gläubiger (so von einem persönlichen Gläubiger des im Grundbuch unrichtig eingetragenen „ersten" Erbbauberechtigten) betrieben wird, die Nichtigkeit des Erbbaurechtsbestellung unerkannt (auch unbeachtet) geblieben ist.

13.15 Im **Beitrittsgebiet** (Einl Rdn 14.1) waren die vor dem 1. 1. 1976 (Inkrafttreten des Zivilgesetzbuchs der ehem DDR) nach BGB §§ 1012–1017 aF (Rdn 13.1) sowie die nach der ErbbauVO begründeten Erbbaurechte in unbefristete Rechte umgewandelt worden (EGZGB-DDR § 5 Abs 2 Satz 1 mit Erlöschenstatbeständen in § 5 Abs 2 Sätze 2 und 6). Auf diese alten Erbbaurechte ist EGZGB-DDR § 5 Abs 2 nicht mehr anzuwenden. Mit Wiederherstellung der Wirkungen ihrer Befristung (unter Wahrung einer im Vertrauen auf die vormalige Rechtsalge vorgenommene Bebauung) ist Anpassung an die Rechtsverhältnisse der

---

[36] OLG Hamm MDR 1976, 499 = NJW 1976, 2023 = OLGZ 1976, 389 = Rpfleger 1976, 131.
[37] OLG Frankfurt Rpfleger 1975, 305; Haegele/Schöner/Stöber, Grundbuchrecht, Rdn 1741.
[38] BayObLG 1986, 294 = Rpfleger 1986, 471; Haegele/Schöner/Stöber, Grundbuchrecht, Rdn 1741, 1742.
[39] Mohrbutter und Riedel NJW 1957, 1500.

§ 15   13.15   Anordnung der Versteigerung

Erbbaurechte nach der ErbbauVO (für alte nach BGB) erfolgt (SachenRBerG § 112).

13.16   Erbbauzins: § 52 Rdn 5, 6.

a) ZPO § 800 (dingliche Unterwerfung mit Wirkung gegen den jeweiligen Eigentümer) findet keine Anwendung, weil für Reallasten diese dingliche Unterwerfungsklausel unzulässig ist[40]. Anwendbar ist aber ZPO § 794 Abs 1 Nr 5 (vollstreckbare Urkunde mit dinglicher Unterwerfungsklausel, bei Rechtsnachfolge also ZPO §§ 727, 750 Abs 2 ohne die Erleichterung in ZPO § 800 Abs 2).

b) Ein schuldrechtlicher Anspruch auf Erbbauzinserhöhung begründet (auch wenn er durch Vormerkung gesichert ist), anders als die Einzelleistungen aus der Erbbauzinsreallast, keinen Anspruch auf Befriedigung aus dem Grundstück. Zwangsvollstreckung in das Grundstück nach BGB §§ 1107, 1147 daher nicht möglich.

c) Auswirkung der Rangänderung bei Rangrücktritt des Erbbauzinses auf ein Zwischenrecht § 44 Rdn 6.3.

13.17   Heimfallanspruch:

a) Der Grundstückseigentümer kann vom Erbbauberechtigten unter bestimmten Voraussetzungen verlangen, daß dieser ihm oder einem von ihm zu benennenden Dritten das Erbbaurecht übertrage (ErbbauVO § 2 Nr 4, § 3). Die Wirkungen dieses Heimfallanspruchs treten nicht von selbst ein, das Erbbaurecht geht nicht automatisch durch Entstehen der den Anspruch auslösenden Bedingungen oder durch „Geltendmachen" des Anspruchs über. Erst die „Durchsetzung" in Form der Grundbucheintragung (auf Grund Einigung oder rechtskräftigen Urteils gegen den Verpflichteten) führt an Stelle des bisherigen Erbbauberechtigten einen neuen ein (ähnlich wie beim Wiederkaufsrecht).

b) Der Heimfallanspruch ist kein der Zwangsvollstreckung (Zwangsversteigerung) des Erbbaurechts entgegenstehendes Recht[41] nach § 28. Er kann aber die Versteigerung (tatsächlich) behindern, weil er Inhalt des Erbbaurechts ist (ErbbauVO § 2), als solcher somit dingliche Wirkung gegen den jeweiligen Erbbauberechtigten hat, mithin auch gegen den Ersteher (§ 52 Rdn 2.8). Dieser hat bei künftiger Auslösung des Heimfallanspruchs (durch die dafür festgelegten Bedingungen) diesem nachzukommen. In der Versteigerung ist darauf hinzuweisen, weil die Verpflichtung die Bietinteressenten beeinflussen kann.

c) Der Heimfallanspruch ist zu behandeln wie eine Auflassungsvormerkung[42], Vorkaufsrecht ist er nicht (wenn auch einem subjektiv-dinglichen Vorkaufsrecht nach BGB § 1103 Abs 1 rechtlich gleichgestellt). Er ist rein dinglich wirkender Anspruch des Grundstückseigentümers gegen den Erbbauberechtigten. Für den Heimfallanspruch ist aber kein Zuzahlungswert nach § 51 (für den Fall des Nichtbestehens) festzusetzen, weil er nicht Belastung, sondern Inhalt des Erbbaurechts ist (vorher Abs b).

d) Schwierigkeiten gibt es, wenn der Heimfallanspruch während eines Versteigerungsverfahrens entsteht und geltend gemacht wird. I. Anmeldung (§ 37 Nr 4) oder Geltendmachung vor Zuschlag (§ 37 Nr 5) ist zur Rechtswahrung nicht vorgeschrieben, somit nicht erforderlich. Wenn vom Heimfallanspruch bereits Gebrauch gemacht ist oder wenn die bereits eingetretene Heimfallbedingung nicht (wie Anordnung der Zwangsversteigerung, Zwangsverwaltung, Konkurseröffnung) allgemein bekannt ist (so zB bei Zahlungsverzug) kann der Grundstückseigentümer (als Beteiligter nach § 9; ErbbauVO § 24) jedoch zur Anzeige (Mitteilung) an das Vollstreckungsgericht (und dieses zur Bekanntgabe im Termin) verpflichtet sein.

---

[40] Haegele/Schöner/Stöber, Grundbuchrecht, Rdn 1807; MünchKomm/v. Oefele, ErbbauVO § 9 Rdn 14.
[41] Weichhaus Rpfleger 1979, 329.
[42] Karow NJW 1984, 2669.

Anordnungsbeschluß 13.17 **§ 15**

Wenn der Grundstückseigentümer (insbesondere auf ausdrückliches Befragen) eine ihm zumutbare Auskunft nicht erteilt, kann Geltendmachung des Heimfallanspruchs gegen den Ersteher nach den Grundsätzen von Treu und Glauben (BGB § 242) verwirken. II. Setzt der Grundstückseigentümer den Heimfallanspruch **nicht** mehr **vor** der **Zuschlagsentscheidung** durch (erfordert Grundbucheintragung), so wird der Zuschlag erteilt. Die Verpflichtung zur Übertragung des Erbbaurechts geht dann auf den Ersteher über, wie sie besteht, und ist vom Ersteher zu erfüllen[43] (anders nur[44]: der entstandene Anspruch sei als nicht eingetragenes dingliches Recht mit Rang nach dem Zeitpunkt seiner Entstehung gegen den Ersteher nur bei Berücksichtigung im geringsten Gebot wirksam). Ob die Übertragungsverpflichtung besteht, hat nicht das Versteigerungsgericht zu entscheiden; es muß aber im Termin darauf hinweisen, weil sie Bieter (ähnlich wie eine Auflassungsvormerkung) behindern kann. In das geringste Gebot ist der Anspruch nicht aufzunehmen (er ist nicht Belastung, sondern Inhalt des Erbbaurechts)[45] (anders[46]). Nach **Verjährung** des Heimfallanspruchs kann der Ersteher die Erfüllung verweigern[47]. Verjährung eines nicht titulierten Heimfallanspruchs (sonst BGB § 218[48]) ist mit Ablauf von sechs Monaten von dem Zeitpunkt an eingetreten, in dem der Grundstückseigentümer von dem Vorhandensein der Voraussetzungen Kenntnis erlangt, sonst mit Ablauf von zwei Jahren von Eintreten der Voraussetzungen an (ErbbauVO § 4). Zwangsversteigerung und Zuschlag hemmen oder unterbrechen den Lauf der Verjährungsfrist nicht. III. Setzt der Grundstückseigentümer den Heimfallanspruch **vor Zuschlagsentscheidung** (durch Grundbucheintragung) durch (es kommt nicht darauf an, wann er „geltend gemacht" ist), so ist zu unterscheiden: bei **persönlich betreibenden** Gläubigern muß nach dem Verfahren (dieser Gläubiger) aufgehoben und der Zuschlag (wenn nur persönliche Gläubiger betreiben) versagt werden, da ja jetzt nicht mehr der bisherige Vollstreckungsschuldner als Erbbauberechtigter eingetragen ist und das Recht des neuen Erbbauberechtigten auf Grund seines schon vor der Beschlagnahme bestandenen verdinglichten Anspruchs wie das eines auf Grund einer Auflassungsvormerkung eingetragenen neuen Eigentümers (§ 28 Rdn 3) der Versteigerung nach § 28 entgegensteht[49]. Wird aber das Verfahren nur oder auch von **dinglichen** Gläubigern betrieben, so läuft deren Verfahren nach § 26 weiter und es wird auch normal der Zuschlag erteilt, weil ja bei einem Heimfall die vorhandenen dinglichen Rechte bestehenbleiben (ErbbauVO § 33). Diese Regel (Verfahren läuft weiter, Zuschlag wird erteilt) muß auch gelten, wenn das Verfahren **aus öffentlichen Lasten** der Rangklasse 3 des § 10 **betrieben** wird; diese sind nicht in ErbbauVO § 33 genannt, ruhen aber kraft Gesetzes auf dem Erbbaurecht und werden vom Wechsel des Erbbauberechtigten nicht berührt. Bei weiterlaufendem Verfahren geht unter Umständen die Verpflichtung zur Übertragung des Erbbaurechts auf den Ersteher über, wie sie besteht. Ob dies der Fall ist, hat auch hier nicht das Versteigerungsgericht zu entscheiden; es muß aber im Termin darauf hinweisen, weil es Bieter behindern kann. Der Anspruch ist auch hier nicht ins geringste Gebot aufzunehmen (vorher unter II). IV. Ob der Ersteher zur Übertragung verpflichtet ist, hängt von der jeweiligen Lage des Falles ab und ist vom **Prozeßgericht zu entscheiden.** Liegt gegen den bisherigen Erbbauberechtigten schon ein rechtskräftiges Urteil vor (das die Einigung hinsichtlich der Übertragung ersetzt), so wirkt dieses noch nicht gegen den Ersteher, weil dieser nicht Rechtsnachfolger nach ZPO

---

[43] BGB-RGRK/Räfle, ErbbauVO § 2 Rdn 32; MünchKomm/v. Oefele, ErbbauVO § 2 Rdn 7 und § 3 Rdn 3; Behmer Rpfleger 1984, 377; Weichhaus Rpfleger 1979, 329.
[44] Scharen Rpfleger 1984, 342.
[45] Behmer und Weichhaus je aaO (Fußn 43).
[46] Scharen Rpfleger 1984, 342.
[47] Groth DNotZ 1984, 372.
[48] BGH 111, 154 (156) = NJW 1990, 2067 = Rpfleger 1990, 350.
[49] AG Arnsberg Rpfleger 1979, 274.

§ 15 13.17 Anordnung der Versteigerung

§ 325 Abs 1 ist und weil die Ausnahmegeltung von Urteilen gegen den Ersteher nach ZPO § 325 Abs 3 auf Urteile aus Reallasten, Hypotheken, Grundschulden, Rentenschulden beschränkt ist.

13.18 Zum Erbbaurecht auch im ZVG-Handbuch Rdn 262, 390–393.

14 Erbbaurechts-Grundstück

Literatur: Helwich, Erbbaugrundstücke in der Zwangsversteigerung, Rpfleger 1989, 389.

14.1 Das Erbbaurecht (alter und neuer Art) ist Belastung des Grundstücks (BGB § 1012 af; ErbbauVO § 1 Abs 1). Es ist somit kein der Zwangsversteigerung oder Zwangsverwaltung des damit belasteten Grundstücks nach § 28 entgegenstehendes Recht. Der Erbbauberechtigte ist als dinglich Berechtigter nach § 9 am Verfahren zur Versteigerung des Grundstücks beteiligt.

14.2 Bei Versteigerung des Grundstücks wird das Erbbaurecht alter Art (bis einschließlich 21. 1. 1919 entstanden) wie jede andere dingliche Belastung behandelt. Ein neues (seit 22. 1. 1919 entstanden) kommt als Grundstücksbelastung als erster Rangstelle (ErbbauVO § 10 Abs 1 Satz 1) nach § 45 ins geringste Gebot als bestehenbleibendes Recht (§§ 44, 52); Zuzahlungsbetrag § 51 Rdn 4.5. Bestehen bleibt des Recht mit seinem gesetzlichen und vertraglichen Inhalt (§ 15 Rdn 13). Es bleibt nach ErbbauVO § 25 aber auch außerhalb des geringsten Gebots bestehen, wenn es bei dessen Feststellung nicht zu berücksichtigen ist wie dann, wenn ein Gläubiger der Rangklasse 2 oder 3 des § 10 Abs 1 vollstreckt. Sein Erlöschen kann als abweichende Versteigerungsbedingung nach § 59 festgestellt werden (dazu § 59 Rdn 5.5).

14.3 Das **Bauwerk** ist wesentlicher Bestandteil des Erbbaurechts (§ 15 Rdn 13.2); Grundstücksbestandteil ist es nicht (ErbbauVO § 12 Abs 2). Beschlagnahme (§ 20 Abs 1) und Versteigerung (§ 55 Abs 1) des Grundstücks erstrecken sich auf das Bauwerk daher nicht; sein Eigentümer wird der Ersteher mit dem Zuschlag (§ 91 Abs 1) nicht. Die zugunsten des jeweiligen Eigentümers des Grundstücks (subjektiv-dinglich) bestellte **Erbbauzinsreallast** (ErbbauVO § 9 Abs 1, 2; BGB § 1105 Abs 2) geht (als Grundstücksbestandteil, BGB § 96) auf den Ersteher mit dem Zuschlag über.

14.4 Der (vereinbarte) Heimfallanspruch (ErbbauVO § 2 Nr 4) ist wesentlicher Bestandteil des Grundstücks (ErbbauVO § 3; BGB § 96)[1], teilt somit dessen Schicksal und geht mit diesem (§ 90) auf den Ersteher über.

15 Fälligkeit der betreibenden Ansprüche, Kündigung

15.1 Möglich ist die Zwangsvollstreckung nur wegen **schon fälliger Beträge**, nicht wegen der erst künftig fällig werdenden. Für den Beginn der Zwangsvollstreckung kann die Fälligkeit des beizutreibenden Anspruchs das Vollstreckungsgericht selbst zu prüfen haben (ZPO § 751 Abs 1) oder vom Gläubiger dem für die Erteilung der Vollstreckungsklausel zuständigen Organ nachzuweisen sein (ZPO § 726 Abs 1).

15.2 a) Wenn die Geltendmachung des Anspruchs nach dem Urteil (sonstigen Vollstreckungstitel) von dem **Eintritt eines Kalendertages** abhängt, darf die Zwangsvollstreckung nur beginnen, wenn der Kalendertag abgelaufen ist (ZPO § 751 Abs 1), nicht schon am Kalendertag der Fälligkeit. Abhängigkeit vom Eintritt eines Kalendertags besteht, wenn der Tag oder der Beginn einer Frist ohne weiteres nach dem Kalender bestimmbar ist, so bei Datums- oder Tagesangabe wie „am Letzten des Monats März 1996"; „zwei Wochen nach Ostermontag 1996"; „kalenderhalbjährlich nachträglich"; das gilt auch bei Verurteilung zur Leistung einer Entschädigung nach Fristablauf (ZPO § 510 b). Maßgebend ist der Zeitpunkt

---

[1] BGH WM 1980, 652; ZIP 1980, 938.

Anordnungsbeschluß   15.3 § 15

des gerichtlichen Anordnungs- oder Beitrittsbeschlusses. Anordnung oder Beitritt ist also möglich, „wegen 400 DM rückständigen Unterhalts aus der Zeit vom ..... bis .....", nicht „wegen des künftigen Unterhalts von monatlich ..... DM ....."[1]. Zulässig ist die Zwangsvollstreckung auch dann bereits am Tag nach dem Fälligkeitstag, wenn dieser ein Sonntag oder allgemeiner Feiertag (auch Sonnabend) ist; BGB § 193 ist nicht einschlägig[2], anders[3]. Werden während des Verfahrens weitere Beträge fällig, so ist neuer Beitritt nötig (da diese Beträge nicht automatisch vom Verfahren erfaßt werden).

b) Den Fälligkeitszeitpunkt (Ablauf des Kalendertages) für den Beginn der Zwangsvollstreckung (ZPO § 751 Abs 1) hat das **Vollstreckungsgericht zu prüfen.** Die Vollstreckungsklausel zu dem Urteil (sonstigen Titel) auf künftige Leistung wird ohne Prüfung der Fälligkeit erteilt.

c) **Künftige Zinsen,** die als fortlaufende Nebenleistungen geschuldet sind (für die somit kein Fälligkeitstermin bestimmt ist wie zB halbjährlich nachträglich), können mit dem Hauptanspruch bis zu dessen Befriedigung mitvollstreckt werden[4]; ZPO § 751 Abs 1 gilt nicht für diese Nebenleistungen (vgl BGB § 1210 Abs 1 Satz 1). Für künftige fortlaufende Zinsen, die selbständig (ohne Hauptsacheanspruch) vollstreckt werden, ist Kalendertagablauf (ZPO § 751 Abs 1) Vollstreckungsvoraussetzung. Für Zinsen, deren Geltendmachung vom Eintritt eines Kalendertages abhängig ist (zB „fällig kalendervierteljährlich nachträglich) gilt ZPO § 751 Abs 1.

d) Nichtbeachtung der Kalendertagsfälligkeit: § 15 Rdn 40.

15.3 Wenn die Vollstreckung von dem Eintritt einer **aufschiebenden Bedingung** (Kündigung; Verzug für Verpflichtung zur weiteren Verzinsung) und/oder von dem Ablauf einer nicht nach dem Kalendertag bestimmten Frist abhängt (zB ein Monat nach Kündigung; 3 Monate nach Rechtskraft), ist die zur Zulässigkeit der Zwangsvollstreckung erforderliche Fälligkeit für Erteilung der Vollstreckungsklausel zu beweisen und zu prüfen (ZPO § 726 Abs 1). Das Vollstreckungsgericht (als Vollstreckungsorgan) prüft in diesem Fall vor Beginn der Zwangsvollstreckung die Fälligkeit nicht; ihm wird sie mit Erteilung der Vollstreckungsklausel bindend bescheinigt (dazu[5]). Zustellungsnachweis (ZPO § 750 Abs 2) § 15 Rdn 40. Keine Anwendung findet ZPO § 726 Abs 1, wenn der Schuldner den Gläubiger von der Nachweispflicht befreit hat[6]. Wenn sonach der Gläubiger in der notariellen Urkunde ermächtigt ist, sich eine vollstreckbare Ausfertigung **ohne Nachweis der Tatsachen** erteilen zu lassen, von deren Eintritt die Fälligkeit abhängt (kein Verstoß gegen AGBG § 11 Nr 15,[7] je mit Nachw), hat die Versteigerungsanordnung auch zu erfolgen, wenn der Gläubiger die Zustellung der Kündigung nicht nachweist; denn Voraussetzung für die Vollstreckung ist hier der Titel mit Vollstreckungsklausel und Zustellungsnachweis. Ob die Vollstreckungsklausel zu Recht erteilt ist, darf das Vollstreckungsgericht nicht prüfen[8]. Weil in diesem Fall kein nach ZPO § 726 Abs 1 vollstreckbar ausgefertigter Schuld-

---

[1] LG Berlin Rpfleger 1978, 335.
[2] Zöller/Stöber, ZPO, § 751 Rdn 2
[3] Baumbach/Lauterbach/Albers/Hartmann, ZPO, § 751 Rdn 2; MünchKomm/Arnold, ZPO, § 751 Rdn 15; Stein/Jonas/Münzberg, ZPO, § 751 Rdn 2; Wieczorek, ZPO, § 751 Anm A.
[4] Stöber, Forderungspfändung, Rdn 495; Stöber, ZVG-Handbuch, Rdn 21; Steiner/Hagemann §§ 15, 16 Rdn 41.
[5] Zöller/Stöber, ZPO, § 726 Rdn 1.
[6] OLG Düsseldorf DNotZ 1977, 413 = Rpfleger 1977, 67; Zöller/Stöber, ZPO, § 726 Rdn 17.
[7] Haegele/Schöner/Stöber, Grundbuchrecht, Rdn 2016; Zöller/Stöber, ZPO, § 794 Rdn 5.
[8] LG Stuttgart VersR 1961, 576.

§ 15 15.3 Anordnung der Versteigerung

titel vollstreckt wird, müssen für den Beginn der Zwangsvollstreckung auch Vollstreckungsklausel und urkundliche Nachweise nicht nach ZPO § 750 Abs 2 zugestellt sein[9]. Für die Versteigerungsanordnung (Zulassung des Beitritts) hat der Gläubiger daher auch Zustellung einer Kündigung nicht nachzuweisen; Vollstreckungsgrundlage ist allein die vollstreckbare Ausfertigung, deren Rechtmäßigkeit des Vollstreckungsgericht nicht nachzuprüfen hat. Es trifft dann nicht den Gläubiger der Beweis für die Fälligkeit der Forderung; vielmehr hat der Schuldner den Nichteintritt der Fälligkeit mit Einwendung nach ZPO § 767 geltend zu machen.

15.4 Bei der **Reallast** erfolgt die Vollstreckung nur wegen der Einzelleistungen, bei Naturalien erst nach Umwandlung in Geld. Über ihre Vollstreckbarkeit in Geld muß ein Vollstreckungstitel vorliegen. Auf die Einzelleistungen sind die Vorschriften für Hypothekenzinsen anzuwenden (BGB § 1107).

16 Fiskus und Körperschaften als Schuldner

16.1 Die Vollstreckung wegen Geldforderungen gegen Bund, Länder, Körperschaften, Anstalten und Stiftungen des öffentlichen Rechts ist **beschränkt:** ZPO § 882 a. Hierunter fallen auch kirchliche Körperschaften des öffentlichen Rechts[1], nicht aber private Religionsgesellschaften; hierunter fallen auch die Träger der Sozialversicherung (Versicherungsträger); sie sind rechtsfähige Körperschaften nach Sozialgesetzbuch IV § 29 Abs 1. Die Vorschrift gilt aber nicht für öffentlichrechtliche Bank- und Kreditanstalten (ZPO § 882 a Abs 3 Satz 2), auch nicht für Gemeinden und Gemeindeverbände (für diese laut ZPO-Einführungsgesetz § 15 Nr 3 Landesrecht maßgebend, insbesondere die Gemeindeordnungen).

16.2 Wenn ZPO § 882 a anzuwenden ist, ist die Vollstreckungsabsicht vier Wochen **vorher anzuzeigen** (§ 882 a Abs 1). Unzulässig ist die Vollstreckung in Sachen, die für die Erfüllung öffentlicher Aufgaben unentbehrlich sind oder deren Veräußerung ein öffentliches Interesse entgegensteht (§ 882 a Abs 2) (dazu können auch Grundstücke gehören[1]). Die Beschränkungen gelten nicht, wo aus einem dinglichen Recht vollstreckt wird (§ 882 a Abs 1 Satz 1).

16.3 Über Vollstreckung durch den Fiskus § 15 Rdn 38, über Kirchen auch[2].

17 Flurbereinigung

Literatur: Ebeling Verfügungsverbot bei Flurbereinigung und Zwangsversteigerung, Rpfleger 1987, 232.

17.1 Flurbereinigung (auch als Umlegung, Arrondierung oder Zusammenlegung bezeichnet) hat die Zusammenlegung und wirtschaftliche Neugestaltung zersplitterten oder unwirtschaftlich zugeschnittenen Grundbesitzes und die Verbesserung der Bodenkultur zum Ziel. Das Verfahren ist bundesrechtlich im Flurbereinigungsgesetz (FlurbG) und landesrechtlich (Ausführungsgesetze der Länder; Übersicht bei Sartorius Band I LR 860) geregelt.

17.2 **Träger** des Verfahrens ist die Teilnehmergemeinschaft als Körperschaft des öffentlichen Rechts (FlurbG § 16). Sie besteht ua aus den Eigentümern der im Flurbereinigungsgebiet (FlurbG § 2) gelegenen Grundstücke und Erbbaurechte (FlurbG § 10 Nr 1). Die Teilnehmer des Flurbereinigungsverfahrens sind zu Geldbeiträgen verpflichtet (FlurbG § 19 Abs 1), die als öffentliche Last auf dem Grundstück ruhen (FlurbG § 20; § 10 Abs 6.5) und im Verwaltungszwangsverfahren (§ 15 Rdn 38) wie Gemeindeabgaben vollstreckt werden (FlurbG § 136 Abs 1 Satz 2); Vollstreckungsbehörde ist die Flurbereinigungsbehörde (FlurbG § 136

---

[9] Zöller/Stöber, ZPO, § 750 Rdn 20.
[1] BVerfG 66, 1 (23).
[2] BVerfG 66, 1 (23); Riggers JurBüro 1967, 697.

Anordnungsbeschluß 17.5 **§ 15**

Abs 4). Die Formalien richten sich also nach Landesrecht (in Bayern erstellt die Teilnehmergemeinschaft einen Leistungsbescheid mit Vollstreckungsklausel, braucht aber, weil sie kein Dienstsiegel hat, keines beifügen).

17.3 Durch Einleitung des Flurbereinigungsverfahrens tritt **keine Grundbuchsperre** ein[1]. Der Erwerber eines Grundstücks, auch der Ersteher, muß das bis zu seinem Erwerb durchgeführte Verfahren gegen sich gelten lassen (FlurbG § 15), ohne daß es auf sein Wissen ankommt. Bei **Abfindung** des Grundstückseigentümers **in Geld** wird ein Verfügungsverbot im Grundbuch eingetragen (FlurbG §§ 52, 53). Das Veräußerungsverbot hindert nicht die Versteigerung auf Antrag des Gläubigers eines vorher bestellten (somit wirksamen) dinglichen Rechts und Fortsetzung des schon vor Eintragung angeordneten Verfahrens (Beschlagnahmewirksamkeit ist maßgebend) eines persönlichen Gläubigers (so auch[2]) (Gläubigerbefriedigung aber durch die Teilnehmergemeinschaft nach FlurbG § 53 Abs 2). Sonst bestimmt sich seine (verfahrensrechtliche) Wirkung nach ZPO § 772 (dazu § 15 Rdn 36) (anders[2]: Gegenrecht nach § 28 für Gläubiger eines persönlichen Anspruchs oder eines wirksamen Rechts). Mit dem in der Ausführungsanordnung zum Flurbereinigungsplan durch die Flurbereinigungsbehörde bestimmten Zeitpunkt (FlurbG §§ 61 ff) gehen dingliche und persönliche Ansprüche, auch Beschlagnahmeansprüche und öffentliche Lasten, bei **Landabfindung** von den alten Grundstücken (= Einlagegrundstücke) auf die neu zugewiesenen (= Ersatzgrundstücke) über (FlurbG § 68); bei Geldabfindung müssen sich die Genannten an diese halten (FlurbG §§ 72, 74, 75).

17.4 Das Flurbereinigungsverfahren ist **kein Hindernis** für die Zwangsversteigerung[3]. Die Versteigerung muß trotz anhängiger Flurbereinigung angeordnet werden.

17.5 Wenn bei Entscheidung über den Anordnungs- oder einen Beitrittsantrag mit dem in der Ausführungsanordnung der Flurbereinigungsbehörde bestimmten Zeitpunkt bereits der im Flurbereinigungsplan vorgesehene **neue Rechtszustand** an die Stelle des bisherigen getreten ist (FlurbG § 61), ist das neu gebildete Grundstück Gegenstand der Immobiliarvollstreckung. Es ist im Antrag und Beschlagnahmebeschluß als Gegenstand des Verfahrens zu nennen. Verfahrensanordnung oder Zulassung des Beitritts erfordert nicht, daß auch das Grundbuch bereits nach FlurbG § 79 Abs 1 berichtigt ist. Eintragung des Schuldners als Eigentümer des alten Grundstücks genügt dem Erfordernis des § 17 Abs 1, weil das Abfindungsgrundstück das (eingetragene) eingebrachte Grundstück in verwandelter Form darstellt. Identifizierung ermöglicht der Flurbereinigungsplan als amtliches Verzeichnis der Grundstücke (FlurbG § 81 Abs 1). Ebenso kann der Zwangsversteigerungsvermerk in das Grundbuch eingetragen werden. Grundbuchberichtigung auf Ersuchen der Flurbereinigungsbehörde (FlurbG § 79 Abs 1) erfordert seine Eintragung nicht[4]. Als Verfahrensgegenstand beschlagnahmt ist das bereits nach dem neuen Rechtszustand gebildete Grundstück auch dann, wenn im Anordnungs- oder Beitrittsbeschluß noch das Einlagegrundstück als Gegenstand des Verfahrens bezeichnet ist (weil dem Vollstreckungsgericht der Eintritt des neuen Rechtszustands nicht bekannt geworden ist oder weil die bereits eingetretene Rechtsänderung übersehen wurde). Auch dann kann der Vollstreckungsvermerk vor Grundbuchberichtigung eingetragen werden[4]. Der Anordnungsbeschluß ist zu berichtigen (Rdn 4.14). Für die Terminsbestimmung (§ 37 Nr 1) kann immer nur Bezeichnung des nach dem neuen Rechtszustand bereits gebildeten Grundstücks den Anforderungen entsprechen (§ 37 Rdn 2).

---

[1] OLG Oldenburg KTS 1975, 239; LG Ellwangen BWNotZ 1989, 91.
[2] Ebeling Rpfleger 1987, 232.
[3] OLG Hamm Rpfleger 1987, 258; OLG Oldenburg KTS 1975, 239; LG Ellwangen BWNotZ 1989, 91.
[4] LG Ellwangen BWNotZ 1989, 91.

§ 15   17.6   Anordnung der Versteigerung

17.6 Wenn bei Entscheidung über den Anordnungs- oder einen Beitrittsantrag der **neue Rechtszustand noch nicht** eingetreten ist, ist das Einlagegrundstück (sind die Einlagegrundstücke) Gegenstand der Immobiliarvollstreckung. Versteigert wird daher das Einlagegrundstück mit der Maßgabe, daß der Ersteher in das Flurbereinigungsverfahren eintritt, wie es ist[5], und daß er mit dem entsprechenden Vorgang des Flurbereinigungsverfahrens das Ersatzgrundstück erwirbt. Flurbereinigung bewirkt Änderung des Eigentumsrechts nicht in der Person des Eigentümers, sondern im Gegenstand seines Eigentums[6]. Das Abfindungsgrundstück stellt das eingebrachte Grundstück in verwandelter Gestalt dar[6]. Daher sind Versteigerung und Zuschlag unter Nennung der alten Grundstücks bis zu dem in der Ausführungsanordnung der Flurbereinigungsbehörde bestimmten Zeitpunkt möglich[7]. Dann wird Zuschlag nur noch unter Nennung des neuen Grundstücks erteilt, weil das alte Grundstück rechtlich untergegangen ist[7]. Das neue Grundstück wird, wenn das Grundbuch noch nicht berichtigt ist, im Grundbuch von den alten repräsentiert. Maßgebende Grundlage ist der Flurbereinigungsplan. Jedoch kann Berichtigung des Grundbuchs nach § 130 (Eintragung der Ersteher usw) erst erfolgen, wenn die Ersatzgrundstücke im Grundbuch eingetragen sind[8]. Die vorläufige Besitzeinweisung des Flurbereinigungsverfahrens in Ersatzgrundstücke verhindert den Zuschlag der Einlagegrundstücke nicht[9], wichtig ist der vorher genannte Zeitpunkt in der Ausführungsanordnung.

17.7 Hat der Teilnehmer eines Flurbereinigungsverfahrens landwirtschaftliche Nutzflächen für länger als zwölf Jahre an einen Landwirt verpachtet, so wird er von Flurbereinigungskosten freigestellt, muß aber, wenn dem Pächter gekündigt wird, die Staatsmittel zurückzahlen, wobei unter Umständen der Ersteher diese Schuld des Vollstreckungsschuldners übernehmen muß, wenn er dem Pächter kündigt[10].

17.8 Zum Flurbereinigungsverfahren auch[11] und ZVG-Handbuch Rdn 74, 109, 162, 401.

18   Gerichtskasse, Amtskasse

18.1 Nach der Justizbeitreibungsordnung werden Gerichtskosten, Gerichtsvollzieherkosten, Justizverwaltungsabgaben, Patentamtskosten usw beigetrieben, die dem Bund und den Ländern zustehen (JBeitrO § 1). **Vollstreckungsbehörden** sind dabei die Beitreibungsstellen der obersten Bundesgerichte, die gesetzlich besonders genannten Behörden, im übrigen die Gerichtskassen (JBeitrO § 2 Abs 1), an deren Stelle die Länder andere Behörden bestimmen können (JBeitrO § 2 Abs 1) (meist Amts-, Staats-, Landes-, Oberjustizkassen).

18.2 Es gelten grundsätzlich die **Vorschriften der ZPO** (JBeitrO § 6 Abs 1), wobei die Vollstreckungsbehörde jeweils an die Stelle des im Gesetz genannten Gläubigers tritt (JBeitrO § 6 Abs 2 Satz 1). Sie benötigt keinen Vollstreckungstitel; an dessen Stelle tritt der Vollstreckungsantrag (JBeitrO § 7 Satz 2), der an den Schuldner nicht zugestellt werden muß (JBeitrO § 7 Satz 3). Die Kasse benötigt zur (dinglichen) Vollstreckung aus einer Zwangshypothek, keinen dinglichen Titel[1] (§ 15 Rdn 9.6). Wie der Titel entfallen auch die Nachweise für die allge-

---

[5] OLG Hamm Rpfleger 1987, 258; OLG Koblenz Rpfleger 1967, 417; OLG Oldenburg KTS 1975, 239.
[6] BGH 86, 226 (230).
[7] OLG Hamm Rpfleger 1987, 258; OLG Oldenburg KTS 1975, 239.
[8] OLG Oldenburg KTS 1975, 329; LG Ellwangen BWNotZ 1989, 91.
[9] OLG Koblenz Rpfleger 1967, 417.
[10] Wehr RdL 1971, 197.
[11] Röll DNotZ 1960, 648.
[1] LG Hildesheim NdsRpfl 1957, 119 = Rpfleger 1959, 56 mit Anm Frölich; Lappe/Steinbild, JBeitrO, § 7 Rdn 4.

Anordnungsbeschluß 19.2 § 15

meinen Vollstreckungsvoraussetzungen (Fälligkeit, Zustellung usw). Der Antrag ersetzt aber nicht die besonderen Vollstreckungsvoraussetzungen, zB den Erbschein bei Vollstreckung gegen den Erben (§ 17 Abs 3) oder das Grundbuchzeugnis (§ 17 Abs 2). Vollstreckt die Kasse aus einer gepfändeten Eigentümergrundschuld (den Pfändungsbeschluß erläßt sie selbst, JBeitrO § 6 Abs 2 Satz 2), so nimmt sie von da an am normalen Rechtsverkehr teil und benötigt wie jeder Gläubiger zur Immobiliarvollstreckung aus dem Eigentümerrecht einen dinglichen Titel (§ 15 Rdn 11.2).

18.3 Im Antrag ist die **Forderung** zu bezeichnen. Bei dinglichen Ansprüchen ist anzugeben, daß dinglich vollstreckt werden soll[2].

18.4 Die Vollstreckung darf erst beginnen, wenn der Anspruch **fällig** ist, in manchen Fällen erst, wenn der Schuldner von bestimmten Rechtsbehelfen keinen Gebrauch gemacht hat (JBeitrO § 5 Abs 1). Manchmal ist auch die Genehmigung eines Vorgesetzten oder einer Aufsichtsbehörden nötig. Alle diese Voraussetzungen darf jedoch das Vollstreckungsgericht nicht prüfen; Verstöße der Kasse sind ohne Einfluß auf das Vollstreckungsverfahren. Stellt allerdings die Kasse ihren Antrag „vorbehaltlich der Genehmigung ..." (oder ähnlich), so ist er unwirksam.

18.5 Die Vollstreckung kann **gegen jeden** erfolgen, der zur Leistung oder Duldung der Vollstreckung auf Grund von Vorschriften verpflichtet ist (Voraussetzungen stellt die Kasse fest, nicht das Gericht), aus einer für sie eingetragenen Zwangshypothek auch gegen den Rechtsnachfolger des Schuldners (JBeitrO § 4). Einwendungen des Schuldners sind gerichtlich geltend zu machen (JBeitrO § 8), also außerhalb des Vollstreckungsverfahrens. Die Kasse kann inzwischen einstellen oder stunden (JBeitrO § 9). Unabhängig hiervon entscheidet das Vollstreckungsgericht über Erinnerungen oder Einstellungsanträge, die an das Vollstreckungsgericht gerichtet sind, nach seinen Verfahrensvorschriften (nicht über den materiellen Bestand der Forderung).

18.6 Hierzu auch § 15 Rdn 38 und im ZVG-Handbuch Rdn 10, 28.

Gesellschaft, Handelsgesellschaft, Verein 19

19.1 Bei der **Gesellschaft des bürgerlichen Rechts** (BGB §§ 705–740) ist die Zwangsvollstreckung in das gesamthänderisch gebundene Vermögen nur mit einem Vollstreckungstitel gegen alle Gesellschafter möglich (ZPO § 736); Titel gegen die Gesellschaft genügt nicht. Im Grundbuch kann sie ohnehin nicht eingetragen sein.

19.2 Zur Vollstreckung gegen eine **OHG** ist ein Titel gegen die Gesellschaft nötig (HGB § 124 Abs 2); aus dem gegen die OHG lautenden Titel kann aber nicht gegen die Gesellschafter selbst vollstreckt werden (HGB § 129 Abs 4) (auch nicht nach der Löschung der Gesellschaft im Handelsregister[1]); beide Regeln gelten auch für die **KG** (HGB § 161 Abs 2). OHG und KG können auch schon vor der Eintragung im Handelsregister bestehen, wenn sie nämlich ein Handelsgewerbe nach HGB § 1 betreiben, andernfalls erst ab Eintragung; ob sie ohne Eintragung bestehen, hat das Vollstreckungsorgan zu prüfen[2]. Umwandlung der OHG in eine KG (auch umgekehrt) ist Änderung nur der Haftform, nicht des Schuldners, berührt somit die Vollstreckbarkeit des Titels nicht[3]. Bei Umwandlung einer BGB-Gesellschaft in OHG oder KG ist zur Zwangsvollstreckung in das Vermögen der Handelsgesellschaft (OHG, KG) ein gegen diese gerichteter Titel erforderlich (HGB § 124 Abs 2, § 161 Abs 2). Der gegen alle BGB-Gesellschafter lautende Titel (ZPO § 736) ermöglicht Vollstreckung gegen die OHG oder KG

---

[2] Frölich Rpfleger 1959, 57 (Anmerkung); Lappe/Steinbild aaO (Fußn 1).
[1] OLG Düsseldorf Rpfleger 1976, 327.
[2] Noack DGVZ 1974, 1.
[3] Zöller/Stöber, ZPO, § 736 Rdn 4.

§ 15   19.2   Anordnung der Versteigerung

nicht (Ausnahme, wenn eine Auslegung als Titel gegen die OHG oder KG in Betracht kommt[4]). Wegen HGB § 124 Abs 2 ist Umschreibung des Titels (ZPO § 727) erforderlich[5]; eine Klarstellungsklausel genügt nicht (anders[6]). Die Zwangsvollstreckung in das Vermögen einer BGB-Gesellschaft, in die sich eine OHG oder KG mit Löschung im Handelsregister umgewandelt hat, weil ihr Geschäftsbetrieb auf den Umfang des Betriebes eines Minderkaufmanns abgesunken ist, kann nicht ohne weiteres auf Grund des gegen die OHG oder KG lautenden Titels erfolgen[7]. Weil aus dem gegen die OHG oder KG als solche lautenden Titel (HGB § 124 Abs 2) gegen die Gesellschafter nicht vollstreckt werden kann (HGB § 129 Abs 4), kann er auch nicht Titel gegen alle Gesellschafter sein, den ZPO § 736 für die Zwangsvollstreckung in das Vermögen der BGB-Gesellschaft fordert. Eine gegen die OHG oder KG bereits betriebene Vollstreckung wird mit Umwandlung in eine BGB-Gesellschaft jedoch nicht unzulässig; sie kann nach Umschreibung des Titels in entsprechender Anwendung von ZPO § 727 (Zustellung ZPO § 750 Abs 2) fortgesetzt werden[7]. Gegen die nach Beendigung der Liquidation im Handelsregister gelöschte OHG oder KG sind Vollstreckungsmaßnahmen zulässig, wenn noch ein Grundstück als Gesellschaftsvermögen vorhanden ist. Für den Gläubigerzugriff, für den die Personenhandelsgesellschaft weiterbesteht, besteht auch die Vertretungsbefugnis der (letzten) Liquidatoren fort[8].

19.3 Aktiengesellschaft, Aktienkommanditgesellschaft, **Gesellschaft mbH** und **Genossenschaft** sind als juristische Person (des Privatrechts) aktiv und passiv vollstreckungsfähig. Zur Zwangsvollstreckung in ihr Vermögen ist ein gegen sie lautender Vollstreckungstitel erforderlich, auch wenn die Gesellschaft nach Auflösung im Abwicklungs-(Liquidations-)Stadium bis zu ihrem Ende (Erlöschen) fortbesteht. Die Löschung einer solchen Handelsgesellschaft im Handelsregister nach Schluß der Abwicklung wirkt nicht konstitutiv. Gegen die nach Beendigung der Liquidation im Handelsregister gelöschte Handelsgesellschaft sind Vollstreckungsmaßnahmen zulässig, wenn noch ein Grundstück als Gesellschaftsvermögen vorhanden ist. Die Vertretungsbefugnis der früheren Liquidatoren besteht jedoch nicht mehr. Es sind gerichtlich die bisherigen Abwickler neu zu bestellen oder andere Abwickler zu berufen (Aktiengesetz § 273 Abs 4), und zwar auch für die Gesellschaft mbH[9] und die Genossenschaft. Löschung einer Aktiengesellschaft, Aktienkommanditgesellschaft, Gesellschaft mbH oder Genossenschaft durch das Registergericht nach dem Löschungsgesetz vom 9. 10. 1934 (Schönfelder Nr 53 § 80 Fußnote und Nr 110 § 107 Fußnote) wirkt nicht konstitutiv; stellt sich nach der Löschung heraus, daß die Handelsgesellschaft doch noch Vermögen hat, so besteht sie trotz der Löschung weiter[10]. Gegen die gelöschte Gesellschaft sind Vollstreckungsmaßnahmen jedoch erst zulässig, wenn substantiiert dargetan ist, daß sie entgegen der Annahme des Registergerichts noch verwertbares Vermögen besitze[11]. Das Vorhandensein eines Grundstücks oder Grundstücksrechts (aus dem Grundbuch ersichtlich) muß ohne zusätzliche Begründung auf jeden Fall genügen. Der für den Gläubigerzugriff weiterbestehenden Handelsgesellschaft sind auf Antrag des Gläubigers vom Registergericht Liquidatoren zu bestellen (Löschungsgesetz §§ 2, 3), an die der Titel zuzustellen ist[12] und gegen die als gesetzliche Vertre-

---

[4] BGH MDR 1967, 487 = NJW 1967, 821.
[5] Stein/Jonas/Münzberg, ZPO, § 736 Rdn 10.
[6] Eickmann Rpfleger 1970, 113; Noack DGVZ 1974, 1.
[7] LG Oldenburg Rpfleger 1980, 27; Stein/Jonas/Münzberg, ZPO, § 736 Rdn 1 b.
[8] BGH MDR 1979, 932 = NJW 1979, 1987 = Rpfleger 1979, 335.
[9] BGH 53, 264 = DNotZ 1970, 427 = MDR 1970, 572 = NJW 1970, 1044 = Rpfleger 1970, 165 Leitsatz.
[10] BGH 48, 303 = MDR 1968, 34 = NJW 1968, 297; OLG Düsseldorf DNotZ 1980, 170.
[11] OLG Frankfurt Rpfleger 1976, 329; LG München I Rpfleger 1974, 371.
[12] OLG Frankfurt MDR 1983, 135 = Rpfleger 1982, 290.

Anordnungsbeschluß 19.7 § 15

ter Zwangsversteigerung oder Zwangsverwaltung durchgeführt werden. Es darf nicht einfach gegen die zuletzt tätig gewesenen Vorstände, Geschäftsführer usw vorgegangen werden[13]. Neue Liquidatoren müssen sogar dann bestellt werden, wenn eine Liquidation stattgefunden hatte[14]. Wird entgegen diesen Grundsätzen ein früherer Geschäftsführer usw als gesetzlicher Vertreter behandelt und ihm ein Beschlagnahmebeschluß zugestellt, so kann er sich, obwohl nicht Beteiligter, gegen seine Hereinziehung in das Verfahren mit Rechtsmitteln wehren[15]; dann haftet der antragstellende Gläubiger aus dem Veranlassungsgrundsatz für die entstandenen Kosten[15]. Der Vollstreckungstitel muß bei den Vorgängen dieses Abs nicht umgeschrieben werden, weil sich nur die gesetzliche Vertretung ändert.

19.4 Die **Gesellschaft mbH** entsteht erst mit der Eintragung in das Handelsregister (GmbHG § 11 Abs 1). Eine Vorgesellschaft (die durch notariellen Gesellschaftsvertrag errichtete, GmbHG § 2, im Handelsregister aber noch nicht eingetragene GmbH) kann als auf die künftige juristische Person hin angelegtes, bereits körperschaftlich strukturiertes Rechtsgebilde[16] aber bereits als Grundstückseigentümerin im Grundbuch eingetragen sein[17] und Gesellschaftsgläubigern haften[18]. Mit einem gegen sie lautenden Vollstreckungstitel kann daher auch die Zwangsvollstreckung in ein für die werdende GmbH eingetragenes Grundstück angeordnet werden. Rechte und Pflichten der Vorgesellschaft gehen mit Eintragung der GmbH auf diese nahtlos über. Der Vollstreckungstitel muß für den Fortgang eines Vollstreckungsverfahrens daher nicht umgeschrieben (ZPO § 727) werden; er kann (muß aber nicht) mit einer klarstellenden Klausel versehen werden.

19.5 Die Rdn 19.3 besprochenen Regeln gelten sinngemäß auch für die durch das Bundesgesetz vom 20. 8. 1975 (BGBl 1975 I 2253) aufgelösten **Kolonialgesellschaften**[19].

19.6 Zur Vollstreckung gegen die **Partnerschaft** ist ein Titel gegen die Gesellschaft nötig (PartGG § 7 Abs 2 mit HGB § 124 Abs 2). Vertretung: Durch jeden Gesellschafter einzeln (wenn er nicht nach dem Partnerschaftsvertrag von der Vertretung ausgeschlossen ist) oder Gesamtvertretung nach Regelung des Partnerschaftsvertrags (PartGG § 7 Abs 3 mit HGB § 125 Abs 1 und 2). Aus dem gegen die Partnerschaft lautenden Titel kann nicht gegen die einzelnen Partner vollstreckt werden (PartGG § 8 Abs 1 mit HGB § 129 Abs 4).

19.7 Die **Europäische wirtschaftliche Interessenvereinigung** (EWIV) gilt als Handelsgesellschaft; sie ist der OHG weitgehend gleichgestellt (EWIV-AusfG v 14. 4. 1988, BGBl I 514 § 1). Zur Zwangsvollstreckung in ihr Vermögen ist ein gegen sie gerichteter Schuldtitel erforderlich (EWIV-AusfG § 1 mit HGB § 124 Abs 2). Vertreten wird die EWIV durch den Geschäftsführer, wenn es mehrere sind einzeln oder nach anderer Regelung im Gründungsvertrag (VO EWG Nr 2137/85, Abl L 199/1 Art 20). Aus dem gegen die EWIV lautenden Titel kann gegen die haftenden Gesellschafter (VO EWG Art 24) nicht vollstreckt werden (EWIV-AusfG § 1 mit HGB § 129 Abs 4).

---

[13] OLG Frankfurt aaO (Fußn 12); OLG Köln OLGZ 1977, 240 = Rpfleger 1976, 323; LG Berlin Rpfleger 1975, 334; Kirberger Rpfleger 1975, 341.
[14] OLG Köln aaO (Fußn 13); Bokelmann NJW 1977, 1139 (II 2); Kirberger aaO (Fußn 13).
[15] OLG Köln aaO (Fußn 13).
[16] BGH 51, 30 = DNotZ 1969, 373 = MDR 1969, 293 = NJW 1969, 509; BGH 80, 129 = MDR 1981, 649 = NJW 1981, 1373 = Rpfleger 1981, 230 Leitsatz; BGH 80, 212 (214) = DNotZ 1982, 171 = MDR 1981, 823 = NJW 1981, 2125.
[17] BGH 45, 338 = DNotZ 1967, 381 = MDR 1966, 654 = NJW 1966, 1311 und 2161 Leitsatz mit Anm Schönle; BGH 72, 45 = DNotZ 1978, 689 = MDR 1979, 34 = NJW 1978, 1978 mit Anm K Schmidt.
[18] BGH 80, 212 = aaO (Fußn 16); BGH 72, 45 = aaO (Fußn 17).
[19] Keidel/Schmatz/Stöber, Registerrecht, Rdn 87 a.

§ 15   19.8   Anordnung der Versteigerung

19.8 Ein rechtsfähiger **Verein** (BGB §§ 21–53) ist aktiv und passiv vollstreckungsfähig. Ein nichtrechtsfähiger Verein (BGB § 54) wird wie eine Gesellschaft (BGB §§ 705–740) behandelt; er kann nicht vollstrecken; zur Vollstreckung gegen ihn (im Grundbuch kann er nicht eingetragen sein) genügt ein Titel gegen den Verein (ZPO § 735). Über Vollstreckung ins Vereinsvermögen auch[20].

20   Gläubiger-Ablösung

Literatur: Röll, Die Pfändung von Eigentümergrundschulden und die Ablösung von Grundpfandrechten durch den Käufer, MittBayNot 1964, Storz, Die Gläubigerablösung in der Zwangsversteigerung, ZIP 1980, 159.

20.1   Ein **Ablösungsrecht** steht nach BGB § 268 Abs 1 jedem Dritten zu, der durch Zwangsversteigerung Gefahr läuft, ein Recht oder den Besitz an dem Grundstück (dem sonstigen Gegenstand der Zwangsversteigerung) zu verlieren. Ein mit seinem Recht (Besitz) Gefährdeter hat nach BGB § 1150 bereits ein Ablösungsrecht, wenn der Gläubiger einer Hypothek (Grundschuld oder Rentenschuld) Befriedigung aus dem Grundstück verlangt, also nach Fälligkeit zur Zahlung auffordert[1] (zu weitgehend[2]: es genüge schon, daß die Hypothek durch Kündigung fällig sei; es ist ja noch unklar, ob der Gläubiger überhaupt ein Verfahren durchführen will). Die Ablösungsberechtigung ist Ausnahmebefugnis, die dem Schutz des mit seinem Recht (Besitz) Bedrohten dient; ihm soll Ablösung die Möglichkeit gewähren, sich das Grundstück als Haftungsgegenstand (Gegenstand seines Besitzes) zu erhalten[3]. Doch ist die Ablösung über Gefährdung des nachrangigen Rechts durch Zwangsversteigerung hinaus nicht auch subjektiv noch davon abhängig, daß der Dritte mit Gläubigerbefriedigung den Zweck verfolgt, eine Zwangsversteigerung des Grundstücks abzuwenden[4]. Der Schuldner kann die Leistung des Dritten durch einen Widerspruch nicht behindern.

20.2   Das Ablösungsrecht steht demjenigen zu, dem Rechts- oder Besitzverlust droht, weil ein Gläubiger die Zwangsvollstreckung des Grundstücks betreibt (BGB § 268 Abs 1) oder der Gläubiger einer Hypothek (Grundschuld oder Rentenschuld) Befriedigung aus dem Grundstück verlangt (BGB § 1150). **Nicht** ablösungsberechtigt sind somit der Schuldner (er kann seine geschuldete Leistung an den Gläubiger bewirken, BGB § 362 Abs 1) und gegenüber dem Hypothekengläubiger der Eigentümer, der nicht persönlicher Schuldner ist; für ihn besteht nach BGB § 1142 das Befriedigungsrecht ohne Rücksicht auf ein Zwangsversteigerungsverfahren. Der persönliche Schuldner der in das Grundstück vollstreckenden Hypothekenforderung (der abzulösenden Hypothek) ist nicht ablösungsberechtigt, auch wenn er einen Ersatzanspruch an den Eigentümer hat (anders[5]); dessen Sicherung gewährleistet BGB § 1164. Der persönliche Schuldner einer nachrangigen Hypothek mit Ersatzanspruch ist bis zur Befriedigung des Gläubigers durch ihn nicht Rechtsinhaber, somit nicht ablösungsberechtigt. Wenn Gläubigerbefriedigung durch den Eigentümer (auch als persönlicher Schuldner) demnach nicht erfolgen kann, berechtigt auch das **Eigentum** oder **Miteigentum** als Recht an dem Grundstück, das durch die Versteigerung gefährdet wird, zur Ablösung. Ablösungsberechtigt ist daher insbesondere auch ein während des Zwangsversteigerungsverfahrens neu eingetretener Eigentümer oder Miteigentümer[6] (der rechtsgeschäftliche ab Grundbuch-

---

[20] Stöber, Vereinsrecht, Rdn 406, 407.
[1] RG 91, 297 (302); BGB-RGRK/Mattern § 1150 Rdn 2; Steiner/Storz § 75 Rdn 27.
[2] Röll MittBayNot 1964, 365 (3).
[3] RG 123, 338 (340) und 146, 317.
[4] BGH MittBayNot 1984, 24 (25 reSp) = NJW 1983, 2502 (2503); BGH KTS 1994, 611 = MDR 1994, 578 = NJW 1994, 1475 = Rpfleger 1994, 374; OLG Köln Rpfleger 1989, 298 = WM 1989, 2754; OLG Saarbrücken OLG Z 1967, 102 (104).
[5] MünchKomm/Eickmann, BGB, § 1150 Rdn 19.
[6] Korintenberg/Wenz § 75 Anm 3; Steiner/Storz § 75 Rdn 34, 35.

Anordnungsbeschluß 20.5 § 15

eintragung, der gesetzliche ab Erwerbsvorgang). Wird in einen Miteigentumsanteil vollstreckt, so ist der andere Miteigentümer berechtigt; dies gilt auch bei Ehegatten.

20.3 Jedes beschränkte **dingliche Recht** am Grundstück[7] (sonstigen Gegenstand der Zwangsvollstreckung) begründet unter den Voraussetzungen der BGB §§ 268, 1150 die Berechtigung zur Ablösung (für Nießbrauch zB[8]) ohne Rücksicht auf seinen Erwerbsgrund. Ebenso wie der Gläubiger einer rechtsgeschäftlich (BGB § 873) bestellten Hypothek (Grundschuld oder Rentenschuld) sind daher auch der Gläubiger einer Zwangshypothek[9] (ZPO § 867 Abs 1) und der Gläubiger einer gesetzlich entstandenen (zB BGB § 1287 Satz 2; ZPO § 848 Abs 2 Satz 2) oder einer auf Behördenersuchen eingetragenen Sicherungshypothek (zB §§ 128, 130) ablösungsberechtigt. Auch eine Eigentümergrundschuld ist Recht am Grundstück, berechtigt somit den Eigentümer als Rechtsinhaber zur Ablösung, auch wenn er daneben als Schuldner zur Zahlung oder als Eigentümer nach BGB § 1142 zur Befriedigung des Gläubigers berechtigt wäre. Vormerkung und Widerspruch zur Sicherung der Eintragung eines Rechts stehen als Sicherungsmittel des Sachenrechts den Rechten am Grundstück gleich, berechtigten somit wie diese zur Ablösung. Ablösungsberechtigung begründet daher insbesondere die Auflassungsvormerkung[10] (anders[11]). Das Recht muß bei Ablösung bestehen und dem Ablösenden zustehen; Einigung über die Belastung des Grundstücks (oder Eintragungsbewilligung) ohne Grundbucheintragung genügt nicht[12]. Nicht ablösungsberechtigt ist derjenige, dem zwar laut Grundbuch ein Briefgrundpfandrecht abgetreten wurde, der aber den Brief noch nicht erhalten hat[13] (und ihn daher nicht vorlegen kann). Dem Gläubiger eines Pfandrechts an einem Grundstücksrecht kann wie dem Rechtsinhaber selbst Rechtsverlust drohen; auch er ist daher ablösungsberechtigt. Nicht ablösungsberechtigt ist der Zessionar eines (schuldrechtlichen) Anspruchs auf (Rück)Übertragung einer Grundschuld[14].

20.4 Zur Ablösung berechtigt ein dingliches Recht auch dann, wenn es erst nach der Beschlagnahme erworben ist[15], Besitz ebenso dann, wenn er erst nach Beschlagnahme erlangt ist. Weil Ablösung dem Inhaber des Grundstücksrechts (Besitzer) dessen Erhaltung ermöglichen will, macht es keinen Unterschied, ob die Belastung des Grundstücks vor oder nach der Beschlagnahme erfolgt ist oder ein Rechtsnachfolger das Recht erst nach Beschlagnahme erworben hat. Das Ablösungsrecht gewährt daher auch eine erst nach Beschlagnahme erworbene Zwangshypothek[16].

20.5 Besitz des Grundstücks (ebenso von Teilen des Grundstücks, insbesondere von Räumen) berechtigt zur Ablösung, wenn er durch die Zwangsvollstreckung gefährdet ist. Ablösungsberechtigt sind daher auch ein Mieter oder Pächter, dem das Grundstück (auch nur ein Grundstücksteil) überlassen ist, weil er (wegen § 57 a Satz 1) Gefahr läuft, seinen Besitz zu verlieren[17]. Dem Mieter (Pächter)

---

[7] RG 167, 298 (299).
[8] OLG Frankfurt OLG 29, 366; OVG Münster MDR 1972, 358.
[9] LG Verden KTS 1973, 193 mit krit Anm Drischler = Rpfleger 1973, 296 mit zust Anm Schiffhauer.
[10] OLG Kiel HRR 1934 Nr 1663; Dassler/Gerhardt § 75 Rdn 2; Steiner/Storz § 75 Rdn 36; BGB-RGRK/Alff § 268 Rdn. 2.
[11] Staudinger/Selb, BGB, § 268 Rdn 5.
[12] BGB-RGRK/Alff/Mattern § 268 Rdn 2 und § 1150 Rdn 6.
[13] LG Osnabrück KTS 1976, 312.
[14] OLG Köln Rpfleger 1988, 324.
[15] OLG Frankfurt OLG 29, 366; Jaeckel/Güthe § 75 Rdn 3; BGB-RGRK/Mattern § 1150 Rdn 6.
[16] LG Verden aaO (Fußn 9).
[17] RG 90, 350; Jaekel/Güthe § 75 Rdn 3; Korintenberg/Wenz § 75 Rdn 3; Reinhard/Müller § 75 Anm V; Steiner/Storz § 75 Rdn 38; Storz ZIP 1980, 159 (IV).

§ 15 20.5 Anordnung der Versteigerung

steht das Ablösungsrecht auch zu, wenn das Kündigungsrecht des Erstehers infolge Leistung eines Baukostenzuschusses (einer Mietvorauszahlung) nach § 57 c eingeschränkt ist[18]. Der Untermieter (Unterpächter), dem das Grundstück (Teile des Grundstücks, insbesondere Räume) überlassen ist, ist Besitzer, als solcher somit ablösungsberechtigt. Darauf, ob ihm das Grundstück berechtigt überlassen ist, kann es nicht ankommen (vgl § 9 Rdn 2.9).

20.6 Ablösungsberechtigt ist jeder **dingliche Berechtigte**, der nach der Verfahrenslage im Zeitpunkt der Ablösung nicht in das geringste Gebot kommt (sei es in das Bargebot oder als bestehenbleibend), gleich ob er mit Befriedigung aus dem Erlös (in voller Höhe) rechnen kann[19]. Dies gilt auch, wenn er selbst das Verfahren betreibt, ihm aber ein anderer betreibender Gläubiger im Rang vorgeht[20] (zB mit besserrangigem dinglichen Recht) (mißverständlich[21], der dem betreibenden Gläubiger kein Ablösungsrecht zugestehen will, aber wohl nur den persönlich betreibenden meint).

20.7 Dingliche Gläubiger, die nach der Verfahrenslage im Zeitpunkt der Ablösung **ins geringste Gebot** kommen (Bargebot oder bestehenbleibend), sind insoweit ablösungsberechtigt, als ihre Nebenleistungsansprüche nicht mehr in der Rangklasse des Hauptanspruchs (§ 10 Nr 4) stehen, sondern veraltet zurückgesetzt sind (§ 10 Nr 8)[22].

20.8 Ablösungsberechtigt sind auch Gläubiger **öffentlicher Grundstückslasten** (dazu § 10 Rdn 6), die nicht ins geringste Gebot kommen (weil ein ihnen ranglich Vorgehender das Verfahren betreibt).

20.9 Nicht ablösungsberechtigt ist ein **persönlich betreibender Gläubiger**, der nach Verfahrenslage ins geringste Bar-Gebot kommt, weil sein Verfahren eingestellt ist (dazu § 44 Rdn 4.7). Berechtigt ist er aber, wenn er als betreibend nicht ins geringste Gebot kommt[23], denn auch der persönliche Gläubiger hat durch die Beschlagnahme ein Recht auf dingliche Befriedigung erworben (dazu § 20 Rdn 2) (anders[24] persönlich betreibende Gläubiger seien nicht berechtigt, weil sie kein „Recht am Grundstück" hätten). Folgerichtig muß auch ein nachgehender persönlich betreibender Gläubiger gegenüber einem ranglich vorausgehenden ablösungsberechtigt sein.

20.10 Berechtigt ist auch, wer ein der Zwangsversteigerung entgegenstehendes Recht (§ 28) **angemeldet** hat (§ 37 Nr 5)[25].

20.11 Nicht ablösungsberechtigt ist der **Zwangsverwalter** eines neben der Zwangsversteigerung laufenden Zwangsverwaltungsverfahrens.

20.12 Über die Rechte eines gefährdeten **Dauerwohnrechts** nach dem WEG in der Zwangsversteigerung § 44 Rdn 5.29.

20.13 Das Ablösungsrecht des BGB § 268 Abs 1 besteht für die dazu Berechtigten **gegenüber** Gläubigern, die das Zwangsversteigerungsverfahren dinglich (§ 10 Rangklasse 4) oder persönlich (Rangklasse 5) oder aus einem Vorzugsanspruch (Rangklasse 2, 3) betreiben, also gegenüber jedem betreibenden Gläubiger[26]. Das Ablösungsrecht des BGB § 1150 besteht gegenüber dem Gläubiger einer Hypo-

---

[18] Staudinger/Selb, BGB, § 268 Rdn 6.
[19] VG Verden aaO (Fußn 9); Jaeckel/Güthe § 75 Rdn 3.
[20] Storz ZIP 1980, 159 (II).
[21] Jaeckel/Güthe § 23 Rdn 13.
[22] Dassler/Gerhardt § 75 Rdn 2; Reinhard/Müller § 75 Anm V.
[23] Steiner/Storz § 75 Rdn 40; Storz ZIP 1980, 159 (IV).
[24] Jaeckel/Güthe § 23 Rdn 13 und § 75 Rdn 3; Korintenberg/Wenz § 75 Anm 3; Reinhard/Müller § 75 Anm V.
[25] Dassler/Gerhardt § 75 Rdn 2; Jaeckel/Güthe § 23 Rdn 13 und § 75 Rdn 3; Steiner/Storz § 75 Rdn 39; Storz ZIP 1980, 159 (IV).
[26] Jaeckel/Güthe § 75 Rdn 3; Storz ZIP 1980, 159 (IV).

Anordnungsbeschluß 20.19 § 15

thek, Grundschuld oder Rentenschuld, der Befriedigung aus dem Grundstück verlangt.

20.14 Auch gegenüber dem Gläubiger einer **öffentlichen Last** besteht das Ablösungsrecht des BGB § 268 Abs 1 eines dazu Berechtigten[27], sobald die Zwangsversteigerung aus der Last (mit Vorrang vor dem Ablösungswilligen) betrieben wird[28], wenn also die Vollstreckung schon begonnen hat. Es genügt nicht, daß eine Behörde die Vollstreckung nur androht. Wenn eine Landesbrandversicherungsanstalt wegen nichtbezahlter Brandversicherungsbeiträge des Grundstücks die Versicherung für ruhend erklärt, droht zwar den Grundstückseigentümern (und damit ihren Gläubigern) für den Fall eines (noch nicht eingetretenen) Brandschadens Gefahr (dazu § 76 Rdn 2), der Vorgang wirkt aber nicht wie eine Vollstreckung in das Grundstück und berechtigt noch nicht zur Ablösung. In einem laufenden (nicht aus der Brandversicherungsforderung betriebenen) Zwangsversteigerungsverfahren kann hierwegen eine Maßnahme nach § 25 erfolgen (dazu § 25 Rdn 3).

20.15 Bei **Konkursverwalterversteigerung** (§ 172) genügt für das Ablösungsrecht, daß ein Ablösungsberechtigter gemäß § 174 nicht ins geringste Gebot kommt, weil diesohne Zustimmung des Betroffenen erfolgt. In der Nachlaßversteigerung nach § 175 kommt die Ablösung nach Sachlage nicht vor, in der Teilungsversteigerung nach § 180 wird sie nur bei unterschiedlicher Anteilsbelastung (wegen § 182 Abs 1) oder Anteilsverpfändung und -pfändung (in Sonderfällen, § 180 Rdn 11.10 k) praktisch.

20.16 In der **Zwangsverwaltung** verlieren dingliche und persönliche Gläubiger, öffentliche Grundstückslasten, Mieter und Pächter durch das Verfahren nicht ihr „Recht" oder ihren Besitz; hier ist keiner ablösungsberechtigt[29] (auch nicht gegenüber öffentlichen Lasten).

20.17 Den Gläubiger befriedigen kann der Ablösungsberechtigte durch **Berichtigung der geschuldeten Leistung,** die der Gläubiger vollstreckt (BGB § 268 Abs 1) oder deren Befriedigung er verlangt (BGB § 1150) (dazu auch § 75 Rdn 2.4). Wenn der Gläubiger nur wegen eines **Teils** einer höheren Forderung vollstreckt oder Befriedigung nur wegen eines Teils seines Rechts verlangt, besteht das Ablösungsrecht nur für diesen Teil. Die Befriedigung kann auch durch Hinterlegung (BGB §§ 372 ff) oder Aufrechnung (BGB § 387) erfolgen (BGB § 268 Abs 2), wenn deren Voraussetzungen vorliegen, unter den Voraussetzungen des BGB § 364 auch durch Leistung an Erfüllung Statt. Zahlung des Ablösenden kann unmittelbar an den Abzulösenden oder nach § 75 an das Vollstreckungsgericht erfolgen.

20.18 Jede Ablösung ist nur **bis** unmittelbar vor der **Zuschlagsverkündung** möglich, weil der Haftungsgegenstand nach ihr nicht mehr zugunsten des Ablösenden im bisherigen Zustand erhalten werden kann[30]. Ablösung hat also äußerstens im Versteigerungstermin oder zwischen Versteigerungs- und Verkündungstermin oder gerade noch im Verkündungstermin vor der Zuschlagsentscheidung zu erfolgen. Wird der Zuschlagsbeschluß auf **Rechtsmittel** hin aufgehoben, so tritt der alte Verfahrenszustand wieder ein. Ablösung ist weiter möglich.

20.19 Die abgelöste Forderung erlischt nicht, sondern **geht auf den Ablösenden über:** BGB § 268 Abs 3, und zwar mit allen Neben- und Vorrechten: BGB §§ 401, 412. Der Ablösende erwirbt bei der Hypothek die Forderung

---

[27] BGH NJW 1956, 1197; RG 135, 25; KG Berlin JW 1937, 3181 mit zust Anm Mentzel; OLG Hamm Rpfleger 1987, 75; Korintenberg/Wenz § 10 Anm 3.
[28] BGH KTS 1971, 192 = LM ZVG § 10 Nr 3 = MDR 1971, 205; Fischer NJW 1955, 1583 (II).
[29] Steiner/Storz § 75 Rdn 24; Storz ZIP 1980, 159 (IV).
[30] Jaeckel/Güthe § 75 Rdn 2; Storz ZIP 1980, 159 (II).

§ 15   20.19   Anordnung der Versteigerung

(mit der sie sichernden Hypothek), bei der Grundschuld das Recht, soweit das Grundpfandrecht nicht schon vorher zum Eigentümerrecht geworden war. Eine Gesamthypothek (Gesamtgrundschuld) erwirbt der Ablösende an allen Grundstükken, auch wenn die Berechtigung zur Ablösung nur für ein Grundstück gegeben war[31].

20.20 Die Ablösung kann nicht **zum Nachteil** des Abgelösten erfolgen: BGB § 268 Abs. 3. Bei einer nur teilweisen Ablösung hat also die Restforderung des Gläubigers Vorrang vor dem abgelösten Teil der Forderung. Dazu § 11 Rdn 3.

20.21 **Beteiligter** im Zwangsversteigerungsverfahren wird der Ablösende als nicht grundbuchersichtlicher Berechtigter des Grundstücksrechts oder Anspruchs mit dem Recht auf Befriedigung aus dem Grundstück mit **Anmeldung** und erforderlichenfalls Glaubhaftmachung (§ 9 Nr 2); Vollstreckungsunterlagen (Vollstreckungstitel, Vollstreckungsklausel, Zustellung usw) benötigt er hierfür nicht[32].

20.22 Auf den Ablösenden geht nach BGB § 401 (mit § 412) auch die für den abgelösten Gläubiger durch **Anordnung** der Zwangsversteigerung (Zulassung des Beitritts; Zwangsverwaltungsanordnung) mit Beschlagnahme (§ 20 Abs 1) erlangte **Rechtsstellung über**[33]. Ein (neuer) Beitrittsbeschluß ist daher für ihn nicht nötig und nicht zulässig. Beteiligter wird der Ablösende aber erst mit seiner Anmeldung (und notfalls Glaubhaftmachung) gemäß § 9 Nr 2 (§ 15 Rdn 20.21). Ein bei Ablösung eingestelltes Verfahren berührt der Gläubigerwechsel nicht. Die seit Zustellung des Hinweises an den bisherigen Gläubiger laufende Frist für Stellung des Fortsetzungsantrags wird durch die Ablösung nicht berührt: Zustellung eines neuen Hinweises an den Ablösenden erfolgt nicht. Wenn Fortsetzung nicht rechtzeitig beantragt wird, wird das Verfahren aufgehoben (§ 31).

20.23 Wenn der Ablösende mit Anmeldung (und notfalls Glaubhaftmachung) für das weitere Verfahren an die Stelle des abgelösten betreibenden (beigetretenen) Gläubigers getreten ist, kann er die **Einstellung bewilligen** (§ 30) oder den Versteigerungs**antrag zurücknehmen** (§ 29). Dafür ist vom Vollstreckungsgericht lediglich das Recht des Ablösenden als Rechtsnachfolger des Gläubigers zur Stellung dieser Verfahrensanträge, also Zulässigkeit und ordnungsgemäße Ablösung zu prüfen. Vollstreckungsunterlagen auf seinen Namen (insbesondere Vollstreckungstitel mit umgeschriebener Klausel und Zustellungsnachweis, ZPO § 750) braucht der Ablösende hierfür nicht vorzulegen. Erklärt sich weder der (hierfür ausgewiesene) Ablösende noch der abgelöste betreibende Gläubiger über Antragsrücknahme oder Verfahrenseinstellung, dann wird das Verfahren im Falle des § 75 von Amts wegen, sonst bei Nachweis nach ZPO § 775 Nr 4, 5 eingestellt. Wenn der abgelöste (vorrangige) Berechtigte das Verfahren überhaupt nicht betreiben (so für Ablösung eines Grundsteueranspruchs[34]) oder im Versteigerungstermin nicht die Stellung eines betreibenden Gläubigers hatte, kommt einer Einstellungsbewilligung des Ablösenden nach Schluß der Versteigerung keine Bedeutung zu; sie kann nicht zur Versagung des Zuschlags führen. Der Schuldner muß einen Gläubigerwechsel durch Ablösung mit Vollstreckungsabwehrklage (ZPO § 767) geltend machen (§ 95 Rdn 3); in einem dinglichen Fall hat er einstweilige Anordnung nach ZPO § 769 zu erwirken.

20.24 Will der Ablösende das Verfahren als betreibender Gläubiger fortsetzen, muß er, wo kein **Vollstreckungstitel** vorhanden, diesen (§ 15 Rdn 20.26), sonst als Rechtsnachfolger des (abgelösten) Gläubigers eine auf seinen Namen lautende und zugestellte Vollstreckungsklausel zum vorhandenen Titel vorlegen (ZPO

---

[31] Kammergericht OLG 26, 191 (192); BGB-RGRK/Mattern § 1150 Rdn 11.
[32] Storz ZIP 1980, 159 (V).
[33] OLG Düsseldorf NJW-RR 1987, 247 = Rpfleger 1987, 75; Bischoff und Bobenhausen Rpfleger 1987, 381 (Anmerkung).
[34] OLG Hamm Rpfleger 1987, 75.

Anordnungsbeschluß 20.27 **§ 15**

§§ 727, 750)[35]. Das Verfahren wird sonst ihm gegenüber eingestellt[36]. Bis zum Nachweis der Vollstreckungsvoraussetzungen für den Ablösenden (Klauselumstellung und Zustellung) bleibt der Abgelöste Vollstreckungsgläubiger (siehe auch § 15 Rdn 29.6); der damit im Verfahren weiter berechtigte vollstreckende (bisherige) Gläubiger kann daher die Einstellung bewilligen (§ 30)[37] oder den Antrag zurücknehmen (§ 29; anders[38]: nach Ablösung kann bisheriger Gläubiger Antrag nicht zurücknehmen und Einstellung nicht bewilligen). Wenn der Ablösende Fortsetzung eines eingestellten Verfahrens rechtzeitig beantragt hat (in der Frist des § 31), kann zur Vorlage der auf ihn lautenden Vollstreckungsunterlagen (Titel, Klausel, Zustellung usw; ZPO §§ 704, 750) auch Gelegenheit über die Fortsetzungsfrist hinaus gewährt werden. Werden dann auf den Namen des Ablösenden lautende Vollstreckungsunterlagen nicht vorgelegt, ist sein Vollstreckungsrecht und damit rechtzeitiger Fortsetzungsantrag nicht nachgewiesen, das Verfahren mithin infolge fruchtlosen Fristablaufs nach § 31 aufzuheben.

20.25 Umschreibung und Neuzustellung des Vollstreckungstitels sind zur Verfahrensfortsetzung auch nötig, wenn im Versteigerungstermin ein nachrangiger Gläubiger den bestrangig betreibenden ablöst und dabei beide zu **Protokoll** alle nötigen Erklärungen (auch über das Einrücken des Ablösenden in die Stellung des Abgelösten) abgeben, was trotz des Beurkundungsgesetzes weiterhin möglich ist.

20.26 Auch bei Ablösung öffentlichrechtlicher Grundstückslasten gehen die **Vorzugsrechte** mit über[39], weil diese ihre Grundlage nicht im öffentlichen Recht, sondern im privaten Versteigerungsrecht haben (siehe für Konkursvorrecht[40]), mithin nicht an der Person des Gläubigers, sondern an der Forderung haften. Der Ablösende rückt also in Rangklasse 3 ein[41] und erhält bei Erlösverteilung als Berechtigter (§§ 117, 118) den in dieser Rangklasse auf die öffentliche Grundstückslast zugeteilten Betrag. Den übergegangenen Anspruch in Rangklasse 3 kann der Ablösende nicht anmelden. Er kann jedoch als Privatrechtssubjekt nicht im Verwaltungszwangsverfahren vorgehen[42], er kann auch nicht einen etwa vorhandenen öffentlichrechtlichen Vollstreckungstitel (oder einen Leistungsbescheid) auf sich umschreiben lassen, weil die Forderung mit ihrem Übergang auf den Ablösenden sich von ihrer hoheitlichen Beziehung löst[43], sondern muß im ordentlichen Rechtsweg einen Titel auf Duldung der Zwangsvollstreckung aus Rangklasse 3 (auf den er Anspruch hat) erwirken[44]. Er kann aber schon, bevor er den Titel erworben hat, das Zwangsversteigerungsverfahren hinsichtlich des abgelösten betreibenden Anspruchs einstellen oder aufheben lassen[45], weil er materiell der Berechtigte ist.

20.27 Ablösung wird auch als Mittel zur Erlangung einer **günstigen Rechtsstellung** im Verfahren angesehen, die dann im „Machtkampf" zwischen allen Ver-

---

[35] OLG Düsseldorf und Bischoff sowie Bobenhausen je aaO (Fußn 33).
[36] BGH DNotZ 1963, 673 = VersR 1963, 671 = WM 1963, 754.
[37] OLG Bremen Rpfleger 1987, 381 mit zust Anm Bischoff und Bobenhausen; OLG Düsseldorf aaO (Fußn 33).
[38] Steiner/Storz § 75 Rdn 71; Storz ZIP 1980, 159 (V 4).
[39] RG 135, 25 und 146, 317; KG Berlin JW 1937, 3181 mit zust Anm Mentzel; Korintenberg/Wenz § 10 Anm 3; Steiner/Storz § 75 Rdn 62; Storz ZIP 1980, 159 (V); Fischer NJW 1955, 1583 (II).
[40] BGH 75, 23 = MDR 1979, 1014 = NJW 1979, 2198.
[41] RG 135, 25 und 146, 317; KG Berlin aaO (Fußn 39); Korintenberg-Wenz § 10 Anm 3; Storz ZIP 1980, 159 (VI).
[42] RG 135, 25 und 146, 317.
[43] BGH 75, 23 = aaO (Fußn 40).
[44] RG 146, 317 und 150, 58 (60); Jaeckel/Güthe § 23 Rdn 13; Korintenberg/Wenz § 10 Anm 3.
[45] Jaeckel/Güthe § 23 Rdn 13; Fischer NJW 1955, 1583 (II).

§ 15 20.27

fahrensbeteiligten **taktisch ausgespielt** werden könne[46], aber (zB) auch cleveren Interessenten es ermögliche, das Verfahren nachhaltig zu stören und einen Billigerwerb herbeizuführen. Vor Gefahren, die sich mit Ablösung als Mittel für Erwerb einer verfahrenstaktischen Machtposition und deren unredlicher oder gar sittenwidriger Ausnutzung verbinden, muß jedoch gewarnt werden. Wer Ablösung benutzt, um eine günstige Rechtsstellung taktisch auszuspielen, das Verfahren zu stören und die Grundlage für einen Billigerwerb zu schaffen, zielt mit unlauterem Verhalten darauf ab, sich zum Schaden der übrigen an der Versteigerung Beteiligten Vermögensvorteile zu verschaffen und ist daher dem Vorwurf der Sittenwidrigkeit ausgesetzt (dazu Einl Rdn 10). Dem erkennbar mit den guten Sitten nicht zu vereinbarenden Gebrauch des Ablösungsrechts hat aber bereits das Vollstreckungsgericht (Beschwerdegericht) im Verfahren die Anerkennung zu versagen. Sittenwidrige Ausnutzung einer mit unlauterer Ablösung erlangten verfahrenstaktischen Machtposition kann zudem zu Schadensersatz verpflichten.

20.28 Zur Ablösung auch § 33 Rdn 2, § 75 Rdn 2, sowie im ZVG-Handbuch Rdn 100 mit Beispiel.

21 Grundstücksbruchteile, Gemeinderecht, Straßenfläche

21.1 Grundstücksbruchteile sind wie ein Grundstück zu behandeln (ZPO § 864 Abs 2). Wenn der Schuldner nur Eigentümer eines Grundstücksbruchteils ist, muß sich der Anordnungsantrag hierauf beschränken. Die Größe des Bruchteils (zB 1/2) muß aus dem Antrag ersichtlich sein und mit dem Grundbuch übereinstimmen. Wird das Verfahren über das ganze Grundstück beantragt, so wird nur über den Bruchteil des Schuldners angeordnet, sonst aber der Antrag zurückgewiesen (es muß nicht der ganze Antrag zurückgewiesen werden, weil ja das Verfahren über jeden Bruchteil gesondert ist). Wird erst über einen Bruchteil angeordnet, dann auch die Versteigerung eines anderen beantragt, so ist für den weiteren Bruchteil neue Anordnung nötig; ein Beitritt ist nicht möglich, weil ja insoweit bisher kein Verfahren lief. Es empfiehlt sich daher auch, von vornherein getrennte Aktenführung für jedes Verfahren, auch für jeden Bruchteil (§ 18 Rdn 3.7).

21.2 Gemeinderechte (Gemeindenutzungsrechte, Realgemeindeanteile) sind im Grundbuch bei landwirtschaftlichen Anwesen noch eingetragen. Sie sind privatrechtlicher Natur, wenn sie auf einem Privatrechtstitel beruhen, öffentlichrechtlich, wenn sich das Recht auf den Gemeindeverband gründet. Öffentlichrechtliche gehören nicht ins Grundbuch[1]; der Grundbuchvermerk hat nur die Bedeutung eines Hinweises[2]. Das Vollstreckungsgericht kann von sich aus nicht die Natur des Rechtes entscheiden. Es wird die Rechte im Verfahren (auch im Anordnungs- und Beitrittsbeschluß) erwähnen, wie sie im Grundbuch eingetragen sind, also wie Bestandteile behandeln, und je nach Landesrecht einen Wert dafür anzusetzen. Zu bayerischem Recht[3], zu ehemals preußischem, insbesondere zu niedersächsischem Recht[4], allgemein auch[5].

---

[46] Steiner/Storz § 75 Rdn 2, 15, 16, 19 und 20; Storz ZIP 1980, 159.
[1] BayObLG 1960, 447; BayObLG 1964, 210 = MittBayNot 1964, 193 = NJW 1964, 1573.
[2] LG Amberg MittBayNot 1955, 164.
[3] BayObLG 1960, 447; BayObLG 1964, 210 = aaO (Fußn 1); BayObLG 1970, 21 = MittBayNot 1970, 19 = RdL 1970, 101 = Rpfleger 1970, 167; BayObLG 1970, 45 = MittBayNot 1970, 21 = Rpfleger 1970, 168 Leitsatz; BayObLG Rpfleger 1978, 316; BayObLG 1982, 400; BayObLG MittBayNot 1990, 33 = (mitgeteilt) Rpfleger 1990, 54; LG Amberg MittBayNot 1955, 164.
[4] OLG Celle RdL 1954, 249; OLG Celle NdsRpfl 1961, 34 und 1961, 270.
[5] Mümmler JurBüro 1993, 522.

Anordnungsbeschluß 22.4 § 15

21.3 Zwangsversteigerung einer **Straßen- und Wegefläche**[6] sowie einer als Kinderspielplatz[7] ausgewiesenen Fläche (mit eigener Flurstücknummer), die dem Gemeingebrauch gewidmet ist, aber in Privateigentum steht oder in die aus einem dinglichen Recht vollstreckt wird, ist zulässig. Hinsichtlich der Nutzung ist diese dem öffentlichen Recht unterstellt. Dadurch ist die Ausübung der aus dem Eigentum fließenden Rechte beschränkt, das Eigentum bleibt aber erhalten. Das Grundstück kann rechtsgeschäftlich übereignet, also auch zwangsversteigert werden. Es ist Sache des Meistbietenden sich zu entscheiden, ob er das Eigentum trotz der Beschränkung haben will.

Herrenlose Immobilie 22

22.1 Wenn in ein herrenloses Grundstück (BGB § 928), Schiff, Schiffsbauwerk (Schiffsrechtegesetz § 7) oder Luftfahrzeug (Luftfahrzeugrechtegesetz § 99 Abs 1) dinglich zwangsvollstreckt werden soll, ist nach ZPO § 787 auf Antrag vom Vollstreckungsgericht ein **Vertreter** zur „Wahrnehmung der sich aus dem Eigentum ergebenden Rechte und Verpflichtungen im Zwangsvollstreckungsverfahren" **zu bestellen**. Das ist nicht nötig, wenn schon durch das Prozeßgericht nach ZPO § 58 ein Vertreter zur „Wahrnehmung der sich aus dem Eigentum ergebenden Rechte und Verpflichtungen im Rechtsstreit" bestellt war, außer wenn dieser inzwischen weggefallen ist. Beide Arten von Vertretern sind gesetzliche Vertreter des künftigen Eigentümers[1], nicht „Partei kraft Amtes".

22.2 Den **Vertreter** nach ZPO § 787 **bestellt** der Rechtspfleger (RpflG § 20 Nr 17). Muster für die Bestellung im ZVG-Handbuch Rdn 108. Die Kosten für den Vertreter fallen dem betreibenden Gläubiger zur Last. Er kann sie nach ZPO § 788 und ZVG § 10 Abs 2 als Vollstreckungskosten mit beitreiben[2].

22.3 Wird das Grundstück herrenlos, **bevor** die Immobiliarvollstreckung beginnt, so ist erst der Vertreter zu bestellen, bevor die Anordnung möglich ist. Wird es herrenlos, **nachdem** angeordnet ist, aber bevor die Anordnung wirksam ist, so ist bei Vollstreckung wegen einer öffentlichen Last oder eines dinglichen Anspruchs der Beschluß dem Vertreter zuzustellen, sonst ist das Verfahren wieder aufzuheben (weil es keinen Schuldner gibt). Wird es herrenlos, nachdem das Grundbuchersuchen beim Grundbuchamt eingegangen ist (damit Beschlagnahme wirksam), so ist, um zustellen zu können, sofort ein Vertreter zu bestellen. Wird das Grundstück erst nach der Zustellung an den Schuldner herrenlos, so ist das Verfahren fortzusetzen, weil es sich nicht um ein entgegenstehendes Recht nach § 28 handelt[3]. Um aber das Verfahren fortführen zu können (hier auch wegen eines Anspruchs in Rangklasse 5 des § 10 Abs 1), ist sofort der Vertreter zu bestellen. Erwirbt während des Verfahrens der Fiskus oder ein Anordnungsberechtigter das Eigentum, so ist § 26 anzuwenden[4] (dabei müssen folgerichtig auch die Ansprüche der Klassen 2 und 3 als dingliche behandelt werden).

22.4 Der Vertreter muß alle **Rechte des Eigentümers** wahrnehmen und wie ein sorgsamer Eigentümer handeln, auch eine durch die Sache gebotene Vollstreckungsabwehrklage erheben[5]. Zwangsversteigerung und Zwangsverwaltung finden gegen ihn statt, obwohl ein Eigentümer entgegen § 17 nicht im Grundbuch eingetragen ist[6].

---

[6] LG Aachen Rpfleger 1965, 79.
[7] LG Oldenburg Rpfleger 1983, 33.
[1] Zöller/Vollkommer, ZPO, § 58 Rdn 1.
[2] Zöller/Stöber, ZPO, § 779 Rdn 10; Steiner/Hagemann § 17 Rdn 32.
[3] Jaeckel/Güthe § 28 Rdn 2; Mohrbutter/Drischler Muster 12 Anm 1.
[4] Mohrbutter/Drischler Muster 12 Anm 1.
[5] Stein/Jonas/Münzberg, ZPO, § 787 Rdn 4.
[6] Zöller/Stöber, ZPO, § 787 Rdn 1; Stein/Jonas/Münzberg, ZPO, § 787 Rdn 3.

§ 15 22.5   Anordnung der Versteigerung

22.5 Wo der Vertreter für den Prozeß nach ZPO § 58 bestellt war, ergeht der **Titel gegen ihn**. Wird der Vertreter nach ZPO § 787 für die Vollstreckung bestellt, so ist die vollstreckbare Ausfertigung gegen ihn zu erteilen und ihm zuzustellen (nach ZPO §§ 727, 750)[7].

22.6 Die Vollstreckung in ein schon herrenloses Grundstück kann (nach Bestellung des Vertreters) nur erfolgen, wenn „durch die Zwangsvollstreckung ein Recht an einem Grundstück . . ." „geltend gemacht werden" soll (ZPO § 787 Abs 1). Es kann also in das herrenlose Grundstück nur **„dinglich"** vollstreckt werden. Das bedeutet, daß in Rangklasse 4, 6 und 8 aus einer Hypothek, Grundschuld, Rentenschuld, Reallast vollstreckt werden kann. Aus einer persönlichen Forderung (Rangklasse 5) kann keinesfalls vollstreckt werden, weil das Grundstück nicht mehr zum Vermögen des Schuldners gehört. Als dingliche Ansprüche muß man hier aber auch (was in keinem ZPO- oder ZVG-Kommentar angesprochen wurde; jetzt wie hier[8]) Ansprüche aus Rangklasse 2 und 3 behandeln, die wie die dinglichen Rechte sich nicht gegen den Grundstückseigentümer persönlich, sondern gegen das Grundstück richten.

22.7 Die **Tätigkeit** des Vertreters **endet** mit der Grundbucheintragung des neuen Eigentümers oder mit dem Ende des Vollstreckungsverfahrens, also in der Zwangsversteigerung mit dem Verteilungstermin. Für spätere Vorgänge (zB Auszahlung des zugeteilten Übererlöses) ist ein Pfleger für Unbekannte (BGB § 1913) zu bestellen (rechtzeitige Mitteilung an das Vormundschaftsgericht nötig).

22.8 Der Vertreter hat Anspruch auf Vergütung und Auslagenersatz. Über die Höhe müssen sich Gläubiger und Vertreter einigen. In entsprechender Anwendung von §§ 6, 7 muß es aber möglich sein, die Vergütung durch das Vollstreckungsgericht festzusetzen (anders[9]: nur Prozeßweg) etwa so: „. . . Der betreibende Gläubiger . . . hat dem mit Beschluß des Vollstreckungsgerichts vom . . . zur Wahrnehmung der sich aus dem Eigentum ergebenden Rechte und Verpflichtungen im Zwangsversteigerungsverfahren bestellten Vertreter . . . ab . . . bis zum Verteilungstermin dieses Verfahrens für jeden angefangenen Monat eine Vergütung von . . . DM zu entrichten und außerdem die anfallenden Auslagen und die anfallende Mehrwertsteuer zu ersetzen. Gründe: . . ."

22.9 Ein Eigentumsverzicht bezieht sich nicht auf Eigentümerrechte am Grundstück, damit nicht auf eine **Eigentümergrundschuld**; sie wird durch den Eigentumsverzicht Fremdgrundschuld des früheren Eigentümers. Auch die Rechte der Mieter und Pächter nach § 57 c werden durch den Verzicht nicht berührt. Grundstückszubehör wird herrenlos mit der Besitzaufgabe (BGB § 959).

22.10 **Aneignungsberechtigt** ist bei Grundstücken und Grundstücksbruchteilen der Fiskus des Landes (BGB § 928 Abs 2) oder die landesrechtlich bestimmte Person (EGBGB Art 129, 190). Unter dieses gesetzliche Aneignungsrecht der Genannten fallen mit dem Grundstück auch Erzeugnisse und Bestandteile, die nach BGB § 953 dem Eigentümer zugefallen wären (diese kann sich also nicht nach BGB § 958 jedermann aneignen, weil sie das Schicksal des Grundstücks teilen), ferner die sonstigen Nutzungen (BGB § 100), also auch Miete und Pachtzinseingänge aus dem herrenlosen Objekt (solange sie nicht einem Nießbraucher oder sonst Berechtigten, BGB § 954, zustehen), ebenso der Übererlös eines versteigerten herrenlosen Objekts. Der Fiskus oder sonst gesetzlich Aneignungsberechtigte kann sein Aneignungsrecht auch abtreten (in öffentlicher Urkunde, BGB § 313). Wenn der Fiskus oder sonst Berechtigte sich das Grundstück (samt Nut-

---

[7] Zöller/Stöber, ZPO, § 787 Rdn 1; Steiner/Hagemann § 17 Rdn 32.
[8] Steiner/Hagemann § 17 Rdn 31; Stein/Jonas/Münzberg, ZPO, § 787 Rdn 2 mit Fußn 1.
[9] Steiner/Hagemann § 17 Rdn 32.

Anordnungsbeschluß 23.2 § 15

zungen usw) nicht aneignet, auch das Aneignungsrecht nicht abtritt, bleibt nur das Aufgebotsverfahren nach BGB § 927.

22.11 Fall aus der Praxis: Beim AG München waren von 1937–1956 acht herrenlose Grundstücke in Zwangsverwaltung, für die nach Aufhebung der Verwaltung (durch Rücknahme des Verfahrensantrags) in der anschließenden Pflegschaft für Unbekannte (BGB § 1913) ein Überschuß von etwa 100 000 DM verblieb. Als der Fiskus nach ergebnislosem Zwangsversteigerungsversuch eines Hypothekengläubigers (keine Gebote abgegeben) das Aneignungsrecht an einen Interessenten abtrat und dieser als Eigentümer im Grundbuch eingetragen wurde, mußte ihm auch der Überschuß als Nutzung des Grundstücks (weil mit dem Aneignungsrecht am Grundstück mit abgetreten) ausgehändigt werden.

22.12 Für **Schiffe** ist der Fiskus der Bundesrepublik Deutschland aneignungsberechtigt (Schiffsrechtegesetz § 7 Abs 2). **Luftfahrzeuge** werden für das Aneignungsrecht als bewegliche Sachen behandelt (Luftfahrzeugrechtegesetz § 98 Abs 1); hier also Aneignung nach BGB § 958. Die Regeln für den Eigentumsverzicht in BGB § 928 gelten nicht für Erbbaurechte (ErbbauVO § 11 Abs 1).

Konkursverfahren, Vergleichsverfahren 23

Literatur: Behr Auswirkungen des Konkursverfahrens auf laufende Einzelvollstreckungen, DGVZ 1977, 49; Mohrbutter, Mohrbutter, Konkurs und Zwangsversteigerung, KTS 1958, 81; Mohrbutter, Die Bedeutung des Versteigerungs- und Konkursvermerkes sowie des Veräußerungsverbotes des Vergleichsverfahrens im Grundbuch, JurBüro 1956, 153; Mohrbutter, Zusammentreffen von Zwangsversteigerung und Konkurs, JurBüro 1956, 355.

23.1 Durch Eröffnung des **Konkurs**verfahrens **verliert** der Schuldner (dort Gemeinschuldner genannt) das **Recht zur Verwaltung** und Verfügung für sein zur Konkursmasse gehörendes Vermögen (KO § 6 Abs 1); dieses Recht wird durch einen Konkursverwalter ausgeübt (KO § 6 Abs 2). Der Grundstückseigentümer kann Rechte eines Beteiligten nicht mehr ausüben (§ 9 Rdn 3.15). Konkursgläubiger (KO § 3) dürfen nur noch im Rahmen des Konkursverfahrens mit ihren Forderungen befriedigt werden (KO § 12). Eine schon vorher in der Immobiliarvollstreckung erfolgte Beschlagnahme bleibt aber wirksam (KO § 13). Während des Konkursverfahrens darf keine Einzelzwangsvollstreckung in die Konkursmasse erfolgen (KO § 14 Abs 1). Der Konkursvermerk ist somit für alle persönlichen Gläubiger ein entgegenstehendes Recht nach § 28, aber nur, soweit sie nicht schon die Beschlagnahme erwirkt hatten. Dingliche Gläubiger haben Anspruch auf abgesonderte Befriedigung (KO §§ 4, 47); sie werden durch die Eröffnung des Konkursverfahrens nicht behindert. Zulässig ist auf ihren Antrag daher nach Konkurseröffnung auch Anordnung der Zwangsverwaltung als Verfahren zur abgesonderten Befriedigung[1].

23.2 Das Verbot der Einzelvollstreckung (KO § 14 Abs 1) ist von Amts wegen zu beachten[2]. Einem persönlichen Gläubiger, der Anordnung der Zwangsversteigerung beantragt und offenbar die Konkurseröffnung noch nicht gekannt hat, ist jedoch vor Zurückweisung des Antrags mit Hinweis auf das Vollstreckungshindernis (ZPO §§ 139, 278 Abs 3; Einl Rdn 24) Gelegenheit zur Rücknahme seines Antrags zu geben[2]. War der Konkurs vor der Immobiliarbeschlagnahme eröffnet, aber diese entgegen KO § 14 oder auf Antrag eines dinglichen Gläubigers aus dem bisherigen Titel angeordnet, so ist die Beschlagnahme als solche wirksam und sogar (falls es soweit kommt) der Eigentumsübergang durch rechtskräftigen Zuschlag[3]. Weil jedoch ein **gesetzmäßiger Titel** fehlt, ist das Verfahren eines persönlichen Gläubigers nach § 28 aufzuheben (bzw der Zuschlag zu versa-

---

[1] OLG Köln NJW-RR 1987, 751.
[2] LG Oldenburg ZIP 1981, 1011.
[3] OLG Celle MDR 1962, 141.

§ 15   23.2   Anordnung der Versteigerung

gen)[4], sobald die Tatsache dem Gericht bekannt wird, das Verfahren des dinglichen Gläubigers nach § 28 einstweilen einzustellen und dem Gläubiger aufzugeben, Titel auf den Konkursverwalter umstellen und neu zustellen zu lassen. War umgekehrt das Verfahren (für dingliche Gläubiger) mit Titel gegen den Konkursverwalter angeordnet, obwohl sein Amt schon beendet oder das Grundstück aus der Masse freigegeben war, ist ebenfalls nach § 28 einzustellen, um den Titel gegen den Schuldner umstellen und neu zustellen zu lassen[5].

23.3 Konkurseröffnung nach Beschlagnahme ist (wie erwähnt) ohne Einfluß auf den Verfahrensfortgang (KO § 13). Auch wenn die Konkurseröffnung nach Wirksamwerden der Beschlagnahme durch Zugang des Eintragungsersuchens an das Grundbuchamt (§ 22 Abs 1 Satz 2), aber vor der Eintragung des Beschlagnahmevermerks im Grundbuch und vor der Zustellung des Anordnungsbeschlusses erfolgt ist, bleibt sie wirksam (§ 13 KO; dazu § 22 Rdn 2.). Durch Konkurseröffnung wird die Zwangsversteigerung (Zwangsverwaltung) auch nicht nach ZPO § 240 unterbrochen (Vorschrift hier nicht anwendbar[6], Einl Rdn 27). Umschreibung des Vollstreckungstitels gegen den Konkursverwalter hat nicht zu erfolgen. Der Konkursverwalter tritt an die Stelle des Schuldners und nimmt dessen Rechte im eigenen Namen wahr (Terminbestimmung, Wertfestsetzung, Einstellungsbelehrungen neu zuzustellen). Auch der persönliche Gläubiger kann auf Grund seiner bereits wirksamen Beschlagnahme das Verfahren ohne Titelumschreibung fortsetzen[7]. Bei Aufhebung oder Einstellung des Konkurses oder Freigabe des Grundstücks nach der Beschlagnahme wird das Verfahren ohne Titelumschreibung gegen den Schuldner fortgesetzt[8].

23.4 Wer nach Konkurseröffnung infolge seines Anspruchs auf abgesonderte Befriedigung (§ 15 Rdn 23.1) eine Vollstreckung beginnen darf, benötigt dazu einen **Titel gegen den Konkursverwalter**, dem auch zugestellt sein muß[9] (ausgenommen, wenn das Grundstück aus der Masse freigegeben ist). Das gilt auch für den Massegläubiger (KO §§ 58, 59), der einen Titel gegen den Konkursverwalter braucht, und zwar einen dinglichen[10]. Zu den dinglichen Gläubigern, die vollstrecken dürfen, gehören auch die aus der ZVG-Rangklasse 2 und 3[10]. Wechsel des Konkursverwalters macht keine neue Vollstreckungsklausel nötig (§ 15 Rdn 40.21). Nach Konkursende dürfen alle Gläubiger wieder gegen den Schuldner vollstrecken (Titel gegen den Schuldner).

23.5 Ein vor Konkurseröffnung erlassenes allgemeines **Veräußerungsverbot** (KO § 106 Abs 1) wird erst mit der Zustellung an den Schuldner wirksam[11]; es behindert, wie die Konkurseröffnung (§ 15 Rdn 23.1), nicht die Zwangsvollstreckung durch dingliche Gläubiger, die Anspruch auf abgesonderte Befriedigung haben. Das allgemeine Veräußerungsverbot schließt auch Vollstreckungen für persönliche Gläubiger nicht aus ([12]für Eintragung einer Zwangshypothek; anders[13]: Zwangsvollstreckung unzulässig). Mit Konkurseröffnung wird eine gegen das Veräußerungsverbot verstoßende Beschlagnahme jedoch nach BGB §§ 136, 135 den

---

[4] OLG Hamm Rpfleger 1966, 24.
[5] OLG Hamm OLGZ 1985 = 218; Rpfleger 1985, 310.
[6] Mohrbutter KTS 1958, 81.
[7] AG Hamburg-Wandsbek Rpfleger 1967, 15 mit zust Anm Stöber; Mohrbutter aaO (Fußn 6).
[8] OLG Hamm OLGZ 1985, 218 = Rpfleger 1985, 310.
[9] OLG Hamm Rpfleger 1966, 24 und aaO (Fußn 8); Stein/Jonas/Münzberg, ZPO, vor § 704 Rdn 62 und § 727 Rdn 26; Mümmler JurBüro 1971, 577 (A 1 d).
[10] Mohrbutter KTS 1958, 81.
[11] BGH 83, 158 = KTS 1982, 664 mit Anm Mohrbutter = NJW 1982, 2074 = Rpfleger 1982, 305.
[12] LG Frankenthal Rpfleger 1981, 438.
[13] AG Bonn DGVZ 1979, 76 mit abl Anm Schriftleitung.

Anordnungsbeschluß 23.11 § 15

Konkursgläubigern gegenüber unwirksam[14]. Veräußerung soll, solange das Veräußerungsverbot besteht, nach ZPO § 772 nicht erfolgen (anders[15]: bei Konkurseröffnung Verstoß gegen KO § 14; mit Erinnerung geltend zu machen).

23.6 Die **Freigabe** des Grundstücks aus der Konkursmasse durch den Konkursverwalter erfolgt durch eine an den Gemeinschuldner gerichtete empfangsbedürftige und unwiderrufliche Erklärung. Wenn die Freigabe des Grundstücks mit Zugang der Erklärung des Konkursverwalters an den Schuldner wirksam geworden ist, muß sich das Verfahren gegen ihn richten; der Zeitpunkt der Löschung des Konkursvermerks im Grundbuch hat nur deklaratorische Bedeutung.

23.7 Der Konkursverwalter, der einen auf den Gemeinschuldner lautenden Vollstreckungstitel gegen einen Dritten vollstreckt, muß die Vollstreckungsklausel auf seinen Namen umstellen und zustellen lassen (ZPO §§ 727, 750), desgleichen der Schuldner, der nach Aufhebung des Konkursverfahrens einen auf den Namen des Verwalters lautenden Titel vollstrecken will.

23.8 Zum Konkursverfahren auch ZVG-Handbuch Rdn 109, 161 b, sowie § 15 Rdn 11.3, § 172 Rdn 2.

23.9 Das gerichtliche **Vergleichsverfahren** nach der VerglO (nicht ein im Ausland eröffnetes[16]) kann (ähnlich dem Konkursverfahren) Beschränkungen für die Immobiliavollstreckung herbeiführen. Am Vergleichsverfahren nehmen alle persönlichen Gläubiger teil (VerglO § 25 Abs 1), nicht dagegen die im Konkurs absonderungsberechtigten dinglichen Gläubiger (hierzu VerglO § 27). Vergleichsgläubiger (alle persönlichen, die nicht rechtzeitig die Immobiliarbeschlagnahme erwirkt hatten) können während des Vergleichsverfahrens nicht vollstrecken (VerglO § 47), auch nicht im Wege des Verwaltungszwangsverfahrens, für sie besteht nach § 28 ein entgegenstehendes Hindernis.

23.10 Das gegen den Schuldner erlassene allgemeine **Veräußerungsverbot** (VerglO § 59), auch als vorläufige Maßnahme nach VerglO § 12, im Grundbuch und Schiffsregister einzutragen (VerglO § 61), wirkt zunächst zugunsten der Vergleichsgläubiger, durch Eröffnung des Anschlußkonkurses rückwirkend zugunsten aller Konkursgläubiger (VerglO § 103). Den Beschränkungen (Verbot VerglO § 47, Einstellung VerglO § 48, Aufhebung VerglO § 104) unterliegen auch persönliche Gläubiger (nicht die Absonderungsberechtigten), die unter die „Rückschlagsperre" aus VerglO § 28 fallen. Diese beginnt mit dem 29. Tag vor dem Tag, an dem der Antrag auf Vergleichsverfahren bei dem Gericht eingeht und sie erstreckt sich auch auf die Vollstreckung durch Zwangshypothek, Zwangsversteigerung, Zwangsverwaltung[17] oder im Verwaltungszwangsverfahren.

23.11 Für alle, die unter die **Rückschlagsperre** fallen (also persönliche Gläubiger, die nicht vor ihrem Beginn bereits die Immobiliarbeschlagnahme erwirkt hatten), gilt: solange nicht der Vergleich bestätigt oder der Anschlußkonkurs eröffnet oder das Vergleichsverfahren abgelehnt ist, sind auf diesen Gläubiger entfallende Erlösanteile oder Ausschüttungen aus der Verwaltungsmasse zu hinterlegen und bei Bestätigung des Vergleichs an den Schuldner, bei Anschlußkonkurseröffnung an den Konkursverwalter, bei Ablehnung des Vergleichsverfahrens an den Gläubiger auszuzahlen[18], mit Bestätigung des Vergleichs oder Eröffnung des Anschlußkonkurses hat das Vollstreckungsgericht die Maßnahmen dieses Gläubigers (zB seinen Anordnungs- oder Beitrittsbeschluß) aufzuheben[18], einen für ihn durchzuführenden Versteigerungstermin (falls er allein betreibt) abzusetzen oder den Zuschlag (falls er allein betreibt) zu versagen; nach Vergleichsbestätigung

---

[14] Kilger/K. Schmidt, KO, § 106 Anm 3; OLG Köln KTS 1971, 51.
[15] Gerhardt in Festschrift Einhundert Jahre Konkursordnung (1877–1977), S 119–126.
[16] LG Frankfurt NJW 1990, 650.
[17] Böhle-Stamschräder/Kilger, VerglO, § 28 Anm 2.
[18] Bley/Mohrbutter, VerglO, § 28 Anm 10 und 29 sowie § 15 Anm 13.

§ 15 23.11 Anordnung der Versteigerung

darf dieser Gläubiger nur noch die Vergleichsquote erhalten, wegen der früheren Forderung nicht mehr vollstrecken, erst bei Nichterfüllung des Vergleichs neu vollstrecken, die alte Vollstreckung nur für die vom Vergleich nicht erfaßten Kostenansprüche fortsetzen. Im übrigen ist hier wegen der sehr schwierigen Fragen, die den Rahmen dieses Buches übersteigen, auf[19] zu verweisen.

23.12 Der **Vergleichsverwalter** ist, im Gegensatz zum Konkursverwalter, nicht Partei kraft Amtes und tritt nicht an Stelle des Schuldners in laufende Immobiliarvollstreckungsverfahren ein. Auch ist der Titel nicht auf ihn umzuschreiben.

23.13 Im **Beitrittsgebiet** (Einl Rdn 14) gilt die **Gesamtvollstreckungsordnung** (GesO) idF vom 23. 5. 1991 (BGBl I 1185); die Konkursordnung ist dort nicht in Kraft getreten (Einigungsvertrag Anl I Kap III Sachgebiet A Abschn I Nr 4 und Anl II Kap III Sachgebiet A Abschn II Nr 1). Ein Gesamtvollstreckungsverfahren erfaßt auch das Schuldnervermögen im Geltungsbereich der Konkursordnung (Einigungsvertrag Anl II Kap III Sachgebiet A Abschn II Nr 1 d). Durch Eröffnung des Gesamtvollstreckung verliert der Schuldner das Recht zur Vermögensverwaltung und zur Verfügung über sein Vermögen (GesO § 5). Dieses Recht wird durch einen Verwalter ausgeübt (GesO § 8 Abs 2). Vor Eröffnung der Gesamtvollstreckung gegen den Schuldner eingeleitete Vollstreckungsmaßnahmen zugunsten einzelner (nicht absonderungsberechtigter) Gläubiger verlieren ihre Wirksamkeit[20] (GesO § 7 Abs 3 Satz 1). Die Vollstreckungsverfahren sind an das Gericht zu verweisen, das die Gesamtvollstreckung durchführt (GesO § 7 Abs 3 Satz 2). Unwirksam wird den Gesamtvollstreckungsgläubigern gegenüber auch eine Zwangshypothek[21] (ZPO § 867 Abs 1); sie erlischt[21] (GesO § 7 Abs 3 Satz 1). Der Gläubiger einer Hypothekenforderung nach dem Zivilgesetzbuch der (ehem) DDR ist berechtigt, die Vollstreckung des Grundstücks und der haftenden Gegenstände zu betreiben (ZGB-DDR § 455 Abs 1 Satz 1 mit EGBGB Art 233 § 3 Abs 1). Der Gläubiger eines Grundpfandrechts nach dem BGB kann aus dem Grundstück Befriedigung im Wege der Zwangsvollstreckung verlangen (BGB § 1147). Die Eröffnung der Gesamtvollstreckung behindert dieses Recht des dinglichen Gläubigers auf Befriedigung aus dem haftenden Grundstück nicht[22] (streitig; anders[23] [keine abgesonderte Befriedigung]). Für sie gilt daher gleiches wie für abgesonderte Befriedigung dinglicher Gläubiger nach Eröffnung des Konkursverfahrens. Ablösungsrecht des Verwalters: GesO § 12 Abs 1. Nach Eingang des Eröffnungsantrags können Vollstreckungsmaßnahmen (auch solche dinglicher Gläubiger) eingestellt werden (GesO § 2 Abs 4). Der Einstellungsbeschluß ist vom Zwangsversteigerungsgericht nach ZPO § 775 Nr 2 zu vollziehen. Mit Eröffnung der Gesamtvollstreckungsverfahrens endet die Wirksamkeit dieser vorläufigen Einstellung nach GesO § 2 Abs 4. Dann erfolgt Fortsetzung der Zwangsversteigerung auf Antrag des Gläubigers (§ 31 Abs 1 Satz 1). Fristbeginn mit Erledigung der vorläufigen Einstellung (§ 31 Abs 2 Buchst d entsprechend).

23.14 Am **1. Jan 1999** wird die **Insolvenzordnung** (InsO; BGBl 1994 I 2866) in Kraft treten und die Konkursordnung, die Vergleichsordnung, die Gesamtvollstreckungsordnung und weitere Gesetze des Insolvenzrechts ablösen. Auf Konkurs-, Vergleichs- und Gesamtvollstreckungsverfahren, die vor dem 1. 1. 1999 beantragt

---

[19] Böhle-Stamschräder/Kilger, VerglO, Bley/Mohrbutter, VerglO, je aaO (Fußn 17 und 18); Furtner DGV 1968, 50.

[20] BGH 128, 365 = NJW 1995, 1159 = Rpfleger 1995, 308 (damit überhollt LG Schwerin DtZ 1994, 416).

[21] BGH NJW 1995, 2715 = Rpfleger 1995, 514.

[22] LG Magdeburg Rpfleger 1996, 210; LG Schwerin Rpfleger 1996, 259; Braun und Bußhardt ZIP 1992, 902 (907); Hintzen und Wenzel Rpfleger 1996, 123 (Anmerkung).

[23] LG Memmingen; Rpfleger 1996, 122 mit abl Anm Hintzen und Wenzel = ZIP 1995, 1537; AG Halle-Saalkreis ZIP 1995, 1538.

Anordnungsbeschluß 24.2 **§ 15**

worden sind, und deren Wirkungen sind noch weiter die bisherigen Vorschriften anzuwenden; für Anschlußkonkursverfahren gilt das, wenn der dem Verfahren vorausgehende Vergleichsantrag vor dem 1. 1. 1999 gestellt worden ist (EGInsO Art 103).

Landwirtschaftliche Grundstücke 24

24.1 Landwirtschaftliche, forstwirtschaftliche und gärtnerisch genutzte Grundstücke (Begriffe § 10 Rdn 4.2) werden seit 1. 1. 1962 in der Zwangsversteigerung und Zwangsverwaltung (abgesehen von § 149 Abs. 2, §§ 150 b–e, § 185) **wie andere Grundstücke** behandelt. Alle früheren Beschränkungen der Immobiliarvollstreckung sind aufgehoben[1]. Von der besonderen Eigenschaft der Grundstücke werden Zwangsversteigerung und Zwangsverwaltung (mit den genannten Ausnahmen) nicht berührt. Das Grundstücksverkehrsgesetz (= GrdstVG) mit seinen Beschränkungen rechtsgeschäftlicher Vorgänge bezieht sich nicht auf die Immobiliarvollstreckung. Auch wenn der Verdacht besteht, daß die Vorschriften des GrdstVG durch Zwangsversteigerung umgangen werden sollen, muß die Versteigerung angeordnet werden. Die Landwirtschaftsbehörde hat kein Beschwerderecht[2], sie kann auch nicht anregen, das Verfahren abzulehnen oder wieder aufzuheben (so meint[2]). Sie ist auch nicht vorher anzuhören[3] (anders[4]). Der Versteigerungsvorgang ist kein genehmigungspflichtiges Umgehungsgeschäft[5], jedenfalls dann nicht, wenn es dem Gläubiger auch um die Befriedigung einer geschuldeten und titulierten Forderung geht[6] (unklar[7]). Die Landwirtschaftsbehörde ist überhaupt nicht am Verfahren beteiligt; dies gilt auch für die Verfahren nach §§ 172, 175, 180. Nur wenn das Vollstreckungsgericht sichere Kenntnis davon hat, daß die Versteigerung ausschließlich der mißbräuchlichen Umgehung der Genehmigungspflicht nach dem GrdstVG dient (zB weil sie unter dem Vorwand der Befriedigung eines für den genehmigungsfreien Grundstückserwerb rechtsgrundlos geschaffenen Titels betrieben wird), ist das Verfahren als rechtswidrig aufzuheben[8]. Die Wirksamkeit des in einem solchen Verfahren erteilten rechtskräftigen Zuschlags wird indessen nicht beeinträchtigt[9]. Von der Behörde soll dann aber Rückübereignung des Grundstücks in entsprechender Anwendung von GrdstVG §§ 2, 24 betrieben werden können[9].

24.2 Der auf Grund des GrdstVG § 7 Abs 2 im Grundbuch eingetragene Widerspruch ist kein **entgegenstehendes Recht** nach § 28[10], auch nicht die Reallast der Landwirtschaftlichen Rentenbank (§ 10 Rdn 6 und 9. Auflage, Beschränkung für Zwangsverwaltung). Landwirtschaftliche Entschuldung: Einschlägiges mit Texten 9. Auflage. Auch in „Höfe" (Höfeordnung vom 26. 7. 1976, BGBl 1976 I 1934 für bestimmten landwirtschaftlichen Besitz in den Ländern Hamburg, Niedersachsen, Nordrhein-Westfalen und Schleswig-Holstein mit gesetzlicher Hoferbenordnung) (Übersicht[11]) darf vollstreckt werden[11].

---

[1] Haegele Rpfleger 1961, 276 (II); Haegele BlGrBW 1961, 307 (VI); Haegele RpflJahrbuch 1963, 353 (18).
[2] OLG Stuttgart BWNotZ 1967, 157 = Justiz 1967, 148 = OLGZ 1967, 301 = RdL 1967, 149.
[3] Steiner/Hagemann §§ 15, 16 Rdn 105.
[4] Pfeifer RdL 1966, 286.
[5] OLG Karlsruhe RdL 1966, 153 = RpflJahrbuch 1968, 198 Leitsatz.
[6] LG Kiel JurBüro 1981, 1884.
[7] Steiner/Hagemann §§ 15, 16 Rdn 139.
[8] OLG Stuttgart BWNotZ 1981, 92 und 172 mit abl Anm Hepp = Justiz 1981, 206 = Rpfleger 1981, 241; LG Heilbronn Rpfleger 1994, 223.
[9] OLG Stuttgart aaO (Fußn 8).
[10] AG Waldbröl RdL 1963, 319.
[11] Dressel NJW 1976, 1244.

§ 15 24.3 Anordnung der Versteigerung

24.3 Schutz zur Förderung der landwirtschaftlichen Siedlung geschaffener **Heuerlingsstellen** und Eigenheime für ländliche Arbeiter und Handwerker ist mit Außerkrafttreten der Heuerlingswohnungsverordnung mit Durchführungsverordnungen entfallen (BGBl 1980 I 167).

25 Name und Firma in der Vollstreckung

Literatur: Aden, Die Identitätsprüfung durch den Gerichtsvollzieher bei der Namensänderung des Schuldners, MDR 1979, 103; Bauer, Unwesentlich unrichtige Benennung des Schuldners im Schuldtitel, JurBüro 1967, 961; Mager, Zwangsvollstreckung für und gegen Einzelfirmen und Gesellschaften, DGVZ 1967, 97 und 129; Noack, Der Kaufmann und sein Geschäftsvermögen in der Zwangsvollstreckung, MDR 1967, 639; Petermann, Wann ist die Partei im vollstreckbaren Titel „namentlich" richtig bezeichnet? Rpfleger 1973, 153; Petermann, Zweifel an der Identität des Schuldners, DGVZ 1976, 84; Schneider, Die Firma des Einzelkaufmannes im Vollstreckungsrubrum, JurBüro 1979, 489; Schüler, Zwangsvollstreckung gegen eine Firma, DGVZ 1981, 65.

25.1 Zwangsvollstreckung (Begriff Einl Rdn 1) darf nach ZPO § 750 Abs 1 nur beginnen, wenn **Gläubiger** und **Schuldner** als die Personen, für und gegen die sie stattfinden soll, im Vollstreckungstitel namentlich bezeichnet sind, wenn also Gläubiger und Schuldner die im Titel genannten Personen sind[1]. Im Verwaltungszwangsverfahren (§ 15 Rdn 38) gilt gleiches für Bezeichnung im Vollstreckungsantrag der Vollstreckungsbehörde, der (an Stelle eines Vollstreckungstitels) Vollstreckungsgrundlage ist (§ 15 Rdn 38.5). Damit wird gewährleistet, daß staatlicher Zwang nur zur Durchsetzung eines urkundlich bereits ausgewiesenen Anspruchs erfolgt[2]. Sichergestellt wird mit namentlicher Bezeichnung die Prüfung des Vollstreckungsgerichts, daß Gläubiger und Schuldner als Parteien des Zwangsvollstreckungsverfahrens mit den Personen identisch sind, für und gegen die der durch den Vollstreckungstitel festgestellte Anspruch durchzusetzen ist[2]. Die **Bezeichnung** muß so genau sein, daß Gläubiger und Schuldner durch das Vollstreckungsgericht sicher festgestellt werden können; deren Identität hat das Vollstreckungsgericht selbständig und unter eigener Verantwortung zu prüfen. Die Identität ist bei allen Vorgängen und bei allen Urkunden (Titel, Grundbucheintragung usw) genau zu prüfen; Zweifel gehen zu Lasten des Gläubigers, der aus dem Titel mit der ungenauen Parteibezeichnung vollstrecken will[3], bei Identitätszweifel ist daher eine gerichtliche Tätigkeit abzulehnen. Eine genaue Bezeichnung kann auch nachträglich herbeigeführt werden über ZPO § 319 (Berichtigung; dazu § 15 Rdn 40.9), § 731 (Klage auf Vollstreckungsklausel), § 727 (Rechtsnachfolge im weitesten Sinne). Maßgebend ist die Vollstreckungsklausel, wenn in ihr eine andere Person als Gläubiger oder Schuldner als im Vollstreckungstitel genannt ist (Folge von ZPO §§ 727 ff). ZPO § 319 wird oft allzuweit ausgelegt; an ungesetzliche Berichtigungsbeschlüsse ist das Vollstreckungsgericht nicht gebunden[4].

25.2 Eine unwesentlich **unrichtige Schreibweise** (Köhl statt Kohl) macht den Titel nicht ungeeignet, wenn die zuverlässige Feststellung von Gläubiger oder Schuldner dadurch nicht beeinträchtigt wird. Das gilt auch, wenn bei Datenverarbeitung die Namensschreibweise (geringfügig) abgeändert[5] oder undeutlich gefaßt (Herrmann Lothar)[6] wurde. Jedoch ist es nicht Aufgabe des Vollstreckungsgerichts, durch Überspannung von Ausdeutungsmöglichkeiten Mängel zu beheben, die vor dem Prozeßgericht behoben werden mußten. Wer verklagt werden sollte, läßt sich nicht aus den Zustellungsurkunden herleiten; diese haben nicht die Aufgabe, die

---

[1] Petermann Rpfleger 1973, 153 (I a).
[2] Zöller/Stöber, ZPO, § 750 Rdn 3.
[3] OLG Frankfurt Rpfleger 1979, 434; KG Berlin JurBüro 1982, 784 = Rpfleger 1982, 191.
[4] RG 124, 333 (334); auch Zöller/Vollkommer, ZPO, § 319 Rdn 28.
[5] LG Hannover JurBüro 1980, 774; Zöller/Stöber, ZPO, § 750 Rdn 5.
[6] LG Hannover JurBüro 1992, 57.

Anordnungsbeschluß 25.6 § 15

Partei zu bezeichnen, sondern sie zu finden. Bringt die Prüfung durch das Vollstreckungsgericht kein sicheres Ergebnis, so ist die Vollstreckung abzulehnen, bis der Gläubiger einen berichtigten Titel vorlegt. Berichtigung des Titels durch das Prozeßgericht kann erfolgen, soweit die Identität zweifelsfrei gewahrt bleibt. Sie wäre an sich nicht möglich, wenn kein Schreibfehler des Gerichts vorliegt; doch wird hierbei großzügig verfahren. Berichtigung ist nach richtiger Ansicht aber nicht möglich, wenn die unrichtige Namensbezeichnung auf den Gläubiger zurückzuführen ist[7]; falscher Name (auch falscher Vorname) geht zu Lasten des Gläubigers[7]. Dazu Einl Rdn 29.

25.3 Häufig werden abgekürzte **Vornamen** gebraucht, mitunter nur einzelne Buchstaben oder die Bezeichnung „N" (wenn der Vorname nicht bekannt ist; von „NN" = „non notus"). Man wird wohl sagen können: voller Vorname ist nicht unbedingt nötig, wenn die Identität sichergestellt ist[8] (anders[9], dem abgekürzter Vorname nicht genügt), Personengleichheit somit leicht geklärt werden kann[10]. Zu weitgehend wohl[11], daß Vollstreckung auch bei ganz falschen Vornamen möglich sei; hier sind ja der im Titel Genannte und der, gegen den vollstreckt werden soll, verschiedene Personen. Nicht unbedenklich auch[12]: fehlender Vorname sei unschädlich, wenn die Nämlichkeit feststehe.

25.4 Es kann hier nicht formalistisch und enghergig verfahren werden; abzustellen ist stets auf die Erfordernissen des Einzelfalles. **Formalien** sollen nicht das Verfahren unnötig erschweren, sondern der Rechtssicherheit dienen, sie sollen das sachliche Recht schützen, nicht vereiteln[13]. Ein Schuldtitel mit nur falscher Personenstandsangabe (Eheleute statt Mutter und Sohn) ist bei richtiger Namensangabe geeignet[14]. Fehlender Vorname ist dann kein Hindernis, wenn nach der sonstigen Parteibezeichnung und den örtlichen Verhältnissen keine Verwechslung möglich ist, andernfalls darf er nicht fehlen.

25.5 Trifft eine Schuldnerbezeichnung auf **gleichnamige Personen** zu (Max X Vater, Max X Sohn), so kann die Vollstreckung nicht erfolgen, wenn weder der Titel noch sonstige Umstände (Grundbucheintragung zB) einen verläßlichen Hinweis geben, wer von beiden gemeint ist[15]. Bei Zusätzen wie „sen" oder „jun" kann aber Vorsicht geboten sein; der im Grundbuch eingetragene „jun" kann inzwischen schon Großvater sein. Zu bedenken ist auch, daß das Vollstreckungsgericht nicht, wie es der Gerichtsvollzieher kann, an Ort und Stelle Ermittlungen führen kann, um den richtigen Schuldner zu finden.

25.6 Ändert sich der Name (durch Eheschließung, Scheidung, Kindesannahme, Einbenennung oder amtliche Änderung), so ist weder eine neue Vollstreckungsklausel nötig noch eine Berichtigung oder Ergänzung des Titels (durch berichtigende oder klarstellende Klausel) auf Grund von Urkunden (so aber[16]). Es

---

[7] AG Mönchengladbach JurBüro 1964, 38.
[8] OLG Köln MDR 1968, 762; LG Hamburg MDR 1961, 239 mit abl Anm Quardt; Petermann Rpfleger 1975, 153 (I b); Zöller/Stöber, ZPO, § 750 Rdn 6.
[9] LG Hamburg DGVZ 1957, 134 = Rpfleger 1957, 257 mit zust Anm Bull.
[10] RG 85, 163 (166); BayObLG JurBüro 1983, 116 = Rpfleger 1982, 466; OLG Hamm DGVZ 1963, 27 = JurBüro 1962, 533 = MDR 1962, 994; LG Berlin DVGZ 1964, 9; LG Bielefeld Rpfleger 1958, 278 mit Anm Bull; LG Hamburg Rpfleger 1958, 278 mit Anm Bull; LG Mannheim Rpfleger 1958, 277 mit krit Anm Bull; Petermann Rpfleger 1957, 395 (397).
[11] LG Hanau DGVZ 1959, 12.
[12] OLG Schleswig JurBüro 1973, 1102; AG Bonn; DGVZ 1994, 95; Petermann Rpfleger 1975, 153 (I b).
[13] RG 123, 204 (206) und 133, 365 (369); Vollkommer, Formenstrenge und prozessuale Billigkeit, 1973, § 2 II (S 24 ff).
[14] AG Mönchengladbach DGVZ 1964, 124 = JurBüro 1964, 696.
[15] LG Mainz DGVZ 1973, 170.
[16] LG Köln JurBüro 1968, 160 mit krit Anm Ahlborn.

§ 15 25.6 Anordnung der Versteigerung

ist vom Vollstreckungsorgan die Identität zu klären[17], zB durch Feststellung des Gerichtsvollziehers in der Zustellungsurkunde, durch Erklärung des Zustellungsempfängers, durch Bescheinigung des Einwohnermeldeamts[18] oder durch einen vom Prozeßgericht auf Grund vorgelegter Urkunden auf den Titel gesetzten Vermerk, der zulässig und zweckmäßig ist[19]. Im norddeutschen Raum war es früher auch üblich, die Ehefrau mit Familien- und Vornamen des Mannes zu benennen, was für die Identitätsfeststellung genügte[20]. Standesamtliche Urkunden, die zum Nachweis nötig sind, kann der Gläubiger nach ZPO § 792 verlangen, nach Ansicht von[21] nur zu Händen des Gerichts.

25.7 Ändert sich nach der Verfahrensanordnung der Name des Schuldners, so richtet sich das Verfahren ohne Änderung des Titels weiter gegen den Schuldner, nur unter seinem neuen Namen.

25.8 Mehrere Gläubiger oder Schuldner müssen im Vollstreckungstitel einzeln als Personen, für oder gegen die Zwangsvollstreckung stattfinden soll, und mit ihrem Beteiligungs- bzw Verpflichtungsverhältnis angeführt sein[22]. Unzureichend ist namentliche Bezeichnung nur eines dieser Gläubiger mit Hinweis auf eine Bürogemeinschaft oder Rechtsanwaltssozietät („Rechtsanwalt X und Partner"[23] [anders für Partnerschaft, Rdn 25.9], „u. a."[24]; „pp") sowie eine Sammelbezeichnung (Erbengemeinschaft X; Wohnungseigentümergemeinschaft ... straße Nr ...). Nur wenn ausnahmsweise Auslegung des Vollstreckungstitels (insbesondere anhand von Tatbestand und Entscheidungsgründen) noch eine zweifelsfreie Feststellung ermöglicht, welche Personen mit der Gesamtbezeichnung als Gläubiger oder Schuldner gemeint (bezeichnet worden) sind, ist ein solcher Titel als noch ausreichend anzusehen[25].

25.9 Der Name einer **Handelsgesellschaft** (Aktiengesellschaft, Aktienkommanditgesellschaft, Gesellschaft mbH, aber auch offene Handelsgesellschaft und Kommanditgesellschaft) und einer Genossenschaft ist deren Firma. Eine Partnerschaft wird mit ihrem Namen (dabei Zusatz „und Partner" oder „Partnerschaft") bezeichnet, eine Europ wirtschaftliche Interessenvereinigung mit ihrer Firma. Nur mit diesem Namen nehmen Handelsgesellschaften, Partnerschaft und Europ wirtschaftliche Interessenvereinigung sowie die Genossenschaft am Rechtsverkehr teil. Sie müssen daher auch mit ihrer Firma (ihrem Namen) im Vollstreckungstitel für den Vollstreckungsbeginn namentlich bezeichnet sein (ZPO § 750 Abs 1). Ebenso sind sie auch in Vollstreckungsantrag und Anordnungsbeschluß (Beitrittsbeschluß) als Parteien des Vollstreckungsverfahrens (Gläubiger oder Schuldner) nur mit ihrer Firma (ihrem Namen) zu bezeichnen. Die erforderliche (§ 17 Abs 1) Eigentümereintragung des Schuldners im Grundbuch bezeichnet eine Handelsgesellschaft, sowie Partnerschaft und Genossenschaft, gleichfalls mit ihrer Firma (GBV § 15 Abs 1 Buchst b).

---

[17] LG Köln JurBüro 1969, 447; AG Frankfurt DGVZ 1964, 190 = FamRZ 1964, 296; AG Köln JurBüro 1968, 159 mit Anm Ahlborn; AG Köln JurBüro 1968, 249 und 750; AG Merzig DGVZ 1975, 13; AG Mönchengladbach MDR 1962, 138 sowie JurBüro 1963, 714 und DGVZ 1964, 121 = FamRZ 1964, 633 Leitsatz; Aden MDR 1979, 103; Zöller/Stöber, ZPO, § 750 Rdn 9.
[18] LG Bielefeld JurBüro 1987, 930.
[19] AG Kaiserslautern Rpfleger 1953, 527; AG Mönchengladbach DGVZ 1964, 121 = FamRZ 1964, 633 Leitsatz; Zöller/Stöber, ZPO, § 727 Rdn 31; Aden MDR 1979, 103.
[20] AG Mönchengladbach MDR 1962, 414.
[21] OLG Karlsruhe Rpfleger 1963, 162 mit krit Anm Peters.
[22] Zöller/Stöber, ZPO, § 704 Rdn 11 u § 750 Rdn 4.
[23] LG Bonn Rpfleger 1984, 28.
[24] LG Berlin Rpfleger 1977, 109.
[25] LG Bonn aaO (Fußn 23).

Anordnungsbeschluß 25.12 § 15

25.10 Der **Einzelkaufmann,** der eine von seinem bürgerlichen Namen abweichende **Firma** als Handelsnamen (HGB § 17 Abs 1) führt (ausgenommen davon ist der Minderkaufmann, HGB § 4 Abs 1), kann unter seinem bürgerlichen Namen oder unter seiner Firma klagen und verklagt werden (HGB § 17 Abs 2) und im Vollstreckungstitel als Gläubiger oder Schuldner bezeichnet sein. Nennt der Vollstreckungstitel einen Einzelkaufmann unter seiner Firma, dann ist der Firmeninhaber bei Eintritt der Rechtshängigkeit (ZPO §§ 261, 696 Abs 3, § 700 Abs 2) als Gläubiger oder Schuldner bezeichnet[26], nicht der jeweilige Firmeninhaber[27] und nicht der Firmennachfolger[28]. Mit diesem Vollstreckungstitel kann auch in das Privatvermögen des Kaufmanns vollstreckt werden ([29]mit Einzelheiten). Hierfür muß der bürgerliche Name des Kaufmanns nicht noch zusätzlich genannt sein[30], auch nicht bei einer abgeleiteten Firma (HGB § 22)[30].

25.11 Feststellung des mit seiner Firma bezeichneten Einzelkaufmanns muß durch das Vollstreckungsgericht eigenverantwortlich erfolgen[31]. Das Handelsregister hat der Rechtspfleger (Richter) des Vollstreckungsgerichts hierfür einzusehen, wenn es ohne Erschwernisse zugänglich ist (wie dann, wenn Vollstreckungsgericht und Registergericht Abteilungen des gleichen Gerichts sind). Ermittlungspflichten für den Gläubiger braucht das Vollstreckungsgericht jedoch nicht vorzunehmen[32]. Vielmehr hat, wenn das Handelsregister nicht zugänglich ist (auch dann, wenn der mit seiner Firma Bezeichnete nicht eingetragen ist), der Gläuiger Nachweise dafür zu erbringen, wer der mit einer Firma als Kaufmann Bezeichnete ist; auch Vorlage einer (nicht alten) beglaubigten Handelsregisterabschrift (eines Registerzeugnisses oder einer Registerbescheinigung, HGB § 9) obliegt dem Gläubiger, wenn Registereinsicht nicht erfolgen kann[33]. Wenn die Ermittlungen Zweifel übrig lassen wie insbesondere bei Wechsel des Firmeninhabers oder bei Erlöschen der Firma, kann dem Gläubiger aufgegeben werden, durch Zeugnis des Registergerichts (HGB § 9) nachzuweisen, daß der Grundstückseigentümer bei Rechtshängigkeit Firmeninhaber war[33].

25.12 Ob der Vollstreckungstitel den Schuldner (oder Gläubiger) mit seinem **bürgerlichen Namen** oder mit einer **Firma** bezeichnet, muß sich eindeutig ergeben. Zweifel gehen zu Lasten des Gläubigers. Mit seinem bürgerlichen Namen ist der persönlich (nicht unter Zusatz des Wortes „Firma") mit Vor- und Zunamen genannte Schuldner auch dann bezeichnet, wenn ein auf einen Geschäftszweig (eine kaufmännische Tätigkeit) hinweisender Zusatz so beigefügt ist („Textilwaren"), daß er den Schuldner lediglich als Kaufmann ausweist, nicht aber mit seinem Handelsnamen (seiner Firma) nennt[34]. Gegen eine andere Person als Schuldner kann der Titel auch dann nicht vollstreckt werden, wenn der in ihm angegebene bürgerliche Name auch Bestandteil einer im Handelsregister eingetragenen Firma und der persönlich bezeichnete Titelschuldner Firmeninhaber ist[34]. Der Vollstreckungstitel, der als Schuldner eine Firma bezeichnet und deren Inhaber namentlich nennt („Firma Bernhard H, Sägewerk, Inhaber Bernhard H"), ist nicht gegen einen (anderen) wirklichen Inhaber der Firma, sondern nur gegen die

---

[26] RG 86, 63 (65) und 124, 333 (334); BayObLG 1956, 218 = DNotZ 1956, 596 mit abl Anm Schweyer = NJW 1956, 1800 = Rpfleger 1957, 22; OLG Hamburg MDR 1962, 994; OLG Karlsruhe Rpfleger 1963, 162 mit krit Anm Peters; OLG München NJW 1971, 1615; LG Berlin DGVZ 1965, 136.
[27] AG Köln JurBüro 1965, 813; AG Köln JMBlNW 1967, 164; AG Köln JurBüro 1968, 248.
[28] LG Essen DGVZ 1968, 38 = Rpfleger 1968, 228.
[29] Zöller/Stöber, ZPO, § 750 Rdn 10.
[30] LG Osnabrück JurBüro 1968, 656; Zöller/Stöber, ZPO, § 750 Rdn 10.
[31] BayObLG 1956, 218 (= wie Fußn 26); Zöller/Stöber, ZPO, § 750 Rdn 10.
[32] OLG München KTS 1971, 289; Zöller/Stöber, ZPO, § 750 Rdn 10.
[33] BayOblG 1956, 218 = aaO (Fußn 26); Zöller/Stöber, ZPO, § 750 Rdn 10.
[34] LG Essen DGVZ 1968, 38 = Rpfleger 1968, 228.

§ 15 25.12 Anordnung der Versteigerung

in ihm als Inhaber bezeichnete Person gerichtet[35], auch wenn Inhaberwechsel vor Rechtshängigkeit erfolgt ist[36].

25.13 Änderung der Firma (HGB § 31 Abs 1) ist Namensänderung, beeinträchtigt somit die Vollstreckbarkeit des Titels (ohne neue Klausel) nicht, wenn die Identität des Schuldners (oder Gläubigers) mit dem mit seiner früheren Firma Bezeichneten zweifelsfrei festgestellt werden kann (siehe § 15 Rdn 25.6). Bei Firmenänderung nach der Beschlagnahme wird das Verfahren ohne Umschreibung des Titels mit der neuen Firmenbezeichnung fortgeführt. Unrichtige Schreibweise der Firma macht den Titel (bei möglicher Auslegung) nicht ungeeignet (siehe § 15 Rdn 25.2, auch 25.3). Erlöschen der Firma (HGB § 31 Abs 2) beendet nicht die Vollstreckbarkeit des Titels in das Privatvermögen des vormaligen Kaufmanns[37]. Bei Übernahme des Geschäfts unter Fortführung der Firma kann die Vollstreckungsklausel umgeschrieben werden (ZPO § 729 Abs 2).

25.14 Als **Gläubiger** einer geschäftlichen Vollstreckungsforderung kann der Einzelkaufmann auch in der Zwangsvollstreckung (Zwangsversteigerung und Zwangsverwaltung) **unter seiner Firma** auftreten (Folge von HGB § 17 Abs 2). Der **Schuldner** und der Gläubiger, der als Berechtigter eines dinglichen Rechts vollstreckt, ist in der Immobiliarvollstreckung (in Antrag, Anordnungs- und Beitrittsbeschluß) jedoch stets mit seinem **bürgerlichen Namen** zu bezeichnen. Bei Grundbucheintragung wird der Einzelkaufmann als Grundstückseigentümer oder als Gläubiger eines Grundstücksrechts immer nur mit seinem bürgerlichen Namen bezeichnet[38] (GBV § 15 Abs 1 Buchst a), auch wenn das Grundstück oder Grundstücksrecht zum Geschäftsvermögen gehört. Es ist daher auch Vollstreckung gegen eine natürliche Person als Grundstückseigentümer oder für sie als dinglich Berechtigter keine Angelegenheit des Geschäftsverkehrs, für den der Einzelkaufmann nach HGB § 17 mit seiner Firma bezeichnet wird. Auch der Einzelkaufmann führt deshalb in diesem Fall seinen bürgerlichen Namen; er ist damit auch vom Gläubiger und Vollstreckungsgericht als Partei des Vollstreckungsverfahrens mit seinem bürgerlichen Namen zu bezeichnen. Nicht richtig wäre daher Bezeichnung des Schuldners bei Verfahrensanordnung (Zulassung des Beitritts) als „Firma Josef Meier". Erfolgt ordnungswidrig Parteibezeichnung gleichwohl mit der Firma des Einzelkaufmanns, so berührt das die Beschlagnahmewirkungen gegen den damit zwar unrichtig Bezeichneten, aber als Partei des Vollstreckungsverfahrens feststehenden (identifizierbaren) Schuldner nicht. Ordnungswidrig wäre ebenso Bezeichnung des Einzelkaufmanns als Schuldner mit einem auf seine Firma hinweisenden Zusatz zu seinem bürgerlichen Namen. Nicht richtig wäre also Bezeichnung im Beschlagnahmebeschluß als „Josef Meier, Inhaber Franz Müller" oder „Franz Müller, firmierend als Josef Meier" oder „Franz Müller, Handelsname Josef Meier".

25.15 Ein **Minderkaufmann** (HGB § 4 Abs 1), ein sonstiger Gewerbetreibender, ein Handwerker oder eine andere Person, die **keine Firma** führen darf, muß im Vollstreckungstitel mit ihrem bürgerlichen Namen bezeichnet sein. Ist der Gläubiger oder (insbesondere) Schuldner auch in diesem Fall mit einer nicht eingetragenen Firma (unzulässig) bezeichnet, dann kann der Vollstreckungstitel für oder gegen den als Firmeninhaber Genannten vollstreckt werden, wenn Identifizierung zweifelsfrei möglich ist[39]. Das wird insbesondere angenommen, wenn das Wort „Firma" nur dem (gleichlautenden) Familien- und Vornamen vorangestellt ist[39], oder wenn die Firma nur einen Zusatz zur Kennzeichnung der beruflichen

---

[35] OLG Hamm JurBüro 1964, 533 mit zust Anm Schmidt; LG Koblenz Rpfleger 1972, 457 mit zust Anm Petermann.
[36] AG München DGVZ 1982, 172.
[37] Zöller/Stöber, ZPO, § 750 Rdn 10; Schneider JurBüro 1979, 489; Aden MDR 1979, 103.
[38] BayObLG DNotZ 1981, 578 = Rpfleger 1981, 192.
[39] Zöller/Stöber, ZPO, § 750 Rdn 11.

Anordnungsbeschluß 26.4 **§ 15**

Tätigkeit des Schuldners darstellt (Firma S, Inhaberin Johanna W)[40] (s auch Rdn 25.12).

25.16 Ist im Vollstreckungstitel eine „Firma" genannt, die es nicht gibt, wird Vollstreckung abgelehnt; gegen einen nicht Existierenden kann nicht vollstreckt werden. Es ist das Risiko des Gläubigers, wenn er den Schuldner falsch bezeichnet.

25.17 Fall aus der Praxis[41]: Titel lautete auf „Möbelhalle Sch, Inhaber Hans K". Laut Handelsregister war Firmeninhaber Ursula K. Vollstreckung gegen Hans K wurde abgelehnt, weil er weder Schuldner noch Firmeninhaber war. Der Titel ließ nicht ausreichend erkennen, ob Hans oder Ursula K gemeint war. Es konnte Ursula K unter der Firma verklagt werden, benannt war aber Hans. Schuldner war. nicht genügend bestimmt.

Nießbrauch 26

26.1 Der Nießbraucher eines Grundstücks hat das Recht, dessen Nutzungen zu ziehen (BGB § 1030 Abs 1) und es zu besitzen (BGB § 1036 Abs 1). Als Belastung des Grundstücks ist der Nießbrauch kein der Zwangsversteigerung nach § 28 entgegenstehendes Recht[1].

26.2 Anordnung der Zwangsversteigerung des mit einem Nießbrauch belasteten Grundstücks erfordert Vollstreckungstitel (nur) gegen den Eigentümer als Schuldner (§ 17 Abs 1; ZPO § 750). Vollstreckungstitel (auch nur als Duldungstitel) gegen den Nießbraucher ist nicht nötig[2] (anders[3]: persönlicher Gläubiger benötigt Duldungstitel). Mit seinem Recht am Grundstück schuldet der Nießbraucher Gläubigerbefriedigung oder Duldung der Zwangsvollstreckung in das Grundstück nicht. Berücksichtigt wird der Nießbrauch (wie alle Rechte am Grundstück, § 10 Abs 1 Nr 4) nach seinem Rang. Der Nießbrauch im Rang vor dem (best-)betreibenden Gläubiger bleibt bestehen (§ 52); der Nießbrauch im Rang nach (im Gleichrang mit) diesem Gläubiger erlischt mit Erteilung des Zuschlags (§ 91 Abs 1) mit Anspruch auf Wertersatz (§ 92 Abs 2). Damit kommt zugleich dem Besitzrecht des Nießbrauchers (BGB 1036 Abs 1) für Gläubigerbefriedigung durch Zwangsversteigerung keine Bedeutung zu (zur Zwangsverwaltung § 146 Rdn 10). Duldungstitel gegen den Nießbraucher ist daher auch nirgends vorgesehen und sachlich nicht geboten.

26.3 Das **Besitzrecht** des Nießbrauchers (BGB § 1036 Abs 1) und damit sein Recht auf die **Gebrauchsvorteile** (BGB § 1030 mit § 100) berührt die Beschlagnahme mit Anordnung der Zwangsversteigerung nicht. Er ist nicht Schuldner, so daß auch Sicherungsmaßnahmen nach § 25 gegen ihn ausgeschlossen sind. Gegen den Eigentümer (Schuldner) kann eine Sicherungsmaßnahme nach § 25 mit Einsetzung eines Verwalters auch zur Wahrung seiner Befugnisse zur Sicherung der Rechte gegenüber dem Nießbraucher (BGB §§ 1051–1054) angeordnet werden.

26.4 Für **Früchte** (Erzeugnisse und sonstige Ausbeute, BGB §§ 99, 100) gilt:
a) Bei Beschlagnahme **bereits getrenne Erzeugnisse** und sonstige Bestandteile (Begriff § 20 Rdn 3.3) sind als Grundstücksnutzungen Eigentum des Nießbrauchers (BGB §§ 954, 955 Abs 2). Auf sie erstrecken sich, auch soweit sie Zubehör sind, Beschlagnahme (§ 20 Abs 2 mit BGB § 1120) und Versteigerung (§ 55) nicht (zu § 55 Abs 2 und Eigenbesitz nachfolgend c).

---

[40] LG Nürnberg-Fürth Rpfleger 1958, 319 mit zust Anm Bull; Zöller/Stöber, ZPO, § 750 Rdn 11.
[41] AG Göttingen DGVZ 1967, 134 mit abl Anm Schriftleit.
[1] Jaeckel/Güthe § 28 Rdn 2; Dassler/Muth § 28 Rdn 17; Steiner/Eickmann § 28 Rdn 47; Staudinger/Frank, BGB, vor §§ 1030 ff. Rdn 90; Haegele DNotZ 1976, 5 (8; II 1).
[2] Haegele DNotZ 1976, 5 (8; II 1).
[3] Bünger BWNotZ 1963, 100 (2).

§ 15 26.4 Anordnung der Versteigerung

b) Auch **Miet- und Pachtzinsforderungen** sowie die Ansprüche aus einem mit dem Eigentum am Grundstück verbundenen Recht auf wiederkehrende Leistungen umfaßt die Zwangsversteigerungsbeschlagnahme nicht (§ 21 Abs 2). Als Nutzungen gebühren sie bis zur Versteigerung dem Nießbraucher, ebenso darüber hinaus, wenn sein Recht bestehen bleibt. Abgrenzung, wenn der Nießbrauch mit dem Zuschlag erlischt: BGB § 1056.

c) Die noch **mit dem Boden verbundenen Früchte** des Grundstücks (Erzeugnisse und sonstige Ausbeute) umfaßt die Beschlagnahme als Grundstücksbestandteile (§ 20 Abs 1). Dafür kommt es nicht darauf an, ob das Grundstück land- oder forstwirtschaftlich genutzt wird oder ob die Erzeugnisse mit Trennung Zubehör werden (hierwegen § 21 Abs 1). Die Beschlagnahme schmälert jedoch das Recht des Nießbrauchers auf solche Nutzungen (Früchte) des Grundstücks nicht. Sein Recht, die Sachnutzungen zu ziehen, ist aus dem Eigentümerrecht abgespaltenes sachenrechtliches Herrschaftsrecht. Daher bleibt es von der Beschlagnahme ebenso unberührt wie das Verwaltungs- und Benutzungsrecht des Schuldners innerhalb der Grenzen einer ordnungsgemäßen Wirtschaft (§ 24). Mit **Trennung nach Beschlagnahme** aber vor Versteigerung erwirbt der Nießbraucher daher auch das Eigentum an getrennten Erzeugnissen und sonstiger Ausbeute des beschlagnahmten Grundstücks. Die Fruchtziehung mit Trennung ist keine Verfügung (rechtsgeschäftliche Eigentumsübertragung; Begriff § 23 Rdn 2.2 und 2.4), der gesetzliche Eigentumserwerb des Nießbrauchers (BGB §§ 954, 955 Abs 2) somit auch nicht „gegen die Beschlagnahme verstoßene Verfügung" (§ 23 Abs 1 Satz 1 mit BGB § 135 Abs 1, § 136). Der Eigentumserwerb des Nießbrauchers ist daher auch dem Beschlagnahmegläubiger gegenüber wirksam. Ob die am Grundstück bestehenden Grundpfandrechte und damit auch die Beschlagnahmewirkungen sich an den getrennten Erzeugnissen und Bestandteilen fortsetzen, bestimmt sich nach BGB § 1120 und damit auch ZVG § 20 Abs 2. Mithaftung getrennter Erzeugnisse und sonstiger Bestandteile (auch soweit sie Zubehör sind) ist danach ausgeschlossen, soweit sie mit Trennung nach BGB §§ 954, 955 Abs 2 in das Eigentum des Nießbrauchers übergegangen sind. Sein Eigentumserwerb mit Trennung erfolgt frei von einer hypothekarischen Belastung[4] (anders[5]) und damit auch beschlagnahmefrei (so auch[6]). Weil sonach Haftung und Beschlagnahme der getrennten Erzeugnisse und sonstiger Bestandteile nicht bestehen, erlangen auch Enthaftung nach BGB §§ 1121, 1122 und damit erlaubte Schuldnerverfügung nach § 23 Abs 1 Satz 2 keinerlei Bedeutung. Früchteziehung durch den Nießbraucher **beseitigt** somit **die Beschlagnahme**. Daher werden die als Nutzungen des Nießbrauchers nach Beschlagnahme getrennten Erzeugnisse und sonstigen Bestandteile (Früchte, BGB § 99) auch nicht versteigert, soweit sie Zubehör sind auch nicht nach § 55 Abs 2, weil es sich nicht im Besitz des Schuldners befindet (Nießbraucher ist Eigenbesitzer, BGB § 872, vermittelt sonach nicht nach BGB § 868 Schuldnerbesitz). Das Fruchtziehungsrecht des Nießbrauchers, dessen Recht bestehen bleibt (§ 52), berührt der Zuschlag nicht. Das Fruchtziehungsrecht des nachrangigen Nießbrauchers endet, wenn sein Recht am Grundstück mit dem Zuschlag erlischt.

d) Nach anderer Ansicht (der nicht zu folgen ist) kommt es auf den Rang des Nießbrauchs gegenüber dem Anspruch des betreibenden Gläubigers an. Wenn der Nießbrauch dem Grundpfandrecht des Gläubigers vorgeht oder das Verfahren wegen einer persönlichen Forderung (Rangklasse 5 des § 10 Abs 1) betrieben wird, sollen weder die dem Nießbraucher gehörenden Früchte von der Beschlagnahme erfaßt (anders[7]) noch sein Recht auf den Fruchtgenuß berührt werden[8]

---

[4] BGB-RGRK/Pikart § 955 Rdn 5; Motive zum BGB Band III S 656.
[5] MünchKomm/Quack, BGB, § 953 Rdn 9.
[6] Steiner/Teufel §§ 20, 21 Rdn 69; Staudinger/Frank, BGB, vor §§ 1030 ff Rdn 92.
[7] Jaeckel/Güthe §§ 20, 21 Rdn 4.
[8] Korintenberg/Wenz § 21 Anm 3.

Anordnungsbeschluß 27.1 § 15

(anders[9]). Bei Nachrang des Nießbrauchers sollen zwar die vor der Beschlagnahme getrennten Erzeugnisse (auch soweit die Zubehör wären) von der Beschlagnahme nicht ergriffen werden (das regelt § 20 Abs 2 mit BGB § 1120 Abs 1); doch soll der Nießbraucher (im Gegensatz zum Pächter) den Fruchtgenuß nicht behalten[10]. Der Nießbraucher soll dann keine andere Stellung haben als sonst der Schuldner, die nach der Beschlagnahme getrennten Erzeugnisse sollen daher nur dann von der Beschlagnahme frei werden, wenn sie vom Nießbraucher vor Erteilung des Zuschlags veräußert und von dem Grundstück getrennt werden[11]; andernfalls sollen sie mitversteigert werden[11]. Nach wieder anderer Ansicht[12] soll der rangbessere Nießbraucher die Beseitigung der Beschlagnahme land- und forstwirtschaftlicher Erzeugnisse (für diese Einschränkung indes bietet § 21 Abs 1 keinen Anhalt, siehe Abs c) gemäß ZPO § 810 Abs 2, § 771 verlangen können (und müssen) und Berücksichtigung als grundbuchersichtlich nach § 28 zu erfolgen haben (Letzteres indes scheidet schon deshalb aus, weil die Nutzungsart des Grundstücks und beschlagnahmte Früchte nicht aus dem Grundbuch ersichtlich sind).

26.5 Wenn der Nießbrauch **an einem Vermögen** bestellt ist, können persönliche Gläubiger des Bestellers mit einer vor Nießbrauchbestellung erlangten Forderung in ein dem Nießbrauch unterliegendes Grundstück vollstrecken (BGB § 1086 als Gläubigerschutzvorschrift). Mit diesem Anspruch auf Befriedigung aus dem Grundstück unbeschadet der Rechte des Nießbrauchers ist der Gläubiger vor dem Nießbraucher berechtigt, mit der Folge, daß der Nießbrauch nicht bestehen bleibt, sondern mit dem Zuschlag erlischt[13]. Für Durchsetzung dieses Anspruchs auf Zugriff persönlicher Gläubiger hat zu dem Leistungstitel gegen den Eigentümer ein Duldungstitel gegen den Nießbraucher vorzuliegen (ZPO § 737). Das schließt Vollstreckung des persönlichen Gläubigers des Eigentümers ohne Duldungstitel in das Grundstück nicht aus mit der Maßgabe (siehe Rdn 26.2), daß der vorgehende Nießbrauch nicht berührt wird, somit bestehen bleibt.

26.6 Zwangsverwaltung: § 146 Rdn 10. Teilungsversteigerung: § 180 Rdn 7.17

Pfandrecht 27

27.1 Das durch Verpfändung oder Pfändung erlangte Pfandrecht an einem **Miterbenanteil** (BGB § 2032) wirkt sich als Verfügungsbeschränkung für sämtliche Miterben aus[1]. Versteigerung eines zum Nachlaß gehörenden Grundstücks mit Vollstreckungstitel gegen sämtliche Miterben würde die Rechtsstellung des Erbteilspfandgläubigers schmälern. Sie bedarf daher seiner Zustimmung oder der Vorlage eines gegen ihn gerichteten (rechtskräftigen) Titels auf Duldung der Zwangsvollstreckung[2]. Die als Verfügungsbeschränkung im Grundbuch eingetragene Verpfändung oder Pfändung eines Miterbenanteils ist daher, solange Zustimmung oder Duldungstitel nicht vorliegen, ein die Veräußerung nach § 28 hinderndes Recht[3]. Das gilt nicht, wenn die Versteigerung auf Grund eines vor der Verpfändung oder Pfändung eingetragenen, dem Erbteilspfandgläubiger gegenüber somit wirksamen dinglichen Rechts erfolgt[4] (so auch[5]).

---

[9] Jaeckel/Güthe §§ 20, 21 Rdn 4.
[10] Jaeckel/Güthe §§ 20, 21 Rdn 4; Korintenberg/Wenz § 21 Anm 3.
[11] Korintenberg/Wenz § 21 Anm 3.
[12] Steiner/Eickmann § 28 Rdn 48.
[13] Zöller/Stöber, ZPO, § 737 Rdn 2.
[1] BayObLG 1959, 50 = NJW 1959, 1780 = Rpfleger 1960, 157.
[2] BayObLG aaO (Fußn 1); OLG Frankfurt HRR 1937 Nr 758 = JW 1937, 2129; Stöber, Forderungspfändung, Rdn 729; Stöber Rpfleger 1962, 113 (114).
[3] BayObLG und OLG Frankfurt je aaO (Fußen 1 und 2); Stöber wie Fußn 2 und ZVG-Handbuch, Rdn 161 zu d; Steiner/Eickmann § 28 Rdn 50.
[4] Stöber, ZVG-Handbuch, Rdn 161 zu d.
[5] Steiner/Eickmann § 28 Rdn 50.

§ 15   27.2   Anordnung der Versteigerung

27.2   Solange das **Pfandrecht nicht** als Veräußerungsverbot im Grundbuch **eingetragen** ist, hindert es die Anordnung der Zwangsversteigerung nicht. Jedoch soll nach ZPO § 772 Veräußerung nicht erfolgen, somit Versteigerungstermin nicht stattfinden und Zuschlag nicht erteilt werden. Rechtsbehelf für Pfandgläubiger, wenn dennoch die Versteigerung erfolgt: Widerspruchsklage nach ZPO § 771 mit § 772.

28   Rechtliches Gehör des Schuldners

28.1   Von Anhörung des Schuldners zum Antrag auf Vollstreckungsversteigerung (auch Zwangsverwaltung) ist in der Regel **abzusehen**[1]. In dem auf Vollstreckungshandeln angelegten Anordnungsverfahren (daher noch kein Verfahren vor Gericht mit Anspruch auf rechtliches Gehör nach GrundG Art 103 Abs 1; dazu § 180 Rdn 5.8) wird über den Gläubigerantrag schriftlich entschieden. Mündliche Verhandlung (die zulässig wäre[2]), ist praktisch nicht geboten. Anhörung des Schuldners zu dem Versteigerungsantrag vor schriftlicher Entscheidung hat in der Regel zu unterbleiben, weil sie gebotene Sicherung gefährdeter Interessen des Gläubigers mit wirksamer Beschlagnahme beeinträchtigen würde, die sofortigen Vollstreckungszugriff notwendig machen[3]. Wenn das Verfahren wegen eines persönlichen Vollstreckungsanspruchs (Rangklasse 5 des § 10 Abs 1) angeordnet werden soll, gebietet und rechtfertigt Sicherung der Beschlagnahmewirkung Nichtanhörung des Schuldners (er könnte schnell noch veräußern oder belasten)[4]. Aber auch wenn das Verfahren wegen eines dinglichen Rechts (Rangklasse 4 des § 10 Abs 1) betrieben werden soll, macht Gewährleistung des Zwecks der Zwangsversteigerung regelmäßig Nichtanhörung des Schuldners erforderlich (der durch Anhörung gewarnte Schuldner könnte die Beschlagnahme mit Veräußerung und Entfernung von Zubehörstücken, Bestandteilen oder Erzeugnissen gefährden, BGB § 1121)[5]. Siehe hierzu auch § 2 Rdn 4.3. Ein schutzwürdiges Interesse des Gläubigers an der Beschlagnahme kann auch dann Entscheidung ohne Schuldneranhörung gebieten, wenn das Rechtsschutzbedürfnis nicht eindeutig festgestellt (somit auch nicht ausgeschlossen) werden kann (für ausnahmsweise Schuldneranhörung dann, dies aber nur in Zweifelsfällen[6]; das mag Frage des Einzelfalls sein). Verweisung des Schuldners auf den Rechtsweg nach Verfahrensanordnung dürfte sich auch dann als sachgerechter und interessengemäßer erweisen.

28.2   Zur Teilungsversteigerung § 180 Rdn 5.8.

29   Rechtsnachfolge des Gläubigers

Literatur: Obermaier, Rechtsnachfolge in Zwangsvollstreckung bei Tod, 1970; Obermaier, Die Rechtsnachfolge in das Zwangsvollstreckungsverfahren beim Tode einer Partei, DGVZ 1973, 145.

29.1   Gläubigerwechsel mit **Übergang der Forderung auf einen anderen** kann durch Rechtsgeschäft (Abtretung, BGB § 398), kraft Gesetzes (insbes Erbfolge, BGB § 1922 Abs 1; Ablösung, BGB § 268 Abs 3 Satz 1; Zahlung des Bürgen, BGB § 774 Satz 1; Gläubigerbefriedigung durch persönliche Schuldner mit Ersatz-

---

[1] BGH KTS 1984, 499 = MDR 1985, 52 = NJW 1984, 2166 = Rpfleger 1984, 363; BGH KTS 1985, 137 = WM 1984, 1342; BayObLG 1974, 15 (18) = NJW 1974, 1204 = Rpfleger 1974, 167; OLG Stuttgart Justiz 1970, 52 Leitsatz; Metzger NJW 1966, 200; Stöber, ZVG-Handbuch, Rdn 110 a.
[2] Zöller/Stöber, ZPO, vor § 704 Rdn 23.
[3] BVerfG 57, 346 (359) = NJW 1981, 2111; Kunz ZZP 94 (1981) 358 (IV Buchbesprechung).
[4] BGH NJW 1984, 2166 und KTS 1985, 137 = je aaO (Fußn 1); BayObLG 1974, 15 = aaO (Fußn 1).
[5] BGH KTS 1985, 137 = WM 1984, 1342.
[6] Steiner/Hagemann §§ 15, 16 Rdn 140 und Rdn 203.

Anordnungsbeschluß 29.5 § 15

anspruch, BGB § 1164) oder Hoheitsakt (insbes Pfändung und Überweisung) eintreten. **Materiell** ist damit der bisherige Gläubiger nicht mehr berechtigt, vom Schuldner Leistung zu verlangen; ein Vollstreckungsverfahren darf er als Gläubiger demnach nicht mehr betreiben. Den Versteigerungserlös oder Zahlung durch den Zwangsverwalter darf der Altgläubiger daher nicht mehr in Empfang nehmen. Er darf diese Rechte auch nicht zugunsten des Rechtsnachfolgers ausüben[1]. Ausnahme: Aktivlegitimiert, den Anspruch im Wege der Zwangsvollstreckung durchzusetzen, bleibt der Titelgläubiger trotz Abtretung des Anspruchs, wenn er materiellrechtlich auf Grund einer Einziehungsermächtigung befugt ist, weiterhin Leistung an sich zu verlangen[2].

29.2 Die **Zwangsvollstreckung** ist von der materiellen Rechtmäßigkeit des Anspruchs jedoch gelöst; sie richtet sich nach dem **Inhalt des Vollstreckungstitels**[3]. Beginn und Fortsetzung der Zwangsvollstreckung erfolgen für die Person, die in dem Urteil (sonstigen Vollstreckungstitel) oder der ihm beigefügten Vollstreckungsklausel als Gläubiger namentlich bezeichnet ist (ZPO § 750 Abs 1 Satz 1). Deren materielle Berechtigung prüft das Vollstreckungsgericht nicht. Vielmehr ist Beendigung des Gläubigerrechts des im Vollstreckungstitel (in der Vollstreckungsklausel) Bezeichneten mit Übergang der Forderung auf einen anderen vom Schuldner als Einwendung gegen den durch Urteil (den sonstigen Vollstreckungstitel) festgestellten Anspruch mit Klage geltend zu machen (ZPO § 767; Vollstreckungsabwehrklage; auch -gegenklage). Berücksichtigung im Vollstreckungsverfahren erfolgt, wenn Ausfertigung einer vollstreckbaren Entscheidung vorgelegt wird, durch die dem Schuldtitel die Vollstreckbarkeit entzogen ist (ZPO § 775 Nr 1 mit § 776) oder (vorläufig), wenn die Zwangsvollstreckung eingestellt ist (ZPO § 775 Nr 2 mit § 769 Abs 1, 2; je mit Einzelheiten).

29.3 Angeordnet wird Zwangsversteigerung oder Zwangsverwaltung (ebenso Zulassung des Beitritts) auf **Antrag des Neugläubigers** (§§ 15, 27) bei Rechtsnachfolge nach Rechtshängigkeit (nach Errichtung eines ohne Erkenntnisverfahren entwirkten Titels), wenn ihm als Rechtsnachfolger eine vollstreckbare Ausfertigung des für ihn wirkenden Urteils (sonstigen Vollstreckungstitels) erteilt ist (ZPO § 750 Abs 1, §§ 727, 797).

29.4 Die mit **Beschlagnahme** durch Anordnung der Zwangsversteigerung oder Zwangsverwaltung oder Zulassung des Beitritts bei Gläubigerwechsel **bereits begründete Rechtsstellung** des (bisherigen) Gläubigers geht mit der Forderung auf den neuen Gläubiger über (für Erbfolge BGB § 1922; für Abtretung, Ablösung, Zahlung durch Bürgen oder ersatzberechtigten persönlichen Gläubiger BGB § 401 mit § 412; für Verpfändung und Pfändung infolge Verfügungsbeschränkung des Schuldners und Einziehungsermächtigung nach Pfandreife oder Überweisung BGB §§ 1281, 1282, ZPO §§ 829, 835). Allein nach Verfahrensrecht beurteilt sich jedoch, ob dieser Gläubigerwechsel vom Vollstreckungsgericht im Vollstreckungsverfahren auch als Parteiwechsel zu prüfen und zu berücksichtigen ist. Denn nach Verfahrensrecht ist Gläubiger und damit Partei grundsätzlich der im Vollstreckungstitel oder in der Vollstreckungsklausel Benannte (Rdn 29.2).

29.5 **Nimmt der alte Gläubiger** (Zedent, Abgelöster usw) als der weiterhin durch Vollstreckungstitel und -klausel (formell) ausgewiesene Vollstreckungsgläubiger den Versteigerungs**antrag zurück** oder bewilligt er die Einstellung des Verfahrens, dann ist aufzuheben (§ 29) oder einzustellen (Rdn 20.24). Der materiell berechtigte neue Gläubiger müßte, wenn er das nicht wünscht, im Verfahren vorher die Parteistellung als Gläubiger mit Titelvorlage übernehmen. Nicht aufzuheben ist das Verfahren jedoch, wenn der alte Gläubiger nur erklärt, er habe seine Ansprüche an einen anderen abgetreten, der neue Gläubiger sich aber nicht mel-

---

[1] OLG München BayJMBl 1956, 145 = DGVZ 1956, 171.
[2] BGH VersR 1993, 504.
[3] BVerfG 28, 1 (8).

§ 15   29.5   Anordnung der Versteigerung

det. Diese Erklärung und Untätigkeit des Gläubigers kann als Einstellungsbewilligung nach § 30 anzusehen sein. Doch ist hierbei Vorsicht geboten, weil der Vortrag des alten Gläubigers nicht richtig sein und der neue Gläubiger durch Reise, Krankheit usw verhindert sein könnte. Das Gericht kann aber nicht das Verfahren unerledigt liegenlassen. Es sollte dem alten und dem neuen Gläubiger die beabsichtigte Einstellung aus § 30 (wenn deren Möglichkeiten schon erschöpft sind, die daraus drohende Aufhebung aus § 30 Abs 1 Satz 3) ankündigen und zur Äußerung eine angemessene Frist setzen; die Verfügung ist zuzustellen.

29.6   Für den **bisherigen Gläubiger** wird die auf seinen Antrag eingeleitete Zwangsversteigerung oder Zwangsverwaltung weiter durchgeführt, wenn nicht der Neugläubiger als Partei das Verfahren übernimmt und fortsetzt (Rdn 29.7; zu Einstellungsgründen siehe Rdn 29.13). Denn Verfahrensgrundlage ist der Vollstreckungstitel (mit Vollstreckungsklausel, ZPO §§ 704, 724 mit § 750 Abs 1 Satz 1). Der bisherige Gläubiger behält formell daher auch nach dem Forderungsübergang noch als Partei des Zwangsvollstreckungsverfahrens die Stellung des betreibenden (vollstreckenden) Gläubigers. Gläubigerwechsel ist daher nicht vom Vollstreckungsgericht von Amts wegen zu berücksichtigen (anders[4]: Zwangsversteigerungstermin wird nicht anberaumt, Zuschlag nach § 83 Nr 6 nicht erteilt); er ist vom Schuldner mit Vollstreckungsabwehrklage geltend zu machen (Rdn 29.2). Nur in gesetzlich bestimmten Fällen (insbes ZPO §§ 775, 776) wird das Verfahren eingestellt oder aufgehoben (zB Rdn 29.13). Wechsel in der Person des Forderungsgläubigers ist kein Aufhebungsgrund. Besonderheiten ergeben sich lediglich bei Zahlung an den Berechtigten (hierfür § 114 Rdn 5 und § 157 Rdn 2).

29.7   Für **Fortsetzung** des Verfahrens durch den **neuen Gläubiger** hat dieser als Rechtsnachfolger seinen vollstreckbaren Anspruch durch Vorlage einer auf seinen Namen lautenden vollstreckbare Ausfertigung des Urteils (sonstigen Vollstreckungstitels) nachzuweisen. Als allgemeine Voraussetzung einer jeden Zwangsvollstreckungsmaßnahme bestimmt das ZPO § 750, der auch für die Fortsetzung einer jeden Vollstreckung gilt[5]. Für die Verfahrensfortsetzung durch den neuen Gläubiger hat das Vollstreckungsgericht diese Vollstreckungsvoraussetzung von Amts wegen zu prüfen. Ein neuer Gläubiger kann daher trotz materieller Berechtigung (die das Vollstreckungsgericht nicht zu prüfen hat) erst nach Vorlage seiner Vollstreckungsurkunden im fortzusetzenden Verfahren handeln[6]. Bis dahin hat sich das Vollstreckungsgericht an den vorliegenden Vollstreckungstitel zu halten und den formell berechtigten alten Gläubiger unverändert in seiner Parteistellung als Vollstreckungsgläubiger zu behandeln (so auch[7], die nur herausstellen, daß der bisherige Gläubiger zur Fortsetzung des Verfahrens nicht mehr berechtigt sei, weil dem Schuldner sonst Vollstreckungsgegenklage zustehen würde).

29.8   Weiter durchgeführt wird die Zwangsversteigerung (Zwangsverwaltung) nur noch für den **neuen Gläubiger,** wenn der Gläubigerwechsel für den Verfahrensfortgang durch Vorlage des Vollstreckungstitels mit einer auf den neuen Gläubiger lautenden Vollstreckungsklausel (und erforderlicher Zustellung) nachgewiesen ist. Der alte Gläubiger ist damit aus dem Verfahren als Partei (damit auch als Beteiligter nach § 9) ausgeschieden. In seine durch Beschlagnahme erlangte Parteistellung ist in das Verfahren mit Parteiwechsel der Rechtsnachfolger durch Vorlage der Vollstreckungsnachweise eingetreten. Er hat das Verfahren im gegebenen Zustand (mit erschöpften Einstellungsmöglichkeiten, verbrauchten Rechtsbehelfen, rechtskräftiger Wertfestsetzung, nicht zu unterbrechendem Lauf von Fristen usw) übernommen. Zulassungsbeschluß (sonstigen Rechtsakt) des Vollstreckungsgerichts

---

[4] Steiner/Teufel § 27 Rdn 37.
[5] BGH Betrieb 1963, 1118 = DNotZ 1963, 673 = DRiZ 1963, 272 = VersR 1963, 671 = WM 1963, 754.
[6] Reinhard/Müller § 9 Anm II; Obermaier DGVZ 1973, 145 (C I 2).
[7] Jaeckel/Güthe § 9 Rdn 2; Korintenberg/Wenz § 9 Anm 2.

Anordnungsbeschluß 29.12 § 15

erfordert dieser Parteiwechsel nicht[8] (ähnnlich[9]: Fortsetzungsbeschluß zweckmäßig). Ein Beitritt (§ 27) des neuen Gläubigers ist weder möglich noch nötig. Ein Rückstand ändert sich durch den Wechsel nicht; was rückständig war, bleibt es[10].

29.9 Der **Gläubigerwechsel** wird vom Vollstreckungsgericht dem Schuldner **mitgeteilt,** mindestens anläßlich der nächsten Mitteilung oder Zustellung (Muster im ZVG-Handbuch Rdn 140), auf jeden Fall noch vor einem Termin. Im Versteigerungstermin sind ohnehin die betreibenden Gläubiger bekanntzugeben (§ 66 Abs 1), zweckmäßig mit besonderem Hinweis auf den erfolgten Wechsel. Eine neue Belehrung des Schuldners über die Möglichkeit eines Einstellungsantrags gemäß § 30 b Abs 1 erfolgt nicht, weil Gläubigerwechsel keine neue Möglichkeit aus §§ 30 a, 30 c eröffnet.

29.10 Zurücknahme des Versteigerungsantrags (§ 29) oder **Bewilligung der Einstellung** (§ 30) durch den neuen Gläubiger bewirkt nicht Verfahrensfortgang für ihn, erfordert somit nicht Nachweis des Gläubigerrechts durch Vorlage des Vollstreckungstitels mit Rechtsnachfolgeklausel (so für Abgelösten auch Rdn 20.23). Wirksamkeit dieser Verfahrenshandlung des neuen Gläubigers bedingt jedoch, daß er als Rechtsnachfolger des Beschlagnahmegläubigers Verfahrensbeteiligter (§ 9) ist. In dieser Eigenschaft Beteiligter wird der neue Gläubiger aber erst mit Anmeldung des Rechtsübergangs (erforderlichenfalls weiter mit Glaubhaftmachung) gemäß § 9 Nr 2 (dazu bereits § 15 Rdn 20.21, 20.23).

29.11 Bei Gläubigerwechsel nur wegen eines Forderungs**teils** (insbes daher bei Teilabtretung) bleibt der bisherige Gläubiger mit dem restigen Anspruch betreibender Gläubiger (kann auch allein wegen der Zinsen und Kosten der Fall sein). Vollstreckung des Altgläubigers wegen seines Forderungsrestes und ebenso des Neugläubigers wegen des auf ihn übergegangenen weiteren Forderungsteils erfordert jeweils Nachweis des Gläubigerrechts (ZPO § 750 Abs 1 Satz 1) durch Vollstreckungstitel (oder -klausel) wegen des einzelnen Forderungsteils (für Altgläubiger durch den wegen des ihm verbleibenden Anspruchs nicht eingeschränkten bisherigen Schuldtitel).

29.12 Auch der **Tod des Gläubigers** bewirkt mit Änderung der materiellen Berechtigung Parteiwechsel im laufenden Vollstreckungsverfahren zunächst nicht. Der Erbe hat als neuer Gläubiger seinen Eintritt in die Parteistellung des (verstorbenen) Vollstreckungsgläubigers vielmehr gleichfalls unter Vorlage des umgeschriebenen Vollstreckungstitels (mit neuem Zustellungsnachweis) nachzuweisen (Prüfung durch das Vollstreckungsgericht von Amts wegen)[11] (anders[12]: bei Tod des Gläubigers sei sofort Umschreibung und Neuzustellung des Titels nötig). Parteistellung im Vollstreckungsverfahren als Gläubiger erfordert jedoch Parteifähigkeit (persönliche Prozeßvoraussetzung, die von Amts wegen zu prüfen ist)[13]. Daher kann der Verstorbene auch formell nicht mehr betreibender Gläubiger sein. Weil aber auch Unterbrechung des Verfahrens nach ZPO § 239 nicht stattfindet (Einl Rdn 27), kann das Verfahren mit dem ursprünglichen Vollstreckungstitel nur für den (die) noch unbekannten Erben weiterlaufen. Diesem ist (wenn nicht ein Testamentsvollstrecker bestellt ist, BGB § 2205 Satz 1) ein Nachlaßpfleger (BGB § 1961) zu bestellen; da er gesetzlicher Vertreter ist, bedarf es für (Fortsetzung der) Vollstreckung durch ihn keiner auf ihn lautenden Vollstreckungsklausel (keiner Umschreibung der Klausel)[14].

---

[8] RG 65, 414 (418); Jaeckel/Güthe § 9 Rdn 2 und § 27 Rdn 1; Reinhard/Müller § 9 Anm II.
[9] Steiner/Teufel § 27 Rdn 37.
[10] RG 91, 341.
[11] Mohrbutter, Handbuch des Vollstreckungsrechts, § 35 (IV).
[12] OLG Hamm JMBlNW 1963, 132.
[13] Zöller/Stöber, ZPO, vor § 704 Rdn 16.
[14] AG Hamburg DVGZ 1992, 43.

29.13 Ablösung ist als Gläubigerbefriedigung bei Nachweis **Einstellungsgrund** nach ZPO § 775 Nr 4, 5 (§ 15 Rdn 20.23), ebenso Zahlung durch den Bürgen (BGB §§ 765, 774) und durch einen ersatzberechtigten persönlichen Schuldner (BGB § 1164).

30 Rechtsnachfolge (Tod) des Schuldners

Literatur: Jaspersen, Vollstreckung nach Anordnung der Nachlaßverwaltung, Rpfleger 1995, 243; Kessel, Eingriffe in die Vorerbschaft, MittRhNotK 1991, 137; Mümmler, Nochmals: Fortsetzung der Zwangsvollstreckung nach § 779 Abs 1 ZPO, JurBüro 1976, 1445; Noack, Vollstreckung gegen Erben, JR 1969, 8; Obermaier, Rechtsnachfolge in Zwangsvollstreckung bei Tod, 1970; Obermaier, Die Rechtsnachfolge in das Zwangsvollstreckungsverfahren beim Tode einer Partei, DGVZ 1973, 145; Schüler, Wann kann eine Zwangsvollstreckung gegen einen Schuldner nach dessen Tod in den Nachlaß ohne Titelumschreibung betrieben werden, JurBüro 1976, 100.

30.1 Ist der **Schuldner** vor dem „Beginn" der Vollstreckung (Einl Rdn 20) gestorben, so muß das Verfahren abgelehnt, ein schon angeordnetes wieder aufgehoben werden; es kann erst nach Umschreibung und Neuzustellung des Titels neu angeordnet werden (ZPO §§ 727, 750)[1]. Kommt die Ausfertigung eines Anordnungs- oder Beitrittsbeschlusses zurück, weil der Schuldner gestorben sei, so ist somit zu prüfen, ob er vor oder nach Beginn des Verfahrens gestorben ist[1].

30.2 Gegen den **Erben** ist, solange er die Erbschaft noch **nicht angenommen** hat (BGB § 1943), die Zwangsvollstreckung (die erst nach dem Tod des Erblassers beginnen soll) in den Nachlaß und nur wegen eines gegen den Nachlaß gerichteten Anspruchs zulässig (nicht auch wegen einer eigenen Verbindlichkeit des Erben) (ZPO § 778). Es ist ein Nachlaßpfleger als gesetzlicher Vertreter des (noch) ungewissen (oder unbekannten) Erben[2] zu bestellen (BGB §§ 1961, 1960 Abs 3). Der Vollstreckungstitel (die Klausel) hat für die Rechtsverfolgung gegen den Nachlaßpfleger (BGB § 1960 Abs 3) diesen als Schuldner zu bezeichnen[3]; das ist auch mit Bezeichnung des (noch) ungewissen (unbekannten) Erben, vertreten durch den Nachlaßpfleger, möglich[4]. Bestellt werden kann ein Nachlaßpfleger, wenn die Erben unbekannt sind weil der sofortigen Erteilung eines Erbscheins tatsächliche oder rechtliche Schwierigkeiten entgegenstehen, deren Klärung noch nicht abzusehen ist[5].

30.3 Nach Annahme der Erbschaft ist (neue) Zwangsvollstreckung gegen den Erben in den Nachlaß und in sein eigenes Vermögen zulässig. Er muß als Schuldner für Beginn der Zwangsvollstreckung in Vollstreckungstitel oder -klausel (ZPO § 750 Abs 1) namentlich bezeichnet sein. Haftungsbeschränkung: ZPO §§ 780–785.

30.4 Die Zwangsvollstreckung, die bei **Tod des Erblassers** (als Schuldner) gegen ihn **bereits begonnen** hatte, wird in den **Nachlaß fortgesetzt** (ZPO § 779 Abs 1), und zwar mit dem gegen den Erblasser lautenden Schuldtitel vor und/oder nach Annahme der Erbschaft. Der Titel muß nicht gegen den Erben umgeschrieben[6] und neu zugestellt werden; auch muß nicht das Grundbuch berichtigt werden. „Beginn" ist hier die Vornahme irgendwelcher Vollstreckungshandlungen zu Lebzeiten des Schuldners. Vollstreckung ist hier die gesamte auf Befriedigung des Gläubigers gerichtete Tätigkeit. Fortgesetzt werden kann die

---

[1] Drischler JVBl 1962, 83.
[2] BGH 49, 1 = MDR 1968, 142 = NJW 1968, 353.
[3] BayObLG JurBüro 1991, 1565 = KTS 1991, 624 = Rpfleger 1992, 28; Zöller/Stöber, ZPO, § 747 Rdn 71 und § 778 Rdn 6.
[4] Stein/Jonas/Münzberg, ZPO, § 727 Rdn 14 b Fußn 80 und § 750 Rdn 18 Fußn 69.
[5] LG Oldenburg Rpfleger 1982, 105 mit Anm Meyer-Stolte.
[6] LG Verden MDR 1969, 932; Zöller/Stöber, ZPO, §§ 779 Rdn 5.

Anordnungsbeschluß 30.6 § 15

begonnene Zwangsvollstreckung in den gesamten Nachlaß, nicht nur die begonnene Zwangsmaßnahme. Der Gläubiger kann also später auch von einer Vollstreckungsart zu einer anderen übergehen[7], von der Mobiliarvollstreckung zur Immobiliarvollstreckung, von der Zwangsverwaltung zur Zwangsversteigerung und umgekehrt, von einem Nachlaßgegenstand zu einem anderen[8]. Es kommt nicht auf die einzelne, konkrete Vollstreckungsmaßnahme an, sondern auf die Vollstreckung im ganzen[9], es muß nur ein Zusammenhang zeitlich, wirtschaftlich, rechtlich bestehen[10] (anders[11]: nur eine bestimmte Vollstreckungsmaßnahme könne fortgesetzt werden; es liege hier eine Ausnahme von ZPO § 727 vor, die eng auszulegen sei). Zwangsvollstreckung eines anderen (noch gegen den Erblasser lautenden) Titels ist auch für den gleichen Gläubiger neu nicht zulässig. Ist der Schuldner nach wirksamer Anordnung gestorben, so kann für denselben Gläubiger ohne weiteres ein Beitritt dann erfolgen, wenn auch wegen des mit dem weiteren Antrag geltend gemachten Anspruchs die Zwangsvollstreckung gegen den Erblasser schon begonnen hatte, nicht aber, wenn dieser Anspruch gegen den Erben nach dem Tod des Erblassers (mit dem noch gegen diesen lautenden Titel) neu vollstreckt wird. Beitritt für einen anderen Gläubiger mit Titel (Klausel) noch gegen den Erblasser ist nicht zulässig, wenn für ihn eine Vollstreckung noch nicht begonnen hatte; die für einen Gläubiger begonnene Vollstreckung wirkt also nicht für einen anderen.

30.5 Zurückgekommene Beschlüsse, Ladungen usw müssen an einen Zustellungsvertreter (§ 6) oder, falls schon bekannt, an Erben, Nachlaßpfleger, Testamentsvollstrecker zugestellt werden (soweit nicht die Zustellung nach § 4 wirksam erfolgt war, dann nur auszuhändigen); die Berechtigten hat der Gläubiger zu ermitteln. Ist dies nicht möglich und genügt die Bestellung eines Zustellungsvertreters nicht, weil die Zuziehung des Schuldners zum Verfahren nötig ist (zB für einen Beitritt, § 8), so ist vom Gericht auf Antrag (nicht von Amts wegen) ein **Vertreter nach ZPO § 779 Abs 2** zu bestellen (nicht bei Nachlaßverwaltung, Nachlaßpflegschaft, Testamentsvollstreckung). Diese Vertretung endet, sobald ein Berechtigter als Schuldner zugezogen werden kann[12] (enger[13]: in das Verfahren eintritt). Die Kosten der Bestellung trägt der betreibende Gläubiger, der sie an der Rangstelle seines Rechts anmeldet und erhält[14]. An den besonderen Vertreter ist auch die Belehrung über mögliche Einstellungsanträge aus § 30 b zuzustellen. Zweckmäßig wird das Vollstreckungsgericht auf jeden Fall auch das Nachlaßgericht verständigen, damit dieses zur Sicherung des Nachlasses (FGG § 74) die nötigen Maßnahmen trifft. Keinesfalls unterbricht der Tod des Schuldners ein schon laufendes Immobiliarvollstreckungsverfahren (Einl Rdn 27). Das Verfahren darf auch nicht verzögert werden, weil ein anderer Gläubiger beitreten will und dazu erst zeitraubende Maßnahmen einleiten muß.

30.6 Bei einer **Erbengemeinschaft** sind Nachlaßanteil und Grundstücksanteil nicht identisch, auch wenn das Grundstück praktisch den gesamten Nachlaß bildet. Von dem Gläubiger eines einzelnen Miterben kann nicht unmittelbar in das Grundstück vollstreckt werden. Nachlaßanteil und Auseinandersetzungsanspruch gegenüber den Miterben können gepfändet und überwiesen werden (BGB § 2042, ZPO § 859 Abs 2, §§ 857, 835, 829), um hieraus dann die Teilungsversteigerung zu betreiben (§ 180 Rdn 11).

---

[7] Obermaier DGVZ 1973, 145 (C II 1); Zöller/Stöber, ZPO, §§ 779 Rdn 4.
[8] LG München I MDR 1979, 853 Leitsatz; LG Verden MDR 1969, 932; Stein/Jonas/Münzberg, ZPO, § 779 Rdn 3.
[9] LG Dortmund NJW 1973, 374; LG Stuttgart DGVZ 1987, 12.
[10] Noack JurBüro 1976, 1147 (1152–1153).
[11] Schüler JurBüro 1976, 1003 (1004).
[12] Zöller/Stöber, ZPO, § 779 Rdn 8.
[13] Drischler JVBl 1962, 83.
[14] Zöller/Stöber, ZPO, § 779 Rdn 10.

§ 15 30.7 Anordnung der Versteigerung

30.7 a) **Nachlaßverwalter, Nachlaßkonkursverwalter, Testamentsvollstrecker** sind Parteien kraft Amtes. Gegen diese ist daher Vollstreckungstitel für Beginn der Zwangsvollstreckung in ein Nachlaßgrundstück nötig.

b) Für **Nachlaßkonkursverwaltung** siehe das Rdn 23 Gesagte.

c) Anordnung der **Nachlaßverwaltung** nach Grundstücksbeschlagnahme ist auf den Verfahrensfortgang ohne Einfluß. Das Verfahren wird ohne Titelumschreibung fortgesetzt. Als Schuldner tritt jedoch der Nachlaßverwalter für den Verfahrensfortgang an die Stelle des Erben. Dieser kann verlangen, daß die Zwangsversteigerung (Zwangsverwaltung) eines Nachlaßgrundstücks, die zugunsten eines Privatgläubigers des Erben betrieben wird, aufgehoben wird (ZPO § 784 Abs 2). Rechtsweg für Geltendmachung dieser Einwendung: Klage nach ZPO § 785. Die (später) als Verfügungsbeschränkung in das Grundbuch eingetragene Nachlaßverwaltung ist daher nicht nach § 28 entgegenstehendes Recht (anders[15]; aber Eigenschaft als Vollstreckungsforderung eines Gläubigers, die nach BGB § 1984 Abs 2 Nachlaßvollstreckung nicht ermöglicht, ist nicht grundbuchersichtlich). Nach Anordnung der Nachlaßverwaltung ist Zwangsvollstreckung in ein Nachlaßgrundstück nur für Nachlaßgläubiger (BGB § 1984 Abs 2) mit Vollstreckungstitel gegen den Nachlaßverwalter zulässig (entspricht für Privatgläubiger des Erben KO § 14). Wenn die Nachlaßverwaltung vor der Immobiliarbeschlagnahme mit einem gegen den Erben lautenden Schuldtitel angeordnet wird, fehlt ein gesetzesmäßiger Titel. Das Verfahren ist nach § 28 aufzuheben (bzw der Zuschlag ist zu versagen), sobald die Tatsache dem Gericht bekannt wird. Gleiches gilt, wenn umgekehrt das Verfahren mit Titel gegen den Nachlaßverwalter angeordnet wurde, obwohl sein Amt schon beendet war.

d) Der **Erbe** kann nach Anordnung von Nachlaßkonkurs oder Nachlaßverwaltung verlangen (sofern er nicht bereits unbeschränkt für Nachlaßverbindlichkeiten haftet), daß die Beschlagnahme eines ihm gehörenden Grundstücks zugunsten eines Nachlaßgläubigers aufgehoben wird (ZPO § 784 Abs 1). Rechtsweg: Klage nach ZPO § 785.

e) Titel gegen den **Testamentsvollstrecker** ist für den Beginn der Zwangsvollstreckung in ein seiner Verwaltung unterliegendes Nachlaßgrundstück erforderlich (ZPO § 748 Abs 1). Weil das ab Tod des Erblassers gilt[16], ist Beschlagnahme mit einem gegen den Erben lautenden Schuldtitel Zwangsvollstreckung ohne gesetzesmäßigen Titel. Das Verfahren ist daher nach § 28 aufzuheben (bzw der Zuschlag ist zu versagen), sobald die Tatsache dem Gericht bekannt wird. Bei Teilverwaltung erfordert Zwangsvollstreckung in ein der Testamentsvollstreckung unterliegendes Nachlaßgrundstück Leistungstitel gegen den Erben und Duldungstitel gegen den Testamentsvollstrecker (ZPO § 748 Abs 2). Besonderheit für Zwangsvollstreckung wegen eines Pflichtteilsanspruchs: ZPO § 748 Abs 3. Erbfall (mit Testamentsvollstreckung) nach Beschlagnahme ist auf den Verfahrensfortgang ohne Einfluß (ZPO § 779). Das Verfahren wird ohne Titelumschreibung fortgesetzt. Als Schuldner tritt jedoch der Testamentsvollstrecker für den Verfahrensfortgang an die Stelle des Erben (siehe auch ZPO § 779 Abs 2). Wenn das Verfahren mit Titel gegen den Testamentsvollstrecker angeordnet wurde, obwohl dessen Amt schon beendet war, ist es nach § 28 aufzuheben (bzw Zuschlag zu versagen).

30.8 Gehört das Grundstück zur **Vorerbschaft,** dann ist Vollstreckung unbeschränkt zulässig wegen des Anspruchs eines **Nachlaßgläubigers** (des Gläubigers einer Nachlaßverbindlichkeit, BGB § 1967; Abgrenzung bei Nachlaßerbenschuld[17]) oder auf Grund eines dinglichen **Rechts, das gegen den Nacherben** wirkt (zB vom Erblasser bestellte Hypothek oder mit Einwilligung des Erben, bei Minder-

---

[15] Steiner/Eickmann § 28 Rdn 42.
[16] Zöller/Stöber, ZPO, § 779 Rdn 2.
[17] BGH FamRZ 1973, 187 = MDR 1973, 749; BGH 110, 176 = NJW 1990, 1237.

Anordnungsbeschluß 30.10 § 15

jährigkeit auch mit vormundschaftsgerichtlicher Genehmigung[18], bestellte Grundschuld, BGB § 2115 Satz 2) oder eines sonst durch Verfügung des Vorerben mit Wirkung gegenüber dem Nacherben erlangten Anspruchs[19]. Dann kann auch Veräußerung des Nachlaßgrundstücks mit Erteilung des Zuschlags (§ 90 Abs 1) unbehindert erfolgen (BGB § 2115 Satz 2), ist somit durch Verfahrensrecht erlaubt (ZPO § 773). Ein Duldungstitel gegen den Nacherben (oder Nachweis seiner Zustimmung) ist für diese Zwangsvollstreckung nicht erforderlich. Er wird für Zwangsvollstreckung wegen einer vom Erblasser bestellten Hypothek nicht gefordert[20], kann aber ebenso auch, wenn die Vollstreckung sonst gegen den Erben wirkt, nicht verlangt werden[21] (anders[22]: es ist Sache des Gläubigers, die Zustimmungserklärung des Nacherben beizubringen oder seine Verurteilung zur Duldung der Zwangsversteigerung herbeizuführen; nur allgemein[23]: Anordnung ohne Duldungstitel ist zulässig, auch wenn der Schuldner nur Vorerbe ist). Prüfung der Frage, ob der Anspruch des Gläubigers dem Nacherben gegenüber wirksam ist, hat nach ZPO § 773 durch das Vollstreckungsgericht im Verfahren zu erfolgen[24] (anders[25]). Für diese Prüfung gelten die allgemeinen Grundsätze des ZPO-Verfahrens. Es ist vom Beibringungsgrundsatz beherrscht mit Darlegungs- und Beweislast des Gläubigers[26]. Daher ist es Sache des Gläubigers, nachzuweisen, daß die Zwangsvollstreckung (richtig Verwertung) durchgeführt werden darf (so richtig[27]). Nachzuweisen ist, daß die Versteigerung das Nacherbenrecht nicht vereitelt oder beeinträchtigt, ZPO § 773 sonach Durchführung des Verfahrens nicht hindert. Wenn der Gläubiger Duldungstitel gegen den Nacherben vorlegt (ist zulässig, aber nicht notwendig) oder dessen Einwilligung nachweist (bedarf als Erklärung zum Verfahren keiner öffentlichen Beglaubigung), ist der Nachweis erbracht. Über andere Nachweise hat das Vollstreckungsgericht nach freier Überzeugung zu entscheiden (ZPO § 286 Abs 1). Wenn nach Prüfung durch das Vollstreckungsgericht ZPO § 773 keinen Hinderungsgrund für Veräußerung begründet, steht dem Nacherben für seinen Widerspruch gegen unzulässige Verwertung Klage nach ZPO § 771 zu (mit Einstellungsmöglichkeit nach ZPO § 769) (ZPO § 773 Satz 2).

30.9 Der **Nacherbe** ist vor Anfall der Nacherbschaft (Eintritt der Nacherbfolge) nicht Grundstückseigentümer. Wegen seiner Schulden kann (solange noch Vorerbschaft besteht), Zwangsvollstreckung in ein Nachlaßgrundstück daher nicht erfolgen (siehe § 17).

30.10 a) Wegen der Ansprüche der **Gläubiger des Vorerben** (der persönlichen Schulden des Vorerben, der Grundstückseigentümer ist) unterliegt ein Nachlaßgrundstück bis zum Eintritt des Nacherbfalls (solange noch die Vorerbschaft dauert) als Schuldnervermögen der Zwangsvollstreckung. Diese Zwangsvollstreckung in das Nachlaßgrundstück bleibt auch wirksam, wenn der Nacherbfall nicht eintritt (wenn er ausfällt). Sie ist jedoch durch den Eintritt des Nacherbfalls **auflösend bedingt;** mit Eintritt des Nacherbfalls werden Zwangsmaßnahmen unwirksam (BGB § 2115 Satz 1). Dem trägt ZPO § 773 mit einem **vorgezogenen Verwertungsverbot** Rechnung. Vom Nacherbenschutz des BGB § 2115 kann der Erblasser nicht befreien (BGB § 2136); zwischen befreiter und nicht befreiter Vorerb-

---

[18] LG Berlin Rpfleger 1987, 457.
[19] RG 133, 263 (265).
[20] LG Berlin JW 1935, 813; LG Glogau JW 1937, 458 mit (teilweise) zust Anm Fraeb; BGB-RGRK/Johannsen § 2115 Rdn 9; Staudinger/Behrend, BGB, § 2115 Rdn 10.
[21] Staudinger/Behrend, BGB, § 2115 Rdn 18.
[22] Fraeb JW 1937, 458 (Anmerkung).
[23] LG Osnabrück JurBüro 1955, 236 mit zust Anm Mohrbutter.
[24] LG Glogau aaO (Fußn 20).
[25] Fraeb JW 1937, 458 (Anmerkung).
[26] Zöller/Stöber, ZPO, § 766 Rdn 27.
[27] OLG Nürnberg BayJMBl 1961, 10 = JurBüro 1960, 552 = MDR 1961, 63.

§ 15 30.10 Anordnung der Versteigerung

schaft wird daher hier nicht unterschieden. Nacherbenschutz mit Eintritt der Nacherbfolge gewährleistet BGB § 2115 auch für den Fall, daß der zunächst Bedachte nur aufschiebend bedingter Vorerbe (und damit zugleich auflösend bedingter Vollerbe) war (hierzu[28]). Solange nicht feststeht, daß die Bedingung und damit der Nacherbfall nicht mehr eintritt, hindert daher ZPO § 773 auch in diesem Fall die Verwertung.

b) Schutz des Nacherben bei Geldvollstreckung durch einen Eigengläubiger des Vorerben gewährleistet ZPO § 773 mit dem schon vor Eintritt des Nacherbfalls bestehenden **Verwertungsverbot**. Die Bestimmung schließt als Verfahrensvorschrift für Nacherbenschutz Veräußerung mit Zuschlag (Eigentumsübertragung an Ersteher) aus. Eintragung des **Nacherbenvermerks** im Grundbuch (GBO § 51) dagegen dient nicht dem Nacherbenschutz vor Zwangsvollstreckung. Der Vermerk schützt den (künftigen) Nacherben vor Rechtsverlust, der mit rechtsgeschäftlicher Verfügung des Vorerben bei gutgläubigem Erwerb eines Dritten eintreten würde (BGB § 2113 Abs 3, § 892 Abs 1 Satz 2). Als Sollvorschrift (Ordnungsvorschrift) des Verfahrensrecht ist ZPO § 773 vom Vollstreckungsgericht zu befolgen, wenn es im Verfahren erkennt, daß das Beschlagnahmegrundstück zu einer Vorerbschaft gehört[29]. Diese Kenntnis für Beachtung des Verwertungsverbots begründet der eingetragene Nacherbenvermerk, wenn Zwangsvollstreckung für einen Gläubiger erfolgt, der kein gegen den Nacherben wirksames Zugriffsrecht auf den Nachlaßgegenstand hat (zur Prüfung Rdn 30.8). Das Nacherbenrecht verbietet Grundstücksveräußerung aber auch, wenn kein Nacherbenvermerk eingetragen ist. Das Vollstreckungsgericht wird (im Hinblick auf § 17) dann aber das Verwertungsverbot der ZPO § 773, auch wenn es angemeldet (geltend gemacht) ist, kaum einmal feststellen und berücksichtigen können. Dann hat der Nacherbe nach ZPO § 771 Widerspruch zu erheben (mit Einstellungsmöglichkeit nach ZPO § 769). Erteilung des Zuschlags bei Versteigerung ohne Berücksichtigung des Nacherbenrechts begründet Eigentum des Erstehers durch Hoheitsakt; Rechte des Nacherben sind damit am Grundstück erloschen[30].

c) Mit Bestimmung, wie das Nacherbenrecht prozessual wirkt und zu berücksichtigen ist, stellt ZPO § 773 als Sondervorschrift des Verfahrensrechts bereits klar, daß der im Grundbuch eingetragene **Nacherbenvermerk** kein nach § 28 der Versteigerung entgegenstehendes Recht ist (anders[31]). Grundbuchersichtliche entgegenstehende Rechte nach § 28 sind zudem solche, die Aufhebung des Verfahrens gebieten. Sie sollen nicht erst der Feststellung im Wege des Rechtsstreits bedürfen, sondern von Amts wegen Berücksichtigung finden (Denkschrift S 42). Ein Nacherbenrecht jedoch bedingt und ermöglicht Verfahrensaufhebung überhaupt nicht; es verbietet nur Veräußerung (ZPO § 773). Von Amts wegen ist es bereits nach ZPO § 773 zu berücksichtigen, wenn es festgestellt ist (nicht erst nach Sicherung vor nachteiliger rechtsgeschäftlicher Verfügung mit Grundbuchvermerk; anders[32]). Berücksichtigung des bekannten, nicht eingetragenen Nacherbenrechts erfordert daher auch nicht, daß es noch ausdrücklich nach § 37 Nr 5 geltend gemacht wird (anders[33]; nicht zutreffend). Der mit ZPO § 773 gewährleistete Schutz des Nacherbenrechts wird auch durch Eintragung des Nacherbenvermerks nicht erweitert oder abgewandelt.

---

[28] BGH 96, 198 = DNotZ 1986, 541 mit Anm Zawar = MDR 1986, 295 = NJW-RR 1986, 493 = Rpfleger 1986, 15.
[29] RG 80, 30 (35).
[30] BGB-RGRK/Johannsen § 2115 Rdn 15, 16; Staudinger/Berend, BGB, § 2115 Rdn 25, 26.
[31] Steiner/Eickmann/Hagemann §§ 15, 16 Rdn 160 und § 28 Rdn 40; Fraeb JW 1937, 458 (Anmerkung).
[32] Steiner/Eickmann § 28 Rdn 38.
[33] Steiner/Hagemann §§ 15, 16 Rdn 160.

Anordnungsbeschluß 30.11 § 15

30.11 Für Geldvollstreckung durch **Eigengläubiger des Vorerben** gilt daher, auch wenn dem Vollstreckungsgericht das Nacherbenrecht durch den eingetragenen Nacherbenvermerk bekannt wird:
a) Zulässig ist Eintragung einer **Zwangshypothek** (ZPO § 867 Abs 1)[34]. Sie ist keine Verwertung. Eintragung der Zwangshypothek erfordert gleichzeitige Eintragung des Vorerben (GBO § 39) und damit von Amts wegen auch des Nacherbenvermerks (GBO § 51) zum Schutz vor Rechtsverlust bei gutgläubigem Erwerb mit Verfügung über die Sicherungshypothek. Vollstreckung aus der Zwangshypothek mit Zwangsversteigerung unterliegt aber wieder der Beschränkung des ZPO § 773.
b) Die **Zwangsverwaltung** (die keine Veräußerung des Grundstücks ist), ist unbeschränkt zulässig[35] (hierzu § 146 Rdn 4.4 zu n).
c) **Anordnung der Vollstreckungsversteigerung** (Zulassung des Beitritts zu ihr) bewirkt Beschlagnahme, nicht aber Veräußerung, ist somit zulässig (siehe ZPO § 773)[36].
d) Mit Eintritt des Nacherbfalls verlieren die dem Nacherben gegenüber unwirksamen Zwangsmaßnahmen ihre Wirksamkeit (BGB § 2115 Satz 1). Der Nacherbe kann daher ihre Beseitigung verlangen (Rechtsweg: ZPO § 771). Aufhebung nach § 28 kann jedoch auch dann nicht erfolgen, wenn der Nacherbenvermerk im Grundbuch eingetragen war, weil er nicht grundbuchersichtlich macht, daß ein persönlicher Gläubiger des Vorerben vollstreckt hat (Vollstreckungsforderung könnte auch Nachlaßforderung gewesen sein).
e) **Unzulässig ist Verwertung** des Nachlaßgrundstücks vor Eintritt des Nacherbfalls (ZPO § 773). Verwertung würde mit Erteilung des Zuschlags erfolgen (§ 90 Abs 1). Zuschlag (nach zulässiger Beschlagnahme, oben c) ist daher zu versagen, wenn Prüfung bei Beschlußfassung über ihn (keine Bindung an Vorentscheidungen, § 79) ergibt, daß der Hinderungsgrund des ZPO § 773 besteht. Versagungsgrund: § 83 Nr 5, 6.
f) Mit Veräußerung im Wege der Zwangsvollstreckung verbietet ZPO § 773 nach seinem Sinn und Zweck jedoch nicht nur den Zuschlag als Hoheitsakt, der Eigentumsübergang bewirkt, sondern auch das **Veräußerungsverfahren** nach Beschlagnahme (so auch[37]). Durchführung des Verfahrens mit Wertfestsetzung, Terminsbestimmung und Terminsabhaltung bleibt daher gleichfalls ausgeschlossen. Gleichstellung mit dem Verfahren beim Erbbaurecht (Rdn 13.8; Terminsdurchführung, jedoch Versagung des Zuschlags, wenn bis dahin weder Genehmigung des Nacherben noch Duldungstitel gegen ihn vorgelegt ist; so noch bis 11. Auflage § 15 Rdn 37 [9]) verbietet die grundlegend verschiedene Interessenlage. Veräußerungszustimmung beim Erbbaurecht ermöglicht dem Grundstückseigentümer erst nach Abhaltung des Termins Prüfung der Person des Erwerbers und Erklärung der Veräußerungsgenehmigung; Veräußerungszustimmung beim Erbbaurecht durch den Eigentümer schützt vor Rechtsübergang auf einen ungeeigneten Erwerber (ErbbauVO §§ 5, 7). Nacherbenschutz (BGB § 2115; ZPO § 773) hindert Gläubiger des Vorerben daran, dessen Erbenstellung zum Nachteil des Nacherben auszunutzen. Verwertungserfordernis ist daher nach ZPO § 773 nicht, daß (subjektiv)

---

[34] KG OLG 7, 352; Haegele/Schöner/Stöber, Grundbuchrecht, Rdn 2212; Staudinger/Behrend, BGB, § 2115 Rdn 16; BGB-RGRK/Johannsen § 2115 Rdn 8; Stein/Jonas/Münzberg, ZPO, § 772 Rdn 9.
[35] KG OLG 7, 352; BGB-RGRK/Johannsen § 2115 Rdn 8; Stein/Jonas/Münzberg, ZPO, § 772 Rdn 9.
[36] LG Berlin JW 1935, 813, BGB-RGRK/Johannsen § 2115 Rdn 8; Staudinger/Behrend, BGB, § 2115 Rdn 16; Steiner/Hagemann §§ 15, 16 Rdn 160; Stein/Jonas/Münzberg, ZPO, § 772 Rdn 9.
[37] LG Berlin Rpfleger 1987, 457; Steiner/Eickmann § 28 Rdn 40.

§ 15   30.11   Anordnung der Versteigerung

der Geschützte die Veräußerung billigt, sondern (objektiv), daß der Gegenstand der Zwangsvollstreckung (endgültig) Schuldnervermögen für den Gläubigerzugriff ist (und bleibt). Hierfür ist Einwilligung des Nacherben Nachweismittel. Daher müssen die Voraussetzungen nicht erst bei Abschluß und rechtlicher Wirksamkeit der Veräußerung, sondern auch bereits bei deren Durchführung festgestellt sein. Das schließt zwecklose Verfahrensdurchführung aus, die allein dem durch ZPO § 773 nicht geschützten Zweck dienen würde, dem Gläubiger weitere Zeit für Beibringung der Nachweise zur Prüfung durch das Vollstreckungsgericht zu gewähren.

30.12   ZPO § 773 bewirkt gesetzlich Stillstand des Verfahrens. Einstellungsbeschluß aus dem Grund des ZPO § 773 (kein Fall des § 31 Abs 2 Buchst d; daher keine Fortsetzungsbelehrung) ist gleichwohl zulässig und als sichere Verfahrensgrundlage auch geboten. Er ist veranlaßt, weil den Beteiligten Abschluß der Prüfung des Vollstreckungsgerichts und als deren Ergebnis zur Kenntnis gebracht werden muß, daß Geldvollstreckung durch einen Privatgläubiger den Vorerben als Verwertungshindernis festgestellt ist. Rechtsbehelf für (angehörten) Gläubiger: ZPO § 793 (bzw befristete Rechtspflegererinnerung). Für Einstellung mit Fristsetzung zur Beibringung der Zustimmung des Nacherben bzw eines Duldungstitels gegen diesen (so[38], anders aber bereits[39]) besteht keine Gesetzesgrundlage.

30.13   Langjährige Beschlagnahme mit Verfahrensdauer (Verfahrensstillstand wegen des Verwertungsverbots nach ZPO § 773) bis zum Eintritt der Nacherbfolge (zumeist Tod der Vorerben, BGB § 2106 Abs 1; dann auch keine 30-Jahresgrenze, BGB § 2109) kann **sittenwidrige Härte** (ZPO § 765 a), aber auch (jedenfalls bei geringer Vollstreckungsforderung) Verstoß gegen den Verfassungsgrundsatz der Verhältnismäßigkeit begründen, zumal der Vorerbengläubiger Sicherung mit Eintragung einer Zwangshypothek (mit wirtschaftlich zunächst gleichem Ergebnis) erlangen könnte. In solchen Fällen empfiehlt sich daher zur sicheren Rechtswahrung immer auch Zwangsvollstreckung durch Eintragung einer Zwangshypothek (ZPO § 866 Abs 1, 2).

31   Reichsheimstättenrecht, Reichssiedlungsrecht

Literatur: Hornung, Zur Aufhebung des Reichsheimstättengesetzes, Rpfleger 1994, 227.

31.1   Als **Reichsheimstätte** waren kleine Landwirtschaften oder Einfamilienhäuser mit Garten (auch ein Erbbaurecht) nach dem RHeimstG mit RHeimst-AusfVO (Wortlaut 13. Aufl T 35) ausgegeben (RHeimstG § 1). Diese Eigenschaft wurde im Grundbuch (RHeimstG § 4) mit erster Rangstelle eingetragen (RHeimstG § 5).

31.2   Durch die Wohnungsbaugesetzgebung hat das **RHeimstG** an Bedeutung verloren. Es ist zusammen mit der AusfVO mit Wirkung ab 1. 10. 1993 **aufgehoben** (Gesetz vom 17. 6. 1993, BGBl I 912). Übergangsregelungen bestehen für Grundpfandrechte und für den Vollstreckungsschutz des Heimstätters (Ges 1993 Art 6 § 1). Vorkaufsrecht und Heimfallanspruch des Heimstättenausgebers bestehen nicht mehr (Erlöschen eines bis 1. 10. 1993 ausgeübten, aber beim Grundbuchamt nicht beantragten Rechts Ges 1993 Art 6 § 3). **RHeimstG § 17 Abs 2 Satz 2**, wonach BGB § 1163 mit der Maßgabe Anwendung findet, daß mit dem Erlöschen der Forderung auch die Hypothek oder die Grundschuld erlischt, findet auf die am 1. 10. 1993 (Inkrafttreten des Ges 1993) im Grundbuch eingetragenen Hypotheken und Grundschulden weiterhin Anwendung (Ges 1993 Art 6 § 1 Abs 1). Die Belastung einer Heimstätte bedarf keiner Genehmigung mehr (bisher RHeimstG § 17 Abs 1).

---

[38] Steiner/Hagemann §§ 15, 16 Rdn 160.
[39] Steiner/Eickmann § 28 Rdn 40.

Anordnungsbeschluß 31.6 **§ 15**

31.3 Die **Beschränkung der Zwangsvollstreckung** in eine Heimstätte nach § 20 RHeimstG besteht bis 31. 12. 1998 weiter für Forderungen, die am 1. 10. 1993 (Inkrafttreten des Ges 1993) bestanden haben (Ges 1993 Art 6 § 1 Abs 1 Satz 1; hierzu auch Einl Rdn 64.7). Jedoch kann der Eigentümer vor dem 1. 1. 1999 durch notariell beurkundete oder öffentlich beglaubigte Erklärung gegenüber dem Grundbuchamt auf die Anwendung des § 20 RHeimstG verzichten (Ges 1993 Art 6 § 1 Abs 2). Die fortbestehende Beschränkung der Zwangsvollstreckung nach RHeimstG § 20 trägt dem Vertrauen des Betroffenen an den Fortbestand einer ihm günstigen Rechtslage Rechnung[1]. Das gilt für den Heimstätter bei Aufhebung des Gesetzes (1. 10. 1993) und seine Erben als Gesamtrechtsnachfolger, nicht jedoch für einen Erwerber der Heimstätte. Nach Aufhebung des RHeimstG können Rechtsfolgen, die an die Heimstätteneigenschaft geknüpft waren, nicht mehr begründet und somit auch nicht mehr erworben werden. Daher schützt bei Veräußerung der Heimstätte vom 1. 10. 1993 an § 20 RHeimstG auch den Erwerber nicht vor Zwangsvollstreckung (so auch[2]).

31.4 Nach Eintragung einer Zwangshypothek für eine Forderung vor Erwerb der Heimstätte (dazu Einl Rdn 64.7) kann die Zwangsversteigerung daraus erst beantragt werden, wenn die Schuld nicht binnen fünf Jahren ab Eintragung getilgt ist (RHeimstG § 20 Abs 2). Sonst darf durch Zwangsversteigerung oder Zwangsverwaltung nur wegen einer dinglich gesicherten Schuld des Heimstätters (RHeimstG § 20 Abs. 1) vollstreckt werden (Hypothek, Grundschuld, Rentenschuld, Reallast). Diese Vollstreckungsbeschränkung gilt aber nicht für öffentliche Abgaben (RHeimstG § 20 Abs 3). Der Ausschluß der Vollstreckung wegen einer dinglich nicht gesicherten Forderung in eine Heimstätte ist nicht verfassungswidrig[3].

31.5. Öffentliche Abgaben sind alle zur Bestreitung des öffentlichen Aufwands von den öffentlichen Verbänden kraft ihrer Finanzhoheit erhobenen Geldbeträge, die Steuern als allgemeine Abgaben ebenso wie die besonderen, zB Gebühren und Beiträge[4]. Hierunter fallen Beiträge zu den Berufsgenossenschaften[5], abgelehnt von[6], auch Gerichtsgebühren[7] (sie sind öffentliche Angaben für die Inanspruchnahme der Rechtspflegeorgane), sowie alle öffentlichen Grundstückslasten (Grundsteuer, Kommunal-, Kirchen-, Schulabgaben, Wege- und Wasserlasten usw, wie bei § 10 Rdn 6 aufgeführt), nach[8] auch Aufwendungsersatzansprüche der öffentlichen Hand, die nach den Vorschriften des bürgerlichen Rechts über die Geschäftsführung ohne Auftrag geltend gemacht werden, und auch die Ansprüche der die Heimstätte ausgebenden öffentlichen Hand[9]. Der Kostenanspruch des Notars gehört nicht zu diesen Abgaben[10].

31.6 Bei **dinglicher Vollstreckung** soll hier der persönliche Titel genügen (es ist ja keine persönliche Vollstreckung, außer für öffentliche Abgaben und über die Zwangshypothek möglich), wenn die Titelschuld mit der dinglichen identisch sei[11].

---

[1] Begründung BT-Drucks 12/3977, S 8.
[2] Hornung Rpfleger 1994, 277 (III 2 c).
[3] BVerfG MDR 1977, 289.
[4] OLG Hamm MDR 1976, 150 = OLGZ 1975, 419 = Rpfleger 1975, 366; LG Oldenburg Rpfleger 1981, 120.
[5] OLG Köln KTS 1966, 104 = Rpfleger 1967, 14 mit zust Anm Stöber.
[6] Wormit/Ehrenforth, Reichsheimstättegesetz, § 20 Anm 6.
[7] OLG Hamm aaO (Fußn 4).
[8] LG Oldenburg Rpfleger 1981, 120.
[9] LG Lübeck BWNotZ 1964, 294 Leits = SchlHA 1964, 194.
[10] OLG Köln Rpfleger 1984, 280.
[11] LG Braunschweig MDR 1969, 932 = MittRhNotK 1970, 210 = RdL 1969, 330; Schiffhauer BlGrBW 1971, 63 (VI 3).

§ 15 31.6   Anordnung der Versteigerung

Richtig kann aber auch hier keine Ausnahme von der allgemeinen Regel gelten, daß dinglich nur mit einem dinglichen Titel vollstreckt werden kann (§ 15 Rdn 9)[12].

31.7 Der Ausgeber ist (seit 1. 10. 1993) nicht mehr Beteiligter (§ 9). Zustellung der Anordnung der Zwangsversteigerung an ihn erfolgt (ab 1. 10. 1993) nicht mehr. Vorkaufsrecht und Heimfallanspruch bestehen nicht mehr. Der im Grundbuch eingetragene Heimstättenvermerk hat nach Aufhebung des RHeimstG bis 31. Dez. 1998 nur noch insoweit Bedeutung, als er auf die weitere Anwendung des RHeimstG § 20 hinweist[13]. Bei Zwangsversteigerung kommt ihm daher keine Bedeutung mehr zu; für den Ersteher bestehen keine Rechtsfolgen mehr, die an die (vormalige) Heimstätteneigenschaft knüpfen; Vollstreckungsschutz nach RHeimstG § 20 erlangt er nicht mehr[14]. Der (gegenstandslose) Heimstättenvermerk ist daher auch nicht in das geringste Gebot aufzunehmen (so zutreffend[14]). Er ist nach Erteilung des Zuschlags auf Ersuchen des Vollstreckungsgerichts zu löschen[14] (§ 130 Abs 1, entspr Anwendung). Wenn aus der Zeit vor dem 1. 10. 1993 eine Hypothek oder Grundschuld besteht und daher im Grundbuch eingetragen bleibt, weist auf die Besonderheit des RHeimstG § 17 Abs 2 Satz 2 nicht der Heimstättenvermerk hin. Es ist vielmehr vom Grundbuchamt nach Art 6 § 2 Abs 3 Ges 1993 von Amts wegen im Grundbuch zu vermerken, daß das Recht weiterhin den Regeln des RHeimstG § 17 Abs 2 Satz 2 unterliegt.

31.8 Ist ein Grundstück als Siedlerstelle nach dem **Reichssiedlungsgesetz** ausgegeben, so ist dies seit 1. 1. 1962 kein entgegenstehendes Recht nach § 28 mehr, also kein Hindernis für die Anordnung (Gesetz § 4 in neuer Fassung). Zum (nicht mehr bestehenden) Vorkaufsrecht des Siedlungsträgers § 81 Rdn 10.5.

32 Sicherheitsleistung für und gegen die Zwangsvollstreckung

Literatur: Jakobs, Vorläufige Vollstreckbarkeit gegen Sicherheitsleistung unter besonderer Berücksichtigung der Prozeßbürgschaft, DGVZ 1973, 107 und 129; Mümmler, Sicherheitsleistung durch Bürgschaft, JurBüro 1971, 217; Noack, Die Prozeßbürgschaft als Sicherheitsleistung und besondere Voraussetzung für die Zwangsvollstreckung, MDR 1972, 287; Schneider, Sicherheitsleistung durch Bankbürgschaft, JurBüro 1969, 487.

32.1 Ein Urteil kann schon vor Rechtskraft vollstreckt werden, wenn es für vorläufig vollstreckbar erklärt ist (ZPO § 704 Abs 1). Urteile (auch andere gerichtliche Vollstreckungstitel) können **ohne Sicherheitsleistung** (zumeist) oder (seltener) gegen Sicherheitsleistung für vorläufig vollstreckbar erklärt sein (ZPO §§ 708 ff) (für Titel aus der Zeit vor 1. 7. 1977 gelten noch die früheren Vorschriften der ZPO). Umgekehrt kann der Schuldner aus einem noch nicht rechtskräftigen gerichtlichen Vollstreckungstitel, der vorläufig vollstreckbar ist, berechtigt sein, die Vollstreckung durch Sicherheitsleistung abwenden (ZPO §§ 711 ff) (auch hier gelten für die vor 1. 7. 1977 erlassenen die alten Vorschriften). Ausnahmsweise darf der Gläubiger aus nur gegen Sicherheitsleistung vorläufig vollstreckbaren Titeln ohne Sicherheitsleistung eine Zwangshypothek auf Grundstücken oder eine Schiffshypothek auf Schiffen eintragen lassen (ZPO § 720 a Abs 1) (aber mit einer Wartefrist von zwei Wochen nach Zustellung, ZPO § 750 Abs 3; dazu Rdn 43), was der Schuldner wieder seinerseits durch Sicherheitsleistung abwenden darf (ZPO § 720 a Abs 3). Befriedigung des Gläubigers aus der Zwangshypothek darf dann aber erst nach Sicherheitsleistung des Gläubigers (oder Rechtskraft des Urteils) erfolgen (ZPO § 720 a Abs 1) (hierzu Einl Rdn 64).

---

[12] Jaeckel/Güthe §§ 15–16 Rdn 11.
[13] Begründung aaO (Fußn 1).
[14] Hornung Rpfleger 1994, 277.

Anordnungsbeschluß 32.6 § 15

32.2 Wenn die Zwangsvollstreckung **von** einer **Sicherheitsleistung** des Gläubigers **anhängt,** darf sie erst beginnen, wenn die Sicherheit durch öffentliche oder öffentlich beglaubigte Urkunde nachgewiesen ist und eine Abschrift der Urkunde zugestellt ist (ZPO § 751 Abs 2). Öffentliche Urkunden sind solche, die von einer öffentlichen Behörde oder von einer mit öffentlichem Glauben versehenen Person (Notar, Gerichtsvollzieher, Urkundsbeamter) im Rahmen ihrer Zuständigkeit in der vorgeschriebenen Form aufgenommen sind (ZPO §§ 415, 418). Öffentlich beglaubigt sind Privaturkunden, bei denen die Unterschrift durch einen Notar beglaubigt ist (BGB § 129).

32.3 Nötig sind bei dieser **Sicherheitsleistung** des **Gläubigers:** Urteil oder Beschluß über die Tatsache, Art und Höhe der Sicherheitsleistung; Zustellung dieser Urkunde an den Schuldner; Leistung der Sicherheit in der vom Prozeßgericht gestatteten besonderen Art oder durch Hinterlegung von Geld; Zustellung der Urkunde hierüber an den Schuldner.

32.4 Die Zwangsvollstreckung wird aufgehoben, wenn eine öffentliche Urkunde vorgelegt wird, aus der sich ergibt, daß die auf der Seite des Schuldners **zur Abwendung** der Vollstreckung erforderliche **Sicherheitsleistung** erfolgt ist (ZPO § 775 Nr 3, § 776). Nötig sind hier also: Urteil oder Beschluß über die Tatsache der gestatteten Sicherheitsleistung, ferner über die Höhe und Art der Sicherheitsleistung, und zwar vorzulegen in Ausfertigung[1], nicht als private Abschrift oder Fotokopie (keine Zustellung dieser Urkunde an den Gegner nötig); Leistung der Sicherheit in der vom Prozeßgericht gestatteten besonderen Art oder durch Hinterlegung von Geld (keine Zustellung der Urkunde hierüber an den Gegner).

32.5 Die Sicherheitsleistung wird nach Art und Höhe vom **Prozeßgericht** bestimmt (ZPO § 108) (nicht vom Vollstreckungsgericht); sie erfolgt durch Hinterlegung von Geld oder bestimmten Wertpapieren (ZPO § 108, BGB §§ 232–235), mit Erlaubnis des Prozeßgerichts auch durch Bestellung einer Hypothek (Schiffshypothek) oder durch Stellung eines tauglichen Bürgen (BGB §§ 232, 238, 239). Bei der **Bürgschaft** muß es sich um eine selbstschuldnerische (Verzicht auf die Einrede der Vorausklage) handeln (BGB § 239 Abs 2). Sie darf keine Bedingungen enthalten (so für auflösende Bedingung auch[2]); Vorbehalt befreiender Hinterlegung des Bürgschaftsbetrags schmälert die Wirksamkeit[3] (anders[4]). Macht die Bank ihre Haftung davon abhängig, daß ihr eine das Ersturteil ändernde oder aufhebende rechtskräftige Entscheidung vorgelegt werde, so ist das eine bedingte Bürgschaft, nach ZPO § 108 nicht geeignet[5]. Für Sicherheitsleistung des Gläubigers muß die Bürgschaft beide Möglichkeiten aus ZPO § 717 Abs 2 Satz 1 umfassen, also Ersatz des etwaigen Schadens, der dem Schuldner durch die Vollstreckung des Urteils und durch die von ihm zur Abwendung der Vollstreckung gemachten Leistungen entsteht[6]; umfaßt die Sicherheit etwa nur die erstgenannte Möglichkeit, so ist sie ungenügend[6].

32.6 Die **Bürgschaftsurkunde** muß nicht öffentlich beglaubigt sein, wenn dies nicht vom Prozeßgericht ausdrücklich angeordnet ist[7] (anders:[8]).

---

[1] Jakobs DGVZ 1973, 107 und 129.
[2] AG Köln DGVZ 1983, 60.
[3] LG Berlin DGVZ 1991, 9; LG Bielefeld MDR 1985; 238; LG Düsseldorf DGVZ 1988, 62 = JurBüro 1988, 1085; AG Düsseldorf DGVZ 1988, 62; AG Gütersloh ZIP 1982, 1250; AG Oberkirch DGVZ 1992, 14.
[4] OLG Koblenz Rpfleger 1995, 32; LG Frankfurt JurBüro 1989, 264.
[5] OLG Bamberg NJW 1975, 1664 = WM 1975, 1315.
[6] LG München I DGVZ 1974, 78.
[7] OLG Frankfurt NJW 1966, 1521 Leitsatz mit abl Anm Wüllerstorff; OLG Hamm DGVZ 1976, 117 mit zust Anm Jakobs = KTS 1975, 305 = MDR 1975, 763 = NJW 1975, 2025 Leitsatz = OLGZ 1975, 305 = Rpfleger 1975, 261; OLG Hamburg MDR 1982, 588; OLG Koblenz Rpfleger 1993, 355; OLG München DGVZ 1967, 86 = OLGZ 1965, 292; LG

§ 15 32.7 Anordnung der Versteigerung

32.7 Fehlende **Zustellung** des Nachweises der Sicherheitsleistung macht den Vollstreckungsakt des Gläubigers nicht unwirksam, sondern nur auflösend bedingt. Durch Nachholung kann der Mangel geheilt werden[9]. Der Schuldner kann auf die Sicherheitsleistung des Gläubigers **verzichten** und auch hierdurch den Mangel heilen lassen (s Einl Rdn 71.3). Die Hinterlegungsurkunde muß dem Prozeßbevollmächtigten des Sicherheitsberechtigten zugestellt werden (ZPO §§ 176, 178)[10]. Die Sicherheitsleistung aus einem Urteil erstreckt sich auch auf die Vollstreckung aus dem zugehörigen Kostenfestsetzungsbeschluß. Die Sicherheitsleistung des Gläubigers (zur Vollstreckung) entfällt, wenn die Rechtskraft des Titels nachgewiesen wird.

32.8 Bei Sicherheitsleistung durch **Bürgschaft** (gleich ob vom Gläubiger oder vom Schuldner zu leisten) muß das Original der Bürgschaftsurkunde an den, dem Sicherheit zu leisten ist, zugestellt werden[11], wenn er einen Prozeßbevollmächtigten hat an diesen nach der allgemeinen Regel in ZPO §§ 176, 178, von der hierfür keine Ausnahme gestattet ist (gerade der Bevollmächtigte muß ja in erster Linie die Wirksamkeit und die Auswirkungen der Bürgschaft überprüfen können) (anders, daß dies zwar möglich, aber nicht nötig sei[12]). Abschrift der Bürgschaftsurkunde mit Zustellungsnachweis (für das Original) ist dem Gericht einzureichen. Der Nachweis über die Zustellung für das Zustandekommen der Bürgschaft muß nicht wieder gesondert nach ZPO § 751 Abs 2 zugestellt werden[13]. Erst durch die Aushändigung der originalen Bürgschaftsurkunde an den Sicherheitsberechtigten kommt der vom Prozeßgericht angeordnete Zwangs-Bürgschaftsvertrag zustande (BGB §§ 760, 130)[14]. Nicht genügt Hinterlegung der Bürgschaftsurkunde bei der Hinterlegungsstelle[15]; Besonderheit, wenn Hinterlegung vom Prozeßgericht angeordnet ist[16]). Nicht genügt Zustellung einer Abschrift der Bürgschaftsurkunde, weil das Original jederzeit an den Bürgen zurückgelangen könnte und damit außer Kraft treten würde. Nur aus der Urschrift kann der Berechtigte unmittelbar gegen den Bürgen vorgehen; auch muß er ihren Inhalt genau überprüfen können. Anders sagen[17], daß die Zustellung der Abschrift genüge; dazu meint[18], daß dies nicht gelte, wenn die Bürgschaft dadurch auflösend bedingt sei, daß sie an den Bürgen zurückgelange (gerade dieser unschädliche[19] Vermerk findet sich fast ausnahmslos in Bankbürgschaften). BGB § 132 Abs 1 läßt eine Zustellung zu, sagt aber nur, wie zugestellt wird, nicht

---

Berlin DGVZ 1973, 90 = Rpfleger 1972, 421; LG Hannover MDR 1964, 1012 und DGVZ 1989, 141; LG Itzehoe DGVZ 1980, 156; LG Karlsruhe NJW 1967, 2412 Leitsatz; LG Lübeck JurBüro 1978, 126; Stein/Jonas/Bork, ZPO, § 108 Rdn 25; Zöller/Herget, ZPO, § 108 Rdn 7.

[8] AG Frankfurt BB 1965, 1123; Wüllerstorf NJW 1966, 1521 (Anmerkung).
[9] OLG Celle DGVZ 1954, 87 = Rpfleger 1954, 313.
[10] OLG Frankfurt MDR 1956, 111.
[11] OLG Düsseldorf MDR 1978, 489; OLG Koblenz Rpfleger 1993, 355; LG Landau DGVZ 1960, 29 = MDR 1959, 929.
[12] OLG München BayJMBl 1958, 147 = DGVZ 1959, 9 = MDR 1958, 927; LG Bochum Rpfleger 1985, 33; Stein/Jonas/Bork/Münzberg, ZPO, § 108 Rdn 25 und § 751 Rdn 12; Zöller/Herget, ZPO, § 108 Rdn 11; Jakobs DGVZ 1973, 107 und 129 (II 9 b).
[13] OLG Hamm und OLG Koblenz je aaO (Fußn 7); Stein/Jonas/Münzberg, ZPO, § 751 Rdn 3; Zöller/Stöber, ZPO, § 751 Rdn 6.
[14] OLG Frankfurt NJW 1966, 1521 Leitsatz mit abl Anm Wüllerstorff.
[15] OLG Hamm aaO (Fußn 7).
[16] OLG Hamburg MDR 1982, 588.
[17] KG Berlin NJW 1963, 661 = Rpfleger 1965, 355 Leitsatz; OLG München MDR 1979, 1029; LG Berlin DGVZ 1973, 117 = Rpfleger 1972, 422; AG Cuxhaven DGVZ 1975, 123.
[18] KG Berlin aaO (Fußn 17); LG Berlin und AG Cuxhaven je aaO (Fußn 17); Noack MDR 1972, 287 (II).
[19] OLG Hamburg MDR 1982, 588; Jacobs DGVZ 1973, 107 und 129 (II 5).

Anordnungsbeschluß 33.3 § 15

was; ZPO § 170 (Übergabe beglaubigter Abschrift) ist auf nichtgerichtliche Urkunden nach BGB § 132 Abs 1 nur sinngemäß anzuwenden; es genügt hier also nicht, nur eine Abschrift zuzustellen. Die Zustellung des Originals ist auf jeden Fall sicherer.

32.9 Auf jeden Fall muß die Zustellung durch den **Gerichtsvollzieher** erfolgen, nicht von Anwalt zu Anwalt, weil dabei keine öffentliche Urkunde vorliegt[20] (anders[21]: auch das Empfangsbekenntnis des Anwalts sei als öffentliche Urkunde anzusehen; durchaus nicht).

32.10 Wird erst **nach Erlaß des** ordnungsgemäßen **Anordnungs- oder Beitrittsbeschlusses** ein neuer Vollstreckungstitel vorgelegt, der zwar den früheren Titel bestätigt, aber im Gegensatz zu ihm **nun** die Vollstreckung von einer Sicherheitsleistung abhängig macht, so muß nach ZPO § 775 Nr 2 die Zwangsvollstreckung, weil sie nur gegen Sicherheitsleistung fortgeführt werden darf, einstweilen eingestellt werden.

32.11 Zu unterscheiden von der Sicherheitsleistung zur Vollstreckung oder Abwendung der Vollstreckung ist die besondere **ZVG-Sicherheitsleistung** des Meistbietenden nach den §§ 67–70 (Näheres dort).

Sozialleistungsansprüche 33

Literatur: Hornung, Die ZPO-Vollstreckung durch Sozialversicherungsträger, Rpfleger 1987, 225; Huken, Die Vollstreckung nach § 66 SGB X und die sich daraus ergebenden neuen Zuständigkeiten, KKZ 1981, 21; Jakobs, Mobiliar-Zwangsvollstreckung für Soziale Leistungsträger (§ 66 SGB X), DGVZ 1984, 163; Saum, Zur Zwangsvollstreckung der Sozialversicherungsträger, Sozialgerichtsbarkeit 1980, 340; Schulz, Die vollstreckbare Ausfertigung bei der Vollstreckung nach § 66 IV SGB X, DGVZ 1983, 133.

33.1 Ansprüche der im Sozialgesetzbuch zusammengefaßten Sozialleistungsbereiche (Bildungs- und Arbeitsförderung, Sozialversicherung, Soziale Entschädigung bei Gesundheitsschäden, Kindergeld, Zuschuß für angemessene Wohnung, Jugend- und Sozialhilfe; SGB I §§ 3–9) **vollstrecken Behörden** des Bundes, bundesunmittelbare Körperschaften, Anstalten und Stiftungen des öffentlichen Rechts und die Verwaltungsbehörden der Kriegsopferfürsorge nach dem Verwaltungsvollstreckungsgesetz (des Bundes) (SGB X, Verwaltungsverfahren, § 66 Abs 1, 2). Für die Vollstreckung zugunsten der übrigen Behörden der Sozialleistungsbereiche gelten die jeweiligen landesrechtlichen Vorschriften über das Verwaltungsvollstreckungsverfahren (SGB X, Verwaltungsverfahren, § 66 Abs 3).

33.2 Für die Vollstreckung in das **unbewegliche Vermögen** stellt die für den Leistungsträger zuständige Vollstreckungsbehörde Antrag an das Vollstreckungsgericht oder Grundbuchamt (wie Finanzamt oder Gerichtskasse). Sie hat hierbei zu bestätigen, daß die gesetzlichen Voraussetzungen für die Vollstreckung vorliegen (VwVG § 5 Abs 1 und Abgabenordnung § 322 Abs 1). Zum Verwaltungszwangsverfahren näher § 15 Rdn 38.

33.3 Auch in entsprechender **Anwendung der Zivilprozeßordnung** können Leistungsträger aller Sozialleistungsbereiche aus ihren **Verwaltungsakten** vollstrecken lassen (SGB X § 66 Abs 4). Hierfür erteilt die vollstreckbare Ausfertigung

---

[20] Stein/Jonas/Bork, ZPO, § 108 Rdn 25; Zöller/Herget, ZPO, § 108 Rdn 11; Mümmler JurBüro 1971, 217.
[21] OLG Düsseldorf JurBüro 1981, 872; OLG Frankfurt MDR 1978, 490 = NJW 1978, 1441 = OLGZ 1978, 193 = Rpfleger 1978, 261; OLG Koblenz MDR 1993, 470 = Rpfleger 1993, 355; OLG München DGVZ 1967, 86 = OLGZ 1965, 292; LG Aachen JurBüro 1982, 1410 = Rpfleger 1983, 31 und MDR 1988, 238; LG Aurich DGVZ 1990, 10; LG Hannover DGVZ 1989, 141; LG Mannheim DGVZ 1988, 187 = JurBüro 1989, 859 = Rpfleger 1989, 72; AG Freiburg DGVZ 1989, 46; AG Ulsingen DGVZ 1982, 13; Kotzur DGVZ 1990, 65; Jacobs DGVZ, 1973, 107 und 129 (II 9 a).

§ 15 33.3 Anordnung der Versteigerung

(zu dieser eingehend[1]) des zu vollstreckenden Verwaltungsaktes (Leistungsbescheides, Beitragsbescheides) der Behördenleiter, sein allgemeiner Vertreter oder ein anderer dazu ermächtigter Angehöriger des öffentlichen Dienstes (SGB X § 66 Abs 4). Der Leistungsbescheid muß vollständig ausgefertigt und mit handschriftlich unterzeichneter Vollstreckungsklausel sowie original mit Siegelabdruck[2] (Stempelabdruck) versehen sein. Daß die Klausel auf ein Ausstandsverzeichnis, eine Zusammenfassung früher durch Leistungsbescheid oder sonst geltend gemachter Ansprüche, auf einen Auszug aus dem Leistungsbescheid oder eine nur inhaltliche Wiedergabe aus Beitragsbescheiden gesetzt wird, genügt nicht[3] (anders[4]). Zustellung im Parteibetrieb durch den Gerichtsvollzieher ist nachzuweisen. Zustellungsbescheinigung (ZPO § 213 a) über die von Amts wegen durchgeführte Zustellung des Verwaltungsakts durch den Leistungsträger genügt als Zustellungsnachweis.

33.4 Vollstreckt auf Grund des entsprechend geltenden SGB X § 66 nach Bundes- oder Landesverwaltungsvollstreckungsgesetz oder auf Grund dessen Abs 4 in entsprechender Anwendung der Zivilprozeßordnung werden auch die Ansprüche aus Ordnungswidrigkeitsverfahren nach dem Arbeitsförderungsgesetz (dort § 233 Abs 2 Satz 2), nach dem Bundeskindergeldgesetz (dort § 16 Abs 3), nach dem Schwerbehindertengesetz (dort § 65 Abs 4) und nach dem SGB IV, Gemeinsame Vorschriften (dort § 96 Abs 2).

33.5 Kostenfreiheit (Gebühren- und Auslagenfreiheit) besteht für Vollstreckung von Sozialleistungsansprüchen in Verfahren der Zwangsversteigerung und Zwangsverwaltung **nicht** (mehr) (so auch[5]). Der die Kostenfreiheit regelnde SGB X § 64, sieht für diese Verfahren keine Befreiung vor. Bei Vollstreckung des Anspruchs auf Erstattung einer Sozialleistung (nicht aber einer anderen Forderung wie zu Unrecht ausbezahlten Honorars für vertragsärztliche Leistungen[6]) werden für Eintragung einer Zwangssicherungshypothek Gerichtskosten (Gebühren und Auslagen) nach der Kostenordnung nicht erhoben (SGB X § 66). Eine weitergehende Kostenfreiheit ergibt sich für Leistungsträger auch nicht aus SGB X § 7, über Amtshilfe, weil gerichtliche Vollstreckungsverfahren nicht den Behörden obliegen, mithin nicht im Wege der Amtshilfe durchgeführt werden (SGB X § 1 Abs 1, § 3)[7].

34 Steuerforderungen

34.1 Die **Abgabenordnung** „gilt für alle Steuern einschließlich der Steuervergütungen, die durch Bundesrecht oder Recht der Europäischen Gemeinschaften geregelt sind, soweit sie durch Bundesfinanzbehörden oder durch Landesfinanzbehörden verwaltet werden" (Gesetz § 1 Abs 1) (Ausnahme für Realsteuern Rdn 34.7) und nach Maßgabe des Landesrechts auch für Landes- und Kommunalsteuern und -abgaben (zB nach dem bay Kommunalabgabengesetz).

34.2 „**Steuern** sind Geldleistungen, die nicht eine Gegenleistung für eine besondere Leistung darstellen und von einem öffentlichrechtlichen Gemeinwesen zur Erzielung von Einnahmen allen auferlegt werden, bei denen der Tatbestand zutrifft, an den das Gesetz die Leistungspflicht knüpft" (Gesetz § 3 Abs 1). „**Steuerliche Nebenleistungen** sind Verspätungszuschläge (§ 152), Zinsen (§§ 233 bis

---

[1] Hornung Rpfleger 1988, 227.
[2] Hornung Rpfleger 1988, 227 (VII 3 d); Jakobs DGVZ 1984, 163 (C III 2, 3); LG Aachen JurBüro 1983, 621; LG Aurich NdsRpfl 1986, 215; LG Aurich NdsRpfl 1986, 276; LG Aurich Rpfleger 1988, 198.
[3] LG Bielefeld JurBüro 1982, 1584; LG Kassel DGVZ 1984, 172; LG Ravensburg NJW 1981, 2524 Leitsatz; AG Kassel DGVZ 1984, 172.
[4] LG Kassel DGVZ 1984, 175.
[5] LG Lüneburg Rpfleger 1982, 200; AG Bayreuth JurBüro 1984, 898.
[6] OLG Karlsruhe Justiz 1989, 353.
[7] Stöber, Forderungspfändung, Rdn 853.

Anordnungsbeschluß 34.5 § 15

237), Säumniszuschläge (§ 240), Zwangsgelder (§ 329) und Kosten (§ 178, §§ 337 bis 345)" (Gesetz § 3 Abs 3).

34.3 Verspätungszuschläge bis 10% oder bis 10 000 DM werden festgesetzt, wenn eine Steuerklärung nicht fristgemäß abgegeben wird (Gesetz § 152). **Stundungszinsen** werden erhoben, wenn eine Steuer gestundet wird (Gesetz § 234) (Zinsen $^1/_2$ % monatlich nur für volle Monate bei Abrundung der Schuld auf volle hundert Deutsche Mark, Gesetz § 238); **Säumniszuschläge** zur Hauptsache, wenn eine Steuer nicht rechtzeitig entrichtet wird (1% je angefangenen Monat, Schuld auf volle 100 DM abgerundet, Gesetz § 240) und **Verzugszinsen,** wenn ein Rechtsbehelf erfolglos geblieben ist (Gesetz § 237, Zinssatz wie bei Stundungszinsen). **Zwangsgeld** bis zu 5000 DM wird festgesetzt, wenn ein Verwaltungsakt auf Vornahme einer Handlung oder auf Duldung oder Unterlassen durchgesetzt werden soll (Gesetz § 328 Abs 1, § 329). Die Ansprüche aus einem Steuerschuldverhältnis **verjähren** in fünf Jahren (Gesetz § 228).

34.4 Vollstreckungsbehörden sind allgemein die Finanzämter und Hauptzollämter (Gesetz § 249 Abs 1) und bei Zwangsgeld die Behörde, die den Verwaltungsakt erlassen hat (Gesetz § 249 Abs 1, § 328 Abs 1). Als **Gläubiger** des zu vollstreckenden Anspruchs gilt die Körperschaft, der die Vollstreckungsbehörde angehört (Gesetz § 252), also bei einem Finanzamt des Landes das Land, auch wenn es sich um Bundessteuern handelt und auch, wenn das Finanzamt als für die Vollstreckung des Anspruchs einer anderen Behörde bestimmte oder ersuchte Vollstreckungsbehörde tätig wird. Die Vollstreckung darf erst beginnen, wenn die Leistung fällig und der Schuldner durch ein Leistungsgebot aufgefordert ist, wobei eine Woche verstrichen sein muß (Gesetz § 254 Abs 1); Leistungsgebot ist nicht nötig für Säumniszuschläge und Zinsen, die zusammen mit der Steuer, und Kosten, die zusammen mit dem Hauptanspruch beigetrieben werden (Gesetz § 254 Abs 2). Bei Vollstreckung in das unbewegliche Vermögen stellt die **Anträge** die Vollstreckungsbehörde, wobei sie zu bestätigen hat, daß die gesetzlichen Voraussetzungen für die Vollstreckung vorliegen (unterliegt nicht der Prüfung von Vollstreckungsgericht und Grundbuchamt) (Gesetz § 322 Abs 3). Es genügt dabei eine Bestätigung in der allgemeinen Form des Gesetzeswortlauts, daß also die gesetzlichen Voraussetzungen vorliegen; die einzelnen Voraussetzungen (Fälligkeit, Leistungsgebot, Fristablauf usw) brauchen nicht einzeln bezeichnet und bestätigt zu werden. Bekanntgabe des Antrags (Eintragungsersuchens) als Verwaltungsakt an den Schuldner (erforderlich nach[1]; anders[2]) ist nicht Vollstreckungserfordernis, für Vollstreckungsbeginn vom Vollstreckungsgericht (Grundbuchamt) somit nicht zu prüfen.

34.5 Die Abgabenordnung enthält keine eigenständige Regelung der **Immobiliarvollstreckung.** Sie verweist vielmehr in § 322 Abs 1 und 2 auf ZPO §§ 864–871, auf Luftfahrzeugrechtegesetz § 106 und auf das ZVG. Zwangsversteigerung und Zwangsverwaltung sollen nur betrieben werden, wenn die Mobiliarvollstreckung nicht zum Erfolg führt (Gesetz § 322 Abs 4) (vom Gericht nicht zu prüfen). Wenn eine Zwangshypothek eingetragen ist, kann aus ihr ohne besonderen Duldungsbescheid (Gesetz § 191 Abs 1) gegen den Grundstückseigentümer, der es schon bei Eintragung des Rechts war und noch ist, vollstreckt werden. Der Antrag muß aber erkennen lassen, ob die persönliche Forderung oder der dingliche Anspruch aus der Zwangshypothek geltend gemacht wird (§ 15 Rdn 9.6 und 38.6). Ein Duldungsbescheid ist aber nötig, wenn nach der Eintragung der Zwangshypothek (Schiffshypothek, Registerpfandrecht) ein Eigentumswechsel erfolgt ist (Gesetz § 323); er unterliegt aber nicht der Prüfung des Gerichts (Gesetz § 322 Abs 3); er gehört mit zu den gesetzlichen Vollstreckungsvoraussetzungen, deren Vorliegen

---

[1] BFH BFHE 145, 17 = Betrieb 1986, 786; BFH BFHE 152, 53 = Betrieb 1988, 1201; BFH ZIP 1990, 408.
[2] Schwarz und App ZIP 1990, 358.

§ 15 34.5   Anordnung der Versteigerung

die Vollstreckungsbehörde zu bestätigen hat (Gesetz § 322 Abs 3; § 15 Rdn 34.4). Wegen einer Steuer, die eine öffentliche Grundstückslast ist (zB Grundsteuer), ist die Vollstreckung in das Grundstück zu dulden (Gesetz § 77 Abs 2).

34.6 Die Finanzbehörde benötigt keinen **Vollstreckungstitel**, die Vollstreckung erfolgt im Verwaltungszwangsverfahren; die Einschaltung vom Gericht und Grundbuchamt ist nur rechtstechnisch bedingt[3]. Auch Leistungsgebot oder andere Unterlagen sind nicht vorzulegen, wie § 15 Rdn 34.4, 34.5 ausgeführt. Die Finanzbehörde kann mit Zwangsversteigerung, Zwangsverwaltung (diese nur in Grundstücke und grundstücksgleiche Rechte) und mit Zwangshypothek (Schiffshypothek, Registerpfandrecht) vorgehen (Gesetz § 322 Abs 1–3). Sie kann aber auch ein Eigentümergrundpfandrecht pfänden und hieraus vorgehen (§ 15 Rdn 11), nimmt dann aber am normalen Rechtsverkehr teil und benötigt zur Vollstreckung hieraus wie jeder Gläubiger einen dinglichen Titel (§ 15 Rdn 11.2). Sie kann auch einen Gemeinschaftsanteil pfänden und hieraus die Teilungsversteigerung betreiben (§ 180 Rdn 11); muß dann normal die ordnungsgemäße Pfändung nachweisen.

34.7 Für die **Realsteuern** (= Grundsteuer und Gewerbesteuer, Gesetz § 3 Abs 2) gelten die besprochenen Vorschriften des Steuerrechts nur eingeschränkt (Gesetz § 1 Abs 2), weil die Verwaltung dieser Steuern Sache der Gemeinden ist. Vollstreckung erfolgt hier nicht nach der Abgabenordnung, sondern nach den landesrechtlichen Vorschriften über die Beitreibung von Gemeindeabgaben; es gelten hier also nicht die § 15 Rdn 34.1–34.6 besprochenen Regeln über die Vollstreckung, wohl aber, was in Rdn 34.2 über steuerliche Nebenleistungen gesagt ist. Die **Grundsteuer** (Grundsteuergesetz) ist eine öffentlichrechtliche Grundstückslast (Gesetz § 12), hat also in der Immobiliarvollstreckung mit laufenden Beträgen und Rückständen bis zu zwei Jahren immer (auch wenn aus ihr nicht betrieben wird) den Rang aus § 10 Abs 1 Rangklasse 3 (auch ihre steuerlichen Nebenleistungen, § 15 Rdn 34.2). Die **Gewerbesteuer** (Gewerbesteuergesetze) ist eine nicht bevorrechtigte, nach ZVG also persönliche Forderung, die in der Immobiliarvollstreckung nur zum Zuge kommt, wenn aus ihr das Verfahren betrieben wird[4]; sie hat dann den Rang aus § 10 Rangklasse 5 (betreibender persönlicher Anspruch[4]), ist keine öffentliche Grundstückslast; auch die auf den Betrieb eines Unternehmens sich gründende Gewerbesteuerhaftung des Grundstückseigentümers (Abgabenordnung § 74) gewährt kein Recht auf Befriedigung als öffentliche Last[4].

34.8 Der Ersteher haftet nicht für **Rückstände** des bisherigen Grundstückseigentümers aus der **Grundsteuer**; der Erwerb im Vollstreckungsverfahren ist vom Haftungsübergang ausgenommen (GrStG § 11). Der Ersteher haftet auch nicht für Rückstände des bisherigen Grundstückseigentümers aus Gewerbesteuer und sonstigen **Betriebssteuern,** weil auch insoweit der Haftungsübergang bei Erwerb im Vollstreckungsverfahren ausgeschlossen ist (Abgabenordnung § 75 Abs 2) (früher war das nur eine persönliche Haftung des Grundstückseigentümers, keine öffentliche Last[4]). Damit ist auch die frühere Vorschrift (dazu § 41 Rdn 4.3) entfallen, wonach im Versteigerungstermin die Mitteilungen der Steuerbehörden über Betriebssteuerrückstände bekanntzumachen waren; ebenso entfällt die Aufforderung des Vollstreckungsgerichts an die Steuerbehörden (bei Übersendung der Terminsbestimmung), ihm die Betriebssteuerrückstände mitzuteilen. Über Ausnahmen für die Verfahren nach ZVG §§ 175, 180: § 176 Rdn 3.20, § 180 Rdn 7.25

34.9 An der Rangstelle der Steuerschuld (also auch bei einer nach § 10 Rangklasse 3 bevorrechtigten, wie der Grundsteuer) werden auch alle **„steuerlichen Nebenleistungen"** (Abgabenordnung § 3 Abs 3; § 15 Rdn 34.2, 34.3) befriedigt, darunter Zinsen und Säumniszuschläge; Steuern und steuerliche Nebenleistungen

---

[3] BGH 3, 140 = NJW 1951, 763 = Rpfleger 1951, 611.
[4] LG Stuttgart Rpfleger 1976, 329 mit zust Anm Stöber.

Anordnungsbeschluß 36.1 § 15

werden gleichbehandelt (Abgabenordnung § 1 Abs 2, § 37 Abs 1). Früher genossen einen Vorrang nur die Zinsen, nicht die Säumniszuschläge (war umstritten). Früher durfte das Finanzamt in bestimmte Kleinsiedlungen nur eingeschränkt vollstrecken; das gilt jetzt nicht mehr. Bei Zahlungen im Vollstreckungsweg, die nicht für alle Verbindlichkeiten ausreichen, bestimmt an sich das Finanzamt die Reihenfolge der Tilgung (Gesetz § 225 Abs 3); das gilt aber nicht für die ZVG-Verfahren, in denen die Reihenfolge gesetzlich durch § 12 festgelegt ist.

34.10 Wird das Verfahren auf Betreiben der Finanzbehörde angeordnet, so nimmt es seinen **normalen Verlauf.** Auch hier sind also die gegebenen Einstellungs- und Aufhebungsvorschriften wie alle anderen des ZVG anzuwenden. Laut Bundesgerichtshof[5] ist es eine unbillige Härte (Einl Rdn 52), wenn ein Finanzamt wegen einer dinglich gesicherten Schuld ganz geringer Höhe ein wertvolles, gar sonst unbelastetes Grundstück versteigern läßt (letztes wertvolles Vermögen des Schuldners, der in einer bedrängten wirtschaftlichen Lage war).

34.11 In den Vollstreckungsverfahren sind von den Bundes- und Landesfinanzbehörden die Bestimmungen der **Allgemeinen Verwaltungsvorschrift** über die Durchführung der Vollstreckung nach der Abgabenordnung (Vollstreckungsanweisung – VollstrA) vom 13. März 1980, Bundessteuerblatt I S 112, zu beachten (für Vollstreckung in das unbewegliche Vermögen Nummern 45–51). Als Verwaltungsvorschrift ist die Vollstreckungsanweisung in gerichtlichen Vollstreckungsverfahren nicht anzuwenden (Nr 1 Abs 1 Satz 2 Vollstreckungsanweisung).

Truppenstatut, Soldaten 35

Literatur: Bauer, Zwangsvollstreckungsverfahren gegen Mitglieder der in der BRD stationierten NATO-Truppen, JurBüro 1964, 247; Schwenk, Zustellungen und Vollstreckung in nichtstrafrechtlichen Verfahren nach dem NATO-Truppenstatut, NJW 1964, 1000; Schwenk, Die zivilprozessualen Bestimmungen des NATO-Truppenstatuts und der Zusatzvereinbarungen, NJW 1976, 1562.

35.1 Die deutsche Gerichtsbarkeit erstreckt sich für die Vollstreckung von Zahlungsansprüchen nicht auf Mitglieder der in der Bundesrepublik Deutschland stationierten **NATO-Truppen,** ihres zivilen Gefolges und ihrer Angehörigen nach Maßgabe der im NATO-Truppenstatut vom 19. 6. 1951 (BGBl 1961 II 1190), dem Zusatzabkommen vom 3. 8. 1959 (BGBl 1961 II 1218) und dem Gesetz dazu vom 18. 8. 1961 (BGBl 1961 II 1183) näher geregelten Befreiungen (GVG § 20). Truppenstatut und Zusatzabkommen sind abgedruckt in Satorius II (Internationale Verträge, Europarecht) Nummern 66 b, 66 c, auszugsweise auch (mit Erläuterungen)[1].

35.2 Für die **Zustellung an Soldaten** der Bundeswehr (nicht Zivilangestellte) regelt besondere Bestimmungen der[2] abgedruckte Erlaß des Bundesminsiters der Verteidigung über Zustellung, Ladungen, Vorführungen und Zwangsvollstreckungen in der Bundeswehr vom 16. 3. 1982 (VMBl 1982, 130) mit Änderung vom 20. 6. 1983 (VMBl 1983, 182).

Veräußerungsverbot, Sequestration 36

36.1 Die (verfahrensrechtliche) Wirkung eines (gesetzlichen sowie gerichtlich oder behördlich angeordneten) Veräußerungsverbots, das nur den **Schutz bestimmter Personen** bezweckt (BGB §§ 135, 136) regelt ZPO § 772. Die Bestimmung erfaßt insbesondere das mit einstweiliger Verfügung erlassene (richterliche) Veräußerungsverbot (hierzu § 28 Rdn 4.7). Zu KO § 106 siehe § 15

---

[5] BGH MDR 1973, 566 = NJW 1973, 894.
[1] Baumbach/Lauterbach/ Hartmann, ZPO, Schlußanhang III.
[2] Zöller/Stöber, ZPO, vor § 166 Rdn 9; Baumbach/Lauterbach/Hartmann, ZPO, Schlußanhang II.

§ 15 36.1   Anordnung der Versteigerung

Rdn 23.5; zu VerglO §§ 59, 103 siehe § 15 Rdn 23.10; zur Abgrenzung im übrigen siehe die ZPO-Kommentare zu § 772. Das Veräußerungsverbot hindert nicht die Anordnung der Zwangsversteigerung (Zulassung des Beitritts), nicht eine Zwangsverwaltung und ebenso nicht die Eintragung einer Sicherungshypothek. Versteigerung als Veräußerung soll dagegen wegen eines persönlichen Anspruchs oder auf Grund eines infolge des Verbots unwirksamen Rechts nicht erfolgen (ZPO § 772). Rechtsbehelf für Geschützten: ZPO § 771 (mit § 772 Satz 2). Die Rechtslage (verfahrensrechtliche Behandlung) ist dem in ZPO § 773 geregelten Nacherbenschutz gleich. Wie dieser ermöglicht ein im Grundbuch eingetragenes richterliches Veräußerungsverbot Berücksichtigung mit Verfahrensaufhebung nach § 28 nicht (anders[1]). Einzelheiten: § 15 Rdn 30.8 und 30.10–30.13.

36.2 Veräußerungsverbot nach ZPO § 772 ist **nicht** das mit **Beschlagnahme** durch Anordnung von Zwangsversteigerung oder Zwangsverwaltung bewirkte Veräußerungsverbot (§§ 20, 23 Abs 1 Satz 1), weil der Zugriff weiterer Gläubiger gesetzlich besonders geregelt ist[2]. Zulässigkeit des Beitritts (§ 27) nach Verfahrensanordnung und Versteigerung auf Betreiben des Beitrittsgläubigers hindert ZPO § 772 daher nicht. Zwangsversteigerung und Zwangsverwaltung sind nebeneinander zulässig (ZPO § 866 Abs 2), behindern sich gegenseitig daher nicht. Zwangsverwaltung steht späterer Anordnung der Zwangsversteigerung daher nicht entgegen. Nach Anordnung der Zwangsverwaltung kann somit auch ein persönlicher Gläubiger oder der Gläubiger eines dem Zwangsverwaltungs-Beschlagnahmegläubiger nachgehenden dinglichen Rechts die Zwangsversteigerung anordnen lassen[3] (anders[4]: in diesem Falle keine Versteigerung mehr zulässig). Die umgekehrte Reihenfolge ist schon dadurch ohne Bedeutung, daß in der Zwangsverwaltung das Grundstück nicht veräußert werden soll; ist die Versteigerung also angeordnet, kann jeder Berechtigte auch die Zwangsverwaltung anordnen lassen.

36.3 Eine **Sequestration** nach ZPO § 938 hindert weder die Zwangsversteigerung noch die Zwangsverwaltung. Sie ändert auch nichts an der Schuldnerstellung; der Sequester ist nicht allgemeiner Vertreter des Grundstückseigentümers (keine Titelumschreibung auf ihn), sondern hat nur die gesetzlich festgelegten Sonderaufgaben.

37 Verjährung

37.1 Verjährung hindert die Vollstreckung nicht; sie wird auch nicht von Amts wegen beachtet. Für den Schuldner begründet Verjährung eine Einrede (BGB § 222 Abs 1). Sie ist gegen den durch den Schuldtitel vollstreckbar ausgewiesenen Anspruch mit Vollstreckungsgegenklage (ZPO § 771) geltend zu machen. Vorläufige Anordnung zur Hemmung der Zwangsvollstreckung ermöglicht ZPO § 769. Einstellung und Aufhebung der Zwangsvollstreckung erfolgt auf Grund der gerichtlichen Entscheidung nach ZPO §§ 775, 776. Die Verjährung einer durch Hypothek gesicherten Forderung hindert die Vollstreckung des dinglichen Anspruchs nicht (BGB § 223 Abs 1). Verjährung eines rechtskräftig festgestellten Anspruchs (nicht aber regelmäßig wiederkehrender Leistungen) nach 30 Jahren (BGB § 218); Unterbrechung auch dieser Frist nach BGB § 209 Abs 2 Nr 5, § 216 (wie Rdn 37.2)[1].

---

[1] LG Ravensburg BWNotZ 1978, 162 mit krit Anm Hepp.
[2] Stein/Jonas/Münzberg, ZPO, § 772 Rdn 2.
[3] LG Köln NJW 1952, 591; Zöller/Stöber, ZPO, § 866 Rdn 4; Jaeckel/Güthe vor §§ 1–2 Rdn 27.
[4] Korintenberg/Wenz Einleitung Kapitel 26 (III 4).
[1] AG Münster DGVZ 1992, 44 mit Anm Schriftl = NJW-RR 1992, 1531; auch Christmann DGVZ 1992, 81.

Anordnungsbeschluß 38.2 **§ 15**

37.2 Verjährung der **Zinsen** und sonst regelmäßig wiederkehrenden Leistungen (nicht aber der Amortisationsbeträge einer Tilgungshypothek; streitig; siehe mit Nachweisen[2]) mit vier Jahren (BGB § 218 Abs 2 mit § 197) ab jeweiliger Fälligkeit (Fristbeginn aber BGB § 201), stets jedoch mit dem Hauptanspruch. Unterbrechung durch Zwangsvollstreckung: BGB § 209 Abs 2 Nr 5, § 216. Der Antrag auf Einleitung des Zwangsversteigerungsverfahrens unterbricht für die bis zu diesem Zeitpunkt bereits fällig gewordenen (zu vollstreckenden) Zinsen die Verjährung. Die Verjährungsunterbrechung dauert aber nicht fort; es wird sofort eine neue Verjährungsfrist in Gang gesetzt[3]. Insbesondere für Hypotheken- und Grundschuldzinsen, die dann während eines Versteigerungsverfahrens zu verjähren drohen, erlangt daher Bedeutung, daß BGB § 209 Abs 2 Nr 5 die Möglichkeit mehrfacher Unterbrechung der Verjährungsfrist eröffnet[3]. Verjährungsunterbrechende Wirkung hat jede einzelne Verwirklichung eines dort genannten Tatbestands, mithin auch jeder einzelne Vollstreckungsakt des Vollstreckungsgerichts[4] (Anordnung/Beitritt, Terminsbestimmung, Festsetzung des Verkehrswerts usw)[5]. Die Stellung des Antrags für Verjährungsunterbrechung ist nicht nur in dem einleitenden Antrag auf Zwangsversteigerung (oder Zulassung des Beitritts) zu sehen, sondern kann sich auch in späteren Stadien des Versteigerungsverfahrens wiederholen, so mit dem Antrag auf Fortsetzung eines eingestellten Verfahrens[5].

37.3 Hemmung der Verjährung des Anspruchs auf Zahlung von **Grundschuldzinsen** nimmt der BGH[6] bis zum Eintritt des Sicherungsfalls (zB Kreditkündigung) an.

Verwaltungszwangsverfahren 38

Literatur: Gaul, Billigkeit und Verhältnismäßigkeit in der zivilgerichtlichen Vollstreckung öffentlicher Abgaben, JZ 1974, 279; Gaul, Die Mitwirkung des Zivilgerichts an der Vollstreckung von Verwaltungsakten und verwaltungsgerichtlichen Entscheidungen, JZ 1979, 496; Hornung, Gerichtliche Vollstreckung im Verwaltungszwangsverfahren, Rpfleger 1981, 86; Holtzmann, Ein neues Verwaltungsvollstreckungsrecht in Hessen, NJW 1966, 1744; Kreiling, Rechtsbehelfe gegen Beitreibungsmaßnahmen im Verwaltungsvollstreckungsrecht, NJW 1963, 888; Mattern, Vollstreckbare Titel in Verwaltungszwangsverfahren? NJW 1951, 544.

38.1 Verwaltungszwangsverfahren ist Vollstreckung im Verwaltungsweg durch Vollstreckungsbehörden des Bundes, einer bundesunmittelbaren juristischen Person des öffentlichen Rechts, eines Landes, einer Gemeinde oder sonstigen Körperschaft des öffentlichen Rechts. Für Einleitung (und Durchführung) der Verwaltungsvollstreckung bedarf es keines vollstreckbaren Titels. Die Verwaltungsvollstreckung wird von der Verwaltungsbehörde eingeleitet, die den Anspruch geltend machen darf; sie stellt selbst fest und bestätigt, daß die gesetzlichen Voraussetzungen für die Vollstreckung vorliegen[1]. **Vollstreckungsgericht** und Grundbuchamt sind auch beim Verwaltungszwangsverfahren für die Vollstreckung in das unbewegliche Vermögen **zuständige** Vollstreckungsorgane. Es finden die für die gerichtliche Zwangsvollstreckung geltenden Vorschriften, namentlich ZPO §§ 864–871 und das ZVG Anwendung. Entsprechendes gilt für die Vollstreckung in ausländische Schiffe und in ausländische Luftfahrzeuge.

38.2 Im Verwaltungszwangsverfahren vollstreckt werden **öffentlich- rechtliche Geldforderungen,** nach (seltenen) Ausnahmen einzelner Landesgesetze auch be-

---

[2] MünchKomm/von Feldmann/Wacke, BGB, § 223 Rdn 4 und § 902 Rdn 8.
[3] BGH 93, 287 = KTS 1985, 581 = MDR 1985, 562 = NJW 1985, 581 = Rpfleger 1987, 12 Leitsatz mit Anm Bauch.
[4] AG Bremen JurBüro 1982, 1240.
[5] BGH 93, 287 = aaO (Fußn 3).
[6] BGH ZIP 1993, 257.
[1] Hornung Rpfleger 1981, 86 (VI und VIII).

§ 15 38.2 Anordnung der Versteigerung

stimmte privatrechtliche Forderungen der öffentlichen Hand[2]. Wenn die Vollstreckungsbehörde ein Eigentümerrecht pfändet und daraus vorgehen will, nimmt sie nach der Pfändung am normalen Rechtsverkehr teil, benötigt dann wie jeder andere Gläubiger zur Vollstreckung einen dinglichen Titel (§ 15 Rdn 11.2) und geht insoweit nicht mehr kraft ihres Hoheitsrechts vor.

38.3 Geregelt ist die Verwaltungsvollstreckung
- in der **Abgabenordnung** (AO 1977, §§ 249–346) für die Verwaltungsakte der Finanzbehörden (§ 15 Rdn 34);
- im **Bundes-Verwaltungs-Vollstreckungsgesetz** vom 27. April 1953 (BGBl I 157, mit Änderungen) für die öffentlich-rechtlichen Geldforderungen des Bundes und der bundesunmittelbaren juristischen Personen des öffentlichen Rechts;
- in den **Verwaltungsvollstreckungsgesetzen der Länder**, zum Beispiel Baden-Württemberg vom 12. März 1974 (GBl 93); Bayern vom 11. Nov. 1970 (BayRS 2010-2-I); Bremen (BremGVG) vom 15. 12. 1981 (Brem.GBl 283); Hamburg vom 13. März 1961 (GVBl 79 [136]); Hessen vom 4. Juli 1966 (GVBl I 151); Niedersachen (NVwVG) vom 2. Juni 1982 (GVBl 139); Nordrhein-Westfalen (VwVG NW) vom 13. Mai. 1980 (GV.NW 510); Rheinland-Pfalz vom 8. Juli 1957 (GVBl 101); Saarland vom 27. März 1974 (ABl. 430); Sachsen vom 17. Juli. 1992 (GVBl 327); Sachsen-Anhalt vom 23. Juni 1994 (GVBl 710); Thüringen vom 27. Sept 1994 (GVBl 1053);
- in der **Justizbeitreibungsordnung** für Geldstrafen, Geldbußen, Ordnungs- und Zwangsgelder, Gerichtskosten und andere Justizverwaltungsabgaben.

Zur Verwaltungsvollstreckung durch Behörden der **Sozialverwaltung** siehe § 15 Rdn 33.

38.4 Der zu vollstreckende Anspruch muß festgestellt sein. **Voraussetzung für die Einleitung** der Verwaltungsvollstreckung ist daher in der Regel (siehe VwVG-Bund § 3 Abs 2) Leistungsbescheid (durch den der Schuldner zur Leistung aufgefordert worden ist), Fälligkeit der Leistung, Ablauf einer Frist von einer Woche seit Bekanntgabe des Leistungsbescheids (oder Eintritt späterer Fälligkeit) und besondere Mahnung mit einer Zahlungsfrist von einer Woche. Diese Fragen unterliegen jedoch nicht der Beurteilung (Prüfung) durch das Vollstreckungsgericht oder Grundbuchamt[3]. Rechtsbehelfe gegen den Leistungsbescheid, mit dem die Geldleistung gefordert (festgesetzt) worden ist, sind außerhalb des Vollstreckungsverfahrens, mit den jeweils dafür vorgesehenen Möglichkeiten einzulegen[4].

38.5 Die für Vollstreckung in das unbewegliche Vermögen erforderlichen **Anträge** des Gläubigers stellt die Vollstreckungsbehörde. Sie hat zu bestätigen, daß die gesetzlichen Voraussetzungen für die Vollstreckung vorliegen (§ 15 Rdn 38.4). Vollstreckungsgericht und Grundbuchamt prüfen nur, ob Antragsteller Vollstreckungsbehörde ist, ob ein im Verwaltungsvollstreckungsverfahren durchsetzbarer Anspruch geltend gemacht ist und ob ein formgerechter Antrag mit Bestätigung der gesetzlichen Vollstreckungsvoraussetzungen durch die Vollstreckungsbehörde vorliegt[5], nicht aber, ob der Anspruch materiell besteht. Der Vollstreckungsantrag ersetzt auch alle anderen allgemeinen Vollstreckungsvoraussetzungen (zB nach ZPO § 765), nicht aber die besonderen, zB nach § 17 Abs 2 und 3 (Grundbuchzeugnis, Erbschein).

38.6 Der Antrag der Vollstreckungsbehörde muß sich gegen die Person als Vollstreckungsschuldner richten, gegen die ein anderer Gläubiger den Titel erwirken

---

[2] Holtzmann NJW 1966, 1744.

[3] RG 88, 99; BayObLG 1948–1951, 610 = Rpfleger 1952, 133 mit zust Anm Bruhn und 1955, 337 Leitsatz; OLG Nürnberg JurBüro 1976, 1392 mit Anm Mümmler; LG Oldenburg Rpfleger 1981, 120; Hornung Rpfleger 1981, 86 (IV).

[4] Hornung Rpfleger 1981, 86 (II 5); Kreiling NJW 1963, 888.

[5] Hornung Rpfleger 1981, 86 (VI und VIII).

Anordnungsbeschluß 38.12 § 15

muß, also zB auch gegen den Testamentsvollstrecker, Nacherben, Nießbraucher. Als **Duldungsschuldner** wird (gleich dem Leistungsschuldner) in Anspruch genommen, wer zur Duldung der Zwangsvollstreckung verpflichtet ist (VwVG-Bund § 2 Abs 2). Einen (gerichtlichen) Vollstreckungstitel benötigt die Vollstreckungsbehörde daher auch zur Vollstreckung aus einer eigenen Zwangshypothek nicht (§ 15 Rdn 6); sie muß aber erklären, ob sie dinglich oder persönlich vollstrecken will (der Antrag ersetzt den dinglichen Titel[6]).

38.7 Die Vollstreckungsbehörde ist als **Gläubigervertreter** am Verfahren beteiligt; sie muß alle Zustellungen und Mitteilungen erhalten, kann Anträge stellen, Erklärungen abgeben. Allgemeine Vollstreckungsbehörden sind bundesrechtlich Hauptzollämter und Finanzämter (VwVG-Bund § 4; Abgabenordnung § 249), landesrechtlich meist die Finanzämter (zB bayerisches Verwaltungsvollstreckungsgesetz Art 25). Besondere Vollstreckungsbehörden sind in zahlreichen Gesetzen bestimmt (zB Flurbereinigungsbehörde, Gerichtskasse).

38.8 Die **Beitreibungskosten** fallen auch in der Verwaltungsvollstreckung dem Vollstreckungsschuldner zur Last (zB Abgabenordnung § 337 Abs 1; darauf verweisend VwVG-Bund § 19 Abs 1). Sie haben den Rang des Anspruchs (§ 10 Abs 2). Unzulässig wird ihre Beitreibung (ebenso wie die von Säumniszuschlägen zusammen mit der Hauptforderung), wenn der die Hauptforderung festsetzende Verwaltungsakt aufgehoben wird[7].

38.9 Vollstreckungsmaßnahmen des Vollstreckungsgerichts im Immobiliarvollstreckungsverfahren sind auch bei Verwaltungsvollstreckung mit den **Rechtsbehelfen der Zwangsvollstreckung** anzufechten[8]; es findet somit Erinnerung (ZPO § 766) oder sofortige Beschwerde (§ 96 mit ZPO § 793) statt, bei Rechtspflegertätigkeit Erinnerung nach RpflG § 11. Über Anträge auf Vollstreckungsschutz entscheidet das Vollstreckungsgericht[8]. Einstellung der Zwangsversteigerung bestimmt sich nach den §§ 30 a–d; bei sittenwidriger Härte kann Vollstreckungsschutz nach ZPO § 765 a gewährt werden. Insoweit hat die Vollstreckungsbehörde in der zivilgerichtlichen Zwangsvollstreckung im Verfahren vor dem Vollstreckungsgericht keine weitergehenden Rechte als jeder Privatgläubiger[8].

38.10 Wenn eine im Verwaltungszwangsverfahren vollstreckte Geldforderung **abgelöst** (§ 15 Rdn 20) oder **abgetreten** wird, gehen mit der Forderung auch ein Vorzugsrecht (so das Befriedigungsrecht in Rangklasse 3 des § 10) sowie die durch Beschlagnahme bereits erlangte Rechtsstellung im Verfahren auf den neuen Gläubiger über (s bereits § 15 Rdn 20.26) (anders für Abtretung[9]). Eine Privatperson kann als neuer Gläubiger aber nicht im Verwaltungszwangsverfahren weiter vollstrecken (§ 15 Rdn 20.26); sie kann jedoch als materiell Berechtigter Verfahrenseinstellung bewilligen und den Antrag zurücknehmen (§ 15 Rdn 20.26).

38.11 Einschlägig ZVG-Handbuch Rdn 28. Zur Frage der bei Vollstreckung eines Steuerbescheides zu beachtenden Amtspflichten, wenn der Steuerschuldner um Stundung nachgesucht hat, siehe[10].

38.12 Landschaftliche Kreditanstalten: Vollstreckung auf ihr Betreiben kann noch in einzelnen Bundesländer nach einem früheren preußischen Gesetz (Textanhang T 60 bei Nordrhein-Westfalen) auf ihren Antrag erfolgen[11], der den vollstreckbaren Schuldtitel ersetzt (Gesetz § 4). Nach Umwandlung der Kreditanstalt

---

[6] RG 88, 99; LG Hildesheim NdsRpfl 1957, 119 = Rpfleger 1959, 56 mit Anm Frölich.
[7] VGH Mannheim NJW 1984, 253.
[8] Gaul JZ 1979, 496 (III 1).
[9] LG Oldenburg Rpfleger 1982, 435.
[10] BGH KTS 1982, 419 = MDR 1982, 554.
[11] OLG Hamm JMBlNW 1965, 233 = OLGZ 1965, 298.

311

§ 15 38.12 Anordnung der Versteigerung

in eine Aktiengesellschaft benötigt sie zur Fortsetzung des Verfahrens jedoch einen Vollstreckungstitel[12]. Die Kreditanstalt kann nach diesem Gesetz auch befugt sein, ein beliehenes Grundstück (selbst) in Zwangsverwaltung zu nehmen (Gesetz §§ 3, 5, 6).

38.13 Die Deutsche Siedlungs- und Landesrentenbank kann seit 1. Jan. 1981 ihre Forderungen nicht mehr im Wege des Verwaltungszwangsverfahrens durchsetzen (Änderungsgesetz vom 22. 8. 1980, BGBl I 1558)[13]. Für die vor diesem Zeitpunkt begründeten Forderungen ist es bei der alten Regelung verblieben; sie können weiterhin im Verwaltungszwang beigetrieben werden (Änderungsgesetz § 23).

38.14 Zwangsversteigerung oder Zwangsverwaltung eines vom Schuldner bewohnten **Eigenheims** im Sinne des § 9 des II. WoBauG ist nach dem VwVG Nordrhein-Westfalen nur mit seiner Zustimmung zulässig; dazu[14].

39 Vollstreckungshindernisse und -Mängel (ohne Titel, Klausel)

Literatur: Bähr, Die Heilung fehlerhafter Zwangsvollstreckungsakte, KTS 1969, 1; Berner, Erörterung der gewandelten Rechtsanschauung über die Wirkung von Verstößen gegen formelle Vollstreckungsvorschriften, DGVZ 1961, 17; Funtner, Heilung von fehlerhaften Vollstreckungshandlungen, MDR 1964, 460; Naendrup, Gläubigerkonkurrenz bei fehlerhaften Zwangsvollstreckungsakten, ZZP 85 (1972) 311; Stöber, Fehlerhafte Zwangsvollstreckungsakte, Heilung ex nunc oder ex tunc, Rpfleger 1962, 9.

39.1 Mängel des Antrags haben grundsätzlich keinen Einfluß auf die Wirksamkeit des Beschlagnahmebeschlusses[1], wenn trotz des Antragsmangels Anordnungs- oder Beitrittsbeschluß erlassen wurde.

39.2 Eine **Zwangsvollstreckungsmaßnahme** (Vollstreckungsakt) kann **fehlerhaft** sein, weil nicht das zuständige Vollstreckungsorgan gehandelt hat, weil es an einer Voraussetzung der Zwangsvollstreckung mangelt (weil sie zu Unrecht angenommen wurde) oder weil das Vollstreckungsgericht in seinem Verfahren eine Maßnahme der Zwangsvollstreckung unter Verstoß gegen eine Verfahrensvorschrift (auch gegen einen allgemeinen Verfahrensgrundsatz) ausgeführt hat[2]. **Nichtig** (ohne Wirkung) ist eine fehlerhafte Zwangsvollstreckungsmaßnahme nur ausnahmsweise bei schwerer und offenkundiger (für jeden Sachkundigen ohne weiteres erkennbarer) Fehlerhaftigkeit; sonst ist sie als fehlerhafter Staatsakt nur durch **Anfechtung** mit einem Rechtsbehelf des Vollstreckungsverfahrens **vernichtbar**[3]. Nichtigkeit ist gegeben bei Verstoß gegen die sachliche Zuständigkeit (Verfahrensanordnung, die nicht durch das Vollstreckungsgericht, sondern eine dafür sachlich überhaupt nicht zuständige Behörde erfolgt ist[4]) sowie dann, wenn grundlegende Verfahrensvoraussetzungen fehlen[5] (Beispiel: Verfahrensanordnung über ein nicht existierendes Grundstück, über ein nichtig eingetragenes Erbbaurecht, § 15 Rdn 13.14) oder wenn gegen wesentliche Formvorschriften verstoßen wurde (bei Anordnung und Beitritt praktisch nicht vorstellbar). Nichtig sein soll

---

[12] OLG Hamm JMBlNW 1989, 150 = JurBüro 1989, 1178 = NJW-RR 1989, 959 = OLGZ 1989, 353 = Rpfleger 1989, 337.
[13] Hagemann KKZ 1984, 111.
[14] LG Siegen KKZ 1983, 226; Huken KKZ 1983, 223.
[1] RG 134, 56.
[2] Zöller/Stöber, ZPO, vor § 704 Rdn 34.
[3] BGH 1, 223 = MDR 1951, 281 = NJW 1951, 359; BGH MDR 1979, 922 = NJW 1979, 2045 = Rpfleger 1979, 299; BGH 30, 173 = MDR 1959, 743 = NJW 1959, 1873; BGH 66, 79 = KTS 1976, 234 = MDR 1976, 648 = NJW 1976, 851 = Rpfleger 1976, 177; Stöber Rpfleger 1962, 9 (II).
[4] Zöller/Stöber, ZPO, vor § 704 Rdn 34; Stein/Jonas/Münzberg, ZPO, vor § 704 Rdn 130; Stöber, Forderungspfändung, Rdn 748.
[5] BGH 66, 79 = aaO (Fußn 3); Stöber Rpfleger 1962, 9 (II).

Anordnungsbeschluß 39.3 § 15

auch Verfahrensanordnung ohne Vollstreckungstitel[6]. Dem ist nicht zu folgen (so auch[7]). In diesem Fall ist nicht der (gerichtliche) Vollstreckungsakt als solcher mangelhaft, sondern durch das (zuständige) Vollstreckungsgericht in dem dafür bestimmten Verfahren unter Wahrung der für Beschlagnahme erforderlichen Beschlußform erfolgt. Vollstreckungshandeln nur auf fehlerhafter Grundlage kann aber nicht als grundlegender (ohne weiteres erkennbarer) Vollstreckungsmangel behandelt werden, der Nichtigkeit der Vollstreckungsmaßnahme bewirkt. Stets könnte zunächst auch nur zweifelhaft oder streitig gewesen sein, ob ein Titel als Vollstreckungsvoraussetzung fehlt; der Mangel kann auch erst nach Prüfung weiteren Vorbringens oder im Beschwerdeverfahren abschließend festgestellt werden. Fehlen des Titels kann daher wie jeder andere Mangel einer Voraussetzung für eine (äußerlich) wirksam ausgebrachte Vollstreckungsmaßnahme nur Anfechtbarkeit des Vollstreckungshandelns begründen (so auch[8]: für Anordnung der Zwangsverwaltung mit Titel, der sich nicht gegen den eingetragenen Eigentümer richtete). Der durch einen schwerwiegenden Fehler nichtige Vollstreckungsakt kann nicht heilen. Er ist als nichtig klarstellend aufzuheben (das kann auch mit Rechtsbehelf verlangt werden) und unter Behebung des Mangels vollständig zu wiederholen.

39.3 Nur **vernichtbar** sind Vollstreckungsakte in allen übrigen Fällen bei (sonstigen) Verstößen, die nicht so schwerwiegend sind, daß sie den Vollstreckungsakt nichtig machen würden, insbesondere bei Verstößen gegen ZPO §§ 724–798 (fehlende Klausel, Sicherheitsleistung, Zustellung[9], Wartefrist usw). Ein nur mangelhafter (vernichtbarer) Vollstreckungsakt ist mit dem jeweils zulässigen Rechtsbehelf anfechtbar, aber bis zu seiner Aufhebung voll wirksam[10]. Der fehlerhafte Vollstreckungsakt ist nicht aufschiebend, sondern auflösend bedingt[11] und wird mit der Behebung des Mangels bedingungslos wirksam[12], folgerichtig rückwirkend (ex tunc), weil ja die auflösende Bedingung der Anfechtbarkeit wegfällt. Rückwirkende Heilung kann entgegen verbreiteter Ansicht[13] aber nicht Wirkung gegenüber Dritten erlangen, die inzwischen Rechte am Beschlagnahmeobjekt erworben haben (so[14]). Zwischenrechte dürfen auch durch rückwirkende Heilung daher nicht benachteiligt werden. Der richtig und rechtzeitig Vollstreckende und durch rückwirkende Heilung eines fremden Mangels Beeinträchtigte kann Erinnerung einlegen[15], mit der Wirkung, daß Rangänderung zu seinen Gunsten erfolgen muß[15]. Angenommen wird auch, daß er (ohne besonderen Rechtsbehelf einlegen

---

[6] BGH 70, 313 (317); BGH 103, 30 = KTS 1988, 395 = MDR 1988, 395 = NJW 1988, 1026 (1027) = Rpfleger 1988, 181; BGH 114, 315 (328) = KTS 1991, 431 = MDR 1991, 860 = NJW 1991, 2147 = Rpfleger 1991, 384; BGH 121, 98 = MDR 1993, 578 = NJW 1993, 735 = Rpfleger 1993, 292 = ZZP 107 (1994) 98 mit anm Walker; Stein/Jonas/Münzberg, ZPO, vor § 704 Rdn 129.
[7] Zöller/Stöber, ZPO, vor § 704 Rdn 35.
[8] BGH 30, 173 = aaO (Fußn 3).
[9] BGH 66, 79 = aaO (Fußn 3).
[10] OLG Celle DGVZ 1954, 87 = Rpfleger 1954, 313; OLG Frankfurt MDR 1956, 111; OLG Hamburg MDR 1961, 329.
[11] OLG Frankfurt MDR 1956, 111; OLG Hamburg MDR 1961, 329; LG München I KTS 1963, 122 = NJW 1962, 3206 und 1963, 769 Leitsatz mit abl Anm Stöber; Stöber Rpfleger 1962, 9 (II).
[12] OLG Hamburg MDR 1961, 329; Stöber Rpfleger 1962, 9 (I).
[13] BGH 30, 173 = MDR 1959, 743 = NJW 1959, 1873; OLG Celle, OLG Frankfurt und OLG Hamburg je aaO (Fußn 10).
[14] RG 25, 368 und 56, 212; OLG Hamburg MDR 1965, 143; Stöber Rpfleger 1962, 9 (III); Zöller/Stöber, ZPO, vor § 704 Rdn 35; Stöber in Besprechung zu Thomas/Putzo, ZPO, 1963, Rpfleger 1963, 254; Stöber NJW 1963, 769 (Anmerkung); Naendrup ZZP 1972, 311 (323–324); Furtner Rpfleger 1964, 460.
[15] Stöber Rpfleger 1962, 9 (IV und VI).

zu müssen) in seinem Rang von vornherein nicht beeinträchtigt werden konnte[16]. Auf jeden Fall muß ein zunächst fehlerhafter (aber nicht nichtiger) Vollstreckungsakt nach Behebung des Mangels (zB nach Ablauf der Wartezeit aus ZPO § 798) nicht nochmals vollständig vorgenommen werden (gegenteiliges Verhalten wäre lebensfremder Formalismus).

39.4 Für das **Vollstreckungsgericht** begründet Wirksamkeit eines nicht angefochtenen fehlerhaften Vollstreckungsakts (einer fehlerhaften Verfahrensanordnung oder Zulassung des Beitritts) nicht die Verpflichtung, das Verfahren auch nach (späterer) Feststellung, daß eine Vollstreckungsvoraussetzung nicht gegeben ist, fortzuführen. Es sind zwar die nicht angefochtene fehlerhafte Beschlagnahme (§ 20) und Verfahrenshandlungen wirksam, die inzwischen auf ihrer Grundlage erfolgt sind. Unabhängig davon ist jedoch zu würdigen, ob ein fortbestehender Verfahrensmangel auch einen **Hinderungsgrund für Verfahrensfortgang** bildet und als solcher von Amts wegen zu beachten ist. Bedeutsam hierfür ist, daß in der Zwangsversteigerung Bindung an frühere Entscheidungen bei der Beschlußfassung über den Zuschlag nicht besteht (§ 79). Demzufolge bilden Unzulässigkeit der Zwangsversteigerung oder der Fortsetzung des Verfahrens einen Zuschlagsversagungsgrund nach § 83 Nr 6. Bei der Beschlußfassung über den Zuschlag muß wegen seiner Bedeutung daher das Vollstreckungsverfahren nochmals auf seine Ordnungsmäßigkeit überprüft werden. Allgemeines Erfordernis für Fortsetzung einer Vollstreckung ist aber, daß die Vollstreckungsvoraussetzungen (Schuldtitel, Vollstreckungsklausel sowie andere Erfordernisse des ZPO § 750 usw) gegeben sind; sie gelten nicht nur für den Beginn der Zwangsvollstreckung, sondern auch für jede Fortsetzung der Zwangsvollstreckung[17]. Demnach ist Fortsetzung des Veräußerungsverfahrens nach Beschlagnahme unzulässig, wenn ein fortbestehender Vollstreckungsmangel festgestellt wird. Das ist von Amts wegen zu berücksichtigen (keine Bindung nach § 79, weil Entscheidung für Verfahrensfortsetzung nicht getroffen ist), so daß sich dann Durchführung des Verfahrens mit Wertfestsetzung, Terminbestimmung und/oder Terminsabhaltung verbietet. Wenn demnach ein Vollstreckungsmangel Verfahrensfortsetzung hindert, unterbleiben bis zu seiner Behebung weitere Vollstreckungshandlungen (ebenso wie zB bei nicht erfolgter Vorlage des aus den Vollstreckungsakten vorübergehend zurückgegebenen Schuldtitels).

40 Vollstreckungstitel und -klausel (auch Mängel hierbei)

Literatur: Stöber, Vollstreckungsunterwerfung durch einen Bevollmächtigten, Rpfleger 1994, 393.

40.1 Grundlage der Zwangsvollstreckung ist ein rechtskräftiges oder für vorläufig vollstreckbar erklärtes Endurteil (ZPO § 704 Abs 1) oder ein sonstiger Schuldtitel (ZPO § 794); Aufzählung der weiter möglichen Arten in den ZPO-Kommentaren. Durch den **Vollstreckungstitel** muß der zu vollstreckende Anspruch des Gläubigers ausgewiesen sein[1]. Das Vollstreckungsgericht stellt die mit Zwangsvollstreckung beizutreibende Geldforderung des Gläubigers nicht fest (Grundsatz der Trennung von Erkenntnis- und Vollstreckungsverfahren)[1]. Es hat die Zwangsvollstreckung durchzuführen, wenn die zu vollstreckende Geldforderung des Gläubigers durch einen ordnungsgemäß ausgefertigten Vollstreckungstitel nachgewiesen ist. Urkundliche Grundlage der Zwangsvollstreckung ist eine **vollstreckbare Ausfertigung** des zu vollstreckenden Urteils oder sonstigen Schuldtitels (ZPO §§ 724, 725; Ausnahmen siehe Rdn 40.11). Diese ersetzt als Ausfertigung im Rechtsverkehr die Urschrift, die in der Verwahrung des Gerichts (der sonstigen Behörde) bleibt; mit der Vollstreckungsklausel (ZPO § 725) ist von dem

---

[16] Furtner Rpfleger 1964, 460.
[17] BGH DNotZ 1963, 673 = VersR 1963, 671 = WM 1963, 754.
[1] Zöller/Stöber, ZPO, vor § 704 Rdn 14.

Anordnungsbeschluß 40.5 § 15

dafür zuständigen Organ Bestand und Vollstreckbarkeit des Schuldtitels bescheinigt[2].

40.2 Zulässig ist Immobiliarvollstreckung auch aus **vorläufig vollstreckbaren Titeln,** zB aus einem Versäumnisurteil. Die Möglichkeit einer Aufhebung rechtfertigt es nicht, das Verfahren abzulehnen, auch nicht aus ZPO § 765 a wegen sittenwidriger Härte (dazu Einl Rdn 55.6).

40.3 Wird ein noch nicht rechtskräftiges **Urteil aufgehoben,** so tritt die vorläufige Vollstreckbarkeit mit der Verkündung des aufhebenden Urteils nach ZPO § 717 Abs 1 außer Kraft; das aufgehobene Urteil verliert die Eigenschaft als zur Zwangsvollstreckung geeigneter Titel. Wenn die Vollstreckung noch nicht beendet war, ist die Maßnahme nach ZPO § 775 Nr 1, § 776 von Amts wegen aufzuheben; nötig ist Vorlage einer Ausfertigung der das Urteil aufhebenden Entscheidung. Zwangshypothek: Einl Rdn 73.

40.4 Das Vollstreckungsgericht darf nicht die **materielle** Berechtigung des Titel-Gläubigers **nachprüfen.** Es muß das beantragte Verfahren auch dann durchführen, wenn bekannt ist, daß die Forderung nicht mehr besteht (anders[3]: Befriedigung nach § 114 a bei Versteigerung eines mithaftenden Grundstücks ist nach § 28 zu beachten; nicht richtig, siehe § 28 Rdn 4.25). Solange der Gläubiger einen vollstreckbaren Titel in Händen hat, kann er vollstrecken; der Schuldner ist auf die entsprechenden Behelfe angewiesen: Vollstreckungserinnerung ZPO § 766 (nur wegen der Formalien), Abwehrklage ZPO § 767, Erinnerungen ZPO § 732, Anträge ZPO §§ 731, 775, 776, sonst Rechtsmittel oder Wiederaufnahmeklage; ein Dritter auf Widerspruchsklage ZPO § 771, ZVG-Widerspruch § 115. Das Recht des Gläubigers auf Vollstreckung beruht auf dem Titel. Die Vollstreckungsvoraussetzungen sind formalisiert. Die tatsächlichen materiellen Rechtsbeziehungen werden nur unvollkommen berücksichtigt; an ihre Stelle treten formale Kriterien; sind sie erfüllt, wird vollstreckt. Auf Grund des Titels wird der Vollstreckungsantrag des Gläubigers so lange als gerechtfertigt behandelt, bis der Schuldner oder ein Dritter durch Rechtsbehelf widerspricht[4]. Das Vollstreckungsverfahren ist im Verhältnis Gläubiger/Schuldner rechtmäßig.

40.5 Der Vollstreckungstitel muß in seinem **Inhalt** (Gläubiger, Schuldner, Forderung, Zinsen, Mahngebühren usw) genau **beachtet** werden. Er muß bestimmt sein und zwar in der Formel, auch ein dinglicher Titel muß bestimmt sein. Der Titel muß mindestens aus sich heraus bestimmbar sein. Den Zahlungsanspruch des Gläubigers bezeichnet der Titel bestimmt, wenn er betragsmäßig festgelegt ist oder sich (insbesondere bei einer vollstreckbaren Urkunde) ohne weiteres errechnen läßt. Es genügt nicht, daß die Höhe der Forderung erst durch die Einholung einer amtlichen Auskunft oder durch sonstige außerhalb des Titels liegende Berechnungsfaktoren bestimmbar ist, zB aus den Besoldungsgesetzen (Währungsklausel). Es genügt also nicht Zahlungsverpflichtung in Höhe eines bestimmten Beamtengehalts ohne Betragsangabe, mit jeweiligen Erhöhungen. Es gibt hierbei auch keine Ausnahme für den Zinssatz, der sich aus dem Grundbuch ergibt, er muß sich aus dem Titel bestimmt ergeben. In einer vollstreckbaren Urkunde (ZPO § 794 Abs 1 Nr 5) können jedoch die bestimmt bezeichneten Darlehenszinsen (7.75 vH) und die bestimmt ausgewiesenen (bedingten) Strafzinsen (1 vH) für den Fall des Zahlungsverzugs bei Unterwerfung unter die sofortige Zwangsvollstreckung mit dem zusammengefaßten Höchstzinssatz („wegen der Zinsen bis zu 8,75 vH jährlich") bezeichnet sein[5]. Der Grundsatz der Klarheit im Vollstrek-

---

[2] Zöller/Stöber, ZPO, § 724 Rdn 1.
[3] LG Traunstein BB 1963, 282 nur abl Anm Hofstetter = NJW 1963, 55; LG Koblenz Rpfleger 1986, 395.
[4] Gaul ZZP 85 (1972) 251 (273).
[5] BGH 88, 62 = DNotZ 1983, 679 = KTS 1983, 648 = MDR 1983, 922 = NJW 1983, 2262 = Rpfleger 1983, 408.

§ 15 40.5 Anordnung der Versteigerung

kungsrecht erfordert eine in sich vollständige Urkunde[6]. Eine Ausnahme gilt für Zinsen insofern, als der Verzinsungsbeginn zwar kalendermäßig festliegen muß, die Dauer des Zinslaufs aber offen ist (abhängig von der Erfüllung durch den Schuldner, freiwillig oder zwangsweise), ebenso, wenn die Zinshöhe in einem bestimmten Verhältnis zum Bundesbank-Diskont- oder -Lombardsatz steht, zB „Zinsen in Höhe von 4% über dem jeweiligen Bundesbank-Diskontsatz.

40.6 Auch ein Vollstreckungstitel darf, wo Zweifel möglich sind, vom Vollstreckungsorgan **ausgelegt** werden, und zwar nach allgemeinen Verfahrensgrundsätzen. Der Auslegung sind allerdings enge Grenzen gesetzt (zu den Auslegungsgrenzen bei der Urteilsformel etwa[7]). Das Vollstreckungsorgan darf keinesfalls über den im Titel enthaltenen materiellen Anspruch des Gläubigers entscheiden[8]. Es darf daher nicht die Person des Gläubigers oder Schuldners entgegen dem Wortlaut des Titels aus der Klageschrift, aus dem sonstigen Akteninhalt oder gar durch Einholung einer schriftlichen oder telefonischen Auskunft der den Titel erlassenden Stelle feststellen.

40.7 Auslegung ist nicht zulässig, wenn ein dinglicher Titel nur dahin lautet, daß der Schuldner die Zwangsvollstreckung aus der Eigentümergrundschuld, „die dem Gläubiger zusteht", zu dulden habe, statt richtig auf Duldung der Vollstreckung in das Grundstück wegen eines genau bezeichneten Geldbetrags (dazu § 15 Rdn 9.2).

40.8 Wenn bei Verurteilung mehrerer Schuldner im Titel nicht gesagt ist, in welchem **Beteiligungsverhältnis** sie stehen, kann nicht vollstreckt werden[9]. Wenn insbesondere der vorgedruckte Vermerk „Gesamtschuldner" gestrichen ist, haften sie nicht gesamtschuldnerisch[10]. Es darf hier nicht aus dem Tatbestand (bei darüber schweigenden Entscheidungsgründen) entnommen werden, daß eine gesamtschuldnerische Haftung beantragt „und damit gewollt" war; richtig sagt vielmehr BGB § 420: wenn mehrere eine teilbare Leistung schulden – Geldschuld ist doch immer teilbar – so ist im Zweifel jeder zu gleichem Anteil verpflichtet. Das Vollstreckungsgericht darf sich nicht zum Prozeßgericht aufwerfen. Wenn das Haftungsverhältnis im Titel nicht angegeben ist, ist der Titel zu unbestimmt; für Auslegung bietet er dann kaum einmal eine Grundlage (siehe zB[11]: Haftung von Gesamtschuldnern kann dem Titel im Wege der Auslegung zu entnehmen sein, so nach BGB § 427, wenn mehrere Schuldner durch Vergleich verpflichtet sind[12]; hierfür kann auch GmbHG § 11 Abs 2 heranzuziehen sein). Wenn der Titel unrichtig ist, geht das zu Lasten des Gläubigers; er muß ihn vor Beginn der Vollstreckung mit den dafür gegebenen Mitteln richtigstellen lassen. Auch hinsichtlich einer Firmenbezeichnung muß der Titel klar sein.

40.9 Die **Berichtigung** von Vollstreckungstiteln erfolgt immer wieder nach ZPO § 319. Nach dieser Vorschrift ist die Berichtigung eines Urteils zulässig, jederzeit und von Amts wegen (also auch auf Antrag), wenn es sich um „Schreibfehler, Rechnungsfehler und ähnliche offenbare Unrichtigkeiten" handelt. Die Vorschrift darf nicht zu großzügig angewendet werden, um nicht erhebliche Unsicherheit zu bewirken. Berichtigungsbeschlüsse, die erkennbar keine gesetzliche Grundlage haben, besitzen trotz formeller Rechtskraft keine verbindliche Wirkung (Einl Rdn 29.1). Auf jeden Fall darf die Berichtigung oder sonstige Änderung

---

[6] OLG Stuttgart Rpfleger 1973, 222; LG Stuttgart BWNotZ 1972, 90; Zöller/Stöber, ZPO, § 704 Rdn 4.
[7] BGH MDR 1962, 397 = NJW 1962, 591 Leitsatz.
[8] LG Bonn NJW 1963, 56.
[9] OLG Hamburg Rpfleger 1962, 382 mit abl Anm Berner; LG Berlin MDR 1977, 146 = Rpfleger 1976, 437.
[10] LG Berlin MDR 1977, 146 = Rpfleger 1976, 437.
[11] LG Berlin Rpfleger 1979, 145; Zöller/Stöber, ZPO, § 704 Rdn 11.
[12] KG Berlin MDR 1989, 77 = NJW-RR 1988, 1406.

Anordnungsbeschluß 40.14 § 15

eines Titels nur durch das Gericht erfolgen, das ihn erlassen hat[13]. Schriftliche Vermerke von Gerichtsvollziehern oder Parteivertretern auf dem Titel sind ohne Wirkung[13], solche Titel sind nur dann zur Vollstreckung geeignet, wenn der unbefugte Nachtrag oder Hinweis als solcher erkennbar und das Original noch lesbar ist[14]. Es ist nicht Sinn von ZPO § 319, das Rubrum (die Parteibezeichnung) eines Titels auf den jeweils neuesten Stand zu bringen. Das Rubrum darf nicht, wie es so häufig geschieht, berichtigt werden (abgesehen von den wirklich offenkundigen Schreibfehlern des Gerichts). Es ist wirkungslos, wenn statt der im Titel genannten Parteien im Wege der „Berichtigung" andere genannt werden[15]; eine Parteiauswechslung durch Berichtigungsbeschluß ist nicht möglich[16]. Hat die Partei falsch geklagt, ist das ihr Risiko und sie muß neu klagen.

40.10 Wenn die Vollstreckungsforderung des Gläubigers voll befriedigt ist, einschließlich aller Zinsen und Kosten also, hat der Gerichtsvollzieher nach ZPO § 757 Abs 1 die Titelausfertigung (mit einer Quittung) an den Schuldner **auszuhändigen**. Für das Vollstreckungsgericht gilt das nicht. Falls der Gläubiger nicht ausdrücklich die Aushändigung wünscht oder gestattet, ist der Titel dem Einsender zurückzugeben (hierzu § 127 Rdn 3).

40.11 Vollstreckungstitel benötigen regelmäßig eine **Vollstreckungsklausel** (ZPO §§ 724, 725). Ausnahmsweise erhalten manche keine solche, so Kostenfestsetzungsbeschlüsse, die auf das Urteil gesetzt sind (ZPO §§ 105, 795 a), Vollstreckungsbescheide (ZPO § 796), Arreste und Einstweilige Verfügungen (ZPO §§ 929, 936) (jeweils mit Besonderheiten).

40.12 Die Vollstreckungsklausel bezeugt Bestehen und **Vollstreckungsreife** des Titels, und zwar gegen den im Urteil (in der vollstreckbaren Urkunde) bezeichneten Schuldner. Es ist daher nicht nötig, ihn in der Klausel ausdrücklich zu nennen. Das gilt nicht bei mehreren Titelschuldnern, bei denen der Titel mit Klausel gegen je einen versehen wird, und nicht bei Eigentumswechsel, wenn sich dingliche Ansprüche gegen frühere und jetzige Eigentümer ausschließen, wo also die Klausel nur getrennt erteilt werden kann (§ 15 Rdn 40.18).

40.13 Die **Gültigkeit** der erteilten Klausel hat das Vollstreckungsgericht **nicht** sachlich **zu prüfen** [17] (für den Schuldner hier die Möglichkeit nach ZPO §§ 732, 768); es hat nur auf äußere Mängel zu achten. Bei der Prüfung der Vollstreckbarkeit dürfen nur solche Tatsachen vom Vollstreckungsgericht berücksichtigt werden, von deren Eintritt die Leistungspflicht des Schuldners abhängig gemacht ist, wobei diese in der Schulddurkunde selbst bezeichnet sein müssen.

40.14 Das Vollstreckungsgericht hat auch nicht zu prüfen, ob die vor Klauselerteilung nötige **Kündigung** ordnungsgemäß erfolgt ist[18] (anders[19]). Die Fälligkeit nach ordnungsgemäßer Kündigung ist für Erteilung der Vollstreckungsklausel zu beweisen und zu prüfen (ZPO § 726 Abs 1; § 15 Rdn 15.3). Das Vollstreckungsgericht hat die erteilte Klausel als wirksam zu behandeln, weil sie selbst bei Verstößen nicht unwirksam ist (anders[20]: bei nach ZPO § 726 Abs 1 erteilter Klausel müsse das Vollstreckungsgericht prüfen, ob die nach § 726 nötigen Urkunden dem Schuldner zugestellt seien). [20]meint auch, wenn ein Grundpfandrecht erst nach Kündigung fällig sei und für einen noch nicht erreichten Zeitpunkt gekündigt sei, so genüge die erteilte Klausel nicht. Wenn (wie zumeist) der Schuldner den Gläu-

---

[13] KG Berlin DGVZ 1973, 139 = Rpfleger 1973, 31.
[14] KG Berlin DGVZ 1973, 139 = Rpfleger 1973, 31; LG Bremen DGVZ 1982, 8; Zöller/Stöber, ZPO, § 704 Rdn 8.
[15] Petermann Rpfleger 1973, 153 (IV a).
[16] Vollkommer MDR 1992, 642.
[17] OLG Frankfurt JurBüro 1976, 1122; Zöller/Stöber, ZPO, § 724 Rdn 1 und 14.
[18] Kolbenschlag DNotZ 1965, 205 (III 3).
[19] LG Bonn Rpfleger 1968, 125.
[20] OLG Frankfurt Rpfleger 1973, 323.

biger von der Nachweispflicht befreit hat, findet ZPO § 726 Abs 1 keine Anwendung (§ 15 Rdn 15.3). Auch dann hat das Vollstreckungsgericht Zulässigkeit der Klauselerteilung (Grundlage hierfür dann ZPO § 724), somit auch Fälligkeit der Vollstreckungsforderung und Zustellung der Kündigungsnachweise nicht zu prüfen (kein Fall der ZPO § 726 Abs 1 mit § 750 Abs 2).

40.15 Auch ein mit Vollstreckungsklausel versehener gerichtlicher **Vergleich,** der eine Verfallklausel (kassatorische Klausel) enthält, ermöglicht Vollstreckung wegen der ganzen Forderung, ohne daß geprüft werden muß, ob die Voraussetzungen der Verfallklausel vorliegen[21]. Die Klausel deckt hier die unbeschränkte Vollstreckung, der Schuldner hat Zahlung zu beweisen. Gleiches gilt für die Vollstreckung einer notariellen Urkunde mit Verfallklausel.

40.16 Bei **Kalendertagsfälligkeit** wird die Klausel sofort erteilt, die Vollstreckung aber erst nach dem Ablauf des Kalendertages zugelassen (ZPO § 751 Abs 1). Dies hat das Vollstreckungsorgan zu beachten (§ 15 Rdn 15). Ähnlich ist es mit der Frage der Sicherheitsleistung durch den Gläubiger (§ 15 Rdn 32) und der gesetzlichen Wartefrist (§ 15 Rdn 43). Trotz vorliegender Klausel hat das Vollstreckungsgericht diese Voraussetzungen selbst zu prüfen.

40.17 a) Wenn ein **Grundpfandrecht** (zur Zeit der Grundstücksveräußerung vor Grundbuchvollzug der Auflassung) vom jetzigen und künftigen Eigentümer **gemeinsam bestellt** wird, können sich beide in notarieller Urkunde der Vollstreckung (wegen des dinglichen Anspruchs) unterwerfen (ZPO § 794 Abs 1 Nr 5). Die Zwangsvollstreckung aus der Urkunde wegen des dinglichen Anspruchs aus dem vor Eigentumswechsel eingetragenen Grundpfandrecht findet dann gegen den **bisherigen Eigentümer** statt. Durch den **neuen Eigentümer** ist in der Urkunde Unterwerfung wegen des künftigen (dinglichen) Anspruchs gegen ihn aus dem Grundpfandrecht erfolgt. Auch dieser künftige Anspruch ist unterwerfungsfähig[22]. Gegen den neuen Eigentümer kann die Urkunde erst nach Entstehen des Anspruchs (gegen ihn) vollstreckbar ausgefertigt werden. Für Erteilung dieser vollstreckbaren Ausfertigung muß der Eigentumswechsel nachgewiesen sein (ZPO § 726 Abs 1). Wenn jedoch (wie zumeist) der neue Eigentümer auf diesen Nachweis verzichtet hat, kann auch die vollstreckbare Ausfertigung wegen des (künftigen) dinglichen Anspruchs gegen den neuen Eigentümer sogleich erteilt werden. Bezeichnet dann die vor Eintragung des Eigentumswechsels erteilte Vollstreckungsklausel keinen Schuldner, so ist sie ohne Einschränkung, somit wegen aller Ansprüche erteilt, über die die Urkunde errichtet ist. Vollstreckbar ausgefertigt ist die Urkunde dann wegen des gegen den bisherigen Eigentümer auf Grund seiner Unterwerfungserklärung vollstreckbaren (dinglichen) Anspruchs aus dem Grundpfandrecht und ebenso wegen des gegen den neuen Eigentümer auf Grund seiner Unterwerfungserklärung (ab Eigentumswechsel) vollstreckbaren künftigen (dinglichen) Anspruchs[23]. Vollstreckungsbeginn gegen den neuen Eigentümer schon vor Eintragung des Eigentumswechsels hindert § 17 Abs 1. Wenn nach Eigentumswechsel gegen den neuen Eigentümer vollstreckt werden soll, wird der dingliche Anspruch geltend gemacht, über den mit seiner Unterwerfungserklärung die notarielle Urkunde als Vollstreckungstitel errichtet ist. Somit handelt es sich um keinen Fall der Rechtsnachfolge wegen des vollstreckbaren (dinglichen) Anspruchs gegen den bisherigen Grundstückseigentümer (keine Umschreibung der Vollstreckungsklausel nach Eigentumswechsel[23]; zu früher anderer Ansicht[24]). Nochmalige Erteilung einer vollstreckbaren Urkundenausfertigung (ZPO § 727)

---

[21] OLG Düsseldorf JurBüro 1959, 38 mit zust Anm Bauer = NJW 1958, 227 = Rpfleger 1958, 383 mit zust Anm Berner.
[22] BGH 88, 62 = aaO (Fußn 5); KG Berlin DNotZ 1988, 238 = NJW-RR 1987, 1229 = OLGZ 1987, 424 = Rpfleger 1988, 30.
[23] KG Berlin Rpfleger 1988, 30 = aaO (Fußn 22).
[24] Schöner MittBayNot 1975, 154.

Anordnungsbeschluß 40.19 § 15

und Klausel- sowie Urkundenzustellung (ZPO § 750 Abs 2) sind daher nicht erforderlich.

b) Wenn ein Grundpfandrecht (zur Zeit der Grundstücksveräußerung vor Grundbuchvollzug der Auflassung) vom jetzigen und künftigen Eigentümer gemeinsam bestellt wird, kann sich auch **nur der neue Eigentümer** in der Urkunde der sofortigen Zwangsvollstreckung wegen des dinglichen Anspruchs unterwerfen (ZPO § 794 Abs 1 Nr 5). Aus der Urkunde findet die Zwangsvollstreckung wegen des dinglichen Anspruchs gegen den bisherigen Eigentümer dann nicht statt (Erteilung einer vollstreckbaren Ausfertigung gegen ihn ist ausgeschlossen; kein Rechtsnachfolgefall, wenn Grundbucheintragung der Auflassung doch nicht erfolgt). Durch den neuen Eigentümer ist in der Urkunde Unterwerfung (zulässig) bereits wegen des künftigen (dinglichen) Anspruchs gegen ihn aus dem Grundpfandrecht erfolgt. Erteilung einer vollstreckbaren Ausfertigung der Urkunde gegen den neuen Eigentümer ist jedoch erst nach Entstehen des Anspruchs (gegen ihn) zulässig (ZPO § 726 Abs 1). Eigentumswechsel muß für Erteilung dieser vollstreckbaren Ausfertigung nachgewiesen werden. Wenn jedoch (wie zumeist) der neue Eigentümer auf diesen Nachweis verzichtet hat, kann auch die vollstreckbare Ausfertigung wegen des (künftigen) dinglichen Anspruchs sogleich erteilt werden. Die für das Grundpfandrecht bereits vor Eintragung des Eigentumswechsels erteilte Klausel ist dann einfache Vollstreckungsklausel (nicht Klausel auf Grund eines der Sonderfälle von ZPO § 750 Abs 2). Zustellung auch der Vollstreckungsklausel und einer ihr zugrunde liegenden Urkunden nach ZPO § 750 Abs 2 hat daher nicht zu erfolgen. Zwangsvollstreckungsbeginn erst nach Eigentumswechsel gewährleistet § 17 Abs 1.

40.18 Zwangsvollstreckungs**unterwerfung** durch einen bevollmächtigten **Vertreter** in notarieller Urkunde (ZPO § 794 Abs 1 Nr 5, § 800) begründet Vollstreckbarkeit der Urkunde gegen den Schuldner[25]. Die Vertretungsmacht des Bevollmächtigten ist vom Notar bei Erteilung der Vollstreckungsklausel (ZPO § 797 Abs 2 mit § 724), aber auch vom Vollstreckungsgericht bei Anordnung der Zwangsversteigerung (Zwangsverwaltung) oder Zulassung des Beitritts (§ 27) zu prüfen[25]. Prüfung durch das Vollstreckungsgericht erfordert (auch wenn ein Rechtsanwalt als Bevollmächtigter aufgetreten ist[25]) Vorlage der Vollmacht[25] in öffentlicher oder öffentlich beglaubigter Urkunde[25], wenn eine andere notarielle Urkunde (zB Kaufvertragsurkunde) die Bevollmächtigung ausweist, somit einer (genügend auch auszugsweisen[25]) Ausfertigung oder beglaubigten Abschrift dieser Urkunde[25]. Der Nachweis ist Urkunde für den Beginn der Zwangsvollstreckung, die dem Antrag beizufügen ist (Abs 2)[25]. Bezugnahme in der vollstreckbaren Urkunde auf die Vollmacht, die in einer anderen in der Urkundensammlung des Notars verwahrten Vertragsurkunde enthalten ist, oder Bestätigung des Notars in der Vollstreckungsklausel über die Erteilung der Vollmacht in einer Vorurkunde, genügt als Vollmachtsnachweis nicht[25]. Vertretung des Schuldners bei der Beurkundung durch einen nur mit schriftlicher Vollmacht ausgewiesenen Bevollmächtigten ermöglicht Vollstreckung erst nach Vorlage einer in öffentliche (oder öffentlich beglaubigter) Urkunde enthaltenen Vollmacht[25]. Das gilt auch, wenn für den Schuldner bei Beurkundung der Unterwerfungserklärung ein Vertreter „auf Grund mündlich erteilter Vollmacht" oder „ohne Vertretungsmacht auf Grund nachzubringender Vollmacht" gehandelt hat[25]. Genehmigung der Unterwerfungserklärung durch den Vertretenen in öffentlicher oder öffentlich beglaubigter Urkunde ersetzt in diesen Fällen den erforderlichen (urkundlichen) Vollmachtsnachweis[25].

40.19 Erfolgt die Vollstreckung aus einer notariellen Urkunde, in der sich der Schuldner der Vollstreckung unterworfen hat (ZPO § 794 Abs 1 Nr 5) und wird die **Klausel** (wie es die Regel ist) **ohne besondere Zusätze** erteilt, so kann wegen Hauptsache, Zinsen und Kosten, die sich aus der Urkunde ergeben, voll-

---

[25] Stöber Rpfleger 1994, 393.

§ 15   40.19   Anordnung der Versteigerung

streckt werden. Es ist nicht nötig, die Klausel ausdrücklich wegen des Kapitals zu erteilen. Vollstreckbar sind alle Ansprüche, die sich aus der Urkunde ergeben. Auch in der Klausel zu einem Urteil werden ja die einzelnen Teile nicht erwähnt (ZPO § 725); sie ergeben sich aus der Urteilsformel. Diese Vorschrift ist auf notarielle Urkunden entsprechend anzuwenden (ZPO § 795). Eine gegenteilige alte Entscheidung von 1906 bezog sich auf den damaligen Rechtszustand, bei dem auch für Urteile eine unbeschränkte Klausel nur auf besondere Anweisung des Richters erteilt werden durfte. Soll die Vollstreckung aus einer notariellen Urkunde auf einen bestimmten Teil des Anspruchs beschränkt werden, muß das in der Klausel stehen. Wenn die Unterwerfungsurkunde über mehrere vollstreckbare Ansprüche erstellt ist und die Vollstreckungsklausel nur wegen einzelner erteilt sein soll, muß sie den Anspruch bezeichnen, auf den sie sich bezieht. Es ist aber nicht Sache des Vollstreckungsorgans, die vom Notar erteilte Klausel sachlich zu prüfen, ob sie zu Recht erteilt sei. Schuldner muß auch hier Einwendungen nach ZPO § 732, 768, 797 Abs 3 geltend machen. Ob Urkunden ausländischer Notare wie deutsche zu behandeln sind, wird verneint[26]. Vollstreckbar sind ausländische Urkunden nur, wenn ihre Zwangsvollstreckung im Inland durch Staatsvertrag zugelassen ist oder, wenn sie im Inland mit einer Vollstreckungsklausel versehen worden sind (zB Übereinkommen vom 27. 9. 1968 über die gerichtliche Zuständigkeit und die Vollstreckung gerichtlicher Entscheidungen in Zivil- und Handelssachen, BGBl 1972 II S 773, Art 50 iVm Art 31).

40.20 Sind **mehrere Entscheidungen** in einer Sache ergangen (Berufungsgericht verwirft die Berufung, bestätigt also das Ersturteil; Einspruch gegen Versäumnisurteil oder Vollstreckungsbescheid wird durch Urteil verworfen; Versäumnisurteil oder Vollstreckungsbescheid werden durch Sachurteil bestätigt), so benötigt Vollstreckungsklausel nur der Titel, der den Zahlungsanspruch enthält.

40.21 Der **gesetzliche Vertreter** eines Prozeßunfähigen (Einl Rdn 44) muß im Titel nicht benannt sein[27] (anders[28]). Er kann darin benannt sein. Wechselt er, so ist keine neue Klausel nötig. Es geht zu weit, einen Minderjährigen, für den der gesetzliche Vertreter im Titel nicht benannt ist, hierfür als prozeßfähig zu behandeln (so will[29] verfahren), weil ja die Prozeßfähigkeit vom Vollstreckungsorgan selbständig zu prüfen ist[30] (hierzu Einl Rdn 44).

40.22 Vollstreckungsklausel für und gegen **Rechtsnachfolger** = ZPO § 727; bei Erben oder Nacherben = ZPO § 728; bei Vermögensübernahme = ZPO § 729; bei Nießbrauch = ZPO §§ 737, 738; bei Testamentsvollstreckung = ZPO §§ 748, 749. Die Rechtsnachfolge muß bei Gericht offenkundig sein oder durch öffentliche oder öffentlich beglaubigte Urkunden nachgewiesen werden (dazu § 15 Rdn 29). Ist die Klausel für oder gegen eine Partei kraft Amtes erteilt und wechselt dabei die Person dieser Partei (neuer Konkursverwalter), dann ist keine neue Klausel nötig; Berichtigung ist jedoch möglich.

40.23 Grundsätzlich muß der Vollstreckungstitel vor Beginn der Zwangsvollstreckung **zugestellt** werden (ZPO § 750 Abs 1; gleichzeitige Zustellung ist beim Vollstreckungsgericht nicht möglich). Die Zustellung soll dem Schuldner nachweislich Gelegenheit zur Kenntnisnahme vom Urteil (Inhalt des sonstigen Voll-

---

[26] Geimer DNotZ 1975, 461; Wolfsteiner, Vollstreckbare Urkunde, Rdn 81.1.
[27] LG Braunschweig DGVZ 1960, 135 = MDR 1959, 848; LG Hamburg DGVZ 1959, 123 = MDR 1959, 219; LG Hamburg DGVZ 1960, 42 = Rpfleger 1959, 355 mit krit Anm Petermann; LG Kiel MDR 1957, 237; LG Mönchengladbach DGVZ 1960, 135; LG Mönchengladbach MDR 1960, 1017; LG Mönchengladbach DGVZ 1961, 8 = JMBlW 1960, 257; JurBüro 1961, 36.
[28] OLG Oldenburg MDR 1955, 488; LG Hamburg MDR 1958, 925 = Rpfleger 1958, 276; Bull Rpfleger 1958, 425 und 1959, 82.
[29] LG Essen MDR 1956, 236 mit abl Anm Flies.
[30] LG Essen MDR 1958, 434 Leitsatz.

Anordnungsbeschluß 40.26 **§ 15**

streckungstitels) geben, damit er sein Verhalten danach einrichten kann[31]. Erfolgen kann die Zustellung auf Betreiben des Gläubigers an den Schuldner (ZPO § 750 Abs 1 Satz 2, §§ 166 ff), aber auch auf Betreiben des Schuldners an den Gläubiger; wenn der Schuldner den Vollstreckungstitel an den Gläubiger hat zustellen lassen, bedarf es für den Beginn der Zwangsvollstreckung daher keiner nochmaligen vorgängigen Zustellung an den Schuldner mehr[31]. Zustellung durch Aufgabe zur Post (ZPO § 175 mit § 213) genügt für Beginn der Zwangsvollstreckung; ihre Zulässigkeit ist Wirksamkeitsvoraussetzung und daher vom Vollstreckungsgericht zu prüfen. Auch Urteile der Streitgerichte des Justizbereichs und Vollstreckungsbescheide werden von Amts wegen zugestellt. Zur Vollstreckung muß der schon von Amts wegen zugestellte Titel nicht nochmals im Parteibetrieb zugestellt werden[32], es genügt dann amtlicher Zustellungsvermerk oder Bescheinigung des Gerichts über die erfolgte Zustellung[33].

40.24 Zuzustellen ist der **Titel**. Die Vollstreckungsklausel zu ihm muß nicht zugestellt werden. Wurde sie aber auf Grund einer Urkunde (Erbschein, Abtretung usw) umgeschrieben, so muß vor Vollstreckungsbeginn außer dem Titel **auch die Klausel** und die Urkunde, auf der sie beruht, zugestellt werden: ZPO § 750 Abs 2. Der Hypothekenbrief (Grundschuldbrief) gehört nicht hierher. Auch sonst ist sinnlose Förmelei zu vermeiden. Nicht zuzustellen sind daher Generalvollmacht an den Generalbevollmächtigten, die eigene Bestallung an den Testamentsvollstrecker, Konkursverwalter, Nachlaßpfleger.

40.25 Bei Rechtsnachfolge muß, wie erwähnt, auch Erbschein, notarielle Abtretung usw mit zugestellt werden. Die **Urkunde** muß aber nicht gesondert zugestellt werden, wenn schon ihr ganzer Inhalt in die Vollstreckungsklausel aufgenommen ist (bei Abtretung: Zedent, Zessionar, abgetretene Forderung, Abtretungstag, beglaubigender Notar, Beglaubigungstag, Urkundennr; bei Erbschein: Gericht, Datum, Aktenzeichen, Erblasser, Erbe, Umfang der Erbschaft). Es wäre lebensfremder Formalismus, dann auch noch die Zustellung der Urkunde selbst zu verlangen[34] (anders[35]: Urkunde muß zugestellt werden). Die Aufnahme nur des wesentlichen Inhalts genügt nicht[36]. Es handelt sich bei ZPO § 750 Abs 2 um eine Schutzvorschrift für den Schuldner, die ihm rechtzeitige Kenntnis und die Möglichkeit von Einwendungen sichern soll.

40.26 Erleichterungen gibt es bei notariellen und anderen Urkunden nach ZPO § 794 Abs 1 Nr 5: wenn sich der Eigentümer eines mit Hypothek usw belasteten Grundstücks der sofortigen Zwangsvollstreckung unterworfen hat und der Rechtsnachfolger des Gläubigers als Berechtigter im Grundbuch eingetragen ist (neuer Hypothekengläubiger), so muß die Rechtsnachfolgeurkunde hierüber nicht an den Schuldner zugestellt werden: ZPO § 799. Hat der Grundstückseigentümer (Schuldner) gewechselt und ist der neue Eigentümer eingetragen und auch die Unterwerfung mit Wirkung gegen den jeweiligen Eigentümer, so muß die Urkunde über den Eigentumswechsel nicht an den Schuldner zugestellt werden: ZPO § 800. Es muß aber in beiden Fällen noch eine auf den Rechtsnachfolger lautende Vollstreckungsklausel erwirkt (ZPO § 750 Abs 1)[37] und die umgeschrie-

---

[31] OLG Frankfurt DGVZ 1981, 86 = MDR 1981, 591 = OLGZ 1982, 251 = Rpfleger 1981, 313.
[32] OLG Karlsruhe Justiz 1973, 136; OLG München MDR 1972, 698 und OLGZ 1982, 101; LG Aachen DGVZ 1966, 111 = NJW 1965, 2064.
[33] OLG Hamm DGVZ 1968, 81 = JMBlNW 1967, 186 = JurBüro 1967, 338; Blomeyer Rpfleger 1973, 80 (2); Hornung Rpfleger 1973, 77 (Fußn 27).
[34] OLG München BayJMBl 1956, 145 = DGVZ 1956, 171; Zöller/Stöber, ZPO, § 750 Rdn 20.
[35] LG Berlin DGVZ 1964, 107 = JR 1964, 346 mit abl Anm Gottwald.
[36] OLG Frankfurt Rpfleger 1977, 416.
[37] LG Frankfurt ZIP 1983, 515.

bene Vollstreckungsklausel zugestellt werden: ZPO § 750 Abs 2; dies ist nicht nötig im Falle von § 26, wenn nach dem Wirksamwerden der Beschlagnahme der Eigentümer wechselte und das Verfahren für einen dinglichen Gläubiger schon lief.

40.27 Ein Gläubiger, der ein dingliches Recht abgetreten und wieder **zurückerworben** hat und noch den Titel mit der früheren Klausel besitzt, muß doch über beide Rechtsnachfolgen den Titel umschreiben und mit Nachweisen für beide Vorgänge auch zustellen lassen.

40.28 Verzicht des Schuldners auf Titelzustellung im voraus soll unwirksam sein, weil die Vorschrift nicht nur im Interesse des Schuldners, sondern auch im öffentlichen Interesse bestehe[38]. Der Mangel der Zustellung soll nachträglich durch Verzicht oder rügelose Einlassung heilbar sein[39]. Einen Vorausverzicht halten aber für zulässig[40]. Gegen den Verzicht bestehen wohl nur dort Bedenken, wo er für das Vollstreckungsorgan nicht eindeutig aus einer vom Schuldner stammenden Urkunden (zB Hypothekenbestellungsurkunde) ersichtlich ist. Sonst wäre es Förmelei, trotz seines Verzichts die Zustellung zu verlangen. Man muß nach Lage des Falles entscheiden, belehrt von BGH[41]: „Verfahrensvorschriften sind nicht um ihrer selbst willen, sondern wesentlich auch im Interesse der Beteiligten geschaffen, für die sie nicht zu Fallstricken werden dürfen". Wenn der Schuldner eindeutig und nachgewiesen verzichtet hat, ist Zustellung nicht nötig.

40.29 Auch dort, wo Zustellung unerläßlich ist, aber fehlt, ist die Vollstreckung **nicht nichtig,** nur anfechtbar[42].

40.30 Wo der Schuldner einen **Prozeßbevollmächtigten** hat, muß an diesen zugestellt werden (ZPO §§ 176, 178), sonst ist die Zustellung unwirksam, sie darf aber nicht an einen nur Unterbevollmächtigten erfolgen. Wo ein gesetzlicher Vertreter vorhanden ist, muß an diesen zugestellt werden, bzw an seinen Prozeßbevollmächtigten. Das zuzustellende Schriftstück muß einen ordnungsgemäßen Beglaubigungsvermerk tragen, da sonst die Zustellung wirkungslos ist[43]. Ersatzzustellung ist nur aus der Wohnung aus zulässig (ZPO § 182), nicht vom Geschäftslokal aus[44]. Es empfiehlt sich, die Zustellungserfordernisse genau zu beachten, um nicht durch einen Fehler bei Verfahrensbeginn den späteren Zuschlag in Frage zu stellen.

41 Vollstreckungstitel in Sonderfällen/Vormundschaftsgerichtliche Genehmigung

41.1 Landesrechtliche Schuldtitel: Nach der Verordnung hierüber (Textanhang T 31) kann aus Titeln, die nach dem Recht eines Landes begründet sind, im ganzen Bundesgebiet vollstreckt werden.

41.2 Ausländische Vollstreckungstitel: Grundsätzlich kann aus ihnen nur vollstreckt werden, wenn die Zulässigkeit der Vollstreckung durch ein deutsches

---

[38] RG 83, 332 (336); KG Berlin abgedruckt in: Kirchner DGVZ 1962, 4; LG Flensburg DGVZ 1960, 173 = Rpfleger 1960, 303 mit abl Anm Berner.

[39] RG 133, 215; RG 135, 118.

[40] RG 37, 378 (379); OLG Frankfurt MDR 1956, 111; LG Berlin DGVZ 1960, 172; LG Ellwangen DGVZ 1966, 170 = MittBayNot 1966, 219 = Rpfleger 1966, 145 mit zust Anm Berner; AG Montabaur DGVZ 1975, 92 mit abl Anm Schriftleit = JurBüro 1975, 1533 Leitsatz; Berner Rpfleger 1960, 303 (Anmerkung) und 1966, 134.

[41] BGH MDR 1960, 422 = NJW 1960, 494 und 1960, 735 Leitsatz mit Anm Mayer.

[42] BGH 66, 79 = KTS 1976, 234 = MDR 1976, 648 = NJW 1976, 851 = Rpfleger 1976, 177.

[43] BGH Betrieb 1964, 1333 = JVBl 1964, 184 = MDR 1964, 316 = VersR 1964, 848; RG 99, 140; OLG Celle JurBüro 1968, 490 = Rpfleger 1969, 63; OLG München JurBüro 1970, 531 = Rpfleger 1970, 250; LG Berlin DGVZ 1961, 111.

[44] BGH BB 1969, 554 = MDR 1968, 493 = Rpfleger 1968, 183; BGH NJW 1976, 149 = VersR 1976, 296.

Anordnungsbeschluß 41.6 § 15

Vollstreckungsurteil ausgesprochen ist (ZPO § 722). Vollstreckt wird aus diesem, vorausgesetzt, daß es den Inhalt des ausländischen Urteils enthält, vor allem den zu leistenden Betrag; andernfalls wird auch das ausländische Urteil zur Vollstreckung benötigt[1]. Es gelten jedoch mannigfache Sonderregelungen, so für
- Vollstreckungstitel eines Vertragsstaats des Übereinkommens vom 27. Sept. 1968 über die gerichtliche Zuständigkeit und die Vollstreckung gerichtlicher Entscheidungen in Zivil- und Handelssachen (BGBl 1972 II 773);
- Vollstreckungstitel eines Vertragsstaats des Haager Übereinkommens vom 2. Okt. 1973 über die Anerkennung und Vollstreckung von Unterhaltsentscheidungen (BGBl 1986 II 825);
- Vollstreckungstitel aus dem Königreich Norwegen, dem Staat Israel und aus Spanien nach dem jeweiligen Vertrag über die gegenseitige Anerkennung und Vollstreckung gerichtlicher Entscheidungen und anderer Schuldtitel in Zivil- und Handelssachen.

Einzelheiten des Verfahrens, in dem die Schuldtitel zur Zwangsvollstreckung zugelassen werden, regelt das Gesetz zur Ausführung zwischenstaatlicher Anerkennungs- und Vollstreckungsverträge in Zivil- und Handelssachen (Anerkennungs- und Vollstreckungsausführungsgesetz – AVAG) vom 30. Mai 1988, BGBl I 662 (dazu[2]). Die fremden Titel werden danach in einem besonderen deutschen Verfahren mit der Vollstreckungsklausel versehen (§ 3 Gesetz). Wortlaut der Vollstreckungsklausel: § 8 Gesetz. Sonderabkommen bestehen für eine Reihe Staaten (Näheres in[3]).

41.3 Eltern, Vormund, Pfleger und Betreuer bedürfen keiner Genehmigung des Vormundschaftsgerichts (der Vormund auch nicht der Genehmigung eines Gegenvormunds), wenn sie für das Kind oder Mündel eine Forderung durch Vollstreckungsversteigerung oder Zwangsverwaltung einziehen wollen. Geldannahme durch den Vormund, Pfleger oder Betreuer: § 117 Rdn 3; Teilungsversteigerungsantrag durch diese: § 181 Rdn 6.

41.4 Zu einigen Verfahrensvorgängen in ZVG-Verfahren benötigen Eltern, Vormund, Pfleger oder Betreuer die Genehmigung des Vormundschaftsgerichts. Dies wird an den einschlägigen Stellen behandelt. Eine Genehmigung darf nicht gegen den Willen des gesetzlichen Vertreters erteilt werden[4]. Eine Genehmigung kann das Vormundschaftsgericht nur gegenüber Eltern, Vormund, Pfleger oder Betreuer erklären (BGB § 1828), somit nicht dem Vollstreckungsgericht. Die Genehmigung ist in der Regel nicht formbedürftig (Besonderheiten an einschlägigen Stellen), aber wegen des erforderlichen Nachweises nur in Schriftform denkbar.

41.5 Gegen Versagung der Genehmigung kann zB der Minderjährige **Beschwerde** einlegen mit der Begründung, das Rechtsgeschäft bedürfe keiner Genehmigung[5]. Mit dieser Begründung kann das auch ein Dritter, dessen Rechtslage durch den Bestand des die Genehmigung versagenden Beschlusses beeinträchtigt wird.

41.6 Das Vormundschaftsgericht ist vom Vollstreckungsgericht zu **benachrichten,** wenn ihm irgendein Umstand bekannt wird, der eine Tätigkeit des Vormundschaftsgerichts (für Minderjährige, Abwesende, Geschäftsunfähige usw) erforderlich macht (FGG § 50). Dazu auch § 6 Rdn 4.

---

[1] Baumbach/Lauterbach/Hartmann, ZPO, § 722 Rdn 3; Stein/Jonas/Münzberg, ZPO, § 722 Rdn 23; Zöller/Geimer, ZPO, § 722 Rdn 56.
[2] Geimer NJW 1988, 2157; Hök JurBüro 1988, 1453 und 1989, 159.
[3] Baumbach/Lauterbach/Hartmann, ZPO, Anhang V E; Stein/Jonas/Münzberg, § 723 Anhang B; Wolf NJW 1973, 397.
[4] BayObLG Rpfleger 1976, 391.
[5] KG Berlin Rpfleger 1976, 305.

42 Vorkaufsrecht, Ankaufsrecht, Wiederkaufsrecht

42.1 a) Ein **Vorkaufsrecht** (ein gesetzliches ebenso wie ein als Grundstücksbelastung bestehendes, BGB § 1094) hindert die Anordnung von Zwangsversteigerung und Zwangsverwaltung nicht. Es ist kein entgegenstehendes Hindernis gemäß § 28, auch nicht bei dem Reichssiedlungsgesetz (§ 15 Rdn 31), auch nicht nach Baugesetzbuch (§ 15 Rdn 6), auch nicht das persönliche Vorkaufsrecht des Mieters bei Umwandlung der Mietwohnung in eine Eigentumswohnung nach Wohnungsbindungsgesetz § 2 b (Textanhang T 44).

b) Ein schuldrechtliches Vorkaufsrecht (BGB § 504) verpflichtet nur den Besteller, erlangt somit in der Grundstücksvollstreckung keine Bedeutung. Zur Sicherung des (bedingten) Erwerbsanspruchs kann jedoch eine Vormerkung zugunsten des Vorkaufsberechtigten eingetragen sein. Diese Auflassungsvormerkung ist dann zwar kein der Zwangsversteigerung oder Zwangsverwaltung entgegenstehendes Recht; sie kann aber nach dem § 15 Rdn 42.2 Gesagten Bedeutung erlangen.

42.2 Ein **Ankaufsrecht** (Optionsrecht) verleiht die schuldrechtliche Befugnis, das Grundstück bei Eintritt bestimmter vertraglich vereinbarter Voraussetzungen zu erwerben. Es hindert als schuldrechtlicher Anspruch Anordnung der Zwangsversteigerung und Zwangsverwaltung nicht. Zur Sicherung des Erwerbsanspruchs kann eine Auflassungsvormerkung eingetragen sein. Sie ist gleichfalls kein der Zwangsversteigerung (Zwangsverwaltung) entgegenstehendes Recht (§ 28 Rdn 4). Eigentumsübertragung in Erfüllung des durch die Vormerkung gesicherten Anspruchs kann jedoch der Verfahrensfortsetzung entgegenstehen; daher kann auch die Auflassungsvormerkung bereits die Versteigerung tatsächlich behindern.

42.3 a) Ein rechtsgeschäftlich vereinbartes **Wiederkaufsrecht** (BGB §§ 497–503) hat ebenfalls nur schuldrechtliche Wirkung. Die Versteigerung (auch die Zwangsverwaltung) hindert es sonach nicht. Zu seiner Sicherung kann eine Auflassungsvormerkung eingetragen sein. Sie ist gleichfalls kein der Zwangsversteigerung (Zwangsverwaltung) entgegenstehendes Recht, kann das Verfahren aber nach dem § 15 Rdn 42.2 Gesagten behindern.

b) Entsprechendes gilt für das Wiederkaufsrecht nach dem Reichssiedlungsgesetz (§ 20). Es beeinflußt die Versteigerung nur, wenn es im Grundbuch eingetragen ist und dem betreibenden Gläubiger vorgeht. Dann ist es wie eine Auflassungsvormerkung zu behandeln (§ 81 Rdn 10.5).

43 Wartefrist der betreibenden Ansprüche

43.1 Eine Wartefrist ist nach der Zustellung des Vollstreckungstitels in bestimmten Fällen einzuhalten. Erst am Tage nach deren Ablauf darf die Zwangsvollstreckung beginnen. Die Fristberechnung erfolgt nach ZPO § 222, BGB § 187 Abs 1 (dazu Einl Rdn 32). Die Frist beginnt somit am Tag nach der Zustellung; zulässig ist die Zwangsvollstreckung (bei 2 Wochen Wartefrist) sonach am 15. Tag nach der Zustellung; jedoch sind für den Fristablauf auch Samstage, Sonntage und Feiertage zu beachten (BGB § 193). Die Wartefrist ist keine Notfrist; ein Zustellungsmangel kann daher nach ZPO § 178 Satz 1 geheilt werden[1].

a) Die Wartefrist beträgt **zwei Wochen,** wenn es sich um einen der folgenden Vollstreckungstitel handelt: gerichtlicher Kostenfestsetzungsbeschluß, der nicht auf das Urteil gesetzt ist (ZPO § 798); notarielle Urkunde mit Vollstreckungsunterwerfung (ZPO § 798); Beschluß über den Regelunterhalt eines nichtehelichen Kindes (ZPO § 798); vollstreckbare Notarkostenrechnung (KostO § 155); usw. Die Wartezeit gilt auch nach Umschreibung der genannten Titel wegen Rechtsnachfolge bzw nach ihrer Neuzustellung gemäß ZPO § 750 Abs 2.

---

[1] LG Kaiserslautern Rpfleger 1993, 256.

Anordnungsbeschluß 44.2 **§ 15**

b) Die Wartefrist beträgt **zwei Wochen** für Sicherungsvollstreckung nach ZPO § 720 a durch Eintragung einer Zwangshypothek oder Schiffshypothek (ZPO § 750 Abs 3) (Einl Rdn 64.3).

c) Die Wartefrist beträgt **einen Monat,** wenn aus einem im vereinfachten Verfahren ergangenen Beschluß zur Abänderung von Unterhaltstiteln nach ZPO 641 p vollstreckt werden soll oder aus dem Kostenfestsetzungsbeschluß dazu (ZPO § 798 a). Für einen nach dem Abänderungsbeschluß erlassenen Kostenfestsetzungsbeschluß muß die Monatsfrist seit Zustellung des Abänderungsbeschlusses und eine Wochenfrist (ZPO § 798) seit Zustellung des Kostenfestsetzungsbeschlusses abgelaufen sein.

43.2 Ein **Verzicht** des Schuldners auf Einhaltung der Wartefrist wird zum Teil für nicht zulässig gehalten[2], zum Teil für zulässig[3]. Auf jeden Fall muß er zulässig sein, wenn auf Zustellung wirksam verzichtet ist (§ 15 Rdn 40.27), weil dann die Frist nicht berechnet werden kann[4]. Man muß wie bei Verzicht auf Titelzustellung beachten: wenn der Schuldner nachweisbar und eindeutig verzichtet hat, ist nichts dagegen einzuwenden. Es handelt sich um eine Schutzvorschrift für den Schuldner, der Zeit haben soll, sich über den Vollstreckungsbetrag zu unterrichten[5].

43.3 Wurde die Wartefrist nicht eingehalten, so **heilt** der Mangel durch Fristablauf[5] (ex nunc), und zwar auch dann, wenn der Schuldner den Mangel vor Fristablauf durch Vollstreckungserinnerung nach ZPO § 766 gerügt hatte[5]. Der unter Verstoß gegen die Wartefrist ergangene Vollstreckungsakt ist nicht nichtig[5].

Wechsel und Schecks als Vollstreckungsunterlagen 44

Literatur: Treysee, Die Vollstreckung einer Wechselforderung, DGVZ 1983, 36.

44.1 Hat der Schuldner nach dem Vollstreckungstitel gegen **Aushändigung des Wechsels** zu leisten, dann darf Zwangsvollstreckung nur erfolgen, wenn dem Vollstreckungsgericht der Vollstreckungstitel zusammen mit dem Wechsel vorliegt. Die Vorlage auch des Wechsels ist Vollstreckungsvoraussetzung; sie ist von Amts wegen zu prüfen. Der Wechsel muß zusammen **mit dem Titel vorliegen** bei der Anordnung, beim Beitritt, im Versteigerungstermin, im Verteilungstermin bzw bei dem Antrag auf Zwangshypothek[1]. Bei Verlust des Wechsels ist nach Durchführung des Aufgebotsverfahrens (Wechselgesetz Art 90) das Ausschlußurteil mit dem Vollstreckungstitel vorzulegen[2].

44.2 Auch wenn ein Urteil den Wechselanspruch des Gläubigers auf Zahlung „**Zug um Zug** gegen Herausgabe des Wechsels" ausweist, liegt doch keine Verurteilung vor, deren Vollstreckung von einer Zug um Zug zu bewirkenden Leistung des Gläubigers an den Schuldner abhängt, mithin nach ZPO § 765 Beweis erfordern würde, daß der Schuldner befriedigt oder im Verzug der Annahme ist[3] (§ 15 Rdn 46) (ähnlich[4], anders[5]). Es handelt sich hier nicht um die Befriedigung

---

[2] Stein/Jonas/Münzberg, ZPO, § 798 Rdn 3; Wieczorek, ZPO, § 798 Anm B II a; Schumacher DGVZ 1961, 37.
[3] OLG Frankfurt MDR 1956, 111; Berner DGVZ 1961, 17 (III); Steiner/Hagemann, §§ 15, 16 Rdn 119.
[4] AG Montabaur DGVZ 1975, 92 mit abl Anm Schriftleit = JurBüro 1975, 1533 Leitsatz.
[5] OLG Hamm NJW 1974, 1516 = OLGZ 1974, 314 = Rpfleger 1974, 204.
[1] OLG Frankfurt DGVZ 1981, 84 = OLGZ 1981, 261 = Rpfleger 1981, 312; Wieczorek, ZPO, § 867 Anm B II.
[2] KG Berlin DGVZ 29, 278; LG Aachen DGVZ 1983, 75 = JurBüro 1982, 1414; AG Bergheim DGVZ 1984, 15.
[3] OLG Frankfurt Rpfleger 1979, 144 und Rpfleger 1981, 312 = aaO (Fußn 1); LG Düsseldorf DGVZ 1972, 59; Zöller/Stöber, ZPO, § 756 Rdn 4.
[4] Stein/Jonas/Münzberg, ZPO, § 726 Rdn 18.
[5] OLG Nürnberg BB 1965, 1293; Treyssee DGVZ 1983, 36.

§ 15 44.2 Anordnung der Versteigerung

eines selbständigen Gegenanspruchs, sondern um die besondere Ausgestaltung des Rechts auf Quittung. Es ist nur der Wechsel zusammen mit dem Titel vorzulegen. Diese Vorlage ist Vollstreckungsvoraussetzung: der Schuldner ist nur verpflichtet, die Hauptsache zu leisten, wenn ... (WechselG Art 39, 50, 77). Daß das auch gelte, wenn das Urteil nur auf Leistung schlechthin lautet, kann nur für ein im Wechselprozeß (ZPO §§ 602–605) ergangenes Urteil (und für den Wechsel-Vollstreckungsbescheid) zutreffen. Weil der Vollstreckungstitel inhaltlich bestimmt zu sein hat, muß er sonst auch erkennen lassen, daß Erfüllung des Zahlungsanspruchs nur gegen Aushändigung des Wechsels zu erfolgen hat. Wenn sich aus dem Vollstreckungstitel nicht ergibt, daß Zahlung nur gegen Aushändigung des Wechsels zu leisten ist (das Wechselurteil weist dies konkludent aus[6]), hat das Vollstreckungsgericht auch Vorlage des Wechsels nicht zu verlangen (Vollstreckungsgrundlage ist der Schuldtitel; Prüfung des materiellen Anspruchs hat durch das Vollstreckungsgericht nicht zu erfolgen).

44.3 Vollstreckung eines selbständigen **Kostenfestsetzungsbeschlusses** (auch aus dem Wechselprozeß) erfordert nicht (wie Vollstreckung des Hauptsachetitels) Vorlage des Wechsels[7]. Der Festsetzungsbeschluß ist selbständiger Titel, in der Vollstreckung hieraus kann nicht mehr nachgeprüft werden, auf welchem Verfahren er beruht; auch könnte der Gläubiger, falls der Schuldner gegen Aushändigung des Wechsels die Hauptsache bezahlt hat, den Wechsel bei der Kostenvollstreckung gar nicht mehr vorlegen. Ebenso erfordert auch die Vollstreckung (früherer) Zwangsvollstreckungskosten (ZPO § 788) Vorlage des Wechsels nicht.

44.4 Was für den Wechsel gesagt ist, gilt genau so für einen **Scheck-**Vollstreckungstitel[8] (auch Scheckvollstreckungsbescheid[9]) (Scheckgesetz Art 34, 47).

44.5 Wenn der Titel nicht nur auf Zahlung „Zug um Zug gegen Aushändigung" eines bestimmten Wechsels (Schecks) lautet, sondern auch die Verurteilung des Gläubigers enthält, Zug um Zug gegen Zahlung der vom Beklagten zu entrichtenden Beträge den Wechsel (Scheck) herauszugeben, darf die Geldvollstreckung jedoch erst beginnen, wenn der Annahmeverzug des Schuldners nach ZPO § 765 nachgewiesen ist[10].

45 Wohnungseigentum, Teileigentum

Literatur: Barsties, Zur Frage der Zwangsversteigerung nicht mehr bestehender oder noch nicht erbauter Wohnungseigentumsrechte, SchlHA 1983, 17; Friese, Versteigerung von Wohnungseigentum, MDR 1951, 592; Rupolphi, Die Wirkung einer Eigentumsbeschränkung nach § 12 WEG auf die Zwangsversteigerung des Wohnungseigentums, BlGrBW 1960, 369; Schindelmeiser, Die Zwangsversteigerung von Wohnungseigentum in besonderen Fällen, SchlHA 1983, 51; Weimar, Zwangsvollstreckung in das Erbbaurecht und Wohnungseigentum, BlGrBW 1976, 188.

45.1 Wohnungseigentum (ebenso Teileigentum, Rdn 45.8) ist als Eigentum (im Sinne des Eigentumsbegriffs des bürgerlichen Rechts, BGB § 903) Gegenstand der Immobiliarvollstreckung (Einl 12.8). Vollstreckt werden kann daher nur noch in dieses Eigentum (in das einzelne Wohnungseigentum), wenn der Grundstückseigentümer durch Teilung (sogen Vorratsteilung) Wohnungseigentum gebildet hat (WEG §§ 2, 8). Das Grundstück besteht dann als Gegenstand der Zwangsvollstreckung nicht mehr, auch wenn nach Teilung durch den Grundstückseigentümer Veräußerung noch nicht erfolgt ist, dem (bisherigen) Grundstückseigentü-

---

[6] RG 36, 96 (105); RG 37, 1 (5); KG Berlin OLG 29, 278.
[7] OLG Frankfurt Rpfleger 1981, 312 = aaO (Fußn 1).
[8] AG Villingen-Schwenningen DGVZ 1988, 122.
[9] AG Aschaffenburg DGVZ 1992, 175; AG Hannover und LG Hannover DGVZ 1991, 142; AG Saarbrücken, LG Saarbrücken, OLG Saarbrücken, alle DGVZ 1990, 43.
[10] OLG Frankfurt Rpfleger 1979, 144.

Anordnungsbeschluß 45.4 § 15

mer somit nun alle Wohnungseigentumseinheiten gehören (zum Begründungsmangel jedoch Rdn 45.10). Zwangsversteigerung oder Zwangsverwaltung mehrerer Wohnungseigentumsrechte oder eines Wohnungseigentumsrechts und eines Grundstücks (anderen Objekts) in demselben Verfahren ist (wie Zwangsversteigerung mehrerer Grundstücke) nach Maßgabe des § 18 zulässig.

45.2 Im **Anordnungsbeschluß** (Beitrittsbeschluß) ist das Wohnungseigentum als Gegenstand der Zwangsvollstreckung genau zu bezeichnen (§ 15 Rdn 4.3). Die Bezeichnung erfolgt am zuverlässigsten nach der Eintragung im Bestandsverzeichnis des Wohnungs- oder Teileigentumsgrundbuchs (WGV § 3 Abs 1).

45.3 Von der Beschlagnahme erfaßt (§ 20) und **Gegenstand der Zwangsversteigerung** (§§ 55, 90) ist das Wohnungseigentum mit dem gesetzlichen und für das Verhältnis der Wohnungseigentümer untereinander ergänzend oder abweichend vereinbarten, durch Grundbucheintragung verdinglichten Inhalt des Sondereigentums (WEG § 10). Die als **Inhalt des Sondereigentums** für das Verhältnis der Wohnungseigentümer untereinander getroffenen Vereinbarungen gehören daher nicht in die Versteigerungsbedingungen und nicht in das geringste Gebot (sie sind nicht Belastungen des Rechts). Sie wirken, ebenso wie Beschlüsse der Wohnungseigentümer und Entscheidungen des Richters, als Inhalt des Sondereigentums (für und) gegen den Ersteher[1], der Sondernachfolger des Wohnungseigentümers ist (WEG § 10 Abs 2, 3). Dem kann bei Vereinbarung eines **Sondernutzungsrechts** (Zuweisung eines bestimmten Bereichs des gemeinschaftlichen Eigentums an einen Wohnungseigentümer zur ausschließlichen Nutzung, zB als Kfz-Einstellplatz, Hausgarten) für den Wert eines Wohnungseigentums erhebliche Bedeutung zukommen (praktischer Fall bei[2]). Feststellung des mit Vereinbarung der Wohnungseigentümer bestimmten Inhalts des Sondereigentums ist (bei Verfahrensdurchführung) daher unerläßlich. Gutgläubig kann ein Sondernutzungsrecht durch den Zuschlag nicht erworben werden[3].

45.4 Auf **gemeinschaftliche Gelder** der Wohnungseigentümer erstreckt sich die Beschlagnahme (und damit auch die Versteigerung, § 55) nicht[4]. Diese sind weder gemeinschaftliches Eigentum (WEG § 1 Abs 5) (anders[5]: Gelder sind untrennbarer Bestandteil des Wohnungseigentums) noch Zubehör (BGB §§ 97, 1120) noch sonst hypothekarisch haftender Gegenstand im Sinne von § 20 Abs 2. Zu ihnen können gehören Vorschüsse zu Lasten und Kosten nach Bestimmung des Wirtschaftsplans (WEG § 28 Abs 1 Nr 2, Abs 2), Instandhaltungsrückstellung (WEG § 21 Abs 5 Nr 4) und die Nutzungen (BGB § 100) des gemeinschaftlichen Eigentums (WEG § 16 Abs 1). Instandsetzungskosten trägt der Ersteher als Lasten des Wohnungseigentums ebenso wie die anderen Lasten und Verwaltungskosten (WEG § 16 Abs 2), für die dort der Wirtschaftsplan vorschußweise Zahlung bestimmt, ab Zuschlag (§ 56 Satz 2); bis dahin treffen sie den Schuldner (dazu § 56 Rdn 3.10). Nutzungen des gemeinschaftlichen Eigentums gebühren dem Ersteher ab Zuschlag (§ 56 Satz 2); bis dahin gehören sie dem Schuldner. Diese Abgrenzung ist zwingend. Sie gebietet Verteilung der Früchte (BGB § 101) und Lastenaufteilung (BGB § 103) je nach der Dauer der Berechtigung oder Verpflichtung. Das schließt Übergang der anteiligen Nutzungen des Schuldners und seines Anteils an dem durch Vorschüsse gebildeten Verwaltungsvermögen auf den Ersteher aus. Zur Berechtigung der (anderen) Wohnungseigentümer, Lasten und Kosten aus den Vorschüssen zu decken und zur Haftung des Erstehers für Nachforderungen siehe jedoch § 56 Rdn 3.10.

---

[1] BayObLG NJW-RR 1988, 1163.
[2] Ertl Rpfleger 1979, 81 (III 3 c).
[3] BayObLG DNotZ 1994, 244 = Rpfleger 1994, 294.
[4] BayObLG 1984, 198 (207) = DNotZ 1985, 416 = KTS 1985, 587 = MDR 1984, 1028 = Rpfleger 1984, 428.
[5] Bärmann/Pick/Merle, WEG, Einleitung Rdn 658, § 1 Rdn 39 und § 21 Rdn 2.

§ 15   45.5   Anordnung der Versteigerung

45.5 a) Als **Inhalt des Sondereigentums** kann vereinbart sein, daß zur Veräußerung des Wohnungseigentums **Zustimmung** anderer Wohnungseigentümer oder eines Dritten (meist des Verwalters) nötig ist (WEG § 12 Abs 1). Diese Veräußerungsbeschränkung wird ausdrücklich in das Grundbuch eingetragen (WGV § 3 Abs 2). Im Eintragungsvermerk wird die allgemeine rechtliche Natur und der wesentliche Inhalt sowie die besondere Art der Beschränkung gekennzeichnet; wegen der Einzelheiten (etwa wegen der Form der Zustimmung) genügt auch hier Bezugnahme auf die Eintragungsbewilligung[6]. Die Veräußerungsbeschränkung gilt auch für die Zwangsvollstreckung (WEG § 12 Abs 3). Sie gilt auch für die Versteigerung in Verfahren nach §§ 172, 175, 180, nicht aber für eine Wiedervollstreckung aus einer Sicherungshypothek nach § 128, weil dieses Verfahren nur die Folge eines vorausgegangenen zulässigen ist. Wenn vereinbart ist, daß die Genehmigung (etwa des Verwalters) bei Veräußerung „im Wege der Zwangsversteigerung" nicht nötig sei, so ist damit auch die Teilungsversteigerung gemeint. Das muß nach dem Zweck der Regelung auch gelten, wenn bestimmt ist, daß „bei Veräußerung im Wege der Zwangsvollstreckung" die Zustimmung nicht erforderlich ist; damit ist (ebenso wie in WEG § 12 Abs 3) die Zwangsvollstreckung als Verfahren im Gegensatz zur rechtsgeschäftlichen Veräußerung bezeichnet, Einschränkung somit auch für Vollstreckungsverfahrensrecht in den besonderen Fällen des 3. Abschnitts des ZVG (§§ 172–185) vorgesehen.

b) Bereits vorhandene dingliche Berechtigte, insbesondere Gläubiger von Grundpfandrechten, müssen der Vereinbarung einer Veräußerungsbeschränkung als Inhalt des Sondereigentums zustimmen[7]. Berechtigte später eingetragener dinglicher Rechte müssen die bei Eintragung ihres Rechts bereits bestehende Veräußerungsbeschränkung gegen sich gelten lassen. Die Veräußerungsbeschränkung gilt daher immer auch für Verfahren aus einem Grundpfandrecht (anders[8]: Zustimmung ist nicht nötig, wenn die Veräußerung/Versteigerung auf Grund eines der Veräußerungsbeschränkung vorgehenden Grundpfandrechts erfolgt). Die Veräußerungsbeschränkung gilt nicht, wenn alle Wohnungseigentumsanteile eines Grundstücks versteigert werden[9] (Zuschlag im Gesamtausgebot oder gleichzeitig bei Einzelausgeboten). Die Vorschrift gilt auch nicht für die aus Rangklassen 2 und 3 des § 10 Abs 1 betreibenden Gläubiger, deren Ansprüche auf dem ungeteilten Grundstück gelastet haben (so auch[10]); sie können durch Aufteilung in Wohnungseigentumseinheiten nicht in ihrer dinglichen Berechtigung auf Zwangsvollstreckung in die nun haftenden Wohnungseigentumseinheiten mit Vereinbarung einer Veräußerungsbeschränkung beeinträchtigt werden. Ihre Berechtigung auf Vollstreckung wird durch eine nachträglich vereinbarte Veräußerungsbeschränkung somit nicht berührt.

c) Eine **Belastungsbeschränkung** erlaubt das WEG nicht, so daß sich bei ihm (anders beim Erbbaurecht, § 15 Rdn 13.6) die Frage nicht stellt, ob Zustimmung zur Belastung diejenige zur Veräußerung einschließt.

45.6 Anordnung und Durchführung der **Zwangsverwaltung** ist immer auch zulässig, wenn Zustimmungspflicht nach WEG § 12 Abs 1 vereinbart ist, weil sie keine Veräußerung (auch keine Belastung) herbeiführt.

45.7 Auch die **Anordnung der Zwangsversteigerung** eines Wohnungseigentums, ebenso Zulassung des Beitritts (§ 27) und Fortführung des Verfahrens setzen

---

[6] LG Kempten Rpfleger 1968, 58; Bärmann/Pick/Merle, WEG, § 12 Rdn 16; Weitnauer, WEG, § 12 Rdn 8; Haegele/Schöner/Stöber, Grundbuchrecht, Rdn 2902, 2903.

[7] Bärmann/Pick/Merle, WEG, § 12 Rdn 25 und 53; Haegele/Schöner/Stöber, Grundbuchrecht, Rdn 2958.

[8] Steiner/Hagemann §§ 15, 16 Rdn 194; Friese MDR 1951, 592 (I).

[9] BayObLG 1958, 273 (280) = NJW 1958, 2016; Bärmann/Pick/Merle, WEG, § 12 Rdn 26; Weitnauer, WEG, § 12 Rdn 6.

[10] Steiner/Eickmann/Hagemann §§ 15, 16 Rdn 194 und § 28 Rdn 70.

Anordnungsbeschluß 45.11 § 15

die Zustimmung (zur Veräußerung im Wege der Zwangsvollstreckung, WEG § 12 Abs 1, 3 Satz 2) nicht voraus, können somit ungehindert erfolgen. Die Zustimmung muß jedoch bei **Entscheidung über den Zuschlag** erteilt oder ersetzt sein[11]. Bedeutung erlangt die Veräußerungsbeschränkung nach WEG § 12 Abs 1 (mit Abs 3 Satz 2) somit in gleicher Weise wie beim Erbbaurecht; siehe daher das § 15 Rdn 13.8–13.10 Gesagte. Vor dem Zuschlag gibt es auch für die Berechtigten (der Beschränkung) keine Vollstreckungserinnerung und keine Widerspruchsklage. Wenn bis zum Zuschlag die Zustimmung nicht vorliegt, ist der Zuschlag zu versagen. Jedoch ist zunächst Verkündungstermin gesondert zu bestimmen (§ 87) und entsprechend hinauszuschieben, damit eine Entscheidung über die Zustimmung erwirkt werden kann. Der Gläubiger des Wohnungseigentümers wurde früher darauf verwiesen, sich dessen Anspruch auf Zustimmung pfänden und zur Einziehung überweisen zu lassen als gesetzliche Ermächtigung, die Zustimmung für den Wohnungseigentümer durchzusetzen[12]. Erforderlich ist das jedoch nicht; der die Zwangsversteigerung betreibende Gläubiger ist vielmehr berechtigt, selbst den Anspruch auf Zustimmung geltend zu machen (siehe § 15 Rdn 13.12). Der Anspruch auf Zustimmung durch andere Wohnungseigentümer oder durch den Verwalter ist im Verfahren nach WEG § 43 Abs 1 zu verfolgen, der Anspruch auf Zustimmung durch einen Dritten im Klageweg[13].

45.8 Was für das Wohnungseigentum gesagt ist, gilt auch für das **Teileigentum** (Sondereigentum an nicht zu Wohnzwecken dienenden Räumen). Zum Wohnungseigentum im ZVG-Handbuch Rdn 394–398.

45.9 Beim **Wohnungserbbaurecht** (WEG § 30) können die Verfügungsbeschränkung nach ErbbauVO § 5 (dazu § 15 Rdn 13.5) und die Veräußerungsbeschränkung nach WEG § 12 zusammentreffen. Für die Erteilung des Zuschlags sind dann beide Zustimmungen erforderlich.

45.10 Ein eingetragenes Wohnungseigentum kann **nicht entstanden** sein, weil die für vertragliche Einräumung nötige dingliche Einigung (WEG §§ 2, 3) oder die für Teilung durch den Eigentümer erforderliche Erklärung (WEG §§ 2, 8) nichtig ist oder weil Wohnungseigentum nach WEG § 1 Abs 4 rechtlich unzulässig durch Verbindung von Sondereigentum mit Miteigentum an mehreren Grundstücken gebildet ist (gilt infolge des Änderungsgesetzes vom 30. 7. 1973, BGBl I 910, nicht für Eintragungen vor 1. 10. 1973). Prüfung der auf einem Willensmangel beruhenden Nichtigkeit wird durch das Prozeßgericht erfolgen müssen; Feststellung im Vollstreckungsverfahren wird kaum einmal möglich sein. Wenn Wohnungseigentum infolge eines Willensmangels unwirksam gebildet ist, kann Gutglaubensschutz eingreifen. Zugunsten eines Gutgläubigen (zB für den rechtsgeschäftlichen Erwerber, den Gläubiger einer Hypothek) wird Wohnungseigentum dann als entstanden fingiert. Nach anderer Ansicht[14] wird der Mangel des Gründungsakts mit gutgläubigem Erwerb einer Eigentumswohnung durch nur eine Person geheilt. Das infolge des Gutglaubensschutzes bestehende Wohnungseigentum besteht auch als Objekt der Zwangsvollstreckung. Bedeutung in der Zwangsversteigerungspraxis haben solche Fragen, soweit ersichtlich, noch nicht erlangt.

45.11 Wohnungseigentum (Teileigentum) erfordert **Sondereigentum an einer Wohnung** (Teileigentum an anderen Räumen) (WEG § 1 Abs 2, 3). Es kann jedoch schon vor Errichtung der Räume, an denen Sondereigentum (Teileigen-

---

[11] LG Berlin Rpfleger 1976, 149; Bärmann/Pick/Merle, WEG, § 12 Rdn 55; Steiner/Eickmann/Hagemann §§ 15, 16 Rdn 194 und § 28 Rdn 69.
[12] Diester, WEG § 12 Anm 15; Haegele/Schöner/Stöber, Grundbuchrecht, Rdn 2907; Steiner/Hagemann §§ 15, 16 Rdn 195; Friese MDR 1951, 592.
[13] Bärmann/Pick/Merle, WEG, § 12 Rdn 37 und 51; Steiner/Haegemann §§ 15, 16 Rdn 195; Weitnauer, WEG, § 12 Rdn 12 Weitnauer.
[14] MünchKomm/Röll, WEG § 3 Rdn 25.

§ 15 45.11 Anordnung der Versteigerung

tum) bestehen soll, durch vertragliche Einräumung oder Teilung (WEG §§ 2, 3, 8) begründet und in das Grundbuch eingetragen werden. Dann verschafft die Bildung von Wohnungseigentum als gesicherte Rechtsposition eine Anwartschaft, daß jedem Miteigentumsanteil am Grundstück mit Bebauung Sondereigentum (Teileigentum) sowie Miteigentum an gemeinschaftlichen Gebäudeteilen zuwächst[15] (daß die Anwartschaft mit Errichtung des Gebäudes zum Vollrecht erstarkt). Das durch vertragliche Einräumung oder Teilung begründete und in das Grundbuch eingetragene Wohnungs- oder Teileigentum ist bereits in diesem Entwicklungsstadium als dingliche Anwartschaft Gegenstand der Zwangsvollstreckung (so auch[16] gegen[17]). Wenn das Gebäude (gleichgültig aus welchem Grund) nicht erstellt wird, bleibt das Wohnungseigentum in diesem Zustand wirksam, in dem es sich bei Grundbucheintragung befand, das ist in dem eines Miteigentumsanteils am Grundstück[18]. Inhaltlich zulässig (damit wirksam) ist die Grundbucheintragung der Teilungserklärung oder Teilungsvereinbarung zur Errichtung des Gebäudes auch dann, wenn schon zu diesem Zeitpunkt nach öffentlichem Recht ein Bauverbot für das Grundstück besteht. Auch ein demnach wirksam begründetes Wohnungseigentum kann Gegenstand der Versteigerung sein[18].

45.12 Bei **Grenzüberbau**, den der Nachbar (nach BGB § 912 oder in Ausübung einer Grunddienstbarkeit, BGB § 95 Abs 1 Satz 2) zu dulden hat, ist das die Grundstücksgrenze überschreitende Bauwerk einheitlicher wesentlicher Bestandteil des Grundstücks, an dessen Gebäude Wohnungseigentum (Teileigentum) gebildet ist[19]. Versteigert wird das Wohnungseigentum (Teileigentum) daher auch, soweit Bereiche des gemeinschaftlichen Eigentums oder des Sondereigentums auf Grund des Überbaus auf dem Nachbargrundstück stehen (§ 55 Rdn 6.2). Versteigerung des Grundstücks, auf das übergebaut worden ist, erstreckt sich hingegen nicht auf den darauf stehenden Gebäudeteil (im gemeinschaftlichen Eigentum oder Sondereigentum) des benachbarten Wohnungseigentums-Stammgrundstücks (§ 55 Rdn 6.2). Unerlaubter Überbau wäre Verstoß gegen WEG § 1 Abs 4 (§ 15 Rdn 45.10).

45.13 Bei **Abweichung** zwischen Teilungsplan (Grundbucheintragung) und **Bauausführung** erhebt sich die Frage, ob das eingetragene Wohnungseigentum entstanden ist. Es werden folgende Fälle unterschieden (dazu[20]), wobei immer Aufklärung aller Verfahrensbeteiligten und Interessenten (Bieter) über den durch abweichende Bauausführung mit der Grundbucheintragung nicht übereinstimmenden Gegenstand des Verfahrens besondere Bedeutung zukommt:

a) Bei nur **unwesentlicher** (geringfügiger) Abweichung der Bauausführung ist Sondereigentum entstanden. Gegenstand der Immobiliarvollstreckung ist das begründete (im Grundbuch gebuchte) Wohnungseigentum mit dem durch die Bauausführung tatsächlich entstandenen Sondereigentum. Sondereigentum ist an einem Raum daher nur mit seiner tatsächlich vorhandenen Begrenzung entstanden, wenn ein Raum kleiner errichtet ist als geplant und aufgeteilt[21]. Der nach der tatsächlichen Bauausführung außerhalb dieses Sondereigentums gelegene (geplante) weitere Raumteil ist nicht Gegenstand einer Veräußerung[21]. Auch Gegenstand des Versteigerungsverfahrens (und einer Zwangsverwaltung) ist der Raum daher nur mit dem Ausmaß, mit dem durch die Bauausführung tatsächlich Sondereigentum entstanden ist.

---

[15] BGH 110, 36 = DNotZ 1990, 259 = MDR 1990, 325 = NJW 1990, 1111 = Rpfleger 1990, 159.
[16] Schindelmeiser SchlHA 1983, 51.
[17] Barsties SchlHA 1983, 17.
[18] BGH 110, 36 = aaO (Fußn 15).
[19] OLG Hamm OLGZ 1984, 54 = Rpfleger 1984, 98 und 266 Leitsatz mit Anm Ludwig.
[20] Haegele/Schöner/Stöber, Grundbuchrecht, Rdn 2875, 2882.
[21] OLG Düsseldorf MittRhNotK 1989, 56 = NJW-RR 1988, 590 = OLGZ 1988, 239.

b) **Abweichende Aufteilung der Räume** einer Wohnung ohne Änderung der Abgrenzung der Wohnung nach außen berührt die Wirksamkeit der Aufteilung nicht[22]. Gegenstand der Immobiliarvollstreckung ist das begründete (im Grundbuch gebuchte) Wohnungseigentum mit dem durch die Bauausführung tatsächlich entstandenen Sondereigentum.

c) Abweichende Bauausführung vom Aufteilungsplan in so **wesentlichen Punkten,** daß nicht bestimmbar ist, welches Raumeigentum in der Natur dem im Aufteilungsplan dargestellten Raumeigentum entspricht, hat Unwirksamkeit der Aufteilung zur Folge. Es besteht kein Sondereigentum; das Wohnungseigentum bleibt dennoch in dem Zustand eines Miteigentums am Grundstück wirksam (wie Rdn 45.11; Abhilfe durch Änderung des Teilungsplans). Für Verfahrensanordnung und Verfahrensdurchführung wird es mit den Miteigentumsanteilen bezeichnet, die verbunden mit Sondereigentum im Grundbuch eingetragen sind. Weil mit dieser Bezeichnung ein Miteigentumsanteil als Gegenstand der Immobiliarvollstreckung (ZPO § 864 Abs 2) hinreichend gekennzeichnet ist, muß das Verfahren nicht aufgehoben werden, wenn sich nach der Beschlagnahme erst ergibt, daß nicht das nach Grundbucheintragung und Beschlagnahmebeschluß beschriebene Wohnungseigentum besteht, sondern Wohnungseigentum im Zustand des Miteigentums. Aufklärung über die vom Grundbuchstand abweichende tatsächliche Rechtslage (auch Darstellung in der Terminsbestimmung) ist jedoch nachhaltig geboten.

d) Bau **mehrerer kleinerer Wohnungen** als Sondereigentumseinheiten für eine im Teilungsplan vorgesehene größere Wohnung bei gleichem Grundriß bewirkt Verbindung des Miteigentumsanteils mit dem Sondereigentum an diesen Wohnungen. Gegenstand der Immobiliarvollstreckung ist das begründete (im Grundbuch gebuchte) Wohnungseigentum mit dem durch die Bauausführung tatsächlich entstandenen Sondereigentum.

e) Wenn auf gleichem Grundriß **nur eine Wohnung** an Stelle der vorgesehenen mehreren Wohnungen errichtet ist, aber **zwei Miteigentumsanteile** bestehen, ist für jeden Miteigentümer Sondereigentum an den jeweils im Aufteilungsplan mit seinem Miteigentum verbundenen Räumen entstanden[23]. Gegenstand der Immobiliarvollstreckung ist das jeweilige einzelne (im Grundbuch gebuchte) Wohnungseigentum mit dem durch diese Bauausführung tatsächlich entstandenen Sondereigentum an den Räumen, die nach dem Aufteilungsplan dem Anteil zugeordnet sind.

f) Wurden über den Teilungsplan hinaus Sondereigentumseinheiten auch auf **gemeinschaftlichem Eigentum gebaut** (zB Garagen auf einer Hoffläche, ein weiteres Stockwerk mit Wohnungen), so entsteht an den teilungsplanwidrig errichteten Einheiten kein Sondereigentum. Diese Räume bleiben vielmehr Gemeinschaftseigentum. Gegenstand der Immobiliarvollstreckung ist dann das begründete (im Grundbuch gebuchte) Wohnungseigentum mit dem Sondereigentum an den ihm nach dem Aufteilungsplan zugeordneten Räumen und dem gemeinschaftlichen Eigentum nach der tatsächlichen Bauausführung.

g) Sind **weniger Wohnungen** gebaut (es ist zB ein Gebäude einer Mehrwohnhausanlage nicht errichtet), ist für die gebauten Wohnungen Sondereigentum voll entstanden. Werden die restigen Wohnungen (endgültig) nicht mehr gebaut, ist die Anwartschaft auf (weiteres) Sondereigentum (zu ihr Rdn 45.11) untergegangen; es bestehen Miteigentumsanteile ohne Sondereigentum (vgl Rdn 45.11) mit der Verpflichtung zur Änderung der Teilungserklärung.

---

[22] BayObLG 1981, 332 = DNotZ 1982, 242 = MDR 1982, 148 = Rpfleger 1981, 21; OLG Hamm DNotZ 1987, 225 mit Anm Röll = MDR 1986, 939 = NJW-RR 1986, 1275 = Rpfleger 1986, 374.
[23] BayObLG 1981, 332 = aaO (Fußn 22).

h) **Gemeinschaftliches Eigentum** ist entstanden, wenn auf einer im Aufteilungsplan als Teileigentum ausgewiesenen Fläche eine Anlage errichtet ist, die nach **WEG § 5 Abs 2 nicht Sondereigentum** sein kann (Raum mit Heizungsanlage). Die Aufteilung der Miteigentumsanteile berührt dieser Gründungsmangel nicht. Auch der vorgesehene Miteigentumsanteil ist selbst dann entstanden, wenn das mit ihm zu verbindende Sondereigentum nicht entstehen konnte; er besteht als „isolierter Miteigentumsanteil"[24]. Dieser ist verkehrsfähig, somit belastbar (anders[25]); er kann damit auch Gegenstand der Immobiliarvollstreckung sein (ZPO § 864 Abs 2). Alle Miteigentümer (damit auch ein Ersteher; eine Versteigerung wird praktisch freilich nicht mit Erfolg durchführbar sein) sind aufgrund des Gemeinschaftsverhältnisses jedoch verpflichtet, die Teilungserklärung (auch die vertragliche Begründung von Wohnungseigentum nach WEG § 3) so zu ändern, daß kein isolierter Miteigentumsanteil bestehen bleibt; dieser muß auf die anderen Miteigentümer übertragen werden[26]. Die am (isolierten) Miteigentumsanteil dinglich Berechtigten (damit auch der Gläubiger einer Zwangshypothek und ein Beschlagnahmegläubiger) haben an dieser Rechtsänderung mitzuwirken. Deren Rechte setzen sich an dem zu leistenden Wertausgleich als Surrogat fort.

45.14 „**Wohnbesitz**" war Beteiligung an einem für den Bau von Wohnungen im sozialen Wohnungsbau gebundenen Vermögen, verbunden mit dem schuldrechtlichen Anspruch auf Überlassung einer Wohnung und mit Anspruch auf einen Wohnbesitzbrief (Zweites Wohnungsbaugesetz § 12 a). Die Vorschriften über Wohnbesitzwohnungen sind aufgehoben (Wohnungsvereinfachungsgesetz 1985 vom 11. 7. 1985, BGBl I 1277).

46 Zug-um-Zug-Leistung bei Vollstreckungsansprüchen

46.1 Vor der Anordnung der Zwangsversteigerung oder Zwangsverwaltung (oder vor einem Beitritt) für einen Gläubiger, der einen vollstreckbaren Anspruch „Zug um Zug gegen . . ." hat, muß durch **öffentliche** oder öffentlich beglaubigte **Urkunde** (zB durch ein Protokoll des Gerichtsvollziehers) nachgewiesen sein, daß der Schuldner befriedigt oder im Verzug der Annahme ist (Angebot der Gegenleistung durch den Gerichtsvollzieher). Eine Abschrift dieser Urkunde muß dem Schuldner bereits zugestellt sein (ZPO § 765). Die Urkunde samt dem Zustellungsnachweis muß mit dem Vollstreckungstitel vorgelegt werden. Bei Beweis durch ein Protokoll des Gerichtsvollziehers über eine nach ZPO § 756 begonnene Zwangsvollstreckung bedarf es der Zustellung nicht.

46.2 Für Wechsel und Schecks gilt dies **nicht** (§ 15 Rdn 44).

46.3 Auch die dem Gläubiger im Titel „Zug um Zug" gegen Zahlung durch den Schuldner aufgegebene Übergabe des **Grundschuldbriefes** und einer **Löschungsbewilligung** ist in der Regel keine Gegenleistung im Sinne des ZPO § 765[1]. Wenn das Urteil damit nur das Recht des Schuldners auf eine besonders ausgestaltete (qualifizierte) Quittung zum Ausdruck bringen will, ist die Vollstreckung nicht von den besonderen Voraussetzungen des ZPO § 765 abhängig[1]. Grundschuldbrief und Löschungsbewilligung müssen dann jedoch zusammen mit dem Titel (wie ein Wechsel) dem Vollstreckungsgericht vorliegen (§ 15 Rdn 44).

47 Zustellung und Mitteilungen im Anordnungsverfahren

47.1 Der **Anordnungsbeschluß** (ebenso der Beitrittsbeschluß) in der Zwangsversteigerung und Zwangsverwaltung ist an den **Schuldner** (wenn er einen Pro-

---

[24] BGH 109, 179 = DNotZ 1990, 377 und 1991, 153 Leitsatz mit Anm Zimmermann = NJW 1990, 447 = Rpfleger 1990, 62.
[25] OLG Hamm MittBayNot 1991, 163 = MittRhNotK 1991, 12 = NJW-RR 1991, 35 = OLGZ 1991, 27 = Rpfleger 1990, 509.
[26] BGH 109, 179 = aaO (Fußn 24)
[1] OLG Hamm DGVZ 1979, 123 = JurBüro 1979, 913.

Anordnungsbeschluß 47.6 § 15

zeßbevollmächtigten hat, nur an diesen, § 3 Rdn 3) (förmlich) **zuzustellen** (ZPO § 329, ZVG § 8), und zwar von Amts wegen nach den Regeln der ZPO (§ 3 Rdn 2). Diese Zustellung darf nicht durch Aufgabe zur Post (§ 4), nicht an einem Grundbuchzustellungsbevollmächtigten (§ 5), nicht an einen Zustellungsvertreter (§ 6) erfolgen (§ 8). Ein Zustellungsverzicht des Schuldners ist bei Anordnungs- und Beitrittsbeschlüssen unzulässig, weil die Zustellung hier das Wirksamwerden der Beschlagnahme auslösen kann. Wo die Zustellung an einen **Prozeßbevollmächtigten** erfolgen muß, ist eine zusätzliche an den Schuldner nicht nötig, Mitteilung an diesen aber zu empfehlen (§ 3 Rdn 3.4).

47.2 An den **Gläubiger** (seinen Prozeßbevollmächtigten) wird der Anordnungsbeschluß (Beitrittsbeschluß), wenn er voll stattgibt, formlos **mitgeteilt,** bei teilweiser Ablehnung wird er, ebenso wie die voll ablehnende Entscheidung, (förmlich) zugestellt. Diese Zustellung kann auch nach §§ 3–7 erfolgen (siehe § 8).

47.3 Die **Beanstandungsverfügung** (Aufklärungsverfügung) an den Gläubiger (seinen Prozeßbevollmächtigten) sollte zunächst formlos mitgeteilt werden (um hohe Zustellungskosten zu vermeiden) (so auch[1]). Dem Schuldner wird sie nicht zur Kenntnis gebracht (vgl § 15 Rdn 28.1). Bringt der Gläubiger Einwendungen oder will er nicht nachkommen, kann man immer noch förmlich zustellen, um die Frist in Lauf zu setzen. In der Praxis genügt regelmäßig eine formlose Mitteilung, weil sich kaum ein Gläubiger der auf ständiger Rechtspraxis des Gerichts und der Rechtsprechung seines Beschwerdegerichts beruhenden Zwischenverfügung widersetzt.

47.4 Der **Zurückweisungsbeschluß** wird an den Gläubiger (seinen Prozeßbevollmächtigten) (förmlich) zugestellt. Diese Zustellung kann auch nach §§ 3–7 erfolgen (siehe § 8). Dem nicht angehörten Schuldner (§ 15 Rdn 28) wird der Zurückweisungsbeschluß nicht zur Kenntnis gebracht.

47.5 Der **Anordnungsbeschluß** (jedoch nicht Beitrittsbeschlüsse) aus der Zwangsversteigerung (manchmal auch aus der Zwangsverwaltung) muß in bestimmten Fällen bestimmten **Personen oder Stellen** zugestellt oder mitgeteilt werden, so zB nach den MiZi XI/1 mit ihren landesrechtlichen Ergänzungen. Zustellung erfolgt bei vermögensrechtlichem Rückerstattungsanspruch an den Berechtigten (VermG § 3 b Abs 2), bei Zwangsversteigerung des von einem Gebäudeeigentum betroffenen Grundstücks (ab 1. 1. 1997) an den Nutzer (EGZVG § 9 a Abs 3 Satz 1). Zustellung (oder Mitteilung) erfolgt bei Bergwerken an landesrechtlich bestimmte Bergbehörden, bei Entschuldungsbetrieben oder allgemein bei landwirtschaftlichen Grundstücken je nach Landesrecht (Sondervorschriften zu den MiZi). Bei Apothekenrechten mußten früher bestimmte Aufsichtsbehörden benachrichtigt werden (Allgemeine Verfügung vom 21. 6. 1937, Deutsche Justiz 1937, 958; für Bayern und Niedersachsen 1961 aufgehoben, sonst durch die MiZi). Bei Erbbaurechtsversteigerungen sollte man die Anordnung dem Grundstückseigentümer (auch wenn seine Zustimmung erst zum Zuschlag nötig ist) sofort mitteilen, besser zustellen (anders[2]), damit er rechtzeitig Kenntnis erhält. Bei Rechtsanwälten kann eine Mitteilung an die Anwaltskammer, bei Notaren an die Notarkammer vorgeschrieben sein usw.

47.6 a) Der Schuldner wird mitunter im Anordnungsbeschluß (oder bei seiner Zustellung) auch „aufgefordert", **Mieter** und Pächter **zu benennen,** die zur Schaffung oder Instandsetzung des Mietraums Miet- oder Pachtzins ganz oder teilweise vorausentrichtet oder sonst Beiträge oder Baukostenzuschüsse geleistet haben, bei denen also § 57 c einschlägig ist. Erfahrungsgemäß gibt kaum je ein Schuldner hierzu eine brauchbare Erklärung ab.

---

[1] Steiner/Hagemann §§ 15, 16 Rdn 241.
[2] Dassler/Muth § 15 Rdn 25; Steiner/Hagemann §§ 15, 16 Rdn 239.

§ 15 47.6 Anordnung der Versteigerung

b) Das Vollstreckungsgericht muß von sich aus, wenn Anhaltspunkte für Zuschüsse oder Vorauszahlungen bestehen, die **Mieter** und Pächter anschreiben (§ 57 d Abs 1) und sie daher **ermitteln**. Dazu § 57 d Rdn 1. Die Aufforderung an den Schuldner erfolgt wohl aus der Erwägung, eine Haftungsgefahr für das Gericht abzuwenden, wenn das Gericht mangels einer Meldung des Schuldners keine „Anhaltspunkte" für Vorausleistungen findet und darum eigene Ermittlungen unterläßt. Es erscheint aber besser, wenn das Gericht trotzdem noch eigene Ermittlungen anstellt (je nach den örtlichen Verhältnissen).

c) Zustellung des Anordnungsbeschlusses an Mieter und Pächter: § 57 b Rdn 3.

47.7 Es wurde vorgeschlagen[3], jeden Anordnungsbeschluß (ja auch jede Einstellung, Aufhebung, jeden Zuschlag) dem **Gerichtsvollzieher** mitzuteilen, damit dieser nicht verbotswidrig das Mobiliar pfände. Dies sieht zunächst einleuchtend aus, ist aber nicht geboten und scheitert an der Arbeitsfülle sowohl des Versteigerungsgerichts wie der Gerichtsvollzieher.

48 Zwangsversteigerung und Sachenrechtsbereinigung

Im Beitrittsgebiet (Einl Rdn 14.1) ergeben sich aus der Zusammenführung des Eigentums an Grund und Boden und desjenigen am Gebäude durch das SachenRBerG Besonderheiten auch für Veräußerung im Wege der Zwangsversteigerung. Hierwegen siehe § 28 Rdn 4.11 und EGZVG § 9 a.

[Inhalt des Antrags]

16 (1) **Der Antrag soll das Grundstück, den Eigentümer, den Anspruch und den vollstreckbaren Titel bezeichnen.**

(2) **Die für den Beginn der Zwangsvollstreckung erforderlichen Urkunden sind dem Antrage beizufügen.**

1 Allgemeines zu § 16

Zweck und **Anwendungsbereich:** Regelung mit Ordnungsvorschrift, in welcher Weise der Gläubiger den Antrag auf Zwangsversteigerung (Zwangsverwaltung) zu stellen hat (Denkschrift S 38). Die Vorschrift gilt für alle ZVG-Verfahren (wie § 15 Rdn 2.2), bei denen aus §§ 172, 175, 180 mit Abweichungen.

2 Antragsform (Absatz 1)

2.1 Der Antrag kann von dem **Gläubiger,** seinem gesetzlichen Vertreter oder Bevollmächtigten, **schriftlich** oder zu Niederschrift der Geschäftsstelle gestellt werden. Anwaltszwang besteht nicht. Muster für den Antrag: ZVG-Handbuch Rdn 101, 102, 128. Ein schriftlicher Antrag ist eigenhändig zu unterschreiben[1] (Faksimile genügt also nicht[2]; anders[3]). Die Schriftlichkeit soll gewährleisten, daß dem Antrag der Inhalt der Erklärung und die Person, von der sie ausgeht, hinreichend zuverlässig entnommen werden können und daß es sich bei dem Schriftstück nicht nur um einen Entwurf handelt, sondern daß es mit Wissen und Wollen des Berechtigten dem Gericht zugeleitet worden ist[4]. Das ist, wenn die Unterschrift fehlt, frei zu würdigen; Zweifel sind durch Rückfrage beim Antragsteller

---

[3] Paschold DGVZ 1974, 53.
[1] LG Berlin MDR 1976, 148 = Rpfleger 1975, 440; Müller DGVZ 1993, 7.
[2] LG Coburg DGVZ 1994, 62; LG Ingolstadt DGVZ 1994, 72; LG München I DGVZ 1983, 57.
[3] Dempewolf MDR 1977, 801.
[4] Gemeinsamer Senat der obersten Gerichtshöfe des Bundes BGHZ 67, 355 = MDR 1977, 378 = NJW 1977, 621 = Rpfleger 1977, 127.

Inhalt des Antrags 3.4 **§ 16**

(seinem Vertreter) auszuräumen. Förmliche Nachholung der Unterschrift ist dann zulässig, aber nicht erforderlich[5]; ausreichend ist bereits die aktenkundig zu machende fernmündliche oder auch eine telegrafische Bestätigung des Antragstellers[6]. Bei Behörden sowie bei einer Körperschaft oder Anstalt des öffentlichen Rechts ist es (außerhalb des Verwaltungszwangsverfahrens) nicht nötig, das Dienstsiegel beizufügen[7]; nötig ist, daß die Behörde zuständig ist und der zuständige Beamte unterschreibt[7], oder daß der Antrag im Anschluß an den in Maschinenschrift wiedergegebenen Namen des bearbeitenden Beamten mit einem Beglaubigungsvermerk versehen ist[8].

2.2 Im **Verwaltungszwangsverahren** (§ 15 Rdn 34) hat der Antrag unterschrieben zu sein (Ausfertigung genügt nicht); er soll mit Siegel oder Stempel versehen sein (Beidrückung des Dienstsiegels wird nicht verlangt von[9] für Antrag der Landeskasse auf Anordnung der Haft). Das gilt auch bei Vollstreckung öffentlichrechtlicher Geldbeträge nach Bundes-Verwaltungsvollstreckungsgesetz § 5 Abs 1 und den darauf oder unmittelbar auf Abgabenordnung § 322 verweisenden Landes-Verwaltungsvollstreckungsgesetzen (§ 15 Rdn 38).

2.3 Zurücknahme des Antrags: § 29.

Bezeichnung des Grundstücks und des Gläubigeranspruchs (Absatz 1)   3

3.1 Das **Grundstück** (der Grundstücksbruchteil, das Wohnungseigentum, das grundstücksgleiche Recht, das Gebäudeeigentum) ist im Antrag als Gegenstand der Zwangsvollstreckung (ZPO § 864) zu bezeichnen. Es muß so bestimmt angegeben sein, daß es als Eigentum des Schuldners (§ 17) mit Sicherheit aus dem Grundbuch (Wohnungseigentumsgrundbuch, Erbbaugrundbuch, Gebäudegrundbuchblatt) festgestellt werden kann[10] (§ 15 Rdn 4.3). Wird das Verfahren über einen **Bruchteil** beantragt, so muß dessen Größe (nicht in ha, a, qm, sondern als Anteilsgröße, zB ¹/₂, ¹/₄) aus dem Antrag ersichtlich sein und mit dem Grundbuch übereinstimmen. Ist der Schuldner Bruchteilseigentümer, so muß sich der Antrag hierauf beschränken. Wird ein Verfahren über das ganze Grundstück beantragt, so wird über den Bruchteil des Schuldners angeordnet, sonst der Antrag zurückgewiesen. Es muß nicht der ganze Antrag zurückgewiesen werden, weil das Verfahren über jeden Bruchteil gesondert läuft (ZPO § 864 Abs 2).

3.2 Der **Eigentümer** des Grundstücks ist als Schuldner des Vollstreckungsverfahrens und zur Prüfung seiner Grundbucheintragung (§ 17) zu bezeichnen. Als Schuldner ist er mit seiner zustellungsfähigen Anschrift so anzugeben, daß er im Anordnungsbeschluß zutreffend benannt, mit der Beschlagnahmebeschluß zugestellt (§§ 3, 8) und er zum Verfahren als Beteiligter (§ 9) zugezogen werden kann.

3.3 Der **Gläubiger** ist als Antragsteller gleichfalls mit seiner Anschrift so anzugeben, daß er im Anordnungsbeschluß als Partei bezeichnet werden kann, Zustellung an ihn möglich ist und seine Zuziehung zum Verfahren erfolgen kann.

3.4 a) Als **Anspruch** des Gläubigers ist der (dingliche) Anspruch auf Zahlung aus dem Grundstück (BGB §§ 1113, 1147, 1192 Abs 1, § 1200 Abs 1) oder die persönliche Geldforderung, die in das Grundstück als Schuldnervermögen vollstreckt wird, zu bezeichnen. Anzugeben ist der Geldbetrag des Anspruchs nach **Hauptsache, Zinsen** und anderen Nebenleistungen sowie **Kosten,** und die Rechtsnatur des Anspruchs (ob dinglich oder persönlich vollstreckt werden soll). Für Angabe

---

[5] Vollkommer Rpfleger 1975, 419 (II).
[6] Stöber, Forderungspfändung, Rdn 469.
[7] OLG Frankfurt NJW 1960, 1675.
[8] Gemeinsamer Senat aaO (Fußn 4).
[9] LG Lüneburg NdsRpfl 1988, 30.
[10] Dassler/Muth § 16 Rdn 3; Jaeckel/Güthe § 16 Rdn 2; Mohrbutter/Drischler Muster 1 Anm 5.

§ 16 3.4   Anordnung der Versteigerung

der Rechtsnatur des Anspruchs genügt Verweisung auf den Titel. Erfolgt dabei keine Einschränkung, so umfaßt der Antrag alle aus dem Titel sich ergebenden Ansprüche des Gläubigers. Diese Angaben entfallen bei Verfahren nach §§ 172, 175, 180.

b) Auch nur wegen eines **Teils** seines (umfassenderen) Vollstreckungsanspruchs kann der Gläubiger Antrag stellen. Der Gläubiger bestimmt mit seinem Antrag Beginn und Ausmaß des Vollstreckungszugriffs (Parteiherrschaft)[11]; er hat daher eine Begründung für die Antragsbeschränkung nicht zu geben. Der Anspruchsteil ist betragsmäßig nach Hauptsache, Zinsen und sonstigen Nebenleistungen sowie Kosten und/oder mit seiner Rechtsnatur (nur dinglich, nur persönlich) genau zu bezeichnen. Nur wegen eines **Teils des Grundpfandrechts** kann vollstreckt werden, wenn Zwangsvollstreckungs-Unterwerfung lediglich wegen eines „zuletzt zu zahlenden Teilbetrags" des Rechts erfolgt ist (ist Verrechnungsabrede[12]). Als Anspruch nach Rechtsnatur und Betrag bestimmt zu bezeichnen ist daher dieser betragsmäßig begrenzte Teil des Rechts (oder ein Teil davon); er ist nicht „rangmäßig" abgespaltener Teilbetrag (hätte Teilung des Grundpfandrechts erfordert).

c) Ein **Restanspruch** nach teilweiser Befriedigung des Gläubigers ist nach Hauptsache, Zinsen, Kosten zu gliedern; die restliche Forderung ist genau zu beziffern[13]. Es ist nicht Aufgabe des Gerichts, getilgte oder erloschene Teile zu berechnen, es hat sich nur mit der Vollstreckung bestehender Forderungen, wie beantragt, zu befassen. Das Vollstreckungsgericht hat nicht zu prüfen, ob Teilzahlungen des Gläubigers vollständig und richtig verrechnet sind. Daher kann eine Gesamtabrechnung der Gläubigerforderung einschließlich aller einmal entstandenen Nebenkosten und die Glaubhaftmachung der Vollstreckungskosten sowie Darstellung aller Ratenzahlungen des Schuldners vom Gläubiger, der nur einen Restbetrag der durch den Schuldtitel ausgewiesenen höheren Gesamtforderung geltend macht, nicht verlangt werden (unter Darstellung des Streitstandes und mit Nachweisen:[14]). Der Gläubiger bestimmt mit seinem Antrag den Umfang der Zwangsvollstreckung, für die der Vollstreckungstitel urkundliche Grundlage ist. Das Vollstreckungsgericht hat den Anspruch nicht festzustellen; vielmehr ist das Erlöschen des Anspruchs mit Vollstreckungsgegenklage geltend zu machen. Jedoch muß eine vom Gläubiger zur Begründung seiner Restforderung eingereichte Aufstellung des Gesamtanspruchs und der Zahlungen des Schuldners rechnerisch nachprüfbar sein und den Vollstreckungsanspruch sachlich richtig ausweisen. Damit nicht unnütze Kosten entstehen, sollte der Gläubiger auch während des Verfahrens das Gericht jeweils genau über die Restforderung unterrichten.

3.5 Der **vollstreckbare Titel** ist im Antrag als urkundliche Grundlage der Zwangsvollstreckung zu bezeichnen. Für Zwangsvollstreckungskosten (ZPO § 788 Abs 1) ist der Hauptsachetitel zu bezeichnen, der für ihre Mitbetreibung Vollstreckungstitel ist. Wenn Feststezung erfolgt ist, ist der Kostenfestsetzungsbeschluß als Schuldtitel zu benennen.

3.6 Der **persönliche Vollstreckungstitel** oder die ihm beigefügte Vollstreckungsklausel muß Gläubiger und Schuldner namentlich bezeichnen (ZPO § 750 Abs 1). Dazu § 15 Rdn 25.

3.7 Ein **dinglicher Vollstreckungstitel** (§ 15 Rdn 9.4) hat mit dem Anspruch des Gläubigers gegen den Eigentümer des belasteten Grundstücks als Schuldner auf **Duldung der Zwangsvollstreckung** in das Grundstück (zur Erfüllung des Anspruchs auf Zahlung einer bestimmten Geldsumme aus dem **belasteten Grund-**

---

[11] Zöller/Stöber, ZPO, vor § 704 Rdn 19.
[12] BGH 108, 372 = DNotZ 1990, 586 mit abl AnmWolfsteiner = KTS 1990, 138 = MDR 1990, 142 = NJW 1990, 258 = Rpfleger 1990, 16.
[13] Stöber Rpfleger 1967, 114 (Berichtigung S 156); Stöber, Forderungspfändung, Rdn 466; Steiner/Hagemann §§ 15, 16 Rdn 39.
[14] Zöller/Stöber, ZPO, § 753 Rdn 7; Stöber, Forderungspfändung, Rdn 464.

Inhalt des Antrags   3.8 § 16

stück, BGB § 1147) dieses als haftenden Gegenstand zu **bezeichnen.** Diese Bezeichnung muß so genau sein, daß das belastete Grundstück als Gegenstand der Zwangsvollstreckung und die Grundbucheintragung des Schuldners als Eigentümer dieses Grundstücks (§ 17 Abs 1) zuverlässig festgestellt werden können[15]. Bezeichnung übereinstimmend mit dem Grundbuch (GBO § 28 Satz 1) empfiehlt sich, erfordert das aber nicht. Nicht notwendig ist daher Angabe aller aus dem amtlichen Verzeichnis (GBO § 2 Abs 2; Liegenschaftskataster) in das Grundbuch übernommenen Angaben; ausreichend kann auch jede andere Bezeichnung sein (zB nach Straße und Hausnummer), wenn sie für die Zwangsvollstreckung Identifizierung des haftenden Grundstücks zuverlässig sichert. Ebenso schmälern auch Veränderungen der Grundbuchstelle (Band- und Blattnummer)[15] sowie in der katastermäßigen Bezeichnung des Grundstücks nach Erwirkung des Vollstreckungstitels dessen Vollstreckbarkeit nicht. Bezeichnung mit anderer Flurstücknummer (auch infolge katastermäßiger Verschmelzung oder Zerlegung von Flurstücken), mit anderer Gemarkung, mit anderer Nutzungsart (zB für Ackerland künftig Bauplatz; nach Bebauung eines bisherigen Bauplatzes), mit berichtigter Fläche oder zur Bereinigung eines Aufnahmefehlers beeinträchtigen die Vollstreckbarkeit des dinglichen Titels daher nicht. Solche Änderungen des Katastervortrags über die Bezeichnung des unveränderten Grundstücks werden mit Fortführung des Katasters von Amts wegen in das Grundbuch übernommen. Sie können nach Berichtigung des Grundbuchs diesem (vorher, soweit erforderlich, dem Veränderungsnachweis zum Liegenschaftskataster) entnommen werden. Feststellung des im Vollstreckungstitel mit seiner früheren Bezeichnung im amtlichen Verzeichnis als Gegenstand der Immobiliarvollstreckung genannten Grundstücks auch nach Änderung seiner katastermäßigen Bezeichnung bleibt daher unverändert möglich. Das gilt ebenso, wenn sich nach Eintragung der Rechtsänderung in einem Grenzregelungsverfahren nach Baugesetzbuch (oder nach vergleichbarer Rechtsänderung, zB in einem Flurbereinigungsverfahren) der neue Bestand des haftenden Grundstücks aus dem Grundbuch ergibt. Dann kann daher die Zwangsversteigerung des in seinem Bestand veränderten Grundstücks auf Grund des ursprünglichen dinglichen Vollstreckungstitels angeordnet werden[16].

3.8 a) **Veränderungen im Bestand** (der Begrenzung) eines Grundstücks als Gegenstand dinglicher Rechte können sich nach Erwirkung des Vollstreckungstitels mit Teilung, Vereinigung (BGB § 890 Abs 1) und Bestandteilszuschreibung (BGB § 890 Abs 2) ergeben.

b) **Teilung** des Grundstücks kann die daran lastenden Grundpfandrechte (Hypothek, Grundschuld, Rentenschuld) nicht beeinträchtigen. Sie bestehen als Gesamt-Grundpfandrechte (BGB § 1132) an den verselbständigten Grundstücksteilen fort. Für die Zwangsvollstreckung in die mit Teilung geschaffenen Grundstücke (nach § 18 auch in alle zusammen) sind daher diese im Vollstreckungstitel mit der früheren Grundstücksbezeichnung weiterhin (bestimmt) benannt. Teilung eines Grundstücks schmälert daher die fortbestehende Vollstreckbarkeit des dinglichen Vollstreckungstitels nicht[17]. Das gilt nach § 16 Rdn 3.7 Gesagten auch, wenn Teilung mit Fortführung des Liegenschaftskatasters Änderung der katastermäßigen Grundstücksbezeichnung bewirkt (Zerlegung in zwei oder mehr Flurstücke mit eigenen Nummern) und für die Vollstreckung in eines der neuen Grundstücke auch, wenn das Grundpfandrecht an dem anderen neuen Grundstück infolge Pfandfreigabe (lastenfreier Abschreibung) erloschen ist[17]. Nach Teilung und Veräußerung eines Grundstücks ist für die Zwangsvollstreckung gegen den neuen Grundstückseigentümer jedoch Umschreibung des dinglichen Titels auf diesen als Schuldner erforderlich (ZPO §§ 727, 750 Abs 1).

---

[15] LG Weiden Rpfleger 1984, 280.
[16] LG Lahn-Gießen Rpfleger 1979, 29.
[17] Wolfsteiner, Vollstreckbare Urkunde, Rdn 66.6.

§ 16 3.9 Anordnung der Versteigerung

3.9 Bei **Vereinigung** (rechtlich selbständiger) Grundstücke zu einem Grundstück (BGB § 890 Abs 1) bleiben Einzelbelastungen des jeweiligen Grundstücks weiterhin (selbständig) bestehen. Grundpfandrechte erstrecken sich gesetzlich nicht auf den jeweils anderen Grundstücksteil des neuen Grundstücks. Für die Zwangsvollstreckung in das haftende (alte) Grundstück (Einl Rdn 11.3) bezeichnet der Vollstreckungstitel dieses als Gegenstand der Immobiliarvollstreckung unverändert, auch wenn die Grundstücke nach Verschmelzung im Liegenschaftskataster zu einer Bodenfläche mit neuer Bezeichnung im Grundbuch nicht mehr unter ihrer früheren Bezeichnung geführt werden (§ 16 Rdn 3.7). Erfolgt bei Vereinigung Hafterstreckung (Ausdehnung eines Grundpfandrechts auf das bisher nicht belastete Grundstück; sogen Nachverpfändung oder Pfandunterstellung), so begründet das für den in die Mithaft einbezogenen Teil des vereinigten Grundstücks (rechtsgeschäftliche) Neubelastung. Der bisherige Vollstreckungstitel weist den Anspruch auf Duldung der Zwangsvollstreckung in diesen neu belasteten Teil des einheitlichen Grundstücks nicht aus. Zur Zwangsvollstreckung auch in diesen Grundstücksteil muß daher ein (dinglicher) Vollstreckungstitel neu erwirkt werden.

3.10 a) **Zuschreibung** eines Grundstücks zum Bestandteil eines anderen (BGB § 890 Abs 2) ändert die Haftung des zugeschriebenen Grundstücks für die bisher an ihm lastenden Grundpfandrechte nicht; sie werden gesetzlich nicht auf das Hauptgrundstück erstreckt. Für die Zwangsvollstreckung in das haftende zugeschriebene bisherige Grundstück bezeichnet der Vollstreckungstitel dieses als Gegenstand der Immobiliarvollstreckung unverändert (auch wenn die katastermäßige Grundstücksbezeichnung geändert ist, § 16 Rdn 3.7). Hafterstreckung ist (rechtsgeschäftliche) Neubelastung; der damit (neu) begründete Anspruch auf Zwangsvollstreckung auch des nachverpfändeten Hauptgrundstücks weist der bisherige Vollstreckungstitel nicht aus (§ 16 Rdn 3.9).

b) Die an dem Hauptgrundstück bestehenden Grundpfandrechte werden mit Bestandteilszuschreibung (anders als bei Vereinigung) kraft Gesetzes auf das zugeschriebene Grundstück erstreckt (BGB § 1131 mit § 1192 Abs 1, § 1200 Abs 1). Für die unverändert zulässige Zwangsvollstreckung in das haftende (alte) Hauptgrundstück (Einl Rdn 11.4) bezeichnet der Vollstreckungstitel dieses als Gegenstand der Immobiliarvollstreckung weiter (wie § 16 Rdn 3.9). Weil der neue Grundstücksbestandteil gesetzlich dem Grundpfandrecht unterworfen ist, ist er auch ohne weiteres der Zwangsvollstreckung aus dieser Grundstücksbelastung unterworfen[18]. Daher bildet der vor Vereinigung für die Zwangsvollstreckung in das Hauptgrundstück erwirkte dingliche Vollstreckungstitel zugleich auch die urkundliche Grundlage für die Zwangsvollstreckung in das mit Bestandteilszuschreibung neu gebildete Grundstück.

3.11 Teilung zur **Begründung von Wohnungseigentum** (auch Teileigentum, WEG §§ 3, 8) beeinträchtigt die am Grundstück lastenden Grundpfandrechte (Hypotheken, Grundschulden und Rentenschulden) nicht. Sie bestehen als Gesamt-Grundpfandrechte (BGB § 1132) an dem Wohnungs-/Teileigentum fort[19]. Auch für die Zwangsvollstreckung in das mit Teilung begründete Wohnungs/Teileigentum (nach § 18 auch in alle zusammen) bleibt daher der dingliche Vollstreckungstitel mit der früheren Grundstücksbezeichnung unverändert Vollstreckungsgrundlage[20] (das § 16 Rdn 3.8 Gesagte gilt auch hier). Umschreibung der Vollstreckungsklausel zur Bezeichnung des Wohnungs/Teileigentums als nunmehriger Haftgegenstand ist weder erforderlich noch zulässig[20] (anders[21]).

---

[18] Wolfsteiner, Vollstreckbare Urkunde, Rdn 66.7.
[19] BayObLG 1958, 273 = DNotZ 1959, 91 = NJW 1958, 2016; OLG Stuttgart DNotZ 1954, 252 = NJW 1954, 682 = Rpfleger 1954, 567 mit Anm Diester; Haegele/Schöner/Stöber, Grundbuchrecht, Rdn 2849.
[20] LG Berlin Rpfleger 1985, 159 mit zust Anm Witthinrich; LG Essen Rpfleger 1986, 101.
[21] LG Weiden Rpfleger 1984, 280.

Inhalt des Antrags 4.4 **§ 16**

Urkunden zum Anordnungsantrag (Absatz 2) 4

4.1 „**Dem Antrag beizufügen**" sind die für den Beginn des Verfahrens erforderlichen Urkunden (Abs 2). Sie müssen mit dem Antrag vorgelegt werden. Es genügt nicht, auf andere Akten zu verweisen, in denen sie sich befinden, weil das Vollstreckungsgericht den Antrag sofort prüfen muß. Sind die Urkunden für einen Pfändungsantrag beim Vollstreckungsgericht oder für gleichzeitige Mobiliarvollstreckung beim Gerichtsvollzieher, so kann der Gläubiger natürlich das Vollstreckungsgericht ersuchen, sie dort anzufordern; das Risiko der Verzögerung, eines Verlustes oder einer Verwechslung trägt aber der Gläubiger.

4.2 Notwendige Urkunden sind bei der Vollstreckungsversteigerung und Zwangsverwaltung der Vollstreckungstitel (§ 15 Rdn 40, 41) mit Zustellungsnachweis und etwaigen Ergänzungsurkunden (Erbschein, Abtretung usw), auch Wechsel und Schecks (§ 15 Rdn 44), bei Zug- um-Zug-Titeln auch die Urkunde hierzu (§ 15 Rdn 46), bei Zwangsvollstreckungsunterwerfung durch einen Vertreter auch die Vollmacht (Rdn 40.18), bei Grundstücksvereinigung mit Haftungsunterwerfung auch diese, außerdem Vollmacht des Vertreters des Antragstellers (wenn sie von Amts wegen zu prüfen ist, Einl Rdn 50) und Nachweise zur Glaubhaftmachung bisheriger Zwangsvollstreckungskosten (Einl Rdn 40). Zur Zwangsvollstreckung gegen einen von mehreren Gesamtschuldnern ist der gegen diesen lautende Vollstreckungstitel dem Antrag beizufügen; von der Vorlage aller gegen die Gesamtschuldner erteilten Vollstreckungstitel darf die Zwangsvollstreckung gegen nur einen von ihnen nicht abhängig gemacht werden[22] (anders[23]: Ausfertigungen müssen miteinander verbunden sein).

4.3 Nach der Entscheidung über die Verfahrensanordnung können die Urkunden auf Antrag vorübergehend wieder dem Einsender **zurückgegeben** werden, etwa für weitere Vollstreckungsversuche. Sie müssen aber auf jeden Fall bei Terminsbestimmung sowie beim Versteigerungs- und Verteilungstermin in den Akten sein. Verstoß begründet jedoch keinen Zuschlagsversagungsgrund, wenn der Vollstreckungstitel (die andere Urkunde) vor Verkündung des Zuschlags wieder eingereicht wird[24]. Manchmal wird empfohlen, eine Abschrift zurückzubehalten[25]; sie ersetzt nicht die Urschrift. Urkunden von größerem Wert (Wechsel oder Titel über hohe Summen, Erbscheine, Auslandstitel) oder von besonderer Wichtigkeit sollten auf jeden Fall nicht in die Akten eingelegt, sondern in besondere **amtliche Verwahrung** genommen werden, um einen Verlust bei Versendung oder Akteneinsicht zu vermeiden, insbesondere, wenn die Akten nicht geheftet werden.

4.4 Besonders zu verwahren sind auf jeden Fall **Hypotheken- und Grundschuldbriefe,** falls sie eingereicht werden. Anordnung und Beitritt sind nicht von der Vorlage der Briefe abhängig[26] (falls sie nicht mit dem Titel fest verbunden sind), weil der Gläubiger allein durch den Titel ausgewiesen wird. Der Schuldner kann allerdings nach BGB § 1160 Abs 1 der Geltendmachung eines Briefrechts widersprechen (= Einrede), wenn der Brief nicht vorgelegt wird (bei Wechseln und Schecks muß er nur gegen Vorlage leisten, bei Hypotheken-, Grundschuldbriefen muß er auch ohne Vorlage leisten, kann sich aber weigern). Das kommt etwa in Frage, wenn der Brief durch mehrere Gläubigerhände gegangen ist (etwa bei Zwischen- und Umfinanzierungen) und der Schuldner Bedenken gegen die Berechtigung des Antragstellers hat. Der Gläubiger muß den Brief erst auf Verlangen des Schuldners vorlegen. Bis dahin empfiehlt sich, von der Vorlage abzusehen.

---

[22] LG Augsburg DGVZ 1993, 188; LG Bremen DGVZ 1982, 76; LG Stuttgart Rpfleger 1983, 161; AG Arnsberg DGVZ 1979, 188; AG Groß-Gerau MDR 1981, 414 = Rpfleger 1981, 151 mit zust Anm Spangenberg; AG Pirmasens DGVZ 1987, 30.
[23] AG Mönchengladbach-Rheydt DGVZ 1982, 79; AG Wilhelmshaven DGVZ 1979, 189.
[24] OLG Düsseldorf OLGZ 1994, 508 = Rpfleger 1994, 429.
[25] RG 134, 56 (61).
[26] LG Stuttgart VersR 1961, 576; Drischler RpflJahrbuch 1971, 316 (I A 2 h).

Rügt der Schuldner das Fehlen des Briefes, so setzt das Gericht dem Gläubiger eine Frist (in der Regel genügt formlose, auch telefonische Anforderung). Wird dann der Brief nicht vorgelegt (kommt wohl nicht vor), so kann der Schuldner gegen Anordnungs- oder Beitrittsbeschluß Vollstreckungserinnerung nach ZPO § 766 einlegen. Der Beschlagnahmebeschluß ist nicht etwa bei Nichtvorlage von Amts wegen aufzuheben. Der Schuldner kann auf die Vorlage (und auf sein Widerspruchsrecht bei Nichtvorlage) schon bei der Bestellung des Rechts verzichtet haben (Regelfall). Der Verzicht kann auch im Grundbuch eingetragen sein[27], wobei Bezugnahme auf die Eintragungsbewilligung genügt[28].

4.5 Nach EGZVG § 5 kann landesrechtlich bestimmt werden, daß dem Versteigerungsantrag ein **Steuerbuchauszug** – jetzt Liegenschaftskatasterauszug – beizufügen sei. Die meisten Länder hatten das (früher) getan. Diese Urkunde ist aber unnötig; das Vollstreckungsgericht hält sich an die Beschreibung im Grundbuch (die mit der des Liegenschaftskatasters übereinstimmen muß); aus dem Kataster ist auch der wirkliche Zustand des Grundstücks nicht besser zu ersehen. Bebauungen können in der Regel erst aus dem Gutachten nach § 74 a oder mit Anfragen an die Beteiligten festgestellt werden.

4.6 Zu den Urkunden auch im ZVG-Handbuch Rdn 103.

[Voraussetzungen der Anordnung]

17 (1) **Die Zwangsversteigerung darf nur angeordnet werden, wenn der Schuldner als Eigentümer des Grundstücks eingetragen oder wenn er Erbe des eingetragenen Eigentümers ist.**

(2) **Die Eintragung ist durch ein Zeugnis des Grundbuchamts nachzuweisen. Gehören Vollstreckungsgericht und Grundbuchamt demselben Amtsgericht an, so genügt statt des Zeugnisses die Bezugnahme auf das Grundbuch.**

(3) **Die Erbfolge ist durch Urkunden glaubhaft zu machen, sofern sie nicht bei dem Gericht offenkundig ist.**

1 Allgemeines zu § 17

Zweck und **Anwendungsbereich:** Bestimmung, wie für Verfahrensanordnung nachzuweisen ist, daß das Grundstück (auch das Wohnungseigentum, Gebäudeeigentum oder grundstücksgleiche Recht), dessen Versteigerung beantragt wird, dem Schuldner gehört (Denkschrift S 39). Die Vorschrift spricht nur von der Zwangsversteigerung (Vollstreckungsart), ist aber auch bei der Zwangsverwaltung (ergänzt durch § 147) anzuwenden, entsprechend auch bei den Verfahren aus §§ 172, 175, 180, wobei für die Teilungsversteigerung in § 181 Abs 2 noch eine zusätzliche Voraussetzung für den Antragsteller gestellt ist und für die Nachlaßversteigerung § 177 ergänzend anzuwenden ist (§ 176 Rdn 2).

2 Eigentum des Schuldners am Vollstreckungsgegenstand

2.1 Zwangsvollstreckung als hoheitlicher Eingriff in das Eigentum des Schuldners (Einl Rdn 1) setzt voraus, daß das Grundstück (Wohnungseigentum, grundstücksgleiche Recht oder Gebäudeeigentum), dessen Versteigerung beantragt wird, **dem Schuldner gehört** (Denkschrift S 39). Die materielle Rechtslage (Erwerbsvorgang, auch Erwerbsgrund für das Eigentum des Schuldners) wird durch das Vollstreckungsgericht jedoch nicht geprüft. Es nimmt als Vollstreckungsorgan nur

---

[27] OLG Köln Rpfleger 1956, 340 mit Anm Bruhn.
[28] Lehnart Rpfleger 1958, 302.

Voraussetzungen der Anordnung   3.1 § 17

eine „formelle" Prüfung vor[1]. Für diese **Prüfung** des Schuldnereigentums zur Anordnung der Zwangsversteigerung folgt § 17 Abs 1 der Beweisvermutung des BGB § 891 Abs 1. Darnach wird vermutet, daß der als Eigentümer eingetragene Schuldner auch wirklicher Eigentümer ist. Demgemäß bestimmt § 17 Abs 1, daß die Zwangsversteigerung (Zwangsverwaltung) nur angeordnet werden darf, wenn der Schuldner (bei Antrag des Konkursverwalters nach § 172 der Gemeinschuldner, in Verfahren nach §§ 175, 180 der Antragsgegner) als Eigentümer des Grundstücks eingetragen ist (Eintragungsgrundsatz). Das Vollstreckungsgericht darf auch nicht prüfen, ob das Grundbuch richtig ist, ob die Eintragung mit der materiellen Rechtslage übereinstimmt; es ist **formell an die Eintragung gebunden.** Der Eingetragene kann nicht einwenden, daß er nicht Eigentümer sei[2], auch nicht, daß er nur als Treuhänder für den wahren Eigentümer tätig sei. Bei Vollstreckung gegen den eingetragenen Nichteigentümer hat der nicht eingetragene wahre Eigentümer sein der Zwangsversteigerung entgegenstehendes Recht geltend zu machen (§ 37 Nr 5), somit Widerspruchsklage zu erheben (ZPO § 771; Einstellung: ZPO § 769), falls er nicht sachlich die Vollstreckung dulden muß (zB wegen einer Anfechtung der Übereignung durch den Konkursverwalter) (Vollstreckungserinnerung wäre nur gegen die Verletzung der Verfahrensvorschriften möglich). Für Verfolgung des dinglichen Anpruchs eines Grundpfandgläubigers gilt der im Grundbuch Eingetragene unwiderlegbar als Eigentümer (BGB § 1148 Satz 1).

2.2 Gegen den Berechtigten eines durch Vormerkung (BGB § 883 Abs 1) gesicherten **Auflassungsanspruchs** kann die Zwangsversteigerung nicht angeordnet werden. Desgleichen kann Zwangsversteigerung nicht angeordnet werden, wenn der Schuldner als Auflassungsempfänger bereits das **Anwartschaftsrecht** aus der Auflassung als Vermögensrecht erworben hat. Das Anwartschaftsrecht des Auflassungsempfängers ist pfändbares Vermögensrecht (ZPO § 857)[3].

2.3 Widersprechen kann ein mit **Auflassungsvormerkung** Eingetragener erst nach Eintragung als Eigentümer[4]. Weitergehend aber[5]: Grundstück veräußert, aufgelassen, übergeben, neuer Eigentümer nur mangels Grunderwerbsteuerzahlung noch nicht eingetragen; auf Widerspruchsklage Anordnung gegen den früheren (noch eingetragenen) Eigentümer aufgehoben, weil die Zwangsvollstreckung nur das Vermögen des Schuldners erfassen solle und weil hier schon der Besitz ein die Veräußerung hinderndes Recht sei; dagegen[6]: Besitz genüge nicht, erst wenn Eintragungsantrag schon beim Grundbuchamt gestellt sei, könne aber der Erwerber auf Grund dinglichen Anwartschaftsrechts widersprechen, aber auch das nur, falls die Vollstreckung nicht aus einem dinglichen Titel erfolge.

Eintragung im Grundbuch als Anordnungsvoraussetzung (Absatz 1)   3

3.1 In § 17 nicht ausdrücklich gesagt, aber als selbstverständlich vorausgesetzt (weil Schuldner sonst nicht als Eigentümer eingetragen sein könnte) ist, daß das **Grundstück** (damit auch das grundstücksgleiche Recht usw), über das in Verfahren angeordnet werden soll, selbst im Grundbuch **eingetragen** (gebucht) sein muß. Andernfalls müßte erst ein Grundbuchblatt (GBO § 3 Abs 1 Satz 1, § 4 Abs 1) auf Antrag des betreibenden Gläubigers (GBO § 14) angelegt werden (Einl Rdn 11). Verlorene oder zerstörte Grundbücher müssen wiederhergestellt sein; vor der Wiederherstellung kann die Versteigerung allerdings angeordnet werden,

---

[1] Zöller/Stöber, ZPO, vor § 704 Rdn 18.
[2] RG 94, 55 (57).
[3] Stöber, Forderungspfändung, Rdn 2055.
[4] Blomeyer KTS 1976, 81 (D 2 a).
[5] RG 116, 363.
[6] Schenke, Rechtsstellung des Grundstückskäufers in der Zwangsvollstreckung (1934), S 21 und 57.

§ 17 3.1 Anordnung der Versteigerung

wenn durch Urkunden glaubhaft gemacht ist, daß der Schuldner eingetragen oder Erbe des Eingetragenen war (GrundbuchwiederherstellungsVO § 16).

3.2 Als Eigentümer des Grundstücks usw **eingetragen** sein muß der im Vollstreckungstitel (der Vollstreckungsklausel) bezeichnete **Schuldner** (ZPO § 750 Abs 1), gegen den die Zwangsvollstreckung mit Verfahrensanordnung beginnen soll. Wenn das Verfahren nur über den **Bruchteil** eines Grundstücks usw beantragt ist (§ 16 Rdn 3.1) muß dessen Eigentümer eingetragen sein. Richtige Eintragung auch der Eigentümer anderer Miteigentumsanteile ist dann weder nachzuweisen noch zu prüfen. **Samtverbindlich haftende Schuldner** müssen vollständig und mit ihrem für die Gemeinschaft maßgebenden Rechtsverhältnis (siehe GBO § 47) eingetragen sein (bei Bruchteilseigentum ist Eintragung jedes Miteigentümers Erfordernis der Vollstreckung in seinen Anteil und der zugleich nach § 18 möglichen Verfahrensverbindung). Ehegatten oder Mitglieder einer fortgesetzten Gütergemeinschaft müssen als Schuldner (§ 15 Rdn 10.2) zusammen mit dem für ihre Gemeinschaft maßgebenden Rechtsverhältnis auch dann eingetragen sein, wenn für Zwangsvollstreckung ein Vollstreckungstitel nur gegen einen von ihnen genügend ist (ZPO § 740 Abs 1, §§ 741, 745 Abs 1).

3.3 Wenn der Schuldner Eigentümer, aber **nicht eingetragen** ist, muß ein persönlicher Gläubiger erst über GBO §§ 14, 22 Abs 2 die Berichtigung des Grundbuchs herbeiführen. Rechtsverfolgung eines dinglichen Gläubigers hingegen erfolgt nach der unwiderlegbaren Vermutung des BGB § 1148 gegen den Eingetragenen als Eigentümer (falls der Titel gegen ihn lautet), ohne Rücksicht auf die Richtigkeit der Eintragung.

3.4 Verstoß gegen den Eintragungsgrundsatz kann durch nachträgliche Grundbuchberichtigung **geheilt** werden, wenn der Schuldner bereits bei Verfahrensanordnung (nicht eingetragener) Grundstückseigentümer war. Wird der Schuldner jedoch erst nach Beschlagnahme Eigentümer (und als solcher eingetragen) oder erwirbt er nach diesem Zeitpunkt rechtsgeschäftlich mit Grundbucheintragung Eigentum (BGB § 873), dann ist Vollstreckung mit Verfahrensanordnung unzulässig erfolgt. Infolge des dann grundbuchersichtlichen Dritteigentums bei Beschlagnahme muß das Verfahren aufgehoben (§ 28) oder der Zuschlag versagt werden (§ 83 Nr 5–6).

3.5 Es gibt **Ausnahmen vom Eintragungsgrundsatz**. Wichtigste Ausnahme ist, daß der Schuldner der Erbe des Eingetragenen ist (dazu § 17 Rdn 4). Die Zwangsverwaltung kann auch gegen den Eigenbesitzer betrieben werden (§ 147). Bei Vollstreckung gegen den Konkursverwalter muß nicht dieser, sondern der Gemeinschuldner eingetragen sein. Bei Vollstreckung gegen den Testamentsvollstrecker müssen Erben oder Erblasser eingetragen sein (Titel gegen den Testamentsvollstrecker) (anders[7]: Voreintragung von Erben und Testamentsvollstrecker nötig, wenn der Titel auch gegen den Erben laute). Mit Duldungstitel kann auch gegen eingetragene Dritte vollstreckt werden (die zur Duldung der Vollstreckung in das Grundbuch verurteilt sind) für Schulden des früheren Eigentümers, ohne daß dieser vorher wieder eingetragen würde[8] („Die Zwangsversteigerung des . . ., früher eingetragen auf . . ., jetzt eingetragen auf . . ., wird angeordnet . . ."). Bei herrenlosen Grundstücken wird gegen den Vertreter aus ZPO § 787 vollstreckt, ohne daß dieser eingetragen ist[8] (§ 15 Rdn 22). Bei Wiederversteigerung aus § 133 wird die erneute Vollstreckung angeordnet, obwohl der Ersteher noch nicht eingetragen ist (§ 133 Rdn 2).

3.6 Bei **Flurbereinigungsverfahren** stimmen **Grundbuchinhalt und** wirkliche **Rechtslage** vorübergehend nicht überein (§ 15 Rdn 17). Bis zum Eintritt des neuen Rechtszustands mit dem in der Ausführungsanordnung der Flurbereini-

---

[7] Haegele BWNotZ 1972, 107 (I 7).
[8] Brand/Baur, Zwangsversteigerungssachen, 6 II C–D.

gungsbehörde bestimmten Zeitpunkt werden die als Landabfindung ausgewiesenen neuen Grundstücke (Ersatzgrundstücke) von den alten Grundstücken (Einlagegrundstücken) repräsentiert. Wenn nach Einleitung eines Flurbereinigungsverfahrens die Zwangsversteigerung anzuordnen ist, muß der Schuldner daher eingetragener Eigentümer der Einlagegrundstücke (oder dessen Erbe) sein.

3.7 Bei **Umlegungsverfahren** nach BauGB §§ 45 ff stimmen Grundbuchinhalt und Rechtslage vorübergehend auch nicht überein. Erst mit Ersetzung des bisherigen Rechtszustands durch Inkrafttreten des Umlegungsplans (BauGB § 72) treten zugeteilte Grundstücke an die Stelle der alten Grundstücke (BauGB § 63; dazu § 15 Rdn 6). Wenn nach Bekanntmachung des Umlegungsbeschlusses die Zwangsversteigerung anzuordnen ist, muß der Schuldner daher eingetragener Eigentümer der bisherigen Grundstücke (oder dessen Erbe) sein.

Erbschaft als Anordnungsvoraussetzung (Absätze 1 und 3)   4

4.1 Gegen den (die) nicht eingetragenen **Erben** oder **Erbeserben** des eingetragenen Eigentümers als Schuldner kann Zwangsversteigerung (Zwangsverwaltung) auch angeordnet werden, wenn die Erbfolge glaubhaft gemacht oder offenkundig ist (§ 17 Abs 1 und 3). Berichtigung des Grundbuchs durch Eintragung des Erben ist dann nicht nötig. Nachzuweisen ist die Eintragung des Erblassers; die (bei Gericht nicht offenkundige) Erbfolge ist glaubhaft zu machen. Die Beschaffung der Urkunden durch den Gläubiger erfolgt nach ZPO § 792.

4.2 Die Erbfolge ist **durch Urkunden glaubhaft zu machen,** also nicht durch die von der ZPO (§ 294) sonst allgemein zugelassenen Mittel der Glaubhaftmachung (eidesstattliche Versicherung, Zeugen, Parteivernehmung). Hierzu dient in erster Linie der Erbschein, der die (widerlegbare) Vermutung der Richtigkeit und Vollständigkeit seines Inhalts begründet (BGB § 2365). Genügen kann auch (wie für das Grundbuchamt, GBO § 35 Abs 1) eine Verfügung von Todes wegen, die in einer öffentlichen Urkunde enthalten ist, samt der Niederschrift über deren Eröffnung, oder sonstiges Zeugnis, zB ausländisches notarielles oder behördliches Zeugnis, notfalls in Verbindung mit einer eidesstattlichen Versicherung (diese zB über die Echtheit der Urkunde). Andere Urkunden, insbesondere privatschriftliche Testamente, werden zur Glaubhaftmachung der Erbfolge nur in Ausnahmefällen genügen[9] (anders[10]). Ihr Beweiswert ist frei zu würdigen (ZPO §§ 286, 294). Sie begründen nicht, wie der Erbschein (BGB § 2365) die Rechtsvermutung, daß das Erbrecht besteht, und reichen auch sonst nicht, wie im Grundbuchverfahren Verfügung von Todes wegen in öffentlicher Urkunde mit Eröffnungsniederschrift (GBO § 35 Abs 1) an dessen Stelle als Erbnachweis aus. Beweiswert kommt anderen (insbesondere privatschriftlichen) Urkunden daher nicht in gleicher Weise wie dem Erbschein zu. Für Glaubhaftmachung erforderliche „überwiegende Wahrscheinlichkeit"[11] der Erbfolge belegen sie daher nur in Ausnahmefällen. So kann etwa für Erblasser aus Staaten ohne behördliche Feststellung des Erbrechts auch ein privatschriftliches Testament (zusammen mit eidesstattlicher Versicherung über die Echtheit und darüber, daß kein anderes Testament vorhanden ist) genügen, vergleichbar dem Vorgehen nach GBO § 35 Abs 3; jedoch ist hier größte Vorsicht geboten und Erbnachweis mit gegenständlich beschränktem Erbschein (BGB § 2369) zumeist vorzuziehen.

4.3 Im **Beitrittsgebiet** (Einl Rdn 14.1) gelten die erbrechtlichen Bestimmungen des BGB seit dem 3. 10. 1990 (Beitritt; Einigungsvertrag Art 8; EGBGB Art 230 Abs 2). Besonderheit für Errichtung und Aufhebung einer Verfügung von Todes wegen: EGBGB Art 235 § 2. Das vormalige **Recht der** (ehem) **DDR** gilt

---

[9] Stöber, ZVG-Handbuch, Rdn 106; Jaeckel/Güthe § 17 Rdn 8.
[10] Steiner/Hagemann § 17 Rdn 45.
[11] Zöller/Greger, ZPO, § 294 Rdn 1 und 6.

§ 17 4.3   Anordnung der Versteigerung

(auch für Grundbesitz im früheren Gebiet der Bundesrepublik), wenn der Erblasser mit letztem gewöhnlichem Aufenthaltsort im Gebiet der (ehem) DDR vor dem 3. 10. 1990 (Beitritt) gestorben ist (EGBGB Art 235 § 1 Abs 1). Zu Einzelheiten siehe die BGB-Kommentare zu EGBGB Art 235. Auch bei letztem gewöhnlichem Aufenthalt des Erblassers in der Bundesrepublik bestimmt sich hinsichtlich des Eigentums (auch anderer Rechte) an Grundstücken im Beitrittsgebiet die Erbfolge nach dem Erbrecht der (ehem) DDR, wenn der Erblasser in der Zeit zwischen 1. 1. 1976 (Inkrafttreten des ZGB-DDR und des Rechtsanwendungsgesetzes § 25 Abs 2) und 2. 10. 1990 (beide Tage eingeschlossen) gestorben ist (Nachlaßspaltung, EGBGB Art 3 § 3). Keine Nachlaßspaltung ist bei Erbfall vor dem 1. 1. 1976 eingetreten. Auch hierwegen siehe zu Einzelheiten die Kommentare zum BGB. Auszuweisen hat der Erbschein die Erbfolge nach dem damit für den Erblasser-Grundbesitz geltenden Erbrecht. Die (früher) von Staatlichen Notariaten der (ehem) DDR ausgestellten Erbscheine werden weiter anerkannt. Ein Erbschein des (jetzt zuständigen) Nachlaßgerichts hat (bei Erbfall in der Zeit der Nachlaßspaltung) durch Geltungsvermerk die Erbfolge für das Grundstück (andere Objekte), dessen Versteigerung angeordnet werden soll, darzustellen.

4.4 Urkunden sind nicht nötig, wenn die **Erbfolge** bei dem Gericht **offenkundig** ist (§ 17 Abs 3). Offenkundigkeit ist wie in ZPO § 291 zu beurteilen. Offenkundig sind Tatsachen, die dem Gericht kraft Amtes bekannt sind (frühere Verfahren) = gerichtskundige Tatsachen, sowie Tatsachen, die dem Gericht aus allgemeiner Kenntnis bekannt sind (Tagesgeschehen, Geschichtsereignisse) = allgemeinkundige Tatsachen. Daß eine Tatsache offenkundig ist, sollte für spätere Prüfung der Rechtmäßigkeit des Verfahrens (auch durch das Beschwerdegericht) mit Aktenvermerk festgehalten werden.

5 Zeugnis über Grundbucheintragung (Absatz 2)

5.1 Nachzuweisen ist die Eintragung des Schuldners als Eigentümer (oder des Erblassers, wenn der Schuldner Erbe ist) durch ein **Zeugnis des Grundbuchamts** (§ 17 Abs 2 Satz 1). Der Inhalt des Zeugnisses ist gesetzlich nicht geregelt. Nach seiner Aufgabe muß es Grundbuchstelle (Gemarkung, Band und Blatt), das Grundstück (möglichst mit seinem Beschrieb im Bestandsverzeichnis) und den eingetragenen Eigentümer bezeichnen. Zuständig für Erteilung des Zeugnisses ist der Urkundsbeamte (GBO § 12 c Abs 1 Nr 3). Unterzeichnung ist erforderlich, Abdruck des Siegels (Stempels) üblich, jedoch nicht zwingend[12]. Erstellt werden kann das Zeugnis auch als beglaubigte Teil-Grundbuchblattabschrift (Bestandsverzeichnis und Abteilung I; GBV § 45), beim maschinell geführten Grundbuch als amtlicher Ausdruck (GBO § 131 Satz 1). Einfache Grundbuchblattabschrift (GBV § 44 Abs 3, einfacher Ausdruck, GBO § 131 Sätze 1 und 2) hat keinen Zeugnischarakter.

5.2 Praxis ist, daß die Grundbuchämter auch die aus Abteilung II des Grundbuchs ersichtlichen Verfügungsbeschränkungen (Konkursvermerk usw) angeben. Das Gericht erfährt so Beschränkungen nicht erst aus der Grundbuchblattabschrift und muß notfalls sein Verfahren nach § 28 wieder aufheben. Wenn die Beschränkungen schon aus dem Zeugnis ersichtlich sind, können sie bereits bei Prüfung des Antrags berücksichtigt werden.

5.3 Das Zeugnis hat die Eintragung des Eigentümers für die Verfahrensanordnung nachzuweisen, muß somit **möglichst neu** sein. Den Umständen nach muß es unwahrscheinlich sein, daß in der Zwischenzeit eine Änderung des durch das Zeugnis ausgewiesenen Grundbuchstands vorgenommen wurde. Darüber entscheidet das Gericht nach seinem Ermessen. Die Richtigkeit des Zeugnisses hat es nicht zu prüfen. Eine bekannte Unrichtigkeit (zB Eigentumswechsel nach Ausstel-

---

[12] LG Stuttgart Justiz 1991, 500 = Rpfleger 1992, 34.

Voraussetzungen der Anordnung 5.5 § 17

lung des Zeugnisses) ist aber zu beachten. Wenn sich nach Verfahrensanordnung erweist, daß das Zeugnis unrichtig war, dann Vollstreckungserinnerung nach ZPO § 766, Verfahrensaufhebung nach § 28, notfalls Zuschlagsversagung.

5.4 Für das Zeugnis entsteht keine Gerichtsgebühr[13] (anders[14]: Gebühr nach Justizverwaltungskostenordnung § 2 Abs 1).

5.5 a) **Bezugnahme auf das Grundbuch** genügt statt des Zeugnisses zum Nachweis, daß der Schuldner (Erblasser) eingetragener Grundstückseigentümer ist, wenn das Vollstreckungsgericht zugleich das Grundbuchamt ist (§ 17 Abs 2 Satz 2). Vorlage eines Grundbuchzeugnisses ist auch dann natürlich zulässig. „Demselben Amtsgericht" gehören Vollstreckungsgericht und Grundbuchamt als dessen Abteilungen an, auch wenn sie nicht im gleichen Dienstgebäude untergebracht sind. Eine amtsgerichtliche Zweigstelle ist als unselbständige Dienststelle außerhalb des Sitzes des Hauptgerichts Teil des Amtsgerichts; daher ersetzt auch Bezugnahme auf das bei der Zweigstelle des Amtsgerichts geführte Grundbuch in dem Antrag zum Vollstreckungsgericht beim Hauptgericht das Zeugnis.

b) Auch das nach § 1 Abs 2 und den Landesvorschriften **gemeinsame Versteigerungsgericht** und die Grundbuchämter bei den zugeordneten Amtsgerichten im Bezirk dieses zentralen Vollstreckungsgerichts gehören für die nach Abs 2 Satz 2 mögliche Bezugnahme auf das Grundbuch „demselben" Amtsgericht an. Die (enge, auf Förmelei beruhende) Gegensansicht von[15] ist abzulehnen. Der Gesetzgeber hat mit Ermächtigung zur Zusammenfassung der Zuständigkeit durch Abs 2 des § 1 (in Kraft seit 1. 7. 1957) deren Auswirkungen für den Nachweis der Eintragung des Schuldners im Grundbuch nicht geregelt. Der unverändert gebliebene Abs 2 Satz 2 kann daher nicht nach seinem unklaren und zudem durch die Rechtsentwicklung überholten Wortlaut ausgelegt werden; die Auslegung hat sich vielmehr an dem Gesetzeszweck zu orientieren. Auszugehen ist daher davon, daß Bezugnahme auf das Grundbuch ermöglicht ist, weil sich damit die Eintragung leicht nachweisen läßt (Denkschrift S 39). Mit Konzentrationsermächtigung in Abs 2 des § 1 soll „eine sachdienliche Förderung und schnellere Erledigung der Verfahren" ermöglicht werden. Dem würde unverständliche Behinderung der Verfahrenseinleitung mit übertriebener Förmelei (Zeitverlust mit Anforderung, Erstellung und Übersendung des Zeugnisses) ebenso widersprechen wie Einführung einer Nachweispflicht für Fälle, in denen nach früherer Zuständigkeitsregelung Bezugnahme auf das Grundbuch erfolgen konnte. Bedeutsam ist weiter, daß Erfordernis der Verfahrensanordnung, somit Vollstreckungsvoraussetzung, lediglich Eintragung des Schuldners als Eigentümer ist. Nur für Prüfung dieses Erfordernisses bestimmt Abs 2 den vom Gläubiger dem Vollstreckungsgericht vorzulegenden Nachweis. Bezugnahme auf das Grundbuch erübrigt Vorlage eines Zeugnisses als Nachweis dann, wenn das Vollstreckungsgericht erforderliche Feststellung selbst ohne weiteres aus dem ihm zugänglichen Grundbuch treffen kann. Diese Besonderheit rechtfertigt die Erwägung, daß Feststellung einer durch Eintragung in einem öffentlichen Register ausgewiesenen Vollstreckungsvoraussetzung, von der ohne besondere Mühe Kenntnis zu erlangen ist, allgemeine Amtsobliegenheit eines Vollstreckungsorgans ist. Nach diesem Gesetzeszweck ersetzt den Nachweis durch Grundbuchzeugnis nicht nur die Eintragung im Grundbuch des gleichen Gerichts (sie wäre als sogen gerichtkundige Tatsache ohnedies nicht zu beweisen, ZPO § 291), sondern auch die Eintragung im Grundbuch eines Amtsgerichts im Bezirk des Vollstreckungsgerichts. Diese kann ohne weiteres ebenso festgestellt werden wie eine Grundbucheintragung, wenn Vollstreckungsgericht und Grundbuchamt nicht im gleichen Dienstgebäude untergebracht sind oder wenn das

---

[13] LG Stuttgart aaO; Steiner/Hagemann § 17 Rdn 17; Mümmler JVBl 1964, 42 (Anmerkung).
[14] AG Lauf JVBl 1964, 42 mit abl Anm Mümmler.
[15] Dassler/Muth § 17 Rdn 6; Steiner/Hagemann § 17 Rdn 22.

§ 17   5.5   Anordnung der Versteigerung

Grundbuch bei einer amtsgerichtlichen Zweigstelle geführt wird. Mit „demselben" Amtsgericht (Abs 2 Satz 2) kann angesichts der mit § 1 Abs 2 begründeten umfassenderen Zuständigkeit daher nicht jedes nach der Gerichtsorganisation selbständige Amtsgericht angesehen werden. Vielmehr sind nach dem auf Beweiserleichterung und Verfahrensbeschleunigung gerichteten Sinn und Zweck der Regelung mit „demselben" Amtsgericht als Vollstreckungsgericht das Amtsgericht (ZPO § 764) „mit seinem durchj § 1 Abs 2 und Landesvorschriften gebildeten Bezirk und als Grundbuchamt die Amtsgerichte, die Grundbücher für diesen Bezirk führen, bezeichnet. Statt des Zeugnisses genügt daher auch Bezugnahme auf das Grundbuch, das bei einem Grundbuchamt im Bezirk des zentralen Vollstreckungsgerichts geführt wird.

5.6   Wenn zulässig auf das Grundbuch Bezug genommen ist, hat ihm das **Gericht** (Rechtspfleger) die Eintragung des Schuldners als Eigentümer des Grundstücks für **Prüfung** des Vollstreckungsantrags zu entnehmen. In welcher Weise das zu geschehen hat, bestimmt das Gesetz nicht. Es bleibt daher dem für Entscheidung über den Antrag zuständigen Rechtspfleger überlassen, wie er sich Kenntnis von dem Grundbuchinhalt verschafft. Er kann sich (ebenso wie der Notar bei Erfüllung der Verpflichtung, sich über den Grundbuchinhalt zu unterrichten; dazu[16]) aller ihm zulässig erscheinender Mittel bedienen. Grundsatz ist, daß die Entscheidung über den Anordnungsantrag mit größter Beschleunigung zu erfolgen hat (§ 15 Rdn 3.3); jede Verzögerung, mit der die Gefahr eines Rechtsverlustes für den Gläubiger verbunden sein könnte, hat daher zu unterbleiben. Es sind deshalb alle Möglichkeiten auszuschöpfen, die nach den örtlichen Verhältnissen rasche und zuverlässige Feststellung der bei Entscheidung über den Beschlagnahmeantrag zu prüfenden Grundbucheintragung des Schuldners als Eigentümer gewährleisten. Das kann persönliche Einsicht des (im gleichen oder in einem benachbarten Dienstgebäude) leicht zugänglichen Grundbuchs gebieten, aber auch (insbesondere bei räumlicher Entfernung) fernmündliche Grundbuchauskunft erfordern. Im Einzelfall kann es (so bei umfangreichem oder unübersichtlichem Grundbuchinhalt) gerechtfertigt sein, fernmündlich oder persönlich vom Grundbuchamt einen sogenannten Grundbuchaufschluß[17] anzufordern (schriftliche Mitteilung über den einschlägigen Grundbuchinhalt), der den Inhalt eines Zeugnisses hat. Dann muß aber unverzügliche Vorlage des Grundbuchaufschlusses zu den Gerichtsakten gewährleistet sein. Einholung eines Grundbuchaufschlusses durch den Urkundsbeamten mit Vordruck-Anfrage oder unter Übersendung des Versteigerungsantrags (einer Abschrift davon) an das Grundbuchamt (so noch 11. Auflage) rechtfertigt sich jedenfalls außerhalb der Kontrolle des für Entscheidung über den Antrag zuständigen Rechtspflegers nicht.

5.7   In **Baden-Württemberg** sind Grundbuchämter an Stelle der Gerichte für die Führung der Grundbücher zuständig (LandesFGG, BWGBl 1975, 116, § 1). Sie bestehen in den Gemeinden. Grundbuchbeamte sind die Notare. Bezugnahme auf das hier nicht dem Amtsgericht angehörende Grundbuch ermöglicht Abs 2 Satz 2 nicht.

5.8   Zeugnis oder Bezugnahme **bei jedem Beitritt:** § 27 Rdn 2.5.

5.9   Bei Antrag auf Anordnung der **Zwangsverwaltung** können Grundbuchzeugnis und Grundbuchaufschluß nicht alles enthalten, was für die Entscheidung des Gerichts nötig ist. Hier kann das Gericht schon vor der Anordnungsentscheidung, sofern darunter die gebotene Beschleunigung (Rdn 5.6; auch im Hinblick auf den für Miet- und Pachtzinsforderungen wichtigen fünfzehnten Tag des Kalendermonats) nicht leidet, auch erkunden, ob eine Auflassungsvormerkung eingetragen und der Besitz am Grundstück schon auf den Käufer übergegangen ist. Dies kann man feststellen, wenn man in diesem Fall sogleich auch die Grundakten

---

[16] Haegele/Schöner/Stöber, Grundbuchrecht, Rdn 534.
[17] Jaeckel/Güthe § 17 Rdn 12–13.

Verbindung mehrerer Verfahren 2.1 § 18

einholt und den darin enthaltenen Kaufvertrag überprüft. Fast immer ist der Besitz bereits auf den Käufer übergegangen. Dann kann mangels Rechtsschutzbedürfnisses die Zwangsverwaltung gegen den noch eingetragenen Eigentümer nicht angeordnet werden, weil ja die Zwangsverwaltung allein dazu dient, die Nutzungen des Objekts zu ziehen, die hier dem Vollstreckungsschuldner aber nicht mehr zustehen (§ 146 Rdn 2). Hier ist dann die Zwangsverwaltung nur gegen den Eigenbesitzer (mit Titel gegen ihn) möglich (§ 147). Durch diese „Vorprüfung" vermeidet das Gericht, daß es eine Zwangsverwaltung anordnet und dann (wobei schon erhebliche Kosten entstanden sind) wieder aufheben muß.

[Verbindung mehrerer Verfahren]

18 Die Zwangsversteigerung mehrerer Grundstücke kann in demselben Verfahren erfolgen, wenn sie entweder wegen einer Forderung gegen denselben Schuldner oder wegen eines an jedem der Grundstücke bestehenden Rechtes oder wegen einer Forderung, für welche die Eigentümer gesamtschuldnerisch haften, betrieben wird.

Allgemeines zu § 18 1

Zweck und **Anwendungsbereich:** Ausnahme vom Grundsatz der Einzelversteigerung (siehe zB § 63). Zur Versteigerung mehrerer Grundstücke (nach ZPO § 864 Abs 2 auch mehrerer Bruchteile eines Grundstücks; außerdem mehrerer grundstücksgleicher Rechte usw) ist an sich für jedes von ihnen ein besonderes Verfahren erforderlich. Aus Gründen der Zweckmäßigkeit, namentlich zur Verminderung der Kosten (aber auch zur Erzielung eines günstigeren Erlöses mit gemeinsamem Ausgebot), sieht § 18 Ausnahme mit der Befugnis des Gerichts vor, Verfahren über die Versteigerung mehrerer Grundstücke (auch mehrerer grundstücksgleichen Rechte; für Erbbaurecht[1]) zu verbinden (Denkschrift S 39). Die Vorschrift gilt für alle ZVG-Verfahren.

Einzelfälle der Verfahrensverbindung und Voraussetzungen 2

2.1 Gleicher Schuldner: Verfahrensverbindung ist möglich, wenn die Zwangsversteigerung mehrerer Grundstücke (anderer Objekte) wegen einer Forderung gegen denselben Schuldner betrieben wird (Identität des Schuldners). Vollstreckt werden muß durch den Gläubiger wegen derselben persönlichen Forderung gegen denselben Schuldner in mehrere Grundstücke (andere Objekte). Das ist auch der Fall bei Vollstreckung nur wegen einer von mehreren und damit ebenso gleichzeitig mehrerer Forderungen[2] des Gläubigers gegen denselben Schuldner zugleich in mehrere Grundstücke. Diese Voraussetzung liegt aber **nicht** vor, wenn Teile derselben Forderung gegen den Schuldner gesondert jeweils in einzelne Grundstücke vollstreckt werden[3] (Forderungsteil zu 20 000 DM in Grundstück I; Forderungsteil zu 30 000 DM in Grundstück II), und ebenso nicht, wenn verschiedene Einzelforderungen eines (auch mehrerer) Gläubigers vollstreckt werden[4] (anders[5]) (Forderung 1 über 10 000 DM in Grundstück I; Forderung 2 über 20 000 DM in Grundstück II). Verschiedene Forderungen sind auch dinglicher Anspruch und gesicherte (persönliche) Forderung[6], so daß Verbindung nicht möglich ist, wenn eine durch Ge-

---

[1] OLG Hamm Rpfleger 1989, 249.
[2] Jaeckel/Güthe § 18 Rdn 1; Reinhard/Müller § 18 Anm 1.
[3] Dassler/Muth § 18 Rdn 3; Jaeckel/Güthe § 18 Rdn 1; Steiner/Hagemann § 18 Rdn 9.
[4] Dassler/Muth § 18 Rdn 3; Jaeckel/Güthe § 18 Rdn 1; Reinhard/Müller § 18 Rdn 1.
[5] Henle, ZVG, § 18 Anm 2; Badstübner, Zwangsvollstreckung in unbewegliches Vermögen, § 11 Nr 2.
[6] Dassler/Muth § 18 Rdn 3.

§ 18 2.1 Anordnung der Versteigerung

samthypothek gesicherte Forderung nur in ein Grundstück und wegen des dinglichen Anspruchs selbständig (nur) in das andere (oder eines der mitbelasteten anderen) vollstreckt wird. Ebenso kann nicht verbunden werden, wenn mehrere Gesamtgläubiger (BGB § 428) einzeln in jeweils ein anderes Grundstück des Schuldners vollstrecken[7].

2.2 Gleiches Recht: Verfahrensverbindung ist möglich, wenn die Zwangsversteigerung mehrerer Grundstücke (anderer Objekte) wegen eines an jedem der Grundstücke bestehenden Rechtes (Gesamtgrundpfandrecht, BGB § 1132; auch Gesamtreallast) betrieben wird (Identität des Rechts). Die Grundstückseigentümer können hierbei verschieden sein. „Dasselbe" Recht ist nicht nur ein dingliches, das die Grundstücke gesamt belastet, sondern auch etwa eine öffentliche Last der Rangklasse 3, die ungeteilt auf einem aus Bruchteilen bestehenden Grundstück oder auf mehreren Grundstücken lastet[8]. Hat aber der Gläubiger nach ZPO § 867 Abs 2 verteilte Zwangshypotheken aus einer ursprünglich ungeteilten Forderung, so können diese Verfahren nicht verbunden werden (nur bei der Vollstreckung aus der ungeteilten persönlichen Forderung, falls der Schuldner identisch ist).

2.3 Gesamtschuldner: Verfahrensverbindung ist (nun auch) möglich, wenn wegen einer (persönlichen) Forderung gegen mehrere gesamtschuldnerisch haftende Schuldner vollstreckt wird, die Grundstückseigentümer sind. Verfahrensverbindung bei Vollstreckung gegen Gesamtschuldner soll wirksame Gestaltung der Zwangsvollstreckung vor allem in den Fällen des Miteigentums der Schuldner nach Bruchteilen ermöglichen[9]. Ebenso zulässig ist aber auch die Verbindung der Verfahren zur Zwangsversteigerung mehrerer Grundstücke der Gesamtschuldner. Verbindung ist aber nicht möglich, wenn gegen die Gesamtschuldner wegen verschiedener Forderungen oder jeweils wegen eines Teils der gesamtverbindlich geschuldeten Forderung in jeweils ein anderes Grundstück vollstreckt wird (§ 18 Rdn 2.1).

2.4 Verbunden werden können **alle ZVG-Verfahren,** auch Zwangsverwaltungen (§ 146 Abs 1), aber immer nur gleichartige Verfahren miteinander, also Vollstreckungsversteigerung mit Vollstreckungsversteigerung, Teilungsversteigerung mit Teilungsversteigerung über Grundstücke derselben Gemeinschaft usw, genau wie auch kein Vollstreckungsbeitritt zu einem Teilungsversteigerungsverfahren oder umgekehrt möglich ist (hierüber § 180 Rdn 14). Verbunden werden können Verfahren über Grundstücke, über Grundstücksbruchteile (auch über einen Grundstücksbruchteil zusammen mit solchen über Grundstücke[10]), über grundstücksgleiche Rechte, je eine Art unter sich aber auch alle drei Arten miteinander.

2.5 Unabdingbare Voraussetzung jeder Verfahrensverbindung ist **gemeinsame Zuständigkeit** des Vollstreckungsgerichts nach § 1 oder § 2. Verbunden werden kann somit nur, wenn die Verfahren beim selben Gericht anhängig sind (oder anhängig werden). Bestimmung der Zuständigkeit nach § 2 Abs 2 hat zunächst zu erfolgen, wenn die Grundstücke in den Bezirken verschiedener Vollstreckungsgerichte belegen sind.

3 Entscheidung über Verbindung von Verfahren

3.1 Die Verbindung erfolgt **auf Antrag** des Gläubigers, Schuldners oder eines sonst Beteiligten (§ 9) oder **von Amts wegen.** Über die Verbindung entscheidet das für alle zu verbindende Verfahren zuständige Vollstreckungsgericht (wenn die Voraussetzungen des § 18 erfüllt sind) nach pflichtgemäßem Ermessen unter Ab-

---

[7] Steiner/Hagemann § 18 Rdn 9.
[8] Dassler/Muth § 18 Rdn 4.
[9] BT-Drucksache 7/3838 (Entwurf eines Gesetzes zur Änderung zwangsvollstreckungsrechtlicher Vorschriften) S 11.
[10] BGH KTS 1985, 132 = WM 1984, 1342.

wägung der Interessen der Beteiligten[11]. Immer muß die Verbindung zweckmäßig und sachdienlich sein. Das ist der Fall, wenn die Versteigerung der Grundstücke in einem Verfahren (mit möglichem Gesamtausgebot, § 63) einen höheren Erlös erwarten läßt, so bei einem aus mehreren Grundstücken bestehenden arrondierten Hof[12], bei Grundstücken für einheitliche gewerbliche Nutzung[13], bei Grundstücken, die sonst (zB infolge ihres Zuschnitts und der Bebauung[14]) eine wirtschaftliche Einheit bilden (Haus- und Stellplatzgrundstück sowie Zufahrt)[15], zur Ermöglichung besserer Aussichten für Abgabe von Einzelausgeboten mit Verteilung eines vorgehenden Gesamtrechts[16]. Die Verbindung kann auch aus Gründen der Kostenersparung geboten sein. Vor allem bei Bruchteilen mit einem erst nach Verbindung zulässigen Gesamtausgebot (§ 63 Abs 1) ist die Verbindung, wo sie zulässig ist, immer zweckmäßig. Sachdienlicher Verbindung steht nicht entgegen, daß der Gesamtrechtsgläubiger das an allen Grundstücken bestehende Recht in allen Verfahren als bestrangig betreibender Gläubiger vollstreckt[17]. Daß nach Verbindung für einzelne Grundstücke der örtliche Bieterkreis nicht mehr erreicht wird, kann bei Abwägung der Interessen Ausschlag gegen die Verbindung geben. Das stellt aber keinen sonstige Vorteile überwiegenden Nachteil dar, wenn etwa die Grundstücke gewerblich genutzt werden und für ihren Erwerb interessierte Bieter ohnehin überregional geworben werden müssen[18]. Wenn keine Tatsachen erkennbar sind, die die Annahme rechtfertigen können, ein Gesamtausgebot werde ein höheres Meistgebot erbringen als die auch bei gemeinsamer Versteigerung verbindlichen Einzelausgebote (§ 63 Abs 1), ist Versteigerung in demselben Verfahren, somit Verbindung, nicht zweckmäßig (keine wirtschaftliche Einheit des Grundbesitzes, keine künftige einheitliche Nutzung, keine Gesamtgrundpfandrechte, für die die Vorteile des § 64 Bedeutung erlangen könnten; Ausfall eines ortsgebundenen Interessentenkreises, der vornehmlich als Bieter in Betracht kommt)[19]. Auch bei Verfahren zur Versteigerung von Wohnungseigentum (Teileigentum) bedürfen demnach Sachdienlichkeit und Zweckmäßigkeit der Verbindung im Hinblick auf die Interessen der Beteiligten der Prüfung[19]. Zwangsverwaltungen mit unterschiedlichen Nutzungen der Grundstücke (Fabrik und Wohngrundstück etwa) sollten nicht verbunden werden. Das nach § 2 gemeinsame höhere Gericht, das unter mehreren Gerichten das zuständige bestimmt, entscheidet über die Voraussetzungen für die Möglichkeit der Verbindung nach pflichtgemäßem Ermessen mit (§ 2 Rdn 4.4), und zwar bindend für das Vollstreckungsgericht; ob das Vollstreckungsgericht dann verbindet, ist seine Sache, nur für die Beurteilung der Voraussetzungen ist es gebunden.

3.2 Rechtliches **Gehör** irgendwelcher Beteiligten ist nicht nötig. **Begründung** der Entscheidung hat nach allgemeinen Grundsätzen zu erfolgen (Einl Rdn 28), eingehender somit insbesondere, wenn mit einem Hinweis auf die gesetzliche Grundlage die Erwägungen nicht bereits ohne weiteres erkennbar sind (anders[20]: Bedarf keiner Begründung).

3.3 Die Verbindung ist gerichtliche **Vollstreckungsmaßnahme**, nicht Verwaltungsakt.

---

[11] BGH KTS 1986, 719.
[12] LG Oldenburg Rpfleger 1985, 451.
[13] BGH KTS 1986, 718 = NJW-RR 1986, 1383 = Rpfleger 1987, 29.
[14] OLG Hamm Rpfleger 1989, 249.
[15] OLG Hamm NJW-RR 1988, 320 = OLGZ 1987, 449 = Rpfleger 1987, 467 mit zust Anm Muth.
[16] BGH NJW-RR 1986, 1383 = aaO (Fußn 13).
[17] OLG Hamm NJW-RR 1988, 320 = aaO (Fußn 15).
[18] BGH NJW-RR 1986, 1383 = aaO (Fußn 13).
[19] BGH KTS 1986, 719.
[20] Jaeckel/Güthe § 18 Rdn 3; Steiner/Hagemann § 18 Rdn 13.

3.4 Die Verbindung kann während des ganzen Verfahrens erfolgen, **ausdrücklich** im Anordnungs- oder Beitrittsbeschluß („Das Verfahren aus dem Anordnungsbeschluß vom ... wird mit dem Verfahren aus dem Anordnungsbeschluß vom ... gemäß ZVG § 18 verbunden"), aber auch **schlüssig** durch einen gemeinsamen Anordnungs- oder Beitrittsbeschluß (über mehrere Objekte oder Bruchteile eines Grundstücks) oder auch nachträglich durch besonderen Beschluß. Anordnung durch Beschluß ist bei nachträglicher Verbindung erforderlich (jedenfalls aber geboten), weil der Wille des Gerichts, mehrere Verfahren zu verbinden, jedenfalls unmißverständlich nach außen in Erscheinung treten muß. Zusammenfassung der Verfahren zu einer Sache (Vereinigung zu einem Aktenstück) unter verschiedenen Aktenzeichen oder gleichem Aktenzeichen (gegen Bestimmungen über die Aktenführung und unzweckmäßig) ist keine den Beteiligten erkennbar gemachte Anordnung über eine Verbindung von Verfahren. Keine Verfahrensverbindung ist es ebenso, wenn das Beschwerdegericht mehrere Beschwerden in einem Beschluß entscheidet[21]. Die Verbindung ist auch nach der Bestimmung des Versteigerungstermins möglich, weil etwa angesichts § 63 nur bei Verbindung ein Versteigerungsergebnis zu erzielen ist.

3.5 Die in einem Anordnungs- oder Beitrittsbeschluß angeordnete Verbindung wird mit diesem Beschluß ausgefertigt und **mitgeteilt** oder zugestellt. Der Beschluß, der die Verbindung selbständig anordnet, desgleichen ein ablehnender Beschluß (anders[22]: bei Ablehnung Zustellung an Antragsteller nicht nötig) ist Gläubiger, Schuldner und einem Beteiligten (§ 9), der Verbindung beantragt (angeregt) hat, (formlos) mitzuteilen (ZPO § 329 Abs 2 Satz 1). Die übrigen Beteiligten (§ 9) erlangen von der Verbindung ebenso wie von einer Verfahrensanordnung bei Zuziehung zum Verfahren Kenntnis; gesondert mitgeteilt wird ihnen der Verbindungsbeschluß nicht.

3.6 Durch die Verbindung werden die mehreren Verfahren zu **einem Verfahren zusammengefaßt**. Es wird unter einem Aktenzeichen geführt. Ob von der Verbindung an auch gemeinsame Akten oder (weiterhin) getrennte Akten für die einzelnen Objekte zu führen sind, ist eine Frage der Zweckmäßigkeit. Wenn Verwirrung nicht zu besorgen ist, sind die Verfahren gemeinsam in einem Aktenstück zu führen. Getrennte Akten können geführt werden, wenn Irrtümer nicht auszuschließen sind oder wenn die Flurstücke an verschiedenen Grundbuchstellen gebucht sind, weil sich hier im Laufe des Verfahrens eine Trennung als nötig oder zweckmäßig erweisen kann und die verschiedenen Grundstücke dann ein unterschiedliches Verfahrensschicksal haben können.

3.7 **Bis zur Verbindung** sind getrennte Akten zu führen (Grundsatz der Einzelversteigerung in Einzelverfahren). Getrennte Akten sind auch für die nicht verbundenen Verfahren über verschiedene **Bruchteile** anzulegen, weil jeder Bruchteil einem Grundstück gleichzubehandeln ist. So kann nicht versehentlich im Verfahren über einen Bruchteil statt einer Neuanordnung für einen anderen Bruchteil fälschlich der Beitritt zum ersten Verfahren erfolgen. Jedoch ist der Antrag **in einem** verfahrenseinleitenden **Schriftstück** auf Anordnung der Zwangsversteigerung mehrerer Grundstücke (zB eines landwirtschaftlichen Anwesens mit seinen Einzelgrundstücken, eines Grundstücks im Bruchteilseigentum von Ehegatten) unter einer Nummer in das Aktenregister einzutragen (AktO § 1 Abs 1 Satz 3) und daher auch nur in einem Aktenstück zu führen, ausgenommen, wenn die Trennung durch den Rechtspfleger/Richter sogleich angeordnet wird. Wenn Verbindung dann abgelehnt und Verfahren einzeln angeordnet werden, sind die selbständigen Verfahren als Aktenstücke unter gesonderten Aktennummern einzeln zu führen.

3.8 **Trennung** verbundener Verfahren: Eine ausdrückliche oder stillschweigende, ursprüngliche oder nachträgliche Verbindung kann wieder **aufgehoben** wer-

---

[21] KG Berlin JurBüro 1969, 986 = Rpfleger 1970, 36.
[22] Steiner/Hagemann § 18 Rdn 16.

Verbindung mehrerer Verfahren 3.11 § 18

den, wenn sie unzulässig oder wenigstens unzweckmäßig war, aber auch nach Ermessen des Gerichts (wie auch die Verbindung nach Ermessen erfolgen konnte). Hierzu im ZVG-Handbuch Rdn 374.

3.9 Besondere **Kosten** fallen für die Verbindung wie für die Trennung nicht an. Die Tätigkeit des Gerichts wird durch die Versteigerungsverfahrensgebühr (Einl Rdn 77), die Tätigkeit des Rechtsanwalts durch dessen Anwaltsverfahrensgebühr (Einl Rdn 89) abgegolten.

3.10 Rechtsbehelfe: Als Vollstreckungsmaßnahmen (§ 18 Rdn 3.3) sind Verbindung und Trennung mit **Erinnerung** (ZPO § 766) anfechtbar[23] (anders[24]: unanfechtbar, sowie[25]: nach Anhörung der Beteiligten befristete Rechtspflegererinnerung), nicht somit als unanfechtbare Entscheidungen bei Richtertätigkeit mit sofortiger Rechtspflegererinnerung nach RpflG § 11 Abs 1 Satz 2 anfechtbar (so aber [26]). Die Erinnerung steht Gläubiger, Schuldner und jedem in seinen Rechten verletzten Beteiligten (§ 9) zu. Gegen die Entscheidung des Richters über die Erinnerung findet sofortige Beschwerde statt (§ 95 schließt sie nicht aus[27], anders[28]). Erinnerung nach ZPO § 766 hat auch der Antragsteller gegen einen seine Anregung ablehnenden Beschluß (anders[29]: befristete Rechtspflegererinnerung). Vom Beschwerdegericht können die Ermessenserwägungen uneingeschränkt auf ihre rechtliche Richtigkeit hin überprüft werden (nicht nur auf einen etwaigen Ermessensfehlgebrauch)[30]. Auf verfahrensfehlerhafte Anwendung des § 18 (wie bei unzulässiger Verbindung mit unrichtigem geringstem Gebot sowie unzulässiges Gesamtausgebot; auch ermessensmißbräuchliche Ablehnung der Verbindung) kann die Beschwerde gegen den Zuschlag gestützt werden (§ 83 Nr 1, 2 und 6); wenn Heilung nach § 84 nicht erfolgt ist.

3.11 Nach Ablehnung der Verbindung ermöglichen neue Tatsachen (Gründe) eine erneute Prüfung und Anordnung der Verfahrensverbindung. Anlaß für Prüfung und Verfahrensverbindung kann der Beitritt eines Gläubigers geben, der in (bis dahin nicht erfülltes) Erfordernis nach § 18 (dazu Rdn 2) begründet. Aber auch andere Beurteilung der unveränderten Verfahrenslage ermöglicht erneute Prüfung und Verbindung. Als Maßnahme des Vollstreckungsorgans (Rdn 3.3) dient Verbindung der Verfahrensgestaltung zur Durchsetzung des Gläubigeranspruchs; sie erfolgt daher nach dem Ermessen des Vollstreckungsgerichts, und zwar auch von Amts wegen (Rdn 3.1); frühere Ablehnung der Verbindung ist daher nicht sachliche Entscheidung, die der Verfahrensgestaltung des Vollstreckungsgerichts dauernd Grenzen setzen könnte. Ablehnung der Verbindung oder Bestätigung des Ablehnungsbeschlusses bei Entscheidung über eine Erinnerung (damit auch Beschwerde, Rdn 3.10) kann für Verfahrensbeteiligte (§ 9), die nicht Parteien (Beteiligte) des Rechtsbehelfsverfahrens waren, keine Bindung begründen (anders offenbar[31]). Sie ist aber auch für den Erinnerungsführer und Beteiligte des Erinnerungsverfahrens nicht sachliche Entscheidung, die mit (materieller) Rechtskraftwirkung spätere andere Verfahrensgestaltung durch das Vollstreckungsgericht ausschließen könnte. Daher gibt es bei (zunächst) abgelehnter Verbindung keine „Rechtskraft", die gegenüber allen Beteiligten wirken und später abweichende Anordnung ausschließen könnte (anders[31]). (Spätere) Verbindung auch nach Ab-

---

[23] Jaeckel/Güthe § 18 Rdn 3; Korintenberg/Wenz § 18 Anm 3; Reinhard/Müller § 18 Anm V; Steiner/Hagemann, § 18 Rdn 18.
[24] Drischler RpflJahrbuch 1960, 347 (A VIII).
[25] Dassler/Muth § 18 Rdn 14.
[26] Mohrbutter/Drischler Muster 5 Anm 1.
[27] OLG Hamm NJW-RR 1988, 320 = aaO (Fußn 15); OLG Hamburg OLG 15, 30.
[28] KG Berlin OLG 15, 29.
[29] LG Oldenburg Rpfleger 1985, 451; Steiner/Hagemann § 18 Rdn 18.
[30] OLG Hamm NJW-RR 1988, 320 = aaO (Fußn 15).
[31] AG Hannover mit LG Hannover Rpfleger 1988, 322.

lehnung infolge anderer Beurteilung der unveränderten Verfahrenslage ist nach dem Ermessen des Gerichts ebenso für zulässig zu erachten wie Trennung verbundener Verfahren gestattet ist (Rdn 3.8).

3.12 Zur Verbindung im ZVG-Handbuch Rdn 373–375, Muster dort Rdn 371, 372.

[Grundbucheintragung, Mitteilungen des Grundbuchamts]

19 (1) **Ordnet das Gericht die Zwangsversteigerung an, so hat es zugleich das Grundbuchamt um Eintragung dieser Anordnung in das Grundbuch zu ersuchen.**

(2) **Das Grundbuchamt hat nach der Eintragung des Versteigerungsvermerkes dem Gericht eine beglaubigte Abschrift des Grundbuchblatts und der Urkunden, auf welche im Grundbuche Bezug genommen wird, zu erteilen, die bei ihm bestellten Zustellungsbevollmächtigten zu bezeichnen und Nachricht zu geben, was ihm über Wohnort und Wohnung der eingetragenen Beteiligten und deren Vertreter bekannt ist.** Statt der Erteilung einer beglaubigten Abschrift der Urkunden genügt die Beifügung der Grundakten oder der Urkunden.

(3) Eintragungen im Grundbuch, die nach der Eintragung des Vermerks über die Anordnung der Zwangsversteigerung erfolgen, soll das Grundbuchamt dem Gericht mitteilen.

Literatur: Baum, Zwangsversteigerungsvermerk und unerledigte Eintragungsanträge, Rpfleger 1990, 141; Böttcher, Beeinträchtigung der Verfügungsbefugnis, Rpfleger 1983, 49; Böttcher, Verfügungsverbote, Rpfleger 1985, 381; Hagemann, Die Aufgaben des Grundbuchamts nach Anordnung der Zwangsversteigerung, Rpfleger 1984, 397 mit nochmaliger Stellungnahme Rpfleger 1985, 341; Mohrbutter, Die Bedeutung des Versteigerungs- und Konkursvermerkes sowie des Veräußerungsverbotes des Vergleichsverfahrens im Grundbuch, JurBüro 1956, 153; Tröster, Die grundbuchliche Behandlung des Ersuchens nach § 19 ZVG bei Vorliegen unerledigter Eintragungsanträge, Rpfleger 1985, 337.

1 Allgemeines zu § 19

Zweck und **Anwendungsbereich:** Regelung der Verpflichtung des Vollstreckungsgerichts, die Eintragung des mit Beschlagnahme bewirkten Veräußerungsverbotes in das Grundbuch herbeizuführen, und der Maßnahmen des Grundbuchamts, die dem Vollstreckungsgericht in zuverlässiger Weise von dem Inhalt des Grundbuchs und dem für die Verfahrensdurchführung wesentlichen Inhalt der Grundakten Kenntnis geben. Die Vorschrift gilt für alle ZVG-Verfahren, bei Schiffen und Luftfahrzeugen mit ihren Registern und mit Ergänzung (§ 162 Rdn 3, § 171 a Rdn 3).

2 Grundbuchersuchen nach der Anordnung des Verfahrens (Absatz 1)

2.1 „Zugleich" mit der Anordnung (Abs 1), also **unverzüglich**, hat das Vollstreckungsgericht in allen Verfahren des ZVG von Amts wegen (nicht erst auf Antrag von Beteiligten) das Grundbuchamt um Eintragung der Anordnung zu ersuchen. „Zugleich" mit der Anordnung heißt mit Erlaß (Unterzeichnung) des Anordnungsbeschlusses (Einl Rdn 20.1) und ohne Rücksicht auf seine Zustellung.

2.2 Das Ersuchen des Vollstreckungsgerichts muß **schriftlich** sein, auch wenn Grundbuch-Rechtspfleger und Versteigerungs-Rechtspfleger personengleich sind. Es muß sich in seiner **Form** nach der GBO richten. Es hat das Grundstück nach Maßgabe von GBO § 28 Satz 1 (zweckmäßig mit Angabe des Eigentümers) und die vorzunehmende Eintragung zu bezeichnen; hierwegen kann nicht auf eine

Anlage Bezug genommen werden[1]. Das Ersuchen ist zu unterschreiben und mit Siegel oder Stempel zu versehen (GBO § 29 Abs 3). Die Eintragung erfolgt dann auf Grund dieses Ersuchens (GBO § 38; ZVG § 19 Abs 1).

2.3 Das Ersuchen wird etwa lauten: „Durch Anordnungsbeschluß vom ... wurde über das im Grundbuch für ..., Band ... Blatt ..., auf ... eingetragene Grundstück Gemarkung ... Flurstücknummer ..., die Zwangsversteigerung angeordnet. Es wird ersucht, diese Anordnung in das Grundbuch einzutragen ...". **Muster** auch im ZVG-Handbuch Rdn 123.

2.4 Das Ersuchen kommt zu den **Grundakten** (GBO § 10 Abs 1).

2.5 Es ist **nicht nötig,** das Grundbuchamt auch **um** Erteilung von Abschriften, Übersendung einer Bestätigung, **Mitteilung** von Anschriften usw **zu ersuchen;** dies alles hat das Grundbuchamt von Amts wegen zu erledigen (Abs 2). Man soll es auch unterlassen, um Mitteilung künftiger Eintragungen im Grundbuch zu ersuchen; sie hat das Grundbuchamt nach der Sollvorschrift des Abs 3 mitzuteilen.

2.6 Dem Ersuchen sind **keine Unterlagen** beizugeben; das Ersuchen genügt für sich allein. Eine Ausfertigung des Anordnungsbeschlusses kann beigefügt werden, damit zB bei sehr vielen Grundstücken in einer Beschlagnahme auf den Beschluß Bezug genommen werden kann (im Ersuchen genügt Bezeichnung durch Hinweis auf das Grundbuchblatt, GBO § 28 Satz 1), um die gesonderte Aufführung aller Flurstücknummern zu ersparen. Der Beschluß kann aber nicht das Ersuchen ersetzen. Das Ersuchen kann bis zur Erledigung berichtigt oder ergänzt werden. Nach Erledigung kann, wenn auf Grund eines fehlerhaften Ersuchens die Anordnung unrichtig eingetragen wurde, um ergänzende Eintragung ersucht werden. Beispiel: Im Ersuchen wurden nur zwei Grundstücke angeführt, beschlagnahmt aber wurden drei; weiteres Ersuchen muß unverzüglich erfolgen. Oder: Angeordnet wurde die Zwangsversteigerung, ersucht wurde aus Versehen um Eintragung der Zwangsverwaltung; es ist sofort um Löschung dieses Vermerks und Eintragung des richtigen Zwangsversteigerungsvermerks zu ersuchen.

2.7 Das Vollstreckungsgericht muß die sachgemäße **Erledigung überwachen**[2]. Wenn nicht alsbald auf sein Ersuchen die Eintragung erfolgt, muß es auf Erledigung drängen (erforderlichenfalls auch eine Entscheidung im Dienstaufsichtsweg erzwingen). Gegen eine Ablehnung hat es Grundbuchbeschwerde nach GBO § 71 Abs 1 einzulegen[2]. Das Vollstreckungsgericht muß auch die Eintragungsmitteilung prüfen, außerdem, ob sich aus den Grundbuchmitteilungen Voraussetzungen für eine Anwendung von § 28 ergeben.

Grundbuchamtliche Prüfung, Grundbucheintragung 3

3.1 **Zu prüfen** hat das Grundbuchamt das Eintragungsersuchen des Vollstreckungsgerichts nur **formell**[3], nicht aber sachlich. Die Verantwortung für die Rechtmäßigkeit des Ersuchens im Einzelfall trägt allein das Vollstreckungsgericht[4]. Prüfen kann und muß das Grundbuchamt also (bei Verstoß Zwischenverfügung oder Ablehnung der Eintragung), ob das ersuchende Gericht (sachlich, nicht auch örtlich) zuständig ist (Vollstreckungsgericht, nicht Streitgericht), ob die Form des GBO § 29 Abs 3 eingehalten ist, ob das Ersuchen also unterschrieben und mit Siegel oder Stempel versehen ist[5], ob das Grundstück nach Maßgabe des GBO § 28 Satz 1 genügend bezeichnet ist, also nicht nach Straße und Hausnummer, sondern nach Gemarkung und Flurstücknummer; ob das Ersuchen mehrere Eintragungser-

---

[1] Haegele/Schöner/Stöber, Grundbuchrecht, Rdn 201.
[2] KG Berlin JR 1954, 465.
[3] Jaeckel/Güthe § 19 Rdn 2; Mohrbutter/Drischler Muster 2 Anm 4 mit Muster 11 Anm 2; Steiner/Hagemann § 19 Rdn 11; Haegele/Schöner/Stöber, Grundbuchrecht, Rdn 219.
[4] Haegele/Schöner/Stöber, Grundbuchrecht, Rdn 219.
[5] Haegele/Schöner/Stöber, Grundbuchrecht Rdn 201 und 219.

§ 19 3.1 Anordnung der Versteigerung

suchen enthält, aber nicht vollständig vollzogen werden kann (zB wenn sich das Ersuchen auf mehrere Grundstücke an verschiedenen Grundbuchstellen erstreckt, aber nicht ganz vollziehbar ist[6], weil zB eine Grundbuchstelle falsch benannt ist oder andere Grundstücke dort verzeichnet sind als die, auf die sich das Ersuchen bezieht). Das Grundbuchamt muß sich auch nicht damit begnügen, wenn ihm statt des Ersuchens nur eine Ausfertigung des Anordnungsbeschlusses übersandt wurde[7]; es genügt höchstens, wenn im Ersuchen wegen der Bezeichnung der Grundstücke ergänzend auf den anliegenden Beschluß Bezug genommen wird, damit die Aufführung vieler Flurstücknummern erspart wurde[8]. Hierzu auch ZVG-Handbuch Rdn 125. Auf erkennbare Versehen (Schreibfehler, Widersprüche) hat das Grundbuchamt das Vollstreckungsgericht auf jeden Fall aufmerksam zu machen[9].

3.2 Sachlich hat das Grundbuchamt **nichts zu prüfen**[10], auch nicht nach § 17 (ob der Schuldner als Eigentümer eingetragen ist) und ZPO § 864 Abs 2 (ob Bruchteile eingetragen sind)[11] (beides hat das Vollstreckungsgericht zu prüfen). Es muß den Vollstreckungsvermerk auch eintragen, wenn schon ein neuer Eigentümer statt des Schuldners eingetragen ist[12], ja auch, wenn der Schuldner überhaupt nicht eingetragen war[13] oder nicht zweifelsfrei; auch wenn der Konkursvermerk eingetragen ist; auch wenn eine ähnliche Verfügungsbeschränkung eingetragen ist; auch wenn ein Nießbrauch eingetragen ist; auch wenn der Miteigentümeranteil nicht als Bruchteil im Grundbuch eingetragen ist (ZPO § 864 Abs 2); auch wenn das ersuchende Gericht (nach Ansicht des Grundbuchamts) örtlich nicht zuständig ist. An dem Bruchteil eines Ehegatten ist der Vollstreckungsvermerk daher auch einzutragen, wenn im Grundbuch noch das gemeinschaftliche Eigentum der Ehegatten im Güterstand der Eigentums- und Vermögensgemeinschaft eingetragen ist[14]. Es ist Sache des Vollstreckungsgerichts, sachliche Beschränkungen nach § 28 zu beachten; in seine Hand allein sind alle Entscheidungen im Zusammenhang mit der Anordnung gelegt. Hierzu auch ZVG-Handbuch Rdn 125.

3.3 Die Eintragung des Zwangsversteigerungsvermerks in das Grundbuch hat **umgehend** (ohne Verzug) zu erfolgen (Rdn 3.5). Fehlt eine formelle Voraussetzung, so muß das Grundbuchamt **Zwischenverfügung** [15] erlassen oder das Ersuchen **zurückweisen**. Die Zwischenverfügung hat das Eintragungshindernis zu bezeichnen, die Möglichkeit zu seiner Behebung aufzuzeigen und Frist zur Beseitigung des Hindernisses zu bestimmen. Behandlung, wenn sodann eine andere Eintragung beantragt wird, Rdn 4. Formlose Beanstandung (an Stelle einer Zwischenverfügung) ist zulässig[16] und bei leicht zu behebendem Vollzugshindernis geboten.

3.4 Zwangsversteigerungs- und Zwangsverwaltungs**vermerk sind getrennt** in der zweiten Abteilung des Grundbuchs einzutragen. Aktenzeichen und Gericht sind in dem Vermerk nicht zu bezeichnen[17] (anders[18]); die Praxis trägt sie vielfach klarstellend ein; das ist nicht sachgerecht; auch das Muster GBV Anlage 2 a Abteilung II Nr 6 enthält diese Angaben; die GBV bietet dafür jedoch keine Handhabe;

---

[6] Mohrbutter/Drischler Muster 11 Anm 2.
[7] Haegele/Schöner/Stöber, Grundbuchrecht, Rdn 201.
[8] Haegele/Schöner/Stöber, Grundbuchrecht, Rdn 201; Illner Justiz 1959, 245 (III).
[9] Jaeckel/Güthe § 19 Rdn 2.
[10] LG Heidelberg BWNotZ 1974, 135; Jaeckel/Güthe § 19 Rdn 2; Mohrbutter/Drischler Muster 2 Anm 4; Haegele/Schöner/Stöber, Grundbuchrecht, Rdn 219.
[11] LG Heidelberg aaO (Fußn 10).
[12] LG Heidelberg aaO (Fußn 10); Steiner/Hagemann § 19 Rdn 11; Illner aaO (Fußn 8).
[13] Mohrbutter/Drischler Muster 2 Anm 4 und Muster 11 Anm 2.
[14] Böhringer DtZ 1994, 130 (132).
[15] Jaeckel/Güthe § 19 Rdn 3; Steiner/Hagemann § 19 Rdn 12.
[16] Haegele/Schöner/Stöber, Grundbuchrecht, Rdn 445.
[17] Haegele/Schöner/Stöber, Grundbuchrecht, Rdn 1622.
[18] Dassler/Muth § 19 Rdn 8; Steiner/Hagemann § 19 Rdn 14.

Grundbucheintragung, Grundbuchmitteilungen 4.1 § 19

deshalb und auch als überflüssig hat diese Eintragung zu unterbleiben. Nicht eingetragen werden das Datum der Anordnung (abweichend GBV aaO; dazu bereits vorstehend) und daß Beschlagnahme (§ 22) erfolgt ist. Muster: „Die Zwangsversteigerung (Zwangsverwaltung) ist angeordnet. Eingetragen am . . ." Muster auch im ZVG-Handbuch Rdn 125 a.

3.5 Die Eintragung des Vermerks verschafft dem mit Beschlagnahme bewirkten Veräußerungsverbot (§ 23 Abs 1 Satz 1) Wirksamkeit gegenüber allen, die ein Recht an dem Grundstück (einem mithaftenden Gegenstand, § 23 Abs 2 Satz 2) durch Rechtsgeschäft erwerben (BGB § 135 Abs 2, § 892 Abs 1 Satz 2). Jede gegen die Beschlagnahme verstoßende Verfügung bleibt damit dem Vollstreckungsgläubiger gegenüber unwirksam (BGB §§ 135, 136); gutgläubiger Erwerb Dritter bleibt ausgeschlossen (BGB § 892 Abs 1 Satz 2; unberührt bleibt jedoch Schutz gegen nachträgliche Verfügungsbeschränkung nach BGB § 878). Diese Wirkung des Versteigerungsvermerks wird mit seiner Eintragung begründet (s BGB § 892 Abs 1 Satz 2). Eingang des Ersuchens beim Grundbuchamt begründet die Eintragung begründeten Wirkungen des Vermerks nicht. Deshalb ist es Amtspflicht des Grundbuchamts, alles zur Abwendung eines Rechtsverlustes für den Beschlagnahmegläubiger notwendige zu tun. Der Versteigerungsvermerk ist daher ohne Verzug einzutragen; unnötige Zurückstellung, die dem Gläubiger Rechtsnachteil bringen kann, darf nicht erfolgen.

3.6 Wurde vor Eintragung des Vermerks wegen Antragsrücknahme das Verfahren **wieder aufgehoben** und um Löschung ersucht, so unterbleibt die Eintragung. Es muß nicht etwa erst eingetragen werden, um sofort wieder zu löschen.

3.7 Eine besondere **Gerichtsgebühr** entsteht für Ersuchen und Eintragung (KostO § 69 Abs 2) nicht. Die Tätigkeit des Vollstreckungsgerichts wird durch die allgemeine Versteigerungsverfahrensgebühr abgegolten (Einl Rdn 77).

Mehrere Grundbucheintragungen 4

4.1 Mehrere Eintragungen in das Grundbuch, die sich auf dasselbe Grundstück beziehen, müssen grundsätzlich in der **Reihenfolge des Eingangs** der Anträge beim Grundbuchamt erfolgen (GBO § 17). Das gilt auch, wenn dem Grundbuchamt das Ersuchen des Vollstreckungsgerichts um Eintragung des Zwangsversteigerungsvermerks (auch für das Ersuchen um Eintragung des Zwangsverwaltungsvermerks) (§ 19 Abs 1) zusammen mit einem anderen Eintragungsantrag (auch mehreren anderen Anträgen) zur Erledigung vorliegt, der mit dem Eigentum „dasselbe Recht" (zutreffend so[19]) betrifft (so auch[20]) (anders[21]: dem unerledigten Antrag kann, falls nicht BGB § 878 zur Anwendung kommt, vor Eintragung des Zwangsversteigerungsvermerks nicht mehr entsprochen werden). Der Zwangsversteigerungsvermerk sichert die Beschlagnahmewirkungen (§ 23 Abs 1; BGB § 892 Abs 1 Satz 2), betrifft somit die Berechtigung des Grundstückseigentümers zur Verfügung über das Grundstück. Bei Zusammentreffen mit anderen Anträgen, die mit dem Grundstückseigentum dasselbe Recht betreffen, ist daher nach Wortlaut und Zweck von GBO § 17 Erledigung nach der zeitlichen Reihenfolge des Eingangs der Anträge (GBO § 13 Abs 2) geboten. Es ist bei früherem Eingang des Eintragungsersuchens des Vollstreckungsgerichts zuerst der Zwangsversteigerungsvermerk einzutragen; eine später beantragte Eintragung darf erst im Anschluß hieran vollzogen werden. Liegt bei Eingang des Eintragungsersuchens des Vollstreckungsgerichts dem Grundbuchamt bereits ein anderer Eintragungsantrag vor, dann darf

---

[19] RG HRR 1940 Nr 516.
[20] Hagemann Rpfleger 1984, 397 (II 2); Baum Rpfleger 1990, 141 (III); Tröster Rpfleger 1985, 337 (IV); Dassler/Muth § 19 Rdn 10; Steiner/Hagemann § 19 Rdn 13; Meikel/Schmid, GBO, § 17 Rdn 22.
[21] Demharter, GBO, § 38 Rdn 36.

§ 19 4.1 Anordnung der Versteigerung

der Zwangsversteigerungsvermerk nicht vor der Erledigung des früher gestellten Antrags vollzogen werden. Diese Vollzugsreihenfolge ändern Bestimmungen des materiellen Sachenrechts und materiellrechtliche Auswirkungen der Grundbucheintragungen nicht. Das materielle Sachenrecht des Bürgerlichen Gesetzbuchs erfordert, daß die Einrichtung des Grundbuchs als öffentliches Buch, die formellen Voraussetzungen, unter denen eine Eintragung in das Grundbuch vorzunehmen ist, und das Eintragungsverfahren bestimmt sind[22]. Diese Regelungen trifft das Grundbuchverfahrensrecht. Als Ordnungsvorschrift des Verfahrensrechts beruht GBO § 17 auf der Erwägung, daß der Stellung des Eintragungsantrags durch Vorschriften des materiellen Rechts sachliche Wirkung nur in bestimmten Beziehungen beigelegt sind (vgl BGB §§ 878, 892 Abs 2), und daß andere Vorschriften auf der Voraussetzung beruhen, daß im Wege der Ordnungsvorschrift des Verfahrensrechts dem früher gestellten Antrag der Vorzug vor dem später gestellten gewahrt werde[23]. Weil in den Fällen, in denen durch die mehreren beantragten Eintragungen dasselbe Recht betroffen wird, die Vornahme der einen Eintragung auf die Zulässigkeit oder Wirksamkeit der anderen oder auf das Rangverhältnis zwischen Eintragungen von Einfluß sein kann, bestimmt GBO § 17, daß in diesen Fällen die später beantragte Eintragung nicht vor der Erledigung des früher gestellten Antrags erfolgen darf[23]. Bedeutsam ist somit nur, daß auf den Eingang des Antrags (GBO § 13) als Verfahrenshandlung abgestellt ist.

4.2 Nach anderer Ansicht soll GBO § 17 über die Reihenfolge des Vollzugs nach dem Zeitpunkt der Antragstellung nicht für die Eintragung des Zwangsversteigerungsvermerks gelten[24], weil mit anderen Eintragungen kein Rangverhältnis besteht (so auch hier bis 11. Auflage, § 19 Rdn 3; diese Ansicht ist aufgegeben). Es soll vielmehr der Zwangsversteigerungsvermerk ohne Rücksicht auf schon vorliegende Eintragungsanträge sofort einzutragen sein (ja sogar eingetragen werden müssen)[25]. Dem ist nicht zu folgen. Darauf, ob ein Rangverhältnis zwischen Zwangsversteigerungsvermerk und einer anderen Eintragung besteht (dazu Rdn 4.8), kommt es nach Wortlaut und Zweck von GBO § 17 nicht an; diese Bestimmung beruht nicht nur auf der Erwägung, daß die Reihenfolge der Eintragungen für ein Rangverhältnis von Bedeutung sein kann, sondern berücksichtigt ebenso, daß die Vornahme einer Eintragung auf die Wirksamkeit der anderen von Einfluß sein kann[26]. Schon weil die Eintragung des Zwangsversteigerungsvermerks für die materiellrechtliche Wirksamkeit der Verfügungsbeschränkung Bedeutung erlangen kann (BGB § 892 Abs 1 Satz 2), trifft GBO § 17 als Ordnungsvorschrift über die Reihenfolge des Vollzugs mehrerer Eintragungen auch für Eintragung des Zwangsversteigerungsvermerks Bestimmung.

4.3 Kenntnis des Grundbuchamts von dem mit Beschlagnahme bewirkten, aber noch nicht eingetragenen Verfügungsverbot (§§ 20, 23 Abs 1) ist **ohne Einfluß** auf die Erledigung der Eintragungen nach der Reihenfolge des Antragseingangs, steht somit der früheren Erledigung einer vor dem Zwangsversteigerungsvermerk beantragten Eintragung nicht entgegen. Das nur relative Verfügungsverbot sperrt das Grundbuch nicht. Prüfung der Wirksamkeit der Verfügungsbeschränkung, somit der (relativen) Unwirksamkeit einer gegen das Verbot verstoßenden Verfügung, ist dem Grundbuchamt weder zugewiesen noch möglich; sie würde Prüfung des materiellen Erwerbsvorgangs erfordern, dem für die Vollzugsreihenfolge des § 17 überhaupt keine Bedeutung zukommt (§ 19 Rdn 4.1).

4.4 Wenn **Eintragung** des Zwangsversteigerungsvermerks und eine andere Eintragung **gleichzeitig** erfolgen, fehlt die Voraussetzung für einen nach BGB § 892

---

[22] Haegele/Schöner/Stöber, Grundbuchrecht, Rdn 1.
[23] Denkschrift zur Grundbuchordnung, Hahn/Mugdan, Materialien, Seite 155.
[24] Jung MittRhNotK 1966, 262 (B I).
[25] Mohrbutter KTS 1975, 135 (Anmerkung).
[26] Denkschrift aaO (Fußn 23).

Grundbucheintragung, Grundbuchmitteilungen 4.5 § 19

Abs 1 geschützten gutgläubigen Erwerb (so für den Zeitpunkt der Widerspruchseintragung[27]). Die mit Beschlagnahme erfolgte Verfügungsbeschränkung ist dem Erwerber eines Rechts gegenüber nur dann nicht wirksam, wenn sie bei Erwerb des Rechts im Grundbuch nicht eingetragen war (so auch[28]). Für den Vollzug mehrerer Grundbucheintragungen nach der zeitlichen Reihenfolge des Eingangs der Anträge (GBO § 17) trifft jedoch **GBO § 45 als Ordnungsvorschrift** des Grundbuchverfahrensrechts Bestimmung. Die Vorschrift gilt auch für Eintragung von Verfügungsbeschränkungen[29]. Weil zwischen dem Zwangsversteigerungsvermerk und einem Recht am Grundstück kein (materielles) Rangverhältnis besteht, ist die Eintragung eines Vorrangvermerks nicht zulässig[30]. Für „Eintragung eines Ranges" im Falle des GBO § 45 Abs 2 kann daher nur zu vermerken sein, daß die später beantragte Eintragung nach der früheren erfolgt ist (für Eintragung eines Rangvermerks[31]; bedenklich, weil der Rangvermerk frühere Eintragung der Rechtsänderung nicht bewirkt und daher bei gleichzeitiger Eintragung des Zwangsversteigerungsvermerks Gutglaubenserwerb nach BGB § 892 Abs 1 nicht gewährleistet). Demgemäß ist wie folgt zu verfahren: a) Wenn bei früherem Eingang des Eintragungsersuchens des Vollstreckungsgerichts zuerst der Zwangsversteigerungsvermerk einzutragen ist, ist er in Abteilung II des Grundbuchs vor einem dort einzutragenden (später beantragten) Recht einzutragen; Eintragung des Zwangsversteigerungsvermerks vor Eintragung einer Rechtsänderung in Abteilung I oder Abteilung III hat nach GBO § 45 Abs 2 mit dem Vermerk zu erfolgen, daß diese später beantragte Eintragung (in Abteilung I oder III) nach der früheren (des Versteigerungsvermerks) erfolgt ist (Vermerk nach GBV § 18, entsprechend, an allen Grundbuchstellen). b) Wenn bei früherem Eingang des Antrags auf Eintragung einer Rechtsänderung der Zwangsversteigerungsvermerk erst nach Vollzug der beantragten Rechtsänderung einzutragen ist, ist er in Abteilung II des Grundbuchs in der Reihenfolge nach der zuerst beantragten Eintragung zu vollziehen; Eintragung der Rechtsänderung in Abteilung I oder III vor dem Zwangsversteigerungsvermerk hat nach GBO § 45 Abs 2 mit dem Vermerk zu erfolgen, daß die später beantragte Eintragung des Zwangsversteigerungsvermerks (in Abteilung II) nach der früheren beantragten Eintragung der Rechtsänderung (in Abteilung I oder III) erfolgt ist (Vermerk nach GBV § 18, entsprechend, an allen Grundbuchstellen).

4.5 a) Steht dem **zuerst** eingegangenen **Eintragungsersuchen** des Vollstreckungsgerichts ein Hindernis entgegen, dann kann Erledigung mit Eintragung eines Widerspruchs zugunsten des Beschlagnahmegläubigers (GBO § 18 Abs 2) erfolgen, weil das Ersuchen die berichtigende Eintragung der bereits eingetretenen Verfügungsbeschränkung betrifft (so auch[32]; ebenso unter Bezeichnung als „Vormerkung"[33]).

b) Wenn bei Eingang des Eintragungsersuchens des Vollstreckungsgerichts einer (früher) beantragten **Eintragung ein Hindernis** entgegensteht, kann die Eintragung des Zwangsversteigerungsvermerks nicht bis zur Behebung dieses Vollzugshindernisses zurückgestellt werden (so zutreffend[34]; anders[35]). Die Sicherung des Zwecks der Zwangsversteigerung (hier mit Eintragung des Zwangsversteigerungs-

---

[27] BGB-RGRK/Augustin § 892 Rdn 86.
[28] Meikel/Schmid, GBO, § 17 Rdn 22.
[29] Denkschrift aaO (Fußn 23), S 165.
[30] KG JFG 12, 295.
[31] Hagemann Rpfleger 1984, 397 (II 3 b); Tröster Rpfleger 1985, 337 (IV und VI).
[32] Jaeckel/Güthe § 19 Rdn 3.
[33] Steiner/Hagemann § 19 Rdn 12.
[34] Tröster Rpfleger 1985, 337 (V 2).
[35] Hagemann Rpfleger 1984, 397 (II 3 b) und Rpfleger 1985, 341; Baum Rpfleger 1990, 141 (IV und V); Dassler/Muth § 19 Rdn 10; Steiner/Hagemann § 19 Rdn 13; Meikel/Schmid, GBO, § 17 Rdn 22.

vermerks, dazu § 23 Abs 2 Satz 2) muß auch gewährleistet sein, wenn Gefährdung nicht durch Verfügungen über das Grundstück selbst, wohl aber durch Verfügung über Zubehörstücke, Bestandteile und Erzeugnisse droht (allgemein dazu[36]). Für Zurückstellung der Eintragung des Zwangsversteigerungsvermerks besteht keine Gesetzesgrundlage. Erledigung des früher gestellten Antrags regelt GBO § 18 Abs 2 mit Eintragung einer Vormerkung (oder eines Widerspruchs). Die Vorschrift ist zwingend[37]. Das Verfahrensrecht sieht weitergehenden Schutz für einen Eintragungsantrag bei Vorliegen eines Vollzugshindernisses nicht vor. Zurückstellung des Eintragungsersuchens des Vollstreckungsgerichts kann daher nicht erfolgen.

c) Ob eine **Vormerkung** (auch ein Widerspruch) nach **GBO § 18 Abs 2** einzutragen ist, wenn der Eintragung bei Eingang des Ersuchens um Eintragung des Zwangsversteigerungsvermerks ein Hindernis entgegensteht, ist streitig. Eintragung einer Vormerkung zugunsten eines Antrags auf Umschreibung des Eigentums an dem zu versteigernden Grundstück vor Eintragung des Versteigerungsvermerks verlangt[37] (ebenso[38]); keine Vormerkung soll einzutragen sein nach[39]. Einzutragen ist die Vormerkung (ebenso[40]), obschon sie für die Gestaltung der sachlichen Rechtslage ohne Bedeutung ist[41]. Die materielle Berechtigung des Antragstellers, dessen früherer Antrag ein Hindernis entgegensteht, kann Eintragung einer Vormerkung zwar nicht wahren und auch nicht verbessern. Die Vormerkung kann schon nicht gewährleisten, daß der Erwerber noch bis zur Eintragung der Rechtsänderung von der Beschlagnahme keine Kenntnis erlangt, gutgläubiger Erwerb somit gesichert bleibt (BGB § 892 Abs 1 Satz 1). Die Vormerkung sichert aber gutgläubigen Erwerb auch nicht, weil sie die Wirksamkeit mit nachfolgender Eintragung des Versteigerungsvermerks grundbuchersichtlichen Beschlagnahme dem Erwerber gegenüber (BGB § 892 Abs 1 Satz 2) nicht aufhebt. Die Wirkung von BGB § 883 Abs 2, § 888, hat die Vormerkung des GBO § 18 Abs 2 nicht[42]; von Bedeutung ist sie nicht, weil die Beschlagnahme als Verfügung im Wege der Zwangsvollstreckung vor Eintragung der Vormerkung bereits erfolgt ist. Für Schutz des (früheren) Antragstellers nach BGB § 878 gegenüber der späteren Verfügungsbeschränkung mit Beschlagnahme erlangt die Eintragung der Vormerkung (ohnedies) keine Bedeutung. Daß die Vormerkung für die Gestaltung der sachlichen Rechtslage Bedeutung erlangt, ist jedoch nicht Voraussetzung ihrer Eintragung[43]. Das Ersuchen und der Antrag müssen nur dasselbe Recht betreffen. Die Vorschrift von GBO § 18 Abs 2 ist zwingend[43]; eine Prüfung der Zweckmäßigkeit der Eintragung hat nicht stattzufinden[43]. Die Eintragung der Vormerkung ist für die Rechtslage des früheren Antragstellers auch nicht ohne jeden Wert. Sie verändert zwar die materielle Rechtslage nicht und kann auch die Wirkungen der bereits erfolgten Beschlagnahme nicht abschwächen[43]. Mit Eintragung der Vormerkung noch vor dem Versteigerungsvermerk erlangt der (frühere) Antragsteller im Versteigerungsverfahren jedoch die Stellung eines Beteiligten, der von Amts wegen zum Verfahren zuzuziehen ist (§ 9 Nr 1). Seine Vormerkung wird bei Feststellung des geringsten Gebots (§ 48)[44] und bei Erlösverteilung (§ 119) von Amts wegen berücksichtigt (§ 45 Abs 1, § 114 Abs 1, auch

---

[36] BGH KTS 1985, 132 = WM 1984, 1342.
[37] RG HRR 1940 Nr 516.
[38] LG Heidelberg BWNotZ 1974, 134; Mohrbutter/Drischler Muster 11 Anm 2.
[39] Hagemann Rpfleger 1984, 397 (II 3 b); Dassler/Muth § 19 Rdn 10; Steiner/Hagemann § 19 Rdn 13; Brand/Schnitzler, Grundbuchsachen, § 58 Fußnote 1 (S 136); Meikel/Schmid, GBO, § 17 Rdn 22.
[40] Tröster Rpfleger 1985, 337 (V 2).
[41] RG HRR 1940 Nr 516.
[42] BGB-RGRK/Augustin § 883 Rdn 104.
[43] RG HRR 1940 Nr 516.
[44] Jaeckel/Güthe § 48 Rdn 4; Steiner/Eickmann § 48 Rdn 18.

§ 37 Nr 4). Auch Sicherung dieses vorläufigen Schutzes mit Berücksichtigung im Verfahren rechtfertigt die nach GBO § 18 Abs 2 gebotene Eintragung der Vormerkung.

4.6 Diese verfahrensrechtliche Behandlung trägt auch den Schutzbestimmungen des materiellen Rechts Rechnung. Schutz vor Gefahren mit Rechtsnachteilen für den Begünstigten durch die Dauer des Eintragungsverfahrens, auf das Beteiligte keinen Einfluß haben, gewährleistet BGB § 878[45]. Dafür erlangen die Reihenfolge der Eintragungen und Eintragung einer Verfahrensvormerkung nach GBO § 18 Abs 2 zugunsten des früher gestellten Verfahrensantrages keine Bedeutung. BGB § 892 gewährleistet Sicherheit des Rechtsverkehrs mit Schutz des redlichen Erwerbers, sichert aber nicht redlichen Erwerb vor Rechtsnachteilen für den Begünstigten durch die Dauer des Eintragungsverfahrens und durch die im Eintragungsverfahren bestehenden Vollzugshindernisse. Die Verfahrensvormerkung des GBO § 18 Abs 2 sichert den dem ersten Antrag nach GBO § 17 gebührenden Vorrang bei Grundbucheintragung, den öffentlich-rechtlichen Anspruch des Antragstellers gegen das Grundbuchamt auf Schutz gegen die Vereitelung oder Beeinträchtigung seines Antrags durch die Erledigung späterer Anträge für den Fall der Beseitigung des der Eintragung entgegenstehenden Hindernisses zu verwirklichen[46]. Sie hat zugleich die Erledigung des zweiten Antrags vor dem ersten unter Vorbehalt zu ermöglichen[46]. Das erlangt gegenüber einem Zwangsversteigerungsvermerk keine Bedeutung, weil dem Ersuchen um Eintragung des Versteigerungsvermerks ohne weitere (materielle) Prüfung auch dann stattgegeben werden muß, wenn der Schuldner nicht (oder nicht mehr) als Eigentümer eingetragen ist[47], einem früheren Antrag somit bereits entsprochen ist. Vorläufiger Schutz eines früheren Antrags mit Eintragung einer Vormerkung kann die Wirkung der Beschlagnahme daher nicht mehr abschwächen. Verbesserung der dem ersten Antragsteller schützenden materiellen Rechtslage oder weiteren Schutz des Rechtserwerbers hat die Verfahrensvormerkung nach GBO § 18 Abs 2 nicht zu gewährleisten. Andererseits aber hat dem Vollstreckungsgläubiger die unverzügliche Eintragung des Versteigerungsvermerks in der durch das Verfahrensrecht bestimmten Reihenfolge Schutz vor Rechtsverlust zu gewährleisten. Auch er ist schutzwürdig, weil seine durch das Vollstreckungsgericht bewirkte Beschlagnahme erst mit Eintragung des Versteigerungsvermerks im Grundbuch gesichert wird. Daher darf auch er durch das Eintragungsverfahren, auf dessen Dauer er keinen Einfluß hat, keine Nachteile erleiden. Nach seiner Interessenlage und ohne Gesetzesgrundlage wäre es daher nicht gerechtfertigt, mit Zurückstellung des Eintragungsersuchens bis zur endgültigen Entscheidung nach Erledigung des einem ersten Antrag entgegenstehenden Hindernisses auch möglichen redlichen Erwerb zu sichern.

4.7 Die nach GBO § 18 Abs 2 eingetragene Vormerkung kann bei endgültiger Eintragung des vorgemerkten Rechts nicht gelöscht werden, wenn nach Eintragung der Vormerkung zur Sicherung des Rechts des Erwerbers der Zwangsversteigerungsvermerk eingetragen worden ist[48].

4.8 Ein **Rangverhältnis** besteht zwischen Zwangsversteigerungsvermerk und Rechten am Grundstück **nicht**[49]. Mit dem Zwangsversteigerungsvermerk wird die durch Beschlagnahme des Grundstücks bewirkte Verfügungsbeschränkung des Eigentümers (§§ 20, 23) in das Grundbuch eingetragen (BGB § 892 Abs 1 Satz 2), nicht aber das Grundstück mit einem Recht belastet (BGB § 879). Die Wirkungen der mit dem Zwangsversteigerungsvermerk eingetragenen Verfügungsbeschrän-

---
[45] Haegele/Schöner/Stöber, Grundbuchrecht, Rdn 110.
[46] RG 110, 203 (207).
[47] RG HRR 1940 Nr 516.
[48] RG HRR 1940 Nr 516; KG JFG 1, 310.
[49] RG HRR 1940 Nr 516.

§ 19 4.8 Anordnung der Versteigerung

kung bestimmen sich, auch im Verhältnis zu den Rechten am Grundstück, nach materiellem Recht; weil der Vermerk das Eigentümerrecht einschränkt, nicht aber das Grundstück belastet, nimmt er an dem Rangverhältnis unter mehreren Rechten am Grundstück (BGB § 879) nicht teil[50].

5 Mitteilungen an das Vollstreckungsgericht (Absätze 2 und 3)

5.1 Bekanntzumachen ist die Eintragung des Zwangsversteigerungsvermerks (Zwangsverwaltungsvermerks) dem Vollstreckungsgericht und dem eingetragenen Eigentümer (GBO § 55 Abs 1).

5.2 Das Grundbuchamt **muß nach der Eintragung** des Vollstreckungsvermerks dem Vollstreckungsgericht eine Grundbuchblattabschrift und Abschriften aller Urkunden übersenden und die Anschriften der Beteiligten mitteilen (§ 19 Abs 2). Dazu ZVG-Handbuch Rdn 126.

5.3 Außerdem hat das Grundbuchamt den Zeitpunkt des Eingangs des Eintragungsersuchens dem Vollstreckungsgericht zu **bestätigen**, obwohl dies in § 19 nicht vorgeschrieben ist. Darum braucht nicht gesondert ersucht zu werden (nicht sachgerecht[51]); der Eingangszeitpunkt hat wegen § 22 Abs 1 Satz 2 Bedeutung für das Verfahren; er ist daher notwendig zu bezeichnen.

5.4 Eine **Grundbuchblattabschrift** (ordnungsgemäß beglaubigt) hat das Grundbuchamt dem Vollstreckungsgericht zu übersenden (Abs 2 Satz 1). Diese kann nicht durch Übersendung der Grundakten ersetzt werden. Offensichtliche Unrichtigkeiten darin darf das Vollstreckungsgericht nicht unbeachtet lassen; sonst darf und muß es sich auf die Richtigkeit und Vollständigkeit verlassen (Haftung des Grundbuchamts). Grundbuchamt und Vollstreckungsgericht müssen sich gegenseitig über Bedenken unterrichten[52] (über die Pflichten beider[53]). Wo vorhanden, hat das Grundbuchamt auch beglaubigte Abschrift des Bestandsblattes des Liegenschaftsbuchs zu übersenden.

5.5 Weiter hat das Grundbuchamt **Abschrift aller** im Grundbuch in Bezug genommenen **Urkunden** zu übersenden (Abs 2 Satz 1). Das ist unnötig, weil zu diesem Zeitpunkt die Urkunden noch nichts für das Verfahren ergeben; es ist auch kaum durchführbar, wenn es sich um viele Urkunden handelt. Wo das Gericht ausnahmsweise aus besonderem Anlaß die Urkunden sofort einsehen will, kann es die Grundakten beiziehen. Die Übersendung der Original-Urkunden (ohne Grundakten) ist entgegen Abs 2 Satz 2 wegen Verlustgefahr unzweckmäßig. Statt der Abschriften von Urkunden oder statt der einzelnen Urkunden kann das Grundbuchamt die ganzen Grundakten übersenden. Auch das ist (abgesehen vom erwähnten Ausnahmefall) unzweckmäßig, weil die Akten dann für die lange Verfahrensdauer vom Grundbuchamt entfernt sind (was den Vorschriften für ihre Behandlung widerspricht). Es ist besser, die Grundakten grundsätzlich erst auf ausdrückliches Ersuchen des Vollstreckungsgerichts zum Versteigerungstermin und später wieder zum Verteilungstermin zu übersenden (wo sie beide Male wirklich benötigt werden).

5.6 Das Grundbuchamt muß weiter die **Anschriften** der bei ihm bestellten Zustellungsbevollmächtigten (wegen § 5) und aller ihm bekannten Beteiligten und ihrer Vertreter (auch der Bevollmächtigten der Gläubiger von Zwangssicherungshypotheken) mitteilen, kann dies aber auch durch eine Abschrift des Wohnungsblattes aus den Grundakten ersetzen.

---

[50] RG 135, 378 (384); KG JFG 12, 295; OLG Schleswig SchlHA 1974, 59; BGB-RGRK/Augustin § 879 Rdn 18.
[51] Hagemann Rpfleger 1984, 397 (III 2); Dassler/Muth § 19 Rdn 4.
[52] Illner Justiz 1959, 245 (IV).
[53] RG 157, 89 (92).

Beschlagnahmebeschluß, Beschlagnahmeumfang § 20

5.7 Alle Grundbucheintragungen, die **nach der Eintragung** des Vollstreckungsvermerks erfolgen, **soll** (nicht muß) das Grundbuchamt dem Vollstreckungsgericht **mitteilen** (§ 19 Abs 3), also auch Änderungen, Löschungen, sonstige Vermerke. Diese Mitteilungen sollen den Stand der erteilten Blattabschrift aktuell halten, bieten aber keine Garantie für die Vollständigkeit. Sie ersetzen keinesfalls die notwendigen Anmeldungen der Beteiligten, sind daher für geringstes Gebot (§ 44), Mindestgebot (§ 74 a) und Teilungsplan (§ 113) grundsätzlich ohne Bedeutung. Das gilt allerdings nur mit Einschränkungen im Verteilungsverfahren (§ 114 Rdn 2) und in der Teilungsversteigerung (§ 182 Rdn 2). Besser ist es, wenn das Vollstreckungsgericht vor dem Versteigerungs- und vor dem Verteilungstermin (entsprechend auch in der Zwangsverwaltung vor dem Termin zur Aufstellung des Teilungsplanes) in den Grundakten, die es zu diesen Zeitpunkten bei sich hat, das Handblatt (das mit dem Grundbuch übereinstimmt) überprüft und hieraus seine Grundbuchblattabschrift vervollständigt bzw ergänzt (mit Vorsicht, weil viele nach der Eintragung des Vollstreckungsvermerks erfolgten Eintragungen oder Änderungen nur auf Anmeldung berücksichtigt werden dürfen).

Rechtsbehelfe gegen Grundbucheintragung oder Ablehnung 6

6.1 Wenn der Vollstreckungsvermerk eingetragen ist, kann er nur **auf Ersuchen** des Vollstreckungsgerichts **wieder gelöscht** werden, nicht aber im Grundbuchbeschwerdeverfahren. Die hierwegen sehr häufig an das Grundbuchamt gerichteten Erinnerungen und Beschwerden sind daher zwecklos.

6.2 Die Eintragung des Vollstreckungsvermerks ist **nicht mit Beschwerde anfechtbar** (GBO § 71 Abs 2). Auch die sonst zulässige Eintragung eines Widerspruchs, die durch Beschwerde erzwungen werden kann (GBO § 71 Abs 2), ist hier nicht zulässig[54]. Gegen die Weigerung des Grundbuchamts, den Vollstreckungsvermerk einzutragen, haben Vollstreckungsgericht und betreibender Gläubiger[55] die Grundbuchbeschwerde und weitere Beschwerde (RpflG § 11 Abs 1, GBO § 71 Abs 2)[56]. Wenn der Urkundsbeamte die Eintragung abgelehnt hat, ist zunächst die Entscheidung des Richters herbeizuführen (GBO § 12 c Abs 4).

Vermerk auch im Gebäudegrundbuch 7

Bei Beschlagnahme eines Grundstücks im Beitrittsgebiet ist (vom 1. 1. 1997 an) ein Zwangsversteigerungsvermerk auch in ein bestehendes Gebäudegrundbuchblatt einzutragen (EGZVG § 9 a Abs 3 Satz 3; dazu die Erläuterungen dort).

[Beschlagnahmebeschluß, Beschlagnahmeumfang]

20 (1) **Der Beschluß, durch welchen die Zwangsversteigerung angeordnet wird, gilt zugunsten des Gläubigers als Beschlagnahme des Grundstücks.**

(2) **Die Beschlagnahme umfaßt auch diejenigen Gegenstände, auf welche sich bei einem Grundstücke die Hypothek erstreckt.**

Literatur: Dorn, Bestandteile und Zubehör in der Zwangsversteigerung, Rpfleger 1987, 143; Graba und Teufel, Anwartschaftsrecht am Zubehör in der Grundstücksversteigerung, Rpfleger 1979, 401; Keller, Gebäudeeigentum und Grundstücksversteigerung, Rpfleger 1994, 194; Möschel, Die Eigentumsanwartschaft an Zubehörstücken in der Grundstückszwangsversteige-

---

[54] Dassler/Muth § 19 Rdn 14; Mohrbutter/Drischler Muster 11 Anm 4; Steiner/Hagemann § 19 Rdn 17; Brand/Baur, Zwangsversteigerungssachen, § 11.
[55] KG Berlin KGJ 34 A 257; OLG 15, 30 (31).
[56] Brand/Schnitzler, Grundbuchsachen, § 122; Haegele/Schöner/Stöber, Grundbuchrecht, Rdn 1631; Illner Justiz 1959, 245 (V).

§ 20 Anordnung der Versteigerung

rung, BB 1970, 237; Mümmler, Bestandteil und Zubehör im Zwangsversteigerungsverfahren, JurBüro 1971, 805; Paschold, Die Grundstücksbeschlagnahme nach § 20 ZVG und ihre Auswirkung auf die Fahrnisvollstreckung des Gerichtsvollziehers, DGVZ 1974, 53; Teufel, Der Beitritt zur Zwangsversteigerung und das Zubehör, Rpfleger 1979, 186; Tiedtke, Die Aufhebung des belasteten Anwartschaftsrechts ohne Zustimmung des Pfandgläubigers, NJW 1985, 1305.

1 Allgemeines zu § 20

1.1 Zweck der Vorschrift: Sicherung des Erfolgs des Verfahrens (Denkschrift S 39) mit Beschlagnahme des Grundstücks als Folge des Anordnungsbeschlusses (Abs 1) und Regelung des Umfangs der Beschlagnahme (Abs 2) mit Einschränkung in § 21. Wirksamwerden und Ende der Beschlagnahme: § 22 Rdn 2.

1.2 Anwendungsbereich: Die Vorschrift gilt für Zwangsversteigerung und Zwangsverwaltung, nicht aber für die Konkursverwalterversteigerung und -verwaltung (§ 173 Satz 1) und die Nachlaßversteigerung (§ 176 mit § 173 Satz 1), nur mit Einschränkung für die Teilungsversteigerung (§ 180 Rdn 6.6). Über Besonderheiten bei Zwangsverwaltung § 146 Rdn 5.

2 Beschlagnahmewirkung der Verfahrensanordnung (Absatz 1)

2.1 Die Anordnung der Zwangsversteigerung **gilt als Beschlagnahme** des Grundstücks (Abs 1). Die Beschlagnahme tritt jedoch, ihrem Zweck entsprechend, nur **zugunsten des Gläubigers** ein, der die Verfahrensanordnung bewirkt hat (= betreibender Gläubiger). Beschlagnahmewirkung entsteht auch für den beitretenden Gläubiger. Der Beitrittsbeschluß hat für den, der ihn erwirkt hat (ebenfalls betreibender Gläubiger, auch Beitrittsgläubiger genannt) die Wirkung der Beschlagnahme wie für den Anordnungsgläubiger (§ 27 Rdn 8). Die Beschlagnahmewirkung entsteht auch für persönlich betreibende Gläubiger. Die Beschlagnahme ist gesetzliche Folge der Verfahrensanordnung; sie ist daher nicht davon abhängig, daß sie im Beschluß ausdrücklich ausgesprochen wird (Denkschrift S 40) (die Aufnahme dieses Hinweises empfiehlt sich aber zur Aufklärung der Beteiligten, § 15 Rdn 4.7).

2.2 Bewirkt wird die Beschlagnahme durch hoheitliches Handeln des Vollstreckungsgerichts für den Staat als Inhaber der Zwangsgewalt[1]; sie ist somit **öffentlich-rechtlicher Natur.** Wesen und Wirkung der Beschlagnahme bestimmen sich nach Zwangsvollstreckungsrecht. Sie begründet für den (wegen eines persönlichen Vollstreckungsanspruchs) betreibenden Gläubiger das Recht auf Befriedigung aus dem Grundstück (§ 10 Abs 1 Nr 5) als prozessualen Anspruch, nicht aber ein Pfandrecht oder ein sonstiges dingliches Recht[2]. Die Versteigerung (oder Verwaltung) des Grundstücks und die Zuteilung des Verwertungserlöses (oder der Nutzungen des Grundstücks) an die Berechtigten in Ausübung staatlicher Zwangsgewalt sichert die Beschlagnahme nach Maßgabe der Verfahrensvorschriften des Zwangsvollstreckungsrechts. Gegen Verfügungen des Schuldners über das Grundstück und mithaftende Gegenstände schützt sie den betreibenden Gläubiger als Veräußerungsverbot (§ 23 Abs 1 Satz 1; BGB §§ 136, 135). Für mithaftende Gegenstände (BGB §§ 1120–1129) endet mit Beschlagnahme die Möglichkeit, das Erlöschen der Grundpfandhaftung nach den Bestimmungen des Bürgerlichen Rechts herbeizuführen. Rechtsänderungen durch Rechtshandlungen des Schuldners schließt die Beschlagnahme damit aus. Beschlagnahme ruft somit als öffentlich-rechtlicher (prozessualer) Akt mit den Verfahrensfolgen zugleich bedeutsame privatrechtliche Wirkungen hervor[2] (auch[3]). Durch die Beschlagnahme entsteht

---

[1] BVerfG 61, 126 (136) = NJW 1983, 559.
[2] Nußbaum, Zwangsversteigerung, § 6 (a I).
[3] Steiner/Teufel §§ 20, 21 Rdn 2.

ein Sondervermögen des Schuldners, an dem die Verfahrensbeteiligten entsprechend dem Gesetz in bestimmter Rangfolge und unter bestimmten Voraussetzungen teilzunehmen berechtigt sind[4].

2.3 Nur **zugunsten des Gläubigers** wirkt die Beschlagnahme des Grundstücks (Abs 1), weil Zwangsvollstreckung Gläubigerinteressen dient, der Gläubiger somit durch seinen Antrag Beginn und Ausmaß des Vollstreckungszugriffs bestimmt (§ 15 Rdn 3.1). Beschlagnahmte mithaftende Gegenstände (nicht auch wesentliche Bestandteile) kann der Gläubiger daher durch teilweise Zurücknahme seines Antrags (§ 29 Rdn 4) oder Einstellungsbewilligung (§ 30 Rdn 5) von der Versteigerung ausnehmen (siehe auch § 55 Abs 1). Mit seiner Zustimmung erlangt eine Verfügung, die gegen das nur relativ wirkende Veräußerungsverbot verstößt, volle Wirksamkeit (§ 23 Rdn 2.1).

2.4 Auf Gegenstände, deren Beschlagnahme wirksam bleibt, erstrecken sich Versteigerung (§ 55 Abs 1) und Eigentumserwerb des Erstehers (§ 90).

2.5 Zur Beschlagnahme auch im ZVG-Handbuch Rdn 141.

Gegenstand der Beschlagnahme (Absatz 2)   3

Literatur: Schütz, Die Rechte des Grundpfandgläubigers an der Versicherungsforderung in der Zwangsversteigerung, VersR 1986, 853

3.1 Die **Beschlagnahme erfaßt** (auch wenn die Immobiliarvollstreckung wegen einer persönlichen Forderung betrieben wird) das Grundstück selbst (ZPO § 864 Abs 1) (bzw den Grundstücksbruchteil, ZPO § 864 Abs 2, das Wohnungseigentum, das grundstücksgleiche Recht, ZPO § 870, oder Gebäudeeigentum, Einl Rdn 14) mit allen wesentlichen und unwesentlichen Bestandteilen, dazu alles (mithaftende Gegenstände), worauf sich beim Grundstück die Hypothek erstreckt (ZPO § 865 Abs 1), bei Schiffen die wesentlichen und unwesentlichen Bestandteile und die mithaftenden Gegenstände, auf die sich die Schiffshypothek erstreckt. Als mithaftende Gegenstände erfaßt die Beschlagnahme Erzeugnisse und Bestandteile, die vom Grundstück getrennt sind, soweit sie nicht in das Eigentum eines Dritten gelangt (BGB § 1120) oder nach § 21 Abs 1 freigestellt sind; eigenes Zubehör des Schuldners (Grundstückseigentümers BGB § 1120) (fremdes Zubehör: § 55 Abs 2 = 55 Rdn 3); Anwartschaften bei Zubehör (Rdn 3.5); Miet- und Pachtzinsforderungen (BGB §§ 1123–1125) (aber nur in der Zwangsverwaltung, nicht in der Zwangsversteigerung, § 21 Abs 2); Ansprüche auf wiederkehrende Leistungen (BGB § 1126) (aber nur in der Zwangsverwaltung, nicht in der Zwangsversteigerung, § 21 Abs 2); Versicherungsforderungen (BGB §§ 1127–1130); gewisse Schadensersatzforderungen. Rechtsgeschäftlich kann Zubehör ebensowenig wie wesentliche Bestandteile von der Beschlagnahme ausgenommen werden. Die Beschlagnahme erfaßt nicht die Eigentümergrundpfandrechte (der Schuldner kann sie abtreten, er kann sich auch die Valuta auszahlen lassen).

3.2 Wesentliche Bestandteile: a) Teile, die miteinander eine einheitliche Sache bilden, so daß ihre Trennung sie selbst oder die ganze Sache zerstören oder in ihrem Wesen verändern würde (BGB § 93). Wesentliche Bestandteile eines Grundstücks sind Sachen, die mit dem Grund und Boden fest verbunden sind, insbesondere Gebäude, außerdem Erzeugnisse des Grundstücks (organische Produkte wie Bäume und Pflanzen), solange sie mit dem Boden zusammenhängen, Samen ab Aussäen, Pflanzen ab Einpflanzen (BGB § 94 Abs 1 Satz 2). Die zur **Herstellung eines Gebäudes** eingefügten Sachen gehören auch ohne feste Verbindung zu den wesentlichen Bestandteilen (BGB § 94 Abs 2). Feste Verbindung mit dem Grund und Boden setzt nicht in jedem Fall Verankerung voraus, sondern liegt auch vor, wenn das Bauwerk durch sein Eigengewicht gleichwertig auf dem

---

[4] RG 142, 85 (93).

Grundstück festgehalten wird. Wesentlicher Grundstücksbestandteil ist daher eine Fertiggarage aus Beton, die ohne Fundament oder sonstige Verankerung auf dem Grund und Boden aufgestellt ist[5], auch ein Holzfertighaus, wenn es auf einem Betonfundament und einer Balkenunterkonstruktion errichtet ist[6], ein in den Boden eingelassenes Betonhöckerfundament mit dem darauf in Fertigbauweise aufgestellten Pavillonbau[7].

b) Der **Herstellung eines Gebäudes** dienen Sachen, ohne die das Bauwerk nach der Verkehrsanschauung noch nicht fertiggestellt ist[8] (Heizkessel eines Schulgebäudes[9]). Zur Herstellung eines Gebäudes sind in erster Linie Baumaterialien eingefügt, Gegenstände, die der Ausstattung oder Einrichtung des Bauwerks dienen dann, wenn nach der Verkehrsanschauung erst deren Einfügung dem Gebäude eine besondere Eigenart, ein bestimmtes Gepräge gibt oder wenn sie dem Baukörper besonders angepaßt sind und deswegen mit ihm eine Einheit bilden[10] (mit Nachw). Eingefügt sind Sachen, wenn sie nicht nur vorläufig abgestellt, sondern zum Verbleib an dem Platz angebracht sind, der für sie nach den baulichen und betrieblichen Erfordernissen bestimmt ist. Ein Eigentumsvorbehalt an Sachen erlischt mit Verbindung oder Einfügung als wesentlicher Bestandteil (Sonderrechtsunfähigkeit wesentlicher Bestandteile). Gebäudebestandteile sind demnach Fenster, Türen, Rolläden, Anlagen für Gas, Strom und Heizung (auch Öfen), Warmwasserbereiter für Bad und Küche, Fußbodenbeläge, auch Teppichboden, jedenfalls bei fester Verbindung mit dem Untergrund[11] (nach[12] auch der lose verlegte Teppichboden; anders aber[13]), Personen- und Lastenaufzüge, Platten der Gartenterrasse. Bei Maschinen ist, selbst wenn sie für einen Fabrikbetrieb wesentlich und mit dem Bauwerk verbunden sind, der Regel nach eine Einfügung zur Herstellung des Gebäudes nicht anzunehmen[14]. Eine solche Annahme ist nur dann gerechtfertigt, wenn Maschinen und Bauwerk besonders aufeinander gearbeitet, insbesondere wenn die Maschinen an die Bauart und die Gliederung des Gebäudes angepaßt sind[15]. Serienmaschinen und genormte Raumausstattung in einem für verschiedene Verwendungszwecke geeigneten und bestimmten Gebäude (Fabrikhalle, Bürohaus) werden daher als selbständige Sachen gewertet[16].

c) **Wesentliche Bestandteile sind:** ein Gebäude, das im Hinblick auf ein in Aussicht gestelltes, dann aber nicht verwirklichtes Erbbaurecht errichtet wurde[17]; bei eingetragenen Motorschiffen der Motor[18], Schrauben, Kessel, Winden, Steuerruder[19] (Zubehör dagegen Anker, Glocke, Boote, Radaranlage[19]); ein Bootssteg zu dem Grundstück, von dem aus er angelegt ist[20]; eine Zentralheizungsanla-

---

[5] BFH BFHE 126, 481 = BStBl 1979 II 190 = DNotZ 1980, 390 Leitsatz = NJW 1979, 392.
[6] OLG Karlsruhe Justiz 1983, 13 = ZIP 1983, 330; LG Konstanz ZIP 1981, 512.
[7] BGH MDR 1978, 912 = NJW 1978, 1311.
[8] BGH MDR 1985, 131 = NJW 1984, 2277.
[9] BGH MDR 1979, 389 = NJW 1979, 712.
[10] BGH MDR 1985, 131 = NJW 1984, 2277.
[11] Moritz JR 1980, 55.
[12] LG Köln NJW 1979, 1608; AG Karlsruhe NJW 1978, 2602.
[13] LG Hamburg NJW 1979, 721 Leitsatz = VersR 1979, 151 und 539 Leitsatz mit Anm Zagel.
[14] RG 130, 264 (266).
[15] BGH MDR 1961, 591 = NJW 1961, 1251.
[16] Staudinger/Dilcher, BGB, § 94 Rdn 22.
[17] BGH MDR 1961, 591 = NJW 1961, 1251.
[18] BGH 26, 225 = LM BGB § 94 Nr 3 Leitsatz mit Anm Nörr = MDR 1958, 307 = NJW 1958, 457.
[19] Mohrbutter, Handbuch des Vollstreckungsrechts, § 34 (I a).
[20] BGH BB 1967, 436 und 513 je mit Anm Schriftleitung = MDR 1967, 749.

Beschlagnahmebeschluß, Beschlagnahmeumfang 3.2 § 20

ge[21], selbst bei loser Verbindung durch Rohre[22], ein Heizkessel und Heizanlagen bei Einbau auch in Fabrikgebäude[23]; ein Diesel-Notstromaggregat in einem großen Hotel[24]; die Be- und Entlüftungsanlage eines Gaststättengroßbetriebs[25] (aber auch einer Tiefgarage); eine in Erdreich fest und fugenlos eingebundene Schwimmbeckenanlage (auch wenn sie aus genormten Fertigteilen zusammengesetzt ist[26]); Squash-Courts einer als Sqash-Anlage bestimmten Halle[27]; nicht aber ein ebenerdig aufgestelltes Schwimmbecken[28]; nicht eine (eingebaute) Schrankwand[29]; nicht bei einem Einfamilienhaus eine aus serienmäßigen Teilen hergestellte Schranktrennwand (Raumteiler zwischen Küche und Wohnküche) (ist auch nicht Zubehör)[30]; nicht Ladeneinrichtungsgegenstände (weil in verhältnismäßig kurzen zeitlichen Abständen modernisiert wird)[31]; nicht eine Kinderschaukel und ein Sandkasten[32]; auch nicht Glocke und Läutewerk eines Kapellengebäudes[33]. Eine **Einbauküche** (samt Elektroherd[34]) kann wesentlicher Bestandteil oder[35] Zubehör (Rdn 3.4) sein. Sie ist wesentlicher Bestandteil, wenn sie zur Herstellung des Gebäudes eingefügt ist (BGB § 94 Abs 2). Das erfordert, daß im Einzelfall nach Verkehrsanschauung (wie durchweg wohl bei einem modernen Wohnhaus) erst ihre Einfügung dem Gebäude eine besondere Eigenart, ein bestimmtes Gepräge gibt, ohne das das Gebäude nicht als fertiggestellt gilt, oder sie dem Baukörper besonders angepaßt ist und deswegen mit ihm eine Einheit bildet [36] (mit Nachw; anders[37]für eine aus serienmäßig hergestellten Einzelteilen zusammengesetzte Einbauküche). Zubehör ist sie sonst (BGB § 97 Abs 1), wenn sie dem wirtschaftlichen Zweck des Wohnhauses gewidmet ist wie dann, wenn sie aus serienmäßig hergestellten Einzelteilen entsprechend den Bedürfnissen des Hauses angeschafft und für die konkreten Raummaße angepaßt ist[38]. Angenommen wurden Bestandteileigenschaft von[39], Zubehöreigenschaft für eine nach Abschluß des Bauvorhabens mit den vorgesehenen Maßen gekaufte und eingefügte Einbauküche von[40]. Landschaftlich bedingt wurde nach Verkehrsanschauung die Bestandteils- oder Zubehörigenschaft immer wieder verneint, so für badischen Raum[41], für Rheinland[42],

---

[21] BGH 53, 324 = DNotZ 1970, 401 = MDR 1970, 495 = NJW 1970, 895; OLG Frankfurt DNotZ 1968, 656 = WM 1968, 1231; OLG Stuttgart BB 1966, 1037.
[22] OLG Köln Rpfleger 1970, 88.
[23] OLG Hamm Betrieb 1975, 200 = MDR 1975, 488.
[24] BGH DNotZ 1988, 166 = MDR 1988, 131 = NJW 1987, 3178.
[25] OLG Hamm MDR 1986, 405 = NJW-RR 1986, 376.
[26] BGH MDR 1983, 391 = NJW 1983, 567.
[27] OLG München Betrieb 1989, 1463 = OLGZ 1989, 335.
[28] BGH MDR 1983, 391 = NJW 1983, 567.
[29] OLG Schleswig NJW-RR 1988, 1459.
[30] OLG Düsseldorf DNotZ 1987, 108 = OLGZ 1988, 115.
[31] LG Aachen NJW-RR 1987, 272.
[32] BGH MDR 1992, 582 = MittBayNot 1993, 78; NJW 1992, 1101.
[33] BGH MDR 1978, 912 = NJW 1984, 2277.
[34] OLG Hamburg MDR 1978, 138.
[35] OLG Celle NdsRpfl 1989, 129 = NJW-RR 1989, 913 und 1990, 704 Leitsatz (mit Hinweis auf Rechtskraft).
[36] BGH MDR 1990, 613 = Rpfleger 1990, 218.
[37] OLG Düsseldorf OLGZ 1994, 424 = NJW-RR 1994, 1039 = Rpfleger 1994, 374; OLG Koblenz ZMR 1993, 66; OLG Zweibrücken Rpfleger 1993, 169; Jaeger NJW 1994, 432.
[38] BGH MDR 1990, 815 = NJW-RR 1990, 586.
[39] OLG Frankfurt FamRZ 1982, 938; OLG Hamm FamRZ 1991, 89 = MDR 1990, 923; OLG Zweibrücken MittRhNotK 1989, 113 = NJW-RR 1989, 84.
[40] OLG Köln JurBüro 1979, 1814.
[41] OLG Karlsruhe NJW-RR 1986, 19; OLG Karlsruhe (Freiburg) Justiz 1988, 206 = NJW-RR 1988, 459 = Rpfleger 1988, 542.
[42] OLG Düsseldorf OLGZ 1983, 350; OLG Düsseldorf MDR 1984, 51; OLG Düsseldorf Rpfleger 1994, 374 = aaO (Fußn 37); Jaeger NJW 1994, 432.

§ 20 3.2 Anordnung der Versteigerung

für Gebiete der Pfalz[43], für Eigentumswohnung in Nordrhein-Westfalen[44], für Raum Hannover[45] und bei nachträglicher Einfügung[46] (anders, wenn sich der Zweck aus dem Bauplan ergibt). Diese Rechtsprechung dürfte (weitgehend) überholt sein. Die nur zu einem vorübergehenden Zweck eingefügte Einbauküche des Mieters (Pächters) ist weder Bestandteil noch Zubehör.

d) **Nicht** wesentliche Bestandteile eines Gebäudes sind die nur zu einem **vorübergehenden Zweck** mit dem Grund und Boden verbundenen Sachen, zB Bauhütten, Kongreßhallen, Bäume, Sträucher und Pflanzen einer Baumschule[47] und Gärtnerei (= Scheinbestandteile), außerdem ein in Ausübung eines Rechts an einem fremden Grundstück mit diesem verbundenes Gebäude oder anderes Werk (BGB § 95 Abs 1). Nicht zu den Bestandteilen eines Gebäudes gehören Sachen, die nur zu einem vorübergehenden Zweck in das Gebäude eingefügt sind (BGB § 95 Abs 2). Ein vorübergehender Zweck wird verfolgt, wenn nach dem Willen des Handelnden schon bei Verbindung oder Einfügung spätere Rückgängigmachung beabsichtigt ist[48]. Wesentliche Bestandteile **sind nicht:** Bauten des Mieters, weil die Vermutung besteht, daß er sie nur für die Dauer des Mietverhältnisses errichtet hat, auch wenn sie massiv sind oder bei längerer Mietdauer[49]; nicht einmal bei Vertrag auf Lebenszeit (anders aber, wenn das Bauwerk nach dem Willen des Erbauers bei Errichtung bei Beendigung des Vertragsverhältnisses in das Eigentum des Vertragspartners übergehen soll[50] oder wenn es von ihm gegen angemessene Entschädigung zu übernehmen ist[51]); der Anbau, den der Eigentümer eines Gebäudes errichtet, das Scheinbestandteil ist (selbst wenn feste Verbindung mit dem Grundstück auf Dauer gewollte ist)[52]; Wohnwagen, Wohnlauben, Bootshäuser; Behelfsheim eines Pächters[53]; Einrichtung einer Mühle[54]; die Bierausschankanlage eines Gaststättengrundstücks[55]; Behelfsheime je nach dem Willen des Bauenden[56] (nur zu vorübergehendem Zweck errichtet[57]); Sachen, die nur zu vorübergehenden Zweck verbunden, bei späterer Änderung der Zweckbestimmung[58]; Sachen, die nur zu vorübergehendem Zweck eingefügt sind[59]; Maschinen einer Fabrik, wenn in dem Gebäude nicht nur ein bestimmter Betrieb möglich ist, sondern auch andere[60].

3.3 Auf die vom Grundstück **getrennten Erzeugnisse** (Bodenprodukte) und sonstigen **Bestandteile** (Grundstücksteile wie Steine, Kies, Sand, Torf, Lehm, Ton) erstreckt sich die Beschlagnahme, soweit sie nicht (wie zB die Ernte des Nießbrauchers oder Pächters [Denkschrift S 40]) in das Eigentum eines Dritten gelangt sind (§ 20 Abs 2; BGB § 1120). Auf welchem Recht der Eigentumserwerb des Dritten beruht (BGB §§ 954–957) und welchen Rang dieses Recht hat, ist ohne Bedeu-

---

[43] OLG Zweibrücken Rpfleger 1993, 169.
[44] OLG Düsseldorf Rpfleger 1994, 374 = aaO (Fußn 37); OLG Hamm MittRhNotK 1989, 114 = NJW-RR 1989, 333.
[45] LG Hannover Rpfleger 1988, 543.
[46] OLG Nürnberg Betrieb 1973, 963 = MDR 1973, 758 = WM 1973, 854.
[47] RG 66, 88; LG Bayreuth DGVZ 1985, 42.
[48] Staudinger/Dilcher, BGB, § 95 Rdn 4.
[49] BGH BB 1955, 335 = Betrieb 1955, 431 = BWNotZ 1955, 271 Leitsatz mit Anm Schriftleitung = WM 1955, 532; BGH VersR 1960, 365.
[50] BGH 92, 70 = NJW 1984, 2878.
[51] BFH BFHE 148, 334 = BStBl 1987 II 180 = MittBayNot 1987, 164 = NJW 1987, 2702.
[52] BGH DNotZ 1987, 212 = MDR 1987, 394 = NJW 1987, 774.
[53] OLG Hamburg MDR 1951, 736.
[54] OLG Schleswig DGVZ 1955, 135 = SchlHA 1955, 127.
[55] OLG Celle OLGZ 1980, 13.
[56] LG Köln MDR 1951, 230.
[57] BGH BB 1955, 335 = aaO (Fußn 49).
[58] BGH 23, 57 = MDR 1957, 213 mit zust Anm Esser = NJW 1957, 457.
[59] BGH JZ 1962, 606 = MDR 1962, 726 = NJW 1962, 1498.
[60] OLG Frankfurt DNotZ 1968, 656 = WM 1968, 1231.

tung; es muß nur der Eigentumserwerb erfolgt sein. Getrennte land- und forstwirtschaftliche Erzeugnisse sind nach Maßgabe von § 21 Abs 1 von der Beschlagnahme freigestellt. Im Augenblick der Beschlagnahme noch nicht getrennte Früchte, die nicht einem Pächter des Grundstücks zustehen (§ 21 Abs 3), sind immer beschlagnahmt. Zu Früchteziehung durch den Nießbraucher siehe § 15 Rdn 26.4.

3.4 Zubehör: a) Bewegliche Sachen, die, ohne Bestandteil der Hauptsache zu sein, dem wirtschaftlichen Zweck der Hauptsache zu dienen bestimmt sind und zu ihr in einem dieser Bestimmung entsprechenden räumlichen Verhältnis stehen, im Verkehr außerdem als Zubehör angesehen werden (ohne Rücksicht auf vorübergehende Trennung, BGB §§ 97, 98). Keine Zubehöreigenschaft begründet die nur vorübergehende Benutzung einer Sache für den wirtschaftlichen Zweck einer anderen (BGB § 97 Abs 2 Satz 1). Bei dem für die Zubehöreigenschaft erforderlichen Abhängigkeitsverhältnis (BGB § 97 Abs 1) ist nicht auf den Zweck abzustellen, für den ein Gebäude früher einmal errichtet wurde, sondern allein auf den gegenwärtig für Dauer bestimmten Nutzungszweck[61]. Zu nennen sind etwa: Ackerschlepper für ein landwirtschaftliches Grundstück[62]; Alarmanlage in Eigentumswohnung[63] (wesentlicher Bestandteil nach[64]); Bestuhlung einer Gaststätte[65], deren Bierausschankanlage[66] (nach Verkehrsanschauung hat [67] für Inventar einer Gaststätte Zubehöreigenschaft verneint; sehr bedenklich, durch[68] überholt; Biertresen, Tresenbaldachin, Kellnerschrank usw können auch wesentliche Bestandteile sein[68]); Büroeinrichtung[69]; Baumaterialien, die zur Errichtung eines Neubaues oder zur Ausbesserung oder Verschönerung eines Gebäudes auf das Grundstück gebracht sind[70], auch noch nicht fertig montierte Heizkörper[71]; Einbauküche siehe Rdn 3.2; Glocke und Läutewerk eines Kapellengebäudes[72], Gobelins im Schloß; Gondeln und Kähne im Gasthausteich; Heizöl im fertiggestellten Gebäude; Hotelinventar und Hotelbus, auch sonstiges Hotelauto; Inventar eines Altersheims; Klavier im Gasthaus; Kohlenvorräte einer Fabrik[73]; Kraftfahrzeuge eines Betriebes[74] (auch Elektrokarren und Gabelstapler[75]), nicht aber der Kraftfahrzeugpark eines modernen Speditions- bzw Transportunternehmens[76]; die Kühlanlage eines Gaststättengroßbetriebs[77]; Kühlmaschinen von Spezialgeschäften, auch Speiseeismaschine in einer Bäckerei/Konditorei; Lieferwagen eines Kaufhauses oder zu Kundendienstzwecken; Maschinen, die auf einem Betriebsgrundstück für die dort betriebene Produktion zum Einsatz kommen[78], insbesondere also von Fabriken und anderen Gewerbebetrieben; Pferde eines Reitstalles oder einer Brauerei; Schreib-

---

[61] LG Freiburg BB 1977, 1672 mit zust Anm Eberding.
[62] AG Varel DGVZ 1962, 48 mit abl Anm Schriftl.
[63] OLG München MDR 1979, 934.
[64] OLG Frankfurt MDR 1989, 64.
[65] OLG Schleswig MDR 1995, 1212 = SchlHA 1994, 286.
[66] OLG Celle OLGZ 1980, 13.
[67] LG Kiel Rpfleger 1983, 167.
[68] OLG Schleswig Rpfleger 1988, 76 = SchlHA 1988, 8.
[69] LG Berlin DGVZ 1977, 156; LG Freiburg BB 1977, 1672 mit zust Anm Eberding; LG Mannheim BB 1976, 1152 = Betrieb 1976, 2206 = MDR 1977, 49.
[70] RG 86, 326.
[71] BGH 58, 309 = JZ 1972, 658 mit krit Anm Kuchinke = KTS 1972, 260 = MDR 1972, 658 = NJW 1972, 1187 = Rpfleger 1972, 248.
[72] BGH NJW 1984, 2277.
[73] RG 86, 326.
[74] OLG Hamm DGVZ 1954, 7 = JMBlNW 1953, 244.
[75] BGH 58, 309 = aaO (Fußn 71).
[76] BGH 85, 234 = MDR 1983, 388 = NJW 1983, 746 = Rpfleger 1983, 167.
[77] OLG Hamm MDR 1986, 405 = NJW-RR 1986, 376.
[78] BGH DNotZ 1980, 47 = MDR 1980, 137 = NJW 1979, 2514 = Rpfleger 1979, 452 = WM 1979, 1183.

maschine im Betrieb; Vieh in der Landwirtschaft[79], uU auch das in einer Tierfarm gehaltene; Waschmaschine im Mehrfamilienhaus[80]; Zuchthengst eines Reiterhofes[81] usw. Eine Sache kann auch Zubehör mehrerer Grundstücke sein[82]. Zubehör sind **nicht:** Heizöl im nicht fertiggestellten Bau[83], geliehenes Inventar einer Gaststätte oder das Inventar, das üblicherweise einer Brauerei gehört; Fernsprechnebenstellenanlage[84]; Sachen, die nur vorübergehend eingefügt sind, zB vom Pächter eingebaute Maschinen[85], auch Betriebsgeräte und Maschinen, wenn das Gebäude nicht objektiv hierfür für dauernd eingerichtet ist[86]; Holzlager der Möbelfabrik[87]; Maschinen und Geräte eines Bauunternehmers, die ausschließlich auf Baustellen eingesetzt werden[88] (anders[89]), auch nicht ein mobiler Baukran für das Lagergrundstück[90]. Es kommt hauptsächlich auf den Willen desjenigen an, der die Hauptsache nutzt.

b) Zubehör umfaßt die Beschlagnahme nur, wenn es in das Eigentum des **Eigentümers des Grundstücks** gelangt ist (Abs 2; BGB § 1120); zur Versteigerung des nicht beschlagnahmten Fremdzubehörs siehe aber § 55 Abs 2. Unter Eigentumsvorbehalt geliefertes Zubehör ist als Fremdzubehör nicht beschlagnahmt (zum Anwartschaftsrecht siehe Rdn 3.5). Beschlagnahme nach Erlöschen des Eigentumsvorbehalts mit Bezahlung des Kaufpreisrestes siehe Rdn 4.4.

3.5 Anwartschaften: Die Beschlagnahme erstreckt sich ebenso wie die Grundpfandhaftung (BGB § 1120) auch auf die Eigentumsanwartschaft des Eigentümers des Grundstücks an Zubehörstücke[91]. Ein Anwartschaftsrecht an Zubehör erlangt der Grundstückseigentümer insbesondere mit bedingter Übertragung des Eigentums (bedingte Übereignung bei Verkauf unter Eigentumsvorbehalt, siehe BGB § 455); sie bringt ihm als Erwerber mit Erfüllung des rechtsgeschäftlichen Erwerbstatbestands (BGB § 929) eine gesicherte Rechtsstellung, weil der Eigentumsübergang nur noch von dem Eintritt einer Bedingung (BGB § 158 Abs 1) abhängig ist, so daß die Rechtsposition des Erwerbers nicht mehr durch den Veräußerer einseitig zerstört werden kann. Übertragen wird das Anwartschaftsrecht nach allgemeiner Ansicht nach den für die Übertragung des Vollrechts geltenden Vorschriften; Übertragung der Anwartschaft an Zubehör erfolgt mithin nach den Bestimmungen für Eigentumsübertragung an beweglichen Sachen (BGB §§ 929–931)[92]. Das Anwartschaftsrecht unterliegt dem Vermieterpfandrecht[93] und dem Inventarpfandrecht nach dem Pachtkreditgesetz[94]. Die sonach rechtliche Gleichstel-

---

[79] AG Neuwied DGVZ 1975, 63.
[80] LG Dortmund DGVZ 1966, 10 = MDR 1965, 740.
[81] AG Oldenburg/H. DGVZ 1980, 93.
[82] Heinrich, Gemeinschaftliches Zubehör bei mehreren Grundstücken (1914), S 16.
[83] OLG Düsseldorf NJW 1966, 1714.
[84] OLG Köln BB 1960, 964 = NJW 1961, 461.
[85] BGH 56, 298 = BB 1971, 1123 mit Anm Schriftleitung = Betrieb 1971, 2113 = WM 1971, 1086.
[86] BGH 62, 49 = BB 1974, 158 = KTS 1974, 113 = MDR 1974, 390 = NJW 1974, 269 = Rpfleger 1974, 103; WM 1974, 70.
[87] RG 86, 326.
[88] BGH 124, 380 = KTS 1994, 272 = MDR 1994, 771 = NJW 1994, 864 = Rpfleger 1994, 266.
[89] OLG Hamm MDR 1985, 494.
[90] OLG Koblenz BB 1989, 2138 = MDR 1990, 49.
[91] BGH 35, 85 = DNotZ 1961, 480 = JR 1961, 457 = MDR 1961, 680 mit zust Anm Reinicke = NJW 1961, 1349 = WM 1961, 668; Braun NJW 1962, 382; Liermann JZ 1962, 658; Mohrbutter KTS 1963, 77 (I); Graba und Teufel Rpfleger 1979, 401.
[92] BGH 75, 221 = MDR 1980, 224 = NJW 1980, 175 und 774 Leitsatz mit zust Anm Forkel = ZIP 1980, 36 mit Anm Kübler.
[93] BGH JZ 1965, 497 = MDR 1965, 736 = NJW 1965, 1475.
[94] BGH 54, 319 = MDR 1971, 129 = NJW 1970, 2212.

Beschlagnahmebeschluß, Beschlagnahmeumfang 3.6 § 20

lung mit dem Eigentum bewirkt auch die hypothekarische Haftung des Anwartschaftrechts des Grundstückseigentümers an Zubehör (BGB § 1120) und ebenso, daß die Beschlagnahme sich auch auf ein Eigentümer-Anwartschaftsrecht am Zubehör erstreckt. Haftung und Beschlagnahme erfassen damit den Wert, der in der Chance des Erwerbs des Zubehöreigentums als Vollrecht liegt, und erlangen sonach bei Erwerb unter Eigentumsvorbehalt für Gläubiger wirtschaftliche Bedeutung durch bereits geleistete Kaufpreiszahlungen. Mit Eigentumserwerb durch Bedingungseintritt wandelt sich die Beschlagnahme des Anwartschaftsrechts in die Beschlagnahme des Zubehörgegenstands um. Wenn der Verkäufer nach BGB § 455 vom Kaufvertrag zurücktritt, wird das Anwartschaftsrecht hinfällig; damit wird zugleich die hypothekarische Haftung der Anwartschaft gegenstandslos[95], mithin auch deren Beschlagnahme wirkungslos; gleiches gilt, wenn der Kaufvertrag angefochten wird[96]. Gegenstandslos wird die Grundpfandhaftung des Anwartschaftsrechts, wenn es (vor Beschlagnahme) von den (Kauf)Vertragsparteien aufgehoben wird[97] (dazu teilweise kritisch[98]). Mit Verfügung über das Anwartschaftsrecht nach Beschlagnahme verstößt der Anwartschaftsberechtigte gegen das Veräußerungsverbot (§ 23 Abs 1 Satz 1); die Verfügung ist daher dem Beschlagnahmegläubiger gegenüber unwirksam (§ 23 Abs 1; BGB § 135 Abs 1). Wirksam verfügen kann der Grundstückseigentümer jedoch in den Grenzen einer ordnungsgemäßen Wirtschaft (§ 23 Abs 1 Satz 2). Erweiterung (Ausdehnung) eines Eigentumsvorbehalts durch nachträgliche Verabredung zwischen dem Vorbehaltseigentümer und dem Anwartschaftsberechtigten ist als inhaltliche Änderung des Anwartschaftsrechts unzulässige Verfügung, dem nicht zustimmenden Beschlagnahmegläubiger gegenüber daher nicht wirksam (so für Ausdehnung des Eigentumsvorbehalts nach Übertragung des Anwartschaftsrechts[99]). Für fremdes Zubehör, das nicht beschlagnahmt ist, hat das ZVG in § 55 Abs 2 eine Sonderregelung getroffen. Die Beschlagnahme des Anwartschaftsrechts erlangt daher vornehmlich Bedeutung, wenn sich nicht die Versteigerung nach § 55 Abs 2 auf das fremde Zubehör selbst bezieht. Daher Näheres bei § 55 Rdn 3.

3.6 Versicherungsforderungen: Forderungen aus der Versicherung von Gebäuden und Früchten (Feuer-, Hagel-, Sturm- usw- Versicherung) unterliegen der Beschlagnahme, wenn der Versicherer dem Eigentümer leistungspflichtig ist (ungestörtes Versicherungsverhältnis), für Früchte aber nur gemäß § 21 Abs 1. Die Versicherungs-Entschädigungsansprüche sind beschlagnahmefrei, wenn die Haftung der Versicherung erloschen ist (BGB § 1127 Abs 2), also ab Wiederherstellung oder Ersatzbeschaffung, bei teilweiser Wiederherstellung nur noch entsprechende Teilhaftung. Wenn der Versicherer dem Eigentümer des Grundstücks gegenüber leistungsfrei ist, zB materiell wegen grobfahrlässiger Herbeiführung des Versicherungsfalles (Versicherungsvertragsgesetz § 61), Vornahme einer Gefahrenerhöhung (Gesetz § 23 Abs 1, § 25 Abs 1) oder formell wegen Versäumung der Klagefrist nach Gesetz § 12 Abs 3) (gestörtes Versicherungsverhältnis), bleibt bei der Gebäudeversicherung zwar die Haftung gegenüber Grundpfandgläubigern bestehen (Gesetz § 102 Abs 1). Bei dem Anspruch der Grundpfandgläubiger handelt es sich aber nicht um ein von dem Grundstückseigentümer abgeleitetes, sondern um ein selbständiges, unmittelbares Recht, das an die Stelle der pfandweisen Haftung der Brandentschädigung getreten ist. Dieses unterliegt nicht der Beschlagnahme; es bleibt von der Zwangsversteigerung unberührt[100]. Der ersatzbeschaffte oder wiederhergestellte Gegenstand fällt seinerseits wieder unter die Beschlagnah-

---

[95] BGH 35, 85 = aaO (Fußn 91); BGH 75, 221 = aaO (Fußn 92).
[96] BGH 75, 221 = aaO (Fußn 92).
[97] BGH 92, 280 = MDR 1985, 571 = NJW 1985, 376.
[98] Tiedtke NJW 1985, 1305 und NJW 1988, 28.
[99] BGH 75, 221 = aaO (Fußn 92).
[100] BGH KTS 1981, 577 = MDR 1981, 738 = NJW 1981, 1671 = Rpfleger 1981, 291.

§ 20 3.6 Anordnung der Versteigerung

me, daneben haftet nicht auch noch die Entschädigungsforderung[101]. Ist der Versicherer nur verpflichtet, die Summe zur Wiederherstellung zu zahlen, so wird er durch eine bestimmungsgemäße Zahlung an den Versicherten frei von seiner Verpflichtung und dies ist auch gegenüber dem Hypothekengläubiger wirksam (BGB § 1130). Das gilt aber nur, wenn vor der Beschlagnahme bezahlt ist. Zahlung der Entschädigungssumme aus Feuerversicherung ohne die erforderliche Anzeige an den Hypothekengläubiger befreit regelmäßig nicht, wenn der Feuerversicherer des mit Briefgrundpfandrechten belasteten Grundstücks sich die Briefe nicht hat vorlegen lassen, aber angenommen hat, der Eigentümer selbst sei Inhaber der Grundpfandrechte[101]. Nach der Beschlagnahme darf keinesfalls unmittelbar an den Schuldner bezahlt werden[102], sondern es ist zu hinterlegen. Im Versteigerungsverfahren sei dann der bisherige Eigentümer empfangsberechtigt, meint[103], und die Gläubiger müßten die Zwangsverwaltung betreiben, um die Versicherungsgelder zu sichern (dazu § 152 Rdn 13); andere meinen, es sei an Ersteher zu zahlen[104]. Auf jeden Fall haftet die Entschädigungssumme (und wird mitversteigert und an den Ersteher zugeschlagen), solange der versicherte Gegenstand nicht wiederhergestellt und kein Ersatz beschafft ist. Nachher besteht für eine Doppelhaftung keine Handhabe, die Entschädigungsforderung ist beschlagnahmefrei, kann auch nicht mehr versteigert und zugeschlagen werden. Wem sie zusteht, hat das Vollstreckungsgericht nicht zu entscheiden, da dies eine materielle Rechtsfrage ist (daher hinterlegen); das gilt auch, wenn ein Gläubiger die Kosten der Wiederherstellung oder Ersatzbeschaffung vorgestreckt hat, wobei der Versicherer aber in der Regel die Entschädigung gemäß BGB § 1130 und den einschlägigen Versicherungsverträgen doch nicht an ihn auszahlen darf (hinterlegen). Zur Lage in der Zwangsverwaltung § 152 Rdn 13; zur Versicherungsforderung an Zubehör bei gutgläubiger Sicherungsübereignung[105]. **Versicherungsverträge** werden durch Anordnung der Zwangsversteigerung nicht beendet.

3.7. Schadensersatzforderungen: Auf einen Schadensersatzanspruch des Schuldners als Eigentümer wegen einer Beschädigung des Grundstücks erstreckt sich eine Hypothek nicht[106]; er unterliegt daher auch nicht der Beschlagnahme und nicht der Versteigerung (anders für einen Entschädigungsanspruch nach EGBGB Art 52, 53, zB die Schadensersatzforderung wegen Beschädigung durch Bergbau[107]).

3.8 Zum Umfang der Beschlagnahme auch ZVG-Handbuch Rdn 146–155.

4 Umfang der Beschlagnahme

4.1 Von der Beschlagnahme mit Verfahrensanordnung auf Antrag des Gläubigers einer **persönlichen** Vollstreckungsforderung (Rangklasse 5 des § 10 Abs 1) werden Grundstück und mithaftende Gegenstände mit ihrem Bestand **im Zeitpunkt des Wirksamwerdens** der Beschlagnahme (§ 22) erfaßt. Es werden von dieser Beschlagnahme all diejenigen Gegenstände ergriffen, die für eine Hypothek haften würden (§ 20 Rdn 3.1), wenn sie für den betreibenden Gläubiger im Augenblick der Beschlagnahme entstanden wäre[108]. Nicht erfaßt werden Gegenstände, auf die sich eine Grundpfandhaftung zur Zeit der Beschlagnahme nicht mehr erstreckt hätte (für die zu dieser Zeit Bestandteils- oder Zubehöreigenschaft oder die Haftungsvoraussetzung für getrennte Erzeugnisse und sonstige Bestandteile schon nicht

---

[101] BGH LM VVG § 99 Nr 1 = MDR 1981, 130.
[102] Jaeckel/Güthe §§ 20, 21 Rdn 10; Reinhard/Müller § 20 Anm VIII 2 d.
[103] Drischler AIZ 1957, 75.
[104] Jaeckel/Güthe und Reinhard/Müller je aaO (Fußn 102).
[105] OLG Zweibrücken OLGZ 1977, 212.
[106] BGH 107, 255 = KTS 1989, 927 = MDR 1989, 809 = NJW 1989, 2123.
[107] RG 69, 247 (250).
[108] Jaeckel/Güthe §§ 20, 21 Rdn 6.

Beschlagnahmebeschluß, Beschlagnahmeumfang 4.4 **§ 20**

mehr bestand), und zwar auch dann nicht, wenn sie für früher bestellte Grundpfandrechte noch haften. Gutglaubensschutz bei Erwerb noch vor Kenntnis der Beschlagnahme: BGB §§ 136, 135 Abs 2, § 1121 Abs 2 (dazu § 20 Rdn 4.3).

4.2 Auch bei Vollstreckung des Anspruchs aus einem **Recht an dem Grundstück** (§ 10 Abs 1 Nr 4; Hypothek, Grundschuld, Rentenschuld, auch Reallastansprüche, BGB § 1107) werden Grundstück und mithaftende Gegenstände mit ihrem Bestand im Zeitpunkt des Wirksamwerdens der Beschlagnahme erfaßt. Weil die Beschlagnahme jedoch die zunächst nur potentielle Grundpfandhaftung (BGB §§ 1120–1130) aktualisiert, ist von dem Bestand des Grundstücks und der mithaftenden Gegenstände bei Eintragung des Rechts des vollstreckenden Gläubigers auszugehen. Das Grundstück mit seinem Bestand in diesem Zeitpunkt ist von der **Grundpfandhaftung** erfaßt. Diese unterliegt bis Beschlagnahme Veränderungen durch nachträgliche Erweiterung oder Verringerung des Haftgegenstands. Nach der dann **im Zeitpunkt der Beschlagnahme** (ihres Wirksamwerdens, § 22) **bestehenden Grundpfandhaftung** bestimmt sich der Umfang der Beschlagnahme (§ 20). Auf Gegenstände, die bereits bei Eintragung des Rechts nicht (mehr) zum Bestand des haftenden Grundstücks gehörten (zB nicht mehr Zubehör oder als getrennte Erzeugnisse oder Bestandteile veräußert und entfernt waren), erstreckt sich eine Grundpfandhaftung nicht; sie werden auch von einer späteren Beschlagnahme nicht erfaßt. Nach Grundstücksbelastung kann sich – bis Beschlagnahme – eine Verringerung des Haftungsgegenstands durch Rechtshandlungen nur bei Vorliegen eines Enthaftungstatbestands ergeben (BGB §§ 1121, 1122). Danach werden Erzeugnisse und sonstige Bestandteile sowie Zubehörstücke von der Haftung nur durch Veräußerung und Entfernung frei (Veräußerung allein genügt also nicht, BGB § 1121 Abs 1), die innerhalb der Grenzen einer ordnungsmäßigen Wirtschaft getrennten Erzeugnisse oder Bestandteile außerdem ohne Veräußerung mit dauernder Entfernung, Zubehör ohne Veräußerung mit Entwidmung (= dauernder Wegfall einer der Voraussetzung der Zubehöreigenschaft[109]; BGB § 1122). Für Enthaftung zeitlich vor Beschlagnahme mit Veräußerung und Entfernung (oder Entfernung und Veräußerung) kommt es auf Gutgläubigkeit des Erwerbes nicht an. Die vor der Beschlagnahme aus der Grundpfandhaftung ausgeschiedenen Gegenstände werden von einer danach bewirkten Beschlagnahme nicht mehr erfaßt (§ 20 Abs 2). Praktischer Fall:[110]. Nachträgliche Erweiterung des Haftungsgegenstands tritt ein, wenn wesentliche Bestandteile und haftende Gegenstände erst nach Eintragung des Rechts Gegenstand des haftenden Grundstücks (wesentlicher Bestandteil, Zubehör usw) werden. Die Grundpfandhaftung und Beschlagnahme erstreckt sich auch auf diese Gegenstände.

4.3 Erzeugnisse und sonstige Bestandteile sowie Zubehörstücke erfaßt die Beschlagnahme vor Vollendung des Enthaftungstatbestands des BGB § 1121 Abs 1 (Veräußerung und Entfernung bzw Entfernung und Veräußerung) nur bei **Gutgläubigkeit des Erwerbers** hinsichtlich der Beschlagnahme nicht mehr. Für den Fall der Veräußerung nach Entfernung und Beschlagnahme ergibt sich das aus BGB § 135 Abs 2, § 136, für den Fall der Entfernung (ist keine von BGB §§ 135, 136 unmittelbar erfaßte Verfügung) erst nach Veräußerung und Beschlagnahme aus BGB § 1121 Abs 2 Satz 2. Gutgläubigkeit des Erwerbers schließt Kenntnis des Versteigerungsantrags sowie Eintragung des Versteigerungsvermerks aus (§ 23 Abs 2).

4.4. Zubehör haftet hypothekarisch (BGB § 1120) und wird von der Beschlagnahme erfaßt (§ 20 Abs 2), wenn es mit Bezahlung des Kaufpreises (Eintritt der Bedingung für Erlöschen des Eigentumsvorbehalts) in das Eigentum des Grundstückseigentümers übergegangen ist. Eine spätere Übereignung dieses Zubehörs an einen Dritten hebt (auch bei Sicherungsübereignung) die hypothekarische Haftung

---

[109] BGH MDR 1985, 131 = NJW 1984, 2277.
[110] LG Waldshut-Tiengen BB 1987, 2333.

§ 20 4.4 Anordnung der Versteigerung

nur auf, wenn die Enthaftungsvoraussetzungen des BGB § 1121 (Entfernung von dem Grundstück vor Beschlagnahme) oder des BGB § 1122 (Entwidmung) gegeben sind. Wenn zwischenzeitlich eine Enthaftung nicht erfolgt ist, erstreckt sich die von einem **dinglichen** Berechtigten erwirkte Beschlagnahme auf das noch haftende Zubehör auch dann, wenn an ihm ein Recht eines Dritten begründet ist[111]. Zur Freigabe ist dann der Beschlagnahmegläubiger nicht verpflichtet[111]. Das gilt auch zugunsten des Erwerbers einer Eigentümergrundschuld[111]. Für einen **persönlichen** Beschlagnahmegläubiger, dessen Beschlagnahme erst nach Sicherungsübereignung wirksam wird, sind übereignete Gegenstände Fremdzubehör. Seine Beschlagnahme nach Sicherungsübereignung erfaßt diese Gegenstände daher nicht (§ 20 Abs 2; BGB § 1120). Gleiches gilt für Zubehör, das der Pächter eines Betriebs vom Eigentümer des Betriebsgrundstücks zu Eigentum erworben und auf dem Grundstück belassen hat. Es ist durch Veräußerung ohne Entfernung keine Enthaftung eingetreten. Daß der Erwerber als Pächter das Grundstück in Besitz genommen und damit an dem auf ihm verbliebenen Zubehör Eigenbesitz erlangt hat, begründet keinen Enthaftungstatbestand. Die von einem dinglichen Berechtigten (dessen Recht bereits bei Übereignung bestellt war) erwirkte Beschlagnahme erstreckt sich auch auf dieses noch haftende Zubehör[112].

4.5 Beschlagnahme tritt nur **zugunsten des Gläubigers** ein (Rdn 2.1), für mehrere Gläubiger somit einzeln (gesondert). Bei Vollstreckung mehrerer Gläubiger ist damit gleicher Umfang der Beschlagnahmewirkung nach dem Bestand des Grundstücks (samt der mithaftenden Gegestände) nicht gewährleistet. Gegenstände (etwa Zubehör), die von der Beschlagnahme zunächst erfaßt sind (§ 20 Abs 2; BGB § 1120) können der später dann von einem anderen Gläubiger (dem gleichen Gläubiger wegen einer anderen Vollstreckungsforderung) erwirkten neuen Beschlagnahme als dann schon aus der Grundpfandhaftung ausgeschieden nicht mehr unterliegen. Dem kommt bei Antragsrücknahme (oder Einstellungsbewilligung) einzelner Gläubiger insbesondere für Bestimmung des Gegenstands der Versteigerung (§ 55) und des Eigentumserwerbs des Erstehers (§ 90) Bedeutung zu.

4.6 Änderung des Umfangs der Beschlagnahme nach dem Wirksamwerden bis zur Versteigerung: § 55 Rdn 2.

5 ZGB der (ehem) DDR und Beschlagnahme

5.1 Bei Zwangsversteigerung eines **Grundstücks** im Beitrittsgebiet (Einl Rdn 14.1) ist zu unterscheiden:

a) die **bis 31. 12. 1996** (einschließlich) angeordnete Beschlagnahme (dazu EGZVG § 9 a Rdn 2.3) erstreckt sich nicht auf das in EGBGB Art 233 §§ 2 b, 4 und 8 bezeichnete Gebäudeeigentum. Dieses ist unabhängig vom Eigentum am Grundstück (selbständiges) Eigentum des Nutzers. Die Gebäude, Baulichkeiten, Anlagen und Anpflanzungen oder Einrichtungen des Gebäudeeigentümers sind damit weder Bestandteil noch Zubehör des zuversteigernden Grundstücks (EGBGB Art 231 § 5 Abs 1). Das Gebäudeeigentum wird daher nicht mit dem Grundstück versteigert.

b) in die **ab 1. 1. 1997** angeordnete Beschlagnahme des Grundstücks ist im Interesse einer erleichterten Durchführung des Verfahrens und sicheren Feststellung des Verfahrensgegenstandes das Gebäudeeigentum in die Beschlagnahme (zunächst) mit einbezogen (EGZVG § 9 a Abs 1 Satz 1). Absicherung der Rechte des Gebäudeeigentümers gewährleistet, wenn sie grundbuchersichtlich sind, Berücksichtigung von Amts wegen nach § 28, sonst Geltendmachung mit Widerspruchsklage. Einzelheiten: EGZVG § 9 a (siehe die Erläuterungen hierzu).

---

[111] BGH DNotZ 1980, 47 = MDR 1980, 137 = NJW 1979, 2514 = Rpfleger 1979, 452.

[112] LG Freiburg Justiz 1983, 237 = Rpfleger 1983, 34.

Umfang der Beschlagnahme: Besonderheiten   2.1 § 21

5.2 Die Beschlagnahme eines **Gebäudeeigentums** (Einl Rdn 14) umfaßt auch die Anlagen, Anpflanzungen und Einrichtungen sowie das Nutzungsrecht am Grundstück, die wesentlicher Bestandteil des Gebäudes sind (EGBGB Art 231 § 5 Abs 2).

5.3 Die in Ausübung eines **vertraglich vereinbarten Nutzungsrechts** (ZGB-DDR §§ 312–315) errichteten Wochenendhäuser sowie anderen Baulichkeiten zur Erholung, Freizeitgestaltung oder ähnlichen persönlichen Nutzung sind (soweit nichts anderes vereinbart ist) unabhängig vom Eigentum am Boden Eigentum des Nutzungsberechtigten (ZGB-DDR § 296 Abs 1 mit EGBGB Art 232 § 4 Abs 1; zu diesen beweglichen Sachen Einl Rdn 14.5). Zu den Bestandteilen des Grundstücks gehören sie nicht (EGBGB Art 231 § 5 Abs 1); sie sind auch nicht Grundstückszubehör. Auf sie erstreckt sich die Beschlagnahme des Grundstücks daher nicht[113].

[Umfang der Beschlagnahme: Besonderheiten]

21 (1) **Die Beschlagnahme umfaßt land- und forstwirtschaftliche Erzeugnisse des Grundstücks sowie die Forderung aus einer Versicherung solcher Erzeugnisse nur, soweit die Erzeugnisse noch mit dem Boden verbunden oder soweit sie Zubehör des Grundstücks sind.**

(2) **Die Beschlagnahme umfaßt nicht die Miet- und Pachtzinsforderungen sowie die Ansprüche aus einem mit dem Eigentum an dem Grundstücke verbundenen Rechte auf wiederkehrende Leistungen.**

(3) **Das Recht eines Pächters auf den Fruchtgenuß wird von der Beschlagnahme nicht berührt.**

Allgemeines zu § 21   1

1.1 Zweck der Vorschrift (Denkschrift S 39, 40): Einschränkung des Grundsatzes (§ 20 Abs 2), daß die Beschlagnahme auch die für ein Grundpfandrecht haftenden Gegenstände umfaßt, für bestimmte land- und forstwirtschaftliche Erzeugnisse, Miet- und Pachtzinsforderungen sowie wiederkehrende Leistungen, deren Einziehung und Verwertung Angelegenheit der dem Schuldner verbleibenden Verwaltung (§ 24) bleiben soll. Außerdem Regelung der Beschlagnahmewirkung im Verhältnis zu dem Recht des Pächters auf Fruchtgenuß.

1.2. Anwendungsbereich: Die Vorschrift gilt wie § 20 für die Vollstreckungsversteigerung, mit einer Erweiterung für die Zwangsverwaltung (§ 148 Rdn 2), eingeschränkt für die Teilungsversteigerung (§ 180 Rdn 6.6), nicht für die Konkursverwalter- und Nachlaßverfahren (§ 173 Satz 1 und § 176).

Landwirtschaftliche Erzeugnisse in der Beschlagnahme (Absatz 1)   2

2.1 Getrennte land- und forstwirtschaftliche Erzeugnisse, die nicht Grundstückszubehör sind, umfaßt die Zwangsversteigerungs-Beschlagnahme nicht (§ 21 Abs 1 als Einschränkung von § 20 Abs 2 mit BGB § 1120), auch wenn der Gläubiger eines Rechts am Grundstück die Versteigerung betreibt und auch nicht bei Versteigerung nur eines Einzelgrundstücks. Zu Land- und Forstwirtschaft: § 10 Rdn 4.2. Dem Schuldner verbleiben diese Erzeugnisse, solange nicht eine Zwangsverwaltung eingeleitet ist (§ 148 Abs 1), als Bodenfrüchte, deren Verwertung Verwaltungsangelegenheit (§ 24) ist. Maßgebender Zeitpunkt ist der Wirksamkeitszeitpunkt nach § 22. Land- und forstwirtschaftliche Erzeugnisse **umfaßt die Beschlagnahme** daher **nur,** wenn sie bei ihrem Wirksamwerden noch mit dem Boden verbunden oder (nach Trennung) Zubehör sind. Zubehör sind land-

---

[113] Keller Rpfleger 1994, 194 (III 2 zu Fall 4).

§ 21 2.1 Anordnung der Versteigerung

wirtschaftliche Erzeugnisse, wenn sie für ein Landgut (ein zum Betrieb der Landwirtschaft eingerichtetes Grundstück) zur Fortführung der Wirtschaft erforderlich sind (BGB § 98 Nr 2), wie zB Saatgut, Viehfutter. Deren Beschlagnahme soll Mitversteigerung der dem Ersteher zur Fortführung der Wirtschaft dienenden getrennten Erzeugnisse und damit Erzielung eines angemessenen Versteigerungserlöses sichern. Die erst **nach** Beschlagnahme getrennten land- und forstwirtschaftlichen Erzeugnisse bleiben beschlagnahmt, bis sie der Schuldner im Rahmen ordnungsgemäßer Wirtschaft (§ 24) mit Veräußerung und Entfernung (BGB § 1121 Abs 1) oder mit dauernder Entfernung (BGB § 1122 Abs 1) enthaftet. Wenn demnach die Beschlagnahme nicht erloschen ist, werden sie mitversteigert (§ 55 Abs 1).

2.2 Die Forderung aus einer **Versicherung** land- und forstwirtschaftlicher Erzeugnisse ist in demselben Umfang wie die Erzeugnisse selbst von der Beschlagnahme frei (§ 21 Abs 1). Eine Versicherungsforderung ist von der Beschlagnahme daher nur erfaßt, wenn sie für Erzeugnisse geleistet wird, die zur Zeit der Beschlagnahme noch mit dem Boden verbunden oder Zubehör waren.

2.3 Durch den Gerichtsvollzieher (ZPO § 803 Abs 1, § 808) können getrennte Erzeugnisse, die **Zubehör** sind, **nicht gepfändet** werden (ZPO § 865 Abs 1 Satz 2; Einl Rdn 17.1). Im übrigen unterliegen sie der Zwangsvollstreckung in das bewegliche Vermögen, solange nicht ihre Beschlagnahme erfolgt ist (ZPO § 865 Abs 2 Satz 2; dazu Einl Rdn 17.2). In demselben Umfang ist die Forderung aus einer Versicherung pfändbar (ZPO § 865 Abs 2 Satz 2 mit § 829).

2.4 **Früchte** (Bodenerzeugnisse, die in regelmäßigen Zeitabständen gewonnen werden), die vom Boden noch nicht getrennt sind (Obst, Getreide, Kartoffeln, Rüben, Klee, Gras, Gemüse, Beeren, Hopfen, Tabak, nicht aber andere Bodenerzeugnisse wie Holz, Kohle, Torf, Sand, Kies, Steine, Mineralien[1]) können nach ZPO § 810 (mit §§ 808, 809) als bewegliche Sachen **gepfändet** werden, solange sie nicht im Wege der Zwangsvollstreckung in das unbewegliche Vermögen beschlagnahmt sind (§§ 22, 151). Unzulässig ist diese Pfändung, wenn die Früchte mit Trennzug Zubehör werden (ZPO § 865 Abs 2; BGB §§ 97, 98 Nr 2) und nach ZPO § 811 Nr 2–4 unpfändbar sind[2]. Ungetrennte Früchte eines verpachteten Grundstücks haften für Schulden des Pächters, können gegen ihn auch gepfändet werden, falls das Grundstück beschlagnahmt wurde[3], selbst wenn erst nach der Beschlagnahme verpachtet wurde[3] (Abs 3).

2.5 Verbotswidrige Pfändung trotz Beschlagnahme ist wirkungslos (nichtig) (Einl Rdn 17.1). Rechtsbehelf: ZPO § 766, auch § 771. Beschlagnahme erst **nach** Pfändung der Früchte beseitigt die Rechtswirkungen der Pfändung nicht. Ist die nachfolgende Beschlagnahme durch einen **rangschlechteren** Gläubiger oder den Gläubiger einer persönlichen Vollstreckungsforderung (Rangklasse 5 des § 10 Abs 1) bewirkt, dann hat der Gerichtsvollzieher zu verwerten. Bei Beschlagnahme durch einen **rangbesseren** Gläubiger hat die Pfandverwertung durch den Gerichtsvollzieher zu unterbleiben (ZPO § 772) (siehe Einl Rdn 17.2). Der Pfandgläubiger muß sein Befriedigungsrecht zur Berücksichtigung in der Zwangsversteigerung oder Zwangsverwaltung anmelden (§ 37 Nr 4). Rechtsbehelf für Beschlagnahmegläubiger, wenn der Gerichtsvollzieher trotzdem die Versteigerung betreibt: Erinnerung (ZPO § 766), daneben Widerspruchsklage nach ZPO § 772 (§ 771), auch Klage nach ZPO § 805.

2.6 Jeder (rangbessere) Grundstücksgläubiger, der nach § 10 Nr 1–4 oder 6–8 ein Befriedigungsrecht am Grundstück hat, kann einer nach ZPO § 810 Abs 1

---

[1] Zöller/Stöber, ZPO, § 810 Rdn 2; Stein/Jonas/Münzberg, ZPO, § 810 Rdn 3; Noack Rpfleger 1969, 113 (I).
[2] Zöller/Stöber, ZPO, § 810 Rdn 3; Stein/Jonas/Münzberg, ZPO, § 810 Rdn 3.
[3] Münzel, Zwangsvollstreckung in ungetrennte Früchte (1939) (VI 2).

Umfang der Beschlagnahme: Besonderheiten 4.2 **§ 21**

Satz 1 zulässigen Pfändung nicht beschlagnahmter Früchte mit Klage nach ZPO § 771 widersprechen (ZPO § 772), weil die Früchte als Grundstücksbestandteile ihm haften (§ 20 Abs 2; BGB §§ 1120, 99)[4]. Er kann als nur minderes Recht auch seinen Anspruch auf vorzugsweise Befriedigung aus dem Erlös mit Klage nach ZPO § 805 geltend machen. Ausgeschlossen ist diese Widerspruchsklage nach Früchtepfändung, die für einen dem Grundstücksgläubiger vorgehenden Anspruch erfolgt ist, also aus einem im Rang besseren dinglichen Recht oder etwa aus einer öffentlichen Last (ZPO § 810 Abs 2). Ein nur persönlich betreibender Gläubiger der Immobiliarvollstreckung kann gegen die vor seiner Beschlagnahme erfolgte Pfändung keine Widerspruchsklage erheben, weil er im Augenblick der Früchtepfändung noch kein Befriedigungsrecht am Grundstück hatte (erst mit der Beschlagnahme); auch ihm gegenüber ist nach der Beschlagnahme die Früchtepfändung nicht mehr zulässig (weil jetzt er ein Befriedigungsrecht hat). Dazu auch § 152 Rdn 10, sowie im ZVG-Handbuch Rdn 147, 151 und[5].

2.7 Zum **gesetzlichen Früchtepfandrecht** bei Früchten „auf dem Halm" nach dem Düngemittelgesetz: § 10 Rdn 7, § 148 Rdn 2, § 155 Rdn 6 und ZVG-Handbuch Rdn 76.

Mietzins und Pachtzins in der Beschlagnahme (Absatz 2)   3

Miet- und Pachtzinsforderungen sowie Ansprüche auf wiederkehrende Leistungen aus einem mit dem Eigentum am Grundstück verbundenen Recht (BGB § 1126; Reallasten, Erbbauzins, Überbau- und Notwegrenten, landesrechtliche Gerechtigkeiten, Entgelt für Dauerwohnrecht nach WEG § 40) werden **in der Zwangsversteigerung nicht** von der Beschlagnahme erfaßt (§ 21 Abs 2). Die Einziehung solcher Ansprüche ist Angelegenheit der dem Schuldner verbleibenden Verwaltung (§ 24). Sie unterliegen aber der Beschlagnahme in der Zwangsverwaltung (§ 148 Abs 1). Beschlagnahme nach BGB § 1123 Abs 2, § 1124 ist daher bei ihnen nur die Beschlagnahme in der Zwangsverwaltung (§ 148 Rdn 2).

Pachtrecht bei Beschlagnahme (Absatz 3)   4

4.1 Die von einem verpachteten Grundstück getrennten Erzeugnisse oder sonstigen Bestandteile, die in das Eigentum des Pächters gelangt sind, unterliegen der Beschlagnahme nicht (§ 20 Rdn 3.3). Ohne Wirkung ist nach § 21 Abs 3 die Beschlagnahme weiter im Verhältnis zu dem **Recht des Pächters,** dem der Grundstücksbesitz überlassen ist, **auf den Früchtegenuß** (BGB §§ 581, 596). Diesem Recht wird damit Schutz auch für die Zeit gewährleistet, während der die dem Pächter zufallenden Früchte noch mit dem Boden verbunden sind (Denkschrift S 40). Auf diese dem Pächter zustehenden Früchte erstreckt sich die Beschlagnahme nicht[6]. Von Gläubigern des Pächters können sie daher auch während eines Zwangsversteigerungsverfahrens gepfändet werden[7], auch wenn zugepachtete Grundstücke versteigert werden, die der Eigentümer landwirtschaftlicher Grundstücke neben seinem eigenen Land bewirtschaftet[7]. Die Pfändung stehender Früchte im Pachtland wird auch durch die Versteigerung der Eigengrundstücke des Pächters nicht ausgeschlossen.

4.2 Der **Pächter des Nießbrauchers** leitet sein Recht auf den Fruchtgenuß von diesem ab. Er kann daher keine anderen Rechte als der Nießbraucher selbst haben. Für ihn gilt daher § 21 Abs 3 nicht, sondern das § 15 Rdn 26.4 Gesagte.

---

[4] Stein/Jonas/Münzberg, ZPO, § 810 Rdn 14; Münzel aaO (Fußn 3) S 48–49; Hoche NJW 1952, 961.
[5] Eymess, Früchte in der Zwangsversteigerung, 1938; Trabitsch, Hypothek und Früchte, 1912
[6] Jaeckel/Güthe §§ 20, 21 Rdn 4.
[7] Jaeckel/Güthe aaO (Fußn 6); Noack JurBüro 1979, 649 (VI).

§ 22 — Anordnung der Versteigerung

[Wirksamwerden der Beschlagnahme, Zahlungsverbot]

22 (1) Die Beschlagnahme des Grundstücks wird mit dem Zeitpunkte wirksam, in welchem der Beschluß, durch den die Zwangsversteigerung angeordnet ist, dem Schuldner zugestellt wird. Sie wird auch wirksam mit dem Zeitpunkt, in welchem das Ersuchen um Eintragung des Versteigerungsvermerkes dem Grundbuchamte zugeht, sofern auf das Ersuchen die Eintragung demnächst erfolgt.

(2) Erstreckt sich die Beschlagnahme auf eine Forderung, so hat das Gericht auf Antrag des Gläubigers dem Drittschuldner zu verbieten, an den Schuldner zu zahlen. Die Beschlagnahme wird dem Drittschuldner gegenüber erst mit dem Zeitpunkte wirksam, in welchem sie ihm bekannt oder das Zahlungsverbot ihm zugestellt wird. Die Vorschriften des § 845 der Zivilprozeßordnung finden entsprechende Anwendung.

1 Allgemeines zu § 22

1.1 Zweck der Vorschrift: Bestimmung des Zeitpunkts, mit dem die Beschlagnahme wirksam wird, unter Wahrung der Interessen des Schuldners einer beschlagnahmten Forderung.

1.2 Anwendungsbereich: Die Vorschrift gilt für Vollstreckungsversteigerung und (ergänzt durch § 151) Zwangsverwaltung, eingeschränkt für die Teilungsversteigerung (§ 180 Rdn 6.6), nicht für Konkursverwalter- und Nachlaßverfahren (§ 173 Satz 1 und § 176) mit Ergänzung für Schiffe (§ 162 Rdn 3).

2 Beschlagnahmewirksamkeitszeitpunkt (Absatz 1)

2.1 Die Beschlagnahme durch den **Anordnungsbeschluß** wird entweder mit der Zustellung des Beschlusses an den Schuldner oder mit dem Zugang des Eintragungsersuchens beim Grundbuchamt wirksam (§ 22 Abs 1). Der **frühere** von beiden **Zeitpunkten entscheidet.** Das Wirksamwerden durch Zugang an das Grundbuchamt macht die Zustellung nicht entbehrlich; beides ist also für das Verfahren nötig.

2.2 Bei **mehreren Schuldnern** als Miteigentümer zur gesamten Hand (zB Miterben) entscheidet dort, wo es auf den Zustellungszeitpunkt ankommt, die Zustellung an den letzten von ihnen[1]. Dagegen gilt bei Vollstreckung in Grundstücksbruchteile (dies sind verschiedene Verfahren, auch wenn sie verbunden werden) für jeden Bruchteil sein Zustellungszeitpunkt. Beispiel im ZVG-Handbuch Rdn 93. Ohne Einfluß auf das Wirksamwerden ist es, wenn der Schuldner schon vor dem offiziellen Wirksamkeitszeitpunkt von der Beschlagnahme Kenntnis erhält.

2.3 Die Beschlagnahme durch **Beitrittsbeschluß** kann nur durch **Zustellung** des Beschlusses an den Schuldner (bei mehreren an den letzten, wie § 22 Rdn 2.2) wirksam werden (§ 22 Abs 1), weil kein neuer Vollstreckungsvermerk eingetragen, also auch kein neues Eintragungsersuchen an das Grundbuchamt gerichtet wird. Dieses Wirksamwerden durch Zustellung muß bis zur Erteilung (Wirksamwerden) des Zuschlags erfolgen, weil das Grundstück bis dahin Gegenstand der Zwangsvollstreckung in das unbewegliche Schuldnervermögen ist (ZPO § 864 Abs 1). Der Beitrittsgläubiger nimmt jedoch bei Nichtwahrung der Frist der § 43 Abs 2, § 44 Abs 2 an der Versteigerung nicht als betreibender Gläubiger teil. Erfolgt die Zustellung erst nach der Aufforderung zur Abgabe von Geboten im Versteigerungstermin (§ 66 Abs 2), dann wird der Gläubiger eines Anspruchs in Rangklasse 5 des § 10 Abs 1 wie jeder verspätete angemeldete Anspruch allen übrigen Rechten nachgesetzt (§ 37 Nr 4, § 110). Für den Verteilungstermin gilt der Bei-

---

[1] Dassler/Muth § 22 Rdn 3; Steiner/Teufel § 22 Rdn 9.

Wirksamwerden der Beschlagnahme, Zahlungsverbot   2.5   § 22

trittsantrag aber als Anmeldung (§ 114 Abs 1 Satz 2). Zustellung des Beitrittsbeschlusses nach Erteilung des Zuschlags führt als verspäteter Beitritt nur zu auflösend bedingter Wirksamkeit des Beschlagnahmebeschlusses. Er wird mit Rechtskraft des Zuschlagsbeschlusses rückwirkend unwirksam; wird der Zuschlag in der Beschwerde wieder aufgehoben, so ist der Beitritt wirksam[2], natürlich von Anfang an[2]. Zustellung des Beitritts nach Rechtskraft des Zuschlags bewirkt keine Beschlagnahme mehr, bleibt mithin wirkungslos.

2.4 Für das Wirksamwerden durch Zustellung ist eine **vorschriftsmäßige Zustellung** nötig. War sie mangelhaft, weil etwa ein ordnungsgemäßer Beglaubigungsvermerk fehlte, also ein wesentlicher Teil des Vollstreckungsakts, so war die Zustellung unwirksam, die Beschlagnahme konnte nicht wirksam werden; sie kann es auch nicht rückwirkend mit der Nachholung einer ordnungsgemäßen Zustellung werden, sondern erst mit deren tatsächlichem Zeitpunkt. War vor diesem der Anordnungsbeschluß schon weggefallen, so ist kein Beitritt mehr möglich, sondern nur eine neue Anordnung, falls die anderen Voraussetzungen dafür noch vorliegen, zB nicht inzwischen das Eigentum gewechselt hat. Heilung bei Zustellungsmängeln (ZPO § 187 mit § 208; nur mit Zurückhaltung anwendbar) ist ordnungsgemäße Zustellung, die mit dem Zeitpunkt des Zugangs des Beschlusses die Beschlagnahme bewirkt.

2.5 Beschlagnahmewirksamkeit tritt auch bereits mit dem Zeitpunkt ein, in welchem das **Ersuchen** um Eintragung des Versteigerungsvermerks (§ 19 Abs 1) dem **Grundbuchamt zugeht,** „sofern auf das Ersuchen die Eintragung demnächst erfolgt" (§ 22 Abs 1). Dieser Zusatz hat nur insofern Bedeutung, als Beschlagnahmewirksamkeit nur eingetreten ist, wenn Eintragung des Vermerks tatsächlich erfolgt. Unterbleibt sie, dann hat der Eingang des Ersuchens keine Beschlagnahmewirkung[3]. Wenn (mehrere, § 18) Grundstücke in den Grundbüchern verschiedener Amtsgerichte (Grundbuchämter) eingetragen sind, wird für jedes Grundstück die Beschlagnahme gesondert mit dem Eingang des Ersuchens bei dem zuständigen Grundbuchamt wirksam[4]. „Demnächst" erfolgt die Eintragung auch noch, wenn sie in einem zusammenhängenden Verfahren erfolgt, zB nach einer Zwischenverfügung oder nach einer Entscheidung des Beschwerdegerichts (darf ja nicht zu eng ausgelegt werden). Beschlagnahmewirksamkeit bereits mit Eingang des Grundbuchersuchens gewährleistet dem Gläubiger einen ausgiebigeren Schutz gegen Verfügungen des Schuldners über das Grundstück, auch soweit es sich um das Verhältnis zu Dritten handelt (vgl BGB § 892 Abs 1 Satz 2; Denkschrift S 40). Das gilt mit Rücksicht auf BGB § 878 insbesondere für den Fall, daß die Zustellung des Beschlagnahmebeschlusses an den Schuldner erst nach dem Eingang des Eintragungsersuchens bewirkt wird, inzwischen aber ein Dritter mit Bewilligung des Schuldners eine Eintragung in das Grundbuch verlangt hat. Es ist die Wirksamkeit der Beschlagnahme nach dem Zeitpunkt des Eingangs des Grundbuchersuchens bestimmt; nicht richtig ist es daher, von einer „Rückdatierung" der Beschlagnahmewirksamkeit zu sprechen. Daher ist auch der verbreiteten Meinung[5] nicht zu folgen, daß eine „Rückdatierung" dann ausgeschlossen sei, wenn die Beschlagnahme auf Betreiben eines persönlichen Gläubigers erfolgt und wenn vor der tatsächlichen Eintragung des Vollstreckungsvermerkes, aber nach dem Eingang des Ersuchens beim Grundbuchamt (und vor der Zustellung des Anordnungsbeschlusses an den Schuldner, die ja sonst ihrerseits diesen wirksam werden läßt) über das Vermögen des Schuldners das Konkursver-

---

[2] OLG Stuttgart Justiz 1970, 88 = OLGZ 1970, 361 = Rpfleger 1970, 102.
[3] Steiner/Teufel § 22 Rdn 13.
[4] Steiner/Teufel § 22 Rdn 16.
[5] Jaeckel/Güthe § 23 Rdn 12; Korintenberg/Wenz § 23 Anm 6; Reinhard/Müller § 20 Anm 2; Drischler RpflJahrbuch 1967, 275 (VII); Mohrbutter JurBüro 1956, 355 (1) und KTS 1958, 81 (1); Eickmann KTS 1974, 202 (III 2 b).

§ 22 2.5 Anordnung der Versteigerung

fahren eröffnet ist (wie hier[6]). Diese Ansicht ist auch abzulehnen, weil KO § 13 bestimmt, daß eine erfolgte Immobiliarbeschlagnahme wirksam bleibe; erfolgt (nämlich wirksam geworden) ist sie nach § 22 Abs 1 schon mit dem Eingang des Ersuchens beim Grundbuchamt, und die fällt nicht mehr weg. Eine Ausnahme für den Fall der Konkurseröffnung ist nicht vorgesehen und auch durch KO §§ 14, 15 (Vollstreckungsverbot für nicht absonderungsberechtigte Gläubiger ab Eröffnung des Konkursverfahrens) nicht bewirkt, weil auch der persönliche Beschlagnahmegläubiger durch wirksame Beschlagnahme im Immobiliarvollstreckungsverfahren vor der Konkurseröffnung ein dingliches Befriedigungsrecht aus dem Grundstück erworben hat und damit absonderungsberechtigt ist (§ 10 Abs 1 Nr 5, KO § 47) (so auch[7]). Die Lösung ergibt sich, wie überall, nur durch gemeinsame Befolgung beider Vorschriften, nicht aber durch einseitige Bevorzugung der Konkursordnung.

2.6 Die mit gegenteiliger Meinung Genannten gehen ausschließlich vom Standpunkt des **Konkursrechts** aus, beachten aber nicht, daß das ZVG dazu eine (nach der KO durchaus zulässige) Besonderheit bietet. Sicher ist, daß nach Konkurseröffnung auch ein kraft Gesetzes eintretender Rechtserwerb an einem Gegenstand der Konkursmasse nicht möglich ist (KO § 15)[8]. Der Rechtserwerb in unserem Falle ist aber gerade nicht nach Konkurseröffnung, sondern im vorher liegenden Zeitpunkt des Eingangs beim Grundbuchamt bereits eingetreten, und zwar gleichgültig, ob der Gläubiger dinglich oder persönlich betreibt, weil auch der persönliche Gläubiger ein Absonderungsrecht nach KO § 47 erworben hat. Es bedarf nicht (wie[8] meint) der Anwendung des Rechtsgedankens von BGB § 878. § 22 Abs 1 läßt nicht unter bestimmten Voraussetzungen die Beschlagnahmewirkung ausnahmsweise zurückwirken (das würde die inzwischen erfolgte Konkurseröffnung verhindern), sondern bestimmt völlig eindeutig, daß sie im Augenblick des Eingangs beim Grundbuchamt schon eingetreten ist. Der Zusatz „sofern ..." bedeutet nicht, daß erst die Eintragung das Wirksamwerden rückwirkend bewirkt, sondern, daß der Vermerk überhaupt eingetragen werden muß und daß er möglichst rasch eingetragen werden muß – eine Ordnungsvorschrift für das Grundbuchamt. Es liegt nicht in der Hand des Grundbuchamts, durch Verzögerung der Eintragung die schon eingetretene Wirksamkeit wieder ungültig werden zu lassen. Hat das Grundbuchamt dem Eintragungsersuchen des Vollstreckungsgerichts nicht sofort stattgegeben, sondern durch eine Zwischenverfügung die Behebung von Beanstandungen verlangt oder hat erst das Beschwerdegericht gegen den zurückweisenden Beschluß des Grundbuchamts dem Eintragungsersuchen stattgegeben, so entscheidet immer noch der Eingang beim Grundbuchamt. Die Gegenmeinung wäre richtig, wenn § 22 auf die KO verweisen würde („unbeschadet des ...") oder die KO § 22 außer Kraft setzen würde („dies gilt auch ....."). Die Väter des ZVG waren auch die der KO und haben die Zusammenhänge sehr wohl gekannt, aber doch weder in der Denkschrift (Seite 40) noch in den Motiven[9] einen Anlaß gesehen, hier etwas anderes zu bestimmen. Eine Rückwirkung gibt es nur insoweit, als bei rechtskräftiger Ablehnung der Eintragung die Beschlagnahmewirkung durch Eingang rückwirkend nicht als eingetreten gelten kann; das Negative wirkt also zurück, die gesetzliche Voraussetzung der Eintragung ist eine auflösende Bedingung.

2.7 Die **Beschlagnahme endet** bezüglich des Grundstücks durch Aufhebung des Anordnungsbeschlusses (und aller Beitrittsbeschlüsse, weil sonst bei Aufhebung der Anordnung der nächste Beitritt als Anordnung gilt); sie endet im Falle der Rücknahme der Verfahrensanträge schon mit deren Eingang bei Gericht (§ 29

---

[6] Dassler/Muth § 22 Rdn 5; Steiner/Teufel § 23 Rdn 48.
[7] Henle, ZVG, § 22 Anm 2.
[8] Eickmann KTS 1974, 202 (III 2 b).
[9] Motive zum ZVG, 1889.

Rdn 2). Bezüglich der mithaftenden Gegenstände endet die Beschlagnahme auch schon durch Veräußerung im Rahmen einer ordnungsmäßigen Wirtschaft (§ 23 Abs 1) oder durch Freigabe seitens aller betreibenden Gläubiger (§ 29 Rdn 4). Nicht beendet wird die während einer Gütergemeinschaft erfolgte Beschlagnahme durch deren Beendigung. Im Falle der Versteigerung endet die Beschlagnahme des Objekts mit dem Zuschlag[10] (anders[11]: erst, wenn der Ersteher den Besitz erlange). Hierzu ZVG-Handbuch Rdn 145.

Forderungsbeschlagnahme und Zahlungsverbot (Absatz 2) 3

3.1 Auf **Miet- und Pachtzinsforderungen** und auf Ansprüche aus einem mit dem Eigentum am Grundstück verbundenen Recht auf wiederkehrende Leistungen (§ 20 Rdn 3.1) erstreckt sich die Beschlagnahme bei der Zwangsversteigerung nicht (§ 21 Abs 2), nur bei der Zwangsverwaltung (§ 148 Abs 1). Versicherungsforderungen (§ 20 Rdn 3.6) mit Besonderheit nach § 21 Abs 1 und Schadensersatzforderungen (§ 20 Rdn 3.7) sind auch in der Zwangsversteigerung beschlagnahmt.

3.2 Den **Schuldner einer Forderung** (Mieter, Pächter, Versicherer usw) schützt § 22 Abs 2 gegen eine ihm unbekannte Beschlagnahme. Diesem Drittschuldner gegenüber wird die Beschlagnahme (abweichend von § 22 Abs 1) erst mit dem Zeitpunkt wirksam, in welchem sie ihm bekannt oder das Zahlungsverbot ihm zugestellt wird (§ 22 Abs 2 Satz 2). Dies gilt für alle Forderungen, welche mit dem Grundstück der Zwangsvollstreckung unterliegen; Bedeutung erlangt die Sondervorschrift jedoch vorwiegend in der Zwangsverwaltung. Die Kenntnis des Versteigerungsantrags (§ 23 Abs 2) steht auch für den Drittschuldner der Beschlagnahmekenntnis gleich[12], nicht aber die Eintragung des Versteigerungsvermerks[13] und ebenso nicht, daß der Forderungsschuldner die Beschlagnahme kennen müßte (er braucht sich nach einer Beschlagnahme nicht erkundigen)[13].

3.3 Das Zahlungsverbot an den Drittschuldner (§ 22 Abs 2 Satz 1) erläßt der Rechtspfleger des Versteigerungsgerichts (§§ 1, 15; ZPO § 828 findet keine Anwendung) auf Antrag des Gläubigers (Anordnungsgläubiger, auch Beitrittsgläubiger), nicht aber eines anderen nach § 9 Beteiligten, bei der Zwangsverwaltung auch auf Antrag des Zwangsverwalters (§ 151 Abs 3). Zustellung an den Drittschuldner erfolgt von Amts wegen (§ 3); öffentliche Zustellung an ihn ist, wie bei Forderungspfändung, ausgeschlossen[14]. Wenn dem Drittschuldner eine Ersatzzustellung (ZPO §§ 181–184) nicht oder nicht sogleich zur Kenntnis gelangt ist, kann dies uU nicht zu seinen Lasten gehen (dazu mit Nachweisen[15]). Zustellung durch Aufgabe zur Post (§ 4) kann nur an Beteiligte erfolgen, ist daher an den Drittschuldner nicht möglich[16]; anders[17]. Dem antragstellenden Gläubiger und dem Schuldner ist das Zahlungsverbot nach ZPO § 329 Abs 2 formlos mitzuteilen. Ein Verfügungsverbot an den Schuldner (vgl ZPO § 829 Abs 1) wird mit dem Zahlungsverbot nicht verbunden; dieses enthält bereits der Anordnungsbeschluß.

3.4 Mit **Vorpfändung** nach ZPO § 845 (richtig: Benachrichtigung von einer bevorstehenden Pfändung) (§ 22 Abs 2 Satz 3) kann sich der Gläubiger vor Folgen einer durch die Mitwirkung des Vollstreckungsgerichts möglichen Verzögerung der Zustellung des Zahlungsverbots sichern (§ 22 Abs 2 Satz 3). Die Benachrichti-

---

[10] vd Pfordten, ZVG, § 22 Anm 3.
[11] Steiner/Teufel § 22 Rdn 38; Dispeker, Zwangsversteigerungspraxis, Muster III Anm 9 d.
[12] Dassler/Muth § 22 Rdn 8; Jaeckel/Güthe § 22 Rdn 4; Steiner/Teufel § 22 Rdn 28.
[13] Steiner/Teufel § 22 Rdn 32.
[14] Stöber, Forderungspfändung, Rdn 531.
[15] Stöber, Forderungspfändung, Rdn 566.
[16] Steiner/Teufel § 22 Rdn 26.
[17] Dassler/Muth § 22 Rdn 8; Jaeckel/Güthe § 22 Rdn 3.

§ 22 3.4   Anordnung der Versteigerung

gung, daß das gerichtliche Zahlungsverbot der Forderung (nicht die Beschlagnahme durch Anordnung der Zwangsversteigerung oder -verwaltung) bevorstehe, kann der Gläubiger dem Drittschuldner mit der Aufforderung, nicht an den Schuldner zu zahlen (ZPO § 845 Abs 1 Satz 1) vor oder nach Erlaß des Anordnungsbeschlusses zustellen lassen. Eine Benachrichtigung des Schuldners mit der Aufforderung, sich jeder Verfügung über die Forderung zu enthalten, ist nicht erforderlich; das Zahlungsverbot an den Schuldner wird mit dem Anordnungsbeschluß bewirkt (enger[18]: nur bei Zahlungsverbot nach Wirksamwerden der Beschlagnahme keine Benachrichtigung des Schuldners). Die entsprechende Anwendung des ZPO § 845 hat zur Folge, daß auch der Gerichtsvollzieher im Gläubigerauftrag die Benachrichtigung zu erlassen hat (ZPO § 845 Abs 1 Satz 2). Für die Wahrung der Monatsfrist in ZPO § 845 Abs 2 genügt nicht die Kenntnis der Beschlagnahme, sondern nur die Zustellung eines Zahlungsverbots an den Drittschuldner binnen der Frist[19]. Es wird nicht die Beschlagnahmewirkung auf den Zeitpunkt der Zustellung der Pfändungsbenachrichtigung rückdatiert, sondern es wird durch diese Benachrichtigung (wenn sie in den gesetzlichen Formen erfolgt) eine wirksame Verfügung des Schuldners über die Forderung und eine wirksame Zahlung des Drittschuldners an den Schuldner ausgeschlossen. Im übrigen ist hier BGB § 1124 zu beachten[20].

3.5 Muster für Zahlungsverbot: ZVG-Handbuch Rdn 593

[Wirkung der Beschlagnahme]

23 (1) **Die Beschlagnahme hat die Wirkung eines Veräußerungsverbots. Der Schuldner kann jedoch, wenn sich die Beschlagnahme auf bewegliche Sachen erstreckt, über einzelne Stücke innerhalb der Grenzen einer ordnungsmäßigen Wirtschaft auch dem Gläubiger gegenüber wirksam verfügen.**

(2) Kommt es bei einer gegen die Beschlagnahme verstoßenden Verfügung nach § 135 Abs 2 des Bürgerlichen Gesetzbuchs darauf an, ob derjenige, zu dessen Gunsten verfügt wurde, die Beschlagnahme kannte, so steht die Kenntnis des Versteigerungsantrags einer Kenntnis der Beschlagnahme gleich. Die Beschlagnahme gilt auch in Ansehung der mithaftenden beweglichen Sachen als bekannt, sobald der Versteigerungsvermerk eingetragen ist.

Literatur: Schmidt, Das Grundstück in der Zwangsversteigerung; die Auswirkungen auf bestehende Kaufverträge, Besonderheiten bei deren Gestaltung, BWNotZ 1992, 35; Weirich, Der Verkauf eines Grundstücks im Zwangsversteigerungsverfahren, DNotZ 1989, 143.

1 Allgemeines zu § 23

1.1 Zweck der Vorschrift: Veräußerungsverbot als Schutz des Beschlagnahmegläubigers gegen Verfügungen des Schuldners über das Grundstück und/oder beschlagnahmte Gegenstände (§§ 20, 21) unter Wahrung des Schuldnerrechts, das Grundstück auch während des Versteigerungsverfahrens zu verwalten und zu benutzen.

1.2 Anwendungsbereich: Wie § 20 Rdn 1.2

2 Beschlagnahme als Veräußerungsverbot (Absatz 1 Satz 1)

2.1 Die Beschlagnahme hat die **Wirkung eines Veräußerungsverbots** (Abs 1 Satz 1), und zwar eines relativen (BGB § 135 und § 136; ZVG § 20 Abs 1, auch

---

[18] Jaeckel/Güthe § 22 Rdn 5; Steiner/Teufel § 22 Rdn 32.
[19] Jaeckel/Güthe § 22 Rdn 5; Steiner/Teufel § 22 Rdn 36; Drischler JVBl 1965, 225 (n).
[20] AG Münster WuM 1955, 124 = ZMR 1955, 332 Leitsatz.

Wirkung der Beschlagnahme 2.2 § 23

§ 23 Abs 2) zum Schutz des Beschlagnahmegläubigers, auch des persönlich betreibenden. Eine gegen das Verbot verstoßende Verfügung des Schuldners (Grundstückseigentümers) über das Grundstück oder beschlagnahmte mithaftende Gegenstände (§ 20 Abs 2) und jede im Wege der Zwangsvollstreckung (auch Arrestvollziehung) gegen ihn erfolgte Verfügung ist dem **Beschlagnahmegläubiger gegenüber** unwirksam (BGB § 135 Abs 1 mit § 136). Gutglaubensschutz besteht jedoch für rechtsgeschäftlichen Erwerb (BGB § 135 Abs 2; dazu § 23 Rdn 4, 6). Zustimmung des Gläubigers zu einer verbotswidrigen Verfügung bewirkt als Verzicht auf den Schutz mit Wegfall der relativen Unwirksamkeit[1] volle Wirksamkeit der Verfügung. Zustimmung des Gläubigers ist bis Versteigerung möglich[2] (§ 55 Abs 1, § 90 Abs 2); eine danach dem Vollstreckungsgericht bis zur Erteilung des Zuschlags (§§ 89, 90, 104) erklärte Zustimmung ist jedoch als Antragsrücknahme oder Einstellungsbewilligung (§§ 29, 30) hinsichtlich des mithaftenden Gegenstands zu werten. Zu rein tatsächlichen Handlungen bleibt der Schuldner in der Zwangsversteigerung unbeschränkt befugt (§ 24).

2.2 a) **Verfügung über das Grundstück,** die gegen das Veräußerungsverbot verstößt und damit dem vollstreckenden Gläubiger gegenüber nach BGB § 135 Abs 1 mit § 136 unwirksam ist, sind insbesondere Eigentumsübertragung und Belastung (BGB § 873), Veränderungen im Bestand des Grundstücks mit Teilung, Vereinigung oder Bestandheitszuschreibung (siehe § 16 Rdn 3.8–3.10), außerdem die Erhöhung des Zinssatzes eines eingetragenen Rechts[3], auch wenn sie in den Grenzen von BGB § 1119 bis zu 5% geschieht[4], die Erhöhung der Ablösungssumme einer Rentenschuld und die Ausübung eines Rangvorbehalts. Verfügung in diesem Sinne ist nicht das Geltendmachen, Übertragen, Pfänden, Verpfänden von Eigentümergrundpfandrechten, nicht die Kündigung von Hypotheken oder Grundschulden (ob die Kündigung gegenüber dem Ersteher wirksam ist, entscheidet sich nach § 54), nicht die Ausfüllung einer Höchstbetragshypothek[5], nicht die Umwandlung von Grundpfandrechten (anders[6]) nach BGB §§ 1116, 1182, 1187, 1195, 1199, 1203, nicht eine Forderungsauswechslung nach BGB § 1180, nicht die Unterwerfung unter die sofortige Zwangsvollstreckung nach ZPO § 800 (ist prozessuale Erklärung zur Schaffung eines Vollstreckungstitels), auch nicht die nachträgliche Valutierung von Hypotheken, und nicht die Eintragung eines durch Vormerkung gesicherten Rechts (BGB § 883; die Vormerkung ist Platzhalter des Rechts).

b) **Bildung von Wohnungseigentum** (Teileigentum) nach Beschlagnahme durch Teilungsvereinbarung (WEG § 3) oder Teilungserklärung (WEG § 8) ist unzulässige Verfügung über das Grundstück[7] (auch wegen WEG § 4 Abs 2 Satz 2); anders (zulässig)[8]. Den Fortgang des Verfahrens und die Versteigerung des beschlagnahmten Grundstücks berührt diese Rechtsänderung nicht[9] (vgl auch Einl Rdn 11.5). Der Ersteher erwirbt mit Erteilung des Zuschlags das (versteigerte) Grundstück als Eigentum (§ 90 Abs 1). Damit verliert eine (unzulässig) bereits in das Grundbuch eingetragene Bildung von Wohnungseigentum (Teileigentum)

---

[1] Staudinger/Dilcher, BGB, § 135 Rdn 7, 15.
[2] Jaeckel/Güthe § 23 Rdn 2; Steiner/Teufel § 23 Rdn 7.
[3] OLG Hamburg OLG 26, 136.
[4] Jaeckel/Güthe § 23 Rdn 3; Korintenberg/Wenz § 23 Anm 3; Steiner/Teufel § 23 Rdn 15; Schmidt, Grundpfandrechte und geringstes Gebot (1953), Seite 19.
[5] Steiner/Teufel § 23 Rdn 19.
[6] Steiner/Teufel § 23 Rdn 20.
[7] AG Würzburg und LG Würzburg Rpfleger 1989, 117 mit Anm Meyer-Stolte; Dassler/Muth § 23 Rdn 11, und insbesondere Dassler/Schiffhauer § 63 Rdn 5; Stöber, ZVG-Handbuch, Rdn 141 a.
[8] OLG Frankfurt OLGZ 1987, 266; LG Essen Rpfleger 1989, 116 mit Anm Meyer-Stolte; Weitnauer, WEG, § 3 Rdn 126.
[9] Stöber, ZVG-Handbuch, Rdn 141 a.

§ 23 2.2 Anordnung der Versteigerung

ihre Wirksamkeit. Eintragung des Erstehers als Eigentümer des Grundstücks (§ 130 Abs 1) erfordert daher zugleich Anlegung eines Grundbuchblatts für das Grundstück und Schließung der Wohnungsgrundbücher. Zustimmung des Gläubigers (§ 20), auch der Beitrittsgläubiger (§ 27 Abs 1), zu der Veränderung des Bestands des Grundstücks mit Bildung von Wohnungseigentum (Teileigentum) bewirkt als Verzicht auf den mit Beschlagnahme begründeten Schutz volle Wirksamkeit der Verfügung[9]. Für den Fortgang des Zwangsversteigerungsverfahrens tritt damit das Wohnungseigentum (Teileigentum) an die Stelle des Grundstücks in seinem bei Wirksamwerden der Beschlagnahme ausgewiesenen rechtlichen Bestand. Dann jedoch ist ein Versteigerungstermin aufzuheben, wenn in der Terminsbestimmung nicht das Wohnungseigentum als Gegenstand der Versteigerung bezeichnet und öffentlich bekannt gemacht ist (§ 37 Nr 1, § 39 Abs 1; erforderlich ist dann auch Wertfestsetzung für das neue Objekt).

2.3 a) Gegen das mit Beschlagnahme bewirkte Veräußerungsverbot verstößt eine Verfügung über das Grundstück, wenn das Veräußerungsverbot bei Vollendung der Rechtsänderung besteht. Für Rechtsänderung durch mehraktigen Verfügungstatbestand (BGB § 873; Einigung und Eintragung) muß der verfügende Berechtigte bei Vollendung des Rechtserwerbs noch verfügungsbefugt sein[10]. Eine Verfügung über das Grundstück verstößt somit auch dann gegen das Veräußerungsverbot, wenn nach Einigung (BGB § 873 Abs 1) die Beschlagnahme vor Eintragung der Rechtsänderung in das Grundbuch (nach § 22) wirksam geworden ist. Der Gefahr von Rechtsnachteilen für den Begünstigten, die in einem solchen Fall aus dem Eintragungserfordernis mit den Zufälligkeiten des Eintragungsverfahrens besteht, begegnet **BGB § 878**. Die bindend gewordene (BGB § 873 Abs 2) Erklärung des über das Grundstück verfügenden Eigentümers wird, wenn Antrag auf Grundbucheintragung gestellt ist, durch ein danach mit Beschlagnahme bewirktes Veräußerungsverbot nicht unwirksam (zu den Voraussetzungen für die Anwendung des BGB § 878 im einzelnen siehe die BGB-Kommentare, außerdem[11] und gegenüber einem beitretenden Gläubiger[12]). Auf Kenntnis des Erwerbers von der Verfügungsbeschränkung, die mit Beschlagnahme nach dem für Anwendung des BGB § 878 maßgebenden Zeitpunkt bewirkt worden ist, kommt es nicht an (BGB § 878 ist keine Norm des Redlichkeitsschutzes). Mit Grundbucheintragung erlangt die Verfügung unter den Voraussetzungen des BGB § 878 volle Wirksamkeit auch dem Beschlagnahmegläubiger gegenüber.

b) Auf Erwerb im Wege der Zwangsvollstreckung, somit auf Eintragung einer Zwangshypothek (ZPO § 867 Abs 1, auch Arresthypothek, ZPO § 932) oder einer einstweiligen Verfügung (BGB § 885 Abs 1) ist BGB § 878 nicht anwendbar[13] (anders[14]; ein Vollstreckungsantrag gewährt aber in keinem Fall Sicherung für die Zeit bis zur Ausführung der Vollstreckungshandlung). Eine nach Wirksamwerden der Beschlagnahme eingetragene Zwangshypothek oder Vormerkung auf Grund einstweiliger Verfügung ist daher als gegen das Veräußerungsverbot verstoßende Zwangsverfügung dem vollstreckenden Gläubiger gegenüber auch dann unwirksam, wenn Eintragungsantrag vor Beschlagnahmewirksamkeit gestellt war.

2.4 **Verfügung** über einen beschlagnahmten (mithaftenden) **Gegenstand** (§ 20 Abs 2), die gegen das Veräußerungsverbot verstößt und damit dem vollstreckenden Gläubiger gegenüber nach BGB § 136 mit § 135 Abs 1 unwirksam ist, sind die

---

[10] Staudinger/Ertl, BGB, § 873 Rdn 40 und § 878 Rdn 2.
[11] Haegele/Schöner/Stöber, Grundbuchrecht, Rdn 115.
[12] BGH DNotZ 1989, 160 = KTS 1988, 822 = MDR 1988, 958 = NJW-RR 1988, 1274 = Rpfleger 1988, 543.
[13] BGH 9, 250 = NJW 1953, 898; KG Berlin DNotZ 1962, 400 = Rpfleger 1962, 177; Haegele/Schöner/Stöber, Grundbuchrecht, Rdn 113.
[14] MünchKomm/Wacke, BGB, § 878 Rdn 3 und 18; Staudinger/Ertl, BGB, § 878 Rdn 6.

Wirkung der Beschlagnahme 3.2 **§ 23**

Eigentumsübertragung (BGB §§ 929 ff) und die Belastung mit einem Pfandrecht (BGB § 1204) oder Nießbrauch (BGB § 1030).

2.5 Eintragung der Anordnung der Zwangsversteigerung (Zwangsverwaltung) in das Grundbuch (§ 19 Abs 1) schließt als grundbuchrechtlicher Schutzvermerk gutgläubigen rechtsgeschäftlichen Erwerb Dritter (Rdn 4, 6) aus. Der Vermerk sichert damit das durch Beschlagnahme bewirkte Veräußerungsverbot zugunsten des vollstreckenden Gläubigers (auch für Beitrittsgläubiger, § 27 Abs 1 Satz 2). Daher bewirkt die Eintragung des Vermerks **keine Sperre des Grundbuchs**[15] für weitere Eintragungen. Später eingehende Anträge (GBO §§ 13, 17) sind deshalb zu vollziehen. Dem Beschlagnahmegläubiger gegenüber sind die nach dem Vollstreckungsvermerk eingetragenen Rechtsänderungen (Übertragung des Eigentums, Begründung oder Änderung eines Rechts am Grundstück) als gegen das Veräußerungsverbot verstoßende Verfügungen jedoch unwirksam (BGB § 135 Abs 1 mit § 136) (relative Unwirksamkeit; nach Wegfall der Beschlagnahme oder mit Zustimmung des Beschlagnahmegläubigers besteht volle Wirksamkeit). Neu eingetragene Rechte haben gegenüber den bis dahin vorhandenen Beschlagnahmegläubigern Rangklasse 6 des § 10 Abs 1 (Gläubigerwechsel § 15 Rdn 29).

2.6 Die Beschlagnahme und das durch sie begründete Veräußerungsverbot sind **für jeden betreibenden Gläubiger unabhängig** von der für andere. Wird nach Eintragung des Vollstreckungsvermerks, aber vor Zustellung eines Beitrittsbeschlusses das Grundstück mit einem dinglichen Recht belastet, so ist dieses Recht nur dem Anordnungsgläubiger unwirksam, sonst aber als Grundstücksbelastung wirksam entstanden, somit auch dem Beitrittsgläubiger gegenüber nicht unwirksam nach § 10 Abs 1 Nr 6 und § 23 Abs 1[16], weil die erste Beschlagnahme nur zugunsten des Anordnungsgläubigers als Beschlagnahme wirkt, nicht auch zugunsten späterer Beitrittsgläubiger. Für jeden betreibenden Gläubiger entscheidet der Zeitpunkt seiner Beschlagnahmewirksamkeit (bei Beitritten nur durch Zustellung). Dieselbe Grundbucheintragung kann also dem einen Gläubiger gegenüber wirksam, einem anderen gegenüber unwirksam sein; das Recht hat so gegenüber einer früheren Beschlagnahme Rangklasse 6, gegenüber einer späteren Rangklasse 4. Beispiel in ZVG-Handbuch Rdn 83.

Einzelne bewegliche Sachen (Absatz 1 Satz 2) 3

3.1 Gestattet ist dem Schuldner **Verfügung über einzelne** mitbeschlagnahmte bewegliche **Sachen** innerhalb der Grenzen einer ordnungsgemäßen Wirtschaft mit Wirksamkeit gegenüber dem Gläubiger (Abs 1 Satz 2; gilt nicht bei Zwangsverwaltung, § 148 Abs 1 Satz 2). Diese Einschränkung des Veräußerungsverbots entspricht der Regelung (§ 24), daß dem Schuldner auch nach der Beschlagnahme die Befugnis verbleibt, das Grundstück innerhalb der Grenzen einer ordnungsmäßigen Wirtschaft zu verwalten (Denkschrift S 41). Beschlagnahmte bewegliche Sachen, über die der Schuldner in den Grenzen des Abs 1 Satz 2 verfügen kann, können Zubehör, getrennte Erzeugnisse oder sonstige Bestandteile (§ 20 Rdn 3.1) sein.

3.2 Im Rahmen einer **ordnungsmäßigen Wirtschaft** liegen alle Maßnahmen, die in dem besonderen Fall nach wirtschaftlichen Erwägungen geboten oder statthaft erscheinen. Dazu gehören etwa die Bestellung und Aberntung von Feldern, der Absatz ernteifer Feldfrüchte und ihre Ablieferung an den Käufer[17], die Nutzung von Wald nach forstwirtschaftlichen Grundsätzen, alle Maßnahmen zur Fortführung eines Betriebes, sogar Veränderungen in der Wirtschaftsführung[18]. Es

---

[15] Korintenberg/Wenz § 23 Anm 2; Haegele/Schöner/Stöber, Grundbuchrecht, Rdn 1627; Jung MittRhNotK 1966, 261 (B 1).
[16] Jaeckel/Güthe § 22 Rdn 2; Mohrbutter/Drischler Muster 7 Anm 1.
[17] BGH 120, 368 (370, 372) = NJW 1993, 1791.
[18] Jaeckel/Güthe § 24 Rdn 1.

§ 23 3.2   Anordnung der Versteigerung

hängt ganz von den Einzelheiten ab, ob der Schuldner die Grenzen einer ordnungsmäßigen Wirtschaft überschreitet. Allgemeine Regeln lassen sich hierfür nicht aufstellen.

3.3 Nicht versteigert werden **Zubehörstücke,** die in den Grenzen einer ordnungsgemäßen Wirtschaft veräußert sind, nur dann, wenn sie auch nicht mehr im Besitz des Schuldners (oder eines neu eingetretenen Eigentümers) sind (§ 55 Abs 2). Bei Besitz des Schuldners (eines neu eingetretenen Eigentümers) muß das Verfahren auf Bewilligung der betreibenden Gläubiger insoweit eingestellt oder aufgehoben werden (§§ 29, 30) oder auf prozeßgerichtliche Entscheidung hin (§ 37 Nr 5, § 55 Abs 2).

3.4 Der **Erlös** aus einer im Rahmen der ordnungsmäßigen Bewirtschaftung zulässigen oder vom Gläubiger genehmigten Verfügung steht zur **freien Verfügung** des Schuldners. Den Erlös aus einer gegen die Beschlagnahme verstoßenden Verfügung muß der Schuldner nach BGB § 823 Abs 2, § 251 herausgeben, und zwar zur Teilungsmasse, wenn die Verfügung vor dem Schluß der Versteigerung erfolgt ist (weil der Erlös nur Surrogat für den Gegenstand ist, der nach § 55 der Versteigerung unterlag), und an den Ersteher, wenn die Verfügung nach dem Schluß der Versteigerung erfolgt ist (weil die Gefahr des zufälligen Untergangs insoweit nach dem Schluß der Versteigerung auf den Ersteher nach § 56 Satz 1 übergegangen ist). Der bösgläubige Erwerber einer beschlagnahmten Sache muß diese zurückgeben; der Ersteher kann, soweit sie ihm zusteht, gegen ihn nach § 93 vollstrecken.

4 Gutgläubiger Erwerb eines Rechts am Grundstück

Wirksam ist eine gegen das Veräußerungsverbot verstoßende Verfügung auch dem Beschlagnahmegläubiger gegenüber bei gutgläubigem (rechtsgeschäftlichem) Erwerb (BGB § 135 Abs 2 mit § 136). Gutgläubig erworben wird das Eigentum oder ein (beschränktes dingliches) Recht **an dem Grundstück** (Dienstbarkeit, Hypothek, Grundschuld usw; dazu § 10 Rdn 8.1) durch Rechtsgeschäft nach Wirksamwerden der Beschlagnahme, wenn das damit bewirkte Veräußerungsverbot weder aus dem Grundbuch (durch Eintragung des Versteigerungs- bzw Verwaltungsvermerks, § 19 Abs 1) ersichtlich noch dem Erwerber bekannt ist (BGB § 892 Abs 1; zu den Voraussetzungen für die Anwendung des BGB § 892 im einzelnen siehe die BGB-Kommentare, außerdem[19]). Gutgläubiger Erwerb durch eine **nach** Eintragung des Vollstreckungsvermerk gegen das Veräußerungsverbot verstoßende Verfügung ist damit immer ausgeschlossen; auch bei gleichzeitiger Eintragung des Erwerbsvorgangs und des Vollstreckungsvermerks besteht kein Schutz nach BGB § 892; siehe § 19 Rdn 4.4). Antragstellung begründet kein Recht auf Erwerb nach BGB § 892; wird nach Antragstellung der Versteigerungsvermerk auf Grund eines später beim Grundbuchamt eingegangenen Ersuchens (§ 19 Abs 1) zuerst (oder gleichzeitig) eingetragen, dann ist das Veräußerungsverbot für Rechtserwerb grundbuchersichtlich, gutgläubiger Erwerb durch nachfolgende (gleichzeitige) Eintragung der Rechtsänderung somit ausgeschlossen. **Vor** Eintragung des Versteigerungsvermerks ist gutgläubiger Erwerb ausgeschlossen, wenn dem Erwerber die mit Verfahrensanordnung bewirkte Beschlagnahme bekannt ist (BGB § 892 Abs 1 Satz 2). Maßgebender Zeitpunkt für diese Kenntnis des Erwerbers nach BGB § 892 Abs 2: Zeit der Stellung des Antrags (GBO § 13 Abs 2), wenn zur Vollendung des Rechtserwerbs nur noch die Eintragung fehlt, oder spätere Einigung (BGB § 873) oder Zeit des zur Vollendung des Rechtserwerbs noch erforderlichen nachfolgenden Rechtsakts (Entstehen der gesicherten Forderung für Erwerb der Hypothek, BGB §§ 1113, 1163 Abs 1 S 1; Übergabe des Briefes bei Briefhypothek oder Briefgrundschuld, wenn keine Aushändigungsabrede nach BGB § 1117 Abs 2 getroffen ist).

---

[19] Haegele/Schöner/Stöber, Grundbuchrecht, Rdn 343 ff.

Wirkung der Beschlagnahme 6.1 § 23

Kenntnis des Versteigerungsantrags (Absatz 2 Satz 1) 5

5.1 Kenntnis des Versteigerungsantrags (im maßgeblichen Zeitpunkt, Rdn 4) ist zum Schutz des Gläubigers einer Kenntnis der Beschlagnahme gleichgestellt (Abs 2 Satz 1). Grund: Der Erwerber muß hier mit der inzwischen erfolgten Beschlagnahme rechnen. Gutgläubiger Erwerb ist nach BGB § 892 Abs 1 Satz 2 somit gleichfalls ausgeschlossen, wenn Beschlagnahme mit Zustellung des Beschlusses oder Grundbucheingang des Eintragungsersuchens (§ 22 Abs 1) wirksam erfolgt ist, der Erwerber sie jedoch (im maßgeblichen Zeitpunkt) nicht kannte, aber doch Kenntnis vom Versteigerungsantrag hatte. Gestellt ist der Versteigerungsantrag mit Eingang bei Amtsgericht (muß nicht das Vollstreckungsgericht als Abteilung des Gerichts sein). Bis zu diesem Zeitpunkt genügt Kenntnis von einem in Aussicht genommenen (beabsichtigten) Antrag nicht. Erforderlich ist Kenntnis der Tatsache, daß ein Versteigerungsantrag gestellt ist. Kenntnis des Antragstellers und seiner Forderung braucht nicht zu bestehen. Es genügt auch Kenntnis von einem unvollständigen Beschlagnahmeantrag[20]. Die Kenntnis vom Antrag kann auch dadurch erlangt sein, daß Erlaß eines Anordnungs- oder Beitrittsbeschlusses oder Absendung des Grundbuchersuchens (§ 19 Abs 1) bekannt wurde (dann muß auch Antrag gestellt sein) oder auch, daß der Antrag schon vor einiger Zeit an das Vollstreckungsgericht abgesandt wurde (dann muß er dort auch eingegangen sein). Wird der Antrag zurückgenommen, so schadet Kenntnis nicht (keine Beschlagnahme, somit keine gegen das Veräußerungsverbot verstoßende Verfügung). Für Kenntnis von der Zurückweisung des Antrags wird das gleichfalls gelten müssen. Das wird auch gelten müssen, wenn der Zurückweisungsbeschluß auf Erinnerung oder Beschwerde aufgehoben und die Beschlagnahme angeordnet wird (der Erwerber brauchte hier nicht mehr mit der inzwischen erfolgten Beschlagnahme rechnen, es sei denn, auch vom Rechtsbehelf bestand Kenntnis (steht der Kenntnis vom Antrag gleich).

5.2 Rechtsänderung mit wirksamer Verfügung (Einigung und Eintragung, BGB § 873) des Eigentümers (Schuldners) **vor** Beschlagnahmewirksamkeit verstößt nicht gegen das erst danach bewirkte Veräußerungsverbot, ist somit wirksam, auch wenn der Erwerber den zu dieser Zeit schon gestellten Versteigerungsantrag gekannt hat. Eine Verfügung vor Zustellung des Beitrittsbeschlusses ist als vor Beitrittsbeschlagnahme (§ 22 Rdn 2.3) erfolgt daher auch dem Beitrittsgläubiger gegenüber stets wirksam, auch wenn der Versteigerungsvermerk infolge der Verfahrensanordnung eingetragen war.

Mithaftender Gegenstände (Absatz 2 Satz 2) 6

6.1 Gutgläubiger Erwerb mithaftender beweglicher Sachen, somit beschlagnahmter getrennter **Erzeugnisse** oder sonstiger **Bestandteile** und **Zubehör** des Schuldners (§ 20 Abs 2; BGB § 135 Abs 2 mit § 136, §§ 932 ff, auch § 1244) oder eines Pfandrechts oder Nießbrauchs daran (BGB § 135 Abs 2 mit § 136, §§ 1032, 1208) durch Rechtsgeschäft nach Wirksamwerden der Beschlagnahme kann erfolgen, wenn das damit bewirkte Veräußerungsverbot weder dem Erwerber bekannt noch infolge grober Fahrlässigkeit unbekannt war. Weitergehend bestimmt § 23 Abs 2 Satz 2 zum Schutz des Gläubigers, daß die Beschlagnahme auch in Ansehung der mithaftenden beweglichen Sachen als bekannt gilt, sobald der Versteigerungs- bzw Verwaltungsvermerk (§ 19 Abs 1) im Grundbuch eingetragen ist. Gutgläubiger Erwerb durch eine **nach** Eintragung des Versteigerungsvermerks gegen das Veräußerungsverbot verstoßende Verfügung ist daher auch hinsichtlich der beschlagnahmten beweglichen Sachen (§ 20 Abs 2) immer ausgeschlossen. Daß die Kenntnis des Versteigerungsantrags auch hier einer Kenntnis der Beschlagnahme gleichsteht, bestimmt bereits Abs 2 Satz 1. Die **nach** Beschlagnahme, aber vor

---

[20] Mohrbutter/Drischler Muster 1 Anm 5; Steiner/Teufel § 23 Rdn 26.

§ 23 6.1 Anordnung der Versteigerung

Eintragung des Versteigerungsvermerks erfolgte Verfügung über einen beschlagnahmten (mithaftenden) Gegenstand ist dem Gläubiger gegenüber somit unwirksam, wenn der Erwerber die Beschlagnahmewirksamkeit oder auch nur den Versteigerungsantrag gekannt hat (dem gleich Eintragung des Versteigerungsvermerks). Rechtsänderung mit wirksam vorgenommener (abgeschlossener) Verfügung vor Beschlagnahmewirksamkeit verstößt nicht gegen das erst danach bewirkte Veräußerungsverbot, ist somit wirksam, auch wenn der Erwerber den zu dieser Zeit schon gestellten Versteigerungsantrag gekannt hat. Wirksamkeit gegenüber einem Beitrittsgläubiger § 23 Rdn 2.6. Mögliche Mitversteigerung von Zubehör: § 55 Abs 2 (dazu § 55 Rdn 3).

6.2 Forderungen können nicht gutgläubig erworben werden (BGB § 404; Besonderheiten wie zB bei Sicherung durch Grundpfandrecht, sind hier nicht bedeutsam). Auf sie findet BGB § 135 Abs 2 keine Anwendung. Nach Beschlagnahme ist daher auch die Abtretung einer von ihr erfaßten Forderung an einen Gutgläubigen dem Beschlagnahmegläubiger gegenüber unwirksam.

7 Verfahrensbehandlung der Verfügungen bei Beschlagnahme

7.1 Die Wirksamkeit einer Verfügung trotz Beschlagnahme vor Rechtsänderung (BGB § 878; § 23 Rdn 2.3) und einer gegen das Veräußerungsverbot verstoßenden Verfügung infolge des Gutglaubensschutzes (BGB § 135 Abs 2 mit §§ 136, 892; § 23 Rdn 3, 4) weist der Grundbuchinhalt nicht aus. Insbesondere ist durch Eintragung des Rechts **nach** Wirksamwerden der Beschlagnahme, vor dem Versteigerungsvermerk, nicht dargestellt, daß es auch dem vollstreckenden Gläubiger gegenüber wirksam geworden ist. Erwerbsschutz nach BGB § 878 ist von Voraussetzungen abhängig, die nicht grundbuchsichtlich sind (bindende Einigung und sonstige materiell-rechtliche Erfordernisse für Wirksamkeit der Verfügung nach BGB § 878 müssen erfüllt sein). Gutgläubiger Rechtserwerb (BGB § 135 Abs 2 mit §§ 136, 892) darf auch nicht durch Kenntnis der Beschlagnahme (auch des Versteigerungsantrags) ausgeschlossen sein. Der nach dem Recht eingetragene Versteigerungsvermerk bekundet dafür nichts. Für Berücksichtigung eines Rechts am Grundstück (§ 10 Abs 1 Nr 4 oder 6; zum Eigentumswechsel siehe § 28 Rdn 3) in der Zwangsversteigerung (oder Zwangsverwaltung) nach den Verfahrensgrundsätzen des Vollstreckungsrechts folgt daraus:

7.2 Zuziehung des Berechtigten zum Verfahren als **Beteiligter** (§ 9) erfolgt nach dem Inhalt des Grundbuchs bei Eintragung des Versteigerungsvermerks. Materielle Wirksamkeit der grundbuchsichtlichen Rechte ist dafür bedeutungslos, desgleichen deren Unwirksamkeit dem vollstreckenden Gläubiger gegenüber.

7.3 Anmeldepflicht für Rechtswahrung (§ 37 Nr 4, auch § 110) besteht nur für die zur Zeit der Eintragung des Versteigerungsvermerks nicht aus dem Grundbuch ersichtlichen Rechte. Zu dieser Zeit grundbuchersichtliche Rechte werden bei Feststellung des geringsten Gebots (§ 45; erforderlich Rang vor dem vollstreckenden Gläubiger, § 44) und Aufstellung des Teilungsplans (§ 114) nach dem Inhalt des Grundbuchs berücksichtigt.

7.4 Anmeldepflicht (mit Rangverlust nach § 110 als Folge der Unterlassung) besteht auch für einen aus dem Grundbuch nicht ersichtlichen **Vorrang**[21]. Demnach anmeldepflichtigen Vorrang (so zutreffend[22]) gegenüber dem Gläubiger einer persönlichen Vollstreckungsforderung begründet der ihm gegenüber nach BGB § 878 oder BGB § 135 Abs 2 mit §§ 136, 892 wirksame Rechtserwerb mit Berücksichtigung des Rechts in Rangklasse 4 des § 10 Abs 1 (statt sonst in Rangklasse 6). Die Anmeldung dieses nicht grundbuchsichtlichen Vorrangs muß

---

[21] RG 122/61; Dassler/Muth § 37 Rdn 15; Jaeckel/Güthe §§ 37, 38 Rdn 9; Korintenberg/Wenz §§ 37, 38 Anm II 4; Steiner/Teufel §§ 37, 38 Rdn 53.
[22] Steiner/Teufel §§ 37, 38 Rdn 53 und § 23 Rdn 33.

Wirkung der Beschlagnahme 7.7 § 23

Rechtsgrund und Rang zur Berücksichtigung im geringsten Gebot und/oder Teilungsplan angeben, somit insbesondere den nach BGB § 878 geschützten Erwerbsvorgang tatbestandsmäßig so bezeichnen, daß wirksamer Rechtserwerb auch gegenüber dem Beschlagnahmegläubiger schlüssig ersichtlich ist. Wenn der Gläubiger widerspricht, sind diese Tatsachen für Aufnahme in das geringste Gebot glaubhaft zu machen (§ 45 Abs 1; ZPO § 294). Keine Grundlage für Aufnahme des Rechts in das geringste Gebot und „vorrangige" Berücksichtigung im Teilungsplan bietet die „Anmeldung", wenn nur als Rechtsfolge geltend gemacht wird, daß mit geschütztem Rechtserwerb Vorrang bestehe; der beanspruchte Vorrang in Rangklasse 4 des § 10 Abs 1 muß mit den Voraussetzungen des § 44 (§ 114) für Aufnahme in das geringste Gebot angemeldet, nicht aber nur behauptet werden.

7.5 Anmeldung eines in Rangklasse 4 des § 10 Abs 1 beanspruchten Vorrangs erlangt für **gutgläubigen Rechtserwerb** (BGB § 135 Abs 1 mit §§ 136, 892) nur geringe Bedeutung, nämlich nur für ein Recht, das nach Verfahrensanordnung noch vor dem Vollstreckungsvermerk in das Grundbuch eingetragen worden ist. Gutgläubiger Erwerb mit Grundbucheintragung erst nach Eintragung des Zwangsversteigerungsvermerks ist immer ausgeschlossen (§ 23 Rdn 3). Alle Rechte am Grundstück, die nach dem Inhalt des Grundbuchs oder (erforderlicher, § 37 Nr 4) Anmeldung erst nach dem Versteigerungsvermerk eingetragen worden sind, sind gegenüber dem Anordnungsgläubiger und nach dem Zeitpunkt, in welchem ein Beitrittsbeschluß mit Zustellung wirksam geworden ist (§ 22 Abs 1 Satz 1 mit § 27), auch gegenüber dem Beitrittsgläubiger immer unwirksam (Rangklasse 6 des § 10 Abs 1).

7.6 Rechtserwerb im Wege der **Zwangsvollstreckung** (Zwangshypothek, ZPO § 867 Abs 1; auch Arresthypothek, ZPO § 932) und Vormerkung auf Grund einstweiliger Verfügung (BGB § 885) bestimmt sich **nach der Eintragung** im Grundbuch. Der vor Beschlagnahme gestellte Eintragungsantrag und Gutgläubigkeit des Vollstreckungsgläubigers begründen keinen Schutz des Erwerbsvorgangs; BGB § 878 und § 135 Abs 2 mit §§ 136, 892, finden keine Anwendung (Rdn 2.3). Mit Eintragung der Rechtsänderung im Wege der Zwangsvollstreckung weist der Grundbuchinhalt deren Wirksamkeit oder Unwirksamkeit gegenüber dem Beschlagnahmegläubiger (mit dem Wirksamkeitszeitpunkt seiner Beschlagnahme, § 22) daher vollständig aus. Zwangshypothek und Vormerkung auf Grund einstweiliger Verfügung sind deshalb auch durch das Vollstreckungsgericht mit der durch den Grundbuchinhalt (Eintragungstag) dargestellten materiellen Berechtigung gegenüber dem Anordnungs- und jedem Beitrittsgläubiger (Zeitpunkt der jeweiligen Beschlagnahmewirksamkeit) als wirksam oder unwirksam zu behandeln.

7.7 Zusammenfassung somit: Berücksichtigung eines Rechts am Grundstück erfolgt in Rangklasse 6 des § 10 Abs 1, wenn es nach dem Inhalt des Grundbuchs (Tag der Eintragung, dann Beweisvermutung des BGB § 891) infolge der Beschlagnahme (Wirksamkeitszeitpunkt, § 22) dem Gläubiger gegenüber unwirksam ist. Dem Zeitpunkt der Eintragung des Vollstreckungsvermerks kommt für Berücksichtigung des Befriedigungsrangs der Rechte in Rangklasse 4 oder 6 des § 10 Abs 1 keine Bedeutung zu. Als grundbuchlicher Schutzvermerk zum Ausschluß (weiteren) gutgläubigen Erwerbs stellt er nicht dar, daß (infolge GBO § 17) ein noch zuvor, aber bereits nach Beschlagnahme eingetragenes Recht dem vollstreckenden Gläubiger gegenüber nach BGB § 878 oder BGB § 135 Abs 1 mit §§ 136, 892 wirksam ist. Das Vollstreckungsgericht kann daher nicht nach dem Grundsatz verfahren, was vor dem Vollstreckungsvermerk eingetragen ist, wird als wirksam behandelt, was nachher eingetragen ist, wird als gegenüber dem Anordnungsgläubiger unwirksam behandelt (so aber[23]; anders 11. Auflage, § 23 Rdn 2; diese

---

[23] vd Pfordten, ZVG, § 23 Anm 2 b und Anm 2 c.

§ 23 7.7   Anordnung der Versteigerung

Ansicht ist aufgegeben). Wirksamkeit einer Verfügung trotz Beschlagnahme vor Rechtsänderung (BGB § 878) und (seltener Fall) einer gegen das Veräußerungsverbot verstoßenden Verfügung infolge des Gutglaubensschutzes (BGB § 135 Abs 2 mit §§ 136, 892) begründet Vorrang vor dem vollstreckenden Gläubiger in Rangklasse 4 des § 10 Abs 1. Dieser Vorrang muß (rechtzeitig) angemeldet werden (§ 37 Nr 4, §§ 45, 110, 114), weil er nicht grundbuchersichtlich ist.

[Verwaltung und Benutzung durch den Schuldner]

24 **Die Verwaltung und Benutzung des Grundstücks verbleibt dem Schuldner nur innerhalb der Grenzen einer ordnungsmäßigen Wirtschaft.**

1 Allgemeines zu § 24

1.1 Zweck der Vorschrift: Allgemeine Regelung des Schuldnerrechts, das Grundstück auch während des Versteigerungsverfahrens zu verwalten und zu benutzen. Entziehung auch dieser Befugnisse vor Veräußerung mit Zuschlag ist durch den Zweck der Zwangsversteigerung nicht geboten (Denkschrift S 41).

1.2 Anwendungsbereich: § 24 gilt für die Vollstreckungsversteigerung. Für die Zwangsverwaltung gilt er nicht, weil dort alle Nutzungen der Zwangsverwalter zieht (§ 148 Abs 2). Er ist für die Verfahren nach §§ 172, 175, 180 ohne Bedeutung, weil dort Verwaltungs- und Benutzungsrecht des Eigentümers unbeschränkt bleibt, für Schiffe und Luftfahrzeuge Besonderheiten (§ 162 Rdn 3, § 171 a Rdn 3).

2 Verwaltungs- und Benutzungsrecht des Schuldners

2.1 Dem Schuldner **verbleibt** während der Vollstreckungsversteigerung die Verwaltung und Benutzung des Grundstücks (und der mitbeschlagnahmten Gegenstände, § 20 Abs 2) innerhalb der Grenzen einer ordnungsmäßigen Wirtschaft (zu dieser § 23 Rdn 3.2). Im Konkurs gelten die Rechte für den Konkursverwalter (KO § 6).

2.2 Der Schuldner hat ein Verwaltungs- und Benutzungsrecht, aber **keine Verpflichtung** dazu[1]; er ist nicht verpflichtet, das Grundstück so bewirtschaften. Er unterliegt auch keiner Aufsicht (ZVG-Handbuch Rdn 142). Rechnung hat er nicht zu legen.

2.3 Auf **Zubehör,** das der verwaltende Schuldner beschafft (Eigentumserwerb erforderlich) erstreckt sich die Beschlagnahme (§ 20 Rdn 4.2). Veräußerung verbietet daher § 23 Abs 1 Satz 1 (Ausnahme Satz 2).

2.4 Das Verwaltungsrecht umfaßt **tatsächliche Handlungen,** Verfügungen nur, soweit sie nach § 23 Abs 1 Satz 2 erlaubt sind, nicht aber durch § 23 verbotenen rechtlichen Verfügungen (anders[2]: Verfügungen zulässig, soweit sie keine Veräußerung sind). Miet- und Pachtverträge kann der Schuldner abschließen (die Beschlagnahme schränkt nicht das Recht des Schuldners ein, sich durch schuldrechtlichen Mietvertrag [BGB § 535] zu verpflichten). Sie sind sogar dann wirksam, wenn sie nicht in dem Rahmen einer ordnungsmäßigen Wirtschaft fallen (§ 24 hat mit dem Verhältnis des Schuldners zum Ersteher nichts zu tun[3]), etwa der Mietzins besonders niedrig ist (so auch[4]; anders[5]). Der Ersteher ist durch §§ 57, 57 a geschützt, bei Kündigungsschutz für Wohnraum auch durch mögliche Miet-

---
[1] Jaeckel/Güthe § 24 Rdn 2.
[2] Jaeckel/Güthe § 24 Rdn 1.
[3] Jaeckel/Güthe § 24 Rdn 4.
[4] Dassler/Muth § 24 Rdn 2.
[5] LG Kassel NJW-RR 1990, 976; Steiner/Teufel § 24 Rdn 17.

Sicherung der ordnungsmäßigen Bewirtschaftung 2.1 **§ 25**

erhöhung nach dem Gesetz zur Regelung der Miethöhe, und die betreibenden Gläubiger können Maßnahmen nach § 25 beantragen. Hierzu auch ZVG-Handbuch Rdn 142.

2.5 Verwaltung durch den Schuldner erfolgt auf **eigene Rechnung,** nicht zu Lasten des Versteigerungserlöses. Verwaltungserträgnisse (Überschüsse) gebühren dem Schuldner. Verwendungen erhält er nicht erstattet.

[Sicherung der ordnungsmäßigen Bewirtschaftung]

25 **Ist zu besorgen, daß durch das Verhalten des Schuldners die ordnungsmäßige Wirtschaft gefährdet wird, so hat das Vollstreckungsgericht auf Antrag des Gläubigers die zur Abwendung der Gefährdung erforderlichen Maßregeln anzuordnen. Das Gericht kann die Maßregeln aufheben, wenn der zu deren Fortsetzung erforderliche Geldbetrag nicht vorgeschossen wird.**

Allgemeines zu § 25 1

1.1 Zweck der Vorschrift: Gläubigerschutz mit Sicherungsmaßregeln für den Fall, daß der Schuldner nach Anordnung der Zwangsversteigerung die Wirtschaftsführung vernachlässigt oder durch Handlungen das Grundstück und mitbeschlagnahmte Gegenstände (§ 20 Abs 2) gefährdet. Weitere Maßnahmen gegen den Schuldner bringen §§ 93, 148 Abs 2, § 149 Abs 2, § 150 Abs 2.

1.2 Anwendungsbereich: § 25 ist für die **Vollstreckungsversteigerung** bestimmt. In der Konkursverwalterversteigerung (§ 172) ist er nicht anwendbar, weil der Konkursverwalter aus eigenem Recht alles Nötige zu unternehmen hat. In der Nachlaßversteigerung (§ 175) kommt er nicht in Frage. In der Teilungsversteigerung ist er anwendbar[1], weil der Antragsgegner wie ein Schuldner behandelt wird. In der Zwangsverwaltung soll er anwendbar sein[2]; der Wortlaut spricht nicht dagegen; doch kann dort die Gefährdung durch den Schuldner viel besser mit den Maßnahmen der Zwangsverwaltung erreicht werden, wo der Zwangsverwalter allein verwaltungs- und nutzungsberechtigt ist (§ 148 Abs 2) (auch verpflichtet) und den Schuldner aus dem Grundstück entfernen kann (§ 149 Abs 2). Für Schiffe und Luftfahrzeuge besondere Verwahrungsvorschriften.

Anlaß zu Sicherungsmaßnahmen gegen den Schuldner 2

2.1 Maßnahmen sind veranlaßt, wenn zu befürchten ist, daß durch das Verhalten des Schuldners die **ordnungsmäßige Wirtschaft gefährdet** wird (§ 25 Satz 1). Sicherungsmaßregeln gegen den Schuldner ermöglicht § 25, um eine durch ihn drohende Gefährdung abzuwenden. § 94 dagegen richtet sich gegen den Ersteher zwischen Zuschlag und Bezahlung des Meistgebots, um zu verhindern, daß er verfügt, ohne seine Zahlungspflicht zu erfüllen. Ein Verschulden des Schuldners ist für Schutz zur Sicherung und Erhaltung des Grundstücks mit seinen wesentlichen Bestandteilen (insbesondere den Gebäuden) und dem beschlagnahmten Zubehör nicht nötig[3], es genügt unwirtschaftliches, aber auch passives Verhalten (Unterlassen der Aussaat, Nichteinbringen der Ernte) oder bloße Behinderung, somit objektive Gefährdung[3]. Auch Dringlichkeit ist nicht erforderlich; Voraussetzung ist Besorgnis der Gefährdung[4]. Es muß genügen, wenn der Schuldner unbekannten

---

[1] Mohrbutter/Drischler Muster 48 Anm 2; Steiner/Teufel § 25 Rdn 4.
[2] OLG Koblenz MDR 1957, 172; Jaeckel/Güthe § 146 Rdn 7; Steiner/Teufel § 25 Rdn 5.
[3] LG Schweinfurt WM 1966, 1275.
[4] Steiner/Teufel § 25 Rdn 8.

§ 25 2.1   Anordnung der Versteigerung

Aufenthalts ist und dadurch Mietzins nicht eingehoben oder eine notwendige Reparatur nicht ausgeführt wird. Es genügt auch, wenn wegen Mittellosigkeit des Schuldners solche Maßnahmen oder andere unterbleiben, etwa Brandversicherungsbeiträge nicht bezahlt werden (wodurch die Haftung der Brandversicherungssumme für die dinglichen Rechte in Frage gestellt ist). Es genügt auch, wenn in einem unbeaufsichtigten Grundstück Maschinen, Einrichtungen, Bauteile dem Zugriff des Schuldners oder Dritter ausgesetzt sind, etwa Bauhandwerker ihre Lieferungen wieder herausholen oder der Schuldner selbst Gebäude abbricht oder Teile verschleppt.

2.2 Die ordnungsgemäße Bewirtschaftung eines auf **Milcherzeugung** ausgerichteten landwirtschaftlichen Anwesens ist ohne entsprechendes Milchkontingent (zu diesem § 55 Rdn 4.2) regelmäßig entwertet. Dieses sogenannte Milchkontingent ist nicht beschlagnahmtes, personenbezogenes, aber an den Betrieb gebundenes Recht[5] (sogenannte Betriebsakzessorietät). Weil dem Schuldner die Verwaltung und Benutzung des Grundstücks nicht entzogen ist (§ 24), ist ihm auch Änderung der Bewirtschaftung mit Aufgabe der Milcherzeugung und damit Freisetzung der Referenzmenge nicht verwehrt. Als Erzeuger kann er daher Antrag auf Gewährung einer Vergütung für die Aufgabe der Milcherzeugung für den Markt stellen. Die wertmindernde Nutzungsänderung, die mit dem Grundstück (Betrieb) verbundene Lieferrechte verfallen läßt, kann jedoch Gefährdung ordnungsgemäßer Wirtschaft nach § 25 begründen. Zur Abwendung einer mit Wegfall des (nicht beschlagnahmten, aber betriebsgebundenen) Milchkontingents verbundenen Gefährdung kann das Vollstreckungsgericht dem Schuldner daher nach § 25 Aufgabe des Milchkontingents zur Erlangung einer Vergütung für die Aufgabe der Milcherzeugung untersagen (so im Ergebnis zutreffend[6]; enger[7]: Aufgabe im konkreten Fall nicht unwirtschaftlich).

3 Antrag und Verfahren

3.1 Das Gericht darf **nur auf Antrag** des betreibenden Gläubigers, auch eines Beitrittsgläubigers (nicht aber anderer Gläubiger) tätig werden, nicht von Amts wegen. Angeordnet werden kann eine Maßregel nur, solange der Schuldner Eigentümer ist, also bis zur Verkündung des Zuschlags (nachher Maßnahmen gemäß § 94 gegen den Ersteher). Die tatsächlichen Behauptungen über die Gefährdung hat der Antragsteller **glaubhaft** zu machen. Wenn aber der Antrag gestellt ist (und Tatsachen glaubhaft gemacht), dann muß das Gericht Maßnahmen verhängen; nicht die Verhängung, nur die Auswahl der Maßnahmen unterliegt seinem Ermessen. Der Gläubiger darf nicht auf Zwangsverwaltung verwiesen werden (ist nicht Sicherungs-, sondern Vollstreckungsmaßregel), ebenso nicht auf das Mittel der einstweiligen Verfügung.

3.2 Mündliche Verhandlung über den Antrag ist nicht nötig (ZPO § 764 Abs 3), wohl aber zu empfehlen, bevor schwerwiegende Anordnungen ergehen. Ob dem Schuldner vorher rechtliches Gehör zu gewähren ist, hat das Gericht nach pflichtgemäßem Ermessen zu entscheiden. Vorherige Anhörung des Schuldners kann in bestimmten Verfahrenslagen den mit der Maßnahme zu verfolgenden Sicherungszweck vereiteln, hat somit dann zu unterbleiben. Die Entscheidung ergeht durch Beschluß, der zu begründen ist.

3.3 Die Maßnahmen müssen ausdrücklich wieder **aufgehoben** werden[8]. Sie müssen aufgehoben werden, wenn der Zuschlag erteilt ist (anders[9]: sie erledigen

---

[5] BGH 114, 277 (281) = KTS 1991, 617 = MDR 1991, 1167 = NJW 1991, 2380 = Rpfleger 1991, 429; auch BGH 118, 351 (353).
[6] LG Oldenburg Rpfleger 1986, 188.
[7] LG Lüneburg Rpfleger 1986, 188; AG Meppen Rpfleger 1986, 269.
[8] Jaeckel/Güthe § 25 Rdn 8.8

Sicherung der ordnungsmäßigen Bewirtschaftung 4.4 § 25

sich damit von selbst, auch[10]: endet mit Rechtskraft des Zuschlags oder Überleitung in eine Maßnahme nach § 94) oder wenn der Antrag auf Maßnahmen zurückgenommen wird oder wenn das Zwangsversteigerungsverfahren ohne Zuschlag aufgehoben wird. Sie können aufgehoben werden, wenn der für ihre Durchführung nötige Geldbetrag vom Antragsteller nicht vorgeschossen wird (§ 25 Satz 2). Dagegen kann das Gericht sie nicht von sich aus aufheben, wenn es die Maßnahmen nicht mehr für nötig hält, weil es ja auch auf Antrag verhängen mußte. Es ist Sache des Gläubigers, der die Maßnahmen beantragte, ob er sie für entbehrlich hält. Es ist Sache des Schuldners, mit Rechtsbehelfen gegen sie vorzugehen. Eine bloße Mahnung braucht natürlich nicht aufgehoben zu werden.

3.4 Hierzu auch ZVG-Handbuch Rdn 143.

Art der Sicherungsmaßnahmen gegen den Schuldner 4

4.1 Den Umfang der Maßnahmen, die das Vollstreckungsgericht auf Antrag anordnen **muß,** bestimmt es nach Ermessen.

4.2 Zulässig sind alle Maßnahmen, die zur Abwendung der Gefährdung **erforderlich** sind oder erforderlich erscheinen. Das richtet sich (im Rahmen des gerichtlichen Ermessens) nach dem Zweck: bloße Ermahnung des Schuldners; Androhung von Zwangsgeld[11] Einsetzung eines Sequesters[11]; bei landwirtschaftlichen Grundstücken Bestellung einer Aufsichtsperson (ähnlich § 150 c); Gebot und Verbot einzelner Handlungen[12] (zB Verbot, das Grundstück zu betreten[12]); vollständige oder teilweise Entziehung der Verwaltung und Benutzung, Einsetzung eines Verwalters (zB für eine mit wertvollen Maschinen und anderen Einrichtungen vom Schuldner mit oder ohne Verschulden unbeaufsichtigt gelassene Fabrik[13], etwa auch, weil der Schuldner krank ist); Beiziehung des Gerichtsvollziehers zur Erzwingung von Handlungs- und Duldungspflichten[14] oder zur Beseitigung von Widerstand bei Einweisung des Sequesters oder sonstigen Verwalters. An einen Vorschlag des Gläubigers ist das Vollstreckungsgericht nicht gebunden; über seinen Antrag kann es jedoch nicht hinausgehen (ZPO § 308 Abs 1), wenn eine bestimmte Maßregel ausdrücklich verlangt wird. Hierzu auch ZVG-Handbuch Rdn 143.

4.3 Die Geschäftsführung eines Verwalters und die Geschäftsbesorgung eines Sequesters hat das Vollstreckungsgericht zu **beaufsichtigen.** Es kann Verwalter und Sequester mit erforderlichen Anweisungen versehen (dient der Anordnung der „erforderlichen" Maßnahmen). Der mit Wahrnehmung der Geschäfte zur Sicherung des gefährdeten beschlagnahmten Schuldnergrundstücks beauftragte Verwalter oder Sequester hat dem Vollstreckungsgericht als dem „Auftraggeber" erforderliche Nachrichten zu geben, auf Verlangen Auskunft zu erteilen und, wenn er Zahlungen entgegengenommen hat, Rechenschaft abzulegen (BGB § 666), bei längerer Dauer seiner Aufgaben auch periodisch.

4.4 Wenn durch Nichtzahlung von **Brandversicherungsbeiträgen** die Versicherungsanstalt das Ruhen der Versicherung androht (§ 25 Rdn 2.1), kann (auf Antrag nur) das Gericht anordnen, daß der betreibende Gläubiger ermächtigt wird, diese Beiträge zu zahlen[15] oder daß sie von einem Verwalter aus dem Maßnahmenvorschuß des Gläubigers bezahlt werden. Für den betreibenden Gläubiger sind dies Kosten nicht nach § 109, auch nicht nach § 10 Abs 1 Nr 1

---

[9] Dassler/Muth § 25 Rdn 10.
[10] Steiner/Teufel § 25 Rdn 12.
[11] Mohrbutter/Drischler Muster 48 Anm 2.
[12] Steiner/Teufel § 25 Rdn 10.
[13] LG Schweinfurt WM 1966, 1275.
[14] Rahn DGVZ 1967, 61 (II B 2).
[15] RG 52, 295; Mohrbutter/Drischler Muster 48 Anm 2.

§ 25 4.4 Anordnung der Versteigerung

(Zwangsverwaltungskostenvorschüsse), sondern notwendige Vollstreckungskosten nach § 10 Abs 2 (an seiner Rangstelle). Hat der Gläubiger von sich aus schon die Versicherungsbeiträge bezahlt, so kann er sich nicht nachträglich dazu ermächtigen lassen (es besteht ja keine Gefährdung mehr) (vielleicht Ablösungsrecht, § 15 Rdn 20).

4.5 Die etwaigen **Verwaltungsüberschüsse** gehören (wie alle Nutzungen während der Zwangsversteigerung) dem Schuldner, nicht dem Ersteher. Diese Sicherungsverwaltung nach § 25 unterscheidet sich von der des § 94 (§ 25 Rdn 2.1).

5 Kosten der Sicherungsmaßnahmen

5.1 Der Gläubiger, der Maßnahmen beantragt, ist dafür **vorschußpflichtig**. Der Vorschuß gehört nicht zur Zwangsversteigerungsmasse, sondern ist wie der Verfahrenskostenvorschuß nach KO § 107 Treuhandgeld, das nur für den vorgesehenen Zweck verwendet werden darf, hier zur Durchführung der angeordneten Sicherungsmaßnahmen. Was hiervon nicht benötigt wird, ist nach Beendigung der Maßnahmen dem Antragsteller zurückzuerstatten und nicht als Überschuß zu behandeln. „Überschüsse" aus den Sicherungsmaßnahmen sind überhaupt nicht denkbar, da es nicht Aufgabe dieser Sicherungsmaßnahmen ist, Einnahmen aus dem Objekt zu ziehen (das wäre Sache einer Zwangsverwaltung). Wo sich ausnahmsweise im Rahmen der Maßnahmen Einnahmen und damit Überschüsse ergeben sollten, gehören sie nicht dem späteren Ersteher des Objekts, auch nicht dem Antragsteller der Maßnahmen, sondern dem Schuldner (§ 25 Rdn 3.4).

5.2 Die dem Antragsteller erwachsenden Kosten sind für ihn Kosten der Rechtsverfolgung nach § 10 Abs 2, keine Zwangsverwaltungsvorschüsse nach § 10 Abs 1 Nr 1, auch keine Verfahrenskosten nach § 109 (Rdn 4.4).

5.3 Ein Verwalter und Sequester (auch der dazu als Privatperson bestellte Gerichtsvollzieher) hat Anspruch auf eine angemessene Vergütung. Die Festsetzung kann durch das Vollstreckungsgericht (Rechtspfleger), vgl. § 171 c Rdn 3) erfolgen. Rechtsbehelf: Befristete Rechtspflegererinnerung.

5.4 Gerichts- und Anwaltsgebühren fallen nicht gesondert an. Die Tätigkeit des Gerichts wird durch dessen Versteigerungsverfahrensgebühr abgegolten (Einl Rdn 77), die Tätigkeit des Rechtsanwalts durch dessen Versteigerungsverfahrensgebühr (Einl Rdn 89).

6 Rechtsbehelfe bei Sicherungsmaßnahmen

6.1 Als Maßnahme im Rahmen der Zwangsvollstreckung ist Anordnung (auch Ablehnung) der Sicherungsmaßregel mit den Rechtsbehelfen des Vollstreckungsrechts anzufechten, also: gegen die Ablehnung der beantragten Maßnahmen befristete Rechtspflegererinnerung (sofortige Beschwerde, auch weitere nach ZPO § 568 Abs 2); gegen die Anordnung von Maßnahmen nach vorheriger Anhörung des Schuldners für diesen ebenso[16], ohne vorherige Anhörung des Schuldners für diesen Vollstreckungserinnerung nach ZPO § 766[17] (dann sofortige Beschwerde) (anders[18]: nicht anfechtbar).

6.2 § 95 steht hier **nicht entgegen**, weil diese Maßnahmen ja nicht der Vorbereitung des Zuschlags dienen; § 95 will ja nur solche Vorbereitungen nicht gesondert anfechten lassen. Hierzu § 95 Rdn 2.

---

[16] KG Berlin NJW 1966, 1273 = OLGZ 1966, 446; LG Schweinfurt WM 1966, 1275; Steiner/Teufel § 25 Rdn 25.
[17] Mohrbutter/Drischler Muster 48 Anm 3; Steiner/Teufel § 25 Rdn 25.
[18] OLG Koblenz MDR 1957, 172.

Veräußerung nach der Beschlagnahme 2.3 § 26

[Veräußerung nach der Beschlagnahme]

26 Ist die Zwangsversteigerung wegen des Anspruchs aus einem eingetragenen Rechte angeordnet, so hat eine nach der Beschlagnahme bewirkte Veräußerung des Grundstücks auf den Fortgang des Verfahrens gegen den Schuldner keinen Einfluß.

Allgemeines zu § 26   1

1.1 Zweck der Vorschrift: § 26 gewährleistet den Verfahrensfortgang für den Gläubiger eines eingetragenen Rechts auch dann, wenn bei Veräußerung nach Beschlagnahme der Erwerber von dieser keine Kenntnis hatte. Die Bestimmung regelt damit nur den praktisch seltenen Fall, daß der Zwangsversteigerungsvermerk bei Eigentumsübergang noch nicht eingetragen und der Erwerber auch nicht bösgläubig war.

1.2 Anwendungsbereich: § 26 ist für die Vollstreckungsversteigerung bestimmt, aber für die Zwangsverwaltung ebenso anwendbar; in den Verfahren nach §§ 172, 175, 180 kommt er nicht in Frage.

Dingliches Verfahren berührt die Veräußerung nicht   2

2.1 § 26 ist nicht glücklich gefaßt. Seine Bedeutung ist auch nicht ohne weiteres klar. Es soll mit „Rücksicht auf den Realkredit" dem Gläubiger, „dessen Anspruch in einem schon zur Zeit der Veräußerung eingetragenen Rechte an dem Grundstücke sich gründet", die „glatte Verwirklichung des dinglichen Anspruchs" gesichert werden[1]. Der Fortgang des Verfahrens (Zwangsversteigerung oder Zwangsverwaltung) gegen den Schuldner ist daher wegen des Anspruchs aus einem eingetragenen Recht (Hypothek, Grundschuld, Rentenschuld, auch Reallastleistungen) auch bei **Veräußerung** des Grundstücks **nach Beschlagnahme** vorgesehen. Bei einem gegen das Veräußerungsverbot verstoßenden Eigentumsübergang nach Beschlagnahme nimmt das Verfahren aber ohnedies gegen den Schuldner (Grundstückseigentümer bei Beschlagnahme) seinen Fortgang (§ 26 Rdn 2.2). Das will § 26 nicht nochmals zum Ausdruck bringen. Die Vorschrift bestimmt vielmehr weitergehend den Verfahrensfortgang auch für den Fall, daß der Eigentumsübergang gegenüber dem vollstreckenden dinglichen Gläubiger noch Wirksamkeit hätte, der Erwerber somit – sonst – dem Verfahrensfortgang widersprechen könnte (§ 26 Rdn 2.6). Entscheidend ist der Zeitpunkt, mit dem die Beschlagnahme (§ 22; bei Zwangsverwaltung auch § 151) und damit das Veräußerungsverbot zugunsten des Gläubigers (§ 20 Abs 1 mit § 23 Abs 1 Satz 1) wirksam wird. Als Sondervorschrift für die Zulässigkeit des Verfahrens regelt § 26 die Erfordernisse des Verfahrensfortgangs, nicht aber eine Zuständigkeit des Vollstreckungsgerichts für deren Prüfung. Grundlage der Prüfung bieten nur § 28 und die Rechtsbehelfe des Vollstreckungsrechts. Demnach versteht sich § 26 in folgendem Zusammenhang:

2.2 Zwangsvollstreckung setzt voraus, daß das Grundstück, dessen Versteigerung erfolgen soll, **dem Schuldner gehört** (§ 17 Rdn 2.1). Nach Verfahrensbeginn schützt Beschlagnahme (§ 20 Abs 1) gegen Verfügungen des Schuldners (§ 20 Rdn 2.2). **Eigentumswechsel nach** Wirksamwerden der **Beschlagnahme** als Verstoß gegen das Veräußerungsverbot (§ 23 Abs 1 Satz 1) ist dem Beschlagnahmegläubiger gegenüber **unwirksam** (BGB § 135 Abs 1, § 136; § 23 Rdn 2.1). Das angeordnete Verfahren wird gegen den Schuldner (Grundstückseigentümer bei Beschlagnahme) fortgesetzt, gegen den es zulässig angeordnet wurde.

2.3 Ausnahmsweise kann Eigentumsübergang **nach Beschlagnahme** auch dem Vollstreckungsgläubiger gegenüber noch Wirksamkeit haben, nämlich bei

---

[1] Motive zum ZVG S 144.

§ 26 2.3 Anordnung der Versteigerung

– **gutgläubigem Erwerb** vor Eintragung des Vollstreckungsvermerks (§ 23 Rdn 3);
– Erwerbsschutz nach BGB § 878 (§ 23 Rdn 2.3); die Veräußerung verstößt dann nicht gegen die Beschlagnahme.

Dann steht das **Eigentum des Erwerbers** der Fortsetzung des (vor Eigentumsübergang) zulässig angeordneten Verfahrens **entgegen**. Der neue Eigentümer kann dann der Fortsetzung des von dem Gläubiger eines **persönlichen Anspruchs** (Rangklasse 5 des § 10 Abs 1) betriebenen Verfahrens widersprechen (ZPO § 771; wegen § 28 siehe dort Rdn 3). Als Eigentümer des Grundstücks ist er nicht Schuldner, in dessen Vermögen der Gläubiger des persönlichen Anspruchs vollstrecken kann (ZPO § 864).

2.4 Nicht widersprechen kann der Erwerber bei Eigentumsübergang **nach der Beschlagnahme** der Fortsetzung des von dem Gläubiger eines **persönlichen Anspruchs** betriebenen Verfahrens, wenn „einer der im § 23 Abs 2 bezeichneten Umstände entgegensteht" (Denkschrift S 41). Ausgeschlossen ist ein Widerspruch damit bei jeder gegen die Beschlagnahme verstoßenden Verfügung (§ 26 Rdn 2.2) somit dann, wenn Erwerbsschutz nach BGB § 878 nicht besteht **und**
– im Grundbuch der Zwangsversteigerungsvermerk bei Eintragung des Eigentumsübergangs bereits eingetragen war (BGB § 135 Abs 2 mit § 892 Abs 1), auch wenn dessen Eintragung unter Verstoß gegen GBO § 17 erfolgt ist,
– im Grundbuch der Zwangsversteigerungsvermerk bei Eintragung des Eigentumsübergangs nach Beschlagnahme zwar noch nicht eingetragen war, der Erwerber aber in dem nach BGB § 892 Abs 2 maßgeblichen Zeitpunkt von der Beschlagnahme oder auch nur von dem Versteigerungsantrag (§ 23 Abs 2) Kenntnis hatte.

2.5 Auch wenn die Zwangsversteigerung von dem **Gläubiger eines eingetragenen Rechts** (Hypothek, Grundschuld, Rentenschuld, auch Reallastleistungen) betrieben wird (dinglicher Vollstreckungstitel oder entsprechende Verwaltungsvollstreckung nötig; § 26 Rdn 2.8), ist bei Eigentumsübergang nach der Beschlagnahme ein Widerspruch des Erwerbers bei jeder gegen die Beschlagnahme verstoßenden Verfügung (§ 26 Rdn 2.2) ausgeschlossen, somit ohne weiteres immer dann, wenn Erwerbsschutz nach BGB § 878 nicht besteht **und**
– im Grundbuch der Zwangsversteigerungsvermerk bei Eintragung des Eigentumsübergangs bereits eingetragen war (BGB § 135 Abs 2 mit § 892 Abs 1), auch wenn dessen Eintragung unter Verstoß gegen GBO § 17 erfolgt ist;
– im Grundbuch der Zwangsversteigerungsvermerk bei Eintragung des Eigentumsübergangs nach Beschlagnahme zwar noch nicht eingetragen war, der Erwerber aber in dem nach BGB § 892 Abs 2 maßgeblichen Zeitpunkt von der Beschlagnahme oder auch nur von dem Versteigerungsantrag (§ 23 Abs 2) Kenntnis hatte.

2.6 Bei Eigentumsübergang **nach** der Beschlagnahme auf Grund einer gegen die Beschlagnahme verstoßenden Verfügung würde demnach der Zwangsversteigerung oder Zwangsverwaltung des von dem Gläubiger eines eingetragenen Rechts betriebenen Verfahrens das Eigentum des Erwerbers nur entgegenstehen, wenn im Grundbuch der Zwangsversteigerungsvermerk bei Eintragung des neuen Eigentümers noch nicht eingetragen war und der Erwerber in dem nach BGB § 892 Abs 2 maßgeblichen Zeitpunkt von der Beschlagnahme oder auch nur von dem Versteigerungsantrag (§ 23 Abs 2) **keine Kenntnis hatte.** Für diesen besonderen Fall (Denkschrift S 41) bestimmt § 26 nun weitergehend, daß die Veräußerung auf den Verfahrensfortgang gegen den Schuldner keinen Einfluß hat. Veräußerung ist auch hier der Eigentumsübergang mit Eintragung in das Grundbuch (so auch[2]). Für die Kenntnis des Erwerbers von der Beschlagnahme oder auch nur von dem Ver-

---

[2] LG Kleve DNotZ 1971, 547.

Veräußerung nach der Beschlagnahme 2.10 § 26

steigerungsantrag (Kenntnis im Sinne des § 23 Abs 2) ist auf den nach BGB § 892 Abs 2 maßgeblichen Zeitpunkt abgestellt. Erfaßt ist damit nicht nur ein erst nach der Beschlagnahme liegender maßgeblicher Zeitpunkt, sondern ohne weiteres auch der Fall, daß der nach BGB § 892 Abs 2 maßgebliche Zeitpunkt (= Kenntnis vom Versteigerungsantrag) vor dem Wirksamwerden der Beschlagnahme liegt, die Eintragung jedoch danach (so wohl auch[2]; anders[3]; nicht zutreffend). Ein Widerspruch des Erwerbers gegen die Fortsetzung des Verfahrens ist in diesem besonderen Fall der Veräußerung nach Beschlagnahme ausgeschlossen worden, weil die Zwangsversteigerung oder Zwangsverwaltung zur Befriedigung des grundbuchersichtlichen Rechts erfolgt (Einl Rdn 2), die auch der Erwerber dulden muß, weshalb er „von vornherein mit der Möglichkeit rechnen muß, daß der Gläubiger das Recht im Wege der Zwangsvollstreckung verfolge" (Denkschrift S 41).

2.7 Unklarheit besteht über den Fall, daß die Zwangsversteigerung wegen des Anspruchs aus einem **eingetragenen Recht** angeordnet ist, der Erwerb des danach eingetragenen Eigentümers nach Maßgabe von **BGB § 878** jedoch **nicht gegen das** mit Beschlagnahme bewirkte **Veräußerungsverbot verstößt**. Die Entstehungsgeschichte gibt über diesen Fall keinen Aufschluß. Der Wortlaut des § 26 ist unergiebig. Nach dem Zweck der Vorschrift kann nicht entscheidend sein, daß die erst nachträglich bewirkte Beschlagnahme die Rechtswirksamkeit (Gültigkeit) der Veräußerung des Grundstücks nicht mehr schmälert. Vielmehr muß der erst mit Eintragung des Erwerbers (BGB § 873) sich vollziehende Eigentumsübergang als Veräußerung des Grundstücks nach der Beschlagnahme im Sinne des § 26 behandelt werden (so auch[4]). Denn bis dahin kann der Gläubiger Befriedigung aus dem Grundstück nur mit dinglicher Vollstreckung gegen den eingetragenen Eigentümer des Grundstücks suchen (siehe § 17). Nach dem Zweck des § 26 soll der Grundstückserwerber einer bei Verfahrensbeginn zulässigen Zwangsvollstreckung nachträglich aber nicht widersprechen können, wenn sie zur Befriedigung des grundbuchersichtlichen Rechts am Grundstück erfolgt, die auch der Erwerber zu dulden hat und mit der er rechnen muß (vgl auch zB BGB § 1141 Abs 1). Daher nimmt die wegen des Anspruchs aus einem eingetragenen Recht angeordnete Zwangsversteigerung oder Zwangsverwaltung auch dann gegen den Schuldner (Grundstückseigentümer bei Beschlagnahme) ihren Fortgang, wenn der Eigentumsübergang infolge des BGB § 878 nicht gegen das Veräußerungsverbot verstößt.

2.8 Wegen des **Anspruchs aus einem eingetragenen Recht** ist die Zwangsversteigerung oder Zwangsverwaltung angeordnet, wenn der Anordnungsbeschluß diese dingliche Rechtsnatur des Gläubigeranspruchs kennzeichnet (§ 15 Rdn 4.4; dinglicher Vollstreckungstitel oder entsprechende Verwaltungsvollstreckung nötig). Auch wenn der Gläubiger wegen des dinglichen Anspruchs und zugleich wegen seines durch den Vollstreckungstitel ausgewiesenen persönlichen Anspruchs vollstreckt, kann (unter den Voraussetzungen des § 26) nur das wegen des Anspruchs aus einem eingetragenen Recht angeordnete Verfahren weiterbetrieben werden; der Fortsetzung des Verfahrens auch wegen des persönlichen Anspruchs kann der neue Eigentümer widersprechen.

2.9 Fortgesetzt wird das Verfahren wegen des Anspruchs aus dem eingetragenen Recht gegen den (bisherigen) Schuldner (§ 26). Der Erwerber tritt nicht als (neuer) Schuldner in das Verfahren ein; eine gegen ihn gerichtete Vollstreckungsklausel (ZPO § 727) muß nicht erwirkt werden. Wenn der Erwerber noch vor (oder zugleich mit) dem Vollstreckungsvermerk in das Grundbuch eingetragen wird, ist er Beteiligter nach § 9 Nr 1; bei späterer Eintragung wird er mit Anmeldung und ggfs Glaubhaftmachung Beteiligter (§ 9 Nr 2).

2.10 § 26 ist **nicht anwendbar,** wenn der Eigentumswechsel im Grundbuch **vor** dem Beschlagnahmewirksamkeitszeitpunkt eingetragen wurde, zB in der meist

---

[3] Korintenberg/Wenz § 26 Anm 2.
[4] Steiner/Teufel § 26 Rdn 18.

§ 26 2.10 Anordnung der Versteigerung

kurzen Zeitspanne zwischen dem Erlaß und dem Wirksamwerden des Anordnungsbeschlusses (dann ist § 28 anzuwenden), gleich ob dinglich oder persönlich betrieben wird.

2.11 Für jeden (von mehreren) vollstreckenden Gläubigern bestimmt nur die zu seinen Gunsten bewirkte Beschlagnahme (§ 20 Abs 1; nicht die vom Anordnungsgläubiger oder von anderen Beitrittsgläubigern erwirkte), ob eine danach bewirkte Veräußerung den Fortgang des wegen eines dinglichen Anspruchs betriebenen Verfahrens nicht berührt. Für jeden Beitrittsgläubiger ist somit die durch den jeweiligen Beitritt nur mit Zustellung des Beschlusses (§ 22 Abs 1, auch § 151 Abs 2) bewirkte Beschlagnahme maßgeblich (§ 27 Abs 2). Weil der eingetragene Versteigerungsvermerk (Verwaltungsvermerk) gutgläubigen Erwerb nach wirksamer Beitrittsbeschlagnahme ausschließt (§ 23 Rdn 2.5), erlangt bei Beitritt § 26 Bedeutung nur für die Fortsetzung des Verfahrens durch einen dinglichen Beschlagnahmegläubiger, wenn sich der Erwerber auf den Schutz des BGB § 878 berufen könnte.

3 Sonstiger Eigentumswechsel

§ 26 ist nur auf rechtsgeschäftliche Veräußerung anwendbar; nicht auf Eigentumswechsel durch Erbschaft[5] (hierfür ZPO § 779); nicht auf Eigentumswechsel durch Enteignung (bei Enteignung vor oder nach der Beschlagnahme ist das Vollstreckungsverfahren aufzuheben[5]); nicht auf Eigentumswechsel nach BGB § 928 Abs 1 (Dereliktion)[5]. Dem rechtsgeschäftlichen Erwerb steht dagegen der Eigentumserwerb durch den Fiskus nach BGB § 928 Abs 2 (Aneignung herrenloser Grundstücke) gleich[6], ebenso der durch Vereinbarung der Gütergemeinschaft nach BGB §§ 1415, 1416[7].

[Beitrittsbeschluß]

27 (1) **Wird nach der Anordnung der Zwangsversteigerung ein weiterer Antrag auf Zwangsversteigerung des Grundstücks gestellt, so erfolgt statt des Versteigerungsbeschlusses die Anordnung, daß der Beitritt des Antragstellers zu dem Verfahren zugelassen wird. Eine Eintragung dieser Anordnung in das Grundbuch findet nicht statt.**

(2) **Der Gläubiger, dessen Beitritt zugelassen ist, hat dieselben Rechte, wie wenn auf seinen Antrag die Versteigerung angeordnet wäre.**

Übersicht

Allgemeines zu § 27............	1	Mehrere Gläubiger treten bei............	6
Angeordnete Zwangsversteigerung (Abs 1 Satz 1)............	2	Mitteilungen, Zustellungen, Belehrung	7
		Rechte des Beitrittsgläubigers (Abs 2) .	8
Antrag eines weiteren Gläubigers (Abs 1 Satz 1)............	3	Versteigerungstermin und Wertfestsetzung beim Beitritt............	9
Beitrittsbeschluß (Absatz 1 Satz 1).......	4	Zubehör und sonst mithaftende Gegenstände............	10
Grundbucheintragung unterbleibt (Abs 1 Satz 2)............	5		

Literatur: Drischler, Der Beitrittsbeschluß in der Immobiliarvollstreckung als Quelle für Regresse, JVBl 1964, 159; Teufel, Der Beitritt zur Zwangsversteigerung und das Zubehör, Rpfleger 1979, 186.

---

[5] Dassler/Muth § 26 Rdn 2; Mohrbutter/Drischler Muster 40 Anm 3; Steiner/Teufel § 26 Rdn 8.
[6] Steiner/Teufel § 26 Rdn 7.
[7] Dassler/Muth § 26 Rdn 2; Mohrbutter/Drischler aaO (Fußn 1); Steiner/Teufel § 26 Rdn 7.

Beitrittsbeschluß 2.4 § 27

Allgemeines zu § 27

1.1 Zweck: Die Vorschrift behandelt den Beitritt als Besonderheit der Zwangsvollstreckung in das unbewegliche Vermögen, weil für ein zweites Vollstreckungsverfahren über den gleichen Gegenstand kein Raum ist.

1.2 Anwendungsbereich: § 27 gilt für Vollstreckungsversteigerung, Zwangsverwaltung, Teilungsversteigerung (hier mit Besonderheiten; § 180 Rdn 14–16), eingeschränkt für die Nachlaßversteigerung (§ 176 Rdn 3), nicht für die Konkursverwalterverfahren (§ 172 Rdn 4).

Angeordnete Zwangsversteigerung (Absatz 1 Satz 1)

2.1 Das Recht eines Gläubigers, die Zwangsversteigerung eines Grundstücks zu betreiben (ZPO §§ 864, 866) wird nicht dadurch beeinträchtigt, daß auf Antrag eines anderen Gläubigers oder auch des gleichen Gläubigers wegen eines anderen Anspruchs bereits ein Verfahren angeordnet ist. Da aber nur ein Verfahren zur Versteigerung des Grundstücks durchgeführt werden kann, ist auf den späteren Antrag nicht erneut die Versteigerung anzuordnen, sondern die Zulassung des Beitritts zu beschließen.

2.2 Nach Anordnung der Zwangsversteigerung wird der Beitritt zugelassen, wenn ein weiterer Antrag auf Zwangsversteigerung des Grundstücks usw gestellt wird (Abs 1 Satz 1). Es muß die Zwangsversteigerung eines Grundstücks, Grundstücksbruchteils, Wohnungseigentum, Gebäudeeigentums oder grundstücksgleichen Rechts somit bereits angeordnet und **noch anhängig** sein. Der weitere Antrag muß denselben Gegenstand betreffen (dazu Rdn 4.8).

2.3 Anhängig ist ein Verfahren schon ab Erlaß des Anordnungsbeschlusses (Einl Rdn 20). Beitritt ist von da an möglich, nicht erst ab Zustellung oder Grundbucheintragung. Anhängig ist das Verfahren auch noch, wenn es (gleich aus welchem Grund) einstweilen eingestellt ist oder wenn zwar die notwendige Fortsetzung des eingestellten Verfahrens nicht rechtzeitig nach § 31 beantragt ist, aber der (hier konstitutive) Aufhebungsbeschluß noch nicht ergangen ist. Bei Antragsrücknahme endet das Verfahren schon mit dem Eingang der Rücknahme bei Gericht (§ 29 Rdn 2).

2.4 Nach **Schluß der Versteigerung** (§ 73 Abs 2) kann Beitritt bis zur Erteilung (Wirksamwerden) des Zuschlags erfolgen, weil das Grundstück noch immer als Eigentum des Schuldners Gegenstand der Zwangsvollstreckung in das unbewegliche Vermögen ist (§ 22 Rdn 2). Beitritt nach Aufforderung zur Abgabe von Geboten kann jedoch Rangverlust bewirken (§ 22 Rdn 2). Geht **nach** Erteilung (Wirksamwerden) des **Zuschlags** noch ein Beitrittsantrag ein, so kann der **Beitritt** nur (auflösend) **bedingt** zugelassen werden[1]. Falls der Zuschlag rechtskräftig wird, ist der bedingte Beitritt rückwirkend unwirksam (das muß ausdrücklich aufgehoben werden), andernfalls bleibt er voll wirksam (Muster für bedingte Zulassung im ZVG-Handbuch Rdn 135, dazu auch Rdn 136–138). Wollte man (wegen theoretischer Bedenken gegen den bedingten Beitritt) die Entscheidung darüber bis zur Aufhebung des Zuschlags aufschieben, könnte inzwischen ein Dritter dingliche Rechte erwerben, zB eine Zwangshypothek (was zulässig ist) und würde so einem nur persönlich betreibenden Beitrittsgläubiger vorgehen. Einen Beitritt nur bis zum Schluß des Versteigerungstermins will[2] zulassen, nur bis zur Verkündung des Zuschlags gestatten dies[3].

---

[1] OLG Stuttgart OLGZ 1970, 361 = Rpfleger 1970, 102; Jaeckel/Güthe § 27 Rdn 3.
[2] Freund, Zwangsvollstreckung in Gründstücke, § 19 S 47.
[3] v d Pforten, ZVG, § 27 Anm 3; Badstübner, Zwangsvollstreckung in unbewegliches Vermögen, § 42 Nr 4; Dispekter, Zwangsversteigerungspraxis, Muster III a Anm 2.

§ 27 2.5 Anordnung der Versteigerung

2.5 Nach **Rechtskraft des Zuschlags** ist ein Beitritt zu dem dann noch stattfindenden Verteilungsabschnitt nicht mehr möglich[4]. Ansprüche in Rangklasse 1 bis 4 sowie 7 und 8 des § 10 Abs 1 können dort nur noch angemeldet werden, andere Gläubiger müssen den Erlösüberschuß pfänden. Wenn noch ein Verfahren zur abgesonderten Versteigerung oder Verwertung einer Forderung oder einer beweglichen Sache nach § 65 anhängig ist, ist auch ein Beitritt zu diesem Verfahren noch möglich.

3 Antrag eines weiteren Gläubigers (Absatz 1 Satz 1)

3.1 Der weitere **Antrag** auf Zwangsversteigerung des Grundstücks usw kann von einem anderen (weiteren) Gläubiger oder auch von dem schon betreibenden Gläubiger (Rdn 3.3) gestellt sein. Für den neuen Antrag auf Zwangsversteigerung gelten die gleichen Voraussetzungen und Anforderungen wie für den Erst-Antrag. Wegen der allgemeinen Antragserfordernisse und der besonderen Vollstreckungsvoraussetzungen siehe daher die Ausführungen zum Anordnungsantrag bei §§ 15 und 16. Es müssen alle Vollstreckungsvoraussetzungen auch für den Beitrittsgläubiger und für den Zeitpunkt des Beitritts erfüllt sein. Gleich ist, ob der neue Antrag als Anordnungs- oder als Beitrittsantrag bezeichnet ist; er muß nur dasselbe Objekt betreffen. Die Urkunden sind vorzulegen (§ 16 Abs 2).

3.2 Der Schuldner muß **eingetragener Eigentümer** oder Erbe des Eingetragenen sein (§ 17 Abs 1). Nachweis, daß der Schuldner als Eigentümer des Grundstücks (noch) eingetragen (oder Erbe des eingetragenen Eigentümers) ist, muß erfolgt sein (§ 17 Abs 1, 2). Für diesen Nachweis sieht § 17 Abs 2 Vorlage eines Zeugnisses des Grundbuchamts oder Bezugnahme auf das Grundbuch „desselben" Amtsgerichts vor. Bezugnahme auf das Grundbuch, die nahezu immer ausreicht (§ 17 Rdn 5.5), kann auch schlüssig erfolgt sein wie dann, wenn der Antragsteller für Zulassung des Beitritts davon ausgeht, daß sich das bei Verfahrensanordnung geprüfte Eigentum des Schuldners nicht geändert hat. Auch dann ist das Eigentum des Schuldners im Zeitpunkt der Entscheidung über den Beitrittsantrag nach dem § 17 Rdn 5.6 Gesagten zu prüfen. Über den Nachweis des Eigentums des Schuldners hinaus haben Grundbuchzeugnis oder Bezugnahme auf das Grundbuch keine Bedeutung; Voraussetzung für den Beginn der Zwangsvollstreckung (Vollstreckungsvoraussetzung für Zulassung des Beitritts) sind sie nicht. Vorlage eines Zeugnisses des Grundbuchamts oder Nachprüfung bei Bezugnahme auf das Grundbuch erübrigen sich daher, wenn die Eintragung des Schuldners keines Nachweises bedarf. Das ist der Fall, wenn sie offenkundig (ZPO § 291), somit gerichtskundig ist. Wenn die Eintragung des Schuldners nach dem Stand des Vollstreckungsverfahrens offenkundig ist, darf somit (in einem ohnedies seltenen Fall, in dem Bezugnahme auf das Grundbuch nicht genügen würde) ein Zeugnis des Grundbuchamts nicht lediglich als Urkunde für den Vollstreckungsbeginn (§ 16 Abs 2) gefordert werden. Demnach kann der Frage, ob auch für jeden Beitritt ein Zeugnis des Grundbuchamts oder Bezugnahme auf das Grundbuch nötig sei (erforderlich nach[5], nicht nach[6]) praktische Bedeutung nicht zukommen.

3.3 Möglich ist der Beitritt auch wegen **anderer Ansprüche** des schon betreibenden Gläubigers oder wegen einer anderen Rechtsnatur des betreibenden Anspruchs (erst persönlich, dann dinglich, zB bei der Zwangshypothek) (dazu auch ZVG-Handbuch Rdn 134). Beitritt ist auch möglich, wenn seit der Anordnung der **Eigentümer gewechselt** hat, dann aber natürlich mit einem Titel nicht gegen den früheren Eigentümer, sondern gegen den jetzigen (ZVG-Handbuch

---

[4] OLG Stuttgart aaO (Fußn 1).
[5] Steiner/Hagemann § 17 Rdn 16.
[6] Dassler/Muth § 27 Rdn 2; Fischer, Zwangsversteigerungsverfahren, S 14; Niederée DRpflZ 1975, 26.

Rdn 138). Der Beitritt eines neuen Antragstellers wird auch zugelassen, wenn er nach dem Tod des Schuldners in den Nachlaß (ZPO § 779), gegen die Erben (vgl ZPO § 747) oder gegen den Testamentsvollstrecker (vgl ZPO § 748) neu vollstreckt.

3.4 Auch für eine **aussichtslose Forderung** kann ein Beitritt durchaus zu empfehlen sein, weil dann erfahrungsgemäß die Schuldner meist mit Ratenzahlungen beginnen, um das für sie unangenehme Verfahren loszuwerden. Allerdings droht hier unter Umständen eine Einstellung nach ZPO § 765 a (Einl Rdn 55).

3.5 Wird die Zwangsversteigerung wegen des Kapitals eines dinglichen Rechts betrieben, so erhalten aus dem Versteigerungserlös auch die **wiederkehrenden Leistungen** daraus Befriedigung, soweit sie laufend oder bis zu zwei Jahren rückständig sind (§ 10 Abs 1 Nr 4); gleiches gilt bei öffentlichen Lasten (§ 10 Abs 1 Nr 3). Damit werden automatisch als laufend auch alle während des Verfahrens fällig werdenden wiederkehrenden Leistungen erfaßt. Für diese Raten wurde ein Beitritt vereinzelt daher nicht für möglich angesehen[7]. Das kann nicht gebilligt werden. Die Frage kann nur für die Kosten von Bedeutung sein, weil der Schuldner Kosten, die nicht notwendig sind, nicht ersetzen muß (ZPO §§ 91, 788). Der Gläubiger kann ja aus einer fälligen, nicht bezahlten Forderung (wenn er einen Titel hat) betreiben. Ein berechtigtes Interesse hat er auf jeden Fall, wenn Beträge der wiederkehrenden Leistungen über zwei Jahre rückständig werden und dann in Rangklasse 7 oder 8 zurückfallen, sofern wegen Bezahlung der bisher betreibenden Forderung das Verfahren aufgehoben wird. Nicht zu billigen ist es, wenn etwa Banken bei jeder neuen Amortisationsfälligkeit sofort den Beitritt erklären, ohne daß besondere Umstände dies rechtfertigen; man kann ihren Antrag nicht ablehnen, wird aber die Kosten nicht dem Schuldner aufbürden können.

3.6 Hindernisse, wie sie für die Anordnung gelten, stehen auch dem Beitritt entgegen (dazu bei § 15) Gelegenheit zur Behebung ist mit Aufklärungsverfügung zu geben (§ 15 Rdn 3.6). Zurücknahme des Antrags: § 29. Zurückweisung § 15 Rdn 3.6. Wo die Zustimmung zum Zuschlag (nicht schon zum Beitritt, § 15 Rdn 13.8) nötig ist (Erbbaurecht, Wohnungseigentum), müssen Anordnungs- und Beitrittsgläubiger sich hierum bemühen; erwirkt sie der eine, wirkt dies natürlich auch für den anderen.

Beitrittsbeschluß (Absatz 1 Satz 1)   4

4.1 In der Form der **Zulassung des Beitritts** zu dem bereits angeordneten Zwangsversteigerungsverfahren ist dem weiteren Versteigerungsantrag stattzugeben (Abs 1 Satz 1). Der Beschluß muß als Maßnahme der Zwangsvollstreckung die Zulassung des **Beitritts anordnen;** zu Form und Inhalt § 15 Rdn 4. Betrag und Rechtsnatur des Anspruchs des beitretenden Gläubigers sind in dem Beschluß anzugeben. Der Beschluß gilt zugunsten des Gläubigers, der ihn erwirkt hat, als Beschlagnahme des Objekts (§ 20 Abs 1).

4.2 Muster: Der Beschluß ist wie beim Anordnungsbeschluß zu fassen, nur heißt es: „. . . wird der Beitritt zur Zwangsversteigerung der . . . zugelassen . . .". Dazu § 15 Rdn 4.2 und ZVG-Handbuch Rdn 129, 135.

4.3 **Zuständig** für die Entscheidung über einen Beitrittsantrag ist in allen ZVG-Verfahren der Rechtspfleger des Vollstreckungsgerichts (RpflG § 3 Nr 1 i). Hat er den Antrag zurückgewiesen und hebt ihn der Richter auf, so erläßt dieser den Beschluß, andernfalls das Beschwerdegericht (samt Belehrung usw), wie bei der Anordnung (dazu § 15 Rdn 3).

4.4 Rechtsbehelfe gegen den Beitritt bzw seine Ablehnung (ebenso wie bei der Anordnung): § 15 Rdn 5. Der Schuldner hat gegen den Beitrittsbeschluß, wenn er

---

[7] Jonas/Pohle, ZwVNotrecht, § 30 b Anm 3.

§ 27 4.4 Anordnung der Versteigerung

vorher (wie regelmäßig) nicht gehört wurde, somit die Vollstreckungserinnerung (nicht Rechtspflegererinnerung).

4.5 Wo **Vollstreckungsmängel** den Beitritt fehlerhaft machen, ist er doch als Staatshoheitsakt wirksam (Näheres § 15 Rdn 39).

4.6 Wird **vor der Zustellung** des schon erlassenen Beitrittsbeschlusses der **Anordnungsantrag zurückgenommen** (Eingang entscheidet; § 27 Rdn 2.3) oder das Verfahren aus § 28 oder einem anderen Grund aufgehoben, so wird der Beitrittsantrag als (neuer) Anordnungsantrag behandelt. Es wird unter Aufhebung des noch nicht zugestellten Beitrittsbeschlusses ein neuer Anordnungsbeschluß erlassen[8], der frühere Versteigerungsvermerk gelöscht und ein neuer eingetragen[9]. Es ist nicht nötig, in diesem Fall bei dem betreibenden Gläubiger erst anzufragen, ob er mit Anordnung statt Beitritt einverstanden sei, weil er ja auf jeden Fall die Versteigerung wünscht und Anordnungs- wie Beitrittsverfahren für ihn gleich sind. Man darf nur nicht die alte Beschlagnahme bestehenlassen, es gilt ja jetzt ein ganz anderer Beschlagnahmezeitpunkt (wichtig für Zwischenrechte, aber auch für das Verfahren selbst, zB § 13). Man darf auch nicht, wenn Beitrittsantrag und Rücknahme zusammentreffen, das Verfahren noch als anhängig behandeln und erst den Beitritt beschließen, bevor man die Anordnung aufhebt, weil die Rücknahme bereits mit ihrem Eingang wirksam wurde, so daß eben kein Beitritt mehr möglich ist. Wurde ein ordnungsgemäß erlassener Beitrittsbeschluß verspätet an den Schuldner zugestellt (etwa weil dieser seine Anschrift geändert hatte) und ist vor der Zustellung die Anordnung entfallen, so ist der zugestellte und damit wirksame Beitrittsbeschluß nicht aufzuheben (wie im vorigen Fall), sondern durch einen Berichtigungsbeschluß in einen Anordnungsbeschluß umzuändern; unter Löschung des alten Vollstreckungsvermerks ist dann ein neuer einzutragen. Ist die Zustellung des Beitritts wegen erheblicher Fehler unwirksam (es ist zB eine nicht unterschriebene, nicht gesiegelte Abschrift zugestellt), vorher aber die Anordnung entfallen, und hat dann der Eigentümer gewechselt, so kann eine wirksame Zustellung des Beitrittsbeschlusses nicht mehr nachgeholt werden. Der Fehler heilt auch dann nicht, wenn der Schuldner ein Jahr lang den Mangel nicht gerügt, ja sogar Sachanträge gestellt hat, weil dieser Fehler von Amts wegen zu bereinigen ist und Nichtrüge keine Genehmigung eines so schweren Verfahrensfehlers ist. Hierzu auch im ZVG-Handbuch Rdn 136.

4.7 Ist das Zwangsversteigerungsverfahren bei Eingang des neuen Antrags nicht mehr anhängig (ist bereits die Antragsrücknahme eingegangen oder das Verfahren sonst, zB nach § 28, aufgehoben), dann wird ein Beitrittsantrag ohne Rückfrage bei dem Antragsteller als Anordnungsantrag behandelt.

4.8 Jeder Beitrittsbeschluß kann nur **dasselbe Grundstück** oder den gleichen Grundstücksbruchteil (oder dasselbe andere Versteigerungsobjekt) betreffen wie der Anordnungsbeschluß; der Schuldner darf dabei verschieden sein, wenn zB inzwischen der Eigentümer gewechselt hat. Wird das Verfahren erst über einen Grundstücksbruchteil angeordnet, dann die Versteigerung eines anderen Grundstücksbruchteils beantragt, so erfolgt im zweiten Fall kein Beitritt, weil ja über diesen Bruchteil noch kein Verfahren anhängig war, sondern eine neue Anordnung (Verbindung dann nur unter den Voraussetzungen des § 18). Zur neuen Anordnung ist auch nach § 19 das Grundbuchamt um Eintragung des Vollstreckungsvermerks zu ersuchen, weil bisher erst ein Vermerk auf dem anderen Bruchteil eingetragen war. Wenn zuerst die Versteigerung eines Bruchteils angeordnet war, dann die Versteigerung des ganzen Grundstücks beantragt wird, so ist der Beitritt hinsichtlich des schon beschlagnahmten Bruchteils zuzulassen, hinsichtlich des anderen die Versteigerung aber anzuordnen. Wenn die Versteigerung des ganzen Grundstücks angeordnet ist und dann die Zwangsversteigerung eines Bruchteils

---

[8] Böhme MittBayNot 1953, 215.
[9] v d Pfordten, ZVG, §§ 28–34 Anm I 3.

Beitrittsbeschluß 7.2 § 27

dieses Grundstücks beantragt wird, ist der Beitritt hinsichtlich dieses Bruchteils zuzulassen. Durch Zulassung des Beitritts ist (auch in einem Verfahren über mehrere Grundstücke) über einen weiteren Antrag zu entscheiden, wenn er nur Versteigerung des Bruchteils des bereits beschlagnahmten Grundstücks (eines von mehreren Grundstücken) verlangt.

Grundbucheintragung unterbleibt (Absatz 1 Satz 2) 5

Eine Eintragung der Beitrittszulassung in das Grundbuch erfolgt nicht (Abs 1 Satz 2). Ein Grundbuchersuchen (§ 19 Abs 1) unterbleibt daher. Es gibt daher auch keine erneute (oder auch nur ergänzende) Mitteilung des Grundbuchamts (§ 19 Abs 2). Der einmal eingetragene Versteigerungsvermerk wirkt auch zugunsten des beigetretenen Gläubigers, sobald die Beschlagnahme für diesen wirksam geworden ist (Denkschrift S 42). Dieser Versteigerungsvermerk bleibt eingetragen, wenn das Anordnungsverfahren nachträglich (also nach dem Wirksamwerden des Beitritts) aufgehoben wird.

Mehrere Gläubiger treten bei 6

6.1 Über gleichzeitig vorliegende Anträge muß auch hier **gleichzeitig entschieden** werden (§ 15 Rdn 4.13). Damit nicht durch verzögerte Bearbeitung Rangverschiebungen persönlicher Gläubiger eintreten, muß jeder Antrag sofort verbeschieden und die Entscheidung auch sofort zugestellt werden (die Zustellung entscheidet hier ja den Rang), da sonst inzwischen neue Grundbuchrechte eingetragen werden können. Geht vor der Hinausgabe zur Zustellung ein neuer Antrag ein, sollte man erst zur Zustellung geben, dann erst zur neuen Entscheidung vorlegen, da sonst neue Anträge immer neue Entscheidungen verzögert wird. Bei gleichzeitig eingehenden Anträgen ist auch hier durch einen Beschluß zu entscheiden, damit nicht durch unterschiedliche Zustellungszeitpunkte Rangunterschiede entstehen. Mehrere hintereinander erlassene Beitrittsbeschlüsse müssen in der richtigen Reihenfolge zugestellt werden, sonst Haftungsgefahr[10].

6.2 Was für den Anordnungsbeschluß gilt, das gilt auch hier (§ 15 Rdn 4.13). Bei mehreren betreibenden Gläubigern ist **jedes** einzelne **Verfahren selbständig;** Einstellungen, Aufhebungen, Fortsetzungen wirken nur für den davon Betroffenen; es gibt keine Einheit des Verfahrens.

Mitteilungen, Zustellungen, Belehrung 7

7.1 Zu verlautbaren ist der Beitrittsbeschluß wie der Anordnungsbeschluß. Er ist somit an den **Schuldner** zuzustellen, an den **Beitrittsgläubiger** nur bei Teilablehnung (sonst nur mitzuteilen). Neben der (notwendigen) Zustellung an den Prozeßbevollmächtigten des Schuldners empfiehlt sich auch hier bei Zweifeln über das Fortbestehen der Prozeßvollmacht eine formlose Mitteilung an den Schuldner selbst (§ 15 Rdn 47).

7.2 Auch für den Beitritt gilt, daß die Zustellung grundsätzlich an den **Prozeßbevollmächtigten** erfolgen muß (ZPO §§ 176, 178), und zwar an den im jeweiligen Vollstreckungstitel genannten (es kann dies ja ein anderer sein als im Titel des Anordnungsgläubigers), sofern nicht dessen Vollmacht bereits erloschen ist (hierzu § 3 Rdn 3.3). Hat ein Rechtsanwalt (insbesondere unter Vorlage einer darauf bezüglichen Vollmacht) angezeigt, daß er in dem durch den Anordnungsbeschluß eingeleiteten Verfahren den Schuldner gegenüber dem betreibenden Gläubiger vertrete (leider werden die Prozeßvollmachten zum Nachteil des Schuldners sehr häufig in dieser beschränkten Form vorgelegt, weil es im Prozeß so üblich ist), so ist der Beitrittsbeschluß für einen anderen Gläubiger nicht an diesen Rechtsanwalt,

---

[10] Drischler RpflJahrbuch 1971, 316 (II 3).

§ 27 7.2 Anordnung der Versteigerung

sondern an den Schuldner selbst (an seinen Prozeßbevollmächtigten, der in dem vom Beitrittsgläubiger erwirkten Vollstreckungstitel genannt ist) zuzustellen, mindestens genügt dies. Das Gericht darf nicht unterstellen, daß sich die auf die Anordnung bezogene Vollmacht auf den Beitritt erstrecke (es gibt immer wieder Fälle, in denen sich der Schuldner gegenüber verschiedenen betreibenden Gläubigern auch von verschiedenen Anwälten vertreten läßt). Jedoch empfiehlt sich zusätzlich formlose Mitteilung an den Rechtsanwalt, der sich für den Anordnungsbeschluß bestellt hatte, mit der Anfrage, ob er auch in diesem Verfahren vertreten würde, und mit dem Hinweis, daß dann entweder Vollmacht für das neue Beitrittsverfahren oder eine nicht auf einen Gläubiger beschränkte Vollmacht vorzulegen sei (Prüfung der Vollmacht aber nicht von Amts wegen, ZPO § 88, wenn der Rechtsanwalt auch für das Beitrittsverfahren als Bevollmächtigter handelt) und daß bis dahin Zustellungen insoweit an den Schuldner erfolgen müßten. Die Beteiligten, an das Prozeßverfahren mit grundsätzlich einem Kläger gewöhnt, verlassen sich sonst darauf, daß alle Zustellungen des Verfahrens an den einmal bestellten Anwalt erfolgen würden. Den Rechtsanwälten wird daher dringend empfohlen, ihre Prozeßvollmachten in ZVG-Verfahren nicht wie in Prozessen „in Sachen X gegen Y" ausstellen zu lassen, sondern für das „Zwangsversteigerungsverfahren (Zwangsverwaltungsverfahren) gegen Y", wenn nicht im Einzelfall bewußt die Tätigkeit auf das Verfahren eines bestimmten Gläubigers beschränkt sein soll, etwa bei Interessenkollision.

7.3 Zu jedem Beitrittsbeschluß gibt es alle Einstellungsmöglichkeiten wie zum Anordnungsbeschluß, weil ja die Verfahren selbständig sind. Darum muß auch zu jedem Beitrittsbeschluß die **Einstellungsbelehrung** nach §§ 30 b, 30 c erfolgen (§ 30 b Rdn 2.1).

7.4 Erneute Mitteilung (Zustellung) an den Grundstückseigentümer bei Erbbaurecht (§ 16 Rdn 47.5), nochmalige Aufforderung der Mieter (Pächter, § 57 c; dazu bereits § 15 Rdn 47.6) und Mitteilung an Behörden usw (wie bei der Anordnung) erfolgen zum Beitritt nicht mehr. Was zur Anordnung geschehen ist, wirkt auch für die Beitritte.

7.5 Dazu auch ZVG-Handbuch Rdn 131.

7.6 Auch Zustellung an den Berechtigten eines vermögensrechtlichen Rückerstattungsanspruchs (VermG § 3 b Abs 2) und bei Zwangsversteigerung des von einem Gebäudeeigentum betroffenen Grundstücks an den Nutzer (EGZVG § 9 a Abs 3 Satz 1) erfolgen nicht mehr. Zur Rechtswahrung ist Verständigung nur durch Zustellung des Anordnungsbeschlusses vorgeschrieben, nicht aber (laufende) Information mit Zustellung auch des Beitrittsbeschlusses.

8 Rechte des Beitrittsgläubigers (Absatz 2)

8.1 Wirksam wird der Beitrittsbeschluß (damit die Beschlagnahme für den Beitretenden mit „seinem" Veräußerungsverbot des § 23; dazu[11]) nur **durch Zustellung** an den Schuldner (§ 22 Abs 1), keinesfalls schon mit dem Erlaß (kein Eintragungsersuchen). Zustellung an den Schuldner ist hierbei bei Gesamtschuldnern die an den letzten, bei Bruchteilsschuldnern ist sie für jeden gesondert maßgeblich. Voraussetzung ist dabei, daß die mit dem Anordnungsbeschluß bewirkte Beschlagnahme schon wirksam geworden ist[12] Ist dies nicht der Fall und wird der Beitrittsbeschluß etwa vor dem Anordnungsbeschluß zugestellt, so gilt er als Anordnungsbeschluß, während der ursprüngliche Anordnungsbeschluß zum Beitritt wird, wirksam mit seiner Zustellung. Das Wirksamwerden durch Zustellung kann durch öffentliche oder Auslandszustellung erheblich sich verzögern; bei

---

[11] BGH DNotZ 1989,160 = KTS 1988, 822 = MDR 1988, 958 = NJW-RR 1988, 1274 = Rpfleger 1988, 453.
[12] LG Freiburg KTS 1975, 133 mit krit Anm Mohrbutter.

Beitrittsbeschluß 10.1 § 27

der Terminsansetzung ist hierauf zu achten. Ein für den Anordnungsbeschluß ordnungsgemäß angesetzter Versteigerungstermin darf nicht wegen eines späteren Beitritts wieder abgesetzt werden, außer wenn der Anordnungsbeschluß wegen Einstellung oder Aufhebung wegfällt. Dazu ZVG-Handbuch Rdn 132. Zustellung an den Schuldner ist noch im Versteigerungstermin möglich, bedingt auch noch nachher (Rdn 2). Ein zunächst wegen gesetzwidriger Zustellung unwirksamer Beitrittsbeschluß kann nicht mehr durch ordnungsgemäße Zustellung **geheilt** werden, wenn vorher der Anordnungsbeschluß entfallen ist und der Eigentümer gewechselt hat (dazu auch Rdn 2).

8.2 Der Beitrittsgläubiger hat **dieselben Rechte,** wie wenn auf seinen Antrag die Versteigerung angeordnet wäre (Abs 2). Der Beitrittsbeschluß gilt zu seinen Gunsten als Beschlagnahme des Grundstücks (§ 20 Abs 2); für ihn hat sie die Wirkung eines Veräußerungsverbots (§ 23 Abs 1 Satz 1). Als vollstreckende Gläubiger sind Anordnungs- und Beitrittsgläubiger (oder mehrere Beitrittsgläubiger im Verhältnis zueinander) voneinander unabhängig. Das ZVG kennt keine Einheit des Verfahrens[13]. Das Verfahren ist für den Beitrittsgläubiger daher auch dann fortzusetzen, wenn der (ursprüngliche) Versteigerungsantrag zurückgenommen wird oder als zurückgenommen gilt (Denkschrift S 42) oder das Verfahren des Anordnungsgläubigers eingestellt wird. Aufhebung oder Einstellung des Verfahrens des Beitrittsgläubigers berühren ebenso den Fortgang des Verfahrens des Anordnungsgläubigers nicht.

8.3 Wird vor der Zustellung des Beitritts ein **neues dingliches Recht** eingetragen, so ist dieses (trotz der Eintragung eines Vollstreckungsvermerks) dem Beitrittsgläubiger gegenüber wirksam (nicht § 23) und so in Rangklasse 4 (dem Beitrittsgläubiger gegenüber; dem Anordnungsgläubiger gegenüber in Rangklasse 6). Zur Berücksichtigung im Verfahren muß das Recht bei Eintragung nach dem Vollstreckungsvermerk aber angemeldet werden (§ 9 Nr 2, § 37 Nr 4, §§ 45, 114, 156 Abs 2).

Versteigerungstermin und Wertfestsetzung bei Beitritt 9

9.1 Eine schon vor dem Beitritt erfolgte und durch Zustellung auch ausgeführte **Terminsbestimmung** ist auch an den Beitrittsgläubiger sofort zuzustellen (§ 41 Abs 1). Dabei können vielleicht die gesetzlichen Fristen nicht mehr eingehalten werden (§ 43 Abs 2); der Beitrittsbeschluß darf dann der Berechnung des geringsten Gebots nicht zugrunde gelegt werden. Erfolgt der Beitritt knapp vor dem Versteigerungstermin, so muß die Zustellung wenigstens noch versucht werden. Erfolgt der Beitritt erst im Versteigerungstermin, indem dem Schuldner der Beschluß im Termin selbst zugestellt wird (wenn das nicht mehr möglich ist, vielleicht noch bedingter Beitritt, § 27 Rdn 2), so ist eine Terminsladung des Gläubigers (falls er nicht vorher beteiligt war) nicht mehr möglich. Hierzu auch ZVG-Handbuch Rdn 131, 135.

9.2 Eine schon vor dem Beitritt erfolgte **Wertfestsetzung** ist auch dem neuen Beitrittsgläubiger (falls er nicht schon bisher beteiligt war) zuzustellen. Er hat dann die normalen Rechtsmittel dagegen (§ 74 a Abs 5), auch wenn der Beschluß schon gegenüber allen anderen Beteiligten rechtskräftig ist (dazu § 74 a Rdn 9). Wird Zustellung an den Beitrittsgläubiger unterlassen, so kann unter Umständen auf sein Rechtsmittel hin der Wert geändert und auf Anfechtung des Zuschlags dieser aufgehoben werden. Dazu ZVG-Handbuch Rdn 213.

Zubehör und sonst mithaftende Gegenstände 10

10.1 Für den Beitrittsgläubiger umfaßt die **Beschlagnahme** mithaftende Gegenstände (Zubehör, getrennte Erzeugnisse und Bestandteile, Versicherungsforde-

---
[13] RG 125, 24 (30).

§ 27 10.1   Anordnung der Versteigerung

rung, § 20 Rdn 3) in gleichem Umfang wie dies bei Anordnungsbeschlagnahme der Fall ist (§ 27 Abs 2, § 20 Abs 2, § 21). Weil jedoch Beschlagnahme durch Beitritt mit Zustellung des Beschlusses an den Schuldner bewirkt wird (§ 22 Rdn 2.3), sind nur die in diesem Zeitpunkt (nicht die bei früherer Anordnungsbeschlagnahme) mithaftenden Gegenstände zugunsten des Beitrittsgläubigers nach § 20 Abs 2 beschlagnahmt[14]. Die Beschlagnahme des Gegenstandes zugunsten des Anordnungsgläubigers wirkt nicht bereits auch für den Beitrittsgläubiger, weil die Beschlagnahme für jeden betreibenden Gläubiger immer unabhängig von der für andere ist (§ 23 Rdn 2.6). Nach Veräußerung und Entfernung von Zubehör oder sonst mithaftender Gegenstände (BGB § 1121) und ebenso nach dauernder Entfernung von Erzeugnissen oder Bestandteilen oder Aufhebung der Zubehöreigenschaft (BGB § 1122) **vor** Beitritt, die für den Anordnungsgläubiger als gegen seine Beschlagnahme verstoßende Verfügungen unwirksam sind, kann sich die Beitrittsbeschlagnahme daher nicht mehr auf den Gegenstand erstrecken (§ 20 Abs 2)[15].

10.2 Ein Beitritt erstreckt sich auch auf **Zubehör** (und andere mithaftende Gegenstände), das von allen bis dahin betreibenden Gläubigern, also vom Anordnungsgläubiger und den früheren Beitrittsgläubigern, **freigegeben** ist[15]. Diese Beschlagnahme des Zubehörs muß im Beitrittsbeschluß nicht gesondert zum Ausdruck gebracht werden; sie erfordert auch keinen darauf gerichteten ausdrücklichen Antrag[16]. Es ist auch nicht von Bedeutung, ob Zubehör oder ein mithaftender Gegenstand von den bisher betreibenden Gläubigern bislang nur freigegeben wurde (Freigabe ist Antragsrücknahme und wird bereits mit ihrem Eingang bei Gericht wirksam, § 29 Rdn 2) oder ob nach Freigabe (Teilrücknahme) oder aus anderen Gründen (zB weil der Zubehöreigentümer gegen den Anordnungsgläubiger sein der Versteigerung entgegenstehendes Recht nach § 37 Nr 5 gerichtlich durchgesetzt hat) bereits Teilaufhebungsbeschluß hinsichtlich einzelner oder mehrerer Zubehörstücke ergangen ist (§ 29 Rdn 4). Das folgt aus ZPO § 865 Abs 1 und 2 und aus § 27 Abs 2. Beitritt ist Zwangsvollstreckung in das unbewegliche Vermögen und damit auch Vollstreckungszugriff auf mithaftende Gegenstände, insbesondere Zubehör, das nicht gepfändet werden kann (ZPO § 865 Abs 1 und 2). Daher begründet die Anordnung, daß der Beitritt zu dem Versteigerungsverfahren über ein Grundstück zugelassen wird, dem Gläubiger die gleichen Rechte wie eine Versteigerungsanordnung (§ 27 Abs 2). Der Beschluß gilt mithin nach § 20 Abs 1 zugunsten des Beitrittsgläubigers als Beschlagnahme des Grundstücks und umfaßt zu seinen Gunsten nach § 20 Abs 2 auch Zubehör und andere Gegenstände, die der hypothekarischen Haftung unterliegen (BGB § 1120). Ebenso wie Zubehör und andere Gegenstände, wenn nach einer von mehreren Gläubigern bewirkten Beschlagnahme Freigabe nur von einem oder einzelnen der Beschlagnahmegläubiger erklärt ist, noch immer für einen oder mehrere weitere Gläubiger beschlagnahmt bleiben, kann der Gegenstand nach Freigabe auch wieder von der Beschlagnahme mit Beitritt für einen weiteren Gläubiger erfaßt werden. Zulassung des Beitritts setzt nur ein bereits anhängiges Zwangsversteigerungsverfahren über ein Grundstück voraus (§ 27 Abs 1), für die Beschlagnahmewirkungen zugunsten des Beitrittsgläubigers ist jedoch volle Identität der mit dem Grundstück beschlagnahmten Gegenstände (§ 20 Abs 2) nicht verlangt. Daher erfaßt mit Zulassung des Beitritts zu einem Zwangsverwaltungsverfahren die Beschlagnahme des Grundstücks zugunsten des Beitrittsgläubigers auch wieder Miet- und Pachtzinsforderungen, die von dem Gläubiger, auf dessen Antrag die Zwangsverwaltung angeordnet ist, bereits freigegeben waren, wenn sie nur noch hypothekarisch haften (§ 148 Abs 1).

---

[14] OLG Zweibrücken OLGZ 1977, 212 (219); Steiner/Teufel § 27 Rdn 42, 43; Teufel Rpfleger 1979, 186.
[15] OLG Zweibrücken und Steiner/Teufel je aaO (Fußn 14); Mayer RpflStud 1979, 4.
[16] Mayer RpflStud 1979, 4.

Entgegenstehende grundbuchmäßige Rechte 1 § 28

10.3 Zubehör im Eigentum des Grundstückseigentümers, das von allen bis dahin betreibenden Gläubigern freigegeben worden ist, wird daher neuerlich für den Beitrittsgläubiger beschlagnahmt. Wenn Freigabe oder Verfahrensaufhebung erfolgt ist, weil alle bis dahin betreibenden Gläubiger **Dritteigentum** an Zubehör anerkannt haben oder weil gegen sie eine entsprechende Entscheidung des Prozeßgerichts ergangen ist, muß Aufhebung oder Einstellung des Verfahrens nach § 37 Nr 5 auch gegenüber dem neuen Beitrittsgläubiger herbeigeführt werden, wenn sich das von ihm betriebene Versteigerungsverfahren nicht nach Maßgabe des § 55 Abs 2 auf die Zubehörstücke erstrecken soll. Nur wenn der Beitrittsgläubiger, für dessen Verfahren Aufhebung oder einstweilige Einstellung für Zubehörstücke nicht mehr herbeigeführt ist, im Versteigerungstermin nach § 43 Abs 2 nicht die Stellung eines betreibenden Gläubigers hat, weil der Beschlagnahmebeschluß dem Schuldner nicht vier Wochen vor dem Termin zugestellt worden ist, wird das bereits freigegebene Zubehör auf Grund seines Beitritts nicht wieder in die Versteigerung einbezogen. Zur Klarstellung insbesondere für Interessenten müßte im Versteigerungstermin (zu empfehlen ist Aufnahme in die Versteigerungsbedingungen) darauf hingewiesen werden, ob nach Freigabe von Zubehör durch frühere Beschlagnahmegläubiger eine neuerliche Beschlagnahme für einen Beitrittsgläubiger rechtzeitig bewirkt ist und die Versteigerung nach § 55 sich auf damit wieder freigegebenes Zubehör erstreckt.

10.4 Der Beitrittsgläubiger, der Zubehör oder sonst mithaftende Gegenstände besonders freizugeben hat, kann dies auch sogleich durch **Antragsbeschränkung** erklären. Es kann sich auch aus den Umständen des Einzelfalls ergeben, daß Antrag auf Zulassung des Beitritts mit der Beschränkung gestellt sein soll, daß Beschlagnahme freigegebener Gegenstände nicht verlangt wird. Das kann bei geringem Wert der Gegenstände und sicherer Rangstelle des beitretenden Gläubigers gewollt sein, wenn nach Freigabe bereits Teilaufhebungsbeschluß ergangen ist. Erforderlichenfalls ist mit Aufklärung (ZPO § 139) festzustellen, ob durch Antragsbeschränkung die von anderen Gläubigern freigegebenen Gegenstände sogleich auch von der Beitrittsbeschlagnahme ausgenommen werden sollen. Dann ist im Beitrittsbeschluß zu vermerken:
„Dieser Beitritt erstreckt sich nicht auf die Zubehörstücke, über die das Verfahren mit Beschluß vom . . . aufgehoben worden ist, nämlich . . ."

10.5 Ist das Verfahren über das Zubehör von allen bisher betreibenden Gläubigern nur **eingestellt,** so bewirkt Beitritt natürlich Beschlagnahme des Zubehörs. Ist wegen des Zubehörs eingestellt und dieses von der Versteigerung ausgenommen, so kann für das Verfahren über das Zubehör auch nach Rechtskraft des Zuschlags über das Hauptobjekt noch Beitritt erfolgen (Rdn 2.5).

II. Aufhebung und einstweilige Einstellung des Verfahrens

[Entgegenstehende grundbuchmäßige Rechte]

28 Wird dem Vollstreckungsgericht ein aus dem Grundbuch ersichtliches Recht bekannt, welches der Zwangsversteigerung oder der Fortsetzung des Verfahrens entgegensteht, so hat das Gericht das Verfahren entweder sofort aufzuheben oder unter Bestimmung einer Frist, binnen welcher der Gläubiger die Hebung des Hindernisses nachzuweisen hat, einstweilen einzustellen. Im letzteren Falle ist das Verfahren nach dem Ablaufe der Frist aufzuheben, wenn nicht inzwischen der Nachweis erbracht ist.

Allgemeine Übersicht zu §§ 28–34 1

Die Fälle der Aufhebung und der einstweiligen Einstellung des Verfahrens, die schon vor dem Versteigerungstermin vorkommen können, regelt das ZVG in den

§ 28 1 Aufhebung und einstweilige Einstellung

§§ 28–34 im Anschluß an den ersten Abschnitt über die Anordnung der Versteigerung (§§ 15–27). Weitere Aufhebungs- und Einstellungsvorschriften finden sich in § 74 a Abs 1, §§ 75, 76, 77 Abs 1 und 2, § 86, ZPO §§ 765 a, 775, 776. Dieser zweite Abschnitt im zweiten Titel des ZVG behandelt Einstellung und Aufhebung wegen eines Grundbuchhindernisses (§ 28), Aufhebung wegen Antragsrücknahme (§ 29), Einstellung auf Bewilligung des betreibenden Gläubigers (§ 30) und auf Antrag des Schuldners (§§ 30 a, b, d) bzw des Konkursverwalters (§§ 30 c, d), Fortsetzung nach einer Einstellung (§ 31), grundsätzliche Zustellungspflicht bei Aufhebungs- und Einstellungsbeschlüssen (§ 32), Art der Aufhebung oder Einstellung nach Schluß der Bietstunde durch Zuschlagsversagung (§ 33) und Löschung des Vollstreckungsmerks nach Aufhebung des Verfahrens (§ 34).

2 Allgemeines zu § 28

2.1 Zweck der Vorschrift: Verfahrensbestimmung zur Wahrung der das Verfahren hindernden grundbuchersichtlichen Rechte. Sie sollen nicht erst noch in einem Rechtsstreit festgestellt werden müssen, sondern sind der Bedeutung des Grundbuchs entsprechend von Amts wegen zu berücksichtigen.

2.2 Anwendungsbereich: § 28 gilt zunächst für die Vollstreckungsversteigerung, mit Einschränkungen auch für die Zwangsverwaltung (dort grundsätzlich keine Einstellung, § 146 Rdn 6) und mit mancherlei Einschränkungen für die Verfahren nach §§ 172, 175, 180 (soweit Hindernisse dort beachtlich sind).

3 Eigentum eines Dritten als entgegenstehendes Recht

3.1 Eigentum eines Dritten steht der Zwangsversteigerung (Zwangsverwaltung; Besonderheit jedoch bei Eigenbesitz, § 147) entgegen. Zwangsvollstreckung setzt voraus, daß das Grundstück (sonstige Objekt) dem Schuldner gehört.

3.2 Angeordnet werden darf die Zwangsversteigerung (Zwangsverwaltung, mit Besonderheit in § 147) daher nur, wenn der Schuldner als Eigentümer des Grundstücks eingetragen oder Erbe des eingetragenen Eigentümers ist (§ 17 Abs 1). Wenn ein Dritter bereits **bei Verfahrensanordnung** (Unterzeichnung, Einl Rdn 20) eingetragener Eigentümer des Grundstücks war (Unrichtigkeit des Zeugnisses des Grundbuchamts; Eintragung des neuen Eigentümers nach Erteilung des Zeugnisses oder Grundbucheinsicht durch das Vollstreckungsgericht), stellt dessen grundbuchersichtliches Eigentum ein nach § 28 entgegenstehendes Recht dar[1]. Nachweis, daß der Schuldner dennoch in Wirklichkeit (nicht eingetragener) Eigentümer ist, kann die für Verfahrensanordnung notwendige Eintragung des Schuldnereigentums nicht ersetzen, die Maßnahmen nach § 28 somit nicht abwenden[1].

3.3 Das **nach Verfahrensanordnung,** aber **vor** Wirksamwerden der **Beschlagnahme** (§ 22) mit Auflassung und Eintragung (BGB § 873 mit § 925) erworbene Eigentum eines Dritten steht der Zwangsversteigerung (Zwangsverwaltung) auf Antrag eines **persönlichen** Gläubigers (Rangklasse 5 des § 10 Abs 1) in gleicher Weise entgegen (so auch[2]). (Rechtsgeschäftlicher) Eigentumserwerb vor Beschlagnahme (deren Wirksamkeit) verstößt nicht gegen das erst nach Eigentumsübergang mit Beschlagnahme bewirkte Veräußerungsverbot (§ 23 Rdn 2). Für die auf Antrag eines dinglichen Gläubigers (Anspruch in Rangklasse 4 des § 10 Abs 1) angeordnete Zwangsversteigerung (Zwangsverwaltung) gilt in diesem Fall das § 28 Rdn 3.7 (Absatz b) Gesagte.

3.4 Eigentumserwerb eines Dritten (Auflassung und/oder Eintragung des Erwerbers, BGB § 873 mit § 925) **nach** Wirksamwerden der **Beschlagnahme** verstößt gegen das damit bewirkte Veräußerungsverbot (Ausnahme § 28 Rdn 3.5), ist somit dem vollstreckenden Gläubiger gegenüber nach BGB § 135 Abs 1 mit § 136 un-

---

[1] Jaeckel/Güthe § 28 Rdn 2.
[2] Steiner/Eickmann § 28 Rdn 18.

Entgegenstehende grundbuchmäßige Rechte 3.7 § 28

wirksam. Maßnahmen nach § 28 sind daher nicht veranlaßt. Das Verfahren wird gegen den Schuldner (Grundstückseigentümer bei Beschlagnahme) fortgesetzt, gegen den es zulässig angeordnet wurde (dazu § 26 Rdn 2.2).

3.5 Ausnahmsweise verstößt Eigentumserwerb des Dritten **nach Beschlagnahme** auch dem Vollstreckungsgläubiger gegenüber nicht gegen das damit bewirkte Veräußerungsverbot bei
– gutgläubigem Erwerb vor Eintragung des Vollstreckungsvermerks (§ 23 Rdn 3, § 26 Rdn 2.3);
– Erwerbsschutz nach BGB § 878 (§ 23 Rdn 2.3, § 26 Rdn 2.3).

Auf das von dem Gläubiger eines **eingetragenen Rechts** (Rangklasse 4 des § 10 Abs 1) betriebene Verfahren hat die Veräußerung in diesen besonderen Fällen jedoch nach § 26 keinen Einfluß. Maßnahmen nach § 28 sind daher nicht veranlaßt. Das angeordnete Verfahren wird gegen den Schuldner (Grundstückseigentümer bei Wirksamwerden der Beschlagnahme) fortgesetzt, gegen den es (zulässig) angeordnet wurde (dazu § 26 Rdn 2.6; zu § 878 § 26 Rdn 2.7). Der Fortsetzung des von dem Gläubiger eines **persönlichen Anspruchs** (Rangklasse 5 des § 10 Abs 1) betriebenen Verfahrens steht das Eigentum des gutgläubigen oder nach § 878 geschützten Erwerbers (§ 26 Rdn 2.3) entgegen. Berücksichtigung des entgegenstehenden Rechts des neuen Eigentümers kann jedoch nicht nach § 28 von Amts wegen erfolgen (so auch[3]; Einstellung unter besonderen Voraussetzungen wird aber mitunter zugelassen). Es ist „aus dem Grundbuch nicht ersichtlich". Das Grundbuch weist nur die Eintragung des neuen Eigentümers nach Beschlagnahme aus, nicht aber die Voraussetzungen des gutgläubigen Eigentumserwerbs vor Eintragung des Vollstreckungsvermerks (Nichtkenntnis des Versteigerungsantrags und der Beschlagnahme) und ebenso nicht die Voraussetzungen für Anwendung des BGB § 878. Auf Eintragungsunterlagen des Grundbuchamts kann für Berücksichtigung des entgegenstehenden Eigentums eines Dritten nach § 28 nicht zurückgegriffen werden. Weil kein Verfahrensverstoß vorliegt (Eigentum des Schuldners als Voraussetzung der Anordnung oder Zulassung des Beitritts war gegeben, § 17 Abs 1 ist somit beachtet), kann das Dritteigentum auch nicht mit Erinnerung (Beschwerde; ZPO §§ 766, 793) gegen den Anordnungsbeschluß (Beitrittsbeschluß) geltend gemacht werden. Es ist daher mit Drittwiderspruchsklage nach ZPO § 771 zu verfolgen und erst bei Vorlage eines Einstellungsbeschlusses oder der Entscheidung des Prozeßgerichts über die Widerspruchsklage (ZPO §§ 775, 776) zu berücksichtigen.

3.6 Grundbuchberichtigung nach Beschlagnahme durch **Eintragung des Erben:** § 15 Rdn 30.

3.7 Mit **Grundbuchberichtigung** nach Beschlagnahme durch Eintragung des **wirklichen Eigentümers** (bis dahin Nichtübereinstimmung zwischen Grundbuch und wahrer Rechtslage; siehe BGB § 894) wird das nicht eingetragene wirkliche Eigentum des Dritten als Recht grundbuchersichtlich; es steht der Verfahrensfortsetzung entgegen, wenn es bereits im Zeitpunkt der Beschlagnahme bestanden hat. Zu unterscheiden ist jedoch:
a) Der Zwangsversteigerung (Zwangsverwaltung mit Besonderheit nach § 147) auf Antrag des Gläubigers eines **persönlichen Anspruchs** (Rangklasse 5 des § 10 Abs 1) steht das Eigentum des Dritten entgegen. Weil das Grundstück dem Schuldner nicht gehört (§ 28 Rdn 3.1), kann die Zwangsvollstreckung in das Grundstück nicht fortgesetzt werden. Von sofortiger Verfahrensaufhebung ist dennoch abzusehen. Dem Gläubiger ist mit Verfahrenseinstellung nach § 28 Gelegenheit zur Äußerung und gegebenenfalls zu nötigen Maßnahmen zu geben (Vorlage eines Duldungstitels gegen den Dritten).

b) Die Zwangsversteigerung (Zwangsverwaltung) auf Antrag des Gläubigers eines **dinglichen Anspruchs** ist rechtmäßig angeordnet worden. Für die Verfolgung

---

[3] Steiner/Eickmann/Teufel § 23 Rdn 34 und § 28 Rdn 20.

§ 28 3.7 Aufhebung und einstweilige Einstellung

des Rechts aus der Hypothek (damit auch aus einer Grundschuld, Rentenschuld oder von Reallastleistungen) gilt zugunsten des Gläubigers der im Grundbuch Eingetragene als Eigentümer (BGB § 1148 Satz 1; unwiderlegbare **Vermutung**). Der wirkliche Eigentümer kann der Vollstreckung auf Grund eines gegen den eingetragenen Nichteigentümer vollstreckbaren Titels nicht mit dem Einwand begegnen, es liege kein formeller Titel gegen ihn vor, also nicht mit der formellen Einwendung aus ZPO §§ 750, 766[4]. Diese Vermutung des BGB § 1148 **endet** mit Eintragung des wirklichen Eigentümers im Wege der Grundbuchberichtigung. Sein jetzt eingetragenes Eigentum steht somit der Fortsetzung des bis dahin rechtmäßig durchgeführten Verfahrens entgegen. Wenn das mit Berichtigung des Grundbuchs aus diesem ersichtliche Recht dem Vollstreckungsgericht bekannt wird, kann das Verfahren daher nur nach § 28 unter Bestimmung einer Frist zur Behebung des Hindernisses **eingestellt** (nie aber sofort aufgehoben) werden. Hindernis für Fortsetzung des Verfahrens ist das Fehlen eines **Vollstreckungstitels** (ZPO § 750) gegen den nun eingetragenen **wirklichen Eigentümer;** auch Zustellung an den (wirklichen) Eigentümer ist nicht nachgewiesen (ZPO § 750 Abs 2). Daß ein gegen den Schuldner lautender zugestellter Vollstreckungstitel (Bezeichnung des Schuldners in der Vollstreckungsklausel) vorzuliegen hat, gilt entgegen dem engen Wortlaut des ZPO § 750 (der diese Voraussetzung nur für den „Beginn der Vollstreckung" verlangt) auch für die Fortsetzung einer Vollstreckung, weil es sich um allgemeine Voraussetzungen einer jeden Zwangsvollstreckungsmaßnahme handelt (so[5] für den auf den Namen des Gläubigers lautenden Titel). Das gilt auch in einem Zwangsversteigerungsverfahren, das mit Rücksicht auf die betroffenen Werte besonders förmlich ausgestaltet ist[5]. Daher kann der Gläubiger der Zwangsvollstreckung erst fortsetzen, wenn die Vollstreckungsklausel auf den nunmehrigen Eigentümer umgeschrieben und Zustellung an diesen erfolgt ist. Umschreibung des Vollstreckungstitels ermöglicht ZPO § 727; der Eigentümer, der seine Eintragung erwirkt hat, gilt als Rechtsnachfolger des vorher eingetragen gewesenen[6]. Die dem (wirklichen) Eigentümer gegen den dinglichen Anspruch vorbehaltenen Einwendungen (BGB § 1148 Satz 2) sind mit Klage gegen den Vollstreckungstitel (ZPO § 767) geltend zu machen. Formelle Bedeutung haben sie nicht; sie schmälern somit weder die bisherige Vollstreckung noch die Rechtsnachfolge mit Grundbuchberichtigung. Wenn der Gläubiger die für Fortsetzung der Vollstreckung erforderlichen **Vollstreckungsunterlagen beibringt,** wird das Verfahren gegen den mit Grundbuchberichtigung eingetragenen wirklichen Eigentümer von Amts wegen **fortgesetzt.** Die Beschlagnahmewirkungen bestehen damit fort; das bis Einstellung durchgeführte Verfahren hat gegen den Schuldner-Rechtsnachfolger Wirksamkeit, muß somit nicht mehr wiederholt werden (Folge von BGB § 1148 Satz 1). Antrag auf Vollstreckungsschutz (§§ 30 a–d) kann der (wirkliche) Eigentümer daher nicht neu stellen. Der unrichtig eingetragen gewesene Eigentümer, gegen den das Verfahren angeordnet wurde, ist **nicht mehr** als Schuldner **Verfahrensbeteiligter** (§ 9). Sein Ausscheiden als verfahrensbeteiligter Schuldner ist gesetzlich Folge der Beendigung der Vermutung des BGB § 1148 Satz 1 und des Verfahrensfortgangs gegen den wirklichen Eigentümer. Schuldner ist die Person, gegen die der Schuldtitel vollstreckbar ist. Der Wechsel der am materiellem Recht haftenden Person bewirkt den Klauselerteilung nach Grundbuchberichtigung, daß die Parteistellung des bisherigen verfahrensbeteiligten Schuldners endet und der (wirkliche) Eigentümer Schuldner ist. Verfahrensgrundsätze des Erkenntnisverfahrens gelten somit nicht. Es muß daher weder der neue Schuldner die Beteiligtenstellung durch Eintritt in das Verfahren ausdrücklich übernehmen noch der Gläubiger als Gegner zustimmen. Der Schuld-

---

[4] Staudinger/Scherübl, BGB, § 1148 Rdn 4.
[5] BGH DNotZ 1963, 673 = WM 1963, 745.
[6] OLG Hamm Rpfleger 1990, 125; Staudinger/Scherübl, BGB, § 1148 Rdn 7.

Entgegenstehende grundbuchmäßige Rechte 3.8 § 28

nerwechsel vollzieht sich gesetzlich mit Verfahrensfortsetzung. Er gebietet von da an Zuziehung des (wirklichen) Eigentümers als Schuldner. Der Schuldnerwechsel wird daher nicht erst durch gesonderten Beschluß bewirkt, der den Eintritt des (wirklichen) Eigentümers als Schuldners in das Verfahren feststellt. Üblich und selbstverständlich ist dennoch klarstellende Feststellung im (gebotenen, § 31 Rdn 5.5) Fortsetzungsbeschluß.

3.8 a) **Eigentum eines Dritten** kann nach Eigentumseintragung erst während des Vollstreckungsverfahrens als entgegenstehendes Recht zu berücksichtigen sein, wenn der Eigentumsübertragungsanspruch durch **Auflassungsvormerkung** gesichert war (BGB § 883). Nach § 28 zu berücksichtigen ist vom Vollstreckungsgericht das grundbuchersichtliche Eigentum des Erwerbers gegenüber dem Gläubiger, dessen Berechtigung auf einer **nach** Eintragung der **Vormerkung** getroffenen Verfügung beruht und nach BGB § 883 Abs 2 unwirksam ist. Das Eigentum des Erwerbers steht der Fortsetzung des von einem solchen Gläubiger betriebenen Verfahrens entgegen. Ihm gegenüber wirkt der Eigentumswechsel auf den Zeitpunkt der Vormerkung zurück. Diese Folge ist aus dem Grundbuch ersichtlich und daher vom Vollstreckungsgericht zu beachten (abzulehnen also: weil es sich um eine materiellrechtliche Frage handle, stelle das Vollstreckungsgericht ein mit Fristsetzung an den neuen Eigentümer, den betreibenden Gläubiger zur freiwilligen Rücknahme zu veranlassen oder ihn durch Prozeß zu zwingen).

b) Nach Übertragung des Eigentums an den Vormerkungsberechtigten, dessen **Auflassungsvormerkung vor Beschlagnahme** (= Wirksamkeit) eingetragen worden ist, steht dessen Eigentum der Zwangsversteigerung (Zwangsverwaltung, mit Besonderheit nach § 147) auf Antrag des Gläubigers eines **persönlichen Anspruchs** sowie des Gläubigers eines durch **vormerkungswidrige** Verfügung erlangten **Rechts** (BGB § 883 Abs 1; Eintragung nach Vormerkung; für diesen Fall auch[7]) grundbuchersichtlich entgegen (so auch[8]); (enger[9]: § 28 findet nur Anwendung, wenn aus dem Grundbuch erkennbar hervorgeht, daß das Eigentum auf Grund der Vormerkung eingetragen ist). Die Zwangsvollstreckung eines solchen Gläubigers in das Grundstück kann nicht fortgesetzt werden, weil das Grundstück dem Schuldner nicht mehr gehört. Das gilt (nach[10]) auch für den Fall, daß nach der Beschlagnahme im Wege der Berichtigung ein weiterer Berechtigter der Auflassungsvormerkung eingetragen worden ist und dieser das Miteigentum erwirbt. Von sofortiger Verfahrensaufhebung ist dennoch abzusehen. Dem Gläubiger ist mit Verfahrenseinstellung nach § 28 Gelegenheit zur Äußerung und gegebenenfalls zu nötigen Maßnahmen zu geben (Vorlage eines Duldungstitels gegen den Dritten; Wirksamkeit könnte bereits mit Genehmigung des Vormerkungsberechtigten eingetreten sein).

c) Der durch die Vormerkung gesicherte Eigentumserwerb begründet (nach dem Absatz b Gesagten) ein der Zwangsversteigerung grundbuchersichtlich entgegenstehendes Recht, wenn „Löschung" der Vormerkung bei Eigentümereintragung (oder später) nicht erfolgt ist. Ist die Vormerkung gelöscht worden, dann gilt folgendes: Allein durch die Löschung (GBO § 46) ist die Vormerkung materiell nicht untergegangen[11]. Hierzu bedürfte es noch einer materiellrechtlichen Aufhebungserklärung ihres Gläubigers (BGB § 875). Hat der Vormerkungsgläubiger und neu eingetragene Eigentümer ganz allgemein die Löschung „aller eingetragenen Grundstücksbelastungen" bewilligt und beantragt, so bezieht sich diese

---

[7] Mohrbutter/Drischler Muster 40 Anm 3.
[8] LG Frankenthal Rpfleger 1985, 371; LG Freiburg KTS 1975, 133 mit Anm Mohrbutter; Dassler/Muth § 28 Rdn 8; Reinhard/Müller § 28 Anm III; Steiner/Eickmann § 28 Rdn 16 und 19.
[9] Jaeckel/Güthe § 28 Rdn 2.
[10] LG Frankenthal Rpfleger 1985, 371.
[11] BGH 60, 46 = MDR 1973, 302 = NJW 1973, 323.

§ 28 3.8 Aufhebung und einstweilige Einstellung

Erklärung auf eine zu seinen Gunsten eingetragene Auflassungsvormerkung nur für den Fall, daß gleichzeitig auch etwaige Zwischenrechte gelöscht werden[11] (somit auch Beschlagnahmegläubiger mit Antragsrücknahme entfallen). Eine darin zugleich (etwa) liegende materiellrechtliche Aufhebungserklärung ist inhaltlich in gleicher Weise beschränkt[11]. Es fehlt sonach an einer wirksamen Aufhebungserklärung für den Fall, daß an dem Grundstück ein durch vormerkungswidrige Verfügung erlangtes Recht besteht oder auch, daß die Zwangsversteigerung auf Antrag des Gläubigers eines persönlichen Anspruchs betrieben wird. Demnach ist die Vormerkung trotz ihrer grundbuchlichen Löschung materiellrechtlich bestehen geblieben[11]; die Löschung ändert somit nichts daran, daß der Zwangsversteigerung das Eigentum des Vormerkungsgläubigers entgegensteht. Dabei ist gleichgültig, ob die Vormerkung zugleich mit Eigentumseintragung des Vorgemerkten oder erst später gelöscht wurde (siehe[11]). Für Berücksichtigung als entgegenstehendes Recht nach § 28 genügt, daß das Eigentum des Vormerkungsberechtigten und dessen Sicherung durch Vormerkung bis zur Eintragung des Eigentumsübergangs grundbuchersichtlich sind (anders[12]). Daher erlangt die umstrittene Frage keine Bedeutung, ob schon generell durch das Eigentum die (gelöschte) Auflassungsvormerkung ersetzt wird (dagegen sprechen sich[13] aus) und bereits damit ausgewiesen ist, daß das Eigentum des Vormerkungsberechtigten ein nach § 28 entgegenstehendes Recht ist (so[14]; anders[15]). Berücksichtigt muß vielmehr werden, daß bloße Löschung (ohne Aufhebungserklärung) Grundbuchunrichtigkeit bewirkt und damit „vormerkungsfreien" Erwerb von Zwischenrechten durch einen Gutgläubigen ermöglicht (BGB § 892)[16]. Löschung der Vormerkung gefährdet daher den Vormerkungsgläubiger, so daß sie schon deshalb zu unterbleiben hat. In dem vom BGH[16] entschiedenen Fall ging es um die Frage, ob mit Abtretung einer vormerkungswidrig bestellten Grundschuld nach Löschung der (nicht aufgehobenen, somit fortbestehenden) Auflassungsvormerkung gutgläubiger Erwerb der Grundschuld auch dem neuen Eigentümer gegenüber erfolgen konnte. Dafür erlangte Bedeutung, daß für Schutz gegen gutgläubigen Erwerb von Zwischenrechten in der Eigentümereintragung die Vormerkung natürlich nicht fortwirkt (so[16]). Anders jedoch ist es für die dem Vormerkungsgläubiger selbst gegenüber unwirksame Verfügung (auch im Wege der Zwangsvollstreckung), wenn er als Eigentümer eingetragen wird. Dann ändert auch die Löschung der Vormerkung nichts daran, daß ihm gegenüber die Verfügung unwirksam war und bleibt[16] (Fall von[17]). Für Berücksichtigung dieser Unwirksamkeit verlangt § 28 nicht, daß die Vormerkung bei Rechtswahrung im Verfahren nach § 28 noch grundbuchersichtlich ist. Es wird vielmehr das frühere Bestehen eines Rechts im Sinne von BGB § 891 Abs 1 vermutet, wenn seine Löschung nicht der Grundbuchberichtigung gedient hat[18]. Ebenso hebt die Löschung der Vormerkung die für die vorangehende Zeit ausgewiesene Unwirksamkeit einer Verfügung nicht auf. Die Unwirksamkeit der vormerkungswidrigen Verfügung erweist sich daher auch nach (späterer) Löschung der Vormerkung bei Eigentümereintragung als grundbuchersichtlich im Sinne von § 28. Mit materiellrechtlicher Aufhebungserklärung des Berechtigten und Löschung der Vormerkung (BGB § 875) würden die Vormerkungswirkungen materiellrechlich jedoch untergehen. Vormerkungswidrige Verfügungen würden dann mit Wegfall des Vormerkungsschutzes (wie mit Zustimmung; siehe zur Gläubigerzustimmung § 23 Rdn 2.1) Wirksam-

---

[12] LG Stade DNotZ 1968, 636 = NdsRpfl 1968, 188 = Rpfleger 1968, 284 mit abl Anm Riedel.
[13] BGB-RGRK/Augustin § 883 Rdn 12; BGH 60, 46 = aaO (Fußn 11).
[14] Riedel Rpfleger 1968, 285 (Anmerkung); Schiffhauer BlGrBW 1971, 63 (IX).
[15] LG Stade aaO (Fußn 12).
[16] BGH 60, 46 = aaO (Fußn 11).
[17] LG Stade aaO (Fußn 12).
[18] BGH 52, 355 = MDR 1970, 32 = NJW 1969, 2139 = Rpfleger 1969, 423.

Entgegenstehende grundbuchmäßige Rechte 3.8 § 28

keit erlangen. Eigentumserwerb des (vormaligen) Vormerkungsberechtigten würde nur in einem solchen Fall kein nach § 28 entgegenstehendes Recht mehr begründen.

d) **Nicht entgegen** steht das durch Vormerkung gesichert gewesene Eigentum des Dritten der Zwangsversteigerung oder Zwangsverwaltung wegen des dinglichen Anspruchs (Rangklasse 4 des § 10 Abs 1) aus einem dem vorgemerkten Eigentumsübertragungsanspruch gegenüber **wirksamen dinglichen Recht** (BGB § 883 Abs 2; grundbuchersichtlich mit Eintragung vor der Vormerkung). Die Zwangsversteigerung oder Zwangsverwaltung wegen des dinglichen Anspruchs eines solchen Gläubigers ist gegen den Eigentümer bei Beschlagnahme als Schuldner rechtmäßig angeordnet worden. Durch Beschlagnahme als Verfügung im Wege der Zwangsvollstreckung nach Eintragung der Vormerkung hat sich die materielle Rechtsstellung des Vormerkungsberechtigten nicht verschlechtert; Beschlagnahme ist somit in diesem Fall keine vormerkungswidrige Verfügung im Wege der Zwangsvollstreckung. Auch die Vormerkung mit Rang nach dem vollstreckenden Grundpfandrecht sichert nur den Eigentumsübertragungsanspruch, schützt aber nicht gegen die Geltendmachung des rangbesseren dinglichen Rechts. Anordnung der Zwangsversteigerung oder Zwangsverwaltung wegen des dinglichen Anspruchs nach Entstehung der Vormerkung vereitelt oder beeinträchtigt daher den (nachrangig) vorgemerkten Anspruch nicht im Sinne von BGB § 883 Abs 2. Die Beschlagnahme ist deshalb nach Eigentumsumschreibung auch dem Vormerkungsberechtigten gegenüber nicht unwirksam (deshalb fällt auch die nachrangige Vormerkung nicht in das geringste Gebot, sondern erlischt mit dem Zuschlag; § 44 Abs 1, § 91 Abs 1). Fortsetzung der Zwangsvollstreckung erfordert daher nicht, daß die Vollstreckungsklausel auf den nunmehrigen Eigentümer umgeschrieben und diesem zugestellt wird (anders[19]: Einstellung nach § 28; Frist ist dem Gläubiger für die Umstellung und Neuzustellung seines Titels zu setzen; bedenklich; Vergleich mit Beginn der Vollstreckung erst nach Umschreibung des Eigentums hätte Aufhebung erfordert, mit der die Beschlagnahmewirkungen erlöschen; § 28 Rdn 3.2). Das angeordnete Verfahren wird gegen den Schuldner (Grundstückseigentümer bei Beschlagnahme) fortgesetzt, gegen den es zulässig angeordnet wurde (dazu § 26 Rdn 2.2). Der neue Eigentümer kann mit Anmeldung die Beteiligtenstellung erlangen (§ 9 Nr 2); er tritt jedoch nicht als Schuldner-Rechtsnachfolger in das Verfahren ein. Die Parteistellung als Schuldner oder Beteiligter des Vollstreckungsverfahrens ist Folge der durch Beschlagnahme nicht vereitelten oder beeinträchtigten materiellen Berechtigung. Daß die Partei- oder Beteiligtenstellung mit Beschlagnahme begründet wird und mit späterer Eigentumsübertragung auch bei Sicherung des Auflassungsanspruchs mit Vormerkung keine Änderung mehr erfährt, bewirkt nicht Vormerkungswidrigkeit (im Sinne von BGB § 883 Abs 2) der Beschlagnahme (ein Recht, dinglich Beklagter oder Vollstreckungsschuldner zu sein, schützt die Vormerkung nicht). Die Vermutung des BGB § 1148 erlangt in diesem Fall keine Bedeutung. Die nach der Beschlagnahme in Erfüllung des vorgemerkten Anspruchs bewirkte Veräußerung hat somit bei Rang der Vormerkung nach dem Recht des betreibenden Gläubigers auf den Verfahrensfortgang keinen Einfluß. Eine Maßnahme nach § 28 ist daher bei Vollstreckung eines der Vormerkung im Rang vorgehenden dinglichen Anspruchs nicht veranlaßt (und auch nicht zulässig).

e) Die **nach** Beschlagnahme eingetragene (bewilligte) Auflassungsvormerkung hat bei **gutgläubigem Erwerb** vor Eintragung des Vollstreckungsvermerks (BGB § 892 oder § 893; dazu[20] oder bei Erwerbsschutz nach BGB § 878 (da-

---

[19] OLG Hamm KTS 1985, 138 = OLGZ 1984, 463 = Rpfleger 1984, 426 = WM 1984, 1378.
[20] BGB-RGRK/Augustin § 883 Rdn 18; Haegele/Schöner/Stöber, Grundbuchrecht, Rdn 1534.

zu[21]) auch dem vollstreckenden Gläubiger gegenüber noch Wirksamkeit. Auch dann steht nach Übertragung des Eigentums an den Vormerkungsberechtigten dessen Eigentum der Zwangsversteigerung (Zwangsverwaltung) auf Antrag des Gläubigers eines persönlichen Anspruchs sowie des Gläubigers eines durch vormerkungswidrige Verfügung erlangten Rechts entgegen (§ 28 Rdn 3.5). Das entgegenstehende Recht ist dann jedoch nicht aus dem Grundbuch ersichtlich. Berücksichtigung kann daher nicht nach § 28 von Amts wegen erfolgen (§ 28 Rdn 3.5). Es ist daher mit Drittwiderspruchsklage nach ZPO § 771 zu verfolgen (anders[22], das allein darauf abstellt, wann der Zwangsversteigerungsvermerk in das Grundbuch eingetragen wurde).

3.9 **Anordnungs-** und **Beitritts**gläubiger sind voneinander **unabhängig**. Weil Beschlagnahme und das durch sie begründete Veräußerungsverbot für jeden betreibenden Gläubiger unabhängig von der für andere sind, kann auch nur für jeden Gläubiger einzeln festgestellt werden, ob Eigentum eines Dritten der von dem Gläubiger betriebenen Zwangsversteigerung (Zwangsverwaltung) entgegensteht. Eigentum eines Dritten (auch wenn der Eigentumsübertragungsanspruch durch Auflassungsvormerkung gesichert war) kann für das Verfahren des Anordnungsgläubigers kein entgegenstehendes Recht sein, der Zwangsversteigerung (Zwangsverwaltung) oder Fortsetzung des von einem Beitrittsgläubiger betriebenen Verfahrens (spätere Beschlagnahme) aber entgegenstehen. Es ist dann das Verfahren des Gläubigers nach § 28 einzustellen (oder aufzuheben), dem das Eigentum des Dritten entgegensteht.

3.10 Daß sich das Vollstreckungsgericht an die Eigentumsverhältnisse bei Verfahrensbeginn (Beitrittszustellung) zu halten habe, davon muß eine Ausnahme für die **Teilungsversteigerung** gelten: Wird während des Teilungsversteigerungsverfahren eine Person als Alleineigentümer eingetragen, so besteht keine Gemeinschaft mehr, die auseinandergesetzt werden könnte, die Teilungsversteigerung ist undurchführbar. Nimmt der Antragsteller trotz sachgemäßer Belehrung durch das Gericht den Verfahrensantrag zurück, so muß es eine Frist zur Äußerung setzen und dann aufheben.

4 Entgegenstehende Rechte (sonstige)

4.1 Gegenstand der Zwangsversteigerung kann das Grundstück (andere Objekt) nur als Schuldnervermögen sein. Rechte Dritter dürfen der Vollstreckung in das Vermögen des Schuldners nicht entgegenstehen (§ 15 Rdn 3.5). Das Recht eines Dritten steht der Vollstreckung entgegen, wenn es beeinträchtigt wird und der Dritte diese Beeinträchtigung nicht zu dulden braucht. Wenn das entgegenstehende Recht eines Dritten schon bei Entscheidung über den Anordnungsantrag bekannt ist, hindert es die Anordnung des Verfahrens oder Zulassung des Beitritts (§ 15 Rdn 3.5). Wenn ein Recht des Dritten vom Vollstreckungsgericht bei Entscheidung über den Antrag nicht zu prüfen ist (siehe § 17 und Anmerkungen dort) oder nicht berücksichtigt werden konnte, ist es mit Widerspruch gegen die Zwangsvollstreckung im Wege der Klage (ZPO § 771) geltend zu machen oder – unter den besonderen Voraussetzungen des § 28 – von Amts wegen nachträglich zu berücksichtigen. Nach § 28 entgegenstehende Rechte sind somit alle verfahrenshindernden Rechte Dritter, die auch der Verfahrensanordnung entgegenstehen können. Daher wird grundsätzlich auf die Erläuterungen bei § 15 verwiesen. Eine Übersicht bietet auch das ZVG-Handbuch Rdn 161–162. Es kommen in wesentlichen die folgenden Umstände in Betracht, die der Vollstreckung entgegenstehen oder nicht entgegenstehen oder nur unter bestimmten Voraussetzungen.

---

[21] Haegele/Schöner/Stöber, Grundbuchrecht, Rdn 112; MünchKomm/Wacke, BGB, § 878 Rdn 16.
[22] LG Freiburg KTS 1975, 133 mit Anm Mohrbutter.

Entgegenstehende grundbuchmäßige Rechte 4.2 § 28

4.2 Auflassungsvormerkung

Literatur: J. Blomeyer, Die Auflassungsvormerkung in der Zwangsversteigerung, DNotZ 1979, 515; Breßler, Auflassungsvormerkung in der Zwangsversteigerung, 1953; Ertl, Rechtsgrundlagen der Vormerkung für künftige und bedingte Ansprüche, Rpfleger 1977, 345; Joeris, Auflassungsvormerkung in der Zwangsversteigerung, 1933; Knott, Die Wirkungen der Auflassungsvormerkung in der Zwangsversteigerung und im Konkurs, MittRhNotK 1967, 586; Oppler, Auflassungsvormerkung in der Zwangsversteigerung, 1911; Weyrich, Auflassungsvormerkung in der Zwangsversteigerung, 1937; Wörbelauer, Das unter Eigentumsvormerkung stehende Grundstück, DNotZ 1963, 580, 652 und 718.

a) Die Auflassungsvormerkung (Vormerkung zur Sicherung des Eigentumsverschaffungsanspruchs; auch Eigentumsvormerkung) ist **kein** der Zwangsversteigerung **entgegenstehendes Recht**[23], das nach § 28 von Amts wegen zu berücksichtigen wäre oder nach § 37 Nr 5 geltend gemacht werden könnte. Die Anordnung der Zwangsversteigerung (damit auch die Zulassung des Beitritts, § 27) hindert sie daher nicht; desgleichen (rechtlich) nicht die Verfahrensdurchführung. Als Sicherungsmittel des Sachenrechts (BGB § 883) sichert sie den schuldrechtlichen Anspruch auf Übertragung des Eigentums; von ihm ist sie in ihrer Begründung und ihrem Bestand abhängig[24] (Akzessorietät). Der gesicherte Anspruch kann auf Übereignung des ganzen Grundstücks oder auf Eigentumsverschaffung an einem (katastermäßig als Flurstück ausgewiesenen oder erst zu vermessenden) Grundstücksteil gerichtet sein; er kann künftiger oder bedingter Anspruch sein (BGB § 883 Abs 1 Satz 2).

b) Mit Sicherung des Erwerbsanspruchs (BGB §§ 883, 888) bewirkt die Vormerkung eine **tatsächliche Beschränkung** der Verfügungsfreiheit des Grundstückseigentümers; dessen Verfügung kann (volle) Wirksamkeit nur erlangen, wenn der vorgemerkte Anspruch nicht besteht oder der Berechtigte zustimmt. In gleicher Weise kann die Auflassungsvormerkung auch ein Zwangsversteigerungsverfahren behindern. Eigentumsübertragung in Erfüllung des durch die Vormerkung gesicherten Anspruchs hindert die Fortsetzung des Verfahrens für den Gläubiger eines der Vormerkung gegenüber **unwirksamen** (BGB § 883 Abs 2) Rechts oder persönlichen Beschlagnahmeanspruchs (§ 28 Rdn 3.8). Bei Versteigerung vor Eigentumsübertragung ist die Auflassungsvormerkung, die dem Anspruch des Gläubigers vorgeht, in das geringste Gebot aufzunehmen (§ 48 Rdn 3) mit Bestimmung eines Ersatzbetrags nach § 51 Abs 2 (§ 51 Rdn 4.2). Hat dann der Schuldner nach dem Zuschlag in Erfüllung des gesicherten Erwerbsanspruchs das Grundstück (den Grundstücksteil) an den Berechtigten aufzulassen, muß der Ersteher dieser Verfügung zustimmen (BGB § 883 Abs 2, § 888; § 52 Rdn 2.5). Interessenten können sich dadurch von Geboten abhalten lassen; sie können in der Vormerkung auch nur eine Behinderung erblicken, der sie bei Bemessung des Betrags des Gebots mindernd Rechnung tragen. Der Auflassungsvormerkung mag für das Erwerbsinteresse im Einzelfall keine Bedeutung zukommen, so wenn sie nur den Erwerbsanspruch für eine (geringe) Grundstücksfläche sichert (zB einer Straßenfläche von nur wenigen Quadratmetern). Sie kann aber bei Sicherung des Anspruchs auf Übertragung des Eigentums am Grundstück insgesamt auch bewirken, daß die Versteigerung zu keinem Ergebnis führt.

c) Einmaliger Wertersatz für die mit dem Zuschlag erlöschende Auflassungsvormerkung: § 92 Abs 1. Am Kauferlös setzt sich bei Veräußerung des Grundstücks an den vorrangigen Vormerkungsberechtigten durch den Konkursverwalter das Absonderungsrecht des Beschlagnahmegläubigers nicht fort[25].

---

[23] BGH 46, 124 = DNotZ 1967, 490 = MDR 1967, 34 = NJW 1967, 566 = Rpfleger 1967, 9; LG Freiburg KTS 1975, 133 mit krit Anm Mohrbutter; Wörbelauer DNotZ 1963, 580 (Abschnitt 5); hiergegen Bedenken Wunner NJW 1969, 113 (III 1 B).
[24] BGH DNotZ 1981, 181 = MDR 1981, 305 = NJW 1981, 447.
[25] OLG Frankfurt ZIP 1981, 639.

§ 28 4.3   Aufhebung und einstweilige Einstellung

4.3 Baugesetzbuch: Dazu § 15 Rdn 6.

4.4 Bundesversorgungsgesetz: Dazu § 15 Rdn 7.

4.5 Eigenbesitz des noch nicht eingetragenen Grundstückserwerbers ist kein Recht, das eine Widerspruchsklage rechtfertigen würde[26], und auch kein Recht, das unter § 28 fällt ([27] meint: sobald Eintragungsantrag gestellt sei, könne der Grundstückserwerber auf Grund „dinglichen Anwartschaftsrechts" widersprechen, falls nicht das Verfahren von einem dinglichen Gläubiger betrieben werde; nicht richtig). Besonderheit der Zwangsverwaltung = § 17 Rdn 5.9.

4.6 Eigentum: § 28 Rdn 3; Muster im ZVG-Handbuch Rdn 158. Kein Hindernis nach § 28 sind schuldrechtliche Ansprüche auf Übertragung des **Eigentums,** selbst bei Eigenbesitz des noch nicht eingetragenen künftigen Eigentümers[28].

4.7 Einstweilige Verfügung: Durch sie (ZPO § 935) kann die Veräußerung, Belastung, Verpfändung eines Grundstücks (Schiffs usw) allgemein oder für bestimmte Personen oder für bestimmte Ansprüche untersagt werden (ZPO § 938 Abs 2), es kann eine Vormerkung oder ein Widerspruch oder ein Veräußerungsverbot eingetragen werden (BGB § 885 Abs 1 Satz 1, § 899 Abs 2 Satz 1, Schiffsrechtegesetz § 11 Abs 1, § 21, ZPO § 941); die Immobiliarvollstreckung kann dann auch weiterhin aus den durch diese Eintragungen nicht betroffenen Rechten und Ansprüchen und für die von ihnen nicht betroffenen Personen erfolgen. Das durch einstweilige Verfügung angeordnete Belastungsverbot steht der Zwangsversteigerung wegen des dinglichen Anspruchs des Gläubigers eines vor dem Verfügungsverbot in das Grundbuch eingetragenen Recht nicht (grundbuchersichtlich) entgegen[29]. Wenn das nicht eingetragene Belastungsverbot dem Gläubiger bekannt war (dann kein gutgläubiger Erwerb; BGB § 892 Abs 1 Satz 2) muß der durch die Verfügung Geschützte sein entgegenstehendes Recht mit Vollstreckungsgegenklage (ZPO §§ 771, 772) geltend machen. Auch sonst kann wegen eines persönlichen Anspruchs oder auf Grund eines infolge des Verbots unwirksamen Rechts die Versteigerung angeordnet (der Beitritt zugelassen) werden. Das Verbot begründet kein Hindernis nach § 28. Es soll (= darf) aber Versteigerung (als Veräußerung) nach ZPO § 772 nicht erfolgen; hierzu § 15 Rdn 36.

4.8 Eisenbahn (Bahnunternehmen) = § 15 Rdn 12.

4.9 Erbbaurecht = § 15 Rdn 13.

4.10 Flurbereinigung = § 15 Rdn 17. Sie ist kein Hindernis.

4.11 Gebäude- und Grundstückseigentum (Vereinigung)

a) Haben sich Grundstücks- und Gebäudeeigentum mit Grundstücksverkauf (-ankauf) an den Nutzer (SachenRBerG § 3 mit § 61) oder auf sonstige Weise (zB durch Erbfolge) **in einer Person** vereinigt, so ist eine Veräußerung allein des Gebäudes oder des Grundstücks ohne das Gebäude nicht mehr zulässig (SachenRBerG § 78 Abs 1 Satz 1). Es handelt sich um ein (absolut wirkendes) gesetzliches Veräußerungsverbot. Als solches schließt es auch Veräußerung im Wege der Zwangsvollstreckung aus (§ 90 Abs 1). Das Veräußerungsverbot bei Erwerb des Grundstückseigentums durch den Nutzer oder des Gebäudeeigentums durch den Grundstückseigentümer ist damit entgegenstehendes Recht nach § 28. Es schließt Zwangsversteigerung nur des Grundstücks oder nur des Gebäudes je im Eigentum des (gleichen) Schuldners auf Antrag des Gläubigers einer persönlichen Forderung in Rangklasse 5 des § 10 Abs 1 aus.

---

[26] RG 128, 81.
[27] Schenke, Rechtsstellung des Grundstückskäufers in der Zwangsvollstreckung (1934) Seite 57.
[28] RG 128, 81.
[29] OLG Köln Rpfleger 1983, 450.

Entgegenstehende grundbuchmäßige Rechte 4.12 § 28

b) Grundstück und Gebäudeeigentum bleiben auch nach Vereinigung in einer Person Gegenstand der Immobiliarvollstreckung (ZPO § 864 Abs 1). Wenn der Eigentümer seine Verpflichtung, das Eigentum am Gebäude nach BGB § 875 aufzugeben (SachenRBerG § 78 Abs 1 Satz 3) noch nicht erfüllt hat, kann daher nur die Zwangsversteigerung des **Grundstücks und Gebäudeeigentum zusammen** (Verbindung nach § 18) zur gemeinsamen Versteigerung im Gesamtausgebot (damit ist Einzelausgebot nach § 63 Abs 1 gesetzlich ausgeschlossen) angeordnet werden. Die nach dem 31. 12. 1996 angeordnete Beschlagnahme des Grundstücks umfaßt auch das Gebäudeeigentum bereits nach EGZVG § 9 a Abs 1 Satz 1. Dann ist das dem Grundstückseigentümer gehörende Gebäudeeigentum kein nach § 28 mit EGZVG § 9 a Abs 2 der Zwangsversteigerung entgegenstehendes Recht.

c) **Ausnahme** vom Veräußerungsverbot: Unberührt bleibt die Befugnis zur Veräußerung im Wege der Zwangsversteigerung (oder deren Abwendung) (SachenRBerG § 78 Abs. 1 Satz 2). Diese Ausnahme trägt dem Interesse der Inhaber **dinglicher Rechte** an der Durchsetzung ihres Verwertungsanspruchs (BGB § 1147) Rechnung. Sie ermöglicht Anordnung und Durchführung der Versteigerung nur des Grundstücks oder nur des Gebäudeeigentums daher lediglich wegen des dinglichen Anspruchs in Rangklasse 4 (damit auch Rangklasse 6 und 8) des § 10 Abs 1. Gleiches muß für Einzelansprüche aus einer öffentlichen Last (Rangklasse 3 des § 10) gelten. Beschlagnahme des Grundstücks oder nur des Gebäudeeigentums zugunsten eines Gläubigers vor Vereinigung in einer Person (§ 20 Abs 1) hat ein Verwertungsrecht in Rangklasse 5 des § 10 Abs 1 begründet. Auch diese Befugnis zur Veräußerung im Wege der Zwangsversteigerung, somit Verfahrensfortsetzung, bleibt daher nach SachenRBerG § 78 Abs 1 Satz 2 unberührt.

d) Erfolgt **nach Vereinigung** von Grundstücks- und Gebäudeeigentum Veräußerung (auch Versteigerung) allein des Gebäudes oder des Grundstücks (auch zur Abwendung einer Zwangsversteigerung, SachenRBerG § 78 Abs 1 Satz 2), dann fallen Eigentum am Grundstück und Eigentum am Gebäude wieder auseinander. Das Veräußerungsverbot nach SachenRBerG § 78 Abs 1 Satz 1 besteht damit nicht mehr. Rechte des Erwerbers: SachenRBerG § 78 Abs. 3.

e) Eine Besonderheit für Durchsetzung des **Erfüllungsanspruchs des Grundstückseigentümers** aus dem Kaufvertrag zur Bereinigung der Rechtsverhältnisse regelt SachenRBerG § 79. Er kann die Zwangsversteigerung des Gebäudes oder der baulichen Anlagen des Nutzers nur unter gleichzeitiger Versteigerung des nach dem Vertrag zu veräußernden Grundstücks betreiben (SachenRBerG § 79 Abs 1 Satz 1). Grundstück und Gebäude können dann nur als Einheit ausgeboten werden. Es handelt sich beim Ausschluß der Einzelversteigerung gleichfalls um ein (absolut wirkendes) gesetzliches Veräußerungsverbot. Der Antrag auf Versteigerung des Gebäudes und des Grundstück darf erst gestellt werden, wenn der Nutzer die Versteigerung des verkauften Grundstücks zuvor angedroht und eine Nachfrist zur Zahlung von mindestens zwei Wochen fruchtlos verstrichen ist (SachenRBerG § 79 Abs 1 Satz 2). Es handelt sich um eine Anordnungsvoraussetzung; Androhung und Fristablauf sind dem Vollstreckungsgericht daher für den Beginn der Zwangsvollstreckung urkundlich nachzuweisen (§ 16 Abs 2); rechtzeitige Erfüllung als Hinderungsgrund vom Schuldner mit Vollstreckungsgegenklage geltend zu machen. Anordnungsvoraussetzung für Vollstreckung auch in das Grundstück im übrigen: SachenRBerG § 79 Abs 2. Zu Zuschlag und zu den Zuschlagswirkungen: SachenRBerG § 79 Abs 3 und 4.

4.12 Konkursverfahren, Vergleichsverfahren = § 15 Rdn 23. Das Veräußerungsverbot (KO § 106) kann nicht in jedem Fall zur Aufhebung oder Einstellung führen; maßgebend ist, ob es der Grundstücksbeschlagnahme vorgeht[30]. Vollstrek-

---

[30] Eickmann KTS 1964, 202.

§ 28 4.12 Aufhebung und einstweilige Einstellung

kung aus einem schon bestehenden dinglichen Recht ist fortzusetzen[30], auch aus einem persönlichen Anspruch, wenn die Beschlagnahme vor der Konkurseröffnung wirksam geworden ist (andernfalls einzustellen, nicht aufzuheben, weil ja Konkurs wegfallen könnte)[30].

4.13 Landwirtschaft Grundstücksverkehrsrecht usw) = § 15 Rdn 24.
4.14 Nacherbschaft = § 15 Rdn 30.
4.15 Nießbrauch: Er ist kein Hindernis. Dazu § 15 Rdn 26.
4.16 Pfandrechte = § 15 Rdn 27.
4.17 Reichsheimstätte, Reichssiedlungsrecht = § 15 Rdn 31.
4.18 Reichsversicherungsordnung: § 15 Rdn 7.6.
4.19 Rückerstattungsrecht:

Literatur: Limmer, Das Restitutionsverfahren als ein die Zwangsversteigerung hinderndes Recht? VIZ 1994, 516.

a) Früheres Rückerstattungsrecht: 9. Auflage § 28 Anm. 34.

b) Der **Rückerstattungsanspruch** nach dem Gesetz zur Regelung offener Vermögensfragen (Vermögensgesetz – VermG) idF vom 2. 12. 1994 (BGBl I 3611) steht der Anordnung und Durchführung der Zwangsversteigerung nicht entgegen (ebenso[31]). Einer Grundstücksverkehrsgenehmigung bedarf die Anordnung (früher anders[32], nicht richtig) und Durchführung der Versteigerung (Erteilung des Zuschlags) eines Grundstücks oder Gebäudeeigentums nicht (so auch[33]; ebenso jetzt[34]; zur Teilungsversteigerung § 180 Rdn 9.16). Genehmigungspflichtig sind nach Grundstücksverkehrsordnung (GVO) § 2 Abs 1 idF vom 20. 12. 1993 (BGBl I 2221) nur die Auflassung eines Grundstücks und der schuldrechtliche Vertrag hierüber sowie die Bestellung und Übertragung eines Erbbaurechts und der schuldrechtliche Vertrag hierüber. Der Genehmigungstatbestand der früheren Grundstücksverkehrsverordnung (GVVO) § 2 Abs 1 Buchst d und k „Erwerb eines Grundstücks im Wege des gerichtlichen Verkaufs" und „Teilung des Nachlasses durch Entscheidung der staatlichen Notariats" wurde bereits durch das Gesetz zur Beseitigung von Hemmnissen bei der Privatisierung von Unternehmen und zur Förderung von Investitionen vom 22. 3. 1991 (BGBl I 766) aufgehoben. Das Versteigerungsverfahren kann auch nicht ausgesetzt werden, wenn das Amt für offene Vermögensfragen den Namen des Berechtigten nicht mitteilt[35] (wenn er nachträglich bekannt wird, hat Zustellung an ihn nach VermG § 3 b Abs 2 zu erfolgen; Terminsaufhebung wird deswegen nicht erforderlich[35]). Der vermögensrechtliche Rückübertraganspruch (VermG § 3 Abs 1 Satz 1) wird durch die Zwangsversteigerung nicht behindert (wird aus VermG § 3 b Abs 1 gefolgert). Jedoch müssen Ansprüche aus der Rückübertragung (rechtzeitig) angemeldet werden; sie erlöschen sonst (EGZVG § 9 a Abs 1 Satz 3). Der Unterrichtung des Berechtigten (Alteigentümers) dient die Zustellung des Anordnungsbeschlusses und der Terminsbestimmung (VermG § 3 b Abs 2); ihm soll damit ermöglicht werden, mitzubieten und seine Chancen wahrzunehmen[36]. Beteiligter ist der rückübertragungsberechtigte Alteigentümer nicht (so auch[37]; er hat mit dem nicht hinderlichen Rückübertragungsanspruch kein Recht, das nach § 9 Beteiligtenbestellung gewähren könnte). Nach Entscheidung über die Rückübertragung geht das Eigentum am Grundstück (Gebäudeeigentum) auf den Berechtigten mit Unanfechtbarkeit der

---

[31] Limmer VIZ 1994, 516.
[32] Keller Rpfleger 1992, 501 (II 1).
[33] Haegele/Schöner/Stöber, Grundbuchrecht, Rdn 4233.
[34] Keller Rpfleger 1994, 194 (IV 2 aE [S 201]).
[35] LG Berlin Rpfleger 1994, 175.
[36] Begründung in BT-Drucksache 12/2480, S 43.
[37] Keller aaO (Fußn 34).

Entgegenstehende grundbuchmäßige Rechte 4.25 § 28

Entscheidung und Hinterlegung des Ablösungsbetrags über (VermG § 18 a mit Einzelheiten). Um Grundbuchberichtigung ersucht die Rückerstattungsbehörde (VermG § 34 Abs 2). Dingliche Belastungen können bestehen bleiben (Regel, VermG § 16) oder erlöschen (Besonderheit, VermG § 16 Abs 9 Satz 1). Bleibt das Recht des Beschlagnahmegläubigers vor Erteilung des Zuschlags bestehen, wird das Verfahren gegen den Schuldner fortgesetzt, gegen den es zulässig angeordnet wurde (§ 28 Rdn 3.4). Der neue Grundstückseigentümer ist Anmeldungsbeteiligter (§ 9 Rdn 3.5). Das Erlöschen des Rechts des Beschlagnahmegläubigers vor Erteilung des Zuschlags ist mit Vollstreckungsgegenklage geltend zu machen (ZPO § 771), wenn nicht der Versteigerungsantrag zurückgenommen wird.

4.20 Testamentsvollstreckung, Tod = § 15 Rdn 30.

4.21 Vorkaufsrecht: Es ist kein Hindernis. Dazu § 15 Rdn 42.

4.22 Widerspruch

Der **Widerspruch gegen** die Richtigkeit des Grundbuchs mit Eintragung des Schuldners als **Eigentümer** (BGB § 899 Abs 1; ZVG § 17 Abs 1) ist (gleich der Auflassungsvormerkung, § 28 Rdn 4.2) kein der Zwangsversteigerung oder Zwangsverwaltung entgegenstehendes Recht[38]. Verfahrensanordnung und Zulassung des Beitritts hindert der Widerspuch daher nicht. Als Sicherungsmittel des Sachenrechts gibt der Widerspuch kein Recht am Grundstück; er schützt nur bei unrichtigem Grundbuch den nicht eingetragenen Eigentümer gegen gutläubigen Erwerb Dritter vom Nichtberechtigten (BGB § 892 Abs 1, § 899). Entgegenstehendes Recht ist das durch den Widerspruch geschützte (nicht eingetragene) Eigentum. Weil es aber aus dem Grundbuch nicht ersichtlich ist, wird es nicht nach § 28 berücksichtigt. Es muß vom Eigentümer mit Widerspruchsklage nach ZPO § 771 (ZVG § 37 Nr 5) geltend gemacht werden[39]. Grundbuchberichtigung mit Eintragung des durch den Widerspruch geschützten Eigentümers hindert die Fortsetzung des Verfahrens für den Gläubiger eines Rechts, der infolge des Widerspruchs das entgegenstehende Eigentum gegen sich gelten lassen muß. Fortsetzung des Verfahrens ist daher unzulässig für den Gläubiger eines Grundpfandrechts, dessen redlicher Erwerb nach BGB § 892 infolge der Eintragung des Widerspruchs ausgeschlossen war, und für den Gläubiger eines nach Eintragung des Widerspruchs erlangten persönlichen Beschlagnahmeanspruchs (Rangklasse 5 des § 10 Abs 1). Berücksichtigung hat als grundbuchersichtlich nach § 28 von Amts wegen zu erfolgen. Es gilt für den Widerspruch dasselbe wie für die Auflassungsvormerkung (zu dieser § 28 Rdn 4.2). Bei Versteigerung vor Grundbuchberichtigung muß das entgegenstehende Eigentum nach § 37 Nr 5 rechtzeitig geltend gemacht werden (§ 48 Rdn 4).

4.23 Wiederkaufsrecht = § 15 Rdn 42.

4.24 Zurückbehaltungsrecht: Ein schuldrechtliches Zurückbehaltungsrecht steht der Zwangsversteigerung nicht entgegen[40].

4.25 Das **Erlöschen** (der sonstige Wegfall) des Vollstreckungs**anspruchs des Gläubigers** begründet Einwendungen gegen den durch das Urteil (den sonstigen Vollstreckungstitel) festgestellten Anspruch (ZPO § 767), nicht aber ein entgegenstehendes Recht (ZPO § 771 usw). Kein Hindernis nach § 28 bewirkt daher die bei früherer Versteigerung eines mithaftenden Grundstücks nach § 114 a eingetretene Befriedigung des Gläubigers eines Grundpfandrechts, dem das mithaftende Grundstück zugeschlagen ist (siehe auch § 15 Rdn 40.4; anders[41], nicht richtig). In

---

[38] BGB-RGRK/Augustin § 899 Rdn 11; MünchKomm/Wacke, BGB, § 899 Rdn 26; Jaeckel/Güthe § 28 Rdn 2; Steiner/Eickmann § 28 Rdn 76; Mohrbutter und Riedel NJW 1957, 1500 (1 d).
[39] Jaeckel/Güthe § 28 Rdn 2.
[40] OLG Saarbrücken OLGZ 1984, 126.
[41] LG Koblenz Rpfleger 1986, 395.

§ 28   4.25   Aufhebung und einstweilige Einstellung

diesem Fall ist zudem nur die Mithaft, nicht aber eine der Voraussetzungen der Befriedigungsfiktion des § 114 a als materiellrechtliche Folge des Zuschlags grundbuchersichtlich (§ 28 Rdn 5); sie wird nicht einmal im Verteilungsverfahren des mithaftenden Grundstücks festgestellt (§ 114 a Rdn 3.10). Es handelt sich um einen nach ZPO § 775 Nr 4 (Einl Rdn 31) zu beurteilenden Vorgang. Für die aus einem befristeten Grundpfandrecht (Hypothek oder Grundschuld) betriebene Zwangsversteigerung begründet der Eintritt des Endtermins während des Verfahrens kein seiner Fortsetzung entgegenstehendes Recht[42]. Ob mit Ablauf der Frist nach rechtzeitiger Einleitung des Verfahrens die Pfandhaftung geendet hat und damit die Grundstücksvollstreckung unzulässig geworden ist (oder ob das Pfandrecht nur erlischt, wenn es nicht vor dem Endtermin geltend gemacht ist), ist vom Prozeßgericht auf Vollstreckungsgegenklage (ZPO § 771) zu entscheiden.

5   Grundbuchersichtliche Verfahrenshindernisse

5.1   Allgemeiner Grundsatz: Wenn ein der Versteigerung entgegenstehendes, **aus dem Grundbuch ersichtliches** Recht dem Gericht bekannt wird, muß dieses das betroffene Verfahren (und nur dieses) entweder sofort aufheben oder unter Fristsetzung für die Beseitigung des Hindernisses einstweilen einstellen (§ 28 Rdn 6). Grund: § 28 Rdn 2.1.

5.2   Grundbucherstichtlich muß das Hindernis sein. Die Grundbucheintragung des entgegenstehenden Rechts kann vor oder nach dem Versteigerungsvermerk erfolgt sein. Zu berücksichtigen ist daher auch ein zu Unrecht gelöschtes und nachher wieder eingetragenes Recht. Ob das eingetragene Recht besteht und eingetragen werden durfte, ist nicht zu prüfen. Ob das Grundbuch richtig ist, hat das Vollstreckungsgericht nicht materiell zu prüfen: es ist an dessen Inhalt gebunden; materielle Einwendungen gehören vor das Prozeßgericht. Dem Grundbuch sind das Schiffsregister und das Luftfahrzeugregister gleichzubehandeln.

5.3   Dem Vollstreckungsgericht muß das aus dem Grundbuch ersichtliche entgegenstehende Recht **bekannt geworden** sein. Gleichgültig ist, auf welche Weise es dem Vollstreckungsgericht zur Kenntnis gelangt ist. Gerichtsbekannt kann das Hindernis geworden sein durch eigene Einsichtnahme des Vollstreckungsgerichts in das Grundbuch, durch Mitteilung des Grundbuchamts oder Anmeldung eines Beteiligten.

6   Maßnahmen aus § 28

6.1   Wird ein nach § 28 entgegenstehendes Recht als grundbuchersichtliches Hindernis (§ 28 Rdn 3, 4) bekannt, so hat das Vollstreckungsgericht (§ 28 Satz 1)
– entweder das Verfahren **einstweilen einzustellen** unter Bestimmung einer Frist zur Hebung des Hindernisses durch den Gläubiger,
– oder das Verfahren **sofort aufzuheben.**
Folge der Anordnung: Bei Einstellung bleibt die Beschlagnahme (§ 20) bestehen; wenn das Verfahrenshindernis behoben wird, wird das Verfahren (mit dem ursprünglichen Beschlagnahmezeitpunkt) von Amts wegen fortgesetzt. Bei Aufhebung erlischt die Beschlagnahme für den betroffenen Gläubiger mit Erlaß des Beschlusses, falls die Wirksamkeit nicht bis zum Eintritt der Rechtskraft aufgeschoben ist (§ 15 Rdn 5.4).

6.2   Regel ist **Einstellung** unter Gewährung einer Frist zu sein. Sofortige Aufhebung rechtfertigt sich nur in Ausnahmefällen. Das bedingen rechtsstaatliche Verfahrensgrundsätze (Einl Rdn 7). Dem Gläubiger muß effektiver Rechtsschutz gewährt sein; in seiner durch Beschlagnahme erlangten Rechtsstellung darf er nicht betroffen werden, ohne vorher Gelegenheit zur Äußerung gehabt zu haben (prozessuale Aufklärungs- und Hinweispflicht; ZPO §§ 139, 278 Abs 3). Daher ist

---

[42] LG Tübingen Rpfleger 1984, 165.

Entgegenstehende grundbuchmäßige Rechte 6.7 § 28

dem Gläubiger stets Gelegenheit zu geben, ein behebbares Verfahrenshindernis auszuräumen. Den Schuldnerbelangen trägt Abgrenzung mit Gewährung einer Frist Rechnung. Sofort aufgehoben werden kann daher nur, wenn das Hindernis sicher auf Dauer nicht beseitigt werden kann. Auch dann aber ist es ratsam, die Wirksamkeit bis zur Rechtskraft des Beschlusses aufzuschieben (§ 15 Rdn 5.5). Der Ansicht, daß das Vollstreckungsgericht nach pflichtgemäßem Ermessen zu entscheiden habe, ob einzustellen oder sofort aufzuheben sei, kann nicht mehr gefolgt werden. Eine vergleichbare Regelung trifft GBO § 18; auch diese Bestimmung wird mit Blick auf das Verfahrensziel und die Grundrechte so verstanden, daß Frist immer dann bestimmt werden muß, wenn ein Hindernis behebbar ist (dazu mit eingehender Begründung[43]). Es kann nicht darauf abgestellt werden, ob das Hindernis „leicht" oder „schwer" behebbar ist und ob es nach Anschauung des Vollstreckungsgerichts voraussichtlich in angemessener Frist ausgeräumt werden kann.

6.3 Die Entscheidung ergeht durch **Beschluß,** nach Schluß der Bietstunde nur noch durch Versagung des Zuschlags (§ 33; Besonderheit dort Rdn 2.2); nach dem Zuschlag ist beim Vollstreckungsgericht keine Entscheidung mehr möglich, ein übersehener Aufhebungsgrund ist bei der Zuschlagsanfechtung nach § 100 Abs 3, § 83 Nr 6 von Amts wegen zu beachten. Alle Einstellungs- und Aufhebungsbeschlüsse müssen an den betreibenden Gläubiger, den es betrifft, und an den Schuldner **zugestellt** werden, sowie an einen Dritten dann, wenn er einen Antrag auf einstweilige Einstellung oder Aufhebung gestellt hatte. Das gilt auch, wenn der Beschluß verkündet war (ohne Zustellung zwar wirksam, aber für die Beteiligten ohne Rechtswirkung[44]). Das muß infolge der zwingenden Vorschrift des § 32 auch gelten, wenn die Einstellung oder Aufhebung im Zuschlagsversagungsbeschluß enthalten ist. Wird die Einstellung oder Aufhebung abgelehnt, so genügt **Verkündung** der Ablehnungsentscheidung oder Verkündung der Zuschlagserteilung (ZPO § 329 Abs 1 nach vorausgehender mündlicher Verhandlung); ging keine mündliche Verhandlung voraus (der Zuschlagsverkündung ging sie immer voraus; kommt also nur bei gesonderter Ablehnungsentscheidung in Frage), dann muß auch die Ablehnung zugestellt werden (ZPO § 329 Abs 2, 3). Kam es dabei zur Aufhebung aller Beschlagnahmebeschlüsse (auch durch Zuschlagsversagung möglich), so ist nach § 34 der Vollstreckungsvermerk zu löschen (Näheres § 34 Rdn 2). Dazu auch ZVG-Handbuch Rdn 163.

6.4 Muster: Für die **Einstellung** ist etwa folgende Form zu empfehlen: „Das Zwangsversteigerungsverfahren aus dem Anordnungsbeschluß vom . . . wird wegen eines Verfahrensmangels einstweilen eingestellt. Dem . . . wird aufgegeben, bis spätestens . . . folgende Auflage zu erfüllen: . . . Bei Nichteinhaltung der Frist oder Nichtbefolgung der Auflage muß das genannte Verfahren aufgehoben werden. Gründe: . . . § 28 . . ." Muster auch im ZVG-Handbuch Rdn 158, für die Aufhebung Rdn 159. Bei der Einstellung ist es zweckmäßig, darauf hinzuweisen, daß die Beschlagnahme noch fortbesteht (ZVG-Handbuch Rdn 158).

6.5 Die zur Behebung des Hindernisses gesetzte **Frist** kann auf Antrag **verlängert werden** (Entscheidung durch Beschluß; wie § 28 Rdn 6.3). Wenn Frist gesetzt ist, kann der Nachweis auch noch nach Fristablauf erfolgen, solange der Aufhebungsbeschluß nicht ergangen ist.

6.6 Fortsetzung des eingestellten Verfahrens erfolgt nach Behebung des Mangels ohne Antrag (von Amts wegen). Auch ist ein besonderer Fortsetzungsbeschluß dazu nicht nötig, allerdings zu empfehlen (§ 31 Rdn 5). Bei der Fortsetzung sind die Fristen aus § 43 zu beachten.

6.7 Wenn das Verfahren von **mehreren Gläubigern** betrieben wird (Anordnungs- und Beitrittsgläubiger), ist nur das einzelne Verfahren einzustellen oder auf-

---

[43] Haegele/Schöner/Stöber, Grundbuchrecht, Rdn 429.
[44] Jaeckel/Güthe § 32 Rdn 3.

§ 28 6.7   Aufhebung und einstweilige Einstellung

zuheben, dem nach § 28 ein Hindernis entgegensteht. Hindert ein grundbuchersichtliches entgegenstehendes Recht die Fortsetzung der Verfahren aller Beschlagnahmegläubiger, so ist insgesamt aufzuheben.

6.8 Rechtsbehelfe: Gegen Zuschlagsentscheidung das dort gegebene Rechtsmittel; bei gesonderter Entscheidung für den Betroffenen (betreibender Gläubiger, wenn eingestellt oder aufgehoben; Antragsteller, wenn abgelehnt) nach vorheriger Anhörung befristete Rechtspflegererinnerung (gegen den Richter sofortige Beschwerde), ohne vorherige Anhörung gegen Einstellung oder Aufhebung (sollte nie ohne Anhörung geschehen) die Vollstreckungserinnerung nach ZPO § 766 (dann sofortige Beschwerde). Ein Dritter hat unter Umständen auch die Widerspruchsklage, wenn abgelehnt wurde, Verfahren also weiterläuft.

[Rücknahme des Antrags]

29 Das Verfahren ist aufzuheben, wenn der Versteigerungsantrag von dem Gläubiger zurückgenommen wird.

1 Allgemeines zu § 29

1.1 Zweck der Vorschrift: Bestimmung, daß das Vollstreckungsgericht die Aufhebung des mit Zurücknahme des Versteigerungsantrags bereits erledigten Verfahrens durch besonderen Beschluß auszusprechen hat, damit die Erledigung des Verfahrens zur Kenntnis der unmittelbar Beteiligten gelangt (Denkschrift S 42).

1.2 Anwendungsbereich: § 29 gilt für alle Verfahren.

2 Grundsätze zur Rücknahme des Antrags

2.1 Zwangsvollstreckung erfolgt auf Gläubigerantrag; sie dient Gläubigerinteressen (§ 15 Rdn 3.1). Der Gläubiger ist daher berechtigt, seinen Zwangsversteigerungsantrag (Zwangsverwaltungsantrag) zurückzunehmen. **Jeder** betreibende Gläubiger kann für sein Verfahren (als Herr seines Verfahrens) den Verfahrensantrag zurücknehmen. Antragsrücknahme durch den Ablösenden: § 15 Rdn 20.23).

2.2 Die **Rücknahmeerklärung** ist Prozeßhandlung. Sie kann schriftlich, zu Protokoll des Urkundsbeamten, in jedem Termin (Aufnahme in die Sitzungsniederschrift, siehe § 78), durch Fernschreiben und auch fernmündlich erklärt werden, sofern der Erklärende und die Ernstlichkeit der Erklärung sicher festgestellt sind (Rückruf und Aktenvermerk unerläßlich). Die Erklärung muß nicht ausdrücklich mit den Worten „nehme zurück" geäußert werden, aber doch diesem Sinne nach. Für die Rücknahme genügt jede dahingehende Willensäußerung. Das Gesetz schreibt den Wortlaut der Erklärung nicht vor, die Erklärungen der Parteien müssen ihrem Sinne nach ausgelegt werden. Wenn der Gläubiger die Hauptsache für erledigt erklärt, will er sagen, daß er das Verfahren nicht mehr betreiben will, daß das Gericht auf seinen ursprünglichen Antrag hin nichts mehr unternehmen soll, daß das Verfahren beendet sein soll. Es genügt jede Erklärung des Gläubigers die erkennen läßt, daß das Verfahren aufgehoben werden soll. Eine Begründung ist nicht nötig[1]. Als Prozeßhandlung ist die Antragsrücknahme bedingungsfeindlich. Eine Rücknahme unter einer einschränkenden Bedingung (zB Kostenüberbürdung auf den Schuldner) kann daher keine Wirksamkeit äußern. Sie kann als Einstellungsbewilligung (§ 30) auszulegen sein (dann bleibt die Beschlagnahme aufrecht erhalten) oder Anlaß geben, durch Rückfrage bei dem Gläubiger (ZPO § 139) Klarstellung herbeizuführen. Der Gläubiger muß selbst dafür sorgen, daß er voll befriedigt wird, also auch wegen der Kosten, über deren Höhe er sich ver-

---

[1] Mohrbutter KTS 1973, 273 (Anmerkung).

Rücknahme des Antrags   2.6 § 29

gewissern muß. Rücknahme ist auch die dritte Einstellungsbewilligung desselben Gläubigers (§ 30 Abs 1 Satz 3).

2.3 Als Prozeßhandlung ist die (mit Eingang bei Gericht wirksam gewordene) Rücknahmeerklärung **unwiderruflich**[2]. Der Gläubiger kann dann nur dem noch von einem anderen betriebenen Verfahren beitreten (mit Rangverlust) oder es sonst neu anordnen lassen (mit Kostenverlust, weil der Schuldner nur notwendige Kosten zu tragen hat, ZPO §§ 788, 91, also nicht zweimal Vollstreckungskosten zahlen muß, falls nicht auf seine Veranlassung hin zurückgenommen wurde).

2.4 Eltern sowie ein Vormund (Pfleger, Betreuer) bedürfen zur Rücknahme **nicht** der **vormundschaftsgerichtlichen Genehmigung**[3]; der Vormund bedarf auch keiner Genehmigung des Gegenvormunds. Die Antragsrücknahme ist Prozeßhandlung (nicht Rechtsgeschäft); daher begründet auch BGB § 1822 Nr 13 keine Genehmigungspflicht für Rücknahme des Versteigerungsantrags eines persönlichen Gläubigers (Rangklasse 5 des § 10 Abs 1) durch den Vormund (nicht richtig daher[4]). Als Prozeßhandlung wäre die Antragsrücknahme (wie auch der Verzicht[5]) zudem selbst dann ohne Genehmigung wirksam, wenn – was hier nicht der Fall ist – „nach den Vorschriften des bürgerlichen Rechts eine besondere Ermächtigung erforderlich" wäre (siehe ZPO § 54).

2.5 Wirksam wird die Rücknahme mit ihrem **Eingang bei Gericht** (BGB § 130 Abs 1 und 3)[6] (so bereits Denkschrift S 41), nicht erst mit dem Aufhebungsbeschluß, der nur deklaratorische Bedeutung hat[7] (auch Denkschrift S 42). Die Beschlagnahme endet mit der Rücknahme; damit enden auch die Rechte der betroffenen Gläubiger aus der Beschlagnahme[8]. Auch eine dem Vollstreckungsgericht aus Versehen zugeleitete Rücknahme ist wirksam und bindend[9]; das gilt natürlich nicht, wenn schon vor ihrem Eingang bei Gericht diesem fernmündlich, telegrafisch, fernschriftlich, zu Protokoll oder schriftlich der Widerruf zugegangen ist, weil die Rücknahme dann nicht mehr wirksam werden konnte. Wird der Anordnungsgläubiger der Antrag zurückgenommen, bevor ein Beitrittsbeschluß zugestellt und damit wirksam ist (§ 22), so ist das alte Verfahren aufzuheben und der Beitritt als neue Anordnung (mit neuem Vollstreckungsvermerk) zu behandeln (§ 27 Rdn 2); es darf nicht mit der Aufhebung gewartet werden, bis der Beitritt wirksam ist. § 29 geht dem § 28 vor[10].

2.6 Aufhebung des Verfahrens nach Rücknahme des Versteigerungsantrags **bis zum Schluß** der Versteigerung (§ 73 Abs 2) erfolgt durch Beschluß (Muster § 29 Rdn 3), der zuzustellen ist (§ 32). Daß der Aufhebungsbeschluß erst mit seiner Rechtskraft wirksam wird (§ 15 Rdn 5.5) ist nicht vorzubehalten. Dieser Vorbehalt wird in Fällen, in denen auf Beschwerde hin der Aufhebungsbeschluß vom Rechtsmittelgericht wieder aufgehoben werden kann, empfohlen. Bei Aufhebung nach § 29 ist dies nicht nötig, weil die Rücknahmeerklärung als bedingungsfeindliche und unwiderrufliche Prozeßhandlung bestimmt zu sein hat. Der Gläubiger, der seinen Antrag zurücknimmt, kann gegen die Aufhebung nichts einwenden, der Schuldner erst recht nicht. Vorsicht ist nur dort geboten, wo eine zweifelhafte Er-

---

[2] AG Bamberg Rpfleger 1969, 99; Drischler JurBüro 1964, 1 (A I 2 c); Brand/Baur, Zwangsversteigerungssachen, § 25 (XIII); Lupprian, ZVG, § 29 Anm 2; Mohrbutter/Drischler Muster 49 Anm 2; Ordemann AcP 157, 470.
[3] Jaeckel/Güthe § 29 Rdn 2.
[4] Eickmann Rpfleger 1983, 199 (200; Abschnitt II 1); Dassler/Muth § 29 Rdn 3; Steiner/Storz § 29 Rdn 25 Fn 28.
[5] BGH FamRZ 1955, 359 = Rpfleger 1956, 159.
[6] AG Bamberg Rpfleger 1969, 99; Brand/Baur, Zwangsversteigerungssachen, § 25 (XIII).
[7] Mohrbutter KTS 1973, 273 (Anmerkung); Drischler und AG Bamberg je aaO (Fußn 2).
[8] Motive zum ZVG § 42.
[9] AG Euskirchen Rpfleger 1973, 149.
[10] Drischler JurBüro 1964, 1 (A I 2 b).

klärung des Gläubigers als Rücknahme behandelt wird; sofern man nicht vor der Aufhebung zurückfragt, sollte man dann die Wirksamkeit aufschieben, so etwa, wenn der Gläubiger erklärt hatte, das Verfahren solle eingestellt werden weil alles bezahlt sei (es können hier immer noch Kosten ausstehen).

2.7 Rücknahme ist auch noch **nach der Bietstunde** möglich, in diesem Fall mit der Folge der Zuschlagsversagung nach § 33. Auch dann erfolgt aber Aufhebung mit Beschluß, wenn kein Gebot abgegeben ist, alle Gebote erloschen sind oder nur ein nachrangig vollstreckender Gläubiger seinen Antrag zurückgenommen hat (§ 33 Rdn 2.2 und 3). Rücknahme ist nicht mehr nach der Zuschlagsverkündung möglich, weil mit ihr das Objekt der Verfügungsgewalt des Schuldners und des betreibenden Gläubigers entzogen ist[11]. Eine solche verspätete Rücknahme kann auch vom Beschwerdegericht nicht mehr beachtet werden[12], außer wenn eine aus anderen Gründen eingelegte Zuschlagsbeschwerde ohnehin zur Aufhebung des Zuschlags führen muß. Nach Zuschlagsversagung ist Rücknahme auch noch im Beschwerdeverfahren möglich[13].

2.8 Mit Antragsrücknahme **vor Verfahrensanordnung** oder Zulassung des Beitritts (Unterzeichnung, Einl Rdn 20) wird der Antrag wirkungslos; über ihn ist durch Anordnung des Verfahrens (Zulassung des Beitritts) nicht mehr zu entscheiden. Daher hat auch „Aufhebung des Verfahrens" nach § 29 in diesem Fall nicht zu erfolgen.

2.9 Mehrere Gläubiger: Bei Antragsrücknahme durch einen von mehreren Gläubigern ist nur sein Verfahren aufzuheben. Dieser Aufhebungsbeschluß wird zweckmäßig mit dem Zusatz versehen, daß die Beschlagnahme bestehenbleibt und die anderen Verfahren weiterlaufen. Antragsrücknahme durch einen von mehreren betreibenden Gläubigern nach der Bietstunde: § 33 Rdn 3.

2.10 Rechtsbehelfe: Auch hier gibt es bei Aufhebungsbeschlüssen des Rechtspflegers befristete Rechtspflegererinnerung (gegen den Richter sofortige Beschwerde). In der Praxis wird ein Rechtsmittel nur in Frage kommen, wenn das Gericht eine unklare Äußerung des Gläubigers als Rücknahme behandelt hat. Für einen Rechtsbehelf soll nur dann ein Rechtsschutzbedürfnis bestehen, wenn in ihm der Antrag auf neue Anordnung (bzw neuen Beitritt) zu sehen sei, weil eine Aufhebung ja nicht rückgängig gemacht werden könne[14]; die Frage ist sofort ohne Bedeutung, wenn die Aufhebung nur nach vorheriger Anhörung oder nur „ab Rechtskraft wirksam" erfolgt.

2.11 Zur Antragsrücknahme im ZVG-Handbuch Rdn 203–205.

3 Muster zur Aufhebung bei Rücknahme

3.1 Bei **teilweiser** Antragsrücknahme: „1. **Beschluß:** Das Verfahren aus dem Anordnungs-/Beitritts-Beschluß vom . . . (Gläubiger . . .) wird hinsichtlich . . . (Flurstücknummer oder Grundstücksbruchteil oder Zubehörstück) aufgehoben. Das Verfahren bleibt im übrigen anhängig, die Beschlagnahme bleibt bestehen, der Versteigerungstermin vom . . . fällt nicht weg. Gründe: Der genannte betreibende Gläubiger hat seinen Verfahrensantrag (zum Teil) zurückgenommen (ZVG § 29). 2. **Verfügungen:** Beschluß zustellen an betreibenden Gläubiger . . . und an Schuldner, Vollstreckungstitel (und Kostenbelege) an Gläubiger zurückgeben, Vorblatt, Register, Kostenbeamter, WV am . . ."

3.2 Bei **vollständiger** Antragsrücknahme des einzigen betreibenden Gläubigers oder der mehreren betreibenden Gläubiger (wenn nach der Bietstunde, § 33

---

[11] Motive zum ZVG § 107; Drischler JurBüro 1964, 1 (A I 2 c); Lupprian, ZVG, § 29 Anm. 1.
[12] Mohrbutter und Leyerseder NJW 1958, 370.
[13] LG Aachen Rpfleger 1985, 452.
[14] AG Medebach JMBlNW 1966, 257.

Rücknahme des Antrags 4.4 § 29

Rdn 3.3; wenn vorher, dann): „1. **Beschluß:** Das Verfahren aus dem ... -Beschluß vom ... (Gläubiger ...) und vom ... (Gläubiger) wird aufgehoben. Die Beschlagnahme ist beendet, der Versteigerungstermin vom ... wird abgesetzt. Gründe: Die genannten Gläubiger haben ihre Verfahrensanträge zurückgenommen (ZVG § 29) und damit das Verfahren beendet. 2. **Verfügungen:** Beschluß zustellen an betreibende Gläubiger und Schuldner, Vollstreckungstitel (und Kostenbelege) an Gläubiger zurückgeben, Terminsabladung an alle anderen Beteiligten und die vom Termin benachrichtigten Behörden, Aushang von Gemeinde zurückfordern, von Gerichtstafel entfernen, Veröffentlichungsauftrag bei Amtsblatt rückgängig machen, Schätzungsauftrag zurückholen, Löschungsersuchen an Grundbuchamt, Vorblatt, Kostenbeamter, Register, Weglegen."
3.3 Muster auch im ZVG-Handbuch: für Grundstücke Rdn 201, für Grundstücksbruchteile oder Zubehör Rdn 207, für Grundbuchersuchen Rdn 202.

Teilrücknahme des Verfahrensantrags 4

4.1 Erstreckt sich ein Zwangsversteigerungsverfahren (alle Arten nach dem ZVG) oder ein Zwangsverwaltungsverfahren auf mehrere **Grundstücke** oder **Grundstücksbruchteile** oder sonst mehrere Beschlagnahmeobjekte (verbundenes Verfahren), so kann der Gläubiger bzw Antragsteller den Antrag hinsichtlich einzelner oder einiger von ihnen zurücknehmen; dann ergeht insoweit Teil-Aufhebungsbeschluß (§ 29 Rdn 3). Es kann sich aber immer nur um vollständige Grundstücke (oder andere Objekte, zB ein Erbbaurecht) oder um selbständige Grundstücksbruchteile (bzw Objekt-Bruchteile) handeln, nicht um reale Teile.

4.2 Eine Freigabe (Teilrücknahme) ist in den Zwangsversteigerungsverfahren (beliebiger Art) auch bezüglich einzelner oder mehrerer **Zubehörstücke** möglich. Macht etwa ein Dritter Rechte an einem Gegenstand geltend und geben auf seine Veranlassung die betreibenden Gläubiger den Gegenstand frei, so muß das Vollstreckungsgericht bezüglich des Gegenstands das Verfahren der freigebenden betreibenden Gläubiger bzw Antragsteller aufheben, ohne dabei übrigens zu entscheiden, ob es sich um Zubehör oder wesentliche Bestandteile handelt[15] (auch § 23 Rdn 6). In der Zwangsverwaltung können Zubehörstücke nicht freigegeben werden, weil dies hier im Gegensatz zur Zwangsversteigerung (§ 55) nicht vorgesehen ist. Anhörung oder Zustimmung der nichtbetreibenden Gläubiger, auch der dinglichen, ist nicht nötig[16]. Eine Freigabe kann nicht rückgängig gemacht werden; es muß dann neue Anordnung insoweit beantragt werden.

4.3 Zur Teilrücknahme im ZVG-Handbuch Rdn 206.

4.4 Eine **Ermäßigung der Vollstreckungsforderung** in der Vollstreckungsversteigerung und in der Zwangsverwaltung ist keine Teilrücknahme. Die Beschlagnahme soll ja bestehenbleiben, das Verfahren soll weiterlaufen; beides ist von der Höhe der Forderung unabhängig. Auch an den Verfahrenskosten ändert sich nichts; Anordnungs- und Beitrittsgebühr sind angefallen und ermäßigen sich nicht mehr; die anderen Gebühren richten sich nicht nach der Forderungshöhe (dazu Einl Rdn 77, 78). In der Vollstreckungsversteigerung wird die Ermäßigung zu den Anmeldungen genommen, weil sie vielleicht für die Mitteilung aus § 41 Abs 2, im übrigen erst für die Verteilung von Bedeutung ist, wie die anderen Anmeldungen auch. In der Zwangsverwaltung ist sie nur interessant, wenn sich dadurch die Zuteilung ändert. Man wird sie in den drei Fällen durch Berücksichtigung in der Mitteilung, durch Anrechnung bei der Verteilung oder durch Berichtigung des Zuteilungsplanes der Verwaltung beachten. Zu einem Teilaufhe-

---

[15] OLG Hamm JMBlNW 1967, 272 = MDR 1967, 773 Leitsatz = OLGZ 1967, 445; OLG Koblenz JurBüro 1988, 1423 = Rpfleger 1988, 493.
[16] OLG Düsseldorf NJW 1955, 188.

§ 29 4.4 Aufhebung und einstweilige Einstellung

bungsbeschluß besteht kein Anlaß. Wenn allerdings ein betreibender Gläubiger mit mehreren betreibenden Ansprüchen (mehrere Grundpfandrechte oder Grundpfandrecht und persönliche Forderung) einen ganzen Anspruch (einen Hypothekenanspruch samt zugehörigen Zinsen und Kosten etwa) zurücknimmt, könnte sich hierdurch die Verfahrensgrundlage ändern (andere Berechnung des geringsten Gebots); hier wird man eine Teilaufhebung beschließen müssen. Bei jeder Ermäßigung aber ist auf jeden Fall der Schuldner (zweckmäßig unter Übersendung einer Abschrift) zu benachrichtigen, am besten mit dem Hinweis, daß sich an der Beschlagnahme und der Tatsache des Verfahrens dadurch nichts ändert. Wenn er nichts erfährt, leitet er sonst vielleicht eine Vollstreckungsabwehrklage oder andere Maßnahmen ein.

[Einstweilige Einstellung auf Bewilligung des Gläubigers]

30 (1) **Das Verfahren ist einstweilen einzustellen, wenn der Gläubiger die Einstellung bewilligt. Die Einstellung kann wiederholt bewilligt werden. Ist das Verfahren auf Grund einer Bewilligung des Gläubigers bereits zweimal eingestellt, so gilt eine erneute Einstellungsbewilligung als Rücknahme des Versteigerungsantrags.**

(2) **Der Bewilligung der Einstellung steht es gleich, wenn der Gläubiger die Aufhebung des Versteigerungstermins bewilligt.**

Literatur: Lorenz, Rechtsfragen zur Einstellung des Zwangsversteigerungsverfahrens gemäß §§ 30 und 30 a ZVG, NJW 1960, 614; Lorenz, Konkurrenz von Einstellungsanträgen nach § 30 a und § 30 ZVG, NJW 1960, 1751; Ordemann, Die Einreichung und Rücknahme der Einstellungsbewilligung und des Fortsetzungsantrages in der Zwangsversteigerung, AcP 157, 470; Schmidt, Konkurrenz von Einstellungsanträgen nach § 30 a und § 30 ZVG, NJW 1960, 1750; Wangemann, Das Verhältnis von § 30 zu § 30 a ZVG, NJW 1961, 105.

1 Allgemeines zu § 30

1.1 Zweck der Vorschrift: Zulassung der einstweiligen Einstellung des Verfahrens auf Bewilligung des Gläubigers mit zeitlicher Begrenzung zur Wahrung der Interessen der am Grundstück Berechtigten; diese sollen mit fortlaufendem Anwachsen der Leistungen (§ 10 Abs 1 Nummern 2– 4, § 13) nicht geschädigt werden (Denkschrift S 42).

1.2 Anwendungsbereich: Die **Vorschrift gilt** für alle Versteigerungsverfahren. In der Konkursverwalterversteigerung kann der Konkursverwalter als Antragsteller gemäß § 30 die Einstellung bewilligen. In der Teilungsversteigerung kann der Antragsteller die Einstellung nach § 30 bewilligen[1] (nach der Bietstunde muß dann nach § 33 der Zuschlag versagt werden[2]). Für die Zwangsverwaltung ist eine Einstellung grundsätzlich nicht vorgesehen, § 30 nicht anwendbar (§ 146 Rdn 6).

1.3 Eine **Übersicht** der Einstellungsmöglichkeiten bietet Einl Rdn 31. In der Vollstreckungsversteigerung gibt es Einstellungen aus §§ 28, 30, 30 a, 30 c, 30 d, 74 a, 75, 76, 77, 85, 85 a, 86 (33), ZPO §§ 765 a, 769, 771, 775.

2 Bewilligung der Einstellung (Absatz 1 Satz 1, Absatz 2)

2.1 Einstweilige Einstellung **hält den Fortgang** des nach Anordnung auf Gläubigerantrag von Amts wegen durchzuführenden (Einl Rdn 9.2) Verfahrens **auf** (Einl Rdn 31). Die Beschlagnahme (§ 22) bleibt bestehen; Verfahrenshandlungen unterbleiben.

---

[1] LG Bonn MDR 1955, 556; LG Hanau MDR 1977, 1028.
[2] LG Hanau MDR 1977, 1028.

Einstweilige Einstellung auf Bewilligung des Gläubigers 2.6 § 30

2.2 Jede Zwangsversteigerung erfolgt auf Gläubigerantrag; sie dient Gläubigerinteressen (§ 15 Rdn 3.1). Der Gläubiger ist daher berechtigt, das Verfahren mit Zurücknahme seines Antrags zu beenden (§ 29) oder mit Bewilligung der Einstellung **zeitweilig zum Stillstand** zu bringen (§ 30). Die Einstellung bewilligen kann auch, wer nach BGB § 268 die Ansprüche des betreibenden Gläubigers abgelöst hat (§ 15 Rdn 20.23).

2.3 Die **Einstellungsbewilligung** ist (wie die Rücknahmeerklärung, § 29 Rdn 2.2) Prozeßhandlung. Sie kann schriftlich, zu Protokoll des Urkundsbeamten, in jedem Termin (dann Aufnahme in die Sitzungsniederschrift, siehe § 78), durch Fernschreiben und auch fernmündlich erklärt werden, sofern der Erklärende und die Ernstlichkeit der Erklärung sicher festgestellt sind (Rückruf und Aktenvermerk unerläßlich). Die Einstellungsbewilligung kann ausdrücklich erklärt werden oder als Antrag auf Vertagung oder **Aufhebung des Versteigerungstermins** (Abs 2) vorgebracht werden, sofern es sich nicht um eine Vertagung oder Verlegung aus verfahrensrechtlichen Gründen (zB Verhinderung des Gläubigers oder seines Bevollmächtigten) handelt. Auch die Zustimmung des Gläubigers zu einer Einstellung nach ZPO § 765 a kann in eine Einstellungsbewilligung nach § 30 umzudeuten sein[3] (anders:[4]); hierbei ist allerdings Zurückhaltung anzuraten und Rückfrage geboten. Eine Einstellungsbewilligung kann auch die Rücknahme eines Fortsetzungsantrags sein oder eine Stundungsbewilligung oder ein Wunsch nach Ruhen des Verfahrens oder das „hilfsweise" Einverständnis, überhaupt jedes Verhalten des Gläubigers, das zeigt, daß er die Fortsetzung des Verfahrens nicht wünscht (so auch[5]); dazu ZVG-Handbuch Rdn 184). **Begründen** muß der Gläubiger seine Einstellungsbewilligung nicht[6]. Aus seiner Erklärung muß aber unzweideutig der Wille ersichtlich sein, daß er zur Zeit eine Fortsetzung des Verfahrens nicht wünscht. Passives Verhalten des Gläubigers (er äußert sich auf Anfrage nicht, widerspricht einem Schutzantrag des Schuldners nicht, zahlt einen Kostenvorschuß nicht) kann nicht als Einstellungsbewilligung gewertet werden (so auch[7]). **Muster** zur Einstellungsbewilligung im ZVG-Handbuch Rdn 182.

2.4 Als Prozeßhandlung ist die Einstellungsbewilligung **bedingungsfeindlich.** Eine Einstellungsbewilligung unter einer einschränkenden Bedingung (zB daß der Schuldner eine Teilzahlung leistet und nachweist) kann daher keine Wirksamkeit äußern. Daher kann die Einstellung auch nicht mit Zahlungsauflagen für den Schuldner verbunden werden (§ 30 Rdn 2.11). Bewilligungen, mit denen eine Bedingung verknüpft ist, geben aber Anlaß, durch Rückfrage bei dem Gläubiger (ZPO § 139) Klarstellung herbeizuführen.

2.5 Der Gläubiger kann in seiner Einstellungsbewilligung keine **Frist** setzen. Wenn er eine bestimmte Frist nennt, für die er einstellen will, wird das nicht als bedingte Erklärung angesehen, sondern als unbedingte Einstellungsbewilligung verbunden mit dem Hinweis auf den zeitlich in Aussicht genommenen Verfahrensfortgang. Die vom Gläubiger gesetzte Frist bleibt daher unbeachtet (ZVG-Handbuch Rdn 185). Vom Gericht ist daher unbefristet einzustellen[8]. Es ist Sache des Gläubigers, nach der von ihm vorgesehenen Zeit die Fortsetzung zu beantragen (§ 31). Wenn im Einzelfall (begründete) Zweifel bestehen, ob die Einstellungszeit Bewilligung unzulässig unter Bedingung sein soll, kann Rückfrage beim Gläubiger (ZPO § 139) zur Klarstellung seiner Erklärung veranlaßt sein.

2.6 Einstellungsbewilligung ist nicht die vom Gläubiger gestattete oder angeregte **Hinausschiebung der Terminveröffentlichung** im Amtsblatt (die gesetzliche

---

[3] Riedel NJW 1955, 1705.
[4] Steiner/Storz § 30 Rdn 29.
[5] Steiner/Storz § 30 Rdn 24.
[6] Mohrbutter KTS 1973, 273 (Anmerkung).
[7] Jaeckel/Güthe § 30 Rdn 4; Steiner/Storz § 30 Rdn 29.
[8] LG Traunstein Rpfleger 1989, 35; Steiner/Storz ZVG § 30 Rdn 35.

§ 30 2.6 Aufhebung und einstweilige Einstellung

Frist muß aber eingehalten werden), die Zustimmung zu einer vom Schuldner nach § 30 a oder § 30 d beantragten Einstellung[9], der Gläubiger verzichtet damit nur auf Gegeneinwände gegen den Antrag (anders[10]: Zustimmung zum Antrag aus § 30 a sei, allerdings nur unter besonderen Umständen, eine Einstellungsbewilligung) und nicht das Einvernehmen des Gläubigers mit einer vom Schuldner nach ZPO § 227 beantragten Terminsverlegung[11].

2.7 Als Prozeßhandlung wird die Einstellungsbewilligung mit ihrem **Eingang bei Gericht wirksam** (§ 29 Rdn 2.5). Wenn sie der Gläubiger dem Schuldner ausgehändigt hat, hat dieser sie dem Gericht nachzuweisen. Nach Eingang der Einstellungsbewilligung bei Gericht verbieten sich weitere Vollstreckungshandlungen; den Verfahrensstillstand bewirkt jedoch erst der ausführende **Einstellungsbeschluß** des Vollstreckungsgerichts. Daher kann vor Erlaß dieses Beschlusses die Bewilligung **zurückgenommen** werden[12]. Es ist dies kein Fortsetzungsantrag, der ja erst nach erfolgter Einstellung möglich und nötig ist[13]; es wäre eine neue Einstellungsbewilligung nötig, wenn der Gläubiger sich wieder anders entschließen würde. Durch rechtzeitige Rücknahme gilt die Einstellungsbewilligung als nicht erfolgt, ausgenommen, wenn es sich um die dritte Bewilligung handelt (§ 30 Rdn 3). Erst wenn nach Erlaß des Einstellungsbeschlusses die Bewilligung zurückgenommen wird, ist dies als Fortsetzungsantrag zu behandeln[14].

2.8 Einstweilige **Einstellung** des Verfahrens nach Bewilligung des Gläubigers **bis** zum Schluß der Versteigerung (§ 73 Abs 2) erfolgt durch **Beschluß des Gerichts** (Muster § 30 Rdn 4), der zuzustellen ist (§ 32). Die Einstellungsbewilligung des Gläubigers hat das Vollstreckungsgericht mit Erlaß des Einstellungsbeschlusses zu vollziehen.

2.9 Der Einstellungsbeschluß muß den **Grund der Einstellung** angeben, daß es sich nämlich um eine Einstellung aus § 30 und nicht um eine andere handelt. Es muß Klarheit über Folgen und Fristen bestehen.

2.10 Wenn schon **Versteigerungstermin** angesetzt war, ist er, falls er nicht für einen anderen Gläubiger durchgeführt werden muß, im Einstellungsbeschluß abzusetzen. Die Beschlagnahme bleibt auch dann aber bestehen (dazu § 30 Rdn 4). Der Gläubiger bleibt Beschlagnahmegläubiger; es werden aber seine Ansprüche nicht der Berechnung des geringsten Gebots zugrunde gelegt, falls während seiner Einstellung versteigert wird.

2.11 Auflagen oder Bedingungen sind im Gegensatz zu der vom Schuldner beantragten Einstellung nach § 30 a nicht zulässig[15]. Der Gläubiger kann ja jederzeit ohne Angabe von Gründen das Verfahren fortsetzen. Die gewünschten Auflagen kann und muß er selbst überwachen. Der Schuldner muß sie (ohne Mitwirkung des Gerichts) erfüllen, um den Fortsetzungsantrag des Gläubigers zu vermeiden. Um nicht die verschiedenen Einstellungsmöglichkeiten zu vermengen, sollte man auch nicht, wie manchmal geraten wird[16], vom Schuldner angebotene und vom Gläubiger gebilligte Auflagen in den Einstellungsbeschluß nach § 30 aufnehmen (also auch nicht in der Art: „Die Einstellung tritt außer Kraft, wenn die zwischen den Parteien vereinbarten Raten von ... jeweils zum ... nicht bezahlt werden"); das würde nur verwirren[17].

---

[9] Steiner/Storz § 30 Rdn 29.
[10] Schmidt NJW 1960, 1750.
[11] Dassler/Muth § 30 Rdn 5; Steiner/Storz, § 30 Rdn 29.
[12] AG Bamberg Rpfleger 1969, 99; Ordemann AcP 157, 470; Steiner/Storz § 30 Rdn 33.
[13] Ordemann AcP 157, 470.
[14] AG Bamberg Rpfleger 1969, 99.
[15] Jaeckel/Güthe § 30 Rdn 2; Kolbenschlag MDR 1960, 102 (I 1); Schmidt NJW 1960, 1750.
[16] Lorenz NJW 1960, 614 und NJW 1960, 1751 (B).
[17] Wangemann NJW 1961, 105.

Einstweilige Einstellung auf Bewilligung des Gläubigers 2.15 § 30

2.12 Einstellungsbewilligung ist auch noch **nach der Bietstunde** möglich, in diesem Fall mit der Folge der Zuschlagsversagung nach § 33; auch dann aber ergeht Einstellungsbeschluß, wenn kein Gebot abgegeben wurde, alle Gebote erloschen sind oder nur ein nachrangig vollsteckender Gläubiger die Einstellung bewilligt hat (§ 33 Rdn 2.2 und 3). Nach Zuschlagsverkündung ist Einstellungsbewilligung nicht mehr möglich, weil mit ihr das Objekt der Verfügungsgewalt des Schuldners und des betreibenden Gläubigers entzogen ist (siehe § 29 Rdn 2.7).

2.13 Einstellungsbewilligung **vor Verfahrensanordnung** oder Zulassung des Beitritts (Unterzeichnung, Einl Rdn 20) ermöglicht § 30 nicht (anders[18]: Bewilligung möglich von Antragstellung an), ist somit nicht durch Einstellungsbeschluß zu vollziehen. Vor Verfahrensanordnung (Zulassung des Beitritts) hat der Antragsteller jederzeit die Möglichkeit, Aufschub oder Überlegungsfrist zu erbitten (auch mit Rückforderung des Schuldtitels), mit der Folge, daß die Entscheidung über den Vollstreckungsantrag ausgesetzt bleibt (vergleichbar dem ruhenden Vollstreckungsauftrag an den Gerichtsvollzieher; dazu[19]). Ein noch nicht laufendes Verfahren kann der Gläubiger nicht einstellen lassen. Der Schuldner wird ja auch ohne Beschlagnahme und ohne Vollstreckungsvermerk von Wirkungen des Antrags noch nicht betroffen.

2.14 Mehrere Gläubiger: Jeder betreibende Gläubiger kann **nur für sich** die Einstellung bewilligen. Es ist dann nur das einzelne Verfahren des Gläubigers einzustellen, für das die Einstellung bewilligt ist. Die Verfahren der anderen betreibenden Gläubiger werden hierdurch nicht berührt. Es ist zweckmäßig, in dem Beschluß darauf hinzuweisen. Ein schon anstehender Versteigerungstermin ist nur abzusetzen, wenn alle betreibenden Gläubiger (deren Beschlüsse rechtzeitig vor dem Termin zugestellt sind, § 43 Abs 2) die Einstellung bewilligen (oder wenn das Gericht auch aus anderen Gründen ihr Verfahren einstellt) oder wenn hinsichtlich der noch betreibenden die gesetzlichen Fristen aus § 43 nicht gewahrt sind. Es empfiehlt sich, auf das Bestehenbleiben oder den Wegfall des Versteigerungstermins im Beschluß hinzuweisen.

2.15 Nach Einstellung wird in dem **für weitere Gläubiger fortzuführenden** Verfahren der Anspruch des Gläubigers der Berechnung des geringsten Gebots nicht zugrunde gelegt (Rdn 2.10). Wenn deshalb durch die Einstellung eines **vorrangigen Gläubigers** die nachrangigen Gläubiger Erschwernisse erleiden, ist das die Folge des Ranges, aber kein Rechtsmißbrauch[20], auch keine Schikane nach BGB § 226[21], weil ja die Bewilligung nicht nur den Zweck hat, anderen zu schaden, sondern doch auch dem Schuldner nützt[21]. Wenn ein Gläubiger aus seinem besseren Recht betreibt, sich dabei ein höheres Meistgebot ergibt, das alle Gläubiger deckt, dann aber der betreibende Gläubiger die Einstellung bewilligt (kurz vor Schluß der Bietstunde), ein neues geringstes Gebot nach seinem schlechteren Recht, aus dem er weiterbetreibt, aufgestellt wird und er selbst, insbesondere als der dann nur noch allein Anwesende, nur das geringste Gebot ausbietet, dann ist das sittenwidriger Mißbrauch einer formalen Rechtsstellung (dazu eingehend[22]); der Zuschlag ist daher zu versagen[23] (zustimmend[24]; anders[25], nicht richtig, das sei zwar ein Trick, aber vom Gericht nicht zu verhindern) (Bedenken hat auch[26]).

---

[18] Ordemann AcP 157, 470.
[19] Zöller/Stöber, ZPO, § 753 Rdn 11.
[20] OLG Schleswig KTS 1973, 272 mit zust Anm Mohrbutter; Drischler KTS 1975, 283 (3 a); Schiffhauer Rpfleger 1978, 397 (III 3).
[21] OLG Schleswig und Drischler je aaO (Fußn 20).
[22] Stöber ZIP 1981, 944.
[23] Stöber ZIP 1981, 944.
[24] Vollkommer Rpfleger 1982, 1 (7 zu Nr 10).
[25] Drischler KTS 1975, 283 (3 a).
[26] Schiffhauer Rpfleger 1978, 397 (III 3).

Einwendungen erhebt nur[27], der aber verkennt, daß nicht jede einzelne Verfahrenshandlung für sich, sondern das Gesamtverhalten des Gläubigers als sittenwidrig verwerflich ist und daher die Nichtigkeit des sittenwidrigen Meistgebots (BGB § 138; auch Einl Rdn 10) Versagung des Zuschlags gebietet.

2.16 Wenn der **bestrangig betreibende Gläubiger** nach eigenem Meistgebot (also nach der Bietstunde) die Einstellung bewilligt, so darf das nicht als Zuschlagsversagungsantrag behandelt werden (aus § 74 a), weil dieser Antrag einen anderen Zweck hat (Näheres § 74 a Rdn 3.7); die Einstellungsbewilligung soll dem Schuldner ermöglichen, sein Grundstück zu retten, der Antrag aus § 74 a soll in einem neuen Termin für den Gläubiger ein besseres Ergebnis ermöglichen.

2.17 Zustellungen: Der Einstellungsbeschluß ist an den betreibenden Gläubiger, den er betrifft, und an den Vollstreckungsschuldner zuzustellen (§ 32). Der ablehnende Beschluß (soweit Ablehnung bei § 30 möglich sein sollte, kaum denkbar) ist an den betroffenen Gläubiger zuzustellen (ZPO § 329 Abs 2 Satz 2), an den Schuldner mitzuteilen (ZPO § 329 Abs 2 Satz 1).

2.18 Kosten: Gerichts- oder Anwaltsgebühren fallen durch und für eine Einstellungsbewilligung und den Einstellungsbeschluß nicht an. Die Tätigkeit dabei wird durch die gerichtliche Versteigerungsverfahrensgebühr (Einl Rdn 77) und durch die Rechtsanwalts-Versteigerungsverfahrensgebühr (Einl Rdn 89) abgegolten.

2.19 Rechtsbehelfe: Gegen Einstellungsbeschluß des Rechtspflegers für Gläubiger nach vorheriger Anhörung befristete Rechtspflegererinnerung (gegen den Richter sofortige Beschwerde), ohne vorherige Anhörung Vollstreckungserinnerung (gegen diese Entscheidung dann sofortige Beschwerde). Ein Rechtsmittel wird praktisch nur in Frage kommen, wenn das Gericht eine unklare Äußerung des Gläubigers als Einstellungsbewilligung behandelt hat.

3 Erneute und dritte Einstellungsbewilligung

3.1 Nach der **Fortsetzung** des eingestellten Verfahrens (§ 31) kann derselbe betreibende Gläubiger aus demselben Beschlagnahmebeschluß (wieder bis spätestens vor der Zuschlagsverkündung) die Einstellung **erneut**, also ein zweites Mal, bewilligen. Fortsetzungsantrag und erneute Bewilligung können miteinander verbunden werden. Bewilligt der Gläubiger während einer noch laufenden Einstellung erneut die Einstellung, so ist durch Rückfrage zu klären, was er will, ob er Fortsetzung und gleichzeitig Neueinstellung will[28] oder ob er die frühere Einstellung nur bestätigen will (was überflüssig ist) oder ob er die vorausgehende Erklärung etwa als verlorengegangen angesehen hat. Daß Fortsetzung und neue Einstellung gewünscht werden, darauf kann man etwa schließen, wenn die Erklärung gegen Ende der vorausgehenden Einstellungszeit bei Gericht eingeht[29] (anders[30]: es müsse ausdrücklich Fortsetzung verlangt und dann Einstellung bewilligt werden; sagt aber selbst wieder, der Fortsetzungsantrag könne auch schlüssig erfolgen, durch Bewilligung gegen Ende der vorausgehenden Frist). Dazu ZVG-Handbuch Rdn 189.

3.2 Rücknahme des Versteigerungsantrags ist eine erneute Einstellungsbewilligung des Gläubigers, dessen durch einen Beschlagnahmebeschluß eingeleitetes Einzelverfahren (Rdn 5.4) auf Grund seiner Bewilligung bereits zweimal nach § 30 einstweilen eingestellt war (§ 30 Abs 1 Satz 3). Grund: Rdn 1.1. Jeder Gläubiger darf für das von ihm betriebene Verfahren zum selben Beschlagnahmebeschluß somit nur **zweimal** die Einstellung **bewilligen.** Hierbei sind nicht mitzuzählen

---

[27] Storz ZIP 1982, 416 (III).
[28] Ordemann AcP 157, 470.
[29] Jaeckel/Güthe Anhang 5, Seite 1121 Rdn 7; Jonas/Pohle, ZwVNotrecht, § 30 Anm § 2 b.
[30] Ordemann AcP 157, 470.

Einstweilige Einstellung auf Bewilligung des Gläubigers   4 § 30

nach neuerlichem Beitritt des Gläubigers wegen des gleichen Anspruchs zu dem von anderen Gläubigern weiterbetriebenen Verfahren frühere Einstellungen auf Grund von Bewilligungen, die vor Zurücknahme des vormaligen Versteigerungs-/Beitrittsantrags und Aufhebung des früheren Beschlagnahmebeschlusses erklärt waren (Rdn 5.4; ebenso ZVG-Handbuch Rdn 190; anders[31], nicht richtig), dann nicht die Einstellungen des Prozeßgerichts, nicht die vom Schuldner oder Konkursverwalter bewirkten und nicht die sonst kraft Gesetzes erfolgten[32]. Es kommt auch nicht darauf an, wie lange in jedem Einzelfall eingestellt war[32]. Jeder betreibende Gläubiger muß für sich gerechnet werden. Ein Gläubiger, der das Verfahren aus mehreren Beschlagnahmebeschlüssen beteibt (Rdn 5.4), kann für jedes durch einen Beschlagnahmebeschluß eingeleitete selbständige Einzelverfahren die Einstellung zweimal bewilligen (auch wenn er wegen jeweils fälliger Zinsforderungen mehrfach beigetreten ist[33]). Es muß also derselbe betreibende Gläubiger aus demselben Beschlagnahmebeschluß zweimal die Einstellung bewilligt haben und es muß daraufhin jeweils fortgesetzt worden sein, bevor eine dritte Einstellungsbewilligung zwingend als Rücknahme des einschlägigen Verfahrensantrags behandelt werden kann und muß. Auf die dritte Bewilligung hin muß das betroffene Verfahren sofort aufgehoben werden (nach § 29). Hierbei empfiehlt es sich aber, weil vielleicht der Aufhebungsbeschluß auf Rechtsmittel hin aufgehoben werden könnte (falsche Berechnung der erfolgten Einstellungen, Mißverständnis gegenüber dem Gläubiger), die Aufhebung erst mit der Rechtskraft des Beschlusses wirksam werden zu lassen (§ 15 Rdn 5.5). Da die dritte Bewilligung eine Antragsrücknahme bedeutet und die Rücknahme, sofort bei Eingang wirksam, nicht zurücknehmbar ist (§ 29 Rdn 2.3), kann auch die dritte Bewilligung nicht zurückgenommen werden, im Gegensatz zur ersten und zweiten. Dazu ZVG-Handbuch Rdn 190.

3.3 Erfolgt die **dritte Bewilligung,** während noch die vorausgehende zweite Einstellung läuft, so soll das bedeuten (laut[34]), daß der Gläubiger zur Zeit keinen Fortsetzungsantrag stellen wolle, das Gericht müsse dann erst nach Fristablauf aufheben. Dem kann nicht zugestimmt werden, vielmehr ist durch Rückfrage zu klären, was der Gläubiger will, und bei einer dritten Bewilligung muß eben aufgehoben werden.

3.4 Rechtsbehelfe bei Aufhebung des Verfahrens: Wird wegen dritter Einstellungsbewilligung das Verfahren eines betreibenden Gläubigers aufgehoben, so hat dieser Gläubiger bei vorheriger Anhörung befristete Rechtspflegererinnerung/sofortige Beschwerde, ohne vorherige Anhörung (die nicht vorkommen sollte) Vollstreckungserinnerung (gegen diese Entscheidung dann sofortige Beschwerde)[35].

Muster für Einstellungsbeschluß   4

„**Beschluß:** Das Zwangsversteigerungsverfahren aus dem Anordnungs-/Beitritts-Beschluß vom ... (Gläubiger ....) wird auf die Bewilligung des Gläubigers einstweilen eingestellt. Die Beschlagnahme bleibt bestehen, das Verfahren der anderen Gläubiger wird hierdurch nicht berührt, der Versteigerungstermin vom ... bleibt bestehen (wird abgesetzt).
Belehrung des Gläubigers: Das Verfahren wird nur auf Antrag des genannten Gläubigers fortgesetzt. Der Antrag muß spätestens binnen sechs Monaten ab Zustellung dieser Belehrung bei dem Vollstreckungsgericht eingehen, da sonst das Verfahren aufgehoben werden muß.

---

[31] LG Bonn Rpfleger 1990, 433 und 1991, 69 Leitsatz mit krit Anm Hintzen.
[32] Jonas/Pohle, ZwVNotrecht, § 30 Anm 2 d.
[33] OLG Düsseldorf OLGZ 1991, 76 = Rpfleger 1991, 28 und 69 Leitsatz mit Anm Hintzen.
[34] Jaeckel/Güthe § 30 Rdn 3; Jonas/Pohle, ZwNotrecht, § 30 Anm. 2 d; Ordemann AcP 157, 470.
[35] LG Kassel Rpfleger 1950, 564.

Gründe: Der genannte Gläubiger hat die Einstellung seines Verfahrens bewilligt (erneut bewilligt) (ZVG § 30). Er muß über die Fortsetzungsmöglichkeit belehrt werden (ZVG § 31). Der Versteigerungstermin bleibt bestehen, weil noch andere Gläubiger das Verfahren betreiben (muß abgesetzt werden, weil . . .)"
Verfügungen ähnlich § 29 Rdn 3, aber es wird der Versteigerungsvermerk nicht gelöscht und das Register nicht abgetragen. Hierzu auch ZVG-Handbuch Rdn 183, 187.

5 Teileinstellung

5.1 Erstreckt sich ein Zwangsversteigerungsverfahren auf **mehrere Grundstücke** oder Grundstücksbruchteile oder sonst mehrere Beschlagnahmeobjekte (ZPO § 864; verbundenes Verfahren, § 18), so kann der Gläubiger bzw Antragsteller die Einstellung auch nur hinsichtlich einzelner oder einiger von ihnen bewilligen (ebenso wie er insoweit auch aufheben lassen kann; § 29 Rdn 4). Mit **Teileinstellungsbeschluß** wird dann das Verfahren zur Versteigerung des oder der Einzelgrundstücke (eines Grundstücksteils usw) eingestellt. Nur für eine Teilfläche eines Grundstücks (zB eine zur Straße weggemessene Grundstücksfläche) kann die Einstellung nicht bewilligt und angeordnet werden[36]. **Zubehör** kann von der Zwangsversteigerung ausgenommen werden (§ 29 Rdn 4.2); der Gläubiger kann daher Verfahrenseinstellung auch nur hinsichtlich eines einzelnen (oder mehrerer) Zubehörstücke bewilligen. Einstweilige Einstellung durch Beschluß des Gerichts wird dann nur hinsichtlich des Zubehörstücks angeordnet. Bewilligt werden kann die Einstellung für Zubehör im Schuldnereigentum (auf das sich die Beschlagnahme erstreckt), aber auch für Zubehör im Schuldnerbesitz, das einem Dritten gehört und nicht beschlagnahmt ist, aber doch nach § 55 Abs 2 mitversteigert wird. Dazu ZVG-Handbuch Rdn 185 a.

5.2 Macht ein Dritter Rechte an einem Gegenstand geltend, bei dem es zweifelhaft ist, ob er **Zubehör** oder wesentlicher Bestandteil ist, und bewilligen auf Veranlassung des Dritten die betreibenden Gläubiger die Einstellung, so muß das Vollstreckungsgericht bezüglich dieses Gegenstands das Verfahren einstellen, ohne selbst die Frage zu entscheiden. Einer Anhörung oder Zustimmung der nicht betreibenden dinglichen Gläubiger bedarf es nicht[37]; Verfahren somit wie bei der Teilaufhebung (§ 29 Rdn 4.2).

5.3 Teileinstellung nur hinsichtlich einzelner Grundstücke (anderer Objekte) eines verbundenen Verfahrens (§ 18) erfordert nicht, daß die Verbindung wieder aufgehoben wird (Trennung des Verfahrens kann aber nach dem Ermessen des Gerichts erfolgen, § 18 Rdn 3.8). In dem weiterhin verbundenen Verfahren unterbleiben Verfahrenshandlungen für das Grundstück (die Objekte), das nach Einstellung vom Verfahrensfortgang ausgeschlossen ist; hinsichtlich der weiteren Grundstücke (Objekte) wird das Verfahren weiter durchgeführt.

5.4 Ein Gläubiger, der das Verfahren aus **mehreren Beschlagnahmebeschlüssen** betreibt (Anordnungs- und Beitrittsbeschluß oder mehrere Beitrittsbeschlüsse), kann die Einstellungsbewilligung auf einen oder einige von ihnen beschränken (so auch[38]). Er kann, wie mehrere Gläubiger (§ 30 Rdn 2.14), für jedes durch einen Beschlagnahmebeschluß eingeleitete selbständige Einzelverfahren die Einstellung bewilligen (siehe auch Rdn 3.2). Es ist dann nur das einzelne Verfahren dieses Gläubigers einzustellen. Die anderen Verfahren des Gläubigers (aus weiteren Beschlagnahmebeschlüssen) werden hierdurch nicht berührt. Es ist zweckmäßig, in dem Beschluß darauf hinzuweisen. Bewilligt der Gläubiger ohne Ein-

---

[36] Jaeckel/Güthe §§ 15–16 Rdn 7.
[37] OLG Düsseldorf NJW 1955, 188.
[38] OLG Düsseldorf OLGZ 1991, 76 = Rpfleger 1991, 28 und 69 Leitsatz mit Anm Hintzen; Steiner/Storz § 30 Rdn 21.

Einstweilige Einstellung auf Bewilligung des Gläubigers 6.1 § 30

schränkung, so bezieht sich dies auf die Verfahren aus allen Beschlagnahmebeschlüssen. Nimmt der Gläubiger nach zweimaliger Einstellung den Versteigerungsantrag wegen eines (betragsmäßigen) Teils seines Anspruchs (zB nur wegen der Zinsen) zurück und tritt er wegen dieses Anspruchs nach (Teil)Aufhebung (sie soll nicht erfolgen können, § 29 Rdn 4.4) wieder bei (§ 27), dann vollstreckt er aus mehreren Beschlagnahmebeschlüssen (ebenso wie wenn er zunächst wegen des restigen Anspruchs die Verfahrensanordnung erwirkt hätte und sodann wegen des Teilanspruchs, zB der Zinsen, beigetreten wäre). Auch für die Möglichkeit zweimaliger Einstellung ist das Verfahren aus dem Beitrittsbeschluß daher (wieder) als selbständiges Verfahren gesondert zu werten (siehe Rdn 3.2). Die „dritte" Einstellungsbewilligung im Erstverfahren wegen des Restanspruchs gilt dann als Antragsrücknahme nur für den verbliebenen Anspruch aus dem (ersten) Beschlagnahmebeschluß, nicht jedoch, soweit das Verfahren auf Grund des Beitrittsbeschlusses gesondert betrieben wird; insoweit braucht Einstellung zugleich überhaupt nicht bewilligt werden und führt eine Einstellungsbewilligung nur zur erstmaligen Verfahrenseinstellung (anders[39]; nicht zutreffend; rechtsmißbräuchliche Verfahrensgestaltung wäre jedoch denkbar).

5.5 Für Einstellung und Verfahrensfortgang handelt es sich (wie auch bei Verfahrensaufhebung, § 29 Rdn 4.4) um selbständige Verfahren eines Gläubigers auch dann, wenn zwar nur **ein Beschlagnahmebeschluß** erwirkt ist, der Gläubiger aber gleichzeitig Ansprüche aus **mehreren Rechten** vollstreckt (Hypothek, Grundschuld, Zwangshypothek, persönliche Forderung). Wenn auf Antrag eines Hypothekengläubigers ein Beschlagnahmebeschluß ergangen ist, kann somit zB wegen des dinglichen Anspruchs (Rangklasse 4 des § 10 Abs 1) die Einstellung bewilligt und angeordnet werden, wegen der zugleich vollstreckten persönlichen Forderung (Rangklasse 5 des § 10 Abs 1) das Verfahren hingegen weiter betrieben werden. In dem fortzuführenden Verfahren wird der dingliche Anspruch des Gläubigers der Berechnung des geringsten Gebots dann nicht zugrunde gelegt. **Nicht** möglich ist dagegen für den Anspruch des Gläubigers aus einem Recht oder einer Vollstreckungsforderung eine nur auf einen betragsmäßigen Teil des Anspruchs aus einem Beschlagnahmebeschluß (auf einen Forderungsteil) beschränkte Einstellungsbewilligung (so auch[40]; anders für mehrere Beschlagnahmebeschlüsse, siehe § 30 Rdn 5.4). Verfahrenseinstellung kann nur gegenständlich beschränkt (§ 30 Rdn 5.1), für einzelne von mehreren Gläubigern (§ 30 Rdn 2.14) oder für einzelne selbständige Ansprüche und für mehrere Beschlagnahmebeschlüsse des gleichen Gläubigers erfolgen, nicht aber für einen Forderungsteil des größeren Gläubigeranspruchs. Einstellung erfordert, daß wegen eines Gläubigeranspruchs nicht versteigert wird; bei Teileinstellung nur wegen eines Forderungsteils würde aber gerade das Verfahren auf Grund des einheitlichen Beschlagnahmebeschlusses wegen dieses Anspruchs (wegen des weiteren Anspruchsteils) weiterlaufen. Die Verfahrenslage würde sich somit nicht ändern (keine andere Berechnung des geringsten Gebots); zu einer Teileinstellung besteht daher in einem solchen Fall kein Anlaß.

Verhältnis von § 30 zu anderen Einstellungen 6

6.1 Verhältnis zu § 28: Als verfahrensmäßig selbständige Vorschriften haben § 28 und § 30 unterschiedliche Bedeutung (anders[41]: § 30 hat Vorrang, und[42]: Fortsetzungsantrag des Gläubigers ist abzuwarten, dann ist nach § 28 einzustellen). Einstellung auf Bewilligung des Gläubigers bewirkt zeitweiligen Stillstand der von Amts wegen durchzuführenden Zwangsversteigerung (§ 30 Rdn 2.1, 2.2).

---

[39] LG Lüneburg Rpfleger 1987, 469.
[40] Steiner/Storz § 30 Rdn 21.
[41] Dassler/Muth § 30 a Rdn 24; Steiner/Storz § 30 Rdn 13.
[42] Wangemann NJW 1961, 105.

§ 30 6.1 Aufhebung und einstweilige Einstellung

Bei Einstellung nach § 28 unterbleibt Verfahrensfortgang, weil er wegen des entgegenstehenden Rechts eines Dritten nicht zulässig ist; Fristablauf hat Verfahrensaufhebung zur Folge, wenn das Hindernis nicht behoben wird. § 28 als Verfahrensbestimmung zur Wahrung eines entgegenstehenden grundbuchersichtlichen Rechts (§ 28 Rdn 2.1) mit weitergehender Einstellungsfolge ist daher auch anzuwenden, wenn bei Bekanntwerden des Verfahrenshindernisses Einstellung bereits auf Bewilligung des Gläubigers (§ 30) erfolgt ist. Es ist **auch nach § 28** unter Bestimmung einer Frist zur Behebung des Hindernisses **einzustellen** oder (ausnahmsweise, § 28 Rdn 6) das Verfahren aufzuheben. Umgekehrt kann während einer (befristeten) Einstellung nach § 28 das Verfahren nicht nochmals nach § 30 eingestellt werden. Wenn die Zwangsversteigerung bereits wegen eines grundbuchersichtlichen entgegenstehenden Rechts nicht fortgeführt wird, kann nicht auch noch nach Bestimmung (Bewilligung) des Gläubigers mit Einstellung Verfahrensstillstand angeordnet werden. Einstellung nach **§ 28** mit ihrer weitergehenden Wirkung hat daher stets **Vorrang** vor Einstellung auf Bewilligung des Gläubigers. Das gebietet auch die Wahrung der Interessen des Berechtigten aus entgegenstehenden grundbuchersichtlichen Rechts. Ihm trägt § 28 mit Frist zur Behebung des Hindernisses und Verfahrensaufhebung als Folge des Fristablaufs Rechnung. Weitergehende Fortdauer der mit Beschlagnahme (§ 22) erlangten Verfahrensstellung des Gläubigers hat der Berechtigte des entgegenstehenden grundbuchersichtlichen Rechts nicht hinzunehmen. Der Gläubiger kann mit Einstellungsbewilligung daher das durch ein grundbuchersichtliches Vollstreckungshindernis veranlaßte Verfahren zur Klärung, ob die Zwangsversteigerung zulässig angeordnet oder aufzuheben ist, nicht hindern. Der Berechtigte eines entgegenstehenden Rechts hätte andernfalls die Fortdauer der Beschlagnahme unerträglich lange Zeit zu dulden (möglich wäre zweimalige Einstellung auf Bewilligung des Gläubigers auf je 6 Monate mit erst anschließender Fristbestimmung nach § 28) oder sein grundbuchersichtliches Gegenrecht mit Klage geltend zu machen. Das würde der mit § 28 geregelten Wahrung der entgegenstehenden Berechtigung widersprechen.

6.2 Verhältnis zu § 30 a: Einstellung auf **Bewilligung des Gläubigers** nach § 30 hält den Verfahrensfortgang auf (§ 30 Rdn 2.1); Verfahrenshandlungen unterbleiben. Zwangsvollstreckung auf Gläubigerantrag findet während des zeitweiligen Verfahrensstillstands nicht statt. Daher kann in dieser Zeit auch befristeter Schutz des Schuldners zur Verhinderung der Zwangsverwertung seines Eigentums nicht gewährt werden. Einstellung auf Bewilligung des Gläubigers nach § 30 hat deshalb gegenüber einem Schutzverfahren nach § 30 a jederzeit den **Vorrang**[43]. Auf Bewilligung des Gläubigers (der Herr seines Verfahrens ist) ist nach § 30 somit immer sofort einzustellen. Auch durch ein Verfahren aus § 30 a wird die Möglichkeit einer Einstellungsbewilligung nach § 30 daher nicht ausgeschlossen[44]; bewilligt der Gläubiger während eines Verfahrens nach § 30 a die Einstellung, so hat das Gericht ohne Nachprüfung der allgemeinen und besonderen Voraussetzungen zu § 30 a und ohne Verfahrensumstellung und ohne Abwägung der Interessen sofort nach § 30 einzustellen[45]. Dazu ZVG-Handbuch Rdn 186.

6.3 Einstellung im Wege des **Vollstreckungsschutzes** (§ 30 a) bewirkt Verfahrensstillstand; Verfahrenshandlungen unterbleiben. Neuerliche Einstellung aus anderem Rechtsgrund mit der gleichen Folge kann in dieser Zeit nicht erfolgen. Das schon im Wege des Vollstreckungsschutzes eingestellte Verfahren kann daher

---

[43] Dassler/Muth § 30 a Rdn 25; Steiner/Storz § 30 Rdn 10, 11; Wangemann NJW 1961, 105; Mohrbutter, Handbuch des Vollstreckungsrechts, § 36 (I c); Schmidt NJW 1960, 1750 (A I).
[44] Schmidt NJW 1960, 1750 (A III).
[45] Dassler/Muth § 30 a Rdn 25; Steiner/Storz § 30 Rdn 11; Mohrbutter aaO (Fußn 43); Schmidt NJW 1960, 1750 (A I).

nicht erneut auf Grund anderer Vorschrift, mithin auch nicht auf Bewilligung des Gläubigers eingestellt werden. Eine vom Gläubiger bewilligte Einstellung (§ 30) des **bereits** im Wege des Vollstreckungsschutzes **eingestellten**Verfahrens erlangt daher keine Bedeutung.

6.4 Wenn die Einstellungsbewilligung des Gläubigers dem Gericht vor Wirksamwerden des Einstellungsbeschlusses aus § 30 a (mit Absendung), wenn auch erst nach Abfassung des im Wege des Vollstreckungsschutzes einstellenden (noch gar nicht wirksamen) Beschlusses zugeht, muß sie berücksichtigt, das Verfahren sohin auf Bewilligung (§ 30) eingestellt werden. Geschieht das nicht, dann kann Aufhebung des auf Schuldnerantrag ergangenen, mit Hinausgabe existent gewordenen (fehlerhaften) Einstellungsbeschlusses nur noch durch Anfechtung mit befristeter Rechtspflegererinnerung/sofortiger Beschwerde erreicht werden. Den mit Hinausgabe wirksam gewordenen, aber noch nicht rechtskräftigen Einstellungsbeschluß aus § 30 a kann das Vollstreckungsgericht nach Bewilligung der Einstellung durch den Gläubiger (§ 30) nicht wieder aufheben. Selbst wenn dieser Einstellungsbeschluß mit befristeter Rechtspflegererinnerung/sofortiger Beschwerde angefochten ist, kann er vom Rechtspfleger/Gericht nicht aufgehoben werden (RpflG § 11 Abs 2 Satz 1; ZPO § 577 Abs 3). Dann hat der Vorrang der Einstellungsbewilligung (§ 30 Rdn 6.2) jedoch zur Folge, daß der Richter, dem die Rechtspflegererinnerung vorliegt (RpflG § 11 Abs 2 Satz 3) und das Beschwerdegericht die Einstellungsbewilligung als neue Tatsache (ZPO § 570) berücksichtigen und daher den vorausgehenden (fehlerhaften) Beschluß, mit dem das Verfahren aus den Gründen des § 30 a eingestellt wurde, aufheben sowie nach § 30 (unter Gläubigerbelehrung über Fortsetzung) einstellen müssen. Beschwert und beschwerdeberechtigt sind Schuldner (ihm bleibt bei Verfahrenseinstellung nach Bewilligung die Einstellungsmöglichkeit aus Gründen des Vollstreckungsschutzes) und der Gläubiger (er kann nach bewilligter Einstellung jederzeit die Verfahrensfortsetzung beantragen).

6.5 Die (vorrangige) Einstellung des Verfahrens nach § 30 bringt das Verfahren über die Beschwerde (Rechtspflegererinnerung) des Schuldners gegen den seinen Antrag auf einstweilige Einstellung ablehnenden Beschluß zum Stillstand. Gegenstandslos wird damit das Beschwerdeverfahren jedoch nicht (es gilt das § 30 b Rdn 10.6 zum Verfahren über den Einstellungsantrag selbst Gesagte entsprechend). Nach Fortsetzung des Vollstreckungsverfahrens ist vielmehr über die Schuldnerbeschwerde zu entscheiden. Die Fortsetzung des Verfahrens begründet nicht etwa die Voraussetzungen der erneuten Einstellung nach § 30 a Abs 1

6.6 Verhältnis zu § 30 c: Hier gilt, was für § 30 a gesagt ist. Die Einstellung aus § 30 hat den Vorrang. Wenn der betreibende Gläubiger aus § 30 einstellen läßt, ist ein gleichzeitiger Antrag aus § 30 c überholt und nicht mehr zu entscheiden[46] (anders[47]).

6.7 Verhältnis zu § 30 d: Es gilt auch hier, was für § 30 a gesagt ist. Die Einstellung aus § 30 hat den Vorrang. Wenn der betreibende Gläubiger aus § 30 einstellen läßt, ist ein gleichzeitiger Antrag aus § 30 d überholt und nicht mehr zu entscheiden. Zum Schuldnerschutz, wenn das Verfahren nach bewilligter Einstellung fortgesetzt wird, siehe § 30 b Rdn 10.

6.8 Verhältnis zu § 180 Abs 2 und 3: Für das Verhältnis der Einstellungsbewilligung aus § 30 durch den Antragsteller der Teilungsversteigerung zum Einstellungsantrag des Antragsgegners aus § 180 Abs 2 oder 3 gilt entsprechend, was über das Verhältnis von § 30 zu § 30 a gesagt ist[48]: § 30 geht vor (dazu § 180 Rdn 12.11).

---

[46] Mohrbutter KTS 1961, 103 (III).
[47] Kniestedt KTS 1961, 61.
[48] Mohrbutter KTS 1961, 103 (III).

§ 30 6.9 — Aufhebung und einstweilige Einstellung

6.9 Verhältnis zu ZPO § 765 a: Auch hier geht § 30 vor (so auch[49]). Wird im Rahmen eines auf ZPO § 765 a gestützten Vollstreckungsschutz- oder Rechtsmittelverfahrens die Einstellung bewilligt, so hat das Gericht nach § 30 einzustellen, ohne die Voraussetzungen von ZPO § 765 a zu prüfen, weil es ohne sonstige Voraussetzungen an die Bewilligung gebunden ist. Die Rechtmittelinstanz (Richter oder Beschwerdegericht), wenn bei ihr erst bewilligt wird, muß unter Aufhebung des vorausgehenden ablehnenden Beschlusses einstellen und nicht etwa zur Einstellung aus § 30 zurückverweisen, gleichzeitig auch über die Fortsetzung belehren. Dazu auch ZVG-Handbuch Rdn 186.

6.10 Verhältnis zu ZPO § 766 Abs 1 mit § 732 Abs 2, § 769, § 771 Abs 3, § 775: Auch hier geht § 30 vor[50]. Einstellung auf Bewilligung des Gläubigers bewirkt Verfahrensstillstand, so daß neuerliche Einstellung aus anderem Rechtsgrund mit der gleichen Folge nicht mehr erfolgen kann. Prozeßgerichtliche Einstellung kann daher nur durch Einstellungsbeschluß ausgeführt werden, wenn der Gläubiger Fortsetzungsantrag gestellt hat. Umgekehrt kann nach Verfahrenseinstellung auf Grundeinerprozeßgerichtlichen Anordnung Einstellung nicht mehr nach § 30 erfolgen.

[Einstweilige Einstellung auf Antrag des Schuldners]

30 a (1) **Das Verfahren ist auf Antrag des Schuldners einstweilen auf die Dauer von höchstens sechs Monaten einzustellen, wenn Aussicht besteht, daß durch die Einstellung die Versteigerung vermieden wird, und wenn die Einstellung nach den persönlichen und wirtschaftlichen Verhältnissen des Schuldners sowie nach der Art der Schuld der Billigkeit entspricht.**

(2) **Der Antrag ist abzulehnen, wenn die einstweilige Einstellung dem betreibenden Gläubiger unter Berücksichtigung seiner wirtschaftlichen Verhältnisse nicht zuzumuten ist, insbesondere ihm einen unverhältnismäßigen Nachteil bringen würde, oder wenn mit Rücksicht auf die Beschaffenheit oder die sonstigen Verhältnisse des Grundstücks anzunehmen ist, daß die Versteigerung zu einem späteren Zeitpunkte einen wesentlichen geringeren Erlös bringen würde.**

(3) **Die einstweilige Einstellung kann auch mit der Maßgabe angeordnet werden, daß sie außer Kraft tritt, wenn der Schuldner die während der Einstellung fällig werdenden wiederkehrenden Leistungen nicht binnen zwei Wochen nach Eintritt der Fälligkeit bewirkt. Wird die Zwangsversteigerung von einem Gläubiger betrieben, dessen Hypothek oder Grundschuld innerhalb der ersten sieben Zehnteile des Grundstückswertes steht, so darf das Gericht von einer solchen Anordnung nur insoweit absehen, als dies nach den besonderen Umständen des Falles zur Wiederherstellung einer geordneten wirtschaftlichen Lage des Schuldners geboten und dem Gläubiger unter Berücksichtigung seiner gesamten wirtschaftlichen Verhältnisse, insbesondere seiner eigenen Zinsverpflichtungen, zuzumuten ist.**

(4) **Das Gericht kann ferner anordnen, daß der Schuldner Zahlungen auf Rückstände wiederkehrender Leistungen zu bestimmten Terminen zu bewirken hat.**

(5) **Das Gericht kann schließlich die einstweilige Einstellung von sonstigen Auflagen mit der Maßgabe abhängig machen, daß die einstweilige Einstellung des Verfahrens bei Nichterfüllung dieser Auflagen außer Kraft tritt.**

---

[49] Dassler/Muth § 30 a Rdn 25; Steiner/Storz § 30 Rdn 12.
[50] Dassler/Muth § 30 a Rdn 27; Steiner/Storz § 30 Rdn 13; Wangemann NJW 1961, 105.

Einstweilige Einstellung auf Antrag des Schuldners 2.2 **§ 30 a**

Übersicht

Allgemeines zu § 30 a	1	Schuldnerzahlungen und andere Auflagen (Absätze 3–5)	6
Einstellungs-Grundsätze	2	Verhältnis von § 30 a zu anderen Einstellungen	7
Einstellungs-Voraussetzungen (Absatz 1)	3		
Frist für Einstellung	4	Verzicht des Schuldners auf Vollstreckungsschutz	8
Gläubigerinteressen (Absatz 2)	5		

Literatur: Arnold, Die Vollstreckungsnovelle vom 1. Februar 1979, MDR 1979, 358; Drischler, Die ab 1. Juli 1979 in Kraft tretenden Änderungen des Zwangsversteigerungsgesetzes, KTS 1979, 146; Fuchs, Die Ursache der Nichterfüllung der Verbindlichkeiten bei der Einstellung der Zwangsversteigerung nach § 30 a ZVG, MDR 1966, 898; Hornung, Die Zwangsvollstreckungsnovelle 1979, Rpfleger 1979, 321; Lippross, Grundlagen und System des Vollstreckungsschutzes, Bielefeld, 1979; Müller, Das Gesetz zur Änderung zwangsvollstreckungsrechtlicher Vorschriften, NJW 1979, 905; Riggers, Vollstreckungsschutz nach § 30 a ZVG, JurBüro 1968, 583; Schröder, Die Änderung zwangsvollstreckungsrechtlicher Vorschriften ab 1. Juli 1979, JurBüro 1979, 793.

Allgemeines zu § 30 a   1

1.1 Zweck der Vorschrift: Regelung der Voraussetzungen des Schuldnerschutzes im Versteigerungsverfahren. Zeitweilige Verfahrenseinstellung soll es dem schutzwürdigen Schuldner ermöglichen, die Zwangsverwertung seines durch GrundG Art 14 geschützten Eigentums abzuwenden (Einl Rdn 7.1). Zur geschichtlichen Entwicklung des Schuldnerschutzes durch Verfahrenseinstellung[1].

1.2 Anwendungsbereich: § 30 a gilt für die **Vollstreckungsversteigerung.** Auf die Teilungsversteigerung ist er nicht anwendbar, weil dort die Sondervorschrift von § 180 Abs 2 und 3 gegeben ist. Für Konkursverwalter- und Nachlaßversteigerung ist er nicht anwendbar. Anzuwenden ist § 30 a in der Wiederversteigerung nach § 133, die (abgesehen von Erleichterungen) eine Vollstreckungsversteigerung ist. In der Zwangsverwaltung ist grundsätzlich eine Einstellung nicht vorgesehen. Die Vorschrift gilt für Grundstücke aller Art, auch für landwirtschaftliche, für die es keinen Sonderschutz gibt, auch für Grundstücksbruchteile, Wohnungseigentum, Gebäudeeigentum und grundstücksgleiche Rechte, auch für See- und Binnenschiffe und Luftfahrzeuge.

Einstellungs-Grundsätze   2

2.1 § 30 a enthält in Abs 1 den **Grundtatbestand** für die vom Schuldner beantragte Einstellung, in Abs 2 einen Gegentatbestand, bei dessen Vorliegen die Einstellung abzulehnen ist, während Abs 3–5 bestimmen, wie die Einstellung mit Auflagen verknüpft werden kann oder soll. Das Gericht hat also zu prüfen, ob es überhaupt einstellen soll, ob mit oder ohne Auflagen und für wie lange Zeit. Es handelt sich um ein Verwertungsmoratorium: im Rahmen des Versteigerungsverfahrens soll auf Antrag des Schuldners die Verwertung des beschlagnahmten Objekts hinausgeschoben werden, wenn dies unter Abwägung der Schuldner- und Gläubigerinteressen gerechtfertigt erscheint. Dem Gläubiger wird kein Verzicht auf die Vollstreckung zugemutet, sondern nur ein zeitweiliges Stillhalten unter Fortbestehen der erworbenen Vollstreckungssicherheiten.

2.2 Die Einstellung setzt einen **Antrag** des Schuldners voraus; von Amts wegen erfolgt Prüfung nicht. Als Antrag ist jede Willensäußerung anzusehen, mit der der Schuldner den Stillstand des Verfahrens erstrebt, also auch, wenn er Zahlungsaufschub oder Hinausschieben des Versteigerungstermins verlangt[2] oder seinen Antrag als Widerspruch, Einspruch, Ablehnung, Protest oder ähnlich bezeichnet. Der An-

---

[1] Arnold MDR 1979, 358 (III 2).
[2] Schiffhauer Rpfleger 1978, 397 (IV 2).

§ 30 a 2.2 Aufhebung und einstweilige Einstellung

trag ist zu jedem Anordnungs- oder Beitrittsbeschluß möglich; Frist § 30 b Rdn 3. Antragsmuster im ZVG-Handbuch Rdn 165.

2.3 Für erneute Einstellung nach Fortsetzung eines Verfahrens, das bereits gemäß § 30 a (oder § 30 c) einstweilen eingestellt war, bestimmt § 30 d die Schutzvoraussetzungen selbständig.

3 Einstellungs-Voraussetzungen (Absatz 1)

3.1 Sachliche Voraussetzung der Einstellung ist nach Abs 1 des § 30 a (Grundtatbestand; § 30 a Rdn 2.1), daß

- Aussicht besteht, daß durch die Einstellung die **Versteigerung vermieden** wird,
- die Einstellung nach den persönlichen und wirtschaftlichen Verhältnissen des Schuldners sowie nach der Art der Schuld der **Billigkeit** entspricht.

Als Grundstückseigentümer soll damit der schutzwürdige Vollstreckungsschuldner Gelegenheit finden, die Zwangsversteigerung abzuwenden. Mit dem Erfordernis der Billigkeit ist der Schuldnerschutz dem für Aussetzung der Verwertung gepfändeter beweglicher Sachen geltenden ZPO § 813 a angenähert[3]. Nach der seit 1. 7. 1979 geltenden Fassung des § 30 a Abs 1 wird nicht mehr nur auf allgemeine wirtschaftliche Verhältnisse abgestellt.

3.2 a) Nur wenn Aussicht besteht, daß durch die Einstellung die **Versteigerung vermieden** wird, kann sie angeordnet werden (= **Sanierungsfähigkeit**). Als Verfahrensbestimmung des Vollstreckungsrechts erfüllt § 30 a damit eine Schutzfunktion zur Wahrung der Interessen des Schuldners an der Erhaltung seines durch GrundG Art 14 geschützten Eigentums. Daß Aussicht besteht, durch die Einstellung die Versteigerung zu vermeiden, ist gleichwertige Einstellungsvoraussetzung neben dem Erfordernis, daß nach den persönlichen und wirtschaftlichen Verhältnissen sowie nach der Art der Schuld die Einstellung der Billigkeit entsprechen muß. Wenn dem Schuldner auch durch eine Einstellung nicht mehr zu helfen ist, darf sie nicht angeordnet werden, selbst wenn sie nach seinen Verhältnissen der Billigkeit entsprechen würde. Diese weiteren Einstellungsvoraussetzungen brauchen dann nicht mehr geprüft zu werden[4].

b) **Voraussichtlich vermieden** werden muß durch die Einstellung nur die Versteigerung auf Antrag des Gläubigers, dessen Vollstreckungsverfahren eingestellt werden soll, nicht die Versteigerung für die Zukunft überhaupt[5]. Vermieden werden kann durch die Einstellung die Versteigerung somit, wenn es dem Schuldner möglich sein wird, den Vollstreckungsgläubiger als Gegner des Einstellungsantrags zu befriedigen oder sein Vollstreckungsverfahren auf sonstige Weise abzuwenden. Daß der Schuldner bei Einstellung seine gesamten wirtschaftlichen Verhältnisse (anders[6]; unrichtig) oder wenigstens seine ungünstige Lage als Grundstückseigentümer insgesamt sanieren kann, ist nicht Einstellungserfordernis. Verfahrensfortgang auf Antrag anderer Gläubiger wird oft aber auch für das Einzelverfahren, in dem Einstellung beantragt ist, keine Aussicht begründen, daß diese Versteigerung vermieden werden kann. Nicht nötig ist, daß die Versteigerung schon mit einmaliger Einstellung für sechs Monate vermieden wird; Rechnung getragen werden kann vielmehr auch einer nach der Verfahrenslage noch zulässigen erneuten Einstellung. Dem Schuldner muß es jedoch voraussichtlich möglich sein, in der Zeit der Einstellung (und nicht erst später) die Zwangsversteigerung abzuwenden. Die Aussicht, daß sich bei Hinausschieben des Termins das Versteigerungsergebnis bessern werde, genügt nicht[7], weil die Versteigerung dann ja doch nicht

---

[3] Begründung des Regierungsentwurfs, BT-Drucksache 8/693, Seite 51.
[4] Drischler Rpfleger 1956, 91.
[5] Dassler/Muth § 30 a Rdn 6; Jonas/Pohle, ZwVNotrecht, § 30 a Anm 4 b.
[6] Steiner/Storz § 30 a Rdn 35.
[7] Jonas/Pohle, ZwVNotRecht, § 30 a Anm 4 b.

Einstweilige Einstellung auf Antrag des Schuldners 3.3 **§ 30 a**

vermeidbar ist. Daß Einstellung bewirken kann, daß bei einer sich schon anbahnenden freihändigen Veräußerung (Versteigerung wird damit vermieden) ein besseres Ergebnis erzielbar ist, kann jedoch genügen[7] (anders[8]). Wenn die Versteigerung nicht vermeidbar ist, kann nicht eingestellt werden, weil dem Schuldner vorübergehend das Existenzminimum erhalten bleiben soll[9]; denn danach müßte doch versteigert werden, auch wenn dann der Unterhalt nicht mehr gewährleistet ist. Eingestellt werden kann auch nicht, um dem Schuldner die Wohnung zu erhalten; denn nach Fristablauf muß dann doch versteigert werden, auch wenn der Schuldner keinen Ersatzraum hat[9].

c) Daß die Versteigerung voraussichtlich vermieden wird, muß nach den (allen) **Umständen des Einzelfalls** anzunehmen sein und geprüft werden. Die maßgeblichen Tatsachen sind daher vom Schuldner vorzutragen und ggfs glaubhaft zu machen. Seine bloße Behauptung, er wolle sich um Kredit oder eine Umschuldung bemühen, genügt nicht.

3.3 a) Nach den persönlichen und wirtschaftlichen Verhältnissen des Schuldners sowie nach der Art der Schuld muß die Einstellung der **Billigkeit** entsprechen. Der Schuldner muß demnach **schutzwürdig** sein. Schuldner ist der Vollstreckungsschuldner (eingetragene Grundstückseigentümer), nicht ein persönlicher Schuldner, für dessen Verbindlichkeit der Grundstückseigentümer sein Grundstück belastet hat. Bei Zwangsvollstreckung gegen Ehegatten, die in Gütergemeinschaft leben, und diese Schuldner, bei alleinigem Verwaltungsrecht eines Ehegatten oder Betrieb eines Erwerbsgeschäfts durch einen Ehegatten (ZPO §§ 740, 741) somit nicht nur dieser Ehegatte, sondern auch der andere Teil (§ 15 Rdn 10.2; anders[10]). Zu den persönlichen Verhältnissen des Schuldners rechnen etwa Zuverlässigkeit[11], Krankheit, Arbeitslosigkeit, Scheidung mit mancherlei Folgen, Tod des Ehepartners oder eines mitarbeitenden Kindes sowie andere Familienereignisse[12] (anders früher[13]; durch Gesetzesänderung überholt), auch persönliches Mißgeschick, uU auch Unstimmigkeiten mit dem vollstreckenden Gläubiger.

b) Die **wirtschaftlichen Verhältnisse** des Schuldners können auf Umständen beruhen, die „in den allgemeinen wirtschaftlichen Verhältnissen begründet sind" (bis 30. 6. 1979 Einstellungserfordernis), die somit außerhalb seiner Einfluß- und Verantwortungsphäre liegen und auf die der Schuldner keinen Einfluß hat. Sie können durch Umstände bedingt sein, die nur für den Geschäftsbereich des Schuldners, seinen Berufszweig oder seine besondere Lebenslage allgemein typisch sind. Sie können aber auch nur durch die individuellen Verhältnisse des Schuldners bedingt sein. Als allgemeine wirtschaftliche Verhältnisse sind Umstände zu berücksichtigen, die auf der Eigengesetzlichkeit des Wirtschaftslebens beruhen, sowie Folgen wirtschaftspolitischer Maßnahmen (Kreditsperre, Exportschwierigkeiten, Zinsgefüge), Folgen wirtschaftlicher Krisenzeiten, Kettenreaktionen von Insolvenzverfahren oder Kreditbeschränkungen. Umstände, die für den Geschäftsbereich des Schuldners, seinen Berufszweig oder auch nur für eine Bevölkerungsgruppe (nur für Aussiedler, Arbeitslose, Kriegsversehrte, ihre Witwen und Waisen) insgesamt typisch sind, können durch die ihnen nachteilige allgemeine Entwicklung bedingt, aber auch durch besondere räumliche (örtliche) Verhältnisse verursacht sein. Dazu gehören daher auch zB Hochwasserschäden oder für Landwirte Viehseuchen größeren Umfangs. Die individuellen Verhältnisse des Schuldners können Schutz mit Verfahrenseinstellung erfordern etwa bei unverschuldeter, nur vorübergehender wirtschaftlicher oder finanzieller Bedräng-

---

[8] Steiner/Storz § 30 a Rdn 36.
[9] Steiner/Storz § 30 a Rdn 37.
[10] Käfer FamRZ 1954, 126.
[11] Arnold MDR 1979, 358 (III 2); Hornung Rpfleger 1979, 321 (D II 1).
[12] Dassler/Muth § 30 a Rdn 8.
[13] LG Berlin NJW 1959, 202.

nis[14] oder bei Zahlungsschwierigkeiten, die durch Konkursverluste hervorgerufen sind.

c) Bei den persönlichen oder wirtschaftlichen Verhältnissen des Schuldners kann es sich um einen nur **vorübergehenden** Zustand handeln (Krankheit, Unwetter, Hochwasser, Erdbeben, Viehseuchen) oder um **Dauerumstände** (Versehrtheit, dauernde Berufs- oder Erwerbsunfähigkeit). Nicht erforderlich ist, daß die für Nichterfüllung fälliger Verbindlichkeiten ursächlichen Umstände für den Schuldner unabwendbar waren, er insbesondere nicht die Möglichkeit gehabt hat, die Umstände zu verhindern oder nachträglich zu beheben oder auch nur einen Zahlungsverzug später zu beseitigen (anders zu früherer Gesetzesfassung[15]). Unter solchen Umständen kann aber Bedeutung erlangen, daß die Einstellung dem Gläubiger zuzumuten sein muß (Abs 2 des § 30 a).

d) Schließlich muß auch nach der **Art der Schuld** die Einstellung der Billigkeit entsprechen. Es wird daher eine Verpflichtung des Schuldners aus strafbarer oder unerlaubter Handlung strenger zu beurteilen sein als eine rein vertragliche, eine Verpflichtung aus Waren- oder Geldkredit, der in Kenntnis schlechter wirtschaftlicher Lage des Schuldners gewährt wurde anders als eine für den Unterhalt oder die Existenz des Gläubigers (zB eines Handwerkers) lebensnotwendige Verbindlichkeit, eine Verpflichtung, die zur Deckung eines übertriebenen persönlichen Aufwands oder leichtfertig oder durch Abschluß eines riskanten Geschäfts eingegangen wurde, anders als eine allgemein geschäftsübliche Schuld oder die Verbindlichkeit aus einem nur durch Entgegenkommen des Gläubigers zustandegekommenen Rechtsgeschäft. Auch eine anderweitige Sicherung der Forderung des Gläubigers kann Bedeutung erlangen.

e) Die **Einstellung** muß nach allen Umständen „**der Billigkeit**" entsprechen. Dies ist etwa zu verneinen, wenn grob unwirtschaftliches Verhalten, arge Fehlinvestitionen oder Fehlkalkulationen oder Fehlspekulationen vorliegen oder wenn der Gläubiger dem Schuldner bereits durch langfristige Stundung entgegengekommen war, wenn der Schuldner die Erfüllung der Verbindlichkeit schon lange verschleppt hat oder wenn die notwendigen Mittel zur sofortigen Befriedigung des Gläubigers zur Verfügung stehen oder unverzüglich bereitgestellt werden können (zB durch zumutbare Kreditaufnahme).

4 Frist für Einstellung

4.1 Die **Frist für die Einstellung** nach § 30 a kann höchstens bis zu sechs Monaten betragen (Abs 1 des § 30 a). Das Gesetz nennt nur die Höchstdauer, eine kürzere Frist ist zulässig. Im allgemeinen soll sie, um den Einstellungszweck zu erreichen, voll ausgeschöpft werden. Es kann bei ihrer Bemessung auch berücksichtigt werden, wie lange der Schuldner schon bisher Aufschub hatte, sei es auf Bewilligung des Gläubigers oder nach anderen Einstellungsvorschriften, aber auch infolge der Dauer der gegenwärtigen Einstellungsverhandlungen oder eines Beschwerdeverfahrens. Nach dem Gesetz sind diese Zeiten nicht auf die Einstellungsfrist anzurechnen. Auch wenn das Gericht bei der Voraussetzung, durch die Einstellung müsse die Versteigerung voraussichtlich vermieden werden (Abs 1 des § 30 a), eine zweimalige Einstellung von vornherein in Rechnung zieht, also für die Abzahlung zwölf Monate ansetzt, darf es doch im Einzelfall nur für sechs Monate einstellen. Zur Frist ZVG-Handbuch Rdn 174.

4.2 Die **Einstellungsdauer** ist vom Gericht bei Einstellung zu bestimmen und im Einstellungsbeschluß zu bezeichnen. Wurde dies übersehen, so ist davon auszugehen, daß für sechs Monate eingestellt ist. Die sechs Monate werden vom Zeitpunkt des Einstellungsbeschlusses an gerechnet; die für die Prüfung des Antrags aufgewandte Zeit bleibt außer Betracht. Man sollte nicht einfach „für sechs Mo-

---

[14] LG Köln KTS 1980, 418 mit zust Anm Drischler.
[15] Jonas/Pohle, ZwVNotrecht, § 30 a Anm 4 b.

Einstweilige Einstellung auf Antrag des Schuldners 5.4 § 30 a

nate" einstellen, sondern den Tag des Fristablaufs genau kalendermäßig bestimmen („bis einschließlich 31. März ..."), um Zweifel auszuschließen. Wo das aber nicht geschehen ist, ist als Beginn der Tag des Beschlusses anzusehen.

Gläubigerinteressen (Absatz 2)

5.1 Besondere Gläubigerinteressen schließen nach Abs 2 des § 30 a die Verfahrenseinstellung auf Antrag des Schuldners aus. Die Bestimmung trägt mit **Ablehnungsgründen** für Berücksichtigung der einer Einstellung entgegenstehenden gewichtigen Interessen des Gläubigers an alsbaldiger Befriedigung seiner vollstreckbaren Forderung als Ausgleich dafür Sorge, daß Schuldnerinteressen mit dem allgemein gehaltenen Einstellungstatbestand des Abs 1 des § 30 a umfassend zu würdigen sind. Interessen Dritter können bei Prüfung des Einstellungsantrags keine Bedeutung erlangen, auch nicht die Interessen des Eigenbesitzers.

5.2 Nicht zuzumuten ist eine einstweilige Einstellung dem vollstreckenden Gläubiger, wenn nach seinen wirtschaftlichen (nicht auch persönlichen) Verhältnissen für ihn der Aufschub der Befriedigung seiner Vollstreckungsforderung nicht tragbar wäre. Sein Interesse an alsbaldiger Erfüllung der Beschlagnahmeforderung muß demnach das Schutzinteresse des Schuldners (dem Eigentumsverlust droht) ganz erheblich überwiegen. Das ist immer der Fall, wenn der Aufschub der Befriedigung der Vollstreckungsforderung dem Gläubiger einen **Nachteil** bringen würde, der **unverhältnismäßig** wäre. Abwägung der gegenseitigen Interessen etwa nach Billigkeitsgesichtspunkten rechtfertigt das nicht. Für den Gläubiger können sprechen: eigene gewichtige Verpflichtungen, Anwachsen der Zinsrückstände beim Schuldner, Verringerung der Sicherheit, auch die Art seiner Forderung, zB aus einer Schadensersatzverpflichtung des Schuldners wegen unerlaubter Handlung oder Unterhaltsforderung. Auch Verschulden des Schuldners oder Gläubigers kann von Bedeutung sein. Grobes Verschulden des Gläubigers ist es, wenn er in Erwartung der Kapitalrückzahlung durch den Schuldner leichtfertig feste anderweitige Zahlungsverpflichtungen eingegangen ist. Dem Schuldner wieder fällt seine verschuldete wirtschaftliche Bedrängnis eher zur Last als unverschuldete. Den Schuldner belastet es auch, wenn er seine unzureichenden Mittel für rangschlechtere Gläubiger verwendet, in der Hoffnung, gegen den rangbesseren Einstellung zu erhalten. Gegen den Schuldner spricht auch seine Unfähigkeit oder böswilliges oder leichtfertiges Verschleppen der Zahlungen oder unlauteres Verhalten im vorausgegangenen Prozeß.

5.3 Der Einstellungsantrag ist außerdem abzulehnen, wenn mit Rücksicht auf die Beschaffenheit oder die sonstigen Verhältnisse des Grundstücks anzunehmen ist, daß **spätere Versteigerung** einen wesentlich **geringeren Erlös** bringen würde. Das kann mit weiterem Verfall des Grundstücks, mit Verfall des Grundstückswerts oder mit Änderung der Geldmarktlage zu besorgen sein, damit kann aber auch nach besonderen Umständen, die durch die Lage des Grundstücks oder örtliche Verhältnisse begründet sind, zu rechnen sein. Weil der Ablehnungsgrund der Wahrung von Gläubigerinteressen dient, kann ein voraussichtlich geringerer Erlös die Ablehnung des Antrags nur rechtfertigen, wenn die zu erwartende Wertminderung die Befriedigung des Gläubigers voraussichtlich schmälern oder gefährden wird. Auch die Erlösminderung für den Gläubiger mit dem Anwachsen fortlaufender bevorrechtigter Ansprüche gehört daher zu den Verhältnissen des Grundstücks, die Ablehnung des Antrags gebieten können. Wenn ein geringerer Erlös bei späterer Versteigerung die Befriedigung des (an sicherer oder ohnedies aussichtsloser Rangstelle stehenden) Gläubigers nicht beeinträchtigen wird, kann Ablehnung des Antrags nicht erfolgen; dem Schutz des Schuldners vor Wertverlust dient Abs 2 des § 30 a nicht.

5.4 Abzulehnen ist der Einstellungsantrag des Schuldners aus den Gründen des Abs 2 des § 30 a, wenn die sachlichen Voraussetzungen des Grundtatbestands des Abs 1 (§ 30 a Rdn 2.1) erfüllt sind. Ablehnung des Antrags hat zu erfolgen, wenn

§ 30 a 5.4 Aufhebung und einstweilige Einstellung

auch nur **einer der beiden Gegentatbestände** des Abs 2 des § 30 a (Unzumutbarkeit oder geringerer Erlös bei späterer Versteigerung) gegeben ist. Wenn schon die sachlichen Einstellungsvoraussetzungen des § 30 a Abs 1 nicht erfüllt sind, brauchen entgegenstehende Gläubigerinteressen nach Abs 2 des § 30 a nicht geprüft zu werden. Wenn besondere Gläubigerinteressen nach Abs 2 des § 30 a die Ablehnung des Antrags zwingend gebieten, kann aber auch von einer weiteren Aufklärung der für den Grundtatbestand des Abs 1 des § 30 a maßgeblichen Tatsachen abgesehen werden.

6 Schuldnerzahlungen und andere Auflagen (Absätze 3–5)

6.1 Die einstweilige Einstellung kann (Abs 3 Satz 1, Abs 4 und Abs 5 des § 30 a) von der Erfüllung bestimmter **Zahlungsverpflichtungen** oder anderer **Auflagen abhängig** gemacht werden. Unter bestimmten Voraussetzungen (Abs 3 Satz 2 des § 30 a) ist die Einstellung nur mit Zahlungsauflagen anzuordnen. Einstellung unter Bestimmung von Zahlungsverpflichtungen oder anderen Auflagen dient der Wahrung der Interessen des Gläubigers, der einen durch gewichtige Schuldnerbelange begründeten zeitweiligen Aufschub seines Vollstreckungsrechts hinzunehmen hat. Dem hat der schutzwürdige Schuldner mit Erfüllung zumutbarer Zahlungsverpflichtungen oder anderer Auflagen Rechnung zu tragen. Solche können dem Zweck dienen, ein weiteres Anwachsen der Gläubigerforderung mit Wegfertigung wiederkehrender Leistungen abzuwenden, eine Verschlechterung der Befriedigungschance des Gläubigers mit Tilgung weiter entstehender wiederkehrender Leistungen besserrangiger Berechtigter zu verhindern oder auch nur allgemein den Zweck der Einstellung (Begleichung der Schuld zur Verhinderung der Zwangsversteigerung) zu fördern. Auflagen, die nicht durch das Gläubigerinteresse geboten sind, können nicht bestimmt werden, so zB nicht, daß Zahlungen an einen nachrangigen Berechtigten zu leisten sind. Ob die Einstellung von einer Zahlungsverpflichtung oder einer sonstigen Auflage abhängig zu machen ist, entscheidet das Gericht nach pflichtgemäßem Ermessen unter Abwägung der Belange des Gläubigers und des Schutzinteresses des Schuldners. Jedoch darf Bestimmung nicht gegen einen (ausdrücklichen) Antrag des Gläubigers getroffen werden (ZPO § 308 Abs 1 Satz 1; entsprechende Anwendung). Nicht erforderlich ist, daß der Gläubiger Antrag stellt, die Einstellung von einer Zahlungsbestimmung oder anderen Auflagen abhängig zu machen. Abs 3–5 des § 30 a begründen keinen Anspruch des Gläubigers, der mit Antrag geltend zu machen wäre, sondern beschränken das Ausmaß des Schuldnerschutzes nach dem Ermessen des Gerichts. Von notwendigen Zahlungsauflagen (Abs 3 Satz 2 des § 30 a) darf nur abgesehen werden, wenn dies nach den besonderen Umständen des Falles zur Wiederherstellung einer geordneten wirtschaftlichen Lage des Schuldners geboten und dem Gläubiger zuzumuten ist, zB wenn zunächst höhere Steuerrückstände des Schuldners zu tilgen sind. Wenn auf eine Auflage nicht verzichtet werden kann, der Schuldner sie aber nicht erfüllen kann, darf nicht eingestellt werden.

6.2 Zahlung **wiederkehrender Leistungen** des Gläubigerrechts (oder Gläubigeranspruchs), die während der Einstellung fällig werden, kann dem Schuldner bei Anordnung der einstweiligen Einstellung aufgegeben werden (Abs 3 Satz 1 des § 30 a). Die einstweilige Einstellung wird dann mit der Maßgabe angeordnet, daß sie **außer Kraft** tritt, wenn eine wiederkehrende Leistung nicht binnen zwei Wochen nach Eintritt der Fälligkeit bewirkt wird. Bei den Leistungen muß es sich um Ansprüche des Gläubigers auf das Recht handeln, aus dem das Verfahren betrieben wird[16], gleich, ob aus Kapital oder Zinsen betrieben wird. Nur die während der Einstellung fällig werdenden wiederkehrenden Leistungen ermöglichen nach Abs 3 Satz 1 des § 30 a die Zahlungsauflage bei Einstellung, somit nicht Leistungen, die bei Verfahrensanordnung bereits fällig sind (und ggfs mit voll-

---

[16] Jonas/Pohle, ZwVNotrecht, § 30 a Anm 5 a.

Einstweilige Einstellung auf Antrag des Schuldners   6.3 § 30 a

streckt werden) oder die nach Verfahrensanordnung vor Einstellung fällig geworden sind (deswegen Abs 4 des § 30 a). Auflagen sind auch nur wegen eines Teils der wiederkehrenden Leistungen möglich[16].

6.3 Zahlung auf die während der Einstellung fällig werdenden wiederkehrenden Leistungen des Gläubigerrechts (nicht aber auch auf das Recht eines anderen Beteiligten) **ist** dem Schuldner bei Einstellung **aufzugeben,** muß somit angeordnet werden mit der Maßgabe, daß die Einstellung bei Nichterfüllung außer Kraft tritt, wenn die Zwangsversteigerung von dem Gläubiger einer Hypothek oder Grundschuld betrieben wird, die innerhalb der **ersten sieben Zehnteile** des Grundstückswerts steht (Abs 3 Satz 2 des § 30 a). In diesem Fall darf von einer solchen Anordnung nur unter besonderen Voraussetzungen abgesehen werden (§ 30 a Rdn 6.1); diese sind in den Entscheidungsgründen darzustellen. Für eine persönliche Vollstreckungsforderung (Rangklasse 5 des § 10 Abs 1) gilt Entsprechendes nicht. Steht das Grundpfandrecht nur zum Teil innerhalb der genannten Grenze, so muß die Auflage nur den darunter fallenden Teil betreffen. Die 7/10-Grenze ist bei Entscheidung über den Einstellungsantrag des Schuldners für Bestimmung festzustellen, ob nach Abs 3 Satz 2 des § 30 a die Erfüllung wiederkehrender Leistungen notwendig anzuordnen ist. Wenn infolge der (fortgeschrittenen) Vollstreckung eines anderen Gläubigers der Wert nach § 74 a Abs 5 bereits festgesetzt ist (praktisch seltene Ausnahme), ist von diesem Wert auszugehen; Änderungen sind dann jedoch zu würdigen. Sonst erfolgt für Berechnung der 7/10-Wertgrenze bei Entscheidung über den Einstellungsantrag gesonderte (selbständige) Wertfestsetzung nach § 74 a Abs 5 nicht (so auch[17]; anders[18]; und zwar meint[19]: damit nicht alle anderen Beteiligten, die bisher von der Zwangsversteigerung noch nichts wußten, nun davon erfahren, sei der Wert hier zunächst nur unter Anhörung des betroffenen betreibenden Gläubigers und des Schuldners festzusetzen). § 74 a hat nur den Zweck, den Wert zur Berechnung der 7/10-Grenze für einen etwaigen Zuschlagsversagungsantrag eines dazu Berechtigten im Versteigerungstermin festzusetzen. § 30 a jedoch kommt regelmäßig am Verfahrensanfang in Frage, wenn der Versteigerungstermin noch in weiter Ferne steht und eine Wertfestsetzung für den Termin noch nicht nötig ist. Die Festsetzung nach § 74 a soll dem Fortgang der Versteigerung dienen, die Einstellung nach § 30 a aber verhindern, daß es zum Termin kommt. Gesonderte Wertfestsetzung (mit kostspieliger Schätzung) unterbleibt daher bei Verfahrenseinstellung. Vielmehr muß hier das Gericht von sich aus den Wert mit Wirkung nur für die Entscheidung über den Einstellungsantrag nach allen Unterlagen (Brandversicherungsurkunde, Kaufverträge in den Grundakten, Angaben von Gläubiger und Schuldner) bestimmen. Zur Höhe des Wertes sind daher auch nur Gläubiger und Schuldner als Beteiligte des Einstellungsverfahrens zu hören (§ 30 b Abs 2), nicht aber (wie im Festsetzungsverfahren nach § 74 a Abs 5) auch die übrigen Verfahrensbeteiligten (§ 9). Es kann nicht einfach bei Grundpfandgläubigern von einer Wertbestimmung überhaupt abgesehen und nur unter Anordnung einer Zahlungsauflage eingestellt werden. Denn Voraussetzung einer Anordnung nach Abs 3 Satz 2 des § 30 a ist Berechtigung des Gläubigers in der 7/10-Grenze, so daß für die Entscheidung die Wertgrenze als Voraussetzung der Zahlungsauflage festzustellen ist. Wenn jedoch bereits Abwägung der Gläubiger- und Schuldnerinteressen die Zahlungsauflage nach Abs 3 Satz 1 des § 30 a gebietet oder besondere Umstände es erfordern, von einer Zahlungsauflage nach Abs 3 Satz 2 des § 30 a abzusehen, erlangt die 7/10-Grenze für die Entscheidung keine Bedeutung; dann kann auch von einer Bestimmung des Werts abgesehen werden.

---

[17] Dassler/Muth § 30 a Rdn 16; Steiner/Storz § 30 a Rdn 55.
[18] Jonas/Pohle, ZwVNotrecht, § 30 Anm 5 b; Mohrbutter, Handbuch des Volsltreckungsrechts, § 36 (I a); Leyerseder NJW 1955, 1427; Nikoleit BWNotZ 1965, 48 (II a)
[19] Mohrbutter, Handbuch des Vollstreckungsrechts, § 36 (I a).

§ 30 a 6.4 — Aufhebung und einstweilige Einstellung

6.4 Auch **Zahlungen auf Rückstände** wiederkehrender Leistungen (des Gläubigers, § 30 a Rdn 6.2) zu bestimmten Terminen können dem Schuldner bei Anordnung der einstweiligen Einstellung aufgegeben werden (Abs 4 des § 30 a). Rückstände sind nach dem Zweck der Vorschrift den während der Einstellung fällig werdenden wiederkehrenden Leistungen des Abs 3 des § 30 a gegenübergestellt; sie sind somit nicht von den Leistungen abzugrenzen, die im Verfahren nach § 13 laufende wiederkehrende Beträge sind. Rückstände sind hier die bis Verfahrensanordnung (Beschlagnahme) fällig gewordenen Beträge und die danach vor Einstellung fällig gewordenen Leistungen. Die Zahlungsauflage ist auch hier mit der Maßgabe anzuordnen, daß sie außer Kraft tritt, wenn der Schuldner eine Leistung nicht binnen zwei Wochen nach Eintritt der Fälligkeit bewirkt. Die Anordnung kann auch bestimmen, daß Zahlungen nur wegen eines Teils der Rückstände wiederkehrender Leistungen zu bewirken sind. Auch wenn die Zwangsversteigerung von einem Grundpfandgläubiger innerhalb der ersten 7/10 des Grundstückswerts betrieben wird, steht die Anordnung der Zahlung auf Rückstände wiederkehrender Leistungen im Ermessen des Gerichts, ist sie somit nicht (wie im Falle des Abs 3 Satz 2 des § 30 a) notwendig anzuordnen.

6.5 Von **sonstigen** (anderen) **Auflagen** kann die einstweilige Einstellung schließlich mit der Maßgabe abhängig gemacht werden, daß sie bei Nichterfüllung außer Kraft tritt (Abs 5 des § 30 a). Auch diese Auflage muß unter Abwägung der entgegenstehenden Interessen des Gläubigers und des Schuldners dem Schutzzweck Rechnung tragen, mit Einstellung die Versteigerung unter Wahrung der Gläubigerinteressen zu vermeiden. Bestimmt werden kann zB Zahlung auf das Kapital, dies aber nur in Ausnahmefällen[20], oder Zahlungen auf öffentliche Lasten oder auf nicht gesicherte Zinsen einer Sicherungshypothek[20] oder Zinszahlung an vorausgehende Hypothekengläubiger[20]. Alles soll den Zweck haben, daß der betreibende Gläubiger während der Einstellungszeit nicht durch das Anwachsen vorgehender Ansprüche in seiner Stellung verschlechtert werde. Dagegen kann das Gericht nicht Zahlungen auf die persönliche Forderung eines betreibenden Grundschuldgläubigers anordnen, weil das diesem einen ihm nicht zustehenden Vorteil verschaffen würde[21], ihn besser stellen würde als bei Durchführung der Versteigerung[21] (in der er keine Zahlung auf die persönliche Forderung erhält) (anders[22]: es seien in diesem Falle auch Zahlungsauflagen auf persönliche Forderungen möglich). Damit die Zahlungsauflage nicht in diesem Sinne ausgelegt wird und auf Grund einer bestehenden Vereinbarung (wie regelmäßig bei Banken vorhanden) auf die persönliche Schuld verrechnet wird, muß das Gericht genau sagen, worauf zu zahlen ist.

6.6 Außer Kraft tritt die einstweilige Einstellung nach Anordnung des Gerichts, wenn der Schuldner eine Leistung nicht in der Frist erbringt (Abs 3 Satz 1, Abs 4 und 5 des § 30 a). Dabei ist es aber gleich, worauf die Nichterfüllung beruht, ob etwa der Schuldner nur durch Mietpfändung Dritter oder durch Anordnung der Zwangsverwaltung (für diesen oder für andere Gläubiger) nicht mehr in der Lage ist, die Auflage zu erfüllen. Bei Nichterfüllung der Auflage kann der von der Einstellung betroffene Gläubiger Fortsetzung verlangen; die Wirkung der Säumnis kann nicht durch nachträgliche Erfüllung der Auflagen rückgängig gemacht werden; es ist, falls Voraussetzungen erfüllt, nur noch erneute Einstellung möglich. Ob die auflösende Bedingung eingetreten ist, muß das Gericht auf den Fortsetzungsantrag hin entscheiden; dabei sind Gläubiger und Schuldner anzuhören und es ist mündliche Verhandlung möglich (§ 30 b Abs 2 Satz 2). Lehnt das Gericht die Fortsetzung ab, befristete Rechtspflegererinnerung (sofortige Beschwerde) für den betreibenden Gläubiger, setzt es vorzeitig fort, ebenso für den Schuldner (entsprechend § 30 b Abs 3 Satz 1), keine weitere Beschwerde (§ 30 b Abs 3 Satz 2).

---

[20] Jonas/Pohle, ZwVNotrecht, § 30 a Anm 5 d.
[21] Kolbenschlag DNotZ 1965, 73 (IV 2).
[22] Steiner/Storz § 30 a Rdn 58.

Verhältnis von § 30 a zu anderen Einstellungen 7

7.1 Verhältnis zu § 30 = § 30 Rdn 6.2, zu § 30 c = § 30 c Rdn 10, zu ZPO § 765 a = Einl Rdn 61. § 30 a ist gegenüber anderen Antragsmöglichkeiten des Schuldners nicht subsidiär, er muß nicht erst andere Wege versucht haben.

7.2 In einem Einstellungsantrag aus § 30 a kann unter Umständen, auch wenn das nicht ausdrücklich gesagt ist, ein Einstellungsantrag aus ZPO § 765 a liegen (dazu Einl Rdn 57).

Verzicht des Schuldners auf Vollstreckungsschutz 8

Der Schuldner kann einen Vollstreckungsschutzantrag unterlassen oder wieder zurücknehmen. Daraus folgt aber nicht, daß auch ein Verzicht im voraus zulässig wäre[23]. Ein einseitiger oder auch ein vertraglicher Verzicht ist auf jeden Fall vor Empfang der Vollstreckungsschutzbelehrung unwirksam[24], ebenso vor Beginn der Vollstreckung[25] (anders[26]: Verzicht sei im voraus möglich; einschränkend[27]: Verzicht ist nach begonnener Vollstreckung möglich). Dazu auch Einl Rdn 57.3. Zustimmung des Schuldners zur Fortsetzung eines eingestellten Verfahrens ist nicht vorgesehen (anders § 30 c Abs 1 Satz 3); der Schuldner kann daher nach Einstellung nicht mit Zustimmung zur Verfahrensfortsetzung auf weitergehenden Schutz bis zum Ablauf der Einstellungszeit verzichten. Er kann, wenn der Einstellungsbeschluß noch nicht rechtskräftig ist, jedoch seinen Einstellungsantrag zurücknehmen (§ 30 b Rdn 4.7).

[Antrag, Belehrung, Entscheidung, Rechtsmittel]

30 b (1) **Die einstweilige Einstellung ist binnen einer Notfrist von zwei Wochen zu beantragen. Die Frist beginnt mit der Zustellung der Verfügung, in welcher der Schuldner auf das Recht zur Stellung des Einstellungsantrages, den Fristbeginn und die Rechtsfolgen eines fruchtlosen Fristablaufs hingewiesen wird. Der Hinweis ist möglichst zugleich mit dem Beschluß, durch den die Zwangsversteigerung angeordnet wird, zuzustellen.**

(2) **Die Entscheidung über den Antrag auf einstweilige Einstellung des Verfahrens ergeht durch Beschluß. Vor der Entscheidung sind der Schuldner und der betreibende Gläubiger zu hören; in geeigneten Fällen kann das Gericht mündliche Verhandlung anberaumen. Der Schuldner und der betreibende Gläubiger haben ihre Angaben auf Verlangen des Gerichts glaubhaft zu machen.**

(3) **Gegen die Entscheidung ist die sofortige Beschwerde zulässig; vor der Entscheidung ist der Gegner zu hören. Eine weitere Beschwerde findet nicht statt.**

(4) **Der Versteigerungstermin soll erst nach Rechtskraft des die einstweilige Einstellung ablehnenden Beschlusses bekanntgegeben werden.**

---

[23] Jonas/Pohle, ZwVNotrecht, § 30 b Anm 2 d.
[24] Jonas/Pohle, ZwVNotrecht, § 30 a Anm 7.
[25] OLG Hamm MDR 1960, 312 = NJW 1960, 104; LG Bonn ZMR 1955, 147 mit Anm Schreiber; LG Limburg NJW 1958, 597; LG Lübeck ZMR 1958, 210; Stein/Jonas/Münzberg, ZPO, § 704 Rdn 100 und § 765 a Rdn 10; Jonas/Pohle, ZwVNotrecht, § 30 a Anm 7 und § 765 a Anm 9.
[26] LG Göttingen NdsRpfl 1958, 210 = ZMR 1958, 368 mit Anm Fischer; LG Mannheim Justiz 1961, 231 = MDR 1963, 226 Leitsatz; LG Münster MDR 1958, 922; LG Tübingen MDR 1954, 680; Schubath JR 1957, 51.
[27] Dassler/Muth § 30 b Rdn 4; Steiner/Storz § 30 a Rdn 34.

§ 30 b   Aufhebung und einstweilige Einstellung

Übersicht

Allgemeines zu § 30 b 1	Mehrere Grundstücke 7
Antragsbelehrung des Schuldners (Absatz 1 Sätze 2 und 3) 2	Muster für die Entscheidung 8
Einstellungsantrag des Schuldners (Absatz 1 Satz 1) 3	Rechtsbehelfe im Einstellungsverfahren (Absatz 3) 9
Einstellungsverfahren (Absatz 2 Sätze 2 und 3) 4	Schuldnerantrag und -schutz nach bewilligter (anderer) Einstellung 10
Entscheidung (Absatz 2 Satz 1) 5	Versteigerungstermin (Absatz 4) 11
Mehrere Gläubiger und mehrere Verfahren eines Gläubigers 6	Wiederholung eines abgelehnten Antrags 12

Literatur: Schneider, Die Prüfungspflicht des Gerichts bei Einstellungsanträgen des Schuldners in der Grundstücksversteigerung, MDR 1983, 546 Stöber, Die Kostenentscheidung beim Vollstreckungsschutz nach §§ 30 a–d, 180 Abs 2 ZVG, Rpfleger 1956, 95.

1 Allgemeines zu § 30 b

1.1 Zweck der Vorschrift: Befristung des Antragsrechts des Schuldners zur Vermeidung von Verfahrensverzögerungen und Regelung des Einstellungsverfahrens.

1.2 Anwendungsbereich: § 30 b gilt wie § 30 a für die **Vollstreckungsversteigerung** (einschließlich der Wiederversteigerung nach § 133), zum Teil aber auch für die Teilungsversteigerung (§ 180 Rdn 12, 13), nicht für Verfahren nach §§ 172, 175.

2 Antragsbelehrung des Schuldners (Absatz 1 Sätze 2 und 3)

2.1 Der Schuldner ist auf das Recht zur Stellung des Einstellungsantrages, den Fristbeginn und die Rechtsfolgen eines fruchtlosen Fristablaufs hinzuweisen (Abs 1 Satz 2). Erst mit Zustellung der hinweisenden Verfügung an den Schuldner beginnt die Notfrist von zwei Wochen, in welcher die Einstellung beantragt werden muß. Die hinweisende Verfügung ist von Amts wegen zuzustellen (§ 3 mit ZPO §§ 208–213). Sie soll „möglichst gleichzeitig mit dem Beschluß, durch den die Zwangsversteigerung angeordnet wird", zugestellt werden (Abs 1 Satz 3). Wenn ein Vollstreckungstitel eines Prozeßgerichts vorliegt und darin ein Prozeßbevollmächtigter des Schuldners benannt ist, muß die Zustellung an den Prozeßbevollmächtigten erfolgen, solange seine Vollmacht nicht erloschen ist[1] (ZPO §§ 176, 178) (§ 3 Rdn 3 und § 27 Rdn 7.2). Die Belehrung ist mit jedem Beitrittsbeschluß neu zuzustellen (§ 27 Rdn 7.3); weil die Gläubiger voneinander unabhängig gegen den Schuldner vollstrecken, kann Antrag auf Einstellung nach § 30 a in jedem Einzelverfahren eines Vollstreckungsgläubigers gestellt werden. Die Belehrung ist ebenso mit jedem Fortsetzungsbeschluß neu zuzustellen, falls dazu noch ein Einstellungsantrag (auch über § 30 d) möglich ist. Nur wenn kein Antrag mehr möglich ist, erfolgt auch keine Belehrung mehr.

2.2 Die **Form der Belehrung** bestimmt das Gesetz nicht. Das ZVG spricht von Verfügung (§ 30 b), Hinweis (§ 31), Belehrung (§ 57 b) oder Aufforderung (§ 57 d) und knüpft an die Zustellung den Beginn einer Frist oder die Abwendung eines Rechtsnachteils. Als Verfügung muß der nach Abs 1 Satz 2 zuzustellende Hinweis dem Schuldner erkennbar machen, daß die Belehrung durch das Vollstreckungsgericht erfolgt und in welcher Vollstreckungssache sie vorgenommen wird, für welchen Anordnungs-, Beitritts- oder Fortsetzungsbeschluß sie somit die Notfrist in Gang setzt. Unterschrift und Stempel sind nicht nötig. Der Hinweis kann mit dem Anordnungs-, Beitritts- oder Fortsetzungsbeschluß verbunden (auf ihn gesetzt) sein (er ist dann mit ihm auszufertigen) oder auf ein gesondertes Blatt (Belehrungsformular) zu den Akten verfügt werden, das als Formblatt urschriftlich

---

[1] LG Gießen Rpfleger 1981, 26.

zugestellt, somit nicht mehr durch die Geschäftsstelle ausgefertigt wird. Die Praxis hält es mitunter für sicherer, die Belehrung auf Urschrift und Ausfertigung der Beschlagnahmebeschlüsse einzudrucken und sieht von der Verwendung eines eigenen Belehrungsformblatts ab. Dazu wird geltend gemacht, daß ein besonderes Blatt erfahrungsgemäß leicht verlorengeht oder übersehen wird. Solche Bedenken sind aber unbegründet. Besondere Zustellung des Hinweises würde Abs 1 Satz 3 nicht ausschließen (Sollvorschrift). Sie ist aber nicht sachdienlich; auch wegen der zusätzlichen Postgebühren für besondere Zustellung sollte die Belehrung immer zusammen mit dem Beschlagnahmebeschluß zugestellt werden (für unnütz entstehende Kosten müßte die Nichterhebung angeordnet werden). Zur Belehrung im ZVG-Handbuch Rdn 169.

2.3 Muster (dazu ZVG-Handbuch Rdn 164) für die Belehrung des Schuldners in der Vollstreckungsversteigerung bei Anordnungs- und Beitrittsbeschluß (bei der erneuten § 31 Rdn 8) etwa: „Der Schuldner kann zu diesem Beschluß die einstweilige Einstellung bis zu höchstens sechs Monaten beantragen, wenn die in ZVG § 30 a Abs 1 genannten Voraussetzungen erfüllt sind. Die Vorschrift ist nachstehend abgedruckt. Der Einstellungsantrag muß spätestens binnen einer Notfrist von zwei Wochen ab Zustellung dieser Belehrung bei dem Vollstreckungsgericht eingehen, weil sonst die Versteigerung durchgeführt werden muß. Der Antrag ist durch Angabe der Tatsachen, die eine Einstellung nach § 30 a rechtfertigen können, zu begründen. Eine Abschrift für den Gläubiger ist beizufügen. Wortlaut von § 30 a Abs 1: . . ."

2.4 a) Wenn die **Belehrung unterblieben** ist (oder auch nicht ordnungsgemäß erfolgt ist oder nicht wirksam zugestellt wurde), die Antragsfrist somit nicht in Lauf gesetzt wurde, kann Einstellungsantrag auch noch im Laufe des Verfahrens bis zur Erteilung des Zuschlags (dann auch Entscheidung über den Antrag mit der Beschlußfassung über den Zuschlag, Rdn 5.5) gestellt werden. Die Terminsbestimmung ist dennoch wirksam (Rdn 11). Sobald der Mangel erkannt wird, die Belehrung nachzuholen. Wenn das Verfahren wegen mehrerer Ansprüche von verschiedenem Rang betrieben wird, ist Aufschiebung des Verkündungstermins für die Zuschlagsentscheidung (§ 87) dann aber nur geboten, wenn dem Schuldner die Antragsbelehrung nachträglich noch für den Beschlagnahmebeschluß (Fortsetzungsbeschluß) des bestbetreibenden Gläubigers zugestellt werden muß. Ein Grund für Versagung des Zuschlags liegt nicht vor, wenn keine Belehrung nach § 30 b erfolgt ist; unzulässig im Sinne von § 83 Nr 6 ist die Fortsetzung des Verfahrens nur bei begründetem Einstellungsantrag, nicht aber, wenn der Schuldner Vollstreckungsschutzantrag nicht gestellt hat. Wahrung der Schuldnerinteressen mit Berufung auf Notwendigkeit zeitweiliger Verfahrenseinstellung und Gründe für Schutz vor Zwangsverwertung des Grundstücks gewährleistet Anhörung nach Schluß der Versteigerung über den Zuschlag (§ 74). Antragsbelehrung nach § 30 b ist nicht Voraussetzung für Berufung auf Schuldnerschutz, sondern erfüllt die Aufgabe, das Antragsrecht des Schuldners zur Vermeidung von Verfahrensverzögerungen zu befristen (Rdn 1.1). Fehlende Antragsbelehrung des Schuldners ist daher auch nicht vom Beschwerdegericht als unheilbarer Zuschlagsversagungsgrund von Amts wegen zu berücksichtigen (§ 83 Nr 6, § 84) (anders[2]; dem steht aber schon entgegen, daß ein Recht des Schuldners beeinträchtigt sein müßte, daß mithin nicht als Erfordernis des Versagungsgrundes von § 83 Nr 6 Ungewißheit über den Umfang der Beeinträchtigung bestehen kann, Rdn 2.10).

b) Belehrung des Schuldners in den Fällen, in denen nach Fortsetzung des Verfahrens (§ 31) ein Recht zur Stellung des Einstellungsantrags nicht mehr gegeben ist (Rdn 10) und fehlerhafte Belehrung des Schuldners nach § 30 b statt seines Konkursverwalters nach § 30 c (auch umgekehrt) begründet kein Recht zur Stellung eines (gesetzlich nicht vorgesehenen) Einstellungsantrags (so auch[2]).

---

[2] Schiffhauer Rpfleger 1983, 256 (Anmerkung).

3 Einstellungsantrag des Schuldners (Absatz 1 Satz 1)

3.1 Auf **Antrag** nur kommt das Einstellungsverfahren in Gang (§ 30 a Abs 1 Satz 1, § 30 b Abs 1 Satz 1), nicht von Amts wegen. Antragsberechtigt ist nur der Schuldner, also derjenige, gegen den sich auf Grund eines Leistungs- oder Duldungstitels (oder auf Grund eines Vollstreckungsantrags im Verwaltungszwangsverfahren) die Vollstreckung in das Grundstück usw richtet, bei Gesamtgut der Gütergemeinschaft jeder Ehegatte[3], nicht nur der Verwaltungsberechtigte (ZPO § 740; aA[4]). Von mehreren Schuldnern (zB Miterben) kann jeder selbständig den Antrag stellen[4]; solange der Antrag eines von ihnen nicht rechtskräftig entschieden ist, kann die Versteigerung nicht erfolgen (§ 30 b Abs 4). Wenn bei einem Schuldner die Einstellungsvoraussetzungen bejaht werden, bei den anderen aber nicht, unterbleibt bei Gesamthandseigentum die ganze Versteigerung; bei Bruchteilseigentum kann für einen Bruchteil eingestellt, in die anderen vollstreckt werden; bei Vollstreckung in mehrere Grundstücke verschiedener Eigentümer in demselben Verfahren (§ 18) kann die Versteigerung eines Grundstücks eingestellt, das Verfahren zur Versteigerung des anderen Grundstücks fortgesetzt werden.

3.2 Der **Antrag** muß als Rechtsbehelf die Vollstreckungssache, in der einstweilige Einstellung erfolgen soll, und das Einstellungsbegehren auf der Grundlage des § 30 a erkennbar machen. Als Vollstreckungsschutzantrag ist jedes aus einer Erklärung des Schuldners ersichtliche Begehren auf Aufschub der Versteigerung anzusehen (Rdn 2.2). Wenn nicht Einstellung ausdrücklich auf kürzere Zeit verlangt ist (dann ZPO § 308 Abs 1), ist mit dem Antrag Einstellung auf die Dauer von 6 Monaten begehrt. Der Antrag muß die Einstellungsgründe (die Tatsachen, die nach § 30 a Einstellung rechtfertigen) darstellen (Rdn 4.1), aber (insbesondere rechtlich) nicht weiter begründet werden (Begründung ist stets aber zweckmäßig und ratsam).

3.3 Der Antrag ist **beim zuständigen Vollstreckungsgericht** (das den Beschluß erlassen hat) schriftlich oder zu Protokoll der Geschäftsstelle anzubringen. Wird er über ein anderes Gericht eingereicht, muß er in der Frist beim zuständigen eingehen. Beim Amtsgericht München wurde der Antrag einer auswärts wohnenden blinden und kranken Schuldnerin ohne Angehörige zwecks Fristwahrung sogar fernmündlich entgegengenommen, bevor dann jemand zu ihr kommen konnte, um für sie an das Gericht zu schreiben.

3.4 Der Einstellungsantrag kann nur binnen einer **Notfrist von zwei Wochen,** beginnend mit der Zustellung der Belehrung, gestellt werden (Abs 1 Satz 1 und 2). Diese Notfrist kann durch Vereinbarung der Beteiligten nicht verkürzt werden (ZPO § 224 Abs 1); auch ihre Verlängerung ist nicht zulässig[5]. Auch vom Gericht darf die Notfrist weder abgekürzt noch verlängert werden, weil es das Gesetz nicht ausdrücklich gestattet (ZPO § 224 Abs 2). Der Lauf der Notfrist wird durch die Gerichtsferien (Einl Rdn 33) nicht gehemmt (ZPO § 223 Abs 2). Die Frist wird nicht gewahrt, wenn der Antrag bis zum Fristende nur bei einem unzuständigen Gericht eingeht (unzuständig auch das früher zuständig gewesene nach Übertragung seiner Befugnisse auf das gemeinsame Gericht nach § 1 Abs 2)[5]. Ein verspäteter Antrag ist als unzulässig zurückzuweisen[5]. Verfrüht, vor Zustellung der Belehrung, kann er dagegen gestellt werden, nicht jedoch vor Verfahrensanordnung oder Beitrittszulassung. Wie bei jeder Notfrist ist Wiedereinsetzung möglich (Einl Rdn 32). Dabei kann sich aber bei zugestellter ordnungsgemäßer Belehrung der Schuldner nicht auf Rechtsunkenntnis berufen (hieraus keine Wiedereinsetzung; anders[5]). Trotz Wiedereinsetzungsantrags kann der Zuschlag nicht mit der Begründung angefochten werden, die Voraussetzungen für die Wiedereinsetzung seien

---

[3] LG Zweibrücken Rpfleger 1995, 223.
[4] Jonas/Pohle, ZwNotrecht, § 30 b Anm 2 b.
[5] Jonas/Pohle, ZwNotrecht, § 30 b Anm 2 c.

gegeben[6]. Bei der Wiedereinsetzungsentscheidung ist die Anhörung des Gegners nicht durch die ZPO vorgeschrieben, die Pflicht dazu ergibt sich aber unmittelbar aus GrundG Art 103 Abs 1[7].

3.5 Begründet werden (Rdn 3.2) kann der Antrag auch erst nach Ablauf der Notfrist von zwei Wochen. Frist setzt Abs 1 nur für die Antragstellung, nicht aber auch für das Vorbringen der Tatsachen, auf die der Antrag gestützt wird. Die Begründung kann daher nachgebracht werden. Es kann auch nach Ablauf der Notfrist der Antrag auf neue Tatsachen gestützt, die Begründung somit ergänzt werden.

3.6 Wurde der Anordnungs- oder Beitrittsbeschluß, dem die Belehrung beigefügt war, **später berichtigt,** so läuft die Antragsfrist doch schon ab Zustellung der Belehrung, nicht neu ab Zustellung der Berichtigung. Wurde die Belehrung berichtigt, so kann die Notfrist erst ab Zustellung der berichtigten Belehrung laufen.

3.7 Einstellungsanträge können **spätestens** bis zur Zuschlagsverkündung gestellt werden, falls die Frist von zwei Wochen nicht ohnehin schon vorher abgelaufen ist (zB bei Zustellung eines Beitrittsbeschlusses erst kurz vor oder in dem Versteigerungstermin), weil mit dem Zuschlag der Ersteher Rechte erwirbt, die ihm nur im Rechtsmittelverfahren wieder entzogen werden können.

3.8 Ein Einstellungsantrag ist kein „Rechtsmittel" im Sinne von BGB § 839 Abs 3[8].

Einstellungsverfahren (Absatz 2 Sätze 2 und 3) **4**

4.1 a) Für das Einstellungsverfahren gelten die allgemeinen **Grundsätze des ZPO-Verfahrens.** Das folgt aus ZPO § 869. Das Verfahren ist daher vom Beibringungsgrundsatz beherrscht mit **Darlegungs- und Beweislast** der Parteien (so auch[9]). Der Schuldner als Antragsteller hat somit die seinen Einstellungsantrag nach § 30 a Abs 1 rechtfertigenden und die gegen eine Zahlungsanordnung oder Auflage nach § 30 a Abs 3–5 sprechenden Tatsachen vorzutragen, dem Gläubiger obliegt der Sachvortrag für die einer Einstellung nach § 30 a Abs 2 entgegenstehenden Tatsachen und für die Tatsachen, die nach § 30 a Abs 3–5 eine Zahlungsanordnung oder Auflage gebieten können. Das Vollstreckungsgericht hat somit nicht die der Entscheidung zugrunde zu legenden Tatsachen von Amts wegen zu ermitteln (so auch[10]). Es hat nach ZPO § 139 im Wege der Aufklärung dahin zu wirken, daß sich Schuldner und Gläubiger über alle erheblichen Tatsachen vollständig erklären und sachdienliche Anträge stellen (dazu Einl Rdn 24), nicht aber unter Verletzung des Beibringungsgrundsatzes von Amts wegen zu ermitteln. Der Tatsachenvortrag von Schuldner und Gläubiger ist Entscheidungsgrundlage, wenn er nicht bestritten (ZPO § 138 Abs 3), zugestanden (ZPO § 288) oder bei Gericht offenkundig ist (ZPO § 291). Sonst sind Angaben **auf Verlangen** des Gerichts **glaubhaft zu machen** (Abs 2 Satz 3). Glaubhaft zu machen sind (wenn es das Gericht verlangt) Einstellungsvoraussetzungen vom Schuldner und Gegenvoraussetzungen vom betreibenden Gläubiger. Möglich ist Glaubhaftmachung durch eidesstattliche Versicherung und alle sonstigen Beweismittel (ZPO § 294 Abs 1), auch durch anwaltliche Versicherung[11]. Wurde der Antrag (wegen verspäteter Zustellung des Beitrittsbeschlusses) erst im Versteigerungstermin oder kurz zuvor gestellt (Frist muß noch laufen), so ist sofort glaubhaft zu machen[12] (ZPO § 294

---

[6] Böhle-Stamschräder NJW 1953, 1494 (III 3 b).
[7] BVerfG 8, 253 = JZ 1959, 59 mit Anm Baur = MDR 1959, 21 = NJW 1958, 2011 = Rpfleger 1959, 122.
[8] BGH KTS 1994, 608 = NJW 1994, 1403 Leitsatz = NVwZ 1994, 409.
[9] Jonas/Pohle, ZwNotrecht, § 30 b Anm 4 d.
[10] Dassler/Muth § 30 b Rdn 5.
[11] Zöller/Greger, ZPO, § 294 Rdn 5.
[12] OLG Koblenz NJW 1955, 148 und 427 Leitsatz mit Anm Jansen.

§ 30 b 4.1   Aufhebung und einstweilige Einstellung

Abs 2). Verlangt das Gericht Glaubhaftmachung von Tatsachen nicht, dann hat es die tatsächlichen Behauptungen ohne Beweiserhebung nach freier Überzeugung zu würdigen (ZPO § 286)[13]. Daß damit abweichend von den Verfahrensregeln der ZPO Angaben nur auf Verlangen des Gerichts glaubhaft zu machen sind, trägt der Besonderheit des Einstellungsverfahrens und der Verfahrensbeschleunigung Rechnung; dieser kommt Vorrang vor umfassender Beweisführung über vorgetragene Tatsachen zu[13], weil nur eine in ihren Auswirkungen nicht so umfassende Zwischenentscheidung über den Fortgang des Verfahrens zu treffen ist und dafür nach dem Sach- und Verfahrensstand vielfach auch ohne weitere Nachweise beurteilt werden kann, ob entscheidungserhebliche tatsächliche Angaben für wahr zu erachten sind.

b) Noch immer wird geltend gemacht, das Einstellungsverfahren werde von der Offizialmaxime (Amtsgrundsatz) beherrscht[14] das Gericht müsse daher, sobald der Antrag gestellt ist, von Amts wegen ermitteln, ob die Einstellungsvoraussetzungen gegeben sind, sowie[15] wenn eine Begründung fehlt, müsse das Gericht daher versuchen aufzuklären, ob die Einstellungsvoraussetzungen vorliegen. Diese Ansicht verstößt gegen allgemeine **prozessuale Grundsätze des Antragsverfahrens.** Von Amts wegen hatte das Gericht nach § 6 Abs 1 der Zwangsvollstreckungsverordnung zu prüfen, ob die Voraussetzungen für eine einstweilige Einstellung vorliegen. Nach § 30 b ist jedoch seit 1. 10. 1953 über Voraussetzungen der Verfahrenseinstellung im Wege des Vollstreckungsschutzes nur noch auf Antrag des Schuldners zu entscheiden, weil die Einstellung lediglich in seinem Interesse liegt. Diesem Schuldnerinteresse trägt ebenso der Verfahrensgrundsatz des Zwangsvollstreckungsrechts Rechnung, daß durch Sachvortrag der Partei die der Entscheidung des Gerichts zugrunde zu legenden Tatsachen vorzubringen und erforderlichenfalls nachzuweisen (glaubhaft zu machen) sind. Ebenso wie Schutz gegen die Grundstücksvollstreckung nicht gegen den Willen des Schuldners von Amts wegen zu gewähren ist, ist ihm auch nicht mit Sachverhaltsaufklärung von Amts wegen die Möglichkeit zu nehmen, sein Recht auf Vollstreckungsschutz mit Geltendmachung der Einstellungsvoraussetzungen zu verfolgen. Dafür, daß selbst entgegenstehende Gläubigerbelange von Amts wegen festzustellen und zu prüfen wären (die der Gläubiger vielleicht dem Schuldner gar nicht erst entgegenhalten möchte), bietet das Gläubigerinteressen dienende Vollstreckungsverfahren ebenso keinerlei Grundlage.

4.2   Gläubiger und Schuldner sind vor der Entscheidung **zu hören** Abs 2 Satz 2; Verfahrensgrundsatz des rechtlichen Gehörs, GrundG Art 103 Abs 1; dazu Einl Rdn 46). Damit mit Angaben über Vermögensverhältnisse kein Mißbrauch erfolgt, können auch, wo hierzu Anlaß besteht, Angaben dem anderen Teil nur auszugsweise mitgeteilt werden. Verletzt ist der Anspruch auf **rechtliches Gehör,** wenn das Gericht dem Gläubiger oder dem Schuldner keine Gelegenheit gibt, zu wesentlichen Behauptungen Stellung zu nehmen. Ob zu Gegenäußerungen nochmals anzuhören ist, hängt davon ab, ob in ihnen neue erhebliche Tatsachen oder Beweismittel vorgebracht sind. Ob die Angehörten dann die gebotene Gelegenheit zur Äußerung ausnützen, ist ihre Sache. Entbehrlich ist die Anhörung des Gläubigers, wenn ein (eindeutig) verspäteter Antrag als unzulässig zurückgewiesen werden muß. Dann kann aber zunächst Aufklärung des Schuldners geboten sein, weil der Schuldner, der die Verspätung vielleicht nicht kennt, Wiedereinsetzungsgründe haben könnte oder weil etwa Gründe für die Anwendung von ZPO § 765 a vorliegen können. Man wird aber auch verspätete Anträge immer dem Gläubiger zuleiten, da er vielleicht nach § 30 seinerseits einstellen lassen will. Hierzu im ZVG-Handbuch Rdn 173. Ob mit der Terminsbestimmung zugewartet werden

---

[13] LG Berlin Rpfleger 1987, 514.
[14] Steiner/Storz § 30 a Rdn 28.
[15] Steiner/Storz § 30 b Rdn 16.

soll, wenn der Antrag des Schuldners verspätet oder sonst unzulässig ist, entscheidet das Gericht nach Ermessen.

4.3 Den Schuldner muß das Gericht nach einer vorausgehenden (klaren) Belehrung über die Einstellungsvoraussetzungen (Rdn 2) zur Ergänzung oder Vervollständigung seines Sachvortrags zu den einzelnen Einstellungsvoraussetzungen nur nochmals anregen, wenn es dazu besonderen Anlaß erkennt, etwa weil der Schuldner die deutsche Sprache nicht genügend beherrscht oder durch Alter oder Krankheit das Geschehen nicht erfaßt. Bei ungenügendem schriftlichem Vortrag empfiehlt sich, den Schuldner auf die Geschäftsstelle zu bitten, um seine Erklärungen zu Protokoll zu nehmen. Keinesfalls darf ein weniger gewandter Schuldner benachteiligt werden.

4.4 Mündliche Verhandlung ist nicht vorgeschrieben (ZPO § 764 Abs 3 mit § 869) aber möglich (§ 30 b Abs 2 Satz 2). Ob mündliche Verhandlung anberaumt oder ob schriftlich entschieden wird, bestimmt das Gericht nach pflichtgemäßem Ermessen. „In geeigneten Fällen" ist mündliche Verhandlung ratsam; vielfach ist sie sachfördernd. Sie dient der Erörterung des Sach- und Streitstandes (empfiehlt sich somit bei unklarem oder unvollständigem Vorbringen des Schuldners oder Gläubigers), aber auch der Förderung und Beschleunigung des Verfahrens über den Einstellungsantrag; sie soll auch eine **gütliche Einigung** der Parteien darüber ermöglichen, ob und wie die Versteigerung vermieden werden kann (ZPO § 279 entsprechend). Sie hat den Vorteil, daß für die Vollstreckungsversteigerung die Einstellungsvoraussetzungen, insbesondere die wirtschaftlichen Verhältnisse, leichter zu klären sind und Gläubiger eher zu Entgegenkommen bereit sind, während sie in der Teilungsversteigerung häufig eine Einigung über die Auseinandersetzung, über Bedingungen und Abfindungsbeträge ermöglichen wird (zur mündlichen Verhandlung[16]). Erfahrungsgemäß endet eine mündliche Verhandlung über einen Einstellungsantrag nicht selten mit einer Vereinbarung über Ratenzahlungen und mit Bewilligung der Einstellung des Verfahrens[17].

4.5 Zu einer mündlichen Verhandlung kann das **persönliche Erscheinen** angeordnet werden (ZPO § 141). In der Verhandlung kann auch ein Vergleich geschlossen werden (Einl Rdn 49). Es ist ein **Protokoll** aufzunehmen, wozu ein Urkundsbeamter zugezogen werden kann (ZPO § 159 Abs 1). Im Rahmen eines **Protokoll** etwa bei der Teilungsversteigerung, können auch Auflassungen erfolgen; doch sollte man wegen der hierbei zu beobachtenden Vorschriften (nach Abgabenordnung, Baugesetzbuch usw) die Beteiligten nur zu einem Vorvertrag veranlassen und alles andere dem Notar überlassen, um eine Haftungsgefahr zu vermeiden. Das empfiehlt sich als sachdienlich trotz des kritischen Hinweises von[18]. Die mündliche Verhandlung ist nichtöffentlich, nur unter Teilnahme von Schuldner und betroffenem Gläubiger. Der Rechtspfleger hat alle Möglichkeiten der Sitzungsleitung (wie im Versteigerungstermin, § 66 Rdn 3).

4.6 Eine **einstweilige Anordnung** ist an sich bei allen Einstellungsanträgen entsprechend ZPO §§ 707, 719 (oder § 766 Abs 1, § 732 Abs 2[19]) möglich. Es fehlt aber hier das Bedürfnis dafür, weil ja das Gericht während der Prüfung ohnehin das Verfahren nicht fortführt. Eine Terminsabsetzung auf diesem Wege entfällt, weil ja der Versteigerungstermin erst nach rechtskräftiger Ablehnung der Einstellung bekanntgegeben (besser: angesetzt) werden soll (Abs 4) und weil die für einen anderen betreibenden Gläubiger erfolgende Terminsansetzung auf ein Einstellungsverfahren keinen Einfluß hat.

4.7 Zurücknehmen kann der Schuldner seinen Einstellungsantrag bis zur Rechtskraft der Entscheidung, auch noch im Rechtsmittelverfahren. Die Zurück-

---

[16] Böhle-Stamschräder NJW 1953, 1494 (III 3 b).
[17] Schiffhauer ZIP 1981, 832 (836; VIII 4).
[18] Hornung Rpfleger 1979, 278 (279); Besprechung der 10. Aufl dieses Buches.
[19] Stöber Rpfleger 1967, 16 (Anmerkung).

§ 30 b 4.7   Aufhebung und einstweilige Einstellung

nahme ist dem Vollstreckungsgericht gegenüber schriftlich oder zu Protokoll der Geschäftsstelle zu erklären. Sie wird mit Eingang wirksam. Ein bereits ergangener, noch nicht rechtskräftiger Einstellungsbeschluß wird damit wirkungslos, ohne daß es seiner ausdrücklichen Aufhebung bedarf.

5 Entscheidung (Absatz 2 Satz 1)

5.1 Die Entscheidung über den Antrag auf einstweilige Einstellung des Verfahrens ergeht durch **Beschluß** (Abs 2 Satz 1). Er ist zu **begründen** (Einl Rdn 28). Der Beschluß hat, wenn der Einstellungsantrag zulässig und begründet ist, die einstweilige Einstellung unter Bezeichnung der Dauer (§ 30 a Rdn 4.2) anzuordnen und etwaige Zahlungsanordnungen oder andere Auflagen (§ 30 a Abs 3–5) festzulegen. Zurückgewiesen wird der Einstellungsantrag des Schuldners, wenn er nicht zulässig (zB erst nach Ablauf der Notfrist gestellt) oder nicht begründet ist. Wenn bei Einstellung davon abgesehen wird, Zahlungsanordnungen oder Auflagen festzusetzen (§ 30 a Abs 3–5), die der Gläubiger verlangt hat, erfolgt gesonderte Zurückweisung des Gläubigerantrags in der Entscheidungsformel nicht (dem Antrag des Schuldners wird mit Einstellung entsprochen), sondern nur Stellungnahme in den Entscheidungsgründen.

5.2 Eine **Kostenentscheidung** ist nicht zu treffen (Einf Rdn 39.2).

5.3 Zugestellt werden muß der Einstellungsbeschluß an den Vollstreckungsschuldner und den Gläubiger (§ 32). Zustellung oder Mitteilung an andere Beteiligte ist nicht vorgesehen und hat daher zu unterbleiben, um nicht irrezuführen (anders[20]: will den gegenüber einem Beitrittsgläubiger ergangenen Einstellungsbeschluß an den Anordnungsgläubiger zustellen; verwirrt nur). Der einen Einstellungsantrag ablehnende Beschluß ist dem Vollstreckungsschuldner zuzustellen, dem Gläubiger nur mitzuteilen (ZPO § 329 Abs 2). Zustellung erfolgt von Amts wegen (§ 3); Zustellung an den Prozeßbevollmächtigten: ZPO §§ 176, 178. Auch wenn nach (freigestellter) mündlicher Verhandlung entschieden wird, ist der Beschluß zuzustellen (kein Fall des ZPO § 329 Abs 1; siehe ZVG § 32).

5.4 Die **Wirkung der Einstellung** beschränkt sich auf das Einzelverfahren des Gläubigers, in dessen Vollstreckungssache Antrag auf Einstellung gestellt war (Rdn 2) und in dessen Versteigerungsverfahren Einstellung durch Beschluß angeordnet ist; sie erstreckt sich nicht auf andere betreibende Gläubiger (Rdn 6). Der Gläubiger, dessen Verfahren eingestellt ist, kann ungehindert von dieser Versteigerungseinstellung in sonstiges Vermögen des Schuldners vollstrecken oder Konkurs beantragen, ja auch die Zwangsversteigerung in ein anderes Grundstück des Schuldners oder aus anderen Ansprüchen in dasselbe Grundstück betreiben. Das Vollstreckungsgericht kann auch bei Änderung der Sachlage den Einstellungsbeschluß nicht aufheben oder ändern (keine ZPO § 765 a Abs 3 vergleichbare Regelung; Fortsetzungsantrag kann nach § 31 Abs 2 Buchst b erst nach Ablauf der Einstellungszeit gestellt werden).

5.5 a) Nach der Bietstunde kann, wenn ein Gebot abgegeben ist, nur noch durch **Versagung des Zuschlags** eingestellt werden (§ 33 Rdn 2). Mit Rechtskraft wirkt der Versagungsbeschluß wie eine einstweilige Einstellung (§ 86), da Verfahrensfortsetzung für den Gläubiger noch möglich ist. Auf keinen Fall darf hier ausdrücklich eingestellt werden, weil sonst alle noch gültigen Gebote erlöschen würden (§ 72 Abs 3; dazu § 33 Rdn 2). Wenn in der Zuschlagsentscheidung über einen Einstellungsantrag zu entscheiden ist (für §§ 30 a, 30 c selten, weil die Antragsfristen regelmäßig schon abgelaufen sind), dann ist im Zuschlagsbeschluß an sich kein besonderer Ausspruch darüber nötig, daß die Einstellung abgelehnt werde, weil die Zuschlagserteilung die stärkste Form der Ablehnung ist[21]. Bei den

---

[20] Drischler Rpfleger 1956, 91.
[21] Jansen NJW 1955, 427 (Anmerkung).

Beteiligten könnte aber der Eindruck entstehen, es sei der Antrag übersehen worden; daher ist zu empfehlen, darüber etwas zu sagen.

b) **Muster** etwa (ZVG-Handbuch Rdn 333): „Dem Meistbietenden . . . wird auf sein im Versteigerungstermin vom . . . abgegebenes Meistgebot von . . . der Zuschlag versagt. Dieser Beschluß hat mit Eintritt seiner Rechtskraft die Wirkung einer einstweiligen Einstellung des Verfahrens aus dem Anordnungs-/Beitritts-Beschluß vom . . . (Gläubiger . . .) und vom . . . (Gläubiger . . .) (bei §§ 30, 30 c ohne Fristangabe, bei § 30 a oder ZPO § 765 a: „bis einschließlich . . ." oder: „bis zum Ablauf von sechs Monaten ab dem Tag der Rechtskraft dieses Beschlusses").

Wenn eine Entscheidung nach ZPO § 765 a mit verbunden ist, wäre etwa noch anzufügen: „Hinsichtlich des hiermit auch entschiedenen Einstellungsantrags aus ZPO § 765 a gegenüber dem Anordnungs-/BeitrittsGläubiger . . . aus dem Beschluß vom . . . hat der Schuldner die Kosten zu tragen; Gegenstandswert für die Anwaltskosten hierbei . . . DM".

Bei Zuschlagserteilung wird man etwa sagen: „Durch diese Zuschlagserteilung wird der Einstellungsantrag des Schuldners vom . . . aus ZPO § 765 a gegenüber . . . zurückgewiesen; insoweit trägt der Schuldner die Kosten; Gegenstandswert für die Anwaltskosten hierbei . . . DM".

Anzuschließen ist die Belehrung (je nachdem für §§ 30, 30 c, 30 d), etwa: „Die Belehrung des unter . . . genannten Gläubigers . . . über die Fortsetzung wird nach Rechtskraft dieses Beschlusses erfolgen" oder: „Für den Gläubiger . . . wird das Verfahren nur auf Antrag fortgesetzt; dieser Antrag . . .".

Das gilt nur für Gläubiger, deren Ansprüche der Berechnung des geringsten Gebotes zugrunde gelegt waren. Für Nachrangige (§ 33 Rdn 2) wird man im Zuschlagsversagungsbeschluß etwa sagen: „Das Verfahren des im Versteigerungstermin vom . . . nicht bestrangig (nicht rechtzeitig) betreibenden Gläubigers . . . aus dem . . . Beschluß vom . . . wird bis . . . einschließlich eingestellt. Dieses Verfahren wird nur auf Antrag fortgesetzt; der Antrag . . .".

Mehrere Gläubiger und mehrere Verfahren eines Gläubigers 6

Als Verfahren zur Einzelvollstreckung der Gläubigerforderung in das Schuldnervermögen ist **jedes** auf Gläubigerantrag nach Anordnung (§ 15) oder Zulassung des Beitritts (§ 27) von Amts wegen durchzuführende Vollstreckungsverfahren **selbständig.** Durch gemeinsamen Anordnungsbeschluß auf Antrag mehrerer Gläubiger (§ 15 Rdn 4.13) oder nach Anordnung der Zwangsversteigerung mit Zulassung des Beitritts zu der bereits anhängigen Versteigerung wird lediglich deshalb entschieden, weil Verfahrensgegenstand nur ein Grundstück als Schuldnervermögen ist und dessen Versteigerung auch auf mehrfache Gläubigervollstreckung nur in einem gemeinsamen Verfahren durchgeführt werden kann (siehe zB § 27 Rdn 1.1). Für den Fortgang seiner Einzelvollstreckung bleibt daher aber jeder von mehreren Gläubigern des „gemeinsamen" Verfahrens selbständig; es gibt keine Einheit des Vollstreckungsverfahrens. Ebenso bleibt für einen Gläubiger, der das Verfahren aus mehreren Beschlagnahmebeschlüssen betreibt (Anordnungs- und Beitrittsbeschluß oder mehrere Beitrittsbeschlüsse) jedes durch einen Beschlagnahmebeschluß eingeleitete Einzelverfahren selbständig. Daher hindern auch Einstellung (zu § 30 dort Rdn 2.14) und Aufhebung (§ 29 Rdn 2.9) eines Einzelverfahrens den Fortgang der Verfahren anderer Gläubiger oder anderer Verfahren des gleichen Gläubigers nicht. Ebenso bringt auch eine Einstellung im Wege des Vollstreckungsschutzes nur das einzelne Vollstreckungsverfahren des Gläubigers zum Stillstand, in dem auf einen Antrag Schutz nach § 30 a (§ 30 c oder § 30 d; Entsprechendes gilt im Falle des § 180 Abs 2) gewährt, die Einstellung somit angeordnet ist; davon wird der Fortgang der auf Antrag anderer Gläubiger oder des gleichen Gläubigers auf Grund anderer Beschlagnahmebeschlüsse betriebenen Verfahrens nicht berührt. **Vollstreckungsschutz** nach § 30 a (§ 30 c oder § 30 d)

§ 30 b 6 Aufhebung und einstweilige Einstellung

muß der Schuldner daher gesondert **in jeder** mit Anordnungs- oder Beitrittsbeschluß auf Gläubigerantrag angeordneten **selbständigen** Vollstreckungssache **beantragen,** deren Einstellung erfolgen soll. Gegenüber jedem Beschlagnahmegläubiger beginnt die Antragsfrist von zwei Wochen (Abs 1) mit dem Hinweis an den Schuldner auf das Recht zur Stellung des Einstellungsantrags in der auf Antrag des (jeweiligen) Gläubigers eingeleiteten (Einzel)Vollstreckungssache (Rdn 2.1). Jede mit Beschlagnahmebeschluß (Beitrittsbeschluß) auf Gläubigerantrag eingeleitete Einzelvollstreckung ist Verfahren, das nach § 30 a auf Schuldnerantrag einzustellen ist, wenn die sachlichen Voraussetzungen des Schuldnerschutzes erfüllt sind. Entschieden wird über jeden Antrag auf einstweilige Einstellung eines Gläubigerverfahrens selbständig durch Beschluß. Die Einstellungs**voraussetzungen** des § 30 a sind für jeden Einstellungsantrag gegenüber einem durch Beschlagnahmebeschluß (Anordnungs- oder Beitrittsbeschluß) eingeleiteten Vollstreckungsverfahren somit **gesondert zu prüfen.** Das kann zur Folge haben, daß ein Vollstreckungsverfahren auf Schuldnerantrag einzustellen, der gegenüber einem anderen Vollstreckungsgläubiger gestellte Einstellungsantrag (zB aus den nur für diesen Gläubiger bestehenden Versagungsgründen des § 30 a Abs 2) jedoch abzulehnen ist. Die Entscheidung über Einstellungsanträge zu mehreren Beschlagnahmebeschlüssen können nach pflichtgemäßem Ermessen des Vollstreckungsgerichts äußerlich zu einem gemeinsam abgefaßten Beschluß verbunden oder in Einzelbeschlüssen getroffen werden.

7 Mehrere Grundstücke

7.1 Verbindung von Verfahren zur Zwangsversteigerung mehrerer Grundstücke (§ 18) **nach Beschlagnahme** und Zustellung der Hinweise über Antragsrecht und -frist (Abs 1 Satz 2) berührt den Lauf der damit bereits in Gang gesetzten einzelnen Notfristen nicht. Die Einstellungsfristen laufen für jedes der Grundstücke gesondert nach dem Fristbeginn vor Verfahrensverbindung. Die Verbindung der Verfahren begründet auch kein neues Antragsrecht, wenn eine Antragsfrist (oder beide) bereits vor Verfahrensverbindung fruchtlos abgelaufen ist. Ist für eines der Verfahren vor der Verbindung die Einstellung abgelehnt oder angeordnet, so bezieht sich das nicht auf das andere Verfahren.

7.2 Auch wenn die Zwangsvollstreckung mehrerer Grundstücke in demselben Verfahren erfolgt (§ 18), kann der Schuldner die einstweilige **Einstellung** nur hinsichtlich **eines der Grundstücke beantragen.** Beantragt er die Einstellung des Verfahrens zur Zwangsversteigerung der mehreren Grundstücke insgesamt, dann müssen für alle Grundstücke die sachlichen Einstellungsvoraussetzungen des § 30 a geprüft werden. Sind sie hinsichtlich eines der Grundstücke gegeben, hinsichtlich des (oder eines von mehreren) anderen Grundstücks jedoch nicht erfüllt, dann ist nur das Verfahren zur Zwangsversteigerung dieses Grundstücks einzustellen; der weitergehende Einstellungsantrag ist zurückzuweisen. Beispiele: Nur die Versteigerung eines der Grundstücke würde zu einem späteren Zeitpunkt einen wesentlich geringeren Erlös bringen (§ 30 a Abs 2); der Billigkeit entspricht in einem Verfahren über mehrere Grundstücke verschiedener Eigentümer die Einstellung nur nach den Verhältnissen eines Schuldners (§ 30 a Abs 1).

8 Muster für die Entscheidung

8.1 Einstellung ohne Auflagen: „1. Beschluß: Das Zwangsversteigerungsverfahren aus dem Anordnungs-/Beitritts-Beschluß vom . . . (Gläubiger . . .) wird auf den Antrag des Schuldners bis einschließlich . . . eingestellt. 2. Belehrung des Gläubigers: Das Verfahren wird nur auf Antrag des Gläubigers fortgesetzt. Der Antrag kann erst nach dem im Beschluß genannten Einstellungsende gestellt werden und muß spätestens am . . . (genau ausgerechnet für den letzten Tag des sechsten Monats, unter Berücksichtigung von Samstagen, Sonntagen, Feiertagen)

Antrag, Belehrung, Entscheidung, Rechtsmittel   9.2   § 30 b

bei dem Vollstreckungsgericht eingehen, weil sonst das Verfahren aufgehoben werden muß. Gründe: ..."

8.2   Einstellung mit Auflagen: „1. Beschluß: Das Zwangsversteigerungsverfahren ... (weiter wie in Abs 1) bis einschließlich ... unter folgenden Auflagen eingestellt: Der Schuldner hat ab ... jeweils zum ... eines Monats Raten von monatlich ... auf die Rückstände gemäß dem genannten Beschlagnahmebeschluß zu zahlen. Bei ganzer oder teilweiser Nichteinhaltung dieser Auflage tritt die einstweilige Einstellung vorzeitig außer Kraft. 2. Belehrung des Gläubigers: Das genannte Verfahren ... (weiter wie in Abs 1). Der Antrag kann erst nach dem im Beschluß genannten Einstellungsende oder nach dem vorzeitigen Außerkrafttreten der Einstellung gestellt werden und muß spätestens am ... (weiter wie in Abs 1). Gründe ..."

8.3   Einstellung der Teilungsversteigerung aus § 180 Abs 2: „1. Beschluß: Das zwecks Aufhebung der Gemeinschaft betriebene Zwangsversteigerungsverfahren aus dem Anordnungs-/Beitritts-Beschluß vom ... (Antragsteller ...) wird auf den Antrag des Antragsgegners bis einschließlich ... eingestellt. 2. Belehrung des Antragstellers: Das genannte Verfahren wird nur auf den Antrag des Antragstellers fortgesetzt. Der Antrag kann erst nach dem im Beschluß genannten Einstellungsende gestellt werden und muß spätestens am ... (genau ausgerechnet, wie in Abs 1) bei dem Vollstreckungsgericht eingehen, weil sonst das Verfahren aufgehoben werden muß. Gründe: ..."

8.4   Ablehnung eines Einstellungsantrags aus § 30 a oder § 180: „Beschluß: Der Antrag des Schuldners (Antragsgegners ...) vom ..., das Zwangsversteigerungsverfahren (das zwecks Aufhebung der Gemeinschaft betriebene Zwangsversteigerungsverfahren) aus dem Anordnungs-/Beitritts-Beschluß vom ... (Gläubiger/Antragsteller ...) einstweilen einzustellen, wird zurückgewiesen. Gründe: ..."

8.5   Fristen und Belehrungen sind eindeutig zu fassen (§ 30 a Rdn 4). Wer es für zweckmäßig hält, kann einfügen: „... unter Aufrechterhaltung der Beschlagnahme eingestellt ...". Es kann auch in den Gründen erwähnt werden, daß die Verfahren der weiteren Gläubiger von der Einstellung nicht berührt werden. Es ist nicht zweckmäßig, auch noch eine Belehrung über mögliche Rechtsbehelfe anzufügen; durch eine nicht vorgeschriebene zusätzliche Belehrung übernimmt das Gericht die Verpflichtung, in allen Fällen zu belehren; hierdurch entstehen angesichts der komplizierten Verfahrensregelung Haftungsgefahren. Muster auch im ZVG-Handbuch Rdn 166 (Ablehnung des Einstellungsantrags aus § 30 a), Rdn 167 (Einstellung aus § 30 a), Rdn 168 (Einstellung aus § 30 a mit Auflagen), Rdn 717 (Einstellung aus § 180).

Rechtsbehelfe im Einstellungsverfahren (Absatz 3)   9

9.1   Beanstandung des Gläubigers oder Schuldners, daß eine (erforderliche) Belehrung unterblieben, fehlerhaft vorgenommen oder nicht wirksam zugestellt sei, hat mit Einwendungen nach ZPO § 766 zu erfolgen; Beschwerde ist dann ausgeschlossen (§ 95).

9.2   Gegen die **Einstellungsentscheidung** des Rechtspflegers, stattgebende wie ablehnende, gibt es befristete Rechtspflegererinnerung, gegen die des Richters sofortige Beschwerde (Abs 3 Satz 1, RpflG § 11 Abs 1). Weitere Beschwerde ist hier ausgeschlossen (Abs 3 Satz 2) im Gegensatz zu Entscheidungen aus ZPO § 765 a (Einl Rdn 59); ausgeschlossen ohne Rücksicht, ob sachlich oder formell zu entscheiden, auch wenn die Beschwerdeentscheidung auf einem Verfahrensmangel beruht[22] oder erkennbar unrichtig ist[23] oder eine Sachentscheidung als unzulässig

---

[22] OLG Karlsruhe Justiz 1963, 91; Jonas/Pohle, ZwVNotrecht, § 30 b Anm 6 b.
[23] OLG Karlsruhe Justiz 1963, 91.

§ 30 b 9.2 — Aufhebung und einstweilige Einstellung

ablehnt; es führt hier kein Weg zum Oberlandesgericht[24]. Die Vorschrift kann auch nicht dadurch umgangen werden, daß ein Schuldner das Verfahren durch sein Rechtsmittel zum Landgericht bringt und dann ein anderer sich seinerseits gegen das Landgericht beschweren will[24]; der Instanzenzug beginnt beim Amtsgericht und endet beim Landgericht[24]. Der Ausschluß der weiteren Beschwerde gilt auch für Entscheidungen aus § 180 Abs 2[25] und 3.

9.3 Weitere Beschwerde wird nur zugelassen, wenn in dem Beschluß auch bezüglich ZPO § 765 a entschieden ist[26], dann aber nur hierwegen (Einl Rdn 59.1). Vom Gericht der weiteren Beschwerde kann der Beschluß dann nicht daraufhin überprüft werden, ob er auch die Einstellungsvoraussetzungen des § 30 a zutreffend gewürdigt hat[27]. Manche halten weitere Beschwerde auch für zulässig, wenn eine erstinstanzliche Entscheidung über § 30 a ganz fehlte, also der Einstellungsantrag übergangen und Zuschlag erteilt wurde[28]. Das ist aber nicht möglich, weil ja der Zuschlag die stärkste Form der Antragsablehnung ist (Rdn 5.5). Wenn durch Erteilung oder Versagung des Zuschlags über den Einstellungsantrag aus § 30 a entschieden wurde, kann die weitere Beschwerde gegen den Zuschlag oder seine Versagung nicht darauf gestützt werden, daß über die Einstellung unrichtig entschieden sei. Es wurde vertreten, weitere Beschwerde sei zulässig, wenn in der Beschwerde das rechtliche Gehör versagt sei[29]. Es kann aber ein unzulässiges Rechtsmittel nicht dadurch zulässig werden, daß es auf die Behauptung einer Verletzung des rechtlichen Gehörs gestützt wird. Auch im Wiedereinsetzungsverfahren gibt es keine weitere Beschwerde[30].

9.4 Die **Rechtsmittelfrist** beginnt, auch bei verkündetem Einstellungsbeschluß, immer erst mit der Zustellung (ZPO § 577 Abs 2), die für Einstellungsentscheidungen vorgeschrieben ist (§ 32); eine Ausnahme macht der Zuschlagsversagungsbeschluß gemäß §§ 33, 87 Abs 1, für den die Frist mit der Verkündung beginnt (§ 98). Die Frist läuft für jeden von der Entscheidung Betroffenen gesondert, mit der Zustellung an ihn. Anfechtungsberechtigt ist der Schuldner bei Ablehnung oder bei Einstellung mit Auflagen, der von der Entscheidung betroffene Gläubiger bei Einstellung oder unterlassenen oder geringeren Auflagen als gewünscht[31]. Der Rechtsmittelgegner ist vor der Entscheidung zu hören (Abs 3 Satz 1); dies ist nicht nötig, wenn schon auf Grund des eigenen Vorbringens dem Rechtsmittel nicht stattgegeben werden kann, zB bei Unzulässigkeit.

9.5 Zu Rechtsbehelfen auch im ZVG-Handbuch Rdn 175.

10 Schuldnerantrag und -schutz nach bewilligter (anderer) Einstellung

10.1 Ob ein Verfahren, das aus anderen als den beiden in § 30 d bezeichneten Gründen einstweilen **eingestellt war,** somit insbesondere auf Bewilligung des Gläubigers (§ 30), nach § 28, nach ZPO § 765 a oder nach ZPO § 775, nach **Fortsetzung** (§ 31) auf **Antrag des Schuldners** unter den Voraussetzungen des § 30 a einstweilen auf die Dauer von 6 Monaten (oder in Verbindung mit § 30 d einmal erneut) eingestellt werden kann, ist nicht (gesondert) geregelt. § 30 d sieht eine erneute (zweite) Einstellung für die Fälle vor, daß der Gläubiger die Fortsetzung eines Verfahrens betreibt, das gemäß § 30 a oder § 30 c bereits einmal einstweilen eingestellt war. Für diese Fälle begrenzt § 30 d insbesondere den Schuldnerschutz auf einmalige Wiederholung der Einstellung, setzt somit für mehrfache

---

[24] OLG Köln MDR 1974, 850 = Rpfleger 1974, 324.
[25] OLG München BayJMBl 1954, 273 = NJW 1955, 149 Leitsatz.
[26] Schneider MDR 1983, 546.
[27] OLG Karlsruhe Rpfleger 1995, 426.
[28] OLG Koblenz NJW 1955, 148 und 1955, 427 Leitsatz mit Anm Jansen.
[29] OLG Schleswig SchlHA 1957, 160.
[30] OLG Hamm MDR 1967, 931 = OLGZ 1967, 444.
[31] Drischler Rpfleger 1956, 91.

Antrag, Belehrung, Entscheidung, Rechtsmittel   10.3   § 30 b

Einstellungen in demselben Verfahren auf Schuldnerantrag eine Höchstdauer[32]. Der klare Wortlaut und auch der Gesetzeszweck (Rdn 10.3) schließen entsprechende Anwendung dieser Regelung auf Fälle der Verfahrensfortsetzung nach Einstellung aus anderen Gründen aus (anders[33]) ([34]verkennt jedoch die Wirkung der Einstellungsbewilligung vor Ablauf der Antragsfrist des § 30 b oder vor Entscheidung über einen Antrag des Schuldners völlig; dazu Rdn 10.5 und 10.6).

10.2   **§ 30 a** (ebenso § 30 c Abs 1) regelt die **sachlichen Voraussetzungen** der Einstellung eines Verfahrens auf Antrag des Schuldners, soweit nicht § 30 d als Sonderbestimmung für die dort bezeichneten beiden Fälle der einmal erneuten Einstellung Anwendung findet. § 30 a erfordert Antrag des Schuldners (§ 30 c Antrag des Konkursverwalters). Daß dieser Antrag nicht mehr (oder nur noch einmal erneut) gestellt werden könnte, wenn ein Verfahren fortgesetzt wird, das nach § 30 oder sonst aus anderen als den in § 30 d genannten beiden Gründen einstweilen eingestellt war, bestimmen weder § 30 a oder § 30 c noch eine andere Vorschrift. Auch nach Fortsetzung eines solchen Verfahrens bietet somit § 30 a (oder § 30 c) die sachliche Grundlage für Verfahrenseinstellung auf Antrag des Schuldners. Demnach ist allein bedeutsam, ob Verfahrenseinstellung nach diesen Bestimmungen noch beantragt werden kann; Verfahrenseinstellung auf Bewilligung des Gläubigers nach § 30 oder aus anderem Grund (Ausnahme: § 30 a oder § 30 c nach Maßgabe des § 30 d Abs 1) eröffnet keine erneute Einstellungsmöglichkeit nach § 30 a (oder § 30 c), schließt aber ebenso ein noch nicht erloschenes Antragsrecht nach § 30 b nicht aus. Entsprechendes gilt für den Antrag nach § 30 d auf einmal erneute Einstellung.

10.3   **Beantragt** werden kann vom Schuldner oder Konkursverwalter die einstweilige Einstellung des Verfahrens nur binnen der **Notfrist von zwei Wochen,** die mit Zustellung einer Antragsbelehrung beginnt (§ 30 b Abs 1, § 30 c Abs 2). Verfahrensverzögerungen sollen mit dieser Befristung des Antragsrechts vermieden werden. **Nach** fruchtlosem **Fristablauf** kann Antrag auf Verfahrenseinstellung aus den Gründen des § 30 a (oder § 30 c) **nicht** mehr gestellt werden. Ein rechtskräftig **abgelehnter** Einstellungsantrag kann nicht mehr wiederholt werden (Rdn 12). Wenn in der Notfrist von zwei Wochen des § 30 b Abs 1 (mit § 30 c Abs 2) Antrag nicht gestellt oder wenn ein Schuldnerantrag abgelehnt ist, kann somit Verfahrenseinstellung auf Antrag des Schuldners aus den Gründen des § 30 a (oder § 30 c Abs 1) nicht mehr angeordnet werden. Davon besteht für den Fall, daß das Verfahren nicht sogleich bis zur Versteigerung und Erteilung des Zuschlags fortgesetzt und durchgeführt, sondern später aus anderen Gründen (insbesondere auf Gläubigerbewilligung nach § 30 oder nach ZPO § 765 a; dazu[35]) eingestellt und erst dann wieder fortgesetzt wird (§ 31), keine Ausnahme[35] (anders[36]: Ablehnung eines Einstellungsantrags nach § 30 a als unzulässig oder unbegründet schließt nach Verfahrenseinstellung und -fortsetzung Antrag nach § 30 d nicht aus; nicht richtig, weil der Schuldner die Möglichkeit zweimaliger Einstellung nicht beliebig auf das Verfahren „verteilen" kann; anders auch[37]: Einstellung im Wege des Vollstreckungsschutzes nochmals selbst nach Zurückweisung eines früheren Antrags). Dem Schuldner ist nach fruchtlosem Ablauf der Antragsfrist oder nach rechtskräftiger Zurückweisung eines Vollstreckungsschutzantrags die Möglichkeit der Verfahrenseinstellung aus den Gründen des § 30 a (oder § 30 c) verschlossen. Auch neue Gründe ermöglichen Wiederholung eines rechtskräftig abgelehnten Einstellungsantrags nicht (Rdn 12). Neue Einstellungsgründe kann der Schuldner daher auch

---

[32] Jonas/Pohle, ZwVNotrecht, § 30 d Anm 1.
[33] LG Aachen MDR 1987, 683; Schiffhauer Rpfleger 1983, 256 (Anmerkung).
[34] LG Aachen MDR 1987, 683.
[35] LG Nürnberg-Fürth Rpfleger 1983, 256.
[36] Dassler/Muth, § 30 d Rdn 4; Schiffbauer Rpfleger 1983, 256 (Anmerkung).
[37] Hornung Rpfleger 1979, 321 (D II 2 b).

§ 30 b 10.3 Aufhebung und einstweilige Einstellung

nicht mehr geltend machen, wenn nach rechtskräftiger Antragsablehnung der Gläubiger mit Einstellungsbewilligung (§ 30) den Verfahrensfortgang aufgehalten hat und später auf seinen Antrag das Verfahren fortgesetzt wird. Entsprechendes gilt, wenn der Schuldner früher in der Antragsfrist nach Anordnung der Zwangsversteigerung (Zulassung des Beitritts) keinen Einstellungsantrag gestellt hatte; damit hat er sich der Einstellungsmöglichkeit aus § 30 a begeben. Eine Verfügung mit Schuldnerbelehrung nach Abs 1 Satz 2 ist daher nicht zuzustellen, wenn ein Verfahren fortgesetzt wird, in dem der Schuldner Antrag auf nochmalige einstweilige Einstellung nicht mehr stellen kann.

10.4 Gleiches gilt, wenn das Verfahren **bereits einmal** erneut **nach § 30 d eingestellt** war. § 30 d beschränkt die Zahl der Einstellungen auf Schuldnerantrag. Zugelassen ist nur eine erneute Einstellung; weitere Einstellungen desselben Verfahrens sind ausgeschlossen. Antrag des Schuldners auf nochmalige Einstellung des Verfahrens im Wege des Vollstreckungsschutzes (nach § 30 a oder § 30 d) ist aber auch nicht mehr zulässig, wenn nach (erstmaliger) Einstellung Schutzantrag nach § 30 d nicht gestellt oder zurückgewiesen wurde, dann das Verfahren auf Bewilligung des Gläubigers (§ 30) oder aus anderem Grund (zB ZPO § 765 a) erneut eingestellt wurde und wieder fortgesetzt wird. Weil der Schuldner Antrag auf nochmalige einstweilige Einstellung nicht mehr stellen kann, wird auch in diesem Fall eine Verfügung mit Schuldnerbelehrung nach Abs 1 Satz 2 daher nicht zugestellt.

10.5 a) Verfahrenseinstellung kann der Schuldner jedoch **beantragen,** wenn der Gläubiger Einstellung **in der Antragsfrist** des § 30 b noch vor Eingang eines Einstellungsantrags des Schuldners **bewilligt** hat oder wenn die Zwangsversteigerung vor Eingang eines Schuldnerantrags in der Notfrist des Abs 1 Satz 1 aus anderen Gründen (zB nach ZPO § 765 a) einstweilen eingestellt wurde und später auf Gläubigerantrag fortgesetzt wird (§ 31). Einstellung auf Bewilligung des Gläubigers (§ 30) oder aus anderem Grund (ZPO § 765 a ua) bewirkt Verfahrensstillstand. Infolge des Vorrangs der Einstellungsbewilligung (§ 30 Rdn 6.2) oder des anderen Einstellungsgrundes kann Schutz des Schuldners mit Einstellung des Verfahrens auf seinen Antrag nicht mehr gewährt, Einstellungsantrag vom Schuldner somit auch nicht mehr gestellt werden. Damit ist dann aber das Recht des Schuldners, Verfahrenseinstellung aus den Gründen des § 30 a (auch § 30 c oder § 30 d) zu verlangen, nicht ausgeschlossen. Das ermöglicht es dem Schuldner, im fortzusetzenden Verfahren Einstellung mit Antrag nach § 30 a (auch § 30 c oder § 30 d) zu verlangen.

b) **Antrag** auf Einstellung ist auch nach Fortsetzung des Verfahrens binnen einer **Notfrist von zwei Wochen** zu stellen. Sie beginnt mit der nach Verfahrensfortsetzung nötigen Zustellung einer Verfügung, in welcher der Schuldner auf Antragsrecht und -frist hingewiesen wird (Abs 1 Satz 1). Die vor Verfahrenseinstellung (mit dem Beschlagnahmebeschluß) bereits zugestellte Verfügung, in welcher der Schuldner auf Antragsrecht und -frist hingewiesen worden ist, setzt die neuerliche Antragsfrist nicht bereits mit Fortsetzung des Verfahrens (Zustellung des Fortsetzungsbeschlusses an den Schuldner) in Gang. Die Verfahrenseinstellung hat bewirkt, daß der Lauf der mit Zustellung des Hinweises begonnenen Frist geendet hat (ZPO § 249 Abs 1 entsprechend), somit auch der Hinweis für den Beginn der Frist seine Wirkung verloren hat. Die Notfrist für den nach Verfahrensfortsetzung zulässigen Einstellungsantrag beginnt somit erst mit Zustellung einer den Schuldner auf Antragsrecht und -frist nach Verfahrensfortsetzung hinweisenden Verfügung zu laufen. Dieser Hinweis ist möglichst zugleich mit dem Beschluß, durch den die Verfahrensfortsetzung angeordnet wird, zuzustellen (Abs 1 Satz 3 entsprechend).

c) Durch **Änderung des § 30 d** mit Wirkung ab 1. Juli 1979 (Gesetz vom 1. 2. 1979, BGBl I 127) hat sich für den Fall der Verfahrensfortsetzung nach bewilligter Einstellung (§ 30) keine andere Rechtslage ergeben. § 30 d in seiner bis dahin geltenden Fassung hatte bestimmt, daß das Verfahren auf Antrag des Schuldners nur einmal erneut auch dann eingestellt werden kann, wenn es „gemäß § 30 . . . einstweilen eingestellt" war. Damit wollte § 30 d jedoch (wie es für Einstellung nach § 30 a oder § 30 c noch immer der Fall ist), eine wiederholte Einstellung nach Fortsetzung eines bereits eingestellt gewesenen Verfahrens begrenzen und damit für mehrfache Einstellungen in demselben Verfahren eine Höchstdauer festsetzen sowie die sachlichen Voraussetzungen im Wiederholungsfall verschärfen. Die frühere Regelung, daß das Verfahren auch dann auf Antrag des Schuldners (desgleichen auf Antrag des Konkursverwalters, § 30 c) nur noch einmal eingestellt werden konnte, wenn es bereits auf Grund einer Bewilligung des Gläubigers (§ 30) einstweilen eingestellt war, ermöglichte es dem Gläubiger jedoch, den Schuldnerschutz zu verkürzen. In Fällen, in denen ein Einstellungsantrag des Schuldners aus den Gründen des § 30 a Erfolg versprach, konnte der Gläubiger seinerseits die Einstellung bewilligen und sogleich die Fortsetzung des Verfahrens betreiben; alsdann konnte auf Antrag des Schuldners das Verfahren nur noch einmal eingestellt werden (dazu Begründung[38]). Nur diese Möglichkeit wurde im Interesse des Schuldnerschutzes damit ausgeschlossen, daß in § 30 d die Bezugnahme auf die Einstellung nach § 30 gestrichen wurde[38]. Dadurch wurde somit nur eine dem Schuldner nachteilige Begrenzung der Einstellungsmöglichkeit aus § 30 a beseitigt.

10.6 Ein **Antrag des Schuldners** auf einstweilige Einstellung des Verfahrens, der in der Notfrist des Abs 1 (§ 30 c Abs 2 für Konkursverwalter) oder § 30 d Abs 1 Satz 2 gestellt wurde, wird mit Einstellung des Verfahrens auf Bewilligung des Gläubigers (§ 30) oder aus anderem Grund (ZPO §§ 765 a, 775 ua) noch vor Entscheidung **nicht gegenstandslos.** Infolge des Vorrangs der Einstellungsbewilligung ist nach ihr das Verfahren zwar sofort nach § 30 einzustellen (§ 30 Rdn 6.2); infolge des Vorrangs eines sonstigen Einstellungsgrundes wird das Verfahren gleichermaßen sofort eingestellt. Weil damit der Stillstand des Verfahrens eingetreten ist (§ 30 Rdn 2.2), unterbleiben Verfahrenshandlungen. Daher kann in der Zeit dieser Einstellung, dem Schuldner auch befristeter Schutz zur Verhinderung der Zwangsversteigerung seines Eigentums nicht gewährt (§ 30 Rdn 6.2), über den Einstellungsantrag des Schuldners somit nicht entschieden, dieser daher auch nicht zurückgewiesen werden. Die Einstellung des Verfahrens nach § 30 (oder aus anderem Grund) bringt damit auch das Verfahren über den Einstellungsantrag des Schuldners zum Stillstand (auch ZPO § 249 in entsprechender Anwendung). Gegenstandslos wird damit der Einstellungsantrag des Schuldners, über den noch nicht entschieden ist, jedoch nicht. **Er bleibt** bis zur Fortsetzung des eingestellten Verfahrens **anhängig.** Der Schuldner muß nach Verfahrensfortsetzung neuen Einstellungsantrag daher nicht stellen; ihm ist bei Verfahrensfortsetzung daher auch kein Hinweis (nach Abs 1 Satz 1) auf Antragsrecht und -frist zuzustellen. Nach Fortsetzung des Vollstreckungsverfahrens ist über seinen Antrag aus § 30 a (oder § 30 c) vielmehr zu entscheiden (so auch[39]). Dieser Antrag ist Prozeßhandlung; eine gesetzliche Grundlage dafür, daß er mit Einstellung des Vollstreckungsverfahrens seine Wirkung verlieren würde, besteht nicht. Erledigung des Verfahrens über den Schuldnerantrag bewirkt Einstellung der Zwangsversteigerung auf Bewilligung des Gläubigers (§ 30) oder aus anderem Grund nicht. Sie würde verfahrensmäßig Erledigungserklärung erfordern, an der es fehlt. Ihr müßte als Erledigungsereignis eine Tatsache zugrunde liegen, die den ursprünglich zulässigen und begründeten Antrag nachträglich unzulässig und unbegründet machen würde (dazu siehe[40]). Das jedoch bewirken eine Einstellungsbewilligung des Gläubigers (§ 30) oder Verfahrenseinstellung aus anderem Grund nicht. Damit ist das Vollstreckungsverfahren nicht beendet; der Schuldner kann daher aus den Gründen des § 30 a Schutz gegen die Zwangsverwertung seines Eigentums (§ 30 a Rdn 1.1) bei

---

[38] BT-Drucksache 7/3838, S 11.
[39] Dassler/Muth § 30 b Rdn 11; Lorenz NJW 1960, 614 und NJW 1960, 1751.
[40] Zöller/Vollkommer, ZPO, § 91 a Rdn 2 und 3.

§ 30 10.6 Aufhebung und einstweilige Einstellung

Verfahrensfortgang weiter beanspruchen. Auf die Dauer der Verfahrenseinstellung im Wege des Vollstreckungsschutzes ist die Zeit eines Verfahrensstillstands aus anderem Grund nicht anzurechnen (§ 30 a Rdn 4.1). Darauf kommt es daher auch für den Fortgang des bereits beantragten Einstellungsverfahrens nicht an.

10.7 Wenn das Zwangsversteigerungsverfahren **bereits** auf Schuldnerantrag nach § 30 a (§ 30 c oder § 30 d) einstweilen **eingestellt ist,** erlangen Bewilligung des Gläubigers oder ein anderer Einstellungsgrund keine Bedeutung (§ 30 Rdn 6.3). Einmal erneute Einstellung des Verfahrens bestimmt sich daher in diesem Fall nach § 30 d Abs 1.

11 Versteigerungstermin (Absatz 4)

Den **Versteigerungstermin** soll das Gericht erst nach Rechtskraft des die Einstellung ablehnenden Beschlusses bekanntgeben (Abs 4), richtig gesagt, erst ansetzen[41]. Ob das Gericht auch bei verspätetem Antrag in dieser Weise zuwarten soll, entscheidet es nach Ermessen[42]. Wird die Vorschrift des Abs 4 nicht beachtet, so ist die Terminsbestimmung dennoch wirksam[43]. Wird vom Schuldner ein Einstellungsantrag nicht gestellt, so kann das Gericht den Versteigerungstermin nach Ablauf der Zwei-Wochen-Frist für den Antrag bekanntgeben bzw ansetzen[44].

12 Wiederholung eines abgelehnten Antrags

Wiederholung des rechtskräftig abgelehnten Einstellungsantrags wird vielfach für zulässig behandelt, wenn er auf neue Tatsachen gestützt werde[45]. Dies ist als ungesetzlich abzulehnen[46], weil Einstellungsanträge zwingend nur in der Frist des § 30 b gestellt werden dürfen und die kurze Frist von zwei Wochen bis zur Wiederholung (nach vorheriger Ablehnung) längst abgelaufen ist. Eine Wiederholung des Antrags ist nur bei ZPO § 765 a möglich; bei § 30 a selbst dann nicht, wenn er auf solche neue Tatsachen gestützt wird, die der Schuldner während der Frist des § 30 b nicht vorbringen konnte (dazu Einl Rdn 57.2).

[Einstweilige Einstellung auf Konkursverwalterantrag]

30 c (1) **Befindet sich der Schuldner im Konkurs, so ist auf Antrag des Konkursverwalters das Verfahren einstweilen einzustellen, wenn durch die Versteigerung die angemessene Verwertung der Konkursmasse wesentlich erschwert werden würde oder wenn ein Zwangsvergleichsvorschlag eingereicht ist. Der Antrag ist abzulehnen, wenn die einstweilige Einstellung dem betreibenden Gläubiger unter Berücksichtigung seiner wirtschaftlichen Verhältnisse nicht zuzumuten ist. Das Verfahren ist auf Antrag des Gläubigers fortzusetzen, wenn der Konkursverwalter zustimmt, wenn die in Satz 1 genannten Voraussetzungen wegfallen, wenn der in Satz 2 genannte Ablehnungsgrund nachträglich eintritt oder wenn das Konkursverfahren beendet ist.**

---

[41] Stöber Rpfleger 1969, 221 (IV a mit Fußnote 21).
[42] Jonas/Pohle, ZwVNotrecht, § 30 b Anm 7.
[43] Stöber Rpfleger 1969, 221 (V); Jonas/Pohle, ZwVNotrecht, § 30 b Anm 7.
[44] Drischler JurBüro 1964, 1 (A I 2 c).
[45] OLG Koblenz NJW 1955, 148 und 427 Leitsatz mit Anm Jansen; LG Koblenz 15. 6. 1955, 4 T 152/55; erwähnt bei Anheier, wie nachf, sonst nicht veröffentlicht; AG Bonn MDR 1955, 681 Leitsatz mit Anm Glaser; Jonas/Pohle, ZwVNotrecht, § 30 b Anm 6 d; Anheier NJW 1956, 1668; Jansen NJW 1955, 427 (Anmerkung).
[46] LG Heidelberg NJW 1963, 1929; Steiner/Storz § 30 b Rdn 47; Schiffhauer BlGrBW 1966, 72 (X 3).

Einstellung auf Konkursverwalterantrag 2.2 **§ 30 c**

(2) **§ 30 b gilt entsprechend mit der Maßgabe, daß an die Stelle des Schuldners der Konkursverwalter tritt.**

Hinweis: § 30 c ist mit Wirkung ab 1. 1. 1999 aufgehoben. Der bisherige § 30 d wird dann (mit Änderungen) § 30 c. Art 20 Nr. 2 und 3 EGInsO (BGBl 1994 I 2911 [2918]).

Übersicht

Allgemeines zu § 30 c 1	Muster für die Entscheidung 7
Einstellungsvoraussetzungen (Absatz 1 Satz 1) 2	Nach Einstellung zulässige Verfahrensfortsetzung (Absatz 1 Satz 3) 8
Gläubigerinteressen (Absatz 1 Satz 2) . 3	Schuldnerantrag nach Konkursbeendigung 9
Konkursverwalter-Belehrung (Absatz 2) 4	Verhältnis von § 30 c zu anderen Einstellungen 10
Konkursverwalter-Einstellungsantrag .. 5	Versteigerung und Gesamtvollstreckung 11
Konkursverwalter-Einstellungsverfahren (Absatz 2) 6	

Literatur: Kniestedt, Zur Auslegung des § 30 c II ZVG, KTS 1961, 61; Mohrbutter und Bittmann, Nochmals: Zur Auslegung des § 30 c Abs II ZVG, KTS 1961, 103.

Allgemeines zu § 30 c   1

1.1 Zweck der Vorschrift: Regelung der Voraussetzungen des Schuldnerschutzes im Versteigerungsverfahren gegen den Konkursverwalter auf Antrag eines zur abgesonderten Befriedigung Berechtigten (KO § 47). Zeitweilige Verfahrenseinstellung soll die angemessene Verwertung der Konkursmasse oder das Zustandekommen eines Zwangsvergleichs gewährleisten.

1.2 Anwendungsbereich: § 30 c gilt wie § 30 a für die Vollstreckungsversteigerung. In der Konkursverwalterversteigerung ist er nicht anwendbar, da der Konkursverwalter ohnehin als Antragsteller das Verfahren in der Hand hat, es daher nach § 30 einstellen kann (dazu § 172 Rdn 5). Auch in den Verfahren nach §§ 175, 180 ist § 30 c nicht anwendbar.

Einstellungsvoraussetzungen (Absatz 1 Satz 1)   2

2.1 Antrag setzt die Einstellung auch voraus, wenn sich der Schuldner in Konkurs befindet; Prüfung der Einstellungsvoraussetzungen erfolgt auch im Verfahren gegen den Konkursverwalter nicht von Amts wegen (§ 30 a Rdn 2.2). Antragsberechtigt ist nur der **Konkursverwalter** (Abs 1 Satz 1). Er hat bei Vollstreckung in das zur Konkursmasse gehörende Schuldnervermögen (KO §§ 14, 47) die Stellung des Schuldners[1]. Der Gemeinschuldner (Grundstückseigentümer) hat keine Verfügungsgewalt über sein Vermögen; diese steht dem Konkursverwalter zu (KO § 6). Der Gemeinschuldner ist während des Konkursverfahrens daher nicht antragsberechtigt (so auch[2]) (auch nicht hilfsweise, wenn der Konkursverwalter keinen Antrag stellt). Der Konkursverwalter ist allen Beteiligten des Konkursverfahrens gegenüber verantwortlich (KO § 82); er muß gewissenhaft die Lage prüfen und objektiv die Belange der Konkursgläubiger beachten.

2.2 Der **Konkursverwalter** ist auch **antragsberechtigt,** wenn Konkurseröffnung erst **nach Anordnung** des Verfahrens oder Zulassung des Beitritts erfolgt ist und der Grundstückseigentümer als (bisheriger) Vollstreckungsschuldner (jetzt Gemeinschuldner) die für ihn vor der Konkurseröffnung laufende Frist für einen Antrag aus § 30 a versäumt hat oder wenn der Antrag des Schuldners auf Verfahrenseinstellung nach § 30 a vor Konkurseröffnung abgewiesen wurde. Abs 1 regelt die Verfahrenseinstellung nach Konkurseröffnung selbständig. Abgestellt ist nicht

---

[1] OLG Braunschweig NJW 1968, 164 = OLGZ 1968, 62.
[2] AG Hannover Rpfleger 1987, 166; Dassler/Muth § 30 c Rdn 1.

§ 30 c 2.2

(wie im Fall des § 30 a Abs 1) auf die Wahrung der Interessen des schutzwürdigen Schuldners (§ 30 a Rdn 1.1), sondern auf die Wahrung der Belange der Konkursgläubiger an angemessener Masseverwertung oder Durchführbarkeit eines Zwangsvergleichs. Daher ist auch nur der zur Verwaltung und Verfügung über die Konkursmasse berechtigte Verwalter (KO § 6), nicht auch der Gemeinschuldner antragsberechtigt. Für Verfahrensschutz in der mit Konkurseröffnung gegen den Konkursverwalter fortzusetzenden Versteigerung und sein eigenes Antragsrecht ist daher bedeutungslos, daß der Schuldner selbst früher Vollstreckungsschutz nach § 30 a (somit aus anderem Grund) nicht in Anspruch genommen hat oder mit seinem Antrag abgewiesen worden ist.

2.3 Auch Schuldnerschutz auf **Antrag** des Konkursverwalters **begrenzt § 30 d.** Wenn das Verfahren vor Konkurseröffnung auf Antrag des Schuldners bereits (einmal) gemäß § 30 a einstweilen eingestellt war, kann es auch auf Antrag des Konkursverwalters auf Grund des § 30 c **nur einmal erneut** eingestellt werden. Für mehrfache Einstellungen in demselben Verfahren auf Schuldnerantrag ist damit eine Höchstdauer auch für den Fall gesetzt, daß Schuldner und Konkursverwalter nacheinander mit Einstellung Verfahrensschutz beantragen. Antragsberechtigt ist der Konkursverwalter somit auch dann, wenn das Verfahren bereits auf Grund des § 30 a (einmal) eingestellt war. Dabei kommt es nicht darauf an, ob diese Einstellung bei Konkurseröffnung (und Antragstellung durch den Konkursverwalter) noch andauert (dazu Rdn 5.4) oder ob das Verfahren schon früher gegen den Schuldner selbst wieder fortgesetzt wurde und sich dann mit Konkurseröffnung für den Konkursverwalter der Einstellungsgrund des Abs 1 ergibt.

2.4 Ausgeschlossen ist das Antragsrecht des Konkursverwalters nach § 30 d Abs 1, wenn das Verfahren vor Konkurseröffnung auf Antrag des Schuldners (Grundstückseigentümers) **bereits zweimal** gemäß § 30 a einstweilen eingestellt war. Nach der ersten Einstellung gemäß § 30 a konnte es dann nur einmal erneut auf Grund des § 30 a **und** des § 30 c eingestellt werden. Eine weitere Einstellung nach § 30 c ist damit auch ausgeschlossen, wenn neuerliche Einstellung auf Grund des § 30 a bereits erfolgt ist. Die durch § 30 d Abs 1 in jedem Fall auf ein Jahr begrenzte Höchstdauer der Einstellungen schließt eine nochmalige Schutzmöglichkeit auf Verwalterantrag nach § 30 c aus.

2.5 Sachliche Voraussetzung der Verfahrenseinstellung auf Antrag des Konkursverwalters ist, daß **entweder** „durch die Versteigerung die angemessene Verwertung der Konkursmasse wesentlich erschwert werden würde" **oder** daß „ein Zwangsvergleichsvorschlag eingereicht ist" (Abs 1 Satz 1). Weil damit die Einstellungsvoraussetzungen alternativ geregelt sind, ist einzustellen, wenn eines der Erfordernisse erfüllt ist und Gläubigerinteressen (Rdn 3) nicht entgegenstehen.

2.6 Die **Masseverwertung** würde **erschwert,** wenn die Bemühungen des Konkursverwalters zur Erhaltung eines Betriebes durch Gesamtveräußerung (gegenüber der Einzelverwertung durch die Grundstücksversteigerung usw) vereitelt würden[3] oder wenn sonst Aussicht bestünde, bei freihändiger Verwertung oder bei späterer Versteigerung einen höheren Erlös zu erzielen[4]. Es müssen allerdings konkrete Anhaltspunkte für die bessere freihändige Verwertung bestehen[5], nicht nur für eine andere Verwertung, sondern sie muß eine wesentlich bessere; wenn zB der Konkursverwalter darlegt, daß er in ernsten Verkaufsverhandlungen mit einer Reihe Interessenten stehe. Es liegt keine wesentliche Erschwerung der Masseverwertung vor, wenn die Gegenüberstellung der Renditen nicht eindeutig zu-

---

[3] Jonas/Pohle, ZwVNotrecht, § 30 c Anm 1 b und 2 a.
[4] LG Berlin GrundE 1961, 159; LG Düsseldorf KTS 1956, 62; LG Ulm ZIP 1980, 477.
[5] LG Düsseldorf und LG Ulm je aaO; Jonas/Pohle, ZwVNotrecht, § 30 c Anm 2 a.

Einstellung auf Konkursverwalterantrag 3 § 30 c

gunsten des freihändigen Verkaufs spricht wie dann, wenn eine zu kalkulierende Minderung des Erlöses im Versteigerungsfall gegenüber dem Verkauf am freien Markt unter Berücksichtigung einer allgemeinen Steigerung der Grundstückspreise und der bis zum Abschluß der Veräußerungsverhandlungen noch anfallenden Zinsen, Grundsteuern und sonstigen Unkosten nicht wesentlich ist[6]. Das Massegrundstück darf nur für absehbare Zeit zur Fortführung eines Fabrikbetriebes im Rahmen des Konkurses in Anspruch genommen werden[7]. Es ist keine wesentliche, zur Einstellung ausreichende Erschwerung, wenn der Rest der Konkursmasse bei seiner Verwertung durch die Zwangsversteigerung des Grundstücks nicht beeinflußt wird[8]. Es genügt auch nicht die Befürchtung, der Versteigerungserlös werde im Falle der Zwangsversteigerung des Grundstücks so gering sein, daß die Konkursmasse auch noch zur Befriedigung der in der Zwangsversteigerung ausfallenden absonderungsberechtigten Ansprüche dienen müsse[8]. Der Einstellungsantrag hat auch keine Aussicht[9], wenn (wegen angeblicher besserer Verwertbarkeit der Konkursverwalter ein Anfechtungsrecht gegenüber den betreibenden Gläubigern der Zwangsversteigerung (weil Ansprüche anfechtbar erworben) beansprucht; damit wird gar nicht, wie für § 30 c nötig wäre, eine bessere Verwertbarkeit der Masse behauptet; das angebliche Anfechtungsrecht richtet sich vielmehr gegen die Zulässigkeit der Zwangsversteigerung überhaupt, die aber vom Prozeßgericht zu klären ist, nicht vom Vollstreckungsgericht im Rahmen seines Einstellungsverfahrens.

2.7 Die **Einreichung des Zwangsvergleichsvorschlags** berechtigt zum Antrag nur, wenn der Zwangsvergleich nicht unzulässig ist. Der Grundgedanke ist dabei: wenn der Zwangsvergleich die Aufrechterhaltung des Unternehmens zur Voraussetzung hat, soll er nicht durch die Wegnahme eines wesentlichen Stückes, des Grundstücks nämlich, undurchführbar werden[10].

Gläubigerinteressen (Absatz 1 Satz 2) 3

Besondere Gläubigerinteressen schließen nach Abs 1 Satz 2 die Verfahrenseinstellung auf Antrag des Konkursverwalters aus. Grund: § 30 a Rdn 5. Abzuwägen sind die Interessen des (vollstreckenden) Gläubigers gegenüber denen der übrigen Konkurs-Gläubiger[11], nicht die Interessen der betreibenden Gläubiger gegenüber denen des Schuldners (Gemeinschuldners). Es kann durchaus das Interesse eines einzelnen die Zwangsversteigerung betreibenden Gläubiger größer sein, weil er etwa die Versteigerung betreiben muß, um seinen eigenen Verpflichtungen gegenüber einem größeren Kreis schutzwürdiger Gläubiger nachzukommen zu können[12]. Auf jeden Fall ist der Antrag abzulehnen, wenn die Hinauszögerung der Versteigerung dem sie betreibenden Gläubiger wirtschaftlich nicht zugemutet werden kann. In der Regel haben die Interessen der Konkursgläubiger-Gesamtheit das größere Gewicht[13]. Dem Gläubiger ist die Einstellung auf bestimmte Zeit bei möglicher, aber noch ungewisser späterer Verwertung des Grundstücks als Bauland dann jedenfalls nicht zumutbar, wenn sich seine Forderung jährlich um hohe Zinsen erweitert und nicht einmal sicher ist, ob seine bereits bestehende Forderung noch voll gedeckt werden kann[14].

---

[6] LG Ulm ZIP 1980, 477.
[7] LG Düsseldorf KTS 1956, 62; Mohrbutter KTS 1958, 81.
[8] LG Berlin GrundE 1961, 159.
[9] AG München KTS 1970, 238; Schiffhauer BlGrBW 1971, 63 (XII).
[10] Jonas/Pohle, ZwVNotrecht, § 30 c Anm 2 b.
[11] LG Ulm ZIP 1980, 477; AG Bremen ZIP 1980, 389; Jonas/Pohle, ZwVNotrecht, § 30 c Anm 2 c; Gimpel WürttNotV 1954, 19 (I).
[12] Jonas/Pohle, ZwVNotrecht, § 30 c Anm 2 c.
[13] OLG Braunschweig NJW 1968, 164 = OLGZ 1968, 62.
[14] AG Bremen ZIP 1980, 389.

§ 30 c 4.1 Aufhebung und einstweilige Einstellung

4 Konkursverwalter-Belehrung (Absatz 2)

4.1 Der **Konkursverwalter** ist auf das Recht zur Stellung des Einstellungsantrags aus den Gründen des § 30 c Abs 1, den Fristbeginn und die Rechtsfolgen eines fruchtlosen Fristablaufs **hinzuweisen** (Abs 2 mit § 30 b Abs 1 Satz 2). Die hinweisende Verfügung ist von Amts wegen zuzustellen (§ 3). Erst mit Zustellung beginnt die Notfrist von zwei Wochen, in welcher die Einstellung beantragt werden muß. Einzelheiten: § 30 b Rdn 2.

4.2 Das Antragsrecht ist ein eigenes des Konkursverwalters, nicht von dem des Gemeinschuldners abgeleitet (dazu Rdn 2.1). Es ist darum dem Konkursverwalter **nicht anzurechnen,** wenn vor Konkurseröffnung eine Belehrung an den Schuldner erfolgt ist[15] (die Frist des Schuldners läuft nicht für den Konkursverwalter) oder wenn nach der Konkurseröffnung in Unkenntnis dieses Verfahrens noch eine Belehrung an den Schuldner erfolgt ist.

4.3 Mit jedem **nach der Konkurseröffnung** ergehenden Anordnungs-, Beitritts- oder Fortsetzungsbeschluß (die alle an den Konkursverwalter zuzustellen sind) muß eine auf diesen Beschluß bezügliche Belehrung, wie sie sonst der Schuldner bekommen würde (§ 30 b Rdn 2, § 30 d Rdn 4), dem Konkursverwalter zugestellt werden; sie muß nur die besonderen Einstellungsvoraussetzungen des § 30 c enthalten (Erschwerung der Verwertung der Konkursmasse; Einreichung eines Zwangsvergleichsvorschlags); dabei meint[16] zu Unrecht: ohne Fristsetzung; es gilt auch hier die Frist des § 30 b[17].

4.4 Für Anordnungs- und Beitrittsbeschlüsse aus der Zeit **vor der Konkurseröffnung** muß, sobald die Konkurseröffnung bekannt wird, wenn bisher noch keine Einstellung aus § 30 a erfolgt war, dem Konkursverwalter eine Belehrung über das Antragsrecht nach § 30 c zugestellt werden, auch wenn der Schuldner selbst schon belehrt oder abgewiesen war[18] (dabei meint[19] zu Unrecht, es habe keine Fristsetzung zu erfolgen; anders[20]: keine neue Belehrung des Konkursverwalters in diesem Fall). Ist schon eine Einstellung der genannten Art vorausgegangen, dann Belehrung nach § 30 d (§ 30 d Rdn 4). Die Belehrung muß sich auf alle schon vorliegenden Anordnungs- und Beitrittsbeschlüsse erstrecken, zu denen ein Einstellungsantrag des Konkursverwalters möglich wäre.

4.5 Für alle Anordnungs- und Beitrittsbeschlüsse aus der Zeit vor Konkurseröffnung muß **außerdem beachtet** werden: Sobald die Einreichung eines Zwangsvergleichsvorschlags im Konkursverfahren dem Versteigerungsgericht bekannt wird, muß, wenn bisher noch keine Einstellung aus §§ 30 a, 30 c erfolgt war, eine Belehrung hinsichtlich der zweiten Einstellungsmöglichkeit (Einreichung des Zwangsvergleichsvorschlags) dem Konkursverwalter zugestellt werden, auch wenn der Konkursverwalter schon früher belehrt war oder der Schuldner vor dem Konkurs belehrt war oder wenn ein früherer Antrag des Konkursverwalters oder des Schuldners abgewiesen ist[21]. Bekannt wird die Einreichung des Zwangsvergleichsvorschlags dem Versteigerungsgericht über den Konkursverwalter, der davon als erster erfährt, wenn der Gemeinschuldner einen Vorschlag einreicht. Es handelt sich hierbei um einen selbständigen Einstellungstatbestand, über den, sobald er eintritt, gesondert belehrt werden muß (so auch[21], ablehnend[22]). Von der Belehrung

---

[15] Jonas/Pohle, ZwVNotrecht, § 30 Anm 6.
[16] Kniestedt KTS 1961, 61 (II).
[17] Mohrbutter KTS 1961, 103 (V).
[18] Mohrbutter JurBüro 1956, 355 (3); Kniestedt KTS 1961, 61 (II); Jonas/Pohle, ZwVNotrecht, § 30 Anm 6.
[19] Kniestedt aaO (Fußn 18).
[20] Böhle-Stamschräder NJW 1953, 1494 (III 3 c); Grund WürttNotV 1953, 197 (II 3).
[21] Bittmann KTS 1961, 106 (107); Mohrbutter KTS 1958, 81 (83).
[22] Böhle-Stamschräder NJW 1953, 1494 (III 3 c).

Einstellung auf Konkursverwalterantrag   5.2 § 30 c

an läuft für den Konkursverwalter die Frist des § 30 b (anders[23]: keine Frist). Der Antrag ist auch schon vor der Belehrung möglich. Ist schon eine Einstellung der oben genannten Art vorausgegangen, dann erfolgt die Belehrung nach § 30 d (§ 30 d Rdn 4). Die Belehrung muß sich auf alle schon vorliegenden Anordnungs- und Beitrittsbeschlüsse, zu denen ein Einstellungsantrag des Konkursverwalters möglich wäre, erstrecken.

4.6 Zusammengefaßt: a) Nach Konkurseröffnung Belehrung des Konkursverwalters gemäß § 30 c bzw § 30 d zu allen schon vorliegenden Anordnungs- und Beitrittsbeschlüssen hinsichtlich beider Einstellungsmöglichkeiten; b) nach einem Zwangsvergleichsvorschlag Belehrung des Konkursverwalters ebenso, aber hinsichtlich der zweiten Einstellungsmöglichkeit; c) zu Anordnungs-, Beitritts- und Fortsetzungsbeschlüssen nach der Konkurseröffnung Belehrung des Konkursverwalters gemäß § 30 c bzw § 30 d zum einzelnen Beschluß hinsichtlich beider Möglichkeiten.

4.7 Die Belehrung des Konkursverwalters muß auch erfolgen, wenn die Konkurseröffnung oder die Einreichung eines Zwangsvergleichsvorschlags **nach Bestimmung des Versteigerungstermins** erfolgt oder gar erst kurz vor diesem (hier dann, soweit nötig, Zuschlagsverkündung hinaussetzen, im übrigen durch Erteilung oder Versagung des Zuschlags entscheiden). Dazu im ZVG-Handbuch Rdn 180.

4.8 Belehrung etwa: „Der Konkursverwalter kann zu diesem Beschluß (zum Anordnungs-/Beitritts-Beschluß vom . . . und vom . . .) die einstweilige Einstellung des Verfahrens beantragen, wenn die in ZVG § 30 c Abs 1 genannten Voraussetzungen erfüllt sind. Diese Vorschrift ist nachstehend abgedruckt. Der Einstellungsantrag muß (unter Beigabe einer Abschrift für jeden betreibenden Gläubiger) spätestens binnen einer Notfrist von zwei Wochen ab Zustellung dieser Belehrung bei dem Vollstreckungsgericht eingehen, weil sonst die Versteigerung durchgeführt werden muß. Wortlaut von § 30 c Abs 1: . . ."

Konkursverwalter-Einstellungsantrag   5

5.1 Der **Antrag des Konkursverwalters** muß als Rechtsbehelf die Vollstreckungssache und das Einstellungsbegehren auf der Grundlage des § 30 c erkennbar machen. Als Einstellungsgründe muß er die Tatsachen darstellen, die nach § 30 c die Einstellung rechtfertigen. Einzelheiten: § 30 b Rdn 3.2.

5.2 Der Antrag muß in der **Notfrist** von zwei Wochen ab Zustellung der Belehrung an den Konkursverwalter bei dem zuständigen Vollstreckungsgericht **eingehen;** nach Abs 2 ist § 30 b auch hinsichtlich dieser Notfrist anzuwenden[24] (anders[25]: das Antragsrecht sei für ihn unbefristet, § 30 b hier nicht anwendbar; anders auch[26]: der Konkursverwalter könne seinen Antrag nur in der für den Schuldner selbst geltenden Frist stellen; anders auch[27]; widersprechen alle dem Gesetz). Es mag sein, daß die Frist von zwei Wochen ab Belehrung hier knapp ist, um die Verfahrenslage zu beurteilen; trotzdem hat das Gesetz sich bewußt nicht auf eine Frist verzichtet, das ZVG bemüht sich um eine zügige Verfahrensabwicklung. Die Frist ist unabänderlich (sie ist Notfrist) und sie ist auch nicht davon abhängig, unter welchen Voraussetzungen der Antrag Erfolg haben könnte (das ist ja beim Schuldner selbst nicht anders). Der Konkursverwalter kann auf jeden Fall in der Frist seinen Antrag stellen und die Begründung nach-

---

[23] Kniestedt KTS 1961, 61 (II).
[24] Jonas/Pohle, ZwVNotrecht, § 30 c Anm 6; Bittmann KTS 1961, 106; Mohrbutter KTS 1961, 103 (V).
[25] Kniestedt KTS 1961, 61 (III 2).
[26] Böhle-Stamschräder NJW 1953, 1494 (III 3 c).
[27] Grund WürttNotV 1953, 197.

§ 30 c 5.2   Aufhebung und einstweilige Einstellung

bringen. Für die Einhaltung der Frist ist er dem Schuldner aus KO § 82 verantwortlich[28].

5.3 Auch das Antragsrecht des Konkursverwalters besteht bis unmittelbar **vor der Zuschlagsentscheidung**[29]. Auch hier kann nach der Bietstunde, wenn ein Gebot abgegeben ist, nur noch gemäß § 33 entschieden werden[30], nämlich durch Erteilung oder Versagung des Zuschlags. Wurde der Antrag (vorausgesetzt, daß die Frist eingehalten ist) kurz vor dem Versteigerungstermin oder in diesem gestellt, so kann die Entscheidungsverkündung auch über eine Woche hinausgeschoben werden (§ 33 Rdn 2, § 87 Rdn 3). Äußerstens könnte vielleicht bei besonderen Umständen auch der Versteigerungstermin hier über ZPO § 227 Abs 1 oder im Wege einer einstweiligen Anordnung verlegt werden[30].

5.4 Vollstreckungsverfahren werden durch die Konkurseröffnung **nicht** nach ZPO § 240 **unterbrochen** (dazu Einl Rdn 27); daher wird auch eine bei Konkurseröffnung schon angeordnete Einstellung aus § 30 a nicht unterbrochen; sie läuft, wie angeordnet, weiter. Es wird vertreten, das so eingestellte Verfahren könne dann mit Zustimmung des Konkursverwalters vorzeitig fortgesetzt werden[31]; dafür fehlt aber eine gesetzliche Grundlage. Bei einer zur Zeit der Konkurseröffnung laufenden Einstellung aus § 30 kann der betreibende Gläubiger (der diese Einstellung bewilligt hatte) ohne Angabe von Gründen und ohne Zustimmung des Konkursverwalters das Verfahren jederzeit fortsetzen lassen. Wenn das bei Konkurseröffnung nach § 30 oder § 30 a eingestellte Verfahren gegen den Konkursverwalter fortgesetzt wird, ist dieser auf das Recht zur Stellung des Einstellungsantrags aus den Gründen des § 30 c Abs 1 (oder § 30 d) hinzuweisen (Abs 2 mit § 30 b Abs 1 Satz 2). Einstellungsantrag muß in der damit beginnenden Notfrist gestellt werden.

5.5 Für den **Verzicht** des Konkursverwalters auf Vollstreckungsschutz aus § 30 c muß gelten, was für den Verzicht des Schuldners gesagt ist (§ 30 a Rdn 8). Vereinzelt wird Verzicht für zulässig erachtet[32]. Zulässig ist jedoch lediglich Verfahrensfortsetzung mit Zustimmung des Konkursverwalters (Abs 1 Satz 3).

6 Konkursverwalter-Einstellungsverfahren (Absatz 2)

6.1 Für das **Verfahren** zur Entscheidung über den Einstellungsantrag des Konkursverwalters gelten Abs 2–4 des § 30 b entsprechend (Abs 2). Es gelten somit auch die allgemeinen Grundsätze des ZPO-Verfahrens. Der Konkursverwalter hat die seinen Einstellungsantrag nach Abs 1 rechtfertigenden Tatsachen vorzutragen. Dazu § 30 b Rdn 4.

6.2 Für die **Anhörung** von Gläubiger und Konkursverwalter gelten über den anzuwendenden § 30 b die Grundsätze wie für den Schuldner bei § 30 a (Abs 2). Vor der Entscheidung über den Einstellungsantrag sind also der Konkursverwalter und der Gläubiger zu hören (§ 30 b Abs 2 Satz 2), vor der Entscheidung über die Beschwerde der Beschwerdegegner (§ 30 b Abs 3 Satz 1). Dazu § 30 b Rdn 4.2, zum rechtlichen Gehör auch Einl Rdn 46.

6.3 **Glaubhaftmachung** hat auch hier auf Verlangen des Gerichts zu erfolgen (Abs 2 mit § 30 b Abs 2 Satz 3). Der Konkursverwalter hat die Einstellungsvoraussetzungen des Abs 1 glaubhaft zu machen, der Gläubiger die Gegenvoraussetzungen. Bloße Behauptung des Konkursverwalters, die Verwertung der Konkursmasse werde durch die Zwangsversteigerung erschwert, genügt nicht (für diese Erleichte-

---

[28] AG Hamburg-Wandsbek Rpfleger 1967, 15 mit zust Anm Stöber; Mohrbutter KTS 1961, 103 (V).
[29] AG Hamburg-Wandsbek aaO (Fußn 28).
[30] Stöber Rpfleger 1967, 16 (Anmerkung).
[31] Jonas/Pohle, ZwVNotrecht, § 30 c Anm 4; Mohrbutter KTS 1961, 103 (IV).
[32] Mohrbutter KTS 1961, 103 (IV).

Einstellung auf Konkursverwalterantrag 8.1 **§ 30 c**

rung ist[33], aber zu Unrecht). Das ZVG verlangt ausdrücklich, daß glaubhaft gemacht wird. Das Gericht muß daher prüfen, ob Glaubhaftmachung tatsächlicher Angaben zu verlangen ist.

6.4 Mündliche Verhandlung kann das Gericht bei einem Einstellungsantrag des Konkursverwalters wie bei einem Antrag des Schuldners ansetzen (Abs 2 und § 30 b Abs 2 Satz 2). Dazu § 30 b Rdn 4.4 und 4.5.

6.5 Die Entscheidung ergeht durch **Beschluß** (Abs 2 mit § 30 b Abs 2 Satz 1), der zu begründen ist (Einl Rdn 28). Die einstweilige Einstellung nach § 30 c ist ohne Angabe einer Frist anzuordnen[34]; Auflagen kommen nicht in Betracht. Eine Kostenentscheidung ist nicht nötig (§ 30 b Rdn 5.2). Nach der Bietstunde kann, wenn ein Gebot abgegeben ist, nur noch durch Versagung des Zuschlags eingestellt werden (§ 33; dazu § 30 b Rdn 5.5). Rechtsbehelfe: § 30 b Rdn 9.

6.6 Zustellungen erfolgen hier wie im Falle von § 30 a (§ 30 b Rdn 5.3), nur an den Konkursverwalter statt an den Schuldner.

6.7 Mehrere Gläubiger vollstrecken mit ihren Einzelforderungen selbständig in das zur Konkursmasse gehörende Schuldnergrundstück. Auch Vollstreckungsschutz nach § 30 c muß daher der Konkursverwalter in jedem selbständigen Vollstreckungsverfahren beantragen und für jedes Gläubigerverfahren geprüft und angeordnet werden. Dazu § 30 b Rdn 6.

Muster für die Entscheidung 7

7.1 Für die Einstellung kann die Entscheidung etwa lauten: „1. **Beschluß:** Das Zwangsversteigerungsverfahren aus dem Anordnungs-/Beitritts-Beschluß vom ... (Gläubiger ...) und vom ... (Gläubiger ...) wird auf den Antrag des Konkursverwalters einstweilen eingestellt. 2. **Belehrung des Gläubigers:** Das Verfahren wird nur auf Antrag fortgesetzt. Der Antrag kann nur gestellt werden, wenn der Konkursverwalter zustimmt oder wenn der Einstellungsgrund (Erschwerung der Verwertung der Konkursmasse durch die Versteigerung oder Einreichung eines Zwangsvergleichsvorschlags) wegfällt oder wenn dem Gläubiger unter Berücksichtigung seiner wirtschaftlichen Verhältnisse die Einstellung nicht mehr zuzumuten ist oder wenn das Konkursverfahren beendet ist. Der Fortsetzungsantrag muß spätestens binnen sechs Monaten ab dem Ende des Konkursverfahrens bei dem Vollstreckungsgericht eingehen, weil sonst das Verfahren aufgehoben werden muß. **Gründe:** ..."

7.2 Muster auch im ZVG-Handbuch Rdn 178.

Nach Einstellung zulässige Verfahrensfortsetzung (Absatz 1 Satz 3) 8

8.1 Schuldnerschutz mit Einstellung des Verfahrens kann bei Zwangsvollstreckung gegen den Konkursverwalter nur Wirksamkeit behalten, solange die sachlichen Schutzvoraussetzungen für Vollstreckungsaufschub bestehen. Wenn sie weggefallen sind, wird das Vollstreckungsverfahren des Gläubigers daher auf seinen **Antrag fortgesetzt.** Das ist der Fall (Abs 1 Satz 3 des § 30 c), wenn
– der **Konkursverwalter zustimmt.** Grund: Antrag ist Einstellungsvoraussetzung; dem Konkursverwalter kann zur Erfüllung seiner Aufgaben daran gelegen sein, daß die zunächst eingestellte Grundstücksverwertung zur abgesonderten Gläubigerbefriedigung durchgeführt wird;
– die sachlichen **Einstellungsvoraussetzungen** des § 30 c Abs 1 Satz 1 (Rdn 2.5) **weggefallen** sind;

---

[33] Bittmann KTS 1961, 106.
[34] Jonas/Pohle, ZwVNotrecht, § 30 c Anm 3; Drischler Rpfleger 1956, 91; Mohrbutter KTS 1961, 103 (V).

§ 30 c 8.1

- der Gläubigerinteressen wahrende **Ablehnungsgrund** des § 30 c Abs 1 Satz 2 (Rdn 3) **nachträglich eingetreten** ist;
- das **Konkursverfahren beendet** ist und ebenso, wenn das **Grundstück** aus der Konkursmasse **freigegeben** ist.

8.2 a) Für die **Entscheidung** über den Fortsetzungsantrag ist zu **unterscheiden**, ob Fortsetzung erfolgen soll, weil
aa) mit Zustimmung des Konkursverwalters, Erledigung des Zwangsvergleichs, Beendigung des Konkursverfahrens oder Freigabe des Grundstücks aus der Konkursmasse der Einstellungsgrund entfallen ist;
bb) als Einstellungsvoraussetzung die Gründe nicht mehr bestehen, die angemessene Verwertung der Konkursmasse wesentlich erschwert haben oder der Ablehnungsgrund (Unzumutbarkeit der Einstellung für Gläubiger) nachträglich eingetreten ist.

b) **Im Fall aa)** kann Fortsetzung verlangt werden, wenn ein bestimmtes Ereignis als Endzeitpunkt der Einstellung eingetreten ist. Sie hat zu erfolgen, wenn der Eintritt dieses Ereignisses festgestellt ist. Es gelten daher die allgemeinen Grundsätze der Verfahrensfortsetzung. Das Verfahren ist vom Vollstreckungsgericht fortzusetzen (§ 31 Rdn 5), wenn die Prüfung des Gläubigerantrags ergibt, daß das Ereignis eingetreten ist, mit dem die Einstellungswirkung geendet hat.

c) Fortsetzung mit **Wegfall** der Einstellungsvoraussetzungen von Abs 1 Satz 2 (wesentliche Erschwerung der Masseverwertung) oder mit Eintritt des Ablehnungsgrundes (Unzumutbarkeit der Einstellung für den Gläubiger) kommt der Aufhebung des Einstellungsbeschlusses gleich. Die Einstellung tritt in diesem Fall nicht ohne weiteres außer Kraft (wie im Fall von § 30 a Abs 3–5); der Einstellungsgrund ist auch sonst nicht ohne weiteres entfallen (wie mit Ablauf der Einstellungsfrist im Falle des § 30 a, bei Zustimmung des Konkursverwalters usw). Fortsetzung kann vielmehr erfolgen, weil mit **Änderung der Verhältnisse** Bindung des Vollstreckungsgerichts an den Einstellungsbeschluß nicht mehr besteht. Berücksichtigung neuer Tatsachen nach geänderter Sachlage erfordert in diesem Fall erneute Überprüfung des Einstellungsgrundes. Daher kann der Einstellungsbeschluß nicht bereits auf Grund des Tatsachenvortrags des Gläubigers als gegenstandslos angesehen und mit Fortsetzungshandlung über ihn hinweggegangen werden. Prüfung des Vollstreckungsgerichts kann vielmehr nur mit neuer Entscheidung über den Einstellungsgrund erfolgen (zum Vergleich: ZPO § 765 a Abs 4). Der Fortsetzungsantrag leitet daher ein Verfahren zur Änderung (Aufhebung) des Einstellungsbeschlusses ein; über diesen Antrag ist in entsprechender Anwendung von § 30 b Abs 2–4 zu entscheiden. Daher entscheidet in diesem Fall über einen Fortsetzungs**antrag** des Gläubigers das Vollstreckungsgericht durch Beschluß. Der Konkursverwalter ist vor der Entscheidung zu **hören**. Es gelten die allgemeinen Grundsätze des ZPO- Verfahrens (§ 30 b Rdn 4). Der Gläubiger hat daher als Antragsteller die Tatsachen vorzutragen, die Verfahrensfortsetzung ermöglichen. Der Tatsachenvortrag ist Entscheidungsgrundlage, wenn er vom Konkursverwalter nicht bestritten (ZPO § 138 Abs 2), zugestanden (ZPO § 288) oder bei Gericht offenkundig ist (ZPO § 291). Sonst sind Angaben zu beweisen (Glaubhaftmachung ist nicht vorgesehen, somit nicht ausreichend). Mündliche Verhandlung über den Fortsetzungsantrag kann anberaumt werden (ZPO § 764 Abs 3 mit § 869). Die Entscheidung ist zu begründen. Sie ist dem Gläubiger mitzuteilen, bei seinem Fortsetzungsantrag entsprochen wird (sonst zuzustellen); dem Konkursverwalter (nach Beendigung des Konkursverfahrens oder Freigabe des Grundstücks aus der Konkursmasse: dem Schuldner) wird sie, ggfs mit Einstellungsbelehrung nach § 30 d, zugestellt, wenn Fortsetzung angeordnet wird; sonst wird sie mitgeteilt.

9 Schuldnerantrag nach Konkursbeendigung

9.1 Mit **Beendigung des Konkursverfahrens** (Aufhebung, KO §§ 163, 190, oder Einstellung, KO §§ 202, 204) enden Rechte und Pflichten des Konkursver-

Einstellung auf Konkursverwalterantrag 9.3 § 30 c

walters; der Schuldner erlangt wieder das Verwaltungs- und Verfügungsrecht über sein Grundstück, das zur Konkursmasse gehört hat. Gleiches gilt bei **Freigabe des Grundstücks** aus der Konkursmasse durch den Konkursverwalter. In dem fortzusetzenden Versteigerungsverfahren ist der Schuldner wieder selbst Verfahrensbeteiligter. Von ihm kann daher auch wieder Schutz gegen Zwangsverwertung des Grundstücks mit Verfahrenseinstellung verlangt werden, sofern die Antragsfrist gewahrt werden kann.

9.2 Weil vom Schuldner **Antrag** auf Verfahrenseinstellung auch nach Beendigung des Konkursverfahrens oder Freigabe des Grundstücks aus der Konkursmasse **nur in der Notfrist** von zwei Wochen (§ 30 b Abs 1) oder unter den Voraussetzungen des § 30 d (dazu Anmerkungen zu § 30 d) gestellt werden kann, gilt:

a) Wenn die Zwangsversteigerung erst **nach Konkurseröffnung** zur abgesonderten Befriedigung gegen den Konkursverwalter **angeordnet** (oder der Beitritt erst nach Konkurseröffnung zugelassen, § 27) worden ist und das Verfahren auf Antrag des Konkursverwalters nach § 30 c (einmal) einstweilen eingestellt war, kann die Versteigerung nach § 30 d Abs 1 auf Antrag des Schuldners nur einmal erneut eingestellt werden. Für das Verfahren, das nicht nach § 30 c eingestellt war, regelt § 30 a die sachlichen Voraussetzungen der Einstellung auf Schuldnerantrag. Beantragt werden muß diese Einstellung vom Schuldner binnen einer **Notfrist von zwei Wochen;** diese beginnt mit Zustellung der hinweisenden Verfügung. Der Hinweis ist bei Verfahrensfortsetzung gegen den Schuldner nach Beendigung des Konkursverfahrens oder Freigabe des Grundstücks zuzustellen (§ 30 b Abs 1, auch § 30 d Abs 2 Satz 2). Das Antragsrecht des Schuldners besteht selbständig; es ist nicht vom Konkursverwalter als Vollstreckungsschuldner bei Verfahrensbeginn (Beschlagnahme) und bis zur Konkursbeendigung oder Freigabe des Grundstücks abgeleitet. Es ist darum dem Schuldner nicht anzurechnen, wenn vor Konkursbeendigung oder Freigabe des Grundstücks Zustellung einer Belehrung an den Konkursverwalter erfolgt ist (die Frist des Konkursverwalters läuft nicht für den Schuldner). Es ist für das Antragsrecht des Schuldners auch belanglos, wenn der Konkursverwalter sein Antragsrecht aus § 30 c versäumt hat oder wenn ein Antrag des Konkursverwalters abgelehnt worden ist.

b) Wenn die Zwangsversteigerung bereits **vor Konkurseröffnung** noch gegen den Schuldner **angeordnet** wurde (oder wenn der Beitritt eines Gläubigers bereits vor Konkurseröffnung gegen den Schuldner zugelassen wurde, § 27), gegen den das Verfahren nach Konkursbeendigung oder Freigabe des Grundstücks aus der Konkursmasse fortgesetzt wird, ist ebenso von Bedeutung, ob erstmals oder erneut (wiederholt) Einstellung beantragt werden soll. Wenn das Verfahren **bereits** (vor Konkurseröffnung) gemäß § 30 a oder (nach Konkurseröffnung) auf Antrag des Konkursverwalters gemäß § 30 c **einstweilen eingestellt** war, kann es auf Antrag des Schuldners **nur einmal erneut** nach § 30 d eingestellt werden (dazu § 30 d Rdn 2). Für ein Verfahren, das weder vor Eröffnung des Konkursverfahrens gemäß § 30 a noch (nach Konkurseröffnung) auf Antrag des Konkursverwalters nach § 30 c einstweilen eingestellt war, regelt § 30 a die sachlichen Voraussetzungen der Einstellung. **Beantragt** werden muß diese Einstellung jedoch vom Schuldner in der **Notfrist von zwei Wochen** des § 30 b Abs 1 Satz 1. Schuldnerantrag auf Verfahrenseinstellung ist daher ausgeschlossen, wenn diese Notfrist nicht mehr gewahrt werden kann. Daher ist Antrag des Schuldners nicht mehr zulässig, wenn die Notfrist für Antragstellung bereits vor Konkurseröffnung abgelaufen ist und Einstellungsantrag nicht gestellt wurde oder wenn ein Schuldnerantrag vor Konkurseröffnung abgelehnt wurde (siehe § 30 b Rdn 10.3).

9.3 Auf sein **Antragsrecht** (sofern es nicht bereits ausgeschlossen ist), den Fristbeginn und die Rechtsfolgen eines fruchtlosen Fristablaufs ist der Schuldner nach Beendigung des Konkursverfahrens oder Freigabe des Grundstücks aus der Konkursmasse **hinzuweisen** (§ 30 b Abs 1). Wenn nur noch einmal erneute Einstel-

§ 30 c 9.3   Aufhebung und einstweilige Einstellung

lung nach § 30 d erfolgen kann, hat Belehrung nach § 30 d Abs 1 Satz 2 mit § 30 b Abs 1 zu erfolgen.

9.4 Ein **Antrag** des Schuldners auf einstweilige Einstellung des Verfahrens, der in der Notfrist des § 30 b Abs 1 noch **vor Konkurseröffnung** gestellt worden ist, wurde mit Konkurseröffnung und Fortsetzung des Verfahrens gegen den Konkursverwalter nicht gegenstandslos. Wenn das Vollstreckungsverfahren nach Konkursbeendigung oder Freigabe des Grundstücks aus der Konkursmasse gegen den Schuldner fortgesetzt wird, ist über seinen Antrag aus § 30 a (oder § 30 d) daher zu entscheiden. Vor der Entscheidung ist auch der Schuldner (nochmals) zu hören (§ 30 b Abs 2 Satz 2); ihm ist insbesondere Gelegenheit zu geben, die für Einstellung nach Verfahrensfortsetzung sprechenden Gründe vorzubringen. Der Schuldnerantrag ist zurückzuweisen (sofern er nicht zurückgenommen wird), wenn zwischenzeitliche Einstellung auf Antrag des Konkursverwalters gemäß § 30 c (als zweite Einstellung) weiteren Schuldnerschutz ausschließt (§ 30 d).

10 Verhältnis von § 30 c zu anderen Einstellungen

10.1 Verhältnis zu § 30: Siehe § 30 Rdn 6.6.

10.2 Verhältnis zu § 30 a: Nach § 30 d sind die Einstellungen aus § 30 a und § 30 c gleichwertig; nach einer von ihnen ist nur noch eine erneute (über § 30 d) zulässig. Wenn bei Konkurseröffnung schon nach § 30 a eingestellt ist oder war, kann nur noch eine erneute für den Konkursverwalter aus § 30 c über § 30 d in Frage kommen, nicht mehr eine erste aus § 30 c. Dazu auch Rdn 2.3. Wenn bei Konkurseröffnung ein Antrag aus § 30 a noch unerledigt ist, wird über ihn nach Konkurseröffnung nicht mehr entschieden; er behält nur noch Bedeutung für den Fall der Verfahrensfortsetzung gegen den Schuldner nach Beendigung des Konkurses oder Freigabe des Grundstücks. Das Verfahren gegen den Konkursverwalter kann nur auf seinen Antrag und aus den Gründen des § 30 c (bzw § 30 d, wenn es die erneute Einstellung wäre) eingestellt werden. Eine Umdeutung oder Überleitung des Schuldnerantrags aus § 30 a in einen Antrag des Konkursverwalters aus § 30 c ist wegen der ganz anderen Voraussetzungen nicht möglich.

10.3 Verhältnis zu ZPO § 765 a: Einl Rdn 61.

11 Versteigerung und Gesamtvollstreckung

Im **Beitrittsgebiet** (Einl Rdn 14.1) gilt die Gesamtvollstreckungsordnung (dazu § 15 Rdn 23.13). Eine Vollstreckungsmaßnahme (auch die eines dinglichen Gläubigers) kann im Antragsverfahren danach eingestellt werden. Diese vorläufige Einstellung endet mit Eröffnung des Gesamtvollstreckungsverfahrens (§ 15 Rdn 23.13). Dann findet § 30 c Anwendung, wenn die Versteigerung auf Antrag eines dinglichen (absonderungsberechtigten) Gläubigers fortgesetzt oder neu angeordnet wird (dazu, ob solche Verfahren zulässig sind, § 15 Rdn 23.12).

[Erneute einstweilige Einstellung auf Antrag]

30 d (1) **War das Verfahren gemäß § 30 a oder § 30 c einstweilen eingestellt, so kann es auf Grund des § 30 a und des § 30 c einmal erneut eingestellt werden, es sei denn, daß die Einstellung dem Gläubiger unter Berücksichtigung seiner gesamten wirtschaftlichen Verhältnisse nicht zuzumuten ist. § 30 b gilt entsprechend.**

(2) **Hat eine erneute Einstellung stattgefunden, ist auch § 765 a der Zivilprozeßordnung nicht mehr anzuwenden.**

Hinweis: § 30 d wird ab 1. 1. 1999 **neuer § 30 c**. In seinem Absatz 1 werden die Worte „oder § 30 c" und die Worte „und des § 30 c" gestrichen. Art. 20 Nr. 3 EGInsO (BGBl 1994 I 2911 [2918]).

Erneute einstweilige Einstellung auf Antrag 2.2 § 30 d

Übersicht

Allgemeines zu § 30 d ... 1	Erneute Einstellung: Verfahren über Einstellungsantrag (Abs 1 Satz 2) ... 5
Antragsmöglichkeit für erneute Einstellung (Absatz 1 Satz 1) ... 2	Muster für die Entscheidung ... 6
Einstellungsvoraussetzungen ... 3	Sittenwidrigkeit als erneuter Einstellungsgrund (Absatz 2) ... 7
Erneute Einstellung: Antragsbelehrung (Absatz 1 Satz 2) ... 4	

Allgemeines zu § 30 d 1

1.1 Zweck der Vorschrift: Begrenzung der Höchstdauer mehrfacher Einstellung desselben Vollstreckungsverfahrens auf Antrag des Schuldners (§ 30 a) oder seines Konkursverwalters (§ 30 c).

1.2 Anwendungsbereich: Die Vorschrift gilt wie § 30 a nur für die Vollstreckungsversteigerung. Für die Teilungsversteigerung gilt als Sondervorschrift § 180 Abs 2 und 3, für die Verfahren nach §§ 172, 175 gilt § 30 d nicht.

Antragsmöglichkeit für erneute Einstellung (Absatz 1 Satz 1) 2

2.1 Einmal **erneut eingestellt** werden kann die Zwangsversteigerung eines Grundstücks, wenn das Verfahren nach vorangegangener Einstellung **gemäß § 30 a** oder **§ 30 c** auf Antrag des Gläubigers (§ 31 Abs 1) fortgesetzt wird. Begrenzt ist damit die Höchstdauer mehrfacher Einstellungen eines Vollstreckungsverfahrens im Wege des Schuldnerschutzes (auch auf Konkursverwalterantrag). Einstellungen aus anderen Gründen, insbesondere auf Bewilligung des Gläubigers nach § 30, nach § 28, wegen teilweiser Deckung des betreibenden Gläubigers nach § 76 Abs 1, wegen Nichtabgabe von Geboten nach § 77 Abs 1, auf Anordnung des Prozeßgerichts oder nach ZPO § 769 Abs 2, auch nach ZPO § 765 a (hier jedoch § 30 d Abs 2; § 30 d Rdn 7) schränkt § 30 d so wenig ein[1] wie Zuschlagsversagungsgründe (insbesondere nach § 74 Abs 1, § 85 Abs 1, § 85 a). § 30 d dient der Wahrung der Gläubigerbelange: sein Vollstreckungsanspruch rechtfertigt Berücksichtigung schutzwürdiger Schuldnerinteressen nur mit zeitlich begrenztem Verfahrensstillstand. Damit dient die Bestimmung zugleich auch der Wahrung der Interessen der am Grundstück sonst Berechtigten; sie sollen nicht dadurch geschädigt werden, daß sich ein Verfahren unangemessen verschleppt und damit Leistungen Besserberechtigter fortlaufend anwachsen (siehe § 30 Rdn 1.1). Diese Begrenzung der Vollstreckungsdauer entspricht einem dringenden praktischen Bedürfnis; § 30 d trägt dem allerdings nur unvollkommen Rechnung; die Bestimmung ist zudem nicht glücklich gefaßt.

2.2 a) **Verfahren,** das einmal erneut eingestellt werden kann, ist das **einzelne Vollstreckungsverfahren** zur Zwangsversteigerung, das auf Antrag **eines Gläubigers** vom Vollstreckungsgericht angeordnet (§ 15) oder mit Zulassung des Beitritts des Antragstellers (§ 27) eingeleitet worden ist, somit nicht das Versteigerungsverfahren über das gleiche Grundstück (sonstige Objekt) insgesamt. In jeder mit Anordnungsbeschluß oder Beitrittsbeschluß auf Gläubigerantrag angeordneten (zugelassenen) selbständigen Vollstreckungssache ist Verfahrenseinstellung nach § 30 a (oder § 30 c) gesondert zu beantragen (§ 30 b Rdn 6). Wenn dann Einstellung nach § 30 a (oder § 30 c) erfolgt ist und das eingestellte Verfahren auf Antrag des Gläubigers fortgesetzt wird (§ 31 Abs 1), kann in diesem Einzelvollstreckungsverfahren Einstellung auf Antrag des Schuldners (seines Konkursverwalters) nach Abs 1 nur noch einmal erneut beantragt werden.

b) Auszugehen ist somit immer vom **Verfahren desselben** vollstreckenden **Gläubigers** aus demselben Beschlagnahmebeschluß. Es wird für jeden Beschlagnahmebeschluß und jeden betreibenden Gläubiger dabei (es können ja in einem

---

[1] Jonas/Pohle, ZwVNotrecht, § 30 d Anm 2.

§ 30 d 2.2   Aufhebung und einstweilige Einstellung

Beschluß mehrere betreibende Gläubiger zusammengefaßt sein) gesondert gezählt. Wurde ein Beschlagnahmebeschluß eines Gläubigers aufgehoben und die Beschlagnahme wieder neu angeordnet (weil zB der Gläubiger die Fortsetzungsfrist versäumt hat und neuen Antrag gestellt hat), so wird für diesen wieder neu gezählt (nur die Frage der Zumutbarkeit einer Einstellung für den Gläubiger kann durch frühere Einstellungen beeinflußt werden[1]). Bei den Berechnungen kommt es also auf die Zahl der Einstellungen an[1], nicht auf die Dauer der einzelnen Einstellung. Auch kurzfristige sind mitzuzählen (deren Dauer ist wieder bei der Frage der Zumutbarkeit zu berücksichtigen).

c) Einmal erneut kann das Verfahren nach Abs 1 Satz 1 auch eingestellt werden, wenn die vorangegangene Einstellung nach § 30 a deshalb **außer Kraft getreten** ist, weil der Schuldner Zahlungsverpflichtungen oder andere Auflagen nicht erfüllt hat (Abs 3–5 des § 30 a). Voraussetzung für nochmalige Einstellung nach Abs 1 ist lediglich, daß das Verfahren bereits gemäß § 30 a eingestellt war. Daß diese Einstellung bis zum Ablauf der im Einstellungsbeschluß angeordneten Einstellungsdauer (§ 30 a Rdn 4) bestanden hat, ist nicht gefordert. Gegen erneute Einstellung kann in einem solchen Fall jedoch das schutzwürdige Gläubigerinteresse sprechen (Rdn 3.3).

d) Weiterer Schuldnerschutz mit Verfahrens**einstellung** ist **ausgeschlossen,** wenn ein Verfahren **bereits** auf Grund des § 30 u und/oder des § 30 c einmal **erneut eingestellt** war, auch wenn diese Einstellung mit Versagung des Zuschlags erfolgt ist (§§ 33, 86)[2] (anders[3]). **Anrechenbar** sind hier, weil durch Abs 1 Satz 1 gleichgestellt, Einstellungen aus § 30 a (vom Schuldner beantragt) und aus § 30 c (vom Konkursverwalter beantragt). Wenn also einmal nach § 30 a eingestellt war, kann nur noch einmal nach § 30 a oder § 30 c (über § 30 d) eingestellt werden, ebenso, wenn die erste Einstellung nach § 30 c war. War zweimal nach § 30 a oder/und § 30 c (einmal unmittelbar, einmal über § 30 d) eingestellt, so kann nicht mehr erneut eingestellt werden, weder aus § 30 a noch aus § 30 c[4]. Andere Einstellungen sind nicht anzurechnen. War also das Verfahren zB nach § 30, nach ZPO § 765 a oder auf prozeßgerichtliche Anordnung eingestellt und wurde es dann auf Antrag des Schuldners nach § 30 a (fristwahrender Antrag ist möglich; siehe § 30 b Rdn 10.5) oder nach Konkurseröffnung auf Antrag des Konkursverwalters nach § 30 c einstweilen eingestellt, so kann es gemäß § 30 d Abs 1 auf Grund des § 30 a und des § 30 c einmal erneut eingestellt werden.

2.3 a) Wenn das Verfahren vor Fortsetzung auf Gläubigerantrag (§ 31 Abs 1) **aus anderem Grund** (nicht gemäß § 30 a oder § 30 c) **einstweilen eingestellt** war, kann es nach Abs 1 einmal **erneut eingestellt** werden (zum nicht erledigten Einstellungsantrag siehe Rdn 2.5). Die Voraussetzung erneuter Einstellung ist dann schon nach dem Wortlaut von Abs 1 Satz 1 (Einstellung gemäß § 30 a oder § 30 c) nicht gegeben; aber auch der Gesetzeszweck verbietet nochmalige Einstellung auf Grund des § 30 a oder des § 30 c in einem solchen Fall. § 30 d soll es dem schutzwürdigen Schuldner ermöglichen, auch nach der erstmals nur auf die Dauer von sechs Monaten möglich gewesenen Verfahrenseinstellung (§ 30 a Abs 1) oder nach Verfahrenseinstellung nur für die Dauer oder anläßlich des Konkursverfahrens (§ 30 c) die Zwangsversteigerung seines durch GrundG Art 14 geschützten Eigentums abzuwenden (§ 30 a Rdn 1.1). Nach Konkurseröffnung soll mit nochmaliger Einstellung angemessene Verwertung der Konkursmasse oder das Zustandekommen eines Zwangsvergleichs (§ 30 c Rdn 1.1) auch dann noch gewährleistet werden, wenn das Verfahren bereits auf Schuldnerantrag nach § 30 a einmal einstweilen eingestellt war. Desgleichen soll das Zustandekommen eines Zwangsvergleichs mit nochmaliger Verfahrenseinstellung auch für den Fall ermög-

---

[2] OLG Bamberg NJW 1956, 429 mit abl Anm Riedel.
[3] Riedel NJW 1956, 429 (Anmerkung).
[4] Mohrbutter KTS 1961, 103 (V).

licht werden, daß der Vergleichsvorschlag erst nach Fortsetzung eines auf Antrag des Konkursverwalters eingestellt gewesenen Verfahrens eingereicht wird (§ 30 c Abs 1). Mit Begrenzung der erneuten Einstellung bleiben Gläubigerbelange für alle Einstellungsfälle gewahrt (Rdn 2.1); sie ist nur einmal und im Falle des § 30 a Abs 1 nur auf die Dauer von höchstens sechs Monaten möglich. Abs 1 soll somit einmalig (Gläubigerinteresse) eine **zeitliche Erweiterung** (Verlängerung) **des Schuldnerschutzes** für die Fälle ermöglichen, in denen der Schutzzweck mit der nach § 30 a zeitlich (sechs Monate) oder nach § 30 c sachlich (Dauer des Konkursverfahrens usw) begrenzten Einstellung zunächst nicht voll gewährleistet werden konnte. Nicht Zweck des Abs 1 ist es aber, dem Schuldner grundsätzlich die Möglichkeit zu geben, Vollstreckungsschutz für jeden Gläubiger zweimal in Anspruch zu nehmen, nach jeder Einstellung, gleich aus welchem Grund, somit neuerlich ein Einstellungsrecht zu begründen, und lediglich die Zahl der Einstellungen auf Antrag des Schuldners auf zwei (anrechenbare) Einstellungen zu begrenzen (so aber[5]). Dem trägt auch die Bestimmung Rechnung, daß Antrag auf Verfahrenseinstellung nur in einer Notfrist von zwei Wochen gestellt werden kann (§ 30 b Rdn 10.3).

b) Abs 1 ermöglicht somit **keine** nochmalige Einstellung eines Verfahrens, das **aus anderen** als den beiden bezeichneten **Gründen** (nämlich nach § 30 a oder § 30 c) einstweilen eingestellt war. Wenn ein Verfahren auf Antrag des Gläubigers fortgesetzt wird (§ 31 Abs 1), das nach § 28, insbesondere aber nach § 30, nach ZPO § 765 a, § 775 oder aus anderem Grund einstweilen eingestellt war, kann es daher nicht deshalb auf Grund des § 30 a oder § 30 c einmal erneut eingestellt werden, weil es (früher) nicht schon zweimal nach § 30 a und/oder § 30 c eingestellt war. Das aus anderem Grund eingestellt gewesene Verfahren kann nach Fortsetzung auf Gläubigerantrag (§ 31 Abs 1) daher auch dann nicht nach Abs 1 einmal erneut eingestellt werden, wenn
— vom Schuldner (Konkursverwalter) in der Notfrist von zwei Wochen des § 30 b Abs 1 (mit § 30 c Abs 2) nach Beschlagnahme Einstellungs**antrag nicht gestellt** wurde (so richtig[6] für Fortsetzung eines nach fruchtlosem Ablauf der Notfrist nach ZPO § 765 a eingestellten Verfahrens);
— ein in der Notfrist des § 30 b Abs 1 (mit § 30 c Abs 2) gestellter Einstellungs**antrag** des Schuldners (Konkursverwalters) bereits früher (rechtskräftig) **abgelehnt** worden ist.

Der Schuldner, der in der Notfrist von zwei Wochen nach Beschlagnahme Einstellungsantrag nicht gestellt hat, wird deswegen nicht, wie[7] vorbringt, „für diese Fristversäumnis doppelt bestraft", weil er statt zweimal kein einziges Mal Vollstreckungsschutz beantragen kann. Daß Vollstreckungsschutz nur auf Antrag gewährt und nicht gegen den Willen des Schuldners von Amts wegen wahrgenommen wird, trägt dem Gedanken Rechnung, daß (auch) der Betroffene die Möglichkeit haben soll, auf das Verfahren einzuwirken (so[8] für ZPO § 765 a). Es wird daher die Selbstverantwortlichkeit des Schuldners respektiert, wenn mit Fortsetzung des Verfahrens (die er möglicherweise sehr wünscht) seiner Entscheidung Rechnung getragen wird (dazu[8]), Schutz mit Einstellungsantrag in der Notfrist des § 30 b Abs 1 nicht in Anspruch zu nehmen. Wenn der Schuldner mit seinem Verhalten im Verfahren in Kauf nimmt, daß mit fruchtlosem Ablauf der Notfrist des § 30 b Abs 1 Einstellung aus den Gründen des § 30 a (§ 30 c und damit auch § 30 d) ausgeschlossen ist, kann (ohne Gesetzesgrundlage) auch Verfahrenseinstellung aus anderem Grund kein Antragsrecht neu begründen.

---

[5] Schiffhauer Rpfleger 1983, 256 (257) (Anmerkung); Dassler/Muth § 30 d Rdn 2; Steiner/Storz § 30 d Rdn 16.
[6] LG Nürnberg-Fürth Rpfleger 1983, 256 mit Anm Schiffhauer.
[7] Steiner/Storz § 30 d Rdn 15.
[8] BVerfG 61, 126 (137, 138) = MDR 1983, 188 = NJW 1983, 559 = Rpfleger 1983, 80.

§ 30 d 2.3 — Aufhebung und einstweilige Einstellung

c) Der Fall des § 30 d liegt auch nicht vor, wenn ein Antrag aus § 30 d rechtskräftig abgelehnt ist und der Schuldner nur **neue Tatsachen** vorbringen will, die er vorher nicht vorbringen konnte[9] (nicht zulässig).

2.4 Die Voraussetzungen **erneuter** Einstellung nach Abs 1 sind auch **nicht** gegeben, wenn der Gläubiger Einstellung in der Antragsfrist des § 30 b Abs 1 (mit § 30 c Abs 2) noch vor Eingang eines Einstellungsantrags des Schuldners (Konkursverwalters) bewilligt hat oder wenn die Zwangsversteigerung vor Eingang eines Schuldnerantrags in der Notfrist des § 30 b Abs 1 (mit § 30 c Abs 2) aus anderen Gründen (zB nach ZPO § 765 a) eingestellt wurde und später auf Gläubigerantrag fortgesetzt wird. Der Schuldner kann nach Fortsetzung des Verfahrens in einem solchen Fall vielmehr Einstellung (erstmals) nach § 30 a (auch § 30 c) verlangen. Dazu § 30 b Rdn 10.5.

2.5 Ein **Antrag** des Schuldners auf einstweilige Einstellung des Verfahrens, der in der Notfrist des § 30 b Abs 1 (§ 30 c Abs 2 für Konkursverwalter) gestellt wurde, ist mit Einstellung des Verfahrens auf Bewilligung des Gläubigers (§ 30) oder aus anderem Grund (ZPO § 765 a, § 775 usw) noch nicht **gegenstandslos** geworden. Nach Fortsetzung des Vollstreckungsverfahrens ist vielmehr über den in der Notfrist gestellten Antrag des Schuldners (Konkursverwalters) auf Verfahrenseinstellung nach § 30 a (§ 30 c) zu entscheiden. Dazu § 30 b Rdn 10.6. Fortsetzung des Verfahrens begründet damit auch in diesem Fall **nicht** die Voraussetzungen der erneuten Einstellung nach Abs 1.

3 Einstellungsvoraussetzungen

3.1 Auch die nochmalige Einstellung setzt einen **Antrag** des Schuldners (oder Konkursverwalters) voraus (Abs 1 Satz 1 mit § 30 a und § 30 c Abs 1); von Amts wegen erfolgt Prüfung nicht. Der Antrag kann auch hier nur in der Notfrist von zwei Wochen ab Zustellung der Belehrung (nach Fortsetzung des eingestellten Verfahrens) gestellt werden[10] (Abs 1 Satz 2 und § 30 b Abs 1 bzw § 30 c Abs 2). Zu diesem Antrag § 30 b Rdn 3.

3.2 Die **sachlichen Voraussetzungen** auch der wiederholten Einstellung regeln § 30 a (dort Rdn 3, 5) und § 30 c (dort Rdn 2, 3). Für eine erneute Einstellung genügt auch hier bei § 30 c, daß der Zwangsvergleichsvorschlag nachträglich gemacht wurde.

3.3 **Gläubigerinteressen** sind als Ablehnungsgrund bereits nach § 30 a (dort Rdn 5) und nach § 30 c (dort Rdn 3) zu berücksichtigen. Sie stellt Abs 1 Satz 1 neuerlich als Ablehnungsgrund heraus. Daß er nach nochmaliger Bestimmung in Abs 1 Satz 1 besteht, wenn die erneute Einstellung dem Gläubiger unter Berücksichtigung seiner **gesamten** wirtschaftlichen Verhältnisse nicht zuzumuten ist, kann (wenn die Wiederholung nicht als überflüssig angesehen werden soll) nur bedeuten, daß schutzwürdige Gläubigerbelange umfassender (stärker) zu würdigen und nachhaltiger zu berücksichtigen sind als bei erster Einstellung[11]. Die Zumutbarkeit für den Gläubiger kann bereits mit langer Dauer der Einstellung besonderes Gewicht erlangen. Wenn der Schuldner schon bei der ersten Einstellung eine Zahlungsauflage nicht erfüllt hat, wird erneute Einstellung dem Gläubiger nur noch schwerlich und dann zugemutet werden können, wenn besondere Gründe den Zahlungsrückstand erklärbar machen und künftige Erfüllung anzuordnender Auflagen gewährleistet ist.

3.4 **Schuldnerzahlungen** und andere **Auflagen** sind nach Maßgabe von § 30 a Abs 3–5 unter den dort bezeichneten Voraussetzungen auch bei erneuter Einstellung möglich und anzuordnen. Einzelheiten: § 30 a Rdn 6.

---

[9] LG Heidelberg NJW 1963, 1929.
[10] LG Bremen MDR 1955, 683.
[11] Stöber, ZVG-Handbuch, Rdn 177; Steiner/Storz § 30 d Rdn 21.

Erneute einstweilige Einstellung auf Antrag   5.1   **§ 30 d**

Erneute Einstellung: Antragsbelehrung (Absatz 1 Satz 2)   4

4.1 Auch Antrag auf erneute Einstellung (Rdn 3.1) ist binnen einer Notfrist von zwei Wochen ab Zustellung der Belehrung zu stellen (Abs 1 Satz 2). Hingewiesen werden muß nach § 30 b Abs 1 der Schuldner bzw Konkursverwalter auf das Recht zur Antragstellung, den Fristbeginn und die Rechtsfolgen des fruchtlosen Fristablaufs (§ 30 b Rdn 2).

4.2 Während nach § 30 b Abs 1 Satz 2 die Belehrung möglichst zugleich mit dem Anordnungsbeschluß zuzustellen ist (was auch für den Beitrittsbeschluß gilt), ist die Belehrung für die erneute Einstellung folgerichtig **mit dem Fortsetzungsbeschluß** zuzustellen. Ein Fortsetzungsbeschluß ist nicht vorgeschrieben, aber geboten (§ 31 Rdn 5). Unterbleibt er, so muß auf jeden Fall die Belehrung gesondert zugestellt werden.

4.3 Wenn mit Aufhebung oder Einstellung des **Konkursverfahrens** oder Freigabe des Grundstücks aus der Konkursmasse das Antragsrecht des Schuldners aus § 30 a bzw § 30 d wieder auflebt und der Schuldner nach der Zahl der bisherigen Einstellungen noch die Möglichkeit zu einem Einstellungsantrag hat (Rdn 2), muß er über diese Möglichkeit belehrt werden[12], sobald das Verfahren wirksam fortgesetzt wird. Umgekehrt muß auch, wenn ein vor der Konkurseröffnung nach § 30 a eingestelltes Verfahren nach der Konkurseröffnung fortgesetzt wird, der Fortsetzungsbeschluß mit Belehrung dem Konkursverwalter, falls dieser noch eine Antragsmöglichkeit hat, zugestellt werden[13] (anders[14]).

4.4 Wenn ein **Zwangsvergleichsvorschlag** des Gemeinschuldners im Konkursverfahren **eingereicht** und dem Vollstreckungsgericht bekannt wird, muß dieses, falls noch eine erneute Einstellung möglich ist, den Konkursverwalter zu allen bis dahin vorliegenden Anordnungs- und Beitrittsbeschlüssen, zu denen eine Einstellung möglich wäre, belehren (§ 30 c Rdn 4). Erfolgt der Zwangsvergleichsvorschlag während einer schon laufenden Einstellung aus § 30 a, so wird der Konkursverwalter erst bei Fortsetzung belehrt (dazu § 30 c Rdn 4).

4.5 Die **Form der Belehrung** über die erneute Einstellungsmöglichkeit für Schuldner ist wie bei § 30 b Rdn 2, für den Konkursverwalter wie bei § 30 c Rdn 4, wobei aber zu betonen ist, daß es sich um eine erneute Einstellungsmöglichkeit handelt.

4.6 Zur Antragsbelehrung bei Fortsetzung auch ZVG-Handbuch Rdn 196, 200 a.

Erneute Einstellung: Verfahren über Einstellungsantrag (Absatz 1 Satz 2)   5

5.1 Für das **Verfahren** zur Entscheidung über den erneuten Einstellungsantrag gelten Abs 2–4 des § 30 b entsprechend (Abs 1 Satz 2). Es finden somit auch die allgemeinen Grundsätze des ZPO-Verfahrens Anwendung (dazu § 30 b Rdn 4.1). Gläubiger und Schuldner (Konkursverwalter) sind vor der Entscheidung zu **hören** (Abs 1 mit § 30 b Abs 2 Satz 2). **Glaubhaftmachung** der Angaben hat auch hier auf Verlangen des Gerichts zu erfolgen (Abs 1 mit § 30 b Abs 2 Satz 3). **Mündliche Verhandlung** kann in geeigneten Fällen anberaumt werden (Abs 1 mit § 30 b Abs 2 Satz 2). Die Entscheidung ergeht durch **Beschluß** (Abs 1 mit § 30 b Abs 2 Satz 1), der zu begründen ist. Nochmalige Einstellung auf Antrag des Schuldners kann nach § 30 a Abs 1 (mit § 30 d Abs 1) höchstens bis zu sechs Monaten angeordnet werden. Die nochmalige Einstellung auf Antrag des Konkursverwalters ist nach § 30 c ohne Angabe einer Frist anzuordnen. Nach der Bietstunde kann, wenn ein Gebot abgegeben ist, nur noch durch Versagung des Zuschlags

---

[12] Jonas/Pohle, ZwVNotrecht, § 30 c Anm 5; Mohrbutter/Drischler Muster 30 Anm 4; Mohrbutter KTS 1961, 103 (IV).
[13] Steiner/Storz § 30 c Rdn 27; Mohrbutter KTS 1961, 103 (2) (III).
[14] Kniestedt KTS 1961, 61.

§ 30 d 5.1   Aufhebung und einstweilige Einstellung

eingestellt werden (§ 33). **Rechtsbehelfe:** § 30 b Rdn 9. Vertagung des Versteigerungstermins aus verfahrensmäßigen Gründen ist der erneuten Einstellung nach Abs 1 nicht gleichzuachten (§ 43 Rdn 8; auch ZVG-Handbuch Rdn 220). Näher zum Einstellungsverfahren in den Erläuterungen zu § 30 b (auch § 30 c).

5.2 Ein **Antrag** des Schuldners auf erneute einstweilige Einstellung, der in der Notfrist des § 30 b Abs 1 (§ 30 c Abs 2 für Konkursverwalter, je mit Abs 1 Satz 2) gestellt wurde, wird **mit Einstellung** des Verfahrens auf Bewilligung des Gläubigers (§ 30) oder **aus anderem Grund** (ZPO §§ 765 a, 775 ua) **nicht gegenstandslos.** Das Verfahren ist infolge des Vorrangs der Einstellungsbewilligung (§ 30) oder des sonstigen Einstellungsgrundes zwar sofort (ohne weitere Antragsprüfung) einzustellen. Damit gelangt jedoch lediglich das Verfahren über den Antrag auf erneute Einstellung zum Stillstand. Über diesen Antrag des Schuldners (Konkursverwalters) auf nochmalige Einstellung des Verfahrens nach § 30 d ist nach Fortsetzung des Vollstreckungsverfahrens zu entscheiden. Dazu § 30 b Rdn 10.6.

6 Muster für die Entscheidung

Der erneute Einstellungsbeschluß, gleich ob auf Antrag des Schuldners aus § 30 a oder auf Antrag des Konkursverwalters aus § 30 c erlassen, gleicht dem ersten derartigen Einstellungsbeschluß samt der Fortsetzungsbelehrung für den Gläubiger (§ 30 b Rdn 8, § 30 c Rdn 7, § 31 Rdn 8). Ebenso ist es bei der Teilungsversteigerung, wo der erneute Einstellungsbeschluß aus § 180 Abs 2 dem ersten samt Fortsetzungsbelehrung für den Antragsteller gleicht (§ 30 b Rdn 8).

7 Sittenwidrigkeit als erneuter Einstellungsgrund (Absatz 2)

7.1 Nach einer erneuten Einstellung „ist auch § 765 a ... **nicht mehr anzuwenden":** Abs 2. Diese Vorschrift ist umstritten.

7.2 Es wird vertreten, daß durch diese Vorschrift eine zweite oder dritte Einstellung auf Grund von ZPO § 765 a **ausgeschlossen** sei[15], es heißt, man müsse hierbei die Sittenwidrigkeit in Kauf nehmen oder aber annehmen, daß nach einer erneuten Einstellung die Vollstreckung nicht sittenwidrig sein könne[16], man könne nur durch Vertagung oder Hinausschieben des Termins helfen[17]; vor Grundstücksverschleuderung sei der Eigentümer nach § 85 a geschützt[18].

7.3 Vielfältig sind die Bemühungen, ZPO **§ 765 a trotzdem noch** anzuwenden[19], wobei aber bei der Anwendung Vorsicht geboten sei, die Voraussetzungen streng zu prüfen seien oder nur in besonders geeigneten Ausnahmefällen, nur in größerem zeitlichem Abstand von der erneuten Einstellung oder erst bei nachträg-

---

[15] OLG Bamberg NJW 1956, 429 mit abl Anm Riedel; OLG Koblenz NJW 1956, 1683; LG Osnabrück Rpfleger 1956, 247 mit Anm Mohrbutter; Dassler/Muth § 30 d Rdn 5–7; Jonas/Pohle, ZwVNotrecht, § 30 d Anm 1; Böhle-Stamschräder in Besprechung zu Steiner/Riedel, JR 1954, 36 (37); Bruhn Rpfleger 1958, 125 (Anmerkung); Drischler Rpfleger 1953, 497 (4) und Rpfleger 1956, 91; Grund WürttNV 1953, 197 (II 5); Mohrbutter JurBüro 1954, 385 (1 a) und NJW 1955, 124 (A 1 a); Siegelmann BlGrBW 1958, 167 = DWW 1958, 202 = GrundE 1959, 434; Riggers JurBüro 1968, 583 (7 b); Vogel MDR 1953, 523 (III) und JZ 1954, 335.

[16] Stein/Jonas/Pohle, ZwVNotrecht, § 30 d Anm 8 d.

[17] LG Osnabrück Rpfleger 1956, 247 mit Anm Mohrbutter; Drischler Rpfleger 1956, 91; Mohrbutter NJW 1955, 124 (A 1 a).

[18] Dassler/Muth § 30 d Rdn 9.

[19] KG Berlin OLGZ 1966, 61; Hornung Rpfleger 1979, 321 (D II 2); Mohrbutter Rpfleger 1967, 102 (3); Mohrbutter, Handbuch des Vollstreckungsrechts, § 36 (I 2); Mohrbutter/Drischler Muster 28 Anm 2; Anheier NJW 1956, 1668; Drischler JurBüro 1964, 241 (2 h) und Rpfleger 1967, 357 (8); Nowack DRiZ 1954, 3; Riedel DRiZ 1953, 177 (1) und JR 1953, 397 (II), außerdem NJW 1955, 1705 sowie NJW 1956, 429 (Anmerkung); Schmidt Rpfleger 1961, 141.

Erneute einstweilige Einstellung auf Antrag 7.6 **§ 30 d**

lichem Eintritt der Voraussetzungen des ZPO § 765 a, also bei Vortrag neuer Tatsachen oder gar im Wege einer Vertagung nach ZPO § 227 oder, wenn die eine sittenwidrige Härte begründenden Umstände über die Gründe hinausgingen, die eine Einstellung nach §§ 30 a ff rechtfertigen.

7.4 Alle diese Bemühungen, formell vom Gesetz nicht gedeckt (Vertagung nur bei verfahrensrechtlichen Hindernissen möglich, Terminsverschiebung wäre eine verschleierte Einstellung), zeigen nur, daß Abs 2 eine **nicht durchdachte Vorschrift** ist, die wie andere Unstimmigkeiten durch Einbau früherer Notvorschriften entstanden sind. Es handelt sich um eine mißglückte Formulierung mit scheinbarem Widersinn. Dazu meint[20]: Die §§ 30 a ff und ZPO § 765 a seien gar nicht gleichzeitig auf denselben Sachverhalt anwendbar, § 30 a nur bei Sanierungsfähigkeit, ZPO § 765 a nur, wenn keine Aussicht auf Abwendung bestehe und dabei das Existenzminimum bedroht sei, in der Zwangsversteigerung aber nur in besonderen Ausnahmefällen anwendbar, wenn der Schuldner alles Zumutbare getan habe.

7.5 Die wortgetreue Anwendung von Abs 2 führt in gar manchen Fällen nach allgemeiner Ansicht zu nicht vertretbaren Härten. Daraus erklären sich die mancherlei Umgehungsversuche, die aber nicht nötig sind. Gewiß sollen Mißbrauch des Vollstreckungsschutzes und Verschleppung des Verfahrens verhindert werden. Jedoch ist nun einmal ZPO § 765 a **eine Generalklausel** (Einl Rdn 52), die in allen Verfahren gilt, bei denen es um Zwangsvollstreckung geht, die aber mit ihren strengen gesetzlichen Voraussetzungen ohnehin nur ausnahmsweise anwendbar ist. Wenn aber nach ihr eine Vollstreckungsmaßnahme wegen ganz besonderer Umstände eine mit den guten Sitten nicht vereinbare Härte für den Schuldner darstellt, dann gilt das immer, auch für den dritten und vierten Vollstreckungsversuch. Was vorher sittenwidrig war, kann nicht plötzlich vom Gesetz gebilligt werden, wenn sich nicht die Tatumstände geändert haben. Wenn zwei Einstellungen im Sinne des § 30 d erfolgt sind, ist eine dritte oder vierte aus den Gründen der §§ 30 a, 30 c keinesfalls mehr zulässig, auch nicht im formellen Umweg über ZPO § 765 a. Wenn aber die sehr strengen Voraussetzungen des ZPO § 765 a wirklich vorliegen und das mit Rücksicht auf die vorausgehenden Einstellungen besonders sorgfältig geprüft (nicht nur aus sozialem Mitgefühl einfach so angenommen) wurde, dann kann diese Magna Charta des Vollstreckungsschutzes, hervorgegangen aus den grundlegenden Gedanken von Treu und Glauben (BGB §§ 138, 226, 242, 826), einfach nicht ausgeschlossen werden (anders[21]: Vorlage an das BVerfG gem GrundG Art 100, weil Abs 2 verfassungswidrig ist); sie muß angewendet werden, wenn auch ihrem Zweck nach in äußersten Notfällen, und auch dies nur gegenüber dem Schuldner selbst, nicht gegenüber dem Konkursverwalter. § 85 a bietet schon deshalb keinen ausreichenden Schutz, weil danach der Zuschlag in einem erneuten Versteigerungstermin nicht versagt werden kann (§ 85 a Abs 2; verfehlt daher[22]).

7.6 Gerade weil Zeller zwanzig Jahre dieses Rechtsgebiet täglich bearbeitet hat, wurden bereits in der 10. Auflage, entgegen mancherlei Kritik im Schrifttum und gegen alle noch so wohlklingenden Theorien im Interesse der dem Verfahren unterworfenen Menschen, die bei aller Schuld immer noch Menschen und nicht einfach Rechtsobjekte sind, auch die **Beispiele** für die mögliche Anwendung des ZPO § 765 a trotz des § 30 d Abs 2 aufrechterhalten: a) Der Schuldner hat einen hohen Schuldbetrag im Laufe zweier Einstellungen getilgt, einen geringen Rest oder die Kosten kann er in absehbarer Zeit ebenfalls erledigen; würde man jetzt versteigern, wären alle Opfer umsonst gewesen. b) Der Schuldner betreibt eine Gärtnerei und wohnt mit Frau und Kindern auf dem Grundstück, wird durch eine

---

[20] Henckel, Prozeßrecht, Kapitel 6 (III 5 c).
[21] Steiner/Storz § 30 d Rdn 43.
[22] Dassler/Muth § 30 d Rdn 9.

schwere Krankheit plötzlich für längere Zeit berufsunfähig und erhält eine Rente, aus der die bisherigen Tilgungsraten nicht mehr bezahlt werden können; für eine Kreditaufnahme mit guten Aussichten werden noch ein paar Monate benötigt; bei sofortiger Versteigerung würde die ganze Familie obdach- und existenzlos. c) Der Schuldner ist Fuhrunternehmer und hat durch Unfall eines Fahrers hohe Reparaturkosten und Einnahmenausfall; über die zwölf Monate Einstellung hinaus benötigt er noch ein paar Monate, gerade die Zeit, die der Gläubiger bis zur Auszahlung des Versteigerungserlöses auch noch zuwarten müßte.

7.7 Dazu auch im ZVG-Handbuch Rdn 181 a.

Hinweis: Mit Wirkung ab 1. 1. 1999 werden nachfolgender neuer § 30 d und die nachstehenden §§ 30 e und f eingefügt (Art 20 Nr 4 – 6 EGInsO, BGBl 1994 I 2911 [2918]).

30 d *(1) Ist über das Vermögen des Schuldners ein Insolvenzverfahren eröffnet, so ist auf Antrag des Insolvenzverwalters die Zwangsversteigerung einstweilen einzustellen, wenn*

1. *im Insolvenzverfahren der Berichtstermin nach § 29 Abs 1 Nr 1 der Insolvenzordnung noch bevorsteht,*
2. *das Grundstück nach dem Ergebnis des Berichtstermins nach § 29 Abs 1 Nr 1 der Insolvenzordnung im Insolvenzverfahren für eine Fortführung des Unternehmens oder für die Vorbereitung der Veräußerung eines Betriebs oder einer anderen Gesamtheit von Gegenständen benötigt wird,*
3. *durch die Versteigerung die Durchführung eines vorgelegten Insolvenzplans gefährdet würde oder*
4. *in sonstiger Weise durch die Versteigerung die angemessene Verwertung der Insolvenzmasse wesentlich erschwert würde.*

Der Antrag ist abzulehnen, wenn die einstweilige Einstellung dem Gläubiger unter Berücksichtigung seiner wirtschaftlichen Verhältnisse nicht zuzumuten ist.

(2) Hat der Schuldner einen Insolvenzplan vorgelegt und ist dieser nicht nach § 231 in der Insolvenzordnung zurückgewiesen worden, so ist die Zwangsversteigerung auf Antrag des Schuldners unter den Voraussetzungen des Absatzes 1 Satz 1 Nr 3, Satz 2 einstweilen einzustellen.

(3) § 30 b Abs 2 bis 4 gilt entsprechend mit der Maßgabe, daß an die Stelle des Schuldners der Insolvenzverwalter tritt, wenn dieser den Antrag gestellt hat, und daß die Zwangsversteigerung eingestellt wird, wenn die Voraussetzungen für die Einstellung glaubhaft gemacht sind.

(4) Ist vor der Eröffnung des Insolvenzverfahrens ein vorläufiger Verwalter bestellt, so ist auf dessen Antrag die Zwangsversteigerung einstweilen einzustellen, wenn glaubhaft gemacht wird, daß die einstweilige Einstellung zur Verhütung nachteiliger Veränderungen in der Vermögenslage des Schuldners erforderlich ist.

30 e *(1) Die einstweilige Einstellung ist mit der Auflage anzuordnen, daß dem betreibenden Gläubiger für die Zeit nach dem Berichtstermin nach § 29 Abs 1 Nr 1 der Insolvenzordnung laufend die geschuldeten Zinsen binnen zwei Wochen nach Eintritt der Fälligkeit aus der Insolvenzmasse gezahlt werden. Ist das Versteigerungsverfahren schon vor der Eröffnung des Insolvenzverfahrens nach § 30 d Abs 4 einstweilen eingestellt worden, so ist die Zahlung von Zinsen spätestens von dem Zeitpunkt an anzuordnen, der drei Monate nach der ersten einstweiligen Einstellung liegt.*

(2) Wird das Grundstück für die Insolvenzmasse genutzt, so ordnet das Gericht auf Antrag des betreibenden Gläubigers weiter die Auflage an, daß der entstehende

Fortsetzung des eingestellten Verfahrens **§ 31**

Wertverlust von der Einstellung des Versteigerungsverfahrens an durch laufende Zahlungen aus der Insolvenzmasse an den Gläubiger auszugleichen ist.

(3) Die Absätze 1 und 2 gelten nicht, soweit nach der Höhe der Forderung sowie dem Wert und der sonstigen Belastung des Grundstücks nicht mit einer Befriedigung des Gläubigers aus dem Versteigerungserlös zu rechnen ist.

30 f *(1) Im Falle des § 30 d Abs 1 bis 3 ist die einstweilige Einstellung auf Antrag des Gläubigers aufzuheben, wenn die Voraussetzungen für die Einstellung fortgefallen sind, wenn die Auflagen nach § 30 e nicht beachtet werden oder wenn der Insolvenzverwalter, im Falle des § 30 d Abs 2 der Schuldner, der Aufhebung zustimmt. Auf Antrag des Gläubigers ist weiter die einstweilige Einstellung aufzuheben, wenn das Insolvenzverfahren beendet ist.*

(2) Die einstweilige Einstellung nach § 30 d Abs 4 ist auf Antrag des Gläubigers aufzuheben, wenn der Antrag auf Eröffnung des Insolvenzverfahrens zurückgenommen oder abgewiesen wird. Im übrigen gilt Absatz 1 Satz 1 entsprechend.

(3) Vor der Entscheidung des Gerichts ist der Insolvenzverwalter, im Falle des § 30 d Abs 2 der Schuldner, zu hören. § 30 b Abs 3 gilt entsprechend.

[Fortsetzung des eingestellten Verfahrens]

31 (1) **Im Falle einer einstweiligen Einstellung darf das Verfahren, soweit sich nicht aus dem Gesetz etwas anderes ergibt, nur auf Antrag des Gläubigers fortgesetzt werden. Wird der Antrag nicht binnen sechs Monaten gestellt, so ist das Verfahren aufzuheben.**

(2) Die Frist nach Absatz 1 Satz 2 beginnt

a) **im Falle des § 30 mit der Einstellung des Verfahrens,**

b) **im Falle des § 30 a mit dem Zeitpunkt, bis zu dem die Einstellung angeordnet war,**

c) **im Falle des § 30 c mit dem Ende des Konkursverfahrens,**

d) **wenn die Einstellung vom Prozeßgericht angeordnet war, mit der Wiederaufhebung der Anordnung oder mit einer sonstigen Erledigung der Einstellung.**

(3) **Das Vollstreckungsgericht soll den Gläubiger auf den Fristbeginn unter Bekanntgabe der Rechtsfolgen eines fruchtlosen Fristablaufs hinweisen; die Frist beginnt erst zu laufen, nachdem der Hinweis auf die Rechtsfolgen eines fruchtlosen Fristablaufs dem Gläubiger zugestellt worden ist.**

Hinweis: § 31 Abs 2 Buchst c erhält ab 1. 1. 1999 folgende Fassung (Art 20 Nr 7 EGInsO (BGBl 1994 I 2911 [2918]).

c) im Falle des § 30 f Abs 1 mit dem Ende des Insolvenzverfahrens, im Falle des § 30 f Abs 2 mit der Rücknahme oder der Abweisung des Antrags auf Eröffnung des Insolvenzverfahrens,

Übersicht

Allgemeines zu § 31 1	Mehrere Gläubiger und mehrere Verfahren eines Gläubigers 6
Belehrung der Gläubiger bei Einstellung (Absatz 3) 2	Mehrere Grundstücke 7
Frist für Fortsetzungsantrag (Absatz 1 Satz 2, Absatz 2) 3	Muster zu Fortsetzungsbeschluß und -belehrung 8
Gläubigerantrag auf Verfahrensfortsetzung (Absatz 1 Satz 1) 4	Rechtsbehelfe bei Fortsetzung oder Aufhebung 9
Maßnahmen für Verfahrensfortsetzung; Fortsetzungsbeschluß 5	

§ 31 1 Aufhebung und einstweilige Einstellung

1 Allgemeines zu § 31

1.1 Zweck der Vorschrift: Abs 1 bestimmt als Regel, daß die Fortsetzung eines einstweilen eingestellten Verfahrens von einem Antrag des Gläubigers abhängig ist. Grund: Verfahrensfortsetzung erfolgt allein im Gläubigerinteresse; von dem Gläubiger muß sie daher mit Antrag verlangt werden. Abs 2 begrenzt das Antragsrecht zeitlich. Gesonderten Hinweis an den Gläubiger auf den Fristbeginn sieht Abs 3 vor.

1.2 Anwendungsbereich: Die Vorschrift gilt für alle ZVG-Verfahren, also für die Vollstreckungsversteigerung, für die Konkursverwalter- und Nachlaßversteigerung sowie für die Teilungsversteigerung. Die Bestimmung **gilt nicht**, soweit sich „aus dem Gesetz etwas anderes ergibt" (Abs 1 Satz 1). Von Amts wegen (ohne Antrag, so daß § 31 nicht gilt) werden fortgesetzt: das nach § 28 wegen eines entgegenstehenden Rechts eingestellte Verfahren (§ 28 Rdn 6.6) und das vom Vollstreckungsgericht nach ZPO § 769 Abs 2, § 771 Abs 3 eingestellte Verfahren, wenn die Entscheidung des Prozeßgerichts nicht beigebracht ist, außerdem das vom Vollstreckungsgericht nur für die Dauer einer Erinnerung nach ZPO § 766 Abs 1 Satz 2 mit § 732 Abs 2 und das nur für die Beschwerdedauer nach ZPO § 572 Abs 2, 3 eingestellte Verfahren (Einstellung wird mit der Entscheidung gegenstandslos).

2 Belehrung der Gläubiger bei Einstellung (Absatz 3)

2.1 Der **Gläubiger** eines einstweilen eingestellten Verfahrens, das nur auf Antrag fortgesetzt wird, ist auf den **Fristbeginn** für Stellung des Fortsetzungsantrags und die Rechtsfolgen eines fruchtlosen Fristablaufs **hinweisen** (Abs 3). Die hinweisende Verfügung ist von Amts wegen zuzustellen (§ 3 mit ZPO §§ 208–213), und zwar, wenn der Gläubiger durch einen Prozeßbevollmächtigten vertreten wird, an diesen (ZPO §§ 176, 178). Zwar sagt das Gesetz, das Gericht solle belehren, doch bestimmt es gleichzeitig, daß die Antragsfrist erst mit der Zustellung der Belehrung zu laufen beginnt, so daß diese in jedem Fall notwendig ist (Pflicht des Vollstreckungsgerichts).

2.2 Zuständig für die Belehrung ist, wer den Einstellungsbeschluß erläßt. Wenn ein Landgericht als Beschwerdegericht einstellt, obliegt ihm auch die Belehrung, weil das Gericht in diesem Fall als Vollstreckungsgericht tätig wird (anders[1]: Belehrung in diesem Falle immer durch das Vollstreckungsgericht).

2.3 Die **Form** der Belehrung bestimmt das Gesetz nicht (siehe bereits § 30 b Rdn 2.2). Als gerichtliche Verfügung muß der Hinweis dem Gläubiger erkennbar machen, daß die Belehrung durch das Vollstreckungsgericht erfolgt. Unterschrift und Stempel sind nicht nötig. Der Fristbeginn muß genau bezeichnet sein, ebenso die Rechtsfolgen der Fristversäumung[2]. Die Belehrung soll nicht weiter gehen, als im Gesetz vorgeschrieben, um Haftungsgefahren zu vermeiden. Der Hinweis kann mit dem Einstellungsbeschluß verbunden (auf ihn gesetzt) (er ist dann mit ihm auszufertigen) oder auf ein gesondertes Blatt (Belehrungsformular) zu den Akten verfügt werden, das als Formblatt urschriftlich zugestellt, somit nicht mehr von der Geschäftsstelle ausgefertigt wird. Die Belehrung kann mit dem Einstellungsbeschluß oder später gesondert zugestellt werden; sie hat so rechtzeitig zu erfolgen, daß sich ein Fristbeginn nach Abs 2 des § 31 nicht verzögert. Im Falle des § 30 ist die Belehrung demnach mit dem Einstellungsbeschluß zu verbinden, auf den sie sich bezieht, bei Einstellung nach § 30 a (auch § 30 c) kann sie auch erst (kurz) vor dem Zeitpunkt erfolgen, bis zu dem die Einstellung angeordnet ist. Im Falle des § 86 allerdings (Einstellungswirkung durch Rechtskraft des Zuschlagsversagungsbeschlusses) kann die Belehrung nicht in den Versagungsbeschluß aufgenommen

---

[1] Drischler Rpfleger 1956, 91; Jonas/Pohle, ZwVNotrecht, § 31 Anm 3 b.
[2] Jonas/Pohle, ZwVNotrecht, § 31 Anm 3 a.

Fortsetzung des eingestellten Verfahrens 3.1 § 31

werden, sondern muß nach Eintritt der Rechtskraft gesondert zugestellt werden (§ 86 Rdn 2, § 87 Rdn 2) (dazu ZVG-Handbuch Rdn 333), weil eine Belehrung ja nur zu einer Einstellung erfolgt, diese aber erst im Falle der Rechtskraft vorliegt.

2.4 Wenn die **Belehrung** nicht sogleich zusammen mit dem Einstellungsbeschluß verfügt und zugestellt wurde, ist sie gesondert **nachzuholen.** Sie darf nicht (wie[3] meint) erst erfolgen, wenn nach der Regelung des Abs 2 des § 31 der Fristablauf schon begonnen hätte oder sein Beginn alsbald mit Sicherheit zu erwarten ist; erst mit der Belehrung beginnt ja der Fristlauf. Die Belehrung darf auch nach zweiter Einstellung im Sinne des § 30 Abs 1 Satz 3 nicht auf einen späteren Zeitpunkt verschoben werden (anders[4]), weil sonst das Verfahren zum Nachteil anderer Beteiligter (Anwachsen laufender Leistungen) in einem nicht vorgesehenen Ausmaß verlängert werden würde.

2.5 Die Belehrung muß **bei jedem Einstellungsbeschluß** erfolgen, zu dem der Gläubiger die Fortsetzung beantragen kann **(für jeden betreibenden Gläubiger** und jeden Beschluß **gesondert),** weil ein einmal angeordnetes Verfahren nicht unerledigt und eingestellt bleiben kann. Es fällt nur die Belehrung über Fristbeginn und Fristlauf unterschiedlich aus (Rdn 3); bezüglich der Folgen der Fristversäumnis ist die Belehrung immer gleich, daß nämlich nach fruchtlosem Fristablauf das Verfahren des betroffenen betreibenden Gläubigers aufzuheben ist: Abs 1 Satz 2. Die Belehrung muß also nicht nur in den von Abs 2 genannten Fällen erfolgen; hier ist nur für bestimmte Einstellungsfälle der Fristbeginn festgelegt. Eine Belehrung des Gläubigers erfolgt zwar nicht bei den von Amts wegen fortzusetzenden Verfahren (Rdn 1.2), dagegen bei allen anderen Einstellungen aus §§ 30, 30 a, 30 c, 30 d, 75, § 77 Abs 1, § 86 (mit § 33), ZPO §§ 765 a, 775, 776, auch bei Bahnunternehmen (hierzu § 15 Rdn 12); bei Einstellung nach § 76 erfolgt keine Belehrung (§ 76 Rdn 3.2).

2.6 Belehrung eines Gläubigers ist **nicht mehr** nötig, wenn dieser schon Fortsetzungsantrag gestellt hat. Dies ist denkbar bei Einstellung aus ZPO §§ 775, 776, wenn das Gericht den Gläubiger angehört hat und dieser der Einstellung widerspricht, hilfsweise oder unmittelbar nach der Einstellung die Fortsetzung beantragt; denkbar ist es auch, wenn die Frist sich aus einem anderen Grund erledigt hat oder wenn inzwischen die Versteigerung durch einen anderen Gläubiger erfolgt ist.

2.7 Über die Folgen einer **dritten Einstellungsbewilligung** muß der Gläubiger nicht belehrt werden[5].

2.8 Zu Belehrungen auch ZVG-Handbuch Muster bei § 30 = Rdn 183, bei § 30 a = Rdn 195, bei § 30 c = Rdn 195.

Frist für Fortsetzungsantrag (Absatz 1 Satz 2, Absatz 2) 3

3.1 Der Antrag des Gläubigers auf Fortsetzung des einstweilen eingestellten Verfahrens **muß binnen sechs Monaten** gestellt werden (Abs 1 Satz 2); Fristbeginn: Abs 2 und Abs 3. Zeitlich begrenzt ist das Antragsrecht des Gläubigers, damit nicht durch eine übermäßige Dauer der Unterbrechung des Verfahrens andere Beteiligte beeinträchtigt werden (Denkschrift S 43). Eine Besonderheit findet sich in § 76 Abs 2, wo eine Antragsfrist von drei Monaten besteht. Verlangt werden kann Fortsetzung des Verfahrens erst, wenn der Einstellungsgrund weggefallen ist. Daher richtet sich auch der Beginn der Frist für den Fortsetzungsantrag des Gläubigers nach dem jeweiligen Einstellungsgrund. Immer beginnt die Antragsfrist jedoch **erst** zu laufen, wenn in dem danach maßgeblichen Zeitpunkt des Fristbeginns (Abs 2) an den Gläubiger der **Hinweis** auf die Rechtsfolgen eines fruchtlosen Fristablaufs bereits **zugestellt ist** (im Falle des § 30 auch: gleichzeitig zugestellt

---
[3] Jonas/Pohle ZwVNotrecht, § 31 Anm 3 c.
[4] Schiffhauer Rpfleger 1978, 397 (IV 2).
[5] Jonas/Pohle, ZwVNotrecht, § 30 d Anm 2 d.

§ 31   3.1   Aufhebung und einstweilige Einstellung

wird). Spätere Zustellung dieses Hinweises hat zur Folge, daß die Frist erst mit dem (späteren) Zeitpunkt der Zustellung zu laufen beginnt (Abs 3 Halbsatz 2).

3.2 Fortsetzung des nach § 30 auf seine **Bewilligung** eingestellten Verfahrens kann der Gläubiger jederzeit betreiben. Bei Verfahrenseinstellung auf Bewilligung des Gläubigers beginnt die Frist daher mit der Einstellung (Abs 2 Buchst a), also mit Zustellung des Einstellungsbeschlusses, bei Zuschlagsversagung aus diesem Anlaß mit Rechtskraft des Versagungsbeschlusses.

3.3 Fortsetzung des auf **Schuldnerantrag** nach § 30 a eingestellten Verfahrens kann der Gläubiger erst verlangen, wenn die im Einstellungsbeschluß bestimmte Einstellungsdauer abgelaufen ist, vorher nur, wenn die Einstellung nach Abs 3–5 des § 30 a außer Kraft getreten ist, weil der Schuldner wiederkehrende Leistungen nicht geleistet oder eine sonstige Auflage nicht erfüllt hat. Bei Einstellung des Verfahrens auf Antrag des Schuldners nach § 30 a beginnt die Frist daher mit dem Zeitpunkt, bis zu dem die Einstellung angeordnet war (Abs 2 Buchst b) gleich, ob die Einstellung auf einen bestimmten Kalendertag befristet war oder einfach nach Wochen oder Monaten bemessen war. Wenn die Einstellung infolge Nichterfüllung der Auflagen vorzeitig außer Kraft tritt, kann der Gläubiger zwar sofort die Fortsetzung verlangen, aber seine gesetzliche Antragsfrist beginnt doch erst mit dem ursprünglichen Einstellungsende[6]. War in allen diesen Fällen ein Rechtsmittel des Gläubigers (bzw Antragstellers) gegen die Einstellung erfolglos, so läuft die Frist in der ursprünglichen Form, nicht erst ab Rechtskraft der Rechtsmittelentscheidung. Wenn nach § 30 a eingestellt war und inzwischen das Konkursverfahren eröffnet ist, ist die Fortsetzung nicht an die Voraussetzungen in § 30 c Abs 1 Satz 3 (Zustimmung des Konkursverwalters, Wegfall des Konkursverfahrens usw) gebunden (diese Bindung gilt nur bei Einstellungen aus § 30 c selbst).

3.4 Fortsetzung des auf Antrag des **Konkursverwalters** nach § 30 c eingestellten Verfahrens kann der Gläubiger beantragen, wenn das Konkursverfahren beendet ist, oder auch, wenn der Konkursverwalter zustimmt, die Einstellungsvoraussetzung weggefallen (also keine wesentliche Erschwerung der Verwertung der Konkursmasse durch die Versteigerung mehr oder kein Zwangsvergleichsvorschlag mehr) oder der Ablehnungsgrund (Unzumutbarkeit der Einstellung für den Gläubiger) nachträglich eingetreten ist (§ 30 c Abs 1 Satz 3). Dennoch beginnt die Frist hier in allen Fällen mit dem Ende des Konkursverfahrens (Abs 2 Buchst c). Enden kann das Konkursverfahren mit Aufhebung (KO §§ 163, 190) oder Einstellung (KO §§ 202, 204). Maßgebend ist jeweils der Zeitpunkt, zu dem der Beschluß wirksam wird, also nach KO § 76 Abs 1 der Ablauf des zweiten Tages nach der Ausgabe des die öffentliche Bekanntmachung enthaltenden Blattes, weil dies als Zustellung an alle am Konkursverfahren Beteiligten gilt (KO § 76 Abs 3); Fristbeginn sonach mit dem Tag nachher. Tritt einer der Fälle aus § 30 c Abs 1 Satz 3 ein, so kann zwar der Gläubiger den Fortsetzungsantrag sofort stellen, aber seine Antragsfrist beginnt auch hier erst mit dem ursprünglichen Einstellungsende, also mit dem Ende des Konkursverfahrens. Zu diesen Fortsetzungsgründen s bereits § 30 c Rdn 8. Fortsetzung des nach § 30 c eingestellten Verfahrens kann der Gläubiger auch beantragen, wenn der Konkursverwalter das Grundstück aus der Konkursmasse freigegeben hat (§ 30 c Rdn 8.1). Dieser Fall ist gesetzlich nicht geregelt; ihn erfaßt daher auch Abs 2 Buchst c nicht unmittelbar. Die Frist beginnt hier mit Freigabe (deren Wirksamwerden) des Grundstücks aus der Masse (praktisch sonach mit Zustellung des Hinweises an den Gläubiger; Abs 3). Freigabe hebt die Massezugehörigkeit des Grundstücks auf. Weil es damit nicht mehr zur Konkursmasse gehört (KO § 1 Abs 1, § 6) ist der Zeitpunkt der Freigabe nach dem Zweck des Abs 2 Buchst c für das Grundstück als „Ende des Konkursverfahrens" anzusehen.

3.5   Einmal erneute Einstellung nach § 30 d erfolgt auf Schuldnerantrag nach § 30 a oder auf Antrag des Konkursverwalters nach § 30 c. Auch für diese erneute

---

[6] Jonas/Pohle, ZwVNotrecht, § 31 Anm 2 b.

Fortsetzung des eingestellten Verfahrens 3.10 § 31

Einstellung beginnt die Frist für den Fortsetzungsantrag daher im Falle des § 30 a mit dem Zeitpunkt, bis zu dem die Einstellung angeordnet war (Rdn 3.3), im Falle des § 30 c mit dem Ende des Konkursverfahrens (Rdn 3.4).

3.6 Fortsetzung des auf Antrag eines **Miteigentümers** nach § 180 Abs 2 eingestellten Verfahrens zum Zwecke der Aufhebung einer Gemeinschaft kann erst betrieben werden, wenn die im Einstellungsbeschluß bestimmte Einstellungsdauer abgelaufen ist. Die Frist beginnt daher mit dem Zeitpunkt, bis zu dem die Einstellung angeordnet war (Tag danach; Abs 2 Buchst b infolge entsprechender Anwendung nach § 180 Abs 1)[7]. Das gilt ebenso für die wiederholte Einstellung nach § 180 Abs 2.

3.7 Die vom **Prozeßgericht** angeordnete (Einstellungsbeschluß, einstweilige Verfügung, einstweilige Anordnung) und vom Vollstreckungsgericht ausgeführte (ZPO § 775) Einstellung ermöglicht Fortsetzung der Vollstreckung erst, wenn die Einstellung vom Prozeßgericht wieder aufgehoben oder wenn sie sonst erledigt ist. Mit diesem Zeitpunkt beginnt daher die Frist für den Fortsetzungsantrag (Abs 2 Buchst d). Wieder aufgehoben wird durch verkündeten oder zugestellten Beschluß etwa nach ZPO §§ 707, 719, 769; sonst erledigt sich die Einstellung bei Befristung oder Betagung durch Zeitablauf oder durch Eintritt des Ereignisses (Ablauf der Einstellungszeit, rechtskräftige Erledigung des Prozesses), auf jeden Fall mit rechtskräftiger Erledigung, also Verwerfung oder Zurückweisung des Rechtsmittels, das die Einstellung veranlaßt hatte[8], auch durch einen gerichtlichen Vergleich.

3.8 Auf eine vom **Vollstreckungsgericht** nach **ZPO § 765 a** angeordnete Einstellung findet Abs 2 Buchst b entsprechende Anwendung[9]. Die Frist beginnt demnach mit dem Zeitpunkt, bis zu dem die Einstellung angeordnet war (Rdn 3.3) (anders[10]: hier sind die Fortsetzungsvorschriften des § 31 nicht anwendbar). Das ist bei Änderung des Einstellungsbeschlusses (ZPO § 765 a Abs 3) der nach dem geänderten Beschluß maßgebliche Zeitpunkt oder bei (nachträglicher) Aufhebung des nach ZPO § 765 a angeordneten Schutzes der Zeitpunkt, mit dem der Aufhebungsbeschluß wirksam wird.

3.9 In anderen nicht in § 31 geregelten oder nach den genannten Vorschriften sinngemäß anzuwendenden **Fällen** gilt folgendes: nach dem Bahnunternehmengesetz § 3 Abs 3 beginnt die Antragsfrist bei Einstellung nach § 3 Abs 1 Satz 2 mit dem dort genannten Ende der Einstellung, also mit dem Ende der Betriebserlaubnis für das Unternehmen oder mit der Zustimmung der Aufsichtsbehörde; bei Einstellungen aus **ZPO § 775 Nr 4 und 5** wird eine Einstellungszeit nicht festgelegt, hier kann der Gläubiger jederzeit fortsetzen und es muß der Schuldner seinen Widerstand durch Vollstreckungsabwehrklage nach ZPO § 767 durchsetzen, die Frist beginnt formell erst mit der Zustellung der Belehrung (Abs 3); ebenso ist es (Einstellungszeit nicht festgelegt, Fristbeginn erst mit Zustellung der Belehrung) bei Einstellung nach § 75 (Zahlung im Termin) oder § 77 (Nichtabgabe von Geboten), auch nach § 86 (wenn also der Zuschlagsversagungsbeschluß bei zulässiger Fortsetzung mit Rechtskraft als Einstellung wirkt, dazu § 86 Rdn 2, § 87 Rdn 2).

3.10 Wo das Vollstreckungsgericht über den Fristbeginn nicht aus seinen eigenen Vorgängen unterrichtet ist, hat es diesen durch **Rückfrage** aufzuklären. Außerdem ist es Sache des Schuldners bzw der anderen Beteiligten, das Gericht auf das Ende einer Frist aufmerksam zu machen[11]; sie haben dabei entsprechende Beschlüsse oder Urteile in Ausfertigung vorzulegen, falls die Vorgänge nicht amtsbekannt sind.

---

[7] LG Lübeck SchlHA 1960, 178; Jonas/Pohle, ZwVNotrecht, § 31 Anm 2 b.
[8] Jonas/Pohle, ZwVNotrecht, § 31 Anm 2 g.
[9] Steiner/Storz § 31 Rdn 25; Jonas/Pohle, ZwVNotrecht, § 31 Anm 2 b.
[10] Drischler Rpfleger 1956, 91.
[11] Jonas/Pohle, ZwVNotrecht, § 31 Anm 3 b.

§ 31 3.11 Aufhebung und einstweilige Einstellung

3.11 Zu den Fristen im ZVG-Handbuch Rdn 198–199.

3.12 Für die **Berechnung der Fristen** gelten insbesondere BGB §§ 186–190, 193, ZPO §§ 222–225 (Einl Rdn 32). Sie können als gesetzliche weder verlängert noch verkürzt werden (ZPO § 224 Abs 2), auch nicht durch das Vollstreckungsgericht mit Bestimmung einer kürzeren Frist in der Belehrung[12] des Abs 3. Ausnahmsweise wird bei Zustimmung aller Verfahrensbeteiligten eine Verlängerung der Antragsfrist für zulässig gehalten[13] (ausgenommen bei § 76). Die Zustimmung müßte vom Gläubiger mit seinem Verlängerungsantrag vor Fristablauf nachgewiesen werden. Eine Abweichung von gesetzlichen Fristen erscheint aber in dem formstrengen ZVG-Verfahren mindestens nicht unbedenklich, da sie unter Umständen zur Zuschlagsversagung führt (§ 83 Nr 1 und 6). Im übrigen ist die Verlängerung einer gesetzlichen Frist nach ZPO § 224 Abs 2 nur auf gesetzlich besonders genannte Fälle beschränkt, daher hier wohl unzulässig. Da die Antragsfrist keine Notfrist ist, gibt es gegen ihre Versäumung keine Wiedereinsetzung in den vorigen Stand.

3.13 Auch **für den Beginn** der Antragsfrist erst mit Zustellung der Belehrung an den Gläubiger (Rdn 3.1) sind **zu beachten**: BGB § 187 Abs 1 (Zustellungstag wird nicht mitgerechnet), BGB § 188 (Schlußtag, dazu Einl Rdn 32), BGB § 193 (Fristende an einem Samstag, Sonntag oder gesetzlichen Feiertag, dazu Einl Rdn 32).

3.14 Die **Antragsfrist** kann ohne Zutun des Gläubigers, außerhalb seines Machtbereichs, **gegenstandslos** werden, wenn während ihres Laufes anderweitig eingestellt wird, auf Anordnung des Prozeßgerichts oder kraft Gesetzes. Solange in solcher Weise eingestellt ist, kann der Gläubiger nicht Fortsetzung verlangen; solange er nicht Fortsetzung verlangen kann, kann die Frist nicht zu seinem Nachteil laufen[13]. Endet diese Unterbrechung, so muß die Antragsfrist wohl neu zu laufen beginnen, ohne Anrechnung der vor der Unterbrechung verstrichenen Zeit[13], weil für die Antragsfristen des § 31 ein ununterbrochener Lauf vorgesehen ist (Gegensatz zu BGB § 191), so daß die Unterbrechung ähnlich wie bei der Verjährung (BGB § 217) wirken muß.

4 Gläubigerantrag auf Verfahrensfortsetzung (Absatz 1 Satz 1)

4.1 Der **Antrag** muß (als Rechtsbehelf) die Vollstreckungssache bezeichnen, in der die Verfahrensfortsetzung erfolgen soll, und zum Ausdruck bringen, daß vom Gläubiger Fortsetzung (weitere Durchführung) des Versteigerungsverfahrens verlangt wird. Anzubringen ist der Antrag beim zuständigen Vollstreckungsgericht schriftlich oder zu Protokoll der Geschäftsstelle. Als Fortsetzungsantrag ist jedes aus einer Erklärung des Gläubigers ersichtliche Begehren auf weitere Durchführung des Versteigerungsverfahrens anzusehen. Eine Begründung ist nicht erforderlich; unter Umständen hat der Gläubiger jedoch nachzuweisen, daß der Einstellungsgrund weggefallen ist (§ 30 c Rdn 8.2, § 31 Rdn 5.3).

4.2 Innerhalb der Antragsfrist muß der Antrag bei dem für das Verfahren **zuständigen Vollstreckungsgericht** eingehen. Der Eingang bei einem anderen Gericht, bei dem der Antrag etwa im Rechtshilfeweg zu Protokoll gegeben wird, genügt nicht, auch nicht bei den Gerichten, deren ZVG-Tätigkeit einem gemeinsamen Gericht übertragen ist. Vor Ablauf der bestimmten Einstellungszeit kann der Antrag nicht gestellt werden (bei § 30 jederzeit, weil ja der Gläubiger die Dauer der Einstellung bestimmt, abgesehen von ihrer Höchstdauer). Zulässig ist er freilich auch schon gegen Ende der Einstellungszeit[14]. Wurde er verfrüht gestellt, so ist er nicht wirkungslos, sondern muß einfach auf das Ende der Einstellungszeit bezogen

---

[12] LG Frankenthal, Rpfleger 1983, 120.
[13] Jonas/Pohle, ZwVNotrecht, § 31 Anm 3 e.
[14] Ordemann AcP 157, 470.

Fortsetzung des eingestellten Verfahrens 4.6 § 31

werden, weil er als vorsorglich zur Entscheidung nach Fristablauf gestellt anzusehen ist.

4.3 Wenn der Antrag **nicht binnen der Frist** von sechs Monaten **gestellt** wird, ist das Verfahren von Amts wegen **aufzuheben** (Abs 1 Satz 2). Es ist auch dann aufzuheben, wenn der Antrag bei dem zuständigen Vollstreckungsgericht verspätet (erst nach Ablauf der Antragsfrist) eingeht. Aufzuheben ist dann auch, wenn der verspätete Antrag noch vor Erlaß des Aufhebungsbeschlusses eingeht, weil die Fristversäumung nicht geheilt werden kann. Gegen die Aufhebung befristete Rechtspflegererinnerung bzw sofortige Beschwerde. Ratsam ist es, die Wirksamkeit der Aufhebung bis zur Rechtskraft des Beschlusses aufzuschieben, da die einmal aufgehobene Beschlagnahme nicht wieder aufleben kann.

4.4 Beantragt werden kann nur die Fortsetzung eines eingestellten Verfahrens; Fortsetzungsantrag ist daher erst **von der Einstellung an** möglich. Er kann aber **mit der Einstellungsbewilligung verbunden** werden[15], es kann also fortgesetzt und sofort wieder eingestellt werden. Es erscheint nicht richtig, in diesem Fall auf die ausdrückliche Fortsetzung als angeblich zu formalistisch zu verzichten (so[16]). Eingestellt werden kann ja nur ein laufendes, also nach vorausgehender Einstellung wieder fortgesetztes Verfahren. Schon zur Vermeidung von Zweifeln über den Fristenlauf ist dies zu beachten (gibt auch[16] zu). Wenn der Gläubiger gegen Ende seiner Fortsetzungsantragsfrist die Einstellung bewilligt und diese zulässig ist (also keine dritte Bewilligung), so ist das ein Fortsetzungsantrag, verbunden mit neuer Einstellungsbewilligung. Umgekehrt kann nicht die Einstellung bewilligt und gleichzeitig die Fortsetzung verlangt werden; das wäre eine unzulässige Einstellung auf Zeit[17] (anders[18], auch[19] für Fortsetzung unmittelbar nach Ablauf von 6 Monaten); in diesem Fall kann das Gericht nur unbeschränkt einstellen[20], es setzt erst auf ausdrücklichen Antrag fort ([21]meint: wenn der Fortsetzungsantrag „aktuell" geworden sei, wenn zB die gestellte Bedingung eingetreten sei).

4.5 Der Fortsetzungsantrag kann (wie die Einstellungsbewilligung) nicht an eine **Bedingung** geknüpft werden, etwa daran, daß auch andere Gläubiger Fortsetzungsantrag stellen (Zweifel bei[22]). Abzulehnen ist auch die Verbindung eines Fortsetzungsantrags mit einer Einstellungsbedingung in der Weise, daß das Verfahren nur fortgesetzt werden solle, wenn der Schuldner nicht binnen einer bestimmten Frist zahle und dies dem Gericht nachweise. Der Fortsetzungsantrag muß unmißverständlich gestellt sein; er liegt nicht etwa in einer Einstellungsbewilligung für eine bestimmte Zeit[23].

4.6 Die **Rücknahme** des Fortsetzungsantrags, bevor die Fortsetzung beschlossen oder sonst in Gang gebracht ist, kann noch nicht als Einstellungsbewilligung angesehen werden, weil das Verfahren, auch wenn kein besonderer Fortsetzungsbeschluß vorgeschrieben ist, jedenfalls erst mit einer Verfügung des Gerichts (zB Terminsfestsetzung) fortgesetzt wird. Solange nichts geschehen ist, kein Fortsetzungsbeschluß und keine ihn ersetzende Verfügung, kann der Fortsetzungsantrag zurückgenommen werden; es bleibt dann beim bisherigen Verfahrensstand, das Verfahren bleibt weiter eingestellt, bis die Fortsetzungsantragsfrist abgelaufen ist.

---

[15] Drischler Rpfleger 1967, 357 (10); Ordemann aaO (Fußn 14).
[16] Jonas/Pohle, ZwVNotrecht, § 31 Anm 2 e.
[17] LG Traunstein Rpfleger 1989, 35; 4 Korintenberg/Wenz § 35 Fußnote 1; Drischler Rpfleger 1967, 357 (10).
[18] Ordemann AcP 157, 470.
[19] LG Frankfurt MDR 1986, 595 = Rpfleger 1986, 231.
[20] LG Traunstein Rpfleger 1989, 35; Ordemann AcP 157, 470.
[21] Ordemann AcP 157, 470.
[22] Dassler/Muth § 31 Rdn 8.
[23] Jaeckel/Güthe § 30 Rdn 3.

§ 31 4.7   Aufhebung und einstweilige Einstellung

4.7 Die Rücknahme des Fortsetzungsantrags nach der Fortsetzung ist eine neue Einstellungsbewilligung. Bei Rücknahme des Fortsetzungsantrags nach Ablauf der Fortsetzungsfrist gilt der Fortsetzungsantrag als nicht gestellt und das **Verfahren** ist nach Abs 1 Satz 2 **aufzuheben**.

5 Maßnahmen für Verfahrensfortsetzung; Fortsetzungsbeschluß

5.1 Zu prüfen ist für Fortsetzung des Verfahrens, ob der Antrag des Gläubigers rechtzeitig gestellt (§ 31) und der Einstellungsgrund entfallen ist, außerdem (wie bei Verfahrensanordnung), ob alle Vollstreckungserfordernisse erfüllt (alle Voraussetzungen wie für den Beginn der Zwangsvollstreckung gegeben) sind und die für Zwangsvollstreckung erforderlichen Urkunden vorliegen (§ 16 Abs 2). Nur der Fortsetzungsantrag muß in der Frist des § 31 gestellt sein; Zwangsvollstreckungsunterlagen (zB ein zurückgegebener Vollstreckungstitel) können auch nach Ablauf der Frist beigebracht werden. Auch die Fortsetzung des Verfahrens kann (auf rechtzeitigen Antrag) nach Fristablauf angeordnet und vorgenommen werden. Materielle Einwendungen des Schuldners können bei Fortsetzung des Verfahrens keine Berücksichtigung finden. Wenn der Schuldner die Zusage einer längeren Einstellung (nach § 30) durch den Gläubiger behauptet, muß er Klage nach ZPO § 767 erheben.

5.2 Anhörung des Schuldners zu dem Fortsetzungsantrag kann im Einzelfall geboten oder doch zweckmäßig sein, ist aber nicht nötig. Fortsetzung des Verfahrens erfordert Verfahrenshandlung des Gerichts. Diese ist Verfahrensmaßnahme, mit der dem Schuldner Kenntnis vom Wegfall des Einstellungsgrundes und Gelegenheit gegeben wird, seinen Anspruch auf rechtliches Gehör vor Gericht (GrundG Art 103 Abs 1) im Verfahren wahrzunehmen.

5.3 Wenn die Zulässigkeit der **Verfahrensfortsetzung feststeht** (wie im Falle des § 30, im Falle des § 30 a mit Ablauf des Zeitpunktes, bis zu dem die Einstellung angeordnet war, sonst bei Offenkundigkeit der Tatsache, die Fortsetzung ermöglicht, ZPO § 291, zB Beendigung des Konkursverfahrens), ist dem Vollstreckungsgericht für Verfahrensfortsetzung kein weiterer Nachweis zu erbringen. Wenn der Wegfall des Einstellungsgrundes bei dem Vollstreckungsgericht nicht offenkundig ist (ZPO § 291), hat der Gläubiger als Antragsteller die Tatsachen vorzutragen, die Verfahrensfortgang ermöglichen. Die Darlegungs- und Beweislast nach den Grundsätzen des ZPO-Verfahrens (§ 30 b Rdn 4.1) trifft ihn somit, wenn die nach § 30 a auf Schuldnerantrag angeordnete Verfahrenseinstellung infolge Nichterfüllung einer Zahlungsanordnung oder einer anderen Auflage außer Kraft getreten ist (Abs 3–5 des § 30 a) sowie dann, wenn das nach § 30 c Abs 1 eingestellte Verfahren mit Eintritt eines bestimmten Ereignisses (Freigabe aus der Konkursmasse usw, § 30 c Rdn 8.1) fortgesetzt werden soll. Der Tatsachenvortrag des Gläubigers ist Grundlage der Verfahrensfortsetzung, wenn er vom Schuldner nicht bestritten (ZPO § 138 Abs 2) oder zugestanden (ZPO § 288) wird. Sonst sind die Angaben zu beweisen (Glaubhaftmachung ist nicht vorgesehen, somit auch nicht ausreichend). Zum Fortsetzungsantrag gegen den Konkursverwalter in weiteren Fällen siehe bereits § 30 c Rdn 8.2. Prozeßgerichtliche Einstellungsbeschlüsse und Einstellungsunterlagen werden vom Vollstreckungsgericht vollzogen, wenn es davon auf irgend eine Weise zuverlässig Kenntnis erlangt (ZPO § 775). Daher erfordert auch Fortsetzung, daß Wiederaufhebung der Anordnung nachgewiesen oder sonstige Erledigung durch Tatsachenvortrag dargestellt oder erforderlichenfalls bewiesen wird.

5.4 Fortzusetzen hat das Vollstreckungsgericht das mit Einstellung zum Stillstand gekommene Verfahren. Förmliche Anordnung (durch Beschluß, auch Verfügung) ist nicht (ausdrücklich) vorgesehen, dennoch aber geboten (Rdn 5.5) und üblich. Sonst hätte das Vollstreckungsgericht zur weiteren Durchführung des Verfahrens die Maßnahme oder Entscheidung zu treffen, die eine sachgemäße

Fortführung der auf Antrag des Gläubigers mit Verfahrensanordnung (Zulassung des Beitritts) eingeleitete Zwangsversteigerung erfordert. Je nach Verfahrensstand bei Einstellung könnte somit Fortführung auf verschiedene Weise erfolgen: Durch Zustellung einer Belehrung (falls noch Einstellungsantrag möglich) an Schuldner bzw Konkursverwalter, durch Entscheidung (oder auch Weiterführung des Verfahrens, § 30 b) über einen Einstellungsantrag (§ 30 b Rdn 10.6), durch Zustellung des Beschlusses über die Anordnung der Grundstücksschätzung nach § 74 a, verbunden mit der Belehrung (über Einstellungsmöglichkeit) an Schuldner bzw Konkursverwalter, durch förmlichen Hinweis des Gerichts auf die bevorstehende Terminsansetzung, verbunden mit der genannten Belehrung, durch Zustellung der Terminsbekanntmachung nur dann, wenn keine Einstellungsmöglichkeit mehr besteht, andernfalls deshalb nicht, weil mit der Terminsbekanntmachung keine Belehrung verbunden werden kann (die Terminsansetzung darf ja erst nach rechtskräftiger Einstellungsablehnung erfolgen, § 30 b Abs 4). Daß eine Verfahrenshandlung zur Fortsetzung des eingestellten Verfahrens vorgenommen wird, müßte dann Gläubiger und Schuldner erkennbar sein. Ihnen ist der Einstellungsbeschluß zugestellt (§ 32); daher müssen sie auch Kenntnis davon erlangen, daß dem Beschluß keine Wirkung mehr zukommt. Dem Gläubiger und Schuldner wäre sonach gesondert bekanntzumachen, daß die Prozeßhandlung (zB Terminsbestimmung bei Vollstreckung noch durch weitere Gläubiger, Gutachtenauftrag an den Sachverständigen), auch für den Gläubiger vorgenommen wird, dessen Verfahren fortgesetzt wird; das würde sich nur erübrigen, wenn (ausnahmsweise) in dem auf Antrag fortzusetzenden Einzelverfahren sogleich eine Verfahrenshandlung oder Entscheidung vorzunehmen ist, die den Gläubiger und sein Vollstreckungsverfahren (erforderlichenfalls nach Anordnungs- oder Beitrittsbeschluß) bezeichnet und den Verfahrensfortgang darstellt.

5.5 (Besonderer) **Fortsetzungsbeschluß** wurde zwar bei Gesetzesberatung nicht gefordert, „um das Verfahren nicht unnötig verwickelt zu machen"[24]. Von[25] (auch sonst im Schrifttum) wird er befürwortet, um den Fortsetzungszeitpunkt festzulegen (anders[26]), von dem der Fristlauf der damit verbundenen Belehrung abhängt, auch die Berechnung des geringsten Gebots nach § 44 Abs 2. Zulässig ist er als Verfahrenshandlung des Gerichts, mit der Gläubiger und Schuldner Kenntnis davon gegeben wird, daß in der Vollstreckungssache des Gläubigers, der Fortsetzung beantragt hat, der Einstellungsgrund entfallen und Verfahrensfortsetzung zulässig ist, weitere Verfahrenshandlungen somit auch das eingestellt gewesene Verfahren fortsetzen. Der Fortsetzungsbeschluß trägt dem Erfordernis Rechnung, daß den Beteiligten nach Zustellung des Einstellungsbeschlusses Kenntnis davon zu geben ist, daß dieser keine Wirkung mehr äußert (Rdn 5.4); er schafft Klarheit über Grundlage und Zulässigkeit des fortzuführenden Vollstreckungsverfahrens. Damit trägt er zugleich dem Erfordernis Rechnung, daß dem Schuldner der Beschluß, auf Grund dessen die Versteigerung erfolgen kann, vier Wochen vor dem Versteigerungstermin zugestellt zu sein hat (§ 43 Abs 2, § 44 Abs 2).

5.6 Ist bei einem nach §§ 30, 30 a eingestellten Verfahren Konkurs eröffnet worden, so ist der Fortsetzungsantrag als gegen den Konkursverwalter gestellt anzusehen, ohne daß die Umschreibung des Vollstreckungstitels gegen ihn nötig wäre.

---

[24] Jaeckel/Güthe § 31 Rdn 7.
[25] LG Lübeck SchlHA 1960, 178; Dassler/Muth § 31 Rdn 13; Steiner/Storz § 31 Rdn 42; Jonas/Pohle, ZwVNotrecht, § 30 d Anm 6; Mohrbutter, Handbuch des Vollstreckungsrechts, § 36 (I c); Mohrbutter/Drischler Muster 55 Anm 4 und Muster 28 Anm 1; Stöber, ZVG-Handbuch, Rdn 200 a; Ordemann AcP 157, 470; Drischler Rpfleger 1956, 91, JVBl 1962, 83 (7) und 1965, 225 (d) sowie JurBüro 1964, 1 (2 f); Schmidt DRiZ 1959, 119.
[26] Jaeckel/Güthe § 31 Rdn 7.

§ 31 5.7 Aufhebung und einstweilige Einstellung

5.7 Zur Verfahrensfortsetzung auch ZVG-Handbuch Rdn 196–200 a.

5.8 Der Fortsetzungsbeschluß muß nicht zugestellt werden; Mitteilung an Gläubiger und Schuldner erfolgt nach ZPO § 329 Abs 2. Zuzustellen ist aber die mit dem Beschluß verbundene Belehrung des Vollstreckungsschuldners, Konkursverwalters, Antragsgegners (§ 30 b Abs 2). Wenn bereits Versteigerungstermin bestimmt ist, erfordert Wahrung der Fristen des § 43 Abs 2 (dort Rdn 4.2) und § 44 Abs 2 (dort Rdn 4.8) auch Zustellung des Fortsetzungsbeschlusses. Dazu ZVG-Handbuch Rdn 200 a.

5.9 Kosten: Für die Fortsetzung entsteht keine besondere Gerichts- oder Anwaltsgebühr. Die Tätigkeit des Gerichts wird durch die Versteigerungsverfahrensgebühr (Einl Rdn 77) abgegolten, die des Rechtsanwalts durch die Anwalts-Versteigerungsverfahrensgebühr (Einl Rdn 89).

5.10 Ablehnung eines Fortsetzungsantrags erfolgt durch Beschluß. Er ist dem Gläubiger zuzustellen, dem Schuldner mitzuteilen. Wenn der Antrag nicht binnen sechs Monaten gestellt (eingegangen) ist, erfolgt seine Ablehnung mit Aufhebung des Verfahrens (Abs 1 Satz 2); Zustellung des Aufhebungsbeschlusses: § 32.

5.11 a) **Nach Rechtskraft des Zuschlags** kann ein Verfahren zur Grundstücks-Zwangsversteigerung nicht mehr fortgesetzt werden, weil der Ersteher mit Zuschlag Eigentümer des Grundstücks wird (§ 90).

b) **Bis zur Rechtskraft** des Zuschlags kann Fortsetzung nur noch bedingt für den Fall beantragt und angeordnet werden, daß der Zuschlag im Beschwerdeweg rechtskräftig aufgehoben wird, ebenso wie in dieser Zeit der Beitritt eines Gläubigers nur noch für diesen Fall zugelassen werden kann (§ 27 Rdn 2.4). Fortsetzungsantrag für diesen Fall bewirkt, daß das nach Aufhebung des Zuschlags fortzusetzende Verfahren auch wieder von dem antragstellenden Gläubiger betrieben wird. Hat ein Gläubiger Fortsetzungsantrag nicht in der Antragsfrist gestellt, dann muß nach rechtskräftiger Aufhebung des Zuschlags auch sein Verfahren aufgehoben werden.

c) Wenn nach bewilligter Verfahrenseinstellung das Grundstück auf Betreiben anderer Gläubiger versteigert worden ist, äußert die Einstellungsbewilligung keine Wirkungen mehr. Die Erlösverteilung erfolgt von Amts wegen (§§ 105 ff). Sie ist Folge der Grundstücksversteigerung. Ein Gläubiger kann mit Einstellungsbewilligung nicht mehr den zeitweiligen Stillstand des Verteilungsverfahrens herbeiführen; ebenso erfordert die Erlösverteilung keinen Fortsetzungsantrag eines Gläubigers, dessen Zwangsversteigerungsverfahren vor Zuschlag auf Bewilligung eingestellt war. Die bewilligte Einstellung hat nur das Versteigerungsverfahren des Gläubigers zum Stillstand gebracht. Weil sie Bedeutung nur für den Versteigerungsabschnitt des Verfahrens hat, ist die Einstellungsbewilligung auch im Abschnitt II des zweiten Titels des ersten Abschnitts des ZVG geregelt. Bei Verfahrensfortgang mit Erlösverteilung (daselbst Abschnitt VIII) schmälert daher die Einstellungsbewilligung insbesondere das Recht auf Befriedigung aus dem Versteigerungserlös, also auf Zuteilung und Teilnahme bei der Planausführung nicht. Dem dinglichen Gläubiger gewährt sein Recht am Grundstück (§ 10 Abs 1 Nr 4), dem persönlichen Vollstreckungsgläubiger gewährt die durch Anordnung oder Beitritt bewirkte Beschlagnahme (§ 10 Abs 1 Nr 5) ein bei der Erlösverteilung zu berücksichtigendes Recht. Dieses Recht auf Befriedigung aus dem Grundstück und Berücksichtigung bei Verteilung des Erlöses eines versteigerten Grundstücks beeinträchtigt die früher bewilligte Einstellung der dennoch erfolgten Versteigerung nicht. Verfahrenseinstellung auf Bewilligung (§ 30) erfordert daher nicht, daß der Gläubiger sich unter Wegfall seiner Einstellung erst wieder an der Erlösverteilung zu beteiligen hat, indem er eine entsprechende Erklärung (als Fortsetzungsantrag) an das Gericht abgibt. Daher kann auch kein Gläubiger bei nicht rechtzeitiger Erklärung von der Erlösverteilung ausgeschlossen, sein Verfahren sohin nicht als aufgehoben behandelt werden. Nach Zuschlag ist Antragsrück-

Fortsetzung des eingestellten Verfahrens 7 § 31

nahme (§ 29 Rdn 2.7) und folglich auch Verfahrensaufhebung wegen eines unterlassenen Fortsetzungsantrags nicht mehr möglich, weil das Objekt der Verfügungsgewalt des Gläubigers entzogen ist. Wenn die Frist noch über den Verteilungstermin hinaus läuft, kann daher auch nicht, weil der Gläubiger noch wegfallen könnte, bedingt zugeteilt und hinterlegt werden (§§ 119, 120). Es ist zu unterscheiden, ob der Gläubiger Einstellung des Verfahrens zur Zwangs**versteigerung** bewilligt hatte (§ 30) oder ob von Amts wegen zu berücksichtigende Gründe für Einstellung oder Beschränkung der Zwangs**vollstreckung** vorliegen (ZPO § 775). Mit Einstellung oder Beschränkung einer Zwangsvollstreckung (ZPO § 775, auch § 776) hindert der Stillstand des Vollstreckungsverfahrens nicht die Gläubigerbefriedigung bei Erlösverteilung. Bewilligte Einstellung (§ 30) hingegen konnte nur für den Fortgang des Versteigerungsverfahrens Bedeutung erlangen, nicht aber das Recht des Gläubigers auf Befriedigung aus dem Grundstück (§ 10; dazu auch § 114) schmälern. Will ein Gläubiger sein Recht auf Berücksichtigung bei Erlösverteilung (ganz oder teilweise) aufgeben, so stellt ihm dafür das Gesetz nicht die Einstellungsbewilligung des § 30 (mit Unterlassen eines rechtzeitigen Fortsetzungsantrags nach § 31), sondern die Anmeldung (§ 114) als Verfahrenserklärung zur Berücksichtigung bei Aufstellung des Teilungsplans zur Verfügung.

Mehrere Gläubiger und mehrere Verfahren eines Gläubigers 6

Jeder von mehreren Gläubigern eines „gemeinsamen" Verfahrens bleibt für den Fortgang seiner **Einzelvollstreckung** selbständig (§ 30 b Rdn 6). Einstellung und Fortsetzung mit ihren Fristen wirken ebenso wie alle einschlägigen Anträge immer nur für und gegen die davon unmittelbar betroffenen betreibenden Gläubiger, nicht für und gegen die anderen. Wenn die Verfahren mehrerer Gläubiger (gleichzeitig oder nacheinander) eingestellt wurden, läuft die **Frist** für Stellung des Fortsetzungsantrags (§ 31) für jeden Gläubiger **gesondert;** es gibt keine Einheit des Verfahrens. Jeder Gläubiger hat daher Fortsetzung seines eingestellten Verfahrens in der nach seinem Einstellungsgrund und der ihm zugestellten Belehrung laufenden Frist des § 31 gesondert zu beantragen. Ein Fortsetzungsbeschluß hat den Gläubiger (ggfs auch den Beschlagnahmebeschluß als Grundlage seines Verfahrens) zu bezeichnen, dessen eingestelltes Verfahren fortgesetzt wird. Fortsetzung des Verfahrens für einen Gläubiger auf rechtzeitigen Antrag berührt die für andere Gläubiger angeordnete Verfahrenseinstellung nicht. Beitritt eines weiteren Gläubigers und Durchführung des auf seinen Beitritt eingeleiteten Verfahrens bewirkt keine Fortsetzung des bei Zulassung des Beitritts eingestellten Verfahrens eines anderen Beschlagnahmegläubigers. Auch der Beitritt desselben Gläubigers wegen einer anderen Forderung ist keine Fortsetzung seines früheren Verfahrens. Aufgehoben wird jedes Einzelverfahren eines Gläubigers, wenn nach Einstellung dessen Fortsetzung nicht binnen sechs Monaten beantragt ist (Abs 1 Satz 2); die Verfahren der anderen betreibenden Gläubiger werden davon nicht berührt; sie laufen ungehindert weiter.

Mehrere Grundstücke 7

Bei Zwangsversteigerung mehrerer Grundstücke in demselben Verfahren (§ 18) kann der Gläubiger nach Einstellung des Gesamtverfahrens auch die Verfahrens**fortsetzung** nur hinsichtlich **eines** (oder einzelner) **der Grundstücke** beantragen. Die Einstellung des Verfahrens über die weiteren Grundstücke wird davon nicht berührt; sie dauert an. Das Verfahren über die weiteren Grundstücke ist aufzuheben, wenn hierwegen Fortsetzungsantrag nicht binnen sechs Monaten gestellt ist (Abs 1 Satz 2). Ein Fortsetzungsantrag des Gläubigers bezieht sich auf das Gesamtverfahren (auf das Verfahren über alle Grundstücke), wenn nichts anderes zum Ausdruck gebracht ist.

8 Muster zu Fortsetzungsbeschluß und -belehrung

8.1 Gegenüber **Schuldner:** „Beschluß: Das mit Beschluß vom . . . einstweilen eingestellte Zwangsversteigerungsverfahren aus dem Anordnungs-/Beitritts-Beschluß vom . . . (Gläubiger . . .) wird auf Antrag des Gläubigers fortgesetzt. Belehrung des Schuldners: Der Schuldner kann nochmals . . . (wie § 30 b Rdn 2). Gründe: Der Gläubiger hat rechtzeitig die Fortsetzung beantragt (ZVG § 31). Zugleich mußte der Schuldner über die Einstellungsmöglichkeit belehrt werden (ZVG §§ 30 d, 30 a, 30 b)".

8.2 Gegenüber **Konkursverwalter:** „Beschluß: . . . (wie vorher). Belehrung des Konkursverwalters: Der Konkursverwalter kann nochmals . . . (wie § 30 c Rdn 4). Gründe: Der Gläubiger hat . . . (wie vorher). Zugleich mußte der Konkursverwalter über die Einstellungsmöglichkeit belehrt werden (ZVG §§ 30 d, 30 c, 30 b)".

8.3 Bei **Teilungsversteigerung:** „Beschluß: Das mit Beschluß vom . . . einstweilen eingestellte, zur Aufhebung der Gemeinschaft betriebene Zwangsversteigerungsverfahren aus dem Anordnungs-/Beitritts-Beschluß vom . . . (Antragsteller . . .) wird auf den Antrag des Antragstellers fortgesetzt. Belehrung des Antragsgegners: Der Antragsgegner kann nochmals . . . (wie § 30 b Rdn 2). Gründe: Der Antragsteller hat rechtzeitig die Fortsetzung beantragt (ZVG §§ 180, 31). Zugleich mußte der Antragsgegner über die Einstellungsmöglichkeit belehrt werden (ZVG §§ 180, 30 b)".

8.4 Muster auch in § 30 Rdn 4, § 30 b Rdn 5.5 und 8, § 30 c Rdn 7 und ZVG-Handbuch Rdn 196.

9 Rechtsbehelfe bei Fortsetzung oder Aufhebung

9.1 Gegen die mit der Fortsetzung verbundene **Belehrung** ist höchstens Vollstreckungserinnerung denkbar (§ 30 b Rdn 9.1), **gegen den Fortsetzungsbeschluß** selbst wie immer für den vorher nicht gehörten Schuldner bzw Konkursverwalter, Antragsgegner auch Vollstreckungserinnerung, anschließend sofortige Beschwerde (anders[27]: nur sofortige Beschwerde), für den vorher gehörten befristete Rechtspflegererinnerung (sofortige Beschwerde), gegen den die Fortsetzung ablehnenden Beschluß für den Gläubiger bzw Antragsteller befristete Rechtspflegererinnerung (sofortige Beschwerde).

9.2 Für Rechtsbehelfe gegen Aufhebungsbeschlüsse wird das **Rechtsschutzbedürfnis** dann bejaht, wenn darin ein neuer Antrag auf Anordnung oder Beitritt zu sehen ist[28] (Aufhebung sei dann insoweit rückgängig zu machen, als für die Fristen aus §§ 30 a, d der frühere Zustand bestehe). Die Frage ist ohne Bedeutung, wenn die Aufhebung (richtig) erst „ab Rechtskraft wirksam" erfolgte.

[Zustellung der Einstellungs- und Aufhebungsbeschlüsse]

32 Der Beschluß, durch welchen das Verfahren aufgehoben oder einstweilen eingestellt wird, ist dem Schuldner, dem Gläubiger, und, wenn die Anordnung von einem Dritten beantragt war, auch diesem zuzustellen.

1 Allgemeines zu § 32

Zweck und **Anwendungsbereich:** Die Vorschrift regelt (in Abweichung von ZPO § 329) die Ausführung der Zustellungen bei einstweiliger Einstellung und Aufhebung des Verfahrens. Sie gilt für alle ZVG-Verfahren.

---

[27] LG Darmstadt MDR 1957, 753.
[28] AG Medebach JMBlNW 1966, 257.

Einstellung/Aufhebung durch Versagung des Zuschlags 1.1 § 33

Zustellung von Einstellungs- und Aufhebungsentscheidungen 2

2.1 Aufhebungs- und Einstellungsbeschlüsse müssen immer von Amts wegen (§ 3) zugestellt werden. Zustellung hat auch zu erfolgen, wenn die Anordnung auf ein Zubehörstück beschränkt ist. Ein **Verzicht** auf die Zustellung ist nicht zulässig, weil die Zustellung nicht nur im Interesse des Betroffenen liegt, sondern auch Fristen in Lauf setzt oder andere Ereignisse auslöst.

2.2 Die Aufhebungs- und Einstellungsbeschlüsse müssen an den **Schuldner** (Vollstreckungsschuldner) und an den (jeweils betroffenen) **Gläubiger** zugestellt werden, an einen **Dritten** dann, wenn er die Aufhebung oder Einstellung (zB nach § 28 oder nach ZPO § 769 Abs 2) beantragt hatte. Betroffen von der Entscheidung und Zustellungsempfänger ist nur der betreibende Gläubiger, dessen Verfahren durch die Entscheidung eingestellt oder aufgehoben wird; keine Zustellung erhalten die übrigen betreibenden Gläubiger. Die Zustellung erfolgt von Amts wegen (§ 3), wenn der Gläubiger, Schuldner oder Dritte einen Bevollmächtigten hat an diesen (§ 3 Rdn 3); sie ist durch Aufgabe zur Post möglich (§ 4). Keine Zustellung erhalten andere Beteiligte (§ 9), auch nicht der nach Beschlagnahme neu eingetretene Grundstückseigentümer; dessen Benachrichtigung ist gleichwohl ratsam. Wird allerdings der Versteigerungstermin gleichzeitig aufgehoben (weil andere Gläubiger nicht vorhanden oder für sie die Fristen nicht erfüllt sind), so muß Terminsabladung an alle Beteiligten erfolgen, und zwar formlos[1]. § 32 soll aber nicht eng in dem Sinn verstanden werden, daß eine Verfahrensaufhebung nur dem Gläubiger, Schuldner oder antragstellenden Dritten durch Zustellung bekanntzumachen ist. Ist der Anordnungsbeschluß weiteren Personen oder Stellen zugestellt oder mitgeteilt worden, (§ 15 Rdn 47.5), so sollte es im Schuldnerinteresse als selbstverständlich gelten, daß diesen jedenfalls durch Mitteilung auch die Aufhebung des Verfahrens (wenn es von mehreren Gläubigern betrieben wurde die Aufhebung hinsichtlich des letzten dieser mehreren Gläubiger) zur Kenntnis gebracht wird.

2.3 Zustellung eines Einstellungs- oder Aufhebungsbeschlusses an Schuldner und Gläubiger hat nach § 32 auch zu erfolgen, wenn der Beschluß (nach ZPO § 329 Abs 1) bereits in einem Termin (auch Versteigerungstermin) verkündet worden ist. Nur der nach Schluß der Versteigerung in Form der Zuschlagsversagung verkündete Einstellungs- oder Aufhebungsbeschluß (§§ 33, 87 Abs 1) wird nicht zugestellt (§ 33 Rdn 6).

2.4 Für **Ablehnung** eines Aufhebungs- oder Einstellungsantrags gilt § 32 nicht; Verkündung, Zustellung oder Mitteilung des Beschlusses erfolgt nach ZPO § 329. Zugestellt wird der Beschluß an den abgewiesenen Antragsteller; dem Gegner wird er nur mitgeteilt, wenn Anhörung erfolgt ist.

[Einstellung oder Aufhebung durch Versagung des Zuschlags]

33 Nach dem Schlusse der Versteigerung darf, wenn ein Grund zur Aufhebung oder zur einstweiligen Einstellung des Verfahrens oder zur Aufhebung des Termins vorliegt, die Entscheidung nur durch Versagung des Zuschlags gegeben werden.

Allgemeines zu § 33 1

1.1 Zweck der Vorschrift: § 33 trifft Bestimmung, daß die Entscheidung nur durch Versagung des Zuschlags erfolgen darf, wenn ein Grund zur Aufhebung oder einstweiligen Einstellung des Verfahrens oder auch zur Aufhebung des Termins erst nach dem Schluß der Versteigerung (§ 73 Abs 2) zu berücksichtigen ist.

---

[1] Drischler JVBl 1965, 225 (c).

§ 33 1.2 Aufhebung und einstweilige Einstellung

1.2 Anwendungsbereich: Die Vorschrift gilt für alle Versteigerungsverfahren, also auch für Konkursverwalter-, Nachlaß-, Teilungsversteigerung.

2 Aufhebung und Einstellung mit Zuschlagversagung

2.1 Nach Schluß der Versteigerung (= § 73 Abs 2: nach dem Ende der Bietstunde, wenn der Schluß der Versteigerung verkündet ist) darf über Einstellungs- und Aufhebungsgründe nur durch Zuschlagsversagung (§ 83) entschieden werden. Es gilt das für **Einstellungs- und Aufhebungsgründe jeder Art:** §§ 28, 29, 30, 30 a, 30 c, 30 d, 31, 75, 76, ZPO §§ 765 a, 769, 775, 776. Es gilt dies auch dann, wenn der Aufhebungs- oder Einstellungsgrund schon vor Schluß der Versteigerung entstanden, bis dahin aber unbekannt oder unberücksichtigt (siehe auch § 79) geblieben ist; ausgenommen ist die Sonderregelung in § 77. Einstellung oder Aufhebung durch einfachen Beschluß hätte Erlöschen der Gebote zur Folge (§ 72 Abs 3). Bei Entscheidung durch Versagung des Zuschlags erlöschen die am Schluß der Versteigerung noch wirksamen Gebote erst mit Rechtskraft (§ 86); damit bleibt den Beteiligten die Möglichkeit gewahrt, mit Beschwerde die Aufhebung des Versagungsbeschlusses und die Erteilung des Zuschlags herbeizuführen.

2.2 Die Regel gilt für das Gesamtverfahren, sonst nur für den **bestrangig betreibenden Gläubiger,** nicht aber für einzelne nachrangig vollstreckende Gläubiger (§ 33 Rdn 3). Sie gilt nur, wenn im Termin überhaupt Gebote abgegeben wurden. Wenn **kein Gebot** abgegeben ist oder alle Gebote erloschen sind, ist das Verfahren durch (einfachen) Beschluß aufzuheben oder einstweilen einzustellen oder § 77 anzuwenden.

2.3 Wenn eine Einstellung des Vollstreckungsgerichts wegen **Dringlichkeit nach ZPO § 769 Abs 2** in Frage kommt, abhängig von einer Entscheidung des Prozeßgerichts (die Einstellung gewähren oder versagen kann), ist der Zuschlagsverkündungstermin hinauszuschieben (§ 87 Abs 1) und die Entscheidung des Prozeßgerichts abzuwarten (wenn diese eine Einstellung versagt, hätte sonst das Vollstreckungsgericht zu Unrecht den Zuschlag versagt). Wenn das Vollstreckungsgericht doch auf einen Antrag nach ZPO § 769 Abs 2 den Zuschlag (rechtskräftig; sonst kann noch mit Beschwerde Aufhebung des Beschlusses bewirkt werden) versagt hat, muß nach Ablauf der Frist die Zwangsvollstreckung mit erneuter Versteigerung (Bestimmung des Termins unter Wahrung der Fristen) fortgesetzt werden. Einstweilige Einstellung nach ZPO § 769 Abs 2 unter Fristbestimmung durch das Vollstreckungsgericht hätte Erlöschen der Gebote zur Folge (§ 72 Abs 3).

2.4 Anzuwenden ist § 33 auch, wenn eine **Konkurseröffnung** erst nach Schluß der Versteigerung erfolgt und dann Antrag nach § 30 c gestellt wird (über ihn darf nur nach § 33 entschieden werden[1]) oder wenn die Versteigerung vor Schluß mit VerglO §§ 25, 27, 48, 87, 104 fällt (§ 15 Rdn 23).

2.5 § 33 gilt auch im **Rechtsmittelverfahren,** weil dafür keine Ausnahme bestimmt ist (so auch[2]; anders[3]). Nicht anwendbar ist § 33 im Rechtsmittelverfahren nur, wenn der Einstellungs- oder Aufhebungsgrund erst nach Erteilung des Zuschlags aufgetreten ist und vom Beschwerdegericht nicht mehr berücksichtigt werden kann, wie bei Antragsrücknahme erst nach Zuschlag (unzulässig, § 29 Rdn 2.7), oder Einstellungsbewilligung erst nach Zuschlag (unzulässig, § 30 Rdn 2.12) oder wie zB bei § 765 a, der nicht erstmals im Rechtsmittelverfahren auftauchen darf, Einl Rdn 59.10). Wenn der Zuschlag durch das Rechtsmittelgericht aufgehoben wird und ein nach Schluß der Versteigerung eingetretener Aufhebungs- oder

---

[1] Stöber Rpfleger 1967, 16 (Anmerkung).
[2] Jaeckel/Güthe § 33 Rdn 1; Steiner/Storz § 33 Rdn 19.
[3] KG Berlin OLGZ 1966, 566 = Rpfleger 1966, 310.

Einstellungsgrund bei Erteilung des Zuschlags unberücksichtigt geblieben ist, hat daher das Rechtsmittelgericht den Zuschlag nach § 33 zu versagen.

2.6 Bei **Ablösung** des einzigen betreibenden Gläubigers vor Versteigerungsschluß ist nach § 75 einzustellen, nachher ist der Zuschlag nach § 33 zu versagen. Wird einer von mehreren betreibenden Gläubigern abgelöst, so ist vor Versteigerungsschluß für den Abgelösten einzustellen, für die anderen fortzufuhren und, falls der bestrangig betreibende Gläubiger abgelöst ist, neues geringstes Gebot aufzustellen, nach dem Versteigerungsschluß aber bei Ablösung des bestrangig betreibenden Gläubigers der Zuschlag zu versagen (hier kein neues geringstes Gebot, keine Wiederaufnahme der Versteigerung zulässig), während die Ablösung anderer betreibender Gläubiger auf den Zuschlag ohne Einfluß ist. Dazu auch § 15 Rdn 20 und § 75 Rdn 2.

2.7 Der Beschluß über die Versagung des Zuschlags muß den Einstellungs- oder Aufhebungs**grund ersehen lassen,** weil davon Fortsetzung und Fristen abhängen; zur Fassung § 30 b Rdn 5.7. Der Beschluß darf allerdings nicht neben der Versagung noch ausdrücklich einstellen. Unrichtig daher, wenn[4] empfiehlt, den Zuschlag zu versagen „mit der Maßgabe, daß das Verfahren einstweilen eingestellt wird". Unrichtig auch, wenn[5] empfiehlt, den Zuschlag zu versagen „unter gleichzeitiger befristeter Einstellung". Geschieht dies dennoch, so ändert das nichts mehr an der Wirkung aus § 86, die dem Versagungsbeschluß kraft Gesetzes zukommt[6] (falls Fortsetzung zulässig ist). Eine (überflüssige) Einstellung bei dieser Gelegenheit ist nur als Hinweis auf die Wirkung des § 86 anzusehen[7], so daß Gebote nicht nach § 72 Abs 3 erlöschen[8]. Besser ist es aber auf jeden Fall, wenn Unklarheit vermieden und richtig ausgesprochen wird, daß der Versagungsbeschluß mit Eintritt seiner Rechtskraft die Wirkung einer einstweiligen Einstellung (bzw Aufhebung) habe. Muster auch im ZVG-Handbuch Rdn 333.

Mehrere Gläubiger bei Zuschlagversagung 3

3.1 Liegen **nur bei einem** oder einigen von mehreren **nachrangig** betreibenden Gläubigern, die nicht der Berechnung des geringsten Gebots zugrunde gelegt waren und durch deren Wegfall sich nichts ändert, vor nach der Bietstunde Aufhebungs- oder Einstellungsgründe vor, so ist ihnen gegenüber einzustellen oder aufzuheben, und zwar normal, ohne Anwendung des § 33, und zwar bei allen denkbaren Einstellungs- oder Aufhebungsgründen.

3.2 § 33 ist auch nicht anzuwenden, wenn der bestrangig betreibende Gläubiger **vor dem Ende der Bietstunde** wegfällt; dann wird für ihn eingestellt oder aufgehoben und für den jetzt bestrangig betreibenden nächsten Gläubiger ein neues geringstes Gebot mit neuer Bietstunde aufgestellt.

3.3 Wenn nach Schluß der Versteigerung **für alle** betreibende Gläubiger Aufhebungs- oder Einstellungsgründe vorliegen, ist einheitlich durch Versagung des Zuschlags (§ 33) zu entscheiden (so auch[9]), somit nicht nur für den bestrangig betreibenden Gläubiger der Zuschlag zu versagen und für nachrangig betreibende Gläubiger aufzuheben oder einzustellen.

3.4 a) Bei Wegfall des bestrangig Betreibenden **nach der Bietstunde** wird vertreten: Versagung, wenn die Rechte, die nach dem für den nächsten Bestrangigen aufzustellenden geringsten Gebot zu berücksichtigen seien, nicht mehr vom Meistgebot gedeckt seien[10]; geringstes Gebot sei rückwirkend unrichtig,

---
[4] Jonas/Pohle, ZwVNotrecht, § 30 b Anm 5.
[5] Drischler Rpfleger 1956, 91.
[6] OLG Hamm NJW 1965, 2410 = OLGZ 1965, 311.
[7] OLG Hamm aaO (Fußn 6); Mohrbutter Rpfleger 1967, 102 (5).
[8] OLG Hamm aaO (Fußn 6)
[9] Dassler/Muth, § 33 Rdn 6; Steiner/Storz, § 33 Rdn 9 und 11.
[10] RG 89, 426.

daher Zuschlag nach §§ 84, 83 Nr 1 zu versagen[11], Bestehenbleiben statt Barzahlung beeinträchtigt[12]; keine Versagung nur bei Genehmigung bestimmter Beteiligter[13] und Erteilung des Zuschlags trotz Genehmigung im übrigen nicht gegen den Willen des bestrangig betreibenden Gläubigers[14] (in dieser allgemeinen Aussage unrichtig) sowie Versagung des Zuschlags auf jeden Fall[15]. Die Lösung liegt in § 84 und hängt davon ab, wer das Verfahren betreibt. Nach § 84 können beeinträchtigte Beteiligte ein unrichtiges Verfahren genehmigen und es wird ohne die Notwendigkeit einer Genehmigung zugeschlagen, wenn niemand beeinträchtigt ist, beides unter anderem dann, wenn das geringste Gebot unrichtig aufgestellt war (§ 83 Nr 1, § 84 Abs 1) (unrichtig dann, wenn durch Wegfall des bisher bestrangig Betreibenden an sich ein neues geringstes Gebot nötig gewesen wäre).

b) War der bisherige Bestrangige aus der Rangklasse 2 oder 3, so mußten alle Ansprüche in bar berücksichtigt werden, alle dinglichen Rechte erlöschen (§§ 44, 49, 52); durch Verschiebung des bestrangig Betreibenden auf einen späteren Platz einer dieser Klassen oder auch auf die erste Stelle der Rangklasse 4 ändert sich nichts, wenn das Meistgebot alle baren Ansprüche vor dem jetzt bestrangig Betreibenden deckt; es ist alles bar zu berücksichtigen, es erlöschen alle dinglichen Rechte, niemand ist beeinträchtigt, niemand muß genehmigen; Zuschlag ist zu erteilen[16].

c) Wenn statt eines bestrangig Betreibenden aus Rangklasse 5 ein anderer derselben Klasse nunmehr betreibt, blieben und bleiben alle Recht der Klasse 4 bestehen, waren und sind alle Ansprüche der Klassen 1–3 bar zu berücksichtigen; es ändert sich nichts, wenn der Anspruch der bisherigen Bestrangigen weggefallen oder durch das bare Gebot gedeckt ist; niemand ist beeinträchtigt, niemand muß genehmigen; Zuschlag ist zu erteilen.

d) Betreibt statt eines bisher Bestrangigen aus Rangklasse 4 aber ein Rangschlechterer dieser Klasse oder statt eines Gläubigers der Klasse 4 nunmehr bestrangig ein Gläubiger der Klasse 5, dann müßten nach dem neu aufzustellenden geringsten Gebot die dem jetzt bestrangig betreibenden Gläubiger vorgehenden dinglichen Rechte liegenbleiben, statt nach dem alten geringsten Gebot bar berücksichtigt zu werden; hier ist ein Nachteil gegeben, alle Benachteiligten müssen genehmigen; sonst ist der Zuschlag zu versagen (Genehmigung § 84 Abs 2; dazu § 84 Rdn 3).

3.5 Nun kann allerdings auch der **Schuldner** durch Zuschlag auf das alte (und unrichtige) geringste Gebot hin **benachteiligt** sein. Er ist benachteiligt, wenn das neue geringste Gebot (das notwendig wäre) durch den weiter rückwärts stehenden Rangbesten mehr Barzahlung enthalten müßte oder liegenbleibende Rechte statt Barzahlung oder mehr liegenbleibende als früher. In diesen Fällen wäre nämlich das Ergebnis für den Schuldner besser, weil die Bieter zu höheren Geboten (bar und liegenbleibend zusammen) gezwungen wären und so mehr Schulden getilgt würden, ja vielleicht ein Überschuß für den Schuldner bliebe. Es genügt in solchen Fällen schon die Möglichkeit einer Beeinträchtigung (§ 84 Rdn 2). Daher ist

---

[11] OLG Hamm KTS 1973, 141 = OLGZ 1972, 312 = Rpfleger 1972, 149; OLG Köln OLGZ 1972, 62 = Rpfleger 1971, 326 mit teils zust, teils abl Anm Stöber; Nußbaum, Zwangsversteigerung, § 16 (IV); Wenz, Zwangsvollstreckung in das unbewegliche Vermögen, 3. Aufl 1943, Abschnitt 4 D II 2.
[12] AG Bamberg Rpfleger 1968, 98.
[13] Jaeckel/Güthe § 29 Rdn 5; Korintenberg/Wenz § 29 Anm 2 und § 44 Anm 6 und Fußn 6; Steiner/Storz § 33 Rdn 14 und 15.
[14] Steiner/Storz § 33 Rdn 15.
[15] Dassler/Muth § 33 Rdn 8.
[16] OLG Köln Rpfleger 1990, 176 mit krit Anm Storz = ZIP 1989, 1430; LG Mosbach Rpfleger 1992, 360; AG Waldshut-Tiengen Rpfleger 1986, 102.

Einstellung/Aufhebung durch Versagung des Zuschlags 6 § 33

in einem solchen Fall immer die Genehmigung des Schuldners nötig, da sonst der Zuschlag zu versagen ist. Die Versagung wird nach Sachlage die Regel sein. Dazu im ZVG-Handbuch Rdn 333.

Rechtsbehelfe bei Zuschlagversagung 4

4.1 Nach dem Ende der Bietstunde (= Schluß der Versteigerung) kann der Beschluß, der eine Einstellung des Zwangsversteigerungsverfahrens ablehnt, **nicht mehr gesondert angefochten** werden[17], auch nicht eine Entscheidung aus ZPO § 765 a. Anfechtbar ist nur noch der Zuschlag, wenn der betroffene Gläubiger der Berechnung des geringsten Gebots zugrunde gelegt war, da ja sonst die Frage der Einstellung für den Zuschlag ohne Bedeutung ist.

4.2 Ein im Augenblick der Zuschlagsentscheidung **laufendes Rechtsmittel** gegen einen die Einstellung ablehnenden Beschluß (auch aus ZPO § 765 a) ist durch Zuschlagserteilung **gegenstandslos**[18], ein neues Rechtsmittel ist insoweit unzulässig. Es darf auch nicht ein Zuschlagsanfechtungsverfahren ausgesetzt werden, um das Verfahren zur Entscheidung eines Antrags aus § 765 a zurückzuverweisen. Auch die Rechtsmittelinstanz muß nach § 33 verfahren (Rdn 2.5).

Teileinstellung, Teilaufhebung 5

5.1 Wenn bei dem betreibenden Gläubiger, der dem geringsten Gebot zugrunde gelegt ist, Einstellungs- oder Aufhebungsgründe nur hinsichtlich eines **Teiles des Versteigerungsgegenstands** vorliegen, zB hinsichtlich eines von mehreren Grundstücken oder Grundstücksbruchteilen (die durch Gesamtausgebot versteigert werden, nicht aber, wenn sie im Einzelausgebot versteigert werden) oder hinsichtlich einzelner mitversteigerter Zubehörstücke (die freigegeben werden), so muß der Zuschlag trotzdem in vollem Umfang versagt werden. Die Regel des § 33 gilt auch hier. Man kann dem Meistbietenden nicht gegen seinen Willen weniger zuschlagen, als er nach seinem Meistgebot erwerben sollte und wollte. Auch wenn die freizugebenden Teile unwesentlich sein sollten, ist es nicht angängig, den Zuschlag zu erteilen, weil eine Abweichung von den aufgestellten Versteigerungsbedingungen ein Zuschlagsanfechtungsgrund ist (§ 100 Abs 1, § 83 Nr 1).

5.2 Zuschlag ist in diesem Falle nur zulässig, wenn der Meistbietende die Herausnahme der genannten Teile (etwa nebensächlicher Zubehörstücke oder unwesentlicher Ödlandstücke aus einem großen Anwesen) genehmigt (auf Erwerb ausdrücklich **verzichtet**)[19]. Der Verzicht muß bei der Verhandlung über den Zuschlag (§ 74) erfolgen, zu Protokoll.

Zustellung bei Zuschlagsversagung 6

Der verkündete Zuschlagversagungsbeschluß (§ 87 Abs 1) wird nicht zugestellt, im Gegensatz zu den sonstigen Einstellungs- und Aufhebungsbeschlüssen, die nach § 32 zuzustellen sind. Die zugehörige Belehrung allerdings aus § 31 (falls eine Fortsetzung noch zulässig ist) muß zugestellt werden.

---

[17] KG Berlin OLGZ 1966, 566 = Rpfleger 1966, 310; OLG Schleiswg SchlHA 1968, 122; LG Verden NdsRpfl 1967, 60; Dassler/Muth § 33 Rdn 11; Jansen NJW 1955, 427 (Anmerkung); Mohrbutter Rpfleger 1967, 102 (2).
[18] BGH 44, 138 = MDR 1965, 899 = NJW 1965, 2107 = Rpfleger 1965, 302; OLG Schleswig SchlHA 1968, 122; Mohrbutter Rpfleger 1967, 102 (2).
[19] Dassler/Muth § 33 Rdn 4; Steiner/Storz § 33 Rdn 29; Mohrbutter/Drischler Muster 54 Anm 2; Mohrbutter, Handbuch des Vollstreckungsrechts, § 35 (I d); vd Pfordten, ZVG, §§ 28–34 Anm III.

§ 34

Löschung des Versteigerungsvermerks bei Aufhebung]

34 Im Falle der Aufhebung des Verfahrens ist das Grundbuchamt um Löschung des Versteigerungsvermerkes zu ersuchen.

1 Allgemeines zu § 34

Zweck und **Anwendungsbereich:** Regelung der Verpflichtung des Vollstreckungsgerichts, bei Aufhebung des Verfahrens die Löschung des Zwangsversteigerungsvermerks herbeizuführen, der zur Sicherung des mit Beschlagnahme bewirkten Veräußerungsverbots nach § 19 Abs 1 in das Grundbuch einzutragen war. Die Vorschrift gilt für alle Verfahrensarten des ZVG.

2 Löschungsersuchen

2.1 Um Löschung des Vollstreckungsvermerks **muß ersucht werden,** wenn das Verfahren des einzigen oder des letzten von mehreren betreibenden Gläubigern (Antragstellern) aufgehoben wird oder wenn der Zuschlag versagt wird und dabei keine Fortsetzung mehr möglich ist (§ 86). Wird das Verfahren nur hinsichtlich eines von mehreren beschlagnahmten Grundstücken oder nur für einen Grundstücksbruchteil (Einl Rdn 12) aufgehoben (zB hinsichtlich des ½-Miteigentumsanteils der Ehefrau), so ist um Löschung des Versteigerungsvermerks nur an dem Grundstück oder dem Grundstücksmiteigentumsanteil zu ersuchen, für das oder den die Beschlagnahmewirkungen beendet sind. Wird bei Aufhebung die Wirksamkeit bis zur Rechtskraft aufgeschoben, so erfolgt das Löschungsersuchen des Vollstreckungsgerichts an das Grundbuchamt erst nach Rechtskraft, sonst nach Zustellung oder Verkündung des Aufhebungsbeschlusses, also ohne die Rechtskraft abzuwarten. Bei Verfahrensbeendigung durch Antragsrücknahme kann das Ersuchen schon vor der Zustellung oder Verkündung des Aufhebungsbeschlusses ergehen. Wird im Rechtsmittelverfahren der Aufhebungsbeschluß aufgehoben und war dessen Wirksamkeit bis zur Rechtskraft aufgeschoben (an sich sollte hier noch nicht gelöscht werden), so ist ein etwa schon gelöschter Vermerk ohne Neuanordnung wieder einzutragen, die Beschlagnahme bestand weiter. Wird aber ein Aufhebungsbeschluß ohne Aufschub seiner Wirksamkeit aufgehoben, so kann die Beschlagnahme nicht rückwirkend wiederhergestellt werden, es muß erst das Verfahren auf Antrag neu angeordnet werden und neuer Vollstreckungsvermerk eingetragen werden.

2.2 Um Löschung des Zwangsversteigerungsvermerks ist auch zu ersuchen, wenn das Verfahren schon vor Eintragung des Vermerks wegen Antragsrücknahme wieder aufgehoben wurde. Es unterbleibt dann die Eintragung (§ 19 Rdn 3.6). Wenn bei Aufhebung des Verfahrens wegen Antragsrücknahme sogleich nach Beschlagnahme das Eintragungsersuchen (§ 19 Abs 1) noch nicht gefertigt (noch nicht dem Grundbuchamt zugeleitet) war, wird um Eintragung des Vermerks nicht mehr ersucht; Löschungsersuchen erübrigt sich dann.

2.3 Form des Löschungsersuchens: GBO § 29 Abs 3 (§ 38). Dazu § 19 Rdn 2. **Muster** für Löschungsersuchen im ZVG-Handbuch Rdn 202.

2.4 Zu **prüfen** hat das Grundbuchamt auch das Löschungsersuchen nur formell, nicht sachlich[1] (§ 19 Rdn 3). Wird ein Grundstück oder Grundstücksteil pfandfrei abgeschrieben, wird der Vollstreckungsvermerk daran auch nur auf Ersuchen des Vollstreckungsgerichts gelöscht. Mitteilung von der Löschung des Vermerks erhalten vom Grundbuchamt das Vollstreckungsgericht (als Antragsteller) und der Eigentümer (GBO § 55).

---

[1] Haegele/Schöner/Stöber, Grundbuchrecht, Rdn 219.

2.5 Nach Löschung des Zwangsversteigerungsvermerks gibt es keinen Anspruch auf Umschreibung des Grundbuchblatts, damit der Vermerk nicht mehr grundbuchersichtlich ist[2].

III. Bestimmung des Versteigerungstermins

[Versteigerungsgericht]

35 Die Versteigerung wird durch das Vollstreckungsgericht ausgeführt.

Allgemeine Übersicht zu §§ 35–43 1

Vorschriften über die „Bestimmung des Versteigerungstermins" regelt das ZVG in den §§ 35–43 im Anschluß an den zweiten Abschnitt über Aufhebung und Einstellung des Verfahrens (§§ 28–34). Dieser dritte Abschnitt im zweiten Titel des ZVG (§§ 15–145) behandelt die Zuständigkeit des Vollstreckungsgerichts (§ 35), Zeit und Ort des Versteigerungstermins (§ 36), den Mußinhalt der Terminsbestimmung (§ 37), ihren Sollinhalt (§ 38), die Bekanntmachung im Amtsblatt (§ 39), sonstige Bekanntmachungen (§ 40), Zustellungen und Mitteilungen an die Beteiligten (§ 41), Akteneinsicht (§ 42), Versteigerungs- und Zustellungsfristen (§ 43).

Allgemeines zu § 35 2

Die Zuständigkeit des Vollstreckungsgerichts auch für die Durchführung der Versteigerung ergibt sich bereits aus § 1 Abs 1. Dies gilt für alle Versteigerungsverfahren des ZVG. Mit Aufhebung von EGZVG § 13 und Außerkrafttreten landesrechtlicher Besonderheiten in Baden-Württemberg hat § 35 seine frühere Bedeutung verloren. Über die Zuständigkeit § 1 Rdn 3.

Vorbereitung des Versteigerungstermins 3

3.1 Bevor Versteigerungstermin angesetzt und damit ein nur noch schwer anzuhaltendes Verfahren mit erheblichen Kosten und anderen Folgen in Gang gebracht wird, müssen gewissenhaft alle **Voraussetzungen für Zulässigkeit der Verfahrensdurchführung überprüft** werden, damit nichts übereilt und nichts übersehen wird, somit nicht etwa der Termin wieder aufgehoben werden muß. Zu beachten sind auch landesrechtliche und örtliche Besonderheiten, auch durch die Art und Lage Grundstücks bedingte. Dazu auch ZVG-Handbuch Rdn 220. Man kann sich ungefähr an folgenden Merkzettel halten.

3.2 Merkzettel für die Vorbereitung des Termins:

a) Verfahren terminsreif für den Anordnungs-/Beitritts-Beschluß vom ... (Gläubiger ...); entweder kein Einstellungsantrag dazu gestellt oder dieser rechtskräftig abgelehnt oder nach Einstellung fortgesetzt oder neuer Einstellungsantrag rechtskräftig abgelehnt; Verfahren unabhängig voneinander; es genügt Terminsreife für einen Beschlagnahmebeschluß.

b) Beteiligtenverzeichnis (§ 9 Rdn 5) mit Angaben über Anschriften, Bevollmächtigte, Blattzahl, Anmeldung, Vollmacht angelegt.

c) Brandversicherungsurkunde vorhanden, geprüft, ob richtiges Grundstück, ob Besonderheiten daraus ersichtlich.

---

[2] BayObLG 1992, 127 = KTS 1992, 699 = MDR 1992, 1000 = MittRhNotK 1992, 188 = NJW-RR 1993, 475 = Rpfleger 1992, 513; OLG Düsseldorf DNotZ 1988, 169 = MDR 1987, 1034 = NJW 1988, 975 = Rpfleger 1987, 409; LG Bonn MittRhNotK 1988, 121 = Rpfleger 1988, 311; LG Köln MittRhNotK 1984, 247.

§ 35 3.2   Bestimmung des Versteigerungstermins

d) Grundbuchblatt und Grundbuchmitteilungen vorhanden, geprüft, ob Hindernisse nach § 28 ersichtlich, ob Beschrieb und Eigentümer mit den Angaben in den Beschlagnahmebeschlüssen übereinstimmen, ob Anschriften von Beteiligten oder Bevollmächtigten ersichtlich.

e) Grundakten, falls vorhanden, überprüfen, ob Hindernisse oder Besonderheiten ersichtlich, ob Unklarheiten noch durch Grundbuchamt aufzuklären.

f) für Gruppenbezeichnung der Wirtschaftsart im Grundbuch die im Liegenschaftsbuch ausgewiesene (konkrete) Wirtschaftsart festgestellt.

g) Straße und Hausnummer festgestellt.

h) Anordnungs- und Beitrittsbeschlüsse überprüft formell und sachlich, in Vergleich mit Antrag, Grundbuchblatt, sonstigen Unterlagen (zB dem Schätzungsgutachten), richtig zugestellt und mitgeteilt, Nachweise vorhanden, Belehrungen erteilt.

i) Vollstreckungstitel mit Klausel und Zustellungsnachweis nochmals geprüft, dazu Duldungstitel, Erbscheine, Abtretungsurkunden, Vollmachten, Wechsel, Schecks und etwaige sonstige für Verfahrensfortsetzung erforderliche Vollstreckungsunterlagen.

k) Grundstücksschätzung erfolgt, Beteiligte verständigt, Wert festgesetzt oder jetzt festzusetzen, zugestellt, Nachweise dazu geprüft.

l) Mieter ermittelt und nach § 57 d angeschrieben.

m) Erbbaurecht: Anordnungsbeschluß an Grundstückseigentümer zugestellt (vgl § 15 Rdn 47.5), geprüft, ob seine Zustimmung nötig, dann Vermerk in der Terminsbestimmung. Bestehenbleiben des Erbbauzinses als Inhalt der Reallast vereinbart (§ 52 Abs 2 Satz 2)?

n) Flurbereinigung, auch: Entschuldungsbetrieb: Landesrechtliche Besonderheiten beachtet.

o) Bei Versteigerung von Wohnungseigentum geprüft, ob die Zustimmung der anderen Wohnungseigentümer oder eines Dritten, etwa des Verwalters nötig ist (§ 15 Rdn 45); in diesem Falle auf die Zustimmungsvoraussetzung für den Zuschlag in der Terminsbestimmung hinweisen.

p) Sonstige landesrechtliche oder andere Besonderheiten (zB Brennrecht; Milchkontingent).

q) Grundstück im Beitrittsgebiet und Gebäudeeigentum: Zustellung an Berechtigten eines vermögensrechtlichen Rückersattungsanspruchs (VermG § 3 b Abs 2) und (bei Versteigerung des Grundstücks) an Nutzer (EGZVG § 9 a Abs 3 Satz 1) erfolgte. Gebäudeeigentum noch beschlagnahmt? (EGZVG § 9 a Abs 1, 2). Anmeldungen des Gebäudeeigentümers und des Nutzers nach EGZVG § 9 a Abs 2, 3 bereits erfolgt?

r) Berechnung des geringsten Gebots, wo möglich, an Rechnungsbeamten übertragen.

s) Termin nach Zeit und Ort festlegen, Sitzungssaal bereitstellen, bei besonderen Verfahren Wachtmeister oder Polizeischutz vorsehen, Protokollführer einteilen.

t) Aushang an Gerichtstafel und Gemeindetafel vorbereiten.

u) Ausschreibung im Amtsblatt und andere Veröffentlichungen vorbereiten.

v) Mitteilungen an Behörden vorbereiten.

w) Kostenbewertung, Gebühren und Vorschüsse erheben.

x) Zusammenfassende Terminsbestimmung verfassen.

y) Wiedervorlage-Termine vorsehen bzw vermerken.

Zeit und Ort des Versteigerungstermins 2.3 § 36

[Zeit und Ort des Versteigerungstermins]

36 (1) **Der Versteigerungstermin soll erst nach der Beschlagnahme des Grundstücks und nach dem Eingange der Mitteilungen des Grundbuchamts bestimmt werden.**

(2) **Der Zeitraum zwischen der Anberaumung des Termins und dem Termin soll, wenn nicht besondere Gründe vorliegen, nicht mehr als sechs Monate betragen. War das Verfahren einstweilen eingestellt, so soll diese Frist nicht mehr als zwei Monate, muß aber mindestens einen Monat betragen.**

(3) **Der Termin kann nach dem Ermessen des Gerichts an der Gerichtsstelle oder an einem anderen Orte im Gerichtsbezirk abgehalten werden.**

Literatur: Büchmann, Schuldnerschutz bei der Vorbereitung des Zwangsversteigerungstermins, ZIP 1985, Papke, Wirtschaftliche Bedeutung der Terminsbestimmung im Zwangsversteigerungsverfahren, KTS 1965, 140.

Allgemeines zur Terminsbestimmung 1

Zweck und **Anwendungsbereich:** § 36 bestimmt (als Ordnungsvorschrift) Einzelheiten über Zeit und Ort des Versteigerungstermins. Die Regelung will sachgerechte Gestaltung des Verfahrens zur Verwertung des Grundstücks gewährleisten und den Beteiligten Vorbereitung auf die Grundstücksverwertung ermöglichen. Die Vorschrift gilt für alle Versteigerungsverfahren des ZVG, mit Besonderheiten für Schiffe und Luftfahrzeuge (§ 162 Rdn 3, § 171 a Rdn 3). Eine Besonderheit gilt auch für Bestimmung eines neuen Termins nach Versagung des Zuschlags auf ein Meistgebot unter $7/_{10}$ oder unter der Hälfte des Grundstückswerts (§ 74 a Abs 3, § 85 a Abs 2).

Bestimmung des Versteigerungstermins (Absatz 1) 2

2.1 Die Terminsbestimmung ist **Beschluß** im Sinne der ZPO[1]. Als solcher muß die Terminsbestimmung vom Rechtspfleger mit vollem Namen unterzeichnet werden (ZPO § 329 Abs 1 Satz 2 mit § 317 Abs 2 Satz 1; Abgrenzung zum Entwurf); Handzeichen (Paraphe) genügt als Unterschrift nicht[2] (ersetzt sie nicht[3]).

2.2 Bestimmt werden soll der Versteigerungstermin erst **nach der Beschlagnahme** des Grundstücks (Abs 1). Gemeint ist der Beschlagnahmewirksamkeitszeitpunkt aus § 22. Das ist selbstverständlich, weil vor Beschlagnahme noch gar nicht feststeht, ob es zu einem Verfahren und in diesem zu einem Versteigerungstermin kommt.

2.3 Der Versteigerungstermin soll auch erst **nach dem Eingang der Grundbuchmitteilungen** des § 19 bestimmt werden (Abs 1). Auch das ist selbstverständlich, weil die Versteigerung ohne Kenntnis des Beschlagnahmezeitpunkts und des Grundbuchinhalts nicht ordnungsgemäß durchgeführt werden kann. Nichtbeachtung dieser Ordnungsvorschrift wäre für den Verfahrensfortgang zwar unschädlich; auch als Ordnungsvorschrift ist Abs 1 für das Vollstreckungsgericht jedoch verpflichtend[4]. [5]meint, man solle einfach die Grundakten noch vor der Verfahrensanordnung zuziehen, weil man dann die Blattabschrift usw nicht abwarten brauche. Dies ist nicht zu empfehlen, da die Grundakten nicht unnötig vom Grundbuchamt entfernt werden sollen.

---

[1] Henle, ZVG, § 36 Anm 4; Jaeckel/Güthe §§ 35, 36 Rdn 1.
[2] Zöller/Vollkommer, ZPO, § 329 Rdn 36; MünchKomm/Feiber, ZPO, § 217 Rdn 9; Stein/Jonas/Roth, ZPO, § 216 Rdn 11; Stöber, ZVG-Handbuch, Rdn 222 e.
[3] OLG Köln OLGZ 1988, 459 = NJW 1988, 2805.
[4] RG 164, 385 (387); KG Berlin JR 1954, 465.
[5] Papke KTS 1965, 140 (III 6).

2.4 Die Terminsbestimmung soll auch nicht erfolgen, bevor die eine **Einstellung ablehnende** Entscheidung **rechtskräftig** ist (§ 30 b Abs 4). Es könnte ja immer noch zur Einstellung kommen, solange die Entscheidung nicht unanfechtbar ist, dann wäre die Terminsbestimmung nutzlos erfolgt. Wird kein Einstellungsantrag gestellt, ist entsprechend der Ablauf der Antragsfrist aus § 30 b Abs 1 Satz 1 abzuwarten. Auch diese Ordnungsvorschrift ist zu befolgen; ein Verstoß dagegen wäre allerdings unschädlich. Sicher ist das Verfahren zu beschleunigen, es darf aber nichts übereilt werden. Wenn[6] meint, der Termin könnte schon vorher angesetzt, brauche aber erst nach der genannten Zeit bekanntgemacht werden, so ist nicht beachtet, daß die Fristen meist knapp berechnet sind und daß bei Anfechtung die Rechtsmittelinstanz nicht in der kurzen Zeit entscheiden kann. Dagegen muß und soll das Ergebnis einer Erinnerung des Schuldners gegen den Beschlagnahmebeschluß (ZPO § 766) nicht abgewartet werden; der Schuldner könnte sonst durch immer neue Erinnerungen die Terminsansetzung praktisch verhindern oder doch verzögern. Auch Anträge aus ZPO § 765 a, ein beliebtes Mittel mancher Schuldner zur Verzögerung, sollen die Terminsansetzung nicht aufhalten.

2.5 Ob Terminsbestimmung erfolgen darf, wenn der **Grundstückswert** nach § 74 a festgesetzt ist oder ob die Festsetzung etwa auch noch rechtskräftig sein muß, ist umstritten. Dazu bei § 74 a Rdn 7.

2.6 Kosten: Spätestens bei der Bestimmung des Versteigerungstermins ist vom Gericht ein Gebühren- und Auslagenvorschuß zu erheben (GKG § 66 Abs 1, § 68 Abs 3). Das Verfahren, also die Terminsbestimmung, darf aber nicht von der Zahlung abhängig gemacht werden.

2.7 Rechtsbehelfe: Gegen die Terminsbestimmung (entgegen den Ordnungsvorschriften des § 36) gibt es Vollstreckungserinnerung nach ZPO § 766, aber wegen § 95 kein anderes Rechtsmittel. Mängel können durch Zuschlagsanfechtung gerügt werden. Gegen das unbegründete Unterlassen oder Hinausschieben der Terminsbestimmung trotz Terminsreife (Rdn 3) ist ebenfalls Vollstreckungserinnerung möglich[7], weil ein pflichtwidriges Verhalten des Gerichts auch eine Art und Weise der Zwangsvollstreckung ist.

3 Fristen vor Versteigerungstermin (Absatz 2)

3.1 Das ZVG bestimmt **Mindestfristen,** damit sich die Beteiligten zur Wahrung ihrer Interessen und Bietinteressenten auf den Erwerb des Grundstücks rechtzeitig vorbereiten können, und **Höchstfristen,** damit das Verfahren nicht unangemessen verzögert wird. Es handelt sich dabei um Ordnungsvorschriften, deren Nichteinhaltung das Verfahren nicht gefährdet[8], auch wenn es in Abs 2 Satz 2 „muß" heißt.

3.2 Der Termin soll, „wenn nicht besondere Gründe vorliegen", **nicht weiter als sechs Monate** hinausgeschoben werden (Abs 2 Satz 1). Ein sachgemäß vorgehendes Gericht wird ohnedies nicht länger zuwarten als nötig. Besondere Gründe, die Bestimmung auch eines späteren Termins zulassen, liegen namentlich vor, wenn es gilt, eine dem Schuldner nachteilige Versteigerung zu ungelegener Zeit zu verhindern (Denkschrift S 43). Das kann vornehmlich für die Versteigerung ländlicher Grundstücke Bedeutung erlangen (Denkschrift S 43).

3.3 Besondere Gründe sind keinesfalls der Wunsch, dem Schuldner zu helfen; hierfür ist das Einstellungsverfahren bestimmt, in dem als Einstellungsvoraussetzung zu prüfen ist, ob Aussicht besteht, daß die Versteigerung vermieden wird (anders[9]:

---

[6] Papke KTS 1965, 140 (III 4).
[7] Papke KTS 1965, 140 (III 7).
[8] Steiner/Teufel § 36 Rdn 43; Jonas/Pohle, ZwVnotrecht, § 36 Anm 3; Drischler MDR 1955, 400.
[9] Papke KTS 1965, 140 (IV 2).

Zeit und Ort des Versteigerungstermins 3.9 § 36

wenn das Grundstück nicht überschuldet sei, könne man durch längere Frist dem Schuldner die freihändige Verwertung ermöglichen). Eine Hinausschiebung des Termins ohne begründeten Anlaß wäre Verfahrenseinstellung, die nur durch Einstellungsbeschluß erfolgen darf. Entweder wird das Verfahren eingestellt oder es wird betrieben. Wenn es betrieben wird, muß **Termin** angesetzt werden. Jede Verzögerung schadet den nachrangigen Gläubigern, weil die ihnen vorgehenden Zinsen immer mehr anwachsen und so ihre Aussichten schmälern[10]. Die Terminsbestimmung darf nicht länger hinausgeschoben werden, als es das Gesetz zuläßt. Daher der Grundsatz: Termin so rasch, wie es gesetzlich zulässig und dem Gericht möglich ist.

3.4 Ermessens- und Beurteilungsspielraum des Gerichts bei Verfahrensgestaltung (Einl Rdn 7.2) ermöglicht es, in geeigneten Fällen dem **Schuldner** vor Terminsbestimmung mit Hinweis auf den notwendigen Verfahrensfortgang sowie die mit Terminsbestimmung verbundenen erheblichen Bekanntmachungskosten in **kurzer Frist** nochmals Gelegenheit zur Wegfertigung der Vollstreckungsforderung zu geben. Das kann insbesondere bei nicht großer Vollstreckungsforderung des Gläubigers geboten sein. Sonst können es in diesem Stadium des Verfahrens (nach Grundstücksschätzung und Wertfestsetzung) nur besondere Umstände des Einzelfalls rechtfertigen, dem Schuldner mit ausdrücklichem Hinweis nochmals Gelegenheit zu geben, durch sofortige Zahlung der Vollstreckungsforderung des Gläubigers den Fortgang des Verfahrens zur Zwangsverwertung seines Eigentums abzuwenden.

3.5 Nicht mehr als **zwei Monate,** mindestens aber einen Monat, soll der Zeitraum zwischen der Anberaumung des Termins und dem Termin betragen, wenn das Verfahren **einstweilen eingestellt** war (Abs 2 Satz 2). Unter „vorausgehender Einstellung" (die Höchstfrist von zwei Monaten nach sich ziehen soll) sind ohne Rücksicht auf ihre Dauer im einzelnen zu verstehen Einstellungen aus §§ 30, 30 a, 30 c, 30 d, 77, 86, 180 Abs 2 und 3; ZPO §§ 765 a, 707, 719, 769; nicht aber eine durch das Rechtsmittelgericht aufgehobene Einstellung[11] und nicht Vorgänge aus §§ 74 a, 85 a usw. § 36 Abs 2 besagt einfach, daß dann, wenn schon durch Einstellung das Verfahren aufgehalten worden ist, der Versteigerungstermin so nah als möglich anzusetzen sei. Betreiben **mehrere Gläubiger,** so soll nach einer Ansicht[12] die Fristenverkürzung nur für den gelten, dessen Verfahren eingestellt war, während für die anderen die normalen Fristen gelten; nach anderer Ansicht[13] soll auf die für den Regelfall vorgesehenen Fristen abzustellen sein, die Sonderregelung des Abs 2 Satz 2 sich somit nicht auswirken. Zutreffend erscheint es, in diesem Fall auf das Verfahren des bestbetreibenden Gläubigers abzustellen.

3.6 Eingehalten werden müssen in jedem Fall aber auch die Fristen des § 43 (zwingend). Daher ist die Mindestfrist von einem Monat heute ohne praktische Bedeutung; infolge der einzuhaltenden Ladungsfrist von vier Wochen (§ 43 Abs 2) beträgt die Mindestfrist zwangsläufig immer mehr als einen Monat.

3.7 Nicht mehr als sechs Monate (nach Einstellung zwei Monate) soll auch nach **Terminsaufhebung** (§ 43) der Zeitraum zwischen der Anberaumung des neuen Termins und dem Terminstag betragen.

3.8 Die Fristen des Abs 2 sind uneigentliche; Gerichtsferien erlangen für Fristberechnung keine Bedeutung (Einl Rdn 33).

3.9 Zur Durchführung der Versteigerung in der mit Abs 2 eingegrenzten Zeit ist **Terminstag nach dem Ermessen** des Vollstreckungsgerichts (Einl Rdn 7.2) festzulegen, der bestmögliche Veräußerung des Grundstücks erwarten läßt. Dieser

---

[10] Papke KTS 1965, 140 (II 1).
[11] Steiner/Teufel § 36 Rdn 30.
[12] Mohrbutter/Drischler Muster 33 Anm 3 f.
[13] Steiner/Teufel § 36 Rdn 31.

Termin ist unter Abwägung aller Umstände des Einzelfalls auszuwählen (Lage und Beschaffenheit des Grundstücks, Besonderheiten des örtlichen Immobilienmarktes, größerer oder begrenzter, nur örtlicher oder überregionaler Interessentenkreis, ungünstige Zeiten unmittelbar vor oder zwischen Feiertagen oder auch nur allgemein ungünstige Jahreszeit). Allgemeine Grundsätze für Festlegung der Terminszeit lassen sich nicht aufstellen. Erwägungen weiteren Schuldnerschutzes vor Durchführung der Versteigerung oder Gläubigerbelange an schneller Befriedigung auch aus minderem Erlös bei Veräußerung zu weniger günstiger Zeit dürfen keine Bedeutung erlangen. Ein sachgemäß vorgehendes Gericht wird ohnedies alle Umstände für Auswahl eines zeitgünstigen Versteigerungstermins berücksichtigen. Es wird auch erwägen, daß bei Zwangsverwertung erfahrungsgemäß die Auswahl des Terminstags allein keinen Einfluß auf das Erwerbsinteresse und die Höhe der Gebote hat. Auf das Versteigerungsergebnis wird sich (wenn überhaupt) der Terminszeit im Einzelfall daher nur auswirken können, wenn sich noch andere wesentliche Umstände für einen günstigen (oder auch ungünstigen) Terminszeitraum zeigen. Daher sind bei Terminsfestlegung vor allem voraussichtlich störende Faktoren auszuschalten[14]. Der Ermessensspielraum des Gerichts bei Bestimmung des Terminstags ermöglicht auch Berücksichtigung der Geschäftsbelastung. Es muß sachgerechte Vorbereitung und Durchführung des Versteigerungstermins gewährleistet sein. Daß sich das Gericht nur noch nach seiner Geschäftslast richtet und andere Erwägungen außer acht läßt, trägt sachgerechter Verfahrensgestaltung nicht Rechnung.

3.10 Gegen eine unangemessene Verzögerung, die nicht durch besondere Gründe gerechtfertigt ist, gibt es Vollstreckungserinnerung nach ZPO § 766 (dann sofortige Beschwerde, Rdn 2.7).

4 Ort des Versteigerungstermins (Absatz 3)

4.1 Der Versteigerungstermin hat, wie alle anderen gerichtlichen Tätigkeiten, **an der Gerichtsstelle** selbst stattzufinden; er kann „nach dem Ermessen des Gerichts" „an einem anderen Ort im Gerichtsbezirk" abgehalten werden (Abs 3). Der Gerichtsbezirk des nach Landesvorschrift bestimmten gemeinsamen Vollstreckungsgerichts (§ 1 Abs 2) umfaßt auch die Bezirke der zugeordneten Amtsgerichte. Zustimmung des zugeordneten Amtsgerichts ist nicht einzuholen (GVG § 166 Abs 1). Auch Anzeige an das zugeordnete Amtsgericht ist nicht notwendig, sollte dennoch aber Selbstverständlichkeit sein. Abgehalten werden kann der Versteigerungstermin auch auf dem zu versteigernden Grundstück oder in seiner Nähe, etwa in einem Gasthaus oder in einem Gemeindesaal, Konzertsaal, einer Turnhalle. Bei Objekten mit voraussichtlich großen Besuchermengen muß der Versteigerungsraum (Saal) so groß sein, daß allen ernsthaften Interessenten die Teilnahme am Versteigerungstermin möglich ist. Dabei darf die Frage der Sicherheit des Verfahrens nicht vernachlässigt werden (Wachtmeister, Polizei, Alarmanlage usw). Praktischer Fall: Zum Termin in einem 40 Personen fassenden „Saal" erschienen etwa 150 Interessenten zur Versteigerung eines Bauernhofes; sie teilnehmen zu lassen gelang nur unter Einbeziehung des Gerichtsganges bei geöffneten Saaltüren.

4.2 Bei Grundstücken aus den auswärtigen Gerichtsbezirken (§ 1 Abs 2) wird sich für das gemeinsame Gericht insbesondere bei landwirtschaftlichen Grundstücken unbedingt empfehlen, den Termin **im auswärtigen Bezirk** abzuhalten, weil dort die örtlichen Interessenten leichter erscheinen können. Andererseits kann, wie in München erlebt, die ablehnende und drohende Haltung der vom Schuldner mitgebrachten Verwandtschaft die Bietinteressenten hemmen. Regeln lassen sich nicht aufstellen.

---

[14] Büchmann ZIP 1985, 138 (III 1.2).

Mußinhalt der Terminsbestimmung 1.3 § 37

4.3 Die Wahl des Terminsortes kann jedenfalls **nicht angefochten** werden. Kein sachgemäß verfahrendes Gericht wird einen völlig ungeeigneten Ort (abgelegene Einöde zB) wählen. Es entscheidet nach Ermessen (Abs 3).

[Mußinhalt der Terminsbestimmung]

37 Die Terminbestimmung muß enthalten:
1. die Bezeichnung des Grundstücks;
2. Zeit und Ort des Versteigerungstermins;
3. die Angabe, daß die Versteigerung im Wege der Zwangsvollstreckung erfolgt;
4. die Aufforderung, Rechte, soweit sie zur Zeit der Eintragung des Versteigerungsvermerkes aus dem Grundbuche nicht ersichtlich waren, spätestens im Versteigerungstermine vor der Aufforderung zur Abgabe von Geboten anzumelden und, wenn der Gläubiger widerspricht, glaubhaft zu machen, widrigenfalls die Rechte bei der Feststellung des geringsten Gebots nicht berücksichtigt und bei der Verteilung des Versteigerungserlöses dem Anspruche des Gläubigers und den übrigen Rechten nachgesetzt werden würden;
5. die Aufforderung an diejenigen, welche ein der Versteigerung entgegenstehendes Recht haben, vor der Erteilung des Zuschlags die Aufhebung oder einstweilige Einstellung des Verfahrens herbeizuführen, widrigenfalls für das Recht der Versteigerungserlös an die Stelle des versteigerten Gegenstandes treten würde.

Übersicht

Allgemeines zum Muß-Inhalt der Terminsbestimmung 1	Gerichtliche Aufforderung: Entgegenstehende Rechte (§ 37 Nr 5) 6
Bezeichnung des Grundstücks in der Terminsbestimmung (§ 37 Nr 1) 2	Landesrecht zur Terminsbestimmung (Muß-Inhalt) 7
Bezeichnung von Ort und Zeit in der Terminsbestimmung (§ 37 Nr 2) 3	Rechtsbehelfe bei mangelhafter Terminsbestimmung 8
Bezeichnung der Versteigerungsart in Terminsbestimmung (§ 37 Nr 3) 4	Sonstige Hinweise in der Terminsbestimmung (Muß-Inhalt) 9
Gerichtliche Aufforderung: Anmeldung (§ 37 Nr 4) 5	Vordrucke für Terminsbestimmung 10

Allgemeines zum Muß-Inhalt der Terminbestimmung 1

1.1 Zweck und **Anwendungsbereich:** Die Vorschrift bestimmt den Muß-Inhalt der Terminsbestimmung für den Versteigerungstermin. Sie gilt für **alle Versteigerungen,** mit gewissen Abweichungen für Grundstücksrechte, Schiffe, Luftfahrzeuge, Konkursverwalter-, Nachlaß- und Teilungsversteigerung (§ 37 Rdn 4, § 162 Rdn 3, § 171 a Rdn 3, § 172 Rdn 5.15, § 180 Rdn 7.25).

1.2 § 37 enthält **zwingende Vorschriften,** bei deren Nichtbeachtung der Versteigerungstermin aufzuheben (§ 43) oder der Zuschlag zu versagen ist (§ 83 Nr 7), falls der Verstoß nicht mehr billig geheilt werden kann; eine Genehmigung nach § 84 ist nicht möglich. Diese Regeln gelten auch, wenn durch Unrichtigkeiten im Soll-Inhalt der Terminbestimmung (§ 38) eine wesentliche Angabe aus dem Muß-Inhalt (§ 37) unklar oder unvollständig wird. Ist die Terminsbestimmung richtig verfügt und veröffentlicht, aber einem Beteiligten unrichtig mitgeteilt, so ist dessen Genehmigung nach § 84 möglich.

1.3 Mit dem vorgeschriebenen Inhalt erfüllt die Terminsbestimmung die Aufgabe, die am Erwerb des Grundstücks Interessierten auf die Gelegenheit aufmerksam

§ 37 1.3   Bestimmung des Versteigerungstermins

zu machen und alle, deren Rechte von dem Verfahren berührt werden, zur Wahrung dieser Rechte zu veranlassen (Denkschrift S 43).

1.4 Wesentlich und darum **Muß-Inhalt sind:** Bezeichnung des Grundstücks (Rdn 2), Bezeichnung von Ort und Zeit (Rdn 3), Bezeichnung der Versteigerungsart (Rdn 4), gerichtliche Aufforderung, nicht grundbuchersichtliche Rechte anzumelden (Rdn 5), gerichtliche Aufforderung, entgegenstehende Rechte anzumelden (Rdn 6), sowie landesrechtliche (Rdn 7) und sonstige Muß-Hinweise (Rdn 9). Nicht in § 37 selbst ist der Vordruck für Terminsbestimmung geregelt (Rdn 10).

1.5 Dazu im ZVG-Handbuch Rdn 221, 222, 222 a–c.

2 Bezeichnung des Grundstücks in der Terminbestimmung (§ 37 Nr 1)

2.1 Die Terminbestimmung muß „die Bezeichnung des **Grundstücks**" enthalten (§ 37 Nr 1). Das Grundstück muß (auch unter Berücksichtigung landesrechtlicher Ausführungsvorschriften) **so genau wie möglich** angeführt sein. Die Bezeichnung muß für die Beteiligten und für Dritte, insbesondere für Interessenten und für alle, an die sich die Anmeldungsaufforderungen richten, mit hinreichender Sicherheit erkennbar machen, auf welches Grundstück sich die Terminsbestimmung bezieht; jede Verwechslungsgefahr muß ausgeschlossen sein[1]. An Deutlichkeit und Richtigkeit der Grundstücksbezeichnung sind strenge Anforderungen zu stellen[2].

2.2 Wie das Vollstreckungsgericht das Grundstück im einzelnen bezeichnet, steht in seinem Ermessen[3] (ablehnend[4]). Die gewählte Bezeichnung muß das Grundstück im Einzelfall **richtig** und mit der erforderlichen **Deutlichkeit** nennen. Das wird in Anlehnung an GBO § 28 Satz 1 zweckmäßig durch Bezeichnung übereinstimmend mit dem Grundbuch nach Gemarkung, Flurstücknummer, Wirtschaftsart (zB Acker, Wiese, Garten, Wohnhaus mit Hofraum oder mit Garten) und Lage (Straße und Hausnummer oder sonstiger ortsüblicher Bezeichnung) erfolgen. Wörtliche Aufnahme des Grundstücksbeschriebs übereinstimmend mit dem Grundbuch in die Terminsbestimmung ist zwar nicht vorgeschrieben, jedenfalls aber ratsam. Wenn im Grundbuch die Wirtschaftsart (Nutzungsart) des Grundstücks nur noch mit einer Gruppenbezeichnung (Gebäude- und Freifläche, Landwirtschafts-, Betriebs-, Wald-, Wasserfläche usw) eingetragen ist, hat die Bezeichnung des Grundstücks mit der im Liegenschaftsbuch ausgewiesenen konkreten Nutzungsart zu erfolgen. Angabe nur der Gruppenbezeichnung (Gebäude- und Freifläche für Hotelgrundstück[4]) kann dem Erfordernis deutlicher Grundstücksbezeichnung nicht entsprechen (anders[5]: „Gebäude- und Freifläche" genügt für das mit einem privat genutzten Wohnhaus bebauten Grundstück; nicht überzeugend). Unzureichend ist eine nur abstrakte, nichtssagende Bezeichnung, aber auch die Bezeichnung nur mit dem Grundbuchbeschrieb, wenn er mit der wirklichen Beschaffenheit des Objekts und mit tatsächlichen Verhältnissen nicht übereinstimmt[6] (wie vor allem in Gebieten mit starker Bautätigkeit, nach Änderung der Beschaffenheit oder Nutzungsart des Grundstücks, wenn zB eine Grünfläche Bauland geworden ist); dann ist auch deren Bezeichnung anschaulich aufzunehmen[6]. Bei gemischter Nutzung (gewerblich und privat) hat auch die gewerbliche Nutzung (zB Restaurationsbetrieb mit Bistro) mindestens schlagwortartig bezeich-

---

[1] RG 57, 200; OLG Celle NdsRpfl 1951, 139; OLG Oldenburg Rpfleger 1980, 75 mit Anm Schiffhauer; LG Frankenthal Rpfleger 1984, 326 mit zust Anm Meyer-Stolte; LG Oldenburg Rpfleger 1980, 306.
[2] RG 57, 200.
[3] OLG Oldenburg Rpfleger 1980, 75 mit Anm Schiffhauer.
[4] OLG Hamm MDR 1991, 261 = OLGZ 1991, 193 = Rpfleger 1991, 71.
[5] OLG Hamm OLGZ 1992, 218 = Rpfleger 1992, 122.
[6] OLG Karlsruhe Justiz 1990, 129 = MDR 1990, 452 = OLGZ 1990, 346.

Mußinhalt der Terminsbestimmung 2.3 § 37

net zu sein[7]. Eine im Grundbuch noch nicht eingetragene neue oder geänderte Straßen- und Hausnummernbezeichnung ist anzugeben, wenn sie amtlich feststellt ist. Für die zutreffende Bezeichnung des Grundstücks muß das Vollstreckungsgericht eingetretene Änderungen überprüfen, die ihm vom Grundbuchamt oder vom Sachverständigen mitgeteilt oder durch Hinweise der Beteiligten bekannt werden. Wenn sich Zweifel nicht ausräumen lassen, ist vom Grundbuchbeschrieb auszugehen und die Änderung als „angeblich" beizufügen, etwa: „Gemarkung . . ., Flurstücknummer . . ., Waldplatz, jetzt Einfamilienhaus mit Hausgarten, früher Waldstraße ohne Nr, jetzt angeblich Parkstr 40, zu 1,2 ha". Dafür, daß eine tatsächliche Nutzungsart rechtlich zulässig ist, bietet die Bezeichnung in der Terminsbestimmung keinen Vertrauensschutz[8] (§ 56 Satz 3); Nachforschungen dazu hat das Vollstreckungsgericht daher nicht vorzunehmen[8].

2.3 Unrichtige, unvollständige oder sonst irreführende Grundstücksbezeichnungen können zu Mißverständnissen führen und Haftungsgefahren begründen. Kommt der gewählten Bezeichnung die für eine Terminsbekanntmachung zu fordernde Deutlichkeit nicht mehr zu, dann muß der Termin nach § 43 (wegen nicht ordnungsgemäßer Bekanntmachung oder Zustellung) **aufgehoben** und der Zuschlag nach § 83 Nr 7 versagt werden (siehe Rdn 1). Ergänzung in einer nachträglichen Veröffentlichung kann die unzulängliche Bezeichnung in der Terminsbestimmung selbst nicht heilen[9]. Unzureichend in diesem Sinne sind alleinige Angabe des Grundbuchblattes und der laufenden Nummer des Bestandsverzeichnisses[10], Bezeichnung des mit einem zum Teil fertigen Wohnhaus bebauten Grundstücks nur in Übereinstimmung mit dem Grundbuch als Wiese ohne Hinweis auf das Bauwerk oder Bezeichnung des mit einem Wohnhaus und Betriebsgebäude bebauten und als Gartenbaubetrieb genutzten Grundstücks nach dem Grundbuchbeschrieb als „Ackerland"[11]. Bei einem Grundstück mit einem Gehöft, das aus einem Wohnhaus mit zwei Wohnungen (240 m² Wohnfläche), einer Reithalle mit eingebauten Pferdeställen (1600 m²) und zwei Remisen besteht, genügt die Angabe „mehrere Flurstücke verschiedener Wirtschaftsart und Lage" samt Größe und Verkehrswert nicht den gesetzlichen Erfordernissen[12]. Bezeichnung als „Hof- und Gebäudefläche" mit Angabe der jeweiligen Lage in Verbindung mit Größenangaben und Verkehrswert läßt nicht auf eine industrielle Nutzung schließen, ist mithin bei Nutzung als Fabrikgrundstück unzureichend[13] (nicht zutreffend daher[14]; dazu kritisch auch[15]). Fehlender Hinweis, daß ein Gebäude (eine Sägemühle) sich zum Teil auf einem anderen Grundstück befindet, kann die Terminsbestimmung unzulänglich machen[16]. Ungenügend ist die Bezeichnung „Hof- und Gebäudefläche", wenn sie nur so verstanden werden kann, daß auf dem Grundstück auch Gebäude vorhanden sind, die vorhandenen Gebäudeteile aber Überbauten und damit Bestandteile des Nachbargrundstücks sind, die nicht mit versteigert werden[17] (unzutreffend[17] mit der Einschränkung, daß bereits Angaben über Wert, Größe und Lage des Grundstücks erkennbar machen könnten, daß wertmäßig zu Buche schlagende Gebäude nicht vorhanden sind). Zu weitgehend ist es aber, bei einem Gebäude auch noch Einzelangaben über Stockwerke und über die Zimmerzahl aufzunehmen.

---

[7] OLG Hamm OLGZ 1992, 220 = Rpfleger 1992, 122.
[8] OLG Karlsruhe OLGZ 1990, 346 = aaO ((Fußn 6).
[9] LG Kaiserslautern Rpfleger 1964, 120 mit zust Anm Stöber.
[10] RG 57, 200; Schiffhauer Rpfleger 1980, 76 (Anmerkung).
[11] LG Frankenthal Rpfleger 1984, 326 mit zust Anm Meyer-Stolte.
[12] LG Oldenburg Rpfleger 1979, 115.
[13] Schiffhauer Rpfleger 1980, 76 (Anmerkung).
[14] OLG Oldenburg Rpfleger 1980, 75 mit Anm Schiffhauer.
[15] Drischler KTS 1981, 389 (4).
[16] OLG Dresden HRR 1936 Nr 828.
[17] LG Oldenburg Rpfleger 1980, 306.

§ 37 2.4 Bestimmung des Versteigerungstermins

2.4 Für **ein** Grundstück, das aus mehreren im amtlichen Verzeichnis selbständig aufgeführten Teilen besteht (Flurstücknummern, Katasterparzellen), hat die Terminsbestimmung die Wirtschaftsart der einzelnen Grundstücksflächen zu bezeichnen und ersehen zu lassen, daß es sich um nur ein Grundstück handelt (nicht um mehrere, die Einzelausgebote nach § 63 Abs 1 ermöglichen würden). Ebenso sind bei Versteigerung **mehrerer** Grundstücke in demselben Verfahren (§ 18) die einzelnen Grundstücke so anzugeben, daß jedes von ihnen als Einzelgegenstand der Zwangsversteigerung (ZPO § 864 Abs 1) gekennzeichnet ist. Eine Terminsbestimmung in einem Verfahren zur Versteigerung **zahlreicher Grundstücke** muß somit für jedes von ihnen die Grundstücksbezeichnung so genau wie möglich enthalten. Die Einzelangaben müssen auch in der Veröffentlichung (§ 39 Rdn 2) und Anheftung enthalten sein. Nennt die Terminsbestimmung nur noch die Flurstücknummern, enthält sie aber keine Einzelangaben zur Grundstücksbezeichnung, so verfehlt sie ihren Zweck, Interessenten auf die Versteigerung aufmerksam zu machen.

2.5 Wenn Termin zur Versteigerung nur des **Bruchteils** eines Grundstücks bestimmt wird, muß dieser Bruchteil als Gegenstand der Zwangsversteigerung (ZPO § 864 Abs 2) bezeichnet, somit auch mit seiner Anteilsgröße genau angegeben werden (zB $^1/_2$ -Miteigentumsanteil an dem Grundstück . . .). Für die genaue Bezeichnung ist dazu die nach § 38 gebotene Angabe des Bruchteilseigentümers erforderlich. Als selbständiger Gegenstand der Immobiliarvollstreckung (ZPO § 864 Abs 2) ist auch der Miteigentumsanteil an einem dienenden Grundstück, der nach GBO § 3 Abs 5 und 6 auf dem Grundbuchblatt des dem Schuldner gehörenden Hauptgrundstücks eingetragen ist (zB an Hofraum, Zufahrts- oder Anliegerweg, Garagenvorplatz, Mülltonnenstellplatz) als solcher zu bezeichnen[18]. Bei Versteigerung eines Grundstücks mit einer wertvollen Grunddienstbarkeit sind auch hierüber Angaben zu machen.

2.6 Sind mehrere Grundstücke oder Grundstücksbruchteile ausgeschrieben und wird das Verfahren über **einige** oder eines noch vor dem Termin eingestellt oder aufgehoben, so kann doch die Versteigerung für den Rest durchgeführt werden.

2.7 Bei der Versteigerung eines **Erbbaurechts** sind genaue Angaben nötig über: Erbbaugrundbuchblatt, belastetes Grundstück (Grundbuchblatt, Gemarkung, Flurstücknummer, Beschrieb), den Erbbauberechtigten (zur Zeit der Eintragung des Vollstreckungsvermerks), Dauer und Inhalt des Erbbaurechts, Grundstückseigentümer. Falls die Veräußerung nur mit Zustimmung des Grundstückseigentümers zulässig ist, zum Zuschlag also seine Zustimmung benötigt wird (§ 15 Rdn 13), ist es unerläßlich, hierauf in der Terminsbestimmung hinzuweisen, damit die Interessenten nicht mit freier Erwerbsmöglichkeit rechnen, sondern rechtzeitig mit dem Eigentümer verhandeln können. Muster für das Erbbaurecht im ZVG-Handbuch Rdn 389, Ausführungen dazu Rdn 390.

2.8 Bei der Versteigerung eines **Wohnungs/Teileigentums** erfordert Bezeichnung des Objekts Angabe des in einem zahlenmäßigen Bruchteil ausgedrückten Miteigentumsteils an dem Grundstück, Bezeichnung des im Miteigentum stehenden Grundstücks (zweckmäßig übereinstimmend mit dem Bestandsverzeichnis des Wohnungsgrundbuchs) und seiner Größe sowie des mit dem Miteigentumsanteil verbundenen Sondereigentums an bestimmten (zu nennenden) Räumen. Angabe auch der Wohnfläche[19] (Nutzfläche) und der Zahl der Räume gehört nicht zum notwendigen Inhalt der Terminsbestimmung (ist auch nicht Gegenstand der Eintragung im Bestandsverzeichnis des Wohnungs/Teileigentumsgrundbuchs). Die Wohnfläche (Nutzfläche) entspricht auch nicht der Größe des Grundstücks, die nach § 38 in der Terminsbestimmung bezeichnet werden soll (anders wohl[19]; dem

---

[18] Oestreich Rpfleger 1988, 302 (2.5); Schiffhauer Rpfleger 1975, 187 (V 2).
[19] OLG Karlsruhe (ZS Freiburg) MDR 1993, 472 = OLGZ 1993, 346 = Rpfleger 1993, 256 mit Anm Meyer-Stolte.

Mußinhalt der Terminsbestimmung 5.1 § 37

entspricht die Größe des Miteigentumsanteils). Für Interesse und wirtschaftliche Überlegungen der Bietinteressenten sind aber Wohnfläche (Nutzfläche) und Zahl der Räume von ganz besonderer Bedeutung; die Terminsbestimmung sollte daher zur Bezeichnung des Objekts (§ 37 Nr 1) auch Angabe darüber enthalten. Auch diese Angaben müssen richtig sein und das Wohnungs/Teileigentum mit der erforderlichen Deutlichkeit nennen (Rdn 2.2). Das ist nicht der Fall, wenn die angegebene (veröffentlichte) Wohnfläche der Eigentumswohnung gegenüber der tatsächlichen Wohnfläche nicht unwesentlich abweicht[19] (Folge Rdn 2.3).

Bezeichnung von Ort und Zeit in der Terminsbestimmung (§ 37 Nr 2) 3

3.1 Der **Ort** der Versteigerung muß in der Terminsbestimmung enthalten sein (Nr 2), bezeichnet nach Ort, Straße, Hausnummer, Gebäudeteil, Zimmernummer usw, jedenfalls so, daß er von Beteiligten und Interessenten zweifelsfrei und zuverlässig aufzufinden ist (zur Verlegung des Terminsorts § 66 Rdn 3.2). Das gilt auch dann, wenn das Gericht die Versteigerung nicht im Gerichtsgebäude, sondern „an einem anderen Orte im Gerichtsbezirk" (§ 36 Abs 3) abhält, etwa im zu versteigernden Grundstück selbst (§ 36 Rdn 4). Angabe auch der Zimmernummer des Versteigerungsraums im Gerichtsgebäude (bei Versteigerung an einem anderen Ort nicht immer möglich und geboten) gilt als selbstverständlich. Erfordernis der Terminsbestimmung ist das jedoch nicht ohne weiteres. Bei kleineren und mittleren Gerichtsgebäuden, in denen nach den örtlichen Verhältnissen Terminswahrnehmung in einem nicht mit einer Zimmernummer bezeichneten Versteigerungsraum ohne weiteres möglich ist, wäre der Terminsort auch bereits mit genauer Angabe des Gerichtsgebäudes ausreichend bezeichnet (siehe § 66 Rdn 3.2). Verlangt wird Angabe auch der Nummer des Versteigerungsraums in Orten, „in denen Gerichtsgebäude von größerem räumlichen Umfang bestehen"[20].

3.2 Die **Zeit** der Versteigerung muß in der Terminsbestimmung enthalten sein (Nr 2), und zwar der Beginn des Termins, bezeichnet nach Jahr, Monat, Tag (Tagesdatum möglichst mit Wochentagsbenennung), Stunde und Minute der gesetzlichen Zeit am Ort der Versteigerung. Ein besonderer Hinweis, daß es sich etwa um die Sommerzeit handle, erscheint nicht nötig, da diese ja gesetzliche Zeit ist.

Bezeichnung der Versteigerungsart in Terminsbestimmung (§ 37 Nr 3) 4

4.1 Vollstreckungsversteigerung: Die Terminsbestimmung muß bei ihr die Angabe enthalten, daß sie „im Wege der Zwangsvollstreckung" erfolgt (Nr 3). Dies gilt auch für die Wiederversteigerung (§ 133), die eine Vollstreckungsversteigerung ist, gleich welche Versteigerung ihr vorausgegangen ist; wegen der besonderen Gestaltung des geringsten Gebots (§ 128 Abs 4) ist die zusätzliche Angabe „zwecks Wiederversteigerung" nicht unzweckmäßig; sie darf aber die Angabe, daß es sich um eine Zwangsvollstreckung handle, nicht ersetzen.

4.2 Konkursverwalterversteigerung: § 172 Rdn 5.15; **Nachlaßversteigerung:** § 176 Rdn 3.20. **Teilungsversteigerung:** § 180 Rdn 7.25.

Gerichtliche Aufforderung: Anmeldung (§ 37 Nr 4) 5

5.1 Die Terminsbestimmung **muß** die gerichtliche Aufforderung **enthalten,** spätestens im Versteigerungstermin vor der Aufforderung zur Abgabe von Geboten Rechte, die bei Eintragung des Versteigerungsvermerks nicht aus dem Grundbuch ersichtlich waren, anzumelden und notfalls glaubhaft zu machen, widrigenfalls ... (Nr 4). Diese Aufforderung ist eine Art **Aufgebot**[21]; sie genügt dem Gesetz nur, wenn sie durch ein deutsches Vollstreckungsgericht gemäß Nr 4 erfolgt[21]. Fehlt sie

---

[20] KG Berlin OLG 25, 262.
[21] Sieg MDR 1961, 1003 (Anmerkung).

§ 37 5.1 Bestimmung des Versteigerungstermins

in der Terminsbestimmung, dann tritt Rangverlust (§ 110) nicht ein. Über die Abgrenzung zu Nr 5 (und § 28) in Rdn 6.

5.2 Erforderlich ist Anmeldung zur
- Erlangung der Stellung als Beteiligter (§ 9 Nr 2);
- Aufnahme nicht grundbuchersichtlicher Ansprüche in das geringste Gebot (§ 37 Nr 4, § 45);
- Rangwahrung (§ 37 Nr 4, § 110);
- Übernahme der persönlichen Schuld durch den Ersteher bei bestehen bleibender Grundschuld oder Rentenschuld (§ 53 Abs 2);
- Wirksamkeit einer nicht grundbuchersichtlichen Fälligkeit gegenüber Ersteher (§ 54);
- Aufnahme nicht grundbuchersichtlicher Rechte (Ansprüche) in den Teilungsplan (§ 114, auch bei Zwangsverwaltung, § 156 Abs 2);
- Urteilswirkung gegen Ersteher (ZPO § 325 Abs 3).

Die Terminsbestimmung hat nur den Wortlaut der Aufforderung der Nr 4 zu enthalten.

5.3 Anmeldung ist **Verlautbarung** (Bekundung) des **Willens**, daß
- der Berechtigte des nicht grundbuchersichtlichen Rechts zum Vollstreckungsverfahren als Beteiligter (§ 9 Nr 2) zugezogen sein will;
- das bei der Eintragung des Vollstreckungsvermerks aus dem Grundbuch nicht ersichtliche Recht (der Anspruch) trotzdem bei der Feststellung des geringsten Gebots und bei der Verteilung des Versteigerungserlöses (der Nutzungen des zwangsverwalteten Grundstücks) berücksichtigt werden soll;
- die nicht grundbuchersichtliche Tatsache die gesetzliche Rechtsfolge haben soll.

5.4 Anmeldepflichtig sind grundsätzlich alle **Rechte,** die bei Eintragung des Versteigerungsvermerks nicht im Grundbuch standen, also: dingliche Rechte, die eintragungsfähig sind, aber erst nach dem Versteigerungsvermerk oder noch überhaupt nicht eingetragen wurden; auch alle Ansprüche der Rangklassen 1–3, die ja grundsätzlich nicht im Grundbuch eingetragen werden; auch Zinsen nicht eingetragener Rechte samt Verzinsungsbeginn[22]; auch Zinsrückstände eingetragener Rechte (Verzugszinsen § 114 Rdn 4.1); ferner die Kosten der Rechtsverfolgung (§ 10 Rdn 15.8, 15.9 mit Einzelheiten). Rechte in Abteilung II des Grundbuchs sind zur Zeit der Eintragung des Versteigerungsvermerks aus dem Grundbuch ersichtlich (müssen somit nicht angemeldet werden), wenn sie mit laufender Nummer in Spalte 1 vor dem Versteigerungsvermerk eingetragen sind, nicht aber bei Eintragung am gleichen Tag mit laufender Nummer nach dem Versteigerungsvermerk. In Abteilung III des Grundbuchs sind Rechte zur Zeit der Eintragung des Versteigerungsvermerks grundbuchersichtlich, wenn sie unter Angabe eines früheren Tages (GBO § 44 Abs 1; bei machineller Grundbuchführung GBO § 129 Abs 2 Satz 1) eingetragen worden sind, ebenso aber, wenn Versteigerungsvermerk und das Recht in Abteilung III am gleichen Tag eingetragen wurden (anders für Buchung am gleichen Tag[23]; nicht zutreffend). Eintragungen, die in Abteilung II am gleichen Tag mit laufender Nummer nach dem Versteigerungsvermerk erfolgen, werden erst nach diesem Vermerk grundbuchersichtlich, Eintragungen, die in Abteilung III am gleichen Tag erfolgen, sind zur gleichen Zeit, also bei Eintragung des Vermerks grundbuchersichtlich. Das entspricht nicht nur natürlicher Anschauung, sondern auch dem Normzweck der Nr 4 (mit §§ 9, 45, 110, 114), der dem Verfahrensgrundsatz folgt, daß die Interessen grundbuchersichtlicher Berechtigter von Amts wegen wahrzunehmen sind (Einl Rdn 9.3). Öffentliche Lasten gelten als glaubhaft gemacht, wenn die Anmeldung der zuständigen Behörde eine spezifizierte Aufstellung enthält.

---

[22] RG 136, 232 (235).
[23] Steiner/Eickmann § 45 Rdn 10 und 19.

Mußinhalt der Terminsbestimmung 5.10 § 37

5.5 Anmeldepflichtig sind **auch** Rechte, die nicht im Grundbuch eingetragen sein müssen; so die Entschädigungsforderung des Erbbauberechtigten aus ErbbauVO § 28, die Sicherungshypothek des Pfandgläubigers aus BGB § 1287 (auch aus ZPO § 848 Abs 2).

5.6 Anmeldepflichtig ist auch ein bei Eintragung des Versteigerungsvermerks nicht aus dem Grundbuch ersichtlicher **Vorrang**[24], ebenso der gegenüber dem Gläubiger einer Vollstreckungsforderung erlangte Vorrang (§ 23 Rdn 5.4)

5.7 Nicht anmeldepflichtig sind nicht eingetragene Rechte, die gesetzlich trotz Nichtaufnahme in das geringste Gebot bestehenbleiben: Überbau- und Notwegrente (§ 52 Abs 2); Rentenbankreallast (§ 52 Abs 4) (aber Zinsen aus ihr); Leibgedinge und altrechtliche Grunddienstbarkeiten nach EGZVG § 9 mit Landesrecht[25] (jedoch hier Rückstände aus diesen Rechten).

5.8 Nicht anmeldepflichtig sind Rechte, die zwar aus dem Grundbuch ersichtlich sind, von denen aber das Grundbuch nicht ergibt, wem sie zustehen, zB ein Eigentümerrecht[26], also auch Rechte aus einer Eigentümerhypothek für den nicht mehr eingetragenen früheren Eigentümer (das Recht ergibt sich aus dem Grundbuch, nur der Berechtigte ist anzumelden) (anders[27]), oder der Rückübertragungsanspruch an den Gläubiger einer Sicherungsgrundschuld[28].

5.9 Die **Auflassungsvormerkung** (sie fällt nicht unter § 37 Nr 5) gehört auch dann nicht zu den nach Nr 4 anzumeldenden Rechten, wenn sie einen bedingten Eigentumsübertragungsanspruch sichert (anders[29]: anzumelden sei, wenn geltend gemacht werden soll, daß bereits eine Bedingung eingetreten sei). Anmeldepflichtig ist sie aber bei Eintragung nach dem Versteigerungsvermerk.

5.10 Anmeldung als Geltendmachung eines Rechts (Anspruchs) dient allein der verfahrensrechtlich vorgesehenen Rechtswahrung. Sie ist damit **Prozeßhandlung.** Als solche ist sie von der bürgerlich-rechtlichen Willenserklärung zur Herbeiführung einer rechtsgeschäftlichen Rechtsänderung zu unterscheiden. Ein Gläubiger, der anmeldepflichtige Ansprüche oder eine anmeldepflichtige Tatsache (zB eine Kündigung, eine Rechtshängigkeit) nicht angemeldet hat, verliert seine dingliche (materielle) Berechtigung nicht, soweit er damit nicht bei Verfahrensfortgang oder gegenüber dem Ersteher (wie zB nach §§ 53, 54, auch ZPO § 325 Abs 3) ausgeschlossen ist. Ein nicht angemeldeter Anspruch wird nur bei der Feststellung des geringsten Gebots (§ 45 Abs 1) und bei der Aufstellung des Teilungsplans (§ 114 Abs 1) nicht berücksichtigt. Wenn das Recht verspätet noch angemeldet wird, ist Rangverlust (§ 110) gegeben. Das erlangt keine Bedeutung, wenn nach Aufforderung zur Abgabe von Geboten das Verfahren nicht fortgeführt wird, insbesondere wenn es eingestellt (§ 30), der Versteigerungstermin aufgehoben oder der Zuschlag versagt (§ 33) wird. Der Rechtsinhaber kann seine Berechtigung und Ansprüche bei Verfahrensfortgang vor nochmaliger Aufforderung zur Abgabe von Geboten (§ 66 Abs 2) oder für einen späteren neuen Versteigerungstermin wieder rechtzeitig anmelden. Er kann einen nicht angemeldeten Anspruch auch in einem anderen Verfahren weiter verfolgen (so, wenn nach Ausfall in der Zwangsversteigerung noch restiger Erlös aus Zwangsverwaltung verteilt wird, bei Versteigerung eines mithaftenden Grundstücks). Demgegenüber ist ein Gläubiger, der seine materielle Berechtigung durch Rechtsgeschäft (Verzicht, Aufhebung, oder Abtretung; dazu § 114 Rdn 7, 11) aufgegeben hat, nicht mehr Rechtsinhaber. Er

---

[24] RG 122, 61; KG Berlin JR 1956, 424; Bruhn Rpfleger 1957, 198 (4); Dassler/Muth § 37 Rdn 15; Jaeckel/Güthe § 45 Rdn 1 und § 114 Rdn 11; Steiner/Eickmann §§ 37, 38 Rdn 53; Mohrbutter/Drischler Muster 60 Anm 2.
[25] OLG Hamm OLGRep 1995, 132.
[26] RG 77, 296.
[27] Mohrbutter/Drischler Muster 60 Anm 4.
[28] BGH MDR 1979, 44 = Rpfleger 1978, 363.
[29] Wörbelauer DNotZ 1963, 652 (7).

kann Ansprüche aus seinem vormaligen Recht am Grundstück (§ 10) später überhaupt nicht mehr geltend machen, solche bei Fortgang des Verfahrens sonach nicht wieder anmelden, sie auch nicht mehr verspätet mit Rangverlust zum Teilungsplan anmelden (§§ 110, 114) und auf sie in der Zwangsverwaltung oder für ein mithaftendes Grundstück nicht zurückgreifen.

5.11 Als Prozeßhandlung erfordert Anmeldung die Befugnis, das Recht (den Anspruch) im Verfahren geltend zu machen. Die Anmeldung kann daher durch den **Rechtsinhaber** (Gläubiger des Grundpfandrechts, Berechtigten eines sonstigen Grundstücksrechts, Gläubiger eines Anspruchs in Rangklassen 1–3 des § 10 Abs 1) erfolgen oder durch den an seiner Stelle zur Verfügung über den Anspruch Befugten (zB durch den Konkursverwalter, KO § 6 Abs 2) oder auch nur zur Geltendmachung im Verfahren Berechtigten (zB als Pfandgläubiger schon vor Überweisung). Wenn ein bisher nicht angemeldetes Recht von einem Dritten gepfändet und von ihm angemeldet wird, ist diese Anmeldung auch für den bisherigen Gläubiger wirksam, dessen Rechte der Pfandgläubiger ausübt.

5.12 Eine bestimmte **Form** ist für die Anmeldung nicht vorgeschrieben[30]. Sie kann schriftlich erfolgen oder mündlich zu Protokoll der Geschäftsstelle oder eines Termins (auch im Versteigerungstermin), auch telegrafisch oder fernmündlich erklärt[31], aber auch als Telebrief (Telefax) übermittelt werden. Nötig ist aber auf jeden Fall eine Willensbekundung des Berechtigten[32]; es muß etwas erklärt[32], durch Verlautbarung (Bekundung) eines Willens zweifelsfrei erkennbar gemacht werden, daß ein Recht verfolgt (geltend gemacht) werden soll, insbesondere daß ein nicht grundbuchersichtliches Recht (ein Anspruch) bei der Feststellung des geringsten Gebots und bei der Verteilung des Versteigerungserlöses berücksichtigt werden soll[33]. Bei Untätigkeit liegt keine Anmeldung vor[34]. Die Anmeldung ist auch nötig, wenn das Gericht oder die Beteiligten schon von dem Recht (Anspruch) Kenntnis haben[34], sie ist dann nicht unter dem Gesichtspunkt von Treu und Glauben entbehrlich[34]. Es müssen Rechtsgrund[34] und Rang[34] des Anspruchs, bei Anmeldung zum geringsten Gebot (dazu auch § 45 Rdn 2) und zur Berücksichtigung bei Erlösverteilung (dazu auch § 114 Rdn 2–5) auch ein bestimmter Betrag angegeben werden[34]. Mitteilungen des Grundbuchamts ersetzen die Anmeldung nicht[35]. Eine Dienstaufsichtsbeschwerde ist auch als Anmeldung anzusehen, wenn der Beschwerdeführer erkennbar auch die Wahrnehmung seiner materiellen Ansprüche zum Ausdruck bringt[36], vorausgesetzt jedoch, daß sie bei dem Amtsgericht, das als Vollstreckungsgericht zuständig ist, erhoben ist.

5.13 Die Anmeldung hat als Prozeßhandlung **nur für das Verfahren** Bedeutung, in dem sie erfolgt ist. Anmeldung für ein Zwangsverwaltungsverfahren gilt daher nicht als solche für das Zwangsversteigerungsverfahren (und umgekehrt). Anmeldung in einem schon früher anhängig gewesenen Zwangsversteigerungsverfahren, das aufgehoben wurde, wirkt nach neuer Beschlagnahme des Grundstücks nicht für das spätere Verfahren.

5.14 Ein **Vertreter** hat eine Vollmacht vorzulegen (ZPO § 80 Abs 1) oder die Genehmigung des Vertretenen oder seine gesetzliche Vertretungsmacht nachzuweisen. Die Vollmacht des Vertreters wird von Amts wegen geprüft, wenn nicht als Bevollmächtigter ein Rechtsanwalt auftritt (ZPO § 88 Abs 2).

5.15 **Muster** für eine Anmeldung im ZVG-Handbuch Rdn 230.

---

[30] BGH 21, 30 = KTS 1956, 120; LG Lübeck SchlHA 1982, 199.
[31] BGH 21, 30 = aaO (Fußn 30), Mohrbutter/Drischler Muster 60 Anm 1.
[32] BGH 21, 30 = aaO (Fußn 30).
[33] BGH 21, 30 = aaO (Fußn 30); LG Lübeck SchlHA 1982, 199.
[34] BGH 21, 30 = aaO (Fußn 30).
[35] Drischler RpflJahrbuch 1962, 322 (B III 8 II c).
[36] LG Lübeck SchlHA 1982, 199.

Mußinhalt der Terminsbestimmung 6.3 § 37

5.16 Die Anmeldungen anmeldepflichtiger Ansprüche nach Nr 4 müssen **spätestens im Versteigerungstermin** vor der Aufforderung zur Abgabe von Geboten dem Gericht vorliegen. Bei unterlassener oder verspäteter Anmeldung wird der Anspruch (wenn er dem bestrangig betreibenden Gläubiger vorausgeht) im geringsten Gebot nicht berücksichtigt (also weder als bar zu zahlend noch als bestehenbleibend); außerdem wird er bei der Erlösverteilung allen betreibenden Gläubigern und allen übrigen Ansprüchen hintangesetzt, gleichsam in einer Rangklasse 9 (dazu § 10 Rdn 13), erleidet also einen **materiellen Rangverlust** (§ 110). Daran kann auch die nachträgliche Anmeldung im Rechtsmittelverfahren trotz § 97 Abs 2 nichts mehr ändern[37] . Wenn ein Vorrang (Rdn 5.6) nicht rechtzeitig angemeldet worden ist, findet nur dieser Vorrang keine Berücksichtigung. Das Recht nimmt dann mit seiner grundbuchersichtlichen Rangstelle am Verfahren teil. Zurücksetzung nach § 110 hinter andere Rechte erfolgt hier nicht[38]. Der Rangverlust kann nicht eintreten, wenn die Aufforderung zur Anmeldung nach Nr 4 in der Terminsbekanntmachung gefehlt hat. Über verspätete oder beschränkte Anmeldungen auch[39].

5.17 Als prozessuale Erklärung kann die Anmeldung **zurückgenommen** werden. Mit wirksamer Rücknahme (Eingang bei Gericht) endet die mit Anmeldung begründete Beteiligtenstellung und die der Anmeldung zukommende Rechtswahrung (Nr 4, § 114 usw). Mit Rücknahme des Versteigerungsantrags ist auch die in ihm enthaltene Anmeldung (§ 114 Abs 1 Satz 2) zurückgenommen (anders[40]). Zu mehrfachen Anmeldungen § 45 Rdn 2.

5.18 Unzulässige Anmeldungen sind nicht ausdrücklich zurückzuweisen, sondern einfach nicht zu berücksichtigen[41], weil ihnen keine Wirkung zukommt. Unzulässig ist eine Anmeldung, wenn sie durch einen dazu nicht Berechtigten erklärt ist oder einen Anspruch zum Gegenstand hat, der nach § 10 kein Recht auf Befriedigung aus dem Grundstück gewährt.

Gerichtliche Aufforderung: Entgegenstehende Rechte (§ 37 Nr 5) 6

6.1 Die Terminsbestimmung **muß** die gerichtliche Aufforderung **enthalten,** vor der Erteilung des Zuschlags für ein der Versteigerung entgegenstehendes Recht die Verfahrenseinstellung oder Verfahrensaufhebung herbeizuführen, widrigenfalls . . . (Nr 5).

6.2 Es muß sich um **Rechte** handeln, **die** der Versteigerung **entgegenstehen,** sei es um solche, die schon aus dem Grundbuch ersichtlich sind und darum unter § 28 fallen (sie müssen schon von Amts wegen beachtet werden), sei es um solche, die aus dem Grundbuch nicht ersichtlich sind. Die Hindernisse können der ganzen Versteigerung entgegenstehen oder bei mehreren Grundstücken oder Grundstücksbruchteilen nur bei einem oder einigen von ihnen hinderlich sein oder auch nur bei Zubehörstücken. Unter Nr 5 fallen Eigentum Dritter, insbesondere aber die Rechte an Zubehör (§ 20 Rdn 3, § 55 Rdn 3) (die darum nicht unter Nr 4 fallen[42]), Veräußerungsverbote (zB aus Konkursverfahren), Nacherbenwiderspruch.

6.3 Die Verfahrenseinstellung oder Verfahrensaufhebung kann **durch** Einstellungsbewilligung aller betreibenden Gläubiger (§ 30) oder durch teilweise Antragsrücknahme aller betreibenden Gläubiger (§ 29) erfolgen oder auch durch Einstellungsmaßnahmen des Prozeßgerichts oder Vollstreckungsgerichts nach ZPO §§ 769, 771 (gegen den Willen der betreibenden Gläubiger können die entgegen-

---

[37] LG Berlin GrundE 1959, 503 Leitsatz.
[38] RG 122, 61.
[39] Riedel JurBüro 1974, 689.
[40] Dassler/Schiffhauer § 114 Rdn 41.
[41] Mohrbutter/Drischler Muster 60 Anm 1.
[42] Möschel BB 1970, 237 (2, 4).

§ 37 6.3   Bestimmung des Versteigerungstermins

stehenden materiellen Rechte, die nicht aus dem Grundbuch ersichtlich sind, nur im Wege der Widerspruchsklage nach ZPO § 771 geltend gemacht werden[43]).

6.4 Macht ein Dritter Rechte an einem Gegenstand geltend, bei dem zweifelhaft ist, ob er **Zubehör oder Bestandteil** ist, und geben die betreibenden Gläubiger den Gegenstand frei oder bewilligen sie die Einstellung insoweit, so hat das Gericht das Verfahren bezüglich des Gegenstands formell aufzuheben oder einzustellen, ohne selbst zu entscheiden, welche Eigenschaft er hat. Einer Anhörung oder Zustimmung der nicht betreibenden dinglichen Berechtigten bedarf es nicht (§ 29 Rdn 4, § 30 Rdn 5, § 55 Rdn 3). Wird nach der Versteigerung des Grundstücks (wobei der Gegenstand von der Versteigerung ausgenommen war) die Einstellung hinsichtlich des Gegenstands aufgehoben, so ist er nach § 65 abgesondert zu verwerten.

6.5 Bei **mehreren Betreibenden** müssen Einstellung und Aufhebung sich auf sie alle erstrecken, sonst muß der Gegenstand versteigert werden. Wird vor oder im Laufe einer Zwangsversteigerung ein fremdes Zubehörstück mobiliargepfändet, aber nicht gemäß § 37 Nr 5 aus der Zwangsversteigerung ausgenommen, so erlischt das **Pfändungspfandrecht** mit Rechtskraft des Zuschlags[44].

6.6 Wer nicht rechtzeitig die Freigabe eines Gegenstands nach Nr 5 erwirkt, wird an Stelle seiner Zugriffsmöglichkeit auf den Gegenstand selbst nunmehr hinsichtlich seines Rechts auf die **Teilnahme am Versteigerungserlös** beschränkt: § 37 Nr 5 = Surrogationsgrundsatz (§ 92 Rdn 7).

6.7 Was unter Nr 5 fällt und auf den Erlös angewiesen ist, erleidet **keinen Rangverlust** nach § 110 (wie es bei den unter Nr 4 fallenden Ansprüchen der Fall ist).

6.8 Der Ersteher hat **nicht** das Recht, den Gegenstand herauszugeben und dafür den Betrag des Meistgebots zu kürzen[45]. Wenn der Berechtigte sein entgegenstehendes Recht nicht im Rahmen des Versteigerungsverfahrens geltend macht, bleibt ihm noch die **Bereicherungsklage** gegen den als letzten aus der Masse Befriedigten aus ungerechtfertigter Bereicherung nach BGB § 812 (dazu ZVG-Handbuch Rdn 538), nicht aber gegen den Ersteher. Dazu § 55 Rdn 3.

6.9 Nr 5 schreibt die Aufforderung des Gerichts in der Terminsbestimmung zur Anmeldung nur für die der Versteigerung überhaupt entgegenstehenden Rechte vor. Der Vordruck für die Versteigerungsterminsbestimmung (Rdn 10) sieht auch den **Hinweis bezüglich des Zubehörs** vor. Die ihm zugrunde liegende Verfügung sagt zwar, es „muß" solcher Vermerk gebracht werden, ist aber keine Rechtsvorschrift, daher nur als Sollvorschrift zu behandeln.

6.10 Ist ein Grundstück irrtümlich auf dem Grundbuchblatt des Schuldners, gleichzeitig aber auch auf dem des wahren Eigentümers eingetragen, in der Terminsbestimmung jedoch ohne Hinweis auf die **Doppelbuchung** nur nach dem Grundbuchblatt des Schuldners bezeichnet, so sieht der wahre Eigentümer hieraus nicht, daß es sich um sein Grundstück handelt (er weiß von dem Verfahren gar nichts), und kann daher auch nicht nach Nr 5 anmelden; er kann sein Eigentum darum auch nicht verlieren (dazu § 90 Rdn 2).

6.11 Die nach Nr 5 notwendige Geltendmachung eines entgegenstehenden Rechts wird nicht durch eine etwaige Mitteilung des Grundbuchamts oder durch zufällige **Kenntnis** des Gerichts ersetzt.

7 Landesrecht zur Terminsbestimmung (Muß-Inhalt)

7.1 Altrechtliche Hypotheken: Soweit nach EGZVG § 8 durch Landesgesetz bestimmt wurde, daß die vor dem Inkrafttreten des BGB eingetragenen Hypotheken bei der Feststellung des geringsten Gebots nur auf Grund einer Anmeldung zu

---

[43] LG Saarbrücken RpflJahrbuch 1959, 271 Leitsatz = SRZ 1951, 16.
[44] LG Lüneburg DGVZ 1952, 76; AG Celle DGVZ 1952, 76.
[45] Jaeckel/Güthe § 92 Rdn 1 a.

Sollinhalt der Terminsbestimmung 1.1 § 38

berücksichtigen sind, muß die Aufforderung nach Nr 4 auch auf die Anmeldung der Ansprüche aus diesen Hypotheken ausgedehnt werden (EGZVG § 8 Abs 2). Die Vorschrift ist wohl gegenstandslos.

7.2 Bergwerke: Hier gelten landesrechtliche Besonderheiten.

Rechtsbehelfe bei mangelhafter Terminsbestimmung 8

Gegen unrichtige oder unvollständige Terminsbestimmung gibt es Vollstrekkungserinnerung nach ZPO § 766, aber wegen § 95 kein anderes Rechtsmittel (§ 36 Rdn 2.7). Mängel können durch Zuschlagsanfechtung gerügt werden.

Sonstige Hinweise in der Terminsbestimmung (Muß-Inhalt) 9

9.1 Ausländische Währung: Wenn noch alte Grundpfandrechte oder Schiffshypotheken in ausländischer Währung eingetragen sind (dazu 8./9. Auflage sowie Einl Rdn 51) hat die Terminsbestimmung einen Hinweis darauf zu enthalten. Für Schiffshypotheken gilt jetzt § 168 c Nr 1, für Pfandrechte an Luftfahrzeugen Luftfahrzeugrechtegesetz § 87. Bei Belastung des Grundstücks mit einer nach GBO § 28 Satz 2 zugelassenen Währung regelt § 145 a Nr 1 die Angabe in der Terminsbestimmung.

9.2 Flurbereinigung: Bei Grundstücken, die in ein Flurbereinigungsverfahren einbezogen sind, werden nach Grundbuchlage die „Einlagegrundstücke" versteigert; der Ersteher erwirbt aber, weil er das Flurbereinigungsverfahren in seiner gegebenen Lage übernehmen (und gegen sich gelten lassen) muß, die „Ersatzgrundstücke", unter Umständen auch nur eine Geldabfindung (§ 15 Rdn 17). Es ist darum nötig, in der Terminsbestimmung auf das Flurbereinigungsverfahren und seinen Verfahrensstand hinzuweisen.

9.3 Landwirtschaft: Solange die Versteigerung landwirtschaftlicher Grundstücke keiner Beschränkung unterliegt (§ 15 Rdn 24), ist auch kein Hinweis auf diese Eigenschaft nötig. Wo die Landwirtschaftliche Entschuldung nicht restlos abgewickelt sein sollte, ist in die Terminsbestimmung ein Hinweis aufzunehmen, daß nur Gebote bestimmter Bieter zugelassen werden (in der Regel mit Unbedenklichkeitsbescheinigung des Entschuldungsamts) (dazu 8./ 9. Auflage).

9.4 Schiffe: Bei ihrer Versteigerung ist § 167 zu beachten.

Vordrucke für Terminsbestimmung 10

Den Wortlaut legte eine Allgemeine Verfügung vom 16. 8. 1938 fest (zum Teil in landesrechtliche Bereinigte Sammlungen aufgenommen; landesrechtlich zum Teil geändert oder ergänzt). Ein Muster mit dem Wortlaut der eingefügten Aufforderung bringt das ZVG-Handbuch Rdn 219.

[Sollinhalt der Terminsbestimmung]

38 Die Terminsbestimmung soll die Bezeichnung des zur Zeit der Eintragung des Versteigerungsvermerkes eingetragenen Eigentümers sowie die Angabe des Grundbuchblatts und der Größe des Grundstücks enthalten. Ist in einem früheren Versteigerungstermin der Zuschlag aus den Gründen des § 74 a Abs 1 oder des § 85 a Abs 1 versagt worden, so soll auch diese Tatsache in der Terminsbestimmung angegeben werden.

Allgemeines zum Soll-Inhalt der Terminsbestimmung 1

1.1 Zweck der Vorschrift: § 38 bezeichnet die in die Terminsbestimmung für den Versteigerungstermin aufzunehmenden weiteren Angaben (Sollinhalt der Terminsbestimmung).

§ 38 1.2   Bestimmung des Versteigerungstermins

1.2 Anwendungsbereich: Die Vorschrift gilt für **alle Versteigerungsarten**, mit natürlichen Abweichungen für grundstücksgleiche Rechte, Schiffe, Luftfahrzeuge.

1.3 Die Bestimmung hat nur die Bedeutung einer **Ordnungsvorschrift** (Denkschrift S 43). Deren Nichtbeachtung hat nicht (wie das Fehlen einer nach § 37 wesentlichen Angabe) Terminsaufhebung und Zuschlagsversagung zur Folge, außer wenn durch unrichtige Angaben zu § 38 die zwingenden des § 37 mißverständlich oder unklar werden. Der Soll-Inhalt darf zwar fehlen, aber nicht fehlerhaft sein.

2 Bezeichnung des Eigentümers in der Terminsbestimmung

2.1 Der zur Zeit der Eintragung des Versteigerungsvermerks im Grundbuch eingetragene Grundstückseigentümer soll (nicht muß) nach § 38 genannt werden. Er ist auch zu bezeichnen, wenn er inzwischen schon gestorben ist oder sonst gewechselt hat. Spätere Eigentümer sind nicht zu nennen. Zu Nachforschungen über spätere Änderungen ist das Gericht nicht verpflichtet, soweit das nicht für Zustellungen (§ 6) oder bestimmte Anträge (zB § 55 Abs 2) nötig ist. In der Terminsbestimmung wären Angaben über einen Eigentumswechsel nach der Eintragung des Versteigerungsvermerks verwirrend. Sie können im Termin erfolgen.

2.2 Bei einem Grundstücksbruchteil ist zu seiner genauen Bezeichnung Angabe des Eigentümers erforderlich (§ 37 Rdn 2.5).

2.3 Bei **herrenlosen Grundstücken** ist es, um das Grundstück besser zu kennzeichnen, zweckmäßig, den früheren Eigentümer zu benennen.

3 Bezeichnung des Grundbuchblatts in der Terminsbestimmung

Das Grundbuchblatt soll (nicht muß) nach § 38 benannt werden: Grundbuchbezirk, Gemarkung, Band und Blatt oder sonstige amtliche Bezeichnung (zB bei einem Loseblattgrundbuch). Angabe auch der Seite gehört nicht dazu, weil mit ihr ein Grundbuchblatt nicht bezeichnet wird (siehe GBV §§ 2, 3). Entsprechend soll bei Erbbaurechten das Erbbaugrundbuchblatt, bei Wohnungseigentum das Wohnungseigentumsgrundblatt, bei Gebäudeeigentum das Gebäudegrundbuchblatt benannt werden.

4 Bezeichnung der Grundstücksgröße in der Terminsbestimmung

Die Grundstücksgröße ist (nicht muß) nach § 38 anzugeben. Eine Gewähr für die Größenangaben gibt es jedoch nicht (§ 56 Satz 3); unter Umständen kann aber eine Haftung für grobfahrlässig falsche Angaben entstehen. Die Größenangabe sollte nach den amtlichen Maßeinheiten (ha, a, m^2) erfolgen. Landesübliche Bezeichnungen (Morgen, Tagwerk) sind nicht verboten; es darf aber nicht durch sie ein falscher Eindruck über die tatsächliche Größe entstehen (darum mindestens die zusätzliche Angabe in amtlichen Maßeinheiten empfehlenswert).

5 Bezeichnung früherer Zuschlagversagung

Versagung des Zuschlags in einem früheren Versteigerungstermin aus den Gründen des § 74 a Abs 1 (weil das Mindestangebot nicht erreicht wurde) oder des § 85 a Abs 1 (weil das Meistgebot die Hälfte des Grundstückswertes nicht erreicht hatte) soll in der Terminsbestimmung angegeben werden, weil Versagungsanträge aus § 74 a oder § 85 a nicht mehr möglich sind. Vorgesehen ist in Satz 2 nur die Angabe der Tatsache, daß der Zuschlag aus einem der genannten Gründe versagt worden ist. Hinweis auf die sich daraus ergebenden Rechtsfolgen ist nicht bestimmt, aber zulässig und zur Information der Beteiligten sowie möglichen Interessenten zu empfehlen[1]. Beispiel für Hinweis in Terminsbestimmung ZVG-Handbuch Rdn 222 c und bei[1].

---

[1] Hornung Rpfleger 1979, 321 (D III).

Bekanntmachung der Terminsbestimmung im Amtsblatt 1.1 **§ 39**

Landesrecht zur Terminsbestimmung (Soll-Inhalt) 6

6.1 EGZVG § 6 ermächtigt die Landesjustizverwaltungen zur Anordnung, daß die Terminsbestimmung **noch andere Angaben** über das Objekt als die in § 38 genannten enthalten solle. Diese Ergänzungen sind nur Ordnungsvorschriften, deren Nichtbeachtung die Versteigerung nicht gefährden kann. Allerdings ist es zur Vermeidung von Haftungsgefahren immer ratsam, sich auch an diese Vorschriften zu halten. Für Bergwerke gelten landesrechtliche Besonderheiten.

6.2 Die für die ehemaligen preußischen Gebietsteile früher vorgeschriebene Angabe der „Friedensmiete" und der Verschuldungsgrenze für landwirtschaftliche Grundstücke ist entfallen.

Sonstige Hinweise in der Terminsbestimmung (Soll-Inhalt) 7

7.1 Baubehördliche Beschränkungen: Sie sind vom Vollstreckungsgericht an sich nicht zu erforschen und auch nicht in die Terminsbestimmung aufzunehmen. Es ist Sache der Bietinteressenten, sich hierwegen selbst an die Baubehörde zu wenden. Das Gericht wird allerdings im Rahmen des Schätzungsgutachtens auch solche Beschränkungen feststellen lassen, weil sie den Grundstückswert beeinflussen. Es hat sie jedoch zu ermitteln, wo Beschränkungen entgegen der (bekanntgemachten) Grundbucheintragung bestehen, wenn etwa im Grundbuch „Bauplatz" eingetragen, Bebauung aber verboten ist.

7.2 Erbbaurecht: Ein Vermerk über die in besonderen Fällen nötige Zustimmung des Grundstückseigentümers zum Zuschlag (§ 15 Rdn 13.5) ist zu empfehlen, damit Interessenten rechtzeitig sich mit dem Eigentümer in Verbindung setzen können.

7.3 Wertfestsetzung: Angabe des bereits festgesetzten Wertes (§ 74 a Abs 5) ist nicht wesentlicher Inhalt der Terminsbestimmung und als Sollinhalt nicht vorgeschrieben. Zur Unterrichtung der Interessenten wird auf den Grundstückswert in der Terminsbestimmung jedoch zweckmäßig hingewiesen (so auch[2]). Die Angabe muß so gefaßt werden, daß sie nicht als der formelle Wertfestsetzungsbeschluß angesehen werden kann. Diese Erwähnung ersetzt ja nicht den Wertfestsetzungsbeschluß[3].

7.4 Mitversteigertes **Zubehör:** Es ist nicht zu ermitteln und nicht anzugeben. Auch die Sondervorschriften hierüber für Baden-Württemberg (8./9. Auflage) sind aufgehoben.

[Bekanntmachung der Terminsbestimmung im Amtsblatt]

39 (1) **Die Terminsbestimmung muß durch einmalige Einrückung in das für Bekanntmachungen des Gerichts bestimmte Blatt öffentlich bekanntgemacht werden.**

(2) **Hat das Grundstück nur einen geringen Wert, so kann das Gericht anordnen, daß die Einrückung unterbleibt; in diesem Falle muß die Bekanntmachung dadurch erfolgen, daß die Terminsbestimmung in der Gemeinde, in deren Bezirke das Grundstück belegen ist, an die für amtliche Bekanntmachungen bestimmte Stelle angeheftet wird.**

Literatur: Oestreich, Öffentliche Bekanntmachungen im „Amtsblatt", Rpfleger 1988, 302.

Allgemeines zu § 39 1

1.1 Zweck der Vorschrift: Regelung der öffentlichen Bekanntmachung der Terminsbestimmung. Veröffentlichung der Terminsbestimmung erfolgt grundsätz-

---

[2] Steiner/Teufel §§ 37, 38 Rdn 16.
[3] Mohrbutter, Handbuch des Vollstreckungsrechts, § 37 (I).

§ 39 1.1 Bestimmung des Versteigerungstermins

lich im **Amtsblatt.** Sonstige Veröffentlichungen sind möglich oder vorgesehen (§ 40 Rdn 3).

1.2 Anwendungsbereich: Die Vorschrift gilt für **alle Versteigerungsarten.** Absatz 2 gilt jedoch nicht bei Versteigerung von Schiffen (§ 168 Abs 3) und Luftfahrzeugen (§ 171 d Abs 2).

2 Amtsblattveröffentlichung der Terminsbestimmung (Absatz 1)

2.1 Eine einmalige Veröffentlichung im Amtsblatt **muß** grundsätzlich **erfolgen** (Abs 1). Die Terminsveröffentlichung hat den Zweck, im Interesse einer bestmöglichen Verwertung des Grundstücks eine möglichst breite Öffentlichkeit über den Versteigerungstermin zu unterrichten[1] und alle, deren Rechte von der Versteigerung berührt werden, zur Wahrung dieser Rechte zu veranlassen. Bei Nichtbeachtung der Vorschrift ist der Versteigerungstermin aufzuheben oder der Zuschlag zu versagen (§ 43 Abs 1, § 83 Nr 7, § 100 Abs 3). Zusätzliche sonstige Veröffentlichungen sind erlaubt, manchmal auch vorgesehen (§ 40 Rdn 3).

2.2 Amtsblatt und Art der Veröffentlichung werden landesrechtlich bestimmt. Bei gemeinsamem Versteigerungsgericht (§ 1 Abs 2) sowie nach Bestimmung des Versteigerungsgerichts (§ 2) ist das Amtsblatt des Versteigerungsgerichts maßgebend, nicht das des ihm zugeteilten Gerichts (so auch[2]). Eine zusätzliche Veröffentlichung im Amtsblatt des zugeteilten Gerichts kann sich aber nach Lage des Falles empfehlen. Wenn das Amtsblatt mit einem Anzeigenteil für die Gesamtausgabe und besonderen Regionalausgaben erscheint, entscheidet die behördliche Anordnung über die Bestimmung des Amtsblatts, ob die Veröffentlichung in der Gesamtausgabe oder in den Regionalausgaben erfolgen muß. Ohne ausdrückliche Bestimmung ist immer die Gesamtausgabe gemeint.

2.3 Inhaltlich muß die Veröffentlichung die gesamte Terminsbestimmung wiedergeben, mindestens mit dem Inhalt nach § 37. Auch der Sollinhalt gehört zum Inhalt der Terminsbestimmung, ist mithin zu veröffentlichen[3]; dies gilt auch für die zusätzliche Angabe nach § 38 Satz 2 über frühere Zuschlagversagung[3]. Die Veröffentlichung auch des Namens des Schuldners dient dazu, mit bestmöglicher Kennzeichnung des Grundstücks das Bietinteresse zu wecken (aber auch eindeutig den Aufforderungen nach § 37 Nrn 4 und 5 Wirkung zu verleihen); sie verletzt daher auch das grundrechtlich geschützte Persönlichkeitsrecht des Schuldners nicht[4] (siehe auch[5]). Unterschriften sind entbehrlich[6], doch muß das Gericht ersichtlich sein. Datum ist entbehrlich[6] (ähnlich[7]): nicht notwendig, aber zweckmäßig; anders[8]). Bei Veröffentlichung mehrerer Terminsbestimmungen in der gleichen Ausgabe des Amtsblatts können die Aufforderungen nach § 37 Nr 4 und 5 (mit einem entsprechenden Hinweis) zusammengefaßt vorangestellt[9] (somit auch angefügt) werden (anders[10]: ist für jedes Verfahren gesondert aufzuführen, nicht richtig). Eine fehlerhafte Veröffentlichung muß im Amtsblatt wiederholt werden (unter Wahrung der Frist aus § 43), weil sonst keine vorschriftsmäßige Veröffentlichung vorliegt; Ergänzung (Berichtigung) in nachträglicher Veröffentlichung genügt nicht (§ 37 Rdn 2.3). Hierzu auch ZVG-Handbuch Rdn 223.

---

[1] OLG Hamm KTS 1979, 108 = MDR 1979, 151 = NJW 1979, 1720 Leitsatz = OLGZ 1979, 376 = Rpfleger 1979, 29.
[2] Steiner/Teufel § 39 Rdn 14.
[3] Hornung Rpfleger 1979, 321 (D III).
[4] LG Kaiserslautern mitgeteilt in Anmerkung der Schriftleitung Rpfleger 1987, 513.
[5] OLG Zweibrücken Rpfleger 1987, 513.
[6] Dassler/Muth § 39 Rdn 4.
[7] Steiner/Teufel § 39 Rdn 12.
[8] Jaeckel/Güthe § 39 Rdn 2.
[9] LG Frankenthal Rpfleger 1988, 421.
[10] Dassler/Muth § 39 Rdn 4.

Bekanntmachung der Terminsbestimmung im Amtsblatt 3.4 § 39

2.4 Bekanntgemacht ist die Terminsbestimmung mit dem Tag der Ausgabe (allgemeinen Auslieferung) der Nummer des Amtsblatts. Ein **Belegstück** der Veröffentlichung wird zu den Versteigerungsakten genommen.

2.5 Zweckmäßig ist die **Zeit der Veröffentlichung** nicht sofort nach der Terminsansetzung, sondern so, daß die Frist aus § 43 gewahrt wird. Die Leser vergessen sonst die Nachricht wieder; auch wird durch verfrühte Bekanntgabe (einer dann vielleicht wieder wegfallenden Versteigerung) der Kredit des Schuldners gefährdet[11].

2.6 Die **Terminsaufhebung** muß nicht im Amtsblatt veröffentlicht werden. Je nach Sachlage ist sie aber zu empfehlen, um etwa hohe Reisekosten auswärtiger Interessenten usw zu ersparen, auch wenn es natürlich unsicher ist, ob die Veröffentlichung gelesen wird. Veröffentlichung bei Terminsverlegung § 43 Rdn 8.

2.7 Für **Bergwerke** gelten landesrechtliche Besonderheiten.

Bekanntmachung bei geringem Grundstückswert (Absatz 2)   3

3.1 Für **geringwertige Grundstücke** kann das Gericht, um Kosten zu ersparen, anordnen, daß die Amtsblattveröffentlichung unterbleibt (Abs 2). In diesem Falle muß dafür das Gericht die Terminsbestimmung an der für amtliche Bekanntmachungen der Gemeinde bestimmten Stelle (Gemeindetafel) anheften lassen (Abs 2). Die Anordnung des Gerichts muß aktenkundig sein; den Beteiligten (jedenfalls Gläubiger und Schuldner) sollte (nicht muß) sie zur Kenntnis gebracht werden. Ein formeller Beschluß mit Zustellung ist nicht nötig. Gegen die Anordnung haben alle Beteiligten die Vollstreckungserinnerung nach ZPO § 766.

3.2 Eine Wertgrenze dafür, was als geringwertig zu gelten habe, ist nirgends genannt. Es ist Zurückhaltung geboten (Haftungsgefahr). Das Gericht entscheidet nach pflichtgemäßem Ermessen. Hat das Grundstück (entgegen der Annahme des Gerichts) keinen geringen Wert (nach Wertfestsetzung praktisch kaum vorstellbar) und wird gleichwohl von Amtsblattveröffentlichung nach Abs 2 abgesehen, dann ist die Terminsbestimmung nicht ordnungsgemäß bekannt gemacht.

3.3 Zu erfolgen hat die Bekanntmachung der Terminsbestimmung bei Versteigerung eines geringwertigen Grundstücks durch Anheftung an der **Gemeindetafel**. Durch Aushang an der Gerichtstafel kann diese Veröffentlichung nicht ersetzt werden. Die Anheftung nimmt die Gemeinde vor, die dazu im Wege der Amtshilfe verpflichtet ist (siehe GrundG Art 35 Abs 1). Bestätigung der Gemeindeverwaltung über die Anheftung wird als Nachweis zu den Vollstreckungsakten genommen. Ist Termin zur Versteigerung mehrerer (geringwertiger) Grundstücke bestimmt, die in verschiedenen Gemeindebezirken liegen, muß in allen Gemeinden Anheftung an der Gemeindetafel erfolgen.

3.4 Die Anheftung muß **fristgemäß** erfolgt sein (Frist § 43 Abs 1), also sechs bzw zwei Wochen vor dem Termin. Wie lange sie dann tatsächlich dauert (Abreißen durch Dritte oder Witterungseinflüsse), ist nicht bedeutsam[12]; sie muß aber doch wohl solange gedauert haben, daß ein größerer Kreis von Personen ausreichend Kenntnis erhalten konnte[13]. Sofortiges oder alsbaldiges Wiederentfernen würde den Zweck vereiteln. Das Gericht kann diese Vorgänge kaum überprüfen. Anzuwenden ist die Gemeindetafelanheftung höchstens bei rein ländlichen Gebieten, wo die Gemeindetafel an Rathaus oder Kirchhofmauer noch allgemeine Beachtung findet, nicht aber in Städten, gar in Großstädten, wo kaum noch jemand weiß, wo sich die Gemeindetafel befindet.

---

[11] Mohrbutter/Drischler Muster 35 Anm 1.
[12] Henle, ZVG, § 39 Anm 6.
[13] Mohrbutter/Drischler Muster 36 Anm 2.

§ 40

Bestimmung des Versteigerungstermins

[Anheftung an Gerichtstafel, sonstige Veröffentlichung]

40 (1) Die Terminsbestimmung soll an die Gerichtstafel angeheftet werden. Ist das Gericht nach § 2 Abs 2 zum Vollstreckungsgerichte bestellt, so soll die Anheftung auch bei den übrigen Gerichten bewirkt werden.

(2) Das Gericht ist befugt, noch andere und wiederholte Veröffentlichungen zu veranlassen; bei der Ausübung dieser Befugnis ist insbesondere auf den Ortsgebrauch Rücksicht zu nehmen.

1 Allgemeines zu § 40

Zweck und **Anwendungsbereich:** Bestimmung, daß Bekanntgabe der Terminsbestimmung auch durch Anheftung an die Gerichtstafel erfolgen soll und Klarstellung, daß andere und wiederholte Veröffentlichungen erfolgen können. Die Vorschrift gilt für alle Versteigerungsverfahren mit Besonderheiten für Schiffe (§ 168) und Luftfahrzeuge (§ 162 Rdn 3, § 171 a Rdn 3).

2 Gerichtstafelanheftung der Terminsbestimmung (Absatz 1)

2.1 Die Terminsbestimmung **soll** (nicht muß) an die Gerichtstafel angeheftet werden (Abs 1 Satz 1). Es ist dies Ordnungsvorschrift, deren Nichtbeachtung nicht zur Terminsaufhebung oder Zuschlagsversagung führt. Zwingend ist der Gerichtstafelaushang auch dann nicht, wenn nach § 39 Abs 2 bei geringwertigen Grundstücken die Amtsblattveröffentlichung unterbleibt, weil dort als Ersatz die Anheftung an die Gemeindetafel vorgesehen ist.

2.2 An die Gerichtstafel ist die **vollständige Terminsbestimmung** anzuheften. Üblich ist Anheftung einer Ausfertigung. Die Anheftung wird durch die Geschäftsstelle besorgt. Eine Frist ist nicht vorgesehen. Der Tag der Anheftung und der Abnahme ist auf dem Schriftstück zu vermerken. Es wird nach dem Terminstag als Nachweis zu den Versteigerungsakten genommen.

2.3 Ist von mehreren Gerichten eines durch das Obergericht als zuständig bestellt (§ 2 Abs 2), so soll die Anheftung an der Gerichtstafel auch **bei den anderen Gerichten** erfolgen (Abs 1 Satz 2). Bei gemeinsamem Gericht (§ 1 Abs 2) ist Aushang zusätzlich auch an der Gerichtstafel des zugeordneten Gerichts nicht vorgesehen, aber zu empfehlen (nicht aber erforderlich, wie[1] anzunehmen scheint).

3 Sonstige Veröffentlichungen der Terminsbestimmung (Absatz 2)

3.1 Außer der durch § 39 Abs 1 zwingend vorgeschriebenen Amtsblattveröffentlichung (Ausnahme in § 39 Abs 2) sind weitere Veröffentlichungen (nicht zwingend und an keine Frist gebunden) **zulässig.** Das Gericht kann nämlich „noch andere und wiederholte Veröffentlichungen" zulassen, wobei „insbesondere auf den Ortsgebrauch Rücksicht zu nehmen" ist (Abs 2). Mit weiterer Veröffentlichung kann die bereits der Amtsblattbekanntmachung gesetzte Aufgabe (§ 39 Rdn 2.1) im Einzelfall unterstützt und weiter gefördert werden, zur bestmöglichen Verwertung des Grundstücks die Erwerbsgelegenheit möglichst vielen Interessenten zur Kenntnis zu bringen. Rücksichtnahme auf den Ortsgebrauch (zB Grundstück in Großstadt, Ballungsgebiet oder ländlichem Raum) und die Besonderheiten des zu versteigernden Objekts (zB Einfamilienhaus, landwirtschaftliches Anwesen oder Gewerbegrundstück) lassen dem pflichtgemäßen Ermessen des Vollstreckungsgerichts im Einzelfall einen weiten Raum (siehe auch[2]: es gibt hinsichtlich der Wirk-

---

[1] Steiner/Teufel § 40 Rdn 4.
[2] Storz, Praxis des Zwangsversteigerungsverfahrens, Rdn C 3.3.

samkeit von Veröffentlichungen sehr starke regionale und örtliche Unterschiede). Berücksichtigung des Ortsgebrauchs bei zusätzlicher (weiterer) Veröffentlichung kann im Einzelfall zu werbewirksamer Anzeige der Erwerbsgelegenheit genutzt werden[3]. Überspannte Erwartung an Werbemethoden des privaten Grundstücksmarkts (Werbetechniken der Wirtschaft, so augenscheinlich[4]) ist kaum hilfreich; sie wird sich vielfach schon deshalb nicht erfüllen, weil Grundstücksveräußerung durch Zwangsversteigerung ihren eigenen Gesetzesmäßigkeiten folgt. Wenn nur Erwerbsinteresse bei der Bevölkerung im Verbreitungsgebiet des Amtsblatts bestehen wird, wird die Amtsblattveröffentlichung durchweg größere Aufmerksamkeit finden als eine Anzeige im überfüllten Immobilien- oder Anzeigenteil einer Tageszeitung. Das Vollstreckungsgericht hat nach seinem Ermessen unter Berücksichtigung des Ortsgebrauchs und der Art des zu versteigernden Objekts zu bestimmen, ob noch weitere Veröffentlichung erfolgen soll, ebenso aber auch, wie der Bekanntmachungstext zu fassen und in welchem Bekanntmachungsblatt er abzudrukken ist.

3.2 Möglich sind etwa Ausrufen, Ausschellen, beides nur noch in kleinen und geschlossenen Orten üblich, für Städte und zersiedelte Landschaften unbrauchbar. Hier wie überall sind Veröffentlichungen in örtlichen Zeitungen (Regionalblättern) und vor allem in Fachverbandszeitschriften (je nach der Eigenart des Objekts als landwirtschaftliches, gewerbliches, zur Vermietung bestimmtes usw) besser. Allerdings sollen solche Veröffentlichungen, um nicht den Schuldner zu schädigen, zeitnah zum Termin gelegen sein[5] und ohne Namensnennung erfolgen[6] (Fristvorschriften und Inhaltsvorschriften nach §§ 37, 43 gelten hier nicht), auch um der Kosten willen möglichst knapp gehalten werden[5].

3.3 In München hat sich die sogenannte **Kurzausschreibung** bewährt, eine etwa eine Woche vor dem Termin unter Immobilienanzeigen in großen Tageszeitungen erfolgende Bekanntgabe über Art und Größe, Lage und Wert, Versteigerungsort und -zeit, mit einem Kostenaufwand in Höhe eines Bruchteils der Kosten für die Amtsblattveröffentlichung, aber mit großer Beachtung durch Interessenten.

3.4 Der **Schuldner darf** auch von sich aus den Termin in der Presse **veröffentlichen,** um Interessenten heranzubringen. Das gilt ebenso für die Antragsgegner der Teilungsversteigerung. Natürlich können auch der Gläubiger, der Antragsteller der Teilungsversteigerung und sonstige Beteiligte diesen Weg wählen. Die Veröffentlichung hat den privaten Charakter der Anzeige erkennbar zu machen; somit auch den Namen des Inserenten zu nennen; sie darf nicht den Anschein einer gerichtlichen Bekanntmachung erwecken. Wenn unwahre oder irreführende Angaben gemacht werden, kann das Gericht eine Gegenbekanntmachung bringen, im übrigen im Termin die Verhältnisse klarstellen. Bleibt ein erster Termin durch solche Machenschaften ohne Ergebnis, wird das Gericht in der seiner Veröffentlichung für den zweiten Termin darauf hinweisen, daß nur die amtliche Veröffentlichung maßgebend ist.

3.5 EGZVG § 7 läßt **landesrechtlich** noch weitere Veröffentlichungen zu. Einige Länder haben davon Gebrauch gemacht.

3.6 Kosten der zusätzlichen Veröffentlichung durch das Gericht: Einl Rdn 84.3. Parteikosten können nur bei Notwendigkeit (dafür müssen besondere Gründe sprechen, ZPO § 788) nach § 10 Abs 2 erstattet verlangt werden.

---

[3] Hornung Rpfleger 1979, 321 (D III).
[4] Büchmann ZIP 1985, 138 (I 3 und III 3).
[5] Mohrbutter/Drischler Muster 35 Anm 1.
[6] Ruhl DRiZ 1954, 189.

§ 41 Bestimmung des Versteigerungstermins

[Zustellung der Terminsbestimmung, Mitteilungen]

41 (1) **Die Terminsbestimmung ist den Beteiligten zuzustellen.**
(2) Im Laufe der vierten Woche vor dem Termin soll den Beteiligten mitgeteilt werden, auf wessen Antrag und wegen welcher Ansprüche die Versteigerung erfolgt.
(3) **Als Beteiligte gelten auch diejenigen, welche das angemeldete Recht noch glaubhaft zu machen haben.**

1 Allgemeines zu § 41

Zweck: Bestimmung, daß das Gericht den Beteiligten „vermöge ihrer Beziehungen zu dem Verfahren" von der Terminsbestimmung durch Zustellung besondere Kenntnis zu geben hat (Denkschrift S 44) und außerdem vor dem Termin mitzuteilen hat, auf wessen Antrag und wegen welcher Ansprüche die Versteigerung erfolgt.

2 An Beteiligte erfolgt Zustellung der Terminsbestimmung (Absatz 1)

2.1 Die Terminsbestimmung „ist" **(zwingend)** allen Beteiligten von Amts wegen (§ 3) zuzustellen (Abs 1). Dabei gelten als Beteiligte (abweichend von § 9 Nr 2) auch diejenigen, die das angemeldete Recht noch glaubhaft zu machen haben (Abs 3). Durch Zustellung der Terminsbestimmung wird den Beteiligten besondere Kenntnis und damit Gelegenheit zur Wahrung ihrer Rechte gegeben. Dagegen verfolgt § 41 nicht das Ziel, den Beteiligten Kenntnis von der Möglichkeit, ein Grundstück zu ersteigern, zu geben; Verlust der Erwerbschance durch unterbliebene Zustellung der Terminsbestimmung fällt daher nicht in den Schutzbereich der Norm und ist deshalb nicht erstattungsfähig[1].

2.2 Die Zustellung muß **an alle Beteiligte** erfolgen; an die schon im Zeitpunkt der Terminszustellung dem Gericht bekannten Beteiligten mit der Frist aus § 43 Abs 2; an diejenigen Beteiligten, die erst später dem Gericht bekannt werden (durch Anmeldung oder Beitritt) ohne die Frist aus § 43 Abs 2. Daß Zustellung auch an die erst nach Terminsbestimmung neu hinzugetretenen Beteiligten (die „Verspäteten") zu erfolgen hat, ergibt sich aus Abs 1 vor, weil er nur von den „Beteiligten" spricht und damit von der ursprünglichen Fassung des Entwurfs abweicht, daß nur an die Zeit der Terminsbestimmung „vorhandenen Beteiligten" zuzustellen sei[2]. Rechtzeitige Zustellung (§ 43 Abs 2) an einen verspäteten Beteiligten ist aber so wenig vorgesehen wie Terminsaufhebung oder Zuschlagsversagung bei unterbliebener Zustellung an ihn. Diese Zustellung, mit der dem verspäteten Beteiligten von der Terminsbestimmung nochmals besondere Kenntnis gegeben wird, kann sich erübrigen, wenn der nachträglich bekannt Gewordene die Stellung als Beteiligter mit Anmeldung eines Anspruchs zu dem ihm bereits bekannten und in der Anmeldung bezeichneten Termin erlangt hat (§ 9 Abs 2), wie zB die Gemeinde mit Anmeldung von Grundsteuer, der Kaminkehrer mit Anmeldung von Kehrgebühren. Die für einen bestimmten Termin vorgelegte Anmeldung bewirkt jedenfalls, gleich der Verfahrensgenehmigung (die allerdings der Form des § 84 Abs 2 bedarf), Ordnungsmäßigkeit des Verfahrens, in dem Zustellung nicht mehr erfolgt (§ 43 Abs 2 mit § 84 Abs 1 entsprechend); nochmalige Zustellung wäre nur Förmelei. Erfolgt nachträglich Anmeldung zum Verfahren allgemein, macht sie somit nicht erkennbar, daß sie zu einem bestimmten, bekannten Termin eingereicht wird, oder tritt ein Gläubiger dem Verfahren bei, so ist die Zustellung noch zu versuchen, auch wenn sie erst kurz vor dem Termin erfolgen kann. Am Terminstag selbst wäre der Versuch eine zwecklose Förmelei. Auf keinen Fall ist der Ter-

---

[1] OLG Düsseldorf VersR 1982, 102 Leitsatz.
[2] Jaeckel/Güthe § 41 Rdn 1.

Zustellung der Terminsbestimmung, Mitteilungen 2.9 § 41

min wegen solcher Zustellungsversuche zu vertagen. Wenn ein Beteiligter nach Zustellung an ihn wechselt (mit Übertragung des Rechts oder der Forderung, Übergang durch Ablösung eines Rechts, Erbfolge) hat nochmalige Zustellung an den Rechtsnachfolger nicht zu erfolgen (zulässig wäre sie nach dem Ermessen des Gerichts gleichwohl; dann sollte aber ein Hinweis erfolgen, daß Fristwahrung bereits mit Zustellung an den Rechtsvorgänger erfolgt ist). Bei jedem Versteigerungstermin sind die inzwischen erfolgten Änderungen der Beteiligten, ihrer Bevollmächtigten und gesetzlichen Vertreter und ihrer Anschriften zu beachten. Hierbei bewährt sich das empfohlene Beteiligtenverzeichnis (§ 9 Rdn 5).

2.3 Erbbaurecht: Bei seiner Versteigerung ist der Grundstückseigentümer immer Beteiligter (ErbbauVO, § 24) und somit Zustellungsempfänger der Terminsbestimmung.

2.4 Wenn der **Gebäudeeigentümer** bei Versteigerung des Grundstücks (§ 9 Rdn 3.37) sowie der **Besitzberechtigte** (Nutzer) aus der Sachenrechtsbereinigung (§ 9 Rdn 3.37) Beteiligte sind, ist ihnen zuzustellen.

2.5 Konkurs: Wenn über das Vermögen des Schuldners der Konkurs eröffnet ist, gehört er (der Gemeinschuldner im Konkurs) nicht zu den Beteiligten (an seiner Stelle der Konkursverwalter). Es könnte aber jederzeit das Grundstück aus der Konkursmasse freigegeben (KO §§ 6, 114) oder das Konkursverfahren beendet werden (KO §§ 163, 190, 202, 204). Darum sollte auch der Gemeinschuldner die Terminsbestimmung erhalten, mit dem Zusatz: Trotz Konkurses zustellen!

2.6 Mieter, Pächter: Wenn sie anmelden (§ 9 Rdn 2.9), sind sie Beteiligte und erhalten die Terminsbestimmung zugestellt, auch wenn sie ihre Ansprüche noch nicht glaubhaft gemacht haben.

2.7 Rückerstattungsberechtigter nach VermG: Die Terminsbestimmung ist ihm zuzustellen (VermG § 3 b Abs 2; Textanhang T 41).

2.8 Wohnungseigentum und Wohnungserbbaurecht: Bei seiner Versteigerung sind die anderen Wohnungseigentümer oder Wohnungserbbauberechtigten (natürlich auch die Teileigentümer usw) desselben Grundstücks Beteiligte (§ 9 Rdn 3). Meist handelt es sich um zahlreiche Personen, nicht selten mit wechselnden Anschriften. Es genügt, wenn an den Verwalter (WEG § 20 ff) für sie mit dem Hinweis zugestellt wird, daß die Zustellung an ihn in seiner Eigenschaft als Verwalter des gemeinschaftlichen Eigentums erfolgt[3]. Es genügt Zustellung einer Ausfertigung an ihn[4] (ZPO § 189 Abs 1). Er ist zwar nicht gesetzlicher Vertreter der Genannten, hat aber in mancher Beziehung nach außen die Stellung eines solchen[5] und ist berechtigt, alle Zustellungen entgegenzunehmen, die an die Wohnungseigentümer in dieser Eigenschaft gerichtet sind (WEG § 27 Abs 2 Nr 2), auch dazu, alle Maßnahmen zu treffen (Anträge), die zur Fristwahrung nötig sind (WEG § 27 Abs 2 Nr 4). Die Möglichkeit entfällt bei Interessenkollision[6], insbesondere, wenn der Verwalter selbst Verfahrensgegner ist (ZPO § 185)[7].

2.9 Rechtsbehelfe: Die nicht ordnungsgemäß erfolgte Zustellung der Terminsbestimmung (Rüge eines Zustellungsfehlers, Nichtberücksichtigung eines Beteiligten) kann mit Vollstreckungserinnerung nach ZPO § 766 gerügt werden (wie § 36 Rdn 2.7) mit dem Antrag, die Zustellung vorzunehmen oder (bei Nichtwahrung der Zustellungsfrist des § 43 Abs 2) den Versteigerungstermin aufzuheben. Be-

---

[3] OLG Stuttgart NJW 1966, 1036 = OLGZ 1966, 57 = Rpfleger 1966, 113 mit zust Anm Diester.
[4] BGH 78, 166 = MDR 1981, 220 = NJW 1981, 282 mit abl Anm Kellermann = Rpfleger 1981, 97.
[5] OLG Stuttgart aaO (Fußn 3).
[6] BayObLG 1973, 145 = MDR 1973, 850 = Rpfleger 1973, 310.
[7] BayObLG 1989, 342 = MDR 1989, 1106 = NJW-RR 1989, 1168.

schwerde ist ausgeschlossen[8] (§ 95). Mängel können durch Zuschlagsanfechtung gerügt werden.

2.10 Zur Zustellung der Terminsbestimmung ZVG-Handbuch Rdn 224.

3 Mitteilung über Betreibende und Ansprüche (Absatz 2)

3.1 In der vierten Woche vor dem Versteigerungstermin (also in dem Zeitraum von ungefähr 22–28 Tagen vor dem Termin) soll den Beteiligten mitgeteilt werden, auf wessen Antrag und wegen welcher Ansprüche die Versteigerung erfolgt (Abs 2). Wird die Mitteilung unterlassen, kann dies trotz der Soll-Vorschrift eine Amtspflichtverletzung des Gerichts sein, aus der Schadensersatzansprüche entstehen können[9]. Ist die Mitteilung unrichtig, so besteht kein Anspruch auf Vertagung des Termins und kein Zuschlagsanfechtungsgrund[10] (abweichend[11]).

3.2 Die Mitteilung nach Abs 2 ergeht **an alle Beteiligte** wie die Terminsbestimmung, auch an die bis zur Absendung „verspätet" (erst nach Terminsbestimmung) neu hinzugetretenen, auch an die Gläubiger, deren Verfahren zur Zeit eingestellt ist (Beteiligte bleiben sie trotzdem). Als Beteiligte gelten (abweichend von § 9 Nr 2) auch hier diejenigen, die das angemeldete Recht noch glaubhaft zu machen haben (Abs 3). Die Mitteilung hat auch der Schuldner (anders[12]) und der Gläubiger zu erhalten, weil von der Benachrichtigung kein Beteiligter ausgeschlossen ist (anders[12]): Gläubiger nicht, wenn ihm sämtliche Beschlagnahmebeschlüsse zugestellt sind; entspricht nicht dem Gesetz). Die Mitteilung erfolgt formlos (keine Zustellung). Im Amtsblatt wird sie nicht veröffentlicht.

3.3 Die Mitteilung, zunächst für die Vollstreckungsversteigerung bestimmt, soll den Beteiligten die zuverlässige Vorbereitung auf den Termin ermöglichen. Sie **soll** ihnen eine Grundlage für die Prüfung verschaffen, ob und inwieweit sie von der Versteigerung berührt werden, insbesondere also die für Berechnung des geringsten Gebots maßgebenden Tatsachen **vorläufig klarstellen.** Es muß darum aus ihr der vom betreibenden Gläubiger beanspruchte Rang[13] (Eigenschaft als Klasse 2, 3, als dinglicher oder persönlicher Anspruch) erkennbar sein (anders[14]), auch wenn dies nicht unmittelbar, sondern nur an Hand der Grundbuchstellenbezeichnung ersehen werden kann (so auch[15]). Bezeichnung eines Anspruchs als eines solchen der „Rangklasse § 10 Abs 1 Nr 3 ZVG" bringt das Vorrecht gegenüber nachfolgenden dinglichen (Rangklasse 4 des § 10 Abs 1) und persönlichen Ansprüchen (Rangklasse 5 des § 10 Abs 1) deutlich zum Ausdruck, stellt mithin insbesondere klar, daß der Anspruch den Rechten am Grundstück (Rangklasse 4 des § 10 Abs 1) im Rang vorgeht und sie bei Zuschlag zum Erlöschen bringt[16]. Aufgenommen werden nur die aus den Beschlagnahmebeschlüssen ersichtlichen Beträge, nicht die angemeldeten oder im Verfahren grundbuchmäßig zustehenden. Die Mitteilung ist nur vorläufig, weil sich die Verhältnisse bis zum Termin durch eine Einstellungsbewilligung (aber nicht durch einen Beitritt, wegen der dafür einzuhaltenden Fristen) noch ändern können.

3.4 Die Mitteilung **umfaßt** nur die rechtzeitig (§ 44 Abs 2) zugestellten Beschlagnahmebeschlüsse (so auch[17]; anders[18]: auch die verspätet zugestellten mit

---

[8] LG Krefeld Rpfleger 1987, 167.
[9] Jonas/Pohle, ZwVNotrecht, § 41 Anm 2; Korintenberg/Wenz § 41 Anm 2.
[10] Dassler/Muth § 41 Rdn 11; Jaeckel/Günthe § 41 Rdn 2; Henle, ZVG, § 41 Anm 3.
[11] Steiner/Teufel § 41 Rdn 15.
[12] Jaeckel/Güthe § 41 Rdn 3.
[13] Dassler/Muth § 41 Rdn 11; Jaeckel/Güthe § 41 Rdn 2; Steiner/Teufel § 41 Rdn 13.
[14] Mohrbutter/Drischler Muster 37 Anm 2.
[15] Steiner/Teufel § 41 Rdn 15.
[16] LG Traunstein Rpfleger 1982, 232.
[17] Dassler/Muth § 41 Rdn 7.

einem Vermerk hierüber, kann irreführen; sie sind ja nicht Beschluß, auf Grund dessen die Versteigerung erfolgen kann, § 43 Abs 2, werden mithin nicht dem geringsten Gebot zugrunde gelegt). Nicht in die Mitteilung aufgenommen werden Beschlagnahmebeschlüsse, deren Verfahren eingestellt und nicht rechtzeitig fortgesetzt ist, weil sich durch einen Fortsetzungsantrag die Grundlage des geringsten Gebots nicht mehr ändern kann[19] (so auch ZVG-Handbuch Rdn 225) (anders[20]: auch sie aufzunehmen). Angeregt wird, auch solche Beschlüsse mit aufzunehmen, um ein vollständiges Bild zu geben[21]; dafür aber ist die Mitteilung nicht bestimmt. Sie hat nicht alle Verbindlichkeiten des Schuldners bekannt zu machen, sondern den Beteiligten die Prüfung ihrer Lage zu ermöglichen. Ebenso wie die Mitteilung nicht Aufschluß über die nicht grundbuchersichtlichen Rechte und angemeldeten Ansprüche geben kann, hat sie selbst persönlich betreibende Ansprüche, die dann, wenn sie dem bestrangigen Betreibenden vorgehen, als eingestellt ins geringste Bargebot aufzunehmen sind, nicht zu bezeichnen.

3.5 In der **Teilungsversteigerung** und den anderen Versteigerungsverfahren ist entsprechend die Mitteilung auf die hier vorliegenden Anordnungs- und Beitrittsbeschlüsse zu erstrecken.

3.6 Angenommen wurde (so hier bis 11. Auflage), die Mitteilung nach Abs 2 könne bereits der Terminsbestimmung beigelegt werden mit dem Zusatz, daß nur im Falle von Veränderungen bis zur vierten Woche vor dem Termin noch eine besondere Mitteilung erfolgen werde. Dieses Verfahren hat den Vorteil, daß zwei sonst getrennte Arbeitsvorgänge in einem erledigt und besondere Versandumschläge sowie (vor allem in Verfahren mit zahlreichen Beteiligten) Postgebühren erspart werden. Dennoch ist ein solches Verfahren nicht zu billigen. Der in Abs 2 getroffenen Bestimmung entspricht es nicht. Diese ist auch als Sollvorschrift zu beachten; auf korrekte Mitteilung, die den für den Termin maßgeblichen (§ 44) Verfahrensstand zuverlässig wiedergibt (und weitere Überwachung erübrigt) haben die Beteiligten Anspruch. Geringfügige Arbeitsentlastung und Einsparung von Versandumschlägen sowie von Portokosten durch die Staatskasse rechtfertigen eine andere Verfahrensweise schon angesichts der hohen Werte, um die es für die Beteiligten geht, nicht.

Sonstige Mitteilungen über die Terminsbestimmung 4

4.1 Neben der förmlichen Zustellung an die Beteiligten (Rdn 2) ist für die Terminsbestimmung manchmal auch **formlose Mitteilung** vorgesehen.

4.2 **Apotheken:** Die besondere Mitteilungspflicht bei Vollstreckung in Apothekengerechtigkeiten (Allgemeine Verfügung vom 21. 6. 1937, Deutsche Justiz 1937, 958) ist in einigen Ländern ausdrücklich aufgehoben, im übrigen durch das Bundesapothekengesetz überholt (Einl Rdn 13).

4.3 **Betriebssteuerrückstände:** Die Terminbestimmung war vor 1. 1. 1977 bestimmten Steuer- und Zollbehörden (Finanzamt, Hauptzollamt, Gemeinde) formlos mitzuteilen, mit der Aufforderung, gemäß Reichsabgabenordnung § 116 bestimmte Steuerrückstände, für die der Ersteher haftete, rechtzeitig bekanntzugeben. Die einschlägige Allgemeine Verfügung vom 5. 5. 1937 (8./9. Auflage Text 400) hat seit 1. 1. 1977 keine Bedeutung mehr. Der Ersteher haftet nicht mehr für Grundsteuerrückstände und etwaige Betriebssteuerrückstände (§ 15 Rdn 34.8). Dies gilt für Vollstreckungs- und Konkursverwalterversteigerung; Ausnahmen für Verfahren nach § 175 (§ 176 Rdn 3.20) und § 180 (§ 180 Rdn 7.25).

---

[18] Jaeckel/Günthe § 41 Rdn 3.
[19] Mohrbutter/Drischler Muster 37 Anm 1.
[20] Steiner/Teufel § 41 Rdn 14; Schiffhauer in Besprechung zu Stöber/Zeller, Handbuch zum ZVG, 3. Aufl 1974, KTS 1975, 57 (58).
[21] Mohrbutter/Drischler Muster 37 Anm 1.

§ 41 4.4 Bestimmung des Versteigerungstermins

4.4 Landesrechtlich können zusätzliche Mitteilungen vorgesehen sein, etwa an die Brandversicherungsanstalt, an das Landwirtschaftsgericht, an die Flurbereinigungsämter (in Bayern Flurbereinigungsdirektionen), an den Bezirksschornsteinfegermeister usw. Die Beispiele treffen alle auf Bayern zu. Zum Teil beruhen sie auf den landesrechtlichen Sondervorschriften zur MiZi.

4.5 MiZi: Die Anordnung über Mitteilungen in Zivilsachen Abschnitt XI 2 verlangt die Mitteilung der Terminsbestimmung an Finanzamt, Hauptzollamt, Gemeindesteuerstelle und andere Stellen, die öffentliche Lasten einziehen.

4.6 (Vormalige) **Reichsheimstätte:** Mitteilung der Terminsbestimmung an den Ausgeber war nicht vorgeschrieben und erfolgt nach Aufhebung des RHeimstG (§ 15 Rdn 31.2) nicht mehr.

[Akteneinsicht]

42 (1) **Die Einsicht der Mitteilungen des Grundbuchamts sowie der erfolgten Anmeldungen ist jedem gestattet.**

(2) **Das gleiche gilt von anderen das Grundstück betreffenden Nachweisungen, welche ein Beteiligter einreicht, insbesondere von Abschätzungen.**

1 Allgemeines zu § 42

1.1 Zweck der Vorschrift: Erweiterte Akteneinsicht in ZVG-Verfahren, damit insbesondere Interessenten Kenntnis von Unterlagen erlangen können, die für den Grundstückserwerb in der Zwangsversteigerung bedeutsam sind.

1.2 Anwendungsbereich: Die Vorschrift gilt für alle Versteigerungsverfahren, auch bei Schiffen und Luftfahrzeugen, auch in der Teilungsversteigerung, Konkursverwalter- und Nachlaßversteigerung.

2 Art und Umfang der Akteneinsicht

2.1 Gegenüber dem allgemeinen Akteneinsichtsrecht in ZPO § 299 bringt § 42 eine **Erweiterung:** Jede Person, gleich ob am Verfahren beteiligt oder nicht (die Beteiligten schon nach ZPO § 299), kann ohne Darlegung eines rechtlichen Interesses, ohne Ausweis, ohne Vollmacht, ohne sonstige Unterlagen für sich oder andere Einsicht in die Gerichtsakten nehmen (nicht jedoch in die Mitteilung über den Einheitswert als Unterlage der Kostenberechnung, § 66 Rdn 5.2). Interessenten soll damit Unterrichtung über die Verhältnisse des Grundstücks ermöglicht werden. Das erweiterte Einsichtsrecht gilt nur für Versteigerungsakten und nur bis zum Schluß der Versteigerung (§ 73 Abs 2; so auch[1] anders[2]: bis Zuschlag). Danach kann Dritten Akteneinsicht auch nicht zur Feststellung der Höhe des Meistgebots gestattet und daher Auskunft über das Meistgebot nicht erteilt werden[3] (verfehlt[4]). Die Einsicht in Zwangsverwaltungsakten ist (auch während einer Zwangsversteigerung) nur nach ZPO § 299 möglich.

2.2 Die Einsichtnahme (für die Beteiligten nach ZPO § 299 in allen ZVG-Verfahren und für deren ganze Dauer unbeschränkt) ist für die nicht am Verfahren Beteiligten gemäß dem Zweck der erweiterten Einsichtnahme **beschränkt auf** Mitteilungen des Grundbuchamts (gemäß § 19), Anmeldungen der Gläubiger (dabei auch deren Versteigerungs- und Beitrittsanträge, § 114 Abs 1 Satz 2), Mieter und sonstigen Beteiligten, alle das Grundstück betreffenden und von Beteiligten eingereichten Nachweisungen, insbesondere Schätzungen. Jeder Beteiligte kann ja ein-

---

[1] Steiner/Teufel § 42 Rdn 11.
[2] Dassler/Muth § 42 Rdn 6.
[3] OLG Frankfurt JurBüro 1993, 24 = KTS 1992, 313 = OLGZ 1992, 285 = Rpfleger 1992, 267.
[4] Meyer-Stolte Rpfleger 1992, 267 (Anmerkung).

Akteneinsicht 2.4 § 42

schlägige Unterlagen einreichen, die das Gericht nicht zurückweisen darf[5]. Obwohl das ZVG hier offenbar noch vom früheren Verfahrensstand ausgeht, der eine amtliche Schätzung nicht kannte, sind die vom Gericht jetzt nach § 74 a eingeholten Gutachten ebenfalls allgemein einsehbar[6], ebenso die vom Gericht beschafften Grundstücksnachweisungen, wie Brandversicherungsurkunde, Hausnummernmitteilung. Es sind dies alle Unterlagen, die ein Bietinteressent benötigt, um sich über seine Absichten schlüssig zu werden. Nicht einsehbar sind dagegen für Nicht-Beteiligte Vollstreckungsschutzunterlagen und sonstige nicht ausdrücklich genannte Teile der Akten sowie die Mitteilung des Finanzamts über die Höhe des Einheitswertes zur Kostenberechnung (§ 66 Rdn 5.2). Anordnungs- und Beitrittsbeschlüsse (§§ 15, 27) sowie die Mitteilung über Betreibenden und Ansprüche (§ 41 Abs 2) unterliegen nicht der allgemeinen Einsicht; diese Aktenstücke gehören nicht zu den Mitteilungen des Abs 1 und auch nicht zu den von Beteiligten eingereichten Nachweisen (Abs 2). Unerläßlich ist es jedoch, Interessenten Aufschluß über den bestbetreibenden Gläubiger und seinen Rang zu geben. Es sind Außenstehenden nur die zugänglichen Teile vorzulegen; die Geschäftsstelle hat zu überwachen, daß in Akten nicht über den erlaubten Umfang hinaus Einsicht genommen wird. Sie hat auch auf Vollstreckungstitel, Vollmachten, Zustellungsnachweise, Erbscheine, Abtretungsurkunden zu achten. Eine Ausnahmegenehmigung über eine weitergehende Einsichtnahme (auch zur Feststellung des Meistbietenden und der Höhe des Gebots) erteilt der Gerichtsvorstand (ZPO § 299 Abs 2), wenn ein rechtliches Interesse glaubhaft ist. Vorsicht ist geboten. Für Einsicht in Akten über aufgehobene Zwangsversteigerungsverfahren begründet Besitz eines Vollstreckungstitels allein ein rechtliches Interesse nicht[7]. Wenn Einsicht in Akten über ein aufgehobenes (und längere Zeit zurückliegendes) Verfahren verlangt wird, ist stets auch den (zumeist vorrangigen) Interessen des Schuldners und der Verfahrensbeteiligten, ihre Vermögensbeziehungen nicht offenbart zu sehen, Rechnung zutragen[7].

2.3 Urkunden über eine **Sicherheitsleistung** für Gebote dürfen vor der Zuschlagsentscheidung niemandem, auch Beteiligten nicht, zur Einsichtnahme zugänglich gemacht werden (so auch[8]). Aus ihnen können andere Beteiligte oder Interessenten die Höhe der Sicherheitsleistung ersehen und damit die Höhe des Betrages, bis zu dem der betreffende Einreicher bieten will. Es ist auch im Versteigerungstermin darauf zu achten, wo die Urkunden zu Protokoll überreicht werden und trotzdem nicht mit dem Protokoll vorzeitig eingesehen werden dürfen.

2.4 Die Einsichtnahme erfolgt auf der **Geschäftsstelle** und nur während der **Dienststunden** des Gerichts. Ein Recht auf **Aushändigung** der Akten (oder Übersendung, auch an die Geschäftsstelle eines anderen Gerichts zur Einsicht) besteht nicht[9]. Ein solches Recht steht auch nicht einem vom Beteiligten bevollmächtigten Rechtsanwalt nicht zu[10]. Andererseits ist es nicht verboten, Akten einem Rechtsanwalt zur Einsicht (insbesondere für kurze Zeit) zu überlassen. Jedoch muß die Hinausgabe der Akten (ganz oder in Teilen) auf besondere Ausnahmefälle beschränkt bleiben. Grundsätzlich müssen Zwangsversteigerungsakten durch das Gericht sicher verwahrt und im überschaubaren Bereich des Dienstgebäudes greifbar bleiben. Die Einsicht ist daher grundsätzlich nur in den Diensträumen zu gewähren, nicht durch Aktenüberlassung oder Aktenübersendung[11]. Über einen Antrag

---

[5] Henle, ZVG, § 42 Anm 6; Jaeckel/Güthe § 42 Rdn 1.
[6] Dassler/Muth § 42 Rdn 3; Steiner/Teufel § 42 Rdn 8.
[7] OLG Köln KTS 1991, 204.
[8] Steiner/Teufel § 42 Rdn 6.
[9] LG Bonn Rpfleger 1993, 354.
[10] BGH MDR 1961, 303 = NJW 1961, 559 = Rpfleger 1961, 190; BGH MDR 1973, 580; BFH NJW 1968, 864; OLG Frankfurt JurBüro 1989, 867; OLG Schleswig Rpfleger 1976, 108; Schneider Rpfleger 1987, 427 (Anmerkung).
[11] OLG Köln MDR 1983, 848 = Rpfleger 1983, 325; OLG Schleswig JurBüro 1990, 397 = MDR 1990, 254.

auf Aushändigung (oder Zusendung) der Akten aus besonderen Gründen (etwa weil ein neu beauftragter Anwalt vor dem Termin sonst ausreichende Information nicht mehr erlangen kann) hat der Rechtspfleger nach pflichtgemäßem Ermessen[12] zu entscheiden.

2.5 Darüber, ob **beigezogene Akten** einer anderen Behörde (zB der Baubehörde, auch des Nachlaßgerichts) eingesehen werden dürfen, entscheidet grundsätzlich diese Behörde. Verbietet sie die Einsichtnahme, dann darf sie das Gericht nicht gewähren[13]. Es kann dann aber die Behördenakten auch nicht zum Gegenstand seines Verfahrens machen und kann sie infolgedessen auch für seine Entscheidungen nicht verwerten. Das gilt auch für **Grundakten**. Urkunden, auf welche im Grundbuch Bezug genommen ist, wären jedoch nach § 19 Abs 2 in beglaubigter Abschrift zu den Zwangsversteigerungsakten zu geben. Deren Einsicht wäre jedermann gestattet (§ 42 Abs 1). Wenn die Grundakten zu den Zwangsversteigerungsakten abgegeben werden (§ 19 Abs 2 Satz 2) erstreckt sich das allgemeine Einsichtsrecht folglich auf die in ihnen enthaltenen Urkunden, auf welche im Grundbuch Bezug genommen ist. Bei Akteneinsicht ist dafür Sorge zu tragen, daß in Grundakten nicht über diesen erlaubten Umfang hinaus Einsicht genommen wird. Versendung zugezogener Grundakten verbietet § 17 AV über geschäftliche Behandlung der Grundbuchsachen.

2.6 Soweit jemand Einsicht zusteht, kann er sich auch **Aufzeichnungen und Abschriften** herstellen, aber keine gerichtlichen Abschriften verlangen (im Gegensatz zu Beteiligten nach ZPO § 299 Abs 1), auch nicht mit Genehmigung des Gerichtsvorstands.

2.7 Zur Einsichtnahme ZVG-Handbuch Rdn 226.

3 Besichtigung des Grundstücks

Besichtigung des Versteigerungsgrundstücks kann nur der Schuldner ermöglichen, nicht aber vom Vollstreckungsgericht erlaubt oder erzwungen werden (so auch[14]), auch nicht bei gleichzeitig anhängiger Zwangsverwaltung[15], nicht für Bietinteressenten (was sich unter Umständen ungünstig auf die Versteigerungslust auswirkt), nicht für das Gericht (das zwar durch Versteigerung das Objekt dem Schuldner wegnehmen, es aber nicht gegen seinen Willen besichtigen darf), nicht einmal für den Sachverständigen (der es im Interesse des Schuldners günstig schätzen soll) (dazu § 74 a Rdn 10.5). Zu Vorbehalten gegen einen Besichtigungstermin auch[16]. Zu Besonderheiten bei Vollstreckung gegen Miteigentümer in das gemeinschaftliche Grundstück und bei Teilungsversteigerung siehe[17].

[Bekanntmachungs- und Zustellungsfristen]

43 (1) **Der Versteigerungstermin ist aufzuheben und von neuem zu bestimmen, wenn die Terminbestimmung nicht sechs Wochen vor dem Termin bekanntgemacht ist. War das Verfahren einstweilen eingestellt, so reicht es aus, daß die Bekanntmachung der Terminbestimmung zwei Wochen vor dem Termin bewirkt ist.**

(2) **Das gleiche gilt, wenn nicht vier Wochen vor dem Termin dem Schuldner ein Beschluß, auf Grund dessen die Versteigerung erfolgen kann, und allen Beteiligten, die schon zur Zeit der Anberaumung des**

---

[12] LG Bonn Rpfleger 1993, 354.
[13] BGH MDR 1973, 580.
[14] Steiner/Teufel § 42 Rdn 4.
[15] LG Ellwangen/Jagst DGVZ 1995, 125 = Rpfleger 1995, 427.
[16] Mümmler JurBüro 1977, 1331.
[17] Liebl-Wechsmuth JurBüro 1984, 161.

Bekanntmachungs- und Zustellungsfristen   2.4 § 43

Termins dem Gericht bekannt waren, die Terminsbestimmung zugestellt ist, es sei denn, daß derjenige, in Ansehung dessen die Frist nicht eingehalten ist, das Verfahren genehmigt.

Übersicht

Allgemeines zu § 43 1	Versteigerungstermin im Verfahren auf Antrag mehrerer Gläubiger 6
Beachtung und Berechnung der Fristen 2	Versteigerungstermin: Aufhebung und Neubestimmung 7
Bekanntmachungsfrist (Absatz 1) 3	
Beschlußzustellungsfrist (Absatz 2) 4	Versteigerungstermin: Verlegung, Vertagung 8
Terminszustellungsfrist (Absatz 2) 5	

Allgemeines zu § 43   1

1.1 Zweck der Vorschrift: Bestimmung einzuhaltender Fristen (Bekanntmachungs-, Beschlußzustellungs-, Terminszustellungsfrist), die den Erfolg der Versteigerung gewährleisten sollen.

1.2 Anwendungsbereich: Die Vorschrift gilt für **alle Versteigerungsverfahren,** mit Besonderheiten für Schiffsbauwerke und Luftfahrzeuge (Rdn 3, 4, 5).

Beachtung und Berechnung der Fristen   2

2.1 Die Bekanntmachung der Terminsbestimmung kann ihren Zweck nur erfüllen, wenn zwischen ihr und dem Termin eine angemessene Frist liegt (Denkschrift S 44). Es müssen Interessenten auf die Erwerbsgelegenheit aufmerksam und gewonnen werden; ihnen muß die Einstellung auf den Grundstückserwerb in der Zwangsversteigerung ermöglicht werden. Dafür bestimmt **Abs 1** eine **Bekanntmachungsfrist** von sechs Wochen (bei eingestellt gewesenen Verfahren verkürzt auf zwei Wochen). Der besonderen Lage des Schuldners wird zeitlich auch gegenüber späteren Beitritts- und Fortsetzungsbeschlüssen noch dadurch besonders Rechnung getragen, daß er sich mit den Gläubigern in angemessener Frist ins Benehmen setzen kann, um die Versteigerung abzuwenden (**Beschlußzustellungsfrist** des **Abs 2** von vier Wochen). Den Beteiligten (auch Gläubiger und Schuldner) muß ausreichend Gelegenheit bleiben, sich rechtzeitig auf den Versteigerungstermin mit seinen weitreichenden Folgen vorzubereiten (insbesondere durch Beschaffung von Urkunden und Anstellen von Berechnungen). Daher muß Zustellung der Terminsbestimmung (§ 41 Abs 1) an alle bekannte Beteiligte vier Wochen vor dem Termin erfolgt sein (**Terminzustellungsfrist** des **Abs 2**). Diese Fristen sind unabänderlich. Das Vollstreckungsgericht kann sie nicht verkürzen, aber auch längere Mindestfristen nicht bestimmen. Auch durch Vereinbarung der Beteiligten können die Fristen nicht abgeändert werden.

2.2 Die **Fristen** von sechs (oder zwei) Wochen (Abs 1) und vier Wochen (Abs 2) werden nach BGB §§ 186–193 **berechnet** (Einl Rdn 32). Der Tag der Bekanntmachung bzw Zustellung wird mit mitgerechnet (BGB § 187 Abs 1, ZPO § 222). Die Frist endet also mit Ablauf des gleichnamigen Wochentags, an dem die Bekanntmachung oder Zustellung erfolgt ist (falls dies nicht ein Samstag usw ist). Es handelt sich um eigentliche Fristen (Einl Rdn 32).

2.3 Das ZVG sagt nicht, daß die Fristen des § 43 umzudrehen, also vom Terminstag zurückzurechnen seien. Sie sind wie die anderen vom Ereignis aus (Bekanntmachung, Zustellung) **zum Terminstag hin zu rechnen.** Beispiele: a) Ereignis am Freitag, Fristbeginn am Samstag/Sonnabend, Fristende mit Ablauf eines Freitags, Termin am Montag möglich. b) Ereignis am Samstag/Sonnabend, Fristbeginn am Sonntag, Fristende mit Ablauf eines Montags, Termin am Dienstag möglich. c) Ereignis am Sonntag (soweit überhaupt möglich), Fristbeginn am Montag, Fristende mit Ablauf eines Montags, Termin am Dienstag möglich.

2.4 Die Nichtbeachtung der **Bekanntmachungsfrist** des Abs 1 stellt einen **absoluten** und **unheilbaren Verstoß** dar, der in jeder Verfahrenslage und auch

§ 43 2.4   Bestimmung des Versteigerungstermins

noch im Rechtsmittelverfahren von Amts wegen zu berücksichtigen ist (§ 83 Nr 7, §§ 84, 100 Abs 3).

2.5 Ein Verstoß gegen **Abs 2** (Beschlußzustellungsfrist, Terminszustellungsfrist) kann durch **Genehmigung** des Betroffenen **geheilt** werden (Abs 2, § 84). Der Termin kann auch abgehalten werden, wenn eine dieser Fristen (oder beide) nicht eingehalten ist, wenn aber der Betroffene wahrscheinlich volle Deckung erhält (anders[1]); endgültige Entscheidung muß dann in der Zuschlagsentscheidung erfolgen. Erteilt werden darf der Zuschlag, wenn der Betroffene tatsächlich nicht beeinträchtigt ist (§ 84)[2]. In diesem Falle riskiert man allerdings, daß der Termin mit seinen Kosten verloren ist, wenn der Betroffene entgegen der Erwartung doch beeinträchtigt ist, also nicht voll gedeckt wird. Es kann auch durch Nichtaufhebung eines solchen nicht fristgemäßen Versteigerungstermins eine Haftung entstehen[3].

3 Bekanntmachungsfrist (Absatz 1)

3.1 Die Bekanntmachung der Terminsbestimmung im Amtsblatt (§ 39 Abs 1) muß (mindestens) **sechs Wochen** vor dem Tag des Versteigerungstermins erfolgen (Abs 1 Satz 1). Nur wenn das Verfahren schon einmal eingestellt war, genügen **zwei Wochen** (Abs 1 Satz 2). Die Vorschrift ist zwingend (bei Verstoß § 43 Abs 1).

3.2 Zeit der Bekanntmachung: § 39 Rdn 2.4. Wiederholte und andere Veröffentlichungen (§ 40 Abs 2) berühren die mit Amtsblattveröffentlichung (§ 39 Abs 1) beginnende Bekanntmachungsfrist nicht. Mit Bekanntmachung durch Anheftung an die Bekanntmachungsstelle der Gemeinde beginnt die Frist, wenn Amtsblattveröffentlichung nach § 39 Abs 2 unterbleibt.

3.3 Für die **abgekürzte Frist** von zwei Wochen kommt es auf die Einstellung des Verfahrens des bestbetreibenden Gläubigers an (so auch[4]); daß die Verfahren aller in diesem Termin betreibenden Gläubiger mindestens einmal eingestellt waren, ist nicht erforderlich (anders[5]; nicht richtig). Wahrung der Frist für alle vollstreckenden Gläubiger ist dennoch ins Auge zu fassen (§ 43 Rdn 6). Gleich ist, wie lange jeweils und aus welchem Rechtsgrund Einstellung erfolgt war. Zweck der Vorschrift ist es, weitere Verfahrensverzögerungen nach den schon durch Einstellung verursachten zu verhindern. Die Fristverkürzung bezieht sich nur auf die Bekanntmachungsfrist, nicht auf die Beschlußzustellungsfrist und die Terminszustellungsfrist; diese sind voll einzuhalten, so daß durch die Abkürzung der Bekanntmachungsfrist nicht viel gewonnen ist.

3.4 Zur Bekanntmachungsfrist ZVG-Handbuch Rdn 223.

3.5 Eine **Berichtigung** einer fehlerhaften Bekanntmachung im Amtsblatt, auch wenn sie noch in der Frist erfolgt, kann die wirksame Bekanntmachung der Terminsbestimmung nicht ersetzen. Erforderlich ist Wiederholung der Veröffentlichung unter Wahrung der Frist Abs 1 (§ 37 Rdn 2.3, § 39 Rdn 2.3).

3.6 Für **Schiffsbauwerke** gibt es abweichend von Abs 1 für die Terminsbekanntmachung eine Frist von zwei Wochen (§ 170 a Abs 2). Für Schiffe gilt dies nicht.

4 Beschlußzustellungsfrist (Absatz 2)

4.1 Der Versteigerungstermin darf nur durchgeführt werden, wenn (mindestens) **vier Wochen** vor dem Termin dem Schuldner ein „Beschluß, auf Grund dessen

---

[1] Dassler/Muth § 43 Rdn 14.
[2] Jaeckel/Güthe § 43 Rdn 3; Mohrbutter/Drischler Muster 38 Anm 3; Steiner/Teufel § 43 Rdn 26.
[3] BGH LM BGB § 839 (D) Nr 5 = MDR 1958, 491.
[4] Dassler/Muth § 43 Rdn 5.
[5] Steiner/Teufel § 43 Rdn 12.

die Versteigerung erfolgen kann", zugestellt ist (Abs 2). Verstoß kann geheilt werden (Rdn 5). Der Schuldner muß genügend Zeit zur Überlegung und Berechnung haben, aus welchen Ansprüchen der Termin durchgeführt wird (§ 44 Rdn 4). Bei Teilnahme mehrerer betreibender Gläubiger muß somit mindestens für einen von ihnen der Beschlagnahmebeschluß fristgemäß zugestellt sein (dazu Rdn 6). Eine Fristverkürzung wegen vorausgehender Einstellung ist hier nicht zulässig.

4.2 Beschluß, auf Grund dessen die Versteigerung erfolgen kann, ist der **Anordnungsbeschluß** und jeder **Beitrittsbeschluß**. Für ein nach einstweiliger Einstellung (gleich aus welchem Grund) fortzusetzendes Vollstreckungsverfahren ist der **Fortsetzungsbeschluß** Grundlage des Verfahrensfortgangs (§ 31 Rdn 5.5), somit maßgeblicher Beschluß (so auch[6]). Auch er (ebenso natürlich der Anordnungs- oder Beitrittsbeschluß, auf Grund dessen das fortzusetzende Verfahren betrieben wird) muß daher dem Schuldner vier Wochen vor dem Termin zugestellt sein. Der Schuldner muß auch in dem Verfahren, das mit Fortsetzungsbeschluß weiter betrieben wird, gegenüber dem Gläubiger die zu seinem Schutz bestimmte Überlegungszeit des Absatzes 2 haben. Es genügt somit nicht, wenn die Fortsetzung kurz vor dem Termin oder erst in diesem erfolgt (§ 44 Rdn 4). Bei Teilnahme mehrerer Gläubiger muß somit mindestens für einen von ihnen die Zustellung fristgemäß sein, auf jeden Fall für denjenigen, der dem geringsten Gebot zugrunde liegt (Rdn 6).

4.3 Die Zustellung des maßgebenden Beschlusses muß **gesetzmäßig** erfolgt sein, zutreffendenfalls an den gesetzlichen Vertreter, Bevollmächtigten, Konkursverwalter, Testamentsvollstrecker. Der Termin muß sonst aufgehoben werden, wenn nicht das Verfahren genehmigt wird; Genehmigung zu Protokoll des Gerichts oder nach § 84 Abs 2.

4.4 Für **Schiffsbauwerke** gilt abweichend von Abs 2 eine Beschlußzustellungsfrist von einer Woche (§ 170 a Abs 2). Für Schiffe gilt dies nicht.

4.5 Zur Beschlußzustellungsfrist ZVG-Handbuch Rdn 224.

Terminszustellungsfrist (Absatz 2)   5

5.1 Sie beträgt für alle „Beteiligte, die schon zur Zeit der Anberaumung des Termins dem Gericht bekannt waren", (mindestens) **vier Wochen** (Abs 2). Zeit der Anberaumung des Termins ist der Zeitpunkt der Terminsbestimmung; dabei ist nicht auf den Tag der Anordnung (Unterzeichnung) des Termins durch den Rechtspfleger abzustellen, sondern darauf, wann die Terminsbestimmung mit der ersten Hinausgabe aus dem inneren Geschäftsbetrieb existent geworden ist (= erlassen) ist[7]. Diese Frist kann, im Gegensatz zur Bekanntmachungsfrist (Rdn 3), nicht wegen vorausgehender Einstellung des Verfahrens verkürzt werden. Die Terminsladung muß der Mitteilung nach § 41 Abs 2 vorausgehen, weil die Mitteilung im Laufe der vierten Woche vor dem Termin erfolgt, die Terminsladung aber mindestens vier volle Wochen vor dem Termin liegen muß.

5.2 Zugestellt sein muß die Terminsbestimmung den **nach § 9** am Verfahren **Beteiligten.** Wer ein angemeldetes Recht noch glaubhaft zu machen hat und daher Beteiligtenstellung nach § 9 Nr 2 noch nicht erlangt hat, gehört nicht dazu. Daß auch für Zustellung der Terminsbestimmung bereits als Beteiligter gilt, wer das angemeldete Recht erst noch glaubhaft zu machen hat, ist nicht bestimmt. § 41 Abs 3 findet als Sondervorschrift für Benachrichtigung zur Terminsvorbereitung keine (entsprechende) Anwendung. Für die weitreichende Auswirkung eines Verstoßes gegen Abs 2 (Terminsaufhebung und selbst Zuschlagsversagung) kann

---

[6] Dassler/Muth § 43 Rdn 6; Steiner/Teufel § 43 Rdn 16; Drischler Rpfleger 1967, 357 (10); Ordemann AcP 157, 470.
[7] LG Lübeck SchlHA 1982, 199.

ohne ausdrückliche Gesetzesgrundlage die fehlende Beteiligtenstellung nach § 9 Nr 2 nicht schon mit vorläufiger Zulassung einer nicht überprüfbaren Anmeldung ersetzt (fingiert) werden. Wer ein angemeldetes Recht noch glaubhaft zu machen hat, hat noch keine Rechtsstellung im Verfahren erlangt, die Rechtswahrung mit Terminszustellung mindestens vier Wochen vor dem Termin begründen könnte. Daher kann der gegenteiligen Ansicht[8] nicht zugestimmt werden.

5.3 Zustellung der Terminsbestimmung an einen Beteiligten, der erst nach Anberaumung des Versteigerungstermins durch Anmeldung (§ 9 Nr 2) bekannt wurde oder beigetreten ist, weniger als vier Monate vor dem Termin, rechtfertigt und ermöglicht Terminsaufhebung nicht[9] (§ 41 Rdn 2.2). Das gilt auch, wenn der Beteiligte erst nach Terminsbestimmung, aber noch mehr als vier Wochen vor dem Termin bekannt wurde, „rechtzeitige" Zustellung an ihn somit noch möglich gewesen wäre, und auch dann, wenn Zustellung der Terminsbestimmung an ihn überhaupt nicht mehr erfolgt ist[10].

5.4 Der **Rückersattungsberechtigte** nach Vermögensgesetz ist zwar nicht Beteiligter (§ 28 Rdn 4.19). Für Zustellung der Terminsbestimmung (§ 41 Rdn 2.6) wird er nach dem Zweck von VermG § 3 b Abs 2, den berchtigten Alteigentümer zur Wahrung seiner Interessen zu unterrichten (§ 28 Rdn 4.19) einem Beteiligten nach Abs 2 jedoch gleichzustellen sein[11]. Wenn er schon zur Zeit der Terminsbestimmung bekannt war, hat das auch für Wahrung der Terminszustellungsfrist zu gelten.

5.5 Rechtzeitige Zustellung ist auch erfolgt, wenn sie bei rechtzeitigem Zugang nach ZPO § 187 als bewirkt angesehen wird[12]. Die Vorschrift (Heilung Rdn 2.5) ist nicht eingehalten, wenn zwar die Ladung rechtzeitig erfolgt ist, sie aber **unrichtige Angaben** enthält, etwa über den durch § 37 vorgeschriebenen Inhalt hinaus solche, die geeignet sind, die Terminsladung unverständlich, unklar oder unrichtig zu machen[13], etwa wenn fälschlich von einer nötigen Bietgenehmigung die Rede ist[13], oder wenn bei der Teilungsversteigerung in der Terminsbestimmung nicht ausdrücklich gesagt ist, daß sie zwecks Aufhebung der Gemeinschaft erfolgt[14] (§ 37 Rdn 4).

5.6 War die Terminsbestimmung fristgemäß zugestellt, auch inhaltlich richtig, aber **nicht wirksam zugestellt** (Rdn 4.3), so muß das Gericht von Amts wegen, mindestens auf Rüge eines Beteiligten, den Termin aufheben, auch wenn nicht derjenige rügt, dem falsch zugestellt ist[15]. Bei den Zustellungsanschriften kann das Gericht von den Angaben im Grundbuch-Wohnungsblatt ausgehen, auch wenn der Betroffene nicht mehr dort wohnt, außer wenn das Gericht schon eine andere Anschrift erfahren hatte.

5.7 Für **Schiffsbauwerke** gibt es abweichend von Abs 2 eine Terminsladungsfrist von einer Woche (§ 170 a Abs 2). Für Schiffe gilt dies nicht.

5.8 Zur Terminsladungsfrist ZVG-Handbuch Rdn 224.

6 Versteigerungstermin im Verfahren auf Antrag mehrerer Gläubiger

6.1 Wenn mehrere Gläubiger das Versteigerungsverfahren betreiben, ist jedes Verfahren für sich zu beurteilen. Für jeden, der im Termin noch betreibt, sind die

---

[8] Dassler/Muth § 43 Rdn 8; Jaeckel/Güthe § 43 Rdn 2; Korintenberg/Wenz § 43 Anm 4; Steiner/Teufel § 43 Rdn 19.
[9] OLG Düsseldorf Rpfleger 1995, 373.
[10] OLG Dresden OLG 19, 185; OLG Düsseldorf Rpfleger 1995, 373.
[11] LG Berlin Rpfleger 1994, 175.
[12] OLG Celle Rpfleger 1991, 166.
[13] OLG Koblenz Rpfleger 1957, 253.
[14] OLG Koblenz NJW 1959, 1833.
[15] LG Berlin WM 1959, 1205.

Bekanntmachungs- und Zustellungsfristen 8.1 § 43

Fristen des § 43 einzuhalten. Wenn für den Anordnungsgläubiger Termin bestimmt ist, dann ein Beitritt erfolgt und hierauf der Anordnungsgläubiger durch Einstellung oder Aufhebung wegfällt, muß der Termin, falls für den Beitrittsgläubiger die Fristen nicht eingehalten sind, aufgehoben werden. Die Voraussetzungen müssen mindestens immer für den Gläubiger erfüllt sein, **der dem geringsten Gebot zugrunde liegt.**

6.2 Die **verkürzten Fristen** aus Abs 1 für die Terminsbekanntmachung bei vorausgehender Einstellung (Rdn 3) sind grundsätzlich nur zulässig, wenn für die in dem Termin betreibenden Gläubiger das Verfahren einmal eingestellt war. Bei der Terminsansetzung sind die voraussichtlichen Verhältnisse im Termin zu bedenken. Für die Fristabkürzung genügt es an sich, wenn das Verfahren des im Termin bestrangig betreibenden Gläubigers einmal eingestellt war. Die Voraussetzungen müssen nämlich nur und auf jeden Fall für den betreibenden Gläubiger, der dem geringsten Gebot zugrunde gelegt ist, erfüllt sein. Bei plötzlichen Verfahrensänderungen (wenn ausgerechnet dieser Gläubiger wegfällt) ist aber die Gefahr sehr groß, daß der Termin scheitert. Darum empfiehlt sich, daß die Fristen für alle betreibenden Gläubiger des Termins gewahrt werden und daß dann, wenn nur bei einem oder einigen eingestellt war, lieber auf die Fristverkürzung verzichtet wird.

Versteigerungstermin: Aufhebung und Neubestimmung 7

7.1 Aufhebung ist Absetzung des Versteigerungstermins vor Beginn[16]. Sie erfolgt durch Verfügung des Rechtspflegers. Diese ist den Beteiligten mitzuteilen (ZPO § 329 Abs 2), denen die Terminsbestimmung zugestellt wurde (§ 41 Abs 1). Veröffentlichung im Amtsblatt muß nicht erfolgen (§ 39 Rdn 2.6), kann aber klarstellend geboten sein (Rdn 8).

7.2 Spätere Bestimmung eines **neuen Versteigerungstermins** ist Beschluß im Sinne der ZPO (§ 36 Rdn 2.1), der in Form einer (vollständig) neuen Terminsbestimmung ergeht. Diese muß die Angaben des § 37 und hat die weiteren Angaben des § 38 vollständig zu enthalten. Berichtigung nur des Terminstags der früheren Terminsbestimmung oder Bezugnahme auf diese zur Bezeichnung notwendiger oder erforderlicher Angaben wäre unzulässig. Die Frist des § 36 Abs 2 gilt wiederum auch für die neue Terminsbestimmung. Diese ist nach § 39 öffentlich bekannt zu machen und nach § 40 an die Gemeindetafel anzuheften; anderweitige und wiederholte Veröffentlichungen können erfolgen (§ 40 Abs 2). Zuzustellen ist die neue Terminsbestimmung den Beteiligten (§ 41 Abs 1), und zwar allen Beteiligten, die schon bei Anberaumung des neuen (nicht des früheren) Termins bekannt waren, wiederum mindestens vier Wochen vor dem Termin (Abs 2). Die volle Bekanntmachungsfrist des Abs 1 ist für den neuen Termin zu wahren. Mitteilung nach § 41 Abs 2 hat an die Beteiligten im Laufe der vierten Woche vor dem neuen Termin zu erfolgen.

Versteigerungstermin: Verlegung, Vertagung 8

8.1 Verlegung ist Aufhebung des Versteigerungstermins vor Beginn unter gleichzeitiger Bestimmung eines (früheren oder späteren) anderen Versteigerungstermins[17]. Terminsverlegung kann (auf Antrag oder von Amts wegen) nur aus **erheblichen Gründen** erfolgen (ZPO § 227 Abs 1 Satz 1 mit § 869). Das Einvernehmen von Gläubiger und Schuldner (auch in Übereinstimmung mit den übrigen Beteiligten) genügt nicht (ZPO § 227 Abs 1 Satz 2 Nr 3). Erhebliche Gründe können wegen der Auswirkung der Terminsänderung für alle am Verfah-

---

[16] Zöller/Stöber, ZPO, § 227 Rdn 1.
[17] OLG Köln OLGZ 1984, 245 = Rpfleger 1984, 280 mit zust Anm Weber; Zöller/Stöber, ZPO, § 227 Rdn 2.

§ 43 8.1 Bestimmung des Versteigerungstermins

ren Beteiligte (§ 9) und uU erheblicher weiterer Bekanntmachungskosten nur schwerwiegende Gründe sein; sie müssen besonders zwingender Natur sein. Interessen des Schuldners, der seine Rechte im Termin selbst wahrnehmen will, durch Krankheit jedoch an der Teilnahme verhindert ist, und Gläubigerinteressen sind bei Ermessensentscheidung über einen Antrag auf Terminsverlegung in gleicher Weise zu wahren[18]. Verhinderung des Schuldners oder seines Bevollmächtigten an der Terminwahrnehmung ermöglichen mit Rücksicht auf die Gläubigerinteressen Verlegung (regelmäßig[18]) nicht[19] (Schuldner könnte trotz Erkrankung binnen kurzer Zeit einen, gegebenenfalls anderen, Vertreter mit der Wahrnehmung seiner Rechte im Termin beauftragen[20]). Keine Bedenken bestehen gegen die Verlegung **aus** zwingenden **verfahrensmäßigen Gründen,** weil etwa der zuständige Rechtspfleger verhindert ist (und auch sein geschäftsplanmäßiger Vertreter nicht zur Verfügung steht) oder weil der Sitzungsraum nicht zugänglich ist, zB durch einen Gebäudebrand (und dabei kein Ausweichraum beschafft werden kann), auch weil die Akten unvorhersehbar fehlen (etwa vom Rechtsmittelgericht weggeholt sind und auch nicht durch einen Boten rechtzeitig zurückgebracht werden können). In solchen Fällen (die bei ordnungsgemäßer Geschäftsführung nicht vorkommen dürfen), ist die Verlegung nicht als Einstellung zum Schutze des Schuldners anzusehen; zu letztgenanntem Zweck darf die Verlegung keinesfalls erfolgen, weil es über den Vollstreckungsschutz für den Schuldner Sondervorschriften gibt (anders[21]: es könnten hierdurch noch Härten ausgeglichen werden), auch nicht, um die Vorschriften über das Mindestgebot nach § 74 a auszuweiten[22] (dazu § 74 a Rdn 13).

8.2 Verlegung erfordert **Absetzung** des Versteigerungstermins (Rdn 7.1) und **Bestimmung eines neuen Versteigerungstermins** mit neuer (selbständiger) Terminsbestimmung. Diese muß die Angaben des § 37 und hat die weiteren Angaben des § 38 vollständig zu enthalten (Rdn 7.2). Öffentliche Bekanntmachung, Zustellung, Anheftung an die Gemeindetafel, Mitteilungen und Wahrung aller Fristen müssen wiederum (neu) erfolgen[23] (Rdn 7.2). Nur kurzfristige Verlegung eines Versteigerungstermins ist somit nicht möglich. Zur Klarstellung kann es geboten sein, mit der neuen Terminsbestimmung auch die Aufhebung des früheren Versteigerungstermins zu veröffentlichen, so dann, wenn nach Bekanntmachung des aufgehobenen Termins Versteigerungstermin neu auf eine spätere Terminsstunde des gleichen Tags (statt vormittags nun nachmittags) festgelegt wird. Wenn ein Versteigerungstermin, der bereits öffentlich bekanntgemacht ist (§ 39 Abs 1), auf eine spätere Terminsstunde desselben Tags verlegt wird und dieser neue Versteigerungstermin etwa zwei Wochen später ebenfalls im Amtsblatt, allerdings ohne einen Hinweis auf die Verlegung des früheren Termins, öffentlich bekanntgemacht wird und die beiden Veröffentlichungen die Daten der jeweiligen Terminsbestimmung enthalten, ist kein Zuschlagsversagungsgrund gegeben[24].

8.3 Vertagung ist Beendigung eines bereits begonnenen Versteigerungstermins vor dessen Schluß unter gleichzeitiger Bestimmung eines neuen Termins[25]. Terminsvertagung kann (auf Antrag oder von Amts wegen) gleichfalls nur aus erheblichen Gründen erfolgen (ZPO § 227 Abs 1 Satz 1 mit § 869; dazu Rdn 8.1). Ver-

---

[18] BVerfG KTS 1988, 565 = Rpfleger 1988, 156.
[19] OLG Celle KTS 1979, 320 = Rpfleger 1979, 116.
[20] BVerfG aaO (Fußn 18).
[21] Mohrbutter NJW 1955, 124.
[22] Drischler Rpfleger 1951, 175.
[23] KG Berlin NJW 1957, 106; OLG Celle MDR 1954, 557; Jaeckel/Güthe § 43 Rdn 1; Mohrbutter, Handbuch des Vollstreckungsrechts, § 47 (III).
[24] SchlHOLG SchlHA 1985, 41.
[25] OLG Köln aaO (Fußn 17); Zöller/Stöber, ZPO, § 227 Rdn 3.

tagung erfordert **Aufhebung** des Termins durch zu verkündenden Beschluß (Gebote erlöschen, § 72 Abs 3) und **Bestimmung eines neuen Versteigerungstermins** mit neuer (selbständiger) Terminsbestimmung. Diese muß die Angaben des § 37 und hat die weiteren Angaben des § 38 vollständig zu enthalten (Rdn 7.2). Öffentliche Bekanntmachung: Rdn 7.2. Der neue Termin ist wiederum Versteigerungstermin, der neu mit dem Aufruf der Sache beginnt (§ 66 Abs 1), nicht Fortsetzung des vertagten Termins. Er ist der maßgebende im Sinne des Gesetzes.

8.4 Unterbrechung eines Versteigerungstermins ist von der Verlegung und Vertagung zu unterscheiden. Unterbrochen wird ein Versteigerungstermin, wenn zwischen den einzelnen Abschnitten eines zeitlich einheitlichen Termins ein verhandlungsfreier Zwischenraum eingeschaltet wird. Dazu (auch zur Abgrenzung gegenüber der Vertagung) § 66 Rdn 11, außerdem[26].

IV. Geringstes Gebot. Versteigerungsbedingungen

[Begriff des geringsten Gebots, Deckungsgrundsatz]

44 (1) **Bei der Versteigerung wird nur ein solches Gebot zugelassen, durch welches die dem Anspruche des Gläubigers vorgehenden Rechte sowie die aus dem Versteigerungserlöse zu entnehmenden Kosten des Verfahrens gedeckt werden (geringstes Gebot).**

(2) **Wird das Verfahren wegen mehrerer Ansprüche von verschiedenem Range betrieben, so darf der vorgehende Anspruch der Feststellung des geringsten Gebotes nur dann zugrunde gelegt werden, wenn der wegen dieses Anspruchs ergangene Beschluß dem Schuldner vier Wochen vor dem Versteigerungstermin zugestellt ist.**

Übersicht

Allgemeine Übersicht zu §§ 44–65 1	Mehrere Grundstücke bei Aufstellung des geringsten Gebots 8
Allgemeines zu § 44 2	Muster für geringstes Gebot und Versteigerungsbedingungen 9
Begriffsbezeichnungen in der Zwangsversteigerung 3	Rechtsbehelfe gegen Feststellung des geringsten Gebots 10
Geringstes Gebot: Grundsätze (Absatz 1) 4	Teilansprüche im geringsten Gebot 11
Geringstes Gebot: Einzel- und Sonderfälle 5	Verfahrenskosten im geringsten Gebot 12
Geringstes Gebot: Rangänderung, Rangvorbehalt 6	Vorbereitung des geringsten Gebots, Rechnungsarbeiten 13
Mehrere Gläubiger bei Aufstellung des geringsten Gebots (Absatz 2) 7	

Literatur: Drischler, Geringstes Gebot, Mindestgebot, Meistgebot und höchstzulässiges Gebot in der Zwangsversteigerung, Rpfleger 1951, 175; Drischler, Das geringste Gebot in der Zwangsversteigerung, RpflJahrbuch 1960, 347; Drischler, Gesetzliche und abgeänderte Versteigerungsbedingungen in der Immobiliarvollstreckung, RpflJahrbuch 1974, 335; Maier, Die Aufnahme des Deckungs- und Übernahmeprinzips in das Zwangsversteigerungsgesetz, Tübingen, 1984; Reichel, Die Behandlung der Rangvorbehalts in der Zwangsversteigerung, JW 1926, 779; Reinhard, Rangvorbehalt und Zwangsversteigerung, JW 1923, 262; Schalhorn, Der Rang der Grundpfandrechtszinsen im geringsten Gebot bei der Zwangsversteigerung, JurBüro 1971, 121; Schiffhauer, Die Wirkung des Rangvorbehalts in der Zwangsversteigerung, BlGrBW 1962, 17; Schmidt, Grundpfandrechte und geringstes Gebot in der Zwangsversteigerung von Grundstücken, Berlin, 1953; Schmidt, Das geringste Gebot bei Fortsetzung eingestellter Zwangsversteigerungsverfahren, DRiZ 1959, 119.

---

[26] OLG Köln aaO (Fußn 17).

§ 44   1   Geringstes Gebot. Versteigerungsbedingungen

1 Allgemeine Übersicht zu §§ 44–65

Die Vorschriften über ein geringstes Gebot und Versteigerungsbedingungen regelt das ZVG in den §§ 44–65 im Anschluß an den dritten Abschnitt über Bestimmung des Versteigerungstermins (§§ 35–43; Übersicht § 15 Rdn 1). Dieser vierte Abschnitt im zweiten Titel des ZVG (§§ 15–145) befaßt sich mit dem grundlegenden Deckungsgrundsatz (§ 44), wie das geringste Gebot überhaupt zu bilden ist (mit den Ergänzungen über zu berücksichtigende Grundbucheintragungen und Anmeldungen, § 45; über Werte für Naturalleistungen, § 46; über die Berechnung wiederkehrender Leistungen, § 47; über bedingte Rechte, Vormerkung und Widerspruch, § 48), mit den zwei Bestandteilen des geringsten Gebots, seinem bar zu zahlenden Teil (§ 49) und seinen bestehenbleibenden Belastungen (§ 52). Außerdem behandelt dieser Abschnitt als Versteigerungsbedingungen die Fragen der Zuzahlung (§§ 50, 51), der Schuldübernahme bei bestehenbleibenden Grundpfandrechten (§ 53), die Fälligkeit solcher Rechte (§ 54), den Umfang der Versteigerung (§ 55) und den Gefahrenübergang (§ 56), die Fragen des Miet- und Pachtrechts (§§ 57–57 d), zuletzt auch die Zuschlagskosten (§ 58), das Gesamt- und Einzelausgebot (§ 63) und die Aufteilung der Gesamtrechte (§ 64); dazu die Möglichkeit abweichender Versteigerungsbedingungen (§ 59) sowie weiter den für die Festlegung der Bedingungen möglichen Vortermin (§ 62).

2 Allgemeines zu § 44

2.1 Zweck der Vorschrift: Deckungsprinzip zur Sicherung der dem Anspruch des Gläubigers vorgehenden Rechte am Grundstück vor Beeinträchtigung durch Zwangsversteigerung auf Antrag des nachrangigen Anspruchs. Zur Durchführung dieses Grundsatzes regelt § 44 Begriff und Bildung des geringsten Gebots.

2.2 Anwendungsbereich: Die Vorschrift gilt für **alle Versteigerungsverfahren,** mit Besonderheiten für Konkursverwalter- (§ 174), Nachlaß- (§ 176) und Teilungsversteigerung (§ 182), für Schiffe und Luftfahrzeuge.

3 Begriffsbezeichnungen in der Zwangsversteigerung

3.1 Das geringste Gebot gehört zu den Versteigerungsbedingungen und ist deren Bestandteil. Das ZVG verwendet den Ausdruck manchmal in diesem weiteren Sinne (§§ 91, 107, 108, 109). Im allgemeinen aber verwendet es die **getrennten Begriffe** für geringstes Gebot und Versteigerungsbedingungen.

3.2 Es kommen im wesentlichen folgende Begriffe vor:

a) **Geringstes Gebot** (§ 44 Abs 1): Gebot, das nicht unterschritten werden darf, wenn das Gebot wirksam sein soll;

b) **Geringstes Bargebot** = bar zu zahlender Teil des geringsten Gebots (§ 49 Abs 1): Teil des geringsten Gebots und zugleich des Bargebots;

c) **Bestehenbleibende Belastungen** (§ 52): Teil des geringsten Gebots, zugleich des Meistgebots;

d) $7/_{10}$-**Mindestgebot** (§ 74 a): Relatives Mindestgebot; $5/_{10}$-**Mindestgebot** (§ 85 a): absolutes Mindestgebot; im ersten Versteigerungstermin nur gelten beide;

e) **Meistgebot** (§ 81 Abs 1): Höchstes Gebot, das bis Schluß der Versteigerung wirksam abgegeben ist, bestehend aus barem Meistgebot (nur dieses wird geboten, § 49 Rdn 2.2) und bestehenbleibenden Belastungen;

f) **Bargebot** (§ 49 Abs 1): Teil jedes Gebots, auch des Meistgebots, der in bar zu zahlen ist, bestehend aus geringstem Bargebot und Mehrgebot, ohne bestehenbleibende Belastungen;

g) **Bares Meistgebot** (§ 49 Abs 1): Teil des Meistgebots, der in bar zu zahlen ist, bestehend aus geringstem Bargebot und Mehrgebot des Meistbietenden;

h) **Einzelgebot** (§ 63 Abs 1): Gebot auf eines von mehreren im selben Verfahren zu versteigernden Grundstücken, entsprechend dem Einzelausgebot;

Begriff des geringsten Gebots, Deckungsgrundsatz 4.2 § 44

i) **Gruppengebot** (§ 63 Abs 2): Gebot auf einige von mehreren im selben Verfahren zu versteigernde Grundstücke, entsprechend dem Gruppenausgebot;

k) **Gesamtgebot** (§ 63 Abs 2): Gebot auf alle im selben Verfahren zu versteigernde Grundstücke, entsprechend dem Gesamtausgebot;

l) **Übergebot** (§ 72 Abs 1): Gebot, das ein vorausgehendes zulässiges Gebot übersteigt;

m) **Untergebot**: Gebot, das unter dem vorausgehenden zulässigen Gebot liegt und daher unwirksam ist;

n) **Mehrgebot** (§ 49 Abs 1): Der das geringste Bargebot übersteigende Teil des Bargebots, beim Meistgebot zugleich dessen Teil;

o) **Höchstgebot** (früheres Preisrecht): Gebot, das nach den seit langem aufgehobenen Preisvorschriften nicht nach oben überschritten werden durfte;

p) **Fiktives Meistgebot** (§ 85 Abs 3): bei Versagungsantrag nach § 85 gilt das bisherige Meistgebot im zweiten Termin als Gebot des Antragstellers;

q) **Versteigerungserlös** (§ 105 Abs 1): bar zu zahlender Teil des Meistgebots nach § 49 Abs 1, zuzüglich Erlös aus abgesonderter Verwertung nach § 65, zuzüglich der Zuzahlung nach §§ 50, 51, zuzüglich der Zinsen aus dem Bargebot nach § 49 Abs 2.

3.3 Im **Verteilungsabschnitt** des Zwangsversteigerungsverfahrens gibt es weitere Begriffe (hierzu § 105 Rdn 3).

Geringstes Gebot: Grundsätze (Absatz 1) 4

4.1 Die Vollstreckungsversteigerung wird vom **Deckungsgrundsatz** beherrscht: Die Versteigerung darf nur unter Sicherung der Verfahrenskosten (§ 109 Abs 1) und Wahrung derjenigen Rechte erfolgen, die dem Anspruch des betreibenden Gläubigers vorgehen[1]. Rechte am Grundstück sind damit gegen Beeinträchtigung bei Zwangsversteigerung auf Antrag des Gläubigers eines nachrangigen Vollstreckungsanspruchs (Rangklasse des § 10 Abs 1) geschützt. Die Gebote sind nach unten begrenzt, alle dem bestrangig betreibenden Gläubiger vorgehenden Ansprüche müssen gedeckt sein, also ausgeboten werden, durch Barzahlung (§ 49 Abs 1) und Übernahme der bestehenbleibenden Belastungen (§ 52 Abs 1). Dabei ist kein Unterschied, aus Ansprüchen welchen Ranges betrieben wird. Maßgebend ist die Rangordnung nach § 10. Rangordnung und Deckungsgrundsatz bewirken, daß kein das Verfahren Betreibender die vorgehenden Ansprüche beeinträchtigen kann. Der versteigerte Gegenstand wird also nicht wie bei beweglichem Vermögen grundsätzlich lastenfrei erworben. Zur Entstehungsgeschichte[2]. Zum Deckungsgrundsatz im ZVG-Handbuch Rdn 239.

4.2 Der **Rang** des Anspruchs des Gläubigers und der ihm vorgehenden, zu deckenden Rechte bestimmt sich nach §§ 10–12. Den Rang mehrerer Rechte, mit denen das Grundstück belastet ist (§ 10 Abs 1 Nr 4, auch Nr 6 und 8) regelt BGB § 879; für Rechte an Grundstücken im Beitrittsgebiet treffen auch EGBGB Art 233 § 3 Abs 1 und § 9 Bestimmung. Der bestrangig betreibende Gläubiger selbst und alle ihm gleichstehenden oder nachgehenden Ansprüche kommen nicht ins geringste Gebot. Betreibt ein Gläubiger der **Rangklasse 3,** so kommen nur die Verfahrenskosten (§ 109) und die Ansprüche der Rangklassen 1–2 ins geringste Gebot (in Klasse 3 sind alle gleichrangig). Betreibt ein **dinglicher** Gläubiger (Rangklasse 4), so kommen die Verfahrenskosten (§ 109) und die Ansprüche der Rangklassen 1–3 ins geringste Gebot, aus der Rangklasse 4 nur die dem betreibenden Gläubiger vorgehenden Ansprüche. Betreibt ein persönlicher Gläubiger **(Rang-**

---

[1] Denkschrift zum ZVG S 35; Motive zum ZVG S 110–115.
[2] Maier, Die Aufnahme des Deckungs- und Übernahmeprinzips in das Zwangsversteigerungsgesetz, 1984.

§ 44 4.2 Geringstes Gebot. Versteigerungsbedingungen

klasse 5) so kommen die Verfahrenskosten (§ 109) und die Ansprüche der Rangklassen 1–4 (§ 10) ins geringste Gebot.

4.3 Das **Recht des betreibenden Gläubigers** wird auch dann nicht (bar oder bestehen bleibend) ins geringste Gebot aufgenommen, wenn er nur aus einem **Teil** seines Anspruchs betreibt[3]. Betreibt er etwa aus den Zinsen der Hypothek, bleibt die Hauptsache nicht bestehen. Eine Ausnahme gibt es bei Teilabtretung mit Vorrang des Restes oder bei Teilablösung nach BGB § 268, wenn das Verfahren nur aus dem abgetretenen oder abgelösten nachrangigen Teil betrieben wird; hier kommt der vorrangige, selbständig gewordene Teil ins geringste Gebot. Werden also Zinsen ohne Hypothek mit Rang nach dieser abgetreten oder abgelöst und wird hieraus betrieben, so kommt die Hypothek selbst ins geringste Gebot. Hierzu auch § 44 Rdn 11.

4.4 Betreibt ein Gläubiger aus **Ansprüchen verschiedenen Ranges** (zB mit einem Beschlagnahmebeschluß aus einer Hypothek, mit einem anderen aus der davon unabhängigen persönlichen Forderung) oder betreibt er aus demselben Anspruch mit verschiedenem Rang (mit einem Beschlagnahmebeschluß wegen des persönlichen Anspruchs aus einer Zwangshypothek, mit einem anderen wegen des dinglichen Anspruchs daraus), so entscheiden jeweils die besserrangigen für das geringste Gebot. Die Rangklasse der Ansprüche (ihre Rechtsnatur) muß im Anordnungs- oder Beitrittsbeschluß gekennzeichnet sein (§ 15 Rdn 4.4).

4.5 Betreibt ein Hypothekengläubiger nur **aus** seinem **persönlichen Anspruch,** zB mangels eines dinglichen Titels aus der persönlichen Forderung der Zwangshypothek, so bleibt das dingliche Recht im geringsten Gebot bestehen[4]. Bei der Hypothek, die dann bestehen bleibt, übernimmt der Ersteher gesetzlich die Schuld nach Maßgabe des § 53 Abs 1. Der Gläubiger könnte die Übernahme nach § 53 und BGB § 416 genehmigen. Dann würde seine Forderung gegen den Schuldner erlöschen; aus dem Vollstreckungstitel könnte der Gläubiger seinen persönlichen Anspruch an den Versteigerungserlös dann nicht mehr geltend machen[4]. Aus dem Versteigerungserlös könnte er dann nur die vom Ersteher nicht geschuldeten Kosten (§ 10 Abs 2) und Zinsen bis Zuschlag (§ 56 Satz 2) bezahlt erhalten. Wird der Gläubiger, der nicht genehmigt hat, wegen seines vollstreckten persönlichen Anspruchs aus dem baren Versteigerungserlös befriedigt, dann erlischt mit der vollstreckbaren Forderung aus dem Schuldtitel die Hypothekenforderung. Auf den früheren Eigentümer geht die Hypothek dann nach BGB § 1164 über[4]; sie sichert in Höhe des Ersatzanspruchs diesen an den Ersteher (§ 53; BGB § 415 Abs 2). Es entsteht keine Eigentümergrundschuld zugunsten des Schuldners (und früheren Eigentümers) nach BGB § 1163 Abs 1 Satz 2, weil dieser bei Erlöschen der Forderung nicht mehr Eigentümer ist[4]. Wenn der Gläubiger des Rechts selbst einsteigert und mit Genehmigung der Schuldübernahme nach § 53 persönlich haftet, erlischt die Forderung durch Vereinigung (wird nicht aus der Masse bezahlt); laut[5] soll das dingliche Recht dann nicht ins geringste Gebot kommen, wenn die Identität des Rechts mit der vollstreckungstitel nachgewiesen sei (materielle Frage, nicht zu prüfen).

4.6 Betreibt der Gläubiger einer **Grundschuld** aus seiner nach schuldrechtlicher Abrede (§ 114 Rdn 7.2) durch diese **gesicherte Forderung,** so bleibt die Grundschuld (Rangklasse 4 des § 10 Abs 1; nicht die bei späterer Bestellung in Rangklasse 6 fallende) im geringsten Gebot bestehen. Der Ersteher übernimmt mit der bestehen bleibenden Grundschuld dann nur eine gegen den Schuldner bestehende Forderung und nur unter den Voraussetzungen des § 53 Abs 2. Der Gläubiger könnte die Übernahme nach § 53 und BGB § 416 genehmigen. Dann würde seine Forderung gegen den Schuldner erlöschen; aus dem Vollstreckungstitel

---
[3] Jaeckel/Güthe § 44 Rdn 2.
[4] RG 76, 116 (120); Jaeckel/Güthe §§ 15–16 Rdn 11; Reinhard/Müller § 16 Anm IV 3 f.
[5] Wolff, ZVG, § 10 Anm 6 b.

Begriff des geringsten Gebots, Deckungsgrundsatz 4.13 § 44

könnte der Gläubiger seinen persönlichen Anspruch an den Versteigerungserlös dann nicht mehr geltend machen. Aus dem Versteigerungserlös könnte er dann nur die vom Ersteher nicht geschuldeten Kosten (§ 10 Abs 2) und Zinsen bis Zuschlag (§ 56 Satz 2) bezahlt erhalten. Wird der Gläubiger, der nicht genehmigt hat, wegen seines vollstreckten persönlichen Anspruchs aus dem baren Versteigerungserlös befriedigt, dann ist mit Erledigung des Sicherungszwecks der Rückgewähranspruch (zu ihm § 53 Rdn 3.2 und § 114 Rdn 7.7) zu erfüllen.

4.7 Betreiben **mehrere persönliche Gläubiger** (Rangklasse 5) und wird für den besserrangigen (Rang § 11 Abs 2, nach der Zeitfolge der Beschlagnahme) das Verfahren eingestellt, so sind seine Ansprüche ins geringste Bargebot aufzunehmen (§ 49 Rdn 2).

4.8 Der **Anordnungs- oder Beitrittsbeschluß**, der bei der Feststellung des geringsten Gebots zugrunde gelegt werden soll, muß (mindestens) **vier Wochen** vor dem Versteigerungstermin dem Schuldner zugestellt sein (§ 43 Abs 2). Zum Fortsetzungsbeschluß § 43 Rdn 4.2.

4.9 Wahrung der dem betreibenden Gläubiger vorgehenden Rechte stellt § 44 mit Bestimmung der Ansprüche sicher, auf deren Deckung es ankommt. Damit erfordert Versteigerung auf der Grundlage des Deckungsgrundsatzes **Feststellung der zu deckenden Ansprüche** und Rechte. Vor dem Beginn der Versteigerung ist daher ein **geringstes Gebot** (§ 44 Abs 1) durch das Vollstreckungsgericht festzulegen (§ 66 Abs 1). Es umfaßt die bestehenbleibenden Rechte (§ 52 Abs 1) und einen bar zu zahlenden Teil (§ 49 Abs 1). Nach dem geringsten Gebot (als Versteigerungsbedingung) bestehen bleibende Rechte erlöschen nicht mit dem Zuschlag (§ 91 Abs 1). § 44 bestimmt nur, welche Ansprüche und Rechte in das geringste Gebot aufzunehmen sind, gibt aber keine Aussage über die verfahrensrechtlichen Voraussetzungen für die Berücksichtigung eines zu deckenden Anspruchs oder Rechts bei Aufstellung des geringsten Gebots durch das Vollstreckungsgericht. Diese regelt § 45 in Übereinstimmung mit dem Grundbuchsystem des BGB. Danach werden die nach dem Grundbuchinhalt bei Eintragung des Versteigerungsvermerks grundbuchersichtlichen Rechte von Amts wegen berücksichtigt; andere Ansprüche und Rechte müssen geltend gemacht werden: sie finden nur bei rechtzeitiger Anmeldung und erforderlichenfalls Glaubhaftmachung Aufnahme in das geringste Gebot.

4.10 Aufgestellt wird das geringste Gebot als **Grundlage der Zwangsversteigerung** im Versteigerungstermin (§ 66 Abs 1). Erörterungen darüber sind schon in einem Vortermin möglich (§ 62). Damit die Beteiligten sich schon vor dem Termin ein Bild machen können, was im Versteigerungstermin geschehen kann und wird, erhalten sie in der vierten Woche vor dem Termin eine Mitteilung über die betreibenden Ansprüche (§ 41 Abs 2). Die Berechnungsgrundlage im Termin kann sich gegenüber dieser Mitteilung noch in der Weise verschieben, daß im Termin wegen Einstellung oder Aufhebung des Verfahrens des bisher bestrangig betreibenden Gläubigers ein schlechterrangiger dem geringsten Gebot zugrunde gelegt wird (§ 43 Abs 2). Auch nach Aufforderung zur Abgabe von Geboten kann sich das geringste Gebot im Versteigerungstermin noch ändern (dazu näher § 66 Rdn 7).

4.11 Das geringste Gebot **muß** bei Versteigerung mindestens **erreicht werden.** Gebote, die unter dem geringsten Gebot bleiben **(Untergebote),** sind unzulässig (Abs 1) und müssen zurückgewiesen werden (§ 71 Abs 1); sonst ist der Zuschlag zu versagen.

4.12 Abweichung von den Vorschriften über das geringste Gebot ermöglicht § 59.

4.13 Ein Anspruch des haftenden **Vermögensübernehmers,** dem die Haftungsbeschränkung gegenüber Zwangsvollstreckungsmaßnahmen vorbehalten ist, auf Ersatz seiner Aufwendungen (BGB § 415 Abs 2, §§ 1990, 1978 Abs 3) be-

§ 44 4.13 Geringstes Gebot. Versteigerungsbedingungen

gründet ein Recht auf vorzugsweise Befriedigung aus dem Grundstück. Es wird dadurch realisiert, daß die begünstigte Forderung auf Anmeldung (§ 45 Abs 1) in das geringste Gebot bar (§ 49 Rdn 2.4) aufgenommen wird[6].

5 Geringstes Gebot: Einzel- und Sonderfälle

5.1 Altenteil (auch Leibgeding, Leibzucht, Auszug) ist Sammelbezeichnung, unter der zur Versorgung des Berechtigten bestellte Dienstbarkeiten und Reallasten in das Grundbuch eingetragen sind (GBO § 49). In das geringste Gebot werden diese Rechte am Grundstück (§ 10 Abs 1 Nr 4) übereinstimmend mit dem Grundbuch gleichfalls unter der Sammelbezeichnung „Altenteil" (Leibgeding, Leibzucht, Auszug) aufgenommen, wenn ein nachrangiger Gläubiger die Zwangsversteigerung betreibt. Als Grundstücksbelastung bleiben sie dann bestehen (§§ 52, 91 Abs 1). Zuzahlungsbetrag ist nach § 51 Abs 2 zu bestimmen. Kosten (§ 10 Abs 2) sowie Ansprüche auf wiederkehrende Leistungen (Endzeitpunkt § 47) werden im bar zu zahlenden Teil des geringsten Gebots berücksichtigt. Besonderheit nach Landesrecht, wenn demnach Aufnahme in das geringste Gebot nicht erfolgt: EGZVG § 9.

5.2 Auflassungsvormerkung: § 48 Rdn 3.

5.3 Beschränkte persönliche Dienstbarkeit: Als Recht am Grundstück (§ 10 Abs 1 Nr 4) ist die beschränkte persönliche Dienstbarkeit (BGB §§ 1090–1093) jeder Art, auch als Wohnungsrecht, in das geringste Gebot aufzunehmen, wenn ein nachrangiger Gläubiger die Zwangsversteigerung betreibt. Sie bleibt dann bestehen (§§ 52, 91 Abs 1). Zuzahlungsbetrag ist nach § 51 Abs 2 zu bestimmen.

5.4 Eigentümergrundpfandrechte: Die Eigentümergrundschuld (BGB § 1177 Abs 1, § 1196 Abs 1) und die Eigentümerhypothek (BGB § 1177 Abs 2) sind als Grundstücksrechte vom Eigentum am Grundstück verschiedene (selbständige) Vermögensrechte. Sie bleiben dem Eigentümer als Vermögensrechte auch bei Veräußerung des belasteten Grundstücks. Eine Eigentümergrundschuld (-hypothek) mit Rang vor dem betreibenden Gläubiger ist daher ein in das geringste Gebot aufzunehmen. Ins geringste Gebot kommt die auf den Namen des Eigentümers als solche eingetragene (sogenannte offene) Eigentümergrundschuld (die für den Eigentümer ursprünglich bestellte, BGB § 1196, oder aus einem Fremdgrundpfandrecht nachträglich entstandene und bereits umgeschriebene) ebenso wie die Eigentümergrundschuld (-hypothek), die gesetzlich aus einem Grundpfandrecht entstanden ist, das im Grundbuch noch für einen anderen (Dritten) eingetragen ist (sogenannte verschleierte oder verdeckte Eigentümergrundschuld oder -hypothek). Aufnahme in das geringste Gebot erfordert nach § 45 Eintragung des Rechts als Grundstücksbelastung (§ 10 Abs 1 Nr 4) zur Zeit der Eintragung des Versteigerungsvermerks oder rechtzeitige Anmeldung, nicht aber, daß ein demnach zu berücksichtigendes Grundpfandrecht zu dieser Zeit bereits als Grundschuld auf den Eigentümer übergegangen oder auf ihn eingetragen war. Dazu ZVG-Handbuch Rdn 249. Der Deckungsgrundsatz erfordert auch nur Berücksichtigung des Grundpfandrechts als Grundstücksbelastung, nicht aber Feststellung des Grundpfandgläubigers. Daher wird für das geringste Gebot nicht ermittelt, ob ein noch als Fremdrecht eingetragenes Grundpfandrecht rechtlich bereits Eigentümergrundschuld oder -hypothek ist. Die Berücksichtigung eines Rechts im geringsten Gebot in Übereinstimmung mit dem Grundbuch als Fremdrecht (Hypothek oder Grundschuld) ist daher unschädlich. Wenn eine Hypothek oder Grundschuld in das geringste Gebot aufgenommen ist, bleibt auch eine etwa an ihre Stelle getretene Eigentümergrundschuld (Eigentümerhypothek) gedeckt und bei Zuschlagerteilung bestehen (§ 52 Rdn 2). Löschungsvormerkung (BGB § 1179) und gesetzlicher Löschungsanspruch (BGB § 1179 a), bei der Grundschuld auch

---

[6] BGH 66, 219 = BB 1976, 856 = MDR 1976, 825 = NJW 1976, 1398.

Rückgewährvormerkung (BGB § 883) hindern das Entstehen einer Eigentümergrundschuld, mithin ihre Berücksichtigung im geringsten Gebot nicht[7]. **Zinsen** aus einem Eigentümerrecht kommen nicht in das geringste Gebot (BGB § 1197 Abs 1), auch nicht für einen Pfandgläubiger oder den Konkursverwalter (§ 114 Rdn 6) und nicht für die beiden Wochen des § 47.

5.5 Enteignungsvermerk nach BauGB § 108 Abs 6: Er ist kein Recht am Grundstück, gehört somit nicht in das geringste Gebot. Nach Erteilung des Zuschlags ist er nicht zu löschen (§ 15 Rdn 6.1).

5.6 Entschuldung landwirtschaftlicher Grundstücke: Vom Entschuldungsamt (Landwirtschaftsgericht) kann ein Ausgleichsbetrag (Opferausgleich) festgesetzt werden, ein bestimmter Teil des baren Meistgebots, der statt an den Schuldner oder an bestimmte Gläubiger an den Staat abzuführen ist. Er muß schon im geringsten Gebot festgestellt werden (anders[8]: nicht ins geringste Gebot gehörend). Die Entschuldung ist durchweg abgewickelt. Einzelheiten siehe daher 9. Auflage.

5.7 Erbbaurecht bei Versteigerung des Grundstücks: § 15 Rdn 14.

5.8 Gebäudeentschuldungssteuer-Abgeltungshypothek: § 10 Rdn 6.2. In Höhe zurückgezahlter Beträge ist sie erloschen. Aufnahme solcher Beträge in das geringste Gebot erfolgt nicht (kein Eigentümeranspruch). Anmeldung des eingetragenen Gläubigers genügt[9].

5.9 Gesamtrecht: Es wird als Recht am Grundstück bei Versteigerung durch einen nachrangigen Gläubiger (wie Rdn 5.13) bei jedem der haftenden Grundstücke voll in das geringste Gebot (bestehen bleibend und bar) aufgenommen, ohne Rücksicht auf die Mithaft. Hinweis auf die Mithaft ist nicht nötig, aber zweckmäßig. Dazu mit Beispiel ZVG-Handbuch Rdn 259. Verteilung bei Versteigerung mehrerer Grundstücke in demselben Verfahren: § 64

5.10 Grunddienstbarkeit: Als Recht am Grundstück (§ 10 Abs 1 Nr 4; BGB §§ 1018–1029) ist sie ins geringste Gebot aufzunehmen, wenn ein nachrangiger Gläubiger die Zwangsversteigerung betreibt. Sie bleibt dann bestehen (§§ 52, 91 Abs 1). Zuzahlungsbetrag ist nach § 51 Abs 2 zu bestimmen.

5.11 Grundschuld: Siehe Hypothek und Sicherungsgrundschuld.

5.12 Höchstbetragshypothek nach BGB: Sie belastet als Sicherungshypothek (BGB § 1190 Abs 1, 3) das Grundstück unbedingt in Höhe des vollen eingetragenen Geldbetrags. Entstanden sein kann sie auch als Arresthypothek (ZPO § 932 Abs 1). Eine einem bestrangig betreibenden Gläubiger vorgehende Höchstbetragshypothek ist als Recht am Grundstück (§ 10 Abs 1 Nr 4) ins geringste Gebot aufzunehmen. Die Forderungshöhe ist nur dafür von Bedeutung, wem das Recht zusteht, ob dem Eigentümer oder dem eingetragenen Gläubiger, wobei sie bis zur Feststellung der Gläubigerforderung eine vorläufige, auflösend bedingte Eigentümergrundschuld ist (dies jedoch nicht nach ZGB-DDR § 454 Abs 1 Satz 1 und 2, Abs 2 Satz 1; siehe Rdn 5.14). Zinsen sind im Höchstbetrag enthalten (BGB § 1190 Abs 2), werden im bar zu zahlenden Teil des geringsten Gebots daher nicht gesondert berücksichtigt. Rechtsverfolgungskosten (§ 10 Abs 2) werden in das bare geringste Gebot gesondert aufgenommen.

5.13 Hypothek: Als Recht am Grundstück (§ 10 Abs 1 Nr 4; BGB §§ 1113–1189) ist sie ins geringste Gebot aufzunehmen, wenn ein nachrangiger Gläubiger die Zwangsversteigerung betreibt. Sie bleibt dann bestehen (§§ 52, 91 Abs 1). Kosten (§ 10 Abs 2) sowie Ansprüche auf wiederkehrende Leistungen und andere Nebenleistungen (siehe § 12 Nr 2) werden im bar zu zahlenden Teil des geringsten Gebots berücksichtigt (§ 49 Abs 1), und zwar die laufenden Beträge regelmä-

---

[7] RG 57, 209 (211).
[8] Dassler/Schiffhauer § 44 Rdn 17.
[9] OLG Celle NdsRpfl 1950, 118.

§ 44 5.13 Geringstes Gebot. Versteigerungsbedingungen

ßig wiederkehrender Leistungen für die Zeit bis zum Ablaufe von zwei Wochen nach dem Versteigerungstermin (§ 47). Der Ersteher trägt Zinsen und andere Nebenleistungen der bestehenbleibenden Hypothek vom Zuschlag an (§ 56 Satz 2). Berücksichtigung nach dem Inhalte des Grundbuchs oder nur bei rechtzeitiger Anmeldung: § 45. Siehe außerdem Höchstbetragshypothek, Tilgungshypothek und Zwangshypothek.

5.14 Hypothek im Beitrittsgebiet: Die an einem Grundstück (auch Gebäudeeigentum) im Beitrittsgebiet (Einl Rdn 14) lastende Hypothek (auch als Aufbauhypothek oder Zwangshypothek, § 10 Rdn 8.1) nach §§ 452–457 des vormaligen Zivilgesetzbuchs-DDR (es ist am 1. Jan 1976 in Kraft getreten, EGZGB-DDR § 1) ist mit der Forderung untrennbar verbunden (ZGB-DDR § 454 Abs 1 Satz 1). Sie besteht nur in der jeweiligen Höhe der Forderung einschließlich Zinsen und Nebenforderungen (ZGB-DDR § 454 Abs 1 Satz 2). Ist die Forderung erloschen, so ist auch diese Hypothek erloschen (ZGB-DDR § 454 Abs 2 Satz 1), eine Eigentümergrundschuld somit nicht zur Entstehung gelangt. Wenn feststeht, daß eine ZGB-Hypothek mit der Forderung erloschen ist, wird sie nicht nach § 44 (Rdn 5.13) in das geringste Gebot aufgenommen (§ 45 Rdn 6.3). Soweit feststeht, daß die ZGB-Hypothek mit der Forderung teilweise erloschen ist, wird sie nur in Höhe des noch bestehenden (valutierten) Teils in das geringste Gebot aufgenommen. Der Feststellung kann namentlich auch eine Erklärung des Forderungsgläubigers über das Erlöschen der Forderung (damit auch der Hypothek) zugrunde liegen; eine Erklärung auch des Eigentümers ist hierfür nicht erforderlich (folgt aus EGBGB Art 233 § 6 Abs 1 Satz 2). Wenn das Erlöschen der Forderung und damit der Hypothek nicht sicher feststeht (somit ungewiß ist) muß die ZGB-Hypothek nach dem Inhalt des Grundbuchs (§ 45 Abs 1) in das geringste Gebot aufgenommen und eine mögliche Nachzahlungspflicht im Verteilungsverfahren nach § 125 behandelt werden. Gleiches gilt für die zur Sicherung einer künftigen Forderung bestellten Hypothek (ZGB-DDR § 452 Abs 1 Satz 3), wenn die Forderung noch entstehen kann. Die abweichende Regelung in § 12 Abs 3 Satz 2 der vormaligen Grundstücksvollstreckungsverordnung-DDR, daß „eine nicht angemeldete Forderung als erfüllt und ein nicht angemeldetes Recht als nicht mehr bestehend" gilt, hat für das ZVG-Verfahren keinerlei Bedeutung. Die Höchstbetragshypothek nach ZGB-DDR § 454 a ist bedingtes Recht (dazu § 48 Rdn 2–4). Auf Hypotheken noch aus der Zeit vor Inkrafttreten des ZGB-DDR (1. Jan. 1976) ist das vor diesem Zeitpunkt geltende Recht, somit das Hypothekenrecht des BGB, anzuwenden (EGZGB-DDR § 6 Abs 1; auch EGBGB Art 233 § 6 Abs 2). Aufnahme in das geringste Gebot erfolgt daher (als Fremdrecht oder als Eigentümergrund) mit dem vollen Betrag des Rechts (Rdn 5.4).

5.15 Eine **Löschungsvormerkung** nach BGB § 1179 und ein gesetzlicher Löschungsanspruch nach BGB §§ 1179 a, b (dazu § 114 Rdn 9) hindern das Entstehen eines Eigentümergrundpfandrechts nicht. Eine Eigentümergrundschuld (Eigentümerhypothek) ist daher stets auch in das geringste Gebot aufzunehmen, wenn eine Löschungsvormerkung oder ein gesetzlicher Löschungsanspruch nach BGB §§ 1179 a, b besteht und geltend gemacht ist[10]. Das Eigentümergrundpfandrecht bleibt nur dann als löschungsreifes Recht unberücksichtigt (§ 45 Rdn 6), wenn dem Vollstreckungsgericht die zur Löschung nötigen Urkunden vorgelegt sind[10]. Zur Löschungsvormerkung als Nebenrecht, das einem bestehenbleibenden Grundpfandrecht anhaftet, Rdn 5.17; zum gesetzlichen Löschungsanspruch, wenn das betroffene Grundpfandrecht bestehen bleibt, § 91 Abs 4, § 130 a.

5.15a Das **Mitbenutzungsrecht** nach ZGB-DDR § 321 Abs 1–3, § 322 gilt als Grundstücksrecht, soweit seine Begründung der Zustimmung des Grundstückseigentümers bedurfte (EGBGB Art 233 § 5 Abs 1). Als solches ist es in das geringste

---

[10] RG 57, 209 (211).

Begriff des geringsten Gebots, Deckungsgrundsatz   5.22 § 44

Gebot aufzunehmen, wenn ein nachrangiger Gläubiger die Zwangsversteigerung betreibt. Folge der Nichtberücksichtigung im geringsten Gebot: EGBGB Art 233 § 5 Abs 2 Satz 3 (hierzu EGZVG § 9 a Rdn 4).

5.16 Nacherbenvermerk: Er gehört nicht ins geringste Gebot, ist kein Recht im Sinne von § 44 Abs 1, sondern Verfügungsbeschränkung[11], auf Grund des Zuschlags zu löschen[11].

5.17 Nebenrechte: Eine bestehenbleibende Belastung wird in der Form, in der sie besteht, in das geringste Gebot aufgenommen, also mit ihren zusätzlichen Eintragungen (Pfandrechte, Vormerkungen, Widersprüche, Rangvermerke, Mithaftvermerke usw). Sie müssen nicht ausdrücklich im geringsten Gebot berücksichtigt (bezeichnet) werden; ihr Bestehen ergibt sich aus dem Grundbuch oder der Anmeldung, ihr Fortbestehen folgt kraft Gesetzes aus dem Nichterlöschen des Hauptrechts. Doch ist es zweckmäßig, die im Grundbuch eingetragenen Nebenrechte und angemeldete nicht eingetragene Nebenrechte (auch Belastungen) eines bestehenbleibenden Rechts auch im geringsten Gebot zu nennen. Beispiel ZVG-Handbuch Rdn 265.

5.18 Nießbrauch: Als Recht am Grundstück (§ 10 Abs 1 Nr 4; BGB §§ 1030–1067) ist er ins geringste Gebot aufzunehmen, wenn ein nachrangiger Gläubiger die Zwangsversteigerung betreibt. Er bleibt dann bestehen (§§ 52, 91 Abs 1). Zuzahlungsbetrag ist nach § 51 Abs 2 zu bestimmen. Siehe auch § 15 Rdn 26.

5.18a Das **Nutzungsrecht** an einem Grundstück für selbständiges Eigentum nach ZGB-DDR § 288 Abs 4, § 292 Abs 3 kommt bei Grundstücksversteigerung in das geringste Gebot, wenn ein nachrangiger Gläubiger die Zwangsversteigerung betreibt. Es bleibt dann bestehen (§§ 52, 91 Abs 1). Zuzahlungsbetrag ist nach § 51 Abs 2 zu bestimmen. Folge der Nichtberücksichtigung im geringsten Gebot: EGBGB Art 233 § 4 Abs 4 und (ab 1. 1. 1997) EGZVG § 9a.

5.19 Reallast: Als Recht am Grundstück (§ 10 Abs 1 Nr 4; BGB §§ 1105–1112) ist sie ins geringste Gebot aufzunehmen, wenn ein nachrangiger Gläubiger die Zwangsversteigerung betreibt. Sie bleibt dann bestehen (§§ 52, 91 Abs 1). Zuzahlungsbetrag ist nach § 51 Abs 2 zu bestimmen. Kosten (§ 10 Abs 2) sowie wiederkehrende Leistungen und andere Nebenleistungen (mit Endzeitpunkt nach § 47) werden im bar zu zahlenden Teil des geringsten Gebots berücksichtigt (§ 49 Abs 1). Bewertung der Naturalleistungen: § 46. Eine wertgesicherte Reallast wird als bestehenbleibendes Recht mit ihrem eingetragenen Inhalt in das geringste Gebot aufgenommen; durch Minderanmeldung begrenzt werden können nur (fällige) Einzelleistungen (BGB § 1107), die im bar zu zahlenden Teil des geringsten Gebots berücksichtigt werden (dazu § 47 Rdn 7.1). Erbbauzinsreallast: § 52 Rdn 4 und 5.

5.20 (Vormalige) **Reichsheimstätte:** § 15 Rdn 31.7.

5.21 Relative Unwirksamkeit: Ist ein vorgehendes Recht gegenüber einem betreibenden Gläubiger unwirksam, gegenüber einem anderen nicht, so meint[12], es müsse für beide das geringste Gebot aufgestellt, dann das geringere gewählt werden. Dies ist nicht richtig, weil (anders als nach dem früheren ZVG-Entwurf, von dem die Motive[13] ausgehen) bei dem ZVG allein der bestrangig betreibende Gläubiger maßgebend ist, um das geringste Gebot zu berechnen.

5.22 Rentenschuld: Sie ist als besondere Art der Grundschuld (BGB §§ 1199–1203) Grundstücksbelastung (§ 10 Abs 1 Nr 4), auf deren einzelne Leistungen die für Hypothekenzinsen geltenden Vorschriften Anwendung finden (BGB § 1200 Abs 1). Siehe daher Hypothek.

---

[11] OLG Hamm MDR 1969, 56 = NJW 1969, 516 = OLGZ 1969, 63 = Rpfleger 1968, 403.
[12] Henle, ZVG, § 44 Anm 7.
[13] Motive zum ZVG S 166.

§ 44 5.23   Geringstes Gebot. Versteigerungsbedingungen

5.23 Sanierungsvermerk nach BauGB § 143 Abs 4: Er ist kein Recht am Grundstück, gehört somit nicht in das geringste Gebot. Nach Erteilung des Zuschlags ist er nicht zu löschen (§ 15 Rdn 6.3).

5.24 Sicherungsgrundschuld: Sie ist als Recht am Grundstück ins geringste Gebot aufzunehmen, wenn ein nachrangiger Gläubiger die Zwangsversteigerung betreibt (wie bei Hypothek dargestellt, Rdn 5.13). Als Grundstücksrecht ist die Sicherungsgrundschuld abstrakt, von der Forderung gelöst, daher in das geringste Gebot voll einzusetzen, auch wenn der Gläubiger erklärt, daß sie nicht oder nicht voll entstanden oder daß sie wieder erloschen sei. Wiederkehrende Leistungen (insbesondere Zinsen) werden von Amts wegen mit laufenden Beträgen (§ 45 Abs 2), bei Anmeldung durch den Grundschuldgläubiger außerdem mit rückständigen Beträgen in den bar zu zahlenden Teil des geringsten Gebots (§ 49 Abs 1) eingestellt. Hierzu mit Beispiel im ZVG-Handbuch Rdn 260. Nebenleistungen: § 49 Rdn 2.5. Der schuldrechtliche Rückgewähranspruch des Sicherungsgebers (§ 114 Rdn 7.7) erlangt für Feststellung des geringsten Gebots keine Bedeutung. Er ist vom Gläubiger der bestehen bleibenden Grundschuld (§ 52) unverändert zu erfüllen. Wird dem Gläubiger der Grundschuld vom Ersteher Zahlung geleistet (BGB § 1142 mit § 1192 Abs 1), so besteht der Rückgewähranspruch als Anspruch auf Auskehrung des erlangten „Übererlöses" fort[14].

5.25 Tilgungshypothek (auch Annuitätenhypothek): Sie ist als Recht am Grundstück (§ 10 Abs 1 Nr 4; BGB § 1113) ins geringste Gebot aufzunehmen, wenn ein nachrangiger Gläubiger die Zwangsversteigerung betreibt (siehe Rdn 5.13). Die Bestimmungen über die Tilgung des Darlehens durch Zuschläge zu den Zinsen sind Rückzahlungsbedingungen. Die Zuschläge sind nicht neben dem Kapital, sondern als Kapitalteile zu dessen allmählicher Tilgung zu entrichten[15]. Es muß nicht ermittelt werden, ob und in welcher Höhe schon eine Eigentümergrundschuld entstanden sei (siehe Rdn 5.4). Berücksichtigung der wiederkehrenden Leistungen (Zinsen und Tilgungsanteile) und der Hauptsache § 49 Rdn 5.

5.26 Umlegungsvermerk nach BauGB § 54 Abs 1: Er ist kein Recht am Grundstück, gehört somit nicht in das geringste Gebot. Nach Erteilung des Zuschlags ist er nicht zu löschen (§ 15 Rdn 6.4).

5.27 Vorkaufsrecht: Es ist als Recht am Grundstück (§ 10 Abs 1 Nr 4; BGB § 1094) ins geringste Gebot aufzunehmen, wenn ein nachrangiger Gläubiger die Zwangsversteigerung betreibt, ohne Unterschied, ob es für einen (so auch[16]) oder mehrere Fälle bestellt ist. Auch das Vorkaufsrecht für nur einen Verkaufsfall kann einen durch Ausübung (BGB § 505) bereits entstandenen Anspruch auf Übertragung des Eigentums sichern (BGB § 1098 Abs 2); schon deshalb darf es nicht übergangen werden (ZVG-Handbuch Rdn 264). Daß ein Vorkaufsrecht, wie oft gesagt wird (so[17]), nicht in das geringste Gebot aufzunehmen sei, wenn es nur für den ersten Fall bestellt ist, ist demnach so allgemein nicht zutreffend. Nur wenn das Erlöschen des Vorkaufsrechts objektiv (sicher) feststeht, bleibt es unberücksichtigt (hierzu § 45 Rdn 6.5).

5.28 Vormerkung, Widerspruch: Das gesicherte Recht ist wie ein eingetragenes Recht zu berücksichtigen (§ 48). Näheres Anmerkung zu § 48.

5.29 Wohnungseigentumsgesetz: a) Auf **Wohnungseigentum** (Teileigentum) als Gegenstand der Immobilvollstreckung (Einl Rdn 12.8) ruht die **Grundsteuer** als öffentliche Last (GrStG § 12). Das (einzelne) Wohnungseigentum (Teileigentum) als wirtschaftliche Einheit (Bewertungsgesetz § 93 Abs 1) ist

---

[14] BGH DNotZ 1989, 752 = KTS 1989, 456 = MDR 1989, 238 = NJW-RR 1989, 173 = Rpfleger 1989, 120.
[15] RG 54, 88 (92).
[16] Dassler/Schiffhauer § 44 Rdn 14; Ripfel BWNotZ 1963, 161 (6).
[17] Jaeckel/Güthe § 48 Rdn 5; Mohrbutter/Drischler Muster 44 Anm 4; vd Pfordten, ZVG, § 45 Anm 1; Steiner/Eickmann § 44 Rdn 119; Ripfel BWNotZ 1963, 161.

Begriff des geringsten Gebots, Deckungsgrundsatz   5.29 § 44

haftender Steuergegenstand nach GrStG § 2 Nr. 2 mit Bewertungsgesetz § 68 Abs 1 Nr 3 und § 70 Nr 1. Mithaft für Grundsteuer der zu den anderen (übrigen) Sondereigentumsrechten gehörenden Miteigentumsanteile besteht nicht. Als öffentliche Last (§ 10 Abs 1 Nr 3) gehört daher nur Grundsteuer des beschlagnahmten Wohnungseigentums (Teileigentums) in das geringste Gebot.

b) Die **Kehr- und Überprüfungsgebühren** nach SchfG § 25 (samt Umsatzsteuer und Auslagen, § 10 Rdn 6.13) sind öffentliche Last des im (gemeinschaftlichen) Eigentum (aller) Miteigentümern stehenden Grundstücks (SchfG § 25 Abs 4; auch WEG § 16 Abs 2), und zwar auch dann, wenn die gebührenpflichtigen Tätigkeiten an Anlagen im Sondereigentum vorgenommen wurden. Die Wohnungseigentümer (Teileigentümer) haften als Miteigentümer samtverbindlich[18]. Weil es sich demnach um eine gemeinschaftliche Angelegenheit handelt, ist der Verwalter berechtigt und verpflichtet, Zahlung zu bewirken (WEG § 27 Abs 2 Nr 1 und 2). Werden Kehr- und Überprüfungsgebühren doch zur Zwangsversteigerung angemeldet, sind sie als Gesamtbelastung bei Versteigerung nur einer Wohnungs- oder Teileigentums-Einheit voll in das geringste Gebot aufzunehmen, bei Versteigerung aller (oder mehrerer) Wohnungs- oder Teileigentums-Einheiten zur Aufnahme in das geringste Gebot für Einzelausgebote im Verhältnis der Miteigentumsanteile der Eigentümer aufzuteilen (§ 63 Rdn 2.4).

c) Ein **Erschließungsbeitrag** ruht bei einer noch nicht veräußerten Eigentumswohnung voll als öffentliche Last darauf und ist bei der Versteigerung daher mit dem vollen angemeldeten Betrag ins geringste Gebot aufzunehmen[19].

d) **Lasten- und Kostenbeiträge**, die von einem Wohnungs- oder Teileigentümer nach Ablauf des Rechnungsjahres auf Grund der Jahresabrechnung (WEG § 28 Abs 3) oder fortlaufend als Wohngeld nach dem Wirtschaftsplan (WEG § 28 Abs 1 Nr 1 und 2) an den Verwalter (WEG § 27 Abs 2) zu leisten sind, sind den Wohnungseigentümern als Verpflichtung zur anteiligen Lasten- und Kostentragung (WEG § 16 Abs 2) geschuldet. Ein Recht auf Befriedigung aus dem Wohnungs- oder Teileigentum gewähren sie nach § 10 nicht. Im geringsten Gebot werden sie daher nicht berücksichtigt.

e) Das **Dauerwohnrecht** (Dauernutzungsrecht) nach WEG §§ 31 ff unterliegt als (dienstbarkeitsartige) Belastung den allgemeinen Rangvorschriften. Es kommt nach § 44 ins geringste Gebot, wenn ein nachgehender Gläubiger die Zwangsversteigerung betreibt. Wenn die Versteigerung des Grundstücks ein dem Recht vorgehender oder gleichstehender Gläubiger einer Hypothek, Grundschuld, Rentenschuld oder Reallast betreibt, erlischt das Recht mit dem Zuschlag. Gemäß WEG § 39 kann aber für diesen Fall das Bestehenbleiben des Dauerwohnrechts „abweichend von § 44 ZVG" vereinbart sein. Dies muß im Grundbuch eingetragen sein. Dann ist das Dauerwohnrecht nach abweichender Bestimmung (vergleichbar § 59) in das geringste Gebot und die Versteigerungsbedingungen aufzunehmen (vgl[20]). Keine Wirkung hat diese Vereinbarung aber, wenn ein Gläubiger der Rangklasse 2 oder 3 des § 10 Abs 1 die Versteigerung betreibt[21]. Sonst ist die Vereinbarung trotz Eintragung in der Versteigerung nur dann verbindlich, wenn der Dauerwohnberechtigte im Zeitpunkt der Feststellung der Versteigerungsbedingungen im Versteigerungstermin seine fälligen Zahlungsverpflichtungen gegenüber dem Grundstückseigentümer erfüllt hat (WEG § 39 Abs 3). Diese Vorschrift ist mit erheblichen rechtlichen und tatsächlichen Schwierigkeiten verbunden, weil hier schuldrechtliche Streitfragen für dingliche Rechte von Bedeutung sein sollen[22]. Das

---

[18] BVerwG NJW-RR 1994, 972.

[19] LG Lüneburg Rpfleger 1976, 68.

[20] Stöber Rpfleger 1996, 136 (II 5).

[21] Weitnauer/Hauger, WEG, § 39 Rdn 4; Bärmann/Pick, WEG, § 39 Rdn 41; Dassler/Schiffhauer § 44 Rdn 19, Bänder BlGrBW 1953, 306.

[22] Diester, WEG, vor § 31 Rdn 27 und § 39 Anm 1, 11; Diester Rpfleger 1954, 281 (1 b).

§ 44 5.29 Geringstes Gebot. Versteigerungsbedingungen

Vollstreckungsgericht mit seinen hierfür unzureichenden prozessualen Mitteln kann nur durch Befragung der Anwesenden zu ermitteln versuchen, ob die Voraussetzungen vorliegen. Können diese im Versteigerungstermin nicht geklärt (objektiv festgestellt, § 45 Rdn 6) werden, dann ist das Recht als bedingtes in das geringste Gebot aufzunehmen (bei Wegfall Zuzahlung nach § 51). Die Nichterfüllung unerheblicher Teilbeträge ist ohne Bedeutung[23]. Dazu kommt eine weitere Schwierigkeit: die notwendige Zustimmung zur Vereinbarung durch die vorausgehenden Gläubiger von Hypotheken, Grundschulden, Rentenschulden, Reallasten (WEG § 39 Abs 2) ist vielleicht von einem Teil der Gläubiger erteilt, von anderen nicht, also nur relativ wirksam. Wenn nicht alle dem Dauerwohnrecht mit Rang vorgehenden Hypotheken usw (WEG § 39 Abs 2) der Vereinbarung über das Bestehenbleiben des Rechts zugestimmt haben, kann es nach dieser Bestimmung bestehenbleiben, wenn hierdurch kein Grundpfandrecht (und keine Reallast), das der Eintragung der Vereinbarung nicht zugestimmt hat, beeinträchtigt wird, wenn also der bestrangig betreibende Gläubiger dem nicht zustimmenden Grundpfandrechtsgläubiger nachgeht. Besteht das Recht am ganzen Grundstück und geht es an einem Wohnungseigentumsanteil dem betreibenden Gläubiger nach, so erlischt es auch an den anderen Wohnungseigentumsanteilen (hierzu auch § 91 Rdn 2.4). Ein Beispiel aus[24]: vorausgehende Gläubiger A und B, A geht dem B vor; A betreibt die Versteigerung; A hat zugestimmt, B nicht; dann fällt B nicht ins geringste Gebot; hier muß auch das Dauerwohnrecht erlöschen; erst nach der Auszahlung des B aus dem Erlös ist der weitere Erlös (als Ersatzzahlung) an das Dauerwohnrecht zu zahlen, in Höhe seines kapitalisierten Wertes; möglich ist ein Doppelausgebote nach ZVG § 59; hat B zugestimmt, A nicht, so erlischt das Recht; wenn B betreibt und nicht zugestimmt hat, A zugestimmt hat, erlischt ebenfalls das Recht; wenn B betreibt und zugestimmt hat, A nicht, bleibt das Recht bestehen, weil A nicht beeinträchtigt ist; Nachrangige können nicht widersprechen. Dazu auch ZVG-Handbuch Rdn 398.

5.30 Zinsen: Ist der Zinsfuß eines dem betreibenden Gläubiger vorgehenden Rechtes nach der Beschlagnahme des Grundstücks erhöht worden (selbst im Rahmen von BGB § 1119 bis zu 5%), so ist diese Erhöhung bei der Feststellung des geringsten Gebots gegenüber dem betreibenden Gläubiger unwirksam (siehe § 23 Rdn 2.2).

5.31 Zwangshypothek: Sie wird als Recht am Grundstück (§ 10 Abs 1 Nr 4) behandelt wie eine rechtsgeschäftlich bestellte Sicherungshypothek (Rdn 5.13). Das Bestehen der Forderung muß nicht nachgewiesen werden. Hierzu auch ZVG-Handbuch Rdn 258.

6 Geringstes Gebot: Rangänderung, Rangvorbehalt

6.1 Grundlage für **Feststellung des Rangs** des Anspruchs des betreibenden Gläubigers und der zu deckenden vorgehenden Rechte (Rdn 4.2) sind die Grundbucheintragungen im Zeitpunkt der Eintragung des Versteigerungsvermerks. Berücksichtigung einer erst danach in das Grundbuch eingetragenen Rangänderung und eines erst danach unter Ausnutzung des Rangvorbehalts eingetragenen Rechts erfordert Anmeldung (§ 37 Rdn 5.6). Eine Rangänderung, die das geringste Gebot verringert, also den Rang des bestrangig Betreibenden verbessert, muß entsprechend § 44 Abs 2 mindestens vier Wochen vor dem Termin eingetragen sein[25].

6.2 Mit **Rangänderung** unter mehreren Rechten, mit denen ein Grundstück belastet ist (BGB § 880), ist das vorgetretene Recht (mit Nebenleistungen) vor

---

[23] Weitnauer/Hauger, WEG, § 39 Rdn 15.
[24] Bänder BlGrBW 1953, 306.
[25] Jaeckel/Güthe § 44 Rdn 4; Schmidt DRiZ 1959, 119.

Begriff des geringsten Gebots, Deckungsgrundsatz 6.3 § 44

oder neben das zurückgetretene Recht getreten. Dazu § 11 Rdn 5.2 und ZVG-Handbuch Rdn 267, sowie[26]. Das vortretende Recht verliert den Rang wieder, wenn das zurücktretende kraft Gesetzes oder durch Zeitablauf erlischt (BGB § 880 Abs 4). **Zwischenrechte** dürfen nicht beeinträchtigt werden (BGB § 880 Abs 5). Mit Rücksicht auf Zwischenrechte kann also an Hauptsache und Zinsen (Ausnahme für die Zinsen BGB § 1119 Abs 1) nur soviel vortreten, als bisher dem Zurücktretenden an der von ihm aufgegebenen Rangstelle zustand; man kann nur den Platz abtreten, den man hat (tritt ein Gleichrangiger zurück, wird der Tauschpartner wieder gleichrangig). Für die **Kosten** gilt aber § 10 Abs 2: die tatsächlich entstandenen Kosten der Rechtsverfolgung werden immer an der Rangstelle ihres Anspruchs befriedigt, gehen somit bei einem Rangtausch ohne Rücksicht auf Zwischenrechte mit (natürlich nur, soweit sie wirklich für den rangtauschenden Teil ihres Rechts entstanden sind). Wenn das zurücktretende Recht und das Zwischenrecht Gesamthypotheken sind, das vortretende nicht, darf die Rangstelle vor dem Zwischenrecht nur auf einem Grundstück in voller Höhe in Anspruch genommen werden[27]. Änderungen im Rahmen von BGB § 1119 (Zinsen, Zahlungszeit) sind zulässig. Tritt ein Recht zwischen zwei gleichrangige, mit Rang vor dem einen, nach dem anderen, so wird durch die Rangänderung der Erlösanspruch des unverändert gebliebenen Gleichrangrechts nicht berührt (BGB § 880 Abs 5). Der Erlös verteilt sich nach den Beträgen der bisherigen Gleichrangrechte (§ 10 Abs 1 Einleitungssatz). Was sich danach für das unverändert gebliebene Gleichrangrecht ergibt, bleibt diesem. Den danach auf den Rang des zurückgetretenen Gleichrangrechtes fallenden Erlös erhält das bei Rangtausch mit diesem vorgetretene Recht zum Nachteil des ihm jetzt nachstehenden Rechts.

Beispiel zum letzten Fall: Zwischen die gleichrangigen A = 20 000 DM, B = 10 000 DM tritt C = 5000 DM nach A, aber vor B. Bei einem Erlös von 20 000 DM fallen nach dem Verhältnis der Gleichrangrechte auf A ($^2/_3$ =) 13 333,33 DM, und auf den Gleichrang B ($^1/_3$ =) 6666,67 DM. Infolge des Rangtausches muß C mit seinem Anspruch auf diesen Erlösteil vor B berücksichtigt werden. Es erhalten somit: A 13 333,33 DM; C 5000; B 1666,67 DM. Bei einem Erlös von 25 000 DM fallen nach dem Verhältnis der Gleichrangrechte auf A ($^2/_3$ =) 16 666,67 DM, und auf den Gleichrang B ($^1/_3$ =) 8333,33 DM. Infolge des Rangtausches muß C mit seinem Anspruch auf diesen Erlösteil vor B berücksichtigt werden. Es erhalten somit: A 16 666,67 DM; C 5000 DM; B 3333,33 DM.

6.3 a) **Keine** Beeinträchtigung im Sinne von BGB § 880 Abs 5 ist bei Rangrücktritt eines Grundpfandrechts die Auswirkung der Vollstreckung durch den vortretenden Grundpfandgläubiger.

Beispiel: Hypothek A, Hypothek B, Hypothek C; A räumt C den Vorrang ein, C betreibt, auch B erlischt jetzt.

b) Anders wäre es, wenn das zurücktretende Recht kein dingliches Verwertungsrecht ist, aus ihm die Zwangsversteigerung des Grundstücks zur Befriedigung des Gläubigers somit nicht betrieben werden kann. Dann würde Erlöschen des Zwischenrechts bei Versteigerung auf Antrag eines vorgetretenen Grundpfandrechtsgläubigers das Zwischenrecht unzulässig berühren (BGB § 880 Abs 5). Auch das Zwischenrecht muß daher in diesem Fall in das geringste Gebot aufgenommen werden[28] (anders nur[29]).

---

[26] Haegele/Schöner/Stöber, Grundbuchrecht, Rdn 2561 ff; Schmidt, Grundpfandrechte und geringstes Gebot, S 30–38.
[27] Jaeckel/Günthe § 11 Rdn 3.
[28] Dassler/Schiffhauer § 44 Rdn 36; Reinhard/Müller § 44 Anm V 6 b; Steiner/Eickmann § 44 Rdn 74.
[29] Korintenberg/Wenz Einführung Kapitel 6 Beispiel 11 Fußn 10 (S 49).

§ 44 6.3 Geringstes Gebot. Versteigerungsbedingungen

Beispiel: Dienstbarkeit A, Grundschuld B, Hypothek C; Rangänderung zwischen A und C. C (nun erste Rangstelle) betreibt die Zwangsversteigerung. BGB § 880 Abs 5 erfordert Aufnahme des Zwischenrechts B in das geringste Gebot.

c) Vor Beeinträchtigung durch Rangänderung muß ein Zwischenrecht nach BGB § 880 Abs 5 auch dann geschützt bleiben, wenn das zurücktretende Recht nur eingeschränkte Verwertungsmöglichkeit bietet, also seinem Gläubiger nicht in dem gleichen Ausmaß wie dem Gläubiger des vortretenden Rechts Befriedigung aus dem Grundstück im Wege der Zwangsvollstreckung ermöglicht.

Beispiel: Erbbauzins A (monatlich 1000 DM), Hypothek B, Grundschuld C (100 000 DM, fällig, mit 12 v. H. Zinsen jährlich, monatlich zahlbar). A räumt C den Vorrang ein; C (nun an erster Rangstelle) betreibt die Zwangsversteigerung des belasteten Erbbaurechts.

Es erlangt Bedeutung, daß dem A isolierte Verwertung des Reallaststammrechts verwehrt ist. **Vollstreckung** zur dinglichen Befriedigung **ermöglichen** nur **rückständige Einzelleistungen** (ErbbauVO § 9 Abs 1 mit BGB §§ 1107, 1147). Bei Zwangsversteigerung **vor Rangänderung** wegen solcher Gläubigeransprüche wird das Recht des B nicht in das geringste Gebot aufgenommen (Abs 1); er erlischt durch den Zuschlag (§ 52 Abs 1 Satz 2, § 91 Abs 1). Wenn rückständige Einzelleistungen der Erbbauzinsreallast nicht bestehen, kann (vor Rangänderung) jedoch „aus der Rangstelle" der Erbbauzinsreallast die Zwangsversteigerung nicht betrieben werden, Zuschlag Erlöschen des Rechts B daher nicht bewirken. Auch **nach Rangänderung** kann Zwangsversteigerung von dem im Rang vorgetretenen Grundpfandrecht (C) mit der Folge, daß das (nach BGB § 880 Abs 5 „nicht berührte") Zwischenrecht erlischt, nicht in weitergehendem (betragsmäßigen) Umfang betrieben werden. Durch Rangänderung wird dem Zwischenrecht (B) gegenüber das bisher nachstehende Recht (C) nur im Ausmaß des zurückgetretenen Rechts (Erbbauzinsreallast A) zum vorgehenden Recht[30]. Erlöschen durch Zuschlag bei Versteigerung auf Antrag des Grundpfandgläubigers „im Ausmaß der Verwertungsbefugnis der zurückgetretenen Erbbauzinsreallast" berührt das Zwischenrecht nicht unzulässig. Ausgeschlossen als beeinträchtigend im Sinn von BGB § 880 Abs 5 ist jedoch Erlöschen des Zwischenrechts bei Versteigerung auf Antrag des Grundpfandgläubigers wegen weitergehender Ansprüche. Das Zwischenrecht (B) muß daher in das geringste Gebot aufgenommen werden, wenn fällige (rückständige) Einzelleistungen der Erbbauzinsreallast bei Rangänderung nicht bestanden haben (kein Verwertungsrecht „gegenüber" B bis zu dieser Zeit) und das von da an vorgehende Recht des (vollstreckenden) C im betragsmäßigen Umfang der zwischen Rangänderung und Vollstreckungsbeginn (Anordnung oder Beitritt) weiter fällig gewordenen Einzelleistungen der Erbbauzinsreallast befriedigt oder vom Gläubiger des Zwischenrechts B abgelöst ist (BGB §§ 268, 1150) (im Beispiel monatlich 1000 DM; Verwertungsrecht C nur in diesem Umfang vorrangig „gegenüber B"). Dieser eingeschränkten Verwertungsbefugnis entspricht die Erlöszahlung nach Rangtausch eines nach § 92 Abs 2 nur in Raten auszuzahlenden Rechts mit einem Grundpfandrecht (dazu § 92 Rdn 4.18). Berücksichtigung des Zwischenrechts im geringsten Gebot muß möglich sein, wenn die Voraussetzungen der zur Rechtswahrung nach BGB § 880 Abs 5 eingeschränkten Vollstreckungsbefugnis des Gläubigers des vorgetretenen Grundpfandrechts angemeldet und (erforderlichenfalls) glaubhaft gemacht sind (§ 45 Abs 1). Praktische Erfahrungen für diesen Fall der Rangänderung fehlen; Rechtsprechung ist nicht bekannt. Es ist daher auch die weitere Rechtsentwicklung zu beachten.

6.4 Ein nicht auf Geldzahlung gerichtetes Recht (Dienstbarkeit, Nießbrauch, Vorkaufsrecht usw) ist für die Auswirkung der Rangänderung auf ein Zwischenrecht mit seinem Ersatzzahlungsbetrag (§ 51 Abs 2) zu berücksichtigen.

---

[30] BGB-RGRK/Augustin § 880 Rdn 44.

Beispiel I: Hypothek A zu 100 000 DM, Grundschuld B, Dienstbarkeit C mit einem Ersatzzahlungsbetrag von 20 000 DM. A räumt C den Vorrang ein. Rangfolge jetzt: Dienstbarkeit C, Teil Hypothek A (da größer als das vortretende Recht des C), Grundschuld B, Rest Hypothek A. Wenn A die Versteigerung betreibt (2. Rangstelle mit Teil vor B) bleibt C (vorgehendes Recht) bestehen, nicht aber B.
Beispiel II: Hypothek A zu 25 000 DM, Grundschuld B, Dienstbarkeit C mit einem Ersatzzahlungsbetrag von 100 000 DM. A räumt C den Vorrang ein. A hat jetzt Rang nach C, aber auch nach B. Wenn A die Versteigerung betreibt, bleiben daher C und B bestehen.

Anders[31]: Wenn das bestrangige Grundpfandrecht des betreibenden Gläubigers nachrangigen Rechten in Abt II, die ihrerseits einem dem zurücktretenden Recht gegenüber nachrangigen Recht in Abt III ebenfalls nachrangig sind, den Vorrang eingeräumt hat, muß bei der Versteigerung die Frage, ob das Zwischenrecht in Abt III durch diese Rangänderung berührt wird, durch ein von Amts wegen vorzunehmendes Doppelausgebot mit und ohne Bestehenbleiben der vortretenden Rechte Abt II, die betragsmäßig nicht feststehen, beantwortet werden. Dieses Doppelausgebot soll ergeben, ob der Wert des versteigerten Objekts ohne Übernahme des (nicht auf Zahlung eines Geldbetrags gerichteten) Rechts höher einzuschätzen ist als bei Bestehenbleiben dieses Rechts, welches Meistgebot also dem Zwischenrecht eine günstigere Deckung gewährt. Es ist jedoch nicht auf das Versteigerungsergebnis im Einzelfall abzustellen, sondern allein maßgeblich, welche Rechte nach dem Rang des betreibenden Gläubigers gegen Beeinträchtigung geschützt sein müssen. Welche Rechte bestehen bleiben und welche Rechte erlöschen, muß somit für Wirksamkeit (damit Zulassung) des Gebots von vornherein feststehen (das erfordert § 44) und nicht erst nachträglich vom Versteigerungsergebnis her geprüft und festgelegt werden. Zuschlag auf das Meistgebot nach Doppelausgebot, das dem Zwischenrecht eine günstigere Deckung bei der Erlösverteilung gewährt (so[31]), kann zudem den Eigentümer schädigen (Beispiel: Bare Meistgebote bei Doppelausgebot 100 000 DM sowie 90 000 DM mit 30 000 DM bestehenbleibende Rechte; günstigere Deckung des Zwischenrechts um 10 000 DM bar, aber Verlust für Eigentümer von 20 000 DM) und selbst dem vermeintlich zu schützenden Zwischenrecht nachteilig sein (Zuzahlungsfall für die bestehenbleibenden Rechte im Wert von 30 000 DM [bei 90 000 DM Bargebot] ist unerkannt bereits eingetreten oder streitig). Beides rechtfertigt BGB § 880 Abs 5 jedoch nicht.

6.5 Rangvorbehalt (BGB § 881) begründet eine mit dem Eigentum verbundene Befugnis, ein anderes Recht mit Vorrang eintragen zu lassen. Ist bei der Aufstellung des geringsten Gebots das vorbehaltene Recht noch nicht eingetragen oder ist es nach der Eintragung des Versteigerungsvermerks eingetragen, aber nicht nach § 37 Nr 4 angemeldet, so hat der Rangvorbehalt keinen Einfluß auf das geringste Gebot. Bleibt das vorbehaltsbelastete Recht bestehen, dann bleibt mit ihm als Nebenrecht auch die (noch nicht ausgeübte) Befugnis unberührt, das vorbehaltene Recht eintragen zu lassen. Die Ausübungsbefugnis steht dann dem Ersteher zu (BGB § 881 Abs 3). Sonst erlischt der Vorbehalt mit dem Recht. Für ein Grundpfandrecht an der vorbehaltenen Rangstelle bestimmt sich der Zeitpunkt des Zinsbeginns nach der Eintragungsbewilligung[32], bei Rangvorbehalten aus der Zeit vor Frühjahr 1995 (Veröffentlichung der BGH-Entscheidung[32]) wird, wenn eine Angabe fehlt, der Zeitpunkt der Eintragung des Grundpfandrechts als Mindestinhalt der in Bezug genommenen Eintragungsbewilligung angesehen[32]. Wenn der Rangvorbehalt ausgeübt ist und das vorbehaltene Recht unmittelbar dem mit Vorbehalt belasteten Recht folgt, hat das später eingetragene, in den Vorbehalt

---

[31] OLG Hamm OLGZ 1985, 326 = Rpfleger 1985, 246.
[32] BGH 129, 1 = DNotZ 1996, 84 mit Anm Kutter = NJW 1995, 1081 = Rpfleger 1995, 343.

eingerückte Recht (abweichend von BGB § 879) Vorrang vor dem vorbehaltsbelasteten Recht (Rangänderung mit Ausnutzung des Rangvorbehalts). Eine Einschränkung der Vorbehaltswirkung bei Vorhandensein von Zwischenrechten (später eingetragene Rechte, für die der vorbehaltene Vorrang nicht ausgenützt worden ist) bestimmt § 881 Abs 4. Beispiele für (die zumeist schwierigen) Berechnungen geben[33]. Das vorbehaltene Recht ist nur soweit mit seinem Rang vor dem belasteten zu berücksichtigen, als nach Abzug des Zwischenrechtsbetrags von dem Betrag des vorbehaltenen Rechts noch etwas bleibt[34]. Dem Zwischenrecht darf kein höherer Betrag vorgehen als vor der Rangänderung; ist das Zwischenrecht größer als das vorbehaltene, so geht diesem das vorbehaltene nicht vor; ist das Zwischenrecht kleiner, so geht diesem das vorbehaltene nur mit dem Rest vor. Wenn im Rangvorbehalt nichts über Zinsen gesagt ist, sind 5% gemäß BGB § 1119 zu berücksichtigen. Wird aus dem vorbehaltsbelasteten die Versteigerung betrieben und löst der Zwischenberechtigte in Höhe des Unterschiedsbetrags zwischen dem belasteten und dem vorbehaltenen das belastete ab, so fallen der abgelöste und kraft Gesetzes auf den Ablösenden übergegangene Teil des belasteten Rechts und das Zwischenrecht ins geringste Gebot, wenn dann wegen des nicht abgelösten Teils weiterbetrieben wird[35]. Wird nach der Beschlagnahme ein Recht an der vorbehaltenen Rangstelle eingetragen, so ist es dem Beschlagnahmegläubiger gegenüber unwirksam. Bei Rangvorbehalt und relativem Rang sind nur die dem betreibenden Gläubiger in jedem Fall vorgehenden Rechte in dieser Höhe als bestehenbleibend ins geringste Gebot aufzunehmen. Steht nur fest, daß ein bestimmter Betrag dem betreibenden Gläubiger vorgeht, nicht aber, wem er zufällt, so ist er in das geringste Gebot aufzunehmen (anders[36]).

7 Mehrere Gläubiger bei Aufstellung des geringsten Gebots (Absatz 2)

7.1 Wenn **mehrere Gläubiger** die Versteigerung des Grundstücks betreiben, bestimmt sich das geringste Gebot nach dem **bestrangig betreibenden** Gläubiger (Denkschrift S 45). Nach dem Deckungsgrundsatz darf die Versteigerung dann nur unter Sicherung der Verfahrenskosten (§ 109 Abs 1) und Wahrung derjenigen Rechte erfolgen, die dem Anspruch des bestbetreibenden Gläubigers vorgehen. Es wird dann gleichfalls nur ein geringstes Gebot aufgestellt, nicht mehrere mit Vergleich, welches das geringste ist. Grund: Die Verfahren der mehreren betreibenden Gläubiger sind voneinander unabhängig. Das Vollstreckungsrecht des bestrangig betreibenden Gläubigers wird daher nicht dadurch beeinträchtigt, daß auch noch andere Gläubiger mit nachrangiger Berechtigung die Versteigerung des gleichen Grundstücks betreiben. Rangordnung und Deckungsgrundsatz bewirken daher nur Schutz der Rechte am Grundstück vor Beeinträchtigung bei Zwangsversteigerung, die dem bestbetreibenden Gläubiger vorgehen. Dies ermöglicht das niedrigste geringste Gebot[37].

7.2 Betreibender Gläubiger ist ein Vollstreckungsgläubiger, wenn die Versteigerung in dem auf seinen Antrag mit Anordnung des Verfahrens (§ 15) oder Beitrittszulassung (§ 27) eingeleiteten Vollstreckungsverfahren erfolgt. **Einstweilige Einstellung** (gleich aus welchem Grund) des Verfahrens eines von mehreren Gläubigern hält dessen Fortgang auf (§ 30 Rdn 2.1). Davon wird die Grundstücksvollstreckung der anderen Gläubiger, somit der Fortgang des auf ihren Antrag angeordneten oder mit Beitrittszulassung eingeleiteten Verfahrens nicht berührt (§ 30 Rdn 2.14). Die **Versteigerung** in dem **für die anderen Gläubiger** fortzuführenden Vollstreckungsverfahren erfolgt dann aber nicht mehr für den Gläubiger,

---

[33] Steiner/Eickmann § 44 Rdn 85; Haegele BlGrBW 1960, 23.
[34] Mohrbutter/Drischler Muster 75 Anm.
[35] LG Frankfurt MittBayNot 1959, 201 = NJW 1959, 1442.
[36] Jaeckel/Güthe § 45 Rdn 8.
[37] Motive zum ZVG S 166.

Begriff des geringsten Gebots, Deckungsgrundsatz 7.6 § 44

dessen Verfahren einstweilen eingestellt ist. Für ihn bleibt die Beschlagnahme (§ 20) bestehen; Verfahrenshandlungen in dem auf seinen Antrag eingeleiteten Verfahren unterbleiben aber (§ 30 Rdn 2.1). Ein Gläubiger, dessen Verfahren (gleich aus welchem Grund) einstweilen eingestellt ist, kann dem geringsten Gebot daher **nicht zugrunde gelegt werden**[38]. Er ist Beschlagnahmegläubiger (§ 20), Beteiligter (§ 9) und bei Erlösverteilung Berechtigter (§§ 117, 118), nicht mehr aber Gläubiger eines nach § 44 für das geringste Gebot maßgeblichen Anspruchs, für den die Versteigerung des Grundstücks betrieben wird.

7.3 Nur dann darf ein bestrangig betreibender Gläubiger (mit nicht eingestelltem Verfahren) der Feststellung des geringsten Gebots zugrunde gelegt werden, „wenn der wegen seines Anspruchs ergangene Beschluß dem Schuldner vier Wochen vor dem Versteigerungstermin zugestellt ist" (Abs 2). Grund: Der Schuldner und alle Beteiligte müssen zur Wahrung ihrer Rechte rechtzeitig vor dem Versteigerungstermin sichere Kenntnis davon haben, welche Versteigerungsbedingungen gelten werden. Sie müssen rechtzeitig sicher feststellen können, für welche Rechte am Grundstück Deckung durch Aufnahme in das geringste Gebot erfolgt und für welchen Verlust in der Zwangsversteigerung droht, somit Zeit für Überlegung und Berechnung und für Maßnahmen zum Schutz ihrer gefährdeten Rechte haben.

7.4 Beschluß, auf Grund dessen die Versteigerung erfolgen kann (und der vier Wochen vor dem Versteigerungstermin zugestellt sein muß) ist der **Anordnungs-** und jeder **Beitrittsbeschluß**. Für ein nach einstweiliger Einstellung (gleich aus welchem Grund) fortzusetzendes Vollstreckungsverfahren ist auch der **Fortsetzungsbeschluß**[39] Beschluß, auf Grund dessen die Versteigerung erfolgen kann (siehe § 43 Rdn 4.2); auch er muß daher nach Abs 2 dem Schuldner vier Wochen vor dem Versteigerungstermin zugestellt sein. Es wird auch vertreten, daß ohne Fortsetzungsbeschluß die Fortsetzung vier Wochen vor dem Termin wirksam geworden sein müsse, daher der Fortsetzungsantrag schon vier Wochen vor dem Termin bei Gericht eingegangen sein müsse[40]. Dem ist nicht zu folgen. Zweck der Frist ist es doch, Schuldner und andere Beteiligte, die vier Wochen vor dem Termin die Ansprüche berechnen (§ 41 Abs 2, § 43 Abs 2, § 44 Abs 2), vor Überraschungen zu schützen[40], weshalb nicht einfach in dem kurz vor dem Termin fortgesetzt werden kann (die Meinung, Fristwahrung sei bei Fortsetzung nicht nötig, Fortsetzung noch im Termin daher möglich, wird offenbar nirgends mehr vertreten).

7.5 Wenn dem Schuldner der wegen des Anspruchs des bestrangig betreibenden Gläubigers ergangene Beschluß nicht vier Wochen vor dem Versteigerungstermin zugestellt ist (Abs 2) oder wenn das Verfahren des bestrangig betreibenden Gäubigers (gleich aus welchem Grund) einstweilen eingestellt ist, muß der **folgende Anspruch** (des dann maßgeblich bestrangig betreibenden Gläubigers) der Feststellung des geringsten Gebots zugrunde gelegt werden (Denkschrift S 45). Das dem jetzt bestrangig betreibenden Gläubiger vorgehende Recht des Gläubigers, dessen Beschluß dem Schuldner nicht rechtzeitig zugestellt oder dessen Verfahren eingestellt ist, wird dann in das geringste Gebot aufgenommen (sein Recht als bestehen bleibend; Kosten, Zinsen und andere wiederkehrende Leistungen als bar zu zahlende Beträge).

7.6 Verspätet zugestellte Beschlüsse können nur unter besonderen Voraussetzungen dem geringsten Gebot zugrunde gelegt werden, sei es mit Genehmigung des Schuldners und der betroffenen sonstigen Beteiligten nach § 83 Nr 1, § 84 Abs 1, sei es auf Grund eines Antrags auf abgeänderte Versteigerungsbedingungen nach § 59.

---

[38] RG 125, 24 (30).
[39] Dassler/Schiffhauer § 44 Rdn 49; Steiner/Eickmann § 44 Rdn 17; Drischler RpflJahrbuch 1960, 347 (A 7); Drischler JVBl 1962, 83 (7); Drischler Rpfleger 1967, 357 (10); Jonas/Pohle, ZwVNotrecht, § 30 d Anm 8 b.
[40] Schmidt DRiZ 1959, 119.

§ 44 7.7 Geringstes Gebot. Versteigerungsbedingungen

7.7 Die Frist muß auch dann eingehalten sein, wenn eine Rangänderung mit Auswirkung auf das geringste Gebot erfolgt ist, also der jetzt bestrangig betreibende Gläubiger erst durch die Rangänderung an seine bestrangige Stelle gelangt ist.
7.8 Zu mehreren Gläubigern auch ZVG-Handbuch Rdn 245 a, zu mehreren Ansprüchen eines Gläubigers ZVG-Handbuch Rdn 246.

8 Mehrere Grundstücke bei Aufstellung des geringsten Gebots

8.1 Für jedes von mehreren in einem Verfahren zu versteigernden Grundstücken (auch anderen Objekten, wie Bruchteilen usw) ist **Einzelausgebot** vorgeschrieben, sofern nicht im Termin von allen anwesenden Beteiligten darauf verzichtet wird (§ 63 Abs 1 und 5). Für jedes von ihnen ist daher zum Versteigerungstermin ein geringstes Gebot mit Versteigerungsbedingungen vorzubereiten. Das gilt auch, wenn der erwähnte Verzicht schon im Vortermin (§ 62) erklärt wurde, weil ja im Versteigerungstermin weitere Beteiligte erscheinen können, die nicht im Vortermin waren und die dann nicht verzichten.
8.2 Für **Gruppenausgebote** (Zusammenfassung einiger aus einer Anzahl von gleichzeitig zu versteigernden Grundstücken nach § 63 Abs 2) sollte nur dann das geringste Gebot vorbereitet werden, wenn Interessenten bei Vorsprachen oder im Vortermin entsprechende Anregungen gegeben oder Anträge gestellt haben. Es ist unmöglich, alle theoretisch möglichen Kombinationen vorzubereiten, wenn es sich um mehrere Objekte handelt. Erst nach Antrag im Termin muß eben dann die Gebotsaufstellung erledigt werden, auch wenn dadurch eine kleine Verzögerung eintritt. Hier nützt nur die persönliche Vorbereitung des amtierenden Rechtspflegers und seines Rechnungsbeamten.
8.3 Bei einer Mehrheit von Objekten sollte (und kann) zum Versteigerungstermin aber immer ein **Gesamtausgebot** (§ 63 Abs 2) vorbereitet werden, um den Termin zu beschleunigen, da mit diesem Antrag wohl in der Regel zu rechnen ist.

9 Muster für geringstes Gebot und Versteigerungsbedingungen

9.1 Das geringste Gebot samt Versteigerungsbedingungen wird fast in jedem Verfahren Besonderheiten aufweisen, die durch allgemeine Regeln nicht zu erfassen sind. Es kann hier nur ein **grundlegendes Gerüst** gebracht werden, das entsprechend abzuwandeln ist.

„A. Geringstes Gebot.
Das geringste Gebot umfaßt den bar zu zahlenden Teil und die bestehenbleibenden Belastungen (ZVG §§ 44, 49, 52).
I. Die **bestehenbleibenden Rechte** im Gesamtwert von . . . setzen sich wie folgt zusammen:
1. Beschränkte persönliche Dienstbarkeit (Geh- und Fahrtrecht)
Abt II Nr . . . des . . ., gemäß § 51 Abs 2 ZVG gewertet auf . . . DM
2. Hypothek ohne Brief Abt III Nr . . . des . . . zu . . . DM
3. Grundschuld Abt III Nr . . . des . . . zu . . . DM
II. **Der bar zu zahlende Teil** im Gesamtbetrag von . . . setzt sich wie folgt zusammen:
1. Verfahrenskosten (Gebühren und Auslagen des Gerichts) zu insgesamt . . ., nämlich . . . und . . .
2. Ansprüche der Rangklasse 1 (laut Anmeldung) . . .
3. Ansprüche der Rangklasse 2 (laut Anmeldung) . . .
4. Ansprüche der Rangklasse 3 (laut Anmeldung):
   a) Grundsteuer der Gemeinde . . . b) . . .
5. Ansprüche der Rangklasse 4:
   a) aus der Buchhypothek in Abt III Nr . . . zu . . . (Gläubiger. . .):
      Kosten keine angemeldet; Zinsen . . .
   b) aus der . . .

Begriff des geringsten Gebots, Deckungsgrundsatz 11.2 § 44

6. Ansprüche der Rangklasse 5 (nur falls ein nachrangiger persönlicher Gläubiger betreibt und das vorrangige Verfahren eingestellt ist):
a) aus dem Anordnungsbeschluß vom . . . für . . .: Kosten . . .; Zinsen . . .; Hauptsache . . .; b) aus dem Beitrittsbeschluß vom . . .

B. Versteigerungsbedingungen.
1. Es bleiben die im Grundbuch eingetragenen folgenden Belastungen bestehen
a) Beschränkte persönliche Dienstbarkeit (Geh- und Fahrtrecht) Abt II Nr . . . des . . ., gemäß § 51 Abs 2 ZVG gewertet auf . . . DM
b) Hypothek ohne Brief Abt III Nr . . . des . . . zu . . . DM
c) Grundschuld Abt III Nr . . . des . . . zu . . . DM
2. Das Bargebot ist vom Zuschlag an mit 4% zu verzinsen.
3. Das Bargebot (mit diesen Zinsen) ist spätestens im Verteilungstermin zu berichtigen.
4. Das Meistgebot gibt nur diesen durch Zahlung zu berichtigenden Betrag an. Die unter 1. bezeichneten bestehenbleibenden Rechte im Gesamtbetrag von . . . DM sind in dem gebotenen Betrag nicht mit inbegriffen, sondern bleiben daneben bestehen.
5. Die Kosten des Zuschlagsbeschlusses trägt der Ersteher.
6. Von der Versteigerung sind folgende Gegenstände ausgenommen:
a) zugunsten von . . . drei Öfen, Marke . . ., Farbe . . ., Aufstellungsort . . .; b) zugunsten von . . ."
7. Im übrigen gelten die gesetzlichen Versteigerungsbedingungen.

9.2 Ein **Beispiel** eines geringsten Gebots mit mehreren Berechnungsfällen bringt das ZVG-Handbuch Rdn 241–243, Muster für Versteigerungsbedingungen das ZVG-Handbuch Rdn 271.

Rechtsbehelfe gegen Feststellung des geringsten Gebots 10

Wegen § 95 gibt es weder ein Rechtsmittel noch einen anderen besonderen Rechtsbehelf gegen die Feststellung[41]. Es kann nur der Zuschlag wegen angeblich unrichtiger Feststellung des geringsten Gebots nach § 83 Nr 1 angefochten werden[41]. Hier ist trotz der Generalklausel in RpflG § 11 Abs 1 (wonach der Rechtspfleger in Fällen der Unanfechtbarkeit des Richters immer mit befristeter Rechtspflegererinnerung anfechtbar sei) auch der Rechtspfleger nicht gesondert anfechtbar, weil es sich bei der Aufstellung des geringsten Gebots und der Versteigerungsbedingungen um eine nur der Vorbereitung des Zuschlags dienende unselbständige Zwischenentscheidung handelt. Auch eine form- und fristlose Vollstreckungserinnerung nach ZPO § 766 kann das Verfahren nicht aufhalten.

Teilansprüche im geringsten Gebot 11

11.1 Wird nur **wegen eines Teiles** des Anspruchs **betrieben,** zB nur wegen der Zinsen, so kommt doch der gesamte Anspruch des Gläubigers aus einem bestimmten Recht (zB aus einer Hypothek, einer Grundschuld, aber auch aus einer persönlichen Forderung) nicht ins geringste Gebot (dazu § 44 Rdn 4.3). Wünscht der betreibende Gläubiger eines dinglichen Rechts dessen Kapital nicht zu erhalten (der persönlich betreibende erhält ohnehin nur, was er betreibt), so muß er die Zwangsverwaltung betreiben (dort wird nur der betreibende Teil eines Anspruchs berücksichtigt: § 155) oder muß die Abweichung durch abgeänderte Versteigerungsbedingungen nach § 59 erzielen.
11.2 Wird **aus Zinsen** betrieben, die mit der Maßgabe abgetreten sind, daß sie dem Hauptanspruch nachgehen sollen, oder aus Zinsen der Rangklasse 8 (die – nur die Zinsen – durch das Betreiben in Klasse 5 aufrücken), so kommt das Kapital ins geringste Gebot (falls nach den grundsätzlichen Regeln überhaupt).

---

[41] BayObLG 1959, 50 = MittBayNot 1959, 249 = NJW 1959, 1780 = Rpfleger 1960, 157.

§ 44   Geringstes Gebot. Versteigerungsbedingungen

12   Verfahrenskosten im geringsten Gebot

12.1 Sie sind **vorweg** ins geringste Gebot **aufzunehmen,** und zwar die Kosten, die § 109 nennt, also nicht die Anordnungs- und Beitrittskosten, auch nicht die Zuschlagsgebühr, sondern die Versteigerungsverfahrensgebühr, die Versteigerungsterminsgebühr und die Verteilungsverfahrensgebühr samt Auslagen (dazu Einl Rdn 77, 78 und 80, 84).

12.2 Die Versteigerungsverfahrensgebühr und die Versteigerungsterminsgebühr können bereits **endgültig** berechnet werden, die Verteilungsverfahrensgebühr erst **vorläufig,** weil ja das künftige Meistgebot noch nicht bekannt ist (Einl Rdn 80). Die vorläufige Berechnung erfolgt aus dem festgesetzten Grundstückswert, mindestens jedoch aus dem Betrag des geringsten Gebots, damit der benötigte Kostenbetrag auf jeden Fall vorhanden ist, wenn das Meistgebot nur in Höhe des geringsten Gebots abgegeben werden sollte (anders[42]: nur aus dem Betrag des geringsten Gebots, weil sonst ein zu hoher Betrag ergebe und das geringste Gebot falsch sei). Zu den Auslagen gehören auch Sachverständigenentschädigung, Ausschreibungsauslagen, Reisekosten, entstandene und voraussichtlich noch entstehende Rechnungsgebühren wo noch möglich (dazu Einl Rdn 84).

13   Vorbereitung des geringsten Gebots, Rechnungsarbeiten

13.1 Alle zur Vorbereitung der Feststellung des geringsten Gebots und dazu der Rangverhältnisse der angemeldeten oder aus dem Grundbuch ersichtlichen Rechte dienenden Handlungen und Verhandlungen sind Sache des laut Geschäftsplan zuständigen **Rechtspflegers,** der im Termin das geringste Gebot dann aufstellt. Bei der Vorbereitung hat er nur vorläufige Ergebnisse, weil (selbst bei Abhalten eines Vortermins nach § 62) das geringste Gebot erst im Termin aufgestellt wird und Anmeldungen noch bis zur Aufforderung zur Abgabe von Geboten zulässig sind.

13.2 Der Rechtspfleger kann dort, wo dies zulässig ist, einen **Rechnungsbeamten** zuziehen.

[Berücksichtigung im geringsten Gebot]

45 (1) **Ein Recht ist bei der Feststellung des geringsten Gebots insoweit, als es zur Zeit der Eintragung des Versteigerungsvermerkes aus dem Grundbuch ersichtlich war, nach dem Inhalte des Grundbuchs, im übrigen nur dann zu berücksichtigen, wenn es rechtzeitig angemeldet und, falls der Gläubiger widerspricht, glaubhaft gemacht wird.**

(2) **Von wiederkehrenden Leistungen, die nach dem Inhalte des Grundbuchs zu entrichten sind, brauchen die laufenden Beträge nicht angemeldet, die rückständigen nicht glaubhaft gemacht zu werden.**

Übersicht

Allgemeines zu § 45 1	Kosten mit oder ohne Anmeldung 5
Anmeldung oder Grundbucheintragung maßgebend 2	Löschungsreife, erloschene und nichtige Rechte 6
Anmeldung zum Versteigerungstermin (Besonderheiten) 3	Minderanmeldung 7
Glaubhaftmachen der angemeldeten Ansprüche 4	Rechtsbehelfe für und gegen Anmeldungen 8

1   Allgemeines zu § 45

1.1   Zweck der Vorschrift: Regelung der verfahrensrechtlichen Voraussetzungen für die Berücksichtigung der Ansprüche im geringsten Gebot.

---

[42] Korintenberg/Wenz § 44 Anm 4.

Berücksichtigung im geringsten Gebot 2.6 § 45

1.2 Anwendungsbereich: Die Vorschrift gilt nicht für die Verteilung. Sie gilt für alle Versteigerungsverfahren mit Besonderheiten für Schiffe, Luftfahrzeuge, Konkursverwalter- und Nachlaßversteigerung (§ 162 Rdn 3, § 171 a Rdn 3, § 172 Rdn 4, § 176 Rdn 2).

Anmeldung oder Grundbucheintragung maßgebend 2

2.1 Bei der Feststellung des geringsten Gebots sind Ansprüche, die nach § 10 ein Recht auf Befriedigung aus dem Grundstück gewähren und nach § 44 gedeckt sein müssen, bar (§ 49 Abs 1) oder als bestehen bleibende Rechte (§ 52 Abs 1) zu berücksichtigen (Abs 1)
– nach dem **Inhalt des Grundbuchs** (ohne Anmeldung) insoweit, als sie zur Zeit der Eintragung des Versteigerungsvermerks (§ 37 Rdn 5.4) aus dem Grundbuch ersichtlich waren,
– sonst nur, wenn **Anmeldung** rechtzeitig (§ 37 Nr 4) erfolgt und erforderlichenfalls der Anspruch auch glaubhaft gemacht ist.
Anmeldung eines nach dem Versteigerungsvermerk eingetragenen Rechts ist auch erforderlich, wenn das Verfahren nur für einen Beitrittsgläubiger fortgesetzt wird oder das geringste Gebot nach dem Anspruch eines Gläubigers bestimmt wird, dessen Beitritt erst nach der Eintragung des Rechts wirksam geworden ist. Eine Sonderregelung gilt für wiederkehrende Leistungen (Rdn 3).

2.2 Grundsätzlich werden die Ansprüche ohne Anmeldung ins geringste Gebot aufgenommen, wenn sie sich **aus dem Grundbuch ersehen** lassen (das entspricht dem Grundbuchsystem des BGB, Denkschrift S 45), und zwar im Zeitpunkt, da der Versteigerungsvermerk darin eingetragen wurde. Das gilt auch für Rechte, die nach Beschlagnahme, aber noch vor dem Versteigerungsvermerk in das Grundbuch eingetragen wurden, sofern sie wegen ihres Ranges vor dem Gläubiger oder auch wegen der für das Vollstreckungsgericht maßgeblichen Reihenfolge der Eintragungen (§ 23 Rdn 5) Aufnahme in das geringste Gebot finden. Zu Ausnahmen vgl Rdn 6.

2.3 Das **Grundbuch selbst** bildet auch dann die Grundlage für die Feststellung des geringsten Gebots, wenn mit seinem Inhalt die dem Vollstreckungsgericht vorliegende beglaubigte Abschrift des Grundbuchblatts (§ 19 Abs 2) nicht übereinstimmt. Anmeldepflicht wird nicht begründet, wenn die Grundbuchblattabschrift ein Recht (oder seinen Rang) nicht richtig ausweist; Klarstellung durch den Gläubiger, der den Mangel erkennt, ist zur Schadensabwendung aber notwendig. Wird das geringste Gebot nach der nicht mit dem Grundbuch übereinstimmenden Blattabschrift unrichtig aufgestellt, dann ist § 45 als Vorschrift über die Feststellung des geringsten Gebotes verletzt. Wenn der Mangel noch erkannt wird, ist der Zuschlag zu versagen (§ 83 Nr 1) oder vom Beschwerdegericht aufzuheben (§ 100).

2.4 Zur **Anmeldung**, die als Prozeßhandlung der Geltendmachung eines Rechts (Anspruchs) dient, näher § 37 Rdn 5. Minderanmeldung § 45 Rdn 7. Wo eine Anmeldung nötig ist, genügt die in der Zwangsverwaltung erfolgte nicht für die Zwangsversteigerung (auch nicht umgekehrt); es muß für jedes Verfahren gesondert angemeldet werden.

2.5 Ansprüche des Gläubigers, die sich aus dem **Versteigerungsantrag** (auch Beitrittsantrag) ergeben, gelten als angemeldet (§ 114 Abs 1 Satz 2). Die Anmeldung ist damit rechtzeitig im Sinne von § 37 Nr 4, § 110 erfolgt; sie ist Anmeldung auch für Feststellung des geringsten Gebots nach § 45, wenn das Recht des Gläubigers zu berücksichtigen ist (insbesondere weil sein Verfahren eingestellt oder sein Beschluß nicht rechtzeitig nach § 44 Abs 2 zugestellt worden ist und sein Anspruch dem maßgeblichen bestbetreibenden Gläubiger vorgeht). Rücknahme des Versteigerungsantrags: § 37 Rdn 5.17.

2.6 Die Anmeldung muß gemäß § 37 Nr 4 **spätestens im Versteigerungstermin** und hier spätestens vor der Aufforderung zur Abgabe von Geboten (§ 66

§ 45 2.6 Geringstes Gebot. Versteigerungsbedingungen

Abs 2) erfolgen, um für die Versteigerung berücksichtigt zu werden, auch um in der Verteilung keinen Rangverlust zu erleiden (§ 37 Rdn 5.16). Eine verspätete Anmeldung ist bei Wiederholung des Versteigerungstermins (§§ 74 a, 77, 85 usw) wirksam. Die Anmeldung hat unmittelbare Bedeutung zunächst dafür, welche Ansprüche im geringsten Bargebot zu berücksichtigen sind, welche bestehenbleiben; die außerhalb des geringsten Gebots bestehenbleibenden bedürfen dieser Anmeldung nicht.

2.7 Eine Anmeldung gilt für die **gesamte** Dauer des **Verfahrens,** zu dem sie erfolgt ist, nicht aber für andere Verfahren (§ 37 Rdn 5.13). Die Anmeldung zu einem früheren Versteigerungstermin findet daher bei Feststellung des geringsten Gebots auch Berücksichtigung, wenn Versteigerung erst in einem später neu bestimmten Termin erfolgt. Für den späteren Versteigerungstermin bräuchte die Anmeldung daher nicht wiederholt zu werden. Es empfiehlt sich jedoch, Ansprüche zu einem späteren Termin neu zu berechnen und wieder anzumelden, damit insbesondere zwischenzeitliche Änderungen (Zahlung von Zinsen, weiter entstandene Kosten) berücksichtigt werden können. Wenn ein Gläubiger seine Ansprüche in mehreren Anmeldungen, insbesondere zu verschiedenen Terminen geltend gemacht hat, ist die letzte wirksame Anmeldung maßgeblich; frühere Anmeldungen gelten damit als zurückgenommen. Davon zu unterscheiden ist die Anmeldung von Ansprüchen in mehreren Schriftstücken, die sich ergänzen (zB Anmeldung zunächst von Zinsen, dann auch von Rechtsverfolgungskosten) und daher mit ihrem zusammengefaßten Inhalt die für Berechnung des geringsten Gebots (auch der Aufstellung des Teilungsplans) maßgebliche Anmeldung darstellen.

2.8 Durch Änderung (Minderung, Zurücknahme) der Anmeldung nach Aufforderung zur Abgabe von Geboten (§ 66 Abs 2) ändert sich das festgestellte geringste Gebot während der Bietstunde nicht (§ 66 Rdn 7.3).

3 Anmeldungen zum Versteigerungstermin (Besonderheiten)

3.1 Ohne Anmeldung berücksichtigt werden im geringsten Gebot Rechte aus § 10 Rangklasse 4 gemäß der Grundbucheintragung zur Zeit der Eintragung des Versteigerungsvermerks und ihre aus dem Grundbuch ersichtlichen laufenden wiederkehrenden Leistungen einschließlich des Ranges dieser Rechte, soweit er aus dem Grundbuch ersichtlich ist[1], dazu die Verfahrenskosten nach § 109 (hierzu Rdn 5). Berücksichtigt werden ebenso die durch Vormerkung oder Widerspruch rechtzeitig im Grundbuch gesicherten Rechte (§ 48).

3.2 Ohne Anmeldung werden laufende wiederkehrende Leistungen nur nach dem Inhalt des Grundbuchs aufgenommen (§ 45 Abs 2). Verzugszinsen: § 114 Rdn 4.1. Für **unverzinslich** eingetragene Rechte werden Zinsen nach BGB § 1115 Abs 1 nicht im geringsten Gebot berücksichtigt. Das Grundstück kann aber doch für **gesetzliche Zinsen,** insbesondere für Verzugs- und Prozeßzinsen haften (BGB § 1118); diese müssen als nicht grundbuchersichtlich (rechtzeitig) angemeldet werden (siehe auch § 114 Rdn 5.30).

3.3 Eine **Eigentümergrundschuld** (Eigentümerhypothek) wird nach dem Inhalt des Grundbuchs ohne Zinsen (BGB § 1197 Abs 2; dazu § 44 Rdn 5.4) in das geringste Gebot aufgenommen. Rechtsverfolgungskosten, die dem Eigentümer als Grundschuldgläubiger (ausscheidbar) entstehen (§ 10 Abs 2), müssen immer als solche angemeldet werden. Beendet ist die Unverzinslichkeit des Eigentümerrechts auf Grund des BGB § 1197 Abs 2, wenn das Grundstück veräußert, das Grundpfandrecht aber nicht auf den Erwerber übergegangen ist. Wenn diese Rechtsänderung, mithin der neue Eigentümer des Grundstücks, bei Eintragung des Versteigerungsvermerks bereits im Grundbuch eingetragen ist, sind ab Eigentumswechsel grundbuchersichtliche laufende Zinsen nach § 45 Abs 2 daher für den Voreigentü-

---

[1] Jaeckel/Güthe § 45 Rdn 2.

Berücksichtigung im geringsten Gebot 3.4 § 45

mer als Grundpfandgläubiger zu berücksichtigen. Bei späterem Eigentumswechsel kommt das Recht mit den Zinsen ab dieser Rechtsänderung in das geringste Gebot, wenn die Rechtsänderung dem Vollstreckungsgericht bis zur Aufforderung zur Abgabe von Geboten bekannt ist; es gilt das nachfolgend für den Gläubigerwechsel Gesagte. Beendet ist die Unverzinslichkeit des Eigentümerrechts außerdem, wenn das bisherige Eigentümerrecht mit Abtretung zum Fremdrecht geworden ist (§ 15 Rdn 11.4). Laufende Zinsen sind daher nach dem Inhalt des Grundbuchs in das geringste Gebot aufzunehmen, wenn die Abtretung des Eigentümerrechts vor (oder zugleich mit) dem Versteigerungsvermerk in das Grundbuch eingetragen wurde (zur Abtretung mit rückständigen Zinsen siehe § 114 Rdn 6.12). Wenn die Abtretung erst nach dem Versteigerungsvermerk in das Grundbuch eingetragen wird, weist dieses in dem nach § 45 maßgeblichen Zeitpunkt zwar ein eingetragenes verzinsliches Recht, als dessen Inhalt (§ 44 Rdn 5.4) aber die Unverzinslichkeit für den grundbuchersichtlichen Berechtigten aus. Dann erlangt für die Verzinslichkeit die Änderung des Berechtigten zur betragsmäßigen Berücksichtigung des Rechts im geringsten Gebot Bedeutung. Daher ist die mit Änderung des Rechtsinhabers eingetretene Verzinslichkeit nach § 45 Abs 1 anzumelden. Das Vollstreckungsgericht hat eine solche Rechtsänderung, ebenso wie sonstige Änderungen des Berechtigten, nicht zu ermitteln. Die grundbuchersichtliche Verzinslichkeit des Rechts ist jedoch (ebenso wie umgekehrt die Unverzinslichkeit mit Entstehen der Eigentümergrundschuld, § 44 Rdn 5.4) auch zu berücksichtigen, wenn der Gläubigerwechsel (auch ein Eigentümerwechsel, mit dem die Beschränkung des § 1197 Abs 2 fortfällt) dem Vollstreckungsgericht bei Aufforderung zur Abgabe von Geboten sicher bekannt ist (gleich auf welche Weise es Kenntnis erlangt hat), insbesondere also, wenn der Gläubigerwechsel nachgewiesen und damit gerichtkundig geworden ist. Das folgt für das noch nicht Eintragung des Versteigerungsvermerks durch öffentliche Urkundenkette ausgewiesene Gläubigerrecht des Besitzers des Hypothekenbriefs (Grundschuldbriefes) aus §§ 1155, 891 BGB; für andere Fälle ergibt sich das aus dem Grundsatz, daß nach § 37 Nr 4 (damit auch § 45) nur ein nicht grundbuchersichtliches Recht mit Anspruch auf Befriedigung aus dem Grundstück (§ 10), nicht aber eine Änderung des Rechtsinhabers, der bei Planausführung zu berücksichtigen ist (§§ 117, 118) angemeldet werden muß. Mit der dem Vollstreckungsgericht bekanntgewordenen Änderung des Rechtsinhabers ist daher auch seiner Auswirkung auf die betragsmäßige Berücksichtigung des bisherigen Eigentümerrechts bei Feststellung des geringsten Gebots stets von Amts wegen Rechnung zu tragen.

3.4 Ohne Anmeldung berücksichtigt werden Rechte nach dem Rdn 3.3 Gesagten auch bei **sonstiger Änderung des Rechtsinhabers.** Aus dem Grundbuch ersichtliche Zinsen werden im geringsten Gebot als laufende wiederkehrende Leistungen nach Abs 2 ohne Anmeldung daher auch berücksichtigt, wenn ein Grundpfandgläubiger diese Zinsen sich bei Abtretung vorbehalten oder das Zinsrecht (nach BGB § 1154) gesondert abgetreten hat, oder wenn mit Teilablösung Zinsen eines betreibenden Gläubigers vorgehenden Rechts nach BGB § 268 auf den Ablösenden übergegangen sind (§ 12 Rdn 1). Wenn das Recht bei Eintragung des Versteigerungsvermerks grundbuchersichtlich war, ist es daher mit laufenden wiederkehrenden Leistungen ohne Anmeldung in das geringste Gebot aufzunehmen; die teilweise Änderung des Rechtsinhabers erlangt erst Bedeutung, wenn bei Planausführung an den Berechtigten zu leisten ist (§§ 117, 118). Ansprüche früherer Eigentümer auf Zinsen aus einem vormaligen Eigentümergrundpfandrecht, das ihnen weiterhin zusteht, bedürfen daher gleichfalls keiner Anmeldung (anders[2]; hierzu bereits Rdn 3.3). Davon zu unterscheiden ist jedoch die Frage, ob eine als Fremdrecht eingetragene Hypothek oder Grundschuld auf den früheren Eigentümer übergegangen ist, somit diesem ab Eigentumswechsel als wieder verzinsliches

---

[2] Fischer NJW 1955, 573.

§ 45 3.4 Geringstes Gebot. Versteigerungsbedingungen

Grundpfandrecht gebührt. Diese Änderung des Rechtsinhabers und damit die Verzinslichkeit des Rechts können nach dem § 45 Rdn 3.3 Gesagten nur berücksichtigt werden, wenn Anmeldung erfolgt oder die Rechtsänderung dem Vollstreckungsgericht sicher bekannt geworden ist.

3.5 Mit Anmeldung nur dürfen in das geringste Gebot die bei Eintragung des Versteigerungsvermerks nicht aus dem Grundbuch ersichtlichen Ansprüche aufgenommen werden. Dazu gehören:

a) Ansprüche aus den **Rangklassen 1–2** des § 10 einschließlich derjenigen aus dem Früchtepfandrecht nach dem Düngemittelgesetz.

b) Ansprüche aus der **Rangklasse 3** des § 10 = öffentliche Grundstückslasten. Sie gelten als glaubhaft gemacht, wenn die Anmeldung der zuständigen Behörde eine spezifizierte Aufstellung enthält. Werden öffentliche Lasten genau bis einschließlich des vierzehnten Tages nach dem Versteigerungstag angemeldet, verzögert sich aber der Zuschlag, so müssen sie auch ohne diesbezügliche Anmeldung richtig bis zu diesem erstreckt werden und müssen so als angemeldet gelten (dazu § 10 Rdn 6.22).

c) Aus den Rechten der **Rangklasse 4** des § 10: Rückständige wiederkehrende Leistungen; nichteingetragene laufende wiederkehrende Leistungen; Kosten der Rechtsverfolgung und Kündigung (dazu auch Rdn 5), auch die Kosten der Eintragung einer Zwangshypothek; nichteingetragene Rechte wie Überbaurente und Notwegrente; alte Hypotheken nach EGZVG § 8 gemäß Landesrecht; altrechtliche Dienstbarkeiten nach EGZVG § 9 gemäß Landesrecht; nach dem Versteigerungsvermerk eingetragene Rechte samt laufenden und rückständigen wiederkehrenden Leistungen und Kosten. Rechte, die nicht im Grundbuch eingetragen sein müssen wie die Entschädigungsforderung des Erbbauberechtigten nach ErbbauVO § 38; die Sicherungshypothek eines Pfändungsgläubigers nach BGB § 1287 und ZPO § 848 Abs 2; Verpfändungen[3]; zu Unrecht gelöschte Rechte[3]; Wertersatz ausländischer Rechte (dabei entscheidet der Wert zur Zeit der Fälligkeit, nicht zur Zeit der Eintragung); Rangänderungen bei allen eingetragenen Rechten[4]; nichteingetragene gesetzliche Zinsen (Verzugszinsen, Prozeßzinsen). Vorfälligkeitsentschädigung: § 49 Rdn 2.6.

3.6 Dazu ZVG-Handbuch zur Frage der Anmeldung Rdn 232, **Muster** für die Anmeldung Rdn 230. Über verspätete Anmeldungen auch[5]. Wert der wiederkehrenden Leistungen, die nicht in Geld bestehen: § 46. Endzeit für alle wiederkehrenden Leistungen: § 47. Abweichende Versteigerungsbedingungen: § 59.

4 Glaubhaftmachen der angemeldeten Ansprüche

4.1 Ansprüche, die angemeldet werden müssen, sind **bei Widerspruch** eines betreibenden Gläubigers (das ist nicht der Widerspruch nach § 115) glaubhaft zu machen: Abs 1. Rückständige (grundbuchersichtliche) Beträge wiederkehrender Leistungen müssen nicht glaubhaft gemacht werden: Abs 2. Verlangen kann die Glaubhaftmachung der betreibende Gläubiger. Das Gericht kann (anders als bei § 9) nicht von sich aus, wenn kein Gläubiger widerspricht, die Glaubhaftmachung verlangen. Das Verfahren ist also wie bei § 37 Nr 4.

4.2 Das Glaubhaftmachen erfolgt **nach ZPO § 294,** also mit allen Beweismitteln und mit eidesstattlicher Versicherung. Bei einer Behörde genügt eine spezifizierte Anmeldung. Bei einem Recht, das nach dem Versteigerungsvermerk eingetragen wurde, erübrigt sich Glaubhaftmachung, wenn die Eintragung vom Grundbuchamt mitgeteilt ist (§ 19 Abs 3); sonst genügt Bezugnahme auf das Grundbuch.

---

[3] Schmidt, Grundpfandrechte und geringstes Gebot, S 30–31.
[4] RG 136, 232.
[5] Riedel JurBüro 1974, 689.

Berücksichtigung im geringsten Gebot 6.3 § 45

4.3 Unbestimmte Ansprüche (§ 14 Rdn 2) sind, anders als im Verteilungsverfahren (dazu bei §§ 92, 114) nicht festzustellen, sondern nur vom Berechtigten anzumelden und nur auf Verlangen eines dazu Berechtigten (Rdn 4.1) glaubhaft zu machen. Mehr kann für das geringste Gebot bei solchen Ansprüchen nicht verlangt werden.

Eine Abweichung ist, daß für einen Teil von ihnen, nämlich für wiederkehrende Leistungen, die nicht in Geld bestehen, anders als im Verteilungsverfahren, das Gericht von Amts wegen einen Geldbetrag festzusetzen hat (§ 46).

Kosten mit oder ohne Anmeldung 5

5.1 Kosten der Rechtsverfolgung (§ 10 Abs 2) müssen, weil aus dem Grundbuch nicht ersichtlich, nach § 37 Nr 4 und § 45 angemeldet werden. Die Anordnungs- und Beitrittsgebühr samt Anwaltskosten müssen gemäß § 114 Abs 1 Satz 2 auch hier durch den Versteigerungsantrag als angemeldet gelten, allerdings die Anwaltskosten nur, wenn sie ziffernmäßig darin aufgegliedert sind (sonst müssen auch sie angemeldet werden). Zur Anmeldung der Kosten näher § 10 Rdn 15.9. Die nachträgliche Erhöhung anzumeldender Kosten mit dem Rang der Hauptforderung ist (wegen § 110) nicht möglich.

5.2 Die sogenannten **Kosten des Verfahrens** (§ 109) sind von Amts wegen ohne Anmeldung zu berücksichtigen: § 44 Abs 1, § 49 Abs 1.

5.3 Bei persönlicher **Gebührenbefreiung** des Gläubigers sind von diesem die Auslagen anzumelden; bei Prozeßkostenhilfe des betreibenden Gläubigers hat die Gerichtskasse/Amtskasse die Kosten an der Rangstelle des Rechts anzumelden. Hierzu Einl Rdn 41, § 10 Rdn 15.

Löschungsreife, erloschene und nichtige Rechte 6

6.1 Trotz rechtzeitiger Grundbucheintragung wird ein nichtiges, erloschenes oder löschungsreifes Recht im geringsten Gebot **nicht berücksichtigt.**

6.2 Ein **nichtig eingetragenes Recht** (zB eine Zwangshypothek für eine Forderung von 500 DM oder weniger [Einl Rdn 66.6]; ein ohne Angabe des Berechtigten eingetragenes Recht; eine ohne Bezeichnung ihres Inhalts eingetragene Dienstbarkeit) kommt nicht ins geringste Gebot[6]. Eine nicht grundbuchersichtliche Nichtigkeit muß sicher feststehen; das ist regelmäßig der Fall, wenn ein rechtskräftiges Urteil darüber vorgelegt ist, daß das Recht unwirksam ist. Ein nicht (auch ein nicht in der erforderlichen Zahl) unterzeichneter Grundbuchvermerk stellt keine (wirksame) Grundbucheintragung dar (GBO § 44; Besonderheit bei maschineller Grundbuchführung nach GBO § 130 Satz 1); ein Recht ist damit nicht entstanden, Berücksichtigung im geringsten Gebot daher ausgeschlossen.

6.3 Ein bereits **erloschenes Recht** wird nicht im geringsten Gebot berücksichtigt, wenn sein Erlöschen objektiv feststeht[7]. Ein Löschungs- oder Berichtigungsantrag braucht dann nicht gestellt zu sein[8]. Zu berücksichtigen ist das Erlöschen eines Rechts, wenn es dem Vollstreckungsgericht sicher bekannt, also offenkundig ist. Das kann der Fall sein, weil das Erlöschen allgemeinkundig ist. Das ist als gerichtskundig insbesondere, was sich ohne weiteres aus Akten desselben Gerichts (Vollstreckungsgerichts) ersehen läßt oder doch jedenfalls, was der Rechtspfleger/Richter aus seiner amtlichen Tätigkeit kennt. Zu berücksichtigen sind daher das Erlöschen eines Grundpfandrechts durch Befriedigung mit Zahlung (auch von Tilgungsraten einer Tilgungs- oder Annuitätenhypothek) durch den Zwangsverwalter (BGB § 1181 Abs 1), das Erlöschen einer Auflassungsvormerkung wenn

---

[6] Jaeckel/Güthe § 45 Rdn 2; Korintenberg/Wenz § 45 Anm 1; Steiner/Eickmann § 44 Rdn 32.
[7] Motive zum ZVG S 162; OLG Hamm JurBüro 1966, 894 = OLGZ 1967, 57; Steiner/Eickmann § 44 Rdn 33.
[8] OLG Hamm aaO (Fußn 7).

§ 45 6.3 Geringstes Gebot. Versteigerungsbedingungen

feststeht, daß der vorgemerkte Anspruch nach vollständiger Erfüllung nicht mehr besteht[9], das (vor Versteigerung erfolgte) Erlöschen eines Gesamtrechts mit Befriedigung des Gläubigers in einem Immobiliarvollstreckungsverfahren über ein mithaftendes Grundstück[10] (BGB § 1181 Abs 2). Das erloschene Gesamtrecht bleibt auch unberücksichtigt, wenn im Verfahren über das mithaftende Grundstück nach § 91 Abs 2 vereinbart ist, daß das Recht bestehen bleibt, weil auch damit die Befriedigungswirkung eingetreten ist (§ 91 Abs 3 Satz 2)[11]. Wenn der Berechtigte das Erlöschen des Rechts bestreitet und das Erlöschen nicht sicher feststeht (urkundlicher Nachweis oder Aktenvorgang in einem anderen Immobiliarvollstreckungsverfahren), muß die Grundstücksbelastung nach dem Inhalte des Grundbuchs (Abs 1) in das geringste Gebot aufgenommen und eine mögliche Nachzahlungspflicht im Verteilungsverfahren nach § 125 Abs 2 behandelt werden. Für Rückstände von Zinsen und anderen Nebenleistungen genügt zum Nachweis des Erlöschens Verzicht mit Erklärung des Gläubigers gegenüber dem Eigentümer (BGB § 1178 Abs 2 Satz 1); solange an einem solchen Anspruch einem Dritten ein Recht zusteht (zB einem Pfandgläubiger), ist auch dessen Zustimmung nachzuweisen (BGB § 1178 Abs 2 Satz 2). Zur Anmeldung „Zinsen sind bezahlt" siehe Rdn 7. Zur Tilgungs- und Annuitätenhypothek außerdem § 44 Rdn 5. Vereinigung eines Rechts mit dem Eigentum in einer Person führt nicht zum Erlöschen (BGB § 889); Eigentümergrundschuld und Eigentümerhypothek als Vermögensrecht des Eigentümers an seinem Grundstück müssen daher in das geringste Gebot aufgenommen werden (§ 44 Rdn 5), auch wenn eine Löschungsvormerkung oder ein gesetzlich vorgemerkter Löschungsanspruch besteht (Rdn 3).

6.4 a) Ein auf **Lebenszeit des Berechtigten** beschränktes Recht erlischt mit dem Tod des Berechtigten. Gesetzlich auf Lebenszeit des Berechtigten beschränkt sind

– der Nießbrauch (BGB § 1061 Satz 1)
– die beschränkte persönliche Dienstbarkeit (BGB § 1090 Abs 2 mit § 1061).

Rechtsgeschäftlich (erfordert Einigung und Eintragung, die auch durch Bezugnahme nach BGB § 874 erfolgt sein kann) auf Lebenszeit des Berechtigten beschränkt sein können

– die subjektiv-persönliche Reallast (BGB § 1105 Abs 1),
– ein Grundpfandrecht (Hypothek, Grundschuld oder Rentenschuld),
– das Pfandrecht an einem Recht (BGB § 1273).

Lebenszeitrecht kann damit auch das Altenteil (Leibgeding usw, § 44 Rdn 5.1) sein. Eine Reallast im Rahmen eines Altenteils zur Sicherung der Kosten der Beerdigung und Grabpflege ist vererblich, nicht aber auf Lebenszeit beschränkt[12], kann somit nicht schon bei Todesnachweis unberücksichtigt bleiben. Das mehreren als Gesamtberechtigte oder Gesamthänder (zB Gläubigern einer Reallast als Gesamtgläubiger nach BGB § 428) je auf Lebenszeit zustehende Recht bleibt bei Tod eines der Berechtigten zugunsten des Überlebenden bestehen; es erlischt erst mit dem Tod des letztversterbenden Berechtigten. Zu Vorkaufsrecht und Vormerkung (Widerspruch) Rdn 6.5.

b) **Steht** das **Erlöschen** eines Lebenszeitrechts **objektiv fest** (so wenn die Sterbeurkunde für den Berechtigten eines bei Tod erloschenen Altenteils vorliegt), so ist es nicht mehr als bestehen bleibend in das geringste Gebot aufzunehmen (hierzu auch ZVG-Handbuch Rdn 248 a). Einvernehmen des Rechtsnachfolgers des Berechtigten oder Eintragung einer sogen Vorlöschklausel sind hierfür (anders für Löschung im Grundbuch nach GBO § 23) nicht erforderlich; daher erlangt auch

---

[9] Blomeyer DNotZ 1979, 515 (A II).
[10] OLG Hamm aaO (Fußn 7); Jaeckel/Güthe § 45 Rdn 2.
[11] OLG Hamm aaO (Fußn 7).
[12] BayObLG 1983, 113 = DNotZ 1985, 41 = Rpfleger 1983, 306 und Rpfleger 1988, 98.

Berücksichtigung im geringsten Gebot 6.6 § 45

keine Bedeutung, daß Versteigerung noch innerhalb eines Jahres nach dem Tod des Berechtigten erfolgt (Sperrjahr von GBO § 23 Abs 1); bedeutungslos ist ebenso ein Widerspruch des Rechtsnachfolgers (anders für ein Recht mit möglichen Rückständen[13]; nicht richtig, für Rückstände haftet der Ersteher nicht, § 56 Satz 3; der Anspruch des Rechtsnachfolgers auf Rückstände gebietet Aufnahme des Stammrechts in das geringste Gebot daher nicht). Nicht mit dem Recht erloschene rückständige Leistungen sind von Amts wegen (grundbuchersichtliche wiederkehrende, Abs 2) oder auf Anmeldung (Abs 1) im bar zuzahlenden Teil des geringsten Gebots zu berücksichtigen.

6.5 a) Das **Vorkaufsrecht** einer natürlichen Person ist gesetzlich weder vererblich noch übertragbar (BGB § 1098 Abs 1 mit § 514); es erlischt sonach mit dem Tod des Berechtigten. Abweichende Bestimmung kann jedoch getroffen sein (Grundbucheintragung erforderlich; Bezugnahme genügt). Das auf eine bestimmte Zeit beschränkte Vorkaufsrecht ist im Zweifel vererblich. Auch wenn sonach das Vorkaufsrecht mit dem Tod des Berechtigten erloschen ist, kann es doch einen mit Ausübung zu Lebzeiten des Berechtigten bereits entstandenen Eigentumsübertragungsanspruch sichern (BGB § 505 mit § 1098 Abs 1), der noch nicht durchgesetzt ist; er ist vererblich. Daher ist das Vorkaufsrecht stets in das geringste Gebot aufzunehmen, sofern nicht auch sicher feststeht, daß es zu Lebzeiten des Berechtigten nicht ausgeübt ist.

b) Auch die **Vormerkung** (BGB § 883) zur Sicherung eines auf Lebenszeit des Berechtigten beschränkten künftigen oder aufschiebend bedingten Anspruchs (meist eines Auflassungsanspruchs) kann den mit Eintritt des bedingenden Ereignisses bereits zu Lebzeiten des Berechtigten entstandenen, aber noch nicht erfüllten Anspruch sichern. Dieser Anspruch ist vererblich; Sicherung gewährt damit die Vormerkung auch dem Rechtsnachfolger. Sie ist auch nach dem Tod des Berechtigten daher als bestehenbleibend in das geringste Gebot aufzunehmen, sofern nicht feststellt, daß der künftige oder aufschiebend bedingte Anspruch nicht entstanden ist (sichere Feststellung kaum denkbar).

c) Wenn mit dem Tod des Berechtigten das **Vorkaufsrecht und zugleich** ein mit Ausübung des Vorkaufsrechts zu Lebzeiten des Berechtigten **bereits entstandener Eigentumsübertragungsanspruch erloschen** sind (sichere Feststellung), wird das Vorkaufsrecht als erloschenes Recht bei Feststellung des geringsten Gebots nicht mehr berücksichtigt. Gleiches gilt für die Vormerkung, wenn mit dem Tod des Berechtigten ein gesichert gewesener künftiger oder aufschiebend bedingter Anspruch auch für den Fall erloschen ist, daß er mit Eintritt des bedingenden Ereignisses zu Lebzeiten des Berechtigten bereits entstanden, bei dessen Tod aber noch nicht erfüllt war.

6.6 Ein **löschungsreifes Recht** wird nicht in das geringste Gebot aufgenommen, wenn spätestens bei Aufforderung zur Abgabe von Geboten sämtliche für die Löschung erforderlichen Urkunden vorliegen[14]. Dazu gehört auch der Eintragungsantrag eines dazu Berechtigten (GBO § 13 Abs 1); er kann auch zu Niederschrift der Geschäftsstelle oder zu Protokoll des Vollstreckungsgerichts erklärt werden. Löschung im Grundbuch braucht dann nicht erst noch vorgenommen werden. Ein zugunsten einer natürlichen Person eingetragenes vererbliches und nicht veräußerliches Recht, insbesondere Nießbrauch und beschränkte persönliche Dienstbarkeit (auch als Wohnungsrecht) **gilt** spätestens mit dem Ablauf von 110 Jahren von dem Geburtstag des Berechtigten an (wenn dieser nicht aus dem Grundbuch oder den Grundakten ersichtlich ist: vom Tag der Eintragung des Rechts an) als erloschen (GBBerG § 5 Abs 1). Ausnahme: Wenn innerhalb von 4 Wochen ab dem genannten Zeitpunkt eine Erklärung des Berechtigten bei dem

---

[13] Steiner/Eickmann § 44 Rdn 33.
[14] Motive zum ZVG S 162; RG 57, 209 (211); OLG Hamm aaO (Fußn 7); Jaeckel/Güthe § 45 Rdn 2; Korintenberg/Wenz § 45 Anm 1.

§ 45   6.6   Geringstes Gebot. Versteigerungsbedingungen

Grundbuchamt eingegangen ist, daß er auf dem Fortbestand seines Rechts bestehe (GBBerG aaO). Ein demnach als erloschen geltendes Recht kann vom Grundbuchamt von Amts wegen gelöscht werden (GBBerG § 5 Abs 3). Wenn Löschung nicht erfolgt ist, wird es als löschungsreif nicht in das geringste Gebot aufgenommen. Gegenstandslosigkeit (GBO §§ 84–87) könnte Löschung erst nach Löschungsankündigung ohne Widerspruch und Feststellungsbeschluß ermöglichen (GBO § 87), bietet sonach keine Grundlage dafür, das Recht bei Feststellung des geringsten Gebots zu übergehen (anders[15] mit Nachw).

6.7   Urkunden, aus denen sich die Nichtigkeit, das Erlöschen oder die Löschungsreife eines Rechts ergeben, zB die Sterbeurkunde für den Berechtigten eines bei Tod erloschenen Altenteils oder Wohnungsrechts, sind zu den Versteigerungsakten zu nehmen, wenn das Recht mit dem Zuschlag nach § 91 Abs 2 erlischt.

7   Minderanmeldung

7.1   Laufende wiederkehrende Leistungen, die nach § 45 Abs 2 als grundbuchersichtlich zu berücksichtigen wären, werden nicht in das (bare) geringste Gebot aufgenommen, soweit der Gläubiger (ausdrücklich) **weniger anmeldet** (sogenannte Minderanmeldung, auch beschränkte Anmeldung). Über seinen Antrag (seine Anmeldung) hinaus darf dem Gläubiger ein Anspruch auch nicht durch Aufnahme in das geringste Gebot zugesprochen werden (ZPO § 308 Abs 1 iVm § 869) (so auch[16]; anders[17]). Die Anmeldung bildet die obere Grenze des Anspruchs, der im Verfahren zu berücksichtigen ist. Wenn der Gläubiger mit Anmeldung nur einen Teil des Anspruchs geltend macht, also verlangt, daß der bei Eintragung des Versteigerungsvermerks grundbuchersichtliche Anspruch in das geringste Gebot (später auch in den Teilungsplan) betragsmäßig nur in dem geltend gemachten Umfang (oder auch überhaupt nicht) aufgenommen wird, kann er nur nach diesem Antrag, nicht aber nach dem weitergehenden Inhalt des Grundbuchs berücksichtigt werden. Durch Minderanmeldung wird also ein sonst von Amts wegen zu berücksichtigender (höherer) Anspruch lediglich zur Aufnahme in das geringste Gebot (später auch in den Teilungsplan) begrenzt. Als Antrag im Verfahren ist Minderanmeldung Prozeßhandlung; sie ist als Verfahrenshandlung daher von rechtsgeschäftlicher (sachenrechtlicher) Verfügung über ein dingliches Recht (seinen Erlösanspruch; dazu § 114 Rdn 7) zu unterscheiden. Minderanmeldung einer wertgesicherten Reallast begrenzt nur die bereits fälligen Einzelleistungen; für (teilweise) Aufgabe der Reallast als Grundstücksbelastung wäre zur Erklärung des Berechtigten (die in einer Minderanmeldung als Prozeßhandlung nicht zu erblicken ist) noch die Löschung im Grundbuch erforderlich (BGB § 875). Die Minderanmeldung kann daher nicht bewirken, daß die Reallast als Grundstücksbelastung nur in dem angemeldeten Umfang (mit den in der Anmeldung verlangten künftig fortlaufenden Einzelleistungen) in das geringste Gebot aufgenommen wird (anders[18], nicht richtig).

7.2 Als **Prozeßhandlung** erfordert die Minderanmeldung wie die Anmeldung selbst die Befugnis, das Recht (den Anspruch) im Verfahren geltend zu machen (§ 37 Rdn 5.11). Ein Vertreter muß durch Vollmacht legitimiert sein oder Genehmigung oder gesetzliche Vertretungsmacht nachweisen (§ 37 Rdn 5.14). Eine danach als prozessuale Erklärung nicht wirksame Minderanmeldung bleibt als unzulässig unberücksichtigt.

7.3   Die Minderanmeldung **begrenzt** als Prozeßhandlung für verfahrensrechtliche Rechtswahrung den zu berücksichtigenden Anspruch betragsmäßig. Für die

---

[15] Dassler/Schiffhauer § 45 Rdn 3.
[16] Riedel JurBüro 1974, 689 (III); LG Frankenthal Rpfleger 1986, 232 mit insoweit zust Anm Meyer-Stolte; Steiner/Eickmann § 45 Rdn 34; Dassler/Schiffhauer § 45 Rdn 7.
[17] Warias RpflStud 1980, 78.
[18] OLG Oldenburg NdsRpfl 1988, 8.

Versteigerung schafft sie (wie sonst der maßgebliche Inhalt des Grundbuchs, Abs 2) Klarheit über den Umfang des zu berücksichtigenden Anspruchs, damit es insbesondere jedem Nachrangigen möglich ist, ihm vorgehende Ansprüche dem Grund und dem Betrag nach sicher festzustellen. Minderanmeldung vor Aufforderung zur Abgabe von Geboten führt daher nach § 110 ebenso zu Rangverlust[19], wenn der weitergehende Anspruch im Verteilungsverfahren (§ 114) wieder geltend gemacht wird (anders[20]), wie verspätete Anmeldung eines nicht grundbuchersichtlichen und daher anmeldepflichtigen Anspruchs (anders[21]: im Verteilungsverfahren kann nicht mehr als angemeldet geltend gemacht werden; nicht richtig).

7.4 Als Prozeßhandlung erlangt die Minderanmeldung **nur für das Verfahren Bedeutung,** in dem sie erklärt ist. Sie schränkt für dieses Verfahren den Betrag ein, der sonst (ohne Anmeldung) nach Abs 1 und 2 (auch § 114 Abs 1) nach dem Inhalt des Grundbuchs zu berücksichtigen wäre. Die materielle Berechtigung des Gläubigers berührt die Minderanmeldung nicht. Eine persönliche Forderung bleibt daher außerhalb des Verfahrens bestehen, an dem sie nicht teilgenommen hat. Wenn die mit Aufforderung zur Abgabe von Geboten (§ 66 Abs 2) eingetretene Ausschlußwirkung bei Verfahrensfortgang entfällt, kann der Gläubiger seinen Anspruch daher auch wieder geltend machen; ausgeschlossen gewesene Ansprüche kann der Gläubiger bei Verfahrensfortgang vor nochmaliger Aufforderung zur Abgabe von Geboten oder für einen späteren neuen Versteigerungstermin daher wieder rechtzeitig anmelden (§ 37 Rdn 5.10).

7.5 Bei Minderanmeldung handelt es sich somit nicht etwa nur um eine vorläufige Berechnung der im Verteilungstermin erst endgültig festzustellenden Ansprüche, die nur eine rechnerische Grundlage für Sicherung mit Aufnahme in das geringste Gebot geben könnten (so aber unrichtig[22]). Zur Minderanmeldung auch ZVG-Handbuch Rdn 237 c, 247.

7.6 Wenn der Gläubiger mit der Anmeldung nur einen **Teil** der aus seinem **Recht** zu berücksichtigenden laufenden wiederkehrenden Leistungen deshalb geltend macht, weil er nur noch in Höhe des verlangten Betrags Rechtsinhaber ist und damit seinen Anspruch voll verlangt, liegt keine Minderanmeldung (beschränkte Anmeldung) vor. Die Anmeldung kann dann ausweisen (zB wenn der Gläubiger erklärt, daß nicht verlangte Beträge bezahlt sind[23]), daß der weitergehende Anspruch auf laufende wiederkehrende Leistungen erloschen ist (BGB § 1178 Abs 1). Weil das Erlöschen des Rechts mit der Bestätigung des Gläubigers offenkundig ist, wird ein weitergehender Anspruch dann nicht im geringsten Gebot berücksichtigt (Rdn 6). Die Anmeldung kann in einem solchen Fall für den nicht verlangten Teil der laufenden wiederkehrenden Leistungen aber auch einen Gläubigerwechsel (mit Abtretung, Ablösung, sonstigem Rechtsübergang kraft Gesetzes) ausweisen. Dann ist die Änderung des Rechtsinhabers von Amts wegen zu berücksichtigen (Rdn 3.4). Für den neuen Gläubiger sind mithin laufende wiederkehrende Leistungen auch ohne Anmeldung nach Abs 2 im geringsten Gebot zu berücksichtigen (nicht genau daher[24]: der neue Gläubiger könne Ansprüche selbständig geltend machen und unter Umständen anmelden).

7.7 Bei Aufstellung des geringsten Gebots will[25] (im Gegensatz zum Teilungsplan; für diese Abweichung findet sich aber keine sachliche Rechtfertigung) nicht den durch Anmeldung ermäßigten Betrag laufender wiederkehrender Leistungen,

---

[19] OLG Oldenburg Rpfleger 1980, 485 mit Anm Laube = NdsRpfl 1980, 263; Dassler/Schiffhauer § 45 Rdn 14; Riedel JurBüro 1974, 689 (III).
[20] Warias RpflStud 1980, 78.
[21] Meyer-Stolte Rpfleger 1986, 232 (Anmerkung).
[22] Warias RpflStud 1980, 78.
[23] Jaeckel/Güthe § 45 Rdn 2.
[24] Riedel JurBüro 1974, 689 (III).
[25] Warias RpflStud 1980, 78.

sondern gegen den Antrag des Gläubigers die von Amts wegen nach Abs 2 festzustellenden Leistungen berücksichtigen, weil andernfalls Beeinträchtigung durch Schreib- oder Rechenfehler oder der Berechtigung eines Dritten möglich wäre. Der angemeldete geringere Betrag wiederkehrender Leistungen soll nur maßgeblich sein, wenn der Beteiligte eine genaue Berechnung einreicht und den Rechtsgrund der beschränkten Anmeldung schlüssig darlegt. Dies verkennt jedoch, daß die Anmeldung als Prozeßhandlung (§ 37 Rdn 5) eine Begründung für den Antrag, lediglich einen Anspruchsteil zu berücksichtigen, nicht zu geben und die materielle Rechtslage nicht offenzulegen braucht. Rechte Dritter können nicht beeinträchtigt sein, weil als Prozeßhandlung nur die Minderanmeldung Bedeutung erlangt, die von dem im Verfahren legitimierten Rechtsinhaber erklärt wird (Rdn 7.2). Das aber ist der nach dem Inhalt des Grundbuchs (ggfs durch Vorlage des Briefes und der Abtretungserklärungen) ausgewiesene Rechtsinhaber, wenn nicht eine Rechtsänderung (Abtretung, Pfändung, Verpfändung, Übergang kraft Gesetzes) angemeldet oder berücksichtigungsfähig bekannt geworden ist. Erkennbare Schreib- oder Rechenfehler schließlich nehmen der Anmeldung als Prozeßhandlung die Bestimmtheit; sie kann dann nicht als Antrag Verfahrensgrundlage sein, sondern bedarf der Ergänzung (nach Aufklärung) oder der Auslegung. Schutz gegen nicht erkennbare Irrtümer, die entgegen[25] auch bei der von ihm verlangten Berechnung und Begründung unterlaufen können (wenn der Beteiligte seiner Anmeldung unrichtige Berechnungen, ungenaue Kontounterlagen, falsch verbuchte Zahlungen usw zugrunde legt), bietet Abs 2 nicht. Die Vorschrift sichert grundbuchersichtlichen Ansprüchen Rechtswahrung ohne Geltendmachung mit Anmeldung, bestimmt aber nicht, daß einem Gläubiger über seinen Antrag hinaus Ansprüche zu wahren sind. Gegen irrige Anmeldung (unrichtige Prozeßhandlung) schützt nicht Rechtswahrung von Amts wegen (so auch[25] für den Teilungsplan), sondern die Möglichkeit, sie (rechtzeitig, § 110) zu widerrufen (keine Anfechtung).

8 Rechtsbehelfe für und gegen Anmeldungen

Das geringste Gebot (und mit ihm jede anerkannte oder unberücksichtigt gebliebene Anmeldung) kann nur durch Anfechtung des Zuschlags anfechten, wer durch fehlerhafte Berücksichtigung oder Nichtberücksichtigung eines Rechts oder Anspruchs benachteiligt ist. Dazu § 44 Rdn 10.

[Wert wiederkehrender Naturalleistungen]

46 Für wiederkehrende Leistungen, die nicht in Geld bestehen, hat das Gericht einen Geldbetrag festzusetzen, auch wenn ein solcher nicht angemeldet ist.

1 Allgemeines zu § 46

Zweck und **Anwendungsbereich**: Klarstellung (zur Beseitigung von Zweifeln, Denkschrift S 45), daß vom Gericht für wiederkehrende Leistungen, die nicht in Geld bestehen, zur Berücksichtigung im geringsten Gebot (§ 49 Abs 1) ein Geldbetrag festzusetzen ist. Die Vorschrift gilt für alle Versteigerungsverfahren des ZVG, nicht für die Zwangsverwaltung (§ 146 Rdn 4).

2 Geldwert wiederkehrender Leistungen

2.1 Es sind (regelmäßig und unregelmäßig) wiederkehrende Leistungen, die nicht in Geld bestehen, zur Berücksichtigung im geringsten Gebot (§ 49 Abs 1) **in Geld umzurechnen.** Unter **§ 46 können fallen:** Altenteilsleistungen, die nicht in Geld bestehen; Ansprüche des Gesindes auf Kost und Wohnung nach Rang-

Wert wiederkehrender Naturalleistungen 2.4 § 46

klasse 2 des § 10; Kirchen- und Schullasten oder Wegebaulasten in Natur oder ähnliche Dienstleistungen; sonstige Realleistungen, die nicht in Geld bestehen, auf die aber die Vorschriften über Hypothekenzinsen anzuwenden sind (BGB § 1107). Es handelt sich um Ansprüche von unbestimmtem Betrag nach § 14 (§ 14 Rdn 2). Ohne Bedeutung ist, ob die ihrer Natur nach „wiederkehrenden Leistungen" im besonderen Fall nur einmal zu entrichten sind (wie bei Erlöschen der Haftung des Grundstücks nach Entstehen nur einer Leistung).

2.2 Ein **Geldbetrag** ist für wiederkehrende Leistungen unabhängig davon **festzusetzen,** ob ein solcher angemeldet ist (Wortlaut des § 46). [1]will nur festsetzen lassen, wenn nicht angemeldet ist, doch verlangt § 46 die Festsetzung immer, insbesondere „auch wenn" kein Wert angemeldet ist (so auch[2]). Erfordernis ist nur, daß die nicht in Geld bestehenden wiederkehrenden Leistungen im geringsten Gebot zu berücksichtigen sind. Das ist bei Rang vor dem Anspruch des bestbetreibenden Gläubigers der Fall für
– laufende Beträge eingetragener wiederkehrender Leistungen (§ 45 Abs 2),
– angemeldete Rückstände eingetragener wiederkehrender Leistungen (keine Glaubhaftmachung, § 45 Abs 2);
– laufende und rückständige Beträge nicht eingetragener wiederkehrender Leistungen (insbesondere aus Rangklassen 2 und 3 des § 10 Abs 1), wenn sie als Recht auf Befriedigung aus dem Grundstück (nicht aber ihr Geldbetrag) rechtzeitig angemeldet und erforderlichenfalls glaubhaft gemacht sind (§ 45 Abs 1).
Keine Festsetzung eines Wertes erfolgt für wiederkehrende Naturalleistungen, die nicht in das geringste Gebot aufzunehmen sind.

2.3 Festzusetzen ist der **Geldbetrag,** der objektiv den Wert der zu berücksichtigenden wiederkehrenden Naturalleistungen ausdrückt. Diesen Geldwert der Leistungen hat das Gericht festzustellen. Es entscheidet nach billigem Ermessen; ein Sachverständiger kann zugezogen werden. Anmeldung eines Geldbetrags (nicht aber nur ein Vorschlag als Äußerung zur Bewertung durch das Gericht) begrenzt den festzusetzenden Wert (ZPO § 308 Abs 1; so auch[3]). In der angemeldeten Höhe ist der Geldbetrag festzusetzen, wenn er den Wert der Leistungen zutreffend (objektiv) wiedergibt, sonst besteht Bindung an die Anmeldung nicht[4] (anders[5]: Anmeldung, gegebenenfalls mit Glaubhaftmachung, ist maßgebend); kleinliche Beurteilung bei Bewertung durch das Gericht ist jedoch nicht angebracht. Zu bewerten sind die bis zu dem Endzeitpunkt des § 47 zu berücksichtigenden Leistungen. Maßgebend ist der Wert im Zeitpunkt der Fälligkeit der Naturalleistungen, nicht der Begründung des Rechts oder Eintragung in das Grundbuch.

2.4 Die Wertfestsetzung gilt nur **für das geringste Gebot,** für das sie § 46 verlangt. Der Umrechnungsbetrag (man sollte, um die Begriffe nicht zu verwirren, hier nicht vom „Ersatzwert" sprechen) steht an der Stelle des Rechts; er wird an dessen Rang in das bare geringste Gebot aufgenommen. Für die Verteilung des Erlöses gilt § 46 nicht, auch nicht für die Berechnungen nach § 92. Für bewertete und im geringsten Gebot berücksichtigte Beträge wiederkehrender Naturalleistungen ist gesonderte Anmeldung zum Teilungsplan nach § 114 jedoch nicht mehr erforderlich. Die Festsetzung des Umrechnungswertes hat keine unmittelbare Bedeutung für die Festsetzung des Zuzahlungswertes nach § 51 (anders[6]), weil sich § 46 nur auf wiederkehrende Leistungen bezieht, § 51 auf das Stammrecht; sie hat auch keine Bedeutung für das Verteilungsverfahren. Es handelt sich bei § 46 um

---

[1] OLG Celle NdsRpfl 1951, 139.
[2] Steiner/Eickmann § 46 Rdn 5.
[3] Steiner/Eickmann § 46 Rdn 6.
[4] Dassler/Schiffhauer § 46 Rdn 3; Steiner/Eickmann § 46 Rdn 6.
[5] Jaeckel/Güthe § 46 Rdn 2; Reinhard/Müller § 46 Anm II.
[6] Drischler RpflJahrbuch 1960, 347 (A VI).

§ 46 2.4 Geringstes Gebot. Versteigerungsbedingungen

einen rein rechnerischen Vorgang, der die Rechtsnatur der Ansprüche nicht ändert, sondern sie nur in Geld umrechnen läßt (ausdrücken), weil im geringsten Gebot nur Geldansprüche unterzubringen sind.

2.5 Rechtsbehelfe: Ist die Festsetzung des Umrechnungsbetrags zu hoch, so können die Beteiligten sie durch Rechtsmittel gegen den Zuschlag anfechten (wenn die Frage hier überhaupt eine zu berücksichtigende Rolle spielt). Die zu hohe Festsetzung kann (wohl nur theoretisch) zur Nichtabgabe von Geboten führen und damit zu den Folgen des § 77.

[Berechnungszeit wiederkehrender Leistungen]

47 Laufende Beträge regelmäßig wiederkehrender Leistungen sind für die Zeit bis zum Ablaufe von zwei Wochen nach dem Versteigerungstermine zu decken. Nicht regelmäßig wiederkehrende Leistungen werden mit den Beträgen berücksichtigt, welche vor dem Ablaufe dieser Frist zu entrichten sind.

1 Allgemeines zu § 47

Zweck und **Anwendungsbereich:** Klarstellung (zur Beseitigung von Zweifeln), wie laufende Beträge wiederkehrender Leistungen im geringsten Gebot zu berücksichtigen sind. § 47 gilt nur für Versteigerungsverfahren (nicht für die Zwangsverwaltung) und nur für den Versteigerungstermin (nicht für den Verteilungstermin).

2 Berechnungszeit wiederkehrender Leistungen im geringsten Gebot

2.1 Laufende Beträge wiederkehrender Leistungen öffentlicher Lasten des Grundstücks und bestehenbleibender Rechte trägt der Ersteher vom Zuschlag an (§ 56 Satz 2); sie sind bei der Erlösverteilung daher aus der Masse bis einschließlich des Tages vor dem Zuschlag zu zahlen. Weil aber der Zuschlagstag bei Beginn der Versteigerung noch nicht feststeht und Verkündung des Zuschlags auch in einem späteren Termin erfolgen kann (§ 87 Abs 1), sind bei Feststellung des geringsten Gebots laufende Beträge wiederkehrender Leistungen nicht nur bis zum Versteigerungstermin einsetzen, sondern für eine gewisse Frist darüber hinaus. Diese Frist soll den Gläubiger, dessen Anspruch bei einem Zuschlag auf ein nur in Höhe des geringsten Gebots abgegebenes Meistgebot gedeckt sein muß, vor möglicher Schädigung schützen.

2.2 In das geringste Gebot aufzunehmen sind **laufende** Beträge wiederkehrender Leistungen dann, wenn sie **regelmäßig wiederkehren** (zB Zinsen), bis einschließlich des vierzehnten Tages nach dem Versteigerungstermin (Satz 1 des § 47). Dafür ist die Zeit der Fälligkeit ohne Bedeutung (vor oder nach dem Endzeitpunkt des § 47). Wenn sie **nicht regelmäßig wiederkehren** (zB die nur bei Bedarf anfallenden Arztkosten eines Altenteilsberechtigten), werden wiederkehrende Leistungen mit den Beträgen eingesetzt, die vor dem Ablauf der genannten Frist zu entrichten sind (Satz 2 des § 47). Nicht in Geld bestehende sind in Geld umzurechnen (§ 46).

2.3 Die Fristverlängerung über den Versteigerungstermin hinaus erfaßt natürlich nur Leistungen, die **schon vorher bestanden.** Waren für die Zeit vor dem Versteigerungstermin keine Zinsen zu entrichten, dann sind sie es auch nicht für diese zwei Wochen, zB also nicht für eine bis zum Zuschlag nicht verzinsliche Eigentümergrundschuld (dazu ZVG-Handbuch Rdn 249). § 47 verlängert nur die Frist für wiederkehrende Leistungen, begründet solche aber nicht neu.

Berechnungszeit wiederkehrender Leistungen 4 § 47

2.4 Im **Verteilungstermin** werden dann die wiederkehrenden Leistungen wieder anders berechnet. Ab Zuschlag trägt ja der Ersteher alle laufenden Lasten (§ 56), also auch die wiederkehrenden Leistungen aus bestehenbleibenden Rechten. Dazu § 114 Rdn 5.30. Die Berechnung im geringsten Gebot ist nur eine rechnerische, nur eine vorläufige, die endgültige erfolgt erst im Teilungsplan (hierzu ZVG-Handbuch Rdn 250).

2.5 Eine **Verletzung dieser Vorschrift** des § 47 ist dann ohne Einfluß, wenn das bare Meistgebot höher ist als das geringste Bargebot bei richtiger Berechnung[1].

2.6 Laufende wiederkehrende Leistungen (insbesondere öffentlicher Grundstückslasten) werden oft nur bis einschließlich des Tages vor dem Versteigerungstermin angemeldet; das Gericht hat auch in diesem Fall fünfzehn **Tage** (nicht nur vierzehn) **hinzurechnen** (§ 10 Rdn 6.22).

Unter § 47 fallende Leistungen 3

Von § 47 **erfaßt werden** alle wiederkehrenden Leistungen (gleich, ob es sich um Haupt- oder Nebenleistungen handelt), die ins geringste Gebot kommen können: Grundsteuern, Zinsen, Grundstücksgebühren, Kaminkehrgebühren, Reallastleistungen, Altenteilsleistungen usw, auch soweit es sich dabei um unbestimmte Leistungen (§ 14 Rdn 2) und sonstige Naturalleistungen (§ 46 Rdn 2) handelt.

Wiederkehrende Leistungen bar zu berichtigender Ansprüche 4

Wenn in das geringste Gebot der Anspruch eines besserrangigen persönlichen Gläubigers nach Einstellung des von ihm betriebenen Verfahrens (§ 44 Rdn 4.7, § 49 Rdn 2) oder bei neuer Versteigerung des Grundstücks die Sicherungshypothek (§ 128 Abs 4) **bar** aufzunehmen ist, sind wiederkehrende Leistungen (insbesondere Zinsen) nicht nur bis zum Ablauf von zwei Wochen nach dem Versteigerungstermin, sondern bis zu dem zu unterstellenden (mutmaßlichen) Termin der Befriedigung (Erlösverteilung) zu berücksichtigen. § 47 regelt nur die Berücksichtigung der wiederkehrenden Leistungen, die vom Zuschlag an der Ersteher trägt (§ 56 Satz 2). Sie sind, weil dieser Tag bei Versteigerungsbeginn noch nicht feststeht, bis zum Ablauf von zwei Wochen nach dem Versteigerungstermin anzusetzen, um Schädigungen des Gläubigers vorzubeugen. Das gilt für den Beschlagnahmeanspruch eines besserrangigen persönlichen Gläubigers und die nach § 128 Abs 4 bar zu deckende Sicherungshypothek nicht gleichermaßen. Diese Ansprüche sind überhaupt nicht vom Ersteher zu tragen; sie werden aus dem Versteigerungserlös bar berichtigt. Zu den dem Gläubiger vorgehenden Ansprüchen, die zu decken sind (§ 44 Abs 1), gehören diese Ansprüche daher mit ihren wiederkehrenden Leistungen (insbesondere Zinsen) bis zur Erlösverteilung. Sie können wegen des damit anderen Endzeitpunkts für Deckung aus dem Versteigerungserlös daher nicht in entsprechender Anwendung des § 47 berücksichtigt werden, sondern müssen bis zur Erlösverteilung weiter berechnet werden, die immer erst längere Zeit nach dem Zuschlagstermin stattfindet. Weil auch der Endzeitpunkt dieser fortlaufenden Ansprüche bei Beginn der Versteigerung noch nicht feststeht, kann für diesen gesetzlich nicht geregelten Fall der Deckungsgrundsatz nur mit Feststellung eines mutmaßlichen Verteilungstermins als Endzeitpunkt der fortlaufenden Ansprüche gewahrt werden (so auch[2]). Entsprechendes gilt für Zinsen der Zwangsverwaltungsvorschüsse (§ 155 Abs 3).

---

[1] LG Lübeck SchlHA 1973, 129; LG Frankfurt NJW-RR 1988, 1276 = Rpfleger 1988, 494.
[2] Dassler/Schiffhauer § 47 Rdn 3; Steiner/Eickmann § 47 Rdn 12–15.

§ 48 Geringstes Gebot, Versteigerungsbedingungen

[Bedingte Rechte, Vormerkung, Widerspruch]

48 Bedingte Rechte sind wie unbedingte, Rechte, die durch Eintragung eines Widerspruchs oder einer Vormerkung gesichert sind, wie eingetragene Rechte zu berücksichtigen.

1 Allgemeines zu § 48

1.1 Zweck der Vorschrift: Durchführung des Deckungsgrundsatzes (§ 44 Rdn 2.1) zur Wahrung bedingter Rechte und der durch Vormerkung oder Widerspruch gesicherten Rechte durch Gleichbehandlung mit unbedingten oder bereits eingetragenen Rechten bei Feststellung des geringsten Gebots, weil dieses nicht von einer Bedingung abhängig gemacht werden kann.

1.2 Anwendungsbereich: Die Vorschrift gilt für alle Versteigerungsverfahren des ZVG (nicht für die Zwangsverwaltung) und nur für das geringste Gebot (nicht für den Teilungsplan; hier §§ 119, 120).

2 Bedingte Rechte im geringsten Gebot

2.1 Bedingte Rechte sind bei der Feststellung des geringsten Gebots **als unbedingte** zu behandeln. Bedingt ist ein Recht, wenn es als Grundstücksbelastung (Entstehen oder Fortbestand) von einem zukünftigen ungewissen Ereignis abhängig gemacht ist (BGB § 158). § 48 gilt für aufschiebend und auflösend bedingte Rechte. Die Vorschrift gilt für den bestehen bleibenden bedingten Hauptanspruch (§ 52) und für den bar in das geringste Gebot aufzunehmenden bedingten Anspruch auf wiederkehrende Leistungen und andere Nebenleistungen (§ 49 Abs 1). Wenn ein als bestehendbleibend bedingt berücksichtigtes Recht nicht besteht oder wieder wegfällt, die aufschiebende Bedingung also ausfällt oder die auflösende eintritt, hat der Ersteher Zuzahlung zu leisten (§ 50 Abs 2 Nr 1, § 51). Im Verteilungsverfahren ist Zuteilung auf einen bedingten Anspruch nach §§ 119, 120 zu behandeln. Hierzu auch ZVG-Handbuch Rdn 253.

2.2 Berücksichtigung eines bedingten Rechts erfolgt **nach § 45** von Amts wegen oder, wenn es zur Zeit der Eintragung des Versteigerungsvermerks nicht aus dem Grundbuch ersichtlich war, auf rechtzeitige Anmeldung (für wiederkehrende Leistungen auch § 45 Abs 2). Trotz rechtzeitiger Grundbucheintragung (oder Anmeldung) werden nichtig eingetragene, erloschene und löschungsreife bedingte Rechte nicht berücksichtigt (§ 45 Rdn 6). Daher bleibt ein aufschiebend bedingtes Recht auch unberücksichtigt, wenn der Ausfall der Bedingung objektiv feststeht, ein auflösend bedingtes Recht ebenso, wenn der Eintritt der Bedingung objektiv feststeht. Eine bedingte Hypothek kommt daher nicht mehr ins geringste Gebot, wenn sie durch den Ausfall der aufschiebenden oder den Eintritt der auflösenden Bedingung als Grundstücksbelastung entfallen ist und dies (objektiv) feststeht. Eine (unbedingte) Hypothek zur Sicherung einer bedingten Forderung (BGB § 1113 Abs 2) kommt aber (als Eigentümergrundschuld, BGB § 1163 Abs 1, § 1177) ins geringste Gebot, wenn mit dem Ausfall oder Eintritt der Bedingung die Forderung nicht mehr entstehen wird oder erloschen ist.

2.3 § 48 gilt nicht für **betagte** Ansprüche. Diese sind im geringsten Gebot als solche einzusetzen und im Bargebot nur mit dem gegenwärtigen Wert (§ 111) (ZVG-Handbuch Rdn 256). Ist die Zeit der Fälligkeit noch ungewiß, so gelten die Ansprüche als aufschiebend bedingt (§ 111).

2.4 Die **Höchstbetragshypothek** des BGB ist kein bedingtes Recht in diesem Sinne. Es ist nicht der Anspruch bedingt, sondern nur die Person des daraus Berechtigten unbestimmt (§ 44 Rdn 5.12). Dagegen ist die Schiffshöchstbetragshypothek nach Schiffsrechtegesetz § 75 bedingtes Recht (§ 14 Rdn 2). Die Höchstbetragshypothek nach ZGB-DDR (§ 454 a) besteht nur in Höhe der Forderung (ZGB-DDR § 454 Abs 1 Satz 2), ist somit bis zur Feststellung der Forderung nicht

Bedingte Rechte, Vormerkung, Widerspruch 3.2 § 48

vorläufige (auflösend bedingte) Eigentümergrundschuld. Daher ist sie (durch Feststellung der Forderung) bedingtes Recht. Andere Hypotheken, die mit der Forderung erlöschen (somit nicht zur Eigentümergrundschuld werden können) gehören nicht zu den bedingten Rechten (anders[1]). Sie bestehen bei Versteigerung als Grundstücksbelastung für ihren Gläubiger in Höhe der (möglicherweise betragsmäßig nicht bekannten) Forderung unbedingt. Ihr Bestand ist daher nicht vom Ausfall oder Eintritt eines bei Versteigerung künftigen ungewissen Ereignisses abhängig, somit nicht bedingt. Daß die Forderung besteht und die Hypothek ihrem Gläubiger zusteht, wird vermutet (BGB § 1138 mit § 891 Abs 1). Zu berücksichtigen sind diese Rechte im geringsten Gebot daher mit dem als Belastung des Grundstücks eingetragenen Betrag. Nicht oder auch nur teilweise nicht aufgenommen werden sie nur, wenn oder soweit das Erlöschen sicher feststeht (§ 45 Rdn 6.3). Das gilt für die eine (vormalige) Heimstätte belastende Hypothek (anders[2]) (auch Grundschuld; RHeimstG § 17 Abs 2 Satz 2; dazu § 15 Rdn 31) und nun insbesondere für die an einem Grundstück (Gebäudeeigentum) im Beitrittsgebiet lastende Hypothek nach dem vormaligen Zivilgesetzbuch-DDR (zu diesen Rechten § 44 Rdn 5.14; Ausnahme für Höchstbetragshypothek vorstehend). Als bedingte Rechte würden diese Hypotheken stets auch bei späterem Bedingungseintritt einen Zuzahlungsfall auslösen (§ 50 Abs 2 Nr 1), der bei Erlösverteilung immer als ungewiß von Amts wegen nach § 125 Abs 2 zu behandeln wäre und bei Erlöschen durch den Zuschlag Hilfsverteilung nach § 119 gebieten sowie die Erlösauszahlung durch die dem Recht anhaftende Bedingung behindern würde. Das würde dem Wesen und der Rechtsnatur solcher Grundstücksbelastungen widersprechen. Eine mit der gesicherten Forderung erlöschende Hypothek ist vielmehr ebenso unbedingtes Recht wie den Zinsen und anderen Nebenleistungen einer unbedingten Hypothek oder Grundschuld (BGB §§ 1113, 1191) nicht deshalb eine Bedingung anhaftet, weil sie bei Vereinigung mit dem Eigentum erlöschen (BGB § 1178 Abs 1 Satz 1), somit nicht zur Eigentümergrundschuld werden.

Durch Vormerkung gesicherte Rechte im geringsten Gebot 3

3.1 Rechte, die durch Eintragung einer Vormerkung gesichert sind (BGB § 883; GBO § 18 Abs 2, § 76 Abs 1), sind im geringsten Gebot **wie eingetragene** Rechte zu berücksichtigen. Eine Vormerkung ist also im geringsten Gebot zu berücksichtigen, wenn sie ein dingliches Recht am Grundstück sichert (zB Vormerkung für eine Hypothek, Eigentumsvormerkung), nicht aber, wenn sie nur ein Recht an einem Grundstücksrecht (Nießbrauch, Pfandrecht), einen Vorrang, einen Abtretungsanspruch oder einen Löschungsanspruch sichert; das zu berücksichtigende vorgemerkte Recht muß also eine selbständige Belastung sein[3] (anders[4]: alle vorgehenden Vormerkungen seien zu berücksichtigen). Ist die Eintragung einer verzinslichen Hypothek (Grundschuld) vorgemerkt, dann sind auch die Zinsen vom vorgemerkten Zinsbeginn an wie Zinsen eines eingetragenen Grundpfandrechts, mithin bis zum Ablaufe von zwei Wochen nach dem Termin (§ 47) in den bar zu zahlenden Teil des geringsten Gebots aufzunehmen (siehe auch § 119 Rdn 2).

3.2 Eine **Auflassungsvormerkung** (zu ihr § 28 Rdn 4.2), die dem Anspruch des (bestrangig betreibenden) Gläubigers vorgeht, ist in das geringste Gebot aufzunehmen[5] mit Bestimmung eines Ersatzbetrags nach § 51 Abs 2 (§ 51 Rdn 4.2). Folge

---

[1] Dassler/Schiffhauer § 48 Rdn 2; Steiner/Eickmann § 48 Rdn 12.
[2] Steiner/Eickmann § 48 Rdn 12.
[3] BGH 53, 42 = KTS 1970, 208 = MDR 1970, 222 = NJW 1970, 565 = Rpfleger 1970, 60.
[4] Häsemeyer KTS 1971, 22 (1).
[5] BGH 46, 124 = DNotZ 1967, 490 = MDR 1967, 34 = NJW 1967, 566 = Rpfleger 1967, 9.

§ 48 3.2   Geringstes Gebot, Versteigerungsbedingungen

des Bestehenbleibens: § 52 Rdn 2.6. Das gilt auch dann, wenn die Vormerkung einen aufschiebend bedingten Auflassungsanspruch sichert[5] (zB beim Wiederkaufsrecht oder Ankaufsrecht[5]). Angemeldet werden muß die Auflassungsvormerkung für Berücksichtigung im geringsten Gebot, wenn sie bei Eintragung des Versteigerungsvermerks aus dem Grundbuch nicht ersichtlich war (§ 45 Abs 1), so bei Veräußerung des Grundstücks und Sicherung des Erwerbsanspruchs durch Vormerkung erst während des Versteigerungsverfahrens (zur Anmeldepflicht allgemein § 37 Nr 4). [6]Verlangt auch Anmeldung der Fälligkeit, wenn der vorgemerkte Anspruch (aufschiebend) bedingt ist. Der Berechtigte soll hier anmelden müssen, wenn er geltend machen will, daß bereits ein Ereignis eingetreten ist, das den nur bedingten Anspruch auf Übereignung zum unbedingten gemacht hat (so auch, wenn die Fälligkeit durch das Zwangsversteigerungsverfahren selbst ausgelöst wurde). Dem kann nicht gefolgt werden. Anmeldung der Fälligkeit sieht das ZVG nur für Grundpfandrechte vor (§ 54). Den durch die Vormerkung gesicherten Anspruch hat der Schuldner zu erfüllen; der Ersteher hat als vormerkungswidriger Erwerber (BGB § 883 Abs 2 Satz 2) der Eintragung zur Verwirklichung des gesicherten Anspruchs zuzustimmen (BGB § 888; dazu § 52 Rdn 2.6). Nach ZVG-Verfahrensrecht bedarf es für Wahrung des Anspruchs gegen den Schuldner und auch zur Sicherung seiner Erfüllung bei vormerkungswidriger Verfügung, somit für die Vormerkungswirkung gegen den Ersteher, keiner besonderen Geltendmachung der nach § 45 im geringsten Gebot zu berücksichtigenden Vormerkung. Der Ersteher erwirbt das Grundstück belastet mit der Vormerkung (nicht mit dem Anspruch; diesen sichert die bestehenbleibende Vormerkung). Daß ein Recht bedingt oder betagt ist, bedarf für Berücksichtigung aber keiner Anmeldung (§ 45). Berücksichtigung der Vormerkung „wie ein eingetragenes Recht" (§ 48) schließt für den Eigentumserwerb des Erstehers (§ 90) Rechtswirkungen für den Fall des Eintritts (Zustimmungspflicht nach BGB § 888) oder Ausfalls (Zuzahlungspflicht nach § 51) der Bedingung ein (Folge für Bemessung des Gebots: § 51 Rdn 2.2). Unterbliebene Anmeldung nur der bereits eingetretenen Fälligkeit des gesicherten Anspruchs kann daher auch nicht bewirken, daß nur das Weiterbestehen der bedingten Vormerkung für zukünftige Fälle nicht berührt wird, in denen ein fälliger Anspruch erneut durch den Eintritt der vorgesehenen Bedingung ausgelöst wird (so aber[6]). Für den mit Bedingungseintritt bereits durchsetzbaren Anspruch würde damit die Sicherungswirkung der Vormerkung zwar nicht entfallen (BGB § 883 Abs 1 Satz 2), seine Erfüllung jedoch daran scheitern, daß die Zustimmung des Erstehers (BGB § 888) nicht mehr zu erreichen ist. Das würde nicht nur dem Wesen der Vormerkung, sondern auch dem Grundsatz widersprechen, daß es für die Vormerkungswirkungen keinen Unterschied macht, ob ein vormerkungswidriger Erwerb durch rechtsgeschäftliche Verfügung oder im Wege der Zwangsvollstreckung erfolgt (BGB § 883 Abs 2).

3.3 Die **Rückübertragungsvormerkung** (§ 114 Rdn 7.8) fällt wie die Löschungsvormerkung nicht unter § 48; sie ist keine Belastung des Grundstücks, sondern eine Belastung einer Grundstücksbelastung[7] und teilt deren Schicksal (zu behandeln nach §§ 119, 120).

3.4 Das **Wiederkaufsrecht** nach dem Reichssiedlungsgesetz (§ 81 Rdn 10.5) ist wie eine Auflassungsvormerkung zu behandeln[8]. Es ist an sich nur ein schuldrechtlicher Anspruch des Siedlungsträgers, der ausnahmsweise verdinglicht ist. Durch die Versteigerung verliert das Grundstück die Eigenschaft, der Ersteher ist nicht Siedler, er hat keine Bindung wie bei einer bestehenbleibenden Auflassungsvormerkung. Wenn für das Recht nach § 92 ein Ersatzwert festgestellt wird, ist der Wiederkaufspreis abzusetzen (§ 92 Rdn 6.12).

---

[6] Wörbelauer DNotZ 1963, 652 und 718 (7, 10).
[7] Dempewolf, Rückübertragungsanspruch, XI 2 a.
[8] BGH 57, 356 = DNotZ 1972, 349 = KTS 1972, 169 = MDR 1972, 313 = NJW 1972, 537 = Rpfleger 1972, 216.

Bargebot 2.2 **§ 49**

Durch Widerspruch gesicherte Rechte im geringsten Gebot 4

Ein Widerspruch (BGB § 899; GBO § 18 Abs 2, § 53 Abs 1, § 76 Abs 1) ist zu berücksichtigen, wenn er ein begrenztes dingliches Recht am Grundstück sichert (zB Widerspruch gegen die Löschung einer Hypothek), nicht wenn er ein Recht an einem Grundstücksrecht, einen Vorrang, einen Löschungsanspruch sichern soll oder sich gegen die Person des Eigentümers oder Berechtigten (auch im Fall von BGB § 1139) wendet. Es sind dies an sich unbestimmte Ansprüche´(§ 14 Rdn 2).

Ein Widerspruch gegen die Eintragung des Eigentümers sichert nur ein der Versteigerung entgegenstehendes Recht nach § 37 Nr 5 und kann nicht im geringsten Gebot berücksichtigt werden, weil das bisherige Eigentum durch Zuschlag untergeht.

[Bargebot]

49 (1) **Der Teil des geringsten Gebots, welcher zur Deckung der Kosten sowie der im § 10 Nr 1 bis 3 und im § 12 Nr 1, 2 bezeichneten Ansprüche bestimmt ist, desgleichen der das geringste Gebot übersteigende Betrag des Meistgebots ist von dem Ersteher im Verteilungstermine bar zu berichtigen (Bargebot).**

(2) **Das Bargebot ist von dem Zuschlag an zu verzinsen.**

(3) **Der Ersteher wird durch Hinterlegung von seiner Verbindlichkeit befreit, wenn die Hinterlegung und die Ausschließung der Rücknahme im Verteilungstermine nachgewiesen werden.**

Übersicht

Allgemeines zu § 49............................	1	Hinterlegung als Zahlung für Verteilungstermin (Absatz 3)	4
Begriff des Bargebots (Absatz 1)	2		
Gesetzliche Zinsen vom Bargebot (Absatz 2)...	3	Tilgungshypothek (Annuitätenhypothek): Zins, Tilgungsbeträge............	5

Allgemeines zu § 49 1

1.1 Zweck der Vorschrift: Regelung der Zahlungspflicht des Ersteher (Denkschrift S 45) und der damit in Zusammenhang stehenden Gliederung des geringsten Gebots (§ 44) in zwei Teile: den bar zu zahlenden Teil des geringsten Gebots (= geringstes Bargebot) nach § 49 Abs 1 und die bestehenbleibenden Belastungen nach § 52.

1.2 Anwendungsbereich: Die Vorschrift gilt für alle Versteigerungsverfahren mit Besonderheiten für Schiffe und Luftfahrzeuge (§ 162 Rdn 3, § 171 a Rdn 3).

Begriff des Bargebots (Absatz 1) 2

2.1 Ein geringstes Bargebot ist immer vorhanden. Bestehenbleibende Rechte (§ 52) bestehen nach den gesetzlichen Versteigerungsbedingungen dann nicht (Abweichung nach § 59 möglich), wenn wegen eines Anspruchs der Rangklassen 2 oder 3 des § 10 Abs 1 oder aus dem rangbesten dinglichen Recht (Rangklasse 4 des § 10 Abs 1) betrieben wird (hier Abweichung auch nach ErbbauVO § 9 Abs 3 Nr 1 und nach WEG § 39 Abs 1 möglich).

2.2 Im Termin wird **nur das Bargebot geboten,** bestehend aus dem bar zu zahlenden Teil des geringsten Gebots (= geringstes Bargebot) und dem das geringste Gebot übersteigenden Teil des Meistgebots (= Mehrgebot). Beide Teile sind im Verteilungstermin spätestens vom Ersteher zu zahlen (§ 49 Abs 1), soweit nicht § 91 Abs 2 vorliegt. Bestehenbleibende Rechte (§ 52) werden nicht ausdrücklich mitgeboten, sind aber Teil des Erwerbspreises, somit stillschweigend mitzuzählen, weil der Ersteher diese Belastungen des Grundstücks übernehmen muß (sie werden auch nach § 74 a und § 85 a mitgerechnet). Wie bestehenbleibende Rechte wird auch ein an ihrer Stelle nach §§ 50, 51 zu leistender Zuzahlungsbetrag nicht mitgeboten. Jeder Bieter muß also, um seine Gesamtleistung zu berechnen, sein im Termin zu nennendes Bargebot und die bestehenbleibenden Belastungen zusammenzählen. Zweckmäßig wird das Gericht im Versteigerungstermin mehrmals, vor allem im Rahmen der Versteigerungsbedingungen, darauf hinweisen, daß ein Bargebot die Belastungen nicht enthält, daß vielmehr im Falle des Zuschlags die bekanntgegebenen Belastungen, die als bestehenbleibend bezeichnet sind, gesondert zu übernehmen sind.

2.3 Ein **bestehenbleibendes** dingliches Recht (§ 52) gehört mit seinem Kapitalbetrag auch dann **nicht** in das geringste Bargebot, wenn die **Fälligkeit** des Kapitals nach § 54 im Versteigerungstermin angemeldet bzw. bekanntgegeben worden ist. Das bei Feststellung des geringsten Gebots berücksichtigte Recht bleibt auch bestehen (§ 52), wenn es fällig ist. Über seine Zahlung muß sich der Gläubiger des Rechts mit dem Ersteher außerhalb des Versteigerungsverfahrens auseinandersetzen.

2.4 Das **geringste Bargebot muß enthalten** (Abs 1): die Kosten des Verfahrens nach § 44 Abs 1 (§ 109); die Ansprüche der Rangklasse 1–3 (wenn nicht aus einem ihnen vorgehenden oder gleichstehenden Recht betrieben wird); die Kosten der dinglichen Rechtsverfolgung aus bestehenbleibenden Rechten und die wiederkehrenden Leistungen und anderen Nebenleistungen aus den bestehenbleibenden Rechten (§ 12 Nr 1–2, § 49 Abs 1). Die Aufzählung in Abs 1 ist jedoch nicht als vollständig und abschließend anzusehen. Zu ergänzen ist, daß alle weiteren dem betreibenden Gläubiger vorgehenden Ansprüche, die nicht als Grundstücksrechte bestehen bleiben können, in ein geringstes Bargebot gehören[1], so der Anspruch eines besserrangigen persönlichen Gläubigers (Rdn 2.7) und der Aufwendungsersatzanspruch des Vermögensübernehmers (§ 44 Rdn 4.13). Zum geringsten Bargebot im ZVG-Handbuch Rdn 240.

2.5 Nebenleistungen einer Grundschuld (BGB § 1191 Abs 2) sind in das geringste Bargebot aufzunehmen (Abs 1 mit § 12 Nr 2), und zwar **regelmäßig wiederkehrende** für die Zeit bis zum Ablauf von zwei Wochen nach dem Versteigerungstermin (§ 47). Auch die nur **einmalig** zu entrichtende Nebenleistung (zB „... einmalige Nebenleistung von 10 vH des Grundschuldbetrags") gehört in das geringste Bargebot. Wenn sie nicht fällig ist, kann eine betagte Nebenleistung (Fälligkeit hängt von einem künftigen gewissen Ereignis ab, § 111 Rdn 2.2; gilt auch für den kündbaren Anspruch, § 111 Rdn 2.4) als unverzinslicher Anspruch nur unter Abzug eines Zwischenzinses nach § 111 Satz 2 berücksichtigt werden (§ 111 Rdn 2.8). Für diese Abzinsung kann als Zeit der Zahlung im Sinne von § 111 nur ein mutmaßlicher Verteilungstermin angenommen werden (gleich dem Fall § 47 Rdn 4). Steht der Zeitpunkt der Fälligkeit der unverzinslichen einmaligen Nebenleistung noch nicht fest (§ 111 Rdn 2.5), dann gilt der Anspruch als aufschiebend bedingt (§ 111 Satz 2). Als solcher wird er voll (ohne Abzug eines Zwischenzinses) in das geringste Bargebot aufgenommen, bei Erlösverteilung aber nach §§ 119, 120 behandelt (§ 111 Rdn 2.5). Die fällige und die nicht fällige einmalige Nebenleistung kann somit nicht mit dem Hauptanspruch der Grundschuld als Belastung des Grundstücks nach § 52 bestehen bleiben. Sie ist nach Abs 1 mit § 12 Nr 2 durch Zahlung zu decken, erlischt somit durch den Zuschlag als Belastung des Grundstücks (§ 91 Abs 1) und ist auf Ersuchen des Vollstreckungsgerichts zu löschen (§ 130). Auch die befristet gleichzeitig mit den Zinsen zu erbringende Nebenleistung der Grundschuld (zB „Für die Zeit vom ... bis ... ist gleichzeitig mit den Zinsen eine Nebenleistung von jährlich 1 vH der Grundschuld zu entrichten") gehört in das bare geringste Gebot; dabei handelt es sich bis zum Endzeitpunkt um regelmäßig wiederkehrende Leistungen; zu berücksichtigen sind diese somit nach § 47 bis zum Ablauf von zwei Wochen nach dem Versteige-

---

[1] BGH 66, 217 = MDR 1976, 825 = NJW 1976, 1398.

Bargebot 2.10 § 49

rungstermin. Der Ersteher hat regelmäßig wiederkehrende Leistungen (auch befristete, gleichzeitig mit den Zinsen zu erbringende) vom Zuschlag an zu tragen (§ 56 Satz 2). Endzeitpunkt für Berücksichtigung im Teilungsplan ist daher der Tag vor dem Zuschlag (§ 114 Rdn 7.1).

2.6 Nebenleistung ist auch die sogenannte **Vorfälligkeitsentschädigung**, die für die durch die Zwangsversteigerung (ein sonstiges Ereignis) ausgelöste vorzeitige Fälligkeit des Hypotheken- oder Grundschuldkapitals geschuldet ist (§ 12 Rdn 3.3). Sie ist eine einmalige Leistung, auch wenn sie der Höhe nach in Prozenten des Kapitals und für einen gewissen Zeitraum berechnet wird. Diese Nebenleistung kann nur den Schuldner treffen (sie muß daher aus dem Bargebot befriedigt werden), nicht den Ersteher (sie kann daher nicht bestehenbleiben). Das muß auch dann gelten, wenn das Recht bestehenbleibt (weil ein ihm nachgehender Gläubiger betreibt). Das bestimmt Abs 1 mit § 12 Nr 2. Die Vorfälligkeitsentschädigung ist aufschiebend bedingter Anspruch (vorzeitige Kapitalfälligkeit ist Bedingung für Grundstücksbelastung); sie gehört nach § 48 wie ein unbedingter Anspruch in das geringste Gebot (kein betagter Anspruch, somit kein Zwischenzinsabzug nach § 111). Bei Erlösverteilung ist sie nach §§ 119, 120 zu behandeln. Die (mit Bedingungseintritt bereits entstandene und die noch nicht angefallene) Vorfälligkeitsentschädigung kann somit nicht mit dem Kapitalbetrag der Hypothek oder Grundschuld als Belastung des Grundstücks nach § 52 bestehen bleiben. Sie ist durch Zahlung zu decken, erlischt somit durch den Zuschlag als Belastung des Grundstücks (§ 91 Abs 1) und ist auf Ersuchen des Vollstreckungsgerichts zu löschen (§ 130).

2.7 Betreiben mehrere **persönliche Gläubiger** (Rangklasse 5 des § 10 Abs 1) die Versteigerung und wird das Verfahren des oder der besserrangigen (Rang § 11 Abs 2, nach der Zeitfolge der Beschlagnahmen) eingestellt, also ein schlechterrangiger persönlicher Gläubiger dem geringsten Gebot zugrunde gelegt, so müssen, obwohl das nicht in § 49 aufgeführt ist, die Ansprüche des oder der besserrangigen persönlichen Gläubiger (mit eingestelltem Verfahren) ins geringste Bargebot aufgenommen werden. Sie gehören nach § 44 ins geringste Gebot, können aber nicht nach § 52 bestehenbleiben, müssen somit bar berücksichtigt werden[2]. Werden dabei mehrere Grundstücke gleichzeitig versteigert, so müssen auch diese Ansprüche eines rangbesseren zur Zeit nicht betreibenden persönlichen Gläubigers (wie Gesamtbelastungen bestehenbleibender dinglicher Rechte) bei jedem Grundstück (in das sie betreiben) ins geringste Gebot aufgenommen werden[3]. Beantragt ein im Rang nachgehender persönlicher betreibender Gläubiger gemäß § 64 Abs 1 die Aufteilung dieser ihm vorgehenden Gesamtbelastung, so ist diese zu verteilen[3]. Wird dabei die Forderung des dann bestrangig betreibenden persönlichen Gläubigers durch die Summe der zuschlagsfähigen Meistergebote nicht oder nicht voll gedeckt, so ist der Zuschlag zu versagen, auch wenn ein Doppelausgebot gemäß § 64 Abs 2 nicht stattgefunden hat[3].

2.8 Ins geringste Bargebot gehören nicht die **Zuzahlungsbeträge** nach §§ 50, 51.

2.9 Bei der **Wiederversteigerung** (§ 133) gehören die im geringsten Gebot berücksichtigten Sicherungshypotheken des § 128 Abs 1 und 2 (weil ein Recht hinter ihnen betreibt) ins geringste Gebot (§ 128 Abs 4), dürfen also nicht bestehenbleiben.

2.10 Zu **zahlen** ist das bare Meistgebot (Bargebot) vom Ersteher **im Verteilungstermin** an das Vollstreckungsgericht (§ 107 Abs 2). Durch Liegenbelassungsvereinbarung kann sich die Zahlungspflicht des Erstehers mindern (§ 91 Abs 2).

---

[2] BGH 66, 217 = aaO (Fußn 1); AG Gemünd Rpfleger 1957, 88 mit (unter Vorbehalten) zust Anm Drischler; Dassler/Schiffhauer § 44 Rdn 51; Steiner/Eickmann § 44 Rdn 5 und 31.
[3] AG Gemünd aaO (Fußn 2).

§ 49 3 Geringstes Gebot, Versteigerungsbedingungen

3 Gesetzliche Zinsen vom Bargebot (Absatz 2)

3.1 Das **Bargebot** (geringstes Bargebot und Mehrgebot = der das geringste Bargebot übersteigende Teil des Meistgebots) ist zu verzinsen (Abs 2). Verzinsung des Bargebots ab Zuschlag ist Ausgleich dafür, daß die Nutzungen des Grundstücks ab Zuschlag auf den Ersteher übergehen (§ 56 Satz 2). Der Zinssatz ist gesetzlich 4% jährlich (BGB § 246), falls nicht durch abgeänderte Versteigerungsbedingung nach § 59 ein anderer Zinssatz festgelegt wird. Die Verzinsung **beginnt** mit dem Tag der Zuschlagswirksamkeit (§§ 89, 104). Sie endet mit dem Tag vor dem Verteilungstermin, im Falle der Hinterlegung mit dem Tag vor Wirksamkeit der befreienden Hinterlegung (Rdn 4.1) (der Tag der Hinterlegung wird nicht mehr verzinst). Die Verzinsung endet aber nicht dadurch, daß der Ersteher vor dem Verteilungstermin einen hebungsberechtigten Gläubiger außergerichtlich befriedigt (§ 117 Rdn 5.5). Alle Vorgänge werden immer auf den Beginn des Tages (Null Uhr) bezogen.

3.2 Zu verzinsen ist das Bargebot (wie Rdn 3.1 behandelt) unverändert auch, wenn aus dem Bargebot zu befriedigende **Ansprüche unverzinslich** sind; diese Zinsen des Bargebots fallen dann als unausgeschiedener Teil des Erlöses dem Nächstberechtigten an. Die Erlösverteilung erfolgt ohne Unterschied, ob der Erlös aus diesen Bargebotszinsen oder aus seiner Hauptsache stammt.

3.3 Liegenbelassungsvereinbarung und Befriedigungserklärung (in beiden Formen) (§ 117 Rdn 5) ändern nichts an der Bargebotsverzinsung nach § 49 (auch die Entscheidung des Bundesgerichtshofs[4] besagt trotz ihrer etwas mißverständlichen Einleitung nichts Gegenteiliges; dazu bei § 91 Rdn 4).

3.4 Zu berechnen sind die Zinsen nach der Zeitdauer der Verzinsung (Rdn 3.1) bezogen auf das **Kalenderjahr**. Sie laufen hier von einem gesetzlich genau festgelegten Tag bis zu einem anderen bestimmten Tag, müssen somit nach Kalendertagen berechnet werden. Bemessung nach Bankzinstagen (Monat mit 30 Tagen) ist gesetzlich nicht bestimmt. Bemessung einer Zeitspanne (der Zeit der Verzinsung) vereinfacht mit 30 Kalendertagen monatlich ist für Zinsberechnung der Banken und in der Wirtschaft, nicht aber allgemein verkehrsüblich: auf Bankzinstage kann zur Feststellung der nach Kalendertagen bemessenen Zeitdauer der Verzinsung daher nicht ausgewichen werden.

4 Hinterlegung als Zahlung für Verteilungstermin (Absatz 3)

4.1 **Hinterlegung** des baren Meistgebots (Bargebot) ermöglicht dem Ersteher Abs 3. Den Ersteher befreit diese Hinterlegung von seiner Verbindlichkeit; seine Zahlungspflicht erlischt damit. Zulässig ist auch Hinterlegung nur eines Teils des baren Meistgebots (kein Fall des BGB § 266; es ist Zahlung im Verfahren an das Gericht geschuldet). Wo und wie zu hinterlegen ist, bestimmt sich nach der **Hinterlegungsordnung**. **Bewirkt** ist demnach die Hinterlegung, wenn
– auf Antrag des Erstehers als Hinterleger die Annahme der Hinterlegung durch die Hinterlegungsstelle (Amtsgericht) verfügt ist (HinterlO § 6 Abs 1),
– das bare Meistgebot bei der Hinterlegungskasse (Kasse der Justizverwaltung, auch Gerichtszahlstelle) eingezahlt ist. Bei Einsendung mit der Post ist der Tag der Einzahlung bei der Post maßgeblich (BGB § 375). Bei sonst bargeldloser Zahlung (Banküberweisung, Zahlung mit Scheck) entscheidet der Tag, an dem der Betrag der Kasse gutgeschrieben wird; BGB § 375 findet keine entsprechende Anwendung.

Befreiung des Erstehers **von** seiner **Verbindlichkeit** als Hinterlegungswirkung (Abs 3) tritt mit dem Tag ein, an dem die Hinterlegung formell ordnungsgemäß bewirkt ist und der Ersteher als Hinterleger auf das Recht der Rücknahme verzichtet hat. Der Rücknahmeverzicht ist der Hinterlegungsstelle zu erklären (dem

---

[4] BGH 68, 276 = MDR 1977, 742 = NJW 1977, 1287 = Rpfleger 1977, 246.

Bargebot 5.1 § 49

Vollstreckungsgericht ist er nur nachzuweisen); er braucht nicht zugleich mit dem Hinterlegungsantrag (HinterlO § 6 Abs 1) abgegeben, sondern kann auch nachträglich erklärt werden. Diese Erklärung bedarf keiner Form; ihr Zugang an die Hinterlegungsstelle muß jedoch nachgewiesen werden (daher ist Schriftform praktisch unumgänglich). Rücknahmeverzicht unter Bedingung oder Zeitbestimmung ist unwirksam. Maßgebend ist der Tag, an dem das letzte Erfordernis der befreienden Hinterlegung (Annahmeverfügung, Einzahlung, Rücknahmeverzicht, nicht aber Nachweis gegenüber dem Vollstreckungsgericht, die erst im Verteilungstermin erforderlich ist) erfüllt ist.

4.2 Mit der Zahlung des Erlöses im Verteilungstermin oder mit Hinterlegung des bar gebotenen Betrags unter Ausschluß der Rücknahme (Abs 3) endet auch die Pflicht des Erstehers zur Verzinsung des Bargebots (Rdn 3.1).

4.3 Hinterlegung zur Sicherheitsleistung (Bietersicherheit, § 70 Abs 2) hat nicht die Hinterlegungswirkung des § 49 Abs 3. Weil der als Sicherheit hinterlegte Geldbetrag als Zahlung des Erstehers gilt (§ 107 Abs 3), kann er aber auch als Erstehererzahlung für den Hinterlegungsfall des Abs 3 verwendet werden. Dafür ist (nochmalige) Annahmeverfügung der Hinterlegungsstelle nicht erforderlich (die bereits hinterlegte, damit auch die an das Gericht geleistete Sicherheit, § 70 Abs 2, gilt als gezahlt). Verwendung der bereits hinterlegten (gezahlten) Bietersicherheit zur Hinterlegung für Befreiung von der Verbindlichkeit (Abs 3) erfordert daher nur, daß der Ersteher dem Vollstreckungsgericht ausdrücklich erklärt, daß seine „Sicherheit auch **in Anrechnung** auf das Bargebot unter Rücknahmeverzicht hinterlegt werden" solle. Als letztes Erfordernis der befreienden Hinterlegung (Abs 3) bewirkt diese Erklärung, daß die Verpflichtung des Erstehers zur Verzinsung des hinterlegten Geldes endet (Abs 2; Zinsen daher bis zum Tag vor dem Eingang der Erklärung bei Gericht). Andernfalls gilt die Sicherheit erst im Termin als bezahlt (§ 107 Abs 3)[5] und es muß dann das volle Bargebot vom Zuschlag an verzinst werden.

4.4 Hinterlegung unter Rücknahmeverzicht schließt nur das eigene Recht des Erstehers aus, das Geld zurückzunehmen (BGB § 376). Entfällt der Hinterlegungsgrund (Aufhebung des Zuschlags durch das Beschwerdegericht), dann hat das allein verfügungsberechtigte Vollstreckungsgericht Rückzahlung an den Hinterleger anzuordnen.

4.5 Hierzu im ZVG-Handbuch Rdn 276, 418.

4.6 Hinterlegungs**zinsen** gehören zur Teilungsmasse. Hinterlegungs**kosten** (Kosten der Einzahlung, auch Überweisung) trägt der Ersteher als Hinterleger.

Tilgungshypothek (Annuitätenhypothek): Zins, Tilgungsbeträge 5

Literatur: Hagemann, Die Tilgungshypothek im geringsten Gebot und Teilungsplan, Rpfl-Stud 1982, 25; Kaps, Die Tilgungshypothek, Deutsches Recht (Wochenausgabe) 1941, 401.

5.1 Bei der **Tilgungshypothek** (Annuitätenhypothek) sind an den festgelegten Fälligkeitsterminen als Kapitalteile **Zuschläge zu den Zinsen** zur allmählichen **Tilgung des Kapitals** zu entrichten (dazu § 10 Rdn 8.7). Beispiel: 6 vH Zinsen, jährlich nachträglich zahlbar, außerdem ab ... 2 v H zuzüglich der durch die fortschreitende Tilgung ersparten Zinsen als Tilgung, so daß fortlaufend 8 vH wiederkehrende Leistungen, fällig am 31. Dez. eines jeden Jahres, zu entrichten sind. Die Zahlungsbestimmungen über Fälligkeit und Berechnung der Tilgungsbeträge (somit Höhe an den einzelnen Fälligkeitsterminen) sind Rückzahlungsbestimmungen (§ 44 Rdn 5.25). **Fortschreitende Kapitalfälligkeit** ist damit (rechtsgeschäftlich bestimmter) **Inhalt** des Grundpfandrechts. Zur allmählichen

---

[5] Dassler/Schiffhauer § 49 Rdn 12; Steiner/Eickmann § 49 Rdn 18; Drischler RpflJahrbuch 1962, 322 (B I 3).

§ 49 5.1 Geringstes Gebot, Versteigerungsbedingungen

Tilgung des Kapitals und zu seiner Verzinsung sind ab Tilgungsbeginn regelmäßig wiederkehrende, einheitliche und stets gleich hohe Leistungen in der Weise zu bewirken, daß mit fortschreitender Kapitaltilgung ersparte Zinsen der Tilgung zuwachsen. Der mit fortschreitender planmäßiger Kapitalfälligkeit sich **vergrößernde Kapitalanteil** der gleichbleibenden Leistungen (Tilgungsbetrag) und dementsprechend der sich jeweils **verringernde Zinsanteil** ist damit für jeden Fälligkeitszeitpunkt von Tilgungsbeginn an fest vorausbestimmt. Betragsmäßig wird er banküblich in einem Tilgungsplan ausgewiesen (zahlenmäßige Darstellung der Zinsen und des Kapitalanteils für jeden Fälligkeitszeitpunkt sowie des jeweiligen Restkapitals), der als Bestandteil der Eintragungsbewilligung bei Bezugnahme auf diesen Inhalt der Grundbucheintragung (BGB § 1115 Abs 1 mit § 874) sein kann.

5.2 In der Zwangsversteigerung (zur Zwangsverwaltung auch § 155 Abs 2) werden die aus Zins und Tilgung bestehenden einheitlichen (regelmäßig wiederkehrenden) Leistungen und der Hauptsachebetrag des Rechts wie folgt behandelt:

– **Zinsrückstände über 2 Jahre** haben als „ältere Rückstände" Anspruch auf Befriedigung aus dem Grundstück nur noch in Rangklasse 8 des § 10 Abs 1. **Tilgungsbeträge** behalten als Kapitalteile (als fällige Teile des Rechts am Grundstück) ohne zeitliche Begrenzung Rangklasse 4 des § 10 Abs 1 ZVG (dazu bereits § 10 Rdn 8.7).

– **Tilgungsbeträge** sind als Beträge, die zur allmählichen Tilgung der Schuld als Zuschlag zu den Zinsen zu entrichten sind, „den wiederkehrenden Leistungen" gleichgestellt (§ 10 Abs 1 Nr 4; dazu unter Darstellung der Entwicklung[6]). Sie sind im geringsten Gebot demgemäß als **bar zu zahlende Beträge** zu berücksichtigen (geringstes Bargebot, § 49 Abs 1 mit § 12 Nr 2). In das Bargebot fallen die einheitlichen (aus Zins und Tilgung) bestehenden Annuitätenfälligkeiten mit den aus den letzten zwei Jahren rückständigen Beträgen (§ 10 Abs 1 Nr 4) und die als Kapitalteile in Rangklasse 4 des § 10 Abs 1 verbliebenen Tilgungsbeträge der mehr als zwei Jahre rückständigen Fälligkeiten.

– **Tilgungsbeträge** sind als Kapitalteile an Fälligkeitstagen zu entrichten, nicht für bestimmte Zeiträume. Sie gehören daher nicht zu den nach § 56 (BGB § 103) zeitlich abzugrenzenden Lasten des Grundstücks. Der **Endzeitpunkt des § 47** erlangt daher für die Abgrenzung keine Bedeutung (so auch[7]; anders[8]: sind bis zum Ablauf von zwei Wochen nach dem Versteigerungstermin zu berechnen; anders auch[9]: Tilgungsleistungen sind anzusetzen, soweit sie bis zum Ablauf der Frist des § 47 regelmäßig fällig werden). Als wiederkehrende Leistungen können daher nur die vor dem Versteigerungstermin bereits fällig gewordenen Tilgungsbeträge bar in das geringste Gebot aufgenommen werden (ZVG-Handbuch Rdn 261; auch[10]). Das gilt auch, wenn nach dem Versteigerungstermin bis zum Ablauf der Zwei-Wochenfrist des § 47 ein weiterer Tilgungsbetrag fällig wird (anders[11]). Wenn nach dem Versteigerungstermin bis zur Erteilung des Zuschlags ein weiterer Tilgungsbetrag fällig wird, bleibt das Recht mit der Maßgabe bestehen, daß die (nach der Grundbucheintragung) eingetretene Kapital-Teilfälligkeit fortbesteht (ZVG-Handbuch Rdn 261). Von der letzten Annuitätenfälligkeit vor dem Versteigerungstermin bis zum Ablauf der

---

[6] Jonas/Pohle, ZwVNotrecht, § 10 Anm 5 b (S 192).
[7] Dassler/Schiffhauer § 47 Rdn 4; Steiner/Eickmann § 47 Rdn 8; Mohrbutter/Drischler Muster 60 Anm 1.
[8] Jaeckel/Güthe § 10 Rdn 18; Korintenberg/Wenz Einführung, Kapitel 22 Anhang Anm 3; Jonas/Pohle, ZwVNotrecht, § 10 Anm 5 b (S 193); Hagemann RpflStud 1982, 25 (II 2 b, c).
[9] Kaps Deutsches Recht (Wochenausgabe) 1941, 401 (XV 3).
[10] Mohrbutter/Drischler Muster 60 Anm 1; Teufel, Zwangsversteigerung und Zwangsverwaltung, Seite 46.
[11] Kaps aaO (Fußn 9).

Bargebot 5.3 § 49

Zwei-Wochenfrist des § 47 sind daher in das geringste Bargebot nur noch Zinsen (aus dem Kapitalrest) zeitanteilig, nicht mehr aber Tilgungsbeträge aufzunehmen (sogen Stückzinsen; so auch[12]).
– Die **Hauptsache** bleibt nur unter Abzug der aus dem Bargebot zu befriedigenden Tilgungsraten bestehen (dazu ZVG-Handbuch Rdn 261). In Höhe der berücksichtigen baren Tilgungsraten erlischt das Recht durch Befriedigung aus dem Grundstück (BGB § 1181 Abs 1). Da Hypothekenteile nicht doppelt gedeckt werden können, kann im geringsten Gebot das Kapital als bestehenbleibendes Recht (§ 52) nur mit dem Betrag berücksichtigt werden, der sich nach Abzug der in das Bargebot aufgenommenen oder in einem gleichzeitigen Zwangsverwaltungsverfahren befriedigten Tilgungsteile ergibt (ist von Amts wegen festzustellen).

Berücksichtigt werden Zinsen und auch Tilgungsbeträge als wiederkehrende Leistungen der Tilgungshypothek mit den laufenden Beträgen von Amts wegen (§ 45 Abs 2); die Rückstände (damit auch rückständige Tilgungsbeträge) werden nur berücksichtigt, wenn sie (rechtzeitig) angemeldet sind (§ 45 Abs 1).

5.3 Schuldnerverzug (Nichtzahlung einer aus Zins- und Kapitalteil bestehenden Rate bei Fälligkeit) **bewirkt keine Änderung** des Inhalts des Grundpfandrechts (sie würde Einigung und Grundbucheintragung erfordern, BGB § 877 mit § 873). Folge der fortschreitenden Kapitalfälligkeit als (rechtsgeschäftlich bestimmter) Inhalt der Annuitätenhypothek (Rdn. 5.1) ist, daß die darauffolgende Rate wiederum aus dem **für sie** ab Tilgungsbeginn betragsmäßig **vorausbestimmten** (planmäßigen) Kapitalanteil (dieser Tilgungsteil auch erhöht um die planmäßig ersparten Zinsen der vorausgehenden – nicht gezahlten – Kapitalfälligkeit) und dem entsprechend verringerten Zinsanteil besteht. Nur diese Zinsen (berechnet nach dem mit planmäßiger allmählicher Kapitaltilgung für den Fälligkeitstag vorausbestimmten Kapitalrest) sind als Grundstücksbelastung eingetragen (BGB § 1115) und Inhalt der Einigung (BGB § 873 mit § 1113) über die Grundstücksbelastung. Zinsberechnung nach Zahlungsrückstand (Nichtzahlung einer Fälligkeit) für die darauffolgenden Raten aus dem tatsächlich noch offenen Restkapital (so aber[13]), nicht jedoch aus dem durch fortschreitende planmäßige Kapitalfälligkeit vorausbestimmten Restkapital (= nach Tilgungsplan), verkennt die rechtliche Bedeutung der Rückzahlungsbestimmungen und der von ihnen abgeleiteten Zinsbelastung des Grundstücks. Auch (andere) Auslegung ist ausgeschlossen: Inhalt der Grundbucheintragung kann die Änderung des Zinsanteils in einer Rate und damit der Verzinslichkeit des Rechts ab Zahlungsverzug (Nichtzahlung der vorausgehenden Fälligkeit) schon deshalb nicht sein, weil damit ein objektiver Anhaltspunkt für die Höhe der Zinsen (das Ausmaß der Zinsbelastung des Grundstücks) fehlen würde. Das zeigt sich auch mit den Erschwernissen, die Aufteilung der einheitlichen wiederkehrenden Leistung in einen Zins- und Kapitalanteil bei Wegfertigung des Zahlungsrückstandes im Laufe einer folgenden Zinsperiode bringen würde.

Beispiel: Zahlungsrückstand mit der Fälligkeit am 31. 12. 1995 (Zinsen nachträglich). Berechnung der Zinsen für 1. 1.–31. 12. 1996 nach dem Restkapital (keine Minderung um die Tilgung zum 31. 12. 1995). Wegfertigung des Zahlungsrückstands am 17. 3. 1996.

Die planmäßig vorausbestimmte Aufteilung der wiederkehrenden Leistung zum 31. 12. 1996 in Zins- und Tilgungsanteil würde sich ändern, damit wiederum (weil am 31. 12. 1996 ein geringerer Kapitalanteil getilgt würde) aber auch die Kapitaltilgung an allen folgenden Fälligkeitsterminen. Schon bei nur einmaligem Zahlungsrückstand würde allmähliche Kapitaltilgung dann nicht mehr nach den vereinbarten (und im Grundbuch eingetragenen) Zahlungsbestimmungen erfolgen, sondern sich nach dem Zahlungsverhalten des Schuldners bemessen. Nach wieder-

---

[12] Steiner/Eickmann § 47 Rdn 8.
[13] Hagemann RpflStud 1982, 25 (I 1 b und II 3 b); Steiner/Eickmann § 47 Rdn 10.

holter Wegfertigung rückständiger Fälligkeiten erst im Laufe der folgenden Zinsperioden wären Kapitalrest und Aufteilung der weiteren Fälligkeiten in (bestimmte) Zins- und Tilgungsanteile nur noch durch Kontrolle der Zahlungseingänge festzustellen. Solche Grundstücksbelastung mit Zinsen entspricht nicht dem im Sachenrecht und für Grundbucheintragung maßgeblichen Bestimmtheitsgrundsatz und auch nicht der Verkehrsanschauung vom Inhalt der Einigung über Zinshöhe (Grundstücksbelastung) und Kapitalfälligkeit bei Vereinbarung einer Annuitätenhypothek. Deren Besonderheiten wird mit Verzugs- oder Strafzinsen für den Fall des Zahlungsrückstandes Rechnung getragen (so auch[14]). Diese sollen nicht (wie[15] meint) einen Zinsanspruch aus dem Restkapital bei Zahlungsverzug „ersetzen", sondern infolge der sich mit fortschreitender planmäßiger Kapitalfälligkeit mindernden Vertragszinsen bei Zahlungsrückstand als zusätzlicher (bedingter) Zinsanspruch das Grundstück (bestimmt) weiter belasten.

[Zuzahlung für nichtbestehendes Grundpfandrecht]

50 (1) **Soweit eine bei der Feststellung des geringsten Gebots berücksichtigte Hypothek, Grundschuld oder Rentenschuld nicht besteht, hat der Ersteher außer dem Bargebot auch den Betrag des berücksichtigten Kapitals zu zahlen. In Ansehung der Verzinslichkeit, des Zinssatzes, der Zahlungszeit, der Kündigung und des Zahlungsorts bleiben die für das berücksichtigte Recht getroffenen Bestimmungen maßgebend.**

(2) **Das gleiche gilt:**

1. **wenn das Recht bedingt ist und die aufschiebende Bedingung ausfällt oder die auflösende Bedingung eintritt;**
2. **wenn das Recht noch an einem anderen Grundstücke besteht und an dem versteigerten Grundstücke nach den besonderen Vorschriften über die Gesamthypothek erlischt.**

(3) **Haftet der Ersteher im Falle des Absatzes 2 Nr 2 zugleich persönlich, so ist die Erhöhung des zu zahlenden Betrags ausgeschlossen, soweit der Ersteher nicht bereichert ist.**

Übersicht

Allgemeines zu § 50............................	1	Teilungsplan und Klage auf Zuzahlung.................................	6
Anfall einer Zuzahlung für Grundpfandrechte (Absatz 1 Satz 1).........	2	Wegfall bei persönlicher Haftung (Abs 3)...........................	7
Bedingtes Recht (Absatz 2 Nr 1)........	3		
Gesamtrecht (Absatz 2 Nr 2)...............	4		
Höhe des Betrags, Zins und Zahlungspflicht (Absatz 1)..............................	5		

1 Allgemeines zu § 50

1.1 Zweck der Vorschrift: Erhöhung der Zahlungspflicht des Erstehers mit dem Wegfall eines bei der Feststellung des geringsten Gebots berücksichtigten Grundpfandrechts (Denkschrift S 46).

1.2 Anwendungsbereich: Die Vorschrift gilt für alle Versteigerungsarten. Behandlung der Zuzahlung im Verteilungstermin: § 125.

1.3 Als Zuzahlungspflicht legen §§ 50 und 51 eine Erhöhung der Zahlungspflicht des Erstehers (§ 49 Abs 1) fest. Der **Begriff „Zuzahlung"** ist dem früher häufig verwendeten Begriff der „Ersatzzahlung" vorzuziehen, weil „Ersatzzahlung" ein Begriff des § 92 für einen ganz anderen Vorgang ist, wieder zu unterschieden

---

[14] Kaps aaO (Fußn 9).
[15] Hagemann RpflStud 1982, 25 (II 3 b).

Zuzahlung für nichtbestehendes Grundpfandrecht   2.4   § 50

von der Festsetzung des Umrechnungswertes nach § 46. Der von[1] gebrauchte Begriff „Zahlungserweiterungspflicht" ist zwar sachlich zutreffend, aber zu umständlich; die Begriffe „Ausgleichszahlung" oder „Nachzahlung" sind kaum üblich.

Anfall einer Zuzahlung für Grundpfandrechte (Absatz 1 Satz 1)   2

2.1 Wenn das Grundstück für eine als bestehenbleibend übernommene Hypothek, Grundschuld oder Rentenschuld **nicht haftet,** weil sie als Grundstücksbelastung nicht besteht oder infolge Mithaftung eines anderen Grundstücks erlischt oder von einer Bedingung abhängig war und sich mit deren Ausfall oder Eintritt erledigt hat, kann der Vorteil hiervon nicht dem Ersteher zukommen (Denkschrift S 46; er wäre mit Eigentumsübergang zu einem geminderten Erwerbspreis bereichert). Wegfall eines als bestehenbleibend übernommenen Grundpfandrechts bewirkt daher eine entsprechende **Erhöhung der Zahlungspflicht** des Erstehers. Sie kommt den Berechtigten am Grundstück zugute, die bei Fortbestehen des Grundpfandrechts unbefriedigt geblieben wären (Denkschrift S 46); wenn solche Berechtigte nicht mehr vorhanden sind, gebührt der Betrag dem Eigentümer bei Erteilung des Zuschlags als Erlösüberschuß.

2.2 Zuzahlung ist vom Ersteher zu leisten, wenn eine in das geringste Gebot als bestehenbleibend aufgenommene Hypothek, Grundschuld oder Rentenschuld **nicht besteht** (Abs 1, zB wegen Unwirksamkeit der Eintragung (BGB § 873 mit § 1115), weil die Forderung einer Hypothek nach ZGB-DDR §§ 452–457 nicht entstanden oder erloschen ist (§ 44 Rdn 5.14) oder weil das Grundpfandrecht durch Zahlung im Zwangsverwaltungsverfahren (§ 158 Abs 1) erloschen ist (BGB § 1181 Abs 1, 2). „Nicht bestehen" muß das Grundpfandrecht im Zeitpunkt des Wirksamwerdens des Zuschlags (§§ 89, 104). Das ist der Fall, wenn der vollständige Wegfall oder die Minderung des Rechts oder die Tatsache des ganzen oder teilweisen Nichtbestehens zwischen der Abgabe des Meistgebots und der Zuschlagserteilung eintritt oder wenn diese Umstände zwar schon früher eingetreten sind, vom Gericht aber nicht erkannt oder nicht beachtet wurden. Zuzahlungspflicht tritt aber nicht ein, wenn der Wegfall oder die Minderung zwischen Zuschlagserteilung und Erlösverteilung eintritt[2] (bei Grundpfandrechten kaum denkbar); hier kommt der Vorteil dem Ersteher zugute[2].

2.3 Keine Zuzahlungspflicht tritt ein, wenn eine als bestehenbleibend übernommene Grundschuld besteht, der Grundschuldgläubiger aber nach Erledigung des Sicherungszwecks (Nichtentstehen oder Erlöschen der nach einer Sicherungsabrede gesicherten Forderung) zur Rückgewähr verpflichtet ist[3] (§ 114 Rdn 7.7). Zuzahlung kommt außerdem nicht in Betracht, wenn für eine bestehen gebliebene Gesamtgrundschuld unter Verstoß gegen den Rückgewähranspruch eines Dritten nach Versteigerung (Zuschlag) Löschungsbewilligung erteilt wird, die es dem Ersteher ermöglicht, sein Grundstück von der dinglichen Belastung zu befreien[4].

2.4 Keine Zuzahlungspflicht tritt ein, wenn das bestehenbleibende Grundpfandrecht einem Dritten zusteht, auf den es kraft Gesetzes oder durch Abtretung übergegangen ist oder wenn es als Grundstücksbelastung besteht, aber zu Unrecht in das geringste Gebot aufgenommen ist[5] (Wegfall des zu Unrecht in das geringste Gebot aufgenommenen Rechts ist natürlich ein Fall des § 50) oder wenn es aus

---

[1] Schmidt, Grundpfandrechte und geringstes Gebots, S 45.
[2] Freund, Zwangsvollstreckung in Grundstücke, § 38 (Seite 89); Drischler RpflJahrbuch 1960, 347 (A IV c 2).
[3] BGH DNotZ 1994, 47 = KTS 1993, 509 = MDR 1993, 755 = NJW 1993, 1919 = Rpfleger 1993, 415.
[4] BGH 106, 375 (Gründe nicht vollständig abgedruckt) = DNotZ 1989, 618 = KTS 1989, 733 = MDR 1989, 630 = NJW 1989, 1349 = Rpfleger 1989, 295.
[5] RG 138, 125.

§ 50 2.4   Geringstes Gebot, Versteigerungsbedingungen

Versehen nicht in das geringste Gebot aufgenommen ist[6] oder wenn ein Recht nur einzelnen Beteiligten gegenüber (relativ) unwirksam ist[7] oder wenn es nach dem Anfechtungsgesetz angefochten ist[8].

2.5 Eigentümerrechte: Eine Zuzahlungspflicht besteht nicht, wenn das im geringsten Gebot bestehenbleibende Grundpfandrecht dem Eigentümer zusteht, also bei der Grundschuld oder bei der ganz oder zum Teil zurückbezahlten Hypothek, Höchstbetragshypothek (nach BGB), Tilgungshypothek, weil in diesen Fällen das Recht besteht. Eine Ausnahme gilt bei einer (vormaligen) Reichsheimstätte nach RHeimstG § 17 Abs 2 (dazu § 15 Rdn 31); hier Zuzahlungspflicht nach Abs 1, soweit das Recht erloschen war. Dagegen gilt Abs 2 Nr 1 (Zuzahlungspflicht) für eine bestehenbleibende Eigentümergrundschuld, falls derjenige, der Anspruch auf Löschung des Rechts hat, diese Löschungsansprüche geltend macht[9], hier ist das Eigentümerrecht auflösend bedingt[9], soweit das Interesse des Berechtigten reicht (dazu § 114 Rdn 9).

3 Bedingtes Recht (Absatz 2 Nr 1)

Zuzahlung ist vom Ersteher zu leisten, wenn bei einem **aufschiebend bedingten Grundpfandrecht,** das in das geringste Gebot als bestehenbleibend aufgenommen ist, die aufschiebende Bedingung (die von der Bedingung abhängige Wirkung tritt mit dem Eintritt der Bedingung ein, BGB § 158 Abs 1) ausfällt (Abs 2 Nr 1) oder wenn bei einem **auflösend bedingten Grundpfandrecht,** das in das geringste Gebot als bestehenbleibend aufgenommen ist, die auflösende Bedingung (mit dem Eintritt der Bedingung endet die Wirkung und tritt der frühere Zustand ein, BGB § 158 Abs 2) eintritt (Abs 2 Nr 1 des § 50). Das Grundstück haftet auch dann nicht für das bei Feststellung des geringsten Gebots als bestehendbleibend berücksichtigte Grundpfandrecht. Auch der Wegfall des übernommenen Grundpfandrechts mit Bedingungsausfall oder -eintritt kann dem Ersteher nicht zugute kommen. Erhöhung der Zahlungspflicht begründet daher auch das Erlöschen des Grundpfandrechts mit Wegfall der aufschiebenden oder Eintritt der auflösenden Bedingung **nach** dem Wirksamwerden des Zuschlags (Abs 2 Nr 1). Wenn das Grundpfandrecht mit Bedingungsausfall oder -eintritt bereits bei Erteilung des Zuschlags (im Zeitpunkt seines Wirksamwerdens) erloschen war, hat es nicht bestanden; dann begründet bereits Abs 1 die Zuzahlungspflicht. Den bedingten Rechten stehen befristete nicht gleich; wenn sie erlöschen, gibt es keine Zuzahlung. Die Höchstbetragshypothek ist kein bedingtes Recht (§ 44 Rdn 5.12); sie fällt nicht unter Abs 2 Nr 1; wohl aber ist die Höchstbetragshypothek nach ZGB-DDR § 454 a bedingtes Recht (§ 48 Rdn 2.4). Ist eine durch **Vormerkung** oder **Widerspruch** gesicherte Hypothek, Grundschuld, Rentenschuld gemäß § 48 wie ein eingetragenes Recht berücksichtigt worden, so wird sie gemäß Abs 2 wie ein aufschiebend bedingtes Recht behandelt (Zuzahlungspflicht bei Ausfall der aufschiebenden Bedingung), weil noch in der Schwebe ist, ob es besteht oder entsteht[10] (keine Behandlung nach § 51).

4 Gesamtrecht (Absatz 2 Nr 2)

4.1 Zuzahlung ist vom Ersteher außerdem zu leisten, wenn eine **Gesamtbelastung** (Gesamthypothek, Gesamtgrundschuld, Gesamtrentenschuld) vorliegt und diese am versteigerten Grundstück (auch nur Miteigentumsanteil, BGB § 1114)

---

[6] Dassler/Schiffhauer § 50 Rdn 1.
[7] Dassler/Schiffhauer § 50 Rdn 25; Jaeckel/Güthe § 15 Rdn 18; Wörbelauer DNotZ 1963; 652 (6).
[8] Wörbelauer DNotZ 1963, 652 (6).
[9] RG 57, 209 (212).
[10] BGH 53, 42 = KTS 1970, 208 = MDR 1970, 222 = NJW 1970, 565 = Rpfleger 1970, 60.

Zuzahlung für nichtbestehendes Grundpfandrecht   4.2 § 50

nach den Gesamtbelastungsvorschriften **erlischt** (Abs 2 Nr 2). Erhöhung der Zahlungspflicht tritt damit ein, wenn das Gesamtrecht **nach dem Zuschlag** wegfällt. Wenn es nach Gesamtrechtsvorschriften an dem versteigerten Grundstück bereits bei Erteilung des Zuschlags (im Zeitpunkt seines Wirksamwerdens) erloschen war, hat es nicht bestanden; dann begründet bereits Abs 1 die Zuzahlungspflicht. Gesamtbelastungen erlöschen nach BGB § 1181 Abs 2 (mit § 1182), § 1173 Abs 1 (mit § 1173 Abs 2), § 1174 Abs 1, § 1175 Abs 1 Satz 2 und Abs 2. Der Zuzahlungsfall kann somit eintreten, wenn das Gesamtrecht am versteigerten und an einem anderen, nicht versteigerten Grundstück (auch an mehreren; entsprechendes gilt für Miteigentumsbruchteile) besteht, außerdem, wenn die Grundstücke (Miteigentumsbruchteile) nach Einzelausgeboten unter jeweils voller Berücksichtigung der Gesamtbelastung (§ 63 Rdn 2.4) einzeln (auch an den gleichen Ersteher; er könnte sich sonst durch einmalige Zahlung des Kapitals befreien) zugeschlagen worden sind. Der Zuzahlungsfall kann ebenso eintreten, wenn mehrere gesamtbelastete Grundstücke (Miteigentumsbruchteile) im Gesamtausgebot zugeschlagen wurden und das berücksichtigte Gesamtrecht noch auf einem nicht versteigerten Grundstück lastet oder auch, wenn alle (in unterschiedlichem Rang) gesamtbelasteten Grundstücke (Miteigentumsbruchteile) versteigert wurden, das Gesamtrecht aber nur bei einem (einigen) von ihnen bestehengeblieben, bei dem (einigen) anderen aber erloschen ist und aus deren Erlös der Gläubiger befriedigt wird[11] Entsprechendes gilt bei Versteigerung aller gesamtbelasteten Grundstücke und Zuschlag in Gruppenausgeboten (mit Zusammenfassung jeweils mehrerer der gesamtbelasteten Grundstücke) oder bei Zuschlag im Gruppen- und Einzelausgebot. Auch die BGB-Verteilung nach BGB § 1132, § 1172 Abs 2 ist hinsichtlich des (nicht zugeteilten) Restbetrags Erlöschen (das Grundstück wird frei); in den Fällen des § 1172 kann der Eventualberechtigte die Verteilung verlangen; hier immer Zuzahlung nach Abs 2 Nr 2. Die Regel ist: Zuzahlung ist nötig, soweit der Ersteher ohne Zutun (ohne daß er etwas leisten mußte) von einer Gesamtbelastung frei wird. Das ist nicht der Fall, wenn nach Versteigerung mehrerer Grundstücke (auch Miteigentumsbruchteile) und Zuschlag im Gesamtausgebot das Gesamtrecht nur an einem (an einzelnen) der Grundstücke (Miteigentumsbruchteile) erlischt[12] im übrigen aber an einem der versteigerten Grundstücke noch besteht (auch nur an einem Miteigentumsbruchteil; nicht aber an mithaftenden anderen Grundstücken[13]). Es müssen mehrere zusammen zugeschlagene Grundstücke als ein Grundstück behandelt werden; Zuzahlung nach Abs 2 Nr 2 tritt damit ein, wenn das Gesamtrecht an allen einem Ersteher zugeschlagenen Grundstücken nach Gesamtrechtsvorschriften erlischt[13].

4.2 Auch wenn ein Bruchteilsmiteigentümer den anderen Bruchteil (auch mehrere andere Bruchteile) ersteht (der mit seinem gesamtbelastet ist), kann der Zuzahlungsfall eintreten (wie bei Einzelversteigerung von Grundstücken an den gleichen Ersteher, Rdn 4.1)[14]; als Erwerber des mit der (im geringsten Gebot voll berücksichtigten) Gesamtlast behafteten Anteils und als bisheriger Miteigentümer des weiteren gesamtbelasteten Grundstücksanteils könnte sich der Ersteher sonst durch einmalige Zahlung des Kapitals befreien. Das gilt auch, wenn eine Grundschuld (als Mitbelastung) auf dem versteigerten Grundstücksmiteigentumsanteil bestehen geblieben ist. Aber die Wegfertigung der durch die bestehengebliebene Grundschuld gesicherten Forderung (deren Tilgung oder sonstiger Wegfall) begründet bei Zwangsversteigerung eines Miteigentumsanteils (eines mithaftenden Grund-

---

[11] BGH 46, 246 = DNotZ 1967, 512 Leitsatz = KTS 1966, 249 = MDR 1967, 292 = NJW 1967, 567 = Rpfleger 1967, 211.
[12] Jaeckel/Güthe § 50, 51 Rdn 10; Reinhard/Müller § 50 Anm VI; Schiffhauer Rpfleger 1984, 81 (84; V 4).
[13] Jaeckel/Güthe (Fußn 12).
[14] Korintenberg/Wenz § 50 Anm 4.

§ 50 4.2   Geringstes Gebot, Versteigerungsbedingungen

stücks) noch keinen Zuzahlungsfall (und keinen Anspruch auf Bereicherungsausgleich; dazu Rdn 2.3; so auch[15], nicht richtig[16]). Die (abstrakte) Grundschuld erlischt nicht schon damit nach Gesamtrechtsvorschriften; sie ist in Erfüllung des Rückgewähranspruchs dem Grundschuldbesteller (dem sonstigen Gläubiger dieses Anspruchs) zu übertragen, damit anteilig auch dem Eigentümer des versteigerten Miteigentumsanteils, der sie (mit) bestellt hat (seinem Rechtsnachfolger als Berechtigter des Rückgewähranspruchs). Es muß erst noch diese Grundschuld nach Gesamtrechtsvorschriften erlöschen oder (für Bereicherungsausgleich) aus sonstigem Grund ohne entsprechende Gegenleistung des Erstehers wegfallen (aufgehoben oder gelöscht werden). Anders ist es aber[17], wenn in zwei nicht verbundenen Verfahren über Bruchteile derselbe Ersteher den Zuschlag erhält und wenn sich mit Zuschlag die bisherige Gesamthypothek in eine Einzelhypothek umwandelt: dann keine Zuzahlung[17].

5 Höhe des Betrags, Zins und Zahlungspflicht (Absatz 1)

5.1 Zu zahlen hat der Ersteher den Betrag des **Kapitals** der bei Feststellung des geringsten Gebots als bestehenbleibend berücksichtigten Hypothek oder Grundschuld in der Höhe („... soweit"), in der das Grundpfandrecht nicht besteht, als bedingtes Recht später weggefallen oder als Gesamtrecht infolge der Mithaft eines anderen Grundstücks erloschen ist. Bei einer Rentenschuld bestimmt die Ablösungssumme (BGB § 1199 Abs 2) den Zuzahlungsbetrag. Die im baren Teil des geringsten Gebots berücksichtigten Kosten, Zinsen und anderen Nebenleistungen bleiben für die Höhe des Zuzahlungsbetrags ohne Bedeutung (Zahlung des Erstehers hat bereits mit dem Bargebot zu erfolgen, § 49 Abs 1).

5.2 Für den Zuzahlungsbetrag legt § 50 auch die **Zahlungsbedingungen** fest. § 49 über Barzahlung im Verteilungstermin und die Verpflichtung zur gesetzlichen Verzinsung (mit 4 vH ab Zuschlag) gilt somit nicht. Den Zuzahlungsfall soll der Zuzahlungsfall nicht weiter als das im geringsten Gebot berücksichtigte Recht bei Bestehenbleiben belasten; er soll ihn aber auch nicht (zB mit Zinsvorteil bei gesetzlichen Zinsen von nur 4 vH) begünstigen. Es bleiben daher in Ansehung der Verzinslichkeit, des Zinssatzes, der Zahlungszeit, der Kündigung und auch des Zahlungsorts, die für das im geringsten Gebot berücksichtigte Recht selbst geltenden Bestimmungen maßgebend (Abs 1 Satz 2).

6 Teilungsplan und Klage auf Zuzahlung

Behandlung des Zuzahlungsbetrags im Teilungsplan und Planausführung: § 125. Wenn die Zuzahlungspflicht im Verteilungstermin nicht festgestellt, somit im Teilungsplan nicht nach § 125 berücksichtigt ist, sind die Berechtigten, denen eine Zuzahlung zugutekommt, auf eine Klage gegen den Ersteher angewiesen. Es erfolgt **keine Nachtragsverteilung** durch das Vollstreckungsgericht. Dazu § 125 Rdn 2-4.

7 Wegfall bei persönlicher Haftung (Absatz 3)

Ausgeschlossen ist die Zuzahlungspflicht bei einer nach den Vorschriften über die Gesamthypothek erlöschenden Gesamtbelastung (Fall von Abs 2 Nr 2), wenn der Ersteher zugleich persönlich haftet und nicht bereichert ist (Abs 3). Eine persönliche Haftung des Erstehers kann nur nach § 53 entstehen. Die vom Ersteher nach § 53 übernommene Schuld erlischt nicht mit Verzicht des Gläubigers auf das Gesamtrecht am versteigerten Grundstück oder Gläubigerausschluß (BGB § 1175 Abs 2). Daher bleibt der persönlich haftende Ersteher in einem solchen Fall von

---

[15] Dassler/Schiffhauer § 50 Rdn 25.
[16] LG Freiburg NJW-RR 1987, 1420.
[17] LG Oldenburg KTS 1978, 123.

Zuzahlung für nichtbestehendes sonstiges Recht 2.1 **§ 51**

der Zuzahlungspflicht befreit. Wenn jedoch der Forderungsgläubiger von einem anderen (mithaftenden) Forderungsschuldner befriedigt wird, dem auch gegen den Ersteher kein Ersatzanspruch zusteht, wäre der Ersteher (ohne sein Zutun) von der persönlichen Schuld frei, somit ohne Zuzahlungsfall bereichert. Darauf bezieht sich die Einschränkung am Schluß des Absatzes 3, nach der die Zuzahlung nur entfällt, wenn der Ersteher nicht bereichert ist. Über die Anwendung des § 50 Abs 3 entscheidet das Prozeßgericht.

[Zuzahlung für nichtbestehendes sonstiges Recht]

51 (1) **Ist das berücksichtigte Recht nicht eine Hypothek, Grundschuld oder Rentenschuld, so finden die Vorschriften des § 50 entsprechende Anwendung. Der Ersteher hat statt des Kapitals den Betrag, um welchen sich der Wert des Grundstücks erhöht, drei Monate nach erfolgter Kündigung zu zahlen und von dem Zuschlag an zu verzinsen.**
(2) **Der Betrag soll von dem Gerichte bei der Feststellung des geringsten Gebots bestimmt werden.**

Übersicht

Allgemeines zu § 51............................	1	Einzelne Rechte für Zuzahlung nach § 51............................	4
Anfall einer Zuzahlung für sonstige Rechte (Absatz 2 Satz 1)................	2	Feststellung des Zuzahlungsbetrags (Absatz 2)............................	5
Betrag der Zuzahlung (Absatz 1 Satz 2)	3		

Literatur: Schiffhauer, Die Grunddienstbarkeit in der Zwangsversteigerung, Rpfleger 1975, 187.

Allgemeines zu § 51   1

1.1 Zweck der Vorschrift: Erhöhung der Zahlungspflicht des Erstehers (Grund: § 50 Rdn 2.1) mit dem Wegfall eines bei Feststellung des geringsten Gebots berücksichtigten sonstigen Rechts.
1.2 Anwendungsbereich: § 51 gilt für alle Versteigerungsverfahren.

Anfall einer Zuzahlung für sonstige Rechte (Absatz 1 Satz 1)   2

2.1 Zuzahlung hat der Ersteher auch zu leisten, wenn das Grundstück für ein (nach dem geringsten Gebot) als bestehenbleibend übernommenes dingliches **Recht anderer Art** (alle Rechte an einem Grundstück außer Hypothek, Grundschuld und Rentenschuld, für die bereits § 50 Bestimmung trifft) nicht haftet, weil es als Grundstücksbelastung nicht besteht (Abs 1 mit § 50). „**Nicht bestehen**" (Zuzahlungsfall des § 50 Abs 1) muß auch das sonstige Recht im Zeitpunkt des Wirksamwerdens des Zuschlags (§§ 89, 104). Das ist der Fall, wenn der vollständige Wegfall oder die Minderung des Rechts (die auch hier möglich ist) oder die Tatsache des Nichtbestehens zwischen der Abgabe des Meistgebots und der Zuschlagserteilung eintritt (zB Tod des Berechtigten eines Wohnungsrechts) oder wenn diese schon früher eingetreten war, vom Gericht aber nicht anerkannt und nicht beachtet wurde. Zuzahlungspflicht besteht daher nicht, wenn das Ereignis nach der Zuschlagsverkündung eintritt (dann hat der Ersteher den Vorteil). Zuzahlung für dingliche Rechte anderer Art ist auch in den Fällen des § 50 Abs 2 zu leisten, mithin (Nr 1) bei bedingtem Recht mit Ausfall oder Eintritt der Bedingung und (Nr 2; selten) mit Erlöschen eines Rechts nach besonderen Vorschriften über Gesamtrechte, auch wenn das Ereignis nach dem Zuschlag eintritt. Eine Zuzahlung kommt jedoch nicht in Frage, wenn das Recht kraft Gesetzes oder durch Abtretung auf einen Dritten übergegangen ist, wenn es besteht, jedoch zu Unrecht in das geringste Gebot aufgenommen wurde, wenn es aus Versehen nicht

§ 51 2.1 Geringstes Gebot, Versteigerungsbedingungen

aufgenommen wurde, wenn es nur einzelnen Beteiligten gegenüber (relativ) unwirksam ist oder wenn es nach dem Anfechtungsgesetz angefochten ist[1].

2.2 Das durch einen Endtermin **befristete Recht** und das **betagte Recht** stehen dem bedingten Recht nicht gleich (§ 50 Rdn 2.3)[2]. Zur Zuzahlung verpflichtet § 50 Abs 2 Nr 1 (mit § 51) nur bei Wegfall eines bedingten Rechts. Dessen Rechtswirkungen (Eintritt oder Beendigung) sind von einem zukünftigen ungewissen Ereignis abhängig (BGB § 158); Bieter berücksichtigen es sonach voll im Erwerbspreis, weil sie ihr Gebot danach richten müssen, daß das noch nicht feststehende Ereignis eintreten oder ausfallen kann und das Recht dann (je nach Art der Bedingung) das Grundstück endgültig belastet. Ist das mit dem Wegfall des bedingten Rechts nicht der Fall, hat der Ersteher die weggefallene Belastung als Erwerbspreis durch Zuzahlung zu leisten. Beim befristeten und betagten Recht ist der Wegfall der Grundstücksbelastung dagegen bereits bestimmt: Bieter können daher ihr Gebot danach bemessen, ob das Recht das Grundstück noch für kürzere oder längere Zeit belastet[3]. Als Erwerbspreis berücksichtigt das Meistgebot sonach bereits die sichere zeitliche Beschränkung eines befristeten oder betagten Rechts: die Rechtswirkungen des befristeten Rechts enden mit einem zukünftigen gewissen Ereignis (Endtermin, BGB § 163); beim betagten Recht ist nur der Zeitpunkt, nicht aber der Eintritt des künftigen Ereignisses ungewiß, das die Wirkungen des Rechts beendet[4] (zu den Begriffen vgl § 111 Rdn 2). Ist die Befristung („auf die Dauer von 25 Jahren ab . . ." oder „bis 31. 12. 19..") als Endtermin der Grundstücksbelastung bestimmt (zB bei Nießbrauch, beschränkter persönlicher Dienstbarkeit wie oft bei Wohnungsrecht oder Tankstellendienstbarkeit, Reallast für bestimmte Zeit) und ist bei Versteigerung mit dem Eintritt des Endtermins die Grundstücksbelastung **bereits erloschen,** dann muß sie im geringsten Gebot überhaupt nicht berücksichtigt werden[5] (§ 45 Rdn 6). Das mit Eintritt des Ereignisses (zB Tod des Wohnungsberechtigten) bei Versteigerung bereits erloschene betagte Recht wird im geringsten Gebot nicht berücksichtigt, wenn sein Erlöschen feststeht[6] (§ 45 Rdn 6). Wenn ein befristetes oder betagtes Recht bei Feststellung des geringsten Gebots berücksichtigt wurde, obgleich es bei Erteilung des Zuschlags tatsächlich nicht (oder nicht mehr) bestand, hat der Ersteher nach § 50 Abs 1 (mit § 51) normal Zuzahlung zu leisten[7]. Bei der Feststellung des geringsten Gebots ist der in diesem Fall zu zahlende Betrag nach Abs 2 zu bestimmen. Keine Zuzahlung begründet aber der Wegfall eines im geringsten Gebot berücksichtigten befristeten oder betagten Rechts mit dem Endtermin oder Eintritt des ungewissen Zeitpunkts des bestimmten Ereignisses erst nach dem Zuschlag. Weil Bieter bei Versteigerung davon ausgehen müssen, daß auch ein betagtes Recht mit einem bestimmten Ereignis aufhört, also mit dem noch ungewissen Eintritt des bestimmten Ereignisses erlischt, befreit der sichere Wegfall des Rechts nach dem Zuschlag den Ersteher von einem Recht, das bei Bemessung des Erwerbspreises nicht über die sichere zeitliche Beschränkung hinaus berücksichtigt werden konnte. Es entfällt nur die Belastung, deren Erlöschen mit dem Eintritt des zukünftigen Ereignisses nach Eigentumserwerb durch den Ersteher bei Bemessung des Erwerbspreises bereits feststand. Dem Ersteher, der sein Gebot danach bemessen hat, bringt daher der Wegfall des Rechts keinen durch Zuzahlung auszugleichenden Vorteil. Das

---

[1] Jaeckel/Güthe §§ 50, 51 Rdn 18.
[2] Jaeckel/Güthe §§ 50, 51 Rdn 3; Korintenberg/Wenz §§ 50, 51 Anm 3; Reinhard/Müller § 50 Anm III 2.
[3] Korintenberg/Wenz §§ 50, 51 Anm 3; Nußbaum Zwangsversteigerung, § 19 III (Seite 1488).
[4] BGH 52, 269 = DNotZ 1970, 32 = MDR 1969, 918 = NJW 1969, 2043 und 1970, 130 Leitsatz mit Anm Hönn = Rpfleger 1969, 348.
[5] Korintenberg/Wenz §§ 50, 51 Anm 3.
[6] Korintenberg/Wenz aaO (Fußn 5); Reinhard/Müller § 50 Anm III 2.
[7] Jaeckel/Güthe §§ 50, 51 Rdn 3; Reinhard/Müller § 50 Anm III 2.

gilt auch bei Erlöschen des Rechts mit Eintritt des Ereignisses bald nach dem Zuschlag. Der wirtschaftliche Vorteil bei frühem Wegfall des Rechts erlangt nur für die wirtschaftlichen Verhältnisse des Erstehers Bedeutung; er kommt dem Ersteher ebenso zugute[7] (der Ersteher hat auf den Vorteil Anspruch[8]) wie ihn eine lange Dauer des Rechts weitergehend belastet.

Betrag der Zuzahlung (Absatz 1 Satz 2) 3

3.1 Zu zahlen hat der Ersteher für ein berücksichtigtes, aber nicht bestehen gebliebenes Recht anderer Art „den Betrag, um welchen sich der Wert des Grundstücks erhöht" (Abs 1 Satz 2). Die **Höhe des Zuzahlungsbetrags** bemißt sich damit nach dem Betrag, um den der Wert des Grundstücks objektiv durch die Belastung gemindert ist, der somit bei Verkauf des Grundstücks ohne die zu wertende Einzelbelastung über den bei Veräußerung des belasteten Grundstücks erreichbaren Kaufpreis hinaus erzielt werden könnte[9]. Davon ist der Wert zu unterscheiden, den das Recht für den Berechtigten besitzt und den er bei Erlöschen des Rechts nach § 92 Abs 1 aus dem Versteigerungserlös verlangen könnte; auf diesen Wert kommt es nicht an[10]. Der Berechtigte wird den Wert seines Grundstücksrechts danach einschätzen, welchen Vorteil es ihm gewährt und welche wirtschaftlichen Nachteile er hat, falls es wegfällt[11]. Zuzahlungsbetrag dagegen ist der Betrag, um den die Belastung den Grundstückswert mindert. Bestimmt wird er durch die Wertdifferenz der Preise, die bei Veräußerung im gewöhnlichen Geschäftsverkehr für das Grundstück ohne und mit Bestehenbleiben der wertmindernden Belastung erzielbar sind[11]. Nicht maßgebend sind daher auch ein Wert, der als Höchstbetrag des Werteresatzes bestimmt ist (BGB § 882)[11], ein Vielfaches des nach § 46 für wiederkehrende Leistungen bestimmten Wertes und ein durch den Berechtigten angemeldeter Wert[12]; es könnte sonst der Schuldner durch einen Bekannten etwa für eine Dienstbarkeit einen übermäßig hohen Betrag anmelden lassen und so die Versteigerung verhindern.

3.2 Die Erhöhung des Grundstückswerts mit Wegfall der Belastung, die **wertmindernde Auswirkung** der Grundstücksbelastung somit, ist **nach objektiven Gesichtspunkten** zu bewerten. Die wertmindernden Umstände sind entsprechend der Art des Rechts nach den Verhältnissen des Einzelfalls unter Berücksichtigung der Lage auf dem örtlichen Grundstücksmarkt und den Marktgepflogenheiten zu bestimmen. Allgemeine Regeln lassen sich für diese Wertbemessung nicht aufstellen. Bei einem Recht auf Entrichtung wiederkehrender Leistungen aus dem Grundstück (Reallast, Erbbauzins, auch Altenteil) geben deren Wert und die (Rest)Dauer der Berechtigung selbstverständlich wesentliche Aussage für die wertmindernde Auswirkung der Grundstücksbelastung. Bei dem auf Lebenszeit des Berechtigten befristeten Recht läßt sich, da eine konkrete Lebenserwartung nicht feststellbar ist, die Restdauer der Berechtigung nach der statistischen Lebenserwartung bemessen (sie beruht auf Erfahrungstatsachen; hierzu, wenn auch mit anderer Zielrichtung, § 92 Rdn 4.4). Allein in Jahreswertfaktoren, vervielfacht mit der mutmaßlichen Dauer des Rechts, lassen sich die wertmindernden Umstände kostenmäßig erfahrungsgemäß nicht ausdrücken. Diese Werte können nur (wenn meist auch wesentliche) Anhaltspunkte für die Bestimmung des Zuzahlungsbetrags darstellen; zu bemessen ist er im Einzelfall immer nach dem Betrag der Grundstückswertminderung infolge der Belastung unter Würdigung aller Faktoren, die auf dem Immobilienmarkt den Preis bestimmen. Nur nach dem vervielfachten

---

[8] Nußbaum, Zwangsversteigerung, § 19 (S 1488).
[9] OLG Hamm OLGZ 1984, 71 = Rpfleger 1984, 30.
[10] OLG Hamm aaO (Fußn 9); Schiffhauer Rpfleger 1975, 187 (II 2); Wörbelauer DNotZ 1963, 652 (6).
[11] OLG Hamm aaO (Fußn 9); Schiffhauer Rpfleger 1975, 187 (II 2).
[12] Schiffhauer Rpfleger 1975, 187 (II 2).

Jahreswert des Rechts kann der Erhöhungswert schon deshalb nicht bestimmt werden, weil von dem Zuzahlungsbetrag als Wert, um den der Grundstückswert durch die Belastung gemindert ist, der Wert zu unterscheiden ist, den das Recht hat. Daher ist auch ein vervielfachter Jahreswert nicht um einen Zwischenzins zu kürzen (nicht richtig[13], der sich auf allgemeine Grundsätze beruft, die es nicht gibt). Ein solcher Abzug wäre Entschädigung für vorzeitige Kapitalzahlung (§ 111 Rdn 2.8); nicht eine solche ist aber der Zuzahlungsbetrag, sondern die Preisdifferenz im Zeitpunkt der Zwangsversteigerung. Für den objektiven Mehrwert des Grundstücks ohne die Belastung erlangen Zwischenzinsen (als Abzug) keine rechnerische Bedeutung. Ein Erwerber berücksichtigt nicht, welchen Wert seine Zahlung mit Zwischenzins für die Dauer des Rechts ergeben wird, sondern bemißt den Kaufpreis für Erwerb eines unbelasteten Grundstücks nach dessen gegenwärtigem Marktwert. Daß der Ersteher insbesondere für eine in wiederkehrenden Leistungen zu entrichtende Grundstücksbelastung den Zuzahlungsbetrag drei Monate nach Kündigung, sonach alsbald aufzubringen hat, wird für Bemessung seiner Höhe regelmäßig keine betragsmäßig bewertbare Bedeutung erlangen. Der mit alsbaldiger Zahlung des Mehrwerts verbundenen Belastung des Grundstückserwerbers steht der mit sofortiger Lastenfreiheit gegebene Mehrwert der Eigentumsrechte gegenüber. Ablösung von (insbesondere längerfristigen) Belastungen durch einen Grundstückserwerber wird daher oft mit einer Aufzahlung erkauft. Bei Erwerb des mit dem wertmindernden Recht nicht belasteten Grundstücks wird vielfach gerade wegen der Lastenfreiheit der Mehrwert des Grundstücks trotz alsbald fälliger weiterer Kapitalzahlung nicht hinter dem Gesamtwert der aus dem belasteten Grundstück dem Berechtigten zu erbringenden Leistungen zurückbleiben.

3.3 Der Betrag, um den der Grundstückswert infolge der Belastung gemindert ist, kann vielfach nur nach Erfahrungssätzen bemessen werden. Bestimmt werden kann er im allgemeinen entsprechend der Art des Rechts nur in freier Schätzung nach pflichtgemäßem Ermessen auf Grund der Erfahrungen über die örtlichen Marktgewohnheiten. Das entspricht den Grundsätzen für Berücksichtigung wertmindernder Faktoren bei Grundstücksschätzung.

3.4 Der Fall, daß ein ins geringste Gebot aufgenommenes Recht nicht besteht, ist selten. Die maßgebenden Umstände sind in der Regel schon in der Versteigerung überschaubar, etwa auf Anmeldung eines Berechtigten. **Bietern muß klar** sein, daß sie das Recht im Falle des Zuschlags übernehmen müssen, wie es eingetragen ist und tatsächlich besteht, die Wertfestsetzung somit keine Bedeutung haben, insbesonderen keine Zuzahlungspflicht begründen kann, daß sie also nur dann, wenn das Recht unerwartet wirklich nicht bestehen sollte, zusätzlich einen Zuzahlungsbetrag zahlen müssen. Bietinteressenten müssen letzten Endes selbst entscheiden, inwieweit sie sich (unabhängig von der Höhe des festgesetzten Zuzahlungsbetrags) durch ein bestehendbleibendes Recht im Sinne des § 51 belastet fühlen. Sowohl für Interessenten wie für seine eigene Wertfestsetzung muß das Gericht unbedingt die Einzelheiten oder Besonderheiten des Rechts klären, ob etwa eine Leitungsrechts-Dienstbarkeit kaum von Bedeutung ist, weil nur ein Kabel am Rand verlegt wird, oder ob es die Benützung des Grundstücks erheblich erschwert, weil etwa auf fünf Masten oder Ständern eine Mehrfachleitung das Grundstück ungünstig überquert; diese Umstände ergeben sich in der Regel ohnehin aus dem Schätzungsgutachten.

4 Einzelne Rechte für Zuzahlung nach § 51

4.1 Ein **Altenteilsrecht** (§ 44 Rdn 5.1) fällt unter § 51, wenn es bei Feststellung des geringsten Gebots berücksichtigt ist (somit als dem bestrangig betreibenden Gläubiger vorgehend oder nach § 59). Ein nachgehendes kann gemäß Landesrecht

---

[13] Steiner/Eickmann § 51 Rdn 23 Fußn 23.

gesetzlich bestehen bleiben (EGZVG § 9 Abs 1); in diesem Fall ist kein Zuzahlungsbetrag festzusetzen[14] (für entsprechende Anwendung des Abs 2 sind[15]; nach Wortlaut und Zweck von §§ 50, 51 ist für analoge Anwendung jedoch kein Raum). Der Umfang der Minderung des Grundstückswerts bei Bestehen eines Altenteilsrechts (die Werterhöhung bei Nichtbestehen des Rechts) ist in besonderem Maße eine Einzelfallfrage; Inhalt und Umfang des Rechts (insbesondere Größe der Wohnung und Wert der zu erbringenden Altenteilsleistungen) sind für den Erwerbsinteressenten maßgebliche Wertfaktoren, als wertmindernde Umstände somit zu berücksichtigen. Grundlage für Bemessung der Dauer des Rechts gibt die statistische Lebenserwartung (Rdn 3.2). Die zu bewertende Werterhöhung des Objekts ist mit dem Wert des Rechts jedoch nicht identisch (Rdn 3.1); Lebenserwartung und der Wert der dem Berechtigten zu erbringenden Leistungen können immer nur Anhalt für die Bewertung der Wertminderung des Grundstücks im Einzelfall geben; allein diesen aber rechnerisch nicht bestimmen (Rdn 3.1). Eine Abzinsung ist ausgeschlossen (Rdn 3.2). Die Wertbestimmungen der KostO (§ 24) sowie im Bewertungsgesetz dienen anderen Zwecken, enthalten somit keine allgemeinen Rechtsgedanken. Wo die Zuzahlungswertfestsetzung nötig ist, soll sie bei Eheleuten gemeinsam und getrennt erfolgen, also „für den Fall, daß beide nicht bestehen, auf... DM, für den Fall, daß für den Ehemann nicht bestehend, auf... DM, für den Fall, daß für die Ehefrau nicht bestehend, auf... DM"[16]. Ruht das Altenteil auf mehreren Grundstücken, dann ist der Zuzahlungswert für jedes Einzel-, Gruppen-, Gesamtausgebot gesondert festzusetzen.

4.2 Auflassungsvormerkung (Eigentumsvormerkung; § 48 Rdn 3.2): a) Auch für sie ist ein Zuzahlungsbetrag festzusetzen, selbst wenn sie nur einen bedingten Anspruch sichert[17] (dazu im ZVG-Handbuch Rdn 268). Fällt die aufschiebende Bedingung aus, dann ist Zuzahlung[18] zu leisten. Das muß auch gelten, wenn an den Vormerkungsberechtigten selbst zugeschlagen wird, weil der Ersteher nicht auf Grund des der Vormerkung zugrunde liegenden Rechtsgeschäfts erwirbt[19].

b) Den Zuzahlungsbetrag der Auflassungsvormerkung, die sich auf das ganze Grundstück bezieht, bestimmt (als Wertminderung des Grundstücks infolge der Belastung, Rdn 3.1) der Verkehrswert des Objekts (wenn der Ersteher tatsächlich billiger oder teurer erwirbt, ist das persönliches Glück oder Mißgeschick), gemindert um die auf ihm ruhenden (dem Berechtigten der Vormerkung gegenüber wirksamen) Belastungen (nicht der vom Ersteher tatsächlich übernommenen, die je nach Verfahrenslage anders sein können), somit die Differenz zwischen dem Verkehrswert des Grundstücks und dem auf diesem ruhenden Belastungen, die der Vormerkungsberechtigte zu übernehmen hat (so im Fall[20]; so auch[21]; (ähnlich[22]: Grundstückswert abzüglich der Vormerkung vorgehende Grundstücksbelastungen). Die Gegenleistung, die der Vormerkungsberechtigte noch zu erbringen hat, gebührt dem Ersteher nicht (§ 52 Rdn 2.5). Sie schmälert den Betrag somit nicht, um den der Wert des Grundstücks mit Wegfall der Vormerkung erhöht (Rdn 3.1); daher kann sie auch den durch Verkehrswert abzüglich Belastungen bestimmten Zuzahlungsbetrag (als werterhöhenden Betrag nach Abs 1)

---

[14] Jaeckel/Güthe EG § 9 Rdn 7; Schiffhauer Rpfleger 1975, 187 (VI 6, Fußn 165); Mohrbutter/Drischler Muster 79 Anm 4.
[15] Dassler/Schiffhauer § 51 Rdn 5; Schiffhauer Rpfleger 1986, 326 (XI 2).
[16] Dassler/Schiffhauer § 51 Rdn 15.
[17] BGH 46, 124 = DNotZ 1967, 490 = MDR 1967, 34 = NJW 1967, 566 = Rpfleger 1967, 9; Blomeyer DNotZ 1979, 515 (A II); Wörbelauer DNotZ 1963, 652 (6).
[18] BGH 46, 124 = aaO (Fußn 17); Jaeckel/Güthe §§ 119, 120 Rdn 2.
[19] LG Augsburg Rpfleger 1966, 370.
[20] BGH 46, 124 = aaO (Fußn 17).
[21] Dassler/Schiffhauer § 51 Rdn 5; Steiner/Eickmann § 51 Rdn 24.
[22] Blomeyer DNotZ 1979, 515 (A II).

§ 51 4.2   Geringstes Gebot, Versteigerungsbedingungen

nicht weiter mindern; sie kann somit nicht auch noch abgezogen werden (anders hier bis 12. Auflage; die Ansicht ist aufgegeben).

c) Bezieht sich die Auflassungsvormerkung nur auf einen Teil des Grundstücks (zB einen Streifen für Straßenzwecke), so ist nur ein entsprechender Teilwert maßgebend; es kann das ein Teil im Verhältnis der Größe dieses und des verbleibenden Teiles sein; es kann aber auch, weil der wegzunehmende Teil nach Lage und Beschaffenheit vielleicht den größeren Wert hat, dieses andere Wertverhältnis entscheiden. Hat eine Auflassungsvormerkung bloß für eine Teilfläche nur eine geringe oder möglicherweise keine Bedeutung für das Erwerbsinteresse (dazu § 23 Rdn 4.2) und damit für den bei Verkauf des Grundstücks erzielbaren Erlös (Rdn 3.1), dann kann sich mit ihrem Wegfall der Grundstückswert nur in geringem Umfang oder (im Einzelfall) auch gar nicht erhöhen; dann kann auch den Zuzahlungsbetrag nur dieser mindere Betrag, nicht aber der volle anteilige Grundstückswert bestimmen.

d) Daß der gesicherte Anspruch nur aufschiebend bedingt (weil zB ein Kaufangebot noch nicht angenommen ist) oder auflösend bedingt (§ 48 Rdn 3.2) ist, kann für Bemessung des Zuzahlungsbetrags keine Bedeutung erlangen. Die Minderung des Grundstückswerts und damit der Zuzahlungsbetrag kann sich nicht nach der Wahrscheinlichkeit des Bedingungseintritts bestimmen, sondern wegen der Berücksichtigung der Vormerkung wie das eingetragene Recht (Eigentum des Vorgemerkten, § 48) nur nach der bei Bedingungseintritt oder -ausfall voll belasteten Wertminderung (siehe Rdn 2.2; auch § 48 Rdn 3.2). Auf die Wahrscheinlichkeit des Bedingungseintritts kommt es so wenig an wie im Falle des § 50 Abs 2 Nr 1; danach bestimmt für die Vormerkung zur Sicherung des Anspruchs auf Eintragung einer Hypothek, Grundschuld oder Rentenschuld der Betrag des vorgemerkten Kapitals den Zuzahlungsbetrag, nicht aber eine Wertminderung nach Maßgabe der Wahrscheinlichkeit des Bedingungseintritts.

e) Besteht die Auflassungsvormerkung an Bruchteilen, zB an zwei Hälfteanteilen, so haften die Bruchteile theoretisch gesamtschuldnerisch und es wäre danach der Wert bei jedem Bruchteil in voller Höhe festzustellen. Im Gegensatz aber zur Hypothek, bei der als Gesamthypothek von jedem Miteigentümer alles verlangt werden kann, ist bei der Auflassungsvormerkung die Mitwirkung aller Miteigentümer nötig, es haftet jeder nur in Höhe seines Grundstücksanteilswertes und es hat durch den Wegfall jeder nur den anteiligen Vorteil.

f) Eine Auflassungsvormerkung, die nicht besteht, weil sie etwa auf einem nach dem Baugesetzbuch nicht genehmigten Rechtsgeschäft beruht oder die Bestellung sonst nichtig ist, gehört nicht in das geringste Gebot (§ 45 Rdn 6.2). Nach daher nicht richtiger anderer Ansicht hat sie keinen Wert (erhöht durch Wegfall nicht den Grundstückswert gemäß § 51), so daß der Erhöhungswert mit Null anzunehmen sein soll[23].

g) Der festgesetzte Zuzahlungsbetrag bestimmt den Ersatzbetrag für den Fall, daß die Auflassungsvormerkung nicht besteht. Diese Zahlungspflicht des Erstehers vermindert sich um den Betrag, den er zur Abwendung des (vorgemerkten) Auflassungsanspruchs (zu seinem Nichtentstehen) aufwenden muß[24]. Diese Minderung erlangt für Bestimmung des Betrags bei Feststellung des geringsten Gebots nach § 51 Abs 2 keine Bedeutung. Die Minderung schränkt die Zahlungspflicht des Erstehers ein; über diese Ermäßigung der Zahlungspflicht hat daher nicht das Vollstreckungsgericht bei Bestimmung des Betrags nach Abs 2, sondern im Streitfall das Prozeßgericht zu entscheiden.

4.3 Beschränkte persönliche Dienstbarkeit (§ 44 Rdn 5.3): Ein Zuzahlungsbetrag ist zu bestimmen. Anhalt zur Bewertung geben die Erläuterungen zur

---

[23] Dassler/Schiffhauer § 51 Rdn 15; Häsemeyer KTS 1971, 22 (1).
[24] BGH 46, 124 aaO (Fußn 17).

Grunddienstbarkeit Rdn 4.9; Anhalt für Bestimmung des Zuzahlungsbetrags einer Tankstellendienstbarkeit bietet der monatliche Pachtzins, vervielfältigt mit der Laufzeit[25].

4.4 Dauerwohnrecht und Dauernutzungsrecht nach WEG §§ 31 ff (§ 44 Rdn 5.29) sind als dienstbarkeitsartige Grundstücksbelastung zu werten. Sie beeinträchtigen den Grundstückswert insbesondere auch im Hinblick auf ihre Veräußerlichkeit und Vererblichkeit (WEG § 33 Abs 1); die Lebenserwartung des Berechtigten erlangt daher für die Bewertung keine Bedeutung (anders[26], nicht richtig). Es handelt sich um ein bedingtes Recht (auflösend bedingt), wenn das Fortbestehen von der Erfüllung fälliger Zahlungsverpflichtungen oder vereinbarter weiterer Bedingungen abhängt (WEG § 39 Abs 3). Der Zuzahlungsbetrag richtet sich nach Art und Umfang des Rechts, insbesondere danach, in welchem Umfang der Grundstückseigentümer in seinen Rechten behindert wird.

4.5 Eigentümergrunddienstbarkeit (andere Eigentümerrechte): Festsetzung eines Zuzahlungsbetrags hat zu erfolgen.

4.6 Erbbaurecht: Auch für ein neues aus der Zeit seit 22. 1. 1919 (§ 15 Rdn 13) ist ein Zuzahlungsbetrag nötig, obwohl das Recht bei der Grundstücksversteigerung immer bestehenbleibt, auch wenn es nicht zu geringste Gebot kommt (ErbbauVO § 25). Denn das Erbbaurecht könnte nichtig eingetragen sein und daher nicht bestehen. Das alte Recht aus der Zeit vor 22. 1. 1919 (§ 15 Rdn 13) kann als dingliche Belastung erlöschen. Der Zuzahlungsbetrag bemißt sich nach dem durch die Belastung mit dem Erbbaurecht geminderten Wert des Grundstücks (siehe Rdn 3.1), der erheblich sein kann, sich aber auch nach der Restdauer des Erbbaurechts bestimmt[27] (anders:[28] Wert „Richtung null").

4.7 Erbbauzins: Er ist eine der Reallast ähnliche Belastung; wie bei der Reallast ist der Zuzahlungswert zu bestimmen. Der nach Zeit und Höhe im voraus bestimmte Erbbauzins kennzeichnet die wertmindernde Auswirkung der Grundstücksbelastung für das Objekt (Rdn 3.2); eine Abzinsung ist jedoch ausgeschlossen (Rdn 3.2; nicht richtig[29]). Die Begrenzung durch einen nach BGB § 882 eingetragenen Höchstbetrag weist den Wert für den Berechtigten aus, der nicht maßgeblich ist (Rdn 3.1). Auch bei Wertminderung durch Belastung mit einem Erbbauzins kann die für Bestimmung des Ersatzbetrags allein bedeutsame Minderung des Grundstückswerts durch die wiederkehrenden Leistungen nicht nur nach dem kapitalisierten Wert der Leistungen (Monats- oder Jahresleistung vervielfacht mit der Restdauer), sondern nur unter Einbeziehung aller den Grundstückspreis bestimmenden Marktfaktoren festgelegt werden (anders[30]: will nur einen oder mehrere Jahresbeträge einsetzen) und in dieser Höhe wird dann auch die Werterhöhung durch Nichtbestehen anzusetzen sein.

4.8 Erbbauzins-Vormerkung: § 52 Rdn 5.4.

4.9 Grunddienstbarkeit (§ 44 Rd 5.10): Zuzahlungsbetrag ist die Differenz des Grundstücksverkehrswerts ohne die wertmindernde Grunddienstbarkeit zum Grundstücksverkehrswert unter Berücksichtigung der Grunddienstbarkeit ([31] mit Beispielen aus der Rechtsprechung, auch[32]). Die Wertminderung des Grundbesitzes durch Belastung mit einer Dienstbarkeit läßt sich in der Regel nicht exakt bewerten, sondern nur durch Schätzungen bestimmen[33]. Es sind alle Faktoren zu

---

[25] Mohrbutter/Drischler Muster 81, Anhang.
[26] Steiner/Eickmann § 51 Rdn 26.
[27] BGH NJW 1989, 2129 (2130).
[28] Dassler/Schiffhauer § 51 Rdn 18; Helwich Rpfleger 1989, 389 (IV 1).
[29] Dassler/Schiffhauer § 51 Rdn 16.
[30] Pöschl BWNotZ 1956, 41 (2).
[31] Schiffhauer Rpfleger 1975, 187 (II 2).
[32] BGH 120, 38 = NJW 1993, 457.
[33] BGH 83, 61 = MDR 1982, 648 = NJW 1982, 2179; BGH 120, 38 = NJW 1993, 457.

würdigen, die auf dem Grundstücksmarkt den Preis nachteilig beeinflussen[34]. Ein Wegerecht (zum Begehen und Durchfahren einer Tiefgarage) als Belastung eines Grundstücks, an dem Wohnungseigentum gebildet ist, wird ein einzelnes Wohnungseigentumsrecht nicht hoch belasten; ein Erwerber wird wegen dieses Wegerechts am Grundstück sicher nur einen geringen Abschlag auf den Wert des Wohnungseigentums ansetzen[34]. Eingehend zur Bewertung der Minderung des Grundstückswertes (für Enteignungsentschädigung bei Belastung mit einer Dienstbarkeit zu Errichtung und Betrieb einer U-Bahn)[34].

4.10 Höchstpersönliche Rechte: Wenn sie durch Tod des Berechtigten vor Zuschlagswirksamkeit erlöschen, Zuzahlung, wenn nachher, keine.

4.11 Nießbrauch (§ 44 Rdn 5.18): Er wird immer die Höhe des Meistgebots sehr beeinträchtigen, weil der Ersteher bis zu seinem Ablauf keine Grundstücksnutzungen hat.

4.12 Notwegrente, Überbaurente: Es kommt (wenn nach Anmeldung Aufnahme in das geringste Gebot zu erfolgen hat) eine Zuzahlung in Betracht, die unter Berücksichtigung der Bedeutung des Rechts einen der Billigkeit entsprechenden Ausgleich bietet[35].

4.13 Reallast (§ 44 Rdn 5.19): Die Belastung besteht für den Ersteher in den aus dem Grundstück zu entrichtenden wiederkehrenden Leistungen; sie können in Geld, Naturalien oder in Handlungen bestehen. Der Wert der dem Berechtigten zu erbringenden Leistungen kennzeichnet wesentlich auch die wertmindernde Auswirkung der Grundstücksbelastung. Für die Wertminderung des Grundstücks (den ohne die zu wertende Reallast erzielbaren weiteren Kauferlös) bietet die Bewertung und Kapitalisierung der wiederkehrenden Leistungen daher maßgebliche Grundlage. Naturalien oder Handlungen sind hierfür nach der Belastung für den Eigentümer in Geldbeträge umzuwandeln. Bei der befristeten und betagten Reallast erlangt Bedeutung, ob das Recht das Grundstück noch längere oder kürzere Zeit belasten wird (Monats- oder Jahresleistung vervielfacht mit der Restdauer). Bei betagtem Recht wird die Restdauer durch die Lebenserwartung des Berechtigten bestimmt, die als durchschnittliche = statistische gemäß der Tabelle (Tabellenanhang Tab 2) festgestellt wird. Solche Berechnungsgrundlage kann aber immer nur Anhaltspunkte für die Bewertung geben. Die zu bewertende Wertminderung des Objekts bemißt sich immer nach dem auf dem Grundstücksmarkt bei Veräußerung ohne die wertmindernde Belastung erzielbaren Mehrwert (Rdn 3.1). Es sind alle maßgeblichen Marktfaktoren zu würdigen (Rdn 3.1). Eine Abzinsung ist ausgeschlossen (Rdn 3.2; nicht richtig[36]). Die allein bedeutsame Minderung des Grundstückswerts durch wiederkehrende Leistungen in Naturalien oder in Handlungen und durch eine im Einzelfall nicht sicher bestimmbare Lebenserwartung des Berechtigten wird sich vielfach nur nach den Verhältnissen des örtlichen Grundstücksmarkts und den Erwägungen der Erwerbsinteressenten (Rdn 4.1) nach billigem Ermessen festlegen lassen. Begrenzung durch einen nach BGB § 882 eingetragenen Höchstbetrag scheitert daran, daß dieser nur den Wert für den Berechtigten ausweist (Rdn 3.1).

4.14 Vorkaufsrecht (§ 44 Rdn 5.27): Es mindert den Wert des belasteten Grundstücks. Zuzahlungsbetrag ist aber nicht der Grundstückswert, sondern der Betrag, um den sich der Grundstückswert durch die Behinderung der freien Verwertbarkeit vermindert (ZVG-Handbuch Rdn 268). Das Recht sperrt nicht das Grundbuch. Objektive Anhaltspunkte lassen sich nicht geben[37], das Interesse des Berechtigten am Fortbestehen des Rechts ist nicht maßgebend. Oft wird die

---

[34] BGH 83, 61 = aaO (Fußn 33).
[35] LG Mosbach MDR 1960, 1013.
[36] Dassler/Schiffhauer § 51 Rdn 17.
[37] Sichtermann BB 1953, 543; Stoll BB 1953, 49.

Zuzahlung für nichtbestehendes sonstiges Recht 5.3 § 51

Wertminderung nicht als schwerwiegend anzusehen sein. Rechnung zu tragen ist der dauernden Belastung mit einem Vorkaufsrecht für alle Verkaufsfälle, uU auch der Vormerkungswirkung zur Sicherung des durch bereits erfolgte Ausübung entstandenen Anspruchs auf Eigentumsübertragung (BGB § 1098 Abs 2). Das einmalige Vorkaufsrecht, das in der Zwangsversteigerung nicht ausgeübt werden kann und erlischt (§ 81 Rdn 10.2), bringt überhaupt keine Wertminderung, ist sonach mit Null zu bewerten, wenn es nicht bereits Vormerkungswirkungen nach BGB § 1098 Abs 2 äußert. Keine Wertminderung ist bei Teilungsversteigerung die Ungewißheit bei Zuschlag, ob das Vorkaufsrecht (noch) ausgeübt wird (anders[38]).

4.15 Vormerkung, Widerspruch: Sie werden wie eingetragene Rechte berücksichtigt (§ 48). Der Zuzahlungsbetrag ist daher nach dem durch die Belastung mit dem vorgemerkten (eingetragenen) Recht geminderten Grundstückswert zu bestimmen.

4.16 Wohnrecht: Zuzahlung, auch wenn es aus öffentlichrechtlichen Gründen unwirksam ist, wenn also die mit ihm bedachten Räume auch vom Ersteher nicht zu Wohnzwecken benützt werden dürfen.

Feststellung des Zuzahlungsbetrags (Absatz 2) 5

5.1 Den **Zuzahlungsbetrag** soll (= hat) das Gericht bei Feststellung des geringsten Gebots **bestimmen** (Abs 2), somit im Versteigerungstermin vor der Aufforderung zur Abgabe von Geboten (§ 66 Abs 1). Die Bestimmung erfolgt nach Anhörung der anwesenden Beteiligten (§ 66 Abs 1). Möglich ist Erörterung des Wertes auch schon in einem Vortermin (§ 62). Beteiligten kann (nicht muß) auch schon vor dem Versteigerungstermin Gelegenheit gegeben werden, zur Bewertung des Zuzahlungsbetrags schriftlich Stellung zu nehmen. In schwierigen Fällen kann ein Sachverständiger angehört werden[39]. Die Bestimmung erfolgt bei Bezeichnung des Rechts im geringsten Gebot (§ 66 Abs 1); sie ist mit diesem zu verlesen; gesonderter Beschluß ergeht somit nicht. Rechtsstaatliche Verfahrensgrundsätze gebieten Begründung der Bestimmung (Einl Rdn 28). Die Festsetzung muß für jeden Versteigerungstermin neu erfolgen, weil sich inzwischen der Wert geändert haben könnte[40]. Bindung an die in einem früheren Termin getroffene Bestimmung besteht nicht.

5.2 Die Festsetzung des Zuzahlungsbetrags ist gesetzliche **Versteigerungsbedingung**[41]. Mit der Bestimmung bei der Feststellung des geringsten Gebots steht der Zuzahlungsbetrag fest[41]; er kann nach Rechtskraft des Zuschlags nicht mehr in einem späteren Prozeß gegen den Ersteher angegriffen werden[41]. Unterlassene Festsetzung (trotz der Soll-Vorschrift) ist ein Verstoß nach § 83 Nr 1[42]. Wenn die Festsetzung unterblieben und der Zuschlagsbeschluß rechtskräftig geworden ist, entscheidet das Prozeßgericht (§ 125 Rdn 2).

5.3 Die Festsetzung ist nicht für sich anfechtbar, nur im Rahmen der Zuschlagsanfechtung[43]. Es handelt sich nicht um eine gesondert anfechtbare Entscheidung gemäß § 95. Mit Zuschlagsbeschwerde ist auch die zu hohe Festsetzung des Zuzahlungsbetrags anfechtbar (sie kann ein zu niedriges bares Gebot zur Folge haben)[44]. Hinsichtlich des Rechtspflegers wie bei § 44 Rdn 10.

---

[38] Gayring Rpfleger 1985, 392 (III).
[39] BGH MDR 1966, 46 = NJW 1966, 154 = Rpfleger 1966, 206; Schiffhauer Rpfleger 1975, 187 (II 2).
[40] Schiffhauer aaO (Fußn 39).
[41] BGH NJW 1966, 154 = aaO (Fußn 39).
[42] OLG Celle NdsRpfl 1951, 139.
[43] Fischer BWNotZ 1963, 37 (B II 1 a).
[44] OLG Hamm OLGZ 1984, 71 = Rpfleger 1984, 30.

6 Verzinsung, Zahlung (Absatz 1 Satz 2)

6.1 Zu verzinsen ist der Zuzahlungsbetrag des § 51 „von dem Zuschlag an" (Abs 1 Satz 2). Die Verzinsung beginnt mit dem Tag der Zuschlagswirksamkeit (§§ 89, 104). Der Zinssatz ist gesetzlich 4 vH jährlich (BGB § 246), falls nicht durch abgeänderte Versteigerungsbedingung nach § 59 ein anderer Zinssatz festgelegt ist. Die Verzinsung endet mit dem Tag vor Erfüllung (Leistung an den Berechtigten) oder schuldbefreiender Hinterlegung.

6.2 Zu **zahlen** ist der Zuzahlungsbetrag nach § 51, abweichend von der Regelung des § 50, erst drei Monate **nach Kündigung** (Abs 1 Satz 2). Kündigen kann der Berechtigte, dem der Zuzahlungsbetrag zugeteilt ist (§ 125) oder dem er als Nächstberechtigter zusteht[45]. Der Ersteher kann auch dem Berechtigten kündigen; er kann auch ohne Kündigung Zahlung leisten (BGB § 271 Abs 2). Durch Hinterlegung in entsprechender Anwendung des § 49 Abs 2 kann der Ersteher seine Zahlungspflicht schon vor dem Verteilungstermin erfüllen (so auch[46], anders[47]). Durch den Berechtigten kann Kündigung erst nach erfolgter Übertragung gemäß § 125 oder im Rahmen der Klage erfolgen. Behandlung des Zuzahlungsbetrags im Verteilungsverfahren: § 125. Wenn das Verteilungsverfahren schon abgeschlossen ist, findet eine Nachtragsverteilung nicht statt; der Berechtigte (wer sich für berechtigt hält) ist dann auch hier auf Klage gegen den Ersteher angewiesen. Zahlung (nicht aber die Wirksamkeit der Kündigung) an einen nicht durch unbedingte Übertragung nach § 125 Abs 1 Legitimierten kann der Ersteher von der Löschung des Rechts oder Aushändigung der zur Löschung erforderlichen Urkunden abhängig machen[48] (anders[49]).

[Bestehenbleibende Rechte]

52 (1) **Ein Recht bleibt insoweit bestehen, als es bei der Feststellung des geringsten Gebots berücksichtigt und nicht durch Zahlung zu decken ist. Im übrigen erlöschen die Rechte.**

(2) **Das Recht auf eine der in den §§ 912 bis 917 des Bürgerlichen Gesetzbuchs bezeichneten Renten bleibt auch dann bestehen, wenn es bei der Feststellung des geringsten Gebots nicht berücksichtigt ist. Satz 1 ist entsprechend auf den Erbbauzins anzuwenden, wenn nach § 9 Abs 3 der Verordnung über das Erbbaurecht das Bestehenbleiben des Erbbauzinses als Inhalt der Reallast vereinbart worden ist.**

Übersicht

Allgemeines zu § 52 1	Reallast für Erbbauzins ohne Bestandsschutz 5
Bestehenbleiben von Rechten im geringsten Gebot (Absatz 1 Satz 1) ... 2	Versteigerungsfeste Erbbauzinsreallast (Absatz 2 Satz 2) 6
Erlöschen von Rechten (Absatz 1 Satz 2) 3	Weitere gesetzlich bestehenbleibende Rechte 7
Notweg- und Überbaurente (Absatz 2 Satz 1) 4	

1 Allgemeines zu § 52

1.1 Zweck der Vorschrift: Durchführung des Deckungsgrundsatzes (§ 44 Rdn 2.1) mit Fortbestand der bei Feststellung des geringsten Gebots berücksichtigten Rechte (Abs 1 Satz 1), Erhaltung der in den BGB §§ 912 bis 917 bezeichneten

---

[45] Schiffhauer Rpfleger 1975, 187 (Fußnote 62).
[46] Reinhard/Müller § 51 Anm III.
[47] Jaeckel/Güthe §§ 50, 51 Rdn 16; Steiner/Eickmann § 51 Rdn 33.
[48] Dassler/Schiffhauer § 51 Rdn 21; Schiffhauer aaO (Fußn 45).
[49] Steiner/Eickmann § 51 Rdn 34.

Bestehenbleibende Rechte 2.4 **§ 52**

Renten (Überbau- und Notwegrente) (Abs 2 Satz 1) (Denkschrift S 47) sowie Gewährleistung des inhaltlich vereinbarten Bestehenbleibens einer Erbbauzins-Reallast (Abs 2 Satz 2). Zugleich wird dem Ersteher das Erlöschen der das Grundstück belastenden Rechte gesichert, die nicht nach dem geringsten Gebots bestehen bleiben sollen (Abs 1 Satz 2). Abs 2 Satz 2 ist angefügt seit 1. 10. 1994 durch Art 2 Nr 2 SachenRÄndG vom 21. 9. 1994 (BGBl 1994 I 2457 [2489]).
1.2 Die Vorschrift gilt für alle Versteigerungsverfahren mit Besonderheiten für Schiffe und Luftfahrzeuge (§ 162 Rdn 3, § 171 a Rdn 3).

Bestehenbleiben von Rechten im geringsten Gebot (Absatz 1 Satz 1) 2
2.1 Zwangsversteigerung unter Wahrung der dem Gläubiger vorgehenden Rechte (Deckungsgrundsatz, § 44 Rdn 2.1, 4.1) erfordert auch deren Schutz vor Rechtsbeeinträchtigung durch Veränderung (volle bare Auszahlung für ein das Grundstück belastendes Recht). Bei Feststellung des geringsten Gebots berücksichtigte **Rechte am Grundstück** (aus Abteilung II und III des Grundbuchs) werden daher in der Weise gedeckt, daß sie mit der **Hauptsache bestehen bleiben** (Abs 1 Satz 1). Sie gehen „auf den Ersteher über", das heißt, der Ersteher wird Eigentümer des unverändert mit diesen Rechten belasteten Grundstücks (§ 90 Abs 1). Eine Hypothek oder Grundschuld bleibt auch dann bestehen, wenn sie nach § 54 gekündigt (sonst fällig) ist (§ 49 Rdn 2.3). § 52 verwirklicht den „Übernahmegrundsatz" (auch „Übergangsgrundsatz"). Die zu übernehmenden Rechte werden auch als „Übernahme" bezeichnet[1]. Folge ist, daß der Ersteher vom Zuschlag an die wiederkehrenden Leistungen des Rechts und andere Nebenleistungen (§ 12 Nr 2) als Lasten des Grundstücks zu tragen hat (§ 56 Rdn 3.6). Die als Teil des geringsten Gebots nach § 49 bar zu zahlenden Kosten, wiederkehrenden Leistungen und anderen Nebenleistungen des Rechts bis zum Zuschlag werden bei der Erlösverteilung in den Teilungsplan aufgenommen (§ 114).
2.2 Bestehen bleiben Rechte nach Abs 1 auch, wenn sie im geringsten Gebot durch abweichende Feststellung nach § 59 berücksichtigt und nicht durch Zahlung zu decken sind.
2.3 **Bestehen bleibt** das bei der Feststellung des geringsten Gebots berücksichtigte Recht auch dann, wenn Berücksichtigung **zu Unrecht** erfolgt ist[2] (nicht nach § 44 oder § 59 hätte erfolgen können). Umgekehrt erlischt ein Recht (nach § 52 Abs 1 Satz 2) auch dann, wenn es zu Unrecht nicht in das geringste Gebot aufgenommen worden ist, Berücksichtigung nach § 44 (oder § 59) somit hätte erfolgen müssen[3]. Der Ersteher übernimmt grundsätzlich nur, was im geringsten Gebot berücksichtigt ist (Abs 1) und im Zuschlag (§ 82) steht (Ausnahmen: Rdn 7). Ein im geringsten Gebot berücksichtigtes Recht, das in Wirklichkeit als Grundstücksbelastung nicht (nicht mehr) besteht, kann nicht bestehen bleiben. Der Zuschlag kann einem als Grundstücksbelastung nicht bestehenden Recht nicht zur Entstehung verhelfen[4] Folge: Zuzahlungspflicht des Erstehers nach §§ 50, 51.
2.4 Änderung eines bestehenbleibenden Rechts bewirkt Erteilung des Zuschlags **nicht**. Bestehen bleibt ein Recht am Grundstück unverändert, sonach mit seinem gesetzlichen und/oder rechtsgeschäftlich festgelegten Inhalt und mit den es belastenden **Rechten Dritter** (Pfandrecht, Nießbrauch, auch Vormerkung und Widerspruch, desgleichen Verfügungsbeschränkungen, auch Rangvermerk). Bezeichnung solcher **Nebenrechte** im geringsten Gebot ist hierfür nicht nötig (§ 44 Rdn 5.17); ihr Fortbestand folgt gesetzlich aus dem Nichterlöschen des Haupt-

---

[1] Weber NJW 1952, 1284 (II), berichtigt 1953, 94.
[2] BGH 53, 47 = KTS 1970, 208 = MDR 1970, 222 = NJW 1970, 565 = Rpfleger 1970, 60; KG Berlin DNotZ 1975, 105 = Rpfleger 1975, 68; Jaeckel/Güthe § 52 Rdn 2; Steiner/Eickmann § 52 Rdn 19 und Rdn 20.
[3] Steiner/Eickmann § 52 Rdn 21.
[4] RG 138, 125 (127).

§ 52 2.4 Geringstes Gebot, Versteigerungsbedingungen

rechts (ZVG-Handbuch Rdn 265); sie bleiben mit dem Grundstücksrecht (an ihm) bestehen, das durch den Zuschlag nicht berührt wird[5].

2.5 Mit Verpflichtungen **schuldrechtlicher** Art befaßt sich § 52 nicht; der Ersteher ist für sie nicht Rechtsnachfolger des Schuldners (§ 90 Rdn 7). Die Schuldübernahme bei bestehenbleibenden Rechten regelt § 53, Bestimmungen für Miet- und Pachtrechte treffen §§ 57–57 d. Zu Verpflichtungen aus Versicherungsverträgen s § 56 Rdn 3.9 und § 90 Rdn 8.

2.6 Auflassungsvormerkung: a) Wenn sie **bestehenbleibt** (Berücksichtigung im geringsten Gebot § 48 Rdn 3.2) ist Eigentumserwerb mit Zuschlag (§ 90) **vormerkungswidrige Verfügung** (BGB § 883 Abs 2 Satz 2). Erfüllung des (gesicherten) Anspruchs hat durch den Anspruchsschuldner zu erfolgen; er hat die Auflassung (die zur Rechtsänderung erforderlichen Erklärungen) abzugeben (war im Fall von[6] erfolgt). Der Ersteher hat als (vormerkungswidriger) Erwerber der zur Verwirklichung des gesicherten Erwerbsanspruchs erforderlichen Eintragung nach BGB § 888 zuzustimmen[7]. Der Ersteher, der mit Zuschlag Eigentümer wird, hat das Grundstück somit wieder „herauszugeben", wenn der Vormerkungsberechtigte mit seinem Anspruch auf Auflassung durchdringt (so[8]).

b) Anspruch auf die noch ausstehende **Gegenleistung** hat der Ersteher nicht[9]. Der vom Schuldner zu erfüllende Auflassungsanspruch und die (dingliche) Verpflichtung des Erstehers, der Grundbucheintragung zuzustimmen, die diesen Anspruch verwirklicht, sind voneinander unabhängig. Der Anspruch auf Gegenleistung (meist Kaufanspruch nach BGB § 433 Abs 2) beruht auf dem Rechtsverhältnis, das den Schuldner zur Erfüllung des Auflassungsanspruchs verpflichtet; eine Berechtigung des Erstehers begründet der Zuschlag nicht. Die Zustimmungsverpflichtung des Erstehers beruht auf dem vormerkungswidrigen und damit den Berechtigten des vorgemerkten Anspruchs gegenüber unwirksamen Rechtserwerb; er begründet keinen Zahlungsanspruch gegen den Vormerkungsberechtigten und bewirkt auch keine Überleitung des Anspruchs des zur Leistung verpflichteten Schuldners auf den Ersteher. Dem entspricht es, daß der Bieter sein Gebot als Erwerbspreis nach dem Betrag des um die Belastung (das vorgemerkte Eigentum) geminderten Grundstückswertes bemißt (§ 51 Rdn 2.2). Dazu hat der Ersteher den Betrag bar zu zahlen, um den der durch die Belastung (voll) geminderte Wert des Grundstücks sich erhöht, wenn der vorgemerkte Anspruch nicht besteht, ein Recht aus der Vormerkung somit nicht mehr geltend gemacht werden kann (§ 51). Dann bilden das bare Meistgebot und dieser Zuzahlungsbetrag zusammen den Erwerbspreis. Das bare Meistgebot als Teil dieses Erwerbspreises wird um einen Anspruch auf Gegenleistung auch dann nicht verkürzt, wenn der Ersteher das Grundstück mit Erfüllung seiner Zustimmungspflicht (BGB § 888) wieder herauszugeben hat (würde den Ersteher rechtsgrundlos besserstellen). Sicherung eines Erwerbsanspruchs durch Vormerkung schränkt die Verwertbarkeit des Grundstücks ein oder schließt sie aus (§ 28 Rdn 4.2). Übergang des Anspruchs auf eine Gegenleistung auf den Ersteher für bessere Verwertbarkeit des Grundstücks ist nicht vorgesehen. Ein Betrag der Gegenleistung hat auch bei Zwangsversteigerung weder ermittelt

---

[5] OLG Hamm Rpfleger 1959, 130 mit Anm Stöber.
[6] RG 133, 267.
[7] RG 133, 267; Jaeckel/Güthe § 48 Rdn 5; Korintenberg/Wenz § 48 Anm 6; Mohrbutter/Drischler Muster 44 Anm 2.
[8] BGH 46, 124 = DNotZ 1967, 490 = MDR 1967, 34 = NJW 1967, 566 = Rpfleger 1967, 9.
[9] BGB-RGRK/Augustin § 883 Rdn 98; MünchKomm/Wacke, DGB, § 883 Rdn 51; Jaeckel/Güthe § 48 Rdn 5; Steiner/Eickmann § 48 Rdn 21; Korintenberg/Wenz § 48 Rdn 5; Mohrbutter/Drischler aaO (Fußn 7); Mohrbutter, Handbuch des Vollstreckungsrechts, § 39 (I c); Drischler Rpfleger 1967, 357 (2); Knott MittRhNotK 1967, 586 (595); Weyrich, Auflassungsvormerkung in der Zwangsversteigerung, Seite 23.

Bestehenbleibende Rechte 2.9 § 52

noch mit den Versteigerungsbedingungen festgestellt zu werden; Streit oder Ungewißheit über den Anspruch auf Gegenleistung kann im Verfahren nicht geklärt werden. Desgleichen wird nicht festgestellt, ob ein Schuldneranspruch auf Gegenleistung etwa schon abgetreten oder auch verpfändet oder gepfändet ist. Die Beschlagnahme des Grundstücks (§ 20) erstreckt sich nicht auf einen schuldrechtlichen Anspruch des Eigentümers (oder auch nur eines Voreigentümers). Es kann daher auch in dem Versteigerungsverfahren, das auf sicherer Grundlage durchzuführen ist, der für Bemessung des Gebots bedeutungslose Schuldneranspruch auf eine Gegenleistung keine Ersteherberechtigung begründen. Als (etwaiger) Gläubiger des (anspruchsberechtigten) Schuldners kann der Ersteher den Anspruch auf Gegenleistung pfänden und sich überweisen lassen[10].

c) Persönliche Ansprüche kann der Ersteher als Erwerber gegen den Berechtigten der Vormerkung aus Miet- oder Pachtverhältnissen sowie aus Verwendungen für das Grundstück haben. Dazu näher in den BGB-Kommentaren zu § 888.

2.7 Dauerwohnrecht und Dauernutzungsrecht nach WEG §§ 31 ff sind (dienstbarkeitsartige) Belastungen des Grundstücks, bleiben somit nur bei Aufnahme in das geringste Gebot bestehen. Dazu § 44 Rdn 5.29.

2.8 Eigentümergrundpfandrecht: Wenn eine Hypothek oder Grundschuld (auch Rentenschuld) ins geringste Gebot aufgenommen ist, bleibt auch die aus ihr entstandene Eigentümerschuld bestehen[11], es ist dasselbe Recht, nur mit anderem Inhaber und inhaltlich gewandelt[11]. Der Berechtigte eines Eigentümerrechts muß darum, wenn dieses ins geringste Gebot kommt, das Recht nicht zur Wahrung seiner Ansprüche anmelden, auch sonst keine Erklärung abgeben. Mit dem Zuschlag an einen Dritten verwandelt es sich in ein Fremdrecht des bisherigen Eigentümers. Ein Eigentümerrecht ist auch die Sicherungshöchstbetragshypothek bis zur Feststellung oder Entstehung einer dinglich zu sichernden Forderung des eingetragenen Gläubigers. Für die Löschung einer Eigentümergrundschuld ist die Löschungsbewilligung des früheren Eigentümers nötig, bei Bruchteils- oder Gesamthandseigentum aller früheren Eigentümer. Wird das Recht auf Grund einer Löschungsbewilligung des als Gläubiger Genannten zur Löschung gebracht, war es aber Eigentümerrecht, so hat die Löschung Aufhebung des Rechts nicht bewirkt (BGB § 875). Die früheren Eigentümer können dann Grundbuchberichtigung verlangen; müssen dies aber nicht, sondern können auch sofort aus der unter der Sicherungshöchstbetragshypothek sich verbergenden früheren Eigentümergrundschuld (nach Zuschlag Fremdgrundschuld), die materiellrechtlich bestehengeblieben ist, die Duldung der Zwangsvollstreckung vom Ersteher verlangen.
Fall aus der Praxis[12] Beim Zuschlag blieben zwei Straßenkostensicherungshypotheken (Höchstbetragshypotheken) der Gemeinde bestehen. Die Gemeinde hatte schon vor der Versteigerung Löschung bewilligt, drei der vier Miteigentümer hatten zugestimmt. Urkunde blieb beim Notar und wurde erst nach dem Zuschlag an den Ersteher ausgehändigt, der löschen ließ. Alle vier früheren Miteigentümer klagten nun auf Duldung der Zwangsvollstreckung aus den Grundschulden. Urteil erging dahin, weil durch die Löschung Grundbuch unrichtig sei und die Grundschulden materiellrechtlich bestünden, die Aushändigung der Löschungsbewilligung kein Verzicht auf die Rechte sei, die als Grundschulden weiterbestehen.

2.9 Erbbaurecht: a) Bei der Versteigerung des **belasteten Grundstücks** bleibt ein neues Erbbaurecht (seit 22. 1. 1919) immer bestehen, entweder infolge Berücksichtigung im geringsten Gebot oder gemäß ErbbauVO § 25 außerhalb des geringsten Gebots (Rdn 7). Der Inhalt des bestehenbleibenden Erbbaurechts ändert sich nicht; der Ersteher tritt in Rechte und Pflichten als neuer Grundstückseigentümer ein.

---

[10] Mohrbutter/Drischler Muster 44 Anm 2; Mohrbutter und Drischler je aaO (Fußn 9).
[11] BGH DNotZ 1961, 407 = MDR 1961, 673 = NJW 1961, 1352 = Rpfleger 1961, 353.
[12] OLG München Entscheidungsanhang E 24.

§ 52 2.9 Geringstes Gebot, Versteigerungsbedingungen

b) Ein **Erbbaurecht** (ein neues seit dem 22. 1. 1919) wird mit seinem tatsächlichen Bestand und seinem rechtlichen, nämlich gesetzlichen und gesetzlich vorgesehenen vertraglichen Inhalt versteigert[13], also mit Heimfallrecht[14], Vertragsstrafenbewehrung[15], Vorkaufsrecht, Zustimmungspflicht. Die Verpflichtung zur Zahlung einer Vertragsstrafe wirkt gegen den Ersteher aber nur dann, wenn auch die strafbewehrte Hauptverpflichtung zulässiger Erbbaurechtsinhalt ist[16]. Die gesetzlich vorgesehenen Vereinbarungen nach ErbbauVO §§ 2–8 haben dingliche Wirkung. Die Rechte und Pflichten hieraus müssen nicht ins geringste Gebot aufgenommen werden, sie sind Gegenstand des Erbbaurechts[17], sein Inhalt (ErbbauVO § 2), nicht seine Belastung, die je nach dem Rang des betreibenden Gläubigers erlöschen oder bestehenbleiben würde (dazu § 15 Rdn 13).

c) Die **Entschädigungsansprüche** aus ErbbauVO §§ 27, 28 gehen auf den Ersteher über, ohne daß sie im geringsten Gebot aufzunehmen sind, weil sie nur Surrogat für ein erlöschendes Erbbaurecht sind (ErbbauVO § 28).

2.10 **Früchtepfandrecht** nach dem Düngemittelsicherungsgesetz: Es bleibt bestehen, wenn es (nach Anmeldung durch seinen Gläubiger) im geringsten Gebot berücksichtigt ist (§ 10 Rdn 7.4). Wird es nicht ins geringste Gebot aufgenommen (mangels Anmeldung oder aus Versehen), so ist der Versteigerungsgegenstand frei von ihm.

2.11 Eine **Gesamthypothek** oder Gesamtgrundschuld bleibt bei Versteigerung eines der haftenden Grundstücke als Belastung bei Aufnahme in das geringste Gebot (§ 44 Rdn 5.9) in vollem Umfang (BGB § 1132) bestehen (Berücksichtigung nur mit einem Teilbetrag bei Versteigerung mehrerer Grundstücke: § 64). Wenn das Recht durch Zwangsversteigerung oder Zwangsverwaltung aus einem der mithaftenden anderen Grundstücke oder Grundstücksbruchteile bereits befriedigt ist, ist es auch an dem zu versteigernden (weiteren) Grundstück erloschen (BGB § 1181 Abs 2) (bei teilweiser Befriedigung nur teilweise). Das nach BGB § 1181 Abs 2 bereits erloschene Gesamtrecht bleibt bereits bei Feststellung des geringsten Gebots (ganz oder mit dem erloschenen Teil) unberücksichtigt (§ 45 Rdn 6.3); damit ist auch nach § 52 Abs 1 ausgeschlossen, daß es (weiter) bestehen bleibt. Wenn das bereits erloschene Gesamtrecht trotzdem in das geringste Gebot als bestehenbleibendes Recht aufgenommen ist, hat der Ersteher Zuzahlung zu leisten (§ 50 Abs 1); das gleiche gilt, wenn (soweit teilweise) ein bestehengebliebenes Gesamtrecht an dem versteigerten Grundstück erst nach Erteilung des Zuschlags erlischt (§ 50 Abs 2 Nr 2).

2.12 Wird ein **Grundstücksbruchteil** vollstreckungsversteigert, so bleibt eine als Anteilsbelastung im Grundbuch eingetragene Vereinbarung über die Regelung der Verwaltung und Benutzung oder/und den Ausschluß des Rechts, die Aufhebung der Gemeinschaft zu verlangen (BGB § 1010) bestehen, wenn sie in das geringste Gebot aufgenommen ist, weil aus einem nachrangig eingetragenen dinglichen Recht oder persönlich betrieben wird. Eine als Anteilsbelastung dem bestbetreibenden Gläubiger gleichstehende oder nachgehende Vereinbarung erlischt jedoch, wenn sie bei Feststellung des geringsten Gebots nicht berücksichtigt ist. Gegen den Ersteher als Eigentümer des damit nicht mehr nach BGB § 1010 belasteten Grundstücksbruchteils wirken die vereinbarte Verwaltungs- und Benutzungsregelung sowie der Aufhebungsausschluß dann nicht[18]. Die Vereinbarung erlischt auch, wenn die Voraussetzungen nach BGB § 751 vorliegen, wenn also ein

---

[13] LG Braunschweig Rpfleger 1976, 310 mit krit Anm Meyer-Stolte; Hagemann, Zwangsvollstreckung in das Erbbaurecht § 14 (Seite 78); Winkler DNotZ 1970, 390; (II 1).
[14] Rahn BWNotZ 1961, 53 (1) (III, IV).
[15] Rahn BWNotZ 1961, 53 (II, IV).
[16] BGH 109, 230 = DNotZ 1991, 391 = MDR 1990, 326; NJW 1990, 832.
[17] Hagemann und Rahn je aaO (Fußn 13, 14 und 15).
[18] Döbler MittRhNotK 1985, 181 (G I).

Bestehenbleibende Rechte 4.1 § 52

Gläubiger den Auseinandersetzungsanspruch gepfändet und zur Einziehung überwiesen erhalten hat und dann die Teilungsversteigerung durchführt (dazu § 180 Rdn 11).

2.13 Rangvorbehalt: Er bleibt bestehen, wenn das vorbehaltsbelastete Recht bestehenbleibt. Der Ersteher kann ihn dann ausnützen. Sonst erlischt der Vorbehalt mit dem Recht (§ 44 Rdn 6.5).

2.14 Tilgungshypothek: Sie bleibt nur unter Abzug der aus dem Bargebot zu befriedigenden Tilgungsraten bestehen. Dazu § 44 Rdn 5.25.

2.15 Vorkaufsrechte: Solche nach Baugesetzbuch = § 52 Rdn 4.2, dingliche = § 81 Rdn 10.2. Beim Bestehenbleiben eines Vorkaufsrechts hat das Vollstrekkungsgericht eine Belehrungspflicht gegenüber den Bietern. Das Vorkaufsrecht kann auch an einem Miteigentumsbruchteil bestehen und bestehenbleiben.

2.16 Zwangshypothek: Sie ist als Recht am Grunstück (§ 10 Abs 1 Nr 4) in das geringste Gebot aufzunehmen und bleibt bestehen, wenn ihr Gläubiger das Versteigerungsverfahren nur aus dem persönlichen Anspruch (§ 10 Abs 1 Nr 5) betreibt (§ 44 Rdn 4.5), ebenso, wenn ein anderer der Zwangshypothek nachgehender Gläubiger betreibt. Nur wenn ein ihr vorgehender oder gleichrangiger Gläubiger betreibt, erlischt sie und wird ausbezahlt, und zwar, in Rangklasse 4 (auch wenn ihr Gläubiger selbst in Rangklasse 5 betrieben hatte). Wird aus der Zwangshypothek dinglich betrieben, erlischt sie normal.

2.17 Hinsichtlich der **besonderen Versteigerungsverfahren** nach §§ 172, 175, 180 sind auch die dort geltenden Besonderheiten über die Aufstellung des geringsten Gebotes (§ 174 Rdn 2, § 176 Rdn 3, § 182 Rdn 2–4) zu beachten.

2.18 Hierzu im ZVG-Handbuch Rdn 247–270 und andere Stelle.

Erlöschen von Rechten (Absatz 1 Satz 2) 3

Soweit Rechte nicht bestehenbleiben, müssen sie erlöschen: § 52 Abs 1 Satz 2. Das **Erlöschen** ist also die notwendige Folge des Nicht-Bestehenbleibens. Der Ersteher ist damit davor geschützt, daß Ansprüche gegen das Grundstück geltend gemacht werden, die er nicht kennen und deshalb nicht in seine Kalkulation mit einbeziehen konnte[19]. Es erlöschen die Hauptsacheansprüche der dem bestrangig betreibenden Gläubiger gleichstehenden und nachgehenden dinglichen Rechte (Rangklasse 4, 6), alle Ansprüche auf rückständige oder laufende wiederkehrende Leistungen jedes Ranges (auch öffentliche Lasten[19]) bis einschließlich des Tages vor der Wirksamkeit des Zuschlagsbeschlusses (Rangklassen 1–4, 6–8) (also auch für dem bestrangig betreibenden Gläubiger vorgehende Hauptsacheansprüche) (der Ersteher haftet für rückständige wiederkehrende Leistungen nicht, für laufende erlöschender Rechte nicht, für laufende bestehenbleibender Rechte erst ab Zuschlag, § 56 Rdn 3) und alle Ansprüche außerhalb der bisher genannten, die nicht ausdrücklich durch Aufnahme ins geringste Gebot oder sonst kraft Gesetzes oder kraft einer Versteigerungsbedingung bestehenbleiben. Die erlöschenden Ansprüche gehen aber nicht unter; ihnen haftet wie bisher das Grundstück nunmehr der Versteigerungserlös (eingeschränkt durch § 110): Surrogationsgrundsatz (§ 92 Rdn 2).

Notweg- und Überbaurente (Absatz 2 Satz 1) 4

4.1 Das **Recht** auf eine Überbaurente (BGB §§ 912–916) und auf eine Notwegrente (BGB § 917 Abs 2) **bleibt** auch dann **bestehen,** wenn es bei der Feststellung des geringsten Gebots nicht berücksichtigt ist (Abs 2 Satz 1) und damit auch dann, wenn der Ersteher es nicht kannte. Grund: Diese Renten entziehen sich ihrer Natur nach dem Einfluß der Zwangsvesteigerung (Denkschrift S 47). Die Rechte auf diesen Renten gehen allen Rechten an dem Grundstück (auch älteren)

---

[19] BVerwG NJW 1985, 756 = Rpfleger 1985, 36 mit Anm Meyer-Stolte.

§ 52 4.1   Geringstes Gebot, Versteigerungsbedingungen

vor (BGB § 914 Abs 1 und § 917 Abs 2). In das Grundbuch werden sie nicht eingetragen (§ 914 Abs 2 Satz 1, § 917 Abs 2).

4.2 Die Renten sind jährlich im voraus zu entrichten (BGB § 913 Abs 2 mit § 917 Abs 2). Die einzelnen Leistungen sind somit (wie Hypothekenzinsen, BGB § 914 Abs 3, § 917 Abs 2 mit § 1107) **wiederkehrende Leistungen** in Rangklasse 4 des § 10 Abs 1 (die über 2 Jahre rückständigen damit in Rangklasse 8). Ein nicht erlöschendes Recht trägt der Ersteher vom Zuschlag an (§ 56 Satz 2). Aus dem Versteigerungserlös bar zu zahlen sind die wiederkehrenden Leistungen bis einschließlich des Tages vor der Wirksamkeit des Zuschlags (§ 56 Rdn 3.4). Diese müssen zur Aufnahme in das geringste Gebot und zur Befriedigung aus dem Erlös rechtzeitig angemeldet (§ 37 Nr. 4; Rangverlust § 110; Teilungsplan § 114 Abs 1) und erforderlichenfalls glaubhaft gemacht werden Für die während der Dauer seines Eigentums fällig werdenden Leistungen haftet der Ersteher auch persönlich (BGB § 914 Abs 3 mit § 917 Abs 2 und § 1108 Abs 1).

5 Reallast für Erbbauzins ohne Bestandsschutz

Literatur: Bertolini, Erbbauzins und Vereinbarung gemäß § 59 Abs 1 ZVG, MittBayNot 1983, 112; Dedekind, Der Konflikt zwischen Erbbauzinsreallast und Finanzierungsgrundpfandrecht, MittRhNotK 1993, 109; Eichel, Neuregelung des Erbbauzinses nach dem Sachenrechts-Änderungsgesetz, MittRhNotK 1995, 193; Groth, Erbbaurecht ohne Erbbauzins? DNotZ 1983, 652 und (nochmals) DNotZ 1984, 372; Karow, Rangkonflikt Erbbauzinsreallast/Grundpfandrecht – Lösung durch Stillhalteerklärung? NJW 1984, 2669; Klawikowski, Neue Erbbauzinsreallast, Rpfleger 1995, 145; Mohrbutter Chr, Die Eigentümerrechte und der Inhalt des Erbbaurechts bei dessen Zwangsversteigerung, Dissertation (1995); Mohrbutter H und Chr, Die Neuregelung des Erbbauzinses, ZIP 1995, 806; Muth, „Stillhalteerklärung" und Zwangsversteigerung des Erbbaurechts, JurBüro 1985, 801; v. Oefele, Die Erbbaurechtslösung nach dem Sachenrechtsbereinigungsgesetz, DtZ 1995, 158; v. Oefele, Änderung der Erbbaurechtsverordnung durch das Sachenrechtsänderungsgesetz, DNotZ 1995, 643; Ruland, Wegfall des Erbbauzinses in der Zwangsversteigerung, NJW 1983, 96; Sperling, Die Stillhalteerklärung als Mittel zur Sicherung des Erbbauzinses im Falle der Zwangsversteigerung, NJW 1983, 2487; Tradt, Der Erbbauzins und die Zwangsversteigerung des Erbbaurechts, DNotZ 1984, 370; Wilke, Zur Auslegung des § 9 Abs 2 ErbbauVO idF des Sachenrechtsänderungsgesetzes 1994, DNotZ 1995, 654; Winkler, Der Erbbauzins in der Zwangsversteigerung des Erbbaurechts, DNotZ 1970, 390 und NJW 1985, 940.; siehe auch die Literatur zum Erbbaurecht bei § 15 Rdn 13.

5.1 Eine **Erbbauzinsreallast** (ErbbauVO § 9 Abs 1, BGB §§ 1105 – 1118) ist Belastung des Erbbaurechts. Als solche bleibt sie (das Stammrecht) bei der Versteigerung des Erbbaurechts (wie jede andere dingliche Belastung) bestehen, wenn sie bei der Feststellung des geringsten Gebots berücksichtigt ist (§ 52 Abs 1 Satz 1). Berücksichtigung bei Feststellung des geringsten Gebots erfolgt nach § 44, wenn die Erbbauzinsreallast in Rangklasse 4 des § 10 Abs 1 Rang vor dem Anspruch des betreibenden Gläubigers hat (§ 11 Abs 1), oder abweichend nach § 59 (ohne praktische Bedeutung). Die bei Feststellung des geringsten Gebots nicht berücksichtigte Erbbauzinsreallast erlischt mit dem Zuschlag[20] (§ 52 Abs 1 Satz 2, § 91 Abs 1; Wertersatz: § 92 Abs 1). Der Ersteher erwirbt das Erbbaurecht dann frei von Erbbauzinsverpflichtungen (erbbauzinsloses Erbbaurecht); er tritt nicht in den schuldrechtlichen Vertrag hierüber ein[21]. Analoge Anwendung von § 52 Abs 2 [jetzt] Satz 1 (dafür früher[22]) ist ausgeschlossen. Nicht in das geringste Gebot aufgenommen wird die Erbbauzinsreallast auch, wenn der Grundstückseigentümer als der

---

[20] BG 81, 358 = MDR 1982, 131 = NJW 1982, 234 = Rpfleger 1981, 478; BGH 100, 107 (115) = MDR 1987, 570 = NJW 1987, 1942 = Rpfleger 1987, 257 und 320 Leitsatz mit Anm Drischler; OLG Hamburg MDR 1975, 853; OLG Nürnberg MDR 1980, 401; LG Braunschweig Rpfleger 1976, 310 mit Anm Meyer-Stolte; Götz DNotZ 1980, 3 (VI a).
[21] Winkler DNotZ 1970, 390 (II).
[22] Winkler DNotZ 1970, 390 (V).

Bestehenbleibende Rechte	5.5 § 52

Berechtigte aus der Reallast selbst die Zwangsversteigerung des Erbbaurechts betreibt (§ 12 Rdn 4.3 und § 44 Rdn 4.3). Auch wenn der Eigentümer den Heimfallanspruch (§ 15 Rdn 13.17) geltend gemacht hat, steht ihm der Erbbauzins für die Dauer des Erbbaurechts zu, mithin bis zum dinglichen Vollzug des Anspruchs[23] (mit Einigung und Grundbucheintragung). Die Erbbauzinsreallast mit Rang vor dem Recht des Gläubigers wird in das geringste Gebot daher auch aufgenommen, wenn Versteigerung erfolgt, obwohl der Heimfallanspruch bereits geltend gemacht ist.

5.2 Die **einzelnen Leistungen** der Erbbauzinsreallast unterliegen den für Hypothekenzinsen geltenden Vorschriften (ErbbauVO § 9 Abs 1 mit BGB § 1107). Als solche sind sie wiederkehrende Leistungen des Rechts in Rangklasse 4 des § 10 Abs 1, bei mehr als 2jährigem Rückstand in Rangklasse 8. Als Leistungen in Rangklasse 4 des § 10 Abs 1 werden sie bei Rang vor dem bestbetreibenden Gläubiger (§ 44) in den bar zu zahlenden Teil des geringsten Gebots (§ 49 Abs 1) aufgenommen, wenn sie bei Eintragung des Versteigerungsvermerks grundbuchersichtlich waren oder rechtzeitig angemeldet wurden (§ 45). Endzeitpunkt für Berücksichtigung: § 47. Die Leistungen einer bestehengebliebenen Erbbauzinsreallast trägt der Ersteher vom Zuschlag an (§ 56 Satz 2). Für diese wiederkehrenden Leistungen haftet der Ersteher (für die Dauer seiner Berechtigung) auch persönlich nach BGB § 1108 mit ErbbauVO § 9 Abs 1 Satz 1.

5.3 Wenn als Entgelt für die Bestellung eines Erbbaurechts eine Erbbauzinsreallast vereinbart (und bestellt) war, nicht aber auch eine schuldrechtliche Zahlungsverpflichtung des (ersten) Erbbauberechtigten begründet worden ist, haftet dieser vom Zuschlag an (mit dem der Ersteher Erbbauberechtigter wird, § 90 Abs 1) nicht mehr für die weiter fällig werdenden Leistungen[24] (je für die mit dem Zuschlag erloschenen Erbbauzinsreallast).

5.4 Die **Vormerkung** zur Sicherung des Anspruchs auf **Erhöhung des Erbbauzinses** (ErbbauVO § 9 a Abs 3) mit Eintragung einer Reallast des Inhalts, daß von einem bestimmten Zeitpunkt an der neu festgesetzte Erbbauzins zu zahlen ist, bleibt als bedingtes Recht (§ 48) wie der Erbbauzins im geringsten Gebot nur bestehen, wenn ihr der ins Erbbaurecht vollstreckende Gläubiger nachgeht (Besonderheit nach § 59); sonst erlischt die Vormerkung mit bedingtem Anspruch auf Wertersatz (§ 91 Abs 1, § 92). Für die bestehenbleibende Vormerkung ist ein Zuzahlungsbetrag nach § 51 Abs 2 zu bestimmen.

5.5 **Wertsicherung** der Erbbauzinsreallast kann (seit 1. Okt 1994) als Inhalt des Erbbauzinses vereinbart werden (dingliche Wertsicherung). (Vereinbarter) Inhalt des Erbbauzinses kann nach ErbbauVO § 9 Abs 2 Satz 2 eine Verpflichtung zu einer Anpassung an veränderte Verhältnisse sein, wenn die Anpassung nach Zeit und Wertmaßstab bestimmbar ist. Ob damit als Inhalt der Erbbauzinsreallast mit (dinglicher) Gleitklausel wertgesicherte wiederkehrende Geldleistungen bestimmt werden können (so[25]) oder ob die Anpassung unmittelbar gegenüber dem jeweiligen Erbbauberechtigten durchzusetzen ist (der auch den erhöhten Zins zu zahlen hat[26]) oder ob Gelegenheit geboten ist, zwischen beiden Möglichkeiten zu wählen (so[27]) ist nicht geklärt. Berücksichtigung in der Zwangsversteigerung hat sich jedenfalls nach der Grundbucheintragung der Erbbauzinsreallast zu bestimmen. Eine gleitende Erbbauzinsreallast (dingliche Gleitklausel) wird als bestehenbleibendes Recht mit ihrem eingetragenen Inhalt in das geringste Gebot aufgenommen

---

[23] BGH MDR 1990, 994 = NJW-RR 1990, 1095 = Rpfleger 1990, 412.
[24] OLG Hamburg MDR 1990, 537 = NJW-RR 1991, 658; LG Münster Rpfleger 1991, 33 mit Anm Meyer-Stolte.
[25] Eichel MittRhNotK 1995, 913 (B II 2.1 und 2.4); v. Oefele DNotZ 1995, 643 (III c–g); Wilke DNotZ 1995, 654.
[26] Stellungnahme des Bundesrats, BT-Drucks 12/5992, Seite 194.
[27] Klawikowski Rpfleger 1995, 145; Mohrbutter H und Chr ZIP 1995, 806 (III und IV).

§ 52   5.5   Geringstes Gebot, Versteigerungsbedingungen

(§ 44 Rdn 5.19); als solche ist sie auch Recht, das bei versteigerungsfester Inhaltsgestaltung nach § 52 Abs 2 Satz 2 bestehenbleibt. Ist eine (gesondert) zu erfüllende Verpflichtung zur Anpassung vereinbarter Inhalt des Erbbauzinses, dann erfordert Änderung (insbesondere Erhöhung mit dem Rang des Rechts) der Reallast (vor oder nach Erteilung des Zuschlags) Einigung und Eintragung im Erbbaugrundbuch (BGB §§ 873, 877). Der Erbbauzins ändert sich dann nicht schon von selbst (ohne dingliche Verfügung als Erfüllungsgeschäft), wenn die Anpassungsvoraussetzungen vorliegen[28] Diese Anpassung einer bestehengebliebenen Erbbauzinsreallast ist unmittelbar gegenüber dem Ersteher durchzusetzen (kein Fall von BGB § 888). Als Inhalt der Reallast sichert der mit dinglicher Rechtsänderung noch nicht erfüllte Anspruch auf Erbbauzinsanpassung die Verpflichtung zur Rechtsänderung, nicht aber einen Erhöhungsbetrag im Rang des Rechts; ein Erhöhunsbetrag ist daher auch nicht, gleich einem bedingten oder vorgemerkten Recht, nach § 48 bereits wie der eingetragene erhöhte Erbbauzins zu behandeln.[29]

5.6   Inhalt der Erbbauzinsreallast kann (seit 1. Okt 1994) außerdem die Vereinbarung sein, daß der jeweilige Erbbauberechtigte dem jeweiligen Inhaber der Reallast gegenüber berechtigt ist, das Erbbaurecht in einem bestimmten Umfang mit einer der Reallast **im Rang vorgehenden Grundschuld,** Hypothek oder Rentenschuld im Erbbaugrundbuch **zu belasten** (ErbbauVO § 9 Abs 3 Nr 2). Als Rangvorbehalt zugunsten des jeweiligen Erbbauberechtigten begründet dieser Erbbauzinsinhalt eine mit dem Erbbaurecht verbundene Befugnis, das vorbehaltene Recht eintragen zu lassen. Dem Ersteher des Erbbaurechts bleibt damit insbesondere die Möglichkeit zu einer (wieder) erstrangigen Belastung des Erbbaurechts auch dann erhalten, wenn ein vorrangiges Grundpfandrecht (oder alle) mit dem Zuschlag erlöschen, das Erbbaurecht aber als versteigerungsfest (§ 52 Rdn 6) bestehen geblieben ist.

5.7   Die **Grundbucheintragung,** daß Wertsicherung (Rdn 5.5) und Rangvorbehalt (Rdn 5.6) vereinbarter **Inhalt** des Erbbauzinses sind, kann durch **Bezugnahme** auf die Eintragungsbewilligung erfolgt sein (BGB § 874; vermittelnd[30]: Rangvorbehalt sollte ausdrücklich vermerkt werden; anders[31]: ist im Erbbaugrundbuch zu vermerken, Bezugnahme genügt nicht; ist aber nicht vorgeschrieben). Deren Überprüfung ist daher unerläßlich. Hinweis im Versteigerungstermin auf diesen Inhalt der Erbbauzinsreallast als bestehenbleibendes Recht gebietet die gerichtliche Aufklärungspflicht.

5.8   Ein nur **schuldrechtlich** (ohne dingliche Sicherung) **vereinbarter** Erbbauzins begründet lediglich eine persönliche (schuldrechtliche) Verpflichtung des (ersten) Erbbauberechtigten (§ 15 Rdn 13.1). Er gibt kein Recht auf Befriedigung aus dem Erbbaurecht (§ 10) und findet damit bei Feststellung des geringsten Gebots sowie bei Erlösverteilung keine Berücksichtigung. Den Ersteher verpflichtet er nicht; dieser tritt nicht in die schuldrechtlichen Verpflichtungen des Erbbaurechtsvertrags ein. Entsprechendes gilt für die nur schuldrechtlich vereinbarte Anpassungsklausel.

5.9   Zur Lösung des Interessenkonflikts zwischen Kreditgeber (der für sein Grundpfandrecht Rang vor dem Erbbauzins verlangt) und dem Grundstückseigentümer (der sich gegen das Erlöschen seiner nicht versteigerungsfesten, Rdn 6, Erbbauzinsreallast sichern möchte) können „Stillhalteerklärung" (dazu[32]) und Verpflichtung, Änderung der Versteigerungsbedingungen herbeizuführen und/oder ihr zustimmen[33], beitragen. Gleichwertigen Ersatz für Rangrücktritt der Erbbau-

---

[28] Mohrbutter H und Chr ZIP 1995, 806 (III 3 und 4).
[29] Mohrbutter H und Chr ZIP 1995, 806 (III 4).
[30] v. Oefele DNotZ 1995, 643 (II 5).
[31] v. Oefele/Winkler, Handbuch des Erbbaurechts, Rdn 6.55.
[32] Sperling NJW 1983, 2487; Groth DNotZ 1984, 372; Karow NJW 1984, 2669.
[33] Groth DNotZ 1984, 372; Karow NJW 1984, 2669; Tradt DNotZ 1984, 370.

Bestehenbleibende Rechte 6.2 § 52

zinsreallast hinter die Grundpfandrechte bieten diese Lösungen jedoch nicht (dazu[34]).

5.10 Im **Beitrittsgebiet** kann der Eigentümer eines vor dem 1. 1. 1976 mit einem Erbbaurecht belasteten Grundstücks (vgl § 15 Rdn 13.15) eine Anpassung des Erbbauzinses verlangen, wenn das Erbbaurecht verlängert ist, weil Bebauung des Grundstücks erfolgt ist oder eine bauliche Maßnahme vorgenommen wurde (SachenRBerG § 112 Abs 2 Satz 4). Dieser gesetzliche Anspruch auf Erbbauzinsanpassung begründet als schuldrechtlicher Anspruch kein Recht auf Befriedigung aus dem Grundstück (wie Rdn 5.8).

Versteigerungsfeste Erbbauzinsreallast (Absatz 2 Satz 2) 6

Literatur: Stöber, Die nach Inhaltsvereinbarung bestehenbleibende Erbbauzins-Reallast, Rpfleger 1996, 136; siehe auch die Literatur bei Rdn 5.

6.1 Bestehen bleibt die „bei Feststellung des geringsten Gebots" (§ 44; Rdn 5.1) nicht berücksichtigte Erbbauzinsreallast auch dann, wenn dies nach ErbbauVO § 9 Abs 3 Nr. 1 als **Inhalt des Rechts vereinbart** ist (Abs 2 Satz 2). Als Inhalt der Reallast kann (seit 1. 10. 1994) demnach vereinbart werden, daß die Reallast abweichend von § 52 Abs 1 mit ihrem Hauptanspruch bestehenbleibt, wenn der Grundstückseigentümer aus der Reallast oder der Inhaber eines im Range vorgehenden oder gleichstehenden dinglichen Rechts die Zwangsversteigerung des Erbbaurechts betreibt. Die für Belastung des Erbbaurechts erforderliche Grundbucheintragung dieses Inhalts der Reallast kann durch Bezugnahme auf die Eintragungsbewilligung erfolgt sein (BGB §874; siehe bereits Rdn 5.7; Bedenken bei[35], aber gegen Ungültigkeit der Vereinbarung bei Bezugnahme). Die Vereinbarung erlangt keine Bedeutung (der Erbbauzins erlischt somit), wenn ein Gläubiger der Rangklasse 2 oder 3 des § 10 Abs 1 die Zwangsversteigerung betreibt[36]; für diesen Fall kann das Bestehenbleiben der Erbbauzinsreallast nicht als Rechtsinhalt vereinbart werden.

6.2 Abs 2 Satz 2 ist unglücklich gefaßt; er macht mit seinem unklaren Wortlaut und der scheinbar atypischen Regelung den Gesetzeszweck nicht sicher erkennbar. Die Vorschrift hat (allein) die Aufgabe, das **vereinbartungsgemäße Bestehenbleiben** des Rechts (ErbbauVO § 9 Abs 3 Nr 1) für das Versteigerungsverfahren **anzuordnen**[37]. Nur dafür trifft sie Bestimmung, daß „Satz 1 . . . entsprechend . . . anzuwenden „ ist. Von der Überbau- und Notwegrente (Rdn 4) unterscheidet sich die Erbbauzinsreallast jedoch grundlegend. Diese Renten können nicht in das Grundbuch eingetragen werden (BGB § 914 Abs 2 Satz 1), die Erbbauzinsreallast soll als eingetragenes Recht nach dem Willen der Beteiligten bestehenbleiben. Abs 2 Satz 1 dient dem Schutz der nicht grundbuchersichtlichen Überbau- und Notwegrente, Abs 2 Satz 2 der Erhaltung der nachrangigen Erbbauzinsreallast nach dem Willen der Beteiligten. Das ist der Sonderregelung in WEG § 39 Abs 1 gleich und beruht auf der Selbstverständlichkeit, daß die Vorschriften des ZVG über die Feststellung des geringsten Gebots und der Versteigerungsbedingungen nicht zwingender Natur sind (§ 59 Rdn 2.1). Besonderheit gegenüber der nach § 59 möglichen Abweichung ist, daß (wie im Falle von WEG § 39 Abs 1) bindende Abmachung über die abweichende Feststellung und Zustimmung der beeinträchtigten Beteiligung schon bei Bestellung des Rechts oder nachfolgender Inhaltsänderung erfolgen (nicht somit erst im Versteigerungsverfahren)[38]. Daher darf die

---

[34] Groth DNotZ 1984, 372; Karow NJW 1984, 2669.
[35] v. Oefele DNotZ 1995, 643 (II 2 a).
[36] v. Oefele DNotZ 1995, 643 (II 4 b und 4 d); Mohrbutter Chr, Erbbaurecht bei Zwangsversteigerung, VI. Kap 1 d aa (Seite 231); Mohrbutter H und Chr ZIP 1995, 806 (V 2).
[37] Stöber Rpfleger 1996, 136 (V 1).
[38] Stöber Rpfleger 1996, 136 (III 2).

§ 52   6.2   Geringstes Gebot, Versteigerungsbedingungen

Bestimmung nicht so verstanden werden, daß die Reallast „außerhalb des geringsten Gebots" (sozusagen nebenbei) bestehenbleiben würde. Für Erhaltung der grundbuchersichtlichen nachrangigen Erbbauzinsreallast nach dem Willen der Beteiligten bringt Abs 2 Satz 2 mit seinem Wortlaut vielmehr zum Ausdruck, daß das Recht auch dann bestehenbleibt, wenn es bei Feststellung des geringsten Gebots nach den Regeln des § 44 als dem Gläubiger vorgehendes Recht nicht berücksichtigt ist[39]. Es ist bei Inhaltsvereinbarung nach ErbbauVO § 9 Abs 3 Nr 1 nur ein solches Gebot zulässig, durch welches die dem Anspruch des Gläubigers vorgehenden Rechte und die zu berücksichtigten Verfahrenskosten gedeckt werden (das bestimmt § 44 Abs 1), wenn darüber hinaus das Bestehenbleiben der Erbbauzinsreallast vereinbarungsgemäß gewahrt bleibt. Das ist folglich das Gebot, das nicht unterschritten werden darf, wenn es wirksam sein soll (§ 44 Rdn 3.2), somit das „geringste Gebot"[40]. Daher muß bei Feststellung des geringsten Gebots und der Versteigerungsbedingungen im Versteigerungstermin (§ 66 Abs 1) auch die nach (abweichender) Inhaltsvereinbarung (ErbbauVO § 9 Abs 3 Nr 1) bestehenbleibende Erbbauzinsreallast berücksichtigt werden[41], auch[42]: „Das Stammrecht ... bleibt abweichend von § 52 Abs 1 als Teil des geringsten Gebots (§ 44) gem Abs 2 Satz 2 bestehen." Zur Abgabe von Geboten wird nur unter dieser Bedingung aufgefordert. Nur Hinweis des Rechtspflegers auf die durch ErbbauVO § 9 Abs 3 Nr 1 getroffene Regelung oder verallgemeinernde Feststellung, daß die Versteigerung (im übrigen) „zu den gesetzlichen Bestimmungen" erfolgt[43], genügt nicht. Es müssen geringstes Gebot und Versteigerungsbedingungen, die nach § 66 Abs 1 im Versteigerungstermin festgestellt und verlesen werden, die Erbbauzinsreallast als nach „abweichender" Vereinbarung der Beteiligten bestehenbleibendes Recht bezeichnen[43].

6.3 Für die nach ErbbauVO § 9 Abs 3 Nr 1 bestehenbleibende Erbbauzinsreallast ist im geringsten Gebot auch ein **Zuzahlungsbetrag** (§ 51 Abs 2) für den Fall zu bestimmen, daß das Recht doch nicht besteht[44].

6.4 Die **nicht im Grundbuch eingetragene** (versehentlich gelöschte) Erbbauzinsreallast schützt Abs 2 Satz 2 nicht vor dem Erlöschen[45]. Sie muß für Feststellung im geringsten Gebot angemeldet werden (§ 45 Abs 1).

6.5 Bestehen bleibt auch die als versteigerungsfest nicht erlöschende Erbbauzinsreallast mit ihrem gesetzlichen und **rechtsgeschäftlich vereinbarten Inhalt**. Unverändert bleibt damit als Inhalt einer wertgesicherten Reallast (Rdn 5.5) auch die Verpflichtung zur Anpassung an veränderte Verhältnisse und als Inhalt einer mit Rangvorbehalt versehen Reallast (Rdn 5.6) die Befugnis des jeweiligen Erbbauberechtigten zu vorrangiger Belastung erhalten.

6.6 Die **Leistungen** der als versteigerungsfest bestehenbleibenden Erbbauzinsreallast trägt der Ersteher **vom Zuschlag an** (§ 56 Satz 2); er haftet für diese wiederkehrenden Leistungen (für die Dauer seiner Berechtigung) auch persönlich nach BGB § 1108 mit ErbbauVO § 9 Abs 1 Satz 1. Die bis zum Zuschlag zu berechnenden Erbbauzinsleistungen erlangen für Feststellung des geringsten Gebot keine Bedeutung; sie fallen nicht in das bare geringste Gebot (§§ 44, 49 Abs 1). Sie behalten ihren Rang als wiederkehrende Leistungen des Rechts in Rangklasse 4 des § 10 Abs 1, bei mehr als 2jährigem Rückstand in Rangklasse 8. Aus dem Versteigerungserlös werden sie an der Rangstelle des Rechts, damit nach einem vorrangig betreibende Gläubiger, befriedigt (§ 114 Abs 1).

---

[39] Stöber Rpfleger 1996, 136 (ganze Abhandlung).
[40] Stöber aaO (V 3).
[41] Stöber aaO (V und VI).
[42] Mohrbutter H und Chr ZIP 1985, 806 (V 2).
[43] Stöber aO (V 6).
[44] Stöber aaO (VI 2).
[45] Stöber aaO (VI 3).

Bestehenbleibende Rechte 7.2 **§ 52**

6.7 Für die **Vormerkung** zur Sicherung des Anspruchs auf **Erhöhung des Erbbauzinses** (ErbbauVO § 9 a Abs 3; Rdn 5.4) kann Bestehenbleiben nach ErbbauVO § 9 Abs 3 Nr 1 ebenso vereinbart werden. Auch sie ist dann in das geringste Gebot als bestehenbleibend aufzunehmen (§ 48). Die nur für den Erbbauzins getroffene Vereinbarung, daß die Reallast nach ErbbauVO § 9 Abs 3 Nr 1 bestehenbleibt, wirkt nicht zugleich auch für die Vormerkung zur Sicherung des Anspruchs auf Erhöhung des Erbbauzinses. Diese ist selbständige Belastung des Erbbaurechts mit eigenem Rang. Im geringsten Gebot ist sie (selbständig) wie ein eingetragenes Recht zu berücksichtigen (§ 48). Bestehenbleiben kann sie nach Abs 2 Satz 2 daher nur dann, wenn dies auch ihr Inhalt nach ErbbauVO § 9 Abs 3 Nr 1 vereinbart ist. Ist das nicht der Fall, dann bleibt nur die Erbbauzinsreallast nach Abs 2 Satz 2 bestehen; die Vormerkung erlischt in einem solchen Fall mit bedingtem Anspruch auf Wertersatz (Rdn 5.4).

Weitere gesetzlich bestehenbleibende Rechte 7

7.1 Rechte und Lasten, die nicht unter § 52 fallen, bleiben bestehen, wenn das für den Einzelfall gesetzlich besonders vorgesehen ist. Dann ist ohne Bedeutung, ob das Recht (die Last) dem bestrangig betreibenden Gläubiger vor- oder nachgeht. Es bleibt dann auch bestehen, wenn es im Versteigerungstermin nicht erwähnt wird (zur Amtspflicht, die Beteiligten darauf hinzuweisen, aber EGZVG § 9 Rdn 4.3). Am besten wird es im Rahmen der Versteigerungsbedingungen aufgezählt, mit dem Zusatz: „Außerhalb des geringsten Gebotes bleibt bestehen . . ."
Für diese Rechte gibt es keine Zuzahlung nach §§ 50, 51. Es kann nicht erwogen werden, daß ein soches Recht auch dann bestehen bleibe, „wenn es bei der Feststellung des geringsten Gebots nicht berücksichtigt ist", dann aber der Ersteher Zuzahlung leisten müsse, weil das Recht eben doch nicht bestehe. Ein Zuzahlungsbetrag (§ 51 Abs 2) ist daher auch dann nicht festzusetzen, wenn das Bestehen einer nicht eingetragenen altrechtlichen Dienstbarkeit streitig ist (anders[46]; nach Wortlaut und Zweck von §§ 50, 51 ist für analoge Anwendung jedoch kein Raum). Soweit es sich um dingliche Rechte handelt, die dem bestrangig betreibenden Gläubiger vorgehen, bleiben sie schon bestehen, wenn sie bei der Feststellung des geringsten Gebots berücksichtigt sind. Dafür muß ein nicht eingetragenes Recht angemeldet und erforderlichenfalls glaubhaft gemacht werden (§ 45 Rdn 1).

7.2 Es bleiben bestehen auf Grund gesonderter gesetzlicher Regelung:

a) Ein **Altenteilsrecht** nach EGZVG § 9 mit Landesrecht (Einzelheiten EGZVG § 9 Rdn 3);

b) **Altrechtliche Grunddienstbarkeiten** nach EGZVG § 9 mit Landesrecht (Einzelheiten EGZVG § 9 Rdn 2);

c) **Baugesetzbuch-Vorkaufsrecht** nach diesem Gesetz §§ 24 ff; es kann zwar nicht gegenüber dem Zuschlag ausgeübt werden, wohl aber bei nach der Versteigerung erfolgenden Veräußerungen, geht also durch die Versteigerung nicht für später unter (dazu § 81 Rdn 10);

d) **Erbbaurecht** (neues) bei der Grundstücksversteigerung nach ErbbauVO § 25 und gewisse erbbaurechtliche Ansprüche (dazu § 52 Rdn 2.9);

e) **Landesrentenbankrente** nach Landesrentenbankgesetz vom 7. 12. 1939 (9. Auflage Text 275) § 14 und nach der 2. Heuerlingsverordnung vom 27. 1. 1938 § 1. Zum Übergangsrecht nach Aufhebung der Heuerlingsverordnung Textanhang T 26;

f) Als **Meliorationsanlagen-Dienstbarkeit** die beschränkte persönliche Dienstbarkeit des Eigentümers einer Anlage zur Bewässerung von Grundstücken oder zu deren Beregnung für Haltung einer Meliorationsanlage bei Zwangsversteigerung

---

[46] Dassler/Schiffhauer § 51 Rdn 5; Steiner/Eickmann § 51 Rdn 5; Reinhard/Müller EGZVG § 9 Anm II 6; Schiffhauer Rpfleger 1986, 326 (XI 2).

§ 52 7.2 Geringstes Gebot, Versteigerungsbedingungen

des belasteten Grundstücks, wenn das Verfahren bis 31. Dez 2005 beantragt wurde (Gesetz zur Regelung der Rechtsverhältnisse an Meliorationsanlagen [Meliorationsanlagengesetz – MeAnlG] vom 21. 9. 1994, BGBl I 2538 [2550] § 6).

g) **Mitbenutzungsrecht** (zeitlich begrenzt) (Einzelheiten EGZVG § 9 a Rdn 4);

h) **Nutzungsrecht** für Gebäudeeigentum (zeitlich begrenzt) (Einzelheiten EGZVG § 9 a Rdn 2);

i) **Öffentliche Lasten** als solche (§ 10 Rdn 6), die der Ersteher vom Zuschlag an zu tragen hat (§ 56 Satz 2);

k) **Rentenbankreallast** nach dem Rentenbankgrundschuldgesetz (9. Auflage Text 363) § 3 (dazu § 10 Rdn 6 und 9. Auflage);

l) **Schiffshypothek** nach dem Schiffsbankgesetz § 6, falls aus einem ihr vorgehenden oder gleichstehenden Recht betrieben wird, auf Verlangen der Schiffsbank, sobald diese ein Schiff oder Schiffsbauwerk zur Verhütung von Verlusten erworben hat (aus nachgehenden nach § 52 ins geringste Gebot).

[Schuldübernahme bei Grundpfandrechten]

53 (1) **Haftet bei einer Hypothek, die bestehenbleibt, der Schuldner zugleich persönlich, so übernimmt der Ersteher die Schuld in Höhe der Hypothek; die Vorschriften des § 416 des Bürgerlichen Gesetzbuchs finden mit der Maßgabe entsprechende Anwendung, daß als Veräußerer im Sinne dieser Vorschriften der Schuldner anzusehen ist.**

(2) **Das gleiche gilt, wenn bei einer Grundschuld oder Rentenschuld, die bestehenbleibt, der Schuldner zugleich persönlich haftet, sofern er spätestens im Versteigerungstermine vor der Aufforderung zur Abgabe von Geboten die gegen ihn bestehende Forderung unter Angabe ihres Betrags und Grundes angemeldet und auf Verlangen des Gerichts oder eines Beteiligten glaubhaft gemacht hat.**

Literatur: v. Olshausen, Ausgleichsansprüche bei ins geringste Gebot gefallenen Hypotheken, Sicherungsgrundschulden und Sicherungsreallasten, KTS 1993, 511.

1 Allgemeines zu § 53

1.1 Zweck der Vorschrift: Regelung gesetzlicher Schuldübernahme durch den Ersteher für eine bestehenbleibende Hypothek (mit Besonderheit auch bei Grundschuld), wie sie bei Kaufverträgen über Grundstücke üblich ist, aus Gründen der Billigkeit (Denkschrift S 46).

1.2 Anwendungsbereich: § 53 gilt für alle Versteigerungen.

2 Schuldübernahme bei bestehenbleibender Hypothek (Absatz 1)

2.1 Haftet bei einer Hypothek, die bestehenbleibt, der (Vollstreckungs)Schuldner (§ 9 Einleitungssatz) zugleich persönlich für die gesicherte Forderung, so **übernimmt der Ersteher** mit Eigentumserwerb durch Zuschlag kraft Gesetzes in Höhe der Hypothek auch diese persönliche Schuld (§ 53 Abs 1 Halbsatz 1). Der Ersteher wird also bei einer bestehenbleibenden Hypothek, bei der eine persönliche Haftung des Schuldners bestand, auch persönlicher Schuldner in Höhe der Hypothekenforderung. **Voraussetzung** ist, daß die Hypothek besteht (sonst Zuzahlung nach § 50), daß sie infolge Berücksichtigung bei der Feststellung des geringsten Gebots (nach § 44 oder § 59) nach § 52 Abs 1 (nicht aber nach § 91 Abs 2) bestehen bleibt und daß der Schuldner bei Wirksamwerden des Zuschlags (§§ 89, 104) dem Hypothekengläubiger persönlich haftet. Die Schuldübernahme durch den Ersteher tritt dann **kraft Gesetzes** ein, erfolgt somit ohne besondere Erklärung des Erstehers oder eines Beteiligten und ohne (besondere) Feststellung durch das Gericht in den Versteigerungsbedingungen. Bei Liegenbelassungsvereinbarung nach § 91 Abs 2 ist der bisherige Schuldner von der Haftung befreit (§ 91 Abs 3 Satz 2); hierbei ist die Regelung der persönlichen Schuld des Erstehers der Vereinbarung überlassen, § 53 ist darauf nicht anwendbar[1]. Der Haftung des Schuldners für die Hypothekenforderung steht die Haftung n und des (während des Verfahrens) neu eingetretenen Eigentümers für die Hypothekenforderung gleich[2] (teilweise anders[3]). War persönlicher Schuldner nicht der Vollstreckungsschuldner, sondern ein Dritter (wenn zB der Eigentümer die Hypothek für eine fremde Schuld bestellt hatte), so ist § 53 nicht anwendbar[4]. Das gilt auch, wenn der Vollstreckungsschuldner dem persönlichen Schuldner zur Befreiung des Gläubigers verpflichtet war[5].

2.2 Die Wirkung der (gesetzlich angeordneten) Schuldübernahme hängt von der **Genehmigung des Gläubigers** (von seiner nachträglichen Zustimmung) ab (BGB § 415 Abs 1 Satz 1); gegen seinen Willen kann ihm ein anderer Schuldner nicht aufgedrängt werden. Mit Anführung lediglich des BGB § 416 in § 53 Abs 1 ist nur klarstellend hervorgehoben, daß die Schuldübernahme auch ohne ausdrückliche Erklärung des Gläubigers Wirksamkeit erlangen kann; daß auch BGB § 415 (ebenso BGB § 414) auf die (gesetzlich angeordnete) Schuldübernahme des § 53 anwendbar ist[6], ist als selbstverständlich nicht ausdrücklich bestimmt. Dem Gläubiger gegenüber erlangt die Schuldübernahme somit keine Wirkung, solange die Genehmigung nicht erteilt oder wenn sie verweigert ist; Rechte aus der Schuldübernahme stehen ihm dann nicht zu; sein Forderungsschuldner ist weiterhin der bisherige (persönliche) Schuldner. Wenn und solange die Schuldübernahme nicht genehmigt ist, begründet sie jedoch nach BGB § 415 Abs 3 die **Verpflichtung des Erstehers** (als Übernehmer) gegenüber dem Schuldner, den Gläubiger rechtzeitig zu befriedigen. Die Übernahme der Schuld durch den Ersteher hat damit zunächst nur die Bedeutung einer Erfüllungsübernahme.

2.3 Die für Vollwirkung der Schuldübernahme erforderliche **Genehmigung durch den Gläubiger** kann sowohl dem Ersteher als auch dem (persönlichen) Schuldner gegenüber erklärt werden (BGB § 182 Abs 1), jedoch erst dann, wenn der Schuldner oder Ersteher dem Gläubiger die Schuldübernahme mitgeteilt hat (BGB § 415 Abs 1 Satz 2). Die Mitteilung soll erst das Zugriffsrecht des Gläubigers nach dem Willen des bisherigen Schuldners oder Übernehmers eröffnen; sie ist daher auch im Falle des § 53 erforderlich[7] (anders[8]). Die Mitteilung ist (anders als im Fall des BGB § 416 Abs 3) formfrei und an keine Frist gebunden. Wenn der Gläubiger die Genehmigung erklärt, ist die Schuldübernahme wirksam (BGB § 415 Abs 1); BGB § 416 erlangt dann keine Bedeutung[9]. Die strengeren Voraussetzungen des BGB § 416 müssen in diesem Fall nicht erfüllt sein. Im Einverständnis des Hypothekengläubigers, dem Bestehenbleiben nach § 59 liegt seine Genehmigung zur Schuldübernahme[10]; sie ist (wie im Falle des § 415 die Einwilligung vor Abschluß des Übernahmevertrags) ohne besondere Mitteilung nach BGB § 415 Abs 1 Satz 2 wirksam; damit wird der bisherige Schuldner von der Haftung frei.

2.4 Der **Schuldner** (sein Konkursverwalter[11]) kann eine **Klärung** über das Wirksamwerden der Schuldübernahme **nach BGB § 416** herbeiführen. Diese Be-

---

[1] BGH KTS 1981, 421 = MDR 1981, 482 = NJW 1981,1601 = Rpfleger 1981, 140.
[2] Jaeckel/Güthe § 53 Rdn 5; Steiner/Eickmann § 53 Rdn 9.
[3] Dassler/Gerhardt § 53 Rdn 3.
[4] Jaeckel/Güthe § 53 Rdn 5; Dassler/Gerhardt § 53 Rdn 3.
[5] Dassler/Gerhardt § 53 Rdn 4; Jaeckel/Güthe § 53 Rdn 5; Steiner/Eickmann § 53 Rdn 8.
[6] RG 125, 100 (103) und 136, 91 (95, 96).
[7] RG 136, 91 (95, 96).
[8] Steiner/Eickmann § 53 Rdn 15.
[9] BGB-RGRK/Weber § 416 Rdn 5; MünchKomm/Möschel, BGB, § 416 Rdn 2.
[10] Dassler/Gerhardt § 53 Rdn 6; Steiner/Eickmann § 53 Rdn 16.
[11] Wolff ZIP 1980, 417 (II 3.3).

§ 53 2.4 Geringstes Gebot, Versteigerungsbedingungen

stimmung ergänzt BGB § 415 mit der Maßgabe, daß unter weiteren Voraussetzungen auch das Schweigen des Gläubigers als Genehmigung gilt (Rechtsfolge nach § 416 Abs 1 Satz 2). BGB § 416 findet auf die Schuldübernahme bei Bestehenbleiben der Hypothek mit der Maßgabe Anwendung, daß der Schuldner als Veräußerer anzusehen ist (§ 53 Abs 1 Halbsatz 2). Die Rechtsfolge des BGB § 416 Abs 1 Satz 2 erfordert, daß der Schuldner (als Veräußerer; auch sein Konkursverwalter[11]) dem Gläubiger der Hypothekenforderung die Schuldübernahme nach Wirksamwerden des Zuschlags schriftlich mit dem Hinweis auf die Rechtsfolge bei Fristablauf mitgeteilt hat, daß seit dem Zugang dieser Mitteilung (BGB § 130) sechs Monate verstrichen sind und der Gläubiger die Genehmigung dem Schuldner (als Veräußerer) gegenüber nicht verweigert hat. Die entsprechende Anwendung von BGB § 416 setzt nicht voraus, daß der Ersteher schon als Eigentümer im Grundbuch eingetragen ist, sondern nur, daß der Zuschlagsbeschluß wirksam ist[12].

2.5 Mit erklärter (BGB § 415) oder mit bei Fristablauf erteilter (BGB § 416) **Genehmigung** entfaltet die (gesetzlich angeordnete) Schuldübernahme Wirksamkeit gegenüber dem Gläubiger: sie bewirkt Wechsel des Forderungsschuldners. Der Ersteher ist damit als Verpflichteter an die Stelle des bisherigen Schuldners getreten (siehe BGB § 414), somit dem Gläubiger gegenüber zu dessen Befriedigung verpflichtet. Der bisherige (persönliche) Schuldner ist damit frei geworden (aus dem Schuldverhältnis als Verpflichteter ausgeschieden). Wegen der Nebenrechte ist BGB § 418 zu beachten. Die Mithaftung von Grundstücken, die nicht dem Schuldner gehören, erlischt mangels Einverständnis mit der Schuldübernahme; die Mithaftung von Grundstücken des Vollstreckungsschuldners bleibt aber bestehen.

2.6 Die **Verurteilung** des früheren Grundstückseigentümers (= Vollstreckungsschuldners) als persönlicher Schuldner der Hypothekenforderung hat im Verhältnis zum Ersteher keine Rechtskraftwirkung für den Gläubiger[13].

2.7 Erfüllt der Ersteher seine Verpflichtung nach BGB § 415 Abs 3 nicht, sondern befriedigt **der Schuldner** als Forderungsschuldner den Gläubiger, so hat er gegen den Ersteher einen Erstattungsanspruch[14] nach BGB § 670, der durch Übergang der Hypothek auf ihn (§ 1164 Abs 1 Satz 1) dinglich gesichert ist[15]. Zahlt der Ersteher (auch nach Verweigerung der Genehmigung) an den Gläubiger in Erfüllung seiner Schuldbefreiungsverpflichtung, so leistet er als Dritter (§ 267 Abs 1). Folge ist das Erlöschen der Forderung (BGB § 362 Abs 1) und Erwerb der Hypothek durch den Ersteher als Eigentümergrundschuld (BGB § 1163 Abs 1 Satz 2, § 1177 Abs 1). Besonderheiten, die sich bei Zahlung ergeben, wenn der nach BGB § 415 Abs 3 verpflichtete Ersteher ausdrücklich auf die Hypothek leistet sowie wenn der Versteigerungsschuldner nicht Schuldner der durch die Hypothek gesicherten Forderung ist, sind als materiellrechtliche Fragen in den BGB-Kommentaren erörtert (dazu mit Nachweisen auch[16]).

2.8 Für ein **herrenloses Grundstück** kann § 53 nicht gelten, weil hier kein persönlicher Schuldner vorhanden ist.

3 Schuldübernahme bei Grundschuld und Rentenschuld (Absatz 2)

3.1 Bei **Grundschuld** und **Rentenschuld** ist außer den allgemeinen Voraussetzungen nach Abs 2 noch zu beachten: wenn sie bestehenbleiben und der Schuldner (§ 9 Einleitungssatz) persönlich für die durch sie nach schuldrechtlicher Abrede (Sicherungsvertrag) gesicherte Forderung haftet, übernimmt der Ersteher die Schuld, falls

---

[12] Dassler/Gerhardt § 53 Rdn 8; Jaeckel/Güthe § 53 Rdn 5; Steiner/Eickmann § 53 Rdn 22.
[13] BGH MDR 1960, 752 = NJW 1960, 1348.
[14] RG 129, 27 (29 f); MünchKomm-Möschel, BGB, § 415 Rdn 13.
[15] Dassler/Gerhardt § 53 Rdn 9; Korintenberg/Wenz § 53 Anm 3; Steiner/Eickmann § 53 Rdn 25; v Olshausen KTS 1993, 511 (II 1).
[16] v Olshausen KTS 1993, 511 (II 2).

der Schuldner (sein Konkursverwalter[17]) spätestens im Verst...gerungstermin vor der Aufforderung zur Abgabe von Geboten die gegen ihn bestehende persönliche Forderung (und damit deren Sicherung durch die Grundschuld) unter Angabe von Grund und Betrag anmeldet und auf Verlangen des Gerichts oder eines Beteiligten glaubhaft macht. Grund: Persönliche Haftung ist aus dem Grundbuch nicht ersichtlich und mit einer Grundschuld (Rentenschuld) auch durch Abrede nicht ohne weiteres verbunden. Diese Anmeldung der persönlichen Forderung kann nur durch den Schuldner (in der Teilungsversteigerung durch die Antragsgegner-Miteigentümer) erfolgen, nicht durch den Grundschuldgläubiger. Das Glaubhaftmachen kann nur ein Beteiligter verlangen, der seine Befriedigung aus dem das geringste Gebot übersteigenden Teil des Meistgebots beanspruchen kann. Wird Anmeldung (und Glaubhaftmachen oder nur das verlangte Glaubhaftmachen) unterlassen, dann wird die persönliche Haftung durch den Ersteher nicht übernommen[18], aber es gibt Bereicherungsansprüche des bisherigen persönlichen Schuldners (der die Schuld tilgt) gegen den Ersteher aus BGB § 812[19]. Hat der Ersteher Grundschuld und Forderung durch Abtretung erworben, so hat der Vollstreckungsschuldner gegen die persönliche Forderung des neuen Gläubigers (= Ersteher) wegen des ihm zustehenden Bereicherungsanspruchs den Einwand der Arglist, der die persönliche Forderung dann auf die Dauer ausschließt[20]. Bei der Teilungsversteigerung haben die Miteigentümer bei einer bestehenbleibenden Grundschuld, wenn sie die persönliche Schuld nicht angemeldet haben, gegen den Ersteher (falls sie ihrerseits für die Schuld persönlich in Anspruch genommen werden) den Bereicherungsanspruch[21].

3.2 Bleibt in der Versteigerung eine **Sicherungsgrundschuld** bestehen, so muß sie der Ersteher gegen sich gelten lassen, wie sie eingetragen ist[22]. Er kann sich nicht auf den schuldrechtlichen Vertrag berufen. Nur wenn er die persönliche Schuld nach § 53 Abs 2 übernimmt, dann geht auch der Rückgewähranspruch (gegen den Grundschuldgläubiger) auf ihn über[22]. War hier der Vollstreckungsschuldner persönlicher Schuldner und hat er dies nicht angemeldet, tilgt er aber die Forderung, so bleibt ihm der Rückübertragungsanspruch. Zu den Rechtsfolgen der Zahlung bei der Sicherungsgrundschuld näher[23].

3.3 Für die **Reallast** gilt § 53 nicht[24]. Die persönliche Haftung des Erstehers regelt BGB § 1108. Zum Innenverhältnis zwischen persönlichem Schuldner und Estseher § 56 Rdn 3.6.

[Fälligkeit der bestehenbleibenden Grundpfandrechte]

54 (1) **Die von dem Gläubiger dem Eigentümer oder von diesem dem Gläubiger erklärte Kündigung einer Hypothek, einer Grundschuld oder einer Rentenschuld ist dem Ersteher gegenüber nur wirksam, wenn sie spätestens in dem Versteigerungstermine vor der Aufforderung zur Abgabe von Geboten erfolgt und bei dem Gericht angemeldet worden ist.**

(2) **Das gleiche gilt von einer aus dem Grundbuche nicht ersichtlichen Tatsache, infolge deren der Anspruch vor der Zeit geltend gemacht werden kann.**

---

[17] Wolff ZIP 1980, 417 (II 3.3); Jaeckel/Güthe § 53 Rdn 3.
[18] RG 80, 350; Jaeckel/Güthe § 53 Rdn 3.
[19] BGH 56, 22 = KTS 1971, 265 = MDR 1971, 567 = NJW 1971, 1750 = Rpfleger 1971, 211; Jaeckel/Güthe aaO (Fußn 18).
[20] BGH 56, 22 = aaO (Fußn 19).
[21] BGH 64, 170 = JR 1975, 377 mit krit Anm Kaehler = KTS 1975, 224 = MDR 1975, 566 = NJW 1975, 1126 = Rpfleger 1975, 220.
[22] Huber, Sicherungsgrundschuld (1965), § 13 e Fußnote 45.
[23] v Olshausen KTS 1993, 511 (III).
[24] Dassler/Gerhardt § 53 Rdn 3; Jaeckel/Güthe § 53 Rdn 2; Steiner/Eickmann § 53 Rdn 47–50.

§ 54 1   Geringstes Gebot, Versteigerungsbedingungen

1   1. Allgemeines zu § 54

1.1   Zweck der Vorschrift: Anmeldepflicht für die nicht grundbuchersichtliche Kündigung und sonstige Fälligkeit eines bestehenbleibenden Grundpfandrechts zur Rechtswahrung auch gegenüber dem Ersteher.
1.2   Anwendungsbereich: § 54 gilt für alle Versteigerungsverfahren.

2   Anmeldung der Kündigung (Absatz 1)

2.1   § 54 setzt die wirksame Kündigung einer bestehenbleibenden Hypothek (BGB § 1141), Grundschuld (BGB § 1193) oder Rentenschuld voraus[1] und **schränkt diese** zugunsten der Ersteher ein[1], indem er bestimmt: eine dem Eigentümer (Schuldner) gegenüber oder von ihm (nicht aber von dem persönlichen Schuldner, der nicht Eigentümer ist) dem Gläubiger gegenüber wirksam ausgesprochene Kündigung eines bestehenbleibenden Grundpfandrechts wirkt dem Ersteher gegenüber nur, wenn sie spätestens im Versteigerungstermin und hier wieder spätestens vor der Aufforderung von Geboten erfolgt und außerdem bei Gericht angemeldet ist (Abs 1). Die Vorschrift gilt auch für die Sicherungshypothek (keine Ausnahme durch BGB § 1185 Abs 2).

2.2   Die Anmeldung kann **schriftlich oder zu Protokoll** der Geschäftsstelle (vor dem Versteigerungstermin) oder zu Protokoll des Versteigerungstermins erfolgen. Zur Anmeldung berechtigt ist der Gläubiger des Rechts, aber auch der Vollstreckungsschuldner und sogar ein Dritter, der ein rechtliches Interesse hieran hat[2] (zB der Pfandgläubiger, ein Nießbraucher). Glaubhaftmachung ist nicht vorgeschrieben. Prüfung der Kündigung erfolgt durch das Vollstreckungsgericht nicht; seine Tätigkeit beschränkt sich auf die Bekanntmachung der Anmeldung (§ 66 Abs 1). Ist die ordnungsgemäße Anmeldung im Versteigerungstermin nicht bekanntgemacht (entgegen der Verpflichtung des Gerichts nach § 66 Abs 1), so tritt die Wirkung dieser Anmeldung nach § 54 dennoch ein[3] (anders[4]: wenn sie nicht bekanntgemacht sei, dann sei das nur ein Zuschlagsversagungsgrund nach § 83 Nr 1, § 100).

2.3   Die dem Ersteher gegenüber unwirksame Kündigung muß ihm gegenüber nach dem Zuschlag wiederholt werden. Eine **nicht angemeldete** Kündigung bleibt dem Ersteher gegenüber unwirksam, auch wenn er sie bei Abgabe seines Gebots gekannt hat[5]. Mit dem objektiven Erfordernis, daß Anmeldung erfolgt sein muß, gewährleistet § 54 eine sichere Grundlage für das Versteigerungsgeschäft in der Erwägung, daß mit einem günstigen Einfluß auf die Höhe der Gebote zu rechnen ist, wenn Bieter in Ermangelung einer entgegenstehenden Eröffnung damit rechnen dürfen, daß bei Erteilung des Zuschlags das bestehenbleibende Recht zunächst nicht zu zahlen ist[6]. Sicherheit wird damit bei Aufforderung zur Abgabe von Geboten allen Bietern gleichermaßen gewährleistet. Als Grundlage der Versteigerung kann sich die bei Aufforderung zur Abgabe von Geboten geltende gesetzliche Versteigerungsbedingung für den späteren Ersteher nicht nach seiner persönlichen Lage wandeln. Auf objektive Erfordernisse stellt § 54 ab, weil zur Erzielung eines möglichst günstigen Versteigerungsergebnisses keine der Höhe der Gebote nicht zuträgliche Ungewißheit aufkommen und kein späterer Streit darüber hingenommen werden soll, ob eine nicht angemeldete Fälligkeit gegen-

---

[1] RG 86, 255.
[2] Dassler/Gerhardt § 54 Rdn 4; Jaeckel/Güthe § 54 Rdn 3; Korintenberg/Wenz § 54 Anm 1; Steiner/Eickmann § 54 Rdn 12.
[3] Korintenberg/Wenz § 54 Anm 1.
[4] Dassler/Gerhardt § 54 Rdn 4; Jaeckel/Güthe § 53 Rdn 3; Mohrbutter, Handbuch des Vollstreckungsrecht, § 39 (III c).
[5] Dassler/Gerhardt § 54 Rdn 4; Jaeckel/Güthe § 54 Rdn 3.
[6] Jaeckel/Güthe § 54 Rdn 3.

Fälligkeit der bestehenbleibenden Grundpfandrechte   3.4 § 54

über einem Bieter, dem später der Zuschlag erteilt wurde, wegen persönlicher Kenntnis (in welchem Ausmaß) etwa doch wirksam sei. Damit stellt § 54 zugleich dem Grundpfandgläubiger (und sonst Anmeldeberechtigten) ein prozessuales Mittel zur Hand, das es ermöglicht, zur Förderung möglichst günstiger Gebote von der Geltendmachung der mit Kündigung bereits eingetretenen Fälligkeit abzusehen. Diesem Normzweck trägt die abweichende Ansicht von[7] nicht Rechnung; sie ist abzulehnen (siehe auch Rdn 4.1).

2.4 Nur **dem Ersteher,** nicht auch dem Gläubiger **gegenüber** ist eine nicht angemeldete Kündigung unwirksam. Der Ersteher kann sich dem Grundpfandgläubiger gegenüber daher immer auf eine nicht angemeldete Kündigung berufen. Auch dem (vom Eigentümer verschiedenen) persönlichen Schuldner und Mitverpflichteten gegenüber bleibt die Kündigung stets wirksam.

2.5 Ist eine **Tilgungshypothek** für eine Darlehensforderung bestellt und kann diese im Falle der Versteigerung mit sofortiger Wirkung gekündigt werden, so kann der Schuldner nach der Versteigerung auch die durch seine teilweise Tilgung entstandene und gemäß Zuschlag bestehengebliebene Eigentümergrundschuld (ab Zuschlag Fremdgrundschuld für den Vollstreckungsschuldner) gegenüber dem Ersteher mit sofortiger Wirkung kündigen[8].

2.6 § 54 schafft kein neues Kündigungsrecht für bestehenbleibende Grundpfandrechte[9]; die Vorschrift behandelt auch nicht die Frage der Zulässigkeit und der Wirksamkeit der Kündigung[9]. Wenn die rechtzeitige **Kündigung nicht rechtswirksam** war, kann sie es daher auch durch § 54 nicht werden[10]. Die Kündigung und Umwandlung der Rentenschuld während eines Versteigerungsverfahrens (BGB § 1203) verstößt zB gegen § 23 und ist daher dem schon vor diesem Zeitpunkt betreibenden Gläubiger gegenüber unwirksam[10].

2.7 Zur Kündigung und ihrer Anmeldung im ZVG-Handbuch Rdn 278, 279.

Anmeldung von nicht grundbuchersichtlichen Tatsachen (Absatz 2)   3

3.1 Nicht aus dem Grundbuch ersichtliche Tatsachen, aus denen ein **Anspruch vorzeitig geltend gemacht** werden kann, müssen (gleichfalls) vor Aufforderung zur Abgabe von Geboten eingetreten sein und rechtzeitig angemeldet werden (Abs 2). Rechtzeitig bedeutet: spätestens im Versteigerungstermin, und zwar vor der Aufforderung zur Abgabe von Geboten (Abs 1). Form der Anmeldung Rdn 2.2. Kenntnis des Erstehers erübrigt Anmeldung nicht (Rdn 2.3).

3.2 Aus dem Grundbuch und den darin zulässig (wirksam) in Bezug genommenen Urkunden ersichtlich und daher nicht anmeldepflichtig ist zB, daß die Hypothek bei Einleitung der Zwangsversteigerung oder der Zwangsverwaltung oder Konkurseröffnung sofort fällig sein solle, wenn der Zwangsvollstreckungs- oder Konkursvermerk (vor Aufforderung zur Abgabe von Geboten) eingetragen ist. Anmeldepflichtig dagegen sind die nicht ersichtlichen **kassatorischen Klauseln** oder die Ausübung der Rechte aus BGB § 1133.

3.3 Wenn sich die Geltendmachung des Grundpfandrechts nach einem nicht grundbuchersichtlichen Ereignis bestimmt (Lebensalter, Verheiratung, Tod des Gläubigers usw), bewirkt der Eintritt des Ereignisses die Fälligkeit. Dann kann der Anspruch infolge der vereinbarten Fälligkeit, **nicht** aber „**vor der Zeit**" geltend gemacht werden. Auf diesen Fall trifft § 54 Abs 2 daher nicht zu[11].

3.4 Hierzu im ZVG-Handbuch Rdn 279.

---

[7] Steiner/Eickmann § 54 Rdn 4.
[8] OLG Hamburg MDR 1976, 401.
[9] RG 86, 255; Dassler/Gerhardt § 54 Rdn 2.
[10] RG 86, 255.
[11] Dassler/Gerhardt § 54 Rdn 3; Jaeckel/Güthe § 55 Rdn 4; Korintenberg/Wenz § 54 Anm 4.

§ 54 4 Geringstes Gebot, Versteigerungsbedingungen

4 Anmeldung von rechtshängigen Ansprüchen (ZPO § 325 Absatz 3)

4.1 Die **Rechtskraft** eines Urteils über einen Anspruch aus einer Reallast, Hypothek, Grundschuld oder Rentenschuld wirkt nach ZPO § 325 Abs 1, 3 auch für und gegen den Rechtsnachfolger einer Partei. Da der Ersteher nicht Rechtsnachfolger des Vollstreckungsschuldners ist, war hier eine Sonderregelung nötig. Wenn das Urteil nämlich den Anspruch aus einer Reallast, Hypothek, Grundschuld, Rentenschuld betrifft, wirkt es gegen den Ersteher nur dann, wenn die Rechtshängigkeit des Anspruchs spätestens im Versteigerungstermin, und zwar vor der Aufforderung zur Abgabe von Geboten angemeldet worden ist: ZPO § 325 Abs 3. Dies gilt entsprechend auch für eine Schiffshypothek: ZPO § 325 Abs 4. Die Regel gilt auch dann, wenn der Ersteher oder das Gericht die Rechtshängigkeit schon kannte[12]. Meldet der Gläubiger des Rechts nicht an, so erhält er keine vollstreckbare Ausfertigung des Titels gegen den Ersteher[13].

4.2 Anzumelden ist immer die **Rechtshängigkeit**, nicht die Rechtskraft des Vollstreckungstitels, auch wenn dieser schon rechtskräftig ist (anders[14]: das rechtskräftige Urteil ist anmeldepflichtige Tatsache, sowie[15]: das Urteil wirke hier auch ohne Anmeldung gegen den Ersteher; ist aber im Gesetz so nicht vorgesehen).

4.3 Zur Anmeldung im ZVG-Handbuch Rdn 280.

[Gegenstand der Versteigerung, Zubehör]

55 (1) **Die Versteigerung des Grundstücks erstreckt sich auf alle Gegenstände, deren Beschlagnahme noch wirksam ist.**

(2) **Auf Zubehörstücke, die sich im Besitze des Schuldners oder eines neu eingetretenen Eigentümers befinden, erstreckt sich die Versteigerung auch dann, wenn sie einem Dritten gehören, es sei denn, daß dieser sein Recht nach Maßgabe des § 37 Nr 5 geltend gemacht hat.**

1 Allgemeines zu § 55

1.1 **Zweck der Vorschrift:** Bestimmung der Gegenstände, auf welche die Versteigerung (und daher mit dem Zuschlag der Eigentumserwerb des Erstehers, § 90) sich erstreckt.

1.2 **Anwendungsbereich:** Die Vorschrift gilt für alle Versteigerungsverfahren mit Besonderheiten für Konkursverwalter- und Nachlaßversteigerung (§ 172 Rdn 4, § 176 Rdn 2).

2 Allgemeine Übersicht über die Gegenstände der Versteigerung

2.1 Den **Umfang der Beschlagnahme** behandeln § 20 und § 21. **Was der Versteigerung unterliegt bestimmt** § 55. Beide Regelungen stimmen zum Teil nicht überein.

2.2 Die **Beschlagnahme** (durch Anordnungs- oder Beitrittsbeschluß) umfaßt das Grundstück (§ 20 Abs 1) und alle Gegenstände, auf die sich die Hypothek erstreckt (§ 20 Abs 2 mit Einschränkung nach § 21). Sie umfaßt auch land- und forstwirtschaftliche Erzeugnisse und Forderungen aus einer Versicherung dieser Erzeugnisse, falls die Erzeugnisse noch mit dem Boden verbunden oder Zubehör des Grundstücks sind (§ 21 Abs 1), also ungeerntete Früchte oder zwar geerntete, aber noch als Zubehör vorhandene[1], in der Zwangsversteigerung da-

---

[12] RG 122, 156 (158); Zöller/Vollkommer, ZPO, § 325 Rdn 49.
[13] RG 122, 156 (158).
[14] Dassler/Gerhardt § 54 Rdn 5; Steiner/Eickmann § 54 Rdn 19.
[15] Mohrbutter, Handbuch des Vollstreckungsrechts, § 34 (I d).
[1] RG 143, 33 (39).

Gegenstand der Versteigerung, Zubehör 3.2 § 55

gegen nicht Miet- und Pachtzinsforderungen und Ansprüche auf wiederkehrende Leistungen aus einem mit dem Eigentum am Grundstück verbundenen Recht (§ 21 Abs 2). Die **Versteigerung erstreckt sich** auf alle Gegenstände, deren Beschlagnahme noch wirksam ist (§ 55 Abs 1), und zwar noch wirksam bei Beginn der Versteigerung, mithin im Augenblick der Aufforderung zur Abgabe von Geboten[2] (nicht im Zeitpunkt der Erteilung des Zuschlags), weil bei den Bietern vor der Abgabe ihrer Gebote Klarheit bestehen muß[3]. Die Versteigerung erstreckt sich darüber hinaus sogar auf Zubehörstücke, die nicht im Eigentum des Vollstreckungsschuldners, nur in seinem Besitz stehen (§ 55 Abs 2) (diese unterliegen also nicht der Beschlagnahme, wohl aber der Versteigerung). Auf beschlagnahmte Versicherungsforderungen erstreckt sich die Versteigerung auch nach Hinterlegung[4].

2.3 Zu den schon **ursprünglich** beschlagnahmten Gegenständen **treten** bis zu dem Rdn 2.2 genannten Zeitpunkt diejenigen **hinzu**, die inzwischen Zubehörstücke geworden sind (über Grundstücke, die durch Bestandteilszuschreibung hinzugekommen sind, Einl Rdn 11). Andererseits **scheiden aus** der Beschlagnahme in der genannten Zeit diejenigen Gegenstände aus, über die als Zubehör der Schuldner nach § 23 Abs 1 Satz 2 im Rahmen der ordnungsmäßigen Wirtschaft verfügt hat oder die durch Vernichtung, Untergang oder Verbrauch seitens des Schuldners oder durch gutgläubigen Erwerb eines Dritten ausgeschieden sind (hier aber § 23 Abs 2 Satz 2: mit der Eintragung des Versteigerungsvermerks gilt die Beschlagnahme als bekannt) oder auch dadurch, daß bei Zubehör innerhalb der Grenzen einer ordnungsmäßigen Wirtschaft (§ 23 Abs 1 Satz 2) für die Dauer eine Änderung der Widmung für den Zweck der Hauptsache erfolgt[5], oder auch durch solche, hinsichtlich deren das Zwangsversteigerungsverfahren eingestellt oder aufgehoben ist oder deren besondere Verwertung nach § 65 angeordnet ist. Zubehörbeschlagnahme nach Beitritt: § 27 Rdn 9.

2.4 Abweichungen vom gesetzlichen Versteigerungsumfang sind nach **§ 59** möglich, sei es durch Ausschluß von an sich zu versteigernden oder durch Einbeziehung von an sich nicht zu versteigernden Gegenständen, etwa aus § 55 Abs 2 (mit Einverständnis ihrer Eigentümer).

2.5 Bei **gleichzeitiger** Durchführung von **Zwangsversteigerungs-** und **Zwangsverwaltungsverfahren** über dasselbe Objekt sind die Beschlagnahmen beider Verfahren voneinander getrennt. Die nach § 148 von der Zwangsverwaltungsbeschlagnahme zusätzlich erfaßten Gegenstände werden von der Zwangsversteigerungsbeschlagnahme nicht erfaßt.

2.6 Besonderheiten in Rdn 3–6; Versteigerung von Gemeinderechten § 15 Rdn 21.2; zum Umfang der Versteigerung im ZVG-Handbuch Rdn 281–283. Zum Gebäudeeigentum bei Verseigerung des Grundstücks EGZVG § 9 a Rdn 2.

Bestandteile und Zubehör in der Versteigerung 3

3.1 Bestandteile werden kraft Gesetzes **mitversteigert:** Abs 1. Art der Bestandteile § 20 Rdn 3.

3.2 Zubehör wird wegen des wirtschaftlichen Zusammenhangs mit dem Grundstück nach § 55 mitversteigert. Art des Zubehörs § 20 Rdn 3. Auf Zubehör erstreckt sich die Versteigerung
– nach **Abs 1** des § 55, wenn es von der Beschlagnahme erfaßt worden ist, weil es in das Eigentum des Eigentümers des Grundstücks gelangt ist (§ 20 Abs 2; BGB

---

[2] BGH 58, 309 = JZ 1972, 658 mit krit Anm Kuchinke = KTS 1972, 260 = MDR 1972, 685 = NJW 1972, 1187 = Rpfleger 1972, 248; RG 143, 33 (39).
[3] RG 143, 33 (39).
[4] Mohrbutter in Festschrift für Herbert Schmidt (1981), S 111 (I 3).
[5] Schiffhauer BlGrBW 1971, 63 (VIII 5).

§ 1120; dazu § 20 Rdn 3.4) und die Beschlagnahme im Zeitpunkt der Versteigerung noch wirksam ist;
– nach **Abs 2** des § 55, wenn das nicht beschlagnahmte Zubehör im Eigentum eines Dritten sich im Besitz des Schuldners (oder eines neu eingetretenen Eigentümers) befindet und der Dritte Freigabe nach § 37 Nr 5 nicht erwirkt hat.

Grund dieser Regelung (Denkschrift S 47): Bei der Bedeutung des Zubehörs für den Wert des Grundstücks muß jeder, der auf das Grundstück bietet, sicher sein, daß er, wenn ihm der Zuschlag erteilt wird, mit dem Grundstück alle Sachen erwirbt, die nach BGB §§ 97, 98 als Zubehör anzusehen sind. Nur so ist oft auf ein angemessenes Ergebnis der Versteigerung zu rechnen. Daher kann es nicht darauf ankommen, ob die einzelne Sache im Eigentum des Schuldners oder eines Dritten ist; nur wenn der Dritte seine Rechte nach § 37 Nr 5 geltend gemacht hat, soll die Sache der Versteigerung nicht unterliegen. Die Zubehöreigenschaft beurteilt sich auch im Rahmen des § 55 Abs 2 nach BGB §§ 97, 98[6]. Das Vertrauen des Bieters, rechtlich nicht zum Zubehör gehörende Gegenstände würden mit versteigert, wird nicht geschützt, auch dann nicht, wenn diese im Wertgutachten (§ 74 a Abs 5) erwähnt sind[6]. Was ein Mieter, Pächter oder Nießbraucher einbringt (zB Öfen, Tankstellenanlage[7]), ist wegen der nur **vorübergehenden Zweckbestimmung** nicht Zubehör (BGB § 97 Abs 2 Satz 1); es ist zudem nicht mittelbarer Besitz des Schuldners, sondern nur unmittelbarer Besitz des Mieters, Pächtes, Nießbrauchers. Der fremde Besitz an diesen Gegenständen, die nicht Zubehör sind, braucht nicht erkennbar zu sein. Mieter usw brauchen daher nicht die Freigabe ihrer Öfen, Herde, Badeeinrichtungen usw erwirken (auch ZVG-Handbuch Rdn 283), weil Scheinzubehör in unmittelbarem Besitz des Mieters usw weder nach Abs 1 noch nach Abs 2 durch den Zuschlag in das Eigentum des Erstehers gelangen kann. Der frühere Streit, ob der Richter, mit Pferd und Wagen zum Versteigerungsobjekt fahrend und dort amtierend, seine eigenen Pferde, die er dem Schuldner zur Aufbewahrung gab, mitversteigere, dürfte wohl mangels Pferden gegenstandslos sein. Immerhin wird einem Rechtspfleger, der ausnahmsweise auf dem Grundstück versteigert, noch immer geraten sein, Kraftfahrzeug nicht gerade in den Räumen des Schuldners zu parken, obgleich damit Zubehöreigenschaft nicht erlangt wird und es schon deshalb nicht nach Abs 2 in die Versteigerung fallen kann.

3.3 Besitz des Schuldners (BGB § 854) oder des neu eingetretenen Eigentümers ist nach Abs 2 Voraussetzung für Mitversteigerung des Zubehörs. Auf den Besitz kommt es hier an, weil der Bieter keine Ermittlungen über das Eigentum anstellen kann, sich bei seinem Gebot vielmehr darauf verlassen darf, was er wahrnehmen kann[8] (dazu § 37 Rdn 6), auch wenn er es vom Versteigerungsraum aus gar nicht gegenständlich wahrnimmt. Genügend ist mittelbarer Besitz des Schuldners. (Nicht beschlagnahmtes) Zubehör wird somit nach Abs 2 auch mitversteigert, wenn es ein Dritter für den Schuldner als Nießbraucher, Pfandgläubiger, Pächter oder Mieter (so wenn der Schuldner Zubehör mit der Wohnung vermietet hat), Verwahrer oder in einem ähnlichen Verhältnisse besitzt, vermöge dessen er dem Schuldner gegenüber nur auf Zeit zum Besitz berechtigt oder verpflichtet ist (BGB § 868). Die Vermutung aus ZPO § 739, der Ehegatte sei zugunsten seiner Gläubiger als Gewahrsamsinhaber und Besitzer anzusehen, gilt in der Versteigerung bezüglich des Zubehörs nicht[9].

3.4 Maßgebender Zeitpunkt ist die Versteigerung (Rdn 2.2). Sie erstreckt sich auf Zubehör nach Abs 1, wenn seine Beschlagnahme in diesem Zeitpunkt wirksam ist, oder nach Abs 2, wenn im Zeitpunkt der Versteigerung der Gegen-

---

[6] BGH NJW 1984, 2277 (2278).
[7] Richert JurBüro 1972, 277 (9–10).
[8] BGH KTS 1970, 49 = MDR 1969, 743 = NJW 1969, 2135 = Rpfleger 1969, 289.
[9] OLG Bamberg FamRZ 1962, 391; LG Coburg FamRZ 1962, 387.

Gegenstand der Versteigerung, Zubehör 3.6 § 55

stand Zubehöreigenschaft hat und sich im Besitz des Schuldners (oder eines neu eingetretenen Eigentümers) befindet. Änderung der Widmung vor diesem Zeitpunkt dahin, daß ein Zubehörstück im Schuldnerbesitz nur noch vorübergehend dem Zweck der Hauptsache dienen soll (BGB § 97 Abs 2 Satz 1), hebt die für Mitversteigerung nach Abs 2 erforderliche Zubehöreigenschaft auf[10]. Nach Versteigerungsbeginn kann der Schuldner auch nicht mehr durch eine Verfügung innerhalb der Grenzen einer ordnungsmäßigen Wirtschaft die Versteigerungsmasse beeinflussen, wie das vor der Versteigerung nach § 23 Abs 1 Satz 2 zulässig ist[11]. Für die Versteigerungswirkung des Abs 2 bleiben Aufhebung der Zubehöreigenschaft oder Beendigung des Schuldnerbesitzes erst nach Versteigerungsbeginn ohne Bedeutung. Wenn ein Gegenstand als Zubehör mitversteigert wird, kommt es auf die Kenntnis des Bieters (und späteren Erstehers) vom Vorhandensein und von den Eigentumsverhältnissen nicht an. Auch eine ihm nicht bekannte, von der Versteigerungsbeschlagnahme erfaßte Versicherungsforderung geht auf ihn über, wobei ein etwaiges Pfandrecht an dieser Forderung mit dem Zuschlag erlischt[12].

3.5 Das der Versteigerung **entgegenstehende Recht** eines Dritten an nicht beschlagnahmtem Zubehör im Schuldnerbesitz muß von dem Berechtigten nach Maßgabe des § 37 Nr 5 rechtzeitig geltend gemacht werden. Geltend gemacht ist das entgegenstehende Recht, wenn der Dritte die Verfahrenseinstellung oder Verfahrensaufhebung für alle betreibende Gläubiger erwirkt hat (dazu § 37 Rdn 6.3). Gibt der betreibende Gläubiger nicht frei, so hat der wahre Eigentümer vor der Versteigerung den Weg nach ZPO §§ 769, 771, 775, 776. Bloße Anmeldung des Berechtigten genügt nicht; das Verfahren muß hinsichtlich des Zubehörgegenstands ausdrücklich eingestellt oder aufgehoben sein, um Abs 2 auszuschließen. Geltendmachung vor Aufforderung zur Abgabe von Geboten schließt Mitversteigerung nach Abs 2 aus. Bei Geltendmachung danach noch bis zum Schluß der Versteigerung erfolgt nicht neues Ausgebot mit neuer Bietstunde[13]. Die Versteigerung hat sich auf den Gegenstand erstreckt, so daß der Zuschlag ganz versagt werden muß, wenn nicht der Meistbietende die Herausnahme des Gegenstands ausdrücklich genehmigt (§ 33 Rdn 5). Nach Erteilung des Zuschlags ist Freigabe überhaupt nicht mehr möglich[13]. Das der Versteigerung entgegenstehende Recht besteht dann aber am Versteigerungserlös fort. Geltendmachung im Verteilungsverfahren: § 92 Rdn 7.

3.6 Muster für Einstellungsbeschluß nach **ZPO § 769 Abs 2** etwa wie folgt: „... Das Zwangsversteigerungsverfahren aus dem ...-Beschluß vom ... (Gläubiger ...) wird zugunsten von ... hinsichtlich der folgenden Gegenstände ohne Sicherheitsleistung einstweilen eingestellt: ... Der genannte Antragsteller hat bis spätestens ... dem Vollstreckungsgericht entweder eine Entscheidung des Prozeßgerichts über die Einstellung des Verfahrens oder eine Freigabeerklärung des genannten Gläubigers vorzulegen, da sonst nach Fristablauf von Amts wegen die Versteigerung der genannten Gegenstände fortgesetzt wird. Auf das übrige Zwangsversteigerungsverfahren hat diese Teileinstellung keinen Einfluß.
Gründe: Der Antragsteller hat seine Ansprüche, die der Versteigerung entgegenstehen, genügend glaubhaft gemacht. Wegen der Dringlichkeit muß das Vollstreckungsgericht befristet einstellen (ZPO §§ 769, 771), jedoch nur bis zu dem genannten Zeitpunkt. ..."
Wenn Einstellung auf Antrag eines Vorbehaltseigentümers erfolgt, sollte in dem Beschluß klargestellt werden, daß „... die Einstellung die Versteigerung der

---

[10] BGH NJW 1984, 2277 (2278).
[11] RG 143, 33.
[12] RG 135, 159; LG Lüneburg DGVZ 1952, 76; AG Celle, DGVZ 1952, 76.
[13] Möller, Einfluß der Zwangsversteigerung auf landwirtschaftliches Inventar (1934), S 23 und S 24.

§ 55 3.6 Geringstes Gebot, Versteigerungsbedingungen

Anwartschaft des Eigentümers des Grundstücks auf Eigentumserwerb an dem Zubehörgegenstand nicht berührt."

3.7 Darüber, **ob** eine Sache **Zubehör oder Bestandteil** ist, entscheidet nicht das Vollstreckungsgericht (§ 37 Rdn 6.4), sondern das Prozeßgericht. Die Ansicht des Versteigerungsrechtspflegers hierüber ist unverbindlich. Stellt das Prozeßgericht ein, hat das Versteigerungsgericht nicht zu prüfen, ob es sich um Zubehör oder Bestandteile handelt, es muß einstellen, ohne über die Eigenschaft zu entscheiden. Dies muß es auch, wenn die betreibenden Gläubiger insoweit freigeben (Anhörung der nichtbetreibenden hierzu ist nicht nötig[14]; dazu § 29 Rdn 4, § 30 Rdn 5). Falls der von der Versteigerung so ausgenommene Gegenstand dann doch wesentlicher Bestandteil ist, erwirbt der Ersteher Eigentum, muß aber auf Grund schuldrechtlicher Bereicherungsansprüche die Trennung des Gegenstands vom Grundstück dulden[15].

3.8 Gehört ein **Zubehörstück zu mehreren Grundstücken,** zB zum Fuhrpark von zwei verschiedenen Betrieben, so sollte abgesonderte Verwertung nach § 65 erfolgen, um den Erlös entsprechend verteilen zu können[16], am besten auf Antrag dessen, der Ansprüche bezüglich eines Zubehörstückes erhebt, und ohne daß die Zustimmung anderer Beteiligter nötig wäre[16]. Dabei entscheidet das Gericht nach pflichtgemäßem Ermessen und unter Berücksichtigung der Interessen der Hypothekengläubiger[16] (anders[17]: verweist den Hypothekengläubiger auf die Klage aus § 771).

3.9 Wenn **Zubehör** von der Versteigerung **ausgeschlossen** wird, muß das nicht im Zuschlagsbeschluß erwähnt werden[18] (anders[19]). Zu empfehlen ist es auf jeden Fall. Ein Zubehörstück, das freigegeben wurde, haftet trotzdem weiter für Grundpfandrechte, soweit es nicht vom Grundstück entfernt worden ist[20]. Da wesentliche Bestandteile nicht von der Versteigerung ausgenommen werden können, empfiehlt sich bei Freigabe durch die betreibenden Gläubiger immer der Zusatz im Teilaufhebungsbeschluß: „... falls Zubehör" oder „... soweit rechtswirksam".

3.10 Wenn der Vollstreckungsschuldner **unberechtigt Zubehör** vom Grundstück **entfernt,** obwohl es nach Abs 1 oder 2 der Versteigerung unterliegt, wird doch der Ersteher Eigentümer und hat einen Herausgabeanspruch gegen den bösgläubigen Dritten, im übrigen Schadensersatzansprüche, für die er den auf den Schuldner treffenden Erlösanteil zurückbehalten oder gegen eine auf diesen übertragene Forderung (§ 118) aufrechnen kann. Zubehör, das der Ersteher nicht zu Eigentum erworben hat, muß er eine angemessene Zeit auf dem Grundstück belassen, auf jeden Fall bis zur Rechtskraft des Zuschlags, natürlich gegen eine angemessene Entschädigung.

3.11 Zubehör unter Eigentumsvorbehalt: Die Versteigerung erstreckt sich auch auf Zubehör, das der Vollstreckungsschuldner unter Eigentumsvorbehalt des Verkäufers erworben und in Besitz hat (Abs 2). Der Schuldner hat nur die Anwartschaft auf den Eigentumserwerb (Rdn 3.12). Zubehör kann auch Baumaterial vor dem Einbau sein (§ 20 Rdn 3.4); dem steht nicht entgegen, daß es dazu bestimmt ist, mit dem Einbau wesentlicher Bestandteil des Grundstücks zu werden. Zunächst findet dann Zubehörrecht und später Bestandteilsrecht Anwendung. Häufig

---

[14] OLG Düsseldorf NJW 1955, 188; OLG Hamm, MDR 1967, 773 Leits = OLGZ 1967, 445.
[15] RG 74, 201 und 150, 22; OLG Koblenz JurBüro 1988, 1423 = Rpfleger 1988, 493; Jaeckel/Güthe § 90 Rdn 7; Nußbaum, Zwangsversteigerung, § 18 (III 1).
[16] Mohrbutter KTS 1963, 77 (IV).
[17] Jaeckel/Güthe § 65 Rdn 10.
[18] RG 127, 272 (274).
[19] Jaeckel/Güthe § 55 Rdn 2.
[20] RG 55, 414.

ist dies beim Bau von Wohn- und Geschäftshäusern, in die von den Lieferanten oder Bauhandwerkern unter Eigentumsvorbehalt (weil noch nicht bezahlt) Einrichtungen für Bad, Heizung, Aufzug, Elektroanlage usw eingefügt sind. Diese Sachen sollen nicht unter BGB § 93 fallen, weil sie wieder vom Grundstück getrennt werden könnten, ohne dieses in seinem Bestand zu verändern[21]. Diese Sachen gehören nach Einfügung aber nach BGB § 94 Abs 2 zu den Bestandteilen. Bei Vorbehaltsverkäufen ist der Einbau vor vollständiger Bezahlung nicht zu einem vorübergehenden Zweck erfolgt, so daß sie Bestandteile werden[22] (Gegenmeinung nur vereinzelt, so[23]). Der Vorbehaltsverkäufer wird gelegentlich wie ein Pfandgläubiger behandelt, der gemäß ZPO § 805 ein Recht auf bevorzugte Befriedigung hat, daher nach § 37 Nr 4 vorgehen muß[24] (und andere Belegstellen, wie bei § 20 Rdn 3 ausgeführt). Dabei wird der Gegenstand der Hypothekenhaftung unterstellt und nach § 20 Abs 2 von der Beschlagnahme erfaßt. Gegen diesen Standpunkt wird im wesentlichen vorgetragen[25]: der Grundstücksgläubiger dürfe sich nur aus dem Vermögen des Schuldners befriedigen und dazu gehöre eben nicht der Gegenstand, sondern nur die Anwartschaft darauf; die Befugnis zur Befriedigung des Gläubigers aus dem Gegenstand sei ausgeschaltet, bis aus der Anwartschaft ein Vollrecht geworden sei; richtig habe der Vorbehaltsverkäufer die Drittwiderspruchsklage nach ZPO § 771 und es seien § 37 Nr 5, § 55 Abs 2, § 90 Abs 2 anzuwenden, nicht aber § 37 Nr 4, § 20 Abs 2, § 55 Abs 1, BGB § 1120; die gegenteiligen Folgerungen beruhten auf einem Mißverständnis. Es mag dahingestellt bleiben, worauf sich theoretisch die Hypothekenhaftung erstreckt. Auf jeden Fall hat das ZVG in Abs 2 allgemein bestimmt, daß mitversteigert wird, was scheinbar Eigentum des Schuldners ist, Gegenstände, die Zubehör sind, die auch im Besitz des Schuldners sind. Dies geschieht im Interesse der Sicherheit aller Bieter[26]. Die Interessen des wahren Eigentümers werden hierbei zurückgesetzt, wenn er nicht rechtzeitig die Freigabe erwirkt. Dabei ist kein Unterschied zu machen, ob er den Gegenstand an den Schuldner vermietet, verliehen, zur Aufbewahrung übergeben (Wagenpferd des Richters) oder unter Eigentumsvorbehalt verkauft hat. Es handelt sich also gar nicht um eine Sonderbehandlung der Anwartschaft. Bei gleichzeitigem Zwangsversteigerungs- und Konkursverfahren gehört der Erlös aus dem Gegenstand nicht zur Konkursmasse, sondern zum Versteigerungserlös[27] (anders[28]: gehöre zu Konkursmasse; anders auch[29]: Ersteher erwerbe nicht Eigentum, dieses bleibe dem Vorbehaltsverkäufer).

3.12 Auf die **Anwartschaft** des Eigentümers des Grundstücks an Zubehörstücken, die von der Beschlagnahme erfaßt ist (§ 20 Rdn 3), erstreckt sich nach Abs 1 die Versteigerung auch, wenn der noch dem Vorbehaltseigentümer gehörende Gegenstand nach § 37 Nr 5 von der Versteigerung ausgenommen ist und daher nicht nach Abs 2 mitversteigert wird (§ 20 Rdn 3). Der Ersteher erwirbt mit dem Zuschlag das Anwartschaftsrecht (§ 90 Abs 2) und daher mit Bedingungseintritt das Eigentum am Zubehörgegenstand. Die Versteigerung auch des Anwartschaftsrechts erfaßt damit wirtschaftlich den Wert, der in der Chance des Erwerbs des Zubehöreigentums liegt (§ 20 Rdn 3). Der Vorbehaltseigentümer kann nach § 37 Nr 5,

---

[21] Moog NJW 1962, 381.
[22] BGH 58, 309 = JZ 1972, 658 mit krit Anm Kuchinke = KTS 1972, 260 = MDR 1972, 685 = NJW 1972, 1187 = Rpfleger 1972, 248; OLG Frankfurt DNotZ 1968, 656 = WM 1968, 1231.
[23] Moog NJW 1962, 381.
[24] BGH 35, 85 = DNotZ 1961, 480 = MDR 1961, 680 mit zust Anm Reinicke = NJW 1961, 1349.
[25] Möschel BB 1970, 237 (3, 4).
[26] BGH NJW 1969, 2135 = aaO (Fußn 8).
[27] Mohrbutter KTS 1965, 185 (190).
[28] OLG Bamberg JZ 1964, 518 mit Anm Grunsky = MDR 1964, 146.
[29] Mümmler JurBüro 1971, 805 (3.1 und 3.2.2).

§ 55 3.12   Geringstes Gebot, Versteigerungsbedingungen

§ 55 Abs 2 sein der Versteigerung entgegenstehendes Recht nur für das Eigentum am Zubehörgegenstand, nicht aber auch am beschlagnahmten und nach Abs 1 mit zu versteigernden Anwartschaftsrecht geltend machen[30]. Ein Urteil ist in diesem Sinne auszulegen[30]. Wenn Zubehör von der Versteigerung ausgeschlossen ist, sollte in den Versteigerungsbedingungen darauf hingewiesen werden, daß sich an der Versteigerung des Anwartschaftsrechts am Zubehör nichts ändert[30]. Wenn der Schuldner sein Anwartschaftsrecht auf einen Dritten übertragen hat und der Gegenstand nach Intervention seines Eigentümers nach Abs 2 nicht versteigert wird, dürfte sich die Versteigerung nicht nach Abs 2 auf das Anwartschaftsrecht am Zubehör erstrecken (anders[30]); denn das Anwartschaftsrecht auf Zubehöreigentum ist kein Gegenstand im Schuldnerbesitz.

3.13 Zum Zubehör im ZVG-Handbuch Rdn 282 und 282 a, b.

4 Brennrecht, Milchkontingent, Betriebslieferrecht

4.1 Brennrechte (Allgemeine Verfügung vom 16. 1. 1940, Textanhang T 14) sind **keine dinglichen Rechte,** sondern wertsteigernde Steuerbegünstigungen des jeweiligen Inhabers eines Brennereibetriebs, der seinerseits wieder mit einem meist landwirtschaftlichen Betrieb verbunden ist (Nebenbetrieb, § 10 Rdn 4.2). Von der Zwangsversteigerung des Grundstücks wird das Brennrecht nicht unmittelbar erfaßt; es geht aber **auf den Ersteher** als neuen Betriebsinhaber **über.** Bei der Festsetzung des Verkehrswerts nach § 74 a ist es daher als wertsteigernd zu berücksichtigen (§ 74 a Rdn 7.6). Auskunft über das Bestehen erteilt das Gericht das zuständige Hauptzollamt. Mit den Brennrechten befassen sich **landesrechtliche Vorschriften,** die inhaltlich mit dem der alten Verfügung (Textanhang T 14) übereinstimmen. Hierzu auch Einl Rdn 13.4, § 66 Rdn 6.7, § 74 a Rdn 7.6.

4.2 Das sogen **Milchkontingent** (Referenzmenge; Recht zur abgabefreien Milchanlieferung) ist personenbezogenes (einer bestimmten Person zugeteiltes) Recht[31]. Zu den mit dem Eigentum am Grundstück verbundenen Rechten (BGB § 96) gehört es nicht[32]; es ist auch nicht Zubehör. Die Beschlagnahme[33] (§ 20 Abs 2) und die Versteigerung (§ 55) erstrecken sich auf es somit nicht. Der Übergang einer betriebsgebundenen Referenzmenge auf den Ersteher kann sich jedoch nach den Bestimmungen des EWG-Rechts und des insoweit erlassenen nationalen Rechts (Milch-Garantiemengen-Verordnung [MGV] vom 21. März 1994, BGBl I 587, § 7 Abs 6; Erwerb in Zwangsversteigerung steht Kauf gleich[34]) nach dem Grundsatz der Betriebsakzessorietät vollziehen (siehe[35] für Übergang auf den Pächter bei Verpachtung durch den Zwangsverwalter; so gemeint wohl auch[36]). Ob mit dem Zuschlag die Referenzmenge kraft Gesetzes übergehen oder Freisetzung (dh Einziehung) erfolgen wird, ist zu klären. Bei Übertragung ist das Milchkontingent bei der Festsetzung des Verkehrswerts nach § 74 a Abs 5 als wertsteigernd zu berücksichtigen (§ 74 a Rdn 7.6). Auskunft kann die für Durchführung des Milch-Garantiemengen-Verordnung (MGV) und der EG-Rechtsakte zuständige Bundesfinanzverwaltung bzw die zuständige Landesstelle (§ 2 dieser Verordnung) erteilen.

4.3 Ein **schuldrechtliches Lieferrecht** (Betriebslieferrecht für Zuckerrüben) ist kein mit dem Eigentum am Grundstück verbundenes Recht[37] und auch nicht Zu-

---

[30] Graba und Teufel Rpfleger 1979, 451.
[31] BGH 114, 277 = KTS 1961, 617 = MDR 1991, 1167 = NJW 1991, 3280 = Rpfleger 1991, 429; auch BGH 118, 351 (353).
[32] BGH 114, 227 = aaO; VerwG Stade WM 1987, 1312; Uhlig MittBayNot 1987, 227 (IV 1).
[33] BGH 114, 227 = aaO; VerwG Stade WM 1987, 1312.
[34] BVerwG NVwZ-RR 1993, 71 Leitsatz.
[35] BGH 114, 277 = aaO (Fußn 31); auch BGH 118, 351 (353)
[36] Uhlig MittBayNot 1987, 227 (II 1).
[37] BGH 111, 110 = MDR 1980, 908 = NJW 1990, 1723.

Gegenstand der Versteigerung, Zubehör   5.5 § 55

behör[37]. Die Beschlagnahme (§ 20 Abs 2) und die Versteigerung erstrecken sich auf das Lieferrecht daher nicht. Soweit es dennoch auf den Ersteher als neuen Betriebsinhaber übergeht, gilt das Rdn 4.1 und 4.2 Gesagte entsprechend.

Kommunmauer in der Versteigerung

5.1 Kommunmauer oder Giebelmauer oder Brandmauer ist eine **auf der Grenze** von zwei nebeneinander liegenden Grundstücken stehende Mauer, die zwei auf diesen Nachbargrundstücken stehende Gebäude verbindet oder, wenn zunächst nur eines von ihnen errichtet wird, mindestens dafür vorgesehen ist[38], eine gemeinsame Mauer. Nicht hierunter fällt eine Mauer, die allein auf einem Grundstück steht und an die der Nachbar nur anbauen darf (gemeinsame Trennwand)[39].

5.2 **Vor dem Anbau** des Nachbargebäudes an die Kommunmauer ist der über die Grenze gebaute Teil der Mauer wesentlicher Bestandteil nicht des überbauten Grundstücks, sondern nach BGB § 94 Abs 1 Satz 1 des überbauenden Grundstücks und steht im Alleineigentum des Überbauenden[40].

5.3 **Nach dem Anbau** des Nachbargrundstücks sagen die einen, die Mauer werde mit der Vollendung des Neubaues zugleich wesentlicher Bestandteil des Neubaues und so entstehe an ihr ein ungeteiltes Miteigentum der beiden Grundstückseigentümer je zu ½, auch dann, wenn die Grenze nicht genau durch die Mitte gehe[41], sei also im ganzen wesentlicher Bestandteil beider Grundstücke, Miteigentum zu je ½ oder wenigstens Miteigentum. Andere sagen, jeder der beiden Grundstückseigentümer werde Einzeleigentümer des auf seinem Grundstück stehenden Teiles, jeder Teil sei wesentlicher Bestandteil des betreffenden Grundstücks und hierbei sei die Mauer senkrecht nach oben durch die Grenzlinie geteilt[42], bei teilweiser Zerstörung bleiben beide Miteigentümer[43].

5.4 Wenn ein Neubau **neben der Mauer** steht, ist diese nicht sein wesentlicher Bestandteil[44]. Wenn an eine halbscheidige Mauer (sie steht auf der Grenze, Rdn 5.1) nur so angebaut wird, daß der Neubau nur einen Teil der Mauer bedeckt (neuer Bau hat zB weniger Stockwerke), dann soll nicht Miteigentum zu je ½ entstehen, sondern nur zu einem Bruchteil, der dem Verhältnis der angebauten Fläche zur Gesamtfläche der Mauer entspreche[44].

5.5 Nach der **Zerstörung** (Abbruch) eines der beiden Gebäude an der Kommunmauer ändert sich nichts an dem bisherigen Miteigentum an der Mauer[45] (anders[46]: das Miteigentum gehe unter, der Eigentümer des erhalten gebliebenen Gebäudes werde Alleineigentümer der Mauer), wenn nach Zerstörung (Abbruch) des Gebäudes nur einer der Grundstückseigentümer wieder aufgebaut, erwirbt er Alleineigentum an der neuen Giebelwand[47]).

---

[38] Schmalzl MDR 1957, 341.
[39] Hausmann, Halbscheidige Giebelmauer (1969), Seite 4 Fußnote 3.
[40] BGH BB 1961, 229 = MDR 1961, 401 = NJW 1961, 780 Leitsatz; Hauck, Gebäude auf der Grenze, Giebelmauer (1970), Teil IV Nr 2.
[41] BGH 27, 197 = MDR 1958, 591 = NJW 1958, 1180; BGH 78, 397 = MDR 1981, 305 = NJW 1981, 868; Glaser MDR 1956, 449.
[42] Schmalzl MDR 1957, 341.
[43] LG Duisburg BlGrBW 1956, 205 = MDR 1956, 485.
[44] BGH 36, 46 = MDR 1962, 120 = NJW 1962, 149.
[45] BGH 43, 127 = MDR 1965, 472 = NJW 1965, 811; BGH 57, 245 = MDR 1972, 221 = NJW 1972, 195 und 900 Leits mit Anm Hodes; BGH 78, 397 = aaO (Fußn 41); OLG Karlsruhe NJW 1990, 458.
[46] OLG Köln JMBlNW 1962, 214 = MDR 1962, 818; Glaser MDR 1956, 449; Hauck aaO (Fußn 40).
[47] OLG Köln NJW-RR 1993, 87 = VersR 1993, 1241.

§ 55 5.6 Geringstes Gebot, Versteigerungsbedingungen

5.6 An der Kommunmauer besteht gemeinsames **Benützungsrecht**[48]. Mit den Problemen der Kommunmauer befassen sich auch[49].

6 Überbau in der Versteigerung

6.1 Beim rechtswidrigen, **nicht entschuldigten** Überbau wird das Eigentum am Gebäude auf der Grenzlinie real (vertikal) geteilt[50]. Jeder Grundstückseigentümer ist Eigentümer des auf seinem Grundstück stehenden Gebäudeteils. Die Versteigerung eines der Grundstücke mit dem darauf stehenden Gebäudeteil erstreckt sich daher nicht auf den Gebäudeteil, der auf dem Nachbargrundstück steht. Er wird mit dem Nachbargrundstück versteigert, dessen wesentlicher Bestandteil er ist.

6.2 Ein **rechtmäßiger** Überbau setzt voraus, daß ein einheitliches Gebäude über die Grundstücksgrenze gebaut ist[51]. Das richtet sich in erster Linie nach der körperlichen bautechnischen Beschaffenheit des Bauwerks[52]. Die Einheit des Gebäudes wird bejaht bei einheitlicher Konstruktion und Gestaltung sowie funktionaler Einheit, zB als Bürogebäude[52]. Eine vollständig auf einem Nachbargrundstück errichtete Doppelhaushälfte erfüllt diese Voraussetzung nicht[53]. Der Rechtseinheit zwischen den einzelnen Teilen des nach seiner bautechnischen Beschaffenheit einheitlichen Gebäudes kommt beim rechtmäßigen Überbau, der mit Zustimmung (Form nicht erforderlich) des Eigentümers des Nachbargrundstücks erfolgt ist, der Vorrang zu vor der Rechtseinheit zwischen einem Grundstück und darüber befindlichen Bauteilen (BGB § 94 Abs 1 Satz 1, § 93; sog Akzessionsprinzip[54]). Eigentümer des ganzen Gebäudes ist daher der Eigentümer des Stammgrundstücks, von dem aus auf das andere Grundstück übergebaut worden ist[55] (aA[56]). Gleiches gilt, wenn der Überbau in Ausübung einer Grunddienstbarkeit errichtet wurde (BGB § 95 Abs 1 Satz 2). Versteigert wird das Gesamtgebäude daher mit dem Einzelgrundstück, dem es als Stammgrundstück eigentumsmäßig zugeordnet ist. Weil das Gesamtgebäude wesentlicher Bestandteil des Hauptgrundstücks ist, erstreckt sich die Versteigerung des Grundstücks, auf das übergebaut worden ist, nicht auf den darauf stehenden Gebäudeteil.

6.3 Beim **Eigengrenzüberbau** (der Eigentümer zweier Grundstücke hat mit dem Bau auf einem dieser Grundstücke die Grenze zum anderen Grundstück überschritten) ist das Gebäude auf den Grundstücken desselben Eigentümers als einheitliches ganzes wesentlicher Bestandteil desjenigen Grundstücks, von dem aus übergebaut wurde; der hinübergebaute Gebäudeteil ist nicht Bestandteil des überbauten Grundstücks[57]. Versteigert wird das Gesamtgebäude daher mit dem Einzelgrundstück, dem es als Stammgrundstück eigentumsmäßig zugeordnet ist; die

---

[48] BGH 42, 374 = MDR 1965, 283 = NJW 1965, 389 mit Anm Heiseke.
[49] BGH 27, 204 = MDR 1958, 592 = NJW 1958, 1182; BGH LM BGB § 93 Nr 11 = MDR 1963, 832 = NJW 1963, 1868; BGH 43, 127 = aaO (Fußn 45); LG München I ZMR 1964, 148 Leitsatz; Hodes NJW 1962, 773 und NJW 1970, 87; Scherer MDR 1963, 548; Glaser JR 1976, 495 und MDR 1956, 449.
[50] BGH 27, 204 = aaO (Fußn 49); BGH 57, 245 = aaO (Fußn 45); BGH 62, 141 = MDR 1974, 572 = NJW 1974, 794; BGH 64, 333 = DNotZ 1976, 224 = MDR 1975, 919 = NJW 1975, 1553; BGH DNotZ 1982, 43 = KTS 1982, 116 = MDR 1981, 1002 = NJW 1982, 756; BGH MDR 1985, 226 = NJW 1985, 789 = RG 70, 200 (201); RG 130, 264 (266); RG 162, 209 (212).
[51] BGH NJW-RR 1988, 458; BGH MDR 1989, 1089 = NJW-RR 1989, 1039; BGH 110, 298 = DNotZ 1991, 595 = MDR 1990, 609 = NJW 1990, 1791.
[52] BGH NJW-RR 1988, 458 und 1989, 1039 = je aaO (Fußn 51).
[53] OLG Karlsruhe BWNotZ 1988, 91.
[54] BGH 57, 245 = aaO (Fußn 45).
[55] BGH 27, 197 = LM BGB § 93 Nr 6 Leitsatz und § 94 Nr 4 und § 912 Nr 3 Leitsatz und § 921 Nr 1 und Code Civil Nr 2 Leitsatz = MDR 1958, 591 = NJW 1958, 1180.
[56] MünchKomm/Säcker, BGB, § 912 Rdn 35
[57] BGH LM BGB § 912 Nr 9; BGH 64, 333 = aaO (Fußn 50); RG 160, 166 (182).

Versteigerung des Grundstücks, auf das übergebaut worden ist, erstreckt sich nicht auf den darauf stehenden Gebäudeteil. Wenn ein Stammgrundstück nicht bestimmbar ist, kann auch ein Überbau von einem Grundstück auf ein anderes nicht angenommen werden; das Eigentum am Gebäude wird dann auf der Grenzlinie real (vertikal) geteilt[58].

6.4 Wenn ein **Grundstück** in der Weise **aufgeteilt** wird, daß ein – bereits früher darauf errichtetes – Gebäude von der Grenze der beiden neu gebildeten Grundstücke durchschnitten wird und diese Grundstücke danach in das Eigentum verschiedener Personen gelangen, bleibt das Eigentum an dem Gebäude jedenfalls dann, wenn sich der nach Umfang, Lage und wirtschaftlicher Bedeutung eindeutig maßgebende Teil des Gebäudes auf einem der Grundstücke befindet, mit dem Eigentum an diesem Grundstück verbunden[59], wird sonach mit diesem versteigert. Entstehen aus dem Gebäude bei Aufteilung des Grundstücks zwei selbständige Gebäude und ragt ein Teil eines Gebäudes in das Nachbargrundstück hinein, so bleibt dieser Teil mit dem Eigentum an dem Gebäude, dessen wesentlicher Bestandteil er ist, verbunden[60], wird sonach mit diesem versteigert.

6.5 Das mit rechtmäßigem Überbau entstandene Eigentumsrecht auf **Duldung des Überbaus** durch den Nachbarn (BGB § 912) wirkt gegen den jeweiligen Eigentümer des überbauten Grundstücks[61], somit auch gegen den Ersteher. Dieses Recht auf Duldung des Überbaus geht mit dem Eigentum an dem Hauptgrundstück (als wesentlicher Bestandteil) durch den Zuschlag auf den Ersteher über[62].

6.6 Erfolgt **Einzelausgebot** der Grundstücke, auf denen sich ein gemeinsames Gebäude befindet, so besteht Bietern gegenüber die Verpflichtung (Amtspflicht), darauf hinzuweisen, daß das Gesamtgebäude mit dem Grundstück versteigert wird, dem es nach (gefestigter höchstrichterlicher) Rechtsprechung als Stammgrundstück eigentumsmäßig zugeordnet ist[63] (für Eigengrenzüberbau). Die Eigentumsverhältnisse am Gebäude sind auf jeden Fall möglichst weitgehend zu klären und im Versteigerungstermin zu erörtern. Es sind (wenn die Eigentumsverhältnisse sicher nicht bestimmbar sind) die nach der Rechtsprechung wahrscheinlichen oder möglichen Rechtsverhältnisse am Gebäude darzustellen und Ungewißheiten oder Unklarheiten aufzuzeigen. Das gilt auch, wenn nur eines der Grundstücke versteigert wird, auf denen das gemeinsame Gebäude errichtet ist.

[Gefahrübergang, Nutzungen, Lasten, Mängelgewähr]

56 Die Gefahr des zufälligen Unterganges geht in Ansehung des Grundstücks mit dem Zuschlag, in Ansehung der übrigen Gegenstände mit dem Schlusse der Versteigerung auf den Ersteher über. Von dem Zuschlag an gebühren dem Ersteher die Nutzungen und trägt er die Lasten. Ein Anspruch auf Gewährleistung findet nicht statt.

Allgemeines zu § 56

1.1 Zweck der Vorschrift: Regelung des Gefahrenübergangs, des Anspruchs auf die Nutzungen und der Lastentragung sowie des Gewährleistungsausschlusses bei Versteigerung.

1.2 Anwendungsbereich: Die Vorschrift gilt für alle Versteigerungsverfahren.

---

[58] BGH MDR 1985, 226 = NJW 1985, 789.
[59] BGH 64, 333 = aaO (Fußn 50); BGH 105, 202 = MDR 1989, 148 = NJW 1989, 221; BGH 110, 298 = aaO (Fußn 51).
[60] BGH 102, 311 = DNotZ 1988, 570 = MDR 1988, 394 = NJW 1988, 1078 = Rpfleger 1988, 245.
[61] BGH LM BGB § 912 Nr. 9.
[62] RG 160, 166 (182).
[63] OLG Köln OLGRep 1995, 197 = Rpfleger 1996, 77.

2 Gefahrübergang bei Versteigerung (Satz 1)

2.1 Den Zeitpunkt des Gefahrübergangs bestimmt Satz 1 für die Zwangsversteigerung an Stelle von BGB § 446, der den Gefahrübergang beim Verkauf behandelt. Die Gefahr eines **zufälligen Untergangs des Grundstücks** geht mit dem Zuschlag (Verkündung nach § 87 Abs 1, bei Zuschlag in der Rechtsmittelentscheidung mit Zustellung nach § 104) auf den Ersteher über. Die Gefahr eines zufälligen Untergangs der **sonstigen Gegenstände** (Zubehör usw) (durch Brand, Hochwasser usw) geht mit dem Schluß der Versteigerung (Verkündung des Schlusses nach § 73 Abs 2) auf den Ersteher über. „Zufällig" ist der Untergang, wenn der Ersteher das schädigende Ereignis nicht zu vertreten hat.

2.2 Vollständiger (tatsächlicher) **Untergang** des Grundstücks ist erfolgt, wenn es von der Erdoberfläche verschwunden ist, wie mit Abreißen (Überschwemmung) eines am Wasser gelegenen Grundstücks. Rechtlicher Untergang mit Veränderung, die Eigentumsübertragung auf den Ersteher ausschließt (vornehmlich Enteignung) steht dem gleich. Teilweiser tatsächlicher Untergang des Grundstücks ist dem vollständigen Untergang gleich[1]. Für bloße **Verschlechterung** (Veränderung der Beschaffenheit) gilt das nicht; die Gefahr zufälliger Verschlechterung trifft den Ersteher (kein Anspruch auf Gewährleistung, Satz 3). (Teilweisen) Untergang bewirkt auch Zerstörung der (wirtschaftlich maßgeblichen)[2] Bestandteile des Grundstücks derart, daß das, was übrig bleibt, seiner Wesensart nach nicht mehr dem versteigerten Objekt gleich ist[3] (bezeichnet daher auch als wirtschaftlicher Untergang), wie Vernichtung des für den Wert des Grundstücks wesentlichen Gebäudes[4] (Mietwohnhaus, Fabrikanlage), uU auch Zerstörung ganzer Gebäudeteile (etwa einzelner Flügel oder Stockwerke[5]; anders[6]: nicht bei Teilen von Gebäuden) durch Feuer, Erdbeben oder Erdrutsch, nicht jedoch Abbrennen oder Einsturz eines nur einfachen (nicht werterheblichen) Gebäudes[6]. Bloße Verschlechterung liegt vor bei Brandschaden am Gebäude von nicht erheblichem Ausmaß[7] (zB Vernichtung des Dachstuhls[8]), Wasserschaden an einem Gebäude[9], Erkrankung des Baumbestandes eines Waldes[10]. Für die (schwierige) Abgrenzung zwischen teilweisem (wirtschaftlichem) Untergang und bloßer Verschlechterung des Grundstücks können nur jeweils die Umstände des Einzelfalls und die Verkehrsanschauung Ausschlag geben.

2.3 Wenn mitversteigerte **bewegliche Sachen** zwischen dem Schluß der Versteigerung und der Wirksamkeit des Zuschlags (§§ 87, 104) untergehen, rechtfertigt dies nicht die Versagung des Zuschlags, auch nicht eine Minderung des Meistgebots, da die Gefahr schon der Meistbietende trägt. Geht **vor** der Wirksamkeit des Zuschlags das **Grundstück** selbst unter, so ist der Zuschlag nach § 83 Nr 6 zu versagen, da die Gefahr noch nicht den Meistbietenden trifft; bei Verstoß kann der Zuschlag angefochten werden (§ 100 Abs 3), weil der versteigerte und der zugeschlagene Gegenstand nicht identisch sind; wird aber der Zuschlag erteilt und wird er rechtskräftig, so ist das Meistgebot voll zu erfüllen. Bei Untergang des Grundstücks nach Zuschlag trägt der Ersteher den Schaden (die Gefahr).

---

[1] Jaeckel/Güthe § 56 Rdn 2, 3; Reinhard/Müller § 56 Anm II 3.
[2] LG Frankfurt Rpfleger 1989, 296.
[3] Jaeckel/Güthe § 56 Rdn 2; Reinhard/Müller § 56 Anm II 3.
[4] Korintenberg/Wenz § 56 Anm 2.
[5] LG Frankfurt aaO (Fußn 2).
[6] Dassler/Gerhardt § 56 Rdn 2.
[7] LG Frankfurt aaO (Fußn 2).
[8] Reinhard/Müller § 56 Anm II 4.
[9] Korintenberg/Wenz § 56 Anm 2.
[10] LG Frankfurt aaO (Fußn 2).

Gefahrübergang, Nutzungen, Lasten, Mängelgewähr 3.4 **§ 56**

Lasten und Nutzungen im Falle des Zuschlags (Satz 2) 3

3.1 Die Nutzungen und die Lasten des Grundstücks gehen mit der **Verkündung des Zuschlags** (§ 89) bzw mit der Zustellung einer den Zuschlag erteilenden Rechtsmittelentscheidung (§ 104) auf den Ersteher über (Satz 2), der mit diesem Zeitpunkt des Wirksamwerdens des Zuschlags Eigentümer des Grundstücks und der mitversteigerten Gegenstände wird (§ 90); BGB §§ 571, 574 stehen nicht entgegen[11]. Auch für die mitversteigerten Gegenstände gehen Nutzungen und Lasten mit dem Zuschlag (nicht bereits mit dem nur für den Gefahrenübergang nach Satz 1 maßgeblichen Schluß der Versteigerung) auf den Ersteher über (vorher kein Eigentumserwerb und daher kein Nutzungsrecht und keine Pflicht zur Lastentragung). Der Tag, an dem der Zuschlag wirksam wird, wird dabei voll gerechnet, also von Null Uhr dieses Tages an.

3.2 **Nutzungen** sind die Früchte (Begriff BGB § 99) des Grundstücks (auch eines grundstücksgleichen Rechts) sowie die Vorteile, welche der Gebrauch der Sache (des Rechts) gewährt (Gebrauchsvorteile; BGB § 100). **Lasten** sind die (öffentlichen und privatrechtlichen) Leistungen, die aus dem Grundstück zu entrichten sind und daher den Eigentümer treffen. § 56 bestimmt die **zeitliche Abgrenzung** für den Wechsel in der Berechtigung auf Nutzungen und in der Verpflichtung zur Lastentragung, somit die Verteilung der Nutzungen und Lasten zwischen Schuldner und Ersteher. Für die Lastentragung ist damit zugleich das Recht der Gläubiger auf Befriedigung aus dem Grundstück (§ 10 Abs 1) und der Anfangszeitpunkt für die Inanspruchnahme des Erstehers für Lasten des Grundstücks zeitlich abgegrenzt. Den Verteilungsmaßstab für Verteilung der Nutzungen und Lasten bestimmen BGB §§ 101-103. Für den Eintritt des Erstehers in Miet- und Pachtverhältnisse regeln §§ 57, 57 b mit BGB §§ 572, 573 Satz 1 und §§ 574, 575 die Wirksamkeit gegenüber Forderungsschuldnern (Mietern und Pächtern). Sonst schützt bis zur Versteigerung § 22 Abs 2 den Schuldner einer beschlagnahmten Forderung (§ 22 Rdn 3.2)

3.3 Die **Sachfrüchte** (Erzeugnisse und sonstige Ausbeute, die aus dem Grundstück seiner Bestimmung gemäß gewonnen werden, BGB § 99) und die als Rechtsfrüchte gewonnenen Bodenbestandteile gehören dem Ersteher, soweit sie ab Zuschlagswirksamkeit vom Grundstück getrennt werden (BGB § 101 Nr 1). Andere Früchte (sonstige Ausbeute, BGB § 99 Abs 1; Erträge, die ein Recht seiner Bestimmung gemäß gewährt, BGB § 99 Abs 2) darf er ziehen, soweit sie ab Zuschlagswirksamkeit fällig werden (BGB § 101 Nr 2). Soweit es sich dabei um die **Vergütung für eine Gebrauchsüberlassung** oder einen Fruchtgenuß, um Zinsen, Gebührenanteile und andere regelmäßig wiederkehrende Erträge handelt (zB Pachtzinsen), gehören sie dem Ersteher gemäß der Dauer seiner Berechtigung (BGB § 101 Nr 2), also ab Zuschlagswirksamkeit. Wenn der Schuldner Vorausleistungen erhalten hat, muß er sie ab diesem Zeitpunkt an den Ersteher herausgeben, kann aber Ersatz der auf die Gewinnung von Früchten verwendeten Kosten verlangen, soweit diese einer ordnungsmäßigen Wirtschaft entsprechen und den Wert der Früchte nicht übersteigen (BGB § 102).

3.4 Die regelmäßig **wiederkehrenden Lasten** sind zwischen Schuldner und Ersteher nach dem durch den Zeitpunkt der Zuschlagswirksamkeit bestimmten Verhältnis der Dauer der Verpflichtungen abzugrenzen (BGB § 103). Sie treffen somit den Vollstreckungsschuldner bis einschließlich des Tages vor dem Wirksamkeit des Zuschlags (bis 24 Uhr dieses Tages), den Ersteher ab dem Tag des Wirksamwerdens (ab Null Uhr dieses Tages); dies gilt auch für Grundsteuer[12]. Der Ersteher muß daher Vorausleistungen des Schuldners ab diesem Zeitpunkt ersetzen.

---

[11] OLG Celle NdsRpfl 1978, 26 = Rpfleger 1979, 32.
[12] BVerwG KTS 1993, 141 = NJW 1993, 871 = Rpfleger 1992, 443; ebenso Vorinstanz: OVG Lüneburg Rpfleger 1990, 377 mit Anm Hornung.

§ 56 3.5 Geringstes Gebot, Versteigerungsbedingungen

3.5 Grundsteuer und andere laufende **öffentliche Grundstückslasten** (§ 10 Rdn 6) trägt der Ersteher vom Zuschlag an (Abgrenzung nach BGB § 103). **Hauptsachebeträge** (einmalige Leistungen) trägt der Ersteher, wenn sie ab Zuschlag fällig werden (für Erschließungskosten zB § 10 Rdn 6.4). Für den Anspruch auf Grundsteuer bis zum Zuschlag haftet das Grundstück selbst dann nicht dinglich (der Ersteher somit auch nicht persönlich), wenn der Anspruch zum Versteigerungstermin nicht angemeldet werden konnte, weil bis zu diesem Zeitpunkt ein höherer Grundsteuermeßbetrag vom Finanzamt noch nicht festgesetzt war[13]. Für einen mit Beitragsbescheid noch gegen den Schuldner festgestellten Erschließungskostenbeitrag (BauGB § 134) kann sich eine Haftung des Erstehers mit Fälligkeit nach dem Zuschlag (BauGB § 135 Abs 1; einen Monat nach Zustellung des Bescheids) ergeben (BGB § 103).

3.6 Vom Ersteher ab Zuschlag zu tragende **privatrechtliche Lasten** sind in erster Linie die laufenden wiederkehrenden Leistungen aus den bestehenbleibenden Grundpfandrechten (sie sind erst ab dem genannten Zeitpunkt vom Ersteher zu zahlen, nicht etwa ab ihrer Eintragung im Grundbuch; § 56 ist zwingend). Die wiederkehrenden Leistungen einer bestehen gebliebenen **Reallast** trägt der Ersteher vom Zuschlag an (Satz 2). Er haftet für die während der Dauer seines Eigentums fällig werdenden Leistungen darüber hinaus auch persönlich (BGB § 1108 Abs 1). Daher gilt § 53 für die Reallast nicht (§ 53 Rdn 3.3). Der Schuldner ist vom Zuschlag an nicht mehr Eigentümer, haftet somit nicht mehr persönlich nach BGB § 1108 Abs 1 für die vom Zuschlag an fällig werdenden Leistungen. Er bleibt aber dem Rentenberechtigten gegenüber (im Außenverhältnis) Schuldner der durch die Reallast (nach schuldrechtlicher Abrede) gesicherten Rentenleistungen (Sicherungsreallast; keine gesetzliche Schuldübernahme nach § 53 Abs 2). Im Verhältnis Schuldner – Ersteher (Innenverhältnis) hat der Ersteher die Belastung allein zu tragen[14]; der Schuldner hat nichts zu zahlen[15]. Es werden die persönliche Haftung des Erstehers (BGB § 1108 Abs 1) und des Schuldners aus dem Rentenversprechen als gesamtschuldnerische Haftung (BGB § 421) und § 56 Satz 2 als abweichende Bestimmung für die Haftung der Gesamtschuldner untereinander angesehen[15]. Danach hat der Ersteher vom Zuschlag an im Innenverhältnis die Reallastenrenten allein zu tragen[15]. Zahlt der Ersteher, so steht im danach an den Schuldner kein Anspruch zu; zahlt der Schuldner, so kann er vom Ersteher Ausgleichung verlangen. Anspruch auf hälftigen Ausgleich des nach BGB § 1108 Abs 1 persönlich haftenden Ersteher (der gezahlt hat) gegen den Schuldner des Rentenversprechens hat der BGH[16] für den Fall angenommen, daß Versteigerungsschuldner und Schuldner der ursprünglichen Rentenverpflichtung nicht identisch sind, weil Letzterer das Grundstück noch weiter veräußert hatte (Zwischenveräußerung), ohne daß die Übernahme der Rentenverpflichtung durch den Erwerber vom Rentenberechtigten genehmigt wurde (anders[17]).

3.7 Flurbereinigung: Beiträge zum Flurbereinigungsverfahren (öffentliche Last, § 15 Rdn 17) schuldet der Ersteher ab Zuschlagswirksamkeit. Von da an treffen ihn auch alle anderen Verpflichtungen dieses Verfahrens.

---

[13] BVerwG BVerwGE 70, 91 = KTS 1985, 370 = NJW 1985, 756 = Rpfleger 1985, 35 mit Anm Meyer-Stolte; OVG Nordrhein-Westfalen KKZ 1983, 76; OVG Rheinland-Pfalz KTS 1982, 484; Elsner BB 1985, 452; Drischler Rpfleger 1984, 340 (6).
[14] BGH 123, 178 = KTS 1993, 691 = MDR 1993, 1243 = NJW 1993, 2617 = Rpfleger 1993, 503; Dassler/Gerhardt § 53 Rdn 13; Steiner/Eickmann § 50 Rdn 53; MünchKomm/Joss BGB, § 1108 Rdn 9.
[15] BGH 123, 178 = aaO (Fußn 14).
[16] BGH 58, 191 = KTS 1992, 187 = MDR 1972, 501 = NJW 1972, 814 mit abl Anm Herr = Rpfleger 1972, 166; BGH KTS 1991, 621 = MDR 1992, 260 = NJW 1991, 2899.
[17] MünchKomm/Joos, BGB, § 1108 Rdn 9; v Olshausen KTS 1993, 511 (IV).

Gefahrübergang, Nutzungen, Lasten, Mängelgewähr 4.3 § 56

3.8 Steuern und Abgaben: Der Ersteher ist als originärer Erwerber nicht Rechtsnachfolger des Schuldners. In die rückständigen steuerlichen Verpflichtungen des Vollstreckungsschuldners tritt er daher nicht ein; er haftet auch nicht für rückständige Abgaben und Kosten aus dem Bezug von Gas, Strom, Wasser, Fernwärme usw. Für alle Ausgaben dieser Art haftet er erst ab Zuschlagswirksamkeit. Besonderheiten für sogenannte Betriebssteuerrückstände galten bis 31. 12. 1976; sie gelten (mit Ausnahmen) nicht mehr, auch die darauf bezügliche Verfügung vom 5. 5. 1937 hat keine Bedeutung mehr (hierzu § 15 Rdn 34.8).

3.9 Versicherungen: Den Übergang bestehender mit dem Grundstück zusammenhängender Versicherungen vom Schuldner auf den Ersteher regelt Versicherungsvertragsgesetz § 73. Dessen §§ 69–72 über den Übergang bei rechtsgeschäftlicher Veräußerung sind entsprechend anzuwenden (dazu § 90 Rdn 8.2). Für den Beitrag der bei Zuschlagswirksamkeit laufenden Versicherungsperiode haften gegenüber dem Versicherer (nicht im Innenverhältnis, hier Verteilung wie § 56 Rdn 3.4) beide als Gesamtschuldner (Gesetz § 69 Abs 2). Befindet sich auf dem versteigerten Grundstück ein Betrieb, so gehen Betriebsversicherungen nicht auf den Ersteher über, der Betrieb ist nicht mitversteigert (hierzu teils ja, teils nein[18]).

3.10 Für einen bereits vor Wirksamwerden des Zuschlags erstellten oder verstärkten (veränderten) Hausanschluß hat der Schuldner als Anschlußnehmer dem Elektrizitätsversorgungsunternehmen als privatrechtliches Entgelt Baukostenzuschuß und Anschlußkosten zu zahlen. Der (neue) Energieversorgungsvertrag des Erstehers, von dem als Erwerber der bereits erstellte Hausanschluß in Anspruch genommen wird, begründet für diese Kosten keine Zahlungsverpflichtung[19], und zwar auch dann, wenn der Ersteher die Versorgungsleistungen über den Anschluß erstmals in Anspruch genommen hat[20].

3.11 Über die Verteilung der Nutzungen und Lasten auch im ZVG-Handbuch Rdn 288. Abrechnung nach Aufhebung des Zuschlags: § 90 Rdn 6.3.

Mängelhaftung im Falle des Zuschlags (Satz 3) 4

4.1 Ein Anspruch auf **Gewährleistung** ist nach dem Zweck der Zwangsversteigerung **ausgeschlossen** (Satz 3). Die Vorschriften über die Mängelhaftung bei Kauf nach **BGB** §§ 446, 459–460, 462–475, 481–494 sind daher in der nach Zwangsversteigerung (aller Versteigerungsverfahren des ZVG) **unanwendbar.** Der Ersteher erwirbt auf eigenes Risiko, obwohl er keine Möglichkeit hat, sich über den rechtlichen und tatsächlichen Zustand des Objekts vor der Versteigerung volle Gewißheit zu verschaffen (dazu § 42 Rdn 3).

4.2 Ausgeschlossen sind Gewährleistungsansprüche des Erstehers **in tatsächlicher und in rechtlicher Beziehung** (schlechter Zustand, auch als Altlast Verunreinigung des Erdreichs und/oder des Grundwassers durch Chemikalien, behördliche Baubeschränkungen, Vorhandensein von außerhalb des geringsten Gebots bestehenden Lasten usw). Dies gilt aber für den Ersteher nur in dieser Eigenschaft. Seine Schadensersatzansprüche als Hypothekengläubiger oder in ähnlicher Art bleiben hiervon unberührt. Wurden die Rechte aus dem Meistgebot abgetreten (§ 81 Abs 2), so hat der Ersteher unter Umständen Ansprüche gegen den Meistbietenden. Wurde er von Beteiligten getäuscht, hat er gegen diese Schadensersatzansprüche allgemeiner Art, auch die Möglichkeit, das Gebot anzufechten (§ 71 Rdn 3).

4.3 Wenn der Vollstreckungsschuldner **vor dem Versteigerungstermin** Gebäude oder Grundstücke **beschädigt**, hat der Ersteher gegen ihn keine Schadens-

---

[18] Bauer VersR 1969, 813.
[19] BGH 100, 299 = NJW 1987, 2094 = Rpfleger 1988, 274.
[20] BGH NJW 1990, 2130 = Rpfleger 1990, 309; BGH KTS 1991, 302 = MDR 1990, 762 = NJW-RR 1991, 408 = Rpfleger 1991, 213.

§ 56 4.3 Geringstes Gebot, Versteigerungsbedingungen

ersatzansprüche aus BGB §§ 823, 826, weil der Schuldner zu dieser Zeit noch Eigentümer war und der späterer Ersteher zur selben Zeit noch keine Rechte am Grundstück hat. Es können aber die betreibenden Gläubiger vielleicht einschlägige Ansprüche an den Ersteher abtreten.

4.4 Über Schaden, der dem Ersteher, durch die **Rückerstattung** von Grundstücken erwächst, die in der Zeit von 1933–1945 unter bestimmten Voraussetzungen ihren damaligen Eigentümern weggenommen wurden (auch durch Zwangsversteigerung möglich). Näheres in der 9. Auflage.

5 Wohnungseigentum: Verteilung der Lasten und Nutzungen

Literatur: Eckebrecht, Die Haftung des Wohnungseigentümers bei Veräußerung und Versteigerung des Wohnungseigentums, ZMR 1994, 93.

5.1 Dritten gegenüber haftet für die vor dem Zuschlag im Namen der Wohnungseigentümer begründeten Verwaltungsschulden weiterhin der Schuldner (bisheriger Wohnungseigentümer) als Gesamtschuldner[21] (mit den übrigen Wohnungseigentümern). Der Ersteher haftet Dritten als Gesamtschuldner für Verwaltungsschulden, die **vom Zuschlag an** begründet werden; für die davor entstandenen Verwaltungsschulden begründet der Zuschlag keine Haftung oder Mithaft des Erstehers den Gläubigern gegenüber.

5.2 Den **anderen Wohnungseigentümern gegenüber** (somit im Innenverhältnis) ist der Ersteher als Wohnungseigentümer **vom Zuschlag an** (Satz 2; Abgrenzung nach BGB § 103; dazu Rdn 3.2) verpflichtet, die Lasten des gemeinschaftlichen Eigentums sowie die Kosten der Instandhaltung, Instandsetzung, sonstigen Verwaltung und eines gemeinschaftlichen Gebrauchs des gemeinschaftlichen Eigentums nach dem Verhältnis seines Anteils zu tragen (WEG § 16 Abs 2). Von da ab hat er auch **Wohngeld** (auch als Hausgeld bezeichnet) als Vorschuß nach Maßgabe des bereits beschlossenen Wirtschaftsplans zu den Lasten des gemeinschaftlichen Eigentums zu leisten (WEG § 28 Abs 2). Er haftet für die Beiträge, die nach Eigentumserwerb durch ihn mit Zuschlag fällig werden[22]. Für vor dem Zuschlag begründetes und fällig gewordenes, somit rückständiges Hausgeld des früheren Wohnungseigentümers (Hausgeld des Schuldners) haftet der Ersteher nicht kraft Gesetzes[23], und zwar auch dann nicht, wenn die Jahresabrechnung nach dem Zuschlag beschlossen worden ist und die noch offenen Wohngeldansprüche enthält (siehe[24] für Konkursverwalter; anders[25]). Für die vor dem Zuschlag angefallenen Kosten und Lasten des gemeinschaftlichen Eigentums hat der Ersteher nicht aufzukommen. Für **Nachforderungen** aus Abrechnungen für frühere (vor dem Zuschlag liegende) Jahre (Wirtschaftsjahre), somit auch für das laufende Jahr, in dem der Zuschlag erteilt wurde, und ebenso für eine Sonderumlage, die einen durch Wohngeldrückstand verursachten Fehlbetrag der Gemeinschaft ausgleichen soll (Ausfallbetrag)[26], werden die Wohnungseigentümer erst durch Beschluß der

---

[21] BGH 78, 166 (175) = NJW 1981, 282; BGH 104, 197 = DNotZ 1989, 148 mit Anm Weitnauer S 156 = MDR 1988, 765 = NJW 1988, 1910 = Rpfleger 1988, 357.

[22] Weitnauer JZ 1986, 193 (Anmerkung).

[23] BGH 95, 118 = JZ 1986, 191 mit Anm Weitnauer = KTS 1985, 755 = MDR 1985, 1017 = NJW 1985, 2717 = Rpfleger 1985, 409; BGH 88, 302 = DNotZ 1984, 556 = KTS 1984, 311 = MDR 1984, 222 = NJW 1984, 308 = Rpfleger 1984, 70 mit Anm Schiffhauer; BayObLG DNotZ 1980, 48 = MittBayNot 1979, 114 = MittRhNotK 1979, 213 = Rpfleger 1979, 335; BayObLG 1984, 198 = DNotZ 1985, 416 = KTS 1985, 587 = MDR 1985, 1028 = Rpfleger 1984, 428; OLG Braunschweig MDR 1977, 230; OLG Köln MittRhNotK 1979, 212; Vollkommer NJW 1981, 335 (Buchbesprechung).

[24] BGH KTS 1994, 396 = MDR 1994, 1113 = NJW 1994, 1866 = Rpfleger 1994, 378.

[25] BayObLG Rpfleger 1995, 123; OLG Düsseldorf OLGRep 1995, 153; KG NJW-RR 1994, 85.

[26] BGH 104, 44 = DNotZ 1990, 373 = NJW 1989, 3018 = Rpfleger 1989, 472.

Eigentümergemeinschaft verpflichtet. Als Erwerber haftet der Ersteher für Verbindlichkeiten der Wohnungseigentümer untereinander, die in der anteilsmäßigen Verpflichtung zum Tragen der Lasten und Kosten (WEG § 16 Abs 2) wurzeln, daher auch dann, wenn es sich um Nachforderungen aus Abrechnungen für frühere Jahre oder eine Sonderumlage handelt, sofern nur der Beschluß der Eigentümergemeinschaft, durch den die Nachforderung begründet wurde (WEG § 28 Abs 5), erst nach dem Eigentumserwerb gefaßt worden ist[27] (in Abweichung von[28], desgleichen[29]); so auch[30]. Für einen Kostenanteil, der in eine Jahresabrechnung aufgenommen ist, über die erst nach Erteilung des Zuschlags Beschluß gefaßt wird, haftet der Ersteher damit auch, wenn der Schuldner seiner durch einen Eigentümerbeschluß vor Zuschlag begründeten (fortbestehenden) Verpflichtung zur Zahlung einer vorschußweisen Sonderumlage (für Reparaturkosten) nicht nachgekommen ist[31].

5.3 Für Kosten und Lasten (auch als Hausgeldschulden) des Schuldners aus der Zeit **vor Erteilung des Zuschlags** haftet der Ersteher (soweit nicht Nachforderungen erhoben werden, dazu Rdn 5.2) auch dann nicht, wenn für das Verhältnis der Wohnungseigentümer untereinander durch Vereinbarung (WEG § 10) oder in der Teilungserklärung (WEG § 8) für den Fall der Veräußerung bestimmt ist, „daß der Erwerber gesamtschuldnerisch für etwaige Rückstände haftet"[32] (anders nur[33]); damit ist nur der rechtsgeschäftliche Erwerber gemeint, nicht auch der Ersteher in der Zwangsversteigerung[34]. Eine Bestimmung der Teilungserklärung (Gemeinschaftsordnung), daß bei Erwerb durch Zuschlag der Ersteher für Wohngeld- und Lastenrückstände des Schuldners haftet, verstößt gegen § 56 Satz 2 und ist daher nichtig[35] (von[36] offen gelassen; anders[37] und offenbar auch[38]). Durch Eigentümerbeschluß allein kann einem künftigen Ersteher eines Wohnungseigentums die Haftung für Verbindlichkeiten aus Wohngeldrückständen des früheren Eigentümers nicht auferlegt werden; ein Beschluß, der solche Haftung des Erstehers vorsieht, ist nichtig[39].

5.4 Die **Verteilung** der Lasten und Nutzungen **zwischen Schuldner und Ersteher** bestimmt sich nach dem Zuschlag (Satz 2). Aufteilung der regelmäßig wiederkehrenden Leistungen: Rdn 3.4. Für andere Lasten bestimmt sich die Verpflichtung des Schuldners oder Erstehers danach, ob sie während der Dauer ihrer jeweiligen Verpflichtung zu entrichten sind (BGB § 103 Satz 2). Die Verteilung der Nutzungen des gemeinschaftlichen Eigentums (WEG § 16 Abs 1) bestimmt sich nach BGB § 101 (die dem Schuldner gebührenden Erträge werden nicht versteigert, § 15 Rdn 45.4). Die vom Verwalter zu erstellende Abrechnung

---

[27] BGH 104, 197 = aaO (Fußn 21).
[28] BGH 95, 118 = aaO (Fußn 23).
[29] KG (Vorlagebeschluß) KTS 1985, 593 = Rpfleger 1985, 11.
[30] BayObLG Rpfleger 1995, 123; OLG Karlsruhe NJW-RR 1987, 1354; Eckebrecht ZMR 1994, 93 (3 b); Weitnauer JZ 1986, 193 (Anmerkung).
[31] OLG Stuttgart MDR 1989, 359 = NJW-RR 1989, 654.
[32] BGH 88, 302 = aaO (Fußn 23) und MittBayNot 1994, 219 = MittRhNotK 1994, 173; BayObLG Rpfleger 1979, 335 = aaO (Fußn 23).
[33] OLG Düsseldorf (Vorlagebeschluß) Rpfleger 1983, 387; OLG Köln MittRhNotK 1979, 212.
[34] BGH 88, 302 = aaO (Fußn 23); BayObLG Rpfleger 1979, 335 und BayObLGZ 1984, 198 = je aaO (Fußn 23).
[35] BGH 99, 358 = DNotZ 1988, 27 = JR 1988, 203 mit kritischer Anm Pick = KTS 1987, 535 = MDR 1987, 485 = NJW 1987, 1638 = Rpfleger 1987, 208; LG Berlin Rpfleger 1993, 415.
[36] BGH 88, 302 = aaO (Fußn 23).
[37] OLG Köln DNotZ 1981, 584.
[38] OLG Braunschweig MDR 1977, 230.
[39] BayObLG 1984, 198 = aaO (Fußn 23).

§ 56 5.4 Geringstes Gebot, Versteigerungsbedingungen

hat die infolge des Wechsels auf jeden dieser Wohnungseigentümer entfallenden Posten getrennt auszuweisen[40]. Ungeachtet dieser (zeitlich aufgespaltenen) Verpflichtung zur Lastentragung bleibt die **Berechtigung der anderen** Wohnungseigentümer (somit im Innenverhältnis), Lasten und Kosten anteilig aus den Vorschüssen zu decken, die vom Schuldner und sodann vom Ersteher als zeitlich aufeinanderfolgend (somit gemeinsam) für den versteigerten Miteigentumsanteil verpflichtete Wohnungseigentümer (WEG § 16 Abs 1 mit § 28 Abs 2) zu leisten waren. Vorschüsse sind vorweggenommener Aufwendungsersatz; sie werden den (anderen) Wohnungseigentümern als Beitragspflicht (WEG § 16 Abs 2) geschuldet[41], somit in Erfüllung dieser Verbindlichkeit, nicht aber rechtgrundlos geleistet. Den Wohnungseigentümern stehen die Vorauszahlungen für Kostenersatz daher zur bestimmungsgemäßen Verwendung auch nach dem Ausscheiden des Schuldners aus der Wohnungseigentümergemeinschaft zur Verfügung. Deckung von Verwaltungsschulden, die den Ersteher treffen, aus den bis zum Zuschlag geleisteten Vorauszahlungen des Schuldners (und umgekehrt) wird jedoch einen Ausgleichsanspruch des Schuldners an den Ersteher begründen (ebenso umgekehrt). Ein zur Deckung laufender Verwaltungsschulden nicht erforderlicher Überschuß der Vorauszahlungen gebührt nach Beschlußfassung über die Jahresabrechnung ebenso wie die Nutzungen des gemeinschaftlichen Eigentums dem Schuldner und Ersteher anteilig. Abzugrenzen ist ein Überschuß aus Vorauszahlungen danach, was verbleibt, wenn die vom Schuldner geleisteten Vorschüsse mit den ihn treffenden Verwaltungslasten und die bereits vom Ersteher geleisteten Vorauszahlungen mit den von ihm zu tragenden Verpflichtungen verrechnet werden. Verteilung der Nutzungen hat (ggfs nach Bestreitung jeweils anteiliger Verwaltungslasten) gleichfalls nach der Zeitdauer der jeweiligen Berechtigung zu erfolgen. **Rücklagen**, die zur Bestreitung künftiger Kosten gebildet sind (WEG § 21 Abs 5 Nr 4, § 28 Abs 1 Nr 3) müssen in gleicher Weise behandelt werden. Die durch Erfüllung der Beitragspflicht des Schuldners nach dem Wirtschaftsplan gebildeten Rücklagen sind daher auch dann bestimmungsgemäß zu verwenden, wenn nach Beschluß der Wohnungseigentümer auf Rücklagen zur Tilgung von Instandhaltungs- und Instandsetzungskosten zurückzugreifen ist, die nach dem Zuschlag entstanden sind, somit den Ersteher treffen (Rdn 5.2). Anspruch auf anteilige Rückzahlung der mit Vorschußleistung gebildeten Rücklagen begründet daher für den Schuldner sein Ausscheiden aus der Gemeinschaft der Wohnungseigentümer nicht (Berechtigung offen gelassen von[42]). Werden jedoch Rücklagen durch Beschluß der Wohnungseigentümer aufgelöst, bleibt der Schuldner (wie mit seinen Nutzungen) für die von ihm geleisteten Vorauszahlungen anteilig berechtigt. Wenn Rücklagen des Schuldners für Instandhaltungs- oder Instandsetzungskosten in Anspruch genommen werden, die den Ersteher treffen, wird ein schuldrechtlicher Erstattungsanspruch (Ausgleichsanspruch) gegeben sein.

5.5 Kosten, die durch **Fertigstellungsarbeiten** als gemeinschaftliche Kosten entstehen, haben die Wohnungseigentümer anteilig zu tragen (WEG § 16 Abs 2); der Ersteher kann dafür anteilig nur für die ab Zuschlag angefallenen Kosten haften (dazu[43]). Zum Hausgeld auch[44].

5.6 An den von den Wohnungseigentümern vor seinem Eintritt in die Eigentümergemeinschaft abgeschlossenen **Verwaltervertrag** ist der Ersteher gebunden[45]. Er haftet für das Verwalterhonorar ab Beginn des Monats seines Eintritts in die

---

[40] BayObLG Rpfleger 1985, 111.
[41] BGH 104, 197 = aaO (Fußn 21).
[42] KG NJW-RR 1988, 844 = OLGZ 1988, 302.
[43] BayObLG MittBayNot 1983, 68.
[44] Ebeling Rpfleger 1986, 125.
[45] BayObLG MittBayNot 1987, 199.

Eigentümergemeinschaft mit dem Zuschlag[46], nicht aber für die Verwaltervergütung, die vor dem Erwerb mit Wirksamwerden des Zuschlags fällig geworden ist (siehe[47]).

[Rechte und Pflichten aus einem Miet-(Pacht-)Vertrag]

57 Ist das Grundstück einem Mieter oder Pächter überlassen, so finden die Vorschriften der §§ 571, 572, des § 573 Satz 1 und der §§ 574, 575 des Bürgerlichen Gesetzbuchs nach Maßgabe der §§ 57 a und 57 b entsprechende Anwendung.

Allgemeine Übersicht zu §§ 57–57 d

1.1 Die §§ 57–57 d befassen sich mit den **besonderen Rechten** der Mieter und Pächter im Zwangsversteigerungsverfahren. § 57 erklärt Vorschriften des Mietrechts des BGB für anwendbar; § 57 a gesteht dem Ersteher ein Sonderkündigungsrecht zu; § 57 b befaßt sich mit Vorausverfügungen und Rechtsgeschäften über Miet- und Pachtzinsen; § 57 c schränkt das Sonderkündigungsrecht des Erstehers ein; § 57 d schreibt dem Gericht Ermittlungen und Bekanntmachungen vor.

1.2 Durch die Verweisung in § 57 auf das BGB wird der Ersteher hinsichtlich der Miet- und Pachtverträge wie ein Käufer behandelt; der Grundsatz „Kauf bricht nicht Miete" gilt sinngemäß auch für ihn (§ 57 Rdn 3); im übrigen ist er **nicht Rechtsnachfolger** des Schuldners.

1.3 Die §§ 57–57 d sind nur anwendbar, wenn dem Mieter oder Pächter der Besitz **vor der Versteigerung überlassen** war, dann aber auch bei unfreiwilligem Besitzverlust. Wurde dagegen das Objekt vor der Besitzüberlassung versteigert, so unterliegt ein Mieter/Pächter nicht diesen Schutzvorschriften; nur wenn nach § 59 die Überlassung an die Mieter/Pächter durch den Ersteher in diesem Fall zur Bedingung gemacht wurde, ist BGB § 578 anzuwenden und der Ersteher tritt dann in alle Rechte und Pflichten aus dem Vertrag ein (BGB § 571 Abs 1); es sind dann auch Rechtsgeschäfte und Vorausverfügungen wirksam (BGB § 577) (dazu § 57 Rdn 3).

Allgemeines zu § 57

Literatur: Bull, Sicherung des Erstehers gegen (unredliche) Mietverträge, ZMR 1953, 234; Heitgreß, Zum Wegnahmerecht des Mieters nach Veräußerung oder Zwangsversteigerung des Mietgrundstücks, WuM 1982, 31; Liebl-Wachsmuth, Rechtsverhältnisse über Miet- und Pachtvertragsurkunden nach einer Grundstücksversteigerung, ZMR 1984, 145; Weimar, Kann das Wegnahmerecht des Mieters auch gegenüber einem Grundstückserwerber ausgeübt werden?, ZMR 1965, 198.

2.1 Zweck der Vorschrift: Bestimmung entsprechender Anwendung von BGB-Vorschriften über Miete und Pacht.

2.2 Anwendungsbereich: § 57 gilt für die Vollstreckungsversteigerung (auch für die Wiederversteigerung nach § 133), die Konkursverwalter- und Nachlaßversteigerung, auch für die Versteigerung von Erbbaurechten. Für die Teilungsversteigerung gilt § 57 nach Maßgabe der Besonderheiten des § 183. Für mithaftende Gegenstände gilt § 57, soweit diese mitversteigert werden.

Anzuwendende Mietvorschriften des BGB bei Zuschlag

3.1 Der Ersteher wird als Grundstückserwerber für das Rechtsverhältnis zu Mietern/Pächtern nach den entsprechenden Regeln des Kaufrechts (BGB §§ 571 ff) behandelt, auf die § 57 verweist. Auch hier scheint zu gelten: „Kauf bricht nicht

---

[46] KG NJW-RR 1984, 83 Leitsatz = OLGZ 1994, 266.
[47] BayObLG MittBayNot 1987, 199.

§ 57 3.1 Geringstes Gebot, Versteigerungsbedingungen

Miete". Dieser Grundsatz hätte unverändert in die Immobiliarvollstreckung übernommen werden können. Weil aber der Versteigerungserlös dadurch beeinträchtigt würde, daß Mietverträge vielleicht noch viele Jahre weiterlaufen und dem Ersteher unter Umständen keinen angemessenen Ertrag gewährleisten, mußte ein billiger Ausgleich gefunden werden (Denkschrift S 48). Darum gilt hier: **Der Zuschlag bricht nicht Miete, berechtigt den Ersteher aber zur Sonderkündigung.** Der Ersteher tritt mit dem Zuschlag in alle Mietverträge ein, darf aber diese ausnahmsweise einmal nach § 57 a kündigen.

3.2 Die in § 57 genannten **Vorschriften des BGB** sollen „nach Maßgabe der §§ 57 a–57 b entsprechende Anwendung" finden. Es müßte dabei richtig heißen: nach Maßgabe der §§ 57 a–57 d; die §§ 57 c–57 d sind aus Versehen nicht erwähnt[1]. Über die entsprechend anzuwendenden Vorschriften von BGB §§ 573–575 Näheres bei § 57 b Rdn 2–4.

3.3 Für entsprechende Anwendung der Vorschriften BGB §§ 571, 572, 573 Satz 1 und §§ 574, 575 muß das Grundstück dem Mieter (Pächter) **überlassen** sein. **Überlassung** liegt (wie im Falle von BGB §§ 536, 571 Abs 1) vor, wenn der Vermieter seine Überlassungspflicht erfüllt hat[2], in der Regel also dem Mieter den Besitz verschafft hat, wobei der Mieter die Besitzerlangung nicht durch Beschilderung oder sonst kenntlich machen muß[3]. Das Grundstück muß ihm zur Verfügung gestellt sein, etwa durch Übergabe oder Bereitstellung der Schlüssel und so, daß der Mieter den Besitz oder Mitbesitz ausüben kann oder daß er die tatsächliche Herrschaft erlangt. Geschützt wird also nur der Mieter, der schon Besitz hat, weil er nicht sofort räumen kann, während der Mieter, der noch nicht Besitz hat, nicht räumen muß, aber auch nicht mehr einziehen darf. Wegen des nicht mehr möglichen Einzugs bekommt er keinen Schutz. Dabei ist nicht nötig, daß der Mieter alle Räume bezogen hat, es genügt, wenn es der Hauptteil ist. Wenn der vertragsgemäße Gebrauch keine Besitzübertragung erfordert, ist Übergabe des Grundstücks erfolgt, wenn dem Mieter die vertraglich vorgesehene Benutzung durch einmalige oder wiederholte Gewährung des ungestörten Zutritts zu ihr ermöglicht ist[4]. Die Überlassung muß spätestens bei Aufforderung zur Abgabe von Geboten (§ 66 Abs 2) (nach[5] bei Aufstellung der Versteigerungsbedingungen im Versteigerungstermin) erfolgt sein, sie kann jedoch, wie sich hieraus ergibt, durchaus nach der Beschlagnahmewirksamkeit erfolgt sein. War das Grundstück nur aus Gefälligkeit überlassen, beginnt aber die Mietzeit erst zu einem Zeitpunkt, der nach dem Zuschlag liegt, so ist § 57 nicht anwendbar[6].

3.4 Nach § 57 mit **BGB § 571 Abs 1** tritt der Ersteher bei Versteigerung eines vermieteten Grundstücks (nach Überlassung an den Mieter) als Erwerber an Stelle des Schuldners (als bisheriger Vermieter) in die sich während der Dauer seines Eigentums aus dem Mietverhältnis ergebenden Rechte und Verpflichtungen ein. Das Mietverhältnis bleibt mit der Maßgabe unverändert, daß der Ersteher als Vermieter an die Stelle des Schuldners tritt. Voraussetzung ist das **Bestehen eines Mietverhältnisses** (auch eines Dauernutzungsvertrags mit einer Baugenossenschaft); das Mietverhältnis kann auch durch den Hausratsrichter an der früheren Ehewohnung (auch im gemeinsamen Einfamilienhaus[7]) begründet worden sein. Der Mietvertrag kann vom Schuldner auch noch während des Versteigerungsverfahrens (erst nach der Zwangsversteigerungsbeschlagnahme) geschlossen worden

---

[1] Jonas/Pohle, ZwVNotrecht, §§ 57– 57 d Anm 2.
[2] BGH 65, 137 = MDR 1976, 218 = NJW 1976, 105; BGH KTS 1984, 315 = WM 1983, 1364.
[3] BGH 65, 137 = MDR 1976, 218 = NJW 1976, 105.
[4] BGH NJW-RR 1989, 589.
[5] Wachsner, Zwangsversteigerung und Miete (1912), S 28; Dassler/Gerhardt § 57 Rdn 4.
[6] Sonntag, Rechtliche Wirkungen des Zuschlags (1932), S 40.
[7] BayObLG 1973, 241 = MDR 1974, 44 = NJW 1973, 2299.

sein (§ 24 Rdn 2.4). Er kann auch mit einem Voreigentümer geschlossen sein, wenn der Schuldner als Erwerber des Grundstücks selbst nach BGB § 571 Abs 1 in dieses Mietverhältnis eingetreten ist. Wurde der Mietvertrag abgeschlossen und das Grundstück dem Mieter überlassen, dann findet BGB § 571 auch Anwendung, wenn der Mietzeitraum erst nach dem Grundstückserwerb (mit Zuschlag) beginnt[8]. Das Mietverhältnis muß rechtsbeständig sein[9]; es darf nicht nichtig und nicht (wirksam) angefochten sein[9]. Bei einem anfechtbaren, aber noch nicht angefochtenen Mietverhältnis erfolgt zwar der Eintritt des Erstehers; er gilt bei späterer (wirksamer) Anfechtung jedoch als nicht erfolgt[9].

3.5 Anwendung findet BGB § 571 insbesondere auch bei Vermietung von **Wohnräumen** oder anderen Räumen des versteigerten Grundstücks (BGB § 580). Auch dann kommt § 571 zur Anwendung, wenn Wandflächen zur Anbringung von Schaukästen[10] oder zu Reklamezwecken[11] vermietet worden sind (anders[12]). Auf andere Rechtsverhältnisse (zB Leihe[13]) findet BGB § 571 keine Anwendung.

3.6 In das Mietverhältnis tritt der Ersteher so ein, wie es im Augenblick des Zuschlags mit dem Schuldner besteht, also **mit allen** vertraglichen **Rechten und Pflichten,** die sich auf den Mietgegenstand, seine Überlassung und Rückgewähr, sowie auf die Gegenleistung beziehen; dazu gehören auch Vereinbarungen, die in einem unlösbaren Zusammenhang mit dem Mietvertrag stehen, nicht aber Rechte und Pflichten aus sonstigen Vereinbarungen, die nur aus Anlaß des Vertrags getroffen wurden oder in wirtschaftlichem Zusammenhang mit ihm stehen[14] (so für Pachtverträge[15]). Es geht zB ein für Behörden vereinbartes Belegungsrecht nicht als Last auf den Ersteher über, wenn es nicht im Grundbuch gesichert ist. Der Ersteher muß dem Mieter den Gebrauch gewähren, das Grundstück in vertragsmäßigen Zustand belassen und entsprechende Ausbesserungen vornehmen, er haftet für Mängel wie der frühere Vermieter. Bei Eintritt in ein auf bestimmte Zeit eingegangenes Mietverhältnis über Wohnraum kann der Mieter von dem Ersteher als Vermieter die Fortsetzung des Mietverhältnisses auf unbestimmte Zeit unter den Voraussetzungen von BGB § 564 c verlangen. Die nach dem Zuschlag entstandenen und fällig gewordenen vertraglichen Ansprüche gegen den Mieter gebühren dem Ersteher; alle schon vorher entstandenen und fällig gewordenen Ansprüche bleiben beim Schuldner[16] (zum Anspruch auf Mietzahlung siehe aber Anm zu § 57 b). Ist das Mietverhältnis bei Eintritt des Erstehers gekündigt, die Kündigungsfrist aber noch nicht abgelaufen, dann entsteht der Anspruch auf Nutzungsentschädigung und Ersatz weiteren Schadens (BGB § 557 Abs 1 Sätze 1 und 2) in der Person des Erstehers. Der Mieter hat seinerseits gegenüber dem Ersteher als Vermieter alle Rechte und Pflichten wie bisher. Er kann auch gegenüber dem Ersteher bezüglich der Einrichtungen, mit denen er die Mietsache versehen hat, das vertragliche und das gesetzliche Wegnahmerecht nach BGB § 547 a Abs 1 ausüben[17], auch soweit eingebaute Sachen wesentliche Bestandteile der Mietsache und damit Eigentum des Vermieters geworden sind[17]. Dieses Wegnahmerecht ist kein der Versteigerung entgegenstehendes Recht[17], bedarf somit nicht der Anmeldung nach § 37 Nr 5. Ebenso hat der Ersteher in diesem Falle das Ablösungsrecht nach BGB § 547 a Abs 2 wie der frühere Eigentümer. Hatte sich der frühere Ver-

---

[8] BGH 43, 333 = MDR 1964, 996 = NJW 1964, 1851.
[9] Roquette NJW 1962, 1551.
[10] OLG München NJW 1972, 1995.
[11] OLG Hamm MDR 1976, 143; OLG München NJW 1972, 1995.
[12] LG Düsseldorf NJW 1965, 160.
[13] BGH MDR 1964, 309 = NJW 1964, 765.
[14] BGH 48, 244 = JZ 1968, 182 mit zust Anm Söllner = MDR 1967, 1002 = NJW 1967, 2258.
[15] BGH DNotZ 1966, 405 = MDR 1966, 45 = NJW 1965, 2198.
[16] BGH MDR 1989, 247 = NJW 1989, 451.
[17] AG Warendorf WuM 1980, 291.

§ 57 3.6 Geringstes Gebot, Versteigerungsbedingungen

mieter (Schuldner) gegenüber dem Mieter verpflichtet, eine von diesem eingebaute Nachtstromspeicher-Heizungsanlage beim Auszug des Mieters zu übernehmen, so trifft diese Verpflichtung auch den Ersteher, weil es sich hierbei um typischen Inhalt des Mietvertrags handelt[18]. Das muß auch bei anderen Einrichtungen gelten. Daß aber ein mit dem Mietvertrag zusammenhängender Hausverwaltungsvertrag oder ähnlich auf den Ersteher übergehe, ist zu verneinen.

3.7 Der Eintritt des Erstehers in das Mietverhältnis steht, wie sein Eigentumserwerb (§ 90 Abs 1) **unter dem Vorbehalt,** daß der Zuschlag nicht im Beschwerdeweg aufgehoben wird. Ob der Mieter seine Zahlungspflicht (mit befreiender Wirkung) erfüllt hat, wenn er nach Wirksamwerden des Zuschlags (§§ 89, 104) an den Ersteher geleistet hat (dafür[19]; dagegen[20]). Das Vertrauen des Mieters (als Drittschuldner) auf die Rechtsbeständigkeit des Zuschlags (als staatlicher Hoheitsakt) ist auch in diesem Fall schutzwürdig, bis der Zuschlag aufgehoben wird und die Aufhebung zur Kenntnis des Mieters als Drittschuldner gelangt (ZPO § 836 Abs 2 entsprechend). Danach kann an den Ersteher schuldbefreiend auch dann nicht mehr geleistet werden, wenn der Aufhebungsbeschluß angefochten ist. Zu seiner Sicherheit kann der Mieter als Drittschuldner vor Rechtskraft des Zuschlags wegen Gläubigerungewißheit hinterlegen (BGB § 372 Abs 2; Schuldbefreiung dann bei Rücknahmeverzicht, BGB § 378).

3.8 Der **Schuldner** als bisheriger Vermieter **scheidet** mit Übergang des Eigentums auf den Ersteher aus dem Mietverhältnis **aus.** Seine Haftung für Ansprüche des Mieters aus der Zeit vor Zuschlag (in die der Ersteher nicht eingetreten ist), dauert fort. Erfüllt der Ersteher die ihm aus dem Mietvertrag obliegenden Verpflichtungen nicht, so **haftet der Schuldner** für den vom Ersteher zu ersetzenden Schaden wie ein selbstschuldnerischer Bürge (BGB § 571 Abs 2 Satz 1). Dies ist nicht durch § 57 ausgeschlossen[21]; die Ersatzpflicht geht auch nicht auf den Ersteher über[21], selbst wenn dies im Mietvertrag vereinbart sein sollte[21]. Erlangt der Mieter von dem Eigentumsübergang durch Zuschlag infolge einer Mitteilung des Vollstreckungsschuldners Kenntnis, so wird der Schuldner von seiner Haftung frei, falls nicht der Mieter das Mietverhältnis für den ersten zulässigen Kündigungstermin kündigt (BGB § 571 Abs 2 Satz 2). Diese Mitteilung des Schuldners an den Mieter über den Zuschlag wird nicht durch eine anderweitige Kenntnis des Mieters vom Eigentumsübergang (etwa Mitteilung durch das Vollstreckungsgericht) ersetzt.

3.9 Wenn das Mietverhältnis bei Erteilung des Zuschlags (§§ 89, 104) **bereits beendet** ist, hat nur der Schuldner Rechte aus dem (bisherigen) Mietvertrag. Ein Schadensersatzanspruch gegen den nach Beendigung des Mietverhältnisses ausgezogenen Mieter wegen unterbliebener Endrenovierung und Wiederherstellung des früheren Zustandes der Mieträume steht daher dem Schuldner als Vermieter und nicht nach BGB § 571 dem Ersteher zu, wenn er bereits vor Eigentumswechsel mit Zuschlag entstanden und fällig geworden ist (so[22] für rechtsgeschäftlichen Erwerb). Der Ersteher hat Rechte nur aus seinem Eigentum (insbesondere Herausgabeanspruch an den bisherigen Mieter nach BGB § 985). Der Rückgewähranspruch nach BGB § 556 Abs 1 und Schadensersatz wegen Räumungsverzug des Mieters steht dem Ersteher aber auch dann zu, wenn der Mietvertrag schon vor dem Eigentumswechsel beendet worden ist (so für rechtsgeschäftlichen Erwerb[23]).

---

[18] LG Hamburg WuM 1977, 141 = ZMR 1977, 210.
[19] Jaeckel/Güthe §§ 57– 57 b Rdn 8 a.
[20] Steiner/Teufel §§ 57–57 d Rdn 35.
[21] RG 159, 151 (153).
[22] BGH MDR 1989, 247 = NJW 1989, 451.
[23] BGH 72, 147 = MDR 1979, 134 = NJW 1978, 2148.

Rechte und Pflichten aus einem Mietvertrag 3.13 § 57

3.10 Alles was über Mietverträge gesagt wurde, gilt auch für **Pachtverträge,** weil diese gleichzubehandeln sind[24]. Insbesondere ist auch für sie die Frage, in welchem Umfang Rechte und Pflichten übernommen werden, zu entscheiden wie für die Mietverträge gesagt[25]. War ein Hof mit Inventar verpachtet, so ist auch das Inventar Gegenstand des Pachtvertrags[25]. Wurde das Inventar vom Pächter zum Schätzwert übernommen, mit der Verpflichtung, es bei Pachtende zum Schätzwert zurückzunehmen, so war der Vermieter, jetzt der Ersteher, Eigentümer des Inventars[25]. Sollte das Inventar während der Pachtzeit Eigentum des Pächters sein, mit der Verpflichtung des Verpächters, es nach Pachtende zum Schätzwert zu übernehmen, so geht auch diese Verpflichtung auf den Ersteher über[25]. Den Ersteher berührt es aber nicht, wenn das Inventar während der Pachtzeit vom Pächter ohne Zusammenhang mit dem Pachtvertrag erworben wurde[25] (hier bleibt es nach der Versteigerung Eigentum des Pächters). Wird vom verpachteten Besitz nur ein Teil versteigert, so liegt vom Zuschlag an eine Teilpacht vor[26] (Kündigung § 57 a Rdn 2). Kein Pachtverhältnis im Sinne dieser Schutzvorschriften ist das eines Garderobebetriebes eines Sportplatzes[27] (oder ähnlich); der Garderobepächter ist nur Besitzdiener des früheren Eigentümers[27]; in diesen Vertrag tritt der Ersteher nicht ein[27].

3.11 In das mit nur einem **Miteigentümer** begründete Mietverhältnis tritt der Ersteher nicht ein, wenn das versteigerte Grundstück Miteigentümern gehört hat, der Mietvertrag aber nicht von allen (mit Wirkung für alle) geschlossen worden ist. Jedoch findet BGB § 571 (mit § 57) auch in diesem Fall Anwendung, wenn der nicht am Mietvertrag beteiligte Miteigentümer diesem zugestimmt hat[28]. Wenn bei einem zwei Miteigentümern gehörenden Mietgrundstück lediglich ein Miteigentümer den Mietvertrag geschlossen hat, greift BGB § 571 (mit § 57) (auch bei Teilungsversteigerung) daher nur ein, wenn der andere Miteigentümer zugestimmt hat[28]. Die Zustimmung kann auch durch schlüssiges Verhalten erklärt sein[28].

3.12 War der bisherige Mieter/Pächter vor der Versteigerung zugleich **Miteigentümer des Grundstücks** und hat er die Teilungsversteigerung betrieben, so genießt er nicht den Schutz aus BGB § 571 (mit § 57), daß nämlich sein Vertrag auf den Ersteher als Vermieter übergehe, weil er als Miteigentümer Besitz hatte und sein Mietvertrag/Pachtvertrag nur eine Benützungsregelung der Miteigentümer darstellte, wobei er durch sein eigenes Betreiben der Veräußerung ausdrücklich zugestimmt und damit auf den Schutz als Mieter/Pächter verzichtet hat[29]. Gegen ihn kann dann aus dem Zuschlag nach § 93 vollstreckt werden, weil er nicht das dort geregelte eine Vollstreckung verhindernde Recht zum Besitz hat[29] (dazu § 93 Rdn 3).

3.13 Wenn auf Grund Mietvertrags dem Mieter ein **dingliches Wohnrecht** bestellt war, das in der Versteigerung erlischt, bleibt doch der Mietvertrag in Kraft und der Mieter hat noch die Besitzrechte aus dem Mietvertrag[30]; der Ersteher tritt also auch hier in den Mietvertrag ein[30]. Es ist dabei aber nötig, daß das Wohnrecht erst nach Übergabe der Mieträume bestellt war; war es vorher bestellt, bevor die Räume als Mieträume überlassen waren, so war die Überlassung nicht auf Grund Mietvertrags erfolgt, sondern auf Grund des (jetzt erloschenen) Wohnrechts und der Ersteher tritt nicht in diese Verpflichtung ein[30]. Der nach Bestellung des Wohnrechts geschlossene Mietvertrag war überhaupt nach BGB § 306 nichtig.

---

[24] Jonas/Pohle, ZwVNotrecht, §§ 57 – 57 d Anm 4 b.
[25] BGH NJW 1965, 2198 = aaO.
[26] RG 124, 195.
[27] RG 97, 166.
[28] OLG Karlsruhe NJW 1981, 1278 = OLGZ 1981, 207.
[29] LG Bayreuth NJW 1965, 2210.
[30] Roquette NJW 1957, 525.

§ 57 3.13 Geringstes Gebot, Versteigerungsbedingungen

Der betroffene "Mieter" hat nur Schadensersatzansprüche gegen den Schuldner als seinen "Vermieter"[30] (anders[31]: nach Erlöschen des dinglichen Wohnrechts, wenn nur die Räume überlassen waren, sei immer ein Mietrecht gegeben und seien die §§ 57, 57 a anwendbar). Dazu § 57 a Rdn 2. Schuldrechtlicher Mietvertrag und dingliches Wohnrecht sind völlig voneinander verschieden[32].

3.14 Nur für ein vermietetes (verpachtetes) Grundstück tritt der Ersteher mit Anwendung des BGB § 571 als Erwerber an die Stelle des Vermieters; für eine entsprechende ausdehnende Auslegung des BGB § 571 unter Billigkeitsgesichtspunkten ist daher kein Raum; die Vorschrift findet somit auf eine Vereinbarung keine Anwendung, durch die ein Ehemann seiner Ehefrau während des Getrenntlebens eine Wohnung in seinem Haus überläßt[33]. Bei **gemischten Verträgen** wird BGB § 571 nur unter der Voraussetzung für anwendbar erachtet, daß sie überwiegend Grundstücksmiete (-pacht) sind[34]. Liegt der Schwerpunkt eines gemischten Vertrags nicht im mietrechtlichen, sondern im dienstvertraglichen Teil (wie bei einem Altenheimvertrag[34]) oder in einem anderen nicht mietrechtlichen Bereich, dann tritt der Ersteher nicht kraft Gesetzes in die vertraglichen Rechte und Pflichten ein.

3.15 §§ 57–57 d finden bei Versteigerung eines **Erbbaurechts** (wie bei Grundstücken) Anwendung (ErbbauVO § 11). Sie sind auch anwendbar, wenn der Mietvertrag/Pachtvertrag auf Grund elterlicher Sorge geschlossen ist oder vom Vorerben oder Vormund oder von einem **Verwalter kraft Amtes** (Konkursverwalter, Zwangsverwalter, Nachlaßverwalter), wobei jeder der Genannten bis zum Zuschlag tätig werden konnte.

3.16 Zu Miet- und Pachtverhältnissen im ZVG-Handbuch Rdn 290 und 290 a.

4 BGB § 572: Sicherheitsleistung des Mieters (Pächters)

4.1 Nach § 57 mit **BGB § 572** tritt der Ersteher (als Erwerber) auch in die durch Sicherheitsleistung des Mieters (Pächters) des Grundstücks für Erfüllung seiner Verpflichtungen (Mieterkaution) begründeten Rechte ein. Zur Rückgewähr der Sicherheit ist der Ersteher aber nur verpflichtet, wenn sie ihm ausgehändigt wurde oder wenn er dem bisherigen Eigentümer (Schuldner als Vermieter) gegenüber die Verpflichtung zur Rückgewähr übernommen hat (BGB § 572 Satz 2) (sonst haftet nur der frühere Eigentümer).

4.2 Mieterkaution (zu ihr[35]) ist Sicherheit des Mieters für alle oder für bestimmte Ansprüche des Vermieters aus dem Mietverhältnis oder für Ansprüche des Vermieters allgemein. Es kann sich um Ansprüche des Vermieters am Ende der Mietzeit (Mietzinsrückstand, Schaden an den Räumen, Schönheitsreparaturen) oder um Ansprüche während der Mietzeit (Mietzinsrückstand) handeln. Sie ist für Wohnräume zulässig (im Gegensatz zur Vertragsstrafe, BGB § 550 a) und in BGB § 550 b speziell geregelt. Für Wohnräume, die unter das Wohnungsbindungsgesetz (Textanhang T 44) fallen, ist Sicherheitsleistung in den Grenzen des § 9 Abs 5 WoBindG zulässig.

4.3 Die **Kaution kann sein:** a) Barkaution, und zwar diese zur freien Verfügung des Vermieters oder auf Sonderkonto, verzinslich oder unverzinslich; b) ein verpfändeter Gegenstand (zB Wertpapiere), der konkret aufzubewahren ist; c) eine Sicherungshypothek an einem Grundstück des Mieters, und zwar als Sicherungshöchstbetragshypothek; d) eine Grundschuld an einem Grundstück des Mieters; e) die Übergabe einer Bürgschaft; f) eine Sicherungsübereignung; g) eine Forde-

---

[31] Weitnauer Betrieb 1954, 796 (II 6).
[32] BGH BB 1968, 767 = LM BGB § 398 Nr 20.
[33] BGH MDR 1964, 309 = NJW 1964, 765.
[34] BGH KTS 1982, 251 = MDR 1982, 401 = NJW 1982, 221 = Rpfleger 1982, 32.
[35] Häring BlGrBW 1970, 41; Rödding BB 1968, 934.

rungsabtretung; h) die Übergabe eines Sparbuchs mit Sperrvermerk (zur gemeinsamen Verfügung von Mieter und Vermieter).

4.4 Eine **Barkaution,** die für ein Sonderkonto bestimmt war, darf der Vermieter nicht verwenden. Eine Barkaution zur freien Verwendung (nicht bei Mietverhältnis über Wohnraum, BGB § 550 b Abs 2) darf er verwenden, muß sie aber bei Fälligkeit sofort zurückzahlen können; er muß sie in diesem Falle nicht so anlegen, daß er sie jederzeit zurückzahlen kann, sondern so, daß er sie am Ende des Mietverhältnisses zurückzahlen kann. Die Barkaution ist als uneigentliches Nutzungspfand (analog BGB § 1213 mit § 1204 Abs 2) anzusprechen[36]. Die Verzinsung einer Sicherheit für Wohnräume regelt BGB § 550 b Abs 2 (auch Abs 4), für Wohnräume, die unter das Wohnungsbindungsgesetz fallen, außerdem dessen § 9 Abs 5.

4.5 Die **Kaution** ist bei Beendigung des Mietvertrags vom Verpflichteten **zurückzugewähren** (Herausgabe des Gegenstands, Löschungsbewilligung für Grundbuchrechte, Rückübertragung der Forderung, Rückübereignung, Rückgabe der Bürgschaftsurkunde, Rückzahlung des Geldes usw), natürlich erst, wenn die Gegenansprüche des Vermieters festgestellt und befriedigt sind. Für die Feststellung muß eine angemessene Frist gewährt werden. Zur Rückzahlung fällig ist eine Kaution auch, wenn das Eigentum mit Zuschlag auf den Ersteher übergeht, dieser sich die Kaution aber nicht aushändigen läßt[37].

4.6 Die Sicherheitsleistung des Mieters (Pächters) gehört zu den sich aus dem Mietvertrag ergebenden Rechten und Pflichten des **Erstehers**[38]. Der Anspruch auf Leistung einer (vom Mieter oder Pächter) noch geschuldeten Sicherheit steht daher ab Zuschlag als Vermieterrecht dem Ersteher zu (Eintritt in das Mietverhältnis). Ist die Sicherheit bei Erteilung des Zuschlags bereits geleistet, dann tritt der Ersteher in dadurch begründete Rechte ein (§ 57 mit BGB § 572 Satz 1). Rechte aus einer Bürgschaft gehen damit auf ihn über[39]. Vom Schuldner (als Veräußerer) kann der Ersteher Herausgabe einer geleisteten Sicherheit oder (wenn als Sicherheit ein Geldbetrag gezahlt wurde) Auszahlung des zur Sicherheit überlassenen Geldbetrages verlangen[40]. Auch nach § 59 könnte die Verpflichtung zur Rückzahlung begründet sein. Jedenfalls muß aber der Mieter gegenüber dem Ersteher nicht erneut Sicherheit leisten.

Dauerwohnrecht im Falle des Zuschlags 5

Für §§ 57 a ff ist Voraussetzung, daß ein Mietrecht/Pachtrecht vorliegt (Rdn 3.4). Diese Vorschriften sind daher nicht anwendbar auf das Dauerwohnrecht nach WEG §§ 36–39[41]. Dieses stellt **kein Mietverhältnis** dar, sondern ist ein dingliches Wohnrecht, für das die besondere gesetzliche Regelung des WEG gilt. Auf das in der Versteigerung erlöschende Dauerwohnrecht sind die Kündigungsschutzvorschriften des § 57 c auch nicht analog anwendbar[42] (anders[43]: bei Erlöschen bestehe ein Mietverhältnis weiter, in das der Ersteher eintrete; anders auch[44]: auch für das Dauerwohnrecht gelte der Kündigungsschutz; auch[45]: wenn Grundgeschäft

---

[36] BayObLG 1981, 15 = MDR 1981, 498 = NJW 1981, 994.
[37] AG Köln WuM 1979, 259.
[38] Patzer DWW 1975, 157 (1 A).
[39] KG OLG 25, 20.
[40] OLG Hamburg MDR 1970, 1015.
[41] LG Kassel DWW 1955, 221 = ZMR 1956, 55 Leitsatz; Mohrbutter, Handbuch des Vollstreckungsrechts, § 41 (I); Weitnauer/Hauger, WEG, vor § 31 Rdn 9 d; Steiner/Teufel §§ 57–57 a Rdn 10.
[42] OLG Frankfurt Rpfleger 1960, 409; LG Kassel aaO (Fußn 41).
[43] Weitnauer Betrieb 1954, 796 (II 6).
[44] Bänder BlGrBW 1953, 306.
[45] Bärmann/Pick/Merle, WEG, vor § 31 Rdn 30.

ein Mietvertrag ist, weil dann das Mietverhältnis mit Wegfall des Dauerwohnrechts an seine Stelle tritt).

6 Jagdrecht im Falle des Zuschlags

6.1 Wenn ein **Eigenjagdbezirk** (Bundesjagdgesetz § 7), also eine zusammenhängende land-, forst- oder fischereiwirtschaftlich nutzbare Fläche von 75 ha aufwärts (Abweichungen möglich) im Eigentum einer Person oder Personengemeinschaft, zwangsversteigert wird, ist § 57 anzuwenden (Gesetz § 14 Abs 1). Das Kündigungsrecht des Erstehers ist dabei ausgeschlossen, wenn nur ein Teil des Jagdbezirks versteigert wird und dieser Teil nicht mehr einen Eigenjagdbezirk bilden kann (Gesetz § 14 Abs 1).

6.2 Wird ein Grundstück versteigert, das zu einem **Gemeinschaftsjagdbezirk** gehört (alle Grundflächen einer Gemeinde oder abgesonderten Gemarkung, die nicht zu einem Eigenjagdbezirk gehören und mindestens 150 ha umfassen – Abweichung möglich – Gesetz § 8), so hat die Versteigerung auf den Jagdpachtvertrag keinen Einfluß; der Ersteher wird vom Zuschlag an für die Dauer des Jagdpachtvertrags Mitglied der Jagdgenossenschaft (Gesetz § 14 Abs 2).

7 Nießbrauch im Falle des Zuschlags

7.1 §§ 57–57 d sind **nicht anwendbar** gegenüber dem Nießbrauch, dessen Bestehenbleiben oder Erlöschen sich nach § 52 richtet.

7.2 § 57 gilt auch nicht gegenüber dem Mieter/Pächter, wenn der **Mietvertrag/Pachtvertrag auf Grund** eines bestehenbleibenden **Nießbrauchs** geschlossen ist. Die Verträge bleiben bestehen, wenn der Nießbrauch bestehenbleibt[46]. Der Ersteher hat mit diesen Verträgen nichts zu tun und kann sie darum auch nicht kündigen. Erlischt der Nießbrauch, so tritt der Grundstückseigentümer (BGB § 1056 Abs 1), nach dem Zuschlag der Ersteher in die Verträge ein und es gilt dann § 57 mit allen Folgen[47].

[Sonderkündigungsrecht gegenüber dem Mieter (Pächter)]

57 a Der Ersteher ist berechtigt, das Miet- oder Pachtverhältnis unter Einhaltung der gesetzlichen Frist zu kündigen. Die Kündigung ist ausgeschlossen, wenn sie nicht für den ersten Termin erfolgt, für den sie zulässig ist.

Literatur: Crezelius, Untermiete und Mieterschutz, JZ 1984, 70; Hurst, Wirkung von Konkurs und Zwangsversteigerung auf bestehenden Mieterschutz, WuM 1959, 66; Matthies, Mieterschutz und gewerbliche Zwischenvermietung, NJW 1988, 1631; Nasall, Kündigungsschutz zwischen Vermieter und Untermieter? MDR 1983, 9; Reinelt, Der Räumungsschutz des gutgläubigen Untermieters, NJW 1984, 2869; Siegelmann, Das Mietkündigungsrecht des Erstehers im Zwangsversteigerungsverfahren, DWW 1958, 78; Siegelmann, Die Wohnungskündigung im Zwangsversteigerungsverfahren, WuM 1965, 76; Witthinrich, Kündigungsschutz in der Zwangsversteigerung, Rpfleger 1987, 98.

1 Allgemeines zu § 57 a

1.1 Zweck der Vorschrift: Sonderkündigungsrecht als Befugnis des Erstehers, das Miet-/Pachtverhältnis für den ersten Termin nach dem Zuschlag unter Einhaltung der gesetzlichen Frist zu kündigen.

---

[46] Drischler AIZ 1956, 165; Steiner/Teufel §§ 57–57 d Rdn 15; Dassler/Gerhardt § 57 Rdn 2.

[47] Dassler/Gerhard und Steiner/Teufel je aaO (Fußn 46).

Sonderkündigungsrecht gegenüber Mieter 2.3 **§ 57 a**

1.2 Anwendungsbereich: § 57 a gilt (wie § 57) für die Vollstreckungsversteigerung, während für die Teilungsversteigerung das Kündigungsrecht durch § 183 ausgeschlossen ist. Für Konkursverwalter- und Nachlaßversteigerung (§§ 172, 175) muß das Sonderkündigungsrecht gelten, weil es hier nicht ausgeschlossen ist[1]. Der Zwangsverwalter hat kein Ausnahmekündigungsrecht[2]. Für Schiffe und Luftfahrzeuge gelten Besonderheiten (§ 162 Rdn 3, § 171 a Rdn 3).

Kündigungsberechtigung des Erstehers 2

2.1 Weil der Ersteher in Miet/Pachtverträge eintritt (§ 57 Rdn 3), hat er damit auch alle Rechte zur **vertragsmäßigen Kündigung,** wobei er die vertragliche Kündigungsfrist einzuhalten hat, und die gesetzlichen Kündigungsmöglichkeiten. Auch der Mieter hat gegenüber dem Ersteher die vertraglichen oder gesetzlichen Kündigungsrechte. Darüber hinaus hat der Ersteher ein **gesetzliches Sonderkündigungsrecht:** er darf alle Miet/Pachtverträge einmal unter Einhaltung der gesetzlichen Kündigungsfrist (Rdn 4) für den ersten zulässigen Termin (Rdn 5) und unter Beachtung einer bestimmten Form (Rdn 3) kündigen. Bei Wohnräumen ist aber die gesetzliche Mieterschutzgesetzgebung (Rdn 6) zu beachten. Ausgeschlossen ist das Sonderkündigungsrecht bei bestimmten Baukostenzuschüssen und Mietzinsvorauszahlungen des Mieters (§ 57 c Rdn 2–7). Auf die Beschränkungen des Sonderkündigungsrechts nach dem ZVG selbst hat der Rechtspfleger im Termin hinzuweisen. Er sollte aber auch darauf hinweisen, daß die gesetzliche Mieterschutzgesetzgebung auch gegenüber dem Sonderkündigungsrecht des Erstehers gilt (dazu Rdn 6). Das vom ZVG in § 57 a gewährte Sonderkündigungsrecht ist eine gesetzliche Versteigerungsbedingung[3] von der über § 59 abgewichen werden kann (Rdn 8).

2.2 Die **Interessen der Mieter** werden bei der Versteigerung grundsätzlich den Interessen des Realkredits **untergeordnet**[4], weil sich ohne das Sonderkündigungsrecht bewohnte Grundstücke schlechter versteigern lassen und darum weniger gern beliehen werden. Der Grundsatz „Kauf bricht nicht Miete" hat hier eine Ausnahme erfahren (§ 57 Rdn 3.1), weil sonst die Erzielung eines angemessenen Versteigerungserlöses gefährdet wäre (Denkschrift S 48). Das Gesetz überläßt es dem Ermessen des Erstehers, ob er hiervon Gebrauch machen will.

2.3 § 57 a ist **auch** anwendbar, **wenn** ein **vertragliches** oder anderes gesetzliches Kündigungsrecht **eher** zum Ziel führen würde; beide Möglichkeiten bestehen nebeneinander[5]. Voraussetzung für § 57 a ist, daß ein Miet/Pachtvertrag vorliegt, auf Grund dessen das Grundstück überlassen ist. § 57 a gilt darum nicht für das Dauerwohnrecht (§ 57 Rdn 3, 5), nicht für den Nießbrauch (§ 57 Rdn 7), für das dingliche Wohnrecht nur unter bestimmten Voraussetzungen (§ 57 Rdn 3.13). Die Vorschrift ist auch bei Überlassung von **Grundstücksteilen** anwendbar, wenn diese Teile für den Mieter eine selbständige Bedeutung haben[6] Wird von einem verpachteten Grundbesitz nur ein Teil versteigert, so kann der Ersteher hierfür den Vertrag kündigen, der eine Teilpacht darstellt[7]. Die Verbindung mit dem Pachtrecht an anderen Grundstücken ist kein Hindernis[7]; der Ersteher kann ohne Rücksicht auf die besondere schuldrechtliche Gestaltung die Freistellung seines Grundstücks von der Pacht erreichen[7]. § 57 a gilt auch bei Grundstücken, die erst nach der Versteigerungsbeschlagnahme dem Mieter/Pächter überlassen worden sind (§ 24 Rdn 2.5), oder wenn der Vertrag auf Grund elterlicher

---
[1] Mohrbutter KTS 1956, 107 (9) und ZMR 1954, 161.
[2] Mohrbutter KTS 1956, 107 (9).
[3] RG 124, 195; Weitnauer Betrieb 1954, 796 (II 2).
[4] Nußbaum, Zwangsversteigerung, § 21 (I).
[5] Weitnauer Betrieb 1954, 796 (II 2).
[6] Jaeckel/Güthe §§ 57–57 b Rdn 3.
[7] RG 124, 195.

§ 57 a 2.3   Geringstes Gebot, Versteigerungsbedingungen

Sorge, vom Vormunde, Vorerben, Verwalter kraft Amtes (§ 57 Rdn 3.15) geschlossen ist.

2.4 § 57 a ist nur anwendbar, wenn der Vertrag durch **Besitz**überlassung schon **vor der Versteigerung** erfüllt war, dann auch bei unfreiwilligem Besitzverlust des Mieters/Pächters (zB durch verbotene Eigenmacht des Vollstreckungsschuldners), andernfalls nur bei abweichenden Versteigerungsbedingungen nach § 59 (Rdn 8).

2.5 § 57 a bezieht sich auch auf die **mithaftenden Gegenstände**, die nach § 55 mitversteigert worden sind, etwa auf zum Grundstück als Zubehör gehörende Lastfahrzeuge, die besonders vermietet waren.

2.6 Das Sonderkündigungsrecht nach § 57 a hat **nur der Ersteher,** nicht der Mieter/Pächter, auch nicht der für die Erfüllung des Meistgebots mithaftende Meistbietende (§ 81 Abs 2 und 3). Wenn der Schuldner sein eigenes Grundstück einsteigert, hat er kein Sonderkündigungsrecht, weil er an die Verträge gebunden ist[8]. Veräußert der Ersteher das Objekt weiter, so geht das Sonderkündigungsrecht, soweit Frist und Termin noch eingehalten werden können, auf den Erwerber über. Es ist ausgeschlossen, wenn nur ein (ideller) Bruchteil versteigert wurde, weil der Ersteher nicht über das ganze Grundstück verfügen kann[9]. Das gilt auch, wenn er schon Miteigentümer des anderen Bruchteils war, weil er insoweit an die Verträge gebunden bleibt. Das Sonderkündigungsrecht besteht aber, wenn nur ein Flurstück aus mehreren vermieteten/verpachteten versteigert wurde, ebenso, wenn (ausnahmsweise) ein realer Teil eines vermieteten/verpachteten Grundstücks versteigert wurde (Einl Rdn 11).

2.7 In einem **besonderen Fall** hat das Kammergericht Berlin[10] das Sonderkündigungsrecht versagt, als der Ersteher die Zwangsversteigerung dazu benützte, sich das Eigentum hierdurch statt durch Rechtsgeschäft zu verschaffen, um so rechtsmißbräuchlich das Kündigungsrecht zu bekommen, nach Ansicht des KG unter Verstoß gegen BGB § 242. Ähnlich der BGH[11].

2.8 Schwierigkeiten kann es geben, wenn neben der Zwangsversteigerung **auch eine Zwangsverwaltung** läuft. Diese wird nicht sofort nach Zuschlagserteilung aufgehoben, sondern erst nach Zuschlagsrechtskraft, wenn auch mit der Wirkung, daß die Verwaltung ab Zuschlagswirksamkeit für Rechnung des Erstehers geführt wurde, und der Zwangsverwalter noch der allein Verwaltungsberechtigte ist zur ausdrücklichen Aufhebung bleibt (§ 161 Rdn 3, 6). Auch hier muß der Ersteher, um die gesetzliche Möglichkeit nicht zu versäumen, sofort nach der Zuschlagswirksamkeit das Sonderkündigungsrecht ausüben (Rdn 5). Zu dieser Zeit wäre aber noch der Zwangsverwalter allein für Kündigung und Neuvermietung zuständig. Er hat aber nicht das Sonderkündigungsrecht, er ist auch nicht (gesetzlicher) Vertreter des Erstehers (sein Bevollmächtigter ist er nur in Ausnahmefällen, wenn der Ersteher ihm sofort Vollmacht erteilt). Die Kündigung kann auch hier nur der Ersteher aussprechen. Wer klagt, wer vollstreckt bei Widerstand des Mieters/Pächters? Auch dies kann nur der Ersteher. Er ist in seiner Verfügungsgewalt über das Objekt nicht eingeschränkt, gegen ihn läuft keine Zwangsverwaltung. Die Zwangsverwaltung gegen den Vollstreckungsschuldner ist nur noch abzuwickeln. Wer schließt neue Mietverträge? Auch hierzu ist der Ersteher berechtigt. Jedoch dürfte es, solange die Zwangsverwaltung nicht ausdrücklich aufgehoben ist (der Zuschlag könnte ja im Rechtsmittelverfahren wieder aufgehoben werden), sicherer sein, neue Mietverträge auf der Vermieterseite auch durch den Zwangsverwalter mit abschließen zu lassen. Dies empfiehlt sich auch, wenn der Mieter/Pächter die

---

[8] Wolff, ZVG, § 57 Anm 10; Drischler RpflJahrbuch 1961, 292 (B II f) und 1971, 316 (VII 4); Siegelmann AIZ 1958, 33 = BlGrBW 1962, 39 = DWW 1958, 78 (3 d).
[9] Steiner/Teufel §§ 57–57 d Rdn 50.
[10] KG Berlin OLGZ 1973, 1.
[11] BGH KTS 1979, 87 = MDR 1979, 51 = Rpfleger 1978, 304.

Sonderkündigung anerkennt und unter anderen Bedingungen einen neuen Vertrag abschließen will. Zur gerichtlichen Verwaltung nach § 94 = § 94 Rdn 3.

2.9 Die ordentliche und die Sonderkündigung des Erstehers bleiben aus Gründen der Rechtssicherheit **auch** dann **wirksam,** wenn der **Zuschlag** im Rechtsmittelverfahren wieder **aufgehoben** wird[12] (anders[13]). Es ist unmöglich zu sagen, den Schaden müsse der Mieter tragen, wenn der Zuschlag wieder aufgehoben werde (so meint[13]), der Mieter müsse eben von sich aus die Aussichten der Zuschlagsanfechtung prüfen (so[13]) (das kann er in der Regel gar nicht). Der Mieter wäre völlig schutzlos, er müßte zwar vorsorglich fristgemäß räumen und neue Räume mieten und sollte dann bei Aufhebung des Zuschlags unter Mißachtung seiner neuen vertraglichen Bindung in die alten Räume zurückziehen[14]. Man kann hier nicht einen Schwebezustand bestehen lassen[14]. Der Ersteher ist nun einmal ab Zuschlagswirksamkeit vollberechtigter Eigentümer. Er muß sogar, um die Frist einzuhalten, unverzüglich kündigen. Was er in der Zeit seiner Berechtigung getan hat, hat er berechtigt und damit wirksam getan und es wird dies durch den Wegfall seiner Berechtigung nicht rückwirkend unwirksam. Weder er noch die Mieter/Pächter sind verpflichtet oder berechtigt, die Rechtskraft des Zuschlags abzuwarten. Was wirksam geschehen ist, bleibt wirksam, auch neu von ihm geschlossene Verträge, auch die Kündigung der Mieter/Pächter ihm gegenüber. Bei Wiederaufhebung eines konstitutiven Staatsaktes, wie es der Zuschlag ist, bleiben berechtigt vorgenommene Rechtsgeschäfte usw wirksam und die Rechtsstellung dritter unberührt.

2.10 Zum Ausnahmekündigungsrecht im ZVG-Handbuch Rdn 290 a.

Kündigungsform für den Ersteher 3

3.1. Das Sonderkündigungsrecht war nicht an eine bestimmte **Form** gebunden, konnte also auch mündlich ausgeübt werden. Es ist nun aber für alle Kündigungen von Mietverhältnissen über Wohnräume gesetzlich die schriftliche Form vorgeschrieben: BGB § 564 a Abs 1 Satz 1; dies gilt nicht für Wohnraum, der nur zu vorübergehendem Zweck vermietet ist oder bei möblierten Räumen: § 564 a Abs 3. Schriftliche Form ist außerdem vorgeschrieben für Kündigung eines Landpachtvertrag (BGB § 594 f) und eines Kleingartenpachtvertrages (§ 7 Bundeskleingartengesetz vom 26. 2. 1983, BGBl I 210).

3.2 Dazu ist auch vom Ersteher zu beachten, was allgemein bei der Kündigung, wenn sie wirksam sein soll, vom Vermieter zu beachten ist (dazu Rdn 4, 6).

3.3 Es ist sehr zu empfehlen, die Kündigung durch den Gerichtsvollzieher zustellen zu lassen. Ist etwa der Mieter in Urlaub oder aus anderen Gründen für Briefe nicht erreichbar, so kann der Gerichtsvollzieher immer noch im Wege der Ersatzzustellung zum Ziel kommen. Die Kündigung ist eine empfangsbedürftige Willenserklärung, die mit Zugang wirksam wird (BGB § 130 Abs 1). Dazu genügt nicht, daß etwa bei Einschreibesendungen eine Benachrichtigung hinterlassen wird, es möge die Sendung auf der Post abgeholt werden[15]. Nur die Zustellung durch den Gerichtsvollzieher läßt die Kündigung auch im Falle der Abwesenheit als zugegangen gelten (BGB § 132 Abs 1)[15]; diese Vorschrift ist auf andere Zustellungen nicht anwendbar[15]. Auf die Ausnahme[15], daß auch eine andere Kündigung unter ganz besonderen Umständen als zugegangen gelte, möge man sich lieber nicht verlassen.

---

[12] Dassler/Gerhardt § 57 a Rdn 8; Jaeckel/Güthe § 37 Rdn 10 und § 57 b Rdn 12; Steiner/Teufel §§ 57–57 d Rdn 47; Kretzschmar, ZVG, § 34; Mohrbutter/Drischler Muster 63 Anm 2; Müller, Einwirkung der Versteigerung auf Miete (1935), S 46; Siegelmann aaO (4).
[13] Sonntag, Rechtliche Wirkungen des Zuschlags (1932), S 49.
[14] Hernberg, Kündigung des Erstehers nach Aufhebung des Zuschlags (1914), S 6–7 und 21.
[15] BGH 67, 271 = MDR 1977, 388 = NJW 1977, 194 = Rpfleger 1977, 54.

4 Kündigungsfrist für den Ersteher

4.1 Das Ausnahmekündigungsrecht nach § 57 a ist „unter Einhaltung der **gesetzlichen Frist**" auszuüben: Satz 1.

4.2 Bestimmung über die gesetzliche Frist für Sonderkündigung eines Mietverhältnisses trifft **BGB § 565 Abs 5**. Kündigungstermin und gesetzliche Frist ist demnach bei einem Mietverhältnis über
- Grundstücke, Räume oder eingetragene Schiffe nach Abs 1 Nr 3 spätestens am dritten Werktag eines Kalendermonats für den Ablauf des übernächsten Monats, jedoch nur für den Ablauf eines Kalendervierteljahres bei gewerblich genutztem unbebautem Grundstück oder eingetragenem Schiff;
- Wohnraum nach Abs 2 Satz 1 spätestens am dritten Werktag eines Kalendermonats für den Ablauf des übernächsten Monats, wobei bei möblierten Räumen eine kürzere Frist gilt (Abs 3 Nr 3) und im Kündigungsschreiben die Gründe angegeben werden sollen (§ 564 a Abs 1 Satz 2);
- bewegliche Sachen nach Abs 4 Nr 2 spätestens am dritten Tag vor dem Tag, mit dessen Ablauf das Mietverhältnis enden soll.

Für ein Mietverhältnis über Geschäftsräume sieht (seit 1. 1. 1994) BGB § 565 Abs 1 a Kündigung spätestens am dritten Werktag eines Kalendervierteljahres für den Ablauf des nächsten Kalendervierteljahres vor. Diese Besonderheit ist in Abs 5 von BGB § 565 nicht bezeichnet; es wird aber angenommen, daß die Bestimmung auch hier anzuwenden ist[16].

4.3 Auch für Kündigung eines Pachtverhältnisses von bestimmter (zB 5jähriger) Dauer nach § 57 gilt die gesetzliche Kündigungsfrist des Pachtrechts[17]. Bei Pacht eines Grundstücks ist eine Pachtzeit nicht bestimmt ist, die Kündigung nur für den Schluß eines Pachtjahres zulässig (BGB § 584 Abs 2 mit Abs 1; auch zur Frist). Entsprechendes gilt für den Landpachtvertrag (BGB § 594 a Abs 2).

4.4 Angabe des Termins, zu dem geräumt werden soll, erfordert Kündigung nach Grundstückserwerb in der Zwangsversteigerung nicht[18]. Es gilt der nächstmögliche Termin (auch wenn ein um drei Monate vorher liegender Termin angegeben worden ist) jedenfalls dann, wenn den Umständen nach erkennbar ist, daß der Ersteher den Vertrag zu diesem Termin beenden will[18]. Kündigung als Erklärung, das Miet/Pachtverhältnis zu einem bestimmten Zeitpunkt zu beenden, erfordert jedoch Klarstellung mit Äußerung, ob ordentliche (insbesondere vertragsmäßige) Kündigung (Rdn 2.1) oder Sonderkündigung nach § 57a „unter Einhaltung der gesetzlichen Frist" erfolgt.

5 Kündigungstermin für den Ersteher

5.1 Das Sonderkündigungsrecht ist nur **zum ersten** gesetzlich zulässigen **Termin** möglich, sonst gilt es nicht mehr: Satz 2.

5.2 Erster zulässiger **Termin ist** derjenige, für den die Kündigung vom Ersteher, wenn sie noch rechtzeitig sein soll, nicht mehr ohne Verschulden unterlassen werden kann[19], derjenige Termin, für den die Kündigung dem Ersteher ohne schuldhaftes Zögern möglich ist[20]. Dabei entscheidet nicht die rein rechnerische Zulässigkeit, sondern die tatsächliche Möglichkeit[21]. Der Begriff „erster zulässiger Termin" darf nicht zu überspannten Anforderungen führen (anders[22]: wenn der

---
[16] LG Kiel NJW-RR 1995, 585.
[17] OLG Celle NJW-RR 1988, 80.
[18] BGH NJW-RR 1996, 144.
[19] RG 98, 273; LG Stuttgart BWNotZ 1979, 174.
[20] LG Braunschweig MDR 1961, 417 = NdsRpfl 1961, 87; LG Stuttgart BWNotZ 1979, 174, Siegelmann AIZ 1958, 33 = BlGrBW 1962, 39 = DWW 1958, 78 (3 a).
[21] LG Braunschweig aaO (Fußn 20); Steiner/Teufel §§ 57–57 d Rdn 46.
[22] Faull, Einfluß der Zwangsversteigerung auf Mieter (1925) (§ 4).

Zuschlag gerade auf den dritten Werktag des Monats falle, müsse noch an diesem Tag gekündigt werden, außer wenn der Ersteher nachweise, daß er da noch keine Kenntnis vom Vertrag oder der Person des Mieters hatte oder aus anderen Gründen unverschuldet nicht zur Kündigung in der Lage war). Es kann also auch noch für den späteren zulässigen Termin gekündigt werden, wenn auch bei Beobachtung der erforderlichen Sorgfalt die Kündigung zum früheren, theoretisch zulässigen Zeitpunkt nicht möglich war[23]. Es ist Sache des Erstehers, bei einer späteren Kündigung die Unmöglichkeit der rechtzeitigen Kündigung nachzuweisen[24]. Es muß dem Ersteher eine gewisse Zeit für die Prüfung der Sach- und Rechtslage zugestanden und ermöglicht werden, sich über die Umstände zu informieren, die für oder gegen ein Verbleiben des Mieters sprechen können, so wenn der Zuschlag unmittelbar vor dem Beginn oder bei Beginn der gesetzlich zulässigen Frist erfolgt[25].

5.3 Im übrigen berechnet sich der erste zulässige Termin **von der Wirksamkeit des Zuschlags** (§§ 89, 104) **an,** nicht von dessen Rechtskraft an[26], außer erst bei späterer Kenntnis des Erstehers vom Bestehen des Mietvertrags (der Ersteher muß sich in der gebotenen Weise erkundigen[27]). In der Regel hat er Kenntnis schon durch Bekanntgabe des Gerichts im Versteigerungstermin.

5.4 Der Kündigungstermin ist auch einzuhalten, wenn dem Ersteher nach § 94 die **Verwaltung** des Grundstücks **entzogen** ist (hierzu § 94 Rdn 3) oder bei noch laufender **Zwangsverwaltung** (Rdn 2) und auch bei Versäumung eines inzwischen angefallenen vertraglichen Kündigungsrechts.

Mieterschutz für Miet-Wohnräume 6

6.1 Das **Sonderkündigungsrecht** des Erstehers ermöglicht dem Ersteigerer eine von **vertraglich** vorgesehenen Kündigunsfristen unabhängige Kündigung. Die Wirkung der Vorschrift beschränkt sich auf die Gewährung eines derartigen zeitlichen Vorteils[28]. Das mit § 57 a gewährte zusätzliche Kündigungsrecht steht daher unter dem Vorbehalt der Gesetzgebung zum Kündigungsschutz des Mieters[29]. Deren Zweck, nämlich Schutz des vertragstreuen Mieters vor einer Kündigung, läßt auch die Sonderkündigung des Erstehers nur zu, wenn die gesetzlichen besonderen Voraussetzungen (zB BGB § 564 b, § 556 a) gegeben sind[30].

6.2 Das Versteigerungsgericht hat über Kündigungsschutz des Mieters gegenüber der Sonderkündigung des Erstehers (§ 57 a) nicht zu entscheiden; es hat aber hierauf hinzuweisen (§ 57 a Rdn 2). Der Vollstreckungsschuldner selbst kann sich auf gesetzlichen Mieterschutz nicht berufen, weil er nicht die Stellung eines Mieters hat; er hat aber gewissen Schutz bei der Räumung aus dem Zuschlag (§ 93 Rdn 5).

6.3 Gesetzlichen Mieterschutz enthalten BGB §§ 556 a-c, 564 b, c, 565 a-e (für das Beitrittsgebiet zudem EGBGB Art 232 § 2). Diese Vorschriften sollen den vertragstreuen Mieter vor dem Verlust seiner Wohnung als Lebensmittelpunkt schützen[30]. Der Vermieter von Wohnraum kann nur bei berechtigtem Interesse kündigen (§ 564 b mit Einzelheiten). Die Gründe müssen im Kündigungsschreiben angegeben werden[31] (BGB § 564 b Abs 3 mit Einschränkung für nachträglich

---

[23] RG 98, 273 und 103, 271 (274); OLG Düsseldorf Rpfleger 1987, 513; LG Braunschweig aaO; Dassler/Gerhardt § 57 a Rdn 7.
[24] Siegelmann aaO (Fußn 20).
[25] OLG Düsseldorf Rpfleger 1987, 513; Mohrbutter, Handbuch des Vollstreckungsrechts, § 41 am Anfang.
[26] RG 151, 259.
[27] Bull ZMR 1953, 234.
[28] BGH 84, 90 = JR 1982, 453 mit kritischer Anm Haase = MDR 1982, 747 = NJW 1982, 1696 = Rpfleger 1982, 303.
[29] BGH 84, 90 = aaO (Fußn 28); OLG Hamm NJW-RR 1994, 1496.
[30] BGH 84, 90 = aaO (Fußn 28).
[31] OLG Hamm NJW-RR 1994, 1496.

§ 57 a 6.3 Geringstes Gebot, Versteigerungsbedingungen

entstandene Gründe). Eigentumswechsel durch Zuschlag, der Sonderkündigung ermöglicht, begründet allein nicht bereits ein berechtigtes Kündigungsinteresse[31] nach BGB § 564 b Abs 1. Erwerb des Grundstücks durch den Gläubiger (auch ein Kreditinstitut) zur Weiterveräußerung kann ein Interesse jedoch nach BGB § 564 b Abs 2 Nr 3 rechtfertigen[31]. Der Mieter kann der Kündigung widersprechen und Fortsetzung des Mietverhältnisses verlangen, abgelaufene Verträge verlängern sich (BGB §§ 565 a–e, 556 a–c). Diese Beschränkungen gelten nicht gegenüber einem Geschäftsraummieter oder -pächter[32]. Dieses Mieterschutzrecht kann nicht durch abgeänderte Versteigerungsbedingungen (Rdn 8) abbedungen werden.

6.4 Wohnzwecken dient eine Vermietung nicht, wenn der vertragsgemäße Gebrauch der Mietsache durch den Mieter für beide Vertragsteile nicht im Wohnen, sondern in der **Weitervermietung** liegt[33]. Dann bleibt das Mietverhältnis auch nach Eintritt des Erstehers in die sich aus dem Mietverhältnis ergebenden Rechte und Verpflichtungen (§ 57; BGB § 571) ein solches über gewerbliche Räume. Der Ersteher kann demnach dann gegenüber dem Mieter (Zwischenvermieter) ohne Behinderung durch Kündigungsschutzbestimmungen über Wohnraum kündigen[33]. Endet dieses Mietverhältnis, dann verliert der Untermieter (Endmieter) von Wohnraum seinen Kündigungsschutz nicht. Es tritt der Ersteher als Vermieter in die Rechte und Pflichten aus dem Mietverhältnis mit dem Endmieter ein (BGB § 549 a Abs 1).

6.5 Vorrang gegenüber dem Sonderkündigungsrecht des Erstehers hat auch der 3- (uU 5-)jährige **Ausschluß** des Kündigungsrechts **wegen Eigenbedarfs** des Erwerbers eines Wohnungseigentums, das nach der Überlassung an den Mieter begründet worden ist (BGB § 564 b Abs 2 Nr 2 Satz 2)[34]; auch der Zuschlag von Wohnungseigentum im Wege der Zwangsversteigerung gilt als Veräußerung im Sinne dieser Vorschrift[34]. Erster Kündigungstermin (Satz 2) bei berechtigtem Interesse ist damit der Termin, zu dem das Mietverhältnis erstmals nach dem Ende der Sperrfrist unter Beachtung der gesetzlichen Frist (BGB § 565 Abs 2 Satz 1, Abs 5) gekündigt werden kann[34].

6.6 Kündigungsschutz des **Kleingärtners** regeln §§ 7–11 Bundeskleingartengesetz (BKleingG, vom 28. 2. 1983, BGBl I 210). Die Fälle, in denen die Kündigung eines Kleingartenpachtvertrags durch den Verpächter zulässig ist, führen BKleingG §§ 8–10 abschließend auf[35]. Das Sonderkündigungsrecht des Erstehers aus § 57 a ist damit jedoch nicht ausgeschlossen (so auch bereits[36]).

6.7 Gesetzliche Beschränkungen enthält auch das **Wohnungsbindungsgesetz:** Vermietung nur an bestimmte Personen, grundsätzlich keine Eigennutzung, Beschränkung von Kündigung und Mietpreis bei sogenannten Sozialwohnungen, solange deren öffentliche Förderung (Gewährung öffentlicher Mittel) besteht; Beschränkung gilt auch in der Zwangsversteigerung, zum Teil bis drei Jahre nach dem Jahr des Zuschlags, zum Teil länger, in Ausnahmefällen kürzer (Gesetz § 17); für einzelne Orte oder Gebiete sind Sondervorschriften möglich. Das Bestehen oder Nicht-Bestehen einer Wohnungsbindung kann nicht als Versteigerungsbedingung festgelegt werden[37], auch nicht als Abweichung nach § 59, daß entgegen dem Gesetz keine Wohnungsbindung besteht[37]. Die Beschränkung ist keine öffentliche Grundstückslast, auch nicht anmeldepflichtig[37], sie ist eine gesetzliche Einschränkung der Eigentümerrechte.

---

[32] de With Betrieb 1981, 1224.
[33] BGH 84, 90 = aaO (Fußn 28).
[34] BayObLG 1992, 187 = MDR 1992, 1149 = NJW-RR 1992, 1166 = Rpfleger 1992, 531.
[35] Landfermann NJW 1983, 2670 (III 4).
[36] Dassler/Gerhardt § 57 a Rdn 16.
[37] LG Siegen Rpfleger 1969, 173.

Sonderkündigungsrecht gegenüber Mieter 8.4 § 57 a

Untermiete/Unterpacht bei Kündigung 7

7.1 An eine **Erlaubnis zur Untervermietung** (BGB § 549) ist der Ersteher als in das Mietverhältnis eintretender Erwerber (§ 57 mit BGB § 571 Abs 1) gebunden.

7.2 Mit Beendigung des Hauptmietverhältnisses (Hauptpachtverhältnisses) verliert auch der Untermieter (Unterpächter) gegenüber dem Ersteher als Hauptvermieter (Verpächter) das Recht zum Besitz und zur Nutzung der Mietsache (Pachtsache), auch wenn das Untermietverhältnis nicht beendet ist[38] (zur gewerblichen Weitervermietung siehe aber Rdn 6.4). Als Vermieter kann der Ersteher das Grundstück (die Räume) daher auch vom Untermieter zurückfordern (BGB § 556 Abs 3).

7.3 Zur Durchsetzung des **Rückgabeanspruchs** kann der Ersteher aus dem Zuschlagsbeschluß die Zwangsvollstreckung gegen den Untermieter nicht betreiben, weil sein Recht nicht durch den Zuschlag erloschen ist (§ 93 Abs 1 Satz 2), sondern mit Beendigung des Hauptmietverhältnisses durch Sonderkündigung. Der Ersteher muß, wenn der Mieter auf die Kündigung hin nicht freiwillig räumt, gegen diesen noch einen Räumungstitel erwirken, aus dem er dann gegen den Untermieter und Familienangehörige vollstrecken kann.

7.4 Hatte der Schuldner das Grundstück **selbst genutzt** und einzelne Teile (zB ein möbliertes Zimmer) „untervermietet", so liegt ein Mietverhältnis vor (keine Untermiete als Mietverhältnis mit dem Hauptmieter), in das der Ersteher nach § 57 mit BGB § 571 Abs 1 eingetreten ist, für das sonach dem Ersteher das Ausnahmekündigungsrecht des § 57 a gegen den Mieter selbst zusteht.

Versteigerungsbedingungen, abweichende 8

8.1 Durch abweichende Versteigerungsbedingung nach § 59 kann das **Sonderkündigungsrecht** des Erstehers **ausgeschlossen** werden[39] (Denkschrift S 36), und zwar auf Antrag des Mieters (Denkschrift aaO). Es erfolgt Doppelausgebot, weil Nachteile nicht vorausberechenbar sind. Das Doppelausgebot erfolgt unter der gesetzlichen Bedingung, daß der Ersteher das Sonderkündigungsrecht ausüben kann, und unter der abweichenden Bedingung, daß er bis zu einem bestimmten Zeitpunkt nicht kündigen kann. In der Regel wird nur auf das Ausgebot mit Kündigungsrecht geboten. Es genügt nicht, daß der Vollstreckungsschuldner in seinen Verträgen mit den Mietern das Sonderkündigungsrecht des späteren Erstehers ausgeschlossen hatte[40]; dies ist gar nicht möglich, weil es sich bei dem Kündigungsrecht des Erstehers um eine gesetzliche Versteigerungsbedingung handelt (Rdn 2.1), die nur im Verfahren selbst nach § 59 geändert werden kann.

8.2 Der **Zuschlag** ist mit der abweichenden Bedingung (Kündigungsrecht ausgeschlossen) nur zulässig, wenn das Meistgebot hierbei nicht geringer ist als bei der gesetzlichen Versteigerungsbedingung.

8.3 Der **gesetzliche Mieterschutz**/Pächterschutz kann nicht über § 59 abbedungen werden (dazu Rdn 6).

8.4 Wenn der Teilnehmer eines **Flurbereinigungsverfahrens** seine landwirtschaftliche Nutzfläche an einen Landwirt langfristig verpachtet hat, genießt er dadurch Ermäßigungen bei Flurbereinigungskosten und erhält unter Umständen Prämien[40] (dazu FlurbG § 19). Werden die Grundstücke versteigert und kündigt der Ersteher nach § 57 a, so ist der Staat nicht Verfahrensbeteiligter und kann auch

---

[38] BGH 79, 232 (235) = JR 1981, 285 mit Anm Haase = MDR 1981, 490 = NJW 1981, 865; BGH 84, 90 (95) = JR 1982, 453 mit krit Anm Haase = MDR 1982, 747 = NJW 1982, 1696 = Rpfleger 1982, 303.
[39] OLG Düsseldorf Rpfleger 1995, 373.
[40] Wörbelauer NJW 1953, 1729 (II 11).

§ 57 a

nicht einen Antrag auf abweichende Versteigerungsbedingungen zugunsten der Pächter stellen[40]; jedoch muß der Schuldner die Staatsmittel zurückzahlen, wobei unter Umständen der Ersteher die Schuld persönlich nach § 53 übernehmen muß[41] (§ 56 Rdn 2).

[Vorausverfügung, Rechtsgeschäft über Miet-(Pacht-)Zins]

57 b (1) **Soweit nach den Vorschriften des § 573 Satz 1 und der §§ 574, 575 des Bürgerlichen Gesetzbuchs für die Wirkung von Verfügungen und Rechtsgeschäften über den Miet- oder Pachtzins der Übergang des Eigentums in Betracht kommt, ist an dessen Stelle die Beschlagnahme des Grundstücks maßgebend. Ist dem Mieter oder Pächter der Beschluß, durch den die Zwangsversteigerung angeordnet wird, zugestellt, so gilt mit der Zustellung die Beschlagnahme als dem Mieter oder Pächter bekannt; die Zustellung erfolgt auf Antrag des Gläubigers an die von ihm bezeichneten Personen. Dem Beschlusse soll eine Belehrung über die Bedeutung der Beschlagnahme für den Mieter oder Pächter beigefügt werden. Das Gericht hat auf Antrag des Gläubigers zur Feststellung der Mieter und Pächter eines Grundstücks Ermittlungen zu veranlassen; es kann damit einen Gerichtsvollzieher oder einen sonstigen Beamten beauftragen, auch die zuständige örtliche Behörde um Mitteilung der ihr bekannten Mieter und Pächter ersuchen.**

(2) **Der Beschlagnahme zum Zwecke der Zwangsversteigerung steht die Beschlagnahme zum Zwecke der Zwangsverwaltung gleich, wenn sie bis zum Zuschlag fortgedauert hat. Ist dem Mieter oder Pächter der Beschluß, durch den ihm verboten wird, an den Schuldner zu zahlen, zugestellt, so gilt mit der Zustellung die Beschlagnahme als dem Mieter oder Pächter bekannt.**

(3) **Auf Verfügungen und Rechtsgeschäfte des Zwangsverwalters finden diese Vorschriften keine Anwendung.**

Übersicht

Allgemeines zu § 57 b 1	Mieter-Zustellung, -Ermittlung, -Belehrung (Abs 1 Sätze 2–4) 6
Berechtigung bei Vorausverfügung über Miete/Pacht (Abs 1 Satz 1) 2	(Verlorener und nicht verlorener) Baukostenzuschuß 7
Berechtigung nach Rechtsgeschäft mit Mieter/Pächter (Abs 1 Satz 1) 3	Zeitpunkt der Beschlagnahme bei Zwangsverwaltung (Absatz 2) 8
Berechtigung und Aufrechnung des Mieters/Pächters (Abs 1 Satz 1) 4	Zwangsverwalterverfügungen und -rechtsgeschäfte (Absatz 3) 9
Beschlagnahmezeitpunkt (Absatz 1) 5	

Literatur: Bachmann, Die rechtliche Behandlung der Baukostenzuschüsse unter besonderer Berücksichtigung der Rechtsprechung, ZMR 1961, 33; Bettermann, Der Baukostenzuschuß des Mieters, ZMR 1952, 29; Bruhn, Der Baukostenzuschuß des Mieters in der Zwangsversteigerung, Zwangsversteigerung und im Konkurs, Rpfleger 1952, 271; Bruhn, Der Baukostenzuschuß des Mieters in der Rechtsprechung des Bundesgerichtshofs, Rpfleger 1954, 345; Brumby, Baukostenzuschüsse für später beschlagnahmtes Grundstück, HuW 1954, 269; Brumby, Mietvorauszahlungen und Zwangsversteigerung, HuW 1955, 144; Cranz, Baukostenzuschüsse, JR 1960, 124; Cranz, Rückerstattung verlorener Baukostenzuschüsse, GrundE 1961, 495; Dettweiler, Verlorene Baukostenzuschüsse, NJW 1949, 772; Ehrenforth, Rückerstattung verlorener Baukostenzuschüsse, BB 1961, 1032; Giese, Zur Frage der Rückerstattung verlorener Baukostenzuschüsse, BlGrBW 1961, 232; Haegele, Baukostenzuschuß mit Abwohnklausel, BlGrBW 1953, 297; Haegele, Baukostenzuschüsse in Geldumstellung, Konkurs und Zwangsvollstreckung, JurBüro 1953, 222; Haegele, Baukostenzuschuß als Darlehens-

---

[41] Wehr RdL 1971, 197.

Vorausverfügung, Rechtsgeschäft über Mietzins 1.2 § 57 b

gewährung, BlGrBW 1954, 148; Haegele, Mietvorauszahlungen – als Baukostenzuschüsse – in Zwangsversteigerung, Zwangsverwaltung und Konkurs, BlGrBW 1956, 263; Häusler, Rückerstattung verlorener Baukostenzuschüsse, DWW 1961, 192; Korn, Die Behandlung von Baukostenzuschüssen der Mieter im Zwangsversteigerungsverfahren, MDR 1953, 587; Lewald, Nochmals: Rückerstattung des Baukostenzuschusses bei vorzeitiger Beendigung des Mietverhältnisses, MDR 1956, 328; Maetzel, Der nicht mehr verlorene Baukostenzuschuß, ZMR 1962, 33; Matthias, Der Rechtsschutz des Baukostenzuschusses, MDR 1954, 649; Mittelstein, Rückforderung des Baukostenzuschusses bei fristloser Kündigung, Mietaufhebung und Minderung, MDR 1955, 584; Mölders, Die Erstattung des vom Mieter geleisteten Baukostenzuschusses bei vorzeitiger Beendigung des Mietverhältnisses, NJW 1955, 777; Mohrbutter, Konkurs und Zwangsversteigerung, KTS 1958, 81 und 213; ; Mohrbutter, Baukostenzuschuß im Konkurs, KTS 1960, 129; Müller, Die Behandlung der verlorenen Baukostenzuschüsse bei vorzeitiger Beendigung des Mietverhältnisses, NJW 1958, 571; Nagel, Der Baukostenzuschuß des Mieters in der Zwangsverwaltung, Zwangsversteigerung und im Konkurs, Rpfleger 1952, 223; Otto, Finanzierungsbeiträge im Mietrecht, ZMR 1974, 225; Pauslen, Der Baukostenzuschuß des Mieters in der Rechtsprechung des Bundesgerichtshofes, WM 1955, 170; Pergande, Die „Baukostenzuschüsse", ihre preisrechtliche Zulässigkeit und die Sicherung der Mieter, NJW 1951, 737; Pergande, Neue Vorschriften über Baukostenzuschüsse, Betrieb 1961, 937; Pergande, Der Bundesgerichtshof zur Behandlung des Baukostenzuschusses des Mieters im Konkurs des Vermieters, BB 1952, 651; Pfeiffer, Die Behandlung nicht bestimmungsgemäß verwendeter Mietvorauszahlungen, BB 1959, 1048; Pfeiffer, Wirksamkeit von Mietvorauszahlungen, insbesondere von solchen, die nicht bestimmungsgemäß zum Aufbau eines Hausgrundstücks verwendet wurden, WuM 1960, 114; Pfeiffer, Rückzahlung eines Finanzierungsbeitrages (Baukostenzuschusses) bei vorzeitiger Auflösung des Mietverhältnisses, WuM 1961, 53, 67 und 83; Rahn, Baukostenzuschüsse der Mieter, BWNotZ 1955, 1; Roquette, Rückerstattung verlorener Baukostenzuschüsse, NJW 1962, 129; Scherer, Ein Beitrag zur Lehre von den Baukostenzuschüssen, WuM 1957, 129 und 1958, 145; Schopp, Der verlorene Baukostenzuschuß, ZMR 1954, 37; Schopp, Die Vorausverfügung über den Mietzins, ZMR 1954, 353; Schumacher, Der Baukostenzuschuß des Mieters im Zwangsversteigerungsverfahren, HuW 1956, 100; Schuster, Zum Thema „Mietvorauszahlungen", MDR 1960, 181; Siegelmann, Die Wohnungskündigung im Zwangsversteigerungsverfahren, WuM 1965, 76; Siegelmann, Konkurs und Mietrecht, KTS 1968, 213; Sturtz, Baukostenzuschüsse und Abstandszahlungen bei einverständlich aufgelösten Geschäftsraummiet- und Pachtverträgen, NJW 1968, 1955; Vahlbruch, Mieterbaukostenzuschüsse und Realkredit, BB 1953, 189; Weimar, Rückerstattung eines verlorenen Baukostenzuschusses bei vorzeitiger Beendigung des Mietverhältnisses, BlGrBW 1955, 134; Weitnauer, Die §§ 57 c, d des Zwangsversteigerungsgesetzes, WuM 1954, 1; Wunner, Baukostenzuschuß und Bereicherungsrecht, NJW 1966, 2285.

Allgemeines zu § 57 b

1.1 Zweck der Vorschrift: Bestimmung des für Wirksamkeit von Vorausverfügungen und Rechtsgeschäften über Miet- und Pachtzinsen bei Anwendung der Vorschriften von BGB § 573 Satz 1, §§ 574, 575 (§ 57) maßgeblichen Zeitpunkts sowie der Feststellung und Belehrung der Mieter und Pächter. Die zeitliche Abgrenzung der Berechtigung des Erstehers zu der des Schuldners regelt § 56 Satz 2 nach dem Zeitpunkt des Zuschlags (§ 56 Rdn 3.3; dort auch zum Herausgabeanspruch an den Schuldner, wenn er eine Vorausleistung, somit auch eine wirksame Leistung des Mieters/Pächters, erhalten hat).

1.2 Anwendungsbereich: § 57 b gilt (wie § 57 a) für die Vollstreckungsversteigerung, ist aber für die Teilungsversteigerung durch § 183 ausgeschlossen, für den Zwangsverwalter durch § 57 b Abs 3. In der Konkursverwalterversteigerung hat die Anordnung keine Beschlagnahmewirkung (§ 173), ebenso nicht in der Nachlaßversteigerung (§ 176); daher entfällt die Anwendung des § 57 b. Die Wirksamkeit von Verfügungen und Rechtsgeschäften über den Miet/Pachtzins bestimmt sich ohne Besonderheit nach den auch in diesen Verfahren anwendbaren Vorschriften von BGB § 573 Satz 1, §§ 574, 575. Besonderheiten gelten für Schiffe und Luftfahrzeuge (§ 162 Rdn 3, § 171 a Rdn 3).

§ 57 b 2   Geringstes Gebot, Versteigerungsbedingungen

2 Berechtigung bei Vorausverfügung über Miete/Pacht (Absatz 1 Satz 1)

BGB § 573 Satz 1 besagt in der Abänderung durch § 57 b: Hat der Vermieter vor Übergang des Eigentums (mit dem Zuschlag, § 90; dazu Rdn 5.2) über den Mietzins, der auf die Zeit der Berechtigung des Erstehers entfällt, verfügt, so ist die Verfügung insoweit wirksam, als sie sich auf den Mietzins für die zur Zeit der Beschlagnahme laufenden Kalendermonat bezieht, und dann, wenn dieser Zeitpunkt nach dem fünfzehnten des Monats liegt, auch insoweit wirksam, als sie sich auf den Mietzins für den folgenden Kalendermonat bezieht; unwirksam ist die Verfügung somit über den Mietzins für die folgende Zeit. Gleiches gilt für Pachtzins (BGB § 581 Abs 2). Zu beachten ist für das Verständnis des unglücklich gefaßten Satzes 1 von Abs 1, daß der Zeitpunkt der Beschlagnahme des Grundstücks nur für die Wirkung einer Verfügung über den Miet- oder Pachtzins Bedeutung erlangt, „der auf die **Zeit der Berechtigung des Erwerbers** entfällt" (BGB § 573 Satz 1). Diese bestimmt sich nach dem Zuschlag (§ 56 Satz 2). Miet- und Pachtzins bis zum Zuschlag gebührt dem Ersteher nicht. Erteilung des Zuschlags im Monat der Beschlagnahme (oder im folgenden Monat) kommt nicht mehr vor (siehe § 43, auch § 30 b Abs 4). Praktisch hat die Regelung des Abs 1, daß für die Anwendung von BGB § 573 Satz 1 an die Stelle des Eigentumsübergangs der Zeitpunkt der Beschlagnahme des Grundstücks tritt, daher die Bedeutung, daß die durch Verfügung über den Miet- oder Pachtzins begründete Berechtigung eines Dritten mit dem Eigentumsübergang endet, dem Ersteher der Miet- oder Pachtzins somit auch bei Vorausverfügung des Schuldners (als Vermieter) stets sogleich vom Zuschlag an gebührt. **Vorausverfügung** über den Miet- oder Pachtzins zugunsten eines Dritten sind Abtretung, Verpfändung, auch Pfändung als Verfügung im Wege der Zwangsvollstreckung[1] sowie Aufrechnung des Vermieters. Dazu gehört auch die Verfügung, die von einer anderen Person auf Grund besonderer Rechtsstellung an Stelle des Schuldners als Vermieter getroffen wird (Konkursverwalter, Pfandgläubiger, Testamentsvollstrecker, Nießbraucher, dessen Recht durch den Zuschlag erlischt). Der Anwendungsbereich von BGB § 573 Satz 1 beschränkt sich auf **Verfügungen**, die der Vermieter (ein für ihn Berechtigter) **mit einem Dritten** über die Miet- oder Pachtzinsforderung getroffen hat; für Rechtsgeschäfte zwischen dem Mieter oder Pächter und dem Vermieter oder Verpächter sowie für Aufrechnung des Mieters und Pächters treffen BGB § 574, 575 Sondervorschriften (Rdn 3, 4), die der Regelung von BGB § 573 Satz 1 vorgehen. Die Zeit der Fälligkeit des Miet- oder Pachtzinses (im voraus, nachträglich, in der Mitte eines Quartals usw) erlangt für die Wirksamkeit einer Verfügung keine Bedeutung; maßgebend ist allein der Kalendermonat, für den der Miet- oder Pachtzins geschuldet wird. Ist der Miet/Pachtzins nach anderen Zeitabschnitten berechnet (Quartal, Jahr), dann muß er für die Abgrenzung nach BGB § 573 Satz 1 auf Monate umgerechnet werden. Zum Miet/Pachtzins als einmalige Leistung Rdn 3.2. Der Ersteher muß eine Verfügung auch dann nur in den Grenzen von BGB § 573 Satz 1 mit § 57 b gegen sich gelten lassen, wenn er diese gekannt hat (BGB § 573 Satz 2 findet keine Anwendung, § 57).

3 Berechtigung nach Rechtsgeschäft mit Mieter/Pächter (Absatz 1 Satz 1)

3.1 BGB § 574 besagt in der Abänderung durch § 57 b: Ein **Rechtsgeschäft**, das zwischen dem Mieter und dem Vermieter über den Mietzins vorgenommen wurde, **dem Ersteher gebührt** (§ 56 Satz 2), ist diesem gegenüber **wirksam**, soweit es sich nicht auf den Mietzins für eine spätere Zeit als den Kalendermonat bezieht, in dem der Mieter von der Beschlagnahme Kenntnis erhält, und dann, wenn er diese Kenntnis nach dem fünfzehnten Tag des Monats erhält, auch noch wirksam, soweit es sich auf den Mietzins für den folgenden Kalendermonat bezieht. Gleiches gilt für Pachtzins (BGB § 581 Abs 2). Ein Rechtsgeschäft, das **nach**

---

[1] RG 58, 181; Jaeckel/Güthe §§ 57–57 b Rdn 7 ff.

Vorausverfügung, Rechtsgeschäft über Mietzins 4 § 57 b

dem **Übergang des Eigentums** (mit Zuschlag, § 90; dazu Rdn 5.2) vorgenommen wird, ist jedoch unwirksam, wenn der Mieter oder Pächter bei der Vornahme des Rechtsgeschäfts von der Beschlagnahme Kenntnis hat (BGB § 574 Satz 2 mit § 57 b). BGB § 574 dient (nach dem Vorbild von BGB § 407) dem Schutz des Mieters und Pächters als Miet- und Pachtschuldner.

3.2 Die Zeit der **Fälligkeit** des Miet- oder Pachtzinses erlangt für die Wirksamkeit eines Rechtsgeschäfts mit dem Mieter oder Pächter keine Bedeutung (siehe Rdn 2), desgleichen nicht, ob der Miet- oder Pachtzins jeweils nach Ablauf periodischer Zeitabschnitte oder in voller Höhe zu einem vor dem Zuschlag liegenden Zeitpunkt zu entrichten und gezahlt worden ist. Eine Vorauszahlung des nach periodischen Zeitabschnitten (insbesondere) Monaten bemessenen Miet- oder Pachtzinses ist dem Ersteher gegenüber auch dann nur im Rahmen von BGB § 574 (mit § 57 b) wirksam, wenn der vorausbezahlte Miet- oder Pachtzins schon im Miet- oder Pachtvertrag selbst vereinbart und fällig gestellt worden ist[2] (Ausnahme bei Baukostenzuschuß, Rdn 7). Nicht angewendet wird BGB § 574 (auch § 573) jedoch, wenn nach dem Miet- oder Pachtvertrag der gesamte Miet- oder Pachtzins durch eine einmalige Leistung zu tilgen ist (zB[3]).

3.3 Rechtsgeschäfte, deren Wirksamkeit sich nach BGB § 574 (mit § 57 b) bestimmt, sind insbesondere die Entrichtung des Miet- oder Pachtzinses (Erfüllung mit Zahlung, BGB § 362; dem muß schuldbefreiende Hinterlegung gleichgesetzt werden), der Erlaß (BGB § 397), die Annahme an Zahlungs Statt (BGB § 364), Stundung und die Vorauszahlung, nicht aber die Änderung und Aufhebung des Miet- oder Pachtvertrags sowie eine Kündigung des Miet- oder Pachtverhältnisses. Nach BGB § 574 mit § 57 b bestimmt sich auch die Wirksamkeit eines Rechtsgeschäfts, das zwischen dem Mieter oder Pächter und dem Zessionar des Vermieters oder Verpächters, einem zur Einziehung berechtigten Pfandgläubiger oder einem sonst für den Schuldner verfügungsberechtigten Dritten vorgenommen wird. Maßgebend für die Wirksamkeit des Rechtsgeschäfts ist der Zeitpunkt, in dem der Mieter oder Pächter von der **Beschlagnahme Kenntnis erlangt** (anders als im Falle von BGB § 573 Satz 1 somit nicht der Zeitpunkt der Beschlagnahmewirksamkeit). Ein Mieter oder Pächter kann vor Beginn des Zuschlags mit befreiender Wirkung sonach Miet- oder Pachtzins für den Monat, in dem er von der Beschlagnahme Kenntnis erlangt hat, an den Schuldner zahlen, desgleichen die Miete/Pacht für den folgenden Kalendermonat, wenn der Mieter oder Pächter nach dem 15. des Monats Kenntnis davon erlangt. Gleichgültig ist, auf welchem Weg der Mieter oder Pächter Kenntnis von der Beschlagnahme erlangt. Fahrlässige Unkenntnis („Kennen-müssen") steht der Kenntnis jedoch nicht gleich. Vorsicht ist wegen möglicher Ersatzzustellung (Rdn 6) dennoch geboten. Für spätere Zeit bleibt zur Sicherung des Mieters oder Pächters die Hinterlegung. Jedoch liegt Gläubigerungewißheit im Sinne von BGB § 372 nicht vor, wenn Versteigerungstermin in der Zeit, für die Vorausentrichtung des Miet- oder Pachtzinses erfolgen soll, nicht bestimmt ist und auch nicht mehr bestimmt werden kann.

Berechtigung und Aufrechnung des Mieters/Pächters (Absatz 1 Satz 1) 4

Aufrechnen kann der Mieter oder Pächter auch gegen die Miet- oder Pachtzinsforderung, die dem Ersteher gebührt, eine ihm gegen den Vermieter (Schuldner) zustehende Forderung, soweit die Entrichtung des Miet- oder Pachtzinses an den Vermieter (Schuldner) nach BGB § 574 dem Ersteher gegenüber wirksam ist: **BGB § 575** Satz 1. Die Aufrechnung ist aber ausgeschlossen, wenn der Mieter oder Pächter seine Gegenforderung erst erworben hat, nachdem er von der Beschlagnahme Kenntnis erlangt hat oder wenn die Gegenforderung des Mieters oder

---

[2] BGH 37, 346 = JR 1963, 60 mit Anm Cranz = MDR 1962, 982 = NJW 1962, 1860.
[3] MünchKomm/Voelskow, BGB, § 573 Rdn 4; Steiner/Teufel §§ 57–57 d Rdn 89.

§ 57 b 4   Geringstes Gebot, Versteigerungsbedingungen

Pächters erst nach Erlangung dieser Kenntnis und später als der Miet- oder Pachtzins fällig geworden ist: BGB § 575 Satz 2 (mit § 57 b Abs 1 Satz 1).

5 Beschlagnahmezeitpunkt (Absatz 1)

5.1 Die **Beschlagnahme** des Grundstücks ist im Falle von BGB § 573 Satz 1, die **Kenntnis** des Mieters oder Pächters von der Beschlagnahme des Grundstücks ist in den Fällen von BGB §§ 574, 575 für entsprechende Anwendung dieser Vorschriften (§ 57) maßgebend. Es ist dies der Zeitpunkt der Beschlagnahmewirksamkeit (§ 22), die mit Zustellung des Anordnungsbeschlusses oder mit dem Zeitpunkt, in welchem das Eintragungsersuchen dem Grundbuchamt zugeht, bewirkt wird. Liegen mit Zulassung von Beitritten mehrere Beschlagnahmen vor, so ist für BGB § 573 Satz 1 die zuerst wirksam gewordene maßgebend. Für Rechtsgeschäfte zwischen Vermieter/Verpächter und Mieter/Pächter (BGB § 574) ist gleichgültig, ob der Mieter oder Pächter Kenntnis von der durch Anordnung des Verfahrens (§ 20) oder von einer mit Zulassung des Beitritts bewirkten Beschlagnahme (§ 27 mit § 20) hat; es genügt, wenn er eine von mehreren Beschlagnahmen kennt. Der Kenntnis von der Beschlagnahme muß auch hier die Kenntnis vom Versteigerungsantrag (auch vom Beitrittsantrag) gleichstehen (§ 23 Abs 2 Satz 1). Frühere Beschlagnahme bei Zwangsverwaltung = Rdn 8.

5.2 § 57 b Abs 1 bestimmt nicht, daß noch zwischen Verfügungen und Rechtsgeschäften **vor** und **nach** der Beschlagnahme unterschieden werden müsse (anders zB[4]). Nur soweit nach BGB § 573 Satz 1 und BGB §§ 574, 575 für die Wirkung von Verfügungen und Rechtsgeschäften der Übergang des Eigentums in Betracht kommt, ist an dessen Stelle nach Abs 1 Satz 1 die Beschlagnahme des Grundstücks maßgebend. Das gilt somit für alle Verfügungen und Rechtsgeschäfte des Vermieters oder Verpächters sowie für jede Aufrechnung des Mieters oder Pächters. Miet- und Pachtzinsforderungen umfaßt die Beschlagnahme nicht (§ 21 Abs 2). Die Einziehung solcher Ansprüche ist Angelegenheit der dem Schuldner verbleibenden Verwaltung (§ 21 Rdn 3). Daher findet sich kein Grund für es rechtfertigen könnte, für die Wirkung von Verfügungen und Rechtsgeschäften und damit auch für die Aufrechnungsbefugnis nach der Zeit der Beschlagnahme zu unterscheiden. Auch nach der Beschlagnahme des Grundstücks, die sich nicht auf den Miet- und Pachtzins erstreckt, verfügt der Schuldner als Berechtigter. Nur eine Verfügung des Schuldners nach dem Übergang des Eigentums mit Zuschlag ist als Verfügung des Nichtberechtigten unwirksam, soweit nicht der Mieter oder Pächter unter den besonderen Voraussetzungen von BGB § 574 geschützt ist. Mit seinem mißverständlichen Wortlaut bestimmt § 57 b Abs 1 daher nur, daß die **Wirksamkeit** der Verfügungen und Rechtsgeschäften vor dem Übergang des Eigentums (mit der Besonderheit von BGB § 574 Satz 2 für die Verfügung auch nach diesem Zeitpunkt) sich bei Anwendung der BGB-Vorschriften danach bestimmt, soweit sie sich auf den Miet- oder Pachtzins für den Beschlagnahmemonat und gegebenenfalls den folgenden Monat bezieht. Die Abgrenzung auch noch zwischen Verfügungen vor und nach der Beschlagnahme ist aber auch unerheblich, weil ihr praktische Auswirkung im Falle von BGB § 573 Satz 1 ohnedies nicht zukommt (Rdn 2) und nach BGB § 574 Satz 2 (damit auch für § 575) auf die Kenntnis von der Beschlagnahme bei Verfügung abgestellt ist.

6 Mieter-Zustellung, -Ermittlung, -Belehrung (Absatz 1 Sätze 2–4)

6.1 Auf die **Kenntnis** des Mieters oder Pächters von der Beschlagnahme kommt es für die Wirksamkeit eines Rechtsgeschäfts zwischen dem Vermieter und dem Mieter oder Pächter (BGB § 574; Rdn 3) und die Aufrechnung des Mieters oder Pächters (BGB § 575; Rdn 4) an. Dafür gilt die Beschlagnahme stets als dem

---

[4] Steiner/Teufel §§ 57–57 d Rdn 94 und 100; Korintenberg/Wenz §§ 57–57 b Anm 4 a und b.

Vorausverfügung, Rechtsgeschäft über Mietzins 7.3 § 57 b

Mieter oder Pächter bekannt, wenn ihm der Beschluß, durch den die Zwangsversteigerung angeordnet wird, **zugestellt** ist (Abs 1 Satz 2); unwiderlegbare Vermutung. Gleiches gilt, wenn ein Beitrittsbeschluß zugestellt wird (§ 27). Die Zustellung muß auf Antrag des (betreibenden) Gläubigers erfolgen (Abs 1 Satz 2).

6.2 Die **Zustellung erfolgt** nach §§ 3–7, also: von Amts wegen (§ 3), auch möglich durch Aufgabe zur Post per Einschreiben (§ 4) oder an den Grundbuchbevollmächtigten des Zustellungsempfängers (§ 5), wobei ein Zustellungsvertreter unter den dafür geltenden Voraussetzungen bestellt werden kann (§§ 6, 7).

6.3 Dem an den Mieter/Pächter zugestellten Anordnungsbeschluß soll (nicht muß) eine **Belehrung** über die Bedeutung der Beschlagnahme für den Mieter/Pächter beigefügt werden (Abs 1 Satz 3). Für diese Belehrung ist landesrechtlich manchmal eine bestimmte Form vorgeschrieben.

6.4 Um den Mietern/Pächtern den Versteigerungsanordnungsbeschluß zustellen zu können, **muß** diese das Gericht **auf Antrag** des Gläubigers ermitteln (Abs 1 Satz 4), und zwar mit Hilfe des Gerichtsvollziehers oder eines sonstigen Beamten (zB des Urkundsbeamten) oder mit Hilfe der zuständigen Verwaltungsbehörde (Gemeinde, Meldebehörde), die um Auskunft gebeten wird. Bei gleichzeitiger Zwangsverwaltung kann die Anfrage auch an den Zwangsverwalter ergehen.

6.5 Gebühren und Auslagen des Gerichtsvollziehers hierfür Einl Rdn 88. Das Gericht hat diese als Barauslagen aus dem Erlös gemäß § 109 vorweg zu entnehmen. Hierzu auch[5] und ZVG-Handbuch Rdn 218.

(Verlorener und nicht verlorener) Baukostenzuschuß 7

7.1 BGB und ZVG sind grundsätzlich gegen Vorausgeschäfte und Vorausverfügungen und schränken sie in BGB §§ 573–575, 1123, 1124, ZVG §§ 57, 57 b ein. Von dieser gesetzlichen Grundhaltung haben sich die tatsächlichen **Verhältnisse nach 1945** weit entfernt. Lange Zeit wurde kaum ein Wohnraum ohne Mieterleistung erstellt. Es gab viele Jahre hindurch kaum noch ein Mietverhältnis über Wohnraum ohne erheblichen Baukostenzuschuß, Mietzinsvorauszahlung, Mieterdarlehen oder sonstige zusätzliche Leistung des Mieters. Im Interesse der sozial schwächeren Mieter, die gegenüber den Kreditgebern die mehr Schutzbedürftigen sind und denen man fast die Stellung dinglicher Gläubiger sichern wollte (Fortentwicklung des Mietrechts), haben Schrifttum und Rechtsprechung einen vermittelnden Weg gesucht und die der Gesetzgeber hat durch Teilmaßnahmen dabei eingegriffen. Für manche Mietverhältnisse sind diese Umstände noch von Bedeutung. Die Einschränkung des Sonderkündigungsrechts des Erstehers bei Mieterleistungen bestimmt § 57 c.

7.2 Vereinbarungen über **Mieterleistungen** können bei Abschluß des Mietvertrags oder später, im Mietvertrag oder gesondert, getroffen sein; es kann sich um Leistungen in Geld, in Arbeit und Diensten oder Sachleistungen handeln, um Leistungen des Mieters selbst oder eines Dritten zu seinen Gunsten. Die Leistungen können zur Schaffung oder zum Ausbau von Wohnraum oder Geschäftsräumen erfolgt sein, für Räume des Mieters selbst oder eines Dritten, ausdrücklich für solche Zwecke bestimmt und verwendet oder auch anderweitig verwendet, ausdrücklich so festgelegt oder nur nach den Umständen, vor oder nach der Schaffung oder dem Ausbau der Räume geleistet.

7.3 Unterscheiden kann man verlorene und anrechenbare, abwohnbare und nicht abwohnbare Leistungen. Verloren sind sie, wenn eine Rückerstattung nicht vereinbart ist und die Höhe des Mietzinses durch sie nicht verändert wird, wenn also der Mieter kein vertragliches Recht auf Rückerstattung hat, höchstens Bereicherungs- oder Schadensersatzansprüche[6]. Anrechenbar ist die Leistung, wenn sie

---

[5] Drischler DGVZ 1962, 131 (A I 2).
[6] BGH ZMR 1961, 101.

§ 57 b 7.3 Geringstes Gebot, Versteigerungsbedingungen

erstattet werden soll oder wenn in ihrer Höhe der Mietzins im Wege der Anrechnung oder unmittelbar für einen bestimmten Zeitraum verringert werden soll. Abwohnbar ist die Leistung, wenn dem Mieter eine bestimmte Mindestzeit eingeräumt ist (wobei sich Verrechnungszeit und Mietzeit nicht decken müssen). Verlorene Leistungen können entgeltlich oder unentgeltlich sein, also mit oder ohne Gegenleistung. Die unentgeltliche ist eine reine Schenkung (zB Vater an den Sohn); bei der entgeltlichen wird eine Gegenleistung erwartet, etwa Nutzung des Gebäudes als Betriebswohnung oder für den Leistenden selbst, also unter Kopplung mit einem Wohnungsbesetzungsrecht oder einem Mietvertrag.

7.4 Allgemein werden Baudarlehen, Mietzinsvorauszahlungen und verlorene Baukostenzuschüsse **unterschieden,** aber auch ganz einfach nur verlorene und nicht verlorene Zuschüsse, die nicht verlorenen als verzinsliche und nicht verzinsliche. Baudarlehen sollen durch Rückzahlung zurückfließen, Mietzinsvorauszahlungen durch Einsparung am Mietzins, verlorene Zuschüsse begründen eine vertragliche Verpflichtung zur Rückerstattung. Die Möglichkeiten können auch gemischt sein. Die Mieterleistung besteht in der Regel in Geld, doch können auch Arbeitsleistungen zum Wiederaufbau als abzuwohnen vereinbart sein. Unterschieden werden auch Darlehen, Mietzinsvorauszahlung, Aufrechnungsvereinbarung, Aufrechnungsvorvertrag[7]. Dabei ist es eine Vorauszahlung, wenn für die bestimmte Zeit im voraus der Mietzins ganz oder zum Teil getilgt wurde, eine Aufrechnungsvereinbarung, wenn die erst später fällige Mietzinsforderung ganz oder zum Teil durch Aufrechnung schon bei der Zahlung getilgt wurde, ein Aufrechnungsvorvertrag, wenn eine selbständige Ersatzforderung des Mieters bei Fälligkeit erst noch aufgerechnet werden soll oder sich die Aufrechnung dann mit der Fälligkeit vollzieht. Im Rahmen der grundsätzlichen Vertragsfreiheit sind die Möglichkeiten so vielfältig wie nur denkbar.

7.5 Zusammenfassend konnte man **etwa einteilen:** Mieterdarlehen nach BGB §§ 607 ff (selbständige Rückzahlungsforderung des Mieters, sie können, müssen nicht mit der Mietzinsforderung verrechnet werden; dabei wieder möglich, daß jeweils bei Fälligkeit aufgerechnet oder die Aufrechnung vorweggenommen wird oder daß schon bei der Leistung die später fälligen Mietzinsbeträge getilgt sind (BGB § 364 Abs 1), oder der Mietzins zum Teil sofort fällig und sofort verrechnet wird; Mietzinsvorauszahlungen nach BGB § 535 (vereinbart, daß ein bestimmter Mietzins sofort fällig ist, durch Leistung des Zuschusses wird dieser gemäß BGB § 362 getilgt); Sonderleistungen im Rahmen des Mietvertrages (kein Entgelt für die Gebrauchsüberlassung); Draufgabe nach BGB § 336; Gesellschaft nach BGB § 705 (Mieter und Vermieter zur gemeinsamen Schaffung oder Instandsetzung von Mietraum); Schenkung nach BGB § 516 (keine Gegenleistung vorgesehen). Durch die Entwicklung ist gar manches davon überholt, für frühere Verträge aber auch noch von Einfluß. Daher muß hier wenigstens noch eine Möglichkeit geboten werden, zu den einschlägigen Stellen im Schrifttum bei Bedarf zu gelangen.

7.6 Zu **Rechtsnatur und Arten** der Finanzierungsleistungen im Hinblick auf Zwangsversteigerung und Zwangsverwaltung siehe (aus der kaum noch übersehbaren Fülle) die bei Literatur (vor Rdn 1) Genannten sowie[8]. Im Zweifel wird eine Leistung als Mietvorauszahlung behandelt[9]. Auf die formelle Bezeichnung in der

---

[7] BGH 6, 202 = MDR 1952, 544 = NJW 1952, 867 = Rpfleger 1952, 411 mit zust Anm Bruhn = ZMR 1952, 179 mit zust Anm Bull; BGH MDR 1954, 283 = NJW 1954, 673 = ZMR 1954, 163; LG Berlin ZMR 1954, 274.

[8] BGH 29, 289 = MDR 1959, 483 = NJW 1959, 1424 mit zust Anm Wörbelauer; BGH BB 1960, 1044 = Betrieb 1960, 1124 = WM 1960, 1125 = ZMR 1960, 339 und 1961, 101 mit Anm Schriftleit; OLG Köln ZMR 1958, 223 und MDR 1962, 58; OLG München WuM 1959, 74; LG Köln MDR 1955, 550; Oschmann/Pergande, Baukostenzuschuß, 1958.

[9] BGH MDR 1953, 473 = NJW 1953, 1182 Leitsatz = Rpfleger 1954, 373 und NJW 1954, 673 = aaO (Fußn 7); OLG Braunschweig MDR 1953, 551 = NdsRpfl 1953, 140 =

Vereinbarung kommt es nicht an, sondern auf ihren wirtschaftlichen Zweck und die Umstände[10], auf das, was die Vertragsparteien gewollt haben (BGB §§ 133, 157)[11]. Es ist sogar die Bezeichnung als Darlehen unschädlich, es kann sich doch um eine Mietvorauszahlung handeln[12], selbst wenn von der Verzinslichkeit des Darlehens gesprochen wird[13]. Mietzinsvorauszahlung ist mit dem vertraglichen Recht auf Rückzahlung verbunden, verlorene Zuschüsse nicht[14], bei ihnen aber Bereicherungs- bzw Schadensersatzansprüche möglich[14]. Auch der verlorene Zuschuß ist keine Schenkung, sondern eine Zuwendung zwecks Erreichung eines bestimmten Vertragsinhalts[15], eine Gegenleistung für die Raumüberlassung[16], und zwar für einen bestimmten der Leistung entsprechenden Zeitraum. Selbst die Eintragung einer Sicherungshypothek für ein Darlehen ändert nicht den wirklich gewollten Charakter. Wichtig ist aber, daß sich die Vertragsteile überhaupt geeinigt haben, ob die Leistung verloren sein, angerechnet, zurückbezahlt werden soll, weil das wesentlicher Vertragsinhalt ist[17].

7.7 Bei Beendigung des Mietverhältnisses fordert BGB § 557 a (auch auf den Ersteher anzuwenden, nicht ausschließbar), daß der für die Zeit nach dem Ende des Mietverhältnisses im **voraus entrichtete Mietzins** nach Maßgabe von BGB § 347 (Rückgewähr bei Rücktritt mit Verzinsung ab Empfang des Geldbetrags) **zurückerstattet** wird und dann, wenn der Vermieter die Beendigung nicht zu vertreten hat, nach den Vorschriften über die ungerechtfertigte Bereicherung. Eine Vereinbarung über den Ausschluß dieser Verpflichtung ist bei Wohnraum unwirksam[18]: BGB § 557 a Abs 2. Hat bei einer Nachfolgeklausel der neue Mieter dem früheren die noch nicht abgewohnte Vorauszahlung erstattet, so kann er vom Vermieter die Rückerstattung fordern[19]. Diese Vorschriften sind auch bei der außerordentlichen Kündigung des Erstehers nach § 57 a anzuwenden[20]. Bereichert ist der Vermieter bei BGB § 557 a, wenn die Vorauszahlung, wirtschaftlich gesehen, noch in seinem Vermögen vorhanden ist[21].

7.8 Ein **verlorener Baukostenzuschuß** ist bei Beendigung des Mietverhältnisses nach dem Gesetz vom 21. 7. 1961 (Schönfelder Nr 20 = BGB § 556 Fuß-

---

ZMR 1953, 181; OLG München BayJMBl 1952, 72 = BB 1952, 71 mit Anm Pergande = MDR 1952, 105 = NJW 1952, 307; OLG Oldenburg MDR 1955, 549 = NdsRpfl 1955, 173 = NJW 1955, 1077 Leitsatz = WM 1955, 984 = ZMR 1956, 166; OLG Stuttgart ZMR 1952, 207; LG Frankenthal MDR 1955, 106 = WuM 1956, 6 = ZMR 1955, 139 Leitsatz.
[10] LG Hamburg ZMR 1954, 44.
[11] BGH 15, 296 = DWW 1955, 44 mit Anm Schneider = MDR 1955, 152 = NJW 1955, 301 = Rpfleger 1955, 67 und 73 Anm Bruhn; BGH NJW 1954, 673 = aaO (Fußn 7); BGH 16, 31 = NJW 1955, 302; LG Stuttgart NJW 1951, 927 mit zust Anm Pergande.
[12] BGH Rpfleger 1954, 373 = aaO (Fußn 9); BGH NJW 1954, 673 = aaO (Fußn 7); BGH NJW 1955, 302; BGH BB 1958, 1081 = Betrieb 1959, 139 = WM 1958, 1307; BGH BB 1958, 1081 = Betrieb 1959, 139 = WM 1958, 1307; BGH MDR 1970, 671 = NJW 1970, 1124 = Rpfleger 1970, 236 = WM 1970, 684; OLG München NJW 1952, 307 = aaO (Fußn 9).
[13] OLG Celle NdsRpfl 1952, 169; OLG Nürnberg BayJMBl 1953, 32 = NJW 1953, 385.
[14] BGH ZMR 1961, 101.
[15] AG Hamburg BB 1952, 72 mit Anm Pergande und 791 mit Anm Pergande = ZMR 1952, 157.
[16] AG Augsburg WuM 1957, 120 mit krit Anm Scherer.
[17] BGH 16, 31 = NJW 1955, 302 und KTS 1959, 17 = MDR 1959, 207 sowie 387 Leitsatz mit zust Anm Thieme = NJW 1959, 380; OLG Braunschweig BB 1954, 458 = NdsRpfl 1954, 150.
[18] BGH 53, 35 = KTS 1970, 205 = MDR 1970, 133 = NJW 1970, 93 = Rpfleger 1970, 17.
[19] BGH BGHWarn 1966, 340 = MDR 1966, 923 = NJW 1966, 1705.
[20] BGH 37, 346 = JR 1963, 60 mit Anm Cranz = MDR 1962, 982 = NJW 1962, 1860; BGH NJW 1970, 1124 = aaO (Fußn 12); BGH 53, 35 = aaO (Fußn 18).
[21] BGH 54, 347 = MDR 1971, 126 = NJW 1970, 2289.

§ 57 b 7.8 Geringstes Gebot, Versteigerungsbedingungen

note, Art VI) für alle nach der Währungsreform 1948 bezugsfertig gewordenen Wohnungen **zurückzuerstatten,** gleich ob vom Mieter oder einem Dritten geleistet, soweit sie nicht durch die Dauer des Mietverhältnisses als getilgt anzusehen sind (Gesetz Artikel VI § 1). Abweichende Vereinbarungen sind unwirksam (Gesetz Art VI § 5). Diese gesetzliche Regelung verstößt nicht gegen rechtsstaatliche Grundsätze[22]. Rückzahlung kann verlangen, wer geleistet hat[22]. Hat der Nachfolge-Mieter dem früheren den Zuschuß erstattet, so kann er von der Möglichkeit Gebrauch machen[23]. Nicht unter das Gesetz fallen verlorene Zuschüsse oder Abstandszahlungen bei langfristigen Geschäftsraummiet- oder Pachtverträgen, hier nur Bereicherungsansprüche.

7.9 Als **Baukostenzuschuß** geleistete Mietvorauszahlungen muß der Ersteher und der Zwangsverwalter (auch außerhalb der Baukostenzuschußrückerstattungsvorschrift) gegen sich gelten lassen[24] bei vorzeitiger Beendigung des Mietvertrages somit zurückerstatten (anders[25]: seien nicht gültig). Alle anderen Vorauszahlungen sind streng nach BGB §§ 573, 574 zu behandeln. Noch weitergehend[26]: auch Vorauszahlungen, die nicht als Baukostenzuschüsse geleistet seien, wenn nur im Mietvertrag vereinbart, sind gegenüber dem Ersteher wirksam; Gegenmeinung ausdrücklich[27]. Gegenüber Ersteher und Zwangsverwalter sind die Vorausleistungen nicht gültig, wenn sie von einem Dritten als Darlehen gewährt sind, selbst dann nicht, wenn vereinbart war, daß die abgetretene Mietzinsforderung mit dem Darlehen verrechnet werden sollte[28]. Bei den Mietzinsvorauszahlungen kann es sich um Leistungen auf Grund einer besonderen Vereinbarung, außerhalb des Mietvertrags, handeln, auch auf Grund einer späteren[29], auch auf Grund einer Vereinbarung vor Abschluß des Mietvertrages[30] (so jetzt die allgemeine Ansicht; überholt die frühere, es müsse sich um Vorausleistungen „in Gemäßheit des Mietvertrags" handeln). Zu streng ist die Meinung, es müsse durch die Mietvorauszahlung ein sachlicher Wert für das Grundstück geschaffen worden sein, es müsse die Leistung dem Grundstück zugeflossen sein (dies meinen[31]). Es muß vielmehr ge-

---

[22] BGH BGHWarn 1967, 50 = MDR 1967, 488 = NJW 1967, 561 = WM 1967, 258.
[23] BGH NJW 1966, 1705 = aaO (Fußn 19).
[24] BGH 6, 202 = aaO (Fußn 7); BGH NJW 1953, 1182 = aaO (Fußn 9); BGH 15, 296 = aaO (Fußn 11); BGH 16, 31 = NJW 1955, 302; BGH NJW 1959, 380 = aaO (Fußn 17); OLG Düsseldorf DWW 1971, 414 = MDR 1972, 148 und 955 Leitsatz = OLGZ 1972, 279; OLG München NJW 1952, 307 = aaO (Fußn 9).
[25] OLG Bremen BB 1952, 182 mit Anm Pergande und Schriftleitung und BB 1954, 852 = DNotZ 1955, 203 Leitsatz = MDR 1954, 740 = Rpfleger 1955, 69 mit zust Anm Bruhn = ZMR 1955, 75; LG Berlin WuM 1971, 14 = ZMR 1971, 153 Leits.
[26] OLG Nürnberg BB 1959, 433 = ZMR 1959, 233 Leitsatz.
[27] BGH 37, 346 = aaO (Fußn 20).
[28] BGH BB 1955, 111 = NJW 1955, 338 Leitsatz; OLG Braunschweig MDR 1953, 749 Leitsatz.
[29] BGH 15, 296 = aaO (Fußn 11); BGH BB 1955, 111 = NJW 1955, 338 Leitsatz; BGH 16, 31 = NJW 1955, 302; BGH BB 1958, 1081 = aaO (Fußn 12); BGH NJW 1959, 380 = aaO (Fußn 17); BGH 37, 346 = aaO (Fußn 20); OLG Braunschweig MDR 1953, 749 Leitsatz sowie BB 1954, 458 = NdsRpfl 1954, 150 und MDR 1956, 299 Leitsatz = ZMR 1957, 8; OLG Bremen Rpfleger 1955, 69 = aaO (Fußn 25); OLG Celle NdsRpfl 1952, 169; OLG Düsseldorf BlGrBW 1956, 205 mit Anm Glaser = MDR 1956, 486 Leitsatz mit Anm Glaser; OLG Nürnberg BayJMBl 1953, 32 = NJW 1953, 585 sowie GrundE 1959, 412 = ZMR 1960, 80 und BB 1959, 433 = ZMR 1959, 233 Leitsatz; OLG Stuttgart ZMR 1958, 215; LG Hamburg MDR 1951, 293; LG Hannover ZMR 1961, 225; LG Mainz WuM 1960, 137; LG Stuttgart aaO (Fußn 11).
[30] BGH BGHWarn 1966, 506 = MDR 1967, 297 = NJW 1967, 555.
[31] BGH 15, 296 = aaO (Fußn 11); BGH NJW 1959, 380 = aaO (Fußn 17); OLG Celle BB 1959, 63 (nur Inhaltsangabe); OLG Nürnberg BayJMBl 1955, 93; wahrscheinlich identisch BWNotZ 1955, 215 = Rpfleger 1955, 188; OLG Nürnberg BB 1959, 433 = ZMR 1959, 233 Leitsatz; LG Kassel MDR 1965, 751 = ZMR 1966, 242 und ZMR 1966, 177.

nügen, daß diese Zweckbestimmung vereinbart war und daß die Leistung bestimmungsgemäß erfolgt ist, weil es nicht in der Macht des Mieters steht, eine zweckwidrige Verwendung durch den Vermieter zu verhindern[32]. Es darf auch keinen Unterschied ausmachen, ob die Leistung des Mieters unmittelbar für den Wiederaufbau bestimmt war oder für die Freimachung einer Teilruine von Mietern, wenn nur der Mieter für seine Leistung eine Wohnung bekommen sollte[33]. Unwirksam gegenüber dem Ersteher ist aber eine Vereinbarung von Mieter und Vermieter, daß eine schon früher zum Aufbau bewilligte, noch nicht abgegoltene Leistung durch Mietzins vorausentrichtet sei, wenn die Leistung nicht als Mieter erfolgte, sondern auf Grund eines anderen Rechtsverhältnisses, und wenn bei der Vereinbarung der Aufbau schon vollendet war[34]. Leistungen, die für Renovierung und Modernisierung eines Mietraums (Ausstattung mit Rolläden, Alarmanlage, anderen den individuellen Bedürfnissen des Mieters dienenden Einrichtungen)[35] sowie für Umgestaltung einer Wohnung für gewerbliche Zwecke und für Schönheitsreparaturen[36] dienen, sind nicht als Baukostenzuschuß anzusehen. Wenn die Mietzinsvorauszahlung gegen den Ersteher wirkt und wenn für sie eine Verzinsung vereinbart war, muß auch dies gegen den Ersteher wirken.

7.10 Für **verlorene Baukostenzuschüsse** als einmalige oder fortlaufende, geldwerte, vertragliche, neben dem Mietzins zu erbringende Sonderleistungen des Mieters für die vereinbarungsgemäße Überlassung eines Mietraums (wobei die Parteien nach Natur und Zweck der Zahlung darüber einig waren, daß der Zuschuß weder erspart noch sonst angerechnet wird) haftet der **Ersteher** über die gesetzlichen Rückerstattungspflichten hinaus nicht (soweit sie nicht ohnehin nach den Wohnungsbauvorschriften unzulässig waren), weil nicht er, sondern der ursprünglich Berechtigte bereichert ist, er ist auch nicht schadensersatzpflichtig insoweit (anders[37]: unter Umständen hafte er nach Bereicherungsgrundsätzen). Vereinzelt wird vertreten, der „nicht abgewohnte Teil" des verlorenen Zuschusses sei zurückzuzahlen, wenn dem Mieter das Recht eingeräumt war, seinen Nachfolger zu benennen (der ihm Ersatz geleistet hätte), der Vermieter aber die Räume selbst übernimmt (sei es in Eigennutzung, sei es in eigener Vermietung)[38].

7.11 Mieterdarlehen, soweit es sich bei ihnen nicht in Wahrheit um eine Mietzinsvorauszahlung handelt[39], gehen den Nachfolger im Eigentum nichts an[40], vor allem nicht den Ersteher, auch nicht den Zwangsverwalter[40].

7.12 Wenn Mieter für Leistungen, die ihnen nicht schon nach den besprochenen Grundsätzen Schutz gewähren, weiteren Schutz wünschen (Kündigungsausschluß oder Rückzahlung), so kann das über § 59 durch **abweichende Versteigerungsbedingungen** erfolgen. Hierfür ist ein Vortermin nach § 62 nicht unpraktisch. Nötig ist zur Abweichung die Zustimmung der betroffenen Gläubiger, bei Zweifeln also Doppelausgebot.

7.13 Im Zuge der Schutzbestrebungen für die Mieter wurde es üblich, daß die **Mieter** bei Abschluß des Mietvertrages auf Verlangen der Finanzierungsinstitute für den Fall der Zwangsversteigerung und Zwangsverwaltung auf die Anrechnung oder Verrechnung ihrer zusätzlichen Leistungen **verzichten** mußten. Dies wurde

---

[32] OLG Stuttgart MDR 1954, 621; LG Köln MDR 1961, 59 = WuM 1960, 168 = ZMR 1961, 86.
[33] BGH BB 1957, 494 = Betrieb 1957, 479 = ZMR 1957, 263.
[34] BGH NJW 1967, 555 = aaO (Fußn 30).
[35] LG Lüneburg Rpfleger 1987, 513.
[36] OLG Zweibrücken Rpfleger 1987, 513.
[37] BGH Betrieb 1960, 351 = WM 1960, 497 und BB 1963, 1354 = Betrieb 1963, 1711 = MDR 1964, 140 = NJW 1964, 37.
[38] LG Düsseldorf ZMR 1959, 68.
[39] BGH NJW 1954, 673 = aaO (Fußn 7).
[40] OLG Stuttgart NJW 1955, 23.

§ 57 b 7.13   Geringstes Gebot, Versteigerungsbedingungen

als nicht sittenwidrig nach BGB § 138 und als nicht gesetzwidrig nach BGB § 134 bezeichnet[41], wogegen aber angesichts der sozialen Bedeutung der Wohnung erhebliche Bedenken bestanden, abhängig von der Lage des Einzelfalles, zu entscheiden von den Prozeßgerichten. Über den Verzicht der Mieter auf Kündigungsschutz § 57 c Rdn 9.

8 Zeitpunkt der Beschlagnahme bei Zwangsverwaltung (Absatz 2)

Die **frühere Beschlagnahme** zum Zwecke der Zwangsverwaltung, damit auch die Kenntnis des Mieters oder Pächters davon, ist für Wirksamkeit von Vorausverfügungen und Rechtsgeschäften (BGB § 573 Satz 1, §§ 574, 575) maßgeblicher Zeitpunkt, wenn sie bis zum Zuschlag fortgedauert hat: Abs 2 Satz 1 (ähnlich § 13 Abs 4 Satz 2). Wirksamwerden dieser Beschlagnahme: § 151 Rdn 2. Als bekannt im Sinne von BGB §§ 574, 575 gilt die Beschlagnahme dem Mieter oder Pächter auch, wenn ihm ein Zahlungsverbot (§ 22 Abs 2 Satz 1) zugestellt wird: Abs 2 Satz 2. Daß er dann auch noch Kenntnis von der Beschlagnahme mit Anordnung der Zwangsversteigerung erlangt, ist nicht erforderlich.

9 Zwangsverwalterverfügungen und -rechtsgeschäfte (Absatz 3)

Für die Wirkung von Verfügungen und Rechtsgeschäften des **Zwangsverwalters** erlangt der Zeitpunkt der **Beschlagnahme keine Bedeutung** (Abs 3). Sie bestimmt sich, da § 57 b keine Anwendung findet, auf Grund des § 57 nach BGB § 573 Satz 1, §§ 574, 575; dafür ist stets der Zeitpunkt des **Eigentumsübergangs** mit Erteilung des Zuschlags (§ 90) maßgebend (es tritt nicht die Beschlagnahme an dessen Stelle). Zahlen kann der Mieter oder Pächter somit an den Zwangsverwalter (§ 152), bis er Kenntnis vom Zuschlag erlangt; die Wirksamkeit dieser Zahlungen dem Ersteher gegenüber richtet sich nach BGB § 574. Der Zwangsverwalter muß mit dem Ersteher abrechnen (§ 161 Rdn 6). Grund dieser Regelung: Schutz des Mieters/Pächters, der bei (verkehrsüblicher) Miet/Pachtzahlung an den Zwangsverwalter nicht bereits vom Tag des Zuschlags an dem Risiko nochmaliger Zahlung des dem Ersteher gebührenden Mietzinses ausgesetzt werden sollte (der Ersteher kann mit dem Zwangsverwalter abrechnen), aber auch Sicherung der ordnungsgemäßen Abwicklung der Zwangsverwaltung, die nicht der Gefahr unterliegen soll, daß Mieter oder Pächter vor einem Versteigerungstermin fällige Zahlungen zurückhalten.

[Beschränkung des Sonderkündigungsrechts]

57 c (1) **Der Ersteher eines Grundstücks kann von dem Kündigungsrecht nach § 57 a keinen Gebrauch machen,**
1. **wenn und solange die Miete zur Schaffung oder Instandsetzung des Mietraums ganz oder teilweise vorausentrichtet oder mit einem sonstigen zur Schaffung oder Instandsetzung des Mietraums geleisteten Beitrag zu verrechnen ist, und zwar ohne Rücksicht darauf, ob die Verfügung gegenüber dem Ersteher wirksam oder unwirksam ist;**
2. **wenn der Mieter oder ein anderer zugunsten des Mieters zur Schaffung oder Instandsetzung des Mietraums einen Beitrag im Betrag von mehr als einer Jahresmiete geleistet oder erstattet hat und eine Vorausentrichtung der Miete oder eine Verrechnung mit der Miete nicht vereinbart ist (verlorener Baukostenzuschuß), solange der Zuschuß nicht als durch die Dauer des Vertrages getilgt anzusehen ist.**

(2) **Im Sinne des Absatzes 1 Nr 2 ist jeweils ein Zuschußbetrag in Höhe einer Jahresmiete als durch eine Mietdauer von vier Jahren getilgt anzusehen; ist die Miete im Hinblick auf den Beitrag erheblich niedriger**

---
[41] LG Kassel WuM 1960, 125.

Beschränkung des Sonderkündigungsrechts 2.2 § 57 c

bemessen worden, als dies ohne den Beitrag geschehen wäre, so tritt für die Berechnung des in Absatz 1 Nr 2 vorgesehenen Zeitraums an die Stelle der vereinbarten Jahresmiete die Jahresmiete, die ohne Berücksichtigung des Beitrags vereinbart worden wäre. In jedem Falle ist jedoch der Zuschuß nach Ablauf von zwölf Jahren seit der Überlassung der Mieträume oder, sofern die vereinbarte Mietzeit kürzer ist, nach deren Ablauf als getilgt anzusehen.

(3) Ist zur Schaffung oder Instandsetzung des Mietraums sowohl ein Beitrag im Sinne des Absatzes 1 Nr 1 als auch ein Beitrag im Sinne des Absatzes 1 Nr 2 geleistet worden, so sind die aus Absatz 1 Nr 1 und 2 sich ergebenden Zeiträume zusammenzurechnen.

(4) Die Absätze 1 bis 3 gelten für Pachtverhältnisse entsprechend.

Übersicht

Allgemeines zu § 57 c 1	Mietzuschüsse verschiedener Art als Kündigungsaufschub 6
Aufschub der Sonderkündigung wegen Mieterleistungen 2	Schutzfrist der Mieter/Pächter gegenüber dem Ersteher 7
Baukostenzuschuß als Kündigungsaufschub 3	Versteigerungsbedingungen, abweichende 8
Mieterdarlehen als Kündigungsaufschub 4	Verzicht des Mieters/Pächters auf Kündigungsaufschub 9
Mietzinsvorauszahlung als Kündigungsaufschub 5	

Literatur: Mohrbutter, Zum Ruhen des außerordentlichen Kündigungsrechts des Erstehers, ZMR 1954, 161; Pfeiffer, Kündigung des Mietverhältnisses im Zusammenhang mit der Gewährung von Finanzierungsbeiträgen (Baukostenzuschüssen), WuM 1960, 161; Weitnauer, Die §§ 57 c, d des Zwangsversteigerungsgesetzes, WuM 1954, 1; Witthinrich, § 57 c – Mißbrauch einer Schutzvorschrift, Rpfleger 1986, 46; Wörbelauer, Das Kündigungsrecht des Erstehers in der Zwangsversteigerung, NJW 1953, 1729.

Allgemeines zu § 57 c   1

1.1 Zweck der Vorschrift: Einschränkung des Sonderkündigungsrechts des Erstehers zum Schutz von Mietern/Pächtern (§ 57 a) bei bestimmten Finanzierungsleistungen.

1.2 Anwendungsbereich: § 57 c gilt (wie §§ 57–57 a) für die Vollstreckungsversteigerung, Konkursverwalter- und Nachlaßversteigerung; bei der Teilungsversteigerung ist die Ausnahmekündigung durch § 183 ausgeschlossen. Auf eine Raumüberlassung durch den Zwangsverwalter nach § 149 an den Schuldner ist § 57 c nicht anwendbar[1], auch nicht auf das Dauerwohnrecht des WEG. Besonderheiten gelten für Schiffe und Luftfahrzeuge (§ 162 Rdn 3, § 171 a Rdn 3).

Aufschub der Sonderkündigung wegen Mieterleistungen   2

2.1 Die normale Kündigung des Erstehers nach Gesetz oder Vertrag wird durch § 57 c nicht berührt. Für das Sonderkündigungsrecht nach § 57 a verordnet § 57 c einen Aufschub bei bestimmten verlorenen Baukostenzuschüssen (Rdn 3), bei bestimmten Mietzinsvorauszahlungen (Rdn 5) oder bei Zusammentreffen beider Leistungen (Rdn 6). Es müssen dafür **bestimmte gesetzliche Voraussetzungen** erfüllt sein. Was für den Mieter hier gesagt wird, gilt auch für den Pächter (Abs 4).

2.2 Der Mieter muß die **Räume besitzen;** sie müssen ihm also überlassen sein; nicht besitzende Mieter werden nicht geschützt[2]. Ob die Räume dabei vor oder

---

[1] LG Düsseldorf ZMR 1957, 416.
[2] OLG München BayJMBl 1954, 120 = BB 1954, 333 = NJW 1954, 961; Wörbelauer NJW 1953, 1729 (II 2).

§ 57 c 2.2 Geringstes Gebot, Versteigerungsbedingungen

nach der Beschlagnahme überlassen sind, ist gleich. Bei einer Überlassung erst nach dem Versteigerungstermin allerdings tritt der Ersteher nicht mehr in das Mietverhältnis ein (§ 57 Rdn 3.3). Die Räume müssen auf jeden Fall auch schon existieren[3] somit fertiggestellt sein[4] (anders[5]), weil eine Verrechnung voraussetzt, daß überhaupt Miete zu zahlen ist. Sind die Voraussetzungen für eine Verrechnung des Mieterbeitrags zur Schaffung von Mieträumen nach dem zwischen den Parteien geschlossenen Vertrag noch nicht eingetreten, weil die Miete noch nicht geschuldet wird, so genießt der Mieter nicht den Kündigungsschutz[6] des Abs 1 Nr 1. Es genügt nicht, wenn der Mieter bei verzögerter Fertigstellung in nichtfertige Räume eingewiesen wird[7]. Darlehensgewährung mit der Abrede, daß Gefährdung des Rückzahlungsanspruchs zur Pachtung eines landwirtschaftlichen Anwesens und zur Verrechnung der Pacht mit dem Rückzahlungsanspruch berechtigen soll, genügt nicht[8].

2.3 Der **Zuschuß** muß auch schon **geleistet** sein. Er muß auch geleistet sein, bevor der Mietraum fertig oder die Instandsetzung durchgeführt ist[9]. Er muß vom Mieter (Pächter) geleistet sein. Daher sind Aufwendungen, die der Vermieter (Verpächter) auf das Grundstück gemacht und deren Wert er sodann dem Mieter (Pächter) als zinslosen Baukostenzuschuß darlehensweise zur Verfügung gestellt hat, keine Leistungen, die zu einem Aufschub des Kündigungsrechts des Erstehers führen[10]. Der Zuschuß muß gemäß Vereinbarung geleistet sein; es genügt die Zweckbestimmung, er muß nicht unbedingt dem Grundstück tatsächlich zugekommen sein, zweckwidrige Verwendung hindert den Schutz nicht[11] (anders[12]: er müsse dem Grundstück tatsächlich zugeflossen sein; anders auch[13]: er müsse den Bau tatsächlich gefördert haben). Es genügt auch mittelbare Verwendung, zB zur Ablösung von Vorfinanzierungsmitteln. Der Zuschuß muß sich nicht unbedingt auf den Mietraum selbst beziehen, es genügen auch Zuschüsse für die Treppenanlage oder die Zentralheizung (Erstellung oder Erneuerung)[14]. Nicht beschränkt wird das Sonderkündigungsrecht jedoch, wenn die Mittel zwar dem Gesamtkomplex zugute gekommen sind, die gemieteten Räume jedoch längst völlig fertiggestellt und benutzt worden waren[15]. Es kann daher auch nicht genügen, wenn der Mieter auf einem anderen Grundstück Wohnraum geschaffen hat (anders[16]). Zuschüsse zur Herstellung oder Instandsetzung müssen es sein (Abs 1 Nr 1, 2), nicht für die Instandhaltung, dh für die Nachholung der lange Zeit unterbliebenen Instandhaltungsmaßnahmen[17]. Leistungen, die für nachträgliche Ausstattung eines

---

[3] BGH KTS 1984, 315 = LM ZVG § 57 c Nr 4 = MDR 1984, 575 = Rpfleger 1984, 108; OLG München aaO; LG Frankfurt WuM 1957, 105.
[4] BGH Rpfleger 1984, 108 = aaO (Fußn 3).
[5] Wörbelauer NJW 1953, 1729 (II 2).
[6] BGH Rpfleger 1994, 108 = aaO (Fußn 3).
[7] OLG München NJW 1954, 961 = aaO.
[8] OLG Hamm MDR 1987, 1033 = ZMR 1987, 434.
[9] LG Braunschweig MDR 1961, 417 = NdsRpfl 1961, 87.
[10] BGH KTS 1989, 738 = MDR 1989, 735 = NJW-RR 1989, 714 = Rpfleger 1989, 338.
[11] OLG Stuttgart MDR 1954; 621; LG Köln MDR 1961, 59 = WuM 1960, 168 = ZMR 1961, 86; LG Wiesbaden NJW 1967, 577; Wörbelauer NJW 1953, 1729 (II 1); Oschmann/Pergande, Baukostenzuschuß, Seite 66.
[12] BGH KTS 1959, 17 = MDR 1959, 207 und 387 Leitsatz mit zust Anm Thieme = NJW 1959, 380; OLG Bremen BB 1954, 852 = MDR 1954, 740 = Rpfleger 1955, 69 mit zust Anm Bruhn = ZMR 1955, 75; LG Hagen MDR 1959, 490 und 849 Leitsatz mit abl Anm Oschmann = ZMR 1959, 344.
[13] AG Siegburg NJW 1955, 1886 = ZMR 1957, 415.
[14] Wörbelauer NJW 1953, 1729 (II 7).
[15] OLG Hamm MDR 1987, 1034 = ZMR 1987, 465.
[16] AG Siegburg aaO (Fußn 13).
[17] Wörbelauer NJW 1953, 1729 (II 6).

Beschränkung des Sonderkündigungsrechts 3.3 § 57 c

Mietraums mit Rolläden, einer Alarmanlage und anderen den individuellen Bedürfnissen des Mieters dienenden Einrichtungen[18] sowie für Umgestaltung einer Wohnung für gewerbliche Zwecke und für Schönheitsreparaturen dienen[19], beschränken das Kündigungsrecht daher nicht. Nicht nötig ist es, daß der Zuschuß gegenüber dem Ersteher finanziell wirksam ist (also von diesem angerechnet bzw bei vorzeitiger Kündigung zurückbezahlt werden muß) (hierfür gelten andere Voraussetzungen zum Teil, § 57 b Rdn 7). Es genügt auch, wenn die Vereinbarung des Zuschusses nicht im oder zugleich mit dem Mietvertrag erfolgt ist, sondern ihm nachfolgte[20]. Der Zuschuß muß aber auf jeden Fall einer Vereinbarung beruhen; es genügt nicht, wenn der Mieter notwendige oder nützliche Verwendungen nur mit Wissen oder Duldung des Vermieters macht und auch nicht, wenn ein Mieter (von Werkstatträumen) auf Grund selbständiger Aufträge des Vermieters werterhöhende Werkleistungen an dem Grundstück ausgeführt hat[21]. Es kommt aber nicht darauf an, in welcher Form die Leistung im Vertrag erwähnt ist, wie man sie bezeichnet hat. Was Instandsetzung ist, richtet sich nach dem Einzelfall.

2.4 Das **Sonderkündigungsrecht** des Erstehers ist nicht völlig ausgeschlossen, es **ruht nur** zeitweise. Es ruht auch dann, wenn die Formvorschriften des § 57 d nicht beachtet sind.

2.5 Ob das Sonderkündigungsrecht ruht, **entscheidet** nicht das Versteigerungsgericht, sondern das **Prozeßgericht**. Dabei muß der Mieter die Voraussetzungen für seinen besonderen Kündigungsschutz behaupten und beweisen, der Ersteher dagegen deren Verwirkung. Den ausnahmsweisen Ausschluß dieser Verwirkung wiederum (nach § 57 d Abs 3 Satz 2) muß dagegen der Mieter behaupten und beweisen.

2.6 Macht der Schuldner die Beschränkung des Kündigungsrechts gemäß § 57 c geltend, um die Zwangsversteigerung aussichtslos zu gestalten, und legt er zum Nachweis des Vorhandenseins von Abwohnrechten nicht bestehende oder rückdatierte Mietverträge vor, so erhebt sich die Frage der Strafbarkeit wegen Vollstreckungsvereitelung (bejaht von[22]).

Baukostenzuschuß als Kündigungsaufschub 3

3.1 Für den Aufschub des Sonderkündigungsrechts des Erstehers (Rdn 2) genügt ein **verlorener** Baukostenzuschuß, für den **bestimmte Voraussetzungen** erfüllt sein müssen und der mit Mietzinsvorauszahlungen (Rdn 5) zusammentreffen kann (Rdn 6), der auch als Mieterdarlehen bezeichnet sein kann (Rdn 4).

3.2 Der verlorene Baukostenzuschuß ist keine Schenkung, sondern eine **Gegenleistung** für die Raumüberlassung[23]. Der Gesetzgeber setzt dafür eine gewisse Mindestdauer des Mietverhältnisses voraus, für die der Zuschuß geleistet ist[23]. Der Zuschuß kann vom Mieter selbst oder von einem Dritten zugunsten des Mieters zur Schaffung oder Instandsetzung der Mieträume geleistet sein: Abs 1 Nr 2. Er muß verloren sein, darf also keine Mietzinsvorauszahlung darstellen und es darf auch keine Anrechnung auf den Mietzins vereinbart sein: Abs 1 Nr 2. Wird allerdings der Mietzins wegen des Zuschusses niedriger angesetzt, so macht das nichts aus[24].

3.3 Das Sonderkündigungsrecht des Erstehers **ruht, solange** der Zuschuß **nicht** als durch die Dauer des Vertrages **getilgt** anzusehen ist: Abs 1 Nr 2. Dabei gilt je-

---

[18] LG Lüneburg Rpfleger 1987, 513.
[19] OLG Düsseldorf Rpfleger 1987, 513.
[20] Wörbelauer NJW 1953, 1729 (II 3 und 4).
[21] OLG Frankfurt MDR 1983, 669.
[22] AG Dillenburg Rpfleger 1995, 79 mit Anm Eickhoff.
[23] AG Augsburg WuM 1957, 120 mit krit Anm Scherer.
[24] Jonas/Pohle, ZwVNotrecht, §§ 57–57 d Anm 3 c.

§ 57 c 3.3　　　　　　　　　　　Geringstes Gebot, Versteigerungsbedingungen

weils ein Zuschuß in Höhe eines Jahresmietzinses als durch eine Mietdauer von vier Jahren getilgt: Abs 2 Satz 1. Dabei macht es nichts aus, wenn der Mietzins mit Rücksicht auf den Zuschuß niedriger angesetzt wird (Rdn 3.2). Wenn aber der Mietzins erheblich niedriger berechnet wird als ohne Zuschuß, so ist bei der Berechnung der Schutzfrist von dem Mietzins auszugehen, der ohne den Zuschuß vereinbart worden wäre: Abs 2 Satz 1. Es soll also nicht der Mieter einerseits einen erheblich niedrigeren Mietzins und andererseits eine besonders lange Schutzfrist (länger als bei normalem Mietzins) genießen. Umlagen und Zuschläge sind dem Mietzins hinzuzurechnen, soweit sie mit diesem erhoben werden dürfen[25]. Die Höchstdauer des Schutzes ist bei verlorenen Baukostenzuschüssen auf jeden Fall zwölf Jahre seit der Überlassung der Mieträume (wenn eine kürzere Mietzeit vereinbart ist, diese Zeit): Abs 2 Satz 2; bei Zusammentreffen mit Mietzinsvorauszahlungen = Rdn 6, sonst = Rdn 7.

3.4　Für die Schutzfrist ist ohne Bedeutung, ob der Zuschuß nach den bei § 57 b besprochenen Grundsätzen dem Ersteher gegenüber wirksam ist (also anzurechnen bzw zurückzuzahlen). Die Voraussetzungen sind dort zum Teil andere (§ 57 b Rdn 7). Die Vereinbarung kann für § 57 c auch nach Abschluß des Mietvertrags erfolgt sein[26]. Soweit allerdings hierbei eine Schädigung des künftigen Erstehers beabsichtigt war, sind die Vorschriften von BGB §§ 117, 138 anzuwenden. Der **Zuschuß muß** einen Beitrag zur Schaffung oder Instandsetzung (nicht Instandhaltung) geleistet haben, sei es in Geld, sei es in Sach-, Dienst- oder Arbeitsleistungen. Der Zuschuß muß sich nach der Zweckbestimmung des Vertrages auf das Versteigerungsgrundstück beziehen, gleich ob dann zweckentsprechend verwendet[27] (anders[28]: nur wenn zweckentsprechend verwendet) (Rdn 2). Es ist aber nicht nötig, daß der Zuschuß zu einer nachhaltigen Wertsteigerung geführt habe[29]. Der verlorene Zuschuß muß unmittelbar geleistet, er kann auch „erstattet" werden: Abs 1 Nr 2. Es ist also gleich, ob er an den Schuldner oder seinen Rechtsvorgänger geleistet oder durch unmittelbare Zahlung von Schulden bei einem Dritten oder durch unmittelbare Bestellung von Arbeiten erstattet ist[29]. Es genügen auch Zuschüsse, die erst nach Instandsetzung oder Schaffung der Räume geleistet wurden[29].

3.5　Immer muß der Zuschuß **auf einer Vereinbarung** mit dem Vermieter beruhen. Es genügt nicht, wenn der Mieter notwendige oder nützliche Verwendungen nur mit Wissen und Duldung des Vermieters macht[30] (Rdn 2). Es genügt auch nicht, wenn er einfach seine Bauschulden zahlt oder seine dinglichen Lasten ablöst[30] (das ist keine „Erstattung"). Es muß aber genügen, wenn die Höhe der Leistung nicht unmittelbar in der Vereinbarung festgelegt, sondern erst später ermittelt wird, sofern nur wenigstens die Verpflichtung als solche bindend vereinbart war[30].

3.6　Es genügt nur ein verlorener Zuschuß, der **mindestens** einen **Jahresmietzins** ausmacht. Wenn er diesen nicht übersteigt, ist also die Schutzfrist vier Jahre[31]. Hat der Mieter mehrere verlorene Zuschüsse für dasselbe Grundstück geleistet, so sind sie zusammenzurechnen. Zuschüsse von weniger als einem Jahresmietzins können nur außerhalb der Versteigerung bedeutsam sein[32], werden im Versteigerungsverfahren aber nicht beachtet.

---

[25] Jonas/Pohle, ZwVNotrecht, §§ 57–57 d Anm 3 d.
[26] BGH 15, 296 = DWW 1955, 44 mit Anm Schneider = MDR 1955, 152 = NJW 1955, 301 = Rpfleger 1955, 67 und 73 (nur Anm Bruhn); Wörbelauer NJW 1953, 1729 (II 3).
[27] Jonas/Pohle, ZwVNotrecht, §§ 57–57 d Anm 3 c; Wörbelauer NJW 1953, 1729 (II 1).
[28] BGH 15, 296 = aaO (Fußn 26) und KTS 1959, 17 = MDR 1959, 207 sowie 387 Leitsatz mit zust Anm Thieme = NJW 1959, 380.
[29] Jonas/Pohle, ZwVNotrecht, §§ 57–57 d Anm 3 c.
[30] Wörbelauer NJW 1953, 1729 (II 4, II 8 und II 5).
[31] AG Düsseldorf MDR 1955, 484 Leitsatz.
[32] Haegele BlGrBW 1956, 263 (I); Matthias MDR 1954, 649.

Beschränkung des Sonderkündigungsrechts 5.3 § 57 c

3.7 Nicht erfüllt werden die Voraussetzungen für verlorene Baukostenzuschüsse mit der Folge einer Schutzfrist durch **Abstandszahlungen** oder Abfindungsverträge, weil sie ohne Rücksicht auf die Schaffung oder Instandsetzung von Mietraum bewirkt werden.

Mieterdarlehen als Kündigungsaufschub 4

Mieterdarlehen können auch hier, unbeschadet ihrer vertraglichen Bezeichnung, einen verlorenen Baukostenzuschuß (Rdn 3) oder eine Mietzinsvorauszahlung (Rdn 5) darstellen und so einen Kündigungsaufschub verschaffen. **Im Zweifel** wird man sie als **Vorauszahlung** behandeln, auch wenn Zinsen festgelegt sind (dazu § 57 b Rdn 7). Ein echtes Mieterdarlehen aber berührt den Ersteher nicht und gewährt dem Mieter keinen Aufschub gegenüber dem Ausnahmekündigungsrecht des Erstehers. Aufschub oder Ausschluß der Kündigung zugunsten des Mieters ist dann nur über § 59 als abweichende Versteigerungsbedingung möglich (Rdn 8).

Mietzinsvorauszahlung als Kündigungsaufschub 5

5.1 Für den Aufschub des Sonderkündigungsrechts genügen auch Mietzinsvorauszahlungen, die **bestimmte Voraussetzungen** erfüllen (Rdn 2). Sie können auch als Mieterdarlehen bezeichnet sein (Rdn 4). Das Kündigungsrecht des § 57 a ruht hier, „solange" der Mietzins zur Schaffung oder Instandsetzung (nicht Instandhaltung) des Mietraums ganz oder zum Teil vorausentrichtet oder mit einem sonstigen zur Schaffung oder Instandsetzung geleisteten Betrag zu verrechnen ist, und zwar ohne Rücksicht darauf, ob die Verfügung selbst gegenüber dem Ersteher wirksam ist: Abs 1 Nr 1.

5.2 Die Zahlung muß hier so erfolgt sein, daß der Mieter damit den **Mietzins vorausentrichtet** oder eine **Gegenforderung** gegen den Ersteher **erwirbt,** die mit der Mietzinsschuld verrechnet werden soll[33]. Entscheidend ist, ob und wie nach der Absicht der Mietvertragsparteien der Beitrag ausgeglichen werden soll[33]. Gleich ist dabei, ob sich die Vertragsparteien schon bei Abschluß des Mietvertrags oder bei einer besonderen Zusage des Beitrags damals oder später geeinigt haben[33]. Ohne Bedeutung ist auch, ob die Vorausverfügung (§ 57 b; BGB § 573) gegenüber dem Ersteher wirksam ist (§ 57 b Rdn 2): Abs 1 Nr 1. Die Vorauszahlung muß zur Schaffung oder Instandsetzung des Mietraums gedient haben. Es genügt auch, wenn die vermieteten Räume schon vor Abschluß des Mietvertrags und vor der Vorauszahlungsvereinbarung fertiggestellt und bewohnt waren und wenn die Vorauszahlung gar nicht darauf verwendet worden ist[34]. Die Vorschrift ist auch sinngemäß anzuwenden, wenn der Mietzins so vorausentrichtet ist, daß der Vermieter damit eine eigene Wohnung ausbaut und dafür eine schon fertige andere dem Mieter überläßt[35], weil der Mieter auch so zur Schaffung von Mietraum beigetragen hat. Aufwendungen des Mieters für eigene Firmenschilder und Reklametafeln sind keine verrechnungsfähigen Aufwendungen für die Mietsache.

5.3 Hat der Mieter **mehrere Vorauszahlungen** geleistet, so hängt die Dauer des Schutzes von der Vereinbarung ab, ob sie etwa hintereinander oder gleichzeitig abgewohnt werden soll[36]. Eine Höchstdauer hinsichtlich des Kündigungsaufschubs ist hier, im Gegensatz zu den verlorenen Baukostenzuschüssen (Rdn 3) nicht vom Gesetz festgesetzt. Den **Begriff „solange"** erörtert das Gesetz nicht, es setzt keine Frist. „Solange" kann also auch ein längerer Zeitraum sein. Das „Ab-

---
[33] Jonas/Pohle, ZwVNotrecht, §§ 57–57 d Anm 2 d.
[34] OLG Nürnberg Rpfleger 1955, 188 mit zust Anm Bruhn; wahrscheinlich identisch mit: BayJMBl 1955, 93.
[35] AG Siegburg NJW 1955, 1886.
[36] Jonas/Pohle, ZwVNotrecht, §§ 57–57 d Anm 4 a.

§ 57 c 5.3 Geringstes Gebot, Versteigerungsbedingungen

wohnen" kann auch in kleinen Raten erfolgen. Nur bei unlauterem Zusammenwirken von Mieter und Vermieter (Vollstreckungsschuldner) können BGB §§ 117, 138 eingreifen, zB wenn ein ganz geringfügiger Betrag in ungewöhnlich langer Zeit getilgt werden soll[36]. Dies würde vom ZVG nicht mehr gedeckt. Gewollt ist der Schutz des Mieters, der erhebliche Leistungen für das Objekt erbracht hat. Bei unerheblichen Gegenforderungen kann der Ersteher den Mieter befriedigen, so daß der Schutz entfällt. Abreden über Vorauszahlungen nach der Beschlagnahme sind unwirksam für die Frage des Kündigungsaufschubs.

5.4 Auch wenn die Mietvorauszahlung nicht als solche bezeichnet ist, bleibt § 57 c anwendbar[37] (dazu Rdn 4). Hat ein Gläubiger des Grundstückseigentümers mit diesem vereinbart, daß dieser nicht ohne des Gläubigers Zustimmung Mietzinsvorauszahlungen annehmen dürfe, so ist ein **Verstoß** gegen diese Vereinbarung für den Mieter nicht schädlich[38] die Vorauszahlung also trotzdem wirksam.

6 Mietzuschüsse verschiedener Art als Kündigungsaufschub

6.1 Wenn das Sonderkündigungsrecht des Erstehers **sowohl** wegen eines verlorenen Baukostenzuschusses (Rdn 3) **wie auch** wegen einer Mietzinsvorauszahlung (Rdn 5) aufgeschoben ist, wenn also zwei verschiedene Arten von Schutzfristen zusammentreffen, so sind die aus beiden sich ergebenden Zeiträume **zusammenzurechnen**: Abs 3. Dabei ist für die Mietzinsvorauszahlung der Zeitraum nicht beschränkt, für die verlorenen Zuschüsse aber auf zwölf Jahre beschränkt (bzw die kürzere Vertragsdauer). Im Höchstfall sind damit die errechnete Abwohnzeit der Vorauszahlung und die zwölf Jahre Höchstfrist des Baukostenzuschusses zusammenzurechnen. Die zusammengerechnete Frist ist dann ihrerseits nicht auf zwölf Jahre oder Vertragsdauer beschränkt (anders[39]: Höchstdauer zusammen zwölf Jahre; widerspricht dem Gesetzeswortlaut).

6.2 Beispiele aus[40]: Grundstück für zehn Jahre gegen 3000 DM Jahresmietzins vermietet; Mieter hat 1500 DM gegen Verrechnung auf Mietzins der ersten fünf Jahre mit je 300 DM und verlorenen Zuschuß von 1500 DM bezahlt. Schutzfrist wegen der Vorauszahlung fünf Jahre; verlorener Zuschuß ohne Einfluß, weil ein Jahresmietbetrag nicht erreicht. Wenn aber verlorener Zuschuß 3000 DM beträgt, hierfür Schutzfrist von vier Jahren, für die Vorauszahlung weitere fünf Jahre, somit insgesamt neun Jahre.

7 Schutzfrist der Mieter/Pächter gegenüber dem Ersteher

7.1 Dauer der Schutzfrist **im einzelnen** bei verlorenen Baukostenzuschüssen Rdn 3, bei Mietzinsvorauszahlungen Rdn 5, bei Zusammentreffen beider Rdn 6. Bei Vorauszahlung ist die Frist grundsätzlich unbeschränkt, bei Baukostenzuschüssen auf zwölf Jahre oder die Vertragsdauer beschränkt, beim Zusammentreffen beider zusammenzurechnen.

7.2 Auf jeden Fall handelt es sich um einen **zeitlich begrenzten Aufschub** des Sonderkündigungsrechts. Der Ersteher darf also erst kündigen gemäß der Ausnahmebestimmung des § 57 a, wenn die Aufschubzeit abgelaufen ist; er darf nicht schon während ihres Laufes für den Ablaufzeitpunkt kündigen[41] (anders[42]: es sei vorsorgliche Kündigung für diesen Zeitpunkt möglich). Das Gesetz sagt im einleitenden Satz von Abs 1 ausdrücklich, daß der Ersteher während des Laufes der Frist von dem Sonderkündigungsrecht keinen Gebrauch machen könne. Erst nach Ab-

---

[37] Schiffhauer BlGrBW 1968, 205 (XVIII 1).
[38] LG Kassel ZMR 1966, 177.
[39] Drischler Rpfleger 1953, 497 (5).
[40] Jonas/Pohle, ZwVNotrecht, §§ 57–57 d Anm 4 a.
[41] Jonas/Pohle, ZwVNotrecht, §§ 57–57 d Anm 2 e.
[42] Wörbelauer NJW 1953, 1729 (II 10).

Beschränkung des Sonderkündigungsrechts 9.3 § 57 c

lauf dieser Frist darf er für den nunmehr ersten zulässigen Termin mit gesetzlicher Frist (§ 57 a Rdn 4) und in gesetzlicher Form (§ 57 a Rdn 3) kündigen (falls nicht gesetzlicher Mieterschutz dann seinerseits eingreift, § 57 a Rdn 6). § 57 c schiebt nur die Kündigungsmöglichkeit um die Frist hinaus, läßt aber § 57 a unberührt. Es ist also so anzusehen, als ob der Zuschlag erst mit dem letzten Tag der Schutzfrist (falls Samstag, Sonntag, Feiertag am nächstfolgenden Werktag) vierundzwanzig Uhr wirksam würde oder, anders ausgedrückt, mit dem Tag nach Ablauf der Frist (wie vorher berechnet) Null Uhr.

Versteigerungsbedingungen, abweichende 8

8.1 § 57 c ist **gesetzliche Versteigerungsbedingung** wie das Ausnahmekündigungsrecht nach § 57 a, auf das sie sich bezieht (§ 57 a Rdn 2.1).

8.2 Auch diese gesetzliche Versteigerungsbedingung **kann** nach § 59 **abgeändert** werden[43]. Ein Ausgebot unter Ausschluß des Kündigungsaufschubs nach § 57 c ist nur mit Zustimmung des betroffenen Mieters möglich (§ 59 Abs 1 Satz 2)[44]. Diese Zustimmung muß im Termin zu Protokoll erklärt oder durch öffentlich beglaubigte Urkunde gemäß § 84 Abs 2 nachgewiesen werden[45], beides spätestens vor der Aufforderung zur Abgabe von Geboten, weil sonst anderslautende Versteigerungsbedingungen falsch wären. Wenn der Mieter im voraus verzichtet hatte (Rdn 9), so ist das auch eine im voraus erklärte Zustimmung zur Änderung der Versteigerungsbedingungen (vorausgesetzt, daß die nötige Form eingehalten ist)[45]. Hält der Mieter die Form nicht ein, so will ihn[45] in diesem Falle auf Abgabe der formgerechten Erklärung vom Schuldner und vom Grundpfandrechtsgläubiger verklagen lassen.

Verzicht des Mieters/Pächters auf Kündigungsaufschub 9

9.1 In den Jahren, in denen Mietverträge kaum ohne zusätzliche Mieterleistungen geschlossen wurden (Rdn 7), forderten die **Kreditinstitute** häufig bei der Beleihung eines Bauvorhabens den Verzicht der Mieter auf den Aufschub des Ausnahmekündigungsrechts nach § 57 c, meist auch ihren Verzicht auf Verrechnung ihrer Sonderleistungen im Falle der Zwangsversteigerung und Zwangsverwaltung.

9.2 Soweit dabei eine **Notlage** des Mieters ausgenützt wurde, dürfte der Verzicht des Mieters nach BGB § 138 rechtsunwirksam oder nach BGB § 134 gesetzwidrig sein[46].

9.3 Der **Aufschub** des Ausnahmekündigungsrechts ist eine **gesetz**liche **Versteigerungsbedingung,** die mit Zustimmung des Mieters nach § 59 **abgeändert werden kann** (Rdn 8). Es muß darum auch möglich sein, daß der Mieter schon im voraus auf den Schutz verzichtet[47]. § 57 c hat keinen Mieterschutzcharakter und ist daher nicht wie gesetzlicher Mieterschutz unabdingbar[48]. § 57 c gibt nämlich nicht dem Mieter ein Recht, sondern nimmt nur dem Ersteher vorübergehend das gesetzliche Ausnahmekündigungsrecht[49]. Es ist dies eine Vorschrift des Vollstreckungsrechts, die den Mieter nicht gegen selbst übernommene Risiken schützt[49]. Die Vorschrift will das Vertrauen des Mieters auf die Unkünd-

---

[43] Mohrbutter, Handbuch des Vollstreckungsrechts, § 41 (II); Oschmann/Pergande, Baukostenzuschuß, Seite 62; Pergande BB 1955, 211.
[44] Mohrbutter ZMR 1954, 161 (4); Weitnauer Betrieb 1954, 796 (II 2).
[45] Wörbelauer NJW 1953, 1729 (II 11).
[46] Hurst WuM 1959, 66 (2); Pergande BB 1955, 211.
[47] Dassler/Gerhardt § 57 c Rdn 20; Steiner/Teufel §§ 57–57 d Rdn 57; Mohrbutter, Handbuch des Vollstreckungsrechts, § 41 (II); Mohrbutter/Drischler Muster 64 Anm 6; Drischler Rpfl Jahrbuch 1971, 316 (VII 1); Mohrbutter ZMR 1954, 161 (4).
[48] Weitnauer Betrieb 1954, 796 (II 3); Pergande BB 1955, 211.
[49] Pergande BB 1955, 211.

§ 57 c 9.3 Geringstes Gebot, Versteigerungsbedingungen

barkeit für eine bestimmte Zeit mit Rücksicht auf seine zusätzlichen Leistungen schützen, läßt ihm selbst aber freie Hand[50] Der Verzicht ist auch nicht sittenwidrig[51] (anders[52]: zulässig sei nur ein aufschiebend bedingtes, zwischen Mieter und Vermieter vereinbartes Kündigungsrecht des Erstehers für den Fall der Versteigerung; selber Erfolg, aber unnötiger Umweg; anders auch[53]: die Abdingung von Mieterrechten sei immer sittenwidrig; kann man nicht so allgemein sagen, hängt ganz von der Lage des Falles ab, vor allem dann, wenn zahlreiche Neubauten leerstehen).

9.4 Wenn der Mieter **im voraus** in der durch § 84 Abs 2 geforderten Form **verzichtet** hat, ist das eine im voraus erklärte Zustimmung zur Änderung der Versteigerungsbedingungen (Rdn 8)[54]. Hierzu meint[54] noch: wenn § 57 c nicht in den Versteigerungsbedingungen ausgeschlossen werde, genüge der Verzicht des Mieters nicht, weil der Ersteher nicht mehr Rechte haben könne, als ihm nach den Versteigerungsbedingungen zustünden. Darum ist es im Zweifel wohl besser, den Verzicht des Mieters auch in den Versteigerungsbedingungen festzulegen. Es sei auch hier daran erinnert, daß gesetzlicher Mieterschutz nicht berührt wird (§ 57 a Rdn 6).

[Ermittlung/Aufforderung der Mieter (Pächter), Anmeldung]

57 d (1) **Das Vollstreckungsgericht hat, sofern nach den Umständen anzunehmen ist, daß die in § 57 c vorgesehene Beschränkung des Kündigungsrechts des Erstehers in Betracht kommt, unverzüglich nach Anordnung der Zwangsversteigerung die Mieter und Pächter des Grundstücks aufzufordern, bis zum Beginn des Versteigerungstermins eine Erklärung darüber abzugeben, ob und welche Beiträge im Sinne des § 57 c Abs 1 von ihnen geleistet und welche Bedingungen hierüber vereinbart worden sind.**

(2) **Das Vollstreckungsgericht hat im Versteigerungstermin bekanntzugeben, ob und welche Erklärungen nach Absatz 1 abgegeben worden sind.**

(3) **Hat ein Mieter oder Pächter keine oder eine unvollständige oder eine unrichtige Erklärung abgegeben und ist die Bekanntgabe nach Absatz 2 erfolgt, so ist § 57 c ihm gegenüber nicht anzuwenden. Das gilt nicht, wenn der Ersteher die Höhe der Beiträge gekannt hat oder bei Kenntnis das gleiche Gebot abgegeben haben würde.**

(4) **Die Aufforderung nach Absatz 1 ist zuzustellen. Sie muß einen Hinweis auf die in Absatz 3 bestimmten Rechtsfolgen enthalten.**

1 Allgemeines zu § 57 d

1.1 Zweck der Vorschrift: Verfahrensbestimmungen zur Ermittlung, Belehrung, Aufforderung und Anmeldung der Mieter/Pächter.

1.2 Anwendungsbereich: § 57 d gilt (wie die §§ 57, 57 c) für die Vollstreckungsversteigerung, die Konkursverwalter- und Nachlaßversteigerung. Für die Teilungsversteigerung ist das Sonderkündigungsrecht des Erstehers (auf das sich § 57 d bezieht) durch § 183 ausgeschlossen. Besonderheiten gelten für Schiffe und Luftfahrzeuge (§ 162 Rdn 3, § 171 a Rdn 3).

---

[50] Weitnauer Betrieb 1954, 796 (II 3).
[51] Oschmann/Pergande, Baukostenzuschuß, S 62; Drischler Rpfl-Jahrbuch 1971, 316 (VII 9); Merkert AIZ 1955, 6.
[52] Bachmann ZMR 1961, 33.
[53] AG Wiesbaden MDR 1967, 768; Schiffhauer BlGrBW 1968, 205 (XVIII 5).
[54] Wörbelauer NJW 1953, 1729 (II 11).

Ermittlung und Anmeldung der Mieter (Pächter)   2.4   **§ 57 d**

Aufforderung und Belehrung der Mieter/Pächter

2.1 Wenn nach den Umständen anzunehmen ist, daß der Aufschub des Sonderkündigungsrechtes nach § 57 c in Frage kommen kann, **muß** das Vollstreckungsgericht die Mieter/Pächter **auffordern,** ihre Rechte anzumelden (Rdn 3) und muß diese Anmeldungen im Versteigerungstermin bekanntgeben (Rdn 4).

2.2 Zunächst **muß** das Vollstreckungsgericht für diesen Zweck die Mieter/Pächter **ermitteln.** Dies ist möglich durch Anfrage beim Schuldner (meist erfolglos), bei gleichzeitiger Zwangsverwaltung durch Anfrage beim Zwangsverwalter (der alle Mieter nach dem neuesten Stand kennt), sonst wie bei § 57 b Abs 1 (auch wenn in § 57 d hierauf nicht Bezug genommen ist) durch Auftrag an den Gerichtsvollzieher (zulässig[1]) oder einen sonstigen Beamten oder durch Anfrage bei der zuständigen Behörde (Einwohnermeldeamt), aber auch dadurch, daß der mit der Schätzung beauftragte Sachverständige gebeten wird, die Mieter festzustellen (§ 74 a Rdn 10). Die Gerichtsvollziehergebühren (Einl Rdn 88) sind nach § 109 vorweg aus der Masse zu entnehmen sind (§ 57 b Rdn 6).

2.3 Die ermittelten Mieter/Pächter **muß** (zwingend) das Vollstreckungsgericht, wenn die Beschränkung des Sonderkündigungsrechts nach den Umständen in Frage kommen kann, zur Abgabe einer Erklärung hierüber bis spätestens zum Beginn des Versteigerungstermins **auffordern.** Die Aufforderung muß (zwingend) einen Hinweis auf die Verwirkung ihrer Rechte, also eine Belehrung enthalten und muß zugestellt werden: Abs 4. Diese Aufforderung des Gerichts soll an sich „unverzüglich" nach der Anordnung der Zwangsversteigerung geschehen (Abs 1); es reicht aber aus und ist sogar zweckmäßiger (damit nicht die Mieter vorzeitig von einem dann vielleicht wieder wegfallenden Verfahren Kenntnis erhalten), wenn die Aufforderung erst bei oder nach der Terminsbestimmung erfolgt. Eine Aufforderung erst kurz vor dem Termin oder gar im Termin selbst wäre auf jeden Fall verspätet und könnte Haftungsgefahren entstehen lassen[2]. Eine Verspätung kann allerdings durch Genehmigung des Betroffenen zu Protokoll (§ 83 Nr 1, § 84) geheilt werden. Die Genehmigung ist unwiderruflich und unterliegt als Prozeßhandlung auch nicht der Anfechtung wegen Willensmängeln. Von der Aufforderung darf das Gericht auch dann nicht absehen, wenn nach seiner Ansicht gesetzlicher Mieterschutz besteht oder § 57 c sonst nicht anwendbar ist, weil das Vollstreckungsgericht hierüber nicht zu entscheiden hat. Wo Zweifel bestehen, ob § 57 c in Frage komme, muß aufgefordert werden[2]. Die Unterlassung ist ein Verstoß nach § 83 Nr 1, allerdings kein Grund zur Zuschlagsversagung, weil das Recht der Beteiligten nicht durch den Zuschlag beeinträchtigt ist[3], denn der Mieter, der nicht aufgefordert wurde oder der vom Gericht übersehen wurde, verwirkt seine Rechte nicht. Bei einem dem Gericht nach der Aufforderung bekanntwerdenden Wechsel der Mieter sind die neuen Mieter ebenfalls aufzufordern, auch wenn dies erst kurz vor dem Termin geschehen kann. Das Gericht muß alles tun, um rechtzeitige und richtige Mietererklärungen herbeizuführen.

2.4 Die Aufforderung **muß** (zwingend) eine **Belehrung enthalten,** nämlich einen Hinweis auf die Verwirkung der Rechte nach § 57 d Abs 3: Abs 4 Satz 2. Es ist das ein Hinweis, daß der in § 57 c vorgesehene Aufschub des Sonderkündigungsrechts gegenüber einem Mieter/Pächter nicht in Frage komme, wenn dieser keine oder eine unvollständige oder unrichtige oder verspätete Erklärung abgegeben habe. Diese Belehrung hat mit der Belehrung nach § 57 b Abs 1 (über die Folgen der Beschlagnahme) nichts zu tun, sie ist von ihr unabhängig. Die Belehrung nach § 57 b Abs 1 erfolgt auf Antrag, die nach § 57 d von Amts wegen.

---

[1] Drischler DGVZ 1955, 131 (A I 1).
[2] LG Berlin Rpfleger 1977, 69.
[3] OLG Düsseldorf Rpfleger 1995, 373; LG Berlin Rpfleger 1977, 69.

§ 57 d 2.4 Geringstes Gebot, Versteigerungsbedingungen

Theoretisch könnten beide verbunden werden, wenn dadurch keine Verzögerung im Verfahrensablauf eintritt, praktisch ist die Verbindung kaum möglich.

2.5 Muster für die Aufforderung ZVG-Handbuch Rdn 216, sonst hierzu im ZVG-Handbuch Rdn 218.

3 Mieteranmeldungen zum Versteigerungstermin

3.1 Unter bestimmten Voraussetzungen muß das Vollstreckungsgericht die Mieter/Pächter auffordern, eine Anmeldung bestimmter Art abzugeben (Rdn 2), nämlich **bis zum Beginn des Versteigerungstermins** dem Gericht zu erklären, ob und welche Beträge nach § 57 c Abs 1 von ihnen geleistet und welche Bedingungen hierüber vereinbart worden sind: Abs 1. Erst die Aufforderung des Gerichts begründet die Pflicht zur Erklärung[4].

3.2 Die Erklärung der Mieter/Pächter kann **schriftlich** oder **zu Protokoll** des Gerichts erfolgen. Sie kann auch ohne vorherige Aufforderung durch das Gericht abgegeben werden[5]. Nach dem Gesetz ist der **letzte Zeitpunkt** für die Abgabe der Erklärung der Beginn des Versteigerungstermins (Abs 1). Das Gericht hat aber auch Erklärungen, die im Versteigerungstermin (solange dort noch Anmeldungen überhaupt möglich sind) abgegeben werden oder dem Gericht zugehen, bekanntzugeben; sie müssen also wenigstens vor dem Hinweis auf die Ausschließung von Anmeldungen nach § 66 Abs 2 ihm vorliegen[6]. Es steht nichts im Wege, auch noch spätere Erklärungen im Termin bekanntzugeben (zB während der Bietstunde); ob sie noch wirksam sind, hat das Vollstreckungsgericht nicht zu entscheiden.

3.3 Das Gesetz bestimmt, daß der Mieter/Pächter den **Aufschub** des Sonderkündigungsrechts nach § 57 c **nicht** genießt, **wenn** er trotz der Aufforderung des Gerichts, eine Erklärung über Baukostenzuschüsse oder Mietzinsvorauszahlungen abzugeben, bis zum Terminsbeginn keine oder eine unvollständige oder unrichtige (folgerichtig auch: eine verspätete) Erklärung abgegeben hat und wenn das Gericht hierzu im Termin seiner Bekanntgabepflicht (welche Erklärungen abgegeben sind oder daß keine abgegeben sind, Abs 2) nachgekommen ist: Abs 3 Satz 1. Das Ausnahmekündigungsrecht ist dann unbeschränkt. Dieser Nachteil tritt aber nicht ein, wenn der Ersteher die Höhe der Beiträge gekannt hat oder bei ihrer Kenntnis das gleiche Gebot abgegeben hätte: Abs 3 Satz 2. Die Beweise in diesem letztgenannten Fall sind Sache des Mieters. Eine nur in Nebenpunkten unrichtige Erklärung des Mieters/Pächters ist für diesen unschädlich.

3.4 Für den **Rechtsverlust** der Mieter/Pächter nach Abs 3 müssen also **fünf Voraussetzungen** erfüllt werden: a) Der Mieter/Pächter muß eine Aufforderung des Gerichts zur Abgabe einer Erklärung nach Abs 1 erhalten haben; b) der Mieter/Pächter muß keine oder nur eine unvollständige oder unrichtige Erklärung abgegeben haben; c) es muß im Versteigerungstermin über die Erklärungen eine Bekanntgabe des Gerichts erfolgt sein (mindestens, daß nichts erklärt worden sei); d) der Ersteher darf die Höhe der Mietbeiträge nicht gekannt haben (er darf nicht gewußt haben, daß ein Beitrag gegeben sei, daß es ein Beitrag nach § 57 c und wie hoch dieser war; kennt er nur einen Teilbetrag, so ist sein Recht nur insoweit beschränkt); e) der Ersteher hätte bei Kenntnis kein Gebot oder wenigstens keines in dieser Höhe abgegeben.

3.5 Weil es nicht in der Hand des Mieters/Pächters liegt, ob das Gericht seinerseits die Formvorschriften des § 57 d beachtet, muß entgegen dem Wortlaut des Gesetzes der Aufschub der Sonderkündigung auch dann bestehen, wenn die

---

[4] LG Berlin Rpfleger 1977, 69; Jonas/Pohle, ZwVNotrecht, §§ 57–57 d Anm 6 a.
[5] Jonas/Pohle, ZwVNotrecht, §§ 57–57 d Anm 5 c.
[6] Dassler/Gerhardt § 57 d Rdn 3; Jonas/Pohle, ZwVNotrecht, §§ 57–57 d Anm 5 c; Mohrbutter, Handbuch des Vollstreckungsrechts, § 41 (II); Drischler Rpfleger 1953, 497 (501).

Zuschlagskosten 3 § 58

Formvorschriften, auf die der Mieter/Pächter keinen Einfluß hat, **nicht beachtet** sind[7]. In diesem Falle kann aber das Gericht haftpflichtig sein. Hat der Mieter/Pächter ohne gerichtliche Aufforderung von sich aus eine Erklärung abgegeben und ist diese bekanntgegeben worden, war sie aber unrichtig oder unvollständig, so können die in Abs 3 dargestellten Rechtsnachteile nicht eintreten, wenn der Mieter/Pächter vom Gericht über die Folgen einer unvollständigen Erklärung nicht belehrt wurde[8]; auch dann besteht Schutz des Mieters/Pächters nach § 57 c.

3.6 Muster für die Anmeldung der Mieter/Pächter im ZVG-Handbuch Rdn 217, sonst zur Anmeldung dort Rdn 218.

Terminsbekanntgabe der Mieteranmeldungen 4

4.1 Das Vollstreckungsgericht muß im Versteigerungstermin vor der Aufforderung zur Abgabe von Geboten bekanntgeben, **ob und welche Erklärungen** die Mieter/Pächter über Baukostenzuschüsse und Mietzinsvorauszahlungen abgegeben haben: Abs 2. Es muß auch bekanntgegeben werden, wenn keine Erklärungen erfolgt sind.

4.2 Unterbleibt durch Versehen des Gerichts die **Bekanntgabe,** so kann dies als Verletzung einer gesetzlichen Versteigerungsbedingung einen Zuschlagsversagungsgrund/Anfechtungsgrund bilden (§ 83 Nr 1, § 100), jedoch verwirken die Mieter/Pächter dann nicht ihre Rechte.

4.3 Das Vollstreckungsgericht gibt nur bekannt, **prüft** aber **nicht,** ob die Voraussetzungen des § 57 c vorliegen. Sie zu behaupten und zu beweisen ist Sache des Mieters/Pächters vor dem Prozeßgericht[9], das hierüber zu entscheiden hat (zB auf eine Räumungsklage des Erstehers).

[Zuschlagskosten]

58 Die Kosten des Beschlusses, durch welchen der Zuschlag erteilt wird, fallen dem Ersteher zur Last.

Allgemeines zu § 58 1

Zweck und **Anwendungsbereich:** Regelung der Kostenpflicht für den Zuschlag. Die Vorschrift gilt für alle Versteigerungsverfahren des ZVG, auch die Teilungsversteigerung.

Kosten des Zuschlagsbeschlusses 2

Für die **Kosten** des Zuschlagsbeschlusses (Berechnung der Zuschlagsgebühr, Höhe usw Einl Rdn 79) haftet der Ersteher: § 58 (dies entspricht der Regelung beim rechtsgeschäftlichen Erwerb in BGB § 449). Als Erwerbskosten gehören die Kosten für **Erteilung des Zuschlags** nicht zu den Verfahrenskosten nach § 109, sind also nicht aus der Masse zu entnehmen. Bei Abtretung der Rechte aus dem Meistgebot nach § 81 Abs 2 und bei Meistgebot kraft verdeckter Vollmacht nach § 81 Abs 3 haften (als Gesamtschuldner) der Ersteher und der Meistbietende (§ 81 Abs 4). Schuldner und Gläubiger haften nicht für die Zuschlagsgebühr. Die Kostenpflicht des Erstehers ist gesetzliche Versteigerungsbedingung.

Zustellungsauslagen 3

Der Zuschlagsbeschluß muß an den Ersteher und bestimmte Beteiligte zugestellt werden (§ 88). Die **Auslagen** für die förmliche **Zustellung** sind der Staatskasse zu

---

[7] LG Frankfurt WuM 1957, 105.
[8] OLG Düsseldorf Rpfleger 1995, 373; LG Berlin Rpfleger 1977, 69.
[9] LG Berlin Rpfleger 1977, 69.

ersetzen (Einl Rdn 84.5 mit Einzelheiten). Diese Auslagen gehören (im Gegensatz zur Zuschlagsgebühr) zusammen mit allen anderen Auslagen des Verfahrens zu den nach § 109 vorweg aus der Masse zu entnehmenden Verfahrenskosten[1]. Der Ersteher hat die Kosten des Zuschlags als Erwerbskosten zu tragen. Eigentumserwerb erfolgt bereits mit Verkündung des Zuschlags (§§ 89, 90). Zustellung erfordern Wirksamkeit des Zuschlags und Eigentumserwerb des Erstehers nicht. Die Zustellung des Zuschlagsbeschlusses hat Bedeutung nur für den Beginn der Rechtsmittelfristen (für Terminsteilnehmer ohne Zustellung mit der Verkündung beginnend, nur für Nichtteilnehmer und Ersteher mit der Zustellung, § 98), somit für den Verfahrensfortgang nach Zuschlag. Die Zustellung ist daher ein zum Verfahren als solchem gehörender Vorgang, der mit der Erteilung des Zuschlags und sonach mit den Kosten des Beschlusses, durch welchen der Zuschlag erteilt wird, nicht in Zusammenhang steht (die Zuschlagsgebühr wird vom verkündeten Zuschlag ausgelöst), auch im Ausnahmefall nach § 104, wo der Zuschlag durch Zustellung der Beschwerdeentscheidung wirksam wird, lediglich als Nachholung der zu Unrecht unterlassenen Verkündung des Zuschlags durch das Erstgericht. Abzulehnen daher die Gegenansicht[2], die Zustellung gehöre zum Zuschlag, die Kosten müßten den Ersteher treffen, auch vor dem Beschwerdegericht. Der Ersteher hat nach § 58 nur Erwerbskosten zu tragen. Solche entstehen nur mit Erteilung des Zuschlags, nicht aber mit der dem Verfahrensfortgang dienenden Zustellung des Beschlusses. Daß auch Zustellungsauslagen zu den vom Ersteher zu tragenden Erwerbskosten gehören müßten, bringt weder § 58 noch (mit Regelung der Zahlungspflicht gegenüber der Staatskasse) GKG § 53 Abs 2 Satz 1 zum Ausdruck. GKG § 53 Abs 2 Satz 1 begründet eine Kostenhaftung des Erstehers gegenüber der Staatskasse „auch für die mit Erteilung des Zuschlags **verbundenen** Auslagen", ZVG § 58 bestimmt, daß der Ersteher die Kosten des Beschlusses für **Erteilung** des Zuschlags zu tragen hat (diese somit nicht nach § 109 dem Erlös zu entnehmen sind). Die 1975 geänderte Kostenbestimmung (GKG § 53 Abs 2 Satz 1) bietet schon wegen dieser unterschiedlichen Regelung keinen Anhalt dafür, daß auch Zustellungsauslagen zu den vom Ersteher nach § 58 zu tragenden Erwerbskosten gehören würden (so aber[3]). Aber auch für die Kostenpflicht gegenüber der Staatskasse bestimmt nicht GKG § 53 Abs 2 Satz 1, sondern Abs 1 Satz 1 des GKG § 53 die Haftung für die zum Verfahren gehörenden Auslagen der Zustellung (auch) des Zuschlagsbeschlusses. Wären auch Zustellungskosten noch „als Kosten für Erteilung des Zuschlags" anzusehen, dann könnten sie nach Aufhebung des Zuschlagsbeschlusses (auf Erinnerung oder Beschwerde) überhaupt nicht erhoben werden; nach späterer Versteigerung könnten diese für den Verfahrensfortgang aufgewendeten Zustellungskosten auch nicht dem Erlös entnommen werden; nach Verfahrensaufhebung würde der Antragsteller nicht haften (GKG § 53 Abs 1 Satz 1), wäre sonach kein Kostenschuldner vorhanden. Aufhebung des Zuschlagsbeschlusses bewirkt jedoch nur, daß die Gebühr für Erteilung des Zuschlags entfällt (GKG-Kostenverzeichnis Nr 5130); Zustellungsauslagen werden auch in diesem Fall erhoben. Dafür, daß die Kosten der dem Verfahrensfortgang dienenden Zustellung des Zuschlagsbeschlusses (§ 88) mit einer geschuldeten Gebühr vom Ersteher zu tragen wären, bei Wegfall der Gebühr aber weder aus einem späteren Erlös entnommen noch sonst erhoben werden können, findet sich weder eine sachliche Rechtfertigung noch ein Anhalt im Gesetz.

---

[1] AG Kellinghusen Rpfleger 1968, 61; Stöber Rpfleger 1969, 122 (Teil B); Dassler/Schiffhauer § 58 Rdn 3.
[2] LG Freiburg JurBüro 1991, 1211 = Rpfleger 1991, 382; Drischler Rpfleger 1969, 119 (Teil A, 4 a, c); Mohrbutter/Drischler Muster 111 Anm 9; Steiner/Storz § 58 Rdn 9.
[3] Steiner/Storz § 58 Rdn 9.

[Abweichung bei geringstem Gebot und Versteigerungsbedingungen]

59 (1) **Jeder Beteiligte kann eine von den gesetzlichen Vorschriften abweichende Feststellung des geringsten Gebots und der Versteigerungsbedingungen verlangen. Wird durch die Abweichung das Recht eines anderen Beteiligten beeinträchtigt, so ist dessen Zustimmung erforderlich.**

(2) **Sofern nicht feststeht, ob das Recht durch die Abweichung beeinträchtigt wird, ist das Grundstück mit der verlangten Abweichung und ohne sie auszubieten.**

(3) **Soll das Fortbestehen eines Rechtes bestimmt werden, das nach § 52 erlöschen würde, so bedarf es nicht der Zustimmung eines nachstehenden Beteiligten.**

Übersicht

Allgemeins zu § 59	1	Einzelne Abweichungen	5
Abweichung von gesetzlichen Vorschriften	2	Zuschlag im Falle von Abweichungsanträgen	6
Antrag auf abweichende Feststellung (Absatz 1 Satz 1)	3	Zustimmung Nachstehender zu Bestehenbleiben eines Rechts entbehrlich (Absatz 3)	7
Beeinträchtigung, Doppelausgebot (Absatz 1 Satz 2, Absatz 2)	4		

Literatur: Muth, Das Fortbestehen von Grundpfandrechten als abweichende Versteigerungsbedingung nach § 59 Abs 3 ZVG, JurBüro 1985, 13; Muth, Änderung von Versteigerungsbedingungen, Rpfleger 1987, 397; Schiffhauer, § 59 ZVG – eine Crux ohne Ende?, Rpfleger 1986, 326; Stöber, Änderung der Versteigerungsbedingungen während der Bietstunde, ZIP 1981, 944; Storz, Nochmals, Änderung der Versteigerungsbedingungen während der Bietstunde, ZIP 1982, 416.

Allgemeines zu § 59

1.1 Zweck der Vorschrift: Klarstellende Regelung, daß von den Beteiligten eine von den gesetzlichen Vorschriften abweichende Feststellung des geringsten Gebots und der Versteigerungsbedingungen verlangt werden kann, wenn Interessen anderer Beteiligter nicht verletzt werden oder Beeinträchtigte zustimmen (Denkschrift S 48).

1.2 Anwendungsbereich: § 59 gilt für alle Versteigerungsarten des ZVG, auch für die Konkursverwalterversteigerung (mit Besonderheit in § 174), die Nachlaß- und die Teilungsversteigerung.

Abweichung von gesetzlichen Vorschriften

2.1 Die Vorschriften des ZVG über die Feststellung des geringsten Gebots und der Versteigerungsbedingungen sind nicht zwingender Natur. Durch die Beteiligten können daher Abweichungen herbeigeführt werden. Sie werden nur auf Antrag festgestellt (Abs 1 Satz 1), zum Teil allerdings nur mit Zustimmung eines Dritten (Abs 1 Satz 2 und Abs 3) (Rdn 4), sonst zur Behebung von Zweifeln über eine mögliche Beeinträchtigung unter Doppelausgebot (Abs 2).

2.2 Versteigerungsbedingungen (zu denen auch das geringste Gebot gehört), die nach § 59 abgeändert werden können, regeln die Vorschriften, die Bestimmung über die Bedingungen der Veräußerung des Grundstücks (und mithaftender Gegenstände) und deren Wirkung, somit über die (materiellen) Rechte und Pflichten des Erstehers und der Beteiligten treffen (§§ 44–58, 63–65; siehe § 66 Rdn 7.2) (so auch[1]; für weite Auslegung des Begriffs „Versteigerungsbedingun-

---

[1] Schiffhauer Rpfleger 1986, 326 (VI 1); Dassler/Schiffhauer § 59 Rdn 20.

§ 59 2.2   Geringstes Gebot, Versteigerungsbedingungen

gen" dagegen[2]. Die (besonderen) gesetzlichen und die abweichenden Versteigerungsbedingungen werden nach Anhörung der (anwesenden) Beteiligten im Versteigerungstermin festgestellt und verlesen (§ 66 Abs 1); im Zuschlag werden sie bezeichnet (§ 82). Davon zu unterscheiden sind die **Verfahrensvorschriften** der Zwangsversteigerung (zB § 43 über die Bekanntmachungs- und Zustellungsfristen, § 74 a Abs 5 über die Festsetzung des Grundstückswertes). Sie regeln Zwangsversteigerung als Staatstätigkeit. Als (formalisiertes) Verfahrensrecht sind Bestimmungen über Voraussetzungen des staatlichen Vollstreckungshandelns und das Vollstreckungsverfahren den Abmachungen der Parteien entzogen[3]. Vorschriften des ZVG, die Vollstreckungsverfahren regeln, können daher nicht auf Antrag Beteiligter als Versteigerungsbedingungen nach § 59 abgeändert werden. Interessen Beteiligter finden lediglich in der Weise Berücksichtigung, daß Verfahrensverstöße heilen können, wenn kein Recht beeinträchtigt ist oder wenn beeinträchtigte Beteiligte das Verfahren genehmigen.

2.3 § 59 hat folgende **Grundregeln:** Die Abweichung darf nur auf **Antrag** festgesetzt werden. Die Abweichung darf Interessen eines anderen Beteiligten aber nicht verletzen. Dem Antrag muß daher immer stattgegeben werden, wenn hierdurch niemand beeinträchtigt wird; wenn jemand beeinträchtigt wird, kann nur mit seiner Zustimmung abgewichen werden; bei verweigerter Zustimmung muß der Abweichungsantrag sofort abgelehnt werden; nur dann, wenn zweifelhaft ist, ob jemand beeinträchtigt wird, muß Doppelausgebot erfolgen; der Zuschlag richtet sich nach den verschiedenen Möglichkeiten (Rdn 6).

2.4 Die abweichende Versteigerungsbedingung **kann** zB erlöschende Rechte bestehen lassen, bestehenbleibende Rechte erlöschen lassen, eine höhere Verzinsung des Bargebots bestimmen, eine abweichende Rechtsstellung des Erstehers gegenüber dem Meister festlegen, die Rechtslage bei einem Flurbereinigungsverfahren klären, Zubehör von der Versteigerung ausnehmen, auch einen verspäteten Beitrittsbeschluß entgegen § 44 Abs 2 dem geringsten Gebot zugrundelegen (§ 44 Rdn 7). Die verlangte Abweichung muß verständlich und unzweideutig sein.

2.5. Nicht geändert werden können und dürfen insbesondere die grundlegenden, zwingenden Verfahrensbestimmungen[4] (siehe bereits Rdn 2.2). Wesentliche Grundsätze des ZVG dürfen auch mit Zustimmung aller Beteiligten nicht außer Kraft gesetzt werden, zB über Bindung an Gebote und Erlöschen der Gebote nach § 72, über die Zuschlagerteilung an den Meistbietenden nach § 81, über den Eigentumsübergang durch Zuschlag nach § 90, über die Vollstreckbarkeit des Zuschlagsbeschlusses nach §§ 93, 132, über die Erleichterung für Einleitung der Wiedervollstreckung (§ 133), über die Rangfolge der aus dem Meistgebot zu Befriedigenden, über die wesentliche Bestimmtheit des Meistgebots. Es kann auch nicht ein wesentlicher Bestandteil aus der Versteigerung ausgenommen werden[5] (§ 20 Rdn 3, § 55 Rdn 3). Es gelten überhaupt die Grenzen, die das Rechtssystem selbst dargestellt, zB BGB §§ 134, 138[6]. Unzulässig ist eine inhaltslose „Abweichung", zB daß der Zuschlag an den Meistbietenden erfolgen müsse.

3 Antrag auf abweichende Feststellung (Absatz 1 Satz 1)

3.1 Nur auf **Antrag** eines Beteiligten (§ 9) kann abweichende Feststellung des geringsten Gebots und/oder der Versteigerungsbedingungen erfolgen (Abs 1 Satz 1). Das Gericht darf nicht von sich aus die gesetzlichen Vorschriften über geringstes Gebot und Versteigerungsbedingungen ändern, auch wenn es etwa die

---

[2] Steiner/Storz § 59 RdNr 9; Muth Rpfleger 1987, 397 (III 2).
[3] RG 128, 81 (85); Zöller/Stöber, ZPO, vor § 704 Rdn 24.
[4] Stöber ZIP 1981, 944 (V 4.1); Mohrbutter/Drischler Muster 77 Anm 2; Nußbaum, Zwangsversteigerung, § 15 (II b); Steiner/Storz § 59 Rdn 6.
[5] OLG Düsseldorf Rpfleger 1995, 373.
[6] Riedel JurBüro 1961, 425 (1).

Abweichung bei Versteigerungsbedingungen 3.3 § 59

Beteiligten dazu hören wollte[7]. Es kann aber, wenn dies nach Sachlage geboten erscheint, abweichende oder zusätzliche Bedingungen anregen; erforderlichenfalls hat es über das Antragsrecht aufzuklären (Einl Rdn 24).

3.2 Jeder Beteiligte kann eine abweichende Feststellung verlangen (Abs 1 Satz 1). **Antragsberechtigt** sind auch Mieter[8] (Pächter), nicht aber ein (nicht beteiligter) Erwerbsinteressent. Ein Antrag kann vor dem Versteigerungstermin schriftlich[9], zu Protokoll des Gerichts oder in einem Vortermin (§ 62), sonst im Termin zu Protokoll gestellt werden, also grundsätzlich ohne Einhaltung einer bestimmten Form. Unzulässige, unverständliche oder verspätete Anträge sind zu protokollieren und **zurückzuweisen**.

3.3 Möglich ist der Antrag bis zum **Schluß der Versteigerung** (Verkündung des Schlusses der Versteigerung, § 73 Abs 2 Satz 1)[10]. Der Antrag kann also auch noch in der Bietstunde gestellt werden (anders[11]: Antrag muß spätestens im Versteigerungstermin vor Aufforderung zur Abgabe von Geboten gestellt werden). Wenn der Antrag erst nach der Aufforderung zur Abgabe von Geboten (§ 66 Abs 2) gestellt wird, hat das jedoch nicht zur Folge, daß das Versteigerungsgeschäft abgebrochen werden muß, Gebote auf die schon festgestellten Versteigerungsbedingungen (nach § 72 Abs 3) erlöschen, dann die Versteigerungsbedingungen (wenn erforderlich auch das geringste Gebot) neu aufzustellen sind und nochmals zur Abgabe von Geboten aufzufordern ist (§ 66 Rdn 7). Daß der Antrag solche Wirkung habe, wurde zwar geltend gemacht[12] (Grenzen wurden nur in dem Verbot unzulässiger Rechtsausübung gesehen[13]; dazu kritisch[14]; zum rechtsmißbräuchlichen Antrag auch § 59 außerdem[15]), findet jedoch im Gesetz keine Grundlage (eingehend dazu[16], auch[17]). Die Versteigerung zu den bereits festgestellten Bedingungen ist vielmehr unverändert **fortzusetzen**[18] und zwar selbst dann, wenn bei Antrag auf Abänderung in der Bietstunde noch kein Gebot abgegeben war (insoweit anders[19]). Dem zulässigen Antrag auf Abänderung der Versteigerungsbedingungen ist dadurch zu entsprechen, daß das Grundstück nun auch mit der verlangten Abweichung ausgeboten wird[20]. Die Bietstunde (§ 73 Abs 1) ist insgesamt nach dem Versteigerungsbeginn für den Aufruf des Gebots mit der verlangten Abweichung zu bemessen[21] (anders[22]: Stundenfrist ist nur für jede Ausgebotsform einzeln zu wahren; ist nicht nur unzulässig, sondern auch nicht sachdienlich), die

---

[7] OLG Celle NdsRpfl 1951, 62 = Rpfleger 1951, 216 mit zust Anm Rötelmann; Jaeckel/Güthe § 59 Rdn 2.
[8] BGH KTS 1971, 204 = MDR 1971, 287 = Rpfleger 1971, 102.
[9] Nußbaum, Zwangsversteigerung, § 15 (II a).
[10] OLG Posen OLG 35, 193; OLG Stettin HRR 1933 Nr 691; Stöber ZIP 1981, 944 (V); Schiffhauer Rpfleger 1986, 326 (V 3 und 6 a); Drischler RpflJahrbuch 1974, 335 (A und B VII 3); Muth Rpfleger 1987, 397 (V 1); Storz ZIP 1982, 416 (II); Dassler/Schiffhauer § 59 Rdn 7 und 11; Jaeckel/Güthe § 59 Rdn 4 und § 66 Rdn 7; Korintenberg/Wenz § 59 Anm 2; Steiner/Storz § 59 Rdn 60.
[11] Kretzschmar, ZVG, § 35 (S 119); vd Pfordten, ZVG, § 59 Anm 2; Heyer MittBayNot 1932, 23.
[12] Jaeckel/Güthe § 59 Rdn 4 und § 66 Rdn 7.
[13] LG Oldenburg Rpfleger 1976, 225.
[14] Schiffhauer Rpfleger 1978, 397 (III 4).
[15] Schiffhauer Rpfleger 1986, 326 (IV).
[16] Stöber ZIP 1981, 944.
[17] Storz ZIP 1982, 416 (II); Steiner/Storz § 59 Rdn 61.
[18] Stöber ZIP 1981, 944 (V); Schiffhauer Rpfleger 1986, 326 (V 6 c); Muth Rpfleger 1987, 397 (V 3); Storz ZIP 1982, 416 (II); Steiner/Storz § 59 Rdn 62.
[19] Storz ZIP 1982, 416 (II); Steiner/Storz § 59 Rdn 62.
[20] Stöber ZIP 1981, 944 (V); Storz ZIP 1982, 416 (II).
[21] Stöber ZIP 1981, 944 (V); Muth Rpfleger 1987, 397 (V 3); Storz ZIP 1982, 416 (II).
[22] Schiffhauer Rpfleger 1986, 326 (V 9).

§ 59 3.3   Geringstes Gebot, Versteigerungsbedingungen

bereits laufende Versteigerung zu den zunächst festgestellten Versteigerungsbedingungen dauert bis zu dem sonach möglichen Versteigerungsschluß an[23]. Den mit Aufforderung zur Abgabe von Geboten schon erfolgten Ausschluß weiterer Anmeldungen (§ 37 Nr 4, § 66 Abs 2, § 110) berührt den Antrag nicht[24]; Anmeldungen, die noch erfolgen, sind nicht rechtzeitig im Sinne des § 110, und zwar auch für das Ausgebot mit der verlangten Abweichung (zustimmend[25], nicht richtig[26]: Antrag nach § 59 könne sogar eingesetzt werden, damit bisher vergessene Anmeldungen nachgeholt werden können; anders auch[27]: für neue Gebotsformen können Anmeldungen nachgeholt werden). Bei jedem der Ausgebote bleiben Bieter an ihre Gebote gebunden, bis feststeht, welches das beste ist[28] (nicht richtig[29]: Antrag nach § 59 ermögliche einem geschickten Bieter, sich von seinem Gebot zu lösen). Dies bestimmt sich für Erteilung des Zuschlags nach den Grundsätzen, die für Zuschlagerteilung bei Doppelausgebot gelten[30].

3.4 Im Versteigerungstermin anwesende **Beteiligte** sind zu dem Abweichungsantrag zu **hören** (§§ 66 Abs 2: Feststellung erst nach Anhörung).

3.5 Der Antrag soll unwiderruflich sein, also nicht zurückgenommen werden können[31]. Dieser allgemein gehaltenen und nirgends begründeten Ansicht ist nicht zu folgen. Als Prozeßhandlung kann der **Antrag** vielmehr **grundsätzlich widerrufen** werden, weil der Widerruf gesetzlich nicht ausgeschlossen ist. Zurücknahme des Antrags verbietet sich nur, wenn damit Interessen der Beteiligten verletzt werden oder beeinträchtigt werden können. Das ist erst mit dem Übergang in das Versteigerungsgeschäft der Fall. Wenn die Bietstunde begonnen hat, bilden die festgestellten und verlesenen Versteigerungsbedingungen die Verfahrensgrundlage, auf die sich die Geboteaufforderung gründet; auf sie müssen die Beteiligten vertrauen können. Versteigerungsbedingungen können von der Geboteaufforderung an daher ohne gesetzliche Grundlage nicht mehr verändert werden. Bis zum Abschluß der Feststellung der Versteigerungsbedingungen mit Aufforderung zur Abgabe von Geboten hat aber der Antrag für Beteiligte keine Verfahrensfolgen, die Bindung gebieten würden. Die Antragswirkungen beschränken sich auf Bitte an das Gericht, mit abweichender Feststellung der Versteigerungsbedingungen in einer vom Antragsteller erwünschten Weise zu verfahren. Zurücknahme einer Prozeßhandlung nur mit solcher Wirkung ist aber grundsätzlich statthaft[32]. Das erfordern auch sinnvolle Verfahrensgestaltung und Grundsätze der Verfahrensökonomie. Antrag auf Abänderung der Versteigerungsbedingungen kann bereits vor dem Versteigerungstermin schriftlich oder zu Protokoll der Geschäftsstelle[33] und auch schon in einem Vortermin (§ 62) gestellt werden. Erörterung des Antrags im Versteigerungstermin mit Antragsteller und anwesenden Beteiligten und Aufklärung sowie Abwägung des mit dem Antrag veranlaßten Verfahrensablaufs ist dann ebenso ratsam und sinnvoll, wie dies erforderlich ist, wenn der Antrag im Versteigerungstermin spontan oder unvorbereitet gestellt wird. Dafür, daß der Antragsteller dann an seinen Antrag gebunden bleiben müßte, dessen Folgen er selbst nicht mehr wünscht, besteht keinerlei Notwendigkeit. Interessen der Beteiligten bleiben mit der Möglichkeit, selbst Antrag auf Abänderung der Versteigerungsbedingungen zu stellen,

---

[23] Stöber ZIP 1981, 944 (V); Muth und Storz je aaO (Fußn 21).
[24] Stöber ZIP 1981, 944 (V); Muth Rpfleger 1987, 397 (V 3).
[25] Dassler/Schiffhauer § 59 Rdn 13; Schiffhauer Rpfleger 1986, 326 (V 6 c).
[26] Storz ZIP 1980, 1049 (III 4) und ZIP 1981, 16: (1) (IV 2, „Gefahrenquelle 30").
[27] Storz ZIP 1982, 416 (II).
[28] Stöber ZIP 1981, 944 (V); Storz aaO (Fußn 27).
[29] Storz ZIP 1981, 16 (IV 5).
[30] Stöber ZIP 1981, 944 (V).
[31] Drischler, ZVG, § 59 Rdn 5; Steiner/Storz § 59 Rdn 41.
[32] Stein/Jonas/Leipold, ZPO, vor § 128 Rdn 219.
[33] Jaeckel/Güthe § 59 Rdn 4 und § 66 Rdn 7; Korintenberg/Wenz § 59 Anm 2.

bereits umfassend gewahrt. Es finden sich daher keine Gründe, die es erfordern könnten, einen Antrag auf abweichende Feststellung der Versteigerungsbedingungen vor Aufforderung zur Abgabe von Geboten (§ 66 Abs 2) bereits als bindend anzusehen. Bis dahin kann der Antrag vielmehr zurückgenommen werden (zustimmend[34]).

3.6 Mehrere Abweichungsanträge sind nacheinander zu erledigen, wobei das Ermessen des Gerichts entscheidet[35]. Auf jeden Fall ist aber jeder Antrag unabhängig von den anderen zu entscheiden, übereinstimmende gleichzeitig. Jedem Antrag muß stattgegeben werden, wenn seine Voraussetzungen erfüllt sind. Wenn mehrere Abweichungsanträge niemand beeinträchtigen oder wenn den Abweichungen alle Beteiligten zugestimmt haben, so sind die Abweichungen im Ausgebot zusammenzufassen (ZVG-Handbuch Rdn 298). Wenn für mehrere Abweichungen eine Beeinträchtigung ungewiß ist, sind mehrfache Ausgebote nötig (Ausgebot mit und ohne die einzelne Abweichung), die nebeneinander erfolgen können (ZVG-Handbuch Rdn 298). Auf Antrag sind die verschiedenen Abweichungen in einem Ausgebot zusammenzufassen (ZVG-Handbuch Rdn 298 und[35]).

3.7 Muster für den Antrag im ZVG-Handbuch Rdn 292, sonst zu Abweichungsanträgen dort Rdn 293–298.

Beeinträchtigung, Doppelausgebot (Absatz 1 Satz 2, Absatz 2) 4

4.1 Recht, das eine Beeinträchtigung erfahren kann, kann jedes materielle Recht sein, dessen Wahrung das geringste Gebot und die gesetzlichen Versteigerungsbedingungen (Rdn 2.2) sicherstellen (nicht somit das Interesse eines Forderungsgläubigers, daß sich mit einem höheren Gebot die Schulden des Eigentümers verringern und damit die Aussicht auf Befriedigung durch Zwangsvollstreckung in das sonstige Schuldnervermögen verbessert[36]). Anderer **„Beteiligter"**, dessen Recht durch die Abweichung beeinträchtigt sein kann, ist daher der Inhaber dieses geschützten Rechts, sofern er nach § 9 Beteiligter ist. Beeinträchtigt kann durch die Abweichung somit sein ein Recht am Grundstück (§ 10 Abs 1 Nr 4) oder an einem das Grundstück belastenden Recht, der Anspruch des Gläubigers (§ 10 Abs 1 Nr 5), ein sonstiger Anspruch mit Recht auf Befriedigung aus dem Grundstück (§ 10 im übrigen) oder ein einen solchen Anspruch belastendes Recht (zB ein Pfandrecht), die Schuld des persönlich haftenden Schuldners (§ 53), das Recht eines Mieters oder Pächters (§§ 57–57 d), die Rechte des Eigentümers (des Schuldners ebenso wie einer neu eingetretenen Eigentümers) und ein der Versteigerung entgegenstehendes Recht eines Dritten.

4.2 Beeinträchtigt wird durch die Abweichung das Recht eines anderen Beteiligten, wenn es eine Benachteiligung erfährt. Das ist der Fall, wenn die Abweichung das Versteigerungsergebnis zum Nachteil des Rechts des anderen Beteiligten beeinflußt, Zuschlag auf das Meistgebot zu der abweichenden Versteigerungsbedingung somit ein durch die gesetzlichen Vorschriften geschütztes materielles Recht verletzen wird. Beeinträchtigung ist nicht notwendig eine wirtschaftliche Schädigung die eintritt, wenn das Recht in irgendeiner Weise verringert oder sonst geschmälert wird; die Rechtsverletzung kann auch nur die formelle Rechtsposition des Beteiligten betreffen. Beeinträchtigung liegt daher schon vor bei einer anderen Art der Befriedigung als der im Gesetz vorgesehenen und dann, wenn das Recht anders gestaltet wird als der Berechtigte gesetzlich verlangen könnte. Beeinträchtigt ist stets, wer mit der Abweichung nicht in gleicher Weise zum Zuge kommt, wer weniger erhält, wer Barzahlung erhält, statt bestehenzubleiben oder umgekehrt, wer als Schuldner einen geringeren Übererlös erhält, wenn weniger

---

[34] Dassler/Schiffhauer § 59 Rdn 14; Schiffhauer Rpfleger 1986, 326 (V 1 b und V 7).
[35] Steiner/Storz § 59 Rdn 56.
[36] OLG Stuttgart Justiz 1988, 129 = Rpfleger 1988, 200.

§ 59 4.2 Geringstes Gebot, Versteigerungsbedingungen

Schulden als gesetzlich getilgt werden oder wenn das geringste Gebot so hoch wird, daß niemand bietet. Es ist dagegen keine Beeinträchtigung, wenn der Ersteher das Grundstück teurer einsteigern muß oder wenn er ungünstigere Bedingungen übernehmen muß; der Bieter hat ja keinen aus dem Grundstück zu befriedigenden Anspruch, keinen Anspruch auf ein Gebot in bestimmter Art und Höhe. Mieter (Pächter), sofern sie nach Anmeldung (§ 9 Nr 2) Beteiligte sind, sind nur beeinträchtigt, wenn ihre Rechtsstellung in dieser Eigenschaft nachteilig berührt wird (zB wenn die Kündigung über den ersten gesetzlich zulässigen Termin hinaus ermöglicht werden soll).

4.3 Beeinträchtigt die Abweichung das Recht eines anderen Beteiligten (einschließlich des Schuldners), so ist dessen **Zustimmung** zu der abweichenden Versteigerungsbedingung nötig: Abs 1 Satz 2. Nur mit Zustimmung eines beeinträchtigten anderen Beteiligten (auch eines abwesenden) kann daher abweichend ausgeboten werden, wenn die Benachteiligung schon vor Aufforderung zur Abgabe von Geboten (§ 66 Abs 2) feststeht (ähnlich[37]). Beispiel: Abweichung, daß ein Recht erlöschen soll, das nach § 52 bestehenbleiben würde (zum umgekehrten Fall auch Abs 3). Erforderlich ist nur die Zustimmung des oder der Beteiligten, dessen oder deren Recht beeinträchtigt ist, nicht auch die Zustimmung anderer (nicht beeinträchtigter) Beteiligter. Erfolgt sie nicht, muß der Abweichungsantrag abgewiesen werden. Die Zustimmung ist in der Form des § 84 Abs 2 nachzuweisen, falls sie nicht im Termin (auch im Vortermin, § 62) zu Protokoll erklärt wird (anders[38]): Schriftform als die für Prozeßhandlungen gebotene Form genügt). Sie ist bis zur Aufforderung zur Abgabe von Geboten (§ 66 Abs 2) widerruflich, von da an ist Widerruf ausgeschlossen (siehe das Rdn 3.5 Gesagte; so auch[39]). Bloßes Stillschweigen eines Anwesenden kann nicht als Zustimmung angesehen werden (so auch[40]). Ein Vormund (Pfleger, Betreuer, auch Eltern) des Beeinträchtigten benötigt zur Zustimmung die vormundschaftsgerichtliche Genehmigung, wenn die Abänderung bei Erteilung des Zuschlags die Rechtsfolgen eines Genehmigungstatbestands (BGB §§ 1812, 1821, 1822 mit § 1643) äußern wird (so bei Barauszahlung eines bestehenbleibenden Rechts; Bestehenbleiben eines erlöschenden Rechts)[41].

4.4 Nicht fest steht, ob das Recht eines anderen Beteiligten durch die Abweichung beeinträchtigt wird, wenn bei Aufforderung zur Abgabe von Geboten eine Beeinträchtigung ungewiß ist (Regelfall). Das ist der Fall, wenn sich erst mit dem Versteigerungsergebnis zeigt, ob durch die Abweichung das Recht eines Beteiligten eine Benachteiligung erfährt. Zur Behebung dieser Ungewißheit ist das Grundstück **doppelt auszubieten:** mit der verlangten Abweichung und ohne sie: Abs 2. Bei **Doppelausgebot** muß für jedes Ausgebot die Bietstunde des § 73 Abs 1 Satz 1 eingehalten werden. Jeder Bieter ist an sein Gebot gebunden, bis durch den Zuschlag festgestellt wird, welches Gebot maßgebend ist. Nur wenn alle möglicherweise beeinträchtigte Beteiligte (auch abwesende) zustimmen, unterbleibt das Doppelausgebot[42] (unklar[43]). Es wird dann (ebenso wie bei feststehender Beeinträchtigung mit Zustimmung, Abs 1 Satz 2) nur mit der verlangten Abweichung ausgeboten.

4.5. Nicht beeinträchtigt wird durch die Abweichung das Recht eines anderen, wenn nur das Recht des Antragstellers selbst eine Benachteiligung erfährt oder

---

[37] Muth Rpfleger 1986, 397 (IV 4 b).
[38] Schiffhauer Rpfleger 1986, 326 (VII 2); Dassler/Schiffhauer § 59 Rdn 42.
[39] Dassler/Schiffhauer § 59 Rdn 43; Schiffhauer Rpfleger 1986, 326 (VII 2).
[40] Schiffhauer aaO (Fußn 39).
[41] Dassler/Schiffhauer § 59 Rdn 44; Schiffhauer aaO (Fußn 39); Eickmann Rpfleger 1983, 199 (II 2).
[42] Jaeckel/Güthe § 59 Rdn 5.
[43] Muth Rpfleger 1986, 397 (IV 4 c).

Abweichung bei Versteigerungsbedingungen 5.6 § 59

erfahren kann. Dann muß dem Antrag stattgegeben werden, es erfolgt dann das Ausgebot nur mit der Abweichung.

Einzelne Abweichungen

5.1 Altenteil: Über seine normale Behandlung (grundsätzliches Bestehenbleiben auch dem Gläubiger nachgehenden Rechts mit ausnahmsweisem Erlöschensantrag) EGZVG § 9 Rdn 3 (wie Altenteil auch altrechtliche Grunddienstbarkeiten zu behandeln). § 59 ist durch diese Sonderregelung ersetzt, soweit sie einschlägt. Im übrigen ist auch hier ein Abweichungsantrag aus § 59 möglich. Sofern das Recht dem bestrangig betreibenden Gläubiger nämlich vorgeht und so schon nach § 52 bestehenbleiben würden, kann abweichend das Erlöschen beantragt werden. Auch kann über § 59 die genannte Sonderregelung ausgeschaltet werden, wenn nämlich entgegen der gesetzlichen Möglichkeit eines Erlöschensantrags für ein nach EGZVG § 9 bestehenbleibende Rechte das Recht ganz oder zum Teil doch bestehenbleiben soll (zB für einen der beiden Ehegatten). Dabei ist bei § 59 hier immer Doppelausgebot nötig, weil vor der Versteigerung sich nicht beurteilen läßt, ob jemand beeinträchtigt wird[44]. Über die Möglichkeit des Antrags muß das Gericht belehren.

5.2 Beschränkung des Bieterkreises würde gegen zwingende Verfahrensbestimmungen verstoßen (auf Konkurrenz der Bieter ausgerichtete Verfahrensregeln, Einl Rdn 10; Zuschlag an Meistbietenden, § 81 Abs 1), ist somit als Abänderung nach § 59 ausgeschlossen. Damit nicht zu verwechseln (was aber oft geschieht) ist, daß bei Zwangsversteigerung zur Aufhebung einer Gemeinschaft Veräußerung des Grundstücks an einen Dritten unstatthaft sein kann (BGB § 753 Abs 1 Satz 2), das Grundstück somit nur unter den Teilhabern versteigert werden muß (§ 180 Rdn 7.11). Dann ist Beschränkung des Bieterkreises auf die Teilhaber der Gemeinschaft (somit der Ausschluß Dritter vom Bieten) im Einzelfall nach § 753 Abs 1 Satz 2 gesetzliche Versteigerungsbedingung und als solche im Versteigerungstermin festzustellen (§ 66 Abs 1), nicht aber Abweichung, die nach § 59 verlangt werden müßte und bestimmt werden könnte.

5.3 Dauerwohnrecht nach WEG: Falls es nicht nach § 44 gewahrt bleibt, hat der daraus Berechtigte ein Sonderrecht nach WEG § 39 (§ 44 Rdn 5.29). Er hat daneben aber auch die Möglichkeit, Antrag nach § 59 zu stellen[45]. Er könnte so die bekannten Unklarheiten aus WEG § 39, ob die Voraussetzungen erfüllt sind, beseitigen. Dann müßte Doppelausgebot erfolgen.

5.4 Dinglicher Titel: Ein betreibender Gläubiger kann durch Änderung der Versteigerungsbedingungen erreichen, daß der fehlende oder zweifelhafte dingliche Titel (zu ihm § 15 Rdn 9) für ihn ersetzt wird[46].

5.5 Erbbaurecht (dazu § 15 Rdn 13 und 14): Abweichung über § 59 ist denkbar für die (eine gesetzliche Versteigerungsbedingung darstellende) notwendige Zustimmung des Grundstückseigentümers zum Zuschlag, für das Erlöschen des Erbbaurechts bei Grundstücksversteigerung entgegen ErbbauVO § 25[47] (natürlich nur mit Zustimmung aller am Erbbaurecht dinglich Berechtigten) oder daß ein erlöschender Erbbauzins bestehenbleiben soll.

5.6 Erlöschen eines Rechts, das an sich nach § 52 bestehenbleiben würde, weil es dem bestrangig betreibenden Gläubiger vorgeht: Weil zweifelhaft ist (Höhe des baren Meistgebots kann sich verringern), ob jemand beeinträchtigt wird, Doppelausgebot, wenn nicht die Zustimmungen aller aus dem Meistgebot zu Be-

---

[44] Drischler RpflJahrbuch 1974, 355 (B I b und Fußnote 15).
[45] Hurst WuM 1959, 66 (3); Steiner/Storz § 59 Rdn 11; Drischler RpflJahrbuch 1974, 355 (B III).
[46] Steiner/Storz § 59 Rdn 12; Dassler BlGrBW 1961, 353 (VII).
[47] v. Oefele/Winkler, Erbbaurecht, Rdn 5.191.

friedigenden einschließlich des Schuldners vorliegt. Das Recht kommt bei Erlöschen als dem bestrangig betreibenden Gläubiger vorgehend nach gesetzlichen Versteigerungsbedingungen in vollem Umfang (mit Kosten, Zinsen und Nebenleistungen sowie Hauptsache) ins bare geringste Gebot. Bestehenbleiben eines Rechts: § 59 Rdn 7.

5.7 Flurbereinigung: Weil die Einlagegrundstücke versteigert werden, die Ersatzgrundstücke aber an ihre Stellung treten (§ 15 Rdn 17), kann die Rechtslage über § 59 geklärt werden, etwa dahin, daß eine auf Grund vorläufiger Besitzeinweisung vom Schuldner vorgenommene Bebauung des Abfindungsgrundstücks mit Zugrundlegung des Wertes berücksichtigt wird, den das Abfindungsgrundstück hat[48]. Es hängt dies vom Stand des Flurbereinigungsverfahrens ab. Jedenfalls können die gesetzlichen Folgen des Flurbereinigungsverfahrens nicht durch abweichende Versteigerungsbedingung ausgeschlossen werden[48].

5.8 Gewerbebetrieb: Von der Zwangsversteigerung wird grundsätzlich nicht ein auf dem Grundstück ausgeübter Gewerbebetrieb erfaßt. Abweichung über § 59 ist zulässig, sogar zu welchem Wert der Betrieb zu übernehmen sei[49] (ablehnend dazu[50]). In der Teilungsversteigerung kann aber ein einzelner Miterbe diesen Antrag nicht stellen, weil der Gewerbebetrieb nicht von der Auseinandersetzung und Versteigerung erfaßt wird, falls nicht alle Miterben zustimmen[51].

5.9 Gläubigeransprüche, die nach § 10 kein Recht auf Befriedigung aus dem Grundstück gewähren (so persönliche Ansprüche eines nicht vollstreckenden Gläubigers) können nicht nach § 59 berücksichtigt werden (keine Aufnahme in das geringste Gebot auf Antrag nach § 59)[52].

5.10 Die **Grundstücksgrenze** umschließt das Grundstück als rechtliche Einheit (Einl Rdn 11) und damit als Gegenstand der Beschlagnahme (§ 20 Rdn 3.1), Versteigerung (§ 55 Rdn 2.2) und Veräußerung (§ 90 Rdn 1.3). Änderung nach § 59 ist daher ausgeschlossen. Damit verbietet sich zugleich auch Beseitigung eines Streites oder einer Unklarheit über die Grundstücksgrenze mit „abweichender" Feststellung nach § 59 (anders[53]).

5.11 Miete, Pacht: Das Sonderkündigungsrecht des Erstehers kann über § 59 ausgeschlossen werden (§ 57 a Rdn 8). Denkbar ist auch eine Abweichung, daß der Ersteher an Mietverträge/Pachtverträge auch außerhalb der Grenzen des § 57 gebunden sein solle. Zur Zustimmung Rdn 2.3. Beschränkung bei Baukostenzuschuß und Mietvorauszahlung: § 57 c Rdn 8.

5.12 Rangänderung eines Rechts: Sie kann über § 59 unter den allgemeinen Voraussetzungen (Antrag, Zustimmung, Doppelausgebot) erfolgen[54]; für unzulässig hält[55] die Änderung der Befriedigungsrangfolge.

5.13 Sicherheitsleistung: Die Verpflichtung zur Sicherheitsleistung des Bieters regeln §§ 67–70, 184 als Vorschriften über das Versteigerungsverfahren; Versteigerungsbedingungen (Rdn 2.2) stellen sie nicht dar. Abänderung nach § 59 ist daher nicht zulässig[56]; ein Bedürfnis für Abänderung besteht zudem nicht, weil der Antragsteller durch Einschränkung seines Verlangens die Verpflichtung des Bieters mindern und einschränken kann und ohne seine Zustimmung (Beeinträchtigung wäre stets gegeben) eine Abänderung ohnedies nicht möglich wäre.

---

[48] OLG Hamm Rpfleger 1987, 258.
[49] Steiner/Storz § 59 Rdn 15; Riedel JurBüro 1961, 425 (1).
[50] Dassler/Schiffhauer § 59 Rdn 31; Schiffhauer Rpfleger 1986, 326 (IX 7).
[51] Riedel JurBüro 1961, 425 (1).
[52] Dassler/Schiffhauer § 59 Rdn 27; Schiffhauer Rpfleger 1986, 326 (IX 4).
[53] Steiner/Storz § 59 Rdn 16.
[54] Steiner/Storz § 59 Rdn 19; Drischler RpflJahrbuch 1974, 355 (C).
[55] Schiffhauer Rpfleger 1986, 326 (IX 8).
[56] Dassler/Schiffhauer § 59 Rdn 34; Schiffhauer Rpfleger 1986, 326 (IX 10).

Abweichung bei Versteigerungsbedingungen 5.19 § 59

5.14 „Übergebot nur zulässig, wenn es das vorgehende wirksame Höchstgebot um ... DM übersteigt". Die Abänderung würde gegen die grundlegenden gesetzlichen Verfahrensbestimmungen verstoßen, daß mit jedem Übergebot das bisherige Gebot erlischt (§ 72 Abs 1) und daß der Zuschlag dem Meistbietenden zu erteilen ist (§ 81 Abs 1). Abweichende Feststellung von Versteigerungsbedingungen (§§ 44–58) verlangt der Antrag nicht. Er ist daher unzulässig (so auch[57]; anders[58]: zulässig; dazu sehr kritisch[59]), weil zwingende Verfahrensbestimmungen nicht geändert werden können (Rdn 2.2) (in diesem Sinne nun auch[60]). Die erstrebte Änderung könnte auch nur vorsorglich bewirken, daß ein Versteigerungstermin nicht durch zu geringfügige Gebote in die Länge gezogen oder gar blockiert wird. Damit wird die Bedeutung der verlangten Abänderung aber überschätzt; Übergebote, die nur noch in Kleinstbeträgen ausgedrückt werden, können als unzulässige Rechtsausübung gemäß § 226 BGB unwirksam und dann nach § 71 Abs 1 zurückzuweisen sein[61]. Hält man gleichwohl auch diese Abänderung für zulässig, so kann sie jedenfalls nur auf Antrag (nie von Amts wegen) und nur mit Zustimmung des Schuldners, der beeinträchtigt wird (anders[62]: nach Lebenserfahrung kann bei hohem Wertobjekt im Einzelfall Beeinträchtigung ausgeschlossen sein) sowie aller Beteiligten, deren Rechte nicht im geringsten Gebot stehen, festgestellt werden. Doppelausgebot kann nicht erfolgen[63] (anders[64]: Doppelausgebot).

5.15 Versicherungsforderungen: Als abweichende Versteigerungsbedingung kann festgelegt werden, daß näher zu bezeichnende Rechte an einer (Brand-) Versicherungsforderung bestehen bleiben sollen[65]. Wegen des besseren Weges mit abgesonderter Verwertung siehe § 65 Rdn 2.

5.16 Wohnungsbindung: Die Beschränkungen nach Wohnungsbindungsgesetz (Textanhang T 44) können nicht durch § 59 ausgeschlossen werden. Das Bestehen oder Nichtbestehen der Wohnungsbindung kann nicht als Versteigerungsbedingung festgesetzt werden, auch nicht als abweichende, daß eine Bindung entgegen dem Gesetz nicht bestehe[66].

5.17 Zahlung des Meistgebots bar im Verteilungstermin (§ 49 Abs 1): Abweichung wäre nach § 59 möglich. Eine andere Art der Bargebotszahlung (zB Hinterlegung einer Bankbürgschaft[67]; sonstige Leistung an Erfüllungs Statt; spätere Barzahlung) könnte als beeinträchtigende Abänderung jedoch nur mit Zustimmung aller aus dem Bargebot zu deckenden Beteiligten erfolgen[67] (§ 59 Abs 1 Satz 2; kein Doppelausgebot).

5.18 Zahlungsfristen entsprechend der Regelung, die in den aufgehobenen §§ 60, 61 enthalten war, können nicht abweichend nach § 59 festgestellt werden[68] (anders[69]: mit Zustimmung aller Beteiligten weiterhin zulässig; nicht gesetzesgemäß).

5.19 Zinsen des Bargebots bis zum Verteilungstermin (sonst Rdn 5.20): § 59 ist auch für die Verzinsung des Bargebots nach § 49 Abs 2 anwendbar, in-

---

[57] Dassler/Schiffhauer § 59 Rdn 26.
[58] OLG Oldenburg Rpfleger 1981, 315 mit abl Anm Schiffhauer; LG Aurich Rpfleger 1981, 153; Steiner/Storz § 59 Rdn 8 und 23.
[59] Schiffhauer Rpfleger 1981, 154 (Anmerkung).
[60] Schiffhauer Rpfleger 1981, 315 (Anmerkung) und Rpfleger 1986, 326 (IX 3).
[61] Schiffhauer Rpfleger 1981, 154 (Anmerkung).
[62] LG Aurich Rpfleger 1981, 153.
[63] Schiffhauer Rpfleger 1981, 154 und 315 (Anmerkung).
[64] OLG Oldenburg aaO (Fußn 58).
[65] Mohrbutter in Festschrift für Herbert Schmidt (1981), Seite 111 (I 4).
[66] LG Siegen Rpfleger 1969, 173; Dassler/Schiffhauer § 59 Rdn 28.
[67] Schiffhauer Rpfleger 1986, 326 (IX 12).
[68] Dassler/Schiffhauer § 59 Rdn 35; Schiffhauer Rpfleger 1986, 326 (IX 11).
[69] Steiner/Storz § 59 Rdn 28.

dem der gesetzliche Zinssatz von 4% (BGB § 246) geändert wird[70]. Der Schuldner wird vielleicht dadurch beeinträchtigt (also seine Zustimmung nötig), daß durch die Erhöhung ein Gläubiger, dem er nur persönlich haftet, einen größeren Ausfall erleiden würde, auch daß bei höheren Bargebotszinsen weniger geboten wird; möglichen Ausfall durch ein geringeres Gebot bei höheren Bargebotzinsen kann auch ein nicht im geringsten Gebot stehender Berechtigter mit Anspruch auf Befriedigung aus dem Erlös erleiden. Darum muß hier auf jeden Fall Doppelausgebot erfolgen. Der Ersteher kann zwar durch sofortige Hinterlegung des baren Meistgebots die Zinsen überhaupt vermeiden, doch ändert dies nichts an dem notwendigen Vorgehen. Jedoch ist bei Zuschlagsentscheidung für die Frage, ob Beeinträchtigung durch das abweichende Meistgebot gegeben ist (Rdn 6), ob mithin Ausfall durch die Abweichung höher als beim Meistgebot zu den gesetzlichen Versteigerungsbedingungen eintritt, davon auszugehen, daß am Tage des Zuschlags Bargebotshinterlegung erfolgt[71]. Weil es auf den Zeitpunkt des Zuschlags, nicht den der Erlösverteilung ankommt, können für den Vergleich der Gebote vom Ersteher eventuell bis zum Verteilungstermin zu zahlende Zinsen keinen Einfluß auf die Höhe der zu vergleichenden Gebote haben[72] (anders[73]). Bei gleich hohen Meistgeboten ist durch die abweichende Bedingung niemand beeinträchtigt, dem auf sie abgegebenen Gebot daher der Zuschlag zu erteilen[74].

5.20 Zinsen der Sicherungshypothek: Der Zinssatz der nach § 128 einzutragenden Sicherungshypothek gehört zu den gesetzlichen Versteigerungsbedingungen (Abs 2)[75]. Daher kann abweichende Versteigerungsbedingung beantragt werden, daß die Sicherungshypotheken aus § 128 (bei Nichtzahlung des Bargebots) höher als 4% verzinst werden sollen[76]. Ob solche Hypotheken einzutragen sind, wird nicht bis zum Zuschlag oder im Zuschlag entschieden, sondern erst im Verteilungstermin. Die Frage kann aber die Gebote im Versteigerungstermin wohl beeinflussen. Bei der Wiederversteigerung kann in diesem Fall eine Benachteiligung der nachrangigen von mehreren Sicherungshypotheken nicht ausgeschlossen werden (wenn die vorausgehenden höhere Zinsen erhalten, bleibt für die nachrangigen weniger). Wiederversteigerungsfragen müssen also in der vorausgehenden Versteigerung auch schon berücksichtigt werden. Der Abweichungsantrag ist unter den allgemeinen Voraussetzungen zu behandeln (Antrag, Zustimmung der sämtlichen Beteiligten mit Barauszahlungsanspruch[77], auch des Schuldners[78], Doppelausgebot, anders[78]: kein Doppelausgebot; aufgegeben[79]). Nach Doppelausgebot (Abs 2) darf auf das abweichende Meistgebot nur mit Zustimmung aller Beteiligten mit Barzahlungsanspruch und des Schuldners zugeschlagen werden, weil alle durch die Abweichung beeinträchtigt sein können[80] und[81] (unter Hinweis auf Besonderheiten bei Sicherheitsleistung, für den Gläubiger erstrangigen Siche-

---

[70] LG Freiburg Rpfleger 1975, 105 mit zum Teil abl Anm Schiffhauer; LG Münster Rpfleger 1982, 77 mit zust Anm Schiffhauer; Schiffhauer Rpfleger 1981, 154 (Anmerkung); Dassler/Schiffhauer § 59 Rdn 24; Steiner/Storz § 59 Rdn 25.
[71] LG Münster Rpfleger 1982, 77 mit zust Anm Schiffhauer; Schiffhauer Rpfleger 1975, 105 (Anmerkung) und Rpfleger 1986, 326 (IX 1).
[72] LG Münster Rpfleger 1982, 77 mit zust Anm Schiffhauer.
[73] LG Freiburg aaO (Fußn 70); Drischler KTS 1975, 291.
[74] Schiffhauer Rpfleger 1982, 326 (IX 1).
[75] Schiffhauer Rpfleger 1981, 154 (Anmerkung).
[76] LG Aurich Rpfleger 1981, 153; Dassler/Schiffhauer § 59 Rdn 25; Steiner/Storz § 59 Rdn 26; Schiffhauer Rpfleger 1981, 154 (Anmerkung).
[77] Steiner/Storz § 59 Rdn 26; Schiffhauer Rpfleger 1981, 154 (Anmerkung).
[78] Schiffhauer Rpfleger 1981, 154 (Anmerkung).
[79] Dassler/Schiffhauer § 59 Rdn 25; Schiffhauer Rpfleger 1986, 326 (IX 2).
[80] Schiffhauer Rpfleger 1981, 154 (Anmerkung).
[81] Schiffhauer Rpfleger 1986, 326 (IX 2).

rungshypothek und zur möglichen Beeinträchtigung auch der Gläubiger bestehenbleibender Rechte) (dazu § 59 Rdn 6) (anders[82]).

Zuschlag im Falle von Abweichungsanträgen

6.1 Wurde nur unter den **gesetzlichen** Versteigerungsbedingungen geboten, dann wird auch so zugeschlagen. Wurde nur zu **abweichenden** Bedingungen ausgeboten und geboten, so kann ebenfalls nur so zugeschlagen werden (für diesen Fall anders[83]).

6.2 Bei **Doppelausgebot** mit gesetzlichen und abweichenden Versteigerungsbedingungen (Abs 2) hängt die Entscheidung, auf welches Ausgebot der Zuschlag zu erteilen ist, von folgenden Überlegungen ab: Das Meistgebot mit der beantragten Abweichung hat grundsätzlich den Vorrang[84]; stellt sich bei der Entscheidung über den Zuschlag heraus, daß durch das abweichende Meistgebot niemand, auf den es ankommt, in seinem Recht beeinträchtigt wird (auch der Schuldner nicht), dann kann und muß der Zuschlag mit der Abweichung erfolgen. Wenn aber jemand durch die Abweichung beeinträchtigt wird, dann muß seine Zustimmung zur Abweichung entweder schon im Termin vorliegen oder spätestens vor der Zuschlagsentscheidung erfolgen, da sonst der Zuschlag auf das Meistgebot mit gesetzlichen Versteigerungsbedingungen erfolgen muß (anders[85]: Zuschlag müsse auf die Abweichung erfolgen). Die Zustimmung muß zu Niederschrift des Vollstreckungsgerichts oder in der Form des § 84 Abs 2 erklärt sein[86]. Bei mehreren Beeinträchtigten muß die Zustimmung aller vorliegen; fehlt sie auch nur von einem, dann kann nicht abweichend zugeschlagen werden. Es kommt also nicht darauf an, ob das eine oder das andere Meistgebot höher ist, sondern nur darauf, ob durch die Abweichung das Recht eines Beteiligten gegenüber dem Ausgebot zu den gesetzlichen Versteigerungsbedingungen beeinträchtigt wird. Wird jemand in seiner Rechtsstellung von dem Meistgebot auf die abweichenden Versteigerungsbedingungen nachteilig betroffen (beeinträchtigt), und stimmt er der Abweichung zu, so wird auf das abweichende zugeschlagen; stimmt er nicht zu, so darf er durch die Abweichung nicht schlechter gestellt werden als durch das gesetzliche Meistgebot[87], sein Ausfall darf also durch die Abweichung nicht höher sein als bei gesetzlichem Meistgebot; der Zuschlag erfolgt auf das Meistgebot, das die Rechte des nicht zustimmenden Beeinträchtigten am geringsten beeinträchtigt[87]. Wenn der Ausfall bei beiden Meistgebotsarten gleichhoch ist, erfolgt Zuschlag mit der Abweichung[88]. Das gilt auch, wenn eines der beiden höher ist; hierauf kommt es ja nicht an.

6.3 Wurde bei Doppelausgebot nur auf das Ausgebot mit gesetzlichen Versteigerungsbedingungen geboten, dann kann der Zuschlag so erfolgen[89]. Wurde aber bei Doppelausgebot nur auf das abweichende Ausgebot geboten, so bleibt es dabei, daß für die Abweichung die Zustimmung aller durch sie Beeinträchtigten nötig ist[90] (anders[91], hier könne kein Vergleich erfolgen, keines der Gebote als höher

---

[82] LG Aurich Rpfleger 1981, 153.
[83] Dassler/Schiffhauer § 39 Rdn 58.
[84] Steiner/Storz § 59 Rdn 50; Drischler RpflJahrbuch 1974, 335 (B II).
[85] Muth Rpfleger 1987, 397 (VI 3).
[86] Schiffhauer Rpfleger 1986, 326 (VIII 2).
[87] Mohrbutter, Handbuch des Vollstreckungsrechts, § 39 (VI a).
[88] Drischler RpflJahrbuch 1974, 335 (B VII 4); Mohrbutter aaO (Fußn 87).
[89] Steiner/Storz § 59 Rdn 54; Schiffhauer Rpfleger 1986, 326 (VIII 1); Drischler RpflJahrbuch 1974, 335 (B II).
[90] Schiffhauer Rpfleger 1975, 105 (Anmerkung) und Rpfleger 1986, 326 (VIII 3).
[91] LG Freiburg Justiz 1975, 348 Leitsatz = Rpfleger 1975, 105 mit Anm Schiffhauer; Drischler KTS 1975, 283 (7 g); Drischler RpflJahrbuch 1978, 260 (B 9) und RpflJahrbuch 1974, 335 (B VII 4).

festgestellt werden, daher gebe es auch keinen Zuschlag, ausgenommen, wenn alle Beteiligten zustimmten; das ist nicht richtig[92], weil es nur darauf ankommt, ob jemand beeinträchtigt ist und zustimmt) (anders auch[93]: hier könne zugeschlagen werden; unrichtig, weil Abweichung von gesetzlichen Versteigerungsbedingungen zu keiner Rechtsbeeinträchtigung führen darf; Doppelausgebot soll die Ungewißheit über die Beeinträchtigung beseitigen, ermöglicht Zuschlag somit nur, wenn das abweichende Meistgebot nicht beeinträchtigt oder die Zustimmung des (aller) Beeinträchtigten findet).

6.4 Eine Besonderheit gilt für Doppelausgebote bei Altenteilen und altrechtlichen Grunddienstbarkeiten (EGZVG § 9 Rdn 4.6).

6.5 Wo es in den besprochenen Fällen darauf ankommt, ob zwei Meistgebote mit unterschiedlichen Versteigerungsbedingungen gleich hoch sind (Rdn 6.2), entscheidet für die Höhe das Bargebot und der Wert aller bestehenbleibenden Belastungen. Der Wert eines bestehenbleibenden Rechts, das nicht auf Geldzahlung aus dem Grundstück gerichtet ist (Rechte der Abt II des Grundbuchs), wird hierfür durch den nach § 51 Abs 2 festgestellten Zuzahlungsbetrag bestimmt (so auch[94]). Er bemißt sich nach dem Betrag, um den der Wert des Grundstücks objektiv durch die Belastung gemindert ist (§ 51 Rdn 3.1). Der Zuzahlungsbetrag ist daher für den bei Veräußerung erzielten Gesamterlös des belasteten Grundstücks mit Übernahme des Rechts ohne eigenen Geldwert zu bewertender Teil des Erwerbspreises. Dem entspricht Berücksichtigung des nach § 51 Abs 2 festgestellten Zuzahlungsbetrags als Kapitalwert des Rechts in den Fällen der § 74 a Abs 1 (§ 74 a Rdn 3.2) und des § 85 a (§ 85 a Rdn 2.2). Mit dem Ersatzwert des § 92 als Wert des Rechts für den Berechtigten (§ 51 Rdn 3.1) hat der bei Versteigerung erzielte Erlös (die Höhe des Gebots) nichts zu tun; ihm kommt für die Bewertung des Grundstückserlöses daher keine Bedeutung zu. Nicht richtig ist daher auch die Annahme[95], es sei die Differenz aus dem Ersatzbetrag (§ 92) und dem Zuzahlungsbetrag (§ 51 Abs 2) anzusetzen, zumal nicht, wie angenommen wird, im Hinblick auf die Lastigkeit des Rechts der Wert niedriger festgesetzt wird (§ 74 a Rdn 7.4).

6.6 Bei unterlassenem Doppelausgebot (wo es stattfinden mußte) ist jeder durch den Zuschlag benachteiligte Beteiligte, der nicht der Abweichung zugestimmt hatte, nach ZVG § 83 Nr 1 anfechtungsberechtigt.

7 Zustimmung Nachstehender zu Bestehenbleiben eines Rechts entbehrlich (Absatz 3)

7.1 Wenn das **Fortbestehen** eines dem betreibenden Gläubiger gleich- oder nachstehenden Rechts bestimmt werden soll, das gesetzlich (nach § 52 Abs 1) erlöschen würde, ist der Gläubiger dieses Rechts immer beeinträchtigt (andere Deckungsform). Er muß daher (wenn nicht die Abweichung auf seinen Antrag erfolgen soll) zustimmen. Wenn er nicht zustimmt, ist der Abweichungsantrag abzuweisen. Für Beteiligte, die dem Recht, das nach dem Abweichungsantrag bestehenbleiben soll, nachstehen (nicht aber für Gleichrangige[96]), ist die Gefahr einer Beeinträchtigung gewöhnlich ausgeschlossen. „Der Vereinfachung halber" ist daher vorgeschrieben, daß es der Zustimmung dieser Beteiligten nicht bedarf[97] (Abs 3). Auch der Schuldner (und der neu eingetretene Eigentümer) muß daher

---

[92] Schiffhauer BlGrBW 1978, 67 (XXIV 2).
[93] Drischler RpflJahrbuch 1974, 335 (B VII 4); Muth Rpfleger 1987, 397 (VI 2 b).
[94] Schiffhauer Rpfleger 1986, 326 (VIII 2).
[95] Storz Rpfleger 1987, 397 (VI 3 a).
[96] Dassler/Schiffhauer § 59 Rdn 47; Korintenberg/Wenz § 59 Anm 4 b; Reinhard/Müller § 59 Anm 4 b; Schiffhauer Rpfleger 1986, 326 (VII 4).
[97] Denkschrift zum ZVG S 48.

Abweichung bei Versteigerungsbedingungen § 61

der Abweichung nicht zustimmen[98] (anders[99]). Schließt sich das Recht, das bestehenbleiben soll, nicht unmittelbar an die gesetzlich bestehenbleibenden Rechte an, wird ein (jeder) nicht im geringsten Gebot stehender Zwischenberechtigter möglicherweise beeinträchtigt (Gefahr des Ausfalls besteht); er (auch ein Gleichrangiger) muß daher zustimmen (Abs 2).

7.2 Nur unter der mit dem Abweichungsantrag verlangten Bedingung, daß das Recht bestehenbleibt, wird ausgeboten, wenn keine zu berücksichtigende Beeinträchtigung erfolgt oder wenn Beeinträchtigte (Gläubiger des Rechts und Zwischenberechtigte) zugestimmt haben. Die Zustimmung auch eines nachstehenden Beteiligten (auch des Eigentümers) braucht nicht festgestellt zu sein (anders[100]: Beeinträchtigung kann nur durch Doppelausgebot festgestellt werden; dazu auch[101]). **Doppelausgebot** muß erfolgen (Abs 2), wenn ein Zwischenberechtigter (als möglicherweise Beeinträchtigter) nicht zugestimmt hat (weil der Zwischenberechtigte durch die Abweichung einen Ausfall erleiden kann).

7.3 Wurde nur mit der Abweichung ausgeboten, daß das (gesetzlich erlöschende) Recht bestehenbleibt und ein Meistgebot abgegeben, dann ist ihm der **Zuschlag** zu erteilen (§ 81 Abs 1). Der Zustimmung eines nachstehenden Beteiligten bedarf es nicht (Abs 3). Wenn doppelt ausgeboten wurde (Abs 2), kann Zuschlag auf das abweichende Meistgebot nur erteilt werden, wenn niemand in seinem Recht beeinträchtigt ist oder Beeinträchtigte zugestimmt haben. Ausgeschlossen sein muß dann aber nicht nur eine Beeinträchtigung Zwischenberechtigter (deren Zustimmung die Abweichung erfordert hatte), sondern auch eine Beeinträchtigung Nachstehender und damit auch des Schuldners[102]. Auch auf Nachberechtigte und den Schuldner kommt es dann an, weil Abs 3 nur die Gefahr einer möglichen Beeinträchtigung ausschließt, aber keine Fiktion bestimmt, nach der eine tatsächlich festgestellte Beeinträchtigung unberücksichtigt bleiben müßte (so zutreffend[102]). Wenn das abweichende Meistgebot geringer ist als das Meistgebot zu den gesetzlichen Versteigerungsbedingungen, kann daher wegen Beeinträchtigung des Schuldners nicht bereits mit Zustimmung eines etwa (auch) Beeinträchtigten Zwischenberechtigten auf das abweichende Meistgebot zugeschlagen werden[102].

7.4 Der Antrag, das Fortbestehen eines Rechts zu bestimmen, bewirkt nur, daß das Recht als bestehenbleibend (§ 52) in das geringste Gebot aufgenommen wird. Laufende und rückständige **wiederkehrende Leistungen** sowie Rechtsverfolgungskosten dieses Rechts kommen daher nicht ins geringste Bargebot. Erhöhung auch des geringsten Bargebots (§ 49 Abs 1) um Kosten und wiederkehrende Leistungen sowie andere Nebenleistungen des dem betreibenden Gläubiger nachgehenden Rechts würde Antrag auf weitere Abweichung erfordern.

60 [aufgehoben]

61 [aufgehoben]

---

[98] Korintenberg/Wenz § 59 Anm 4 b; Jaeckel/Güthe § 59 Rdn 7.
[99] Dassler/Schiffhauer § 59 Rdn 48; Schiffhauer Rpfleger 1986, 326 (VII 4).
[100] Schiffhauer Rpfleger 1986, 326 (VII 4).
[101] Muth JurBüro 1985, 13 und Rpfleger 1987, 397 (IV 5 und VI 4).
[102] Muth JurBüro 1985, 13.

§ 62 Geringstes Gebot, Versteigerungsbedingungen

[Vorbereitende Erörterungen, Vortermin]

62 Das Gericht kann schon vor dem Versteigerungstermin Erörterungen der Beteiligten über das geringste Gebot und die Versteigerungsbedingungen veranlassen, zu diesem Zwecke auch einen besonderen Termin bestimmen.

1 Allgemeines zu § 62

1.1 Zweck der Vorschrift: Verfahrensgestaltung mit vorbereitenden Erörterungen und Abhaltung eines Vortermins zur Abwendung einer übermäßigen Belastung des Versteigerungstermins (Denkschrift S 49).

1.2 Anwendungsbereich: § 62 gilt für alle Versteigerungsverfahren des ZVG.

2 Vorbereitende Erörterungen

Vorbereitende Erörterungen über das geringste Gebot und die Versteigerungsbedingungen können den Versteigerungstermin selbst entlasten. Es liegt im **Ermessen** des Gerichts, solche Erörterungen mit schriftlichen Anfragen an die Beteiligten zu veranlassen. Sie sind aber für die Feststellung des geringsten Gebots im Versteigerungstermin nicht bindend, soweit nicht die Beteiligten miteinander bindende Vereinbarungen treffen oder Anträge stellen, die auch schon vor dem Termin gestellt werden können, zB Anträge auf Gesamtausgebot (§ 63 Abs 2), auf abweichende Versteigerungsbedingungen (§ 59) usw. Der Umfang der Erörterungen hängt allein von der jeweiligen Sachlage ab.

3 Vortermin zum Versteigerungstermin

3.1 Einen Vortermin abzuhalten, liegt allein im **Ermessen** des Gerichts. Er dient dazu, schon vor dem Versteigerungstermin zu dessen Entlastung Erörterungen über geringstes Gebot und Versteigerungsbedingungen zu führen, auch Anträge anzuregen oder entgegenzunehmen. Ein Vortermin ist nur in Ausnahmefällen zu empfehlen, da doch grundsätzlich alle einschlägigen Verhandlungen im Versteigerungstermin zu erfolgen haben. Ein Vortermin kann sich vielleicht dort empfehlen, wo schwierige Fragen vorweg zu klären und zeitraubende Erörterungen zu führen sind, etwa über Geldwerte von Nebenleistungen nach § 46, über Zuzahlungswerte nach § 51, über Mieterleistungen nach § 57 c, über abweichende Versteigerungsbedingungen nach § 59, über Einzel-, Gruppen- und Gesamtausgebot nach § 63, über Verteilung von Gesamthypotheken nach § 64, über den Stand einer gleichzeitigen Zwangsverwaltung oder eines gleichzeitigen Konkursverfahrens usw. Sehr viel darf man sich vom Vortermin nicht erwarten. Die Erörterungen in ihm sind für den Versteigerungstermin nicht bindend, außer wenn die Beteiligten bindende Abmachungen treffen (zB in der Teilungsversteigerung) oder Anträge stellen, die schon vor dem Versteigerungstermin gestellt werden können (Rdn 2).

3.2 Die **Allgemeine Verfügung** über die Aufgaben des Vollstreckungsgerichts (Textanhang T 7) empfiehlt einen Vortermin auch zur Aussprache über die wirtschaftlichen Verhältnisse des Grundstücks. Diese Verfügung ist nur noch eine unverbindliche Empfehlung (Einl Rdn 23). Mit einer mündlichen Verhandlung über einen Einstellungsantrag nach § 30 b Abs 2 kann der Vortermin praktisch nicht verbunden werden, weil erst nach rechtskräftiger Entscheidung der Einstellungsanträge der Versteigerungstermin angesetzt werden soll (§ 30 b Abs 4), ein Vortermin aber erst kurz vor dem Versteigerungstermin stattfindet.

3.3 Der Vortermin ist **nichtöffentlich**, also nur unter Teilnahme der Verfahrensbeteiligten, weil für Außenstehende kein rechtliches Interesse an der Teilnahme besteht und es sich bei ihm nicht um eine Verhandlung im Sinne von GVG § 169 handelt. Die Sitzungsleitung und die Gestaltung des Verfahrens (§ 66 Rdn 3) hat der zuständige Rechtspfleger (falls nicht auf seine Vorlage hin nach RpflG § 5 der Richter ihn durchführt). Besondere **Kosten** entstehen für ihn nicht, er wird durch die gerichtliche Versteigerungsverfahrensgebühr (Einl Rdn 77) abgegolten. Zum Vortermin kann das persönliche Erscheinen des Schuldners (ZPO § 141) nicht angeordnet werden (anders[103]); er kann dem Vortermin ebenso fernbleiben wie ihn keine Verpflichtung zur Teilnahme am Versteigerungstermin trifft. Das Ausbleiben des Schuldners oder eines anderen Beteiligten führt zu keinem Rechtsnachteil. Möglich ist auch ein Vergleichsabschluß. Zum Vortermin erfolgt keine offizielle **Ladung** mit Zustellung, nur eine einfache Benachrichtigung, formlos, mit kurzer Angabe des Gegenstands und des Grundstücks. Zuziehung des Rechnungsbeamten, wo noch zugelassen, ist möglich. Das **Protokoll** soll die Namen der Teilnehmer und alle Vorkommnisse enthalten, insbesondere Anträge, Entscheidungen, Vergleiche. Der Vortermin hat kaum besondere Bedeutung; erfahrungsgemäß spielt sich doch alles im Versteigerungstermin selbst ab.

3.4 Muster für die Terminsbestimmung im ZVG-Handbuch Rdn 227, für das Protokoll Rdn 228, sonst zum Vortermin dort Rdn 229.

[Einzel-, Gruppen- und Gesamtausgebot]

§ 63 (1) **Mehrere in demselben Verfahren zu versteigernde Grundstücke sind einzeln auszubieten.**

(2) **Jeder Beteiligte kann verlangen, daß neben dem Einzelausgebot alle Grundstücke und, sofern einige von ihnen mit einem und demselben Rechte belastet sind, auch diese Grundstücke zusammen ausgeboten werden. Auf Antrag kann das Gericht auch in anderen Fällen das Gesamtausgebot einiger der Grundstücke anordnen.**

(3) **Das Gesamtausgebot kann vor oder nach dem Einzelausgebot erfolgen.**

(4) **Wird bei dem Einzelausgebot auf eines der Grundstücke ein Meistgebot abgegeben, das mehr beträgt als das geringste Gebot für dieses Grundstück, so erhöht sich bei dem Gesamtausgebote das geringste Gebot um den Mehrbetrag. Der Zuschlag wird auf Grund des Gesamtausgebots nur erteilt, wenn das Meistgebot höher ist als das Gesamtergebnis der Einzelausgebote.**

(5) **Das Einzelausgebot unterbleibt, wenn die anwesenden Beteiligten zustimmen, deren Rechte bei der Feststellung des geringsten Gebots nicht zu berücksichtigen sind.**

Übersicht

Allgemeines zu § 63 1	Mehrbetrag; Erhöhung des geringsten
Einzelausgebot (Absätze 1 und 5) 2	Gebots (Absatz 4 Satz 1) 4
Gesamt- und Gruppenausgebot (Absätze 2 und 3) 3	Zuschlag bei unterschiedlichen Ausgeboten (Absatz 4 Satz 2) 5

Literatur: Bachmann, Zuschlagserteilung bei Gesamtausgebot, Rpfleger 1992, 3; Heidrich und Bachmann, Nochmals: Zuschlagsentscheidung bei Gesamtausgebot, Rpfleger 1993, 11; Muth, Anzahl zulässiger Ausgebotsarten, Rpfleger 1990, 502.

Allgemeines zu § 63

1.1 Zweck der Vorschrift: Bestimmung, wie mehrere Grundstücke auszubieten sind, die in demselben Verfahren versteigert werden, mit Fragen des Zuschlags hierbei und Sicherung der Deckung, die ein Beteiligter durch das Einzelausgebot gefunden hat, auch für das Gesamtausgebot (Denkschrift S 49).

1.2 Anwendungsbereich: § 63 gilt für alle Versteigerungsverfahren des ZVG; Besonderheit für Teilungsversteigerung § 180 Rdn 7.11.

---

[103] Mohrbutter/Drischler Muster 31 Anm 1.

§ 63 1.3   Geringstes Gebot, Versteigerungsbedingungen

1.3 Das ZVG geht davon aus, daß die **Verfahren** über mehrere Grundstücke jeweils **getrennt** durchzuführen sind und nur unter besonderen Voraussetzungen miteinander verbunden werden dürfen: § 18. Daher bestimmt es auch, daß die mehreren Objekte **grundsätzlich einzeln** auszubieten sind: Abs 1 (Rdn 2). Ausnahmsweise kann auf Antrag Zusammenfassung zu einem Gesamtausgebot und auch zu Gruppenausgeboten erfolgen (Rdn 3). Grund: Mit gemeinsamer Versteigerung mehrerer Grundstücke kann ein besseres Versteigerungsergebnis erstrebt und versucht werden, die wirtschaftliche Einheit des Objekts zu erhalten. Besonderheiten ergeben sich daraus auch für den Zuschlag (Rdn 5).

1.4 a) Die Vorschrift gilt auch für Wohnungseigentum, für Gebäudeeigentum und für grundstücksgleiche Rechte. Sie ist ebenso bei gleichzeitiger Versteigerung mehrerer **Grundstücksbruchteile** anzuwenden[1]. Auch hier sind Einzel-, Gruppen-, Gesamtausgebote möglich.

b) Sobald aber alle Bruchteile auf einen Eigentümer übergegangen sind, kann in der Vollstreckungsversteigerung nur noch das gesamte Objekt versteigert werden (normales Ausgebot). Nur die Berechtigten der früheren Anteile werden getrennt befriedigt, können getrennt betreiben; dann kann auch getrennt ausgeboten werden. Betreiben sie unabhängig voneinander je in getrennte Teile, so sind dies mehrere Verfahren mit eigenen Einzelausgeboten, ohne Verbindung nach § 18.

2 Einzelausgebot (Absätze 1 und 5)

2.1 Wenn mehrere Grundstücke (Grundstücksbruchteile) im selben Verfahren versteigert werden (verbunden nach § 18) **muß** jedes von ihnen **einzeln ausgeboten** werden: Abs 1. Das Einzelausgebot darf nur unterbleiben, wenn ein Gesamtausgebot oder soweit ein Gruppenausgebot erfolgt[2] und alle diejenigen anwesenden Beteiligten zustimmen, deren Rechte bei der Feststellung des geringsten Gebots für das Gesamtausgebot nicht berücksichtigt werden: Abs 5; also alle, die weder in das geringste Bargebot noch in die bestehenbleibenden Belastungen fallen, einschließlich des Schuldners[3] (bei Verstoß Zuschlagversagung nach § 83 Nr 2 bzw Anfechtung nach § 100 Abs 1). Die im geringsten Gebot Stehenden und die Mieter und Pächter müssen nicht zustimmen[4]. Auch Einzelausgebote von Grundstücksmiteigentumsanteilen dürfen nur mit Zustimmung aller anwesenden, nicht bei der Feststellung des geringsten Gebots berücksichtigten Beteiligten unterbleiben[5], keineswegs aber aus Zweckmäßigkeitsgründen oder deshalb, weil neben einzelnen Gläubigern, die nur in einen Miteigentumsanteil vollstrecken, vorrangige Grundpfandgläubiger in das ganze Grundstück vollstrecken[6] (nicht richtig[7]). Stillschweigen ist keine Zustimmung[8], die **Zustimmung** aller anwesenden Beteiligten muß ausdrücklich erfolgen (für schlüssige Zustimmung, wenn kein Anwesender dem Antrag widerspricht, von Einzelausgeboten abzusehen[9], sehr bedenklich). Die Zustimmung (Verzicht auf Einzelausgebot) ist zugleich ein Antrag auf Gesamtausgebot.

2.2 Die **Zustimmung** der anwesenden Beteiligten dazu, **daß Einzelausgebote unterbleiben** (Abs 5), ist zu Protokoll des Gerichts zu erklären. Weil die im Versteigerungstermin anwesenden Beteiligten zustimmen müssen, genügt schriftliche

---

[1] OLG Saarbrücken Rpfleger 1991, 123 mit Anm Hintzen; LG Aurich Rpfleger 1980, 306.
[2] OLG Celle NdsRpfl 1951, 62 = RdL 1951, 97 = Rpfleger 1951, 216 mit zust Anm Rötelmann.
[3] OLG Saarbrücken Rpfleger 1991, 123 mit Anm Hintzen.
[4] Steiner/Storz § 63 Rdn 13.
[5] OLG Saarbrücken aaO (Fußn 3).
[6] Schiffhauer BlGrBW 1981, 88 (XVIII).
[7] LG Kiel SchlHA 1978, 218.
[8] OLG Saarbrücken aaO (Fußn 3).
[9] LG Aurich Rpfleger 1980, 306.

Erklärung oder die im Vortermin abgegebene Erklärung nicht, sofern sie nicht vom Anwesenden im Versteigerungstermin bestätigt wird. Die Zustimmung kann nur bis zur Aufforderung zur Abgabe von Geboten (§ 66 Abs 2), nicht jedoch auch noch in der Bietstunde, erklärt werden[10] (anders[11]: Zustimmung nach Beginn der Bietstunde nur dann ausgeschlossen, wenn schon ein Gebot abgegeben ist). Die Beteiligten können mit dem Verzicht nur erreichen, daß Einzelausgebote überhaupt unterbleiben. Wenn die Einzelversteigerung bereits durchgeführt wird, kann sie aber nicht mehr unterbleiben. Einen den Fortgang des Verfahrens mit Einzelversteigerung gesetzlich hindernden Grund stellt der Verzicht anwesender Beteiligter nicht dar; er kann insbesondere nicht bewirken, daß bereits abgegebene Gebote erlöschen. Abs 5 erlaubt es daher nicht, eine mit Aufforderung zur Abgabe von Geboten begonnene Versteigerung bei nachträglichem Verzicht abzubrechen. Die Zustimmung anwesender Beteiligter dazu, daß Einzelausgebote unterbleiben (Abs 5) kann nach Aufforderung zur Abgabe von Geboten nicht mehr zurückgenommen werden[12]. Allgemein wird die Zustimmung als unwiderruflich angesehen (mit Einschränkung aber[13]). Einzuschränken ist jedoch, daß die Unwiderruflichkeit erst mit Aufforderung zur Abgabe von Geboten eintritt. Das folgt aus Wesen und Bedeutung der Erklärung. Einzelausgebote neben Gesamtausgebot erfolgen im Interesse der Beteiligten; sie unterbleiben, wenn anwesende als interessierte Beteiligte zustimmen. Das ermöglicht den Beteiligten Wahrung ihrer Interessen. Sie bringen mit Zustimmung zum Ausdruck, daß im Einzelfall nur das Gesamtausgebot ein angemessenes Verfahrensergebnis erwarten läßt. Eine mögliche Beeinträchtigung Beteiligter nur durch Gesamtausgebot schließt die Zustimmung damit wie die spätere Genehmigung (§ 84 Abs 1) aus. Wie die Genehmigung einer Beeinträchtigung (§ 84 Abs 1 mit § 83 Nr 2) bietet die Zustimmung als Verfahrensgrundlage daher für einen Widerruf keinen Raum. Vor Versteigerungsbeginn kann die Zustimmung jedoch noch keine Bedeutung erlangt haben. Wenn Einzelausgebote noch nicht unterblieben sind, kann eine Beeinträchtigung noch nicht möglich gewesen und daher auch nicht genehmigt sein. Verfahrensstand und Verfahrensfortführung bedingen daher auch Bindung an die Erklärung noch nicht. Jedem Beteiligten muß daher Wahrung seiner Interessen mit dem Begehren nach Einzelausgebot durch Widerruf seiner Erklärung bis zur Aufforderung zur Abgabe von Geboten möglich sein. Wenn während der Bietstunde neue Beteiligte erscheinen, sollten sie (vorsorglich) befragt werden, ob auch sie zustimmen. Wenn sie das ablehnen oder wenn sie nicht ausdrücklich zustimmen, muß nicht ein neues geringstes Gebot aufgestellt und keine neue Bietstunde eingehalten werden (so auch[14]). Einzelausgebote unterbleiben, wenn anwesende Beteiligte zustimmen. Daß nur Anwesende zustimmen müssen, ist zur Vereinfachung vorgesehen, weil unter dieser Voraussetzung davon ausgegangen werden kann, daß nur von dem Gesamtausgebot ein angemessenes Ergebnis zu erwarten ist. Das kann sich nur nach dem für die Versteigerung maßgeblichen Zeitpunkt bestimmen, in dem zur Abgabe von Geboten aufgefordert wird (§ 66 Abs 2). Wenn dann Einzelausgebote unterbleiben, weil die gesetzlichen Voraussetzungen erfüllt sind (Abs 5), kann sich das nicht mit nachträglichem Hinzukommen eines weiteren Beteiligten als unrichtig erweisen. Ein Einzelausgebot, das richtig unterblieben ist, kann nicht später doch noch durchzuführen sein.

2.3 Ein rechtlich **vereinigtes Grundstück** ist **ein** Grundstück. Hier gibt es keine Einzelausgebote für die früheren Teile, auch nicht über § 59 und nicht bei Zustimmung von Gläubigern und Schuldner.

---

[10] Stöber ZIP 1981, 944 (VI); Dassler/Schiffhauer § 63 Rdn 3.
[11] Steiner/Storz § 63 Rdn 15.
[12] Stöber ZIP 1981, 944 (VI); Dassler/Schiffhauer § 63 Rdn 3.
[13] Steiner/Storz § 63 Rdn 14 und 35.
[14] Steiner/Storz § 63 Rdn 13.

§ 63 2.4 Geringstes Gebot, Versteigerungsbedingungen

2.4 Bei der Berechnung des **geringsten Gebots** für jedes **Einzelausgebot** werden in ihm alle Barbeträge und alle Belastungen eingesetzt, die das einzelne Grundstück betreffen; Gesamtbelastungen sind (wenn sie nicht nach § 64 verteilt sind) bei jedem Einzelausgebot voll einzusetzen (Denkschrift S 50). Verfahrenskosten (gemeinsame Gebühren und Auslagen) werden nach dem Verhältnis der Grundstückswerte in die geringsten Gebote der Einzelgrundstücke aufgenommen[15]. Bei Ansprüchen der Rangklasse 1–3 des § 10 Abs 1 ist auf getrennte Anmeldung hinzuwirken; bei nur gemeinsamer Anmeldung sind solche Ansprüche (wenn sonstige Anhaltspunkte für die Einzelhaftung der Grundstücke fehlen) im Verhältnis der Grundstückswerte aufzuteilen[16]. Anhaltspunkte für Einzelhaftung bestehen für Ansprüche der Rangklassen 1 und 2, wenn (etwa aus Zwangsverwaltungsakten) festzustellen ist, daß sie nur bei einem Grundstück oder in welcher Höhe sie bei jedem der Grundstücke einzeln entstanden sind. Für jedes Einzelausgebot wie für die anderen Ausgebotsarten muß auch der Verkehrswert zwecks Berechnung der $7/10$-Grenze aus § 74 a gesondert bekanntgemacht werden.

2.5 Angenommen worden ist, das Einzelausgebot könne auch ohne Zustimmung anwesender Beteiligter unterbleiben, wenn die Versagung der Zustimmung rechtsmißbräuchlich ausschließlich zur Verhinderung einer ordnungsgemäßen Durchführung des Zwangsversteigerungsverfahrens geschehe[17]. Dem kann man nicht folgen. Das Einzelausgebot ist nach Abs 1 die Regel; einen Grund für seine Weigerung, auf Einzelausgebot zu verzichten, braucht der anwesende Beteiligte nicht zu nennen. Gesamtausgebot hat auf Antrag auch zu erfolgen, wenn auf Einzelausgebot nicht verzichtet ist. Damit bleibt stets die Möglichkeit, die Versteigerung durchzuführen und durch das im Einzelfall sachdienliche Ausgebot ein möglichst günstiges Versteigerungsergebnis zu erzielen. Rechtsmißbrauch zur Verhinderung ordnungsgemäßer Durchführung des Versteigerungsverfahrens kann daher nicht allein darin liegen, daß auf Einzelausgebot zusätzlich bestanden wird. Hinweis auf einen Rechtsmißbrauch nur durch solche Rechtswahrung gibt auch[17] nicht (zumal auch der Gläubiger auf Einzelausgebot nicht verzichtet hatte).

3 Gesamt- und Gruppenausgebot (Absätze 2 und 3)

3.1 Gesamtausgebot aller im selben Verfahren zu versteigernden Grundstücke oder als Gruppenausgebot einiger dieser Grundstücke zusammen dürfen **nur auf Antrag** erfolgen: Abs 2 Satz 1; also nicht von Amts wegen. Wenn mehrere Grundstücke (Grundstücksbruchteile, auch Wohnungseigentumsanteile) im selben Verfahren (verbunden nach § 18) versteigert werden, kann jeder Beteiligte verlangen, daß neben dem vorgeschriebenen Einzelausgebot ein Gesamtausgebot über alle stattfinde und über die mit demselben dinglichen Recht belasteten auch ein Gruppenausgebot: Abs 2 Satz 1; dies muß geschehen, dies steht nicht im Ermessen des Gerichts. Auch für mehrere mit demselben dinglichen Recht belastete Grundstücke kann das Gericht (auf Antrag) ein Gruppenausgebot anordnen: Abs 2 Satz 2; dies steht im Ermessen des Gerichts. Bei Verstoß Zuschlagsversagung nach § 83 Nr 2 bzw Anfechtung nach § 100 Abs 1.

3.2 Antragsberechtigt für Gesamt- und Gruppenausgebot sind die Beteiligten (§ 9). Beteiligte sind auch Mieter/Pächter, die angemeldet haben, und der Vollstreckungsschuldner. Antragsberechtigte sind alle Beteiligte, nicht nur solche, die ein besonderes Interesse an dem Gesamt- oder Gruppenausgebot haben (anders[18]: nur solche, die im geringsten Gebot berücksichtigt seien).

3.3 Der Antrag ist **formlos** zulässig, also schriftlich oder zu Protokoll des Gerichts. Der Antrag auf Gesamtausgebot kann auch darin liegen, daß alle anwesen-

---

[15] Korintenberg/Wenz §§ 63, 64 Anm II 1; Stöber, ZVG-Handbuch, Rdn 379.
[16] Mohrbutter/Drischler Muster 88 Vorbem 4.
[17] OLG Karlsruhe Rpfleger 1994, 376.
[18] Lupprian, ZVG, § 63 Anm 2.

den Beteiligten auf Einzelausgebot verzichten (Rdn 2.1). In diesem Falle wäre es eine Förmelei, noch ausdrücklich einen Antrag auf Gesamtausgebot zu verlangen. Der Antrag ist bis zum Schluß der Versteigerung (Verkündung des Schlusses, § 73 Abs 2 Satz 1) zulässig[19] (siehe auch § 59 Rdn 3.3). Der Antrag, der nach Aufforderung zur Abgabe von Geboten (§ 66 Abs 2) gestellt wird, berührt jedoch die bereits begonnene Einzelversteigerung der Grundstücke (Abs 1) nicht[20] (anders[21]: AbbruchderVersteigerung, wenn noch keine Gebote abgegeben sind). Geringstes GebotundVersteigerungsbedingungen für die Einzelausgebote ändern sich nicht[22] (anders[23]). Für die Einzelausgebote ist nicht neu in eine Bietstunde einzutreten[24]. Gebote, die auf Grundstücke bereits einzeln abgegeben sind, bleiben wirksam[25]. Der Antraghat zur Folge, daß die Grundstücke nun auch zusammen auszubieten sind[26]. Die auf Einzelausgebote bereits abgegebenen Gebote führen zur Erhöhung des geringstenGebotsfür das Gesamtausgebot um den Mehrbetrag (Abs 4). Die Einzelversteigerung kann auch nicht mit Zustimmung der anwesenden Beteiligten abgebrochen werden[27]. Auf Einzelversteigerung kann nach Abs 5 nur bis zum Beginn der Bietstunde verzichtet werden[28] (teilweise abweichend[29]); unterbleiben nach Abs 5 kannnur eine noch nicht begonnene Einzelversteigerung, nicht aber die Einzelversteigerung von Grundstücken, die bereits durchgeführt wird[30]. Der Antrag auf Gesamtausgebot kann bis zum Schluß der Versteigerung (Verkündung des Schlusses) zurückgenommen werden[31] (anders[32]: nur so lange, bis entsprechende Ausgebotsform erfolgt ist, evtl so lange noch kein Gebot abgegeben ist). Mit Antrag auf Gesamtausgebot ist den Beteiligten ermöglicht, auf Erzielung eines besseren Versteigerungsergebnisses hinzuwirken. Zwingende Verfahrensgrundsätze erfordern Gesamtversteigerung nicht; das Gesamtausgebot steht daher zur Disposition des Antragstellers,sodaß er seinen Antrag zurücknehmen kann. Interessen anderer Verfahrensbeteiligter werden dadurch nicht beeinträchtigt, weil jeder von ihnen selbst Gesamtausgebot verlangen und der betreibende Gläubiger zudem einem erfolglosen Verlauf der Versteigerung dadurch entgegentreten kann, daß er auf Einzelausgeboten besteht.

3.4 Das Gesamt- oder Gruppenausgebot kann **vor oder nach dem Einzelausgebot** erfolgen: Abs 3. Wird erst das Einzelausgebot durchgeführt, dann das Gesamtausgebot (wovon abgeraten wird, da hier in der Regel das Versteigerungsergebnis geringer ist), so müßte das Gesamtausgebot unterbleiben, wenn bei einem Einzelausgebot schon so viel geboten wird, daß für die anderen Grundstücke das Verfahren nach § 76 eingestellt werden muß[33]. Das umgekehrte Verfahren, erst Gesamtausgebot, anschließend erst Einzelausgebot, ist nicht gut möglich, weil wegen der in § 63 vorgeschriebenen Erhöhung des geringsten Gebots beim Gesamtausgebot die Gesamtausgebote nicht mehr ausreichen, nachträglich aber nicht

---

[19] Stöber ZIP 1981, 944 (VI); Dassler/Schiffhauer § 63 Rdn 3; Jaeckel/Güthe §§ 63, 64 Rdn 3; Storz ZIP 1982, 416 (II); Drischler Rpfleger 1967, 357 (12).
[20] Stöber ZIP 1981, 944 (VI); Dassler/Schiffhauer § 63 Rdn 10; Steiner/Storz § 63 Rdn 36.
[21] Storz ZIP 1982, 416 (IV 1).
[22] Stöber ZIP 1981, 944 (VI); Dassler /Schiffhauer § 63 Rdn 10.
[23] Storz ZIP 9182, 416 (IV 1); Drischler Rpfleger 1967, 357 (12).
[24] Stöber ZIP 1981, 944 (VI).
[25] Stöber ZIP 1981, 944 (VI); Storz ZIP 1982, 416 (IV 2); Steiner/Storz § 63 Rdn 36.
[26] Stöber ZIP 1981, 944 (VI); Storz ZIP 1982, 416 (IV 2).
[27] Stöber ZIP 1981, 944 (VI); Dassler/Schiffhauer § 63 Rdn 10.
[28] Stöber ZIP 1981, 944 (VI).
[29] Storz ZIP 1982, 416 (V).
[30] Stöber ZIP 1981, 944 (VI).
[31] Dassler/Schiffhauer § 63 Rdn 9; Jaeckel/Güthe §§ 63, 64 Rdn 3; Lupprian, ZVG, § 63 Anm 2.
[32] Storz ZIP 1982, 416 (V).
[33] Drischler RpflJahrbuch 1960, 347 (A VIII).

mehr geändert werden könnten. Es wird daher empfohlen, alle **Ausgebote gleichzeitig** vorzunehmen, die Bietstunde also einheitlich zu beginnen und zu schließen. So ist der bestmögliche Erfolg zu erzielen, weil die Bieter während der ganzen Zeit die Wahl zwischen den verschiedenen Möglichkeiten haben. Gebote sind auf jeden Fall für alle Arten so lange entgegenzunehmen, als nicht die Versteigerung überhaupt geschlossen ist. Die Reihenfolge der Ausgebote steht aber grundsätzlich im Ermessen des Gerichts[34]. Die **Bietstunde** muß für jede Ausgebotsart eingehalten werden[35]. Wenn die Ausgebote gleichzeitig beginnen, müssen sie auch gleichzeitig beendet werden[35]. Im Versteigerungstermin muß das Gericht bei gemeinsamer Durchführung der Ausgebote ständig mitrechnen, um auf die unvermeidlichen Fragen der Anwesenden jeweils sagen zu können, wer nach der Verfahrenslage gerade den Zuschlag bekommen könnte und wie sich durch die Einzelgebote das geringste Gebot des Gruppen- oder Gesamtausgebots jeweils erhöhen muß. Beachtung des (jeweiligen) geringsten Gebots (Abs 4 Satz 1) und Zurückweisung eines das geringste Gebot unterschreitenden Bargebots (§ 71 Rdn 2.4) gehört zur sicheren Verhandlungsführung ebenso wie zu selbstverständlicher Amtspflicht des Vollstreckungsgerichts (hierzu Rdn 4.2). Bestmögliche Grundstücksverwertung gebietet Bekanntgabe der jeweiligen Höhe des geringsten Gebots (dazu Rdn 4.2) gleichermaßen wie in jeder Verfahrenslage (jedenfalls auf Anfrage) Erörterung des jeweiligen Versteigerungsergebnisses. Unverständlich ist daher der Widerspruch, noch mehr der ungeschickte Begründungsversuch, den[36] unter nur teilweiser Anführung der hier geforderten Verfahrensgestaltung (vgl auch Einl Rdn 6) bei gleichzeitigen Ausgeboten gibt.

3.5 Das **geringste Gebot** beim Gesamtausgebot ist nicht etwa die Summe des geringsten Gebots der Einzelgebote, es ist vielmehr für sich **gesondert zu berechnen**. Das geringste Gebot ist überhaupt für jede Ausgebotsart gesondert zu berechnen. Ein Gesamtgrundpfandrecht wird im geringsten Gebot für die Gesamtversteigerung (als bestehenbleibend und mit den Barzahlungsbeträgen) nur einmal berücksichtigt (Denkschrift S 50). Bestehenbleibende Gesamtrechte müssen in jedem Einzel- oder Gruppenausgebot voll eingesetzt werden, obwohl sie im Gesamtausgebot nur einmal erscheinen dürfen[37]. Wenn hierdurch die Einzel- oder Gruppenausgebote zu hoch werden, so gibt es Abhilfe durch **Verteilung** nach § 64; dann sind die Rechte nur mit den festgelegten Teilbeträgen zu berücksichtigen (Näheres § 64). Ein Gruppenausgebot muß im Verhältnis zum Gesamtausgebot als Einzelausgebot behandelt werden[38], im Verhältnis zum Einzelausgebot als Gesamtausgebot[39]. Bei Ansprüchen der Rangklassen 1–3 soll von vornherein auf getrennte Anmeldung der Grundsteuern, Grundstücksgebühren usw hingewirkt werden, da sonst diese Ansprüche im Verhältnis der Grundstückswerte auf die Einzelausgebote aufzuteilen sind. Zu den Kosten hierbei § 63 Rdn 2.4.

4 Mehrbetrag; Erhöhung des geringsten Gebots (Absatz 4 Satz 1)

4.1 Wenn Einzel-, Gruppen- und Gesamtgebot erfolgen und wenn dabei bei einem oder mehreren oder allen Einzelgeboten ein Meistgebot abgegeben wird, das mehr beträgt als das geringste Gebot des betroffenen einzelnen Grundstücks (oder Grundstücksbruchteils), dann muß sofort **das geringste Gebot** des einschlägigen Gruppenausgebots oder des Gesamtausgebots um diesen Mehrbetrag **erhöht** werden: Abs 4 Satz 1. Diese Erhöhung erfolgt nicht erst beim Meistgebot,

---

[34] Drischler RpflJahrbuch 1960, 347 (A VIII) und 1972, 297 (324).
[35] Niederée DRpflZ 1972, 25 (I, II 2).
[36] Dassler/Schiffhauer § 63 Rdn 25.
[37] Drischler RpflJahrbuch 1960, 347 (A VIII).
[38] Drischler, RpflJahrbuch 1960, 347 (A VIII) und 1974, 335 (B V 2 b).
[39] OLG Koblenz Rpfleger 1963, 53.

Einzel-, Gruppen- und Gesamtausgebot 5.1 § 63

sondern schon bei jedem über das geringste Gebot hinausgehenden Gebot[40]. Darum muß das Gericht fortlaufend mitrechnen. Weil auch das Gruppenausgebot gegenüber dem Gesamtausgebot ein Einzelausgebot ist (Rdn 3.5) muß ebenso bei einem das geringste Gebot des Gruppenausgebots übersteigenden Gruppengebot beim Gesamtausgebot dessen geringstes Gebot erhöht werden. Das gilt so auch, wenn zur Gruppe etwa noch eine Obergruppe vorhanden ist (in der die Gruppe enthalten ist), ohne daß es sich hierbei um ein Gesamtausgebot handelt.
Beispiel: Grundstücke 1–6; Einzelausgebote 1, 2, 3, 4, 5, 6; Gruppenausgebote 1–2, 3–4, 5–6, Obergruppe etwa 1–4, Gesamtausgebot 1–6.

4.2 Die **Erhöhung** des geringsten Gebots bei dem Gesamtausgebot **tritt** mit Abgabe des Gebots bei dem (einem) Einzelausgebot **gesetzlich ein.** Diese gesetzliche Erhöhung verändert den bar zu zahlenden Teil des geringsten Gebots. Das bereits festgestellte geringste Bargebot und das vom Zeitpunkt der Erhöhung an **zulässige unterste Bargebot** stimmen nicht mehr überein. Es ist deswegen das geringste Gebot nicht insgesamt neu festzustellen; die Versteigerung wird vielmehr fortgesetzt, so daß auch Gebote, die vor Erhöhung bereits wirksam abgegeben und zugelassen worden sind, bestehen bleiben. Die Erhöhung des geringsten Gebots ist jedoch bekanntzumachen (gebietet die Sitzungsleitung und Aufklärungspflicht, ZPO § 139), ist aber nicht Wirksamkeitserfordernis für Erhöhung und Verfahrensfortgang. Diese Erhöhung gilt damit zunächst nur für die weiter abzugebenden Gebote und läßt die schon erfolgten unberührt. Sie wirkt sich also nur auf die späteren Gruppen- und Gesamtausgebote aus. Jedoch ist bei Erteilung des Zuschlags ohne Bindung an die vor Erhöhung bereits erfolgte Zulassung eines Gebots (§ 79) seine Wirksamkeit erneut zu prüfen (Rdn 5.4).

4.3 Die Summe der geringsten Gebote in den Einzelgeboten kann übrigens von Anfang an wegen der überall voll einzusetzenden Gesamtansprüche höher sein als das geringste Gebot eines Gruppen- oder Gesamtausgebots.
Beispiele für die Erhöhung: Grundstück A hat geringstes Bargebot zu 1000 DM, Grundstück B zu 2000 DM, Gesamtausgebot hat geringstes Gebot zu 2500 DM. a) Auf A geboten 2000 DM, auf B 3000 DM; geringstes Gebot des Gesamtausgebots erhöht sich jetzt wegen A um 1000 DM, wegen B um 1000 DM, zusammen somit um 2000 DM; es müssen dort jetzt mindestens 4500 DM geboten werden statt 2500 DM. b) Zunächst wird auf das Gesamtausgebot 3000 DM geboten, dann auf A 2000 DM und auf B 3000 DM; nur für weitere Gesamtgebote erfolgt Erhöhung wie vorher; das schon vor der Erhöhung abgegebene Gebot auf das Gesamtausgebot bleibt wirksam bestehen (Zuschlag: Rdn 5.4), neue müssen mindestens 4500 DM betragen.

Zuschlag bei unterschiedlichen Ausgeboten (Absatz 4 Satz 2) 5

5.1 Erteilt wird der **Zuschlag auf Grund des Gesamtausgebots,** wenn
– das **Meistgebot** höher (nicht bloß gleich hoch) ist als das Gesamtergebnis der Einzelausgebote (Abs 4 Satz 2),
– dieses Meistgebot das nach Abs 4 Satz 1 um den Mehrbetrag erhöhte **geringste Gebot** beim Gesamtausgebot übersteigt (nachf Rdn 5.4).
Für den Vergleich der Meistgebote sind nicht nur die Barbeträge zu rechnen (wie bei der gesetzlichen Erhöhung nach Abs 4 Satz 1), sondern auch die bei jedem Meistgebot bestehenbleibenden Rechte[41]. Das gilt auch dann, wenn Gesamtrechte darunter sind, die nicht nach § 64 einzusetzen, somit beim Einzelausgebote jedes belasteten Grundstücks voll und beim Gesamtausgebot nur einfach berücksichtigt sind[42]. Ein Gruppenausgebot gilt (jeweils) im Verhältnis zum Gesamtaus-

---
[40] LG Bielefeld Rpfleger 1988, 32 mit Anm Hagemann.
[41] Drischler RpflJahrbuch 1960, 347 (A VII) und JurBüro 1964, 319 (A I 5 e).
[42] OLG Koblenz Rpfleger 1963, 53; Dassler/Schiffhauer § 63 Rdn 31; Jaeckel/Güthe § 63 Rdn 16–17; Steiner/Storz § 63 Rdn 49; Drischler JurBüro 1964, 319 (A I 5 e).

gebot als Einzelausgebot, im Verhältnis zum Einzelausgebot als Gesamtausgebot (Rdn 3.5).

5.2 Auf die **Einzelmeistgebote** wird der Zuschlag erteilt, wenn beim Gesamtausgebot kein das Gesamtergebnis der Einzelausgebote und das nach Abs 4 Satz 1 erhöhte geringste Gebot übersteigendes Meistgebot erzielt worden ist, somit auch, wenn das Gesamtmeistgebot gleich hoch wie die Summe der Einzelmeistgebote ist. Das entspricht der Regel, daß die Verfahren über mehrere Grundstücke getrennt durchzuführen sind (Rdn 1.3). Einzelmeistgebote bei Versagung des Zuschlags nach § 74 a dort Rdn 3.4 (auch § 85 a Rdn 2.7).

5.3 Auf Grund des **Gesamtausgebots** wird der Zuschlag auch erteilt, wenn auf die zugleich einzeln ausgebotenen Grundstücke kein Gebot abgegeben wurde[43] (dann bei den Einzelausgeboten kein besseres Versteigerungsergebnis; vgl auch Rdn 5.5). Ebenso wird auf das Gesamtausgebot unter den Voraussetzungen von Rdn 5.1 der Zuschlag erteilt, wenn nur auf einzelne (nicht aber auf alle) der zugleich einzeln ausgebotenen Grundstücke ein Gebot abgegeben wurde[44].

5.4 Auch ein auf das Gesamtausgebot bereits zugelassenes **Meistgebot** muß für Erteilung des Zuschlags das danach gemäß Abs 4 Satz 1 um den Mehrbetrag **erhöhte geringste Gebot übersteigen**. Das kann nicht der Fall sein, auch wenn das Meistgebot beim Gesamtausgebot höher als das Gesamtergebnis der Einzelausgebote ist, so wenn Gebote nicht auf alle Einzelausgebote (Gruppenausgebote) abgegeben sind. **Beispiel** (Fall[45] abgewandelt; im Entscheidungsfall waren es zwei Gruppenausgebote):
Grundstück A und B. Geboten werden auf Grundstück A 20 000 DM; damit Erhöhung des geringsten Gebots beim Gesamtausgebot auf 56 901 DM. Gebot auf das Gesamtausgebot nun in Höhe von 57 000 DM. Dann werden auf Grundstück A 22 000 DM geboten, damit erhöht sich das geringste Gebot beim Gesamtausgebot auf 58 901 DM. Kein Gebot auf Grundstück B.
Erteilung des Zuschlags auf das Meistgebot mit 57 000 DM würde in diesem Fall Abs 4 Satz 2 ermöglichen. Dieses Meistgebot erweist sich nun aber, weil es mit dem geringsten Gebot die Mindestgrenze nicht erreicht, als unzulässig (§ 44 Abs 1, § 71 Abs 1) (so zutreffend[46], anders[47]). An die bereits erfolgte Zulassung des Gebots ist das Gericht bei Erteilung des Zuschlags nicht gebunden (§ 79). Der Zuschlag kann daher auf Grund des Gesamtausgebots nicht erteilt werden. Erteilt wird der Zuschlag daher auf das Einzelmeistgebot (A; Rdn 5.2)[48]. Für ein Grundstück, für das kein Einzelmeistgebot abgegeben ist, ist (infolge des auch dieses Grundstück erfassenden Gesamtmeistgebots) der Zuschlag (nach § 83 Nr 6 mit § 71 Abs 1) zu versagen (so[48]; 83 Nr 1 gibt aber für diesen Fall keinen nach § 84 heilbaren Versagungsgrund). Dem widerspricht[49], weil ein bereits abgegebenes Gebot wirksam bleibt, wenn es unter dem später nach Abs 4 Satz 1 erhöhten geringsten Gebot liegt, und bei Zuschlagsentscheidung nur nach Abs 4 Satz 2 zu verfahren sei. Das jedoch ist nicht richtig. Erhöhung des geringsten Gebots gebietet neuerliche Prüfung (§ 79) der Wirksamkeit eines bereits abgegebenen Gebots bei Erteilung des Zuschlags (vorstehend und Rdn 4.2). Erweist sich dann, daß das abgegebene Gebot, das bei (= zur Zeit) des Zuschlags maßgebliche geringste Gebot nicht erreicht, ist der Zuschlag zu versagen (Verletzung des Deckungsgrundsatzes als Versagungsgrund nach § 83 Nr 6 mit § 71 Abs 1; Verfahrensfortset-

---

[43] Dassler/Schiffhauer § 63 Rdn 28.
[44] OLG Frankfurt Rpfleger 1995, 512; OLG Hamm JMBlNW 1958, 233 = Rpfleger 1959, 57.
[45] LG Bielefeld Rpfleger 1988, 32 mit Anm Hagemann.
[46] LG Bielefeld aaO (Fußn 45); Dassler/Schiffhauer § 63 Rdn 32.
[47] Hagemann Rpfleger 1988, 33 (Anmerkung).
[48] LG Bielefeld aaO (Fußn 45).
[49] Bachmann Rpfleger 1992, 3.

Einzel-, Gruppen- und Gesamtausgebot   5.8 § 63

zung mit Erteilung des Zuschlags ist nach Abs 4 Satz 1 unzulässig). Das bereits abgegebene Gebot kann für Erteilung des Zuschlags nicht anders behandelt werden als ein Gebot, das auf alle Grundstücke erst nach Erhöhung des geringsten Gebots bei dem Gesamtausgebot abgegeben wird.
Beispiel: In dem vorstehend besprochenen Beispiel wird nach dem Gebot auf das Grundstück A mit 22 000 DM und damit Erhöhung des geringsten Gebots beim Gesamtausgebot auf 58 901 DM neuerlich auf das Gesamtausgebot geboten, und zwar 58 500 DM. Das Gebot ist (auch nach Ansicht von[49]), als „künftiges Gebot" unter dem nach § 63 Abs 4 Satz 1 erhöhten geringsten Gebot (von 58 901 DM) unwirksam. Weil es somit zurückzuweisen ist (§ 71 Abs 1), erlischt das frühere Gebot von 57 000 DM nicht (§ 72 Abs 1). Diesem vor der Erhöhung bereits wirksam abgegebenen und daher (zunächst) bestehen gebliebenen Gebot müßte nach Ansicht von[49] nun der Zuschlag erteilt werden. Gesetzesgemäß, folgerichtig oder verständlich wäre dieses Ergebnis nicht; für die Richtigkeit eines solch widerspruchsvollen Ergebnisses zeigt auch[49] keinen Anhalt.

5.5 Wenn **nur ein Gesamtausgebot** erfolgt ist (Abs 5), wird dem Meistbietenden bei diesem Gesamtausgebot der Zuschlag erteilt (§ 81 Abs 1). Wenn **nur Einzelausgebote** erfolgt sind (Abs 1), ist der Zuschlag den einzelnen Meistbietenden zu erteilen.

5.6 Wenn Einzelausgebote zuschlagsfähig sind (auch weil sie beim Vergleich mit dem Gesamtausgebot das bessere Versteigerungsergebnis ausweisen) ist stets auch zu prüfen, inwieweit nach § 76 Abs 1 einzustellen ist.

5.7 Zu versagen ist nach § 85 a Abs 1 der Zuschlag auf das nach diesen Grundsätzen zuschlagsfähige Meistgebot, wenn es die Hälfte des Grundstückswerts nicht erreicht (hierzu § 85 a Rdn 2.7). Für Antrag auf Versagung des Zuschlags nach § 74 a Abs 1 ist ebenso maßgeblich, ob das nach diesen Grundsätzen zuschlagsfähige Meistgebot unter $^7/_{10}$ des Grundstückswertes bleibt (§ 74 a Rdn 3.4). Dafür, daß sämtliche Einzelgebote zunächst unter dem Gesichtspunkt des § 85 a oder bei Antrag nach § 74 a Abs 1 zu prüfen wären und dann jedes Grundstück mit einem Versagungsgrund bei dem anzustellenden Vergleich in die Berechnung mit dem Wert nicht einzustellen wäre, gibt das Gesetz keinen Anhalt (so aber[50] im Gegensatz zu[51]). § 85 a und § 74 a sollen Grundstücksverschleuderung bei Versteigerung verhindern, können jedoch nicht für günstigere Berechnung des (dann geminderten) höheren Meistgebots beim Gesamtausgebot das bei einem Einzelausgebot erzielte mindere Versteigerungsergebnis entfallen lassen. Für Versagung des Zuschlags wegen geringer Höhe des Meistgebots bieten § 85 a und § 74 a zudem keine Grundlage, wenn das Meistgebot für Erteilung des Zuschlags gar nicht maßgeblich ist.

5.8 Wenn der bestrangig betreibende **Gläubiger** nach der Bietstunde für ein oder mehrere Grundstücke die **Einstellung** bewilligt (oder seinen Antrag zurücknimmt) und wenn hierdurch die Grundlage des geringsten Gebots geändert wird (ein schlechterrangiger betreibender Gläubiger ist nun dem geringsten Gebot der restlichen Grundstücke zugrundezulegen), so darf kein Zuschlag auf ein Einzelmeistgebot für solche Grundstücke erfolgen, deren Verfahren noch terminsanhängig bleibt[52], weil kein dazugehörendes Gesamtmeistgebot mehr gegeben ist[53] (das sich jetzt auf die restlichen noch terminsanhängigen Grundstücke beziehen läßt, sich aber tatsächlich auch auf die nicht mehr terminsanhängigen Grundstücke bezieht) und weil so kein Vergleich mehr möglich ist[54]

---

[50] Dassler/Schiffhauer § 63 Rdn 33.
[51] Dassler/Gerhardt/Schiffhauer § 74 a Rdn 10 und § 85 a Rdn 13.
[52] OLG Hamm KTS 1973, 141 = OLGZ 1972, 312 = Rpfleger 1972, 149; Schiffhauer BlGrBW 1973, 89 (XIV); Stöber Rpfleger 1971, 326 (Anmerkung); Steiner/Storz § 63 Rdn 53.
[53] OLG Hamm aaO (Fußn 52).
[54] Stöber Rpfleger 1971, 326 (Anmerkung).

§ 63 5.8 Geringstes Gebot, Versteigerungsbedingungen

(anders[55]: kein Zuschlag mehr auf das Gesamtmeistgebot, wohl aber auf die restlichen Einzelmeistgebote; widerlegt von[56]; dagegen[57]: Zuschlag auf die Einzelausgebote jedenfalls dann, wenn die Summe aller Einzelmeistgebote höher lag als das Meistgebot in [infolge Einstellung vielleicht gar nicht zu Ende geführten?] Gesamtausgebot [nicht richtig]). Es ist hierzu, insbesondere gegenüber[58] zu sagen: Geringstes Gebot, Meistgebot, Zuschlagsentscheidung bilden eine Gesamtregelung; auf Antrag muß Gesamtausgebot erfolgen; durch eine Teileinstellung oder Teilaufhebung ist das rückwirkend entgegen Abs 2 nicht mehr geschehen; daher muß der Zuschlag nach § 83 Nr 2 versagt werden, wobei § 84 eine Ausnahme nur mit Genehmigung aller Beeinträchtigten (auch des Schuldners) zulassen würde; es kommt hier nicht auf die fehlende Vergleichsmöglichkeit an, sondern auf die Beachtung der zwingenden Vorschriften des § 63.

5.9 Beispiele: Grundstücke A, B, C, bestehenbleibende Gesamtbelastung 1000 DM. a) Bare Einzelmeistgebote auf A 2000 DM, auf B 2000 DM, auf C 2000 DM; bares Gesamtmeistgebot auf A–C 7000 DM; somit Meistgebot (bar und Belastung) für A 3000 DM, für B 3000 DM, für C 3000 DM, Summe 9000 DM; Gesamtmeistgebot 8000 DM, also geringer; Zuschlag auf Einzelmeistgebote, obwohl in den Barbeträgen geringer. b) Wie vorher, aber bares Gesamtmeistgebot 8000 DM, mit Belastung also 9000 DM; gleich hoch wie Summe der Einzelmeistgebote; Zuschlag wieder auf diese. c) Wie vorher, aber bares Gesamtmeistgebot 9000 DM, mit Belastung also 10 000 DM; höher als Summe der Einzelmeistgebote; Zuschlag auf Gesamtmeistgebot. d) Wie vorher, aber bare Einzelmeistgebote auf A 2000 DM, auf B 2000 DM, auf C 0 DM, bares Gesamtmeistgebot auf A–C 7000 DM; mit Belastungen somit Meistgebote bei A 3000 DM, bei B 3000 DM, bei C 0 DM, zusammen 6000 DM, Gesamtmeistgebot 8000 DM; Zuschlag auf dieses.

5.10 Hierzu im ZVG-Handbuch Rdn 382.

[Verteilung eines vorgehenden Gesamtgrundpfandrechts]

64 (1) **Werden mehrere Grundstücke, die mit einer dem Anspruche des Gläubigers vorgehenden Gesamthypothek belastet sind, in demselben Verfahren versteigert, so ist auf Antrag die Gesamthypothek bei der Feststellung des geringsten Gebots für das einzelne Grundstück nur zu dem Teilbetrage zu berücksichtigen, der dem Verhältnisse des Wertes des Grundstücks zu dem Werte der sämtlichen Grundstücke entspricht; der Wert wird unter Abzug der Belastungen berechnet, die der Gesamthypothek im Range vorgehen und bestehen bleiben. Antragsberechtigt sind der Gläubiger, der Eigentümer und jeder dem Hypothekengläubiger gleich- oder nachstehende Beteiligte.**

(2) **Wird der im Absatz 1 bezeichnete Antrag gestellt, so kann der Hypothekengläubiger bis zum Schlusse der Verhandlung im Versteigerungstermine verlangen, daß bei der Feststellung des geringsten Gebots für die Grundstücke nur die seinem Anspruche vorgehenden Rechte berücksichtigt werden; in diesem Falle sind die Grundstücke auch mit der verlangten Abweichung auszubieten. Erklärt sich nach erfolgtem Ausgebote der Hypothekengläubiger der Aufforderung des Gerichts ungeachtet nicht darüber, welches Ausgebot für die Erteilung des Zuschlags maßgebend sein soll, so verbleibt es bei der auf Grund des Absatzes 1 erfolgten Feststellung des geringsten Gebots.**

---

[55] OLG Köln OLGZ 1972, 62 = Rpfleger 1971, 326 mit teils ablehn, teils zust Anm Stöber.
[56] Stöber Rpfleger 1971, 326 (Anmerkung).
[57] OLG Celle Rpfleger 1989, 471.
[58] OLG Köln aaO (Fußn 55).

Verteilung eines vorgehenden Gesamtgrundpfandrechts 2.3 § 64

(3) **Diese Vorschriften finden entsprechende Anwendung, wenn die Grundstücke mit einer und derselben Grundschuld oder Rentenschuld belastet sind.**

Übersicht

Allgemeines zu § 64	1	Gesamtrecht: Mehrbetrag bei Einzelausgeboten	6
Anlaß für Verteilung eines Gesamtgrundpfandrechts	2	Gesamtrechtsgläubiger-Wahlrecht (Absatz 2 Satz 2)	7
Antrag auf Verteilung eines Gesamtgrundpfandrechts (Absatz 1)	3	Verteiltes Gesamtgrundpfandrecht nach Zuschlag	8
Verteilung nach § 64 ZVG (Absatz 1 Satz 1)	4	Verteilung von Gesamtgrundpfandrechten nach BGB (§ 1132 Abs 2)	9
Gegenantrag des Gesamtgrundpfandrechtsgläubigers (Absatz 2 Satz 1)	5	Zuschlagsbeschwerde als Rechtsbehelf	10

Allgemeines zu § 64 1

1.1 Zweck der Vorschrift: Verteilung von bestehenbleibenden Gesamtgrundpfandrechten für die Einzelversteigerung.

1.2 Anwendungsbereich: § 64 gilt für alle ZVG-Versteigerungsverfahren.

Anlaß für Verteilung eines Gesamtgrundpfandrechts 2

2.1 Bei Versteigerung **mehrerer Grundstücke,** die mit einer dem Anspruch des Gläubigers vorgehenden Gesamthypothek (BGB § 1132; Gesamtgrundschuld oder Gesamtrentenschuld) belastet sind, ist das Gesamtgrundpfandrecht im geringsten Gebot nur einmal zu berücksichtigen (§ 63 Rdn 3.5). Bei Einzelausgebot mehrerer Grundstücke (Grundstücksbruchteile) im selben Verfahren (verbunden nach § 18) sind **Gesamtbelastungen** in jedes Einzelausgebot **voll einzusetzen** (§ 63 Rdn 2.4). Hierdurch werden die Einzelmeistgebote gegenüber dem Gesamtmeistgebot (das diese Belastung nur einmal enthält) erheblich teurer und es kommt unter Umständen zu keinem Gebot hierauf. Auch in einem solchen Fall soll die Einzelversteigerung und nachrangigen Gläubigern sofortige Befriedigung aus dem anteiligen Betrag des das Gesamtrecht übersteigenden Einzelerlös ermöglicht werden. Demgemäß kann auf Antrag (Rdn 3) in bestimmten Fällen die Gesamtbelastung auf die Grundstücke (Grundstücksbruchteile) verteilt werden (Rdn 4), wobei der betroffene Gläubiger seinerseits einen Gegenantrag mit der Folge eines Doppelausgebots stellen kann (Rdn 5).

2.2 Die Vorschrift gilt für Hypotheken (Abs 1), Grundschulden (Abs 3), Rentenschulden (Abs 3), nicht aber für sonstige Gesamtrechte, zB **nicht für Reallasten**[1].

2.3 Persönlich betreibende Gläubiger müssen nicht wie der Gläubiger einer durch Zwangshypothek zu sichernden Forderung (hier ZPO § 867 Abs 2) ihre Forderung auf die mehreren Grundstücke, in die sie vollstrecken wollen, verteilen, sondern sie können aus ihrer ganzen Forderung in jedes Grundstück in voller Höhe Anordnung oder Beitritt erwirken. Es entsteht so für diese Gläubiger ein Gesamtbefriedigungsrecht, das einer Gesamthypothek in der Wirkung gleichkommt. Wenn das Verfahren des persönlich betreibenden Gläubigers (bisher bestrangig) im Versteigerungstermin eingestellt ist und nun ein ihm nachgehender persönlich betreibt, kommt der Anspruch des (eingestellten) vorgehenden ins geringste Bargebot (§ 49 Rdn 2.7) und belastet so alle einschlägigen Einzelausgebote. In diesem Fall kann der persönliche Gläubiger zwar nicht seine Ansprüche gemäß BGB § 1132 selbst verteilen (Rdn 4), doch muß man auf ihn sinngemäß § 64 anwenden[2]. Ab-

---

[1] Drischler RpflJahrbuch 1960, 347 (A IX A); Steiner/Storz § 64 Rdn 4.
[2] AG Gmünd Rpfleger 1957, 88 mit (unter Vorbehalt) zust Anm Drischler; Steiner/Storz § 64 Rdn 5.

weichende Versteigerungsbedingungen nach § 59 wären hierbei möglich, sind aber nur ein unnötiger Umweg.

2.4 Hierzu im ZVG-Handbuch Rdn 388.

3 Antrag auf Verteilung eines Gesamtgrundpfandrechts (Absatz 1)

3.1 Die Verteilung einer Gesamthypothek (Gesamtgrundschuld, Gesamtrentenschuld) erfolgt nur **auf Antrag** (Abs 1 Satz 1), nicht von Amts wegen, und nur, wenn Einzelausgebote erfolgen. Erfolgt nur ein Gesamtausgebot, so ist die Verteilung nicht möglich. Ohne Bedeutung ist, ob das Gesamtrecht noch auf weiteren, nicht im selben Verfahren zu versteigernden Grundstücken ruht[3], weil die Verteilung nur die Objekte desselben Verfahrens betrifft. Die Verteilung kann auch erfolgen, wenn ein Gesamtrecht nicht auf allen zu versteigernden Grundstücken besteht, sondern nur auf mehreren von ihnen. Das Gericht kann eine Verteilung anregen.

3.2 **Mehrere Gesamtrechte** können alle oder einzeln, je nach Antrag, verteilt werden. Die Berechnung der Verteilung beginnt dann beim rangbesten Recht. Die Anträge müssen für jedes Gesamtrecht gesondert gestellt werden[4].

3.3 **Antragsberechtigt** sind alle betreibenden Gläubiger (nicht nur der bestrangig betreibende), der Grundstückseigentümer (Vollstreckungsschuldner) und jeder einem Gesamtrechtsgläubiger ranglich gleichstehende oder im Rang nachgehende Beteiligte: Abs 1 Satz 2. Nicht antragsberechtigt sind der Gläubiger des Gesamtrechts selbst (falls er nicht ein weiteres Recht hat und damit zu den genannten anderen Gläubigern gehört; sonst hat er nur die Möglichkeit des Gegenantrags, Rdn 5), auch nicht die dem Gesamtrechtsgläubiger vorgehenden Rechte (sie bleiben ja bestehen und werden durch die Versteigerung nicht betroffen), auch nicht Mieter/Pächter[5] (diese sind zwar Beteiligte, stehen aber in keinem Rangverhältnis zum Gesamtrecht).

3.4 Der Antrag ist **formlos** möglich, also schriftlich (Antragsteller muß somit nicht im Versteigerungstermin anwesend sein) oder zu Protokoll der Geschäftsstelle oder zu Protokoll des Versteigerungstermins (auch eines Vortermins), spätestens bis zur Aufforderung zur Abgabe von Geboten[6] (anders[7]: bis zum Schluß der Versteigerung; [8]aber auch: Gebote dürfen nicht zum Erlöschen gebracht werden). Ein Antrag, der erst nach Beginn der Bietstunde mit Geboteaufforderung (§ 66 Abs 2) gestellt wird, gibt keinen den Fortgang des Verfahrens gesetzlich hindernden Grund; er kann daher nicht bewirken, daß das Versteigerungsverfahren abgebrochen wird und damit bereits abgegebene Gebote erlöschen. Von Anträgen aus §§ 59, 63 unterscheidet sich der Verteilungsantrag dadurch, daß er nicht zu einem weiteren Ausgebot führt, sondern für die Einzelausgebote, für die bereits in die Versteigerung eingetreten ist, rückwirkend Abänderung der Feststellung des geringsten Gebots begehrt. Eine Versteigerung, für die bereits zur Abgabe von Geboten aufgefordert ist, kann der Antrag aber nicht mehr aufhalten. Auch in den Fällen der §§ 59, 63 sowie des § 64 Abs 2 wird die bereits begonnene Versteigerung fortgeführt; nach Versteigerungsbeginn ist dort der Antrag nur noch

---

[3] Dassler/Schiffhauer § 64 Rdn 9; Drischler RpflJahrbuch 1960, 347 (A IX A).

[4] Drischler RpflJahrbuch 1960, 347 (A IX A).

[5] Jaeckel/Güthe § 64 Rdn 9; Korintenberg/Wenz § 64 Anm II 3; Steiner/Storz § 64 Rdn 9.

[6] LG Krefeld; Rpfleger 1987, 323; Dassler/Schiffhauer § 64 Rdn 8; Drischler RpflJahrbuch 1974, 335 (B V 1).

[7] Jaeckel/Güthe § 64 Rdn 10; Korintenberg/Wenz § 64 Rdn II3; Steiner/Storz § 64 Rdn 11; Drischler RpflJahrbuch 1960, 347 (A IX A); Mohrbutter/Drischler Muster 88 Anm 3; Storz ZIP 1982, 416.

[8] Korintenberg/Wenz, Steiner/Storz und Storz je aaO (Fußn 7).

Verteilung eines vorgehenden Gesamtgrundpfandrechts 4.3 **§ 64**

zulässig, weil die Grundstücke zusätzlich auch mit der verlangten Abweichung ausgeboten werden. Weil dagegen der Verteilungsantrag nach Abs 1 sich nur auf das bereits laufende Ausgebot bezieht, setzt der Versteigerungsbeginn dem Antragsrecht Grenzen; später kann es nicht ausgeübt werden. Der Antrag kann auch wieder zurückgenommen werden[9] (anders[10]: unwiderruflich), jedoch gleichfalls nur bis zur Aufforderung zur Abgabe von Geboten (so auch[11]; anders: bis zum Schluß der Versteigerung[12]; teilweise anders auch[13]: widerrufbar, solange auf das Ausgebot mit Verteilung oder Gegenantrag noch keine Gebote abgegeben sind). Mit der Rücknahme des Antrags ist auch der davon abhängige Gegenantrag (Rdn 5) erledigt. Wenn der Antrag nach Aufforderung zur Abgabe von Geboten gestellt oder zurückgenommen wird, ist das für die fortzuführende Versteigerung mit dem festgestellten geringsten Gebot bedeutungslos (anders[14]: das geringste Gebot ändert sich und ist neu aufzustellen; auch eine neue Bietstunde ist einzuhalten; aber dann würden Gebote erlöschen und dafür gibt es keine Gesetzesgrundlage).

3.5 Ein Verteilungsantrag nach § 64 ist **nicht** mehr möglich, **wenn** eine **BGB-Verteilung** (Rdn 9) oder ein Teilverzicht auf das Gesamtrecht erfolgt ist.

3.6 Hierzu im ZVG-Handbuch Rdn 384, 386, 388.

Verteilung nach § 64 ZVG (Absatz 1 Satz 1) 4

4.1 Wenn die Versteigerung auf Grund eines Verteilungsantrags nach Abs 1 erfolgt, dann wird (ähnlich wie in BGB § 1132 Abs 2) bei jedem Einzelausgebot das Grundpfandrecht **nur zu dem Teilbetrag** eingesetzt, der dem Verhältnis des Wertes dieses Grundstücks zu dem Wert der gesamten Grundstücke entspricht: Abs 1 Satz 1. Der Wert des Grundstücks (dazu Rdn 4.8) wird unter Abzug der Belastungen berechnet, die dem Gesamtrecht im Rang vorgehen und bestehenbleiben: Abs 1 Satz 1.

4.2 Beispiel (hierzu im ZVG-Handbuch Rdn 385 und mit vielen Beispielen[15]): Drei Grundstücke, Gesamthypothek 3000 DM; Grundstück 1 mit Wert (ohne Abzug der Belastungen!) von 10 000 DM, vorgehende Belastungen 5000 DM, Restwert W 1 also 5000 DM; Grundstück 2 mit Wert 5000 DM, vorgehende Belastungen 1000 DM, Restwert W 2 also 4000 DM; Grundstück 3 mit Wert 20 000 DM, vorgehende Belastungen 4000 DM, Restwert W 3 also 16 000 DM. Für Grundstück 1 ergibt sich folgende Berechnung des Gesamtrechtsanteils:

$$(W\ 1 + W\ 2 + W\ 3) : W\ 1 = Gesamtrecht : x$$

x ist der Betrag, der als Teil des Gesamtrechts auf Grundstück 1 entfällt. Das ergibt hier:

$$(5000 + 4000 + 16\ 000) : 5000 = 3000 : x$$
$$x = 600.$$

Von dem Gesamtrecht zu 3000 DM entfallen also auf das Grundstück 1 hier 600 DM. Gleichartig ist die Berechnung für Grundstücke 2 und 3.

4.3 Verteilt wird beim Gesamtrecht nicht nur sein Kapitalbetrag, der in die bestehenbleibenden Belastungen aufgenommen werden soll, verteilt werden auch seine **Kosten** der Rechtsverfolgung und seine **wiederkehrenden Leistungen**

---

[9] Jaeckel/Güthe § 64 Rdn 11; Korintenberg/Wenz § 64 Anm II 3; Mohrbutter/Drischler Muster 88 Anm 3; Drischler Rpfleger 1967, 357 (363).
[10] Drischler RpflJahrbuch 1960, 347 (A IX A); vd Pfordten, ZVG, §§ 63, 64 Anm II 1.
[11] Dassler/Schiffhauer § 64 Rdn 8.
[12] Jaeckel/Güthe § 64 Rdn 11; Korintenberg/Wenz § 64 Anm II 3; Drischler Rpfleger 1967, 357 (363).
[13] Steiner/Storz § 64 Rdn 12; Storz ZIP 1982, 416 (V).
[14] Drischler Rpfleger 1967, 357 (363).
[15] Schmidt, Grundpfandrechte und geringstes Gebot (1953), Seite 38–45.

§ 64 4.3 Geringstes Gebot, Versteigerungsbedingungen

sowie anderen Nebenleistungen, die in das geringste Bargebot aufzunehmen sind. Für diese gilt die Rdn 4.1 und 4.2 dargelegte Berechnung. Sie gilt aber nicht für die Verteilung der dem Gesamtrecht vorgehenden Verfahrenskosten (§ 109) und der ihm ebenfalls vorgehenden Ansprüche aus Rangklassen 1–3 auf die Einzelausgebote; hier entscheidet das Verhältnis der Grundstückswerte ohne Abzug (dazu § 63 Rdn 2.4).

4.4 Wenn **mehrere Gesamtrechte** zu verteilen sind, so ist mit dem rangbesten zu beginnen, dann jeweils das rangnächste unter Berücksichtigung der beim vorausgehenden schon für das einzelne Grundstück ermittelten Teilbeträge zu verteilen[16]. Bei der Berechnung des Restwertes des einzelnen Grundstücks ist also, wie vorher, dessen vorausgehende Belastungen abzuziehen, aber für ein vorausgehendes schon verteiltes Gesamtrecht nur der Anteil für dieses Grundstück, als ob es schon verteilt eingetragen wäre. Bei sehr unterschiedlicher Vorbelastung der einzelnen Grundstücke werden auch die Anteile am Gesamtrecht sehr unterschiedlich. Wenn bei einem einzelnen Grundstück seine Vorbelastung höher ist als sein Wert, so bleibt für das Grundstück kein Restwert und es kann sich auch kein Anteil am Gesamtrecht ergeben. Es müssen dann aber noch mindestens zwei Grundstücke vorhanden sein, für die sich ein Anteil am Gesamtrecht errechnen läßt. Bleibt nur noch eines oder gar keines infolge der Vorbelastungen, so ist die Verteilung des Gesamtrechts unmöglich und es sind dann der Antrag aus Abs 1 und der Gegenantrag aus Abs 2 als unzulässig zurückzuweisen[17].

4.5 Eine von Abs 1 abweichende Verteilung kann an sich jederzeit unter den dafür geltenden Voraussetzungen als **abweichende Versteigerungsbedingung** nach § 59 durchgesetzt werden, aber nicht mehr nach einer Antragstellung aus Abs 1[18] (diese geht vor).

4.6 Der **Grundstückswert,** von dem bei der Berechnung auszugehen ist (Verhältnis des Grundstückswerts der einzelnen Grundstücke zum Gesamtwert aller Grundstücke) wird für die Berechnung, wie schon dargelegt, unter Abzug der Belastungen berechnet, die dem Gesamtrecht an dem betreffenden Grundstück vorgehen und die bestehenbleiben: Abs 1 Satz 1.
Beispiel: Reiner Grundstückswert 10 000 DM, vorgehende bestehenbleibende Belastung 3000 DM, rechnerischer Grundstückswert 7000 DM. Das Gesetz spricht von vorgehenden und bestehenbleibenden Belastungen. Ein zwar vorgehendes, aber durch abweichende Versteigerungsbedingungen nach § 59 erlöschendes Recht darf nicht abgezogen werden.

4.7 Als **abzurechnende Belastung** ist bei Versteigerung eines mit einem Erbbaurecht belasteten **Grundstücks** nicht der Kapitalisierungswert des Erbbauzinses anzusehen, weil dieser keine Belastung des Grundstücks (sondern eine solche des Erbbaurechts) darstellt. Zu den abzuziehenden Vorbelastungen gehören auch nicht reine Zinsen, sondern bei Hypotheken und Grundschulden nur das Kapital, bei Rentenschulden nur die Ablösungssumme, bei sonstigen der Zuzahlungswert nach § 51[19].

4.8 „**Wert des Grundstücks**" für Verteilung nach Abs 1 ist der nach § 74 a Abs 5 festgesetzte Grundstückswert (so auch[20]). Nicht zugestimmt werden kann der (früheren) Ansicht, maßgebend sei gemäß EGZVG § 11 das Landesrecht[21]

---

[16] Drischler RpflJahrbuch 1960, 347 (A IX A).
[17] Dassler/Schiffhauer § 64 Rdn 15; Jaeckel/Güthe § 64 Rdn 12; Korintenberg/Wenz §§ 63–64 Anm 3; Drischler Rpfl Jahrbuch 1960, 347 (B V 1).
[18] Dassler/Schiffhauer § 64 Rdn 30.
[19] Dassler/Schiffhauer § 64 Rdn 13.
[20] Dassler/Schiffhauer § 64 Rdn 12; Steiner/Storz § 64 Rdn 19.
[21] Mohrbutter/Drischler Muster 88 Vorbem B; Mohrbutter, Handbuch des Vollstreckungsrechts, § 40 (III Fußn 8); Drischler Rpfleger 1951, 175, RpflJahrbuch 1960, 347 (A IX A)

Verteilung eines vorgehenden Gesamtgrundpfandrechts   5.3 § 64

(dabei[22] mit dem Rat, doch vielleicht von § 74 a auszugehen). Zum Teil bestehen landesrechtliche Vorschriften dieser Art gar nicht oder nicht mehr; zum Teil bestehen sie noch aus früherer Zeit, sind aber überholt. Die Festsetzung des Verkehrswertes regelt jetzt ausschließlich § 74 a. Es kann nicht an den verschiedenen Stellen des ZVG ein verschiedener Verkehrswert zugrunde gelegt werden. Das ließe sich in der Praxis gar nicht durchführen und würde die Beteiligten verwirren. Die nur noch formale Unstimmigkeit beruht auf der geschichtlichen Entwicklung des Immobiliarvollstreckungsrechts von den unterschiedlichen Landesrechten über das schon mehr nach Einheit strebende Reichs-ZVG und die dann einheitliche Notgesetzgebung der beiden Weltkriege zum jetzigen ZVG mit dem eingebauten § 74 a und immer weiter zurücktretendem Landesrecht (selbst Baden-Württemberg hat seine eigenständige Regelung aufgegeben). Noch vorhandene Landesvorschriften gehen von veralteten Berechnungen aus. Maßgebend kann allein der Wert des § 74 a sein. Wenn er bei einer Entscheidung nach Abs 2 noch nicht festgesetzt sein sollte (jetzt nicht mehr möglich), muß ihn das Gericht für diesen Zweck nach den Grundsätzen des § 74 a bestimmen (anders[23]: der Wert des § 74 a sei hier nur über § 59 erreichbar).

Gegenantrag des Gesamtgrundpfandrechtsgläubigers (Absatz 2 Satz 1)   5

5.1 Wenn ein Antrag auf Verteilung eines bestehenbleibenden Gesamtrechts gestellt ist, **kann** der betroffene Gesamtrechtsgläubiger einen **Gegenantrag stellen**: Abs 2 Satz 1. Grund: Schutz des Gläubigers gegen Beeinträchtigung seiner Gesamtberechtigung (BGB § 1132 Abs 1) mit Aufteilung (siehe Rdn 8.1). Der Gläubiger des Gesamtrechts übernimmt gewissermaßen die Stellung des bestrangig betreibenden Gläubigers für die Berechnung des geringsten Gebots[24], indem er verlangt, daß bei der Feststellung des geringsten Gebots für die einzelnen Grundstücke (also für die Einzelausgebote) nur die seinem Anspruch jeweils vorgehenden Rechte berücksichtigt werden: Abs 2 Satz 1. Das geringste Gebot wird dann für das einzelne Ausgebot so aufgestellt, als ob der den Antrag stellende Gesamtrechtsgläubiger bestrangig betreibender Gläubiger wäre. Diese Regelung muß auch gelten, wenn ein persönlich betreibender Gläubiger sein Verfahren einstellt (oder dieses vom Prozeßgericht usw eingestellt wird) und dann durch das Betreiben eines nachrangigen Gläubigers ins geringste Bargebot kommt (Rdn 2.3).

5.2 Im Falle dieses Gegenantrags **muß Doppelausgebot** für die betreffenden Einzelgebote erfolgen, mit der beantragten Verteilung nach Abs 1 und mit der abweichenden Berechnung nach Abs 2: § 64 Abs 2 Satz 1. Vor der Zuschlagserteilung hat dann der Gesamtrechtsgläubiger ein Wahlrecht (Rdn 7); bei der Zuschlagserteilung muß das Gericht § 83 Nr 3 beachten.

5.3 Auch der Gegenantrag ist **formlos** möglich, schriftlich oder zu Protokoll. Der Gegenantrag soll nach dem Wortlaut von Abs 2 Satz 1 bis zum Schluß der Verhandlung im Versteigerungstermin (§ 74) zulässig sein. Das würde bedeuten, daß ein nach Schluß der Bietstunde gestellter Gegenantrag dazu zwingt, eine schon geschlossene Versteigerung wieder zu eröffnen, weil ja ein neues geringstes Gebot für jedes betroffene Einzelausgebot aufgestellt werden muß. Ein solcher Vorgang ist aber dem ZVG sonst fremd; dieses läßt eine Wiedereröffnung einer beendeten Bietstunde nicht zu. Es ist daher trotz des entgegenstehenden Gesetzeswortlauts diese Handhabung nicht möglich. Der Gegenantrag kann also nur bis zum Schluß der Versteigerung (Verkündung des Schlusses, § 73 Abs 2 Satz 1) gestellt werden[25]

---

und RpflJahrbuch 1974, 335 (B V 1); Nikoleit BWNotZ 1965, 48 (II 1 e); Schriftleit RpflJahrbuch 1955, 214 (222).
[22] Mohrbutter aaO (Fußn 21).
[23] Mohrbutter/Drischler und Mohrbutter je aaO (Fußn 21).
[24] Drischler RpflJahrbuch 1960, 347 (A IX B).
[25] Dassler/Schiffhauer § 64 Rdn 21; Steiner/Storz § 64 Rdn 35.

§ 64 5.3 Geringstes Gebot, Versteigerungsbedingungen

(anders[26]: doch bis zum Schluß der Verhandlung über den Zuschlag, unter Wiedereröffnung der Versteigerung; nicht überzeugend). Auch der Gegenantrag ist wie der Hauptantrag widerruflich, und zwar bis zum Schluß der Versteigerung (so auch[27]; anders[28]: unwiderruflich; auch[29]: kann zurückgenommen werden, solange auf die seinetwegen zugelassenen Doppelausgebote noch keine Gebote abgegeben sind).

6 Gesamtrecht: Mehrbetrag bei Einzelausgeboten

6.1 Besonderheiten mit Verteilung eines Grundpfandrechts (Abs 1) sowie bei Gegenantrag des Gesamtgrundpfandrechtsgläubigers (Abs 2) regelt § 64 nur für die Bildung des geringsten Gebots für die einzelnen Grundstücke und das Wahlrecht des Gesamtrechtsgläubigers. Wie die mehreren Grundstücke in demselben Verfahren zu versteigern sind, bestimmt § 63. Unerheblich ist daher für Einzelausgebote nach § 63 Abs 1 sowie Gesamt- und Gruppenausgebot nach § 63 Abs 2 und 3 und ebenso für Erhöhung des geringsten Gebots beim Gesamtausgebot nach § 63 Abs 4 Satz 1 sowie Erteilung des Zuschlags auf Grund des Gesamtausgebots nach § 63 Abs 4 Satz 2, ob bei der Bildung des geringsten Gebots im Gesamtrecht bei jedem Grundstück voll (§ 63 Rdn 2.4) oder nach § 64 Abs 1 verteilt oder nach § 64 Abs 2 überhaupt nicht berücksichtigt ist. Daher führt auch ein Gebot auf ein Einzelausgebot mit einem **nach § 64 Abs 1 (verteilt)** gebildeten geringsten Gebot (zu Abs 2 nachf Rdn 6.2) zur Erhöhung im Gesamtausgebot (so auch[30]); es findet sowohl Satz 1 als auch Satz 2 des § 63 Abs 4 Anwendung (zu Satz 2 auch Rdn 7.3).

6.2 Beim abweichenden **Einzelausgebot** mit dem **auf Gegenantrag** des Gesamtgrundpfandrechtsgläubiger nach **Abs 2 Satz 1** gebildeten geringsten Gebot deckt der Mehrbetrag des Gebots zunächst die nach der abweichenden Feststellung nicht mehr im geringsten Gebot stehenden Ansprüche (die dem betreibenden Gläubiger vorgehenden Ansprüche, die bei Verteilung nach Abs 1 noch im geringsten Gebot berücksichtigt sind). Diese Ansprüche enthält aber (bestehenbleibend oder bar zu zahlend) das geringste Gebot für das Gesamtausgebot. Bis zur Höhe dieser Ansprüche bringt ein höheres Gebot auf das abweichende Einzelausgebot daher keinen Mehrbetrag, der Deckung eines nicht im geringsten Gebot stehenden weiteren Beteiligten bewirken würde und zu dessen Sicherung nach § 63 Abs 4 Satz 1 mit Erhöhung des geringsten Gebots beim Gesamtausgebot zu wahren wäre. Erhöhung des geringsten Gebots beim Gesamtausgebot nach § 63 Abs 4 Satz 1 erfolgt daher bei abweichendem Ausgebot auf Gegenantrag (Abs 2 Satz 1) erst, wenn bei einem Einzelausgebot auf eines der Grundstücke ein Gebot abgegeben wird, das mehr beträgt als das nach Abs 1 für dieses Grundstück festgestellte geringste Gebot (so auch[31]); als Differenztheorie: mehr als die Summe des geringsten Gebots für dieses Grundstück **und** die Differenz zu dem nach Abs 1 für dieses Grundstück festgestellten geringsten Gebot (anders[32]: trifft diesen Fall nicht). Auch dann findet Satz 2 des § 63 Abs 4 Anwendung (Rdn 7.3); der Versagungsgrund des § 83 Nr 3 ist daneben zu prüfen.

6.3 Bei **Doppelausgebot** (Abs 2 Satz 1 Halbsatz 2) steht der bei einem Einzelausgebot (Rdn 6.1 und Rdn 6.2) erzielte Mehrbetrag unter dem Vorbehalt der

---

[26] Jaeckel/Güthe §§ 63–64 Rdn 15; Korintenberg/Wenz §§ 63–64 Anm II 4 und § 66 Anm 5; Drischler Rpfleger 1967, 357 (12 a) sowie RpflJahrbuch 1960, 347 (A IX B) und 1974, 335 (B V 2 b).
[27] Dassler/Schiffhauer § 64 Rdn 22.
[28] Drischler RpflJahrbuch 1960, 347 (A IX B).
[29] Steiner/Storz § 64 Rdn 35.
[30] Bachmann Rpfleger 1992, 3 (II 4 und III) und Rpfleger 1992, 12 (1).
[31] Jaeckel/Güthe, §§ 63, 64 Rdn 16; Reinhard/Müller § 63 Anm III 2 c und d; Heidrich Rpfleger 1993, 11 (2).
[32] Bachmann Rpfleger 1992, 3 (II 4 und III) und Rpfleger 1992, 12 (1).

Verteilung eines vorgehenden Gesamtgrundpfandrechts   7.3 § 64

Gesamtgläubiger-Wahl (Abs 2 Satz 2). Die Erhöhung des geringsten Gebots beim Gesamtausgebot kann sich nur nach dem für den Zuschlag maßgeblichen Gebot bestimmen; das mit der Gläubigerwahl erlöschende Gebot auf das abweichende Ausgebot nach dem Gegenantrag (Rdn 7.2) oder auf das Ausgebot nach Abs 1 mit verteilten Gesamtrecht (Rdn 7.3) muß unberücksichtigt bleiben. Bis mit der Gläubigerwahl das für den Zuschlag erhebliche Einzelmeistgebot und damit der Mehrbetrag für Erhöhung des geringsten Gebots beim Gesamtausgebot feststeht, sind auf dieses daher Gebote unter Zugrundelegung des bei Beginn der Bietstunde festgestellten geringsten Gebots (§ 66 Abs 1) zuzulassen. Neuerliche Prüfung des Meistgebots beim Gesamtausgebot bei Erteilung des Zuschlags (§ 79) gebietet dann die Erhöhung des geringsten Gebots nach Abs 4 Satz 1 (wie im Fall von § 63 Rdn 5.4) um den danach mit Ausübung des Gläubigerwahlrechts bestimmbaren Mehrbetrag.

Gesamtrechtsgläubiger-Wahlrecht (Absatz 2 Satz 2)   7

7.1 Der Gesamtrechtsgläubiger, der auf einen Verteilungsantrag hin einen Gegenantrag gestellt hat, hat **nach Schluß der Versteigerung** ein Wahlrecht: Abs 2 Satz 2; er muß sich auf die Aufforderung des Gerichts hin darüber erklären, ob für die Erteilung des Zuschlags das Ausgebot mit Aufteilung des Gesamtrechts oder das abweichende Ausgebot gemäß seinem Gegenantrag zugrunde gelegt werden solle. Mehrere ranggleiche Gläubiger müssen das Wahlrecht gemeinsam ausüben[33]; ein Mehrheitsbeschluß der Gläubiger hierzu genügt nicht[34]; wenn sie sich nicht einigen, dann gilt Abs 1, also die beantragte Verteilung, nicht der Gegenantrag[34].

7.2 Gibt der vom Gericht zur Erklärung aufgeforderte Gesamtrechtsgläubiger **keine Erklärung** ab oder wählt er die Lösung aus Abs 1, so erlöschen die Gebote, die auf das abweichende Ausgebot nach seinem Gegenantrag erfolgt sind. Es ist dann gemäß § 63 Abs 4 Satz 2 zu prüfen, ob der Zuschlag auf die Einzelmeistgebote nach Abs 1 oder auf das Gesamtmeistgebot zu erteilen ist. Der Zuschlag richtet sich also hier nicht nach dem besseren Ergebnis, sondern zunächst nach der Wahl der Gesamtrechtsgläubigers, der den Gegenantrag gestellt hat[35]. Hat er den Versteigerungstermin zu diesem Zeitpunkt schon verlassen, so ist das, wie wenn er keine Erklärung abgegeben hätte[36] (anders[37]: der nicht mehr anwesende Gläubiger muß schriftlich unter kurzer Frist aufgefordert werden; nicht sachgerecht; Aufforderung hat im Versteigerungstermin mündlich zu erfolgen).

7.3 Wählt der Gesamtrechtsgläubiger, der den Gegenantrag gestellt hat, das Ausgebot **gemäß seinem Gegenantrag**, so erlöschen die nach Abs 1 erfolgten Gebote und es ist auch hier gemäß § 63 Abs 4 Satz 2 zu prüfen, ob der Zuschlag auf die Einzelmeistgebote nach Abs 2 oder auf das Gesamtmeistgebot zu erteilen ist. Wenn der Gesamtbetrag bei den Einzelmeistgeboten höher ist oder ein Gesamtgebot nicht erfolgt ist, so kann auf die Einzelmeistgebote der Zuschlag nur nach § 83 Nr 3 erteilt werden: nämlich das Gesamtrecht selbst und jedes ihm gleich- oder nachstehende Recht, das dem bestrangig betreibenden Gläubiger noch vorgeht, müssen durch das Ergebnis der Einzelmeistgebote gedeckt sein, weil Zwischenrechte (zwischen Gesamtrecht und bestrangig betreibendem Gläubiger) nicht benachteiligt werden dürfen[38] (Barzahlung statt Bestehenbleiben ist hierbei

---

[33] Drischler JurBüro 1964, 319 (A I 5 d) und RpflJahrbuch 1974, 335 (B V 2 b).
[34] Drischler RpflJahrbuch 1974, 335 (B V 2 b).
[35] Mohrbutter, Handbuch des Vollstreckungsrechts, § 40 (IV); Drischler RpflJahrbuch 1974, 335 (B V 2 b).
[36] Dassler/Schiffhauer § 64 Rdn 26; Mohrbutter und Drischler je aaO (Fußn 35).
[37] Steiner/Storz § 64 Rdn 39.
[38] Drischler RpflJahrbuch 1960, 347 (A IX B) und 1974, 335 (B V 2 b).

§ 64 7.3 Geringstes Gebot, Versteigerungsbedingungen

keine Benachteiligung). Andernfalls muß der Zuschlag versagt werden; die Versteigerung ist dann ergebnislos (Folgen § 86) und die Verteilung des Gesamtrechts hat seine Wirksamkeit verloren. Der Zuschlag darf hier nicht nach Abs 1 erfolgen; die übrigen Antragsberechtigten könnten dann Antrag aus Abs 2 nur stellen, neues Ausgebot erzwingen und das Wahlrecht ausüben[39], wenn man den Gegenantrag bis zum Schluß der Verhandlung über den Zuschlag als zulässig ansieht (wie[39] meint, wie aber hier in Rdn 5.3 abgelehnt wird). Reicht der Erlös aus einem oder einigen oder allen Einzelgrundstücken zur Deckung der vorerwähnten Zwischenrechte nicht aus, so kann der Zuschlag bei dem betroffenen Grundstück oder bei allen nach Abs 2 nicht erteilt werden[39]. Der Zuschlag ist aber auch nicht nach Abs 1 möglich, weil der Gesamtrechtsgläubiger sich nicht hierfür entschieden hat[39], weil außerdem mit der Ausübung seines Wahlrechts die Gebote nach Abs 1 erloschen sind[39]. Der Gesamtrechtsgläubiger kann also den Zuschlag verhindern, indem er das Wahlrecht so ausübt, daß der Zuschlag versagt werden muß[39]. Er kann auch, aber nur solange Antrag nach Abs 1 nicht gestellt ist, über § 59 eine Abweichung von § 64 Abs 1 beantragen[39]. Stehen mehrere Gesamtrechte im geringsten Gebot und wird für alle die Verteilung nach Abs 1 beantragt, so darf bei dem rangschlechteren nur der sich ergebende Teilbetrag des rangbesseren als Vorbelastung berücksichtigt werden[39].

7.4 Die Entscheidung, aber auch die Nicht-Entscheidung des Gesamtrechtsgläubigers über sein Wahlrecht muß sich aus dem **Protokoll** des Versteigerungstermins ergeben[40].

8 Verteiltes Gesamtgrundpfandrecht nach Zuschlag

8.1 Wird auf Grund der Verteilung nach Abs 1 auf Einzelausgebote zugeschlagen, so **erlischt** das **Gesamtrecht** auf jedem versteigerten Grundstück in der Höhe, in der es nicht ausdrücklich berücksichtigt worden ist: § 91 Abs 1. Zwischen den Teilbeträgen untereinander besteht keine Gesamthaftungsverbindung mehr. Auf nicht im selben Verfahren versteigerten mithaftenden Grundstücken aber bleibt das Gesamtrecht voll bestehen, bleibt die samtverbindliche Haftung dieser Grundstücke für die sämtlichen Teilbeträge[41].

8.2 Wurde nach der Verteilung gemäß Abs 1 nur auf Einzelausgebote geboten, so wird auf diese jeweils den einzelnen Meistgebot zugeschlagen, wie § 81 Abs 1 verlangt. Wurde gleichzeitig auf Gruppen- oder Gesamtausgebot geboten, so ist nach § 63 Abs 4 zu prüfen, ob das **höhere Ergebnis** durch die Summe der Einzelmeistgebote oder das Gesamtmeistgebot erzielt ist (§ 63 Rdn 5). Wurde gemäß Abs 2 auf den Gegenantrag hin ausgeboten, so wird grundsätzlich auch hier bei Einzelgeboten jeweils dem Meistgebot zugeschlagen und, wenn auch Gruppenoder Gesamtgebote erfolgt sind, nach § 63 Abs 4 entschieden, wo das höhere Ergebnis liegt; doch ist hier in erster Linie das Wahlrecht des Gesamtrechtsgläubigers (mit Gegenantrag) maßgebend, dessen Entscheidung oder Nicht-Entscheidung sich aus dem Protokoll ergeben muß (Rdn 7); je nach seiner Entscheidung richtet sich dann die Zuschlagsentscheidung (Rdn 7), nicht nach dem besseren Ergebnis[42].

8.3 Bei der Zuschlagsentscheidung hat das Gericht auch § 83 Nr 3 zu beachten (Rdn 7). Im übrigen sind auch sonst die Ausführungen zu Rdn 7 zu beachten.

9 Verteilung von Gesamtgrundpfandrechten nach BGB (§ 1132 Absatz 2)

9.1 Außerhalb des Zwangsversteigerungsverfahrens ist eine Verteilung von Gesamtrechten nach BGB möglich. Der Gläubiger einer **Gesamthypothek** kann

---

[39] Drischler RpflJahrbuch 1960, 347 (A IX B).
[40] Jaeckel/Güthe § 64 Rdn 18; Drischler aaO (Fußn 39).
[41] Drischler RpflJahrbuch 1960, 347 (A IX A); Dassler/Schiffhauer § 64 Rdn 19.
[42] Mohrbutter, Handbuch des Vollstreckungsrechts, § 40 (IV 2).

seine Forderung, für die kraft der Hypothek jedes mit ihr belastete Grundstück (oder jeder Grundstücksbruchteil) voll haftet, auf die einzelnen Grundstücke (Grundstücksbruchteile) in der Weise **verteilen,** daß jedes Grundstück (jeder Grundstücksbruchteil) nur für den zugeteilten Betrag haftet: BGB § 1132 Abs 2 Satz 1 mit §§ 875, 876. Die Verteilung kann dabei nach seinem Belieben erfolgen. Mit der Gesamthypothek werden auch deren Nebenleistungen aufgeteilt[43]. Die Zustimmung eines Dritten ist nicht nötig, außer wenn das Gesamtrecht mit dem Recht eines Dritten belastet war. Dazu meint[44], daß mit der Antragstellung aus Abs 1 dem Gläubiger das Verteilungsrecht nach BGB genommen sei.

9.2 Das Vollstreckungsgericht ist in der Versteigerung immer an die **Grundbuchlage gebunden.** Daher muß der Gesamtrechtsgläubiger, wenn er die BGB-Verteilung im Rahmen des Versteigerungsverfahrens wirksam machen will, die Löschung der durch die BGB-Verteilung auf dem einzelnen Grundstück erloschenen Beträge im Grundbuch herbeiführen[45] und diese Löschung dem Vollstreckungsgericht spätestens bis zur Aufforderung zur Abgabe von Geboten (§ 66 Abs 2) nachweisen. Es genügt also nicht, daß die Löschung der verteilten Beträge im Grundbuch nur möglich ist[46], sie muß rechtzeitig erfolgt und rechtzeitig nachgewiesen sein. Geschieht dies nach der Aufforderung zur Abgabe von Geboten, so wird das bisherige geringste Gebot davon nicht berührt; bei Erteilung des Zuschlags findet Ausgleich nach § 50 (Zuzahlung) statt.

9.3 Die nämlichen Wirkungen wie bei dieser BGB-Verteilung treten auch bei **Verzicht** des Gesamthypothekars auf sein Gesamtrecht hinsichtlich eines oder einiger der belasteten Grundstücke (Grundstücksbruchteile), also bei einem Teilverzicht ein: BGB § 1168, § 1175 Abs 2.

9.4 Eine in der Versteigerung bestehengebliebene Gesamthypothek (nicht nach § 64 behandelt) kann der Gläubiger dieses Rechts, wenn er selbst die Grundstücke einsteigert, auch noch **nach dem Zuschlag** beliebig nach BGB § 1132 verteilen[47]. Die Verteilung wird erst mit ihrer Eintragung im Grundbuch wirksam und hat auf das abgelaufene Zwangsversteigerungsverfahren keinen Einfluß mehr.

Zuschlagsbeschwerde als Rechtsbehelf

Verteilung eines Gesamtrechts hat für Feststellung des geringsten Gebots zu erfolgen. Es kann daher nur der Zuschlag wegen angeblich unrichtiger Feststellung des geringsten Gebots angefochten werden (§ 44 Rdn 10), nicht aber selbständig der auf den Verteilungsantrag hin veranlaßte Verfahrenshandlung des Vollstreckungsgerichts. Erfolgt Zurückweisung des Antrags auf Verteilung eines Gesamtrechts (wäre nicht erforderlich; das geringste Gebot wird unter Bezeichnung der einzelnen Rechte festgestellt, § 66 Abs 1), so kann der Beschluß daher nicht selbständig angefochten werden (§ 95)[48]. Wenn der Zuschlag (aus anderen Gründen) versagt wird, bleibt der Zurückweisungsbeschluß unanfechtbar[48]. Gleiches gilt für die Zurückweisung (sonstige Behandlung) des Gegenantrags des Gesamtrechtsgläubigers (Abs 2 Satz 1) und für die Berechnung der Verteilung sowie für Feststellung des geringsten Gebots, wenn Gegenantrag gestellt ist.

---

[43] Drischler RpflJahrbuch 1974, 335 (B V 2 b mit Fußnote 43 a).
[44] Drischler RpflJahrbuch 1974, 335 (B V 2).
[45] Drischler RpflJahrbuch 1974, 335 (B V 2 a).
[46] Jaeckel/Güthe § 64 Rdn 14.
[47] BGH Betrieb 1976, 866 = WM 1976, 585.
[48] LG Krefeld Rpfleger 1987, 323.

§ 65 Geringstes Gebot, Versteigerungsbedingungen

[Abgesonderte Versteigerung, anderweitige Verwertung]

§ 65 (1) Das Gericht kann auf Antrag anordnen, daß eine Forderung oder eine bewegliche Sache von der Versteigerung des Grundstücks ausgeschlossen und besonders versteigert werden soll. Auf Antrag kann auch eine andere Art der Verwertung angeordnet, insbesondere zur Einziehung einer Forderung ein Vertreter bestellt oder die Forderung einem Beteiligten mit dessen Zustimmung an Zahlungs Statt überwiesen werden. Die Vorschriften der §§ 817, *820* [817 a Abs III], 835 der Zivilprozeßordnung finden entsprechende Anwendung. Der Erlös ist zu hinterlegen.

(2) Die besondere Versteigerung oder die anderweitige Verwertung ist nur zulässig, wenn das geringste Gebot erreicht ist.

1 Allgemeines zu § 65

1.1 Zweck der Vorschrift: Ermöglichung besonderer Versteigerung oder anderweitiger Verwertung von Forderungen und beweglichen Sachen.

1.2 Anwendungsbereich: Die Vorschrift gilt für alle Versteigerungsverfahren des ZVG, auch die Teilungsversteigerung. Abweichende Versteigerungsbedingungen nach § 59 kommen hier wegen der Sonderregelung nicht in Frage[1]

2 Antrag

2.1 Die Anordnung der abgesonderten Verwertung kann grundsätzlich nur auf **Antrag** erfolgen (Abs 1), nicht von Amts wegen. **Antragsberechtigt** ist jeder Beteiligte, auch der Schuldner. Antragsberechtigt sind nicht nur solche Beteiligte, die außerhalb des geringsten Gebots stehen (anders[2]: Beteiligte im geringsten Gebot „in der Regel" nicht; das Gesetz enthält keine solche Beschränkung). Nicht antragsberechtigt sind Mieter/Pächter[2], weil diese an der Erlöshöhe kein Interesse haben.

2.2 Der Antrag ist **formlos** möglich, schriftlich oder zu Protokoll der Geschäftsstelle oder des Versteigerungstermins, und schon vor dem Versteigerungstermin zulässig[3], nicht mehr aber nach Aufforderung zur Abgabe von Geboten (so auch[4]). Angenommen wird zwar auch, der Antrag sei bis zum Schluß der Versteigerung (Verkündung des Schlusses, § 73 Abs 2 Satz 1) zulässig[5] (einschränkend[6]: dies nur, wenn noch kein Gebot abgegeben ist). Wenn er erst nach der Aufforderung zur Abgabe von Geboten gestellt und ihm stattgegeben wird, sollen sich die Versteigerungsbedingungen ändern und nach Änderung eine neue Bietstunde zu beginnen sein. Diese Ansicht findet jedoch im Gesetz keine Grundlage. Die Versteigerung zu den bereits festgestellten Bedingungen hält ein nach Aufforderung zur Abgabe von Geboten gestellter Antrag nicht mehr auf, und zwar auch dann nicht, wenn noch kein Gebot abgegeben ist (dazu § 59 Rdn 3.3). Die Versteigerung ist mithin unverändert fortzusetzen, der Antrag damit in diesem Verfahrensabschnitt nicht mehr zulässig.

2.3 Der Antrag, der auf „eine andere Art der Verwertung" gerichtet ist, muß angeben, welche Verwertung verlangt wird, weil das Gericht in diesem Fall, wenn es die andere Art der Verwertung anordnet (es kann auf diesen Antrag hin auch

---

[1] Dassler/Schiffhauer § 65 Rdn 1; Steiner/Storz § 65 Rdn 2.
[2] Dassler/Schiffhauer § 65 Rdn 3; Steiner/Storz § 65 Rdn 14.
[3] Mohrbutter in Festschrift für Herbert Schmidt (1981), S 111 (I 4).
[4] Dassler/Schiffhauer § 65 Rdn 4.
[5] Jaeckel/Güthe § 65 Rdn 4.
[6] Steiner/Storz § 65 Rdn 15; Mohrbutter/Drischler Muster 85 Anm 1; Storz ZIP 1982, 416 (II).

Abgesonderte Versteigerung, anderweitige Verwertung 3.6 § 65

die besondere Versteigerung anordnen) an die beantragte Verwertungsart gebunden ist.

2.4 Hypothekengläubiger, deren Rechte bestehenbleiben, können **widersprechen,** wenn eine die Sicherheit der Hypothek beeinträchtigende Verschlechterung zu erwarten ist (BGB §§ 1134, 1135; Denkschrift S 51; anders[7]: ist von Amts wegen zu beachten).

Grundsätze abgesonderter Versteigerung/anderweitiger Verwertung 3

3.1 Von der Versteigerung zusammen mit dem Grundstück können auf Antrag **bewegliche Sachen** oder **Forderungen,** die an sich nach § 55 mitversteigert würden (nicht aber wesentliche Grundstücksbestandteile) zur besonderen Verwertung ausgenommen werden: Abs 1 Satz 1. Möglich ist Sonderverwertung durch besondere Versteigerung (Abs 1 Satz 1) oder durch eine andere Art der Verwertung (Abs 1 Satz 2). Abgesonderte Verwertung kann insbesondere geboten sein, wenn der Gegenstand von einem Dritten in Anspruch genommen wird (Denkschrift S 51) oder auch, wenn dadurch ein besserer Versteigerungserlös zu erwarten ist (Denkschrift S 51). Zu beachten ist aber, daß manche Gegenstände durch ihre Herausnahme aus dem Grundstück (zB Maschinen) an Wert verlieren, so daß der Gesamterlös dann beeinträchtigt wird.

3.2 Die Anordnung „kann" erfolgen. Hierbei entscheidet das Gericht nach pflichtgemäßem **Ermessen.** Die Anordnung ist zweckmäßig, wenn Ansprüche aus ZPO § 805 geltend gemacht werden. Das Gericht muß aber prüfen, ob nicht der Gesamterlös dadurch geschmälert wird[8] (das Grundstück mit Zubehör kann wertvoller sein als beide getrennt). Das Gericht muß auch die Interessen der Hypothekengläubiger berücksichtigen[9] (anders[10]: diese sind auf Widerspruchsklage angewiesen).

3.3 Die **Anordnung** ist so lange möglich wie der Antrag. Sie ist aber **bedingt:** ihre Ausführung ist nämlich nur zulässig, wenn das geringste Gebot durch die bisherige Versteigerung erreicht ist: Abs 2. Das geringste Gebot ist erreicht, sobald das erste wirksame Gebot abgegeben wird (unter dem geringsten Gebot darf ja nicht geboten werden). Die Anordnung ist schon vorher möglich, darf aber nicht vor dem genannten Zeitpunkt ausgeführt werden. Die Anordnung ist wie der Antrag sogar schon vor dem Versteigerungstermin zulässig.

3.4 Wenn eine **bestimmte Art** der „anderen Verwertung" beantragt ist, kann die Anordnung diese oder auch die besondere Versteigerung vorschreiben: Abs 1 Satz 1. Die „andere Verwertung" kann das Gericht aber nur auf einen besonders hierauf gerichteten Antrag anordnen: Abs 1 Satz 2. Der Anordnungsbeschluß gilt nach Rechtskraft als Legitimation gegenüber der Hinterlegungsstelle gemäß HinterlO § 13 Abs 2 Nr 2[11].

3.5 Die angeordnete „**andere Verwertung**" erfolgt genau, wie verfügt. Die „**besondere Versteigerung**" erfolgt durch das Gericht selbst oder durch den von ihm beauftragten Gerichtsvollzieher. Beides ist erst zulässig, wie schon dargelegt, wenn das geringste Gebot erreicht ist (Abs 2), weil dann die Ausführung der Anordnung hierdurch bedingt ist[12]. Dann aber bedarf es keines neuen Antrags mehr. Das Verfahren des Gerichtsvollziehers richtet sich nach ZPO §§ 817, 817 a.

3.6 Eine andere Art der Verwertung ist etwa **freihändiger Verkauf** durch den Gerichtsvollzieher oder **Überweisung** einer Forderung an Zahlungs Statt: ZPO

---

[7] Dassler/Schiffhauer § 65 Rdn 11.
[8] RG 125, 299 (308).
[9] Dassler/Schiffhauer § 65 Rdn 6 und 11.
[10] Jaeckel/Güthe § 65 Rdn 10.
[11] Mohrbutter in Festschrift für Herbert Schmidt (1981), Seite 111 (I 4).
[12] RG 125, 299 (308).

§ 65 3.6   Geringstes Gebot, Versteigerungsbedingungen

§§ 825, 835. Bei der besonderen Versteigerung geht, abweichend von § 90, das Eigentum erst mit der Übergabe an den Ersteher über. Eine zur Verfügung des Vollstreckungsgerichts hinterlegte (Brand-)Versicherungssumme kann durch Anordnung nach § 65 von der Versteigerung ausgeschlossen und für das Verteilungsverfahren (§§ 105 ff) zur Teilungsmasse genommen werden.

3.7 Die **Anordnung entfällt nicht von selbst**, wenn die betreibenden Gläubiger bereits aus der Versteigerung des Grundstücks befriedigt werden (anders[13]) oder wenn sie nach § 114 a als befriedigt gelten. Aber dann ist die besondere Verwertung der Gegenstände nach ZPO § 775 Nr 5 (Protokoll über Verteilungstermin als öffentliche Urkunde) einstweilen einzustellen. Die Anordnung, durch das Erreichen des geringsten Gebotes bedingt, entfällt dann, wenn das geringste Gebot nicht erreicht ist, wenn also kein wirksames Gebot abgegeben ist.

3.8 Die Verteilung des besonderen Versteigerungs- oder Verwertungserlöses für den Gegenstand darf nur zusammen mit dem Grundstückserlös erfolgen (§ 107 Rdn 2). Vorher ist der Erlös zu hinterlegen (Abs 1 Satz 4).

3.9 Wurde **Zubehör** nicht mitversteigert, weil das Verfahren wegen eines entgegenstehenden Rechts einstweilen eingestellt war (§ 37 Nr. 5), dann kann es nach Wegfall des Einstellungsgrundes bei Verfahrensvortsetzung auf (rechtzeitigen, § 31) Antrag des bei der Erlösverteilung nicht befriedigten Gläubigers nach § 65 abgesondert verwertet werden[14] (§ 37 Rdn 6.4). Wurde das Verfahren bezüglich einzelner oder mehrerer Zubehörstücke nach Teilrücknahme des Versteigerungsantrags (§ 29 Rdn 4.2) durch alle Beschlagnahmegläubiger (Anordnungs- und Beitrittsgläubiger; zur Beitrittsbeschlagnahme sonst § 27 Rdn 9.2) aufgehoben, dann erstreckt sich die Beschlagnahme nicht mehr auf diese Gegenstände. Bis zum Zuschlag kann das beschlagnahmefreie Zubehör im Schuldnereigentum dann nur wieder durch neue Anordnung in das Verfahren einbezogen (§ 29 Rdn 4.2) und gesonderter Verwertung zugeführt werden. Nach Erteilung des Zuschlags kann abgesonderte Verwertung des nach Freigabe nicht mitversteigerten Zubehörs auch bei fortbestehender Haftung für das Grundpfandrecht eines bei der Erlösverteilung ausgefallenen Gläubigers (§ 55 Rdn 3.9) nicht mehr erfolgen[15]. Der Gläubiger eines Grundpfandrechts (auch der Beschlagnahmegläubiger selbst[15]), dem der Gegenstand weiter haftet, kann Befriedigung dann nur mit Zwangsvollstreckung in das ihm noch haftende Zubehör erlangen[16]. Diese ermöglicht ein Duldungstitel und erfolgt mit Pfändung durch den Gerichtsvollzieher (keine Immobiliarvollstreckung allein in den haftenden Gegenstand).

3.10 Bei der Zwangsversteigerung eines **Erbbaurechts** ist nicht die abgesonderte Verwertung der Bauwerke möglich, weil diese wesentliche Bestandteile des Erbbaurechts sind (ErbbauVO § 12).

4 Kosten der besonderen Versteigerung/Verwertung

4.1 Besondere **Gerichtsgebühren** erwachsen für abgesonderte Versteigerung oder anderweitige Verwertung nicht. Die Tätigkeit des Gerichts wird durch die Versteigerungsverfahrensgebühr (Einl Rdn 77) und die Versteigerungsterminsgebühr (Einl Rdn 78) abgegolten. Die Verteilungsverfahrensgebühr (Einl Rdn 80) richtet sich nach dem Meistgebot unter Hinzurechnung des Erlöses der besonderen Verwertung.

---

[13] RG 125, 299 (308); Dassler/Schiffhauer § 65 Rdn 12.
[14] OLG Hamm Rpfleger 1994, 176; Jaeckel/Güthe § 65 Rdn 1; Korintenberg/Wenz § 65 Anm 1; Reinhart/Müller § 65 Anm IV 1.
[15] OLG Hamm Rpfleger 1994, 176.
[16] OLG Hamm aaO; Jaeckel/Güthe § 65 Rdn 1; Korintenberg/Wenz § 65 Anm 1; Reinhard/Müller § 65 Anm IV 2; Steiner/Storz § 65 Rdn 7.

Versteigerungstermin bis zur Bietstunde 1 § 66

4.2 Die Gebühren und Auslagen des mitwirkenden **Gerichtsvollziehers** richten sich nach GVKG §§ 21, 3–5, 8, 13, 35–37.

Rechtsbehelfe gegen besondere Versteigerung/Verwertung 5

Gegen die Anordnung aus § 65 ist Vollstreckungserinnerung nach ZPO § 766 möglich und Zuschlagsanfechtung nach § 83 Nr 1, § 100 Abs 1[17] (die Erinnerung ist nicht durch § 95 ausgeschlossen; keine unselbständige Vorentscheidung zum Zuschlag). Erinnerung kann insbesondere der Gläubiger des bestehenbleibenden Rechts einlegen, wenn durch die Maßnahmen aus § 65 die Sicherheit seines Rechts beeinträchtigt wird, für das ja die Zubehörstücke mithaften (BGB § 1120). Durch Versteigerung mit dem Grundstück würde nämlich diese Haftung fortbestehen, durch die besondere Versteigerung/Verwertung an einen anderen Ersteher aber fortfallen. Erinnerung gibt es nicht, wenn die Zubehörstücke nicht im Eigentum des Vollstreckungsschuldners stehen und damit nicht für die dinglichen Rechte haften (nur nach § 55 mitversteigert werden). Erinnerung auch nicht für den angeblichen Eigentümer der Gegenstände[18]. Gegen die Entscheidung über die Erinnerung findet Beschwerde nicht statt (§ 95); Beschwerde ist auch ausgeschlossen, wenn eine Anordnung nach § 65 abgelehnt wird[19].

V. Versteigerung

[Versteigerungstermin bis zur Bietstunde]

66 (1) **In dem Versteigerungstermine werden nach dem Aufrufe der Sache wie das Grundstück betreffenden Nachweisungen, die das Verfahren betreibenden Gläubiger, deren Ansprüche, die Zeit der Beschlagnahme, der vom Gericht festgesetzte Wert des Grundstücks und die erfolgten Anmeldungen bekannt gemacht, hierauf das geringste Gebot und die Versteigerungsbedingungen nach Anhörung der anwesenden Beteiligten, nötigenfalls mit Hilfe eines Rechnungsverständigen, unter Bezeichnung der einzelnen Rechte festgestellt und die erfolgten Feststellungen verlesen.**

(2) **Nachdem dies geschehen, hat das Gericht auf die bevorstehende Ausschließung weiterer Anmeldungen hinzuweisen und sodann zur Abgabe von Geboten aufzufordern.**

Übersicht

Allgemeine Übersicht zu §§ 66–78 1	Hinweis auf Anmeldungsausschluß und Aufforderung zu Geboten 8
Allgemeines zu § 66 2	Muster für die Durchführung eines Versteigerungstermins 9
Allgemeines zum Versteigerungstermin 3	Termin für mehrere Verfahren 10
Aufruf des Versteigerungstermins 4	Unterbrechung des Versteigerungstermins 11
Bekanntmachungen, Hinweise, Anmeldungen (Absatz 1) 5	
Einzelne Bekanntmachungen im Versteigerungstermin 6	Verlesen von Feststellungen im Versteigerungstermin 12
Geringstes Gebot und Versteigerungsbedingungen (Absatz 1) 7	

Allgemeine Übersicht zu §§ 66–78 1

Die Versteigerung selbst regelt das ZVG in den §§ 66–78 im Anschluß an den vierten Abschnitt über geringstes Gebot und Versteigerungsbedingungen (§§ 44–

---

[17] Dassler/Schiffhauer § 65 Rdn 7; Jaeckel/Güthe § 65 Rdn 10; Steiner/Storz § 65 Rdn 45; LG Frankenthal Rpfleger 1986, 146.
[18] LG Berlin DGVZ 1978, 112 = Rpfleger 1978, 268.
[19] Jaeckel/Güthe § 65 Rdn 10.

§ 66 1 Versteigerung

65; Übersicht § 44 Rdn 1). Dieser fünfte Abschnitt im zweiten Titel des ZVG (§§ 15–145) behandelt den grundsätzlichen Ablauf des Versteigerungstermins (§§ 66, 73); die besonderen Fragen der Sicherheitsleistung (§§ 67–70); die Wirksamkeit der Gebote (§ 71) und das Erlöschen der Gebote (§ 72); die Verhandlung über den Zuschlag (§ 74) mit den Besonderheiten der Nichterreichung des Mindestgebots (§§ 74 a, b), der Einstellung wegen Zahlung im Termin (§ 75), der Teileinstellung wegen Deckung des Gläubigers aus einem von mehreren Grundstücken (§ 76) und der Einstellung wegen Nichtabgabe von Geboten (§ 77); dazu eine allgemeine Vorschrift über das Protokoll (§ 78).

2 Allgemeines zu § 66

2.1 Zweck der Vorschrift: § 66 regelt den Gang der Verhandlung im Versteigerungstermin bis zum Beginn der Bietstunde, der sich aus der Aufgabe ergibt, welche hierbei zu erledigen ist (Denkschrift S 51).

2.2 Anwendungsbereich: Die Vorschrift gilt für alle Versteigerungsverfahren des ZVG mit Besonderheiten für Schiffe und Luftfahrzeuge (§ 162 Rdn 3, § 171 a Rdn 3).

3 Allgemeines zum Versteigerungstermin

3.1 Der Versteigerungstermin ist **öffentlich** (GVG § 169); dies muß sich aus dem Protokoll ergeben (ZPO § 159 Abs 2 Nr 5). Den Termin leitet der für das Verfahren zuständige Rechtspfleger. Er hat alle Aufgaben der **Sitzungsleitung** und der Aufrechterhaltung der Ordnung wie der Richter im Zivilprozeß (GVG §§ 175–183), darf aber keine Ordnungshaft verhängen und keine Beeidigung (etwa eines Dolmetschers) vornehmen (RpflG § 4 Abs 2). Wegen Ungebühr vor Gericht kann er Ordnungsgeld bis 2000 DM verhängen, kann Personen den Zutritt verwehren und Personen entfernen lassen (GVG §§ 175, 177, 178) (wo Ordnungshaft nötig sein sollte, ruft er den Richter an, RpflG § 5). Gegen seine sitzungsleitenden Anordnungen ist die Erinnerung, befristet auf eine Woche (GVG § 181 Abs 1, RpflG § 10 Abs 1) zulässig; zwar ist das Rechtsmittel gegen den Richter keine sofortige Beschwerde (mit zwei Wochen Frist), für die RpflG § 11 Abs 1 die Erinnerung befristet; jedoch ist anzunehmen, daß hier die Erinnerung gegen den Rechtspfleger nicht unbefristet sein kann, wenn das Rechtsmittel gegen den Richter auf eine Woche befristet ist. Auch bei Verhängung von Ordnungsgeld ist rechtliches Gehör zu gewähren (Einl Rdn 46).

3.2 Der **Ort der Versteigerung** muß mit der Terminbestimmung übereinstimmen. Dies sollte (nicht aber muß) sich aus dem Protokoll ergeben. Muß der Termin in einen anderen Raum oder gar in ein anderes Gebäude verlegt werden, so muß das im Protokoll vermerkt werden[1]. Es müssen vom Gericht auch Vorkehrungen getroffen werden, um die an dem bezeichneten Ort sich Einfindenden zum richtigen Ort zu bringen[1], und es muß sich das aus dem Protokoll ergeben[1] (§§ 78, 80; Nachweis aber nicht auf Protokollinhalt beschränkt[2]; anders[3]), da sonst der Zuschlag versagt werden müßte (§ 83 Nr 6) oder angefochten werden könnte (§ 100 Abs 1)[4]. Welche Maßnahmen erforderlich sind, richtet sich nach den Umständen des Einzelfalls. Sie müssen gewährleisten, daß die Verfahrensbeteiligten und jeder – auch der unerfahrene – Bietinteressent den geänderten Versteigerungs-

---

[1] OLG Hamm KTS 1979, 108 = MDR 1979, 151 = NJW 1979, 1720 Leitsatz = OLGZ 1979, 376 = Rpfleger 1979, 29; LG Oldenburg Rpfleger 1985, 311 mit (zum Teil krit) Anm Schiffhauer; LG Oldenburg Rpfleger 1990, 471.
[2] Schiffhauer Rpfleger 1985, 312 (Anmerkung).
[3] LG Oldenburg Rpfleger 1985, 311 mit (zum Teil krit) Anm Schiffhauer.
[4] OLG Frankfurt DGVZ 1954, 39 = JR 1954, 183 mit zust Anm Riedel und abl Anm Werner.

Versteigerungstermin bis zur Bietstunde 3.3 § 66

ort rechtzeitig finden kann[5]. Sicherzustellen ist insbesondere auch, daß Beteiligte und Interessenten, die erst nach Terminsbeginn erscheinen, noch zuverlässig über die Terminsverlegung unterrichtet werden. Angenommen wurde, dazu reiche es (noch) nicht aus, daß ein deutlicher, von einem Terminszettel zu unterscheidender Hinweis an der Türe des früher bestimmten Raums (oder an einer sonstigen Stelle vor diesem Terminsort) angebracht sowie die Wachtmeisterei von der Verlegung des Terminsorts unterrichtet werde. Es solle vielmehr weiter erforderlich sein, die ursprüngliche Terminsstelle während der gesamten Dauer des Versteigerungstermins von einem Justizwachtmeister (oder einer anderen geeigneten Person) beobachten zu lassen, um eine zuverlässige Unterrichtung aller Beteiligten und Interessenten zu gewährleisten[6]. Diese überspannte formale Anforderung ging jedoch entschieden zu weit[7] und hat sich daher auch nicht durchgesetzt (so jetzt auch[8] unter Aufgabe von[9]: Aushang vor beiden Räumen genügt regelmäßig). Den Ort der Versteigerung müssen Beteiligte und Bietinteressenten zweifelsfrei und zuverlässig auffinden können (§ 37 Rdn 3.1). Wie das sicherzustellen ist, wenn der Versteigerungstermin in einem anderen als dem in der Terminsbestimmung bezeichneten Raum abgehalten wird, läßt sich nicht allgemein sagen; das bestimmt sich nach den besonderen örtlichen Verhältnissen. In kleineren und auch mittleren Gerichtsgebäuden bereitet die Terminswahrnehmung in einem anderen Versteigerungsraum nach der Lebenserfahrung überhaupt keine Schwierigkeit. Wer einen Versteigerungstermin wahrzunehmen hat oder auch nur verfolgen will und wer ein Grundstück ersteigern möchte, findet erfahrungsgemäß auch in großen Gerichtsgebäuden den Terminsort mühelos (auch unerfahrene Personen hatten mit dem Weg zur Zeugengebühren-Auszahlungsstelle noch keine Schwierigkeit). Nicht selten bereitet ortsfremden Personen das Aufsuchen eines Zimmers nach seiner Nummer größere Erschwernisse als die Orientierung nach dem Verhandlungsraum einer bestimmten Rechtssache. Übertriebene Anforderungen an die bei Verlegung des Terminsorts aufzuwendende Sorgfalt sind daher fehl am Platze. Sie schaden mit der Gefahr einer Terminsabsetzung und Zuschlagversagung berechtigten Interessen der Verfahrensbeteiligten. Allgemein muß (wenn auch weitergehende Vorsorge nicht schaden kann) jedenfalls ein deutlicher Hinweis auf den Versteigerungsraum im Gerichtsgebäude als Terminsort des zu bezeichnenden Vollstreckungsverfahrens genügen (Terminaushang am ursprünglichen Sitzungszimmer; sehr geeignet auch Wegweiser gleich am Gerichtsgebäude; sonstiger Hinweis an gut sichtbarer Stelle in der Nähe der Eingangstüre, zB am Behördenwegweiser; immer muß auch Verständigung des Pförtners selbstverständlich sein). Weitere (insbesondere strengere) Anforderungen können nur im Einzelfall aus besonderen Gründen geboten sein. So kann Sorgfalt in besonderem Maße notwendig sein, wenn in dem in der Terminsbestimmung bezeichneten Versteigerungsraum zur gleichen Zeit eine andere Verhandlung (zB eine Strafverhandlung) stattfindet oder wenn der Termin in einem Raum eines benachbarten Gerichtsgebäudes abgehalten wird.

3.3 Die **Zeit der Versteigerung,** dh der Beginn des Termins, muß mit der Terminsbestimmung übereinstimmen. Eine Vorverlegung auf eine frühere Stunde ist unmöglich, weil sonst die Terminsbestimmung nicht beachtet ist und der Zuschlag zu versagen oder anfechtbar ist. Kurzzeitige, jedenfalls aber angemessene Verschiebung des Aufrufs des Sache kann aus zwingenden Gründen (zB Störung der Verkehrsmittel; denkbar auch geringe Verspätung bei ungünstiger Zugverbin-

---

[5] OLG Hamm NJW 1979, 1720 – aaO (Fußn 1); LG Oldenburg Rpfleger 1985, 311; Schiffhauer Rpfleger 1985, 312 (Anmerkung).
[6] OLG Hamm NJW 1979, 1720 = aaO; Drischler RpflJahrbuch 1972, 297 (298).
[7] Schiffhauer Rpfleger 1985, 312 (Anmerkung).
[8] LG Oldenburg Rpfleger 1990, 471.
[9] LG Oldenburg Rpfleger 1985, 311 mit (zum Teil krit) Anm Schiffhauer.

dung) auch Rücksichtnahme auf besondere Interessen einzelner Beteiligter, insbesondere des Schuldners oder seines Bevollmächtigten, das Gebot der fairen Verfahrensdurchführung (Einl Rdn 24.6) gebieten. Dann aber müssen auch gewichtige Gründe für Wahrnehmung des zeitlich ohnedies länger andauernden Termins durch den verhinderten Beteiligten von Anfang an sprechen; es dürfen nach allen Umständen des Einzelfalls dem Einzelinteresse auch gewichtige Belange der rechtzeitig erschienenen Beteiligten und Erwerbsinteressenten an zeitgerechter Verfahrensdurchführung nicht entgegenstehen. Pünktlicher Beginn des Termins, auch wenn der Schuldner oder sein Vertreter verspätetes Erscheinen bereits angekündigt hat, ist stets dann sachgerecht, wenn ein (nachvollziehbarer) Grund für die Verspätung nicht (glaubhaft) genannt ist[10]. Wird der Terminsbeginn hinausgeschoben, müssen vom Gericht erforderlichenfalls (ist Einzelfallfrage, nötig zB dann, wenn zur Terminsstunde im Sitzungssaal noch niemand erschienen ist) Vorkehrungen zur Unterrichtung der rechtzeitig Erschienenen und noch vor Terminsbeginn Erscheinenden getroffen werden. Ausreichend ist Anwesenheit des Urkundsbeamten, sonst Anbringung eines Hinweises am Terminaushang oder Anschlag an der Tür des Terminsorts; nur in außergewöhnlichen Einzelfällen kann es auch erforderlich sein, an der Terminsstelle einen Gerichtswachtmeister bereitzustellen, der Erscheinenden die Verzögerung bekanntzugeben hat. Verschiebung auf einen anderen Tag wäre Verlegung des Termins (dazu § 43 Rdn 8.2).

3.4 Das Gericht hat sich rechtzeitig und gewissenhaft auf den **Versteigerungstermin vorzubereiten** (§ 35 Rdn 3), wenn es Haftungsgefahren (Einl Rdn 37) vermeiden will. Aber auch alle am Verfahren Beteiligten müssen sich gewissenhaft und umfassend vorbereiten (Aufzählung im ZVG-Handbuch Rdn 301), insbesondere als betreibender Gläubiger, müssen überlegen, ob sie bestimmte Anträge stellen müssen oder wollen, ob sie bestimmte Anmeldungen machen müssen oder wollen, ob sie einen vorgehenden Gläubiger ablösen wollen, ob sie bieten wollen und bis zu welcher Höhe, bei welchem Gebot sie etwa zum Zuge kommen würden und wie überhaupt das ganze Verfahren allgemein laufen werde (nur beschränkte Aufklärungspflicht des Gerichts hierzu, Einl Rdn 24). Wer bieten will, muß seinen Personalausweis mitbringen, bei Auftreten für ein Handelsunternehmen den Handelsregisterauszug, als Vormund, Pfleger oder Betreuer die Bestallung, und muß, wenn er einer Genehmigung oder Zustimmung durch Aufsichtsbehörde, Vormundschaftsgericht bedarf, diese rechtzeitig besorgen und mitbringen. Wer für einen anderen als Bevollmächtigter auftritt, muß dessen Vollmacht vorweisen können, im Falle des Bieters sogar eine öffentlich beglaubigte.

3.5 Für den ganzen Termin ist ein **Protokoll** über alle Vorgänge mit größter Genauigkeit zu führen (§ 78), nach den Vorschriften der ZPO (§ 78 Rdn 2). Bestimmte Teile aus ihm sind zu verlesen (Rdn 12). Muster Rdn 9.

3.6 Der Versteigerungstermin besteht aus drei großen Abschnitten:

a) **Im ersten Abschnitt** des Termins (§ 66) wird zunächst die Sache aufgerufen und werden die erschienenen Beteiligten festgestellt (Rdn 4). Dann erfolgen eine Reihe von Bekanntmachungen und Hinweisen (Rdn 5, 6) über Grundstücksnachweisungen, betreibende Gläubiger und ihre Ansprüche, Beschlagnahmezeit, Grundstückswert, Anmeldungen, Erklärungen der Mieter/Pächter. Hierauf wird das geringste Gebot mit den sonstigen Versteigerungsbedingungen aufgestellt und verlesen (Rdn 7). Dann muß das Gericht Anträge und Anmeldungen entgegennehmen und entscheiden (Rdn 5) und schließlich auf die bevorstehende Ausschließung von Anmeldungen hinweisen und zur Abgabe von Geboten auffordern (Rdn 8).

b) **Im zweiten Abschnitt** des Versteigerungstermins, der unmittelbar nach der vorerwähnten Aufforderung zur Abgabe von Geboten beginnt, werden mindestens

---

[10] OLG Hamm Rpfleger 1994, 428.

eine volle Stunde lang (Bietstunde, § 73) Gebote entgegengenommen (einleitende Aufforderung und beendende Schlußverkündung nicht eingerechnet). Sie erfolgen als Bargebote (bestehenbleibende Belastungen nicht enthaltend, aber kraft Gesetzes zusätzlich zu übernehmen) und werden vom Gericht sofort auf ihre Zulässigkeit geprüft, unzulässige zurückgewiesen (§§ 71, 72), während gültige erst durch wirksames Übergebot erlöschen (§ 72). Unter bestimmten Voraussetzungen kann Sicherheitsleistung des Bieters verlangt werden und ist sofort zu entscheiden und sofort zu leisten (§§ 67–70). Die „Versteigerung" (= Bietstunde) dauert an, bis nach mindestens einer vollen Stunde trotz Aufforderung des Gerichts keine weiteren Gebote mehr abgegeben werden (§ 73 Abs 1). Dann muß das letzte Gebot und der Schluß der Versteigerung verkündet werden (§ 73 Abs 2).

c) **Im dritten Abschnitt** des Versteigerungstermins wird über den Zuschlag verhandelt (§ 74), falls wirksame Gebote vorliegen, andernfalls mangels Geboten das Verfahren eingestellt (§ 77). Bei Bezahlung der Schuld wird eingestellt (§ 75). Bei Deckung der betreibenden Forderungen aus einem Teil der Gründstücke wird in die anderen eingestellt (§ 76). Wegen Nichterreichung der $7/10$-Grenze kann im ersten Termin Zuschlagsversagung beantragt (§ 74 a) werden, wegen Beeinträchtigung von Rechten ein neuer Termin (§ 85). Bei Nichterreichung der $5/10$-Grenze muß im ersten Termin der Zuschlag von Amts wegen versagt werden (§ 85 a). Sonst wird die Zuschlagsentscheidung sofort verkündet oder hierfür ein Verkündungstermin angesetzt (§ 87).

Aufruf des Versteigerungstermins

4.1 Der Versteigerungstermin beginnt, wie jeder Gerichtstermin, mit dem **Aufruf der Sache.** Der Aufruf muß aus dem **Protokoll** ersichtlich sein. Dazu gehört auch die protokollarische **Feststellung der** erschienenen **Beteiligten,** nicht aber der reinen Bietinteressenten und der sonstigen Zuschauer. Für Bevollmächtigte (ausgenommen Rechtsanwälte, Einl Rdn 50) sind schon hier die **Vollmachten** zu prüfen (und zu übergeben), für gesetzliche Vertreter deren Vertretungsmacht und Vertretungsverhältnis, auch eine **Bestallung,** für im Handelsregister eingetragene Firmen der **Handelsregisterauszug.** Auch zu Form und Umfang der Vollmachten sind zu beachten, insbesondere, ob sie zu Geboten ermächtigen (nur wenn öffentlich beglaubigt). Alles Festgestellte ist im Protokoll zu vermerken. Wer geschäftsmäßig fremde Rechtsangelegenheiten besorgt, ohne die dazu erforderliche Erlaubnis zu besitzen, kann als Verfahrensbevollmächtigter im Versteigerungstermin (und für das Verfahren insgesamt) ausgeschlossen werden[11]. Auch dieser Vorgang ist im Protokoll festzustellen.

4.2 Wer als Beteiligter oder Vertreter **später** zum Termin **erscheint** und sich beim Gericht meldet oder aus Anlaß einer Frage oder eines Antrags vom Gericht erkannt wird, wird nachträglich als anwesend im Protokoll vermerkt, wobei der Zeitpunkt seines Erscheinens nicht aufgenommen werden muß, aber möglichst aufgenommen werden sollte. Auf jeden Fall wird angegeben, daß der Betreffende nachträglich erschienen ist. Wer **vor dem Ende** des Termins zeitweise oder für dauernd **entfernt,** wird nicht gesondert im Protokoll vermerkt (es wird also nicht eine fortlaufende Anwesenheitsliste geführt), auch nicht der Zeitpunkt dieses Ereignisses[12]. Es ist Sache der Beteiligten, die einmal als anwesend festgestellt sind, sich um den weiteren Ablauf des Termins selbst zu kümmern und Nachteile, die durch ihre Abwesenheit entstehen können, zu vermeiden. Wo die Stellungnahme eines bestimmten Beteiligten (zB des Vollstreckungsschuldners) zu einem bestimmten Vorgang bedeutsam ist (zB Anträge zum Zuschlag), ist festzustellen, daß er mangels Anwesenheit nicht mehr befragt werden konnte.

---

[11] LG Koblenz Rpfleger 1986, 396.
[12] Dassler/Gerhardt § 66 Rdn 3.

§ 66 4.3 Versteigerung

4.3 Zu diesen Vorgängen im ZVG-Handbuch Rdn 305–306.

4.4 Wer den **Versteigerungstermin** trotz ordnungsgemäßer Bekanntmachung und Zustellung **versäumt** (gleich, ob verschuldet oder unverschuldet), hat hiergegen keinen Einspruch, keinen Rechtsbehelf, keine Wiedereinsetzungsmöglichkeit[13]. Die eingetretene Verfahrenslage kann nicht rückgängig gemacht werden[13].

4.5 Die **Anwesenheit des Vollstreckungsschuldners** im Versteigerungstermin ist nicht erzwingbar, jedoch wünschenswert und für ihn nicht nur sehr zweckmäßig, sondern zur Wahrung seiner Rechte stets empfehlenswert. Das persönliche Erscheinen kann nicht angeordnet werden. Nachteile durch Abwesenheit hat der Schuldner selbst zu verantworten. Er muß darauf nicht besonders hingewiesen werden. Im Rahmen der gerichtlichen Aufklärungspflicht werden ausnahmsweise schriftliche Hinweise auf besondere Nachteile für nötig erachtet (Einl Rdn 24). Ob ein in gerichtlicher Haft befindlicher Beteiligter, insbesondere der Vollstreckungsschuldner, zum Termin vorgeführt werden könne, ist umstritten. **Vorführung** von Amts wegen ist keinesfalls zulässig. Die Vorführung ist überhaupt nicht Sache des Vollstreckungsgerichts[14]. Der Betreffende muß nach Empfang einer Ladung, wenn er am Termin teilnehmen will, das dazu Nötige bei seiner zuständigen Aufsichtsbehörde selbst veranlassen. Wenn dem Terminsvorsitzenden ein solches Gesuch zugeht, hat er sich mit den zuständigen Stellen in Verbindung zu setzen, um die Teilnahme zu ermöglichen.

5 Bekanntmachungen, Hinweise, Anmeldungen (Absatz 1)

5.1 Durch die **Bekanntmachungen** des Abs 1 werden die Anwesenden nach dem Aufruf und der Feststellung der Erschienenen in allen Versteigerungsverfahren über die für die Versteigerung in Betracht kommenden Verhältnisse unterrichtet. Alle Mitteilungen usw müssen sorgfältig erfolgen und so, daß die Erschienenen sie verstehen und beurteilen können. Eine rein mechanische, formularmäßige Wiedergabe genügt nicht den Erfordernissen einer sachbezogenen Verfahrensgestaltung (Einl Rdn 6 ff) und die menschlichen Grundrechte achtenden Verhandlungsführung.

5.2 Bekanntmachungen sind, zweckmäßig in der angegebenen Reihenfolge (dazu im ZVG-Handbuch Rdn 307):

a) „Die das **Grundstück betreffenden Nachweise**". Es handelt sich um den wesentlichen Inhalt des Grundbuchs sowie der Brandversicherungsurkunde, wobei wörtliche Wiedergabe nicht nötig ist, aber lieber mehr als weniger mitgeteilt werden soll und alle einschlägigen Fragen zu beantworten sind, etwa über Reihenfolge und Bedingungen der Belastungen, Unstimmigkeiten im Grundbuch, je nach Sachlage je nach Interesse der Beteiligten. Auf Wunsch ist dabei Akteneinsicht zu gewähren (§ 42); erkennbare Irrtümer der Anwesenden (etwa über Pfändungen) sind aufzuklären. Eine Mitteilung des Finanzamts über die Höhe des **Einheitswertes**, die zur Gebührenberechnung eingefordert wurde (GKG § 29 Abs 4), gehört als Grundlage für den Kostenansatz (GKG § 14) nicht zu den Nachweisen des Grundstücks; ihr Inhalt darf nicht bekannt gemacht werden. Die Höhe des Einheitswertes unterliegt dem Steuergeheimnis (Abgabenordnung § 30); eine Auskunft des Finanzamts erlaubt GKG § 29 Abs 4 (ausdrücklich, Abgabenordnung § 30 Abs 4 Nr 2) nur für die Wertermittlung. Weitergehende Verwendung der Mitteilung über den Einheitswert wäre unbefugte Offenbarung dieses in der Steuersache des Eigentümers festgestellten Wertes. Zulässig ist Einsicht in die Mitteilung über den Grundstückseinheitswert nur, wenn der Eigentümer zustimmt (Abgabenordnung § 30 Abs 4 Nr 3). Das ist insbesondere auch dann der Fall, wenn der Bescheid über die Feststellung des Einheitswertes vom Schuldner zur Verwendung

---

[13] Nußbaum, Zwangsversteigerung, § 16 (VI).
[14] LG Braunschweig MDR 1969, 933.

Versteigerungstermin bis zur Bietstunde 5.5 § 66

im Zwangsversteigerungsverfahren (nicht nur zur Kostenberechnung) eingereicht ist. Ein „zwingendes öffentliches Interesse", das Offenbarung rechtfertigen könnte (Abgabenordnung § 30 Abs 5) begründet die Grundstücksversteigerung nicht.

b) „Die das Verfahren **betreibenden Gläubiger** und deren Ansprüche"; am besten geschieht dies an Hand der Mitteilung nach § 41 Abs 2, aber nicht einfach durch Bezugnahme auf diese, sondern mindestens durch auszugsweises Verlesen und Angabe der nachträglichen Veränderungen, zB durch Einstellung;

c) „Die **Zeit der Beschlagnahme**", also den ersten Beschlagnahmezeitpunkt gemäß § 13 Abs 1 und 4, von dem an für alle Beteiligten die laufenden wiederkehrenden Leistungen gerechnet werden; nur bei besonderem Anlaß auch die besonderen Beschlagnahmezeitpunkte der einzelnen Beschlagnahmebeschlüsse (wichtig etwa für Zwischenrechte oder bei Eigentumswechsel);

d) Der „vom Gericht festgesetzte **Wert des Grundstücks**", für jedes Grundstück (Grundstücksbruchteil) gesondert, bei voraussichtlichem Gesamtausgebot auch für die Grundstücke insgesamt;

e) „Die erfolgten **Anmeldungen**" der Beteiligten, auch wenn sie zu Protokoll erklärt sind, ohne Unterschied, ob diese berechtigt sind oder nicht, ob schon glaubhaft gemacht oder nicht, ob im geringsten Gebot zu berücksichtigen oder nicht, also alle Anmeldungen nach § 9 Nr 2, § 37 Nr 4, § 45 Abs 1, §§ 53, 54; ZPO § 325 Abs 3. Bekanntzumachen ist auch die im Versteigerungsantrag enthaltene Anmeldung des Gläubigers (§ 114 Abs 2 Satz 2), soweit sie seinen Anspruch (vorstehend b) übersteigt. Hinweis nur auf den Akteninhalt ersetzt die Bekanntmachung der Anmeldungen nicht[15].

5.3 Alle Bekanntmachungen usw sind **in das Protokoll aufzunehmen** (§ 78). Mündliche Erklärungen des Gerichts, die nicht aus dem Protokoll ersichtlich sind, bleiben in der Regel wirkungslos, können jedenfalls bei der Zuschlagsentscheidung und -anfechtung nicht berücksichtigt werden (§ 80). Auch das **rechtliche Gehör** ist nach Maßgabe der Entscheidungen der Verfassungsgerichte zu GrundG Art 103 gewissenhaft zu prüfen. Die gerichtliche **Aufklärungspflicht** ist ebenso zu beachten. Aufklärung und Hinweise müssen unbedingt in das Protokoll, da sonst nicht nachgewiesen werden kann, ob die Aufklärungspflicht erfüllt ist[16]. Rein formularmäßige Hinweise genügen keinesfalls. Es darf nicht über irgendeinen Punkt entschieden werden, ohne daß der Betroffene, soweit er im Termin anwesend ist, vorher gehört ist. Manchmal sind sogar Nichtanwesende schriftlich zu befragen.

5.4 Anmeldungen, Anträge und Erklärungen zur Sache sind im Versteigerungstermin entgegenzunehmen und durch Aufnahme in das Protokoll festzustellen (ZPO § 160 Abs 3; siehe auch § 80).

5.5 Mit Hinweis auf mögliche Verfahrenserledigung und Terminsaufhebung ist größte Zurückhaltung geboten („... möglicherweise kann der Termin noch platzen"). Bekanntgabe, daß der Schuldner noch mit Gläubigern verhandelt oder der bestbetreibende Gläubiger seine grundsätzliche Bereitschaft zur Bewilligung der Verfahrenseinstellung bekundet hat, gehören nicht zu den für die (durchzuführende) Versteigerung in Betracht kommenden Verhältnissen, über die Anwesende zu unterrichten sind. Gegen solche konkrete Einzelfallhinweise bestehen dann auch dann Bedenken, wenn sie auf „sicher bekannten" Tatsachen beruhen an ([17]siehe Hinweis gar als Fürsorgepflicht gegenüber Bietern und Interessenten an; sehr bedenklich). Keinesfalls darf durch solchen Hinweis das Erwerbsinteresse Anwesender geschmälert werden; es dürfen Interessenten und Bieter nicht abgeschreckt und Zweifel an der Ernsthaftigkeit der (durchzuführenden) Versteigerung nicht genährt werden. Das Verfahren ist so lange durchzuführen, bis ein hemmender Gläubiger-

---

[15] OLG Hamburg OLG 46, 39 (40).
[16] Stöber und Vollkommer Rpfleger 1976, 392 (Anmerkungen).
[17] LG Heilbronn Rpfleger 1996 79.

antrag (-erklärung) gestellt (abgegeben) oder sonst ein Einstellungsgrund gegeben ist (Amtsbetrieb, Einl Rdn 9.2). Damit ist über allgemeine Aufklärung über den Verfahrensfortgang und mögliche Hinderungsgründe hinaus weitergehende einzelfallbezogene Erwägung über ein mögliches Verfahrensende oder Terminsergebnis auf Grund (mehr oder weniger) bekannter Tatsachen nicht zu vereinbaren (anders[17]).

6 Einzelne Bekanntmachungen im Versteigerungstermin

6.1 Altenteil und altrechtliche Grunddienstbarkeiten (EGZVG § 9 Rdn 2 und 3): Das Gericht muß auf das Antragsrecht mit der Möglichkeit ausnahmsweisen Erlöschens hinweisen.

6.2 Anmeldungen müssen schon im Rahmen der allgemeinen Bekanntmachungen mitgeteilt werden (Abs 1 Satz 1). Bei nicht rechtzeitiger Anmeldung entstehen Nachteile nach § 37 Nr 4, § 45, § 110 (Rdn 8). Anmeldungen während des Termins sind ins Protokoll aufzunehmen, auch wenn sie verspätet sind, weil sie noch für die Verteilung (§ 114 Abs 1) wirken und bei Verfahrensfortgang nach erfolgloser Durchführung des Versteigerungstermins Bedeutung erlangen können. Über die Anmeldungen der Mieter Rdn 6.18 gesondert.

6.3 Ausländische Währung, wertbeständige Rechte: Bei einer (alten) Hypothek in ausländischer Währung sowie bei wertbeständigen Rechten ist das geringste Gebot in Deutsche Mark aufzustellen. Im Termin ist vor der Aufforderung zur Abgabe von Geboten bekanntzumachen, welchen Wert das Recht nach dem letzten Kurs in deutscher Währung hat (Verordnung über Hypotheken in ausländischer Währung vom 13. 2. 1920, 9. Aufl, Text 220, §§ 6–8, und weitere dort abgedruckte Texte; außerdem GBBerG §§ 1–3, Einl Rdn 51.4). Spätere Wertänderungen sind ohne Bedeutung. Gebote werden in deutscher Währung abgegeben. Für Schiffshypotheken gilt § 168 c. Zu zugelassener ausländischer Währung künftig § 145 a.

6.4 Baulast

Literatur: Drischler, Baulasten und Zwangsversteigerung, NVwZ 1985, 736; Drischler, Baulasten in der Zwangsversteigerung, Rpfleger 1986, 289; Harst, Probleme der Baulast in der notariellen Praxis, MittRhNotK 1984, 229; Masloh, Zivilrechtliche Aspekte der öffentlich-rechtlichen Baulast, NJW 1995, 1993; Mümmler, Die Baulast im Zwangsversteigerungsverfahren, JurBüro 1982, 1456; Sachse, Das Spannungsverhältnis zwischen Baulastenverzeichnis und Grundbuch, NJW 1979, 195.

Die Baulast sichert eine öffentlichrechtliche Verpflichtung des Grundstückseigentümers zu einem das Grundstück betreffenden Tun, Dulden oder Unterlassen. Baulasten werden in verschiedenen Bundesländern in ein bei der Bauaufsichtsbehörde geführtes Baulastenverzeichnis eingetragen. Eine Baulast gehört nicht zu den Rechten am Grundstück, die bei Feststellung des geringsten Gebots zu berücksichtigen sind[18]. Sie ist auf das Grundstück bezogene dingliche verwaltungsrechtliche Verpflichtung. Bestellung einer Baulast erfolgt durch (öffentlich-rechtliche) Erklärung des Baulastübernehmers, bewirkt somit durch Verfügung über das Grundstück eine Einschränkung des Eigentums. Übernahme einer Baulast nach Eintragung des Zwangsversteigerungsvermerks (§ 19 Abs 1) ist gegenüber dem Ersteher unwirksam[19]. Als Verfügung über das Grundstück kann die Baulast auch sonst dingliche Rechtswirkung gegen den Ersteher nur bei Bestellung mit Zustimmung der Gläubiger bereits am Grundstück lastender Rechte[20] (die mit dem Zuschlag erlöschen; sonst keine Beeinträchtigung) oder bei Versteigerung auf Antrag des Gläubigers eines nach ihr am Grundstück erlangten Rechts behalten; sonst bleibt sie gegenüber dem Ersteher als Rechtsnachfolger nicht wirksam (ähn-

---

[18] Drischler NVwZ 1985, 726; Lauer MDR 1988, 915 (Abschn 4); Sachse NJW 1979, 195.
[19] OVG Münster NJW 1996, 1362.
[20] Alff Rpfleger 1993, 361 (Anmerkung).

Versteigerungstermin bis zur Bietstunde   6.10 § 66

lich[21]); anders[22]: erlischt vorbehaltlich anderer landesrechtlicher Regelung nicht mit dem Zuschlag (aber ohne Stellungnahme dazu, daß der Eigentümer des bereits belasteten Grundstücks mit Bestellung der Baulast Rechte des am Grundstück schon berechtigten Grundpfandrechtsgläubigers nicht schmälern kann); anders auch[23]; hierzu außerdem[24] zur Unwirksamkeit einer nach Eintragung einer Auflassungsvormerkung übernommenen Baulast gegenüber dem Grundstückserwerber (BGB § 883 Abs 2 Satz 1) sowie[25] zu den Auswirkungen der beschränkten Verfügungsbefugnis des Vorerben (BGB § 2113) bei Eintritt der Nacherbfolge auf die Baulast. Erwerbsinteressenten ist daher Einsichtnahme in das Baulastenverzeichnis (soweit in Ländern ein solches geführt wird) zu empfehlen. Ein dem Vollstreckungsgericht zugegangener Auszug aus dem Baulastenverzeichnis ist als eine das Grundstück betreffende Nachweisung im Versteigerungstermin bekanntzumachen. Zur Ermittlung, ob das Baulastenverzeichnis eine Eintragung enthält, ist das Vollstreckungsgericht nicht verpflichtet; eine Ermittlungspflicht ist weder vorgeschrieben noch der allgemeinen Fürsorgepflicht des Vollstreckungsgerichts zu entnehmen (so auch[26]; anders[27]: Vollstreckungsgericht muß als Grundstücknachweisung beglaubigte Abschrift aus dem Baulastenverzeichnis von Amts wegen beiziehen); auch[28]: Einforderung eines Auszugs aus dem Baulastenverzeichnis und Bekanntgabe im Termin empfiehlt sich. Zu den ungeklärten Fragen auch[29].

6.5 Betriebssteuerrückstände erlangen in der Vollstreckungs- und Konkursverwalterversteigerung keine Bedeutung mehr (§ 15 Rdn 34.8, § 41 Rdn 4.3). In der Erbenversteigerung (§ 176 Rdn 3.20) und in der Teilungsversteigerung (§ 180 Rdn 7.25) sind die Mitteilungen der Steuerstellen über Rückstände an Betriebssteuern, für die der Ersteher gegebenenfalls nach Abgabenordnung § 75 Abs 1 haften würde, im Versteigerungstermin als das Grundstück betreffende Nachweisungen nach § 66 Abs 1 bekanntzumachen.

6.6 Brandversicherungsurkunde: Sie wird zur Vorbereitung des Versteigerungstermins und als Arbeitsunterlage des nach § 74 a beauftragten Sachverständigen vom Gericht nach der Verfahrensanordnung angefordert. Ihr wesentlicher Inhalt ist mit den das Grundstück betreffenden Nachweisungen nach § 66 Abs 1 bekanntzumachen.

6.7 Brennrecht: Dieses wertsteigernde steuerliche Vorzugsrecht (§ 55 Rdn 4) kann für Bieter von Bedeutung sein. Ob ein Brennrecht vorhanden ist und welchen Wert es hat (hierzu nach Textanhang T 14) ist daher im Termin bekanntzugeben.

6.8 Dauerwohnrecht nach WEG § 39: Es muß in bestimmten Fällen bestehenbleiben (§ 44 Rdn 5.29). Die Voraussetzungen des Bestehenbleibens sind daher zu prüfen; die gesetzlichen Vorschriften sind mit den Beteiligten zu besprechen.

6.9 Einheitswertbescheid: Rdn 5.2.

6.10 Entschuldung: Auf Opferausgleich (§ 44 Rdn 5.6) und Unbedenklichkeitsbescheinigung für Erwerb (§ 71 Rdn 7.5) ist hinzuweisen.

---

[21] Verwaltungsgericht Schleswig-Holstein DNotZ 1986, 95; Drischler aaO.
[22] BVerwG KTS 1993, 314 = MDR 1993, 539 = NJW 1993, 480 = Rpfleger 1993, 208 und 361 Leitsatz mit Anm Alff.
[23] OVG MDR 1994, 481 = NJW 1994, 2971; OVG Hamburg MDR 1993, 762 = NJW 1993, 1877 Leitsatz = Rpfleger 1993, 209 und 361 Leitsatz mit Anm Alff; OVG Münster NJW 1994, 3370 Leistsatz; Harst MittRhNotK 1984, 229 (IV 1 b); Masloh NJW 1995, 1993 (VI); Mümmler JurBüro 1982, 1456 (5.); Lohre NJW 1987 (II); Lauer und Sachse je aaO.
[24] VGH Mannheim MittRhNotK 1993, 311 = NJW 1993, 678.
[25] VGH Mannheim NJW 1990, 268.
[26] Drischler NVwZ 1985, 726.
[27] Sachse NJW 1979, 195.
[28] Alff Rpfleger 1993, 361 (Anmerkung).
[29] Drischler Rpfleger 1986, 289.

§ 66 6.11 Versteigerung

6.11 Flurbereinigung: Daß Einlagegrundstücke versteigert, die Ersatzgrundstücke jedoch erworben werden (§ 15 Rdn 17), ist zu erörtern.

6.12 Grundbuchblatt (§ 19 Abs 2, spätere Mitteilungen § 19 Abs 3): Es ist Verfahrensgrundlage und wird im Rahmen der allgemeinen Bekanntmachungen in seinem wesentlichen Inhalt mitgeteilt. Zwar geht das ZVG immer vom Grundbuchstand der Zeit der Eintragung des Vollstreckungsvermerks aus (§ 9 Nr 2, § 37 Nr 4, § 43 Abs 2, § 45 Abs 1, § 114 Abs 1) und verlangt für spätere Änderungen eine Anmeldung durch die Beteiligten; doch sollte das Gericht unbedingt auch die ihm bekanntgewordenen Änderungen mitteilen, um im Rahmen der gerichtlichen Aufklärungspflicht Unstimmigkeiten und Irrtümer zu klären und die Beteiligten vor Schaden zu bewahren; es sollte das Handblatt aus den Grundakten vergleichen.

6.13 Grunderwerbsteuer: Es ist darauf hinzuweisen, daß der Ersteher erst nach Vorlage der Unbedenklichkeitsbescheinigung des Finanzamts als neuer Eigentümer in das Grundbuch eingetragen werden darf. Dazu ist auch klarzustellen, daß die Urkunde dem Vollstreckungsgericht zugehen muß, weil erst dann dessen Grundbuchersuchen (§ 130) ergehen kann (bei Vorlage an das Grundbuchamt erfährt unter Umständen das Vollstreckungsgericht erst verspätet davon).

6.14 Grundstückswert (§ 74 a Abs 5): Bei seiner Bekanntgabe sollte im ersten Termin auch auf die $^7/_{10}$-Grenze des § 74 a (relatives Mindestgebot) und die von Amts wegen zu beachtende $^5/_{10}$-Grenze des § 85 a (absolutes Mindestgebot) hingewiesen werden. Auch sollte auf das bei den Akten befindliche Gutachten verwiesen und seine Einsicht ermöglicht werden. Ist eine Unrichtigkeit des Wertgutachtens (zB Ausweisung der Bruttomiete irrig als Nettomiete) bekannt, so ist auf diesen Fehler hinzuweisen[30].

6.15 Haus-Nr-Bescheid der Gemeinde: Sein Inhalt ist im Termin bekanntzugeben.

6.16 Landwirtschaft: Es wird ohne Beschränkung versteigert (§ 15 Rdn 24, § 71 Rdn 7.18).

6.17 Mietererklärungen: § 57 Abs 2 (dazu § 57 Rdn 4). Das Gericht wird kurz erörtern, welche Bedeutung die Erklärung hat und daß darüber das Prozeßgericht zu entscheiden hat, wird auch auf bestehenden gesetzlichen Mieterschutz hinweisen. In der Teilungsversteigerung wird es dafür auf ZVG § 183 verweisen.

6.18 Preisrecht: Es bestehen keine Höchstpreisvorschriften.

6.19 Rechtshängigkeit/Rechtskraft: Für Ansprüche aus eingetragenen Grundpfandrechten und Reallasten sind Anmeldungen (ZPO § 325 Abs 3; dazu § 54 Rdn 4) im Versteigerungstermin bekanntzumachen (§ 66 Abs 1).

6.20 Reichsheimstätte: Einschlägige Fragen (§ 15 Rdn 31) sind, wo veranlaßt, zu besprechen.

6.21 Teilungsversteigerung: Zweckmäßig ist zu erörtern, weil darüber häufig unrichtige Ansichten bestehen, daß der Meistbietende immer den vollen Betrag des Bargebots zu zahlen hat, auch wenn er schon bisher Miteigentümer ist, falls nicht die anderen Miteigentümer mit einer Zahlung nur der auf sie treffenden Teile und der vorgehenden Verfahrenskosten und Ansprüche einverstanden sind, auch daß das Vollstreckungsgericht den Erlösüberschuß der Miteigentümer nicht von sich aus aufteilen darf, daß sich die Miteigentümer hierüber einigen müssen und daß andernfalls hinterlegt werden muß.

6.22 Vorkaufsrechte: § 81 Rdn 10.

6.23 Wahlrecht des Gesamtrechtsgläubigers nach § 64 Abs 2: Bei der Verhandlung über den Zuschlag ist der Gläubiger zur Erklärung nach § 64 Abs 2 Satz 2 aufzufordern.

---

[30] OLG Oldenburg JurBüro 1989, 1176 = Rpfleger 1989, 381.

6.24 **Wohnungseigentum:** Einschlägige Fragen (§ 15 Rdn 45) sind bei Bedarf zu erörtern.

Geringstes Gebot und Versteigerungsbedingungen (Absatz 1)

7.1 Nach den einleitenden Bekanntmachungen und Anmeldungen mit Entgegennahme und Verbescheidung von Anträgen, zB zu § 63, werden vom Gericht **geringstes Gebot** und **Versteigerungsbedingungen** nach Anhörung der anwesenden Beteiligten **festgestellt** und **verlesen:** Abs 1. Dies geschieht auch nach vorbereitenden Erörterungen oder nach einem Vortermin (§ 62) verbindlich erst im Versteigerungstermin selbst. Die Feststellungen müssen klar und verständlich erfolgen und **verlesen** werden.

7.2 Muster für geringstes Gebot und Versteigerungsbedingungen = § 44 Rdn 9 und im ZVG-Handbuch Rdn 241, 271, 272, 308. Das geringste Gebot besteht aus einem **bar zu zahlenden Teil** und den **bestehenbleibenden Belastungen**. Versteigerungsbedingungen (zu denen an sich auch das geringste Gebot gehört): § 59 Rdn 2.2.

7.3 Geringstes Gebot und Versteigerungsbedingungen bilden die **maßgeblichen Grundlagen** für die Versteigerung und für die Gebote der Erwerbsinteressenten. Nach Verlesung stehen geringstes Gebot und Versteigerungsbedingungen bei Eintritt in das Versteigerungsgeschäft **sicher fest:** unter den festgestellten und verlesenen Bedingungen wird zur Abgabe von Geboten aufgefordert[31]. Der Abschluß der Feststellungen (erster Terminabschnitt, Rdn 3.6) und der Eintritt in das Versteigerungsgeschäft (zweiter Terminabschnitt, Rdn 3.6) wird mit Aufforderung zur Abgabe von Geboten (Abs 2) besonders herausgestellt. Neue Anträge zum geringsten Gebot und zu den Versteigerungsbedingungen können für die Versteigerung, in die damit eingetreten ist, dann keine Berücksichtigung mehr finden; sie bewirken nicht, daß die bereits laufende Bietstunde abzubrechen ist[31] und geringstes Gebot und Versteigerungsbedingungen neu aufzustellen sind, führen aber, wo noch zulässig, zu einem weiteren Ausgebot. Nach Aufforderung zur Abgabe von Geboten kann der Fortgang des Verfahrens (Amtsbetrieb, Einl Rdn 9.2) durch den Antrag eines Beteiligten nur aufgehalten und damit auch die Versteigerungsgrundlage nur geändert werden, wenn eine Gesetzesgrundlage die Verfahrensunterbrechung gebietet[31]. Abschließend bestimmt sind alle den Verfahrensfortgang hemmenden Gründe mit Aufzählung der Zuschlagversagungsgründe in § 83[31].

7.4 Der vollstreckende Gläubiger kann mit **Rücknahme seines Antrags** (§ 29) oder **Einstellungsbewilligung** (§ 30) (gleichermaßen mit Teilantragsrücknahme, Teileinstellung, auch in Form der Zubehörfreigabe) die Verfahrensunterbrechung auch nach Aufforderung zur Abgabe von Geboten noch herbeiführen. Wenn Antragsrücknahme oder Einstellungsbewilligung durch nur einen von mehreren Gläubigern erklärt wird, nimmt das von mehreren Gläubigern betriebene Verfahren seinen Fortgang[32]. Durch den Wegfall eines nachrangig betreibenden Gläubigers werden geringstes Gebot und Versteigerungsbedingungen und damit die laufende Bietstunde nicht berührt. Wenn der bestrangig betreibende Gläubiger seinen Antrag zurücknimmt oder die Einstellung bewilligt, wird jedoch dem bereits festgestellten geringsten Gebot die Grundlage entzogen (§ 44 Abs 2)[32]: es wird damit nachträglich unrichtig. Verfahrensfortgang auf seiner unrichtigen neuen Grundlage würde einer Versagung des Zuschlags erfordern (§ 83 Nr 1). Weil das für weiter vollstreckende Gläubiger fortzuführende Verfahren gesetzesmäßig verlaufen muß, sind daher für den Verfahrensfortgang geringstes Gebot und Versteigerungsbedingungen zu ändern. Es muß daher die laufende Bietstunde abgebrochen werden[32], Gebote erlöschen damit wie bei Verfahrenseinstellung nach § 72 Abs 3; Sicherheitsleistungen werden damit ge-

---

[31] Stöber ZIP 1981, 944 (III).
[32] Stöber ZIP 1981, 944 (IV).

§ 66 7.4 Versteigerung

genstandslos. Für den erforderlichen Verfahrensfortgang müssen geringstes Gebot nebst Versteigerungsbedingungen **neu festgestellt** und neu verlesen werden[32]. Dann muß wieder auf die bevorstehende Ausschließung weiterer Anmeldungen hingewiesen und neu zur Abgabe von Geboten aufgefordert werden (Abs 2) sowie von jetzt an wieder eine volle Bietstunde (§ 73) eingehalten werden. Nur rechtsmißbräuchliche Antragsrücknahme oder Einstellungsbewilligung verbieten Verfahrensfortführung und Zuschlagserteilung[32] (dazu auch § 30 Rdn 2).

7.5 Keine verfahrenshemmende Wirkung, die es gebieten und ermöglichen würde, das Versteigerungsgeschäft abzubrechen, haben ein erst nach Aufforderung zur Abgabe von Geboten gestellter Antrag auf Änderung der Versteigerungsbedingungen (§ 59)[33] (§ 59 Rdn 3.3; dort auch zum neuen Ausgebot mit der verlangten Abweichung), für die Einzelausgebote ein erst in diesem Verfahrensstand gestellter Antrag auf Gesamtausgebot oder auf Gruppenausgebot (§ 63 Abs 2)[34] (§ 63 Rdn 3.3; dort auch zu dem jetzt aufzurufenden Gesamtausgebot), ein verspäteter Antrag auf Verteilung eines Gesamtrechts (§ 64 Rdn 3.3) und ein nachträglicher Antrag auf eine andere Art der Verwertung (§ 65 Rdn 2.2). Die bis zur 10. Auflage vertretene Ansicht, auch solche Anträge würden es erfordern, die laufende Bietstunde abzubrechen, ist aufgegeben. Für die im Schrifttum bisher und vereinzelt auch in älterer Rechtsprechung (Nachweise an den angeführten Kommentarstellen) vertretene Ansicht, daß nachträgliche Anträge auch in solchen Fällen bewirken würden, daß das Versteigerungsgeschäft abgebrochen werden muß und damit Gebote wie bei Verfahrenseinstellung erlöschen sowie der Versteigerungstermin ab Feststellung des geringsten Gebots und der Versteigerungsbedingungen zu wiederholen ist, bieten die Verfahrensbestimmungen und Verfahrensregeln des Zwangsversteigerungsrechts keine Grundlage. Rechtssicherheit und verfahrensstaatliche Verfahrensgestaltung verbieten es, nach Beginn des Versteigerungsgeschäfts mit Aufforderung zur Abgabe von Geboten das Versteigerungsverfahren ohne Gesetzesgrundlage abzubrechen und neuerlich in die Feststellung des geringsten Gebots sowie der Versteigerungsbedingungen einzutreten. Eingehend dazu[35].

7.6 Das geringste Gebot ändert sich auch nicht, wenn ein Beteiligter nach Beginn der Bietstunde (Aufforderung zur Abgabe von Geboten, Abs 2) eine Anmeldung zurücknimmt oder einschränkt, die Grundlage für die Aufnahme eines Anspruchs in das geringste Gebot (insbesondere in seinen baren Teil, § 45) war, oder wenn ein Gläubiger erst zu dieser Zeit mit Minderanmeldung (beschränkter Anmeldung, § 45 Rdn 7) weniger geltend macht, als für ihn nach dem Inhalt des Grundbuchs von Amts wegen berücksichtigt wurde[36]. Selbst wenn bei Zurücknahme oder Einschränkung der Anmeldung nach Beginn der Bietstunde noch niemand geboten hat, bleibt das festgestellte geringste Gebot als Verfahrensgrundlage unverändert; auch dann kann nicht mit neuer Bietstunde nach Feststellung eines niedrigeren geringsten Gebots nochmals zur Abgabe von Geboten aufgefordert werden[36].

7.7 Fehlerhafte Feststellung des geringsten Gebots und/oder der Versteigerungsbedingungen hindert den Verfahrensfortgang nach Beginn der Bietstunde (Rdn 7.3 aE), es sei denn, daß dadurch das Recht eines Beteiligten nicht beeinträchtigt wird oder der beeinträchtigte Beteiligte das Verfahren genehmigt (§ 83 Nr 1, § 84; sorgfältige Prüfung wegen Haftungsgefahr). Verfahrensfortgang auf der Grundlage eines unrichtigen geringsten Geobts und/oder unrichtiger Versteigerungsbedingungen wäre (sofern nicht eine Beeinträchtigung ausgeschlossen oder Genehmigung erfolgt ist, § 84) Versagung des Zuschlags gebieten (§ 83 Nr 1). Für neue gesetzesgemäße Feststellung des geringsten Gebots und der Versteigerungs-

---

[33] Stöber ZIP 1981, 944 (III und V).
[34] Stöber ZIP 1981, 944 (III und VI).
[35] Stöber ZIP 1981, 944 (ganze Abhandlung).
[36] Stöber ZIP 1981, 944 (VII).

Versteigerungstermin bis zur Bietstunde   8.3 § 66

bedingungen muß daher die laufende Bietstunde abgebrochen werden. Gebote erlöschen damit (wie Rdn 7.4). Geringstes Gebot **und** Versteigerungsbedingungen müssen nach neuer Feststellung (erfordert auch Protokollierung) neu verlesen werden[37]. Dann muß wieder auf die bevorstehende Ausschließung weiterer Anmeldungen hingewiesen und neu zur Abgabe von Geboten aufgefordert (Abs 2) sowie von jetzt an wieder eine volle Bietstunde (§ 73) eingehalten werden.

7.8 Die Feststellung des geringsten Gebots und der Versteigerungsbedingungen erfolgt „nötigenfalls mit Hilfe eines **Rechnungsverständigen**": Abs 1. Besonders bestellte Rechnungsbeamte (mit oder ohne besondere Rechnungsgebühren) sind landesrechtlich unterschiedlich zugelassen (Einl Rdn 84.5). Wo zugelassen, darf sie der Rechtspfleger ohne weiteres zuziehen[38] (so in Bayern). Der Rechtspfleger kann natürlich nicht sich selbst zuziehen, er kann nicht in doppelter Funktion im selben Verfahren tätig sein[38].

7.9 Rechtsbehelfe gegen die Feststellung des geringsten Gebots und der Versteigerungsbedingungen und gegen die sonstigen Feststellungen, Mitteilungen, Bekanntmachungen im Versteigerungstermin sind grundsätzlich nicht selbständig zugelassen (§ 95), nur im Rahmen der Zuschlagsanfechtung (§§ 83, 84, 100). Eine Ausnahme gilt für die Wertfestsetzung des § 74 a (§ 74 a Rdn 9).

Hinweis auf Anmeldungsausschluß und Aufforderung zu Geboten (Absatz 2)   8

8.1 Nach der Feststellung des geringsten Gebots und der Versteigerungsbedingungen hat das Gericht (zwingend) „auf die bevorstehende **Ausschließung weiterer Anmeldungen hinzuweisen**": Abs 2. Der Hinweis ist im Protokoll festzustellen. Damit treten alle Folgen ein, die einer verspäteten Anmeldung gesetzlich angedroht sind, so in § 37 Nr 4, § 45 Abs 1, § 110: die verspätet angemeldeten Ansprüche werden im geringsten Gebot nicht berücksichtigt und bei der Verteilung allen übrigen Ansprüchen hintangesetzt, erleiden also einen Rangverlust. **Verspätete Anmeldungen** sind nicht ganz wirkungslos; sie können wenigstens noch im Teilungsplan aufgenommen werden (wenn auch an letzter Stelle): § 114 Abs 1; bei Verfahrensfortgang nach erfolgloser Durchführung des Versteigerungstermins bleiben sie (als dann rechtzeitig) wirksam. Es wird empfohlen, verspätete Anmeldungen den Anwesenden zu erläutern, um insbesondere eine Verwechslung mit § 37 Nr 5 zu vermeiden (entgegenstehende Rechte können hiernach ja bis zur Zuschlagsentscheidung vorgetragen werden). Verspätet ist, was im jeweils maßgebenden Zeitpunkt nicht dem Vorsitzenden vorliegt.

8.2 Unterbleibt der Hinweis auf die bevorstehende Ausschließung von Anmeldungen und werden dann weitere Anmeldungen zurückgewiesen, so ist das ein Zuschlagsversagungsgrund nach § 83 Nr 4, Anfechtungsgrund nach § 100 Abs 1 (dazu Haftungsgefahr für das Gericht). Erfolgt der Hinweis und kommt es jetzt (also noch rechtzeitig) zu weiteren Anmeldungen, so ist nach deren Entgegennahme nicht nochmals ein Hinweis auf die Ausschließung weiterer Anmeldungen nötig (aber recht zweckmäßig); der **Hinweis muß nur einmal** vor der Aufforderung zur Abgabe von Geboten laut Protokoll erfolgt sein. Zum Ausschluß im ZVG-Handbuch Rdn 310.

8.3 Am Ende des ersten Abschnitts des Versteigerungstermins muß nach dem Hinweis auf den Ausschluß das Gericht ausdrücklich zur **Abgabe von Geboten auffordern**: Abs 2. Die unmittelbar nach dieser Aufforderung beginnende **Bietstunde** bildet den zweiten Abschnitt des Versteigerungstermins; darüber und über die Fortsetzung des Termins bei § 73. Der Zeitpunkt der Aufforderung muß sich mit genauer Uhrzeit nach Stunde und Minuten der amtlichen Zeitrechnung aus dem Protokoll ergeben. Hierzu im ZVG-Handbuch Rdn 311.

---

[37] LG Köln Rpfleger 1989, 297.
[38] Hornung Rpfleger 1957, 403 (II).

§ 66 9   Versteigerung

9 Muster für die Durchführung eines Versteigerungstermins

9.1 Viele Versteigerungstermine bringen **Besonderheiten und Abweichungen,** die sich nicht in ein allgemeingültiges Muster einfügen lassen. Selbst amtliche Muster wie überhaupt Vordrucke können nicht alle Möglichkeiten erfassen. In der Regel bereitet das Ausfüllen und Anpassen eines Vordrucks mit vielen Streichungen und Einfügungen erheblich mehr Arbeit als Vordruck-Fanatiker zugeben wollen. Bei allem Rationalisierungsstreben ist es immer noch am besten, weil sachbezogen, das ganze **Protokoll** ohne Vordruck (nur auf einem Kopfbogen) fortlaufend im Termin mit der Schreibmaschine mitzuschreiben. Bei einem gewandten Protokollführer ist das möglich und es gibt dann keine Zweifel über undeutliche Stellen einer Kurzschriftfassung. Das Protokoll kann so in seinen einschlägigen Teilen wirklich im Original verlesen werden und ist am Schluß der Sitzung schon fertig. Es gibt keinen Streit über den Wortlaut eines Vorgangs. Dieses Protokoll zwingt Vorsitzenden und Protokollführer zu ständiger Aufmerksamkeit und ist wirklich ein Protokoll. Ein Versteigerungstermin mit seinen vielen schwierigen Einzelheiten muß ohnehin so gründlich durchgeführt werden, daß die Verwendung von Kurzschrift, Kurzschriftmaschine oder Tonaufnahmegerät (ZPO § 160 a) keine Erleichterung bietet. Von der Verwendung eines Vordrucks mit vielerlei Feststellungen zum Ankreuzen der im Einzelfall zu beurkundenden Terminsvorgänge ist überhaupt abzuraten. Zu beurkunden ist der Gang der einzelnen Versteigerungsverhandlung. Daher haben allgemein zulässige und mögliche Vorgänge einer Verhandlung, die nicht als Vorgang des Einzelverfahrens im Protokoll festzustellen sind, überhaupt nichts in der Verhandlungsniederschrift zu suchen. Weil sie das Protokoll nicht zu enthalten hat, gehören sie im Wortlaut des Vordrucks unmißverständlich gestrichen. Daß sie nur nicht angekreuzt werden und daher trotz Formblattfeststellung im Protokoll als nicht zum Gang der Verhandlung gehörig zu überlesen sind, entspricht nicht sorgsamer Aufnahme einer Niederschrift in einem Verfahren mit weittragender Bedeutung für die Beteiligten.

9.2 Von der Zuziehung eines **Protokollführers** sollte nie abgesehen werden (ZPO § 159 Abs 1 Satz 2). In der manchmal turbulenten Bietstunde sehen und hören zwei Personen eben mehr als eine. Wird gar noch der **Rechnungsbeamte,** wo zulässig, beteiligt, dürfte eigentlich nichts mehr verunglücken. Wenn das Versteigerungsverfahren schon Monate dauert, darf es im entscheidenden Versteigerungstermin schon gar nicht sein.

9.3 Es kann hier und im ZVG-Handbuch nur versucht werden, **Anregungen** für ein Terminsgerüst zu bieten, um nichts Wesentliches zu übersehen. Das ZVG-Handbuch bietet unter Rdn 302 das Muster einer Niederschrift und unter Rdn 300 eine Zusammenstellung von Stichworten für den Terminsablauf. Jeder muß seinen „Fall" selbst gestalten. Alles Wichtige ist aufzunehmen: § 78; was nicht im Protokoll steht, darf in der Zuschlagsentscheidung nicht berücksichtigt werden: § 80. Weitere Vorschriften enthalten ZPO §§ 160 ff.

9.4 Im Kopf des Protokolls mit den vorgeschriebenen Angaben über Gericht, Ort und Tag, mitwirkenden Rechtspfleger, Urkundsbeamten, Rechnungsbeamten, Tatsache der öffentlichen Verhandlung (ZPO § 160) sollten die zu versteigernden Grundstücke genau bezeichnet werden (Einl Rdn 42). Dann kommt, was im Termin geschieht: Nach **Aufruf** durch den Rechtspfleger erschienen zu dem nach Zeit und Ort gemäß der Terminsbestimmung abgehaltenen Versteigerungstermin folgende Beteiligte: ...
Der Rechtspfleger **verlas** hierauf folgende **Schriftstücke** in ihrem wesentlichen Inhalt:

1. Abschrift (Fotokopie) des **Grundbuchblattes** vom ... (Blatt ... der Akten) mit Ergänzung vom ... (Blatt ... der Akten) bzw das Handblatt aus den Grundakten.

Versteigerungstermin bis zur Bietstunde 10 **§ 66**

2. **Anordnungsbeschluß** vom ... (Blatt ... der Akten) und Beitrittsbeschluß vom ... (Blatt ... der Akten).
3. **Eintragungsmitteilung** des Grundbuchamts vom ... (Blatt ... der Akten) mit dem Hinweis, daß die erste Beschlagnahme am ... wirksam geworden ist.
4. Beschluß des Vollstreckungsgerichts vom ... über die Festsetzung des **Grundstückswertes** (Blatt ... der Akten).
5. Brandversicherungsurkunde vom (Blatt ... der Akten).
6. Erklärungen der **Mieter** und Pächter (Blatt ... der Akten) (oder: Der Rechtspfleger stellte fest, daß Erklärungen von Mietern und Pächtern gemäß ZVG § 57 c nicht vorliegen)
7. **Anmeldungen,** soweit noch gültig (Blatt ... der Akten).

Der Rechtspfleger machte sodann bekannt:

1. Der Ersteher darf als Eigentümer erst dann in das Grundbuch eingetragen werden, wenn die Unbedenklichkeitsbescheinigung des Finanzamts hinsichtlich der Grunderwerbsteuer vorliegt und wenn der Verteilungstermin durchgeführt ist (§ 130 Abs 1).
2. Versteigert werden die an der angegebenen Grundbuchstelle eingetragenen Grundstücke in ihrem tatsächlichen Bestand, auch wenn dieser von der Grundbuchbeschreibung abweicht. Das Vollstreckungsgericht haftet nicht für die Richtigkeit der Grundbucheintragung und nicht für den Zustand der Grundstücke. Die Versteigerung erstreckt sich auch auf Bestandteile, Zubehörstücke und sonstige Gegenstände, die kraft Gesetzes der Beschlagnahme in diesem Verfahren unterliegen oder sonst kraft Gesetzes mitversteigert werden, soweit sie nicht ausdrücklich wirksam aus der Versteigerung ausgenommen sind. Das Gericht haftet nicht für die Richtigkeit und Vollständigkeit von Anmeldungen.

Der Rechtspfleger hörte hierauf die anwesenden Beteiligten zu den vorliegenden Anträgen und entschied wie folgt: ... Bezüglich der bestehenbleibenden Rechte in ... setzte der Rechtspfleger folgende Zuzahlungswerte fest: ... Er **verlas** dann anliegenden **Entwurf** des geringsten Gebots und der Versteigerungsbedingungen. Die anwesenden Beteiligten wurden hierzu gehört und erklärten: ... Hierauf **erließ** und verkündete der Rechtspfleger folgenden **Beschluß:** Geringstes Gebot und Versteigerungsbedingungen werden gemäß dem verlesenen Entwurf festgestellt und zum Bestandteil dieses Protokolls erklärt.

Der Rechtspfleger wies dann auf die bevorstehende **Ausschließung** weiterer Anmeldungen hin. Anmeldungen erfolgten nicht mehr.

Um ... Uhr ... Minuten forderte der Rechtspfleger zur **Abgabe von Geboten** auf.

Herr ..., ausgewiesen durch ..., bot ...
Frau ..., ausgewiesen durch ..., bot ...

Trotz Aufforderung des Rechtspflegers wurde kein Gebot mehr abgegeben. Das **letzte Gebot** wurde durch dreimaligen Aufruf verkündet.

Weil der Aufforderung des Gerichts ungeachtet ein Gebot nicht mehr abgegeben wurde, verkündete der Rechtspfleger um ... Uhr ... Minuten den **Schluß der Versteigerung.**

Die anwesenden Beteiligten wurden zum Zuschlag **gehört.**
Der ... erklärte: ...
Um ... Uhr ... Minuten verkündete der Rechtspfleger anliegenden **Zuschlagsbeschluß.** (Unterschriften)

Termin für mehrere Verfahren 10

Literatur: Büchmann, Vielfachversteigerung von Wohnungseigentum bei Konkurs des Eigentümers, ZIP 1988, 825; Drischler, Zur Frage der Durchführung mehrerer voneinander unabhängiger Zwangsversteigerungsverfahren in einem Termin, KTS 1985, 31; Hagemann, Gleichzeitige Abhaltung mehrerer Versteigerungstermine durch denselben Rechtspfleger, Rpfleger 1984, 256.

10.1 Durchführung **mehrerer Versteigerungen** in voneinander unabhängigen Einzelverfahren **zur selben Zeit** und am selben Ort (Vielfachversteigerung zur selben Zeit) ist unzulässig[39] (auch[40], das erhebliche Bedenken äußert); anders[41] (für Ausnahmefälle auch[42]); gegen Verzahnung der Verfahren, aber für Zulässigkeit gleichzeitig beginnender Bietstunden[43], für überlappende Terminierung[44] (dh Terminsbeginn in kurzem zeitlichem Abstand von etwa 15, 30 oder auch 45 Minuten, wobei die Bietstunde in der vorhergehenden Sache dazu benutzt wird, das nächste Verfahren aufzurufen und bis zur Verlesung der Feststellungen nach Abs 1 mit Geboteaufforderung zu erledigen, von[45] auch als „Vielfachterminierung" befürwortet; hierzu auch[46]); alles als gesetzwidrig ebenso abzulehnen wie Durchführung verschiedener Versteigerungstermine durch mehrere Rechtspfleger in einem Sitzungssaal zur gleichen Zeit (Hinweis auf den Fall bei[47]). Wenn dennoch verfahrenswidrig mehrere voneinander unabhängige Versteigerungstermine gleichzeitig abgehalten werden, führt die Verfahrensgestaltung im Beschwerdeverfahren zur Aufhebung des Zuschlagsbeschlusses[48].

10.2 Der Versteigerungstermin wird vom Vorsitzenden nach dem Aufruf der Sache (ZPO § 220 Abs 1) eröffnet und geleitet (ZPO § 136 Abs 1); er wird **ohne Unterbrechung** zu Ende geführt (ZPO § 136 Abs 3) und vom Vorsitzenden geschlossen (ZPO § 136 Abs 4). Der Schluß des Versteigerungstermins hat nach dem Zeitpunkt zu liegen, in welchem die Versteigerung geschlossen wird (§ 73 Abs 1 Satz 1 mit § 74). Fortgesetzt und durchgeführt wird der anberaumte Versteigerungstermin **bis zu seinem Schluß.** Daß die Möglichkeit bestehe, jederzeit „die Unterbrechung der Bieterstunde zu beantragen" (gemeint ist wohl mit der Folge, daß das Gericht dem auch nachzukommen habe) „und diese um die Unterbrechungszeit verlängern zu lassen" (so[49]), ist rundweg falsch. Nicht ausgeschlossen ist selbstverständlich, daß nach dem Ermessen des Vorsitzenden, dem die Verhandlungsleitung obliegt (auch auf Anregung von Beteiligten) der Versteigerungstermin durch kurze Pausen unterbrochen wird (Rdn 11). Unterbrechung mit Einlegung einer Verhandlungspause kann auch durch Vorwegnahme einer anderen Sache erfolgen[50]. Vorwegnahme, somit **Aufruf einer anderen Sache bewirkt Unterbrechung** der Verhandlung mit Einlegung einer Verhandlungspause[50] (auch[51]: Schluß der Verhandlung mit Übergang zu einer anderen Sache). Jede Unterbrechung der Bietstunde ist in sie nicht mit einzurechnen (§ 73 Rdn 2.6). In

---

[39] OLG Köln JMBlNW 1987, 232 = MDR 1987, 507 = NJW-RR 1987, 636 = OLGZ 1987, 341 = Rpfleger 1987, 167 mit Anm Meyer-Stolte; OLG Oldenburg NJW-RR 1988, 1468; Hagemann Rpfleger 1984, 257; Schiffhauer Rpfleger 1986, 311 (Anmerkung).

[40] LG Osnabrück Rpfleger 1987, 471 = WM 1987, 1144.

[41] LG Hildesheim Rpfleger 1986, 311 mit abl Anm Schiffhauer; Drischler RpflJahrbuch 1961, 292 (A II) und KTS 1985, 31; Jaeckel/Güthe § 73 Rdn 1; Reinhard/Müller § 73 Anm III.

[42] Dassler/Gerhardt § 66 Rdn 6 und § 73 Rdn 3.

[43] Mohrbutter/Drischler Muster 99 Anm 4.

[44] OLG Düsseldorf MDR 1989, 746 = NJW-RR 1989, 1023 = OLGZ 1990, 222 = Rpfleger 1989, 419 (Terminsablauf: AG Düsseldorf Rpfleger 1989, 420); LG Bremen Rpfleger 1988, 373 mit zust Anm Bischoff; Büchmann ZIP 1988, 825.

[45] Büchmann ZIP 1988, 825.

[46] Meyer-Stolte, Rpfleger 1987, 169 (Anmerkung).

[47] Schiffhauer Rpfleger 1986, 311 (Anmerkung).

[48] OLG Köln NJW-RR 1987, 636 = aaO (Fußn 39).

[49] LG Bremen aaO (Fußn 44).

[50] Wieczorek, ZPO, § 136 Rdn B I.

[51] Stein/Jonas/Leipold, ZPO, § 136 Rdn 6.

Versteigerungstermin bis zur Bietstunde   11.1   § 66

der Verhandlungsniederschrift ist die Unterbrechung, die mit Einlegung einer Pause (schon) eingetreten ist, zu vermerken (§ 73 Rdn 2.6). Es ist nicht etwa umgekehrt (so offenbar aber[52]) die Unterbrechung davon abhängig, daß Beteiligte oder sonst Anwesende sie beantragen oder Anlaß sehen, sie im Protokoll vermerken zu lassen. Daß überlappende Terminsabhaltung einen großen Kreis von Bietinteressenten ansprechen und damit ein höherer Versteigerungserlös erzielt werden könne (so[52]), rechtfertigt als weder belegbare noch verständliche Verallgemeinerung den Gesetzesverstoß nicht. Es können ebenso bei Erledigung mehrerer Zwangsversteigerungen in der gleichen Terminszeit die verschiedenen Bekanntgaben und Gebote leicht verwechseln. Sie können sich durch Bekanntmachungen und Feststellungen in der folgenden Sache an der Abgabe von Geboten gehindert sehen. Solche Verfahrensgestaltung verletzt daher § 73 Abs 1 (Bietstunde). Jeder Verstoß gegen § 73 Abs 1 ist absoluter Zuschlagversagungsgrund (§ 83 Rdn 2.1); der Mangel ist nicht im Einzelfall irgendwie heilbar, weil sich der Umfang drohender möglicher Beeinträchtigung Beteiligter nicht übersehen läßt (§ 83 Rdn 2.11). Bestimmung über die Zusammenfassung der Verfahren über mehrere Grundstücke trifft das ZVG in § 18; diese Verfahrensverbindung soll auch Erzielung eines günstigen Erlöses mit gemeinsamem Gebot gewährleisten (§ 18 Rdn 1). Wenn entweder die Voraussetzungen einer Ausgabenverbindung überhaupt nicht erfüllt sind oder im Einzelfall von einer Verfahrensverbindung als nicht zweckmäßig und/oder sachdienlich (§ 18 Rdn 3) abgesehen wurde, können Versteigerungsverfahren nicht ohne Gesetzesgrundlage zur zeitlich gemeinsamen Durchführung in einem Termin zusammengefaßt werden. Zusammenfassung (nicht verbundener) Zwangsversteigerungsverfahren über mehrere Bruchteile desselben Grundstücks oder sonst (irgendwie) zusammengehöriger Objekte verbietet sich nach der gesetzgeberischen Wertung, die § 18 kennzeichnet; sie ist selbst dann ausgeschlossen, wenn nur bei zeitgleicher Terminsdurchführung mit der Abgabe von Geboten gerechnet werden könnte, was ohnedies nicht voraussehbar und nicht belegbar ist (hier für Ausnahme[53], als gesetzwidrig abzulehnen). Dem wirtschaftlichen, räumlichen oder einem sonst denkbaren Zusammenhang nicht verbundener Verfahren kann im Rahmen des gerichtlichen Ermessens (§ 36 Rdn 3.9) mit Bestimmung eines gleichen Terminstags und aufeinanderfolgender (nicht ineinandergreifender) Terminszeiten hinreichend Rechnung getragen werden. Durch den Geschäftsanfall bedingte (zumeist auch nur subjektiv empfundene) zeitliche Bedrängnis des verfahrensleitenden Rechtspflegers (dazu zB[54] mit nicht überzeugenden und auch nicht allseits sachgerechten Erwägungen; wer kennt zudem schon bei Terminsanberaumung sicher den Arbeitsanfall am Terminstag nach mehr als 6 Wochen, § 43), kann die Verpflichtung zu gesetzesmäßiger Verfahrensgestaltung und Verfahrensleitung nicht schmälern. Erforderliche Bewältigung eines größeren Arbeitsanfalls darf nicht zu Lasten der Einzelverfahren und berechtigter Interessen der Verfahrensbeteiligten auf faire Gestaltung ihrer Vollstreckungssache erfolgen. Gleichzeitige Behandlung mehrerer (nicht verbundener) Zwangsversteigerungsverfahren in einem Termin ist deshalb auch mit Grundsätzen rechtsstaatlicher Verfahrensgestaltung (Einl Rdn 7) unvereinbar.

Unterbrechung des Versteigerungstermins   11

11.1 Unterbrechung des mit Aufruf der Sache begonnenen Versteigerungstermins ist zulässig[55]. Unterbrechung ist Einlegen einer Pause als zeitlicher Zwischenraum zwischen einzelnen Teilen eines zusammenhängenden Versteigerungs-

---

[52] LG Bremen aaO (Fußn 44).
[53] LG Osnabrück Rpfleger 1987, 471 = WM 1987, 1144; Bischoff Rpfleger 1988, 374 (Anmerkung); Hagemann Rpfleger 1984, 257; Schiffhauer Rpfleger 1986, 311 (Anmerkung).
[54] Bischoff Rpfleger 1988, 374 (Anmerkung)
[55] OLG Köln OLG 1984, 245 = Rpfleger 1984, 280 mit zust Anm Weber.

termins. Geboten sein kann sie zB bei längerer Terminsdauer, damit die Beteiligten und Bietinteressenten Ruhe und Erholung finden können, damit Beteiligte den Verfahrensstand erörtern und erforderliche Maßnahmen sorgsam erwägen können, aber auch zur sachgerechten Durchführung eines Großtermins[55] oder des durch einen Beteiligten verzögerten Termins[55]. Ob eine verhandlungsfreie Zeit als Terminsunterbrechung einzulegen ist, entscheidet der Rechtspfleger nach pflichtgemäßem Ermessen unter Würdigung sachlicher Anregungen der erschienenen Beteiligten; Antrag ist nicht erforderlich. Die Maßnahme ist unter Bekanntgabe der Zeit der Terminsfortsetzung zu verkünden. Zulässig ist Terminsunterbrechung bei Fortführung des Versteigerungstermins am selben Tag (Einlegung einer Pause)[55]. Bei fortgeschrittener Zeit kann Unterbrechung auch zur Fortsetzung des Versteigerungstermins am folgenden Tag notwendig werden[56] (von Freitag auf Montag für zulässig erachtet von[57]). Bei Verhandlungszusammenhang und erinnerungsmäßiger Überschaubarkeit des Verfahrensablaufs hat[57] Terminsunterbrechung für mehrere Kalendertage für zulässig erachtet (bedenklich im Hinblick auf mögliche Erwerbsinteressenten; Vorsicht ist auf jeden Fall geboten).

11.2 Für **einzuhaltende Fristen** (§§ 43, 44 Abs 2) bleibt auch nach Terminsunterbrechung die Zeit des Terminsbeginns maßgeblich; die Zeit der Terminsfortsetzung an einem späteren Tag erlangt dafür keine Bedeutung. **Weitergeführt** wird ein unterbrochener Versteigerungstermin im Anschluß an die Verfahrenshandlung, die vor Beginn der verhandlungsfreien Zeit noch vorgenommen worden ist. Die vor der Unterbrechung liegenden Verfahrensteile brauchen nicht wiederholt werden (das Verfahren im Gesamttermin bildet eine Einheit). Ein bereits festgestelltes und bekanntgemachtes geringstes Gebot wird daher bei Fortsetzung am nächsten (an einem folgenden) Tag nicht neu festgestellt (keine Neuberufung mit späterem Ablauf der Zwei-Wochenfrist des § 47)[58]. Wenn jedoch das geringste Gebot erst nach Terminsfortsetzung am folgenden Tag festgestellt wird, ist die Zwei-Wochenfrist des § 47 für Berücksichtigung wiederkehrender Leistungen nach diesem (späteren) Terminstag zu bemessen. Die vor Terminsunterbrechung erfolgte Ausschließung weiterer Anmeldungen (Abs 2) bleibt bestehen; bereits abgegebene Gebote erlöschen mit Terminsunterbrechung nicht[58], der Bieter bleibt daran gebunden.

11.3 Unterbrechung und Fortsetzung des Versteigerungstermins sind in der **Sitzungsniederschrift** festzustellen; wenn der Versteigerungstermin nach Aufforderung zur Abgabe von Geboten unterbrochen wird, sind Beginn der Pause und Terminsfortsetzung nach Stunde und Minute zu beurkunden (erfordert § 73 Abs 1). Die während der verhandlungsfreien Zeit erscheinenden Beteiligten und Bietinteressenten müssen zuverlässig und zweifelsfrei Kenntnis von Zeit (und gegebenenfalls Ort) des Terminsfortgangs erlangen. Erforderlichenfalls (so bei Einlegung einer Mittagspause, wenn sich Rechtspfleger und Urkundsbeamter von der Terminsstelle entfernen) ist daher in gleicher Weise wie bei Verlegung des Sitzungszimmers für Verständigung zwischenzeitlich Erscheinender Sorge zu tragen (Rdn 3.2).

11.4 Zu unterscheiden ist die Unterbrechung des Versteigerungstermins (Einlegung einer Pause) von der Vertagung; bei ihr wird der begonnene Versteigerungstermin vor dem Schluß unter gleichzeitiger Bestimmung eines neuen Termins beendet (§ 43 Rdn 8.3).

12 Verlesen von Feststellungen im Verteilungstermin

Verlesen werden müssen aus dem Protokoll gemäß § 66 Abs 1 das geringste Gebot und die Versteigerungsbedingungen und gemäß ZPO § 162 Anerkenntnisse, Ver-

---

[56] OLG Köln aaO (Fußn 55); Dassler/Schiffhauer § 85 Rdn 16; Korintenberg/Wenz § 72 Anm 4.
[57] OLG Köln aaO (Fußn 55).
[58] Dassler/Schiffhauer § 85 Rdn 17.

zichte, Vergleiche oder zu Protokoll erklärte Anträge (für den Inhalt laut ZPO mit Abweichungen gemäß § 162). Die Beteiligten müssen nichts unterschreiben (Ausnahme § 69 Rdn 4.3).

[Verlangen nach Sicherheitsleistung]

67 (1) **Ein Beteiligter, dessen Recht durch Nichterfüllung des Gebots beeinträchtigt werden würde, kann Sicherheitsleistung verlangen, jedoch nur sofort nach Abgabe des Gebots. Das Verlangen gilt auch für weitere Gebote desselben Bieters.**

(2) **Steht dem Bieter eine durch das Gebot ganz oder teilweise gedeckte Hypothek, Grundschuld oder Rentenschuld zu, so braucht er Sicherheit nur auf Verlangen des Gläubigers zu leisten. Auf Gebote des Schuldners oder eines neu eingetretenen Eigentümers findet diese Vorschrift keine Anwendung.**

(3) **Für ein Gebot des Bundes, der Deutschen Bundesbank, der Deutschen Genossenschaftsbank, der Deutschen Girozentrale (Deutsche Kommunalbank) oder eines Landes kann Sicherheitsleistung nicht verlangt werden.**

Literatur: Drischler, Die Sicherheitsleistung im Zwangsversteigerungstermin, JurBüro 1965, 329; Klawikowski, Die Sicherheitsleistung im Zwangsversteigerungsverfahren, Rpfleger 1996, 265; Mayer, Gläubiger-Mehrheit im Zwangsversteigerungsverfahren, Rpfleger 1983, 265; Pöschl, Sicherheitsleistung in der Zwangsversteigerung, BB 1963, 957; Ripfel, Zur Sicherheitsleistung in der Zwangsversteigerung, BWNotZ 1968, 49.

Allgemeines zu § 67

1.1 Zweck der Vorschrift: Verpflichtung zur Sicherheitsleistung des Bieters für die Erfüllung seines Gebots auf Antrag zum (allerdings ebenso unzulänglichen wie nicht mehr zeitgemäßen) Schutz von Beteiligten gegen ungesicherte Gebote (Denkschrift S 51).

1.2 Anwendungsbereich: § 67 gilt für alle Versteigerungsverfahren des ZVG; Besonderheit bei Teilungsversteigerung: § 184.

1.3 Es gelten für die Sicherheitsleistung **drei Grundsätze:** sie ist sofort nach Abgabe eines Gebots zu verlangen (Rdn 2); es muß darüber vom Gericht sofort entschieden werden (§ 70 Rdn 2); sie muß sofort geleistet werden (§ 70 Rdn 3).

Antrag auf Sicherheitsleistung (Absatz 1)

2.1 Das Gericht verlangt im Versteigerungstermin keine Zahlung (siehe § 49 Abs 1) und von sich aus auch keine Sicherheitsleistung des Bieters. Schutz der Beteiligten vor Beeinträchtigung durch Nichterfüllung eines Gebotes soll auf deren Antrag mit Sicherheitsleistung gewährleistet werden. Beteiligte haben daher im Versteigerungstermin das Recht, von Bietern **Sicherheitsleistung zu verlangen.**

2.2 Antragsberechtigt ist jeder Beteiligte, „dessen Recht durch Nichterfüllung des Gebots beeinträchtigt werden würde": Abs 1 Satz 1. Beeinträchtigt durch Nichtzahlung des Bargebots (§ 118) kann werden: der Berechtigte eines bestehenbleibenden Rechts für das, was ihm aus dem Bargebot zusteht (Kosten, Zinsen); der sonst aus dem geringsten Bargebot zu befriedigende Berechtigte; der persönlich haftende Schuldner, wenn aus dem Bargebot Ansprüche zu befriedigen wären, für die er persönlich haftet; der Schuldner als Berechtigter eines Eigentümerrechts (wenn ihm aus dem Bargebot daraus etwas zufließen würde, nicht aber allgemein, nicht zutreffend daher[1]); jeder, dessen Ansprüche sonst aus dem abge-

---

[1] OLG Düsseldorf Rpfleger 1989, 36 mit insoweit abl Anm Meyer-Stolte.

§ 67 2.2 Versteigerung

gebenen Bargebot wenigstens zu einem Teil zu befriedigen wären; der Schuldner, wenn ihm ein Erlösüberschuß zufließen würde; auch der Berechtigte eines im geringsten Gebot bestehenbleibenden Rechts, wenn durch Nichtzahlung des Bargebots und Anwachsen der ihm vorgehenden Kosten und Zinsen die Sicherheit seines Rechts beeinträchtigt werden würde. Auf jeden Fall genügt es, wenn der Antragsteller mit seinen Ansprüchen zu einem Teil aus dem Bargebot zu befriedigen wäre.

2.3 Ob ein Antragsberechtigter tatsächlich **beeinträchtigt** wird, ist unter Berücksichtigung aller Anmeldungen samt Kosten und Zinsen (für erlöschende Rechte bis zum voraussichtlichen Verteilungstermin), also in Form eines vorläufigen Teilungsplanes annähernd festzustellen (summarische Berechnung). Hierbei ist der gebotene Betrag als Erlös zugrundezulegen; bedingte Rechte, durch Vormerkung oder Widerspruch gesicherte sowie Höchstbetragshypotheken sind mit dem vollen Betrag einzusetzen.

2.4 Zweckmäßig ist Feststellung einer **Rangfolge** aller in Frage kommenden Ansprüche (wie im späteren Verteilungsverfahren), schon bei der Vorbereitung des geringsten Gebots durch den Rechtspfleger oder Rechnungsbeamten. Im Termin kann dann bei jedem Gebot rasch festgestellt werden, „durch welche Ansprüche das betreffende Bargebot hindurchgeht", welche Ansprüche des künftigen Teilungsplanes also voraussichtlich hieraus zu befriedigen sind, falls dieses Gebot Meistgebot ist.

2.5 Sicherheitsleistung muß nicht gleich beim ersten Gebot eines Bieters verlangt werden, es ist das auch noch bei späteren Geboten möglich. Der Antrag muß nur **sofort** (= unmittelbar, § 70 Rdn 1.2) **nach Abgabe eines Gebotes** gestellt werden: Abs 1 Satz 1. Er ist nicht vor Abgabe eines Gebotes möglich, insbesondere nicht vorsorglich schriftlich oder im Rahmen der allgemeinen Terminsbekanntmachungen. Der ordnungsgemäße Antrag gilt aber auch für spätere Gebote desselben Bieters: Abs 1 Satz 2; der Antrag muß also nicht immer wiederholt werden; jedoch kann auf spätere Erhöhung der Sicherheit auch verzichtet werden (§ 68 Rdn 2). Der Antrag gilt auch bei einer Änderung der Versteigerungsbedingungen mit darauf abgegebenen neuen Geboten desselben Bieters, aber nur im laufenden Versteigerungstermin, nicht natürlich für spätere Versteigerungstermine. Aufnahme des Antrag auf Sicherheitsleistung ins Protokoll § 78 Rdn 2.8.

2.6 Der Antrag auf Sicherheitsleistung bezieht sich jeweils auf ein bestimmtes Versteigerungsobjekt und auf eine bestimmte Ausgebotsform: jedes einzelne Einzelausgebot, Gruppenausgebot, Gesamtausgebot, je nachdem wie der Interessent bietet. Bietet er auf mehrere Objekte und/oder Ausgebotsformen (das geschieht zwangsläufig nacheinander), so muß der Antrag für jedes Objekt und für jede Ausgebotsform gesondert gestellt werden (anders[2]: das einmal gestellte Verlangen auf Sicherheitsleistung gilt für sämtliche Gebote desselben Bieters, gleichviel auf welche Ausgebotsform er bietet). Bietet der Interessent unmittelbar hintereinander auf mehrere Möglichkeiten, so muß auch der Antrag genügen, daß für alle diese Arten oder bestimmte von ihnen (zB nur für Einzelausgebote, nur für Gruppengebote oder nur für Gesamtgebote) Sicherheit zu leisten sei. Innerhalb eines Gruppen- oder Gesamtgebots des Interessenten kann natürlich der Antrag nicht weiter auf einzelne dazu gehörende Grundstücke beschränkt werden. Wird Sicherheit zu einer Gebotsmöglichkeit beantragt und geleistet, der Bieter hierbei wirksam überboten (sein Gebot erlischt dann, § 72 Abs 1 Satz 1) und bietet er später auf eine andere Möglichkeit, so kann die für das unwirksame Gebot nicht mehr benötigte Sicherheit, soweit sie ausreicht, auf die andere Möglichkeit (wenn dort Sicherheitsantrag gestellt wird) angerech-

---

[2] Schiffhauer Rpfleger 1986, 326 (V 8).

net werden, unter Aufzahlung des benötigten Mehrbetrags. Auf solche Weise erübrigt sich Rückzahlung und Neueinzahlung. Wenn Sicherheit für Gebote auf mehrere Ausgebotsformen zu leisten ist, bei denen nur ein Meistgebot den Zuschlag erhalten kann (Doppelausgebot nach § 59 Abs 2; Einzelausgebot aller Grundstücke und Gesamtausgebot nach § 63), ist Sicherheit nur einmal zu leisten[3], und zwar mit dem Betrag, der sich nach dem abgegebenen höchsten Bargebot bemißt. Wenn Sicherheit für Gebote zu leisten ist, die (als Meistgebote) alle den Zuschlag erhalten können (Einzelausgebote mehrerer Grundstücke; Einzelausgebote der Grundstücke 1, 2 und 3 neben Gruppenausgebot der Grundstücke 4–6), ist für jedes Gebot (auf Antrag) Sicherheit zu leisten. Dann kann auch eine geleistete Sicherheit, wenn das Gebot noch nicht erloschen ist, nicht zugleich als Sicherheit für ein neues (weiteres) Gebot desselben Bieters verwendet werden.

2.7 Sobald die Sicherheit geleistet ist, kann das Verlangen nach Sicherheit **nicht mehr zurückgenommen** werden[4] ([5] meint: nur noch mit Zustimmung des die Sicherheit Leistenden, des Fiskus und der bestberechtigten Gläubiger; viel zu umständlich, der Fiskus hat doch überhaupt kein Recht an der Sicherheit, er hat sie nur zu verwahren).

2.8 Bei der Versteigerung eines **Erbbaurechts** kann der Grundstückseigentümer wegen seiner vertraglichen und sonstigen Ansprüche, soweit sie aus dem Bargebot zu befriedigen sind, Sicherheit verlangen und kann auch mitbieten, ist dann aber nicht nach Abs 2 hinsichtlich seines Erbbauzinsanspruches von der Sicherheitsleistung ausgenommen (anders[6]). Bei der Aufstellung des vorläufigen Teilungsplanes sind die Rechte des Grundstückseigentümers (Erbbauzins, Vorkaufsrecht) unabhängig von §§ 51, 74 a so einzusetzen, wie später in der Verteilung; wenn also nichts eingetragen und nichts angemeldet ist, nach den Grundsätzen, wie bei § 51 entwickelt[6]. Dazu § 51 Rdn 2.

2.9 Bei der **Teilungsversteigerung** gilt für bietende Miteigentümer die Erleichterung aus § 184 (Näheres dort).

2.10 Zum Antrag auf Sicherheitsleistung im ZVG-Handbuch Rdn 325.

Grundpfandgläubiger als Bieter (Absatz 2) 3

3.1 Für den Bieter, der Gläubiger einer durch das Gebot ganz oder teilweise (wenn auch nur wegen der Zinsen oder Kosten) gedeckten **Hypothek**, Grundschuld oder Rentenschuld an dem zu versteigernden Grundstück ist, ist die Verpflichtung zur Sicherheitsleistung eingeschränkt: er braucht für sein Gebot Sicherheit **nur auf Antrag des Gläubigers** zu leisten: Abs 2 Satz 1. Diese Begünstigung soll es dem Beteiligten erleichtern, die Gebote auf das Grundstück bis zu einem für seinen Anspruch genügenden Betrag zu steigern (Denkschrift S 52). Es muß genügen, wenn er in sein Recht auch nur in Höhe von 1 Pfennig hineingeboten hat[7], obwohl ein solcher Grenzwert kaum feststellbar ist. Die Begünstigung besteht fort, wenn das Gebot über die Hypothek, Grundschuld oder Rentenschuld des Bieters hinausgeht[8]. Die Erleichterung gilt nicht bei Geboten des Vollstreckungsschuldners oder eines nach Beschlagnahme neu eingetretenen Eigentümers: Abs 2 Satz 2; diese Personen müssen auf Verlangen jedes Berechtigten Sicherheit leisten.

---

[3] OLG Düsseldorf aaO (Fußn 1).
[4] Dassler/Gerhardt § 69 Rdn 8; Steiner/Storz § 67 Rdn 25.
[5] Schiffhauer Rpfleger 1974, 32 (Anmerkung).
[6] Pöschl BWNotZ 1956, 41 (2).
[7] Ruhl, Hauskauf in der Zwangsversteigerung (1931), § 9 (A).
[8] Jaeckel/Günthe §§ 67–70 Rdn 7; Reinhard/Müller § 67 Anm IV 1.

§ 67 3.2   Versteigerung

3.2 Ob die Ausnahme des Abs 2 vorliegt, ist auf Grund der Grundbucheintragungen oder der vorzulegenden Hypotheken-/Grundschuld-Briefe samt Abtretungserklärungen oder Überweisungsbeschlüssen gemäß BGB § 1155 festzustellen. Das Recht kann auch außerhalb des Grundbuchs durch Abtretung, Erbschaft usw zustehen. Dabei ist es kein Hindernis, wenn für ein eingetragenes Recht schon eine Löschungsbewilligung vorliegt, weil das Gericht für Grundstücksrechte von der Grundbucheintragung auszugehen hat, soweit nicht Abtretung, Erbschaft usw in Frage kommen. Eine Ausnahme muß wohl gelten, wenn die Löschungsbewilligung dem Versteigerungsgericht selbst vorgelegt wird. Auf die Höhe des durch das Gebot gedeckten Grundpfandrechts kommt es nicht an. Es genügt auch ein Recht an einem Grundstücksbruchteil[9].

3.3 Um die Sicherheitsleistung, wie Rdn 3.1 dargelegt, einzuschränken, genügt auch eine **Sicherungshypothek**. Es genügt auch gerichtliche Überweisung einer Hypothekenforderung. Nicht dagegen genügt ein **Pfandrecht** (anders[9]) oder ein Nießbrauch an der Forderung; berechtigt ist hierbei trotz Pfandrechts oder Nießbrauchs der Hypothekengläubiger. Die Ausnahme für den Bieter gilt nicht, wenn seine Hypothek usw voll bestehenbleibt und wenn dabei auch nicht Kosten oder Zinsen aus dem Bargebot zu decken sind. Sie gilt aber auch für den Bieter, der Berechtigter einer Vormerkung (eines Widerspruchs) auf Eintragung einer Hypothek (Grund- oder Rentenschuld) ist[10] und auch für den Bieter, der Gläubiger eines erst nach dem Versteigerungsvermerk erworbenen (eingetragenen) Grundpfandrechts ist[11].

3.4 In der Regel wird gesagt, durch das Gebot gedeckt sei ein Recht nur, **wenn es aus dem Bargebot befriedigt** werde, nicht also, wenn es bestehenbleibe. Das ZVG spricht in Abs 2 Satz 1 nur von Gebot, nicht von Bargebot. Durch das Gebot gedeckt ist ja an sich auch ein bestehenbleibendes Recht. Es soll aber die Sicherheitsleistung, weil die bestehenbleibenden Rechte vom Bieter auf jeden Fall übernommen werden, gegen die Nichtzahlung des Bargebots sichern; nur insoweit hat die Sicherheitsleistung überhaupt einen Sinn und sie wird ja auch in ihrer Höhe nur zum Bargebot in Beziehung gesetzt (§ 68). Es muß darum hier, auch wenn das nicht ausdrücklich im Gesetz steht, das Vorzugsrecht aus dem Bargebot (als nicht bestehen bleibend) zu decken sein (so[12]; anders[13]: allein von dem Gesetzeswortlaut „Gebot" in Abs 2 ausgehend; sachlich nicht überzeugend).

3.5 **Gläubiger,** der Sicherheitsleistung auch von einem Bieter verlangen kann, dem ein gedecktes Grundpfandrecht zusteht (Abs 2), ist jeder (Anordnungs- und Beitritts-) Gläubiger, auf dessen Antrag die Versteigerung auf Grund eines dem Schuldner rechtzeitig zugestellten Beschlusses (§ 43 Abs 2) durchgeführt wird, somit nicht nur der (bestbetreibende) Gläubiger, dessen Anspruch der Berechnung des geringsten Gebots zugrunde gelegt ist, sondern auch ein nachrangiger Gläubiger[14]. Ein Gläubiger (Anordnungs- oder Beitrittsgläubiger), dessen Verfahren eingestellt ist (gleich aus welchem Grund) kann Sicherheitsleistung im Sonderfall des Abs 2 nicht verlangen[15], desgleichen nicht ein Gläubiger, für den allein die Versteigerung wegen Nichteinhaltung der Vierwochenfrist des § 43 Abs 2 nicht stattfinden dürfte[15]; sie sind für den Versteigerungstermin nicht (betreibende) Gläubiger.

---

[9] Ripfel BWNotZ 1968, 49 (III).
[10] Korintenberg/Wenz § 67 Anm 3; Reinhard/Müller § 67 Anm IV 1; Steiner/Storz § 67 Rdn 32.
[11] Jaeckel/Güthe §§ 67–70 Rdn 7.
[12] Jaeckel/Güthe §§ 67–70 Rdn 7; Kretzschmar, ZVG, § 40 (a).
[13] Korintenberg/Wenz § 67 Anm 3; Reinhard/Müller § 67 Anm IV 1; vd Pfordten, ZVG, §§ 67–70 Anm I 2 b; Wolff, ZVG, § 67 Anm. 6.
[14] Korintenberg/Wenz § 67 Anm 3; Mayer Rpfleger 1983, 265 (III 1).
[15] Mayer Rpfleger 1983, 265 (III 1).

Höhe der Sicherheitsleistung 2.4 § 68

Keine Sicherheitsleistungspflicht für Bund usw (Absatz 3) 4

4.1 Bestimmte Bieter sind immer von der Verpflichtung zur Sicherheitsleistung befreit. Von ihnen **kann niemand** Sicherheitsleistung **verlangen,** auch nicht ein betreibender Gläubiger.

4.2 Befreit sind nach Abs 3: a) Die Bundesrepublik Deutschland; b) alle Länder der Bundesrepublik Deutschland; c) die Bundesbank; d) die Deutsche Genossenschaftsbank; e) die Deutsche Girozentrale, Sitz Frankfurt und Berlin.

4.3 Befreit ist auch die Deutsche Siedlungs- und Landesrentenbank (Landesrentenbankgesetz, Textanhang T 32, § 14 Abs 3 und HeuerlingswohnungsdurchfVO, Textanhang T 27, § 1 Abs 1).

4.4 Befreit sind auf Grund von EGZVG § 10 Nr 1 die landesrechtlich durch Gesetz bestimmten kommunalen Körperschaften, Kreditanstalten und Sparkassen. Von Land zu Land sind die Vorschriften unterschiedlich; dazu in den ZVG-Ausführungsgesetzen (Textanhang T 48–61).

[Höhe der Sicherheitsleistung]

68 (1) **Die Sicherheit ist für ein Zehntel des Bargebots, wenn aber der Betrag der aus dem Versteigerungserlöse zu entnehmenden Kosten höher ist, für diesen Betrag zu leisten.**

(2) **Ein Beteiligter, dessen Recht nach § 52 bestehenbleibt, kann Sicherheitsleistung bis zur Höhe des Betrags verlangen, welcher zur Deckung der seinem Rechte vorgehenden Ansprüche durch Zahlung zu berichtigen ist.**

(3) **Bietet der Schuldner oder ein neu eingetretener Eigentümer des Grundstücks, so kann der Gläubiger Sicherheitsleistung bis zur Höhe des Betrags verlangen, welcher zur Deckung seines Anspruchs durch Zahlung zu berichtigen ist.**

Allgemeines zu § 68 1

Zweck und **Anwendungsbereich:** Bestimmung der Höhe der Sicherheitsleistung. Die Vorschrift gilt für alle Versteigerungsverfahren, auch die Teilungsversteigerung, mit der Besonderheit in § 184.

Höhe der Sicherheitsleistung (Absatz 1) 2

2.1 Grundsätzlich ist die Sicherheit, wenn sie berechtigt verlangt ist, „für **ein Zehntel** des Bargebots" zu leisten: Abs 1. Das Bargebot umfaßt den bar zu zahlenden Teil des geringsten Gebots und den das geringste Bargebot übersteigenden Teil des baren Gebots bei dem jeweiligen Objekt (§ 67 Rdn 2). Die Höhe der bestehenbleibenden Belastungen ist hier ohne Bedeutung.

2.2 Falls die aus dem Versteigerungserlös zu entnehmenden **Verfahrenskosten** (§ 109) höher sind als $1/10$ des Bargebots, so ist die Sicherheit in Höhe dieser Verfahrenskosten zu leisten: Abs 1.

2.3 Weil das einmal gestellte Sicherheitsverlangen auch für alle **späteren Gebote** desselben Bieters auf dasselbe Objekt gilt (§ 67 Abs 1 Satz 2), besteht eine fortlaufende **Nachschußpflicht** des Bieters. Wird eine Sicherheit unzureichend, weil höhere Gebote abgegeben werden, so ist sie zu ergänzen (BGB § 240); das gilt auch hier im Zwangsversteigerungsverfahren. Bei jedem höheren Gebot eines Bieters muß dieser ohne nochmaligen besonderen Antrag seine Sicherheit bis zur neu nötigen Höhe auffüllen.

2.4 Wer die Sicherheit verlangt hat, kann auf **Nachschuß verzichten,** indem er erklärt, daß die geleistete Sicherheit auch für weitere Gebote desselben Bieters

§ 68 2.4   Versteigerung

genügen solle. Wenn allerdings ein anderer Antragsberechtigter seinerseits Sicherheitsleistung (ohne Einschränkung) beantragt, muß wieder der volle Betrag nachgeschossen werden.

2.5 Das Gericht muß während des ganzen Termins **fortlaufend beachten,** ob die geleistete Sicherheit der verschiedenen Bieter noch ausreicht.

3 Höhe der Sicherheitsleistung auf Sonderantrag (Absatz 2)

3.1 Höhere Sicherheitsleistung kann nach Abs 2 ein Beteiligter verlangen, „dessen Recht nach § 52 bestehenbleibt". Er kann Sicherheitsleistung bis zur Höhe des Betrags verlangen, „welcher zur Deckung der seinem Recht vorgehenden Ansprüche durch Zahlung zu berichtigen ist". Grund: Deckungsprinzip (Denkschrift S 52); Wahrung des bestehenbleibenden Rechts soll davor besonders schützen, daß die Sicherheit, die das Grundstück gewährt, durch das Anwachsen vorgehender Ansprüche an Kosten, Zinsen und anderen wiederkehrenden Leistungen geschmälert wird; die Sicherheitsleistung für ein Gebot soll daher zumindest diese Ansprüche decken[1]. Das Recht des Antragstellers darf nur nach § 52 ganz normal als dem bestrangig betreibenden Gläubiger (das kann auch der Antragsteller wegen eines Anspruchs aus einem nachrangigen weiteren Recht oder einer Forderung in Rangklasse 5 des § 10 Abs 1 sein) vorgehend bestehenbleiben. Hierunter fallen somit nicht Rechte, die gesetzlich sonst bestehenbleiben (§ 52 Rdn 7; zB nachgeholte Altenteile gemäß EGZVG § 9) oder deren Bestehenbleiben auf einer abweichenden Versteigerungsbedingung nach § 59 oder auf Inhaltsvereinbarung (§ 52 Abs 2 Satz 2 mit ErbbauVO § 9 Abs 3 Nr 1; WEG § 39) beruht oder deren Liegenbelassung nach § 91 Abs 2 (schon im voraus) vereinbart ist oder die nach der Ausnahmevorschrift des § 128 Abs 4 (obwohl dem in der Wiederversteigerung betreibenden Gläubiger vorgehend) erlöschen und ins geringste Bargebot aufgenommen werden müssen. § 68 ist eine Ausnahmevorschrift, nicht der Auslegung fähig, streng nach ihrem Wortlaut anzuwenden (so auch[2]).

3.2 Die erhöhte Sicherheit nach Abs 2 kann **bis zur Höhe des Betrags** verlangt werden, der zur Deckung aller dem bestehenbleibenden Recht des Antragstellers vorgehenden Ansprüche nötig ist: § 68 Abs 2. Über die Berechnung dieses Betrages § 67 Rdn 2. Es ist durchaus möglich, daß der so errechnete „höhere Betrag" rechnerisch geringer ist als der normale Sicherheitsbetrag von $1/10$ des Bargebots; dann bleibt es bei diesem, weil der Antragsteller nicht eine Ermäßigung, sondern eine Erhöhung erreichen wollte.

3.3 Die erhöhte Sicherheit muß als solche **ausdrücklich** verlangt werden. Wenn von einem dazu Berechtigten nur Sicherheitsleistung verlangt, nicht aber ausdrücklich auch Antrag auf erhöhte Sicherheit gestellt wird, genügt normale Sicherheit nach Abs 1.

3.4 Stehen dem Beteiligten **mehrere Rechte** zu, die nach § 52 bestehenbleiben, dann kann er als Gläubiger eines jeden dieser Rechte erhöhte Sicherheitsleistung nach Abs 2 verlangen. Er hat daher, wenn der Antrag auf erhöhte Sicherheitsleistung stellt, das Recht zu bezeichnen, als dessen Gläubiger er die weitergehende Sicherheitsleistung verlangt. Stellt er als Berechtigter des letztrangigen seiner bestehenbleibenden Rechte Antrag, dann gehören zu den seinem Recht vorgehenden Ansprüche auch die durch Zahlung zu berichtigenden Beträge aus seinen eigenen besserrangigen Rechten. Wenn der Gläubiger mehrerer bestehenbleibender Rechte erhöhte Sicherheitsleistung verlangt, ein Recht jedoch nicht bezeichnet, ist davon auszugehen, daß die Sicherheitsleistung alle durch Zahlung zu be-

---

[1] Motive zum ZVG S 202.
[2] Dassler/Gerhardt § 68 Rdn 2; Jaeckel/Güthe §§ 67–70 Rdn 10; Korintenberg/Wenz § 68 Anm 2; Mohrbutter/Drischler Muster 99, Anh II 5; Reinhardt/Müller § 68 Anm II 1; Steiner/Storz § 68 Rdn 12.

Art der Sicherheitsleistung § 69

richtigenden vorgehenden Ansprüche decken soll, sonach Antrag wegen seines letztrangigen Rechts gestellt ist.

Sicherheitsleistung durch Schuldner (neuen Eigentümer) (Absatz 3) 4

4.1 Wenn der **Vollstreckungsschuldner** oder ein nach der Beschlagnahmewirksamkeit neu eingetretener Grundstückseigentümer selbst bietet, dann kann der betreibende Gläubiger Sicherheitsleistung bis zur Höhe des Betrages verlangen, der noch zur Deckung seiner Ansprüche (aller, wenn es mehrere Rechte von unterschiedlichem Rang, § 11, oder in verschiedenen Rangklassen des § 10 sind) in bar nötig ist. Diesen Antrag kann nur ein betreibender Gläubiger (§ 67 Rdn 3.5) stellen (jeder) und er muß es ausdrücklich tun, da sonst die normale Sicherheitsleistung genügt. Die Erhöhung kommt nicht in Frage, wenn die Ehefrau des Schuldners bietet oder der Schuldner als gesetzlicher Vertreter seiner Kinder oder als Bevollmächtigter eines Dritten. Anzuwenden ist die Vorschrift aber, wenn der Konkursverwalter des Schuldners bietet[3], weil er als Partei kraft Amtes an der Stelle des Schuldners steht (gilt aber nicht im Verfahren nach § 172[3]). Auch hier über die Berechnung der Höhe § 67 Rdn 2.

4.2 Das Verlangen nach erhöhter Sicherheitsleistung gemäß Abs 3, also bei Geboten des Schuldners usw, gilt nicht in der **Teilungsversteigerung**. Dort gilt dafür § 184. Dagegen muß der Gemeinschuldner in der **Konkursverwalterversteigerung** nach §172 auch auf Verlangen des Konkursverwalters erhöhte Sicherheitsleistung nach Abs 3 leisten[4] (auf Verlangen des betreibenden Gläubigers muß er das schon nach § 68 Abs 3), und zwar hier, weil Abs 3 in diesen Fällen keine Regeln für die Höhe bieten kann (der Konkursverwalter hat ja keine Ansprüche), in voller Höhe des Bargebots[4].

4.3 **Beispiel** aus der Praxis zu erhöhter Sicherheitsleistung: A ist Vollstreckungsschuldner, Alleineigentümer; er bietet einmal zusammen mit seiner Frau mit je 1/2 Beteiligung, zum anderen zusammen mit seinem Sohn als BGB-Gesellschaft. Ein nach Abs 3 berechtigter Gläubiger, durch beide Gebote nur teilweise gedeckt, verlangt erhöhte Sicherheit. Diese muß für beide Gebote getrennt je bis zur vollen Deckung des Gläubigers geleistet werden. Daß die Ehefrau und der Sohn mitbieten, ist ohne Einfluß, weil Abs 3 kein alleiniges Bieten des Schuldners verlangt. Frau und Sohn haften jeweils voll für das Gebot.

[Art der Sicherheitsleistung]

69 (1) **Die Sicherheitsleistung ist durch Hinterlegung von Geld oder inländischen Wertpapieren zu bewirken. Wertpapiere sind zur Sicherheitsleistung nur geeignet, wenn sie auf den Inhaber lauten und einen Kurswert haben; den Inhaberpapieren stehen Orderpapiere gleich, die mit Blankoindossament versehen sind. Mit Wertpapieren kann die Sicherheit in Höhe des ganzen Kurswerts geleistet werden.**
(2) **Bestätigte** *Reichsbankschecks* **[Bundesbankschecks] sind zur Sicherheitsleistung in Höhe des Nennbetrages geeignet, wenn die Vorlegungsfrist nicht vor dem vierten Tage nach dem Versteigerungstermin abläuft.**
(3) **Die Übergabe an das Gericht hat die Wirkung der Hinterlegung.**
(4) **Als Sicherheitsleistung kann das Vollstreckungsgericht auch die Stellung eines Bürgen nach § 239 des Bürgerlichen Gesetzbuchs zulassen, jedoch nicht für Gebote des Schuldners oder eines neu eingetretenen Eigentümers.**

---

[3] Dassler/Gerhardt § 68 Rdn 3; Mohrbutter, Handbuch des Vollstreckungsrechts, § 42 (II b).
[4] Mohrbutter KTS 1958, 81.

§ 69   1   Versteigerung

1 Allgemeines zu § 69

1.1 Zweck der Vorschrift: Festlegung der zur Sicherheitsleistung geeigneten Mittel.

1.2 Anwendungsbereich: § 69 gilt für alle ZVG-Versteigerungsverfahren.

2 Geld und Wertpapiere als Sicherheit (Absätze 1 und 3)

2.1 Sicherheitsleistung erfolgt in erster Linie durch **Hinterlegung** von Geld (Abs 1) bei der Hinterlegungsstelle oder durch **Übergabe** von Geld an das Versteigerungsgericht (Abs 3).

2.2 Geld sind nur **gültige Zahlungsmittel** in Banknoten und Münzen der gültigen Währung der Bundesrepublik Deutschland. Ausländische Zahlungsmittel sind als Sicherheit nicht geeignet und daher nicht zulässig[1], sofern sie nicht als sonstige Werte (Rdn 5) zugelassen werden.

2.3 Alle vereinnahmten Geldbeträge sind zweckmäßig getrennt nach den Sicherheit Leistenden (am besten in besonderen Umschlägen mit Namensangabe) **sicher zu verwahren** und am Ende des Termins, soweit sie nicht zurückerstattet werden müssen (§ 70 Rdn 5), nach den einschlägigen Kassen- und Sicherungsvorschriften zu behandeln. Überhaupt ist auf Sicherung (auch auf die anwesenden Sitzungsteilnehmer zu erstrecken) größter Wert zu legen (Alarmanlage, Polizeischutz, Gerichtswachtmeister, Tresor).

2.4 Die **Hinterlegung** von Geld oder Wertpapieren richtet sich nach HinterlO §§ 6, 8, 9, 11–13, 15, 21; sie erfolgt auf Kosten des Hinterlegers, also des Bieters, der sie veranlaßt hat[2] (§ 70 Rdn 3). Für etwaige Rückgabe hat das Versteigerungsgericht die Herausgabeverfügung zu erlassen.

2.5 **Wertpapiere** sind als Sicherheit geeignet, wenn sie inländisch sind, auf den Inhaber lauten und einen Kurswert haben (Abs 1 Satz 1) oder als Orderpapiere mit Blankoindossament versehen sind (Abs 1 Satz 1) (zB Namensaktien mit Blankoindossament), aber nur in Höhe ihres Kurswertes (Abs 1 Satz 2). Die Papiere müssen also börsenmäßig verwertbar sein (das Gericht muß sie verwerten, § 108 Abs 1). Maßgebend ist der letzte amtliche Kursbericht. Mit den Papieren sind auch deren Zins-, Renten-, Gewinnanteil-, Erneuerungsscheine zu hinterlegen (BGB § 234 Abs 2). Der Hinterleger darf sie gegen andere geeignete Wertpapiere oder Geld umtauschen (BGB § 235). Es ist Vorsicht geboten. Ungeeignete Wertpapiere sind im Rahmen der Entscheidung über die Sicherheit (§ 70 Abs 1) zurückzuweisen, indem das darauf gestützte Gebot zurückgewiesen wird (§ 70 Abs 2). Mündelsicherheit der Wertpapiere ist hier nicht vorgeschrieben[3]. Wertpapiere in diesem Sinne sind nicht Sparkassenbücher und ähnliche Legitimationspapiere (dazu Rdn 5).

2.6 Hierzu im ZVG-Handbuch Rdn 328.

3 Schecks der Bundesbank als Sicherheit (Absatz 2)

3.1 Zugelassen als Sicherheit sind „Reichsbankschecks": Abs 2. Die Reichsbank ist aufgelöst und abgewickelt. An ihrer Stelle (nicht als Rechtsnachfolger, wohl aber mit ihren wesentlichen Aufgaben) besteht die Bundesbank mit ihren Hauptverwaltungen, den Landeszentralbanken nach dem Bundesbankgesetz (Textanhang T 16). Nach § 23 dieses Gesetzes hat die Bundesbank das Recht, bestätigte

---

[1] Dassler/Gerhardt § 69 Rdn 1; Jaeckel/Güthe §§ 67–70 Rdn 12; Korintenberg/Wenz § 69 Anm 1; Steiner/Storz § 69 Rdn 2; Mohrbutter/Drischler Muster 99 Anhang II Anm 6; Drischler JurBüro 1965, 329 (E).
[2] Drischler JurBüro 1965, 329 (G).
[3] Dassler/Gerhard § 69 Rdn 2; Steiner/Storz § 69 Rdn 8.

Art der Sicherheitsleistung   4.2 § 69

Schecks auszugeben. Einen solchen **Scheck** kann nur „ziehen", wer dort ein Guthaben hat, also insbesondere Kreditinstitute. Ob der Scheck als Bundesbank-Scheck oder als Landeszentralbank-Scheck bezeichnet ist, macht keinen Unterschied; in diesem Buch wird grundsätzlich von Bundesbank-Scheck gesprochen. Eine Darstellung über diesen Scheck bieten[4].

3.2 Die bestätigten Bundesbankschecks sind zur Sicherheitsleistung in Höhe des Nennbetrags geeignet, wenn ihre **Vorlegungsfrist** nicht vor dem vierten Tag nach dem Versteigerungstermin abläuft: Abs 2. Es müssen zwischen dem Versteigerungstermin und dem letzten Tag der Vorlegungsfrist (Rdn 3.3) mindestens drei volle Tage liegen, die nicht unbedingt Werktage sein müssen[5].

3.3 Wenn der Scheck nicht binnen acht Tagen (nicht sieben) nach der Ausstellung bei der Bundesbank **vorgelegt** wird, erlischt nach Bundesbankgesetz § 23 Abs 3 die Verpflichtung der Bank aus der Bestätigung. Der **Bestätigungsvermerk** (auf der Rückseite des Schecks) lautet: „Wir verpflichten uns, diesen Scheck über DM . . . bis zum . . . während der Geschäftsstunden einzulösen. Von anderen Bankanstalten kann der Scheck in Zahlung genommen werden. Eine Barzahlung erfolgt bei ihnen nicht". Dazu muß der Scheck Datum, Siegel, Unterschrift tragen.

3.4 Das Vollstreckungsgericht hat dafür zu sorgen, daß der Scheck (über die zuständige Gerichts- oder Amtskasse) fristgemäß, also **unverzüglich eingelöst** wird, damit er nicht verfällt, also nicht erst in der sonst von § 108 für Wertpapiere vorgesehenen Art. Die Frist ist sehr kurz. Da der Scheck Geldwert hat, ist er sehr sorgfältig zu behandeln. In Bayern wird er nach den einschlägigen Haushaltsvorschriften des Staates wie Bargeld behandelt, so daß die Übergabe an das Gericht wie die Übergabe von Geld wirkt.

Sicherheitsleistung durch Bürgen (Absatz 4)   4

4.1 Abs 4 bestimmt (statt der mit § 10 EGZVG außer Kraft getretenen landesrechtlichen Vorschriften), daß das Vollstreckungsgericht einen Bürgen im Sinne von BGB § 239 zulassen kann, allerdings nicht für Gebote des Schuldners oder eines neu eingetretenen Eigentümers. Mit der Behandlung des Bürgen im Verfahren befassen sich jetzt §§ 82, 85, 88, 103, 105, 116, 118, 132, 144.

4.2 Der **Bürge** (natürliche oder juristische Person, nach HGB § 124 Abs 1 auch OHG oder KG, Partnerschaft oder Europ wirtschaftliche Interessenvereinigung) muß **tauglich** sein, also den Voraussetzungen in BGB § 239 entsprechen. Er muß daher ein der Höhe der zu leistenden Sicherheit angemessenes Vermögen besitzen und seinen allgemeinen Gerichtsstand im Inland haben; außerdem muß er auf die **Einrede der Vorausklage** verzichten (BGB §§ 771, 773) (= selbstschuldnerische Bürgschaft). Diese Voraussetzungen muß das Gericht im Versteigerungstermin prüfen; sie müssen ihm daher nachgewiesen werden[6]. Der nach BGB § 239 (mit ZVG § 69 Abs 4) erforderliche Bonitätsnachweis (Vermögensnachweis) gehört zur sofortigen Sicherheitsleistung (§ 70 Abs 2)[7]. Wenn die Bürgschaft nicht von einem dem Gericht bekannten Kreditinstitut (Versicherungsunternehmen usw) stammt, kann sie wohl nur genügend geprüft werden, wenn der Bürge im Termin selbst anwesend ist[8], um ihn notfalls befragen zu können; dies dürfte immer noch mit erheblichen Schwierigkeiten verbunden sein und erhöhte Haftungsgefahr für das Gericht bedeuten.

---

[4] Drischler RpflJahrbuch 1972, 297 (318); Prost NJW 1959, 1949 (II).
[5] Dassler/Gerhardt § 69 Rdn 3; Steiner/Storz § 69 Rdn 11; Drischler aaO (Fußn 4).
[6] Hornung Rpfleger 1979, 321 (D V 2).
[7] OLG Hamm JMBlNW 1988, 245 = NJW-RR 1987, 1016 = OLGZ 1988, 64 = Rpfleger 1987, 469.
[8] OLG Hamm JMBlNRW 1961, 202; Dassler/Gerhardt § 69 Rdn 4; Steiner/Storz § 69 Rdn 16.

§ 69 4.3 Versteigerung

4.3 Die Bürgschaft kann **schriftlich** übergeben werden (BGB § 766 Abs 1). Die Übergabe muß sofort im Protokoll vermerkt werden (§§ 78, 80). Die Bürgschaft kann aber auch vom Bürgen unter Vorlage des Personalausweises mit allen Einzelheiten (Vorausklageverzicht) **zu Protokoll** erklärt werden[9] (trotz des BeurkG mit seinem Beurkundungsmonopol für Notare muß das auch weiterhin in Versteigerungsverfahren möglich sein). Allerdings wird die notwendige Schriftform (BGB § 766 Satz 1) nur noch durch notarielle Beurkundung ersetzt (BGB § 126 Abs 3), nicht mehr (wie früher an dieser BGB-Stelle möglich) auch durch gerichtliche Beurkundung. Daher **muß die** einschlägige **Erklärung im Protokoll** vom Bürgen **unterzeichnet werden** (so auch[10], anders[11]: Unterschrift des Bürgen im Protokoll ist unnötig). Eine Beglaubigung seiner Unterschrift ist nicht nötig. Im übrigen ist größte Vorsicht geboten. Wenn mit (nicht unterzeichneter) Erklärung zu Protokoll Schriftform fehlt, ist dem Bürgen Gelegenheit zu geben, die Bürgschaftserklärung schriftlich abzufassen[12].
4.4 Schriftform mit Verzicht auf die Einrede der Vorausklage ist auch bei Bürgschaft eines Kaufmanns notwendig. Weil die Übernahme der Bürgschaft im Zwangsversteigerungsverfahren kein Handelsgeschäft darstellt, finden die Sondervorschriften über Handelsbürgschaften (HGB §§ 349, 350) keine Anwendung[13] (anders für Banken und Sparkassen, siehe[14]). Ungeeignet ist eine Bürgschaft auf Zeit (BGB § 777)[15].
4.5 Sicherheitsleistung durch Stellung eines Bürgen ist zuzulassen, wenn die Erfordernisse des Abs 4 erfüllt sind; die **Zulassung** steht dann nicht im freien Ermessen des Gerichts[15]. Über die **Zulassung der Bürgschaft** entscheidet das Gericht sofort (§ 70 Abs 1), indem es, wenn nach seiner Ansicht die Voraussetzungen nicht erfüllt sind, das darauf gestützte Gebot zurückweist (§ 70 Abs 2). Dagegen ist sofortiger Widerspruch nach § 72 Abs 2 möglich. Eine positive Zulassung muß es nicht ausdrücklich durch Beschluß aussprechen, es läßt einfach das Gebot zu, indem es dieses nicht zurückweist und weitere Gebote nur als Übergebote zuläßt. Der Beteiligte, der Sicherheitsleistung verlangt hat, kann mit Einschränkung seines Antrags auf näheren Nachweis der Tauglichkeit des Bürgen oder sonstige Erfordernisse der Bürgschaft verzichten[15]. Die Erklärung ist in das Protokoll aufzunehmen[15].
4.6 Wird die Bürgschaft übergeben, so ist sie nicht etwa in Urschrift dem die Sicherheit Verlangenden auszuhändigen (wie sonst der Bürgschaftsvertrag nach BGB § 766 zustandekommt), sondern bleibt **bei den Gerichtsakten**.
4.7 Wenn der Versteigerungserlös nicht gezahlt wird, wird die Forderung gegen den mithaftenden Bürgen auf die Berechtigten mit übertragen (§ 118 Abs 1). Sie ist nach Planausführung auch gegen den Bürgen vollstreckbar (§ 132 Abs 1 Satz 2). Eine Verwertung der Bürgschaft durch das Gericht erfolgt daher nicht[16]. Das Vollstreckungsgericht wird jedoch Zahlung des verbürgten Betrags durch den Bürgen im Verteilungstermin vermitteln. Zahlt er, so geht auf ihn die Forderung gegen den Ersteher mit der Folge über (BGB § 774), daß Übertragung auf den Bürgen an Stelle des aus der Zahlung befriedigten Berechtigten zu erfolgen hat (§ 118; Sicherungshypothek § 128)[16].
4.8 Die Bürgschaft genügt auch im **Teilungsversteigerungsverfahren**.

---

[9] Dassler/Gerhardt § 69 Rdn 4; Steiner/Storz § 69 Rdn 15; Hornung aaO (Fußn 6); Drischler RpflJahrbuch 1972, 297 (319).
[10] OLG Hamm aaO (Fußn 7); Dassler/Gerhardt und Steiner/Storz je aaO (Fußn 9).
[11] Hornung Rpfleger 1979, 321 (D V 2).
[12] OLG Hamm NJW-RR 1987, 1016 = aaO (Fußn 7).
[13] Hornung Rpfleger 1979, 321 (D V 2).
[14] Dassler/Gerhadt § 69 Rdn 4; Steiner/Storz § 69 Rdn 18.
[15] Hornung Rpfleger 1979, 321 (D V 2).
[16] Hornung Rpfleger 1979, 321 (D V 3).

Art der Sicherheitsleistung 5.4 § 69

Sonstige Werte als Sicherheit 5
5.1 Für die Art der Sicherheitsleistung sind gesetzlich andere Werte als Geld und Wertpapiere, Bundesbankschecks und Bürgschaften **nicht vorgesehen**.

5.2 Sparkassenbücher, Bankschecks, Hypotheken- und Grundschuldbriefe, Waren irgendwelcher Art (Gold, Schmuck, Briefmarken, Kaurimuscheln, Sammelmünzen), ausländische Zahlungsmittel, abzutretende Forderungen, insbesondere Staatsschuldbuchforderungen usw sind als Sicherheit **nicht** vorgesehen. Mit (ausdrücklicher) Zustimmung des die Sicherheit Verlangenden (ihm ist Sicherheit zu leisten und er kann entscheiden, was ihm Sicherheit bietet) kann Sicherheit aber auch auf jede andere Weise geleistet werden (Denkschrift S 52). Wenn der Beteiligte, der Antrag auf Sicherheitsleistung gestellt hat, sich mit einer angebotenen anderen Sicherheit einverstanden erklärt, muß sie vom Gericht entgegengenommen werden; andernfalls ist Sicherheitsleistung auf sonstige Weise unzulässig[17], auch bei der Teilungsversteigerung[18]. Eine Sicherheit, die dem § 69 nicht genügt, ist als unzulässig zurückzuweisen.

5.3 Art und Höhe und das Einverständnis des Antragstellers müssen im **Protokoll** festgehalten werden, auch eine Vereinbarung des Antragstellers mit dem Bieter darüber, wie diese Werte in solchen vom Gesetz nicht vorgesehenen Fällen verwertet werden sollen, damit das Gericht der Vorschrift in § 108 Abs 1 nachkommen kann. Bei Sparkassenbüchern ist nötig: Übergabe an das Gericht, Ermächtigung des Gerichts, zum Verteilungstermin den entsprechenden Betrag abzuheben[19] oder eine Verpfändung nach BGB §§ 1280 ff mit schriftlicher Anzeige des Kontoinhabers an die Sparkasse, die sofort im Termin auch zu übergeben ist[20] (an das Gericht; [21]meint, an den Antragsteller; verwerten muß aber das Gericht). Bei Sparkassenbüchern bestehen noch Bedenken, weil ja das Guthaben außerhalb des Versteigerungsverfahrens von Dritten gepfändet werden kann[22].

5.4 Bieter führen mitunter **Euroschecks** mit sich (mit Scheckkarte), weil sie gewöhnt sind, überall bargeldlos zu zahlen. Sie genügen nicht[23]. Bis zur Höhe des garantierten Betrages von 400 DM halten demgegenüber[24] Euroschecks als zur Sicherheitsleistung geeignet. Das jedoch findet im Gesetz keine Grundlage. Abs 2 ermöglicht Sicherheitsleistung nur mit bestätigten Bundesbankschecks. Damit ist nicht lediglich (wie[25] meint), für solche Schecks nur das Erfordernis eines neueren Ausstellungsdatums geregelt, sondern Sicherheitsleistung nur mit solchen Schecks ermöglicht, jeder andere Scheck als Mittel der Sicherheitsleistung sonach ausgeschlossen. Das bekräftigen die Gesetzesmaterialien zum Gesetz zur Änderung zwangsvollstreckungsrechtlicher Vorschriften vom 1. 2. 1979 (BGBl I 127). Danach war vorgeschlagen, durch Änderung des Abs 2 Verrechnungsschecks von Geldinstituten als weitere bargeldlose Art der Sicherheitsleistung zuzulassen; das jedoch ist nicht geschehen (dazu[26]). Es sollte Notenbankgeld nicht durch Zulassung von Schecks als Mittel der Sicherheitsleistung ersetzt werden. Schon deshalb können Euroschecks auch nicht als Wertpapiere (Inhaberpapieren gleiche Orderpapiere) nach Abs 1 als zur Sicherheitsleistung zugelassen angesehen werden. Zu

---

[17] OLG Hamm JMBlNW 1961, 202; Dassler/Gerhadt § 69 Rdn 5; Jaeckel/Güthe § 69 Rdn 15; Mohrbutter, Handbuch des Vollstreckungsrechts, § 42 (II b).
[18] OLG Hamm JMBlNW 1961, 202.
[19] Dassler/Gerhardt § 69 Rdn 5; Jaeckel/Güthe § 69 Rdn 15.
[20] Jaeckel/Güthe § 69 Rdn 15; Steiner/Storz § 69 Rdn 27; Mohrbutter, Handbuch des Vollstreckungsrechts, § 42 (II b); Drischler RpflJahrbuch 1972, 297 (317).
[21] Mohrbutter aaO (Fußn 20).
[22] Drischler aaO (Fußn 20).
[23] Vollkommer Rpfleger 1978, 108 (3; Anmerkung).
[24] OLG Celle Rpfleger 1992, 388; Dassler/Gerhadt § 69 Rdn 6; Steiner/Storz § 69 Rdn 23.
[25] OLG Celle Rpfleger 1982, 388.
[26] Hornung Rpfleger 1979, 321 (D V 5).

§ 69 5.4 Versteigerung

diesen Wertpapieren gehören Euroschecks zudem weder nach dem Wortlaut der Bestimmung des Abs 1 noch nach dem Erfordernis, daß die Wertpapiere bei Nichtzahlung des Bargebots erst im späteren Verteilungstermin auf Grund ihres Kurswertes verwertbar sein müssen (§ 108). Schon wegen der Vorlegungsfrist könnten Euroschecks nicht bis zum Verteilungstermin als Sicherheit einbehalten werden; sie müßten vielmehr sogleich eingezogen werden. Das alles aber schließt es aus, gegen die ausdrücklichen Regelungen des Gesetzes auch Euroschecks für Sicherheitsleistung als Wertpapiere nach Abs 1 anzusehen oder sonst zuzulassen. Darauf, daß Euroschecks leicht und sicher realisierbar sind und gegenüber mancher (zugelassenen, Abs 4) Bürgschaft sicherer sind, kommt es nach der Entscheidung des Gesetzgebers gegen die Ersetzung von Notenbankgeld durch Bankschecks überhaupt nicht an (verfehlt daher[27]).

5.5 Fall aus der Praxis[28]: Der Bieter legte Euroschecks vor, sein Gebot wurde vom Rechtspfleger zurückgewiesen, Zuschlag an einen anderen erteilt. Das Landgericht ließ sich nachträglich die Euroschecks aushändigen und erteilte den Zuschlag an den Bieter (Sicherheit kann aber keinesfalls erst im Beschwerdeverfahren geleistet werden). Das Oberlandesgericht hob diesen Zuschlag auf, weil wegen § 100 nachträglich nicht Sicherheit geleistet werden konnte, ließ aber den ersten Zuschlag auch nicht mehr gelten, weil er unter Verstoß gegen die gerichtliche Aufklärungspflicht (ZPO § 139) ergangen sei; der Rechtspfleger hätte Gelegenheit geben müssen, die Schecks bei der nächsten Bankzweigstelle einzulösen, hätte vorsorglich auch die Schecks entgegennehmen müssen, falls das Landgericht diese anerkennen sollte, damit § 100 beachtet wurde; diese Schecks seien im übrigen zulässig, § 69 sei entsprechend auszulegen.

Es wird dringend empfohlen, solche und andere geeignete **Schecks** sofort in der nächsten Bank oder Sparkasse **einlösen** zu lassen, dazu die Bietstunde entsprechend zu verlängern, aber dann, wenn dies angemessen nicht möglich sei (§ 70 Rdn 3), die Schecks entgegenzunehmen, für den Fall, daß die Rechtsmittelentscheidung eine andere Ansicht vertritt. Im übrigen besteht kein Anlaß, die zwingenden Vorschriften des § 69 aufzuweichen, falls nicht eine Ausnahme nach Rdn 5.2 möglich ist.

[Entscheidung über die Sicherheitsleistung]

70 (1) **Das Gericht hat über die Sicherheitsleistung sofort zu entscheiden.**

(2) **Erklärt das Gericht die Sicherheit für erforderlich, so ist sie sofort zu leisten. Die Sicherheitsleistung durch Hinterlegung kann bereits vor dem Versteigerungstermin erfolgen. Unterbleibt die Leistung, so ist das Gebot zurückzuweisen.**

(3) **Wird das Gebot ohne Sicherheitsleistung zugelassen und von dem Beteiligten, welcher die Sicherheit verlangt hat, nicht sofort Widerspruch erhoben, so gilt das Verlangen als zurückgenommen.**

Literatur: Holthöfer, Zur Frage der sofortigen Sicherheitsleistung in der Zwangsversteigerung (§ 70 Abs 2 ZVG), JR 1958, 337.

1 **Allgemeines zu § 70**

1.1 Zweck und **Anwendungsbereich:** Die Vorschrift befaßt sich mit der Entscheidung über die Sicherheitsleistung. Sie gilt für alle Versteigerungsverfahren des ZVG.

---

[27] Steiner/Storz § 69 Rdn 23.
[28] OLG Zweibrücken Rpfleger 1978, 107 mit Anm Vollkommer.

Entscheidung über die Sicherheitsleistung 3.1 § 70

1.2 Für die Sicherheitsleistung eines Bieters im Versteigerungstermin ist **sofortiger Antrag** (unmittelbar nach Abgabe eines Gebotes) nötig (§ 67 Abs 1 Satz 1), dann **sofortige Entscheidung** des Gerichts (Abs 1) und **sofortige Leistung** der Sicherheit (Abs 2), aber auch ein **sofortiger Widerspruch** gegen die Zulassung oder Zurückweisung des Gebots (Abs 3, § 72 Abs 1, 2).

1.3 Aus Abs 2, § 72 Abs 1, 2 ergibt sich die Regel, daß ein vom Vollstreckungsgericht **ohne Widerspruch** eines Widerspruchsberechtigten zugelassenes Gebot **wirksam** ist und ein vorausgegangenes geringeres Gebot endgültig zum Erlöschen bringt und daß ein ohne Widerspruch zurückgewiesenes Gebot keinen Einfluß auf das Verfahren hat.

Entscheidung über die Sicherheitsleistung (Absatz 1) 2

2.1 Wenn Antrag auf Sicherheitsleistung gestellt ist, muß das Gericht „sofort" **entscheiden** (Abs 1). „Sofort" bedeutet hier: im unmittelbaren Anschluß an die Niederschrift des Antrags. Die Entscheidung beruht nicht auf einem Ermessen des Gerichts. Wenn die Voraussetzungen gegeben sind, muß die Sicherheit angeordnet werden. Das Gericht darf nicht bei ordnungsgemäß gestelltem Antrag ein Gebot ohne Sicherheitsleistung zulassen, wenn es etwa den Bieter für zahlungsfähig hält[1]. Das Gericht hat über die Notwendigkeit der Sicherheit zu entscheiden, wenn es verlangt wird, und es hat darüber, ob die Sicherheitsleistung sachlich und betragsmäßig ausreicht, zu entscheiden, sobald diese geleistet ist.

2.2 Erlischt das Gebot sofort durch Zulassung eines Übergebots, so muß an sich über den zum vorigen Gebot gestellten Sicherheitsantrag nicht mehr entschieden werden; er bleibt aber für weitere Gebote desselben Bieters wirksam (dazu im ZVG-Handbuch Rdn 329). Wenn es aber die Verfahrensverhältnisse einigermaßen gestatten, sollte doch über **jeden Antrag** auch **gesondert entschieden** werden. Durch eine Zurückweisung des Gebots mangels notwendiger Sicherheit können sich die Verfahrensverhältnisse anders gestalten. Außerdem könnte ja das Übergebot seinerseits durch wirksame Anfechtung (§ 71 Rdn 3) oder dadurch, daß es mangels Sicherheitsleistung dann zurückgewiesen werden muß, wieder wegfallen und so das vorausgehende wieder aktuell werden. Wenn das Gericht in angemessener Weise auf die Bedeutung dieser Verfahrensvorschriften hinweist, werden sich Bieter gedulden, da die Einhaltung der Regeln auch in ihrem Interesse liegt. Wenn bei Verfahren über mehrere Objekte auch noch Gruppen- und Gesamtgebote erfolgen, ist es unbedingt nötig, streng in der gesetzlichen Reihenfolge zu verfahren, erst einmal die vorliegenden Anträge mit allen Einzelheiten zu entscheiden, dann erst weitere Gebote entgegenzunehmen. Andernfalls lassen sich Irrtümer der Anwesenden und Versehen des Gerichts kaum vermeiden. Das Gericht ist nicht gezwungen, den Abschnitt des Bietens in einer Stunde abzuwickeln, da dies nur eine Mindestfrist ist (§ 73 Rdn 2). Bei den schwierigen und folgenreichen Vorgängen des Versteigerungsverfahrens ist Übereilung immer schlecht. Es ist gut, wenn der Vorsitzende schon vor der Bietstunde hierauf hinweist.

Leistung der Sicherheit (Absatz 2) 3

3.1 Wenn die Sicherheitsleistung beantragt ist und das Gericht sie für nötig hält, dann ist die Sicherheit „sofort" zu **leisten**: Abs 2 Satz 1; sonst muß das Gebot zurückgewiesen werden: Abs 2 Satz 3. Dann erlischt es, wenn der Zurückweisung nicht sofort widersprochen wird (§ 72 Abs 2). Die Sicherheitsleistung kann auch schon durch Hinterlegung (von Geld oder Wertpapieren) vor dem Versteigerungstermin erfolgt sein: Abs 2 Satz 2. Diese Hinterlegung erfolgt im Verfahren nach der Hinterlegungsordnung[2]. Den Hinterlegungsgrund gibt Abs 2 Satz 2 (so auch[3]).

---

[1] OLG Düsseldorf Rpfleger 1989, 36 mit Anm Meyer-Stolte.
[2] Arnold MDR 1979, 358 (III 7).
[3] Hornung Rpfleger 1979, 321 (D V 4).

Einzahlung als Verwahrgeld bei der Gerichtskasse genügt nicht (nicht richtig[4]). Die Hinterlegung muß als Sicherheit in der konkret zu bezeichnenden Zwangsversteigerungssache zur alleinigen Verfügung durch das Vollstreckungsgericht erfolgen. Weil keine Verbindlichkeit erfüllt wird, braucht Rücknahmeverzicht (BGB § 378) nicht erklärt zu sein[5] (anders[6]). Rückgabe der Sicherheit erfolgt immer nur auf Ersuchen des Vollstreckungsgerichts (HinterlO § 15).

3.2 Sofortige Leistung bedeutet hier nicht, daß der Verpflichtete schon mit dem Geld in der Hand „auf dem Sprung" sein müsse, daß die Leistung binnen Sekunden zu geschehen habe. Auch hier heißt es in aller Interesse: Eile mit Weile! Es muß als sofortige Leistung angesehen werden, wenn die Sicherheit **ohne Verzögerung beigebracht** wird, so daß der Verfahrensfortgang nicht (oder nur unwesentlich) aufgehalten wird[7], wenn also die Leistung innerhalb einer kurzen Frist erfolgt[8] (enger[9]: unmittelbar nach Entscheidung des Gerichts, wenn keine angemessene Verzögerung oder gar kurze Unterbrechung der Bietstunde zugelassen wird; dem ist nicht zu folgen). Ein Bieter führt etwa (zu seiner Sicherheit) den Geldbetrag nicht im Gerichtssaal bei sich, sondern läßt ihn von einem Beauftragten außerhalb des Saales verwahren. Es muß auch ermöglicht werden, den Betrag etwa von einer im Hause befindlichen Bankzweigstelle zu holen. Ebenso muß kurze Gelegenheit zur Abgabe einer ordnungsgemäßen Bürgschaftserklärung[10] oder Besorgung des benötigten Bargeldes geboten werden[11]. [12]hat bei Angebot von Euroschecks erklärt, das Gericht müsse den Leistungspflichtigen veranlassen, diese Schecks in der nächsten Bankzweigstelle einzulösen. [13]will nicht eine kurze Frist zur Beibringung der Sicherheit gewähren, sondern das Gebot zurückweisen und dem Interessenten durch angemessene Verlängerung der Bietstunde die Beschaffung der Sicherheit und Abgabe eines neuen Gebots ermöglichen. Zuviel verlangt ist es aber, wenn der Verpflichtete erst in einen anderen Ort fahren muß, um das Geld zu holen, und dabei vielleicht auch noch in die Mittagspause der Banken gerät[14]. Auf jeden Fall muß die Sicherheit vor Schluß der Bietstunde herbeigebracht sein, weil nur in der Bietstunde über die Wirksamkeit des Gebots entschieden werden kann und weitere Gebote möglich sind[15]. Dabei darf natürlich die Bietstunde verlängert werden[16], und zwar angemessen. Es wurde ausdrücklich zugelassen, die Sicherheit in angemessener Zeit herbeizuholen[17] (anders[18]: lehnt jede Fristgewährung ab; zu formalistisch). Die Sicherheit muß so erbracht werden, daß hierdurch die Durchführung des Versteigerungstermins nicht verzögert wird[19].

---

[4] Steiner/Storz § 70 Rdn 9.
[5] Dassler/Gerhadt § 69 Rdn 7.
[6] Jaeckel/Güthe §§ 67–70 Rdn 15.
[7] OLG Hamm JMBlNW 1988, 245 = NJW-RR 1987, 1016 = OLGZ 1988, 64 = Rpfleger 1987, 469; LG Münster MDR 1958, 173 mit abl Anm Flies und zust Anm Holthöfer = NJW 1958, 149 und 388 Leitsatz mit krit Anm Mohrbutter.
[8] OLG Hamm aaO (Fußn 7); OLG Zweibrücken Rpfleger 1978, 107 mit Anm Vollkommer; Dassler/Gerhard § 70 Rdn. 3.
[9] Steiner/Storz § 70 Rdn 7.
[10] OLG Hamm NJW-RR 1987, 1016 = aaO (Fußn 7); OLG Zweibrücken JurBüro 1981, 112 mit zust Anm Mümmler.
[11] OLG Stuttgart Justiz 1984, 18 = KTS 1984, 519 = MDR 1984, 152 = Rpfleger 1983, 493; OLG Zweibrücken Rpfleger 1978, 107 mit Anm Vollkommer.
[12] OLG Zweibrücken aaO (Fußn 11).
[13] Schiffhauer BlGrBW 1981, 88 (XX).
[14] LG Mannheim Justiz 1973, 23.
[15] OLG Hamm aaO (Fußn 7); Mohrbutter NJW 1958, 388 (Anmerkung).
[16] Mohrbutter NJW 1958, 388 (Anmerkung).
[17] Holthöfer JR 1958, 337; Pöschl BB 1963, 957 (1).
[18] Flies MDR 1958, 173 (Anmerkung).
[19] OLG Karlsruhe ZMR 1973, 89.

Entscheidung über die Sicherheitsleistung 3.6 § 70

Daher hat ein auf Sicherheitsleistung nicht vorbereiteter Bieter nicht Anspruch darauf, daß ihm noch Gelegenheit (in einer Frist von etwa einer Stunde) zur Besorgung der Sicherheit gewährt wird[20]. Erstmals im Beschwerdeverfahren kann die Sicherheit auch dann nicht geleistet werden, wenn der Zurückweisung des Gebots widersprochen worden ist, das Gebot somit nicht erloschen ist[21]. [22]will Sicherheitsleistung und Übergebote noch bei Zurückverweisung durch das Landgericht auf Zuschlagsanfechtung hin zulassen; dies hat[23] mit Recht als unzulässig bezeichnet; Sicherheit und Gebote sind nur im Versteigerungstermin auf Grund des dort aufgestellten geringsten Gebots zulässig; wurde mangels Sicherheit das Gebot zurückgewiesen, so kann auch das Rechtsmittelgericht nicht den Zuschlag erteilen, weil ja die Sicherheit fehlt; nur wenn das Rechtsmittelgericht meint, es sei keine Sicherheit nötig, kann es auf Anfechtung hin, aber nur, wenn rechtzeitig Widerspruch des Zurückgewiesenen erfolgt war (§ 72 Abs 2), den zu Unrecht erteilten Zuschlag auf das niedrigere Gebot aufheben und dem zu Unrecht zurückgewiesenen höher Bietenden den Zuschlag erteilen. Weil Sicherheitsentscheidungen nur in der Bietstunde erfolgen können, ist das von[24] vorgeschlagene Verfahren nicht zulässig. Abzulehnen ist auch, was[25] meint: wenn Meistgebot irrtümlich ohne Sicherheitsleistung zugelassen sei, das Gericht vor dem Zuschlag seinen Irrtum erkenne und der Meistbietende dann noch freiwillig Sicherheit leiste, erhalte er den Zuschlag; das Gebot ist hier mangels eines Widerspruchs ohne Sicherheitsleistung wirksam. [25]meint auch, das Gericht könne sogar nachträglich über § 79 verspätete Sicherheit berücksichtigen; dazu § 79 Rdn 2.

3.3 Wie die Nichtleistung beim ersten Antrag ist es zu behandeln, wenn eine geleistete Sicherheit bei späteren höheren Geboten nicht **erhöht** wird (§ 68 Rdn 2), weil das Sicherheitsverlangen sich auf alle Gebote desselben Bieters erstreckt (§ 67 Abs 1 Satz 2). Wird das höhere Gebot durch Versehen des Gerichts ohne Erhöhung der Sicherheit und ohne Widerspruch des die Sicherheit Verlangenden zugelassen, so ist es wirksam: Abs 3. Wieder ein Grund, bedächtig vorzugehen.

3.4 Wenn die Leistung der Sicherheit **unterbleibt** und das Gebot dennoch nicht zurückgewiesen wird, bleibt es (bindend) bestehen (siehe § 72 Abs 2). Es kann dann durch Zulassung eines Übergebots erlöschen (§ 72 Abs 1). Wenn kein Übergebot erfolgt und das Sicherheitsverlangen mit Widerspruch gegen die Zulassung des Gebots nicht zurückgenommen ist (Abs 3), ist bei Entscheidung über den Zuschlag (§ 79) über das Gebot endgültig zu entscheiden. Es ist nach Abs 2 Satz 3 zurückzuweisen, wenn die Sicherheit bis zu dieser Entscheidung noch nicht geleistet ist. Das vorgehende Gebot besteht dann aber für Erteilung des Zuschlags wirksam nur noch fort, wenn der Zulassung des Übergebots (für das Sicherheit zu leisten gewesen wäre) von einem Beteiligten widersprochen wurde (§ 72 Abs 1 Satz 1). In diesem Sonderfall kann, weil das Gebot noch nicht zurückgewiesen wurde und noch wirksam ist, die Sicherheit auch noch nach dem Schluß der Bietstunde und nach dem Versteigerungstermin geleistet werden (anders wohl[26]). Ist Sicherheitsleistung bis zur Entscheidung über den Zuschlag erfolgt, dann besteht ein Grund für Zurückweisung des Gebots nicht mehr; als Meistgebot ist ihm daher der Zuschlag zu erteilen.

3.5 Hierzu im ZVG-Handbuch Rdn 329.

3.6 Bei der **Entgegennahme der Sicherheit** hat das Gericht mit größter Sorgfalt zu verfahren, da es für alle Fehler haftet. Es hat übergebene Gegenstände jeder

---

[20] OLG Düsseldorf Rpfleger 1989, 167.
[21] OLG Hamm aaO (Fußn 7).
[22] Holthöfer JR 1958, 337.
[23] OLG Zweibrücken Rpfleger 1978, 107 mit Anm Vollkommer.
[24] Holthöfer JR 1958, 337.
[25] LG Lübeck SchlHA 1973, 129.
[26] OLG Hamm NJW-RR 1987, 1016 = aaO (Fußn 7).

§ 70 3.6 Versteigerung

Art sofort sicher zu verwahren und vor Zugriff Unbefugter zu schützen. Es hat aber auch eine unbefugte Kenntnisnahme zu verhindern. Aus einer übergebenen Bürgschaft oder einem Bundesbankscheck könnten Anwesende ersehen, bis zu welcher Höhe der betreffende Bieter äußerstens bieten will. Geld und Wertpapiere werden dagegen meist nur in benötigter Höhe übergeben. Es muß verhindert werden, daß die Absichten der Bieter vorzeitig bekannt werden. Falls die Sicherheitsurkunde durch Übergabe Bestandteil des Protokolls wird, darf in dieses insoweit nicht die durch § 42 erweiterte oder auch die nach ZPO § 299 normale Einsicht gewährt werden, es muß auch entsprechend vorsichtig protokolliert werden („es wurde festgestellt, daß die übergebene Bürgschaft die nötige Sicherheit abdeckt"). Dazu auch § 42 Rdn 2.3.

Fall aus der Praxis: In der Teilungsversteigerung geschiedener Ehegatten bot der Ehemann 100 000 DM, leistete aber Sicherheit durch eine Bürgschaft über 25 000 DM für Gebote bis 250 000 DM. Das Gericht gab nur bekannt, daß die Sicherheit ausreiche. Die geschiedene Frau wollte durch ihren Anwalt das Protokoll samt Bürgschaft einsehen, um zu erfahren, wie hoch der Mann bieten könne. Das wurde mit Recht verweigert.

4 Rechtsbehelfe; Gebote ohne Sicherheitsleistung (Absatz 3)

4.1 Gegen die Entscheidung über die Sicherheitsleistung gibt es nicht Rechtspflegererinnerung/Beschwerde, weil insoweit eine nicht selbständig anfechtbare Vorentscheidung zum Zuschlag vorliegt (§ 95). Auch die Generalklausel in RpflG § 11 Abs 1 läßt hier keine besondere Anfechtung des Rechtspflegers zu, weil hier ein besonders gestalteter Rechtsbehelf vom Gesetz vorgesehen ist, der **Widerspruch**: Abs 3, § 72 Abs 1, 2. Im übrigen kann gegebenenfalls der Zuschlag angefochten werden.

4.2 Ein trotz nötiger Sicherheitsleistung ohne solche zugelassenes Gebot bleibt wirksam, wenn nicht sofort Widerspruch (des die Sicherheit Verlangenden) erfolgt, weil das Verlangen nach Sicherheit dann als zurückgenommen gilt: Abs 3. Der Widerspruch muß **sofort** erhoben werden, also unverzüglich, im unmittelbaren Anschluß an die Zulassung des Gebots durch das Gericht, ohne besondere Überlegungsfrist. Nur bei rechtzeitigem Widerspruch kann das Gericht bei der Zuschlagsentscheidung, gemäß § 79 ungehindert durch vorausgehende Entscheidungen, nochmals überprüfen, welches von mehreren Geboten nun das wirksame Meistgebot sei[27]. Andererseits, wenn ein Gebot mangels Sicherheitsleistung zurückgewiesen wird, erlischt es, falls nicht der Bieter oder ein Beteiligter der Zurückweisung sofort widerspricht: § 72 Abs 2 (dazu § 72 Rdn 3). Wenn der Zurückweisung des Meistgebots widersprochen ist, ist bei der Beschlußfassung über den Zuschlag (§ 79) und dann im Beschwerdeverfahren nochmals zu überprüfen, ob die Zurückweisung rechtmäßig erfolgt ist[28] (§ 72 Rdn 5.4). Eine nicht geleistete Sicherheit kann dann aber (nach Schluß der Versteigerung) nicht mehr erbracht werden[28], somit auch nicht für den Bürgen der Vermögensnachweis (BGB § 239)[28]. Daher kann auch der Nachweis der Sicherheitsleistung zwischen Schluß der Bietstunde und Entscheidung über den Zuschlag bei dieser Entscheidung nicht mehr berücksichtigt werden[28].

4.3 Über versehentliche Rückgabe einer Sicherheit und Widerspruch hierbei § 70 Rdn 5.

5 Rückgabe der Sicherheit

5.1 Wird der Bieter, der die Sicherheit geleistet hat, von seiner Verpflichtung aus dem Gebot frei, sei es durch Zulassung eines gültigen Übergebots, sei es durch

---

[27] LG Lübeck SchlHA 1973, 129.
[28] OLG Hamm JMBlNW 1988, 245 = NJW-RR 1987, 1016 = OLGZ 1988, 64 = Rpfleger 1987, 469.

rechtskräftige Versagung des Zuschlags auf sein Gebot, so muß ihm die Sicherheit zurückgegeben werden. Im Falle des Übergebots empfiehlt es sich, den **Schluß der Versteigerung** abzuwarten, weil vielleicht derselbe Bieter neu bieten will und dann erneut Sicherheit leisten müßte. Bei Zuschlagsversagung erfolgt die Rückgabe der Sicherheit erst nach der **Rechtskraft** der Entscheidung.

5.2 Wie die Übergabe der Sicherheit muß auch ihre Rückgabe, falls sie im Termin geschieht, mit allen Einzelheiten (Art der Sicherheit, Höhe, Empfänger) in das **Protokoll** aufgenommen werden (§§ 78, 80).

5.3 Wird eine Sicherheit nach dem Schluß der Versteigerung dem Bieter, der sie geleistet hat, in Anwesenheit des die Sicherheit Verlangenden **aus Versehen** zu Unrecht **zurückgezahlt** und erhebt der die Sicherheit Verlangende nicht sofort Widerspruch, so gilt sein Sicherheitsverlangen als zurückgenommen (entsprechend dem § 70 Abs 3)[29]. An der Wirksamkeit des Gebots ändert die Rückgabe nichts mehr[30]. Das Problem ist dann aber, was im Verteilungstermin zu geschehen hat, ob der Sicherheitsbetrag zu verteilen ist, obwohl er nicht vorhanden ist (§ 107 Rdn 4).

5.4 Hierzu im ZVG-Handbuch Rdn 331.

Sicherheit als Bargebotszahlung 6

Das bare Meistgebot muß vom Zuschlag an **verzinst** werden: § 49 Abs 2. Das gilt auch, wenn für ein Gebot Sicherheit geleistet wird, weil die Sicherheit erst im Verteilungstermin als gezahlt gilt: § 107 Abs 3. Der Ersteher kann aber Zinsen einsparen, wenn er schon vor dem Zuschlag vorsorglich für den Fall des Zuschlags oder unmittelbar nach Zuschlagsverkündung eine Erklärung zu Protokoll gibt, daß sein Sicherheitsbetrag als **Teilzahlung auf das bare Meistgebot** gelten solle (§ 49 Rdn 4.3). Es ist Anstandspflicht des Gerichts, auf diese Möglichkeit hinzuweisen.

[Behandlung unwirksamer Gebote]

71 (1) **Ein unwirksames Gebot ist zurückzuweisen.**
(2) **Ist die Wirksamkeit eines Gebots von der Vertretungsmacht desjenigen, welcher das Gebot für den Bieter abgegeben hat, oder von der Zustimmung eines anderen oder einer Behörde abhängig, so erfolgt die Zurückweisung, sofern nicht die Vertretungsmacht oder die Zustimmung bei dem Gericht offenkundig ist oder durch eine öffentlich beglaubigte Urkunde sofort nachgewiesen wird.**

Übersicht

Allgemeines zu § 71	1	Vertretungsmacht; Zustimmung zu Geboten (Absatz 2)		6
Gebote: Abgabe, Wirksamkeit, Zurückweisung unwirksamer (Abs 1)	2	Vertretung und Zustimmung (Einzelfälle) sowie Besonderheiten		7
Gebot: Anfechtung	3	Ausbietungsgarantie, Bietabkommen		8
Mehrere Bieter (Bietergemeinschaft)	4			
Rechtspfleger, Protokollführer, Schuldner als Bieter	5			

Literatur: Drischler, Neue Fragen zur Ausbietungsgarantie in der Zwangsversteigerung, KTS 1976, 285; Droste Die Ausbietungsgarantie in der notariellen Praxis, MittRhNotK 1995, 37; Eickmann, Vormundschaftsgerichtliche Genehmigung im Zwangsversteigerungsverfahren, Rpfleger 1983, 199; Flik, Vorausgenehmigung ... zum Grundstückserwerb im Zwangsversteigerungsverfahren, BWNotZ 1995, 44; Heiderhoff Bietungsabkommen im Zwangsverstei-

---

[29] OLG Koblenz Rpfleger 1963, 53; LG Verden Rpfleger 1974, 31 mit teils zust teils abl Anm Schiffhauer.
[30] OLG Koblenz Rpfleger 1963, 53; Schiffhauer BlGrBW 1966, 72 (XV).

gerungsverfahren, MittRhNotK 1966, 45; Horn, § 313 BGB und die selbständige Ausbietungsgarantie, WM 1974, 1038; Kalter, Die Bietungsabkommen, KTS 1964, 193; Kracht, Verstoßen Bietungsabkommen gegen das GWB?, NJW 1958, 490; Otto, Ist ein strafrechtlicher Schutz öffentlicher Versteigerungen, insbesondere der Zwangsversteigerung, gegen das Abhalten vom Bieten erforderlich?, Rpfleger 1979, 41; Papke, Der Strohmann in der Zwangsversteigerung, KTS 1964, 21; Riggers, Zur Anfechtung von Geboten im Zwangsversteigerungsverfahren, JurBüro 1970, 359; Schiffhauer, Zur Anfechtung eines Gebots wegen Irrtums, Rpfleger 1972, 341; Stadlhofer-Wissinger, Das Gebot in der Zwangsversteigerung – eine nicht anfechtbare Prozeßhandlung, 1993.

1 Allgemeines zu § 71

Zweck und **Anwendungsbereich:** Schaffung klarer Verhältnisse im Versteigerungstermin mit Zurückweisung unwirksamer Gebote. § 71 gilt für alle Versteigerungsverfahren des ZVG.

2 Gebote: Abgabe, Wirksamkeit, Zurückweisung unwirksamer (Absatz 1)

2.1 **Gebot** ist auf Grundstückserwerb durch staatlichen Hoheitsakt (Zuschlag) an das Vollstreckungsgericht gerichtete Willensäußerung. Ihre Wirksamkeit bestimmt sich nach den bürgerlichrechtlichen Vorschriften über Willenserklärungen. Rechtsnatur und Wesen des Gebots werden vielfältig dargestellt: als „Prozeßhandlung"[1] (für sie bestimmen sich Geschäftsfähigkeit und gesetzliche Vertretung nach bürgerlichem Recht, ZPO § 51), als „Privatwillenserklärung"[2], als privatrechtliche Willenserklärung[3] „mit verfahrensrechtlichen Wirkungen"[4] sowie als von „öffentlichrechtlicher Art" deshalb, weil es zusammen mit dem Zuschlag zu einem kaufähnlichen öffentlichenrechtlichen Vertrag führe[5]; Vertragsantrag für Zustandekommen eines Ewerbsvertrags mit Zuschlag nach BGB § 156 ist es nicht. Die Begriffsbestimmung erlangt für die auf Konkurrenz der Bieter ausgerichteten Verfahrensregeln der Zwangsversteigerung keine weitere Bedeutung; die wesentlichen Rechtsfolgen eines wirksamen Gebots regelt das ZVG selbst, insbesondere in § 81 Abs 1 mit dem Recht auf Zuschlag (wenn nicht ein Versagungsgrund, § 83, vorliegt), § 81 Abs 4 für Mithaft bei Zuschlag an einen Dritten, in § 71 Abs 2 für den Vertretungsnachweis und in § 72 damit, daß ein Übergebot das frühere Gebot zum Erlöschen bringt.

2.2 Gebote sind ihrer Natur nach **im Versteigerungstermin** abzugeben, also **mündlich** im Termin[6], nicht schriftlich vorher[7], auch nicht schriftlich im Termin[8]. Abgegeben wird ein Gebot gegenüber dem Vollstreckungsgericht durch **Nennung des bar zu zahlenden Betrags** (Bargebot, § 49 Abs 1). Der gebotene Betrag ist in der gesetzlichen Währung der Bundesrepublik Deutschland abzugeben, auch dort, wo noch Grundpfandrechte in ausländischer Währung eingetragen sein sollten, oder wenn ein Ausländer bietet. Ein Taubstummer kann sein Gebot natürlich im Termin schriftlich übergeben, wobei das Gericht es dann bekanntgibt, falls nicht ohnehin für Beteiligte ein Taubstummendolmetscher zugezogen ist

---

[1] Stein/Jonas/Münzberg, ZPO, § 817 Rdn 8; Zöller/Stöber, ZPO, § 817 Rdn 5; MünchKomm/Kramer, BGB, § 156 Rdn 1; Stadlhofer-Wissinger, Das Gebot in der Zwangsversteigerung, 1993, S 118–124 und S 157.
[2] Reinhard/Müller § 72 Anm II 1; Mohrbutter/Drischler Muster 108 Anm 1; Nußbaum, Zwangsversteigerung, § 16 (III a).
[3] OLG Hamm KTS 1972, 56 mit teils zust, teils abl Anm Mohrbutter = MDR 1972, 59 = OLGZ 1972, 250 = Rpfleger 1972, 378; Dassler/Gerhardt § 71 Rdn 1.
[4] Steiner/Storz § 71 Rdn 3.
[5] Baur/Stürner, Zwangsvollstreckungsrecht, Rdn 36.15; Rosenberg/Gaul/Schilken, Zwangsvollstreckungsrecht, § 65 (II 1).
[6] LG Braunschweig DNotZ 1957, 322 mit abl Anm Riedel = NdsRpfl 1957, 147.
[7] Dassler/Gerhardt § 71 Rdn 10; Steiner/Storz § 71 Rdn 14
[8] Mohrbutter, Handbuch des Vollstreckungsrechts, § 42 (II a).

Behandlung unwirksamer Gebote 2.7 **§ 71**

(GVG § 186); ein Bietinteressent hat diesen selbst mitzubringen, wie er auch als nicht der deutschen Sprache mächtig, falls er bieten will, selbst einen Dolmetscher oder wenigstens Sprachenkundigen mitzubringen hat, da es nicht Aufgabe des Gerichts ist, insoweit auch für die Interessenten alle nur denkbaren Möglichkeiten vorzubereiten.

2.3 Die **Angaben zur Person** des Bieters sind bei der Entgegennahme des Gebots gemäß Personalausweis, Handelsregisterauszug, Vollmachtsurkunde usw genau festzustellen, bei natürlichen Personen auch die Berufsbezeichnung sowie das Geburtsdatum, das ja in das Grundbuch einzutragen ist, soweit es sich aus den Unterlagen ergibt. Für einen Einzelkaufmann ist der bürgerliche Name festzustellen, weil seine Firma nicht im Grundbuch eingetragen werden kann.

2.4 Ein an das Vollstreckungsgericht im Versteigerungstermin abgegebenes Gebot ist bis zu seinem Erlöschen (§ 72) **bindend.** Es kann nicht zurückgenommen werden[9], auch nicht, wenn die Beteiligten zustimmen (anders[10]). Es ist auch nicht bis zur Zulassung durch das Gericht frei widerruflich (anders[11]). Abgabe des Gebots und damit Bindung des Bieters sowie Zulassung (über die gesonderte Entscheidung nicht ergeht, Rdn 2.5), sind nicht identisch. Daher erlischt ein Gebot erst mit Zurückweisung und selbst ein nicht zugelassenes (zurückgewiesenes, Abs 1) Gebot bei Widerspruch noch nicht (§ 72 Abs 2); es kann als bindend abgegeben aber gleichwohl nicht (frei) widerrufen werden.

2.5 Zugelassen werden darf nur ein **wirksames Gebot.** Wirksam ist ein Gebot nur, wenn es im Termin selbst (Rdn 2.2) zu den aufgestellten Versteigerungsbedingungen abgegeben ist und wenn es als erstes mindestens die Höhe des geringsten Gebots hat (unter diesem ist es unwirksam, § 44 Abs 1), später wenn es ein schon wirksam abgegebenes Gebot auf dasselbe Objekt überschreitet. Gebote unter den vorausgehenden sind unzulässig (§ 72 Rdn 2), natürlich auch Gebote, die gleichhoch sind wie das vorausgehende. Für das „Überschreiten" genügt theoretisch die Währungseinheit von einem Pfennig. Zweckmäßig wird aber das Gericht darauf hinweisen, daß möglichst runde Beträge geboten werden sollen. Beschränkungen der Gebote nach oben gibt es nicht. Zum Übergebot auch § 72 Rdn 2. Zugelassen ist ein Gebot, wenn es vom Gericht nicht zurückgewiesen ist (Abs 1 und § 72 Abs 1 Satz 2); ausdrückliche (gesonderte) Entscheidung über die Zulassung eines Gebots ergeht nicht. Mit dem Grundsatz, daß nur ein Gebot zugelassen werden kann, auf welches der Zuschlag erteilt werden darf, wenn es das letzte bleibt, soll der Erfolg der Versteigerung von vornherein gewährleistet werden (Denkschrift S 53).

2.6 Die **Unwirksamkeit** eines Gebots kann auf verschiedenen Ursachen beruhen (zB Rdn 5). Unwirksam sind Gebote von Geschäftsunfähigen (BGB § 105 Abs 1) und von beschränkt Geschäftsfähigen ohne Einwilligung des gesetzlichen Vertreters und Genehmigung des Vormundschaftsgerichts (Rdn 7.2). Unwirksam ist ein bedingtes Gebot[12], ebenso ein befristetes. Unwirksam ist ein Gebot, bei dem eine Vollmacht, Vertretungsmacht, Genehmigung fehlt (Abs 2). Auch eine nichternstliche Erklärung nach BGB § 118 ist unwirksam, wenn etwa erkennbar ein völlig unsinniges Gebot zum Spaß abgegeben wurde.

2.7 Ein unwirksames (Abs 1) oder sonst für den Zuschlag nicht geeignetes Gebot (§ 70 Abs 2 Satz 2, § 71 Abs 2) ist **zurückzuweisen.** Die Zurückweisung muß ausdrücklich erfolgen[13]. Damit erlischt das Gebot aber nicht, wenn sofort

---

[9] OLG Breslau OLG 27, 209; Korintenberg/Wenz § 72 Anm 1; Reinhard/Müller § 71 Anm 1; Steiner/Storz § 71 Rdn 96.
[10] Jaeckel/Güthe §§ 71, 72 Rdn 16.
[11] Stadtlhofer-Wissinger aaO (Fußn 1) S 136–141 und S 157.
[12] Steiner/Storz § 71 Rdn 89.
[13] OLG Düsseldorf NJW 1953, 1757.

widersprochen wird (Abs 2 des § 72). Solange das bisher höchste Gebot nicht zurückgewiesen ist, darf ein niedrigeres als dieses nicht zugelassen werden[14]. Eine Zurückweisung erfolgt nicht mehr, wenn das unwirksame oder sonst unzulässige Gebot noch vor der Entscheidung schon wieder durch ein Übergebot, dem nicht widersprochen ist, erloschen ist (§ 72 Abs 1). Dann kann die Aufklärungspflicht des Gerichts (ZPO § 139) aber Hinweis auf die Unwirksamkeit oder Unzulässigkeit des erloschenen Untergebots gebieten.

2.8 Jedes **Gebot** ist **sofort** auf Zulässigkeit und Wirksamkeit zu **prüfen** (ZVG-Handbuch Rdn 321). Über ein unwirksames oder sonst unzulässiges Gebot hat das Gericht sofort zu entscheiden. Über alle Tatsachen, aus denen die Unwirksamkeit eines Gebots sich ergeben kann, muß das Gericht sofort nach ihrem Bekanntwerden im Termin entscheiden[15], es darf keine alternative Bietreihen zulassen[15]. Durch (unrichtige) Zulassung wird ein unwirksames Gebot nicht wirksam; ihm ist der Zuschlag zu versagen[16]. Wenn ein Gebot des betreibenden Gläubigers (aber auch das eines anderen Interessenten) zurückgewiesen wird, kann Aufklärung (zumindest Hinweis) darüber geboten sein, wie Zuschlag auf ein anderes (das nächstniedrige Gebot, das dann Meistgebot bleibt) verhindert werden kann (Einstellungsbewilligung nach § 30; Antrag nach § 74 a Abs 1; Bieten durch Vertreter im eigenen Namen und spätere Abtretung der Rechte aus dem Meistgebot). Bei Aussetzung der Entscheidung über den Zuschlag (§ 87) liegt jedoch kein Verfahrensfehler vor, wenn ein Realkreditinstitut mit Rechtsabteilung darüber nicht belehrt worden ist.[16]

2.9 Das Vorschieben eines **Strohmannes** bei der Abgabe von Geboten ist nicht sittenwidrig[17] und macht die Gebote nicht unwirksam. Die Beteiligten haben keinen Anspruch darauf, daß die wirkliche Interessenlage offenbar werde[17]. Das ZVG ermöglicht dies sogar in § 81 Abs 2 und 3. Wird nicht rechtzeitig die verdeckte Vollmacht vorgelegt (§ 81 Abs 3) oder das Recht aus dem Meistgebot abgetreten (§ 81 Abs 2), so erhält der Strohmann den Zuschlag. Die Voraussetzungen des Bietens richten sich nach ihm. Zu Bietmanipulation bei Auftreten eines Strohmanns (Strohmann-Vermietungsmethode, Strohmanngebote bei verteilten Grundpfandrechten) siehe[18].

2.10 Als **rechtsmißbräuchlich** (sittenwidrig) unwirksam ist ein Gebot, das in der Absicht abgegeben wird, als Meistbietender hierauf keine Zahlung leisten zu können und zu wollen[19]. Mißbräuchliches Verhalten, das keine Anerkennung finden kann (zu Rechtsmißbrauch allgemein Einl Rdn 8.4 und 9.6) ist jedoch die Besonderheit (Ausnahmefall). Es ist daher Vorsicht geboten. Für (sofortige, Rdn 2.7) Zurückweisung des Gebots muß Rechtsmißbrauch durch offenkundige Tatsachen eindeutig ausgewiesen sein (anschauliche Beispiele[19]); der Bieter muß Gelegenheit gehabt haben, dazu Stellung zu nehmen (rechtliches Gehör, Einl Rdn 46). Es ist nicht schon das Gebot des Eigentümers rechtsmißbräuchlich, weil er Schuldner des Verfahrens ist (Rdn 5.1). Schutz gegen Nichterfüllung des Schuldnergebots gewährt erhöhte Sicherheitsleistung (§ 68 Abs 3). Es ist auch nicht schon das Gebot eines Dritten allein deshalb unwirksam, weil er in Vermögensverfall geraten ist und die eidesstattliche Offenbarungsversicherung abgegeben hat; er kann als Strohmann auftreten (die Interessenlage ist dann nicht offenzulegen, Rdn 2.9), dem ein interessierter Dritter die Erfüllung des Meistgebots ge-

---

[14] OLG Hamm Rpfleger 1972, 378 = aaO (Fußn 3); Mohrbutter KTS 1972, 59 (Anmerkung).
[15] OLG Hamm Rpfleger 1972, 378 = aaO (Fußn 3).
[16] OLG Koblenz NJW-RR 1988, 690.
[17] BGH DGVZ 1955, 25 = Rpfleger 1955, 157.
[18] Büchmann ZIP 1986, 1357.
[19] LG Essen und OLG Hamm Rpfleger 1995, 34; AG Dortmund Rpfleger 1994, 119 mit Anm Stumpe.

Behandlung unwirksamer Gebote 3.2 **§ 71**

währleistet; Rechtsmißbrauch muß daher im Einzelfall durch konkrete weitere Tatsachen eindeutig zutage treten.

2.11 Fall aus der Praxis: Der Schuldner gründete in Luxemburg mehrere Scheinfirmen, nach dortigem Recht ordnungsgemäß, als juristische Personen, auch hier anzuerkennen. Bei der von einer Bank gegen den Schuldner betriebenen Vollstreckungsversteigerung ließ er durch eine der Firmen einsteigern. Diese leistete die notwendige Mindestsicherheit, zahlte das Meistgebot nicht. Für die Forderung der Bank wurde nach § 118 die Forderung übertragen und nach § 128 Sicherungshypothek angeordnet. Die Bank betrieb die Wiederversteigerung. Auch hier war eine der Firmen Ersteher und dasselbe Spiel wie vorher begann. Das Vollstreckungsgericht konnte dies und ähnliche weitere Absichten nicht verhindern. Die Bank konnte nicht erhöhte Sicherheit verlangen. Nur erhöht sich wegen § 128 Abs 4, weil die Bank aus einem Recht hinter der §-128-Hypothek betreibt, das Bargebot um die §-128-Ansprüche der Bank. Sie versuchte jeweils mit eigenen Geboten die Scheinfirmen möglichst hoch hinaufzutreiben.

Gebot: Anfechtung 3

3.1 Ein Gebot kann wegen eines Willensmangels **angefochten** werden[20], mindestens sind die Anfechtungsvorschriften analog anwendbar[21] (anders[22]: keine analoge Anwendung der bürgerlichrechtlichen Irrtumsvorschriften). Anfechtbar ist es wegen Irrtums (BGB § 119; in der Erklärungshandlung = Versprechen oder über den Inhalt der Erklärung), wenn der Bieter etwa gemeint hat, die bestehenbleibenden Rechte seien im Bargebot eingeschlossen[23], oder wenn der Bieter auf das Nichtbestehen von nicht verkündeten Vorkaufsrechten vertraut hat, aber nachträglich davon erfährt, weil das Bestehen oder Nichtbestehen von Vorkaufsrechten eine wesentliche Eigenschaft ist[24]. Auch sonst ist ein Gebot wegen Irrtums über wesentliche Eigenschaften (BGB § 119 Abs 2) anfechtbar, aber nicht wegen Grundstücksmängeln (§ 56 Satz 3)[25], auch nicht, wenn der Bieter sich verrechnet (Irrtum im Motiv)[26]. Irrtum ist bewußte Unkenntnis vom wirklichen Sachverhalt; nicht im Irrtum ist, wer sich bewußt ist, den Inhalt einer Erklärung nicht zu kennen oder ihre wirtschaftliche oder rechtliche Tragweite nicht zu kennen. Wer verspätet erscheint und ein Gebot abgibt, ohne sich über die Versteigerungsbedingungen zu unterrichten, mithin bewußt ein Gebot abgibt, dessen wirtschaftliche und rechtliche Tragweite er nicht kennt und nicht zu übersehen vermag, kann mithin sein Gebot nicht wegen Irrtums anfechten[27]. Eine Anfechtung wegen arglistiger Täuschung oder Drohung (BGB § 123) scheidet nach Sachlage aus.

3.2 Die Anfechtung des Gebots muß gegenüber dem Versteigerungsgericht erfolgen[28]. Bei **wirksamer Anfechtung** des Gebots ist vom Terminsvorsitzenden, der über die Anfechtung sofort zu entscheiden hat, das Gebot zurückzuweisen, bei

---

[20] RG 54, 308; OLG Frankfurt Rpfleger 1980, 441; OLG Hamm KTS 1972, 56 mit teils zust, teils abl Anm Mohrbutter = MDR 1972, 59 = OLGZ 1972, 250 = Rpfleger 1972, 378; OLG Frankfurt Rpfleger 1980, 441; OLG Stuttgart Justiz 1979, 332; LG Krefeld Rpfleger 1988, 166; Dassler/Gerhardt § 71 Rdn 3; Jaeckel/Güthe §§ 71–72 Rdn 14; Korintenberg/Wenz § 71 Anm 2; Reinhard/Müller § 71 Anm II 2; Steiner/Storz § 71 Rdn 97; Mohrbutter/Drischler Muster 108 Anm 1.
[21] Baur/Stürner, Zwangsvollstreckungsrecht, Rdn 36.15.
[22] Stadlhofer-Wissinger, Das Gebot in der Zwangsversteigerung, 1993, S 133–148 und S 157.
[23] OLG Stuttgart Justiz 1979, 332; LG Krefeld Rpfleger 1988, 166; Schiffhauer Rpfleger 1972, 341 und BlGrBW 1968, 205 (XX 2).
[24] Lorenz MDR 1961, 896.
[25] LG Bielefeld MDR 1978, 678.
[26] Nußbaum, Zwangsversteigerung, § 16 (III a).
[27] OLG Frankfurt Rpfleger 1980, 441.
[28] OLG Krefeld Rpfleger 1988, 166; Dassler/Gerhardt § 71 Rdn 4.

späterer Anfechtung der Zuschlag zu versagen[29] oder, wenn der Zulassung des (angefochtenen) Übergebots widersprochen und das zweithöchste Gebot daher nicht erloschen ist (§ 72 Abs 1), diesem der Zuschlag zu erteilen[30]. Die Anfechtung muß unverzüglich nach Aufklärung des Irrtums erfolgen, in der Regel also noch vor der Erteilung des Zuschlags. Möglich ist sie auch noch durch Zuschlagsanfechtung[31]. Jedoch beurteilt sich dann die Rechtzeitigkeit der Anfechtung nicht nach Verfahrensrecht, sondern nach materiellem Recht (BGB § 121)[32], so daß bei früher Kenntnis des Anfechtungsgrundes die Anfechtung erst mit Zuschlagsbeschwerde verspätet sein kann. Anfechtung erst im Verkündungstermin 9 Tage nach Kenntnis des Anfechtungsgrunds ist verspätet[33]. Nach Rechtskraft des Zuschlags ist Anfechtung auf jeden Fall ausgeschlossen[34]. Zu Unrecht meint[35], wegen Drohung (wann ist die möglich?) sei Anfechtung auch nach Rechtskraft möglich, verbunden mit dem Antrag auf Wiedereinsetzung gegen die Versäumung der Zuschlagsbeschwerdefrist. Wird ein zugelassenes Gebot in der Bietstunde wirksam angefochten, so muß weitergeboten werden, weil durch die Zulassung die schon vorher abgegebenen Gebote erloschen waren (§ 72 Abs 1) (anders[36]: dies gelte nur bei späterer Anfechtung, nicht aber bei Anfechtung sofort nach der Zulassung des Gebots; durch § 72 nicht gedeckt).

3.3 Der Meistbietende, der nach Erteilung des Zuschlags sein Gebot wegen Irrtums (BGB § 119) anficht, hat, wenn auf seine Beschwerde der Zuschlag versagt wird, anderen Beteiligten nach BGB § 122 Abs 1 **Schadensersatz** zu leisten[37]. Der zu ersetzende Schaden umfaßt alle Vermögensnachteile (auch Vertrauensschaden)[37].

4 Mehrere Bieter (Bietergemeinschaft)

4.1 Eigentum an einem Grundstück können **mehrere Personen gemeinschaftlich** auch in der Zwangsversteigerung erwerben. Ein Gebot mehrerer Personen zu gemeinschaftlichem Grundstückserwerb ist daher zulässig; es hat das **Beteiligungsverhältnis** der Bieter in Bruchteilen (zB ½) oder das zwischen ihnen bestehende **Gesamthandverhältnis** (zB eheliche Gütergemeinschaft) anzugeben. Diese Angaben müssen vor oder bei dem ersten Gebot der Bietergemeinschaft erfolgen (Aufnahme ins Protokoll = § 78 Rdn 2). Ein Gesamthandsverhältnis der Bieter ist aber nur in den gesetzlich vorgesehenen Fällen zulässig; meistens besteht ein Gesellschaftsverhältnis oder eheliche Gütergemeinschaft. Gesamtberechtigung nach BGB § 428 ist bei Eigentum ausgeschlossen. Die Bieter haften (unabhängig von ihrer Beteiligung) für das Gebot samtverbindlich.

4.2 Bei der Bietergemeinschaft genügt die Abgabe des **Gebots durch einen der Teilnehmer** mit formloser Zustimmung (zB Kopfnicken) der anwesenden anderen Teilnehmer. Für die nicht anwesenden Teilnehmer der Bietergemeinschaft ist aber notarielle Bietungsvollmacht vorzulegen.

---

[29] OLG Frankfurt Rpfleger 1980, 441; Lorenz MDR 1961, 896.
[30] BGH KTS 1984, 718 = MDR 1984, 1015 = NJW 1984, 1950 = Rpfleger 1984, 243.
[31] OLG Frankfurt Rpfleger 1980, 441; OLG Stuttgart Justiz 1979, 332; Dassler/Gerhardt § 71 Rdn 4; Schiffhauer Rpfleger 1972, 341 und BlGrBW 1968, 205 (XX 2); Lorenz MDR 1961, 896.
[32] OLG Frankfurt Rpfleger 1980, 441.
[33] LG Krefeld Rpfleger 1988, 166.
[34] OLG Hamm JurBüro 1966, 889 und B 30 Leitsatz; Bierbach, Anfechtung des Meistgebots (1914), S 55–56; König, Wesen des Zuschlags (1935), S 108; Ruhl, Hauskauf in der Zwangsversteigerung (1931), § 20 (B); Stülpnagel, Rechtliche Natur des Versteigerungsgebotes (1918), S 28; Zapfe, Natur der Zwangsversteigerung (Anfechtbarkeit), 1921, S 53–55.
[35] Riggers JurBüro 1970, 359 (3 d).
[36] Henle, ZVG, § 71 Anm 2.
[37] BGH NJW 1984, 1950 = aaO (Fußn 30).

Behandlung unwirksamer Gebote 6.3 § 71

4.3 Bei der Bietergemeinschaft handelt es sich nicht um ein gleichzeitiges Abhalten der anderen Gemeinschaftsteilnehmer von eigenen Geboten, also **nicht** um ein **unzulässiges Bietabkommen**[38].

4.4 Die Verträge über gemeinsames Bieten müssen **nicht** nach BGB § 313 **notariell** beurkundet sein, falls sie nicht eine Erwerbsverpflichtung enthalten. Sie sollen dann nur für den Fall des Gebots die Art der Gemeinschaft und die Größe der Anteile bestimmen.

4.5 Zur Bietergemeinschaft mit Beispiel im ZVG-Handbuch Rdn 315.

Rechtspfleger, Protokollführer, Schuldner als Bieter 5

5.1 Rechtspfleger, Richter, Protokollführer, die mit der Durchführung des Termins befaßt sind, dürfen weder für sich selbst (auch nicht durch einen Bevollmächtigten) noch als Vertreter eines anderen bieten: BGB § 456. Gebote sind hier, wenn sie dennoch erfolgen sollten, als unwirksam zurückzuweisen.

5.2 Der **Schuldner,** ebenso der Antragsgegner im Teilungsversteigerungsverfahren, darf unbeschränkt bieten, ebenso ein nach der Beschlagnahme neu eingetretener Eigentümer (unter Umständen aber mit erhöhter Sicherheitsleistung).

Vertretungsmacht; Zustimmung zu Geboten (Absatz 2) 6

6.1 Stellvertretung ist bei Abgabe eines Gebots zulässig (BGB § 164 Abs 1). Erforderlich ist, daß der erklärende Stellvertreter **im Namen des Vertretenen** handelt und **Vertretungsmacht** hat (zur verdeckten Vertretung § 81 Rdn 5). Die Vertretungsmacht kann gesetzlich (zB für Eltern, Vormund, Pfleger oder Betreuer), rechtsgeschäftlich (zur Bietvollmacht Rdn 6.3) oder organschaftlich (zB für Vorstand der Aktiengesellschaft, den eingetragenen Genossenschaft oder des Vereins, für Geschäftsführer der Gesellschaft mbH usw) begründet sein. Wirksamkeitserfordernis eines Gebots[39] ist darüber hinaus, daß die Vertretungsmacht bei Gericht **offenkundig** ist oder durch eine **öffentlich beglaubigte Urkunde** sofort **nachgewiesen** wird (Abs 2). Gleiches gilt, wenn die Wirksamkeit eines Gebots von der **Zustimmung eines anderen** oder einer **Behörde** abhängig ist (Einzelfälle Rdn 7); diese Zustimmung muß für Zulassung des Gebots gleichfalls offenkundig oder durch eine öffentlich beglaubigte Urkunde sofort nachgewiesen werden. Grund: Schaffung klarer Verhältnisse mit größtmöglicher Sicherheit über die Wirksamkeit eines Gebots. Das Gebot wird nur zugelassen, wenn ihm, sofern es das letzte bleibt, der Zuschlag erteilt werden kann.

6.2 Offenkundigkeit: § 17 Rdn 4.3. Die **öffentlich beglaubigte Urkunde** muß schriftlich abgefaßt und mit der vom Notar beglaubigten Unterschrift des Erklärenden versehen (BGB § 129 Abs 1) oder von der zustimmenden Behörde formgerecht ausgestellt sein. Die weitergehende notarielle Beurkundung einer Erklärung ersetzt deren öffentliche Beglaubigung (BGB § 129 Abs 2).

6.3 a) Die **Bietvollmacht** (Form: Rdn 6.1) muß ausdrücklich die Ermächtigung zum „Erwerb des Grundstücks", „Abgeben von Geboten" oder ähnlich enthalten oder es muß sich um eine (öffentlich beglaubigte oder beurkundete) Generalvollmacht handeln[40]. Bei der Generalvollmacht kann es sich auch um eine auf „Zwangsvollstreckung" oder „Zwangsversteigerung" oder ähnlich beschränkte handeln, eine sogenannte Gattungs-Generalvollmacht. Zulässig ist etwa: „. . . zur Abgabe und Annahme aller, gleichwie gearteter Erklärungen in . . , soweit dies gesetzlich zulässig ist . . .". Es genügt auch eine Sondervollmacht „zum Erwerb des

---

[38] Kalter KTS 1964, 193 (207).
[39] OLG Hamm NJW 1988, 73 = OLGZ 1988, 452.
[40] Dassler/Gerhardt § 71 Rdn 19; Jaeckel/Güthe §§ 71–72 Rdn 14; Korintenberg/Wenz § 71 Anm 3 a; Steiner/Storz § 71 Rdn 23.

Grundstücks"[41]. Dagegen genügt nicht eine Einzelvollmacht, „rechtsgeschäftliche Erklärungen abzugeben", „das Grundstück zu veräußern" (insbesondere bei der Teilungsversteigerung so vorkommend) oder ähnliche allgemeine Erklärungen, bei denen nicht sicher ist, ob der Vollmachtgeber wirklich Gebote abgeben lassen wollte. Einfache (privatschriftliche) Prozeßvollmacht (ZPO § 80), die zur Vertretung eines (beliebigen) Verfahrensbeteiligten zu den Zwangsversteigerungsakten übergeben ist (oder wird), genügt zur Abgabe von Geboten nicht. Auch die in öffentlich beglaubigter Form ausgestellte Prozeßvollmacht ermächtigt nur zu Verfahrenshandlungen (ZPO § 85), weist aber eine Vertretungsmacht für Abgabe von Geboten zum Grundstückserwerb nicht aus. Angesichts der Tragweite der Gebote muß völlige Klarheit über den Umfang der Bietvollmacht herrschen, diese somit zur Vertretung bei Abgabe von Geboten ermächtigen.

b) Enthält die Vollmacht **Beschränkungen,** etwa nach der Höhe des Gebots, so sind diese vom Gericht zu beachten. Über die in der Vollmacht genannte Höchstgrenze hinaus kann der Bevollmächtigte keine wirksamen Gebote abgeben; trotzdem erfolgende sind zurückzuweisen (Abs 2), weil ja dafür keine Vertretungsmacht mehr vorliegt. Bietet der Bevollmächtigte dann selbst und tritt er die Rechte aus dem Meistgebot ab (§ 81 Abs 2), so ist es wegen der Grunderwerbsteuer ratsam, zu Protokoll zu erklären, daß er nur mangels der nötigen Vollmacht selbst geboten habe (über die Wirksamkeit in steuerrechtlicher Hinsicht entscheidet das Finanzamt); für die Frage des Gebots ist es ohne Bedeutung, der Bietende ist als Meistbietender zu behandeln.

c) Ist **mehreren Personen Vollmacht** erteilt, dann muß sie zum Ausdruck bringen, ob jeder Bevollmächtigte für sich allein (Einzelvertretung; ist bei Bevollmächtigung einer Anwaltssozietät anzunehmen) oder ob sie nur zusammen (Gesamtvertretung) vertretungsberechtigt sein sollen. Fehlt die Angabe, so kann es Auslegungsfrage sein, welche Vertretungsart gewollt ist. Wird eine zur Gesamtvertretung erteilte Bietvollmacht von einem der Bevollmächtigten handschriftlich so ergänzt, daß „. . . jeder für sich allein vertreten kann", dann weist die Urkunde Einzelvertretung nicht in der Form des Abs 2 aus; Gebote des Einzelvertreters sind daher zurückzuweisen[42], soweit die Vertretungsart nicht offenkundig ist (zB Bestätigung des Vollmachtgebers zu Protokoll) (im Fall[42] wäre aber bei Auslegung Einzelvertretung anzunehmen gewesen; für Bindung der Vertretungsmacht des Rechtsanwalts an die Mitwirkung des Bürovorstehers, damit auch umgekehrt, weist die Urkunde nichts aus).

d) Ist der Bieter **von mehreren Personen** zum Bieten bevollmächtigt, so bestimmt er bei Abgabe des Gebots das Beteiligungsverhältnis seiner Vollmachtgeber, falls dieses nicht in der Vollmachtsurkunde genannt ist. Gegenüber dem Gericht entscheidet dann seine Erklärung, aber im Innenverhältnis haftet er den Vollmachtgebern für die richtige Erfüllung des Auftrags.

e) Die Urkunde muß in **Urschrift** oder **Ausfertigung** (ersetzt die Urschrift im Rechtsverkehr) vorgelegt werden (vgl BGB §§ 172, 175); die Vorlage einer beglaubigten Abschrift genügt für den Nachweis des Besitzes der Vollmachtsurkunde und damit des Fortbestands der Vollmacht nicht. Wird die vorgelegte Vollmachtsurkunde zurückgegeben, ist Vorlage der Urschrift oder Ausfertigung im Protokoll festzustellen (§ 78) und eine (beglaubigte) Abschrift zu den Akten zu nehmen.

f) **Offenkundig** könnte eine Bietvollmacht bei Gericht etwa sein, wenn in einer beim Grundbuchamt eingereichten Urkunde (die mit den Grundakten beim Versteigerungstermin dem Vollstreckungsgericht vorliegt) eine Bietvollmacht enthalten ist. Offenkundig ist nur, was dem Terminsvorsitzenden einwandfrei bekannt

---

[41] Korintenberg/Wenz § 71 Rdn 3 a.
[42] LG Lüneburg Rpfleger 1988, 112.

Behandlung unwirksamer Gebote 6.4 **§ 71**

ist; es genügt nicht, daß der Bevollmächtigte in anderen Zwangsversteigerungsverfahren über eine formgültige Bietvollmacht verfügt hat. Bei größeren Banken oder anderen größeren Unternehmen ist es auch üblich, daß diese beim Gerichtsvorstand eine allgemeine Vollmacht für alle ihre Zwecke hinterlegen (Einl Rdn 50). Schon bei der normalen Prozeßvollmacht entstehen hierbei erhebliche Schwierigkeiten der Überwachung, erst recht bei der Bietvollmacht, die nun einmal im Versteigerungstermin einwandfrei nachgewiesen sein muß. Unklarheiten gehen immer zu Lasten des Nachweispflichtigen.

g) Bedarf der Vollmachtgeber einer behördlichen Genehmigung (Zustimmung, zB Eltern oder ein Vormund der Genehmigung des Vormundschaftsgerichts) oder der Zustimmung eines anderen, so hat diese auch der bietende Bevollmächtigte nachzuweisen (Abs 2).

h) Eine im **Ausland** ausgestellte Vollmacht ist formwirksam, wenn sie den Formerfordernissen der Ortsform (des Rechts des Sitzes der ausländischen Urkundsperson) entspricht (EGBGB Art 11 Abs 1)[43].

6.4 Der Nachweis der Befugnis zur Vertretung einer Aktien- oder Aktienkommanditgesellschaft, GmbH, OHG oder KG sowie Partnerschaft oder Europ wirtschaftlichen Interessenvereinigung ist durch sofortige (Abs 2) Vorlage eines **Zeugnisses des Registergerichts** über die Eintragung (beglaubigte Registerabschrift, HGB § 9 Abs 2 und 3) zu führen, desgleichen der Nachweis der Befugnis zur Vertretung einer Genossenschaft (GenG § 156 Abs 1 mit HGB § 9) sowie eines eingetragenen Vereins (BGB § 69). Offenkundig wird die Vertretungsmacht nur sein, wenn in einem anderen Verfahren oder Versteigerungstermin desselben Vorsitzenden der Auszug schon vorlag (aber mit Vorsicht anzuwenden, weil sich die Verhältnisse geändert haben können) oder wenn etwa eine ortsansässige Bank laufend in solchen Verfahren auftritt. Wenn der Nachweis der (nicht offenkundigen) Vertretungsmacht nicht sofort erfolgt, muß das Gebot als unwirksam zurückgewiesen werden (Abs 2). Der Registerauszug muß neueren Datums sein[44]. Eine Zeitgrenze besteht nicht[44]; es entscheidet das pflichtgemäße Ermessen des Rechtspflegers[44]. Ein noch keine 15 Tage alter Auszug genügt im Hinblick auf HGB § 15 Abs 2 Satz 2 auf jeden Fall, sofern keine Änderung bekannt ist oder sein muß. Bezugnahme auf das Handelsregister (auch desselben Gerichts) genügt nicht (der Inhalt des bei einer anderen Abteilung des Gerichts geführten Registers begründet keine Offenkundigkeit). Durch Rückfrage beim Registergericht des gleichen oder eines anderen Amtsgerichts (fernmündlich, mit Fernschreiben oder Telefax) hat der Rechtspfleger einen fehlenden (oder unzureichenden) Vertretungsnachweis nicht selbst beizubringen (anders „unter besonderen Umständen"[44], dagegen[45]; auch ZVG-Handbuch Rdn 318). Rückfrage beim Registergericht begründet Offenkundigkeit nicht, erbringt Nachweis durch öffentliche Urkunde nicht und bewirkt auch nicht sofortigen Vertretungsnachweis für Prüfung und Entscheidung über die Wirksamkeit des Gebots (Rdn 2.7). Rechtsstaatliche Verfahrensgestaltung (Einl Rdn 7) schließt nicht die Verpflichtung ein, einem Bietinteressenten (abweichend von der Regelung, die der Gesetzgeber mit Abs 2 getroffen hat) den Grundstückserwerb durch Beischaffung der fehlenden Erwerbsunterlagen zu ermöglichen. Wer als Vertreter bei Abgabe des Gebots seine Vertretungsmacht nicht sofort nachweisen kann, kann selbst bieten und erklären, auch für das vertretene Handelsunternehmen (den Verein usw) geboten hat (verdeckte Vertretung, § 81 Abs 3) oder die Rechte aus dem Meistgebot dann nach § 81 Abs 2 abtreten (doppelte Grunderwerbsteuer möglich). Bei verdeckter Stellvertretung kann zum Nachweis der

---

[43] OLG Stuttgart DNotZ 1981, 746 = OLGZ 1981, 164 = Rpfleger 1981, 145; OLG Stuttgart OLGZ 1982, 257 = Rpfleger 1982, 137.
[44] OLG Hamm JMBlNW 1990, 31 = MDR 1990, 163 = OLGZ 1990, 106 = Rpfleger 1990, 85 und 218 Leitsatz mit abl Anm Hintzen.
[45] Hintzen Rpfleger 1990, 218 (Anmerkung).

§ 71 6.4 Versteigerung

Vertretungsmacht Verkündungstermin bestimmt werden (§ 78); Hinweis auf diese Erwerbsmöglichkeit gebietet die gerichtliche Aufklärungspflicht (Einl Rdn 24). Erzielung eines möglichst günstigen Erlöses als Verfahrensziel wird daher (entgegen[46]) nicht schon mit Zurückweisung des Gebots eines durch Registerauszug nicht legitimierten Vertreters verfehlt. Zudem dient Verfahrensgestaltung mit Wahrung des Abs 2 für Vertretungsnachweis sowie für Prüfung und Entscheidung über die Wirksamkeit eines Gebots (Rdn 2.7) der Klarheit und Sicherheit des Bietvorgangs (Verzögerung könnte Bietinteressenten vergrämen, Unklarheit über Wirksamkeit und Zulassung eines Gebots sie abschrecken); sie entspricht daher nicht nur den Anforderungen, sondern auch dem Geboten rechtsstaatlicher Verfahrensgestaltung. Gleichbehandlung der Bietinteressenten gebietet darüber hinaus strikte Einhaltung des Abs 2. Man stelle sich vor, daß bei Konkurrenz zweier Erwerbsinteressenten die Rückfrage bei dem Registergericht des einen Unternehmens den erwünschten Aufschluß bringt, die Anfrage bei dem Registergericht des anderen Unternehmens in vertretbarer Zeit (dazu[46]) aus nicht aufklärbaren Gründen jedoch scheitert. Solche einem rechtsstaatlichen Verfahren mit Bieterkonkurrenz abträgliche Zufälligkeiten und Unwägbarkeiten auszuschalten und mit Klarheit über die Wirksamkeit eines Gebots der Versteigerung eine sichere Grundlage zu geben, ist Zweck des Abs 2. Schutz des Schuldners gewährleistet ZPO § 765 a, wenn im Einzelfall fehlender Vertretungsnachweis Verschlechterung des Verfahrensergebnisses bewirkt (Fall von[46]) und mit Aufklärung des Bieters über verdeckte Vertretung oder eigenes Meistgebot mit Abtretung (beides von[46] nicht erwogen) Abhilfe nicht geschaffen werden kann.

6.5 Zurückweisung des Gebots erfolgt, wenn die Vertretungsmacht desjenigen, welcher das Gebot als Vertreter für einen anderen abgegeben hat, oder eine erforderliche Zustimmung eines anderen oder einer Behörde, nicht in der erforderlichen Form **sofort** nachgewiesen wird und auch nicht offenkundig ist. Mit der Zurückweisung erlischt das Gebot (§ 72 Abs 2). Es bleibt aber wirksam, wenn der Bieter oder ein Beteiligter der Zurückweisung sofort widerspricht (§ 72 Abs 2). Erfordernis des Nachweises der Vertretungsmacht oder der Zustimmung kann dann bei Entscheidung über den Zuschlag erneut geprüft werden (§ 79). Auch dann kann aber der Nachweis nicht nachgebracht werden[47] (Rdn 6.6).

6.6 Offenkundig müssen Vertretungsmacht oder Zustimmung **sogleich** bei Abgabe des Gebots sein. Sonst sind sie **„sofort" nachzuweisen.** Sofort bedeutet auch hier, daß der Nachweis ohne Verzögerung nach Abgabe des Gebots beigebracht (vorgelegt) werden muß, so daß der Verfahrensfortgang mit Abgabe weiterer Gebote nicht aufgehalten wird (siehe bereits § 70 Rdn 3). Als Wirksamkeitserfordernis für das Gebot können Nachweise (auch nur eine Vollmachtsergänzung[48]) nicht nachgebracht werden, weder im Versteigerungsverfahren nach Schluß der Bietstunde (§ 73 Abs 2) bis zum Verkündigungstermin[49] (§ 87) noch im Rechtsmittelverfahren, auch nicht in der Bietstunde nach Zurückweisung des Gebots (dann ist neuerliches Gebot unter Vorlage der Nachweise möglich). Die Zurückweisung erfolgt nur, solange das Gebot bindend besteht, nicht mehr somit, wenn es durch widerspruchslose Zulassung eines Übergebots schon wieder erloschen ist (§ 72 Abs 1). Dann kann die Aufklärungspflicht des Gerichts aber Hinweis auf den zum erloschenen Untergebot fehlenden Nachweis gebieten.

6.7 Wenn ein Gebot ohne den nach Abs 2 erforderlichen Nachweis der Vertretungsmacht oder Zustimmung zugelassen worden ist, ist ihm nach § 83 Nr 6 der Zuschlag zu versagen. Wenn der Zuschlag auf dieses Gebot erteilt ist,

---

[46] OLG Hamm aaO (Fußn 44).
[47] LG Lüneburg Rpfleger 1988, 112; Hintzen Rpfleger 1990, 218 (Anmerkung).
[48] LG Lüneburg Rpfleger 1988, 112.
[49] OLG Koblenz NJW-RR 1988, 690 = Rpfleger 1988, 75.

begründet der Mangel einen Anfechtungsgrund; den Versagungsgrund hat das Beschwerdegericht nach § 100 Abs 3 von Amts wegen zu berücksichtigen[50] (anders[51]).

6.8 Der **Auftrag**, der eine **Verpflichtung** des Beauftragten und/oder Auftraggebers begründet, ein Grundstück in der Zwangsversteigerung zu erwerben, bedarf der notariellen Beurkundung (BGB § 313)[52]. Daher ist ein Auftrag, gerichtet auf den Erwerb eines Grundstücks im eigenen Namen, aber für Rechnung des Auftraggebers, beurkundungspflichtig. Aber auch ein Auftrag, für den Auftraggeber in offener Stellvertretung ein Grundstück zu erwerben, ist beurkundungspflichtig, wenn damit der Auftrag/Vollmachtgeber bereits eine bindende Entscheidung für den Erwerb treffen wollte oder getroffen hat. Einzelheiten und Nachweise bei[52]. Wenn der Beauftragte das Grundstück vereinbarungsgemäß ersteigert hat und jedenfalls als Ersteher in das Grundbuch eingetragen ist, ist der Formmangel wegen einer Erwerbspflicht des Auftragnehmers entsprechend BGB § 313 Satz 2 geheilt[53]. Die Berufung des Auftragnehmers auf den Formmangel wegen einer Erwerbspflicht des Auftraggebers kann gegen Treu und Glauben verstoßen[53].

Vertretung und Zustimmung (Einzelfälle) sowie Besonderheiten 7

7.1 Ausländer: Ausländische **natürliche Personen** (auch Staatenlose[54]) unterliegen bei Grundstückserwerb keinen Beschränkungen. Für Staatsangehörige der Mitgliedsstaaten der Europäischen Gemeinschaft sind durch Bundesgesetz vom 2. 2. 1964 (BGBl 1964 I 248) § 1 alle Beschränkungen beseitigt und auch landesrechtliche Vorschriften auf Grund EGBGB Art 88 nicht mehr anwendbar. Sonst besteht derzeit in keinem Bundesland eine Genehmigungspflicht. Nach dem Außenwirtschaftsgesetz (Einl Rdn 30) bestehen für Personen, die außerhalb unseres Wirtschaftsgebiets ansässig sind, keine Beschränkungen mehr. Gebote sind also unbeschränkt zulässig. Güterstand: Einl Rdn 25.3. Zu juristischen Personen § 71 Rdn 7.13. Wenn eine Genehmigungspflicht eingeführt werden sollte, sind Gebote ohne die Genehmigung unwirksam und zurückzuweisen: Abs 2.

7.2 a) Beschränkte Geschäftsfähigkeit: Das Gebote eines beschränkt Geschäftsfähigen (BGB §§ 106, 114) ist ohne Einwilligung des gesetzlichen Vertreters (BGB § 107) unwirksam (BGB § 111). Der gesetzliche Vertreter benötigt für diese Einwilligung (ebenso wie für eigene Gebote im Namen des Minderjährigen, Rdn 7.4), die Genehmigung des Vormundschaftsgerichts. Zurückzuweisen ist das Gebot eines Minderjährigen, wenn die Einwilligung des gesetzlichen Vertreters oder die Genehmigung des Vormundschaftsgerichts nicht nachgewiesen (oder offenkundig) ist (Abs 2). Hierzu im ZVG-Handbuch Rdn 317.

b) **Betreuer, Betreute:** Der Betreuer vertritt in seinem Aufgabenkreis den Betreuten (BGB § 1902). Gebote sind für den Betreuten nur mit Genehmigung des Vormundschaftsgerichts möglich (wie beim Vormund, Rdn 7.26): BGB § 1908 i Abs 1 Satz 1 mit § 1821 Abs 1 Nr 5. Ohne Genehmigung sind sie zurückzuweisen: Abs 2. Bei Betreuung mit Einwilligungsvorbehalt (BGB § 1903) sind Gebote des Betreuten ohne Einwilligung des gesetzlichen Vertreters (und Genehmigung des Vormundschaftsgerichts) unwirksam (BGB § 1903 Abs 1 Satz 2 mit §§ 107, 111; wie vorst a). Sonst hat die Bestellung eines Betreuers (BGB § 1896) keine Auswirkung auf die Geschäftsfähigkeit des Betreuten (diese beurteilt

---

[50] OLG Hamm NJW 1988, 73 = OLGZ 1988, 452; Steiner/Storz § 71 Rdn 28.
[51] Jaeckel/Güthe § 100 Rdn 5.
[52] BGH 85, 245 = DNotZ 1984, 241 = KTS 1983, 323 = MDR 1983, 215 = NJW 1983, 566 = Rpfleger 1983, 81; Haegele/Schöner/Stöber, Grundbuchrecht, Rdn 3109.
[53] BGH 85, 245 = aaO (Fußn 52).
[54] RG 120, 193 (198).

sich nach BGB § 104 Nr 2; hierzu auch Einl Rdn 44.4); in diesem Fall (zB bei körperlichem Gebrechen) bleibt der Betreute daher auch selbst zur Abgabe von Geboten befugt.

7.3 Ehegatten: Jeder kann grundsätzlich allein (ohne Zustimmung des anderen) bieten. Beim gesetzlichen Güterstand der Zugewinngemeinschaft benötigt ein Ehegatte für Gebote keine Zustimmung des anderen, auch wenn die Voraussetzungen nach BGB § 1365 vorliegen würden (das zu zahlende Gebot stellt das gesamte Vermögen des Bieters dar), weil es sich nur um eine schuldrechtliche Verpflichtung zur Zahlung des Bargebots handelt, nicht um eine Verpflichtung zur Übertragung aller vorhandenen Vermögenswerte[55]. Bei Gütergemeinschaft kann der das Gesamtgut verwaltende Teil oder können beide gemeinsam mit Wirkung für das Gesamtgut bieten; hat ein in Gütergemeinschaft lebender Ehegatte geboten und dabei dem Gericht angegeben, er lebe in gesetzlichem Güterstand, so ist der Zuschlag dennoch wirksam; der andere Ehegatte kann aber die Berichtigung des Grundbuchs verlangen[56].

7.4 Elterliche Vermögensverwaltung: a) Vater und Mutter vertreten das Kind gemeinschaftlich (BGB § 1629 Abs 1 Satz 2). Wenn nur ein Elternteil sorgeberechtigt ist (BGB §§ 1671, 1672, 1678, 1681 usw) oder wenn ihm das Entscheidungsrecht nach BGB § 1628 übertragen ist, hat er auch die Alleinvertretung (BGB § 1629 Abs 1 Satz 3). Als gemeinsam vertretende Sorgeberechtigte müssen Vater und Mutter gemeinsam bieten; das kann auch in der Weise geschehen, daß ein Elternteil das Gebot mit formloser Einwilligung (zB durch Kopfnicken, Handzeichen) des anwesenden anderen Elternteils abgibt. Wenn nur ein Elternteil anwesend ist und bietet, muß die Zustimmung des anderen Elternteils offenkundig sein oder durch öffentliche oder öffentlich beglaubigte Urkunden sofort nachgewiesen werden (so auch ZVG-Handbuch Rdn 318 und[57]). Daß Bevollmächtigung eines allein anwesenden Elternteils durch den anderen stillschweigend erfolgt sein kann oder daß glaubhaft gemacht ist, daß zwischen den Eltern Einvernehmen (keine Meinungsverschiedenheit; BGB §§ 1627, 1628) besteht, genügt für die Zulassung des Gebots nicht, weil Abs 2 Offenkundigkeit oder urkundlichen Nachweis der Zustimmung verlangt.

b) Als Vermögensverwalter des Kindes (BGB §§ 1626, 1629) bedürfen Eltern zum Erwerb eines Grundstücks für das Kind der Genehmigung des Vormundschaftsgerichts (BGB § 1643 Abs 1 mit § 1821 Nr 5). Die frühere Genehmigungsfreiheit für den Grundstückserwerb (10. Auflage; dort auch Nachweise) ist mit Änderung des BGB § 1643 Abs 1 ab 1. Jan 1980 durch das Gesetz zur Neuregelung des Rechts der elterlichen Sorge vom 18. 7. 1979 (BGBl I 1061) entfallen. Ein Unterschied zwischen Grundstückserwerb bei Vertretung durch Eltern sowie Vormund (Rdn 7.26) und Pfleger besteht jetzt nicht mehr.

7.5 Entschuldungsbetrieb: Auf Ersuchen des Entschuldungsamts (Landwirtschaftsgerichts) darf nur ein Bieter mit dessen (Unbedenklichkeits-)Bescheinigung zugelassen werden. Entsprechendes gilt für die Fälle von § 81 Abs 2 und 3. Näher hierzu Art 4 der Verordnung über die Veräußerung von Entschuldungsbetrieben vom 6. 1. 1937, BGBl III 7812-1-1, 9. Auflage Textanhang T 93.

7.6 Erbbaurecht: Die Abgabe von Geboten ist ohne Beschränkung zulässig. Zustimmung uU für Erteilung des Zuschlags: § 15 Rdn 13.

7.7 Gemeinden: Die Vertretung richtet sich nach der jeweiligen Landesgemeindeordnung. Bestimmt sie Gesamtvertretung (ist vom Gericht zu prüfen), dann müssen die dafür erforderlichen Personen (Organe oder Beamte; Prüfung hat zu

---

[55] LG Freiburg FamRZ 1973, 602 Leitsatz = Rpfleger 1973, 302 mit zust Anm Schiffhauer; Haegele Rpfleger 1976, 274 (II 1 b); Dassler/Gerhardt § 71 Rdn 25.
[56] Steiner/Storz § 71 Rdn 41.
[57] Steiner/Storz § 71 Rdn 19.

Behandlung unwirksamer Gebote 7.7 **§ 71**

erfolgen, etwa durch Einsicht der Dienstausweise) zusammen bieten. Vertretung der zur Ausübung der gemeindlichen Gesamtvertretung erforderlichen Personen oder (wenn nur eine selbst bei der Gesamtvertretung mitwirkt) der erforderlichen weiteren Person, durch einen Bevollmächtigten ist möglich. Als Vertretungsregelungen der Gemeindeordnungen sind die kommunalverfassungsrechtliche Bindung an Beschlüsse des Gemeinderats (eines anderen Organs) oder eine Ermächtigung (je nach Landesrecht) zu Geschäften, die (wie Grundstückserwerb) nicht der laufenden Verwaltung zuzurechnen sind, und die kommunalrechtlichen Formvorschriften zu unterscheiden. Die **kommunalrechtliche Bindung** an Beschlüsse des Gemeinderats (eines anderen Organs) sieht der BGH[58] als eine nur interne Zuständigkeitsregelung an, die auf die Vertretung der Gemeinde nach außen (auf die Wirksamkeit von Vertretungshandlungen) ohne Einfluß ist. Die Zustimmung ist daher nicht Wirksamkeitserfordernis, muß zur Abgabe eines Gebots somit nicht nach Abs 2 nachgewiesen werden (anders[59] und hier bis 12. Auflage, § 71 Rdn 7.6; durch die Rechtsprechung des BGH überholt). Kommunalrechtliche **Förmlichkeitsvorschriften** (zB Schriftform mit Unterzeichnung und Beifügung des Gemeindesiegels) hingegen legt der BGH[60] als Vertretungsregeln aus, die die Vertretungsmacht der handelnden Organe einschränken. Wenn das auch für Abgabe eines Gebots in der Zwangsversteigerung gelten würde, wäre auch dafür Einhaltung der kommunalrechtlich vorgeschriebenen Form zu wahren. Doch entspricht schriftliche „Übergabe" eines mündlich im Termin abzugebenden Gebots (Rdn 2.2) nicht dem Wesen und praktischen Ablauf einer Versteigerung. Man stelle sich einmal praktisch vor, wie ein Bürgermeister bei jedem Gebot einen gemeindlichen Briefbogen herausholt, mit dem Gebot beschriftet, unterschreibt und siegelt. Die Gemeinde nimmt doch hier wie jeder andere am allgemeinen Rechtsverkehr teil und handelt in dem gerichtlichen Vollstreckungsverfahren. Die bundesrechtlichen ZVG-Verfahrensvorschriften aber lassen für landesrechtlich abweichende Regelung einer anderen Form für Abgabe eines Gebots keinen Raum (auch EGZVG § 2, bietet für landesrechtliche Regelung keine Grundlage[61]). Daher kann schon nicht angenommen werden, daß landesrechtliche Förmlichkeitsvorschriften für verpflichtende Erklärungen des für eine Gemeinde handelnden Vertretungsorgans auch Vertretungsregeln für Abgabe eines Gebots treffen. Zweck dieser Förmlichkeitsvorschriften ist zudem Sicherung der Gemeinde; dem ist bei Abgabe eines Gebots als Willensäußerung im Vollstreckungsverfahren bereits damit Rechnung getragen, daß es seiner Natur nach im Versteigerungstermin gegenüber dem Vollstreckungsgericht abgegeben werden muß. Kommunalrechtliche Förmlichkeitsvorschriften treffen nach ihrem Wesen daher Vertretungsregeln nur für den rechtsgeschäftlichen Verkehr, schließen nach Sinn und Zweck aber eine Regelung für Wahrung einer Form bei Abgabe eines Gebots nicht ein. Wenn man dennoch auch ein Gebot den für verpflichtende Erklärungen geltenden kommunalrechtlichen Förmlichkeitsvorschriften unterstellt, muß Bedeutung erlangen, daß im rechtsgeschäftlichen Verkehr die Form der schriftlichen Erklärungen gemeindlicher Organe durch notarielle Beurkundung ersetzt wird (BGB § 126 Abs 3). Dem entsprechen für die in gerichtlichen Verfahren abzugebenden Erklärungen die besonderen Formvorschriften des Prozeßrechts. Das ist bei Abgabe von Geboten die mündliche Nennung des bar zu zahlenden Betrages gegenüber dem Versteigerungsrechtspfleger und, wenn das Gebot für Erteilung des Zuschlags Bedeutung erlangt, die gerichtliche Protokollierung (unbeeinflußt durch das Beurkundungsgesetz). Daher wäre auch eine sonst kommunalrechtlich vorgeschriebene Form durch

---

[58] BGH 92, 164 (169, 174); BGH 97, 224 (236); BGH DNotZ 1994, 474 = NJW 1994, 1528.
[59] AG Bayreuth Rpfleger 1969, 397 mit zust Anm Riedel.
[60] BGH 97, 224 (226) und DNotZ 1994, 474 = aaO (Fußn 58).
[61] Fr Riedel DNotZ 1957, 326 (Anmerkung).

§ 71 7.7 Versteigerung

mündliche Abgabe[62] und Feststellung des Gebots in der Niederschrift über den Versteigerungstermin gewahrt ([63]für damalige Nieders Gemeindeordnung; auch[64]). Es ist also nicht nötig, daß das Gebot einer Gemeinde schriftlich und unter Beifügung des Dienstsiegels oder mit der Unterschrift des Bürgermeisters abgegeben wird. Eine sachliche Ermächtigung (Gemeinderatsbeschluß) hat auch ein Bieter nicht nachzuweisen, der für die Gemeinde als bevollmächtigter Vertreter handelt (erfordert jedoch Vollmachtsnachweis, Rdn 6).

7.8 Geschäftsunfähige: Ihre Gebote sind nichtig: BGB §§ 104, 105. Es genügt auch nicht, wie bei Geschäftsbeschränkten, die Einwilligung des gesetzlichen Vertreters. Hier kann nur der gesetzliche Vertreter (mit vormundschaftsgerichtlicher Genehmigung, siehe Rdn 7.4 und 7.26) Gebote abgeben. Vertretungsmacht und Genehmigung müssen bei Abgabe des Gebots vorliegen, sonst ist das Gebot zurückzuweisen: Abs 2. Nichtig sind auch die Gebote während einer vorübergehenden Störung der Geistestätigkeit, zB wenn der Bieter vor oder in der Sitzung Psychopharmaka oder andere die freie Willensbestimmung hemmende oder völlig aufhebende Mittel eingenommen hat. Über den Einfluß und die Wirkung der Mittel ist ein Sachverständiger (zB Gerichtsarzt) gutachtlich zu hören, über die Tatsache des Einnehmens Beweis durch Zeugenvernehmung des Bieters zu erheben. Im Versteigerungstermin wird das Gericht kaum von solchen Umständen Kenntnis erhalten, die Vorgänge werden erst im Rahmen der Zuschlagsanfechtung auftauchen, wie das in München geschah. Hierzu auch im ZVG-Handbuch Rdn 317.

7.9 Handelsschiffe: Genehmigung erforderte früher Handelsschiffdarlehensgesetz § 8 Abs 2 und 4. Das Gesetz ist aufgehoben.

7.10 Handwerkskammer: Sie wird nach näherer Regelung der Satzung durch den Präsidenten und den Hauptgeschäftsführer vertreten (Handwerksordnung § 109). Zur Vertretung gehört auch der Vollzug der Beschlüsse der Vollversammlung, die somit nicht nachzuweisen sind. Einer Genehmigung bedarf der der Beschlußfassung der Vollversammlung vorbehaltene Grundstückserwerb nicht (Handwerksordnung § 106 Abs 1 Nr 7 mit § 106 Abs 2). Gebote sind sonach ohne Beschlußnachweis und ohne Genehmigung wirksam.

7.11 Hypothekenbanken dürfen nur zur Verhinderung des Verlustes an Hypotheken oder zur Beschaffung von Geschäftsräumen sowie von Wohnräumen für Betriebsangehörige Grundstücke erwerben, sonst benötigen sie die Genehmigung der Aufsichtsbehörde: Hypothekenbankgesetz § 5. Gebote ohne diese Genehmigung sind zurückzuweisen: Abs 2 (anders[65]: Gebote seien wirksam, nur intern von der Aufsichtsbehörde zu prüfen).

7.12 Innungen: Gebote von Handwerksinnungen sind nur mit Genehmigung der Handwerkskammer zulässig: Handwerksordnung § 61 Abs 3; dies gilt auch für die Kreishandwerkerschaften: Gesetz § 89 Abs 1. Es gilt aber nicht für die Landesinnungsverbände (Gesetz § 83 Abs 1) und den Bundesinnungsverband (Gesetz § 85 Abs 2). Soweit die Genehmigung nötig ist, muß sie bei Abgabe des Gebots vorliegen, sonst ist dieses als unwirksam zurückzuweisen: Abs 2.

7.13 Juristische Personen: Grundstückserwerb im Werte von über 5000 DM durch ausländische juristische Personen ist seit dem Bundesgesetz zur Wiederherstellung der Rechtseinheit vom 5. 3. 1953 (BGBl 1953 I 33), 2. Teil Art 2 wieder genehmigungsfrei (unter 5000 DM schon vorher). Für ausländische juristische

---

[62] LG Braunschweig DNotZ 1957, 322 mit abl Anm Riedel = NdsRpfl 1957, 147; Steiner/Storz § 71 Rdn 26; Mohrbutter/Drischler Muster 4 Anm 6.
[63] LG Braunschweig aaO (Fußn 62).
[64] Dassler/Gerhardt § 71 Rdn 20.
[65] Dassler/Gerhardt § 71 Rdn 17; Steiner/Storz § 71 Rdn 55; Brand/Schnitzler, Grundbuchsachen, § 153.

Behandlung unwirksamer Gebote 7.15 § 71

Personen gilt die Beschränkung aber weiter, wenn dies landesrechtlich angeordnet ist: EGBGB Art 86. Für juristische Personen nach dem Recht eines Mitgliedsstaates der Europäischen Gemeinschaft gilt keine Beschränkung mehr (Rdn 7.1). Soweit die Genehmigung nötig ist, muß sie bei Abgabe des Gebots vorliegen, sonst ist dieses zurückzuweisen: Abs 2.

7.14 Diese Randnummer ist vorübergehend nicht belegt.

7.15 Kaufmann, Handelsgesellschaften, Gründungsgesellschaft, Partnerschaft, EWIV, Vereinen, BGB-Gesellschaft:

a) **Kaufmann:** Da beim Einzelkaufmann im Grundbuch nur der bürgerliche Name eingetragen werden darf, nicht die Handelsfirma (eines Vollkaufmanns; Einzelkaufleute, die Minderkaufleute sind, dürfen eine Firma überhaupt nicht führen, § 15 Rdn 25), kann dieser zwar unter seiner Firma bieten, muß aber dann mit dem bürgerlichen Namen festgestellt und so im Zuschlag genannt und auch im Grundbuch eingetragen werden.

b) **Handelsgesellschaften:** Sie müssen existieren, rechtsfähig sein und in gesetzlicher Form vertreten, wenn sie bieten wollen. OHG und KG können zwar auch außerhalb des Handelsregisters entstehen; Nachweis, daß eine Grundhandels-OHG (KG) mit Vorliegen eines vollkaufmännischen Geschäftsbetriebs (HGB §§ 4, 105 Abs 2, § 161 Abs 2) auch ohne Handelsregistereintragung bereits besteht und Nachweis der Vertretungsbefugnis des bietenden Gesellschafters wird aber kaum einmal in der Form des Abs 2 erbracht werden können. Eine GmbH erlangt Rechtsfähigkeit erst mit der Eintragung in das Handelsregister (GmbHG § 11 Abs 1); sie kann aber bereits als Gründerorganisation (sogenannte Vorgesellschaft, auch Vor-GmbH) Grundstückseigentum erwerben (§ 15 Rdn 19.4) und damit durch ihren Geschäftsführer bieten[66]. Die Vertretungsmacht der Geschäftsführer einer Vor-GmbH ist gesetzlich jedoch durch den Zweck begrenzt, Entstehung der juristischen Person zu fördern und bis dahin eingebrachtes Vermögen zu verwalten[67]. Sie können ein Gebot für die Vor-GmbH daher nur dann abgeben, wenn die (= alle) Gründer ihre Vertretungsmacht durch übereinstimmende Erklärung erweitert haben[67]. Prüfung des Gebots für eine Vor-GmbH erfordert daher Prüfung des Vertrags über die Gründung der GmbH, der Geschäftsführerbestellung (wenn nicht im Gesellschaftsvertrag enthalten), der Ermächtigung zum Grundstückserwerb in der Zwangsversteigerung durch sämtliche Gründungsgesellschafter sowie außerdem, daß Eintragung der GmbH in das Handelsregister noch betrieben wird (wenn die Eintragung aufgegeben ist, besteht keine Vor-GmbH, sondern eine OHG oder BGB-Gesellschaft). Hierfür müssen Nachweise in der Form des Abs 2 vorliegen. Wenn bis zur Erteilung des Zuschlags (so im Beschwerdeverfahren) die GmbH mit Eintragung in das Handelsregister Rechtsfähigkeit erlangt hat, ist ihr, nicht mehr der früheren Gründungs-GmbH, auf deren wirksames Meistgebot der Zuschlag zu erteilen[68].

c) Die **Partnerschaft** kann Rechte unter ihrem Namen erwerben (PartGG § 7 Abs 2 mit HGB § 124 Abs 1). Sie muß mit ihrer Eintragung in das Partnerschaftsregister wirksam (PartGG § 7 Abs 1) und in gesetzlicher Form vertreten sein (PartGG § 7 Abs 3 mit HGB § 125 Abs 1, 2; dazu § 15 Rdn 19.6). Nachweis kann durch (beglaubigte) Abschrift aus dem Partnerschaftsregister oder Zeugnis des Gerichts über die Eintragung geführt werden.

d) Die **Europ wirtschaftliche Interessenvereinigung** (EWIV; § 15 Rdn 19.7) ist als Handelsgesellschaft (EWIV-AusfG § 1) der OHG weitgehend gleichgestellt; eigene Rechtsfähigkeit hat sie nicht. Bieten kann sie unter ihrer Firma (EWIV-AusfG § 1 mit HGB § 124 Abs 1). Vertretung: §15 Rdn 19.7. Nachweis: durch

---
[66] LG München II NJW-RR 1987, 1519.
[67] BGH 80, 129 = MDR 1981, 649 = NJW 1981, 1373.
[68] LG München II NJW-RR 1987, 1519.

(beglaubigte) Abschrift aus dem Handelsregister oder Zeugnis des Gerichts über die Eintragung.

e) **Zweigniederlassung:** Auch unter der Firma einer Zweigniederlassung kann eine Handelsgesellschaft (auch juristische Person des Handelsrechts), ebenso die Partnerschaft oder Europ wirtschaftliche Interessenvereinigung, am Rechtsverkehr selbständig teilnehmen, somit auch Eigentum und Rechte, an Grundstücken erwerben (dazu näher[69]) und in das Grundbuch eingetragen werden[69]. Auch Gebote können daher unter der Firma der Zweigniederlassung und mit Bezeichnung des Orts der Zweigniederlassung abgegeben werden.

f) Ein **Verein** kann nur als rechtsfähiger bieten. Den Verein vertritt der Vorstand (BGB § 26 Abs 2 Satz 1). Nachweis kann durch Registerauszug oder Zeugnis des Amtsgerichts über die Eintragung (BGB § 69) geführt werden. Durch Satzung (Registereintragung, BGB § 64) kann die Vertretungsmacht des Vorstands beschränkt sein (BGB § 26 Abs 2 Satz 2). Beschränkung besteht vielfach in der Weise, daß zum Grundstückserwerb (damit auch zur Abgabe eines Gebots) die Zustimmung der Mitgliederversammlung oder eines anderen Beschlußorgans (Gesamtvorstand, Ältestenrat usw) erforderlich ist. In öffentlich beglaubigter Form kann diese Zustimmung durch Vorlage einer öffentlich beglaubigten Niederschrift über den Versammlungsbeschluß geführt werden; öffentlich beglaubigt sein müssen die Unterschriften der die Niederschrift „beurkundenden" Personen (BGB § 58 Nr 4)[70]. Die Zustimmung der Mitgliederversammlung, die der Vorstand zur Ersteigerung eines Grundstücks benötigt, muß auch ein vom Vorstand bevollmächtigter Vertreter bei Abgabe von Geboten neben der Bietungsvollmacht in öffentlich beglaubigter Form nachweisen[71].

g) Eine **Bürgerlichrechtliche Gesellschaft** kann mangels eigener Rechtsfähigkeit als solche nicht bieten. Die Gesellschafter müssen hier persönlich und gemeinsam auftreten, auch im Grundbuch eingetragen werden, nicht die BGB-Gesellschaft (§ 15 Rdn 19.1). Das Rechtsverhältnis von BGB-Gesellschaftern ist als solches für den Grundstückserwerb zum gemeinschaftlichen Vermögen (BGB § 718 Abs 1) und zur Grundbucheintragung (GBO § 47) zu bezeichnen.

7.16 Kirchenbehörden: Bei der katholischen und evangelischen Kirche bedürfen sie zum Grundstückserwerb der Genehmigung der Aufsichtsbehörde. Gebote ohne diese Genehmigung sind unwirksam[72] und zurückzuweisen. Hierzu auch[73].

7.17 Konkursverwalter: Als solcher kann er für eine Konkursmasse auch ohne Zustimmung der Gläubigerversammlung wirksam bieten.

7.18 Landwirtschaftliche, forstwirtschaftliche und gärtnerisch genutzte **Grundstücke:** § 15 Rdn 24. Die Grundstücke sind frei erstehbar. Das gilt auch in den Verfahren nach §§ 172, 175, 180.

7.19 Pfleger: Gebote sind für den Pflegling nur mit Genehmigung des Vormundschaftsgerichts möglich, wie beim Vormund (Rdn 7.26): BGB §§ 1915, 1821 Abs 1 Nr 5. Ohne Genehmigung sind sie zurückzuweisen: Abs 2.

7.20 (Vormalige) Reichsheimstätten: § 15 Rdn 31.

7.21 Schiffsbanken: Schiffspfandbriefbanken dürfen nur zur Beschaffung von Geschäftsräumen oder von Wohnräumen für ihre Betriebsangehörigen oder zur Vermeidung des Verlustes an Hypotheken Grundstücke erwerben: Schiffsbankgesetz § 5 Abs 4. Sonst sind Gebote unwirksam und zurückzuweisen: Abs 2.

---

[69] Hagele/Schöner/Stöber, Grundbuchrecht, Rdn 243.
[70] BayObLG 1961, 392 = DNotZ 1962, 312 = MDR 1962, 307 = NJW 1962, 494 = Rpfleger 1962, 107; Stöber, Vereinsrecht, Rdn 116.
[71] OLG Hamm NJW 1988, 73 = OLGZ 1987, 452.
[72] RG 152, 369.
[73] Knott MittRhNotK 1963, 748.

Behandlung unwirksamer Gebote 7.27 § 71

7.22 Sozialversicherungsträger der gesetzlichen Kranken-, Unfall- und Rentenversicherung einschließlich der Altershilfe für Landwirte: Sie können als rechtsfähige Körperschaften des öffentlichen Rechts (SGB IV § 29 Abs 1) durch ihren vertretenden Vorstand (SGB IV § 35 Abs 1) Gebote abgeben. Genehmigung der Aufsichtsbehörde ist erforderlich (SGB IV § 85 Abs 1). Bis zu einem gesetzlich festgelegten Hundertsatz des Haushaltsvolumens des Versicherungsträgers (mit Mindest- und Höchstsätzen) besteht Genehmigungsfreiheit (SGB IV § 85 Abs 2, 3). Gebote ohne erforderliche Genehmigung sind unwirksam und zurückzuweisen: Abs 2.

7.23 Testamentsvollstrecker: Im Rahmen seiner Zuständigkeit kann er bieten, sogar für noch unbekannte Erben.

7.24 Ein **Treuhänder,** der die Verträge für Grundstückserwerb abgeschlossen und die Finanzierung durch Übernahme der Mithaft sichergestellt hat, ist nicht gehindert, später das Grundstück im Zwangsversteigerungsverfahren gegen den Treugeber zu einem dem Verkehrswert wesentlich unterschreitenden Preis zu ersteigern[74].

7.25 Einer **Unternehmensbeteiligungsgesellschaft** (Rechtsform: Aktiengesellschaft) ist der Erwerb von Grundstücken nur zur Beschaffung von Geschäftsräumen gestattet (Gesetz über Unternehmensbeteiligungsgesellschaften − UBGG; BGBl 1986 I 2488). Ein Verstoß berührt die Wirksamkeit des Gebots jedoch nicht (UBGG § 8). Prüfung durch das Vollstreckungsgericht erfolgt daher nicht.

7.26 Versicherungsgesellschaften, Bausparkassen:

a) **Versicherungen** in der Form von Aktiengesellschaften und Versicherungsvereinen auf Gegenseitigkeit unterstehen der Aufsicht nach dem Versicherungsaufsichtsgesetz vom 13. 10. 1983 (BGBl I 1261), mit Änderungen, benötigen aber infolge Neufassung von VAG § 54 zum Erwerb von Grundstücken jetzt keine Genehmigung der Aufsichtsbehörde mehr (Änderungsgesetz vom 20. 12. 1974, BGBl 1974 I 3693). Auch ihre Gebote sind jetzt unbeschränkt wirksam.

b) **Bausparkassen:** Sie unterliegen dem Bausparkassengesetz vom 15. 2. 1991 (BGBl I 455) mit Änderungen; nach dessen § 4 Abs 4 ist für sie der Erwerb von Grundstücken nur zur Verhütung von Ausfällen ihrer Forderung und zur Beschaffung von Geschäftsräumen sowie von Wohnräumen für ihre Betriebsangehörigen gestattet.

7.27 Vormund: a) Der Vormund bedarf (ebenso wie jetzt auch Eltern, BGB § 1643) der Genehmigung des Vormundschaftsgerichts zur Abgabe eines Gebots für sein Mündel: BGB § 1821 Abs 1 Nr 5[75]. Hierzu auch ZVG-Handbuch Rdn 318. Durch das Genehmigungserfordernis ist die Vertretungsmacht des Vormunds (des Pflegers und der Eltern) gesetzlich beschränkt. Grundstückserwerb mit Zuschlag erfolgt zwar nicht durch Vertrag; der entgeltliche Erwerb durch Zuschlag ist aber nach dem Schutzzweck des BGB § 1821 Abs 1 Nr 5 dem nach dieser Bestimmung genehmigungspflichtigen rechtsgeschäftlichen Erwerb gleich, so daß jedenfalls entsprechende Anwendung dieses Genehmigungstatbestandes die Genehmigung erfordert. Diese muß bereits bei Abgabe des Gebots vorliegen, sonst ist dieses zurückzuweisen (Abs 2).

b) Wird das Grundstück eines Mündels versteigert und bietet der Vormund im eigenen Namen, so ist sein Gebot zulässig. Das Gericht muß aber den Zuschlagsbeschluß hier an das Vormundschaftsgericht zustellen (§ 6 Abs 3, § 88, BGB § 181); das Mündel als Schuldner benötigt hier einen Pfleger zur Wahrnehmung seiner Rechte im weiteren Verfahren[76].

---

[74] BGH NJW-RR 1990, 141 = Rpfleger 1990, 84.
[75] Brüggemann FamRZ 1990, 5 (9); Eickmann Rpfleger 1983, 199 (II 3); Haegele BlGrBW 1955, 323 (I b); Meyer-Stolte RpflJahrbuch 1970, 325 (II Nr 46 b).
[76] Mohrbutter, Handbuch des Vollstreckungsrechts, § 42.

§ 71 7.28

7.28 Wohnungseigentum (Teileigentum): Die Abgabe von Geboten ist ohne Beschränkung zulässig. Erst die Erteilung des Zuschlags kann von einer Zustimmung abhängen (§ 15 Rdn 45).

7.29 Zwangsverwalter: Es ist nicht Aufgabe des Zwangsverwalters, für die von ihm zu verwaltende Vermögensmasse in der Zwangsversteigerung Gebote abzugeben. Er hat nicht Grundstücke zu erwerben, sondern die Nutzungen des verwalteten Vermögens zu ziehen und gemäß dem Teilungsplan zu verwerten. Gebote im eigenen Namen kann er jederzeit abgeben, sie haben mit seiner Eigenschaft nichts zu tun. Andernfalls ist sein Gebot als unzulässig zurückzuweisen.

8 Ausbietungsgarantie, Bietabkommen

8.1 Die **Ausbietungsgarantie** soll vor Verlust mit Ausfall in der Zwangsversteigerung schützen oder auch nur Erzielung eines möglichst hohen Erlöses gewährleisten, im Gegensatz zum Bietabkommen (Rdn 8.8) aber nicht Interessenten vom Bieten abhalten, nicht den Kreis der Bieter beschränken, nicht den Versteigerungserlös beschneiden. Manchmal werden aber auch solche Verträge als Bietabkommen bezeichnet[77], von dem die Ausbietungsgarantie zu unterscheiden ist.

8.2 Die Ausbietungsgarantie wird als ein **Vertrag eigener Art** mit ungeklärter Rechtsnatur bezeichnet[78], teils in der Art einer Bürgschaft[78], teils als Garantievertrag[79] oder einem Garantievertrag angenähert[80]. Auf jeden Fall sind solche Verträge grundsätzlich zulässig[81]. Falls das Meistgebot gegen die Garantie verstößt, ist es und der Zuschlag trotzdem wirksam[82].

8.3 Der Garantievertrag kann wegen besonderer Umstände nach BGB § 138 **nichtig** sein[83]. Er kann auch **Schadensersatzansprüche** nach BGB § 826 auslösen[83]. Er fällt aber nicht unter BGB §§ 493, 459 (kaufähnliche Verträge)[84]. Durch ihn kann nicht die Grunderwerbsteuerpflicht umgangen werden.

8.4 Die Ausbietungsgarantie kann **unterschiedliche Ursachen** haben. a) Die Ausbietungsgarantie kann **unselbständig** sein, also Teil einer anderen Verpflichtung[85]: ein Hypothekengläubiger, der Forderung und Hypothek, oder ein Grundschuldgläubiger, der diese auf einen Dritten überträgt, übernimmt sie gegenüber dem Zessionar, falls die Hypothek (Grundschuld) in einer Versteigerung ganz oder zum Teil ausfallen sollte[86]; ein Grundstückskäufer übernimmt sie hinsichtlich der Restkaufgeldhypothek (oder -Grundschuld) gegenüber dem Grundstücksverkäufer[86]; ein Grundstückskäufer übernimmt sie gegenüber dem Geldgeber des Baudarlehens für eine Baugeldhypothek; ein Grundstücksverkäufer übernimmt sie gegenüber dem Geldgeber des Baudarlehens für eine Baugeldhypothek des Käufers.[86] b) Die Ausbietungsgarantie kann aber auch **selbständig** sein[87]: jemand übernimmt sie aus Gefälligkeit für den Schuldner gegenüber dem Hypothekar[88]; jemand will das Grundstück einsteigern und übernimmt sie gegenüber einem Hypothekengläubiger, damit dieser sie Hypothek stehenläßt oder stundet[88].

---

[77] Heiderhoff MittRhNotK 1966, 45 (A); Kalter KTS 1964, 193.
[78] Heiderhoff MittRhNotK 1966, 45 (B I 3).
[79] OLG Celle DNotZ 1992, 302 = NJW-RR 1991, 866.
[80] Heiderhoff MittRhNotK 1966, 45 (B I 3).
[81] Heiderhoff MittRhNotK 1966, 45 (B II).
[82] Steiner/Storz § 66 Rdn 26; Heiderhoff MittRhNotK 1966, 45 (B II).
[83] Riedel JurBüro 1961, 425.
[84] RG 157, 175.
[85] Eubel, Natur der Ausbietungsgarantie (1933) (I 2 II); Droste MittRhNotK 1995, 37 (B II 1); Kuth, Ausbietungsgarantie (1936), S 10.
[86] Droste MittRhNotK 1995, 37 (B II 1 a); Nebe, Ausbietungsgarantie (1936), S 9–10.
[87] Eubel und Kuth je aaO (Fußn 85); Droste MittRhNotK 1995, 37 (B II 1 b).
[88] Nebe aaO (Fußn 86).

Behandlung unwirksamer Gebote 8.6 **§ 71**

8.5 Die Ausbietungsgarantie kann auch von **unterschiedlicher Wirkung** sein: a) Die Ausbietungsgarantie kann von **schwächerer Wirkung** sein (schlichte Ausbietungsgarantie; von[89] Ausfallverhütungsgarantie, von[90] Ausfallgarantie bezeichnet), nämlich nur mit einer Ausfallverhütungspflicht. Der Verpflichtete muß gegenüber dem Grundpfandrechtsgläubiger dafür einstehen, daß der Gläubiger ganz oder zum Teil ohne Verlust aus einer Zwangsversteigerung des belasteten Grundstücks hervorgeht, wobei aber der Verpflichtete nicht selbst Gebote abgeben muß[91]. Der Verpflichtete verspricht hier also nur, daß der Gläubiger keine Verluste erleidet und er kann dafür persönlich sorgen oder einen Dritten heranziehen. Im letzten Fall muß er dafür sorgen, daß ein Dritter ausbietet[92]. Er kann aber auch einen Verfahrensausgang nach § 77 herbeiführen, indem er erreicht, daß kein Gebot abgegeben wird[93], oder er kann den betreibenden Gläubiger zur Antragsrücknahme veranlassen und so die Versteigerung verhindern[94]. Erfüllt der Verpflichtete die Pflichten nicht, so muß er in Höhe des Ausfalls an den geschädigten Gläubiger zahlen. b) Die Ausbietungsgarantie kann aber auch von **stärkerer Wirkung** sein (strenge Ausbietungsgarantie). Der Verpflichtete muß selbst mitbieten (Ausbietungspflicht oder Ausgebotsgarantie)[95].

8.6 Früher waren alle Ausbietungsgarantien formlos gültig. Durch die Neufassung von BGB § 313 hat sich das geändert, da jetzt auch die Verpflichtung zum Erwerb eines Grundstücks der notariellen Beurkundung bedarf. **Formbedürftig** sind alle Verträge, die zum Erwerb verpflichten. Verpflichtet sich jemand zur Abgabe von Geboten in einer Versteigerung, so ist das eine bedingte Erwerbsverpflichtung, nämlich für den Fall, daß es zur Versteigerung kommt, und diese ist formbedürftig[96]. Auch die Verpflichtung zur Abgabe einer Ausbietungsgarantie enthält schon eine bedingte Erwerbsverpflichtung, ist somit (als Kausalgeschäft) formbedürftig[97]. Erst recht formbedürftig ist die unbedingte Verpflichtung, in einer anstehenden Versteigerung zu bieten. Nicht formbedürftig ist die Ausbietungsgarantie mit der Verpflichtung, den Gläubiger von einem Ausfall seines Grundpfandrechts zu bewahren, ohne selbst Mitbieten zu müssen[98]. Enthält die Garantievereinbarung neben der (formbedürftigen) Verpflichtung, das Grundstück zu erwerben (Ausbietungspflicht), die alternaitv (wahlweise, BGB § 262) übernommene Verpflichtung zur Schadlosfhaltung nach Eintritt der Rechtskraft des Zuschlags (Ausfallverhütungsgarantie), so unterliegt letztere weder für sich genommen noch in Verbindung mit der (formnichtigen) Ausbietungsgarantie dem Formzwang von BGB § 313 Satz 1, sofern davon auszugehen ist, daß sie auch ohne die (formnichtige) Ausbietungsgarantie vereinbart worden wäre (BGB § 139 Halbsatz 2)[99]; ebenso als Vorinstanz[100]; kritisch und mit der Empfehlung, bei solcher

---

[89] Steiner/Storz § 66 Rdn 25.
[90] Droste MittRhNotK 1995, 37 (B II 3 a).
[91] Steiner/Storz § 66 Rdn 25; Drischler KTS 1976, 285 (286); Horn WM 1994, 1038; Droste MittRhNotK 1995, 37 (B II 3 a); Eubel aaO (Fußn 85); Kuth aaO (Fußn 85) S 11–12.
[92] Heiderhoff MittRhNotK 1966, 45 (B III [1–2]); Kalter KTS 1964, 193 (196).
[93] Drischler KTS 1976 285 (286); Horn WM 1974, 1038; Kuth aaO (Fußn 91).
[94] Kuth aaO (Fußn 91); Nebe aaO (Fußn 86).
[95] Droste MittRhNotK 1995, 37 (B II 3 b); Eubel aaO (Fußn 85); Heiderhoff MittRhNotK 1966, 45 (B III [1–2]); Kalter KTS 1964, 193 (194); Kuth aaO (Fußn 91); Nebe aaO (Fußn 86).
[96] BGH NJW-RR 1993, 14; OLG Celle MittBayNot 1977, 59 = NJW 1977, 52 und DNotZ 1992, 302 = NJW-RR 1991, 866; Steiner/Storz § 66 Rdn 32; Droste MittRhNotK 1995, 37 (C I).
[97] BGH 110, 319 (321) = MittBayNot 1990, 237 = NJW 1960, 1662; Droste MittRhNotK 1995, 37 (C I).
[98] Droste MittRhNotK 1995, 37 (C II).
[99] BGH NJW-RR 1993, 14.
[100] OLG Köln Vers 1993, 321.

Mischform Beurkundung vorzuziehen[101]. Hat sich jemand nur verpflichtet, für die Ausbietungsgarantie zu sorgen, ohne sich selbst zu Geboten zu verpflichten, so ist das **nicht formbedürftig**, auch dann nicht, wenn er sich verpflichtet, einen Dritten zu veranlassen, daß er mitbiete[102] (solange er nur selbst nicht bieten muß); die Verpflichtung des Dritten ist aber ihrerseits formbedürftig[103] (anders[104]: die Ausbietungsgarantie sei immer formbedürftig; in dieser Erweiterung vom Gesetz nicht gedeckt). Für die Verpflichtung ist ohne Bedeutung, daß noch völlig offen ist, ob es zum Zuschlag kommt, weil etwa auf Grund eines Vollstreckungsmangels oder auf Grund eines Antrags aus § 74 a der Zuschlag versagt werden muß.

8.7 Als **Ausbietungsvertrag** wird eine Vereinbarung zwischen Grundpfandrechtsgläubiger und Erwerbsinteressent über Vergünstigungen und Vorteile für den Fall der Ersteigerung angesehen, ohne daß eine bindende Verpflichtung zum Grundstückserwerb als Bietpflicht übernommen wird[105]. Der Vertrag kann vorsehen Zahlung eines das Recht des Gläubigers deckenden Betrags (samt Rechtsverfolgungskosten) schon vor dem Termin an den Gläubiger vorbehaltlich der Erteilung des Zuschlags (mit Regelung der Rückzahlungspflicht, wenn dem Vertragspartner der Zuschlag nicht erteilt wird) gegen die Zusicherung, keine Bietersicherheit zu verlangen und bei Erteilung des Zuschlags eine Befriedigungserklärung abzugeben sowie mit Dritten keine deren Erwerb begünstigende Verträge abzuschließen. Der Vertrag begründet keine Erwerbsverpflichtung; er ist daher nicht formbedürftig[105].

8.8 Ein **Bietabkommen** soll einen Bietinteressenten vom Bieten abhalten sind damit einem bestimmten Bewerber einen möglichst günstigen Erwerb ermöglichen, die Gebote also klein halten, den Kreis der Bieter beschränken, die Konkurrenz unter den Bietern schwächen oder ausschalten oder durch Scheingebote über Strohmänner verfälschen[106]: pactum de non licitando[107]. Diese Vereinbarung ist nicht schlechthin sittenwidrig und so nach BGB § 138 nichtig. Es kommt vielmehr auf die Umstände des Falles an[108]. Die **Sittenwidrigkeit** kann sich aus Inhalt, Beweggrund, Zweck ergeben[109]. Sittenwidrig handelt, wer sich als einziger in Betracht kommender Mitbieter durch ein negatives Bietabkommen sein Bietrecht abkaufen läßt und damit einen erheblichen Teil der zu erbringenden Zahlungen dem Versteigerungsverfahren entzieht[110]. Der Vertrag braucht nicht die Ausschaltung aller in Betracht kommenden Personen zu bezwecken[111]; es genügt, wenn die Konkurrenz der Bieter geschmälert werden soll[111], wenn insbesondere ein Bieter ausgeschaltet werden soll, der bereit und in der Lage wäre, mehr als andere zu bieten[112], wenn die Absprache Beteiligte schutzlos macht, die

---

[101] Droste MittRhNotK 1995, 37 (C III).
[102] Droste MittRhNotK 1995, 37 (C II).
[103] Drischler und Horn je aaO (Fußn 93).
[104] LG Göttingen NJW 1976, 571 und 972 Leitsatz mit krit Anm Hustedt.
[105] Droste MittRhNotK 1993, 37 (E I).
[106] BGH KTS 1979, 190 = MDR 1979, 217 = NJW 1979, 162 = VersR 1979, 132.
[107] Nußbaum, Zwangsversteigerung, § 16 (VIII).
[108] OLG Frankfurt Betrieb 1989, 1127 Leitsatz = ZIP 1989, 399; OLG Karlsruhe OLGZ 1994, 107 = Rpfleger 1993, 413; Steiner/Storz § 66 Rdn 25; Droste MittRhNotK 1993, 37 (E II); Heiderhoff MittRhNotK 1966, 45 (C II); Kalter KTS 1964, 193 (196).
[109] BGH NJW 1979, 162 = aaO (Fußn 106); OLG Celle BB 1969, 735 = NJW 1969, 1764 und 1970, 662 Leits mit im Ergebnis zust Anm Franzen = OLGZ 1970, 1; OLG Frankfurt ZIP 1989, 399 = aaO (Fußn 108); OLG Köln KTS 1978, 183 = NJW 1978, 47; Drischler KTS 1978, 147 (5); Heiderhoff MittRhNotK 1966, 45 (C II); Mohrbutter Rpfleger 1960, 203 (3).
[110] OLG Frankfurt Betrieb 1989, 1127 Leitsatz = ZIP 1989, 399.
[111] BGH BWNotZ 1966, 199 Leitsatz.
[112] BGH DNotZ 1961, 399 = KTS 1961, 77 = MDR 1961, 492 = NJW 1961, 1012 und WM 1965, 203; Heiderhoff MittRhNotK 1966, 45 (C II); Riedel JurBüro 1961, 425.

Behandlung unwirksamer Gebote 8.10 § 71

auf Redlichkeit besonders angewiesen sind[113]. Sittenwidrig kann es auch sein, wenn dem Bewerber ein Entgelt für seinen Verzicht gewährt wird und ein Dritter auf Grund der Vereinbarung einen Schaden erleidet, der dem durch den Verzicht Begünstigten einen Vorteil bereitet[114]. Sittenwidrig kann es sein, wenn Zahlungen auf den Wert des Grundstücks geleistet werden, die nicht dem Grundstückseigentümer zugute kommen[115]. Vereinbarungen über Sonderzuwendungen zwischen Bieter und späterem Ersteher außerhalb des Versteigerungsverfahrens können ein Gebot unwirksam machen[116]. Ein Bietabkommen ist wegen Schädigung des Finanzfiskus sittenwidrig, wenn diese Schädigung der Zweck ist, nicht nur möglich ist[117], im übrigen dann, wenn besondere Umstände vorliegen, die dem Abkommen ein sittenwidriges Gepräge geben[117], weil durch solche Abkommen nicht der marktgerechte Preis für das Grundstück erzielt wird. Die Vertragsparteien eines solchen Bietabkommens sind auch nach BGB § 826 den geschädigten Gläubigern und dem Grundstückseigentümer **schadensersatzpflichtig**[118]. Diese Ersatzpflicht ist aber außerhalb des Versteigerungsverfahrens geltend zu machen[119]. Erlangt der Rechtspfleger jedoch vor Erteilung des Zuschlags zuverlässig Kenntnis von einer Bietabsprache (so etwa, weil ein Erwerbsinteressent oder für ihn ein Dritter Beteiligte am Versteigerungsort durch Hingabe von Geld vom Mitbieten abgehalten hat), kann er verpflichtet sein, von einer sofortigen Erteilung des Zuschlags abzusehen (§ 87 Abs 1) und den Schuldner (oder betroffene Miteigentümer) auf die Möglichkeit des Rechtsschutzes nach ZPO § 765 a hinzuweisen[120]. Bietabkommen waren vor dem 1. 1. 1958 durch die Dekartellisierungsgesetze der Besatzungsmächte verboten und damit nach BGB § 134 nichtig. Seitdem verstoßen sie unter Umständen gegen das **Kartellgesetz** § 1, wenn an dem Abkommen „Unternehmen" beteiligt sind und wenn an die Stelle der freien Entscheidung von Unternehmen ein gemeinsamer Plan tritt und die Marktverhältnisse für den Verkehr mit Waren durch diese Beschränkung des Wettbewerbs beeinflußt werden können[121]. Dazu auch § 81 Rdn 10. Strafrechtlicher Schutz gegen das Abhalten vom Bieten ist nicht geboten[122].

8.9 Bietabkommen können auch eine **Teilungsversteigerung** beeinträchtigen. Verpflichtet sich ein Miteigentümer gegenüber einem Dritten, einen Antrag auf Teilungsversteigerung zu stellen und im Termin dann selbst nicht mitzubieten, um damit dem Dritten das Eigentum an dem Grundstück zu verschaffen, so bedarf dieser Vertrag der notariellen Beurkundung[123].

8.10 Ein den Versteigerungsvorgang selbst **störendes tatsächliches Verhalten** kann einen Zuschlagsversagungsgrund nach § 83 Nr 7 bilden (§ 83 Rdn 4.2).

---

[113] BGH NJW 1979, 162 = aaO (Fußn 106).
[114] OLG Karlsruhe OLGZ 1994, 107 = Rpfleger 1993, 413; LG Bielefeld NJW 1960, 534; Heiderhoff MittRhNotK 1966, 45 (C II).
[115] OLG Köln BB 1963, 1280 = MittBayNot 1964, 139 = MittRhNotK 1964, 119; Heiderhoff MittRhNotK 1966, 45 (C II).
[116] LG Verden Rpfleger 1953 243; Jaeckel/Güthe §§ 71–72 Rdn 13.
[117] OLG Celle NJW 1969, 1764 = aaO (Fußn 105).
[118] RG 58, 393; BGH BWNotZ 1966, 199 Leitsatz; OLG Frankfurt Betrieb 1989, 1127 Leitsatz = ZIP 1989, 399; Heiderhoff MittRhNotK 1966, 45 (C IV 2); Kalter KTS 1964, 193 (207); Kracht NJW 1958, 490; Nebe aaO (Fußn 86); Nußbaum, Zwangsversteigerung, § 16 (VIII).
[119] OLG Karlsruhe OLGZ 1994, 107 = Rpfleger 1993, 413; Mohrbutter Rpfleger 1960, 203 (3).
[120] OLG Karlsruhe OLGZ 1994, 107 = Rpfleger 1993, 413.
[121] OLG Frankfurt Betrieb 1989, 1127 Leitsatz = ZIP 1989, 399; Kalter KTS 1964, 193 (216).
[122] Otto Rpfleger 1979, 41.
[123] OLG Hamm DNotZ 1974, 507 = MDR 1974, 311 = Rpfleger 1974, 276.

§ 72 Versteigerung

[Erlöschen der Gebote, Übergebot]

72 (1) **Ein Gebot erlischt, wenn ein Übergebot zugelassen wird und ein Beteiligter der Zulassung nicht sofort widerspricht.** Das Übergebot gilt als zugelassen, wenn es nicht sofort zurückgewiesen wird.

(2) **Ein Gebot erlischt auch dann, wenn es zurückgewiesen wird und der Bieter oder ein Beteiligter der Zurückweisung nicht sofort widerspricht.**

(3) **Das gleiche gilt, wenn das Verfahren einstweilen eingestellt oder der Termin aufgehoben wird.**

1 Allgemeines zu § 72

1.1 Zweck der Vorschrift: Rücksicht auf Interessen des Bieters, der an sein Gebot nicht länger gebunden wird, als es der Zweck des Verfahrens notwendig mit sich bringt (Denkschrift S 53).

1.2 Anwendungsbereich: § 72 gilt für alle ZVG-Versteigerungsverfahren.

1.3 Gebote erlöschen (damit endet die Bindung des Bieters an sein Gebot) durch Zulassung eines Übergebots ohne Widerspruch (Abs 1 Satz 1; Rdn 2), durch Zurückweisung eines Gebots ohne Widerspruch (Abs 1 Satz 1 und Abs 2; Rdn 3, 5), durch einstweilige Einstellung des Verfahrens oder Terminsaufhebung (Abs 3; Rdn 4), durch Verfahrensaufhebung (Rdn 4), durch Änderung der Versteigerungsbedingungen nach Rücknahme des Antrags oder Einstellungsbewilligung durch den bestbetreibenden Gläubiger während der Bietstunde (§ 66 Rdn 7.4) oder durch rechtskräftige Versagung des Zuschlags (§ 86; § 86 Rdn 2). Hierzu auch § 66 Rdn 7.4 und ZVG-Handbuch Rdn 323.

2 Erlöschen durch Übergebot (Absatz 1)

2.1 Ein Gebot erlischt mit Zulassung (nicht schon mit Abgabe) eines **Übergebots,** falls diesem nicht widersprochen wird: Abs 1 Satz 1. Das gilt auch, wenn ein Bieter sich selbst überbietet (selbst ein wirksames höheres Gebot abgibt). Das Übergebot gilt als zugelassen, wenn es nicht sofort zurückgewiesen wird: Abs 1 Satz 2. Mit Zulassung des Übergebots erlischt ein vorausgehendes Gebot nicht nur dann, wenn es wirksam (bindend) war, sondern auch dann, wenn es unwirksam (§ 71 Abs 1) oder sonst unzulässig (§ 71 Abs 2; auch § 70 Abs 2 Satz 3), aber bei Zulassung des Übergebots noch nicht zurückgewiesen war. Auch ein sich später als unwirksam erweisendes Übergebot bringt durch seine Zulassung das vorausgehende Gebot zum Erlöschen[1]. Wenn für das Übergebot Sicherheit zu leisten ist, erlischt das vorhergehende Gebot erst, wenn die Sicherheit geleistet oder das Übergebot ohne Sicherheitsleistung zugelassen ist (§ 70 Abs 3). Wird das Höchstgebot wirksam angefochten und erfolgen darauf Gebote, die unter ihm liegen, so sind dies (unzulässige) Untergebote, solange der Rechtspfleger das angefochtene (und damit nichtige) Höchstgebot nicht zurückgewiesen hat[2]; er muß also, wenn er die Anfechtung für begründet hält, das angefochtene Gebot als unwirksam zurückweisen und darf erst dann Gebote unter diesem (aber über dem letzten wirksamen) zulassen[2]. Ein Gebot, das nicht höher als das vorausgehende letztwirksame ist, ist ja unwirksam, weil es kein Übergebot ist, sondern ein Untergebot (§ 71 Rdn 2).

2.2 Ein wirksames Gebot kann **nicht zurückgenommen** werden (§ 71 Rdn 2.4). Es können sich auch nicht die Beteiligten dahin einigen, daß eine Zurücknahme möglich sei[3] und das ihm vorausgehende erneuert werde[4].

---

[1] OLG Düsseldorf OLG 19,190; Dassler/Gerhardt § 72 Rdn 2.
[2] OLG Hamm KTS 1972, 56 mit teils zust, teils abl Anm Mohrbutter = MDR 1972, 59 = OLGZ 1972, 250 = Rpfleger 1972, 378.
[3] Dassler/Gerhardt § 72 Rdn 1.
[4] König, Wesen des Zuschlags (1935), Seite 101.

Erlöschen der Gebote, Übergebot 4.1 § 72

2.3 Gleichzeitige **Meistgebote in gleicher Höhe** sollen nach einer verbreiteten Meinung einen Losentscheid zwischen den Bietern erfordern[5]. Ergänzend meinen dazu[6], Losentscheid erfolge erst, nachdem die Bieter vergebens vom Gericht zu einem höheren Gebot aufgefordert seien. [7]meint dazu, es sei nach Billigkeit zu entscheiden, maßgebend sei, welcher Bieter ein größeres „Anrecht" habe. Derartige Verfahren, in der weit zurückliegenden Zeit der Höchstpreisbindung als Ausweg gewählt, sind dem ZVG völlig fremd. Es ist reine Theorie, daß zwei oder mehr Bieter mit gleichen Worten im selben Zeitpunkt bieten könnten. Ein Abstand gar von mehreren Minuten hintereinander, wie ihn noch[8] als gleichzeitig beurteilt, ist dies keinesfalls. In mehr als zwanzig Jahren kam es in München nicht vor, daß gleichzeitige Gebote erfolgt wären. Der Standpunkt des Gesetzes ist sehr einfach: wenn ein gültiges Gebot vorliegt, kann es nur durch ein Übergebot erlöschen: Abs 1 Satz 1. Das zweite Gebot muß also höher sein. Ist es gleichhoch wie das vorausgehende, so ist es kein Übergebot und damit unwirksam. Für eine Losentscheidung oder Billigkeitserwägungen läßt das ZVG keinen Raum. Alle gegenteiligen Ausführungen sind nicht überzeugend.

Erlöschen durch Zurückweisung (Absatz 2)   3

3.1 Durch **Zurückweisung** ohne sofortigen Widerspruch des Bieters oder eines Beteiligten (§ 9) **erlischt** ein Gebot: Abs 2. Wenn ein Übergebot nicht sofort zurückgewiesen wird, gilt es als zugelassen: Abs 1 Satz 2.

3.2 Zurückweisung **muß erfolgen,** wenn das Gebot unwirksam ist (§ 71 Abs 1), wenn eine erforderliche Vertretungsmacht, Zustimmung eines anderen oder einer Behörde nicht sofort nachgewiesen wird und nicht offenkundig ist (§ 71 Abs 2), oder nach § 70 Abs 2 (bei fehlender Sicherheitsleistung), oder bei sonst unzulässigen Geboten (geringstes Gebot nicht erreicht, § 44 Abs 1; vorausgehendes Gebot nicht überboten, Abs 1); nicht aber im Falle von § 85 a.

3.3 Sofort ist die **Zurückweisung** eines Übergebots auch noch, wenn Sicherheit verlangt, darüber verhandelt und entschieden ist und wegen Ausbleibens der Sicherheit hierauf das Gebot zurückgewiesen wird (so auch[9]); das vorhergehende Gebot bleibt hier wirksam (anders[10]: durch Abgabe des Gebots ohne sofortigen Widerspruch sei dieses schon zugelassen und das vorhergehende unwirksam, dieses lebe auch durch die Zurückweisung mangels Sicherheit nicht mehr auf; ist zu formalistisch).

Gebote bei Verfahrenseinstellung und Terminsaufhebung (Absatz 3)   4

4.1 Gebot erlöschen, wenn das Verfahren **eingestellt** oder der **Termin aufgehoben** wird: Abs 3. Der einstweiligen Einstellung steht hier die **Verfahrensaufhebung** gleich. Gebote erlöschen, wenn Einstellung oder Aufhebung gegenüber allen im Termin betreibenden Gläubigern erfolgen. Sie erlöschen auch, wenn während der Bietstunde gegenüber dem bestrangig betreibenden Gläubiger, der bei der Berechnung des geringsten Gebots zugrunde gelegt ist, eingestellt oder aufgehoben wird (es ist dann neues geringstes Gebot aufzustellen, neue Bietstunde abzuhalten; § 66 Rdn 7); wird hier gegenüber einem betreibenden Gläubiger einge-

---

[5] OLG Bamberg MDR 1951, 685; Jaeckel/Güthe, § 74 Rdn 5; Korintenberg/Wenz § 71 Anm 4 e; Steiner/Storz, § 81 Rdn 16; Bruhn Rpfleger 1954, 559 und 1956, 117 (118); Schiffhauer RdL 1959, 288 (V 5).

[6] Steiner/Storz und Bruhn je aaO (Fußn 5); Knop und Rafalski Rpfleger 1954, 401 (402–403).

[7] OLG Hamm JMBlNW 1955, 91 = RdL 1955, 41.

[8] OLG Bamberg MDR 1951, 586.

[9] Steiner/Storz § 72 Rdn 13).

[10] Drischler JurBüro 1967, 966 (1).

§ 72 4.1   Versteigerung

stellt oder aufgehoben, der dem geringsten Gebot nicht zugrunde liegt, so geht die Versteigerung unberührt weiter (§ 66 Rdn 7).

4.2 Sind nebeneinander **Einzel-, Gruppen-, Gesamtausgebot** erfolgt, so ist zu beachten: Wenn der bestrangig betreibende Gläubiger durch Einstellung oder Aufhebung nach der Bietstunde hinsichtlich einiger Einzelgrundstücke wegfällt, kann nicht Zuschlag auf Einzelmeistgebote erfolgen, hinsichtlich deren keine Einstellung oder Aufhebung erfolgt ist; es wäre sonst den Beteiligten die Möglichkeit genommen, ein (neues) Gesamtausgebot der nicht eingestellten bzw aufgehobenen Einzelverfahren zu beantragen[11]; hier auch kein Zuschlag auf das bisherige Gesamtausgebot möglich, weil dieses auch Grundstücke umfaßt, deren Verfahren eingestellt oder aufgehoben ist[12]. Dazu meint[12], der Zuschlag könne dann auf die nicht von Einstellung oder Aufhebung betroffenen Einzelgrundstücke erfolgen; das hält mit Recht[13] nach § 83 Nr 2 für unzulässig, weil jetzt entgegen der zwingenden Vorschrift in § 63 Abs 2 trotz eines Antrags auf Gesamtausgebot kein solches mehr vorliegt und so auch kein Vergleich mehr möglich ist. Bei Einstellung oder Aufhebung vor Schluß der Bietstunde wird einfach für die im Verfahren verbleibenden Grundstücke neues geringstes Gebot (Einzelausgebote, Gesamtausgebot) aufgestellt und neue Bietstunde durchgeführt.

4.3 Bei den Einstellungen bzw Aufhebungen hier kann es sich um solche aus §§ 28, 29, 30, 30 a, 30 c, 30 d, 31, 75, 76 handeln. Nach Schluß der Bietstunde muß der **Zuschlag versagt** werden (§ 33), wenn der bisher bestrangig betreibende Gläubiger betroffen ist (oder alle betreibenden). Die Gebote erlöschen mit der Rechtskraft des Versagungsbeschlusses (§ 86). Ergeht zu Unrecht nach dem Schluß der Bietstunde entgegen § 33 ein Einstellungs- oder Aufhebungsbeschluß[14] oder erfolgen Einstellung oder Aufhebung vor dem Ende der Bietstunde, so erlöschen die Gebote mit der Verkündung des Beschlusses. Verfahrensunterbrechung (§ 66 Rdn 11) oder Bestimmung eines Verkündungstermins (§ 87) berühren wirksame (bindende) Gebote nicht.

5 Widerspruch für und gegen Gebote

5.1 Wird ein Übergebot zugelassen, so erlischt das vorausgehende Gebot, falls nicht ein Beteiligter sofort der **Zulassung widerspricht:** Abs 1 Satz 1. Der Bieter des erlöschenden Gebots ist als solcher nicht zum Widerspruch berechtigt. Ein Gebot erlischt durch Zurückweisung, wenn der Bieter (in diesem Fall ist er widerspruchsberechtigt) oder ein Beteiligter nicht sofort der **Zurückweisung widerspricht:** Abs 2.

5.2 Ein **Bieter,** dessen Gebot zurückgewiesen wird oder durch Zulassung eines Übergebot überschritten wird, **bleibt** bei sofortigem Widerspruch eines dazu Berechtigten aus dem Gebot **verpflichtet.** Der Widerspruch sichert auch sein Anfechtungsrecht gegen den Zuschlag: § 97 Abs 1. Der Widerspruch erfolgt in der Regel ausdrücklich. Der Widerspruch eines zurückgewiesenen Bieters aber kann auch in der Abgabe eines neuen Gebots von gleicher Höhe liegen[15].

5.3 Wenn ein Gebot nicht erloschen ist, weil der Zurückweisung widersprochen wurde (Abs 2), bleibt es natürlich nur bis zur Zulassung eines Übergebots bindend. Wenn ein Übergebot ohne Widerspruch zugelassen wird, erlischt das trotz Zurückweisung bestehen gebliebene Gebot dann nach Abs 1. Gleiches gilt, wenn ein Gebot nicht erloschen ist, weil dem zugelassenen Übergebot sofort widersprochen

---

[11] OLG Hamm KTS 1973, 141 = OLGZ 1972, 312 = Rpfleger 1972, 149.
[12] OLG Köln OLGZ 1972, 62 = Rpfleger 1971, 326 mit teils zust, teils abl Anm Stöber.
[13] Stöber Rpfleger 1971, 326 (Anmerkung).
[14] OLG Hamm NJW 1965, 2410 = OLGZ 1965, 311; OLG Saarbrücken OLGZ 1966, 182.
[15] LG Münster MDR 1958, 173 mit abl Anm Flies und zust Anm Holthöfer und 1958, 149 mit Anm Schriftleit und 1958, 388 Leitsatz mit krit Anm Mohrbutter.

wurde (Abs 1) und dann ein weiteres (höheres) Übergebot ohne Widerspruch zugelassen wird.

5.4 Wenn das Übergebot zugelassen und wegen des Widerspruchs dennoch das vorhergehende Gebot nicht erloschen ist (Abs 1) und ebenso wenn ein zurückgewiesenes Gebot wegen des Widerspruchs nicht erloschen ist (Abs 2), hat das Vollstreckungsgericht bei Erteilung des Zuschlags (frei von der Bindung an die Vorentscheidung über die Zulassung oder Zurückweisung des Gebots, § 79) über die **Wirksamkeit** der Gebote zu **entscheiden**[16]. Zu erteilen ist der Zuschlag dem Meistgebot (§ 81 Abs 1), wenn es sich als wirksam erweist, sonst dem nicht erloschenen zweithöchsten Gebot[17]. Wenn Beschwerde gegen diesen Zuschlag eingelegt wird, kann das Beschwerdegericht, das dem Rechtsmittel stattgibt (§ 101 Abs 1), den Zuschlag dem noch nicht erloschenen anderen Gebot erteilen[18].

5.5 Wird ein Gebot zurückgewiesen, ohne daß hiergegen Widerspruch erhoben wird, so gilt es als nicht abgegeben. **Das nun folgende Gebot** desselben oder eines anderen Bieters muß dann nur im Verhältnis zum letzten wirksamen Gebot **ein Übergebot** sein und kann dabei höher oder niedriger als das zurückgewiesene oder auch diesem gleich sein. Erhebt aber der Bieter oder ein Beteiligter sofort Widerspruch gegen die Zurückweisung, so erlischt es nicht und der Bieter bleibt daraus verpflichtet (Rdn 5.2). Wie muß man nun weiterbieten? Ein neues Gebot ist immer nur wirksam, wenn es ein Übergebot zum letzten wirksamen ist (Rdn 2); wirksam für das Gericht ist nur eines, auf das der Zuschlag erteilt werden könnte; das ist hier nicht das zurückgewiesene (trotz des Widerspruchs), sondern das diesem wirksam vorausgehende. Ein neues Gebot muß also nur dieses vorausgehende überbieten, nicht das zurückgewiesene. Der neue Bieter nimmt dabei in Kauf, daß infolge des Widerspruchs in der Zuschlagsentscheidung (§ 79 befreit insoweit von Bindungen) oder im Rechtsmittelverfahren das zurückgewiesene Gebot doch noch als wirksam behandelt wird; ist dieses dann höher als das neue, erhält es den Zuschlag; ist es geringer als das neue, erhält dieses den Zuschlag (falls es nicht nochmals überboten ist). Der neue Bieter muß also nicht das zurückgewiesene Gebot überbieten. Es könnte sonst etwa der Schuldner auf sein eigenes Objekt ein ganz unsinniges Gebot abgeben, das weit über dem Wert liegt, um so nach Zurückweisung und Widerspruch Dritte von möglichen Geboten auszuschließen. Will ein Beteiligter verhindern, daß ein vorausgehendes Gebot unwirksam wird, so muß er gegen das neu zugelassene (das nur einen früheren Bieter, nicht den zurückgewiesenen überbietet) seinerseits Widerspruch einlegen (Abs 1 Satz 1) (der frühere Bieter kann dies nicht). Im Zuschlag (§ 79) oder im Rechtsmittelverfahren ist über die Wirksamkeit der verschiedenen Gebote zu entscheiden. Es könnte ja auch sein, daß das neue Gebot sich aus irgendwelchen Gründen später als unwirksam erweist. Dann ist durch den Widerspruch wenigstens das vorausgehende letztwirksame nicht erloschen (Abs 1 Satz 1).

Beispiel: A bietet 100 000; B bietet 110 000, Gebot zurückgewiesen, Gebot des A nicht erloschen. Wird nun gegen die Zurückweisung des B von einem Berechtigten (Bieter oder ein Beteiligter) Widerspruch erhoben, so erlischt auch dieses nicht. Nun bietet C 102 000, als Übergebot gegenüber A, als Untergebote gegenüber B (falls dessen Gebot wirksam wäre). Im Zuschlag oder Rechtsmittelverfahren ist zu entscheiden, wer den Zuschlag erhält. Wurde B mit Recht zurückgewiesen, so war Gebot A letztes wirksames und wurde wirksam von C überboten, der (wenn sein Gebot nicht noch als unwirksam festgestellt wird) den Zuschlag erhält. Wurde B zu Unrecht zurückgewiesen, so ist durch den Widerspruch sein Gebot

---

[16] OLG Koblenz ZIP 1987, 1531.
[17] BGH KTS 1984, 718 = LM BGB § 122 Nr 2 = MDR 1984, 1015 = NJW 1984, 1950 = Rpfleger 1984, 243; OLG Koblenz ZIP 1987, 1531.
[18] BGH NJW 1984, 1950 = aaO (Fußn 17).

§ 72 5.5 Versteigerung

wirksam geblieben, hat das Gebot des A erlöschen lassen und wurde auch nicht von C überboten, Zuschlag erhält B.

5.6 Der Widerspruch eines Beteiligten oder (im Falle des Abs 2 des) des Bieters kann **nicht zurückgenommen** werden (anders[19]). Widerruflich wäre der Widerspruch als Prozeßhandlung nur, wenn das gesetzlich vorgesehen wäre. Aber auch sachlich ist Zurücknahme des Widerspruchs nicht geboten. Der Widerspruch bewirkt, daß das Gebot fortbesteht (Abs 1 und 2), damit über seine Wirksamkeit bei Erteilung des Zuschlags entschieden werden kann. Damit sind für den Versteigerungsfortgang unter Wahrung der Belange der Beteiligten und des Bieters klare Verhältnisse geschaffen. Die Möglichkeit, die Bindung an das Gebot später (selbst nach Schluß der Versteigerung) mit Zurücknahme des Widerspruchs zum Erlöschen zu bringen, wird für den widersprechenden Beteiligten oder Bieter damit nicht eröffnet. In der auf Erzielung eines möglichst hohen Versteigerungserlöses durch Bieterkonkurrenz angelegten Versteigerung gibt es keine schützenswerte Rechtsstellung eines Beteiligten oder Bieters, die es erfordern könnte, eine bestehengebliebene Bindung an ein Gebot vor Entscheidung über den Zuschlag mit Zurücknahme des Widerspruchs zu lösen.

5.7 Zum Widerspruch (mit Beispiel) im ZVG-Handbuch Rdn 321.

[Bietstunde]

73 (1) **Zwischen der Aufforderung zur Abgabe von Geboten und dem Zeitpunkt, in welchem bezüglich sämtlicher zu versteigernder Grundstücke die Versteigerung geschlossen wird, muß mindestens eine Stunde liegen. Die Versteigerung muß so lange fortgesetzt werden, bis der Aufforderung des Gerichts ungeachtet ein Gebot nicht mehr abgegeben wird.**

(2) Das Gericht hat das letzte Gebot und den Schluß der Versteigerung zu verkünden. Die Verkündung des letzten Gebots soll mittels dreimaligen Aufrufs erfolgen.

Literatur: Hornung, Empfiehlt sich die Abschaffung der Bietungsstunde (§ 73 ZVG)?, KTS 1973, 239; Schneider, Die Bieterstunde, JurBüro 1974, 1094.

1 **Allgemeines zu § 73**

1.1 **Zweck der Vorschrift:** Verhinderung übereilter Erledigung des Verfahrens (Denkschrift S 53) mit Regelung von Dauer und Abschluß des Zeitraums, in dem Gebote abgegeben werden können. Er muß mindestens eine Stunde (zu sechzig Minuten) umfassen (Rdn 2), bevor das letzte Gebot und der Schluß der Versteigerung verkündet wird (Rdn 3).

1.2 **Anwendungsbereich:** § 73 gilt für alle ZVG-Versteigerungsverfahren.

1.3 Der Zeitraum wurde früher überwiegend als **„Bietungsstunde"** bezeichnet, wie auch von „Bietungsvollmacht", „Bietungssicherheit" gesprochen wird. Hauptwortbildungen auf -ung sind aber in der deutschen Sprache zunehmend verpönt. Man spricht daher besser von „Bietervollmacht" (Vollmacht für einen Bieter), von „Bietersicherheit" (Sicherheitsleistung eines Bieters), vom „Bietabkommen" (Abkommen zum Zweck und aus Anlaß des Bietens) und folgerichtig von der „Bieterstunde" oder **„Bietstunde".** Abweichend wird man nur von „Ausbietungsgarantie" (Garantie, ein bestimmtes Recht auszubieten) sprechen, da alle Zusammensetzungen mit „Bietens-" zu schwerfällig sind und der Vorgang, der unter „Ausbietungsgarantie" fällt, nur durch diesen Ausdruck wirklich treffend bezeichnet werden kann.

---

[19] Steiner/Storz § 72 Rdn 10 und 16.

Bietstunde 2.3 **§ 73**

Bietstunde (Anfang, Dauer, Unterbrechung) (Absatz 1) 2

2.1 Die Versteigerung dauert „**mindestens eine Stunde**": Abs 1 Satz 1. Es ist das die Zeitspanne „zwischen der Aufforderung zur Abgabe von Geboten (§ 66 Abs 2) und dem Zeitpunkt, in welchem bezüglich sämtlicher zu versteigernder Grundstücke die Versteigerung geschlossen wird": Abs 1 Satz 1. Im Jahre 1973 wurde im Deutschen Bundestag die Frage geprüft, ob dieser Zeitraum gekürzt werden oder gar ganz wegfallen solle; die Frage wurde mit Recht verneint. Die Bietstunde dient dazu, Fragen zu stellen, Probleme zu klären und vor allem den Beteiligten wie den Interessenten eine **Überlegungsfrist** zu gewähren[1]. Sie dient dagegen nicht dazu, dem Schuldner weiteren Schutz zu gewähren; er kann nur bei der Verhandlung über den Zuschlag entsprechende Anträge stellen[2]. Mitunter ist es nur durch die Bietstunde möglich, daß Interessenten noch rechtzeitig zum Termin kommen oder eine benötigte Sicherheit herbeiholen. In der Praxis wird allerdings die Bietstunde oft nicht ausgenützt, indem aus einem alten Vorurteil heraus, „sich nicht in die Karten sehen zu lassen", Gebote erstmals gegen Ende der Bietstunde abgeben werden. Dennoch schützt sie vor übereilter Erledigung des Verfahrens und bietet Erschienenen, insbesondere den Erwerbsinteressenten, Gelegenheit, nach Bekanntgabe der Grundstücksnachweisungen und Feststellung des geringsten Gebots sowie der Versteigerungsbedingungen (§ 66 Abs 1) die tatsächlichen und rechtlichen Verhältnisse des Grundstücks und die Bedingungen seiner Veräußerung sorgsam zu erwägen und für Abgabe von Geboten den Grundstückswert abschließend zu würdigen.

2.2 Die **Bietstunde beginnt** erst mit dem Ende der Aufforderung, Gebote abzugeben (§ 66 Abs 2); sie muß von da an mindestens volle sechzig Minuten betragen. Sie **endet** mit dem Beginn der gerichtlichen Erklärung, daß Schluß der Versteigerung sei (Abs 2 Satz 1). Anfangs- und Schlußerklärung (die für Verkündung des Schlusses der Versteigerung erforderliche Zeit) werden also in die Stunde nicht eingerechnet[3], weil die Stunde „zwischen..." liegen muß (Abs 1 Satz 1) (anders[4], beide Erklärungen seien in die Stunde einzurechnen; widerspricht dem Gesetz). Das Gericht darf also nicht zB um 10.11 Uhr mit der Aufforderung zur Abgabe von Geboten beginnen und um 11.11 Uhr den Schluß der Versteigerung verkünden. In solchem Falle wurde ein Zuschlagsbeschluß vom Beschwerdegericht in München aufgehoben; das Gericht durfte frühestens um 11.12 Uhr den Schluß verkünden. Vorsichtige Vorsitzende warten immer ein paar Minuten länger, um Rechtsmittel wegen Nichteinhaltung der Bietstunde zu vermeiden.

2.3 Anfangs- und Endzeitpunkt sind genau nach Stunde und Minute (nicht auch Sekunden) ins Protokoll aufzunehmen, weil die Einhaltung der Bietstunde nur durch das Protokoll bewiesen werden kann (§§ 78, 80)[5]. Ein umsichtiger Vorsitzender wird vor dem Termin seine **Uhr** an Hand der Zeitansage in Rundfunk oder Fernsprechnetz **überprüfen** (Feststellung an Hand einer „geeichten" Uhr ist jedoch nicht vorgesehen[6]), den Anwesenden die Uhrzeit zur Kontrolle' bekanntgeben und auf eine etwa unrichtige Gerichtssaal-Uhr, sofern diese nicht reguliert werden kann, ausdrücklich hinweisen (zur Gerichtssaal-Uhr auch § 83 Rdn 2). Die Beachtung solcher Umstände lohnt sich in irgendeinem Grenzfall immer. Vor der Verkündung des Schlusses der Versteigerung muß der Vorsitzende nochmals ausdrücklich zu Geboten auffordern: Abs 1 Satz 2

---

[1] Hornung KTS 1973, 239 (II, V 1, V c).
[2] Hornung KTS 1973, 239 (IV b).
[3] Jaeckel/Güthe § 73 Rdn 1; Steiner/Storz § 73 Rdn 17.
[4] Henle, ZVG, § 73 Anm 2.
[5] OLG Celle NdsRpfl 1951, 62 = RdL 1951, 97 = Rpfleger 1951, 216 mit zust Anm Rötelmann; Dassler/Gerhardt § 73 Rdn 2; Henle, ZVG, § 73 Anm 2.
[6] LG Bielefeld und OLG Hamm Rpfleger 1989, 379 (380).

(Rdn 3). Ergibt sich dies nicht aus dem Protokoll, muß der Zuschlag versagt werden[7].

2.4 Die Bietstunde ist auch dann genau einzuhalten, wenn bei ihrem Beginn **keine** Bietinteressenten oder keine Beteiligten **anwesend** sind. Die Leute wissen ja, daß sie eine gewisse Zeit ausnützen können, sie können auch durch Straßenverkehr aufgehalten sein und durchaus noch rechtzeitig erscheinen.

2.5 Die Bietstunde muß mindestens eine Stunde dauern, kann aber **darüber hinaus beliebig lange** dauern. Es muß also nicht (wie das Publikum häufig meint) nach Ablauf der Stunde die Versteigerung geschlossen werden[8]. Sie muß vielmehr so lange fortgesetzt werden, bis trotz Aufforderung des Gerichts keine Gebote mehr abgegeben werden: Abs 1 Satz 2.

2.6 Die Bietstunde kann **unterbrochen** werden[8]. Jede Unterbrechung, gleich aus welchem Grund, ist genau nach Stunde und Minuten ins Protokoll aufzunehmen und in die Bietstunde nicht mit einzurechnen[9]. Eine Unterbrechung ist es, wenn sich der Vorsitzende aus dem Sitzungssaal entfernt[10] . Unschädlich ist es, wenn sich der Protokollführer oder der Rechnungsbeamte entfernt. Der Vorsitzende ist für den Versteigerungstermin unentbehrlich. Aufruf einer anderen Sache ist Unterbrechung (§ 66 Rdn 10). Unterbrochen wird der Termin auch, wenn der Vorsitzende etwa von der Geschäftsstelle mit eiligen Angelegenheiten anderer Art befaßt wird und so seine Aufmerksamkeit von den Anwesenden abwenden muß. Dagegen wird die Bietstunde durch **Belehrungen und Hinweise** des Vorsitzenden nicht unterbrochen[10]. Sie sind im Gegenteil der Grundstücksveräußerung gegen ein möglichst hohes Gebot dienlich und zudem durch die Aufklärungspflicht (ZPO § 139) des Gerichts veranlaßt. Solche Vorgänge schaden nicht, wenn sie keiner der Anwesenden als Unterbrechung rügt[11]. Dadurch, daß der Rechtspfleger zu Geboten aufgefordert hat, macht er deutlich, daß nun hierzu Gelegenheit besteht[11]. Es ist aber doch recht zweckmäßig, um spätere Anfechtungen zu vermeiden, wenn, insbesondere vor längeren Belehrungen, im Protokoll vermerkt wird: „Die Anwesenden wurden darauf hingewiesen, daß trotz der nun folgenden Belehrungen Gebote abgegeben und entgegengenommen werden können." Man kann diesen Vermerk routinemäßig auch vor der Bietstunde abgeben und ins Protokoll aufnehmen.

2.7 Bei **gleichzeitiger Versteigerung mehrerer Objekte** im verbundenen Verfahren (§ 18) muß die Bietstunde für jedes von ihnen eingehalten werden, gleich ob sie gemeinsam oder zu verschiedenen Zeiten begonnen hat (so auch[12], anders[13]: es genüge insgesamt eine Stunde; [14]eine Stunde seit der allgemeinen Aufforderung). Warum will man denn das schon schwierige Verfahren noch mehr erschweren? Man soll einheitlich für alle Objekte zu Geboten auffordern, die Bietstunde gemeinsam durchführen und einheitlich beenden. Wenn es Einzel- und Gruppen- bzw Gesamtausgebote gibt, muß der Schluß für alle Möglichkeiten einheitlich erfolgen[15]. Auch bei Doppelausgeboten kann es nur ein einheitliches Ende geben. Die Denkschrift (S 53) stellt nur dar, daß ein Zeitraum von einer Stunde nicht für jedes einzelne Grundstück eingehalten zu werden braucht, somit nicht jedes Grundstück einzeln mit einer Bietstunde aufzurufen ist, sondern die Verstei-

---

[7] LG Traunstein MDR 1955, 48 Leitsatz (berichtigt MDR 1955, 117).
[8] BGH VersR 1961, 897.
[9] RG 142, 383 und 154, 397; OLG Celle aaO (Fußn 5); OLG München JurBüro 1977, 1464 = Rpfleger 1977, 69; Dassler/Gerhardt § 73 Rdn 2.
[10] OLG München aaO (Fußn 9); Dassler/Gerhardt § 73 Rdn 2.
[11] OLG München aaO (Fußn 9).
[12] Dassler/Gerhardt § 73 Rdn 6; Steiner/Storz § 73 Rdn 22.
[13] Jaeckel/Güthe § 73 Rdn 1.
[14] Korintenberg/Wenz § 73 Anm 1.
[15] LG Berlin Rpfleger 1995, 80; Steiner/Storz § 73 Rdn 22.

Bietstunde 3.1 § 73

gerung überhaupt eine Stunde zu dauern hat, die somit auch gemeinsam beginnen kann. Wird für einzelne Objekte (oder Gebotsarten) zu verschiedenen Zeiten zur Abgabe von Geboten aufgefordert, so muß selbstverständlich für jedes Objekt (jede Versteigerungsart) die gesondert in Gang gesetzte Bietstunde eingehalten werden.

2.8 Für die **Reihenfolge, in der Gebote** entgegenzunehmen sind, wenn es sich um mehrere Objekte, um Einzel- oder Gesamtausgebote handelt, besteht keine Vorschrift. Unnötige Schwierigkeiten vermeidet, wer genau die tatsächliche Reihenfolge der Geschehnisse einhält. Bei Einzel- und Gesamtausgeboten kann durchaus ein Nachteil entstehen, wenn erst ein späteres Einzelgebot registriert wird statt des tatsächlich früheren Gesamtgebots, weil unter Umständen durch das Einzelgebot sich das nachfolgende Gesamtgebot erhöhen muß (§ 63 Rdn 4), während umgekehrt ein vorher liegendes Gesamtgebot durch das nachfolgende Einzelgebot (zunächst) nicht berührt wird (§ 63 Rdn 4.2). Man sollte sich einfach an den immer bewährten alten Rechtsgrundsatz halten: „Wer zuerst kommt, mahlt zuerst".

2.9 Ändern sich geringstes Gebot und/oder **Versteigerungsbedingungen** während der Bietstunde (§ 66 Rdn 7), so muß nach verhandelter und beschlossener Änderung der Bedingungen eine neue Bietstunde beginnen und wieder voll eingehalten werden (es ist erneut auf die bevorstehende Ausschließung von Anmeldungen hinzuweisen und zur Abgabe von Geboten aufzufordern). Alle Vorgänge sind (mit Uhrzeit) ins Protokoll aufzunehmen.

2.10 Beendet wird die **Bietstunde** nicht durch den dritten Aufruf des letzten Gebots (Rdn 3), sondern erst dadurch, daß der Schluß der Versteigerung verkündet wird (Rdn 3). Erst hiernach sind weitere Gebote endgültig ausgeschlossen, während sie nach dem zweiten oder dritten Aufruf des letzten Gebotes durchaus noch erfolgen könnten.

2.11 An den Nachweis dafür, daß die Bietstunde eingehalten ist, sind **strenge Anforderungen** zu stellen[16]. Ergibt das Protokoll nicht, daß sie eingehalten ist, so ist eine Berichtigung des Protokolls (ZPO § 164) nicht ausgeschlossen, daß etwa die Zeit eingehalten, aber nur der Vermerk hierüber verschrieben sei[16]. Die Berichtigung kann nur im Rahmen der Zuschlagsanfechtung angegriffen werden.

2.12 Wird gegen die Vorschriften über die **Bietstunde verstoßen**, so muß der Zuschlag versagt werden bzw kann er angefochten werden (§ 83 Nr 7, § 84 Abs 1, § 100 Abs 1). [17]nimmt Heilung des Verfahrensfehlers an, wenn die Bietstunde etwas zu früh geschlossen, dieses Versehen aber sofort korrigiert wurde und mit Sicherheit festgestanden hat, daß dieser Ablauf keine Auswirkungen auf das Verfahrensergebnis gehabt hat, weil niemand den Versteigerungsraum verlassen hatte; dem ist mit[18] zuzustimmen.

2.13 Zur Bietstunde im ZVG-Handbuch Rdn 312.

Letztes Gebot und Schluß der Versteigerung (Absatz 2) 3

3.1 Nach Ablauf mindestens einer vollen Bietstunde und, wenn trotz Aufforderung des Gerichts keine Gebote mehr abgegeben werden, muß das **„letzte Gebot"** vom Gericht vor dem Schluß der Versteigerung ausdrücklich **verkündet** werden: Abs 2 Satz 1. Gemeint ist hier das noch wirksame höchste Gebot bei jeder Ausgebotsart[19], also das jeweilige Meistgebot. Bei mehreren Ausgebotsarten muß diese Verkündung für jede gesondert erfolgen. Die Anwesenden sollen hierdurch nochmals darauf hingewiesen werden, welches Gebot nun im einzelnen bei jeder Ausgebotsart für den Zuschlag in Frage kommen könne. Das erfordert Verkündung des Betrags, der als letzter bar geboten worden ist, und des Namens des

---

[16] LG Berlin WM 1958, 1513.
[17] LG Bonn JurBüro 1979, 1235.
[18] Schiffhauer BlGrBW 1981, 88 (XXI); Niederée DRpflZ 1979, 41.
[19] Storz Rpfleger 1984, 474 (Anmerkung).

§ 73 3.1

Bieters (so auch[20]; anders[21]; unklar[22]). Die Verkündung „soll mittels dreimaligen Aufrufs" erfolgen: Abs 2 Satz 2. Dies muß nicht geschehen (Abs 2 ist Ordnungsvorschrift[23]), doch ist es unzweckmäßig, von der Regel abzuweichen, da die Öffentlichkeit ganz allgemein bei Versteigerungen an dreimaligen Aufruf gewöhnt ist. Wenn überhaupt kein Gebot oder soweit bei Versteigerung mehrerer Grundstücke oder bei mehreren Ausgebotsarten auf eines oder einzelne von ihnen kein Gebot abgegeben worden ist, entfällt Verkündung des „letzten" Gebots. Dann aber ist (zweckmäßig unter Hinweis darauf, daß Gebote bisher nicht abgegeben sind; Hinweis ist nicht vorgeschrieben nach[24]) nach Absatz 1 Satz 2 vor Schluß der Versteigerung zur Abgabe von Geboten aufzufordern.

3.2 Wird nach dreimaliger Verkündung des letzten Gebots vor Schluß der Versteigerung ein **weiteres Gebot abgegeben,** so ist auch dieses wiederum nach Abs 2 vor Schluß der Versteigerung mittels dreimaligen Aufrufs zu verkünden. Wenn das neue Gebot zurückgewiesen wird (§ 71), ist das davor liegende, nicht erloschene das letzte Gebot, somit nach Zurückweisung des Übergebots vor Schluß der Versteigerung neuerlich dreimal zu verkünden. Bleiben zwei Gebote wirksam (weil dem höheren Gebot oder seiner Zurückweisung widersprochen ist, § 72 Abs 1 und 2), so sind sie beide das „letzte Gebot" (jedes kann für den Zuschlag in Frage kommen), mithin mittels dreimaligen Aufrufs zu verkünden. Das geschieht zweckmäßig unter Bekanntgabe des Grundes (Abs 1 oder Abs 2 des § 72), der weitere Bindung beider Bieter an das jeweilige Gebot ergibt.

3.3 Nach der Verkündung des letzten Gebots und, wenn die vorgeschriebene Mindestzeit abgelaufen ist und trotz Aufforderung des Gerichts kein Gebot mehr abgegeben wird, muß der **„Schluß der Versteigerung"** vom Gericht **verkündet** werden: Abs 2 Satz 1. Dieser Schluß der Versteigerung ist nicht der Schluß des Termins, wie häufig Sitzungsteilnehmer meinen, die dann sofort den Sitzungssaal verlassen wollen und in die letzten noch sehr wichtigen Amtshandlungen erhebliche Unruhe hineinbringen. Man kann in geeigneter Weise rechtzeitig darauf hinweisen, daß noch wichtige Teile des Versteigerungstermins durchzuführen sind. Schluß der Versteigerung ist Schluß der Bietstunde[25]. Nach diesem verkündeten Schluß sind keine weiteren Gebote mehr zulässig, auch nicht durch Wiedereintritt in die Versteigerung (ZVG-Handbuch Rn 313). Es ist nur noch über den Zuschlag zu verhandeln und zu entscheiden (§§ 74, 87).

3.4 Wird durch Versehen des Gerichts der **Schluß nicht verkündet,** aber über den Zuschlag verhandelt, so kann hierdurch die Bietstunde als geschlossen gelten.

[Verhandlung über den Zuschlag]

74 Nach dem Schlusse der Versteigerung sind die anwesenden Beteiligten über den Zuschlag zu hören.

1 Allgemeines zu § 74

Zweck und **Anwendungsbereich:** Anwesende Beteiligte erhalten nach dem verkündeten Schluß der Bietstunde (§ 73) Gelegenheit zur Äußerung und Antragstellung. § 74 gilt für alle ZVG-Versteigerungsverfahren.

---

[20] Motive zum Entwurf eines ZVG, Amtliche Ausgabe S 212; Jaeckel/Güthe § 73 Rdn 2; Korintenberg/Wenz § 73 Anm 2.
[21] Dassler/Gerhardt § 73 Rdn 6; Reinhard/Müller § 73 Anm VI 1.
[22] Steiner/Storz § 73 Rdn 29.
[23] OLG Hamm NJW-RR 1987, 1016 = Rpfleger 1987, 469; Dassler/Gerhardt § 73 Rdn 6; Jaeckel/Güthe § 73 Rdn 2; Steiner/Storz § 73 Rdn 31; Storz Rpfleger 1984, 474 (Anmerkung).
[24] LG Kassel Rpfleger 1984, 474 mit Anm Storz.
[25] BGH 44, 138 = MDR 1965, 899 = NJW 1965, 2107 = Rpfleger 1965, 302.

Wertfestsetzung, Mindestgebot 3.1 § 74 a

Anhörung und Anträge zur Zuschlagsentscheidung 2

2.1 Nach dem vom Gericht verkündeten „Schluß der Versteigerung" (§ 73 Abs 2 Satz 1) „sind die anwesenden Beteiligten über den Zuschlag zu hören": § 74. Ein Verstoß gegen diese Vorschrift wird von § 83 nicht als Grund für die Zuschlagsversagung bezeichnet. § 74 wird daher nur als **Ordnungsvorschrift** angesehen[1]. Allerdings könnte der Grundsatz des rechtlichen Gehörs (Einl Rdn 46) verletzt werden. Aufklärung (Einl Rdn 8.1, auch Rdn 24) und Hinweis auf Anträge zur Rechtswahrung kann bei Anhörung geboten sein[2]. Verletzung dieser Hinweispflicht verbietet bei Verfassungsverletzung Erteilung des Zuschlags (§ 83 Rdn 2.10).

2.2 Das Gericht soll die Anwesenden, soweit sie Beteiligte sind, und den Meistbietenden ausdrücklich zu Erklärungen auffordern. Es ist aber **niemand verpflichtet**, eine Erklärung abzugeben. Auch ein Antrag, den Zuschlag zu erteilen, ist nicht nötig. Gestellt werden muß jedoch ein etwaiger Versagungsantrag. Der Meistbietende ist zwar nicht Beteiligter, gleichwohl aber anzuhören[3]. Er muß bei dieser Gelegenheit unbedingt auf die nach seiner Verfahrenskenntnis noch unerledigten Anträge (zB auf Werterhöhung, auf Einstellung nach ZPO § 765 a) hinweisen, weil durch eine vom Gericht unterlassene Entscheidung unter Umständen der an ihn erteilte Zuschlag auf Beschwerde wieder aufgehoben oder der ihm versagte Zuschlag vom Beschwerdegericht bestätigt werden kann.

2.3 Erklärt sich ein Beteiligter damit einverstanden, daß der Zuschlag erteilt wird, so **genehmigt** er damit gleichzeitig alle ihm bekannten **Verfahrensmängel**. Schweigen allein kann nicht als Genehmigung von Mängeln gewertet werden, weil Beteiligte sich bei Anhörung nach § 74 nicht äußern müssen und eine Genehmigung ausdrücklich erfolgen muß (§ 84 Rdn 3). Im übrigen hat das Gericht hier von Amts wegen nochmals alle Verfahrensvoraussetzungen zu überprüfen (§ 79).

2.4 Bei dieser Anhörung können bestimmte **Anträge** gestellt werden (§§ 74 a, 75, 76, 77, 85, auch ZPO § 765 a). Auch sonst müssen manche Anträge spätestens in diesem Zeitpunkt gestellt werden. Nicht nachgebracht werden können hier aber Übergebote, Sicherheitsleistungsanträge, Sicherheitsleistung, Widerspruch gegen Gebote oder ihre Zurückweisung, Vollmachten, Zustimmung oder Genehmigung zu Geboten[4]. Wenn der Zuschlag eines Erbbaurechts nur mit Zustimmung des Grundstückseigentümers möglich ist (§ 15 Rdn 13), so muß diese spätestens jetzt vorgelegt werden. Auch der Fall des § 85 a ist zu erörtern; Anträge dazu sind nicht nötig.

2.5 Die gerichtliche Aufklärungspflicht kann es im Einzelfall erfordern, daß auch ein im Versteigerungstermin nicht anwesender Beteiligter (insbesondere der Schuldner/Eigentümer) nach dem Schluß der Versteigerung noch Gelegenheit zur Äußerung und Antragstellung erhalten muß. Dazu Einl Rdn 7, 8 und Rdn 24.

2.6 Zur Anhörung im ZVG-Handbuch Rdn 337.

[Wertfestsetzung, Mindestgebot]

74 a (1) **Bleibt das abgegebene Meistgebot einschließlich des Kapitalswertes der nach den Versteigerungsbedingungen bestehenbleibenden Rechte unter sieben Zehnteilen des Grundstückswertes, so kann ein Berechtigter, dessen Anspruch ganz oder teilweise durch das Meistgebot nicht gedeckt ist, aber bei einem Gebot in der genannten Höhe voraussichtlich gedeckt sein würde, die Versagung des Zuschlags**

---

[1] LG Lübeck SchlHA 1973, 129.
[2] BVerfG (Kammerbeschluß) NJW 1993, 1699 = Rpfleger 1993, 32 mit Anm Hintzen.
[3] Dassler/Gerhardt § 74 Rdn 1.
[4] Dassler/Gerhardt § 74 Rdn 5.

§ 74 a 3.1 Versteigerung

beantragen. Der Antrag ist abzulehnen, wenn der betreibende Gläubiger widerspricht und glaubhaft macht, daß ihm durch die Versagung des Zuschlags ein unverhältnismäßiger Nachteil erwachsen würden.

(2) Der Antrag auf Versagung des Zuschlags kann nur bis zum Schluß der Verhandlung über den Zuschlag gestellt werden; das gleiche gilt von der Erklärung des Widerspruchs.

(3) Wird der Zuschlag gemäß Absatz 1 versagt, so ist von Amts wegen ein neuer Versteigerungstermin zu bestimmen. Der Zeitraum zwischen den beiden Terminen soll, sofern nicht nach den besonderen Verhältnissen des Einzelfalles etwas anderes geboten ist, mindestens drei Monate betragen, darf aber sechs Monate nicht übersteigen.

(4) In dem neuen Versteigerungstermin darf der Zuschlag weder aus den Gründen des Absatzes 1 noch aus denen des § 85 a Abs 1 versagt werden.

(5) Der Grundstückswert (Verkehrswert) wird vom Vollstreckungsgericht, nötigenfalls nach Anhörung von Sachverständigen, festgesetzt. Der Wert der beweglichen Gegenstände, auf die sich die Versteigerung erstreckt, ist unter Würdigung aller Verhältnisse frei zu schätzen. Der Beschluß über die Festsetzung des Grundstückswertes ist mit der sofortigen Beschwerde anfechtbar; eine weitere Beschwerde findet nicht statt. Der Zuschlag oder die Versagung des Zuschlags können mit der Begründung, daß der Grundstückswert unrichtig festgesetzt sei, nicht angefochten werden.

Übersicht

Allgemeines zu § 74 a	1
Andere ZVG-Verfahren und Wertbestimmungen	2
7/10-Antrag (Mindestgebot) (Absatz 1 Satz 1)	3
Antragstellung (Absatz 2)	4
Betreibender Gläubiger: Ablehnung bei Widerspruch (Absatz 1 Satz 2)	5
Entscheidung über den Antrag; neuer Termin (Abs. 1 mit 3 und 4)	6
Grundstückswert in der Versteigerung (Absatz 5)	7
Muster zur Wertermittlung und Wertfestsetzung	8
Rechtsbehelfe bei Wertfestsetzung und Zuschlagsentscheidung	9
Sachverständige zur Wertermittlung	10
Verhältnis des § 74 a bzw § 85 a zu anderen Vorschriften	11
Versteigerungsbedingungen, abweichende	12
Vertagung des Versteigerungstermins	13

Literatur: Barsties, Sachverständige bei der Wertfestsetzung gem. § 74 a ZVG, SchlHA 1972, 129; Barsties, Zur Frage der Anhörung von Sachverständigen bei der Wertfestsetzung gem. § 74 a ZVG, SchlHA 1985, 49; Budde, Anfechtbarkeit der Verkehrswertfestsetzung, Rpfleger 1991, 189; Drischler, Zuschlagserteilung u. Zuschlagsversagung unter Berücksichtigung der §§ 74 a u. 85 a ZVG, JurBüro 1982, 1121; Drischler, Zur Festsetzung des Verkehrswertes in der Zwangsversteigerung, Rpfleger 1983, 99; Grohmann, Beeinflussen Grundstücksbelastungen, insbesondere Altenteilsrechte, den Wert nach § 74 a Abs 5 ZVG?, JurBüro 1970, 559; Leyerseder, Zur Grundstückswertfestsetzung im Zwangsversteigerungsverfahren, NJW 1955, 1427; Lorenz Die Problematik des Zeitpunktes der Wertfestsetzung gemäß § 74 a Abs 5 ZVG, MDR 1961, 371; Mayer, Gläubiger-Mehrheit im Zwangsversteigerungsverfahren, Rpfleger 1983, 265; Mohrbutter, Zur Festsetzung des Grundstückswerts, BB 1953, 875; Mohrbutter, Rechtsfragen zum Grundstückswert in der Zwangsversteigerung, MDR 1955, 711; Riggers, Fragen zur Festsetzung und Auswirkung des Grundstückswertes im Zwangsversteigerungsverfahren, JurBüro 1968, 777; Schiffhauer, Muß in jedem Fall der Verkehrswert gemäß § 74 a Abs 5 festgesetzt werden?, MDR 1963, 901; Schiffhauer, Kann ein Verfahrensbeteiligter die Herabsetzung des Verkehrswertes (§ 74 a Abs 5 ZVG) im Beschwerdeverfahren verlangen?, Rpfleger 1973, 81; Schmidt, Der Zeitpunkt der Festsetzung des Grundstückswerts im Zwangsversteigerungsverfahren, Rpfleger 1960, 41; Schulz, Verkehrswert bei Zwangsversteigerungen, Rpfleger 1987, 441; Spies, Die Festsetzung des Grundstückswerts im Zwangsversteigerungsverfahren, NJW 1955, 813; Stöber, Festsetzung des Grundstückswertes (§ 74 a Abs 5 ZVG) und Entscheidung über den Zuschlag, Rpfleger 1969, 221.

Wertfestsetzung, Mindestgebot 2.3 § 74 a

Allgemeines zu § 74 a

1.1 Zweck der Vorschrift: Schutz der am Grundstück in der $^7/_{10}$-Grenze Berechtigten vor Verlust durch Grundstücksverschleuderung.

1.2 Anwendungsbereich: § 74 a ist auf die Vollstreckungsversteigerung von Grundstücken abgestellt. Er ist auch bei Grundstücksbruchteilen, Wohnungseigentum, Gebäudeeigentum und grundstücksgleichen Rechten anzuwenden, ebenso bei der Wiederversteigerung nach § 133. Sonderverfahren: § 74 a Rdn 2; Seeschiffe § 169 a.

1.3 § 74 a schafft neben den ZVG-Begriffen geringstes Gebot, Meistgebot, Übergebot, Mehrgebot (§ 44 Rdn 3) den des relativen **Mindestgebots**. In bestimmten Fällen muß das Meistgebot mindestens $^7/_{10}$ des Grundstückswertes erreichen: Abs 1; andernfalls ist auf Antrag der Zuschlag zu versagen. Die Vorschriften über das geringste Gebot berühren dies nicht. Liegt schon das geringste Gebot über dem Mindestgebot, so ist die Mindestgebots-Regelung des § 74 a ohne Bedeutung.

1.4 § 74 a dient nicht dem Schutz des Schuldners, sondern dem der nachrangigen Gläubiger. Auch dies gilt nur für den ersten Versteigerungstermin (Rdn 6). In Zusammenhang mit § 74 a steht § 74 b, der bei Meistgeboten eines dinglichen Gläubigers § 74 a einschränkt.

1.5 Um den Mindestwert berechnen zu können, muß der **Grundstückswert** ermittelt und **festgesetzt** sein (Abs 5), wobei ein Sachverständiger gehört wird (Rdn 10) und ein besonderes Rechtsmittelverfahren besteht (Rdn 9). Auch das Verhältnis des § 74 a zu anderen Vorschriften ist bedeutsam (Rdn 11).

Andere ZVG-Verfahren und Wertbestimmungen

2.1 In der **Konkursverwalterversteigerung** nach § 172 ist § 74 a grundsätzlich anwendbar, wenn auch kaum bedeutsam, weil alle Belastungen bestehenbleiben, ein dingliches Recht also nicht ausfallen kann. Ausnahmsweise kommt § 74 a in Frage, wenn ein Gläubiger mit Recht auf Befriedigung aus dem Grundstück Antrag gemäß § 174 stellt, daß nur die seinem Recht vorgehenden Rechte berücksichtigt werden sollen, wobei dann Doppelausgebot erfolgt und Zuschlag nach seinem Antrag zu erteilen ist. Wenn hierbei $^7/_{10}$ nicht erreicht werden, können die dem Gläubiger nachgehenden dinglichen Berechtigten Antrag nach § 74 a stellen[1] (anders[2]: § 74 a sei dort nicht anwendbar). Der Grundstückswert muß für den ersten Termin in § 85 a immer festgesetzt werden.

2.2 In der **Nachlaßversteigerung** nach § 175 kommt § 74 a bei einem Verfahren ohne den Antrag nach § 174 nicht in Frage, weil dann alle Belastungen bestehenbleiben. Bei Doppelausgebot kann der Grundstückswert jedoch Bedeutung erlangen, so daß er festgesetzt sein muß; für den ersten Termin muß er zudem wegen § 85 a immer festgesetzt werden. An Stelle des Schuldners ist der Erbe zu hören und kann Rechtsmittel einlegen.

2.3 a) In der **Teilungsversteigerung** ist § 74 a mit den Vorschriften des „Ersten Abschnitts" des ZVG entsprechend anzuwenden: § 180 Abs 1 (§ 180 Rdn 7). Wegen § 85 a muß der Grundstückswert jetzt für den ersten Termin immer festgesetzt werden. Früher war eine Wertfestsetzung zumeist nicht nötig[3], aber doch möglich[4],

---
[1] Jonas/Pohle § 74 a Anm 4 e.
[2] LG Göttingen NdsRpfl 1957, 135 = NJW 1956, 428.
[3] LG Düsseldorf KTS 1976, 308; LG Frankenthal Rpfleger 1974, 443 mit teilw abl Anm Schiffhauer; LG Lübeck SchlHA 1973, 130; Vollkommer Rpfleger 1976, 393 (III) (Anmerkung).
[4] LG Frankenthal Rpfleger 1974, 443 mit teilw abl Anm Schiffhauer; Leyerseder NJW 1955, 1427.

§ 74 a 2.3 Versteigerung

wenn die Beteiligten sie ausdrücklich wünschen, etwa um die spätere Auseinandersetzung zu erleichtern (ablehnend[5]); dazu im einzelnen noch[6].

b) Antrag, den Zuschlag aus § 74 a zu versagen, können die **Antragsgegner** der Teilungsversteigerung nicht stellen, weil sie keinen aus dem Meistgebot zu befriedigenden Anspruch haben[7]. Das gilt auch für einen Gläubiger, der den Anteil des Antragsgegners gepfändet hat[8]. Auch die **Antragsteller** können den Antrag aus § 74 a nicht stellen[9], weil sie ebenfalls keinen aus dem Meistgebot zu befriedigenden Anspruch haben; sie können ja die Einstellung bewilligen oder den Antrag zurücknehmen. Betreibt ein Gläubiger, der den Anspruch eines Miteigentümers gepfändet und zur Einziehung überwiesen erhalten hat, so ist seine Forderung keine Belastung und kein Recht am Grundstück, auch keine Verfügungsbeschränkung; durch die Versteigerung verwandelt sich das Grundstück in das Surrogat, den Erlös, der an den Pfändungsgläubiger bis zur Höhe seiner Forderung fließt; Antrag aus § 74 a kann er nicht stellen, er kann die Einstellung bewilligen.

c) **Antragsberechtigt** sind in der Teilungsversteigerung die dinglichen Berechtigten, die einen aus dem Meistgebot zu befriedigenden Anspruch haben[10], also bei Bruchteilsgemeinschaft und hier bei ungleichmäßiger Belastung die Berechtigten aus den erlöschenden dinglichen Rechten[11].

2.4 § 74 a ist auch anzuwenden auf **Luftfahrzeuge** (§ 171 a Rdn 3), **Schiffsbauwerke und Schwimmdocks** (§ 162 Rdn 4). Bei **Seeschiffen** gilt § 74 a nicht mehr (§ 169 a). Für **Binnenschiffe** gelten die Sondervorschriften im Binnenschiffahrtsvollstreckungsschutzgesetz §§ 13–15. Das Gericht setzt bei ihnen den Wert nach Anhörung eines Sachverständigen fest und gibt ihn im Termin bekannt (Gesetz § 15). Auch bei Binnenschiffen kann der Zuschlag bei Geboten unter $7/10$ des Wertes versagt werden, wobei der betreibende Gläubiger widersprechen kann (Gesetz § 13); sonstige Einzelheiten sind wie bei § 74 a, aber der Zeitraum zwischen dem ersten und dem zweiten Versteigerungstermin beträgt mindestens zwei, höchstens drei Monate (Gesetz § 13 Abs 3); auch hier gilt der Ersteher bei geringeren Gebot hinsichtlich seiner weiteren Ansprüche als befriedigt (Gesetz § 14). Zu Seeschiffen meint[12], es sei für sie dennoch wegen §§ 66, 114 a der Wert festzusetzen (entgegen § 169 a), da sonst der Zuschlag nach § 83 Nr 1 zu versagen sei; das widerspricht aber dem Gesetzeswortlaut; § 66 verlangt nicht, den Wert festzusetzen, sondern nur bekanntzugeben, wenn er festgelegt ist, und § 114 a ergänzt das ZVG materiellrechtlich.

2.5 Wo das ZVG von **Grundstückswert** spricht, meint es generell denjenigen des § 74 a Abs 5[13]: in § 30 a (§ 30 a Rdn 6.3), § 64 Abs 1 (§ 64 Rdn 4.8), § 85 Abs 1 (§ 85 Rdn 2), § 85 a Abs 2, § 112 Abs 2 (§ 112 Rdn 4.5), § 114 a (§ 114 a Rdn 3), auch bei manchen Gebühren (Einl Rdn 77 ff) (anders[14] nicht immer, wenn das ZVG von Wert spreche, sei § 74 a gemeint). Bevor § 74 a geschaffen wurde, waren unterschiedliche Werte gemeint.

2.6 Die **landesrechtlichen Vorschriften** über die Wertfestsetzung sind durch § 74 a überholt (Rdn 7.2). **Preisrechtliche** Beschränkungen hinsichtlich des Wer-

---

[5] Drischler KTS 1975, 283; Schiffhauer Rpfleger 1974, 444 (Anmerkung).
[6] LG Frankfurt Rpfleger 1972, 234; LG Koblenz Rpfleger 1970, 102; LG Stuttgart Rpfleger 1961, 51; Schiffhauer MDR 1963, 901 (2) und Rpfleger 1974, 444 (Anmerkung); Spies NJW 1955, 813 (D 1); Lorenz MDR 1961, 371.
[7] LG Koblenz Rpfleger 1970, 102.
[8] Jonas/Pohle § 74 a Anm 4 f.
[9] Schiffhauer MDR 1963, 901.
[10] Jonas/Pohle § 74 a Anm 4 b.
[11] LG Frankfurt Rpfleger 1972, 234.
[12] Mohrbutter KTS 1969, 77 (II 2).
[13] BGH 117, 8 = MDR 1992, 369 = NJW 1992, 1702 (1705) = Rpfleger 1992, 264 (266).
[14] Schiffhauer KTS 1968, 218 (V).

Wertfestsetzung, Mindestgebot   3.3   § 74 a

tes gibt es längst nicht mehr, auch nicht für landwirtschaftliche Grundstücke, für die der Wert normal festzusetzen ist[15].

7/10-Antrag (Mindestgebot) (Absatz 1 Satz 1)   3

3.1 Wird das 7/10-Mindestgebot vom Meistgebot nicht erreicht, so kann **beantragt** werden, den **Zuschlag zu versagen:** Abs 1 Satz 1.

3.2 Auf einen Antrag aus Abs 1 **muß** der Zuschlag **versagt werden** wenn (erste Voraussetzung) das (wirksame) Meistgebot (zu diesem § 81 Rdn 3.2; zu Besonderheiten im Hinblick auf §§ 85 a, 114 a siehe § 85 a Rdn 2.10) einschließlich des Kapitalwertes der nach den Versteigerungsbedingungen bestehenbleibenden Rechte (aber ohne Zinsen nach § 49 Abs 2; so auch[16] anders[17]; durch Gesetzeswortlaut und -zweck nicht gedeckt) **unter** 7/10 des Grundstückswertes bleibt: Abs 1 Satz 1. Mit einem im ersten Versteigerungstermin gebotenen Betrag in so geringer Höhe erreicht das Meistgebot für den Schutz nachrangiger Berechtigter nicht den durch die Verfahrensregeln des Zwangsversteigerungsrechts mit der Konkurrenz der Bieter erstrebten Versteigerungserlös (Einl Rdn 10). Unter 7/10 des Grundstückswerts bleibt das Verfahrensergebnis, wenn die Summe des baren Meistgebots und der nach den Versteigerungsbedingungen bestehenbleibenden Rechte diesen Betrag nicht erreicht. Dem baren Meistgebot sind daher Rechte mit ihrem Kapitalwert hinzuzurechnen. Das ist bei einer Hypothek oder Grundschuld der Nennbetrag, bei einer Rentenschuld die Ablösungssumme, bei einem anderen Grundstücksrecht der Wert, mit dem es das Grundstück belastet. Dieser ist für den Fall, daß die Belastung in geringsten Gebot nicht besteht, als Zuzahlungsbetrag nach § 51 Abs 2 festgesetzt (nicht richtig[18]: als Kapitalwert einer Dienstbarkeit sei nicht der Ersatzbetrag nach § 51 Abs 2 anzunehmen, wenn er nicht als Ablösungssumme festgestellt oder im Grundbuch eingetragen ist). Nicht berücksichtigt werden hier Rechte, die erst durch Liegenbelassungsvereinbarung nach § 91 Abs 2 bestehenbleiben. Zu den kraft Versteigerungsbedingungen bestehenbleibenden Rechten gehören auch die vereinbarungsgemäß bestehenbleibende Erbbauzinsreallast (ErbbauVO § 9 Abs 3 Nr 1; § 52 Abs 2 Satz 2) und das zwar außerhalb des geringsten Gebots, aber gemäß den Versteigerungsbedingungen bestehenbleibende Altenteil[19], sowie alle anderen in solcher Weise bestehenbleibenden Rechte. Für den Kapitalwert von Renten sind dabei (wenn Festsetzung nach § 51 Abs 2 nicht erfolgt) weder die §§ 92, 121 entsprechend anzuwenden[20] noch gelten die Grundsätze von § 92 (so aber[21]). Es entscheidet über die Höhe des Zuzahlungsbetrags dann das Prozeßgericht (§ 51 Rdn 5.2 und § 125 Rdn 2.7). Das Vollstreckungsgericht hat diesen Betrag bei Entscheidung nach Abs 1 nach den Grundsätzen der Bewertung im Falle von § 51 Abs 2 nach freier Überzeugung zu würden (die Bestimmung ist zu begründen). Nach der Interessenlage wird der Betrag für die Entscheidung nach Abs 1 vielfach nieder festzusetzen, unter Umständen als bloßer „Erinnerungsposten" anzunehmen sein. Es sind Meistgebot und 7/10-Grenze miteinander zu vergleichen.

3.3 Der Zuschlag **muß** aus § 74 a **versagt werden** wenn (zweite Voraussetzung) der Anspruch des Antragstellers ganz oder teilweise durch das Meistgebot **nicht gedeckt** ist, aber bei einem Gebot in Höhe des 7/10-Wertes voraussichtlich (wenigstens teilweise) gedeckt sein würde: Abs 1 Satz 1. Er muß also bei dem gebotenen Betrag mindestens zum Teil ausfallen, von diesem Ausfall aber bei einem 7/10-

---

[15] BGH MDR 1954, 31 mit abl Anm Rötelmann = NJW 1954, 35 = Rpfleger 1954, 439.
[16] Dassler/Gerhardt § 74 a Rdn 9.
[17] Steiner/Storz § 74 a Rdn 34.
[18] LG Verden Rpfleger 1982, 33.
[19] Steiner/Storz § 74 a Rdn 36; Drischler RpflJahrbuch 1960, 347 (A VI b).
[20] Jonas/Pohle, ZwVNotrecht, § 74 a Anm 3.
[21] Pöschl BWNotZ 1956, 41 (2).

§ 74 a 3.3 Versteigerung

Gebot mindestens ein Teil zum Zuge kommen[22]. Berechnet wird nach dem voraussichtlichen Verteilungstermin, nicht etwa nach § 47[23]; es sind die wiederkehrenden Leistungen bis zum voraussichtlichen Verteilungstermin und die Kosten zu berücksichtigen. Bei Ansprüchen, die nur berücksichtigt werden, wenn sie angemeldet sind (§ 114), sind nur die zu berücksichtigen, die schon angemeldet sind, nicht diejenigen, die später noch angemeldet werden[23].

3.4 a) Wenn **mehrere Grundstücke im selben Verfahren** versteigert (§ 63) und **nur Einzel**ausgebote abgegeben wurden, ist auf den Versagungsantrag hin bei jedem Einzelmeistgebot zu prüfen, ob hierbei die $^7/_{10}$-Grenze für dieses einzelne Objekt erreicht ist und ob der Antragsteller hier mindestens teilweise gegenüber einem $^7/_{10}$-Gebot ausfallen würde. Ist **nur** ein **Gesamt**ausgebot erfolgt oder wird nur auf das Gesamtausgebot geboten, dann ist das Gesamtmeistgebot in dieser Weise zu prüfen, ob es hinter $^7/_{10}$ des Gesamtwertes zurückbleibt und ob der Antragsteller mindestens teilweise gegenüber einem Gesamtmeistgebot in Höhe von $^7/_{10}$ ausfällt. Wird Erlösverteilung nach § 112 erforderlich, dann ist zu prüfen, ob ein in solcher Weise verteilter Erlös in Höhe von $^7/_{10}$ des Grundstückswertes (mit Kapitalwert der bestehen bleibenden Rechte) volle oder teilweise Deckung des Antragstellers bringen würde.

b) Sind bei Versteigerung mehrerer Grundstücke im selben Verfahren (§ 63) **Einzel**meistgebote und Gebote auf das Gesamtausgebot abgegeben, dann ist vorweg festzustellen, welchem Gebot nach Abs 4 Satz 2 der Zuschlag zu erteilen ist. Ist der Zuschlag Einzelmeistgeboten zu erteilen, dann ist auf Versagungsantrag hin bei jedem Einzelmeistgebot zu prüfen, ob die $^7/_{10}$-Grenze erreicht ist und ob der Antragsteller mindestens teilweise ausfallen würde (wie bei a). Ist der Zuschlag auf Grund des **Gesamtmeistgebots** zu erteilen, dann ist dieses zu prüfen, ob es (einschließlich Kapitalwert der bestehen bleibenden Rechte) unter $^7/_{10}$ der Summe der Grundstückswerte zurückbleibt und ob der Antragsteller mindestens teilweise gegenüber einem Gesamtmeistgebot in Höhe von $^7/_{10}$ des Gesamtbetrags der Grundstückswerte ausfällt. Wird Erlösverteilung nach § 112 erforderlich, dann ist zu prüfen, ob ein in solcher Weise verteilter Erlös in Höhe von $^7/_{10}$ des Grundstückswertes (mit Kapitalwert der bestehen bleibenden Rechte) volle oder teilweise Deckung des Antragstellers bringen würde. Hierbei ist denkbar, daß das Einzelmeistgebot den innerhalb der $^7/_{10}$-Grenze (dieses Einzelobjekts) stehenden Berechtigten deckt, aber das Gesamtmeistgebot (das gemäß § 63 Abs 4 die Summe der Einzelmeistgebote übersteigen muß) bei der Erlösverteilung nach § 112 dazu führt, daß der Antragsteller einen Ausfall erleidet. Das Interesse der Gesamtheit der Beteiligten an dem Zuschlag auf das im Gesamtergebnis günstigere Gesamtmeistgebot muß dann dem Interesse des einzelnen Berechtigten vorgehen[24]. Dieser kann also hier Versagung nur beantragen, wenn das Gesamtmeistgebot selbst (einschließlich des Kapitalwerts der bestehenbleibenden Rechte) hinter $^7/_{10}$ der Summe der Grundstückswerte zurückbleibt[25]. Ist auf das Gesamtmeistgebot nach Abs 1 (mit Abs 3) der Zuschlag zu versagen, dann ist auf die Einzelmeistgebote zurückzugreifen[26] (anders[27]), sonach zu prüfen, ob auf den Versagungsantrag nach Abs 1 (mit 3) der Zuschlag auf Einzelmeistgebote zu versagen oder zu erteilen ist (Einzelmeistgebote sind nicht erloschen; Grundsatz des Einzelausgebots [§ 63 Abs 1] wird für den

---

[22] Jonas/Pohle, ZwVNotrecht, § 74 a Anm 4 a.
[23] Dassler/Gerhardt § 74 a Rdn 9; Steiner/Storz § 74 a Rdn 37; Jonas/Pohle, ZwVNotrecht, § 74 a Anm. 4 a.
[24] Dassler/Gerhardt § 74 a Rdn 10; Steiner/Storz § 74 a Rdn 39; Mohrbutter/Drischler Muster 106 Anm 3; Jonas/Pohle, ZwVNotrecht, § 74 a Anm 3.
[25] Dassler/Gerhardt § 74 a Rdn 10; Jaeckel/Güthe § 82 Rdn 13 d; Jonas/Pohle, ZwVNotrecht, § 74 a Anm 3.
[26] OLG Frankfurt Rpfleger 1995, 512.
[27] OLG Hamm JMBlNW 1958, 233 = Rpfleger 1959, 57.

Antragsteller durch ein in der Gesamtheit günstigeres, für den Zuschlag aber unzulängliches Ergebnis beim Gesamtausgebot nicht verdrängt).

3.5 Versagung des Zuschlags nach Abs 1 erfolgt nur auf **Antrag** (dritte Voraussetzung). **Antragsberechtigt** ist ein „Berechtigter, dessen Anspruch ganz oder teilweise durch das Meistgebot nicht gedeckt ist, aber bei einem Gebot in der genannten Höhe voraussichtlich gedeckt sein würde": Abs 1 Satz 1. Das ist **jeder Berechtigte,** dem nach § 10 ein Recht auf Befriedigung aus dem Grundstück zusteht[28], falls er durch das Meistgebot nicht oder nur zum Teil gedeckt ist, aber durch ein Gebot in Höhe von $^7/_{10}$ des Verkehrswertes mehr erhalten würde. Das Antragsrecht richtet sich danach, daß die Vorschrift dem Schutz der innerhalb der Grenze stehenden, zur Befriedigung aus dem Grundstück Berechtigten dient. Gleich ist, ob der Antragsteller dingliche Ansprüche (Rangklasse 4) oder persönliche (Rangklasse 5) hat oder öffentlich-rechtliche (Rangklasse 3) oder sonst bevorrechtigte (Rangklasse 1, 2). Es genügt sogar Rangklasse 6, wenn also das den Antrag stellende Recht gegenüber dem Gläubiger infolge der Beschlagnahme unwirksam ist[29]. Ebenso genügen Ansprüche der Rangklasse 7–8[30]. Falls das Recht mit einem Pfandrecht belastet ist, ist antragsberechtigt sowohl der Pfandgläubiger wie auch der Berechtigte[31]. Falls ein Dritter nach BGB §§ 268, 1150 einen Hypothekengläubiger befriedigt, erwirbt er die Hypothek nach BGB § 401 und ist antragsberechtigt[32]. Berechtigter muß der Antragsteller im Zeitpunkt der Antragstellung (bei Verhandlung über den Zuschlag[33]) sein; spätere Veränderungen sind unbeachtlich[33].

3.6 Antragsberechtigt ist auch der **Vollstreckungsschuldner** als Berechtigter eines Eigentümergrundpfandrechts[34]. Antragsberechtigt ist er jedenfalls nach Anmeldung seines Rechts[35], aber auch dann, wenn dem Vollstreckungsgericht sicher bekannt ist (§ 45 Rdn 3), daß das für einen Dritten eingetragene Grundpfandrecht Eigentümergrundschuld geworden ist. Dann ist der bekannte Wechsel des Rechtsinhabers zu berücksichtigen (Nichtanmeldung führt zu keinem materiellen Rechtsverlust) (anders[36]). Auch der Schuldner, dessen Eigentümerrecht gepfändet, aber dem Gläubiger nicht zur Einziehung überwiesen ist, kann die Versagung hier beantragen[36]; dies kann auch der Pfandgläubiger[37]. Der Schuldner kann unter Umständen Zuschlagsversagung auch über § 765 a anstreben (Rdn 11); ohne Eigentümerrecht aber kann er nicht Versagungsantrag aus § 74 a stellen[38], selbst wenn er bei einem $^7/_{10}$-Gebot einen Übererlös erhalten würde, weil er ja darauf, daß ein Überschuß bleibt, keinen Anspruch hat. Die vereinzelte Gegenmeinung[39], § 74 a

---

[28] BGH KTS 1988, 376 = MDR 1988, 578 = NJW-RR 1988, 1206.
[29] Dassler/Gerhardt § 74 a Rdn 12; Jonas/Pohle, ZwVNotrecht, § 74 a Anm 4 a; Riggers JurBüro 1968, 777 (3 A).
[30] Dassler/Gerhardt § 74 a Rdn 12; Jonas/Pohle, ZwVNotrecht, § 74 a Anm 4 a.
[31] Dassler/Gerhardt § 74 a Rdn 12; Steiner/Storz § 74 a Rdn 22; Jonas/Pohle, ZwVNotrecht, § 74 a Anm 4 a.
[32] Dassler/Gerhardt § 74 a Rdn 12; Steiner/Storz § 74 a Rdn 21; Jonas/Pohle; ZwVNotrecht, § 74 a Anm 4 a; Riggers JurBüro 1968, 777 (3 A).
[33] LG Frankenthal Rpfleger 1981, 201.
[34] BGH KTS 1988, 376 = MDR 1988, 578 = NJW-RR 1988, 1206; OLG Hamburg MDR 1957, 238 Leisatz; LG Berlin GrundE 1959, 503 Leitsatz; Dassler/Gerhardt § 74 a Rdn 14; Steiner/Storz § 74 a Rdn 24; Mohrbutter/Drischler Muster 106 Anm 2; Drischler Rpfleger 1951, 175; Mohrbutter JurBüro 1954, 385 (1 b) und KTS 1958, 81; Riggers JurBüro 1968, 777 (3 A); Schiffhauer MDR 1963, 901 (2); Spiess MDR 1955, 813 (C 2).
[35] LG Berlin GrundE 1959, 503 Leitsatz; Spiess NJW 1955, 813 (C 2).
[36] LG Berlin GrundE 1959, 503 Leitsatz.
[37] Dassler/Gerhardt § 74 a Rdn 14; Jonas/Pohle, ZwVNotrecht, § 74 a Anm 4 b.
[38] BGH NJW-RR 1988, 1206 = aaO (Fußn 34); Dassler/Gerhardt § 74 a Rdn 14; Steiner/Storz § 74 a Rdn 27; Drischler JurBüro 1964, 241 (A I 3 a).
[39] Pöschl BWNotZ 1967, 129 (1).

§ 74 a 3.6

sei für den Schuldner immer analog anzuwenden, wenn das Gebot zu gering sei, ist durch das Gesetz nicht gedeckt und widerspricht dem Zweck des § 74 a, nachrangige Gläubiger zu schützen.

3.7 Antragsberechtigt ist auch der **betreibende Gläubiger**[40] (für Hinweispflicht auf dieses Antragsrecht[41]), dem § 74 a weder ausdrücklich noch dem Sinne nach das Antragsrecht vorenthält und der durchaus nicht den sehr fragwürdigen „Ausweg" einer Einstellungsbewilligung nach § 30 wählen muß. Dieser Weg steht ihm, wenn er aus Entgegenkommen für den Schuldner die Einstellung schon zweimal bewilligt hatte, gar nicht mehr zur Verfügung; man würde ihn dann zwingen, entweder ein unzureichendes Gebot hinzunehmen, bei dem er ganz oder zum Teil ausfällt, oder sein Verfahren nach § 30 Abs 1 Satz 3 aufheben zu lassen, mit Kostennachteil und unter Wegfall der Beschlagnahmewirkung. Es ist völlig unrichtig, daß der Gläubiger, weil er doch die Versteigerung wolle, nicht einen Versagungsantrag stellen dürfe. Er hemmt das Verfahren ja auch durch seine Einstellungsbewilligung, ohne daß jemand auf den Gedanken kommt, dies widerspreche seinem Versteigerungswillen. Der Gläubiger will doch nicht Versteigerung um jeden Preis, er will selbstverständlich eine erfolgreiche Versteigerung. Hätte das ZVG, das sonst selbst kleine Einzelheiten regelt, hier den Gläubiger ausschließen wollen, so hätte es nicht bestimmt, daß „ein Berechtigter, der . . ." den Antrag stellen könne, also jeder Berechtigte, der die Voraussetzungen erfüllt, jeder ohne Ausnahme. Es ist auch falsch, daß man den Versagungsantrag des Gläubigers als Einstellungsbewilligung behandeln müsse (wie das im ZVG etwa von der bewilligten Terminsaufhebung in § 30 Abs 2 gesagt ist)[42], oder daß er den Versagungsantrag nur stellen dürfe, wenn sein Verfahren in diesem Versteigerungstermin eingestellt sei[42]. Man braucht auch nicht auf die „Ausnahme" zu verfallen, er dürfe Versagung nur beantragen, wenn seine Einstellungsbewilligung nicht ausreiche, den Zuschlag zu verhindern, weil das vom bestrangigen Gläubiger betriebene Verfahren durch seine Einstellung nicht berührt werde[43]. Jeder Gläubiger ist wie die anderen Beteiligten, bei denen die Voraussetzungen des § 74 a erfüllt sind, unbeschränkt berechtigt, Versagungsantrag nach § 74 a zu stellen. Man kann hier nicht etwas in das ZVG hineinlesen, was wirklich nicht darin enthalten ist. Man darf dem Antragsteller auch nicht etwas unterstellen, was er gar nicht will. Abzulehnen ist daher die Gegenmeinung, der Gläubiger könne nur einstellen oder den Verfahrensantrag zurücknehmen (so meinen[44]) oder er könne nur Versagungsantrag stellen, wenn sich dieser Antrag gegen einen anderen betreibenden Gläubiger richte (so[45]) oder wenn er nicht allein betreibe und dann sein Vorgehen nach dem Fortgang der anderen Verfahren beeinträchtige (so[46]), ferner daß gar entgegen dem Wortlaut von § 30 Abs 1 eine dritte Einstellungsbewilligung zugestanden werde (so[47]). Bevor man zwingende andere Vorschriften des ZVG willkürlich übertritt, sollte man doch einfach § 74 a so lesen, wie er lautet, nämlich ohne jede Einschränkung für den Gläubiger.

---

[40] BVerfG (Kammerbeschluß) NJW 1993, 1699 = Rpfleger 1993, 32 mit Anm Hintzen; LG Oldenburg Rpfleger 1974, 324; Dassler/Gerhardt § 74 a Rdn 13; Steiner/Storz § 74 a Rdn 20; Mayer Rpfleger 1983, 265 (III 3).

[41] BVerfG (Kammerbeschluß NJW 1993, 1699 = Rpfleger 1993, 32 mit Anm Hintzen.

[42] Jonas/Pohle, ZwVNotrecht, § 74 a Anm 4 c.

[43] BGH 46, 107 = DNotZ 1967, 512 Leitsatz = MDR 1967, 34 = NJW 1966, 2403 = Rpfleger 1967, 109; OLG Hamburg MDR 1957, 238 Leitsatz.

[44] Jonas/Pohle, ZwVNotrecht, § 74 a Anm 4 c; Mohrbutter/Drischler Muster 106 Anm 2; Drischler Rpfleger 1951, 175 und JurBüro 1964, 214 (A I 3 a); Mümmler JurBüro 1973, 689 (I B); Riggers JurBüro 1968, 777 (3 B und C); Schiffhauer MDR 1963, 901 (2).

[45] Mohrbutter/Drischler Muster 106 Anm 2.

[46] Blomeyer, Vollstreckungsverfahren, § 79 (III 1 a).

[47] Mümmler JurBüro 1973, 689 (2) (I B Fußn 3).

Wertfestsetzung, Mindestgebot   3.15 § 74 a

3.8 Antragsberechtigt nach § 74 a ist auch der Gläubiger eines nur **vorgemerkten Rechts**[48] (anders[49]), aber nicht der Berechtigte einer Löschungsvormerkung (diese hat erst Bedeutung im Verteilungstermin), und auch der Gläubiger eines durch **Widerspruch** gesicherten Rechts, sofern sie sich auf ein innerhalb der $^7/_{10}$-Grenze liegendes Grundpfandrecht beziehen.

3.9 Nicht antragsberechtigt ist der **Meistbietende** selbst, auch wenn er etwa gleichzeitig als dinglicher Berechtigter einen Antrag stellen könnte, weil sein eigener Versagungsantrag (ganz anders als beim betreibenden Gläubiger) seinem eigenen Meistgebot völlig entgegenstehen würde[50]. Durch sein Meistgebot verlangt er den Zuschlag für sich. Ihn kann er nicht unter Bezugnahme auf sein eigenes zu geringes Gebot verhindern. Es steht ihm ja frei, höher zu bieten (oder von vornherein gar nicht). Der Gläubiger kann dagegen von sich aus nicht den Meistbietenden zu einem höheren Gebot zwingen, außer eben durch die Drohung mit dem Versagungsantrag. Die unterschiedliche Behandlung der beiden Personengruppen ist also sachlich gerechtfertigt.

3.10 Nicht antragsberechtigt aus § 74 a ist ein nicht betreibender **persönlicher Gläubiger** des Vollstreckungsschuldners. Er ist nicht Verfahrensbeteiligter; Antrag kann er auch nicht stellen, wenn er den etwaigen Anspruch des Eigentümers auf Übererlös gepfändet hat.

3.11 Nicht antragsberechtigt ist bei der Vollstreckungsversteigerung über einen Grundstücksbruchteil der **Eigentümer des anderen Bruchteils,** weil sein Anteil nicht von der Versteigerung betroffen wird.

3.12 Nicht antragsberechtigt ist der **Konkursverwalter** des Vollstreckungsschuldners, der mit Rücksicht auf die Konkursgläubiger den Antrag stellen möchte (diese sind nicht als solche am Versteigerungsverfahren beteiligt)[51], ausgenommen, wenn er den Antrag aus einem Eigentümerrecht des Schuldners stellt[52].

3.13 Nicht antragsberechtigt sind **Mieter/Pächter;** sie haben keinen aus dem Meistgebot zu deckenden Anspruch[53].

3.14 Nicht antragsberechtigt sind die bezüglich des Grundstücks oder der Zubehörstücke nach ZPO § 771 **Interventionsberechtigten** (sie sind auf § 37 Nr 5 angewiesen, werden andernfalls auf den Versteigerungserlös verwiesen)[54].

3.15 Nicht antragsberechtigt sind **Pfändungsgläubiger** oder **Zessionare eines Rückübertragungsanspruchs** (§ 114 Rdn 7), wenn der Grundschuldgläubiger auch die diese persönliche Forderung übersteigenden dinglichen Ansprüche aus einer Sicherungsgrundschuld geltend macht und hierdurch die $^7/_{10}$ ausgeschöpft sind (Nichtanmeldung ist kein Verzicht)[55] (und hierzu zustimmend[56]), solange also der Rückübertragungsanspruch nicht zum Tragen kommen kann, weil dem Grund-

---

[48] Dassler/Gerhardt § 74 a Rdn 12; Steiner/Storz § 74 a Rdn 5; Fischer BWNotZ 1963, 37.
[49] Riggers Jurbüro 1968, 777 (3 B).
[50] Dassler/Gerhardt § 74 a Rdn 15; Steiner/Storz § 74 a Rdn 29; Jonas/Pohle, ZwVNotrecht, § 74 a Anm 4 d; Riggers JurBüro 1968, 777 (3 A).
[51] LG Göttingen NdsRpfl 1957, 135 = NJW 1956, 428; Steiner/Storz § 74 a Rdn 25; Mohrbutter/Drischler Muster 106 Anm 2; Kilger/K. Schmidt, KO, § 126 Anm 3; Haegele BlGrBW 1956, 32 (IV); Riggers JurBüro 1968, 777 (3 B); Wolff ZIP 1980, 418 (II 3.4).
[52] Dassler/Gerhardt § 74 a Rdn 27; Mohrbutter/Drischler Muster 106 Anm 2; Kilger/ K. Schmidt, KO, § 126 Anm 3; Riggers JurBüro 1968, 777 (3 A); Wolff ZIP 1989, 417 (II 3.4).
[53] Dassler/Gerhardt § 74 a Rdn 16; Jaeckel/Güthe § 82 Rdn 13 d; Steiner/Storz § 74 a Rdn 30; Jonas/Pohle, ZwVNotrecht, § 74 a Anm 4 d; Riggers JurBüro 1968, 777 (3 B); Drischler JurBüro 1964, 241 (A I 3 a).
[54] Dassler/Gerhardt § 74 a Rdn 16; Steiner/Storz § 74 a Rdn 30.
[55] LG Düsseldorf Rpfleger 1974, 124 mit zust Anm Schiffhauer.
[56] LG Frankenthal Rpfleger 1981, 201; Steiner/Storz § 74 a Rdn 22; Drischler KTS 1975, 283 (7 b); Schiffhauer BlGrBW 1975, 221 (XIX 6).

schuldgläubiger noch Ansprüche aus der Grundschuld zustehen, zB weil infolge der allgemeinen Bankbedingungen die Zahlungen auf die persönliche Schuld, nicht auf die Grundschuld verrechnet werden.

3.16 Nicht antragsberechtigt sind die **künftigen Eventualberechtigten** (bei Hilfszuteilungen), zB nicht diejenigen, die etwas erhalten würden, wenn aus einem durch Tod des Berechtigten später wegfallenden Altenteil etwas an einen Dritten fallen würde, weil der Dritte aus dem $^7/_{10}$-Gebot jetzt noch nicht zum Zuge kommt. Für die Voraussetzungen des § 74 a ist die Lage nach dem Ende der Bietstunde maßgebend, künftige Veränderungen können nicht berücksichtigt werden[57].

4 Antragstellung (Absatz 2)

4.1 Der **Antrag** aus § 74 a kann **nur im Versteigerungstermin** gestellt werden und nur von den in diesem Termin Anwesenden, nicht schon schriftlich vor dem Termin[58]. Der Antrag kann im Termin nicht erst nach Abgabe des Meistgebots gestellt werden, aber frühestens nach Abgabe eines Gebots und spätestens bis zum Schluß der Verhandlung über den Zuschlag (Abs 2). Nach Verkündung des Zuschlags ist er nicht mehr zulässig, auch nicht mehr im besonderen Verkündungstermin[59], ja schon nicht mehr, sobald dieser Verkündungstermin verkündet wurde und erst recht nicht nachträglich schriftlich.

4.2 Eine Form ist für den Antrag nicht vorgeschrieben; er kann also zu Protokoll erklärt oder auch schriftlich übergeben werden. Der schriftlich übergebene ist vom Gericht zu verlesen. Der im Termin mündlich gestellte Antrag muß ins Protokoll aufgenommen (§§ 78, 80), vorgelesen und genehmigt werden (ZPO § 160 Abs 3 Nr 2, § 162 Abs 1 Satz 1). Entschieden werden muß er auch, wenn er durch Versehen des Gerichts nicht vorgelesen und genehmigt ist[60]. Das Antragsrecht ist dem Gericht nachzuweisen. Glaubhaftmachen genügt nicht. Wo also zum Nachweis ein Hypothekenbrief nötig ist, muß das Gericht seine Entscheidung aussetzen und ein Frist zur Vorlage setzen[61]. Die Voraussetzungen sind auf Grund der Sachlage bei Schluß der Versteigerung (Bietstunde) zu prüfen; nachträgliche Änderungen sind unbeachtlich. Auch eine Zusage des Meistbietenden, die Berechtigten über den Betrag des Meistgebots hinaus bis zum vollen $^7/_{10}$-Wert befriedigen zu wollen, kann den Antrag aus § 74 a nicht abwenden[62].

4.3 Für den Antrag gilt der **Grundsatz der Einmaligkeit** (Rdn 6.3), nicht aber der Grundsatz der Erstmaligkeit[63]; er kann nicht nur im ersten Versteigerungstermin des Verfahrens gestellt werden, sondern auch noch, wenn ein vorausgehender Termin mangels Geboten ergebnislos (§ 77 Abs 1) war[64]. Wird nachträglich der Grundstückswert ermäßigt, so ändert sich die im Termin durchgeführte Berechnung gemäß § 74 a nicht mehr; es ist dann vielleicht zu Unrecht der Zuschlag versagt worden, das kann aber nicht mehr geändert werden; der nächste Termin ist dennoch der zweite im Sinne von Abs 4 (Versteigerung ohne Wertgrenze). Wird nachträglich der Grundstückswert erhöht, so hat sich die Berechnungsgrundlage geändert, es können jetzt neue Antragsberechtigte in Frage kommen; es muß darum wieder ein erster Termin (auf der neuen Berechnungsgrundlage) durchgeführt

---

[57] OLG Hamburg MDR 1957, 238 Leitsatz; Steiner/Storz § 74 a Rdn 31.
[58] Dassler/Gerhardt § 74 a Rdn 19; Steiner/Storz § 74 a Rdn 40; Mohrbutter/Drischler Muster 106 Anm 4; Jonas/Pohle, ZwVNotrecht, § 74 a Anm 5.
[59] Dassler/Gerhardt, Steiner/Storz und Jonas/Pohle je aaO (Fußn 58); Drischler Rpfleger 1953, 497 (II).
[60] OLG Hamm JMBlNW 1958, 233 = Rpfleger 1959, 57.
[61] Dassler/Gerhardt § 74 a Rdn 19.
[62] OLG Hamburg MDR 1957, 238 Leitsatz.
[63] Steiner/Storz § 74 a Rdn 44; Drischler JurBüro 1964 241 (A I 3 a).
[64] Jonas/Pohle, ZwVNotrecht, § 74 a Anm 5; Drischler JurBüro 1964, 241 (A I 3 a).

Wertfestsetzung, Mindestgebot 5.1 § 74 a

werden, um den neuen Berechtigten nicht das Antragsrecht zu nehmen. Das gilt nicht für nur unbedeutende Erhöhungen und nicht, wenn die Antragsberechtigten oder soweit sie unverändert dieselben sind. War bei der §-74 a-Entscheidung der Grundstückswert noch nicht rechtskräftig festgesetzt, so werden zweckmäßig die außerhalb der bisherigen $^7/_{10}$-Grenze Stehenden Versagung für den Fall beantragen, daß bei Wertänderung auch sie antragsberechtigt sein sollten. Das Gericht muß dann seinen Termin zur Entscheidungsverkündung so hinaussetzen, daß die Wertfestsetzung rechtskräftig werden kann, muß aber den Termin sofort bestimmen (§ 87 Abs 1), nicht erst nach Rechtskraft (anders[65]), wenn es auch im jeweils festgesetzten Termin weiter vertagen kann.

4.4 Der Versagungsantrag betrifft nur das **Gebot, gegen das er sich** unmittelbar **wendet,** nicht auch ein später zulässig abgegebenes Übergebot[66] (also nur möglich, wenn der Antrag schon vor dem Schluß der Bietstunde gestellt war). Der Antragsberechtigte soll darum, wenn er sicher gehen will, erst den Schluß der Bietstunde abwarten und erst dann seinen §-74 a-Antrag zum Meistgebot stellen[66]. Gebräuchlich und zu empfehlen ist aber, daß der Antrag vorher schon, solange die Bietstunde noch läuft, **angekündigt** wird. Die Bieter verlassen sich sonst darauf, der Antrag werde nicht kommen, und sie können nach der Bietstunde nicht mehr höher bieten. Wenn sie aber rechtzeitig davon wissen, können sie noch entsprechend höher bieten und so einen Termin ohne Zuschlag vermeiden.

4.5 Der Antrag aus § 74 a kann bis zur Entscheidung über den Zuschlag (auch noch im Verkündungstermin) wieder **zurückgenommen** werden[67], weil es sich dabei um eine Schutzvorschrift für den Gläubiger handelt ([68] sagt: weil der Antrag als Prozeßhandlung keinen Verfahrensvorgang endgültig feststellen soll). Der Berechtigte kann ja auch vorher schon auf sein Antragsrecht verzichten; dies muß nach den allgemeinen Grundsätzen über den Verzicht auf Rechtsbehelfe in den aus BGB § 138 sich ergebenden Grenzen zulässig sein. Bei Verzicht muß ein später dennoch gestellter Antrag zurückgewiesen werden. Im Zweifel gilt der Verzicht auch für einen späteren Versteigerungstermin.

4.6 Unterschieden werden muß der Versagungsantrag des § 74 a vom **Widerspruch** gegen die Zulassung eines Gebots nach § 72. Dieser Widerspruch hat den Zweck, den betroffenen Beteiligten und Bietern das Anfechtungsrecht gegen die Zuschlagsentscheidung zu erhalten. Bei Zweifeln muß der Vorsitzende sofort klären, ob ein Widerspruch oder ein Versagungsantrag gemeint ist.

Betreibender Gläubiger: Ablehnung bei Widerspruch (Absatz 1 Satz 2) 5

5.1 Dem Interesse des Gläubigers an baldiger Befriedigung seiner Vollstreckungsforderung trägt Abs 1 Satz 2 mit dem auf **Widerspruch** zu würdigenden **Ablehnungsgrund** Rechnung. Abgelehnt werden muß danach ein zulässiger und begründeter Versagungsantrag nach § 74 a, wenn ihm ein betreibender Gläubiger **widerspricht** und „glaubhaft macht, daß ihm durch die Versagung des Zuschlags ein unverhältnismäßiger Nachteil erwachsen würde". Dieses Widerspruchsrecht hat nur ein betreibender Gläubiger, nicht der Meistbietende als solcher, auch nicht ein sonstiger Verfahrensbeteiligter. Von mehreren betreibenden Gläubigern kann jeder selbständig widersprechen, auch derjenige, der gleichzeitig Meistbietender ist. Ein Beschlagnahmegläubiger, dessen Verfahren einstweilen eingestellt ist (gleich aus welchem Grund) oder dessen Beschluß dem

---

[65] OLG Hamm JMBlNW 1958, 233 = Rpfleger 1959, 57.
[66] Steiner/Storz § 74 a Rdn 41; Jonas/Pohle, ZwVNotrecht, § 74 a Anm 5.
[67] LG Oldenburg KTS 1971, 60; Dassler/Gerhardt § 74 a Rdn 19; Steiner/Storz § 74 a Rdn 47.
[68] LG Oldenburg KTS 1971, 60.

§ 74 a 5.1

Schuldner nicht rechtzeitig zugestellt ist (§ 43 Abs 2), ist im Versteigerungstermin nicht Gläubiger, kann somit nicht widersprechen[69]. Der Widerspruch kann nur bis zum Schluß der Verhandlung über den Zuschlag erklärt werden (Abs 2; dazu Rdn 4).

5.2 Auf einen rechtzeitigen und auch sonst zulässigen Widerspruch hin muß das Gericht die Interessen des betreibenden (widersprechenden; nicht der übrigen vollstreckenden) Gläubigers an Abwendung eines unverhältnismäßigen Nachteils und des Berechtigten, der Antrag auf Versagung des Zuschlags gestellt hat, abwägen. Wenn kein Gläubiger dem Antrag widerspricht gibt es keine Interessenabwägung, keine Zweckmäßigkeitserwägung, ob in einem späteren Termin ein höherer Erlös zu erzielen wäre. Zu prüfen hat das Gericht dann nur, ob das Gebot hinter $7/10$ zurückbleibt und ob der Antragsteller nach seiner Rangstelle im künftigen Teilungsplan ganz oder zum Teil hierbei ausfällt, bei einem Gebot in Höhe von $7/10$ des Wertes aber ganz oder mindestens höher zum Zuge kommen würde. Bei Interessenabwägung nach Widerspruch bleiben Interessen des Meistbietenden unberücksichtigt. Es sind auch nicht die Belange erststelliger Hypothekengläubiger zu berücksichtigen (wie es[70] entgegen dem Gesetz verlangt). Es sind ausschließlich die Interessen des Widersprechenden und des Antragstellers abzuwägen; alle anderen Beteiligten werden im Rahmen dieser Vorschrift nicht berücksichtigt. Wer durch den Zuschlag benachteiligt würde, muß eben, wenn er darf, selbst Versagung beantragen; wer als Gläubiger durch die Versagung benachteiligt würde, muß selbst widersprechen. Daß Versagung beantragt werden kann, bedeutet ja nicht, daß dies von mehreren Berechtigten nur einer könnte; beantragen dürfen es alle, aber die Anträge dürfen für jedes Objekt im selben Verfahren nur in einem Termin gestellt werden. Es können nicht die einen Berechtigten den Antrag jetzt stellen, die anderen in einem späteren Termin. Wenn er gestellt wird, nimmt er allen Beteiligten das Antragsrecht; sie können sich nur im selben Termin dem Antrag anschließen.

5.3 Damit der Widerspruch gegen die Zuschlagsversagung Aussicht hat, muß dem widersprechenden Gläubiger glaubhaft ein **unverhältnismäßiger Nachteil** erwachsen. Es bedarf also bei ihm eines sehr erheblichen Interesses. Der Begriff „unverhältnismäßig" ist streng auszulegen und nur ausnahmsweise zu bejahen, wenn es sich um unmittelbar drohende Nachteile handelt. Das ist nach der Lage des Falles zu beurteilen. Der Widerspruch ist etwa begründet, wenn wegen der Beschaffenheit des Grundstücks mit einer den Gläubiger gefährdenden Wertminderung ernstlich zu rechnen ist, zB bei einer benützten und ohne Aufsicht und Pflege dem Verfall ausgesetzten Fabrikanlage, oder wenn bei weiterem Zuwarten die Rückstände der öffentlichen Lasten oder der sonstigen wiederkehrenden Leistungen sich so stark erhöhen, daß der Gläubiger in seinen Ansprüchen gefährdet wird, aber auch wenn der Gläubiger selbst von Vollstreckung bedroht ist und seine Mittel sofort benötigt, um außergewöhnliche Schäden zu vermeiden. Maßgebend sind nur die Gläubigerinteressen des betreibenden Gläubigers, nicht sein Erwerbsinteresse als Bieter.

5.4 Die tatsächlichen Darlegungen sind **glaubhaft zu machen.** Dazu nötig und genügend sind eidesstattliche Versicherung und sofort verfügbare Beweismittel (ZPO § 294). Der Widerspruch ist im selben Verfahrensabschnitt möglich wie der Versagungsantrag, natürlich erst, nachdem dieser gestellt ist, und wie dieser nur bis zum Schluß der Verhandlung über den Zuschlag (Abs 2).

5.5 Auch der Widerspruch kann bis zur Entscheidung **zurückgenommen** werden[71].

---

[69] Mayer Rpfleger 1983, 265 (III 3 b); Steiner/Storz, § 74 a Rdn 53.
[70] Böhle-Stamschräder NJW 1953, 1494 (III 5).
[71] OLG Hamburg MDR 1957, 238 Leitsatz; Dassler/Gerhardt § 74 a Rdn 20.

Wertfestsetzung, Mindestgebot 6.4 **§ 74 a**

5.6 Unterschieden werden muß der Versagungsantrag des Abs 1 Satz 2 **vom Widerspruch** gegen die Zulassung eines Gebots nach § 72. Dieser Widerspruch hat den Zweck, den betroffenen Beteiligten und Bietern das Anfechtungsrecht gegen die Zuschlagsentscheidung zu erhalten. Bei Zweifeln muß der Vorsitzende sofort klären, ob ein Widerspruch oder ein Versagungsantrag gemeint ist.

Entscheidung über den Antrag; neuer Termin (Absatz 1 mit 3 und 4) 6

6.1 Entschieden wird über Versagungsantrag und Widerspruch durch Erteilung oder Versagung des Zuschlags. Wird der Zuschlag erteilt, so ist damit der Versagungsantrag abgelehnt; doch ist die Entscheidung immer zu begründen (Einl Rdn 28). Weil das Gericht unter den genannten Voraussetzungen versagen muß, nicht nach Ermessen entscheiden darf, so kann der Antrag nur abgelehnt werden, wenn er unzulässig oder unbegründet ist oder wenn der betreibende Gläubiger mit Erfolg widerspricht.

6.2 Wird der Zuschlag nach § 74 a (auch nach § 85 a) versagt, so ist sofort von Amts wegen **neuer Versteigerungstermin** zu bestimmen: Abs 3 Satz 1 (§ 85 a Abs 2 Satz 1). Dies muß also ohne besonderen Antrag geschehen. Anzusetzen ist der neue Versteigerungstermin mit Terminsbestimmung, die alle Angaben nach § 37 (Muß-Inhalt) und § 38 (Soll-Inhalt; dabei Hinweis auf erfolgte Versagung des Zuschlags) zu enthalten hat; diese ist nach den gleichen Vorschriften wie die erste Terminsbestimmung bekanntzumachen (§§ 39, 40), zuzustellen (§ 41) sowie mitzuteilen ist. Der neue Termin soll auf mindestens drei Monate hinaus angesetzt werden, „sofern nicht nach den besonderen Verhältnissen des Einzelfalles etwas anderes geboten ist", darf aber nicht weiter als sechs Monate hinausgesetzt werden: Abs 3 Satz 2. Diese Fristen sind nur Ordnungsvorschriften, die keinen Einfluß auf die Gültigkeit des Verfahrens haben[72]. Die Fristen ersetzen die sonst geltenden Anberaumungsfristen aus § 36 Abs 2 Satz 1. Die Bekanntmachungsfrist kann hier nicht wie in § 43 Abs 1 Satz 2 von sechs auf zwei Wochen abgekürzt werden. Einzuhalten ist die Bekanntmachungsfrist aus § 43 Abs 1 Satz 1 und die Ladungsfrist aus § 43 Abs 2. Es spricht nichts dafür, daß der neue Termin erst nach Rechtskraft des Versagungsbeschlusses anzusetzen sei (dies meint nämlich[73]); vielmehr ist er sofort anzusetzen, wenn die Versagung verkündet wird. Versagt das Beschwerdegericht den Zuschlag, so kann es nicht für das Amtsgericht Termin ansetzen, sondern dieses nur anweisen, sofort Versteigerungstermin zu bestimmen (dazu § 101 Rdn 2).

6.3 Im neuen Versteigerungstermin, dem zweiten im Sinne des § 74 a (auch § 85 a), darf der Zuschlag **nicht mehr** aus § 74 a, § 85 a **versagt** werden: Abs 4 (§ 85 a Abs 2 Satz 2). Dieser **Grundsatz der Einmaligkeit** bezieht sich nicht auf den jeweiligen Antragsteller, sondern auf das einzelne Versteigerungsobjekt im selben Verfahren; Versagungsantrag darf für jedes im selben Verfahren zu versteigernde Grundstück (ebenso Grundstücksbruchteil) nur in einem Versteigerungstermin gestellt werden[74]. Im zweiten Versteigerungstermin muß nur das geringste Gebot erreicht sein. Um einen zweiten Termin handelt es sich auch dann, wenn darin zu anderen Bedingungen versteigert wird, zB infolge Beitritt eines rangbesseren Gläubigers. Es genügt auch, wenn der „neue" Termin nicht unmittelbar auf den ersten folgt, sondern wenn dazwischen das Verfahren auf Bewilligung der betreibenden Gläubiger eingestellt war und dann erst wieder fortgesetzt wurde. Im „zweiten" Termin kann auch auf Antrag eines anderen Antragstellers nicht mehr aus § 74 a versagt werden, gleich wie sich seitdem das Verfahren verändert hat.

6.4 Die **Versteigerungsterminsgebühr** wird nicht erhoben, wenn der Zuschlag nach § 74 a (§ 85 a) versagt wird (Einl Rdn 78).

---

[72] LG Berlin GrundE 1959, 503 Leitsatz.
[73] Jonas/Pohle, ZwVNotrecht, § 74 a Anm 8 a.
[74] LG Mainz Rpfleger 1974, 125 mit zust Anm Schiffhauer.

7 Grundstückswert in der Versteigerung (Absatz 5)

7.1 Für die Berechnung der $^{7}/_{10}$-Grenze (und der $^{5}/_{10}$-Grenze des § 85 a) ist der Grundstückswert maßgebend: Abs 1 Satz 1 (§ 85 a Abs 1). Grundstückswert ist der **Verkehrswert:** Abs 5 Satz 1 (§ 85 a Abs 2 Satz 1). Er wird vom Vollstreckungsgericht festgesetzt: Abs 5 Satz 1.

7.2 Die Wertfestsetzung ist also zunächst **für die** $^{7}/_{10}$-**Grenze** bei Versagungsanträgen nach Abs 1 (und § 85 Abs 1) und jetzt auch für die $^{5}/_{10}$-Grenze nach § 85 a Abs 1 gedacht; sie ist auch **für die Gebühren** maßgebend (Einl Rdn 77 ff). Seitdem die Vorschrift in das ZVG eingefügt ist (1. 10. 1953, vorher war sie Vollstreckungsnotrecht), gilt sie **auch für das übrige Verfahren,** weil es nicht angeht, daß andere Vorgänge, so die Entscheidungen nach § 30 a Abs 3 Satz 2, § 64, § 112 Abs 2, § 114 a, ganz verschiedene Grundstückswerte zugrunde legen (Rdn 2.5). Daher ist auch die frühere Ermächtigung der Länder (EGZVG § 11), Vorschriften für das Schätzen und Feststellen des Wertes zu erlassen, samt den landesrechtlichen Vorschriften dazu überholt[75] (gegenstandslos[76]). Die Wertvorschriften des § 74 a müssen für alle Vorgänge des Verfahrens gelten, bei denen es auf den Grundstückswert ankommt (Rdn 2.5, § 64 Rdn 4.8 usw). In diesem Sinne äußern sich auch[77]; anders[78]: nur für die $^{7}/_{10}$-Grenze und die Gebühren; anders auch[79]: für Gebühren und für §§ 74 a, 30 a, 114 a; anders auch[80]: für alles, ausgenommen §§ 64, 112, 114 a. Die praktische Erfahrung zeigt, daß der einmal festgesetzte Wert von Beteiligten und Interessenten allen Berechnungen zugrunde gelegt wird, daß sie nur einen Wert kennen. Zu beachten ist aber, daß der Wert der §§ 74 a, 85 a nichts mit den „Werten" nach §§ 46, 50–51, 92 zu tun hat (Näheres dort).

7.3 Als Grundstückswert ist der **Verkehrswert** festzusetzen: Abs 5 Satz 1. Der Verkehrswert (auch gemeine Wert) wird nach der Bestimmung in BauGB § 194 „durch den Preis bestimmt, der in dem Zeitpunkt, auf den sich die Ermittlung bezieht, im gewöhnlichen Geschäftsverkehr nach den rechtlichen Gegebenheiten und tatsächlichen Eigenschaften, der sonstigen Beschaffenheit und der Lage des Grundstücks oder des sonstigen Gegenstands der Wertermittlung ohne Rücksicht auf ungewöhnliche oder persönliche Verhältnisse zu erzielen wäre". Verkehrswert ist mithin der Wert, der im gewöhnlichen Geschäftsverkehr erzielt werden kann[81], also der normale voraussichtliche Verkaufswert eines freihändigen Verkaufs[82], der Marktwert[83], der Handelswert[83], nicht der steuerliche Einheitswert, nicht der Erstellungswert im Zeitpunkt des Baues oder der Wertfestsetzung[84], nicht ein Liebhaberwert[85], nicht ein gemeiner Wert mit Billigkeitserwägungen ([86]setzen Verkehrswert und gemeinen Wert gleich), sondern ein Wert nach objektiven Gesichtspunkten[87], der die Beschaffenheit berücksichtigt[88], wobei

---

[75] LG Karlsruhe Justiz 1989, 61.
[76] Dassler/Gerhardt/Schiffhauer EGZVG § 11 Anm.
[77] LG Traunstein MDR 1956, 751; Steiner/Storz § 74 a Rdn 76 und 79; Mohrbutter/Drischler Muster 23 Anm 1; Jonas/Pohle, ZwVNotRecht, § 74 a Anm 6 a.
[78] Spies NJW 1955, 813 (B).
[79] Lorenz MDR 1961, 371; Schiffhauer MDR 1963, 901 (1).
[80] Nikoleit BWNotZ 1965, 48 (II und III 1).
[81] OLG Stuttgart NJW 1955, 1887; LG Braunschweig NdsRpfl 1987, 32; Steiner/Storz § 74 a Rdn 67; Grohmann JurBüro 1970, 599 (17); Just/Brückner NJW 1958, 1756.
[82] LG Darmstadt MDR 1959, 224 Leitsatz; LG München I BB 1955, 368 = WM 1955, 275; Jonas/Pohle, ZwVNotrecht, § 74 a Anm 6 a; Grohmann JurBüro 1970, 559 (17).
[83] Grohmann JurBüro 1970, 559 (17).
[84] LG Darmstadt MDR 1959, 224 Leitsatz.
[85] Grohmann JurBüro 1970, 559 (17).
[86] Just und Brückner NJW 1958, 1756.
[87] OLG Düsseldorf RdL 1956, 282.
[88] Johnas/Pohle, ZwVNotrecht, § 74 a Anm 6 a.

Wertfestsetzung, Mindestgebot 7.4 § 74 a

jedoch persönliche Verhältnisse, Erwartungen und Vorstellungen nicht einzurechnen sind[89].

7.4 Bei der Ermittlung von Grundstückswerten nach dem Baugesetzbuch wird nach den Vorschriften der Verordnung über Grundsätze für die Ermittlung der Verkehrswerte von Grundstücken (**Wertermittlungsverordnung** – WertV) idF vom 6. 12. 1988, BGBl I 2209, verfahren. Ergänzende Hinweise für Wertermittlung nach einheitlichen und marktgerechten Grundsätzen und Verfahren geben die Richtlinien für die Ermittlung der Verkehrswerte von Grundstücken (**Wertermittlungs-Richtlinien** 1991 – WertR 1991) idF vom 11. 6. 1991 (BAnz Nr 182 a). Zur Wertermittlung werden danach das **Vergleichswertverfahren** (WertV §§ 13, 14), das **Ertragswertverfahren** (WertV §§ 15–20) oder das **Sachwertverfahren** (WertV §§ 21–25) herangezogen. Bei Ermittlung des Verkehrswerts durch Preisvergleich werden Kaufpreise geeigneter Vergleichsgrundstücke in ausreichender Zahl, für den Bodenwert auch geeignete Richtwerte, herangezogen (WertV § 13). Bei bebauten Grundstücken kann unterstützend auf Ertragswert und Sachwert zurückzugreifen sein. Ermittlung des Verkehrswertes nach dem Ertragswertverfahren erfordert Ermittlung des Wertes der Gebäude und der sonstigen baulichen Anlagen getrennt vom Bodenwert auf der Grundlage des Gebäudeertrages unter Berücksichtigung der Lage auf dem Grundstücksmarkt (WertV § 15); der Bodenwert wird in der Regel durch Preisvergleich festgestellt (WertV § 15 Abs 2). Als Sachwert wird der Bodenwert durch Preisvergleich und der Bauwert (Herstellungswert der Gebäude, Außenanlagen und der besonderen Betriebseinrichtungen) unter Berücksichtigung der Lage auf dem Grundstücksmarkt ermittelt (WertV § 21). Auszuwählen ist das Wertermittlungsverfahren nach der Lage des Einzelfalls unter Berücksichtigung der im gewöhnlichen Geschäftsverkehr bestehenden Gepflogenheiten (WertV § 7 Abs 2); jedoch ist der Bodenwert in der Regel durch Preisvergleich zu ermitteln. Das ZVG schreibt eine bestimmte Berechnungsmethode nicht vor. Auch hier führt jedoch Wertermittlung nach den Vorschriften der Wertermittlungsverordnung zu zuverlässigen Grundstückswerten. Die frühere Unterscheidung (siehe 10. Auflage) zwischen Sachwert (Boden- und Gebäudewert), Ertragswert (kapitalisierter nachhaltiger Reinertrag mit Rücksicht auf die Restnutzungsdauer[90]) und Mittelwert (Mittel zwischen Sach- und Ertragswert), hat damit an Bedeutung verloren. Der Sachwert entscheidet etwa bei Einfamilienhäusern[91] (auch mit Schwimmhalle[92]), auch bei Industriegrundstücken, Krankenhäusern, Hotels[93], Kirchen, Theatern, Kinos[94] (denkbar hier auch der Ertragswert, mindestens aber der Sachwert, wenn der Ertragswert nicht zu klären ist). Der Ertragswert entscheidet etwa bei Mietshäusern[95], ebenso bei gewerblich genutzten Grundstücken[96], auch bei einem eigengenutzten oder teilvermieteten Bürogebäude[97]. Der Mittelwert (Sach- und Ertragswert zusammengerechnet und durch zwei geteilt = Berliner Methode) kann sich bei Grundstücken mit sozialen Mietverhältnissen (anders[98]: Ertragswert) oder dann empfehlen, wenn Sachwert und Ertragswert in einem Mißverhältnis stehen (schlechter Zustand, aber hohe Mietzinsen; hohe Baukosten, aber geringe Mieteinnahmen). Er wurde auch sonst

---

[89] OLG Düsseldorf RdL 1956, 282; Just und Brückner NJW 1958, 1756.
[90] Grohmann JurBüro 1970, 559 (2).
[91] OLG Celle NJW 1993, 739; OLG Köln BlGrBW 1963, 64 = MDR 1963, 411; Just und Brückner NJW 1958, 1756.
[92] BFH BB 1986, 791.
[93] BayObLG 1979, 69 = Rpfleger 1979, 395; BFH BB 1981, 1020.
[94] Just und Brückner NJW 1958, 1756.
[95] BayObLG 1979, 69 = Rpfleger 1979, 395; OLG Frankfurt FamRZ 1980, 576; OLG Köln BlGrBW 1963, 64 = MDR 1963, 411; Just/Brückner NJW 1958, 1756.
[96] Just und Brückner NJW 1958, 1756.
[97] OLG Celle NJW 1993, 739.
[98] OLG Düsseldorf FamRZ 1989, 280 = NJW-RR 1989, 1417.

§ 74 a 7.4 Versteigerung

empfohlen[99] oder abgelehnt[100]. Ungewöhnliche Umstände sind nicht zu beachten, etwa die Tatsache, daß heute jedes Mietobjekt in Eigentumswohnungen aufgeteilt werden kann, um so einen höheren Wert zu erzielen. Mietzinsvorauszahlungen und Baukostenzuschüsse sind infolge der Sonderregelung des Zwangsversteigerungsverfahrens hierüber nicht abzusetzen[101], auch nicht die Grundstückslasten[102] (WertV § 5 Abs 2 kann keine Anwendung finden). Für unbebaute Grundstücke gilt Wertermittlung durch unmittelbare Ableitung aus (einer ausreichenden Zahl und geeigneten) Kaufpreisen für vergleichbare Grundstücke als vorteilhaft[103]. Die von „Altlasten" ausgehende Beeinträchtigung ist ebenso zu berücksichtigen (dazu näher[104]), wie sonst wertbeeinflußenden Umständen Rechnung zu tragen ist.

7.5 Das Gericht entscheidet **nach freier Überzeugung** schon hinsichtlich des **Grundstücks**[105]; erst recht tut es dies „unter Würdigung aller Verhältnisse" bezüglich der **beweglichen Gegenstände,** die mitversteigert sind: Abs 5 Satz 2. Die Gegenstände sind mitzubewerten, Zubehör und Bestandteile, soweit sie versteigert werden. Freigegebenes Zubehör wird nicht bewertet. Wenn wesentliche Bestandteile von den betreibenden Gläubigern freigegeben sind, sind sie auch nicht zu bewerten; das Eigentum geht auf den Ersteher über, aber er ist zur Herausgabe verpflichtet[106] (dazu § 55 Rdn 3). Das Gericht muß **alle tatsächlichen Umstände ermitteln** und berücksichtigen, die für den Wert bedeutsam sein können, und es muß das Ermittelte **den Beteiligten mitteilen**[107]. Exakt läßt sich der Verkehrswert in der Regel nicht ermitteln[108]. Wichtig ist, daß das Gutachten von richtig bewerteten Grundlagen ausgeht, sachkundig und frei von Widersprüchen ist und keine Verstöße gegen allgemeingültige Regeln erkennen läßt[109]. Zu berücksichtigen sind Lage, Bodenbeschaffenheit, Verkehrslage, Anschluß an Gas, Wasser, Strom, Fernwärme, Kanalisation, ferner Bebauung, Ertrag, Bauhindernisse, mögliche Verwertung. Für alle diese tatsächlichen Feststellungen gelten die Grundsätze des freien Beweises[110].

7.6 Sind **Brennrechte** mit einem Objekt verbunden, so sind das steuerliche Bevorzugungen, die dem jeweiligen Betriebsinhaber zustehen, den Grundstückswert steigernd (§ 55 Rdn 4). Gleiches gilt für ein betriebsgebundenes Milchkontingent (§ 55 Rdn 4; anders noch[111]).

7.7 Der Wert eines **Erbbaurechts** (mit dem Bauwerk als wesentlicher Bestandteil, ErbbauVO § 12 Abs 1) bestimmt sich nach dem vollen Sachwert des Gebäudes samt Außenanlagen (mit Abzug für Alter und Schäden) und (= zuzüglich) dem Wert des Nutzungsrechts am Grundstück (anders[112]: Sachwert, vermindert um Restlaufzeit sowie Entschädigungsregelung beim Heimfall). Der Gebäudewert ist nach der Wertermittlungsverordnung (Rdn 7.4) zu bestimmen. Dazu kommt der Wert des Rechts am Grundstück, das der Berechtigte für die Laufzeit des Erbbaurechts nahezu unbeschränkt nutzen kann (das Erbbaurecht kommt damit dem Eigentum wirtschaftlich nahe). Bestimmt wird der Wert des Nutzungsrechts am Grundstück auch durch die restliche Dauer des Erbbaurechts;

---

[99] LG Darmstadt MDR 1959, 224 Leitsatz.
[100] Dorn Rpfleger 1988, 298; Just und Brückner NJW 1958, 1756.
[101] LG München I BB 1955, 368; LG Darmstadt MDR 1959, 224 Leitsatz.
[102] OLG Köln MDR 1959, 223; Grohmann JurBüro 1970, 559 (4 und 5).
[103] BFH NJW 1981, 2080 Leitsatz.
[104] Dorn Rpfleger 1988, 298.
[105] LG Braunschweig NdsRpfl 1987, 32; Spies NJW 1955, 813 (E 1).
[106] Spies NJW 1955, 813 (A I).
[107] OLG Köln AnwBl 1957, 265 = BB 1956, 1012.
[108] BGH DNotZ 1963, 492 = MDR 1963, 396; LG Braunschweig NdsRpfl 1987, 32.
[109] LG Braunschweig NdsRpfl 1987, 32.
[110] Jonas/Pohle, ZwVNotrecht, § 74 a Anm 6 a; Grohmann JurBüro 1970, 559 (17).
[111] LG Lüneburg Rpfleger 1991, 428.
[112] Steiner/Storz § 74 a Rdn 73.

Wertfestsetzung, Mindestgebot 7.10 § 74 a

für die Grundstücksnutzung wird daher am besten der Bodenwert des (unbelasteten) Grundstücks bestimmt und in Höhe der restlichen Laufzeit des Rechts bemessen, also etwa 60% des Grundstückswerts für 60 Jahre Laufzeit. Belastungen des Erbbaurechts werden nicht abgezogen (WertV § 5 Abs 2 findet keine Anwendung, Rdn 7.4). Unerheblich ist daher auch die Belastung mit dem Erbbauzins. Er beeinflußt nicht den Verkehrswert des Erbbaurechts, sondern je nach Bestehenbleiben oder Erlöschen nach den Versteigerungsbedingungen den bar zu zahlenden Betrag des Erwerbspreises (bei Versteigerung das Meistgebot). Teil II (Nr 5) WertR 91, wonach Wertermittlung unter Berücksichtigung insbesondere der Höhe des Erbbauzinses zu erfolgen hat, kann daher keine Anwendung finden. Zur Bestimmung des Werts des Rechts am Grundstück kann dessen Bodenwert nach dem Vergleichwertverfahren festgestellt werden; beim Preisvergleich mit Kaufpreisen geeigneter Vergleichserbbaurechte ist darauf zu achten, daß die Vergleichspreise nicht um die für Wertermittlung unerhebliche Belastung mit dem Erbbauzins verkürzt sind. Anhalt bietet auch Bemessung des Bodenwerts des Erbbaugrundstücks auf der Grundlage des erzielbaren Erbbauzinses (nicht aber der Differenz zwischen vertraglich vereinbartem und erzielbarem Zins) auf die Restlaufzeit des Erbbaurechtsvertrags (vgl WertR Teil II Nr. 5.2.2.3.1 mit Vervielfältiger, zugleich Rentenbarwertfaktor, in Anlage 4). Jedoch können auch hier Belastungen keine Bedeutung erlangen, mithin eine Wertminderung infolge der Beeinträchtigungen durch Belastung des Grundstücks mit dem Erbbaurecht keine Berücksichtigung finden. Die Beleihungsgrenze von ErbbauVO § 19 (sie schließt einen Grundstückswert nicht ein) bietet für Verkehrswertbestimmung keine Grundlage.

7.8 Den Wert setzt das **Vollstreckungsgericht** fest: Abs 5 Satz 1. „Nötigenfalls" hat das Gericht einen Sachverständigen anzuhören: Abs 5 Satz 1; dazu Rdn 10). Bei wertvollen Grundstücken empfiehlt sich das immer. Bei der für das Verfahren wichtigen Entscheidung wird das Gericht ohne Gutachten kaum auskommen. Es ist daran allerdings nicht gebunden (ZPO § 286; s bereits Rdn 7.5). Als Wertunterlagen kommen auch in Frage: private Gutachten, Richtwerte nach BauGB § 196, Äußerungen der Beteiligten, frühere Verkaufspreise, bekannte Vergleichswerte, Steuerwert, Brandversicherungswert, Zwangsverwaltungsunterlagen. Hierzu im ZVG-Handbuch Rdn 211.

7.9 Ermittlung und **Festsetzung** des Grundstückswerts durch das Vollstreckungsgericht erfolgen **von Amts wegen** in jedem Versteigerungsverfahren (Rdn 1.2 und 2.1–2.4), auch bei unbelastetem Grundstück. Das ZVG sieht die Wertfestsetzung als selbstverständlich an: § 66 Abs 1, § 85 a Abs 2. Beteiligte (auch die nach § 74 a Antragsberechtigten) können auf Wertfestsetzung vor erstem Termin nicht verzichten (folgt schon aus § 85 a). Für den **zweiten Termin** aus Abs 4, § 85 a Abs 2 gibt es allerdings **keine** Wertfestsetzung mehr[113] (anders[114]: Verfahrensfürsorge nötigt dazu, den Wert wegen veränderter Verhältnisse auch dann zu ändern, wenn in einem weiteren Versteigerungstermin eine Versagung des Zuschlags nach §§ 74 a, 85 a ausgeschlossen ist; dazu auch Rdn 7.20 zu b). Wo der Wert nicht festgesetzt wurde, darf dies nicht allein wegen der Gebühren geschehen, da für diese dann der Einheitswert entscheidet[115].

7.10 Für jedes von einem verbundenen Verfahren erfaßte **Grundstück** wird der Wert **gesondert** festgesetzt (sie können ja jederzeit wieder getrennt werden); Einzelwerte erlangen zudem bei Einzelausgeboten Bedeutung (§ 63 Abs 1). Für Bruchteile eines Grundstücks von gleichem Wert (Miteigentum je zur Hälfte von Eheleuten) bestimmt der Miteigentumsanteil zugleich den Wertanteil, so daß der

---

[113] Dassler/Gerhardt § 74 a Rdn 30; Schiffhauer MDR 1963, 901; Spies NJW 1955, 813 (D 3).
[114] Hornung Rpfleger 1979, 365 (D VI 1).
[115] Spies NJW 1954, 1675 und Drischler KTS 1975, 283 (7 a).

§ 74 a 7.10 Versteigerung

Wert nur für das Einzelgrundstück festgesetzt, nicht mehr aber für die Grundstücksbruchteile einzeln unterteilt zu werden braucht. Dazu im ZVG-Handbuch Rdn 378.

7.11 Über den **Zeitpunkt** der Wertermittlung und Wertfestsetzung bestanden früher erhebliche Meinungsverschiedenheiten. Richtig hat Festsetzung nicht erst im Versteigerungstermin, sondern vor diesem so **rechtzeitig** zu erfolgen, daß Beteiligte noch eine Entscheidung des Beschwerdegerichts herbeiführen können. Nach einer Ansicht soll § 66 Abs 1 nur die Bekanntgabe des festgesetzten Wertes im Versteigerungstermin verlangen, aber nicht, daß er vor dem Termin festgesetzt werde[116], er müsse nur festgesetzt sein, bevor zur Abgabe von Geboten aufgefordert werde[117]. Zu diesem späten Zeitpunkt würden der Kreis der Beteiligten und der Gegenstand der Versteigerung endgültig feststehen, mithin keine Änderungen mehr möglich und nötig sein[118]; Beteiligten würde dann aber nicht ermöglicht, rechtzeitig noch von ihrem Beschwerderecht Gebrauch zu machen und noch vor dem Versteigerungstermin eine Entscheidung des Beschwerdegerichts herbeizuführen. Daher wird mit Recht in der Regel empfohlen, den Wert vor dem Versteigerungstermin festzusetzen[119] (dabei[120]: es sei dies eine Frage der Zweckmäßigkeit, Festsetzung erst im Termin führe häufig zur Zuschlagsanfechtung) oder doch zeitig genug mit der Wertermittlung zu beginnen. Andere verlangen oder empfehlen „rechtskräftige" Festsetzung vor dem Termin[121] (dabei[122]: Zuschlag erst nach Rechtskraft des Wertes; [123]ohne Rechtskraft des Wertes sei der Termin unzulässig, sonst Zuschlag zu versagen oder anfechtbar). Dabei gibt es aber hier keine absolute Rechtskraft, nur eine relative, nämlich in bezug auf die schon vorhandenen Beteiligten[124]. Dagegen meinen[125]: es sei keine Rechtskraft des Wertes nötig. Rechtskraft halten für wünschenswert, aber nicht nötig[126]. Manchmal wird sogar Rechtskraft vor der Terminsansetzung verlangt oder dann nicht, wenn mit Sicherheit kein Rechtsmittel zu erwarten sei (wer weiß das im voraus?). Andererseits wird Rechtskraft wenigstens vor der Zuschlagsentscheidung verlangt, weil der Zuschlag erst möglich sei, wenn der Wert allen Beteiligten gegenüber rechtskräftig sei[127], selbst für den erst im Termin notwendig gewordenen Änderungsbeschluß verlangt[128] Rechtskraft vor Zuschlag (abzulehnen; wie hier[129]). An eine Ausnahme

---

[116] Spies NJW 1955, 813 (D 2).

[117] Dassler/Gerhardt § 74 a Rdn 31; Spies NJW 1955, 813 (E III 1).

[118] Spies NJW 1955, 813 (E III 1).

[119] Jonas/Pohle, ZwVNotrecht, § 74 a Anm 6 a und d; Leyeseder NJW 1955, 1427.

[120] Leyeseder aaO.

[121] OLG Düsseldorf NJW 1981, 235 Leitsatz = Rpfleger 1981, 69; OLG Frankfurt BB 1954, 1043; OLG Schleswig JurBüro 1959, 250 = SchlHA 1959, 148; LG Aachen Rpfleger 1959, 321; LG München I Rpfleger 1969, 251; Lorenz MDR 1952, 211 und MDR 1961, 371; Mohrbutter BB 1953, 875 (1); Jonas/Pohle, ZwVNotrecht, § 74 Anm 6 a.

[122] OLG Düsseldorf Rpfleger 1981, 69 = aaO (Fußn 121).

[123] OLG Schleswig JurBüro 1959, 250 = SchlHA 1959, 148.

[124] OLG Koblenz JurBüro 1986, 1587 = MDR 1986, 682; Lorenz MDR 1961, 371.

[125] Dassler/Gerhardt § 74 a Rdn 37 mit § 83 Rdn 5; Lorenz MDR 1961, 371; Mohrbutter MDR 1955, 711 (1) und Festschrift H. Schmidt (1981) S 111 (I 1); Nikoleit BWNotZ 1965, 48 (III 5); Papke KTS 1965, 140 (III 5).

[126] Mohrbutter/Drischler Muster 23 Anm 2; Mohrbutter Rpfleger 1960, 203 (2).

[127] OLG Braunschweig NdsRpfl 1984, 259; OLG Frankfurt BB 1954, 1043; OLG München NJW 1968, 2249 = Rpfleger 1969, 250; OLG Schleswig JurBüro 1959, 250 = SchlHA 1959, 148; LG Osnabrück bestätigt durch OLG Oldenburg beide Rpfleger 1992, 209 mit abl Anm Hornung; Drischler Rpfleger 1983, 99; Leyeseder NJW 1955, 1427; Lorenz MDR 1952, 211; Jonas/Pohle, ZwVNotrecht, § 74 a Anm 6 b.

[128] OLG Braunschweig sowie LG Osnabrück und OLG Oldenburg je aaO (Fußn 127).

[129] LG Kassel Rpfleger 1984, 474 mit Anm Storz; Hornung Rpfleger 1992, 210 (Anmerkung); auch OLG Hamm Rpfleger 1993, 210.

(Zuschlag vor Rechtskraft) im zweiten Versteigerungstermin denkt[130], weil dort der Wert ohne Bedeutung sei.

7.12 Der ganze Streit ist sehr theoretisch, ohne Rücksicht auf praktische Durchführbarkeit (insbesondere bei[131]). Es gibt **keine absolute Rechtskraft** des Wertes, sie ist **relativ,** kann für jeden Beteiligten anders sein. Wer die Rechtskraft für alle schon vor dem Versteigerungstermin oder vor dem Zuschlag verlangt, muß dann, wenn sich im Termin ein neuer Beteiligter meldet oder wenn ein neuer im Termin beitritt, zum Schaden aller anderen Beteiligten den Termin absetzen, auch wenn der neue Beteiligte an aussichtsloser Stelle steht[132]. Er müßte auch hinnehmen, daß der Schuldner im Rahmen des Wertfestsetzungsverfahrens alle denkbaren Möglichkeiten bis hinauf zum Bundesverfassungsgericht ausschöpft[133], nur um Zeit zu gewinnen, seien auch seine Einwände noch so abwegig. Alle Beteiligten müssen den Beschluß zugestellt erhalten und können ihn anfechten. Auch wer erst kurz vor dem oder im Versteigerungstermin beitritt oder anmeldet, erhält den Beschluß zugestellt und kann ihn noch anfechten (Rdn 7.15 und § 27 Rdn 7). Die Wertfestsetzung muß sich einfach je nach Sachlage richten[134], die Art muß im Einzelfall im Ermessen des Gerichts stehen[135]. Der Wert muß nur für alle bis dahin schon Beteiligten so rechtzeitig vor dem Versteigerungstermin festgesetzt werden, daß zwischen der Festsetzung und dem Termin noch ein Rechtsmittel der bis dahin Beteiligten entschieden werden kann[136]. Dazu im ZVG-Handbuch Rdn 210. Auf jeden Fall soll das Gericht zeitig (nicht aber grundlos vorzeitig) die Festsetzung vorbereiten, indem es die Beteiligten befragt, Schätzungsunterlagen besorgt und den Sachverständigen anhört.

7.13 Der Wert ist für die Versteigerung des Grundstücks[137] in dem Verfahren, nicht jedoch für einen bestimmten Versteigerungstermin festzusetzen[138]. Zu weitgehend ist daher[139] (abgelehnt von[140]), wenn nach einer Verfahrenseinstellung fortgesetzt werde, müsse schon der Wert neu festgesetzt werden; zu weitgehend auch[141]: für jeden einzelnen Versteigerungstermin sei grundsätzlich der Wert neu festzusetzen (abgelehnt mit Recht von[142]; nun aufgegeben von[143]). Richtig ist, daß sich die Wertfestsetzung auf den nächsten Versteigerungstermin bezieht, mit dem das Gericht in naher Zukunft rechnet oder den es schon angesetzt hat, wobei es die Umstände im Augenblick der Prüfung und Festsetzung berücksichtigt. Wenn dann im Versteigerungstermin oder, falls durch dessen Wegfall oder Nichterfolg ein weiterer oder weitere stattfinden, im weiteren Termin Umstände für eine Wertänderung, wie dargelegt, auftreten, wird der richtig festgesetzte entsprechend geändert (hierzu Rdn 7.20); wenn keine solchen Umstände auftreten, bleibt es beim festgesetzten Wert.

---

[130] OLG Köln JurBüro 1970, 100 = OLGZ 1970, 187.
[131] OLG München NJW 1968, 2249 = Rpfleger 1969, 250.
[132] Stöber Rpfleger 1969, 221 (IX b).
[133] Papke KTS 1965, 740 (III 5).
[134] Steiner/Storz § 74 a Rdn 99; Drischler Rpfleger 1967, 357 (11).
[135] Stöber Rpfleger 1969, 221 (IV c).
[136] Stöber Rpfleger 1969, 221 (IV a); Hornung Rpfleger 1979, 365 (D VI 1).
[137] OLG Schleswig JurBüro 1981, 115 = NJW 1981, 235 Leitsatz = Rpfleger 1981, 27 = SchlHA 1980, 200.
[138] OLG Köln Rpfleger 1993, 258; OLG Schleswig aaO (Fußn 137); Steiner/Storz § 74 a Rdn 80.
[139] OLG Schleswig JurBüro 1959, 250 = SchlHA 1959, 148; LG München I Rpfleger 1960, 251.
[140] Schiffhauer BlGrBW 1971, 63 (XVIII 3).
[141] OLG Schleswig aaO (Fußn 139).
[142] Stöber Rpfleger 1969, 221 (X); Drischler Rpfleger 1967, 357 (11).
[143] OLG Schleswig NJW 1981, 235 = aaO (Fußn 137).

§ 74 a   7.14   Versteigerung

7.14 Am besten ist es, **vor Terminsbestimmung** (dann erfahren alle Beteiligte von dem Verfahren, das vorher nur Schuldner und Gläubiger kannten) den Sachverständigen auf Grund der schon vorher besorgten Unterlagen (Grundbuchblatt, Brandversicherungsurkunde, Hausnummernbescheid) zu beauftragen, unter Hinweis auf den schon erforderlichen Termin (dadurch muß das Gutachten rascher erstellt werden), gleichzeitig den Schätzungsbeschluß an Schuldner und Gläubiger zu senden (damit sie vorbereitet sind). Es können dann noch vor dem Termin alle Beteiligte zum Gutachten gehört werden und es kann noch vor dem Termin Wertbeschluß ergehen. So wird der neueste Stand gewährleistet und doch ein Wertstreit im Termin vermieden.

7.15 Das Gericht muß alle am Wertfestsetzungsverfahren Beteiligten nach dem Grundsatz des **rechtlichen Gehörs** (Einl Rdn 46; ZVG-Handbuch Rdn 212) vor der Entscheidung anhören[144] (Muster für die Anhörung im ZVG-Handbuch Rdn 208) (anders[145]: Anhörung sei nicht nötig). Zum rechtlichen Gehör ist nötig, daß den Beteiligten ermöglicht wird, zu prüfen und sich zu äußern, daß ihnen die Unterlagen zugänglich gemacht werden[146]. Es genügt hierzu nicht, einfach das Gutachten zu übersenden[147]. Es muß Gelegenheit zur Äußerung in angemessener Frist gewährt werden. Stellungnahme des Gerichts, in welcher Höhe es den Wert festzusetzen beabsichtigt, ist nicht erforderlich. Auch bei der Wertfestsetzung im Termin müssen die Beteiligten schon vorher angehört werden (anders hier[148]: Anhörung im Termin genüge; nicht richtig, weil den Beteiligten Zeit zur Prüfung und Stellungnahme gegeben werden muß). Angehört werden müssen alle am Wertfestsetzungsverfahren Beteiligten. Auch die erst nach Wertfestsetzung kurz vor dem Termin oder gar erst am Terminstag Beitretenden sollen zum Wert zu hören sein[149] (sofern sie nicht als bisher Beteiligte schon gehört wurden). Das aber ist nicht verfahrens- und sachgerecht. Der Beitritt erfolgt zu einem laufenden Verfahren zur Versteigerung des Grundstücks, für das Wertfestsetzung stattgefunden hat. Rechte als betreibender Gläubiger hat der Beitretende erst von der Wirksamkeit seines Beitritts an (§ 27 Abs 2). Er tritt in das Verfahren in dem Stand ein, in dem es sich bei Wirksamwerden seines Beitritts befindet. Für ihn wird kein neuer Grundstückswert festgesetzt. Auf den für das Verfahren insgesamt bereits festgesetzten Wert kann er nachträglich keinen Einfluß mehr nehmen. Einwendungen des Beitretenden gegen den bereits festgesetzten (möglicherweise vom Beschwerdegericht neu festgestellten oder bestätigten) Grundstückswert würden eine nur ihm gegenüber wirkende Änderung nicht ermöglichen, können daher auch keine nochmalige Überprüfung der Wertunterlagen erfordern. Der vor dem Beitritt ergangene Wertfestsetzungsbeschluß beruht auf keiner Verletzung des rechtlichen Gehörs (Einl Rdn 46) gegenüber dem bei Erlaß der Entscheidung am Verfahren überhaupt noch nicht Beteiligten. Rechtliches Gehör, das nicht zu gewähren war, kann auch nicht nachzuholen sein. Zudem ist dem Gericht eine Änderung der für das Verfahren bereits erfolgten Wertfestsetzung nicht erlaubt, weil gegen den Beschluß sofortige Beschwerde (befristete Rechtspflegererinnerung) stattfindet (ZPO § 577 Abs 3; RpflG § 11 Abs 2 Satz 1). Wenn der Grundstückswert nach Verfahrenslage daher prozessual ordnungsgemäß festgesetzt wurde, muß auch der erst später Beitretende das Verfahren gegen sich gelten lassen (Wirk-

---

[144] BVerfG MDR 1957, 84 = NJW 1957, 17 und 1957, 947 Leitsatz mit abl Anm Schätzler = Rpfleger 1957, 11 mit Anm Oldorf und 1964, 40 Leitsatz; BVerfG BB 1963, 920 = JMBlNW 1963, 232 Leitsatz = MDR 1963, 738 = Rpfleger 1964, 41 Leitsatz; LG Aachen Rpfleger 1959, 321; Mohrbutter/Drischler Muster 23 Anm 3; Dorn Rpfleger 1988, 298; Lorenz NJW 1961, 371; Spies NJW 1955, 813 (E 1).
[145] Schmidt Rpfleger 1960, 41.
[146] BVerfG NJW 1957, 17 = aaO (Fußn 144).
[147] OLG Köln AnwBl 1957, 265 = BB 1956, 1012.
[148] Spies NJW 1955, 813 (E 1).
[149] LG Aachen Rpfleger 1959, 321; Lorenz MDR 1961, 371.

samkeit der Wertfestsetzung wäre zudem selbst bei Verletzung des rechtlichen Gehörs gegeben). Ein nach Wertfestsetzung Beitretender ist daher nicht nachträglich noch mit rechtlichem Gehör am abgeschlossenen Wertfestsetzungsverfahren zu beteiligen. Die schon vor dem Beitritt erfolgte Wertfestsetzung ist ihm zuzustellen, weil sie ihm gegenüber noch nicht rechtskräftig ist. Er hat die normalen Rechtsmittel dagegen (§ 27 Rdn 7). Bei Eintritt neuer Tatsachen kann er außerdem Wertänderung beantragen (Rdn 7.20). Nicht nötig ist, daß Beitretende auf ihr Anfechtungsrecht verzichten, um den Termin durchführen zu können; Rechtskraft ist ja nicht nötig.

7.16 Am Wertfestsetzungsverfahren nehmen **grundsätzlich alle Beteiligten** teil, Beteiligte nach § 9[150] (anders[151]: nur Beteiligte gemäß § 117). Anträge zu anzumeldenden Rechten können erst nach Anmeldung gestellt werden[152] (man wird wohl über ZPO § 139 einen solchen Antrag zugleich als Anmeldung behandeln können). Auch die Anfechtungsfrist läuft für den, der erst durch Anmeldung Beteiligter wird, ab Zustellung nach seiner Anmeldung, nicht schon ab einer vorsorglichen früheren Zustellung, weil eine Zustellung an noch nicht Beteiligte wirkungslos ist. Beteiligt an der Wertfestsetzung sind nicht nur diejenigen, die einen Verfahrensantrag stellen dürfen[153]. Beteiligt ist auch der Schuldner[154] (anders[155]) oder sein Konkursverwalter; er hat ja ein erhebliches Interesse an der Festsetzung des Wertes für die etwaigen Versagungsanträge (auch wenn er selbst keinen stellen darf), weil es davon abhängt, in welchem Umfang er von Schulden befreit wird[156]. Beteiligt sind erst recht die betreibenden Gläubiger. Beteiligt sind auch die dinglichen Berechtigten, deren Rechte bestehenbleiben (anders[157]). Nicht Beteiligter (§ 81 Rdn 3.8), aber zu hören, wenn dann noch zur Wertfrage zu verhandeln ist, ist nach Abgabe eines Meistgebots auch der Meistbietende; er hat vielleicht zu unrichtigen Behauptungen des Schuldners über Werterhöhungen aus eigener Kenntnis Wichtiges zu sagen und damit die Möglichkeit, die ihm durch (nicht gerechtfertigte) Werterhöhung drohende Zuschlagsversagung abzuwenden.

7.17 Der Wertbeschluß muß den Gegenstand der Versteigerung bezeichnen und den **Zeitpunkt der Festsetzung** erkennen lassen[158], nicht aber die Beteiligten und nicht den Zeitpunkt der Versteigerung (anders[158]). Der Wertbeschluß muß **begründet** werden[159] und im ZVG-Handbuch Rdn 212. Das Gericht muß dabei nicht zu allen einzelnen Punkten Stellung nehmen; es genügt, wenn es sich dem Gutachten, indem es die wesentlichen Angaben hervorhebt, anschließt[160]. Die Beteiligten müssen prüfen können, welche Gesichtspunkte für das Gericht bei seiner Entscheidung maßgebend waren[161], sie müssen sich an Hand der rechtlichen und tatsächlichen Erwägungen ein Bild machen können, ob es geboten und aussichtsreich sei, anzufechten[161]. Nötig ist eingehende Begründung auf jeden Fall, wenn schon vor der Entscheidung Einwendungen erhoben wurden. Man sollte überhaupt nicht von einer Begründung absehen, auch dann nicht, wenn bei völlig übereinstimmenden Angaben der bisher Beteiligten nicht zu erwarten ist, daß angefochten werde (hier will[161] von Begründung absehen), weil sich das nicht vor-

---

[150] Spies NJW 1955, 813 (C 2).
[151] Jonas/Pohle, ZwVNotrecht, § 74 a Anm 5.
[152] Spies aaO (Fußn 150).
[153] Spies NJW 1955, 813 (C 1).
[154] Leyerseder NJW 1955, 1427.
[155] Spies NJW 813 (C 1).
[156] Leyerseder NJW 1955, 1427.
[157] Spies NJW 1955, 813 (C 1).
[158] Spies NJW 1955, 813 (E III 2).
[159] BGH 39, 198 = MDR 1963, 661 = NJW 1963, 1492; LG Stade KTS 1972, 203; Drischler Rpfleger 1953, 497 (7).
[160] BGH 39, 198 = MDR 1963, 661 = NJW 1963, 1492.
[161] LG Stade KTS 1972, 203.

§ 74 a 7.17 Versteigerung

aussehen läßt, insbesondere neue Beteiligte auftauchen können, die anderer Ansicht sind. Im übrigen gehört einfach zu einer gerichtlichen Entscheidung eine Begründung (Einl Rdn 28).

7.18 a) Der Wertbeschluß ist allen Beteiligten (§ 9) zuzustellen (ZPO § 329 Abs 3)[162], auch noch gesondert an die erst nach der allgemeinen Zustellung beitretenden oder anmeldenden Beteiligten[163], einem Beitrittsgläubiger am besten mit dem Beitrittsbeschluß[164]. Für Gläubiger der Rangklassen 1, 2 und 3, die sich erst nach der Wertfestsetzung meldeten, muß Bekanntgabe im Termin genügen, weil sie nicht beeinträchtigt werden[165]. An einen sonst Beteiligten, der erst durch Anmeldung Beteiligter wird (zB den Gläubiger eines nacheingetragenen Rechts, eines zu Unrecht gelöschten Rechts), kann erst nach der Anmeldung wirksam zugestellt werden, an einen, der erst durch Anmeldung im Termin Beteiligter wird, erst im Termin, weil Zustellungen an noch nicht Beteiligte wirkungslos sind. Wer erst mit Anmeldung nach Wertfestsetzung Beteiligter wird und den Wertfestsetzungsbeschluß noch zugestellt erhalten muß, braucht zur Wertfestsetzung nicht nachträglich auch noch besonders angehört zu werden (das Rdn 7.15 für den Beitrittsgläubiger Gesagte gilt entsprechend). Die bloße Aufnahme in die Terminsbestimmung genügt nicht als Zustellung; es müßte schon mit ihr ausdrücklich ein Festsetzungsbeschluß verbunden werden[166]. Den Mietern/Pächtern ist der Beschluß nicht zuzustellen, weil diese kein Anfechtungsrecht haben. Unabhängig hiervon muß der Wert außerdem, wie andere Vorgänge auch, im Versteigerungstermin nach § 66 Abs 1 bekanntgemacht werden[166]. Hierzu auch im ZVG-Handbuch Rdn 213.

b) Wird der Wert erst im Versteigerungstermin festgesetzt, so wird der Beschluß verkündet (ZPO § 329 Abs 1)[167] (also nicht nur nach § 66 bekanntgemacht). Zwar setzt ZPO § 319 mündliche Verhandlung voraus, doch liegt diese wohl in der Anhörung der Beteiligten und in der Entgegennahme von Anträgen. Weil aber hier nicht wie in § 98 für verkündete Zuschlagsentscheidungen eine Ausnahme von der Grundregel in ZPO § 577 Abs 2 Satz 1 (Beginn der Beschwerdefrist mit der Zustellung) gemacht ist, muß außerdem zugestellt werden[168] (anders[169]), notfalls sogar noch nach dem Termin. Ist Zustellung unterblieben, beginnt die Beschwerdefrist fünf Monate nach Verkündung (ZPO § 561 entsprechend)[170]; nach Erteilung oder Versagung des Zuschlags kann aber nur noch diese Entscheidung angefochten werden (Rdn 9.9).

7.19 Hat das **Eigentum** am Grundstück nach der Wertfestsetzung **gewechselt,** so wird der neue Eigentümer nicht mehr zum Wert gehört; er muß das Verfahren gegen sich gelten lassen, wie es ist, auch wenn der frühere Eigentümer nichts unternommen hatte. Auch sonst müssen die **Rechtsnachfolger** der bisherigen Beteiligten das Verfahren gegen sich gelten lassen[171].

7.20 a) **Ändern** muß das Gericht den festgesetzten **Wert,** auch wenn er allen Beteiligten gegenüber rechtskräftig ist, bei **Eintritt neuer Tatsachen** (Schäden[172] durch Feuer, Wasser, Hagel, Sturm, Erdbeben, Aufruhr, erhebliche Ausbesserun-

---

[162] Drischler JVBl 1965, 225 (h); Spies NJW 1955, 813 (E III 3).
[163] Stöber Rpfleger 1969, 221 (IV d); Spies NJW 1955, 813 (E III 2); Drischler Rpfleger 1953, 497 (7) und JVBl 1965, 225 (h).
[164] Stöber Rpfleger 1969, 221 (IV d).
[165] Stöber Rpfleger 1966, 221 (IV e).
[166] Spies NJW 1955, 813 (E III 3).
[167] Spies NJW 1955, 813 (E III 3); Lorenz MDR 1961, 371.
[168] OLG Braunschweig NdsRpfl 1984, 259; OLG Hamm Rpfleger 1991, 73.
[169] Nikoleit BWNotZ 1965, 48 (III 5).
[170] OLG Hamm Rpfleger 1991, 73.
[171] LG Mainz Rpfleger 1974, 125 mit zust Anm Schiffhauer.
[172] Mohrbutter aaO (Fußn 125).

gen an Gebäuden, Ausführung wertsteigernder Handwerkerarbeiten an einem Rohbau, aber auch Änderung der wirtschaftlichen Verhältnisse oder der Verkehrsverhältnisse oder der Bauleitplanung, durch Antwort auf eine Bauvoranfrage ausgewiesene Wertsteigerung des Bodens[173], Herausgabe von Zubehör usw), soweit die Änderung für das Verfahren (nicht etwa nur für die Kosten) bedeutsam ist[174] (laut[175] genügt eine Preiserhöhung nur, wenn die Tatsachen sich aus der Kaufpreissammlung ergeben) (anders[176]: zu ändern nur bei Eintritt neuer Tatsachen, die nicht mehr mit Rechtsmittel geltend gemacht werden können; [177]überhaupt bei Vorliegen neuer Tatsachen). Die Änderung hat von Amts wegen (unabhängig von einem entsprechenden Antrag Beteiligter) zu erfolgen, wenn dem Vollstreckungsgericht solche Tatsachen (wie allgemeine wesentliche Wertsteigerung auf dem örtlichen Grundstücksmarkt; als wesentlich angesehen werden etwa 10 vH) bekannt werden[178]. Substantiierter Vortrag eines Beteiligten kann für Überprüfung und Änderung des Wertes nötig sein, wenn die Wertabweichung durch konkrete Veränderung des Verfahrensgegenstands bedingt ist[178]. Darüber hinaus will[179] eine „neue Wertfestsetzung" immer fordern, wenn die frühere länger (in[179] rund 4½ Jahre) zurückliegt. Zu den neuen Tatsachen, die Wertänderung erfordern, gehört die allgemeine Entwicklung, die sich auf die Bewertung von Grundbesitz auswirkt, zweifellos. Kleinliche Korrekturen verbieten sich jedoch. Auch in schnellebiger Zeit ist Grundbesitz noch immer eine gewisse stabile Vermögensgrundlage. Es ist daher bei alle Umstände des Einzelfalls abzustellen im Hinblick auf die Bedeutung des Wertes im Verfahren sowie Unsicherheiten bei Schätzung von Grundstücken nur eine erhebliche Änderung der Bewertungsverhältnisse mit der allgemeinen Entwicklung ([180] hat eine Wertsteigerung um 10 vH als wesentlich angesehen) als neue Tatsache anzusehen, die Wertänderung ermöglicht und erfordert. Späteres Vorbringen des Schuldners, der Verkehrswert sei falsch (bereits bei Beschlußfassung unrichtig) festgesetzt, verpflichtet nicht zur Überprüfung des rechtskräftigen Wertbeschlusses[181].

b) Die Beschlüsse haben nur formelle Rechtskraft[182], nicht materielle, auch die formelle nur gegenüber den einzelnen Verfahrensbeteiligten. Wird allerdings der Wert auf Einwand eines Beteiligten geändert, so wirkt das für und gegen alle. Notwendig ist auf jeden Fall, den Wert bei neuen Umständen, die für die Erhöhung oder Minderung (der Wert muß auch ermäßigt werden) sprechen, zu überprüfen[183]. Wer die Änderung wünscht, muß allerdings die neuen Tatsachen so nachweisen, daß sie als feststehend anzusehen sind[184]. Lehnt das Gericht eine angeregte oder beantragte Änderung ab, obwohl die neuen Tatsachen glaubhaft sind, so

---

[173] OLG Köln KTS 1984, 160 = MDR 1983, 851 = OLGZ 1983, 474 = Rpfleger 1983, 362.

[174] BGH KTS 1971, 263 = MDR 1971, 567 = NJW 1971, 1751 = Rpfleger 1971, 212; OLG Braunschweig NJW 1960, 205; OLG Hamm OLGZ 1971, 190 und KTS 1978, 46 = MDR 1977, 1028 = OLGZ 1978, 230 = Rpfleger 1977, 452; OLG Koblenz Rpfleger 1985, 410; OLG Köln KTS 1984, 160 = MDR 1983 851 = Rpfleger 1983, 474 = Rpfleger 1983, 362 und Rpfleger 1993, 258; Lorenz MDR 1961, 371; Mohrbutter BB 1953, 875 (3) und aaO (Fußn 125 und 126).

[175] BGH NJW 1971, 1751 = aaO (Fußn 174).

[176] OLG Köln OLGZ 1993, 258; Drischler Rpfleger 1967, 357 (11).

[177] Mohrbutter Rpfleger 1960, 203 (2).

[178] OLG Köln Rpfleger 1993, 258.

[179] OLG Hamm Rpfleger 1977, 452 = aaO (Fußn 174).

[180] OLG Köln Rpfleger 1993, 258.

[181] OLG Koblenz KTS 1982, 690.

[182] OLG Köln Rpfleger 1993, 258.

[183] OLG Hamm Rpfleger 1977, 452 = aaO (Fußn 174); Stöber Rpfleger 1969, 221 (XI).

[184] BGH NJW 1971, 1751 = aaO (Fußn 174); LG Oldenburg KTS 1970, 63 mit zust Anm Schiffhauer.

liegt darin kein Verstoß nach § 83 Nr 1 (Rdn 9, 12). Die Ablehnung ist nicht nach § 74 a Abs 5 Satz 3 anfechtbar (nicht richtig[185], auch[186]); weitere Beschwerde ist jedenfalls nach Abs 5 Satz 3 ausgeschlossen[186]. Gerade dies, daß bei neuen Tatsachen eine Änderung nötig ist, zeigt am besten, daß bei der Wertfestsetzung keine absolute Rechtskraft möglich ist, mindestens nicht hinsichtlich der Änderungen[187]. Im zweiten Termin ist der Wert nicht mehr zu ändern, hier fehlt das Rechtsschutzbedürfnis[188] (dazu auch Rdn 7.9).

c) Die Änderung bedeutet (entgegen der Ausdrucksweise von[189]) nicht, daß nun eine völlig neue Wertfestsetzung erfolge. Der Wert ist vorschriftsmäßig und meist auch rechtskräftig vom Gericht bereits festgesetzt. Das Gericht darf diesen rechtskräftigen Beschluß nicht mehr aufheben (das konnte nur vor Rechtskraft auf Anfechtung hin durch Richter bzw Beschwerdegericht erfolgen). Es wird nur infolge der besonderen Eigenheiten des Zwangsversteigerungsverfahrens und auf Grund veränderter Umstände für den kommenden Versteigerungstermin (einen ersten im Sinne von § 74 a) die im Wertfestsetzungsbeschluß errechnete Wertzahl geändert. Dies geschieht nicht rückwirkend und es läßt den sonstigen Inhalt des Wertbeschlusses (zB über mitzuversteigernde Gegenstände) unberührt. Hebt auf Anfechtung des Änderungsbeschlusses (er ist anfechtbar wie die Wertfestsetzung ursprünglich) der Richter oder das Beschwerdegericht den Änderungsbeschluß auf, ohne selbst sofort eine Änderung zu beschließen, so bleibt es bei dem alten Beschluß auch hinsichtlich des Wertbetrags (den alten rechtskräftigen Wertbeschluß kann ja jetzt auch Richter oder Beschwerdegericht nicht mehr beseitigen, auch sie können nur über die Änderung entscheiden).

d) Werden die Umstände für die Werterhöhung (mit möglichem Einfluß auf die Zuschlagserteilung) erst vor dem Beschwerdegericht offenbar und sind sie vom Amtsgericht zu Unrecht nicht entschieden, so muß das Beschwerdegericht sie überprüfen und dann über den Zuschlag entscheiden; es darf nicht zurückverwiesen werden (§ 101 Abs 1).

8 Muster zur Wertermittlung und Wertfestsetzung

8.1 Beschluß im ... : Der Verkehrswert des Grundstücks ... ist durch den öffentlich bestellten und vereidigten Sachverständigen ... zu schätzen (ZVG § 74 a Abs 5).
Verfügung: Mitteilung des Beschlusses an ..., Ausfertigung des Beschlusses mit Begleitschreiben und Anlagen an Sachverständigen. WV am ...

8.2 Auftragsschreiben an den Sachverständigen: Ihr Gutachten wird bis ... erbeten, und zwar unter Rückgabe der Unterlagen, gesondert für jedes Grundstück, mit zwei Abschriften, mit Lichtbildern der Gebäude und der Örtlichkeit, mit einfachen Lage- und Gebäudeplänen, sowie mit folgenden Angaben: welche Mieter oder Pächter vorhanden sind, ob ein Gewerbebetrieb vorhanden ist (Art und Inhaber), ob Maschinen oder Betriebseinrichtungen vorhanden sind, die von Ihnen nicht mitgeschätzt sind (Art und Umfang), ob Verdacht auf Hausschwamm besteht, ob baubehördliche Beschränkungen oder Beanstandungen bestehen. Der Besichtigungstermin ist mit dem Eigentümer und seinem Vertreter zu vereinbaren. Dem Gläubiger ist Gelegenheit zu geben, bei der Besichtigung anwesend zu sein. Einwendungen gegen die Schätzung sind nicht zu beachten. Bei Hindernissen wird gebeten, das Gutachten nach dem äußeren Eindruck zu erstellen. Anschriften: ...

---

[185] LG Kassel Rpfleger 1984, 474 mit Anm Storz; Hornung Rpfleger 1992, 210 (Anmerkung).
[186] OLG Hamm OLGZ 1993, 354.
[187] Stöber Rpfleger 1969, 221 (IX c).
[188] LG Mainz aaO (Fußn 171).
[189] OLG Hamm Rpfleger 1977, 452 = aaO (Fußn 174).

Wertfestsetzung, Mindestgebot 9.2 **§ 74 a**

8.3 Mitteilung an die Beteiligten: Der Sachverständige ... hat den Verkehrswert des Grundstücks ... geschätzt. Sie können binnen ... bei der Geschäftsstelle des Vollstreckungsgerichts das Gutachten einsehen und dazu Stellung nehmen. Nach Fristablauf wird das Gericht den Wert festsetzen.
8.4 Beschluß im ...: Der Verkehrswert für das Grundstück ... wird gem § 74 a Abs 5 (mit § 85 a Abs 2 Satz 1) ZVG auf ... DM festgesetzt. Gründe: ... Verfügung: Zustellung des Beschlusses an alle Beteiligten bzw ihre Bevollmächtigten. WV am ...

Rechtsbehelfe bei Wertfestsetzung und Zuschlagsentscheidung 9

9.1 Der **Wertfestsetzungsbeschluß** ist mit befristeter Rechtspflegererinnerung/sofortiger Beschwerde anfechtbar: RpflG § 11 Abs 1, ZVG § 74 a Abs 5 Satz 3 (Ausnahme zu § 95). Vollstreckungserinnerung ist hier unzulässig[190]. Wertfestsetzungsbeschluß, daher mit befristeter Rechtspflegererinnerung/sofortiger Beschwerde anfechtbar, ist auch der infolge neue Tatsachen ändernde Beschluß, nicht aber die Ablehnung einer angeregten oder beantragten Änderung (Rdn 7.20 zu b).

9.2 Anfechten können den Wertfestsetzungsbeschluß nur **Beteiligte** des § 9. Anfechtungsberechtigt sind somit insbesondere der (betreibende, auch jeder beigetretene) **Gläubiger**[191] (auch in Rangklasse 5 des § 10 Abs 1) und der **Vollstreckungsschuldner**[192] (ebenso sein Konkursverwalter[193]) (anders[194]: Schuldner sei nicht berechtigt; überholt schon wegen § 85 a). Anfechtungsberechtigt sind außerdem die mit einem Recht am Grundstück (oder an einem das Grundstück belastenden Recht) **Berechtigten** (§ 9); ihr Erinnerungs-/Beschwerderecht setzt nicht voraus, daß sie mit der erstrebten Wertänderung nach Abs 1 Satz 1 des antragsberechtigt werden (anders[195]: nicht zutreffend). Ein Rechtsschutzbedürfnis ist, wie für jede an eine Antrag gebundene gerichtliche Entscheidung[196], so auch in der Zwangsvollstreckung[197] und damit auch für Anfechtung des Wertfestsetzungsbeschlusses vorausgesetzt. Weil es fehlt sind **nicht** anfechtungsberechtigt: **Mieter** oder **Pächter**[198] (sie haben kein Recht auf Befriedigung aus dem Erlös), selbst dann nicht, wenn sie ein (persönliches) Vorkaufsrecht haben[198], der Erbbauberechtigte bei Versteigerung des Grundstücks (das Erbbaurecht bleibt infolge seiner ersten Rangstelle, ErbbauVO § 10 Abs 1, oder nach ErbbauVO § 25, immer bestehen), regelmäßig aber auch Berechtigte in Rangklassen 1–3 des § 10 Abs 1 (bei sicherer Deckung). Für den Schuldner besteht ein Rechtsschutzbedürfnis an Überprüfung und Änderung des festgesetzten Wertes schon wegen dessen umfassender Bedeutung im Verfahren immer (für den ersten Termin schon wegen § 85 a; immer kann der Wert nach § 114 a oder für eine Entscheidung nach ZPO § 765 a Bedeutung erlangen). Kein Rechtsschutzbedürfnis mehr ist für eine Be-

---

[190] OLG München MDR 1957, 240 Leitsatz; Spies NJW 1955, 813 (E II 5).
[191] Dassler/Gerhardt § 74 a Rdn 35; Jonas/Pohle, ZwVNotrecht, § 74 a Anm 6 a.
[192] OLG Frankfurt BB 1954, 1043; LG Braunschweig NJW 1956, 1644; LG Frankfurt Rpfleger 1980, 30; LG Hildesheim NdsRpfl 1965, 275; LG Osnabrück; MDR 1956, 239; LG Traunstein MDR 1956, 751; Dassler/Gerhardt § 74 a Rdn 35; Steiner/Storz § 74 a Rdn 115; Jonas/Pohle, ZwVNotrecht, § 74 a Anm 6 a; Leyerseder NJW 1955, 1427; Mohrbutter MDR 1955, 711 (4); Nikoleit BWNotZ 1965, 48 (III 4); Riggers JurBüro 1968, 777 (1).
[193] LG Lübeck SchlHA 1973, 129.
[194] LG Braunschweig NJW 1955, 1641; LG Duisburg MDR 1956, 495; Spies NJW 1955, 813 (E III 5 und C 1).
[195] LG Lübeck SchlHA 1970, 231; LG Lüneburg Rpfleger 1985, 371 mit abl Anm Meyer-Stolte.
[196] BVerfG 61, 126 (135) = MDR 1983, 188 = NJW 1983, 559 = Rpfleger 1983, 80.
[197] BVerfG aaO; Zöller/Stöber, ZPO, vor § 704 Rdn 17.
[198] OLG Hamm JMBlNW 1954, 130 = RdL 1955, 203 = RpflJahrbuch 1959, 251 Leitsatz.

§ 74 a 9.2 Versteigerung

schwerde des Schuldners gegen die Wertfestsetzung gegeben, wenn bereits ein wirksames Meistgebot über $7/10$ des angestrebten geänderten Verkehrswerts vorliegt[199]. Für einen Beteiligten (§ 9) mit Anspruch auf Befriedigung aus dem Grundstück wird das Rechtsschutzbedürfnis nur fehlen, wenn er ausnahmsweise aus besonderen Gründen kein schutzwürdiges Interesse an einer Beschwerdeentscheidung über den Grundstückswert hat. Dafür kann nicht nur auf die gegenwärtige Verfahrenslage abgestellt werden, weil der Wert für die gesamte Dauer des Zwangsversteigerungsverfahrens festgesetzt wird und die Verhältnisse sich ändern können, die den Anspruch des Beschwerdeführers auf Befriedigung aus dem Grundstück bestimmen. Daher fehlt das Rechtsschutzbedürfnis auch dann nicht, wenn der Beteiligte (gegenwärtig) mit seinem dem betreibenden Gläubiger vorgehenden Anspruch in das geringste Gebot aufzunehmen ist (durch den Beitritt weiterer Gläubiger, auch mit Abänderung der Versteigerungsbedingungen, können sich die Verhältnisse ändern) oder wenn er auch durch die erstrebte Wertänderung (gegenwärtig) kein Antragsrecht auf Versagung des Zuschlags nach Abs 1 Satz 1 (oder § 85 Abs 1) erlangen würde (vorrangige Beteiligte können wegfallen; Durchsetzung eines Löschungs- oder Übertragungs/Rückgewähranspruchs kann die Befriedigungsaussichten grundlegend ändern). Das Rechtsschutzbedürfnis eines Beteiligten muß daher auch nicht mit Darlegung eines besonderen Interesses an der Wertänderung gesondert ausgewiesen werden; vielmehr müßte im Einzelfall zweifelsfrei feststehen, daß für einen Erinnerungs/Beschwerdeführer eine Wertänderung ohne jeden rechtlichen Wert (zwecklos) ist, wenn seine Beschwerdeberechtigung mit fehlendem Rechtsschutzbedürfnis verneint werden soll.

9.3 Wer nur den Wert des **mitbewerteten Zubehörs** anfechten will, muß die ganze Wertfestsetzung angreifen.

9.4 In der Regel wird der Wertbeschluß angefochten, weil der **Wert zu gering** festgesetzt sei. Möglich ist dies aber auch, wenn er **zu hoch** bestimmt ist[200] (im ZVG-Handbuch Rdn 214). Ein zu hoher Wert wäre für die Anwendung von § 114 a nachteilig und würde die Gefahr eines Versagungsantrags vergrößern, auch einige Gebühren erhöhen und Bietinteressenten abschrecken. Dagegen meint[201], auf Anfechtung könne nicht der Wert herabgesetzt werden; [202] meinen, Herabsetzung sei nur möglich, wenn durch die fehlerhaft hohe Festsetzung der Anfechtende in seinem rechtlichen Interesse beeinträchtigt werde (wirtschaftliche Beeinträchtigung würde nicht genügen, abgelehnt von[203]). Die Einwände gegen die Herabsetzung können nicht überzeugen. Selbst der Vollstreckungsschuldner kann nicht Interesse an einem unrichtigen hohen Wert haben. Jeder Beteiligte und vor allem das Gericht muß daran interessiert sein, daß der richtige Wert festgesetzt werde, von dem das weitere Verfahren (Versagung oder Zuschlag) abhängt.

9.5 Kostenentscheidung im Beschwerdeverfahren: Einl Rdn 39.10. Einen Kostenerstattungsanspruch (ZPO § 91) begründet die Kostenentscheidung nur für einen am Beschwerdeverfahren als obsiegende Partei beteiligten Beschwerdegegner. Das kann nach den Grundsätzen beurteilt werden, die zu § 99 entwickelt worden sind (§ 99 Rdn 2.5). Die bloße Beteiligung am Beschwerdeverfahren genügt dazu nicht[204]. Nicht als Parteien (nicht als Beschwerdeführer und Beschwerdegegner) stehen sich im Wertfestsetzungs-Beschwerdeverfahren Gläubiger und andere Beteiligte gegenüber. Ein Beteiligter (§ 9) wird nicht bereits dadurch zum Beschwerdegegner, daß er im Verfahren über die Beschwerde eines Gläubigers

---

[199] LG Frankfurt Rpfleger 1980. 20.
[200] Steiner/Storz § 74 a Rdn 116; Schiffhauer Rpfleger 1973, 81 (2–3).
[201] LG Göttingen Rpfleger 1973, 105.
[202] LG Frankfurt Rpfleger 1974, 324 mit teil abl Anm Schiffhauer; LG Köln Rpfleger 1989, 75.
[203] Schiffhauer Rpfleger 1974, 325 (Anmerkung).
[204] LG München II Rpfleger 1984, 108.

Wertfestsetzung, Mindestgebot　　　　　　　　　　　　　9.8 **§ 74 a**

oder eines anderen Verfahrensbeteiligten vom Beschwerdegericht angehört wird oder (von sich aus) eine Stellungnahme zum Verkehrswert abgibt. Für ihn begründet daher die Kostenentscheidung keinen Erstattungsanspruch[204]. Kosten, die notwendig durch Wahrnehmung des rechtlichen Gehörs im Beschwerdeverfahren entstehen, sind jedoch als Zwangsvollstreckungskosten vom Schuldner zu tragen (ZPO § 788); als Rechtsverfolgungskosten gewähren sie nach § 10 Abs 2 Anspruch auf Befriedigung aus dem Grundstück (Einl Rdn 39.11).

9.6 Sofortige **weitere Beschwerde** gegen die Entscheidung des Beschwerdegerichts ist ausgeschlossen: Abs 5 Satz 3. Das gilt selbst dann, wenn das Beschwerdegericht die Beschwerde als unzulässig verworfen hat[205]. Auch eine Verfassungsbeschwerde (gegen die Beschwerdeentscheidung im Wertfestsetzungsverfahren) mit der dabei gegebenen Möglichkeit, daß die Entscheidung des Vollstreckungsgerichts und des Beschwerdegerichts über den Wert aufgehoben wird, stellt keinen neuen selbständigen Beschwerdegrund dar, der sich gemäß ZPO § 568 Abs 2 aus der Beschwerdeentscheidung ergeben würde, die Verfassungsbeschwerde ist nicht einer Gesetzesänderung gleichzusetzen. Sogar wenn das Beschwerdegericht den Grundsatz des rechtlichen Gehörs verletzt hat, ist weitere Beschwerde ausgeschlossen. Zulässig als Erstbeschwerde angesehen hat[206] ein Rechtsmittel, mit dem geltend gemacht wird, das Landgericht habe über eine nicht eingelegt gewesene Beschwerde entschieden.

9.7 Der Beschluß, durch den der **Zuschlag** erteilt oder versagt wird, „**kann** mit der Begründung, daß der Grundstückswert unrichtig festgesetzt sei, **nicht angefochten** werden": Abs 5 Satz 4. Das Wertfestsetzungsverfahren ist als **besonderes Verfahren** mit eigenem Rechtsmittelzug ausgestaltet[207]. Mängel dieses Verfahrens müssen im Rahmen der selbständigen Anfechtung des Festsetzungsbeschlusses geltend gemacht werden[208]. Bei der Beschlußfassung über den Zuschlag bleibt das Vollstreckungsgericht an den Wertfestsetzungsbeschluß gebunden (Ausnahme von § 79). Nach Wertfestsetzung ist dem weiteren Versteigerungsverfahren und der Entscheidung über den Zuschlag damit eine sichere Grundlage gegeben; Richtigkeit und Verbindlichkeit des Grundstückswertes sind vorab geklärt. Die selbständige Wertfestsetzung schließt für Entscheidungen im Versteigerungsverfahren Ungewißheit und Streit über die Höhe des Wertes aus. Die Bindung des Vollstreckungsgerichts an die Wertfestsetzung hindert nicht nur erneute Prüfung des Wertes bei der Entscheidung über den Zuschlag (zur Änderung des Verhältnisses jedoch Rdn 7.20), sondern auch Überprüfung und Änderung eines fehlerhaft festgesetzten Wertes. Bindende Grundlage der Entscheidung über den Zuschlag ist daher auch eine sachlich unrichtige Wertfestsetzung (ein zu niedrig oder zu hoch festgesetzter Wert) und ebenso ein unter Verletzung von Verfahrensvorschriften festgesetzter Wert (Mängel des Festsetzungsverfahrens müssen im Rahmen der selbständigen Anfechtung des Festsetzungsbeschlusses geltend gemacht werden). Auch die zum Wert nicht gehörten Beteiligten können daher den Zuschlag nicht mit der Begründung anfechten, der Wert sei unrichtig festgesetzt, wenn der Festsetzungsbeschluß auch ihnen gegenüber ergangen (mit Zustellung wirksam und rechtskräftig geworden) ist (anders[209]: nicht gehörte Beteiligte können auf jeden Fall anfechten).

9.8 Bindung an die Wertfestsetzung als Entscheidung einer Vorfrage bedingt nach prozessualen Grundsätzen **Rechtskraft** der Vorentscheidung. Bindungswirkung ohne Rechtskraft begründet die selbständige Wertfestsetzung ihrem Zweck

---

[205] OLG Celle Rpfleger 1982, 435; OLG Hamm Rpfleger 1993, 210 und OLGZ 1993, 354; OLG München MDR 1957, 240 Leitsatz.
[206] KG Berlin OLGZ 1983, 203 = Rpfleger 1982, 304.
[207] BVerfG 6, 12 = MDR 1957, 84 = NJW 1957, 17 und 947 Leitsatz mit abl Anm Schätzler = Rpfleger 1957, 11 mit Anm Oldorf.
[208] BVerfG aaO (Fußn 207); LG Aachen BlGrBW 1959, 318 = Rpfleger 1959, 321.
[209] Spies NJW 1955, 813 (F 2 b); Nikoleit BWNotZ 1965, 48 (III 7).

§ 74 a 9.8 Versteigerung

und auch ihrem Wesen nach als Vorentscheidung in einem eigenen Verfahren mit selbständigem Rechtsmittelzug nicht. Daher schließt nur ein schon **rechtskräftiger Wertbeschluß** die Zuschlagsanfechtung aus[210] (anders[211]). Das Vollstreckungsgericht kann über den Zuschlag aber auch entscheiden, wenn der Beschluß über die Wertfestsetzung noch nicht rechtskräftig ist (so auch[212]; s auch Rdn 7.11) oder soweit er einzelnen Beteiligten gegenüber Rechtskraft nicht erlangt hat; insbesondere gebietet dann § 83 Nr 1 (Verletzung einer Versteigerungsbedingung) Versagung des Zuschlags nicht (dazu Rdn 9.10). Die Entscheidung über den Zuschlag kann, muß aber nicht bis zur rechtskräftigen Wertfestsetzung **ausgesetzt** werden (vergleichbar der Zuschlagsentscheidung vor Entscheidung über eine Erinnerung/Beschwerde gegen die Ablehnung eines Antrags aus ZPO § 765 a). Empfohlen wird meist, die Zuschlagsverkündung nach § 87 hinauszuschieben, damit vorher noch über das Rechtsmittel zum Wert entschieden werden kann[213], und zwar entgegen § 87 auch über eine Woche hinaus[214]. Das jedoch ist nur dann geboten, wenn eine Rechtsbeeinträchtigung eines Beteiligten gegeben sein kann, ist aber nicht verfahrensgerecht, wenn zB der Beteiligte, dem gegenüber die Wertfestsetzung Rechtskraft noch nicht erlangt hat, bereits durch das bare Meistgebot gedeckt ist oder an so schlechter Rangstelle steht, daß auch Wertänderung keine Rechtsbeeinträchtigung begründen könnte. Das Vollstreckungsgericht (dessen Rechtspfleger; anders für den Richter, der über die Erinnerung entscheidet) kann bei Entscheidung über den Zuschlag von dem bereits festgesetzten, aber noch nicht rechtskräftigen Wert nicht abweichen (anders nur bei Änderung der Verhältnisse, Rdn 7.20). Das folgt aus ZPO § 577 Abs 3 (mit RpflG § 11 Abs 2 Satz 1), wonach das Vollstreckungsgericht selbst bei Anfechtung den (noch nicht rechtskräftigen) Wertfestsetzungsbeschluß nicht abändern darf. Wenn Wertfestsetzung (ausnahmsweise) noch überhaupt nicht ergangen ist, muß das Vollstreckungsgericht bei Entscheidung über den Zuschlag für den Versagungstatbestand des § 85 a und, wenn Versagungsantrag nach Abs 1 Satz 1 (oder nach § 85 Abs 1) gestellt ist, über den Wert mitentscheiden. Der Ersteher (auch der zahlungspflichtige Dritte) und der Bieter (dessen Gebot nicht erloschen ist), ist (in dieser Eigenschaft) am Wertfestsetzungsverfahren nicht beteiligt. Für ihn bleibt daher Anfechtung der Erteilung oder Versagung des Zuschlags (Zulässigkeit: § 97 Abs 1) mit der Begründung, daß der Grundstückswert unrichtig festgesetzt sei, immer ausgeschlossen, somit auch dann, wenn Wertfestsetzung (auch notwendige Änderung) überhaupt nicht erfolgt ist.

9.9 Nach Erteilung oder Versagung des **Zuschlags** kann nur noch diese Entscheidung mit Rechtspflegererinnerung/Beschwerde angefochten werden. Von Beteiligten, denen gegenüber der Wertfestsetzungsbeschluß noch nicht rechtskräftig ist (nicht aber vom Ersteher, zahlungspflichtigen Dritten und Bieter), kann die Erteilung oder Versagung des Zuschlags auch mit der Begründung angefochten werden, daß der Grundstückswert unrichtig festgesetzt sei (siehe Rdn 9.8). Neben dem Zuschlagsrechtsmittelverfahren gibt es dann kein besonderes Beschwerdeverfahren über die Wertfestsetzung. Als Vorentscheidung kann die Wertfestsetzung nur Grundlage für die Entscheidung über den Zuschlag geben, nach Entscheidung über den Zuschlag aber weitere (selbständige) Bedeutung nicht mehr erlangen. Das allerdings ist nicht geklärt; es empfiehlt sich daher, mit der Entscheidung über den

---

[210] OLG Frankfurt BB 1954, 1043; Leyerseder NJW 1955, 1427; Lorenz MDR 1961, 471; Mohrbutter BB 1953, 875, NJW 1955, 124 (2 a), MDR 1955, 711 und Rpfleger 1960, 203; Riggers JurBüro 1968, 777; Stöber Rpfleger 1969, 221 (VII).
[211] Hammelbeck DWW 1959, 131 (II 6 c); Pöschl NJW 1954, 136 (137).
[212] Steiner/Storz § 74 a Rdn 130.
[213] OLG Düsseldorf NJW 1981, 235 Leitsatz = Rpfleger 1981, 69; Budde Rpfleger 1991, 189 (V); Hamelbeck DWW 1959, 131 (II 6 c); Hornung Rpfleger 1979, 365 (D VI 1); Nikoleit BWNotZ 1965, 48 (III 5).
[214] Lorenz MDR 1961, 371; Nikoleit BWNotZ 1965, 48 (III 5).

Zuschlag zugleich auch die noch nicht rechtskräftige Wertfestsetzung anzufechten (eine Beschwerde gegen die Wertfestsetzung somit nicht zurückzunehmen); der Festsetzungsbeschluß kann dann auch nach Erteilung oder Versagung des Zuschlags nicht rechtskräftig und für die Entscheidung über die Zuschlagsbeschwerde nicht verbindlich werden.

9.10 Beschwerdegrund (§ 100 Abs 1) für Anfechtung der Entscheidung über den Zuschlag mit dem Vorbringen, daß der noch nicht rechtskräftige Wertfestsetzungsbeschluß unrichtig (oder Wertfestsetzung überhaupt noch nicht erfolgt) sei, ein Grundstückswert daher nicht bindend sei, ist **nicht** Verletzung des § 83 Nr 1. Diese Bestimmung verlangt Verletzung einer „der Vorschriften über die Feststellung . . . der Versteigerungsbedingungen". Zu diesen Vorschriften gehören Abs 5 über die Wertfestsetzung und Abs 1 über Versagung des Zuschlags bei einem Meistgebot unter $7/_{10}$ des Grundstückswertes (desgleichen § 85 a) nicht (dem folgt[215]; anders[216]: die Vorschriften über das Mindestgebot in § 74 a sind gesetzliche Versteigerungsbedingungen; nicht richtig; die auch hier bis zur 11. Auflage vertretene Ansicht ist aufgegeben). Versteigerungsbedingungen regeln den Rechten (damit für den Umfang des Eigentumserwerbs auch den Gegenstand der Versteigerung, §§ 55, 65) und Pflichten des Erstehers und der Beteiligten (§§ 44–65); sie werden im Versteigerungstermin nach Anhörung der Anwesenden Beteiligten festgestellt und verlesen (§ 66 Abs 1). Mit Vorschriften über Wertfestsetzung und Zuschlagsversagung treffen § 74 a und § 85 a solche Regelungen nicht. Als Versteigerungsbedingung wäre zudem der festgesetzte Wert im Versteigerungstermin nicht nur bekanntzugeben (§ 66 Abs 1), sondern noch dazu im Zuschlagsbeschluß zu bezeichnen (§ 82); in § 100 Abs 1 müßten überdies §§ 85 und 85 a als Versagungsgrund nicht neben § 81 gesondert genannt sein. § 74 a und § 85 a regeln vielmehr als Verfahrensbestimmungen Zulässigkeit und Voraussetzung der Grundstücksveräußerung mit Zuschlag.

9.11 Versagung des Zuschlags bei Verstoß gegen Verfahrensrecht hat nach **Nr 5** oder Nr 6 des § 83 zu erfolgen (Beschwerde: § 100 Abs 1). Damit unterscheidet § 83 zwischen Gesetzesverstößen, durch die lediglich bestimmte Rechte betroffen werden (Nummer 5) und solchen, bei denen es ungewiß ist, wie weit sich ihre Wirkung erstreckt (Nummer 6; Denkschrift S 54). Für Anfechtung des Zuschlags erlangt diese Unterscheidung Bedeutung, weil der Versagungsgrund der Nr 5 des § 83 (entgegenstehendes Recht eines Beteiligten) nach § 84 ausgeschlossen (geheilt) sein kann und nur der Versagungsgrund der Nr 6 des § 83 (Zwangsversteigerung aus sonstigem Grund unzulässig) von Amts wegen zu berücksichtigen ist (§ 100 Abs 3). Unrichtige Wertfestsetzung gehört zu den Gesetzesverletzungen, durch die lediglich bestimmte Rechte betroffen werden, begründet somit einen Versagungs- und Anfechtungsgrund nach § 83 Nr 5 (mit § 100 Abs 1). Betroffen sein kann (bei zu niedriger Wertfestsetzung) ein Beteiligter mit seinem Recht, Versagung des Zuschlags nach Abs 1 zu verlangen, das Recht des Eigentümers auf Schutz vor Grundstücksverschleuderung nach § 85 a oder ZPO § 765 a, und das Antragsrecht eines Beteiligten nach § 85 Abs 1, (bei zu hoher Wertfestsetzung) das Recht des betreibenden Gläubigers darauf, daß die Vollstreckung nicht durch einen Zuschlagsversagungsantrag infolge unrichtiger Festsetzung

---

[215] Budde Rpfleger 1991, 189 (IV 3).
[216] OLG Braunschweig NJW 1960, 205 und NdsRpfl 1984, 259; OLG Hamburg MDR 1962, 998; OLG Hamm KTS 1978, 46 = MDR 1977, 1028 = Rpfleger 1977, 452; OLG Koblenz Rpfleger 1985, 410 und JurBüro 1986, 1587 = MDR 1986, 682; OLG Köln KTS 1984, 160 = MDR 1983, 851 = OLGZ 1983, 474 = Rpfleger 1983, 362 und Rpfleger 1993, 258; OLG Schleswig JurBüro 1959, 250 = SchlHA 1959, 148; LG Aachen BlGrBW 1959, 318 = Rpfleger 1959, 321; Dassler/Gerhardt § 74 a Rdn 36; Steiner/Storz § 74 a Rdn 112 und 120; Spies NJW 1955, 813 (F 2 b); Storz Rpfleger 1984, 474 (Anmerkung).

§ 74 a   9.11   Versteigerung

der $^7/_{10}$-Wertgrenze geschmälert wird (eine solche Beeinträchtigung besteht nicht, wenn Antrag nach Abs 1 Satz 1 nicht gestellt ist), außerdem wegen § 114 a der Eigentümer oder der als Ersteher erweitert befriedigte Berechtigte. (Verteilung eines Gesamtrechts nach § 64 verletzt bei unrichtigem Wert die Feststellung des geringsten Gebots, begründet somit einen Versagungsgrund nach Nr 1 des § 83, nicht aber nach Nr 5). Daß mit unrichtiger Wertfestsetzung der Umfang einer Beeinträchtigung von Beteiligten nicht überschaubar, somit ein allgemeiner Versagungsgrund nach Nr 6 des § 83 gegeben sei, kann nicht deshalb angenommen werden, weil Beteiligte und Interessenten den einmal festgesetzten Wert erfahrungsgemäß oft ihren Überlegungen und Berechnungen zugrunde legen (Rdn 7.2). Denn gesetzlich kommt der Wertfestsetzung nicht die Aufgabe zu, Grundlage für die Höhe des Gebots und damit den Versteigerungserlös zu geben; Wertfestsetzung gehört vielmehr zu den Nachweisen, die den Beteiligten zur Information und Auswertung zur Verfügung stehen (§ 66 Abs 1).

9.12   Nach § 100 Abs 1 mit § 83 Nr 5 kann eine (zulässige) Beschwerde eines Beteiligten gegen die Erteilung des Zuschlags, die darauf gestützt wird, daß der (dem Beschwerdeführer gegenüber nicht rechtskräftig festgesetzte) Grundstückswert unrichtig sei, **nur begründet** sein, wenn **ein Recht** des Beschwerdeführers durch den Zuschlag **beeinträchtigt** wird und er das Verfahren nicht genehmigt hat (nicht richtig[217]: ein Mangel ist nach § 84 Abs 1 [erst] geheilt, wenn die übrigen Beteiligten in ihren Rechten nicht beeinträchtigt sind wie dann, wenn sich der andere Wert nicht auf die Schuldentilgung auswirkt). Auf Beeinträchtigung des Rechts eines anderen Beteiligten kann die Beschwerde nicht gestützt werden (§ 100 Abs 2). Nicht beeinträchtigt wird ein Recht des Beteiligten, wenn es durch das Meistgebot gedeckt ist, aber auch dann, wenn das Meistgebot höher als $^7/_{10}$ (für Schuldner $^5/_{10}$ wegen § 85 a) des mit dem Beschwerdeantrag angestrebten Verkehrswerts ist[218]. Der Zuschlag kann somit nicht ohne weiteres von jedem Beteiligten angefochten werden, für den der Wertfestsetzungsbeschluß noch anfechtbar war. Anfechtbar ist der Zuschlag nur zur Abwendung der Beeinträchtigung eines Rechts des Beschwerdeführers (§ 84 Abs 1 mit § 100), nicht aber zur allgemeinen Nachprüfung, ob der Wert ordnungsgemäß festgesetzt wurde.

9.13   Wenn eine erforderliche **Überprüfung und Änderung des** rechtskräftig festgesetzten **Wertes** (Rdn 7.20) nicht vorgenommen oder abgelehnt wurde, liegt darin gleichfalls kein Verstoß nach § 83 Nr 1 (anders allgemeine Ansicht, Rdn 7.20; nicht richtig). Der Grundstückswert ist nicht Versteigerungsbedingung, seine Festsetzung somit nicht Feststellung einer Versteigerungsbedingung (Rdn 9.10); ebenso hat erforderliche Überprüfung und Änderung des Wertes keine Feststellung einer Versteigerungsbedingung zum Gegenstand. Anfechtung des Zuschlags bei nicht erfolgter Wertänderung kann daher nicht schon deswegen nach § 100 Abs 1 mit § 83 Nr 1 allgemein erfolgen. Vielmehr kann auch in diesem Fall die Beschwerde nach § 100 Abs 1 mit § 83 Nr 5 (Rdn 9.10) nur darauf gestützt werden, daß der Beschwerdeführer in einem Recht auf Versagung des Zuschlags verletzt sei.

9.14   Wird der **Zuschlag** aus Abs 1 **versagt,** so können dies alle betreibenden Gläubiger anfechten[219], auch der Meistbietende bzw sein Zessionar bzw der verdeckte Vollmachtgeber (§ 81 Abs 2, 3)[219], und zwar mit der Begründung, daß die Voraussetzungen des § 74 a nicht vorgelegen haben. Hatte ein Gläubiger gegen den Versagungsantrag Widerspruch erhoben (Abs 1 Satz 2) und wurde sein „Nachteil" dadurch verneint, daß Zuschlag erteilt wurde, so kann hierwegen nur dieser den Zuschlag anfechten (§ 100 Abs 2), aber nicht mit der Begründung, daß der Wert unrichtig festgesetzt sei (Abs 5 Satz 4).

---

[217] OLG Koblenz JurBüro 1986, 1587 = MDR 1986, 682.
[218] LG Frankfurt Rpfleger 1980, 30; Schiffhauer BlGrBW 1981, 88 (XXII 2).
[219] Jonas/Pohle, ZwVNotrecht, § 74 a Anm 7 b.

Wertfestsetzung, Mindestgebot 10.2 **§ 74 a**

9.15 Der Zuschlag kann nach § 74 a nur versagt werden, wenn ein wirksames Meistgebot vorliegt. Wird er nach § 74 a versagt, obwohl ein **anderer Versagungsgrund** gegeben ist, so ist der Antragsteller des §-74 a-Antrags anfechtungsberechtigt, weil ihm dieses Antragsrecht nun für einen späteren Versteigerungstermin genommen ist. Daß der Vollstreckungsschuldner in diesem Falle trotz § 97 Abs 1 und § 100 Abs 2 auch anfechtungsberechtigt sei, ist wohl zu verneinen, weil dieser nur ein wirtschaftliches, kein rechtliches Interesse daran hat, daß dem Antragsteller das Antragsrecht aus § 74 a erhalten bleibe.

Sachverständige zur Wertermittlung 10

10.1 Festgesetzt wird der Grundstückswert „nötigenfalls nach Anhörung von Sachverständigen": Abs 5 Satz 1. Bei wertvollen Grundstücken empfiehlt sich das immer. Weil durch ein Gutachten meist hohe Kosten entstehen wird empfohlen, das Gericht solle sich zurückhaltend verhalten (so[220]). Das Gericht wird aber in der Regel nicht selbst in der Lage sein, die Grundstücksverhältnisse so zu beurteilen, daß es den Wert ohne Gutachten festsetzen könnte. Es könnte das nur, wenn es die Grundstücksverhältnisse laufend beobachten würde. Man kann darum nicht zustimmen, wenn gefordert wird (von[221]), der Sachverständige solle die Ausnahme sein oder (so[222]) jedenfalls nicht die Regel. Bei einem geringwertigen Objekt wäre es natürlich verfehlt, für das Gutachten vielleicht mehr auszugeben, als das Objekt wert ist. Sonst aber ist es bedenklich, etwa wegen der Kosten auf ein Gutachten zu verzichten (wie[223] rät). Keinesfalls darf man die Frage aber von der Höhe der Forderung abhängig machen, weil auch bei kleinen betreibenden Forderungen die in Abs 1 Genannten geschädigt werden können oder ein Meistgebot unter dem halben Grundstückswert erzielt werden kann (§ 85 a). Es wird **die Regel** sein, einen **Sachverständigen** zu beauftragen. Zweckmäßig ist es aber, bei kleineren betreibenden Forderungen vor dem Auftrag an den Sachverständigen den Schuldner nochmals auf die in Kürze entstehenden erheblichen Unkosten hierfür und für die Ausschreibung hinzuweisen. Abgesehen werden kann von der Zuziehung eines Sachverständigen, wenn sich der Wert aus Unterlagen, die Beteiligte eingereicht haben (zB Gutachten, die der Konkursverwalter bereits eingeholt hat[224]) und die mit Bewertungen der Grundpfandgläubiger übereinstimmen oder zB aus einem zeitnahen Wertgutachten, das in einem aufgehobenen früheren Verfahren über das Grundstück eingeholt wurde, sicher ergibt.

10.2 Als Sachverständige kommen in der Regel **die amtlich zugelassenen** und allgemein vereidigten, in Listen zusammengestellten Schätzer für Grundstücke in Frage. Sie üben keine hoheitliche Gewalt aus; es kann darum nicht der Staat hieraus auf Schadensersatz wegen zu niedriger Schätzung belangt werden[225]. Der Sachverständige wird, auch wenn § 74 a dies nicht ausdrücklich erwähnt, entsprechend den Beweiserhebungsvorschriften der ZPO, §§ 402 ff, herangezogen (er wird vom Vollstreckungsgericht ausgewählt, kann wegen Befangenheit abgelehnt werden, der Beweis ist frei zu würdigen, es besteht Parteiöffentlichkeit bei der Beweisaufnahme usw). Gläubiger und Schuldner (nicht aber die sonstigen Beteiligten, § 9) sind wegen des Ablehnungsrechts (ZPO § 406) von der Zuziehung und Auswahl des Sachverständigen zu verständigen. Vor dem ersten Auftrag sollte man jeden Sachverständigen auf die **Besonderheiten** des Versteigerungsverfahrens **hinweisen** (zB daß Belastungen und Mieterleistungen nicht abzuziehen sind). Man sollte ihn um Lichtbilder des Objekts, kurze Pläne und gewisse zusätzliche

---

[220] Lorenz MDR 1961, 371.
[221] Barsties SchlHA 1972, 129.
[222] Barsties SchlHA 1985, 49.
[223] Siegelmann BlGrBW 1961, 199 = GrundE 1960, 34 = VersR 1961, 971.
[224] Wolff ZIP 1980, 417 (II 3.1).
[225] OLG Schleswig Rpfleger 1975, 88.

§ 74 a 10.2 Versteigerung

Auskünfte ersuchen (Rdn 8), um so die amtlichen Ermittlungen zu ergänzen und den Interessenten ein umfassendes Bild zu verschaffen und damit zugunsten des Schuldners den höchstmöglichen Erlös zu erzielen. § 74 a will an sich nur die Entscheidung über die $^5/_{10}$- und $^7/_{10}$-Grenze vorbereiten; die Nebenfragen sind aber in der Praxis meist wichtiger. Muster für Auftrag und Mitteilungen Rdn 8.

10.3 Hinsichtlich der mitversteigerten **beweglichen Gegenstände** sieht § 74 a vor, daß sie frei zu schätzen seien. Dennoch ist es zulässig, auch insoweit Sachverständige zuzuziehen.

10.4 Als Grundstückssachverständige kommen auch die **Gutachterausschüsse** nach BauGB § 192 in Frage [226] und ZVG-Handbuch Rdn 211. Da dieses Verfahren aber umständlicher ist, wird man es wohl nur dort anwenden, wo andere Sachverständige nicht greifbar sind. Eingeholt werden kann auch eine amtliche Schätzung des zuständigen Ortsgerichts (so[227] für Hessen).

10.5 Der Sachverständige hat das **Objekt zu besichtigen.** Dabei dürfen Gläubiger und Schuldner anwesend sein. Ihnen muß der Sachverständige vom Besichtigungstermin Kenntnis und damit Gelegenheit geben, an der Besichtigung teilzunehmen (enger[228]: Parteien haben bei dem vorbereitenden Ortstermin nur dort einen Rechtsanspruch auf Benachrichtigung und Anwesenheit, wo es „sinnvoll erscheint"). Die sonstigen Beteiligten (§ 9) brauchen zur Besichtigung nicht zugezogen zu werden. In besonderen Fällen sollte auch der zuständige Rechtspfleger teilnehmen, wenn dies auch bei Gerichten mit zahlreichen Verfahren nicht die Regel sein kann. Das Gericht beurteilt leichter, was es selbst gesehen hat. Den **Zutritt** zum Objekt kann das Gericht weder für sich noch für den Sachverständiger **erzwingen**[229], schon gar nicht für Bietinteressenten (dazu auch § 42 Rdn 3). Es ist allein Sache des Vollstreckungsschuldners, wem er Zutritt gewährt. Weigert er sich, müssen Gericht und Sachverständiger nach dem äußeren Anschein und amtlichen Unterlagen urteilen. In der Regel läßt sich der Schuldner vom Gericht überzeugen, daß es für ihn günstiger sei, wenn der Sachverständige eingelassen wird. Der Gerichtsvollzieher kann hier nicht herangezogen werden, jeder Zwang ist unzulässig. Bei gleichzeitiger Zwangsverwaltung kann der Zutritt über den verfügungsberechtigten Zwangsverwalter ermöglicht, auch dann bei Besitz des Schuldners aber nicht erzwungen werden. Der Gutachterausschuß (Rdn 10.4) kann Zutritt verlangen (BauGB § 197 Abs 1) und dabei die Rechts- und Amtshilfe der Behörden beanspruchen (BauGB § 197 Abs 2). Diese Vorschriften müßten auch für Gutachten zum Versteigerungsverfahren anwendbar sein. Wohnungen dürfen auch vom Gutachterausschuß nur mit Zustimmung des Wohnungsinhabers betreten werden (BauGB § 197 Abs 1 Satz 4). Zur Besichtigung im ZVG-Handbuch Rdn 211.

10.6 Der Sachverständige hat in dem Gutachten die **tatsächlichen Grundlagen** seiner Wertfeststellung erkennbar zu machen. Er hat somit insbesondere aufzuzeigen, welche (von dem Verfahrensstand abweichende) Feststellungen (bei Ortsbesichtigung, durch Einholung amtlicher Auskünfte usw) er verwertet hat, damit Gericht und Beteiligte die Grundlagen des Gutachtens überprüfen können[230]. Der Sachverständige muß sich auf Tatsachen (nicht auf Mutmaßungen oder Unterstellungen) stützen[231]. Beim Ertragswertverfahren sind für Vergleichsmieten (Rohertrag), auf die abgestellt ist, Vergleichsobjekte und Vergleichspreise zu nennen (sonst kein rechtliches Gehör möglich, Einl Rdn 46, und Verwertung des Gutach-

---

[226] BGH 62, 93 = MDR 1974, 477 = NJW 1974, 701 = Rpfleger 1974, 185 mit zust Anm Stöber.
[227] BGH 113, 71 (74, 75) = MDR 1991, 415 = NJW 1991, 3271 = Rpfleger 1991, 119.
[228] OLG München OLGZ 1983, 355 = Rpfleger 1983, 319.
[229] Steiner/Storz § 74 a Rdn 86.
[230] OLG München aaO (Fußn 228).
[231] BGH MDR 1984, 296 = NJW 1984, 355.

Wertfestsetzung, Mindestgebot 11.1 **§ 74 a**

tens auch dann ausgeschlossen, wenn der Gutachter sich für schweigepflichtig hält)[232]. Für Berechnung des Ertragswerts ist zu ermitteln, ob sich in dem Haus frei finanzierte Wohnungen oder solche des sozialen Wohnungsbaus befinden[233]. Bleiben Ermittlungen zur Feststellung von Umständen, die für die Bewertung maßgeblich sind, erfolglos, dann darf das Gutachten auf Unterstellungen aufgebaut werden; diese muß der Sachverständige dann aber in dem Gutachten kenntlich machen[233]. In dem Gutachten darf dann nicht der Eindruck erweckt werden, die für die Beurteilung der Räumlichkeiten maßgebenden Umstände seien durch Ortsbesichtigung ermittelt worden, obwohl der Sachverständige das Gebäude nur von außen besichtigt hat, weil ihm der Zutritt verwehrt war (kann Schadensersatzanspruch des Erstehers begründen, der auf die Richtigkeit des Gutachtens vertraut hat[234].

10.7 Der Sachverständige hat das von ihm unterschriebene Gutachten auf der Geschäftsstelle niederzulegen; das Gericht kann hierzu eine Frist bestimmen (ZPO § 411 Abs 1).

10.8 Der vom Gericht zugezogene **Sachverständige** kann aus denselben Gründen wie ein Rechtspfleger/Richter **abgelehnt** werden (anders[235] für Mitglieder des Gutachterausschusses). Besorgnis der Befangenheit könnte zB bestehen, wenn der Sachverständige Gläubiger oder Schuldner (auch einen Beteiligten) einseitig von der Ortsbesichtigung ausgeschlossen hat[236]. Das Ablehnungsgesuch ist dem Gericht schriftlich zu Protokoll der Geschäftsstelle vor der Erstattung des Gutachtens einzureichen; der Grund ist glaubhaft zu machen. Zu entscheiden ist von dem Gericht, das den Sachverständigen zuzog, also vom Rechtspfleger (ZPO § 406 Abs 1–5). Wird die Ablehnung für begründet erklärt, ist dies nicht anfechtbar (ZPO § 406 Abs 5); eine Entscheidung des Rechtspflegers ist hier allerdings auf Grund der Generalklausel in RpflG § 11 Abs 1 trotzdem mit befristeter Rechtspflegererinnerung anfechtbar. Wird die Ablehnung für unbegründet erklärt, so ist dies mit befristeter Rechtspflegererinnerung/sofortiger Beschwerde anfechtbar (ZPO § 406 Abs 5); eine weitere Beschwerde findet nicht statt[237]. Sofortige Beschwerde gibt es auch, wenn das Landgericht für die Beschwerde einen Sachverständigen zuzog und dessen Ablehnung für unzulässig erklärt hat[238].

Verhältnis des § 74 a bzw § 85 a zu anderen Vorschriften 11

11.1 Verhältnis zu § 77: § 77 ist anzuwenden, wenn kein Gebot abgegeben wird oder wenn alle Gebote wieder erloschen sind; § 74 a, § 85 a sind anzuwenden, wenn mindestens ein wirksames Gebot vorliegt[239]. Beide Vorgänge können hinsichtlich desselben Objekts nicht in einem Versteigerungstermin zusammentreffen. Wird im ersten Termin gemäß § 74 a, § 85 a versagt und im zweiten Termin nicht geboten, so wird in diesem das Verfahren nach § 77 Abs 1 eingestellt und erst in einem dritten Termin (wenn wieder nicht geboten wurde) nach § 77 Abs 2 aufgehoben, weil der Termin, in dem nach § 74 a, § 85 a versagt wurde, nicht ergebnislos im Sinne von § 77 Abs 1 war[239]. § 77 Abs 1 und 2 wird also nicht dadurch ausgeschlossen, daß vorher schon einmal für dasselbe Objekt der Zuschlag versagt wurde[239]. Wenn umgekehrt erst einmal nach § 77 Abs 1 eingestellt wurde,

---

[232] BGH MDR 1994, 941 = NJW 1994, 2899 = Rpfleger 1995, 80.
[233] BGH MDR 1984, 296 = NJW 1984, 355.
[234] OLG Köln VersR 1994, 611.
[235] OLG Hamm NJW-RR 1990, 1471; OLG Oldenburg FamRZ 1992, 451; OLG Stuttgart NJW-RR 1987, 190.
[236] OLG München aaO (Fußn 228).
[237] OLG Koblenz JurBüro 1992, 122 = NJW-RR 1992, 1279 = Rpfleger 1992, 169; OLG Köln VersR 1944, 611.
[238] OLG Frankfurt Rpfleger 1977, 66; auch: Rpfleger 1977, 66.
[239] Jonas/Pohle, ZwVNotrecht, § 74 a Anm 8 b.

§ 74 a 11.1   Versteigerung

kann doch im nächsten Termin nach § 74 a, § 85 a Zuschlag versagt werden[239]. Die beiden Vorschriften überschneiden sich nicht, sie unterscheiden sich nach Voraussetzungen und Folgen[240]. Nochmals sei betont, es handelt sich bisher immer um dasselbe Versteigerungsobjekt (Einzelgrundstück oder mehrere nur mit Gesamtausgebot). Wenn aber etwa die Verfahren über drei Grundstücke (auch zB drei Eigentumswohnungen) verbunden sind und Einzelausgebote (auch neben Gesamt- oder Gruppenausgeboten) erfolgen, für das erste Objekt zB nicht geboten wird, für die anderen beiden Zuschlag nach § 74 a, § 85 a versagt wird, was dann? Die Verfahren müssen hier noch im Termin getrennt werden und dann kann das erste nach § 77, die beiden anderen nach § 74 a, § 85 a behandelt werden: bei § 77 Termin auf Antrag, im zweiten Termin ohne Gebot aufheben, bei zu geringem Gebot § 74 a, § 85 a möglich; bei § 74 a, § 85 a Termin von Amts wegen, im zweiten Termin nicht mehr § 74 a, § 85 a anwendbar, wohl aber § 77 zum ersten Mal.

11.2 Verhältnis zu § 85: Nach § 85 kann ein Beteiligter, dessen Recht durch den Zuschlag beeinträchtigt würde, der aber nicht zu den Antragsberechtigten nach § 74 a Abs 1 gehört, beantragen, den Zuschlag zu versagen und neuen Termin durchzuführen. Auch hier gilt der Grundsatz der Einmaligkeit: im weiteren Verfahren kann ein Antrag aus § 85 nicht mehr gestellt werden (§ 85 Abs 4). § 74 a und § 85 können nicht in derselben Person zusammentreffen, weil der nach § 74 a Berechtigte nicht nach § 85 berechtigt ist. Wohl aber kann im selben Verfahren ein Gläubiger nach § 74 a, ein anderer nach § 85 Antrag stellen[241]. Es kann auch hierbei auf Antrag eines Gläubigers im ersten Termin Zuschlag nach § 74 a versagt werden, in einem späteren auf Antrag eines anderen nach § 85 verfahren werden oder umgekehrt[242]. Wird nach § 74 a versagt, so hat dies nicht zur Folge, daß das in einem früheren Termin mit Versagung nach § 85 gemäß § 85 Abs 3 fingierte Meistgebot des Antragstellers nach § 72 Abs 3 erlischt, weil das fingierte Meistgebot des § 85 nicht nur für den tatsächlich nächstfolgenden Termin, sondern für die ganze weitere Versteigerung gilt, also auch nicht durch eine zwischenzeitliche Einstellung irgendwelcher Art beseitigt wird[243]; § 85 geht als Sonderregel der allgemeinen Vorschrift des § 72 vor[244]. § 74 a ist kein Sonderfall des § 85, sondern ein selbständiges Antragsrecht[244]. Die beiden Vorschriften sind voneinander unabhängig und schließen sich nicht gegenseitig aus. Wenn aber im selben Versteigerungstermin ein Gläubiger Antrag nach § 74 a stellt, ein anderer nach § 85, so kann wegen der unterschiedlichen Rechtsfolgen nur ein Antrag stattgegeben werden. In der Regel wird in solchen Fällen der Antrag aus § 74 a zurückgenommen (das Gericht kann dies anregen) oder nur hilfsweise für den Fall gestellt, daß dem Antrag aus § 85 nicht stattgegeben werde; dann bleibt der Antrag aus § 74 a immer noch für einen weiteren Termin erhalten und es tritt die Garantie des Antragstellers aus § 85 ein[244]. Wenn aber beide Anträge nebeneinander bestehen, wird man § 74 a vorziehen müssen, weil er von dem besser Berechtigten, nämlich einem in der $^{7}/_{10}$-Grenze stehenden Beteiligten ausgeht[245] (der Berechtigte nach § 85 steht außerhalb dieser Grenze). § 85 a geht dem § 85 vor (anders[246]: es ist nach § 85 zu versagen).

11.3 Verhältnis zu § 85 a = § 85 a Rdn 2.10.

11.4 Verhältnis zu ZPO § 765 a: a) Einen Einstellungsantrag wegen sittenwidriger Härte (verbunden mit Versagung des Zuschlags) kann der **Schuldner** bei

---

[240] Drischler JurBüro 1964, 241 (A 1 3 b); Jonas/Pohle aaO (Fußn 239).
[241] Drischler JurBüro 1964, 241 (A I 3 c); Jonas/Pohle aaO (Fußn 239).
[242] Johnas/Pohle aaO (Fußn 239).
[243] Jaeckel/Güthe § 85 Rdn 10; Johans/Pohle aaO (Fußn 239).
[244] Jonas/Pohle aaO (Fußn 239).
[245] Korintenberg/Wenz § 85 Anm 8; Drischler JurBüro 1964, 241 (A I 3 c); Jonas/Pohle aaO (Fußn 239).
[246] Steiner/Storz § 74 a Rdn 63.

der Verhandlung über den Zuschlag (§ 74) stellen, spätestens noch im Verkündungstermin vor der Entscheidung (Einl Rdn 57). Ein **Gläubiger** kann keinen Versagungsantrag aus ZPO § 765 a stellen. § 765 a ist eine Schutzvorschrift für den Schuldner (anders[247]: auch der Gläubiger könne es, der durch ein sittenwidriges Gebot nicht gedeckt sei, ja sogar von Amts wegen sei nach § 83 Nr 6 zu versagen, es müsse schon das Gebot nach § 71 zurückgewiesen werden; Ansicht ist unrichtig: vom Gesetz ist nicht vorgesehen, daß ein Gebot als sittenwidrig zurückgewiesen werden könne, Gebote im Rahmen des Verfahrens sind nie sittenwidrig, maßgebend ist erst das Meistgebot, von Amts wegen darf hier nicht vorgegangen werden).

b) Werden im Versteigerungstermin Anträge **aus § 74 a und aus ZPO § 765 a** gestellt, so wird über beide zugleich in der Zuschlagsentscheidung entschieden. Greift einer von ihnen durch, so wird der Zuschlag versagt; werden beide abgelehnt, so wird der Zuschlag erteilt. Wird der Zuschlag aus § 74 a versagt, so kann immer noch der weitergehende, weil auf Verfahrenseinstellung abzielende Antrag aus § 765 a weiterbehandelt werden, um etwa noch Beteiligte anzuhören oder Umstände zu klären. Umgekehrt ist es nicht mehr möglich, wenn der Zuschlag aus § 765 a versagt wurde, den Antrag aus § 74 a weiterzubehandeln, weil es ja nicht mehr möglich wäre, den Zuschlag zu erteilen (was § 74 a voraussetzt). Wenn § 765 a angewendet wird, dann nach den Regeln von §§ 33, 86, in der Form der Zuschlagsversagung, wirksam mit Rechtskraft des Beschlusses, Fortsetzung (falls noch möglich) auf Antrag. Entscheidung aus § 85 geht auch hier im ersten Termin vor.

Versteigerungsbedingungen, abweichende 12

§ 74 a regelt als **Verfahrensbestimmung** Zulässigkeit und Voraussetzung der Grundstücksveräußerung mit Zuschlag, ist somit nicht Versteigerungsbedingung (Rdn 9.10). Abweichung nach § 59 ist daher nicht möglich. Die Vorschriften, was Grundstückswert ist, daß er vom Gericht festgesetzt wird, daß bei zu geringem Meistgebot Zuschlagsversagung beantragt werden kann, daß hiergegen die Beeinträchtigten Widerspruch erheben können, daß neuer Termin zu bestimmen ist, daß in diesem § 74 a nicht mehr anwendbar ist, sind als zwingend nicht abänderbar. Auch sonst ist eine Abänderung praktisch nicht denkbar.

Vertagung des Versteigerungstermins 13

Im Zusammenhang mit § 74 a wird häufig auch davon gesprochen, der Versteigerungstermin könne auf Antrag oder sogar von Amts wegen nach ZPO § 227 vertagt (Begriff: § 43 Rdn 8.3) werden[248], nämlich bei zu niedrigen Geboten und im Interesse eines nach § 74 a Antragsberechtigten oder eines sonst durch Ausfall Bedrohten oder gar in einem zweiten Versteigerungstermin (nach Abs 4). Es können jedoch nur **erhebliche Gründe** rechtfertigen, daß vertagt wird (§ 43 Rdn 8.3). Nicht genügen kann dagegen, wenn ein nach § 74 a Antragsberechtigter, der aber nicht zum Versteigerungstermin erscheint, in Rechtsunkenntnis seinen Versagungsantrag dem Gericht schriftlich zugeleitet hat (wie hier[249]; anders[250]). Diesen Antrag kann man ja erst nach Abgabe eines Gebots und nur im Versteigerungstermin selbst stellen (Rdn 4.1). Es ist nicht zulässig, einen ersten Termin im Interesse eines nach § 74 a Antragsberechtigten oder einen zweiten Termin zu vertagen, weil ZPO § 227 keine Generalklausel ist und nicht dazu dienen darf, die Vorschriften über das Mindestgebot auszuweiten[250]. Dazu im ZVG-Handbuch Rdn 344.

---

[247] Pöschl BWNotZ 1967, 129.
[248] Jonas/Pohle, ZwVNotrecht, § 74 a Anm 9 a; Drischler Rpfleger 1951, 175.
[249] Steiner/Storz § 74 a Rdn 66.
[250] Jonas/Pohle, ZwVNotrecht, § 74 a Anm 9 a.

§ 74 b Versteigerung

[Ausnahmen von § 74 a]

74 b Ist das Meistgebot von einem zur Befriedigung aus dem Grundstück Berechtigten abgegeben worden, so findet § 74 a keine Anwendung, wenn das Gebot einschließlich des Kapitalwertes der nach den Versteigerungsbedingungen bestehenbleibenden Rechte zusammen mit dem Betrage, mit dem der Meistbietende bei der Verteilung des Erlöses ausfallen würde, sieben Zehnteile des Grundstückswertes erreicht und dieser Betrag im Range unmittelbar hinter dem letzten Betrage steht, der durch das Gebot noch gedeckt ist.

1 Allgemeines zu § 74 b

1.1 Zweck und Anwendungsbereich: Einschränkung des § 74 a mit Auswirkung nur bei Gleichrangrecht. Die Vorschrift gilt für alle Versteigerungsverfahren des ZVG, bei denen § 74 a anzuwenden ist (§ 74 a Rdn 1 und 2). Zu Seeschiffen § 169 a.

1.2 § 74 b ist nicht von großer Bedeutung. Würde er fehlen, wäre die **Rechtslage nicht anders**[1]; denn dann, wenn die $^7/_{10}$-Grenze durch das Recht des Meistbietenden geht, ist kein anderer nach § 74 a Antragsberechtigter vorhanden. Die Vorschrift ist nur bedeutsam, wenn das Objekt mit gleichrangigen Rechten belastet ist[2] und wenn einer der Gläubiger dieser Rechte das Meistgebot abgibt. Für diesen Fall bestimmt § 74 b, daß der Ausfall des Meistbietenden hinzuzurechnen ist (was sich bei einer angemessenen Auslegung des § 74 a von selbst ergibt), aber nicht, daß auch der Ausfall der nicht betreibenden, dem Meistbietenden nur gleichrangigen dinglichen Berechtigten hinzuzurechnen sei, weil § 74 b nichts von diesen Gleichrangigen sagt[3].

2 Einzelheiten für die Ausnahme von § 74 a

2.1 Ein Befriedigungsberechtigter (dingliche Gläubiger, betreibend oder nicht betreibend; persönliche Gläubiger nur wenn betreibend; Gläubiger der Rangklassen 1–3) muß, um das Grundstück zu erstehen oder um zu erreichen, daß seine Ansprüche befriedigt werden, nur **bis an die untere Grenze seines Rechts heranbieten.** Er kann ja einen ihn Überbietenden ohne zusätzliche Aufwendungen durch eigene weitere Gebote bis zur oberen Grenze seines Rechts treiben; überbieten kann ihn also praktisch nur ein Übergebot, das höher liegt[4], durch das dann die ganzen Ansprüche des Befriedigungsberechtigten gedeckt werden. Erreicht das Gebot des Befriedigungsberechtigten (der, aus welchen Gründen auch immer, den für ihn gerade noch ausreichenden, an die untere Grenze seines Rechtes heranreichenden Betrag bietet) nicht die $^7/_{10}$-Grenze, so wird der Zuschlag dennoch nach § 74 a versagt, wenn durch das Meistgebot des Befriedigungsberechtigten (bares Meistgebot und Kapitalwert der nach den Versteigerungsbedingungen bestehenbleibenden Rechte) zuzüglich des Betrags, mit dem der Befriedigungsberechtigte bei der Erlösverteilung ausfallen würde, $^7/_{10}$ erreicht werden und wenn der sonst ausfallende Betrag unmittelbar hinter dem letzten noch gedeckten Anspruch steht: § 74 b (dazu[5]). Die geforderte unmittelbare Rangfolge ist nicht unterbrochen, wenn ein Dritter von seinem Ablösungsrecht Gebrauch macht[6].

---

[1] BGH 46, 107 = DNotZ 1967, 512 Leitsatz = MDR 1967, 34 = NJW 1966, 2403 = Rpfleger 1967, 109.
[2] Jonas/Pohle, ZwVNotrecht, § 74 b Anm 1.
[3] BGH 46, 107 = aaO; Hornung Rpfleger 1979, 365 (D VI 2 a); Schiffhauer BlGrBW 1968, 205 (XXI 4).
[4] Jonas/Pohle, ZwVNotrecht, § 74 b Anm 1.
[5] Jonas/Pohle, ZwVNotrecht § 74 b Anm 2 a.
[6] Dassler/Gerhardt § 74 b Rdn 4.

Ausnahmen von § 74 a 2.2 **§ 74 b**

2.2 Beispiele aus[7], etwas vereinfacht, bei einem Grundstückswert von 100 000 DM, also einem $^7/_{10}$-Wert von 70 000 DM:

a) Erstes Beispiel (Normalfall): Kosten und öffentliche Abgaben 5000, Hypothek I, II, III je 30 000 Kapital und je 5000 Rückstände; betreibt II und bleibt Meistbietender mit 10 000 (= Verfahrenskosten + Abgaben + Rückstände I), dann keine Versagung, weil sein Gebot (10 000 bar + 30 000 bestehenbleibend) zuzüglich seiner ausfallenden 30 000 + 5000 die $^7/_{10}$ überschreiten; betreibt I und bietet III 40 000 bar, dann Versagung auf Antrag des II, die ausfallenden 30 000 + 5000 des III nicht hinzuzurechnen, weil sie dem noch gedeckten I nicht unmittelbar folgen, das Meistgebot hinter $^7/_{10}$ zurückbleibt und II ausfällt.

b) Zweites Beispiel: Hypothek I 50 000, II 30 000, II zu $^1/_2$ dem A und B zustehend; I betreibt; Kosten, Abgaben, Rückstände aus I 5000; A bietet in Höhe der vorgehenden 50 000 + 5000, erhält den Zuschlag, weil er zuzüglich seiner ausfallenden 15 000 (Hälfte von II) gerade $^7/_{10}$ erreicht; B kann nicht Versagung beantragen.

c) Drittes Beispiel (Ablösung): A hat Hypothek I zu 40 000 und Hypothek II zu 30 000, B hat Hypothek III zu 10 000; B hat, um abzulösen, die Rückstände aus I zu 2000 bezahlt und sich so zwischen Kapital I und II geschoben; A betreibt und bietet in Höhe der seinem I vorgehenden Kosten und Abgaben; erhält den Zuschlag, weil Gebot und Ausfall aus I und II $^7/_{10}$ ergeben; B kann nicht aus seinen abgelösten 2000 Versagung verlangen, weil das für A ein durch BGB § 268 Abs 3 verbotener Nachteil wäre.

d) Viertes Beispiel (Pfandrecht): Hypothek I 50 000, Eigentümerhypothek II 20 000, belastet mit Pfandrecht des P; I betreibt, P bietet 50 000; wenn seine durch Pfandrecht gesicherte Forderung schon fällig ist oder das Eigentümerrecht dem P zur Einziehung überwiesen ist, zu behandeln, wie wenn er Inhaber der Hypothek wäre, Schuldner kann nicht Versagung beantragen (andernfalls Schuldner als Rechtsinhaber antragsberechtigt).

e) Fünftes Beispiel (Fälle aus § 81 Abs II, III): Meistbietender ist ein Dritter; Zessionar oder verdeckter Vollmachtgeber ist ein dinglich Berechtigter, für den die Voraussetzungen des § 74 b vorliegen; Zuschlag wird erteilt und die Differenz zwischen Meistgebot und $^7/_{10}$ nach § 114 a auf die persönliche Forderung des Erstehers verrechnet. Sonderfall hierbei, daß der Zedent oder der verdeckt Bevollmächtigte ein unmittelbar vorgehender Hypotheker ist: Kosten und Abgaben 2000, Hypothek I 10 000, II 10 000, III 60 000, IV 10 000; betreibt I; II bietet 12 000 und tritt Rechte aus dem Meistgebot an III ab; § 74 b ohne Bedeutung, weil II einziger Antragsberechtigter aus § 74 a, aber wegen Abtretung nicht mehr beantragen kann; IV darf nicht, weil er auch bei $^7/_{10}$ nicht zum Zuge käme.

f) Sechstes Beispiel (Fälle aus § 81 Abs II, III): Meistbietender ist ein dinglich Berechtigter, bei dem die Voraussetzungen von § 74 b erfüllt sind; tritt die Rechte an einen Dritten ab; Hypothek I 40 000; II 30 000, III 10 000; hat II den betreibenden I überboten, so hat III keine Aussicht, Antrag aus § 74 a zu stellen, weil § 74 b vorliegt. Tritt II seine Rechte an D ab, dann Zuschlag an D, unter Anrechnung der Differenz, weil er nach § 81 Abs 4 als Gesamtschuldner mit dem Meistbietenden haftet; es ist aus den Grundgedanken von §§ 74 a, 74 b so anzusehen, wie wenn von dem Meistbietenden und dem Ersteher (Zessionar oder verdeckter Vollmachtgeber) ein gemeinsames Gebot abgegeben wäre; Differenz zwischen Meistgebot und $^7/_{10}$ ist auf die dem einen oder dem anderen zustehenden persönlichen Forderungen so zu verrechnen, wie sie bei einem Meistgebot von $^7/_{10}$ zum Zuge gekommen wäre; Zuschlag an D mit der Wirkung, daß die persönliche Forderung des II nach § 114 a bis zur $^7/_{10}$-Grenze hinauf erlischt.

---

[7] Jonas/Pohle, ZwVNotrecht, § 74 b Anm 2 a–3 b.

§ 75 Versteigerung

[Einstweilige Einstellung wegen Zahlung im Termin]

75 Zahlt nach dem Beginne der Versteigerung der Schuldner oder ein Dritter, der berechtigt ist, den Gläubiger zu befriedigen, den zur Befriedigung und zur Deckung der Kosten erforderlichen Betrag an das Gericht, so wird das Verfahren einstweilen eingestellt.

1 Allgemeines zu § 75

Zweck und **Anwendungsbereich:** Wahrung des Zahlungsrechts des Schuldners und Dritter auch noch nach Beginn der Versteigerung zur Abwendung eines Rechtsverlustes. Die Vorschrift gilt für die Vollstreckungsversteigerung, nicht für die Verfahren nach §§ 172, 175, 180.

2 Grundsätze der Zahlung oder Ablösung

2.1 **Vor** dem Beginn des **Versteigerungstermins** können Schuldner und ablösungsberechtigte Dritte an den betreibenden Gläubiger zahlen; das Verfahren dieses Gläubigers ist dann bei Vorlage der Quittung oder des Posteinlieferungsscheins nach ZPO § 775 Nr 4, 5 einzustellen (Einl Rdn 31). **Nach** dem Beginn des Versteigerungstermins (Aufruf der Sache, § 66 Abs 1) können Schuldner und Ablösungsberechtigte auch **an das Gericht** zahlen. Dem Schuldner und einem Ablösungsberechtigten bleibt damit bis zum letzten Augenblick die Möglichkeit gewahrt, die Versteigerung abzuwenden. Dem Gericht ist die Pflicht auferlegt, das Geld in Empfang zu nehmen (selbst wenn der Gläubiger anwesend ist) und an den Berechtigten abzuliefern. Zahlung an den im Versteigerungstermin anwesenden Gläubiger und Verfahrenseinstellung nach ZPO § 775 schließt § 75 nicht aus.

2.2 **Nach Aufruf** des Versteigerungstermins haben Zahlung oder Ablösung im Termin die Folge des § 75. Sie können auch noch zwischen Versteigerungs- und Verkündungstermin erfolgen[1], sogar noch im Verkündungstermin bis zur Zuschlagsentscheidung[2], keinesfalls mehr aber nach dieser, weil es dann nicht mehr möglich ist, das Grundstück als Haftungsgegenstand zu erhalten.

2.3 **Zahlen darf** der Schuldner oder ein ablösungsberechtigter Dritter. Ablösungsrecht: § 15 Rdn 20. Wenn mehrere zahlungsberechtigt sind, ist die Zahlung vom Bestberechtigten entgegenzunehmen[3], in erster Linie also vom Schuldner[4]. Zahlungen von nicht Berechtigten sind zurückzuweisen.

2.4 a) **Teilzahlung** ist nicht zulässig[5]. Die Zahlung muß alle aus dem wegzufertigenden Anordnungs- oder Beitrittsbeschluß ersichtlichen Beträge an Hauptsache, Zinsen, Kosten umfassen, dazu die zwischenzeitlich angefallenen Zinsen und die Kosten der dinglichen Rechtsverfolgung des Gläubigers (zu dem abzulösenden Beschluß nur), sowie die (vom Gericht vorläufig zu berechnenden) Gerichtskosten des Verfahrens (§ 109 Abs 1). Geringere Zahlungen sind zurückzuweisen, mithin auch eine Zahlung, die nicht zugleich zur Deckung der Kosten (§ 109 Abs 1) ausreicht. Ein verhältnismäßig geringfügiger Fehlbetrag (insbesondere an Zinsen oder Kosten) kann aber nach Treu und Glauben unschädlich sein[6].

b) Keine unzulässige Teilleistung ist aber Zahlung des gesamten Vollstreckungsanspruchs des Gläubigers in Rangklasse 4 des § 10 Abs 1, wenn der Gläubiger aus seinem Recht auch noch wegen nicht gezahlter älterer Zinsen in Rangklasse 8 (dann als vollstreckender Anspruch Rangklasse 5) vollstreckt. Die Ansprüche aus dem einen Recht in verschiedenen Rangklassen des § 10 Abs 1 sind nach ihrem

---

[1] Dassler/Gerhardt § 75 Rdn 5; Steiner/Storz § 75 Rdn 79; Drischler JurBüro 1964, 319 (6).
[2] BGH WM 1961, 1330; Dassler/Gerhardt, Steiner/Storz und Drischler je aaO (Fußn 1).
[3] Lupprian, ZVG, § 75 Anm 2.
[4] Dassler/Gerhardt § 75 Rdn 3; Steiner/Storz § 75 Rdn 76.
[5] Dassler/Gerhardt § 75 Rdn 1; Lancelle, Zwangsvollstreckung, § 75 (2).
[6] OLG Hamburg OLG 35, 195.

Einstweilige Einstellung wegen Zahlung im Termin   2.6 § 75

Vollstreckungsrang und damit auch für Zahlung und Ablösung ebenso selbständig zu behandeln wie Ansprüche mehrerer betreibender Gläubiger oder Ansprüche eines Gläubigers aus verschiedenen Beschlagnahmebeschlüssen. Dazu im ZVG-Handbuch Rdn 332.

c) Anordnungs- und Beitrittsverfahren oder mehrere Beitrittsverfahren desselben Gläubigers sind voneinander unabhängige Vollstreckungsverfahren (§ 27 Rdn 2.9). Mit dem Gesamt-Anspruch aus jedem einzelnen Beschlagnahmebeschluß betreibt der Gläubiger selbständig die Zwangsvollstreckung in das Grundstück. „Zur Befriedigung erforderlicher Betrag" (§ 75) ist daher jeweils der Gesamtanspruch aus einem Beschlagnahmebeschluß. Zahlung nur dieses Anspruchs samt Kosten, nicht jedoch auch der Ansprüche aus anderen Beschlagnahmebeschlüssen, ist daher keine unzulässige Teilleistung, somit nach § 75 für Einstellung des Verfahrens zulässig.

d) Betreibt ein Gläubiger mit Verfahrensanordnung oder Zulassung des Beitritts die Befriedigung aus dem Grundstück wegen seiner dinglichen Ansprüche aus mehreren Rechten (Hypothek Nr 1, Grundschuld Nr 5 und Zwangshypothek Nr 8), dann ist für Zahlung und Ablösung der Anspruch aus jedem Recht (auch bei Gleichrang der Rechte) selbständig zu behandeln (bestimmt BGB § 1151). „Zur Befriedigung erforderlicher Betrag" (§ 75) ist daher jeweils der vollstreckte Gesamtanspruch aus jedem einzelnen der Rechte. Zahlung nur dieses Anspruchs samt Kosten, nicht jedoch auch der vollstreckten Ansprüche aus den anderen Rechten, ist daher keine unzulässige Teilleistung, somit nach § 75 für Einstellung des Verfahrens zulässig und möglich.

2.5 Bei **mehreren betreibenden** Gläubigern können Zahlung oder Ablösung gegenüber jedem von ihnen erfolgen (Bestimmungsrecht des Zahlenden), auch gegenüber dem Gläubiger mit nachrangigem Anspruch, der der Feststellung des geringsten Gebots nicht zugrunde gelegt wird. Wenn vor Schluß der Bietstunde gezahlt wird, wird nur das Verfahren des davon betroffenen Gläubigers eingestellt[7]; wenn alle bezahlt werden, werden alle Verfahren eingestellt. Werden alle Verfahren eingestellt oder wird das Verfahren des bestrangig betreibenden Gläubigers eingestellt, dessen Anspruch der Bildung des geringsten Gebots zugrunde gelegt wurde, dann erlöschen bereits abgegebene Gebote (§ 72 Abs 3). Läuft das Verfahren auf Betreiben eines nicht bezahlten Gläubigers weiter, so sind die Ansprüche der Gläubiger, deren Verfahren eingestellt ist, falls sie dem bestrangig betreibenden Gläubiger vorgehen, ins geringste Gebot aufzunehmen. Ändert sich so vor dem Ende der Bietstunde das geringste Gebot (bei Einstellung gegenüber dem bisher bestrangig betreibenden Gläubiger muß ein schlechterrangiger zugrunde gelegt werden), so ist es neu aufzustellen, neue Bietstunde einzuhalten. Bei Einstellung nur gegenüber einem nachrangigen Gläubiger bleibt das geringste Gebot unverändert; Gebote bleiben bindend. Für Gläubiger, deren Verfahren eingestellt ist (insbesondere nach § 30, aber auch aus jedem sonstigen Grund), findet der Versteigerungstermin nicht statt; die Zahlung der Forderung eines solchen Gläubigers hat das Gericht daher nicht anzunehmen. Ein Gläubiger, für den allein der Versteigerungstermin nicht stattfinden dürfte, weil für sein Verfahren die Frist des § 43 Abs 2 nicht gewahrt ist, bleibt dennoch im Termin Vollstreckungsgläubiger; die Zahlung seiner Forderung hat das Gericht daher anzunehmen (anders[8]; aber Terminsaufhebung ist gerade nicht erfolgt und § 75 erleichtert Zahlung nach Beginn der Versteigerung zu deren Gesamterledigung).

2.6 Im Termin ist nur **Barzahlung** zulässig[9]. Den Betrag muß ja das Gericht an den betreibenden Gläubiger auszahlen. Allerdings wird das dem heutigen bargeldlosen Zahlungsverkehr nicht gerecht. Werden **Schecks** übergeben, die zur Einzie-

---

[7] Dassler/Gerhardt § 75 Rdn 1.
[8] Mayer Rpfleger 1983, 265 (III 5).
[9] Drischler Rpfleger 1956, 91 und JurBüro 1964, 319 (6).

§ 75 2.6 Versteigerung

hung an die Gerichtskasse/Amtskasse weitergeleitet werden, so wird eben ein Entscheidungstermin angesetzt, vor dem dann die Schecks eingelöst sein müssen. Bürgschaft oder hypothekarische Sicherheit genügen hier nicht, auch nicht Aufrechnung oder Hinterlegung. Man kann äußerstens in diesem Falle, falls die besonderen Voraussetzungen erfüllt werden, auf Antrag den Ausweg über ZPO § 765 a wählen[10].

2.7 Eingestellt wird durch verkündeten Beschluß, der außerdem nach § 32 zuzustellen ist und eine Belehrung nach § 31 enthalten muß.

2.8 Wird erst **nach dem Ende der Bietstunde** gezahlt (aber vor der Entscheidungsverkündung), so kann kein neues geringstes Gebot mehr aufgestellt werden. Bezieht sich die Zahlung auf den bisher bestrangig betreibenden Gläubiger, so muß der Zuschlag versagt werden (§ 33). Betrifft die Zahlung aber einen anderen betreibenden Gläubiger, so berührt das nicht die Zuschlagsentscheidung (§ 33 Rdn 3). Der Terminsvorsitzende muß vor der Zuschlagsentscheidung den Beteiligten, auch dem Meistbietenden, die erfolgte Zahlung oder Ablösung mitteilen und ihnen Gelegenheit geben, Stellung zu nehmen (§ 87 Abs 3).

2.9 Wird **nach der Verkündung des Zuschlags** bezahlt oder abgelöst, so beeinflußt dies, selbst wenn der betreibende Gläubiger voll befriedigt wird, das Verfahren nicht mehr, selbst dann nicht mehr, wenn der Ersteher auf seine Rechte aus dem Zuschlag verzichten will. Es kann auch nicht hieraus der Zuschlag angefochten werden. Wird jeodch der Zuschlag aus anderem Grund (§ 100) angefochten und aufgehoben, dann hat das Beschwerdegericht einzustellen (§ 101 I).

2.10 Das **Gericht hat** den gezahlten Betrag **an den Empfangsberechtigten abzuliefern.** Rückgabe an den Zahlenden (Rückgängigmachung der Zahlung) ist nicht möglich; die verfahrenshemmende Zahlungswirkung tritt bereits mit Leistung an das Gericht ein. Verfahrenskosten (§ 109 Abs 1), die der Gläubiger noch nicht bezahlt hat, sind an die Gerichtskasse abzuführen. Wenn es sich um ein Grundpfandrecht handelt, erfolgt Zahlung an den Berechtigten gegen Aushändigung des Briefes und der zur Berichtigung des Grundbuchs oder Löschung des Rechts erforderlichen Urkunden (BGB § 1144); im übrigen wird die Quittung des Gläubigers (BGB § 368) durch den Zahlungsvermerk im Protokoll ersetzt. Grundbuchberichtigung oder Löschung veranlaßt das Vollstreckungsgericht nicht. Wenn Auszahlung nicht erfolgen kann, wird der Betrag für den Berechtigten hinterlegt. Befriedigung des Gläubigers tritt nicht bereits mit Zahlung an das Gericht ein, sondern erst mit Auszahlung des Geldes an den Gläubiger (BGB § 362 Abs 1) oder Hinterlegung unter Rücknahmeverzicht (BGB § 378).

2.11 Das eingestellte Verfahren wird auch hier nur **auf Antrag fortgesetzt** (§ 31 Abs 1). Darüber ist der betroffene betreibende Gläubiger zu belehren (§ 31 Abs 3). Den Antrag kann er ohne Rücksicht auf die erhaltene Zahlung sofort stellen. Das Gericht muß diesem Antrag stattgeben, wie ja auch bei der Einstellung nach ZPO § 775 (Einl Rdn 31). Gegen die Fortsetzung kann sich der Vollstreckungsschuldner dann nur mit Vollstreckungsabwehrklage (ZPO § 767) wenden[11]. Weil Zahlung Einstellung nach § 75 zur Folge hat, kann aber der Termin (für den zahlenden Gläubiger) nicht mehr durchgeführt werden, wenn Fortsetzungsantrag sofort gestellt wird (§ 43 Abs 2, § 44 Abs 2). Wird die Fortsetzung nicht fristgemäß beantragt (binnen sechs Monaten ab Zustellung der Belehrung, § 31 Abs 3), so ist das Verfahren dieses Gläubigers aufzuheben (§ 31 Abs 1 Satz 2); sonst ist es aufzuheben, wenn der Gläubiger seinen Antrag zurücknimmt (§ 29) oder Nachweis für Aufhebung (ZPO § 776) beigebracht ist.

2.12 Weigert sich das Gericht, eine Zahlung anzunehmen, so können dies Vollstreckungsschuldner und zahlungsberechtigter Dritter mit Vollstreckungserin-

---

[10] Drischler Rpfleger 1956, 91; Riedel NJW 1955, 1705 (I 4).
[11] Dassler/Gerhardt § 75 Rdn 7.

nerung nach ZPO § 766 **anfechten;** Einstellung bzw Zuschlagsversagung kann der betreibende Gläubiger, der davon betroffen ist, mit befristeter Rechtspflegererinnerung/sofortiger Beschwerde anfechten, ebenso der Vollstreckungsschuldner oder ein zahlungsberechtigter Dritter die Zuschlagserteilung oder eine Entscheidung über die Verweigerung der Zahlungsannahme.

[Einstweilige Einstellung nach Deckung aus Einzelgebot]

76 (1) **Wird bei der Versteigerung mehrerer Grundstücke auf eines oder einige so viel geboten, daß der Anspruch des Gläubigers gedeckt ist, so wird das Verfahren in Ansehung der übrigen Grundstücke einstweilen eingestellt; die Einstellung unterbleibt, wenn sie dem berechtigten Interesse des Gläubigers widerspricht.**

(2) **Ist die einstweilige Einstellung erfolgt, so kann der Gläubiger die Fortsetzung des Verfahrens verlangen, wenn er ein berechtigtes Interesse daran hat, insbesondere wenn er im Verteilungstermine nicht befriedigt worden ist. Beantragt der Gläubiger die Fortsetzung nicht vor dem Ablaufe von drei Monaten nach dem Verteilungstermine, so gilt der Versteigerungsantrag als zurückgenommen.**

Literatur: Muth, Versteigerung mehrerer Grundstücke, Rpfleger 1993, 268.

Allgemeines zu § 76

Zweck und **Anwendungsbereich:** Schutzbestimmung zugunsten des Schuldners zur Erhaltung seiner weiteren Grundstücke, wenn der Gläubiger bereits durch die Versteigerung einzelner aus mehreren Grundstücken gedeckt wird. Die Vorschrift gilt für alle Vollstreckungsversteigerungen, nicht für die Verfahren aus §§ 172, 175, 180.

Deckung des betreibenden Gläubigers aus einem Grundstück (Absatz 1)

2.1 Werden mehrere Grundstücke oder Grundstücksbruchteile im selben Verfahren versteigert (verbunden nach § 18), sei es im Wege des **Einzelausgebots** aller Grundstücke (§ 63 Abs 1), sei es im Wege des Einzel- und **Gruppen- oder Gesamtausgebots** (§ 63 Abs 2), so soll grundsätzlich nicht mehr versteigert werden, als nötig ist, den betreibenden Gläubiger zu decken. Das gilt auch, wenn das Gruppen- oder Gesamtmeistgebot höher ist als die Einzelmeistgebote, aber nicht, wenn nur ein Gesamtausgebot erfolgt. Werden die betreibenden Ansprüche schon aus einem oder einigen Objekten gedeckt, so sind die Verfahren über die anderen einzustellen: Abs 1.

2.2 Einzustellen ist **von Amts wegen;** es ist kein Antrag des Vollstreckungsschuldners nötig. Der Schuldner kann der Einstellung nicht widersprechen (anders[1]; nicht richtig; Verfahren ist über Gläubigerbefriedigung hinaus nicht weiterzuführen). Diese muß aber unterbleiben, wenn sie „dem **berechtigten Interesse** des Gläubigers **widerspricht**": Abs 1. Das ist etwa der Fall, wenn zu erwarten ist, daß gegen den Zuschlagsbeschluß für das versteigerte Grundstück Beschwerde erhoben und dann die Befriedigung des Gläubigers aus diesem Grundstück fraglich oder erheblich verzögert wird (Denkschrift S 53).

2.3 Nötig ist, daß die **Ansprüche** des Gläubigers „gedeckt" sind. Es müssen aus dem Meistgebot für ein Grundstück (ohne Meistgebotszinsen[2]; da sie bei Hinterlegung nicht verfügbar sein können, § 49 Abs 2; anders[3]) oder für einzelne oder

---

[1] Muth Rpfleger 1993, 268 (V 4 b).
[2] Muth Rpfleger 1993, 268 (II 3).
[3] Steiner/Storz § 76 Rdn 4.

§ 76 2.3   Versteigerung

für eine Gruppe die aus den Anordnungs- und Beitrittsbeschlüssen ersichtlichen Beträge an Hauptsache, Zinsen, Kosten und alle zwischenzeitlich fällig gewordenen Zinsen der Gläubiger bis zum voraussichtlichen Verteilungstermin, sowie die Kosten der dinglichen Rechtsverfolgung der Gläubiger und die Gerichtskosten bezahlt werden können, aber auch alle dem bestrangig betreibenden Gläubiger vorgehenden Ansprüche (Rangklassen 1–3, Rangklassen 4–5 nur, soweit vorgehend), die bar bezahlt werden müssen[4]. Die bestehenbleibenden Rechte sind ja auf jeden Fall durch das Meistgebot „gedeckt". Werden die genannten Ansprüche aus den Meistgeboten **mehrerer Grundstücke** nebeneinander gedeckt, so hat das Gericht nach pflichtgemäßem Ermessen zu entscheiden, aus welchem sie befriedigt werden sollen. Wahrung der Interessen des Schuldners erfordert Einstellung des Verfahrens in Ansehung der für ihn wertvollsten Grundstücke[4].

2.4 Die Einstellung nach § 76 ist zulässig, sobald ein **deckendes Gebot abgegeben** ist[4] (anders[5]: erst nach Schluß der Bietstunde). Man muß also nicht, sollte aber zweckmäßig bis zum Schluß der Bietstunde warten. Die Bietstunde über das Grundstück, aus denen die Ansprüche zu decken sind, ist ja ohnehin noch zu Ende zu führen. Erst dann sollte man in der Form des § 33 durch Zuschlagsversagung hinsichtlich der nicht mehr benötigten Grundstücke entscheiden[6]. Abschluß der Bietstunde sollte daher für Prüfung abgewartet werden, hinsichtlich welcher der mehreren Grundstücke Einstellung zu erfolgen hat[7]. Bei Doppelausgebot nach § 64 Abs 2 darf die Entscheidung über die Einstellung nicht erfolgen, bevor der Gläubiger erklärt hat, welches Ausgebot maßgebend sein soll (§ 64 Rdn 7).

2.5 Wenn **mehrere Gläubiger betreiben** (oder ein Gläubiger aus mehreren Rechten), müssen die Ansprüche aller betreibenden Gläubiger gedeckt sein, nicht nur die des bestrangigen[8] (anders[9]: es ist nur auf das jeweils einzelne Verfahren abzustellen, das mit Beschlagnahme wegen einer Gläubigerforderung eingeleitet wurde; Gläubiger im Rang nach Zwischenrechten bleiben unberücksichtigt). Vertreten wurde: wenn nur schlechterrangige Gläubiger ohne jede Aussicht auf Befriedigung in die anderen Grundstücke weiterbetreiben, könne man einstellen, hierbei ist wohl mit größter Vorsicht vorzugehen, wie es immer schlecht ist, Ergebnisse einer Versteigerung vorwegzunehmen. Beschlagnahmegläubiger, deren Verfahren eingestellt ist (gleich aus welchem Grund), sind für den Termin nicht vollstreckende Gläubiger, desgleichen nicht Gläubiger, für die Versteigerung im Termin nicht stattfinden dürfte (weil die Frist des § 43 Abs 2 nicht gewahrt ist); Deckung ihrer (nachrangigen) Ansprüche ist daher nicht Einstellungsfordernis[10] (vorrangige Ansprüche sind durch Aufnahme in das geringste Gebot ohnedies gedeckt).

2.6 Zu **hören** sind die Anwesenden Beteiligten (§ 74), auch der Schuldner[11], zur Frage, ob einzustellen ist oder nicht (Rdn 2.2), damit auch zur Deckung der Gläubigeransprüche (Rdn 2.3), sowie dazu, für welche Grundstücke dem oder den Meistbietenden der Zuschlag zu erteilen ist (§ 81 Abs 1) und in Ansehung welcher Grundstücke das Verfahren einstweilen eingestellt (der Zuschlag versagt, § 33) werden soll (Rdn 2.3). Zur Äußerung und Prüfung kann auch Verkündungstermin bestimmt werden (§ 87); vorgesehen oder sonst notwendig ist das nicht (anders[12]: Verkündungstermin zur Anhörung des abwesenden Schuldners; nicht richtig; wi-

---

[4] OLG München OLGZ 1993, 321 Leitsatz = Rpfleger 1993, 121.
[5] Muth Rpfleger 1993, 268 (V 1).
[6] Jaeckel/Güthe § 76 Rdn 6.
[7] OLG München aaO (Fußn 4).
[8] Dassler/Gerhardt § 76 Rdn 6; Jaeckel/Güthe § 76 Rdn 3; Korintenberg/Wenz § 76 Anm 1; Steiner/Storz § 76 Rdn 7; Mayer Rpfleger 1985, 265 (III 6).
[9] Muth Rpfleger 1993, 268 (IV und VI 2).
[10] Steiner/Storz § 76 Rdn 7; Mayer Rpfleger 1985, 265 (III 6).
[11] OLG München aaO (Fußn 4).
[12] OLG München aaO (Fußn 4); Muth Rpfleger 1963, 268 (V 2).

derspricht § 74 und ist weder für Gewährung weitergehenden rechtlichen Gehörs noch zur fairen Verfahrensführung [Einl Rdn 7.1] geboten).

2.7 Der Einstellungsbeschluß ist, auch wenn er verkündet wurde, **zuzustellen** (§ 32), ausgenommen der Zuschlagsversagungsbeschluß, der immer nur verkündet wird (§ 87 Abs 1). Der Gläubiger wird bei Einstellung nicht nach § 31 Abs 3 über die **Fortsetzung** belehrt, weil diese Frage hier anders geregelt ist: Abs 2.

2.8 Wird eine dem Schuldner zustehende nicht zweckgebundene **Brandversicherungssumme** zur Verfügung des Vollstreckungsgerichts bezahlt und übersteigt sie den Betrag, der zur Befriedigung aller zu deckenden Ansprüche nötig ist, so ist das Verfahren hinsichtlich der Versicherungssumme fortzusetzen, hinsichtlich der Grundstücke aber entsprechend § 76 einzustellen[13]. Ist das zerstörte Gebäude wiederhergestellt oder Ersatz dafür beschafft, so ist die Versicherungssumme von der Haftung frei und die Versteigerung läuft über das Grundstück weiter.

Fortsetzungsantrag (Absatz 2), Rechtsbehelfe 3

3.1 Die Fortsetzung kann der betreibende Gläubiger verlangen, „wenn er ein berechtigtes Interesse daran hat" (Abs 2 Satz 1), zB wenn er seine ganzen Ansprüche befriedigt haben möchte, obwohl er nur wegen eines Teiles (zB wegen der Zinsen einer Hypothek) betrieben hatte, oder wenn er den Ausfall einer nachrangigen Hypothek bei anderweitiger Deckung einer vorgehenden Gesamthypothek vermeiden will, insbesondere aber, wenn er „im Verteilungstermine nicht befriedigt worden ist" (Abs 2 Satz 1).

3.2 Der Fortsetzungsantrag muß vor dem Ablauf von **drei Monaten ab** dem **Verteilungstermin** beantragt werden; sonst gilt der Versteigerungsantrag als zurückgenommen (Abs 2 Satz 2) mit der Folge, daß das Verfahren aufgehoben werden muß (§ 29). Eine **Belehrung** über diese Rechtsfolgen ist nicht vorgesehen. Die **Antragsfrist** von drei Monaten in Abs 2 Satz 2 **beginnt** gesetzlich mit dem Verteilungstermin, ohne gerichtliche Belehrung des Gläubigers über den Fortsetzungsantrag, und endet mit dem Ablauf von drei Monaten nach dem Termin (der Tag des Termins wird nicht mitgerechnet: BGB § 187 Abs 1; zu beachten auch BGB § 188 Abs 2 und 3, § 193).

3.3 Gegen die Fortsetzung kann sich der Schuldner nur mit Vollstreckungsabwehrklage (ZPO § 767) wehren (anders[14]: befristete Rechtspflegererinnerung/sofortige Beschwerde). Den Einstellungsbeschluß kann der betroffene betreibende Gläubiger mit befristeter Rechtspflegererinnerung/sofortiger Beschwerde **anfechten** (nicht aber der Meistbietende), die Zuschlagsversagung ebenso (hier auch der Meistbietende). Gegen unterlassene Einstellung = Zuschlagsbeschluß haben Schuldner und neu eingetretener Eigentümer befristete Rechtspflegererinnerung/sofortige Beschwerde gemäß § 83 Nr 5, § 100.

[Ergebnisloser Termin, Fortsetzung als Zwangsverwaltung]

77 (1) **Ist ein Gebot nicht abgegeben oder sind sämtliche Gebote erloschen, so wird das Verfahren einstweilen eingestellt.**

(2) Bleibt die Versteigerung in einem zweiten Termine gleichfalls ergebnislos, so wird das Verfahren aufgehoben. Liegen die Voraussetzungen für die Anordnung der Zwangsverwaltung vor, so kann auf Antrag des Gläubigers das Gericht anordnen, daß das Verfahren als Zwangsverwaltung fortgesetzt wird. In einem solchen Falle bleiben die Wirkungen der

---

[13] BGH 46, 221 = KTS 1966, 242 = MDR 1967, 293 = NJW 1967, 568 = Rpfleger 1967, 109.
[14] Dassler/Gerhardt § 76 Rdn 12; Steiner/Storz § 76 Rdn 13.

für die Zwangsversteigerung erfolgten Beschlagnahme bestehen; die Vorschrift des § 155 Abs 1 findet jedoch auf die Kosten der Zwangsversteigerung keine Anwendung.

1 Allgemeines zu § 77

Zweck und **Anwendungsbereich:** Regelung der Verfahrensfolge eines ergebnislosen Termins. Die Vorschrift gilt für alle Versteigerungsverfahren des ZVG, auch Konkursverwalter-, Nachlaß-, Teilungsversteigerung (für Nachlaß- und Teilungsversteigerung nur Abs 1 und Abs 2 Satz 1). Über das Verhältnis von § 77 zu § 74 a = § 74 a Rdn 11.

2 Kein Ergebnis im Versteigerungstermin (Absatz 1, Absatz 2 Satz 1)

2.1 Wird im **ersten** Versteigerungstermin überhaupt kein Gebot abgegeben oder sind sämtliche Gebote wieder erloschen (§ 72 Abs 2), so müssen die **Verfahren** aller in diesem Versteigerungstermin betreibenden Gläubiger **eingestellt** werden: Abs 1. Ist aber ein zugelassenes Gebot oder ein unter Widerspruch zurückgewiesenes vorhanden, dem nur der Zuschlag nicht erteilt werden kann, dann wird nicht nach Abs 1 eingestellt, sondern der Zuschlag versagt. Bewilligen die Gläubiger vor der Verkündung des Einstellungsbeschlusses aus Abs 1 ihrerseits die einstweilige Einstellung, dann ist nach § 30 einzustellen (bzw nach § 30 Abs 1 Satz 3 zu entscheiden), nicht nach § 77. Wurde ein abgegebenes Gebot wirksam angefochten (§ 71 Rdn 3), dann wird der Zuschlag versagt und nicht nach § 77 eingestellt[1]. § 77 will[2] statt des § 86 (Versagung des Zuschlags) auch dann anwenden, wenn der Zuschlag aus § 765 a versagt wird; dies ist aber nicht berechtigt (so auch[3]).

2.2 Der Einstellungsbeschluß aus § 77 ist im Termin zu **verkünden** und außerdem nach § 32 **zuzustellen**[4]. Dabei ist der betroffene Gläubiger nach § 31 Abs 3 über die Fortsetzung zu **belehren**[5]. Die Einstellung wirkt gegenüber allen am Schluß dieses Versteigerungstermin betreibenden Gläubiger, bei denen nicht § 43 Abs 2 entgegensteht (Beschlußzustellung keine vier Wochen vor dem Termin). Für die anderen betreibenden Gläubiger wird das Verfahren ohne Rücksicht auf diese Einstellung des § 77 weitergeführt und für sie ein (erster) Versteigerungstermin fristgemäß angesetzt. Hierzu gehören Gläubiger, deren Verfahren vor dem Schluß der Versteigerung aus anderen Gründen (zB auf Grund der ZPO) eingestellt war oder die im Sinne von § 43 verspätet dazugekommen waren (durch Beitritt, Fortsetzung)[6], soweit jetzt für sie die Voraussetzungen der Terminansetzung erfüllt sind.

2.3 Fortgesetzt wird das eingestellte Verfahren nur auf Antrag (§ 31 Abs 1 Satz 1), nicht von Amts wegen. Erst nach dieser Fortsetzung darf der **zweite Termin** durchgeführt werden. Der Fortsetzungsantrag kann nur binnen sechs Monaten ab Zustellung der Belehrung gestellt werden. Er ist von jedem Gläubiger für sein Einzelverfahren zu stellen, wenn die Einstellung gegenüber mehreren betreibenden Gläubigern wirkt (Rdn 2.2). Aufgehoben wird das Verfahren der Gläubiger, die Fortsetzungsantrag rechtzeitig nicht gestellt haben (§ 31 Abs 1 Satz 2).

2.4 Bleibt auch der **zweite** Versteigerungstermin **ergebnislos,** weil wieder kein Gebot abgegeben ist oder alle abgegebenen erloschen sind, so ist das Verfahren

---

[1] Steiner/Storz § 77 Rdn 3; Mohrbutter/Drischler Muster 109 Anm 2.
[2] Pöschl BWNotZ 1967, 129 (4).
[3] Dassler/Gerhardt § 77 Rdn 2.
[4] Mohrbutter/Drischler Muster 109 Anm 2; Drischler JurBüro 1964, 241 (A I 4 a) und 1967, 966 (2).
[5] Dassler/Gerhardt § 77 Rdn 3; Mohrbutter/Drischler Muster 109 Anm 2; Drischler JurBüro 1967, 966 (2).
[6] Steiner/Storz § 77 Rdn 3; Mayer Rpfleger 1983, 265 (III 2 b).

Ergebnisloser Termin, Fortsetzung als Zwangsverwaltung 3.1 **§ 77**

aufzuheben: Abs 2 Satz 1. Für eine einstweilige Einstellung auf (erst nach dem Schluß der Versteigerung erklärte) Bewilligung des Gläubigers ist dann kein Raum mehr[7].

a) Das gilt nicht, wenn im zweiten Termin der Zuschlag nach § 74 a, § 85 a oder ZPO § 765 a versagt wird, wenn also die „Ergebnislosigkeit" des zweiten Termins **auf anderen Umständen** beruht. Es müssen die Umstände der Ergebnislosigkeit dieselben sein (keine Gebote oder alle erloschen).

b) Es müssen aber auch die **betreibenden Gläubiger** im zweiten Termin **dieselben** sein wie im ersten. Dabei kommen nur rechtzeitig betreibende Gläubiger des ersten Termins in Frage. Nur deren Verfahren sind aufzuheben, nur die Verfahren der betreibenden Gläubiger, die dies in beiden Verfahren gemäß § 43 waren.

c) Die beiden Termine müssen sich aber auch auf **dieselben Grundstücke** (oder Grundstücksbruchteile) beziehen, für die zweimal ein Versteigerungstermin ergebnislos war. Das ist nicht der Fall, wenn der erste Termin etwa über einen Hälfteanteil ging, der zweite aber über das ganze Grundstück; hier ist das Versteigerungsobjekt anders; es wird nicht wegen des Hälfteanteils aus dem ersten Termin das Verfahren aufgehoben, sondern nochmals für das ganze Objekt neuer Termin (erst dieser ist der zweite nach § 77) angesetzt.

d) **Beispiele:** I. A, B, C betreiben im ersten Termin in die Grundstücke X, Y; kein Gebot, neuer Termin; im zweiten Termin betreiben nur A und B in X, weil C überhaupt einstellen ließ und A, B in das Grundstück Y einstellen ließen; Verfahren kann hier nur für A, B und nur bezüglich Grundstück X nach § 77 aufgehoben werden.
II. Im ersten Termin betreiben A, B, C in Grundstück X, bestehend aus zwei Hälfteanteilen; kein Gebot, neuer Termin; im zweiten Termin betreiben A, B, C nur mehr in eine Grundstückshälfte, haben sonst einstellen lassen; kein Gebot; ist kein zweiter Termin, sondern ein erster.
III. Im ersten Termin betreiben A, B, C in Grundstück X, Y; kein Gebot, neuer Termin; es tritt nun D bei; im neuen Termin betreiben A, B, C, D in Grundstück X, Y; kein Gebot; zweiter Termin war es hier nur für A, B, C, deren Verfahren aufgehoben wird; für D erster Termin, muß auf Antrag zweiten erhalten.

e) Bei diesen Untersuchungen **spielt es keine Rolle,** wenn etwa im ersten Termin das geringste Gebot durch einen Fehler anders berechnet war als im zweiten. Es bleibt doch dieselbe Ursache der Ergebnislosigkeit (kein Gebot oder alle erloschen), auch dieselben betreibenden Gläubiger, auch dieselben Objekte. Es war Sache der Beteiligten, im ersten Termin gegen das falsche geringste Gebot oder andere Fehler anzugehen (§ 44 Rdn 10). Das ZVG läßt bei gleichen Versteigerungsverhältnissen nur zwei Versteigerungstermine ohne Ergebnis zu und berücksichtigt nicht, warum keine Gebote abgegeben wurden.

2.5 Wird das Verfahren **aufgehoben,** so empfiehlt sich auch hier, den Beschluß erst ab Rechtskraft wirksam werden zu lassen, weil sonst die Beschlagnahme sofort entfällt und dann, wenn auf Rechtsmittel hin der Aufhebungsbeschluß aufgehoben wird, nicht wieder aufleben kann.

Mögliche Überleitung in Zwangsverwaltung (Absatz 2 Sätze 2 und 3) 3

3.1 Wenn im **zweiten Versteigerungstermin** wieder keine Gebote abgegeben oder die abgegebenen alle wieder erloschen sind, dann kann, statt das Verfahren aufzuheben (Abs 2 Satz 1), auf Antrag angeordnet werden, „daß das Verfahren als Zwangsverwaltung fortgesetzt wird": Abs 2 Satz 2. Dies ist aber nur möglich, wenn die „Voraussetzungen für die Anordnung der Zwangsverwaltung" vorliegen (Abs 2 Satz 2).

---

[7] AG Mainz und LG Mainz Rpfleger 1988, 376; Dassler/Gerhardt § 77 Rdn 4.

§ 77 3.2 Versteigerung

3.2 Der **Überleitungsantrag** kann nur gestellt werden, solange der Beschluß, das Verfahren aufzuheben, noch nicht verkündet ist[8] (anders[9]: nur bis Schluß der Versteigerung; auch[10]: dies sei noch möglich, solange der Beschluß nicht zugestellt sei). Der Beschluß auf Überleitung muß **verkündet** und nach § 32 **zugestellt** werden (auch an den Zwangsverwalter). Es ist nicht möglich, den Antrag auf Überleitung bei der Anfechtung des Aufhebungsbeschlusses nachzuholen[11]. Dagegen kann er schriftlich schon vor dem Versteigerungstermin für den Fall, daß seine Voraussetzungen eintreten, gestellt werden[12]. Liegen die Voraussetzungen vor und wird der Antrag gestellt, so muß das Gericht überleiten, es kann hierüber nicht nach Ermessen entscheiden[13].

3.3 Überleitung **beantragen können** nur die betreibenden Gläubiger, deren Verfahren aufgehoben werden müßte, weil zwei Versteigerungstermine ergebnislos waren. Die anderen betreibenden Gläubiger (mit nur einem ergebnislosen Termin) können sich dann dem Antrag anschließen[14], aber auch ihr Zwangsversteigerungsverfahren weiterbetreiben (anders[15]: diese könnten die Zwangsverwaltung nur nach § 146 beantragen). Stellt **einer von mehreren** Antragsberechtigten den Überleitungsantrag, so wird nur für ihn übergeleitet, für die anderen aber das Versteigerungsverfahren aufgehoben. Für die nicht Antragsberechtigten, die sich dem Antrag anschließen, wird ebenfalls übergeleitet; für die anderen (nicht antragsberechtigten der betreibenden Gläubiger) gilt die Überleitung dann als Verfahrenseinstellung (des Zwangsversteigerungsverfahrens), soweit diese im Termin als betreibend nach § 43 zu behandeln waren. Für die restlichen betreibenden Gläubiger (Beitritt oder Fortsetzungsbeschluß später als vier Wochen vor dem Termin zugestellt) wird das Zwangsversteigerungsverfahren ganz regelmäßig fortgesetzt und hierfür, sobald die Voraussetzungen erfüllt sind, ein (erster) Versteigerungstermin angesetzt.

3.4 Die **Voraussetzungen für die Überleitung** sind gleich denen für die Anordnung der Zwangsverwaltung (Abs 2 Satz 2). Sie werden in der Regel vorliegen (Titel, Zustellung, Grundbucheintragung des Schuldners usw). Ob sie vorliegen, muß das Gericht aber ausdrücklich prüfen; sie sind nicht selbstverständlich. Unter Umständen ist jetzt, für die Zwangsverwaltung im Gegensatz zur Zwangsversteigerung, ein Titel gegen einen Nießbraucher nötig[16] oder es ist bei Nießbrauch oder Altenteil nur eine beschränkte Zwangsverwaltung möglich. Für ein Recht des Nießbrauchers ist keine Ausnahme bestimmt und dieser kann nicht anders behandelt werden, wie wenn sofort die Zwangsverwaltung angeordnet worden wäre; es können nicht seine Rechte durch eine vorausgehende Versteigerung umgangen werden. Hat dagegen gegenüber dem Zeitpunkt, in dem die Zwangsversteigerung angeordnet worden ist, der Eigentümer gewechselt, so ist das unbeachtlich, weil die Wirkungen der Versteigerungs-Beschlagnahme bestehenbleiben: Abs 2 Satz 3. Hat (neben der Zwangsversteigerung) schon eine Zwangsverwaltung bestanden, so wirkt der Überleitungsbeschluß als Beitritt des Antragstellers zur bestehenden Zwangsverwaltung.

3.5 Die Wirkungen der für die Zwangsversteigerung erfolgten **Beschlagnahme** bleiben für die übergeleitete Zwangsverwaltung bestehen (Abs 2 Satz 3). Verfü-

---

[8] Mohrbutter/Drischler Muster 109 Anm 4 b.
[9] Dassler/Gerhardt § 77 Rdn 8.
[10] LG Oldenburg KTS 1970, 234 mit zust Anm Schiffhauer; Drischler RpflJahrbuch 1971, 316 (IV B c 2).
[11] LG Krefeld Rpfleger 1986, 233.
[12] Mohrbutter/Drischler Muster 109 Anm 4 b; Drischler RpflJahrbuch 1971, 316 (IV B c 2).
[13] Jaeckel/Güthe § 77 Rdn 4; Mohrbutter/Drischler aaO.
[14] Dassler/Gerhardt § 77 Rdn 8; Steiner/Storz § 77 Rdn 14.
[15] Drischler JurBüro 1967, 966 , (7).
[16] Dassler/Gerhardt § 77 Rdn 7.

Ergebnisloser Termin, Fortsetzung als Zwangsverwaltung 4.2 § 77

gungen des Schuldners über das Grundstück (auch mithaftende Gegenstände) bleiben damit weiterhin als Verstoß gegen das Veräußerungsverbot (§ 23 Abs 1) dem Gläubiger gegenüber (jedem von mehreren nach der Zeit seiner Beschlagnahme) unwirksam. (Mit Aufhebung der Zwangsversteigerung würden Verfügungen des Schuldners mit Wegfall der Beschlagnahmewirkungen voll wirksam und blieben es auch nach anschließender Anordnung der Zwangsverwaltung.) Der **Tag der ersten Beschlagnahme** in der Versteigerung (§ 13) bleibt auch in der Zwangsverwaltung; er bleibt der Tag der „ersten" Beschlagnahme auch für eine später wieder neu eingeleitete Zwangsversteigerung (§ 13 Abs 4). Für die erweiterten Zwangsverwaltungsbeschlagnahmewirkungen (§ 148), sonach insbesondere gegenüber Mietern und Pächtern, kann die Verwaltungs-Beschlagnahme allerdings erst jetzt nach § 22 wirksam werden.

3.6 Werden mehrere Verfahren übergeleitet, gilt die erste Überleitung als Anordnungsbeschluß, die weiteren als Beitrittsbeschlüsse. Maßgebend ist die Reihenfolge der Überleitung, nicht die Reihenfolge der vorausgehenden Versteigerungsbeschlüsse. Der Zwangsversteigerungsvermerk wird in einen Zwangsverwaltungsvermerk umgeschrieben[17], auf Grundbuchersuchen des Vollstreckungsgerichts, in der Veränderungsspalte von Abteilung II des Grundbuchs, etwa: „Das Verfahren wurde mit Beschluß des Vollstreckungsgerichts ... vom ... in die Zwangsverwaltung übergeleitet" („... zum Teil übergeleitet, wobei sonst das Zwangsversteigerungsverfahren fortdauert"; „... auch für den Rest übergeleitet, das Zwangsversteigerungsverfahren besteht nicht mehr"). Wenn die Zwangsverwaltung schon gegen den Eigenbesitzer (§ 147) angeordnet war, ist die Überleitung nur möglich, wenn ein Titel gegen den Eigenbesitzer vorliegt. Wenn sich durch die Überleitung bei schon bisher laufender Zwangsverwaltung ein anderer erster Beschlagnahmezeitpunkt ergibt (die übergeleitete Verwaltung übernimmt ja den der Zwangsversteigerung, die schon laufende Verwaltung kann einen ganz anderen, späteren Beschlagnahmezeitpunkt haben), dann muß der schon aufgestellte Teilungsplan entsprechend geändert werden.

3.7 Für die Überleitung wird keine **Zwangsverwaltungsanordnungsgebühr** erhoben (Einl Rdn 86.1). Die Kosten des Versteigerungsverfahrens bis zur Überleitung kann der betreibende Gläubiger nur an der Rangstelle seines Rechts verlangen (§ 10 Abs 2), also nicht gemäß § 155 Abs 1 aus den Nutzungen vorweg: Abs 2 Satz 3.

Muster für Einstellung und Überleitung 4

4.1 Beschluß: Das Zwangsversteigerungsverfahren aus dem Anordnungs/Beitrittsbeschluß vom ... (Gläubiger ...) wird einstweilen eingestellt, weil im Versteigerungstermin keine Gebote abgegeben wurden. Das eingestellte Verfahren wird nur auf Antrag des Gläubigers fortgesetzt und muß aufgehoben werden, wenn dieser Antrag nicht binnen sechs Monaten ab Zustellung dieser Belehrung bei Gericht eingeht. Gründe: ...

4.2 Beschluß: Auf den Antrag des Gläubigers ... wird die am ... angeordnete Zwangsversteigerung (Beschluß wirksam geworden am ...) hinsichtlich des genannten Gläubigers in ein Zwangsverwaltungsverfahren übergeleitet, und zwar wegen der im Beschlagnahmebeschluß vom ... genannten Forderungen und Kosten aus den genannten Vollstreckungstiteln, sowie wegen der Kosten des weiteren Verfahrens, weil auch im zweiten Versteigerungstermin die Versteigerung für den genannten Gläubiger ergebnislos geblieben ist. Das Verfahren wird nun als Zwangsverwaltung fortgeführt. Das Grundstück gilt zugunsten des genannten Gläubigers als durch Beschluß vom ... beschlagnahmt. Dem Schuldner wird ab jetzt die Verwaltung und Benutzung des Grundstücks entzogen. Als Zwangs-

---

[17] Dassler/Gerhardt § 77 Rdn 9.

§ 77   4.2   Versteigerung

verwalter wird . . . eingesetzt. Dieser wird ermächtigt, sich den Besitz des Grundstücks zu verschaffen.

4.3 Muster auch im ZVG-Handbuch Rdn 335.

5 Rechtsbehelfe gegen Einstellung oder Überleitung

5.1 Gegen Verfahrenseinstellung, Aufhebung oder Überleitung in die Zwangsverwaltung gibt es befristete Rechtspflegererinnerung/sofortige Beschwerde, weil es sich hier um eine **selbständige Zwischenentscheidung** nach § 95 handelt.

5.2 Die Vorgänge können auch im Rahmen der **Zuschlagsanfechtung,** weil das geringste Gebot falsch berechnet sei, angefochten werden[18].

[Feststellungen im Protokoll]

78 Vorgänge in dem Termine, die für die Entscheidung über den Zuschlag oder für das Recht eines Beteiligten in Betracht kommen, sind durch das Protokoll festzustellen; bleibt streitig, ob oder für welches Gebot der Zuschlag zu erteilen ist, so ist das Sachverhältnis mit den gestellten Anträgen in das Protokoll aufzunehmen.

1 Allgemeines zu § 78

Zweck und **Anwendungsbereich:** Regelung von Besonderheiten für das Protokoll über den Versteigerungstermin, ergänzend zu den einschlägigen Vorschriften der ZPO und zu § 80. Die Vorschrift gilt für alle Versteigerungsverfahren des ZVG.

2 Inhalt des Versteigerungsterminsprotokolls

2.1 Das Protokoll über den Versteigerungstermin muß **alle Verfahrensvorgänge** ersehen lassen, „die für die Entscheidung über den Zuschlag oder für das Recht eines Beteiligten in Betracht kommen": § 78. Hierzu bereits § 66 Rdn 9.

2.2 Zunächst muß das Protokoll die **allgemeinen Verfahrensvorgänge** enthalten, die schon in ZPO §§ 159 ff als Protokollinhalt vorgesehen sind, zusätzlich die vom ZVG verlangten (dazu Anmerkungen zu § 66): Ort und Tag der Verhandlung; Vorkehrungen zur Unterrichtung der Beteiligten und Interessenten bei Verlegung des Terminsorts; wenn veranlaßt, genauer Zeitpunkt des Termins; Namen des Rechtspfleger/Richters und des Protokollführers, auch des Rechnungsbeamten, wo noch zulässig; Bezeichnung des Verfahrens (§ 37 Rdn 4); Angabe, daß öffentlich verhandelt wurde; Aufruf des Termins; Namen der erschienenen Beteiligten und ihrer Bevollmächtigten und gesetzlichen Vertreter; Bekanntmachungen, Hinweise, Anmeldungen; Anerkenntnisse, Verzichte, Vergleiche, Anträge und Erklärungen, deren Feststellung vorgeschrieben ist; Entscheidungen des Gerichts und ihre Verkündung; Verlesung bestimmter Vorgänge; Feststellung des geringsten Gebots und der Versteigerungsbedingungen; Hinweis auf den bevorstehenden Ausschluß weiterer Anmeldungen und Aufforderung zur Abgabe von Geboten; genaue Uhrzeit des Beginns und des Endes der Bietstunde (§ 73 Rdn 2.3); Gebote und ihre Formalien (§ 71 Rdn 2–7); Anträge und Entscheidungen zur Sicherheitsleistung (§ 67 Rdn 2, § 70 Rdn 2), auch deren Übergabe (§ 70 Rdn 3); Verkündung des letzten Gebotes und des Schlusses der Versteigerung (§ 73 Rdn 3); Verhandlung über den Zuschlag (§ 74 Rdn 2); Verkündung der Zuschlagsentscheidung oder Ansetzung eines Verkündungstermins (§ 87 Rdn 2); Unterschrift des Vorsitzenden und der Urkundsbeamten.

---

[18] LG Frankfurt NJW 1959, 1442 mit teils zust, teils krit Anm Hoche; Jaeckel/Güthe § 77 Rdn 1.

Feststellungen im Protokoll   2.8 § 78

2.3 Zu den aufzunehmenden **Anträgen** und **Erklärungen** gehören alle nur denkbaren, etwa über: abweichende Versteigerungsbedingungen (§ 59); Einzel-, Gruppen-, Gesamtausgebot (§ 63); Verteilung einer Gesamthypothek (§ 64); abgesonderte Verwertung (§ 65); Mindestgebot (§ 74 a); Zahlungen im Termin (§ 75); teilweise Deckung (§ 76); Überleitung in Zwangsverwaltung (§ 77); Abtretung der Rechte aus dem Meistgebot (§ 81 Abs 2); Klarstellung der verdeckten Vollmacht (§ 81 Abs 3); neuer Termin mit besonderen Verpflichtungen (§ 85); Liegenbelassungsvereinbarung (§ 91 Abs 2) usw.

2.4 Zu den aufzunehmenden **Anmeldungen** gehören auch verspätete sowie die Mieter/Pächtererklärungen.

2.5 Aufzunehmen ist jede **Genehmigung** von Verfahrensmängeln (Art der Mängel, Person des Genehmigenden).

2.6 Unbedingt aufzunehmen sind gerichtliche **Hinweise** und **Belehrungen**[1] (Einl Rdn 24, § 66 Rdn 5).

2.7 Nicht in das Versteigerungsterminsprotokoll gehören **Erinnerungen** und **Beschwerden,** die schriftlich oder zu Protokoll der Geschäftsstelle einzulegen sind (ZPO § 569, RpflG § 11)[2]. Sie sind aber wirksam, wenn sie doch in das Protokoll aufgenommen sind (Zuständigkeit des Rechtspflegers nach RpflG § 24 Abs 2; § 96 Rdn 2).

2.8 Als **Gebote** sind mit Namen und Anschrift des Bieters und dem gebotenen Betrag nur das **Meistgebot** (für jede Ausgebotsart gesondert, somit für jedes Einzel-, Gruppen-, Gesamt- und Doppelausgebot) und ihm vorgehende andere Gebote aufzunehmen, wenn streitig ist, ob sie für die Erteilung des Zuschlags noch Bedeutung erlangen können[3]. Festzustellen ist im Protokoll daher auch ein Gebot, das nicht erloschen ist, weil dem folgenden Meistgebot sofort widersprochen worden ist (§ 72 Abs 1), ebenso ein zurückgewiesenes Meistgebot und das ihm vorhergehende Gebot, wenn der Zurückweisung sofort widersprochen worden ist (§ 72 Abs 2). Andere Gebote, die jeweils durch ein Übergebot, dem nicht widersprochen ist, sofort erloschen sind (§ 72 Abs 1), brauchen nicht festgehalten werden[4] (anders offenbar nur[5]). Wenn Gebote rasch aufeinander abgegeben werden, braucht nach ihrer mündlichen Entgegennahme daher nur das höchste protokolliert zu werden. Bei einer Unklarheit „ist das Sachverhältnis mit den gestellten Anträgen in das Protokoll aufzunehmen" (§ 78); dann kann auch die Aufnahme aller Gebote zweckmäßig sein, um Zweifel über Personen, Beträge und Reihenfolge auszuschließen. Das Verlangen nach Sicherheitsleistung (§ 67 Abs 1), die Entscheidung des Gerichts über die Sicherheitsleistung (§ 70 Abs 1) und die Leistung der Sicherheit (§ 70 Abs 2) werden nicht aufgenommen, wenn das Gebot, auf das sich diese Vorgänge beziehen, mit widerspruchsloser Zulassung eines Übergebots zweifelsfrei erloschen ist (§ 72 Abs 1) (ähnlich[6]). Die Vorgänge kommen dann für die Entscheidung über den Zuschlag oder für das Recht eines Beteiligten nicht in Betracht; ihre Feststellung im Protokoll sieht § 78 erster Halbsatz daher nicht vor. Das auch für das spätere Meistgebot desselben Bieters gestellte Sicherheitsverlangen (§ 67 Abs 1 Satz 2) hat sich nicht nur auf ein gegenstandslos gewordenes Gebot bezogen, ist somit in das Protokoll aufzunehmen. Die Zurückweisung eines Gebots (§ 71) braucht nicht in das Protokoll aufgenommen werden,

---

[1] Stöber Rpfleger 1976, 392 (III, Anmerkung); Vollkommer Rpfleger 1976, 393 (III, Anmerkung).
[2] OLG München Rpfleger 1966, 11.
[3] Korintenberg/Wenz § 78 Anm 2 g.
[4] OLG Hamm JMBlNW 1958, 233 = Rpfleger 1959, 47; Dassler/Schiffhauer § 78 Rdn 5; Jaeckel/Güthe § 78 Rdn 3 i; Reinhard/Müller § 78 Anm 2; Stöber, ZVG-Handbuch, Rdn 322.
[5] Steiner/Storz § 78 Rdn 15.
[6] Korintenberg/Wenz § 78 Anm 2 g; Reinhard/Müller § 78 Anm 2.

§ 78 2.8 Versteigerung

wenn nicht widersprochen und das Gebot damit zweifelsfrei erloschen ist (§ 72 Abs 2; dann kein „erheblicher Vorgang" im Sinne von § 78). Das gilt auch für die Zurückweisung eines Gebots, wenn Sicherheitsleistung (oder erhöhte Sicherheitsleistung § 70 Abs 2 Satz 3) unterblieben ist. Üblich ist es, ein zurückgewiesenes Gebot und den Zurückweisungsbeschluß dann in der Niederschrift festzustellen, wenn es das einzige oder das höchste Gebot war, ein Übergebot somit nicht mehr erfolgt ist (erforderlich nach[7]). Weitergehende Feststellungen der Gebote mit den sich auf sie beziehenden Anträgen, Entscheidungen und Sicherheitsleistungen gebietet auch ZPO § 160 Abs 3 nicht. Der Versteigerungstermin ist nicht mündliche Verhandlung im Sinne der ZPO; wegen der besonderen Natur des Versteigerungsverfahrens bestimmt § 78 Abweichungen von den allgemeinen Vorschriften (Denkschrift S 54) über die Feststellung aller Anträge und verkündeten Entscheidungen (ZPO § 160 Abs 3). Diese abweichende Bestimmung beruht auf der Erwägung, daß „das protokollarisch festgestellte Sachverhältnis die Grundlage für die Entscheidung über den Zuschlag bildet"[8]. Die Niederschrift hat somit Vorgänge im Versteigerungstermin auszuweisen, die bei der Entscheidung über den Zuschlag und im anschließenden Rechtsmittelverfahren zu berücksichtigen sind (§ 80), mithin Bedeutung erlangen können. Die Sitzungsniederschrift hat aber nicht die Aufgabe, den zeitlichen Ablauf des Versteigerungsgeschäfts differenziert darzustellen und sogleich gegenstandslos gewordene Vorgänge zur Erinnerung festzuhalten. Gekennzeichnet ist die Versteigerung durch augenblicks- und situationsbedingte Entschlüsse der Bieter und sich nach und nach in Stufen steigernde Gebote[9]; oft werden Gebote in rascher Folge abgegeben. Die bei Versteigerung daher erforderliche Klarheit und Eindeutigkeit[9] gewährleisten die Regelungen über Wirksamkeit und Erlöschen der Gebote. Sie stellen sicher, daß jedes Gebot bei widerspruchsloser Zulassung eines Übergebots oder widerspruchsloser Zurückweisung erlischt und damit für die Entscheidung über den Zuschlag oder ein Recht eines Beteiligten nicht mehr in Betracht kommt. Dem folgt § 78 mit der Regelung, daß Terminsvorgänge, die sich auf erloschene Gebote beziehen, auch durch das Protokoll nicht festzustellen sind. Die im Protokoll aufgeführten Gebote müssen nicht verlesen und nicht genehmigt werden[10].

3 Protokollberichtigung (ZPO §164)

3.1 Die **Berichtigung** von Protokollen richtet sich nach ZPO § 164. „Unrichtigkeiten" können jederzeit berichtigt werden (ZPO § 164 Abs 1). Vor der Berichtigung sind Gläubiger und Schuldner zu hören (ZPO § 164 Abs 2). Die Berichtigung wird auf dem Protokoll vermerkt (ZPO § 164 Abs 3 Satz 1) und von dem Vorsitzenden und dem Protokollführer, die das Protokoll unterschrieben haben, unterschrieben (ZPO § 164 Abs 3 Satz 2). Wenn Richter und Urkundsbeamter nicht mehr zur Ausübung der Funktionen als Urkundspersonen berechtigt sind, ist die Berichtigung des Protokolls nicht mehr zulässig (so wenn der Richter inzwischen zum Staatsanwalt ernannt oder der Urkundsbeamte aus dem Justizdienst ausgeschieden ist)[11]. Das Protokoll kann auch noch berichtigt werden, wenn schon über den Zuschlag entschieden ist, sogar wenn dieser schon angefochten ist[12] und auch noch, wenn das Beschwerdegericht bereits entschieden hat, diese Entscheidung aber noch nicht rechtskräftig ist[13]. Eine Frist ist vom Gesetz

---

[7] Korintenberg/Wenz § 78 Anm 2 g.
[8] Motive zum ZVG-Entwurf, amtliche Ausgabe, S 218.
[9] BGH NJW 1983, 1186 mit Anm Kelwig und Joch.
[10] OLG Hamm aaO (Fußn 4); Stöber, ZVG-Handbuch, Rdn 322.
[11] OLG München OLGZ 1980, 465 = Rpfleger 1981, 67.
[12] OLG Hamm KTS 1979, 108 = MDR 1979, 151 = OLGZ 1979, 376 = NJW 1979, 1720 = Rpfleger 1979, 29; Dassler/Schiffhauer § 78 Rdn 11; Hagemeister SchlHA 1960, 103.
[13] OLG Hamm NJW 1979, 1720 = aaO (Fußn 12); OLG Karlsruhe Rpfleger 1994, 311.

Feststellungen im Protokoll 3.3 § **78**

nicht vorgesehen. Ein offenbar unrichtiges Protokoll soll in den unrichtigen Punkten keine Beweiskraft haben, wenn die Unrichtigkeit für jedermann erkennbar sei[14]. Andererseits ist aber die Rechtsmittelinstanz an das Protokoll gebunden, bis es berichtigt wird. Über eine Zuschlagsbeschwerde kann daher erst entschieden werden, wenn vorher über den Antrag des Beschwerdeführers auf Berichtigung des Protokolls den Versteigerungstermin entschieden wurde[15] Ist die Zuschlagsanfechtung auf die unrichtige Fassung gestützt, so entzieht die Berichtigung dem Rechtsmittel die Grundlage[16]. Das Protokoll kann nach Terminende dort aber nicht „berichtigt" werden, wo es sich um Erklärungen von Beteiligten handelt, die vorgelesen und genehmigt worden sind[17]. Überhaupt sollte man strenge Anforderungen bei der Berichtigung stellen, zB hinsichtlich des Nachweises der Bietstunde[18]. Das ordnungsgemäß berichtigte Protokoll hat wieder volle Beweiskraft[19].

3.2 Über den Umfang einer möglichen Berichtigung sagt ZPO § 164 nichts. Es muß daher im pflichtgemäßen Ermessen von Vorsitzenden und Protokollführern liegen, zu entscheiden. Nach dem Wortlaut von ZPO § 164 kann nur berichtigt werden, wenn die beiden übereinstimmen. Berichtigt werden kann jede Unrichtigkeit, mithin nicht nur eine offenbare Unrichtigkeit, sondern auch eine solche, die nicht sogleich ohne weiteres erkennbar ist[19]. Als unrichtig kann ein Protokoll nicht nur berichtigt werden, wenn sein Inhalt mit dem wirklichen Terminablauf nicht übereinstimmt, sondern auch, wenn es unvollständig ist[19]. Ob die Berichtigung zulässig war, ist in dem Verfahren zu prüfen, für dessen Entscheidung es auf den Protokollinhalt ankommt.

3.3 Eine **Beschwerde** ist gegen die Protokollberichtigung und im Grundsatz auch gegen deren Ablehnung nicht zulässig[20] (einschränkend[21]: zulässig gegen Berichtigung eines protokollierten Prozeßvergleichs, soweit es um die Zulässigkeit der Berichtigung geht; [22]zulässig, wenn allein der Vorsitzende entschieden oder ein Unbefugter das Protokoll berichtigt[23] hat, und[24]: zulässig, wenn es nur um das Berichtigungsverfahren geht). Folgerichtig muß hier auch der Rechtspfleger insoweit (entgegen RpflG § 11 Abs 2 Satz 3) unanfechtbar sein, weil nur die beiden Personen berichtigen können, die in der Verhandlung selbst tätig waren. Die Beteiligten können nur mit Anregungen und Gegenvorstellungen an das Gericht herantreten oder nachweisen, daß das Protokoll bewußt gefälscht sei (ZPO § 165 Satz 2). Der Beschluß, durch den ein Antrag auf Protokollberichtigung zurückgewiesen wird, ist dann ausnahmsweise anfechtbar, wenn der Antrag als unzulässig[25] (nach[26] auch als unbegründet) zurückgewiesen worden ist oder wenn eine hierzu nicht berufene Person entschieden hat[27]. Auch dann aber findet weitere Beschwerde nicht statt[28].

---

[14] BGH 20, 188 = NJW 1956, 830; Hagmeister SchlHA 1960, 103.
[15] OLG Karlsruhe Rpfleger 1994, 311.
[16] OLG Hamm NJW 1979, 1720 = aaO (Fußn 12); Hagemeister SchlHA 1960, 103.
[17] OLG Hamm MDR 1983, 410 = OLGZ 1983, 89; OLG Schleswig SchlHA 1960, 109.
[18] LG Berlin WM 1958, 1513.
[19] OLG Hamm NJW 1979, 1720 = aaO (Fußn 12).
[20] OLG Hamm NJW 1979, 1720 = aaO (Fußn 12); OLG Hamm Rpfleger 1984, 193 und NJW 1989, 1680; OLG Karlsruhe Rpfleger 1994, 311; OLG München OLGZ 1980, 465 = Rpfleger 1981, 67.
[21] OLG Hamm MDR 1983, 410 = OLGZ 1983, 89.
[22] LArbG Düsseldorf JurBüro 1986, 614.
[23] LArbG Hamm MDR 1988, 172.
[24] LG Frankfurt JurBüro 1993, 744.
[25] OLG München OLGZ 1980, 465 = Rpfleger 1981, 67.
[26] OLG Koblenz MDR 1986, 593.
[27] OLG Frankfurt Rpfleger 1978, 454.
[28] OLG Karlsruhe Rpfleger 1995, 472.

§ 79 Entscheidung über den Zuschlag

VI. Entscheidung über den Zuschlag

[Keine Bindung an Vorentscheidungen]

79 (1) **Bei der Beschlußfassung über den Zuschlag ist das Gericht an eine Entscheidung, die es vorher getroffen hat, nicht gebunden.**

1 Allgemeine Übersicht zu §§ 79–94

Die Entscheidung über den Zuschlag regelt das ZVG in den §§ 79–94 im Anschluß an den fünften Abschnitt über die Versteigerung (§§ 66–78; Übersicht § 66 Rdn 1). Dieser sechste Abschnitt im zweiten Titel des ZVG (§§ 15–145) behandelt: Unabhängigkeit von Vorentscheidungen (§ 79); Wichtigkeit des Protokolls (§ 80); grundsätzliche Erteilung des Zuschlags (Meistbietender, Zessionar, verdeckter Vollmachtgeber) (§ 81); Inhalt des Zuschlagsbeschlusses (§ 82); Verfahrensmängel als Hindernis für den Zuschlag (§ 83); deren teilweise Heilung (§ 84); Verlangen nach neuem Termin in besonderen Fällen (§ 85); Zuschlagsversagung bei Meistgebot unter 5/10 (§ 85 a); Wirkung der Zuschlagsversagung (§ 86); Verkündung der Zuschlagsentscheidung (§ 87); Zustellung des Zuschlagsbeschlusses (§ 88); Wirksamwerden des Zuschlags (§ 89); Eigentumsübergang (§ 90); Erlöschen von Rechten samt Liegenbelassungsvereinbarung (§ 91); Vorzugsrecht auf Befriedigung aus dem Erlös (§ 92); Zuschlag als Vollstreckungstitel (§ 93); gerichtliche Verwaltung auf Rechnung des Erstehers (§ 94).

2 Allgemeines zu § 79

2.1 Zweck der Vorschrift: § 79 gebietet für Erteilung oder Versagung des Zuschlags Prüfung der Rechtmäßigkeit des Verfahrens ohne Bindung an Zwischenentscheidungen, die lediglich der Verfahrensdurchführung und Vorbereitung der Entscheidung über den Zuschlag dienen.

2.2 Anwendungsbereich: Die Vorschrift gilt für alle Versteigerungsverfahren des ZVG.

3 Bedeutung des Zuschlags

Mit **Erteilung des Zuschlags** erfolgt nach Schluß der Versteigerung (§ 73 Abs 2) Grundstücksveräußerung im Wege der Zwangsvollstreckung, wenn ein (wirksames) Gebot (Begriff § 71 Rdn 2) abgegeben ist (sonst § 77) und kein Versagungsgrund besteht (§ 81 Rdn 2.1). Die Entscheidung darüber, ob der Zuschlag zu erteilen oder zu versagen ist, trifft das Vollstreckungsgericht durch Beschluß. Durch den Zuschlag erwirbt der Ersteher das Grundstück (§ 90). Als Vollstreckungsakt ist der Zuschlag konstitutiv wirkender Staatshoheitsakt[1]. Er hat als einem rechtsgestaltenden Urteil vergleichbare Entscheidung[2] die Bedeutung eines Richterspruchs[3]. Bestimmend ist er für die Rechtsstellung des Erstehers und für die Änderungen, die an den Rechten am Grundstück mit Eigentumserwerb des Erstehers (§ 90) unter Freistellung von allen nicht nach den Versteigerungsbedingungen bestehen bleiben Rechten (§ 91 Abs 1) eintreten[4]. Als prozessuale Entscheidung mit privatrechtsgestaltender Wirkung ist der Zuschlag weder Rechtsgeschäft[5] noch

---

[1] BGH BB 1960, 65 = WM 1960, 25 (26); BGH DNotZ 1987, 90 = FamRZ 1986, 978 = KTS 1986, 720 = MDR 1986, 1022 = NJW-RR 1986, 1115 = Rpfleger 1986, 396; Brox/Walker, Zwangsvollstreckungsrecht, Rdn 927.
[2] BGH NJW-RR 1986, 1115 = aaO (Fußn 1).
[3] RG und BGH nachf Fußn 4; Brox/Walker, Zwangsvollstreckungsrecht, Rdn 927.
[4] RG 138, 126 (127); BGH 53, 42 = KTS 1970, 208 = MDR 1970, 222 = NJW 1970, 565 = Rpfleger 1970, 60.
[5] Berns, Wesen und Wirkung des Zuschlags (1911), S 13.

Keine Bindung an Vorentscheidungen 4.4 § 79

Vertrag[6], auch nicht Annahme des Antrags auf Abschluß eines öffentlich-rechtlichen Vertrages, der damit zustandekommt (so aber[7] im Gegensatz zum Wesen des hoheitlichen Handelns durch Organe des Staates, der Inhaber des Zwangsmonopols ist); der längst überholten Ansicht[8], der Zuschlag sei die Annahme einer im Gebot liegenden Offerte zum Abschluß eines Kaufvertrags, kommt keine Bedeutung mehr zu. Wirkung der Zuschlagsversagung: § 86.

Vorentscheidungen bei Zuschlagsentscheidung 4

4.1 Die Rechtmäßigkeit der Zwangsversteigerung muß bei Beschlußfassung über den Zuschlag, vor allem bei Eingriff in das verfassungsrechtlich geschützte Eigentum des Schuldners mit Erteilung des Zuschlags, gewährleistet sein. Das Vollstreckungsgericht hat daher bei der Entscheidung über den Zuschlag als **Schlußentscheidung** des Verfahrens zur Grundstücksveräußerung mit Versteigerung nochmals sein ganzes Verfahren zu überprüfen, ob es ordnungsgemäß war[9]. Es ist dabei an Entscheidungen, die es **selbst erlassen** hat, **nicht gebunden.** Damit ist zugleich ausgedrückt, daß Bindung an sachliche Entscheidungen im Rechtsmittelverfahren (Rechtspfleger gegenüber Richter und Beschwerdegericht; Richter gegenüber Beschwerdegericht) und an die im Rechtsmittelverfahren sachlich bestätigten Entscheidungen des Vollstreckungsgerichts[10] (die ja damit Entscheidungen der Rechtsmittelinstanz sind) bestehen bleibt. Die Rechtsmittelinstanz wieder (Richter wie Beschwerdegericht) ist bei ihrer Zuschlagsentscheidung (im Rechtsmittelverfahren über den Zuschlag) wieder nicht an die eigenen (nur die eigenen) früheren gebunden.

4.2 Bis zur Entscheidung über den Zuschlag ist das Gericht zu einer Änderung einer Entscheidung, die der befristeten Rechtspflegererinnerung/sofortigen Beschwerde unterliegt (ZPO § 793; nach § 95 nur begrenzt zulässig), nicht befugt; die Bindungswirkung an ZPO § 577 Abs 3 (mit RpflG § 11 Abs 2 Satz 1) ist hier nicht beseitigt[11]. Bindung an eine Vollstreckungsmaßnahme, die der Erinnerung nach ZPO § 766 unterliegt, besteht auch bis zum Schluß der Versteigerung nicht.

4.3 Nur bei der Entscheidung über den **Zuschlag** (Erteilung wie Versagung) kann das Gericht von früheren eigenen Entscheidungen **abweichen.** Aufgehoben ist durch § 79 damit auch die Bindung an Entscheidungen, die mit befristeter Rechtspflegererinnerung/sofortiger Beschwerde anfechtbar gewesen wären (§ 95; RpflG § 11 Abs 2 Satz 1), durch Ablauf der Rechtsmittelfrist jedoch rechtskräftig geworden sind (nicht richtig[12]; fehlerhafte Beurteilung der Verfahrensanordnung oder eines Einstellungs-/Fortsetzungsgrundes als mit sofortiger Beschwerde anfechtbare, ZPO § 793, Entscheidung über eine Erinnerung soll gerade nach § 79 nicht binden).

4.4 § 79 **gilt aber nicht** für Entscheidungen, die nach Einzelbestimmungen des ZVG in einem **mit eigenem Rechtsmittelzug** ausgestalteten besonderen Verfahren ergangen sind (§§ 30 a–d, 74 a Abs 5, § 180 Abs 2 und 3)[13]. Die Bindung des Gerichts (Rechtspfleger, Richter, Beschwerdegericht) an Entscheidungen in

---

[6] König, Wesen des Zuschlags (1935), S 99.
[7] Rosenberg/Gaul/Schilken, Zwangsvollstreckungsrecht, § 65 II 1 und § 66 II 1; Bauer/Stürner, Zwangsvollstreckungsrecht, Rdn 36.15.
[8] Friese MDR 1951, 592 (II).
[9] OLG Hamm Rpfleger 1960, 410; OLG Koblenz NJW 1955, 148 und 427 Leitsatz mit Anm Jansen.
[10] KG Berlin OLGZ 1966, 566 = Rpfleger 1966, 310; Jaeckel/Güthe § 79 Rdn 9; Rötelmann NJW 1951, 628 (3 b).
[11] LG Darmstadt MDR 1957, 753.
[12] Steiner/Storz § 79 Rdn 8.
[13] LG Berlin GrundE 1959, 503 Leitsatz; Jonas/Pohle, ZwVNotrecht, § 74 a Anm 6 d; Mohrbutter Rpfleger 1967, 102 (3).

den mit eigenem Rechtsmittelzug ausgestatteten Verfahrensabschnitten des ZVG hebt § 79 nicht auf.

4.5 Die Ablehnung einer Einstellung nach ZPO § 765 a hindert aber nicht, daß auf Grund **neuer Umstände** nachträglich doch eine **Einstellung** für zulässig erachtet wird (ZPO § 765 a Abs 3). Allerdings ist ZPO § 765 a nur mit großer Zurückhaltung anwendbar (Einl Rdn 54).

4.6 Für das nach rechtskräftiger Versagung des Zuschlags **fortgesetzte** Verfahren (§ 86) begründet diese Entscheidung über den Zuschlag Bindung nach ZPO § 577 Abs 3 (RpflG § 11 Abs 2). Wenn in dem fortgesetzten Verfahren später wieder über den Zuschlag zu entscheiden ist, besteht an den früheren Versagungsbeschluß und die danach ergangenen Entscheidungen Bindung nach Maßgabe von § 79 nicht.

4.7 Die einmal eingetretenen **gesetzlichen Wirkungen** können auch über § 79 **nicht mehr beseitigt** werden. So ist zB ein widerspruchslos zurückgewiesenes Gebot unwirksam (§ 72 Abs 1) und kann nicht wieder wirksam werden. Das Gericht kann aber ein zunächst nicht zugelassenes, noch wirksames Gebot (das nicht ausdrücklich ohne Widerspruch zurückgewiesen ist) nachträglich zulassen, ein zugelassenes nachträglich zurückweisen[14]. Es kann ein zurückgewiesenes, das infolge Widerspruchs nicht erloschen ist (§ 72 Abs 1) nachträglich zulassen. Nicht zu billigen ist aber[14], daß auch verspätete Gebote (nach der Bietstunde) nachträglich zugelassen werden könnten; sie waren nie wirksam.

[Nicht protokollierte Terminvorgänge]

80 Vorgänge in dem Versteigerungstermine, die nicht aus dem Protokoll ersichtlich sind, werden bei der Entscheidung über den Zuschlag nicht berücksichtigt.

1 Allgemeines zu § 80

Zweck und **Anwendungsbereich:** Klarstellende Bestimmung, daß nur „das protokollarisch festgestellte Sachverhältnis die Grundlage für die Entscheidung über den Zuschlag bildet" (siehe bereits § 78 Rdn 2.8). Die Vorschrift gilt für alle Versteigerungsverfahren des ZVG.

2 Folgen und Umstände unterlassener Protokollierung

2.1 „Vorgänge in dem Versteigerungstermine, die nicht aus dem Protokoll ersichtlich sind, werden bei der Entscheidung über den Zuschlag nicht berücksichtigt": § 80. Insoweit ist ZPO § 570 eingeschränkt. Es fallen hierunter **alle rechtserheblichen Handlungen:** Erklärungen, Anträge, Meistgebot und nicht erloschene andere Gebote, Widersprüche, Vorlage von Urkunden, Anbieten von Zahlung oder Sicherheitsleistung usw. Umgekehrt: Jeder Vorgang, der für die Zuschlagsentscheidung bedeutsam sein kann, muß in das Protokoll aufgenommen werden. Mißverständliche oder unklare Äußerungen im Termin muß das Gericht sofort klären, um sie in inhaltlich richtiger Form, wenn auch nicht unbedingt mit ihrem genauen Wortlaut, aufzunehmen, etwa wenn jemand „Beschwerde" erhebt, aber einen „Widerspruch" meint. Auch die zur Kennzeichnung eines geänderten Versteigerungsraums getroffenen Maßnahmen sollen durch das Protokoll ausgewiesen werden müssen[1]. Jedoch handelt es sich dabei nicht um Vorgänge „in dem Versteigerungstermine", so daß § 80 nicht anwendbar sein kann (so zutreffend[2]). Die Verletzung des Anspruchs auf Gewährung rechtlichen Gehörs und der Aufklä-

---

[14] LG Lübeck SchlHA 1973, 129.
[1] OLG Hamm KTS 1979, 108 = MDR 1979, 151 = NJW 1979, 1720 Leitsatz = OLGZ 1979, 376 = Rpfleger 1979, 29; LG Oldenburg Rpfleger 1985, 311 mit (teils krit) Anm Schiffhauer.
[2] Schiffhauer Rpfleger 1985, 312 (Anmerkung).

rungspflicht des Gerichts wird als Zuschlagversagungsgrund auch berücksichtigt, wenn nach dem tatsächlichen Verfahrenshergang der Verfahrensmangel feststeht, sich aus dem Protokoll aber nicht ergibt[3].

2.2 Die **Bindung** an das Protokoll besteht nicht nur für die Zuschlagsentscheidung. Auch wenn der Zuschlag angefochten wird, können nur Vorgänge verwendet werden, die sich aus dem Protokoll ergeben; nicht beurkundete Geschehnisse werden nicht beachtet[4].

2.3 Das Protokoll erbringt für die Zuschlagsentscheidung den **vollen Beweis**, daß ein nicht beurkundeter Vorgang nicht stattgefunden habe. Das gilt aber nicht für einen späteren Prozeß, zB einen Schadensersatzprozeß, bei dem der Vorgang streitig ist; dort ist nach ZPO § 286 frei zu würdigen[5]. Es gilt auch nicht für nach der Zuschlagsentscheidung liegende Vorgänge im Versteigerungsverfahren selbst, zB nicht für den Nachweis einer rechtzeitigen Anmeldung zum Verteilungsverfahren oder den Nachweis der Anwesenheit im Versteigerungstermin zwecks Berechnung der Anfechtungsfrist.

2.4 Das Protokoll ist **auslegungsfähig**. Ein Vorgang kann sich, auch wenn er nicht ausdrücklich vermerkt ist, aus dem Sinn und Zusammenhang ergeben. Wird zB eine Sicherheit als zurückgegeben vermerkt, dann muß sie vorher geleistet worden sein; ist sie geleistet, muß sie vorher verlangt worden sein[6]. Berichtigung des Protokolls: § 78 Rdn 3.

[Zuschlagsberechtigte: Meistbietender, Zessionar, Vollmachtgeber]

81 (1) **Der Zuschlag ist dem Meistbietenden zu erteilen.**

(2) Hat der Meistbietende das Recht aus dem Meistgebot an einen anderen abgetreten und dieser die Verpflichtung aus dem Meistgebot übernommen, so ist, wenn die Erklärungen im Versteigerungstermin abgegeben oder nachträglich durch öffentlich beglaubigte Urkunden nachgewiesen werden, der Zuschlag nicht dem Meistbietenden, sondern dem anderen zu erteilen.

(3) Erklärt der Meistbietende im Termin oder nachträglich in einer öffentlich beglaubigten Urkunde, daß er für einen anderen geboten habe, so ist diesem der Zuschlag zu erteilen, wenn die Vertretungsmacht des Meistbietenden oder die Zustimmung des anderen entweder bei dem Gericht offenkundig ist oder durch eine öffentlich beglaubigte Urkunde nachgewiesen wird.

(4) **Wird der Zuschlag erteilt, so haften der Meistbietende und der Ersteher als Gesamtschuldner.**

Übersicht

Allgemeines zu § 81 1	Gesamtschuldnerische Haftung (Absatz 4)................................ 6
Erfordernisse der Zuschlagserteilung ... 2	Grunderwerbsteuer beim Zuschlag..... 7
Erteilung des Zuschlags an den Meistbietenden (Absatz 1)................ 3	Kosten des Zuschlags...................... 8
Erteilung des Zuschlags: Abtretung des Meistgebots (Absatz 2) 4	Rechtskraft des Zuschlags.................. 9
	Vorkaufsrecht und Zuschlag.............. 10
Erteilung des Zuschlags: Verdeckte Vertretung (Absatz 3)................ 5	Zubehör im Zuschlag....................... 11

---

[3] OLG Hamm JMBlNW 1990, 31 = MDR 1990, 163 = OLGZ 1990, 106 = Rpfleger 1990, 85 und 218 Leitsatz mit Anm Hintzen; OLG Köln KTS 1983, 651 = MDR 1983, 761 = OLGZ 1983, 471 = Rpfleger 1983, 411.
[4] LG Lübeck SchlHA 1973, 130.
[5] BGH MDR 1963, 481 = NJW 1963, 1060.
[6] LG Verden Rpfleger 1974, 31 mit Anm Schiffhauer.

§ 81 1 Entscheidung über den Zuschlag

Literatur: Hagemann, Meistbietender und Zessionar in der Zwangsversteigerung und ihre Beziehungen untereinander, ZBlFG 12, 591; Helwich, Die Mithaft des Meistbietenden in der Zwangsversteigerung, Rpfleger 1988, 467 und (nochmals) Rpfleger 1989, 316; Kramer und Riedel, Pfändung des Anspruchs aus dem Meistgebot, Rpfleger 1989, 144; Strauch, Nochmals: Die Mithaft des Meistbietenden in der Zwangsversteigerung, Rpfleger 1989, 314.

1 Allgemeines zu § 81

1.1 Zweck der Vorschrift: Feststellung des Rechts des Meistbietenden auf Erteilung des Zuschlags mit Ausnahme von der Regelung des § 78 für Berücksichtigung einer nachträglichen Abtretung der Rechte aus dem Meistgebot sowie des nachträglichen Nachweises eines zwischen dem Meistbietenden und einem Dritten bestehenden Vertretungsverhältnisses (Denkschrift S 55).

1.2 Anwendungsbereich: Die Vorschrift gilt für alle Vesteigerungsverfahren des ZVG.

2 Erfordernisse der Zuschlagserteilung

2.1 Zu erteilen ist der Zuschlag, wenn ein **wirksames Meistgebot** vorliegt, keine der Vorschriften verletzt wurde, die den Schutz der Beteiligten bezwecken (Denkschrift S 54), und sonst kein Versagungsgrund (zu Gründen insgesamt § 83 sowie §§ 85, 85 a) besteht. Die für Erteilung des Zuschlags maßgeblichen Vorgänge im Versteigerungstermin müssen im Protokoll niedergelegt sein (§§ 78, 80), von früheren Entscheidungen kann das Gericht abweichen (§ 79), Versagungsgründe sind beschränkt (§§ 85, 85 a, 83, 84). Wenn kein Versagungsgrund vorliegt, muß zugeschlagen werden (§ 81), und zwar in der gesetzlich vorgeschriebenen Form (§ 82). Der Zuschlag muß im ersten Rechtszug verkündet (§ 87), an einige Personen außerdem zugestellt werden (§ 88). Er wird mit der Verkündung wirksam (§ 89), Ausnahme im Rechtsmittelverfahren (§ 104). Seine Wirkungen sind im Gesetz eingehend geregelt (§§ 90–94, 52, 53, 55–57, 58), ebenso die Wirkung seiner Versagung (§ 86).

2.2 a) Beim Erbbaurecht darf, wenn die Zustimmung des Grundstückseigentümers zum Zuschlag (ErbbauVO § 5 Abs 1) nötig ist, erst nach Vorlage der Genehmigung zugeschlagen werden. Sie kann auf Antrag gerichtlich ersetzt werden. Hierzu § 15 Rdn 13 und ZVG-Handbuch Rdn 391; zum Heimfallanspruch § 15 Rdn 13.16.

b) Bei **Flurbereinigung** ist der Zuschlag über die Einlagegrundstücke bis zu dem in der Ausführungsanordnung bestimmten Zeitpunkt möglich (§ 15 Rdn 17), später nur noch über die Ersatzgrundstücke. Es ist zweckmäßig, im Zuschlag anzugeben, daß der Ersteher in das Flurbereinigungsverfahren eintritt, wie es ist und mit dem entsprechenden Vorgang statt der Einlagegrundstücke die Ersatzgrundstücke erwirbt. Die neuen Grundstücke werden im Grundbuch von den alten repräsentiert. Hierzu ZVG-Handbuch Rdn 401.

c) Eine bei **Wohnungseigentum** notwendige Zustimmung anderer Wohnungseigentümer, des Verwalters oder sonst eines Dritten zum Zuschlag (WEG § 12 Abs 1) muß vorliegen oder ersetzt sein. Hierzu § 15 Rdn 45.

3 Erteilung des Zuschlags an Meistbietenden (Absatz 1)

3.1 Der Zuschlag **muß** dem Meistbietenden erteilt werden, wenn nicht eine der beiden Ausnahmen des § 81 (Abtretung der Rechte nach Abs 2, Bieten für verdeckten Vollmachtgeber nach Abs 3) vorliegt und kein Versagungsgrund (§§ 83, 85, 85 a) besteht. **Meistbietender** ist, wer das höchste wirksame Gebot abgegeben hat[1]. Bei Versagungsgrund entfällt der Anspruch des Meistbietenden auf den Zuschlag[2].

---

[1] OLG Düsseldorf NJW 1953, 1757; OLG Koblenz ZIP 1987, 1531 (1533).
[2] Motive zum ZVG (1889) § 113.

3.2 "Meistgebot" ist das im Versteigerungstermin mit Nennung des bar zu zahlenden Betrags (§ 71 Rdn 2.2) abgegebene höchste wirksame Gebot. Wenn ein zur Befriedigung aus dem Grundstück Berechtigter geboten hat, wird zu seinem betragsmäßigen Gebot (§ 71 Rdn 2.2) **nicht** auch noch der Betrag gerechnet, mit dem bei Erteilung des Zuschlags nach § 114 a erweiterte Befriedigung eintreten würde (wie hier[3]; anders[4]). Erweiterte Befriedigung nach § 114 a ist materielle Folge des Zuschlags (§ 114 a Rdn 2.1). Diese materielle Zuschlagsfolge und im Hinblick darauf auch der durch § 85 a Abs 3 bestimmte Ausschluß des Versagungsgrunds bei Meistgebot (mit bestehenbleibenden Rechten) nur bis zur Hälfte des Grundstückswerts (§ 85 a Abs 1) ändern den Betrag des für die Entscheidung über den Zuschlag maßgeblichen zahlenmäßigen Meistgebots nicht. Meistgebot ist daher gegenüber dem bar gebotenen höheren Betrag eines Dritten nicht deshalb ein geringeres bares Gebot eines zur Befriedigung aus dem Grundstück Berechtigten, weil die Befriedigungsfiktion des § 114 a zu erweiterter Gläubigerbefriedigung führen würde (so aber[4]; dagegen zutreffend[5]). Das gilt für Meistgebote unter der Hälfte des Grundstückswertes (§ 85 a Abs 1) ebenso wie für bare Gebote mit einem Betrag zwischen der Hälfte und sieben Zehnteilen des Grundstückswertes.

3.3 Der Meistbietende hat einen **öffentlich-rechtlichen Anspruch** auf den Zuschlag[6], falls das Verfahren ordnungsgemäß durchgeführt ist und kein gesetzlicher Versagungsgrund nach §§ 83, 85, 85 a vorliegt. Er ist an sein Gebot gebunden. Entgegenstehende Vereinbarungen der Beteiligten sind unwirksam. Die Beteiligten können sich also nicht darüber einigen, daß der Zuschlag auf ein bestimmtes Gebot erteilt werden solle.

3.4 Tod, Eintritt der **Geschäftsunfähigkeit,** Vergleichsverfahren oder **Konkurseröffnung** des Meistbietenden vor der Zuschlagsentscheidung (aber nach der Bietstunde) berühren den Zuschlagsanspruch nicht[7]. Bei Tod des Meistbietenden ist der Zuschlag den Erben zu erteilen[8] (sie sind mit Erbfolge die aus dem Meistgebot Berechtigten, BGB § 1922 Abs 1), nicht dem verstorbenen Meistbietenden (anders[9]: Meistbietenden oder Erben, auch wenn sie unbekannt sind). Ein dem Meistbietenden in Unkenntnis seines Todes erteilter Zuschlag wirkt für und gegen seine Erben[10]. Erteilung des Zuschlags, wenn die Erben unbekannt sind: § 82 Rdn 2.4. Bei Konkurs ist der Zuschlag nicht dem Konkursverwalter zu erteilen, sondern dem Meistbietenden[11], wobei das Grundstück in die Konkursmasse fällt, der Konkursvermerk aber nicht im Zuschlag genannt, jedoch in das Grundbuch eingetragen werden muß und ohne Behinderung durch KO §§ 14, 15 eine Sicherungshypothek nach § 128 (wo nötig) eingetragen werden kann. Der Zuschlag ist allerdings an den Konkursverwalter zuzustellen, nicht an den Meistbietenden[11]. Der Anspruch auf Bezahlung des Meistgebots ist eine Konkursforderung (keine Masseschuld) mit dem Recht auf abgesonderte Befriedigung nach KO § 47[12], entstanden mit der Abgabe des Meistgebots. Meistgebot nach Konkurseröffnung an den Konkursschuldner begründet konkursfreien Neuerwerb (KO § 1). Der in Konkurs Befindliche schuldet das Meistgebot aus seinem konkursfreien Vermögen. Wird der Meistbietende nach Abgabe seines Meistgebots geschäftsunfähig, so erhält

---

[3] Dassler/Schiffhauer § 81 Rdn 4; Ebeling Rpfleger 1986, 314 (Anmerkung).
[4] LG Darmstadt Rpfleger 1986, 314 mit abl Anm Ebeling.
[5] Ebeling Rpfleger 1986, 314 (Anmerkung).
[6] BGH 111, 14 (16) = DNotZ 1991, 377 = KTS 1990, 674 = MDR 1990, 989 = NJW 1990, 3141 = Rpfleger 1990, 471.
[7] Jaeckel/Güthe § 81 Rdn 2; Steiner/Storz § 81 Rdn 12.
[8] Dassler/Schiffhauer § 81 Rdn 7.
[9] Steiner/Storz § 81 Rdn 13.
[10] Jaeckel/Güthe § 81 Rdn 2.
[11] Dassler/Schiffhauer § 81 Rdn 9; Grasse, Konkurs des Meistbietenden (1939), S 4, 11, 17, 31, 39.
[12] Grasse aaO (Fußn 11).

§ 81 3.4 — Entscheidung über den Zuschlag

er dennoch den Zuschlag. Dieser ist an den gesetzlichen Vertreter zuzustellen[13]. War er schon vorher geschäftsunfähig, so war schon das Gebot unwirksam, Zuschlag kann nicht erteilt werden. Auch an eine im Handelsregister noch nicht eingetragene GmbH kann der Zuschlag erteilt werden, weil sie bereits als Gründerorganisation (sogenannte Vorgesellschaft, auch Vor-GmbH) Grundstückseigentum erwerben kann (§ 15 Rdn 19.4; anders früher[14]; zur Vertretungsmacht der bietenden Geschäftsführer siehe jedoch § 71 Rdn 7.15).

3.5 Der Zuschlag ist dem Meistbietenden auch dann zu erteilen, wenn dieser **entgegen seinem Auftrag** nicht für einen anderen geboten hat, sondern für sich selbst. War der Bieter in **offener** (und formell richtiger) **Vollmacht** für andere tätig, so erhält der Vollmachtgeber als Meistbietender den Zuschlag (§ 71 Rdn 6).

3.6 Haben **mehrere Personen gemeinschaftlich** unter Bezeichnung ihres Miteigentumsverhältnisses (bestimmtes Bruchteilsverhältnis oder Gesamthandsgemeinschaft wie zB Gütergemeinschaft) ein Meistgebot abgegeben (§ 71 Rdn 4), dann muß ihnen der Zuschlag in diesem Verhältnis erteilt werden.

3.7 Der **Anspruch** des Meistbietenden (auch des Zessionars nach Abtretung und des vertretenen Dritten, Abs 2 und 3) auf den Zuschlag kann **gepfändet oder verpfändet** werden[15]. Pfändung ist jedoch nur bis zum Wirksamwerden des Zuschlags (mit Verkündung, § 89, oder nach § 104) zulässig (damit auch nach Versagung des Zuschlags, wenn Beschwerde eingelegt ist[16]), später auch nicht mehr, wenn gegen den Zuschlagsbeschluß Beschwerde eingelegt ist[17]. Die Pfändung erfolgt nach ZPO § 857 Abs 1 und 2; das Vollstreckungsgericht ist nicht Drittschuldner. Pfändung oder Verpfändung begründen ein Rechtspfandrecht (ZPO § 804 Abs 1; BGB § 1273 Abs 1) an dem (öffentlich-rechtlichen) Anspruch (Rdn 3.3) auf den Zuschlag. Befriedigung kann der Gläubiger erst nach Erteilung des Zuschlags mit Zwangsvollstreckung in das Grundstück erlangen. Bewirken kann das Pfandrecht (wie auch beim Anwartschaftsrecht aus Auflassung) daher nur, daß der Gläubiger mit Zuschlag an den Meistbietenden (Abs 1) oder anderen (Abs 2 und 3) kraft Gesetzes eine Sicherungshypothek an dem Grundstück im Rang nach den Sicherungshypotheken für übertragene Forderungen (§ 128) erlangt[18] (ZPO § 848 Abs 2 oder BGB § 1287 Satz 2, entsprechende Anwendung). Eintragung erfolgt auf Ersuchen des Vollstreckungsgerichts (§ 130 Abs 1)[19] (anders[20]: ist von den Beteiligten zu veranlassen).

3.8 Der Meistbietende ist **nicht Beteiligter** nach § 9. Das Gericht hat aber ihm gegenüber auch eine Amtspflicht zur richtigen Durchführung des Verfahrens[21].

3.9 Über den Zuschlag an den Meistbietenden auch im ZVG-Handbuch Rdn 348, 349.

4 Erteilung des Zuschlags: Abtretung des Meistgebots (Absatz 2)

4.1 Den Zuschlag erhält (an Stelle des Meistbietenden) derjenige, dem (von diesem) die Rechte aus dem Meistgebot abgetreten worden sind: Abs 2. Neben der **Abtretung** durch den Meistbietenden ist dabei nötig, daß der Zessionar die

---

[13] Dassler/Schiffhauer § 81 Rdn 8.
[14] OLG Schleswig SchlHA 1956, 294.
[15] BGH 111, 14 (16) = aaO (Fußn 6); Dassler/Schiffhauer § 81 Rdn 3; Steiner/Storz § 81 Rdn 8; Mohrbutter und Leyersieder NJW 1958, 370 (3); Riedel und Kramer Rpfleger 1989, 144 (145 zu 3); Stöber, Forderungspfändung, Rdn 1794 a.
[16] Stöber, Forderungspfändung, Rdn 1794 a.
[17] LG Köln NJW-RR 1986, 1058.
[18] Stöber aaO (Fußn 16); Riedel und Krammer aaO (Fußn 15).
[19] Stöber aaO (Fußn 16).
[20] Dassler/Schiffhauer § 81 Rdn 4; Riedel und Krammer aaO (Fußn 15).
[21] RG 129, 23 und RG 154, 397.

Zuschlagsberechtigte: Meistbietender, Zessionar 4.7 § 81

Verpflichtungen aus dem Meistgebot **übernimmt:** Abs 2. Die Übernahme ist unerläßlich; Annahme der Abtretung allein wird nicht als genügend angesehen[22] (Auslegung sollte aber denkbar sein). Bedingungen oder Einschränkungen sind unbeachtlich und machen die Erklärung unwirksam. Abtretung zu Bruchteilen oder hinsichtlich eines Grundstücksbruchteils ist zulässig[23], ebenso bezüglich eines oder einzelner von mehreren gleichzeitig versteigerten Grundstücken[23] (dies erlangt keine Bedeutung und ist nicht möglich, wenn der Zuschlag auf ein Gesamtmeistgebot erfolgen muß).

4.2 Die Abtretungserklärung und die Übernahmeerklärung müssen **im Termin** zu Protokoll **oder nachträglich** in einer öffentlich beglaubigten Urkunde (§ 71 Rdn 6.2) erfolgen: Abs 2. Termin ist auch hier der Versteigerungstermin und der (seine Fortsetzung bildende) Verkündungstermin[24] (anders[25]: nur im Versteigerungstermin, später, also auch im Verkündungstermin, nur in Form der Urkunde; dies ist nicht richtig, der Verkündungstermin setzt ja nur den Versteigerungstermin fort). Die Erklärung zu Protokoll ist totz der Neufassung von BGB § 129 Abs 2 weiter möglich, weil das ZVG auch nach Inkrafttreten des BeurkG noch Sondervorschriften über die gerichtliche Beurkundung enthält, die durch BeurkG §§ 55–57 nicht aufgehoben sind. Es kann nicht wegen des Beurkundungsgesetzes verlangt werden, daß wichtige Teile des Versteigerungsverfahrens jetzt vom Notar erledigt werden. BeurkG § 56 Abs 4 ist insoweit unrichtig.

4.3 Abtretung und Übernahme müssen nicht gleichzeitig erfolgen, sie müssen nur beide vor der Zuschlagsentscheidung liegen. Möglich sind also: Abtretung im Versteigerungstermin, Übernahme ebenso; Abtretung im Versteigerungstermin, Übernahme im Verkündungstermin; Abtretung im Versteigerungstermin, Übernahme notariell; Abtretung im Verkündungstermin, Übernahme ebenso; Abtretung notariell, Übernahme im Verkündungstermin; Abtretung notariell, Übernahme ebenso. Nach der Zuschlagsentscheidung ist nichts mehr möglich, das Eigentum kann dann nur noch notariell übertragen werden.

4.4 Auch für den Zessionar müssen alle Genehmigungen und **sonstigen Voraussetzungen** wie für den Meistbietenden vorliegen.

4.5 Rücknahme oder **Widerruf** der Abtretung oder der Übernahme sind unzulässig. Es ist bis zur Erteilung des Zuschlags nur weitere Abtretung (und Übernahme) an den Meistbietenden (einen Dritten), danach nur eine notarielle Rückübertragung des Eigentums möglich, wobei aber die eingetretene samtverbindliche Haftung bestehenbleibt[26] (anders[27]: alle Erklärungen könnten bis zur Zuschlagsentscheidung zu Protokoll oder in notariell beglaubigter Form wieder zurückgenommen werden; nicht zu billigen, weil die Abtretung ein dingliches Geschäft ist und unmittelbar die Rechtsänderung bewirkt).

4.6 Der Zuschlag ist wirksam, auch wenn die Abtretung der Rechte nur **zum Schein** erfolgt ist[28]. Die Abtretung als dingliches Rechtsgeschäft ist sittlich indifferent und kann daher nicht nach BGB § 138 nichtig sein.

4.7 Muster für die Abtretung im ZVG-Handbuch Rdn 360, sonst dort Rdn 361, 362.

---

[22] LG Heilbronn Rpfleger 1996, 78.
[23] Dassler/Schiffhauer § 81 Rdn 15; Jaeckel/Güthe § 81 Rdn 3; Korintenberg/Wenz § 81 Anm 4.
[24] Dassler/Schiffhauer § 81 Rdn 12; Jaeckel/Güthe § 81 Rdn 3; Korintenberg/Wenz § 81 Anm 2; Reinhard/Müller § 81 Anm II 2; Steiner/Storz, § 81 Rdn 48.
[25] Mohrbutter, Handbuch des Vollstreckungsrechts, § 43 (I); Nußbaum, Zwangsversteigerung, § 17 (II).
[26] Jaeckel/Güthe § 81 Rdn 5.
[27] Drischler, ZVG, § 81 Anm 3.
[28] OLG Karlsruhe MDR 1954, 112.

4.8 Die Abtretung des Rechts aus dem Meistgebot (Abs 2) als **Verfügungsgeschäft** ist unabhängig von schuldrechtlichen Beziehungen des Meistbietenden und des Zessionars zueinander. Für Wirksamkeit der Abtretung des Meistgebots, somit auch für das Recht des „anderen" (Zessionars) auf Erteilung des Zuschlags, erlangt daher ein obligatorischer Vertrag keine Bedeutung, der die Schuld des Meistbietenden zur Abtretung und die des anderen (Zessionars) zur Übernahme der Verpflichtung aus dem Meistgebot begründet. Dem Vollstreckungsgericht ist nur die Abtretung (mit Übernahme) nach Abs 2 nachzuweisen, nicht aber ein ihr zugrundeliegender Vertrag.

4.9 Durch **schuldrechtlichen Vertrag** (BGB §§ 305, 241) zwischen dem Meistbietenden und dem anderen (Zessionar) kann die **Verpflichtung** des Meistbietenden, das Recht aus dem Meistgebot zu übertragen, oder die Schuld des anderen (Zessionars), die Pflicht aus dem Meistgebot zu übernehmen (oder auch nur eine dieser Pflichten) **begründet** werden. Der Schuldvertrag kann als Kaufvertrag (Rechtskauf), Tausch-, Schenkungs- oder Gesellschaftsvertrag (oder mit sonst zulässigem Inhalt) vereinbart werden; er hat auszuweisen, ob der andere (Zessionar) eine Gegenleistung für Übernahme der Verpflichtung aus dem Meistgebot schuldet. Klären sollte er, wer im Innenverhältnis die Verpflichtung aus dem Meistgebot trägt; soll sie den Zessionar treffen, so kann vereinbart werden, daß er dem mithaftenden Meistbietenden die rechtzeitige Erfüllung der Meistgebotsverpflichtung schuldet, ihn somit von Inanspruchnahme durch Berechtigte (§ 81 Abs 4, §§ 82, 132) freizustellen hat[29]. Umgekehrt kann vereinbart werden, daß der Meistbietende im Innenverhältnis haftbar bleiben soll, den anderen (Zessionar) somit wieder von der ihn als Ersteher treffenden Zahlungspflicht befreien soll[30]. Für das Schuldverhältnis der Vertragsparteien (Innenverhältnis) ist auch Bestimmung über den Ersatz einer vom Bieter geleisteten Sicherheit (§§ 67–70) zu treffen[31].

4.10 Der **Schuldvertrag** bedarf als Rechtskauf nicht der **Form** von BGB § 313, kann demnach frei geschlossen werden[32] (so nur mit Einschränkung[33]). Entsprechendes hat für andere schuldrechtliche Vertragsformen zu gelten; für ein Schenkungsversprechen ist notarielle Beurkundung erforderlich (BGB § 518). Will der Meistbietende sich zur Verschaffung des ihm noch nicht zustehenden Eigentums an dem zu versteigernden Grundstück verpflichten (Verkauf einer noch fremden Sache für eigene Rechnung; ungewöhnlich), so begründet BGB § 313 Beurkundungspflicht[34]. Begründung der Erwerbspflicht des „anderen" (Zessionars) kann Beurkundungspflicht nach BGB § 313 gleichfalls nicht gebieten, wenn Gegenstand des Kaufvertrags das Recht aus dem Meistgebot, nicht aber das Eigentum an dem versteigerten Grundstück ist. Ob an dieser Ansicht festzuhalten ist (wie mir scheint), ist allerdings nicht geklärt. Beurkundung nach BGB § 313 wäre zu fordern, wenn das Recht aus dem Meistgebot bereits gleich dem Anwartschaftsrecht des Grundstückserwerbers als ein dem Volleigentum wesensgleiches Recht anzusehen wäre (zum Formerfordernis des BGB § 313 für Begründung der Verpflichtung zur Übertragung des Anwartschaftsrechts[35]). Das Meistgebot verschafft jedoch noch keine dem Grundstückseigentum wesensgleiche Rechtsposition; die Rechtsposition des Meistbietenden kann vielmehr einseitig noch durch den Schuldner (mit Wegfertigung der Gläubigerforderung) und außerdem durch den

---

[29] Hagemann ZBlFG 12, 591 (594, 595).
[30] RG 150, 397 (403, 404).
[31] Hagemann aaO (Fußn 29).
[32] RG 150, 397 (403, 404); Hagemann aaO (Fußn 29); Hornung Rpfleger 1972, 203 (II 1 c).
[33] BGB-RGRK/Ballhaus § 313 Rdn 63.
[34] RG aaO (Fußn 32).
[35] BGH 83, 395 (399, 400) = DNotZ 1982, 619 = Rpfleger 1982, 271.

(bestrangig) betreibenden Gläubiger (mit Bewilligung der Verfahrenseinstellung oder -aufhebung) zerstört werden. Demnach muß (gleich der Verpflichtung zur Übertragung des Auflassungsanspruchs; dazu[36]) auch die Verpflichtung zur Übertragung des Meistgebots und ebenso die zum Erwerb des Meistgebotsanspruchs formfrei begründet werden können.

4.11 Zur Niederschrift des Vollstreckungsgerichts können nur die auf Übertragung des Rechts aus dem Meistgebot (mit Übernahme der Verpflichtung) gerichteten Erklärungen des Abs 2 abgegeben werden; schuldrechtliche Vereinbarungen der Beteiligten können nicht zu Protokoll des Vollstreckungsgerichts erklärt werden (keine Beurkundungszuständigkeit des Gerichts; ähnlich[37]).

4.12 Wegen eines dem Grundstück anhaftenden Sachmangels können, wenn Gegenstand des Kaufvertrags das Recht aus dem Meistgebot war, Gewährleistungsansprüche aus BGB § 459 nicht erhoben werden[38].

4.13 Haftung aus BGB § 419 begründet für den Zessionar die Abtretung des Rechts aus dem Meistgebot nicht, wenn ein sonst vermögensloser Schuldner für einen anderen aus dessen Mitteln geboten hat und das Recht aus dem Meistgebot im Versteigerungstermin an den anderen abtritt und dieser daraufhin sofort den Zuschlag erhält[39].

Erteilung des Zuschlags: Verdeckte Vertretung (Absatz 3)   5

5.1 Es kann auch in verdeckter (oder stiller) Vollmacht für den Meistbietenden geboten werden: Abs 3. Dieses Vorschieben eines **Strohmannes** ist nicht sittenwidrig, weil die Beteiligten keinen Anspruch darauf haben, daß die wirkliche Interessenlage offenbar werde. Der Dritte kann gute Gründe haben, seinen Namen zunächst nicht zu nennen und einen anderen vorzuschieben[40], insbesondere wenn etwa öffentliche Stellen befürchten müssen, daß das Gebot bei ihnen weit über den Wert hinaus getrieben würde. Die verdeckte Vollmacht wurde früher als Commanderklärung bezeichnet[41]. Zur offenen Vollmacht § 71 Rdn 6. Der Bieter kann auch für sich und einen verdeckten Vollmachtgeber bieten, was auch unter Abs 3 fällt[42].

5.2 Den Zuschlag erhält der Vollmachtgeber, wenn der Meistbietende im Versteigerungstermin oder nachträglich in einer öffentlich beglaubigten Urkunde (§ 71 Rdn 6.2) erklärt, daß er für einen anderen geboten habe: Abs 3. Dabei muß aber die Vertretungsmacht des Meistbietenden oder die Zustimmung des Vollmachtgebers entweder bei Gericht offenkundig oder durch eine öffentlich beglaubigte Urkunde nachgewiesen sein: Abs 3. Die **Erklärung des Meistbietenden** kann also im Versteigerungstermin erfolgen, spätestens im Verkündungstermin vor der Zuschlagsentscheidung; sie kann zu Protokoll eines der beiden Termine erfolgen oder in einer öffentlich beglaubigten Urkunde. Die **Vollmacht oder die Zustimmung des Vertretenen** muß entweder offenkundig sein (hierzu § 17 Rdn 4.3) oder nachträglich werden[42] oder ebenfalls in einer den genannten Anforderungen genügenden Urkunde enthalten sein; auch hier müßte die Erklärung zu Protokoll genügen, weil sie damit ja offenkundig ist. Bestimmung eines gesonderten Verkündungstermins (§ 87) für Nachweis der Vertretungsmacht oder Zustimmung des anderen kann im Einzelfall geboten sein (siehe Einl Rdn 7 und 8.2). Sobald beide Erklärungen abgegeben sind, können sie nicht mehr widerrufen

---

[36] BGH 89, 41 = DNotZ 1984, 319 = NJW 1984, 973 = Rpfleger 1984, 143.
[37] Hornung Rpfleger 1972, 203 (II 1 c).
[38] RG aaO (Fußn 32).
[39] BGH 111, 14 = DNotZ 1991, 377 = MDR 1990, 989 = KTS 1990, 674 = NJW 1990, 3141 = Rpfleger 1990, 471.
[40] Motive zum ZVG § 123.
[41] Schöller, Zwangsversteigerung (1899), S 21.
[42] LG Bonn JMBlNW 1978, 236.

(so auch[43]), sondern nur durch Abtretung der Rechte seitens des Vollmachtgebers in der Form des § 81 Abs 2 geändert werden (wegen mehrfacher Grunderwerbsteuer s § 81 Rdn 7).

5.3 Fehlt entweder die notwendige Erklärung des Meistbietenden oder die Erklärung bzw Vollmacht des Vollmachtgebers, dann muß der Zuschlag dem Meistbietenden selbst erteilt werden, ohne Rücksicht auf das angebliche Vollmachtsverhältnis. **Nur beide Vorgänge zusammen** haben die Wirkung des Abs 3. Die Zuschlagsvoraussetzungen richten sich zunächst nach der Person des Bieters, nach Abgabe beider Erklärungen nach der des Vollmachtgebers (zB die Frage der Geschäftsfähigkeit).

5.4 War der Meistbietende von **mehreren Personen** verdeckt bevollmächtigt, so bestimmt er in seiner Erklärung Art und Umfang des Beteiligungsverhältnisses, falls die Vollmachtgeber dies nicht ihrerseits in ihrer Erklärung oder Vollmacht angeben. Äußern die Vollmachtgeber sich nicht, so entscheidet für das Gericht die Erklärung des Meistbietenden, auch wenn sie vom Auftrag abweicht; im Innenverhältnis haftet der Meistbietende seinen Auftraggebern für die richtige Erfüllung des Auftrags. Weichen die ausdrücklichen Erklärungen aber voneinander ab und ist dies nicht mehr vor der Zuschlagsentscheidung in gesetzlicher Form zu klären, dann liegt eben die notwendige zweite Erklärung nicht vor und der Zuschlag wird an den Meistbietenden erteilt.

5.5 Über die verdeckte Vollmacht im ZVG-Handbuch Rdn 361, 362.

6 Gesamtschuldnerische Haftung (Absatz 4)

Als Gesamtschuldner (BGB § 421) haften der **Meistbietende** und der **Ersteher** für die Erfüllung der Verpflichtung aus dem Meistgebot (Abs 4), wenn der Zuschlag nach Abtretung des Rechts aus dem Meistgebot dem Zessionar (Abs 2) oder an einen verdeckten Vollmachtgeber (Abs 3) erteilt worden ist. Sie haften samtverbindlich für die Verpflichtungen aus dem baren Meistgebot und für die Kosten des Zuschlags. Dagegen haften sie nicht samtverbindlich im Sinne von § 53, weil nur der Ersteher die dort geregelte Hypothekenhaftung übernimmt[44], auch nicht samtverbindlich für Zuzahlungen nach §§ 50, 51, weil diese nur den Ersteher treffen. Bei mehrfacher Abtretung der Rechte aus dem Meistgebot haften alle Zedenten samtverbindlich mit (anders[45]: die Zwischenleute würden nicht haften).

7 Grunderwerbsteuer beim Zuschlag

7.1 Die **Grunderwerbsteuer** ist bundeseinheitlich durch das Grunderwerbsteuergesetz (GrEStG 1983) vom 17. 12. 1982 (BGBl I 1777) geregelt.

7.2 Die Grunderwerbsteuer beträgt **2 vom Hundert** (GrEStG § 11 Abs 1).

7.3 Das **Meistgebot** im Zwangsversteigerungsverfahren unterliegt der Grunderwerbsteuer (GrEStG § 1 Abs 1 Nr 4). Grunderwerbsteuerrechtlich wird damit der besteuerungswürdige Übergang des Eigentums im Zwangsversteigerungsverfahren bereits beim Meistgebot erfaßt[46]. Der Übergang des Eigentums mit dem Zuschlag selbst unterliegt daher nicht mehr der Grunderwerbsteuer (GrEStG § 1 Abs 1 Nr 3 Satz 2 Buchst c). Der weitere Verlauf des Zwangsversteigerungsverfahrens hat folglich keinen Einfluß mehr auf den einmal verwirklichten Steuertatbestand[46] (zur Korrektur nach GrEStG § 16 siehe aber Rdn 7.8). Die Besteuerung des Meistgebots wird auch nicht dadurch ausgeschlossen, daß der Meistbietende zur Vermeidung wirtschaftlicher Nachteile (Ausfall seines Rechts) zum Grundstückserwerb im

---

[43] Steiner/Storz § 81 Rdn 55.
[44] RG 125, 100 (104).
[45] Dassler/Schiffhauer § 81 Rdn 18.
[46] BFH BStBl 1994 II 525 = BB 1994, 2194.

Versteigerungsverfahren gezwungen ist[46]. Der Grunderwerbsteuer unterliegt außerdem ein Rechtsgeschäft, das den Anspruch auf **Abtretung ... der Rechte aus dem Meistgebot** begründet (GrEStG § 1 Abs 1 Nr 5). Grunderwerbsteuerpflichtig ist somit (bereits) die Begründung eines Anspruchs auf Übereignung, nicht erst der Zuschlag[47]. Die Grunderwerbsteuerpflicht des Meistgebots nach GrEStG § 1 Abs 1 Nr 4 wird nicht dadurch ausgeschlossen, daß mit Abtretung der Rechte aus dem Meistgebot ein weiterer grunderwerbsteuerrechtlicher Tatbestand erfüllt ist. Bei Abtretung der Rechte aus dem Meistgebot liegen somit grunderwerbsteuerrechtlich zwei Erwerbsvorgänge vor; die Grunderwerbsteuer fällt damit doppelt an. Bei Abgabe des Meistgebots durch einen Vertreter (in offener Vertretung, § 71 Abs 2) ist der Vertretene Bieter; es unterliegt daher nur das Meistgebot (einmal) der Grunderwerbsteuer. Steuerpflichtiger Vorgang ist außerdem der Erwerb des Anspruchs auf Erteilung des Zuschlags durch **Erklärung** des Meistbietenden, daß er **für einen anderen geboten** habe (Abs 3). Aus dem Handeln in verdeckter Stellvertretung ergibt sich die Verpflichtung, dem Vertretenen die Rechte aus dem Meistgebot zu verschaffen; der Rechtsvorgang unterliegt der Grunderwerbsteuer nach GrEStG § 1 Abs 2[48]. Auch in diesem Fall fällt die Grunderwerbsteuer damit doppelt an. Wenn der Bevollmächtigte mangels formgerechter Vollmacht (§ 71 Abs 2) für sich selbst bietet und erst später (vor dem Zuschlag) die Vollmacht vorlegt, wird (unter den weiteren Voraussetzungen des Abs 3) Vertretenen der Zuschlag erteilt; die Steuer fällt damit doppelt an. Im Einzelfall kann es sachlich unbillig sein, die Steuer zu erheben, wenn der Meistbietende das Meistgebot für sich überhaupt nicht gewollt hat wie dann, wenn er für den im Versteigerungstermin anwesenden Auftraggeber handeln wollte, dies aber erst nach Schluß der Versteigerung deutlich gemacht hat[48], oder wie dann, wenn er das Grundstück alsbald demjenigen weitergegeben hat, in dessen Namen er von Anfang an handeln wollte[49]. Dann kann es billig sein, dem Meistbietenden die Grunderwerbsteuer zu erlassen[50]. Über die Billigkeitsfrage hat das Finanzamt zu entscheiden. Zwei grunderwerbsteuerpflichtige Erwerbsvorgänge sieht die Finanzverwaltung auch in der Ersteigerung eines Grundstücks zur Rettung eines ausfallgefährdeten Grundpfandrechts durch eine Tochtergesellschaft oder ein Beteiligungsunternehmen (Grundstücksverwaltungsgesellschaft), bei der diese nicht verpflichtet ist, das erworbene Grundstück an das Kreditinstitut herauszugeben und auch den bei einer Verwertung des Grundstücks erzielten (Mehr-) Erlös nicht abführen muß: Nach GrEStG § 1 Abs 1 Nr 1 oder 4 für Abgabe des Meistgebots und nach GrEStG § 1 Abs 2 für Erwerb der Verwertungsmöglichkeit durch den Auftraggeber[51] (unter Hinweis auf ein anhängiges Musterverfahren).

7.4 Steuerpflichtig sind diese Rechtsvorgänge für **Grundstücke, Gebäudeeigentum, Erbbaurecht** (GrEStG § 2 Abs 2) und **Wohnungseigentum**.

7.5 Die Steuer zu 2 vom Hundert bemißt sich nach dem Wert der Gegenleistung (GrEStG § 8 Abs 1). Als Gegenleistung gilt (GrEStG § 9 Abs 1 Nr 4 und Nr 5) beim Meistgebot dieses einschließlich der Rechte, die nach den Versteigerungsbedingungen bestehen bleiben, bei der Abtretung der Rechte aus dem Meistgebot die Übernahme der Verpflichtung aus dem Meistgebot. Im letztgenannten Fall werden zusätzliche Leistungen, zu denen sich der Erwerber gegenüber dem Meistbietenden verpflichtet, hinzugerechnet und Leistungen, die der Meistbietende dem Erwerber gegenüber übernimmt, abgesetzt. Nach doppeltem Ausgebot (§ 59 Abs 2) bestimmt sich die Gegenleistung nach dem Meistgebot,

---

[47] BFH BStBl I 1975, 92.
[48] BFH Betrieb 1980, 1970 = ZIP 1980, 691.
[49] BFH BFHE 94, 85 = BStBl 1969 II 41.
[50] BFH Betrieb 1980, 1970 = ZIP 1980, 691.
[51] FinMin Baden-Württemberg, Erlaß vom 12. 1. 1995, S 4500/42; BB 1995, 295 sowie Nds. FinMin. Erlaß vom 18. 8. 1995, S 4501-31-32 2; BB 1995, 2064.

§ 81 7.5 Entscheidung über den Zuschlag

dem der Zuschlag erteilt ist[52]. Eine bestehenbleibende Grundschuld gehört mit ihrem Nennwert auch dann zur Gegenleistung, wenn sie der Meistbietende kurz vor der Versteigerung unter dem Nennwert erworben hat[52]. Bei Erwerb durch einen zur Befriedigung aus dem Grundstück Berechtigten wird für die Bemessung der Steuer zur Gegenleistung (Meistgebot und bestehenbleibende Rechte) auch der Betrag gerechnet, in dessen Höhe der Ersteher auf Grund der Fiktion des § 114 a (bis zu $7/_{10}$ des Grundstückswert) als befriedigt gilt (so[53]; bis dahin schon die Finanzverwaltungen, mitgeteilt von[54], dagegen[55]); das verstößt nicht gegen das GrundG[56]. Bemessen wird die Differenz zum $7/_{10}$-Grundstückswert bei der Grundschuld nach dem Betrag der abgesicherten Forderung, nicht nach dem höheren Nennbetrag der absichernden Grundschuld[57]. Der Betrag, in dessen Höhe der Gläubiger nach § 114 a als befriedigt gilt, gehört auch dann zur Gegenleistung, wenn der Meistbietende die Rechte aus dem Meistgebot auf einen Dritten überträgt und daher diesem (Abs 2), somit nicht dem Meistbietenden selbst, der Zuschlag erteilt wird[58].

7.6 Steuerschuldner ist der Meistbietende (GrEStG § 13 Nr 4), auch wenn er seine Rechte abgetreten oder als verdeckter Vertreter geboten hat. Die Steuer für Abtretung der Rechte aus dem Meistgebot sowie für Verschaffung der Rechte aus verdeckter Stellvertretung schulden der Meistbietende und der Ersteher (als Vertragsteile nach GrEStG § 13 Nr 1).

7.7 Steuerbefreiung besteht nur noch in wenigen GrEStG-Sonderfällen. Diese Ausnahmen von der Besteuerung regeln § 3 und § 4 ua für den Erwerb unter 5 000 DM, den Erwerb durch Miterben (ihre Ehegatten) bei Nachlaßteilung, den Erwerb durch Ehegatten bei Teilung gütergemeinschaftlichen Vermögens), den Erwerb durch den Ehegatten und verwandte Personen sowie den Erwerb durch den früheren Ehegatten nach Scheidung. Nach dem Landesrecht war bis 31. 12. 1982 auch der Erwerb zur Rettung eines Grundpfandrechts unter bestimmten Voraussetzungen grunderwerbsteuerfrei; diese Steuerbefreiung ist entfallen.

7.8 Die Steuerpflicht **entfällt** (nach Maßgabe des GrEStG § 16), wenn der Zuschlag nicht erteilt wird (wegen Antragsrücknahme, Verfahrenseinstellung oder eines sonstigen Versagungsgrundes), oder wenn der Erwerb mit Wiederversteigerung rückgängig gemacht ist[59]. Zu Einzelheiten[60].

7.9 Vom Zuschlagsbeschluß ist **dem Finanzamt,** das für die Steuer zuständig ist, Anzeige zu erstatten, und zwar (nun) nach amtlich vorgeschriebenem Vordruck (bundeseinheitlicher Vordrucksatz, der zur Verfügung gestellt wird). Die Anzeige hat binnen zwei Wochen nach der Entscheidungsverkündung zu erfolgen, auch dann, wenn die Rechtsmittelfrist noch nicht abgelaufen ist oder das Gericht annimmt, daß der Erwerbsvorgang von der Besteuerung ausgeschlossen ist. Die Absendung der Mitteilung ist auf der Urschrift des Zuschlagsbeschlusses zu vermerken (ebenda § 18 Abs 4 und MiZi XI 4 Abs 2). Sind (bei verbundenen Verfahren) mehrere Finanzämter zuständig, so erhält jedes die Anzeige. Erst nach Ab-

---

[52] BFH BStBl 1985 II 339 = DNotZ 1986, 212.
[53] BFH BFHE 145, 95 = BB 1986, 724 Leitsatz = Betrieb 1986, 309 mit abl Anm Muth = BStBl 1986 II 148 = Rpfleger 1986, 189 = ZIP 1986, 495; BFH BFHE 159, 241 = BB 1990, 1261 = Betrieb 1990, 720 Leitsatz = BStBl 1990 II 228; BFH BB 1994, 2194 = BStBl 1994 II 525; Rittler Betrieb 1986, 2305.
[54] Klassen Betrieb 1985, 1049.
[55] Klassen Betrieb 1985, 1049; Muth Betrieb 1984, 1705 und Betrieb 1986, 310 (Anmerkung).
[56] BVerfG (Kammerbeschluß) BWNotZ 1990, 123 = KTS 1990, 673 = NJW 1990, 2375.
[57] FG München und BFH BB 1995, 1227.
[58] BFH BStBl I 1975, 92.
[59] BFHE 155, 157 = BStBl 1989 II 138 = BB 1989, 767.
[60] Oberfinanzdirektion Hannover, Verfügung 27. 9. 1988, KTS 1989, 626.

sendung dieser Anzeige darf das Gericht den Verfahrensbeteiligten Ausfertigungen oder beglaubigte Abschriften des Beschlusses (zB für Vollstreckungszwecke) erteilen (ebenda § 21). Erst wenn das Finanzamt eine **Unbedenklichkeitsbescheinigung** erteilt und diese dem Vollstreckungsgericht vorgelegt wird, darf das Vollstreckungsgericht im Rahmen des Grundbuchersuchens aus § 130 den Ersteher in das Grundbuch eintragen lassen (GrEStG §§ 18, 21).

7.10 Vorgänge, die unter die Grunderwerbsteuer fallen, sind frei von **Mehrwertsteuer** (UStG § 4 Nr 9 a). Auf die Steuerfreiheit kann aber der Schuldner als bisheriger Grundstückseigentümer nach UStG § 9 verzichten, und zwar auch noch nach Abschluß des Versteigerungsverfahrens[61]. Dann ist Zwangsversteigerung umsatzsteuerrechtlich Lieferung des Grundstückseigentümers gegen Entgelt unmittelbar an den Ersteher[62]. Der Ersteher kann als (umsatzsteuerpflichtiger) Unternehmer daher die Umsatzsteuer als Vorsteuerbetrag abziehen[63] (UStG § 15), wenn sie rechnungsmäßig gesondert ausgewiesen ist; das kann auch mit Abrechnung durch Gutschrift erfolgt sein[64]. UStDV § 51 Abs 1 Satz 1 Nr 3 (Ermächtigung hierfür UStG § 18 Abs 8 Satz 1 Nr 3) bestimmt dazu, daß bei Lieferungen von Grundstücken im Zwangsversteigerungsverfahren die Steuer vom Ersteher als Leistungsempfänger einzubehalten und an das für ihn zuständige Finanzamt abzuführen ist. Das gilt nach UStDV § 51 Abs 2 jedoch nur dann, wenn der Ersteher als Leistungsempfänger ein Unternehmen (Begriff UStG § 2) oder eine juristische Person des öffentlichen Rechts ist. Auch in diesem Anwendungsbereich trifft die UStDV vielerlei Ausnahmen; so ist § 51 nicht anzuwenden, wenn die Gegenleistung des Leistungsempfängers ausschließlich in einer Lieferung oder sonstigen Leistungen besteht (UStDV § 52 Abs 1 Satz 1 Nr 2); der Leistungsempfänger ist aber insbesondere nicht verpflichtet, die Steuer einzubehalten und abzuführen, wenn der Unternehmer keine Rechnung mit gesonderte Ausweis der Steuer erteilt hat und der Leistungsempfänger den Vorsteuerabzug voll in Anspruch nehmen könnte (UStDV § 52 Abs 2).

7.11 Auswirkungen auf die Verteilung des Versteigerungserlöses hat die Option des Schuldners zur Umsatzsteuerpflicht nicht, sie schmälert insbesondere nicht die Verpflichtung des Erstehers, das gesamte bare Meistgebot im Verteilung an das Vollstreckungsgericht zu entrichten (§ 49 Abs 1, § 107 Abs 2; anders[65]: es steht nicht mehr der gesamte Gebotsbetrag zur Zahlung an das Gericht zur Verteilung an die Gläubiger zur Verfügung). Bezeichnung des baren Meistgebots ist wesentlicher Inhalt des Zuschlagsbeschlusses (§ 82). Er begründet und bestimmt die Zahlungspflicht des Erstehers (§ 49 Abs 1), die ausschließlich mit Leistung an das Vollstreckungsgericht zu erfüllen ist; nach ihm bemißt sich die Teilungsmasse (§ 107 Abs 1), auf die die am Grundstück Berechtigten Anspruch haben (§ 10), die ihnen zuzuteilen und auszuzahlen ist (§ 117). Diese reduziert sich nicht auf den steuerrechtlichen Begriff des Entgelts (Gegenleistung, jedoch abzüglich Umsatzsteuer, UStG § 10 Abs 1 Satz 2). Steuerrechtliche Vorgänge und Zahlungspflichten des Erstehers als Grundstückserwerber berühren und beeinträchtigen diese durch Meistgebot und Zuschlag bemessene Zahlungspflicht nicht. Grundsätze des Vollstreckungsverfahrens erfordern klare und bestimmte Geldbeträge für bestmögliche Grundstücksverwertung bei Konkurrenz der Bieter (Abs 1 und Einl Rdn 9.6), Wahrung des Deckungsgrundsatzes (§ 44) und Eigentumsschutz (Einl Rdn 7.1; § 85 a und § 114 a; auch ZPO § 765 a) sowie Schutz der am Grundstück Berech-

---

[61] BFH BFHE 146, 484 = BStBl 1986 II 500 = BB 1986, 1349 = Betrieb 1986, 1756 = ZIP 1986, 991; BFH BB 1993, 1647 = NJW 1994, 1176.
[62] BFH BFHE 146, 484 und NJW 1994, 1176 = je aaO (Fußn 61); BFH BFHE 165, 113 = BStBl 1991 II 817 = BB 1991, 1622.
[63] BFH BFHE 146, 484 und NJW 1994, 1176 = je aaO (Fußn 61).
[64] BFH NJW 1994, 1176 = aaO (Fußn 61).
[65] Onusseit Rpfleger 1995, 1 (III 1 und 2).

tigten (§ 74 a). Das schließt Abhängigkeit des Gebotsbetrags von vielfältigen steuerrechtlichen Gestaltungsmöglichkeiten, Ungewißheiten und Unsicherheiten aus (Option des Schuldners vor oder nach Erteilung des Zuschlags; Erteilung einer oder keiner Rechnung durch den Schuldner mit [oder ohne] gesonderten Ausweis von Umsatzsteuer, Gebot durch einen zum Vorsteuerabzug berechtigten oder nicht befugten Leistungsempfänger; Gebot durch einen Unternehmer sowie eine juristische Person des öffentlichen Rechts oder einen anderen Erwerber). Ein in dieser Weise nicht bestimmbares, sonach bedingtes Gebot wäre überdies unwirksam (§ 71 Rdn 2.5). UStG § 18 mit UStDV § 81 und § 52 regeln auch nur steuerliche Pflichten; Normen des Zwangsversteigerungsgesetzes berühren oder ändern diese Bestimmungen nicht; sie heben ZVG-Recht und Erstehungspflichten weder auf noch schränken sie diese ein. Überdies hat die ermächtigende Regelung von UStG § 18 Abs 8 Satz 1 Nr 3 Sicherstellung zu gewährleisten, daß der Verzicht auf die Steuerfreiheit bei der Zwangsversteigerung eines Grundstücks nicht dadurch zu Steuerausfällen führt, daß dem Ersteher als Erwerber zwar der Vorsteuerabzug zusteht, der nicht zahlungsfähige Vollstreckungsschuldner als leistender Unternehmer aber die geschuldete Steuer für den Grundstücksumsatz nicht an das Finanzamt abführen kann[66].

Da Grunderwerbsteuer für mitversteigerte Maschinen und Betriebseinrichtungen nicht anfällt, ist insoweit unter Umständen Mehrwertsteuer zu zahlen. Das Vollstreckungsgericht hat mit ihr nichts zu tun, es darf auch nicht den Steuerbetrag vom Erlös einbehalten, sondern hat den Erlös ausschließlich nach dem ZVG zu verteilen.

8 Kosten des Zuschlags

Die Kosten des Zuschlags fallen dem Ersteher zur Last (§ 58). Zu diesen Kosten im einzelnen Einl Rdn 79 (Gerichtsgebühr), Einl Rdn 84 (Gerichtsauslagen) und Einl Rdn 89 (Rechtsanwaltsgebühren und -auslagen).

9 Rechtskraft des Zuschlags

9.1 Der Zuschlag ist der **materiellen Rechtskraft** fähig[67]. Sein rechtskraftfähiger Inhalt (§ 82) **bestimmt Rechte** und **Pflichten** des Erstehers und das Bestehenbleiben oder Erlöschen der Grundstücksrechte, soweit nicht eine Liegenbelassungsvereinbarung nach § 91 Abs 2 eingreift. Der Ersteher kann auf seine Rechte nicht verzichten; er kann nur notariell das Eigentum rückübertragen oder erloschene Rechte neu bestellen. Wenn der Gegenstand des Zuschlags nicht existiert, ist das ein Schaden des Erstehers, der vielleicht Vollstreckungsgericht oder Grundbuchamt auf Schadensersatz belangen kann. Der privatrechtliche Begriff von der Unmöglichkeit der Leistung gilt für Staatshoheitsakte nicht. Selbst wenn ein nicht dem Vollstreckungsschuldner, sondern einem Dritten gehörendes Grundstück auf Grund etwa eines falschen Grundbuchbeschriebs zugeschlagen wird, bleibt es dabei, der Dritte hat Schadensersatzansprüche.

9.2 Alle **Einwendungen** gegen die Zulässigkeit des Zuschlags sind mit Eintritt seiner Rechtskraft **abgeschnitten** (ausgeschlossen), gleich ob sie sich darauf stützen, daß die sachlich-rechtlichen Voraussetzungen für die Versteigerung nicht gegeben seien (hätte im Wege der Vollstreckungsabwehrklage vor dem Zuschlag geltend gemacht werden müssen) oder ob sie verfahrensrechtlicher Art sind (sie hätten spätestens durch Zuschlagsanfechtung geltend gemacht werden müssen)[68]. Verfahrensfehler sind nicht mehr zu beseitigen. Die Rechtskraft des Zuschlags heilt

---

[66] BFH NJW 1994, 1176 = aaO (Fußn 61).
[67] BGH DNotZ 1987, 90 = FamRZ 1986, 978 = KTS 1986, 720 = NJW-RR 1986, 1115 = Rpfleger 1986, 396.
[68] BGH BB 1960, 65 = WM 1960, 25.

Zuschlagsberechtigte: Meistbietender, Zessionar   9.6 § 81

alle Mängel, weil der Zuschlag als öffentlich-rechtlicher Akt von seinen Voraussetzungen unabhängig ist. Er gilt also **auch, wenn** er **fehlerhaft** ist. Er kann nicht nach Ausschöpfung des ZVG-Rechtsmittelweges durch Klage geändert oder beseitigt werden[69]. Nach Rechtskraft kann sich auch niemand mehr auf Zuschlagsversagungsgründe (sogar die zwingenden des § 83) berufen. Das Meistgebot kann nach Rechtskraft nicht mehr angefochten werden (§ 71 Rdn 3), wie auch zu dieser Zeit eine fehlerhafte Wertfestsetzung nicht mehr bedeutsam ist[70]. Die Folgen des Zuschlags können selbst im Wege eines Prozesses nicht mehr beseitigt werden[71]. Es kann auch bei einem landwirtschaftlichen Grundstück die landwirtschaftliche Genehmigungsbehörde keinen Widerspruch nach dem Grundstücksverkehrsgesetz eintragen lassen[72] (solche Grundstücke werden ohnehin jetzt behandelt wie andere, § 15 Rdn 24).

9.3 Der rechtskräftige **Zuschlag kann nicht mehr geändert** oder ergänzt werden. Berichtigung nach ZPO § 319 ist zulässig (§ 82 Rdn 4). Die Beteiligten müssen sich auf der durch den Zuschlag geschaffenen Rechtslage auseinandersetzen[73].

9.4 Gegen den rechtskräftigen Zuschlag ist auch kein Wiederaufnahme- oder Nichtigkeitsverfahren nach ZPO §§ 578 ff möglich. Anfechtung mit der an besondere Voraussetzungen gebundenen außerordentlichen Beschwerde wird jedoch für zulässig erachtet (hierzu § 96 Rdn 3).

9.5 Wenn einer **Verfassungsbeschwerde** gegen den (rechtskräftigen) Zuschlagsbeschluß (Gesetz über das BVerfG, Sartorius Nr 40, § 90) wegen einer Grundrechtsverletzung stattgegeben wird, hebt das Bundesverfassungsgericht den Zuschlag auf (Gesetz § 95 Abs 2). Es verweist die Sache zur neuen Entscheidung an ein zuständiges Gericht zurück (Gesetz § 95 Abs 2).

9.6 Gegenüber dem **Einwand der unzulässigen Rechtsausübung** (BGB § 826) ist die Berufung auf die Rechtskraft des Zuschlagsbeschlusses ohne Erfolg, wenn eine Rechtsverfolgung mit den Regeln von Treu und Glauben nicht zu vereinbaren ist[74]. Jedoch ist ein gegen Treu und Glauben verstoßendes Verhalten nur dann gegeben, wenn zu der Ausnutzung der Rechtskraft des Zuschlagsbeschlusses und zur Kenntnis von seiner Unrichtigkeit[75] noch besondere Umstände hinzutreten, welche die Ausnutzung als unzulässige Rechtsausübung erscheinen lassen[76]. Das gilt auch dann, wenn der Zuschlag zwar nicht selbst unrichtig ist, aber auf der fehlerhaften Festsetzung des Grundstückswerts beruht[77]. Als sittenwidriger Vollstreckungszugriff kann beim Hinzutreten besonderer (außergewöhnlicher) Umstände aus BGB § 826 hergeleitet werden, daß der Zuschlag gegenüber einem oder allen Gläubigern des Schuldners als nicht erfolgt gilt[78]. Unter den Voraussetzungen von BGB § 826 muß auch Schaden ersetzt werden, wenn der Zuschlag durch ein unlauteres Verhalten bei der Versteigerung erschlichen worden ist[79]. Der Staat, der als Träger des Verfahrens dieses mißbraucht, um zum Nachteil eines Beteiligten im Zusammenspiel mit einem anderen Beteiligten das Grundstück vorteilhaft zu erwerben, und hierfür zB außerhalb der Versteigerung Beträge an Beteiligte zahlt, die sonst als Teil des Meistgebots anderen zufließen müßten, und

---

[69] RG RGZ 67, 380.
[70] BGH KTS 1971, 263 = MDR 1971, 567 = NJW 1971, 1751 = Rpfleger 1971, 212.
[71] RG 67, 380.
[72] BGH BB 1960, 65 = WM 1960, 25.
[73] RG 138, 125 und 171, 120 (121).
[74] BGH 53, 47 = KTS 1970, 208 = MDR 1970, 222 = NJW 1970, 565 = Rpfleger 1970, 60 Leitsatz; BGH NJW 1971, 1751 = aaO (Fußn 70).
[75] BGH NJW 1971, 1751 = aaO (Fußn 70).
[76] BGH 53, 47 = aaO (Fußn 74).
[77] BGH NJW 1971, 1751 = aaO (Fußn 70).
[78] BGH NJW-RR 1986, 1115 = aaO (Fußn 67).
[79] BGH KTS 1979, 190 = MDR 1979, 217 = NJW 1979, 162.

§ 81   9.6   Entscheidung über den Zuschlag

so den Schuldner schädigt, kann sich gegenüber dem Geschädigten nicht auf die Rechtskraft des Zuschlags berufen. In solchen Fällen kann es sich aber immer nur darum handeln, daß ein durch den Zuschlag Berechtigter gehindert ist, seine Rechte zu gebrauchen (auch daraus nach § 93 zu vollstrecken) oder daß Schadensersatz zu leisten ist; für den Ersteher kann das äußerstenfalls eine Rückübertragungspflicht einschließen. Den rechtskräftigen Zuschlag als solchen mit seinen Rechtsfolgen (Eigentumserwerb des Erstehers, Erlöschen von Rechten, §§ 90, 91) berühren solche schuldrechtliche Einzelpflichten nicht. Hierüber hat daher auch nicht das Vollstreckungsgericht zu entscheiden, sondern auf Klage eines Geschädigten das Prozeßgericht.

9.7   Die besonderen rechtsgestaltenden **Wirkungen** des Zuschlags gehen über den Bereich der normalen Rechtskraftwirkung hinaus[80]. Sie **erstrecken sich** auch **auf Dritte** (Bieter, Ersteher, dingliche Berechtigte)[80]. Sie gehen auch einem unzulässigen Bietabkommen (§ 71 Rdn 8) vor (Ausnahme Rndnr 9.6). Über Schadensersatzansprüche der Beteiligten hat das Versteigerungsgericht nicht zu entscheiden.

9.8   Ein auf das **Anfechtungsgesetz** gestützter Zugriff eines Gläubigers des Schuldners des Zwangsversteigerungsverfahrens ist mit dem Zuschlag als rechtsgestaltender Hoheitsakt in der Regel nicht vereinbar[81].

9.9   Der Zuschlagsbeschluß ist ein **Vollstreckungstitel**. Gegen ihn gibt es die Abwehrklage nach ZPO § 767. Hierzu § 93 Rdn 2, 3.

9.10   Zur Tragweite und zu den Wirkungen des Zuschlags im ZVG-Handbuch Rdn 357; zur Bedeutung der Rechtskraft[82].

10   Vorkaufsrecht und Zuschlag

Literatur: Gayring, Das Vorkaufsrecht in der Teilungsversteigerung, Rpfleger 1985, 392; Stöber, Die Vorkaufsrechte nach dem Bundesbaugesetz in der Zwangsversteigerung, Rpfleger 1961, 275; Stöber, Vorkaufsrechte in der Zwangsversteigerung, NJW 1988, 3121.

10.1   a) Das **schuldrechtliche Vorkaufsrecht** (BGB §§ 504–514) findet im Versteigerungsverfahren wegen seines nur obligatorischen Charakters keine Berücksichtigung. Überhaupt ausgeschlossen ist es bei Vollstreckungsversteigerung und Versteigerung auf Konkursverwalterantrag (§ 172) (BGB § 512). Ausgeübt werden kann es bei Zwangsversteigerung zur Aufhebung einer Gemeinschaft (§ 180)[83] und auf Erbenantrag (§ 175)[84], vorausgesetzt, daß Veräußerung an einen Dritten (BGB § 504), nicht an einen Teilhaber der Gemeinschaft erfolgt (dazu § 180 Rdn 7.29). Jedoch hat die **Ausübung außerhalb des Versteigerungsverfahrens** zu erfolgen, und zwar durch Erklärung gegenüber dem Verpflichteten (BGB § 505 Abs 1). Die Ausübung begründet nur schuldrechtliche Verpflichtungen (BGB § 505 Abs 2). Auf den Fortgang der Zwangsversteigerung bleibt sie ohne Einfluß; der Zuschlag wird dem Meistbietenden erteilt[85]; gegen ihn hat der Vorkaufsrechtigte keinen Anspruch[85]. Diesen verpflichtet auch die Kenntnis des (obligatorischen) Vorkaufsrechts nicht zur Herausgabe des Grundstücks und nicht zum Schadensersatz[85]. Die Folgen der Nichterfüllung des mit Ausübung entstandenen Erwerbsanspruchs (BGB § 505 Abs 2) gegen den Verpflichteten bestimmen sich nach allgemeinen Grundsätzen des Schuldrechts.

b) Eine zur Sicherung des Auflassungsanspruchs des Vorkaufsberechtigten bestellte **Vormerkung** (BGB § 883) bewirkt, wenn sie bestehen bleibt (§ 52), daß der

---

[80] OLG Köln Rpfleger 1975, 406 mit abl Anm Kirberger.
[81] BGH NJW-RR 1986, 1115 = aaO (Fußn 67).
[82] Bernhardt, Zivilprozeßrecht, § 53; Otto, Rechtskraft des Zuschlags, 1938.
[83] Protokolle zum BGB, Band II (1898), S 350; BGH 13, 133 = DNotZ 1954, 385 = NJW 1954, 1035; BGH 48, 1 = DNotZ 1968, 25 = MDR 1967, 662 = NJW 1967, 1607.
[84] Stöber Rpfleger 1961, 275 (IV b) und NJW 1988, 3121 (I 3).
[85] Stöber NJW 1988, 3121 (I 2 b).

Zuschlagsberechtigte: Meistbietender, Zessionar 10.4 § 81

Eigentumserwerb des Erstehers (§ 90) nach BGB § 883 Abs 2 gegenüber dem Vormerkungsberechtigten unwirksam ist[86]. Der Vormerkungsberechtigte kann somit von dem Verpflichteten des schuldrechtlichen Vorkaufsrechts Auflassung und von dem Ersteher Zustimmung (BGB § 888) verlangen. Das Vollstreckungsgericht ist damit nicht befaßt.

10.2 a) Das **dingliche Vorkaufsrecht** (BGB §§ 1094–1104) ist in der Vollstreckungsversteigerung und in der Konkursverwalterversteigerung[87] (mit Hinweis auf Entstehungsgeschichte) ausgeschlossen (BGB § 1098 Abs 1 Satz 1 mit § 512). Wenn es nur **auf einen Verkaufsfall** bestellt war (BGB § 1097; nicht der Fall bei Bestellung für den ersten Vorkaufsfall), wird es mit Erteilung des Zuschlags hinfällig. Es wird dennoch, wenn es dem Anspruch des Gläubigers vorgeht (§ 44), in das geringste Gebot aufgenommen (§ 44 Rdn 5.27).

b) Ausgeübt werden kann es bei Zwangsversteigerung zur **Aufhebung einer Gemeinschaft** und bei Zwangsversteigerung auf **Erbenantrag** (BGB § 1098 Abs 1 Satz 1 mit § 512), vorausgesetzt, daß es mit Berücksichtigung bei Aufstellung des geringsten Gebots bei Versteigerung gewahrt bleibt[88]. Die Ausübung hat „außerhalb des Zwangsversteigerungsverfahrens" zu erfolgen durch Erklärung gegenüber dem Verpflichteten (Eigentümer; BGB § 1098 Abs 1 mit § 505 Abs 1). Das Vollstreckungsgericht ist damit nicht befaßt[88] (so auch[89] für früheres Vorkaufsrecht nach dem Reichssiedlungsgesetz). Es kann das Meistgebot (oder die Erteilung des Zuschlags) nicht nach BGB § 510 Abs 1 mitteilen; Ausübung durch Erklärung an das Vollstreckungsgericht würde weder Vertragsschluß bewirken (BGB § 505 Abs 2) noch die Ausübungsfrist wahren (BGB § 510 Abs 2). Der Zuschlag ist immer dem Meistbietenden zu erteilen[90]. Das bestehenbleibende Vorkaufsrecht hat ihm gegenüber jedoch die Wirkung einer Vormerkung zur Sicherung des durch die Ausübung entstandenen Anspruchs auf Übertragung des Eigentums (§ 1098 Abs 2). Dieser Schutz wirkt schon mit der Entstehung (nicht erst mit der Ausübung) des Vorkaufsrechts[91]. Der Zuschlag ist bei Vorkaufsrechtsausübung daher vormerkungswidrige Verfügung, somit gegenüber dem Vorkaufsrechtigten unwirksamer Eigentumserwerb (BGB § 883 Abs 2). Dieser kann vom Ersteher Zustimmung zu der von dem Vorkaufsverpflichteten geschuldeten Auflassung verlangen (BGB § 888).

c) Das für **mehrere oder alle** Verkaufsfälle bestellte Vorkaufsrecht (BGB § 1097) bleibt bei Feststellung im geringsten Gebot bestehen (§ 52). Den Ersteher verpflichtet es als Belastung des Grundstücks; es kann bei späterem Verkaufsfall wieder ausgeübt werden. Ein Vorkaufsrecht, das nicht in das geringste Gebot aufgenommen ist, erlischt mit Erteilung des Zuschlags (§ 91 Abs 1). Seine Wirkung endet damit; zur Ausübung besteht es nicht mehr.

10.3 Erbbaurecht: Bei seiner Versteigerung gibt es kein gesetzliches Vorkaufsrecht für den Grundstückseigentümer, unter Umständen aber einen gesetzlichen Heimfallanspruch (§ 15 Rdn 13).

10.4 Reichssiedlungsgesetz: Das frühere **Vorkaufsrecht** nach diesem Gesetz besteht seit 1. 1. 1962 (Neufassung von § 4 des Gesetzes und Aufhebung dessen § 11 über das Vorkaufsrecht bei Zwangsversteigerung) nicht mehr[92]. Manche meinen noch, es sei in der einem Freiverkauf gleichzustellenden Teilungsversteige-

---

[86] Stöber NJW 1988, 3121 (I 2 c).
[87] Stöber NJW 1988, 3121 (II 1).
[88] Stöber NJW 1988, 3121 (II 2)
[89] LG Bückeburg Rpfleger 1959, 224 mit Anm Drischler.
[90] Stöber NJW 1988, 3121 (II 2).
[91] BGH 60, 275 = DNotZ 1967, 603 = MDR 1973, 659 = NJW 1973, 1278.
[92] Stöber NJW 1988, 3121 (III 2); Drischler, ZVG, § 81 Anm 10; Steiner/Storz, § 81 Rdn 29; Mohrbutter/Drischler Muster 44 Anm 5; Ehrenforth, Reichssiedlungsgesetz, § 4 Anm 4 ff; Schulte RdL 1961, 277 (279).

§ 81 10.4 Entscheidung über den Zuschlag

rung anzuwenden (so[93]); dies ist nicht richtig, weil das Reichssiedlungsgesetz in § 4 nur vom Kaufvertrag spricht, § 11 RSG über das Vorkaufsrecht bei Zwangsversteigerung aufgehoben ist, das Vorkaufsrecht mit Umgestaltung ab 1. 1. 1962 auf Kaufverträge beschränkt ist, das RSG damit selbst den Vorkaufsfall bestimmt, somit auch nicht auf BGB § 512 verweist, der das Vorkaufsrecht bei der Teilungsversteigerung unberührt läßt. Das **Wiederkaufsrecht** nach dem Reichssiedlungsgesetz (dort § 20) ist kein Vorkaufsrecht, sondern ein schuldrechtlicher Anspruch, der erst mit Grundbucheintragung ausnahmsweise verdinglicht wird[94] und dann wie eine Auflassungsvormerkung an der Rangstelle der Eintragung zu behandeln ist[95] und nur außerhalb des Versteigerungsverfahrens ausgeübt werden kann[96]. Diese beeinflußt die Versteigerung nur, wenn sie dem bestrangig betreibenden Gläubiger vorgeht und das Siedlungsunternehmen noch vor der Zuschlagsentscheidung seine Eintragung erwirkt (§§ 28, 83 Nr 5)[97]. Bleibt sie in der Versteigerung bestehen, kann sie auch mit Wirkung gegen den Ersteher ausgeübt werden[97]. Nachgehend erlischt sie wie andere Rechte[98]. Während bei der Heimstätte das Heimstättenverhältnis nicht unterbrochen wurde, wird das Siedlungsverhältnis durch die Versteigerung unterbrochen.

10.5 a) Das Vorkaufsrecht der **Gemeinde nach Baugesetzbuch** ist seit „Entdinglichung" (durch das ÄndG vom 18. 8. 1976, BGBl I 2221, in Kraft seit 1. 1. 1977) **in allen Fällen** der Zwangsversteigerung ausgeschlossen[99] (für Ausschluß ohne abschließende Stellungnahme auch[100]; anders[101]). Ein Zwangsversteigerungsverfahren berührt dieses Vorkaufsrecht damit nicht. Das Vollstreckungsgericht hat weder das Meistgebot noch die Erteilung des Zuschlags als (vermeintlichen) Vorkaufsfall der Gemeinde mitzuteilen[102]. Es kann die Erteilung des Zuschlags an den Meistbietenden nicht von der Vorlage eines Zeugnisses der Gemeinde abhängig machen, das die Nichtausübung oder das Nichtbestehen eines Vorkaufsrechts bescheinigt[102]. Der Zuschlag ist immer dem Meistbietenden zu erteilen. Nachweis eines Verwaltungsaktes über eine Ausübung des (vermeintlichen) Vorkaufsrechts ermöglicht nicht Erteilung des Zuschlags an die Gemeinde[102]. Erwerbsinteressen der Gemeinde für städtebauliche Bedürfnisse sind in allen Fällen der Zwangsversteigerung nicht durch das Vorkaufsrecht, sondern mit der Möglichkeit gewährleistet, den Versteigerungstermin wahrzunehmen und mitzubieten[102].

b) Diese von[102] eingehend begründete Rechtslage wurde im Zwangsversteigerungsschrifttum bislang nicht vertreten. Berücksichtigt wird dabei jedoch schon nicht, daß eine andere Ansicht nicht mehr auf das Schrifttum aus der Zeit vor dem 1. 1. 1977 (dazu 12. Auflage § 81 Rdn 11) gestützt werden kann. Bis dahin war (mit Verweisung in Bundesbaugesetz § 24 Abs 4 Satz 2) BGB § 1098 Abs 2 anzuwenden. Dritten gegenüber hatte das gemeindliche Vorkaufsrecht somit die Wirkung einer Vormerkung zur Sicherung des durch die Ausübung des Rechtes entstehenden Anspruchs auf Eigentumsübertragung. Mit „Entdinglichung" des Vorkaufsrechts (verwiesen ist in [jetzt] BauGB § 28 Abs 2 Satz 2 nur noch auf BGB §§ 504, 505 Abs 2, 506–509 und § 512) hat sich die Rechtslage grundlegend geändert.

---

[93] Drischler RfplJahrbuch 1961, 292 (C III); Lorenz MDR 1961, 896.
[94] LG Flensburg RdL 1966, 318; Pannwitz RdL 1965, 193.
[95] BGH 57, 356 = DNotZ 1972, 349 = KTS 1972, 169 = MDR 1972, 313 = NJW 1972, 537 = Rpfleger 1972, 216; Pannwitz RdL 1965, 193 und 1970, 256.
[96] Steiner/Storz § 81 Rdn 29; Mohrbutter/Drischler Muster 44 Anm 6.
[97] Mohrbutter/Drischler Muster 44 Anm 6.
[98] BGH 57, 356 = aaO.
[99] Stöber NJW 1988, 3121 (IV).
[100] LG Frankenthal Rpfleger 1984, 183.
[101] OLG Koblenz Rpfleger 1982, 155; Gayring Rpfleger 1985, 392; Schiffhauer ZIP 1982, 660 (XVI).
[102] Stöber NJW 1988, 3121 (IV 6).

Zuschlagsberechtigte: Meistbietender, Zessionar 10.5 § 81

c) Einvernehmen besteht darüber, daß das Vorkaufsrecht der Gemeinde nach dem BauGB in der Vollstreckungsversteigerung und in der Versteigerung auf Antrag des Konkursverwalters (§ 172) ausgeschlossen ist (für Konkursverwalterversteigerung unzutreffend anders nur[103]; dazu aber[104], auch[105]. Das folgt aus der Verweisung auf BGB § 512 in BauGB § 28 Abs 2 Satz 2.

d) Für **Teilungsversteigerung**[106] (§ 180) und Erbenversteigerung (§ 175) wird das Vorkaufsrecht der Gemeinde nicht zutreffend noch vielfach angenommen. Mit dem Erfordernis, daß ein „Dritter" (BGB § 504) Erwerber sein muß (§ 180 Rdn 7.29), ist es jedoch auch nach dieser Ansicht bereits wesentlich eingeschränkt. Bei Kauf (somit auch bei Versteigerung) von Wohnungseigentum oder eines Erbbaurechts steht der Gemeinde zudem jetzt nach BauGB § 24 Abs 2 kein Vorkaufsrecht zu. Im übrigen bestehen über Berücksichtigung eines (vermeintlichen) Vorkaufsrechts der Gemeinde bei Teilungs- und Erbenversteigerung unterschiedliche Meinungen (zu ihnen[107]). Sie erweisen sich als unzutreffend. Es kann nicht schon die Abgabe des Meistgebots als Vorkaufsfall angesehen werden (dazu näher[107]). Rechte aus dem Meistgebot gehen nicht auf die (vermeintlich) vorkaufsberechtigte Gemeinde über (keine analoge Anwendung von § 81 Abs 2)[107]. Das Vollstreckungsgericht wäre für Ausübung eines gemeindlichen Vorkaufsrechts nach Baugesetzbuch zudem in keinem Fall Erklärungsempfänger[108] (siehe § 81 Rdn 10.2). Erteilung des Zuschlags an die Gemeinde ist daher stets ausgeschlossen (anders[109]); Zuschlag ist dem Meistbietenden zu erteilen[110] (siehe auch[111]: wenn die Gemeinde das Vorkaufsrecht ausgeübt hat und dieser Verwaltungsakt mit Widerspruch angefochten ist, ist der Zuschlag dem Meistbietenden gleichfalls zu erteilen, weil dem Widerspruch aufschiebende Wirkung zukommt). Dafür ist somit Erteilung eines Zeugnisses nach BauGB § 28 Abs 1 Satz 3 darüber, daß ein Vorkaufsrecht nicht besteht oder nicht ausgeübt wird, nicht erforderlich[112]. Übersehen wird von der Gegenmeinung[113], die dieses Zeugnis verlangt, bereits, daß dann, wenn die Gemeinde ein (vermeintliches) Vorkaufsrecht ausüben und deshalb das Zeugnis nicht ausstellen würde, weder ihr der Zuschlag erteilt noch der Zuschlag auf das Meistgebot versagt werden könnte (dazu[114]). Daher ist auch der Verkündungstermin nicht bis zur Erteilung des Zeugnisses hinauszuschieben (§ 87; anders[115]). Entsprechende Anwendung von BauGB § 28 Abs 1 Satz 2 über die Grundbuchsperre bei Kauf verbietet sich (hierzu[116]). Daher kann auch das Grundbuchamt die Eintragung des Erstehers auf Ersuchen des Vollstreckungsgerichts (§ 130) nicht von der Vorlage eines Negativattestes der Gemeinde nach BauGB § 28 Abs 1 Satz 2 abhängig machen[117]. Nach Abgabe des Meistgebots (kein Vorkaufsfall) oder Erteilung des Zuschlags an den Meistbietenden kann die Gemeinde

---

[103] Steiner/Storz § 81 Rdn 28.
[104] Stöber NJW 1988, 3121 (IV 1 mit Fußn 15).
[105] Steiner/Eickmann § 172 Rdn 2.
[106] OLG Koblenz Rpfleger 1982, 155; Steiner/Storz/Teufel § 81 Rdn 28 und § 180 Rdn 177; Mohrbutter/Drischler Muster 34 Anm 1 b „Vorkaufsrecht"; Gayring Rpfleger 1985, 392; Schiffhauer ZIP 1992, 660 (XVI).
[107] Stöber NJW 1988, 3121 (IV 6).
[108] OLG Koblenz Rpfleger 1982, 155.
[109] Steiner/Teufel § 180 Rdn 177, Mohrbutter/Drischler aaO (Fußn 106).
[110] Stöber NJW 1988, 3121 (IV 6).
[111] LG Hamburg Rpfleger 1986, 443.
[112] Stöber NJW 1988, 3121 (IV 6).
[113] Steiner/Storz/Teufel § 81 Rdn 28 und § 180 Rdn 177; Mohrbutter/Drischler, Muster 34 Anm 1 b „Vorkaufsrecht".
[114] Stöber NJW 1988, 3121 (IV 6).
[115] Schiffhauer ZIP 1982, 660 (XVI).
[116] Stöber NJW 1988, 3121 (IV 6).
[117] LG Frankenthal Rpfleger 1984, 183.

§ 81 10.5 Entscheidung über den Zuschlag

das Vorkaufsrecht auch nicht außerhalb des Zwangsversteigerungsverfahrens ausüben[118]. Ausübung eines Vorkaufsrechts könnte weder obligatorische noch dingliche Wirkung gegen den Dritten (Erstkäufer, somit Meistbietenden und Ersteher) schaffen, somit auch keine Verpflichtung des Erstehers begründen, sein mit dem Zuschlag erworbenes Grundeigentum der Gemeinde zu übertragen[118]. Berücksichtigung eines gemeindlichen Vorkaufsrechts bleibt nach seiner gesetzlichen Ausgestaltung daher in allen Versteigerungsverfahren, auch in Verfahren nach § 175 und §§ 180–185, ausgeschlossen[118].

e) Das Vorkaufsrecht der **Gemeinde** nach § 3 des Maßnahmengesetzes zum BauGB idF vom 28. 4. 1993 (BGBl I 623) (gilt bis 31. Dez 1997) ist als gleichfalls entdinglichtes Vorkaufsrecht ebenso in allen Fällen der Zwangsversteigerung ausgeschlossen.

10.6 Wohnungeigentum: Der Verkauf einer öffentlich geförderten Mietwohnung (WoBindG § 2 b) und ebenso einer frei finanzierten Mietwohnung (BGB § 570 b) nach oder im Hinblick auf die Begründung von Wohnungseigentum berechtigt den Mieter zum Vorkauf. Für dieses schuldrechtliche Vorkaufsrecht stellt der Eigentumserwerb mit Zuschlag bei Vollstreckungs- und Konkursverwalterversteigerung (Rdn 10.1) keinen Vorkaufsfall dar (BGB § 512; allgemeiner[119]). Ausgeübt werden kann es bei Zwangsversteigerung zur Aufhebung einer Gemeinschaft (§ 180) und auf Erbenantrag (§ 175) (dazu Rdn 10.1). Die Ausübung begründet dann nur schuldrechtliche Verpflichtung; auf den Fortgang der Zwangsversteigerung bleibt sie ohne Einfluß (Rdn 10.1).

10.7 Ein (schuldrechtliches) Vorkaufsrecht des **Nutzers** (Begriff: SchuldRAnpG [BGBl 1994 I 2538 (2547)] § 4) eines Grundstücks im **Beitrittsgebiet** nach SchuldRAnpG § 57 begründet bei Vollstreckungs- und Konkursverwalterversteigerung (Rdn 10.1) keinen Vorkaufsfall (BGB § 512; zur Anwendung SchuldRAnpG § 57 Abs 6 Satz 3). Ausgeübt werden kann es bei Zwangsversteigerung zur Aufhebung einer Gemeinschaft (§ 180) und auf Erbenantrag (§ 175) (dazu Rdn 10.1). Die Ausübung begründet dann nur schuldrechtliche Verpflichtungen; auf den Fortgang der Zwangsversteigerung bleibt sie ohne Einfluß (Rdn 10.1).

10.8 Landesrechtliche gesetzliche **Vorkaufsrechte** (insbesondere nach Denkmalschutzgesetzen, nach Naturschutz- und Forstrecht) sind teils als nicht eingetragene dingliche Vorkaufsrechte ausgestaltet, vorwiegend aber entdinglicht. Letztere erlangen gleich dem Vorkaufsrecht nach Baugesetzbuch in der Zwangsversteigerung keine Bedeutung. Für dingliche Rechte gewährleistet BGB § 1098 Abs 2 Vormerkungsschutz bei Ausübung, die außerhalb des Versteigerungsverfahrens zu erfolgen hat. Nicht im Grundbuch eingetragene gesetzliche Vorkaufsrechte können Berechtigte anmelden; sie werden dadurch Beteiligte (§ 9). Wenn das Gericht bei den Bekanntmachungen nach § 66 solche Rechte mitteilt, haftet es nicht für Richtigkeit und Vollständigkeit.

10.9 Ankaufsrecht: Es behindert die Versteigerung nicht, weil es nur einen bedingten Kaufvertrag oder ein befristetes Verkaufsangebot darstellt.

11 Zubehör im Zuschlag

11.1 Wenn Zubehörstücke nach dem Schluß der Bietstunde von der Versteigerung ausgenommen werden, ist der **Zuschlag** für das gesamte Versteigerungsobjekt zu **versagen,** ausgenommen wenn der Meistbietende ausdrücklich darauf verzichtet, daß sich der Zuschlag auch auf diese Gegenstände erstrecke, auf die sich

---

[118] Stöber NJW 1988, 3121 (IV 6).
[119] AG Frankfurt MDR 1995, 145 = NJW 1995, 1034 = Rpfleger 1995, 350 mit Anm Langhein.

sein Zuschlagsanspruch erstreckt, wenn er sich also trotz bevorstehender teilweiser Zuschlagsversagung noch an sein Gebot gebunden hält[120].

11.2 Wenn Zubehör nicht in das Eigentum des Erstehers übergeht, sich aber auf dem Grundstück befindet, kann der Ersteher vom Zuschlag an von dem Eigentümer des Zubehörs **Lagerkosten** verlangen und ihn auffordern, es binnen angemessener Frist zu entfernen.

11.3 Zum Zubehör im übrigen § 33 Rdn 5, § 55 Rdn 3, § 82 Rdn 2.6.

[Wesentlicher Inhalt des Zuschlagsbeschlusses]

§ 82 **In dem Beschlusse, durch welchen der Zuschlag erteilt wird, sind das Grundstück, der Ersteher, das Gebot und die Versteigerungsbedingungen zu bezeichnen; auch sind im Falle des § 69 Abs 4 der Bürge unter Angabe der Höhe seiner Schuld und im Falle des § 81 Abs 4 der Meistbietende für mithaftend zu erklären.**

Allgemeines zu § 82   1

Zweck und **Anwendungsbereich:** Festlegung des Hauptinhalts des Zuschlagsbeschlusses. Die Vorschrift gilt für alle Versteigerungsverfahren des ZVG.

Ausdrücklicher Inhalt des Zuschlags   2

2.1 Die Entscheidung über den Zuschlag erfolgt durch **Beschluß**. Als **wesentlichen Inhalt,** der nicht fehlen darf, bezeichnet das Gesetz: die Zuschlagserteilung, das Grundstück, den Ersteher, das Gebot und die Versteigerungsbedingungen sowie die Mithaft des Bürgen im Falle des § 69 Abs 4 und die des Meistbietenden nach § 81 Abs 4 (bei Abtretung der Rechte oder verdeckter Vollmacht).

2.2 Das versteigerte Grundstück ist im Zuschlag genau zu bezeichnen. Es wird am sichersten übereinstimmend mit dem Grundbuch nach Gemarkung und Flurstücknummer sowie Wirtschaftsart und Größe nach dem amtlichen Verzeichnis angeführt. Eine davon abweichende Beschaffenheit (insbesondere Wirtschaftsart) wird zweckmäßig angeben (zB bebautes Grundstück statt Bauplatz). Dazu im ZVG-Handbuch Rdn 352.

2.3 Der Zuschlagsbeschluß muß die Tatsache des Zuschlags enthalten, auch wenn Ersteher der bisherige Eigentümer (Vollstreckungsschuldner) ist. Dabei muß der **Ersteher** genau bezeichnet werden. Als Ersteher ist zu nennen: der Meistbietende nach § 81 Abs 1 oder der Zessionar nach § 81 Abs 2 oder der verdeckte Vollmachtgeber nach § 81 Abs 3. In den beiden letztgenannten Fällen sind auch die Mithaftenden (§ 81 Abs 4) zu nennen. Bei mehreren Erstehern ist deren Bruchteilsverhältnis oder das für sie bestehende Gesamthandsverhältnis (zB Gütergemeinschaft) anzugeben.

2.4 Der Ersteher ist mit **Familiennamen,** Vornamen, Beruf, Wohnort und Wohnung anzugeben; das Geburtsdatum (vom Gericht rechtzeitig zu ermitteln) ist zu bezeichnen wo es bekannt ist (ist in das Grundbuch einzutragen; GBV § 15 Abs 1 Buchst b). Bei Körperschaften und Handelsunternehmen ist die genaue gesetzliche Bezeichnung anzugeben, unter Angabe der gesetzlichen Vertreter oder der zuständigen Behörde. Wurde für einen unter Testamentsvollstreckung oder Nachlaßverwaltung stehenden Nachlaß erworben, so sind die Erben mit einem Vermerk über Testamentsvollstreckung oder Nachlaßverwaltung anzugeben. Sind die Erben unbekannt, so sind Ersteher „die unbekannten Erben des am ... verstorbenen ..., gesetzlich vertreten durch ..."

---

[120] OLG Hamm JMBlNW 1967, 272 = JurBüro 1967, 1025 = MDR 1967, 773 Leitsatz = OLGZ 1967, 445.

§ 82 2.5 Entscheidung über den Zuschlag

2.5 Der Zuschlag muß das **Gebot** enthalten, also das bare Meistgebot bezeichnen, sowie die **Versteigerungsbedingungen**. Zu bezeichnen sind die im Versteigerungstermin festgestellten und verlesenen (besonderen) gesetzlichen und abweichenden Versteigerungsbedingungen. Weitere allgemeine gesetzliche Versteigerungsbedingungen (das Gericht darf nicht von den im Termin aufgestellten abweichen) müssen nicht zusätzlich aufgenommen werden (dazu auch ZVG-Handbuch Rdn 352), weil sie gelten, soweit im Zuschlag nichts Abweichendes festgelegt ist. Klarstellend empfiehlt sich aber der allgemeine Schlußsatz: „Im übrigen gelten die gesetzlichen Versteigerungsbedingungen". Sind im Zuschlagsbeschluß die im Termin aufgestellten und der Versteigerung zugrunde gelegten Bedingungen nicht angegeben, so kann nicht das Terminsprotokoll zur Ergänzung des Zuschlagsbeschlusses herangezogen werden[1]; es gelten vielmehr dann die gesetzlichen Versteigerungsbedingungen (zB die, daß das Bargebot mit 4% zu verzinsen sei), weil der Zuschlag ein staatlicher Hoheitsakt ist, der so gilt, wie er ausdrücklich lautet[2] (anders[3]: der Zuschlag sei nur die Annahme eines durch das Meistgebot gemachten Vertragsangebots und sei aus dem Protokoll gemäß Parteiwillen zu ergänzen; dies war die überholte und längst allgemein abgelehnte Vertragstheorie). Es sind immer alle **Besonderheiten** in den Beschluß aufzunehmen, so etwa das Erlöschen eines Altenteils, weil dieses sonst kraft Gesetzes bestehenbleibt (EGZVG § 9), oder die höhere Verzinsung des Bargebots (sonst nur 4%), etwa noch vorhandene Grundstücksrechte in Reichsmark mit Angabe des DM-Betrages. Die Angabe der **bestehenbleibenden Rechte** und Lasten ist an sich nicht ausdrücklich gesetzlich vorgeschrieben[4], aber § 82 sagt, daß die Versteigerungsbedingungen zu nennen seien und zu diesen gehören eben die genannten Rechte und Lasten; die Angabe ist auf jeden Fall nötig, um Mißverständnisse auszuschließen (anders[5]: nicht nötig, nur zu empfehlen). Man sollte wirklich nicht ein paar Sätze sparen, sondern den Beteiligten und auch dem Ersteher durch die genaue Aufzählung völlige Klarheit verschaffen.

2.6 Wenn Zubehör von der Versteigerung ausgeschlossen ist, muß das nicht im Zuschlagsbeschluß erwähnt werden (§ 55 Rdn 3). Bezeichnung aller von der Versteigerung ausgenommenen **Zubehörstücke** empfiehlt sich dennoch (zweckmäßig[6]), um keine Zweifel aufkommen zu lassen; bei Stücken, die vielleicht wesentliche Bestandteile sind, geschieht das zweckmäßig mit dem Zusatz „soweit rechtswirksam" (§ 55 Rdn 3.9).

2.7 Neben der **Mithaftung** aus § 81 Abs 4 ist im Falle einer Sicherheitsleistung durch Bürgschaft die Mithaft des Bürgen anzugeben, unter Angabe der Höhe seiner Schuld (§ 82 zweiter Halbsatz).

2.8 Wenn durch den Zuschlag ein **Einstellungsantrag** abgelehnt wird, ist das zweckmäßig mit anzugeben (§ 30 b Rdn 5.5, § 82 Rdn 5).

2.9 Ein Ausspruch über die **Kosten** ist üblich, aber nicht nötig, weil als gesetzliche Versteigerungsbedingung die Zuschlagskosten den Ersteher treffen (§ 58). Wenn ein Einstellungsantrag aus ZPO § 765 a zurückgewiesen wird, fallen die Kosten des Verfahrens über diesen Antrag dem Schuldner zur Last (Einl Rdn 60.1). Wenn sich dem Gläubiger ganz oder teilweise auferlegt werden (ZPO § 788 Abs 3), hat Kostenausspruch zu ergehen.

2.10 Soweit der Zuschlag trotz nachträglicher **Konkurseröffnung** über das Vermögen des Schuldners an diesen erteilt werden muß (§ 81 Rdn 3.4), wird über

---

[1] Dassler/Schiffhauer § 82 Rdn 17; Steiner/Storz § 82 Rdn 14.
[2] Motive zum ZVG, S 243, 260; RG 60, 48; Jaeckel/Güthe § 82 Rdn 5; Reinhard/Müller § 82 Anm III 4; König, Wesen des Zuschlags (1935), § 2.
[3] Wolff, ZVG, § 82 Anm 4, § 90 Anm 4 a.
[4] Schiffhauer Rpfleger 1975, 187 Fußnote 37.
[5] Mohrbutter/Drischler Muster 111 Anm 2; Schiffhauer Rpfleger 1975, 187 (V 2 und 4).
[6] RG 70, 399 und 127, 272.

Wesentlicher Inhalt des Zuschlagsbeschlusses 4.2 § 82

die Zugehörigkeit zur Konkursmasse nichts erwähnt, weil darüber nicht das Versteigerungsgericht zu entscheiden hat[7]. Es ist aber nicht unzweckmäßig, zu erwähnen, daß über das Vermögen des Erstehers am ... vom ... das Konkursverfahren eröffnet sei. Der Konkursverwalter gehört nicht in den Zuschlag[7] (ihm ist aber zuzustellen).

2.11 Wird ein Grundstück versteigert, dem eine **Grunddienstbarkeit** an einem fremden Grundstück zusteht (Vermerk hierüber bei der Terminsbestimmung, § 37 Rdn 2), so muß dies nicht unbedingt im Zuschlag erwähnt werden, weil ja alle wesentlichen Bestandteile (hierzu gehört die Grunddienstbarkeit) mit übergehen[8], man sollte es aber tun, da es immerhin etwas Besonderes ist.

2.12 Der Zuschlag muß **Datum und Unterschrift** dessen, der ihn erlassen hat, enthalten. Zum Inhalt im ZVG-Handbuch Rdn 352; Muster dort Rdn 347 und hier Rdn 5.

2.13 Die Tatsache der **Zuschlagsverkündung** muß im Protokoll enthalten sein. Auch die Uhrzeit der Verkündung wird man mit Rücksicht auf § 89 im Protokoll vermerken.

Begründung des Zuschlags 3

3.1 Eine Begründung ist für den Zuschlag im ZVG **nicht vorgeschrieben.** Beim Entwurf des ZVG ist man allerdings davon ausgegangen, daß das Gericht auch ohne Vorschrift hierüber seine Entscheidung in geeigneten Fällen mit Gründen versehen werde[9]. Die fehlende Begründung wird vielfach nicht als Verfahrensmangel angesehen[10], Begründung wird aber **doch empfohlen**[11] ([12]sie ist unerläßlich), wenigstens dort, wo im Rechtsmittelweg die Entscheidung nachgeprüft werden muß oder wenn es streitig ist, ob und auf welches von mehreren Geboten der Zuschlag zu erteilen ist (zB wegen §§ 63, 64) oder wenn ein Antrag aus § 74 a zurückgewiesen ist.

3.2 Nach den allgemeinen Grundsätzen über die Begründung gerichtlicher Entscheidungen (Einl Rdn 28) kann auch hier nicht von einer Begründung abgesehen werden. Sie kann in einfachen, unstreitigen (zweifelsfreien) Fällen kurz gehalten werden und in einen Hinweis auf gesetzliche Grundlagen und Folgen gekleidet, im übrigen erforderlichenfalls **auf besondere Punkte beschränkt** werden. Immer aber können die Beteiligten erwarten, daß das Gericht sich die Mühe macht zu sagen, warum in einer bestimmten Weise entschieden ist. Es ist der Öffentlichkeit unverständlich, welche Mühe manchmal darauf verwendet wird, festzustellen, daß eine Begründung nicht nötig sei, statt mit viel geringerem Aufwand eine knappe Begründung zu geben. Siehe hierzu Einl Rdn 28 und im ZVG-Handbuch Rdn 353.

Berichtigung des Zuschlags 4

4.1 Ein Zuschlagsbeschluß ist wie jede gerichtliche Entscheidung wegen offenbarer Unrichtigkeiten nach ZPO § 319 **berichtigungsfähig**[13]. Dazu Einl Rdn 29.

4.2 Es muß sich um eine **echte Berichtigung** handeln. Der Zuschlag darf nicht sachlich ergänzt werden[14]. Es darf nicht im Wege der Auslegung aus dem Proto-

---

[7] Grasse, Konkurs des Meistbietenden (1939), S 13, 14, 16.
[8] Schiffhauer Rpfleger 1975, 187 (V 2 und 4).
[9] Motive zum ZVG (1889) S 124.
[10] OLG Koblenz NJW 1955, 148 und 427 Leitsatz mit Anm Jansen; Jonas/Pohle, ZwVNotrecht, § 30 b Anm 5; Mohrbutter/Drischler Muster 111 Anm 2.
[11] OLG Koblenz aaO (Fußn 10).
[12] Dassler/Schiffhauer § 82 Rdn 9.
[13] RG 129, 155; OLG Hamm KTS 1977, 50 = NJW 1976, 1754 = OLGZ 1976, 489 = Rpfleger 1976, 146; Dassler/Schiffhauer § 82 Rdn 19; Osterloh, Berichtigung gerichtlicher Entscheidungen (1970), S 57.
[14] RG 129, 155.

§ 82 4.2   Entscheidung über den Zuschlag

koll etwas in ihn hineingetragen werden, was sich nicht aus ihm ergibt[15]. Ein solcher ergänzender Beschluß wäre, auch wenn er durch Rechtsmittel bestätigt würde, wirkungslos.

4.3 Der Zuschlagsbeschluß soll **aus sich verständlich** sein, er muß auch vollständig sein. Es erscheint bedenklich, ihn aus dem Protokoll zu erläutern (anders[16]: dies sei zulässig). Eine im Versteigerungstermin festgesetzte, im Zuschlagsbeschluß aber nicht enthaltene Versteigerungsbedingung darf nicht aus dem Protokoll verwertet werden[17] (dazu § 82 Rdn 2). Auch ein unrichtiger Zuschlagsbeschluß schafft Recht[18], kann aber nicht ein bisher nicht bestehendes dingliches Recht begründen und macht unter Umständen schadensersatzpflichtig.

4.4 Zur Berichtigung im ZVG-Handbuch Rdn 354.

5 Muster für Zuschlagsbeschluß

5.1 **Zuschlagsbeschluß** im Zwangsversteigerungsverfahren über das im Grundbuch des Amtsgerichts . . . für . . ., Band . . ., Blatt . . ., auf . . . als Eigentümer eingetragenen Grundstücks der Gemarkung . . ., Flurstücknummer . . .:
Das Grundstück, im Grundbuch beschrieben als . . ., wird zugeschlagen an . . . in . . ., . . ., geb am . . ., Beruf . . ., für den bar zu zahlenden Betrag von . . . DM (mit Worten: . . . Deutsche Mark) und unter folgenden Bedingungen:
Als Teil des geringsten Gebots bleiben folgende Belastungen bestehen: . . . Weitere Rechte und Belastungen, insbesondere das in Abteilung II des Grundbuchs unter Nr . . . eingetragene Altenteil für . . . bleiben nicht bestehen.
Vom Zuschlag sind folgende Gegenstände ausgenommen: . . .
Mit dieser Zuschlagserteilung wird gleichzeitig der vom Schuldner am . . . aus ZPO § 765 a gestellte Antrag auf Einstellung des Verfahrens aus dem Anordnungsbeschluß vom . . . (Gläubiger . . .) und aus dem Beitrittsbeschluß vom . . . (Gläubiger . . .) abgelehnt.
Die Kosten des Zuschlags trägt der Ersteher.
Im übrigen gelten die gesetzlichen Versteigerungsbedingungen.
Gründe:
Im Versteigerungstermin vom . . . ist der in der Beschlußformel Genannte Meistbietender geblieben. Alle Verfahrensvorschriften sind beachtet. Das Altenteil muß hier ausnahmsweise erlöschen, weil . . . Außerhalb des geringsten Gebots muß . . . bestehenbleiben, weil . . . Der Einstellungsantrag des Schuldner konnte nicht dazu führen, den Zuschlag zu versagen, weil . . . Zuschlagskosten treffen den Ersteher (ZVG § 58).
(Begründung so zu fassen, daß alle wichtigen Punkte auf Rechtsmittel zu überprüfen sind. Erklärungen, daß Eigentum übergeht, Mietverträge fortbestehen, Bargebote zu verzinsen ist, sind nicht nötig.)

5.2 Muster auch im ZVG-Handbuch Rdn 347.

[Zuschlagversagungsgründe]

83 Der Zuschlag ist zu versagen:

1. wenn die Vorschrift des § 43 Abs 2 oder eine der Vorschriften über die Feststellung des geringsten Gebots oder der Versteigerungsbedingungen verletzt ist;

---

[15] RG 153, 252; König, Wesen des Zuschlags (1935), S 103.
[16] König aaO (Fußn 15).
[17] RG 153, 252; Dassler/Schiffhauer § 82 Rdn 17.
[18] RG 153, 252.

Zuschlagversagungsgründe 2.5 § 83

2. wenn bei der Versteigerung mehrerer Grundstücke das Einzelausgebot oder das Gesamtausgebot den Vorschriften des § 63 Abs 1, Abs 2 Satz 1, Abs 5 zuwider unterblieben ist;
3. wenn in den Fällen des § 64 Abs 2 Satz 1, Abs 3 die Hypothek, Grundschuld oder Rentenschuld oder das Recht eines gleich- oder nachstehenden Beteiligten, der dem Gläubiger vorgeht, durch das Gesamtergebnis der Einzelausgebote nicht gedeckt werden;
4. wenn die nach der Aufforderung zur Abgabe von Geboten erfolgte Anmeldung oder Glaubhaftmachung eines Rechtes ohne Beachtung der Vorschrift des § 66 Abs 2 zurückgewiesen ist;
5. wenn der Zwangsversteigerung oder der Fortsetzung des Verfahrens das Recht eines Beteiligten entgegensteht;
6. wenn die Zwangsversteigerung oder die Fortsetzung des Verfahrens aus einem sonstigen Grunde unzulässig ist;
7. wenn eine der Vorschriften des § 43 Abs 1 oder des § 73 Abs 1 verletzt ist.

Allgemeines zu § 83   1

1.1 Zweck der Vorschrift: Zusammenstellung der dem Schutz der Beteiligten dienenden Vorschriften, deren Verletzung die Erteilung des Zuschlags ausschließt.
1.2 Anwendungsbereich: § 83 gilt für alle Versteigerungsverfahren des ZVG, soweit die einschlägigen Vorschriften dort jeweils zu beachten sind.

Gründe für Zuschlagsversagung   2

2.1 Der Zuschlag **muß** versagt werden, wenn eine derjenigen Vorschriften verletzt worden ist, die den Schutz der Beteiligten bezwecken. Die Verfahrensmängel, die Versagung des Zuschlags gebieten, stellt § 83 fest; die Vorschrift schließt ein Ermessen des Gerichts aus (Denkschrift S 54). Als Verfahrensmängel, bei denen der Zuschlag zu versagen ist, nennt § 83 in **Nrn 1– 5 heilbare** Mängel, die unter den Voraussetzungen von § 84 der Zuschlagserteilung nicht im Wege stehen (**relative** Versagungsgründe), und in **Nrn 6–7 unheilbare** Mängel, die auch in der Rechtsmittelinstanz von Amts wegen zu berücksichtigen sind (**absolute** Versagungsgründe).
2.2 Die **Aufzählung** in § 83 ist **nicht vollständig**. Zu den Versagungsgründen des § 83 kommen die Versagung bei Antrag auf erneute Versteigerung (§ 85) und die Versagung bei einem Meistgebot unter dem halben Grundstückswert (§ 85 a). Wenn sich das zugelassene Meistgebot bei Beschlußfassung über den Zuschlag (siehe § 79) als nicht wirksam erweist (§ 71), ist der Zuschlag zu versagen, weil es an dem erforderlichen Meistgebot (§ 81) fehlt. Diesen Versagungsgründen entsprechen die in § 100 Abs 1 dargestellten Gründe für die Beschwerde. Der Antrag auf Versagung des Zuschlags auf ein Gebot unter $^{7}/_{10}$ des Grundstückswerts (§ 74 a Abs 1) ist Versagungsgrund nach Nr 5 (dazu Rdn 2.9).
2.3 Wird ein gesetzlicher Versagungsgrund durch **Täuschung des Gerichts** absichtlich von einem Beteiligten geschaffen, so ist der Zuschlag aus diesem Grund nicht zu versagen, falls nur die Interessen des Täuschenden berührt werden und es sich nicht um einen absoluten Versagungsgrund handelt. Wenn das Gericht zwischen mehreren wirksamen Geboten zu entscheiden hat (zB Einzel-, Gruppen-, Gesamtmeistgebot), bringt die Zuschlagsformel nur den Zuschlag auf das vom Gericht für berechtigt angesehene Meistgebot; darin liegt gleichzeitig die Versagung für alle anderen; in den Gründen ist dies natürlich zu rechtfertigen.
2.4 Eine **Versagung** ist immer zu **begründen** (§ 82 Rdn 3).
2.5 Zur Zuschlagsversagung im ZVG-Handbuch Rdn 349.

3 Heilbare Verfahrensmängel

3.1 § 83 Nr. 1: a) Unter Nr 1 fällt die ganz unterlassene oder nicht rechtzeitige oder nicht formrichtige **Zustellung der Terminsbestimmung** an die Beteiligten (§ 43 Abs 2) oder eines Anordnungs-, Beitritts-, Fortsetzungsbeschlusses, auf Grund dessen die Versteigerung durchgeführt wird, an den Schuldner (§ 43 Abs 2). Zustellung an nicht prozeßfähige Schuldner = Versagungsgrund nach Nr 6.

b) Unter Nr 1 fällt die Verletzung von Vorschriften über die **Feststellung des geringsten Gebots** oder der **Versteigerungsbedingungen,** also der §§ 44–65. Verstöße dieser Art sind es: wenn das Meistgebot auf ein gesetzlich unzulässiges geringstes Gebot hin erfolgt; wenn wegen falscher Ansicht über den Rang ein dem betreibende Gläubiger vorgehender Anspruch nicht ins geringste Gebot aufgenommen ist oder ein nachgehender aufgenommen ist; wenn ein Zuzahlungsbetrag nach § 51 nicht oder unrichtig festgesetzt ist[1] (§ 51 Rdn 5.3); wenn vorgehende bedingte Ansprüche nicht entsprechend berücksichtigt sind; wenn wiederkehrende Nebenleistungen nach § 47 nicht richtig in Geld berechnet sind (anders[2]: § 47 sei nur eine Ordnungsvorschrift, deren Verletzung keinen Versagungsgrund nach Nr 1 darstellt; allerdings war in dem hier entschiedenen besonderen Fall das bare Meistgebot auf jeden Fall höher als es bei richtiger Berechnung nötig gewesen wäre; nur unter dieser Einschränkung kann man zustimmen[3]; dazu § 47 Rdn 2.5).
§ 74 a, damit „ordnungsgemäße" Wertfestzung, gehört als Verfahrensbestimmung nicht zu den Versteigerungsbedingungen (§ 74 a Rdn 9.10).

3.2 § 83 Nr. 2: Hierunter fällt nur, wenn das **Einzel- oder Gesamtausgebot** entgegen § 63 Abs 1, Abs 2 Satz 1, Abs 5 unterlassen wurde, nicht aber, wenn von einem nur möglichen Gesamtausgebot nach § 63 Abs 2 Satz 2 abgesehen wurde (§ 63 Rdn 3).

3.3 § 83 Nr. 3: Hierunter fällt nur, daß bei § **64 Abs 2 Satz 1** und **Abs 3** die **Deckungsvorschrift** nicht gewahrt ist: wenn nämlich der Gesamtgrundpfandrechtsgläubiger gemäß seinem Wahlrecht in § 64 Abs 2 das Ausgebot nach dieser Möglichkeit wählt (bei der Festsetzung des geringsten Gebots sind nur die seinem Anspruch vorgehenden Rechte berücksichtigt), so erlöschen die Gebote nach § 64 Abs 1 (Gesamtgrundpfandrecht verteilt auf die einzelnen Grundstücke nach dem Verhältnis der Grundstückswerte) und es ist zu prüfen, ob der Erlös beim Gesamtmeistgebot oder bei den Einzelmeistgeboten höher ist; ist er bei den Einzelmeistgeboten höher oder ist ein Gesamtmeistgebot nicht erfolgt, so muß der Zuschlag auf die Einzelmeistgebote versagt werden, wenn das Gesamtgrundpfandrecht **oder** das Recht eines gleich- oder nachstehenden, aber dem erstrangig betreibenden Gläubiger vorgehenden Beteiligten durch das Gesamtergebnis der Einzelmeistgebote nicht gedeckt wird; zu versagen ist dabei schon dann, wenn auch nur auf einem Grundstück ein zwischen dem verteilten Gesamtrecht und dem betreibenden Gläubiger stehendes Recht auch nur teilweise nicht gedeckt wird, falls dieses Recht nicht nach § 84 einwilligt. Ob so der Zuschlag nach Nr 3 zu versagen ist, kann regelmäßig erst auf Grund eines Doppelausgebots ersehen werden. Die Ausübung des Wahlrechts in § 64 Abs 2 enthält noch nicht die Genehmigung des § 84.

3.4 § 83 Nr. 4: Hierunter fällt nur, wenn der **Hinweis auf** die bevorstehende **Ausschließung** weiterer Anmeldungen nach § 66 Abs 2 unterblieben ist (§ 66 Rdn 8), trotzdem aber die weitere Anmeldung oder das Glaubhaftmachen eines Rechts zurückgewiesen worden ist.

3.5 § 83 Nr. 5: a) Nach der grundsätzlichen Abgrenzung der Versagungsgründe (Rdn 2.1) erfaßt Nr. 5 alle Gesetzesverletzungen, durch die „lediglich" **bestimmte**

---

[1] Schiffhauer Rpfleger 1975, 187 (II 5).
[2] LG Lübeck SchlHA 1973, 129.
[3] LG Frankfurt NJW-RR 1988, 1276 = Rpfleger 1988, 494.

Zuschlagversagungsgründe 4.1 § 83

Rechte betroffen werden, bei denen somit der durch die Gesetzesverletzung Beeinträchtigte und der mögliche Umfang seiner Beeinträchtigung **feststehen**. Wenn durch einen Verfahrensverstoß lediglich Rechte eines (mehrerer, aber bestimmter) Beteiligten (§ 9) betroffen werden, steht dessen (deren) Recht der Zwangsversteigerung oder der Fortsetzung des Verfahrens entgegen. Das ist der Fall, wenn Aufhebung oder Einstellung des Verfahrens (ganz oder teilweise) nach § 28 oder deshalb erfolgen muß, weil wegen des entgegenstehenden Rechts eines Beteiligten (§ 9; erforderlichenfalls ist somit Anmeldung nach § 9 Nr 2 nötig) die Aufhebung oder einstweilige Einstellung des Verfahrens rechtzeitig herbeigeführt worden ist (§ 37 Nr 5). Hierunter fällt etwa, daß ein Einstellungs- oder Aufhebungsbeschluß über ein Zubehörstück nach Versteigerungsschluß vorgelegt wird; dann kann der Zuschlag nur erteilt werden, wie in § 33 Rdn 2, 5, § 55 Rdn 3 ausgeführt. Wenn Einstellung oder Verfahrensaufhebung entgegen § 37 Nr 5 nicht vor der Zuschlagsentscheidung erwirkt sind, kann der Zuschlag nicht nach Nr 5 angefochten werden.

b) Ein unter Nr 5 fallender Verfahrensverstoß ist auch die **unrichtige Wertfestsetzung** (§ 74 a Rdn 9.11) (soweit nicht mit Rechtskraft Berufung auf die Unrichtigkeit ausgeschlossen ist, § 74 a Abs 5 Satz 4), auch dann, wenn das Gericht eine notwendige Wertfestsetzung überhaupt unterlassen oder die notwendige Überprüfung des rechtskräftigen Wertes nicht vorgenommen hat (§ 74 a Rdn 7.20).

c) Versagungsgrund nach Nr 5 ist schließlich der begründete Antrag eines dazu Berechtigten auf Versagung des Zuschlags auf ein **Meistgebot unter** $^{7}/_{10}$ des Grundstückswertes (§ 74 a Abs 1); der Fortsetzung des Verfahrens steht nur das Recht dieses Antragstellers entgegen.

Nicht heilbare Versagungsgründe 4

4.1 § 83 Nr. 6: a) Nach der grundsätzlichen Abgrenzung der Versagungsgründe (Rdn 2.1) erfaßt Nr. 6 alle Gesetzesverletzungen, bei denen es **ungewiß** ist, wie weit sich ihre Wirkung erstreckt (Denkschrift S 54). Weil sich bei ihnen der „Umfang der Beeinträchtigung, welche ... den Rechten Beteiligter droht, nicht mit Sicherheit übersehen läßt, so muß ... stets die Versagung des Zuschlags erfolgen" (Denkschrift S 54). Dazu gehören Verstöße gegen die Voraussetzungen der Zwangsvollstreckung als Erfordernisse der Verfahrensanordnung und -durchführung und alle Hinderungsgründe, die den Fortgang der Zwangsvollstreckung aufhalten, somit die Schuldnerinteressen wahrenden gesetzlichen Einstellungs- und Aufhebungsgründe. Nr 6 erfaßt damit alle Fälle, in denen das Verfahren bei richtiger Behandlung gar nicht angeordnet werden durfte (kein Anordnungsbeschluß, kein Beitrittsbeschluß) oder nicht fortgesetzt werden durfte oder ausdrücklich eingestellt oder aufgehoben werden mußte.

b) Hierunter fällt es, wenn das Gericht **unzuständig** ist (§ 1).

c) Hierunter fällt es, wenn **Vollstreckungsvoraussetzungen** fehlen (Titel, Zustellung usw) (Anm zu § 15) wie zB dann, wenn nach Freigabe des Grundstücks aus der Konkursmasse mit dem gegen den Konkursverwalter lautenden Vollstreckungstitel Anordnungs-/Beitrittsbeschluß gegen den Schuldner ergangen ist[4].

d) Hierunter fällt die **Antragsrücknahme** nach § 29 (Anm zu § 29).

e) Hierunter fällt **Einstellung** oder Versagung nach §§ 30, 31, 75, 76 (jeweils dort und § 33 Rdn 2, 3, 5) oder nach der ZPO (Einl Rdn 31).

f) Hierunter fallen Verstöße gegen das **Bahnunternehmensgesetz** (§ 15 Rdn 12) (fehlende Genehmigung der Aufsichtsbehörde), gegen das Binnenschiffahrtsvollstreckungsschutzgesetz (§ 74 a Rdn 2.4) (Mindestgebot nicht erreicht), Ver-

---

[4] OLG Hamm OLGZ 1985, 218 = Rpfleger 1985, 310.

§ 83 4.1 Entscheidung über den Zuschlag

stöße gegen **Erbbaurechtsvorschriften** (§ 15 Rdn 13) (fehlende Zustimmung des Grundstückseigentümers), Verstöße gegen das Reichsheimstättenrecht (§ 15 Rdn 31) (unzulässige Vollstreckung).

g) Hierunter fällt es, wenn der Schuldner **prozeß- oder parteiunfähig** ist, dabei Titel und Beschlüsse nicht richtig zugestellt sind (Einl Rdn 44, § 15 Rdn 39, 40).

h) Hierunter fällt die Enteignung oder der Untergang des Grundstücks (§ 56 Rdn 2.2 und 2.3). Untergegangen ist das Grundstück auch, wenn vor dem Versteigerungstermin noch im Grundbuch die Aufteilung in Wohnungseigentumseinheiten eingetragen wurde (mit Zustimmung der betreibenden Gläubiger, ohne diese unwirksam) und so jetzt ein anderes Objekt, nicht das Grundstück, zu versteigern ist, mit anderen Werten, anderer Ausschreibung.

i) Hierunter fällt es, wenn die **Befriedigung** des betreibenden Gläubigers vor der Zuschlagsentscheidung nachgewiesen ist.

k) Hierunter fällt unter Umständen eine falsch gehende **Gerichtssaaluhr,** wenn ein Beteiligter nach dieser Uhr, nicht aber nach der richtigen Uhrzeit, verspätet erscheint und noch einen einschlägigen Antrag zu der schon zu Unrecht erfolgten Zuschlagsverkündung abgeben will[5].

l) Hierunter fallen vor allem auch mögliche Maßnahmen nach **ZPO § 765 a,** wenn nämlich einschlägiger Antrag des Schuldners wegen drohender Verschleuderung in der Zuschlagsentscheidung zu entscheiden war, aber nicht beachtet oder unbegründet abgelehnt wird (Einl Rdn 58)[6].

m) Hierunter fällt **Verfassungsverletzung** mit Verfahrensgestaltung, die Garantiefunktionen des Grundgesetzes (Einl Rdn 7) außer acht läßt, wie Verstoß gegen die Hinweis- und Belehrungspflicht des Vollstreckungsgerichts[7] (auch[8] für den Fall, daß ein nachrangig betreibender Gläubiger unzutreffend, § 33 Rdn 3.4 zu b, davon ausging, daß er durch Ablösung des in Rangklasse 3 vollstreckenden Gläubigers nach Einstellung dieses Einzelverfahrens den Zuschlag vereitle), auch gegenüber schutzbedürftigen Bietinteressenten (unterlassener Hinweis auf bekannte Unrichtigkeit des Wertgutachtens[9]), Verletzung des effektiven Rechtsschutzes oder des Anspruchs auf faire Verfahrensdurchführung[10] und andere Grundrechtsverstöße[11]. Wenn von einem Verfassungsverstoß mit Verfahrensgestaltung nur ein einzelner Beteiligter (§ 9; zB nur der vollstreckende Gläubiger) betroffen ist, ist der Verfahrensmangel (heilbarer) Versagungsgrund nach Nr 5.

n) Ein Versagungsgrund nach Nr 6 ist **nicht** gegeben, wenn (hinsichtlich des nach § 44 bestbetreibenden Gläubigers) ein Hinweis an den Schuldner auf sein Recht zur Stellung des Einstellungsantrags (§ 30 b) (etwa nur versehentlich) unterblieben ist (anders[12]). Verstoß gegen die Vorschrift des § 30 b Abs 4 berührt die Wirksamkeit der Terminsbestimmung (§ 30 b Rdn 11) und ebenso die des weiteren Versteigerungsverfahrens nicht. Einstellungsantrag kann dann bis zur Erteilung des Zuschlags gestellt und mit Zuschlagsbeschwerde weiter verfolgt werden. Die Zustellung der hinweisenden Verfügung nach § 30 b soll das Antragsrecht befristen und

---

[5] OLG Frankfurt JurBüro 1976, 533 mit zust Anm Mümmler.
[6] OLG Hamm Rpfleger 1960, 410; OLG Karlsruhe BWNotZ 1967, 318 Leitsatz; OLG München BayJMBl 1954, 273 = NJW 1955, 149 Leitsatz; OLG Nürnberg NJW 1954, 722; Anheier NJW 1956, 1668; Mohrbutter Rpfleger 1967, 102 (4).
[7] BVerfG (Kammerbeschluß) Rpfleger 1993, 32 mit Anm Hintzen; OLG Koblenz ZIP 1987, 1531 (1534); OLG Zweibrücken Rpfleger 1978, 108 mit zust Anm Vollkommer; OLG Celle Rpfleger 1979, 470; SchlHA 1979, 215.
[8] LG Waldshut-Tiengen Rpfleger 1986, 102.
[9] OLG Oldenburg JurBüro 1989, 1176 = Rpfleger 1989, 381.
[10] OLG Celle KTS 1979, 320 = NdsRpfl 1979, 34 = Rpfleger 1979, 116; OLG Düsseldorf OLGZ 1994, 508 = Rpfleger 1994, 429; LG Heilbronn Rpfleger 1996, 79.
[11] LG Kaiserslautern Rpfleger 1964, 120 mit zust Anm Stöber.
[12] Schiffhauer Rpfleger 1983, 256 (Anmerkung).

Zuschlagversagungsgründe 4.2 § 83

bewirken, daß das Einstellungsverfahren sogleich nach Beschlagnahme beantragt und durchgeführt wird; damit sollen Verfahrensverzögerungen vermieden werden (§ 30 b Rdn 10.3). Als „Verfahrensverstoß", der das Antragsrecht des Schuldners zeitlich nicht beschränkt und damit bis zur Erteilung des Zuschlags nicht beeinträchtigt, kann Unterlassung der Zustellung des Hinweises nicht als Verfahrensverletzung angesehen werden, die Garantiefunktionen des Grundgesetzes außer acht läßt. Der Schuldner findet im Versteigerungsverfahren zeitlich und mit Zustellung der Verfahrensmaßnahmen (insbesondere der Terminsbestimmung) sachlich vielfach Gelegenheit zur Antragstellung. Schutz von Amts wegen[13] und ebenso Belehrung über das Antragserfordernis gehören nicht zum Wesen des Vollstreckungsschutzes; verfassungskonforme Verfahrensgestaltung gebietet Antragsbelehrung nicht. Das zeigt schon der umfassendere Schuldnerschutz, den ZPO § 765 a gewährleistet, für dessen Wahrung eine Antragsbelehrung jedoch weder vorgesehen noch (zutreffend) aus rechtsstaatlichen Erwägungen (irgendwie) gefordert wird. Weder die verfahrensrechtlich vorgesehene Hinweispflicht des § 30 b noch die einfachrechtliche Aufklärungspflicht des Gerichts können so weit reichen, daß Verletzung sogleich als Verfassungsverstoß den Verfahrensfortgang nach Nr 6 als unzulässig hindern würde. Wollte man dennoch in dem unterlassenen Hinweis ein Verfahrenshindernis erblicken, so wäre nur der Schuldner als Beteiligter (§ 9) einzeln betroffen; für alle anderen Beteiligten besteht kein Recht, das der Schuldner Abwendung der Grundstücksversteigerung mit Vollstreckungsschutz beantragt und ihm dafür eine Antragsfrist gestellt wird. Dann wäre der Verfahrensmangel somit nur (heilbarer) Verfahrensverstoß nach Nr 5. Daher wäre dann vom Beschwerdegericht der Versagungsgrund nicht nach § 100 Abs 3 von Amts wegen zu berücksichtigen (das übersieht[14]).

4.2 § 83 Nr. 7: a) Hierunter fällt die nicht rechtzeitige oder nicht richtige oder nur unvollständige **Terminsveröffentlichung** im Amtsblatt entgegen § 39 Abs 1, § 43 Abs 1. Als Verstoß genügt es schon, wenn die in § 37 vorgeschriebenen Angaben unvollständig oder unrichtig sind[15] oder ein unrichtiger Hinweis auf eine Bietgenehmigung gebracht wurde[16]. Nach[17] ist es auch ein Verstoß, wenn ein als unbebaut ausgeschriebenes Grundstück tatsächlich bebaut ist (nach Lage des Falles zu entscheiden).

b) Hierunter fällt die Nichteinhaltung der **Bietstunde** entgegen § 73 Abs 1 als Mindestfrist zu einer vollen Stunde oder daß sie nicht so lange durchgeführt wurde, bis trotz der Aufforderung des Gerichts nicht mehr geboten wurde, wobei die einschlägigen Vorgänge sich aus dem Protokoll ergeben müssen (§§ 78, 80), insbesondere die nochmalige Aufforderung vor dem Versteigerungsschluß[18]. Die Vorschrift sichert eine Mindestfrist, verhindert ihre Unterschreitung, aber nicht ihre Überschreitung[19]. Die nichteingehaltene Bietstunde kann auch darauf beruhen, daß etwa der Schuldner – oder ein Dritter – mit Drohungen oder Waffengewalt oder mit Beschimpfungen die Anwesenden vom Bieten abhielt oder die Saaltüre versperrte oder eine Rauferei anzettelte, wenn auf diese Weise das Bieten zeitweise unmöglich war, die Bietstunde aber nicht um die Zeit der Störung verlängert wurde[20]; Versagungsgrund ist hier nicht die Störung, sondern die nichteingehaltene Bietstunde. Eine Verletzung des § 73 Abs 1 liegt aber nicht vor, wenn der

---

[13] BVerfG 61, 126 (137) = MDR 1983, 188 = NJW 1983, 559 = Rpfleger 1983, 80.
[14] Schiffhauer Rpfleger 1983, 256 (Anmerkung).
[15] LG Kaiserslautern aaO (Fußn 11).
[16] OLG Düsseldorf MDR 1956, 113; OLG Koblenz Rpfleger 1957, 253.
[17] LG Kaiserslautern aaO (Fußn 11).
[18] LG Traunstein MDR 1955, 48 Leitsatz m. Anm Schriftleit (berichtet MDR 1955, 117).
[19] LG Lübeck SchlHA 1955, 99.
[20] OLG Karlsruhe OLGZ 1994, 107 (108) = Rpfleger 1993, 413.

§ 83 4.2 Entscheidung über den Zuschlag

Schuldner — oder für ihn ein Dritter — Interessenten durch Geldzuwendungen dazu bringt, der Versteigerung fernzubleiben oder nicht mitzubieten[20] (dazu § 71 Rdn 8.8). Keine Unterbrechung erfolgt durch Belehrungen (Näheres § 73 Rdn 2).

[Heilung von Verfahrensmängeln des § 83]

84 (1) **Die im § 83 Nr 1 bis 5 bezeichneten Versagungsgründe stehen der Erteilung des Zuschlags nicht entgegen, wenn das Recht des Beteiligten durch den Zuschlag nicht beeinträchtigt wird oder wenn der Beteiligte das Verfahren genehmigt.**

(2) **Die Genehmigung ist durch eine öffentlich beglaubigte Urkunde nachzuweisen.**

1 Allgemeines zu § 84

1.1 Zweck der Vorschrift: Beschränkung der Versagungsgründe der Nummern 1–5 des § 83. Sie bleiben im Interesse der anderen Beteiligten bei der Erteilung des Zuschlags außer Betracht, wenn entweder das betroffene Recht durch das Meistgebot gedeckt, der Berechtigte also nicht beeinträchtigt ist (Rdn 2) oder wenn der Beeinträchtigte Beteiligte das Verfahren genehmigt (Rdn 3).

1.2 Anwendungsbereich: § 84 gilt für alle Versteigerungsverfahren des ZVG, soweit die einschlägigen Vorschriften bei ihnen zu beachten sind.

2 Versagung des Zuschlags nur bei Beeinträchtigung

2.1 Die in § 83 Nr 1–5 genannten Verfahrensverstöße, auf die hin an sich der Zuschlag zu versagen wäre, **können heilen** und gestatten einen Zuschlag trotz des Verstoßes, „wenn das Recht des Beteiligten durch den Zuschlag **nicht beeinträchtigt** wird": Abs 1. Daß das betroffene Recht nicht beeinträchtigt wird, muß sicher feststehen.

2.2 Für den Ausschluß der Heilung genügt schon die **Möglichkeit** einer Beeinträchtigung[1]. Eine Beeinträchtigung liegt immer vor: wenn das Recht (der Anspruch) durch das Meistgebot nicht voll gedeckt ist, der Beteiligte somit ganz oder teilweise ausfallen würde; oder wenn ein Beteiligter, dessen Recht bei richtiger Behandlung bestehenbleiben würde, sich Barzahlung gefallen lassen muß[2]; oder wenn ein Beteiligter, der Barzahlung beansprucht hätte, das Bestehenbleiben des Rechts in Kauf nehmen müßte; oder wenn ein Vorrecht nach § 37 Nr 5 trotz rechtzeitiger Vorlage eines Einstellungsbeschlusses nicht beachtet und damit auf den Versteigerungserlös statt auf den Gegenstand selbst verwiesen wird; oder wenn das betreibende Recht bestehenbleibt statt zu erlöschen. Dabei genügt es auch, daß die Unrichtigkeit des geringsten Gebots erst nachträglich durch Einstellungsbewilligung oder Antragsrücknahme des bisher bestrangig betreibenden Gläubigers eingetreten ist.

2.3 Eine Beeinträchtigung **liegt nicht vor:** wenn der Anspruch des betroffenen Beteiligten trotz fehlerhafter Nichtberücksichtigung im geringsten Gebot durch das Meistgebot (in der richtigen Form, Rdn 2.2) gedeckt ist (siehe § 33 Rdn 3.4); oder wenn ein Beteiligter durch den Verfahrensmangel nicht in seinem dinglichen Recht betroffen wird, sondern in anderen Rechtsbeziehungen, zB als Bürge eines anderen Rechts; oder wenn bei Abänderung der Versteigerungsbedingungen unter Verstoß gegen § 59 der (nachrangige) Beteiligte auch sonst (bei Versteigerung zu den gesetzlichen Bedingungen) (sicher) keinerlei Anspruch auf Befriedigung er-

---

[1] OLG Celle NdsRpfl 1956, 33 = WM 1955, 1682.
[2] AG Bamberg Rpfleger 1968, 98.

Heilung von Verfahrensmängeln des § 83   3.1 § 84

langt hätte[3] (der Ausfall des Beteiligten somit sicher nicht durch den Verfahrensmangel verursacht ist); oder wenn der Rechtsnachteil eines Beteiligten sonst nicht durch den Verfahrensmangel verursacht ist; oder wenn ein Beteiligter nach § 43 Abs 2 die Terminsbestimmung nicht rechtzeitig zugestellt erhielt, aber doch vier Wochen vor dem Termin zuverlässige Kenntnis von ihr erhalten hat, oder beim Ersteher durch die unrichtige Berechnung des geringsten Gebots. Ist der Gläubiger der ersten Hypothek Bürge bei der zweiten und droht dieser durch einen Verfahrensmangel ein Ausfall, genehmigt aber der zweite Gläubiger, so ist der Rechtsnachteil des ersten (als Bürge) keine Beeinträchtigung im Sinne des Abs 1.

2.4 a) Der **Schuldner** wird immer beeinträchtigt: wenn ihm bei richtiger Aufstellung des geringsten Gebots das Grundstück erhalten geblieben wäre[4]; oder wenn in diesem Fall ein höheres Gebot erzielt worden wäre; oder wenn an ihm weniger lästiger Gläubiger befriedigt wird, aber ein lästigerer nicht.

b) Mit Ausnahme von § 83 Nr 4 und von verspäteter Zustellung an einen anderen Beteiligten ist der Schuldner stets beeinträchtigt: bei Nr 1 und 2 des § 83, weil bei richtigem Verfahren entweder ein höheres Gebot oder kein wirksames abgegeben worden wäre; bei Nr 3 des § 83 durch die Fortdauer der persönlichen Haftung für das nicht gedeckte Recht; bei Nr 5 des § 83, weil es bei richtigem Verfahren nicht zur Versteigerung gekommen wäre.

c) Auch hier muß das Gericht immer **positiv feststellen,** daß eine Beeinträchtigung nicht vorliegt, zB bei Nr 5, wenn das entgegenstehende Recht sich auf ein Zubehörstück bezieht und dieses vom Zuschlag ausgenommen wird, bei Nr 3, wenn der Schuldner für das nicht gedeckte Recht nicht persönlich haftet, bei Nr 2, wenn nach den Umständen mit Sicherheit anzunehmen ist, daß auf das unterlassene Einzel- oder Gesamtausgebot ein höheres Meistgebot als das erzielte nicht abgegeben worden wäre, bei Nr 1, wenn der Schuldner trotz fehlerhafter Zustellung rechtzeitig Kenntnis vom Inhalt des Beschlusses oder der Beschlüsse hatte oder wenn der nicht zum Termin geladene Beteiligte offensichtlich das Ergebnis nicht beeinflußt hätte oder wenn die fehlerhafte Feststellung der Versteigerungsbedingungen seine persönliche Haftung nicht berührt.

d) Bei **nachträglicher Unrichtigkeit** des geringsten Gebots durch Einstellungsbewilligung oder Antragsrücknahme des bestrangig betreibenden Gläubigers ist der Schuldner ausnahmsweise als nicht beeinträchtigt anzusehen, wenn nach Sachlage, insbesondere bei einer im Verhältnis zum Meistgebot geringfügigen Verschiebung des geringsten Gebots mit an Sicherheit grenzender Wahrscheinlichkeit anzunehmen ist, daß die Versteigerung bei richtiger Feststellung zum gleichen Ergebnis geführt hätte und wenn der Schuldner auch nicht behaupten kann, daß ihm die Befriedigung des noch betreibenden Gläubigers nach dem Wegfall des besserrangigen gemäß § 75 möglich gewesen wäre. Sonst führt die nachträgliche Unrichtigkeit des geringsten Gebots in der Regel zur Zuschlagsversagung, wenn das Recht eines Gläubigers beeinträchtigt ist oder die Änderung des geringsten Gebots ein anderes Versteigerungsergebnis als nicht ausgeschlossen erscheinen läßt; dazu im übrigen § 33 Rdn 3.

Zuschlagserteilung bei Genehmigung des Beeinträchtigten   3

3.1 Die Verfahrensmängel nach § 83 Nr 1–5 sind auch heilbar, wenn der von dem Mangel betroffene Beteiligte das Verfahren genehmigt: Abs 1. Diese **Genehmigung** ist durch eine öffentlich beglaubigte Urkunde **nachzuweisen**: Abs 2. Dazu genügt auch eine Erklärung zu Protokoll des Gerichts, nicht aber zu Niederschrift des Urkundsbeamten der Geschäftsstelle. Genehmigen kann auch der Prozeßbevollmächtigte des Beeinträchtigten, ohne daß dieser hierzu eine öffentlich

---

[3] OLG Stuttgart Justiz 1988, 129 = Rpfleger 1988, 200.
[4] OLG Celle aaO (Fußn 1); Dassler/Schiffhauer § 84 Rdn 3; Jaeckel/Güthe § 84 Rdn 5.

§ 84 3.1 Entscheidung über den Zuschlag

beglaubigte Vollmacht benötigen würde. Der gesetzliche Vertreter bedarf dazu nicht der Genehmigung des Vormundschaftsgerichts.

3.2 Die Genehmigung ist **nicht widerruflich**[5]. Sie kann nur bis unmittelbar vor der Verkündung der Zuschlagsentscheidung gegeben werden[6] und sie kann auch im Rechtsmittelverfahren nicht nachgeholt werden[7]. Sie muß ausdrücklich erfolgen, stillschweigend ist sie angesichts der zwingenden Formvorschriften nicht möglich[8]. Man kann aber auf die Genehmigung schließen, wenn sie aus anderen (formgerechten) Erklärungen abgeleitet werden kann[9], wie aus einem Antrag auf Erteilung des Zuschlags (§ 74 Rdn 2.3). Ein unterlassener Widerspruch ist keine Genehmigung.

[Antrag auf Zuschlagsversagung mit neuer Versteigerung]

85 (1) **Der Zuschlag ist zu versagen, wenn vor dem Schlusse der Verhandlung ein Beteiligter, dessen Recht durch den Zuschlag beeinträchtigt werden würde und der nicht zu den Berechtigten des § 74 a Abs 1 gehört, die Bestimmung eines neuen Versteigerungstermins beantragt und sich zugleich zum Ersatze des durch die Versagung des Zuschlages entstehenden Schadens verpflichtet, auch auf Verlangen eines anderen Beteiligten Sicherheit leistet. Die Vorschriften des § 67 Abs 3 und des § 69 sind entsprechend anzuwenden. Die Sicherheit ist in Höhe des im Verteilungstermin durch Zahlung zu berichtigenden Teils des bisherigen Meistgebots zu leisten.**

(2) **Die neue Terminsbestimmung ist auch dem Meistbietenden zuzustellen.**

(3) **Für die weitere Versteigerung gilt das bisherige Meistgebot mit Zinsen von dem durch Zahlung berichtigenden Teile des Meistgebots unter Hinzurechnung derjenigen Mehrkosten, welche aus dem Versteigerungserlöse zu entnehmen sind, als ein von dem Beteiligten abgegebenes Gebot.**

(4) **In dem fortgesetzten Verfahren findet die Vorschrift des Absatzes 1 keine Anwendung.**

1 Allgemeines zu § 85

1.1 Zweck der Vorschrift: Gewährung eines Antragsrechts für Beteiligte, die nicht zu den nach § 74 a Abs 1 Berechtigten gehören, durch den Zuschlag aber beeinträchtigt würden. Sie können unter bestimmten Voraussetzungen verlangen, daß der Zuschlag versagt und mit wiederholter Versteigerung des Grundstücks in einem neuen Termin Erzielung eines höheren Erlöses versucht wird.

1.2 Anwendungsbereich: Die Vorschrift gilt für alle Versteigerungsverfahren. Sie ist auch in der Teilungsversteigerung anwendbar. Über ihr Verhältnis zu § 74 a siehe § 74 a Rdn 11.

2 Antrag auf Zuschlagsversagung außerhalb des § 74 a (Absatz 1)

2.1 Antragsberechtigt nach § 85 ist nur ein Beteiligter, dessen Recht durch den Zuschlag beeinträchtigt werden würde, der aber nicht zu den Antragsberech-

---

[5] Dassler/Schiffhauer § 84 Rdn 7; Mohrbutter/Drischler Muster 38 Anm 2; Steiner/Storz § 84 Rdn 16.
[6] Mohrbutter/Drischler Muster 113 Anm 10.
[7] Jaeckel/Güthe § 84 Rdn 8; Steiner/Storz § 84 Rdn 16; Mohrbutter/Drischler Muster 113 Anm 10.
[8] Steiner/Storz § 84 Rdn 16.
[9] Jaeckel/Güthe § 84 Rdn 4; Mohrbutter/Drischler Muster 38 Anm 2.

tigten aus § 74 a Abs 1 gehört: Abs 1. Die beiden Möglichkeiten nach § 74 a und § 85 können also nicht in derselben Person zusammentreffen, wohl aber im selben Verfahren. Die Vorschriften sind voneinander unabhängig und schließen sich gegenseitig nicht aus (nur für dieselbe Person); dazu § 74 a Rdn 11. Darüber, wie die Beeinträchtigung berechnet wird, § 67 Rdn 2. Antragsberechtigt ist wegen Abs 3 nur, wer ein wirksames Gebot abgeben kann. Dazu gehört (anders als bei § 74 a) auch der Vollstreckungsschuldner, weil sein Recht beeinträchtigt wird, wenn der wahre Grundstückswert nicht erreicht wird. Antragsberechtigt sind auch Mieter, die bessere Rechte anstreben. Für die Berechnung ist der nach § 74 a festgesetzte Grundstückswert zugrunde zu legen.

2.2 Der Antrag aus § 85 kann erst **nach Schluß der Bietstunde** gestellt werden, weil erst dann feststeht, ob der Antragsteller durch den Zuschlag auf das Meistgebot beeinträchtigt würde, aber nur bis zum Schluß der Verhandlung über den Zuschlag (Abs 1 Satz 1), nicht mehr also im Verkündungstermin. Wird er durch einen Bevollmächtigten gestellt, so benötigt dieser, weil der Antrag einem abgegebenen Gebot gleichsteht (Abs 3), sofort bei seinem Antrag eine öffentlich beglaubigte **Bietvollmacht** (Prozeßvollmacht genügt hier nicht[1]), falls diese nicht bei Gericht offenkundig ist (§ 71 Abs 2). Nach dem Antrag, zB im Rechtsmittelverfahren, kann sie nicht nachgebracht werden. Ein Vormund (Pfleger oder Betreuer) und jetzt auch Eltern brauchen außerdem infolge der damit verbundenen Übernahme einer Schadensersatzverpflichtung die vormundschaftsgerichtliche **Genehmigung**[2]. Der Antrag kann **nicht zurückgenommen** werden[3] (weil er ja als Gebot gilt, das auch nicht zurückgenommen werden kann).

2.3 Aus § 85 darf der Zuschlag nur versagt und neuer Termin nur angesetzt werden, wenn drei Voraussetzungen erfüllt sind:

a) Ein dazu **Berechtigter,** dessen Recht durch den Zuschlag auf das Meistgebot beeinträchtigt würde, muß rechtzeitig dies **beantragt** haben (Rdn 2.1, 2.2).

b) Der Antragsteller muß sich zum **Ersatz des** durch die Versagung des Zuschlags entstehenden **Schadens** verpflichten: Abs 1 Satz 1. Dies ist schriftlich oder zu Protokoll des Gerichts (im Termin) möglich. Öffentlich beglaubigte Urkunde ist hierfür nicht vorgeschrieben (anders[4]; erforderlich jedoch nur für die Vollmacht dazu). Der Schadensersatz besteht darin, daß das bisherige Meistgebot samt Zinsen des Bargebots (§ 49 Abs 2) und samt den Mehrkosten (neue Ausschreibung, neue Zustellungen) im neuen Termin als vom Antragsteller abgegebenes Gebot gilt (Abs 3) und von ihm erfüllt werden muß, wenn ihn im neuen Versteigerungstermin kein anderer überbietet.

c) Außerdem muß der Antragsteller auf Antrag eines anderen Beteiligten (jedes Beteiligten nach § 9) **Sicherheit leisten:** Abs 1 Satz 1. Der Antrag auf Sicherheitsleistung muß nicht sofort, kann aber, wie der Versagungsantrag, nur bis zum Schluß der Verhandlung über den Zuschlag gestellt werden. Antragsberechtigt sind alle anderen Beteiligten, auch der Schuldner, Beteiligte aber nicht, wenn sie bei dem fingierten Meistgebot des Antragstellers (Rdn 4.2) voll ausfallen würden[5] (anders[6]: Beteiligte auch bei Ausfall). Die Sicherheit ist bis zur Verkündung der Entscheidung über den Zuschlag zu leisten, kann somit auch noch im Verkündungstermin geleistet werden (§ 70 Abs 2 ist nicht für anwendbar erklärt). Von Sicherheit befreit sind auch hier die in § 67 Abs 3 oder landesrechtlich Befreiten: Abs 1 Satz 2. Sicherheit ist auch hier zu leisten in Bargeld, inländischen kursfähigen Wertpapieren, bestimmten Bundesbankschecks, selbstschuldnerischer Bürg-

---

[1] Dassler/Schiffhauer § 85 Rdn 7; Jaeckel/Güthe § 85 Rdn 8–9; Steiner/Storz § 85 Rdn 9.
[2] Dassler/Schiffhauer § 85 Rdn 7; Steiner/Storz § 85 Rdn 9.
[3] Dassler/Schiffhauer § 85 Rdn 6; Steiner/Storz § 85 Rdn 9.
[4] Dassler/Schiffhauer § 85 Rdn 7.
[5] Korintenberg/Wenz § 85 Anm 4; Steiner/Storz § 85 Rdn 15.
[6] Jaeckel/Güthe § 85 Rdn 6.

§ 85 2.3 Entscheidung über den Zuschlag

schaft gemäß § 69: Abs 1 Satz 2. Der Höhe nach muß die Sicherheit aber hier den vollen im Verteilungstermin zu zahlenden bisherigen baren Meistgebotsbetrag (ohne Zinsen aus § 49 Abs 2) ausmachen: Abs 1 Satz 3. Wenn Sicherheit nicht geleistet wird, wird der Zuschlag erteilt.

2.4 Der Antrag darf bei Teilungsversteigerung nicht **in einen Einstellungsantrag** aus § 180 Abs 2 **umgedeutet** werden (so auch[7]), wie das[8] getan hat. Es handelt sich um völlig verschiedene Anträge. § 85 will das Verfahren fortsetzen und sofort einen neuen Termin mit besserem Ergebnis erreichen; § 180 Abs 2 will das Verfahren mindestens für sechs Monate zum Stillstand bringen, um eine außergerichtliche Einigung zu ermöglichen. Mit Recht wird daher[8] von[9] kritisiert, daß die Umdeutung unverständlich sei, zumal die Antragsfrist des § 180 Abs 2 längst abgelaufen war.

2.5 Durch den Antrag erlischt das bisherige Meistgebot noch nicht. Der Bieter bleibt daran bis zur Rechtskraft des Beschlusses, mit dem der Zuschlag nach Abs 1 versagt wird, gebunden.

2.6 Bei Versteigerung von **Binnenschiffen** ist in entsprechender Anwendung (§ 162) das Antragsrecht aus § 85 denjenigen Beteiligten versagt, die einen (dem § 74 a entsprechenden) Versagungsantrag nach Binnenschiffahrtsvollstreckungsschutzgesetz (Textanhang T 12) § 13 Abs 1 stellen können[10].

2.7 Zur Versagung aus § 85 im ZVG-Handbuch Rdn 346: Muster für den Antrag dort Rdn 345.

3 Entscheidung über den Antrag, Terminsbestimmung (Absätze 1, 2)

3.1 Ein **nicht zulässiger** und nicht begründeter Antrag wird nicht (gesondert) zurückgewiesen. Über ihn wird durch Erteilung des Zuschlags entschieden. Die Entscheidung ist zu begründen.

3.2 § 85 ist Schutzvorschrift gegen Grundstücksverwertung bei gesetzesmäßig verlaufenem Verfahren. Versagung des Zuschlag auf Beteiligtenantrag nach Abs 1 erfordert daher, daß im Versteigerungstermin ein **wirksames Meistgebot** abgegeben ist, dem der Zuschlag erteilt werden müßte. Daher kann nicht nach Abs 1 entschieden werden, wenn sich das Meistgebot bei der Entscheidung über den Zuschlag als nicht wirksam erweist (nach § 79 zu berücksichtigender Versagungsgrund, § 81 Abs 1), oder wenn **sonst ein Versagungsgrund** (§ 83, auch § 85 a) vorliegt.

3.3 Versagung des Zuschlags auf Antrag nach Abs 1 erfolgt durch **Beschluß** (§ 33), der zu begründen ist. Mit Rechtskraft des Versagungsbeschlusses erlischt die Bindung des Bieters an sein Meistgebot (§ 86 mit § 72 Abs 3; dafür Gebot des Antragstellers, Rdn 4.2). Bestimmung eines neuen Versteigerungstermines erfolgt nach Rechtskraft des Versagungsbeschlusses von Amts wegen.

3.4 Der neue Versteigerungstermin wird mit **Terminsbestimmung** angesetzt, die alle Angaben nach § 37 (Muß-Inhalt) und § 38 (Soll-Inhalt) zu enthalten hat. Einzuhalten sind die schon für den ersten Termin vorgeschriebenen **Fristen,** Bekanntmachungen, Zustellungen, Mitteilungen. Die Terminsbestimmung ist hier außerdem an den Antragsteller = Meistbietenden zuzustellen: Abs 2. Der Grund liegt darin, daß das bisherige Meistgebot als sein Gebot gilt. Bestimmt wird der Termin schon im Versagungsbeschluß. Daher ist hier auf die Fristen zu achten.

4 Neuer Versteigerungstermin (Absätze 3, 4)

4.1 In dem neuen Versteigerungstermin ist die Versteigerung wieder **von Anfang an** durchzuführen; er ist nicht Fortsetzung des früheren Termins, sondern

---

[7] Steiner/Storz § 85 Rdn 3.
[8] OLG Oldenburg KTS 1974, 240 mit krit Anm Mohrbutter.
[9] Mohrbutter KTS 1974, 240 (Anmerkung).
[10] Jonas/Pohle, ZwVNotrecht, Vorbem 1 vor § 165 und § 85 Anm 1.

Antrag auf Zuschlagsversagung mit neuer Versteigerung   4.5   § 85

selbständiger Versteigerungstermin. Anmeldungen, die bereits nach § 66 Abs 2 ausgeschlossen waren, sind wieder (als rechtzeitig ohne Rangverlust nach § 110) zulässig[11].

4.2 Im neuen Versteigerungstermin gilt das **bisherige Meistgebot** zuzüglich der Zinsen des Bargebots (§ 49 Abs 2, BGB § 246) vom alten bis zum neuen Versteigerungstermin (alter Terminstag eingeschlossen, neuer Terminstag ausgeschlossen) und zuzüglich derjenigen Mehrkosten, die aus dem Versteigerungserlös zu entnehmen sind (§ 109), als ein vom Antragsteller abgegebenes Gebot: Abs 3. Der Antragsteller tritt in dieser Höhe für die weitere Versteigerung kraft Gesetzes in das bisherige Meistgebot ein. Dieses **fingierte Meistgebot** (es gilt auch, wenn der Antragsteller nicht zum neuen Termin erscheint[12]) gilt nicht nur für den unmittelbar nächstfolgenden Termin, sondern für das weitere Versteigerungsverfahren, wird also nicht durch eine zwischenzeitlich etwa erfolgte Verfahrenseinstellung beseitigt[13], weil § 85 als Sonderregel der allgemeinen Vorschrift des § 72 Abs 2 vorgeht[14]. Wer einen Antrag nach § 85 stellt, muß sich bewußt sein, daß er vielleicht längere Zeit als nur bis zum nächstfolgenden Termin an das Gebot gebunden bleibt, auf das nur nach seinem Antrag der Zuschlag nicht erteilt worden ist[14].

4.3 Im neuen Versteigerungstermin wird, ungeachtet des fingierten Meistgebots des Antragstellers, das **geringste Gebot** nach den normalen Vorschriften aufgestellt, es wird aber durch den Zeitablauf seit dem ersten Termin (Zinsen, Kosten) in der Regel etwas höher sein als das frühere geringste Gebot; die alten Anmeldungen bleiben wirksam, neue sind zulässig (Rdn 4.1). Das geringste Gebot kann aber auch, wenn jetzt der bestrangig betreibende Gläubiger ein anderer ist, ganz anders lauten, niedriger oder höher oder mit anderen Versteigerungsbedingungen. Das geringste Gebot ist ja nicht gleich dem fingierten Meistgebot. Unabhängig von seiner Aufstellung sind aber im neuen Termin natürlich nur solche Gebote zulässig, die das fingierte Meistgebot übersteigen, weil dieses als ein im neuen Termin abgegebenes gilt (Abs 3) und andere Gebote nach ihm, wie immer, nur zulässig sind, wenn sie es überbieten (§ 72 Abs 1).

4.4 Unter gleichen Bedingungen und mit demselben bestrangig betreibenden Gläubiger wie im ersten Termin wird das **geringste Gebot** des neuen Termins geringer sein als das **fingierte Meistgebot.** Wird das fingierte Meistgebot überboten (von einem Dritten oder vom Antragsteller des ersten Termins), so erhält das neue Meistgebot den **Zuschlag**. Wird es nicht überboten, so erhält das fingierte Meistgebot den Zuschlag. Ist aber wegen anderer Berechnung des geringsten Gebots (Rdn 4.3) das fingierte Meistgebot niederiger als das geringste Gebot, so versagt Abs 3[15] (der an den Regeln über die Aufstellung des geringsten Gebots nichts ändert). Wird das fingierte Meistgebot durch ein auch das neue geringste Gebot deckendes überboten, so erhält ganz normal dieses den Zuschlag. Wird das geringste Gebot (und damit das niedrigere fingierte Meistgebot) nicht überboten, so kann kein Zuschlag erfolgen, weil ja das geringste Gebot nicht erreicht ist, es muß der Zuschlag versagt werden. Wird das Verfahren auf Antrag des betreibenden Gläubigers fortgesetzt, so dauert die Verpflichtung des Antragstellers mit seinem fingierten Meistgebot aus dem ersten Termin fort, bis das Verfahren aufgehoben oder ein zuschlagsfähiges Meistgebot erzielt ist; § 77 Abs 2 Satz 1 ist hier nicht anwendbar.

4.5 Wird auf solche Weise oder auch im Falle eines wirksamen Meistgebots mit Zuschlag irgendeiner der Beteiligten des ersten Termins geschädigt, so hat der Geschädigte gegen den Antragsteller des ersten Termins Anspruch auf **Ersatz des**

---

[11] Dassler/Schiffhauer § 85 Rdn 6.
[12] Dassler/Schiffhauer § 85 Rdn 11.
[13] Jaeckel/Güthe § 85 Rdn 10; Jonas/Pohle ZwVNotrecht, § 74 a Anm 8 b.
[14] Jonas/Pohle, ZwVNotrecht, § 74 a Anm 8 b.
[15] Dassler/Schiffhauer § 85 Rdn 11.

§ 85 4.5 Entscheidung über den Zuschlag

durch Zuschlagsversagung im ersten Termin entstandenen **Schadens:** Abs 1 Satz 1. Ihm ist, im Klagewege außerhalb des Versteigerungsverfahrens, zu ersetzen, was er bei Zuschlag im ersten Termin aus dem damaligen Meistgebot erhalten hätte (BGB § 249) oder mehr als jetzt erhalten hätte. Wenn es zu keinem Zuschlag mehr kommt, ist der Schaden nur den betreibenden Gläubigern zu ersetzen, weil die nicht betreibenden Beteiligten keinen Anspruch darauf haben, daß versteigert wird (ihnen wird also nur Schaden ersetzt, wenn es zum Zuschlag kommt, aber dieser weniger für sie ergibt als der Zuschlag des ersten Termins ihnen erbracht hätte).

4.6 Hierzu auch im ZVG-Handbuch Rdn 346.

5 Neuer Termin ohne weiteren Antrag (Absatz 4)

Im neuen Versteigerungstermin gibt es **keinen weiteren Antrag** aus Abs 1, auch nicht für einen anderen Beteiligten: Abs 4. Es besteht auch hier der Grundsatz der Einmaligkeit wie bei § 74 a (dort Rdn 6.3).

[Zuschlagsversagung bei Meistgebot unter 50%]

§ 85a (1) Der Zuschlag ist ferner zu versagen, wenn das abgegebene Meistgebot einschließlich des Kapitalwertes der nach den Versteigerungsbedingungen bestehenbleibenden Rechte die Hälfte des Grundstückswertes nicht erreicht.

(2) § 74 a Abs 3, 5 ist entsprechend anzuwenden. In dem neuen Versteigerungstermin darf der Zuschlag weder aus den Gründen des Absatzes 1 noch aus denen des § 74 a Abs 1 versagt werden.

(3) Ist das Meistgebot von einem zur Befriedigung aus dem Grundstück Berechtigten abgegeben worden, so ist Absatz 1 nicht anzuwenden, wenn das Gebot einschließlich des Kapitalwertes der nach den Versteigerungsbedingungen bestehenbleibenden Rechte zusammen mit dem Betrage, mit dem der Meistbietende bei der Verteilung des Erlöses ausfallen würde, die Hälfte des Grundstückswertes erreicht.

Übersicht

Allgemeines zu § 85 a 1	Sonderfälle: Abtretung (§ 81 Abs 2); Vertretung (§ 81 Abs 3) 5
Meistgebot unter 5/10 des Grundstückswertes (Abs 1, Abs 2 Satz 1) 2	Zuzahlung bei Geboten unter 5/10? 6
Neuer Versteigerungstermin (Abs 3) ... 3	
Rechte des Meistbietenden am Grundstück (Abs 3) 4	

Literatur: Drischler, Zuschlagserteilung u. Zuschlagsversagung unter Berücksichtigung der §§ 74 a u. 85 a ZVG, JurBüro 1982, 1121; Ebeling, Abtretung der Rechte aus dem Meistgebot und § 85 a Abs 3 ZVG, Rpfleger 1988, 400; Hornnung, Die Zwangsvollstreckungsnovelle 1979 (III), Rpfleger 1979, 365; Muth, Zur Zuschlagserteilung nach § 85 a Abs 3 ZVG, Rpfleger 1985, 45; Muth, Hinweis- und Belehrungspflicht bei Zuschlagserteilung nach § 85 a Abs 3 ZVG? Rpfleger 1986, 417; Scherer, Die Anrechnung der Sicherungsgrundschuld bei § 85 a ZVG, Rpfleger 1984, 259; Scherer, Nochmals: Zur Zuschlagserteilung nach § 85 a Abs 3 ZVG, Rpfleger 1985, 181.

1 Allgemeines zu § 85 a

1.1 Zweck der Vorschrift: Sie soll die **Verschleuderung** von Grundstücken bei Versteigerung **verhindern** und ein wirtschaftlich vertretbares Ergebnis der Versteigerung gewährleisten[1].

---

[1] Arnold MDR 1979, 358 (III 7).

Zuschlagsversagung bei Meistgebot unter 50%   2.3   § 85 a

1.2 Anwendungsbereich: § 85 a gilt für alle Versteigerungsverfahren des ZVG, auch für die Konkurserwalter-, die Nachlaß- und die Teilungsversteigerung[2], nicht aber für die Zwangsversteigerung eines Seeschiffs (§ 169 a) und eines ausländischen Schiffes (§ 171 Abs 5 Satz 1).

1.3 Durch das Meistgebot muß **mindestens die Hälfte** des Grundstückswertes erreicht werden. Diese $^5/_{10}$-Grenze wird als **absolutes Mindestgebot** bezeichnet (im Gegensatz zur relativen $^7/_{10}$-Grenze des § 74 a).

1.4 Das ZVG kannte früher (abgesehen von Zuschlagsversagung nach einem Verfahrensfehler oder wegen nachträglicher Einstellungs- oder Aufhebungsgründe) nur eine Zuschlagsversagung zugunsten und auf Antrag bestimmter Berechtigter wegen Nichterreichung der sogenannten $^7/_{10}$-Grenze (§ 74 a), des relativen Mindestgebots. Einen Schuldnerschutz wegen eines zu geringen Meistgebots kannte das ZVG selbst nicht; es wurde nur über ZPO § 765 a versucht, dem Schuldner zu helfen. Dieser Ausweg war umstritten und wurde insbesondere bei den ZVG-Verfahren nach § 172 (Konkursverwalterversteigerung), § 175 (Nachlaßversteigerung) und § 180 (Teilungsversteigerung) vielfach abgelehnt. Das führte zu unbilligen Versteigerungsergebnissen, zu Verschleuderung zu Lasten des Schuldners bzw Antragsgegners. Nunmehr sind durch § 85 a klare Verhältnisse geschaffen, indem ähnlich der Mobiliarvollstreckung (ZPO § 817 a Abs 1) jetzt auch für die folgenreiche Immobiliarversteigerung eine absolute Mindestgrenze des Versteigerungsergebnisses eingeführt ist. Streitfragen über die Anwendung von ZPO § 765 a und über das gerade noch erträgliche Maß eines geringen Meistgebots sind damit allerdings nur für den jeweils ersten Termin ausgeräumt (§ 85 a Abs 2 Satz 2) (Grundsatz der Einmaligkeit, § 74 a Rdn 6.3). Für den zweiten Termin bleibt dann weiterhin nur der Ausweg von ZPO § 765 a (§ 74 a Rdn 6.3).

Meistgebot unter $^5/_{10}$ des Grundstückswertes (Absatz 1, Absatz 2 Satz 1)   2

2.1 Zu **versagen** ist der Zuschlag, wenn das abgegebene Meistgebot **nicht** mindestens **die Hälfte** des Grundstückswertes erreicht: Abs 1. Dieser Zuschlagsversagungsgrund ist **von Amts wegen** (ohne Antrag) zu beachten. Im Gegensatz zu § 74 a gibt es hierbei kein Widerspruchsrecht eines betreibenden Gläubigers gegen die Versagung des Zuschlags. Diese muß ausnahmslos erfolgen.

2.2 Das **Meistgebot,** das am festgesetzten Grundstückswert gemessen wird, ist auch hier das bare Meistgebot zuzüglich des Kapitalwertes der nach den Versteigerungsbedingungen bestehenbleibenden Rechte (§ 74 a Rdn 3.2). Die nach § 91 Abs 2 liegenbelassenen Rechte werden nicht berücksichtigt, nur die nach § 52 bestehenbleibenden und die außerhalb des geringsten Gebots bestehenbleibenden (zB Altenteil). Die Behandlung erfolgt hier wie bei § 74 a (§ 74 a Rdn 3.2).

2.3 Ein **Gebot** unter der nach § 85 a jetzt bindenden Grenze des absoluten Mindestgebots von $^5/_{10}$ des Grundstückswertes ist wirksam[3]; es wird daher nicht nach § 71 Abs 1 zurückgewiesen. Wirksam (und nicht als Scheingebot zu behandeln) ist es auch, wenn es nur abgegeben wurde, um einen zweiten Versteigerungstermin nach Abs 2 Satz 2 und § 74 a Abs 4 zu erreichen, in dem Wertgrenzen nicht anzuwenden sind[4]. Gebote sind, wenn sie das geringste Gebot erreichen oder überschreiten, immer zulässig. Sicherheit hat auf Verlangen eines Beteiligten ein Bieter daher auch bei einem Gebot unter $^5/_{10}$ des Grundstückswertes zu leisten (§§ 67, 70). Als Meistgebot im ersten Versteigerungstermin erhält aber ein Gebot bei weniger als $^5/_{10}$ des Wertes nicht den Zuschlag (§ 85 a). Es ist zweckmäßig, wenn das Gericht im ersten Termin während der Bietstunde hierauf hinweist, um nicht durch die Entscheidung nach § 85 a die Bieter zu überraschen.

---

[2] OLG Düsseldorf NJW 1981, 235 Leitsatz = Rpfleger 1981, 69.
[3] Hornung Rpfleger 1979, 365 (D VI 1).
[4] LG Kassel Rpfleger 1986, 397.

§ 85 a 2.4   Entscheidung über den Zuschlag

2.4 Grundstückswert, dessen Hälfte durch das bare Meistgebot erreicht sein muß, wenn Versagung des Zuschlags nach Abs 1 ausgeschlossen sein soll, ist der nach § 74 a Abs 5 vom Vollstreckungsgericht festgesetzte Grundstückswert (Abs 2 Satz 1 mit § 74 a Abs 5). Dessen Festsetzung muß daher jetzt in allen Versteigerungsverfahren des ZVG ausnahmslos erfolgen (§ 74 a Rdn 1.2 und 2.1–2.4).

2.5 Zu versagen ist der Zuschlag nach Abs 1 (Schutzvorschrift gegen Grundstücksverwertung bei gesetzesmäßig verlaufenem Verfahren) nur, wenn im Versteigerungstermin ein **wirksames Meistgebot** abgegeben ist, dieses aber **unter der Hälfte** des Grundstückswerts liegt. Daher kann nicht nach Abs 1 verfahren werden, wenn sich das Meistgebot bei der Entscheidung über den Zuschlag als nicht wirksam erweist (nach § 79 zu berücksichtigender Versagungsgrund, § 81 Abs 1), oder wenn sonst ein Versagungsgrund (§ 83) vorliegt. Dem Versagungsantrag nach § 85 Abs 1 geht der Versagungsgrund des Abs 1 vor (§ 85 Rdn 3.2).

2.6 Versagung des Zuschlags auf ein Gebot unter dem halben Grundstückswert erfolgt **durch Beschluß,** der zu begründen ist. Mit Rechtskraft des Versagungsbeschlusses erlischt die Bindung des Bieters an sein Meistgebot (§ 86 mit § 72 Abs 3).

2.7 Wenn mehrere Grundstücke in einem Verfahren versteigert werden und nur Einzelgebote erfolgen, ist jedes Einzelmeistgebot im genannten Sinne zu prüfen. Erfolgt nur ein Gesamtmeistgebot oder kommt bei Doppelausgebot das Gesamtmeistgebot in Frage, so ist dieses zu prüfen. Ist dann auf das Gesamtmeistgebot der Zuschlag zu versagen, dann ist auf die Einzelmeistgebote zurückzugreifen[5]. Auch insoweit gelten die Grundsätze wie bei § 74 a. Einzelheiten (auch zu abweichender Ansicht) § 74 a Rdn 3.4.

2.8 Verzicht der Beteiligten auf die Anwendung von § 85 a ist keinesfalls zulässig; die Vorschrift ist als zwingend[6] von Amts wegen zu beachten. Auf den Versagungsgrund des § 85 a kann auch nicht durch abweichende Versteigerungsbedingung nach § 59 verzichtet werden. Trotzdem wird das Gericht die Beteiligten vor Entscheidung anhören (so auch[6]) (rechtliches Gehör gebietet schon § 74). Es könnte ja sein, daß das Gericht von einer falschen Berechnung ausgeht. Interessen der Beteiligten aber werden hier im Gegensatz zu § 74 a nicht berücksichtigt. § 85 a kann nicht etwa im Wege abgeänderter Versteigerungsbedingungen nach § 59 auch im zweiten Termin zugrunde gelegt werden (anders[6]).

2.9 Im ersten Termin geht § 85 a immer vor; ZPO § 765 a ist dann nicht anwendbar.

2.10 a) Mit dem Versagungsgrund des Abs 1 (Mindestgebot unter halbem Grundstückswert) kann für dasselbe Objekt im ersten Versteigerungstermin ein Versagungsantrag nach § 74 a Abs 1 (Gebot unter $7/10$ des Grundstückswerts) zusammentreffen. Wenn dann der Zuschlag nach Abs 1 zu versagen ist, weil das Gebot die absolute Mindestgrenze zum Schutz vor Grundstücksverschleuderung nicht erreicht, kann der Antrag aus § 74 a Abs 1 nicht mehr weiterbehandelt werden. Dieser Antrag bleibt aber bis zur Rechtskraft der Entscheidung wirksam; er ist daher vom Beschwerdegericht zu prüfen, wenn es den Versagungsgrund des § 85 a (infolge anderer Beurteilung, bei nicht rechtskräftigen Grundstückswertes, wegen anderer Bewertung nach Freigabe von Zubehör usw) verneint.

b) Auch **Meistgebot** eines zur Befriedigung aus dem Grundstück Berechtigten (dem der Zuschlag nach Abs 3 zu erteilen ist) ist für den Vergleich mit $7/10$ des Grundstückswertes nach § 74 a Abs 1 nur der bar zu zahlende Betrag (zuzüglich bestehenbleibende Rechte); der Betrag, mit dem bei Erteilung des Zuschlags nach § 114 a erweiterte Befriedigung des Bieters eintreten würde, wird nicht dazu gerechnet (§ 81 Rdn 3.2). Für die Frage jedoch, ob der nicht gedeckte Anspruch eines Antragstellers bei einem $7/10$-Gebot voraussichtlich (ganz oder teilweise)

---

[5] OLG Frankfurt Rpfleger 1995, 512.
[6] Hornung Rpfleger 1979, 365 (D VI 1).

gedeckt sein würde (§ 74 a Abs 1 Satz 1), muß der im Rang vorgehende Anspruch des Meistbietenden voll berücksichtigt werden (Rechtsverfolgungskosten, wiederkehrende Leistungen und andere Nebenleistungen, Hauptanspruch, dieser bei der Grundschuld mit dem Nennbetrag). Auf Antrag eines nachrangigen Berechtigten kann der Zuschlag nach § 74 a Abs 1 daher nicht versagt werden, wenn der Anspruch des Meistbietenden den $^7/_{10}$-Grundstückswert ausschöpft. Mit der erweiterten Befriedigung des Meistbietenden (§ 114 a) bis zur $^7/_{10}$-Grundstückswertgrenze bewirkt die Zwangsversteigerung dann keine Grundstücksverschleuderung, die Schutz des nachrangigen Berechtigten (dazu § 74 a Rdn 1.1) gebieten würde. Wenn der Anspruch des am Grundstück berechtigten Meistbietenden geringer als der Differenzbetrag zur $^7/_{10}$-Wertgrenze ist und daher nach voller Befriedigung seines Anspruchs (§ 114 a; dazu § 114 a Rdn 3.3) ein Rest des Differenzbetrags zu einem Gebot in Höhe des $^7/_{10}$-Wertes verbleibt, kann der damit voraussichtlich (wenigstens teilweise) gedeckte nachfolgende Berechtigte nach § 74 a Abs 1 Versagung des Zuschlags verlangen.

Beispiele: I. Grundstückswert 100 000 DM; $^7/_{10}$ Wertgrenze 70 000 DM; (bares) Meistgebot 20 000 DM; bestehenbleibendes Recht 10 000 DM; Verfahrenskosten, öffentliche Grundstückslasten und bar zu befriedigende Ansprüche des bestehenbleibenden Rechts 20 000 DM; Anspruch des Meistbietenden 40 000 DM (oder höher). Antragsteller nach § 74 a Abs 1 im Rang danach. Meistgebot 20 000 DM + bestehenbleibendes Recht 10 000 DM = 30 000 DM, somit unter $^5/_{10}$ (§ 85 a Abs 1) und unter $^7/_{10}$ (§ 74 a Abs 1) des Grundstückswertes; der Zuschlag ist jedoch nach § 85 a Abs 3 zu erteilen. Auch bei einem Meistgebot in Höhe von 70 000 DM findet der Anspruch des Antragstellers keine Deckung, weil er erst nach dem vorweg weiter zu befriedigenden Anspruch des Meistbietenden mit 40 000 DM (oder höher) und damit nicht in der $^7/_{10}$-Grenze steht.

II. Fall wie I, jedoch Anspruch des Meistbietenden nur 25 000 DM. Dem Antragsteller vorgehende Ansprüche 20 000 DM und 25 000 DM. Meistgebot und bestehenbleibendes Recht 30 000 DM = unter $^7/_{10}$ des Grundstückswertes; bei einem Meistgebot (mit bestehenbleibendem Recht) in Höhe von 70 000 DM voraussichtliche Befriedigung des Antragstellers mit 15 000 DM. Antrag auf Versagung des Zuschlags nach § 74 a Abs 1 daher begründet. Stellt der Gläubiger eines dem Meistbietenden vorgehenden ausfallenden Rechts oder eines Gleichrangrechts (sie bleiben nach § 114 a Satz 2 unberücksichtigt) Versagungsantrag nach § 74 a Abs 1, so kann nicht wegen § 85 a Abs 3 der Zuschlag erteilt werden (§ 114 a Satz 2 würde Rechtsverlust des Antragstellers bewirken); es muß vielmehr dem (begründeten) Versagungsantrag nach § 74 a Abs 1 entsprochen werden (dazu[7]).

Beispiel (III): Grundstückswert (100 000 DM), Meistgebot (20 000 DM), bestehenbleibendes Recht (10 000 DM) und Verfahrenskosten, öffentliche Lasten sowie bar zu begleichender Anspruch des bestehenbleibenden Rechts (20 000 DM) wie im Fall I. Dann jedoch im Rang nachfolgend Anspruch des Antragstellers mit 25 000 DM und erst danach Anspruch des Meistbietenden. Antrag auf Versagung des Zuschlags nach § 74 a Abs 1 ist begründet; keine Erteilung des Zuschlags nach § 85 a Abs 3 (der Versagungsgrund des § 85 a Abs 1 ausschließen würde).

2.11 Auch bei **Binnenschiffen** muß der Zuschlag bei einem Mindestgebot von weniger als der Hälfte des Schiffswertes versagt werden: Binnenschiffahrtsvollstreckungsschutzgesetz § 13. Auch hier ist nun zwischen dem relativen Mindestgebot des § 13 und dem absoluten des § 13 a zu unterscheiden. Im zweiten Termin darf der Zuschlag weder aus § 13 noch aus § 13 a versagt werden = Einmaligkeit des Versagungsgrundes (Gesetz § 13 Abs 3, § 13 a Abs 2). Auf **Seeschiffe** ist § 85 a ebenso wie § 74 a nicht anwendbar (§ 169 a). Dasselbe gilt für ausländische Schiffe

---

[7] Hornung Rpfleger 1979, 365 (D VI 2).

§ 85 a 2.11   Entscheidung über den Zuschlag

(§ 171 Abs 5 Satz 1). Bei Binnenschiffen ist jetzt an Stelle des „Wertes" auch wie bei Grundstücken der „Verkehrswert" getreten (Binnenschiffahrtsvollstreckungsschutzgesetz § 15).

3 Neuer Versteigerungstermin (Absatz 2)

3.1 Wird der Zuschlag versagt, so wird ohne Antrag, von Amts wegen, **neuer Termin** bestimmt; Abs 2 Satz 1 und § 74 a Abs 3 Satz 1. Anzusetzen ist der neue Versteigerungstermin mit Terminsbestimmung, die alle Angaben nach § 37 (Muß-Inhalt) und § 38 (Soll-Inhalt; dabei Hinweis auf erfolgte Versagung des Zuschlags) zu enthalten hat und nach den gleichen Vorschriften wie die erste Terminsbestimmung bekanntzumachen (§§ 39, 40), zuzustellen (§ 41) sowie mitzuteilen ist. Der Zeitraum zwischen beiden Terminen soll mindestens drei Monate betragen, darf aber sechs Monate nicht übersteigen[8] (Abweichung nach den besonderen Verhältnissen des Einzelfalls möglich) (§ 74 a Abs 3 mit § 85 a Abs 2 Satz 1).

3.2 In dem neuen Versteigerungstermin ist die Versteigerung wieder **von Anfang an** durchzuführen; er ist selbständiger Versteigerungstermin, nicht Fortsetzung des früheren Termins. Das geringste Gebot wird neu aufgestellt. Die früheren Anmeldungen bleiben wirksam; Anmeldungen, die bereits nach § 66 Abs 2 ausgeschlossen waren, sind wieder als rechtzeitig (ohne Rangverlust nach § 110) zulässig.

3.3 In dem neuen Termin darf der Zuschlag weder auf Antrag nach § 74 a wegen Nichterreichung der $7/10$-Grenze noch von Amts wegen nach § 85 a bei einem Gebot unter 50% des Grundstückswertes versagt werden (Abs 2 Satz 2): Grundsatz der **Einmaligkeit.** Es gilt aber auch nicht der Grundsatz der Erstmaligkeit; Versagung nach § 85 a ist also auch möglich, wenn ein vorausgehender Termin wegen Ausbleibens von Geboten ergebnislos gewesen war (§ 77 Abs 1). ZPO § 765 a ist dann allerdings immer anwendbar[9], soweit seine Voraussetzungen tatsächlich erfüllt werden und ein Antrag gestellt wird, da ja § 765 a nur auf Antrag anwendbar ist[10] (Einl Rdn 53.2).

4 Recht des Meistbietenden am Grundstück (Absatz 3)

4.1 Wenn das Meistgebot von einem zur Befriedigung aus dem Grundstück Berechtigten (Rdn 4.2) abgegeben worden ist und **Gebot** einschließlich der nach den Versteigerungsbedingungen bestehenbleibenden Rechte (Rdn 2.2) **zusammen** mit dem Betrag (Hauptanspruch und wiederkehrende Leistungen, andere Nebenleistungen sowie Kosten, dazu § 114 a Rdn 3.5), mit dem der Meistbietende **bei der Verteilung** des Erlöses **ausfallen** würde, die Hälfte des Grundstückswertes erreicht, ist der Zuschlag zu erteilen. Abs 1 (Versagung des Zuschlags auf ein Gebot unter dem halben Grundstückswert) ist dann nicht anzuwenden (Abs 3), weil in diesem Fall die Befriedigungswirkung nach § 114 a eintritt (dazu Begründung des Änderungsgesetzes)[11]. Infolge der erweiterten Befriedigung des Erstehers nach § 114 a ist der Verwertungserlös höher als die Hälfte des Grundstückswertes, eine Verschleuderung des Grundstücks somit ausgeschlossen (Beispiel im ZVG-Handbuch Rdn 344 h). Ein unbilliges Versteigerungsergebnis, das Grundstücksverschleuderung zu Lasten des Schuldners bewirken würde, ist damit nicht gegeben.

4.2 Ein zur **Befriedigung** aus dem Grundstück **Berechtigter,** dessen Ausfall mit dem Gebot einschließlich bestehenbleibenden Rechten nach Abs 3 zusammenzurechnen ist, kann jeder Berechtigte eines nach § 10 aus dem Grundstück zu befriedigenden Anspruchs sein. Das sind insbesondere die Gläubiger der Ansprüche

---

[8] Hornung Rpfleger 1979, 365 (D VI 1).
[9] Hornung Rpfleger 1979, 365 (D VI 3).
[10] Schiffhauer Rpfleger 1978, 397 (IV 2 e).
[11] Bundestags-Drucksache 8/693 vom 28. 6. 1977, S 52.

aus einem Recht an dem Grundstück; Hypothek und Grundschuld werden als Gläubigerrecht mit ihrem Nennbetrag (also ohne Teil-Eigentümergrundschuld), Rentenschuld mit der Ablösungssumme; andere Rechte mit dem nach § 92 zu bestimmenden Anspruch auf Wertersatz berücksichtigt. Es kann das auch ein nur persönlich betreibender Gläubiger sein[12] (§ 10 Abs 1 Nr 5). Zu Einzelheiten § 114 a Rdn 2.4.

4.3 a) Eine **Grundschuld** des Meistbietenden ist seinem Gebot nach Abs 3 für Ausschluß des Versagungsgrundes des § 85 a Abs 1 mit dem dinglichen Gläubigeranspruch (BGB § 1191), sonach mit ihrem **Nennbetrag** (Hauptanspruch und wiederkehrende Leistungen, andere Nebenleistungen sowie Kosten, dazu § 114 a Rdn 3.6) hinzuzurechnen. Das gilt nicht nur, wenn der Meistbietende Gläubiger einer (sogenannten) isolierten Grundschuld ist (§ 114 a Rdn 3.6), sondern gleichermaßen, wenn die Grundschuld (nach schuldrechtlicher Sicherungsabrede, § 114 Rdn 7.6) der Sicherung einer Forderung dient. Der Forderung, die nach schuldrechtlicher Sicherungsabrede durch die Grundschuld gesichert ist, kommt für den nach Abs 3 zu berücksichtigenden Betrag, mit dem der Meistbietende ausfallen würde, keine Bedeutung zu (§ 114 a Rdn 3.6; die Grundschuld ist als Grundpfandrecht nicht akzessorischer Natur). Mit ihrem Nennbetrag ist somit die Grundschuld des Meistbietenden seinem Gebot auch dann hinzuzurechnen, wenn sie nach der (schuldrechtlichen) Sicherungsabrede eine **Forderung** (mehrere Forderungen) **sichert** und die gesicherte Forderung geringer als der dingliche Anspruch des Grundschuldgläubigers ist (so auch[13] sowie ZVG-Handbuch Rdn 344 i; anders[14]: Grundschuld ist nur mit ihrem valutierten Teil in die Berechnung einzusetzen). „Zur Befriedigung aus dem Grundstück" Berechtigter nach § 10 Abs 1 Nr 4 und damit auch im Sinne von Abs 3 ist der Gläubiger der Grundschuld nur mit dem dinglichen (forderungslosen) Grundschuldanspruch. Betrag, mit dem er bei der Verteilung des Erlöses ausfallen würde, ist daher allein dieser Betrag. Nur dieser (dingliche) Anspruch des Gläubigers der Grundschuld, nicht aber eine nach schuldrechtlicher Abrede durch die Grundschuld gesicherte Forderung, erlangt für die erweiterte Befriedigungswirkung Bedeutung (näher dazu § 114 a Rdn 3.6), mit der Verschleuderung des Grundstücks ausgeschlossen ist (Rdn 4.1). Auf **schuldrechtliche Beziehungen** zwischen Sicherungsgeber und Sicherungsnehmer kann hier so wenig zurückgegriffen werden wie bei Zuteilung eines baren Versteigerungserlöses auf den Anspruch des zur Befriedigung aus dem Grundstück berechtigten Grundschuldgläubigers (§ 114 Rdn 7). Schutz des Eigentümers gegen ein solches Verwertungsergebnis kann (im Einzelfall bei geringem Betrag der gesicherten Forderung) ZPO § 765 a (erfordert Schuldnerantrag)[15], unter Umständen auch der verfassungsrechtliche Verhältnismäßigkeitsgrundsatz (zu ihm Einl Rdn 7) bieten. Es kann mit den guten Sitten unvereinbar (im Sinne des ZPO § 765 a) oder ein unverhältnismäßiger Vollstreckungszugriff im Sinne des Verfassungsgrundsatzes sein, wenn der Gläubiger einer Grundschuld mit dieser nach § 114 a Befriedigung aus dem Grundstück (durch Grundstücksverwertung) zur Deckung einer geringen Forderung mit der Folge erlangt, daß der Mehrerlös auf Grund schuldrechtlicher Verpflichtung herauszugeben ist.

---

[12] Hornung Rpfleger 1979, 365 (D VI 2); Muth Rpfleger 1985, 45 (II 3).
[13] LG Frankfurt Rpfleger 1988, 35; LG Hanau Rpfleger 1988, 77; LG Lüneburg Rpfleger 1986, 188 und 234 Leitsatz mit krit Anm Hennings; LG München mitgeteilt in Anm Schriftleit Rpfleger 1985, 373; Dassler/Schiffhauer § 85 a Rdn 23–25; Muth Rpfleger 1985, 45 (III 4).
[14] LG Flensburg JurBüro 1986, 255 mit Anm Muth = Rpfleger 1985, 372 = SchlHA 1985, 178; bestätigt durch OLG Schleswig, mitgeteilt in Anm Schriftleit Rpfleger 1985, 373; OLG Koblenz JurBüro 1991, 1413 = Rpfleger 1991, 468 mit abl Anm Hintzen; LG Trier Rpfleger 1985, 451 mit zust Anm Scherer und Rpfleger 1986, 59 Leitsatz mit abl Anm Bauch und Brendle; Scherer Rpfleger 1985, 181; Ebeling Rpfleger 1985, 279 (II 1, 2); Scherer Rpfleger 1984, 259.
[15] LG Frankfurt Rpfleger 1988, 35.

§ 85 a 4.3 Entscheidung über den Zuschlag

b) Die Gegenansicht, nach der auf die Forderung abzustellen (die Grundschuld nur mit ihrem „valutierten" Teil in die Berechnung einzusetzen) ist, verwischt den Unterschied zwischen abstrakter Grundschuld und akzessorischer Hypothek, verkennt somit das Wesen der Grundschuld. Diese zeichnet sich gerade dadurch aus, daß für die (abstrakte) dingliche Berechtigung einer Forderung keine rechtliche Bedeutung zukommt, somit im Einzelfall alle Unklarheiten, Zweifels- und Streitfragen über Art, Umfang und Betrag der gesicherten Forderung (die im Vollstreckungsverfahren zumeist gar nicht aufklärbar und sicher lösbar sind) für die dingliche Berechtigung des Grundschuldgläubigers zur Befriedigung aus dem Grundstück bedeutungslos bleiben. Sie hätte zudem zur Folge, daß einem Meistbietenden, der Gläubiger einer isolierten Grundschuld ist (dazu § 114 a Rdn 3.6), der Zuschlag auf ein Gebot unter dem halben Grundstückwert gar nicht erteilt werden könnte und dürfte, Abs 3 gegen seinen Wortlaut und Zweck somit in solchen Fällen keine Anwendung finden würde. Auch sein wirksames Meistgebot begründet jedoch ein Recht auf Erteilung des Zuschlags (§ 81 Abs 1), das nicht durch grundlose Zuschlagsversagung (Abs 3 schließt Versagung nach Abs 1 aus) verletzt werden darf.

4.4 Es sind zudem praktische Schwierigkeiten nicht lösbar, wenn nach Abs 3 für die Berechnung des Betrages, „mit dem der Meistbietende" als Gläubiger einer Grundschuld „bei der Verteilung des Erlöses ausfallen würde", auf die Forderung abgestellt wird. Der Gläubiger einer Grundschuld soll dann verpflichtet sein, dem Vollstreckungsgericht Auskunft über die (gesicherte) persönliche Forderung zu geben[16]. Eine solche Auskunftspflicht gegenüber dem Vollstreckungsgericht besteht aber nicht (so zutreffend[17]) (dazu, daß auch nach Abtretung des Rückgewähranspruchs keine Auskunftspflicht besteht, siehe § 114 Rdn 7.8). Sie wäre zudem dann nicht erfüllbar wenn nicht feststeht, insbesondere wenn ungewiß oder streitig ist, für welche Forderung (nach Grund und Betrag) die Grundschuld nach dem Sicherungsvertrag (schuldrechtliche Abrede, § 114 Rdn 7.6) in Anspruch genommen werden kann. Es soll Erteilung des Zuschlags bei vorsätzlicher oder fahrlässiger falscher (zu hoher) Angabe der Forderung nach[18] (abgelehnt von[19]) Schadensersatzanspruch nach BGB § 823 Abs 2 begründen (§ 85 a als Schutzgesetz). Dieser aber scheitert schon dann, wenn der Gläubiger eine vermeintliche (nach seiner Anschauung durch die Grundschuld gesicherte) Forderung angibt und erst später (etwa durch Prozeßurteil) festgestellt wird, daß die Forderung tatsächlich nicht geschuldet oder nach der Sicherungsabrede gar nicht durch die Grundschuld gesichert ist. Wenn für die Berechnung der anrechenbaren Forderung auf den Tag der Zuschlagerteilung abgestellt wird (so[20]), bleiben Änderungen im Bestand der Forderung unberücksichtigt, die (so bei Sicherung von Kontokorrentansprüchen) in der Zeit zwischen Bezeichnung der Forderung (im oder bei Anmeldung zum Versteigerungstermin) und dem späteren Tag der Zuschlagerteilung (§ 87) eintreten.

4.5 Die bei dem abgegebenen Meistgebot unter 50% des Grundstückswertes ausfallenden **Zwischenrechte,** das sind die dem Anspruch des Meistbietenden vorgehenden oder gleichstehenden Rechte, die erlöschen, werden für Feststellung des Betrags, mit dem der Meistbietende ausfallen würde und mit dem Meistgebot samt Kapitalwert der bestehenbleibenden Rechte zusammenzurechnen ist (Abs 3), nicht berücksichtigt (so auch[21]). Auf den Rang des Betrags, mit dem der Meistbeitende bei der Versteigerung ausfallen würde, kommt es sonach nicht an[22].

---

[16] OLG Karlsruhe Rpfleger 1981, 407.
[17] Muth Rpfleger 1985, 45 (IV 1).
[18] Scherer Rpfleger 1984, 259.
[19] Muth Rpfleger 1985, 45 (IV 2).
[20] Ebeling Rpfleger 1985, 279 (II 1, 2); Scherer Rpfleger 1984, 259.
[21] Ebeling Rpfleger 1985, 279 (II 1, 2); Muth Rpfleger 1985, 45 (II 2).
[22] Hornung Rpfleger 1979, 365 (D VI 2).

Zuschlagsversagung bei Meistgebot unter 50% 4.7 **§ 85 a**

Das ist in Abs 3 nicht ausdrücklich bestimmt, folgt aber bereits aus der entsprechenden Regelung in § 114 a Satz 2. Weil Zwischenrechte für die erweiterte Befriedigung des Erstehers nicht zu berücksichtigen sind, ist mit dem Zuschlag die Verschleuderung des Grundstücks ausgeschlossen. Es ist daher auch für Einschränkung des Versagungsgrundes des Abs 1 durch Abs 3 auf das angemessene Versteigerungsergebnis abzustellen, das mit erweiterter Befriedigung des Erstehers nach Maßgabe des § 114 a Satz 2 erzielt wird.

4.6 Weil ein **Zwischenrecht** für Erteilung des Zuschlags auf ein Gebot auch unter 50% des Grundstückswertes im Falle des Abs 3 unberücksichtigt bleibt, muß dessen **Gläubiger selbst für Schutz** vor Verlust bei Versteigerung (mit Antrag nach § 74 a; als betreibender Gläubiger auch mit Einstellungsbewilligung; sonst auch möglich mit Ablösung usw) Sorge tragen. Ein Gläubiger, der den Versteigerungstermin nicht wahrnimmt, riskiert damit, auch mit einem erstrangigen Anspruch dann vollständig oder doch teilweise auszufallen, wenn dem Meistgebot unter der Hälfte des Grundstückswertes eines zur Befriedigung aus dem Grundstück Berechtigten der Zuschlag erteilt wird (Haftungsgefahr für Gläubigervertreter; siehe dazu auch[23]). Ist der Zwischenberechtigte bestbetreibender Gläubiger (Beispiel: Verkehrswert 100 000 DM; Versteigerung auf Antrag des A, Recht 50 000 DM; „geringes" Meistgebot des nachrangigen B, Recht 75 000 DM), dann verpflichtet rechtsstaatliche Verfahrensgestaltung (Einl Rdn 8) das Vollstreckungsgericht, den Gläubiger über die Tragweite des Zuschlags bei unzulänglichem Meistgebot und die Möglichkeit aufzuklären, Verlust durch Einstellungsbewilligung (§ 30) oder Antragsrücknahme (§ 29) zu verhindern, und gegebenenfalls die Entscheidung über den Zuschlag nicht sofort, sondern in einem späteren Verkündungstermin zu treffen (§ 87) (zur Aufklärungspflicht Einl Rdn 24); gegen Hinweispflicht des Vollstreckungsgerichts, wenn es sich bei dem betreibenden Gläubiger um ein geschäftserfahrenes Realkreditinstitut[24] oder um eine (ständig mit Vollstreckungsverfahren befaßte) Gemeinde[25] handelt und (allgemein)[26]; dem ist nicht zu folgen; zumindest das Terminsergebnis muß dem abwesenden Gläubiger vor Erteilung des Zuschlags zur Kenntnis gebracht werden; für Aufklärungspflicht, wenn der anwesende Beteiligte (auch der Vertreter einer Bank[27]) die ihm nachteilige Rechtslage offenbar nicht erkennt oder ihre Auswirkungen unrichtig einschätzt[28], dagegen[29]. Rechtliches Gehör ist dem im Versteigerungstermin nicht anwesenden (nicht vertretenen) bestbetreibenden Gläubiger zu gewähren, wenn nachträglich eine verdeckte Vollmacht offengelegt wird und daher (Rdn 4.9) der Zuschlag abweichend von einem vorher fernmündlich gegebenen Aufschluß, daß nach Sachlage Zuschlagsversagung wegen Abs 1 des § 85 a zu erfolgen habe, erteilt werden soll[30].

4.7 Der Versagungsgrund des § 85 a Abs 1 ist **von Amts wegen** (ohne Antrag) zu beachten ist (Rdn 2.1), seine Voraussetzungen sind daher von Amts wegen zu ermitteln, wenn sie bei Beschlußfassung über den Zuschlag nicht sicher feststehen. Erforderlich ist daher Feststellung, ob der als befriedigt zu berücksichtigende Anspruch des Meistbietenden besteht (schließt Versagung des Zuschlags aus, Abs 3), bei einer Hypothek oder Grundschuld somit, ob sie Gläubigerrecht ist und dem Meistbietenden zusteht. Das erfordert bei Briefrechten Legitimation des Meistbietenden durch Briefvorlage und gegebenenfalls Vorlage der Urkunden des

---

[23] Dassler/Schiffhauer § 85 a Rdn 28; Steiner/Storz Rdn 24; Muth Rpfleger 1985, 45 (II 2).
[24] OLG Schleswig JurBüro 1984, 1264.
[25] OLG Oldenburg JurBüro 1988, 788 = Rpfleger 1988, 277.
[26] LG Kiel Rpfleger 1988, 277 mit zust Anm Harm.
[27] OLG Hamm JurBüro 1986, 1889 = Rpfleger 1986, 441.
[28] OLG Hamm aaO (Fußn 27); LG Krefeld Rpfleger 1988, 34.
[29] Muth Rpfleger 1986, 417
[30] LG Bonn Rpfleger 1989, 211.

§ 85 a 4.7 Entscheidung über den Zuschlag

BGB § 1155. Dafür, daß die gesicherte Forderung besteht und damit die Hypothek Gläubigerrecht ist, hat bei der Verkehrshypothek die Vermutung des § 891 (mit § 1138) Anwendung zu finden (anders bei der Sicherungshypothek, BGB § 1185 Abs 2). Zu Einzelheiten § 117 Rdn 2.5. Bleibt umgekehrt bei Entscheidung über den Zuschlag ein Gläubigerrecht zur Befriedigung aus dem Grundstück des Meistbietenden unbekannt (weil die Abtretung eines eingetragenen Briefrechts weder bekannt noch durch Brief- und Urkundenvorlage offengelegt ist), so erfolgt Versagung des Zuschlags nach Abs 1 des § 85 a. Ein Gebot unter der Hälfte des Grundstückswertes ist wirksam (Rdn 2.3). Die Feststellung und damit der Nachweis der Berechtigung des Meistbietenden zur Befriedigung aus dem Grundstück unterliegt daher nicht dem zeitlichen Wirksamkeitserfordernis, das § 71 Abs 2 bestimmt (dazu § 71 Rdn 6.6); maßgeblich ist vielmehr, ob der Versagungsgrund des Abs 1 **bei Entscheidung über den Zuschlag** ausgeschlossen oder gegeben war. Bis dahin kann für Feststellung oder Ausschluß der Voraussetzungen von Abs 3 die Berechtigung des Meistbietenden somit noch nachgewiesen und festgestellt werden. Erwerb des ausfallenden Rechts eines Dritten in der $^5/_{10}$-Wertgrenze durch den Meistbietenden (zur Schaffung des Zuschlagsgrundes nach Abs 3) erst nach Schluß der Versteigerung schließt bei Entscheidung über den Zuschlag nach Abs 3 Versagung aus (vgl § 114 a Rdn 2.5). Abtretung der zur Befriedigung aus dem Grundstück berechtigenden Anspruchs des Meistbietenden, mit dem er ausfallen würde, an einen Dritten (für Zuschlagsversagung nach Abs 1 mit Wegfall des Zuschlagsgrundes nach Abs 3): § 85 a Rdn 5.7.

4.8 Auch die in **Rangklasse 8** des § 10 Abs 1 fallenden älteren rückständigen Ansprüche können erweitert befriedigt sein (§ 114 a Rdn 2.4 und 3.3), gehören somit, weil Zwischenrechte unberücksichtigt bleiben, zu dem mit dem Meistgebot zusammenzurechnenden Ausfallbetrag (so auch[31]; anders[32]). Fraglich ist jedoch, unter welcher Voraussetzung ältere Rückstände in Rangklasse 8 als Gläubigeranspruch bei Entscheidung über den Zuschlag zu berücksichtigen sind. Für Aufnahme in den Teilungsplan würde Anmeldung genügen (§ 114 Abs 1); Grund: dem kann widersprochen werden (§ 115 Abs 1). Diese allein kann aber nicht ausreichend sein, weil der Bieter sonst nur durch Anmeldung hoher Beträge älterer Rückstände die Voraussetzung für Befriedigung des Zuschlags bewirken könnte (Zahlenbeispiel bei[33]), auch wenn der Anspruch sich später als nicht begründet erweist. Zum geringsten Gebot müßten rückständige grundbuchersichtliche wiederkehrende Leistungen zwar angemeldet, aber nicht glaubhaft gemacht werden (§ 45 Abs 2). Damit gilt im Grunde gleiches; Vorschriften über die Bildung des geringsten Gebots erlangen aber zudem für Ansprüche in Rangklasse 8 keine Bedeutung, so daß auch deshalb nicht auf § 45 Abs 2 zurückgegriffen werden kann. Über die Befriedigungswirkung des § 114 a als materiellrechtliche Folge des Zuschlags hat das Prozeßgericht zu entscheiden (§ 114 a Rdn 3.10); dem kann bei Entscheidung über den Zuschlag nicht Rechnung getragen werden. Aus dem Protokoll ersichtlich (§ 80) kann der Bestand rückständiger Ansprüche nicht sein (gehört nicht zu den Vorgängen im Versteigerungstermin). Es kann daher allein darauf ankommen, daß das Recht des Meistbietenden auf Erteilung des Zuschlags (§ 81 Abs 1) unter den besonderen Voraussetzungen des Abs 3 sicher feststehen muß. Das erfordert berücksichtigungsfähige Anmeldung rückständiger wiederkehrender Leistungen in Rangklasse 8 des § 10 Abs 1; es muß aber auch der Anspruch auf nachrangige Befriedigung nicht nur seinem Grunde, sondern auch seinem Betrage nach sicher feststehen, somit bewiesen sein (freie Beweiswürdigung nach ZPO § 286). Die Beweisvermutung von BGB § 891 Abs 1 kann keine Anwendung finden, weil das Grundbuch über das Vorhandensein und die Höhe der Rückstände (in Rang-

---

[31] Hintzen Rpfleger 1994, 34 (Anmerkung).
[32] LG Verden Rpfleger 1994, 34.
[33] Hintzen Rpfleger 1994, 34 (Anmerkung).

klasse 8) keinen Aufschluß gibt. Die Beweislast für den entscheidungserheblichen Bestand und für die Höhe der Rückstände in Rangklasse 8 des § 10 Abs 1 kann daher nur den Meistbietenden treffen, der mit Anmeldung das nur nachrangig berücksichtigungsfähige Recht auf Befriedigung aus dem Grundstück in Anspruch nimmt. Nicht ausreichender Beweis (Unaufklärbarkeit) kann daher nur zu seinen Lasten gehen. Das gebietet zugleich, daß dem Schuldner zu Bestand und Höhe der in Rangklasse 8 geltend gemachten rückständigen wiederkehrenden Leistungen rechtliches Gehör gewährt wird.

Sonderfälle: Abtretung (§ 81 Absatz 2); Vertretung (§ 81 Absatz 3) 5

5.1 Bei **Abtretung des Rechts aus dem Meistgebot** (§ 81 Abs 2) ist darauf abzustellen, ob im Einzelfall die Befriedigungsfiktion des § 114 a Anwendung findet. Zu unterscheiden ist (hierzu auch ZVG-Handbuch Rdn 344 k):

5.2 Meistbietender ist ein zur **Befriedigung aus dem Grundstück Berechtigter,** der bei seinem Gebot als Ersteher nach § 114 a mit einem Betrag gedeckt sein würde, der zusammen mit dem baren Meistgebot und dem Kapitalwert der bestehen bleibenden Rechte die Hälfte des Grundstückswerts ergibt. Er hat das Recht aus dem Meistgebot auf einen Dritten übertragen. Die Befriedigungsfiktion des § 114 a findet auch bei Erteilung des Zuschlags an diesen Dritten Anwendung (§ 114 a Rdn 2.7 zu b). Der Zuschlag ist dem Zessionar des Rechts aus dem Meistgebot (§ 81 Abs 2) daher zu erteilen (so auch ZVG-Handbuch Rdn 344 k Fall a; ebenso[34]); er ist mithin nicht nach Abs 1 zu versagen. Unerheblich ist, ob der Dritte, dem das Recht aus dem Meistgebot übertragen ist, gleichfalls ein zur Befriedigung aus dem Grundstück Berechtigter ist und mit seinem Recht in der $^5/_{10}$- oder $^7/_{10}$-Grundstückswertgrenze steht (für ihn keine Befriedigungsfiktion nach § 114 a; dort Rdn 2.7 zu b) oder ob er selbst kein Recht auf Befriedigung aus dem Grundstück hat.

5.3 Der **Meistbietende** hat selbst **kein Recht auf Befriedigung aus dem Grundstück** oder nur ein Recht außerhalb des nach § 114 a erheblichen Grundstückswertes. Er tritt das Recht aus dem Meistgebot ab an einen zur Befriedigung aus dem Grundstück Berechtigten, der, wenn er selbst geboten hätte, als Ersteher nach § 114 a mit mindestens einem Betrag befriedigt sein würde, der zusammen mit dem baren Meistgebot und dem Kapitalwert der bestehen bleibenden Rechte die Hälfte des Grundstückswerts erreicht. Gegenüber dem Zessionar des Rechts aus dem Meistgebot kann die Befriedigungsfiktion des § 114 a nicht gelten (siehe bereits § 114 a Rdn 2.7 zu b; dort auch zu abweichender Ansicht). Der Zuschlag ist daher nach Abs 1 zu versagen (so auch ZVG-Handbuch Rdn 344 k Fall b und[35]). Das Meistgebot ist nicht „von einem zur Befriedigung aus dem Grundstück Berechtigten abgegeben worden". Der Ausnahmefall des Abs 3 ist daher nicht gegeben.

5.4 Der **Meistbietende** ist Gläubiger eines Rechts am Grundstück **in der $^7/_{10}$-Wertgrenze;** er tritt das Recht aus dem Meistgebot ab an einen **gleichfalls** am Grundstück **in der $^7/_{10}$-Wertgrenze** dinglich **Berechtigten.** Es kann in einem solchen Fall das (nachrangige) Recht des Meistbietenden bei der Verteilung des Erlöses ausfallen. Wenn er dann bei seinem Gebot als Ersteher nach § 114 a mit einem Betrag gedeckt sein würde, der zusammen mit dem baren Meistgebot und dem Kapitalwert des bestehen bleibenden Rechts die Hälfte des Grundstückswerts ergibt, ist dem Zessionar der Zuschlag nach Abs 3 zu erteilen; die Befriedigungsfiktion des § 114 a findet Anwendung (Rdn 5.2). Zahlenbeispiel hierzu ZVG-

---

[34] Dassler/Schiffhauer § 85 a Rdn 29.
[35] OLG Koblenz MDR 1986, 682 = Rpfleger 1986, 233 und 397 Leitsatz mit abl Anm Rosenberger; Dassler/Schiffhauer § 85 a Rdn 29; Ebeling Rpfleger 1988, 400 (401, Fall 1).

§ 85 a 5.4 — Entscheidung über den Zuschlag

Handbuch Rdn 344 k zu c. Es kann aber in einem solchen Fall auch bei Verteilung des Erlöses der (vorrangige) Meistbietende (wenigstens noch teilweise) gedeckt sein und der nachrangige Dritte, dem das Recht aus dem Meistgebot abgetreten ist, innerhalb der $^5/_{10}$-Grundstückswertgrenze ausfallen. Dann ist der Zuschlag nach Abs 1 zu versagen; der Ausnahmefall des Abs 3 ist nicht gegeben (wie Rdn 5.3): Zahlenbeispiel hierzu ZVG-Handbuch Rdn 344 k zu c.

5.5 Auch wenn das Recht aus dem Meistgebot nach Übertragung auf einen Dritten **erneut** (auch wiederholt) **abgetreten** worden ist, ist nach Abs 3 der Zuschlag nur zu erteilen, wenn der Meistbietende ein zur Befriedigung aus dem Grundstück Berechtigter ist und bei seinem Gebot nach Maßgabe des § 114 a mit einem Betrag erweitert befriedigt wird, der zusammen mit dem baren Meistgebot und dem Kapitalwert der bestehen bleibenden Rechte die Hälfte des Grundstückswertes ergibt (wie Rdn 5.2). Gegenüber den (mehreren) Zessionaren des Rechts aus dem Meistgebot gilt die Befriedigungsfiktion des § 114 a nicht. Erteilung des Zuschlags rechtfertigt Abs 3 daher nicht, wenn der Ausfall des „anderen", der nach Abtretung zunächst Berechtigter war, oder der Ausfall des Zessionars, dem nach § 81 Abs 2 der Zuschlag zu erteilen wäre, oder deren Gesamtausfall, zusammen mit dem baren Meistgebot und dem Kapitalwert der bestehen bleibenden Rechte die Hälfte des Grundstückswerts ergibt (siehe auch § 114 a Rdn 2.7 zu c).

5.6 Zuschlag an den **verdeckten** (oder stillen) **Vollmachtgeber,** für den der Meistbietende geboten hat, ermöglicht § 81 Abs 3 bei Anerkennung des nachträglichen Nachweises (Ausnahme von § 71 Abs 2) des zwischen dem Meistbietenden und dem Dritten bestehenden Vertretungsverhältnisses (§ 81 Rdn 1.1). Abgegeben ist das Meistgebot für Erteilung des Zuschlags daher von dem Dritten, für den (verdeckt) geboten worden ist. Der mit dem Gebot nach Abs 3 zusammenzurechnende Betrag mit dem der Meistbietende bei der Verteilung des Erlöses ausfallen würde, kann daher nur Betrag eines aus dem Grundstück zu befriedigenden Anspruchs des Vertretenen sein, dem der Zuschlag zu erteilen ist (ebenso[36]).

5.7 Die Berechtigung zur Befriedigung aus dem Grundstück (Abs 3) muß **bei Entscheidung über den Zuschlag** (§ 87) bestehen (so auch[37]), nicht auch bereits bei Abgabe des Gebots (§ 114 a Rdn 2.5). Jedoch kann die Beschwerde gegen den Versagungsbeschluß nicht darauf gestützt werden, daß ein Recht erst danach erworben wird (§ 100 Abs 1; dann keine Verletzung des § 85 a). Tritt der Meistbietende sein Recht am Grundstück in der $^5/_{10}$-Wertgrenze vor Entscheidung über den Zuschlag an einen Dritten ab, so muß demzufolge der Zuschlag versagt werden (so auch ZVG-Handbuch Rdn 344 k).

6 Zuzahlung bei Gebot unter $^5/_{10}$?

Erteilung des Zuschlags auf ein Meistgebot (einschließlich bestehenbleibende Rechte), das die Hälfte des Grundstückswerts nicht erreicht und nicht von einem zur Befriedigung aus dem Grundstück Berechtigten abgegeben worden ist (somit unzulässig unter Annahme der Voraussetzungen des Abs 3) ist wirksam, führt aber bei Anfechtung zur Aufhebung des Zuschlags (§ 100 Abs 1). Wird der (unzulässig erteilte) Zuschlag rechtskräftig, dann erhebt sich die Frage, ob der Ersteher den Betrag, der für Erteilung des Zuschlags nach Abs 3 bis zur Hälfte des Grundstückswerts als Ausfallbetrag seinem baren Meistgebot samt dem Kapitalwert der bestehenbleibenden Rechte zugerechnet wurde, zu zahlen hat. Dieser Fall ist gesetzlich nicht geregelt. Eine Zahlungspflicht des Erstehers wird wohl verneint werden können (auch Anwendung des Grundgedankens von §§ 50, 51, somit analoge Anwendung dieser Bestimmungen, wäre denkbar).

---

[36] Ebeling Rpfleger 1985, 279 (II 1, 2).
[37] Dassler/Schiffhauer § 85 a Rdn 19.

[Wirkung der Zuschlagsversagung]

86 Die rechtskräftige Versagung des Zuschlags wirkt, wenn die Fortsetzung des Verfahrens zulässig ist, wie eine einstweilige Einstellung, anderenfalls wie die Aufhebung des Verfahrens.

Allgemeines zu § 86 1

Zweck und **Anwendungsbereich:** Die Vorschrift befaßt sich mit der Wirkung der Zuschlagsversagung. Sie gilt für alle Versteigerungsverfahren des ZVG.

Wirkung der Zuschlagsversagung 2

2.1 Die **rechtskräftige Versagung** des Zuschlags wirkt, wenn die Fortsetzung des Verfahrens zulässig ist, **wie** die einstweilige **Einstellung,** wenn die Fortsetzung unzulässig ist, **wie** die **Aufhebung** des Verfahrens: § 86. Diese Wirkung der rechtskräftigen Zuschlagsversagung ist in der Beschlußformel anzugeben und in den Gründen des Versagungsbeschlusses zu begründen.

2.2 Fortsetzung ist **unzulässig** bei zur Aufhebung des Verfahrens zwingenden Mängeln nach § 28, bei Antragsrücknahme nach § 29, bei mehr als zwei Einstellungsbewilligungen nach § 30 und nach Sachlage auch bei Mängeln nach § 83 Nr 5–6. **Fortsetzung** ist **zulässig** in anderen Fällen, so bei Mängeln nach § 83 Nr 1–4 (unter den Voraussetzungen des § 84), bei Einstellungsbewilligung nach § 30 (wenn noch zulässig), bei noch zulässigen Einstellungsanträgen nach §§ 30 c, 30 d Abs 1, sowie nach ZPO §§ 765 a, 769 Abs 2, § 775, bei Zahlung durch den Schuldner oder einen Dritten gemäß § 75, bei Einstellung in einen Teil der Grundstücke wegen Deckung aus einem oder mehreren gemäß § 76. Waren Titel und Beschlagnahmebeschlüsse an einen Prozeßunfähigen zugestellt, die Beschlagnahme also unwirksam und das Verfahren gesetzwidrig, so ist die Fortsetzung unzulässig[1].

2.3 Wurde **gesetzwidrig** statt der Versagung **eingestellt** oder aufgehoben (§ 33 Rdn 2.1), so sind damit bereits alle Gebote erloschen (§ 72). Unter Umständen kann man aber eine zu Unrecht erfolgte Einstellung auch nur als „Hinweis" auf die Wirkung des § 86 ansehen[2].

2.4 Die **Wirkung** als Einstellung oder Aufhebung durch die Rechtskraft der Versagung tritt nur **gegenüber** den (von den Einstellungs- oder Aufhebungsgründen betroffenen) **betreibenden Gläubigern** ein (dazu auch[3]), also anders als bei § 77 Abs 1 (Einstellung mangels Gebots gegenüber allen im Termin betreibenden Gläubigern, § 77 Rdn 2), auch anders als in § 74 a Abs 3 (Versagung wegen zu geringen Gebots gegenüber allen im Termin betreibenden Gläubigern, § 74 a Rdn 5). Von der Versagungswirkung werden also in § 86 nicht betroffen diejenigen betreibenden Gläubiger, auf die sich die Einstellungs- und Aufhebungsgründe nicht beziehen oder deren Ansprüche wegen verspäteter Zustellung (§ 43 Abs 2) nicht berücksichtigt werden konnten. Für diese alle ist dann, wenn ihre Voraussetzungen erfüllt sind, von Amts wegen und unter Wahrung der gesetzlichen Fristen Versteigerungstermin zu bestimmen. Liegen bei verspätet zugestellten auch Aufhebungs- oder Einstellungsgründe vor (ZPO §§ 765 a, 775; ZVG §§ 28, 29 usw), so wird ihnen gegenüber, unabhängig von der Zuschlagsversagung und unabhängig von den anderen betreibenden Gläubigern (keine Einheit des Verfahrens), über Aufhebung oder Einstellung entschieden und, falls es dazu kommt, kein neuer Termin für sie angesetzt. Nur für die dann verbleibenden betreibenden Gläubiger wird neuer Termin angesetzt, und zwar ohne Rücksicht darauf, daß etwa im Rechtsmittelverfahren der §-86-Versagungsbeschluß aufgehoben werden und Zu-

---

[1] OLG Hamm JMBlNJW 1962, 126.
[2] OLG Hamm NJW 1965, 2410 mit Anm Schriftleit = OLGZ 1965, 311.
[3] Mayer Rpfleger 1983, 265 (III 4).

§ 86 2.4 Entscheidung über den Zuschlag

schlag auf Grund des vergangenen Termins noch erteilt werden kann. Geschieht dies, so wird der neue Termin natürlich wieder abgesetzt, weil ja die Versteigerung dann für und gegen alle Verfahrensbeteiligten wirkt. Wenn die Versagung mit Rechtskraft als Aufhebung für alle betreibenden Gläubiger wirkt, so ist das Grundbuchamt um Löschung des Versteigerungsvermerks zu ersuchen (§ 34). Die als Einstellung wirkende Versagung ist keine Einstellung im Sinne von § 30 d Abs 1, läßt also später noch neue Einstellungen zu (anders[4], mit Recht abgelehnt in der Anmerkung).

2.5 Wenn die Fortsetzung zulässig ist, muß der von der Einstellungswirkung betroffene betreibende Gläubiger einen **Fortsetzungsantrag** stellen (§ 31 Abs 1). Es wird nicht von Amts wegen fortgesetzt, auch nicht, wenn der Zuschlag im Rechtsmittelverfahren versagt wird. Ausnahmsweise ist kein Antrag nötig, wenn es sich um Hindernisse aus § 28 handelt (grundbuchmäßige Hindernisse, die von Amts wegen zu beachten sind) und bei Einstellung nach ZPO § 769 Abs 2 (befristete Einstellung des Vollstreckungsgerichts an Stelle des Prozeßgerichts). Unter Umständen ist ein Fortsetzungsantrag auch dann nicht nötig, wenn der Versagung bestimmte Maßnahmen nach ZPO § 765 a zugrunde liegen; hier kann nämlich, weil beliebige Eingriffe nach § 765 a möglich sind (Einl Rdn 56), auch von Amts wegen nach Rechtskraft der Versagung neuer Termin bestimmt werden, ohne eine Einstellungsfrist oder einen Fortsetzungsantrag abzuwarten (§ 30 b Rdn 5).

2.6 Wenn Fortsetzungsantrag nötig ist, kann der **Fristbeginn** dafür erst nach Rechtskraft des Versagungsbeschlusses liegen[5] und er richtet sich dann nach § 31 Abs 2–3, § 67 Abs 2 und nach den Angaben im Beschluß (bei Einstellung auf bestimmte Zeit Ende der Einstellungszeit; bei Einstellung durch das Prozeßgericht Wegfall· dieser Einstellung; bei Einstellung wegen Konkurses Ende des Konkursverfahrens). Versagt das Vollstreckungsgericht den Zuschlag, so treten die Wirkungen der Versagung mit der Rechtskraft des Versagungsbeschlusses ein, also (wenn er nicht angefochten wird) mit Ablauf von zwei Wochen nach der Verkündung des Versagungsbeschlusses (§ 87 Abs 1, § 98). Versagt das Rechtsmittelgericht (oder der Richter auf Rechtspflegererinnerung) den Zuschlag, so wird die Versagung im Sinne von § 86 mit Ablauf von zwei Wochen nach der zeitlich letzten Zustellung (gemäß § 103) rechtskräftig.

2.7 Wo ein Fortsetzungsantrag nötig ist, muß der von der Einstellungswirkung betroffene betreibende Gläubiger darüber **belehrt** werden: § 31 Abs 3. Eine Ausnahme gilt bei Versagung wegen einer Einstellung aus § 76 (§ 76 Rdn 3.2). Ein rechtzeitiger Fortsetzungsantrag wird behandelt wie sonst nach § 31 und § 76 Abs 2. Bei verspätetem Fortsetzungsantrag wird das Verfahren von Amts wegen nach § 31 Abs 1 Satz 2, § 76 Abs 2 Satz 2 aufgehoben. Die Antragsfrist ist bei § 76 Abs 2 ausnahmsweise drei Monate[6] (anders[7]: sechs), bei § 31 sechs Monate.

2.8 Wo eine **Belehrung** des Gläubigers über die Fortsetzung nötig ist, sollte diese nicht (wie sonst bei Einstellung) mit dem Versagungsbeschluß verbunden, sondern **gesondert** zugestellt werden, damit nicht irrtümlich der Zustellungsempfänger die ab Verkündung laufende Frist für die Anfechtung erst ab Zustellung dieses Beschlusses rechnet (die Zustellung ist für die Fortsetzungsfrist maßgebend) und auch nicht die Fortsetzungsfrist mit der Anfechtungsfrist verwechselt (dazu § 87 Rdn 2).

2.9 Die Vorschrift des § 86 über die **Einstellungswirkung** der Zuschlagsversagung **gilt nicht** für die Versagung nach § 74 a und § 85 a (hier muß von Amts

---

[4] OLG Bamberg NJW 1956, 429 mit abl Anm Riedel und Anm Schriftleit.
[5] Dassler/Schiffhauer § 86 Rdn 5; Steiner/Storz § 86 Rdn 8..
[6] Steiner/Storz § 86 Rdn 7.
[7] Jaeckel/Güthe § 86 Rdn 2.

Verkündung der Zuschlagsentscheidung 2.1 § 87

wegen neuer Termin angesetzt werden muß), nicht für die Versagung nach § 85 (hier ist schon vor der Versagung neuer Termin beantragt, der mit der Versagung schon zu bestimmen ist). In allen anderen Fällen ist § 86 anzuwenden.

[Verkündung der Zuschlagsentscheidung]

87 (1) **Der Beschluß, durch welchen der Zuschlag erteilt oder versagt wird, ist in dem Versteigerungstermin oder in einem sofort zu bestimmenden Termine zu verkünden.**

(2) **Der Verkündungstermin soll nicht über eine Woche hinaus bestimmt werden. Die Bestimmung des Termins ist zu verkünden und durch Anheftung an die Gerichtstafel bekanntzumachen.**

(3) **Sind nachträglich Tatsachen oder Beweismittel vorgebracht, so sollen in dem Verkündungstermine die anwesenden Beteiligten hierüber gehört werden.**

Allgemeines zu § 87   1

Zweck und **Anwendungsbereich**: Die Vorschrift befaßt sich mit der Verkündung der Zuschlagsentscheidung. Sie gilt für alle Versteigerungsverfahren des ZVG.

Entscheidungsverkündung im Versteigerungstermin (Absatz 1)   2

2.1 Grundsätzlich **muß** die Zuschlagsentscheidung des Vollstreckungsgerichts, positiv oder negativ, **verkündet** werden: Abs 1. Diese Verkündung ist wesentlich, Zustellung an ihrer Stelle genügt nicht[1]. Folgen eines Verstoßes: Rdn 2.5 und § 89 Rdn 2. Zuschlagsentscheidungen der Beschwerdegerichts, positive oder negative, werden nur zugestellt: § 103. Verkündet wird im Versteigerungstermin oder in einem besonderen Verkündungstermin: Abs 1. Es ist Sache des Vollstreckungsgerichts, welche Möglichkeit der Verkündung es wählt. Eine Bestimmung hierüber in den Versteigerungsbedingungen ist unzulässig. Grundsätzlich entscheidet das Vollstreckungsgericht nach seinem Ermessen (uU aber Pflicht zur kurzzeitigen Unterbrechung des Termins, Einl Rdn 8.3), ob es in einem besonderen Verkündungstermin ansetzen will. Unter besonderen Umständen kann dies aber auch seine Pflicht sein[2], wenn zB einem abwesenden Vollstreckungsschuldner, der offenbar verfahrensunkundig oder ungewandt ist, nach einem Meistgebot, das erheblich hinter dem Wert des Objekts zurückbleibt, Gelegenheit gegeben werden soll, ja sogar muß, noch einen Vollstreckungsschutzantrag anzubringen (nach ZPO § 765 a)[2], oder wenn zB der betreibende Gläubiger selbst mit dem Zuschlag auf ein Gebot unter der Hälfte des Grundstückswertes (§ 85 a Abs 3) ausfallen würde (dazu § 85 a Rdn 4.6). Wenn das Gericht dies nicht beachtet, einseitig zB nur auf die Gläubigerinteressen bedacht ist, ohne dem Vollstreckungsschuldner ein gerechtes Verfahren zu gewährleisten, dann verstößt es gegen den in GrundG Art 14 verbrieften Anspruch auf Eigentumsgarantie[2], was zur Aufhebung des Zuschlags durch das BVerfG führt[2] (kritische Untersuchung hierzu[3]; dazu außerdem Einl Rdn 7). Bei einschlägigen Bedenken sollte das Gericht immer einen besonderen Verkündungstermin ansetzen, um vielleicht noch seiner Aufklärungspflicht (Einl Rdn 24) nachzukommen. Das Interesse des Gläubigers oder des Meistbietenden an rascher Erledigung muß dabei ebenso zurückstehen wie einem Antrag des Gläubigers auf Bestimmung eines Verkündungstermins ohne ersichtlichen Grund keine Bedeu-

---

[1] Henle, ZVG, § 87 Anm 3.
[2] BVerfG 46, 325 = KTS 1978, 157 = MDR 1978, 380 = NJW 1978, 368 = Rpfleger 1978, 206.
[3] Quack Rpfleger 1978, 197.

§ 87 2.1 Entscheidung über den Zuschlag

tung zukommt. Abwesenheit des Schuldners im Versteigerungstermin ist allein kein zwingender Anlaß, einen besonderen Termin zur Verkündung des Zuschlags anzusetzen[4].

2.2 Verkündet wird die Entscheidung **durch Verlesen** im vollen Wortlaut oder durch mündliche Bekanntgabe des wesentlichen Inhalts des Beschlusses. Um Zweifel und Irrtümer auszuschalten, empfiehlt sich immer, sie zu verlesen. [5]meint hierzu sogar, es genüge nur die Verlesung, nicht die auszugsweise Bekanntgabe, auch hinsichtlich der Begründung, weil ZPO § 329 Abs 2 nicht auf ZPO § 311 verweise. Verkündung muß auch dann erfolgen, wenn dabei Verfahrensbeteiligte nicht oder nicht mehr anwesend sind ([6]meint: wenn niemand anwesend sei, sei nichts vorzulesen, es genüge dann, wenn der Vorsitzende den Beschluß dem Protokollführer übergebe mit dem Hinweis, daß nun verkündet sei, weil ja bei Urteilen auch das Einsehen der Formel durch die Beteiligten genüge; es wird hiervon abgeraten, das ZVG verlangt nun einmal Verkündung). Die Verkündung muß im Protokoll festgestellt werden (ZPO § 160 Abs 3 Nr 7).

2.3 Der Beschluß über die **Zuschlagsversagung** wird neben der Verkündung **nicht zugestellt.** Der Beschluß über die **Zuschlagserteilung** wird neben der Verkündung an bestimmte Personen **zugestellt** (§ 88). Die Entscheidung des Beschwerdegerichts (sinngemäß auch die des Richters am Vollstreckungsgericht) wird nicht verkündet, nur zugestellt (§ 103).

2.4 a) Die mit der Einstellungswirkung bei Zuschlagsversagung (§ 86) notwendige **Fortsetzungsbelehrung** (§ 31) des von ihr betroffenen betreibenden Gläubigers muß **zugestellt** werden[7] (§ 86 Rdn 2), weil erst mit der Zustellung die Frist zu laufen beginnt (§ 31). Erst nach Rechtskraft des Versagungsbeschlusses (die Rechtskraft wirkt ja erst als Einstellung, § 86) hat diese Belehrung gesondert zu erfolgen. Es wird davon abgeraten, Versagungsbeschluß und Belehrung gemeinsam zuzustellen, da sonst Verwechslungen möglich sind (§ 86 Rdn 2). Die Wiedervorlage zur Zustellung ist vorzumerken.

b) Man wird etwa sagen: Dem Meistbietenden . . . wird auf sein im Versteigerungstermin vom . . . abgegebenes Meistgebot von . . . DM in bar bei bestehenbleibenden Rechten von . . . der Zuschlag versagt. Diese Versagung wirkt mit Eintritt der Rechtskraft dieses Beschlusses als einstweilige Einstellung des Zwangsversteigerungsverfahrens aus dem Anordnungs-/Beitrittsbeschluß vom . . . (Gläubiger . . .). Die hierzu nötige Belehrung über die Fortsetzung des Verfahrens nach ZVG § 31 wird erst nach der Rechtskraft dieser Entscheidung gesondert erfolgen.

2.5 Wird der Beschluß über die **Erteilung** des Zuschlags nicht verkündet, sondern **nur zugestellt,** so ist das wegen § 89 (Zuschlag wird mit der Verkündung wirksam) stets ein **Anfechtungsgrund** (weitere Folgen § 89 Rdn 2). Hält hier das Beschwerdegericht (sinngemäß auch der Richter des Vollstreckungsgerichts auf Rechtspflegererinnerung hin) die Zuschlagserteilung für sachlich berechtigt, so muß es doch entsprechend § 101 Abs 2 unter Aufhebung des nicht verkündeten (und damit nicht wirksam gewordenen) Zuschlagsbeschlusses den Zuschlag erteilen, wobei hier die Wirksamkeit nach § 104 mit der Zustellung eintritt. Wegen der zwingenden Vorschrift des § 87 und wegen des § 89 sind alle Gegenmeinungen abzulehnen, zB[8] (Zustellung statt Verkündung sei wirksam) und[9] (sie sei nur anfechtbar). Weitere Folgen § 89 Rdn 2.

---

[4] OLG Frankfurt Rpfleger 1991, 470.
[5] Niemeyer NJW 1968, 285.
[6] Dassler/Schiffhauer § 87 Rdn 11.
[7] Drischler JVBl 1965, 225 (b).
[8] OLG München BayJMBl 1954, 161 = MDR 1954, 424; LG Braunschweig MDR 1968, 675; Jaeckel/Güthe § 89 Rdn 1.
[9] OLG Schleswig SchlHA 1957, 158; Steiner/Storz § 87 Rdn 7.

Verkündung der Zuschlagsentscheidung   3.3   § 87

2.6 Wird der Beschluß über die **Versagung** des Zuschlags **nicht verkündet,** so liegt hierin (§ 89 steht ja dabei nicht im Wege) kein Anfechtungsgrund[10]. Die Anfechtungsfrist des § 98 beginnt dann einfach mit der Zustellung.
2.7 Über die Verkündung der Zuschlagsentscheidung im ZVG-Handbuch Rdn 355.

Verkündungstermin für Zuschlagsentscheidung (Absätze 2 und 3)   3

3.1 Falls das Gericht es nicht für **zweckmäßig** oder zulässig hält, die Zuschlagsentscheidung im unmittelbaren Anschluß an die Verhandlung nach § 74 zu verkünden (Rdn 2), muß es besonderen Verkündungstermin ansetzen. Dabei ist zu bedenken, daß bis zur Verkündung eine gewisse Unsicherheit besteht, auch hinsichtlich der geleisteten Sicherheit, und daß das Verfahren hierdurch verzögert wird. Sie muß aber in diesem Fall in Kauf genommen werden.

3.2 Der Verkündungstermin ist im Versteigerungstermin „**sofort**" **zu bestimmen:** Abs 1. Muster hierfür im ZVG-Handbuch Rdn 337. Der Terminsbeschluß muß verkündet werden: Abs 2 Satz 2. Unzulässig ist ein Beschluß, der Verkündungstermin werde später von Amts wegen angesetzt. Ein Verstoß beeinträchtigt allerdings nicht die Wirkung des Zuschlagsbeschlusses. Ist der Verkündungstermin entgegen dem Gesetz nicht im Versteigerungstermin verkündet worden, so müssen alle in diesem Termin erschienenen Beteiligten und der Meistbietende von der nachträglichen Terminsbestimmung benachrichtigt werden (wegen § 98). Am besten ist es natürlich, den Verkündungstermin den genannten Personen zuzustellen[11]. Der Beschluß über die Ansetzung eines Verkündungstermins, gleich ob vorschriftsmäßig verkündet oder nicht, ist an der Gerichtstafel anzuheften: Abs 2 Satz 2. Anheftung an die Gerichtstafel ist jedoch keine Wirksamkeitsvoraussetzung der Verkündung[12]; die Entscheidungsverkündung ist auch wirksam, wenn der Termin nicht an der Gerichtstafel angeheftet war[13]. Wurde der Termin vorschriftsmäßig verkündet, so wird er an Beteiligte und Meistbietenden nicht zugestellt.

3.3 Der Verkündungstermin „soll" nicht über **eine Woche** hinaus angesetzt werden: Abs 2 Satz 1. Dies ist nur eine Ordnungsvorschrift[14]. Der Termin kann notfalls auch weiter hinaus angesetzt werden[15], das muß in manchen Fällen sogar geschehen. Gründe zum weiteren Hinausschieben: wenn die Zustimmung des Grundstückseigentümers zum Zuschlag eines Erbbaurechts beizubringen und gerichtlich zu ersetzen ist (§ 15 Rdn 13, § 81 Rdn 2); wenn bei Bruchteilsmiteigentum in der Vollstreckungs- oder Teilungsversteigerung ein Miteigentümer einen Auflassungsanspruch für den (allein oder mit dem anderen Anteil) zu versteigernden Anteil hat und darüber ein Prozeß schwebt, aus dem er eine Entscheidung beibringen soll. In diesen und ähnlichen Fällen kann der Verkündungstermin (auch wiederholt) verlegt[16] (ZPO § 227 Abs 1; dazu § 43 Rdn 8.2; erfordert Zustellung des Beschlusses an alle Beteiligte[16]) oder durch verkündeten Beschluß in dem vorher verkündeten Verkündungstermin vertagt[16] werden; dann ist auch die neue Terminsbestimmung nach Abs 2 Satz 2 durch Anheftung an die Gerichtstafel bekanntzumachen[16]. Gegen eine zu weite Verschiebung, insbesondere gegen eine

---

[10] OLG Hamm JMBlNW 1966, 19 = NJW 1965, 2410 mit Anm Schriftleit = OLGZ 1965, 311.
[11] Drischler RpflJahrbuch 1972, 297 (327).
[12] OLG Köln Rpfleger 1980, 354.
[13] OLG Karlsruhe BWNotZ 1967, 216 Leitsatz.
[14] Mohrbutter Rpfleger 1967, 102 (2).
[15] BGH 33, 76 = DNotZ 1961, 31 = MDR 1960, 833 = NJW 1960, 2093 = Rpfleger 1961, 192; AG Hamburg-Wandsbek Rpfleger 1967, 15 mit zust Anm Stöber; Jaeckel/Güthe §§ 87–88 Rdn 1; Steiner/Storz § 87 Rdn 13.
[16] OLG Hamm Rpfleger 1995, 176.

§ 87 3.3 Entscheidung über den Zuschlag

mehrmalige, bestehen natürlich Bedenken, weil der Meistbietende die ganze Zeit über an sein Gebot gebunden bleibt, aber doch im unklaren ist, ob er den Zuschlag erhalten werde.

3.4 Läuft noch ein **Rechtsmittelverfahren** wegen eines abgelehnten Einstellungsantrags aus ZPO § 765 a (oder auch gegen einen Einstellungsbeschluß nach § 75; dazu[17]), so muß die Verkündung durchaus nicht hinausgeschoben werden; das Vollstreckungsgericht kann vor der genannten Entscheidung ohne weiteres den Zuschlag erteilen[18].

3.5 Ist eine noch nicht rechtskräftige **Wertfestsetzung** von einem dazu Berechtigten angefochten, so wird das Vollstreckungsgericht den Verkündungstermin genügend weit hinaussetzen, bis die Rechtsmittelentscheidung über den Wert vorliegt. Es kann hier auch die Rechtsmittelinstanz durch eine einstweilige Anordnung die Verkündung absetzen und die Zuschlagsverkündung aussetzen. Auch dann muß allerdings der Verkündungstermin nach dem Datum feststehen und jeweils bei Bedarf neu verschoben werden, bis über das Rechtsmittel entschieden ist. Solche Anordnungen sind auch mehrmals möglich. Bedenken bestehen auch hier wegen der fortdauernden Bindung des Meistbietenden. Auf keinen Fall darf das Rechtsmittelgericht die Zuschlagsentscheidung deshalb verzögern, weil der Schuldner dort vorträgt, er könne jetzt doch den betreibenden Gläubiger befriedigen (das ist ja kein Grund, den Zuschlag zu versagen). Dabei sei nochmals betont: Rechtskraft des Wertbeschlusses ist bei Zuschlagsentscheidung nicht nötig (§ 74 a Rdn 9.8); doch kann es ratsam sein, sie abzuwarten, falls dies nicht nach den Umständen des Falles untragbar erscheint. Wenn ein geänderter Wert den Zuschlag nicht beeinflussen kann (auch bei dem höheren Wert würde etwa das Meistgebot schon die $7/10$-Grenze überschreiten), dann ist es sinnlos, zu warten. Was vom Rechtsmittelgericht hier gesagt wird, gilt jeweils sinngemäß auch für den Richter des Vollstreckungsgerichts bei Rechtspflegererinnerung gegen den Wert.

3.6 Der Verkündungstermin ist, wie der Versteigerungstermin **öffentlich**, er setzt diesen nur fort[19].

3.7 Weil der Verkündungstermin den Versteigerungstermin fortsetzt, können auch noch in ihm **Tatsachen und Beweismittel** vorgebracht werden (schriftlich oder im Termin). Über diese sollen im Verkündungstermin die anwesenden **Beteiligten gehört** werden: Abs 3. Solch nachträgliches Vorbringen ist nur dort zulässig, wo vom Gesetz nicht ausdrücklich ein früherer Zeitpunkt vorgeschrieben ist (so in § 67 Abs 1 Satz 1, § 70 Abs 3, § 72 Abs 1 und 2, § 74 a Abs 2) und wo nicht § 80 entgegensteht (wenn Vorgänge im Protokoll des Versteigerungstermins stehen müssen, damit man sie berücksichtigen kann). Nachträglich sind: Erklärung nach § 81 Abs 2 und 3 (Abtretung der Rechte aus dem Meistgebot oder Erklärung über verdeckten Vollmachtgeber); Einstellungsbewilligung des betreibenden Gläubigers nach § 30; Einstellungsanordnung nach § 37 Nr 5; Vortrag über Versagungsgründe nach § 83 Nr 6; Genehmigung von Verfahrensmängeln nach § 84 Abs 2; Vorlage einer nötigen behördlichen Genehmigung (soweit sie nicht zum Gebot schon nötig war) oder der Eigentümer-Zustimmung beim Erbbaurecht; Einstellungsantrag aus ZPO § 765 a. Zu den Anzuhörenden gehört, obwohl kein Beteiligter, auch der Meistbietende, dessen Gebot noch wirksam ist.

3.8 Über Abs 3 hinaus müssen, wie bei allen gerichtlichen Entscheidungen, damit das rechtliche Gehör gewährt ist, die bis zur Verkündung (im Rechtsmittelverfahren bis zur Zustellung) der Zuschlagsentscheidung noch **eingehenden Schrift-**

---

[17] OLG Köln Rpfleger 1989, 298 = WM 1989, 2754.
[18] BGH 44, 138 = MDR 1965, 899 = NJW 1965, 2107 = Rpfleger 1965, 302; LG Itzehoe SchlHA 1969, 232.
[19] Jaeckel/Güthe § 81 Rdn 3 und 6; Korintenberg/Wenz § 81 Anm 2 und 3; Steiner/Storz § 87 Rdn 8, 9 und 17.

sätze der Beteiligten, soweit sie zu beachtende Punkte enthalten, erkennbar verwertet sein[20].

3.9 Über den Verkündungstermin wird nach den allgemeinen Vorschriften ein **Protokoll** aufgenommen, mit Angabe der mitwirkenden Gerichtspersonen, der erschienenen Beteiligten, auch des Meistbietenden, wenn er erscheint, der Zeit und des Orts des Vorgangs und all dessen, was geschehen ist (Erklärungen, Anträge, Entscheidungen, Zuschlagsentscheidung).

3.10 Weil die Zuschlagsentscheidung nicht auf Grund mündlicher Verhandlung ergeht, sondern auf Grund des Versteigerungsterminsprotokolls (§ 80) und der zulässigen nachträglichen Ergänzungen (Rdn 3.7), kann sie auch ein Rechtspfleger/Richter verkünden, der den Versteigerungstermin nicht durchgeführt hat[21]. **Wechsel des Vorsitzenden** zwischen Versteigerungs- und Verkündungstermin ist also zulässig. Es kann auch, wenn auf Grund einer Vorlage des Rechtspflegers der Richter die Entscheidung erläßt, der Rechtspfleger den vom Richter erlassenen Beschluß verkünden. **Unterschreiben** muß ihn derjenige, der ihn erlassen hat.

3.11 Zur Verkündung im besonderen Termin im ZVG-Handbuch Rdn 337.

[Zustellung des Zuschlagsbeschlusses]

88 Der Beschluß, durch welchen der Zuschlag erteilt wird, ist den Beteiligten, soweit sie weder im Versteigerungstermine noch im Verkündungstermin erschienen sind, und dem Ersteher sowie im Falle des § 69 Abs 4 dem für mithaftend erklärten Bürgen und im Falle des § 81 Abs 4 dem Meistbietenden zuzustellen. Als Beteiligte gelten auch diejenigen, welche das angemeldete Recht noch glaubhaft zu machen haben.

Allgemeines zu § 88 1

1.1 Zweck der Vorschrift: § 88 befaßt sich mit der Zustellung des Zuschlagsbeschlusses. Während der Beschluß über die Versagung des Zuschlags nur verkündet, nicht zugestellt wird (§ 87 Abs 1), wird der Beschluß über die Erteilung des Zuschlags grundsätzlich verkündet (§ 87 Abs 1) und außerdem bestimmten Personen zugestellt (Satz 1). Damit laufen für die Anfechtung des Zuschlagsbeschlusses unterschiedliche Rechtsmittelfristen (§ 98, dort Rdn 2).

1.2 Anwendungsbereich: Die Vorschrift gilt für alle Versteigerungsverfahren des ZVG.

Zustellung und Mitteilung des Zuschlagsbeschlusses 2

2.1 Der Beschluß über die Erteilung des Zuschlags muß verkündet (§ 87 Abs 1) **und** bestimmten Personen zugestellt werden: Satz 1:

a) Er ist dem **Ersteher** zuzustellen, dem er auch als Ausweis über sein neues Eigentum dient. Wurde über den Meistbietenden nach Abgabe des Meistgebots das Konkursverfahren eröffnet (Zuschlag ist an den Meistbietenden zu erteilen, § 81 Rdn 3.4), so erfolgt die Zustellung an den Konkursverwalter[1]. Hat der Gemeinschuldner nach der Konkurseröffnung geboten (konkursfreier Neuerwerb), so ist an ihn zuzustellen. Für einen Bieter, dessen Gebot nicht erloschen ist (§ 72 Abs 1, 2), wirkt Erteilung des Zuschlags an einen anderen Meistbietenden als Zuschlagsversagung; ihm ist der Zuschlagsbeschluß nicht zuzustellen[2] (anders[3]).

---

[20] OLG Hamm Rpfleger 1960, 410.
[21] LG Aachen Rpfleger 1986, 59; Steiner/Storz § 87 Rdn 4.
[1] Grasse, Konkurs des Meistbietenden (1939), S 16–17.
[2] Dassler/Schiffhauer § 88 Rdn 6; Steiner/Storz § 88 Rdn 1.
[3] Jaeckel/Güthe § 88 Rdn 6.

§ 88 2.1   Entscheidung über den Zuschlag

b) Im Falle des § 69 Abs 4 ist er dem Bürgen zuzustellen: Satz 1.

c) Im Falle des § 81 Abs 4, also bei Abtretung der Rechte aus dem Meistgebot (§ 81 Abs 2) und bei Erklärung, für einen verdeckten Vollmachtgeber geboten zu haben (§ 81 Abs 3), wird der Beschluß auch dem **Meistbietenden** zugestellt, weil dieser für die Verpflichtungen aus dem Meistgebot mithaftet.

d) Allen **Verfahrensbeteiligten** (§ 9), die weder im Versteigerungstermin noch im Verkündungstermin erschienen sind, ist der Beschluß zuzustellen. In diesem Fall sind als Beteiligte auch diejenigen zu behandeln, die ihr Recht zwar angemeldet, aber noch nicht glaubhaft gemacht haben (Satz 2). Für die Anwesenheit im Termin (die eine Zustellung unnötig macht) genügt es, wenn der betreffende Beteiligte entweder im Versteigerungstermin irgendeinmal als Anwesender festgestellt wurde oder auch im ersten angesetzten Verkündungstermin[4]. Nicht nötig ist, daß er auch in einem vertagten endgültigen Verkündungstermin anwesend war[5]. Kein Hindernis ist es auch, wenn er aus dem Termin sich vor dessen Ende entfernt hat[6]; es genügt, daß er, wenn auch nur kurze Zeit anwesend war und als anwesend festgestellt wurde[7]. Es genügt natürlich auch, wenn statt des Beteiligten selbst dessen Bevollmächtigter in der genannten Weise anwesend war. Befindet sich der Zustellungsadressat im Konkursverfahren, so ist an seinen Konkursverwalter zuzustellen.

2.2 Die **Zustellung** ist wegen der Bedeutung des Zuschlagsbeschlusses **gewissenhaft und beschleunigt** durchzuführen. Für Beteiligte, die einen Prozeßbevollmächtigten haben, kann die Zustellung wirksam nur an diesen geschehen (ZPO §§ 176, 178). Zuzustellen ist der Zuschlagsbeschluß in vollständiger Form, also mit einer Begründung. In den einschlägigen Fällen erfolgt die Zustellung an Testamentsvollstrecker, Nachlaßverwalter usw, für Geschäftsunfähige an den gesetzlichen Vertreter. Die Zustellung darf gleichzeitig mit der Absendung der Anzeige an das für die Grunderwerbsteuer zuständige Finanzamt erfolgen. GrEStG § 21 steht dem nicht entgegen, er schreibt nur vor, daß vor der Anzeige an das Finanzamt keine Ausfertigungen oder beglaubigten Abschriften des Beschlusses an die Beteiligten erteilt werden dürfen, behindert aber nicht die gesetzlich vorgeschriebene Zustellung.

2.3 Es wird manchmal vertreten, daß auf die Zustellung des verkündeten Zuschlagsbeschlusses **verzichtet** werden könne[8], wobei dann die Rechtsmittelfrist mit der Verkündung beginne[9]. Man sollte sich nicht auf vielleicht gerade noch mögliche Ausnahmen einlassen, sondern an die gesetzliche Regel halten. Es ist durchaus möglich, daß die höhere Instanz den Standpunkt nicht teilt und einen Verstoß feststellt. Auf Zustellung der Rechtsmittelentscheidung nach § 104 kann ohnehin nicht verzichtet werden.

2.4 Außer den durch § 88 vorgeschriebenen Zustellungen empfiehlt sich **formlose Mitteilung** des Zuschlagsbeschlusses an die Gemeinde, den Bezirksschornsteinfegermeister, das Finanzamt, gegebenenfalls auch andere örtliche Stellen, für die eine Kenntnis des Eigentumswechsels bedeutsam ist, um so dem Gericht zeitraubende Einzelantworten zu ersparen. Landesrechtlich sind solche Mitteilungen vielfach vorgeschrieben. Bundesrechtlich vorgeschrieben ist (BauGB § 195 Abs 1), daß der Zuschlagsbeschluß dem Gutachterausschuß übersandt werden muß. Zu empfehlen ist es auch, den Zuschlag dem vom Gericht zugezogenen Sachverständigen zu übersenden, damit er daraus für künftige Schätzungen Rückschlüsse auf

---

[4] OLG Köln ZIP 1981, 476.
[5] OLG München Rpfleger 1956, 103.
[6] OLG Köln JMBlNW 1966, 103.
[7] Steiner/Storz § 88 Rdn 5.
[8] Dassler/Schiffhauer § 88 Rdn 3; Steiner/Storz § 88 Rdn 10; Mohrbutter/Drischler Muster 112 Anm 2.
[9] Dassler/Schiffhauer § 88 Rdn 3; Mohrbutter/Drischler Muster 112 Anm 2.

die Grundstückswerte ziehen kann. Zur Zustellung und Mitteilung im ZVG-Handbuch Rdn 356.

2.5 Dem für die Grunderwerbsteuer zuständigen **Finanzamt** ist eine **„Anzeige"** über den Zuschlag zu erstatten (§ 81 Rdn 7.9).

[Wirksamwerden des Zuschlags]

89 Der Zuschlag wird mit der Verkündung wirksam.

Allgemeines zu § 89 1

Zweck und **Anwendungsbereich:** Die Vorschrift legt fest, wann der Zuschlag wirksam wird. Sie gilt für alle ZVG-Versteigerungsverfahren.

Wirksamwerden des Zuschlags 2

2.1 Der Zuschlagsbeschluß des **Vollstreckungsgerichts** wird **sofort** mit der Verkündung **wirksam:** § 89, während die Versagung des Zuschlags erst mit der Rechtskraft des Versagungsbeschlusses wirksam wird (§ 86). Das gilt auch, wenn bei der Verkündung niemand von den Beteiligten anwesend ist und selbst der Meistbietende nicht teilnimmt. Das gilt auch gegenüber dem Ersteher und den anderen Personen, denen der Zuschlag noch zugestellt werden muß (§ 88 Rdn 2). Beim Vollstreckungsgericht hat ja die Zustellung nur Bedeutung für den Lauf der Rechtsmittelfrist hinsichtlich der Personen, denen der Beschluß zugestellt werden muß. Wird durch einen Fehler des Vollstreckungsgerichts der Zuschlagsbeschluß nicht verkündet (§ 87 Rdn 2), aber zugestellt, so soll er mit der Zustellung[1] an den Ersteher wirksam geworden sein[2] (anders[3]: werde nicht wirksam, Verkündung müsse nachgeholt werden). Dazu § 87 Rdn 2.

2.2 Der vom **Beschwerdegericht** nach vorheriger Versagung durch das Vollstreckungsgericht erteilte Zuschlag wird erst mit der **Zustellung** an den Ersteher **wirksam:** § 104. Dies gilt auch, wenn der Richter des Vollstreckungsgerichts auf Rechtspflegererinnerung hin Zuschlag erteilt[4].

2.3 Das Wirksamwerden nach § 89 setzt voraus, daß der Zuschlag **nicht** rechtskräftig **wieder aufgehoben** wird (§ 90 Abs 1). Dies ist aber weder eine aufschiebende Bedingung (Wirksamkeit tritt sofort ein, nicht erst nach Rechtskraft) noch eine auflösende (mit der rechtskräftigen Aufhebung des Zuschlags entfallen die Wirkungen des Zuschlags rückwirkend, als ob er niemals ergangen wäre) (anders[5]: Zuschlag sei auflösend bedingt). „Aufschiebend" würde ja bedeuten, daß der Ersteher erst später Eigentümer wird, „auflösend" würde bedeuten, daß er bis zur Aufhebung Eigentümer ist; beides ist nicht der Fall. Wird ein Rechtsmittel gegen den Zuschlag eingelegt und dieser aufgehoben (durch Richter oder Beschwerdegericht), so bleibt der Zuschlag zunächst wirksam, bis er rechtskräftig aufgehoben ist. Einen Schutz gegen zwischenzeitliche Verfügungen des Erstehers für die Beteiligten gibt es nach § 94. Mit der rechtskräftigen Aufhebung gelten alle Wirkungen als niemals eingetreten. Ein gutgläubiger Erwerb des Erstehers ist nicht möglich[6]. Wenn im Rechtsmittelverfahren die Bedingungen des Zuschlags geändert werden, sind die Wirkungen, hinsichtlich deren nichts geändert wurde, also die

---

[1] OLG Köln MDR 1982, 330 = OLGZ 1982, 226 = Rpfleger 1982, 113.
[2] LG Braunschweig MDR 1968, 675; Dassler/Schiffhauer § 89 Rdn 2; Jaeckel/Güthe § 89 Rdn 1; Steiner/Storz § 87 Rdn 7 und § 89 Rdn 3.
[3] Sonntag, Rechtliche Wirkungen des Zuschlags (1932), S 21–22.
[4] Drischler RpflJahrbuch 1973, 328 (2).
[5] Lent NJW 1957, 1240 (Anmerkung).
[6] Jaeckel/Güthe § 89 Rdn 1.

§ 89 2.3 Entscheidung über den Zuschlag

Tatsache des Zuschlags, mit der Verkündung eingetreten (§ 89), nur die Änderung der Bedingungen mit der Zustellung (§ 104)[7]. Wird der Zuschlag des Vollstreckungsgerichts vom Beschwerdegericht nach § 101 Abs 1 aufgehoben, aber auf weitere Beschwerde nach § 101 Abs 2 wieder erteilt, so ist er nach § 89 vom Zeitpunkt der ursprünglichen Verkündung an wirksam[8].

2.4 Mit Rücksicht auf das jetzige Rechtsmittelverfahren sind laut[9] folgende **Möglichkeiten** denkbar:

a) Das Beschwerdegericht erteilt unter Aufhebung des Versagungsbeschlusses des Rechtspflegers (bestätigt vom Richter) den Zuschlag: wirksam mit Zustellung (§ 104).

b) Das Beschwerdegericht hebt die Versagung des Richters auf und stellt Zuschlag des Rechtspflegers wieder her: wirksam ab Verkündung des Rechtspflegers, nie außer Kraft (§ 90 Abs 1).

c) Das Oberlandesgericht hebt den Versagungsbeschluß des Landgerichts auf und stellt den Zuschlag des Rechtspflegers wieder her: ab Verkündung des Rechtspflegers wirksam, nie außer Kraft (§ 90 Abs 1).

[Eigentumserwerb durch Zuschlag]

90 (1) **Durch den Zuschlag wird der Ersteher Eigentümer des Grundstücks, sofern nicht im Beschwerdewege der Beschluß rechtskräftig aufgehoben wird.**

(2) **Mit dem Grundstück erwirbt er zugleich die Gegenstände, auf welche sich die Versteigerung erstreckt hat.**

1 Allgemeines zu § 90

1.1 Zweck und **Anwendungsbereich:** Festlegung des Eigentumserwerbs durch den Ersteher mit Zuschlag. Die Vorschrift gilt für alle Versteigerungsverfahren des ZVG.

1.2 Für die Wirkungen des Zuschlags ist neben dem Gesetz der **Inhalt des Zuschlagsbeschlusses entscheidend,** auch wenn dieser vom Gesetz abweicht[1], und zwar der schriftliche Zuschlagsbeschluß, während mündliche Zusatzerklärungen ohne Wirkung sind[2]. Staats- und völkerrechtliche Beschränkungen des Eigentums muß der Ersteher sich gefallen lassen.

1.3 Der Ersteher erwirbt das **Eigentum** am Grundstück, sofern der Zuschlag nicht rechtskräftig wieder aufgehoben wird (Abs 1). Er erwirbt das Eigentum auch an den Gegenständen, auf die sich die Versteigerung erstreckt, auch an Zubehörstücken, die sich nur im Besitz des Schuldners oder eines neu eingetragenen Eigentümers befanden (Abs 2). Er übernimmt die dinglichen **Belastungen** nach Maßgabe der Versteigerungsbedingungen (§ 52) und wirksamer Vereinbarung (§ 91 Abs 2); er übernimmt die persönliche **Schuld** bei einer Hypothek oder Grundschuld (§ 53). Er hat die Gefahr des zufälligen **Untergangs** (§ 56). Er übernimmt **Nutzungen** und Lasten (§ 56). Er übernimmt bestehende **Miet-** und **Pachtrechte** (§ 57). Er trägt die **Kosten** des Zuschlags (§ 58). In Flurbereinigungsverfahren und gewisse andere Verpflichtungen **tritt er ein** (Rdn 4, 7), auch in Versicherungsverträge (Rdn 8). Es **erlöschen** die nicht bestehenbleibenden Rechte (§ 91 Abs 1). An die Stelle bestimmter erlöschender Rechte tritt der An-

---

[7] Steiner/Storz § 87 Rdn 5; Sonntag aaO (Fußn 3).
[8] Mohrbutter/Drischler Muster 113 Anm 16 b; Sonntag aaO (Fußn 3).
[9] Drischler RpflJahrbuch 1973, 328 (2).
[1] RG 60, 48 (54) und 129, 155 (159).
[2] OLG Oldenburg Rpfleger 1976, 243.

Eigentumserwerb durch Zuschlag 2.2 **§ 90**

spruch auf **Wertersatz** (§ 92 Abs 1). Aus dem Zuschlag kann **vollstreckt** werden (§ 93). Das Grundstück kann auf Antrag in gerichtliche **Verwaltung** genommen werden (§ 94). Eine gleichzeitig laufende **Zwangsverwaltung** ist aufzuheben (§ 161 Rdn 3).

1.4 Über die Bedeutung des Zuschlags im ZVG-Handbuch Rdn 357, 358.

Eigentumserwerb durch Zuschlag (Absatz 1) 2

2.1 Durch den Zuschlag (§ 79 Rdn 3) wird der **Ersteher Eigentümer** des Grundstücks: Abs 1. Als hoheitlicher Vollstreckungsakt (§ 79 Rdn 3) ist der Zuschlag öffentlich-rechtlicher Eigentumsübertragungsakt[3]. Der Ersteher erwirbt mit dem Zuschlag Eigentum **originär**, nicht als Rechtsnachfolger des Schuldners[4]. Das bisherige Eigentum des Schuldners geht mit dem Eigentumserwerb des Erstehers von selbst unter[5]. Das Eigentum, das der Zuschlag als rechtsgestaltender Staatshoheitsakt in der Person des Erstehers schafft, ist nicht vom Schuldner abgeleitet[6]. Für diesen Eigentumserwerb durch hoheitlichen Vollstreckungsakt unter Freistellung von allen nicht nach den Versteigerungsbedingungen bestehen bleibenden Rechten (§ 91 Abs 1) ist es gleichgültig, ob der Zuschlagsbeschluß mit dem Gesetz in Einklang steht oder nicht[7] (Verfahrensmängel sind mit Rechtsbehelf geltend zu machen), ob der Ersteher dann das Meistgebot zahlt und ob er in das Grundbuch eingetragen wird (die Eintragung nach § 130 ist nur Berichtigung). Eigentum verschafft der Zuschlag ohne Rücksicht auf den guten oder bösen Glauben des Erstehers[8], ohne Rücksicht auf Willensmängel beim Gebot, ohne Rücksicht darauf, wer Eigentümer des Grundstücks war[9] (hierzu meint[10]: Eigentum erwerbe aber der Ersteher dann nicht, wenn das Grundstück im Grundbuch für einen Dritten als Eigentümer anderswo eingetragen gewesen sei), ohne Rücksicht auf den Willen des Schuldners, ohne Rücksicht auf den Erwerbswillen des Erstehers[10], unabhängig auch von entgegenstehenden Rechten Dritter. Auch der Schuldner selbst, wenn er das Grundstück einsteigert, erwirbt das Eigentum völlig neu[11], gleich ob er vorher Eigentümer des ganzen Grundstücks oder eines Grundstücksbruchteils oder eines mitversteigerten Gegenstands oder ob er nicht-eingetragener Eigentümer war.

2.2 Für den Eigentumserwerb des Erstehers und das Bestehenbleiben der nach den Versteigerungsbedingungen nicht erlöschenden Rechte ist der Zuschlagsbeschluß rechtlicher Grund[12]. Bereicherungsansprüche gegen den Ersteher oder den Gläubiger eines bestehenbleibenden Rechts gibt es daher nicht[13], selbst wenn dieser die Versteigerung ausnützte, um das Grundstück entgegen voraufgehenden Vereinbarungen billig zu erwerben (möglich nur Schadensersatzansprüche)[14]. Eventuelle Zuzahlungspflicht des Erstehers: §§ 50, 51.

---

[3] BGH 112, 59 = KTS 1990, 678 = MDR 1990, 990 = NJW 1990, 2744 = Rpfleger 1990, 523.
[4] BGH DNotZ 1987, 90 = FamRZ 1986, 978 = KTS 1986, 720 = MDR 1986, 1022 = NJW-RR 1986, 1115 = Rpfleger 1986, 396; BFH BFHE 169, 328 = BStBl 1993 II 152 = NJW 1993, 1416; RG 89, 77; OLG Karlsruhe MDR 1954, 112; LG Verden Rpfleger 1953, 243.
[5] Sonntag, Rechtliche Wirkungen des Zuschlags (1932) S 48.
[6] BGH NJW-RR 1986, 1115 = aaO (Fußn 4).
[7] RG 138, 125 (127) und 129, 155 (159).
[8] RG 129, 155 (159); RG 60, 48 (54); RG 72, 269 (271); RG 90, 335; Steiner/Eickmann § 90 Rdn 14; Nußbaum, Zwangsversteigerung, § 18 (II).
[9] RG 60, 48 (54 und 9, 335; Steiner/Eickmann § 90 Rdn 14; Mohrbutter und Riedel NJW 1957, 1500 (1 d).
[10] Mohrbutter, Handbuch des Vollstreckungsrechts, § 43 (I c).
[11] König, Wesen des Zuschlags (1935), S 105–106; Steiner/Eickmann § 90 Rdn 5.
[12] RG 138, 125 (127).
[13] RG 69, 277 (279) und 138, 125 (127); Jaeckel/Güthe § 90 Rdn 2.
[14] RG 69, 227 (279).

2.3 Die Bindung des Eigentumsübergangs in Abs 1 an den Bestand des Zuschlags („sofern nicht im Beschwerdewege der Beschluß rechtskräftig aufgehoben wird") ist Gesetzesbindung, eine Tatsache, von der kraft Gesetzes die Rechtswirkung abhängig ist, somit weder aufschiebende noch auflösende Bedingung nach BGB § 158 Abs 2 (§ 89 Rdn 2.3). Auch der privatrechtliche Begriff von der Unmöglichkeit der Leistung gilt hier nicht. Wird der Zuschlag wieder aufgehoben, so fällt das Eigentum des Erstehers ex tunc weg[15], die Wirkungen gelten als nicht eingetreten. Allerdings sind die inzwischen vom Ersteher vorgenommenen Verfügungen und Verwaltungshandlungen nicht unwirksam, sondern bleiben wirksam, weil § 90 davon nichts sagt, weil es sich eben hier nicht um eine auflösende Bedingung des BGB handelt, sondern um eine Rechtsbedingung, auf die BGB § 161 Abs 2 nicht anwendbar ist (anders[16]: Gutglaubensvorschriften greifen ein). Wirksam bleiben auch die Mietkündigungen der Zwischenzeit (§ 57 a Rdn 2.9), ebenso die neu geschlossenen Mietverträge (§ 57 a Rdn 2). Schutz gegen vorzeitige rechtliche Verfügung des Erstehers sieht § 130 vor; zum Schutz gegen tatsächliche Verfügungen des Erstehers dient § 94.

2.4 Als versteigert und zugeschlagen gilt das auf Grund der Angaben im Grundbuch und Liegenschaftskataster vom Zuschlagsbeschluß bezeichnete **Stück der Erdoberfläche,** so wie im Zuschlag angegeben. Der Eigentumswechsel tritt auch ein, wenn das Grundbuch unrichtig war[17], nicht aber, wenn das Grundstück im Zuschlag nicht genannt ist, jedoch auch dann, wenn es nicht dem Schuldner gehörte (wobei das fremde Eigentum durch den Zuschlag untergeht)[18]; nicht aber, wenn die Fläche irrtümlich auf dem Grundbuchblatt des Schuldners und gleichzeitig auf dem Blatt des wahren Eigentümers verzeichnet ist, wobei der wahre Eigentümer aus der Terminsbestimmung nicht ersehen konnte, daß es sein Grundstück sei, weshalb er nicht nach § 37 Nr 5 seine Rechte geltend machen konnte[19] (dazu § 37 Rdn 6). Wenn der zugeschlagene Gegenstand aber nicht existiert, kann auch kein Eigentum an ihm erworben werden; der Ersteher kann sich vielleicht an Grundbuchamt oder Vollstreckungsgericht halten.

2.5 Wesentliche Bestandteile können vom Eigentümerübergang nicht ausgeschlossen werden. Geschieht dies doch, so muß der Ersteher schuldrechtlich die Wegnahme des Gegenstandes dulden, weil er sich durch sein Gebot dem Ausschluß von der Versteigerung unterworfen hat[20]. Dazu § 55 Rdn 3, § 90 Rdn 5. Wegnahmerecht des Mieters § 57 Rdn 3.6.

2.6 Einem **Makler** steht kein Provisionsanspruch (BGB § 652) zu, wenn sein Kunde das benannte Grundstück im Wege der Zwangsversteigerung erwirbt[21]. Durch Individualvereinbarung[21] (Erfordernis:[22]), nicht aber in Allgemeinen Geschäftsbedingungen[23], kann der Makler den Erwerb in der Zwangsversteigerung dem Abschluß eines Grundstückskaufvertrags gleichstellen.

3 Erbbaurecht bei Zuschlag

3.1 Der Ersteher eines Erbbaurechts (neuer Art, Einl Rdn 13.2) erwirbt **das Recht** mit seinem gesetzlichen (ErbbauVO § 1) und vertragsgemäßen (ErbbauVO §§ 2–8) Inhalt (§ 52 Rdn 2.9). Er wird durch den Zuschlag Erbbauberechtigter;

---

[15] RG 171, 120 (121); Steiner/Eickmann § 90 Rdn 23.
[16] Steiner/Eickmann § 90 Rdn 25–27.
[17] Stein, Zwangsvollstreckung, § 11 (1).
[18] Nußbaum, Zwangsversteigerung, § 18 (II).
[19] RG 85, 316; ebenso RG 57, 200; OLG Koblenz JurBüro 1988, 1723.
[20] RG 74, 201 und 150, 22.
[21] BGH 112, 59 = aaO (Fußn 3).
[22] BGH KTS 1993, 312 = MDR 1993, 315 = NJW-RR 1993, 504.
[23] BGH 119, 32 = KTS 1993, 139 = NJW 1992, 2568 = Rpfleger 1993, 34; BGH NJW-RR 1993, 504 = aaO (Fußn 22).

Eigentumserwerb durch Zuschlag 6.3 § 90

damit erwirbt er auch das Bauwerk als wesentlicher Bestandteil des Rechts, ferner die sonstigen Bestandteile, Erzeugnisse, Zubehör, Versicherungsforderungen usw.

3.2 Zur Bezahlung des **Erbbauzinses** ist der Ersteher nur verpflichtet, wenn dieser bestehenbleibt (§ 52 Rdn 5 und 6). Rein vertragliche, schuldrechtliche Verpflichtungen gehen nicht auf ihn über. Der Ersteher ist nicht Rechtsnachfolger des bisherigen Erbbauberechtigten. Hierzu § 15 Rdn 13. Wertersatz für den erlöschenden Erbbauzins: § 92 (§ 92 Rdn 3).

Flurbereinigung usw und Zuschlag 4

4.1 Flurbereinigung: Der Ersteher erwirbt alle Eigentümerrechte. Das bisherige Flurbereinigungsverfahren, damit auch die von der Bekanntgabe des Flurbereinigungsplans an geltenden Einschränkungen des Eigentums (FlurbG §§ 34–36) muß er jedoch gegen sich gelten lassen (FlurbG § 15), ohne daß es auf sein Wissen hierüber ankommt. Mit dem in der Ausführungsanordnung der Flurbereinigungsbehörde bestimmten Zeitpunkt treten an die Stelle der alten Grundstücke (Einlagegrundstücke) die neuen (Ersatzgrundstücke, FlurbG § 61 Satz 2). Hierzu § 15 Rdn 17.

4.2 Baugesetzbuch-Verfahren: § 15 Rdn 6.

Mitversteigerte Gegenstände im Zuschlag (Absatz 2) 5

Der Ersteher erwirbt mit dem Zuschlag auch die Gegenstände, auf die sich die **Versteigerung erstreckt:** Abs 2. Dazu gehören wesentliche Bestandteile, Zubehör nach Maßgabe des § 55, subjektivdingliche Rechte nach BGB §§ 96, 1110, von der Beschlagnahme ergriffene Versicherungsforderungen und Entschädigungsansprüche (§ 55 Rdn 2, 3). Alle diese Gegenstände erwirbt der Ersteher kraft Staatsakts, ohne daß dies verhindert werden könnte. Es bedarf dazu keines besonderen Ausspruchs. Auch müssen die beweglichen Gegenstände dem Ersteher nicht übergeben werden, um sein Eigentum zu begründen (also anders als in BGB § 929). Auch fremdes Zubehör wird unter bestimmten Umständen mitversteigert und zugeschlagen (§ 55 Rdn 3). Über die Einbeziehung von Zubehöranwartschaft § 55 Rdn 3. Persönliche (schuldrechtliche) Ansprüche des Vollstreckungsschuldners an Dritte erwirbt der Ersteher nicht. Sie erlöschen mit Zwangsversteigerung auch regelmäßig nicht. Ein Anspruch auf Mängelbeseitigung in Form der Eigennachbesserung nach BGB § 633 Abs 3 entfällt mit Zwangsversteigerung des Gebäudes des Schuldners. Jedoch kann in einem solchen Fall ein Schadensersatzanspruch des Schuldners nach BGB § 635 begründet sein, der mit der Zwangsversteigerung nicht ohne weiteres hinfällig wird[24].

Nutzungen, Lasten, Gefahrübergang bei Zuschlag 6

6.1 Gefahrübergang bei Zuschlag: § 56 Rdn 2.

6.2 Mit Wirksamkeit des Zuschlags gebühren dem Ersteher die **Nutzungen** und trägt er von da an die **Lasten** (§ 56). Dazu § 56 Rdn 3.5. Zu Pflichten des Erstehers im Hinblick auf vorhandene „Altlasten"[25].

6.3 Wird der **Zuschlag** rechtskräftig **wieder aufgehoben,** so ist es, als ob er nicht erteilt wäre: Abs 1. Lasten und Nutzungen sind dann zwischen dem vermeintlichen Ersteher und dem Grundstückseigentümer abzurechnen. Zwischenzeitlich gezogene Nutzungen sind herauszugeben nach den Grundsätzen in BGB §§ 988, 101[26], wobei Verwendungen gemäß BGB § 994 Abs 1 Satz 1, § 995 Satz 1, §§ 996, 102 zu ersetzen sind[26]. Berechtigt ist, wenn der Zuschlag endgültig

---

[24] OLG Bremen NJW-RR 1990, 218.
[25] Dorn Rpfleger 1988, 298.
[26] Mohrbutter, Handbuch des Vollstreckungsrechts, § 43 (I b).

§ 90 6.3   Entscheidung über den Zuschlag

versagt wird, als Grundstückseigentümer der Vollstreckungsschuldner, und wenn der Zuschlag einem anderen Ersteher erteilt wird, bis zur Wirksamkeit des zweiten Zuschlags der Vollstreckungsschuldner, von da an der endgültige Ersteher[27]. Die Auseinandersetzung erfolgt außerhalb des Versteigerungsverfahrens und, wenn keine Einigung möglich ist, im Prozeßweg.

7 Rechtsnachfolge, Rechtshängigkeit bei Zuschlag

7.1 Rechtsnachfolger des Vollstreckungsschuldners ist der Ersteher nicht (Rdn 2). Rechte und Pflichten des Schuldners gehen dennoch vielfach auf den Ersteher über, zB nach §§ 52, 53, 57 (dazu auch Rdn 4, 6, 8). Der Ersteher steht weder zum Vollstreckungsgericht noch zum Schuldner oder den anderen am Versteigerungsverfahren Beteiligten in einem Rechtsverhältnis. Die Forderungen der Beteiligten gegen den Ersteher beruhen auf dem Zuschlagsbeschluß, weil sich der Ersteher durch sein Gebot den Versteigerungsbedingungen unterworfen hat. Rückständige Verpflichtungen aus Straßenreinigungs-, Müllabfuhr-, Hausreinigungsverträgen gehen nicht auf den Ersteher über. Er ist auch nicht Rechtsnachfolger des Schuldners als Gläubiger eines obligatorischen Anspruchs auf Löschung einer nach den Versteigerungsbedingungen bestehen gebliebenen (Sicherungs)-Dienstbarkeit[28]. Eintritt in den Verwaltervertrag einer Wohnungseigentümergemeinschaft: § 56 Rdn 3.10. Betriebssteuerrückstände: § 15 Rdn 34.8.

7.2 Rechtshängigkeit und Rechtskraft: § 54 Rdn 4.

8 Versicherungen bei Zuschlag

8.1 Mit dem Zuschlag erwirbt der Ersteher auch die in die Versteigerung einbezogenen (dazu § 20 Rdn 3.6) Ansprüche des Schuldners auf **Versicherungsentschädigung** aus Versicherungsverträgen, die sich auf das Grundstück und die mitversteigerten Gegenstände beziehen. Der Zuschlag ist auch Ausweis gegenüber Hinterlegungsstelle, wenn die Entschädigung hinterlegt ist[29]. Eine Versicherungsforderung, die der Hypothekenhaftung unterlag, geht frei von Rechten auf den Ersteher über; wurde sie nicht mitversteigert (zB § 21 Abs 1), so haftet sie dem ausfallenden Hypothekengläubiger weiter.

8.2 Auf den Ersteher gehen auch gewisse **Versicherungsverträge** über, nämlich Schadensversicherungsverträge, die sich auf das Grundstück und die mitversteigerten Gegenstände beziehen: Versicherungsvertragsgesetz § 73. An Stelle des Vollstreckungsschuldners tritt der Ersteher in Rechte und Pflichten ein (Gesetz § 69 Abs 1; gilt auch bei Teilungsversteigerung[30]). Der Versicherer kann binnen einem Monat, nachdem er von dem Eigentumswechsel Kenntnis erhalten hat, den Vertrag gegenüber dem Ersteher mit Frist von einem Monat kündigen (Gesetz § 70 Abs 1); der Ersteher kann auch kündigen, entweder sofort oder für den Schluß der laufenden Versicherungsperiode, spätestens aber binnen einem Monat nach Zuschlagswirksamkeit und, falls er die Versicherung nicht kannte, binnen einem Monat nach Kenntnis (Gesetz § 70 Abs 1, 2). Der Eigentumswechsel ist vom Ersteher als Erwerber und/oder Vollstreckungsschuldner als Veräußerer dem Versicherer unverzüglich anzuzeigen, da er sonst von der Leistungsverpflichtung frei wird (dazu aber[30]), wenn ein Versicherungsfall später als einen Monat nach dem Eigentumswechsel eintritt (Gesetz § 71 Abs 1, 2). Die Anzeigepflicht entsteht mit dem Zuschlag (auch wenn Beschwerde eingelegt ist[30]). Die genannten Vorschriften sind grundsätzlich unabdingbar (Gesetz § 72). Falls der Zuschlag wieder

---

[27] RG 171, 120 (121).
[28] BGH NJW-RR 1989, 519.
[29] OLG Frankfurt Rpfleger 1978, 325; Mohrbutter in Festschrift für Herbert Schmidt (1981), S 111 (I 3).
[30] OLG Hamm NJW-RR 1992, 1121.

aufgehoben wird, ist auch das anzuzeigen und es tritt der frühere Zustand wieder ein; ein Kündigungsrecht besteht daher nicht. Eine bereits ausgesprochene Kündigung wird mit Aufhebung des Zuschlags wirkungslos.

8.3 Bei der Versteigerung von **Seeschiffen,** die gegen Gefahren der Seeschiffahrt versichert sind (HGB § 779), tritt der Ersteher an Stelle des Vollstreckungsschuldners in die Rechte und Pflichten aus dem Vertrag ein, wobei beide für die Beiträge samtverbindlich haften (HGB § 899 Abs 1 und 5). Der Ersteher darf ohne Einhaltung einer Kündigungsfrist kündigen, spätestens binnen einem Monat nach Erwerb oder nach Kenntnis vom Versicherungsverhältnis (HGB § 899 Abs 4 und 5).

[Erlöschen von Rechten, Liegenbelassungsvereinbarung]

91 (1) **Durch den Zuschlag erlöschen unter der im § 90 Abs 1 bestimmten Voraussetzung die Rechte, welche nicht nach den Versteigerungsbedingungen bestehen bleiben sollen.**

(2) **Ein Recht an dem Grundstücke bleibt jedoch bestehen, wenn dies zwischen dem Berechtigten und dem Ersteher vereinbart ist und die Erklärungen entweder im Verteilungstermin abgegeben oder, bevor das Grundbuchamt um Berichtigung des Grundbuchs ersucht ist, durch eine öffentlich beglaubigte Urkunde nachgewiesen werden.**

(3) **Im Falle des Absatzes 2 vermindert sich der durch Zahlung zu berichtigende Teil des Meistgebots um den Betrag, welcher sonst dem Berechtigten gebühren würde. Im übrigen wirkt die Vereinbarung wie die Befriedigung des Berechtigten aus dem Grundstücke.**

(4) **Das Erlöschen eines Rechts, dessen Inhaber zu Zeit des Erlöschens nach § 1179 a des Bürgerlichen Gesetzbuchs die Löschung einer bestehenbleibenden Hypothek, Grundschuld oder Rentenschuld verlangen kann, hat nicht das Erlöschen dieses Anspruchs zu Folge. Der Anspruch erlischt, wenn der Berechtigte aus dem Grundstück befriedigt wird.**

Übersicht

Allgemeines zu § 91 1	Liegenbelassungsvereinbarung: Wirkung als Befriedigung (Abs 3 Satz 2) 5
Bestehenbleiben und Erlöschen von Rechten (Abs 1) 2	Löschungsanspruch (Abs 4) 6
Liegenbelassungsvereinbarung für erlöschende Rechte (Abs 2) 3	Schiffshypotheken-Liegenbelassung 7
Liegenbelassungsvereinbarung: Minderung (Abs 3 Satz 1) 4	

Literatur: Drischler, Einzel- und Zweifelsfragen des Immobiliarvollstreckungsrechts, Rpfleger 1967, 357; Eickmann, Vormundschaftsgerichtliche Genehmigungen im Zwangsversteigerungsverfahren, Rpfleger 1983, 199; Haegele, Zur Frage des Genehmigungserfordernisses des Vormundschaftsgerichts bei Vereinbarung des Liegenbelassens eines Rechts nach § 91 Abs 2 ZVG, Rpfleger 1970, 232; Hornung, Der Einfluß des Beurkundungsgesetzes auf die gerichtlichen Beurkundungsbefugnisse im Zwangsversteigerungsverfahren, Rpfleger 1972, 203; Mayer, Die Behandlung einer Vereinbarung über das Bestehenbleiben von Rechten (§ 91 ZVG) im Verteilungstermin, Rpfleger 1969, 3; Muth, Zum Befriedigungsumfang bei einer Liegenbelassung, Rpfleger 1990, 2; Schiffhauer, Die Grunddienstbarkeit in der Zwangsversteigerung, Rpfleger 1975, 187.

Allgemeines zu § 91

1.1 Zweck der Vorschrift: Regelung der Zuschlagswirkung für die Belastungen des Grundstücks. Während § 52 die Tatsache des Erlöschens behandelt, **befaßt sich** § 91 in Abs 1 mit dem Zeitpunkt des Erlöschens, in Abs 2–3 mit der

§ 91 1.1 Entscheidung über den Zuschlag

Liegenbelassungsvereinbarung und in dem neuen Abs 4 mit einer Ausnahme für gesetzliche Löschungsansprüche.

1.2 Anwendungsbereich: Die Vorschrift gilt für alle Versteigerungsverfahren des ZVG.

2 Bestehenbleiben und Erlöschen von Rechten im Zuschlag (Absatz 1)

2.1 Durch den Zuschlag **erlöschen** mit seiner Wirksamkeit (§§ 89, 104) alle Rechte, die nicht nach den Versteigerungsbedingungen bestehenbleiben sollen: Abs 1 (über Rechte, die nach gesonderter gesetzlicher Regelung bestehenbleiben und somit trotz Abs 1 auch nicht erlöschen: § 52 Rdn 7). Maßgebender Zeitpunkt für das Erlöschen ist das Wirksamwerden des Zuschlags[1] nach §§ 89, 104. Auch diese Wirkung des Zuschlags ist von seinem Bestand abhängig („sofern nicht . . . aufgehoben wird"; dazu § 90 Rdn 2.3). Wird der Zuschlag wieder aufgehoben, so gelten die Rechte (rückwirkend) als nicht erloschen[2]. Das Erlöschen ist also in seiner Rechtswirkung kraft Gesetzes davon abhängig, daß der Beschluß Bestand hat (keine Bedingung, § 90 Rdn 2.3). Über das Erlöschen oder Bestehenbleiben entscheidet (neben einigen gesetzlichen Sondervorschriften) grundsätzlich der Inhalt des Zuschlagsbeschlusses (§ 90 Rdn 1.2). Ein Recht erlischt auch, wenn es in den im Zuschlagsbeschluß bezeichneten Versteigerungsbedingungen (§ 82) nur versehentlich nicht als bestehenbleibend genannt ist. Eine im Versteigerungstermin festgesetzte, im Terminsprotokoll festgehaltene, aber im Zuschlagsbeschluß nicht erwähnte Versteigerungsbedingung darf nicht ergänzend zum Zuschlag verwertet werden[3]. Wenn ein nach den Versteigerungsbedingungen erloschenes Recht bereits früher gelöscht wurde, kann gegen diese Löschung kein Widerspruch (kein Amtswiderspruch nach GBO § 53 Abs 1 Satz 1) mehr eingetragen werden, weil die Grundbuchunrichtigkeit seit Erlöschen des Rechts mit dem Zuschlag jedenfalls nicht mehr besteht[4]. Rechte, die nicht erlöschen, bleiben bestehen. Das Bestehenbleiben ist in den Versteigerungsbedingungen als Teil des geringsten Gebots (§ 52) oder abweichend (§ 59) festgelegt. Im übrigen kann das Liegenlassen vereinbart werden (Rdn 3). Über die persönliche Forderung bei bestehenbleibenden Grundpfandrechten § 53.

2.2 Das Versteigerungsrecht ist, soweit nicht der Deckungsgrundsatz Rechtswahrung gebietet (§ 44 Rdn 4.1), vom Grundsatz des **lastenfreien Erwerbs** durch den Ersteher beherrscht. Das Erlöschen hat zur Folge, daß wegen der erloschenen Rechte eine Befriedigung aus dem Grundstück nicht mehr verlangt werden kann, sofern nicht die Ansprüche wegen nicht bezahlten Bargebots nach §§ 118, 128 wieder verdinglicht werden. Das Erlöschen braucht grundsätzlich nicht in den Versteigerungsbedingungen festgelegt werden, weil umgekehrt Rechte, die dort nicht als bestehenbleibend bezeichnet sind, regelmäßig erlöschen (Abs 1).

2.3 Mit den Rechten am Grundstück erlöschen auch die Rechte **an den mitversteigerten Gegenständen**. Unter Umständen tritt an dessen Stelle ein Bereicherungsanspruch gegen den letzten aus dem Meistgebot Befriedigungsberechtigten nach § 37 Nr 5 (§ 92 Rdn 8.5). Mit dem dinglichen Recht erlischt auch der dabei bestehende Rangvorbehalt ersatzlos. Die einem erlöschenden Recht anhaftende **Löschungsvormerkung** erlischt mit der Maßgabe, daß an dem Versteigerungserlös die durch sie begründeten Rechtsbeziehungen fortdauern[5]; über den gesetzlichen Löschungsanspruch Rdn 6. **Tilgungsrechte** erlöschen in Höhe der

---

[1] KG Berlin DNotZ 1975, 105 = MDR 1975, 151 = Rpfleger 1975, 68.
[2] RG 171, 120 (121); Sonntag, Rechtliche Wirkungen des Zuschlags (1932), S 55.
[3] RG 153, 252; Steiner/Eickmann § 91 Rdn 5.
[4] BayObLG Rpfleger 1981, 397.
[5] BGH MDR 1958, 24 mit Anm Thieme = Rpfleger 1958, 51 mit zust Anm Bruhn = WM 1957, 79; BGH 108, 237 = DNotZ 1990, 581 = KTS 1989, 941 = MDR 1990, 147 = NJW 1989, 2536 = Rpfleger 1990, 32; Jaeckel/Güthe §§ 130–131 Rdn 11.

im geringsten Bargebot berücksichtigten Tilgungsbeträge (§ 44 Rdn 5.25 und § 49 Rdn 5).

2.4 Bei Versteigerung eines **Grundstücksbruchteils** muß eine Grunddienstbarkeit oder beschränkte persönliche **Dienstbarkeit,** die an dem versteigerten Bruchteil nach den allgemeinen Regeln erlischt, auch an den nicht versteigerten Bruchteilen erlöschen[6], weil ein Grundstücksbruchteil nicht mit einer Grunddienstbarkeit belastet werden kann und das Recht nicht auf einen Bruchteil beschränkt ausgeübt werden kann, wobei sich allerdings das Versteigerungsgericht nur mit dem versteigerten Teil befaßt[7] (anders[8]: das Recht könne dann überhaupt nicht erlöschen, selbst wenn es dem betreibenden Gläubiger nachgehe; dies widerspricht den zwingenden Versteigerungsvorschriften, mit denen allein sich das Versteigerungsgericht zu befassen hat[9]; anders auch[10]: Ausweg nur über § 59; dies kann nicht verlangt werden). Die auf einem in Wohnungseigentum aufgeteilten Grundstück (in seiner Gesamtheit) lastende Dienstbarkeit wird mit dem Erlöschen an dem versteigerten Grundstücksmiteigentumsanteil eines Wohnungseigentümers durch den Zuschlag an den nicht versteigerten Miteigentumsanteilen der anderen Wohnungseigentümer inhaltlich unzulässig[11], erlischt mithin dort.

2.5 Die durch den Zuschlag erlöschenden Rechte gehen nicht ersatzlos unter. Nach dem **Surrogationsgrundsatz** (Grundstück verwandelt sich für die Befriedigungsberechtigten in den Erlös) setzen sie sich vielmehr am Erlös fort, und zwar als Rechte auf Befriedigung aus dem Versteigerungserlös[12]. Dagegen meint[13]: die Rechte setzten sich nicht am Erlös fort, sondern verwandelten sich in ihren Wertersatz, es erfolge nicht Surrogation, sondern Mutation und erst für das umgewandelte Recht surrogiere der Erlös; dies kommt zum selben Ergebnis, wenn auch auf einem Umweg. An dem Surrogat (dem Erlös nämlich) dauern die früheren Rechtsbeziehungen fort, soweit dies nicht durch die Veränderung des Gegenstands ausgeschlossen ist, weil nicht mehr ein Grundstück, sondern der Erlös den Gegenstand der Haftung bildet[14]. Für den Eigentümer tritt der Anspruch auf den Versteigerungserlös mit den sich aus dem ZVG ergebenden Verfügungsbeschränkungen an die Stelle seines Eigentums[15]. Surrogat bedeutet, daß innerhalb eines bestehenden Rechtsverhältnisses der Gegenstand, der den Inhalt des Rechtsverhältnisses maßgebend bestimmt, kraft Gesetzes durch einen anderen ersetzt wird, der in einer Art Rechtsnachfolge in die bestehenden rechtlichen Beziehungen eintritt[16]. Das Grundstück wird dabei von den Rechten frei[17]. Die Grundpfandrechte erlöschen materiell gemäß BGB § 1181 Abs 1 erst mit der tatsächlichen Befriedigung

---

[6] KG Berlin Rpfleger 1975, 68 = aaO (Fußn 1); OLG Frankfurt JurBüro 1979, 1232 = MittRhNotK 1979, 175 = Rpfleger 1979, 149; Drischler KTS 1976, 42 (13); Tamm BWNotZ 1965, 20; Schiffhauer Rpfleger 1975, 187 (III 5).
[7] KG Berlin Rpfleger 1975, 68 = aaO (Fußn 1).
[8] LG Heidelberg Auszug bei Tamm BWNotZ 1965, 20; AG Mannheim BWNotZ 1958, 41 mit Anm Pöschl.
[9] KG Berlin Rpfleger 1975, 68 = aaO (Fußn 1).
[10] Pöschl BWNotZ 1958, 41 (Anmerkung).
[11] OLG Frankfurt Rpfleger 1979, 149 = aaO (Fußn 6); LG Freiburg BWNotZ 1980, 61.
[12] BGH 25, 27 = NJW 1957, 1553; BGH Rpfleger 1958, 51 mit zust Anm Bruhn = aaO (Fußn 5); BGH 60, 226 = DNotZ 1973, 410 = MDR 1973, 572 = NJW 1973, 846 und 1195 Leitsatz mit krit Anm Mittenzwei = Rpfleger 1973, 208; BGH 68, 276 = MDR 1977, 742 = NJW 1977, 1287 = Rpfleger 1977, 246; BGH KTS 1985, 134 = MDR 1985, 405 = NJW 1985, 388 Leitsatz = Rpfleger 1985, 74; BGH 108, 237 = aaO (Fußn 5); BGH KTS 1992, 155 = NJW-RR 1992, 612; RG 79, 392.
[13] Wörbelauer DNotZ 1963, 718 (9).
[14] RG 125, 362; BGH aaO (Fußn 12).
[15] BGH KTS 1985, 134 = MDR 1985, 405 = NJW 1985, 388 Leitsatz = Rpfleger 1985, 74.
[16] Wecker, Grundpfandrechte und Surrogation, 1937, S 4.
[17] Reinhard/Müller § 91 Anm I 1; Wecker, Grundpfandrechte und Surrogation, 1937, S 13.

aus dem Grundstück, also mit der Empfangnahme des Erlöses, der Zuschlag ist noch keine Befriedigung[18]. Bis zur Erfüllung bleibt das Recht unverändert, nur tritt an die Stelle des Grundstücks (das vom Recht frei wird) der Erlös[19]. Die erlöschenden Rechte erlöschen auch, soweit der Erlös für sie nicht ausreicht. Zu weitgehend ist die Ansicht[20], daß die dinglichen Rechte sich in private Forderungen gegen den Ersteher verwandeln (mit Recht abgelehnt von[21]). Wenn sich die Rechte am Erlös fortsetzen, gilt dies auch für die daran bestehenden Pfandrechte, Nießbrauch, Einreden usw[22].

2.6 Die **persönlichen Ansprüche** gegen den Schuldner werden vom Zuschlag in der Regel nicht berührt. Sie erlöschen: bei Rechten nach § 10 Nr 1–3 und Nr 5 mit der Befriedigung des Gläubigers (unter Beachtung von § 114 a); bei den nicht bestehenbleibenden Rechten in § 10 Nr 4 sowie den Kosten und den bis Zuschlag fälligen Zinsen hieraus mit der Befriedigung des Gläubigers (unter Beachtung von § 114 a); bei den gesetzlich oder nach den Versteigerungsbedingungen bestehenbleibenden Grundpfandrechten bezüglich des Hauptanspruchs und der nach dem Zuschlag fälligen Zinsen gemäß § 53; bei den gemäß Vereinbarung bestehenbleibenden Rechten (Liegenbelassungsvereinbarung) bezüglich des Hauptanspruchs und der nach dem Zuschlag fälligen Zinsen mit der Wirksamkeit des Zuschlags (Abs 3 Satz 2). Dagegen erlöschen die persönlichen Ansprüche nicht bei anderen gesetzlich oder nach den Versteigerungsbedingungen bestehenbleibenden Rechten (die keine Grundpfandrechte sind), und zwar hier bezüglich der nach dem Zuschlag fälligen Leistungen, weil § 53 hier nicht anwendbar ist. Nicht aus dem Erlös zu befriedigende schuldrechtliche Ansprüche gegen den früheren Erbbauberechtigten erlöschen nicht[23].

3 Liegenbelassungsvereinbarung für erlöschende Rechte (Absatz 2)

3.1 Bestehen bleibt ein an sich nach den Versteigerungsbedingungen erlöschendes Recht am Grundstück, wenn dieses „Liegenbelassen" zwischen dem Berechtigten des Rechts und dem Ersteher **vereinbart** wird: Abs 2.

3.2 Die Vereinbarung kann sich auf **alle Rechte** nach § 10 Abs 1 Nr 4 und 6 beziehen, also alle Rechte aus Abteilung II und III des Grundbuchs, die nicht in das geringste Gebot (als bestehenbleibend, § 52 Abs 1) aufgenommen sind. Die Vereinbarung hat rückwirkende Kraft; die Übernahme des Rechts gilt rückwirkend vom Zuschlag an als erfolgt[24]. Die Vereinbarung bewirkt somit, daß das Recht rückwirkend auf den Zeitpunkt des Zuschlags wieder auflebt[25]. Das Recht wird dann grundsätzlich so behandelt, als wäre das Erlöschen als Wirkung des Zuschlags nicht eingetreten[26], als ob es somit schon durch den Zuschlag bestehenbleiben würde. Liegen belassen werden kann das Recht nur mit unverändertem Inhalt; eine Änderung des Inhalts des Rechts (seiner Zinsen, Zahlungsbestimmungen usw) kann bei Liegenbelassungsvereinbarung nicht festgelegt werden, sondern

---

[18] Korintenberg/Wenz § 130 Anm 5 c; Wecker, Grundpfandrechte und Surrogation, 1937, S 28.
[19] Korintenberg/Wenz § 92 Anm 6; Wecker, Grundpfandrechte und Surrogation, S 30 und Fußn 64.
[20] Beyer, Grundsätze des Verteilungsverfahrens (1932), S 31.
[21] Wecker, Grundpfandrechte und Surrogation, 1937, S 16–17, 25–27.
[22] Wecker, Grundpfandrechte und Surrogation, 1937, S 37–39.
[23] BGH 109, 230 (232) = DNotZ 1991, 391 = MDR 1990, 326 = NJW 1990, 832.
[24] BGH 53, 327 = DNotZ 1970, 413 = KTS 1970, 219 mit zust Anm Drischler = MDR 1970, 497 = NJW 1970, 1188 mit zust Anm Drischler = Rpfleger 1970, 166; BGH KTS 1976, 231 = MDR 1976, 131 = NJW 1976, 805 = Rpfleger 1976, 10.
[25] BGH KTS 1985, 134 = MDR 1985, 405 = NJW 1985, 388 Leitsatz = Rpfleger 1985, 74; OLG Hamburg OLG 46, 93 (95).
[26] OLG Hamburg OLG 46, 93 (95).

nur außerhalb des Versteigerungsverfahrens (notariell) vereinbart und zur Eintragung gebracht werden.

3.3 Liegenbelassen kann man die **Hauptsache** des dinglichen Rechts im vollen eingetragenen Umfang. Dies ist auch möglich, soweit das Recht in der Versteigerung ganz oder zum Teil ausfallen würde[27], weil die Vereinbarung nur (formales) Erlöschen des Rechts erfordert, ohne Rücksicht auf die Frage, ob etwas auf das Recht entfällt. Liegenbelassen kann man das Recht, ohne daß dies eine unzulässige Änderung wäre, auch zu einem **Teil** (der erloschene Rest wird dann nach Plan behandelt). Liegenbelassen kann man nur die Hauptsache des dinglichen Rechts oder das Recht ohne bestimmte Nebenleistungen[28]. Die Kosten, Zinsen und (oder) laufenden Nebenleistungen für die Zeit vor der Zuschlagswirksamkeit werden nach Plan behandelt; für die Zinsen ab Zuschlagswirksamkeit siehe Rdn 4. Das liegenbelassene Recht behält seinen Grundbuchrang. Es behält auch seinen Vorrang vor der im Versteigerungsverfahren infolge nicht bezahlten Bargebots einzutragenden Sicherungshypothek des § 128[29] (soweit diese nicht für dem Recht vorgehende Ansprüche, zB aus Rangklasse 3, eingetragen wird). Die Vereinbarung betrifft nur das Verhältnis des Erstehers zum Gläubiger des Rechts[30].

3.4 Liegenbelassen kann man **Rechte, die** auf Zahlung eines Geldbetrages gerichtet sind (Hypothek, Grundschuld, Rentenschuld, auch Eigentümerrechte), aber auch Rechte, die nicht auf Kapitalzahlung gerichtet sind[31]. Wird eine Reallast liegenbelassen, so wird sie als bedingter Anspruch nach §§ 119, 120 behandelt. Auch eine Grunddienstbarkeit kann liegenbelassen werden[32]. Die einmalige **Nebenleistung einer Grundschuld** (die fällige und die nicht fällige) kann nicht mit dem Hauptanspruch als Belastung des Grundstücks bestehen bleiben (§ 49 Rdn 2.5); sie kann daher auch nicht liegenbelassen werden. Die befristet und die dauernd wiederkehrenden (zumeist gleichzeitig mit den Zinsen zu erbringenden) Nebenleistungen der Grundschuld hat der Ersteher vom Zuschlag an zu tragen (§ 56 Satz 2; hierzu § 49 Rdn 2.5). Dafür müssen sie (wie Zinsen) nicht gesondert liegen belassen werden. Nicht liegenbelassen werden kann ebenso die sogenannte **Vorfälligkeitsentschädigung** (§ 12 Rdn 3.3); sie soll nach einer Ansicht bei Liegenbelassung überhaupt nicht anfallen, weil die Liegenbelassung zurückwirkt, das Recht als nicht erloschen behandelt wird, die Vorfälligkeitsentschädigung aber gerade für den Fall der vorzeitigen Fälligkeit entschädigen soll[33], laut[34] geht aber der Anspruch auf die einmal entstandene Vorfälligkeitsentschädigung durch die Liegenbelassung nicht mehr unter, sie gebühre dem Berechtigten und die Vereinbarung wirke zwar zurück, aber nur hinsichtlich des dinglichen Bestands des Rechts (Näheres hierzu auch Rdn 4). Liegenbelassen kann man auch den Erbbauzins, sogar wenn der Grundstückseigentümer das Erbbaurecht einsteigert; nachträgliche Vereinigung von Recht und Verpflichtung ist hier nicht hinderlich, weil es sich hierbei nicht um eine Neubestellung, sondern um die Beseitigung einer gesetzlichen Folge handelt, nämlich um rückwirkende Änderung der Versteigerungsbedingungen; dies muß auch möglich sein, wenn nur ein Anteil am Erbbaurecht versteigert wird und der Erbbauzins an dem anderen Anteil gesetzlich bestehenbleibt.

---

[27] RG 156, 271; Dassler/Schiffhauer § 91 Rdn 9; Steiner/Eickmann § 91 Rdn 27; Nußbaum, Zwangsversteigerung, § 19 (IV).
[28] OLG Köln Rpfleger 1983, 168.
[29] BGH NJW 1976, 805 = aaO (Fußn 24).
[30] BGH MDR 1974, 394 = Rpfleger 1974, 148; BGH NJW 1985, 388 Leitsatz = aaO (Fußn 25).
[31] Jaeckel/Güthe § 91 Rdn 4.
[32] Schiffhauer Rpfleger 1975, 187 (IV 2).
[33] OLG Düsseldorf KTS 1968, 251; Schiffhauer BlGrBW 1971, 63 (XXIII 1).
[34] BGH MDR 1974, 394 = Rpfleger 1974, 148; Drischler RpflJahrbuch 1978, 360 (B 8).

§ 91   3.5   Entscheidung über den Zuschlag

3.5 Das Liegenbelassen **vereinbart** der Ersteher (nicht der Meistbietende aus § 81 Abs 2, 3 oder sonstige mithaftende Dritte) mit dem über das Recht Verfügungsberechtigten. Verfügungsberechtigt ist der eingetragene oder (bei einem Briefrecht) durch Grundpfandrechtsbrief (ggfs auch mit Abtretungsurkunden) ausgewiesene Gläubiger. Ein Pfandgläubiger des Rechts kann Liegenbelassen vereinbaren, wenn ihm das Recht an Zahlungs Statt überwiesen ist, nicht Zahlungs halber[35]. Berechtigt ist auch der Zessionar eines Ersatzanspruchs (dem also das erloschene Grundpfandrecht nach dem Zuschlag abgetreten wurde). Bei einem Teileigentümerrecht muß die Vereinbarung mit dem wirklichen Berechtigten erfolgen[36]. Bei einem Altenteil muß auch der künftige Eventualberechtigte mitwirken[37]. Man kann die Liegenbelassung auch mit sich selbst vereinbaren, wenn also dem Ersteher ein Recht am Grundstück zusteht[38] (auch hier geht das liegenbelassene Recht gemäß seinem Grundbuchrang den neu einzutragenden Sicherungshypotheken des § 128 vor = Kontinuität des alten Rechts[39]). Liegenbelassung einer Grundschuld des Erstehers bewirkt, daß sie als Eigentümergrundschuld bestehen bleibt. Sofern der Ersteher durch sein Meistgebot nur zum Teil gedeckt würde, muß er gemäß § 114 a auch weiter als befriedigt gelten; dies berührt aber (weil nur außerhalb des Versteigerungsverfahrens zu berücksichtigen, § 114 a Rdn 1) nicht die Liegenbelassungsvereinbarung und nicht die Abquittierung; für beide gilt nur Abs 3.

3.6 Die Liegenbelassungsvereinbarung muß in den **Erklärungen beider Vertragspartner** (bei einem Recht des Erstehers als Erklärung des Erstehers allein[40]) entweder im Verteilungstermin abgegeben (ins Protokoll aufzunehmen, § 78) oder vor dem Eingang des gerichtlichen Eintragungsersuchens aus § 130 beim Grundbuchamt durch eine öffentlich beglaubigte Urkunde nachgewiesen werden: Abs 2. Die Vereinbarung zu Protokoll muß nicht unterschrieben werden. Hypotheken- und Grundschuldbriefe und die in BGB § 1115 genannten Urkunden sind vorzulegen. Für Erklärung zu Protokoll ist das Beurkundungsgesetz kein Hindernis. Die Vereinbarung ist auch schon vor dem Zuschlag zwischen dem Berechtigten des Rechts und dem künftigen Ersteher möglich[41]; sie kann zu Protokoll des Versteigerungs- oder Verkündungstermins erfolgen[42] (anders[43]: dies sei durch den Gesetzeswortlaut des Abs 2 ausgeschlossen). Immer wenn die Vereinbarung nicht zu Protokoll des genannten Termins geschieht muß sie (zwingend) in öffentlich beglaubigter Urkunde „nachgewiesen" sein (Abs 2). Letzter Zeitpunkt für den Nachweis durch solche Urkunde ist der Eingang des §-130-Ersuchens beim Grundbuchamt, da dieses hierdurch „ersucht" ist (Abs 2). Das Vollstreckungsgericht muß sein (vorher geschriebenes) Ersuchen noch berichtigen, wenn die Urkunde über die Liegenbelassung dem Vollstreckungsgericht noch vor oder mindestens gleichzeitig mit dem Eingang des vollstreckungsgerichtlichen Ersuchens beim Grundbuchamt zugeht[44]. Dagegen darf das Vollstreckungsgericht bei späterem Eingang keinesfalls mehr sein Ersuchen berichtigen. Die Liegenbelassungsvereinbarung wird nicht durch die vorherige Ausführung des Teilungsplans verhindert[45], auch nicht durch die im Verteilungstermin erfolgte Forderungsübertragung, die wie eine Befriedigung

---

[35] Steiner/Eickmann § 91 Rdn 31.
[36] Jaeckel/Güthe § 91 Rdn 8.
[37] Drischler KTS 1971, 145 (X).
[38] BGH NJW 1976, 805 = aaO (Fußn 24); BGH KTS 1981, 413 = MDR 1981, 568; Jaeckel/Güthe § 91 Rdn 8.
[39] BGH NJW 1976, 805 = aaO (Fußn 24).
[40] BGH NJW 1976, 805 = aaO (Fußn 24); BGH KTS 1981, 413 = MDR 1981, 586; BGH KTS 1981, 412 = MDR 1981, 482 = NJW 1981, 1601 = Rpfleger 1981, 140.
[41] Jaeckel/Güthe § 91 Rdn 3; Steiner/Eickmann § 91 Rdn 41.
[42] Dassler/Schiffhauer § 91 Rdn 17; Steiner/Eickmann § 91 Rdn 40.
[43] Hornung Rpfleger 1972, 203 (1) (I A und I B 2).
[44] Jaeckel/Güthe § 91 Rdn 3; Steiner/Eickmann § 91 Rdn 38.
[45] Steiner/Eickmann § 91 Rdn 38.

Erlöschen von Rechten, Liegenbelassungsvereinbarung 3.8 § 91

aus dem Grundstück wirkt[46]; durch die Vereinbarung gilt dann diese Wirkung als nicht eingetreten[46] und es entfällt auch die Eintragung der schon angeordneten Sicherungshypothek des § 128[46]. **Bevollmächtigte** des einen oder anderen Vertragsteils müssen bei der Vereinbarung ihre Vollmacht vorlegen. Für die Erklärung zu Protokoll genügt die gewöhnliche Prozeßvollmacht[47]. Zur notariellen Vereinbarung ist auch die Vollmacht in öffentlich beglaubigter Form nötig[47]. Gleichzeitige Anwesenheit der Vertragsteile im Termin ist nicht nötig; es kann einer zu Protokoll sich erklären, der andere notariell[48]. Die Verpflichtung zu einer künftigen Liegenbelassungsvereinbarung kann schon vor der Versteigerung zwischen einem Gläubiger und einem Bietinteressenten privatschriftlich erfolgen; weigert sich später der Ersteher, so ist Klage gegen ihn nötig. Da ein Urteil nicht bis zum Verteilungstermin erzielt werden kann, sollte auch diese Vereinbarung notariell erfolgen. Statt der Erklärung zu Protokoll im Verteilungstermin kann dort auch die notarielle Vereinbarung übergeben werden. Die Vereinbarung ist ein Vertrag zwischen dem Ersteher und dem Berechtigten des Rechts, keine Erklärung gegenüber dem Gericht. Das Gericht wirkt nicht aktiv mit, es nimmt nur zur Kenntnis.

3.7 **Eltern** benötigen, wenn das **Kind Gläubiger** des Rechts ist, keine Genehmigung des Vormundschaftsgerichts. **Vormund, Pfleger** und **Betreuer** benötigen die Genehmigung des Gegenvormunds (Gegenbetreuers) oder Vormundschaftsgerichts nach BGB § 1812 (mit § 1908 i Abs 1; keine Anwendung findet BGB § 1813 über Einziehung ohne Genehmigung[49]), und zwar auch dann, wenn ein Recht in Abteilung II des Grundbuchs liegen bleiben soll (Gegenstand der Verfügung ist der Erlösanspruch als Forderung, nicht ein Recht am Grundstück; nicht richtig daher[49]). Wenn das **Kind** (Mündel, Pflegling oder der Betreute) **Ersteher** ist, ist die Liegenbelassungsvereinbarung Verfügung über das Grundstück; vormundschaftsgerichtliche Genehmigung ist daher nach BGB § 1821 Nr 1 erforderlich[50]. Die Liegenbelassungsvereinbarung ist nicht (genehmigungsfreie) Erwerbsmodalität (so aber[51] für den Fall, daß das Recht volle Deckung erfahren hätte, nicht richtig). Eigentumserwerb ist mit Zuschlag erfolgt; Liegenbelassung ist daher Verfügung über das Grundstück des Kindes (Mündels, Pfleglings oder Betreuten), nicht mehr somit Teil des nach BGB § 1821 Nr 5 genehmigungspflichtigen entgeltlichen Erwerbs.

3.8 Liegenbelassung einer Hypothek, Grundschuld, Rentenschuld oder Reallast nach Versteigerung eines **Erbbaurechts** bedarf bei entsprechender Inhaltsbestimmung nach ErbbauVO § 5 Abs 2 der Zustimmung des Grundstückseigentümers. Nach WEG § 12 kann eine Belastungsbeschränkung nicht als Inhalt des Sondereigentums eines Wohnungs-/Teileigentümers vereinbart sein. Eingeschränkt sein kann nach WEG § 12 jedoch die Bestellung eines Dauerwohnrechts (WEG § 31) oder eines Wohnrechts nach BGB § 1093[52]. Liegenbelassung eines solchen Rechts bedarf dann gleichfalls der Zustimmung. Die nach ErbbauVO § 5 Abs 2 (ebenso eine nach WEG § 12) nötige Zustimmung erübrigt sich nicht, weil der Zustand erhalten bleibt, der vor der Versteigerung bestanden hat (so aber[53] mit der Erwägung, der Geschützte habe das hinzunehmen), oder weil das Recht mit rückwirkender Kraft wieder auflebt (so[54]). Der Ersteher verfügt mit Liegenbelassungs-

---

[46] LG Frankfurt Rpfleger 1980, 30.
[47] Dassler/Schiffhauer § 91 Rdn 17; Steiner/Eickmann § 91 Rdn 32; Hornung Rpfleger 1972, 203 (I A 1).
[48] Hornung Rpfleger 1972, 203 (I A 1).
[49] Steiner/Eickmann § 91 Rdn 33.
[50] Haegele Rpfleger 1970, 232.
[51] Steiner/Eickmann § 91 Rdn 34; Brüggemann FamRZ 1990, 124 (IV 3).
[52] BGH 37, 206 = DNotZ 1963, 180 = NJW 1962, 1613 = Rpfleger 1962, 373; BGH 49, 250 = NJW 1968, 499 = Rpfleger 1968, 114.
[53] Steiner/Eickann § 91 Rdn 35.
[54] Dassler/Schiffhauer § 91 Rdn 16.

vereinbarung über das ihm „lastenfrei" zugeschlagene Grundstück. Wenn (wie geltend gemacht) von Bedeutung sein könnte, daß das Recht bereits bestanden hat oder daß es mit rückwirkender Kraft wieder auflebt, könnte für Liegenbelassungsvereinbarung auch eine vormundschaftsgerichtliche Genehmigung nicht verlangt werden. Dafür aber räumt auch[55] ein, daß der Ersteher mit Zuschlag Eigentümer des Grundstücks geworden und deshalb eine Vereinbarung (genehmigungspflichtige) Verfügung über das Grundstück ist; gleichermaßen behandelt auch[56] die Vereinbarung als Verfügung über das erstandene Grundstück. Daß dem Grundstückseigentümer nicht gleich sein kann, mit welchem Recht und in welcher Höhe das Erbbaurecht belastet ist, erlangt für die Vereinbarung erneut und unabhängig von der früheren Belastung des Erbbaurechts mit dem erloschenen Recht Bedeutung. Ob die Neubelastung mit Liegenbelassungsvereinbarung mit den Regeln einer ordnungsgemäßen Wirtschaft vereinbar und der mit der Bestellung des Erbbaurechts verfolgte Zweck nicht beeinträchtigt oder gefährdet ist (ErbbauVO § 7 Abs 2) bestimmt sich nach den Verhältnissen zur Zeit der Vereinbarung, nicht nach der Wertung bei früherer Bestellung des erloschenen Rechtes. Versteigerungsverfahren und Erlöschen des Rechts mit dem Zuschlag sprechen hierbei nicht unbedingt für die Wirtschaftlichkeit der Belastung und nicht rundweg dafür, daß die Interessen des Geschützten ohne weiteres gewahrt seien. Bedeutung kann zudem auch erlangen, daß auch ein in der Zwangsversteigerung ausfallendes, durch den Wert des Erbbaurechts somit nicht gedeckt gewesenes Recht liegen belassen werden kann. Zustimmung ist somit nach Wortlaut und gleichermaßen nach Sinn und Zweck von ErbbauVO § 5 Abs 2 (WEG § 12) erforderlich.

3.9 Eine **Gemeinde** benötigt zur Liegenlassensvereinbarung keine Ermächtigung (Ausnahmegenehmigung) der Rechtsaufsichtsbehörde. Die kommunalrechtliche Bindung der Gemeinde für Bestellung von Sicherheiten (Belastung eines Grundstücks) an eine Ermächtigung (Ausnahmegenehmigung) der Aufsichtsbehörde in landesrechtlichen Gemeindeordnungen ist als nur interne Zuständigkeitsregelung anzusehen, die auf die Vertretung der Gemeinde nach außen ohne Einfluß ist (§ 71 Rdn 7.7).

3.10 Muster für eine Vereinbarung im ZVG-Handbuch Rdn 539; dort allgemein zur Vereinbarung Rdn 540, zu Form und Zeitpunkt Rdn 541, zur Vollmacht Rdn 542, zur Genehmigung Rdn 543.

3.11 Der **Rang** des liegenbelassenen Rechts richtet sich nach seinem bisherigen Grundbuchrang. Diesen behält es bei. Wenn alle laut Teilungsplan vor ihm zu berücksichtigenden Rechte befriedigt werden, bleibt es an vorderer Stelle, grundbuchmäßig also nach den schon gemäß den Versteigerungsbedingungen (als ihm vorgehend) bestehenbleibenden Rechten. Werden aber Ansprüche, die vor dem liegenbelassenen Recht zu berücksichtigen wären, nicht befriedigt, sondern für sie Sicherungshypothek angeordnet (und eingetragen), so erhalten diese (nur diese Sicherungshypotheken) Rang vor dem liegenbelassenen Recht (wie laut Teilungsplan geltend). Dies muß wegen BGB § 879 Abs 3 ins Grundbuch eingetragen werden. Eine das liegenbelassene Recht belastende Löschungsvormerkung nach BGB § 1179 bleibt bestehen[57], auch ein gesetzlicher Löschungsanspruch ihm gegenüber nach BGB § 1179 a besteht nach Maßgabe des Abs 4 weiter. Die Vereinbarung kann nicht durch einen Widerspruch aus § 115 verhindert werden.

3.12 Die Liegenbelassungsvereinbarung bezieht sich nur auf das dingliche Recht[58]. Ob auch die dem liegenbelassenen Recht zugrunde liegende **persönliche Schuld** übernommen wird, richtet sich nach dem Inhalt der Vereinbarung. Wenn die Liegenbelassungsvereinbarung vor Gericht erfolgt, ist auch eine etwaige

---

[55] Dassler/Schiffhauer § 91 Rdn 14.
[56] Steiner/Eickmann § 91 Rdn 34.
[57] Jaeckel/Güthe § 91 Rdn 8.
[58] RG 70, 411.

schuldrechtliche Vereinbarung in das Protokoll mit aufzunehmen. § 53 ist hierbei nicht anwendbar[59]. Bei Hypotheken ist die Übernahme der schuldrechtlichen Verpflichtung in der Regel anzunehmen[60], sie ist auch sonst regelmäßig gewollt; in diesem Sinne[61]. Der Ersteher übernimmt im letztgenannten Fall durch die Vereinbarung eine persönliche Schuld, und zwar nicht als Schuldübernahme, sondern als Leistung an Erfüllungs Statt durch Begründen einer neuen Verbindlichkeit. Der ursprüngliche persönliche Schuldner wird nach BGB § 414 befreit[62].

Liegenbelassungsvereinbarung: Minderung (Absatz 3 Satz 1)   4

4.1 Durch die Liegenbelassungsvereinbarung „**vermindert sich** der durch Zahlung zu berichtigende Teil des **Meistgebots** um den Betrag, welcher sonst dem Berechtigten gebühren würde": Abs 3 Satz 1. Diese Vorschrift hat viel Streit ausgelöst. **Eine** weit verbreitet gewesene (auch in der 6./7. Auflage dieses Kommentars, § 91 Anm 5 vertretene) **Meinung** besagte: weil die Vereinbarung rückwirkende Kraft (auf den Tag des Zuschlags) hat, das Recht darum als nicht erloschen gilt und an alter Rangstelle mit dinglicher Wirkung gegenüber jedermann weiter besteht (Rdn 3.2), sei es zu behandeln, wie wenn es kraft Gesetzes bestehengeblieben wäre[63] (sei es nach §§ 44, 52 oder nach § 59); es sei das Bargebot um die Hauptsache und die Zinsen vom Zuschlag bis zur Verteilung zu kürzen[64] oder vielleicht wegen der Rückwirkung nur um das Kapital, während die Zinsen außerhalb des Verfahrens vom Ersteher zu zahlen seien[65], dadurch erhöhe sich zwar zugunsten der übrigen Beteiligten die Masse, ein voller Ausgleich sei aber nie möglich; bei Liegenbelassen im Termin sei dann ein neuer Teilungsplan aufzustellen, bei späterer Vereinbarung bleibe der Plan, Ausgleich erfolge dann außergerichtlich; die Bargebotszinsen des § 49 Abs 2 seien nur vom verringerten Bargebot zu zahlen[65], kleine Vor- oder Nachteile müßten in Kauf genommen werden.

4.2 Gegen diese Ansicht sind in steigendem Maße **Bedenken** aufgetaucht, vor allem gegen eine nochmalige Änderung des Teilungsplanes[66]. Die Praxis ist dieser Ansicht schon alsbald nicht mehr gefolgt. Faßt man die vorgeschriebene Verkürzung des zu zahlenden Meistgebots in Abs 3 und die Vorschrift über die Verzinsung des Bargebots in § 49 Abs 2 zusammen, so gab es **drei Lösungsversuche** zu diesem Fragenbereich.

a) Nach dem **ersten Lösungsversuch** sollte das Bargebot um das gekürzt werden, was der Gläubiger des liegenbelassenen Rechts an Kapital und Zinsen (vom Zuschlag bis zum Verteilungstermin) ohne Liegenbelassung zu erhalten hätte; nach § 49 sollte dann nur das auf diese Weise verkürzte Bargebot verzinst werden. Dieser Weg wird von[67] als unlogisch bezeichnet, weil dann, wenn die Liegenbelassung zurückwirkt, die Zinsen vom Zuschlag an den Ersteher treffen müssen.

b) Nach dem **zweiten Lösungsversuch** sollte das bare Meistgebot nur um das Kapital gekürzt werden, nach § 49 dann der so gekürzte Betrag verzinst werden[68].

---

[59] Jaeckel/Güthe § 91 Rdn 8; Korintenberg/Wenz § 91 Anm 9; Steiner/Eickmann § 91 Rdn 57.
[60] BGH NJW 1981, 1601 = aaO (Fußn 40).
[61] Jaeckel/Güthe § 91 Rdn 8; Korintenberg/Wenz § 91 Anm 9.
[62] BGH NJW 1981, 1601 = aaO (Fußn 40).
[63] OLG Köln OLGZ 1966, 190; LG Bonn NJW 1965, 2113.
[64] Drischler RpflJahrbuch 1973, 328 (6 A); Drischler NJW 1966, 766.
[65] OLG Köln OLGZ 1966, 190; LG Bonn NJW 1965, 2213; Pöschl BWNotZ 1958, 54.
[66] BGH MDR 1974, 394 = Rpfleger 1974, 148.
[67] Mayer Rpfleger 1969, 3 (4–5).
[68] BGH 68, 276 = MDR 1977, 742 = NJW 1977, 1287 = Rpfleger 1977, 246; OLG Köln OLGZ 1966, 190; Korintenberg/Wenz § 91 Anm 4; Pöschl BWNotZ 1958, 54; Stoll SchlHA 1953, 234 (2).

§ 91 4.2   Entscheidung über den Zuschlag

Dieser Weg wird von[69] als logisch bezeichnet, aber mit dem Nachteil, daß nach der Liegenbelassung ein neuer Plan aufgestellt werden muß.

c) Nach dem **dritten Lösungsversuch** ist das bare Meistgebot um das zu kürzen, was der Gläubiger an Kapital, Zinsen (vom Zuschlag bis zur Verteilung) und anderen Nebenleistungen (laufende vom Zuschlag bis zur Verteilung) zu erhalten hat, wobei sich aber an der §-49-Verzinsung (aus dem ungekürzten Bargebot) nichts ändert[70]; Bargebot im Sinne des § 49 ist das, was tatsächlich geboten wurde, nicht der nach Abs 3 gekürzte Betrag.

4.3 Nur der **dritte Lösungsweg** stimmt mit dem Gesetz überein. Der Ersteher darf durch die Liegenbelassung nichts gewinnen und nichts einbüßen, nachrangige Gläubiger dürfen weder Vorteile noch Nachteile haben. Die Liegenbelassung wirkt nur hinsichtlich des dinglichen Bestands des Rechts zurück[71], hinsichtlich der Kontinuität des Rechts[72]. Liegenbelassung ist keine Aufrechnung. Der Teilungsplan wird ohne Rücksicht auf sie aufgestellt und bleibt auch nach ihr unverändert. Bei Vereinbarung nach dem Termin wäre eine Änderung ohnehin nicht mehr möglich[73]. **Zu kürzen** ist nur der vom Ersteher zu zahlende bare Meistgebotsbetrag, in dem bereits die Bargebotszinsen des § 49 Abs 2 vorschriftsmäßig enthalten sind, um das, was der Gläubiger auf das liegenbelassene Recht aus dem Erlös ohne die Liegenbelassung mehr als bei Liegenbelassung erhalten hätte, also um das Kapital und die Zinsen hieraus vom Zuschlag bis zum Verteilungstermin. An der vorher schon berechneten §-49-Verzinsung ändert sich nichts mehr. Die Liegenbelassung betrifft nur das Verhältnis von Ersteher und Gläubiger des Rechts, läßt alle anderen Vorgänge aber unberührt[73]. Ältere Zinsen auf das Recht (für die Zeit bis zum Tag vor dem Zuschlag) und die Kosten der Rechtsverfolgung (sie können nicht liegenbelassen werden) erhält auch der liegenbelassende Gläubiger aus dem Barerlös gemäß Teilungsplan ausbezahlt; daher sind diese Beträge auch nicht bei dem von ihm zu zahlenden baren Meistgebotsbetrag zu kürzen. Wie die älteren Zinsen und die Kosten muß auch die Vorfälligkeitsentschädigung, für die der Ersteher nicht haftet und die dem Gläubiger nur im Verhältnis zum Vollstreckungsschuldner zusteht, aus der baren Teilungsmasse bezahlt werden und kann nicht liegenbelassen werden; es ist insoweit auch nicht das bare Meistgebot zu kürzen (anders[73]: auch um sie sei bei Liegenbelassung zu kürzen; anders auch[74]: es könne auch die Vorfälligkeitsentschädigung liegenbelassen werden und sei daher um sie zu kürzen). Dieser Lösungsweg ist in Beispielen mit den Vor- und Nachteilen der anderen Meinungen von[75] durchgerechnet und überzeugend dargestellt.

4.4 Die einmalige **Nebenleistung einer Grundschuld** (die fällige und die nicht fällige) hat der Ersteher überhaupt nicht zu tragen (Rdn 3.4). Zu befriedigen ist sie (bei Bestehenbleiben der Grundschuld ebenso wie bei Erlöschen des Rechts) wie alle Grundstücksbelastungen mit Barzahlungsanspruch (dazu § 49 Rdn 2.5) aus dem Versteigerungserlös. Mit Liegenbelassungsvereinbarung ändert sich das Recht des Gläubigers auf Zahlung des Betrags der einmaligen Nebenleistung aus dem baren Versteigerungserlös nicht. Betrag, der infolge Liegenbelassungsvereinbarung als

---

[69] Mayer Rpfleger 1969, 3 (4–5).
[70] BGH 53, 327 = DNotZ 1970, 413 = KTS 1970, 219 mit zust Anm Drischler = MDR 1970, 497 = NJW 1970, 1188 mit zust Anm Drischler = Rpfleger 1970, 166; BGH BGHWarn 1972, 432 = GrundE 1972, 625 = WM 1972, 1932; Dassler/Schiffhauer § 91 Rdn 23; Mohrbutter/Drischler Muster 127 Anm 2; Steiner/Eickmann § 91 Rdn 50 und 52; Drischler NJW 1966, 766, Rpfleger 1967, 357 (359) und RpflJahrbuch 1973, 328 (6 A); Mayer Rpfleger 1969, 3 (4–5).
[71] BGH MDR 1974, 394 = Rpfleger 1974, 148; Mayer aaO (Fußn 70).
[72] BGH 53, 327 = aaO (Fußn 70).
[73] BGH MDR 1974, 394 = Rpfleger 1974, 148.
[74] Drischler KTS 1975, 283 (292) und RpflJahrbuch 1978, 360 (B 8).
[75] Drischler Rpfleger 1967, 357 (359); KTS 1970, 219 und NJW 1970, 1188; Mayer aaO (Fußn 70).

Belastung des Grundstücks fortbesteht und nur „sonst (= bei Erlöschen des Rechts) dem Berechtigten gebühren würde", ist die einmalige Nebenleistung der Grundschuld somit nicht. Minderung der Zahlungspflicht um die einmalige Nebenleistung erfolgt daher nicht (anders[76]; das aber würde gebieten, daß die Nebenleistung das Grundstück im Eigentum des Erstehers belastet, der Ersteher somit vom Zuschlag an diese Last zu tragen hat; bei einer bestehenbleibenden Grundschuld trifft das jedoch nicht zu; dazu § 49 Rdn 2.5). Die befristet und die dauernd wiederkehrenden (zumeist gleichzeitig mit den Zinsen zu erbringenden) Nebenleistungen der Grundschuld hat der Ersteher vom Zuschlag an zu tragen (§ 56 Satz 2; hierzu § 49 Rdn 2.5). Endzeitpunkt für Berücksichtigung im Teilungsplan ist daher (wenn die Grundschuld bestehen bleibt) der Tag vor dem Zuschlag (§ 49 Rdn 2.5). Liegenbelassung bewirkt damit Minderung nach Abs 3 um die wiederkehrenden Nebenleistungen vom Zuschlag bis zum Verteilungstermin, weil diese der Gläubiger auf das liegenbelassene Recht aus dem Erlös ohne die Liegenbelassung mehr als bei Liegenbelassung erhalten würde.

4.5 Stellt sich später heraus, daß ein liegenbelassenes Recht mindestens zum Teil nicht mehr dem Eingetragenen zustand, mit dem die Vereinbarung erfolgte, sondern **Eigentümerrecht** war (zB bei Tilgungshypotheken hinsichtlich der vor dem Verfahren getilgten Beträge; die im Verfahren aus dem Erlös getilgten erlöschen, für sie unter Umständen Zuzahlung nach § 50), so hat der Ersteher die einschlägigen Teile an Kapital und Zinsen nicht an den Partner der Liegenbelassungsvereinbarung, sondern an den früheren Grundstückseigentümer zu zahlen. An der gemäß Grundbuchlage vereinbarten Liegenbelassung kann sich nachträglich nichts mehr ändern, der Teilungsplan und seine Ausführung müssen klare Verhältnisse schaffen. Der Ersteher wäre hier zu Lasten des früheren Grundstückseigentümers sonst ungerechtfertigt bereichert. Das muß auch gelten, wenn bei einem mit höherem Zinssatz eingetragen gewesenen, jetzt liegenbelassenem Recht der Gläubiger vor Gericht erklärt, daß er nur einen geringeren Zinssatz fordern wolle; auch hier vermindert sich um den eingetragenen Satz in seiner vollen liegenbelassenen Höhe. Es handelt sich nicht etwa um einen (vom Gericht zu beachtenden) Verzicht des Gläubigers auf einen zuzuteilenden Betrag oder um die (vom Gericht zu beachtende) geringere Anmeldung bei von Amts wegen zuzuteilenden Beträgen, weil ja infolge Liegenbelassung gerade nichts aus dem Barerlös zugeteilt wird (die Regeln gelten nur für die Barerlöszuteilung). Es ist aber auch, obwohl das liegenbelassene Recht wie ein bestehenbleibendes behandelt wird, nicht eine Zuzahlung nach § 50 wegen teilweisen Nichtbestehens zu leisten, weil die „Minderung" erst nach dem Zuschlag eingetreten sein würde (§ 50 Rdn 2). Bei der Liegenbelassung handelt es sich um eine notarielle oder protokollarische Vereinbarung des Erstehers mit dem Gläubiger des liegenbelassenen Rechts, einen Vertrag, der nicht durch einseitige Erklärung dieses Gläubigers geändert werden kann. Gibt er die Erklärung in der vorgenannten Art ab, so ist sie unbeachtlich. Bei der Liegenbelassung kann ja an den eingetragenen Zinssätzen nichts geändert werden (Rdn 3.2). Was über die Zinsen der Gläubiger nachträglich mit dem Ersteher verabredet, ist für das Gericht ohne Bedeutung (§ 50 geht grundsätzlich vom Zeitpunkt des Zuschlags aus).

4.6 Die **Schwierigkeiten** sind noch nicht zu Ende. Kann eine Liegenbelassung auch so erfolgen, daß die Zinsen aus dem liegenbelassenen Recht nicht schon ab Zuschlag, sondern erst ab Verteilungstag vom Ersteher an den Gläubiger zu zahlen sind? Wie ist es, wenn der Gläubiger für die Zeit vor der Verteilung keine Zinsen anmeldet? Ist trotzdem um diese Zinsen das Bargebot zu mindern? Zu verringern ist das Bargebot auf jeden Fall um das, was laut Plan anfällt, aber durch die Liegenbelassung nicht mehr ausbezahlt werden muß. Wie weit gilt der Gläubiger als befriedigt? Kann der Gläubiger ZVG § 12 abändern lassen (dort Reihenfolge Ko-

---

[76] OLG Hamm Rpfleger 1985, 247.

sten, Zinsen, Hauptsache)? Muß unbedingt bei der Befriedigungswirkung durch Liegenbelassung diese Reihenfolge eingehalten werden? Wichtig ist diese Frage insbesondere, wenn noch eine Zwangsverwaltung läuft, über die nicht abgerechnet ist. Bei ihr gibt es nur Zinsen, keine Hauptsache. Wird zuerst in der Versteigerung normal abgerechnet, so würde der Gläubiger hier Kosten und Zinsen, aber bei nicht ausreichender Masse keine Hauptsache oder nur einen Teil davon erhalten. Den Rest der Hauptsache oder die ganze kann er nicht in der Zwangsverwaltung bekommen, während er dort Zinsen und Kosten erhalten würde, um bei umgekehrter Abrechnungsfolge dann seine Hauptsache ganz oder doch zum größeren Teil aus der Versteigerung erhalten zu können. § 12 ist keine zwingende Vorschrift[77]; es ist durchaus möglich, das Liegenbelassen (mit Befriedigungswirkung) in der Versteigerung nur auf die Hauptsache zu beziehen, Kosten und Zinsen aber in der Zwangsverwaltung befriedigen zu lassen. Der Gläubiger muß die Wahl haben, ob er die Zinsen aus der Verwaltung oder der Versteigerung erhalten will[78]. Natürlich darf er alles nur einmal erhalten und muß, was er erhält, im jeweils anderen Verfahren anrechnen lassen[78]. Bei der Liegenbelassung kann also die Bindung an die Reihenfolge des § 12 nicht gelten, ähnlich wie bei einer Abtretung; man kann rückständige Hypothekenzinsen unter Vorbehalt des Vorrangs für Stammrecht und laufende Zinsen vor den rückständigen abtreten. Beispiele hierzu in[79]. Ein weiteres Problem: Der Vollstreckungsschuldner wird durch die Liegenbelassungsvereinbarung von der Schuld frei. Wenn aber der Gläubiger, weil ihm nicht voll zugeteilt werden könnte, seine Zinsen für die Zeit vor den Zuschlag nicht anmeldet, gilt insoweit die Befriedigungswirkung nicht, sondern es bleibt dafür die persönliche Haftung des Vollstreckungsschuldners bestehen und der Gläubiger kann dafür eine Mobiliarvollstreckung durchführen. Andernfalls wäre ihm diese Möglichkeit verloren, die sich bei hohen Zinssätzen und hohem Kapital erheblich auswirken kann. Er muß in diesem Fall nicht verzichten, darf das gar nicht, sondern macht die Beträge nur nicht geltend, um sich so seine persönlichen Ansprüche zu bewahren.

5 Liegenbelassung: Wirkung als Befriedigung (Absatz 3 Satz 2)

5.1 Jede Liegenbelassungsvereinbarung wirkt in der vereinbarten Höhe gegenüber dem Vollstreckungsschuldner **wie** die **Befriedigung** des Gläubigers aus dem Grundstück: Abs 3 Satz 2. Der Gläubiger eines Grundpfandrechts erbringt damit in Höhe des Anteils am Versteigerungserlös, der nach dem Teilungsplan auf das Recht entfallen wäre, eine Leistung für den Ersteher[80]. Dagegen erlischt entgegen BGB § 1181 Abs 1 hier nicht das Grundpfandrecht[81], das ja gerade bestehenbleiben soll. Die Wirkung als Befriedigung gilt auch dort, wo der Gläubiger des Rechts aus dem Erlös nichts erhalten hätte[82] (§ 91 sieht ja dafür keine Einschränkung vor[83]; anders[84]). Ob der Eigentümer von einer in der Grundschuldbestellungsurkunde übernommenen persönlichen Haftung befreit wird, hängt von der Auslegung der Haftungsübernahmeerklärung ab[85]. Der Gläubiger erhält dinglich wie persönlich „Ersatz" beim Ersteher. Wenn Hypothekengläubiger und Ersteher identisch sind und mit Liegenbelassungserklärung das Recht am eigenen Grundstück erlangt, kommt

---

[77] Reinhard/Müller § 12 Anm V.
[78] Reinhard/Müller § 161 Anm V 1.
[79] Reinhard/Müller § 161 Anm V 1.
[80] BGH KTS 1985, 134 = MDR 1985, 405 = NJW 1985, 388 Leitsatz = Rpfleger 1985, 74.
[81] BGH KTS 1981, 412 = MDR 1981, 482 = NJW 1981, 1601 = Rpfleger 1981, 140; Steiner/Eickmann § 91 Rdn 43.
[82] BGH KTS 1981, 413 = MDR 1981, 568; RG 156, 271 (276); LG Bonn NJW 1965, 2113.
[83] BGH KTS 1981, 413 = MDR 1981, 568.
[84] Dassler/Schiffhauer § 91 Rdn 28; Muth Rpfleger 1990, 2.
[85] BGH KTS 1981, 413 = MDR 1981, 568.

Erlöschen von Rechten, Liegenbelassungsvereinbarung 5.3 § 91

eine Schuldübernahme nicht in Betracht[86]. Daher könnte die (persönliche) Forderung jedenfalls insoweit aufrecht erhalten bleiben, als sie nicht durch die Erlösverteilung auf das dingliche Recht gedeckt ist[87] (offen gelassen von[88]). Jedenfalls aber hat der Ersteher als Gläubiger einer (valutierten) Hypothek, die infolge der Liegenbelassungserklärung bestehenbleibt, in dem Umfang, in dem das Recht bei der Erlösverteilung ausfällt, gegen den Schuldner der Hypothekenforderung einen Bereicherungsanspruch auf Wertersatz (BGB § 812 Abs 1 Satz 1, § 818 Abs 2)[88].

5.2 Der Gläubiger einer **Grundschuld,** die der Sicherung einer Forderung dient (Sicherungsgrundschuld), verwertet mit Liegenbelassungsvereinbarung die Grundschuld als Sicherheit, weil die Vereinbarung wie die Befriedigung aus dem Grundstück wirkt (Abs 3 Satz 2)[89]. Dadurch endet der Sicherungsvertrag mit dem Sicherungsgeber[89]. Die verwertete Sicherheit braucht der Gläubiger nicht zurückzugewähren[90]. Im Verhältnis zum Berechtigten eines Rückgewähranspruchs muß sich der Grundschuldgläubiger aber so behandeln lassen, als hätte er den Betrag der liegenbelassenen Grundschuld aus dem Versteigerungserlös erhalten[91]. Soweit dieser Betrag die gesicherte Forderung übersteigt, verwandelt sich der Rückgewähranspruch in einen Rückzahlungsanspruch in Höhe des Überschusses[91]. Diesen schuldrechtlichen Anspruch seines Berechtigten gegen den Grundschuldgläubiger, den die gesicherte Forderung übersteigenden Mehrerlös zurückzugewähren, läßt die Liegenbelassungsvereinbarung unberührt[91]. Das muß auch gelten, wenn die Grundschuld voll (oder soweit sie teilweise) ausgefallen wäre, weil die Liegenbelassungsvereinbarung Befriedigungswirkung nach Abs 3 Satz 2 auch dann hat, wenn der Gläubiger des Rechts aus dem Erlös nichts erhalten hätte (s. Rdn 5.1). Auch dann besteht aber kein Anspruch mehr auf Rückübertragung der Grundschuld selbst[92].

5.3 Fall aus der Praxis: a) Hypothek ist durch Zuschlag erloschen; Bargebot wird vom Ersteher nicht bezahlt; Forderung gegen den Ersteher wird übertragen (§ 118 Abs 1 Satz 1), was wie die Befriedigung des Berechtigten aus dem Grundstück wirkt (§ 118 Abs 2 Satz 1); Titel des betreibenden Hypothekengläubigers wurde im Termin so abquittiert. Erst nachträglich (nach dem Verteilungstermin, aber vor Absendung des Grundbuchersuchens) erfolgt Liegenbelassungsvereinbarung für die Hypothek; Sicherungshypothek wird nicht eingetragen. Notar erteilt auf die frühere Hypothekenbestellungsurkunde für den Gläubiger des liegenbelassenen Rechts neue Vollstreckungsklausel. Gläubiger will hieraus gegen den Ersteher vollstrecken.

b) Überlegungen: Die Hypothek ist nach Abs 1 zunächst erloschen, mußte durch Liegenbelassen nach Abs 2 wieder aufleben. Bevor dies aber eintritt, könnte sie, weil das Recht als befriedigt gilt, nach gemäß BGB § 1181 Abs 1 (zwangsweise Befriedigung aus dem Grundstück) erloschen sein (Bedenken hiergegen[93]), und so eine Liegenbelassung nicht mehr ermöglichen. Dann wäre alter Titel nicht mehr wirksam.

c) Ergebnis: Dem ist nicht so. Die Befriedigungswirkung durch Übertragung der Forderung nach § 118 Abs 2 Satz 1 tritt dann nicht ein, wenn der aus der Übertragung berechtigte binnen drei Monaten dem Gericht gegenüber auf die Rechte aus der Übertragung verzichtet (§ 118 Abs 2 Satz 2). Ein solcher Verzicht ist auch darin zu sehen, daß dem Gericht eine Liegenbelassungsvereinbarung dieses Gläubigers mit dem Ersteher vorgelegt wurde. Das Recht ist dann nicht nach BGB § 1181 Abs 1 erloschen. Es konnte die Liegenbelassung vereinbart werden und es

---

[86] BGH NJW 1981, 1601 = aaO (Fußn 81).
[87] Steiner/Eickmann § 91 Rdn 62.
[88] BGH NJW 1981, 1601 = aaO (Fußn 81).
[89] BGH NJW 1985, 388 Leitsatz = aaO (Fußn 80).
[90] BGH NJW 1985, 388 Leitsatz = aaO (Fußn 80); OLG Düsseldorf OLGZ 1978, 325.
[91] BGH NJW 1985, 388 Leitsatz = aaO (Fußn 80).
[92] OLG Düsseldorf OLGZ 1978, 325.
[93] LG Frankfurt Rpfleger 1980, 30.

§ 91 5.3   Entscheidung über den Zuschlag

wirkt diese dann im Sinne des Abs 3 wie die Befriedigung des Berechtigten aus dem Grundstück, in der Weise, daß eine Forderung gegen den Vollstreckungsschuldner nicht mehr besteht, wohl aber aus dem alten Recht gegen den Ersteher unbeschränkt vorgegangen werden kann. Der Notar konnte die Vollstreckungsklausel gegen den Ersteher aus der alten Urkunde erteilen, es kann vollstreckt werden. Das ZVG nimmt durch die von ihm vorgesehene Möglichkeit der Liegenbelassungsvereinbarung in Kauf, daß das liegenbelassene Recht sogar schon ausbezahlt ist (dann hat der Ersteher einen Rückzahlungsanspruch insoweit gegen den Gläubiger des Rechts[94]) oder daß schon eine Forderungsübertragung erfolgt ist (dann darf diese im Eintragungsersuchen nach § 130 nicht zur Löschung beantragt oder bei späterem Eingang der Liegenbelassungsvereinbarung trotz des darauf gerichteten Ersuchens, falls dieses nicht mehr berichtigt werden kann, nicht gelöscht werden); das Recht muß trotzdem bestehenbleiben[94].

5.4 Zur Liegenbelassungsvereinbarung im ZVG-Handbuch Rdn 539–549 (Muster für Liegenbelassungsvereinbarung Rdn 539).

6 Löschungsanspruch (Absatz 4)

6.1 Abs 4 (**neu** eingefügt ab 1. 1. 1978) bezieht sich nur auf die (von da an) neu entstandenen gesetzlichen Löschungsansprüche nach BGB § 1179 a gegenüber Hypotheken, Grundschulden, Rentenschulden, die Eigentümerrecht werden oder geworden sind. Ein Löschungsanspruch nach BGB § 1179 a besteht nicht für Rechte, die schon vor dem 1. 1. 1978 im Grundbuch eingetragen waren (Artikel 8 des Gesetzes zur Änderung sachenrechtlicher, grundbuchrechtlicher und anderer Vorschriften vom 22. 6. 1977, BGBl I 1977, 998).

6.2 Die **gesetzlichen Löschungsansprüche** aus BGB § 1179 a für Hypotheken, Grundschulden, Rentenschulden gegenüber Eigentümerrechten erlöschen nicht mit dem begünstigten Recht, sondern erst dann, wenn der aus ihnen Berechtigte aus dem Grundstück (voll) befriedigt wird (Abs 4). Dazu[95]. Weitere Sicherung des Löschungsanspruchs durch Vormerkung: § 130 a Abs 2.

7 Schiffshypotheken-Liegenbelassung

Hat eine Schiffspfandbriefbank ein Schiff oder Schiffsbauwerk zur Verhütung von Verlusten an einer Schiffshypothek eingesteigert, so kann sie, falls das Recht an sich erlöschen würde, durch Erklärung gegenüber dem Vollstreckungsgericht, und zwar entweder zu Protokoll des Gerichts (im Versteigerungs- oder Verteilungstermin) oder in öffentlich beglaubigter Urkunde, spätestens bevor das Registergericht um die Berichtigung des Schiffsregisters ersucht wird (also vor dem Eingang des vollstreckungsgerichtlichen Ersuchens aus § 130 dort), bestimmen, daß ihre Schiffshypothek bestehenbleiben soll, worauf die Hypothek als nicht erloschen gilt und wobei diese Erklärung im Schiffsregister eingetragen werden muß: Schiffsbankgesetz § 6. Die Bank kann dann aus diesem Recht nicht die Vollstreckung betreiben und erhält keine Zinsen aus ihm: Schiffsrechtegesetz § 64 Abs 2 Satz 2, anzuwenden hier gemäß Schiffsbankgesetz § 6.

[Wertersatz für erlöschende Rechte]

92 (1) **Erlischt durch den Zuschlag ein Recht, das nicht auf Zahlung eines Kapitals gerichtet ist, so tritt an die Stelle des Rechtes der Anspruch auf Ersatz des Wertes aus dem Versteigerungserlöse.**
(2) **Der Ersatz für einen Nießbrauch, für eine beschränkte persönliche Dienstbarkeit sowie für eine Reallast von unbestimmter Dauer ist durch**

---

[94] Wolff, ZVG, § 91 Anm 10.
[95] Stöber Rpfleger 1977, 399 und 425; Mohrbutter KTS 1978, 17; Schön BWNotZ 1978, 50.

Wertersatz für erlöschende Rechte 2.2 § 92

Zahlung einer Geldrente zu leisten, die dem Jahreswerte des Rechtes gleichkommt. Der Betrag ist für drei Monate vorauszuzahlen. Der Anspruch auf eine fällig gewordene Zahlung verbleibt dem Berechtigten auch dann, wenn das Recht auf die Rente vor dem Ablaufe der drei Monate erlischt.
(3) Bei ablösbaren Rechten bestimmt sich der Betrag der Ersatzleistung durch die Ablösungssumme.

Übersicht

Allgemeines zu § 92	1	Wertersatzanspruch für einzelne erlöschende Rechte	6
Behandlung der durch Zuschlag erloschenen Rechte	2	Wertersatz für Eigentumsvormerkung.	7
Einmaliger Wertersatz (Absatz 1)	3	Rechte Dritter am Versteigerungserlös (§ 37 Nr 5)	8
Dienstbarkeit, Nießbrauch, Reallast (Absatz 2)	4		
Rechte mit Ablösungssumme (Absatz 3)	5		

Literatur: Haegele, Wohnungsrecht, Leibgeding und ähnliche Rechte in Zwangsvollstreckung, Konkurs und Vergleich, DNotZ 1976, 5; Rahn, Eigentümerdienstbarkeit und Wertersatz, BWNotZ 1965, 45; Schiffhauer, Die Grunddienstbarkeit in der Zwangsversteigerung, Rpfleger 1975, 187; Schiffhauer, Soziale Aspekte in der Zwangsversteigerung, Rpfleger 1978, 397; Staudenmaier, Eigentümerdienstbarkeit und Wertersatz, BWNotZ 1964, 308; Teufel, Gedanken zu § 14 ZVG, Rpfleger 1977, 193.

Allgemeines zu § 92   1

1.1 Zweck der Vorschrift: Bestimmung des Wertersatzes für erlöschende Rechte als Zuschlagsfolge.

1.2 Anwendungsbereich: Die Vorschrift gilt für alle Versteigerungsverfahren des ZVG.

Behandlung der durch Zuschlag erloschenen Rechte   2

2.1 Rechte am Grundstück, die nach § 91 Abs 1 durch den Zuschlag „erlöschen", setzen sich nach dem **Surrogationsgrundsatz** (§ 91 Rdn 2.5) am Versteigerungserlös fort (es wandelt sich also nur der Haftungsgegenstand um), soweit dieser ausreicht, und zwar als „Anspruch auf Ersatz des Wertes aus dem Versteigerungserlös": Abs 1; dazu[1] und § 91 Rdn 2. Der Erlös bleibt zugunsten der Berechtigten von der Beschlagnahme erfaßt, er bildet für die Rechte einen Ersatz für das versteigerte Grundstück[2], tritt an dessen Stelle und gehört folgerichtig dem Schuldner ebenso zu Eigentum wie vorher das Grundstück[3].

2.2 Rechte, die **an dem** „erloschenen" **Recht** bestanden haben, bleiben am Erlösanspruch bestehen, zB Nießbrauch, Pfandrecht, desgleichen alle Einreden und Beschränkungen. Auch der bisherige Rang ist weiter zu wahren[4]. Überhaupt sind die für den materiellrechtlichen Inhalt der „erloschenen" Rechte zur Zeit ihres Bestehens gültig gewesenen Vorschriften auf die nunmehr am Versteigerungserlös haftenden Ansprüche anzuwenden, so etwa die Vorschriften über das Pfandrecht an Forderungen[5], soweit nicht eine Abweichung dadurch bedingt ist, daß eben an

---

[1] BGH 25, 27 = NJW 1957, 1553; BGH DNotZ 1957, 602 und 1958, 313 je Leitsatz = MDR 1958, 24 mit Anm Thieme = Rpfleger 1958, 51 mit zust Anm Bruhn; Wecker, Grundpfandrechte und Surrogation, S 4.
[2] BGH Rpfleger 1958, 51 = aaO (Fußn 1).
[3] Jaeckel/Güthe § 92 Rdn 1; Korintenberg/Wenz § 92 Anm 1; Stöber Rpfleger 1958, 73.
[4] BGH 25, 27 = NJW 1957, 1553.
[5] BGH 25, 27 = NJW 1957, 1553; BGH Rpfleger 1958, 51 = aaO (Fußn 1); RG 88, 300 (304); Jaeckel/Güthe § 92 Rdn 1.

Stelle des Grundstücks der Erlös getreten ist oder daß die ZVG-Verteilungsvorschriften der §§ 105 ff etwas anderes vorschreiben. So gelten bei Abtretung des persönlichen Anspruchs BGB § 401[6], bei Erlöschen einer bisher hypothekarisch gesicherten Forderung BGB § 1163[7], bei Verzicht des Gläubigers auf das aus einer Hypothek oder Grundschuld hervorgegangene Befriedigungsrecht BGB § 1168, ferner BGB §§ 1164, 1173, 1174, 1179, 1179a, 1181–1183. Belastungen des Befriedigungsrechts am Grundstück bleiben Belastungen des Befriedigungsrechts am Erlös, auch mit deren Rang. Dagegen gilt für die Abtretung des Befriedigungsrechts am Erlös BGB § 398 (keine Form vorgeschrieben), für die Verpfändung BGB § 1280 (Schuldner ist der frühere Grundstückseigentümer). Diese erleichterten Formen gelten aber erst nach der Wirksamkeit des Zuschlags (§§ 89, 104). Vor diesem Zeitpunkt kann über die künftigen Befriedigungsrechte am Erlös nur nach sachenrechtlichen Vorschriften (über die Abtretung oder Pfändung einer Hypothek usw) verfügt werden.

2.3 § 92 **befaßt sich** nur **mit** einem **Teil** der „erloschenen" Rechte am Grundstück und spricht für diese den Surrogationsgrundsatz aus. Es gibt nämlich erloschene Rechte, die auf Zahlung eines Kapitals gerichtet sind (Hypotheken, Grundschulden, Rentenschulden), und Rechte, die nicht auf Kapitalzahlung gerichtet sind. Die auf Kapitalzahlung gerichteten machen keine Schwierigkeiten; der Anspruch an den Versteigerungserlös geht auf Zahlung des Kapitals (BGB § 1147). Abs 1 handelt nur von den nicht auf Kapitalzahlung gerichteten.

2.4 Für alle Rechte auf Befriedigung aus dem Erlös gilt, daß ihnen der **ganze Verwertungserlös** (in der gesetzlichen Rangfolge natürlich) haftet, wenn das durch den Zuschlag erloschene Recht auf dem ganzen versteigerten Grundstück lastete, daß ihnen aber nur ein verhältnismäßiger Teil des Versteigerungserlöses haftet, wenn das erloschene Recht nur etwa auf einem Grundstücksbruchteil lastete. Wenn ein Grundstücksbruchteil versteigert wurde, kann ein Dienstbarkeitsberechtigter vollen Wertersatz hier verlangen, weil die Dienstbarkeit nicht versteigerten Bruchteil nicht bestehenbleiben kann (§ 91 Rdn 2). Nießbraucher, Reallastberechtigte, Gläubiger des Erbbauzinses (wie Reallast zu behandeln, Rdn 3) als Gläubiger jeweils am ganzen Grundstück können beim Grundstücksbruchteil nur einen dem Bruchteil entsprechenden Anteil fordern, da ihre Rechte auf dem nicht versteigerten Bruchteil bestehenbleiben.

2.5 Der mit dem Zuschlag entstandene Anspruch auf einmaligen Wertersatz (Abs 1) und ebenso der Ersatzanspruch auf Zahlung einer Geldrente (Abs 2) ist als Geldforderung ohne weiteres **übertragbar** (damit auch verpfändbar) und **pfändbar**[8]. Übertragungs- und Pfändungsbeschränkungen, die für das Recht selbst bestanden haben, setzen sich am Ersatzanspruch nicht fort[8]. Zessionar und Pfändungsgläubiger (nach Überweisung) können den Erlösanspruch nur in dem Umfang geltend machen, in dem er dem Berechtigten selbst gebührt, erhalten somit im Falle des Abs 2 nur die jeweils für drei Monate auszahlbare Geldrente und müssen (wie sonst der Berechtigte selbst) jeweils den Lebensnachweis gegenüber der Hinterlegungsstelle führen[9].

2.6 Zum Wertersatz für erlöschende Rechte nach § 92 (mit § 121) im ZVG-Handbuch Rdn 451–459 (mit Mustern).

3 Einmaliger Wertersatz (Absatz 1)

3.1 Bei den **nicht auf Kapitalzahlung** gerichteten „erloschenen" Rechten sind zu unterscheiden: Rechte mit Anspruch auf Wertersatz durch Zahlung einer **Geld-**

---

[6] RG 65, 414 (418).
[7] RG 88, 300 (304).
[8] LG Frankfurt Rpfleger 1974, 122 mit zust Anm Hoebelt.
[9] Hoebelt Rpfleger 1974, 122 (Anmerkung).

Wertersatz für erlöschende Rechte 3.3 § 92

rente (Abs 2) und Rechte mit Anspruch auf **einmaligen Wertersatz** (Abs 1). Anspruch auf **einmaligen Wertersatz** nach Abs 1 haben erloschene Rechte, die **nicht auf wiederkehrende Leistungen gerichtet** sind: Grunddienstbarkeit, altes Erbbaurecht (aus der Zeit vor 22. 1. 1919), dingliches Vorkaufsrecht, das für mehr als einen Vorkaufsfall bestellt ist und nicht ersatzlos erlischt (§ 81 Rdn 10), landesrechtliche Nutzungs- und Wiederkaufsrechte, Auflassungsvormerkung, Dauerwohnrecht (Dauernutzungsrecht) nach WEG §§ 31 ff (so[10] und ZVG-Handbuch Rdn 458; anders[11]: ist Abs 2 zuzuordnen; gegen Gleichstellung mit der Dienstbarkeit, insbesondere dem Wohnungsrecht, spricht aber die Veräußerlichkeit und Vererblichkeit, mithin die grundsätzliche Beständigkeit des Rechts). Anspruch auf einmaligen Wertersatz nach Abs 1 haben außerdem erloschene Rechte auf wiederkehrende Leistungen, die **in § 92 Abs 2 nicht genannt** sind: Erbbauzins und Reallast von bestimmter Dauer.

3.2 Der **Betrag** des einmaligen Wertersatzes wird durch den Wert bestimmt, den das (erloschene) Recht für seinen Berechtigten besitzt (§ 51 Rdn 3.1). Er richtet sich nach den Verhältnissen im Zeitpunkt des Zuschlags[12] (nicht des Verteilungstermins; so aber[13]); auch aus der späteren Entwicklung können sich aber Anhaltspunkte für die Bewertung in dem maßgeblichen Zeitpunkt ergeben[14]. Bei **bestimmtem** Anspruch (Reallast in Geld von bestimmter Dauer, Erbbauzins) stehen die zu bewertenden Geldleistungen fest (dazu Rdn 3.3). Bei **ablösbaren** Rechten ist die Ablösungssumme maßgeblich (Abs 3). **Sonst** gibt das Gesetz wegen der Verschiedenartigkeit der in Betracht kommenden Rechte keine Berechnungsgrundlagen oder Anhaltspunkte. Bestimmt wird dann der Betrag des Ersatzanspruchs nach dem Wert, den das Grundstücksrecht für den Berechtigten hatte; er ergibt sich aus dem Vorteil, den das Recht seinem Berechtigten gewährt hat und dem wirtschaftlichen Nachteil, den er mit dem Erlöschen des Rechts hat (§ 51 Rdn 3.1). Es ist dies nicht der Zuzahlungswert nach § 51 Abs 2. Die beiden Werte haben völlig verschiedene Funktionen zu erfüllen. Während die Feststellung nach § 51 Abs 2 dem Interessenausgleich der Beteiligten gegenüber dem Ersteher dient, die ja davor geschützt werden sollen, daß der Ersteher zu ihren Lasten bereichert wird (§ 51 Rdn 3), soll die Zahlung nach Abs 1 einen realen Ausgleich für ein erlöschendes Recht bieten, den sicher eintretenden Verlust ausgleichen.

3.3 In den **Teilungsplan** (§ 114) **aufgenommen** wird als Anspruch auf einmaligen Wertersatz aus dem Versteigerungserlös (Abs 1)
– als **bestimmter Anspruch** (siehe § 14 Rdn 2.1) ohne Anmeldung nach dem Inhalt des Grundbuchs (§ 114 Abs 1) der Ersatzbetrag für eine **Reallast** von bestimmter Dauer, wenn die aus dem Grundstück zu entrichtenden wiederkehrenden Leistungen **in Geld** bestehen (wie insbesondere bei Rentenzahlungen; auch bei Wertsicherungsklausel, § 14 Rdn 2.3), und für den **Erbbauzins** (ErbbauVO § 9; nach Höhe und Dauer bestimmt). Kapitalisierung und Abzug von Zwischenzinsen siehe Rdn 6.4.
– als **unbestimmter Anspruch** (§ 14 Rdn 2.1) ohne Anmeldung der im Grundbuch eingetragene (selten) Höchstbetrag des Wertersatzes (BGB § 882) (anders[15] Höchstbetrag bestimmt bereits grundsätzlich den Ersatzbetrag; Einwendungen dagegen mit Widerspruch; nicht richtig, da Höchstbetrag nur die Obergrenze festlegt, nicht aber bereits einen bestimmten Anspruch).
– als **unbestimmter Anspruch** (§ 14 Rdn 2.1) in allen anderen Fällen der Geldbetrag des Wertersatzes nur dann, wenn er (oder die für rechnerische Bestim-

---

[10] Dassler/Schiffhauer § 92 Rdn 11; Bärmann/Pick/Merle, WEG, § 39 Rdn 5, 11.
[11] Steiner/Eickmann § 92 Rdn 39.
[12] Steiner/Eickmann § 92 Rdn 27; Schiffhauer Rpfleger 1975, 187 (III 2).
[13] BGH KTS 1974, 168 = MDR 1974, 573 = NJW 1974, 702 = Rpfleger 1974, 187.
[14] BGH NJW 1974, 702 = aaO (Fußn 13); Schiffhauer aaO (Fußn 12).
[15] Steiner/Eickmann § 92 Rdn 7 und 19.

mung des Geldwertes maßgeblichen Umstände) angemeldet ist (da nicht grundbuchersichtlich, § 114 Abs 1). Diese Anmeldung der für Umwandlung des Rechts in einen Geldersatzbetrag maßgeblichen Umstände fällt nicht unter die Rangverlustdrohung des § 110.

3.4 Die für Berücksichtigung eines unbestimmten Anspruchs erforderliche **Anmeldung** (Rdn 3.3) muß spätestens im Verteilungstermin (§ 114 Abs 1) erfolgt sein. Ohne Anmeldung kann der Betrag des einmaligen Wertersatzes nicht berücksichtigt werden[16] (Rdn 4.10; dort auch zur Hinweispflicht des Gerichts; Ermittlung durch das Gericht und Berücksichtigung von Amts wegen erfolgen nicht (§ 114 Abs 1: ein Betrag des Anspruchs ist nicht grundbuchersichtlich). Anmeldepflichtig sind auch einschlägige Umstände, die anderweitig gerichtsbekannt geworden sind (etwa aus einem gleichzeitigen Zwangsverwaltungsverfahren); Anmeldungen in der Zwangsverwaltung ersetzen nicht die in den Zwangsversteigerung. Wenn das Recht selbst als Grundstücksbelastung zur Zeit der Eintragung des Versteigerungsvermerks aus dem Grundbuch ersichtlich war (siehe § 37 Nr 4), muß die Anmeldung des Betrages des einmaligen Wertersatzes nicht schon spätestens im Versteigerungstermin erfolgt sein (bei späterer Anmeldung daher kein Rangverlust nach § 110)[17]. Rechtzeitig angemeldet werden nach § 37 Nr 4 (sonst Rangverlust nach § 110) muß nur ein die Eintragung des Versteigerungsvermerks nicht grundbuchersichtliches Recht mit Anspruch auf Wertersatz aus dem Versteigerungserlös, nicht aber der Betrag des zu ersetzenden Wertes. Das ist durch den Gesetzeswortlaut eindeutig klargestellt: § 37 Nr 4 verlangt rechtzeitige Anmeldung der aus dem Grundbuch (überhaupt) nicht ersichtlichen Rechte (Unterlassung bewirkt Rangverlust, § 110), § 92 fordert demgegenüber, daß der Betrag oder Höchstbetrag des Anspruchs grundbuchersichtlich war. Interessen nachrangiger Berechtigter gebieten nicht, daß abweichend von diesem eindeutigen Wortlaut des Gesetzes Anmeldung auch des Wertersatzbetrages (ebenso des Jahreswertes der Geldrente im Falle des Abs 2) bereits im Versteigerungstermin vor Gebotsaufforderung erfolgt sein muß. Wer in ein Grundstück nachrangig beliehen oder sonst mit einem Recht nachrangig an einem Grundstück berechtigt wird, muß schon für die Bewertung seiner Rangstelle (BGB § 879) das ihm vorgehende Recht mit betragsmäßig unbekanntem Ersatzanspruch nach § 92 in seine Erwägungen einbeziehen. Die Rechtsstellung eines nachrangigen Berechtigten wird somit weder verändert noch beeinträchtigt, wenn ihm auch die für Wahrnehmung seiner Rechte und Interessen im Versteigerungstermin kein Wert des Rechts bekannt oder bezeichnet wird. Das Gesetz sieht für den Versteigerungstermin weder Bewertung dieses Rechts noch Anmeldung eines Wertes durch den Rechtsinhaber vor. Von diesem kann Festlegung auf einen bestimmten Ersatzbetrag mit (dann verbindlicher) Anmeldung eines Wertes des Rechts schon zum Versteigerungstermin daher nicht verlangt werden. In der Erlösverteilung bleiben die Rechte nachrangiger Berechtigter gegen eine zu hohe Berücksichtigung des nach § 92 zu befriedigenden Rechts mit der Möglichkeit gewahrt, Widerspruch gegen den Teilungsplan zu erheben und mit Widerspruchsklage zu verfolgen.

3.5 Die **Anmeldung** des Geldbetrags ist für das Gericht **nicht** ohne weiteres **bindend**[18]. Sie unterliegt der **Prüfung** daraufhin, ob der angemeldete Wertersatzbetrag der Höhe nach bestehen kann, (erforderliche) Feststellung somit möglich erscheint. Auch ein angemeldeter Betrag wird in den Teilungsplan nicht aufge-

---

[16] Dassler/Schiffhauer § 92 Rdn 32; Jaeckel/Güthe § 92 Rdn 7; Korintenberg/Wenz § 92 Anm 5; Reinhard/Müller § 92 Anm VII 1; vd Pfordten, ZVG, § 92 Anm 2; Steiner/Eickmann § 92 Rdn 19; Schiffhauer Rpfleger 1975, 187 (III 1); Wörbelauer DNotZ 1963, 718 (8).

[17] OLG Koblenz Rpfleger 1984, 242; Steiner/Eickmann § 92 Rdn 25; Mohrbutter/Drischler Muster 129 Anm 5; Schiffhauer Rpfleger 1975, 187 (III 1).

[18] Dassler/Schiffhauer § 92 Rdn 33; Steiner/Eickmann § 92 Rdn 28; Mohrbutter/Drischler Muster 129 Anm 5.

Wertersatz für erlöschende Rechte 4.1 § 92

nommen, wenn er (objektiv) kein Recht auf Befriedigung aus dem Grundstück gewährt (ZVG-Handbuch Rdn 454 a), insbesondere wenn er willkürlich bestimmt ist. Betragsmäßig kann der angemeldete Anspruch daher beanstandet werden, wenn seine Feststellung ausgeschlossen erscheint und damit unter Würdigung aller Umstände ein Rechtsschutzinteresse für Berücksichtigung nicht mehr gegeben ist. Aufzunehmen in den Teilungsplan ist dann der nach dem Ermessen des Gerichts zutreffende Betrag (die Anmeldung gilt dann als Widerspruch, § 115 Abs 2). Es wäre untragbar, wollte man eine überhöhte Anmeldung ungeprüft hinnehmen (und den Anspruch auszahlen) und den, der hiergegen Bedenken hat, seinerseits auf den Widerspruch verweisen. Das wäre eine Umkehrung der Beweislast. Der Anmelder hat ja seine Ansprüche durchzusetzen.

3.6 Ein unbestimmter Anspruch ist durch die **Feststellung** des Betrags **aufschiebend bedingt** (§ 14). Wenn Feststellung des angemeldeten Betrags nicht erfolgt ist, muß daher durch den Teilungsplan ein Ersatzberechtigter festgestellt (§ 119) und der Betrag des bedingten Anspruchs hinterlegt werden (§ 120). Beträge dürfen auf keinen Fall auf Grund der bloßen Anmeldung an den Berechtigten ausbezahlt werden[19]. Die Anmeldung ist nur die Verlautbarung des Willens, daß ein Anspruch berücksichtigt werde[20], ersetzt aber nicht die Feststellung[21]. Zur Feststellung Rdn 4.13 und 4.14.

3.7. **Rechtsbehelf** gegen Berücksichtigung eines grundbuchersichtlichen bestimmten Ersatzanspruchs und eines angemeldeten unbestimmten Ersatzbetrags im Teilungsplan: Widerspruch, § 115. Auch wer den eingetragenen Höchstbetrag nicht billigt, kann trotz der Eintragung Widerspruch erheben, mit dem Ziel einer Herabsetzung des Höchstbetrags[22].

Dienstbarkeit, Nießbrauch, Reallast (Absatz 2) 4

4.1 Für einen **Nießbrauch**, für eine **beschränkte persönliche Dienstbarkeit** (auch als Wohnungsrecht, BGB § 1093) sowie für eine **Reallast von unbestimmter Dauer** erfolgt die Ersatzwertzahlung in Form einer **Geldrente** (Abs 2) aus einem Deckungskapital (§ 121 Abs 1). Die Ersatzwertleistung für einen Nießbrauch (erlischt mit Tod des Nießbrauchers, BGB § 1061) und für eine beschränkte persönliche Dienstbarkeit (erlischt mit Tod des Berechtigten, BGB § 1090 Abs 2 mit § 1061) ist aufschiebend bedingt dadurch, daß der Berechtigte den Anfang der jeweiligen Drei-Monats-Periode erlebt (als juristische Person zu diesem Zeitpunkt noch besteht) und auflösend bedingt durch den Verbrauch des Deckungskapitals. Gleiches gilt für die auf Lebenszeit des Berechtigten beschränkte (auflösend bedingte, § 158 Abs 2 BGB) Reallast. Eine durch einen Endtermin (BGB § 163) zeitlich befristete und in dieser Zeit durch Beschränkung auf die Lebenszeit des Berechtigten auflösend bedingte Reallast ist bis zum Endtermin von unbestimmter Dauer (Abs 2). Eine nicht auf Lebenszeit des Berechtigten beschränkte Reallast ist vererblich. Sie ist dann von unbestimmter Dauer, wenn das Recht in anderer Weise auflösend bedingt ist (zB Geldleistungen für die Dauer des Betriebs eines Gewerbes, Lieferung von Strom bis zum Anschluß an das Verteilungsnetz des Elektrizitätsversorgungsunternehmens) oder wenn es weder bedingt noch zeitlich durch einen festen Endtermin begrenzt ist (sonst Reallast von bestimmter Dauer mit Wertersatz nach Abs 1) ist. Auch die Ersatzleistung für eine Reallast von unbestimmter Dauer ist nach Abs 2 bedingt, dh davon abhängig, daß die Berechtigung desjenigen, zu dessen Gunsten das Recht bestellt wurde, oder seines Rechtsnachfolgers am Anfang der jeweiligen Drei-Monats-Periode besteht, mithin

---

[19] Teufel Rpfleger 1977, 193 (III).
[20] BGH 21, 20 = KTS 1956, 120.
[21] Teufel Rpfleger 1977, 193 (III).
[22] Jaeckel/Güthe § 92 Rdn 7; Schiffhauer Rpfleger 1975, 187 (III1).

noch nicht mit Eintritt der auflösenden Bedingung (§ 158 Abs 2 BGB), rechtsgeschäftlicher Aufhebung (§ 875 BGB) oder aus sonstigem Grund erloschen ist.

4.2 Der **Betrag der Geldrente,** die dem Jahreswert des Rechts gleichkommt, **steht** bei einer Reallast in Geld von unbestimmter Dauer **fest.** Sonst wird der Jahreswert des Rechts bestimmt bei der Reallast durch den Geldwert der Leistungen (BGB § 1105), beim Nießbrauch und bei der beschränkten persönlichen Dienstbarkeit durch den in Geld auszudrückenden Wert, den das Grundstücksrecht für den Berechtigten hatte; er ergibt sich aus dem Vorteil, den das Recht seinem Berechtigten gewährt hat und dem wirtschaftlichen Nachteil, den er mit dem Erlöschen des Rechts hat (§ 51 Rdn 3.2).

4.3 Für den Ersatzanspruch eines Nießbrauchs, einer beschränkten persönlichen Dienstbarkeit sowie einer Reallast von unbestimmter Dauer wird in den Teilungsplan ein **Deckungskapital** aufgenommen (§ 121 Abs 1). Es besteht aus der Summe aller künftigen (also nach dem Tag des Verteilungstermins fällig werdenden) Leistungen (ohne Abzug eines Zwischenzinses; auch die künftigen Zinsen, die das Deckungskapital abwerfen kann, bleiben bei Bestimmung seiner Höhe unberücksichtigt), höchstens aber für 25 Jahre (§ 121 Abs 1).

4.4 Bei einem an die **Lebenszeit des Berechtigten** gebundenen Recht (Rdn 4.1) bestimmt sich die Summe aller künftigen Leistungen für Bildung des Deckungskapitals (§ 121 Abs 1) nach der (noch unbestimmten) Dauer der Lebenserwartung[23], begrenzt durch die Höchstdauer von 25 Jahren (§ 121 Abs 1). Die Lebenserwartung wird allgemein nach der durchschnittlichen = statistischen Lebenserwartung gemäß der Tabelle (Tabellenanhang Tab 2) bemessen, weil sich die tatsächliche Lebenserwartung eines bestimmten Menschen nicht errechnen läßt, schon gar nicht vom Vollstreckungsgericht (anders[24]). Es wäre abwegig, wollte man im Versteigerungstermin eine Ärztekommission zuziehen oder ein hausärztliches Zeugnis vorlegen (wie[25] meint) (welcher Hausarzt wird nicht seinem Patienten lange Lebensdauer bescheinigen wollen). Ist der Berechtigte zwischen Zuschlag und Verteilungstermin gestorben, so ist für die Berechnung des Ersatzwertes natürlich nur die Zeitspanne zwischen Zuschlagswirksamkeit und Ende des Todesvierteljahres maßgebend[26].

4.5 Aus den Zinsen (die sich aus der Kapitalanlage ergeben) und aus dem Deckungskapital selbst erhält der Berechtigte eine **fortlaufende Geldrente,** die dem Jahreswert des Rechtes gleichkommt: Abs 2 Satz 1. Diese Geldrente steht dem Berechtigten für die gesamte Dauer des Rechts zu, wenn es mit dem Tod des Berechtigten erlischt, bis dahin (Nießbrauch und beschränkte persönliche Dienstbarkeit erlöschen mit dem Tod des Berechtigten, BGB §§ 1061, 1090 Abs 2; die Reallast nur, wenn sie in dieser Weise auflösend bedingt sei), sonst bis zum Eintritt einer dem Recht anhaftenden auflösenden Bedingung oder bis zu dem sonstigen Erlöschen des Rechts. Der Anspruch auf die Geldrente ist nicht auf höchstens fünfundzwanzig Jahre begrenzt. Der fünfundzwanzigfache Betrag einer Jahresleistung bildet nach § 121 Abs 1 nur die Obergrenze für die Bildung des Deckungskapitals, also für die Aufnahme des Betrags in den Teilungsplan, der Zahlung der fortlaufenden Leistungen bei Fälligkeit gewährleistet. Dessen Begrenzung auf den fünfundzwanzigfachen Betrag einer Jahresleistung beruht auf der Erwägung, daß „ein so hoher Betrag unter allen Umständen zur Deckung der einzelnen Leistungen ausreicht"[27]. Weil aber aus den Zinsen und dem Deckungskapital selbst die einzelnen Leistungen bei Fälligkeit zu entnehmen sind (§ 121 Abs 1) und § 92 für

---

[23] Jaeckel/Güthe § 121 Rdn 2; Steiner/Eickmann § 92 Rdn 13.
[24] OLG Hamburg MDR 1961, 696; OLG Oldenburg JurBüro 1964, 55 mit Anm Drischler = Rpfleger 1965, 80; Schiffhauer BlGrBW 1966, 93 (XXI 2).
[25] Schiffhauer BlGrBW 1966, 93 (XIX 3).
[26] BGH BGHWarn 1972, 432 = WM 1972, 1032.
[27] Motive zum ZVG S 297.

die als Ersatz zu zahlende Geldrente keine zeitliche Beschränkung vorsieht, kann diese nicht nur für höchstens fünfundzwanzig Jahre zu leisten sein. Auf sie besteht daher bei langer Dauer des Rechts (praktisch selten) für die gesamte Zeit der Berechtigung Anspruch, bis das Deckungskapital aufgebraucht ist. Auch für die nicht befristete und nicht auf Lebenszeit des Berechtigten begrenzte oder sonst auflösend bedingte Reallast, die bis zur rechtsgeschäftlichen Aufhebung (§ 875 BGB) oder einem sonstigen gesetzlichen Erlöschensgrund (mithin dauernd) besteht, gilt nichts anderes. Daß auch für sie Wertersatz mit wiederkehrenden Leistungen nach Abs 2 gewährt wird, ergibt sich aus der Entstehungsgeschichte. Danach soll Wertersatz durch Zahlung einer Geldrente in einem solchen Fall im Hinblick auf Schwierigkeit und Unsicherheit der Schätzung der Belastung dem Interesse des Berechtigten, noch mehr aber den Interessen nachstehender Gläubiger Rechnung tragen, die nicht hinzunehmen haben, daß mit sofortiger Abfindung durch Schätzung eines Kapitalbetrags dem Erlös ein zu hoher Betrag entzogen wird[28]. Das in den Teilungsplan aufzunehmende Deckungskapital (§ 121 Abs 1) ist daher auch in einem solchen Fall nach § 121 zu behandeln; es kann nicht insgesamt (das wäre Kapitalabfindung) sogleich an den Inhaber des Rechts ausgezahlt werden.

4.6 Ausbezahlt wird dann die Geldrente in Zwölfteln des Jahreswertes, und zwar dies für jeweils **drei Monate** im voraus: Abs 2 Satz 2. Die einzelne Drei-Monats-Rate wird voll ausbezahlt, auch wenn sich dadurch das Deckungskapital vorzeitig erschöpft, weil etwa nicht ausreichend Versteigerungserlös zur Verfügung stand, die letzte Drei-Monats-Rate, auf die noch etwas aus dem Deckungskapital entfällt, die aber nicht mehr voll gedeckt wird, wird hierbei nur mit dem noch verfügbaren Rest bezahlt. Der einzelne Drei-Monats-Betrag, einmal fällig geworden, verbleibt dem Berechtigten, auch wenn das Recht auf die Rente vor Ablauf der drei Monate erlischt: Abs 2 Satz 3 (auch bei Erlöschen mit Tod des Berechtigten vor Ablauf der drei Monate also keine Teilrückzahlung).

4.7 Ausgangspunkt für die Berechnung ist, weil das Recht mit dem **Tag der Zuschlagswirksamkeit** (§§ 89, 104) erlischt, dieser Tag, nicht etwa der Beginn eines Kalendervierteljahres, nicht der Tag des Versteigerungstermins, nicht der Tag des Verteilungstermins. Die erste Rate wird daher im Verteilungstermin selbst bezahlt. Mit der Erschöpfung des Deckungskapitals (samt Zinsen) endet die Auszahlung. Zu Deckungskapital und Geldrente im ZVG-Handbuch Rdn 453–456.

4.8 In den **Teilungsplan** (§ 114 Abs 1) aufgenommen werden die auszuzahlenden Dreimonatsbeträge der Geldrente (Abs 2)
– für eine **Reallast** von unbestimmter Dauer, wenn die aus dem Grundstück zu entrichtenden wiederkehrenden Leistungen in Geld bestehen (Rdn 4.2) (auch bei Wertsicherungsklausel der Fall, § 14 Rdn 2.3) ohne Anmeldung nach dem Inhalt des Grundbuchs (§ 114 Abs 1) als der Höhe nach **bestimmter Anspruch** (Rückstände sind anzumelden, § 114 Abs 2);
– als **unbestimmter Anspruch** ohne Anmeldung mit dem Betrag, der sich anteilig aus einem im Grundbuch eingetragenen Höchstbetrag des Ersatzes (BGB § 882; selten) ergibt, für einen Nießbrauch, eine beschränkte persönliche Dienstbarkeit und eine Reallast von unbestimmter Dauer (ohne grundbuchersichtliche Geldleistungen);
– als **unbestimmter Anspruch** in allen anderen Fällen der Geldbetrag des Wertersatzes (Dreimonatsrente) nur dann, wenn er (oder die für rechnerische Bestimmung der Geldrente maßgeblichen Umstände) angemeldet ist (da nicht grundbuchersichtlich, § 114 Abs 1). Dazu Rdn 3.3 und 3.4.

4.9 Bestimmung des **Deckungskapitals** (§ 121) erfordert neben Anmeldung des Geldbetrages der Dreimonatsrente (soweit erforderlich; vorstehend Rdn 4.8) nicht auch noch Anmeldung der voraussichtlichen Dauer des Rechts. Diese ist vom

---

[28] Motive zum ZVG S 265.

Vollstreckungsgericht nach den Umständen des Einzelfalls zu bestimmen, die sich aus der auflösenden Bedingung ergeben (für Lebenserwartung siehe bereits Rdn 4.4). Nach anderer Ansicht soll auch die Laufzeit angemeldet werden müssen[29] (nicht richtig, § 114 Abs 1: der nicht grundbuchersichtliche Betrag des Anspruchs muß angemeldet werden), oder die mutmaßliche Lebensdauer anzumelden sein[30] (ohne jeden sachlichen Wert) oder nur der 25fache Betrag der Jahresleistung zu berücksichtigen sein[31]. Dem ist nicht zu folgen. Das Deckungskapital dient der Sicherung des Anspruchs des Berechtigten auf Befriedigung aus dem Versteigerungserlös[32]. Anzumelden zur Aufnahme in den Teilungsplan ist betragsmäßig der Gläubigeranspruch (§ 114 Abs 1). Er geht auf wiederkehrende Leistung des Geldbetrages, welcher dem Jahreswert des Rechtes gleichkommt[33] (Abs 2). Dessen Behandlung im Verfahren und die Deckung der einzelnen Leistungen bei Fälligkeit muß der Berechtigte mit Anmeldung nicht geltend machen. Anmeldung ist Verlautbarung des Willens, daß ein Anspruch berücksichtigt werde (Rdn 3.6), nicht jedoch Geltendmachung einer Verfahrensmaßnahme des Vollstreckungsgerichts zur Sicherstellung der Befriedigung des Anspruchs bei Fälligkeit.

4.10 Die für Berücksichtigung eines unbestimmten Anspruchs erforderliche **Anmeldung** (Rdn 4.8) muß **spätestens im Verteilungstermin** (§ 114 Abs 1) erfolgt sein. Ohne Anmeldung können die Dreimonatsbeträge der Geldrente nicht berücksichtigt werden (Rdn 3.4) und dann auch ein Deckungskapital nicht gebildet und in den Teilungsplan aufgenommen werden (Ausnahme bei eingetragenem Höchstbetrag des Wertsatzes; dazu Rdn 4.8). Ermittlung durch das Gericht und Berücksichtigung von Amts wegen erfolgen nicht (§ 114 Abs 1: ein Betrag des Anspruchs ist nicht grundbuchersichtlich). Das Gericht muß rechtzeitig vor dem Versteigerungs- bzw Verteilungstermin die in Frage kommenden Beteiligten darauf **hinweisen,** welcher Punkt anzumelden ist und daß er nur auf Anmeldung berücksichtigt werden könne[34]. Dies folgt aus der gerichtlichen Aufklärungspflicht (Einl Rdn 24), die dem Gericht verbietet, ungünstige Umstände (das sind ja auch nichtberücksichtigte Einzelpunkte) bei Entscheidungen (dazu gehört auch die Aufstellung des Teilungsplans) zu verwerten, ohne daß ordnungsgemäß aufgeklärt ist, zum Teil auch aus dem Anspruch auf rechtliches Gehör (Einl Rdn 46). Wenn das Recht selbst als Grundstücksbelastung zur Zeit der Eintragung des Versteigerungsvermerks aus dem Grundbuch ersichtlich war (siehe § 37 Nr 4), muß die Anmeldung des Betrags der Geldrente nicht schon spätestens im Versteigerungstermin erfolgt sein (bei späterer Anmeldung daher kein Rangverlust nach § 110). Rechtzeitig angemeldet sein nach § 37 Nr 4 (sonst Rangverlust nach § 110) muß nur ein bei Eintragung des Versteigerungsvermerks nicht grundbuchersichtliches Recht mit Anspruch auf Ersatz durch Zahlung einer Geldrente aus dem Versteigerungserlös, nicht aber der Dreimonatsbetrag (oder Jahresbetrag) der Geldrente. Dazu auch Rdn 3.4.

4.11 Die Anmeldung ist für das Gericht nicht ohne weiteres bindend. Sie unterliegt der **Prüfung** daraufhin, ob der angemeldete Dreimonatsbetrag der Geldrente der Höhe nach bestehen kann, Feststellung somit möglich erscheint (dazu Rdn 3.5).

4.12 Ein unbestimmter Anspruch ist durch die **Feststellung** des Betrags **aufschiebend bedingt** (§ 14). Wenn Feststellung des angemeldeten Betrags nicht erfolgt, muß daher durch den Teilungsplan ein Ersatzberechtigter bestimmt (§ 119) und der Betrag des bedingten Anspruchs hinterlegt werden (§ 120).

---

[29] Steiner/Eickmann § 92 Rdn 26.
[30] Reinhard/Müller § 121 Anm II 2.
[31] Korintenberg/Wenz § 131 Anm 3.
[32] Motive zum ZVG S 296.
[33] Motive zum ZVG S 265.
[34] Schiffhauer BlGrBW 1975, 221 (XXIII 1).

Wertersatz für erlöschende Rechte 4.17 § 92

4.13 Die **Feststellung** hat gegenüber dem **Vollstreckungsschuldner** (als Grundstückseigentümer) zu erfolgen[35]. Er ist Feststellungsgegner, weil ihm der Versteigerungserlös wie vorher das Grundstück zu Eigentum gehört[35], aus seinem Vermögen somit Befriedigung des festgestellten Gläubigeranspruchs erfolgen wird. Nachfolgend am Grundstück Berechtigte sind nicht Feststellungsgegner; auch ausfallende Berechtigte sind bei der Feststellung nicht beteiligt. Daß es dem Schuldner möglich ist, zu Lasten Dritter im Zusammenspiel mit dem Berechtigten durch Anerkenntnis einen zu hohen Betrag festzustellen, begründet kein Recht der nachrangigen Berechtigten zur Mitwirkung bei der Feststellung (der Schuldner kann auch einen Vollstreckungstitel auf solche Weise gegen sich ergehen lassen). Ein durch die Feststellung beeinträchtigter nachrangiger Berechtigter kann sich gegen eine zu hohe Berücksichtigung des Ersatzwertes mit Widerspruch gegen den Plan wenden (§ 115 Abs 1).

4.14 Die **Feststellung erfolgt** durch einen gegen den Vollstreckungsschuldner gerichteten Vollstreckungstitel, durch einseitige **Erklärung** (Anerkenntnis)[36] des Schuldners (Grundstückseigentümers) zu Protokoll des Gerichts im Termin, zu Protokoll der Geschäftsstelle vor dem Termin oder in einer öffentlichen oder öffentlich beglaubigten Urkunde, oder durch gerichtliches Feststellungsurteil (ZPO 256). Das Vollstreckungsgericht kann von sich aus die Ansprüche nicht feststellen und eine Feststellung auch nicht überprüfen (somit auch nicht beanstanden). Nach Hinterlegung erfolgt Feststellung durch Vorlage der Nachweise, die Erlaß der Herausgabeanordnung ermöglichen (HinterlO § 13 Abs 2), insbesondere somit einer rechtskräftigen Entscheidung über die Berechtigung des Empfängers (sie muß wegen § 121 Abs 2 auch gegen den Hilfsberechtigten vorliegen oder wirken).

4.15 Die unbekannte **Dauer des Rechts** und damit der Betrag des Deckungskapitals (§ 121 Abs 1) können nicht Gegenstand einer Feststellung sein (so auch[37]). Unbekannte Dauer eines Rechts ist nicht „Anspruch von unbestimmtem Betrag" im Sinne des § 14. Feststellung des Anspruchs ist betragsmäßige Bestimmung zur Befriedigung aus dem Grundstück, Feststellung der Dauer eines Rechts wäre zahlenmäßige Bestimmung aller künftigen Leistungen, Feststellung des Deckungskapitals somit Berechnung der Summe der Leistungen. Diese kann nicht erfolgen, weil der Anspruch auf die dreimonatigen Geldleistungen aufschiebend bedingt (Rdn 4.1), somit von einem zukünftigen **ungewissen** Ereignis (Bestehen der Berechtigung jeweils bei Fälligkeit) abhängig ist. Feststellung der Dauer des Rechts ist auch nicht geboten, weil Feststellungsgegner der Vollstreckungsschuldner (als Grundstückseigentümer) wäre (Rdn 4.13), aus dessen Vermögen der Anspruch immer erst bei Fälligkeit einer Dreimonatsrate befriedigt wird. Nachstehende Berechtigte, deren Interessen mit Bestimmung eines (zu hohen) Deckungskapitals beeinträchtigt sein könnten, würden bei Feststellung nicht mitwirken. Für sie ist der Widerspruch gegen den Teilungsplan (§ 115) Rechtsbehelf, wenn das Deckungskapital zu hoch bemessen ist. Die Sicherung der künftigen Dreimonatsleistungen mit Feststellung des Deckungskapitals (Rdn 4.9) unterliegt damit der Kontrolle der Rechtsmittelgerichte, nicht aber der Bestimmung des Schuldners.

4.16 Rechtsbehelf gegen Aufnahme des Betrags der Dreimonatsgeldrente und des Deckungskapitals in den Teilungsplan: Widerspruch, § 115, auch wenn Einwendungen gegen den eingetragenen Höchstbetrag erhoben werden (Rdn 3.7).

4.17 Hat ein nach Abs 2 zu behandelndes Recht **Gleichrang** mit einem anderen Grundstücksrecht, zB ein Nießbrauch mit einer Hypothek, so wird für beide aus ihrem Anteil am Versteigerungserlös eine gemeinsame Masse gebildet[38], umfassend für die Hypothek den auszuzahlenden Betrag, für das §-92-Recht das Deckungs-

---

[35] Teufel Rpfleger 1977, 193 (IV).
[36] Teufel Rpfleger 1977, 193 (V).
[37] Teufel Rpfleger 1977, 193 (VII).
[38] Drischler KTS 1971, 45 (IX).

§ 92   4.17   Entscheidung über den Zuschlag

kapital. Ein Ausfall (Erlös reicht für beide nicht voll aus) muß dann beide verhältnismäßig treffen[38], also im Verhältnis des Gesamtbetrags des einen (zB Hypothekenkapital samt Zinsen und Kosten) und des Deckungskapitals des anderen. Beispiel: Hypothek 10 000, Zinsen 2000; Deckungskapital eines Nießbrauchs berechnet mit 12 000; Erlösanteil für beide zusammen 12 000; beide je zur Hälfte zu berücksichtigen. Das eine Recht erhält dann den ihm zufallenden Erlösanteil normal ausbezahlt, für das andere wird sein Anteil als Deckungskapital bestimmungsgemäß angelegt und zur Rentenzahlung verwendet. Wo sich das Deckungskapital gegenüber der gesetzlichen Berechnung verringert (im Beispiel auf die Hälfte), muß trotzdem die einzelne Rentenrate in jeweils voller Höhe ausbezahlt werden, bis das Deckungskapital erschöpft ist, weil hierfür keine Ausnahme festgelegt ist. Es wird also nicht die einzelne Rate verhältnismäßig gekürzt.

4.18   Ist vor einem nach Abs 2 zu behandelnden, also in Raten auszuzahlenden Recht einem anderen Recht der Vorrang eingeräumt, so wird jenes, weil es gegenüber Zwischenrechten nicht besser wegkommen darf wie das den Vorrang einräumende Recht, nicht anders ausbezahlt wie dieses. Beispiel: Reallast räumt einer Hypothek den Vorrang ein, es sind Zwischenrechte vorhanden. Was hier auf die Hypothek entfällt, darf nur in Drei-Monats-Raten ausbezahlt werden, wie es bei Reallast der Fall gewesen wäre.

5   Rechte mit Ablösungssumme (Absatz 3)

Für die **ablösbaren Rechte** erschien es angemessen, ihren „Wert nach den für den Fall der Ablösung geltenden Vorschriften der Landesgesetze zu bestimmen"[39]. Die Rentenschuld fällt jedoch nicht unter Abs 3 (anders[40]). Auf ihre Ablösungssumme (BGB § 1199 Abs 2) finden die für das Grundschuldkapital geltenden Vorschriften entsprechende Anwendung (BGB § 1200 Abs 1). Sie ist somit, wie Grundschuld und Hypothek, als erlöschendes Recht auf Kapitalzahlung gerichtet (fällt daher nicht unter § 92 nach dessen Absatz 1), setzt sich somit nach dem Surrogationsgrundsatz (§ 91 Rdn 2.5) mit Recht auf Befriedigung der Ablösungssumme aus dem Versteigerungserlös fort. Erlöschende Rechte, die **nicht** auf Kapitalzahlung gerichtet sind und für die der Ersatzbetrag nach der Ablösungssumme zu bewerten ist, können daher nur **Dienstbarkeiten und Reallasten** auf Grund landesrechtlicher Bestimmung auf der Grundlage von EGBGB Art 113 sein. Solche Bestimmung treffen zB für eine Reallast die BGB-Ausführungsgesetze Bayern (BayRS 400–1–J) Art 63; Hessen (HessGVBl 1984, ̃344) Art 25 Abs 3; Rhld- Pfalz (GVBl 1976, 259) § 22 Abs 3. Weiteres Landesrecht in der Zusammenstellung bei[41].

6   Wertersatzanspruch für einzelne erlöschende Rechte

6.1   **Altenteil** (Leibgedinge, Leibzucht, Austrag usw): Es kann aus einer beschränkten persönlichen Dienstbarkeit und einer Reallast sowie einem Nießbrauch bestehen. Der Wertersatz für die beschränkte persönliche Dienstbarkeit, für den Nießbrauch und für die Reallast von unbestimmter Dauer (auf Lebenszeit), der an die Stelle des erlöschenden Rechtes tritt (Abs 2; Rdn 4.1), ist durch Zahlung einer Geldrente aus einem Deckungskapital (§ 121 Rdn 2) zu leisten. Geldleistungen werden als laufende aus der Anmeldung, als rückständige (§ 13) auf Anmeldung hin aus dem Erlös bezahlt. Nicht in Geld bestehende (Naturalleistungen) werden als laufende, wenn sich die Umrechnung aus der im Grundbuch in Bezug genommenen Urkunde ergibt, ohne Anmeldung, sonst (wegen Unbestimmtheit) auf Anmeldung, auch bestimmte rückständige auf Anmeldung hin (§ 114) bezahlt. Im übrigen bei Reallast.

---

[39] Motive zum ZVG S 266.
[40] Dassler/Schiffhauer § 92 Rdn 16; Steiner/Eickmann § 92 Rdn 21.
[41] Steiner/Eickmann § 92 Rdn 22.

6.2 Beschränkte persönliche Dienstbarkeit (BGB § 1090) jeder Art, auch als Wohnungsrecht (BGB § 1093): Ersatz wird nach Abs 2 durch Zahlung einer Geldrente aus einem Deckungskapital geleistet (Rdn 4.1). Der Anspruch ist von unbestimmtem Betrag nach § 14. Bestimmt wird der Jahreswert des Rechts durch dessen Wert für seinen Berechtigten (Rdn 4.2), begrenzt durch einen nach BGB § 882 eingetragenen Höchstbetrag. Bei einem Wohnungsrecht bemißt sich das Interesse des Berechtigten nach dem ortsüblichen Mietzins der Räume. Hierzu auch[42]. Für die Bewertung eines Wohnungsrechts kommen nur damit belastete Gebäudeteile in Betracht, nicht jedoch die lediglich mit schuldrechtlicher Wirkung (unter aufschiebender Bedingung, zB Heirat) noch anderweit vorgesehenen[43]. Wenn das Recht (zB als Tankstellendienstbarkeit, Wohnungsrecht) nur für eine bestimmte Zeit bestellt war, hat es gleichfalls Ersatzanspruch nur nach Abs 2. Der Anspruch erlischt auch dann vor Zeitablauf mit dem Tod des Berechtigten oder mit der berechtigten juristischen Person (BGB § 1090 Abs 2 mit § 1061). Muster (Wohnrecht) im ZVG-Handbuch Rdn 452.

6.3 Dauerwohnrecht bzw Dauernutzungsrecht nach WEG (§ 31): Der Anspruch geht nach Abs 1 auf einmaligen Wertersatz (dazu Rdn 3.1). Er ist von unbestimmtem Betrag nach § 14. Anhalt für Bewertung des Betrags des Ersatzanspruchs (zur Bewertung Rdn 3.2) kann der örtliche Mietzins geben (begrenzt durch einen Höchstbetrag nach BGB § 882). Hierzu im ZVG-Handbuch Rdn 458, auch Rdn 3.1.

6.4 Erbbaurecht:
a) Altes Erbbaurecht vor 22. 1. 1919 richtet sich nach BGB §§ 1012–1017 alt (§ 15 Rdn 13). Der Wert muß sich nach der restlichen Nutzungsdauer und dem Umfang der Nutzungen richten, wo vergleichbar, nach der ortsüblichen Miete ([44]meint, wer nicht einverstanden sei, solle Widerspruch erheben).

b) Neues Erbbaurecht ab 22. 1. 1919 kann bei der Versteigerung des Grundstückes nicht erlöschen (ErbbauVO § 25). Erlöschen kann der Erbbauzins, der wie eine Reallast behandelt wird (ErbbauVO § 9 Abs 1 Satz 1; § 15 Rdn 13). Ein Ablösungsbetrag (Abs 3) ist für ihn nicht vorgesehen. Als Reallast von bestimmter Dauer fällt er nicht unter Abs 2. Die Einzelleistungen sind unter Berücksichtigung der Restnutzungsdauer und unter Abzug von Zwischenzins zu kapitalisieren[45], nicht beschränkt auf 25 Jahre Höchstdauer[46] (anders[47]: es entscheide nur die vereinbarte Ablösungssumme). Die erlöschende Vormerkung zur Sicherung des Anspruchs auf Erhöhung des Erbbauzinses (ErbbauVO § 9 a Abs 3), also Eintragung einer Reallast des Inhalts, daß von einem bestimmten Zeitpunkt an der neu festgesetzte Erbbauzins zu zahlen ist, erhält wie der Erbbauzins nach Abs 1 Wertersatz aus dem Versteigerungserlös, der als aufschiebend bedingter Anspruch nach §§ 119, 120 zu behandeln ist[48].

6.5 Grunddienstbarkeit (BGB § 1018): Dieses Recht fällt unter Abs 1 (Rdn 3.1). Der (einmalige) Ersatzanspruch bemißt sich nach dem Wert, den das Recht für das herrschende Grundstück hatte[49], ein eingetragener Höchstbetrag (BGB § 882) darf nicht überschritten werden. Der Anspruch ist von unbestimmtem Betrag (§ 14). Über die Besonderheit bei einem seltener vorkommenden Erlöschen einer dem Eigentümer des versteigerten Grundstücks selbst zustehenden

---

[42] Rahn BWNotZ 1965, 45; Staudenmaier Rpfleger 1968, 14 (III).
[43] BayObLG Rpfleger 1983, 81.
[44] Pöschl BWNotZ 1956, 41.
[45] Kalter KTS 1966, 137 (142–143); Schalhorn JurBüro 1970, 1047; Schiffhauer BlGrBW 1981, 88 (XIV).
[46] Schiffhauer BlGrBW 1973, 89 (XVI 1) und 1981, 88 (XIV).
[47] Hagemann, Zwangsvollstreckung in das Erbbaurecht (1929), § 15 (S 81–82).
[48] Götze DNotZ 1980, 3 (VI b).
[49] Schiffhauer Rpfleger 1975, 187 (III 1).

§ 92 6.5 Entscheidung über den Zuschlag

Grunddienstbarkeit und bei gleichzeitiger Versteigerung des dienenden und des herrschenden Grundstücks[50]. Laut[51] steht Wertersatz dem zu, der bei der Erlösverteilung Eigentümer des herrschenden Grundstücks war, laut[52] dem, der es im Zeitpunkt des Zuschlags war, ohne Einfluß durch späteren Wechsel (dies dürfte richtig sein); laut[53] ist dies falsch, weil sich die Rechte am Surrogat fortsetzen und das Surrogat wie das Recht als wesentlicher Bestandteil den Gläubigern des herrschenden Grundstücks haftet.

6.6 Miteigentümervereinbarung (BGB § 1010 Abs 1): Wenn die eingetragene Miteigentümervereinbarung bei Versteigerung eines Miteigentumsanteils auf diesem erlischt, haben die übrigen (berechtigten) Miteigentümer Anspruch auf Wertersatz nach Abs 1[54]. Die Höhe des Wertersatzes bestimmt sich nach dem Nutzen, den die Belastung für die übrigen Miteigentümer hatte[54]. Er ist von unbestimmtem Betrag (§ 14). Mit Zuschlag in der Versteigerung des Grundstücks insgesamt endet an diesem die Miteigentümergemeinschaft. Ein Anspruch auf Wertersatz für die damit gegenstandslos gewordene Miteigentümervereinbarung besteht nicht[55].

6.7 Nießbrauch (BGB § 1030): Ersatz wird nach Abs 2 durch Zahlung einer Geldrente aus dem Deckungskapital geleistet (Rdn 4.1). Der Anspruch ist von unbestimmtem Betrag nach § 14. Bestimmt wird der Jahreswert des Rechts durch dessen Wert für seinen Berechtigten (Rdn 4.2), begrenzt durch einen nach BGB § 882 eingetragenen Höchstbetrag. Den Wert der Jahresleistungen für das erloschene Recht auf die Nutzungen des Grundstücks (anderen Objekts) kann man nur nach Lage des Einzelfalles schätzen, bei reinen Wohngrundstücken etwa nach der ortsüblichen Miete, bei landwirtschaftlichen Grundstücken nach dem ortsüblichen Pachtzins.

6.8 Rangvorbehalt: Mit einem erlöschenden Recht erlischt auch der bei ihm bestehende Rangvorbehalt, und zwar ohne Wertersatz, weil von dem Vorbehalt nicht mehr Gebrauch gemacht werden kann.

6.9 Reallast (BGB § 1105): Das (erloschene) Recht auf wiederkehrende Leistungen aus dem Grundstück kann sein (zur Abgrenzung Rdn 4.1)
– von **bestimmter** Dauer. Dann geht der Anspruch nach Abs 1 auf einmaligen Wertersatz. Kapitalisierung und Abzug von Zwischenzinsen (§ 111) wie bei Rdn 6.4.
– von **unbestimmter** Dauer. Ersatz wird nach Abs 2 dann durch Zahlung einer Geldrente aus einem Deckungskapital geleistet (Rdn 4.1).
Der Betrag des Anspruchs ist bestimmt bei der Reallast in Geld (Rdn 3.2 und 4.2); die zu bewertenden Geldleistungen stehen bei ihr fest. Sonst ist der Anspruch von unbestimmtem Betrag nach § 14. Er bemißt sich dann nach dem Wert, den das Grundstücksrecht mit seinen zu entrichtenden wiederkehrenden Leistungen für den Berechtigten hatte, begrenzt durch einen nach BGB § 882 eingetragenen Höchstbetrag. Der Wert der Jahresleistungen kann sich nach Lage des Einzelfalles nach dem Interesse des Berechtigten richten. Naturalleistungen kann man nach den ortsüblichen Preisen umrechnen. Ist die Leistungszeit an eine Lebensdauer gebunden, wird das Deckungskapital (§ 121 Abs 1) nach der statistischen Lebenserwartung bemessen (Rdn 4.4). Für Eheleute ist getrennt zu rechnen[56] (Berechnungsbeispiele[56]). Bei zwei Berechtigten entscheidet dort, wo das Recht mit dem Tod des Erstversterbenden erlischt, die Lebenserwartung des Älteren, wo sie

---
[50] LG Ellwangen BWNotZ 1965, 41 mit Anm Staudenmaier; Staudenmaier BWNotZ 1964, 308.
[51] Schiffhauer Rpfleger 1975, 187 (III 3).
[52] LG Ellwangen aaO (Fußn 50).
[53] Schiffhauer Rpfleger 1975, 187 (III 3).
[54] Döbler MittRhNotK 1983, 181 (G 1).
[55] Döbler MittRhNotK 1983, 181 (G II 3).
[56] Drischler KTS 1971, 145.

aber mit dem Tod des Letztversterbenden erlischt, die des Jüngeren. Ist eine auf Geldleistungen gerichtete Reallast mit einer Wertsicherungsklausel versehen, etwa an die Lebenshaltungskosten oder bestimmte Beamtengehälter gebunden, so entscheidet, was sich aus dem Vollstreckungstitel ohne Anwendung von Hilfsmitteln ergibt, und zwar nach dem Zeitpunkt der Berechnung.

6.10 Vorkaufsrecht (BGB § 1094): Anspruch auf Wertersatz begründet als Grundstücksbelastung (§ 10 Abs 1 Nr 4) nur das **dingliche** Vorkaufsrecht; ein persönliches Vorkaufsrecht (§ 504) gewährt kein Recht auf Befriedigung aus dem Grundstück. Das für nur einen Verkaufsfall bestellte dingliche Vorkaufsrecht erlischt oder wird gegenstandslos (§ 81 Rdn 10); Wertersatz kommt nicht in Frage. Hat das Vorkaufsrecht jedoch schon durch die Ausübung entstandenen Anspruch auf Übertragung des Eigentums gesichert (BGB § 1098 Abs 2), dann bestimmt sich der Wertersatz nach den für eine Eigentumsvormerkung geltenden Grundsätzen (Rdn 7). Das dingliche Vorkaufsrecht für alle oder mehrere Verkaufsfälle erhält bei Erlöschen nach Abs 1 einmaligen Wertersatz. Der Anspruch ist von unbestimmtem Betrag nach § 14. Der Wert ist nur schwer zu bestimmen, weil es an objektiven Gesichtspunkten fehlt[57]. Der Wertersatz soll jedenfalls den Berechtigten für sein Interesse entschädigen[58], also den Schaden ausgleichen, den der Berechtigte dadurch erleidet, daß er das Recht nicht mehr ausüben kann[59]. Bewertet wird es, wenn keine Besonderheit vorliegt (Berechtigter hätte etwa seinen Grundbesitz damit abrunden und einheitlich bebauen können), mit 2% des Verkehrswerts des Grundstücks[60] (auch[61]: 2–3%). Erhält der Vorkaufsberechtigte selbst den Zuschlag, so ist sein Recht gegenstandslos, ohne Wert.

6.11 Vormerkung: a) Die Vormerkung zur Sicherung des Anspruchs auf **Einräumung eines Rechts** (BGB § 883) begründet **aufschiebend bedingt** (§ 119) Anspruch auf Befriedigung aus dem Grundstück (§ 119 Rdn 2.2). Sichert sie ein Recht mit Anspruch auf einmaligen Wertersatz (Abs 1; zB eine Grunddienstbarkeit), dann findet dieses (zu ihm Rdn 3) aufschiebend bedingt Berücksichtigung. Die Vormerkung für einen Nießbrauch, für eine beschränkte persönliche Dienstbarkeit und für eine Reallast von unbestimmter Dauer gewährt aufschiebend bedingt Ersatzanspruch nach Abs 2. Wenn das vorgemerkte Recht Anspruch von unbestimmtem Betrag gibt, ist auch der für die Vormerkung aufschiebend bedingt (§ 119) bestehende Erlösanspruch selbst nach § 14 noch durch Feststellung des Betrags aufschiebend bedingt (siehe Rdn 7).

b) Auflassungsvormerkung: Rdn 7; Löschungsvormerkung: § 114 Rdn 9.

6.12 Wiederkaufsrecht: a) (BGB § 497): Es hat nur schuldrechtlichen Charakter (§ 15 Rdn 42.3). Zu den Rechten, die Anspruch auf Befriedigung aus dem Grundstück gewähren (§ 10 Abs 1) gehört es somit nicht. Zu unterscheiden vom Wiederkaufsrecht ist die Vormerkung (BGB § 883) zur Sicherung des bei Wiederkauf geschuldeten (durch Ausübung des Wiederkaufs „bedingten" künftigen) (Rück-)Auflassungsanspruchs. Diese Auflassungsvormerkung (zu ihr Rdn 7) hat bei Erlöschen Anspruch nach Abs 1 auf einmaligen Wertersatz[62]. Dafür ist unerheblich, ob der Wiederkaufsberechtigte zum Zeitpunkt des Zuschlags die Wiederkaufserklärung bereits abgegeben hatte[62]. Ist aufschiebende Bedingung für Ausübung des Wiederkaufsrechts Veräußerung des Grundstücks an einen Dritten, dann kann diese auch mit der Zwangsversteigerung eingetreten sein[62] und auch dann vorliegen, wenn dem Berechtigten selbst das Grundstück zugeschlagen wird[62].

---

[57] Glaser BlGrBW 1953, 326; Stoll BB 1953, 49.
[58] LG Hildesheim Rpfleger 1990, 87 = ZIP 1990, 200; Pöschl BWNotZ 1956, 41.
[59] Sichtermann BB 1953, 543.
[60] LG Hildesheim aaO (Fußn 58).
[61] Steiner/Eickmann § 92 Rdn 49.
[62] BGH DNotZ 1995, 204 mit Anm Siegmann = KTS 1995, 119 = MDR 1995, 791 = NJW 1994, 3299 = Rpfleger 1995, 173.

Der Ersatzanspruch ist von unbestimmtem Betrag nach § 14. Bei der Wertberechnung des erlöschenden Rechts ist zu berücksichtigen, daß der Wiederverkäufer nach BGB § 499 zur Beseitigung der Rechte Dritter verpflichtet ist[63].

b) Das Wiederkaufsrecht nach dem Reichssiedlungsgesetz ist wie eine Auflassungsvormerkung zu behandeln[64], maßgebend also das Interesse des Berechtigten[65]. Durch die Versteigerung verliert das Grundstück seine Eigenschaft; der Ersteher ist nicht Siedler, hat keine Bindung wie bei einer bestehenbleibenden Auflassungsvormerkung. Weil der Berechtigte bei Erlöschen nicht besser gestellt werden kann als bei Ausübung des Rechts, ist vom Ersatzwert der Wiederkaufspreis abzuziehen (anders[66]: die Verpflichtung zur Zahlung des Wiederkaufspreises sei nur eine Einrede des Grundstückseigentümers, daß er nur gegen Bezahlung des genannten Betrags rückauflassen müsse, und ob er dies tue, stehe in seinem freien Ermessen). Laut[67] ist als Wert 10% des Grundstückswerts anzumelden, weil der Wiederkaufspreis 90% beträgt. Ist der Erlös noch geringer, kann kein Ersatzwert verlangt werden.

7 Wertersatz für Eigentumsvormerkung

7.1 Die Eigentumsvormerkung (BGB § 883) (in der Regel Auflassungsvormerkung genannt) begründet als Sicherungsmittel des Sachenrechts Anspruch auf Befriedigung aus dem Grundstück mit **einmaligem Wertersatz** nach Abs 1. Der Erlösanspruch ist, ebenso wie die Vormerkung als akzessorisches Sicherungsmittel es war, abhängig vom Bestand des gesicherten Anspruchs. Er ist damit **aufschiebend bedingt** nach § 119. Er ist zudem von unbestimmtem Betrag, weil die erloschene Vormerkung nicht auf Zahlung eines Kapitals gerichtet war; damit ist er auch nach § 14 aufschiebend bedingt durch die Feststellung des Betrages.

7.2 Das durch die Eigentumsvormerkung **gesicherte Recht** ist das Eigentum am Grundstück (so[68] für § 48). Verfügungen über das Grundstück nach Eintragung der Vormerkung sind ihrem Berechtigten gegenüber nach Maßgabe von BGB § 883 Abs 2 unwirksam. Wenn bei Erteilung des Zuschlags die gesicherte Rechtsänderung (der Eigentumserwerb) schon eingetreten ist, gebührt dem Berechtigten daher „an der Rangstelle der Vormerkung" (BGB § 883 Abs 3), somit nach Deckung der vorgehenden Ansprüche, der restige Erlös (siehe § 128 Abs 2). Die Vormerkung begründet aufschiebend bedingt gleichen Anspruch. Bedingung ist Bestand des vorgemerkten Anspruchs für Durchsetzbarkeit der gesicherten Rechtsänderung (des Eigentumserwerbs). Als Anspruch aus Kaufvertrag (BGB § 433 Abs 1) ist er durchsetzbar, wenn der Veräußerer befriedigt, der Auflassungsanspruch somit schon vor dem Zuschlag unabhängig von Gegenleistungen ist. In diesem Fall gebührt dem durch die Vormerkung gesicherten Gläubiger des Anspruchs auf Übertragung des Eigentums an dem versteigerten Grundstück als Wertersatz nach Abs 1 der Erlös, der nach Befriedigung der Auflassungsvormerkung vorgehenden Rechte verbleibt (restiger Erlös)[69].

7.3 Der vorgemerkte Anspruch kann bestehen, sein **Wert** als Erwerbsanspruch aber bei Erteilung des Zuschlags gemindert sein. Das ist der Fall, wenn für Durchsetzung des Anspruchs **noch Käuferpflichten** zu erfüllen (andere Erwerbspflichten zu leisten) sind oder der Anspruch als **bedingter** oder **betagter** noch nicht

---

[63] OLG Bamberg JurBüro 1973, 665; OLG Düsseldorf OLGZ 1992, 352 = Rpfleger 1991, 471.
[64] Pannwitz RdL 1970, 256.
[65] BGH 59, 94 = KTS 1973, 69 = MDR 1973, 40 = NJW 1972, 1758 = Rpfleger 1972, 398.
[66] RG 144, 281.
[67] Pannwitz RdL 1970, 256.
[68] BGH 46, 124 = DNotZ 1967, 490 = MDR 1967, 34 = NJW 1967, 566 = Rpfleger 1967, 9.
[69] BGH MDR 1987, 842 = NJW-RR 1987, 891 = Rpfleger 1987, 426.

Wertersatz für erlöschende Rechte 7.4 **§ 92**

verwirklicht werden kann. Er wird auch dann ersetzt, somit nach Abs 1 in Geld entschädigt, weil er nach Erlöschen der Vormerkung mit Erteilung des Zuschlags später nicht mehr verwirklicht werden kann. Ein bedingter Anspruch, der nur (noch) davon abhängt, daß der Berechtigte ihn geltend macht, ist für diesen aber vollwertig[70]. Ist nach Bedingungseintritt der (gesicherte) Anspruch daher nur noch davon abhängig, daß er geltend gemacht wir, ist es für Wertersatz nach § 92 unerheblich, daß Geltendmachung bei Zuschlag noch nicht erfolgt war[70]. Ist der Bedingungseintritt vom Willen des Berechtigten unabhängig und nach dem Zuschlag noch möglich (sonst § 119 Rdn 2.5), oder sind für Durchsetzung des Anspruchs noch Erwerberpflichten zu erfüllen, ist der Wertersatz für die erloschene Vormerkung nach seiner wahrscheinlichen Durchsetzbarkeit gemindert. Dem Berechtigten der Vormerkung gebührt dann an deren Rangstelle nur ein Teil des Resterlöses. Nicht zutreffend ist daher für diesen Fall die sogen Surrogationstheorie (für diese aber[71]), nach der der Vormerkungsberechtigte (bis zum Betrag seiner Anmeldung) den Teil des Versteigerungserlöses beanspruchen könne, der nach Befriedigung der vorgehenden Rechte übrig bleibt. Entschädigen soll der Wertersatzanspruch den Berechtigten für sein Interesse an dem erloschenen Recht[72]. Der Berechtigte soll aus dem Versteigerungserlös – nach Befriedigung vorgehender Rechte – dasjenige erhalten, was der Anspruch auf das Grundstück für ihn wert war[73]. Dieser Wert ergibt sich aus der Differenz zwischen dem Erlös, der nach Befriedigung der vorgehenden Rechte der Auflassungsvormerkung verbleibt, und von dem Berechtigten noch zu erbringenden Gegenleistung für die Übertragung des Eigentums (sogen **Differenztheorie**) (so[74]). Das Interesse des Berechtigten an dem erloschenen Recht bestimmt Bewertung nach der Differenztheorie jedoch dann nicht, wenn die Vormerkung einen bedingten oder künftigen Auflassungsanspruch gesichert hat. Dann hat sich der Betrag des Ersatzanspruchs nach Abs 1 nach dem Umfang des bedingten oder künftigen Auflassungsanspruchs zu bemessen. Dieser Wert kann nicht rechnerisch bestimmt werden; es ist auf den wirtschaftlichen Wert abzustellen[75]. Auszugehen ist bei der Bemessung dieses Wertes von dem Interesse des Berechtigten, das im Einzelfall (auch nach der Wahrscheinlichkeit des Bedingungseintritts) zu schätzen ist (dazu für Bewertung eines siedlungsrechtlichen Wiederkaufrechts[75]). Dabei kann zu berücksichtigen sein, daß im Einzelfall der Eintritt der Bedingung nur sehr entfernt ist[75].

7.4 War nur der Anspruch auf Übertragung einer **Teilfläche** des Grundstücks vorgemerkt, dann ist Wertersatz der auf diese Grundstücksfläche treffende anteilige Resterlös, bei gemindertem Wert des Ersatzanspruchs (Rdn 7.3) ein nach der Differenztheorie oder als wirtschaftlicher Wert zu bestimmender anteiliger Betrag. Aufteilung erfolgt nach dem Verhältnis der Verkehrswerte der Teilflächen[76]. Wenn die Vormerkung für **mehrere Berechtigte** gemeinschaftlich eingetragen war, besteht ihr Gemeinschaftsverhältnis (Bruchteilsgemeinschaft oder gemeinschaftliches Rechtsverhältnis) am Wertersatzanspruch fort[76]; dessen Auseinander-

---

[70] BGH NJW 1994, 3299 = aaO (Fußn 62).
[71] Dassler/Schiffhauer § 92 Rdn 26; Mohrbutter/Drischler Muster 44 Anm 3; Steiner/Eickmann § 92 Rdn 36; Blomeyer DNotZ 1979, 515 (B I 1); Joeris, Auflassungsvormerkung in der Zwangsversteigerung (1933), S 19; Oppler, Auflassungsvormerkung in der Zwangsversteigerung (1911), S 29; Weyrich, Auflassungsvormerkung in der Zwangsversteigerung (1937), S 37; Fischer BWNotZ 1963, 37 (B II 1 b); Haegele BWNotZ 1971, 1; Knott MittRheinNot 1967, 586 (595).
[72] BGH 59, 94 = KTS 1973, 69 = MDR 1973, 40 = NJW 1972, 1758 = Rpfleger 1972, 398.
[73] BGH NJW 1994, 3299 = aaO (Fußn 56).
[74] Blomeyer DNotZ 1979, 515 (B I 2); Keuk NJW 1968, 476; Siegmann DNotZ 1995, 209 (Anmerkung); Wörbelauer DNotZ 1963, 718.
[75] BGH 59, 94 = aaO (Fußn 72).
[76] BGH MDR 1987, 842 = NJW-RR 1987, 891 = Rpfleger 1987, 426.

§ 92 7.4 Entscheidung über den Zuschlag

setzung ist nicht Gegenstand des gerichtlichen Verteilungsverfahrens (vgl § 180 Rdn 17).

7.5 Für **Aufnahme** des Ersatzanspruchs in den **Teilungsplan** bedarf der Betrag des restigen Erlöses (der nach Befriedigung der der Auflassungsvormerkung vorgehenden Rechte verbleibt, Rdn 7.2) als grundbuchersichtlicher Höchstbetrag im Sinne von § 114 keiner Anmeldung. Das indes ist nicht geklärt; Anmeldung des bedingten Anspruchs auf den Resterlös oder Anmeldung eines zu bezeichnenden Wertersatzbetrages empfiehlt sich daher gleichwohl. Anmeldung eines bestimmten Wertersatzbetrags, der geringer als der restige Erlös ist, begrenzt als Minderanmeldung (§ 45 Rdn 7) den Wertersatzanspruch.

7.6 Das **Vollstreckungsgericht** hat im Verteilungsverfahren den Anspruch auf einmaligen Wertersatz nach Abs 1 **nicht zu bewerten.** Es hat daher nicht zu ermitteln und nicht festzustellen, ob der Anspruch schon vor dem Zuschlag unabhängig von Gegenleistungen war oder ob noch Erwerbspflichten zu erfüllen waren. In den Teilungsplan einzustellen hat es den bedingten Anspruch des Berechtigten der Vormerkung mit dem Betrag des Resterlöses oder nach geringerer Anmeldung. Zu berücksichtigen ist der Wertersatzanspruch
– nach § 14 **aufschiebend bedingt** durch die **Feststellung des Betrages;**
– im übrigen **aufschiebend bedingt** durch den **Bestand** des vorgemerkten Anspruchs.
Wenn Zuteilung auf den bedingten Anspruch erfolgt, so ist **nach § 119** durch den Teilungsplan festzustellen, wie der Betrag **anderweit verteilt** werden soll, wenn der Anspruch wegfällt. **Hilfsberechtigte** (Eventualberechtigte) sind die im Rang nachrückenden ausfallenden Berechtigten in der Reihenfolge ihrer Ansprüche (§ 119 Rdn 2.7). Sie haben ein Recht auf Befriedigung aus dem Grundstück (§ 10), das nur dem Gläubiger der Vormerkung gegenüber unwirksam sein kann (BGB § 883 Abs 2), mit dessen Wegfall aber ungeschmälert Anspruch auf den Erlös gewährt. Planausführung erfolgt mit Hinterlegung oder Forderungsübertragung nach § 120.

7.7. Betragsfeststellung (§ 14) hat gegenüber dem Schuldner (als Grundstückseigentümer) zu erfolgen (Rdn 4.13; anders[77]: keine Feststellung dem Schuldner gegenüber). Die Feststellung erfolgt durch Anerkenntnis, gerichtliches Feststellungsurteil oder Vollstreckungstitel (Rdn 4.14). Weil der Anspruch im übrigen aufschiebend bedingt durch den Bestand des vorgemerkten Anspruchs ist, kann auch nach Feststellung Verfügung über den bedingt zugeteilten Betrag nur durch den **Erst-** und den oder die **Hilfsberechtigten gemeinsam** erfolgen (§ 120 Rdn 2.2). Sie müssen daher Einvernehmen über die Person des Empfangsberechtigten und Auszahlungsart erzielen oder Prozeßurteil hierüber erwirken. Erforderliche Mitwirkung des Schuldners (Eigentümers) und des oder der Hilfsberechtigten für Bestimmung des Anspruchsbetrags und Verfügung über einen bedingt zugeteilten Betrag entspricht den Erfordernissen des materiellen Rechts, daß der aus dem Anspruch Verpflichtete die vorgemerkte Rechtsänderung herbeizuführen (zu erfüllen) und ein durch vormerkungswidrige Verfügung Begünstigter der Verwirklichung des durch die Vormerkung gesicherten Anspruchs zuzustimmen hat (BGB § 888).

7.8 Ein der Vormerkung nachgehender Berechtigter muß seine bessere Berechtigung mit Widerspruch gegen die Zuteilung des Wertersatzbetrags für die erloschene Vormerkung verfolgen, wenn er Wirksamkeit mit Genehmigung des Vormerkungsberechtigten geltend macht.

7.9 Wenn der **Ersteher selbst** vormerkungsberechtigt ist, so muß er keinen Ersatzbetrag für die erloschene Vormerkung zahlen; falls der Anspruch berechtigt war deshalb nicht, weil die Vormerkung durch Erfüllung ihres Zweckes gegenstandslos

---

[77] Siegmann DNotZ 1995, 209 (Anmerkung).

ist; falls der Anspruch nicht berechtigt war deshalb nicht, weil der Ersteher keinen grundlosen Vorteil hat (anders[78]: der Zuschlag sei nicht Eintritt der aufschiebenden Bedingung, Eigentum werde nicht auf Grund Rechtsgeschäfts erworben, Ersatzbetrag bedingt verteilen).

Rechte Dritter am Versteigerungserlös (§ 37 Nr 5)

8.1 An die Stelle eines versteigerten Gegenstandes tritt mit dem Zuschlag der Versteigerungserlös für ein der Versteigerung entgegenstehendes **Recht eines Dritten,** wenn Aufhebung oder Einstellung des Verfahrens nicht herbeigeführt worden sind (§ 37 Nr 5; dazu § 37 Rdn 6). Das der Versteigerung entgegenstehende Recht besteht dann am Versteigerungserlös ebenso fort wie es bis zum Zuschlag am versteigerten Gegenstand bestanden hat (daher keine Zurücksetzung nach § 110 bei verspäteter Geltendmachung). **Grundstückseigentum eines Dritten** wird Recht des Dritten am Erlös. Der Dritte ist damit alleiniger Eigentümer des Erlöses, wenn das Grundstück nicht dem Schuldner gehörte. Auch dieser Erlös unterliegt wie das Grundstück der Beschlagnahme (§ 20). Daher muß der Dritte Befriedigung gutgläubig erworbener dinglicher Rechte am Grundstück dulden (nicht aber Befriedigung persönlicher Beschlagnahmeansprüche, § 10 Abs 1 Nr 4, weil gutgläubiger Erwerb durch Zwangsvollstreckung nicht möglich ist). Alle übrigen Gläubiger sind jedoch zur Freistellung des dem Dritten gehörenden Erlöses von der Beschlagnahme und von Ansprüchen auf Befriedigung aus dem Grundstück (§ 10) verpflichtet.

8.2 Ist mit dem Grundstück des Schuldners (und mithaftenden Gegenständen in seinem Eigentum) ein **Gegenstand im Eigentum eines Dritten** (insbesondere Zubehör) versteigert worden (§ 55), dann tritt der Gesamterlös als Gegenwert an die Stelle des Grundstücks (und mitversteigerter Gegenstände) im Schuldnereigentum und des mitversteigerten fremden Gegenstandes[79]. Der **Gesamterlös** gehört dann dem Schuldner und dem Dritten nach dem Verhältnis der Werte, in welchem bei Versteigerung (Verkündung, nicht Rechtskraft des Zuschlags) der Verkehrswert des Grundstücks (unter Einschluß mitversteigerter Gegenstände im Schuldnereigentum) zu dem Verkehrswert des dem Dritten gehörenden Gegenstandes stand[79]. Hierfür ist auf den höheren Wert abzustellen, den ein mitversteigerter Gegenstand infolge Verbindung mit dem Grundstück hat, nicht dagegen auf einen geringeren Wert, den er bei Herausgabe vor dem Zuschlag für den Dritteigentümer gehabt hätte[80]. Für den Dritten ergibt sich als Wertersatz, wenn nicht besondere Umstände andere Feststellungen ermöglichen (Rdn 8.3), damit der Betrag, der zum Gesamterlös in demselben Verhältnis steht wie der Verkehrswert des mitversteigerten Gegenstands zum Verkehrswert aller Gegenstände der Versteigerung (Grundstück und Gegenstand im Eigentum des Dritten zusammen)[81]. Als Verkehrswerte von Grundstücken und Gegenstand im Dritteigentum werden auch hierfür die durch die Wertfestsetzung (§ 74 a Abs 5) festgelegten Werte (für das Prozeßgericht verbindlich[82]) angesehen. Der Berechtigte erhält also nicht einfach ohne Rücksicht auf das Ergebnis der Versteigerung den Verkehrswert des Gegenstandes[83]; sein Ersatzwert bestimmt sich vielmehr nach dem Erlös[84] und kann daher geringer, aber auch höher als der Verkehrswert des Gegenstandes sein. Denn Anspruch besteht nicht auf Ersatz des Wertes, den der mitversteigerte fremde Gegenstand für seinen Eigentümer hatte, sondern auf den Erlös, der durch Versteige-

---

[78] LG Augsburg Rpfleger 1966, 370.
[79] RG 76, 212 und 88, 351; OLG Schleswig SchlHA 1994, 286.
[80] RG 88, 351.
[81] RG 76, 212 und 88, 351.
[82] OLG Celle Rpfleger 1993, 363.
[83] RG 76, 212.
[84] RG 88, 351.

§ 92 8.2 Entscheidung über den Zuschlag

rung des fremden Gegenstandes tatsächlich erzielt wurde[85]. Dieser Erlösanteil des Dritten für den mitversteigerten Gegenstand wird in Anlehnung an BGB § 471 berechnet[85] (dazu auch[86]). Es gibt dabei zwei **Berechnungsmöglichkeiten:**

M = Meistgebot (bar und bestehenbleibend) (Beispiel: 40 000)
G = Gegenstandswert (Zubehör; Verkehrswert) (Beispiel: 2000)
Gr = Grundstückswert ohne Zubehör (Verkehrswert) (Beispiel: 50 000)
X = Erlösanteil des Gegenstands:

1. Möglichkeit: $\dfrac{M \cdot G}{Gr + G} = x$ $x = 1538,46$ DM

2. Möglichkeit: $\dfrac{Gr + G}{G} = \dfrac{M}{x}$ $x = 1538,46$ DM

8.3 Wenn für Grundstück des Schuldners und für die fremde Sache gesonderte Gebote abgegeben wurden (so im Fall des § 65), dann ist das vom Ersteher auf die fremde Sache abgegebene Meistgebot auch dessen Versteigerungserlös, an dem das Recht des Dritten fortdauert. Hat der Ersteher sonst einen bestimmten Teil des einheitlichen Meistgebots nur deswegen abgegeben, weil der Gegenstand mitversteigert worden ist, dann ist dieser Teil Erlös für den Gegenstand[87]. Dieser Erlösanteil kann dann höher oder geringer sein als der Erlösbetrag, der sich rechnerisch nach dem Rdn 8.2 Gesagten ergeben würde. Wenn aber nicht besondere Umstände im einzelnen Fall Anlaß zu einer anderen Verteilung des gemeinsamen Erlöses geben, ist das Gebot nach dem Verhältnis der Werte zu verteilen. Denn dann ist ein nach dem Wertverhältnis höheres Gebot mutmaßlich deshalb erzielt worden, weil das Grundstück in Verbindung mit dem Gegenstand versteigert wurde[88]. Von der Feststellung, ob und was der Ersteher gerade für den mitversteigerten Gegenstand (Zubehör) im Dritteigentum geboten hätte, läßt sich der Erlösanspruch des Dritten dann nicht abhängig machen[89]. Vielmehr haben Schuldner und Dritter an dem Erlös gleichartige Rechte[89]. Auf die Meinung des Erstehers über den Wert, den einzelne Teile des Versteigerungsobjekts insgesamt für ihn haben, kommt es für den Ersatzanspruch des Dritten daher nicht an, zumal oft auch andere Verhältnisse als der Wert einzelner Gegenstände die Höhe des Gebots bestimmen[89]. Dann ist auch nicht von Bedeutung, ob der Ersteher vom Vorhandensein des mitversteigerten fremden Gegenstandes überhaupt wußte[90]. Der Dritte braucht für seinen Wertersatz daher nicht zu behaupten und zu beweisen, daß durch den mitversteigerten fremden Gegenstand ein höherer Erlös erzielt worden sei[91]. Ihm kann auch nicht entgegengehalten werden, der Ersteher hätte nicht weniger geboten, wenn der fremde Gegenstand nicht mitversteigert worden sei[91], also auch nicht, der Ersteher habe wegen des Gegenstands kein höheres Gebot abgegeben. Die Beweislast dafür, daß Mitversteigerung des fremden Gegenstandes sich auf das Meistgebot nicht wesentlich ausgewirkt hat, weil der Ersteher nur deswegen einen bestimmten geringeren Teil des einheitlichen Meistgebots abgegeben hat, trifft daher den Gläubiger, der den anteiligen rechnerischen Erlösanteil des Gegenstandes zur Befriedigung seines Rechts am Grundstück (§ 10) in Anspruch nimmt[92].

8.4 Das am Versteigerungserlös fortbestehende Recht eines Dritten gibt nicht nach § 10 Abs 1 Anspruch auf Befriedigung aus dem Grundstück. Für den Dritten

---

[85] RG 76, 212 und 88, 351.
[86] OLG Celle OLGZ 1980, 13; Jaeckel/Güthe § 92 Rdn 1 a; Mohrbutter/Drischler Muster 126 Anm 3.
[87] RG 76, 212 und 88, 351.
[88] RG 88, 351.
[89] RG 76, 212.
[90] OLG Celle OLGZ 1980, 13.
[91] RG 76, 212.
[92] OLG Celle OLGZ 1980, 13.

wird ein Erlösanspruch daher nicht nach § 114 in den Teilungsplan aufgenommen. Das der Versteigerung entgegenstehende Recht am Erlös schließt vielmehr Befriedigung der am Grundstück bestehenden Rechte aus. **Der Dritte kann verlangen,** daß der Erlösanteil als nicht zum Vermögen des Grundstückseigentümers gehörig nicht an dessen Gläubiger verteilt, sondern aus der Teilungsmasse ausgeschieden und als ihm (dem Dritten) gehörend herausgegeben wird[93]. Weil auch der dem Dritten gehörende anteilige Erlös der Beschlagnahme unterliegt (§ 92 Rdn 8.1), unterbleibt Verfahrensfortgang mit Erlösverteilung (§§ 105 ff) jedoch nur, wenn (ebenso wie dies hinsichtlich des Gegenstandes selbst zum Zuschlag erforderlich gewesen wäre; dazu § 37 Rdn 6) das am Erlös fortbestehende entgegenstehende Recht gegen die damit noch zum Zuge kommenden Berechtigten (nicht mehr gegen den betreibenden Gläubiger) mit Aufhebung der Beschlagnahmewirkungen oder einstweiliger Einstellung des Verfahrens geltend gemacht ist. Im Verteilungstermin kann der Dritte als Beteiligter (§ 9) sein Recht am Erlös mit **Widerspruch** gegen den Teilungsplan geltend machen[94]. Mit diesem Widerspruch wird beanstandet, daß der Plan auf Grund des besseren Rechts am (anteiligen) Erlös sachlich unrichtig sei (§ 115 Rdn 3.2). Der Widerspruch muß den Umfang der verlangten Planänderung (§ 115 Rdn 3.6) erkennbar machen, also darlegen, welchen Erlösteil der widersprechende Dritte betragsmäßig in Anspruch nimmt. Die Anmeldung des Erlösanspruches gilt als Widerspruch (§ 115 Abs 2). Dieser Widerspruch richtet sich gegen den oder die nach dem Teilungsplan an letzter Stelle zu befriedigenden Gläubiger, dem oder denen aus dem Versteigerungserlös ein Betrag zugeteilt wurde[95], der oder die nicht zur Hebung kommen können, wenn der vom Dritten beanspruchte Erlösbetrag nicht zur Verteilung gebracht wird[96]; er richtet sich somit nicht gegen den nach § 114 a erweitert befriedigten Ersteher[97]. Verhandlung über diesen Widerspruch und seine Erledigung erfolgen nach § 115 Abs 1 mit ZPO §§ 876–882. Der Widerspruch erfordert Hilfsverteilung nach § 124 Abs 1 an den Widersprechenden. Hinterlegung des streitigen Betrags für die Berechtigten erfolgt nach § 124 Abs 2, § 120. Wenn eine Einigung nicht erzielt wird, entscheidet über Bestehen und Höhe des Erlösanspruchs des Dritten das Prozeßgericht (ZPO §§ 878, 882).

8.5 Nach Erlösverteilung kann der Dritte Anspruch auf den ihm an Stelle eines versteigerten Gegenstandes gebührenden Erlös noch als **Bereicherungsanspruch** (BGB §§ 812, 816 Abs 2) gegen damit an letzter Stelle zum Zuge gekommenen Gläubiger geltend machen.

8.6 Zu Wertersatz für fremdes Eigentum (insbesondere Zubehör) im ZVG-Handbuch Rdn 535–538.

[Zuschlagsbeschluß als Vollstreckungstitel]

93 (1) **Aus dem Beschlusse, durch welchen der Zuschlag erteilt wird, findet gegen den Besitzer des Grundstücks oder einer mitversteigerten Sache die Zwangsvollstreckung auf Räumung und Herausgabe statt. Die Zwangsvollstreckung soll nicht erfolgen, wenn der Besitzer auf Grund eines Rechtes besitzt, das durch den Zuschlag nicht erloschen ist. Erfolgt gleichwohl die Zwangsvollstreckung, so kann der Besitzer nach Maßgabe des § 771 der Zivilprozeßordnung Widerspruch erheben.**
(2) **Zum Ersatze von Verwendungen, die vor dem Zuschlage gemacht sind, ist der Ersteher nicht verpflichtet.**

---

[93] RG 88, 351.
[94] Steiner/Teufel § 37 Rdn 99 und § 55 Rdn 29.
[95] OLG Celle Rpfleger 1993, 363.
[96] RG 88, 351.
[97] OLG Celle Rpfleger 1993, 363.

§ 93 Entscheidung über den Zuschlag

Literatur: Drischler, Der Gerichtsvollzieher in der Immobiliarvollstreckung, DGVZ 1955, 131; Eickmann, Probleme der Vollstreckung von Zuschlagsbeschlüssen über Miteigentumsanteile, DGVZ 1979, 177; Heinz, Tätigkeit des GV im Zusammenhang mit der Immobiliarbeschlagnahme, DGVZ 1955, 17; Mümmler, Durchsuchungsanordnung bei Zwangsräumung aufgrund Zuschlagsbeschluß, JurBüro 1988, 30; Noack, Räumungsvollstreckung aus Konkurseröffnungs- und Zuschlagsbeschlüssen und die Möglichkeit der Gewährung von Vollstreckungsschutz, WuM 1967, 1; Noack, Die Räumung auf Grund des Zuschlagsbeschlusses, ZMR 1970, 97; Rabl, Die Zwangsräumung der Ehewohnung, DGVZ 1987, 38; Schmidt-Futterer, Die Räumungsfrist bei der Zwangsvollstreckung aus Zuschlags- und Konkurseröffnungsbeschlüssen, NJW 1968, 143; Schumacher, Zur Vollstreckung aus dem Zuschlagsbeschluß, DGVZ 1956, 52.

1 Allgemeines zu § 93

1.1 Zweck der Vorschrift: Wahrung der Belange des Erstehers; er soll sein Recht auf Besitzergreifung gegen denjenigen, welcher ihm den Besitz vorenthält, nicht erst gesondert im ordentlichen Rechtsweg geltend machen müssen. Abs 1 legt dem Zuschlagsbeschluß daher die Bedeutung eines vollstreckbaren Titels bei (Denkschrift S 55). Abs 2 schließt Verwendungsersatz bis Zuschlag aus.

1.2 Anwendungsbereich: Die Vorschrift gilt für alle Versteigerungsverfahren des ZVG.

2 Räumungs-/Herausgabevollstreckung aus Zuschlag (Absatz 1 Satz 1)

2.1 Der Zuschlagsbeschluß ist **Vollstreckungstitel** auf Räumung und Herausgabe des Grundstücks oder einer mitversteigerten Sache gegen den (= jeden) Besitzer: Abs 1 Satz 1. Vollstreckung ermöglicht der Zuschlagsbeschluß ab seiner Wirksamkeit (§§ 89, 104), also schon vor seiner Rechtskraft und ohne Rücksicht darauf, ob das bare Meistgebot bezahlt ist. Bei Anfechtung des Zuschlags können Vollstreckungs- und Beschwerdegericht durch einstweilige Anordnung den Vollzug des Zuschlags (seine Vollstreckung, nicht die Wirksamkeit) aussetzen (ZPO § 572 Abs 2, 3). Für Beginn der Zwangsvollstreckung muß der räumungs- sowie herausgabepflichtige Besitzer als Schuldner in der dem Zuschlagsbeschluß beigefügten Vollstreckungsklausel (nicht auch im Zuschlagsbeschluß selbst) bezeichnet sein (ZPO § 750 Abs 1 Satz 1; Rdn 2.3); Erteilung der Vollstreckungsklausel zu dem Zuschlagsbeschluß gegen diesen Besitzer setzt Abs 1 Satz 1 mit ZPO § 750 Abs 1 Satz 1 damit voraus. Besitz auf Grund eines durch den Zuschlag nicht erloschenen Rechts hindert Räumungs- und Herausgabevollstreckung (Abs 1 Satz 2; Rdn 3).

2.2 Räumungsschuldner ist als **Besitzer** in erster Linie der bisherige Grundstückseigentümer = Vollstreckungsschuldner. Sein **Ehegatte** übt (bei ungestörter Ehe) die Herrschaftsgewalt über Räume der Ehewohnung (damit auch über eine zur Ehewohnung gehörende Grundstücksfläche) gemeinsam mit ihm aus, ist sonach als Mitbesitzer[1] (BGB § 866) gleichfalls Räumungsschuldner. In der Vollstreckungsklausel (ZPO § 750 Abs 1 Satz 1) muß als Räumungsschuldner daher auch der Ehegatte des bisherigen Grundstückseigentümers bezeichnet sein (so auch[2] mit weit Nachw,[3]; anders[4]: Vollstreckungsklausel gegen Ehegatten nicht erforderlich; nicht zutreffend). Besondere Umstände können eine andere Beurteilung gebieten, uU auch nur Mitbenutzung des Ehegatten unter Anerkennung des alleinigen Besitzes des anderen, der dann allein Räumungsschuldner ist. Güterrechtliche Verhältnisse und Eigentum bis zur Erteilung des Zuschlags sind jedoch unerheblich. Besitz des Ehegatten (auch sonst eines Dritten) macht

---

[1] BGH 12, 380 (398–400) = NJW 1954, 918; Zöller/Stöber, ZPO, § 885 Rdn 5 a.
[2] Zöller/Stöber, ZPO, § 885 Rdn 5 a.
[3] LG Lübeck DGVZ 1990, 91; LG Mainz MDR 1978, 765.
[4] Dassler/Schiffhauer § 93 Rdn 7.

Vollstreckungsklausel gegen ihn auch nicht deshalb entbehrlich, weil er „sein Recht zum Besitz vom Schuldner ableitet" (anders[5]) oder „allein auf Grund der ehelichen Lebensgemeinschaft Mitbesitzer" des (versteigerten) Grundstücks im bisherigen Alleineigentum des anderen Ehegatten ist (anders[6]). Denn die Räumungsvollstreckung aus dem Zuschlag findet gegen den und damit jeden Besitzer des Grundstücks statt, nicht gegen den Schuldner des Versteigerungsverfahrens. Worauf das Besitzrecht sich gründet ist nicht für die Parteistellung des Besitzers als Räumungsschuldner im Vollstreckungsverfahren und namentliche Bezeichnung in der Vollstreckungsklausel für den Beginn der Zwangsvollstreckung (ZPO § 750 Abs 1 Satz 1) erheblich, sondern erlangt nur Bedeutung dafür, daß bei nicht erloschenem Besitzrecht nach Abs 1 Satz 2 eine Räumungsvollstreckung aus dem Zuschlag nicht erfolgen kann (dazu Rdn 3). Ein minderjähriges **Kind** (unter elterlicher Sorge) nutzt Räume der elterlichen Wohnung (zumeist) nicht selbständig, ist somit (auch wenn ihm ein eigenes Zimmer zur Verfügung steht) weder Besitzer noch Mitbesitzer. Räumung erfordert daher nur Vollstreckungstitel gegen die Eltern (den Elternteil) als alleinigen Besitzer[7]. Entsprechendes gilt für ein erwachsenes Kind (nach Verkehrsauffassung fortdauernde Mitbenutzung ohne eigenen Besitzwillen[8]). In der Vollstreckungsklausel hat daher auch das von einer Räumungsvollstreckung gegen den nach Abs 1 Satz 1 räumungspflichtigen Besitzer mitbetroffene volljährige Kind nicht gesondert bezeichnet zu sein. Sieht man dennoch auch dieses Kind als Besitzer an (Teilbesitz nach BGB § 865 und Mitbesitz an Gemeinschaftsräumen nach BGB § 866), dann ist der Zuschlagsbeschluß Vollstreckungstitel nach Abs 1 Satz 1 auch gegen dieses Kind als Besitzer und daher mit der Vollstreckungsklausel auch gegen diesen Räumungsschuldner zu versehen. Ein nur vorübergehend in Wohnräumen weilender Angehöriger oder **Gast** ist nicht Besitzer (kein eigener Besitzwille), braucht daher bei Räumungsvollstreckung gegen den nach Abs 1 Satz 1 räumungspflichtigen Besitzer in der Vollstreckungsklausel nicht gesondert bezeichnet zu sein. Dauernde Aufnahme eines **Angehörigen** in Wohnräume begründet Teilbesitz (BGB § 865) oder Mitbesitz (BGB § 866)[9]; auch gegen diesen Besitzer findet dann (mit Vollstreckungsklausel gegen ihn[10], ZPO § 750 Abs 1 Satz 1) aus dem Zuschlagsbeschluß Räumungsvollstreckung nach Abs 1 Satz 1 statt. Ein nichtehelicher **Lebensgefährte** wird (durchweg) Mitbesitzer des zu räumenden Grundstücks (herauszugebender Räume) sein[11]. Für Räumung muß die Vollstreckungsklausel daher beide besitzende Räumungsschuldner lauten[11]. Räumungsvollstreckung und Erteilung der Vollstreckungsklausel gegen beide Partner der Lebensgemeinschaft als Besitzer ermöglicht Abs 1 Satz 1 ohne Rücksicht darauf, wer Vollstreckungsschuldner des Versteigerungsverfahrens war. Nur selten wird bloße Mitbenutzung des Grundstücks (der Räume) durch einen der Lebensgefährten unter Anerkennung des alleinigen fremden Besitzes des Lebenspartners gegeben sein; dann genügt für Räumungsvollstreckung Vollstreckungsklausel allein gegen den besitzenden Partner der Lebensgemeinschaft. Für zusammenlebende **Verwandte** und ähnliche **häusliche Gemeinschaften** gilt entsprechendes[12]. Im Haushalt oder Erwerbsgeschäft des besitzenden Räumungsschuldners tätige Dritte (**Besitzdiener** wie Hausangestellte, Gewerbegehilfen, Arbeitnehmer, Lehrlinge) sind nicht selbst Besitzer (BGB § 855). Räumung ge-

---

[5] LG Baden-Baden FamRZ 1993, 227 Leitsatz = WuM 1992, 493; Dassler/Schiffhauer § 93 Rdn 7.
[6] LG Oldenburg DGVZ 1991, 26 = Rpfleger 1991, 29 mit zust Anm Meyer-Stolte.
[7] Zöller/Stöber, ZPO, § 885 Rdn 5 b; Stein/Jonas/Brehm, ZPO, § 885 Rdn 9.
[8] OLG Hamburg MDR 1991, 453 = NJW-RR 1991, 909.
[9] Zöller/Stöber, ZPO, § 885 Rdn 5 c.
[10] AG Bad Neuenahr-Ahrweiler DGVZ 1987, 142.
[11] Zöller/Stöber, ZPO, § 885 Rdn 5 e.
[12] Zöller/Stöber, ZPO, § 885 Rdn 5 f.

gen den Besitzer als Schuldner erfordert Vollstreckungsklausel gegen diese mitbetroffenen Besitzdiener daher nicht. Einem **Untermieter** (Unterpächter), dem das Grundstück (gemietete oder gepachtete Räume) überlassen ist, ist Besitzer (BGB § 854); Räumung erfordert daher gegen ihn lautenden Vollstreckungstitel (§ 750 Abs 1 Satz 1).

2.3 In der **Vollstreckungsklausel** für Räumungsvollstreckung (ZPO § 725; Rdn 2.2) müssen der Ersteher als Gläubiger und als Schuldner die Person, gegen die vollstreckt werden soll, namentlich bezeichnet werden. Als (früherer) Eigentümer ist der Schuldner dem Ersteher gegenüber nicht zum Besitz berechtigt (vgl BGB § 986 Abs 1). Erteilung der Vollstreckungsklausel zur Räumungsvollstreckung erfordert daher keine Nachweise. Gleiches gilt bei Eigentumswechsel und Beschlagnahme für den neuen Eigentümer. Besitz eines Dritten (auch eines Familienangehörigen) muß nach ZPO § 726 Abs 1 (jedenfalls entsprechende Anwendung; keine Rechtsnachfolge nach ZPO § 727) bei Gericht offenkundig sein (wird bei Familienangehörigen und Lebensgefährten vielfach der Fall sein) oder durch öffentliche oder öffentlich beglaubigte Urkunden nachgewiesen werden oder im Klauselverfahren zugestanden sein (ZPO § 288). Zuständig für Erteilung der Vollstreckungsklausel gegen den Schuldner ist daher der Urkundsbeamte der Geschäftsstelle (ZPO § 724 Abs 2; allgemeine Meinung[13]), die Klausel gegen einen besitzenden Dritten hat der Rechtspfleger zu erteilen (RpflG § 20 Nr 12)[14]. Der Dritte kann vor Erteilung der vollstreckbaren Ausfertigung gehört werden (ZPO § 730). Der Zuschlagsbeschluß als Vollstreckungstitel ist vor Beginn der Zwangsvollstreckung oder gleichzeitig zuzustellen (ZPO § 750 Abs 1 Satz 1); Zustellung von Amts wegen (soweit sie erfolgt, §§ 88, 103) genügt[15]. Desgleichen müssen die Vollsteckungsklausel und bei Dritten auch etwa ihr zugrunde liegende Urkunden vor Beginn der Räumungsvollstreckung oder gleichzeitig zugestellt werden (ZPO § 750 Abs 2; anders[16]: Klausel gegen den Schuldner nicht; Räumungsverpflichtung gegen den Besitzer weist der Zuschlag allein aber nicht aus). Kann Besitz Dritter für Erteilung der Vollstreckungsklausel nicht nachgewiesen werden, muß der Ersteher nach ZPO § 731 (mit § 795) Klage auf Erteilung der Vollstreckungsklausel erheben. Für Herausgabeklage nach BGB § 985 beseitigt die Möglichkeit dieser Klauselklage das Rechtsschutzinteresse jedoch nicht (hierzu[17]).

2.4 Die **Räumungsvollstreckung** erfolgt nach ZPO § 885 ohne Einhaltung einer Frist[18]. Vollstrecken muß der Ersteher, nicht das Gericht. Der Gerichtsvollzieher hat den zu Räumenden aus dem Besitz zu setzen und den Ersteher in den Besitz einzuweisen (ZPO § 885 Abs 1). Für Räumungsvollstreckung der Wohnung des Grundstücksbesitzers oder Wegnahmevollstreckung in der Wohnung mit einem Zuschlagsbeschluß des Rechtspflegers gebietet das geltende Verfassungsrecht (GrundG Art 13 Abs 1, 2) eine besondere Durchsuchungsanordnung (Vollstreckungsgenehmigung) des Richters. Wie diese zur Durchsuchung der Wohnung des Schuldners zum Zwecke der Pfändung beweglicher Sachen (und damit für Wegnahme der Herausgabevollstreckung unterliegender Gegenstände) notwendig ist[19], muß sie nach dem Schutzzweck der Grundrechtsbestimmung auch zur Zwangsvollstreckung aus einem auf Räumung der Wohnung des Schuldners lautenden,

---

[13] Dassler/Schiffhauer § 93 Rdn 10; Steiner/Eickmann § 93 Rdn 37.
[14] OLG Hamm Rpfleger 1989, 165 und JurBüro 1990, 1351 = NJW-RR 1990, 1277 = OLGZ 1990, 362 = Rpfleger 1990, 286; Dassler/Schiffhauer § 93 Rdn 11; Steiner/Eickmann § 93 Rdn 37.
[15] Zöller/Stöber, ZPO, § 750 Rdn 16.
[16] Dassler/Schiffhauer § 93 Rdn 13; Steiner/Eickmann § 93 Rdn 41.
[17] Zöller/Stöber, ZPO, § 731 Rdn 7.
[18] LG Berlin DGVZ 1953, 90; Heinz DGVZ 1955, 17 (III).
[19] BVerfG 51, 97 = MDR 1979, 906 = NJW 1979, 1539 und 2509 Leitsatz mit Anm Wochner = Rpfleger 1979, 250; BVerfG 57, 346 = NJW 1981, 2111.

nicht von einem Richter erlassenen Vollstreckungstitel vorliegen[20] (anders[21]). Für Zwangsvollstreckung aus einem vom Richter erlassenen Räumungstitel ist keine besondere richterliche Vollstreckungsgenehmigung mehr erforderlich[22], mithin auch nicht zur Räumungsvollstreckung auf Grund des Zuschlagsbeschlusses des Richters oder des Beschwerdegerichts.

2.5 Auf **Herausgabe mitversteigerter Sachen** wird nach ZPO § 883 vollstreckt. Der Gerichtsvollzieher nimmt diese Sachen weg und übergibt sie dem Ersteher (ZPO § 883 Abs 1). Wenn die Sache nicht gefunden wird, kann der Ersteher vom Herausgabepflichtigen die Offenbarungsversicherung über deren Verbleib verlangen (ZPO § 883 Abs 2). Sind diese in der Vollstreckungsklausel nicht besonders aufgeführt, kann der Gerichtsvollzieher als mitversteigert nur das gesetzliche Zubehör wegnehmen. Mitversteigert sind auch die in BGB § 444 erwähnten Urkunden, nämlich Kauf-, Miet- und Pachtverträge, Versicherungsurkunden, Einheitswertbescheid, Grundsteuerbescheid. Alle Urkunden können weggenommen werden[23]. Sie werden nicht gesondert in der Vollstreckungsklausel aufgeführt; der Gerichtsvollzieher hat hier selbständig zu entscheiden[24]. Will der Ersteher weitere mitversteigerte Sachen wegnehmen lassen oder bestehen bei den bisher genannten Zweifel, so sind sie auf Antrag des Erstehers in der Vollstreckungsklausel aufzuführen, soweit die Eigentumsverhältnisse geklärt werden können. Andernfalls muß der Ersteher nach BGB § 985 auf Herausgabe klagen. Rechtsbehelf des Schuldners bei Wegnahme nicht mitversteigerter Sachen durch den Gerichtsvollzieher: ZPO § 766. Behauptet der Schuldner, es seien ihm Sachen weggenommen worden, die nicht mitversteigert seien, so muß er Herausgabeklage nach BGB § 985 erheben.

2.6 Soweit **Forderungen** mitversteigert sind, kann in sie aus dem Zuschlag nicht vollstreckt werden. Der Ersteher ist aber durch den Zuschlag berechtigt, sie unmittelbar geltend zu machen, zB bei der Brandversicherungsanstalt einzuziehen, oder aus ihnen einen Vollstreckungstitel gegen den zahlungspflichtigen Dritten zu erwirken.

2.7 Grundstücksbruchteile: Der Ersteher eines Miteigentumsbruchteils kann aus dem Zuschlagsbeschluß den Besitzer des Grundstücksbruchteils zwangsräumen[25]. Hiergegen hat[26] Bedenken, stimmt aber aus praktischen Gründen doch zu. Für nicht zulässig hält dies[27] (es müsse über ZPO § 887 vollstreckt werden). Bei einem versteigerten Grundstücksbruchteil wird vollstreckt, indem der Ersteher in den Mitbesitz eingewiesen wird, wie er vom früheren Miteigentümer neben den anderen Miteigentümern ausgeübt wurde[28]. Differenziert zur Räumungsvollstreckung des Erstehers eines Miteigentumsanteils[29].

2.8 Während einer **gerichtlichen Verwaltung** des versteigerten Grundstücks für Rechnung des Erstehers (§ 94) darf dem Ersteher keine vollstreckbare Ausfertigung des Zuschlagsbeschlusses erteilt werden und er kann aus einer ihm schon vorher erteilten nicht ohne Zustimmung des Verwalters vollstrecken, weil dem Verwalter allein wie einem Zwangsverwalter die Verwaltung zusteht (§ 94 Abs 2).

---

[20] OLG Bremen OLGZ 1994, 606 = Rpfleger 1994, 77; AG Bad Segeberg DGVZ 1988, 121 = NJW-RR 1989, 61; AG Wolfsburg DGVZ 1995, 13; Drischler KTS 1981, 389 (12); Dassler/Schiffhauer § 93 Rdn 5; Zöller/Stöber, ZPO, § 758 Rdn 10; Mümmler JurBüro 1988, 30; Noack JurBüro 1980, 1131 (2).
[21] LG Düsseldorf JurBüro 1987, 1578.
[22] OLG Düsseldorf NJW 1980, 458 = Rpfleger 1980, 28.
[23] Drischler DGVZ 1962, 131 (A I 2).
[24] Drischler aaO (Fußn 23); Heinz DGVZ 1955, 17 (III).
[25] OLG München DGVZ 1955, 90 = NJW 1955, 637.
[26] Schumacher DGVZ 1956, 52 und BlGrBW 1956, 225.
[27] LG München II NJW 1955, 189.
[28] OLG-München DGVZ 1955, 90 = NJW 1955, 637.
[29] Eickmann DGVZ 1978, 177; Steiner/Eickmann § 93 Rdn 17–25.

§ 93 2.8 Entscheidung über den Zuschlag

Die Ausfertigung ist hier auf Antrag dem Verwalter zu erteilen. Wenn in der Teilungsversteigerung ein Miteigentümer den Zuschlag erhält und gegen den anderen Miteigentümer vollstrecken will, kann dieser, solange das Bargebot nicht bezahlt ist, durch ein Verfahren nach § 94 die Vollstreckung des Erstehers gegen sich verhindern, wenn er einen nach § 94 Antragsberechtigten veranlaßt, ein solches Verfahren zu beantragen.

2.9 Zum Zuschlag als Vollstreckungstitel mit Muster der Vollstreckungsklausel im ZVG-Handbuch Rdn 358, zur Abwehr der Vollstreckung im Einzelfall Rdn 359.

2.10 Für die Tätigkeit des **Gerichtsvollziehers** bei der Räumung und sonstigen Vollstreckung entstehen **Kosten** für diesen nach GVKG §§ 22, 24 mit §§ 3–5, 8, 9, 11–13. Die Vollstreckungskosten des § 93 sind keine Verfahrenskosten des Versteigerungsverfahrens. Sie werden nach ZPO § 788 von dem Vollstreckungsgegner (Besitzer des Grundstücks oder der Sachen) bei der Vollstreckung mit beigetrieben, sie können aber auch festgesetzt werden (ZPO § 104).

3 Recht zum Besitz (Absatz 1 Satz 2)

3.1 Vollstreckt werden „soll" nicht, „wenn der Besitzer **auf Grund eines Rechtes besitzt,** das durch den Zuschlag nicht erloschen ist": Abs 1 Satz 2. Geschieht dies trotzdem, so kann der Betroffene Widerspruchsklage nach ZPO § 771 erheben: Abs 1 Satz 3. „Soll" heißt hier: darf nicht. Die Vollstreckung ist zwar nicht unwirksam, nur, wie erwähnt, über ZPO § 771 angreifbar, aber sie darf nicht erfolgen; die Klausel darf nicht erteilt werden, weil sonst das Gericht schadensersatzpflichtig ist. Die Klausel muß abgelehnt werden, falls solche Umstände erkennbar sind[30], so dann, wenn ein Rechtsstreit über das Bestehen eines Mietverhältnisses anhängig ist[30]. Dies gilt auch, wenn der Ersteher ein Sonderkündigungsrecht hat oder ausgeübt hat, der Ersteher kann hier nur auf Räumung klagen.

3.2 Auf Grund eines durch den Zuschlag **nicht erloschenen Rechtes besitzen:** Mieter (§ 57 mit BGB § 571), Pächter, Nießbraucher (Recht fortbestehend), Altenteiler[31] (Recht fortbestehend; Ausnahme EGZVG § 9 Abs. 2), Besitzer auf Grund staats- oder völkerrechtlicher Vorgänge. Ob ein derartiger Umstand vorliegt, ist vor Erteilung der Klausel zu entscheiden. Es genügen dabei ernsthafte Anhaltspunkte, zB der Vortrag des Erstehers selbst oder Kenntnis von Urkunden aus dem Verfahren, Vorlage des Mietvertrags[32], auch die Anmeldungen der Berechtigten im Verfahren (dazu[33]). Kein Recht zum Besitz ist im Klauselverfahren berücksichtigungsfähig dagegen, wenn ein Mietvertrag zwar vorgelegt ist, aber offenkundig Scheinvereinbarung ist[34], wenn ein behauptetes Mietverhältnis (mit einem Angehörigen) mit großer Wahrscheinlichkeit wegen mangelnder Ernsthaftigkeit nicht wirksam ist[35] oder wenn der vorgelegte (kurz vor dem Zuschlag datierte) Vertrag ein Mietverhältnis nicht hinreichend ausweist[36]. In solchen Fällen ist das behauptete Besitzrecht mit Widerspruchsklage nach ZPO § 771 geltend zu machen. Steht einem Altenteiler (Recht fortbestehend) ein Wohnrecht an bestimmten Räumen zu, bewohnt er aber tatsächlich andere, so kann ihn der Ersteher aus den zu Unrecht tatsächlich bewohnten verdrängen, aber nur dann, wenn er ihm Gelegenheit gibt, die ihm zustehenden zu beziehen[37]. Nach Erlöschen des Altenteils oder der anderen genannten Rechte durch den Zuschlag kann natürlich

---

[30] OLG Hamm Rpfleger 1989, 165 (166).
[31] Drischler KTS 1971, 145 (XV).
[32] LG Detmold Rpfleger 1987, 323.
[33] LG Krefeld Rpfleger 1987, 259 mit krit Anm Meyer-Stolte.
[34] LG Freiburg Rpfleger 1990, 266; LG Köln Rpfleger 1996, 121.
[35] OLG Frankfurt Rpfleger 1989, 209.
[36] LG Wuppertal Rpfleger 1993, 81.
[37] OLG Hamm MDR 1954, 50 Leits = RdL 1954, 75.

gegen den Berechtigten vollstreckt werden[37]. Besitz auf Grund ehelicher (BGB § 1353 Abs 1) oder familienrechtlicher Lebensgemeinschaft (Besitz des Ehegatten, der Kinder an dem versteigerten Grundstück, das einem von ihnen als Alleineigentum gehörte), beruht nicht auf einem Recht, das bei Zuschlag gewahrt bleibt und Räumungsvollstreckung (nach Abs 1 Satz 2) ausschließt[38].

3.3 Auf Grund eines nicht erloschenen Rechtes besitzen kann auch der **bisherige Miteigentümer**, der etwa im Rahmen einer Erbengemeinschaft mit den Miterben einen Mietvertrag geschlossen hat. Vollstreckt der Ersteher einer Teilungsversteigerung aus dem Zuschlag gegen einen Miterben, so kann dieser nach ZPO § 771 Widerspruchsklage erheben, wenn er sich auf Grund eines Mietverhältnisses im Grundstück befindet[39]. Das gilt aber nicht, wenn er selbst die Teilungsversteigerung betrieben hat; hierdurch hat er nämlich der Veräußerung ausdrücklich zugestimmt und damit auf seinen Schutz als Mieter/Pächter verzichtet[40] (dagegen[41]); sein Vertrag war nur eine Art Benutzungsregelung der Miteigentümer, weil er ja schon als Miteigentümer Besitz hatte[42].

3.4 Besitz des mangels Grundsteuerzahlung **noch nicht** als Eigentümer in das Grundbuch **eingetragenen Erwerbers** nach Veräußerung eines Grundstücks, das aufgelassen und übergeben ist, begründet bei Zwangsvollstreckung gegen den Veräußerer (noch eingetragenen Eigentümer) kein den Zuschlag überdauerndes Recht. Der Räumung mit dem Zuschlagsbeschluß durch den Ersteher kann der als Eigentümer noch nicht im Grundbuch eingetragene „Erwerber" des Grundstücks daher nicht widersprechen[42].

3.5 Der unterhaltspflichtige **Ehemann** hat die in Miteigentum stehende Ehewohnung nach der Scheidung der Ehefrau überlassen, dann aber die Teilungsversteigerung betrieben. Da die Nutzungsvereinbarung (bzw jetzt die familiengerichtliche Entscheidung hierüber) einem Mietvertrag gleichgestellt werden muß, kann er als Ersteher nicht aus dem Zuschlag die Frau räumen lassen[43].

3.6 Aus dem Zuschlagsbeschluß kann hinsichtlich des vom Gemeinschuldner früher bewohnten Massegrundstücks nicht wegen der Räumungskosten gegen den **Konkursverwalter** vollstreckt werden[44].

Rechtsbehelfe bei Räumungs/Herausgabevollstreckung 4

4.1 Gegen die Vollstreckung aus dem Zuschlagsbeschluß gibt es **Vollstreckungserinnerung** nach ZPO § 766 oder **Einwendungen** gegen die Zulässigkeit der Vollstreckungsklausel nach ZPO § 732. Über beide entscheidet das Vollstreckungsgericht im Rahmen seiner Möglichkeiten, indem es etwa das Vorliegen eines Mietvertrags feststellt und daher die Klausel wieder aufhebt. Es kann (auch bei den genannten Einwendungen) ohne mündliche Verhandlung entscheiden. Es kann bis zur Entscheidung die Vollstreckung durch einstweilige Anordnung einstellen oder von einer Sicherheitsleistung abhängig machen (ZPO § 732 Abs 2, § 766 Abs 1 Satz 2).

4.2 Im übrigen sind der Vollstreckungsschuldner auf **Vollstreckungsabwehrklage** nach ZPO § 767, Dritte auf **Widerspruchsklage** nach ZPO § 771 (bisherige Miteigentümer nach der Teilungsversteigerung ebenso) angewiesen, soweit nicht die Anfechtung des Zuschlags zum Ziel führt. Während dieser Prozesse kann das Prozeßgericht die Vollstreckung aus dem Zuschlag einstweilen einstellen (ZPO

---

[38] LG Krefeld DGVZ 1977, 24.
[39] AG Bremen WuM 1955, 92.
[40] LG Bayreuth NJW 1965, 2210.
[41] Steiner/Eickmann § 93 Rdn 16.
[42] LG Bayreuth NJW 1965, 2210.
[43] AG Mannheim NJW 1975, 1037.
[44] LG Köln KTS 1963, 118.

§ 769). Da der Zuschlag ein Vollstreckungstitel ist, sind Abwehrklage und Widerspruchsklage grundsätzlich zulässig, allerdings mit erheblichen Einschränkungen.

4.3 Eine Klage mit dem Ziel, den Zuschlag wieder zu beseitigen, alle seine Folgen aufzuheben, dem Ersteher alle Rechte zu nehmen, ist nicht zulässig. Dies wäre keine Vollstreckungsabwehr, sondern **Wiederaufhebung des Zuschlags**. Ein rechtskräftiger Zuschlag kann aber nicht mehr beseitigt werden (§ 81 Rdn 9.2).

4.4 Gegen einen Zuschlagsbeschluß kann (wie gegen andere Titel in einzelnen Punkten) eine **Vollstreckungsabwehrklage**[45], eine Drittwiderspruchs- oder Herausgabeklage erhoben werden. Die Abwehrklage ist wie immer nach ZPO § 767 Abs 2 daran gebunden, daß die Gründe nach dem letztmöglichen Zeitpunkt des Verfahrens, hier also nach der Verkündung der Zuschlagsentscheidung (bzw Zustellung der Beschwerdeentscheidung) entstanden sind. Es kann sich hier nur darum handeln, daß durch nachträglich eingetretene **Umstände im Einzelfall** ausnahmsweise ein Berechtigter gehindert ist, seine Rechte zu gebrauchen, wobei aber der Zuschlag als solcher unberührt bleiben muß. Möglich ist etwa, daß Vollstreckungsschuldner und Ersteher einen Mietvertrag geschlossen haben oder daß der Ersteher dem Schuldner eine Räumungsfrist zugesichert hat; hier kann der Ersteher nicht gemäß § 93 aus dem Zuschlag auf Räumung vollstrecken. Möglich ist, daß nach dem Zuschlag ein Dritter einen Gegenstand beansprucht, von dem der Ersteher zu Unrecht annimmt, er sei als Zubehör oder Bestandteil sein Eigentum geworden; wenn der Ersteher diesen Gegenstand dem Vollstreckungsschuldner wegnehmen will, kann der Dritte Widerspruchsklage erheben oder, wenn der Ersteher den Gegenstand schon hat, auf Herausgabe klagen. Möglich ist, daß der Ersteher und der Gläubiger einer aus §§ 118, 128 übertragenen Forderung nachträglich vereinbart haben, die Sicherungshypothek solle in eine Grundschuld mit anderer Fälligkeit verwandelt werden; wenn jetzt der Gläubiger dennoch aus dem übertragenen Recht vorgeht, hat der Ersteher die Abwehrklage. Möglich ist in ganz besonderen Ausnahmefällen der Einwand der unzulässigen Rechtsausübung (§ 81 Rdn 9.6). Nicht möglich ist es, wegen angeblich zu hoher betreibender Forderung oder wegen angeblich nachträglicher Tilgung der Vollstreckungsforderung gegen den Zuschlag noch etwas zu unternehmen (höchstens Schadensersatzansprüche denkbar).

5 Schutz des Schuldners

Räumungsvollstreckungs**schutz nach ZPO § 765 a** kann dem Schuldner auch bei Vollstreckung aus dem Zuschlagsbeschluß auf Antrag gewährt werden[46]. Einstellung der Zwangsvollstreckung schließt auch Räumungsvollstreckung gegen Angehörige (ohne selbständiges Besitzrecht, Rdn 2.2) aus. Räumungsfrist nach ZPO § 721 kann beim Zuschlag als Vollstreckungstitel nicht gewährt werden[47] (anders[48]).

6 Verwendungsersatz (Absatz 2)

Der Ersteher trägt ab Zuschlagswirksamkeit (§§ 89, 104) die Lasten des Grundstücks (§ 56 Satz 2). Verwendungen, die der **Besitzer** nach dem Zuschlag auf die versteigerten Sachen (Grundstück oder mitversteigerte Gegenstände) gemacht hat,

---

[45] OLG Schleswig ZIP 1982, 160.
[46] LG Kiel NJW 1992, 1174.
[47] OLG München OLGZ 1969, 43; LG Hamburg MDR 1971, 671; LG Kiel NJW 1992, 1174; Stein/Jonas/Münzberg, ZPO, § 721 Rdn 1; Zöller/Stöber, ZPO, § 721 Rdn 1; Steiner/Eickmann § 93 Rdn 47; Burkhardt NJW 1968, 687; Noack WuM 1967, 1 und ZMR 1970, 97 (98); Schiffhauer BlGrBW 1968, 205 (XXVII), BlGrBW 1971, 63 (XXIV) und BlGrBW 1973, 89 (XV).
[48] LG Mannheim MDR 1967, 1018 = WuM 1967, 155 = ZMR 1968, 55 und 56 Leitsatz; LG Münster MDR 1965, 312; Schmidt-Futterer NJW 1968, 143.

Gerichtliche Verwaltung für Rechnung des Erstehers   2.3 § 94

sind ihm nach bürgerlich-rechtlichen Grundsätzen zu ersetzen: BGB §§ 994–1003; Verwendungen, die er vor dem Zuschlag gemacht hat (und die keine Mieteraufwendungen nach § 57 c mit Sonderregelung sind), muß der Ersteher nicht ersetzen: Abs 2; insoweit besteht daher auch nicht das sonst gegebene Zurückbehaltungsrecht des Besitzers aus BGB §§ 1000, 1003.

[Gerichtliche Verwaltung für Rechnung des Erstehers]

94 (1) **Auf Antrag eines Beteiligten, der Befriedigung aus dem Bargebote zu erwarten hat, ist das Grundstück für Rechnung des Erstehers in gerichtliche Verwaltung zu nehmen, solange nicht die Zahlung oder Hinterlegung erfolgt ist. Der Antrag kann schon im Versteigerungstermine gestellt werden.**

(2) **Auf die Bestellung des Verwalters sowie auf dessen Rechte und Pflichten finden die Vorschriften über die Zwangsverwaltung entsprechende Anwendung.**

Allgemeines zu § 94   1

1.1 Zweck der Vorschrift: Schutz gegen tatsächliche Verfügungen des Erstehers bis zur Zahlung oder Hinterlegung des Meistgebots.

1.2 Anwendungsbereich: Die Vorschrift gilt für fast alle Versteigerungsverfahren, auch für die Teilungsversteigerung (auch bei ihr ist es möglich, daß der Ersteher zwar die Nutzungen zieht, aber das bare Meistgebot nicht bezahlt), nicht für Schiffe und Luftfahrzeuge (§ 162 Rdn 3, § 171 a Rdn 3).

Antrag auf gerichtliche Verwaltung (Absatz 1)   2

2.1 Die gerichtliche Verwaltung für Rechnung des Erstehers soll als Sicherungsverwaltung **die Beteiligten** zunächst davor **schützen,** daß der Ersteher vor Bezahlung oder Hinterlegung des baren Meistgebots schon über das Grundstück und mitversteigerte Gegenstände verfügt und die Nutzungen daraus zieht. Sie kann auch gleichzeitig vor Vollstreckungsmaßnahmen anderer Gläubiger gegen den Ersteher schützen, zB vor Mietzinspfändungen.

2.2 Beantragen kann die §-94-Verwaltung jeder **Beteiligte,** der eine Befriedigung aus dem baren Meistgebot zu erwarten hat (Abs 1 Satz 1), der also im Verteilungstermin des Zwangsversteigerungsverfahrens voraussichtlich durch Barzahlung berücksichtigt werden wird. Über die Berechnung dieser künftigen Aussichten § 67 Rdn 2. Nicht antragsberechtigt ist, wer durch eine Bietersicherheit bereits gedeckt ist[1]. Nicht antragsberechtigt sind Beteiligte, die voraussichtlich nichts aus dem baren Meistgebot zu erwarten haben, für deren Ansprüche somit die Verteilungsmasse voraussichtlich nicht mehr ausreicht oder die zB für unverzinsliche bestehenbleibende Rechte nichts in bar bekommen. Dabei spielt es keine Rolle, ob sie gegen die Zuteilung an Vorausgehende Widerspruch einlegen wollen. Nicht antragsberechtigt sind Pfandgläubiger der Ansprüche eines dinglichen Berechtigten. Nicht antragsberechtigt ist der Schuldner, falls er nicht Beträge aus einem Eigentümerrecht oder einen Erlösüberschuß zu erwarten hat[2]. Nicht antragsberechtigt ist der Ersteher.

2.3 Der **Antrag** kann schriftlich oder zu Protokoll der Geschäftsstelle oder zu Protokoll des Versteigerungstermins (auch des Verkündungstermins) gestellt werden, frühestens im Versteigerungstermin nach Abgabe eines Gebots, aus dem der Antragsteller voraussichtlich etwas zu bekommen hat (wenn also die Person des künftigen

---
[1] Steiner/Eickmann § 94 Rdn 3; Mohrbutter/Drischler Muster 114 Anm 2.
[2] Mohrbutter/Drischler Muster 114 Anm 2.

§ 94 2.3   Entscheidung über den Zuschlag

Erstehers noch gar nicht feststeht; es ist das keine Vertrauensfrage), spätestens bis zur Zahlung oder Hinterlegung des baren Meistgebots (Abs 1 Satz 1) oder, wenn diese unterbleiben, spätestens bei Nichtbefriedigung des Antragstellers (§ 117).

2.4 Beantragt und angeordnet werden kann die gerichtliche Verwaltung, solange der Ersteher das Bargebot (§ 49 Abs 2) noch **nicht** in Höhe eines den Anspruch des Antragstellers und der Ansprüche der im vorgehenden Berechtigten deckenden Betrages **gezahlt** (§ 107 Abs 2) oder nach § 49 Abs 2 befreiend hinterlegt hat. Wenn mit Forderungsübertragung Befriedigung aus dem Grundstück erlangt ist (§ 118 Abs 2 Satz 1), kann Antrag nicht mehr gestellt werden. Mit Verzicht auf die Rechte aus der Übertragung vor dem Ablauf von 3 Monaten gibt der Berechtigte die mit Forderungsübertragung erlangte Rechtsstellung auf; Befriedigung aus dem Bargebot hat er damit nicht mehr zu erwarten; Antrag auf gerichtliche Verwaltung ermöglicht Wegfall der Befriedigungswirkung mit Verzicht daher nicht. Wenn Antrag auf Zwangsversteigerung (nicht auch Zwangsverwaltung) vor dem Ablauf von 3 Monaten gestellt ist, ist die Befriedigungswirkung nicht eingetreten (§ 118 Abs 2 Satz 2). Dann hat der Beteiligte weiterhin „Befriedigung aus dem Bargebot zu erwarten", kann mithin Antrag bis zur Zuschlagswirksamkeit in einer Wiederversteigerung stellen.

2.5 Beantragt und angeordnet werden kann die Verwaltung des **versteigerten Grundstücks,** dessen Eigentümer der Ersteher durch den Zuschlag wurde, wenn mehrere versteigert wurden auch nur eines oder einzelner von ihnen. Besitz des Erstehers ist keine Zulässigkeitsvoraussetzung der gerichtlichen Verwaltung[3]; diese kann auch bei Schuldnerbesitz oder Besitz eines Dritten angeordnet werden.

2.6 Über den **Antrag entscheidet** das Vollstreckungsgericht (Rechtspfleger) durch Beschluß. Dieser kann erst nach Zuschlagserteilung ergehen[4]. Der Beschluß kann unmittelbar nach dem Zuschlagsbeschluß im Termin verkündet werden. Er ist dem Ersteher zuzustellen (ZPO § 329 Abs 3). Wenn er nicht verkündet wurde, ist er dem Ersteher zuzustellen und an Antragsteller formlos mitzuteilen (ZPO § 329 Abs 2) (anders[5]: an Ersteher und Antragsteller zuzustellen, [6]: allen anderen Beteiligten nach § 146 Abs 2 zuzustellen; unnötig). Mitteilung (Zustellung) an den Vollstreckungsschuldner (Eigentümer bis Zuschlag) erfolgt nicht (er ist nicht mehr Eigentümer und daher nicht Verfahrensbeteiligter; anders[7]). In das Grundbuch wird die Anordnung der Verwaltung nicht eingetragen. Die Beteiligten erhalten keine Mitteilung nach § 146 Abs 2. Im Beschluß wird der Verwalter vom Gericht bestellt. Wenn noch eine Zwangsverwaltung läuft, ist es zweckmäßig, den Zwangsverwalter zu bestellen, weil er die Verhältnisse des Grundstücks kennt und so ein Gegeneinanderarbeiten der beiden Verwalter vermieden wird.

2.7 Beschlußbeispiel für Anordnung der gerichtlichen Verwaltung im ZVG-Handbuch Rdn 357 a.

3 Durchführung der gerichtlichen Verwaltung (Absatz 2)

3.1 Auf die Verwaltung des § 94 sind die **Zwangsverwaltungsvorschriften** zum Teil **anwendbar,** nämlich die Vorschriften über die Bestellung des Verwalters und dessen Rechte und Pflichten: Abs 2. Entsprechend anwendbar sind somit §§ 150, 151 Abs 3, § 152 (Ansprüche und Nutzungen sind vom Zuschlag an vom Verwalter geltend zu machen und einzuziehen, § 56 Satz 2), § 153 (Beaufsichtigung der Geschäftsführung durch das Vollstreckungsgericht und Erteilung von Weisungen); § 154 (Verantwortlichkeit und Rechnungslegung); §§ 155, 156 Abs 1,

---

[3] LG Dortmund Rpfleger 1994, 121 mit Anm Stumpe.
[4] Dassler/Schiffhauer § 94 Rdn 6; Jaeckel/Güthe § 94 Rdn 6.
[5] Lupprian, ZVG, § 94 Anm 3.
[6] Jaeckel/Güthe § 94 Rdn 6.
[7] Dassler/Schiffhauer § 94 Rdn 6.

Gerichtliche Verwaltung für Rechnung des Erstehers 3.4 § 94

§ 161 (auch § 161 Abs 3 über die Vorschußpflicht). Nicht anwendbar sind § 156 Abs 2, §§ 157–160. Die Verwaltung des § 94 wird also nach den Zwangsverwaltungsvorschriften geführt, soweit diese mit dem Sicherungszweck vereinbar sind[8].

3.2 Der Schuldner, weil nicht mehr Eigentümer, hat im Gegensatz zu § 149 **kein Wohnrecht**. Wohnt der Ersteher schon auf dem Grundstück, so kann er sich auf § 149 berufen, soweit hierdurch nicht womöglich der Zweck der Verwaltung gefährdet wird[9].

3.3 Die **Überschüsse** aus der Verwaltung werden nicht an den Ersteher ausbezahlt, auch nicht für ihn hinterlegt. Weil die Vorschriften der Zwangsverwaltung entsprechend anzuwenden sind (Abs 2), müssen die Einnahmen nach deren Regeln verwendet und die Überschüsse gemäß einem hierfür vom Gericht aufzustellenden Teilungsplan an die Gläubiger bestehenbleibender Rechte und Lasten ausbezahlt werden. Die Gläubiger der durch die Versteigerung erloschenen Rechte werden hieran nicht beteiligt, da sie nur aus dem Versteigerungserlös zu befriedigen sind und nicht zu Lasten des Erstehers gehen dürfen. Eine Kapitalzahlung nach § 158 kommt hier nicht in Frage. Kosten fallen dem Ersteher zur Last; sie sind aus den Einnahmen als Ausgaben zu entnehmen, vorher vom Antragsteller dieser Verwaltung vorzuschießen (tut er dies nicht, ist wie in der Zwangsverwaltung das Verfahren aufzuheben). Ein nach Wegfertigung dieser zu berücksichtigenden Ansprüche verbleibender Erlösüberschuß ist dem Ersteher (bei Aufhebung des Zuschlags dem Schuldner) zu überlassen (so auch[10]). Zum Versteigerungserlös ist er nicht zu nehmen. Sicherungsverwaltung nach § 94 dient dem Schutz gegen tatsächliche Verfügung des Erstehers (und damit Verschleuderung des Grundstücks), nicht jedoch der Befriedigung der aus dem Bargebot zu deckenden Berechtigten.

3.4 Im ähnlich gelagerten Fall der Zwangsverwaltung, die neben einer Zwangsversteigerung läuft, muß der Ersteher selbst das **Sonderkündigungsrecht** bei Mietverträgen (§ 57 a) ausüben, er muß die gesetzliche Frist einhalten, er muß den gesetzlichen Termin beachten, er muß klagen und vollstrecken, er muß neue Mietverträge unter Mitwirkung des Zwangsverwalters abschließen. Gegen den Ersteher läuft dort ja keine Zwangsverwaltung, sie besteht nur gegen den Vollstreckungsschuldner, der Ersteher ist nicht in seinen Verfügungen beschränkt. Bei § 94 besteht aber gerade die Verfügungsbeschränkung. Ihr Zweck ist es, zu verhindern, daß die aus dem Verfahren Hebungsberechtigten durch Verfügungen des Erstehers geschädigt werden. Da hier ausdrücklich die Rechte und Pflichten des Zwangsverwalters anzuwenden sind, kann nur der Verwalter kündigen und neue Mietverträge abschließen. Er muß dabei die berechtigten Interessen des Erstehers beachten und haftet diesem auf Schadensersatz. Würde man dem Ersteher (wie in der Zwangsverwaltung) das Kündigungsrecht zugestehen, so könnte dieser alle Mieter hinaussetzen und durch diese Wertminderung im Falle einer Wiederversteigerung seine Gläubiger schädigen, ebenso wie durch den Entzug der laufenden Einnahmen. Aus demselben Gesichtspunkt kann auch einen Versicherungsvertrag, der binnen bestimmter Frist ab Zuschlagswirksamkeit zu kündigen ist (§ 90 Rdn 8), nur der Verwalter kündigen[11]. Der Verwalter ist nicht Vertreter des Erstehers, ist aber für dessen Rechnung kraft des ihm übertragenen Amtes im eigenen Namen tätig (Partei kraft Amtes) und in dem ihm übertragenen Pflichtenkreis berufen, alle Rechte und Interessen des Erstehers wahrzunehmen, damit auch Kündigungen[11]. Der Verwalter hat die gesetzlichen Kündigungsfristen und -Termine und die sonstigen Bedingungen einzuhalten.

3.5 Eine etwa noch gegen den Vollstreckungsschuldner laufende **Zwangsverwaltung** und die gerichtliche Sicherungsverwaltung nach § 94 müssen voneinan-

---

[8] RG 86, 187.
[9] Jaeckel/Güthe § 94 Rdn 7; Steiner/Eickmann § 94 Rdn 12.
[10] Dassler/Muth § 161 Rdn 13.
[11] RG 86, 187.

§ 94 3.5 Beschwerde

der getrennt durchgeführt werden, auch wenn etwa der Zwangsverwalter gleichzeitig als Verwalter nach § 94 bestellt ist. Die (fortlaufende) Zwangsverwaltung (§ 161 Rdn 6) geht in ihrer Wirkung der Sicherungsverwaltung nach § 94 für Rechnung des Erstehers vor. Beide Verwaltungsmassen sind voneinander getrennt zu halten und getrennt abzurechnen.

3.6 Beitritt eines Zwangsverwaltungsgläubigers zur Sicherungsverwaltung nach § 94 ist nicht möglich.

3.7 Die **Zwangsverwaltung gegen den Ersteher** auf Antrag des Gläubigers eines bestehen gebliebenen Rechts oder eines anderen gegen ihn vollstreckenden Gläubigers (erfordert Grundbucheintragung oder Eigenbesitz) oder im Wege der Wiedervollstreckung (§ 133) und die gerichtliche Verwaltung des § 94 müssen gleichfalls voneinander getrennt durchgeführt werden. Nach dem Schutzzweck des § 94 muß dieser Sicherungsverwaltung, soweit ihre Wirkungen reichen (dazu Rdn 3.1 mit 3.3), Vorrang vor der Zwangsverwaltung gebühren (Rechte des Erstehers und damit auch des [neuen] Zwangsverwalters bestehen nicht, soweit die „an seine Stelle" tretende Sicherungsverwaltung nach § 94 wirkt). Einnahmen, die in der Sicherungsverwaltung nicht zu verteilen sind (Rdn 3.3), sind als Nutzungen des Grundstücks vom Zwangsverwalter nach den weitergehenden Regeln des Zwangsverwaltungsverfahrens auszuschütten (§§ 155–158).

3.8 Der Verwalter hat Anspruch auf eine angemessene **Vergütung** (Gebühren und Auslagen). Die Festsetzung erfolgt durch das Vollstreckungsgericht (Abs 2 mit § 153 Abs 1).

3.9 **Aufgehoben** wird die Verwaltung durch Beschluß des Vollstreckungsgerichts, wenn eine ihrer Anordnungsvoraussetzungen wegfällt, also bei Antragsrücknahme, bei Zahlung oder Hinterlegung eines ausreichenden Teils des baren Meistgebots (wenn mehrere Beteiligte Antrag gestellt haben muß auch der ranglezte Antragsteller voll gedeckt sein), bei Befriedigung des Antragstellers nach § 117, mit Befriedigung des Antragstellers durch Planausführung mit Forderungsübertragung (§ 118 Abs 2; auch wenn er darauf verzichtet, nicht aber, wenn er Antrag auf Wiederversteigerung stellt; dazu Rdn 2.3), bei unterlassener Vorschußleistung nach § 161 Abs 3 und bei rechtskräftiger Aufhebung des Zuschlags oder Erteilung des Zuschlags auf Rechtspflegererinnerung/Beschwerde an einen anderen Ersteher.

3.10 Gegen Anordnung findet Erinnerung nach ZPO § 766 statt, wenn der Ersteher nicht gehört worden ist[12], sonst gibt es (auch gegen Aufhebung) befristete Rechtspflegererinnerung/sofortige **Beschwerde**. Verfahrensmängel können auch mit Vollstreckungserinnerung nach ZPO § 766 gerügt werden.

3.11 Die Entscheidung und die Verwaltung sind frei von **Gerichtsgebühren**; sie werden durch die Versteigerungsverfahrensgebühr mit abgegolten. Die sonstigen Kosten (Verfahrensauslagen) trägt der Ersteher. Antragsteller ist vorschußpflichtig. Der Antragsteller hat nicht wie bei der Zwangsverwaltung ein Vorzugsrecht auf Rückerstattung aus der Masse, er erhält die Kosten an seiner Rangstelle als Kosten der Rechtsverfolgung.

3.12 Zur § 94-Verwaltung im ZVG-Handbuch Rdn 357 a.

VII. Beschwerde

[Zulässigkeit der Beschwerde vor Zuschlagsentscheidung]

95 Gegen eine Entscheidung, die vor der Beschlußfassung über den Zuschlag erfolgt, kann die Beschwerde nur eingelegt werden, soweit die Entscheidung die Anordnung, Aufhebung, einstweilige Einstellung oder Fortsetzung des Verfahrens betrifft.

---

[12] LG Köln JurBüro 1985, 939.

Zulässigkeit der Beschwerde vor Zuschlagsentscheidung 2.2 § 95

Übersicht

Allgemeine Übersicht zu §§ 95–104 ..	1	Regelung des § 95	4
Beschwerde (ZPO § 793), Erinnerung (ZPO § 766), Rechtspflegererinnerung (RpflG § 11)	2	Sofortige Beschwerde (ZPO § 793 Abs 1)	5
Materielle Einwendungen (ZPO §§ 767–774)	3	Sofortige weitere Beschwerde (ZPO § 793 Abs 2)	6

Literatur: Schneider, Probleme des „neuen selbständigen Beschwerdegrundes" (§ 568 Abs. 2 ZPO), MDR 1979, 881.

Allgemeine Übersicht zu §§ 95–104   1

Die **Rechtsbehelfe** in ZVG-Verfahren bestimmen sich nach den allgemeinen Vorschriften des 8. Buchs der ZPO (Zwangsvollstreckung), deren Bestandteil das ZVG ist (ZPO § 869; Einl Rdn 19). **Sondervorschriften des ZVG** regeln lediglich die durch Besonderheiten des Versteigerungsverfahrens bedingten Abweichungen. Solche Sondervorschriften enthält das ZVG in den §§ 95–104 im Anschluß an den sechsten Abschnitt über den Zuschlag (§§ 79–94; Übersicht § 79 Rdn 1). Dieser siebente Abschnitt im zweiten Titel des ZVG (§§ 15–145) regelt: Beschränkung der Beschwerde gegen die vor Zuschlag ergehenden Entscheidungen: § 95; Besonderheiten für die Zuschlagsanfechtung: §§ 96–104.

Beschwerde (ZPO § 793), **Erinnerung** (ZPO § 766), **Rechtspflegererinne-**   2
rung (RpflG § 11)
2.1 Rechtsbehelfe **regelt die ZPO** insbesondere in
ZPO § 766: (1) Über Anträge, Einwendungen und Erinnerungen, welche die Art und Weise der Zwangsvollstreckung oder das vom Gerichtsvollzieher bei ihr zu beobachtende Verfahren betreffen, entscheidet das Vollstreckungsgericht. Es ist befugt, die im § 732 Abs. 2 bezeichneten Anordnungen zu erlassen.

(2) Dem Vollstreckungsgericht steht auch die Entscheidung zu, wenn ein Gerichtsvollzieher sich weigert, einen Vollstreckungsauftrag zu übernehmen oder eine Vollstreckungshandlung dem Auftrag gemäß auszuführen, oder wenn wegen der von dem Gerichtsvollzieher in Ansatz gebrachten Kosten Erinnerungen erhoben werden.

ZPO § 793: (1) Gegen Entscheidungen, die im Zwangsvollstreckungsverfahren ohne mündliche Verhandlung ergehen können, findet sofortige Beschwerde statt.

(2) Hat das Landgericht über die Beschwerde entschieden, so findet, soweit das Gesetz nicht etwas anderes bestimmt, die sofortige weitere Beschwerde statt.

Erinnerung nach ZPO § 766 findet gegen Zwangsvollstreckungs**maßnahmen** des Vollstreckungsgerichts statt. Es sind dies Vollstreckungsakte (Maßnahmen und Handlungen) zur Durchsetzung des Anspruchs des Gläubigers. Sie beruhen auf dem Antrag und Vorbringen des Gläubigers und werden als Maßnahmen des Vollstreckungsorgans ohne Anhörung des Schuldners vorgenommen[1]. Daher soll zunächst das Vollstreckungsgericht selbst nach Anhörung der Beteiligten die Zulässigkeit seines Vollstreckungshandelns und (oder) seines Verfahrens prüfen und über deren Rechtmäßigkeit entscheiden[2]. Die Vollstreckungserinnerung ist auch gegen das Nicht-Tätig-Werden oder gegen eine Verzögerung zulässig. **Entscheidungen** sind Beschlüsse des Vollstreckungsgerichts, die als Richterspruch nach Anhörung der Beteiligten ergehen; sie beruhen auf tatsächlicher und rechtlicher Würdigung des beiderseitigen Vorbringens. Vollstreckungsentscheidungen sind mit **sofortiger Beschwerde** anfechtbar (ZPO § 793) (Rdn 5).
2.2 Erinnerung nach ZPO § 766 findet gegen Maßnahmen der Zwangsvollstreckung auch statt, wenn sie (wie im Verfahren der Zwangsversteigerung und

---
[1] Zöller/Stöber, ZPO, § 766 Rdn 2.
[2] Stöber, Forderungspfändung, Rdn 715.

§ 95 2.2 — Beschwerde

Zwangsverwaltung durchweg) der **Rechtspfleger** vorgenommen hat. Es entscheidet der Richter (RpflG § 20 Nr 17 a). Er kann die Vollstreckungserinnerung nicht (nach RpflG § 11 Abs 2) dem Rechtsmittelgericht als Durchgriffserinnerung vorlegen. Sofortige Beschwerde (ZPO § 793) findet erst gegen die Entscheidung des Richters über die Vollstreckungserinnerung gegen die Maßnahme des Rechtspflegers statt. Der Rechtspfleger kann einer Vollstreckungserinnerung abhelfen. Vor Abhilfe muß der Gegner des Erinnerungsführers gehört werden.

2.3 Wird ein **Einstellungsantrag** nach §§ 30 a–d, 180 Abs 2, 3, aber auch nach ZPO § 765 a, mit einer Vollstreckungserinnerung verbunden (häufig bei einem Anordnungs- oder Beitrittsbeschluß üblich), so entscheidet der Rechtspfleger über den Einstellungsantrag, der Richter über die Erinnerung, wenn sie untrennbar sind, über beide (RpflG § 5 Abs 1 Nr 4). Wird die Vollstreckungserinnerung im Termin erhoben, so wirkt sie nicht aufschiebend; der Versteigerungstermin wird durchgeführt, über die Erinnerung dann aus Anlaß der Zuschlagsentscheidung (dann durch den Richter) entschieden.

2.4 Gegen Vollstreckungs**entscheidungen** des **Rechtspflegers** findet nach RpflG § 11 Abs 1 **befristete Rechtspflegererinnerung** statt. Frist: 2 Wochen ab Zustellung (RpflG § 11 Abs 1 Satz 2 mit ZPO § 793 und § 577 Abs 2). Der Rechtspfleger kann nicht abhelfen (RpflG § 11 Abs 2 Satz 1). Er legt die Erinnerung dem Richter vor (RpflG § 11 Abs 2 Satz 2). Der Richter entscheidet, wenn er die Erinnerung für zulässig und begründet hält (RpflG § 11 Abs 2 Satz 3), wenn er also aufhebt oder ändert. Er entscheidet über eine Erinnerung gegen sonstige Maßnahmen und Entscheidungen des Rechtspflegers auch, wenn dagegen, von ihm erlassen, kein Rechtsmittel gegeben wäre (RpflG § 11 Abs 2 Satz 3), in diesem Falle also, gleich ob er bestätigen oder aufheben will. Die (sofortige) Rechtspflegererinnerung gegen Vollstreckungsentscheidungen (ebenso die Erinnerung in allen anderen Fällen, wenn gegen die Richterentscheidung ein Rechtsmittel zulässig wäre), legt der Richter, wenn er die Rechtspflegerentscheidung nicht aufheben oder ändern will, weil er mit ihr übereinstimmt, ohne eigene Sachentscheidung (aber nach sachlicher Prüfung) als sogenannte **Durchgriffserinnerung** dem Beschwerdegericht zur Entscheidung vor (RpflG § 11 Abs 2 Satz 4). Dann darf der Richter nicht selbst in der Sache entscheiden (die Erinnerung mithin nicht als unbegründet verwerfen), wenn er den zulässigen Rechtsbehelf nicht für begründet hält. Die (vorgelegte) Erinnerung gilt als Beschwerde gegen die Entscheidung des Rechtspflegers (RpflG § 11 Abs 2 Satz 5). Vorzulegen ist die Erinnerung auch dann, wenn dem Erinnerungsführer im konkreten Fall die Beschwerdebefugnis fehlt.

2.5 Zur Beschwerde (ZPO § 793) und Erinnerung (ZPO § 766), auch zur Abgrenzung, Einzelheiten in den ZPO-Kommentaren; zur Rechtspflegererinnerung (RpflG § 11) Näheres auch in den Kommentaren zum Rechtspflegergesetz. Einzelfragen zur Rechtspflegererinnerung haben sich vielfach in Kostenfestsetzungsverfahren ergeben; in Verfahren der Zwangsversteigerung und Zwangsverwaltung ist die Praxis mit Zweifelsfragen selten befaßt. Zu den Rechtsbehelfen in ZVG-Verfahren Näheres an den einschlägigen Stellen dieses Kommentars.

2.6 Gegenvorstellung wird als gesetzlich nicht geregelter Rechtsbehelf zur Überprüfung eines nicht mehr mit Beschwerde anfechtbaren Beschlusses (insbesondere einer Beschwerdeentscheidung letzter Instanz) für zulässig erachtet. Mit ihr soll das Gericht veranlaßt werden, seinen mit einem förmlichen Rechtsbehelf nicht mehr anfechtbaren (aber noch abänderbaren) Beschluß bei offenkundiger Verletzung rechtlichen Gehörs[3], sonst aus anderen (übersehenen oder neuen) tatsächlichen oder rechtlichen Gründen zu überprüfen und zu ändern. Eine (zulässige) Gegenvorstellung, mit der grobes prozessuales Unrecht geltend gemacht wird, ist sachlich zu bescheiden[3]; im Falle begründeter Einwendungen ist der Ver-

---

[3] BVerfG 73, 322 = NJW 1987, 1319; Schmidt Rpfleger 1974, 177 (II 2).

fahrensrüge abzuhelfen[4]. Änderung eines auf sofortige Beschwerde erlassenen, somit rechtskräftigen Beschlusses auf Gegenvorstellung ist ausgeschlossen (streitig bei Verletzung rechtlichen Gehörs). In Verfahren der Zwangsversteigerung und Zwangsverwaltung erlangt die Gegenvorstellung kaum Bedeutung.

Materielle Einwendungen (ZPO §§ 767–774)   3

3.1 Zu unterscheiden von den Rechtsbehelfen gegen Maßnahmen (ZPO § 766) und Entscheidungen (ZPO § 793) des Vollstreckungsgerichts sind in Vollstreckungsverfahren die **materiellen Einwendungen** des Schuldners und Dritter. Es gilt der Grundsatz, daß materielle Einwendungen im Erkenntnisverfahren zu verfolgen und vom Prozeßgericht zu entscheiden sind; sie können im Vollstreckungsverfahren vor dem Vollstreckungsgericht nicht geltend gemacht werden. Das Vollstreckungsgericht hat die Zwangsvollstreckung nur einzustellen, zu beschränken oder aufzuheben, wenn ihm die Ausfertigung einer Entscheidung des Prozeßgerichts über solche Einwendungen vorliegt (ZPO §§ 775, 776; dazu Einl Rdn 31); nur ausnahmsweise kann das Vollstreckungsgericht in einem dringenden Fall eine einstweilige Anordnung treffen (ZPO § 769 Abs 2 mit § 771 Abs 3). Einwendungen des Schuldners gegen die Zulässigkeit der Vollstreckungsklausel sind mit Erinnerung nach ZPO § 732 oder mit Klage nach ZPO § 768 zu verfolgen. Zu diesen Rechtsbehelfen und zur Abgrenzung im einzelnen siehe die ZPO-Kommentare.

3.2 a) Mit **Vollstreckungsabwehrklage** nach ZPO § 767 (auch Vollstreckungsgegenklage) sind Einwendungen des **Schuldners** (gegen den sich das Verfahren richtet, nicht des Antragsgegners der Teilungsversteigerung) gegen den durch das Urteil (den sonstigen Vollstreckungstitel) festgestellten vollstreckbaren (Leistungs- oder Duldungs-)Anspruch zu verfolgen. Solche Einwendungen können rechtsvernichtend (Erfüllung, Aufrechnung usw) oder rechtshemmend (Stundung) sein oder eine Beschränkung der Haftung verfolgen. Im einzelnen siehe die ZPO-Kommentare.

b) Auch **Vollstreckungsverträgen** kommt mit zeitlicher, gegenständlicher oder umfänglich vollstreckungsbeschränkender Vereinbarung materiellrechtliche Bedeutung zu. Vielfach kommen sie als Ratenzahlungsvergleiche vor. Im Vordergrund solcher Vereinbarungen steht ihr verfahrensrechtlicher, die Art und Weise der Zwangsvollstreckung betreffender Charakter. Daher sind vollstreckungsbeschränkende Vereinbarungen jedenfalls auch in Zwangsvollstreckungsverfahren zu berücksichtigen; sie können sonach mit Erinnerung (ZPO § 766) und dann mit sofortiger Beschwerde (ZPO § 793) geltend gemacht werden[5]. Im einzelnen siehe die ZPO-Kommentare.

3.3 Aufrechnungsmöglichkeiten des Schuldners gegenüber dem (betreibenden) Gläubiger sind beschränkt. Vor dem Zuschlag kann er Aufrechnung nur durch Vollstreckungsabwehrklage (mit Einstellungsbeschluß dazu) durchsetzen. Gegenüber sonstigen Beteiligten erlangt die Aufrechnung (soweit sie möglich ist) vor dem Zuschlag keine Bedeutung. Im Verteilungsverfahren hat der Schuldner nach Aufrechnung gegen den (betreibenden) Gläubiger wieder nur die Abwehrklage, gegen sonstige Beteiligte Widerspruch (mit Widerspruchsklage). Wurde der Erlös ausbezahlt, so sind die Forderungen der Beteiligten insoweit erloschen; es ist Aufrechnung nicht mehr möglich. Wurde der Erlös bedingt hinterlegt (§§ 119, 120), so haben die Beteiligten, für die hinterlegt ist, nur noch einen Auszahlungsanspruch gegen die Hinterlegungsstelle; der Schuldner hat hierzu keine aufrechenbare Gegenforderung; bei Wegfall der Bedingung wird an den vorgesehenen Beteiligten ausgezahlt. In einem öffentlichrechtlichen Verhältnis (zB Gemeinde be-

---

[4] BVerfG aaO (Fußn 3).
[5] OLG Frankfurt OLGZ 1981, 112; OLG Hamm MDR 1977, 675 = Rpfleger 1977, 178; OLG Karlsruhe MDR 1975, 234 = NJW 1974, 2242.

§ 95 3.3 Beschwerde

treibt wegen Erschließungslasten, will aber Vorauszahlungen nicht verrechnen) kann der Schuldner nicht aufrechnen; er hat hier nur den Verwaltungsrechtsweg.

3.4 Materiellrechtliche Einwendungen Dritter (die weder Schuldner noch Gläubiger des Verfahrens sind) auf Grund eines am Gegenstand der Zwangsvollstreckung bestehenden, die **Veräußerung hindernden Rechts** (ZPO § 771), auf Grund eines Veräußerungsverbots (ZPO § 772) oder einer sonstigen materiellen Berechtigung (ZPO §§ 773, 774) sind mit **Drittwiderspruchsklage** (auch Widerspruchsklage oder Interventionsklage) nach ZPO § 771 zu verfolgen. Bei Teilungsversteigerung sind Einwendungen des Antragsgegners ebenfalls mit Widerspruchsklage geltend zu machen (§ 180 Rdn 9). Zu den die Veräußerung hindernden Rechten auch § 28 Rdn 3, 4; im einzelnen hierzu siehe die ZPO-Kommentare.

4 Regelung des § 95

4.1 Zweck der Vorschrift: Einschränkung der Anfechtbarkeit der Entscheidungen des Vollstreckungsgerichts, die der Beschlußfassung über den Zuschlag vorausgehen. Der sofortigen Beschwerde (ZPO § 793) als Rechtsmittel gegen Entscheidungen des Vollstreckungsgerichts sollen Beschlüsse, welche der Entscheidung über den Zuschlag vorangehen, nur insoweit unterworfen sein, als sie die Anordnung oder Aufhebung, die einstweilige Einstellung oder die Fortsetzung des Verfahrens betreffen. Die sonstigen Beschlüsse dienen zur Vorbereitung des Beschlusses, durch welchen der Zuschlag zu erteilen oder zu versagen ist, und ermangeln derjenigen Selbständigkeit, welche die Voraussetzung eines Rechtsmittels bildet. Ihr Inhalt ist daher lediglich insoweit Gegenstand der Anfechtung, als darauf das Rechtsmittel gegen den Beschluß über die Erteilung des Zuschlags gestützt werden kann (dies aus Denkschrift S 56).

4.2 Anwendungsbereich: § 95 gilt für alle Versteigerungsverfahren des ZVG. Die Vorschrift beschränkt aber nicht Rechtsbehelfe in Zwangsverwaltungsverfahren[6]. Die Beschwerde richtet sich dort nach ZPO § 793[7].

4.3 Die sofortige Beschwerde in den mit **eigenem Rechtsmittelzug** ausgestalteten Zwischenverfahren schließt § 95 nicht aus. Die Vorschrift läßt daher unberührt: die sofortige Beschwerde gegen die Entscheidung über einen Einstellungsantrag des Schuldners (Antragsgegners) nach § 30 b Abs 3 Satz 1 (mit § 180 Abs 2 und 3) und die sofortige Beschwerde im Wertfestsetzungsverfahren nach § 74 a Abs 5 Satz 3.

4.4 Vollstreckungserinnerung (ZPO § 766) als Rechtsbehelf für Schuldner, Gläubiger und alle sonst Beteiligte gegen Vollstreckungsmaßnahmen des Vollstreckungsgerichts schränkt § 95 nicht ein. Sie findet auch gegen Verfahrensmaßnahmen (Vollstreckungshandlungen) statt, die vor der Beschlußfassung über den Zuschlag erfolgen, mit ihm somit in unmittelbarem Zusammenhang stehen.

4.5 Die Anfechtung der Entscheidungen des Vollstreckungsgerichts, die **mit dem Zuschlag nicht** in unmittelbarem Zusammenhang stehen, ist durch § 95 nicht eingeschränkt. Daher beschränkt § 95 nicht die Beschwerde gegen Ablehnung der Bestimmung des zuständigen Gerichts (§ 2 Rdn 4.9), Festsetzung der Vergütung des Zustellungsvertreters (§ 7 Rdn 3.6), Sicherungsmaßregeln (§ 25 Rdn 5) und befristete Einstellungsbeschlüsse nach ZPO § 769 Abs 2 (Anfechtbarkeit ist hier aber umstritten). Zur Verbindung/Trennung von Verfahren: § 18 Rdn 3.10. Dazu gibt es form- und fristlose Gegenvorstellungen (Rdn 2.6).

4.6 § 95 beschränkt grundsätzlich auch nicht die Anfechtung von **Rechtspflegerentscheidungen;** Erinnerung gegen sie findet nach RpflG § 11 Abs 1 auch dann statt, wenn gegen die richterliche Entscheidung kein Rechtsmittel gegeben ist (Rdn 2.4 und an anderen Stellen).

---

[6] LG Berlin NJW 1958, 1544.
[7] OLG Koblenz MDR 1957, 172.

Zulässigkeit der Beschwerde vor Zuschlagsentscheidung 5.5 § 95

4.7 § 95 beschränkt nicht die Anfechtung der Entscheidungen in **selbständigen Nebenverfahren** aus Anlaß der Zwangsversteigerung. Nicht berührt sind durch die Rechtsmittelbeschränkung des § 95 daher die Rechtsbehelfe gegen die Entscheidung über ein Ablehnungsgesuch (Einl Rdn 26.4), gegen einen Ordnungsgeldbeschluß und eine sitzungsleitende Anordnungen (§ 66 Rdn 3.1), die Beschwerde gegen den Kostenansatz (GKG § 5), gegen Kostenfestsetzungsbeschlüsse (ZPO § 104 Abs 3) und gegen die Festsetzung der Sachverständigenentschädigung (ZSEG § 16).

Sofortige Beschwerde (ZPO § 793 Absatz 1) 5

5.1 Mit **sofortiger Beschwerde** (ZPO § 793 Abs 1) **selbständig** anfechtbare Entscheidungen des Vollstreckungsgerichts (nicht somit Vollstreckungsmaßnahmen; dazu Rdn 2.1) sind im Zwangsversteigerungsverfahren:

a) **vor der Zuschlagsentscheidung** die Entscheidungen über die Anordnung des Verfahrens (§ 15 Rdn 5) (auch Zwischenverfügungen zur Beseitigung von Hindernissen), über die Zulassung des Beitritts (§ 27; dort Rdn 2.13), über die Aufhebung oder einstweilige Einstellung (auch § 30 b Abs 3 Satz 1) oder Fortsetzung des Verfahrens (bei Einstellung oder Fortsetzung nicht mehr, wenn inzwischen Verfahren aufgehoben oder Bietstunde beendet, dies wegen § 33, selbst wenn Rechtsmittel vorher eingelegt, aber noch nicht entschieden); bei der Fortsetzung auch dann, wenn sie nicht als besonderer Festsetzungsbeschluß, sondern in Form der Terminbestimmung erging, und über Wertfestsetzung § 74 a Abs 5 Satz 3);

b) die **Zuschlagsentscheidung** (dazu §§ 96–104);

c) die **nach der Zuschlagsentscheidung** ergehenden Entscheidungen, soweit nicht Widerspruch vorgesehen ist oder wegen Verfahrensbeendigung eine Anfechtung nicht mehr möglich ist.

5.2 Eine **Belehrung über Beschwerderecht** und Beschwerdefrist ist im ZVG nicht vorgesehen; das ist verfassungsrechtlich unbedenklich[8]. Belehrung über Rechtsbehelfe erfolgt nach dem ZVG nur in ganz wenigen Fällen (§§ 30 b, 31, 57 d), sonst aber nicht. Wo falsch belehrt wurde, kann gegen die Versäumung einer Notfrist Wiedereinsetzung beantragt werden.

5.3 Die **Beschwerde** des ZVG ist die **sofortige** (ZPO § 793 Abs 1), mit den Besonderheiten nach §§ 95–104, die auch für die Verfahren nach §§ 172, 175, 180 gelten. Beschwerde kann nur erheben, wer beschwert ist (ZPO § 567 Abs 1; ZVG § 100 Abs 2), und zwar nicht nur im Kostenpunkt[9]; für Anfechtung des Zuschlags sind die Beschwerdegründe in § 100 erschöpfend bestimmt. Die Beschwer muß keine materiellrechtliche sein, vielmehr genügt auch eine formelle. Versagungsgründe nach § 83 Nr 6, 7 erfordern bei Zuschlagsbeschwerde keine Beschwer des Beschwerdeführers; diese Gründe sind von Amts wegen zu beachten (§ 100 Abs 3). Eine Beschwerde wird nicht dadurch verhindert, daß die anzufechtende Entscheidung aus Versehen des Gerichts verkündet statt zugestellt oder zugestellt statt verkündet wurde, weil die Entscheidung jedenfalls entstanden ist und von der Rechtsmittelinstanz sachlich nachgeprüft werden kann.

5.4 Form: Anfechtung kann schriftlich oder zu Protokoll der Geschäftsstelle, erfolgen (zur telegrafisch, unter Umständen auch fernmündlich möglichen Beschwerde siehe die ZPO-Kommentare). Beschwerde kann nur unbedingt erfolgen, niemals bedingt. Entsprechendes gilt für die Rechtspflegererinnerung (RpflG § 11 Abs 4).

5.5 Beschwerde (und weitere Beschwerde) müssen nach dem Gesetz nicht **begründet** werden. Die Begründung ist aber zur sachgemäßen Erledigung unerläß-

---

[8] BVerfG FamRZ 1995, 1559 = NJW 1995, 3173; LG Heilbronn DGVZ 1992, 12 = JurBüro 1991, 1549 = MDR 1991, 1194 = Rpfleger 1992, 118.
[9] KG MDR 1954, 690.

§ 95 5.5 Beschwerde

lich. Hat sich der Beschwerdeführer bei Einlegung der Beschwerde die Begründung vorbehalten, so muß das Beschwerdegericht ihm eine Frist setzen oder mindestens eine angemessene Zeit zuwarten, sonst ist das rechtliche Gehör versagt (dazu Einl Rdn 46).

5.6 Beschwerde (und weitere Beschwerde) hat grundsätzlich **keine aufschiebende Wirkung.** Jedoch kann das Vollstreckungsgericht oder das Beschwerdegericht durch eine einstweilige Anordnung den Vollzug der angefochtenen Entscheidung aussetzen (ZPO § 572 Abs 2, 3), allerdings nicht die Wirksamkeit eines Zuschlags als solche (§§ 89, 104), nur die Vollstreckung daraus (§ 93).

5.7 Wenn die vom Schuldner gegen einen Anordnungs- oder Beitrittsbeschluß eingelegte Beschwerde teilweise begründet ist, darf das Beschwerdegericht nicht den Beschlagnahmebeschluß aufheben und an das Vollstreckungsgericht zurückverweisen (ZPO § 575), weil damit die Beschlagnahmewirkung endgültig entfallen würde (Rdn 5.8). Das Beschwerdegericht muß dann bei teilweiser sachlicher Unbegründetheit der Beschwerde diese insoweit zurückweisen[10]. Zu weiterem Problem bei Aufhebung und Zurückverweisung[11].

5.8 Wird durch eine Rechtsmittelentscheidung eine **Aufhebungsmaßnahme aufgehoben** (Amtsgericht hat Beschlagnahmebeschluß aufgehoben, Landgericht diesen Aufhebungsbeschluß), so kann dies nicht zurückwirken; eine aufgehobene Maßnahme kann nicht wieder aufleben, die Beschlagnahme ist beseitigt, die Maßnahme (Anordnung, Beitritt) kann nur neu angeordnet werden und wirkt dann nicht zurück[12]. Das gilt auch, wenn die Aufhebung zu Unrecht erfolgt war[12]. Daher empfiehlt sich ja, Aufhebungsmaßnahmen erst ab Eintritt der Rechtskraft wirksam werden zu lassen (§ 15 Rdn 5.5). Wenn durch die Aufhebung oder auf andere Weise die Beschlagnahme beendet ist, wäre an sich (weil Verfahren beendet) eine Anfechtung gar nicht mehr zulässig. Es wird jedoch eine „**Restwirkung**" der ursprünglichen Beschlagnahme angenommen und Beschwerde zugelassen (anders[12]: bei aufgehobener Vollstreckungsmaßnahme Beschwerde unzulässig; anders auch[13]: nach Versteigerungsende kein Rechtsmittel mehr, selbst wenn der Zuschlag gesetzwidrig sei). Wenn das Beschwerdegericht eine Vollstreckungsmaßnahme aufhebt, ist mit Bekanntmachung seiner Entscheidung die Beschlagnahme unwiderruflich vernichtet und kann nicht mehr aufleben, das Bedürfnis nach einer Beschwerde ist nur noch zu bejahen, wenn die Erneuerung der Maßnahme angestrebt wird[14].

5.9 Hat das Amtsgericht nach **Zurückverweisung** des Verfahrens durch das Landgericht (ZPO § 575; in der Zuschlagsbeschwerde unzulässig laut § 101 Abs 1) rechtskräftig entschieden, so kann ein Beteiligter, gegen den die Rechtskraft dieser Entscheidung wirkt, nicht nachträglich gegen die zurückverweisende Entscheidung des Landgerichts weiter Beschwerde einlegen[15].

5.10 **Mehrere Beschwerden** liegen vor, wenn sich mehrere Beschwerdeführer gegen eine oder mehrere Entscheidungen wenden oder wenn ein Beschwerdeführer gegen mehrere Entscheidungen gleichzeitig angeht[16].

5.11 Zu Rechtsmittelfragen im ZVG-Handbuch: allgemein Rdn 363, vor dem Zuschlag Rdn 364, gegen den Zuschlag Rdn 365.

6 Sofortige weitere Beschwerde (ZPO § 793 Absatz 2)

6.1. Sofortige weitere Beschwerde, schon in § 30 b Abs 3 Satz 2, § 74 a Abs 5 Satz 3 und § 100 Abs 2 beschränkt, ist allgemein nur eingeschränkt zulässig: ZPO

---

[10] OLG Köln ZIP 1980, 578.
[11] Schneider MDR 1978, 525.
[12] OLG Stuttgart Rpfleger 1961, 21.
[13] LG Verden NdsRpfl 1967, 60.
[14] OLG Nürnberg MDR 1960, 931 Leitsatz = Rpfleger 1961, 52 mit Anm Berner.
[15] BayObLG 1960, 354 = MDR 1960, 1020.
[16] KG Berlin Rpfleger 1970, 36.

Zulässigkeit der Beschwerde vor Zuschlagsentscheidung   6.5   § 95

§ 568 Abs 2. Es muß ein **neuer selbständiger Beschwerdegrund** vorliegen, es müssen also Amtsgericht und Landgericht im Ergebnis voneinander abweichen = sogenannter Difformitätsgrundsatz.

6.2 Für die Frage, ob die beiden Entscheidungen übereinstimmen, ist nicht der Wortlaut ihrer Formeln maßgebend[17]. Es muß vielmehr inhaltlich zum Nachteil des Beschwerdeführers von der Entscheidung der ersten Instanz abgewichen sein[18]. Der Entscheidungsgrund ist neu, wenn er in der Entscheidung des Erstgerichts noch nicht enthalten war. Ein neuer Beschwerdegrund liegt somit vor, wenn der Beschwerdeführer durch die Beschwerdeentscheidung erstmals beschwert ist, wenn zB das Amtsgericht seinem Antrag stattgegeben, das Landgericht abgelehnt hat. Wenn Amtsgericht und Landgericht nur in der Begründung ihrer im Tenor übereinstimmenden Entscheidungen voneinander abweichen, ist keine weitere Beschwerde zulässig. Zu den Einzelheiten siehe die ZPO-Kommentare.

6.3 Entscheidung des Amtsgerichts ist die des Rechtspflegers, wenn nicht der richter über die für zulässig und begründet erachtete Erinnerung entschieden hat (RpflG § 11 Abs. 2 Satz 3). Hat der Richter die Erinnerung dem Rechtsmittelgericht vorgelegt (RpflG § 11 Abs 2 Satz 4), dann gilt die Erinnerung als Beschwerde gegen die Entscheidung des Rechtspflegers (RpflG § 11 Abs. 2 Satz 5). Dann ist die Rechtspflegerentscheidung die (angefochtene) amtsgerichtliche und wird zu der des Landgerichts in Vergleich gesetzt[19], ob sie übereinstimmen oder nach ZPO § 568 Abs 2 Satz 2 abweichen. Hebt der Richter aber den Rechtspfleger auf, so ist seine Entscheidung die endgültige und angefochtene des Amtsgerichts und wird mit der des Landgerichts im Vergleich gesetzt[20]. Es gibt daher bei neuem selbständigem Beschwerdegrund weitere Beschwerde auch, wenn der Rechtspfleger den Zuschlag erteilt, der Richter ihn aufhebt, das Landgericht den Zuschlag bestätigt (anders noch [21]), nicht aber wenn der Rechtspfleger den Zuschlag versagt, der Richter ihn erteilt, das Landgericht den Richter bestätigt.

6.4 Hat das Landgericht erstmals über **ZPO § 765 a** entschieden (bloßer Hinweis auf die Vorschrift genügt aber nicht[22]), so ist trotz gleichen Ergebnisses durch Abweisung des Einstellungsantrags die Entscheidung eine andere, sie stellt den Schuldner als Beschwerdeführer ungünstiger, also weitere Beschwerde (anders[23]); dagegen keine, wenn nach vorheriger Entscheidung des Amtsgerichts zu § 765 a das Landgericht diese Vorschrift seinerseits zwar nicht ausdrücklich erwähnt, sie aber der Sache nach nicht unberücksichtigt läßt. Hat der Richter bei Ablehnung aus § 30 a nicht abgeholfen und dabei gesagt, daß § 765 a nicht vorliege und hat auch das Landgericht § 765 a geprüft, dann liegt kein Beschwerdegrund darin, daß das Landgericht § 765 a nicht richtig angewendet habe[24].

6.5 Für Zulässigkeit der sofortigen weiteren Beschwerde bildet auch **Verletzung des rechtlichen Gehörs** durch das Landgericht einen neuen, selbständigen Beschwerdegrund (ZPO § 568 Abs 2)[25]. Mit dieser Auslegung hat das BVerfG

---

[17] OLG Stuttgart Rpfleger 1961, 21.
[18] OLG Hamm KTS 1978, 46 = MDR 1977, 1028 = OLGZ 1978, 230 = Rpfleger 1977, 452; OLG Zweibrücken NJW 1971, 1273.
[19] OLG Hamm Rpfleger 1971, 104; OLG Karlsruhe Justiz 1989, 84; OLG München Rpfleger 1972, 459; OLG Stuttgart Rpfleger 1994, 204.
[20] OLG Celle OLGZ 1972, 479; KG Berlin MDR 1975, 149 = NJW 1975, 224 = Rpfleger 1974, 406; OLG Hamm ZIP 1980, 1029; OLG Köln KTS 1989, 464 = Rpfleger 1989, 210; OLG Saarbrücken OLGZ 1966, 182; Schneider JurBüro 1976, 34.
[21] Drischler KTS 1971, 258 (262).
[22] OLG Hamm Rpfleger 1967, 422.
[23] OLG Köln JMBlNW 1990, 138 = NJW-RR 1990, 511.
[24] OLG Karlsruhe Justiz 1974, 471.
[25] BVerfG 49, 252 = NJW 1979, 538 = Rpfleger 1979, 12; OLG Karlsruhe Rpfleger 1994, 311 und Rpfleger 1995, 402; OLG Oldenburg NJW-RR 1995, 829.

§ 95 6.5   Beschwerde

eine für alle Gerichte verbindliche Interpretation von ZPO § 568 Abs 2 gefunden[26]. Das Oberlandesgericht darf auf sofortige weitere Beschwerde die Prüfung der Rüge, das Landgericht habe das rechtliche Gehör verletzt, daher nicht mit der Begründung ablehnen, hierfür steht dem Betroffenen die Verfassungsbeschwerde zur Verfügung[27]. Verletzung des rechtlichen Gehörs kann für sich allein jedoch die Zulässigkeit eines Rechtsmittels nicht begründen, das sonst nicht gegeben ist; es wird hierdurch kein neuer Rechtsmittelweg (keine weitere Instanz[27]) eröffnet[28]. Auch bei Verletzung des rechtlichen Gehörs ist daher in Zwangsversteigerungsverfahren kein weiteres Rechtsmittel gegeben zB für Vollstreckungsschutzverfahren nach § 30 b Abs 3 sowie § 180 Abs 2 und 3[29], im Wertfestsetzungsverfahren nach ZPO § 74 a Abs 5, und bei Entscheidung über Prozeßkosten[30] nach ZPO § 568 Abs 3 (für letztere anders[31]). Dem Betroffenen bleibt dann nach Erschöpfung des Rechtswegs (ebenso bei Verletzung des rechtlichen Gehörs durch das Oberlandesgericht im Verfahren über die weitere Beschwerde) als außerordentlicher Rechtsbehelf nur die Verfassungsbeschwerde. Sonst zur Eröffnung der zweiten Beschwerdeinstanz bei Nichtbeachtung wesentlicher Verfahrensvorschriften durch das Landgericht (bei „greifbarer Gesetzeswidrigkeit") siehe[32] und die ZPO-Kommentare.

6.6 Keiner weiteren Beschwerde unterliegen landgerichtliche Entscheidungen über Kosten (ZPO § 568 Abs 3). Zu Einzelheiten siehe die ZPO-Kommentare.

6.7 Gegen die Entscheidung des **Oberlandesgerichts** über die weitere Beschwerde gibt es auf keinen Fall mehr ein Rechtsmittel[33], selbst nicht bei schweren Verfahrensverstößen, die hier nicht ein sonst nicht gegebenes Rechtsmittel als zulässig begründen und eine verschlossene Instanz eröffnen können[34]. Irgendeinmal muß Schluß sein. Kein Rechtsmittel an den Bundesgerichtshof gibt es auch gegen den die Wiederaufnahme eines rechtskräftig abgeschlossenen Zwangsversteigerungsverfahrens ablehnenden Beschluß[35].

6.8 Bei Einlegung einer **Verfassungsbeschwerde** (die erst nach Ausschöpfung des Rechtsmittelzuges zulässig ist) stellt der Umstand, daß vielleicht die Entscheidungen von Amts- und Landgericht entfallen können, keinen Grund für eine weitere Beschwerde zur Zuschlagsanfechtung dar. Sie stehen nicht einer während des Verfahrens erfolgten Gesetzesänderung gleich, die ihrerseits einen neuen Grund bilden kann[36].

[Anzuwendende Vorschriften für Beschwerde gegen Zuschlag]

96 Auf die Beschwerde gegen die Entscheidung über den Zuschlag finden die Vorschriften der Zivilprozeßordnung über die sofortige Beschwerde nur insoweit Anwendung, als nicht in den §§ 97 bis 104 ein anderes vorgeschrieben ist.

---

[26] BVerfG NJW 1988, 1773.
[27] BVerfG 49, 252 = aaO (Fußn 25).
[28] BVerfG 49, 252 = aaO (Fußn 25) und BVerfGE 60, 96 = NJW 1982, 1454.
[29] OLG Frankfurt Rpfleger 1984, 475.
[30] KG Berlin KTS 1980, 157 = MDR 1980, 322 = Rpfleger 1980, 116; OLG Celle NdsRpfl 1974, 127.
[31] OLG Düsseldorf JurBüro 1987, 1707 mit krit Anm Mümmler.
[32] BGH 109, 41.
[33] OLG Köln Rpfleger 1975, 67.
[34] BGH WM 1956, 1358 und NJW 1957, 713.
[35] OLG Köln ZIP 1980, 576.
[36] OLG Celle NdsRpfl 1953, 49 = NJW 1953, 588.

Beschwerde gegen Zuschlag   2.2 § 96

Literatur: Braun, Zuschlagsbeschluß und Wiederaufnahme, NJW 1976, 1923 und 1977, 27; Drischler, Zur Zuschlagsbeschwerde im Zwangsversteigerungsverfahren, KTS 1971, 258; Kirberger, Die Zulässigkeit der Nichtigkeitsbeschwerde nach der Erlösverteilung im Zwangsversteigerungsverfahren, Rpfleger 1975, 43; Mohrbutter und Leyerseder, Zuschlagsbeschwerde und neue Tatsachen, NJW 1958, 370; Schmahl, Nochmals: Zuschlagsbeschluß und Wiederaufnahme, NJW 1977, 27.

Allgemeines zu § 96   1

1.1 Zweck der Vorschrift: Bestimmung, daß die Entscheidung über den Zuschlag den ZPO-Vorschriften über die sofortige Beschwerde nur mit gewissen, durch die Eigentümlichkeit des Versteigerungsverfahrens bedingten Abweichungen unterliegt (Denkschrift S 56).
1.2 Anwendungsbereich: Die Vorschrift gilt für alle Versteigerungsverfahren des ZVG. Besonderheit für Beschwerdefrist bei ausländischem Luftfahrzeuge: § 171 m.

Allgemeine Grundsätze für regelmäßige Zuschlagsanfechtung   2

2.1 Die Zuschlagentscheidung ist mit **befristeter Rechtspflegererinnerung/ sofortiger Beschwerde** anfechtbar. Soweit nicht in den §§ 97–104 etwas anderes vorgeschrieben ist, sind die Vorschriften der ZPO über die sofortige Beschwerde (bzw des RpflG über die befristete Rechtspflegererinnerung) anzuwenden: § 96 (für die Rechtspflegerinnerung entsprechend gültig, RpflG § 11 Abs 4). Gegenstand der gegen einen vom Rechtspfleger erlassenen Zuschlagsbeschluß eingelegten Beschwerde ist nur dieser Beschluß, nicht die Nichtabhilfe- und Vorlageverfügung des Richters[1].
2.2 a) **ZPO § 568 Abs 1:** Über die Beschwerde entscheidet das im Instanzenzug nächsthöhere Gericht.
b) **ZPO § 568 Abs 2:** Weitere Beschwerde gibt es nur bei neuem selbständigem Beschwerdegrund. Hierzu § 95 Rdn 6.
c) **ZPO § 569 Abs 1:** Die Beschwerde ist bei dem erkennenden Gericht einzulegen oder bei dem Beschwerdegericht (ZPO § 577 Abs 2 Satz 2), und zwar (ZPO § 569 Abs 2) durch Einreichung einer Beschwerdeschrift (eigenhändig unterschrieben) oder zu Protokoll der Geschäftsstelle. Sie gehört nicht in das Versteigerungs- oder Verkündungsterminsprotokoll (§ 78 Rdn 2.7); wenn sie doch in das Protokoll aufgenommen wird, ist sie aber wirksam[2] (anders[3]: nicht möglich zu Protokoll des Termins, außer wenn der Beschwerdeführer dann das Protokoll unterschreibt und so zu seinem Schriftsatz macht).
d) **ZPO § 570:** An sich kann eine Beschwerde auf neue Tatsachen und Beweise gestützt werden. Für die Anfechtung des Beschlusses, durch welchen der Zuschlag erteilt ist, ist dies aber auf jeden Fall dann ausgeschlossen, wenn das ZVG ein früheres Vorbringen ausdrücklich vorschreibt (§ 37 Nr 4, 5, §§ 45, 59, 63–65, 67 Abs 1 Satz 1, § 70 Abs 2 und 3, § 71 Abs 2, § 72 Abs 1 und 2, § 74 a Abs 2, § 87 Abs 1, § 174 oder EGZVG § 9 Abs 2) oder wenn dies nach Sachlage notwendig ist, so bei Anträgen nach ZPO § 765 a, die nicht erstmals in der Beschwerde zulässig sind (Einl Rdn 57.2 und 59). Zu beachten ist also: neue Tatsachen und Beweismittel sind nur zulässig, wenn es sich um solche handelt, die nicht früher vorgebracht sein müssen und die entweder von Amts wegen zu beachten sind (§ 83 Nr 6, 7 laut § 100 Abs 3) oder die sonst als Beschwerdegründe ausdrücklich zugelassen sind (§ 100 Abs 3). Für derartige einschränkende Einwen-

---
[1] OLG München Rpfleger 1983, 324.
[2] BayObLG 1989, 175 = Rpfleger 1989, 360 mit zust Anm Meyer-Stolte; OLG Hamm MDR 1976, 763; Schneider JurBüro 1974, 705.
[3] LG Berlin JurBüro 1975, 672 mit zust Anm Mümmler = Rpfleger 1974, 407.

§ 96 2.2 Beschwerde

dungen sprechen sich aus[4] (anders[5]: es seien neue Gründe uneingeschränkt zulässig, nur dann ausgeschlossen, wenn ausdrücklich früheres Vorbringen vorgeschrieben sei). Das bedeutet somit: von den bezeichneten Ausnahmen abgesehen kann eine Anfechtung des Zuschlagsbeschlusses nicht auf neue Tatsachen gestützt werden, auch nicht auf solche, die dem Vollstreckungsgericht bei der Zuschlagserteilung nicht bekannt waren. Möglich ist es, den früheren Vortrag zu ergänzen (zB durch nachträgliche Vorlage zusätzlicher Beweise). Sonst ist aber Neues unbeachtlich. So kann zB nicht der Zuschlag angefochten werden, weil inzwischen der betreibende Gläubiger befriedigt sei[6] oder weil alle Beteiligten des Verfahrens sich über die Aufhebung des Zuschlags geeinigt hätten[6] oder weil der Ersteher auf den Zuschlag verzichtet (das kann er nicht, § 81 Rdn 9). Durch § 100 ist ZPO § 570 weitgehend ausgeschaltet. Die Wiederaufhebung eines (mit der Verkündung bereits wirksamen) Zuschlags ist ein so einschneidender Eingriff in die durch den Zuschlag mit sofortiger Wirksamkeit geschaffene Rechtslage, daß sie nur zugelassen werden kann, wenn der Zuschlag nicht ordnungsgemäß zustandegekommen ist. Zu diesem Fragenbereich auch[7] und § 100 Rdn 2.3. Gelegenheit zur Äußerung ist im Verfahren über die Zuschlagsbeschwerde daher auch nicht zu gewähren, soweit neue Tatsachen und Beweise (ZPO § 570) ausgeschlossen sind[8]. Die Anfechtung des Beschlusses, durch welchen der Zuschlag versagt wird, kann dagegen auf neue Tatsachen gestützt werden, zB auf die Zurücknahme des Versteigerungsantrags (damit auch die Bewilligung der Einstellung, § 30) des bestrangig betreibenden Gläubigers (§ 29 Rdn 2.7) oder auf einen Schutzantrag nach ZPO § 765 a.

e) **ZPO § 572 Abs 2 und 3** (mit § 577 Abs 3): Vollstreckungsgericht oder Beschwerdegericht (wenn die befristete Rechtspflegererinnerung ihm vorgelegt ist, RpflG § 11 Abs 2 Satz 4) können durch einstweilige Anordnung den Vollzug der Zuschlagsentscheidung aussetzen, nicht aber seine Wirksamkeit (§§ 89, 104).

f) **ZPO § 573**: Die Entscheidung ist mit oder ohne mündliche Verhandlung möglich. Erklärungen erfolgen schriftlich oder zu Protokoll der Geschäftsstelle (hierzu besteht kein Anwaltszwang).

g) **ZPO § 574**: Das Beschwerdegericht hat die Zulässigkeit der Beschwerde, ihre gesetzliche Form und Frist von Amts wegen zu prüfen, sie sonst zu verwerfen.

h) **ZPO § 575**: Eine Zurückverweisung des Verfahrens an das Erstgericht ist durch § 101 für die Zuschlagsentscheidung ausgeschlossen. Hat aber das Beschwerdegericht (oder der Richter) trotzdem zurückverwiesen, so wird die Entscheidung, falls sie nicht angefochten wird, rechtskräftig, ist also nicht wirkungslos[9].

i) **ZPO § 577 Abs 2**: Die sofortige Beschwerde ist binnen einer Notfrist von zwei Wochen einzulegen, beginnend im Falle der Zustellung mit dieser, sonst mit der Verkündung (§ 98).

2.3 Zahlreiche **Besonderheiten** finden sich bei §§ 97, 99, 102–104.

2.4 Wenn ein dazu Berechtigter den Zuschlag anficht, so kann dieser **für alle Beteiligte nicht rechtskräftig** werden, auch für diejenigen, die ihn nicht ange-

---

[4] BGH LM ZVG § 71 Nr 1 = RdL 1952, 327; BGH 44, 138 = MDR 1965, 899 = NJW 1965, 2107 = Rpfleger 1965, 302; OLG Hamm NJW 1955, 149 und KTS 1977, 50 = NJW 1976, 1754 = OLGZ 1976, 489 = Rpfleger 1976, 146; OLG Koblenz MDR 1955, 749; LG Osnabrück NJW 1959, 682 mit Anm Mohrbutter; Dassler/Muth § 100 Rdn 11; Jaekkel/Güthe § 100 Rdn 1; Korintenberg/Wenz § 100 Anm 1; Steiner/Storz § 95 Rdn 10; Mohrbutter Rpfleger 1967, 102 (4); Mohrbutter und Leyerseder NJW 1958, 370.
[5] KG Berlin NJW 1957, 1240 mit zust Anm Lent.
[6] Drischler KTS 1971, 258 (261).
[7] Brauns, Zuschlagsbeschwerde und neue Tatsachen (1961).
[8] OLG Köln Rpfleger 1992, 491.
[9] OLG Celle Rpfleger 1971, 213.

Beschwerde gegen Zuschlag 3.2 § 96

fochten haben. Ein **Verzicht** auf die Anfechtung ist zulässig (nicht aber im voraus) und stellt keine Verfügung dar, bedarf daher nicht der Genehmigung des Vormundschaftsgerichts beim Vormund.

2.5 Gegen eine Entscheidung, durch die eine Zuschlagsbeschwerde zurückgewiesen wurde, ist keine **Gegenvorstellung** zum Beschwerdegericht möglich[10] (auch § 95 Rdn 2.6).

2.6 Es kann **nicht** auf Nichtigkeit des Zuschlags **geklagt** werden[11]. In Ausnahmefällen gibt es die außerordentliche Beschwerde (Rdn 3).

2.7 Auch das Rechtsmittelverfahren kann, wie alle ZVG-Verfahren, nicht **ausgesetzt** werden (Einl Rdn 27).

2.8 Ein **Vergleich** zu Protokoll des Gerichts ist auch in der Zwangsvollstreckung möglich (Einl Rdn 49), aber mit Rücksicht auf §§ 89, 90 (ein bisher Außenstehender, der Meistbietende, wird durch die Verkündung Eigentümer und kann seine Rechte nicht durch eine Übereinkunft von Gläubigern und Schuldner wieder verlieren) nicht mehr nach der Verkündung des Zuschlags. Angesichts der bewußten Beschränkung der Beschwerdegründe durch § 100 Abs 1 ist es auch unzulässig, daß vor dem Beschwerdegericht ein solcher Vergleich erfolge und daß das Beschwerdegericht dann den Zuschlag wieder aufhebe. Von der Wirksamkeit des Zuschlags an (§ 89) ist die Verfügungsgewalt der Beteiligten beschränkt, ein Vergleich nicht mehr möglich.

2.9 Schwierigkeiten entstehen, wenn auf Anfechtung hin der Zuschlag aufgehoben wird, nachdem der **Erlös schon verteilt** ist. Der Verteilungstermin kann ja schon vor der Rechtskraft des Zuschlags durchgeführt werden (§ 105 Rdn 4). Zweckmäßig ist es allerdings, ihn erst nach Rechtskraft anzusetzen. Auf Antrag soll mindestens die Ausführung des Teilungsplans bis zur Rechtskraft des Zuschlags ausgesetzt werden (§ 116). Bei Aufhebung des Zuschlags ist der frühere Zustand wieder herzustellen. Diejenigen, denen der Erlös zugeteilt war, haben sofortige weitere Beschwerde (§ 102). Hierzu auch Rdn 3.

2.10 Zur Zuschlagsanfechtung im ZVG-Handbuch Rdn 365.

Außerordentliche Anfechtung der Zuschlagsentscheidung 3

3.1 Ein noch nicht rechtskräftiger Zuschlag ist mit befristeter Rechtspflegererinnerung/sofortiger Beschwerde anfechtbar. Ein rechtskräftiger Zuschlag kann grundsätzlich nicht mehr beseitigt werden (§ 81 Rdn 9). Es gibt gegen ihn keine Nichtigkeitsklage, keine Restitutionsklage nach ZPO §§ 578 ff, auch nicht analog[12] (anders[13]: die Vorschriften über Nichtigkeit oder Restitution seien analog anzuwenden; anders auch[14]: ausnahmsweise bei fehlendem rechtlichen Gehör).

3.2 Liegen allerdings die Voraussetzungen für eine Nichtigkeits- oder Restitutionsklage vor, so kann ausnahmsweise noch eine **außerordentliche Beschwerde** erhoben werden: ZPO § 577 Abs 2 Satz 3 (entsprechend auch die außerordentliche Rechtspflegererinnerung, RpflG § 11 Abs 4). Diese Möglichkeit ist von ZPO § 577 Abs 2 Satz 3 an die Stelle der Wiederaufnahmeklage gesetzt[15]. Sie wird häu-

---

[10] OLG Braunschweig OLGZ 1965, 313.
[11] RG 127, 272.
[12] RG 73, 194 (196); OLG Bremen JurBüro 1980, 452; OLG Hamm JMBlNW 1952, 229; OLG Köln Rpfleger 1975, 406 mit abl Anm Kirberger; OLG Stuttgart NJW 1976, 1324 = OLGZ 1975, 370; Drischler KTS 1971, 145 (III).
[13] OLG Hamm KTS 1978, 109 mit abl Anm Mohrbutter = OLGZ 1978, 236 = Rpfleger 1978, 422 mit zust Anm Kirberger; Wieczorek, ZPO, § 578 Anm D III b 5; Kirberger Rpfleger 1975, 43 (IV 2); Kirberger Rpfleger 1975, 407 (Anmerkung); Braun NJW 1976, 1923 (I, IV).
[14] BayVerfG FamRZ 1979, 347 Leitsatz = Rpfleger 1976, 350 mit zust Anm Kirberger.
[15] OLG Stuttgart NJW 1976, 1324 = OLGZ 1975, 370.

fig als Nichtigkeitsbeschwerde bezeichnet[16]. Besser ist die Bezeichnung „außerordentliche Beschwerde"[17], die den besonderen Charakter dieses Rechtsmittels im Rahmen des ZVG betont, aber auch manche Mißverständnisse vermeiden hilft.

3.3 Die außerordentliche Beschwerde ersetzt nicht den Beschwerdegrund[17], sie bedeutet nicht, daß das Wiederaufnahmeverfahren auf den Zuschlag anzuwenden sei[18]. Sie **befreit nur von der Frist** in ZPO § 577 Abs 2 Satz 1, hat also nur die Bedeutung, daß die für die (ordentliche) sofortige Beschwerde geltende Frist von zwei Wochen (ZPO § 577 Abs 2 Satz 1) auf einen Monat (ZPO § 586 Abs 1) verlängert wird[19] (anders[20]). Aus der Fassung von ZPO § 577 Abs 2 ergibt sich, daß hier nicht zwei ganz verschiedene Rechtsmittel geschaffen sind, sondern, daß nur die normale Frist unter besonderen Umständen verlängert ist.

3.4 Durch den Zuschlag geht sofort das Eigentum über, erlöschen sofort Rechte. Es wäre mit der Rechtssicherheit nicht vereinbar, wenn man diese Wirkungen noch längere Zeit in Frage stellen wollte[21]. Das ZVG als Sondergesetz hat nun einmal die Anfechtung des Zuschlags besonders ausgestaltet, läßt selbst die Beschwerderegeln der ZPO nur unter seinen eigenen Voraussetzungen (§§ 96, 100) zu und geht den allgemeinen Regeln der ZPO vor[22]. Zweck der Sondervorschriften ist es, die mit dem Zuschlag entstehenden Wirkungen rasch auf eine unanfechtbare Grundlage zu stellen[23]. Es kann darum auch die außerordentliche Beschwerde nur darauf gestützt werden, daß einer der **Zuschlagsanfechtungsgründe des § 100** vorliegt[23]. Ist über diese im normalen Beschwerdeverfahren rechtskräftig entschieden, gibt es keinen weiteren Rechtsbehelf[24], auch nicht die außerordentliche Beschwerde. § 100 enthält als Sondervorschrift (ohne Möglichkeit einer Änderung oder Ausdehnung) die Grenzen dessen, was einen Zuschlag selbst bei vorgekommenen Fehlern gerade noch beseitigen kann. Darüber kann auch die außerordentliche Beschwerde nicht hinausgehen.

3.5 Die außerordentliche Beschwerde kann nur erhoben werden, wenn auch für sie eine bestimmte **Frist** eingehalten wird (§ 98 Rdn 2), wenn ein **Beschwerdegrund** vorliegt, wie ihn § 100 bestimmt (Rdn 3.4) und wenn außerdem als **Anlaß** für die Fristverlängerung die Voraussetzungen der Nichtigkeits- oder Restitutionsklage vorliegen (ZPO § 577 Abs 2 Satz 3). Ein **Anlaß** ist gegeben, **wenn** das entscheidende Gericht nicht vorschriftsmäßig besetzt war (§ 579 Abs 1 Nr 1), wenn ein kraft Gesetzes ausgeschlossener Vorsitzender mitgewirkt hat (§ 579 Abs 1 Nr 2), wenn ein wegen Besorgnis der Befangenheit wirksam Abgelehnter mitgewirkt hat (§ 579 Abs 1 Nr 3), wenn ein Beteiligter nicht gesetzmäßig vertreten war (§ 579 Abs 1 Nr 4) (zB prozeßunfähig war und dabei ohne gesetzlichen Vertreter), wobei aber die Gründe Nr 1 und 3 nur ausreichen, wenn sie nicht mehr im ordentlichen Rechtsmittel geltend gemacht werden konnten (§ 579 Abs 2); Anlaß ist es weiter, wenn eine Urkunde auf der die Zuschlagsentscheidung beruht, also etwa der Vollstreckungstitel des bestrangig betreibenden Gläubigers, gefälscht oder verfälscht war (§ 580 Nr 2), worüber aber ein Strafverfahren stattgefunden haben muß (§ 581 Abs 1), oder wenn ein Beteiligter eine Urkunde auffindet oder

---

[16] OLG Oldenburg NdsRpfl 1990, 147 = NJW-RR 1991, 61 = Rpfleger 1990, 179; OLG Stuttgart NJW 1976, 1324 = OLGZ 1975, 370; Jaeckel/Güthe § 98 Rdn 3 und 6; Korintenberg/Wenz § 93 Anm 3 (V–VI) und 5; Kirberger Rpfleger 1975, 43 (IV 2).
[17] OLG Koblenz JurBüro 1988, 1773; Steiner/Storz § 96 Rdn 19.
[18] KG Berlin OLGZ 1976, 364 = Rpfleger 1976, 368.
[19] OLG Hamm aaO (Fußn 13); KG Berlin aaO (Fußn 18); Braun NJW 1976, 1923 (I, IV); Mohrbutter, Handbuch des Vollstreckungsrechts, § 44 (VI).
[20] Schmahl NJW 1977, 27.
[21] OLG Köln und OLG Stuttgart je aaO (Fußn 12).
[22] KG Berlin aaO (Fußn 18).
[23] OLG Stuttgart aaO (Fußn 12).
[24] OLG Hamm aaO (Fußn 13); OLG Stuttgart je aaO (Fußn 12); Braun NJW 1977, 27.

benützen kann, die eine für ihn günstigere Entscheidung herbeigeführt hätte (§ 580 Nr 7 b), vorausgesetzt, daß die beiden letztgenannten Anlässe mit normalem Rechtsmittel nicht mehr geltend gemacht werden konnten (§ 582). Alle anderen Gründe aus dem Bereich der Nichtigkeits- oder Restitutionsklage scheiden nach Sachlage für unser Verfahren aus. Auch mangelndes rechtliches Gehör genügt nicht[25].

3.6 Während Nichtigkeits- und Restitutionsklage immer bei dem Gericht der angegriffenen Entscheidung selbst zu erheben und zu entscheiden sind (ZPO § 584), ist für die außerordentliche Beschwerde dies nicht bestimmt, nur deren Voraussetzungen als Anlaß sind für anwendbar erklärt, wie § 96 Rdn 3.5 dargelegt. Die außerordentliche Beschwerde (als reine Fristverlängerung) muß sich daher ganz normal **an das Beschwerdegericht** wenden (so auch[26]) und auch nicht die sonstigen Bedingungen der beiden Klagen erfüllen. Ob die Entscheidung darüber in Form einer sofortigen weiteren Beschwerde angreifbar ist, richtet sich nach den normalen Vorschriften.

3.7 Erhebliche Schwierigkeiten können dadurch entstehen, daß auf eine erfolgreiche außerordentliche Beschwerde hin der **Zuschlag wieder aufgehoben** wird. Es kann der Erlös schon verteilt sein, es kann das Grundbuch nach § 130 berichtigt sein, es kann das Grundstück schon weiter veräußert oder weiter belastet sein. Es ist der **frühere Zustand wiederherzustellen** (unbeschadet rechtsgeschäftlich gutgläubig erworbener Rechte Dritter[27]): die Forderungsübertragung des § 118 wird rückgängig gemacht, Sicherungshypotheken nach § 128 werden gelöscht, der Versteigerungsvermerk und alle auf Grund des Zuschlags gelöschten Rechte werden wieder eingetragen, das Grundstück ist vom Ersteher an den Vollstreckungsschuldner herauszugeben, über Nutzungen und Lasten ist zwischen beiden abzurechnen (nach den Grundsätzen ungerechtfertigter Bereicherung in BGB § 812); wer etwas aus dem Erlös erhalten hat, muß es an den Ersteher zurückzahlen, der notfalls mit Bereicherungsklage gegen ihn vorgehen muß[28]; abquittierte Titel sind zu berichtigen, unbrauchbar gemachte Grundpfandrechtsbriefe wieder herzustellen. Auch hier hat das Beschwerdegericht nach § 101 ohne Zurückverweisung an das Vollstreckungsgericht selbst sachlich zu entscheiden, zB einem anderen den Zuschlag zu erteilen oder unter Zuschlagsversagung das Verfahren einzustellen oder aufzuheben, alles unter dem Gesichtspunkt von § 100. Je nach seiner Entscheidung kann also das Zwangsversteigerungsverfahren weiterlaufen, um zur gegebenen Zeit und unter den notwendigen Voraussetzungen neuen Versteigerungstermin anzusetzen. Diejenigen, denen der Erlös zugeteilt war, haben auch hier analog § 102 sofortige weitere Beschwerde bei Aufhebung des Zuschlags. Die aus dem früheren Erlös befriedigten Gläubiger können nicht einwenden, daß sie ordnungsgemäß aus dem Vermögen des Schuldners befriedigt seien oder nur erhalten hätten, was sie zu fordern gehabt hätten.

[Beschwerdeberechtigte bei Zuschlagsentscheidung]

97 (1) **Die Beschwerde steht im Falle der Erteilung des Zuschlags jedem Beteiligten sowie dem Ersteher und dem für zahlungspflichtig erklärten Dritten, im Falle der Versagung dem Gläubiger zu, in beiden Fällen auch dem Bieter, dessen Gebot nicht erloschen ist, sowie demjenigen, welcher nach § 81 an die Stelle des Bieters treten soll.**
(2) **Im Falle des § 9 Nr 2 genügt es, wenn die Anmeldung und Glaubhaftmachung des Rechtes bei dem Beschwerdegericht erfolgt.**

---

[25] OLG Braunschweig OLGZ 1974, 51.
[26] Steiner/Storz § 96 Rdn 22.
[27] Jaeckel/Güthe § 98 Rdn 6.
[28] Kirberger Rpfleger 1975, 43 (IV 1).

§ 97 1 Beschwerde

1 Allgemeines zu § 97

Zweck und **Anwendungsbereich:** Erschöpfende Aufzählung der Anfechtungsberechtigten (Ausnahme in § 102). Die Vorschrift gilt für alle Versteigerungsverfahren des ZVG, auch für die Rechtspflegererinnerung hierbei.

2 Beschwerdeberechtigte bei Erteilung und Versagung des Zuschlags

2.1 Gegen die **Erteilung des Zuschlags** (positive Entscheidung) sind anfechtungsberechtigt (die für die Beschwerde bestimmten Vorschriften gelten jeweils für die Rechtspflegererinnerung, RpflG § 11 Abs 4) nur die in § 97 Genannten, die ein berechtigtes Interesse an der Abänderung der Entscheidung haben können. Auch wer zu diesen Berechtigten gehört, kann aber den Zuschlag nur anfechten, wenn einer der in § 100 Abs 1 zugelassenen Gründe vorliegt und wenn der Grund das Recht des Beschwerdeführers selbst betrifft (§ 100 Abs 2), mit einer Ausnahme für die in § 86 Nr 6, 7 genannten Versagungsgründe (§ 100 Abs 3). Nicht mehr zulässig ist Beschwerde gegen den Zuschlag, wenn der Ersteher nach Grundbucheintragung (§ 130 Abs 1) das Grundstück veräußert und der Erwerber gutgläubig (damit unanfechtbar) Eigentum erworben hat[1].

2.2 Anfechtungsberechtigt ist **jeder Beteiligte** gemäß § 9: Abs 1, ein Beitrittsgläubiger jedoch nicht bei nur bedingter Zulassung des Beitritts nach Erteilung des Zuschlags[2] (§ 27 Rdn 2.4). Derjenige Beteiligte, der sein Recht nach § 9 Nr 2 noch anmelden und glaubhaft machen muß, kann dies, um sein Anfechtungsrecht durchzusetzen, auch noch beim Beschwerdegericht (oder bei der Nachprüfung durch den Richter) erledigen: Abs 2. Mangels Anmeldung und Glaubhaftmachung war er bisher noch nicht am Verfahren beteiligt. Er darf allerdings nicht erst einen Anfechtungsgrund nachträglich durch seine nachgeholte Anmeldung und Glaubhaftmachung schaffen, etwa daß er, der noch nicht Beteiligter war, bisher zum Versteigerungstermin nicht geladen war. Erfolgt Anmeldung und Glaubhaftmachung auch beim Beschwerdegericht nicht (Beispiel[3]), ist Beschwerdeberechtigung nicht gegeben.

2.3 Nicht anfechtungsberechtigt ist der Zessionar von Rückübertragungsansprüchen bei einer Grundschuld[4] (so auch[5]), solange deren Gläubiger die vollen Ansprüche daraus geltend macht, solange also nicht der den Rückübertragungsanspruch auslösende Tatbestand eingetreten ist[6] (wie bei § 74 a Rdn 3.15) und der Rückübertragungsanspruch nicht zum Tragen kommt, weil zB infolge der allgemeinen Bankbedingungen die Zahlungen des Schuldners auf die persönliche Schuld, nicht auf die Grundschuld verrechnet werden[6] (anders[7]: wenn streitig, ob jemand beschwerdeberechtigt sei, sei das Beschwerderecht zu bejahen, hier bei einer abgetretenen Briefgrundschuld ohne Aushändigung des Briefes).

2.4 Zu den anfechtungsberechtigten Beteiligten gehört hier auch der **Vollstreckungsschuldner.** Ist dieser im Konkursverfahren, so ist an seiner Stelle der Konkursverwalter (§ 9 Rdn 3) Beteiligter und damit Anfechtungsberechtigter.

2.5 Bei Gesamthandsgemeinschaften (Erbengemeinschaft, Gütergemeinschaft) ist jeder daran Beteiligte berechtigt (die Anfechtung ist keine Verfügung, die der Zustimmung der anderen bedürfte). Berechtigt sind auch Miterben oder sonstige Teilnehmer der Gesamthandsgemeinschaft, deren Anteil gepfändet und zur Ein-

---

[1] Frankfurt Rpfleger 1991, 380.
[2] OLG Hamm JMBlNW 1989, 172 = MDR 1989, 829 = NJW-RR 1989, 1151 = OLGZ 1989, 492 = Rpfleger 1989, 421.
[3] OLG Koblenz Rpfleger 1989, 517.
[4] Steiner/Storz § 97 Rdn 8.
[5] OLG Köln Rpfleger 1988, 324.
[6] LG München I Entscheidungsanhang E 102.
[7] LG Osnabrück KTS 1976, 312.

Beschwerdeberechtigte bei Zuschlagsentscheidung 2.11 § 97

ziehung überwiesen ist, und zwar ohne Zustimmung des Pfandgläubigers; auch der Pfandgläubiger, weil er Maßnahmen zur Sicherung seines Pfandrechts wahrnehmen kann (anders[8]: weil dieser nicht über den Anteil verfügen kann, sondern nur die nicht höchstpersönlichen Rechte des Miteigentümers neben diesem ausüben darf). Berechtigt sind auch **Ehegatten** ohne gegenseitige Zustimmung.

2.6 **Nicht** beteiligt und nicht berechtigt sind Personen, die nur in einem gleichzeitigen Zwangsverwaltungsverfahren Beteiligte sind, etwa dort persönlich betreiben (§ 9 Rdn 3).

2.7 Anfechtungsberechtigt ist der **Ersteher** und der für zahlungspflichtig erklärte Dritte aus § 82: Abs 1. Als Begründung kommt etwa in Frage, daß die Versteigerungsbedingungen nicht eingehalten seien, daß zu anderen Bedingungen zugeschlagen sei, als festgelegt war, auch daß des Erstehers durch den Zuschlag berücksichtigtes Gebot nicht sein wirksames Meistgebot gewesen sei (er hat zB unwirksam höher geboten, sein wirksames Meistgebot war geringer, im Zuschlag aber wurde das höhere zu Unrecht berücksichtigt). Der Ersteher, der nicht Beteiligter ist (falls er nicht gleichzeitig als Gläubiger usw am Verfahren teilnimmt), muß also in irgendeiner Weise in seinen Rechten beschwert sein (genau wie die anderen Beschwerdeberechtigten, § 100 Abs 2) und es muß ein gesetzlicher Beschwerdegrund vorliegen (§ 100 Abs 1). Er kann aber nicht die Zuschlagserteilung an sich anfechten, wenn der Zuschlag ihm genau zu den Bedingungen seines Meistgebots erteilt wurde. Er kann sich dabei nicht darauf berufen, daß das geringste Gebot, auf das hin er geboten hat, falsch berechnet gewesen sei[9], daß darin etwa zu Unrecht zusätzlich Ansprüche aufgenommen worden seien. Das ist zwar ein Beschwerdegrund (§ 100 Abs 1), aber kein von Amts wegen zu berücksichtigender (§ 100 Abs 3); der Ersteher kann ihn nicht vorbringen, weil er durch ihn nicht beschwert ist; er hat ja bekommen, was er wollte. Für jede Beschwerde ist eine Beschwer des Beschwerdeführers nötig, wie sich aus § 100 Abs 2 ergibt, ohne daß es auf § 84 ankommt, der tatsächlich nur auf Beteiligte anzuwenden ist (§ 84 Abs 1); eine nur wirtschaftliche Beeinträchtigung genügt nicht.

2.8 Anfechtungsberechtigt ist der **Bieter**, dessen Gebot nicht erloschen ist (§ 72), oder sein Zessionar (§ 81 Abs 2) oder verdeckter Vollmachtgeber (§ 81 Abs 3): § 97 Abs 1. Der Bieter, dessen Gebot nicht erloschen ist, kann sich somit auch dagegen wenden, daß ein anderer und nicht er als Meistbietender den Zuschlag erhalten hat[10].

2.9 Anfechtungsberechtigt ist der für mithaftend erklärte **Bürge**[11]: Abs 1.

2.10 Ist das vom Vertreter einer Offenen Handelsgesellschaft abgegebene Meistgebot zurückgewiesen worden, weil die **OHG** noch nicht im Handelsregister eingetragen ist (sie kann auch ohne Eintragung entstanden sein) und wird dem Vertreter selbst zugeschlagen, so kann die OHG den Zuschlag anfechten, mit dem Ziel, daß sie den Zuschlag erhalten müsse[12].

2.11 Gegen die **Versagung des Zuschlags** (negative Entscheidung) bzw gegen die Aufhebung des Zuschlags durch das Beschwerdegericht nach § 101 (ebenso durch den Richter), sind, vorausgesetzt, daß ein Beschwerdegrund nach § 100 Abs 1 vorliegt und das Recht des Beschwerdeführers betrifft (§ 100 Abs 2, mit Ausnahme nach § 100 Abs 3), anfechtungsberechtigt (die für die Beschwerde geltenden Vorschriften sind auch auf die Rechtspflegererinnerung anzuwenden), RpflG § 11 Abs 4):

---

[8] LG Osnabrück Rpfleger 1956, 102 mit zust Anm Mohrbutter.
[9] Steiner/Storz § 97 Rdn 9.
[10] OLG Koblenz ZIP 1987, 1531; Vorinstanz: LG Koblenz Rpfleger 1987, 425 mit abl Anm Storz.
[11] Hornung Rpfleger 1979, 321 (D V 3).
[12] KG Berlin Rpfleger 1977, 146.

§ 98 Beschwerde

a) jeder **betreibende Gläubiger** (Anordnungs- und Beitrittsgläubiger) Abs 1. Ein Beitritt muß dabei mindestens vor der Verkündung der Zuschlagsentscheidung wirksam geworden sein[13] (anders[14]: Beitritt sei noch bis zur Rechtskraft möglich). Nicht anfechtungsberechtigt ist aber hier derjenige betreibende Gläubiger, dessen Verfahren im Versteigerungstermin eingestellt ist[15] (gleich aus welchem Grunde)[16], im Zustand der Einstellung betreibt er nicht und kann darum auch nicht Erteilung des Zuschlags anstreben; allerdings kann er schon als sonstiger Beteiligter (zB als dinglicher Gläubiger) anfechtungsberechtigt sein; das besprochene Verbot bezieht sich also nur auf den persönlich betreibenden Gläubiger, der nur durch sein Betreiben Beteiligter ist.

b) Anfechtungsberechtigt ist der **Bieter,** dessen Gebot nicht erloschen ist (§ 72), oder sein Zessionar (§ 81 Abs 2) oder verdeckter Vollmachtgeber (§ 81 Abs 3): § 97 Abs 1. Das gilt auch, wenn Versagung nach § 76 erfolgt.

c) Nicht anfechtungsberechtigt ist hier der **Vollstreckungsschuldner**[17], auch nicht der zahlungspflichtige Dritte[18].

Wer die Versagung nicht anfechten kann, hat hier auch keine **weitere Beschwerde,** falls das Beschwerdegericht den Zuschlag nach § 101 aufhebt.

[Beginn der Beschwerdefrist bei Zuschlagsentscheidung]

98 Die Frist für die Beschwerde gegen einen Beschluß des Vollstreckungsgerichts, durch welchen der Zuschlag versagt wird, beginnt mit der Verkündung des Beschlusses. Das gleiche gilt im Falle der Erteilung des Zuschlags für die Beteiligten, welche im Versteigerungstermin oder im Verkündungstermin erschienen waren.

1 Allgemeines zu § 98

1.1 Zweck der Vorschrift: Festlegung des Beginns der Anfechtungsfrist, abweichend von der allgemeinen Regel in ZPO § 577 Abs 2 mit Rücksicht auf die große Zahl der Beteiligten zur Vereinfachung des Verfahrens.

1.2 Anwendungsbereich: Die Vorschrift gilt für alle Versteigerungsverfahren des ZVG, auch für die Rechtspflegererinnerung hierbei. Eine besondere Frist gilt bei Luftfahrzeugen: § 171 m.

2 Frist für Anfechtung der Zuschlagsentscheidung

2.1 Das ZVG bringt eine Sonderregelung.

a) Bei **Erteilung des Zuschlags** beginnt für die Rechtspflegererinnerung/sofortige Beschwerde die Notfrist von zwei Wochen (ZPO § 577 Abs 2, RpflG § 11 Abs 1) **für alle** entweder im Versteigerungstermin oder[1] im Verkündungstermin **erschienene** bzw vertretene **Beteiligte**[2] nach Satz 2 einheitlich **mit der Verkündung** der Entscheidung § 98 hat hierfür einen klaren Wortlaut und verstößt nicht gegen GrundG Art 3 Abs 1[2] oder Art 103 Abs 1[3]), auch wenn der Verkündungstermin (nach[4] einmalig kurzfristig; nicht gerechtfertigt) ordnungsgemäß ver-

---

[13] Steiner/Storz § 97 Rdn 14.
[14] Jaeckel/Güthe § 97 Rdn 3.
[15] Dassler/Muth § 97 Rdn 8.
[16] OLG Nürnberg MDR 1976, 234 = NJW 1976, 902 Leitsatz = OLGZ 1976, 126.
[17] Jaeckel/Güthe § 97 Rdn 5.
[18] OLG Hamm KTS 1975, 317 = OLGZ 1975, 493 = Rpfleger 1975, 264.
[1] OLG Hamm Rpfleger 1995, 176; OLG Köln Rpfleger 1980, 354 = ZIP 1980, 476.
[2] OLG Stuttgart JurBüro 1976, 972 und 990 Leitsatz.
[3] OLG Celle Rpfleger 1986, 489.
[4] OLG Hamm JurBüro 1989, 708 mit zust Anm Schroeder.

legt[5] oder vertagt wurde, auch wenn sie nur in einem dann vertagten, aber nicht im endgültigen Verkündungstermin erschienen oder vertreten waren[6], auch wenn sie sich vor dem Ende des Termins wieder entfernt haben: Jedoch gilt das nicht, wenn der erschienene Beteiligte prozeßunfähig war[7]. Es genügt die Anwesenheit eines von mehreren Bevollmächtigten[8]; es genügt die Anwesenheit des bisherigen Bevollmächtigten, auch wenn kurz vor dem Verkündungstermin noch ein weiterer bestellt wurde[8]. Dabei ist natürlich immer vorausgesetzt, daß ein Verkündungstermin gesetzmäßig bekanntgemacht wurde (§ 87 Abs 1 und 2)[9], dann bei Vertagung des Verkündungstermins aber auch, wenn eine „tatsächliche Voraussetzung" für Erteilung des Zuschlags (Zustimmungserklärung nach ErbbauVO §§ 5, 8) im Versteigerungstermin noch nicht vorlag (anders[10], rechtliches Gehör wird jedoch im Verkündungstermin gewährt [§ 87 Abs 1] und Abgrenzung danach, ob sich Beteiligte ausnahmsweise auf rechtzeitige Beibringung der Unterlage einstellen müssen oder nicht bietet überhaupt keinen brauchbaren Anhalt für Beginn der Beschwerdefrist). Das gilt auch, wenn den erschienen gewesenen Personen (fälschlich oder irrtümlich) der Zuschlag auch noch zugestellt wurde[11], sogar mit der falschen Belehrung zugestellt, daß die Anfechtung erst ab Zustellung möglich sei[12]. Eine Belehrung ist ja hier nicht vorgesehen, eine falsche ist unschädlich; Belehrung soll unterbleiben, um Fehler zu vermeiden. Wird durch die falsche Belehrung die Frist versäumt, so ist Wiedereinsetzung gegen die Versäumung der Notfrist möglich; sie ist aber nicht möglich, wenn der Verfahrensbevollmächtigte eines Beteiligten vom Rechtspfleger mündlich unrichtig über die Beschwerdefrist informiert wurde (Verpflichtung zur Prüfung und Wahrung der Frist)[13].

b) **Für alle übrige** Beteiligte, also für alle, die im Versteigerungs- oder Verkündungstermin nicht erschienen und auch nicht ordnungsgemäß vertreten waren, **beginnt** die Frist erst **mit der Zustellung** (§ 88 Satz 1, ZPO § 577 Abs 2).

c) **Für den Ersteher,** für den mithaftenden Bürgen aus § 69 Abs 4 und für den mithaftenden Meistbietenden (bei Abtretung der Rechte nach § 81 Abs 2 oder bei verdeckter Vollmacht nach § 81 Abs 3) **beginnt** die Frist, auch soweit diese Personen in einem der Termine erschienen waren, immer **mit der Zustellung** (§ 88 Satz 1, ZPO § 577 Abs 2). Falls eine dieser Personen gleichzeitig Verfahrensbeteiligter ist, laufen für sie zwei Fristen. Hat sie diejenige als Beteiligter versäumt, kann sie immer noch die Frist etwa als Ersteher einhalten, dann aber nur mit den Anfechtungsgründen, die den Ersteher als solchen beschweren.

2.2 Die gegen die **Versagung des Zuschlags** gegebene befristete Rechtspflegererinnerung/sofortige Beschwerde binnen einer Notfrist von zwei Wochen **beginnt für alle Beteiligten** und die anderen Genannten einheitlich **mit der Verkündung:** Satz 1; dieser Beschluß wird ja nicht zugestellt (§ 87 Abs 1). Dabei ist vorausgesetzt, daß der Verkündungstermin ordnungsgemäß bekanntgemacht ist (§ 87 Abs 1 und 2).

2.3 Wenn der Richter auf **Rechtspflegererinnerung** hin diese nicht vorlegt, sondern unter Aufhebung des Rechtspflegerbeschlusses entscheidet, so **beginnt** die Notfrist der sofortigen Beschwerde einheitlich für alle Beteiligte und für alle

---

[5] OLG Hamm Rpfleger 1995, 176.
[6] OLG Koblenz Rpfleger 1957, 311; OLG Köln JMBlNW 1966, 103; Jaeckel/Güthe § 98 Rdn 2; Steiner/Storz § 98 Rdn 6.
[7] OLG Hamm OLGZ 1991, 459 = Rpfleger 1991, 262.7
[8] OLG Frankfurt JurBüro 1978, 107 = Rpfleger 1977, 417.
[9] OLG Hamm und OLG Köln je aaO (Fußn 1).
[10] OLG Hamm JurBüro 1989, 708 mit zust Anm Schroeder.
[11] OLG Celle Rpfleger 1986, 489; OLG Hamm Rpfleger 1995, 176.
[12] OLG Koblenz und OLG Köln je aaO (Fußn 6).
[13] LG Hannover NJW 1984, 2836.

anderen, denen der Richterbeschluß zugestellt werden muß, **mit der Zustellung**[14].

2.4 Bei sofortiger **weiterer Beschwerde** (soweit sie in Frage kommt, § 95 Rdn 6) **beginnt** die Notfrist von zwei Wochen (ZPO § 577 Abs 2) für alle Beteiligte und die anderen Genannten mit der Zustellung der Beschwerdeentscheidung (ZPO § 577 Abs 2, ZVG § 103). Soweit sie ausnahmsweise den in § 102 Genannten zusteht, beginnt sie für diese ebenfalls mit der Zustellung der Beschwerdeentscheidung.

2.5 Für die **außerordentliche Beschwerde** nach ZPO § 577 Abs 2 Satz 3 (dazu § 96 Rdn 3) läuft eine **Notfrist von einem Monat** (ZPO § 586 Abs 1) statt von zwei Wochen. Sie beginnt, gegen die Erteilung des Zuschlags gerichtet, nicht mit der Zustellung oder sonstigen Wirksamkeit des Zuschlags, auch nicht mit dessen Rechtskraft. Sie **beginnt nicht vor** der **Rechtskraft** des Zuschlags[15], dann aber mit dem Tag, an dem der Beschwerdeführer von dem Anfechtungsgrund (also den Voraussetzungen, wie in § 96 Rdn 3 als „Anlaß" behandelt) **Kenntnis** erhalten hat: ZPO § 586 Abs 2 Satz 1 (anders[16]: die Monatsfrist beginne immer mit der Zustellung des Zuschlagsbeschlusses und bei unterbliebener Zustellung analog §§ 516, 552 mit Ablauf von fünf Monaten nach der Verkündung; dürfte angesichts der vorerwähnten ZPO-Vorschrift abzulehnen sein). War im Zwangsversteigerungsverfahren der Beschwerdeführer nicht gesetzlich vertreten (zB prozeßunfähig), so beginnt die Frist erst mit dem Tag, an dem entweder der wieder selbst zustellungsfähigen Partei oder sonst ihrem gesetzlichen Vertreter die entsprechende Entscheidung (Zuschlagsbeschluß) zugestellt wurde: ZPO § 586 Abs 3. Nach ZPO § 586 Abs 2 Satz 2 (nicht anwendbar auf den eben erwähnten Fall der mangelnden Vertretung, nur auf die anderen Fälle) kann die außerordentliche Beschwerde ohne Rücksicht auf die Kenntnis von den Anfechtungsgründen nach Ablauf einer **Ausschlußfrist von fünf Jahren** seit der Rechtskraft der Entscheidung keinesfalls mehr erhoben werden (dies ist keine Notfrist, weil sie im Gesetz nicht als solche bezeichnet ist[16]; anders[17]: auch dies sei eine Notfrist). Wenn dabei von Rechtskraft die Rede ist, so ist gemeint: die relative Rechtskraft gegenüber dem Beschwerdeführer der außerordentlichen Beschwerde, nicht die Rechtskraft gegenüber allen Beteiligten[18], die zu ganz verschiedenen Einzelzeitpunkten eintreten kann. Die genannte Ausschlußfrist von fünf Jahren gilt (von der erwähnten Ausnahme abgesehen) auch für ZVG-Verfahren[19] (anders[20]: die Ausschlußfrist gelte hier nicht). Zulässig ist in der Frist außerordentliche Beschwerde auch noch nach Erlösverteilung als Beendigung des Zwangsversteigerungsverfahrens[21] (anders[22]), somit auch nach Grundbuchberichtigung (in Rechte Dritter soll aber nicht eingegriffen werden dürfen). Stets aber empfiehlt es sich mit[23], während des Verfahrens so sorgfältig zu verfahren und alle Umstände, auch hinsichtlich Mängeln in der Geschäftsfähigkeit so rechtzeitig zu überprüfen, daß ein Bedürfnis für die außerordentliche Beschwerde gar nicht mehr entstehen kann.

---

[14] Drischler RpflJahrbuch 1961, 292 (B III).
[15] Jaeckel/Güthe § 98 Rdn 6; Korintenberg/Wenz § 98 Anm 5.
[16] Braun NJW 1977, 27.
[17] Schmahl NJW 1977, 27.
[18] KG Berlin OLGZ 1976, 364 = Rpfleger 1976, 368.
[19] Jaeckel/Güthe § 98 Rdn 6; Korintenberg/Wenz § 98 Anm 5.
[20] Braun NJW 1976, 1923 (Fußnote 1).
[21] OLG Oldenburg NdsRpfl 1990, 147 = NJW-RR 1991, 61 = Rpfleger 1990, 179; LG Hannover abgedruckt im Rahmen der Abhandlung Kirberger Rpfleger 1975, 43; Kirberger Rpfleger 1975, 43 (VI 3) (IV 1)und (IV 2).
[22] LG Verden NdsRpfl 1967, 60.
[23] Kirberger Rpfleger 1975, 43 (V).

Beschwerdegegner, mehrere Beschwerden 2.2 § 99

2.6 Ein Rechtsmittel kann (mit Ausnahme der außerordentlichen Beschwerde) schon **vor Beginn** seiner **Frist eingelegt** werden. Begründet werden kann es auch nach Fristablauf. Eine **Begründung** ist nicht vorgeschrieben, aber für sachgemäße Behandlung unerläßlich.
2.7 Unterbleibt bei Personen, denen der Zuschlag zugestellt werden muß, die Zustellung, so **beginnt** für sie die normale Rechtsmittelfrist **nicht zu laufen.** Das muß auch gelten, wenn bei notwendiger Verkündung der Verkündungstermin nicht gesetzmäßig bekanntgemacht war, für alle, denen zu verkünden war. In beiden Fällen sind so Beschwerden noch nach Jahren möglich. Daher sind alle Zustellungen und Verkündungsprotokolle gewissenhaft zu überprüfen, bevor die Rechtskraft festgestellt und das Grundbuchamt nach § 130 um Berichtigung ersucht wird, was ja erst nach Rechtskraft zulässig ist. Manche halten die normale Anfechtung des Zuschlags (nicht die außerordentliche) nach der Erlösverteilung für unzulässig[24], dem kann aber nicht zugestimmt werden.
2.8 Der Fristbeginn kann für einen Beteiligten früher, für einen anderen später liegen, je nachdem, wie Zustellung oder Verkündung für den einzelnen Beteiligten wirksam erfolgt sind. Die einen können noch anfechten, die anderen nicht mehr. Die **Rechtskraft** ist nur **relativ;** die sachliche Wirkung der Entscheidung bleibt in der Schwebe, bis die Rechtskraft auch gegenüber dem bei Zustellung oder Verkündung zeitlich am letzten Liegenden eingetreten ist.

[Beschwerdegegner, mehrere Beschwerden gegen Zuschlag]

99 (1) **Erachtet das Beschwerdegericht eine Gegenerklärung für erforderlich, so hat es zu bestimmen, wer als Gegner des Beschwerdeführers zuzuziehen ist.**
(2) **Mehrere Beschwerden sind miteinander zu verbinden.**

Allgemeines zu § 99   1

Zweck und **Anwendungsbereich:** Klarstellung, wer bei Zuschlagsanfechtung als Beschwerdegegner zuzuziehen ist und Bestimmung, daß mehrere Rechtsmittel miteinander zu verbinden sind. Die Vorschrift gilt für alle Versteigerungsverfahren des ZVG.

Beschwerdegegner wird zugezogen (Absatz 1)   2

2.1 Das Beschwerdegericht muß bei Beschwerde gegen die Zuschlagsentscheidung nicht einen Beschwerdegegner zuziehen. Es kann also von sich aus entscheiden, wenn die Beschwerde ohne weiteres als unzulässig oder unbegründet erkennbar ist oder wenn sie sich auf Vorgänge im Versteigerungstermin stützt, die nach § 80 aus dem Protokoll ersichtlich sein müssen. Es steht im **Ermessen des Gerichts,** ob es einen **Gegner zuziehen** will. Allerdings muß das Gericht das rechtliche Gehör wahren, darf keine einem anderen ungünstige Tatsache verwerten, bevor dieser nicht dazu Gelegenheit zur Stellungnahme hatte. Das rechtliche Gehör ist gewährt, wenn Gelegenheit geboten war, sich über alle für die Entscheidung wesentlich erscheinenden Tatsachen und Rechtsfragen zu äußern (Einl Rdn 46).
2.2 Wenn das Beschwerdegericht eine Gegenerklärung für erforderlich hält, **bestimmt** es, **wer** als Beschwerdegegner **zuzuziehen** sei: Abs 1. Als Gegner kommen solche Beteiligte in Frage, deren Rechte bei erfolgreicher Beschwerde betroffen würden. Es können auch mehrere Gegner bestimmt werden. Zugezogen wird mit gerichtlicher Verfügung, die dem Gegner bekannt zu machen ist[1], wenn er

---
[24] LG Verden NdsRpfl 1967, 60.
[1] OLG Oldenburg JurBüro 1989, 1176.

befristet zu einer Erklärung aufgefordert oder zu einer mündlichen Verhandlung vorgeladen wird. Gegenerklärungen sind durch § 100 Abs 2 auf solche Punkte beschränkt, die das Recht des Zugezogenen betreffen.

2.3 Der als Gegner Zugezogene ist **keine echte Partei,** er wird nur angehört[2]. Die Zuziehung soll nur der Aufklärung dienen. Das Gericht kann niemandem die Parteirolle aufzwingen[3]. Der Zugezogene ist **berechtigt,** sich zu äußern, aber **nicht verpflichtet**[4]. Er kann keine Anträge stellen. Das Gericht ist auch an seine Erklärung nicht gebunden[4]. Es macht keinen Unterschied, ob sich jemand als Zugezogener oder als sonstiger Beteiligter äußert. Alle Erklärungen werden nach Ermessen des Gerichts berücksichtigt, unter Beachtung der Grundsätze des rechtlichen Gehörs, damit nicht der Bestand des Verfahrens in Frage gestellt wird[4].

2.4 Den **Beschwerdeführer** muß das Gericht nicht zu den Erklärungen des Gegners anhören, auch nicht unter dem Gesichtspunkt des rechtlichen Gehörs, vorausgesetzt allerdings, daß es diese Erklärungen des Gegners nicht seiner Entscheidung zugrunde legt (weil sie entweder unbeachtlich sind oder weil das Gericht die Beschwerdegründe schon von Amts wegen beachten muß, zB § 83 Nr 6, 7).

2.5 Da der als Gegner Zugezogene nicht Partei ist, gibt es auch gegenseitig **keine Kostenerstattungsansprüche.** Es kann keine Kostenentscheidung zugunsten des Zugezogenen ergehen[5] (anders[6]). Der Zugezogene kann auch vom Beschwerdeführer (selbst wenn diesem Kosten auferlegt werden sollten) nicht außergerichtliche Kosten erstattet verlangen[7]. Es kann auch nicht zu Ungunsten des Zugezogenen eine Kostenentscheidung ergehen, selbst wenn die Beschwerde des Beschwerdeführers erfolgreich ist[8]. Der Zugezogene kann nur bei Aufhebung des Zuschlags zur Partei im kostenrechtlichen Sinn werden, wenn besondere Umstände hinzutreten, die ihn im Verhältnis zum Beschwerdeführer zur unterliegenden Partei machen[9], weil zB ihm gegenüber wegen Fehlens einer wesentlichen Voraussetzung und damit wegen gesetzwidrigen Verfahrens der Zuschlag zu versagen war, mit der Wirkung, daß sein Verfahren als aufgehoben gilt (§ 86)[10], wenn also der Beschwerdeführer und ein anderer Beteiligter mit entgegengesetzten Interessen und Anträgen streiten, wenn der Erfolg des einen der Mißerfolg des anderen ist[11]. Bloße Übersendung der Beschwerdeschrift mit Gelegenheit zur Stellungnahme enthält keine Bestimmung über Zuziehung als Beschwerdegegner, ermöglicht Kostenentscheidung zu Lasten des Angehörten somit nicht[12].

2.6 Was für die Zuschlagsbeschwerde Rdn 2.1–2.5 gesagt ist, gilt auch für die **weitere Beschwerde** gegen die Zuschlagsentscheidung, positive wie negative, und für die **Rechtspflegererinnerung** (hier kann der Richter einen Gegner zuziehen) (RpflG § 11 Abs 4).

---

[2] OLG Hamburg MDR 1957, 753; OLG Hamm JMBlNW 1962, 126; OLG Schleswig SchlHA 1956, 294; LG Nürnberg-Fürth Rpfleger 1963, 205 mit zust Anm Drischler.

[3] OLG Hamburg MDR 1957, 753.

[4] LG Nürnberg-Fürth aaO (Fußn 2).

[5] OLG Hamburg MDR 1957, 753; OLG Hamm KTS 1977, 50 = NJW 1976, 1754 = OLGZ 1976, 489 = Rpfleger 1976, 146.

[6] Korintenberg/Wenz § 100 Anm 4.

[7] LG Nürnberg-Fürth aaO (Fußn 2); Schiffhauer BlGrBW 1966, 93 (XX 4).

[8] OLG Bremen MDR 1985, 590 = Rpfleger 1985, 160; OLG Hamm NJW 1976, 1754 = aaO (Fußn 5); OLG Hamburg MDR 1957, 753; OLG Schleswig SchlHA 1956, 294 und 1958, 10; Mohrbutter, Handbuch des Vollstreckungsrechts, § 44 (III c); Drischler RpflJahrbuch 1961, 292 (B III).

[9] OLG Bremen MDR 1985, 590 = Rpfleger 1985, 160; OLG Hamm JMBlNW 1966, 226 = JurBüro 1966, 894 = OLGZ 1967, 57.

[10] OLG Hamm JMBlNW 1962, 126 und Rpfleger 1966, 24,

[11] OLG Bremen MDR 1985, 590 = Rpfleger 1985, 160; OLG Hamm NJW 1976, 1754 = aaO (Fußn 5).

[12] OLG Oldenburg JurBüro 1989, 1176.

Mehrere Beschwerden werden verbunden (Absatz 2) 3

3.1 Mehrere Zuschlagsbeschwerden (positive wie negative) müssen miteinander verbunden werden: Abs 2. Es ist dies allerdings nur eine **Ordnungsvorschrift;** ein Verstoß gegen sie berechtigt nicht zu einer weiteren Beschwerde. Das Gericht muß auch nicht abwarten, ob noch weitere Beschwerden eingehen, bevor es eine ihm vorliegende bearbeitet.

3.2 Was für die Beschwerde gesagt ist, gilt auch für die **Rechtspflegererinnerung** (RpflG § 11 Abs 4). Auch hier sind mehrere Anfechtungsverfahren miteinander zu verbinden.

[Zulässige Beschwerdegründe gegen Zuschlagsentscheidung]

100 (1) **Die Beschwerde kann nur darauf gestützt werden, daß eine der Vorschriften der §§ 81, 83 bis 85 a verletzt oder daß der Zuschlag unter anderen als den der Versteigerung zugrunde gelegten Bedingungen erteilt ist.**

(2) **Auf einen Grund, der nur das Recht eines anderen betrifft, kann weder die Beschwerde noch ein Antrag auf deren Zurückweisung gestützt werden.**

(3) **Die im § 83 Nr 6, 7 bezeichneten Versagungsgründe hat das Beschwerdegericht von Amts wegen zu berücksichtigen.**

Allgemeines zu § 100 1

1.1 Zweck der Vorschrift: Erschöpfende Bezeichnung der Beschwerdegründe für die Zuschlagsanfechtung.

1.2 Anwendungsbereich: Die Vorschrift gilt für alle Versteigerungsverfahren des ZVG.

Beschränkung der Beschwerdegründe gegenüber Zuschlag (Absatz 1) 2

2.1 Abgesehen von den allgemeinen Beschränkungen bei der Anfechtung der Zuschlagsentscheidung (§ 96 Rdn 2) und neben der Beschränkung der Beschwerdeberechtigten (§ 97 Rdn 2) bringt § 100 eine **Beschränkung** der Beschwerdegründe, indem sie die möglichen **erschöpfend** aufzählt.

2.2 Die Anfechtungsgründe müssen immer genau angegeben werden. Eine **Begründung** ist zwar gesetzlich für die Anfechtung nicht vorgeschrieben, aber tatsächlich unerläßlich. Wenn die Erinnerung/Beschwerde auf andere als zulässige Gründe gestützt wird, ist sie als unbegründet zurückzuweisen, nicht als unzulässig zu verwerfen[1].

2.3 Es gibt **nur folgende** Beschwerdegründe, auf die eine Zuschlagsbeschwerde gestützt werden kann:

a) **Verstoß gegen ZVG § 81:** Das Gebot, auf das der Zuschlag erteilt wurde, ist nicht das Meistgebot oder kein gültiges Meistgebot, weil zB der Bieter geschäftsunfähig ist, oder weil die notwendige Zustimmung einer Behörde fehlt (§ 71 Abs 2), oder weil das Gebot wirksam angefochten ist. Verstoß gegen § 81 ist außerdem gegeben, wenn der Ersteher, dem der Zuschlag erteilt wurde, weder durch (wirksame) Abtretung des Meistgebots (§ 81 Abs 2) noch als verdeckter Vertreter (§ 81 Abs 3) Zuschlagsberechtigt war. Die urkundlichen Nachweise zu § 71 Abs 2, § 81 Abs 2, 3 können im Beschwerdeverfahren nicht zur Begründung nachgebracht werden (sonst § 71 Rdn 6, § 81 Rdn 3). Nichtbeachtung von § 81

---

[1] OLG Hamm JMBlNW 1959, 183; Korintenberg/Wenz § 100 Anm 1; Steiner/Storz § 100 Rdn 2; Drischler KTS 1971, 258 (260).

Abs 2 oder 3 ist kein Verstoß gegen § 83 Nr 6, daher nicht nach Abs 3 von Amts wegen zu beachten[2].

b) **Verstoß gegen ZVG § 83:** Es ist ein Versagungsgrund, insbesondere ein von Amts wegen zu beachtender nach § 83 Nr 6, 7 unbeachtet geblieben oder zu Unrecht angenommen worden.

Zu § 83 **Nr 1:** Der Schuldner hat bei Verletzung von § 43 Abs 2 gegenüber einem anderen Beteiligten nur dann ein Anfechtungsrecht, wenn dieser andere Beteiligte nicht das Verfahren nach § 84 genehmigt und wenn dieser andere gemäß § 84 Abs 1 beeinträchtigt ist (dann ist auch der Schuldner beeinträchtigt und hat damit ein rechtliches Interesse an der Beschwerde). Hierher gehört auch unterlassene oder unrichtige Festsetzung von Zuzahlungsbeträgen nach § 51[3] oder die Zuschlagserteilung unter anderen als den in der Versteigerung zugrunde gelegten Bedingungen, zB mit Bestehenlassen weiterer Rechte im Zuschlag, als vorher festgelegt, oder unter Herausnahme von nachträglich freigegebenen Zubehörstücken, obwohl in den Versteigerungsbedingungen des Termins nicht ausgenommen und vom Meistbietenden nicht verzichtet (§ 81 Rdn 11).

Zu § 83 **Nr 6:** Ein von Amts wegen zu beachtender Verfahrensverstoß, der die Durchführung oder Fortsetzung des Verfahrens unzulässig macht, kann in der Nichtbeachtung oder unsachgemäßen Ablehnung eines vor der Zuschlagserteilung gestellten Einstellungsantrags aus ZPO § 765 a liegen[4] (Einl Rdn 59, § 83 Rdn 2) oder in der Nichtbeachtung der Aufhebungs- oder Einstellungstatbestände aus ZPO §§ 775–776. Soweit ein Verstoß gegen Einstellungsmöglichkeiten nach § 30 a, d gerügt wird, könnte das in einer weiteren Beschwerde gemäß § 30 b Abs 3 keinesfalls mehr geltend gemacht werden[5]. Der Zuschlag kann auch nicht damit angefochten werden, daß nach Versäumung der Notfrist für den Einstellungsantrag aus §§ 30 a, d jetzt die Voraussetzungen für eine Wiedereinsetzung gegeben seien[6].

c) **Verstoß gegen ZVG § 84:** Hierunter fällt zB eine nicht formgerechte Genehmigung des Verfahrens (§ 84 Abs 2) durch den beeinträchtigten Beteiligten (sonst § 84 Rdn 2, 3).

d) **Verstoß gegen ZVG § 85:** Dazu gehört es zB, wenn der Antrag eines Bevollmächtigten entgegengenommen wird, obwohl die Vollmacht nicht öffentlich beglaubigt ist (sonst § 85 Rdn 2).

e) **Verstoß gegen ZVG § 85 a:** Hierunter fällt es, wenn das Gericht etwa im ersten Versteigerungstermin die Vorschrift übersieht oder das Meistgebot samt Kapitalwert der bestehenbleibenden Rechte (§ 85 a Abs 1) falsch berechnet oder aber im zweiten Termin entgegen § 85 a Abs 2, § 74 a Abs 4 erneut den Zuschlag versagt.

2.4 Eine als Anfechtungsgrund zugelassene **Gesetzesverletzung** liegt nur vor, wenn der Versagungsgrund **bei Verkündung** des Zuschlags gegeben war, wenn das Vollstreckungsgericht also auf den ihm unterbreiteten Sachverhalt die gesetzlichen Vorschriften nicht oder nicht richtig angewendet hat. Durch § 100 ist die Möglichkeit aus ZPO § 570, die Anfechtung auf neue Tatsachen und Beweismittel zu stützen, ausgeschaltet (dazu § 96 Rdn 2; auch für Abweichung bei Versagung des Zuschlags). Auch neue Tatsachen zu einem früheren Antrag können nicht vorgebracht werden (§ 96 Rdn 2.2). **Ohne Einfluß** ist es auch, wenn **nach der Zuschlagsverkündung** der betreibende Gläubiger befriedigt ist oder der Ersteher auf den Zuschlag wieder verzichten will oder die Beteiligten sich über die Aufhebung des Zuschlags einigen wollen. Alle diese Umstände berechtigen das

---

[2] LG Heilbronn Rpfleger 1986, 78.
[3] Schiffhauer Rpfleger 1975, 187 (II 5).
[4] OLG Nürnberg NJW 1954, 722.
[5] OLG München BayJMBl 1954, 160.
[6] Böhle-Stamschräder NJW 1953, 1494 (III 3 b).

Beschwerdegericht nicht, ohne einen der in § 100 aufgezählten Gründe den Zuschlag aufzuheben. Es können nach Erteilung des Zuschlags nicht nachträglich Versagungsgründe geschaffen werden.

2.5 Für alle Vorgänge im Versteigerungstermin entscheidet bei der Zuschlagsentscheidung allein der **Inhalt des Protokolls:** § 80. Es kann höchstens die Berichtigung des Protokolls angeregt werden, jedoch kann die Zuschlagsanfechtung nicht auf angeblich unterlassene Vorgänge, die im Protokoll aber verzeichnet sind, oder auf angeblich falsch durchgeführte, entgegen der Fassung des Protokolls, gestützt werden.

2.6 Die in Ausnahmefällen mögliche **außerordentliche Beschwerde** (§ 96 Rdn 3) schafft auch keine zusätzlichen Beschwerdegründe, sie verlängert nur die Notfrist, macht aber die Begründung aus § 100 nicht entbehrlich (dazu § 96 Rdn 3).

2.7 Wenn der **Grundstückswert festgesetzt** ist, kann der Zuschlag oder dessen Versagung nicht mit der Begründung angefochten werden, der Wert sei unrichtig festgesetzt: § 74 a Abs 5 Satz 4. Dies wird mit Recht dahin begrenzt, daß eine rechtskräftige Festsetzung des Wertes diese Anfechtung verhindert, daß aber bei noch nicht rechtskräftiger Festsetzung sehr wohl der Wertbeschluß und gleichzeitig die Zuschlagsentscheidung angefochten werden kann (§ 74 a Rdn 9.8).

2.8 Gesetzesänderungen nach der Zuschlagsverkündung bleiben grundsätzlich außer Betracht[7], weil der Zuschlag sofort mit der Verkündung wirksam ist[8]. Sie können nur beachtet werden, wenn sie auf den Zeitpunkt des Zuschlags oder früher zurückwirken. So verhält es sich auch mit dem Kreis der Beteiligten; das Rechtsmittelgericht darf nur diejenigen Beteiligten berücksichtigen, die auch für das Vollstreckungsgericht maßgebend waren[9]. Bei Zuschlagsversagung sind dagegen Gesetzesänderungen, die nach der Entscheidung, aber bis zur Beschwerdeentscheidung erfolgen, zu beachten[10], ebenso hier auch **Änderungen in den Beteiligten.**

2.9 Wie Gesetzesänderungen sind auch **andere Vorgänge** nach Erteilung des Zuschlags **unbeachtlich;** so wenn nachher das Vergleichsverfahren eröffnet wurde oder wenn nachher im Vergleichsverfahren der Vergleich bestätigt wurde (es kann nicht mehr vorgetragen werden, daß VerglO § 87 Abs 1 angewendet werden müsse; neue Tatsache, auf die nicht Anfechtung gestützt werden kann[11]); unbeachtlich auch nachher Einstellungsbewilligung des betreibenden Gläubigers (spätestens vor der Erteilung des Zuschlags, § 30 Rdn 2); ebenso Einstellungsanträge des Schuldners oder Konkursverwalters nach §§ 30 a, c, d (sofern Frist nicht schon früher abgelaufen, spätestens vor Erteilung des Zuschlags); auch Einstellungsantrag aus ZPO § 765 a (Einl Rdn 57), meistens verbunden mit der Erklärung des Schuldners, er könne jetzt umschulden lassen, er wolle den betreibenden Gläubiger jetzt wegfertigen, oder gar mit einer Zahlung an den betreibenden Gläubiger (auch Zahlungen spätestens vor Erteilung des Zuschlags, § 75 Rdn 2) (neue Anträge aus § 765 a nie in der Zuschlagsbeschwerde möglich, Schuldner muß sich vor dem Zuschlag hierauf berufen haben[12]); nach Erteilung des Zuschlags auch unbeachtlich prozeßgerichtliche Einstellung, die sich nur noch auf die Verteilung des Erlöses auswirken kann. Alle diese Fälle können in der Rechtsmittelinstanz nur behandelt werden, wenn die Ereignisse (Erklärung, Antrag[12], Zahlung usw) vor der Erteilung des Zuschlags geschahen und nur zu Unrecht nicht oder nicht richtig in der Zuschlagsentscheidung vorbeschieden wurden, weil dies ein Verstoß gegen § 83 sein kann.

---

[7] OLG Nürnberg BayJMBl 1954, 68 und 69.
[8] Schiffhauer KTS 1970, 225 (Anmerkung).
[9] OLG Nürnberg BayJMBl 1954, 68.
[10] OLG Oldenburg KTS 1970, 224 mit zum Teil abl Anm Schiffhauer.
[11] Drischler RpflJahrbuch 1977, 366 (389).
[12] Mohrbutter Rpfleger 1967, 102 (4).

§ 100 2.10   Beschwerde

2.10 Alles was vorstehend zur Beschwerde gesagt ist, muß sinngemäß auf die befristete **Rechtspflegererinnerung** gegen den Zuschlag angewendet werden (RpflG § 11 Abs 4).

3 Nur Recht eines anderen betroffen (Absatz 2)

3.1 Auch wenn ein Beschwerdegrund vorliegt, muß der Beschwerdeführer ein **rechtliches Interesse** haben, er muß selbst von dem Beschwerdegrund in seinem Recht betroffen sein, er kann sich nicht auf Gründe berufen, die nur das Recht eines anderen betreffen (Abs 2), soweit es sich nicht um von Amts wegen zu beachtende Umstände (§ 83 Nr 6, 7) handelt (§ 100 Abs 3)[13]. Mangels einer Beschwer kann daher der Ersteher den Zuschlag nicht mit der Begründung anfechten, das geringste Gebot sei zu hoch berechnet, wenn der Zuschlag genau nach den aufgestellten Versteigerungsbedingungen erteilt ist; hierzu § 97 Rdn 2. Von mehreren Beteiligten (zB Miterben) kann hier jeder selbständig handeln.

3.2 Beschwer ist auch nötig, wenn Erteilung oder Versagung des Zuschlags mit der Begründung angefochten wird, die nicht rechtskräftige Wertfestsetzung sei unrichtig oder Überprüfung des rechtskräftigen Wertes sei fehlerhaft nicht erfolgt (Beschwerdegrund nach § 83 Nr 5; dazu § 83 Rdn 2.9)[14] (anders[15]). Es fehlt die Beschwer, wenn der Wert richtig festgesetzt ist oder der richtige höhere Wert durch das Meistgebot überschritten ist oder wenn der Anfechtende auch beim höheren Wert nicht gedeckt wird[16]. Zudem ist § 74 a, wenn überhaupt, nur in der Beschwerde überprüfbar, nicht in einer weiteren[17] (anders[18]).

4 Von Amts wegen zu berücksichtigende Versagungsgründe (Absatz 3)

4.1 Von Amts wegen zu berücksichtigen hat das Beschwerdegericht die Verletzung des § 83 Nr 6, 7. Diese Mängel sind nicht nach § 84 heilbar, für das Verfahren damit so wesentlich, daß bei ihrer Verletzung der Zuschlag keinen Bestand haben kann.

4.2 Auch zu einer Prüfung von Amts wegen kann es nur kommen, wenn das Verfahren durch eine rechtzeitige und von einem Beschwerdeberechtigten (§ 97) ausgehende statthafte Anfechtung an die Rechtsmittelinstanz gelangt, gleich aus welchem Grund und ob die vorgetragenen Gründe berechtigt sind und der Rechtsmittelführer beschwert ist[19]. Die Rechtsmittelinstanz kann **nicht von Amts wegen** Verfahren an sich ziehen, auch wenn es von Mängeln erfährt. Sowie aber das Verfahren durch ein Rechtsmittel zu ihr gelangt, muß sie ohne Rücksicht auf die vorgetragenen Gründe, die gestellten Anträge und die Beschwer des Anfechtenden dann von Amts wegen Verstöße nach § 83 Nr 6–7 prüfen und beurteilen. Bei mangelnder Beschwer besteht ja sonst kein Anfechtungsrecht; so nicht für den Schuldner bei Nichtbeachtung von Vorkaufsrechten Dritter[20]; nicht für den betreibenden Gläubiger, wenn das Gericht den Zuschlag nicht dem Meistbietenden, sondern einem gesetzlich Vorkaufsberechtigten (zB Gemeinde) auf Grund des geltenden Vorkaufsrechts erteilt, selbst wenn der Meistbietende außerhalb des Versteigerungsverfahrens dem betreibenden Gläubiger einen zusätz-

---

[13] OLG Koblenz NJW 1959, 1833.
[14] Stöber Rpfleger 1969, 221 (VIII a–b).
[15] OLG München NJW 1968, 2249 = Rpfleger 1969, 250.
[16] Stöber Rpfleger 1969, 221 (VIII c).
[17] Stöber Rpfleger 1969, 221 (VIII e).
[18] OLG München NJW 1968, 2249 = Rpfleger 1969, 250.
[19] OLG Köln Rpfleger 1989, 298 = WM 1989, 2754.
[20] LG Lübeck SchlHA 1961, 249.

lichen Geldbetrag versprochen hat[21]; nicht auch mit der Begründung, daß der Ersteher ein Bietabkommen geschlossen habe (vielleicht Schadensersatzansprüche, aber kein Einfluß auf das Verfahren).[22]

[Zuschlagsentscheidung auf erste und weitere Beschwerde]

101 (1) **Wird die Beschwerde für begründet erachtet, so hat das Beschwerdegericht unter Aufhebung des angefochtenen Beschlusses in der Sache selbst zu entscheiden.**

(2) **Wird ein Beschluß, durch welchen der Zuschlag erteilt ist, aufgehoben, auf weitere Beschwerde aber für begründet erachtet, so ist unter Aufhebung des Beschlusses des Beschwerdegerichts die gegen die Erteilung des Zuschlags erhobene Beschwerde zurückzuweisen.**

Allgemeines zu § 101 1

Zweck und **Anwendungsbereich**: Sofortige Entscheidung des Beschwerdegerichts bei begründeter Beschwerde gegen die Zuschlagsentscheidung, damit das Verfahren nicht verzögert wird. Die Vorschrift gilt für alle Versteigerungsverfahren des ZVG.

Beschwerdegericht entscheidet (Absatz 1) 2

2.1 Ist die Beschwerde gegen eine Zuschlagsentscheidung unzulässig (zB verspätet), so wird sie vom Beschwerdegericht **verworfen** (ZPO § 574 Satz 2). Ist sie unbegründet (der gerügte Mangel greift nicht durch und ein von Amts wegen zu berücksichtigender Versagungsgrund besteht nicht), so wird sie vom Beschwerdegericht **zurückgewiesen.**

2.2 Ist die Beschwerde begründet, so darf entgegen ZPO § 575 das Beschwerdegericht **nicht** das Verfahren an das Erstgericht **zurückverweisen**, sondern muß unter Aufhebung des angefochtenen Beschlusses in der Sache selbst entscheiden: Abs 1. Damit stimmen überein[1] (dagegen unrichtig, weil gegen das Gesetz verstoßend[2]). Diese Regelung trägt der gebotenen Beschleunigung des Verfahrens und der Tatsache Rechnung, daß dem Beschwerdegericht bereits das Sachverhältnis vollständig zur Entscheidung vorliegt[3]. Nur wenn das Landgericht über die Erinnerung gegen einen Zuschlagsbeschluß des Rechtspflegers entscheidet, der ihm noch nicht vom Richter des Vollstreckungsgerichts nach RpflG § 11 Abs 2 Satz 3 vorgelegt worden ist, kann auf sofortige Beschwerde der angefochtene Beschluß aufgehoben werden; § 101 steht dem nicht entgegen[3].

2.3 Entschieden wird durch **Beschluß**. Es wird entweder die Zuschlagsversagung aufgehoben und Zuschlag erteilt oder der Zuschlag aufgehoben und Zuschlag versagt oder der Zuschlag aufgehoben und Zuschlag an einen anderen oder unter anderen Bedingungen erteilt.

2.4 Diese Regeln gelten auch, wenn im Rahmen der Zuschlagsentscheidung ein Antrag aus **ZPO § 765 a** zu verbescheiden ist. Auch insoweit darf nicht zurückverwiesen werden, damit etwa das Vollstreckungsgericht über diesen Antrag ent-

---

[21] LG Lübeck SchlHA 1955, 364.
[22] LG Itzehoe SchlHA 1969, 232.
[1] OLG Koblenz NJW 1955, 148 und 427 Leitsatz mit Anm Jansen; OLG Köln KTS 1989, 464 = Rpfleger 1989, 210; OLG München Rpfleger 1983, 324; Jaeckel/Güthe § 101 Rdn 1; Mohrbutter zu LG Münster NJW 1958, 388 (Anmerkung).
[2] LG Münster MDR 1958, 173 mit abl Anm Flies und zust Anm Holthöfer = NJW 1958, 149 und 388 Leitsatz mit krit Anm Mohrbutter.
[3] OLG Frankfurt Rpfleger 1980, 31.

§ 101 2.4 Beschwerde

scheiden könne[4]. Es darf auch nicht ein §-765 a-Verfahren neben dem Zuschlagsverfahren stattfinden[5]. Wenn das Beschwerdegericht trotzdem gesetzwidrig zurückverweist, ist hiergegen Vollstreckungserinnerung (zum Beschwerdegericht selbst) möglich[5].

2.5 Auch das Beschwerdegericht darf den Zuschlag nur zu den **Bedingungen des Versteigerungstermins** erteilen, es muß sonst (wenn diese Bedingungen nicht einhaltbar sind) den Zuschlag versagen[6]. Es müssen also geringstes Gebot und Versteigerungsbedingungen unverändert der Entscheidung zugrunde gelegt werden können. Das Beschwerdegericht darf nicht mit Erlöschen von Rechten, die nach dem geringsten Gebot bestehenbleiben, den Zuschlag erteilen, auch nicht unter Wegfall einer Versteigerungsbedingung[7].

2.6 Was bisher für die Beschwerde gesagt wurde, gilt entsprechend auch für die **Rechtspflegererinnerung** (RpflG § 11 Abs 4). Auch der Richter darf also nicht, wenn er die Rechtspflegerentscheidung aufhebt, an diesen zurückverweisen[8].

2.7 Wenn das Beschwerdegericht den Zuschlag nach § 74 a, § 85 a versagt, kann es nicht den notwendigen neuen Versteigerungstermin (§ 74 a Abs 3 Satz 1, § 85 a Abs 2 Satz 1) für das Amtsgericht ansetzen, sondern in seiner Entscheidung dieses nur anweisen, sofort Versteigerungstermin anzusetzen.

2.8 Wird der Zuschlag vom Beschwerdegericht erteilt, so wird die **Vollstreckungsklausel** dazu doch im ersten Rechtszug erteilt: ZPO § 724 Abs 2 (die Akten gehen ja in die Vorinstanz zurück).

2.9 Gegen einen in der Beschwerde ergangenen Zuschlagsbeschluß sind keine **Gegenvorstellungen** zulässig, weil der Zuschlag nicht vom Beschwerdegericht widerrufen werden kann[9].

3 Gericht der weiteren Beschwerde entscheidet (Absatz 2)

3.1 Das Gebot der **eigenen Sachentscheidung** (Abs 1) gilt grundsätzlich auch für das Gericht der weiteren Beschwerde[10]. Bei schwerwiegendem Verfahrensverstoß (gravierendem Verfahrensmangel), so wenn das Landgericht in der Sache abschließend gar nicht entschieden hat[10] – oder wenn wegen Verletzung des rechtlichen Gehörs das gesamte Vorbringen in der Beschwerdeinstanz unberücksichtigt geblieben ist[11] – ist Zurückverweisung durch das Beschwerdegericht an das Landgericht (nicht aber an das Amtsgericht) jedoch möglich.

3.2 Wird der **Zuschlag** des Vollstreckungsgerichts vom Beschwerdegericht aufgehoben, aber **auf weitere Beschwerde** hin der Zuschlag des Vollstreckungsgerichts wieder für **richtig befunden**, so muß auf die weitere Beschwerde hin der Beschwerdebeschluß aufgehoben und die Beschwerde gegen den Zuschlag des Vollstreckungsgerichts zurückgewiesen werden: Abs 2. Die Wirksamkeit des Zuschlags tritt dann so ein, als ob der Zuschlag nie aufgehoben worden wäre, nämlich mit der ersten Verkündung nach § 89. Das muß sogar dann gelten, wenn in der weiteren Beschwerde entgegen dieser Vorschrift der Zuschlag ausdrücklich neu erteilt wird. Diese Vorschrift ist auch entsprechend anzuwenden, wenn der Zuschlag

---

[4] OLG Hamm KTS 1970, 228 mit zust Anm Mohrbutter = OLGZ 1970, 189; Anheier NJW 1956, 1668; Leyerseder MDR 1956, 644.
[5] OLG Hamm aaO (Fußn 4).
[6] Drischler KTS 1971, 258 (261); Schiffhauer BlGrBW 1968, 205 (XXIII 3).
[7] OLG Hamm MDR 1969, 56 = NJW 1969, 516 = OLGZ 1969, 63 = Rpfleger 1968, 403.
[8] OLG Hamm JurBüro 1966, 894 = OLGZ 1967, 57; OLG Köln aaO (Fußn 1); Drischler KTS 1971, 258 (261) und RpflJahrbuch 1973, 328 (2).
[9] OLG Braunschweig OLGZ 1965, 313.
[10] OLG München Rpfleger 1983, 324; OLG Karlsruhe Rpfleger 1995, 471; OLG Koblenz ZIP 1987, 1531 (1534).
[11] OLG Köln MDR 1990, 556 = Rpfleger 1990, 434.

vom Rechtspfleger erteilt, vom Richter auf Rechtspflegererinnerung hin aufgehoben war und nun vom Beschwerdegericht für richtig befunden wird (RpflG § 11 Abs 4); es erteilt ihn nicht neu, sondern hebt den Richter auf und weist die Rechtspflegererinnerung zurück.

[Zusätzliche weitere Beschwerde nach Erlösverteilung]

102 (1) **Hat das Beschwerdegericht den Beschluß, durch welchen der Zuschlag erteilt war, nach der Verteilung des Versteigerungserlöses aufgehoben, so steht die weitere Beschwerde auch denjenigen zu, welchen der Erlös zugeteilt ist.**

Allgemeines zu § 102 1

Zweck und **Anwendungsbereich:** Besondere Berechtigung für weitere Beschwerde, wenn der Zuschlag nach Erlösverteilung aufgehoben wurde. Die Vorschrift gilt für alle Versteigerungsverfahren des ZVG.

Weitere Beschwerde gegen Zuschlagsaufhebung nach Verteilung 2

2.1 Der Verteilungstermin kann unabhängig von der Rechtskraft des Zuschlags angesetzt und durchgeführt werden, nämlich sofort „nach der Erteilung des Zuschlags": § 105 Abs 1. Es ist daher möglich, daß nach der Erlösverteilung der Zuschlag vom Beschwerdegericht aufgehoben wird. In diesem Fall gibt § 102 ein zusätzliches Recht auf weitere Beschwerde gegen die Zuschlagsentscheidung. Der **Kreis der** normal nach § 97 **Beschwerdeberechtigten** wird für einen Ausnahmefall **erweitert,** nämlich um die Personen, denen der Erlös zugeteilt ist. Bei ihnen wird das für eine Beschwerde erforderliche rechtliche Interesse (§ 100 Abs 1) kraft Gesetzes angenommen.

2.2 Das Vollstreckungsgericht muß also den Zuschlag erteilt, das Beschwerdegericht ihn wieder aufgehoben haben, und der Erlös muß zu diesem Zeitpunkt bereits verteilt sein. § 102 ist aber nicht anwendbar, wenn zwar der Teilungsplan aufgestellt, sein Vollzug aber nach § 116 ausgesetzt ist[1] (anders[2]). Der Beschwerdeführer der weiteren Beschwerde muß bei der Erlösverteilung ganz oder zum Teil zum Zug gekommen sein. **Nicht berechtigt** zur weiteren Beschwerde ist darum, wer bei der Erlösverteilung ausgefallen ist oder der, dessen Recht bestehengeblieben ist, sofern er nicht wenigstens Zinsen oder Kosten aus dem Erlös bekommen hat.

2.3 Wenn der Zuschlag wieder aufgehoben wird, hat das Vollstreckungsgericht alles zu tun, was ihm noch möglich ist, um die **Folgen** des Zuschlags **rückgängig zu machen** (§ 96 Rdn 3), insbesondere die Folgen der Erlösverteilung: die noch nicht ausbezahlten Beträge sind sofort zurückzuhalten, hinterlegte Beträge sind an den Hinterleger zurückzuzahlen usw. Weil für das Berichtigungsersuchen an das Grundbuchamt nach § 130 immer Rechtskraft nötig ist, kann hier wenigstens kein Nachteil eintreten (sofern nicht ausnahmsweise auf eine außerordentliche Beschwerde hin, § 96 Rdn 3, aufgehoben wird). Soweit sich die Beteiligten nicht einigen können, bleibt nur der Prozeßweg. Das Versteigerungsverfahren selbst muß das Vollstreckungsgericht, je nachdem, ob es fortgesetzt werden darf oder nicht, als eingestellt oder aufgehoben behandeln (§ 86).

2.4 Die Vorschrift ist sinngemäß auch anzuwenden, wenn der Richter auf **Rechtspflegererinnerung** hin den Zuschlag des Rechtspflegers nach der Erlösverteilung aufhebt (RpflG § 11 Abs 4). Praktisch kommt dies wohl nicht vor, weil ein gewissenhafter Rechtspfleger, solange Erinnerungen gegen seinen Zuschlag laufen, keinesfalls Verteilungstermin ansetzen wird.

---

[1] Dassler/Muth § 102 Rdn 5.
[2] Jaeckel/Güthe § 102 Rdn 1.

§ 103

[Zustellung der Beschwerdeentscheidung]

103 Der Beschluß des Beschwerdegerichts ist, wenn der angefochtene Beschluß aufgehoben oder abgeändert wird, allen Beteiligten und demjenigen Bieter, welchem der Zuschlag verweigert oder erteilt wird, sowie im Falle des § 69 Abs 4 dem für mithaftend erklärten Bürgen und in den Fällen des § 81 Abs 2, 3 dem Meistbietenden zuzustellen. Wird die Beschwerde zurückgewiesen, so erfolgt die Zustellung des Beschlusses nur an den Beschwerdeführer und den zugezogenen Gegner.

1 Allgemeines zu § 103

Zweck und **Anwendungsbereich:** Die Vorschrift bestimmt, wie die Entscheidung über die Beschwerde gegen eine Zuschlagsentscheidung den Beteiligten bekanntzumachen ist. Sie gilt für alle Versteigerungsverfahren des ZVG, und zwar bei der Zuschlagsanfechtung.

2 Zustellung der Zuschlagsbeschwerdeentscheidung

2.1 Die den Zuschlag versagende Entscheidung des Vollstreckungsgerichts wird nur verkündet (§ 87 Abs 1), die den Zuschlag erteilende wird verkündet (§ 87 Abs 1) und außerdem bestimmten Personen zugestellt (§ 88). Alle **Entscheidungen des Beschwerdegerichts** und des Gerichts der weiteren Beschwerde (positive wie negative) werden grundsätzlich **zugestellt** (§ 103), auch wenn mündliche Verhandlung stattgefunden hat (selten) und Verkündung der Beschwerdeentscheidung erfolgt ist. Für den Kreis der Zustellungsempfänger bringt dabei § 103 eine Besonderheit, die von ZPO § 329 abweicht.

2.2 Wird eine Beschwerde oder weitere Beschwerde (als unzulässig oder unbegründet) **zurückgewiesen,** also der vorausgehende Beschluß (gleich, ob er den Zuschlag erteilt oder versagt) bestätigt, so wird diese Entscheidung (über die Beschwerde oder die weitere Beschwerde) nur an den Beschwerdeführer und an den zugezogenen Gegner (§ 99 Abs 1) zugestellt: Satz 2.

2.3 Wird auf Beschwerde oder weitere Beschwerde die angefochtene Zuschlagsentscheidung (gleich, ob sie den Zuschlag erteilt oder versagt hatte) **aufgehoben** oder geändert (es genügt auch eine Änderung in Nebenpunkten[1]), so muß die Entscheidung (über die Beschwerde oder die weitere Beschwerde) allen Beteiligten (wie in § 9) zugestellt werden, außerdem dem Bieter, dem der Zuschlag jetzt verweigert oder erteilt wird (falls er nicht ohnehin schon Beteiligter ist) und auch dem für mithaftend erklärten Bürgen aus § 69 und dem Meistbietenden im Falle von § 81 Abs 2 (Abtretung der Rechte aus dem Meistgebot) und § 81 Abs 3 (verdeckte Vollmacht): Satz 1.

2.4 Die Zustellung erfolgt auch hier **von Amts wegen** nach § 3 und mit den Möglichkeiten einer Ersatzzustellung nach §§ 4–6. Durchgeführt wird sie vom Gericht der Beschwerde oder weiteren Beschwerde. Mit der Zustellung beginnt (falls noch zulässig) die Frist für eine sofortige weitere Beschwerde.

2.5 Die Vorschrift ist sinngemäß anzuwenden, wenn der Richter auf **Rechtspflegererinnerung** hin über die Zuschlagsentscheidung des Rechtspflegers zu befinden hat (das kann er nur, wenn er ihr abweicht, da er sonst die Erinnerung, wenn er sie bestätigt, dem Beschwerdegericht vorlegen muß): RpflG § 11 Abs 4.

2.6 Auf die Zustellung kann man ausdrücklich **verzichten.** Der Ersteher kann allerdings nicht verzichten, wenn ihm durch das Beschwerdegericht erst der Zuschlag erteilt wird, weil dieser Beschluß nach § 104 nur mit der Zustellung wirksam wird (dies gilt auch, wenn erst der Richter nach Versagung des Rechtspflegers den Zuschlag erteilt, RpflG § 11 Abs 4).

---

[1] Drischler JVBl 1965, 225 (f).

[Wirksamwerden der Zuschlagserteilung in der Beschwerde]

104 Der Beschluß, durch welchen das Beschwerdegericht den Zuschlag erteilt, wird erst mit der Zustellung an den Ersteher wirksam.

Allgemeines zu § 104 1

Zweck und **Anwendungsbereich:** Die Vorschrift legt fest, wann der Beschluß des Beschwerdegerichts, mit dem der Zuschlag erteilt wird, wirksam wird. Sie gilt für alle Versteigerungsverfahren des ZVG.

Wirksamwerden des vom Beschwerdegericht erteilten Zuschlags 2

2.1 Wenn das Vollstreckungsgericht (der Rechtspfleger) den Zuschlag erteilt, wird der Beschluß mit der Verkündung wirksam: § 89. Wenn aber das Beschwerdegericht oder (erstmals) das Gericht der weiteren Beschwerde den Zuschlag erteilt, der vorher vom Vollstreckungsgericht versagt worden war, so wird dieser erst **mit** der **Zustellung** an den Ersteher **wirksam:** § 104. Beim Beschwerdegericht kann zwar auch eine mündliche Verhandlung erfolgen (ZPO § 573 Abs 1; selten) und in dieser kann auch die Entscheidung verkündet werden; trotzdem kann der Zuschlag entgegen § 89 nur mit der Zustellung wirksam werden. Erteilt das Beschwerdegericht den Zuschlag mehreren Personen in Bietergemeinschaft (§ 71 Rdn 4), dann tritt die Wirksamkeit ein, wenn allen Erstehern zugestellt ist, sonach mit der letzten Zustellung.

2.2 Ändert das Beschwerdegericht zu dem vom Vollstreckungsgericht erteilten Zuschlag die Bedingungen, so bleibt der Zuschlag, **soweit** er **nicht geändert** ist (insbesondere für Eigentumserwerb des Erstehers, § 90), wirksam ab der **Verkündung** nach § 89, im übrigen aber wird er erst wirksam mit der Zustellung der Beschwerdeentscheidung[1]. Erlischt nach dem Beschluß des Beschwerdegerichts ein Recht, das nach dem Zuschlag des Vollstreckungsgerichts bestehen bleiben sollte, so tritt diese Wirkung nach § 91 Abs 1 mit der Zustellung des Beschlusses des Beschwerdegerichts an den Ersteher ein. War Zuschlag vom Vollstreckungsgericht erteilt, wird er aber vom Beschwerdegericht einem anderen Bieter erteilt, so wird er als neu erteilt erst mit der Zustellung an den endgültigen Ersteher wirksam.

2.3 Wird der Zuschlag des Vollstreckungsgerichts vom Beschwerdegericht aufgehoben, aber vom Gericht der weiteren Beschwerde wieder hergestellt (Verfahren richtet sich nach § 101 Abs 2), so bleibt er ab **Verkündung** wirksam, als ob er nicht aufgehoben gewesen wäre (§ 101 Rdn 3).

2.4 Wird in der Beschwerde der Zuschlag aufgehoben, so fallen erst mit Rechtskraft der Beschwerdeentscheidung (§ 86) die Wirkungen des Zuschlags rückwirkend weg[2]; bis dahin besteht ein **Schwebezustand.**

2.5 Die Vorschrift des § 104 ist sinngemäß anzuwenden, wenn der Richter auf **Rechtspflegererinnerung** hin nach Versagung durch den Rechtspfleger den Zuschlag erteilt (RpflG § 11 Abs 4).

VIII. Verteilung des Erlöses

[Bestimmung und Bekanntmachung des Verteilungstermins]

105 (1) **Nach der Erteilung des Zuschlags hat das Gericht einen Termin zur Verteilung des Versteigerungserlöses zu bestimmen.**
(2) **Die Terminsbestimmung ist den Beteiligten und dem Ersteher sowie im Falle des § 69 Abs 4 dem für mithaftend erklärten Bürgen und in den**

---

[1] Jaeckel/Güthe § 104 Rdn 1; Korintenberg/Wenz § 90 Anm 2.
[2] Korintenberg/Wenz § 90 Anm 4.

§ 105
Verteilung des Erlöses

Fällen des § 81 Abs 2, 3 dem Meistbietenden zuzustellen. Als Beteiligte gelten auch diejenigen, welche das angemeldete Recht noch glaubhaft zu machen haben.

(3) Die Terminsbestimmung soll an die Gerichtstafel angeheftet werden.

(4) Ist die Terminsbestimmung dem Ersteher und im Falle des § 69 Abs 4 auch dem für mithaftend erklärten Bürgen sowie in den Fällen des § 81 Abs 2, 3 auch dem Meistbietenden nicht zwei Wochen vor dem Termine zugestellt, so ist der Termin aufzuheben und von neuem zu bestimmen, sofern nicht das Verfahren genehmigt wird.

Literatur: Wieser, Das Verteilungsverfahren als Zwangsvollstreckung, ZZP 103 (1990) 171.

1 Allgemeine Übersicht zu §§ 105–145

1.1 Die **Erlösverteilung** regelt das ZVG in den §§ 105–145 im Anschluß an den siebenten Abschnitt über Beschwerde (§§ 95–104; Übersicht § 95 Rdn 1). In diesem achten Abschnitt des zweiten Titels des ZVG (§§ 15–145) sind sehr unterschiedliche Verfahrensvorgänge zusammengefaßt, die nach dem Versteigerungstermin stattfinden.

1.2 Das Verteilungsverfahren gliedert sich nach erfolgter Terminsbestimmung (§ 105) in den **regelmäßigen Verlauf** (§§ 106, 107, 109, 113–115, 117, 127, 130, 131) und in die **Sonderfälle** (§§ 108, 110–112, 116, 118–126, 128, 129, 130 a, 132–145).

1.3 Im **regelmäßigen Verlauf** wird nach Anmeldung der Ansprüche der Beteiligten (§ 106) die Teilungsmasse festgestellt (§ 109); dann wird der Teilungsplan aufgestellt und mit den erschienenen Beteiligten besprochen (§§ 113–115); an Hand des Teilungsplanes wird der bar bezahlte Teil des Meistgebots ausbezahlt (§ 117); es wird auf Schuldtitel und Hypothekenbriefe ein Vermerk gesetzt (§ 127); zuletzt wird (nach Eingang der Unbedenklichkeitsbescheinigung hinsichtlich der Grunderwerbsteuer) das Grundbuchamt um entsprechende Eintragungen ersucht (§§ 130– 131).

1.4 Nicht selten gibt es **Besonderheiten**. Wenn der Ersteher das Bargebot nicht zahlt, muß eine hinterlegte Sicherheit verwertet werden (§ 108); die Berechtigten erhalten, soweit Barmittel nicht vorhanden sind, einen Anteil an der Forderung gegen den Ersteher übertragen (§ 118); dieser wird durch eine Sicherungshypothek gesichert (§§ 128, 129) und ist vollstreckbar (§§ 132, 133). Verspätet angemeldete (§ 110), noch nicht fällige (§ 111), bedingte (§§ 119, 120) und Ersatzansprüche (§§ 121, 125) sind zu behandeln. Ein Gesamterlös ist auf mehrere Grundstücke zu verteilen (§§ 112, 122, 123). Zu rechnen ist mit Widerspruch gegen den Teilungsplan (§§ 115, 124), mit künftigen Zuzahlungen (§ 125). Der Berechtigte kann unbekannt sein (§§ 126, 135–142). Auch ist außergerichtliche Verteilung möglich (§§ 143–145). Der Ersteher kann, um sich vor Schaden zu bewahren, zwar nicht die Aufstellung des Planes verschieben, wohl aber dessen Ausführung bis nach Rechtskraft des Zuschlags aussetzen lassen (§ 116).

1.5 Die genannten Vorschriften sind in erster Linie für die Versteigerungsverfahren des ZVG bestimmt, sowohl für die Vollstreckungsversteigerung wie für die Konkursverwalter- (§ 172), Nachlaß- (§ 175) und Teilungsversteigerung (§ 180) je mit Besonderheiten. Über die Anwendung in der Zwangsverwaltung § 146 Rdn 4, § 156 Rdn 3. Die **Vorschriften** über die Verteilung des Erlöses sind aber auch (mit Abweichungen) **entsprechend anzuwenden** auf die Verteilung der Enteignungsentschädigung nach BauGB § 119 (dazu § 15 Rdn 6), ferner auf die Verteilung bestimmter Entschädigungen im Flurbereinigungsverfahren nach FlurbG §§ 74, 75 (dazu § 15 Rdn 17) und nach dem Landbeschaffungsgesetz.

Bestimmung und Bekanntmachung des Verteilungstermins 3 **§ 105**

Allgemeines zu § 105 2

2.1 „Nach der Erteilung des Zuschlags hat das Gericht einen Termin zur Verteilung des Versteigerungserlöses zu bestimmen": Abs 1; das ist der Verteilungstermin. Einzelheiten hierzu: Rdn 4.

2.2 Zweck des Verteilungstermins ist es, den Teilungsplan aufzustellen, den Erlös entgegenzunehmen und diesen Erlös zu verteilen oder bei Nichtzahlung die Forderung gegen den Ersteher zu übertragen, sowie die vorgelegten Urkunden zu behandeln (§§ 107, 109, 113, 115, 117, 118, 127, 128). Der Ersteher, der den zu verteilenden Erlös zu zahlen hat, steht weder zum Vollstreckungsgericht noch zu den Beteiligten in einem Vertragsverhältnis. Das ZVG sagt nichts über den Ursprung der Forderung gegen den Ersteher. Rechtsgrund dieser Forderung ist der Zuschlagsbeschluß, weil sich der Ersteher durch sein Gebot den Versteigerungsbedingungen unterworfen hat.

2.3 Das Verteilungsverfahren wird auch durchgeführt, wenn der Beschlagnahmebeschluß **fehlerhaft** war[1] oder der Zuschlagsbeschluß Mängel aufweist. Der Zuschlag muß nicht rechtskräftig sein (§ 105 Rdn 4).

2.4 Beteiligte des Verteilungsverfahrens sind alle am bisherigen Versteigerungsverfahren Beteiligten (auch der Vollstreckungsschuldner) gemäß § 9, sowie alle, die nachträglich Beteiligte wurden oder noch werden (zB durch verspätete Anmeldung erst zum oder im Verteilungstermin), nicht aber der Ersteher.

2.5 Der **Verteilungstermin** ist (im Gegensatz zum Versteigerungstermin) **nicht öffentlich**. Teilnehmen dürfen nur die Verfahrensbeteiligten, der Ersteher und die für mithaftend oder zahlungspflichtig erklärten Dritten nach § 69 Abs 4, § 81. Für Außenstehende aber besteht kein rechtliches Interesse an der Teilnahme. Gelegenheit zur Anmeldung auch noch im Termin (§ 114 Abs 1) und damit auch zur Erlangung der Beteiligtenstellung muß Außenstehenden jedoch gegeben werden. Der Termin ist keine Verhandlung im Sinne von GVG § 169. Hierzu im ZVG-Handbuch Rdn 409.

2.6 Im Verteilungstermin wird ein **Protokoll** aufgenommen. Darin werden die mitwirkenden Gerichtspersonen verzeichnet, die erschienen Beteiligten usw festgestellt, Urkunden und Erklärungen notiert sowie alle Zahlungen beurkundet. Festzustellen sind im Protokoll weiter insbesondere die Aufstellung des Plans (§ 113) und die Verhandlung über ihn, die Erhebung von Widersprüchen (§ 115), die Planausführung (§§ 117, 118, 128 usw) und der Wortlaut der Titelvermerke (§ 127 Abs 3). Zum Protokoll im Handbuch Rdn 412, Muster dort Rdn 408.

2.7 Im Verteilungstermin hat der Vorsitzende die **sitzungsleitenden Befugnisse** wie im Versteigerungstermin (dazu § 66 Rdn 3).

2.8 Kosten des Verteilungsverfahrens für das Gericht Einl Rdn 80, Auslagen Einl Rdn 84; für Rechtsanwälte Einl Rdn 89.

Begriffsbestimmungen im Verteilungsverfahren 3

Im Verfahrensabschnitt der Versteigerung gibt es geringstes Gebot, Meistgebot, Mindestgebot usw (§ 44 Rdn 3). Im Verfahrensabschnitt der Verteilung kommen außerdem hinzu: Teilungsplan (§ 113 Rdn 3); Teilungsmasse = Versteigerungserlös (§ 107 Rdn 2); Zuzahlung (§ 50 Rdn 2) (die im Versteigerungsabschnitt behandelt wird, aber sachlich zur Verteilung gehört); Befriedigungserklärung (§ 117 Rdn 5); Liegenbelassungsvereinbarung (§ 114 Rdn 8); Forderungsübertragung (§ 118 Rdn 2); außergerichtliche Verteilung (§ 143 Rdn 2); außergerichtliche Befriedigung (§ 144 Rdn 2) usw.

---

[1] BGH 53, 110 = KTS 1970, 210 = MDR 1970, 313 = NJW 1970, 473 = Rpfleger 1970, 87 = WM 1970, 205.

§ 105 4 Verteilung des Erlöses

4 Bestimmung des Verteilungstermins (Absatz 1)

4.1 Der Verteilungstermin ist vom Vollstreckungsgericht zu bestimmen, sobald der Zuschlag erteilt ist, also nach dessen Wirksamwerden (§§ 89, 104): Abs 1. **Rechtskraft des Zuschlags** ist dazu **nicht nötig.** Es wird auch nicht empfohlen, grundsätzlich die Rechtskraft des Zuschlags abzuwarten, weil hierdurch viel Zeit verlorengeht und unter Umständen durch stark anwachsende Zinsen der vorausgehenden Beteiligten die nachrangigen benachteiligt werden. Daß der Plan erst nach Rechtskraft ausgeführt werden solle, gilt nur auf Antrag des Erstehers (§ 116). In der Regel wird der Zuschlag ohnehin bis zum Verteilungstermin rechtskräftig. Natürlich kann der Verteilungstermin wieder abgesetzt werden, sobald der Zuschlag angefochten wird (Denkschrift S 57).

4.2 Die Frist für die Terminsansetzung ist nach oben an sich nicht begrenzt, sie steht im pflichtgemäßen Ermessen des Gerichts. Nach unten ist sie dadurch begrenzt, daß gegenüber dem Ersteher und Mithaftenden eine **Ladungsfrist von zwei Wochen** einzuhalten ist: Abs 4. Die Genannten können auf Fristeinhaltung verzichten. Sonst am Verteilungsabschnitt Beteiligte können nur eine angemessene (= kürzere) Frist verlangen (Rdn 5).

4.3 Terminsort: Gerichtsstelle (ZPO § 219) oder nach dem Ermessen des Gerichts ein anderer Ort im Gerichtsbezirk (§ 36 Abs 3, entsprechende Anwendung), der bei gemeinsamem Vollstreckungsgericht (§ 1 Abs 2) auch die Bezirke der zugeordneten Amtsgerichte umfaßt (§ 36 Rdn 4.1).

4.4 Inhalt der Terminsbestimmung: Das Gesetz trifft darüber keine Bestimmung. Erforderlich sind nach dem Zweck der Terminsbestimmung Bezeichnung des Gerichts und des Verfahrens (am besten sachbezogen, Einl Rdn 42), Terminsbezeichnung zur „Verteilung des Versteigerungserlöses" sowie die Angabe von Terminszeit (Tag und Stunde) und Terminsort. Eine ausdrückliche Vorladung (im sonst bei Gericht üblichen Sinne) erfolgt zum Verteilungstermin nicht. Zweckmäßig erfolgt ein Hinweis, daß eine Vertretung im Termin zulässig ist, daß aber der Vertreter eine besondere zum Geldempfang ermächtigende Vollmacht vorzulegen habe, wenn dies in Frage kommt, auch im Hinweis auf § 114 (Anmeldungen), auf § 117 (Empfangnahme des Erlöses), auf § 126 (Vorlage der Hypotheken- und Grundschuldbriefe), auf Vorlage sonstiger Urkunden (Pfändungsbeschlüsse, Erbschein, Vollstreckungstitel für Höchstbetragshypotheken usw). Besonderheiten gelten im Falle des § 106 (Näheres dort). Muster hierzu im ZVG-Handbuch Rdn 403, Merkblatt für die Einzahlung des Barerlöses Rdn 404, sonstige Ausführungen Rdn 405.

4.5 Gegen eine Verzögerung des Verteilungstermins durch das Gericht, gibt es die **Vollstreckungserinnerung** nach ZPO § 766 oder **Dienstaufsichtsbeschwerde,** keine Sachbeschwerde (also keine Rechtspflegererinnerung). Wird der Termin ohne Einhaltung der Frist gegenüber den besonderen Personen (Abs 4) durchgeführt, so haben diese befristete **Rechtspflegererinnerung**/sofortige Beschwerde. Richter oder Beschwerdegericht können dann unter Aufhebung der schon erfolgten Verteilung des Rechtspflegers diesen zu neuer fristgerechter Terminsansetzung und Verteilung anweisen.

5 Beteiligten und Ersteher wird zugestellt (Absatz 2)

Zuzustellen ist die Terminsbestimmung allen **Beteiligten** (§ 9), dem **Ersteher,** im Falle des § 69 Abs 4 außerdem dem für mithaftend erklärten Bürgen, nach Abtretung des Rechts aus dem Meistgebot oder wenn verdeckt für einen anderen geboten wurde (Fälle von § 81 Abs 2 und 3) auch dem Meistbietenden: Abs 2 Satz 1. Als Beteiligte, denen die Terminsbestimmung zuzustellen ist, gelten auch diejenigen, die das angemeldete Recht noch glaubhaft zu machen haben: Abs 2 Satz 2. Die Zustellung erfolgt von Amts wegen (§ 3); es gelten auch §§ 4–6; es genügt also insbesondere unter den dortigen Voraussetzungen Auf-

Bestimmung und Bekanntmachung des Verteilungstermins   7.4   § 105

gabe zur Post nach § 4. Eine Zustellungsfrist (mit Ausnahme der Rdn 7 genannten) ist nicht vorgesehen. Doch muß die Zustellung so rechtzeitig erfolgen, daß den Beteiligten die Vorbereitung auf den Termin und die Teilnahme am Termin ermöglicht wird (Erfordernis rechtsstaatlicher Verfahrensgestaltung, Einl Rdn 7); Zustellung an die bei Terminsanberaumung bereits bekannten Beteiligten erst am Tag vor dem Termin wäre daher unzureichend (Genehmigung aber möglich).

Gerichtstafel: Anheftung (Absatz 3)   6

6.1 Die Terminsbestimmung soll an die **Gerichtstafel angeheftet** werden: Abs 3. Verstoß hiergegen wäre unschädlich, da es sich nur um eine Ordnungsvorschrift handelt. Anzuheften ist an die Gerichtstafel die vollständige Terminsbestimmung; üblich ist Anheftung einer Ausfertigung. Die Anheftung wird durch die Geschäftsstelle besorgt. Eine Frist ist nicht vorgesehen. Auf dem Schriftstück ist der Tag der Anheftung und der Abnahme zu vermerken. Es wird nach dem Terminstag als Nachweis zu den Versteigerungsakten genommen.

6.2 **Aushang zusätzlich** auch an der Gerichtstafel des Amtsgerichts, in dessen Bezirk das Grundstück belegen ist (Fälle von § 1 Abs 2 und § 2) ist nicht vorgesehen, aber zu empfehlen.

6.3 **Bekanntmachung** im Amtsblatt ist nicht vorgesehen, auch nicht nötig, ja als nur unnütze Kosten verursachend zu unterlassen. Die zum Erscheinen Berechtigten werden ja gesondert verständigt und andere Personen haben keinen Zutritt.

Zustellungsfristen (Absatz 4)   7

7.1 Die Zustellung an den **Ersteher,** im Falle des § 69 Abs 4 auch an den für mithaftend erklärten Bürgen, in den Fällen des § 81 Abs 2 und 3 auch an den Meistbietenden, muß **zwei Wochen** vor dem Termin erfolgt sein: Abs 4. Grund: Vorbereitung der im Termin zu leistenden Zahlung (§ 107 Abs 2) soll ermöglicht werden.

7.2 Bei nicht eingehaltener Frist kann das Verfahren von dem hiervon Betroffenen (formlos) **genehmigt** werden, auch durch schlüssige Handlung, etwa durch widerspruchslose Teilnahme am Termin, durch Zahlung des Meistgebots. Der Verzicht auf Einhaltung der Frist kann auch schon im voraus, etwa durch Erklärung zu Protokoll des Versteigerungstermins, erklärt werden (um das Verfahren zu beschleunigen).

7.3 Der Verteilungstermin darf nicht durchgeführt werden, wenn die Terminsbestimmung den in Abs 3 Bezeichneten nicht rechtzeitig zugestellt wurde und diese auch das Verfahren nicht genehmigen. Er ist dann **aufzuheben** und (unter Fristwahrung) neu zu bestimmen. Gleiches gilt, wenn die Terminsbestimmung einem Beteiligten (§ 9) entweder überhaupt nicht oder doch nur unzumutbar spät (Rdn 5) zugestellt wurde.

7.4 Aus erheblichen Gründen kann der Verteilungstermin auch **verlegt** oder die bereits begonnene Verhandlung **vertagt** werden (ZPO § 227; zu den Begriffen § 43 Rdn 8), zB wenn das Gericht durch Krankheit oder ähnliche Umstände verhindert ist (auch der geschäftsplanmäßige Vertreter nicht zur Verfügung steht), wenn der Sitzungsraum anderweitig belegt ist und auch kein anderer Raum zur Verfügung steht (bei ordnungsgemäßer Geschäftsplanung kann das nicht vorkommen), wenn ein Beteiligter dringend verhindert ist, dessen Erscheinen wegen abzugebender Erklärungen unbedingt nötig ist, oder aus ähnlichen Gründen. Zurückhaltung ist geboten, um Schäden für die Beteiligten (zB durch Anwachsen der Zinsen vorgehender Beteiligter) zu vermeiden. Wird vertagt, so ist im neuen Termin der Plan aufzustellen, insbesondere mit neuer Berechnung der laufenden Leistungen.

§ 106 — Verteilung des Erlöses

[Vorbereitende Anmeldungen, vorläufiger Teilungsplan]

106 Zur Vorbereitung des Verteilungsverfahrens kann das Gericht in der Terminsbestimmung die Beteiligten auffordern, binnen zwei Wochen eine Berechnung ihrer Ansprüche einzureichen. In diesem Falle hat das Gericht nach dem Ablaufe der Frist den Teilungsplan anzufertigen und ihn spätestens drei Tage vor dem Termin auf der Geschäftsstelle zur Einsicht der Beteiligten niederzulegen.

1 Allgemeines zu § 106

1.1 Zweck der Vorschrift: Verfahrensgestaltung mit vorbereitender Einforderung der Anmeldungen und Aufstellung eines vorläufigen Teilungsplanes zur Abwendung einer übermäßigen Belastung des Verteilungstermins.

1.2 Anwendungsbereich: Die Vorschrift gilt für alle Versteigerungsverfahren des ZVG. Anwendung in der Zwangsverwaltung: § 146 Rdn 4.

2 Aufforderung zur Anmeldung und vorläufiger Teilungsplan

2.1 Das Vollstreckungsgericht **kann** (muß aber nicht) zur Vorbereitung des Verteilungstermins einen **vorläufigen Teilungsplan aufstellen**. Es liegt das im Ermessen des Gerichts. Der vorläufige Teilungsplan hat nur die Bedeutung eines Entwurfs. Maßgebend für das Verfahren ist erst der im Termin selbst aufgestellte Plan.

2.2 Das Gericht **muß** aber einen solchen **vorläufigen Teilungsplan anfertigen** und spätestens drei Tage vor dem Termin in der Geschäftsstelle zur Einsichtnahme aller Beteiligten niederlegen (Satz 2), wenn es in der Terminsbestimmung (§ 105) die Beteiligten auffordert, binnen zwei Wochen eine Berechnung ihrer Ansprüche einzureichen (Satz 1). Die Beteiligten sind hierdurch zu nichts verpflichtet. Dagegen ist das Gericht in diesem Fall verpflichtet, den Plan aufzustellen und auszulegen. Es ist nicht zweckmäßig, wenn sich das Gericht auf diese Weise eine zusätzliche Verpflichtung auferlegt, zumal der Entwurf dann im Termin doch behandelt und in den endgültigen Plan umgearbeitet werden muß. Besser ist es daher, wenn das Gericht in der Terminsbestimmung nur unverbindlich empfiehlt, die Ansprüche rechtzeitig anzumelden; dann ist es zu nichts verpflichtet.

[Feststellung der Teilungsmasse]

107 (1) In dem Verteilungstermin ist festzustellen, wieviel die zu verteilende Masse beträgt. Zu der Masse gehört auch der Erlös aus denjenigen Gegenständen, welche im Falle des § 65 besonders versteigert oder anderweit verwertet sind.

(2) **Die von dem Ersteher im Termine zu leistende Zahlung erfolgt an das Gericht.**

(3) **Ein Geldbetrag, der zur Sicherheit für das Gebot des Erstehers hinterlegt ist, gilt als gezahlt.**

1 Allgemeines zu § 107

Zweck und **Anwendungsbereich:** Feststellung des Gegenstands der Verteilung und Regelung der Zahlungspflicht des Erstehers (§ 49 Abs 1). Die Vorschrift gilt für alle Versteigerungsverfahren des ZVG.

2 Feststellung der Teilungsmasse im Verteilungstermin (Absatz 1)

2.1 Im Verteilungstermin muß das Gericht feststellen, wie hoch die zu verteilende Masse ist: Abs 1 Satz 1. Dazu im ZVG-Handbuch Rdn 415.

Feststellung der Teilungsmasse 2.2 § 107

2.2 a) Zur Teilungsmasse des Zwangsversteigerungsverfahrens gehört zunächst der im Zuschlagsbeschluß genannte bar zu zahlende Betrag des Meistgebots = **bares Meistgebot.** Der Betrag umfaßt das geringste Bargebot und den das geringste Bargebot übersteigenden Betrag des baren Meistgebots (§ 49 Abs 1). Schuldner dieses Betrags ist der Ersteher. Schuldner, wenn der Zuschlag bei Konkurs erteilt wurde: § 81 Rdn 3.4

b) Zur Teilungsmasse gehören weiter die **Zinsen des Bargebots** nach § 49 Abs 2. Es sind das die Zinsen vom Zuschlag bis zur Zahlung oder Hinterlegung (unter Verzicht auf Rücknahme), § 49 Abs 3, sonst infolge Zahlung erst im Termin bis einschließlich des Tages vor dem Verteilungstermin. Zinsen bei Verwendung der Sicherheit für den Hinterlegungsfall des § 49 Abs. 7 dort Rdn 4.3. **Zinssatz:** § 49 Rdn 3.1. Zur Masse gehören auch die Zinsen, die für die Hinterlegung des Bargebots nach der HinterlO anfallen, sofern auf die Rücknahme des Hinterlegten verzichtet ist; wurde auf Rücknahme nicht verzichtet, gehören die Zinsen dem Hinterleger. Zinsen bei Liegenbelassung und Befriedigungserklärung § 49 Rdn 3. Nicht zur Teilungsmasse gehören die Zinsen, die wegen Nichtzahlung des Bargebots vom Verteilungstermin an den einzelnen Gläubigern übertragener Forderungen als Verzugszinsen zustehen (§ 118 Rdn 2). Zu Zinsen auch im ZVG-Handbuch Rdn 417, 418.

c) Zur Teilungsmasse gehört weiter der **Erlös aus einer besonderen Versteigerung** oder anderweitigen Verwertung nach § 65: Abs 1 Satz 2. Es muß daher, bevor der Verteilungstermin stattfinden kann, neben der Zuschlagserteilung über das Objekt auch die besondere Versteigerung oder anderweitige Verwertung der Gegenstände erfolgt sein[1] (anders[2]). Das muß auch gelten, wenn die Gläubiger hinsichtlich solcher Gegenstände das Verfahren eingestellt haben oder wenn das Gericht nach ZPO § 769 Abs 2 befristet (bis zur Entscheidung des Prozeßgerichts) eingestellt hat. Das Vollstreckungsgericht muß hier das Fristende (notfalls die Entscheidung des Prozeßgerichts) abwarten, um die besondere Versteigerung oder anderweitige Verwertung vor dem Verteilungstermin durchführen zu können. Das kann im Einzelfall zu Schwierigkeiten führen. Bei besonderen Umständen, wenn etwa die Entscheidung des Prozeßgerichts zu lange auf sich warten läßt, mag man, wie[3] anregt, über den Sondererlös ausnahmsweise später eine Nachtragsverteilung durchführen, um Ersteher und Beteiligte durch rasche Verteilung des Haupterlöses vor Schaden zu bewahren (so[4]). Keinesfalls zu empfehlen ist (was[5] vorschlägt), den künftigen Erlös schon mitzuverteilen; man kennt doch die Höhe des Sondererlöses noch gar nicht. Die Regel muß bleiben: Gesamterlös auf einmal zu verteilen, also einschließlich des Sondererlöses.

d) Zur Teilungsmasse gehören, falls im Verteilungstermin schon feststellbar, die **Zuzahlungen** nach §§ 50, 51. Sonst sind diese außergerichtlich von den Beteiligten auf die ihnen laut Plan zustehenden, bisher aber ausgefallenen Beträge geltend zu machen (§ 50 Rdn 4, § 125 Rdn 2) (anders[6]: zwar nicht im Termin zu zahlen, aber doch schon mit zuzuteilen).

e) Zur Teilungsmasse gehören auch **Versicherungsgelder,** die durch besondere Versteigerungsbedingung (§ 59) zur Masse gelangen, aber nicht mitversteigert (also nicht in das Eigentum des Erstehers gelangt) sind[7]. Dazu § 90 Rdn 8.

---

[1] Dassler/Schiffhauer § 107 Rdn 6.
[2] Jaeckel/Güthe § 107 Rdn 2; Korintenberg/Wenz § 107 Anm 1 b; Reinhard/Müller § 107 Anm 3; Steiner/Teufel § 107 Rdn 17.
[3] Jaeckel/Güthe § 107 Rdn 2.
[4] Dassler/Schiffhauer § 107 Rdn 7.
[5] Korintenberg/Wenz § 107 Anm 1 b.
[6] Drischler RpflJahrbuch 1962, 322; (B I 4).
[7] Jaeckel/Güthe § 107 Rdn 3.

§ 107 2.3   Verteilung des Erlöses

2.3 Die **Teilungsmasse verringert sich** um Kapitalbeträge und Zinsen der liegenbelassenen Rechte nach § 91 Abs 2, 3 (§ 91 Rdn 4). Bei Befriedigungserklärung des Erstehers werden Beträge, die ihm selbst zufließen würden, nicht an das Gericht gezahlt (§ 117 Rdn 5). In diesem Fall erfolgt bei Widerspruch nach § 115 eine Hilfszuteilung nach § 124.

2.4 Nicht zur Teilungsmasse des Zwangsversteigerungsverfahrens gehören die Überschüsse aus einer gleichzeitig laufenden **Zwangsverwaltung.** Die beiden Massen sind getrennt zu halten, jede ist nach ihren Regeln zu verwerten. Zahlungen im einen Verfahren sind im anderen anzurechnen, damit der Gläubiger nichts doppelt erhält. Ist dann, wenn der Teilungsplan des Versteigerungsverfahrens aufgestellt wird, aus der Zwangsverwaltung noch eine Zahlung zu erwarten, so kann ein aus der Versteigerung hebungsberechtigter Gläubiger in Höhe der Verwaltungsausschüttung davon absehen, seine Zinsen in der Versteigerung geltend zu machen; er vermeidet dadurch, daß seine Zinsen in der Versteigerung bezahlt werden und in der Zwangsverwaltung Zinsen an den Nächstberechtigten, während er in der Versteigerung mit der Hauptsache (die in der Verwaltung nicht berücksichtigt werden darf) ganz oder zum Teil ausfällt (dazu § 12 Rdn 4). Es ist aber möglichst darauf hinzuwirken, daß vor dem Verteilungstermin der Versteigerung die Zwangsverwaltungsmasse abgewickelt wird.

2.5 Gegen die Feststellung der Teilungsmasse gibt es befristete Rechtspflegererinnerung – sofortige Beschwerde[8] (nicht den Widerspruch aus § 115), auch für den Ersteher dahin, daß seine Verzinsungspflicht aus § 49 Abs 2 erloschen oder daß der Zinsbetrag unrichtig berechnet sei[9] und im ZVG-Handbuch Rdn 419. Dazu § 115 Rdn 3.

3 Leistung des Bargebots im Termin (Absatz 2)

Bar zu berichtigen hat der Ersteher das Meistgebot im Verteilungstermin (§ 49 Abs 1, 2) durch **Zahlung an das Gericht:** Abs 2. Das Vollstreckungsgericht nimmt den Erlös in amtlicher Eigenschaft entgegen[10]; es ist nicht Gläubiger des Erlösanspruchs an den Ersteher und für Zahlung an die Berechtigten nicht Schuldner, damit auch nicht Drittschuldner[11]. Gläubiger des Betrag ist der Vollstreckungsschuldner, in dessen Vermögen die Zahlung fällt (§ 114 Rdn 1). **Teilzahlungen** des Erstehers dürfen nicht zurückgewiesen werden. **Barzahlung** ist nur die Übergabe von Geld (bzw dessen Hinterlegung vor dem Termin bei der Hinterlegungsstelle), nicht die Übergabe von Schecks, auch nicht von Bundesbankschecks, die alle erst über die Gerichtskasse/Amtskasse eingelöst werden müssen. Bundesbankschecks werden aber in Bayern nach den Haushaltsvorschriften des Staates als Bargeld behandelt (§ 69 Rdn 3). Werden im Verteilungstermin ausnahmsweise doch Schecks übergeben, so müssen diese erst über die Gerichts-/Amtskasse eingelöst werden und stehen als Geld erst nach dem Termin zur Verfügung (Bargebot ist dann nicht bezahlt, Forderung muß übertragen werden, § 118), falls nicht aus besonderen Gründen die Einlösung noch während des Termins gelingt (Versteigerungsgericht mit Amtskasse und zugehöriger Bankverbindung etwa im gleichen Hause).

4 Sicherheit als Zahlung (Absatz 3)

Der als Sicherheit des Bieters hinterlegte Geldbetrag gilt als im Verteilungstermin bezahlt (Abs 3), wenn nicht die Ausnahme nach § 49 Rdn 4 vorliegt. Soweit diese Sicherheit als Bundesbankscheck geleistet wurde, ist dieser inzwischen längst

---

[8] BGH 68, 276 = MDR 1977, 742 = NJW 1977, 1287 = Rpfleger 1977, 246.
[9] OLG Schleswig SchlHA 1961, 16; LG Verden Rpfleger 1974, 31 mit teils zust, teils abl Anm Schiffhauer; Hagemeister SchlHA 1961, 7.
[10] BGH 68, 276 aaO (Fußn 8).
[11] Stöber, Forderungspfändung, Rdn 1983.

Verwertung der Sicherheit 2.1 **§ 108**

eingelöst, da er sonst verfallen wäre. Als Sicherheit im Versteigerungstermin übergebene Wertpapiere müssen erst noch vom Gericht verwertet werden (§ 108). Hat das Vollstreckungsgericht die **Bietersicherheit** des Versteigerungstermins zu Unrecht **zurückgegeben,** was dann? Geschah dies in Anwesenheit des die Sicherheit Verlangenden im Versteigerungstermin und widersprach dieser nicht, so ist sein Verlangen nach Sicherheit als zurückgenommen anzusehen[12] (Bedenken hiergegen hat[13]). Andernfalls soll der Betrag laut[14] als bezahlt gelten (Abs 3), daher zur Teilungsmasse gehören und vom Gericht zu verteilen sein. Hiergegen hat mit Recht[15] Bedenken: was nicht vorhanden sei, könne nicht verteilt werden[16], es gebe nur Schadensersatzansprüche der Beteiligten. Hierzu auch § 70 Rdn 5.

[Verwertung der Sicherheit]

108 (1) **Soweit das Bargebot nicht berichtigt wird, hat das Gericht, wenn Wertpapiere zur Sicherheit für das Gebot des Erstehers hinterlegt sind, die Veräußerung der Papiere nach Maßgabe der Vorschriften über die Zwangsvollstreckung anzuordnen. Der Erlös ist nach Anordnung des Gerichts auszuzahlen oder zu hinterlegen.**

(2) **Ist der Beschluß, durch welchen der Zuschlag erteilt wird, noch nicht rechtskräftig, so soll auf Antrag desjenigen, welcher die Sicherheit geleistet hat, die Veräußerung bis zur Rechtskraft ausgesetzt werden.**

Allgemeines zu § 108   1

1.1 Zweck der Vorschrift: Ermächtigung und Verpflichtung des Vollstreckungsgerichts zur Verwertung der als Sicherheit hinterlegten Wertpapiere bei Nichtzahlung des Bargebots.

1.2 Anwendungsbereich: Die Vorschrift gilt für alle Versteigerungsverfahren des ZVG.

Verwertung der Sicherheit im Verteilungstermin (Absatz 1)   2

2.1 Der Ersteher kann das bare Meistgebot äußerstens im Verteilungstermin bezahlen. Die Sicherheitsleistung im Versteigerungstermin sollte nur sichern, daß er diese Zahlungspflicht erfüllt. Seine Sicherheit kann daher **erst nach dem Verteilungstermin** verwertet werden, soweit es sich bei ihr nicht um Bargeld handelte. Denn als Sicherheit hinterlegtes Bargeld gilt im Verteilungstermin bezahlt (§ 107 Abs 3) und wird so als sofort verfügbare Teilungsmasse behandelt und verteilt. Auch als Sicherheit übergebene Bundesbankschecks mußten schon um der Verfallfrist willen (§ 69 Rdn 3) längst über die Gerichtskasse/Amtskasse eingelöst werden und stehen damit als Bargeld zur Verfügung. Sonstige Werte können dagegen erst nachträglich verwertet werden, da ja noch im Termin bezahlt werden kann und diese Sicherheitswerte dadurch wieder für den Hinterleger frei werden. Es muß sich um eine Sicherheitsleistung nach § 69 (durch den Bieter) handeln, aber nicht um eine nach § 85 (diese soll nur Schadensersatzansprüche sichern, nicht die Teilungsmasse). Wenn nur ein Teil des Bargebots nicht entrichtet ist, erfolgt die Verwertung der Sicherheit, soweit sie zur Deckung des Fehlbetrags benötigt wird. Sie erfolgt auch, wenn Bargebotszinsen (§ 49 Abs 2) nicht gezahlt

---

[12] LG Verden Rpfleger 1974, 31 mit teils zust, teils abl Anm Schiffhauer.
[13] Schiffhauer Rpfleger 1974, 32 (Anmerkung) sowie BlGrBW 1975, 221 (XXIII 5) und BlGrBW 1978, 67 (XXXIII 2).
[14] LG Verden aaO (Fußn 12).
[15] Schiffhauer aaO (Fußn 13).
[16] Dassler/Schiffhauer § 107 Rdn 21.

§ 108 2.1   Verteilung des Erlöses

sind (anders[1]; dafür kein Anhalt im Gesetz, weil auch dann das Gebot nicht erfüllt und dafür die Sicherheit bestimmt ist, § 67 Abs 1).

2.2 Die gesetzliche Verwertung sonstiger Werte ist nur für **Wertpapiere** geregelt: Abs 1 Satz 1. Sie erfolgt dadurch, daß das Vollstreckungsgericht die Veräußerung dieser Wertpapiere nach den Zwangsvollstreckungsvorschriften anordnet: Abs 1 Satz 1. Die Anordnung ergeht von Amts wegen (kein Antrag eines Beteiligten erforderlich). Sie erfordert nicht die Zustimmung eines Dritten, der die Sicherheit für den Schuldner geleistet hat. Die Wertpapiere müssen vom Gerichtsvollzieher zum Tageskurs veräußert werden; Wertpapiere ohne Börsenpreis werden versteigert: ZPO § 821. Der für die Teilungsmasse nicht benötigte Teil des Erlöses wird (nach Abzug der Gerichtsvollzieherkosten) dem Hinterleger ausbezahlt. Damit der Gerichtsvollzieher verwerten kann, ersucht das Vollstreckungsgericht die Hinterlegungsstelle um Herausgabe der Wertpapiere an den Gerichtsvollzieher (HinterlO § 15) und beauftragt den Gerichtsvollzieher mit der Verwertung. Es weist diesen auch an, wie er den Erlös auszuzahlen oder (zB wegen §§ 120, 124, 126) zu hinterlegen habe. Zahlung erfolgt hier nicht an das Vollstreckungsgericht, sondern unmittelbar an die im Teilungsplan als empfangsberechtigt festgestellten Nächstberechtigten, trotz der vorher im Termin insoweit wegen Nichtzahlung des Bargebots schon erfolgten Forderungsübertragung (§ 118). Die Forderungsübertragung wird in Höhe der Zahlung gegenstandslos; dies stellt das Gericht nachträglich in einem Beschluß zum Teilungsplan fest und hebt die Forderungsübertragung samt Anordnung der Sicherungshypothek in Höhe der Zahlung wieder auf. Bis dahin stellt es natürlich sein Eintragungsersuchen aus § 130, auch wenn dafür die Voraussetzungen schon erfüllt sein sollten, zurück (die Verwertung durch den Gerichtsvollzieher ist sehr rasch möglich, keine nennenswerte Verzögerung, meist fehlt es ohnehin noch an Voraussetzungen für § 130). Es ist nicht zulässig, die Wertpapiere schon vor dem Verteilungstermin vorsorglich zu verwerten, weil der Hinterleger noch im Termin bar zahlen darf und in diesem Falle seine Wertpapiere unverändert zurückerhalten muß.

2.3 Die (bereits) angeordnete Verwertung **unterbleibt,** wenn der Ersteher vor der Veräußerung der Wertpapiere das Bargebot doch **noch berichtigt** (sofortige Verständigung des mit der Verwertung beauftragten Gerichtsvollziehers). Dann ist (an Stelle des Verwertungserlöses) vom Ersteher noch bezahlte Betrag durch das Gericht an die Berechtigten auszuzahlen oder zu hinterlegen.

2.4 Wo ausnahmsweise **sonstige Werte** als Sicherheit geleistet sind (§ 69 Rdn 5), sind sie nach Sachlage zu verwerten (auch erst nach dem Verteilungstermin), zB durch Einziehung eines Sparguthabens durch die Gerichtskasse/Amtskasse auf Anweisung des Gerichts, unter Beachtung der dafür getroffenen besonderen Vereinbarungen, zB einer Einziehungsermächtigung zu Protokoll des Termins, auch der einzuhaltenden Kündigungsfristen. Wo eine Bürgschaft zugelassen ist, wird unter Beachtung von landesrechtlichen Sondervorschriften die Forderung gegen den Bürgen auf den Befriedigungsberechtigten übertragen, der dann selbst gegen den Bürger vorgehen muß. Schon die Schwierigkeiten der Verwertung sollten davon abhalten, gesetzlich nicht vorgesehene Sicherheitsmöglichkeiten zuzulassen. Bei Bürgschaften wird sich das Gericht um freiwillige Leistung des Bürgers bemühen, zwingen kann es ihn nicht selbst.

3 Aussetzung der Verwertung (Absatz 2)

Wenn der Zuschlag im Verteilungstermin noch nicht rechtskräftig ist (also noch angefochten werden kann), soll auf Antrag desjenigen, der die Sicherheit geleistet hatte, die **Veräußerung** (der Wertpapiere) bis zur Rechtskraft des Zuschlags **ausgesetzt** werden: Abs 2. Der Antrag kann auch nach dem Verteilungstermin so lange gestellt werden, bis die Veräußerung erfolgt ist. Das Gericht ordnet hier die

---

[1] Steiner/Teufel § 108 Rdn 12.

Verfahrenskosten; Verteilung des Überschusses 2.4 § 109

Verwertung zwar an, stellt aber die Ausführung zurück. Eine trotzdem erfolgende Verwertung wäre wirksam; der Hinterleger kann befristete Rechtspflegererinnerung/sofortige Beschwerde erheben.

[Verfahrenskosten; Verteilung des Überschusses]

109 (1) **Aus dem Versteigerungserlöse sind die Kosten des Verfahrens vorweg zu entnehmen, mit Ausnahme der durch die Anordnung des Verfahrens oder den Beitritt eines Gläubigers, durch den Zuschlag oder durch nachträgliche Verteilungsverhandlungen entstehenden Kosten.**
(2) **Der Überschuß wird auf die Rechte, welche durch Zahlung zu decken sind, verteilt.**

Allgemeines zu § 109

1.1 Zweck der Vorschrift: Bestimmung, daß und in welchem Umfang die Kosten des Verfahrens aus dem Versteigerungserlös vorweg zu entnehmen sind, und daß der Überschuß zur Befriedigung der Ansprüche (§ 10) zu verwenden ist.
1.2 Anwendungsbereich. Die Vorschrift gilt für alle Versteigerungsverfahren des ZVG.

Entnahme der Kosten des Verfahrens aus der Masse (Absatz 1)

2.1 Das ZVG spricht an mehreren Stellen von Verfahrenskosten, die vorweg aus dem Versteigerungserlös zu entnehmen sind: §§ 44, 109 (für die Zwangsverwaltung § 155 Abs 1).
2.2 Verfahrenskosten im Sinne von § 109 (und anderen Vorschriften des ZVG) sind folgende Gerichtskosten: die Zwangsversteigerungsverfahrensgebühr (Einl Rdn 77), die Versteigerungsterminsgebühr (Einl Rdn 78), die Verteilungsverfahrensgebühr (Einl Rdn 80), dazu die gerichtlichen Auslagen, die in Rechnung gesetzt werden dürfen und müssen (Einl Rdn 84).
2.3 Keine Verfahrenskosten im Sinne von § 109 und nicht vorweg aus der Masse zu entnehmen sind gemäß Abs 1 Satz 1:
a) Kosten, die durch Anordnung oder Beitritt entstehen (Versteigerungsanordnungs- bzw Beitrittsgebühr, Einl Rdn 76 und Auslagen für Zustellung des Anordnungs/Beitrittsbeschlusses), die zunächst der Gläubiger zu tragen hat und dann als Kosten der Rechtsverfolgung (§ 10 Abs 2) samt allen Anwaltsgebühren und -Auslagen für die Vertretung an der Rangstelle seines Rechts ersetzt verlangen kann (soweit der Erlös dort ausreicht).
b) Die Zuschlagsgebühr (Einl Rdn 79), die der Ersteher zu zahlen hat (§ 58); Auslagen für Zustellung des Zuschlags gehören jedoch zu den Verfahrenskosten (§ 58 Rdn 3).
c) Kosten nachträglicher Verteilungshandlungen, soweit solche überhaupt zulässig sind; diese sind aus der nachträglich verteilten Masse vorweg zu entnehmen[1] (dazu § 113 Rdn 2).
d) Schreibauslagen für die auf Antrag erteilten Abschriften, die der Antragsteller bezahlen muß.
2.4 Die Verfahrenskosten, die vorweg aus der Masse zu entnehmen sind, müssen **an die Gerichtskasse**/Amtskasse gehen. Bei schon hinterlegten Beträgen wird die Kasse angewiesen, diese Beträge zu entnehmen und entsprechend zu verwenden. Hat der betreibende Gläubiger solche Verfahrenskosten nach § 109 **Vorschüsse** geleistet, so ist der Vorschußbetrag an der Rangstelle der Gerichtskasse/Amtskasse zurückzuerstatten, natürlich erst nach Befriedigung der noch ausstehen-

---

[1] Korintenberg/Wenz § 109 Anm 1 c; Stöber JVBl 1961, 248 (A I).

den Restforderung[2]. Mehrere betreibende Gläubiger haben dabei untereinander gleichen Rang[2]. Wo es nicht zum Zuschlag kam wurde der nicht verbrauchte Teil des Vorschusses zurückerstattet; wegen des verbrauchten hat der betreibende Gläubiger, der vorausbezahlt hat, gegen den Vollstreckungsschuldner Anspruch aus ZPO § 788, mehrere Gläubiger untereinander nach BGB § 426.

2.5 Für Verfahrenskosten, die vorweg aus der Masse zu entnehmen sind, ist der **Ersteher nicht Kostenschuldner.** Er kann daher auch die Kostenberechnung im Teilungsplan nicht anfechten[3].

2.6 Wenn bestimmte Kosten von der Vorwegentnahme nach § 109 ausgeschlossen sind (Rdn 2.3), so gilt das zunächst, solange diese Kosten einem Beteiligten zustehen, der sie nur nach § 10 Abs 2 an der Rangstelle seines Rechts als Kosten der Rechtsverfolgung zurückerhält (wenn der Erlös dort ausreicht). Dies gilt aber auch, wenn solche nicht bevorzugte Kosten noch der Gerichtskasse/Amtskasse zustehen[4] (anders[5]: auch diese nach § 109 bevorzugt; gesetzwidrig). Wichtig wird das, wenn der betreibende Gläubiger Prozeßkostenhilfe oder eine persönliche Gebührenfreiheit hat; dann steht die Kostenforderung der Gerichtskasse/Amtskasse zu, die sie **im Rang des Rechts,** zu dem sie entstanden sind, **anmeldet**[6]. An dieser Stelle aber werden sie nach § 12 Nr 1 vor Zinsen und Hauptansprüchen des Gläubigers befriedigt[7]. Sie werden aber nicht nach § 109 vorweg entnommen; es darf nicht, weil der Zahlungspflichtige Prozeßkostenhilfe oder Kostenfreiheit genießt, die grundsätzliche Befriedigungsrangfolge des ZVG geändert werden[8] (anders zu Unrecht[9]), weil dies zu Lasten des Letztrangigen im Verfahren ginge.

2.7 Zu den Kosten im Teilungsplan auch ZVG-Handbuch Rdn 424– 426.

3 Verteilung der Masse im Verteilungstermin (Absatz 2)

3.1 Was nach der Vorwegentnahme der unter § 109 fallenden Verfahrenskosten von der Teilungsmasse verbleibt, ist **„Überschuß"** und wird auf Rechte verteilt, „welche durch Zahlung zu decken sind": Abs 2. Zum Begriff „Überschuß" sonst § 112 Rdn 4, § 155 Rdn 2.

3.2 Verteilt wird der Überschuß **nach der Rangfolge** des § 10 (§ 114). Ausbezahlt werden nicht nur diejenigen Ansprüche, die im geringsten Bargebot enthalten sind (diese müssen auf jeden Fall zum Zuge kommen, weil ja das geringste Bargebot ausgeboten oder überboten werden mußte), sondern alle Ansprüche, die laut Teilungsplan zum Zuge kommen müssen, soweit der Erlös für sie ausreicht.

[Zurücksetzung nicht rechtzeitig angemeldeter Rechte]

110 Rechte, die ungeachtet der im § 37 Nr 4 bestimmten Aufforderung nicht rechtzeitig angemeldet oder glaubhaft gemacht worden sind, stehen bei der Verteilung den übrigen Rechten nach.

1 Allgemeines zu § 110

Zweck und **Anwendungsbereich:** Rangverlust für die in § 37 Nr 4 bestimmten Ansprüche. Die Vorschrift gilt für alle Versteigerungsverfahren des ZVG.

---

[2] Stöber JVBl 1961, 248; Drischler RpflJahrbuch 1962, 322 (B III 3).
[3] LG Krefeld JVBl 1960, 94.
[4] Stöber JVBl 1961, 248 (A III).
[5] Nieken SchlHA 1960, 213.
[6] Stöber JVBl 1961, 248 (A I und IV); Drischler RpflJahrbuch 1962, 322 (B III 4).
[7] Stöber JVBl 1961, 248 (B II); Nieken SchlHA 1960, 213.
[8] Stöber JVBl 1961, 248 (A II).
[9] Nieken SchlHA 1960, 213.

Zurücksetzung nicht rechtzeitig angemeldeter Rechte 2.7 **§ 110**

Rangverlust, Rangverschiebung bestimmter Ansprüche 2

2.1 § 110 hat einen **Ausnahmecharakter**, bezieht sich nur auf die in § 37 Nr 4 genannten Ansprüche, nicht auch auf Ansprüche nach § 37 Nr 5 (§ 92 Rdn 8).

2.2 Für die in § 37 Nr 4 genannten, bei Eintragung des Versteigerungsvermerks aus dem Grundbuch nicht ersichtlichen Rechte, die angemeldet werden müssen (die damals nicht eingetragenen Rechte, auch ein Früchtepfandrecht, ferner rückständige Zinsen sowie Kosten aus eingetragenen oder nichteingetragenen Rechten, nicht aber die Höhe des Wertsatzes für eingetragene durch Zuschlag erlöschende Rechte nach § 92, auch nicht Rechte, von denen das Grundbuch nur sagt, wem sie zustehen, zB Eigentümerrechte[1]), wird schon in der Terminsbestimmung aufgefordert, sie **spätestens im Versteigerungstermin** vor der Aufforderung zur Abgabe von Geboten anzumelden und bei Widerspruch eines betreibenden Gläubigers glaubhaft zu machen (§ 37 Rdn 5). Unterbleibt die Aufforderung, so ist § 37 Nr 4 und § 110 nicht anwendbar. Rechtzeitig ist die Anmeldung nur, wenn sie im Termin dem Vorsitzenden vorliegt (wie beim Konkursprüfungstermin nach KO § 141).

2.3 Bei ordnungsgemäßer Aufforderung in der Terminsbestimmung erleiden die erwähnten Rechte, soweit sie nicht oder nicht rechtzeitig angemeldet oder trotz Widerspruchs eines betreibenden Gläubigers nicht glaubhaft gemacht werden, einen **erheblichen Nachteil**: sie werden bei der Feststellung des geringsten Gebots überhaupt nicht berücksichtigt und bei der Verteilung des Erlöses allen übrigen Rechten hintangesetzt (§ 37 Nr 4, § 110). Die Anmeldung ist also bei ihnen immer unerläßlich, die Glaubhaftmachung nur dann, wenn ein betreibender Gläubiger der Anmeldung widerspricht. Wenn die Rechte nicht wenigstens noch im Verteilungstermin angemeldet werden, werden sie auch im Teilungsplan überhaupt nicht berücksichtigt: § 114 Abs 1 Satz 1. Wenn sie zwar nach § 37 Nr 4 verspätet, aber wenigstens noch zum Verteilungstermin angemeldet werden, so werden sie in den Teilungsplan aufgenommen, allerdings an letzter Stelle, also hinter allen anderen Ansprüchen: § 110.

2.4 Ohne Bedeutung für den Verteilungstermin ist es, ob das Recht im Versteigerungstermin berücksichtigt wurde; es kommt für § 110 nur auf seine Anmeldung an. Wurde das Recht im Versteigerungstermin übersehen, insbesondere nicht in das geringste Gebot aufgenommen, obwohl es rechtzeitig angemeldet war und, wenn nötig, auch glaubhaft gemacht, so ist es wenigstens im Teilungsplan an der ihm zukommenden Rangstelle zu berücksichtigen, also nicht zurückgesetzt.

2.5 Mehrere verspätet angemeldet oder glaubhaft gemachte Rechte der genannten Art haben **an der letzten Stelle unter sich** wieder den ihnen ursprünglich gegenseitig nach § 10 zukommenden **Rang**, Klasse 3 vor Klasse 4, in Klasse 4 gemäß dem damaligen Grundbuchrang. Die Zeitfolge der verspäteten Anmeldung ist dabei ohne Bedeutung, sie kann an der ursprünglichen Rangfolge nichts ändern.

2.6 Nachträgliche Anmeldung oder Glaubhaftmachung im Anfechtungsverfahren genügt nicht, um die besprochenen Folgen zu beseitigen. Die einmal eingetretene Rangverschlechterung ist **irreparabel**.

2.7 Wenn der Gläubiger **weniger** laufende wiederkehrende Leistungen **angemeldet** hat, als für ihn von Amts wegen nach dem Inhalt des Grundbuchs zu berücksichtigen gewesen wären (sogenannte Minderanmeldung, auch beschränkte Anmeldung), hat er damit für verfahrensrechtliche Rechtswahrung seinen zu berücksichtigenden Anspruch betragsmäßig begrenzt. Minderanmeldung vor Aufforderung zur Abgabe von Geboten bewirkt daher, wenn der weitergehende Anspruch im Verteilungstermin wieder geltend gemacht wird, ebenso Rangverlust wie die verspätete Anmeldung eines nicht grundbuchersichtlichen Anspruchs (§ 45 Rdn 7).

---

[1] RG 77, 296.

§ 110 2.8

2.8 Unter die Anmeldepflicht fallen, wie erwähnt, auch die **Kosten der Rechtsverfolgung** für (eingetragene oder nicht eingetragene) Rechte. Soweit die Höhe der Beträge schon feststand oder bereits feststellbar war, mußten die genauen Beträge angemeldet werden (§ 10 Rdn 15.9), soweit sie sich nicht aus Anordnungs- oder Beitrittsanträgen der betreibenden Gläubiger ergeben, weil diese immer als angemeldet gelten (§ 114 Abs 1 Satz 2). Anmeldung eines Pauschbetrags für die nach der Anmeldung erst entstehenden, noch ungewissen Kosten: § 10 Rdn 15.9; es muß wenigstens genau angemeldet sein, worauf sich der Pauschbetrag bezieht (Reisespesen, Eintragungskosten, Vertretungskosten), weil ohne diese Spezifizierung die Beträge bei der Aufstellung des geringsten Gebots wie im Teilungsplan nicht berücksichtigt werden dürfen. Bei nur beschränkter Anmeldung gilt der Rangverlust nur für den nicht angemeldeten Teil[2]. Nachträgliche Erhöhung gegenüber der rechtzeitigen Anmeldung mit dem Rang der angemeldeten Ansprüche ist nicht möglich; insoweit treten auch mangels Anmeldung die Folgen aus § 37 Nr 4, § 110 ein[2].

2.9 Im Verteilungstermin gibt es also **verschiedene Arten von Ansprüchen:** a) nicht anmeldebedürftige und anmeldebedürftigen; b) bei den anmeldebedürftigen wieder: I. rechtzeitig angemeldete (und glaubhaft gemachte) (nach § 37 Nr 4, § 110; werden an ihrer Rangstelle berücksichtigt); II. verspätet angemeldete (nach der Aufforderung zur Abgabe von Geboten), aber doch wenigstens zum Verteilungstermin angemeldete (oder glaubhaft gemachte) (kommen in den Verteilungsplan, aber an letzter Stelle); III. überhaupt nicht oder erst nach dem Verteilungstermin angemeldete (oder glaubhaft gemachte) (kommen nicht in den Teilungsplan).

2.10 Rangverschiebung und Rangverlust durch verspätete oder unterlassene Anmeldung haben zunächst eine **verfahrensrechtliche Bedeutung** wegen ihrer Behandlung im geringsten Gebot und im Teilungsplan. Sie haben aber auch eine **materiellrechtliche Bedeutung,** bringen materiellen Rangverlust und Rechtsverlust (anders[3]: nur formeller Art). Dieser Verlust ist endgültig[4]. Der Grund für den Rangverlust ist, daß in der Versteigerung Klarheit bestehen muß, damit die letztrangigen Gläubiger unter Umständen durch Mitbieten den Ausfall ihrer Rechte verhindern können[5]. Daher ist der Verlust irreparabel.

2.11 Der Verlust kann **nicht im Prozeßweg beseitigt** werden. Der zurückgesetzte oder nicht berücksichtigte Berechtigte hat keinen Bereicherungsanspruch gegen diejenigen, die vor ihm befriedigt wurden (auch nicht über BGB § 242)[6], dazu im ZVG-Handbuch Rdn 236. Die verspätete Anmeldung kann auch nicht als Widerspruch nach § 115 behandelt werden. Aus einem nicht angemeldeten Anspruch kann auch kein Versagungsantrag aus § 74 a gestellt werden.

[Betagte Ansprüche, Abzug von Zwischenzins]

111 Ein betagter Anspruch gilt als fällig. Ist der Anspruch unverzinslich, so gebührt dem Berechtigten nur die Summe, welche mit Hinzurechnung der gesetzlichen Zinsen für die Zeit von der Zahlung bis zur Fälligkeit dem Betrage des Anspruchs gleichkommt; solange die Zeit der Fälligkeit ungewiß ist, gilt der Anspruch als aufschiebend bedingt.

---

[2] Riedel JurBüro 1974, 689.
[3] Böhm, Ungerechtfertigte Zwangsvollstreckung (1971), Seite 24.
[4] BGH 21, 30 = KTS 1956, 120; RG 76, 379; KG Berlin JR 1956, 424.
[5] RG 76, 379; Jaeckel/Güthe §§ 37–38 Rdn 5.
[6] BGH, RG und KG Berlin je aaO (Fußn 4).

Betagte Ansprüche, Abzug von Zwischenzins 2.7 **§ 111**

Allgemeines zu § 111 1

Zweck und **Anwendungsbereich**: Behandlung betagter Ansprüche bei Erlösverteilung. Die Vorschrift gilt für alle Versteigerungsverfahren des ZVG, und zwar für die Verteilung.

Betagte Ansprüche im Verteilungstermin 2

2.1 § 111 befaßt sich mit betagten (befristeten) Ansprüchen, sie sind von bedingten zu unterscheiden.

2.2 Betagt ist ein Anspruch, wenn die Fälligkeit von einem **künftigen gewissen Ereignis** abhängt. Es steht der künftige Eintritt der Fälligkeit schon fest (dies certus an); Beispiel: ein Anspruch soll am 30. 12. 1996 oder am Todestag einer jetzt lebenden Person fällig werden. Dabei kann auch der genaue Termin der Fälligkeit schon feststehen (dies certus an, certus quando); Beispiel: der Anspruch soll am 30. 12. 1996 fällig werden. Es kann aber auch der genaue Termin noch nicht feststehen (dies certus an, incertus quando), Beispiel: der Anspruch soll am Todestag einer jetzt lebenden Person fällig werden.

2.3 Bedingt ist ein Anspruch, wenn seine Fälligkeit von einem **künftigen ungewissen Ereignis** abhängt. Der künftige Eintritt des Ereignisses steht noch nicht fest (dies incertus an). Der Anspruch kann dabei aufschiebend bedingt sein, wenn er mit dem Eintritt eines Ereignisses fällig wird; Beispiel: Zahlung am Hochzeitstag der (lebenden oder noch nicht geborenen) Tochter fällig. Der Anspruch kann aber auch auflösend bedingt sein, wenn der Bestand des Anspruchs mit dem Eintritt eines Ereignisses endet; Beispiel: Nutzungen laufen bis zum Hochzeitstag der Tochter.

2.4 Bei nur **kündbaren Ansprüchen** ist der Fälligkeitstermin bestimmt, nämlich durch den Ablauf der künftigen Frist. Gelten für Gläubiger und Schuldner unterschiedliche Kündigungsfristen, so ist im ZVG die Frist für den Gläubiger maßgebend.

2.5 Bedingte Ansprüche werden **nach ZVG §§ 119, 120 behandelt.** Ebenso behandelt werden solche unverzinslichen betagte Ansprüche, bei denen der Eintritt der Fälligkeit, aber noch nicht dessen Zeitpunkt feststeht (dies certus an, incertus quando); sie gelten, solange die Zeit der Fälligkeit noch ungewiß ist, als aufschiebend bedingt: Satz 2. Auch unbestimmte Ansprüche (§ 14 Rdn 2) gelten als aufschiebend bedingt: § 14.

2.6 Alle übrigen **betagten Ansprüche** (Eintritt und Zeitpunkt feststehend, dies certus an, certus quando) und alle verzinslichen Ansprüche, bei denen der Eintritt der Fälligkeit, nicht der Termin feststeht (dies certus an, incertus quando), **gelten** im Versteigerungsverfahren **als fällig:** Satz 1. Diese Regel, daß betagte Ansprüche als fällig gelten, gilt aber nur für die Ansprüche auf Auszahlung des Erlösanteils im Versteigerungsverfahren, nicht für die zugrunde liegende persönliche Forderung gegen den Vollstreckungsschuldner, auch nicht für etwaige Ausgleichsansprüche gegenüber einem Mitverpflichteten.

2.7 § 111 mit seiner Fälligkeitsregel gilt nicht, wenn zwischen den Beteiligten ausdrücklich eine **anderweitige vertragliche Vereinbarung** besteht. Beispiel: ein Mieter darf seine Hypothek laut Vertrag so lange nicht kündigen, solange er die Räume innehat. Wird hier bei Erlöschen der Hypothek in der Versteigerung das Bargebot nicht bezahlt, Forderung übertragen und Sicherungshypothek eingetragen, so darf der Mieter nicht daraus vollstrecken, solange die Vereinbarung noch wirksam ist[1]. Diese Vereinbarung ist ein Teil der Gegenleistung im Mietvertrag und ist auf den Ersteher übergegangen, in unlöslichem Zusammenhang mit dem Mietvertrag[1]. § 111 wird hier durch BGB § 571 Abs 1 ausgeschlossen[1].

---

[1] RG 71, 404.

§ 111 2.8   Verteilung des Erlöses

2.8 Betagte Ansprüche, die unter § 111 fallen (Rdn 2.1 und 2.6) und die **unverzinslich** sind, dürfen, weil sie vorzeitig bezahlt werden, aus dem Versteigerungserlös nur **unter Abzug eines Zwischenzinses** bezahlt werden: Satz 2. Abzuziehen sind nur einfache Zinsen, keine Zinseszinsen. Der Zinssatz dabei ist normal 4% (BGB § 246) und kann nur über abweichende Versteigerungsbedingung nach § 59 (unter den dafür geltenden Voraussetzungen) anders bestimmt sein (schon im Versteigerungstermin). Die mit weniger als 4% verzinslichen betagten Ansprüche unterliegen keinem Zwischenzinsabzug.

2.9 Abzuziehen sind die **Zinsen für die Zeit von** der Zahlung im Verteilungstermin **bis** zur ursprünglichen Fälligkeit des Anspruchs. Nur der nach Abzug dieser Zinsen verbleibende Betrag darf ausbezahlt werden. Der Abzug ist eine Entschädigung dafür, daß ein Kapital infolge der Versteigerung des Grundstücks früher, als vertraglich vorgesehen war, bezahlt wird. Diese Abzinsung kommt aber nicht in Frage, wenn nach der zugrunde liegenden Schuldurkunde vorgesehen ist, daß das Recht zwar unverzinslich und erst zu einem späteren Zeitpunkt fällig sei, aber im Falle der Zwangsversteigerung des Grundstücks sofort fällig werde, weil ja hier der Rückzahlung nicht vorzeitig im Sinne von § 111 erfolgt, sondern vertragsgemäß mit vorverlegtem Fälligkeitstermin.

2.10 Der Ersteher hat **nicht** etwa um den Betrag der abgezogenen Zwischenzinsen **weniger Bargebot** zu zahlen. Der Zwischenzins wird nur dem vorzeitig ausbezahlten Gläubiger abgezogen, bleibt aber Teil der Teilungsmasse und kommt dann dem als nächsten ausfallenden Berechtigten zugute. Das gilt auch, wenn das betagte Recht über § 91 Abs 2 liegenbelassen wird; die Verringerung des dabei zu zahlenden Bargebots nach § 91 Abs 3 erfolgt ja nur um das, was der Gläubiger „sonst" erhalten hätte, also um den bereits um die Zwischenzinsen gekürzten Betrag, wie ihn ohne Liegenbelassung der Gläubiger allein erhalten hätte.

2.11 Für die **Berechnung** der Zwischenzinsen gibt es verschiedene **mathematische Methoden.**

a) Benedikt Carpzow, geboren am 27. 5. 1595 in Wittenberg, gestorben am 30. 8. 1666 in Leipzig, Richter und Rechtslehrer, Begründer der deutschen Strafrechtswissenschaft, zog die Zinsen vom Nennbetrag des Kapitals ab.

b) Gottfried Wilhelm Freiherr von Leibnitz, geboren am 1. 7. 1646 in Leipzig, gestorben am 14. 11. 1716 in Hannover, Philosoph, Mathematiker, Theologe, Jurist, errechnete den Betrag, der mit Zinsen und Zwischenzinsen den Nennbetrag des Kapitals am ursprünglichen Fälligkeitstag ergeben würde.

c) G. A. Hoffmann, der 1731 das Buch „Klugheit Haus zu halten" herausgab, ließ Zinseszinsen außer Betracht und errechnete die Summe, die mit Hinzurechnung der Zinsen während des Zeitraums vom vorzeitigen Fälligkeitstermin bis zum ursprünglich vorgesehenen den Nennbetrag des Kapitals ergibt: Hoffmannsche Methode.

2.12 § 111 beruht auf der **Hoffmannschen Methode.** Auch bei ihr gibt es verschiedene Formeln, für 360 Tage (Bankzinstage) oder für 365 Tage (Kalendertage), meistens für den gesetzlichen Zinssatz von 4% vorbereitet. Die Tabelle im Tabellenanhang (Tab 3) bringt die Formel, wie sie am leichtesten zu benützen ist. Hierzu im ZVG-Handbuch Rdn 500.

[Verteilung des Erlöses beim Gesamtausgebot]

112 (1) **Ist bei der Versteigerung mehrerer Grundstücke der Zuschlag auf Grund eines Gesamtausgebots erteilt und wird eine Verteilung des Erlöses auf die einzelnen Grundstücke notwendig, so wird aus dem Erlöse zunächst der Betrag entnommen, welcher zur Deckung der Kosten sowie zur Befriedigung derjenigen bei der Feststellung des ge-**

Verteilung des Erlöses beim Gesamtausgebot 2.4 § 112

ringsten Gebots berücksichtigten und durch Zahlung zu deckenden Rechte erforderlich ist, für welche die Grundstücke ungeteilt haften.

(2) Der Überschuß wird auf die einzelnen Grundstücke nach dem Verhältnisse des Wertes der Grundstücke verteilt. Dem Überschusse wird der Betrag der Rechte, welche nach § 91 nicht erlöschen, hinzugerechnet. Auf den einem Grundstücke zufallenden Anteil am Erlöse wird der Betrag der Rechte, welche an diesem Grundstücke bestehen bleiben, angerechnet. Besteht ein solches Recht an mehreren der versteigerten Grundstücke, so ist bei jedem von ihnen nur ein dem Verhältnisse des Wertes der Grundstücke entsprechender Teilbetrag in Anrechnung zu bringen.

(3) Reicht der nach Absatz 2 auf das einzelne Grundstück entfallende Anteil am Erlöse nicht zur Befriedigung derjenigen Ansprüche aus, welche nach Maßgabe des geringsten Gebots durch Zahlung zu berichtigen sind oder welche durch das bei dem Einzelausgebote für das Grundstück erzielte Meistgebot gedeckt werden, so erhöht sich der Anteil um den Fehlbetrag.

Allgemeines zu § 112   1

1.1 Zweck der Vorschrift: Regelung der Erlösverteilung nach Versteigerung mehrerer, verschieden belasteter Grundstücke für ein einheitliches Meistgebot.

1.2 Anwendungsbereich: Die Vorschrift gilt für alle Versteigerungsverfahren des ZVG.

Anlaß und Grundsätze für Verteilung des Gesamterlöses   2

2.1 § 112 behandelt die **rechnerische Verteilung** des bei gemeinsamer Versteigerung mehrerer Grundstücke auf Grund Gesamtausgebotes erzielten **Gesamterlöses** auf die einzelnen Grundstücke. § 113 behandelt die Verteilung der Einzelmasse eines versteigerten Grundstücks auf die Berechtigten dieses Grundstücks. § 122 behandelt die Verteilung des Gesamterlöses aus der Versteigerung mehrerer Grundstücke auf Grund Einzel- oder Gesamtausgebots auf ein erlöschendes Gesamtrecht an diesen mehreren Grundstücken, also wie dieses Gesamtrecht auf die bei Gesamtausgebot nach § 112 ermittelten oder bei Einzelausgebot sich von selbst ergebenden Einzelerlöse zu verteilen ist.

2.2 § 112 gilt auch für **Grundstücksbruchteile**. Er ist auch anzuwenden, wenn die einzelnen Grundstücksteile (zur Straße weggemessene und aus der Pfandhaft freigegebene Parzelle zB) unterschiedlich belastet sind[1]. Was im folgenden für Grundstücke gesagt wird, gilt auch für Grundstücksbruchteile.

2.3 Die Verteilung betrifft nur die aus dem Erlös auszuzahlenden, also nicht bestehenbleibenden Rechte. Sie läßt auch die Rangfolge des § 10 unberührt.

2.4 Voraussetzung der Verteilung: Es **müssen** mehrere Grundstücke im selben Verfahren versteigert worden sein (verbunden nach § 18). Die mehreren Objekte müssen auf Grund eines Gesamtausgebots zugeschlagen sein. Die Verteilung des Erlöses auf die einzelnen Grundstücke muß **notwendig** sein. Das ist der Fall, wenn die Grundstücke unterschiedlich belastet sind (bei Gesamtbelastung keine Verteilung nach § 112 nötig). Der Erlös darf nicht für alle Beteiligte ausreichen (sonst Verteilung nach § 112 unnötig). Notwendig wird die Erlösverteilung außerdem, wenn die Grundstücke nicht demselben Eigentümer gehörten oder wenn für ein Grundstück Eigentumsanspruch durch einen Dritten erhoben wird (§ 37 Nr 5). Nicht nötig ist die Verteilung, wenn nur ein Meistgebot in Höhe des geringsten Gebots abgegeben wurde (vgl Abs 3) oder wenn der Gesamterlös nur einem Gläubiger eines erloschenen Gesamtrechts gehört.

---

[1] RG 101, 117.

§ 112 2.5   Verteilung des Erlöses

2.5 Eine Verteilung nach § 112 ist auch **nicht** nötig, **wenn alle** Beteiligte, einschließlich des Vollstreckungsschuldners, **sich** über einen anderen Verteilungsmaßstab **einigen.** § 112 behandelt nur erlöschende Rechte und ist also nicht anzuwenden, wenn der Gesamthypothekar bestehenbleibender Rechte (auch wenn er selbst den Zuschlag erhalten hat) diese gemäß BGB § 1132 verteilt[2].

2.6 Die erforderliche Verteilung gliedert sich in **drei Abschnitte:** Vorwegentnahme für gemeinsame Belastungen (Abs 1); Verteilung des dann verbleibenden Überschusses auf die einzelnen Grundstücke (Abs 2); Ausgleich zwischen den mehreren Grundstücken bei nicht ausreichendem Einzelerlös eines Grundstücks (Abs 3).

2.7 Zur **Berechnung** mit Beispielen auch im ZVG-Handbuch Rdn 550–551 und bei[3].

2.8 Über **Rechtsbehelfe,** wenn jemand mit der Art der Verteilung nicht einverstanden ist und beeinträchtigt ist, bei § 115 Rdn 2.

3 Entnahme für gemeinsame Belastungen (Absatz 1)

3.1 Aus dem ungeteilten Gesamterlös werden unter Beachtung der Rangfolge der §§ 10, 109 entnommen: zunächst die **Verfahrenskosten** nach § 109; sodann alle im geringsten Bargebot enthaltenen, die mehreren Grundstücke **samtverbindlich** treffenden **Verpflichtungen,** nämlich: Ansprüche der Rangklassen 1–3, wenn sie die Grundstücke ungeteilt treffen (meist lassen sich diese Lasten aufteilen) und die Kosten und Zinsen der bestehenbleibenden Gesamtrechte aus § 10 Rangklasse 4.

3.2 Dabei ist zu beachten: Wenn den Kosten und Zinsen der Gesamtgrundpfandrechte **Einzelbelastungen** mit ihren Kosten und Zinsen vorgehen, dürfen diese vorgehenden Ansprüche durch die Vorwegentnahme für die Gesamtrechte nicht geschmälert werden; sie müssen bei der Verteilung gemäß Abs 2 noch (voll) zum Zuge kommen und dürfen auch nicht etwa statt Barzahlung nur noch eine Forderungsübertragung erhalten (weil das Bargebot nur zum Teil bezahlt ist). Die Kosten und Zinsen der Gesamtrechte dürfen also nur in der Höhe vorweg entnommen werden, in der sie nach der richtigen Rangfolge des § 10 (an der § 112 nichts ändert) zum Zuge kommen würden. In der Praxis ist es viel besser, entgegen dem Wortlaut des Gesetzes (das ja die volle Befriedigung der bestehenbleibenden Gesamtrechte hinsichtlich ihrer Kosten und Zinsen als möglich voraussetzt), aber nach dem Sinn dieser Vorschrift, wie folgt vorzugehen, wenn der Versteigerungserlös offenbar nicht für alle ausreicht (kritisch dazu äußert sich[4]). Man entnimmt vorweg nur die Verfahrenskosten nach § 109 und die alle Grundstücke gemeinsam treffenden Ansprüche der Rangklassen 1–3 (wenn zB aus Klasse 4 betrieben wird); ist nun ein Teil der in Klasse 4 stehenden und bestehenbleibenden Rechte Einzelrechte, so muß immer an ihrer Rangstelle der Erlös erst gemäß Abs 2 auf die einzelnen Grundstücke aufgeteilt werden, um die Einzel-Kosten und -Zinsen zu entnehmen, dann wird wieder alles vereinigt, um die nun etwa folgenden Gesamt-Kosten und -Zinsen des nächsten Rechts zu entnehmen usw.

3.3 Beispiele:

	Fall 1			Fall 2		
Grundstücke	1	2	3	1	2	3
Hypothek	a	–	–	a	a	a
Hypothek	b	b	b	–	b	–

Fall 1: Erst aufteilen, für a aus 1 entnehmen, wieder zusammenwerfen, für Gesamtrecht b entnehmen.

---

[2] BGH Betrieb 1976, 866 = WM 1976, 585.
[3] Dassler/Schiffhauer § 112 Rdn 13; Jaeckel/Güthe § 112 Rdn 10; Steiner/Teufel § 112 Rdn 26, 27.
[4] Steiner/Teufel § 112 Rdn 15 Fußn 12.

Verteilung des Erlöses beim Gesamtausgebot   4.4 § **112**

Fall 2: Erst ungeteilt für Gesamtrecht a entnehmen, dann aufteilen, für b aus 2 entnehmen (diesen Fall legt die gesetzliche Regelung des § 112 Abs 1 zugrunde).

3.4 Das kann so mehrmals hin- und herwechseln. Man braucht dies nicht beachten, wenn der Erlös ohnehin für alle ausreicht; Vorsicht bei der Berechnung ist geboten. Nicht dabei zu vergessen: Gesamtrechte sind auch solche, die mehrere Grundstücksbruchteile belasten, Vorwegentnahme nur jeweils für Kosten und Zinsen bestehenbleibender Gesamtrechte.

3.5 Grundbeispiel zum Gesetz: Gesamtbarerlös 100 000, Grundstücke 1–3, Wert 1 = 30 000, 2 = 30 000, 3 = 40 000; bestehenbleibende Rechte: Gesamtrecht a = 10 000, b an 1 = 3000, c an 2 = 3000, d an 3 = 4000; Kosten 1000, öffentliche Lasten 4000, Zinsen und Kosten aus a = 5000

Vorwegnahme:	Kosten	1000	Barerlös	100 000
	öffentl Lasten	4000		
	Zinsen aus a	5000		
	zusammen	10 000		10 000
	Überschuß des Barerlöses			90 000

Erlös-Überschuß für einzelne Grundstücke (Absatz 2)   4

4.1 Verteilung des Überschusses aus dem Barerlös auf die einzelnen Grundstücke hat sodann gemäß § 112 Abs 2 zu erfolgen.

4.2 Nach der Vorwegentnahme der Verfahrenskosten und der geschilderten Leistungen für bestehenbleibende Gesamtgrundpfandrechte muß dem nun verbleibenden Teil der Teilungsmasse der Betrag aller nach § 91 **bestehenbleibenden Rechte hinzugerechnet** werden, und zwar nur der nach § 91 Abs 1 kraft Gesetzes (als dem bestrangig betreibenden Gläubiger vorgehend oder sonst nach den Versteigerungsbedingungen bestehenbleibend, zB Altenteil, aber nicht außerhalb des geringsten Gebots nach Sondervorschriften bestehenbleibend) bestehenbleibenden: Abs 2 Satz 2. **Grundbeispiel** fortgeführt:

Überschuß des Barerlöses		90 000
bestehenbleibend	10 000 + 3000 + 3000 + 4000 =	20 000
berichtigte Teilungsmasse Grundstücke 1–3		110 000

4.3 Bestehenbleibende Gesamtbelastungen brauchen, entgegen dem Wortlaut des Gesetzes, an sich nicht hinzugerechnet werden, weil sie nur die Rechenarbeit vergrößern, ohne am Ergebnis etwas zu ändern, indem sie mit aufgeteilt und wieder mit abgesetzt werden müssen[5]. **Liegenbelassene** Rechte soll man hier keinesfalls hinzurechnen; es ist das im Gesetz nicht vorgesehen und es könnte ja auch sein, daß sie nicht voll zum Zuge kommen. Man legt also bei dieser Rechnung hier noch den vollen Barerlös (nicht um die Liegenbelassung verringert) und die nach § 91 Abs 1 bestehenbleibenden Rechte zugrunde und berücksichtigt die Liegenbelassung erst später, nämlich bei der Auszahlung der errechneten Anteile[6].

4.4 Hinzugerechnet für bestehenbleibende Rechte wird bei Hypotheken und Grundschulden deren **Kapitalbetrag,** bei Rentenschulden deren **Ablösungsbetrag,** bei anderen Rechten der nach § 51 Abs 2 festgesetzte **Zuzahlungswert**[7] (hier also nicht die Werte aus § 92). Gesamtbelastungen werden mit ihrem **einfachen Betrag** hinzugerechnet, also wie Einzelbelastungen. Man könnte sie auch hier schon nach dem Verhältnis der Grundstückswerte aufteilen, was sonst später geschehen muß, nämlich bei dem Abzug der bestehenbleibenden Rechte vom

---

[5] Dassler/Schiffhauer § 112 Rdn 5; Drischler RpflJahrbuch 1962, 322 (C b).
[6] Dassler/Schiffhauer § 112 Rdn 5; Jaeckel/Güthe § 112 Rdn 7; Steiner/Teufel § 112 Rdn 18; Mohrbutter/Drischler Muster 131 Anm 6; Drischler RpflJahrbuch 1962, 322 (C b).
[7] Dassler/Schiffhauer § 112 Rdn 5; Jaeckel/Güthe § 112 Rdn 7.

§ 112 4.4   Verteilung des Erlöses

Erlösanteil des Einzelgrundstücks[8], um dann nur die einzelnen Teile hinzuzurechnen (dies ergäbe dieselbe berichtigte Teilungsmasse).

4.5 Die durch Hinzurechnung der bestehenbleibenden Belastungen **berichtigte Teilungsmasse** wird nunmehr im Verhältnis der Grundstückswerte **aufgeteilt**: Abs 2 Satz 1. Für den **Grundstückswert** in diesem Fall hat EGZVG § 11 eine landesrechtliche Regelung vorgesehen, weil es damals § 74 a nicht gab. Diese Vorschriften sind aber überholt; maßgebend ist nur noch der Wert nach § 74[9] (anders[10]). War noch kein Wert festgesetzt (wird jetzt nicht mehr vorkommen), so hat das Gericht ihn hier zu berechnen (anders[11]: der landesrechtlich zu errechnende Wert entscheide). Dazu § 74 a Rdn 7.2.

4.6 Die berichtigte Teilungsmasse wird auf die einzelnen Grundstücke nach der Formel **verteilt**:
Berichtigte Teilungsmasse : Summe der Grundstückswerte × Wert des Einzelgrundstücks = Anteil dieses Grundstücks an der berichtigten Teilungsmasse.
Grundbeispiel fortgeführt:
Grundstück 1, 110 000 : 100 000 × 30 000 = X, X = 33 000,
Grundstück 2, ebenso,
Grundstück 3, 110 000 : 100 000 × 40 000 = X, X = 44 000

4.7 Von dem Anteil an der berichtigten Teilungsmasse, der nach dieser Rechnung auf das einzelne Grundstück trifft, sind nun wieder die **bestehenbleibenden Rechte** dieses Grundstücks **abzuziehen**: Abs 2 Satz 3. Soweit dies Gesamtbelastungen sind, ist natürlich bei jedem Grundstück nur ein Teilbetrag im Verhältnis der Grundstückswerte abzuziehen: Abs 2 Satz 4. Der Anteil des einzelnen Grundstücks an der Gesamtbelastung errechnet sich hierbei nach der **Formel:**
Gesamtbelastung : Summe der Grundstückswerte × Wert des Einzelgrundstücks = gesuchter Anteil des Einzelgrundstücks an der Gesamtbelastung.

4.8 Grundbeispiel fortgeführt:
Grundstück 1, 10 000 : 100 000 × 30 000 = X, X = 3000,
Grundstück 2, ebenso,
Grundstück 3, 10 000 : 100 000 × 40 000 = X, X = 4000
Also jetzt zu rechnen:

Grundstück	1	2	3
berichtigter Masseanteil	33 000	33 000	44 000
ab Gesamtbelastungsanteil a	3 000	3 000	4 000
ab Einzelbelastung b, c, d	3 000	3 000	4 000
Erlösanteil in bar	27 000	27 000	36 000

4.9 Ist nun das **Liegenbelassen** eines Rechts (das aus dem Erlös Zahlung zu erhalten hat) vereinbart, so wird jetzt vom Erlösanteil des betroffenen Grundstücks noch der liegenbelassene Betrag (Kapital und Zinsen) abgezogen, um den sich die Zahlungspflicht des Erstehers mindert (§ 91 Abs 3; wie sonst bei einer Liegenbelassung), bei liegenbelassenen Gesamtrechten dabei wieder im Verhältnis der Grundstückswerte errechnet.

4.10 Aus dem dann verbleibenden Erlösanteil des einzelnen Grundstücks werden alle aus diesem Grundstück **zu deckenden Ansprüche** in der Reihenfolge des Planes **bezahlt**, soweit der Erlös ausreicht. Ein etwaiger **Überschuß** gehört dann dem früheren Grundstückseigentümer (Vollstreckungsschuldner). Jedoch setzt sich an dem auf nur einen Grundstücks„bruchteil" fallenden Erlösbetrag die bisherige Gemeinschaft fort (wie § 180 Rdn 17.5). Er darf daher nur an alle (mit Einver-

---

[8] Jaeckel/Güthe § 112 Rdn 8.
[9] Dassler/Schiffhauer § 112 Rdn 7; Steiner/Teufel § 112 Rdn 21; Nikoleit BWNotZ 1965, 48 (II e).
[10] Mohrbutter, Handbuch des Vollstreckungsrechts, § 46 (V).
[11] Jaeckel/Güthe § 112 Rdn 12; Mohrbutter aaO (Fußn 10).

Verteilung des Erlöses beim Gesamtausgebot   5.5 § 112

nehmen aller) bisherigen Miteigentümer ausbezahlt werden (wie § 180 Rdn 17.7). Als gemeinschaftliche Berechtigung ist der Erlösüberschuß von den (bisherigen) Miteigentümer aufzuteilen[12]. Diese Auseinandersetzung der (bisherigen) Teilhaber hat „außerhalb" des Verfahrens zu erfolgen (wie § 180 Rdn 17.8).

Fehlbetrag (Absatz 3)   5

5.1 Ausgleichung zwischen den mehreren Grundstücken bei nicht ausreichendem Einzelerlös eines Grundstücks erfolgt nach Abs 3.

5.2 Sind die bestehenbleibenden Rechte auf einem Grundstück so hoch, daß an diesem Grundstück kein oder ein nur unzulänglicher Erlös in bar verbleibt, so wird ein Ausgleich geschaffen: § 112 Abs 3. Es müssen nämlich auf jeden Fall bei jedem Einzelgrundstück **alle** die **Ansprüche** ausbezahlt werden können, die **im geringsten Bargebot** enthalten waren, also bar gezahlt werden müssen, **oder** die bei gleichzeitigem Einzelausgebot der Grundstücke durch das Meistgebot für dieses Grundstück **gedeckt gewesen** wären. Damit wird gewährleistet, daß kein Berechtigter in seiner durch das Einzelausgebot erworbenen Aussicht auf Befriedigung deshalb beeinträchtigt wird, weil der Zuschlag auf Grund des Gesamtausgebots zu erteilen war[13]. Diese Deckung muß mit Verteilung nach Abs 3 auch gewährleistet bleiben, wenn neben dem Gesamtausgebot, auf das der Zuschlag erteilt ist, ein Gruppenausgebot mit einem für den Gläubiger günstigeren Ergebnis stattgefunden hat[13].

5.3 Die Ausgleichung erfolgt dadurch, daß die **anderen Grundstücke** in ihren restlichen Erlösanteilen entsprechend **gekürzt** werden und daß der durch die Kürzung sich ergebende Betrag dem notleidenden Grundstück zugeteilt wird. Dieser Ausgleich mag von Gläubigern, die ohne ihn auf „ihrem" Grundstück voll zum Zuge kommen würden, als ungerecht empfunden werden. Sie können einwenden, daß sie, deren Ansprüche durch ein Einzelmeistgebot gedeckt sind, nicht dadurch schlechter gestellt werden dürften, daß das für sie belastete Grundstück mit anderen zusammen versteigert und zugeschlagen wird. Diese Bedenken können nicht durchgreifen, weil das ZVG die Ausgleichung zwingend vorschreibt. Eine andere Regelung kann nur über § 59 unter Zustimmung aller durch die Abweichung Beeinträchtigten und unter den sonstigen Voraussetzungen des § 59 erfolgen (ist also nur theoretisch möglich, praktisch aber ausgeschlossen).

5.4 Es gibt für den Ausgleich **verschiedene Arten der Berechnung.** Die einen meinen, das notleidende Grundstück dürfe schon bei der Aufteilung der berichtigten Teilungsmasse nicht mehr eingesetzt werden (so dieses Buch in 5. Aufl, § 112 Anm 3); andere meinen, der Ausgleich des Fehlbetrags durch die anderen erfolge unter Anwendung von § 122 im Verhältnis ihrer restlichen Erlösanteile[14]. Die richtige Ansicht (weil am gerechtesten erscheinend) dürfte aber sein: der **Fehlbetrag wird** auf die anderen Grundstücke im Verhältnis von deren Grundstückswert **aufgeteilt**[15], weil die vorausgehende Aufteilung auch schon in diesem Verhältnis erfolgte und weil hier ähnliche Beweggründe wie in BGB §§ 2055, 2056, maßgebend sind[16].

5.5 Grundbeispiel abgewandelt: Würde sich bei Grundstück 1 ein Fehlbetrag ergeben, etwa 7000 mit Rücksicht auf sehr hohe nach § 91 Abs 1 bestehenbleibende Rechte, so wäre dieser auf die Grundstücke 2 und 3 im Verhältnis 30 000 : 40 000 aufzuteilen, Grundstück 2 müßte also mit 3000, Grundstück 3 mit

---

[12] BGH Rpfleger 1992, 76.
[13] RG 66, 391.
[14] Jaeckel/Güthe § 112 Rdn 13; Mohrbutter, Handbuch des Vollstreckungsrechts, § 46 (V); Drischler RpflJahrbuch 1962, 322 (Cd).
[15] Dassler/Schiffhauer § 112 Rdn 12; Korintenberg/Wenz § 112 Anm 4 und Fußnote; Steiner/Teufel § 112 Rdn 25; Mohrbutter/Drischler Muster 131 Anm 5.
[16] Dassler/Schiffhauer § 112 Rdn 12.

§ 112   5.5   Verteilung des Erlöses

4000 ausgleichen, beide würden in ihren restlichen Erlösanteilen insoweit gekürzt, der Betrag würde auf Grundstück 1 zugeteilt.

5.6 Unter Umständen haben die Befriedigungsberechtigten der ausgleichenden Grundstücke, die hierdurch ihrerseits einen Ausfall erleiden, gegen die Berechtigten des notleidenden Grundstücks, denen der Ausgleichsbetrag zufloß, einen **Bereicherungsanspruch** aus BGB § 812 (nicht im Versteigerungsverfahren zu prüfen und zu entscheiden). Auch hier gibt es in der Praxis Bedenken, daß eine Bereicherung nicht vorliegen könne, weil ja nicht ohne rechtlichen Grund ein Vermögensvorteil zugeflossen sei, sondern auf Grund zwingender gesetzlicher Vorschriften (wie erwähnt, eine Frage für den Prozeß).

[Aufstellung des Teilungsplans]

113 (1) **In dem Verteilungstermine wird nach Anhörung der anwesenden Beteiligten von dem Gerichte, nötigenfalls mit Hilfe eines Rechnungsverständigen, der Teilungsplan aufgestellt.**

(2) **In dem Plane sind auch die nach § 91 nicht erlöschenden Rechte anzugeben.**

1 Allgemeines zu § 113

1.1 Zweck der Vorschrift: Feststellung des Teilungsplans als Grundlage der Erlösverteilung.

1.2 Anwendungsbereich: Die Vorschrift gilt für alle Versteigerungsverfahren des ZVG. Über die Anwendung in der Zwangsverwaltung § 146 Rdn 4, § 156 Rdn 3.

2 Allgemeine Grundsätze zum Teilungsplan

2.1 § 113 befaßt sich mit der **grundsätzlichen Regel**, daß der Plan im Verteilungstermin aufzustellen ist (Abs 1), ohne an dieser Stelle aber Vorschriften im einzelnen zu geben. Es finden sich dafür zahlreiche Einzelvorschriften in § 107 Abs 1, § 109 Abs 1 und 2, §§ 110–112, § 113 Abs 2, §§ 114, 118 usw.

2.2 Der Teilungsplan ist als staatliche Vollstreckungsmaßregel **Grundlage der Erlösverteilung** (ZVG-Handbuch Rdn 410); er wird in dem Augenblick zur Entscheidung des Gerichts, in dem er nach Anhörung der Beteiligten **im Termin bekanntgegeben** wird[1], also nicht erst nach dem Ende des Verteilungstermins und auch nicht mit der Anordnung seiner Ausführung[2]. Der Plan hat nicht wie der Zuschlag die Kraft eines Richterspruchs. Er kann gleichwohl nicht beliebig (zB auf Gegenvorstellung) geändert werden, bis der Erlös verteilt ist (unklar[3]). Änderung kann nach Feststellung des Planes nur noch erfolgen, wenn Widerspruch erhoben oder Rechtspflegererinnerung/sofortige Beschwerde eingelegt wird. Wenn Widerspruch nicht erhoben ist und der Verfahrensfortgang auch nicht durch ein Rechtsmittelverfahren aufgehalten wird, ist der Teilungsplan zur Ausführung zu bringen (§ 115 Abs 1; ZPO § 876 Satz 1); nachträgliche Änderung schließt das aus. Nur wenn sich der Berechtigte bis zur Planausführung noch ändert, ist das zu berücksichtigen (§ 117 Rdn 2).

2.3 Der Teilungsplan ist **nur für das Verteilungsverfahren** des Zwangsversteigerungsverfahrens von Bedeutung, nicht für die materiellen Rechte[4]. Sachlichrechtliche Wirkungen hat der Plan im Verhältnis der Gläubiger zueinander nur

---

[1] Beyer, Grundsätze des Verteilungsverfahrens (1932) S 49.
[2] Beyer aaO (Fußn 1), S 48.
[3] OLG Köln MDR 1969, 401.
[4] Beyer aaO (Fußn 1), S 53.

Aufstellung des Teilungsplans 3.4 **§ 113**

hinsichtlich der Ausschlußwirkung nach § 110 bei nicht rechtzeitiger Anmeldung oder auch, wenn eine Widerspruchsklage rechtskräftig entschieden ist. Über die Bereicherungsklage der nicht Berücksichtigten gegen die Berücksichtigten § 115 Rdn 5.

2.4 Wo noch zulässig, kann zum Verteilungstermin ein **Rechnungsbeamter** zugezogen werden: Abs 1 (§ 66 Rdn 7).

2.5 Auch im Verteilungstermin kann ein **Vergleich** geschlossen werden. Dies geschieht zu Protokoll des Rechtspflegers[5]. Der Vergleich kann nicht nur über den Erlös geschlossen werden (so meint[6]), sondern auch über verfahrensfremde Gegenstände. Hierzu im ZVG-Handbuch Rdn 411.

2.6 Es wird **nur ein Verteilungstermin** abgehalten und darin der Teilungsplan aufgestellt. Ein weiterer Verteilungstermin, sogenannte Nachtragsverteilung, findet nicht statt. Es wird dies zwar für zulässig gehalten, um zusätzlich eingegangenen Erlös, etwa zurückgezahlte öffentliche Lasten, zusätzlich zu verteilen oder Zuzahlungen nach §§ 50, 51 (so[7]). Dem kann aber nicht zugestimmt werden. Mit Feststellung und Vollzug des Teilungsplans ist das Verfahren (abgesehen vom Grundbuchersuchen des § 130 und von Kostenfragen) beendet. Wenn § 109 Abs 1 von den besonderen Kosten nachträglicher Verteilungshandlungen spricht, so sind damit nicht nachträgliche Verteilungstermine gemeint, sondern die nachträgliche Ausführung des normal aufgestellten Teilungsplans, wie dies bei § 116 nötig ist oder in § 137 Abs 1, § 139 Abs 1, § 141 Abs 1 vorgesehen ist (dazu auch § 109 Rdn 2); eine Ausnahme kann nach § 107 Rdn 2 bestehen (siehe dort).

Aufstellung des Teilungsplans im Verteilungstermin (Absatz 1) 3

3.1 Der Teilungsplan wird im **Verteilungstermin aufgestellt,** und zwar nach Anhörung der Beteiligten: Abs 1. Das geschieht auch dann, wenn ein Vortermin (§ 62) oder vorbereitende Erörterungen (§ 62 Rdn 2) stattgefunden haben, auch dann, wenn wegen der Aufforderung an die Beteiligten (§ 106) ein vorläufiger Plan vor dem Termin in der Geschäftsstelle aufgelegt werden mußte (§ 106 Rdn 2). Zustellung an Beteiligte erfolgt nicht (anders[8]; siehe auch Rdn 6.3).

3.2 Der **Inhalt des Planes** ergibt sich aus einer Reihe von Einzelvorschriften (Rdn 2). Er enthält grundsätzlich:
I. Feststellung der Teilungsmasse;
II. Feststellung der bestehenbleibenden Rechte (Rdn 4);
III. Feststellung der Schuldenmasse;
IV. Zuteilung der Masse auf die Ansprüche;
V. Hilfsverteilung.
Überflüssig sind langatmige Vorbemerkungen (empfohlen von[9], jedoch weder vorgesehen noch erforderlich) bis hin zur Angabe des Verkehrswertes des Grundstücks, der nach dem Versteigerungsvermerk eingetragenen Rechte und Auflistung der Anmeldungen sowie sonstigen Erklärungen.
Im Einverständnis mit allen davon betroffenen Beteiligten (§ 59) kann der Teilungsplan abweichend aufgestellt werden; dies muß nicht schon im Versteigerungstermin beantragt werden.

3.3 Die **Teilungsmasse** wird nach § 107 Abs 1 festgestellt. Einzelheiten hierzu in § 107 Rdn 2.

3.4 Die **Schuldenmasse** wird nach § 114 festgestellt. Es handelt sich um die durch Barzahlung zu befriedigenden Ansprüche, auch soweit Rechte ausfallen.

---

[5] OLG Nürnberg Rpfleger 1972, 305.
[6] Hornung Rpfleger 1972, 203 (211).
[7] OLG Hamm JMBlNW 1961, 134 Leitsatz; Pöschl NJW 1953, 573.
[8] Perger Rpfleger 1991, 45 (II u IV).
[9] Steiner/Teufel § 113 Rdn 4.

§ 113   3.4   Verteilung des Erlöses

Dabei ist auch der Überschuß festzustellen (§ 109 Abs 2). Näheres bei § 114 Rdn 2–5.

3.5 Die **Zuteilung der Masse** auf die Ansprüche stellt dar, in welcher Höhe der Versteigerungserlös (die Teilungsmasse) auf die Ansprüche entfällt, die nach der Schuldenmasse ein Recht auf Befriedigung aus dem Grundstück gewähren (ZVG-Handbuch Rdn 460). Die Zuteilung hat in der Reihenfolge (nach dem Rang) der Ansprüche zu erfolgen und Bedingungen (zB § 119) sowie Beschränkungen (so bei Berechtigung auf Grund Sicherungsvollstreckung, ZPO § 720 a) der Berechtigten auszuweisen. Sie erfolgt für den im Verteilungstermin durch Zahlung zu berichtigenden Betrag (§§ 49, 107 Abs 2) und für Zuzahlungsbeträge (§ 125) gesondert, hat mithin die Verteilung der nach §§ 50, 51 weiter zu zahlenden Beträge als solche auszuweisen. Angaben über den Ausfall der nicht zum Zuge kommenden Ansprüche gehören nicht zur Zuteilung. Die Tatsache des Ausfalls und die ausfallenden Berechtigten ergeben sich aus der Nichtberücksichtigung von Ansprüchen der Schuldenmasse bei der Zuteilung (ZVG-Handbuch Rdn 460). Die Art der Planausführung (Barzahlung, Forderungsübertragung, Befriedigungserklärung, Hinterlegung, Aussetzung nach § 116) ist bei der Zuteilung nicht zu nennen[10] (anders[11]). Mit Planausführung nimmt das Verfahren nach Feststellung des Teilungsplans seinen Fortgang, so daß die Darstellung der Planausführung nicht bereits Gegenstand des im Verfahren aufzustellenden Teilungsplanes (Abs 1) sein kann. Der Teilungsplan hat daher nur ersichtlich zu machen, welche Beträge den einzelnen Berechtigten auf ihre durch Zahlung zu deckenden Ansprüche zugeteilt werden; erst wenn der Teilungsplan so aufgestellt und die Verhandlung über ihn abgeschlossen ist, kann bei Verfahrensfortgang festgestellt werden, wie die Ausführung des Planes möglich ist. Zum Erlösüberschuß § 114 Rdn 10.

3.6 Hilfsverteilung nach §§ 119, 120, 121 Abs 2, §§ 123, 124, 125 Abs 2, § 126: Näheres bei den genannten Vorschriften.

4 Bestehenbleibende Rechte im Teilungsplan (Absatz 2)

Die **bestehenbleibenden Rechte** werden festgestellt. Im Plan ausdrücklich angegeben werden müssen alle nach § 91 nicht erlöschenden Rechte (Abs 2), mithin Hypotheken, Grund- und Rentenschulden sowie in Abteilung II des Grundbuchs eingetragene Grundstücksrechte. Es handelt sich um Rechte, die nach § 52 (normal, dem bestrangig betreibenden Gläubiger vorgehend) oder auf Grund abweichender Versteigerungsbedingung (§ 59) bestehenbleiben. Bezeichnung der bestehenbleibenden Rechte kann nicht (so zB wenn es sehr viele sind) durch Angabe der erlöschenden Rechte ersetzt werden (anders[12]). Soweit Liegenbelassung vereinbart ist (§ 91 Abs 2), muß auch dieses Recht mit aufgeführt werden[13] (anders[14]). Die Aufnahme der bestehenbleibenden Rechte hat an sich keine rechtliche Wirkung; die Wirkung bestimmt sich nach dem Zuschlag sowie der Liegenbelassungsvereinbarung. Die Rechte werden aber aufgenommen (darum fordert dies Abs 2), weil sie bestritten werden können und bei Wegfall eine in die Verteilung einzubeziehenden Zuzahlung auslösen (§ 125), um sonach eine Zuzahlungspflicht nach §§ 50, 51 prüfen zu können. Dazu im ZVG-Handbuch Rdn 420. Angegeben werden sollte, auf welcher Rechtsgrundlage die Rechte bestehenbleiben (kraft Gesetzes im geringsten Gebot oder durch Liegenbelassung). Angabe der außerhalb des geringsten Gebots bestehenbleibenden Rechte (§ 52 Rdn 7) ver-

---

[10] Dassler/Schiffhauer § 113 Rdn 5; Korintenberg/Wenz § 113 Fußn 3; Reinhard/Müller § 113 Anm II 3.
[11] Jaeckel/Güthe § 113 Rdn 9.
[12] Drischler RpflJahrbuch 1973, 328 (3).
[13] Dassler/Schiffhauer § 113 Rdn 12; Jaeckel/Güthe § 113 Rdn 1; Steiner/Teufel § 113 Rdn 6.
[14] Korintenberg/Wenz § 113 Anm 2 a.

Aufstellung des Teilungsplans 5.3 § 113

langt Abs 2 nicht. Sie lösen bei Wegfall keine Zuzahlungspflicht aus, erlangen mithin bei Erlösverteilung keine Bedeutung. Daher sind sie im Teilungsplan nicht zu bezeichnen.

Protokoll-Muster für den Verteilungstermin 5

5.1 Über den Verteilungstermin ist ein Protokoll **nach den allgemeinen Vorschriften** zu führen (§ 105 Rdn 2.6). Falls der Verteilungstermin ausnahmsweise vertagt wird, muß im neuen Termin alles wiederholt werden. Es darf nicht etwa in einem Termin der Plan aufgestellt, im vertagten Termin nur der Plan ausgeführt werden (Ausnahme § 116 Rdn 2, aber auch mit einigen zu wiederholenden Arbeiten). Hierzu im ZVG-Handbuch Rdn 412.

5.2 Alle denkbaren Einzelheiten können in einem Muster nicht untergebracht werden. Jeder Fall hat seine Besonderheiten. Es können nur einige grundlegende Punkte gebracht werden.

5.3 Das Protokoll des Verteilungstermins könnte **etwa folgenden Inhalt** haben:

„... Der Rechtspfleger gab auszugsweise bekannt: Zuschlagsbeschluß, Grundbuchblatt und folgende Anmeldungen: ... Er verlas dann den anliegenden Entwurf des Teilungsplanes. Mit den anwesenden Beteiligten wurde hierüber verhandelt.

Widerspruch wurde nicht erhoben, schriftliche Widersprüche lagen nicht vor (... erhob gegen Nr ... des Planes Widerspruch mit folgender Begründung: ... Die anwesenden Beteiligten wurden hierzu gehört und erklärten: ... Einigung kam nicht zustande.)

Der Rechtspfleger erließ und verkündete folgenden Beschluß:

1. Der Teilungsplan wird gemäß dem verlesenen Entwurf festgestellt und zum Bestandteil dieses Protokolls erklärt, jedoch mit folgenden Abweichungen: ...

2. Der Teilungsplan wird wie folgt ausgeführt:

a) Auszuzahlen sind von der Gerichtskasse ... aus dem dort unter ... verwahrten Betrag von ... an ... DM ... aus Nr ... des Planes ... und an ... DM ... aus Nr ... des Planes ...

b) Anweisung auf den bei der Hinterlegungsstelle des AG ... unter HL ... hinterlegten Betrag wird dem Berechtigten ... in Höhe von ... DM für seinen Anspruch aus Nr ... des Planes erteilt.

c) Bei der Hinterlegungsstelle des AG ... ist aus dem bisher unter ... hinterlegten Betrag von ... für ... der Betrag von ... zu hinterlegen, mit der Maßgabe, daß ...

d) Für den Betrag aus Nr ... des Planes ist der Berechtigte wegen ... unbekannt. Dieser Betrag ist bei der Hinterlegungsstelle des AG ... zur weiteren Verfügung des Vollstreckungsgerichts zu hinterlegen. Zur Ermittlung des unbekannten Berechtigten wird ... bestellt. Wird der Unbekannte nicht ermittelt, so wird der ihm zugedachte Betrag dem Nächstberechtigten aus dem Plan zugeteilt, nämlich ... in Höhe von ... auf Nr ... des Planes und ...

e) Weil das Bargebot in Höhe von ... nicht in bar bezahlt ist, wird den nachgenannten Gläubigern in Höhe der angegebenen Beträge und in der angegebenen Rangfolge, und zwar mit jeweils 4% Zinsen ab dem Tag des Verteilungstermins, die Forderung gegen den Ersteher ... übertragen und insoweit die Eintragung von Sicherungshypotheken an den angegebenen Rangstelle der Abt III des Grundbuchs beim AG ... für ... Band ... Blatt ... angeordnet: ...

f) Infolge Befriedigungserklärung des Erstehers ... (Liegenbelassungsvereinbarung des Erstehers und des Gläubigers ... vom ...) unterbleibt eine Auszahlung auf Nr ... des Planes und der Plan ändert sich hierdurch wie folgt: ...

g) Da gegen Nr ... des Planes von ... Widerspruch erhoben ist, ist der hieraus zugeteilte Betrag von ... zur Verfügung des Vollstreckungsgerichts zu hinterlegen. Falls der Widersprechende ... nicht binnen eines Monats ab heute dem Vollstrek-

§ 113 5.3 Verteilung des Erlöses

kungsgericht die Erhebung der Widerspruchsklage nachweist, wird dieser Betrag an den im Plan Vorgesehenen ... ausbezahlt werden, andernfalls wird der Betrag für diesen und den Widersprechenden ... hinterlegt, und zwar gemäß der Bestimmung des ... bei ... und mit der Maßgabe, daß er dem Erstberechtigten ... zufällt, wenn der Widerspruch nicht für begründet erklärt werden wird, aber dem Widersprechenden ... zufällt, wenn der Widerspruch für begründet erklärt werden wird.
3. Auf den vorgelegten Briefen und Vollstreckungstiteln sind folgende Vermerke anzubringen, wobei die Briefe ... unbrauchbar zu machen sind:
a) auf der vollstreckbaren Ausfertigung der Grundschuldbestellungsurkunde des Notars ... vom ... UR-Nr ...: ‚Im Zwangsversteigerungsverfahren ... des AG ... ist der Gläubiger ... im Verteilungstermin von ... wie folgt zum Zuge gekommen: Grundschuldkapital ..., Kosten ..., Zinsen ... Der Betrag wurde im Termin durch Zahlungsanweisung auf den hinterlegten Erlös bar bezahlt (wurde durch Befriedigungserklärung des Gläubigers gedeckt). Die Grundschuld ist erloschen, der Brief ist unbrauchbar gemacht. ..., den ..., AG ..., ... Rechtspfleger.' b) ..." (Unterschrift des Rechtspflegers)(Unterschrift des Protokollführers)
5.4 Es empfiehlt sich, das Protokoll so ausführlich wie möglich zu halten und **alle** wichtig erscheinenden **Einzelheiten** gewissenhaft aufzuführen. Zum Inhalt auch § 105 Rdn 2.6 sowie Muster im ZVG-Handbuch Rdn 408, 413–414.

6 Rechtsbehelfe gegen den Teilungsplan

6.1 (1) Für **sachliche Einwendungen** gegen den Plan, um sachliche Unrichtigkeit aus Gründen materiellen Rechts zu rügen (Höhe, Rang, Empfänger eines zugeteilten Betrags), ist der **Widerspruch** des § 115 bestimmt. Er dient der Klärung der Frage, wie weit ein Gläubiger ein Recht zu Befriedigung hat, bezieht sich auf Schuldenmasse und Zuteilung und findet statt, wenn der Plan formell in Ordnung ist, aber eine bestimmte Zuteilung materiell unrichtig erfolgt sein soll, wenn also die sachlich-rechtliche Berechtigung des formell ordnungsgemäß Berücksichtigten bestritten wird. Über den Widerspruch Näheres § 115 Rdn 3. Bei unterlassenem Widerspruch ist noch eine Bereicherungsklage aus ZPO § 878 Abs 2 möglich.

6.2 (2) Werden in dem Plan Schreib- oder Rechenfehler oder ähnliche offenbare **Unrichtigkeiten** entdeckt, so sind diese vom Gericht von Amts wegen zu **berichtigen:** ZPO § 319 Abs 1 (der auch für Beschlüsse usw gilt); dazu Einl Rdn 29. Hierzu gehört es etwa, wenn Zinsbeträge falsch ausgerechnet sind[15]. Dagegen ist diese Berichtigung nicht möglich, wenn die Verzinsungsdauer, der Zinssatz oder ähnliche Angaben nicht aus einem Schreib- oder Rechenfehler, sondern aus sachlichen Gründen (weil das Gericht sie so für richtig hielt) falsch angenommen wurden[16].

6.3 Mit befristeter **Rechtspflegererinnerung/sofortiger Beschwerde** ist dagegen vorzugehen, wenn gerügt werden soll, daß der Teilungsplan nicht nach den gesetzlichen Formvorschriften aufgestellt sei, sondern unter Verstoß gegen **Verfahrensvorschriften**[17]. Dazu gehört die unrichtige Feststellung der Teilungsmasse[18], etwa, daß die Verzinsungspflicht aus § 49 Abs 2 erloschen oder daß der Zinsbetrag unrichtig berechnet sei[19], die unterlassene Hilfsverteilung bei Widerspruch[20] (§ 124), die nicht erfolgte Zuteilung eines Zuzahlungsbetrags (§ 125)

---

[15] Drischler RpflJahrbuch 1973, 328 (4 b); Hagemeister SchlHA 1961, 7.
[16] Hagemeister SchlHA 1961, 7.
[17] OLG Köln OLGZ 1966, 190 und MDR 1969, 401; LG Bonn NJW 1965, 2113; Drischler RpflJahrbuch 1962, 322 (B I); Hagemeister aaO (Fußn 16).
[18] LG Verden Rpfleger 1974, 31 mit teils zust, teils abl Anm Schiffhauer.
[19] OLG Schleswig SchlHA 1961, 16; Hagemeister aaO (Fußn 16).
[20] OLG Karlsruhe Rpfleger 1995, 427.

Teilungsplan nach Grundbuch oder Anmeldung 1.3 § **114**

usw. Das Rechtsmittel hat keine aufschiebende Wirkung; Aussetzung oder einstweilige Einstellung nach ZPO § 572 ist aber möglich. Die Anfechtungsfrist beginnt mit der Aufstellung (Verkündung[21]) des Plans (nach[22] mit dem Schluß des Verteilungstermins), weil der Plan nicht zugestellt wird[23] (anders[24]: mit Zustellung); für den Fristbeginn kommt es nicht darauf an, wann dem Beteiligten der Inhalt des Planes tatsächlich bekannt geworden ist[24]. Rechtsbehelfe werden durch Auszahlung der Beträge gegenstandslos, nicht aber durch die Forderungsübertragung[25]. Anfechtungsberechtigt ist jeder Beteiligte (auch der Vollstreckungsschuldner), der durch den formell unrichtigen Plan beschwert ist. Das Beschwerdegericht kann hier sachlich entscheiden oder (anders als bei der Zuschlagsanfechtung) auch das Verfahren zurückverweisen (ZPO § 575); ebenso gilt das für den Richter gegenüber der Rechtspflegererinnerung (RpflG 11 Abs 4).

6.4 Anfechtung und Muster dazu ZVG-Handbuch Rdn 462.

[Aufnahme in Teilungsplan nach Grundbuch oder Anmeldung]

114 (1) **In den Teilungsplan sind Ansprüche, soweit ihr Betrag oder ihr Höchstbetrag zur Zeit der Eintragung des Versteigerungsvermerkes aus dem Grundbuch ersichtlich war, nach dem Inhalte des Buches, im übrigen nur dann aufzunehmen, wenn sie spätestens in dem Termin angemeldet sind. Die Ansprüche des Gläubigers gelten als angemeldet, soweit sie sich aus dem Versteigerungsantrag ergeben.**

(2) **Laufende Beträge wiederkehrender Leistungen, die nach dem Inhalte des Grundbuchs zu entrichten sind, brauchen nicht angemeldet zu werden.**

Übersicht

Allgemeines zu § 114 1	Eigentümergrundschuld (-hypothek) .. 6
Anmeldung oder Grundbucheintragung (Allgemein) 2	Grundschuld im Teilungsplan 7
	Liegenbelassungsvereinbarung............ 8
Ansprüche, Berechtigte................ 3	Löschungsanspruch, Löschungsvormerkung 9
Anzumeldende/nicht anzumeldende Ansprüche 4	Übererlös im Teilungsplan................ 10
Anmeldung oder Grundbucheintragung: Einzelheiten 5	Verzicht bei Erlöszuteilung 11

Literatur: Drischler, Die Verteilung des Versteigerungserlöses, RpflJahrbuch 1962, 322; Drischler, Das Verfahren der Immobiliarvollstreckung, RpflJahrbuch 1973, 328.

Allgemeines zu § 114   1

1.1 Zweck der Vorschrift: Festlegung der Verfahrensvoraussetzungen für die Aufnahme der aus dem Erlös zu befriedigenden Ansprüche (§ 10) in den Teilungsplan.

1.2 Anwendungsbereich: Vorschrift gilt für alle Versteigerungsverfahren, aber für die Teilungsversteigerung nur Abs 1 Satz 1 und Abs 2. Zwangsverwaltung § 146 Rdn 4, § 156 Rdn 4.

1.3 Bei **Einzelausgeboten** ist die Verteilung für jedes versteigerte Grundstück (Grundstücksbruchteile sind wie Grundstücke zu behandeln) **gesondert** zu berechnen, auch wenn die Berechnungen dann in einem vereinigten Plan zusam-

---

[21] OLG Karlsruhe Rpfleger 1995, 427; OLG Schleswig SchlHA 1983, 194.
[22] Drischler RpflJahrbuch 1962, 322 (B I).
[23] LG Bonn NJW 1965, 2113.
[24] OLG Hamm Rpfleger 1985, 453.
[25] Drischler RpflJahrbuch 1962, 322 (B I).

§ 114 1.3 Verteilung des Erlöses

mengefaßt werden, um die allgemeinen Feststellungen gemeinsam treffen zu können.

1.4 Die **Teilungsmasse** ist als Versteigerungserlös **Surrogat** für das versteigerte Objekt (§ 91 Rdn 2.5). Als solches steht sie dem bisherigen Grundstückseigentümer (in der Regel also dem Vollstreckungsschuldner) zu[1], belastet mit den Rechten und Befriedigungsansprüchen wie das Grundstück bzw den nach § 92 an ihre Stelle getretenen Wertersatzansprüchen. Der Schuldner erwirbt an Stelle des verlorenen Eigentums die Forderung gegen den Ersteher auf Zahlung des Bargebots nebst Bargebotszinsen und gegebenenfalls auf Zuzahlungen nach §§ 50, 51. Diese Forderung unterliegt der Beschlagnahme; **verfügen** darüber kann nur **das Vollstreckungsgericht**. Gläubiger können diese Forderung nicht pfänden. Die Forderung geht auch nicht kraft Gesetzes auf die Gläubiger über. Was nicht ausdrücklich auf die Gläubiger übertragen wird, bleibt dem Schuldner (bei Barzahlung unverteilt, ohne daß eine Übertragung nötig wäre). Die Masse besteht also bis zur Zahlung aus der Forderung gegen den Ersteher[1], wobei dem Schuldner die Verfügung entzogen ist. Nur soweit ihm der Überschuß freigegeben wird, erlangt er die Verfügung darüber. Der Erlösanspruch ist Vermögen des Schuldners, das Vollstreckungsgericht nimmt die Zahlung nur **in amtlicher Eigenschaft** entgegen und leitet sie weiter[1]. Die Gläubiger werden aus dem Vermögen des Schuldners befriedigt, nicht aus dem des Erstehers, zu dem sie nicht in Rechtsbeziehungen treten[1]. Hat der Ersteher überzahlt, so hat er schuldrechtliche Ansprüche gegen den Vollstreckungsschuldner auf Rückzahlung, nicht gegen den letztrangig befriedigenden Gläubiger[2]; er hat den Schaden nicht selbst zu tragen, weil er sich auf die Richtigkeit des Planes verlassen kann[2].

2 Anmeldung oder Grundbucheintragung (Allgemein)

2.1 In den Teilungsplan (Abschnitt Schuldenmasse) werden die Ansprüche an den Erlös nur nach **Grundbucheintragung** oder nach **Anmeldung** aufgenommen (§ 114). Bei den anmeldebedürftigen Ansprüchen gibt es rechtzeitig angemeldete (§ 37 Nr 4), verspätet angemeldete (§ 110) und nicht angemeldete. Die Zeitfolge rechtzeitiger Anmeldungen untereinander ist ohne Bedeutung. Für Ansprüche aus einem und demselben aus dem Grundbuch ersichtlichen oder rechtzeitig angemeldeten Recht untereinander bestimmt sich die Rangfolge nach § 12; Ansprüche aus verschiedenen Rechten haben Rang nach §§ 10, 11; verspätet angemeldete Ansprüche stehen den übrigen im Rang nach (§ 110). Trotz Anmeldepflicht überhaupt nicht angemeldete Ansprüche werden in den Teilungsplan nicht aufgenommen.

2.2 Daß bei der Verteilung des Versteigerungserlöses zu berücksichtigende Ansprüche in den Teilungsplan nur dann ohne Anmeldung aufzunehmen sind, wenn sie bei Eintragung des Versteigerungsvermerks (§ 19 Abs 1) **grundbuchersichtlich** waren, alle anderen Ansprüche hingegen der Anmeldung bedürfen, beruht auf dem das materielle Sachenrecht beherrschenden Grundbuchsystem. Seine Auswirkungen für das Verteilungsverfahren regelt § 114 mit dem Grundsatz, daß die Ansprüche aus eingetragenen oder vorgemerkten Rechten von Amts wegen Berücksichtigung finden, soweit sie ohne weitere Unterlagen berechnet werden können[3], während im übrigen die Berücksichtigung eines Anspruchs nur stattfindet, wenn er bei dem Vollstreckungsgericht angemeldet worden ist[3].

2.3 Es sind **alle Ansprüche** in den Teilungsplan aufzunehmen, auch dort, wo die Schuldenmasse die Teilungsmasse offenbar erheblich übersteigt. § 114 unterscheidet nicht, ob ein Anspruch zum Zuge kommen wird oder nicht. Es können ja durch den Wegfall vorrangiger Ansprüche oder durch Zuzahlungen noch weitere

---

[1] BGH 68, 276 = MDR 1977, 742 = NJW 1977, 1287 = Rpfleger 1977, 246.
[2] BGH 68, 276 = aaO (Fußn 1); Drischler KTS 1978, 147 (7).
[3] Motive zum ZVG, S 287 und 288.

Ansprüche zum Zuge kommen, als bei Aufstellung des Teilungsplanes angenommen war; es können auch später in Bereicherungsprozessen Ansprüche erfolgreich sein. Es gibt jedoch kein verfahrensrechtliches oder sonst sachliches Erfordernis, das es gebieten würde, auch bei erheblicher Überschuldung und sicherem Ausfall die nicht gedeckten Ansprüche bis in die letzten Feinheiten auszurechnen (das wäre unnütze Zeitverschwendung mit Kosten etwa für den Rechnungsbeamten). Es muß daher genügen, wenn sicher ausfallende Ansprüche als Schuldenmasse nur mit ihrem grundsätzlichen Bestand an ihrer Rangstelle unter allgemeiner Bezeichnung nach § 12 mit Kostengrundlage, Zinsen und Nebenleistungen sowie Hauptsache aufgeführt werden; Kosten, Zinsen und Nebenleistungen brauchen dann nicht im einzelnen ausgerechnet werden, dies kann aus den Angaben leicht nachgeholt werden. Dazu im ZVG-Handbuch Rdn 422.

2.4 Ein vor dem Versteigerungsvermerk (§ 19) **eingetragenes Recht** wird – wie bei Aufstellung des geringsten Gebots – auch von Amts wegen **nicht** berücksichtigt (Ansprüche finden mithin keine Aufnahme in den Teilungsplan), wenn Klarheit darüber besteht, daß das eingetragene Recht **nichtig** ist, das Recht einwandfrei **erloschen** ist (das Erlöschen muß objektiv feststehen; ein Löschungs- oder Berichtigungsantrag braucht nicht gestellt zu sein) oder wenn bei den Versteigerungsakten sämtliche zur Löschung erforderliche Urkunden vorliegen. Einzelheiten § 45 Rdn 6.

2.5 „**Anmeldung**" ist Verlautbarung (Bekanntmachung) des Willens, daß ein bei Eintragung des Versteigerungsvermerks aus dem Grundbuch nicht ersichtlicher Anspruch bei der Erlösverteilung berücksichtigt werden soll[4]. Näher dazu § 37 Rdn 5. Die Anmeldung eines Anspruchs auf Befriedigung aus dem Erlös im Verteilungsverfahren ersetzt die Anmeldung nach § 9 Nr 2 und macht den Anmeldenden zum Beteiligten (wenn er es nicht schon ist).

2.6 Wo eine Anmeldung nötig ist, muß sie auch dann erfolgen, wenn das Gericht oder Beteiligte schon von den Ansprüchen Kenntnis haben[4], zB durch eine Grundbuchmitteilung nach § 19 Abs 3. Die Anmeldung ist in diesem Fall nicht nach Treu und Glauben entbehrlich, weil ZVG-Verfahren im Interesse aller Beteiligten formstreng sind[4].

2.7 Zur Berücksichtigung bei Anmeldung eines Betrags, der hinter dem eingetragenen Anspruch zurückbleibt, der von Amts wegen in den Teilungsplan aufzunehmen wäre (sogen **Minderanmeldung**) siehe § 45 Rdn 7.

2.8 Nicht aufgenommen werden trotz Anmeldung Ansprüche, die kein Recht auf Befriedigung aus dem Grundstück (§ 10) und keinen Anspruch auf Wertersatz (§ 37 Nr 5) gewähren. Unzulässige Anmeldungen dieser Art werden nicht beachtet (sie werden übergangen). Nicht erforderlich, aber zulässig und ratsam ist klarstellender Beschluß über die Nichtaufnahme (nicht aber Zurückweisung) der Anmeldung (anders[5]: müssen zurückgewiesen werden, auch[6]: dem Anmeldenden muß zumindest mitgeteilt werden, daß und weshalb die Anmeldung nicht zur Aufnahme in den Plan führt; dabei wird jedoch übersehen, daß der Plan im Termin aufgestellt, § 113 Abs 1, somit schriftlich über Anmeldungen gerade nicht entschieden wird).

Ansprüche, Berechtigte 3

3.1 Von dem **betragsmäßigen Anspruch,** der nach § 10 ein Recht auf Befriedigung aus dem Grundstück gewährt, ist die Feststellung des **Berechtigten** dieses Anspruchs zu unterscheiden. Dem Berechtigten gebührt der in den Teilungsplan nach Grundbucheintragung oder auf Anmeldung aufzunehmende Anspruch bei

---

[4] BGH 21, 30 = KTS 1956, 120 = WM 1956, 1023.
[5] Drischler RpflJahrbuch 1962, 322 (B III 9).
[6] Steiner/Teufel § 114 Rdn 44.

§ 114 3.1   Verteilung des Erlöses

Ausführung des Plans. An den Berechtigten hat Planausführung mit Zahlung (§ 117 Abs 1) oder Übertragung der Forderung gegen den Ersteher (§ 118 Abs 1) zu erfolgen. In den Teilungsplan nach näherer Bestimmung des § 114 von Amts wegen nach Grundbucheintragung oder (nur) auf Anmeldung hin aufzunehmen sind die nach § 10 aus dem Grundstück zu befriedigenden Ansprüche. § 114 betrifft damit lediglich die objektive Existenz eines Anspruchs[7]. Mit der subjektiven Berechtigung befassen sich §§ 117, 118 und 126[7]. Daß nach näherer Regelung des § 114 nur rechtzeitig grundbuchersichtliche oder angemeldete Ansprüche in den Teilungsplan aufzunehmen sind, ist daher lediglich für die objektive Berechtigung der Ansprüche, somit deren Existenz, Umfang und Rang bestimmt, nicht aber für die subjektive Berechtigung zur Empfangnahme der Zahlung bei Planausführung oder für die Forderungsübertragung. Die Legitimation des Berechtigten bestimmt sich stets nach dem Zeitpunkt der Planausführung (§§ 117, 118). Von einer Beteiligung im Sinne des § 9, der namentlichen Berücksichtigung im geringsten Gebot oder von der Aufnahme in den Teilungsplan ist die Berechtigung, den Versteigerungserlös ausgezahlt oder übertragen zu erhalten, nicht abhängig[7]. Daher sind zur Feststellung des Berechtigten auch alle Grundbucheintragungen, die nach dem Versteigerungsvermerk erfolgen, und alle bekannt werdenden außergrundbuchlichen Änderungen zu berücksichtigen. Einzelheiten § 117 Rdn 2.

3.2 Der Berechtigte jedes Anspruchs bei Planaufstellung ist **im Teilungsplan zu nennen.** Das ergibt sich daraus, daß der Widerspruch gegen den Teilungsplan (§ 124) auch auf einem Legitimationsstreit beruhen[7], sich mithin auch gegen die Berücksichtigung der Person des Berechtigten richten kann (§ 115 Rdn 3). Das folgt weiter daraus, daß bei Widerspruch gegen einen Anspruch der Berechtigte sich als beteiligter Gläubiger zu erklären hat (§ 115 Abs 1; ZPO § 876 Satz 2) und gegen ihn die Widerspruchsklage zu erheben ist (§ 115 Abs 1; ZPO § 878 Abs 1 Satz 1). Grundlage für Bezeichnung des Berechtigten im Teilungsplan ist § 113 Abs 1. Mit Beschränkung der Regelung darauf, unter welchen Voraussetzungen Ansprüche objektiv zu berücksichtigen sind (Rdn 3.1), bestimmt § 114 nicht, daß der Berechtigte im Teilungsplan nicht wiederzugeben wäre. Damit, daß § 114 sich nur auf die objektive Existenz des Anspruchs bezieht, ist lediglich ausgedrückt, daß der Berechtigte nicht nach den Grundsätzen des § 114 festgestellt wird. In Verbindung mit § 117 Abs 1, § 118 Abs 1 ist damit zugleich festgelegt, daß die Berechtigung bei Planausführung andauern, die Legitimation des Empfängers sonach auch zu dieser Zeit festgestellt werden muß. Für einen **bedingten** Anspruch sind die unter der jeweils entgegengesetzten Bedingung Berechtigten zu nennen. Wenn die Person des Berechtigten **unbekannt** ist (§ 126 Abs 1), ist diese Tatsache darzustellen. Zum Berechtigten und zu den Verfahrensgrundlagen für seine Feststellung siehe § 117 Rdn 2.

4 Anzumeldende/nicht anzumeldende Ansprüche

4.1 Ohne Anmeldung werden in den Teilungsplan, Abschnitt Schuldenmasse, die in § 114 näher bezeichneten grundbuchersichtlichen Ansprüche aufgenommen. Diese Ansprüche finden von Amts wegen Berücksichtigung.

a) Ohne Anmeldung aufgenommen werden alle Ansprüche, bei denen sich das **Recht** mit seinem Betrag oder Höchstbetrag (oder Ablösungsbetrag) im Zeitpunkt der Eintragung des Zwangsversteigerungsvermerks **aus dem Grundbuch** ergibt: Abs 1 Satz 1. Das sind alle bis zu diesem Zeitpunkt eingetragenen Rechte mit den eingetragenen Beträgen (Rentenschuld mit Ablösungssumme), soweit nicht der Gläubiger durch die Anmeldung seine Ansprüche beschränkt (§ 45 Rdn 7). Aufzunehmen sind ohne Anmeldung auch Eigentümergrundpfandrechte (zu ihnen Rdn 6). Aufzunehmen sind Erbbaurecht, Grunddienstbarkeiten, Nießbrauchs-

---

[7] RG 73, 298.

Teilungsplan nach Grundbuch oder Anmeldung 4.1 § 114

rechte, beschränkte persönliche Dienstbarkeiten, Reallasten mit eingetragenem Höchstbetrag oder eingetragener Ablösungssumme, sonst mit ihrem (angemeldeten) Ersatzwert (zum Ersatzwert § 92 Rdn 2–4).

b) Ohne Anmeldung aufzunehmen sind auch grundbuchersichtliche **bedingte Rechte,** weil aufschiebend bedingte Rechte mit Bedingungseintritt (BGB § 158 Abs 1) und auflösend bedingte Rechte bis Bedingungseintritt (BGB § 158 Abs 2) Anspruch auf Befriedigung aus dem Grundstück gewähren. Zur weiteren Behandlung §§ 119, 120.

c) Ohne Anmeldung aufzunehmen sind auch nur **vorgemerkte** Rechte oder Rechte, gegen deren Löschung ein **Widerspruch** eingetragen ist, weil sie als Sicherungsmittel **bedingt** Anspruch an den Erlös an Stelle des gesicherten Rechts haben.

d) Ohne Anmeldung aufzunehmen sind unter den besonderen Voraussetzungen die **unbestimmten Ansprüche:** § 14 Rdn 2, § 92 Rdn 2–4.

e) Ohne Anmeldung aufzunehmen sind die aus dem Grundbuch sich ergebenden **laufenden wiederkehrenden Leistungen** zu den eingetragenen Rechten: Abs 2. Dazu, was laufend ist, § 13 Rdn 2. Wenn Zinsen mit einem **Zinszuschlag wegen Verzugs** eingetragen sind (zB „12%, bei Verzug 13%", oder „bei Verzug 0,5% Zinserhöhung") sind auch nicht angemeldete laufende Beträge (§ 13) der Verzugszinsen nach Maßgabe von Abs 2 in den Teilungsplan aufzunehmen. Berücksichtigung des Zinszuschlags wegen Verzugs von Amts wegen setzt damit voraus, daß er „nach dem Inhalte des Grundbuchs zu entrichten" ist. Das erfordert zweierlei: Die Zinserhöhung mit der Verzugsfolge muß nach der in Bezug genommenen Eintragungsbewilligung (BGB § 1115 Abs 1) eingetreten sein können; eine Zinserhöhung wird daher nicht berücksichtigt für Stückzinsen von der letzten Fälligkeit bis zum Verteilungstermin, wenn Bedingung dafür Zahlungsrückstand mit dieser später (zB vierteljährlich nachträglich) erst fälligen Zinsrate ist. Außerdem muß der Bedingungseintritt für Zinserhöhung mit Verzug grundbuchersichtlich bestehen; daß der Höchstbetrag der Zinsen (als höchstmögliche Belastung des Grundstücks) eingetragen ist (Abs 1) genügt allein somit nicht. Grundbuchersichtlich ist eine Zinserhöhung infolge Verzugs mit Zinszahlung auch dann, wenn sich der Zahlungsrückstand mit Berücksichtigung der fälligen Zinsrate nach dem Inhalt des Grundbuchs (Abs 2) ergibt. Sonst ist das der Fall, wenn die für Zinserhöhung maßgebliche Tatsache grundbuchersichtlich ist (enger[8]: Verzug bedarf immer der Anmeldung; dem kann nicht gefolgt werden). Aus dem Grundbuch (mit den zulässig in Bezug genommenen Urkunden) ersichtlich ist die Zinserhöhung zum Beispiel, wenn Bedingung Zahlungsrückstand nach Kapitalfälligkeit mit Einleitung der Zwangsversteigerung oder Zwangsverwaltung oder Konkurseröffnung ist und der Zwangsvollstreckungs- oder Konkursvermerk (rechtzeitig) eingetragen ist (vgl § 54 Rdn 3.2). Einwendungen gegen diese Berücksichtigung auch des Zinszuschlags (der Mehrzinsen) mit grundbuchersichtlichem Bedingungseintritt haben der Schuldner und andere Beteiligte mit Widerspruch geltend zu machen und mit Widerspruchsklage zu verfolgen (für Schuldner bei vollstreckbarem Zinsanspruch aber § 115 Abs 3). Wenn (was seltener der Fall ist) der Eintritt der Voraussetzung des Verzugs (sonst der Zinserhöhung) nicht grundbuchersichtlich ist (zB Zinszuschlag bei Zahlungsverzug nach Kapitalfälligkeit infolge Kündigung), der Bedingungseintritt damit nicht (berücksichtigungsfähig) feststeht, ist der Anspruch auf weitere (erhöhte) Zinsen zwar aufschiebend bedingt, von Amts wegen nach Abs 2 jedoch nicht in den Teilungsplan aufzunehmen. Anmeldung der Zinsen, die Verzug geltend macht und Verzugszinsen nicht berechnet (nicht verlangt), ist für die Berücksichtigung des Anspruchs maßgebliche Minderanmeldung (§ 45 Rdn 7).

f) Durch einen **gleitenden** (oder veränderlichen) **Zinssatz** kann der Zinsanspruch nach dem das Grundbuch beherrschenden Bestimmtheitsgrundsatz nur eingetragen

---

[8] Steiner/Teufel §§ 37–38 Rdn 53, § 110 Rdn 13 und § 114 Rdn 17.

sein, wenn der Umfang der Belastung des Grundstücks erkennbar ist. Für die Höhe der hiernach jeweils tatsächlich gegebenen Belastung des Grundstücks müssen dafür in der in Bezug genommenen Eintragungsbewilligung die Voraussetzungen für die Berechnung der (jeweils) geschuldeten Zinses angegeben sein. Damit ist die Höhe des geschuldeten (aus dem Grundstück zu zahlenden) Zinses sicher bestimmbar[9]. Es ist daher ohne Anmeldung (nach Abs 2) nicht der eingetragene Höchstzinssatz (er begrenzt nur den Umfang der Grundstücksbelastung), sondern der auf Grund der festzustellenden Umstände bestimmbare tatsächliche Zinsanspruch im Einzelfall in den Teilungsplan aufzunehmen. Sind die Zinsen an den **Diskont-** oder **Lombardsatz** der Bundesbank gebunden, so kann der jeweilige Zinssatz an Hand der Tabelle (Tabellenanhang Tab 1) festgestellt werden (eingetragene Höchst- und Mindestbeträge sind zu beachten). Sonst ist der Umfang des Zinses auf Grund der in der Eintragungsbewilligung enthaltenen Voraussetzungen zu bestimmen. Anmeldung eines geringeren Zinsbetrags ist auch hier maßgebliche Minderanmeldung (§ 45 Rdn 7). Ist der Zins in der Weise eingetragen, daß der Gläubiger berechtigt ist, den ursprünglichen Zinssatz (bei Änderung objektiver Umstände) durch Erklärung gegenüber dem Schuldner im Rahmen eines Höchst- und Mindestzinssatzes zu ändern, dann ist die Willensäußerung des Gläubigers Bedingung für den Eintritt der Zinsänderung. Die Erklärung des Gläubigers über die Erhöhung oder Senkung der Zinsen als Bedingung für die Zinsänderung ist dann jedoch nicht grundbuchersichtlich. Es ist daher nach Abs 2 von Amts wegen nur der vereinbarte Zins in den Teilungsplan aufzunehmen. Eine Zinsänderung mit Erklärung der Gläubigerin bedarf der Anmeldung. Rechtsbehelf für Schuldner und andere Beteiligte: Widerspruch (wie vorstehend e).

g) Ohne Anmeldung zu berücksichtigen sind alle **Ansprüche der Gläubiger** (Anordnungs- und Beitrittsgläubiger), auch soweit ihr Verfahren gerade eingestellt ist, und zwar soweit sich die Ansprüche aus den Anordnungs- oder Beitrittsantrag (nicht aus dem zugehörigen Beschluß) ergeben, weil sie damit als angemeldet gelten: Abs 1 Satz 2. Wenn sich die Ansprüche der Gläubiger während des Verfahrens verringern oder verschlechtern, muß dies vom Gericht auch ohne Anmeldung beachtet werden, ebenso wie ein Rangtausch auch bei dem Tauschpartner, weil der betreibende Gläubiger nur das und nur an der Rangstelle erhalten darf, was ihm zusteht und wo es ihm zusteht. Das Gericht sollte allerdings lieber nicht ohne Verhandlung mit dem Betroffenen tätig werden um Mißverständnisse zu vermeiden. Eine Verbesserung des Ranges dagegen muß angemeldet werden; durch den Beschlagnahmebeschluß ist „weniger" wohl gedeckt, nicht aber „mehr"; Erweiterung der Ansprüche ist nur durch Beitritt möglich. Daß die Ansprüche als angemeldet gelten, wenn sie sich aus dem Beschlagnahmeantrag ergeben, gilt bei Beitritt auch dann, wenn der Anordnungsbeschluß inzwischen wieder aufgehoben worden ist. Die Anmeldungs-Wirkung gilt auch für die aus den Beschlagnahmeanträgen ersichtlichen Kosten der Rechtsverfolgung, die in den Anträgen ziffernmäßig bestimmt sind (anders[10]: müßten immer angemeldet werden). Die Angabe von Pauschalbeträgen muß für den Teilungsplan genügen, wenn sich die Beträge nach Grund und Höhe aus den Akten ersehen lassen. Pauschalbeträge müssen im übrigen angeben, wofür sie entstanden sind, zB Reisekosten, Vertretungskosten usw; sonst dürfen sie nicht in den Verteilungsplan aufgenommen werden[11] (§ 10 Rdn 15). Nachträgliche Erhöhung der angemeldeten oder im Beschlagnahmeantrag genannten Beträge ist nur unter Rangverlust nach § 37 Nr 4, § 110 möglich[12]. Sonst sind alle Kosten der Rechtsverfolgung anzumelden. Bei Prozeßko-

---

[9] BGH 35, 22 = DNotZ 1961, 404 = NJW 1961, 1257 = Rpfleger 1961, 231 mit zust Anm Haegele.
[10] Drischler RpflJahrbuch 1962, 322 (B III 8 d).
[11] Jaeckel/Güthe § 45 Rdn 11.
[12] Riedel JurBüro 1974, 689 (III).

Teilungsplan nach Grundbuch oder Anmeldung 5.1 § 114

stenhilfe (Armenrecht) oder Gebühren- bzw Kostenbefreiung hat die Gerichtskasse/Amtskasse an der Rangstelle des Rechts anzumelden (Einl Rdn 41).

4.2 Mit Anmeldung nur sind in den Abschnitt Schuldenmasse des Teilungsplanes einige Ansprüche aufzunehmen, und zwar grundsätzlich alle, die bei Eintragung des Versteigerungsvermerks nicht aus dem Grundbuch ersichtlich waren oder nicht mit ihrem Betrag oder Höchstbetrag ersichtlich waren, soweit sie sich nicht aus dem Anordnungs- oder Beitrittsantrag ergeben (weil sie dann als angemeldet gelten, Abs 1 Satz 2).

a) Nur mit Anmeldung werden aufgenommen die **nach der Eintragung des Versteigerungsvermerks** eingetragenen dinglichen Rechte aller Art (§ 37 Nr 4, § 110), einschließlich ihrer laufenden oder rückständigen wiederkehrenden Leistungen und ihrer Kosten, alle Eintragungen sonst und eingetragene Veränderungen aus dieser Zeit (wie Ränderungen, Zinserhöhungen).

b) Mit Anmeldungen nur werden aufgenommen die Ansprüche der **Rangklassen 1–3** des § 10, weil sie sich nicht aus dem Grundbuch ergeben.

c) Mit Anmeldung nur werden aufgenommen für die vor der Eintragung des Versteigerungsvermerks eingetragenen dinglichen Rechte deren **rückständige wiederkehrende Leistungen** (nicht die laufenden, Abs 2) (was Rückstand ist, dazu § 13 Rdn 2), sowie alle **Kosten der Rechtsverfolgung** zu diesen Rechten, soweit sich diese Ansprüche nicht aus dem Anordnungs- oder Beitrittsantrag ergeben (Abs 1 Satz 2). Zu den Kosten im ZVG-Handbuch Rdn 424–426.

d) Mit Anmeldung nur ist für erlöschende Rechte der **Wertersatz** aufzunehm (§ 92 Rdn 3, 4), soweit er nicht aus dem Grundbuch ersichtlich ist. Mit Anmeldung nur werden daher aufgenommen Erbbaurecht, Grunddienstbarkeiten, beschränkte persönliche Dienstbarkeiten, Nießbrauchsrechte, Reallasten (alle, wenn erlöschend), bei denen kein Höchstbetrag (soweit zulässig) oder Ablösungsbetrag (wo zulässig) eingetragen ist und kein Wertersatzbetrag feststeht, mit ihren Haupt- und Nebenansprüchen, insbesondere auch mit den nicht in Geld bestehenden Leistungen. Für die **unbestimmten Ansprüche** hierbei (§ 14 Rdn 2, § 92 Rdn 3, 4) gelten die besonderen Voraussetzungen.

e) Mit Anmeldung nur werden aufgenommen Ansprüche, die ohne Aufnahme ins geringste Gebot oder **außerhalb des Grundbuchs** bestehenbleiben (Notwegrente, Überbaurente, Altenteil usw) hinsichtlich ihrer aus der Teilungsmasse zu befriedigenden Teile (laufende und rückständige wiederkehrende Leistungen, Kosten), auch die Sicherungshypothek des Pfandgläubigers aus BGB § 1287 oder ZPO § 848 und die Entschädigungsforderung der Erbbauberechtigten aus ErbbauVO § 28 (über die notwendige Anmeldung dieser Rechte in ihren bestehenbleibenden Hauptsacheansprüchen bei § 45 Rdn 2, 3.

4.3 Öffentliche Lasten (anmeldepflichtig) gelten als glaubhaft gemacht, wenn die Anmeldung einer Behörde eine spezifizierte Aufstellung enthält.

4.4 Anmeldepflichtige Ansprüche müssen für die Aufnahme in den Teilungsplan **spätestens im Verteilungstermin** angemeldet sein (Abs 1 Satz 1). Wenn sie jedoch nicht schon **spätestens im Versteigerungstermin** vor der Aufforderung zur Abgabe von Geboten angemeldet worden sind (§ 37 Nr 4, auch § 66 Abs 2), stehen sie den übrigen Rechten nach (§ 110, auch zur Glaubhaftmachung). Was schon für das geringste Gebot angemeldet war, muß für die Verteilung nicht erneut angemeldet werden (außer es war die damalige Anmeldung unwirksam). Die frühere Anmeldung kann ergänzt werden, allerdings unter Beachtung eines etwaigen Rangverlustes aus § 110 für die verspäteten Teile. Besonderheit für Anmeldung des Wertersatz**betrags** § 92 dort Rdn 3, 4.

Anmeldung oder Grundbucheintragung: Einzelheiten 5

5.1 Abtretung von Grundpfandrechten: a) Grundlage BGB § 398 (§ 401), §§ 873, 1153–1155, 1192 Abs 1, § 1200. Übertragung eines Grundpfandrechts

§ 114 5.1

(Hypothek, Grundschuld, siehe Rdn 7, Rentenschuld) erfordert Vertrag (Einigung) und
aa) bei **Buchrechten:** Eintragung der Rechtsänderung in das Grundbuch (BGB §§ 873, 1154 Abs 3);
bb) bei **Briefrechten:** Schriftform der Abtretungserklärung (oder Grundbucheintragung) und Briefübergabe (BGB §§ 398, 401, 873, 1153, 1154 Abs 1, 2). Die Briefübergabe kann nach BGB § 929 Satz 2, §§ 930, 931 ersetzt werden (BGB § 1154 Abs 1 Satz 1 Halbsatz 2).

b) **Rückständige** (das sind im Zeitpunkt der Übertragung bereits fällige, nicht aber später fällig werdende) **Zinsen** und andere Nebenleistungen sowie die aus dem Grundstück zu zahlenden Kosten der Kündigung und dinglichen Rechtsverfolgung (BGB § 1118) werden wie Forderungen durch Abtretungsvertrag übertragen (BGB § 1159 Abs 1, § 398).

c) **Nach dem Zuschlag** kann ein erloschenes Grundpfandrecht als solches nicht mehr abgetreten werden, sondern nur noch der Anspruch auf den als Surrogat an seine Stelle getretenen Erlös (Rdn 1). Verfügungen über diesen Erlösanspruch können nicht mehr durch Grundbucheintragung oder Briefübergabe bewirkt und kundbar gemacht werden. Der Erlösanspruch als Surrogat eines Grundpfandrechts ist vielmehr nur mehr durch Einigung (sonach wie eine gewöhnliche Forderung durch Vertrag, BGB § 398) abzutreten[13]. Eingehend dazu[14] und Rdn 7. Vor dem Zuschlag kann nur die Hypothek, Grundschuld oder Rentenschuld als solche (in dinglicher Form) abgetreten werden, nicht aber an ihrer Stelle, auch nicht bedingt, der ihr später zuzuteilende Anteil am Versteigerungserlös[15]. Eine während des Bestehens des Grundpfandrechts (vor dem Zuschlag) vorgenommene Abtretung des Anspruchs auf den Versteigerungserlös bleibt auch nach dem Erlöschen des Rechts mit dem Zuschlag unwirksam.

d) **Nachweis der Abtretung** im Verfahren: aa) Für **Brief**rechte § 126 Rdn 2.
bb) Für **Buch**rechte: Grundbucheintragung bis Zuschlag; für rückständige Zinsen, Nebenleistungen und Kosten genügt Abtretungsvertrag (BGB § 398). Abtretung nach Zuschlag ist mit vertraglicher Abtretung (BGB § 398) des Erlösanspruchs nachzuweisen.

e) Bei Abtretung eines Briefrechts vor dem Zuschlag, wenn die Briefübergabe noch nicht erfolgt ist, verwandelt sich der Anspruch auf Briefübergabe mit dem Erlöschen des Rechts in einen Anspruch darauf, daß der Zedent dem Zessionar den auf das abgetretene Recht oder auf den abgetretene Teil des Rechts entfallenden Betrag des Erlöses übereignet oder daß er duldet, daß der Zessionar statt seiner den Betrag erhebt[16]. Dieser schuldrechtliche Anspruch macht den Zessionar nicht zum Beteiligten nach § 9 und berechtigt ihn auch nicht zum Widerspruch nach § 115[16].

5.2 Abtretung sonstiger Grundstücksrechte: a) Eine beschränkte persönliche Dienstbarkeit (BGB § 1090; Wohnungsrecht BGB § 1093) ist nicht übertragbar (BGB § 1092 Abs 1). Eine Besonderheit gilt für die Dienstbarkeit einer juristischen Person (BGB § 1092 Abs 2 mit § 1059 a).

b) Der Erbbauzins (ErbbauVO § 9) ist als Recht mit dem Eigentum am Grundstück verbunden. Das Recht auf nicht fällige Leistungen kann daher nicht abgetreten werden (ErbbauVO § 9 Abs 2 Satz 2). Rückständige (fällige) Leistungen sind durch Vertrag (formlos) übertragbar (ErbbauVO § 9 Abs 1; BGB §§ 1107, 1159).

---

[13] BGH DNotZ 1964, 613 = MDR 1964, 308 = NJW 1964, 813 = Rpfleger 1964, 142 mit Anm Stöber.
[14] Stöber ZIP 1980, 833.
[15] BGH NJW 1964, 813 = aaO (Fußn 13); RG JW 1933, 2764 mit zust Anm Legart.
[16] BGH BB 1962, 1222 = WM 1962, 1138.

Teilungsplan nach Grundbuch oder Anmeldung   5.7   § 114

c) Die **Grunddienstbarkeit** (BGB § 1018) kann als Bestandteil vom herrschenden Grundstück nicht getrennt, mithin nicht abgetreten werden[17].
d) Der **Nießbrauch** (BGB § 1030) ist nicht übertragbar (BGB § 1059 Satz 1). Besonderheit jedoch für den Nießbrauch einer juristischen Person, BGB § 1059 a.
e) Die **Reallast** (BGB § 1105) kann übertragen werden. Erforderlich sind Einigung und Grundbucheintragung (BGB § 873). Einschränkung: BGB § 1111 Abs 2. Fällige Leistungen werden wie rückständige Zinsen einer Hypothek durch Abtretungsvertrag übertragen (BGB §§ 1107, 1159 Abs 1, § 398).
f) Das subjektiv-persönliche **Vorkaufsrecht** (BGB § 1094 Abs 1) ist nicht übertragbar (BGB §§ 514, 1098 Abs 1). Das subjektiv-dingliche Vorkaufsrecht (BGB § 1094 Abs 2) kann als Bestandteil des berechtigten Grundstücks nicht selbständig übertragen werden.
g) Der **Erlösanspruch,** der mit Zuschlag an die Stelle des Rechts getreten ist, ist auch bei den unter a), d) und f) bezeichneten Rechten (nicht jedoch beim subjektiv-dinglichen Vorkaufsrecht) abtretbar (so für Wohnungsrecht[18]). Unübertragbarkeit besteht nur für das dingliche Recht am Grundstück; sie setzt sich am Erlösanspruch nicht fort. Abtretung des Erlösanspruchs erfolgt als Forderungsrecht durch formlosen Vertrag (BGB § 398).

5.3 Arresthypothek: Sie ist Sicherungshöchstbetragshypothek (ZPO § 932 Abs 1; BGB § 1190). Anspruch auf Befriedigung aus dem Erlös (§ 10 Abs 1 Nr 4) besteht in Höhe der vollen eingetragenen Geldsumme; Forderungszinsen sind schon im Höchstbetrag enthalten (BGB § 1190 Abs 2), Kosten (§ 10 Abs 2) können (Anmeldepflicht) darüber hinaus verlangt werden. Die Arresthypothek ist durch Feststellung der Forderung auflösend bedingte Eigentümergrundschuld (Einl Rdn 74). Berechtigte sind daher der Gläubiger für den Fall, daß (und soweit) die gesicherte Forderung festgestellt wird, und für den entgegengesetzten Fall der Grundstückseigentümer bei Entstehen der Arresthypothek als Gläubiger der dann endgültigen Eigentümergrundschuld. Bedingungseintritt erfolgt mit Feststellung der Forderung (wie bei der Höchstbetragshypothek; Rdn 5.13) nach Zuschlag, außerdem bei Vorlage eines vollstreckbaren Leistungsurteils, das Umwandlung in eine Zwangshypothek ermöglichen würde, wenn mit dem Zuschlag das Recht nicht erloschen wäre (Einl Rdn 74). Wenn (soweit) bei Erteilung des Zuschlags Umschreibung in eine Zwangshypothek bereits erfolgt ist, wird das Recht bei Erlösverteilung als solche behandelt.

5.4 Ausländische Währung: Wenn noch Rechte in ihr eingetragen sein sollten, muß der Teilungsplan in deutscher Währung erstellt werden; die dem Gläubiger des Rechts zustehenden Beträge müssen mit dem letzten amtlichen Kurs errechnet werden. Hierzu 9. Auflage und Einl Rdn 51 sowie § 145 a.

5.5 Einstellung der Vollstreckung durch Prozeß- oder Vollstreckungsgericht gegenüber einem betreibenden Gläubiger oder gegenüber einem anderen Berechtigten: Gleich, ob sie vor oder nach der Zuschlagswirksamkeit erfolgt, gleich ob das Recht durch den Zuschlag erlischt oder nicht, werden alle dem betroffenen Gläubiger anfallenden Leistungen aus dem Erlös hinterlegt, weil auch die Entgegennahme eine Vollstreckung wäre. Bewilligte Einstellung: § 31 Rdn 5.11.

5.6 Entschuldungsverfahren: § 44 Rdn 5.6 und 9. Auflage.

5.7 Erbschaft: Erklärt der Ersteher im Verteilungstermin, daß der Beitrittsgläubiger vor dem Wirksamwerden des Beitritts gestorben und sein Erbe der Schuldner sei, wird wie folgt verfahren: Ist die Verteilung schon beendet, wird nichts geändert, erfolgt keine Nachtragsverteilung. Läuft sie noch, dann ist anzumelden (nicht nötig durch den Gläubiger bzw seine Erben), nachzuweisen durch Urkunden, hierauf Zuteilung an die jetzt Berechtigten; das Schuldverhältnis er-

---

[17] OLG Hamm DNotZ 1981, 264 = OLGZ 1980, 270 = Rpfleger 1980, 225.
[18] LG Frankfurt Rpfleger 1974, 122 mit zust Anm Hoebelt.

lischt durch Vereinigung von Schuld und Forderung; Forderung kann abgetreten, gepfändet, verpfändet sein, daher auf jeden Fall hinterlegen und hilfsweise verteilen.

5.8 Früchtepfandrecht nach dem Gesetz zur Sicherung der Düngemittelversorgung: Der Gläubiger des Rechts ist Beteiligter, muß aber seine Ansprüche anmelden (§ 10 Rdn 7, § 45 Rdn 3). Er hat ein allen vorgehendes Recht auf Befriedigung aus dem Erlös, bei verspäteter Anmeldung gilt § 110.

5.9 Gebäudeentschuldungssteuerabgeltung: Nach Erlöschen des Anspruchs durch Rückzahlung ist nichts mehr in den Teilungsplan aufzunehmen (kein Eigentümerrecht; § 10 Rdn 6).

5.10 Gelöschte oder löschungsfähige Rechte: Die nach Eintragung des Versteigerungsvermerks gelöschten Rechte oder solche, für die alle löschungsfähige Urkunden vorliegen, werden nicht mehr aufgenommen (Rdn 2).

5.11 Gleichrangige Rechte: Ist eines von ihnen verzinslich, ein anderes nicht, so richtet sich ihr Rangverhältnis untereinander nach dem jeweils insgesamt auszuzahlenden Betrag (§ 10 Rdn 1, § 11 Rdn 3).

5.12 Höchstbetrag: Ist er nach BGB § 882 eingetragen, so ist er als solcher im Teilungsplan einzusetzen. Er bildet die Grenze nach oben, er kann auf Widerspruch herabgesetzt werden. Anzuwenden sind diese Vorschriften für Dienstbarkeiten, Reallasten, Vorkaufsrechte für mehrere Fälle, Dauerwohnrecht und Dauernutzungsrecht nach dem WEG, alte Erbbaurechte (dazu § 92 Rdn 3 und 4).

5.13 Höchstbetragshypothek: a) Sie ist **unbedingte Belastung** in Höhe des Höchstbetrags (nicht bedingt im Sinne von § 119)[19], vorbehaltlich der Feststellung, wem sie zusteht, ob dem Eigentümer oder einem Gläubiger[20]. Bis zu dem Zeitpunkt, in dem eine Forderung des Gläubigers festgestellt ist, besteht eine vorläufige, auflösend bedingte Eigentümergrundschuld[21] (dazu § 14 Rdn 2). Der Erlösanteil, der auf sie entfällt, nimmt dieselbe Rechtslage ein, wie das erloschene Recht sie hatte[22]. Der nicht für einen Gläubiger nachgewiesene und festgestellte Teil ist Eigentümerrecht[23]. In den Teilungsplan wird der Höchstbetrag aufgenommen (Eigentümerrecht und für den Gläubiger), bis die Forderung des Dritten nachgewiesen ist[24]. Feststellung der Forderung ist auch nach Erlösverteilung noch möglich. Zuteilung hat, wenn die Forderung des Gläubigers noch nicht festgestellt ist, zu erfolgen an den (bestellenden) Eigentümer unter der Bedingung, daß das Bestehen der Forderung nicht festgestellt wird, und an den eingetragenen Gläubiger als Berechtigten unter der Bedingung, daß das Bestehen seiner Forderung noch festgestellt wird.

b) Zuteilung und Zahlung oder Forderungsübertragung allein an den eingetragenen Gläubiger sind nur zulässig, wenn dieser durch ein Urteil oder durch das Anerkenntnis des Schuldners das **Bestehen** seiner **Forderung** (gemäß BGB § 1190 Abs 1 Voraussetzung der Verwirklichung) **nachweist**[25]. Der Gläubiger des Rechts muß also den Valutierungsbeweis führen.

c) Sonst ist der Nennbetrag für den Eingetragenen und den Besteller des Rechts (bisheriger Grundstückseigentümer) zu **hinterlegen**[25] oder die Forderung beiden zu übertragen, weil ja Valutierungsbeweis immer noch möglich ist. Hinterlegt oder übertragen wird dabei unter der entgegengesetzten Bedingung, der Betrag

---

[19] Bruck, Eigentümerhypothek (1903), S 180; Korff, Erlöschende Hypothek nach dem Zuschlag (1934), S 8–9.
[20] Bruck aaO (Fußn 19); Korff aaO (Fußn 19) S 12.
[21] Korff aaO (Fußn 19) S 16–17.
[22] Korff aaO (Fußn 19) S 24.
[23] RG 55, 217 (223) und 62, 168 (170).
[24] Fischer NJW 1955, 573, berichtigt 1955, 860 (II 1).
[25] Jaeckel/Güthe § 114 Rdn 6; Reinhard/Müller § 114 Anm V 5 e.

Teilungsplan nach Grundbuch oder Anmeldung 5.14 § **114**

oder die Forderung stehe dem Gläubiger des Rechts zu, wenn er das Bestehen seiner Forderung nachweise, sonst dem Besteller (Grundstückseigentümer)[25]. Nachrangige rücken nicht auf. Die Hinterlegung erfolgt mit Planausführung (§ 117 Abs 1) auf Ersuchen des Vollstreckungsgerichts gemäß HinterlO § 6. Mit der Hinterlegung ist das Verfahren des Vollstreckungsgerichts abgeschlossen. Herausgabeverfügung erläßt die Hinterlegungsstelle auf Antrag der Beteiligten im Verfahren nach HinterlO §§ 12 ff.

d) Wegen eines ziffernmäßig bestimmten **Teils innerhalb des Höchstbetrags,** für den eine gesicherte Forderung nach Betrag und Rechtsgrund schon (bestimmt und unwandelbar) feststeht, kann sich der Eigentümer bereits bei Bestellung des Rechts der Zwangsvollstreckung unterwerfen; die Unterwerfungsklausel (ZPO § 800) wegen des Teilbetrags kann auch in das Grundbuch eingetragen sein[26]. Mit der Unterwerfungserklärung ist der Forderungsteil urkundlich festbestimmt, das Bestehen der Forderung in diesem Umfang damit nachgewiesen. In Höhe dieses Betrags hat daher Zuteilung und Zahlung oder Forderungsübertragung allein an den eingetragenen Gläubiger zu erfolgen.

e) Zur Höchstbetragshypothek nach **ZGB-DDR § 434 a** siehe § 48 Rdn 2.4.

f) Die Forderung der als Zwangshypothek bei Vollstreckung eines Schuldtitels in **ausländischer Währung** eingetragenen Höchstbetragshypothek (Einl Rdn 67.5) ist in Höhe der in der Fremdwährung ausgedrückten Geldforderung festgestellt[27] (Fremdwährungs- oder Valutaschuld). Umrechnung für Darstellung im Teilungsplan[27]: wie Rdn 5.4.

g) Forderung**zinsen** sind im Höchstbetrag mit enthalten: BGB § 1190 Abs 2. Sie können nicht gesondert verlangt werden. Kosten sind eigens anzusetzen, soweit sie unter § 10 Abs 2 fallen.

h) **Muster** hierzu im ZVG-Handbuch Rdn 437, Ausführungen ebenda Rdn 438–439, Beispiel für die Anhörung von Schuldner und Gläubiger über die Höhe Rdn 439.

5.14 Hypothek: a) Eine Hypothek wird im Teilungsplan für ihren Gläubiger berücksichtigt
- als bestehen bleibendes Recht (§ 52) mit Rechtsverfolgungskosten (§ 10 Abs 2) sowie mit Zinsen und anderen Nebenleistungen bis zum Tag vor dem Zuschlag (diesen eingeschlossen, wegen § 56 Satz 2);
- wenn sie durch den Zuschlag erloschen ist (§ 91 Abs 1) mit Rechtsverfolgungskosten (§ 10 Abs 2) sowie mit Zinsen und anderen Nebenleistungen bis zum Tag vor dem Verteilungstermin (Rdn 5.30) und mit der aus dem Grundstück zu zahlenden Hauptsache (BGB § 1113 Abs 1).

Laufende Beträge wiederkehrender Leistungen der bei Eintragung des Versteigerungsvermerks eingetragenen Hypothek und deren Hauptsache brauchen nicht angemeldet zu werden (§ 114); Kosten und rückständige wiederkehrende Leistungen für alle Hypotheken, für die nach dem Versteigerungsvermerk eingetragene Hypothek auch Hauptsache sowie laufende wiederkehrende Leistungen müssen (zur Rangwahrung rechtzeitig, § 110) angemeldet werden (§ 114).

b) Bleibt eine Hypothek, die als dem bestrangig betreibenden Gläubiger vorgehend hätte bestehenbleiben müssen, **aus Versehen unberücksichtigt** und ficht ihr Gläubiger den unrichtigen Zuschlag nicht an, so erhält er aus dem Erlös nach Wegfertigen der ihm vorgehenden Ansprüche bis zur Höhe seines Anspruchs Zahlung zu Lasten der nachgehenden Rechte[28]. Es darf nicht als Ausgleich ein ihm nachgehendes, aber richtig bestehenbleibendes Recht auf ihn übertragen werden[28],

---

[26] BGH 88, 62 (65) = DNotZ 1983, 679 = NJW 1983, 2262; Hornung NJW 1991, 1649; Haegele/Schöner/Stöber, Grundbuchrecht, Rdn 2126.
[27] LG Traunstein Rpfleger 1988, 499 mit abl (aber nicht zutreffender) Anm Sievers.
[28] RG 59, 266.

§ 114 5.14   Verteilung des Erlöses

wie offenbar einmal versucht worden ist. Der Nachteil, daß er nicht voll zum Zuge kommt, bleibt bei dem Geschädigten, weil er es versäumt hat, den Zuschlag anzufechten; die Frage ist in dieser Weise nur aktuell, wenn nur das geringste Gebot (in dem der Hypothekengläubiger versehentlich nicht enthalten ist) gerade noch ausgeboten oder kaum überboten wurde, so daß der Erlös nicht einmal für ihn, noch weniger für die ihm Nachgehenden ausreicht.

c) Zum Entstehen einer Eigentümergrundschuld (-hypothek) siehe Rdn 6.

d) **Muster** für die Berechnung bei einer Hypothek und Ausführungen dazu im ZVG-Handbuch Rdn 427.

e) Bei der **Tilgungshypothek** (Amortisationshypothek) (zu ihr näher § 49 Rdn 5) sind Tilgungsbeträge „den wiederkehrenden Leistungen" gleichgestellt. In Höhe der mit baren Tilgungsraten bei wiederkehrenden Leistungen berücksichtigten Hauptsacheteile erlischt das Recht bei Erlöszahlung. Da Hauptsacheteile nicht doppelt gedeckt werden können, kann als Hauptsachebetrag (Kapital) des Rechts nur der Betrag in den Teilungsplan aufgenommen werden, der sich nach Abzug der bei den wiederkehrenden Leistungen gedeckten Tilgungsteile ergibt.

5.15 Hypothek im Beitrittsgebiet: § 44 Rdn 5.14.

5.16 Konkurs: a) Bei Konkurs des Gläubigers eines zur Konkursmasse gehörenden Rechts ist im Teilungsplan anzugeben, daß das Verwaltungs- und Verfügungsrecht durch den Konkursverwalter ausgeübt wird (KO § 6 Abs 2).

b) Erlösanteil von Eigentümerrechten: § 15 Rdn 11.

c) Ein Übererlös, der dem im Konkursverfahren befindlichen Vollstreckungsschuldner (Gemeinschuldner) zufließen müßte, gehört zur Konkursmasse, außer wenn das Grundstück aus der Masse vom Konkursverwalter freigegeben war.

5.17 Naturalleistungen sind in Geldleistungen umzurechnen. Hierfür gilt im Verteilungstermin nicht § 46, der nur für das geringste Gebot bestimmt ist (§ 46 Rdn 2). Die Ansprüche sind vielmehr unbestimmt und so zu behandeln (§ 14 Rdn 2, § 92 Rdn 2), also nach §§ 119, 120.

5.18 Nießbrauch: § 92 Abs 2 (dazu § 92 Rdn 4).

5.19 Öffentliche Lasten sind in der Verteilung bis zum Tag vor Erteilung des Zuschlags (wegen § 56 Satz 2) einzusetzen. § 47 findet keine Anwendung (gilt nur für das geringste Gebot). Wenn der Zuschlag später als vierzehn Tage nach dem Versteigerungstermin erfolgt, sind trotz § 110 auch die bis zum Zuschlag laufenden Leistungen als richtig angemeldet anzusehen. Dazu § 10 Rdn 6.

5.20 Pfändung im Zusammenhang mit dem Verteilungsverfahren:

a) Bei Pfändung ist immer vorauszusetzen, daß sie **rechtswirksam erfolgt** ist (Einl Rdn 43). Die einschlägigen Fragen können nur in einem Spezialwerk[29] behandelt werden. Im Verteilungstermin sind Pfändungen zu berücksichtigen, wenn sie zur Kenntnis des Vollstreckungsgerichts gelangt sind (§ 117 Rdn 3). Sicher, aber auch genügend ist es, sie durch Vorlage des zugestellten Pfändungs- und Überweisungsbeschlusses anzumelden. Die Vorlage allein ist schon als Anmeldung anzusehen. Die Frage, ob der Pfändungsbeschluß wirksam ist und welchen Einfluß er auf das Verteilungsverfahren hat, muß das Vollstreckungsgericht im Rahmen des Verteilungsverfahrens klären. Es kann nicht der Entscheidung durch Hinterlegung der Beträge aus dem Wege gehen, weil die Feststellung des Berechtigten Aufgabe des Vollstreckungsgerichts ist (Rdn 3; § 117 Rdn 2); durch unbegründete Hinterlegung könnten zudem unnütze Prozeßkosten und andere Nachteile entstehen. Das Gericht muß von sich aus alles tun, um den Berechtigten festzustellen, weil es seine Aufgabe ist. Es muß auch prüfen, ob der Beschluß ordnungsgemäß an die richtigen Empfänger zugestellt ist. Kann es infolge eines Mangels nicht zuteilen, so ist die Anmeldung bzw die Vorlage des Beschlusses nicht als Widerspruch gegen den Teilungsplan zu behandeln als eine Anmeldung entgegen der Planfeststellung (§ 115

---

[29] Stöber, Forderungspfändung, 11. Aufl 1996.

Teilungsplan nach Grundbuch oder Anmeldung　　　　5.20　§ 114

Abs 2), der streitige Betrag somit nicht nach § 124 Abs 1 und 2, § 120 zu hinterlegen. Widerspruch erheben kann nur, wer Beteiligter ist oder seine Beteiligung anmeldet und glaubhaft macht (§ 9 Nr 2); glaubhaft machen kann auf keinen Fall, wer einen unwirksamen Pfändungsbeschluß vorlegt. Nach der Verteilung können auch die Erfordernisse nicht mehr nachgeholt werden. Das Vollstreckungsgericht darf seinen Teilungsplan nicht mehr ändern, es kann keine Nachtragsverteilung durchführen. Etwaige Antragsteller sind auf den Prozeßweg zu verweisen oder, falls hinterlegt ist, an die Hinterlegungsstelle. Diese verfährt nur nach den Hinterlegungsbedingungen und der Hinterlegungsordnung. Das Vollstreckungsgericht kann nur noch ergänzend mitteilen, daß etwa eine Widerspruchsklage nicht fristgemäß nachgewiesen sei (und daß damit eine Hinterlegungsbedingung weggefallen sei). Nachweis einer Pfändung nach Aufstellung, jedoch vor Ausführung des Teilungsplans muß das Vollstreckungsgericht als Änderung (der Verfügungsbeschränkung) des Berechtigten immer berücksichtigen (§ 117 Rdn 2).

b) Bei **mehreren Pfändungen** richtet sich der Rang nach der Reihenfolge der Zustellung der Pfändungsbeschlüsse an den Drittschuldner (ZPO § 804 Abs 3, § 829 Abs 3, § 857), bei drittschuldnerlosen Ansprüchen nach der Reihenfolge der Zustellungen an den Schuldner (ZPO § 857 Abs 2), bei dinglichen Rechten nach sonstigem Wirksamwerden der Pfändungen (ZPO §§ 830, 857 Abs 6).

c) Bei durch den Zuschlag erloschenem Eigentümerrecht kann nicht mehr dieses, sondern nur sein **Erlösanteil** nach ZPO § 857 gepfändet werden. Auch sonst sind bei erloschener Hypothek, Grundschuld usw deren Erlösanteile als Surrogat des erloschenen Rechts an dessen Stelle getreten und wie gewöhnliche Forderungen nach ZPO § 857 Abs 1, 2, § 829 zu pfänden[30], dabei ist eine falsche Bezeichnung (zB noch als Hypothek) unschädlich[31]. Vor dem Zuschlag wurde die Pfändung von Hypotheken usw erst mit der Eintragung (Buchrechte) oder der Briefwegnahme (Briefrechte) wirksam. Ist der Beschluß vor der Zuschlagswirksamkeit ergangen, aber nicht mehr eingetragen oder Briefwegnahme wirksam geworden und wird er nach dem Zuschlag zugestellt, so ist er damit hinsichtlich des Erlösanteils wirksam[32].

d) Die Möglichkeit, den **künftigen Erlösanspruch** eines Rechts vor dem Zuschlag zu pfänden, wird weithin abgelehnt, weil Vollstreckung in Schuldnervermögen nur in der Form erfolgen kann, die vom Gesetz für die Zwangsvollstreckung in derartige Vermögensstücke nach ihrer Gestaltung zur Zeit der Vornahme der Vollstreckung vorgeschrieben ist, mithin nur die Vorschriften über die Pfändung des Rechtes selbst umgangen würden[33], anders[34]. Vor dem Zuschlag kann auch der **künftige** Übererlös- oder **Mehrerlös-Anspruch** des Vollstreckungsschuldners nicht gepfändet werden, weil die Vollstreckung in das Grundstück zu erfolgen hat[35]; anders[36]. Es handelt sich dabei nicht um das, was der Schuldner aus Eigentümerrechten erhalten soll (er wird insoweit wie ein Gläubiger behandelt), sondern nur um den Überschuß der Masse, der nach Wegfertigung der Verfahrenskosten und nach Befriedigung aller nicht bestehenbleibenden, durch Barzahlung zu deckenden Ansprüche bleibt. Dabei sind Ungenauigkeiten oder Fehler in der Bezeichnung des Anspruchs unschädlich, wenn nur die Forderung in allgemeinen Umrissen eindeutig gekennzeichnet ist und das Gemeinte allen Beteiligten klar erkennbar ist[37].

---

[30] Stöber, Forderungspfändung, Rdn 1977 – 1996; Stöber RpflJahrbuch 1962, 303 (XII).
[31] Stöber Rpfleger 1958, 251.
[32] Stöber RpflJahrbuch 1962, 303 (XII).
[33] RG 70, 278; OLG Hamburg MDR 1959, 496; Stöber, Forderungspfändung, Rdn 1989; Stöber Rpfleger 1958, 251 und RpflJahrbuch 1962, 303 (XII).
[34] Busse MDR 1958, 825.
[35] Stöber, Forderungspfändung, Rdn 129.
[36] Jokeit JurBüro 1952, 387 (18).
[37] RG 108, 318 (319).

§ 114   5.20   Verteilung des Erlöses

e) Bei Pfändung des **Übererlöses des Vollstreckungsschuldners,** aber auch bei Pfändung des Erlösanteils für eine erloschene Hypothek, Grundschuld oder Eigentümergrundschuld, wird als **Drittschuldner** zu Unrecht mitunter auch das Vollstreckungsgericht oder die Hinterlegungsstelle oder das Grundbuchamt bezeichnet. Es ist jedoch bei Pfändung des Übererlöses kein Drittschuldner vorhanden. Zustellung genügt da allein nach ZPO § 857 Abs 2 an den Pfändungsschuldner[38]. Auch der Ersteher ist nicht Drittschuldner, wenn er noch nicht gezahlt hat. Drittschuldner ist das Vollstreckungsgericht weder vor noch nach der Zahlung des Bargebots[39]. Die Befugnisse eines Staatsorgans, mit einer nicht aus Staatsmitteln stammenden Geldsumme in bestimmter Weise zu verfahren, hat öffentlich-rechtlichen Charakter und stellt keine Geldforderung gegen den Staat dar[40]. Erst nach Hinterlegung ist Drittschuldner die Hinterlegungsstelle.

f) Wenn der Gelderlös in Ausführung des Teilungsplans hinterlegt ist, ist die Hinterlegungsstelle (nach Maßgabe landesrechtlicher Bestimmungen) Drittschuldnerin[41]. Das gilt auch, wenn der auf einen aufschiebend bedingten Erlösanspruch zugeteilte Betrag (§ 120) hinterlegt ist[42] und wenn hinterlegt wurde, weil Widerspruch gegen den Teilungsplan erhoben ist[43], nicht aber bei Hinterlegung vor Durchführung und Abschluß des gerichtlichen Verteilungsverfahrens (dazu[44]).

5.21   Rang: Ein aus dem Grundbuch nicht ersichtlicher Vorrang ist anzumelden. Hat sich der Rang gegenüber dem Versteigerungstermin im Grundbuch geändert (das Vollstreckungsgericht ersieht dies aus dem Handblatt der bei ihm befindlichen Grundakten), so sollte das Gericht die betroffenen Beteiligten zur Anmeldung veranlassen. Im Rahmen eines Kurzkommentars können die dabei denkbaren zahlreichen Zweifelsfragen (Zeitpunkt der Änderung, Verbesserung, Verschlechterung, Zwischenrechte) nicht behandelt werden. Für die Verteilung sind auf jeden Fall §§ 110, 114 Abs 1 zu beachten.

5.22   Rangvorbehalt: a) Durch einen Rangvorbehalt kann es bei der Verteilung zu erheblichen Schwierigkeiten kommen. Sonderabhandlungen mit Beispielen hierzu[45]. Für sich allein ist Rangvorbehalt weder übertragbar noch pfändbar[46].

b) Das zwischen dem vorbehaltsbelasteten Recht und dem vorbehaltenen Recht eingetragene **Zwischenrecht** darf vom Vorbehalt weder Vorteil noch Nachteil haben, es muß sich nur den Betrag des belasteten Rechts vorgehen lassen; das belastete wieder darf nicht über den Vorbehalt hinaus beeinträchtigt werden, muß sich aber den vorbehaltenen Betrag vorgehen lassen, der Vorbehalt verliert seine Wirkung, soweit das belastete infolge des Zwischenrechts über den Vorbehalt hinaus beeinträchtigt würde: BGB § 881 Abs 4 (§ 44 Rdn 6).

c) Es braucht also das belastete Recht sich nur das vorbehaltene vorgehen lassen, andererseits darf das Zwischenrecht nicht beeinträchtigt werden. Es entsteht so eine **relative Rangfolge,** das unter Ausnützung des Vorbehalts später eingetragene Recht erhält einen schlechteren Rang als das Zwischenrecht, soll aber einen besseren als das vorbehaltene haben.

d) In der Verteilung ist darum von dem belasteten Recht und seinem Erlösanteil auszugehen: sein nach Abzug des vorbehaltenen Rechts verbleibender restlicher

---

[38] Stöber, Forderungspfändung, Rdn 129; Drischler RpflJahrbuch 1962, 322 (B 1 2 c und B I 2 a).
[39] Stöber, Forderungspfändung, Rdn 1983.
[40] AG Essen DGVZ 1959, 76 = Rpfleger 1959, 67 mit Anm Berner.
[41] Stöber, Forderungspfändung, Rdn 1991.
[42] Stöber, Forderungspfändung, Rdn 1992.
[43] BGH 58, 298 = KTS 1972, 257 = MDR 1972, 601 = NJW 1972, 1135 = Rpfleger 1972, 218 = ZZP 86 (1973) 70 mit zust Anm Peters; Stöber, Forderungspfändung, Rdn 1993.
[44] Stöber, Forderungspfändung, Rdn 1995.
[45] Haegele BlGrBW 1960, 23 (V); Schiffhauer BlGrBW 1962, 17.
[46] BGH 12, 238 = DNotZ 1954, 378 = NJW 1954, 954.

Anteil am Erlös ist auf jeden Fall ihm zuzuteilen; das Zwischenrecht erhält auf jeden Fall den Teil, der nach Abzug des ihm vorgehenden belasteten Rechts vom Erlös bleibt; den weiteren Rest erhält das unter Ausnutzung des Vorbehalts eingetragene Recht.

e) **Beispiel** nach[47]: belastetes Recht A = 20 000 DM mit Vorbehalt für 8000 DM, Zwischenrecht B = 12 000 DM, mit Ausnützung des Vorbehalts eingetragenes Recht C = 8000 DM, Erlösanteil 24 000 DM. Es erhalten: A 24 000 DM (Erlös) abzüglich 8000 DM (Vorbehalt) = 16 000 DM; B 24 000 DM (Erlös) abzüglich 20 000 DM (Recht A) = 4000 DM, C 24 000 DM (Erlös) abzüglich 20 000 DM (Anteile für A und B zusammen) = 4000 DM Rest.

5.23 Rentenschuld: Sie wird mit der Ablösungssumme nach BGB § 1199 Abs 2 eingesetzt.

5.24 Sicherungshypothek: Diese, auch als Sicherungszwangshypothek, ist in voller Höhe und mit den eingetragenen Zinsen aufzunehmen, also zu behandeln wie eine gewöhnliche Hypothek[48]. Der Gläubiger muß das Bestehen der Forderung zur Teilnahme am Erlös nicht nachweisen, vielmehr muß der Schuldner, wenn er die Forderung bestreitet, gegen die Berücksichtigung der Sicherungshypothek vorgehen. Ist diese gemäß ZPO §§ 866, 867 eingetragen, so kann er nur nach § 115 Abs 3 vorgehen (Vollstreckungsabwehrklage). Einwendungen des Schuldners (auch des Dritten, der das Eigentum an dem Grundstück erst nach Eintragung der Zwangshypothek erworben hat[49]) gegen die durch rechtskräftigen Schuldtitel zuerkannte gesicherte Forderung (und daher die Sicherungshypothek) sind damit nur zulässig soweit sie nach ZPO § 767 Abs 2 (§ 769 Abs 2, § 797 Abs 4) mit Vollstreckungsgegenklage vorgebracht werden können. Sonst hat der Schuldner gewöhnlichen Widerspruch nach § 115, dann muß der Widerspruchsbeklagte das Bestehen der Forderung beweisen (BGB § 1184), weil sich das Recht des Gläubigers aus der Hypothek nach der Forderung richtet; er muß also erst im Prozeß den Valutierungsbeweis führen (anders als bei der Höchstbetragshypothek, Rdn 5.13). Bei der Zwangssicherungshypothek gibt es bezüglich der wiederkehrenden Leistungen keinen Fälligkeitstermin gemäß § 13; die laufenden Beträge beginnen daher mit dem Tag der Beschlagnahme (§ 13 Rdn 2), Muster für die Berechnung im ZVG-Handbuch Rdn 436.

5.25 Sonstige Rechte: Reallast, Grunddienstbarkeit, Erbbauzins, Veräußerungsverbot = § 92 Rdn 6 und ZVG-Handbuch Rdn 458.

5.26 Vorkaufsrecht: § 92 Rdn 6.10.

5.27 Vormerkung: Der durch sie gesicherte Anspruch ist ein bedingter; dazu § 119 Rdn 2.

5.28 Wertsicherungsklausel, wertbeständiges Recht: Bei noch etwa eingetragenen wertbeständigen Rechten sind die Beträge nach dem letzten amtlichen Kurs umzurechnen. Wertsicherungsklauseln: § 14 Rdn 2.3.

5.29 Widerspruch: Ansprüche durch einen Widerspruch gesichert sind bedingte, wie bei der Vormerkung gesagt. Dazu § 119 Rdn 2.

5.30 a) **Zinsen** der aus dem Versteigerungserlös zu befriedigenden Ansprüche werden im Teilungsplan (im Gegensatz zum geringsten Gebot mit seiner Frist nach § 47) eingesetzt
– aus **bestehenbleibenden Rechten** bis zum Tag vor dem Zuschlag einschließlich (ab Zuschlag trägt der Ersteher die Lasten, § 56);

---

[47] Haegele aaO (Fußn 45).
[48] Dassler/Schiffhauer § 114 Rdn 9; Korintenberg/Wenz § 114 Anm 3 a; Steiner/Teufel § 114 Rdn 62.
[49] BGH KTS 1988, 199 und 386 = MDR 1988, 314 = NJW 1988, 828.

– aus **erlöschenden Rechten** bis zum Tag vor dem Verteilungstermin einschließlich (sie werden nicht vom Ersteher übernommen, normal im Verteilungstermin ausbezahlt).
Wenn kein **Verzinsungsbeginn** im Grundbuch eingetragen ist, laufen die Zinsen dinglicher Rechte frühestens ab Eintragung des Kapitalbetrags im Grundbuch[50]. Wo Zinsen fällig sind (oft in Grundschuldbestellungsurkunden festgelegt), sind sie als täglich fällig zu behandeln. Gleiches gilt wenn die Eintragungsbewilligung keine Angabe über die Zinsfälligkeit enthält (§ 13 Rdn 2.5). Es bestehen keine Bedenken, bei den Zinsen, wie bei den Banken üblich, auch im Verteilungsverfahren das Jahr zu 360 Tagen, den Monat zu 30 Tagen zu rechnen. Gerechnet werden erst die vollen Jahre, dann die überschießenden Monate, zuletzt die überschießenden Tage. Über die Zinsen bei Befriedigungserklärung § 117 Rdn 5, bei Liegenbelassungsvereinbarung § 114 Rdn 8.

b) Für gesetzliche Zinsen der Forderung, insbesondere für gesetzliche **Verzugszinsen** (BGB § 288 Abs 1) und **Prozeßzinsen** (BGB § 291) der Hypothekenforderung, haftet das Grundstück gesetzlich (BGB § 1118; gilt auch für die Grundschuld, BGB § 1192). Als nicht eingetragene wiederkehrende Leistungen werden solche Zinsen nur bei Anmeldung berücksichtigt (Abs 1; siehe auch § 45 Rdn 3.2). Die Anmeldung hat nicht nur den Zinsanspruch zu bezeichnen und die Zinsberechnung zu enthalten, sondern auch die Tatsache (schlüssig) darzustellen, die mit dem Anspruch auf gesetzliche Zinsen das Recht auf Befriedigung aus dem Grundstück nach BGB § 1118 mit ZVG § 10 Abs 1 Nr 4 begründet. Für persönlich vollstreckende Gläubiger (Rangklasse 5 des § 10 Abs 1) besteht eine Anspruch auf Verzugs- und Prozeßzinsen nur, wenn diese als Gläubigeranspruch in das Grundstück vollstreckt werden (erfordert Bezeichnung im Anordnungs- oder Beitrittsbeschluß).

5.31 Zwangshypothek: Sie ist Sicherungshypothek (ZPO § 866 Abs 1); siehe daher Rdn 5.24. Besonderheiten bestehen bei der im Wege der **Sicherungsvollstreckung** (ZPO § 720 a) eingetragenen Zwangshypothek. Ihr Gläubiger kann sich aus dem belasteten Grundstück nur nach Leistung der Sicherheit (ZPO § 751 Abs 2; dazu § 15 Rdn 32) befriedigen (ZPO § 720 a Abs 1 Satz 2), außerdem dann, wenn das Urteil unbedingt vollstreckbar geworden und damit für ihn die Veranlassung zur Sicherheitsleistung weggefallen ist. Das ist von Amts wegen zu beachten und gegebenenfalls an Hand der Eintragungsunterlagen bei den Grundakten zu prüfen, weil die Zwangshypothek im Grundbuch nur als solche bezeichnet, die Sicherungsvollstreckung als Grund der Eintragung jedoch nicht vermerkt sein muß. Wenn die Befriedigungsberechtigung des Gläubigers nicht festgestellt ist, kann die im Wege der Sicherungsvollstreckung erlangte Zwangshypothek nur unter der entsprechenden Bedingung berücksichtigt werden. Es ist eine Hilfsverteilung für den Fall festzustellen, daß der Gläubiger das Recht, sich aus dem Grundstück zu befriedigen, nicht erlangt (§ 119; dieses Recht ist aufschiebende Bedingung für die Erlösberechtigung des Gläubigers). Hilfsberechtigter für den auf den Hauptsacheanspruch (§ 12 Nr 3) fallenden Erlös ist der Eigentümer (ZPO § 868; auch § 720 a Abs 3). Für Rückstände an Zinsen und anderen Nebenleistungen sowie für Kosten (§ 12 Nr 1 und Nr 2) kann eine Berechtigung dieses Eigentümers nicht eintreten (BGB § 1178); Hilfsberechtigter des damit freiwerdenden Betrags ist daher der erstausfallende Gläubiger (mehrere in der Rangfolge ihrer Ansprüche). Zuzuteilen ist den danach Berechtigten unter der jeweiligen Bedingung. Bei Nichtzahlung ist die Forderung auf die Berechtigten unter den entsprechenden Bedingungen zu übertragen (§ 118). In Geld vorhandener Versteigerungserlös ist für den Gläubiger der Sicherungshypothek und den/die Hilfsberechtigten unter den entsprechenden Bedingungen zu hinterlegen (§ 120; auch ZPO § 720 a Abs 1 Satz 2 iVm Abs 2 und § 930 Abs 2 analog). Mit dieser Hinterlegung

---

[50] RG 136, 232 (235).

Teilungsplan nach Grundbuch oder Anmeldung 6.4 **§ 114**

ist der Teilungsplan ausgeführt. Das Vollstreckungsgericht wirkt bei der Auszahlung des Hinterlegungsgeldes nicht mit. Herausgabeantrag hat der Berechtigte bei der Hinterlegungsstelle zu stellen (HinterlO §§ 12 ff). Wenn ein nachrangiger Berechtigter eine Löschungsvormerkung (BGB § 1179) oder einen gesetzlichen Löschungsanspruch (BGB § 1179 a) geltend macht, ist der hilfsweise dem Eigentümer zugeteilte Erlösbetrag zugleich weiter als auflösend bedingter Anspruch zu behandeln (Rdn 9). Eine bis zum Verteilungstermin mit Leistung der Sicherheit durch den Schuldner zur Abwendung der Zwangsvollstreckung (ZPO § 720 a) oder durch Übergang des Rechts auf den Eigentümer (ZPO § 868) bereits eingetretene Änderung der Berechtigung des eingetragenen Gläubigers der Zwangshypothek ist schon bei Aufstellung des Teilungsplans zu berücksichtigen, wenn sie dem Vollstreckungsgericht zur Kenntnis gelangt ist (Rdn 6, § 117 Rdn 2).

Eigentümergrundschuld (-hypothek) 6

6.1 Die Eigentümergrundschuld (Eigentümerhypothek) gibt dem Eigentümer des Grundstücks (Schuldner) selbst das Recht auf Zahlung der Geldsumme aus dem Grundstück (BGB § 1191 Abs 1) an der Rangstelle des Rechts (§ 10 Abs 1 Nr 4, § 11 Abs 1). Sie ist als Grundstücksbelastung ein vom Grundstückseigentum verschiedenes Vermögensrecht.

6.2 Die **für den Eigentümer** bestellte (BGB § 1196 Abs 1) oder aus einem Fremdrecht hervorgegangene und mit Grundbuchberichtigung eingetragene Eigentümergrundschuld (sogen offene Eigentümergrundschuld) und ebenso die eingetragene Eigentümerhypothek (§ 1177 Abs 2) wird an ihrer Rangstelle für den Eigentümer (Schuldner) in den Teilungsplan aufgenommen. Anmeldung muß rechtzeitig (§ 37 Nr 4, § 110) nur erfolgen (§ 114), wenn das Recht als Grundstücksbelastung zur Zeit der Eintragung des Versteigerungsvermerks nicht im Grundbuch eingetragen war. Eine zu dieser Zeit für einen anderen eingetragene Hypothek oder Grundschuld, die erst danach Eigentümergrundschuld geworden ist, wird als Grundstücksbelastung (wegen des Berechtigten Rdn 6.16) von Amts wegen in den Teilungsplan aufgenommen.

6.3 Eine **Eigentümergrundschuld** kann aus einem für einen anderen Gläubiger (BGB § 1115 Abs 1) im Grundbuch eingetragenen Grundpfandrecht entstanden sein (sogen verschleierte, auch verdeckte oder versteckte Eigentümergrundschuld). Das eingetragene Fremdrecht kann ganz oder auch nur teilweise (Rang: BGB § 1176) Eigentümergrundschuld geworden sein.

6.4 Entstehungstatbestände für die Eigentümergrundschuld durch Vereinigung einer **Hypothek** mit dem Eigentum in einer Person (BGB § 1177 Abs 1) sind insbesondere:

a) **BGB § 1163 Abs 1 Satz 1:** Die Forderung, für welche die Hypothek bestellt ist, ist nicht zur Entstehung gelangt. Berechtigter ist der (wahre) Grundstückseigentümer zur Zeit der Einigung und Eintragung der Hypothek.

b) **BGB § 1163 Abs 1 Satz 2:** Die Forderung, für welche die Hypothek bestellt ist, ist erloschen. Berechtigter ist der (wahre) Grundstückseigentümer bei Erlöschen der Forderung.

c) **BGB § 1163 Abs 2:** Der Hypothekenbrief ist dem Gläubiger vom Eigentümer nicht übergeben worden (BGB § 1117 Abs 1, 2). Berechtigter ist der Eigentümer zur Zeit der Eintragung des Rechts.

d) **BGB § 1168 Abs 1:** Der Gläubiger hat auf die Hypothek verzichtet (Grundbucheintragung des Verzichts ist erfolgt). Berechtigter ist der Eigentümer bei Vorliegen aller Voraussetzungen des Verzichts (Verzichtserklärung und Grundbucheintragung).

e) **BGB § 1170 Abs 2:** Der unbekannte Gläubiger ist im Aufgebotsverfahren ausgeschlossen worden. Berechtigter ist der (wahre) Eigentümer bei Verkündung des Ausschlußurteils.

§ 114 6.4 Verteilung des Erlöses

f) (BGB § 889): Eigentum am Grundstück und Gläubigerrecht an der Hypothek haben sich in einer Person vereinigt, so zB, wenn der Eigentümer den Hypothekengläubiger beerbt hat (auch umgekehrt), wenn die Hypothekenforderung dem Eigentümer abgetreten ist oder wenn der Hypothekengläubiger das Eigentum am Grundstück rechtsgeschäftlich (BGB §§ 873, 925) erworben hat.

g) **ZPO § 868**: Der einer Zwangshypothek zugrunde liegende Vollstreckungstitel oder seine Vollstreckbarkeit wird aufgehoben usw. Entsprechendes gilt bei der Arresthypothek (ZPO § 932 Abs 2).

h) BGB §§ 1172–1175 regeln Besonderheiten für die Gesamthypothek.

6.5 Entstehungstatbestände für **Eigentümerhypothek** (BGB § 1177 Abs 2) sind insbesondere:

a) **BGB § 1143**: Der Eigentümer, der nicht persönlicher Schuldner ist, hat den Gläubiger der gesicherten Forderung befriedigt.

b) (BGB § 889): Der Grundstückseigentümer hat die Hypothek und die von einem Dritten geschuldete Forderung oder der Gläubiger der für die Schuld eines Dritten bestellten Hypothek hat das Grundstück erworben.

c) **BGB § 1173 Abs 2**: Erwerb der Gesamthypothek mit Ersatzanspruch.

6.6 Entstehungstatbestände für Eigentümergrundschuld aus der für einen (fremden) Gläubiger (BGB § 1115 Abs 1, § 1192 Abs 1) eingetragenen **Grundschuld** oder Rentenschuld sind insbesondere:

a) BGB § 1192 Abs 1, **§ 1143** entsprechend: Der Eigentümer (oder für seine Rechnung und mit seiner Zustimmung ein Dritter) hat den Gläubiger der Grundschuld befriedigt. Die Befugnis, den Grundschuldgläubiger zu befriedigen, steht dem Eigentümer nach BGB § 1142 zu (zur Abwendung der Zwangsvollstreckung in das Grundstück, BGB § 1147). Bei Befriedigung durch den Eigentümer des Grundstücks nach BGB § 1142 wird die Grundschuld als solche (das dingliche Recht) ihrem Gläubiger bezahlt, nicht hingegen eine durch die Grundschuld nach der Sicherungsvereinbarung gesicherte Forderung geleistet (BGB § 362 Abs 1; hierzu Rdn 7). Ob der Gläubiger der Grundschuld vom Eigentümer befriedigt (BGB § 1142 Abs 1) oder die gesicherte Forderung von ihrem Schuldner (auch wenn dieser zugleich Grundstückseigentümer ist) an ihren Gläubiger bewirkt ist (Erfüllung nach BGB § 362 Abs 1), bestimmt sich nach dem bei Zahlung erklärten Willen des Zahlenden[51]. Der nicht ausdrücklich erklärte Wille kann sich aus den besonderen Umständen, insbesondere der Interessenlage der Beteiligten stillschweigend ergeben[52]. Bei der Sicherungsgrundschuld einer Bank im Rahmen einer Geschäftsverbindung spricht die Lebenserfahrung dafür, daß der Parteiwille auf Zahlung auf die persönliche Forderung, nicht auf Grundschuldablösung gerichtet war[53]. Erfüllung der Forderung ist auch anzunehmen, wenn ausdrücklich alle Zahlungen auf der Forderung vereinbart oder der Gläubiger für berechtigt erklärt ist, alle Zahlungen auf die Forderung zu verrechnen (Verrechnungsvereinbarung, -abrede). Wenn jedoch abredewidrig auf die Grundschuld gezahlt wird, hat der Zahlungswille des Eigentümers Befriedigung der Grundschuld (BGB § 1142) zur Folge. Das gilt auch, wenn der Gläubiger Zahlung auf die Grundschuld verlangt hat. Eine Verrechnungsvereinbarung, die es dem Gläubiger ermöglichen soll, alle

---

[51] BGH DNotZ 1964, 767 Leitsatz = WM 1964, 677; BGH DNotZ 1970, 106 = MDR 1970, 34 = NJW 1969, 2237 = Rpfleger 1969, 423; BGH LM BGB § 1192 Nr. 7 = WM 1970, 1516; BGH NJW 1976, 2132 = WM 1976, 845; BGH DNotZ 1987, 502 = KTS 1987, 353 = MDR 1987, 484 = NJW 1987, 838; BGH NJW-RR 1987, 1350 = WM 1987, 1213.

[52] BGH MDR 1984, 483 = MittBayNot 1984, 24 = NJW 1983, 2502; BGH NJW-RR 1987, 1350 = WM 1987, 1213.

[53] BGH Betrieb 1960, 1125 = WM 1960, 1092; BGH WM 1969, 208; BGH DNotZ 1970, 106 = MDR 1970, 34 = NJW 1969, 2237 = Rpfleger 1969, 423.

Teilungsplan nach Grundbuch oder Anmeldung   6.8 **§ 114**

Zahlungen auf die Forderung zu verwenden, kann daher nicht zur Geltung kommen, wenn die Zwangsvollstreckung aus der Grundschuld betrieben wurde (oder angedroht war[54]) und der Eigentümer zur Abwendung der Zwangsversteigerung Zahlung auf den titulierten Duldungsanspruch geleistet hat[55]. Zahlungen des Konkursverwalters des Grundstückseigentümers, der auch Forderungsschuldner ist, werden, wenn eine Tilgungsbestimmung fehlt (ungeachtet anderslautender Anrechnungsvereinbarung im Sicherungsvertrag) auf die Grundschuld geleistet[56]. Auch nach Zahlung auf die Forderung kann noch vereinbart werden, daß die Zahlung zugleich auf die Grundschuld geleistet gelten soll[57]. Wenn der Eigentümer des mit der sichernden Grundschuld belasteten Grundstücks zugleich Forderungsschuldner ist, wird nach Sinn und Zweck der Sicherungsabrede davon ausgegangen, daß mit Leistung auf die dingliche Schuld auch die persönliche Schuld im Umfang der Leistung erlischt[58]. Wenn Eigentümer und persönlicher Schuldner nicht identisch sind, berührt die Ablösung der Grundschuld (Zahlung auf diese) durch den Eigentümer, sofern Gegenteiliges nicht vereinbart ist, nicht den Bestand der Forderung[59]; sie geht nicht kraft Gesetzes auf den zahlenden Eigentümer über[60].

b) BGB § 1192 Abs 1, **§ 1163 Abs 2:** Der Grundschuldbrief ist dem Gläubiger der Grundschuld vom Eigentümer nicht übergeben worden (BGB § 1117 Abs 1, 2). Berechtigter ist der Eigentümer zur Zeit der Eintragung des Rechts.

c) BGB § 1192 Abs 1, **§ 1168:** Der Gläubiger hat auf die Grundschuld verzichtet (Grundbucheintragung des Verzichts ist erfolgt). Berechtigter ist der Eigentümer bei Vorliegen aller Voraussetzungen des Verzichts (Verzichtserklärung, Grundbucheintragung). Dazu Rdn 7.

d) BGB § 1192 Abs 1, **§ 1170 Abs 2:** Der unbekannte Gläubiger ist im Aufgebotsverfahren ausgeschlossen worden. Berechtigter ist der (wahre) Eigentümer bei Verkündung des Ausschlußurteils.

e) (BGB § 889): Eigentum am Grundstück und Gläubigerrecht an der Grundschuld haben sich in einer Person vereinigt, so zB, wenn der Eigentümer den Grundschuldgläubiger beerbt hat (auch umgekehrt), weil die Grundschuld dem Eigentümer abgetreten worden ist oder weil der Grundschuldgläubiger das Eigentum am Grundstück rechtsgeschäftlich (BGB §§ 873, 925) erworben hat.

f) **BGB §§ 1172–1175** (iVm § 1192 Abs 1) regeln einige Besonderheiten für die Gesamtgrundschuld.

6.7 Eine Besonderheit gilt (weiterhin, § 15 Rdn 31.2) für die eine (vormalige) **Heimstätte** belastende Hypothek oder Grundschuld nach RHeimstG § 17 Abs 2 Satz 2: mit dem Erlöschen der Forderung erlischt auch die Hypothek oder Grundschuld. Aus einer **ZGB-Hypothek** im **Beitrittsgebiet** gelangt eine Eigentümergrundschuld gleichfalls nicht zur Entstehung; dazu § 44 Rdn 5.14.

6.8 Für **Rückstände von Zinsen** und anderen Nebenleistungen sowie für Kosten erlöschen Hypothek (BGB § 1178 Abs 1) und Grundschuld (BGB § 1178 Abs 1 iVm § 1192 Abs 1), wenn sie sich mit dem Eigentum in einer Person ver-

---

[54] BGH DNotZ 1987, 502 = KTS 1987, 353 = MDR 1987, 484 = NJW 1987, 838.
[55] BGH NJW 1976, 3132 = WM 1976, 845; BGH MDR 1986, 930 = NJW 1986, 2108 = Rpfleger 1986, 297 Leitsatz; BGH NJW-RR 1987, 1350 = WM 1987, 1213, LG Arnsberg ZIP 1980, 1085.
[56] BGH DNotZ 1995, 294 = MDR 1994, 1002 = NJW 1994, 2696 = Rpfleger 1995, 14.
[57] BGH DNotZ 1970, 106 = MDR 1970, 34 = NJW 1969, 2237 = Rpfleger 1969, 423.
[58] BGH DNotZ 1981, 389 = MDR 1981, 38 = NJW 1980, 2198 = Rpfleger 1980, 337; BGH DNotZ 1987, 502 = KTS 1987, 353 = MDR 1987, 484 = NJW 1987, 838; BGH 105, 154 = DNotZ 1989, 358 = KTS 1988, 840 = MDR 1988, 1044 = NJW 1988, 2730 = Rpfleger 1988, 524.
[59] BGH 80, 228 = NJW 1981, 1554; BGH NJW 1987, 838 = aaO (Fußn 58); BGH 105, 154 = aaO (Fußn 58).
[60] BGH 105, 154 = aaO (Fußn 58).

§ 114　6.8　Verteilung des Erlöses

einigen. Besonderheit, solange einem Dritten ein Recht an dem Anspruch auf eine solche Leistung zusteht: BGB § 1178 Abs 1 Satz 2.

6.9 **Zinsen** gebühren dem Eigentümer ab Bestellung der Eigentümergrundschuld (BGB § 1196 Abs 1) oder Erwerb eines Grundpfandrechts als Eigentümergrundschuld in der **Zwangsversteigerung nicht;** nur wenn das Grundstück auf Antrag eines anderen zum Zwecke der Zwangsverwaltung in Beschlag genommen ist, erhält der Eigentümer Zinsen, und auch diese nur in der Zwangsverwaltung und nur für deren Dauer: BGB § 1197 Abs 2. Die Unverzinslichkeit in der Zwangsversteigerung ist Inhalt des Eigentümerrechts[61]. Die Verzinsung in der Zwangsverwaltung (erst ab dem Tag der Verwaltungs-Beschlagnahme natürlich) ist ein Ausgleich dafür, daß dort dem Eigentümer die Einkünfte aus dem Grundstück entzogen sind (§ 148 Abs 1), aus denen normal die Zinsen zu zahlen sind[62]. Die Zinsen werden auch aus der Zwangsverwaltungsmasse nur geleistet, falls die Masse dort ausreicht[62] (keinesfalls aus dem Versteigerungserlös; beide Massen sind selbständig und werden nicht vereinigt[62]; es können auch nicht auf die Versteigerungsmasse die in der Verwaltung nicht zum Zuge gekommenen Ansprüche übertragen werden[62]).

6.10 Zinsen einer Eigentümergrundschuld können auch **Pfand- und Pfändungsgläubiger** nach BGB § 1197 Abs 2 an Stelle des Eigentümers nur dann erhalten, wenn dem Eigentümer selbst Zinsen gebühren, mithin nur in einer Zwangsverwaltung und für deren Dauer (oder ab Zuschlag, wenn das Eigentümerrecht bestehen geblieben ist). Denn Verpfändung und Pfändung bewirken keinen Forderungsübergang, sondern ermächtigen nach Pfandreife oder Überweisung zur Einziehung den Gläubiger nur, das Eigentümerrecht des Schuldners geltend zu machen. Die Unverzinslichkeit als Inhalt des Eigentümerrechts kommt dem Pfand- und Pfändungsgläubiger gegenüber daher nicht in Wegfall[63] (anders[64]). Mit Pfandreife oder Überweisung zur Einziehung erlangen Pfand- oder Pfändungsgläubiger nur das Einziehungsrecht, nicht aber weitergehende Rechte aus der Eigentümergrundschuld, als der Eigentümer selbst hat. Ihnen können daher auch nicht mehr Rechte als dem Berechtigten aus Pfandreife oder nur bei Pfändung (wie bei Sicherungsvollstreckung oder Arrestvollziehung) zustehen. Hier kann der Gläubiger aber nur gemeinsam mit dem Eigentümer einziehen (BGB § 1281) und deshalb weder mit noch für diesen (wenn Pfandreife nicht eintritt oder Überweisung nicht nachfolgt) Zinsen des Eigentümerrechts beanspruchen. BGB § 1197 Abs 2 beruht auf der Erwägung, daß Zinsen aus den Einkünften des Grundstücks zu zahlen sind, die nur in der Zwangsverwaltung (§ 148 Abs 1), nicht aber in der Zwangsversteigerung (§ 21 Abs 2) dem Eigentümer entzogen sind (Rdn 6.9). Solange nicht Beschlagnahme durch Zwangsverwaltung erfolgt ist, können daher insbesondere Miet- und Pachtzinsen als solche verpfändet (BGB §§ 1273 ff, 1124 Abs 1) oder gepfändet (ZPO § 865 Abs 2 Satz 2) werden, sonach aber als dem Eigentümer verbleibende Einkünfte des Grundstücks nicht die Verzinsung einer Eigentümergrundschuld zugunsten eines daran Berechtigten auslösen. Mit Überweisung an Zahlungs Statt ist das Eigentümerrecht auf den Pfändungsgläubiger übergegangen (ZPO § 835 Abs 2, § 857 Abs 6); ab Wirksamwerden dieser Überweisung erhält der (neue) Gläubiger daher (wie bei Abtretung) Zinsen.

6.11 Die **Unverzinslichkeit** des Eigentümerrechts kommt mit Konkurseröffnung nicht in Wegfall[65]. Zinsen eines Eigentümerrechts kann der Konkursverwal-

---

[61] BayObLG 1976, 44 = DNotZ 1976, 494 = Rpfleger 1976, 181 und 290.
[62] RG 60, 359 (362–363).
[63] OLG Düsseldorf NJW 1960, 1723 mit abl Anm Westermann; Jaeckel/Güthe § 10 Rdn 15; Korintenberg/Wenz Einleitung Kapitel 19 (IV b); Stöber, Forderungspfändung, Rdn 1958; Mümmler JurBüro 1969, 789 (D 2 d).
[64] Bayer AcP 189 (1989) 470 (IV 2).
[65] RG 60, 359 (362–363); Bayer AcP 189 (1989) 470 (IV 3); Worm KTS 1961, 119 (124).

Teilungsplan nach Grundbuch oder Anmeldung 6.12 § 114

ter daher nur in der Zwangsverwaltung oder ab Zuschlag, wenn das Eigentümerrecht bestehen geblieben ist, erhalten. Wenn Grundstück und Eigentümerrecht zur Konkursmasse gehören, folgt das aus BGB § 1197 Abs 2, der Eigentümerzinsen für den Fall ausschließt, daß dem Eigentümer auch die Einkünfte des Grundstücks zufließen; das gilt auch, wenn Eigentümerrechte der Konkursverwalter insgesamt ausübt. Aber auch wenn das Grundstück massefreies Vermögen ist, die Eigentümergrundschuld jedoch in die Konkursmasse fällt (oder umgekehrt), kann die Konkursbeschlagnahme (wie die Verpfändung und Pfändung) Grundschuldzinsen nicht entstehen lassen; die Freigabe des Grundstücks aus der Masse bewirkt vielmehr keine Trennung des Grundpfandrechts vom Eigentum, die zur Entstehung von Zinsen führen könnte.

6.12 a) Mit **Abtretung** wird eine Eigentümergrundschuld (Eigentümerhypothek) **Fremdrecht**. Damit endet die Unverzinslichkeit des Eigentümerrechts nach BGB § 1197 Abs 2; der neue Gläubiger erhält daher Zinsen wie eingetragen[66]. Die Unverzinslichkeit des Eigentümerrechts nach BGB § 1197 Abs 2 ist auch beendet, wenn das Grundstück veräußert, das Eigentümerrecht aber nicht auf den Erwerber übergegangen ist; Zinsen gebühren dem (bisherigen Eigentümer als) Gläubiger des Rechts dann ab Eigentumsübergang auf den Erwerber (Berechnung im Hinblick auf BGB § 891 ab Eintragung der Auflassung; für Einwendungen Widerspruch).

b) Eingetragene **Zinsen** einer Eigentümergrundschuld (Eigentümerhypothek) können vom Zessionar auch für die **vor** Wirksamwerden der **Abtretung liegenden Zeit** erworben werden. Weil dem Eigentümer selbst für diese Zeit Zinsen nicht gebühren (BGB § 1197 Abs 2), war lange streitig, ob die Unverzinslichkeit als Inhalt des dinglichen Rechts mit Abtretung rückwirkend entfallen kann (für Abtretung mit Zinsen nur für die Zukunft[67]). Daß eine Eigentümergrundschuld (damit auch eine Eigentümerhypothek) auch mit rückwirkendem Zins„beginn" abgetreten werden kann, wird nun seit[68] (mit Aufgabe früherer Rechtsprechung) allgemein angenommen[69] (so schon bisher[70]; anders[71]). Durch BGB § 1197 Abs 2 ist eine rückwirkende Zinsabtretung auch nicht ausgeschlossen, wenn der Eigentümer für eine bisher unverzinsliche Eigentümergrundschuld die Eintragung von Zinsen mit rückwirkendem Beginn und gleichzeitig die Eintragung der Abtretung des Grundpfandrechts mit diesen Zinsen herbeigeführt hat[72]. Diesem Fall ist die Bestellung einer Fremdgrundschuld mit Zinsen für die Vergangenheit (Zinsbeginn vor Eintragung) gleich[72]. Weil die mitabgetretenen rückwirkenden Zinsen hier als dingliche Belastung erst mit der Abtretung, also erst in der Person des Abtretungsempfängers, entstanden sind, können jedoch Zinsen über 5% hinaus (BGB § 1119) Rang nur nach inzwischen eingetragenen anderen Rechten am Grundstück haben.

c) Die Möglichkeit, eine Eigentümergrundschuld (Eigentümerhypothek) mit rückwirkenden Zinsen abzutreten, findet ihre **zeitliche Grenze** mit Erteilung des Zuschlags. Danach kann die Abtretung eines **bestehengebliebenen Eigentümer-**

---

[66] RG 60, 359 (362–363).
[67] BayObLG 1976, 44 = DNotZ 1976, 494 = Rpfleger 1976, 181 und 290; BayObLG DNotZ 1979, 221 mit abl Anm Lichtenberger = Rpfleger 1979, 100; LG Bonn Rpfleger 1985, 145; Zawar NJW 1976, 1823 (1825); Bayer AcP 189 (1989) 470 (IV 1).
[68] BayObLG 1987, 241 = DNotZ 1988, 116 = NJW-RR 1987, 1418 = Rpfleger 1987, 364 und 1988, 139 Leitsatz mit krit Anm Bayer.
[69] OLG Celle NJW-RR 1989, 1244 = Rpfleger 1989, 323 und 363 Leitsatz mit Anm Hennings; OLG Düsseldorf DNotZ 1990, 747 = MDR 1989, 1102 = OLGZ 1989, 395 = NJW-RR 1990, 22 = Rpfleger 1989, 498.
[70] OLG Düsseldorf Rpfleger 1986, 468; OLG Köln JMBlNW 1985, 34 = WM 1984, 1475 = Rpfleger 1985, 9 (mitgeteilt); AG Bonn MittRhNotK 1987, 49; Lichtenberger MittBayNot 1976, 109 und DNotZ 1979, 223 (Anmerkung); Willke WM 1980, 858.
[71] Bayer Rpfleger 1988, 139 (Anmerkung).
[72] BGH DNotZ 1986, 227 = MDR 1986, 217 = NJW 1986, 314 = Rpfleger 1986, 9.

§ 114 6.12 Verteilung des Erlöses

rechts nicht mehr bewirken, daß der Zessionar rückwirkend für die Zeit bis zum Zuschlag Anspruch auf Zinsen erwirbt, die aus dem Versteigerungserlös zu befriedigen wären. Mit dem Zuschlag ist für den Anspruch auf (eingetragene) Grundschuldzinsen bis dahin an die Stelle des haftenden Grundstücks der Versteigerungserlös getreten (Surrogationsgrundsatz, § 91 Rdn 2.5). Dieser haftet jedoch nicht für Zinsen, die für diese Zeit dem Eigentümer als Gläubiger des Grundpfandrechts nicht gebühren (BGB § 1197 Abs 2). Eine Haftung des Erlöses kann daher auch nicht mit Gläubigerwechsel nachträglich begründet werden. Mit Abtretung nach Zuschlag kann ein Erlösanspruch auf Zinsen somit nicht erworben werden, wenn das Grundpfandrecht bei Erteilung des Zuschlags nach BGB § 1197 Abs 2 unverzinslich war. Entsprechendes gilt für Zinsen einer mit dem Zuschlag **erloschenen Eigentümergrundschuld** (Eigentümerhypothek).

d) Abtretung **nur der Zinsen** einer Eigentümergrundschuld (Eigentümerhypothek) (wäre Teilabtretung) ist zwar zulässig, begründet aber eine Berechtigung des Zessionars nur für eine Zwangsverwaltung und nur für deren Dauer (BGB § 1197 Abs 2). Sonst gebühren dem Eigentümer Zinsen nicht, solange das Grundpfandrecht (Stammrecht) Eigentümerrecht ist, so daß auch mit Abtretung ein Zessionar einen Zinsanspruch in der Zwangsversteigerung als Gläubiger nicht erlangen kann. Umgekehrt gebühren auch dem Eigentümer Zinsen in der Zwangsversteigerung nicht, wenn er die Eigentümergrundschuld (Eigentümerhypothek) ohne Zinsen abgetreten hat (ist Teilabtretung). Das Grundpfandrecht wird mit Abtretung zwar Fremdrecht; dem Eigentümer gebühren als Gläubiger der Zinsen solche in der Zwangsversteigerung jedoch nach BGB § 1197 Abs 2 nicht.

6.13 Bleibt das Eigentümerrecht nach dem Zuschlag **bestehen,** so verwandelt es sich (falls nicht der Schuldner selbst sein Grundstück eingesteigert hat) ab Zuschlagwirksamkeit (§ 89, also ab Zuschlagsverkündung; in der Beschwerde mit Zustellung, § 104) in ein Fremdrecht, für das BGB § 1197 nicht mehr gilt[73]. Daher ist es vom Ersteher, der ab Zuschlag alle Lasten zu tragen hat (§ 56) gemäß Grundbucheintragung zu verzinsen[73]. Für die Zeit bis zum Zuschlag werden in den Teilungsplan keine Zinsen aufgenommen, weil hier noch die Hemmung gilt. Auch wenn eine Tilgungshypothek bestehenbleibt, hat der Ersteher die im Umfang der Tilgung entstandene Eigentümergrundschuld vom Zuschlag an zu verzinsen[73] (anders[74] und andere).

6.14 Erlischt das Eigentümerrecht durch den Zuschlag, so verwandelt es sich in sein Surrogat, den darauf entfallenden Erlösanteil, der allen bisherigen Rechten und Beschränkungen unterliegt, auch denen des Eigentümerrechts, es kann sich nicht mehr in ein Fremdrecht verwandeln. Das Surrogat bleibt hier unverzinslich[75] (siehe auch[76]; anders[77]).

6.15 In den **Teilungsplan** werden die Ansprüche eines durch den Zuschlag erloschenen eingetragenen Rechts (§ 10 Abs 1 Nr 4) entweder als Ansprüche des Gläubigers der Hypothek, Grundschuld oder Rentenschuld oder als Recht des Eigentümers aufgenommen, wenn das Grundpfandrecht als Grundstücksbelastung zur Zeit der Eintragung des Versteigerungsvermerks aus dem Grundbuch ersichtlich war nach dem Inhalte des Buches, im übrigen nur nach Anmeldung (Abs 1). Rechtzeitig (§ 110) anzumelden (§ 114) ist erforderlichenfalls nur das eingetragene

---

[73] BGH 67, 291 = KTS 1977, 166 = MDR 1977, 214 = NJW 1977, 100 = Rpfleger 1977, 16.
[74] Schiffhauer BlGrBW 1978, 67 (XIX).
[75] Jaeckel/Güthe § 10 Rdn 15; Drischler RpflJahrbuch 1973, 328 (6 G Fußnote 91 a); Riggers JurBüro 1969, 23 (4 c); Stöber Rpfleger 1958, 339 (V VIII) und Forderungspfändung Rdn 1958.
[76] BGH 67, 291 = aaO (Fußn 73).
[77] Korintenberg/Wenz Einleitung Kapitel 19 (IV b); Bayer AcP 189 (1989) 470 (IV 5); Fischer NJW 1955, 573 (I 2); Ripfel JurBüro 1970, 121 (I 1 b).

Teilungsplan nach Grundbuch oder Anmeldung 6.17 **§ 114**

Grundpfandrecht (mit rückständigen Leistungen und Kosten), nicht aber sein Übergang auf den Eigentümer (das Entstehen der Eigentümergrundschuld)[78]. Notwendige Anmeldung der nach dem Versteigerungsvermerk eingetragenen Hypothek oder Grundschuld (auch Rentenschuld) kann daher auch durch ihren Gläubiger vor Umwandlung in ein Eigentümerrecht erfolgt sein.

6.16 Wenn demnach in den Teilungsplan Ansprüche des erloschenen Grundpfandrechts aufzunehmen sind, stellt sich die Frage, wer **als Berechtigter festzustellen** ist, ob sonach das Grundpfandrecht als Fremdrecht oder als Eigentümerrecht zu berücksichtigen ist. Wenn das Recht für den Eigentümer in den Teilungsplan aufzunehmen ist, können für ihn Zinsen nicht berücksichtigt werden (Rdn 6.14). Ob ein im Grundbuch eingetragenes (oder rechtzeitig angemeldetes) Grundpfandrecht als Hypothek oder Grundschuld (Rentenschuld) ihres eingetragenen (legitimierten) Gläubigers oder als Eigentümergrundschuld zu berücksichtigen ist, bestimmt sich nach den für die Feststellung des Berechtigten im Teilungsplan allgemein geltenden Grundsätzen. Danach ist als Berechtigter grundsätzlich der nach materiellem Recht legitimierte Rechtsinhaber festzustellen (§ 117 Rdn 2). Verfahrensgrundlage für seine Feststellung ist der Inhalt des Grundbuchs bei Erteilung des Zuschlags (§ 117 Rdn 2). Wenn (soweit) das zu berücksichtigende Recht bis dahin als Eigentümergrundschuld im Grundbuch umgeschrieben worden ist, ist es als solche (zinslos) zu berücksichtigen. Wenn der Übergang des Rechts auf den Eigentümer bis dahin noch nicht eingetragen worden ist, wäre das Grundpfandrecht für den eingetragenen Gläubiger als brieflose Hypothek (Grundschuld oder Rentenschuld) oder für den legitimierten Gläubiger als Briefhypothek (Briefgrundschuld, Briefrentenschuld) in den Teilungsplan aufzunehmen. Dann müssen aber alle dem Vollstreckungsgericht bekannten außergrundbuchlichen Rechtsänderungen berücksichtigt werden (§ 117 Rdn 2). Solche Änderungen sind zwar nicht zu ermitteln; daher ist nicht von Amts wegen zu forschen (zu prüfen), ob eine Eigentümergrundschuld (Eigentümerhypothek) entstanden ist (es besteht bei unzureichender, unvollständiger oder unklarer Anmeldung oder Erklärung oder bei sonstigem Anlaß aber Aufklärungspflicht nach ZPO § 139). Jedoch sind als bekannt gewordene außergrundbuchliche Rechtsänderungen alle Nachweise zu berücksichtigen (mithin zu prüfen), aus denen das Entstehen der Eigentümergrundschuld oder Eigentümerhypothek folgt[78] (bzw folgen kann). Solche Nachweise können in der für eine Grundbucheintragung erforderlichen Form (GBO § 29 Abs 1) geführt oder eingereicht sein. Jedoch bedarf es dieser Form zur Berücksichtigung im Vollstreckungsverfahren für Verteilung des Erlösanspruchs nicht (weil dieser Grundbucheintragungen und damit dem Grundbuchverfahrensrecht nicht mehr unterliegt). Ausreichend ist daher Wahrung der für prozessuale Erklärungen im Vollstreckungsverfahren genügenden Form, also Schriftform oder Erklärung zu Niederschrift.

6.17 Berücksichtigung des Grundpfandrechts **als Erlösanspruch des Grundstückseigentümers** (als Eigentümergrundpfandrecht) hat somit zu erfolgen, wenn sich die außergrundbuchliche Rechtsänderung ergibt aus

a) einem **Unrichtigkeitsnachweis,** also mit unmittelbarem Beweis (nicht nur Glaubhaftmachung) der Tatsachen, aus denen folgt, daß ein Tatbestand verwirklicht ist, der Erwerb des eingetragenen Fremdrechtes (Hypothek, Grundschuld, Rentenschuld) durch den Grundstückseigentümer (das Entstehen der Eigentümergrundschuld) zur Folge hat.

b) einem **Anerkenntnis** des nach dem Grundbuch (bei Briefrechten nach Maßgabe der BGB §§ 1155, 1160 legitimierten) Berechtigten, daß das Grundbuch bei Zuschlag unrichtig (BGB § 894), das eingetragene Grundpfandrecht mithin keine Hypothek, Grundschuld oder Rentenschuld des Gläubigers, sondern bereits kraft Gesetzes Eigentümergrundschuld (Eigentümerhypothek) war. Das Anerkenntnis

---

[78] LG Bonn JurBüro 1975, 1244.

§ 114   6.17   Verteilung des Erlöses

tritt ab Erlöschen des Rechts mit dem Zuschlag an die Stelle der für eine Grundbuchberichtigung benötigten Berichtigungsbewilligung (GBO §§ 19, 22). Wenn eine darauf gerichtete Bewilligung des betroffenen Rechtsinhabers Grundbuchberichtigung ermöglicht, muß sein Anerkenntnis gleichermaßen Berücksichtigung der geänderten Rechtslage (BGB § 894) bei Erlösverteilung zur Folge haben. Das Anerkenntnis erfüllt damit die gleiche Aufgabe wie eine Berichtigungsbewilligung. Es hat daher auch inhaltlich den Anforderungen zu entsprechen, die an eine Berichtigungsbewilligung gestellt werden. Deshalb hat es die Unrichtigkeit (die tatbestandsmäßigen Voraussetzungen für das Entstehen des Eigentümerrechts) schlüssig darzutun. Eine abstrakte Löschungsbewilligung des nach dem Grundbuch (oder nach BGB §§ 1155, 1160) legitimierten Rechtsinhabers allein genügt daher nicht.

c) einer (nachgewiesenen) **Verfügung** des Berechtigten über den Erlösanspruch, in den sich das dingliche Recht mit dem Zuschlag aufgelöst hat, zugunsten des Eigentümers (zB durch Vorlage des nach dem Zuschlag mit dem Eigentümer geschlossenen Abtretungsvertrags, BGB § 398).

6.18 **Zinsen** einer vormaligen Eigentümergrundschuld (Eigentümerhypothek), die mit Änderung des Rechtsinhabers oder des Eigentümers des Grundstücks zu zahlen sind (Rdn 6.12), werden nach den § 45 Rdn 3.3 dargestellten Verfahrensgrundsätzen berücksichtigt. Auch **ohne Anmeldung** sind nach Abs 2 daher in den Teilungsplan **laufende Zinsen** (Abgrenzung s 13) eines zur Zeit der Eintragung des Versteigerungsvermerks (verzinslich) eingetragenen Grundpfandrechts aufzunehmen, die mit Änderung des Rechtsinhabers (Wegfall der Unverzinslichkeit nach BGB § 1197 Abs 2) aus dem Erlös zu zahlen sind, wenn nur die Rechtsänderung (Eigentumsübergang ohne Grundschulderwerb oder Abtretung des Eigentümergrundpfandrechts) dem Vollstreckungsgericht bekannt geworden ist. Für Berücksichtigung an der Rangstelle der Eigentümergrundschuld (Eigentümerhypothek) muß es jedoch infolge der (als grundbuchersichtlich zu berücksichtigenden) Unverzinslichkeit des Grundpfandrechts sein Bewenden dabei haben, daß die Rechtsänderung (Abtretung der Eigentümergrundschuld oder Veräußerung des belasteten Grundstücks) spätestens im Zeitpunkt der Aufforderung zur Abgabe von Geboten im Versteigerungstermin angemeldet oder dem Vollstreckungsgericht sicher bekannt gewesen sein muß. Andernfalls kann der Zinsanspruch nur noch mit Nachrang nach § 110 (entsprechende Anwendung) berücksichtigt werden (materieller Rangverlust, § 110 Rdn 2.10). Dem steht nicht entgegen, daß nur eine Änderung des Rechtsinhabers Anmeldepflicht mit Rangverlust beim Säumnis nicht begründet (§ 37 Nr 4, § 110). Denn Änderung des Rechtsinhabers bewirkt mit Beendigung der Unverzinslichkeit des Eigentümerrechts weitergehend, daß mit Wegfall der Unverzinslichkeit nach BGB § 1197 Abs 2 für Zinsen Anspruch auf Befriedigung aus dem Versteigerungserlös grundbuchlich nicht ersichtlich begründet worden ist, diese Zinsen somit als nicht grundbuchersichtlich gewesenes Recht auf Befriedigung aus dem Grundstück zu berücksichtigen sind. Wenn § 110 (mit § 37 Nr 4) auch mit dieser Abgrenzung keine Anwendung finden könnte, müßten die nachrangig am Grundstück Berechtigten Rechtsverlust erleiden, der gerade durch diese Verfahrensbestimmung ausgeschlossen bleiben soll. Deckt beispielsweise die Teilungsmasse bei einem im geringsten Gebot berücksichtigten Ansprüche, dann müßten bei Erlösverteilung zu einem bestehengebliebenen Eigentümergrundpfandrecht für einen erst nach Versteigerungsbeginn (oder Zuschlag) festgestellten (angemeldeten) Rechtsinhaber (dessen Zinsanspruch BGB § 1197 Abs 2 nicht beschränkt) noch Zinsen mit der Folge berücksichtigt werden, daß im geringsten Gebot nachrangig bar berücksichtigte Ansprüche ausfallen würden. Für nicht im geringsten Gebot berücksichtigte Rechte könnte sich mit nachträglicher Deckung von Zinsen eines vorgehenden (bestehenbleibenden oder erlöschenden) Eigentümerrechts ebenso ein Ausfall neu ergeben, der nach dem Zweck von § 37 Nr 4 (mit § 110), klare Verhältnisse der Anspruchsbeträge nach dem

Teilungsplan nach Grundbuch oder Anmeldung 7.3 § **114**

Zeitpunkt der Versteigerung zu schaffen, ausgeschlossen zu bleiben hat. Berücksichtigung der Verzinslichkeit hätte dann gleichermaßen zu erfolgen, wenn dem Vollstreckungsgericht die Änderung des Rechtsinhabers erst in der Zeit zwischen Feststellung und Ausführung des Teilungsplans (dazu § 117 Rdn 2) zur Kenntnis gelangt. Das würde bewirken, daß bereits zugeteilte Beträge anderweit verteilt werden müßten (die Zinsen wären der Zuteilung des letztrangig zum Zuge gekommenen Berechtigten zu entnehmen). Das alles würde Verfahrensgrundsätzen des Immobiliarvollstreckungsrechts so grundsätzlich widersprechen, daß auf die bei Aufforderung zur Abgabe von Geboten grundbuchersichtliche oder mit Rechtsänderung bekannt gewordene Berechtigung auf Zinsen abzustellen ist.

6.19 Entstehen von Eigentümerrechten durch Verfügung über den Erlösanspruch siehe auch Rdn 7. Zu Löschungsanspruch und Löschungsvormerkung Rdn 9. Zu Eigentümergrundschuld und -hypothek im Teilungsplan auch ZVG-Handbuch Rdn 428–435.

Grundschuld im Teilungsplan 7

Literatur: Stöber, Zuteilung des Versteigerungserlöses an den Gläubiger einer Grundschuld, ZIP 1980, 833; Storz; Die nicht voll valutierte Sicherungsgrundschuld in der Zwangsversteigerung, ZIP 1980, 506.

7.1 Eine Grundschuld wird im Teilungsplan für ihren Gläubiger berücksichtigt
– als **bestehen bleibendes Recht** (§ 52) mit Rechtsverfolgungskosten (§ 10 Abs 2) sowie mit Zinsen und anderen fortlaufenden Nebenleistungen (BGB § 1191 Abs 2) bis zum Tag vor dem Zuschlag (diesen Tag eingeschlossen, wegen § 56 Satz 2); zu den einmaligen Nebenleistungen siehe § 49 Rdn 2.5;
– wenn sie durch den Zuschlag **erloschen** ist (§ 91 Abs 1) mit Rechtsverfolgungskosten (§ 10 Abs 2) sowie mit Zinsen und anderen fortlaufenden Nebenleistungen (BGB § 1191 Abs 2) bis zum Tag vor dem Verteilungstermin (§ 114 Rdn 5.30), mit einer einmaligen Nebenleistung und mit der aus dem Grundstück zu zahlenden Grundschuldsumme (Hauptsache, BGB § 1191 Abs 1).
Laufende Beträge wiederkehrender Leistungen der bei Eintragung des Versteigerungsvermerks eingetragenen Grundschuld und deren Hauptsache brauchen nicht angemeldet zu werden (§ 114); Kosten und rückständige wiederkehrende Leistungen für alle Grundschulden, die nach dem Versteigerungsvermerk eingetragene Grundschuld auch Hauptsache sowie laufende wiederkehrende Leistungen müssen (zur Rangwahrung rechtzeitig, § 110) angemeldet werden (§ 114).

7.2 Die Grundschuld ist als **Grundstücksbelastung** in ihrem dinglichen Bestand **forderungslos** (abstrakt, BGB § 1191). Sachenrechtlich kann sie mit einer Forderung nicht verbunden werden. Daß sie eine Forderung sichern soll (sogenannte Sicherungsgrundschuld), kann nur durch **schuldrechtliche Abrede** bestimmt werden (Sicherungsvertrag, fiduziarische Zweckbestimmung). Diese Sicherungsvereinbarung berührt die sachenrechtliche Selbständigkeit der Grundschuld jedoch nicht. Daher findet BGB § 1163 Abs 1 keine Anwendung[79]. Auch wenn die Forderung überhaupt nicht entstanden oder wieder erloschen ist, steht die Grundschuld daher ihrem Gläubiger zu[80] (Ausnahme RHeimstG § 17 Abs 2 Satz 2; dazu § 15 Rdn 31.2). Eine Eigentümergrundschuld gelangt in diesem Fall nicht kraft Gesetzes zur Entstehung.

7.3 Der Gläubiger der **Grundschuld** kann diese bis zum Erlöschen mit Erteilung des Zuschlags auf einen anderen **übertragen** oder willentlich aufgeben[81].

---

[79] BGH DNotZ 1957, 602 = MDR 1958, 24 mit Anm Thieme = Rpfleger 1958, 51 mit Anm Bruhn.
[80] BGH DNotZ 1957, 602 = aaO (Fußn 79) und KTS 1981, 581 = MDR 1981, 742 = NJW 1981, 1505 = Rpfleger 1981, 292.
[81] Stöber ZIP 1980, 833 (II).

§ 114 7.3 Verteilung des Erlöses

Solche Rechtsänderung erfordert rechtsgeschäftliche **Verfügungen** (zum folgenden eingehend[81]) durch:

a) **Abtretung** der Grundschuld (BGB § 1192 Abs 1, §§ 873, 1154, 1155) (zu ihr Rdn 5). Folge: Der Zessionar (bei Abtretung an den Grundstückseigentümer dieser) tritt mit wirksamer Abtretung als neuer Gläubiger der Grundschuld an die Stelle des bisherigen Grundschuldgläubigers (Zinsen und Kosten erlöschen bei Vereinigung mit dem Eigentum in einer Person, BGB § 1178 Abs 1).

b) **Verzicht** auf die Grundschuld (BGB §§ 1168, 1192 Abs 1). Folge des wirksamen Verzichts: Die Grundschuld erwirbt der Eigentümer; sie ist damit Eigentümergrundschuld (dazu Rdn 6), jedoch ohne Rückstände von Zinsen und anderen Nebenleistungen sowie Kosten (insoweit erlischt die Grundschuld, BGB § 1178 Abs 1).

c) **Aufhebung** der Grundschuld mit Aufgabeerklärung, Eigentümerzustimmung und Löschung im Grundbuch (BGB § 875 Abs 1, § 1183 Satz 1, § 1192 Abs 1). Folge: Das Grundstück ist mit dem Recht nicht mehr belastet.

d) Im Verteilungsverfahren müssen dingliche **Rechtsänderungen** durch solche Verfügung über die Grundschuld bei Grundbucheintragung bis zur Erteilung des Zuschlags (für bestehen bleibende Grundschulden auch bei Eintragung bis zur Erlösverteilung) und bei nachgewiesener wirksamer Abtretung des Briefrechts **berücksichtigt** werden (§ 117 Rdn 2).

e) Wegen der Verfügung über **Kosten**, rückständige **Zinsen** sowie andere **Nebenleistungen** in vereinfachter Form Rdn 5 und BGB § 1178 Abs 2 Satz 1.

7.4 a) Auch den **Erlösanspruch**, der als Surrogat an die Stelle einer mit dem Zuschlag erloschenen Grundschuld (§ 91 Abs 1) getreten ist, kann der Gläubiger auf einen anderen **übertragen** oder willentlich **aufgeben**. Das erfordert gleichermaßen dingliches **Verfügungsgeschäft** (zum folgenden eingehend[82]), dessen tatbestandsmäßige Voraussetzungen und Wirkungen sich wie die Verfügung über die Grundschuld selbst nach dem Sachenrecht bestimmen. Ausgeschlossen sind jedoch Grundbucheintragungen und damit Bestimmungen, die zur Wirksamkeit der Verfügung Eintragung in das Grundbuch (oder an deren Stelle Briefübergabe) vorsehen[83]. Über den an die Stelle der erloschenen Grundschuld getretenen Erlös kann durch dem Gläubiger daher verfügt werden (zum folgenden insbesondere[84], auch ZVG-Handbuch Rdn 446 d) durch:

b) **Abtretung**, die Einigung zwischen Zedent und Zessionar erfordert (bei Briefrecht mit Abtretungserklärung in Schriftform, BGB § 1154 Abs 1), nicht mehr aber Kundbarmachung durch Briefübergabe oder Grundbucheintragung. Folge: Der Zessionar tritt als neuer Gläubiger des Erlösanspruchs an die Stelle des bisherigen Berechtigten (zur Abtretung in vereinfachter Form siehe bereits § 114 Rdn 5). Wegen der zur Legitimation notwendigen Briefvorlage § 126 Rdn 2.

c) **Verzicht** auf den Grundschulderlös. Er erfolgt mit Verzichtserklärung (BGB §§ 1168, 1192 Abs 1), erfordert aber keine Grundbucheintragung mehr. Folge: Der Eigentümer bei Zuschlag erwirbt den Erlösanspruch als Eigentümerberechtigung[85] (jedoch ohne Rückstände von Zinsen und anderen Nebenleistungen sowie Kosten, BGB § 1178 Abs 1).

d) **Aufhebung** des Anspruchs auf den Grundschulderlös. Sie erfordert Aufgabeerklärung des (bisherigen) Grundschuldgläubigers (als Erlösberechtigter) und Zustimmung des Eigentümers bei Zuschlag (BGB §§ 875, 1183 Satz 1, § 1192 Abs 1), nicht mehr aber Löschung im Grundbuch. Folge ist der Untergang (Weg-

---

[82] Stöber ZIP 1980, 833 (IV).
[83] BGH DNotZ 1957, 602 = aaO (Fußn 79); Stöber ZIP 1980, 833 (III und IV).
[84] Stöber ZIP 1980, 833 (IV).
[85] BGH 39, 242 = MDR 1963, 580 = NJW 1963, 1497 = Rpfleger 1963, 234 mit Anm Stöber; BGH DNotZ 1978, 729 = KTS 1979, 98 = MDR 1979, 44 = Rpfleger 1978, 363.

Teilungsplan nach Grundbuch oder Anmeldung 7.5 **§ 114**

fall) des Erlösanspruchs; er nimmt an der Erlösverteilung nicht mehr teil; Nachrangige rücken auf.

e) Die **Erklärung** des Grundschuldgläubigers muß die als Verfügung gewollte Rechtsänderung eindeutig bezeichnen. Durch Auslegung (BGB § 133) kann seine Willenserklärung bei unklarer Ausdrucksweise die erstrebte Rechtswirkung herbeiführen[86].

f) Rechtsgeschäftliche Verfügung über den Erlösanspruch durch Abtretung, Verzicht oder Aufhebung ist zu **unterscheiden** von der sogen Minderanmeldung. Diese begrenzt als Prozeßhandlung den im Verfahren zu berücksichtigenden Anspruch auf wiederkehrende Leistungen, die nach Abs 2 als grundbuchersichtlich von Amts wegen zu berücksichtigen wären, betragsmäßig (§ 45 Rdn 7), ändert jedoch die materielle Berechtigung des Gläubigers nicht. Der Gläubiger kann trotz Minderanmeldung seine fortbestehenden Ansprüche daher in einem anderen Verfahren weiter geltend machen, insbesondere somit Zinsen bei Verteilung der Erträgnisse einer noch abzuwickelnden Zwangsverwaltung in Anspruch nehmen.

7.5 a) Als **Berechtigter** des auf die Grundschuld entfallenden **Erlösanspruchs** in den Teilungsplan aufzunehmen ist der eingetragene oder der durch Briefbesitz (-vorlage) und gegebenenfalls Abtretungsurkunde (nach BGB §§ 1160, 1155) legitimierte Gläubiger der Grundschuld[87] oder sein durch eine nachgewiesene wirksame Verfügung über die Grundschuld vor Zuschlag (Rdn 7.3) oder auch durch eine nachgewiesene wirksame Verfügung über den Erlösanspruch nach Zuschlag (Rdn 7.4) ausgewiesener Rechtsnachfolger. Wenn über die Grundschuld oder den Erlös nicht wirksam verfügt ist, bleibt der Gläubiger der Grundschuld Berechtigter[88]. Daß er die Berechtigung nicht mehr wünscht und dies im Verfahren erkennbar macht, ändert die dingliche Rechtslage, mithin seine Berechtigung nicht[88]. Eine die dingliche Rechtslage ändernde Verfügung ist daher nicht darin zu erblicken, daß der Grundschuldgläubiger nur einen Teil des auf die Grundschuld entfallenden Erlösanspruchs in Anspruch nimmt (zum Verteilungstermin anmeldet) und erklärt, wegen des Restes eine Valuta nicht gewährt oder nicht mehr zu haben[89] oder auch, „weitere Ansprüche nicht geltend zu machen" (für wiederkehrende Leistungen kann die Erklärung als Minderanmeldung anzusehen sein, § 45 Rdn 7). Bei solcher Erklärung muß gleichwohl die gesamte Grundschuld ihrem Gläubiger zugeteilt werden. Ebenso stellt es keinen Verzicht (oder eine andere rechtsgeschäftliche Erklärung) dar, wenn der Grundschuldgläubiger im Verteilungstermin erklärt, er erhebe keinen Anspruch auf den Erlös, weil die Grundschuld nicht valutiert sei[90]. Nichtanmeldung ist kein Verzicht[91]. Der nicht erfüllte schuldrechtliche Rückgewähranspruch (Rdn 7.7) führt keine dingliche Rechtsänderung herbei[92]. Sie kann auch nicht mit „Hebungsverzicht" (Erklärung des Gläubigers an das Vollstreckungsgericht, keinen Anspruch auf die Grundschuld zu erheben; zu ihm näher[93], aber auch[94]) bewirkt werden (ebenso[95]). Ein Hebungsverzicht ermöglicht es dem Vollstreckungsgericht nicht, den Erlösanteil, den der Grundschuldgläubiger „nicht haben will", in das Verteilungsverfahren einzubezie-

---

[86] Stöber ZIP 1980, 833 (IV); OLG Frankfurt auszugsweise mitgeteilt von Stöber ZIP 1980, 833 (835 unter IV 3).
[87] Stöber ZIP 1980, 833 (II).
[88] Stöber ZIP 1980, 833 (V).
[89] BGH DNotZ 1957, 602 = aaO (Fußn 79).
[90] Dempewolf, Rückübertragungsanspruch (1958), (XI 1 a).
[91] Dempewolf NJW 1957, 1257 (II 4).
[92] Stöber ZIP 1980, 833 (V).
[93] Storz ZIP 1980, 506 (IV).
[94] Stöber ZIP 1980, 833 (I).
[95] Dassler/Schiffhauer § 114 Rdn 18.

hen und einem zu ermittelnden Berechtigten des Rückgewähranspruchs auszubezahlen[96] (nicht richtig[97]).

b) Wenn der Gläubiger der Grundschuld als Berechtigter den auf die Grundschuld zugeteilten Erlös **bei Auszahlung nicht annimmt** (weil das Recht nicht oder nicht mehr voll „valutiert" ist), kann dieser Erlösanteil nicht ausgezahlt werden. Er ist dann für den Grundschuldgläubiger als den allein Berechtigten zu **hinterlegen** (§ 117 Abs 2 Satz 3) (dazu ZVG-Handbuch Rdn 444 b sowie[98]).

7.6 a) Durch den **Sicherungsvertrag** (Rdn 7.2) wird nur die sachenrechtliche (dingliche) Selbständigkeit der Grundschuld nicht berührt und damit die volle dingliche Rechtsstellung des Gläubigers der Grundschuld nicht geschmälert (siehe auch BGB § 137). **Schuldrechtlich** dem Sicherungsgeber gegenüber **beschränkt** der Sicherungsvertrag die Rechte des Gläubigers der Grundschuld jedoch auf den Sicherungszweck. Mithin hat der Gläubiger der Grundschuld die volle dingliche Rechtsstellung (BGB §§ 1191–1194) und daher ungeschmälert Anspruch auf Befriedigung aus dem Grundstück (§ 10 Abs 1 Nr 4); jedoch ist er schuldrechtlich dem Sicherungsgeber gegenüber in der Geltendmachung seiner dinglichen Rechtsstellung beschränkt. Demnach darf er die Grundschuld nur insoweit in Anspruch nehmen, als sie durch die zu sichernde Forderung gedeckt ist. Er darf die Grundschuld (oder den auf sie entfallenden Versteigerungserlös) nicht behalten, wenn (und soweit) mit endgültigem Nichtentstehen oder Erlöschen der Forderung der Sicherungszweck entfallen ist (zum Rückgewähranspruch des Sicherungsgebers § 114 Rdn 7.7).

b) **Für welche Forderung** der Grundschuldgläubiger die Grundschuld (den Versteigerungserlös) in Anspruch nehmen (geltend machen) darf, bestimmt sich nach dem Sicherungsvertrag oder einer ihn abändernden erweiternden Sicherungsabrede. Für eine Forderung, die danach nicht gesichert ist, darf der Gläubiger die Grundschuld nicht in Anspruch nehmen. Im Rahmen eines Kreditverhältnisses zu einer Bank kann die Grundschuld auch als Sicherheit für alle zukünftigen Ansprüche bestellt sein[99]; die formularmäßige Zweckausdehnung der am eigenen Grundstück bestellten Grundschuld auf künftige Forderungen gegen den Sicherungsgeber ist weder unbillig noch überraschend[100] (anders aber[101]). Nicht gesichert sind dann aber deliktische oder bereicherungsrechtliche Ansprüche, die nicht mit dem Kreditverhältnis in Zusammenhang stehen[102], desgleichen bei Sicherung der Forderung aus der Geschäftsverbindung mit dem Sicherungsgeber auch bei Erstreckung der Abrede auf Forderungen aus „Sicherungsverträgen" nicht ein Anspruch gegen den Sicherungsgeber aus dessen persönlicher Haftungsübernahme für die Zahlung des Betrags einer zur Sicherung fremder Verbindlichkeiten bestellten Grundschuld[103]. Bei limitiertem Kredit in laufender Rechnung kann der Sicherungsvertrag (wirksam) auch vorsehen, daß die Grundschuld als Sicherheit für alle zukünftigen Ansprüche gegen den mit dem Grundstückseigentümer nicht identischen Kreditschuldner dienen soll[104]. Regelmäßig wird davon auszugehen sein, daß sich die Grundschuld als Sicherheit nur auf Forderungen der Bank aus der bankmäßi-

---

[96] Stöber ZIP 1990, 833 (VI und VII); Dassler/Schiffhauer § 114 Rdn 23.
[97] BGH Rpfleger 1986, 312 und 443 Leitsatz mit abl Anm Mayer.
[98] Jaeckel/Güthe § 92 Rdn 8; Steiner/Riedel, 8. Aufl 1973/1976, § 114 Rdn 5 (5 e); Dempewolf aaO (Fußn 90 und 91).
[99] BGH JR 1981, 290 mit Anm Rehbein = MDR 1981; 666 = NJW 1981, 756.
[100] BGH DNotZ 1989, 609 mit Anm Schmitz-Valckenberg = MittBayNot 1989, 83 und 207 mit Anm Schelter = MDR 1989, 434 = NJW 1989, 831.
[101] BGH DNotZ 1992, 562 = MDR 1992, 575 = NJW 1992, 1822 = Rpfleger 1992, 288.
[102] OLG Köln DNotZ 1984, 622 Leitsatz = WM 1984, 46 = ZIP 1983, 926.
[103] BGH 98, 256 = DNotZ 1987, 210 = KTS 1987, 143 = MDR 1987, 130 = NJW 1987, 319.
[104] BGH DNotZ 1987, 485 = MDR 1987, 484 = NJW 1987, 946.

Teilungsplan nach Grundbuch oder Anmeldung 7.6 § 114

gen Geschäftsverbindung bezieht, auch wenn der Wortlaut der Sicherungsabrede (Zweckbestimmungserklärung) eine solche Beschränkung nicht enthält ([105]mit Nachweisen). Der richterlichen Inhaltskontrolle Allgemeiner Geschäftsbedingungen stand hält auch die formularmäßige Erstreckung der Grundschuld als Sicherheit auf künftig erst entstehende Forderungen, die im Rahmen einer bankmäßigen Geschäftsverbindung von einem Dritten erworben werden[106]. Für eine abgetretene Forderung kann die Grundschuld als Sicherheit aber dann nicht in Anspruch genommen werden, wenn die Forderung ohne eigenes wirtschaftliches Interesse der Bank nur deshalb eingezogen werden soll, um dem Zedenden Deckung aus der nicht voll benötigten Sicherheit zu verschaffen[107]. Rechtsmißbräuchlich handelt eine Bank gegenüber ihrem Kunden, wenn sie in Kenntnis seiner schlechten wirtschaftlichen Lage von einem Dritten auf nicht banküblicher Weise eine Forderung erwirbt, um dem Dritten Deckung aus dem nicht benötigten Teil der Sicherungsgrundschuld zu verschaffen[108]. Der zur Deckung einer solchen Forderung für die Grundschuld empfangene Versteigerungserlös ist daher dem Sicherungsgeber herauszugeben[108]. Wer zur Sicherung eines fremden (und zudem zweckgebundenen zinsvergünstigten) Darlehens eine Grundschuld zugunsten eines Dritten bestellt hat, braucht billigerweise nicht damit zu rechnen, daß ohne besondere und mit ihm ausgehandelte Vereinbarung die Grundschuld als Sicherheit für alle zukünftigen Forderungen aus laufender Geschäftsverbindung zwischen dem Darlehensschuldner und dem Darlehensgläubiger dient. Der BGH[109] hat deshalb solcher Ausdehnung des Sicherungszwecks auf alle zukünftigen Ansprüche (bei Wirksamkeitskontrolle nach BGB § 242) die Anerkennung versagt (so auch[110]). Überraschend (§ 3 AGBG, und damit unwirksam) kann bei Absicherung einer bestimmten Forderung des Sicherungsnehmers gegen den Sicherungsgeber durch Grundschuld die Erweiterung der dinglichen Haftung für alle bestehenden und künftigen Schulden eines Dritten (auch des Ehegatten) sein[111] (mit Einzelheiten und Nachweisen); überraschend ist bei Bestellung einer Grundschuld zur Absicherung von Schulden eines Dritten die Ausdehnung des Haftungsumfangs durch formularmäßige Sicherungsabrede auf „alle bestehenden und zukünftigen Verbindlichkeiten" des Dritten insoweit, als sie über den Anlaß des Sicherungsvertrags (im Fall: Prolongation bestimmter Wechselverbindlichkeiten) hinausgeht[112]. Ebenso kann die formularmäßige Sicherungsabrede von Ehegatten, die am gemeinschaftlichen Grundstück aus Anlaß der Sicherung einer bestimmten gemeinschaftlichen Verbindlichkeit eine Grundschuld bestellen, daß die Grundschuld am eigenen Anteil auch alle künftigen Verbindlichkeiten des anderen Ehegatten sichern soll, dem Verbot überraschender Klauseln widersprechen (Unwirksamkeit für Einbeziehung künftiger Verbindlichkeiten des anderen Ehegatten)[113]. Auch die Wirksamkeit einer formularmäßigen Sicherungsvereinbarung, derzufolge die von einer BGB-Gesellschaft bestellte Grundschuld über den aus Anlaß ihrer Bestellung gewährten Kredit hinaus noch sonstige Darlehen an einzelne Gesellschafter (persönlich) sichern soll, wird verneint[114]. Die formularmäßige Erstreckung des Sicherungs-

---

[105] BGH JR 1981, 290 mit Anm Rehbein = MDR 1981, 666 = NJW 1981, 756.
[106] BGH NJW 1981, 756 = aaO (Fußn 105) und MDR 1981, 742 = NJW 1981, 1600.
[107] BGH MDR 1983, 910 = NJW 1983, 1735.
[108] BGH MDR 1981, 7432 = NJW 1981, 1600.
[109] BGH 83, 56 = DNotZ 1982, 314 mit Anm Reithmann = JR 1982, 451 mit Anm Rehbein = KTS 1982, 439 = MDR 1982, 474 = NJW 1982, 1035.
[110] LG München ZIP 1985, 27.
[111] BGH DNotZ 1992, 562 = MDR 1992, 575 = NJW 1992, 1822 = Rpfleger 1992, 288.
[112] BGH 109, 197 = DNotZ 1990, 554 = JR 1990, 241 mit Anm Eckert = MDR 1990, 324 = NJW 1990, 576.
[113] BGH NJW 1989, 831 = aaO (Fußn 100).
[114] BGH 102, 152 = DNotZ 1988, 484 = MDR 1988, 304 = NJW 1988, 558 = Rpfleger 1988, 100.

zwecks auf alle künftige Forderungen (einer kreditgebenden Bank) gegen den mit dem Sicherungsgeber nicht identischen Kreditschuldner wird aber mit dem AGB-Gesetz vereinbar angesehen, wenn der Sicherungsgeber ein mit Kreditgeschäften vertrautes Unternehmen (so eine Gesellschaft mbH) ist[115] (siehe zu Einzelfällen auch[116]). Die formularmäßige Einbeziehung künftiger Forderungen in den Sicherungszweck einer Grundschuld, die der Eigentümer aus Anlaß eines ihm gewährten Bauspardarlehens zugunsten einer Bausparkasse bestellt hat, erfaßt deren spätere Forderung gegen den Eigentümer aus einem von ihm als Gesamtschuldner mit einem (anderen) Bausparer geschlossenen Darlehensvertrag[117]. Jedoch bezieht sich die Formularklausel, daß die Bausparkasse berechtigt ist, die für ihre Bauspardarlehen geleisteten Sicherheiten für alle Forderungen gegen den „Bausparer" in Anspruch zu nehmen, nicht auf eine Darlehensforderung, die der Bausparkasse gegen den Sicherungsgeber aus einem von diesem nicht als Bausparer, sondern als Gesamtschuldner zusammen mit einem (anderen) Bausparer geschlossenen Kreditvertrag zusteht[117].

c) **Erweitert** werden auf andere Forderungen kann der Sicherungsvertrag durch Abrede (Vereinbarung) zwischen Sicherungsgeber und -nehmer. Wenn jedoch der Rückgewähranspruch abgetreten, ge- oder verpfändet ist, beeinträchtigt die Erweiterung die Berechtigung des Zessionars dieses Anspruchs bzw des Pfandgläubigers; dieser muß daher zustimmen (so auch für Sicherung weiterer Forderungen durch Vorbehaltskäufer nach Übertragung des Anwartschaftsrechts auf den Erwerb des Volleigentums an einen Dritten[118].

d) **Zinsen** der Grundschuld können (wenn nichts anderes vereinbart ist) nicht nur zur Deckung geringerer Zinsen der Forderung, sondern auch zur Deckung der Forderungshauptsache in Anspruch genommen werden[119].

e) **Zinsen** (rückständige und laufende) kann der Gläubiger der Grundschuld auch dann geltend machen, daß ihm auf die gesicherte Forderung vom Schuldner Zinsen bezahlt worden sind, weil durch Zahlung auf die Forderung nicht die Grundschuld (hier also auch nicht deren Zinsen) nach BGB § 1192 Abs 2, § 1178 erlischt[120]. Der Gläubiger der Grundschuld darf Zinsen zum Verteilungsverfahren auch dann anmelden, geltend machen und in Empfang nehmen, wenn er sie zur Abdeckung seiner nach der schuldrechtlichen Abrede (Sicherungsabrede) gesicherten (persönlichen) Forderung nicht benötigt[121] (nicht richtig[122], auch[123]). Denn auch der Anspruch auf Grundschuldzinsen ist abstrakt; vom Schicksal der gesicherten Forderung, somit von Forderungszinsen oder der Hauptsacheforderung, hängt er nicht ab[124]. Die der Grundschuld nachgehenden Gläubiger haben aus eigenem Recht nicht Anspruch darauf, daß der Gläubiger der Grundschuld zu ihren Gunsten (damit sie nachrücken) die Geltendmachung der Grundschuldzinsen unterläßt[125]. Den auf Grundschuldzinsen zugeteilten Erlösanteil, der zur Abdeckung

---

[115] BGH 100, 82 = DNotZ 1987, 493 = MDR 1987, 655 = NJW 1987, 1885 = Rpfleger 1987, 298.
[116] OLG Düsseldorf NJW-RR 1986, 1312; OLG Karlsruhe ZIP 1986, 299.
[117] BGH 101, 29 = DNotZ 1987, 495 = MDR 1987, 922 = NJW 1987, 2228 = Rpfleger 1987, 407 (anders als Vorinstanz OLG Karlsruhe NJW 1986, 1500).
[118] BGH 75, 221 = MDR 1980, 224 = NJW 1980, 175 und 774 Leitsatz mit Anm Forkel = ZIP 1980, 36 mit Anm Kübler.
[119] BGH KTS 1981, 581 = MDR 1981, 742 = NJW 1981, 1505 = Rpfleger 1981, 292.
[120] BGH DNotZ 1966, 98 = WM 1965, 1197.
[121] BGH NJW 1981, 1505 = aaO (Fußn 119); Räfle ZIP 1981, 821 (II 2); Stöber ZIP 1980, 976 (Anmerkung); Storz ZIP 1980, 506 (III).
[122] OLG München ZIP 1980, 974 mit abl Anm Stöber.
[123] Vollkommer NJW 1980, 1052 (Anmerkung).
[124] BGH NJW 1981, 1505 = aaO (Fußn 119); Stöber ZIP 1980, 976 (Anmerkung).
[125] BGH NJW 1981, 1505 = aaO (Fußn 119); Räfle ZIP 1981, 821 (II 2); Stöber aaO (Fußn 124).

einer Forderung nicht benötigt wird, muß der Grundschuldgläubiger jedoch dem Sicherungsgeber (Grundstückseigentümer oder sonstigen Berechtigten des Rückgewähranspruchs) auf Grund der Sicherungsabrede (oder der gesetzlichen Schuldverpflichtung nach BGB § 812; Rdn 7.7) in Erfüllung des Rückgewähranspruchs auszuzahlen[126].

f) Ob ein Grundschuldgläubiger dem Sicherungsgeber (insbesondere dem Eigentümer, der mit der Grundschuld Sicherheit geleistet hat) oder dem Zessionar des Rückgewähranspruchs gegenüber **verpflichtet** ist, im Verteilungsverfahren die zur Abdeckung seiner persönlichen Forderung nicht benötigten **Grundschuldzinsen anzumelden** und (zur Auskehrung in Erfüllung des Rückgewähranspruchs an diesen Berechtigten) einzuziehen, ist streitig (bejaht von[127], verneint von[128], offen gelassen von[129]). Diese Verpflichtung könnte sich aus dem Sicherungsvertrag ergeben[130] oder dort abbedungen sein, der das zwischen Grundschuldgläubiger und Sicherungsgeber begründet fiduziarische Rechtsverhältnis nach dem Grundsatz von Treu und Glauben regelt. Enthält er keine einschlägige Abrede, dann könnte die Verpflichtung zur Geltendmachung der Grundschuldzinsen aus der dem fiduziarischen Rechtsverhältnis entsprechenden Pflicht des Gläubigers der Grundschuld als Sicherungsnehmer zur Berücksichtigung und Wahrung der Interessen des Sicherungsgebers bei Durchsetzung der dinglichen Berechtigung folgen[131] (zu dieser Interessenwahrungspflicht allgemein auch[132]). Eine solche Interessenwahrungspflicht könnte jedoch nur bestehen, wenn der Rückgewähranspruch auf Übertragung der Grundschuld und damit des auf sie zugeteilten und ausgezahlten Erlöses geht. Wenn die Rückgewährverpflichtung im Versteigerungsverfahren durch Verzicht auf die Grundschuld (ihren Erlös) oder durch Aufhebung zu erfüllen ist (Rdn 7.7) oder erfüllt werden kann, erlischt mit solcher Verfügung vor Erlöszahlung der Zinsanspruch (BGB §§ 1178, 1192 Abs 2). Im Erlösverteilungsverfahren kann die Rückgewährverpflichtung hinsichtlich der Zinsen daher auch dadurch erfüllt werden, daß der Gläubiger Grundschuldzinsen nicht in Anspruch nimmt, rückständige Zinsen mithin nicht anmeldet und laufende mit Minderanmeldung (§ 45 Rdn 7) aufgibt. Wenn der Rückgewähranspruch auf Übertragung der Grundschuld, mithin auch der auf sie entfallenden Versteigerungserlöses geht, dürfte für Zinsen dem Grundstückseigentümer als Sicherungsgeber gegenüber fiduziarisch keine Interessenwahrungspflicht bestehen (vgl auch[133]). Zu wahrende Interessen des Grundstückseigentümers als Treugeber (und Gläubiger des Rückgewähranspruchs) können nur bestehen, wenn Rückgewährgläubiger (und Gläubiger des Rückgewähranspruchs) können nur bestehen, wenn Rückgewährgläubiger (und Gläubiger des Rückgewähranspruchs) können nur bestehen, wenn dieser bei Erfüllung des Rückgewähranspruchs vor Erteilung des Zuschlags selbst als Gläubiger der Grundschuld Anspruch auf Zinsen hätte. Das aber schließen BGB § 1178 Abs 1, § 1197 Abs 2 aus. Soweit dem Grundstückseigentümer als Grundschuldgläubiger Zinsen nicht gebühren würden, kann auch der Sicherungsnehmer als Gläubiger der Grundschuld nicht verpflichtet sein, für ihn „interessenwahrend" Grundschuldzinsen geltend zu machen und in Empfang zu nehmen. Wenn eine Interessenwahrungspflicht zur Geltendmachung von Zinsen vertraglich dem fiduziarischen Rechtsverhältnis nicht

---

[126] BGH NJW 1981, 1505 = aaO (Fußn 119).
[127] Kolbenschlag WM 1958, 1434; Stockmeyer, Die Grundschuld als Kreditsicherungsmittel, 2. Aufl 1958, Seite 57; Eckelt WM 1980, 454; Blumenthal NJW 1971, 2032 (Anmerkung); Räbel NJW 1953, 1248.
[128] OLG München NJW 1980, 1051 mit zust Anm Vollkommer; Dassler/Schiffhauer § 114 Rdn 16; Storz ZIP 1980, 506 (IV).
[129] BGH NJW 1981, 1505 = aaO (Fußn 119).
[130] Räfle ZIP 1981, 821 (II 2); Vollkommer NJW 1980, 1052 (Anmerkung).
[131] Blumenthal NJW 1971, 2032 (Anmerkung); Kolbenschlag WM 1958, 1434; Räbel NJW 1953, 1248.
[132] BGH Betrieb 1967, 723 = BB 1967, 476; BGH MDR 1980, 224 = NJW 1980, 226 = ZIP 1980, 40 mit Anm Kübler; Vollkommer NJW 1980, 1052 (Anmerkung).
[133] Räfle ZIP 1981, 821 (II 2).

innewohnt, kann sie auch nicht mit Übertragung des Rückgewähranspruchs (Rdn 7.8) für den dann Anspruchsberechtigten zur Entstehung gelangen. Der Grundstückseigentümer kann als Sicherungsgeber mit dem Rückgewähranspruch nur die ihm zustehenden Rechte übertragen, für den fiduziarisch verpflichteten Grundschuldgläubiger weitere Rechtspflichten aber nicht begründen. Auch dem Erwerber des vom Grundstückseigentümer als Sicherungsgeber abgetretenen Rückgewähranspruchs kann der Gläubiger der Grundschuld als Sicherungsnehmer daher nicht verpflichtet sein, interessenwahrend Grundschuldzinsen geltend zu machen. Die dem fiduziarischen Rechtsverhältnis entspringende Pflicht zur Wahrung der Interessen des Sicherungsgebers könnte den Grundschuldgläubiger daher nur dann zur Geltendmachung der für die persönliche Forderung nicht benötigten Zinsen verpflichten, wenn der Sicherungsgeber mit einer für ihn verzinslich an dem Grundstück eines anderen lastenden Grundschuld Sicherheit geleistet hat. Für diesen Fall dürfte der Gläubiger der Grundschuld fiduziarisch verpflichtet sein, die Rechte des Sicherungsgebers umfassend zu wahren, mithin die rückständigen Zinsen zur Auskehrung an den Sicherungsgeber in vollem Umfang geltend zu machen.

g) Ob der Grundschuldgläubiger **Zinsen der Grundschuld** in **Höhe** seiner Forderungszinsen in Anspruch zu nehmen hat oder ob er seine (geringere) Gesamtforderung (an Hauptsache, Zinsen und Nebenleistungen sowie Kosten) aus dem Kapital der sichernden Grundschuld decken und von Anmeldung (Geltendmachung) der Grundschuldzinsen (wenn zulässig; dazu oben Abs f) absehen kann (Berechnungsbeispiel im ZVG-Handbuch, Rdn 447), ist nicht geklärt. Zu erwägen ist, daß es sich nach dem Sicherungsvertrag bestimmt, für welche Forderung die Grundschuld von ihrem Gläubiger in Anspruch genommen werden kann (Rdn 7.6 b). Wenn, wie zumeist, eine nähere Vereinbarung fehlt, ist jedenfalls auch der Zinsanspruch als Nebenforderung durch die Grundschuld gesichert. Dann kann regelmäßig davon ausgegangen werden, daß die Grundschuldzinsen auch für das Kapital der gesicherten Forderung haften[134], und gleichermaßen, daß ebenso auch das Grundschuldkapital für vertragliche und gesetzliche Forderungszinsen haftet. Wenn jedoch der Sicherungsvertrag keine gegenteilige Anhaltspunkte bietet, wird davon auszugehen sein, daß dem Gläubiger der Grundschuld mit der fiduziarischen Interessenwahrungspflicht (oben Abs f) nicht die Aufgabe zufällt, Grundschuldzinsen über sein eigenes Interesse hinaus geltend zu machen. Er ist daher dann für berechtigt zu halten, seine Gesamtforderung allein aus der dafür ausreichenden Grundschuldhauptsache zu verlangen und nur diese geltend zu machen.

h) **Kosten** der Rechtsverfolgung aus der Grundschuld (dingliche Rechtsverfolgungskosten bei Zwangsversteigerung des Grundstücks, auch für Wahrung der Rechte als beteiligter Grundpfandgläubiger an einer von anderen Gläubigern betriebenen Zwangsversteigerung), die notwendig entstehen, können zu dem Recht auf Befriedigung aus dem Grundstück selbständig, also zusätzlich zur Grundschuldhauptsache und zu den Grundschuldzinsen in Anspruch genommen werden (§ 10 Abs 2). Kosten, die bei einer Rechtsverfolgung wegen der gesicherten Forderung entstanden sind (Kosten eines Rechtsstreits, des Mahnverfahrens, des Gerichtsvollziehers für Vollstreckungsmaßnahmen gegen den Forderungsschuldner, ein Offenbarungsverfahren usw) können (wie die gesicherte Forderung selbst) nur nach Maßgabe der Sicherungsabrede aus der Grundschuld gedeckt werden.

7.7 a) Nach **Erledigung des Sicherungszwecks** (Nichtentstehen oder Erlöschen der nach der Sicherungsabrede gesicherten Forderung) darf der Gläubiger der Grundschuld diese als Recht am Grundstück nicht behalten. Er ist **schuldrechtlich** nach Maßgabe des der Grundschuldbestellung zugrunde liegenden Rechtsverhältnisses (Sicherungsvertrag, BGB §§ 241, 305), sonst gesetzlich nach BGB § 812, **zur Herausgabe der Grundschuld** mit Verfügungsgeschäft (zu ihm

---

[134] Huber, Sicherungsgrundschuld (1965), § 11 d (S 103).

Teilungsplan nach Grundbuch oder Anmeldung 7.7 § **114**

Rdn 7.3, 7.4) verpflichtet (sogen Rückgewähranspruch[135]). Gläubiger des schuldrechtlichen **Rückgewähranspruchs** auf die kondiktionsreife Grundschuld ist der Grundschuldbesteller (Sicherungsgeber) oder sein Rechtsnachfolger. Der Anspruch geht ab Zuschlag auf Rückgewähr des an die Stelle der Grundschuld getretenen Erlösanspruchs[136] (zu diesem Anspruch bei Liegenbelassung einer ausgefallenen Grundschuld § 91 Rdn 5.2), dann auf Herausgabe des empfangenen Mehrerlöses[137]. Eine dingliche Rechtsänderung bewirkt der nicht erfüllte (nur schuldrechtliche) Anspruch nicht (Rdn 7.5). Diese tritt erst mit Verfügung über die Grundschuld (ihren Erlös) durch Abtretung, Verzicht oder Aufhebung ein (Rdn 7.4). Allein durch Herausgabe (Übersendung) des Grundschuldbriefes kann der Rückgewähranspruch nicht erfüllt werden[138]. Weil sonach nur ein dingliches Verfügungsgeschäft, nicht jedoch schon der nach dem Sicherungsvertrag (oder gesetzlich) geschuldete, nicht erfüllte Rückgewähranspruch die dingliche Rechtslage ändert, ist bis zur Wirksamkeit einer rechtsgeschäftlichen Verfügung der Gläubiger der Grundschuld immer auch Berechtigter des Erlösanspruchs (Rdn 7.5).

b) Ob der Grundschuldgläubiger den schuldrechtlichen Rückgewähranspruch mit **Verfügung** über die Grundschuld oder nach deren Erlöschen mit dem Zuschlag mit Verfügung über den Grundschulderlös durch **Abtretung** (Übertragung), **Verzicht** oder **Aufhebung** zu erfüllen hat, soll sich nach BGB § 262 bestimmen. Die drei Leistungen sollen wahlweise geschuldet sein. Das Wahlrecht soll jedoch nicht dem zur Leistung verpflichteten Grundschuldgläubiger, sondern dem berechtigten Sicherungsgeber (oder seinem Sonderrechtsnachfolger) zustehen[139]. Die Wahl soll durch Erklärung gegenüber „dem anderen Teil" zu erfolgen haben (BGB § 263 Abs 1). Sie soll auch bereits im Sicherungsvertrag bestimmt oder durch Vereinbarung dem Sicherungsnehmer überlassen werden können. Die gewählte oder vereinbarte Leistung soll als die von Anfang an allein geschuldete gelten (BGB § 263 Abs 2; Konkretisierung des Anspruchs). Das indes erscheint nicht ganz unbedenklich. Die frühe Konkretisierung des zu erfüllenden Anspruchs oder Wahl durch den Grundschuldgläubiger kann den Interessen des Sicherungsgebers zuwiderlaufen. Der Rückgewähranspruch dürfte daher richtiger eine aus der Gläubigerstellung des Sicherungsgebers fließende Weisungsbefugnis darstellen mit der Maßgabe, daß der Sicherungsnehmer solche Weisungen im Rahmen von Treu und Glauben und der Verkehrssitte respektieren muß und der Sicherungsgeber seine Aufforderung zu einer bestimmten Leistung jederzeit widerrufen kann (so mit eingehender Begründung[140]).

c) Anspruch auf Rückgewähr eines entsprechenden Teils der Grundschuld besteht (wenn sich aus der Sicherungsabrede nichts anderes ergibt) bei endgültig nur teilweiser Erledigung des Sicherungszwecks[141]. Zum Anspruch auf Freigabe eines Teils mehrerer Grundschulden (zusammen 1,9 Mio DM), wenn nur noch eine geringe Forderung (ca 545 000 DM) gesichert ist, siehe[142].

---

[135] BGH MDR 1959, 571 und 1959, 755 Leitsatz mit zust Anm Thieme = Rpfleger 1959, 273 mit Anm Stöber; BGH WM 1966, 653; BGH BB 1967, 1144 = WM 1967, 566; Dempewolf, Rückübertragungsanspruch (1958), (I 4 und III), Huber, Sicherungsgrundschuld 1965, § 17 (Seite 165); Schiffhauer Rpfleger 1974, 124 (2–3) (Anmerkung).
[136] BGH KTS 1991, 464 = MDR 1991, 1201 = NJW-RR 1991, 1197 = Rpfleger 1991, 381.
[137] BGH DNotZ 1993, 112 = KTS 1992, 496 = MDR 1992, 470 = NJW 1992, 1620.
[138] BGH DNotZ 1987, 509 = MDR 1987, 569 = NJW-RR 1987, 590.
[139] BGH 108, 237 = DNotZ 1990, 581 = KTS 1989, 941 = MDR 1989, 147 = NJW 1989, 2536 = Rpfleger 1990, 32 und NJW-RR 1994, 847; Dempewolf, Rückübertragungsanspruch (1958), (I 4); Drischler KTS 1975, 283 (7 b); Kolbenschlag DNotZ 1965, 205 (I 2); Schiffhauer BlGrBW 1975, 221 (XIX 6).
[140] Huber, Sicherungsgrundschuld (1965), § 17 b (S 172).
[141] BGH DNotZ 1990, 592 = MDR 1990, 706 = NJW-RR 1990, 455.
[142] BGH DNotZ 1981, 378 = MDR 1981, 209 = NJW 1981, 571.

§ 114 7.8   Verteilung des Erlöses

7.8 a) Der Rückgewähranspruch kann durch (formlosen) Vertrag (BGB § 398) als Forderungsrecht **abgetreten** werden, und zwar bereits vor Tilgung der gesicherten Forderung[143]. Der Erwerber des Grundstücks ist nicht zugleich Gläubiger des Rückgewähranspruchs. Auf ihn ist der Anspruch nur bei (ausdrücklicher oder stillschweigender) Abtretung übergegangen[144]. Bei Ablösung eines Grundpfandrechts (Hypothek, Grundschuld) geht mit diesem (dazu § 15 Rdn 20) der Anspruch seines Gläubigers auf Rückgewähr einer vorrangigen Grundschuld nicht (nach BGB § 401 Abs 1, § 412) auf den Ablösenden über[145] (der Rückgewähranspruch ist kein Nebenrecht des abgelösten Grundpfandrechts); er muß als selbständiges Recht übertragen werden, sonst bleibt er in der Hand seines bisherigen Gläubigers[145]. Wenn der Rückgewähranspruch durch den Sicherungsgeber (als erster Anspruchsberechtigter) mehrfach abgetreten wird (zB an mehrere nachrangige Grundpfandgläubiger), ist nur die erste Abtretung wirksam. Weil sie bereits den Übergang der vollen Gläubigerstellung bewirkt, verfügt der Sicherungsgeber bei den folgenden Abtretungen als Nichtberechtigter unwirksam. Der zweite und folgende Zessionar erwirbt den Anspruch daher nicht. Ein Abtretungsverbot (BGB § 399) oder eine Abtretungsbeschränkung (Zustimmungsvorbehalt des Grundschuldgläubigers als Anspruchsschuldner) kann (auch in Allgemeinen Geschäftsbedingungen; dazu[146]) wirksam vereinbart sein. Die Abtretung des Rückgewähranspruchs (der künftigen Forderung gegen den Gläubiger der Sicherungsgrundschuld auf Auszahlung des im Falle der Verwertung etwa erzielten Übererlöses) begründet für den Abtretungsempfänger gegen den Grundschuldgläubiger einen allgemeinen Auskunftsanspruch über die von ihm beanspruchte Forderung jedenfalls dann nicht, wenn er sich durch die Auskunft erst Kenntnis verschaffen will, ob sein Anspruch dem Grunde nach besteht[147]. Dem Gläubiger (der nicht voll valutierten) Grundschuld bringt die Abtretung des Rückgewähranspruchs nicht die Verpflichtung, Grundschuldzinsen interessenwahrend für den neuen Berechtigten des Rückgewähranspruchs geltend zu machen (Rdn 7.6 f). Ist dem Zessionar des Rückgewähranspruchs später auch die Grundschuld übertragen worden, dann gebühren ihm jedoch auch die Grundschuldzinsen, die der Eigentümer als Sicherungsgeber und Zedent des Rückgewähranspruchs mit Erwerb der Grundschuld wegen BGB § 1178 Abs 1 Satz 1, § 1197 Abs 2 selbst nicht hätte beanspruchen können[148]. Zinsen, die mit Übertragung einer Eigentümergrundschuld zur Sicherheitsleistung der Sicherungsnehmer als Grundschuldgläubiger nicht erworben hat (BGB § 1197 Abs 2; § 114 Rdn 6.12), gelangen damit (nachträglich) nicht zur Entstehung. Ist anstelle des Darlehensschuldners und Bestellers der Sicherungsgrundschuld ein Dritter nach Erwerb des belasteten Grundstücks mit Zustimmung des Gläubigers in das Kreditverhältnis eingetreten, so ist er nicht nur alleiniger persönlicher Schuldner geworden, sondern hat auch den (aufschiebend bedingten) Anspruch auf Rückgewähr der Grundschuld erworben[149]. Für welche Forderung oder in welchem Umfang sonst der Zessionar den Rückgewähranspruch in An-

---

[143] BGH LM BGB § 1169 Nr 1 = Rpfleger 1952, 487; BGH DNotZ 1958, 383 mit Anm Hoche = Rpfleger 1958, 53 mit Anm Bruhn; BGH BB 1967, 1144 = WM 1967, 566; BGH DNotZ 1977, 542 = MDR 1977, 301 = NJW 1977, 247 = Rpfleger 1977, 56; Riedel JurBüro 1972, 945 (6).
[144] BGH LM BGB § 1169 Nr. 1 = Rpfleger 1952, 487; BGH MDR 1984, 483 = Mitt-BayNot 1984, 24 = NJW 1983, 2502; BGH DNotZ 1992, 35 = KTS 1991, 408 = MDR 1991, 753 = NJW 1991, 1821.
[145] BGH 104, 26 = DNotZ 1988, 778 = MDR 1988, 670 = NJW 1988, 1665 = Rpfleger 1988, 306.
[146] BGH 110, 241 = DNotZ 1990, 561 = KTS 1990, 474 = MDR 1990, 608 = NJW 1990, 1601; Reithmann WM 1991, 1985.
[147] BGH DNotZ 1988, 155 = MDR 1988, 47 = NJW-RR 1987, 1296.
[148] Eckelt WM 1980, 454, Storz ZIP 1980, 506 (IV).
[149] BGH MDR 1986, 930 = NJW 1986, 2108 = Rpfleger 1986, 297 Leitsatz.

Teilungsplan nach Grundbuch oder Anmeldung 7.8 **§ 114**

spruch nehmen darf, bestimmt sich nach der Sicherungsabrede oder dem sonst der Abtretung zugrunde liegenden Schuldverhältnis[150]. Die Abtretung an den Gläubiger einer nachrangigen Grundschuld kann nach der Sicherungsabrede entweder zur Verstärkung dieser Sicherheit oder zur Erhöhung des Sicherungsumfangs im Interesse der Ausweitung des Kreditrahmens dienen[150]. Die bei Bestellung einer Grundschuld und gleichzeitiger Abtretung der Ansprüche auf Rückgewähr vorrangiger Grundschulden vereinbarte formularmäßige Zweckerklärung, die vorrangigen Rechte sollten als weitere Sicherheit dienen, wird dahin ausgelegt, daß der Gläubiger nur den Vorrang ausnutzen darf, nicht aber über die Höhe seiner nachrangigen Grundschuld hinaus Befriedigung erlangen kann[150].

b) Der Rückgewähranspruch kann **gepfändet**[151] (ZPO §§ 829, 857 Abs 1) oder verpfändet[152] (BGB § 1273) werden. Wirksame Pfändung erfordert hinreichend bestimmte Bezeichnung des Anspruchs im Pfändungsbeschluß[153] (das bedingt auch Bezeichnung des belasteten Grundstücks[154]) und Beschlußzustellung an den zur Rückgewähr verpflichteten Grundschuldgläubiger als Drittschuldner[155]. Zu Pfändung des Rückgewähranspruchs, Pfändungswirkungen und Verwertung des an der Grundschuld erlangten Pfandrechts näher[155]. Zu den Wirkungen der Pfändung im Zwangsversteigerungsverfahren näher[155]. Die Pfändung des Rückgewähranspruchs bleibt wirkungslos, wenn keine Rückgewährverpflichtung zu erfüllen, sondern die Grundschuld kraft Gesetzes Eigentümergrundschuld geworden ist oder wird (dazu Rdn 6; siehe den Fall[156]). Das am Rückgewähranspruch erlangte Pfandrecht besteht an dem Anspruch auf Auskehrung des von dem Grundschuldgläubiger eingezogenen Mehrerlös fort[157]. Beteiligter im Zwangsversteigerungsverfahren ist der Pfändungs- oder Vertragspfandgläubiger, wenn sein Pfandrecht im Grundbuch (rechtzeitig) eingetragen worden ist, sonst mit Anmeldung (§ 9). Das Pfandrecht am Rückgewähranspruch berechtigt, ebenso wie dieser selbst (§ 115 Rdn 3.4) zum Widerspruch gegen die Zuteilung an den Gläubiger der Grundschuld. Setzt es sich mit Erfüllung des Übertragungsanspruchs kraft Gesetzes analog BGB § 1287 an dem auf die Grundschuld des Pfandschuldners fallenden Erlös fort (dazu näher[158]), dann ist ein dem Vollstreckungsgericht zur Kenntnis gelangtes Pfandrecht von Amts wegen zu beachten. Wenn der Grundschuldgläubiger auf die Grundschuld verzichtet, erwirbt der Pfändungsgläubiger kein Ersatzpfandrecht an der Eigentümergrundschuld[159].

c) Der Rückgewähranspruch kann durch **Vormerkung** nach BGB § 883 gesichert sein[160], siehe auch[161]. Behandlung der Grundschuld dann nach §§ 119, 120. Es wird für Grundschuldgläubiger und Vormerkungsberechtigten hinterlegt. Abzulehnen ist die Ansicht von[162], auch eine Löschungsvormerkung (BGB § 1179)

---

[150] BGH 110, 108 = DNotZ 1990, 559 = KTS 1990, 345 = MDR 1990, 528 = NJW 1990, 1177 (Vorinstanz: OLG Koblenz ZIP 1988, 1109).
[151] BGH KTS 1975, 222 = MDR 1975, 567 = NJW 1975, 980 = Rpfleger 1975, 219; BGH 108, 237 = aaO (Fußn 139); BGH NJW-RR 1991, 1197 = aaO (Fußn 136); Stöber, Förderungspfändung, Rdn 1888; Riedel JurBüro 1972, 945 (6); Stöber Rpfleger 1959, 84.
[152] Schiffhauer Rpfleger 1974, 124 (2–3) (Anmerkung); Riedel JurBüro 1972, 945 (6).
[153] BGH NJW-RR 1991, 1197 = aaO (Fußn 136).
[154] BGH NJW 1975, 980 = aaO (Fußn 151).
[155] Stöber, Forderungspfändung, Rdn 1889, Rdn 1886–1904 und Rdn 1908–1911.
[156] BGH MDR 1961, 120 = NJW 1961, 601.
[157] BGH NJW 1975, 980 = aaO (Fußn 151); Stöber Rpfleger 1959, 274.
[158] Stöber, Forderungspfändung, Rdn 1895.
[159] BGH 108, 237 = aaO (Fußn 139).
[160] OLG Hamm JMBlNW 1957, 184 = Rpfleger 1957, 379 mit Anm Bruhn; OLG Hamm DNotZ 1990, 601 = NJW-RR 1990, 272 = OLGZ 1990, 3 = Rpfleger 1990, 157; KG Berlin OLGZ 1976, 44 = Rpfleger 1976, 128.
[161] BayObLG 1969, 316 = DNotZ 1970, 155 = MDR 1970, 233 = Rpfleger 1970, 24.
[162] Wörbelauer NJW 1957, 898 und 1958, 1513 und 1958, 1705.

wirke automatisch wie eine Rückübertragungsvormerkung, weil sie den Anspruch des Grundschuldgläubigers auf Rückgewähr über BGB § 162 umfasse oder wenigstens über BGB § 888 durchzusetzen sei; in Wirklichkeit haben beide Vormerkungen (bzw Ansprüche) unterschiedliche Zwecke.

7.9 Die **auflösend** oder **aufschiebend bedingte Grundschuld** (BGB § 158) ist bedingtes Recht (§§ 119, 120). Auflösende Bedingung kann auch das Erlöschen einer bestimmten zu sichernden Forderung sein. Mit Bedingungseintritt ist die Grundschuld dann als Grundstücksbelastung erloschen. Ein übertragbarer oder pfändbarer Rückgewähranspruch besteht dann nicht.

7.10 Die sachenrechtliche Selbständigkeit der Grundschuld (Rdn 7.2) berechtigt den Gläubiger einer nur teilweise valutierten Sicherungsgrundschuld nicht, die **Zwangsversteigerung** in Höhe der vollen Grundschuldsumme **zu betreiben.** Wegen des nicht valutierten Teils ist auf Einwendungen des Eigentümers (ZPO § 767) die Zwangsvollstreckung für unzulässig zu erklären[163].

7.11 Ist eine nicht voll „valutierte" Grundschuld im Zwangsversteigerungsverfahren bestehengeblieben und hat der Gläubiger des Rechts ihre Löschung gegen Zahlung ihres „valutierten" Teils durch den Ersteher bewilligt, so steht dem früheren Grundstückseigentümer gegen den Ersteher kein Bereicherungsanspruch hinsichtlich des Ausfalls zu, den er deshalb erlitten hat, weil er nach Löschung der Grundschuld seinen Anspruch gegen den Grundschuldgläubiger auf Rückgewähr des nicht „valutierten" Teiles der Grundschuld nicht mehr verwirklichen kann[164]. Der mit Veräußerung des Grundstücks zu Verwertungszwecken erloschene Rückgewähranspruch lebt auch dann nicht wieder auf, wenn der Sicherungsnehmer die Grundschuld zurückerwirbt[165].

7.12 Die **Darlegungs-** und **Beweislast** für die aus einer Sicherungsabrede abzuleitenden Einwendungen[166] (mit weiteren Nachweisen) und damit auch für das Vorhandensein einer Sicherungsabrede[167] sowie auch dafür, daß keine andere (behauptete) Sicherungsabrede als eine festgestellte wirksame getroffen ist[168], und jedenfalls bei abstraktem Schuldversprechen auch für Einwendungen gegen die Forderung[169], trifft den Berechtigten des Rückgewähranspruchs. Wenn jedoch die Forderung bei Bestellung der Grundschuld noch nicht feststand (insbesondere bei Sicherung einer Kontokorrentschuld oder auch aller künftigen Forderungen aus Geschäftsverbindung) muß jedoch der Grundschuldgläubiger als Sicherungsnehmer Umfang und Höhe der gesicherten Forderung darlegen und beweisen[170].

7.13 Muster für die Berechnung einer erloschenen Grundschuld im ZVG-Handbuch Rdn 440; für die Übertragung des Erlösanspruchs dort Rdn 441; für Verzicht Rdn 442; für die Aufhebung Rdn 443; sonst zur Grundschuld Rdn 444–449.

8 Liegenbelassungsvereinbarung

8.1 Wenn die Liegenbelassungsvereinbarung schon vor dem Verteilungstermin vorlag oder mindestens im Verteilungstermin noch **vor der Bestätigung des Teilungsplanes** durch das Gericht erfolgt, dann wird das liegenbelassene Recht im Plan unter den bestehenbleibenden Rechten aufgeführt (§ 113 Rdn 4), gleich ob auf das Recht vom Versteigerungserlös etwas entfallen würde oder nicht. Das

---

[163] OLG Köln ZIP 1980, 112; Kolbenschlag WM 1958, 1434.
[164] BGH KTS 1975, 115 = MDR 1975, 45 = NJW 1974, 2279 = Rpfleger 1974, 427; BGH DNotZ 1994, 47 = KTS 1993, 509 = MDR 1993, 755 = NJW 1993, 1919 = Rpfleger 1993, 415.
[165] BGH DNotZ 1979, 497 = NJW 1979, 717 = MDR 1979, 481 = Rpfleger 1979, 128.
[166] BGH 109, 197 = aaO (Fußn 112).
[167] BGH KTS 1991, 462 = MDR 1991, 861 = NJW-RR 1991, 769.
[168] BGH KTS 1990, 142 = MDR 1990, 234 = NJW 1990, 392.
[169] BGH MDR 1987, 124 = NJW-RR 1986, 1495.
[170] BGH NJW 1992, 1620 = aaO (Fußn 137).

Teilungsplan nach Grundbuch oder Anmeldung 9.2 § **114**

Gericht hat dann weiter zu prüfen, ob etwas darauf entfallen wäre; es muß also zuerst den Plan normal (ohne Rücksicht auf die Liegenbelassung) aufstellen. Entfällt vom Erlös nichts auf das liegenbelassene Recht, so bleiben der Plan in Teilungsmasse und Schuldenmasse sowie die Auszahlungsanweisung unverändert. Wäre dagegen ohne die Liegenbelassung aus dem Erlös das Recht ganz oder zum Teil zum Zuge gekommen, so ist der Plan durch die Liegenbelassung etwas zu ändern: es verringert sich nach § 91 Abs 3 das zu zahlende bare Meistgebot um den Betrag, der daraus ohne die Liegenbelassung dem betroffenen Gläubiger zugeflossen wäre, also um Kapital und Zinsen (ab Zuschlag) des liegenbelassenen Rechts (§ 91 Rdn 4); es entfällt dann eine Zuteilung dieser Beträge auf den Gläubiger; dieser erhält aus dem Erlös nur noch seine Kosten und die Zinsen seines Rechts bis zum Zuschlag, soweit diese zum Zuge kommen.

8.2 Wenn eine Liegenbelassungsvereinbarung **nach Aufstellung** und Bestätigung **des Teilungsplanes** erfolgt (möglich ist diese bis zum Eingang des Eintragungsersuchens aus § 130 beim Grundbuchamt; § 91 Abs 2), dann bleibt der Plan hiervon unberührt, er wird nach der Bestätigung nicht mehr verändert. Die betroffenen Beteiligten müssen sich außerhalb des Zwangsversteigerungsverfahrens über eine Rückzahlung usw einigen.

8.3 Die im Teilungsplan eingesetzten **Verfahrenskosten** ändern sich durch Liegenbelassung nicht, das Meistgebot bleibt ja unverändert.

Löschungsanspruch, Löschungsvormerkung 9

Literatur: Keller, Der Löschungsanspruch in der Zwangsversteigerung, RpflJahrbuch 1993, 213; Stöber, Der Streit um die Löschungsvormerkung nach § 1179 BGB in der Zwangsversteigerung, Rpfleger 1957, 205.

9.1 Anspruch auf Löschung einer Hypothek, Grundschuld oder Rentenschuld, die sich mit dem Eigentum in einer Person vereinigt hat, kann bestehen

a) als vertraglicher (schuldrechtlicher) Anspruch (Grundlage zumeist BGB §§ 241, 305), für ein Dauerwohnrecht auch als gesetzlicher (schuldrechtlicher) Anspruch (WEG § 41 Abs 2);

b) als gesetzlicher Anspruch des Gläubigers einer seit 1. 1. 1978 in das Grundbuch eingetragenen gleich- oder nachrangigen Hypothek, Grundschuld oder Rentenschuld nach BGB § 1179 a (als gesetzlicher Anspruch auch auf Löschung des aus dem eigenen Grundpfandrecht entstandenen Eigentümerrechts, BGB § 1179 b). Der gesetzliche Löschungsanspruch (BGB §§ 1179 a, b) besteht auch gegenüber Grundpfandrechten, die vor dem 1. 1. 1978 bereits im Grundbuch eingetragen waren[171]. Er besteht nicht für sogenannte Übergangsrechte, das sind Grundpfandrechte, die auf Grund eines vor dem 1. 1. 1978 gestellten (beim Grundbuchamt eingegangenen) Antrags oder Ersuchens nach diesem Zeitpunkt in das Grundbuch eingetragen worden sind (Gesetz zur Änderung sachenrechtlicher, grundbuchrechtlicher und anderer Vorschriften vom 22. 6. 1977, BGBl I 998, Art 8 § 1 Abs 2).

9.2 Der **Löschungsanspruch kann gesichert** sein:

a) Durch **Vormerkung nach BGB § 1179** in der bis 31. 12. 1977 geltenden Fassung und in der ab 1. 1. 1978 geltenden neuen Fassung (Gesetz Art 1 Nrn 1 und 2 mit Art 8 § 4 Abs 1). Sicherung durch Vormerkung nach BGB § 1179 in bisheriger Fassung kann auch nach dem 1. 1. 1978 für Gläubiger der Altrechte (vor dem 1. 1. 1978 eingetragene Grundpfandrechte) und der Übergangsrechte (nach dem 1. 1. 1978 auf Grund eines vor diesem Zeitpunkt gestellten Antrags oder Ersuchens eingetragene Grundpfandrechte) erfolgt sein (Gesetz Art 8 § 1 Abs 3).

---

[171] BGH 99, 363 = DNotZ 1987, 510 mit Anm Schelter = KTS 1987, 348 = MDR 1987, 493 = NJW 1987, 2078 = Rpfleger 1987, 238.

§ 114 9.2 Verteilung des Erlöses

b) **Gesetzlich nach BGB § 1179 a** als Löschungsanspruch des Gläubigers einer gleich- oder nachrangigen Hypothek (Grundschuld oder Rentenschuld) in gleicher Weise, als wenn zu seiner Sicherung gleichhzeitig mit dem begünstigten Grundpfandrecht eine Vormerkung in das Grundbuch eingetragen worden wäre. Entsprechendes gilt für den Anspruch auf Löschung des aus dem eigenen Recht entstandenen Eigentümerrechts (BGB § 1179 b).

9.3 **Ein gesetzlicher Löschungsanspruch mit Vormerkungswirkungen** für Gläubiger gleich- und nachrangiger Grundpfandrechte (BGB § 1179 a) sowie gegenüber dem aus dem eigenen Grundpfandrecht entstandenen Eigentümerrecht (BGB § 1179 b) besteht

a) **auch für** den Gläubiger einer Zwangshypothek (ZPO §§ 866, 867),

b) **auch für** den Gläubiger einer Sicherungshypothek für die Forderung aus einer Schuldverschreibung auf den Inhaber, aus einem Wechsel oder aus einem anderen Papiere, das durch Indossament übertragen werden kann (BGB § 1187),

c) **auch für** den Gläubiger einer Inhabergrundschuld (BGB § 1195),

d) **auch für** den Gläubiger der für eine übertragene Forderung gegen den Ersteher eingetragenen Sicherungshypothek (§ 128),

e) **auch für** den Gläubiger der an einem Grundstück des Vormunds (Pflegers, Beistands) nach FGG § 54 zur Sicherheitsleistung eingetragenen Sicherungshypothek,

f) **nicht gegenüber** der ursprünglichen offenen Eigentümergrundschuld, die noch nicht Fremdrecht war (BGB § 1196 Abs 3),

g) **nicht gegenüber** der Eigentümergrundschuld aus einem Briefrecht vor Briefübergabe (BGB § 1163 Abs 2),

h) **nicht gegenüber** einer Sicherungshypothek für die Forderung aus einer Schuldverschreibung auf den Inhaber, aus einem Wechsel oder aus einem anderen Papiere, das durch Indossament übertragen werden kann (BGB § 1187 Satz 4),

i) **nicht gegenüber** einer Inhabergrundschuld (BGB § 1195),

k) **nicht für** den Gläubiger einer Arresthypothek (ZPO § 932 Abs 1 Satz 2); dazu aber[172],

l) **nicht für und gegenüber** Schiffshypotheken[173].

Rangrücktritt begründet mit dem Zeitpunkt der Eintragung der Rangänderung den gesetzlichen Löschungsanspruch mit Vormerkungswirkungen (BGB § 1179 a Abs 4). Das gilt jedoch nicht für Grundpfandrechte, die am 1. 1. 1978 bereits im Grundbuch eingetragen waren, wenn sie nach diesem Zeitpunkt im Rang zurücktreten[174] (offen gelassenen[175]). Wenn nach dem 1. 1. 1978 ein Grundstück einer schon vor diesem Zeitpunkt auf einem anderen Grundstück ruhenden Hypothek (Grundschuld oder Rentenschuld) unterstellt wird, steht dem Gläubiger hinsichtlich des auf dem nachverpfändeten Grundstück ruhenden Rechts der gesetzliche Löschungsanspruch des BGB § 1179 a zu[176].

9.4 Der gesetzliche Löschungsanspruch mit Vormerkungswirkungen gleich- und nachrangiger Grundpfandrechtsgläubiger kann rechtsgeschäftlich ganz oder teilweise **ausgeschlossen** sein (BGB § 1179 a Abs 5; Grundbucheintragung erforder-

---

[172] Stöber Rpfleger 1977, 399 und 425 (V 4 d).
[173] Stöber Rpfleger 1977, 399 und 425 (III).
[174] BayObLG 1979, 126 = DNotZ 1979, 505 = Rpfleger 1979, 261; OLG Celle DNotZ 1978, 628 = Rpfleger 1978, 308; OLG Düsseldorf MittRhNotK 1979, 17 Leitsatz mit Anm Schriftleit; OLG Frankfurt JurBüro 1979, 105 = MittRhNotK 1978, 186 = Rpfleger 1979, 19; OLG Köln MittRhNotK 1979, 38 mit Anm Schriftleit; Stöber Rpfleger 1978, 165.
[175] OLG Oldenburg DNotZ 1979, 35 = NdsRpfl 1978, 217 = Rpfleger 1978, 307.
[176] BGH 80, 119 = DNotZ 1981, 385 = KTS 1981, 599 = MDR 1981, 573 = MittRhNotK 1981, 164 Leitsatz mit Anm Grauel = NJW 1981, 1503 = Rpfleger 1981, 228.

Teilungsplan nach Grundbuch oder Anmeldung   9.8 § **114**

lich). Auch kann Geltendmachung des vertraglichen oder gesetzlichen Löschungsanspruchs durch „**Verzicht**" des Berechtigten dauernd oder zeitweilig behindert sein; zur **Einrede** gegen den Löschungsanspruch nach Verzicht insbesondere[177].

9.5 Schrifttum zu gesetzlichem Löschungsanspruch mit Vormerkungswirkungen außer den BGB-Kommentaren zu BGB §§ 1179, 1179 a, 1179 b und § 1196[178].

9.6 Das **Entstehen eines Eigentümerrechts** (Eigentümergrundschuld, Eigentümerhypothek) mit Übergang einer Fremdhypothek, -grundschuld oder -rentenschuld auf den Eigentümer (Fälle insbesondere Rdn 6) hindern der (vertragliche oder gesetzliche) Löschungsanspruch und seine Sicherung durch Löschungsvormerkung (BGB § 1179 alter und neuer Fassung) oder durch die gesetzlichen Vormerkungswirkungen der BGB §§ 1179 a, b, nicht[179]. Der Gläubiger des Anspruchs auf Löschung des Eigentümerrechts kann von dem verpflichteten Eigentümer jedoch Erfüllung (BGB § 241) durch Aufhebung des Eigentümerrechts am Grundstück verlangen; sie erfordert Aufhebungserklärung und Löschung im Grundbuch (BGB § 875 Abs 1). Die Aufgabeerklärung kann auf Klage durch rechtskräftiges Urteil ersetzt werden (ZPO § 894). Der Löschungsanspruch kann von seinem Gläubiger auch gegen Dritte durchgesetzt werden, die durch vormerkungswidrige Verfügungen (rechtsgeschäftlich oder in einem Vollstreckungsverfahren) Rechte an dem Eigentümerrecht erlangt haben (BGB § 888 Abs 1).

9.7 Wird die Eigentümergrundschuld (Eigentümerhypothek) **vor** der **Zuschlagswirksamkeit** (§§ 89, 104) gelöscht, so rücken alle im Rang nachfolgenden Rechte, also auch die bisherigen Zwischenrechte zwischen dem Eigentümerrecht und dem Recht der Vormerkungsberechtigten oder gesetzlich Löschungsanspruchsberechtigten auf. Der Vormerkungsberechtigte rückt nicht etwa in die Rangstelle des gelöschten Eigentümerrechts ein. Schwierigkeiten für das Verteilungsverfahren bestehen hier nicht. Der Löschungsanspruch hat hier auf das Verfahren keinen Einfluß mehr[180].

9.8 War das **Eigentümerrecht** aber bei Wirksamwerden des Zuschlags **noch nicht gelöscht,** dann sind für Verwirklichung des durch Löschungsvormerkung (BGB § 1179) oder mit Vormerkungswirkungen gesetzlich (BGB § 1179 a) gesicherten Löschungsanspruchs folgende Fälle zu unterscheiden:

a) **Bestehen geblieben** sind das in Erfüllung des Löschungsanspruchs zu löschende Grundpfandrecht (als betroffenes Recht) **und** das durch Löschungsvormerkung (BGB § 1179) oder mit Vormerkungswirkungen (BGB § 1179 a) gesicherte Recht des Gläubigers des Löschungsanspruchs (als begünstigtes Recht). Der dann wie die Grundpfandrechte selbst durch den Zuschlag nicht berührte, somit fortbestehende Löschungsanspruch bleibt am Grundstück unverändert wie bisher gesichert. Löschungsanspruch und Löschungsvormerkung oder gesetzliche Vormerkungswirkungen bestehen wegen der Vereinigungen des Grundpfandrechts mit dem Eigentum in einer Person, die bis zum Zuschlag bereits eingetreten sind, weiter, aber auch wegen solcher Vereinigungen, die nach dem Zuschlag für den Ersteher als Eigentümer eintreten. Im Verteilungsverfahren erlangen Löschungsanspruch und

---

[177] Stöber Rpfleger 1977, 399 und 425 (VII).
[178] Stöber Rpfleger 1977, 399 und 425 (ganze Abhandlung) und Rpfleger 1978, 165; Brych und Meinhard WM 1978, 342 und MittBayNot 1978, 138; Gaberdiel Sparkasse 1977, 281; Hadding und Welter JR 1980, 89; Haupt in Festschrift für Westermann (1978), Seite 395; Jerschke DNotZ 1977, 708 mit Nachtrag DNotZ 1978, 65; Kissel NJW 1977, 1760; Mohrbutter KTS 1978, 17; Rambold Rpfleger 1995, 284; Riggers JurBüro 1977, 1491 und JurBüro 1978, 813; Schön BWNotZ 1978, 50; Wegner Sparkasse 1979, 260; Willke WM 1978, 1; Zagst BWNotZ 1979, 1.
[179] RG JW 1932, 1550 (1551); Haegele/Schöner/Stöber, Grundbuchrecht, Rdn 2617; Stöber Rpfleger 1957, 205 (II).
[180] Zagst, Löschungsvormerkung (1973), § 9 (I 2)

§ **114** 9.8 Verteilung des Erlöses

Löschungsvormerkung oder Vormerkungswirkungen des BGB § 1179 a in diesem Fall keine Bedeutung.

b) **Bestehen geblieben ist nur** das in Erfüllung des Löschungsanspruchs zu löschende Grundpfandrecht (als **betroffenes** Recht), während das durch die Löschungsvormerkung (BGB § 1179) oder mit Vormerkungswirkungen (BGB § 1179 a) gesicherte Recht des Gläubigers des Löschungsanspruchs (als begünstigtes Recht) durch den Zuschlag nach § 91 Abs 1 erloschen ist. Dann hat das Erlöschen des begünstigten Rechts nicht auch das Erlöschen des vertraglichen, durch Löschungsvormerkung nach BGB § 1179 gesicherten Löschungsanspruchs oder des gesetzlichen Löschungsanspruchs mit Vormerkungswirkungen (BGB §§ 1179 a, b) zur Folge (für Letzteren § 91 Abs 4 Satz 1). Der Löschungsanspruch und die ihn sichernde Vormerkung nach BGB § 1179 und ebenso der gesetzliche Löschungsanspruch mit den Vormerkungswirkungen der BGB §§ 1179 a, b besteht wegen jeder zur Löschung verpflichtenden Vereinigung des betroffenen Rechts mit dem Eigentum in einer Person, die **vor dem Zuschlag** eingetreten ist, fort. Nicht mehr zur Löschung verpflichten jedoch Vereinigungen des Grundpfandrechts mit dem Eigentum in einer Person, die nach dem Zuschlag für den Ersteher als Eigentümer eintreten. Der fortbestehende gesetzliche Löschungsanspruch der BGB §§ 1179 a, b erlischt, wenn der Berechtigte aus dem Grundstück (voll) befriedigt wird (§ 91 Abs 4 Satz 2). Entsprechendes gilt für einen vertraglichen, durch Löschungsvormerkung nach BGB § 1179 gesicherten Löschungsanspruch. Er kann nur insoweit geltend gemacht werden, als der Berechtigte an der Löschung ein rechtliches Interesse hat; dieses erschöpft sich in und mit der Befriedigung seines gesicherten Rechts[181]. Wird ein fortbestehender Löschungsanspruch durchgesetzt, das bestehen gebliebene Grundpfandrecht mithin als Eigentümergrundschuld in Erfüllung des Anspruchs gelöscht, dann hat der Ersteher Zuzahlung zu leisten (§ 50 Abs 2 Nr 1). Der Zuzahlungsbetrag ist im Verteilungsverfahren nach § 125 zu behandeln; Einzelheiten § 125 Rdn 3. Für einen nicht mit dem begünstigten Recht durch Zuschlag erloschenen gesetzlichen Löschungsanspruch (BGB § 1179 a) ist auf einen spätestens im Verteilungstermin zu stellenden Antrag des Anspruchsberechtigten um Eintragung einer Vormerkung bei dem bestehen gebliebenen betroffenen Recht zu ersuchen. Diese Vormerkung sichert den Löschungsanspruch weiter (§ 130 a Abs 2; dazu § 130 a Rdn 3). Unterbleibt die Eintragung der Vormerkung, dann fallen die gesetzlichen Vormerkungswirkungen des BGB § 1179 a mit Ausführung des Löschungsersuchens (§ 130) weg (§ 130 a Abs 1; dazu § 130 a Rdn 2).

c) **Erloschen sind mit dem Zuschlag beide Rechte** (§ 91 Abs 1). In Rechte auf Befriedigung aus dem Versteigerungserlös umgewandelt haben sich dann sowohl das in Erfüllung des Löschungsanspruchs zu löschende Eigentümerrecht (als betroffenes Recht) als auch das durch Löschungsvormerkung (BGB § 1179) oder mit Vormerkungswirkungen (BGB § 1179 a) gesicherte Recht des Gläubigers des Löschungsanspruchs (als begünstigtes Recht). Auch das Erlöschen beider Rechte hat nicht das Erlöschen des vertraglichen, durch Löschungsvormerkung nach BGB § 1179 gesicherten Löschungsanspruchs[182] oder des gesetzlichen Löschungsanspruchs mit Vormerkungswirkungen[182] nach BGB § 1179 a zur Folge (für Letzteren § 91 Abs 4 Satz 1). Die erloschenen Rechte und damit die bisherigen Rechtsbeziehungen dauern vielmehr am Versteigerungserlös fort, der Surrogat des Grundstücks ist (insbesondere[183]). Der Löschungsanspruch besteht daher wei-

---

[181] RG 63, 152; Stöber Rpfleger 1977, 399 und 425 (VI).
[182] BGH 108, 237 = DNotZ 1990, 581 = KTS 1989, 941 = MDR 1989, 147 = NJW 1989, 2536 = Rpfleger 1990, 32.
[183] BGH 25, 382 = DNotZ 1958, 144 mit zust Anm Hoche = MDR 1958, 91 mit Anm Thieme = NJW 1958, 21 = Rpfleger 1958, 49 mit Anm Bruhn; BGH 39, 242 = MDR 1963, 580 = NJW 1963, 1497 = Rpfleger 1963, 234 mit krit Anm Stöber.

Teilungsplan nach Grundbuch oder Anmeldung 9.10 § **114**

ter[184] mit der Maßgabe, daß er vom verpflichteten bisherigen Eigentümer nur durch Aufhebung des an die Stelle des Eigentümerrechts getretenen Anspruchs auf den Versteigerungserlös zu erfüllen ist (auch § 91 Rdn 2.3). Der Löschungsanspruch geht damit nicht mehr auf Zustimmung des Eigentümers (und eines nach BGB § 888 verpflichteten Dritten) zur Löschung, sondern dahin, daß der zur Löschung Verpflichtete den auf die Eigentümergrundschuld entfallenden und damit ihm zustehenden Erlösanteil dem Vormerkungsberechtigten insoweit überläßt, als er diesem zustehen würde, wenn die Löschung der Eigentümergrundschuld schon vor dem Zuschlag erfolgt wäre[185] (ähnlich[186]: Der Eigentümer ist jetzt verpflichtet, seinen Anteil am Erlös insoweit nicht geltend zu machen, als durch seine Geltendmachung das durch die Vormerkung geschützte Recht beeinträchtigt würde).

9.9 Folgt dem durch Zuschlag (ganz oder teilweise) gedeckten **erloschenen Eigentümerrecht unmittelbar das Recht** des Gläubigers des nach BGB § 1179 gesicherten Löschungsanspruchs oder das Grundpfandrecht, dessen Gläubiger nach BGB § 1179 a einen gesetzlichen Löschungsanspruch mit Vormerkungswirkungen hat, dann hat Verteilung wie bei Löschung des Eigentümerrechts vor dem Zuschlag zur Folge, daß der auf das Eigentümerrecht treffende Erlös dem Gläubiger des durch den Löschungsanspruch gesicherten Rechts am Grundstück in Höhe seines Erlösanspruchs gebührt. Gleiches gilt bei Gleichrang des Rechts des Gläubigers des Löschungsanspruchs mit dem zu löschenden Eigentümerrecht, wenn beide Rechte teilweise ausfallen. Der Gläubiger eines (nachrangigen oder gleichrangigen) dinglichen Rechts kann damit nicht schlechthin verlangen, daß der Eigentümer seinen Erlösanspruch freigibt, sondern nur insoweit, als sein rechtliches Interesse in seiner Eigenschaft als Gläubiger des geschützten Rechts reicht. Dieses erschöpft sich in und mit der Befriedigung des gleich- oder nachrangigen Rechts[187]. Daher kann der Löschungsanspruch nicht zugunsten eines hinter dem begünstigten Recht stehenden (eigenen oder fremden) Rechts geltend gemacht werden[188] (mit Beispielen).

9.10 a) Wenn ein **Zwischenrecht mit Ausfall** vorhanden ist (oder wenn mehrere ausfallende Zwischenrechte bestehen), geht der Löschungsanspruch dahin, daß der zur Löschung Verpflichtete den auf das Eigentümerrecht treffenden Erlösanteil dem Vormerkungsberechtigten insoweit überläßt, als er diesem zustehen würde, wenn Löschung des Eigentümerrechts schon vor dem Zuschlag erfolgt würde[189]. Zwischenrecht mit Ausfall ist ein Recht mit Anspruch auf den Versteigerungserlös im Rang nach (oder gleich mit) dem durch Zuteilung (ganz oder teilweise) gedeckten Eigentümerrecht, jedoch im Rang vor (oder gleich) mit dem vormerkungsgesicherten Grundstücksrecht, wenn es Zuteilung (oder unbedingte Zuteilung) nicht oder nicht voll erhalten kann. Ein Recht an der bezeichneten Rangstelle, das durch Zuteilung aus dem Versteigerungserlös voll befriedigt ist, hat keine Auswirkung mehr auf die Erlösverteilung nach Geltendmachung des Löschungsanspruchs.

Beispiel: Erloschen und durch Zuteilung voll gedeckte Rechte sind mit 1. Rangstelle eine Eigentümergrundschuld zu 50 000 DM, mit 2. Rangstelle eine Hypothek für A zu 60 000 DM und mit 3. Rangstelle eine Grundschuld für B zu 70 000 DM. Sodann folgt an 4. Rangstelle der Gläubiger einer Grundschuld in

---

[184] BGH 25, 382 = aaO (Fußn 183).
[185] RG 84, 78 (83); BGH 25, 382 = aaO (Fußn 183); BGH 99, 363 = aaO (Fußn 171); BGH 108, 237 = aaO (Fußn 182).
[186] RG 127, 282 (285).
[187] RG 63, 152 und 84, 78 (83); Stöber Rpfleger 1957, 205 (VI).
[188] Stöber Rpfleger 1957, 205 (VI und VII).
[189] BGH 25, 382 = aaO (Fußn 183); BGH 39, 242 = aaO (Fußn 183); OLG Düsseldorf NJW-RR 1989, 599 = Rpfleger 1989, 422.

Höhe von 80 000 DM, dessen Recht (ganz oder teilweise) ausfällt. Geltendmachung seines Löschungsanspruchs gibt dem Gläubiger der Grundschuld an 4. Rangstelle Anspruch auf den auf die Eigentümergrundschuld fallenden Versteigerungserlös als Berechtigter, der dem Eigentümerrecht, auf dessen Löschung Anspruch besteht, sogleich nachfolgt. Zwischenrechte können nach voller Befriedigung nicht mehr im Rang aufrücken und mit Aufhebung des Eigentümerrechts freiwerdenden Erlös nicht mehr erhalten. Anspruch auf den Versteigerungserlös besteht bei Geltendmachung des Löschungsanspruchs somit nach dem Rdn 9.9 Gesagten. Zwischenrecht wäre jedoch die Grundschuld für B zu 70 000 DM an 3. Rangstelle, wenn sie ganz oder teilweise ausfallen würde.

Für die Erlösverteilung bei Vorhandensein eines ausfallenden Zwischenrechts ist es gleichgültig, ob der Gläubiger dieses Rechts keinen durch Löschungsvormerkung gesicherten oder keinen gesetzlichen Löschungsanspruch mit Vormerkungswirkungen hat oder ob er auch selbst anspruchsberechtigt wäre, seinen Löschungsanspruch aber nicht geltend macht.

b) Über die Erlösverteilung bei Vorhandensein eines ausfallenden Zwischenrechts (entsprechendes gilt, wenn mehrere ausfallende Zwischenrechte vorhanden sind) bestanden zunächst unterschiedliche Ansichten.

I. Nach jetzt **herrschender Meinung,** die ausnahmslos der Rechtsprechung des Bundesgerichtshofs[190] folgt, kommt dem Gläubiger des Zwischenrechts die Geltendmachung des Löschungsanspruchs nicht zugute, wie das die Löschung des Eigentümerrechts vor dem Zuschlag getan hätte. Ein Zwischenrecht darf aus dem fremden Löschungsanspruch keine Vorteile ziehen; der Vollstreckungsschuldner muß zwar so gestellt werden, wie wenn er dem Anspruch nachgekommen wäre[191]; die Zwischenrechte dürfen hiervon aber auch keinen Nachteil haben, sie müssen unberührt bleiben, der Löschungsberechtigte darf nicht mehr erhalten als er bei rechtzeitiger Löschung erhalten hätte, es gibt kein allgemeines Aufrücken der Nachrangigen[192]. Wird der Anspruch geltend gemacht, so kommt dies nicht wie die wirkliche Löschung allen Nachrangigen zugute, der Löschungsberechtigte hat Anspruch auf Zuteilung des Erlösanteils aus dem belasteten Recht aber nur soweit, als er diesen mit Rücksicht auf die Zwischenrechte bei einer vor dem Zuschlag erfolgten Löschung zu beanspruchen gehabt hätte[193]. Es müssen ihm gegenüber also alle Zwischenrechte, die selbst nicht aus dem belasteten Recht zum Zuge kommen dürfen, rechnerisch berücksichtigt werden. Diese Regel muß auch gelten, wenn ein Pfändungsgläubiger (der das Eigentümerrecht gepfändet hat) den auf das Eigentümerrecht entfallenden Erlös beansprucht, weil die Ansprüche der Löschungsberechtigten primär zu berücksichtigen sind[194]; es gibt keine Vorschrift, daß hier zuerst die Pfändung zu berücksichtigen sei und der Löschungsberechtigte auf die Hilfsverteilung nach § 124 verwiesen werden müsse[194]; vielmehr ist erst der Löschungsberechtigte zu berücksichtigen.

---

[190] BGH 25, 382 und 39, 242 = je aaO (Fußn 183).
[191] BGH 25, 382 und 39, 242 = je aaO (Fußn 183); OLG Düsseldorf NJW-RR 1989, 599 = Rpfleger 1989, 422; Dassler/Schiffhauer, § 114 Rdn 61; Steiner/Teufel § 114 Rdn 88; Mohrbutter/Drischler Muster 124 Anm 7 c; Fischer NJW 1955, 573, berichtigt 1955, 860 (II 1); Hoche NJW 1955, 1141 und 1956, 1826.
[192] BGH 25, 382 = aaO (Fußn 183); OLG Düsseldorf NJW-RR 1989, 599 = Rpfleger 1989, 422; Dassler/Schiffhauer § 114 Rdn 61; Mohrbutter/Drischler Muster 124 Anm 7 c; Steiner/Teufel § 114 Rdn 88; Mohrbutter Handbuch des Vollstreckungsrechts, § 46 (III); Hoche NJW 1955, 1141 und DNotZ 1958, 144 (Anmerkung); Ripfel DNotZ 1957, 518 und JurBüro 1970, 121 (II); Thieme MDR 1958, 91 (Anmerkung).
[193] BGH 25, 382 und 39, 242 = je aaO (Fußn 183); OLG Düsseldorf NJW-RR 1989, 599 = Rpfleger 1989, 422; Dassler/Schiffhauer § 114 Rdn 61; Mohrbutter/Drischler, Muster 124 Anm 7 c; Hoche NJW 1955, 1141; Riedel JurBüro 1973, 379 (6).
[194] OLG München Entscheidungsanhang E 138.

Beispiele (auch bei[195]) hierzu: Eigentümerrecht 20 000 DM, Zwischenrecht 5000 DM, löschungsberechtigtes Recht 10 000 DM. a) Auf das Eigentümerrecht entfallen 8000 DM, bei rechtzeitiger Löschung hätten hiervon 5000 DM dem Zwischenrecht gehört, davon darf der Löschungsberechtigte auch jetzt nichts bekommen; das Zwischenrecht erhält aber nichts, weil ihm die Löschungsberechtigung eines Dritten keinen Vorteil bieten darf; der Betrag kann daher nur an den bisherigen Eigentümer fallen; nur der Rest von 3000 DM wäre bei rechtzeitiger Löschung dem Löschungsberechtigten zugefallen und fällt ihm auch jetzt zu. b) Auf das Eigentümerrecht fallen nur 5000 DM; sie wären bei rechtzeitiger Löschung voll an das Zwischenrecht gefallen, nicht an den Löschungsberechtigten, gehören also dem bisherigen Eigentümer, während Zwischenrecht und Löschungsberechtigter hier nichts erhalten. c) Auf das Eigentümerrecht fallen sogar 20 000 DM; hiervon erhält der Löschungsberechtigte volle 10 000 DM, die er auch bei rechtzeitiger Löschung nach Vorgang des Zwischenrechts erhalten hätte; das Zwischenrecht erhält hier nichts, weil es aus der Löschungsberechtigung des Dritten keinen Vorteil haben darf; die restlichen 10 000 DM fallen an den bisherigen Eigentümer.

II. **Nach früher** auch vertretener anderer Ansicht sollte der Wegfall des Eigentümerrechts auch Zwischenrechten zugute kommen, weil alle Nachrangigen aufrücken würden[196] ([197]meint dazu, dies sei eine Folge des Surrogationsgrundsatzes); man müsse es also so ansehen, als sei rechtzeitig vor dem Zuschlag gelöscht worden[198]. Auch nach dieser Ansicht kann der Berechtigte seinen Löschungsanspruch nicht mit Erfolg geltend machen, wenn auf sein Recht mit Rücksicht auf hohe Zwischenrechte nichts entfällt[199].

III. **Wieder andere Ansicht** war früher: Nach dem Zuschlag gebe es kein Aufrücken der nach dem Eigentümerrecht stehenden Rechte, weil nur noch schuldrechtliche Ansprüche des Löschungsberechtigten gegen den früheren Eigentümer bestünden, dahin nämlich, daß dieser seinen Anspruch auf Erlösanteil nicht zum Nachteil des Berechtigten geltend machen dürfe[200], ihm diesen ohne Rücksicht auf Zwischenrecht unmittelbar überlassen müsse.

9.11 Mehrere Löschungsvormerkungen haben untereinander keinen Rang. Bei Geltendmachung der Ansprüche aus mehreren Löschungsvormerkungen gebührt der mit Wegfall des Eigentümerrechts freiwerdende Erlös daher den Gläubigern in der Rangfolge ihrer begünstigten Rechte.

9.12 Eine Löschungsvormerkung zugunsten der zurücktretenden bei der vortretenden Post, „wenn und soweit sie auf den Eigentümer übergeht (BGB §§ 1179, 1163)" erstreckt sich in der Regel nicht auf die Eigentümergrundschuld, die bis zur Valutierung einer zu Baukreditzwecken bestellten Hypothek besteht und vom Eigentümer an einen Zwischenfinanzierer abgetreten ist[201]. Jedoch erstreckt sich eine Löschungsvormerkung zugunsten eines rangschlechteren Grundpfandrechts bei Hypotheken, „wenn und soweit sie sich mit dem Eigentum in einer Person vereinigt haben oder vereinigen werden oder soweit eine Forderung nicht zur Entstehung gelangt", in der Regel auch auf die Eigentümergrundschulden, die bis zur Valutierung durch die Hypothekengläubiger bestehen und vom Eigentümer an einen Zwischenfinanzierer abgetreten sind[202].

---

[195] Stöber Rpfleger 1957, 205 (VII).
[196] Stöber Rpfleger 1957, 205 (IV); Blomeyer, Vollstreckungsverfahren (1975), § 82 (IV 2).
[197] Blomeyer aaO.
[198] Kolbenschlag WM 1958, 1434 (IV).
[199] Stöber Rpfleger 1957, 205 (VI).
[200] RG 127, 282; Räbel JMinBl 1956, 1825.
[201] BGH 60, 226 = DNotZ 1973, 410 = MDR 1973, 572 = NJW 1973, 846 und 1195 Leitsatz mit krit Anm Mittenzwei = Rpfleger 1973, 208.
[202] BGH JZ 1973, 372 = MDR 1973, 573 = NJW 1973, 895 und 1195 Leitsatz mit Anm Mittenzwei = Rpfleger 1973, 209.

9.13 Der durch Löschungsvormerkung nach BGB § 1179 alter Fassung gesicherte Löschungsanspruch kann in Einzelfällen auch einem **Dritten**, am Grundstück dinglich nicht Berechtigten[203] oder zwar dem Gläubiger eines eingetragenen Rechts, aber ohne Beschränkung auf die Sicherung dieses Rechts zustehen[204]. Für die Frage, ob in solchen Fällen überhaupt ein Interesse an der Ausübung des Rechts aus der Löschungsvormerkung vorliegt, sind die Verhältnisse zur Zeit des Verteilungsverfahrens, nicht zur Zeit des Zuschlags maßgebend[205]. Mit einer Löschungsvormerkung (BGB § 1179 alter Fassung) am eigenen Recht will sich der Gläubiger nicht Rangvorteile verschaffen, sondern in der Regel den Schwierigkeiten entgehen, die auftreten können, wenn von ihm die Berichtigungsbewilligung zur Umschreibung in eine Grundschuld verlangt wird[206]. Für Geltendmachung des Löschungsanspruchs nach Erlöschen des Rechts mit Erteilung des Zuschlags dürfte damit zumeist kein Interesse mehr bestehen.

9.14 In den **Teilungsplan** wird eine durch den Zuschlag erloschene Eigentümerschuld (Eigentümerhypothek) als Erlösanspruch des Grundstückseigentümers oder des Rechtsnachfolgers, der durch eine nachgewiesene wirksame Verfügung über das Eigentumsrecht oder (nach Zuschlag) den Erlösanspruch des Eigentümers ausgewiesen ist (Zessionar, Pfandgläubiger), auch dann aufgenommen, wenn der durch Löschungsvormerkung oder gesetzlich mit Vormerkungswirkungen gesicherte Löschungsanspruch geltend gemacht ist. Bei Eigentumswechsel ist das Grundpfandrecht für den Eigentümer in den Teilungsplan aufzunehmen, der nach den für die Feststellung des Berechtigten im Teilungsplan allgemein geltenden Grundsätzen im Verfahren als Rechtsinhaber des Erlösanspruchs zu berücksichtigen ist (Rdn 6). Geltendmachung des (vertraglichen oder gesetzlichen) Löschungsanspruchs ändert die Berechtigung des Eigentümers (oder seines Rechtsnachfolgers) auf den Erlösanspruch und damit Berücksichtigung des Eigentümerrechts im Teilungsplan nicht. Der Löschungsanspruch ist schuldrechtlicher Anspruch. Löschungsvormerkung (BGB § 1179) und gesetzlicher Vormerkungsschutz des BGB § 1179 a sind sachenrechtliche Sicherungsmittel. Entstehen der Eigentümergrundschuld und (dingliche) Berechtigung des Eigentümers als Grundpfandgläubiger ändern sie nicht. Die dingliche Berechtigung des Eigentümers erlischt, auch wenn der Erlösanspruch als Surrogat an die Stelle des Grundstücks als Haftungsobjekt für das mit Zuschlag erloschene Eigentümerrecht getreten ist, erst mit Aufhebung (BGB § 875 Abs 1). Aufhebung des Anspruchs auf den Grundschulderlös erfordert als dingliches Verfügungsgeschäft Aufgabeerklärung des Eigentümers als Rechtsinhaber (Erlösberechtigter, BGB § 875 Abs 1), nicht mehr jedoch Löschung im Grundbuch (vgl Rdn 7). Erst diese Aufhebungserklärung des Eigentümers (als Erlösberechtigter) hat als rechtsgeschäftliche Verfügung den Untergang (den Wegfall) des Erlösanspruchs zur Folge. Er nimmt damit an der Erlösverteilung nicht mehr teil mit der Folge, daß damit der (gleich- oder nachrangige) Berechtigte des Löschungsanspruchs den freiwerdenden Erlösbetrag erhält. Erklärt wird die Aufhebung des Eigentümeranspruchs auf den Erlös als rechtsgeschäftliche dingliche Verfügung oft auch in der Weise, daß „der geltend gemachte Löschungsanspruch anerkannt" wird.

9.15 Im **Verteilungsverfahren** wird der durch Löschungsvormerkung nach BGB § 1179 und ebenso der gesetzliche, mit Vormerkungswirkungen nach BGB § 1179 a gesicherte **Löschungsanspruch** nur berücksichtigt, **wenn er geltend gemacht ist.** Geltendmachung des Anspruchs muß spätestens im Verteilungstermin erfolgen. Geltendmachung ist (wie Anmeldung, Rdn 2.5) Verlautbarung (Bekundung) des Willens, daß der durch Löschungsvormerkung oder gesetzlich gesicherte Löschungsanspruch bei der Erlösverteilung berücksichtigt werden soll. Gel-

---

[203] RG JW 1932, 1550 (1551).
[204] RG 63, 152.
[205] RG JW 1932, 1550 (1551).
[206] BGH MDR 1980, 216 = NJW 1980, 228 = Rpfleger 1980, 56.

Teilungsplan nach Grundbuch oder Anmeldung 9.17 **§ 114**

tend gemacht wird der vorgemerkte Anspruch in dieser Weise durch einfache schriftliche oder im Termin zu Protokoll zunehmende Erklärung.

9.16 a) **Geltendmachung** des Löschungsanspruchs **bewirkt,** daß der Erlösanspruch aus dem **Eigentümerrecht** auf Befriedigung aus dem Grundstück (§ 10 Abs 1 Nr 4) durch Bestehen und Verwirklichung des gesicherten Anspruchs **auflösend bedingt** ist[207]. Der Erlösanspruch des Eigentümers (oder seines Rechtsnachfolgers) fällt weg, wenn sich der Löschungsanspruch als begründet erweist (BGB § 158 Abs 2). Steht das schon im Verteilungstermin fest, weil der Eigentümer als Rechtsinhaber mit Aufhebungserklärung den Löschungsanspruch erfüllt hat (und erforderliche Zustimmungen Dritter nach BGB § 888 vorliegen) oder weil die Löschungsunterlagen vollständig eingereicht sind oder weil ein rechtskräftiges Prozeßurteil erforderliche Erklärungen ersetzt (ZPO § 894), dann wird ohne Bedingung sofort an den Löschungsberechtigten zugeteilt (§ 119 Rdn 2.5) und ausbezahlt. Andernfalls ist der auf das Eigentümerrecht zugeteilte Erlösanspruch bei Geltendmachung des Löschungsanspruchs als auflösend bedingter Anspruch zu behandeln. Es bleibt daher bei der Zuteilung an den Eigentümer (seinen Rechtsnachfolger, dessen Erwerb dem Vormerkungsberechtigten oder Vormerkungsgeschützten gegenüber unwirksam ist, BGB § 883 Abs 2 mit §§ 1179, 1179 a). Als anderweitige Verteilung für den Fall, daß der Anspruch wegfällt (§ 119), ist jedoch der Gläubiger des durch Vormerkung oder gesetzlich gesicherten Löschungsanspruchs in Höhe des ihm gebührenden Betrags (bis zur Höhe des ausfallenden Erlösanspruchs seines geschützten Rechts) festzustellen. Dieser kann sich mit Widerspruch (§ 115 Abs 1; ZPO § 876) gegen die Planausführung an den Eigentümer (seinen Rechtsnachfolger) wehren (siehe § 120) und Hinterlegung erwirken. Diesen Widerspruch enthält bereits die Geltendmachung des Löschungsanspruchs. Über den Widerspruch ist dabei mit dem Eigentümer (und seinen Rechtsnachfolger) zu verhandeln. Auszahlung an den Gläubiger des Löschungsanspruchs erfordert, daß der Löschungsanspruch durch den nach dem Plan erlösberechtigten Eigentümer (auch seinen zustimmungspflichtigen Rechtsnachfolger BGB § 888 Abs 1) anerkannt oder Urteil über die Berechtigung des Gläubigers des Löschungsanspruchs (ZPO § 894) vorgelegt wird.

b) Nach **anderer Ansicht**[208] ist der Löschungsanspruch bei fehlender Zustimmung des Eigentümers (und seines nach BGB § 888 Abs 1 zustimmungspflichtigen Rechtsnachfolgers) mit **Widerspruch** gegen den Teilungsplan (§ 115) geltend zu machen, Hilfszuteilung an den Widersprechenden mithin nach § 124 Abs 1 vorzunehmen. Diese Meinung unterscheidet sich in ihren Auswirkungen nicht von der vorstehend a) vertretenen Ansicht, bei der Grundlage der Hilfsverteilung § 119 ist und Planausführung mit Widerspruch aufgehalten wird.

c) Vertreten wurde früher auch, daß bereits die einseitige Erklärung des durch Löschungsvormerkung oder (jetzt) auch gesetzlich mit Vormerkungswirkung gesicherten Gläubigers des Löschungsanspruchs, seinen Anspruch auszuüben, bewirkt, daß der Löschungsanspruch als festgestellt zu behandeln ist[209]. Dem Vormerkungsberechtigten soll demzufolge sogleich der auf sein Recht treffende Teil des Eigentümerrechts zugeteilt werden. Diese Auffassung ist abzulehnen, weil allein Geltendmachung eines schuldrechtlichen Anspruchs keine dingliche Rechtsänderung bewirken, sonach nicht (wie eine Löschung) Wegfall des Eigentümerrechts zur Folge haben kann (hierzu bereits Rdn 9.14).

9.17 Wenn das zu löschende betroffene Grundpfandrecht im Teilungsplan **nicht als Eigentümerrecht berücksichtigt,** sondern als Fremdrecht aufgenommen ist,

---

[207] Stöber Rpfleger 1957, 205 (X); Dassler/Schiffhauer § 114 Rdn 58; Reinhard/Müller § 119 Anm II 4; Teufel, Zwangsversteigerung und Zwangsverwaltung, Seite 108.
[208] RG 125, 133 (136, 138); Höfer JW 1931, 2125 und DNotZ 1932, 442.
[209] Korintenberg/Wenz Einleitung Kapitel 23, 4 (S 139 oben) sowie Musterbeispiel 11 Anm I (Seiten 838, 839); Fischer NJW 1955, 573, berichtigt 1955, 860 (II 1).

§ 114 9.17 Verteilung des Erlöses

der darauf fallende Erlösanspruch sonach dem eingetragenen oder sonst legitimierten Grundpfandrechtsgläubiger zugeteilt ist, muß ein durch Löschungsvormerkung oder gesetzlich mit Vormerkungswirkungen gesicherter Löschungsanspruch ebenfalls spätestens im Verteilungstermin geltend gemacht werden. Mit Geltendmachung des Löschungsanspruchs wird dann zugleich Widerspruch gegen die Zuteilung an den Gläubiger des Grundpfandrechts erhoben, der Unrichtigkeit des Plans aus materiellrechtlichen Gründen hinsichtlich der Person des Berechtigten beanstandet (§ 115 Rdn 3.2). Dem widersprechenden Gläubiger des Löschungsanspruchs gebührt der dann streitige Betrag, wenn sich sein Widerspruch als begründet erweist. Das ist der Fall, wenn das berücksichtigte Grundpfandrecht tatsächlich Eigentümerrecht ist und der Erlösanspruch von dem zur Löschung Verpflichteten in Erfüllung des Löschungsanspruchs dem Widersprechenden überlassen werden muß. An diesem Widerspruch sind sonach der im Teilungsplan berücksichtigte Grundpfandgläubiger und der zur Löschung verpflichtete Eigentümer (und auch ein nach BGB § 888 Abs 1 zustimmungspflichtiger Dritter) beteiligt (§ 115 Abs 1; ZPO § 876).

9.18 Die bei einer **Grundschuld** eingetragene Löschungsvormerkung (BGB § 1179) und ebenso der gegen sie gerichtete gesetzliche Löschungsanspruch mit Vormerkungswirkungen (BGB § 1179 a) hat praktisch nur mindere Bedeutung. Denn eine Grundschuld wird nur seltener kraft Gesetzes Eigentümergrundschuld (dazu Rdn 6), die in Erfüllung des gesicherten Löschungsanspruchs gelöscht werden muß. Insbesondere wird eine Grundschuld nicht nach BGB § 1163 Abs 1 Eigentümergrundschuld, auch wenn die durch Grundschuld nach schuldrechtlicher Abrede gesicherte Forderung nicht entstanden oder wieder erloschen ist, steht die Grundschuld und damit auch der auf die erloschene Grundschuld fallende Versteigerungserlös unverändert ihrem Gläubiger zu (Rdn 7). Der Grundstückseigentümer (sonstige Sicherungsgeber) hat nur Anspruch auf Rückgewähr der Grundschuld (Rdn 7.7). Er kann diesen mit Abtretung oder Verpfändung an einen (kreditgebenden) Dritten und damit die Grundschuld selbst (diese auch durch Sicherung einer anderen Forderung bei Erweiterung der Sicherungsabrede, Rdn 7.6 zu c) als Sicherungsmittel für Kredite weiter nutzen[210]. Einer solchen Nutzung kann der Gläubiger des nachrangigen Grundpfandrechts nicht widersprechen[211]. Er hat insbesondere keinen Anspruch gegen den Eigentümer, sich so zu verhalten, daß ein Rückgewähranspruch überhaupt entsteht oder daß nach seiner Entstehung die Grundschuld auf den Eigentümer übergeht und so der Löschungsanspruch nach BGB § 1179 a (oder § 1179) ausgelöst wird[211]. Diese Vorschrift verhindert nicht und soll nicht verhindern, daß einer ganz oder teilweise nicht valutierten Fremdgrundschuld andere Forderungen unterlegt werden, der Eigentümer also den durch den Rang der Grundschuld mitbestimmten Sicherungsrahmen voll ausschöpft[212]. Besteht Streit oder Ungewißheit darüber, ob eine Eigentümergrundschuld entstanden ist, so ist der Anspruch aus der Löschungsvormerkung nach dem § 114 Rdn 9.17 Gesagten geltend gemacht werden. Zur Rückgewährvormerkung nach BGB § 883 siehe § 114 Rdn 7.8 c.

9.19 Zu Löschungsvormerkung und Löschungsanspruch mit Vormerkungswirkungen auch im ZVG-Handbuch Rdn 434 und 520–532 mit Mustern und Beispielen.

10 Übererlös im Teilungsplan

10.1 Übererlös ist das, was nach Wegfertigung der Verfahrenskosten und nach Auszahlung aller befriedigungsberechtigten Ansprüche noch verbleibt. Übererlös

---

[210] BGH 108, 237 = aaO (Fußn 182); BGH KTS 1991, 464 = MDR 1991, 1201 = NJW-RR 1991, 1197 = Rpfleger 1991, 381.
[211] BGH 108, 237 = aaO (Fußn 182).
[212] BGH 108, 237 = aaO (Fußn 182); BGH NJW-RR 1991, 1197 = aaO (Fußn 210).

Teilungsplan nach Grundbuch oder Anmeldung   11.3 § **114**

ist nicht, was dem Schuldner aus Eigentümerrechten zufließt; insoweit ist er dinglich Berechtigter (§ 10 Abs 1 Nr 4) wie die anderen.

10.2 Der Übererlös **wird** vom Gericht **nicht „verteilt"**, wie es für die Befriedigung Berechtigter vorgeschrieben ist (§ 109 Abs 2). Er bleibt einfach unverteilt dem Vollstreckungsschuldner[213]. Das gilt auch dann, wenn mehrere bisherige Eigentümer vorhanden sind, die sich selbst über die Aufteilung des Überschusses unter sich einigen müssen[214], also wie bei der Teilungsversteigerung (§ 180 Rdn 17).

10.3 Bei **herrenlosen Grundstücken** (§ 15 Rdn 22) folgt aus dem Aneignungsrecht des Fiskus am Grundstück, daß dieses auch am Erlösüberschuß besteht[215]. Der nach ZPO § 787 bestellte Vertreter muß den Überschuß nach Entnahme seiner Gebühren und Auslagen für den (noch unbekannten) Berechtigten hinterlegen, als herrenlos, bis der Fiskus ihn sich aneignet (oder derjenige, der vom Fiskus das Aneignungsrecht erworben hat).

10.4 Übererlös in der **Teilungsversteigerung:** § 180 Rdn 17.

10.5 Zum Übererlös der Vollstreckungsversteigerung im ZVG-Handbuch Rdn 461 (mit Muster) und zur Teilungsversteigerung Rdn 749–752.

Verzicht bei Erlöszuteilung   11

11.1 Kapitalbeträge aus erlöschenden **Hypotheken:** Ein Verzicht ist hier, im Gegensatz zum formbedürftigen Verzicht auf ein bestehendes Recht, nach dessen Erlöschen durch Zuschlag formlos möglich[216], also durch einfache Erklärung gegenüber dem Vollstreckungsgericht, zB im Verteilungstermin. Der Verzicht beeinflußt die Verteilung nur, solange die Beträge nicht ausbezahlt sind. Er bezieht sich auf das Surrogat des erloschenen Rechts. Die Erklärung des Gläubigers ist sorgfältig zu prüfen, ob wirklich ein Verzicht auf das Kapital gemeint ist[217]. Die Erklärung, daß das Recht nicht valutiert sei, ist kein Verzicht[218]. Auch Nichtanmeldung ist kein Verzicht. Wenn der Gläubiger nur einen geringeren Betrag als eingetragen geltend macht, ist das kein Verzicht auf das Recht[219]. Wird auf das Kapital einer Hypothek verzichtet, so steht der Erlösanteil hierfür dem bisherigen Grundstückseigentümer zu (BGB § 1168), nicht nachstehenden Berechtigten[220] (anders[221]: hier entstünden keine Eigentümeransprüche, weil ja keine Hypothek mehr bestehe; überholt); bei mehreren früheren Eigentümern steht der Erlösanteil diesen ungeteilt zu[222].

11.2 Kapitalbetrag einer erloschenen **Grundschuld:** Auch hier ist nach dem Zuschlag formloser Verzicht auf das Surrogat möglich, durch einfache Erklärung gegenüber dem Vollstreckungsgericht[223]. Nach dem Verzicht steht das Surrogat dem bisherigen Eigentümer zu[223]. Einzelheiten: Rdn 7.

11.3 Laufende und rückständige **wiederkehrende Leistungen aus Hypotheken und Grundschulden:** Die Nichtanmeldung ist kein Verzicht. Bevor das

---

[213] OLG Karlsruhe BWNotZ 1965, 42 Leitsatz; Stöber Rpfleger 1958, 73 (II).
[214] Stöber Rpfleger 1958, 73 (II).
[215] Dassler/Schiffhauer § 109 Rdn 20; Jaeckel/Güthe § 109 Rdn 6; Mohrbutter/Drischler Muster 12 Anm 3.
[216] Jaeckel/Güthe § 92 Rdn 8; Reinhard/Müller § 92 Anm III 2.
[217] Jaeckel/Güthe § 92 Rdn 8.
[218] Jaeckel/Güthe und Reinhard/Müller je aaO (Fußn 216).
[219] Reinhard/Müller § 92 Anm III 2 und § 114 Anm V 1 f; Korintenberg/Wenz § 92 Anm 6.
[220] Jaeckel/Güthe § 92 Rdn 8; Reinhard/Müller § 92 Anm III 2; Wecker, Grundpfandrechte und Surrogation, 1937 (Nachdruck 1970); S 44, 45; Pikart WM 1965, 1230 (III 1) (IV 2); Riggers JurBüro 1969, 195; (4).
[221] RG 55, 260 (264–265).
[222] Pikart WM 1965, 1230 (IV 2).
[223] LG München I KTS 1976, 247.

Gericht hier nach Abs 1 zuteilt, muß es durch Rückfrage beim Gläubiger klären, ob dieser nur aus Versehen oder im Vertrauen auf die gesetzliche Zuteilungspflicht des Gerichts gegenüber bestimmten Ansprüchen nicht angemeldet hat oder etwa deshalb, weil er nichts mehr zu fordern hat oder deshalb, weil er Ansprüche im Verfahren nicht geltend machen will (Minderanmeldung). Meldet ein Gläubiger weniger an, als ihm zustehen würde, so ist in unklaren Fällen sein Wille durch Rückfrage zu klären. Angesichts der vom ZVG aber vorgesehenen Zuteilung laufender Beträge von Amts wegen (Abs 2) ist Vorsicht geboten, solange nicht der Wille des Gläubigers eindeutig feststeht; bei der klaren Gesetzesfassung haftet sonst das Gericht. Wegfallende Beträge kommen hier dem nächstberechtigten Gläubiger laut Plan zugute, nicht dem bisherigen Grundstückseigentümer, der ja für die Zeit vor dem Zuschlag aus einem Eigentümerrecht keine Zinsen erhalten darf[224]; nach Wegfertigung aller Berechtigten fließen diese Beträge als Überschuß dem Vollstreckungsschuldner zu.

11.4 Persönlich betreibende Ansprüche: Verzichtet ein persönlich betreibender Gläubiger vor oder im Verteilungstermin auf Zuteilung, so ist das zu behandeln, als ob er seinen Antrag entsprechend zurückgenommen hätte. Er fällt dann weg, soweit sein Verzicht geht, der freiwerdende Betrag kommt den Nächstberechtigten zugute, nicht dem Vollstreckungsschuldner (außer als Übererlös), da hier ja Eigentümerrechte nicht entstehen können. Verzichtet der persönlich betreibende Gläubiger ausdrücklich zugunsten des Schuldners, so wird man dies als Abtretung behandeln müssen (Rückfrage zweckmäßig) und an den Vollstreckungsschuldner zuteilen.

11.5 Sonstige Ansprüche, die nicht unter Absatz 1–4 fallen, also Ansprüche der Rangklassen 1–3 des § 10. Sie kommen nur zum Zuge, wenn sie angemeldet werden. Wird auf angemeldete Beträge später verzichtet, so kommen sie den Nachberechtigten zugute, nicht dem Vollstreckungsschuldner. Wird in der Verteilung weniger als früher angemeldet, so entscheidet diese neuere Anmeldung und der Rest kommt den Nachberechtigten zugute. Auch hier darf einem Berechtigten nicht mehr zugeteilt werden, als er begehrt.

11.6 Ein **Verzicht** gleich welcher Art erst **nach** Aufstellung und **Bestätigung des Teilungsplanes** hat auf die Verteilung keinen Einfluß mehr, kann aber noch die Auszahlung berühren. Erfolgt er erst nach der Auszahlung, so müssen sich die Beteiligten außergerichtlich auseinandersetzen.

[Erweiterte Befriedigung des Erstehers]

114 a Ist der Zuschlag einem zur Befriedigung aus dem Grundstück Berechtigten zu einem Gebot erteilt, das einschließlich des **Kapitalwertes der nach den Versteigerungsbedingungen bestehen bleibenden Rechte hinter sieben Zehnteilen des Grundstückswertes zurückbleibt, so gilt der Ersteher auch insoweit als aus dem Grundstück befriedigt, als sein Anspruch durch das abgegebene Meistgebot nicht gedeckt ist, aber bei einem Gebot zum Betrage der Sieben-Zehnteile-Grenze gedeckt sein würde. Hierbei sind dem Anspruch des Erstehers vorgehende oder gleichstehende Rechte, die erlöschen, nicht zu berücksichtigen.**

Literatur: Bauch, Zur Befriedigungsfiktion nach § 114 a ZVG, Rpfleger 1986, 457; Ebeling, Befriedigungsfiktion des § 114 a ZVG in der Vollstreckungspraxis, Rpfleger 1985, 279; Häusele, Zur Verfassungswidrigkeit der Befriedigungsfiktion des § 114 a ZVG, KTS 1991, 47; Kahler, Die fiktive Befriedigungswirkung gemäß § 114 a ZVG, MDR 1983, 903; Mohrbutter, Zum Verzicht auf die fiktive Befriedigung aus § 114 a ZVG, KTS 1977, 89; Muth, Probleme bei der Abgabe eines Gebots in der Zwangsversteigerung aus Gläubigersicht, ZIP

---

[224] Reinhard/Müller § 114 Anm II 6.

Erweiterte Befriedigung des Erstehers 2.2 **§ 114 a**

1986, 350; Muth, Alte und neue Fragen zur Befriedigungsfiktion des § 114 a, Rpfleger 1987, 89; Schiffhauer, Was ist Grundstückswert im Sinne des § 114 a ZVG, KTS 1968, 218 und KTS 1969, 165; Schiffhauer, Die Befriedigungsfiktion des § 114 a beim Vorhandensein von Zwischenrechten, Rpfleger 1970, 316.

Allgemeines zu § 114 a 1

1.1 Zweck der Vorschrift: Wahrung des Interesses des Schuldners an wertrichtiger Veräußerung des Grundstücks mit erweiterter Befriedigung des Erstehers durch Anrechnung des Grundstückswertes (bis zur $^7/_{10}$-Wertgrenze) auf sein ausfallendes Recht.

1.2 Anwendungsbereich: § 114 a gilt für alle Versteigerungsverfahren des ZVG, auch für die Teilungsversteigerung, aber für Schiffe zum Teil nicht (Rdn 4).

Erweiterte Anspruchsbefriedigung des Erstehers 2

2.1 Mit **erweiterter Befriedigung** des Erstehers regelt § 114 a eine **materiellrechtliche Folge** des Zuschlags. Diese Befriedigungsfiktion entspricht Grundsätzen der wirtschaftlichen Gerechtigkeit[1]. Durch Deckung des Rechts des Erstehers bis zur $^7/_{10}$-Wertgrenze gewährleistet § 114 a Schutz des Schuldners (Eigentümers), weil dem Berechtigten, der bei seinem geringen eigenen Gebot bei Erlösverteilung nicht zum Zuge kommen kann, als Ersteher mit dem Grundstück ein Gegenwert zugute kommt. Mit dem Grundgesetz ist § 114 a vereinbar[2] (nicht richtig[3]).

2.2 Wenn ein zur Befriedigung aus dem Grundstück **Berechtigter** nur an die untere Grenze seines Rechts heranbietet, kann wertrichtige Veräußerung des Grundstücks durch Zwangsversteigerung daran scheitern, daß kein anderer Erwerbsinteressent mehr zu bieten wagt oder an einem Gebot interessiert ist. Für Erzielung eines Meistgebots müßten andere Interessenten den zur „Rettung seines Rechts" bietenden Berechtigten erfahrungsgemäß ausbieten (überbieten). Wenn demnach die Konkurrenz der Bieter (dazu Rdn 10) praktisch ausgeschaltet bleibt und der Berechtigte mit Erteilung des Zuschlags zu einem geringen Gebot das Grundstück billig erwerben kann, bei Erlösverteilung aber gleichwohl ganz oder zum Teil ausfällt, würden der Schuldner (Eigentümer) und unter Umständen noch andere Beteiligte (Berechtigte) zu Schaden kommen. Der Ersteher hätte das Grundstück auf Grund seiner Gläubigerstellung günstig erworben. Er könnte gleichwohl eine persönliche Forderung, die wegen des unzulänglichen Erlöses im Verteilungsverfahren (ganz oder teilweise) keine Zuteilung erhalten, somit ungedeckt bleiben (ausfallen) würde, gegen den Schuldner, gegen einen Bürgen, aus anderen Pfandrechten oder an sonst mithaftenden Sicherheiten usw weiter geltend machen. Er könnte weiter mithaftende Grundstücke (BGB § 1132, bei Grundschuld mit BGB § 1192 Abs 2) und weitere Sicherungsrechte verfolgen, die Zahlung eines Grundschuldbetrags gewährleisten (Anspruch aus [vielfach üblichem] abstraktem Schuldversprechen, aus Garantieversprechen usw).

Beispiel: Geringstes Bargebot 50 000 DM, erlöschendes Recht A zu 50 000 DM, betreibender und bietender Gläubiger B mit Recht zu 100 000 DM, weitere Rechte. B bietet 100 000 DM (= geringstes Bargebot + Recht A), kann bis 200 000 DM bieten und bleibt dabei innerhalb seines Rechts, kann nur mit mehr als 200 000 DM überboten werden, bietet darum nur an sein Recht heran, nämlich wie hier 100 000 DM; fällt mit den ganzen 100 000 DM aus und behält die persönliche Forderung und andere Sicherungsrechte gegen den Schuldner sowie Dritte.

---

[1] Schiffhauer Rpfleger 1970, 316; Jonas/Pohle, ZwVNotrecht, § 114 a Anm 1.
[2] BGH 117, 8 = DNotZ 1993, 107 = KTS 1993, 304 = MDR 1992, 369 = NJW 1992, 1702 = Rpfleger 1992, 264; Stöber, ZVG-Handbuch, Rdn 571 a.
[3] Häusele KTS 1991, 47.

§ 114 a 2.2

Solche unbillige Auswirkung der Zwangsversteigerung auf die Rechtsbeziehung des Schuldners (Eigentümers) zu dem am Grundstück Berechtigten soll § 114 a verhindern[4]. Begrenzung der Befriedigung auf $7/10$ des Grundstückswertes dient dem Gläubigerinteresse[5]; der mit dem Grundstück erlangte Gegenwert soll bei fehlender Bieterkonkurrenz nicht einseitig zu seinen Lasten Bedeutung erlangen.

Beispiel wie vorher: Festgesetzter Grundstückswert 200 000 DM, $7/10$- Grenze also 140 000 DM; B gilt in Höhe von 40000 DM als befriedigt, weil er bei einem $7/10$-Gebot von 140 000 DM mit diesem Teilbetrag zum Zuge gekommen wäre.

2.3 Grundgedanke der Vorschrift: Ein Befriedigungsberechtigter, der das Grundstück einsteigert, ist nicht gezwungen, seine Forderung (sein Recht) auszubieten; er wird sich bemühen, möglichst billig zu erwerben. Er gilt dann aber mit seinem niedrigen Gebot insoweit als befriedigt, als seine Ansprüche bei einem Gebot in Höhe von $7/10$ des Grundstückswertes gedeckt sein würden. Der zur Befriedigung aus dem Grundstück berechtigte Ersteher und der Schuldner (Eigentümer) werden damit rechtlich so gestellt, als ob der Berechtigte ein Gebot abgegeben hätte, das $7/10$ des Grundstückswertes erreicht[6]; soweit durch ein solches Gebot sein Anspruch gedeckt, ihm also der Erlös im Verteilungsverfahren zuzuteilen gewesen wäre, gilt er mit dem Zuschlag als befriedigt[6]. Damit wird zugleich baldige Gläubigerbefriedigung mit Grundstücksverwertung durch Zwangsversteigerung gewährleistet. Bei einem Gebot unter der Hälfte des Grundstückswertes müßte der Zuschlag von Amts wegen versagt werden und nochmalige Versteigerung in einem neuen Termin durchgeführt werden (§ 85 a Abs 1, 2). Weil aber mit erweiterter Befriedigung des Erstehers nach § 114 a ein unbilliges Versteigerungsergebnis zu Lasten des Schuldners nicht erzielt und Grundstücksverschleuderung damit ausgeschlossen ist (§ 85 a Rdn 4.1), wird auch bei solchem Versteigerungsergebnis der Zuschlag erteilt (§ 85 a Abs 3).

2.4 Zur **Befriedigung aus dem Grundstück** berechtigt für erweiterte Befriedigung als Ersteher ist jeder nach § 10 Anspruchsberechtigte. Das ist insbesondere der Gläubiger eines Rechts an dem Grundstück (Hypothek und Grundschuld, und zwar auch mit dem Anspruch in Rangklasse 6 sowie 8 des § 10 Abs 1 (zu diesem[7]; anders[8]), und auch mit dem Anspruch aus einem nach § 10 zurückgefallenen Recht. Das ist auch der Berechtigte eines anderen dinglichen Rechts mit Anspruch auf Wertersatz nach § 92) (§ 85 a Rdn 4.2). Befriedigungsberechtigter kann auch ein nur **persönlich betreibender** Gläubiger sein[9] (Rangklasse 5 des § 10 Abs 1). Es kann auch ein **Pfandgläubiger** einer Hypothek sein, der zur Einziehung der Forderung berechtigt ist[10]. „Anspruch", mit dem der Ersteher als befriedigt gilt, ist jedoch nur der Anspruch, mit dem er als Gläubiger nach § 10 Befriedigung aus dem Grundstück verlangen kann[11]. Auf eine Forderung des Erstehers gegen den Schuldner, für die er nach § 10 keine Befriedigung aus dem Grundstück verlangen kann, wirkt sich die Befriedigungsfiktion des § 114 a nicht aus[11]. Wenn der Ersteher Gläubiger einer Sicherungshypothek für eine Darlehensforderung ist, gilt er daher bei Erwerb des Grundstücks seines Arbeitgebers zu einem Gebot unter $7/10$ des Grundstückswerts nicht nach § 114 a auch für seine ungesicherte rückständige Lohn/Gehaltsforderung als befriedigt[11].

---

[4] BGH 108, 248 = KTS 1989, 939 = MDR 1989, 1097 = NJW 1989, 2396 = Rpfleger 1989, 421; BGH 113, 169 (178); BGH 117, 8 = aaO (Fußn 2).
[5] BGH 117, 8 = aaO (Fußn 2).
[6] BGH 99, 110 = DNotZ 1987, 504 = KTS 1987, 339 = MDR 1987, 317 = NJW 1987, 503 = Rpfleger 1987, 120 mit Anm Ebeling.
[7] Hintzen Rpfleger 1994, 34 (Anmerkung).
[8] LG Verden Rpfleger 1994, 34.
[9] BGH 99, 110 = aaO (Fußn 6).
[10] Jonas/Pohle, ZwVNotrecht, § 114 a Anm 2.
[11] BArbG ZIP 1981, 1373.

Erweiterte Befriedigung des Erstehers 2.7 **§ 114 a**

2.5 Für erweiterte Befriedigung nach § 114 a muß die **Berechtigung** zur Befriedigung aus dem Grundstück **bei Wirksamwerden des Zuschlags** (§§ 89, 104) bestehen, nicht auch bereits bei Abgabe des Gebots. Die Befriedigungsfiktion des § 114 a tritt daher auch dann ein, wenn der Meistbietende bei Abgabe des Gebots ein Recht an dem Grundstück noch nicht (oder doch nur ein in der Sieben-Zehntel-Grenze des § 114 a nicht gedecktes Recht) hatte, er jedoch noch vor Entscheidung über den Zuschlag Gläubiger eines solchen Rechts geworden ist (weil es ihm abgetreten wurde, weil er Erbe des Gläubigers des Rechts geworden ist usw; vgl auch § 85 a Rdn 4.7).

2.6 § 114 a ist auch anzuwenden, wenn andere Grundstücke zusammen mit dem versteigerten mit **Gesamthypotheken** belastet sind. Der Gesamthypothekar gilt als aus dem versteigerten Grundstück befriedigt[12]. Besonderheiten ergeben sich, wenn mehrere gesamtbelastete Grundstücke in einem Verfahren versteigert werden; hierzu sei auf[13] mit Berechnungsbeispielen verwiesen.

2.7 a) **Ersteher** für erweiterte Befriedigung nach § 114 a ist der Meistbietende, dem der **Zuschlag erteilt** wird (§ 81 Abs 1).

b) Der **Meistbietende** gilt nach § 114 a auch als (erweitert) befriedigt, wenn er das **Recht aus dem Meistgebot** auf einen Dritten **übertragen hat** und diesem der Zuschlag erteilt wird; auch dann findet die Befriedigungsfiktion des § 114 a Anwendung[14]. Grund (dazu[15]): Für Veräußerung seines Rechts aus dem Meistgebot kann der Meistbietende eine dem Wert des Grundstücks entsprechende Gegenleistung verlangen (darauf, ob er sie auch erzielt, sein Recht somit gewinnbringend veräußert, kommt es nicht an). Insofern steht er wirtschaftlich nicht anders da, als wenn er selbst den Zuschlag erhielte. Der Gesetzeszweck erfordert daher auch entsprechende Anwendung des § 114 a auf diesen Fall. Dann jedoch kann **nicht auch der „andere"**, dem das Recht aus dem Meistgebot abgetreten ist, als Ersteher mit einem zur Befriedigung aus dem Grundstück berechtigenden eigenen Anspruch nach § 114 a erweitert befriedigt sein. Er ist als Zessionar dem Meistbietenden wirtschaftlich (und auch rechtlich) verpflichtet (dazu und zum folgenden[16]). Ob er dem Meistbietenden eine Gegenleistung für Abtretung des Rechts zu leisten hat und wie hoch diese ist, bestimmt sich nach dem schuldrechtlichen Vertrag zwischen beiden (zu diesem § 81 Rdn 4.9). Zwar ist die Abtretung des Rechts aus dem Meistgebot als Verfügungsgeschäft und damit die Verpflichtung des Zessionars als Ersteher zur Zahlung des Meistgebots im Verteilungstermin (§ 49 mit § 107 Abs 2) von schuldrechtlichen Beziehungen unabhängig. Als Schutzvorschrift soll § 114 a den Schuldner (Eigentümer) jedoch so stellen, als hätte das Meistgebot sieben Zehntel des Grundstückswerts erreicht. Daher wird der wirtschaftliche Wert des Grundstücks für den Meistbietenden als erheblich gewertet; die für den Erwerb dieses Grundstückswertes maßgebliche schuldrechtliche Verpflichtung kann bei Abtretung des Meistgebotsrechts daher nicht bedeutungslos bleiben. Es kann deshalb nicht davon ausgegangen werden, daß der Zessionar mit dem Zuschlag als Ersteher das Grundstück zu dem niedrigen Betrag des Meistgebots erworben hat. Wirtschaftlich steht der Zessionar als Ersteher nicht so da wie der Meistbietende, der selbst den Zuschlag erhält. Der Gesetzeszweck gebietet es daher nicht, seinen Grundstückserwerb für eine wirtschaftlich mit dem Meistgebot nicht identische Erwerbsleistung zugunsten des Schuldners so zu be-

---

[12] Jonas/Pohle, ZwVNotrecht, § 114 a Anm 3; Dassler/Schiffhaüer § 114 a Rdn 11.
[13] Jonas/Pohle, ZwVNotrecht, § 114 a Anm. 3.
[14] BGH 108, 248 = aaO (Fußn 4); OLG Celle NJW-RR 1989, 639; OLG Düsseldorf JurBüro 1988, 673; Dassler/Schiffhauer § 114 a Rdn 16; Steiner/Eickmann § 114 a Rdn 11; Stöber, Handbuch, Rdn 575 a; Ebeling Rpfleger 1987, 279 (II 2) und 1988, 400 (402); Kahler MDR 1983, 902.
[15] BGH 108, 248 = aaO (Fußn 4).
[16] Stöber, ZVG-Handbuch, Rdn 575 a.

§ 114 a 2.7 Verteilung des Erlöses

handeln, als habe er selbst das niedrige Meistgebot abgegeben und unmittelbar dafür den wirtschaftlichen Wert des Grundstücks erworben. Somit kann die Befriedigungsfiktion des § 114 a ZVG auch gegenüber dem Zessionar nicht gelten, dem das Recht aus dem Meistgebot abgetreten ist. Das gilt auch dann, wenn der Meistbietende keinen Anspruch auf Befriedigung aus dem Grundstück oder nur Anspruch außerhalb des nach § 114 a erheblichen Grundstückswerts hat, jedoch der Zessionar des Rechts aus dem Meistgebot zur Befriedigung aus dem Grundstück berechtigt ist (Folge daher: Versagung des Zuschlag, § 85 a Rdn 4.8). Früher anderer Ansicht (so[17]), nach der Befriedigungswirkung zugleich gegenüber dem Ersteher und den Meistbietenden gelten soll, so daß die Ausgleichsrechnungen jeweils beide umfassen müssen, kann nicht gefolgt werden (dazu § 85 a Rdn 4.8).

c) Wenn das Recht aus dem Meistgebot nach Übertragung auf einen Dritten **erneut** (auch wiederholt) **abgetreten** worden ist, findet die Befriedigungsfiktion des § 114 a in gleicher Weise Anwendung. Es gilt auch dann nur der Meistbietende als (erweitert) befriedigt, nicht jedoch der „andere", der nach Abtretung zunächst Berechtigter war und auch nicht der letzte Zessionar, dem nach § 81 Abs 2 Zuschlag zu erteilen wäre (anders[18]).

d) Bei Erteilung des Zuschlags an den **verdeckten** (stillen) **Vollmachtgeber** (§ 81 Abs 3) ist dieser (nicht der vertretene Bieter) Ersteher für erweiterte Befriedigung nach § 114 a.

2.8 Wenn der zur Befriedigung aus dem Grundstück Berechtigte nicht selbst geboten hat, sondern durch einen **Strohmann** (kann auch der Ehegatte sein), einen uneigennützigen Treuhänder oder eine von ihm abhängige Gesellschaft (zu dieser auch[19]) das Grundstück zu einem Betrag unter der $^7/_{10}$-Grenze ersteigern ließ, um sich dessen Wert zuzuführen, muß er sich nach § 114 a so behandeln lassen, als hätte er das Gebot selbst abgegeben[20]. Auch dann findet § 114 a Anwendung, wenn ein den vollstreckenden Gläubiger beherrschendes Unternehmen – selbst oder über einen von ihm abhängigen Dritten – das Grundstück ersteigert hat und der Gläubiger im Versteigerungstermin nicht als Bietkonkurrent des herrschenden Unternehmens auftreten konnte[20]; im aktienrechtlichen und im qualifizierten faktischen GmbH-Konzern wird das vermutet, wenn das Herrschende Unternehmen das Grundstück selbst oder mittelbar ersteigert hat[20].

2.9 § 114 a gilt für **alle Termine** des Versteigerungsverfahrens, auch wenn dies ein späterer Termin ist, in dem § 74 a selbst nicht mehr gilt[21].

3 Erweiterte Befriedigung des Erstehers: Wirkungen

3.1 Erweitert befriedigt gilt der Ersteher nach § 114 a **in Höhe** seines Anspruchs bis zu dem Betrag, mit dem er bei einem Gebot in Höhe von **sieben Zehnteilen** des Grundstückswertes gedeckt sein würde. **Grundstückswert** ist der nach § 74 a Abs 5 festgesetzte Wert[22] (§ 74 a Rdn 2.5); dazu gehört auch der Wert des mitversteigerten Zubehörs[23] (vgl § 74 a Abs 5). Diesen Wert berücksichtigen die Beteiligten und Bieter im Versteigerungstermin und im Verfahren über den Zuschlag[24]; ihn stellen Beteiligte, wenn sie als Bieter auftreten, in Rechnung, insbe-

---

[17] Dassler/Schiffhauer § 114 a Rdn 17; Mohrbutter/Drischler Muster 110 Anm 8; Jonas/Pohle, ZwVNotrecht, § 114 a Anm 2; Ebeling Rpfleger 1985, 279 (II 2); Kahler MDR 1983, 902.
[18] Dassler/Schiffhauer § 114 a Rdn 18.
[19] OLG Celle Rpfleger 1989, 118 mit insoweit zust Anm Muth.
[20] BGH 117, 8 = aaO (Fußn 2).
[21] Dassler/Schiffhauer § 114 a Rdn 1; Jonas/Pohle, ZwVNotrecht, § 114 a Anm 1 a; Schiffhauer Rpfleger 1970, 316 (5); Riggers JurBüro 1969, 195 (8).
[22] BGH 99, 110 = aaO (Fußn 6); BGH 117, 8 = aaO (Fußn 2).
[23] BGH 117, 8 (= aaO Fußn 2).
[24] BGH 99, 110 = aaO (Fußn 6).

sondere wenn sie durch § 114 a betroffen werden können[24]; das Vollstreckungsgericht legt ihn bei Erteilung des Zuschlags im Falle des § 85 a Abs 3 zugrunde. Er ist daher auch im Erkenntnisverfahren über die (materielle) Wirkung des Zuschlags nach § 114 a maßgeblich[25] (kritisch dazu[26]; für Anwendung des Wertes nach § 74 a Abs 5 auch[27] gegen sie[28]). Neue Tatsachen würden schon im Versteigerungsverfahren Überprüfung und Änderung (Neufestsetzung) des Wertes erfordern (§ 74 a Rdn 7.20; zur Versteigerung vor Wertänderung[29]); kleinliche Korrekturen verbieten sich jedoch. Wenn Wertänderung nicht veranlaßt war und nicht erfolgt ist, darf auch das Prozeßgericht nicht von einem anderen Wert ausgehen als dem, der Grundlage der Gebote war. Eine Ausnahme erscheint aber gerechtfertigt, wenn zwischen Versteigerung und Zuschlag Umstände eingetreten sind, etwa Brand-, Sturm- oder Erdbebenschäden, die den Wert des Grundstücks tatsächlich verändert haben, und der Zuschlag auf der Grundlage der alten Wertfestsetzung erfolgt ist[30]. Das wird auch gelten müssen, wenn nach Wertfestsetzung neue Tatsachen Überprüfung und Änderung (Neufestsetzung) des Wertes erfordert hätten, diese aber für einen zweiten Versteigerungstermin (§ 74 a Abs 4, § 85 a Abs 2 Satz 2) nicht erfolgt ist (dazu § 74 a Rdn 7.9 und 7.20).

3.2 Für erweiterte Befriedigung des Erstehers bis zur Höhe seines Anspruchs bestimmt ist der **Differenzbetrag,** der sich bei dem baren Meistgebot **des Erstehers** (ohne Meistgebotszinsen nach § 49 Abs 2) zuzüglich bestehenbleibende Rechte (Rechte in Abteilung II mit dem Ersatzwert nach § 51 Abs 2) und sieben Zehnteln des Grundstückswertes ergibt. Kapitalwert der bestehenbleibenden Rechte und bares Meistgebot sind als Verwertungserlös Gegenwert, den der Ersteher für Erwerb des Grundstücks leistet. Der Differenzbetrag bis zur $^{7}/_{10}$-Wertgrenze wird für erweiterte Befriedigung herangezogen, weil der Ersteher für den Grundstückserwerb bei geringem Gebot für diesen weiteren Grundstückswert keine Gegenleistung aufzubringen hat.

Beispiel (aus ZVG-Handbuch Rdn 570): Grundstückswert 100 000 DM; Zuschlag an Gläubiger einer erstrangigen Hypothek zu 80 000 DM für ein Meistgebot von 55 000 DM; keine bestehenbleibenden Rechte. Erlösverteilung: Kosten (§ 109) und öffentliche Lasten, angenommen mit 3000 DM; Kosten des erstrangigen Hypothekengläubigers (§ 10 Abs 2), angenommen mit 750 DM; Zinsen, angenommen mit 9600 DM; Hauptsache- Teilbetrag 41 650 DM. Gesamtzuteilung 55 000 DM. Bei einem Gebot im Betrag der $^{7}/_{10}$-Grenze wären weiter gedeckt (70 000 DM − 55 000 DM =) 15 000 DM. Auch in Höhe dieses weiteren Betrags von 15 000 DM gilt der Hauptsacheanspruch des Erstehers gemäß § 114 a als aus dem Grundstück befriedigt. Wäre in diesem Fall eine erstrangige zinslose Grundschuld mit 10 000 DM bestehengeblieben, dann wäre dem baren Meistgebot von 55 000 DM dieser Kapitalwert des Rechts zuzurechnen. Gesamtbetrag damit 65 000 DM. Bei einem Gebot im Betrag der $^{7}/_{10}$-Grenze wären damit weiter gedeckt nur (70 000 − 65 000 DM =) 5000 DM. Der Hauptsacheanspruch

---

[25] BGH 99, 110 = aaO (Fußn 6); BGH 117, 8 = aaO (Fußn 2).
[26] Muth Rpfleger 1987, 89 (IV und VI 2); Weber und Beckers WM 1988, 1 (II 1).
[27] KG Berlin JurBüro 1969, 260 = Rpfleger 1968, 403; OLG Frankfurt JurBüro 1976, 533 mit zust Anm Mümmler; Steiner/Eickmann/Storz § 74 a Rdn 77, 78 und § 114 a Rdn 14; Jonas/Pohle, ZwVNotrecht, § 114 a Anm 2; Drischler RpflJahrbuch 1978, 360 (B 10 a); Grohmann JurBüro 1970, 559; Jansen in Besprechung zu Wilhelmi/Vogel, ZVG, NJW 1956, 1061; Leyeseder NJW 1955, 1427; Lorenz MDR 1961, 371; Mohrbutter MDR 1955, 711 (2), KTS 1958, 81 (Fußn 27) sowie KTS 1977, 89 Fußn 1; Riggers JurBüro 1968, 777 (1 c); Schiffhauer MDR 1963, 901 (1); Vogel MDR 1953, 523; Worm KTS 1961, 119.
[28] Dassler/Schiffhauer § 114 a Rdn 3; Schiffhauer KTS 1968, 218 (IV, V) und KTS 1969, 165 (II, VII) sowie Rpfleger 1970, 316 (5); Nikoleit BWNotZ 1965, 48 (II d und III 1); Spies NJW 1955, 813; Mohrbutter/Drischler Muster 101 Anm 3.
[29] OLG Koblenz MDR 1988, 682.
[30] BGH 99, 110 = aaO (Fußn 6).

§ 114 a 3.2 Verteilung des Erlöses

des Erstehers wäre dann in Höhe dieses weiteren Betrags von 5000 DM gemäß § 114 a aus dem Grundstück befriedigt.

3.3 Als aus dem Grundstück befriedigt gilt der Ersteher bis zur Höhe des Differenzbetrags zur $^7/_{10}$-Wertgrenze (Rdn 3.2) **in Höhe seines Anspruchs.** Ist dieser geringer als der Differenzbetrag zur $^7/_{10}$-Wertgrenze, dann ist der Anspruch des Erstehers voll befriedigt. Wirkung auch in Höhe des verbleibenden (damit nicht verbrauchten) Differenzbetrags äußert der Zuschlag nicht. Ist der Anspruch des Erstehers größer als der für erweiterte Befriedigung bestimmte Differenzbetrag, dann werden bei der erweiterten Befriedigungsrechnung nach § 12 (anders[31]: nach BGB § 376) zuerst **Kosten,** dann wiederkehrende Leistungen **(Zinsen)** und andere Nebenleistungen und zuletzt der **Hauptsacheanspruch** gedeckt. In Höhe des nicht durch den Differenzbetrag gedeckten (nach § 114 a befriedigten) Anspruchs des Erstehers bleibt es dann beim Ausfall des Erstehers. Haben Ansprüche aus einem Recht des Erstehers mehrere Rangklassen (insbesondere Rangklasse 4 und 8 des § 10 Abs 1), dann bestimmt sich die Befriedigung nach der Rangordnung der Ansprüche (§ 10 Rdn 1.4). Auch mehrere Ansprüche des Erstehers aus verschiedenen Rechten am Grundstück oder Anspruch aus einem Grundstücksrecht und einer Beschlagnahmeforderung werden nach ihrer Rangordnung befriedigt (§ 10 Rdn 1.4), bei gleichem Rang nach dem Verhältnis der Beträge. Auch in solchen Fällen bleibt es in Höhe des nicht durch den geringeren Differenzbetrag gedeckten (nach § 114 a befriedigten) Anspruch des Erstehers beim Ausfall.

3.4 Die erweiterte Befriedigungswirkung für den Ersteher tritt mit der **Zuschlagswirksamkeit** (§§ 89, 104) ein[32] (anders[33]: maßgeblich ist Erlösverteilungstermin; nicht richtig). Daher ist Verzicht auf eine Grundschuld (deren Erlösanspruch) nach Zuschlagswirksamkeit nicht mehr möglich (anders[34]; nicht richtig). Die (fiktive) Befriedigung nach § 114 a hat die gleiche Wirkung wie die Zahlung aus dem in Geld vorhandenen baren Versteigerungserlös. Die Befriedigungswirkung hat mithin fiktive Erfüllung der im Verteilungsverfahren nach § 10 zu berücksichtigenden Ansprüche des Erstehers auf Befriedigung aus dem zwangsversteigerten Grundstück zur Folge. Damit gilt der Gläubigeranspruch des Erstehers auf Befriedigung aus dem Grundstück (§ 10) als vom Eigentümer berichtigt. Ein Bürge oder Mithaftender wird frei[35], andere (abstrakte) Sicherungsrechte „haften" der Forderung nicht mehr. Auswirkung auf Mithaft anderer Grundstücke: BGB §§ 1181, 1182. Einem Ausbietungsgaranten gegenüber kann sich der von einem erstattungspflichtig in Anspruch genommene Schuldner (Eigentümer) auf die Befriedigungsfiktion des § 114 a berufen[36]. Im Konkurs des Vollstreckungsschuldners kann der Ausfall nicht mehr geltend gemacht werden[37].

3.5 Der Anspruch eines Berechtigten in Rangklassen 1–3 (auch 7) des § 10 Abs 1 und die Forderung des persönlich betreibenden Gläubigers (Rangklasse 5) **erlöschen mit Befriedigung** nach § 114 a Satz 1 aus dem Grundstück. Als Gläubiger einer **Hypothek** ist an den Ersteher mit (fiktiver) Befriedigung Zahlung der Geldsumme (mit ihren wiederkehrenden Leistungen und anderen Nebenleistungen, auch soweit sie in Rangklasse 8 fallen, Rdn 2.4, sowie Kosten) zur Befriedigung (seines dinglichen Anspruchs) aus dem Grundstück im Wege der Zwangsvollstreckung erfolgt (BGB § 1113 mit § 1147). Die Fiktion der Befriedigung des

---

[31] Jonas/Pohle, ZwVNotrecht, § 114 a Anm 2.
[32] BGH Betrieb 1979, 2418 = KTS 1980, 50 = MDR 1979, 1018; Jonas/Pohle, ZwVNotrecht, § 114 a Anm 5.
[33] Muth Rpfleger 1987, 89 (III 3 und VI 2).
[34] Muth Rpfleger 1987, 89 (III 3).
[35] Jonas/Pohle ZwVNotrecht, § 114 a Anm 2; Schiffhauer Rpfleger 1970, 316 (3).
[36] OLG Celle Rpfleger 1989, 118 mit insoweit abl Anm Muth.
[37] Jonas/Pohle, ZwVNotrecht, § 114 a Anm 2.

Erweiterte Befriedigung des Erstehers 3.6 § 114 a

(bereits mit dem Zuschlag nach § 91 Abs 1 erloschenen, somit kein Fall von BGB § 1181 Abs 1, nicht richtig daher[38]) dinglichen Rechts bewirkt damit, daß die gesicherte (persönliche) Forderung ebenfalls erlischt[38]. Diese erweiterte Befriedigung nach § 114 a tritt auch ein, wenn der Schuldner (als Grundstückseigentümer) nur dinglich gehaftet hat, somit nicht persönlicher Schuldner der durch die Hypothek an seinem Grundstück gesicherten Forderung war.

3.6 a) Der Gläubiger einer **Grundschuld** hat Anspruch auf Befriedigung aus dem Grundstück (§ 10 Abs 1 Nr 4) mit der aus diesem zu zahlenden bestimmten Geldsumme (BGB § 1192 Abs 1) samt etwaigen Zinsen und anderen Nebenleistungen (BGB § 1191 Abs 2) sowie den Rechtsverfolgungskosten (§ 10 Abs 2). Als Gläubiger einer Grundschuld ist an den Ersteher mit (fiktiver) Befriedigung **Zahlung dieser Geldsumme** zur Befriedigung (seines dinglichen Anspruchs) **aus dem Grundstück** im Wege der Zwangsvollstreckung **erfolgt** (BGB § 1191 mit § 1147 und § 1192 Abs 1). Die (fiktive) Befriedigung dieses dinglichen Gläubigeranspruchs ist (wie auch die Grundschuld selbst in ihrem dinglichen Bestand, § 114 Rdn 7) von einer Forderung nicht abhängig (nicht akzessorische Natur der Grundschuld). Einer Forderung, die nach **schuldrechtlicher Sicherungsabrede** durch die Grundschuld gesichert ist (§ 114 Rdn 7.6) kommt für Wirksamkeit und Umfang der fiktiven Befriedigung (ebenso wie für Erwerb der Grundschuld durch ihren Gläubiger und deren Fortbestand als Grundstücksbelastung) daher keine Bedeutung zu. Der Ersteher ist daher auch als Gläubiger einer (sogenannten) isolierten Grundschuld (fiktiv) nach § 114 a aus dem Grundstück befriedigt. Für diese Zuschlagswirkung ist bedeutungslos, ob die Grundschuld keine Forderung sichert, weil ein Sicherungsvertrag als schuldrechtliche Abrede über die Verwendung der Grundschuld als Sicherungsrecht nicht (oder nicht wirksam) vereinbart ist oder weil mit vertragsgemäßer Verwertung der Grundschuld die fiduziarische Zweckbindung zwischen Grundschuld und gesicherter Forderung aufgehoben ist[39] oder weil mit gutgläubigem Erwerb Einreden aus dem Sicherungsvertrag ausgeschlossen sind. Gleichermaßen ist nur der (dingliche) Anspruch des Erstehers als Gläubiger der Grundschuld, dieser aber (bis zur Sieben-Zehntel-Wertgrenze) in dem vollem Umfang, in dem die Grundschuld ein Recht auf Zahlung aus dem Grundstück gewährt (§ 10 Abs 1 mit BGB § 1191) auch dann befriedigt, wenn die Grundschuld (nach schuldrechtlicher Sicherungsabrede, § 114 Rdn 7) der Sicherung einer Forderung gedient hat (so auch[40]). Das gilt auch, wenn eine durch Grundschuld gesicherte Forderung nicht vom Eigentümer, sondern von einem Dritten geschuldet ist; darauf, wer Forderungsschuldner ist, kommt es bei der Grundschuld so wenig an wie bei der Hypothek.

b) Verwendung der **Grundschuld als Sicherungsrecht** für Forderungen beruht auf einem (schuldrechtlichen) Sicherungsvertrag (BGB §§ 241, 305). Er berührt die (sachenrechtliche) Selbständigkeit der Grundschuld und damit den (dinglichen) Anspruch ihres Gläubigers auf Zahlung aus dem Grundstück (BGB § 1191, auch ZVG § 10 Abs 1 Nr 4) nicht. Begründet werden durch den Sicherungsvertrag nur **schuldrechtliche Rechtsbeziehungen.** Sie beschränken mit nur schuldrechtlicher Wirkung die Berechtigung des Gläubigers der Grundschuld auf den Sicherungszweck (BGB § 137 Satz 2). Mit der weitergehenden dinglichen Rechtsmacht des Gläubigers der Grundschuld begründen sie für den Eigentümer auf Grund des zwischen beiden bestehenden Rechtsverhältnisses eine Einrede gegen die Grundschuld, die auch einem neuen Gläubiger der Grundschuld entgegengesetzt werden kann (BGB § 1157 mit § 1192 Abs 1 mit Ausnahme bei Gutglaubensschutz). Nach dem Sicherungsvertrag bestimmt sich, für welche Forderung der Gläubiger die Grundschuld in Anspruch nehmen (geltend machen) darf (§ 114 Rdn 7.6). Nur

---

[38] BGH 99, 110 = aaO (Fußn 6).
[39] BGH DNotZ 1979, 497 = NJW 1979, 717 = Rpfleger 1979, 128.
[40] Bauch Rpfleger 1987, 457.

§ 114 a 3.6 Verteilung des Erlöses

aus dem Sicherungsvertrag kann daher auch bestimmt werden, welche **Wirkung die Befriedigung** des (dinglichen) Anspruchs aus der Grundschuld **für die** nach schuldrechtlicherAbrede gesicherte **Forderung** hat[41]. Wenn der Eigentümer des Grundstücks den Gläubiger der Grundschuld (BGB § 1142 mit § 1192) befriedigt, muß dabei nach dem unterschiedlichen Inhalt der Rechtsbeziehungen differenziert werden. Ist der Eigentümer, der auf die Grundschuld zahlt, als Sicherungsgeber zugleich (persönlicher) Schuldner der Forderung, dann wird (auch ohne ausdrückliche Tilgungsbestimmung) in der Regel angenommen, daß damit zugleich die (zahlbare, BGB § 271 Abs 2) gesicherte Forderung erfüllt wird[42]. Wenn der Eigentümer nicht zugleich auch Forderungsschuldner ist (dinglicher Schuldner und Forderungsschuldner somit nicht identisch sind), berührt eine Ablösung der Grundschuld durch den Eigentümer den Bestand der persönlichen Forderung nicht (sofern aus Vereinbarungen im Einzelfall nichts Gegenteiliges herzuleiten ist)[43] (auch zu den Rechtsbeziehungen im übrigen). Gleichermaßen bestimmt sich nur nach den schuldrechtlichen Beziehungen des Grundschuldgläubigers zum Eigentümer und Vollstreckungsschuldner, somit nur aus dem Sicherungsvertrag, ob und inwieweit die tatsächliche oder auch die nach § 114 a fingierte Befriedigung des Anspruchs aus der Grundschuld die (gesicherte) persönliche Forderung erlöschen läßt[44].

3.7 a) Anspruch auf **Rückgewähr der Grundschuld** hat der Sicherungsgeber (sein Rechtsnachfolger) gegen den Gläubiger der Grundschuld, wenn dieser nach Erledigung des Sicherungszwecks (Nichtentstehen oder Erlöschen der nach der Sicherungsabrede gesicherten Forderung, aber auch nach deren Deckung aus einem Verwertungserlös) die mit Grundschuldbestellung erlangte Sicherheit freizugeben hat (§ 114 Rdn 7.7). Der Anspruch besteht mit dem Erlöschen der Grundschuld fort als Anspruch auf Rückgewähr des an ihre Stelle getretenen Versteigerungserlöses und mit Ausführung des Teilungsplans (§§ 117, 118) als Anspruch auf Herausgabe der empfangenen Versteigerungserlöses (Anspruch auf Auskehrung des Mehrerlöses; dazu[45]). Auszukehrender **Mehrerlös** ist der mit Verwertung der Grundschuld als Sicherungsrecht bei Befriedigung aus dem Grundstück erlangte Erlös, den der Gläubiger nicht vereinbarungsgemäß für die nach Bestimmung des Sicherungsvertrags zu deckende Forderung in Anspruch nehmen und behalten darf. Für den schuldrechtlichen Anspruch auf Rückgewähr und damit auch auf Auskehrung des Mehrerlöses begründet es keinen Unterschied, ob der Gläubiger der Grundschuld mit Planausführung (§§ 117, 118) tatsächliche oder nach § 114 a fingierte Befriedigung des Anspruchs aus der Grundschuld erlangt hat. Auch mit Befriedigung aus dem Grundstück nach § 114 a als materiellrechtliche Zuschlagsfolge erlangt der Anspruch des am Grundstück dinglich Berechtigten (BGB §§ 1191 mit ZVG § 10 Abs 1 Nr 4), bei der Grundschuld somit der dingliche Anspruch ihres Gläubigers, Befriedigung. Auch in diesem Fall ist daher der über seine Forderung hinaus aus dem Grundstück befriedigte Gläubiger zur Rückgewähr (Auskehr) des aus dem Grundstück erlangten Mehrerlöses verpflichtet.

b) Nach anderer Ansicht[46] (auch[47] in Widerspruch zu § 85 a Abs 3) soll bei der Sicherungsgrundschuld Befriedigungswirkung nach § 114 a nur in Höhe der gesicherten Forderung (nur für den „valutierten" Teil des Grundpfandrechts) eintreten. Befriedigung des Erstehers nach § 114 a soll der Zuschlag für den Teil der

---

[41] BGH 99, 110 = aaO (Fußn 6).
[42] BGH DNotZ 1981, 389 = MDR 1981, 38 = NJW 1980, 2198 = Rpfleger 1980, 337.
[43] BGH 80, 228 = KTS 1981, 584 = MDR 1981, 660 = NJW 1981, 1554; BGH NJW 1987, 838; BGH ZIP 1988, 1096.
[44] BGH 99, 110 = aaO (Fußn 6).
[45] BGH JurBüro 1975, 751 = MDR 1975, 567 = NJW 1975, 980.
[46] OLG München BayJMBl 1953, 246; Huber, Sicherungsgrundschuld (1965), § 22 a Fußnote 3; Jonas/Pohle, ZwVNotrecht, § 114 a Anm 2.
[47] LG Hanau Rpfleger 1988, 77 (78).

Grundschuld in der $^7/_{10}$-Wertgrenze nicht bewirken, der keine Forderung sichert (weil dann eine persönliche Forderung, deren Befriedigung fingiert werden könnte, nicht besteht). Dieser Ansicht ist nicht zu folgen. Sie verkennt die sachenrechtliche Selbständigkeit der Grundschuld und die Bedeutung der mit Abschluß des Sicherungsvertrags begründeten (nur) schuldrechtlichen Beziehungen zwischen den Beteiligten. Wenn die persönliche Forderung hinter dem Betrag zurückbleibt, für den der Ersteher nach § 114 a als befriedigt gilt, soll er nach abweichender Ansicht[48] auch nur „die Differenz zwischen diesen Beträgen nicht an den persönlichen Schuldner und Eigentümer auszufolgen haben, auch wenn er das bei einem Gebot des zu $^7/_{10}$ des Grundstückswerts" zu tun hätte. Bestand und Umfang sowie auch Zahlbarkeit (BGB § 271 Abs 2) einer durch die Grundschuld gesicherten Forderung können schon angesichts der Unsicherheiten, die den mit Sicherungsvertrag begründeten Rechtsbeziehungen innewohnen, das Ausmaß der Befriedigung des dinglichen Anspruchs des Gläubigers der Grundschuld jedoch nicht bestimmen. Das gebietet die Bedeutung, die der Befriedigungswirkung des § 114 a für die Entscheidung über den Zuschlag nach § 85 Abs 3 zukommt. Für Schutz des Schuldners erfordern Grundsätze der Rechtsklarheit und Praktikabilität zur Erteilung des Zuschlags an einen Berechtigten nach der Sonderbestimmung des § 85 a Abs 3 sichere und zuverlässige Feststellung des Versteigerungsergebnisses. Diese gewährleistet jedoch nur der dingliche Anspruch des Gläubigers einer Grundschuld. Wenn der Zuschlag ihm daher erteilt wird, weil mit weitergehender Befriedigung des (nach § 10 Abs 1 Nr 4 am Grundstück allein mit seinem dinglichen Anspruch berechtigten) Gläubigers der Grundschuld Verschleuderung des Grundstücks ausgeschlossen ist (§ 85 a Rdn 4.1), bestimmt dieses Versteigerungsergebnis auch die Abwicklung der schuldrechtlichen Rechtsbeziehungen der Beteiligten. Das gilt nicht nur für die Frage, ob auch eine gesicherte Forderung mit Erfüllung erlischt (dazu Rdn 3.6 zu b), sondern ebenso für den (schuldrechtlichen) Anspruch auf Rückgewähr der Sicherheit nach Erledigung des Sicherungszwecks. Inhalt und Zweck des § 114 a erschöpfen sich zudem nicht darin, zu verhindern, daß der Ersteher das Grundstück günstig erwirbt und gleichwohl eine ausgefallene Forderung weiter geltend machen kann (Rdn 2.2). Die Bestimmung gewährleistet auch grundsätzlichen Schutz des Schuldners mit Anrechnung des Gegenwertes, der dem Ersteher zugute kommt, weil wertrichtige Veräußerung des Grundstücks mit Ausschaltung der Konkurrenz der Bieter (dazu Einl Rdn 10) im Einzelfall nicht gegeben ist und für Wahrung der Interessen des Berechtigten ein Gebot an der unteren Wertgrenze seines Rechts ausreicht (dazu Rdn 2.1 und 2.2).

c) Befriedigungswirkung nach § 114 a in Höhe des dinglichen Anspruchs des Gläubigers der Grundschuld (des Nennbetrags der Grundschuld) mit der Folge, daß der damit über eine (gesicherte) Forderung hinaus aus dem Grundstück gedeckte Grundschuldgläubiger zur Rückgewähr (Auskehr) des aus dem Grundstück erlangten Mehrerlöses verpflichtet ist, gebietet ebenso die Berücksichtigung der Grundschuld für Ausschluß des Antragsrechts eines nachrangigen Berechtigten auf Versagung des Zuschlags nach § 74 a Abs 1. Dafür, ob ein Berechtigter bei einem Gebot in Höhe von sieben Zehnteilen des Grundstückswertes voraussichtlich gedeckt sein würde und daher nach § 74 a Abs 1 antragsberechtigt ist, wird eine ihm im Rang vorgehende Grundschuld des Meistbietenden (ebenso wie die eines Dritten) mit ihrem (vollen) Nennbetrag (ohne Rücksicht auf schuldrechtliche Beziehungen der Beteiligten) berücksichtigt (§ 85 a Rdn 2.10). Das gebietet nicht nur die eindeutige Bestimmung des § 74 a Abs 1; vielmehr entspricht das auch Grundsätzen der Rechtsklarheit und Praktikabilität. Beteiligte und Bieter stellen im Versteigerungstermin und im Verfahren über den Zuschlag für Schutz nach

---

[48] BGH 99, 100 = aaO (Fußn 6); beiläufig auch BGH 113, 169 (178) = KTS 1991, 341 = MDR 1991, 529 = NJW 1991, 1063 = Rpfleger 1992, 32; Jonas/Pohle, ZwVNotrecht, § 114 a Anm 5.

§ 114 a 3.7 Verteilung des Erlöses

§ 74 a Abs 1 bei einem Meistgebot unter $7/10$ des Grundstückswertes eine zu deckende Grundschuld mit ihrem dinglichen Anspruch (Nennbetrag) in Rechnung; diesen berücksichtigt das Gericht bei Prüfung einer Antragsberechtigung, wenn festzustellen ist, ob der im Rang nach einer Grundschuld berechtigte Antragsteller bei einem $7/10$-Meistgebot voraussichtlich noch gedeckt sein oder ausfallen würde. Wenn demnach Schutz eines Antragstellers nach § 74 a Abs 1 ausgeschlossen ist (und versagt wird), weil eine mit ihrem Nennbetrag berücksichtigte Grundschuld des Meistbietenden „Grundstücksverschleuderung" (§ 74 a Rdn 1.1) unter $7/10$ des Grundstückswertes ausschließt, kann nach Erteilung des Zuschlags dieser Betrag mit Berücksichtigung schuldrechtlicher Beziehungen nicht plötzlich auf eine gesicherte Forderung zurückgeführt werden. Vielfach ist der mit seinem Antragsrecht nach § 74 a Abs 1 nur wegen Berücksichtigung der Grundschuld mit ihrem Nennbetrag ausgeschlossene Berechtigte zudem nachrangiger Grundpfandgläubiger, der wegen seiner rangschlechten Berechtigung am Grundstück mit Abtretung des Rückgewähranspruchs gegen den Gläubiger der Grundschuld zusätzlich gesichert ist. Ihm kann nicht Schutz nach § 74 a Abs 1 vor Grundstücksverschleuderung wegen (hoher) Berücksichtigung der Grundschuld des Meistbietenden mit ihrem Nennbetrag versagt und dann der Rückgewähranspruch dadurch entzogen werden, daß nach Erteilung des Zuschlags die Befriedigung des Gläubigers dieser Grundschuld mit Berücksichtigung schuldrechtlicher Beziehungen auf eine gesicherte Forderung gemindert wird.

d) Diesem Ergebnis stehen auch Interessen des Erstehers nicht entgegen. Schützenswerte Belange des Gläubigers der Grundschuld als Ersteher sind nicht mit Begrenzung des Betrages seiner (dinglichen) Befriedigung aus dem Grundstück auf ein wirtschaftliches Interesse (sein Interesse an der Deckung einer Forderung aus der dafür als Sicherheit haftenden größeren Grundschuld) gewahrt, sondern mit Beschränkung der Anrechnung auf $7/10$ des Grundstückswertes (Rdn 2.2).

3.8 Stellt sich **nachträglich** heraus, daß der als befriedigt angenommene Anspruch des Erstehers nicht besteht (als Grundstücksbelastung oder anderer Anspruch mit Recht auf Befriedigung aus dem Grundstück tatsächlich nicht bestanden hat), so ist keine Befriedigungswirkung eingetreten. Der Schuldner hat dann aber auch keinen Bereicherungsanspruch insoweit, weil ja nichts geleistet wurde, nur unrichtig das Erlöschen eines nicht oder nicht mehr bestehenden persönlichen Anspruchs angenommen wurde[49] (zur Erteilung des Zuschlags nach § 85 a Abs 3 siehe aber § 85 a Rdn 4.10). Für fehlende Befriedigungsaussicht als Voraussetzung einer Anfechtung (Anfechtungsgesetz § 2) kann ein Meistbietender, der ohne Grund die Versagung des Zuschlags herbeigeführt hat, auch das Meistgebot gegen sich gelten lassen müssen[50].

3.9 Kann der erstehende Gläubiger den § 114 a dadurch **ausschalten,** daß er sich verpflichtet, den aus der Weiterveräußerung des Objekts zu erwartenden Gewinn auf seine nicht bis zur $7/10$-Höhe ausgebotene Forderung zu verrechnen? Die erweiterte Befriedigungswirkung tritt mit der Zuschlagswirkung ein (Rdn 3.4) und damit erlischt der Anspruch des erstehenden Gläubigers; nach diesem Zeitpunkt kann der Schuldner auf die gesetzliche Anrechnung nicht mehr verzichten, weil die Forderung des Gläubigers schon erloschen ist; der Schuldner kann höchstens auf die Einrede des Erlöschens verzichten; dies berührt aber nicht die Wirkung der erweiterten Befriedigung gegenüber Dritten (Mitschuldner, Bürgen). Würde eine solche Vereinbarung schon vor dem Zuschlag erfolgen, so unterläge sie dem Formzwang für ein Schenkungsversprechen nach BGB § 518 Abs 1.

3.10 Die materiellrechtliche Zuschlagsfolge des § 114 a wird im Verteilungsverfahren **nicht festgestellt.** Die Aufgaben des Vollstreckungsgerichts im Verteilungsabschnitt des Zwangsversteigerungsverfahrens werden durch § 114 a nicht

---

[49] Jonas/Pohle, ZwVNotrecht, § 114 a Anm 5.
[50] BGH MDR 1979, 1018 = aaO (Fußn 32).

berührt, insbesondere nicht erweitert. Das Gericht hat nur die Teilungsmasse zu verteilen (§ 107), nicht den Betrag, den sich der Ersteher auf seinen Anspruch über den Betrag des Meistgebots hinaus anrechnen lassen muß. Auf Schuldtitel und Grundpfandrechtsbrief wird die erweiterte Befriedigung nicht vermerkt. Bei Streit zwischen Beteiligten über die materielle Befriedigungswirkung hat das Prozeßgericht zu entscheiden; das Vollstreckungsgericht hat über § 114 a nicht zu entscheiden. Eine Entscheidung des Prozeßgerichts kann herbeigeführt werden bei der Inanspruchnahme des persönlichen Schuldners oder eines Bürgen oder eines mithaftenden Grundstückseigentümers, auch bei negativen Feststellungsklagen, wenn der Gläubiger sich des Fortbestehens eines Anspruchs berühmt bei der Befriedigungsaussichten eines Anfechtungsklägers (Anfechtungsgesetz § 2)[50], oder bei Schadensersatzprozessen wegen Amtspflichtverletzung des Versteigerungsrechtspflegers[51], aber auch bei Geltendmachung des Rückgewähranspruchs.

3.11 Zu einschlägigen Fragen im ZVG-Handbuch Rdn 570–575 a.

Schiffe (Ausnahmevorschrift bei § 114 a) 4

4.1 § 114 a gilt nicht für **Binnenschiffe**. Für sie gilt dafür Binnenschiffahrts-Vollstreckungsschutzgesetz § 14 als Sondervorschrift ähnlichen Inhalts.

4.2 Für **Seeschiffe** hat § 169 a (und ebenso für ausländische Schiffe § 171 Abs 5 Satz 1) nur die Vorschriften der §§ 74 a, 74 b für nicht anwendbar erklärt. § 114 a ist damit entsprechend anwendbar (§ 162 Rdn 3.2).

Zwischenrechte (Satz 2) 5

§ 114 a ist auch anwendbar, wenn zwischen dem Anspruch des Erstehers und dem letzten durch sein tatsächliches Gebot noch gedeckten Anspruch ein **Zwischenrecht** steht, das bei dem tatsächlichen Gebot auch ausfällt, oder wenn Rechte ausfallen, die dem Recht der Erstehers gleichrangig sind. Beide Gruppen dürfen bei der Berechnung der erweiterten Befriedigungswirkung nicht berücksichtigt werden, weil im Gegensatz zu § 74 b in § 114 a nicht verlangt ist, daß der Anspruch des Erstehers im Rang unmittelbar nach dem letzten durch sein tatsächliches Gebot noch gedeckten Recht stehen müsse[52]. Dieser allgemein vertretenen Ansicht widersprach[53] und sagte, auch die ausgefallenen Zwischenrechte müßten berücksichtigt werden, weil allein diese Auslegung dem Wortlaut des § 114 a entspreche. Dieser Ansicht konnte mit[54] nicht zugestimmt werden; zwar stimmte diese Auslegung äußerlich mit dem Wortlaut des § 114 a überein, doch war § 114 a eben nicht streng nach dem Wortlaut auszulegen, sondern nach seinem rechtspolitischen Zweck. Der aber ist es allein, den Vollstreckungsschuldner von ungerechten Verlusten zugunsten des wirtschaftlich stärkeren Gläubigers zu bewahren, also zu verhindern, daß der Gläubiger das Grundstück billig ersteht und dennoch eine hohe Restforderung gegen den Schuldner behält. Nun ist der Streit, ob Zwischenrechte zu berücksichtigen seien, gesetzlich im Sinne dieser Ausführungen geregelt. Die dem Anspruch des Erstehers vorgehenden oder gleichstehenden Rechte, die durch den Zuschlag erlöschen, sind bei der Berechnung nach § 114 a nicht zu berücksichtigen (Satz 2 des § 114 a); der Ausfall von innerhalb der Sieben-Zehntel-Grenze liegenden Zwischenrechten kann damit nicht dem Ersteher zugute kommen. Es wird vielmehr die Verbindlichkeit des Schuldners gegenüber dem Ersteher entsprechend der Höhe des Ausfalls vermindert.

---

[51] Kahler MDR 1983, 903 (C); RG 146, 113.
[52] Jonas/Pohle, ZwVNotrecht, § 114 a Anm 2; Schiffhauer BlGrBW 1971, 63 (XXVI).
[53] BGH 50, 52 = DNotZ 1968, 684 Leitsatz = KTS 1968, 233 = MDR 1968, 571 = NJW 1968, 1676 = Rpfleger 1968, 219.
[54] Schiffhauer Rpfleger 1970, 316, BlGrBW 1968, 205 (XXIV) und BlGrBW 1971, 63 (XXVI).

§ 115

Verteilung des Erlöses

[Verhandlung über den Teilungsplan, Widerspruch]

115 (1) Über den Teilungsplan wird sofort verhandelt. Auf die Verhandlung sowie auf die Erledigung erhobener Widersprüche und die Ausführung des Planes finden die §§ 876 bis 882 der Zivilprozeßordnung entsprechende Anwendung.

(2) Ist ein vor dem Termin angemeldeter Anspruch nicht nach dem Antrag in den Plan aufgenommen, so gilt die Anmeldung als Widerspruch gegen den Plan.

(3) Der Widerspruch des Schuldners gegen einen vollstreckbaren Anspruch wird nach den §§ 767, 769, 770 der Zivilprozeßordnung erledigt.

(4) Soweit der Schuldner durch Sicherheitsleistung oder Hinterlegung die Befriedigung eines solchen Anspruchs abwenden darf, unterbleibt die Ausführung des Planes, wenn die Sicherheit geleistet oder die Hinterlegung erfolgt ist.

1 Allgemeines zu § 115

1.1 Zweck der Vorschrift: § 115 regelt die Verhandlung über den Teilungsplan mit den anzuwendenden Vorschriften und den Rechtsbehelfen.

1.2 Anwendungsbereich: Die Vorschrift gilt für alle Versteigerungsverfahren des ZVG. In der Teilungsversteigerung sind allerdings ZPO §§ 878 ff über die Widerspruchsklage hinsichtlich des Erlösüberschusses nicht anwendbar (hierzu § 180 Rdn 17). Über die Anwendung in der Zwangsverwaltung § 146 Rdn 4, § 156 Rdn 3.

1.3 Zu einschlägigen Fragen des § 115 insbesondere zum Widerspruch, im ZVG-Handbuch Rdn 479–488.

2 Verhandlung: Verfahren allgemein (Absatz 1)

2.1 Über den Teilungsplan muß sofort im Termin verhandelt werden: § 115 Abs 1 Satz 1. Auf diese **Verhandlung** sind die Vorschriften in ZPO §§ 876–882 entsprechend anzuwenden: Abs 1 Satz 2. Muster für die Verhandlung im ZVG-Handbuch Rdn 408. Ausführungen zum Teilungsplan dort Rdn 413–556.

2.2 Verhandelt wird über den nach Anhörung der Beteiligten aufgestellten Teilungsplan (§ 113 Abs 1). Er wird zur Entscheidung des Vollstreckungsgerichts durch seine **Bekanntgabe** im Termin. Die dann noch anschließende Verhandlung hat den Zweck, den Beteiligten Einwendungen mit Widerspruch gegen den aufgestellten Teilungsplan zu ermöglichen, diese durch Verhandlung beizulegen und den Plan zur Ausführung festzustellen, soweit ihm nicht widersprochen ist oder ein Widerspruch sich erledigt hat.

2.3 Falls es zu **Widersprüchen** kommt oder ein solcher bereits vorliegt (Abs 2), ist nach ZPO §§ 876–882 zu verfahren: Abs 1 Satz 2. Wenn kein Widerspruch erhoben wird, wird der Plan sofort ausgeführt: ZPO § 876 Satz 1. Schweigen zum Plan gilt als Einverständnis[1], allerdings nur nach seiner formellen Seite, nicht als Anerkennung der materiellen Richtigkeit[1]. Zwischenberechtigte, die Widerspruch nicht erhoben haben und von einem Widerspruch nicht betroffen sind, dürfen durch die Behandlung des Planes (zB Eventualzuteilung) weder begünstigt noch benachteiligt werden[2].

2.4 Erfolgt ein Widerspruch, so muß sich jeder daran Beteiligte (der widersprochen hat oder dem widersprochen wurde) **sofort erklären:** ZPO § 876 Satz 2. Wird der Widerspruch von den daran Beteiligten als berechtigt anerkannt oder

---

[1] Beyer, Grundsätze des Verteilungsverfahrens (1932), S 51 und 53.
[2] Drischler RpflJahrbuch 1973, 328 (4 c).

Verhandlung über den Teilungsplan, Widerspruch 2.10 **§ 115**

kommt eine andere Einigung zustande, so muß der **Plan geändert** werden: ZPO § 876 Satz 3. Dies gilt auch, wenn das Gericht selbst anderer Ansicht wäre, weil der Wille der Beteiligten entscheidet, die in der Verfügung über den zu verteilenden Erlös frei sind. Wenn aber der Widerspruch hierbei nicht bereinigt werden kann, wird der **Plan ausgeführt,** soweit er nicht vom Widerspruch betroffen ist: ZPO § 876 Satz 4. Im übrigen wird der Plan nach § 124 ergänzt (Hilfsverteilung) und durch Hinterlegung ausgeführt: § 124 Abs 2, § 120.

2.5 Von Beteiligten, die **nicht** zum Verteilungstermin **erschienen** sind, auch nicht schriftlich Widerspruch eingelegt haben, wird angenommen, daß sie mit der Ausführung des Teilungsplanes einverstanden sind: ZPO § 877 Abs 1. Wenn einem nicht erschienenen Beteiligten widersprochen wurde, so wird angenommen, daß er den Widerspruch nicht als berechtigt anerkenne: ZPO § 877 Abs 2.

2.6 Nach Widerspruch ist **Klage nötig** (Rdn 5): ZPO § 878 Abs 1. Sie ist, wenn der Vollstreckungsschuldner dem Teilungsplan widersprochen hat, weil einem bereits außergerichtlich für befriedigt erklärten Grundpfandrechtsgläubiger (§ 117 Rdn 5) das Recht nicht zustehe, nach[3], ebenso wie nach rechtzeitiger Erinnerung gegen Verteilung mit außergerichtlicher Befriedigung der Berechtigten (§ 144 Rdn 2), gegen den Ersteher zu richten. Gegen diesen ist ebenso die Klage des Schuldners gegen einen vom Ersteher außergerichtlich befriedigten vollstreckbaren Anspruch (Abs 3) zu richten[3]. Sobald das Urteil im Widerspruchsprozeß erlassen und rechtskräftig ist, muß die Auszahlung oder anderweitige Verteilung nach den Hinterlegungsbedingungen erfolgen: ZPO § 882.

2.7 Ausgeführt wird der Teilungsplan: wenn kein Widerspruch erfolgt, sofort (ZPO § 876 Satz 1); wenn ein Widerspruch erfolgt und von allen anerkannt wird oder wenn Einigung erfolgt, sofort nach der Planänderung (ZPO § 876 Satz 3); soweit der Teilungsplan nicht vom Planänderung betroffen wird, sofort (ZPO § 876 Satz 4); wenn Widerspruch erhoben, aber Klage nicht fristgemäß nachgewiesen wird, nach Ablauf der Klagenachweisfrist; wenn Widerspruchsklage fristgemäß erhoben und dann durchgeführt ist, nach rechtskräftigem Widerspruchsurteil (bzw nach einem Vergleich in diesem Prozeß) mit den vom Prozeßgericht etwa angeordneten Änderungen (ZPO § 882).

2.8 Rechtspflegererinnerung/sofortige Beschwerde hat keine aufschiebende Wirkung (§ 113 Rdn 6.3). Die Planausführung (ZPO § 876) kann daher nicht zurückgestellt und insbesondere nicht bis zur Rechtskraft ausgesetzt werden (so auch[4]; anders[5]); gesetzwidrige Verzögerung nach Verhandlung im Termin (Abs 1 Satz 1), die Rechtswahrung ermöglichen und Gewährung rechtlichen Gehörs gewährleisten soll, würde Schadensersatzansprüche begründen. Nur bei Anfechtung des Plans kann Aussetzung der Planausführung durch den Richter/Rechtspfleger des Vollstreckungsgerichts oder das Beschwerdegericht angeordnet werden (ZPO § 572); bei Anfechtung des Zuschlags kann Planausführung auch nach § 116 ausgesetzt werden.

2.9 Sobald der Plan ausgeführt ist, kann er **nicht mehr geändert** werden; Widerspruchsklage kann nicht mehr erhoben werden. Rechtspflegererinnerung/Beschwerde ist nicht mehr zulässig; ein anhängiges Rechtsmittel wird gegenstandslos[6].

2.10 War gegen ein nach § 91 Abs 2 liegenbelassenes Recht Widerspruch erhoben und nach § 124 Hilfsverteilung erfolgt, so kann der Ersteher, sobald der Widerspruch für begründet erklärt ist, insoweit seine **Liegenbelassungserklärung** wegen Irrtums anfechten und vom Erklärungsgegner mit der Bereicherungsklage

---

[3] BGH 77, 107 = MDR 1980, 836 = NJW 1980, 2586 = Rpfleger 1980, 339.
[4] OLG Köln Rpfleger 1991, 519; Drischler Rpfleger 1989, 359; Perger Rpfleger 1991, 45.
[5] Sievers Rpfleger 1989, 53.
[6] OLG Düsseldorf Rpfleger 1995, 265.

die Löschung des entsprechenden Teils des bestehengebliebenen Rechts fordern. Vorsorglich ist das Eintragungsersuchen nach § 130 kenntlich zu machen: „... Dieses Recht ist infolge Liegenbelassungsvereinbarung bestehengeblieben; gegen die Berücksichtigung des Rechts im Teilungsplan hat aber ... Widerspruch erhoben."

2.11 Wenn sich der nach dem Teilungsplan hebungsberechtigte Ersteher hinsichtlich seiner Ansprüche ganz oder zum Teil für **befriedigt erklärt** (§ 117 Rdn 5), so ist der Plan insoweit bereits durch Erlösverteilung ausgeführt. Wird er aber aufgehoben und wird die Durchführung eines neuen Verteilungsverfahrens vom Widerspruchsgericht angeordnet, so ist der Erlös, soweit er von dieser Befriedigungserklärung betroffen war, nicht mehr zu verteilen[7]. In diesem Falle ist auch das Bargebot, soweit es dem Ersteher zusteht, bei einer Änderung des Planes über den ersten Verteilungstermin hinaus nicht weiter zu verzinsen[7].

2.12 Falls das Vollstreckungsgericht mit der Begründung, die Verteilung sei schon abgeschlossen, eine Maßnahme aus § 115 ablehnt, hat der Betroffene hiergegen einfache **Rechtspflegererinnerung**/Beschwerde[8].

2.13 Solange ein Widerspruch nicht durch Prozeß geklärt ist (oder die Widerspruchsfrist noch nicht fruchtlos abgelaufen ist), darf **keine vollstreckbare Ausfertigung** des Zuschlagsbeschlusses über eine übertragene Forderung, gegen die sich der Widerspruch richtet, erteilt werden[9].

2.14 Bei Widerspruch mit nachfolgendem Widerspruchsprozeß bleibt das Vollstreckungsgericht an die **Rechtslage im Zeitpunkt des Widerspruchs** gebunden und darf nachträgliche Änderungen im Grundbuch nicht berücksichtigen (auch andere nicht), darf und muß vielmehr nur noch das Ergebnis des Widerspruchsprozesses beachten[9].

3 Widerspruch (Absatz 1) und andere Rechtsbehelfe

3.1 Bei **formeller Beanstandung,** daß bei der Aufstellung des Teilungsplanes verfahrensrechtliche Vorschriften verletzt seien und nicht der Plan auf Grund besseren materiellen Rechts sachlich unrichtig sei, ist befristete Rechtspflegererinnerung/sofortige Beschwerde gegeben[10]. Hierunter fallen zB: unrichtige Feststellung der Teilungsmasse nach § 107[11]; falsche Zinsberechnung nach § 49 oder Erlöschen der Verzinsungspflicht aus § 49 Abs 2[12]; unrichtige Anwendung des § 110; Barzahlung statt Bestehenbleibens[13]; fehlerhafte Zurückweisung eines Widerspruchs (Rdn 3.11); unrichtige Berechnung des Meistgebots; unterlassene Eventualzuteilung; Fehlen der Beträge und des Ranges bei Pfändungen; daß Zwangsversteigerungs- und Zwangsverwaltungsmasse nicht auseinandergehalten sind. Beginn der Anfechtungsfrist: § 113 Rdn 6.3.

3.2 Bei **materiellrechtlichen Beanstandungen,** daß der Teilungsplan auf Grund eines besseren Rechts sachlich unrichtig sei, ist Widerspruch gegeben: Abs 1, ZPO § 876)[14]. Der Widerspruch ist der ausschließliche Rechtsbehelf. Ihm geht somit auch keine Rechtspflegererinnerung vor (auch nicht nach der Generalklausel in RpflG § 11 Abs 1 Satz 2). Durch Widerspruch wird die Zuteilung gerügt, die Unrichtigkeit des Verfahrens aus materiellrechtlichen Gründen, hinsichtlich Betrag, Rang oder Person des Berechtigten; er richtet sich gegen die Zu-

---

[7] OLG Schleswig SchlHA 1961, 16.
[8] LG Berlin WM 1958, 267.
[9] AG Düsseldorf MDR 1961, 697.
[10] RG 51, 318 (320–321); OLG Düsseldorf Rpfleger 1995, 265.
[11] RG 51, 318 (320–321).
[12] OLG Schleswig SchlHA 1961, 16.
[13] OLG Köln OLGZ 1966, 190; LG Bonn NJW 1965, 2113.
[14] RG 101, 117.

teilung an einen anderen zu Lasten des Widersprechenden oder gegen die ganze oder teilweise Nichtberücksichtigung des Widersprechenden, auch gegen die Nichtberücksichtigung erfolgter Abtretungen, Pfändungen oder eines gesetzlichen Übergangs (dazu im ZVG-Handbuch Rdn 481). Er kann sich nicht gegen einen Nachrangigen wenden, da hier das rechtliche Interesse fehlen würde (der Widersprechende erhält hiervon nichts). Der Widersprechende muß die eigene Rechtslage verbessern wollen. Auch ein Widerspruch zugunsten eines Vormannes ist nicht möglich, weil er dem Widersprechenden keine Verbesserung bringt. Der Widerspruch verlangt eine Planänderung. Er dient der Frage, wie weit der Gläubiger ein Recht auf Befriedigung hat, wie zu verteilen ist, nicht was zu verteilen ist. Der Widerspruch bestreitet das sachliche Zuteilungsrecht eines formell vorschriftsmäßig berücksichtigten Beteiligten. Er richtet sich gegen die Zuteilung auf das Recht, das an Stelle des Beeinträchtigten zum Zuge kommen soll und das ausfallen würde, wenn an den Widersprechenden zugeteilt würde[15]. Zulässig ist der Widerspruch auch dann, wenn der Widersprechende nur nach §§ 119, 120 berücksichtigt würde (Eventualzuteilung).

3.3 Wenn **nebeneinander formelle** Unrichtigkeit als Folge eines Verfahrensverstoßes und **sachliche Unrichtigkeit** behauptet werden, hat der Betroffene nebeneinander befristete Rechtspflegererinnerung/sofortige Beschwerde und Widerspruch[16]. Es besteht für beide Möglichkeiten nebeneinander ein Rechtsschutzbedürfnis.

3.4 Widerspruchsberechtigt sind nach § 115, ZPO § 876 verschiedene Personen:

a) Zum Widerspruch berechtigt sind **alle Beteiligte:** aus § 9, die ein Recht auf Befriedigung aus dem Versteigerungserlös haben, aber nach dem Teilungsplan durch einen anderen ganz oder zum Teil verdrängt werden[17]. Sie können alle, wenn sie ganz oder zum Teil ausgefallen sind, der Zuteilung an einen Vorberechtigten widersprechen, mit dem Antrag auf Zuteilung an sich, mit der Behauptung, der Vorberechtigte habe keinen Anspruch an der berücksichtigten Stelle in der zugeteilten Höhe. Sie können alle Widerspruch erheben gegen Bestand, Rang, Höhe des fraglichen Anspruchs und gegen Nichtberücksichtigung des eigenen Anspruchs. Der Widersprechende muß eine Verbesserung seiner Rangstelle erstreben und ein eigenes Interesse an der Planänderung haben. Für den Widerspruch ist also ein rechtliches Interesse an der erstrebten Änderung des Teilungsplanes nötig[18], und zwar ein eigenes Interesse, wenn auch nur ein mittelbares[19]. Dabei richten sich die Voraussetzungen nach dem Zeitpunkt des Widerspruchs[20]. Widerspruch kann also erheben, wer mit der Art der Verteilung nicht einverstanden ist und durch sie beeinträchtigt wird, wer bei der von ihm für richtig gehaltenen Verteilung etwas statt nichts oder wenigstens mehr als vorgesehen, erhalten würde. Der Widerspruch richtet sich somit gegen die Zuteilung auf das Recht, das an Stelle des Beeinträchtigten zum Zuge kommen soll und das ausfallen würde, wenn an den Widersprechenden zugeteilt würde[21]. Die hier Genannten haben auch den Widerspruch, wenn sie voll berücksichtigt sind, gegen die Zuteilung an einen Vorberechtigten mit dem Ziel einer Ergänzung des Planes dahin, daß jene Zuteilung nicht zu ihrem Nachteil geltend gemacht werden könne, soweit sie hieran (zB wegen ausbleibender Barzahlung des Erstehers) ein Interesse haben. Genügen muß es auch, wenn jemand nur einen schuldrechtlichen Anspruch auf Übertragung

---

[15] Jaeckel/Güthe § 112 Rdn 12.
[16] OLG Köln MDR 1969, 401.
[17] BGH BGHWarn 1972, 432 = WM 1972, 1032.
[18] OLG Hamburg MDR 1955, 492.
[19] BGH BB 1962, 1222 = WM 1962, 1138.
[20] OLG Hamburg MDR 1955, 492.
[21] Jaeckel/Güthe § 112 Rdn 12.

§ 115 3.4 Verteilung des Erlöses

oder Rückübertragung eines dinglichen Rechts hat, zB bei einem vor Zuschlagswirksamkeit ganz oder zum Teil abgetretenen Briefgrundpfandrecht ohne Briefübergabe nach dem Erlöschen des Rechts gegenüber dem Zedenten den schuldrechtlichen Anspruch auf Überlassung des Versteigerungserlösanteils[22] (im ZVG-Handbuch Rdn 480).

b) Widerspruchsberechtigt ist auch der **Vollstreckungsschuldner** (bei mehreren jeder für sich), falls nicht Abs 3 vorliegt. Er ist es also gegenüber dem Bestand anderer als vollstreckbarer Ansprüche, zB mit der Behauptung, daß eine Sicherungshypothek nichtig sei; er ist es gegenüber dem dinglichen Recht, wenn aus dem persönlichen Anspruch betrieben wird. Er ist es auch gegen den Rang der vollstreckbaren und der nicht vollstreckbaren Ansprüche (hier ist Abs 3 kein Hindernis). Der Schuldner kann dabei sowohl Zuteilung an sich beantragen wie auch an eine Gesamtheit mehrerer Vollstreckungsschuldner oder gar an einen anderen Berechtigten, wenn er hieran ein unmittelbares eigenes Interesse[23] behauptet und auf Verlangen glaubhaft macht; darunter fällt zB, wenn der Erlös (durch den Widerspruch) einem Beteiligten zufallen soll, dem der Schuldner nicht nur dinglich, sondern auch persönlich haftet. Der Schuldner kann auch daran interessiert sein, den Erlös nur an wirklich Berechtigte und in der gehörenden Ordnung zahlen zu lassen[24]. Ist der Schuldner im Konkursverfahren, so kann an seiner Stelle der Konkursverwalter Widerspruch erheben, falls die Konkursmasse eine Auszahlung beanspruchen könnte.

c) Bei Eigentumswechsel nach der Beschlagnahme ist der **neue Grundstückseigentümer** nach Anmeldung (und notfalls Glaubhaftmachung) widerspruchsberechtigt, ausgenommen, wenn Abs 3 vorliegt (Bestand einer vollstreckbaren Forderung wird angegriffen) und der betreibende Gläubiger gegen den neuen Eigentümer eine umgeschriebene vollstreckbare Ausfertigung des Schuldtitels vorlegt[25] (bei Nichtvorlage dieses Titels auch gegenüber vollstreckbaren Ansprüchen).

d) Widerspruchsberechtigt ist auch ein **Pfandgläubiger** eines dinglichen Rechts oder des Erlösüberschusses (bei diesem aber nur unter den Voraussetzungen wie vorher zu b). Hält das Gericht das Bestehen des Pfandrechts für nachgewiesen, so teilt es den auf diese Rangstelle entfallenden Erlösanteil dem Pfandgläubiger zu, andernfalls dem Pfandschuldner. Der nicht Berücksichtigte hat hier sowohl befristete Rechtspflegererinnerung/sofortige Beschwerde wie auch Widerspruch (formelle und materielle Beanstandung). Behauptet der Pfandschuldner, der Anspruch sei getilgt, so hat er auch außerhalb des Versteigerungsverfahrens gegen den berücksichtigten Pfandgläubiger eine Möglichkeit, nämlich eine Bereicherungsklage. Bei mehreren streitigen Ansprüchen an derselben Rangstelle darf das Gericht nicht einfach den Erlösanteil für die Streitenden unter Verzicht auf Rücknahme hinterlegen (wie dies[26] vorschlägt), sondern muß an den nach Ansicht des Gerichts besser Berechtigten zuteilen und die anderen auf den Widerspruch verweisen. Der Plan muß genau erkennen lassen, wem zugeteilt ist und wer Widerspruch erheben muß.

e) Widerspruchsberechtigt ist auch, wer gegen die Verfügung über ein dingliches Recht mit **Anfechtungsklage** vorgeht, mit dem Antrag auf Zuteilung an sich.

f) Widerspruchsberechtigt ist auch ein Dritter, der ein Recht nach **§ 37 Nr 5** in Anspruch nimmt und auf Verlangen glaubhaft macht.

g) Widerspruchsberechtigt ist auch ein **Bruchteilseigentümer,** wenn die mehreren Eigentümer eine Eigentümergrundschuld bestellt hatten (teils Eigentümer-

---

[22] Jaeckel/Güthe § 115 Rdn 5; Dempewolf, Rückübertragungsanspruch (1958), IX (1 b).
[23] Beyer, Grundsätze des Verteilungsverfahrens, Seite 59.
[24] RG 166, 113.
[25] Jaeckel/Güthe § 115 Rdn 4.
[26] Jaeckel/Güthe § 115 Rdn 5.

recht, teils Fremdrecht für den Widersprechenden), bei der Versteigerung des jeweils anderen Bruchteils, wenn die sontigen Voraussetzungen dafür vorliegen[27].

h) **Sonderfall:** Einem **Schiffshypothekengläubiger** (§ 162 Rdn 8) wird durch einen rechtskräftigen, auf Duldung der Zwangsvollstreckung in das Schiff lautenden Vollstreckungstitel, den ein anderer Gläubiger wegen eines behaupteten Schiffsgläubigerrechtes gegen den Reeder erwirkt hatte, nicht das Recht genommen, das Vorrecht dieses anderen Gläubigers durch Widerspruch und Widerspruchsklage mit der Behauptung zu bestreiten, das Schiffsgläubigerrecht dieses anderen sei schon erloschen gewesen, bevor dieser andere einen Rechtsstreit begonnen habe[28].

3.5 Nicht widerspruchsberechtigt sind eine ganze Reihe von Personen.

a) Nicht widerspruchsberechtigt ist der **Ersteher** oder mithaftende Dritte, außer wenn sie gleichzeitig befriedigungsberechtigte Gläubiger sind[29].

b) Nicht widerspruchsberechtigt ist der **Vollstreckungsschuldner** gegen eine Liegenbelassung.

c) Nicht widerspruchsberechtigt ist, wer nur einen **schuldrechtlichen Anspruch** hat, aus dem nicht betrieben wird, zB auf Übertragung eines dinglichen Rechts[30] (anders aber im Falle Rdn 3.4 zu a), auf Schadensersatz[31] oder auf Aufwendungsersatz[31].

d) Nicht widerspruchsberechtigt sind **Mieter/Pächter**, selbst wenn sie Baukostenzuschüsse geleistet haben[32].

e) Nicht widerspruchsberechtigt ist ein bei Eintragung des Versteigerungsvermerks im Grundbuch eingetragener dinglicher Berechtigter, dessen **Recht später gelöscht** wurde, weil sich die Voraussetzungen des Widerspruchs nach dessen Zeitpunkt richten.

f) Nicht widerspruchsberechtigt ist der **Vollstreckungsschuldner** (bei mehreren ist jeder selbständig zu beurteilen) gegenüber vollstreckbaren Ansprüchen, falls der Gläubiger dazu einen vollstreckbaren Titel hat[33] (Rdn 6).

3.6 Form des Widerspruchs: a) Eine Form ist im ZVG **nicht vorgeschrieben.** Der Widerspruch ist schriftlich oder zu Protokoll möglich.

b) Eine **Begründung** des Widerspruchs ist nicht nötig[34]. Er muß aber genau dargelegt werden, damit über ihn verhandelt werden kann (ZPO § 878). Er muß verständlich sein und erkennen lassen, ob er sich gegen den Bestand oder den Rang eines Rechtes richtet, also in welchem Umfang und gegen welche Zuteilung Widerspruch erhoben wird. Sonst kann er nicht berücksichtigt werden.

c) Glaubhaft gemacht werden müssen die Tatsachen nur dort, wo dies besonders gesagt ist.

3.7 Zeitpunkt: Der Widerspruch kann vor dem Verteilungstermin und in diesem (nicht mehr aber nach Schluß des Termins[35], ZPO § 136 Abs 4) erfolgen, spätestens aber **vor Ausführung** des Teilungsplanes. Er ist ausgeführt mit Zahlung an die Berechtigten[35] (§ 117 Abs 1), sonst wenn im Termin Anordnung der Aus-

---

[27] BGH DNotZ 1975, 487 = MDR 1975, 307 = NJW 1975, 445 = Rpfleger 1975, 84.
[28] BGH 63, 61 = KTS 1975, 107 = MDR 1975, 39 = NJW 1974, 2284 = Rpfleger 1975, 17.
[29] BGH BGHWarn 1972, 432 = WM 1972, 1032.
[30] BGH BB 1962, 1222 = WM 1962, 1138; BGH 108, 237 (248) = DNotZ 1990, 581 = KTS 1989, 941 = MDR 1989, 147 = NJW 1989, 2536 = Rpfleger 1990, 32.
[31] BGH 108, 237 (248) = aaO (Fußn 30).
[32] BGH BGHWarn 1971, 17 = KTS 1971, 204 = MDR 1971, 287 = Rpfleger 1971, 102.
[33] Jaeckel/Güthe § 115 Rdn 1.
[34] Jaeckel/Güthe § 115 Rdn 8.
[35] OLG Köln Rpfleger 1991, 519 mit teilw krit Anm Meyer-Stolte.

zahlung (§ 117 Abs 2; anders[35]: noch keine Ausführung) oder Erteilung der Anweisung auf den hinterlegten Erlös (§ 117 Abs 3) verfügt wird, bei Nichtzahlung mit Anordnung der Forderungsübertragung (§ 118). Bei sich widersprechenden Erklärungen desselben Beteiligten gilt jeweils seine zuletzt abgegebene Erklärung. Wenn ein vor dem Verteilungstermin angemeldeter Anspruch nicht nach dem Antrag in den Teilungsplan aufgenommen wird, gilt die **Anmeldung als Widerspruch: Abs 2**. Ein nach Schluß des Verteilungstermins (Planausführung im Termin) erhobener Widerspruch berührt den Teilungsplan nicht mehr (Abs 1 Satz 2 mit ZPO § 877).

3.8 Wirkung des Widerspruchs: Der Widerspruch wirkt nur für die Berechtigten, die ihn einlegen, außer wenn der Vollstreckungsschuldner aus eigenem Interesse ausnahmsweise zugunsten eines anderen Widerspruch einlegen darf (Rdn 3.4). Der Widerspruch wirkt nur, wenn er anerkannt wird von den durch ihn Betroffenen (dann wird der Teilungsplan geändert, ZPO § 876 Satz 2, 3) oder wenn der Widersprechende mit seiner Widerspruchsklage durchdringt.

3.9 Mehrere Widersprüche sind je für sich zu behandeln. Betreffen sie denselben Gegenstand, dann sind sie allerdings gemeinsam zu behandeln und zu entscheiden (zwei widersprechen demselben Recht). Hierzu im ZVG-Handbuch Rdn 486.

3.10 Wird ein **Gläubiger mehrerer Ansprüche** aus dem besser berechtigten gegenüber seinem eigenen nachrangigen nicht gemäß Anmeldung berücksichtigt, so kann er gegen sich selbst nicht Widerspruch einlegen, er hat befristete Rechtspflegererinnerung/sofortige Beschwerde.

3.11 Prüfung des Widerspruchs:
a) Das Vollstreckungsgericht muß prüfen, **ob** der Widerspruch **zulässig** ist[36]. Es prüft, ob der Widersprechende Beteiligter ist[37]. Es prüft, ob der Widersprechende bei Erfolg etwas aus dem Erlös erhalten würde. Es prüft, ob der Widersprechende ein eigenes, wenn auch nur mittelbares Interesse an anderweitiger Verteilung hat.

b) Einen **unzulässigen** Widerspruch muß das Vollstreckungsgericht durch Beschluß **zurückweisen**[38] (Anfechtung durch befristete Rechtspflegererinnerung/ sofortige Beschwerde)[39]. Läßt es einen Widerspruch zu, gibt es hiergegen kein Rechtsmittel[40].

c) Das Vollstreckungsgericht entscheidet nicht, **ob** der zulässige Widerspruch **begründet** ist. Es darf einen zulässigen Widerspruch nicht zurückweisen. Über die Frage, ob er begründet ist, entscheidet (auf Widerspruchsklage) das Prozeßgericht[41], falls sich nicht die Beteiligten einigen (ZPO § 876 Satz 3). Wenn das Vollstreckungsgericht aber gesetzwidrig selbst entscheidet, kann der Widersprechende dies mit befristeter Rechtspflegererinnerung/sofortige Beschwerde anfechten, um den Widerspruch wieder zur Geltung zu bringen[42].

4 Widerspruch bei abweichender Anmeldung (Absatz 2)

Der Widerspruch zwischen Plan und Anmeldung liegt klar zutage, wenn ein Beteiligter seinen Anspruch vor dem Verteilungstermin schriftlich angemeldet hat, der Anspruch jedoch nicht dem Antrag gemäß in den Teilungsplan aufgenommen worden ist. Dem Beteiligten wird in einem solchen Fall nicht zugemutet, dem

---

[36] LG Münster MDR 1966, 1011; Stöber Rpfleger 1969, 203 (Anmerkung).
[37] LG Münster aaO (Fußn 36).
[38] Dassler/Schiffhauer § 115 Rdn 10; Stöber Rpfleger 1969, 203 (Anmerkung).
[39] OLG Köln Rpfleger 1991, 519 mit teilw krit Anm Meyer-Stolte; LG Münster MDR 1966, 1011; Steiner/Teufel § 115 Rdn 61; Stöber Rpfleger 1969, 203 (Anmerkung).
[40] LG Münster Rpfleger 1966, 1011.
[41] LG Mannheim MDR 1960, 319; LG Münster MDR 1966, 1011.
[42] OLG Hamm JMBlNW 1962, 97.

Verhandlung über den Teilungsplan, Widerspruch 5.2 § 115

aufgestellten Teilungsplan im Verteilungstermin noch besonders zu widersprechen[43]. Es gilt (auch bei Abwesenheit des Beteiligten) die abweichende Anmeldung als Widerspruch gegen den Teilungsplan: Abs 2. Das gilt auch, wenn Ansprüche, die in dem Versteigerungsantrag enthalten sind, als angemeldet gelten (§ 114 Abs 1 Satz 2). Es gilt auch, wenn angemeldete Kosten nicht in voller Höhe in den Plan aufgenommen sind. Weil nur ein Beteiligter Widerspruch erheben kann, kann auch ein nicht in den Plan aufgenommener Anspruch nur dann als Widerspruch gelten, wenn die Anmeldung einen Anspruch verfolgt, der (nach § 10) ein Recht auf Befriedigung aus dem Grundstück gewährt; anders[44]: sonst fiktiver Widerspruch, der als unzulässig zurückgewiesen werden muß (als widerspruchsvoll abzulehnen, der Anmeldung kann nicht als Widerspruch gelten, der unzulässig ist). Die Anmeldung eines Anspruchs, der im Zwangsversteigerungsverfahren demnach überhaupt nicht geltend gemacht werden kann (zB eines weiteren persönlichen Anspruchs an den Schuldner; Kosten für Zwangsvollstreckungen gegen den Schuldner persönlich, ZPO § 788, die nicht in das Grundstück vollstreckt werden, § 10 Rdn 1 Nr 5), enthält daher nicht schon zugleich einen Widerspruch (dazu ZVG-Handbuch Rdn 480). Die gesetzlich vorgeschriebene Nichtberücksichtigung verspätet angemeldeter Ansprüche nach § 37 Nr 4, § 110 an der ihnen bei rechtzeitiger Anmeldung zukommenden Rangstelle (also ihr Zurücksetzung hinter alle nach § 110) ist nicht als Widerspruch zu behandeln (hier muß Vorrang ausdrücklich in Anspruch genommen oder Widerspruch gesondert eingelegt werden). Wird ein angemeldeter Anspruch zwar in den Teilungsplan aufgenommen, aber ganz oder zum Teil an einer für den Berechtigten ungünstigeren Rangstelle (zB Rangklasse 7 oder 8 statt 3 oder 4), so gilt die abweichende Anmeldung nur dann als Widerspruch, wenn der Berechtigte ausdrücklich die bessere Rangstelle angemeldet hat.

Widerspruch: Klage, Bereicherungsklage, Schadensersatz 5

5.1 Widerspruchsklage: Wird im Verteilungstermin über einen zulässigen Widerspruch keine sachliche Einigung erzielt (ZPO § 876; § 115 Rdn 2), so **muß** der Widersprechende gegen denjenigen, gegen den sich sein Widerspruch richtet, Widerspruchsklage **erheben:** ZPO § 878 Abs 1 Satz 1. Das gilt auch bei Widerspruch gegen **öffentlich-rechtliche Ansprüche,** verbunden mit gleichzeitigen Verwaltungsbehelfen, wobei es zur Widerspruchsklage einen Zwischenstreit vor der Verwaltungsbehörde über das Bestehen des Anspruchs gibt, für dessen Dauer die Widerspruchsklage ausgesetzt wird (ZPO § 148)[45]; über Art und Umfang der öffentlich-rechtlichen Ansprüche darf nicht das Gericht der Widerspruchsklage entscheiden. Besteht hier aber nur Streit über den Verfahrensrang des Gläubigers, dann bleibt es nicht bei behördlicher und gerichtlicher Widerspruchsklage. Der Gläubiger von Verwaltungszwangsverfahrensansprüchen kann wie jeder andere Gläubiger gegen den Teilungsplan Widerspruch einlegen und die Widerspruchsklage betreiben.

5.2 Die Widerspruchsklage muß **bei dem Amtsgericht** des Verteilungsverfahrens erhoben werden und dann, wenn die Zuständigkeit des Amtsgerichts überschritten wird, **bei dem Landgericht** dieses Bezirks: ZPO § 879 Abs 1. Wenn bei mehreren Widerspruchsklagen für eine von ihnen das Landgericht zuständig ist, ist dieses auch für alle anderen aus demselben Versteigerungsverfahren sich ergebenden Widerspruchsklagen zuständig, sofern nicht alle Beteiligte die Zuständigkeit des Amtsgerichts vereinbaren: ZPO § 879 Abs 2. Es handelt sich um einen ausschließlichen Gerichtsstand (ZPO § 802).

---

[43] Motive zum ZVG S 289.
[44] Steiner/Teufel § 115 Rdn 59.
[45] Jaeckel/Güthe § 115 Rdn 14 b; Steiner/Teufel § 115 Rdn 69; Mohrbutter/Drischler Muster 128 Anm 10; Drischler RpflJahrbuch 1973, 328 (4 c).

§ 115 5.3   Verteilung des Erlöses

5.3 Der Widersprechende muß die Klageerhebung binnen eines Monats **nachweisen:** ZPO § 878 Abs 1 Satz 1. Nach fruchtlosem Ablauf der Frist wird sonst der Teilungsplan ohne Rücksicht auf den Widerspruch ausgeführt: ZPO § 878 Abs 1 Satz 2. Die Klage ist nach Fristablauf trotzdem noch zulässig, solange der Plan nicht tatsächlich ausgeführt ist[46]. Die **verspätete Klage** kann aber das Verteilungsverfahren nicht mehr aufhalten. Das Vollstreckungsgericht muß natürlich auch ein Urteil aus einer verspäteten Klage noch berücksichtigen, wo es dies kann[47]. Auf jeden Fall muß es aber sofort nach fruchtlosem Fristablauf seine Verteilung durchführen[48]. Es darf nicht auf den Nachweis der verspäteten Klageerhebung hin seine Verteilung unterlassen oder unterbrechen[49] (anders[50]). Nach beendeter Verteilung wird die verspätete Klage sogar unzulässig[51]. Das Vollstreckungsgericht darf dann auch nicht seine Entscheidung bis zur Entscheidung der Widerspruchsklage aussetzen. Der Widersprechende kann nur noch außerhalb des Verteilungsverfahrens sein besseres Recht durch **Bereicherungsklage** geltend machen (ZPO § 878 Abs 2, BGB § 812). Die noch anhängige Widerspruchsklage ist in diesem Fall in eine Bereicherungsklage überzuleiten[52]. Wurde die Widerspruchsklage vor einem unzuständigen Gericht erhoben, so muß auch die **Verweisung** an das zuständige Gericht (ZPO § 281) noch in der genannten Frist (für den Nachweis der Klageerhebung) erfolgen, um rechtzeitig zu sein (ZPO § 802: ausschließliche Zuständigkeit).

5.4 Die **Frist** ist ein Monat: § 878 Abs 1 Satz 1. Die Frist beginnt ohne vorherige Aufforderung, ohne Belehrung, ohne Zustellung oder Verkündung irgendeines Beschlusses. Die Frist beginnt mit dem Tag des Verteilungstermins: ZPO § 878 Abs 1 Satz 1. Der Tag des Verteilungstermins wird also mitgerechnet entgegen BGB § 187 Abs 1 (wo der Tag nach dem Ereignis, bei Zustellungen zB, für den Beginn der Frist entscheidet): BGB § 187 Abs 2[53] (im ZVG-Handbuch Rdn 485); anders[54]: Der Terminstag werde trotz den gesetzlichen Wortlauts der ZPO § 878 Abs 1 Satz 1 nicht mit eingerechnet, es sei BGB § 187 Abs 1 anzuwenden. Die abweichende Meinung ist angesichts des klaren Wortlauts der ZPO („die mit dem Terminstag beginnt") nicht vertretbar, die Frist beginnt noch am Tag des Verteilungstermins selbst zu laufen. Muß wegen Unbekanntseins des Berechtigten erst durch ein Aufgebotsverfahren der Berechtigte ermittelt werden, dem widersprochen worden ist, so beginnt die Frist erst mit der Zustellung, durch die der Widersprechende von der Ermittlung des Unbekannten durch das Gericht benachrichtigt wird (§ 137 Abs 2). Wird hier aber nach der Ermittlung ein neuer Verteilungstermin durchgeführt, so beginnt die Frist mit diesem Termin: § 139 Abs 2 Satz 2. Sie beginnt auch dann in der angegebenen Weise, wenn der Widersprechende nicht im Verteilungstermin anwesend oder vertreten war, sondern Widerspruch schon vor dem Termin schriftlich erhoben worden ist[55] (siehe hierzu ZVG-Handbuch Rdn 485).

---

[46] BGH 21, 30 = KTS 1956, 120 = LM ZVG § 37 Nr 1 Leitsatz mit Anm Rothe; RG 99, 202; Zöller/Stöber, ZPO, § 878 Rdn 17; Wieczorek, ZPO, § 878 Anm A I b.
[47] OLG Frankfurt NJW 1961, 787.
[48] RG 99, 202; OLG Frankfurt NJW 1961, 787; Schuler NJW 1961, 1601 (III).
[49] Dassler/Schiffhauer § 115 Rdn 36; Schuler NJW 1961, 1601 (III).
[50] Jaeckel/Güthe § 115 Rdn 13; Pikart WM 1956, 1250.
[51] BGH 21, 30 = aaO (Fußn 46); OLG Frankfurt NJW 1961, 787; Schuler NJW 1961, 1601 (III).
[52] RG 99, 202; Zöller/Stöber, ZPO, § 878 Rdn 17.
[53] Steiner/Teufel § 115 Rdn 73; vd Pfordten, ZVG, § 115 Anm III 1; Drischler RpflJahrbuch 1973, 328 (4 c).
[54] Jaeckel/Güthe § 115 Rdn 3 b; Wieczorek, ZPO, § 878 Anm A I b; Brand/Baur, Zwangsversteigerungssachen, § 93 (IV); Badstübner, Zwangsvollstreckung in unbewegliches Vermögen, § 145.
[55] Schuler NJW 1961, 1601 (I).

Verhandlung über den Teilungsplan, Widerspruch 5.9 § 115

5.5 Die Frist ist gesetzlich nicht als **Notfrist** bezeichnet und ist daher auch keine (ZPO § 223 Abs 3). Sie wird durch die **Gerichtsferien** nicht gehemmt (ZPO § 223 Abs 2), weil es sich bei dem Verteilungsverfahren nach einer Vollstreckungsversteigerung, zu dem diese Frist ja gehört, um ein ferienloses Zwangsvollstreckungsverfahren (GVG § 202) handelt. Der Prozeß selbst ist keine Feriensache, unterliegt also den Gerichtsferien (diese entfallen voraussichtlich ab 1. 1. 1997). Gegen die Versäumung der Frist, gibt es keine **Wiedereinsetzung** (ZPO § 233)[56]. Die Frist ist keine Ausschlußfrist. Wenn die Frist an einem Samstag (Sonnabend), Sonntag oder gesetzlichen Feiertag enden würde, verlängert sie sich bis einschließlich des nächsten Werktages (ZPO § 222 Abs 2); dazu Einl Rdn 32. Die Frist kann nicht **verlängert** werden, kann aber durch Parteivereinbarung **abgekürzt** werden (ZPO § 224 Abs 1, 2)[57] (anders[58]: Abkürzung nicht möglich).

5.6 Der Lauf der Frist muß von Amts wegen beachtet werden[59]. Er wird nicht durch die **Einstellung der Zwangsvollstreckung** gehemmt[59]. Es ist unzulässig, bei Versäumung der Frist dem Widerspruchsgegner durch eine **Einstweilige Verfügung** die Entgegennahme des streitigen Betrags bis zur rechtskräftigen Entscheidung über die verspätete Klage zu verbieten[60] (anders[61], dies könne bei unverschuldeter Fristversäumung geschehen; anders auch[62]: es sei dies bei öffentlicher Zustellung der Klage möglich, weil deren Dauer nicht in der Macht des Klägers liege; erweiternd hierzu noch[63]: bei öffentlicher Zustellung sei die Frist nicht zu beachten, weil dies wegen ZPO § 206 Abs 1 gar nicht möglich sei).

5.7 Die Widerspruchsklage ist eine prozessuale **Gestaltungsklage**[64].

5.8 Die Beteiligten können auch vereinbaren, daß ein **schon anhängiger Prozeß**, wenn er nur die Zuständigkeitsvoraussetzung (Rdn 5.2) erfüllt, als Widerspruchsprozeß gelten soll[65].

5.9 Die **Klageerhebung** muß dem Vollstreckungsgericht in der Frist **nachgewiesen** werden: ZPO § 878 Abs 1 Satz 1.

a) **Erhoben** ist die Klage mit Zustellung der Klageschrift: ZPO § 253 Abs 1. Um diese Frist zu wahren, genügt es, die **Klage** bei dem zuständigen Prozeßgericht in der Frist **einzureichen,** weil die Wirkung der Fristwahrung, falls die Zustellung der Klage „demnächst" erfolgt, mit der Einreichung der Klage eintritt: ZPO § 270 Abs 3; Klagen werden jetzt von Amts wegen zugestellt: ZPO § 270 Abs 1; sind unverzüglich zuzustellen: ZPO § 271 Abs 1. Durch die Neufassung dieser Vorschriften dürfte der langjährige Streit hinfällig sein, ob auch für diesen Prozeß die Zustellung auf den Zeitpunkt der Klageeinreichung zurückwirke (hierzu 9. Auflage § 115 Anm 6). Zur Fristwahrung ist somit innerhalb der Monatsfrist Nachweis erforderlich, daß die Klage eingereicht ist[66] ([66]verlangt weiter Nachweis „unverzüglich" nach Ablauf der Frist, daß die Klage „demnächst" zugestellt worden ist). Da eine Klage erst nach **Zahlung der Verfahrensgebühr** zugestellt werden soll (GKG § 65 Abs 1 Satz 1), muß in der Frist die genannte Gebühr vorschußweise

---

[56] OLG Frankfurt NJW 1961, 787; Zöller/Stöber, ZPO, § 878 Rdn 6; Drischler RpflJahrbuch 1973, 328 (4 c).
[57] OLG Frankfurt NJW 1961, 787.
[58] Baumbach/Lauterbach/Albers/Hartmann, ZPO, § 878 Rdn 2.
[59] Schuler NJW 1961, 1601 (I).
[60] OLG Frankfurt NJW 1961, 787.
[61] Schuler NJW 1961, 1601 (IV).
[62] Dassler/Schiffhauer § 15 Rdn 37; Jaeckel/Güthe § 115 Rdn 13 c.
[63] Schuler NJW 1961 1601 (I).
[64] Baumbach/Lauterbach/Albers/Hartmann, ZPO, § 878 Rdn 4; Zöller/Stöber, ZPO, § 878 Rdn 3; Schuler NJW 1961, 1601 (I).
[65] Dassler/Schiffhauer § 115 Rdn 24; Jaeckel/Güthe § 115 Rdn 13 a; Schuler NJW 1961, 1601 (III).
[66] OLG Bremen MDR 1982, 762.

§ 115 5.9 Verteilung des Erlöses

bezahlt sein oder es muß dafür ein Gesuch um Prozeßkostenhilfe eingereicht sein oder ein Gesuch um **Stundung der Gebühr** (Stundung, wenn dem Kläger die alsbaldige Zahlung mit Rücksicht auf seine Vermögenslage oder sonstige Gründe Schwierigkeit bereiten würde, GKG, § 65 Abs 7 Nr 3; oder wenn glaubhaft gemacht wird, daß eine Verzögerung dem Kläger einen nicht oder schwer zu ersetzenden Schaden bringen würde, GKG § 65 Abs 7 Nr 4), sofern nicht gesetzliche Kostenbefreiung besteht (in diesem Sinne auch[67]).

b) **Nachzuweisen** ist die Klageerhebung mit Beweismitteln der ZPO (Beweiswürdigung: ZPO § 286), die der Widersprechende vorzulegen hat, vornehmlich somit durch Urkundenbeweis (Nachweis, daß die Klage eingereicht ist, durch Bestätigung der Geschäftsstelle des Prozeßgerichts, auch mit Eingangsbestätigung auf einer Klagedurchschrift). Amtliche Auskunft des Prozeßgerichts (ZPO § 273 Abs 2 Nr 2) muß ebenso genügen wie Bezugnahme auf die Prozeßakten des gleichen Amtsgerichts; ausreichend sollte auch Bezugnahme auf die Prozeßakten des übergeordneten Landgerichts sein (ZPO § 432 Abs 1 entsprechend). Glaubhaftmachung (ZPO § 294) ist nicht vorgesehen, genügt somit nicht; anwaltliche eidesstattliche Versicherung über die Klageerhebung (-einreichung) ist daher kein ausreichender Nachweis (anders[68]: als Beweismittel zu würdigen).

5.10 Nach den allgemeinen Prozeßgrundsätzen muß auch diese Klage dem **Prozeßbevollmächtigten** des Widerspruchsgegners, der für diesen im Versteigerungsverfahren bestellt war, **zugestellt** werden[69] (anders[70]: wahlweise an Bevollmächtigten oder Beklagten).

5.11 Das Vollstreckungsgericht hat auf den Nachweis der Klageerhebung hin zu **prüfen, ob** die Widerspruchsklage **fristgemäß** erhoben ist. Es prüft nicht, ob diese Klage schlüssig oder begründet ist. Es prüft nicht, ob das angegangene Gericht zuständig ist, seine Zuständigkeit kann nur das angegangene Gericht selbst prüfen (anders[71]). Es prüft nicht, ob die Klage an den richtigen Empfänger zugestellt ist[72]; das kann das Vollstreckungsgericht schon deshalb nicht, weil es die Prozeßakten (in denen sich jetzt immer der Zustellungsnachweis befindet) nicht hat.

5.12 Widerspruchsklage ist nur möglich **zwischen den am Widerspruch Beteiligten** wegen ihres Rechts, nicht wegen der Rechte Dritter[73], mit Ausnahme bestimmter Klagen des Vollstreckungsschuldners (Rdn 2). Nötig ist die Klage in Richtung gegen alle vom Widerspruch Betroffenen, die den Widerspruch nicht anerkannt haben[73]. Klage ist auch nötig, wo für den Anspruch selbst der Rechtsweg verschlossen ist oder ein Sondergericht wie das Arbeitsgericht für ihn zuständig ist[73].

5.13 Das **Urteil im Widerspruchsprozeß** muß entweder den Widerspruch für unbegründet erklären (und die Klage darum abweisen) oder den Widerspruch für begründet erklären und dabei bestimmen, an welche Gläubiger und in welchen Beträgen der streitige Betrag in Abänderung des bisherigen Teilungsplanes auszuzahlen sei (ZPO § 880 Satz 1); falls die letztgenannte Art der Entscheidung nicht für angemessen erachtet wird, muß es die Anfertigung eines neuen Planes und ein anderweitiges Verteilungsverfahren anordnen (ZPO § 880 Satz 2). Enthält das Urteil nicht alle auf Grund der Abweichung vom alten Teilungsplan notwendigen Anweisungen über seine Abänderung oder Ergänzung, so muß das Versteigerungsgericht einen **neuen Teilungsplan** aufstellen, wobei es an das Urteil gebunden

---

[67] OLG Hamm MDR 1965, 305 = NJW 1965, 825; Mohrbutter/Drischler Muster 128 Anm 8 c; Zöller/Stöber, ZPO, § 868 Rdn 6.
[68] AG Hannover Rpfleger 1993, 296.
[69] Dassler/Schiffhauer § 115 Rdn 24; Schuler NJW 1961, 1601 (IV).
[70] Baumbach/Lauterbach/Albers/Hartmann, ZPO, § 878 Rdn 5.
[71] Jaeckel/Güthe § 115 Rdn 14 a.
[72] Schuler NJW 1961, 1601 (IV).
[73] Wieczorek, ZPO, § 878 Anm B II und A II b sowie § 879 Anm A II.

Verhandlung über den Teilungsplan, Widerspruch 5.19 § 115

ist, soweit dieses reicht[74]. Ist in dem Prozeß der Kläger säumig, so ergeht das Urteil dahin, daß der Widerspruch als zurückgenommen anzusehen sei: ZPO § 881. Für die Entscheidung kommt es auf die Sach- und Rechtslage im Zeitpunkt des Verteilungstermins an[75]. Durch spätere Ereignisse wird das Recht auf Auszahlung nicht mehr beeinträchtigt[76]. Nachträglich eingetretene Tatsachen und Ereignisse dürfen also nicht berücksichtigt werden[77]; dies gilt auch bei Zuteilung auf Ersatzansprüche nach §§ 92, 121[77]. Endet der Prozeß mit einem **Vergleich** (was möglich ist und einer Entscheidung nach ZPO §§ 880, 882 gleichsteht), und zwar dahin, daß gemäß dem alten Teilungstermin zu verfahren sei, so ist der Widerspruch gemäß ZPO § 876 Satz 3–4 erledigt[78].

5.14 Einer Widerspruchsklage kann entgegengehalten werden, daß das Geltendmachen eines der Versteigerung entgegenstehenden Rechts **arglistig** sei[79].

5.15 Durch die Widerspruchsklage kann eine **Fristversäumung** im Sinne von § 110 **nicht beseitigt** werden[80].

5.16 Wird das Verteilungsverfahren durchgeführt, obwohl die Klage rechtzeitig nachgewiesen ist, dann gibt es hierzu befristete **Rechtspflegererinnerung**/sofortige Beschwerde.

5.17 Muster für einen Antrag in der Widerspruchsklage und für die Auszahlungsanordnung nach dem Prozeß im ZVG-Handbuch Rdn 485.

5.18 Wurden die im Teilungsplan Berücksichtigten **außergerichtlich befriedigt** (§ 144), gibt es Widerspruchsklage nur gegen den Ersteher[81].

5.19 Bereicherungsklage aus BGB § 812: Eine Bereicherungsklage des durch die Verteilung Benachteiligten gegen den angeblich zu seinen Lasten Bevorzugten ist **möglich:**

I. **wenn** der Widerspruch überhaupt unterlassen oder versäumt wurde, weil der Berechtigte im Termin zB nicht erschienen ist oder dort nichts vorgebracht hat[82] (ZVG-Handbuch Rdn 488) oder wenn der Widerspruch ohne Erfolg erhoben wurde[83];

II. wenn die Frist für die Widerspruchsklage versäumt wurde[84] (ZVG-Handbuch Rdn 488);

III. wenn das bessere Recht nur auf Tatsachen gestützt werden kann, die erst nach dem Verteilungstermin eingetreten sind (ZVG-Handbuch Rdn 488); zB wurde im Verteilungstermin ein abgetretenes Eigentümerrecht angemeldet, konnte aber nicht glaubhaft gemacht werden und wurde zurückgewiesen, Verteilung wurde ohne Rücksicht hierauf angeordnet.

Wenn der Versteigerungserlös vom Vollstreckungsgericht hinterlegt worden ist, ist ein Bereicherungsausgleich nach der materiellen Rechtslage durch entsprechende

---

[74] LG Berlin WM 1958, 267.
[75] BGH KTS 1974, 168 = MDR 1974, 573 = NJW 1974, 702 = Rpfleger 1974, 187; BGH 113, 169 = KTS 1991, 341 = MDR 1991, 529 = NJW 1991, 1063 = Rpfleger 1992, 32; RG 65, 66 und 84, 8 (10); OLG Düsseldorf NJW-RR 1989, 599 = Rpfleger 1989, 422; LG Mannheim MDR 1960, 319.
[76] BGH 113, 169 = aaO (Fußn 75).
[77] BGH NJW 1974, 702 = aaO (Fußn 75).
[78] LG Mannheim MDR 1960, 319; Dassler/Schiffhauer § 115 Rdn 32; Steiner/Teufel § 115 Rdn 85; Mohrbutter Rpfleger 1960, 203 (4).
[79] RG 70, 193.
[80] Drischler RpflJahrbuch 1973, 328 (4 c).
[81] RG 99, 202.
[82] RG 58, 156 und 166, 113; BGH DNotZ 1995, 204 mit Anm Siegmann = KTS 1995, 119 = MDR 1995, 791 = NJW 1994, 3299 = Rpfleger 1995, 173 (Abschn III der Gründe).
[83] BGH MDR 1987, 842 = NJW-RR 1987, 890 = Rpfleger 1987, 426.
[84] RG 166, 113; BGH NJW 1994, 3299 = aaO (Fußn 82).

Zustimmungserklärungen der Hinterlegungsbeteiligten nach HinterlO § 13 Abs 2 Nr 1 zu bewirken[85]. Besteht zwischen den Beteiligten Streit, dann muß der Nachweis der Berechtigung am hinterlegten Erlös durch rechtskräftiges Urteil erbracht werden (HinterlO § 13 Abs 1 und 2 Nr 2)[85]. Gegenüber dem Anspruch auf Zustimmung zur Auskehrung des hinterlegten Erlöses besteht kein Zurückbehaltungsrecht, wenn nur Ansprüche geltend gemacht werden, die keine Zuteilung aus dem Versteigerungserlös rechtfertigen[85].

Die Bereicherungsklage ist auch möglich **bei außergerichtlicher Verteilung** (§ 144) wo eine Widerspruchsklage nicht mehr möglich war (Rdn 5.18)[86]. Eine Bereicherungsklage **kommt nicht in Frage** für einen Beteiligten, der dem Teilungstermin ausdrücklich zugestimmt hat oder dessen Widerspruchsklage rechtskräftig entschieden wurde (ZVG-Handbuch Rdn 488).

5.20 Schadensersatzansprüche: Trotz unterlassenen Widerspruchs kann ein Geschädigter aus unrichtiger Aufstellung des Teilungsplanes gegen den Terminsvorsitzenden Schadensersatzansprüche geltend machen[87]. Dabei kann aber bedeutsam sein, wie weit ihm ein Mitverschulden zur Last fällt.

6 Widerspruch gegen vollstreckbaren Anspruch (Absatz 3)

6.1 Einem **nicht** vollstreckbaren Anspruch kann der Schuldner wie jeder andere Beteiligte widersprechen (Rdn 3.4). Der Widerspruch des Schuldners gegen einen **vollstreckbaren Anspruch** ist dagegen **nach ZPO-Vorschriften** zu erledigen: Abs 3. Für den Anspruch des Gläubigers einer persönlichen Vollstreckungsforderung (der Rangklasse 5 des § 10 Abs 1) gilt dies, wenn der Gläubiger wegen seines Anspruchs die Beschlagnahme des Grundstücks durch Verfahrensordnung oder Zulassung des Beitritts erwirkt hat (sonst findet der Anspruch bei Erlösverteilung überhaupt keine Berücksichtigung). Für die sonst nach § 10 Abs 1 aus dem Grundstück zu befriedigenden Ansprüche ist ohne Bedeutung, ob aus dem Titel in das Grundstück vollstreckt wird oder nicht, es muß nur ein vollstreckbarer Titel vorhanden sein. Das ist der Fall, wenn der Anspruch, gegen den sich Einwendungen des Schuldners richten, durch ein Urteil oder einen sonstigen Schuldtitel (ZPO § 794 usw) vollstreckbar festgestellt ist. Daß die Zwangsvollstreckung begonnen hat, beginnen könnte oder vorbereitet wird, der Vollstreckungstitel mithin vollstreckbar ausgefertigt und zugestellt ist und sonstige Vollstreckungsvoraussetzungen erfüllt sind, ist nicht gefordert. Ausgeschlossen ist der Widerspruch des Schuldners daher, wenn ein Vollstreckungstitel vorliegt, dessen Vollstreckbarkeit mit Vollstreckungsabwehrklage nach ZPO § 767 beseitigt werden muß. Das muß dem Vollstreckungsgericht dargetan sein. Hat das Vollstreckungsgericht keine Kenntnis davon, daß der vom Widerspruch betroffene Anspruch durch einen vollstreckbaren Schuldtitel festgestellt ist, dann hat es davon auszugehen, daß der Widerspruch des Schuldners zulässig und nach ZPO §§ 876–882 zu erledigen ist. Widerspruchsklage gegen den Teilungsplan hat der Schuldner dann in der Frist nach ZPO § 767 zu erheben. Kosten, auch Zwangsvollstreckungskosten (§ 10 Abs 2; ZPO § 788) sind als vollstreckbarer Anspruch ausgewiesen, wenn über sie ein Kostenfestsetzungsbeschluß vorliegt (ZPO § 794 Abs 1 Nr 2); der Hauptsachetitel weist solche Kosten nicht vollstreckbar aus.

6.2 Der Schuldner hat gegen einen vollstreckbaren Anspruch statt des Widerspruchs die Vollstreckungsabwehrklage aus ZPO § 767 (Abs 3). Durch diese Klage wird das Verteilungsverfahren nicht gehemmt, falls nicht Prozeßgericht oder Vollstreckungsgericht nach ZPO § 769 einstellen (die des Prozeßgerichts kommt hier meist zu spät, daher Dringlichkeit beim Vollstreckungsgericht nach ZPO § 769 Abs 2 zu bejahen). Nach Ablauf der befristeten Einstellung des Vollstrek-

---

[85] BGH NJW-RR 1987, 890 = aaO (Fußn 83).
[86] RG 101, 117.
[87] RG 166, 249.

Aussetzung des Teilungsplans bis zur Rechtskraft des Zuschlags   2.2   § 116

kungsgerichts (ohne Verlängerung durch das Prozeßgericht) ist der Teilungsplan auszuführen, wie vorgesehen. Gegen den Bestand nicht vollstreckbarer Ansprüche (Gläubiger hat keinen vollstreckbaren Titel) und gegen den Rang aller Ansprüche (vollstreckbarer und nicht vollstreckbarer) kann auch der Vollstreckungsschuldner Widerspruch erheben.

ZwV-Abwendung durch Sicherheitsleistung/Hinterlegung (Absatz 4)   7

Kann der Schuldner wegen eines nicht rechtskräftigen (vollstreckbaren) Gläubigeranspruchs die Zwangsvollstreckung durch **Sicherheitsleistung** oder Hinterlegung **abwenden,** dann unterbleibt die Planausführung, wenn Sicherheit geleistet oder Hinterlegung erfolgt und dem Vollstreckungsgericht nachgewiesen ist: Abs 4. Das entspricht ZPO § 775 Nr 3, wonach in einem solchen Fall die Zwangsvollstreckung einzustellen ist. Gleichgültig ist, ob dem Schuldner nach ZPO §§ 707, 719, oder auf Grund einer anderen Vorschrift der ZPO (zB §§ 711, 712, 720 a Abs 3) Sicherheitsleistung oder Hinterlegung möglich ist. Es hat **Hilfsverteilung** nach § 124 Abs 3 und Anlegung des betroffenen Erlöses nach § 124 Abs 2 mit § 120 oder Forderungsübertragung an Haupt- und Hilfsberechtigten zu erfolgen. Zum Hilfsberechtigten § 124 Rdn 4. Der Schuldner hat seine Einwendungen nicht mit Widerspruchsklage (nach Abs 3) geltend zu machen, sondern mit Fortsetzung des anhängigen Rechtsstreits, in dem bereits Einstellung der Zwangsvollstreckung erfolgt ist. Wenn der Anspruch des Gläubigers rechtskräftig abgewiesen wird, sind die angelegte Erlösanteil für den Hilfsberechtigten und die Sicherheit frei; deren Abwicklung erfolgt nach ZPO § 109. Wenn der Anspruch des Gläubigers rechtskräftig zuerkannt ist, steht ihm nach seiner Wahl der Erlösanteil oder die Sicherheit zur Befriedigung zur Verfügung. Wenn der Gläubiger aus der vom Schuldner geleisteten Sicherheit befriedigt wird, erlischt sein Erlösanspruch; er wird für den Schuldner, der Sicherheit geleistet hatte, frei.[88]

[Aussetzung des Teilungsplans bis zur Rechtskraft des Zuschlags]

116 Die Ausführung des Teilungsplans soll bis zur Rechtskraft des Zuschlags ausgesetzt werden, wenn der Ersteher oder im Falle des § 69 Abs 4 der für mithaftend erklärte Bürge sowie in den Fällen des § 81 Abs 2, 3 der Meistbietende die Aussetzung beantragt.

Allgemeines zu § 116   1

1.1 Zweck der Vorschrift: Wahrung der Interessen des Erstehers und zahlungspflichtiger Dritter bei Erlösverteilung vor Rechtskraft des Zuschlags.

1.2 Anwendungsbereich: Die Vorschrift gilt für alle Versteigerungsverfahren des ZVG.

Aussetzung der Ausführung des Teilungsplanes   2

2.1 Grundsätzlich ist **nicht die Rechtskraft** des Zuschlags gegenüber allen Beteiligten **abzuwarten,** bevor der Verteilungstermin abgehalten wird. Es besteht dann allerdings die Gefahr, daß der Zuschlag wieder aufgehoben wird, der Erlös aber schon ausbezahlt ist und alles wieder rückgängig gemacht werden muß (§ 105 Rdn 4).

2.2 Die Ausführung des Teilungsplanes kann ausnahmsweise bis zur Rechtskraft des Zuschlags ausgesetzt werden. Dies soll geschehen, wenn der Ersteher oder der für mithaftend erklärte Bürge aus § 69 oder der Meistbietende bei Abtretung seiner Rechte nach § 81 Abs 2 bzw bei verdeckter Vollmacht nach § 81 Abs 3 es

---

[88] Dassler/Schiffhauer § 115 Rdn 15.

beantragen: § 116. Auch die Erben der Genannten können dies beantragen. Alle anderen Beteiligten können die Aussetzung nicht beantragen (anders[1]: es ginge, wenn alle Beteiligten zustimmen würden). Auch von Amts wegen erfolgt die Aussetzung nicht. Sobald aber der Zuschlag angefochten ist, können Vollstreckungsgericht und Rechtsmittelinstanz durch einstweilige Anordnung von Amts wegen die Aussetzung verfügen (ZPO § 572 Abs 2, 3)[1].

2.3 Der Antrag nach § 116 kann **formlos** vor dem Verteilungstermin oder in diesem gestellt werden, auch durch einen Bevollmächtigten mit einfacher Verfahrensvollmacht. Dabei muß die Anfechtung des Zuschlags mindestens noch zulässig sein, sie muß aber noch nicht erfolgt sein[1]. Sind mehrere Grundstücke versteigert worden, so kann die Aussetzung nur für diejenigen Grundstücke beantragt werden, für die der Zuschlag noch nicht rechtskräftig ist[1].

2.4 Trotz des Antrags und seiner Genehmigung wird der **Teilungsplan aufgestellt** (Teilungsmasse, Schuldenmasse), wird über ihn sowie über Widersprüche verhandelt; Zahlungen des Erstehers werden entgegengenommen. Für die Widersprechenden beginnt die Klagefrist mit diesem Termin[2]. Nur die Ausführung des Planes wird ausgesetzt. Es unterbleiben also auch die Auszahlungsanordnung (§ 117 Rdn 3) und eine etwaige Forderungsübertragung (§ 118 Rdn 3).

2.5 § 116 ist nur eine **Ordnungsvorschrift** (soll). Das Gericht muß sie nicht befolgen[2]. Wird die Aussetzung angeordnet oder abgelehnt, so gibt es immer befristete Rechtspflegererinnerung/sofortige Beschwerde. Hierzu im ZVG-Handbuch Rdn 463.

2.6 War die Ausführung des Planes ausgesetzt, so muß nach Rechtskraft des Zuschlags von Amts wegen **neuer Verteilungstermin** angesetzt werden. In diesem neuen Termin wird nicht ein ganz neuer Plan aufgestellt (der Plan ist schon aufgestellt), es wird nur nachgeholt, was unterblieben ist, also die Auszahlungsanordnung und die Forderungsübertragung. Es sind aber in diesem Termin auch neue Anmeldungen möglich. Hiervon bleibt § 110 unberührt, eine danach versäumte Frist kann nicht mehr geheilt werden. Zulässig sind neue Widersprüche gegen den Teilungsplan, über die dann verhandelt werden muß und für die Klagefrist ab diesem Termin läuft. Wiederkehrende Leistungen der durch den Zuschlag erloschenen Rechte sind bis zum neuen Termin weiterzurechnen. Wenn hierdurch die Teilungsmasse geschmälert wird, geht das zu Lasten der Letztberechtigten, für die weniger bleibt. Das Bargebot ist nach § 49 bis zum neuen Termin zu verzinsen, falls es nicht bezahlt oder hinterlegt ist. Hierzu ZVG-Handbuch Rdn. 463.

[Ausführung des Teilungsplans bei Bargebotszahlung]

117 (1) **Soweit der Versteigerungserlös in Geld vorhanden ist, wird der Teilungsplan durch Zahlung an die Berechtigten ausgeführt.**

(2) **Die Auszahlung an einen im Termine nicht erschienenen Berechtigten ist von Amts wegen anzuordnen. Die Art der Auszahlung bestimmt sich nach den Landesgesetzen. Kann die Auszahlung nicht erfolgen, so ist der Betrag für den Berechtigten zu hinterlegen.**

(3) **Im Falle der Hinterlegung des Erlöses kann statt der Zahlung eine Anweisung auf den hinterlegten Betrag erteilt werden.**

1 Allgemeines zu § 117

1.1 Zweck der Vorschrift: Regelung der Ausführung des Teilungsplanes bei Zahlung oder Hinterlegung des Bargebots.

---

[1] Jaeckel/Güthe § 116 Rdn 1.
[2] Jaeckel/Güthe § 116 Rdn 3.

Ausführung des Teilungsplans bei Bargebotszahlung 2.2 § **117**

1.2 Anwendungsbereich: Die Vorschrift gilt für alle Versteigerungsverfahren des ZVG. Über ihre Anwendung im Zwangsverwaltungsverfahren § 146 Rdn 4, § 158 Rdn 2.

1.3 Soweit infolge Barzahlung oder Hinterlegung des Bargebots oder aus einer im Verteilungstermin schon als Barwert zur Verfügung stehenden Sicherheit der Versteigerungserlös in bar verteilt werden kann, ist er nach § 117 **auszuzahlen** (Rdn 3) oder unter gewissen Voraussetzungen zu hinterlegen (Rdn 6). Bei Nichtzahlung des Bargebots ist die **Forderung** gegen den Ersteher auf den Berechtigten zu **übertragen** (§ 118 Rdn 2). Der Teilungsplan kann durch eine Auszahlung oder Hinterlegung erst ausgeführt werden, wenn die Verhandlung über den Plan beendet und kein Widerspruch unerledigt, aber auch kein Aussetzungsantrag nach § 116 gestellt ist. Soweit ein Widerspruch im Termin nicht erledigt wird, wird der Plan nur bezüglich der davon nicht betroffenen Berechtigten ausgeführt, im übrigen wird der Erlös hinterlegt (Rdn 6, § 115 Rdn 2).

1.4 Die Ablieferung des Erlöses an die Berechtigten ist ein **staatlicher Akt,** eine aus der Versteigerung folgende Zwangsverfügung der Staatsgewalt über den Erlös, mit dem dann die Zwangsversteigerung als solche endet[1].

Berechtigter bei Planaufstellung und Auszahlung 2

2.1 Zahlungen erfolgen an die einzelnen **Berechtigten:** Abs 1. Ihnen wird bei Nichtzahlung des Bargebots die Forderung gegen den Ersteher übertragen: § 118 Abs 1. Berechtigte sind der Gläubiger des Anspruchs, der nach § 10 ein Recht auf Befriedigung aus dem Grundstück gewährt[2], für den Erlösüberschuß der Eigentümer des Grundstücks bei Zuschlag (§ 114 Rdn 10) sowie ein Dritter, dem Erlös für sein fortbestehendes Recht herauszugeben ist (§ 92 Rdn 8.4). Beschränkungen in der Verfügungsbefugnis über sein Recht (zB durch Konkurseröffnung, KO § 6; Nacherbenanordnung, BGB § 2114; Veräußerungsverbot, BGB §§ 135, 136; Pfändung, ZPO §§ 829, 857; Verpfändung, BGB §§ 1273–1291; aber auch bei Sicherungsvollstreckung, ZPO § 720 a) müssen vom Vollstreckungsgericht bei Zahlung ebenso beachtet werden wie die Einziehungsbefugnis eines Dritten (zB des Pfandgläubigers nach Pfandreife, BGB §§ 1282, oder nach Überweisung zur Einziehung, ZPO § 835).

2.2 Der **Berechtigte** ist bereits bei Aufstellung des **Teilungsplanes festzustellen** und im Teilungsplan unter Bezeichnung einer etwaigen Verfügungsbeschränkung oder der Einziehungsbefugnis eines Dritten anzugeben (§ 114 Rdn 3). Festzustellen als Berechtigter ist der nach materiellem Recht tatsächlich berechtigte Gläubiger des Anspruchs auf Befriedigung aus dem Grundstück. Für Feststellung des Berechtigten erlangen Grundbuchstand bei Eintragung des Versteigerungsvermerks und Anmeldung nicht die in § 114 festgelegte Bedeutung; diese Bestimmung findet keine Anwendung (§ 114 Rdn 3). Festzustellen als Berechtigter ist immer der bei Aufstellung und Ausführung des Teilungsplanes nach materiellem Recht als Rechtsinhaber Legitimierte. Nur dieser hat Anspruch auf Zahlung durch das Vollstreckungsgericht, mit der aus dem Versteigerungserlös das Recht auf Befriedigung aus dem Grundstück (§ 10) zwangsweise erfüllt wird. Rechtsänderungen, die durch Grundbucheintragungen nach dem Versteigerungsvermerk ausgewiesen oder durch außergrundbuchliche Verfügungen (auch im Wege der Zwangsvollstreckung) vor oder nach Eintragung des Versteigerungsvermerks herbeigeführt worden sind, müssen daher bei Planausführung berücksichtigt werden[3]. Nur außergrundbuchliche Rechtsänderungen, die das Vollstreckungsgericht nicht kennt, stehen einer wirksamen Zahlung an den noch

---

[1] Blomeyer, Pfändungspfandrecht (Festschrift v. Lübtow, 1970), B I 1 a; Stein/Jonas/Münzberg, ZPO, § 819 Rdn 9; Zöller/Stöber, ZPO, § 819 Rdn 4; Sebode DGVZ 1961, 161.
[2] Stöber ZIP 1980, 833 (II).
[3] RG 73, 298.

§ 117 2.2 Verteilung des Erlöses

festgestellten bisherigen Rechtsinhaber nicht entgegen; sie bleiben unberücksichtigt.

2.3 Verfahrensgrundlage für die Feststellung des Berechtigten ist der **Inhalt des Grundbuchs.** Die Vermutung des BGB § 891 Abs 1, daß dem Eingetragenen das Recht zusteht, das Zuteilung und Zahlung aus dem Erlös erhält, gilt auch für das Verfahren des Vollstreckungsgerichts. Es hat daher als Berechtigten den eingetragenen Gläubiger eines Rechts oder seinen legitimierten Rechtsnachfolger festzustellen. Zahlung auf das Kapital einer Briefhypothek (Briefgrundschuld, Briefrentenschuld) erfordert weiter Vorlage des Briefes durch den eingetragenen Gläubiger oder durch den als Rechtsnachfolger des eingetragenen Gläubigers Legitimierten (§ 126; auch BGB § 1160 Abs 1; dazu näher § 126 Rdn 2). Ausgeschlossen ist die Feststellung des Berechtigten nach dem Grundbuchinhalt, wenn und soweit die Beweisvermutung des BGB § 891 Abs 1 widerlegt ist. Das ist der Fall, wenn die Unrichtigkeit des Grundbuchs zur Überzeugung des Vollstreckungsgerichts feststeht. Für die zur Widerlegung der Vermutung des BGB § 891 Abs 1 notwendige Überzeugung des Gerichts von der Unrichtigkeit der Eintragung können Tatsachen sich aus vorgelegten Urkunden, aus Grundakten oder aus Erklärungen der Beteiligten zu Niederschrift des Vollstreckungsgerichts ergeben, ihm aber auch außerhalb des Vollstreckungsverfahrens zur Kenntnis gelangt sein (zB aus Prozeßakten). Bloße Zweifel an der Richtigkeit des Grundbuchs oder Glaubhaftmachung der Grundbuchunrichtigkeit widerlegen die Vermutung des BGB § 891 Abs 1 nicht, verpflichten aber auch das Vollstreckungsgericht nicht zu Ermittlungen (aber unter Umständen Aufklärungspflicht, Einl Rdn 24). In solchen Fällen können die Beteiligten Zahlung an einen im Teilungsplan festgestellten Berechtigten nur mit Widerspruch (§ 115 Rdn 2) aufhalten.

2.4 a) Es wird angenommen, daß Verfahrensgrundlage für die Feststellung des Berechtigten der Inhalt des Grundbuchs zur Zeit der Eintragung des Versteigerungsvermerks mit der Maßgabe sei, daß alle späteren Grundbucheintragungen nur zu berücksichtigen sind, wenn sie dem Vollstreckungsgericht bekannt geworden sind (zB durch Eintragungsmitteilung nach § 19 Abs 3, durch Anzeige der Beteiligten). Nach dieser Ansicht sollen daher auch alle nach dem Versteigerungsvermerk erfolgten Grundbucheintragungen ebenso wie alle außergrundbuchlichen Änderungen nur zu berücksichtigen sein, wenn sie zur Kenntnis des Vollstreckungsgerichts gelangt sind. Zur Ermittlung späterer Grundbucheintragungen soll das Vollstreckungsgericht nicht verpflichtet sein; es soll daher insbesondere Grundbucheinsicht zur Überprüfung, ob weitere Eintragungen erfolgt sind, nicht vorzunehmen haben (so[4]). Dem ist jedoch nicht zu folgen.

b) Geprüft werden muß bei Auszahlung (und ebenso bei Forderungsübertragung) die gegenwärtige Berechtigung, somit die jetzige Legitimation[5]. Für diese Berechtigung kommt es nicht auf eine Beteiligung im Sinne des § 9 und auch nicht darauf an, ob Ansprüche jemals angemeldet worden sind[6]. Die Prüfung kann daher nicht formell an den Grundbuchstand bei Verfahrensbeginn (hier: Eintragung des Versteigerungsvermerks, § 19 Abs 1) anknüpfen (so auch[7]). Dem Grundbuchstand zu dieser Zeit fällt nach Einzelbestimmungen des ZVG nur die Aufgabe zu, den Kreis der von Amts wegen zuzuziehenden Beteiligten (§ 9 Nr 1) abzugrenzen und zur Feststellung des geringsten Gebots (§ 45) sowie Aufstellung des Teilungsplans (§ 114) Grundlage für betragsmäßige Berücksichtigung grundbuchersichtlicher Ansprüche zu geben. Eine Verpflichtung zur Anmeldung der bei Eintragung des Versteigerungsvermerks nicht eingetragenen Ansprüche besteht daher nur für ihre betragsmäßige Berücksichtigung im geringsten Gebot und Teilungs-

---

[4] Jaeckel/Güthe § 117 Rdn 2; Korintenberg/Wenz § 117 Anm 2.
[5] RG 73, 298; Steiner/Teufel § 117 Rdn 4.
[6] RG 73, 298.
[7] Steiner/Teufel § 117 Rdn 9.

plan. Deshalb bezieht sich § 114 nur auf die objektive Existenz des Anspruchs (§ 114 Rdn 3.1). Damit ist zugleich bereits ausgedrückt, daß der (subjektiv) Berechtigte nicht nach den Grundsätzen des § 114, somit nicht nach dem Grundbuchstand zur Zeit der Eintragung des Versteigerungsvermerks festgestellt werden kann (siehe bereits § 114 Rdn 3). In den immer längere Zeit, oft Jahre andauernden Verfahren könnte dieser Grundbuchstand sicheren Aufschluß über den Berechtigten bei Erlöszahlung (oder Forderungsübertragung) und eine zuverlässige Verfahrensgrundlage für seine Feststellung zu dieser Zeit auch nicht bieten. Es gibt zudem keine gesetzliche Vorschrift, die für die Empfangsberechtigung bei Erlöszahlung zur Anmeldung eines erst nach dem Versteigerungsvermerk in das Grundbuch eingetragenen Gläubigerrechts (einer sonstigen Berechtigung) verpflichten würde. Daher kann es nur Aufgabe des Vollstreckungsgerichts sein, das den Erlös zahlt oder die Forderung an den Ersteher dem Berechtigten überträgt, den gegenwärtigen Berechtigten sicher festzustellen. Das verpflichtet auch zur Feststellung der nach dem Versteigerungsvermerk erfolgten einschlägigen Grundbucheintragungen. Damit in Übereinstimmung steht die Verpflichtung des Vollstreckungsgerichts zu rechtsstaatlicher Verfahrensgestaltung, die ein „faires" Verfahren als Ausfluß verfassungsrechtlicher Gewährleistung des Eigentums (GrundG Art 14 Abs 1; Einl Rdn 7) auch gegenüber dem materiell Berechtigten eines aus dem Grundstück zu befriedigenden Anspruchs gebietet. Dem trägt bei Zahlung oder Forderungsübertragung der oft erheblichen Beträge nur die sichere Prüfung des gegenwärtigen Berechtigten, nicht aber die nur formale Abwicklung auf der Grundlage einer veralteten Grundbuchblattabschrift Rechnung.

c) Daß dem Vollstreckungsgericht eine Verpflichtung zur Ermittlung **außergrundbuchlicher Verfügungen** über den Erlös nach Erteilung des Zuschlags nicht obliegt, steht damit nicht in Widerspruch. Denn das Vollstreckungsgericht zahlt den Versteigerungserlös aus dem Schuldnervermögen (§ 114 Rdn 1) an den Berechtigten. Es kann daher den Anspruch auf Befriedigung aus dem Grundstück unter denselben privatrechtlichen Voraussetzungen erfüllen, unter denen der Eigentümer (Schuldner) zur Leistung verpflichtet und berechtigt ist[8], auch[9]. Weil das Vollstreckungsgericht hoheitlich handelt, gilt BGB § 893 zwar nicht unmittelbar. Da BGB § 893 mit Leistung an den eingetragenen Berechtigten den redlichen Verkehr schützt, kann aber auch für die dem Vollstreckungsgericht obliegende Zahlung die Verpflichtung zur Feststellung des Berechtigten nur an dieser Vorschrift zu messen sein. Denn die Sorgfaltspflicht des Vollstreckungsgerichts kann bei Zahlung an den Berechtigten nicht anders verstanden werden wie die des leistenden Eigentümers. Wenn dem Vollstreckungsgericht eine Grundbuchunrichtigkeit nicht bekannt ist, weist daher auch für seine Verfügung über das Schuldnervermögen (§ 114 Rdn 1), die unter denselben privatrechtlichen Voraussetzungen erfolgt, unter denen der Eigentümer (Schuldner) schuldbefreiend erfüllen kann, das Grundbuch den Eingetragenen als den Berechtigten aus. Das entspricht dem Schutzgedanken des Gesetzes (BGB § 893; auch § 407). Er gilt auch im Vollstreckungsverfahrensrecht, das weder den Eingetragenen eines zu berücksichtigenden Rechts zur Anmeldung verpflichtet noch Grundlage für eine Überprüfung grundbuchersichtlicher Berechtigungen gibt. Grundlage für Feststellung des Berechtigten bietet damit nur der Grundbuchstand bei Zuschlag (Rdn 2.6), nicht aber der Inhalt des Grundbuchs bei Eintragung des Versteigerungsvermerks.

2.5 Als **Berechtigter,** an den Erlös zu zahlen (Abs 1) oder die Forderung an den Ersteher zu übertragen ist (§ 118 Abs 1) ist sonach festzustellen

– der Gläubiger einer **Hypothek** (Grundschuld oder Rentenschuld) **ohne Brief** (BGB § 1116 Abs 2), der bei Erteilung des Zuschlags (dazu auch Rdn 2.6) im Grundbuch eingetragen war (BGB § 1115 Abs 1);

---

[8] Fischer/Schäfer, ZVG, S 433, 434.
[9] RG 73, 298.

§ 117 2.5 Verteilung des Erlöses

- der Gläubiger einer **Hypothek** (Grundschuld oder Rentenschuld), über die ein **Brief erteilt** ist (BGB § 1116 Abs 1), wenn er diesen Brief vorlegt (§ 126; BGB § 1160 Abs 1) und bei Erteilung des Zuschlags im Grundbuch eingetragen war. Zur Briefvorlage näher § 126 Rdn 2;
- der Berechtigte eines durch den Zuschlag erloschenen **Rechts** mit Anspruch auf **Wertersatz** (§ 92), der bei Erteilung des Zuschlags im Grundbuch eingetragen war;
- der Grundstückseigentümer für Eigentümergrundpfandrechte (dazu näher § 114 Rdn 6) und den Erlösüberschuß;
- der **Rechtsnachfolger** des Gläubigers einer Hypothek, Grundschuld oder Rentenschuld oder des Berechtigten eines Rechts mit Anspruch auf Wertersatz, wenn der Rechtsübergang festgestellt (nachgewiesen) ist, insbesondere für einen
  a) Erben durch Erbschein (oder anderen Erbausweis);
  b) Ablösenden durch die den Rechtsübergang belegenden Urkunden;
  c) zahlenden Bürgen durch die den Forderungsübergang mit Gläubigerbefriedigung ausweisenden Unterlagen (BGB § 774);
  d) Zessionar durch Vorlage der die Abtretung an ihn ausweisenden Urkunden, ggfs. auch des Hypotheken- oder Grundschuldbriefes (näher dazu § 126 Rdn 2, 3).

Verfügungsbeschränkungen und Einziehungsbefugnisse Dritter sind in allen Fällen zu beachten (Rdn 2.1).

2.6 Maßgeblich ist der **Grundbuchstand** bei Erteilung des **Zuschlags** (nicht, wie in[9] beiläufig vermerkt, zur Zeit der Auszahlung), weil sich in diesem Zeitpunkt die Belastung des Grundstücks in den Anspruch auf Befriedigung aus dem Versteigerungserlös umwandelt. Dieser Erlösanspruch ist kein dingliches Recht, sondern Forderungsrecht, an dem die durch den Zuschlag erloschenen Grundstücksrechte und vom Ersteher nicht zu tragende wiederkehrende Leistungen bis zum Zuschlag (§ 56 Satz 2) der öffentlichen Lasten des Grundstücks sowie aus bestehenbleibenden Rechten fortbestehen. Mit den ihm anhaftenden Befriedigungsrecht wird der Erlösanspruch als Forderungsrecht nicht mehr durch Grundbucheintragung ausgewiesen. Rechtsgeschäftliche Verfügungen und Verfügungen im Wege der Zwangsvollstreckung können daher nicht mehr durch Grundbucheintragung bewirkt werden. Sie erfolgen nach den für gewöhnliche Forderungsrechte geltenden Vorschriften. Daher könnten Grundbucheintragungen nach Erteilung des Zuschlags für den Erlösanspruch keine Rechtswirkungen äußern, mithin für die Feststellung des Berechtigten auch keine Bedeutung erlangen.

2.7 Wenn sich die **Berechtigung** nach Feststellung des Teilungsplans noch **ändert,** kann Zahlung (Abs 1) oder Forderungsübertragung (§ 118 Abs 1) an einen im Teilungsplan bezeichneten Berechtigten (Rdn 2.2) nicht mehr erfolgen. Weil der Versteigerungserlös an den gegenwärtigen Berechtigten zu zahlen (oder zu übertragen) ist, hat das Vollstreckungsgericht auch jeden Gläubigerwechsel (insbesondere eine Zession, die erst nach dem Verteilungstermin unmittelbar vor der Auszahlung erfolgt[9]) sowie Verfügungsbeschränkungen des Berechtigten und die Einziehungsbefugnis Dritter **zu berücksichtigen,** die nach Aufstellung des Teilungsplanes bis zur Planausführung Wirksamkeit erlangen. Das gilt ebenso für einen schon vor Planaufstellung eingetretenen Gläubigerwechsel und für Verfügungsbeschränkungen sowie die Einziehungsbefugnis eines Dritten, die vor Planaufstellung Wirksamkeit erlangt haben (zB für eine Zession oder Pfändung, die sogleich nach dem Zuschlag, mithin vor dem Verteilungstermin bewirkt worden ist), wenn sie dem Vollstreckungsgericht erst nach Aufstellung des Teilungsplans, aber noch vor Planausführung bekannt werden. Dann muß das Gericht aber vor Zahlung dem im Teilungsplan angeführten Berechtigten von der Änderung Kenntnis (vgl ZPO § 139; dazu Einl Rdn 24) und Gelegenheit geben, seine Interessen in einer zu bestimmenden Frist mit Erinnerung (ZPO § 766) zu wahren. Das erfordern die Grundsätze rechtsstaatlicher Verfahrensgestaltung (Einl Rdn 77) und der

Ausführung des Teilungsplans bei Bargebotszahlung   3.2 § **117**

Anspruch des im Plan genannten Zahlungsempfängers auf rechtliches Gehör (Einl Rdn 46). Davon wird nur abgesehen werden können, wenn die Änderung des Berechtigten nach Aufstellung des Teilungsplans eingetreten und sicher belegt ist (zB bei einer von dem im Plan festgestellten Berechtigten selbst angezeigten Abtretung oder der Pfändung seines Anspruchs je nach Aufstellung des Plans).
2.8 Zum Berechtigten auch ZVG-Handbuch Rdn 464; zu seiner Feststellung ZVG-Handbuch Rdn 465–465 d

Berechtigung des Zahlungsempfängers; Auszahlung (Absatz 1)   3

3.1 Soweit der Versteigerungserlös in Geld vorhanden ist, wird der Teilungsplan durch Zahlung an die Berechtigten (Rdn 2) ausgeführt: Abs 1. Das Gericht **zahlt** selbst **aus** (§ 117 Abs 1) oder hat für die Auszahlung an **abwesende Berechtigte** zu sorgen (Abs 2 Satz 1). Falls der Erlös hinterlegt ist, **erteilt** das Gericht eine **Anweisung** auf den hinterlegten Betrag (Abs 3). Die Befriedigungswirkung tritt mit der Auszahlung an den anwesenden Berechtigten, mit Anordnung der Auszahlung an nicht erschienene Berechtigte oder mit Erteilung der Anweisung auf den hinterlegten Betrag ein, nicht erst mit der Ausführung der Anordnung oder Anweisung durch Absendung des Geldes durch die Kasse und auch nicht erst mit der Gutschrift des Geldes auf dem Empfängerkonto (anders[10]). Denn Gläubigerbefriedigung aus dem Grundstück erfolgt mit Erlösverteilung durch das Vollstreckungsgericht in der in Abs 1 bestimmten Weise, nicht aber erst mit Ausführung einer Zahlungsanordnung oder -anweisung oder Zahlungseingang beim Gläubiger. Barauszahlung an im Termin anwesende Berechtigte kommt kaum noch vor. Wenn für sie unbare Zahlung gewählt wird, tritt Befriedigungswirkung bereits mit Erlösverteilung durch Anordnung der unbaren Zahlung im Termin ein. Wenn der Berechtigte die bei unbarer Zahlung zu seinen Lasten gehende Dauer der Überweisung vermeiden will, kann er statt der unbaren Zahlung die Auszahlung im Termin verlangen (Abs 1); dem Verlangen ist zu entsprechen, wenn der Versteigerungserlös der Kasse als Verwahrgeld eingezahlt ist (anders bei Hinterlegung; Rdn 6).
3.2 Zahlung erfolgt an die **Berechtigten.**

a) Das Vollstreckungsgericht muß vor der Auszahlung sorgfältig **prüfen, wer Berechtigter ist**[11], an wen, in welcher Höhe und in welcher Weise auszuzahlen ist und welche Voraussetzungen im einzelnen dafür erfüllt sein müssen[12]. Einzelheiten: Rdn 2. Es ist die sachliche und persönliche Berechtigung des vorgesehenen Empfängers zu prüfen.

b) Die **sachliche Berechtigung** (Rdn 2) besagt, auf welchen Anspruch auszuzahlen ist. Das bestimmt sich zunächst nach dem Teilungsplan und seine Reihenfolge. Weil sich aber an dem an die Stelle des versteigerten Grundstücks getretenen Surrogat, dem Erlös, alle Rechte wie am Grundstück fortsetzen (§ 92 Rdn 2), dingliche Rechte, Pfandrechte usw[13], sind auch nachträgliche Zessionen, Erbschaften, Pfändungen, Verfügungsbeschränkungen zu beachten[14] (ZVG-Handbuch Rdn 465 c). Das Gericht muß Vorlage der einschlägigen Hypotheken- und Grundschuldbriefe verlangen (ohne die nicht ausbezahlt werden darf)[15]. An Zessionare (auch Rdn 3.5) muß bezahlt werden, auch wenn sie selbst nicht angemeldet hatten und auch wenn die Zession erst auf dem Verhandlungstermin erfolgte ist[16]. Das Vollstreckungsgericht darf nur unter denselben privatrechtlichen Voraussetzungen zahlen, unter denen der Schuldner selbst zu zahlen verpflichtet ist[16].

---

[10] Steiner/Teufel § 117 Rdn 33.
[11] RG 73, 298.
[12] Drischler RpflJahrbuch 1962, 322 (B IV 1).
[13] Sebode DGVZ 1961, 161.
[14] Drischler RpflJahrbuch 1962, 322 (B IV 2 und E I 1).
[15] RG 73, 298; Drischler aaO (Fußn 14).
[16] RG 73, 298; Sebode DGVZ 1961, 161.

1049

§ 117 3.2 Verteilung des Erlöses

c) Auch die **persönliche Berechtigung** ist zu prüfen, Personalausweis, Bestallung eines gesetzlichen Vertreters, Handelsregisterauszug, Vormundschaftsgerichts-Genehmigung, Geldempfangsvollmacht (ZVG-Handbuch Rdn 466). Wenn ein (persönlich nicht bekannter) Erschienener sich nicht ausweist und daher Zweifel an seiner Identität bestehen, ist er für die Auszahlung als nicht erschienener Berechtigter nach Abs 2 zu behandeln. Zum Geldempfang reicht Verfahrensvollmacht nicht aus (ebenso[17]). Die Prozeßvollmacht ermächtigt nur zur Empfangnahme zu erstattender Kosten (ZPO § 81 aE); weitergehende Ermächtigung zum Geldempfang muß ausdrücklich erteilt sein. Die Bevollmächtigung zum Geldempfang ist (materiellrechtlich) formfrei (BGB § 167 Abs 2). Nachzuweisen ist sie aber durch Vorlage der (Urschrift der) Vollmachtsurkunde (BGB § 172 Abs 1). Ablichtung oder Übermittlung lediglich als Faxkopie genügt daher nicht (siehe auch[18]). Bei Ehegatten ist auch das eheliche Güterrecht zu beachten.

d) Das Gericht hat auch die Voraussetzungen des § 126 zu beachten.

e) Wenn **mehrere Personen** empfangsberechtigt sind und sich nicht einigen können, muß hinterlegt werden: Abs 2 Satz 3.

3.3 Rechte in **ausländischer Währung** werden in deutscher Währung ausbezahlt. Der nicht befriedigte Teil der Forderung ist unter Umständen in ausländischer Währung festzustellen (s nun auch § 145 a). Etwaige Devisenvorschriften (Einl Rdn 30) müssen bei Auszahlung beachtet werden.

3.4 Bei **Liegenbelassen** von Rechten entfällt eine Barauszahlung für den liegenbelassenen Teil (§ 91 Abs 3; § 114 Rdn 8).

3.5 Pfändungen, Verpfändungen, Zessionen: Sie müssen eindeutig nachgewiesen sein. Bei einem Pfandrecht sind vor der Pfandreife Gläubiger und Pfandgläubiger, nach der Pfandreife Pfandgläubiger allein empfangsberechtigt (BGB §§ 1281, 1282). Wird eine Pfändung nachgewiesen, so sind Gläubiger und Pfändungspfandgläubiger gemeinsam empfangsberechtigt; falls aber zur Einziehung oder an Zahlungs Statt überwiesen ist, ist der Pfandgläubiger allein empfangsberechtigt.

3.6 Voraussetzungen der Hinterlegung: Wenn sie vorliegen (Rdn 6), erfolgt keine Barauszahlung.

4 Empfangsberechtigter ist nicht anwesend (Absatz 2 Sätze 1 und 2)

Bleibt der Empfangsberechtigte im Termin aus, dann ist das Vollstreckungsgericht verpflichtet, **von Amts wegen** für die Auszahlung des Geldes zu sorgen: Abs 2 Satz 1. Die **Art** der Auszahlung blieb der Regelung durch Landesgesetzgebung überlassen (Abs 2 Satz 2). Sie ist durchweg in **landesrechtlichen Haushaltsvorschriften** geregelt, teilweise gilt als Landesrecht auch noch das Gesetz über Auszahlungen aus öffentlichen Kassen (Textanhang T 45) fort.

5 Erlösabwicklung durch Befriedigungserklärung

5.1 Wenn der **Ersteher** selbst etwas aus dem Erlös zu bekommen hat, braucht er den auf ihn entfallenden Erlösanteil nicht erst einzuzahlen, um ihn anschließend sofort wieder ausbezahlt zu erhalten; er kann sich wegen seiner Ansprüche im Verteilungstermin gegenüber dem Gericht für befriedigt erklären.

5.2 Die Befriedigungserklärung kann **im Verteilungstermin** abgegeben werden; sie ist im Protokoll festzustellen, die Feststellung ist zu verlesen und zu genehmigen (ZPO § 160 Abs 3 Nr 1, entsprechende Anwendung, mit § 162 Abs 1). Sonst ist die Erklärung durch öffentliche oder öffentlich beglaubigte Urkunde nachzu-

---

[17] Steiner/Teufel § 117 Rdn 31.
[18] LG Aachen DGVZ 1991, 173; LG Bielefeld DGVZ 1993, 28; AG Frankfurt DGVZ 1995, 46.

weisen (anders[19]: Schriftform ist ausreichend; steht im Widerspruch zu den vergleichbaren §§ 143, 144; zumindest kann bei dem auf ein Grundpfandrecht entfallenden Erlös öffentlich beglaubigte Erklärung verlangt werden, BGB § 1144 entsprechend; anders auch[20]: kann nur im Verteilungstermin abgegeben werden). Die Erklärung kann auch durch einen Bevollmächtigten mit Geldempfangsvollmacht oder Sondervollmacht abgegeben werden; Verfahrensvollmacht reicht nicht aus. Vorlage der Vollmacht in Schriftform wird als genügend erachtet (vgl Rdn 3.2; so auch[21]).

5.3 Die **Befriedigungserklärung** wird unterschiedlich aufgefaßt.

a) Sie ist nach (nunmehr allgemein vertretener und) richtiger Ansicht **vereinfachte Form der Erlöszahlung** (keine Aufrechnungs des Erstehers[22]). Sie hat zur Folge, daß das Bargebot gemäß § 49 Abs. 2 vom Verteilungstermin an nicht mehr zu verzinsen ist, nicht schon rückwirkend ab Zuschlag[23]. Es liegt keine zum Zuschlag rückwirkende Aufrechnung nach BGB §§ 387, 389 vor, weil die Ansprüche des Erstehers auf Befriedigung aus dem Erlös und seine Zahlungspflicht gegenüber dem Gericht sich nicht aufrechenbar gegenüberstehen[24]. Es ist so anzusehen, als habe der Ersteher im Verteilungstermin bezahlt und zugleich seinen Erlösanteil wieder ausgezahlt erhalten[25]. Die Erklärung bewirkt damit Befriedigung des Anspruchs des Berechtigten aus dem Versteigerungserlös[26]. Der Teilungsplan bleibt unverändert, an der Verzinsung des Bargebots nach § 49 ändert sich nichts.

b) Nach früherer Ansicht (noch in der 7. Auflage dieses Buches vertreten, § 49 Anm 14, § 114 Anm 6, § 117 Anm 4) soll die Erklärung eine **Aufrechnung sein;** der Ersteher habe eine Pflicht zur Zahlung des Gebots an den Schuldner und eine Forderung gegen den Schuldner auf Anteil am Erlös, beide Ansprüche entstehend mit dem Zuschlag, durch Aufrechnung rückwirkend auf den Zuschlag. Nach dieser Ansicht müßte man einen neuen Teilungsplan aufstellen, rückwirkend zum Zuschlag das Bargebot kürzen und die Ansprüche des Erstehers streichen, sowie die ganze Verzinsung neu berechnen. Diese Ansicht ist nicht richtig, weil niemand durch diesen Vorgang Vorteile oder Nachteile haben darf. Sie wird heute auch nicht mehr vertreten.

5.4 Neben der echten Befriedigungserklärung des Erstehers gibt es eine **unechte** eines **Gläubigers,** der nicht Ersteher ist[27]. Auch sie ist keine Aufrechnung, sondern nur Auszahlungsanweisung, eine Erklärung, daß der Gläubiger das, was ihm laut Teilungsplan zusteht, bereits erhalten habe. Was auf ihn laut Plan entfällt, ist nicht mehr einzuzahlen; an den Berechtigten wird bei der Erlösverteilung (bei Ausführung des Plans nach § 117) daher nichts mehr ausgezahlt[27]. Der Teilungsplan bleibt auch hier unverändert.

5.5 Die **Verzinsung** des Bargebots (§ 49 Abs 2) und des Erlösanspruchs des Berechtigten (bei erlöschendem Recht bis zum Verteilungstermin, § 114 Rdn 5.30) ändern sich mit Befriedigungserklärung des Erstehers[28] und mit (unechter) Befrie-

---

[19] Dassler/Schiffhauer § 117 Rdn 10; Steiner/Teufel § 117 Rdn 40; Schiffhauer Rpfleger 1988, 498 (Anmerkung).
[20] Hagemeister SchlHA 1961, 7.
[21] Schiffhauer Rpfleger 1988, 498 (Anmerkung).
[22] BGH MDR 1988, 860 = NJW-RR 1988, 1146 = Rpfleger 1988, 495 mit Anm Schiffhauer; OLG Schleswig SchlHA 1961, 16; Dassler/Schiffhauer § 107 Rdn 16; Jaeckel/Güthe § 118 Rdn 4; Korintenberg/Wenz § 107 Anm 2; Hagemeister SchlHA 1961, 7.
[23] OLG Schleswig SchlHA 1961, 16; Dassler/Schiffhauer § 107 Rdn 5; Hagemeister SchlHA 1961, 7.
[24] Hagemeister SchlHA 1961, 7.
[25] Korintenberg/Wenz § 107 Anm 2; Hagemeister SchlHA 1961, 7.
[26] BGH NJW-RR 1988, 1146 = aaO (Fußn 22).
[27] BGH NJW-RR 1988, 1146 = aaO (Fußn 22); Dassler/Schiffhauer § 117 Rdn 11.
[28] OLG Schleswig SchlHA 1961, 16; Hagemeister SchlHA 1961, 7.

§ 117 5.5   Verteilung des Erlöses

digungserklärung eines anspruchsberechtigten Dritten[29] (Rdn 5.4) auch dann nicht, wenn sie bereits vor dem Verteilungstermin (schriftlich; Form Rdn 5.2) vorgelegt wird (anders[30]: Bargebotsteil [[31]auch Befriedigungsanspruch des Erstehers] ist mit Eingang der Befriedigungserklärung des Erstehers nicht mehr zu verzinsen). Wirksamkeit erlangt die Befriedigungserklärung als vereinfachte Form der Erlöszahlung und Erlösauszahlung erst für die Ausführung des Teilungsplans. Davor besteht eine erfüllbare Zahlungspflicht des Erstehers nicht (§ 107 Abs 2; Hinterlegungswirkung nach § 49 Abs 3 äußert die Erklärung nicht). Bis dahin gebührt die Teilungsmasse, belastet mit den Ansprüchen der Berechtigten, als Versteigerungserlös dem Schuldner; sie unterliegt der Beschlagnahme und damit der Verfügung nur durch das Vollstreckungsgericht (§ 114 Rdn 1.4). Außergerichtliche Zahlung des Erstehers an einen hebungsberechtigten Gläubiger vor dem Verteilungstermin ist daher nicht Erfüllung, mit der die Meistgebotsverzinsungspflicht enden könnte (§ 49 Rdn 3.1). Gleichermaßen kann vor dem Verteilungstermin und Zuteilung des Versteigerungserlöses auf seinen Anspruch der bis dahin weder zahlungs- noch empfangsberechtigte Ersteher den Versteigerungserlös außergerichtlich mit Erfüllungswirkung nicht abwickeln. Durch die Befriedigungserklärung als vereinfachte Form der Erlöszahlung vor dem Verteilungstermin (§ 107 Abs 2) dürfen (ebenso wie durch Liegenbelassungsvereinbarung, § 91 Abs 3 Satz 1; dazu § 91 Rdn 4.3) der Ersteher sowie der Berechtigte weder etwas gewinnen noch etwas einbüßen und nachrangige Gläubiger weder Vorteile noch Nachteile haben. Daher bewirkt die Befriedigungserklärung (in beiden Formen) keine Änderung des Teilungsplans. Das Bargebot bleibt nach § 49 Abs 2 bis zum Verteilungstermin zu verzinsen.

5.6 Wenn das Recht des Erstehers mit einem Recht eines Dritten belastet ist, dann ist keine Befriedigungserklärung des Erstehers möglich, sondern es muß, weil insoweit nicht bezahlt wird, Forderungsübertragung unter Berücksichtigung der Belastung erfolgen.

5.7 Eine durch außergerichtliche Befriedigung etwa bewirkte Überzahlung durch den Ersteher wird an diesen zurückerstattet[32]. Hat der Ersteher außergerichtlich auf einen nicht bestehenden Anspruch geleistet, so muß er sich nach den allgemeinen Vorschriften (BGB §§ 812 ff) an den Leistungsempfänger halten[32].

5.8 Zur Befriedigungserklärung im ZVG-Handbuch Rdn 468.

5.9 Aufrechnung: a) Gegen Ansprüche an den Erlös ist Aufrechnung mit Geldansprüchen nicht möglich, weil die Leistungen nicht gleichwertig sind (BGB § 387)[33].

b) Der Vollstreckungsschuldner kann nur Überlassung eines Erlösanteils wie jeder andere Beteiligte beanspruchen, falls ihm etwas zufließt. Es fehlt ihm aber die freie Verfügungsgewalt über seine Forderung gegen den Ersteher[34].

c) Der Ersteher hat zu Händen des Gerichts zu zahlen[35]. Er kann daher gegen den Anspruch des Schuldners nicht mit einer Forderung gegen den Schuldner aufrechnen, ausgenommen nach Forderungsübertragung aus § 118[36]. Vorher fehlt es an schuldrechtlichen Beziehungen von Gläubiger und Ersteher.

---

[29] LG Berlin Rpfleger 1978, 33; Dassler/Schiffhauer § 117 Rdn 11.
[30] Steiner/Teufel § 117 Rdn 37; Schiffhauer Rpfleger 1988, 498 (Anmerkung).
[31] Steiner/Teufel § 117 Rdn 37.
[32] BGH 77, 107 = MDR 1980, 836 = NJW 1980, 2586 = Rpfleger 1980, 339.
[33] BGH BB 1966, 602 = WM 1966, 575.
[34] BGH 39, 242 = MDR 1963, 580 = NJW 1963, 1497 = Rpfleger 1963, 234 mit krit Anm Stöber.
[35] BGH 39, 242 = aaO (Fußn 34); RG 64, 308.
[36] BGH 39, 242 = aaO (Fußn 34).

Ausführung des Teilungsplans bei Bargebotszahlung   6.2   § 117

Hinterlegung der Teilungsmasse (Absatz 2 Satz 3)

6.1 Wenn nicht ausbezahlt werden kann, muß für die Berechtigten **hinterlegt** werden: Abs 2 Satz 3. Auszahlung kann zB nicht erfolgen, wenn mehrere Personen empfangsberechtigt sind und sich nicht einigen können (Rdn 3), wenn der Gläubiger einer Grundschuld die Annahme eines ihm zugeteilten Betrags ablehnt (§ 114 Rdn 7) oder wenn der Vormund (Pfleger, Betreuer) zur Auszahlung noch keine Genehmigung des Gegenvormunds (Gegenbetreuers) oder Vormundschaftsgerichts (BGB §§ 1812, 1813, 1908 i Abs 1 Satz 1) beigebracht hat. Wenn ein Vertreter eine Geldempfangsvollmacht nicht vorgelegt hat, ist an den Berechtigten selbst auszuzahlen, nicht aber für ihn (oder den Vertreter) zu hinterlegen. Die Hinterlegung erfolgt für den Berechtigten. Hinterlegungsgrund ist Abs 2 Satz 3; Verzicht auf das Rücknahmerecht braucht daher nicht erklärt zu werden. Mit der Hinterlegung ist das Verfahren für das Vollstreckungsgericht abgeschlossen. Herausgabeantrag hat der Berechtigte selbst bei der Hinterlegungsstelle zu stellen (HinterlO § 13 Abs 1). Den Nachweis seiner Berechtigung (HinterlO § 13 Abs 1, 2) enthält der ihn als den Berechtigten bezeichnende Hinterlegungsantrag des Vollstreckungsgerichts. Dem Berechtigten gebühren auch die Hinterlegungszinsen.

6.2 Hinterlegt werden muß außerdem unter verschiedenen anderen Voraussetzungen (Näheres bei den angegebenen Vorschriften).

a) Hinterlegt werden muß bei **Widerspruch** gegen eine Zuteilung aus § 115 (mit Hilfsverteilung aus § 124): § 120 Abs 1 Satz 1, 3 und Abs 2.

b) Hinterlegt werden muß bei aufschiebend **bedingten** und damit auch bei unbestimmten **Ansprüchen**: § 120 Abs 1 Satz 1, 3 und Abs 2.

c) Hinterlegt werden muß wegen **materiellrechtlichen Unbekanntseins** des Berechtigten: BGB § 372. Die Voraussetzungen sind streng zu beachten. Die Vorschrift darf nicht dazu benützt werden, sich genaue Feststellungen zu ersparen. BGB § 372 setzt voraus, daß es sich um eine ganz bestimmte Verbindlichkeit handelt und daß es zweifelhaft ist, wer Gläubiger dieser Verbindlichkeit ist[37]. Es müßten dabei verständige Zweifel über die Person des Berechtigten bestehen. Zunächst aber sind Ermittlungen zu führen[38]. Nach dieser Vorschrift kann nicht hinterlegt werden, wenn mehrere Pfändungen des Anspruchs vorliegen[39].

d) Hinterlegt werden muß wegen **verfahrensrechtlichen Unbekanntseins** des Berechtigten: § 126 Abs 2. Der Berechtigte ist zB in diesem Sinne unbekannt, wenn der Hypotheken- oder Grundschuldbrief nicht vorgelegt wird (§ 126 Abs 1).

e) Hinterlegt werden muß, wenn eine **prozeßgerichtliche Einstellung** der Zwangsvollstreckung gegenüber einem betreibenden Gläubiger erfolgt. Der auf diesen Gläubiger entfallende Betrag wird im Teilungsplan errechnet, aber nicht ausbezahlt (das wäre ja eine Fortsetzung der Vollstreckung), sondern unter der Bedingung, daß die Einstellung wegfalle, hinterlegt (mit Hilfszuteilung nach §§ 119, 120 unter der gegenteiligen Bedingung). Auch eine Einstellung, die nach Aufstellung, aber noch vor Ausführung des Teilungsplans erfolgt oder dem Vollstreckungsgericht zur Kenntnis gelangt, muß durch Hinterlegung berücksichtigt werden.

f) Hinterlegt werden muß der auf eine im Wege der **Sicherungsvollstreckung** (ZPO § 720 a) eingetragene Zwangshypothek zugeteilte Erlös (§ 114 Rdn 5.31).

---

[37] BGH BB 1955, 111 = JR 1955, 138 = NJW 1955, 338 Leitsatz = WM 1955, 227.
[38] BGH 7, 302 = JZ 1953, 178 mit Anm Bruns = MDR 1953, 27 = NJW 1953, 19 mit Anm Rötelmann.
[39] OLG Schleswig SchlHA 1953, 97.

§ 117 6.3 Verteilung des Erlöses

6.3 Die Hinterlegung erfolgt nach BGB §§ 372, 374, 378, HinterlO §§ 6, 8, 11–13, 15, 20 bzw den einschlägigen Stellen des ZVG. Die **Hinterlegungsstelle** hat nur die formalen Voraussetzungen zu prüfen, nicht die materiellen[40] (anders[41]: auch die materiellen). Diejenigen, für die hinterlegt ist, müssen sich über die Auszahlung einigen oder eine Prozeßentscheidung herbeiführen (zB in der Form eines Widerspruchsprozesses) und gemäß den Vorschriften der Hinterlegungsordnung die Berechtigung nachweisen. Zur Hinterlegung auch[42] und ZVG-Handbuch Rdn 469.

7 Hinterlegungsanweisung (Absatz 3)

Wenn (und soweit) der Versteigerungserlös nicht bar an das Gericht gezahlt (§ 107 Abs 2), sondern **hinterlegt** ist (§ 49 Abs 3, auch zur Sicherheitsleistung, § 107 Abs 3), braucht das Vollstreckungsgericht den Hinterlegungsbetrag nicht von der Hinterlegungsstelle abzuholen und dann selbst an den Berechtigten bar auszahlen (zulässig ist das natürlich). Es kann Berechtigten eine Anweisung auf den hinterlegten Betrag erteilen: Abs 3. Das Verfahren dient der Vereinfachung. Die Anweisung ist als behördliches Herausgabeersuchen (HinterlO § 15) Grundlage der Hausausgabeverfügung der Hinterlegungsstelle (HinterlO § 12). Die Erlösabwicklung mit Erteilung einer Anweisung auf den hinterlegten Betrag steht im Ermessen des Vollstreckungsgerichts. Anspruch darauf, daß das Geld vom Vollstreckungsgericht zur baren Auszahlung im Verteilungstermin bereitgestellt wird, besteht nicht (anders für den der Kasse als Verwahrgeld eingezahlten Versteigerungserlös, Rdn 3.1).

[Ausführung des Teilungsplans bei Nichtzahlung]

118 (1) Soweit das Bargebot nicht berichtigt wird, ist der Teilungsplan dadurch auszuführen, daß die Forderung gegen den Ersteher auf die Berechtigten übertragen und im Falle des § 69 Abs 4 gegen den für mithaftend erklärten Bürgen auf die Berechtigten mitübertragen wird; Übertragung und Mitübertragung erfolgen durch Anordnung des Gerichts. Das gleiche gilt, soweit Zahlungsfristen festgesetzt worden sind.

(2) Die Übertragung wirkt wie die Befriedigung aus dem Grundstücke. Diese Wirkung tritt jedoch im Falle des Absatzes 1 Satz 1 nicht ein, wenn vor dem Ablaufe von drei Monaten der Berechtigte dem Gerichte gegenüber den Verzicht auf die Rechte aus der Übertragung erklärt oder die Zwangsversteigerung beantragt. Wird der Antrag auf Zwangsversteigerung zurückgenommen oder das Verfahren nach § 31 Abs 2 aufgehoben, so gilt er als nicht gestellt. Im Falle des Verzichts soll das Gericht die Erklärung dem Ersteher sowie demjenigen mitteilen auf welchen die Forderung infolge des Verzichts übergeht.

Literatur: Fischer, Forderungsübertragung und Sicherungshypothek im Zwangsversteigerungsverfahren, NJW 1956, 1095.

1 Allgemeines zu § 118

1.1 Zweck der Vorschrift: Regelung der Ausführung des Teilungsplanes mit Forderungsübertragung, wenn der Ersteher seine Zahlungspflicht im Verteilungstermin nicht erfüllt.

1.2 Anwendungsbereich: Die Vorschrift gilt für alle Versteigerungsverfahren des ZVG, aber nicht für Schiffe (§ 162 Rdn 3).

---

[40] Drischler Rpfleger 1955, 222 (I).
[41] Just Rpfleger 1955, 222 (II); Henrichs Rpfleger 1955, 224 (III).
[42] Drischler RpflJahrbuch 1965, 325.

Ausführung des Teilungsplans bei Nichtzahlung 2.5 **§ 118**

Anlaß und Grund der Forderungsübertragung 2

2.1 § 118 beruht auf folgender Erwägung (dazu Denkschrift S 58): Wenn der Ersteher die geschuldete **Zahlung** (§ 49) im Verteilungstermin (§ 107 Abs 2) **nicht leistet,** haben die Beteiligten, deren Ansprüche durch das Bargebot gedeckt sind, ihre Befriedigung aus der gegen den Ersteher (auch gegen den mithaftenden Bürgen) verbleibenden Forderung zu suchen. Das Vollstreckungsgericht hat die Erfüllung der Zahlungspflicht durch den Ersteher (mithaftenden Bürgen) nicht zu erzwingen. Die Forderung an den Ersteher auf Zahlung des Bargebots bildet den Gegenwert für den Eigentumserwerb des Erstehers mit Zuschlag (§ 90). Zunächst steht sie daher dem bisherigen Eigentümer des Grundstücks zu (§ 92 Rdn 2). Ein Beteiligter kann sie nur geltend machen, wenn (und soweit) sie auf ihn übertragen ist. Diese Übertragung erfolgt in Ausführung des Teilungsplans durch eine Anordnung des Vollstreckungsgerichts.

2.2 Es sind **zwei Fälle möglich:**

a) Es wird bedingungswidrig nicht bezahlt, weil der Ersteher trotz seiner Zahlungsverpflichtung (§ 49 Abs 2) nicht im Verteilungstermin spätestens das Bargebot entrichtet.

b) Es wird gemäß den Versteigerungsbedingungen nicht bezahlt, weil Zuzahlungen nach §§ 50, 51 erst später fällig werden (§ 125 Abs 1 Satz 2).

2.3 Wird die Forderungsübertragung (Abs 1) und eine Sicherungshypothek dafür angeordnet (§ 128), so ist das **keine Vollstreckung gegen den Ersteher** (daher auch während eines Vergleichsverfahrens zulässig, ebenso während eines Konkursverfahrens über das Vermögen des Schuldners trotz KO § 14), sondern Erlösverteilung. Als solche ist die Forderungsübertragung Maßnahme der Zwangsvollstreckung[1], eine Überweisung an den Gläubiger im Sinne der ZPO[2], wobei aber die materiell-rechtlichen Voraussetzungen im ZVG selbständig geregelt sind[3].

2.4 Über die Sicherungshypothek § 128, über Vollstreckbarkeit der übertragenen Forderung § 132, über Wiederversteigerung §§ 132, 133.

2.5 **Abs 1 Satz 2** hat die Ausführung des Teilungsplans durch Forderungsübertragung für den Fall geregelt, „daß für den das geringste Gebot übersteigenden Betrag des Meistgebots Zahlungsfristen als Versteigerungsbedingung festgestellt" waren (§ 60 aF). Das stellt die Denkschrift (S 58) mit folgender Begründung heraus: „Eine solche Übertragung wird auch dann erforderlich, wenn nach § 60 Zahlungsfristen festgesetzt worden sind (§ 118 Abs 1 Satz 2)." Für diesen Fall hat Abs 1 Satz 2 aber nicht nochmals die bereits in Satz 1 vorgesehene Übertragung der Forderung gegen den Ersteher ermöglicht, sondern selbständige Bedeutung nur mit der eigenständigen Regelung der Übertragung der Forderung gegen den nach § 61 aF zur Zahlung verpflichteten Dritten erlangt, denn diese war in Abs 1 Satz 1 nicht vorgesehen, wäre mithin sonst nicht zulässig gewesen. Gleichwohl wurden durch das Gesetz zur Änderung zwangsvollstreckungsrechtlicher Vorschriften vom 1. 2. 1979, BGBl I 127, nur § 60 und § 61 über die Bewilligung von Zahlungsfristen aufgehoben und Abs 1 Satz 1 wegen der bundeseinheitlichen Einführung der Sicherheitsleistung durch Stellung eines Bürgen ergänzt[4]. Daß Abs 1 Satz 2 unverändert blieb, dürfte auf einem Redaktionsversehen des Gesetzgebers beruhen. Denn die Vorschrift ist gegenstandslos geworden, weil es eine Forderungsübertragung gegen einen nach § 61 zur Zahlung verpflichteten Dritten nicht mehr gibt. Dagegen spricht nicht (Bedenken deswegen bei[5]), daß Versteigerung mit Zahlungsfristen durch abweichende Feststellung der Versteigerungsbedingungen nach § 59

---

[1] Fischer NJW 1956, 1095.
[2] Mohrbutter, Handbuch des Vollstreckungsrechts, § 47 (III).
[3] Jaeckel/Güthe § 118 Rdn 1; Fischer NJW 1956, 1095.
[4] Begründung, Bundestags-Drucksache 7/3838, S 13.
[5] Hornung Rpfleger 1979, 321.

weiterhin möglich (wenn auch kaum denkbar) ist (so[5]). Eine dann erforderliche Übertragung der Forderung gegen den Ersteher regelt vielmehr abschließend bereits Abs 1 Satz 1. Weil aber dessen Satz 2 nicht ausdrücklich aufgehoben wurde, ist die gegenstandslose Bestimmung hier im Gesetzeswortlaut noch abgedruckt.

3 Forderungsübertragung bei Nichtzahlung des Bargebots (Absatz 1)

3.1 Übertragen wird die Forderung des Schuldners gegen den Ersteher (mitübertragen die Forderung gegen einen mithaftenden Bürgen) auf die Berechtigten: Abs 1. Die Übertragung und Mitübertragung erfolgen durch **Anordnung** des Gerichts in Ausführung des Teilungsplans. Diese ermöglicht (ohne besondere Anordnung bei Übertragung) auch Geltendmachung der Forderung gegen den nach § 81 Abs 4 mithaftenden Dritten (§ 132 Abs 1). Die Gegenansicht[6], die auch Mitübertragung der Forderung gegen den mithaftenden Meistbietenden verlangt (jedoch nicht offenlegt, wem „diese" Forderung gebühren soll, wenn Mitübertragung unterbleibt), beruht auf der irrigen Erwägung, erst und nur diese Mitübertragung schaffe (konstitutiv) Rechtsbeziehungen zwischen Berechtigtem und Meistbietendem. Denn Ersteher und Meistbietender schulden mit dem baren Meistgebot **eine** Leistung samtverbindlich (§ 81 Abs 4; BGB § 421). Forderungsgläubiger ist der Eigentümer (Rdn 2.1 und § 92 Rdn 2). Übertragung **dieser Forderung** ermächtigt den Berechtigten zur Geltendmachung gegen jeden Forderungsschuldner, damit auch gegen den samtverbindlich mithaftenden Meistbietenden. Die Vollstreckbarkeit dieser Forderung regelt § 132 daher gegen den Ersteher und den mithaftenden Meistbietenden gleichermaßen. Diese gesetzlichen Rechtsfolgen erfordern keine (ausdrückliche) Anordnung des Vollstreckungsgerichts durch „Mitübertragung" des Anspruchs auch gegen den mithaftenden Meistbietenden. Die andere Regelung für den Bürgen in Abs 1 beruht auf dessen rechtlich anderer Verpflichtung: er schuldet die verbürgte Forderung nicht, sondern hat als eigene Verpflichtung für die Erfüllung der Verbindlichkeit des Erstehers (als Dritter) einzustehen (BGB § 765 Abs 1). Mitübertragung berechtigt daher auch zur Geltendmachung dieser Bürgenverpflichtung (sonst könnte Berechtigung aus BGB § 401 in Frage kommen, die jedoch zweifelhaft wäre).

3.2 Berechtigt, etwas aus der Masse (der zu übertragenden Forderung) zu erhalten, sind alle, die einen Anspruch an den Erlös haben (§ 117 Rdn 2). Dazu gehört **auch der Vollstreckungsschuldner** bezüglich des Erlösüberschusses; bei ihm erfolgt allerdings keine echte Forderungsübertragung, weil ihm ja die Forderung schon vorher zugestanden hat, sondern nur eine „Zuweisung"[7] als Freigabe der an der Stelle des Barerlöses stehenden Forderung ihm gegenüber; erfolgt hier versehentlich eine „Übertragung", so ist das eine Zuweisung[8]. Forderungsübertrag hat auch zu erfolgen, wenn der **Ersteher** selbst hebungsberechtigt ist und sich wegen seines Anspruchs nicht für befriedigt erklärt hat (§ 117 Rdn 5; wäre vereinfachte Form der Erlöszahlung, § 117 Rdn 5.3); durch diese Übertragung vereinigen sich Forderung und Schuld und die Forderung gegen den Ersteher erlischt[9], seine Zahlungspflicht insoweit ebenfalls, er gilt als befriedigt (keine Sicherungshypothek, § 128 Rdn 2). Wenn der Ersteher, der die Erlöszahlung schuldet, zugleich **Gesamtberechtigter** (Gesamtgläubiger nach BGB § 428) des Anspruchs (Rechts) auf Zahlung aus dem Versteigerungserlöses ist, hat Forderungsübertragung an den Gesamtgläubiger zur Folge, daß mit Vereinigung von Forderung und Schuld in einer Person (Konfusion, BGB § 429 Abs 2) die Zahlungspflicht erlischt (so wenn

---

[6] Dassler/Schiffhauer § 118 Rdn 11; Steiner/Teufel § 118 Rdn 14; Helwich Rpfleger 1988, 467 und 1989, 316; Strauch Rpfleger 1989, 314 (IV 1).
[7] Schiffhauer Rpfleger 1985, 248 (3 a) (Anmerkung).
[8] Drischler RpflJahrbuch 1973, 328 (5 a).
[9] BGH MDR 1988, 860 = NJW-RR 1988, 1146 = Rpfleger 1988, 495 mit Anm Schiffhauer.

der Ersteher Gesamtberechtigter des versteigerten Erbbaurechts war)[10]. Hat der zu befriedigende Anspruch einer Gemeinschaft zugestanden, dann setzt sich diese Gemeinschaft auch an der übertragenen Forderung fort[11]. Das gilt auch für den Anspruch einer Bruchteilsgemeinschaft (BGB § 741). Die übertragene Forderung steht den Berechtigten der Bruchteilsgemeinschaft gemeinsam zu, ist somit im Rechtssinne unteilbar; der Ersteher als Schuldner kann daher (bis zur Aufhebung der Bruchteilsgemeinschaft mit Teilung) nur an die Gemeinschafter zusammen mit befreiender Wirkung leisten (dazu[12]). Berechtigter, auf den die Forderung gegen den Ersteher zu übertragen ist, kann auch der **mithaftende Meistbietende** sein (§ 81 Abs 4). Die Zahlungspflicht des Erstehers erlischt damit jedoch nicht (keine Erfüllungswirkung mit Konfusion auch für den anderen, BGB § 422, auch § 425), der Mithaftende gilt als Berechtigter durch den Ersteher daher nicht als befriedigt (so auch[13]; anders[14]; für ihn daher auch Sicherungshypothek nach § 128; anders[15], nicht richtig). Daß der Ersteher vom Mithaftenden nur auf den Teil der übertragenen Forderung in Anspruch genommen werden darf, der den diesen im Innenverhältnis treffenden Betrag (BGB § 426) übersteigt (der Mithaftende sich den Innenausgleich somit anrechnen lassen muß), begründet eine Einrede (dazu[16]), hat somit nicht das Erlöschen der Zahlungspflicht des Erstehers zur Folge und ist daher auch nicht vom Vollstreckungsgericht zu prüfen, sondern im Rechtsweg vor dem Prozeßgericht geltend zu machen.

3.3 Übertragen wird jedem Berechtigten ein der Höhe nach **bestimmter Betrag** nebst **4 vH** gesetzliche (oder die nach abweichender Versteigerungsbedingung anderen) **Zinsen** vom Tag des Verteilungstermins an (Rdn 3.8). Die Bargebotszinsen vom Zuschlag bis zum Verteilungstermin (§ 49 Abs 2) gehören zur Teilungsmasse (§ 107 Rdn 2.2); sie werden als Forderung gegen den Ersteher mit übertragen (Rdn 3.10).

3.4 Die Übertragung findet auch wegen der **Verfahrenskosten** aus § 109 statt. Sie erfolgt hier auf das Bundesland und/oder den Gläubiger, der einen Vorschuß auf diese Kosten bezahlt hat und Rückersatz bekommen muß (in gleichem Rang). Vertreten wird das Land als Forderungsgläubiger nach landesrechtlichen Vertretungsvorschriften zumeist durch die Gerichtskasse/Amtskasse. Über die Vertretung des Landes und die Geltendmachung der übertragenen Verfahrenskosten treffen mehrfach auch landesrechtliche Verwaltungsvorschriften Bestimmung, zB die AV d. JuM Baden-Württemberg vom 12. 5. 1992 (Justiz 179), die AV d. JM Niedersachsen vom 27. 11. 1990 (NdsRpfl 303) und die Verwaltungsvorschrift Rheinland-Pfalz vom 12. 8. 1991 (JBl 203).

3.5 Übertragen wird die Forderung gegen den Ersteher (mithaftenden Bürgen), **soweit** das Bargebot **nicht berichtigt** wird. Wenn das Bargebot nur teilweise berichtigt oder sonst Erlös durch Verwertung der Bietersicherheit (§ 108) erzielt ist, erfolgt nach Vorwegnahme der Kosten Ausführung des Teilungsplans durch bare Zahlung an die nach dem Plan Bestberechtigten in der Reihenfolge ihres Ranges. Im übrigen wird statt der mangels Bargebotszahlung nicht möglichen weiteren Verteilung des Barerlöses in der Rangfolge des Plans die Forderung gegen den Ersteher übertragen und im Falle des § 69 Abs 4 die Forderung gegen den für mithaftend erklärten Bürgen mitübertragen (die Rangfolge ist für die Sicherungshypothek des § 128 wichtig).

---

[10] LG Bielefeld Rpfleger 1985, 248 mit im Ergebnis zust Anm Schiffhauer; bestätigt durch OLG Hamm, mitgeteilt Rpfleger 1985, 248.
[11] OLG Neustadt JR 1952, 212.
[12] BGH MDR 1983, 650 = NJW 1982, 2020.
[13] Strauch Rpfleger 1989, 314.
[14] Helwich Rpfleger 1988, 467 und 1989, 316.
[15] AG Dortmund sowie LG Dortmund, beide Rpfleger 1991, 168.
[16] BGH NJW 1983, 749.

3.6 Die Übertragung der Forderung entspricht der **Überweisung** in ZPO § 835, aber **mit Besonderheiten.** Die Übertragung erfolgt hier an Zahlungs Statt[17]. Sie muß ausdrücklich erfolgen. Die Forderung geht nicht von selbst auf die Berechtigten über und die Gläubiger können nicht die zu übertragende Forderung pfänden. Übertragen wird durch **Anordnung des Gerichts:** Abs 1 Satz 1. Es ist dafür eine in das Protokoll aufzunehmende Erklärung des Gerichts nötig, am besten in der Form eines Beschlusses[18]. Dieser wird mit der Verkündung (oder mit der Verlesung des Protokollvermerks hierüber) wirksam[19], also ohne eine Zustellung hierüber und ohne Anerkennung des betreffenden Gläubigers, auch dann, wenn der Gläubiger im Verteilungstermin nicht anwesend ist. Es ist nicht angängig, nachträglich außerhalb des Termins zu übertragen und an Ersteher und Berechtigte zuzustellen ([20]hält das für zulässig). Eine zusätzliche Zustellung des verkündeten Beschlusses an Ersteher und Berechtigte ist zwar nicht verboten[21], aber überflüssig und darum schon wegen der Zustellungskosten zu unterlassen, zumal es nur verwirrt.

3.7 Bei der Übertragung der Forderung sind **Nießbrauchs- und Pfandrechte** zu beachten. War das Recht gepfändet und zur Einziehung überwiesen oder mit einem Nießbrauch belastet, so wird die Forderung auf den (in der Verfügung beschränkten) Gläubiger des Rechts (Anspruchs) übertragen, auch Sicherungshypothek für ihn verfügt, aber mit einem entsprechenden Pfändungs- oder Nießbrauchsvermerk[22]. War das Recht gepfändet und an Zahlungs Statt überwiesen, so wird die Forderung gleich auf den Pfandgläubiger übertragen, auch Sicherungshypothek für ihn eingetragen[22]. Berechtigt aus der Übertragung wird auf jeden Fall der im Übertragungsbeschluß Genannte, auch wenn das nicht mit der Rechtslage übereinstimmt[23].

3.8 Die übertragene Forderung ist **nicht mehr die frühere Forderung** des Berechtigten gegen den Schuldner[24], sondern Teil des Meistgebots des Erstehers[25]. Ohne Rücksicht darauf, ob die Forderung früher verzinslich war und in welcher Höhe, erhält der Berechtigte einer übertragenen Forderung aus dieser ab Übertragung, also ab Verteilungstermin (weil der Ersteher in diesem Termin trotz kalendermäßiger Fälligkeit nicht bezahlt hat und damit in Verzug gekommen ist, BGB § 284 Abs 2) Verzugs**zinsen** (BGB § 288 Abs 1), die 4% betragen (BGB § 246)[26]. Das gilt sogar dann, wenn die frühere Forderung eine Zinsforderung war oder nicht verzinslich war. Mit Rücksicht auf § 129 (unterschiedliches Schicksal der für die übertragene Forderung eingetragenen Sicherungshypothek je nach Herkunft) muß aber genau angegeben werden, welcher Teilbetrag der übertragenen Forderung aus Hauptsache, welcher aus Zinsen, welcher aus Kosten stammt[27].

3.9 Die **Zinsen** aus der übertragenen Forderung sind gesetzlich 4% (BGB § 246). Ein weiterer Verzugsschaden des Berechtigten ist nicht ausgeschlossen, darf aber nicht im Übertragungsverfahren des § 118 zugesprochen werden, weil gesetzliche Versteigerungsbedingungen nach der Erteilung des Zuschlags nicht geändert werden dürfen[28]. Der Zinssatz gehört zu den gesetzlichen Versteigerungsbedingungen. Er könnte nur über § 59 schon bei der Aufstellung des geringsten Gebots anders festgelegt sein (hierzu § 59 Rdn 2, 3). Eine spätere Änderung ist nicht möglich.

---

[17] Oertmann, ZVG, § 118 (Seite 198)
[18] Fischer NJW 1956, 1095 (1).
[19] Drischler RpflJahrbuch 1962, 322 (E II a); Fischer NJW 1956, 1095 (1).
[20] Steiner/Teufel § 118 Rdn 35.
[21] Drischler RpflJahrbuch 1962, 322 (E II a).
[22] Drischler RpflJahrbuch 1962, 322 (E III b).
[23] RG 133, 201 (204).
[24] RG 127, 350.
[25] Fischer NJW 1956, 1095 (1).
[26] Fischer NJW 1956, 1095 (1); Drischler RpflJahrbuch 1962, 322 (E II a).
[27] Fischer NJW 1956, 1095 (1).
[28] AG Landstuhl Rpfleger 1985, 314; LG Wiesbaden Rpfleger 1975, 375.

3.10 Es wird vertreten, die Verzugszinsen der übertragenen Forderung seien dann nicht anzusetzen, wenn der durch die Forderungsübertragung zu ersetzende Erlösanteil aus den Bargebotszinsen nach § 49 Abs 2 entstanden sei, weil Zinsen aus Zinsen (**Zinseszinsen**) durch BGB § 248 Abs 1, § 289 verboten seien; so[29]. Dieser Ansicht kann nicht gefolgt werden. Das bare Meistgebot ist dann, wenn es bezahlt wird, einschließlich seiner Zinsen ein einheitlicher Betrag, der ohne Rücksicht auf seine Entstehung im einzelnen einheitlich verteilt wird. Ebenso ist die zu übertragende Forderung eine einheitliche, nur aufzuteilen auf verschiedene Berechtigte. Es läßt sich dabei absolut nicht sagen, daß etwa gerade der letztrangige Teilbetrag dieser Forderung aus den Zinsen nach § 49 Abs 2 stamme. Es ist daher die gesamte übertragene Forderung mit 4% zu verzinsen, wie auch schon Rdn 3.8 aufgeführt (dort bestehen im Schrifttum keine Bedenken wegen der Zinsen aus Zinsen). Es läßt sich auch nicht sagen, daß bei nur teilweiser Berichtigung des Bargebots eine Bietersicherheit nicht auf die Bargebotszinsen zu verrechnen sei (so aber[30]), mithin nur auf das bare Meistgebot selbst angerechnet werden könne. Ein als Sicherheit hinterlegter Geldbetrag gilt (im Verteilungstermin) als bezahlt (§ 107 Abs 3), eine andere Sicherheit wird (erst) bei Nichtzahlung im Verteilungstermin verwertet (§ 108), so daß Anrechnung nach BGB § 367 (entsprechend) gerade zuerst auf die Bargebotszinsen zu erfolgen hat (so auch[31]; nicht zutreffend daher[32]). Nur wenn schuldbefreiend hinterlegt ist (auch eine Sicherheit unter Verzicht auf das Recht der Rücknahme als Teilzahlung auf das Bargebot), könnte die Teilerfüllung überhaupt auf (etwa) bereits entstandene Zinsen und das Bargebot verrechnet werden, nicht aber auf die bei Hinterlegung noch nicht entstandenen weiteren Bargebotszinsen[33].

3.11 Soweit Rechte noch „**wertbeständig**" eingetragen sein sollten, ist die Forderungsübertragung auch „wertbeständig" vorzunehmen (9. Aufl § 118 Anm 4); hierzu auch § 145 a.

3.12 Die übertragenen **Forderungsteile** der verschiedenen Berechtigten, obwohl nach ihrer Rangfolge erfolgend, haben unter sich **keinen Rang,** weil sie aus einer einheitlichen Forderung stammen[34]. Sie können daher ohne Rücksicht auf den früheren Rang der ursprünglichen Ansprüche in der Mobiliarvollstreckung durchgesetzt werden. Nur die Sicherungshypotheken, die für sie eingetragen werden, haben zueinander einen bestimmten Rang, entsprechend der Rangfolge im Teilungsplan; nur mit Rücksicht hierauf ist der Rang der einzelnen Teile genau festzulegen (Rdn 3.8).

Übertragungswirkung: Befriedigung aus dem Grundstück (Absatz 2) 4

4.1 Die Übertragung wirkt wie die **Befriedigung** aus dem Grundstück: Abs 2 Satz 1. Die Vorschrift fingiert mithin einen Erlöschenstatbestand[35]. Dies gilt aber nicht bei Übertragung von Zuzahlungsansprüchen aus §§ 50, 51, wobei § 125 Abs 3 eingreift.

4.2 Die **Befriedigungswirkung** tritt bei (bedingungswidrig) nicht bezahltem Bargebot dann **nicht** ein, wenn vor Ablauf von drei (vollen) Monaten der berechtigte Gläubiger gegenüber dem Gericht auf die Rechte aus der Übertragung **ver-**

---

[29] LG Oldenburg Rpfleger 1986, 103 mit zust Anm Schiffhauer; Dassler/Schiffhauer § 118 Rdn 5; Steiner/Teufel § 18 Rdn 16; Drischler RpflJahrbuch 1962, 322 (E II a), 1966, 325 (C d 4) und 1973, 328 (5 a).
[30] LG Oldenburg aaO (Fußn 29).
[31] Korintenberg/Wenz § 118 Anm 3; Schiffhauer Rpfleger 1986, 103 (Anmerkung).
[32] LG Oldenburg aaO (Fußn 29).
[33] Schiffhauer Rpfleger 1986, 103 (Anmerkung).
[34] Dassler/Schiffhauer § 118 Rdn 7; Steiner/Teufel § 118 Rdn 39.
[35] BGH 99, 292 = KTS 1987, 344 = MDR 1987, 404 = NJW 1987, 1026 = Rpfleger 1987, 323.

§ 118 4.2

zichtet oder die Versteigerung des Objekts beantragt: Abs 2 Satz 2. Der Gläubiger hat somit eine Wahlbefugnis: er kann sich entscheiden, ob er es beim Erwerb der übertragenen Forderung gegen den Ersteher bewenden läßt und dafür mit Befriedigung aus dem Grundstück (Abs 2 Satz 1) den Verlust seiner Forderung gegen den persönlichen Schuldner und der Ansprüche gegen Mithaftende (auch das Freiwerden weiterer Sicherheiten) in Kauf nimmt oder ob er diese Forderung mit Aufgabe der Forderung gegen den Ersteher (Verzicht auf sie; damit entfällt auch das Gläubigerrecht aus der Sicherungshypothek) behalten will[36]. Diese Interessenlage schließt entsprechende Anwendung von BGB § 1165 aus; Verzicht auf die Rechte aus der Übertragung läßt vielmehr die Forderung an den persönlichen Schuldner unberührt[36]. In Verbindung mit weiteren Umständen (kann Bedeutung erlangen, wenn der persönliche Schuldner im Innenverhältnis einen Ausgleichsanspruch gegen Schuldner-Eigentümer des versteigerten Grundstücks hat) kann Verzicht mit Ausnutzung der formalen Rechtsstellung aus § 118 jedoch treuwidrig sein und damit den Einwand der Arglist begründen[36].

4.3 Der **Verzicht** auf die Rechte aus der Übertragung kann gegenüber dem Gericht **formlos** erfolgen, also mündlich zu Protokoll der Geschäftsstelle oder schriftlich; er kann ganz oder zum Teil erfolgen.

4.4 Ebenso wie der Verzicht **wirkt der neue Versteigerungsantrag** (dazu[37]); damit gibt der Ersteher die mit Forderungsübertragung erlangte Rechtsstellung nicht auf, er bleibt im Besitz der übertragenen Forderung und sichert zugleich das Fortbestehen seiner alten Forderung.

4.5 Die **Frist** von drei Monaten beginnt mit der Verkündung der Forderungsübertragung (wo diese gesetzwidrig unterbleibt, mit der Zustellung); sie berechnet sich nach BGB § 187 Abs 1, § 188 Abs 2, 3; ZPO § 222. Der Tag der Übertragungsverkündung wird nicht mitgerechnet. Verzicht und Antrag müssen in der Frist bei Gericht eingehen. **Verspäteter Verzicht** und verspäteter Versteigerungsantrag sind wirkungslos. Der Verzicht wird mit dem Eingang wirksam. Nochmalige Versteigerung muß in der Frist beantragt, nicht aber auch angeordnet sein. Geht die Forderung infolge des Verzichts des ersten Übertragungsgläubigers auf einen anderen über, so beginnt die Frist für diesen mit dem Empfang der Nachricht über den Verzicht des ersten. Bei bedingter Übertragung beginnt die Frist mit dem Zeitpunkt, in dem der Berechtigte von dem Eintritt bzw Ausfall der Bedingung Kenntnis erhält. Bei einer Haupt- und Hilfsübertragung (infolge Widerspruchs auch § 115, anzuwenden § 124) beginnt die Frist mit dem Zeitpunkt, in dem der endgültig Berechtigte Nachricht von der Erledigung des Widerspruchs und der endgültigen Zuteilung erhält.

4.6 Folge des Verzichts: Die Berechtigung des Verzichtenden als Gläubiger der übertragenen Forderung (samt den übertragenen Forderungszinsen, Rdn 3.3) entfällt mit Wirksamwerden des Verzichts (Eingang der Erklärung bei Gericht, Rdn 4.5). Der damit freigewordene Teil der Forderung gegen den Ersteher (auch gegen den nach § 81 Abs 4 mithaftenden Meistbietenden und gegen den zahlungspflichtigen Bürgen) samt den mit übertragenen Forderungszinsen (Rdn 3.3) geht kraft Gesetzes auf den nach dem Plan **Nächstberechtigten** (ohne besondere Übertragung oder gerichtliche Anordnung) **über.** Das ist bei Verzicht des Gläubigers einer Hypothek, Grundschuld oder Rentenschuld auf die Rechte aus der Übertragung zur Deckung des Hauptsacheanspruchs (§ 12 Nr 3) der Grundstückseigentümer bei Erteilung des Zuschlags[38] (Erlöschen des Hauptsacheanspruchs aus dem Grundpfandrecht hat Gläubigerverzicht nicht zur Folge, BGB

---

[36] BGH KTS 1983, 327 = MDR 1983, 568 = NJW 1983, 1423 = Rpfleger 1983, 289.
[37] Drischler RpflJahrbuch 1962, 322 (E III e).
[38] Dassler/Schiffhauer § 118 Rdn 24; Jaeckel/Güthe § 118 Rdn 8 und § 125 Rdn 7; Korintenberg/Wenz § 118 Anm 8; Mohrbutter/Drischler Muster 130 Anm 3 und 9; Reinhard/Müller § 118 Anm III 1; Steiner/Teufel § 118 Rdn 56.

Ausführung des Teilungsplans bei Nichtzahlung 4.8 § 118

§ 1168 entsprechend; Besonderheit jedoch bei Gesamtgrundpfandrecht nach BGB § 1175 Abs 1 Satz 2). In allen anderen Fällen, auch bei Verzicht des Gläubigers eines Grundpfandrechts auf den zur Deckung von Kosten, Zinsen und anderen Nebenleistungen (§ 12 Nrn 1 und 2) zugeteilten Forderungsteil (hierwegen BGB § 1178 Abs 1) geht die Forderung auf den nach dem Plan nächsten bisher ausgefallenen Berechtigten über. Das Gericht soll dies an den Ersteher und auch an denjenigen mitteilen, auf den die Forderung übergeht: Abs 2 Satz 4 (Muster ZVG-Handbuch Rdn 478). Zustellung dieser Mitteilung ist nicht bestimmt, wegen des neuen Fristenlaufs aber zu empfehlen. Die gerichtliche Mitteilung an den neuen Berechtigten gibt Kenntnis von diesen eingetretenen Rechtswirkungen. Für den **neuen Berechtigten** läuft die Frist von drei Monaten ab dieser Kenntnis (Rdn 4.5). Der neue Gläubiger bekommt nicht den Rang des verzichtenden Gläubigers, sondern hinter den bisher zum Zuge gekommenen Gläubigern, die Zwischenrechte rücken also auf. Die Aufrückenden müssen jedoch keine Mitteilung erhalten; sie kommen ja ohnehin zum Zuge. Mehrere bisher Ausgefallene kommen in der Reihenfolge der geltenden Rangordnung zum Zuge. Der Übergang infolge des Verzichts soll angeblich in der Weise erfolgen, daß zunächst die Zwischenrechte aufrücken und dann dem nächstausgefallenen Gläubiger der letzte Betrag der Forderung gegen den Ersteher zufällt; praktisch wäre dies nur bedeutsam, wenn die aus Zinsen nach § 49 Abs 2 entstandene Forderung gegen den Ersteher als unverzinslich anzusehen wäre; wegen der in diesem Buch aber vertretenen Meinung über die Einheitlichkeit der übertragenen Forderung (Rdn 3.8 und 3.10) und die einheitliche Verzinsung der ganzen Forderung (ebenda) ist diese Frage ohne praktische Bedeutung.

4.7 Im Falle eines **Versteigerungsantrags** bleibt zwar die Übertragungswirkung, aber die Befriedigungswirkung ist nicht eingetreten[39]. **Nimmt** der Übertragungsgläubiger seinen **Versteigerungsantrag** wieder **zurück** (den Verzicht kann er nicht zurücknehmen) oder wird das Verfahren **aufgehoben,** weil Fortsetzungsantrag binnen 6 Monaten nicht gestellt wurde (zur ungenauen Bezeichnung des Aufhebungstatbestands im Gesetzeswortlaut seit dem Änderungsgesetz 1953 siehe § 129 Rdn 2.4), so gilt der neue Versteigerungsantrag als nicht gestellt: Abs 2 Satz 3. Läuft bei dieser Antragsrücknahme die alte Frist von drei Monaten noch, so ist in der weiterlaufenden Frist neuer Versteigerungsantrag möglich; auch kann in diesem Fall jetzt innerhalb der Frist auch verzichtet werden. Wird die beantragte Versteigerung aus anderen Gründen (als § 31 Abs 2) aufgehoben, so bleibt es dabei, daß die Befriedigungswirkung aus dem Grundstück nicht eintritt (Abs 2 Satz 2). Wird die beantragte Versteigerung aber gemäß § 31 Abs 2 aufgehoben, so gilt der Versteigerungsantrag als nicht gestellt und es bleibt dabei, daß die Übertragung der Forderung wie die Befriedigung aus dem Grundstück wirkt: Abs 2 Satz 1 und 3; wenn diese Aufhebung nach Ablauf der Frist erfolgt, tritt die Befriedigung an ihrer ursprünglichen Form wieder ein. Vollstreckungstitel für den Versteigerungsantrag aus Abs 2 Satz 2 ist der Zuschlagsbeschluß.

4.8 Bis zum Ablauf der Drei-Monats-Frist besteht ein ungeklärter Zustand. Bis dahin gilt das **ursprüngliche Schuldverhältnis** weiter. Die Befriedigungswirkung ist also **aufschiebend bedingt**[40]. Zusätzlich hat der Berechtigte in dieser Zeit die übertragene Forderung Zahlungshalber[40] (erfüllungshalber[41]). Erst nach Fristablauf ohne rechtzeitigen Verzicht und ohne rechtzeitigen Versteigerungsantrag hat er nur noch die übertragene Forderung, jetzt an Zahlungs Statt. Dann wird der Vollstreckungsschuldner frei, auch die persönliche Forderung gegen ihn mit allen Nebenrechten aus Pfand, Bürgschaft, Mitschuld, Gesamthypothek fällt

---

[39] Oertmann, ZVG, § 118 S 201.
[40] Fischer NJW 1956, 1095 (1); Oertmann, ZVG, § 118 (S 198).
[41] BGH 99, 292 = aaO (Fußn 35).

§ 118 4.8 — Verteilung des Erlöses

für den Gläubiger weg[42]. Bis zum Eintritt der Befriedigungswirkung (mit Fristablauf, Zurücknahme des Versteigerungsantrags oder Verfahrensaufhebung) bestimmt sich das rechtliche Schicksal der Gläubigerforderung nach den allgemeinen Vorschriften[43]. Sie kann deshalb insbesondere durch Zahlung des Schuldners, eines Dritten (vgl BGB § 267) oder anderweit durch Verrechnung (vgl BGB § 366) getilgt werden[43]. Wenn eine (persönliche) Forderung auf solche Weise im Zeitpunkt des Eintritts der Befriedigungswirkung erloschen ist, ist der Berechtigte ohne rechtfertigenden Grund um die übertragene Forderung bereichert (BGB § 812)[43]. Bei Befriedigung einer Grundschuld aus dem Grundstück ist dann das Erlangte an den Inhaber des Rückgewährungsanspruchs, der sich an dem Erlös fortsetzt, zu leisten (soweit nicht noch ein Zurückbehaltungsrecht besteht)[43]. Es ist gemäß BGB § 812 der übertragene Anspruch abzutreten; weil die Herausgabe des Erlangten möglich ist, kommt ein Zahlungsanspruch gemäß BGB § 818 Abs 2 nicht in Betracht[43].

4.9 Der Ersteher kann gegen die übertragenen Forderungen keine **Einwendungen aus dem alten Schuldverhältnis** des Vollstreckungsschuldners erheben[44]. Aus einer übertragenen Forderung darf aber der Gläubiger nicht vollstrecken, wenn dies etwa im Rahmen eines Mietvertrages vereinbart war; wenn der Mieter nicht mehr kündigen durfte, solange er die Räume innehat, ist diese Vereinbarung ein Teil der Gegenleistung für die Überlassung der Mieträume und daher in unlöslichem Zusammenhang mit dem Mietvertrag auf den Ersteher übergegangen[45]; denn hier gelten für das Surrogat die früheren Einwendungen weiter[45]. Auch können **neue Einwendungen** dadurch entstehen, daß der Ersteher mit dem Gläubiger der übertragenen Forderung entsprechendes vereinbart, etwa eine Stundung oder die Umwandlung der übertragenen Forderung samt Sicherungshypothek in ein normales Grundpfandrecht mit entsprechenden Fälligkeitsbestimmungen verabredet.

4.10 Aufrechnung: Nach der Forderungsübertragung kann der Ersteher gegen die übertragene Forderung aufrechnen[46]. Erst durch die Übertragung wurde ja ein Rechtsverhältnis zwischen dem Ersteher und dem betreffenden Beteiligten geschaffen, während sonst der Ersteher weder zum Vollstreckungsgericht noch zu den Beteiligten (einschließlich des Vollstreckungsschuldners) in einem Vertragsverhältnis steht. Aufrechnen kann der Ersteher auch mit einer Forderung gegen den früheren dinglichen Berechtigten (jetzigen Übertragungsgläubiger), dessen Ansprüche für ihn gepfändet und ihm überwiesen sind und daher auf ihn als Pfandgläubiger übergegangen sind[47]. Ob eine Aufrechnung wirksam ist, hat aber nicht das Vollstreckungsgericht zu entscheiden, sondern das Prozeßgericht auf negative Feststellungsklage des Erstehers oder auf Löschungsklage des Erstehers bezüglich der nach § 128 eingetragenen Sicherungshypothek oder auf Vollstreckungsabwehrklage des Erstehers.

4.11 Ist nach § 112 Abs 2 eine Forderung aus einer **Gesamthypothek** gegen den Ersteher mehrerer Grundstücke übertragen, so erlischt mit dem ungenutzten Ablauf der Drei-Monats-Frist der Anspruch bezüglich weiterer gesamtbelasteter, aber nicht versteigerter Grundstücke.

4.12 Die Forderungsübertragung kann der Ersteher, eine falsche Übertragung jeder dadurch Beeinträchtigte mit befristeter **Rechtspflegererinnerung**/sofortiger Beschwerde anfechten. Die Frist hierfür beginnt mit der Verkündung der Übertragung (wenn gesetzwidrig nicht verkündet, mit der Zustellung). Dazu im ZVG-Handbuch Rdn 477.

---

[42] Fischer NJW 1956, 1095 (1).
[43] BGH 99, 292 = aaO (Fußn 35).
[44] OLG Schleswig ZIP 1982, 160.
[45] RG 71, 404.
[46] BGH KTS 1987, 538 = MDR 1987, 842 = NJW-RR 1987, 950 = Rpfleger 1987, 381; RG 72, 344 und 136, 322 (324).
[47] BGH 4, 84 = NJW 1952, 263 = Rpfleger 1952, 415.

Hilfsverteilung bei bedingten Ansprüchen 2.2 **§ 119**

Zusätzliches 5

5.1 Wurde bei einem **Altenteil** dem Altenteiler die Forderung übertragen und Sicherungshypothek eingetragen, so kann der Altenteiler den jeweils fällig gewordenen Betrag auf Grund formlosen Antrags und unter Beifügung einer Lebensbescheinigung als unbedingtes Recht auf sich eintragen lassen[48].

5.2 Wurde einem **Konkursschuldner** der Zuschlag erteilt auf sein vor Konkurseröffnung abgegebenes Meistgebot (§ 81 Rdn 3), so ist die Forderung auf Bezahlung des baren Meistgebots eine Konkursforderung, keine Masseschuld, aber mit Absonderungsrecht nach KO § 47[49]. Bei Nichtzahlung ist trotz KO § 13 die Forderung zu übertragen und Sicherungshypothek anzuordnen[50] (ebenso im Vergleichsverfahren, Rdn 2.3).

5.3 Wurde **Liegenbelassung** nach der Forderungsübertragung und Anordnung der Sicherungshypothek noch wirksam vereinbart (§ 91 Abs 2), so gelten die Wirkungen der Forderungsübertragung und Hypothekenanordnung als nicht eingetreten, die Hypothek ist nicht mehr einzutragen, das Eintragungsersuchen des Vollstreckungsgerichts zu berichtigen oder der Vollzug rückgängig zu machen, falls nicht Rechte Dritter beeinträchtigt werden.

5.4 Zu den einschlägigen Fragen der Forderungsübertragung im ZVG-Handbuch mit Mustern Rdn 470–478; insbesondere **Muster** für die Forderungsübertragung Rdn 473, bei Belastung der Forderung Rdn 474, Freigabe für den Vollstreckungsschuldner selbst Rdn 474, Verzicht auf die Forderungsübertragung Rdn 478, Mitteilung hierüber an andere Rdn 478.

[Hilfsverteilung bei bedingten Ansprüchen]

119 Wird auf einen bedingten Anspruch ein Betrag zugeteilt, so ist durch den Teilungsplan festzustellen, wie der Betrag anderweit verteilt werden soll, wenn der Anspruch wegfällt.

Allgemeines zu § 119 1

1.1 Zweck der Vorschrift: Vorsorge mit Feststellung der Verteilung bei Aufstellung des Teilungsplans auch für den Fall, daß ein berücksichtigter bedingter Anspruch wegfällt.

1.2 Anwendungsbereich: Die Vorschrift gilt für alle Versteigerungsverfahren des ZVG.

Hilfszuteilung für bedingte Ansprüche 2

2.1 § 119 erfaßt **bedingte Ansprüche**, nicht betagte, und zwar aufschiebend und auflösend bedingte (über Begriff und Unterschied § 111 Rdn 2), während § 120 sich nur mit aufschiebend bedingten befaßt. Aufschiebend oder auflösend bedingt ist ein Recht (Hypothek, Grundschuld, Dienstbarkeit usw), wenn sein Bestehen als Grundstücksbelastung von einer durch Grundbucheintragung[1] kenntlich gemachten Bedingung abhängig ist. Die für eine bedingte Forderung bestellte unbedingte Hypothek (BGB § 1113 Abs 2) gehört nicht hierher; sie ist bis zur Entstehung der (aufschiebend) bedingten Forderung oder ab Wegfall der (auflösend) bedingten Forderung Eigentümergrundschuld (BGB § 1163 Abs 1, § 1177).

2.2 Als **aufschiebend bedingte Ansprüche** (Begriff § 111 Rdn 2), die unter § 119 fallen, gelten ausnahmsweise auch solche betagte, bei denen die Zeit der

---

[48] Drischler KTS 1971, 145 (XII).
[49] Grasse, Konkurs des Meistbietenden (1939), S 31, 32.
[50] Grasse, Konkurs des Meistbietenden (1939), S 39, 40.
[1] Haegele/Schöner/Stöber, Grundbuchrecht, Rdn 266.

Fälligkeit ungewiß ist (§ 111 Satz 2). Zu den aufschiebend bedingten Ansprüchen gehören auch die unbestimmten Ansprüche (§ 14) und die durch Vormerkung oder Widerspruch gesicherten (§ 48 Rdn 3, 4), soweit die Vormerkung zur Sicherung der Eintragung oder Übertragung eines Rechts, der Widerspruch gegen die Löschung eines Rechts oder gegen die Person des Berechtigten eingetragen ist. Zu den **auflösend bedingten** gehören auch durch Vormerkung oder Widerspruch gesicherte (§ 48 Rdn 3, 4), soweit die Vormerkung zur Sicherung der Löschung oder der Rangänderung oder der Widerspruch gegen die Eintragung oder den Rang eingetragen ist.

2.3 Eine **Vormerkung** zur Sicherung des Anspruchs auf Eintragung einer verzinslichen Hypothek (Grundschuld) sichert auch die **Zinsen** des Grundpfandrechts (bedingt) vom vorgemerkten Anfangstag der Verzinsung an, weil der Vormerkungsberechtigte mit Eintritt der Bedingung Anspruch auf Befriedigung aus dem Grundstück auch wegen dieser Zinsen hat. Diese Zinsen sind daher gleichfalls als aufschiebend bedingter Anspruch in den Teilungsplan aufzunehmen. Der auf sie zugeteilte Betrag ist ebenfalls nach § 119 hilfsweise zu verteilen. Der bedingte Zinsanspruch wird bei einer bestehen gebliebenen Vormerkung bis zum Tag vor dem Zuschlag (weiterlaufende Zinsen treffen den Ersteher, § 56 Satz 2), bei einer erloschenen Vormerkung bis zum Tag vor dem Verteilungstermin berücksichtigt. Hierzu im ZVG-Handbuch Rdn 490 a.

2.4 Auch ein bedingter Anspruch kann nur **nach § 114,** also nur bei Grundbucheintragung oder Anmeldung, in den Teilungsplan aufgenommen werden (§ 114 Rdn 2).

2.5 Wenn der Eintritt einer **auflösenden Bedingung** schon im Verteilungstermin **feststeht** (der Anspruch also mit Sicherheit weggefallen ist) **oder** der **Ausfall der aufschiebenden Bedingung** (der Anspruch also nicht mehr entstehen kann; hierzu[2]), dann wird ohne Bedingung sofort an den Hilfsberechtigten zugeteilt. Andernfalls (wenn im Verteilungstermin diese Umstände noch nicht feststehen) erfolgt bei aufschiebender Bedingung die Zuteilung unter der Bedingung an den Berechtigten, unter der gegenteiligen Bedingung an den Hilfsberechtigten (§ 120 Rdn 2); bei auflösender Bedingung erfolgt die Zuteilung an den bedingt Berechtigten und für den Fall des Bedingungseintritts an den Hilfsberechtigten. Bei Aufstellung des Teilungsplanes hat somit für den Fall des Nichteintritts der aufschiebenden Bedingung und für den Fall des Eintritts der auflösenden Bedingung eine Hilfszuteilung zu erfolgen. Grund: Eine nochmalige Verteilung bei Eintritt oder Ausfall der Bedingung soll nicht erfolgen. **Hilfsverteilung** bedeutet, daß schon im Verteilungstermin, weil eine Nachtragsverteilung nicht stattfinden darf, bestimmt werden muß, wem der Erlösanteil zustehen soll, falls der zunächst Berechtigte aus einem bestimmten Grund nicht oder nicht mehr in Frage kommt. Falls auch das Recht des Hilfsberechtigten wieder bedingt ist (das ist möglich), so ist doppelte oder gar mehrfache Hilfszuteilung nötig. Der Teilungsplan darf für keinen Fall, der bei seiner Aufstellung voraussehbar ist, eine Unklarheit lassen.

2.6 Die **Hilfszuteilung** aus § 119 kann mit der aus § 124 (wegen Widerspruchs aus § 115) **vereinigt** werden; dies ist im Interesse der Sache sogar geboten[3]. Die Hilfszuteilung gilt sowohl im Falle des § 117 (Barzahlung) wie des § 118 (Forderungsübertragung).

2.7 Hilfsberechtigte (Eventualberechtigte) bei Wegfall eines bedingten Anspruchs **sind** grundsätzlich die im Rang nachrückenden ausfallenden Berechtigten in der Reihenfolge ihrer Ansprüche. Die Hilfsberechtigten sind dabei soweit aufzuführen, als die Masse der Hilfszuteilung voraussichtlich reicht; wenn keine He-

---

[2] BGH DNotZ 1995, 204 mit Anm Siegmann = KTS 1995, 119 = MDR 1995, 791 = NJW 1994, 3299 = Rpfleger 1995, 173.
[3] LG Berlin WM 1958, 267.

Hilfsverteilung bei bedingten Ansprüchen 3.4 § 119

bungsberechtigten mehr vorhanden sind, ist als letztem dem bisherigen Grundstückseigentümer (Vollstreckungsschuldner) hilfsweise zuzuweisen. Diese Regeln gelten für alle Arten von Hilfszuteilung, also für Zuteilung von Ersatzansprüchen nach § 92 hinsichtlich der Beträge, die nicht mehr für den Hauptberechtigten benötigt werden gemäß § 121 (Näheres dort), für die Hilfsverteilung bei Gesamthypotheken nach § 123 (Näheres dort), für die Zuteilung von Zuzahlungen nach §§ 50, 51 gemäß § 125 (Näheres dort) und in Fällen des Unbekanntseins des Berechtigten nach § 126; jedoch nicht für die Hilfszuteilung wegen Widerspruchs aus § 115 nach § 124, wo als Hilfsberechtigter nur der Widersprechende in Frage kommt (Näheres in § 124).

2.8 Die **Höchstbetragshypothek** ist (unbedingte) Belastung des Grundstücks mit dem eingetragenen Höchstbetrag (BGB § 1190 Abs 1); sie gehört somit nicht zu den bedingten Ansprüchen des § 119. Ändern kann sich bei ihr nur die Person des Berechtigten. Zu ihr § 114 Rdn 5.

2.9 Zum Teilungsplan mit bedingten Ansprüchen im ZVG-Handbuch Rdn 489–499, Muster dort Rdn 492–495.

Planausführung bei auflösend bedingtem Anspruch 3

3.1 Bei Ausführung des Teilungsplans ist zwischen einem auflösend und einem aufschiebend bedingten Anspruch zu unterscheiden. Zum aufschiebend bedingten Anspruch § 120. Der Berechtigte des **auflösend bedingten Anspruchs** hat zunächst vollgültigen, wirksamen Anspruch, der erst bei Eintritt der Bedingung wieder wegfällt (BGB § 158 Abs 2). Er wird daher vor Bedingungseintritt bei Planausführung wie der Inhaber eines unbedingten Anspruchs behandelt; an ihn wird ungeachtet der Bedingung und ohne Rücksicht auf den Hilfsberechtigten aus dem Erlös geleistet. Wenn der Eintritt der auflösenden Bedingung im Verteilungstermin noch nicht feststeht, ist daher ein in Geld vorhandener Versteigerungserlös an den zunächst Berechtigten zu zahlen (§ 117). Auf Hilfsberechtigte wird hier nicht geachtet[4]. Nur wenn der zunächst Berechtigte zu einer Sicherheitsleistung verpflichtet ist und diese nicht erfolgt ist, ist zu hinterlegen. Andernfalls bleibt es dem Hilfsberechtigten überlassen, seine Rechte wahrzunehmen und Widerspruch einzulegen, um so eine Eventualverteilung und Hinterlegung nach §§ 124, 120 zu erreichen. Bei Hinterlegung gehören Zinsen dem Erstberechtigten.

3.2 Wird bei auflösend bedingtem Anspruch eine **Forderungsübertragung** nach § 118 nötig, so erfolgt sie unter den Rdn 3.1 genannten Voraussetzungen an den zunächst Berechtigten (ohne Bedingung); ebenso erfolgt Eintragung der Sicherungshypothek. Auch hier kann der Hilfsberechtigte durch Widerspruch eine Behandlung nach §§ 124, 120 erreichen. Zinsen gehören dem zunächst Berechtigten.

3.3 Hinterlegung und Forderungsübertragung **gelten als Befriedigung** aus dem Grundstück. Für das Vollstreckungsgericht ist damit das Verfahren beendet. Die **Auseinandersetzung** darüber, ob die Bedingung eingetreten oder ausgefallen sei, ist Sache der beiden Berechtigten, nicht des Vollstreckungsgerichts. Die Verpflichtung zur Rückgewähr bei Eintritt der Bedingung wird durch bare Erlösauszahlung oder Forderungsübertragung nicht berührt; sie ist aber im Rechtsweg mit Klage, nicht nachträglich beim Vollstreckungsgericht geltend zu machen. Das Vollstreckungsgericht kann auch entsprechende Berichtigungsanträge an das Grundbuchamt nicht stellen, wenn der endgültig Berechtigte nachträglich festgestellt wird.

3.4 Die geschilderte **Handhabung ist umstritten.** Zum Teil wird die dargelegte unbedingte Zuteilung vertreten[5]. Wegen der vorkommenden Besonderhei-

---

[4] Dassler/Schiffhauer § 120 Rdn 6.
[5] Dassler/Schiffhauer § 120 Rdn 6; Korintenberg/Wenz §§ 119–120 Anm 4; Steiner/Teufel §§ 119, 120 Rdn 27.

ten werden aber auch hiergegen Bedenken geäußert[6], insbesondere bei der Forderungsübertragung, die nur bedingt erfolgen dürfe. Die Bedenken sind unbeachtlich, wenn sich das Gericht genau an die dargelegten Voraussetzungen hält.

[Ausführung des Teilungsplans bei bedingten Ansprüchen]

120 (1) **Ist der Anspruch aufschiebend bedingt, so ist der Betrag für die Berechtigten zu hinterlegen.** Soweit der Betrag nicht gezahlt ist, wird die Forderung gegen den Ersteher auf die Berechtigten übertragen. Die Hinterlegung sowie die Übertragung erfolgt für jeden unter der entsprechenden Bedingung.

(2) **Während der Schwebezeit gelten für die Anlegung des hinterlegten Geldes, für die Kündigung und Einziehung der übertragenen Forderung sowie für die Anlegung des eingezogenen Geldes die Vorschriften der §§ 1077 bis 1079 des Bürgerlichen Gesetzbuchs; die Art der Anlegung bestimmt derjenige, welchem der Betrag gebührt, wenn die Bedingung ausfällt.**

1 Allgemeines zu § 120

1.1 Zweck der Vorschrift: Sicherung des einem aufschiebend bedingten Anspruch zugeteilten Betrags für den bedingt Berechtigten ebenso wie für den bei Ausfall der Bedingung Berechtigten mit Hinterlegung oder bedingter Forderungsübertragung auf beide Berechtigte.

1.2 Anwendungsbereich: Die Vorschrift gilt für alle Versteigerungsverfahren des ZVG.

2 Planausführung bei aufschiebend bedingtem Anspruch (Absatz 1)

2.1 § 120 regelt **nur** die Behandlung der **aufschiebend bedingten** Ansprüche bei Planausführung. Mit auflösend bedingten Ansprüchen befaßt sich die Vorschrift dagegen nicht; zu ihnen § 119 Rdn 3. Dem aufschiebend bedingten Berechtigten steht der Anspruch vor Eintritt der Bedingung nicht zu (BGB § 158 Abs 1). Vor Ausfall der Bedingung (solange nicht feststeht, daß sie nicht mehr eintreten kann), kann der zugeteilte Betrag auch von dem Hilfsberechtigten nicht in Anspruch genommen werden. Daher hat nach § 120 Abs 1 zur Sicherung sowohl des bedingt Berechtigten als auch des beim Ausfall der Bedingung Berechtigten Hinterlegung oder Übertragung der Forderung auf die Berechtigten zu erfolgen.

2.2 Zu hinterlegen ist bei Ausführung des Teilungsplans durch Auszahlung des in Geld vorhandenen Versteigerungserlöses (§ 117) der auf einen aufschiebend bedingten Anspruch zugeteilte Betrag, wenn **Eintritt** oder **Ausfall** der Bedingung **im Verteilungstermin noch nicht feststeht** (§ 119 Rdn 2) für den Erstberechtigten und den Hilfsberechtigten: Abs 1 Satz 1. Die Hinterlegung erfolgt auf Ersuchen des Vollstreckungsgerichts gemäß HinterlO § 6 für den Erstberechtigten unter der Bedingung, daß diese eintritt (Art der Bedingung ist anzugeben), für den Hilfsberechtigten unter der entgegengesetzten Bedingung, daß nämlich die Bedingung nicht eintritt und nicht mehr eintreten kann. Mit der Hinterlegung ist das Verfahren des Vollstreckungsgerichts abgeschlossen. Herausgabeverfügung über den hinterlegten Betrag erläßt die Hinterlegungsstelle auf Antrag der Beteiligten im Verfahren nach HinterlO §§ 12 ff. Nur wenn das Vollstreckungsgericht bei Hinterlegung sich die Auszahlungsanordnung (unrichtig) vorbehalten hat, hat es nach Eintritt der Bedingung die Hinterlegungsstelle um Auszahlung zu ersuchen (HinterlO § 15). Die Hinterlegung erfolgt nicht, wenn sich Erst- und Hilfsberech-

---

[6] Jaeckel/Güthe §§ 119–120 Rdn 6.

tigter über Person und Auszahlungsart einigen. Die Erklärungen sind im Verteilungstermin abzugeben oder schriftlich einzureichen (vor dem Termin oder im Termin).

2.3 Zinsen, die durch Hinterlegung in der Schwebezeit bis zum Eintritt der Bedingung entstehen, gebühren dem Hilfsberechtigten. Das aufschiebend bedingte Recht wird erst mit Bedingungseintritt wirksam (BGB § 158 Abs 1); der bedingt Berechtigte ist daher bis dahin nicht zinsberechtigt. Im Einzelfall kann etwas anderes bestimmt sein. Wenn deshalb nach dem Inhalt des Rechtsgeschäfts die an den Eintritt der Bedingung geknüpften Folgen auf einen früheren Zeitpunkt zurückzubeziehen sind, besteht Erstattungspflicht nach BGB § 159. Daher gebühren Zinsen in einem solchen Fall bei Bedingungseintritt dem bedingt Berechtigten. Die Berechtigung auf Hinterlegungszinsen ist im Hinterlegungsantrag anzugeben und hierfür im Teilungsplan festzustellen. Fehlt die Angabe, gehören die Zinsen demjenigen, dem das Kapital zusteht. Ist der bedingte Anspruch wegen unzureichender Masse noch nicht voll zugeteilt, so sind Zinsen zunächst dem Kapital bis zu seiner Auffüllung zuzuführen.

2.4 Planausführung mit **Forderungsübertragung** (§ 118) erfolgt bei aufschiebend bedingtem Anspruch durch Übertragung der Forderung gegen den Ersteher (auch mithaftenden Bürgen) auf die beiden Berechtigten: Abs 1 Satz 2. Diese Übertragung wird unter Beifügung der jeweils entsprechenden Bedingung angeordnet: Abs 1 Satz 3. Ebenso erfolgt Eintragung der Sicherungshypothek nach § 128. Zinsen gehören auch hier dem Hilfsberechtigten (siehe Rdn 2.3); dies muß aber gesagt werden.

2.5 Zur Ausführung des Teilungsplans bei bedingten Ansprüchen auch ZVG-Handbuch Rdn 497–499.

Schwebezustand (Absatz 2) 3

3.1 Für die **Anlegung des** hinterlegten **Geldes** während der Schwebezeit gelten die Vorschriften der BGB §§ 1077 bis 1079 über Zahlung, Einziehung und Anlegung einer Forderung, die Gegenstand eines Nießbrauchs ist: Abs 2. Diese Regelung betrifft die Rechtsbeziehungen zwischen bedingt Berechtigtem und Hilfsberechtigtem, nicht aber das Verfahren des Vollstreckungsgerichts. Für das Gericht ist das Verteilungsverfahren mit Hinterlegung beendet. Die Anlegung nach den für Mündelgeld geltenden Vorschriften obliegt sonach nicht dem Vollstreckungsgericht. Abs 2 begründet auch kein Recht des Hilfsberechtigten zur Verfügung über das hinterlegte Geld, um es nach Mündelgeldvorschriften anlegen zu können. Diese Verfügung über das Hinterlegungsgeld erfordert Herausgabeverfügung der Hinterlegungsstelle, die Nachweis der Empfangsberechtigung, mithin Einvernehmen des bedingt Berechtigten und des Hilfsberechtigten oder rechtskräftige Entscheidung voraussetzt (HinterlO § 13). Denn auch die Hinterlegungsstelle kann nur an beide gemeinsam zahlen (Abs 2 mit BGB § 1077 Abs 1). Durch § 120 Abs 2 mit BGB §§ 1077–1079 werden bedingt Berechtigter und Hilfsberechtigter einander **verpflichtet,** zur Einziehung und dazu mitzuwirken, daß das eingezogene Kapital nach den für die Anlegung von Mündelgeld geltenden Vorschriften verzinslich angelegt wird. Die Anlegung nach Mündelgeldvorschriften regeln BGB §§ 1806 ff. Die sonach von den Berechtigten im Einzelfall vorzunehmende Art der Anlegung bestimmt derjenige, welchem der Betrag bei Ausfall der Bedingung gebührt, mithin der Hilfsberechtigte (Abs 2). Diese Anlegung erfolgt nicht unter Bestellung eines Nießbrauchs (BGB § 1079), sondern wieder für den Erstberechtigten unter der Bedingung, daß diese eintritt und für den Hilfsberechtigten unter der entgegengesetzten Bedingung, daß nämlich die Bedingung nicht eintritt und nicht mehr eintreten kann. Anspruch auf Zinsen während der Schwebezeit: Rdn 2.3. Erst- und Hilfsberechtigter können auch nicht gemeinsam vom Vollstreckungsgericht Anlegung nach Mündelgeldvorschriften verlangen. Sie müssen die Voraussetzungen dieser Anlegung selbst schaffen; das Gericht kann nur

§ 120 3.1   Verteilung des Erlöses

nach ihrer Einigung über die Anlegungsart an die für die Anlegung zuständige Stelle auszahlen.

3.2 Auch nach Übertragung der Forderung gegen den Ersteher auf beide Berechtigte bestimmen sich Einziehung der Forderung und die Anlegung des eingezogenen Geldes nach Nießbrauchsvorschriften aus BGB §§ 1077–1079: Abs 2. Die Art der Anlegung bestimmt auch hier der Hilfsberechtigte: Abs 2.

3.3 Die **Bedingung fällt aus,** wenn sie nicht eintritt und nicht mehr eintreten kann. Die **Auseinandersetzung** über Eintritt oder Ausfall der Bedingung ist Sache des Haupt- und Hilfsberechtigten, nicht des Gerichts. Es kann auch eine entsprechende Grundbuchberichtigung nicht veranlassen (§ 119 Rdn 3.3).

[Zuteilung auf Ersatzansprüche nach § 92 Abs 2]

121 (1) In den Fällen des § 92 Abs 2 ist für den Ersatzanspruch in den Teilungsplan ein Betrag aufzunehmen, welcher der Summe aller künftigen Leistungen gleichkommt, den fünfundzwanzigfachen Betrag einer Jahresleistung jedoch nicht übersteigt; zugleich ist zu bestimmen, daß aus den Zinsen und dem Betrage selbst die einzelnen Leistungen zur Zeit der Fälligkeit zu entnehmen sind.

(2) **Die Vorschriften der §§ 119, 120 finden entsprechende Anwendung; die Art der Anlegung des Geldes bestimmt der zunächst Berechtigte.**

1 Allgemeines zu § 121

1.1 Zweck der Vorschrift: Sicherung des Anspruchs auf Wertersatz für einen Nießbrauch, für eine beschränkte persönliche Dienstbarkeit sowie für eine Reallast von unbestimmter Dauer (§ 92 Abs 2) mit Einstellung eines Deckungskapitals in den Teilungsplan, weil wegen der unbekannten Dauer der Berechtigung die Höhe der auszuzahlenden Summe unbestimmt ist (Denkschrift S 58), und Regelung der Planausführung.

1.2 Anwendungsbereich: Die Vorschrift gilt für alle Versteigerungsverfahren des ZVG.

2 Ersatzansprüche aus § 92 Abs 2 im Teilungsplan (Absatz 1)

2.1 Für fortlaufende Zahlung der Geldrente als Ersatz für einen **Nießbrauch,** für eine **beschränkte persönliche Dienstbarkeit** sowie für eine **Reallast von unbestimmter Dauer** (§ 92 Abs 2) muß ein **Deckungskapital** gebildet und für Zuteilung des Versteigerungserlöses in den Teilungsplan aufgenommen werden: Abs 1.

2.2 Als Deckungskapital aufzunehmen in den Teilungsplan ist die **Summe aller künftigen Leistungen** (ohne Abzug von Zwischenzinsen): Abs 1. Ist die Dauer des Rechts an eine Lebenszeit gebunden, so wird die Zahl der Jahresbeträge nach der Lebenserwartung gerechnet (§ 92 Rdn 4 und Tabellenanhang Tab 2). Die Summe der Jahresbeträge ist doppelt begrenzt: sie darf **fünfundzwanzig Jahresbeträge nicht übersteigen** (Abs 1) und sie darf einen etwa eingetragenen Höchstbetrag (BGB § 882) oder Ablösungsbetrag nicht überschreiten. Der fünfundzwanzigfache Jahresbetrag berechnet sich ab Zuschlagswirksamkeit. In dem für den Ersatzanspruch in den Teilungsplan aufzunehmenden Betrag des Deckungskapitals sind auch die Beträge der Drei-Monats-Leistungen enthalten, die am Tage des Verteilungstermins bereits fällig und dem (festgestellten) Berechtigten auszuzahlen oder allein (unbedingt) zu übertragen sind (Rdn 3.4).

2.3 Zur Frage, ob Aufnahme des Anspruchs und damit des Deckungskapitals **Anmeldung** des Betrags der Jahresleistungen erfordert, siehe § 92 Rdn 4.8 und 4.9.

Zuteilung auf Ersatzansprüche nach § 92 Abs 2   3.3   § 121

2.4 Anspruch auf den als Deckungskapital gebildeten Betrag hat der Inhaber des erloschenen Rechts mit Zahlung einer **Geldrente** nach dem Jahreswert des Rechts **in Drei-Monatsbeträgen.** Bei Aufstellung des Teilungsplanes ist für die unter § 92 Abs 2 fallenden Rechte – nur für diese – zur Ermittlung der auf sie treffenden Geldersatzleistung somit zunächst ihr **Jahreswert zu ermitteln** (§ 92 Rdn 4). Von diesem bilden dann jeweils $3/12$ die für drei Monate vorauszahlbare Geldrente als Einzelleistung. Im **Teilungsplan** (Abschnitt Zuteilung) ist die Bestimmung zu treffen, daß aus den Zinsen des (hinterlegten oder angelegten) Deckungskapitals und dem in den Teilungsplan aufgenommenen Gesamtbetrag selbst die einzelnen **dreimonatigen Leistungen** (§ 92 Abs 2) zur Zeit der Fälligkeit **zu entnehmen** sind: Abs 1. Diese Einzelleistung bleibt immer unverändert, auch wenn sich hierdurch die Gesamtsumme vorzeitig erschöpft (die letzte Rate besteht dann eben aus dem geringeren Rest). Mit Erschöpfung des Betrags oder mit dem Ende der bestimmten Zeit endet die Entnahme und Auszahlung der Raten (§ 92 Rdn 4).

2.5 Die **Berechtigung zum Empfang der Geldrente** aus Hinterlegungsgeld (HinterlO § 13 Abs 1) begründet für den Inhaber des mit Anspruch auf Wertersatz nach § 92 Abs 2 erloschenen Rechts aufschiebend bedingt die Bestimmung im Teilungsplan, daß aus den Zinsen und dem (hinterlegten) Betrag selbst die Drei-Monats-Leistungen zur Zeit der Fälligkeit zu entnehmen sind (Abs 1). Herausgabeanordnung der Hinterlegungsstelle (HinterlO § 12) ergeht daher bei Fälligkeit der einzelnen Drei-Monats-Raten jeweils auf Antrag des Ersatzberechtigten (Erstberechtigten). Zustimmung des Hilfsberechtigten ist dazu nicht erforderlich. Als Bedingungseintritt hat der Berechtigte bei Wertersatz für einen Nießbrauch, eine beschränkte persönliche Dienstbarkeit sowie für eine auf Lebenszeit begrenzten Reallast der Hinterlegungsstelle nachzuweisen, daß er den Vierteljahresbeginn erlebt hat (eine juristische Person, daß sie noch besteht)[1]; weitere Nachweise sind nicht erforderlich.

Hilfsverteilung, Kapitalanlegung (Absatz 2)   3

3.1 Der Anspruch des Berechtigten auf die einzelnen Leistungen entspricht einem aufschiebend bedingten Anspruch; **Hilfsverteilung** und **Planausführung** bestimmen sich daher nach den für solche Ansprüche geltenden §§ 119, 120; nur hinsichtlich der Anlegung des Geldes ist zum Schutz des Berechtigten des Ersatzanspruchs eine besondere Bestimmung getroffen[2]: Abs 2.

3.2 Weil der Anspruch des nach § 92 Abs 2 Ersatzberechtigten vorzeitig enden kann (zB durch Tod des Berechtigten), ist eine **Hilfsverteilung** nötig; durch den Teilungsplan ist nach § 119 (mit Abs 2) festzustellen, wem bei Wegfall des Anspruchs des Erstberechtigten noch vorhandene Betrag des Deckungskapitals (und etwaiger Zinsen) zustehen soll: Abs 2. Dem **Erstberechtigten** steht der Anspruch für die gesamte Dauer seines Rechts zu, bei Nießbrauch und beschränkter persönlicher Dienstbarkeit solange er lebt (eine juristische Person entsprechend besteht) und die Fälligkeit der einzelnen Drei-Monats-Rate erlebt oder solange der Anspruch sonst läuft. Dem **Hilfsberechtigten** steht der Restbetrag zu, wenn der Erstberechtigte gestorben (die juristische Person erloschen) ist (bei Nießbrauch und Dienstbarkeit) oder das Recht sonst vorzeitig endet.

3.3 Die **Hilfsberechtigten** sind auch hier in der Rangfolge ihrer Ansprüche nach dem Teilungsplan einzusetzen. Reicht der zu erwartende Rest für voraussichtlich mehrere, so sind alle aufzuführen, für die der Rest ausreichen könnte. Auch können die Ansprüche der Hilfsberechtigten ihrerseits wieder bedingt sein (§ 119 Rdn 2.5).

---

[1] LG Berlin WM 1958, 267.
[2] Motive zum ZVG S 297.

§ 121 3.4

3.4 Keine Hilfsverteilung erfolgt für die bei Planausführung mit Beginn eines Drei-Monats-Zeitraums **bereits fällige** Geldrente (§ 92 Abs 2), wenn die Berechtigung des Inhabers des erloschenen Rechts feststeht, für Feststellung eines Bedingungseintritts dem Vollstreckungsgericht somit nachgewiesen (oder bekannt) ist (Rdn 2.5). Ausführung des Teilungsplans für die bereits fällig gewordene Zahlung des Drei-Monatsbetrags der Geldrente erfolgt dann durch Zahlung (§ 117) oder Übertragung der Forderung gegen den Ersteher (§ 118) an den Wertersatzberechtigten.

3.5 Der Gesamtbetrag der für künftig erst fällig werdende Geldrenten verbleibende Betrag des Deckungskapitals ist im Falle des § 117 (Bargebot in **bar bezahlt** und kann in bar auf die Ansprüche verteilt werden) zu hinterlegen (Abs 2 mit § 120 Abs 1 Satz 1), mit der Maßgabe, daß der Erstberechtigte auf die bestimmte Zeit oder auf Lebenszeit (Anspruch dann nicht auf höchstens fünfundzwanzig Jahre begrenzt, § 92 Rdn 4.5) die Einzelleistungen für je drei Monate im voraus ohne besondere Zustimmung des Hilfsberechtigten erhält und daß der Rest nach dem Wegfall des Erstberechtigten, insbesondere durch Tod (Erlöschen) oder Zeitablauf dem Hilfsberechtigten zusteht. Die Hinterlegung erfolgt somit für beide unter entgegengesetzten Bedingungen. Sie erfolgt auf Ersuchen des Vollstreckungsgerichts gemäß HinterlO § 6. Im Hinterlegungsantrag sind Berechtigter, Hilfsberechtigter, Zeitpunkt und Höhe der Einzelleistung und die dafür notwendigen Nachweise (zB Lebensbescheinigung der Erstberechtigten) festzulegen. Hinterlegungsgrund ist Abs 2 mit § 120 Abs 1 Satz 1; Verzicht auf das Rücknahmerecht braucht daher nicht erklärt zu werden. Mit der Hinterlegung ist das Verfahren für das Vollstreckungsgericht abgeschlossen. Herausgabeverfügung über den hinterlegten Betrag erläßt die Hinterlegungsstelle auf Antrag des Berechtigten im Verfahren nach HinterlO §§ 12 ff. Die für Auszahlung des Hinterlegungsgeldes nötige Berechtigung (HinterlO § 13) auf die einzelnen Drei-Monats-Raten ist durch die Bestimmung nachgewiesen, daß sie bei Fälligkeit aus den Zinsen und dem Deckungskapital zu entnehmen sind.

3.6 Im Falle des § 118 (mangels Zahlung des Bargebots muß die **Forderung übertragen** werden) ist in Höhe des Gesamtbetrags der für künftig erst fällig werdende Geldrenten verbleibende Betrag des Deckungskapitals die Forderung gegen den Ersteher beiden Berechtigten je unter den genannten Bedingungen zu übertragen. Die Einzelleistung einziehen darf dann der Erstberechtigte ohne jeweilige Zustimmung des Hilfsberechtigten nach den festgelegten Bedingungen und nach Wegfall seines Anspruchs ebenso der Hilfsberechtigte.

3.7 Während der **Schwebezeit** (in der also der Erstberechtigte zum Zuge kommen kann) sind bei Barzahlung Erstberechtigter und Hilfsberechtigter einander verpflichtet, den hinterlegten Betrag anzulegen nach den Nießbrauchsvorschriften des BGB (§§ 1077–1079): § 120 Abs 2. Hierzu § 120 Rdn 3. Die Art der Anlegung (Bank, Sparkasse usw) bestimmt der Erstberechtigte: Abs 2 (Abweichung von § 120 Abs 2 zum Schutz des Berechtigten des Ersatzanspruchs). Bei Übertragung der Forderung gelten für deren Kündigung und Einziehung und die Anlegung des eingezogenen Geldes ebenfalls die genannten Nießbrauchsvorschriften: § 120 Abs 2. Die Art der Anlegung eingezogenen Geldes bestimmt ebenfalls der Erstberechtigte: Abs 2.

3.8 Reicht die hinterlegte **Masse** zur vollen Deckung des errechneten Deckungskapitals **nicht aus** (weil nicht genügend Erlösanteil darauf entfiel), so kann der Erstberechtigte die Einzelleistung trotzdem in voller Höhe entnehmen, auch wenn sich so das Deckungskapital vorzeitig erschöpft[3]. Wenn es mit Ansprüchen **anderer Gläubiger gleichrangig** ist, muß der Erlösanteil auf Deckungskapital und andere Ansprüche im entsprechenden Verhältnis verteilt werden (§ 92 Rdn 4), aber auch hier bleibt das Recht auf die Einzelleistung voll erhalten (an-

---

[3] Jaeckel/Güthe § 121 Rdn 6.

ders[4]: zunächst verhältnismäßige Verkürzung der Jahresrente vorbehaltlich späteren Ausgleichs).

3.9 Nach der Hinterlegung durch das Versteigerungsgericht kann dieses nicht mehr weiter **über die Anlegungsart verfügen**. Das kann nur die Hinterlegungsstelle auf Antrag der Antragsberechtigten. Wenn aber die Hinterlegung mit der nach § 124 (im Falle des **Widerspruchs**) verbunden wird, was zweckmäßig ist[4], so enthält die Anweisung des Vollstreckungsgerichts, daß auf Grund der Widerspruchsentscheidung auszuzahlen sei, auch den Vorbehalt, daß das Gericht weiterhin befugt bleibt, nach ZPO § 882 die Hinterlegungsstelle um Auszahlung an das Vollstreckungsgericht oder an eine von ihm zu bestimmende Person oder Stelle zu ersuchen[5]. Bei dieser Doppelhinterlegung muß sogar das Vollstreckungsgericht auf Grund der Entscheidung des Widerspruchsprozesses von Amts wegen über die weitere Ausführung des Teilungsplanes entscheiden[5].

3.10 Wird im Widerspruchsprozeß der Jahresbetrag herabgesetzt, so hat die Bestimmung, daß aus den Zinsen und dem Betrag selbst die einzelnen Leistungen zur Zeit der Fälligkeit zu entnehmen sind, nur noch für den geminderten Jahresbetrag des Ersatzwertes Wirksamkeit. Das nach dem geminderten Jahresbetrag verbleibende Deckungskapital bleibt für Auszahlung an den Wertersatzberechtigten (nach Wegfall seines Anspruchs an den Hilfsberechtigten) angelegt oder hinterlegt.

3.11 Es kann weder in der Widerspruchsentscheidung des Prozeßgerichts noch nach ZPO § 882 vom Vollstreckungsgericht verfügt werden, daß der Rentenbetrag (der ursprüngliche oder der herabgesetzte) in voller Höhe **für die ganze Zeit sofort auszuzahlen** sei; vielmehr bleibt es immer bei den vierteljährlich vorauszahlbaren Renten für den vorgesehenen Zeitraum und bis zum Verbrauch des Deckungskapitals[5] oder bis zum Ablauf der vorgesehenen Zeit. Die Auszahlungsart der Rente kann auch sonst nicht mehr geändert werden; auch Zustimmung des Vollstreckungsschuldners (er ist ja nicht mehr verfügungsberechtigt) begründet keinen Anspruch auf Kapitalisierung der Rente und Vorauszahlung an den Erstberechtigten für einige Jahre: Das gilt auch dann, wenn etwa der Berechtigte von den vorschriftsmäßig bezahlten Renten nicht leben kann. Das Gesetz läßt hier keine Ausnahme zu. Die (gemeinsame) Berechtigung des mit den Drei-Monatsbeträgen aufschiebend bedingt Ersatzberechtigten und des oder der bei Wegfall seines Anspruchs Hilfsberechtigten und die für beide unter der entgegengesetzten Bedingung erfolgte Hinterlegung ermöglichen es diesen Beteiligten jedoch, zusammen über das Hinterlegungsgeld (das angelegte Geld) zu verfügen. Dazu ist auch die Zustimmung des Schuldners (so wenn Feststellung noch nicht erfolgt ist) und sonst Beteiligter (zB eines Widersprechenden auch bei Hilfsverteilung nach § 124) erforderlich, wenn Zuteilung und Hinterlegung auch für solche Beteiligte erfolgt sind. Die Hinterlegungsstelle verfügt eine beantragte Herausgabe, wenn die Beteiligten die Herausgabe bewilligen (HinterlO § 13 Abs 2). Erlangt der (bei Auszahlung nur bedingt) Erstberechtigte auf solche Weise Zahlung eines Betrages, der ihm mit (späterem) Wegfall seines Anspruchs (bei Ausfall der Bedingung, zB Tod) nicht mehr gebührt, dann geht die vorzeitige gemeinsame Verfügung zu Lasten des oder der zustimmenden Hilfsberechtigten (sie verkürzt deren ab Bedingungseintritt bestehenden Hilfsanspruch); bei Hilfsberechtigung und damit vorzeitiger Verfügung über nur einen Teil des Deckungskapitals bleibt somit der Anspruch nachrangiger weiterer Hilfsberechtigter auf den noch vorhandenen (ihnen gebührenden) Betrag unberührt. Ob vorzeitiger Wegfall des Rechts einen Ausgleichsanspruch unter den Beteiligten begründet, die gemeinsam vorzeitig über den ihnen zusammen gebührenden Betrag verfügt haben, bestimmt sich nach dem Rechtsverhältnis (zB Vergleich), das die Verfügung veranlaßt hat.

---

[4] Dassler/Schiffhauer § 121 Rdn 6.
[5] LG Berlin WM 1958, 267.

§ 121 3.12 Verteilung des Erlöses

3.12 Wird im Widerspruchsprozeß der Jahresbetrag und damit der Drei-Monats-Betrag herabgesetzt, so ist der **Unterschied** gegenüber dem hinterlegten Betrag **gemäß dem Teilungsplan zu verteilen,** also nach der für den Fall getroffenen Hilfsverteilung, daß der Widerspruch begründet ist (§ 124 Abs 1). Enthält hierbei das Urteil (oder der Vergleich) entgegen ZPO § 880 nicht alle auf Grund der Abweichung nötigen Anweisungen, so muß das Versteigerungsgericht ausnahmsweise einen neuen Teilungsplan aufstellen, wobei es an die Entscheidung (oder den Vergleich) gebunden ist[6]. Das gilt insbesondere, wenn durch einen Vergleich zwar die Höhe des Ersatzbetrags für das Recht herabgesetzt ist, nicht aber die des Jahresbetrags (die nach § 92 Abs 2 maßgebend ist) und damit auch nicht der Drei-Monats-Betrag der Rente[7].

3.13 Fall aus der Praxis: Gläubiger betreibt die Versteigerung wegen der rückständigen Raten seiner Reallast; sonst waren dingliche Rechte nicht vorhanden. Er ist Ersteher. Er muß das ganze Bargebot bezahlen, das nach § 121 hinterlegt werden muß und ihm nur in Raten wieder ausbezahlt werden darf. Er kann auch nicht etwa wegen der erst künftig fällig werdenden Beträge sich für befriedigt erklären. Zahlt er nicht, wird die Forderung übertragen. Anders wäre es nur, wenn die notarielle Urkunde über das Recht eine Verfallsklausel enthielte, daß bei Rückstand mit . . . Raten der ganze kapitalisierte Ersatzbetrag fällig sei.

[Verteilung des Erlöses auf Gesamtrecht]

122 (1) **Sind mehrere für den Anspruch eines Beteiligten haftende Grundstücke in demselben Verfahren versteigert worden, so ist, unbeschadet der Vorschrift des § 1132 Abs 1 Satz 2 des Bürgerlichen Gesetzbuchs, bei jedem einzelnen Grundstücke nur ein nach dem Verhältnisse der Erlöse zu bestimmender Betrag in den Teilungsplan aufzunehmen. Der Erlös wird unter Abzug des Betrags der Ansprüche berechnet, welche dem Anspruche des Beteiligten vorgehen.**
(2) **Unterbleibt die Zahlung eines auf den Anspruch des Beteiligten zugeteilten Betrags, so ist der Anspruch bei jedem Grundstück in Höhe dieses Betrags in den Plan aufzunehmen.**

1 Allgemeines zu § 122

1.1 Zweck der Vorschrift: Regelung der Befriedigung eines Gesamtrechts aus den Erlösen der einzelnen Grundstücke, die in demselben Verfahren versteigert worden sind.

1.2 Anwendungsbereich: Die Vorschrift gilt **für alle Versteigerungsverfahren** des ZVG.

2 Anlaß und Grundsätze für Verteilung des Gesamtrechts

2.1 § 122 behandelt die tatsächliche Verteilung des bar vorhandenen Gesamterlöses aus der Versteigerung mehrerer Grundstücke auf Grund Einzel- oder Gesamtausgebot auf ein **erlöschendes Gesamtrecht** an diesen mehreren Grundstücken, also die **verhältnismäßige Heranziehung** der Erlöse der **einzelnen Grundstücke** (die sich bei Einzelausgeboten von selbst ergeben haben oder bei Gesamtausgebot nach § 112 ermittelt worden sind) zur Befriedigung des Gesamtrechts. § 112 behandelt demgegenüber die rechnerische Verteilung des bei gemeinsamer Versteigerung mehrerer Grundstücke auf Grund Gesamtausgebots erzielten Gesamterlöses auf die einzelnen Grundstücke.

---

[6] Dassler/Schiffhauer § 121 Rdn 6.
[7] LG Berlin WM 1958, 267.

Verteilung des Erlöses auf Gesamtrecht 2.7 **§ 122**

2.2 § 122 regelt die Verteilung und Befriedigung des **Anspruchs** eines Beteiligten, **für den mehrere Grundstücke haften.** Das ist der Fall bei einer Gesamthypothek (BGB § 1132), Gesamtgrundschuld und Gesamtrentenschuld (BGB §§ 1191, 1192 Abs 1, § 1199), ebenso beim Anspruch des betreibenden Gläubigers in Rangklasse 5 des § 10 Abs 1, wenn Beschlagnahme mehrerer Grundstücke erfolgt ist. § 122 gilt aber auch für alle anderen Ansprüche des § 10; für sie besteht samtverbindliche Haftung mehrerer Grundstücke durchweg jedoch nicht. Haftung mehrerer Grundstücke für den Anspruch eines Beteiligten besteht nur, wenn die gemeinsame Haftung für dieselbe ganze Leistung durch besondere gesetzliche Anordnung in der Weise begründet ist, daß der Gläubiger die Leistung nur einmal erhalten, nach seinem Belieben Befriedigung jedoch aus jedem Grundstück ganz oder zu einem Teil suchen kann. Nur betragsmäßige Zusammenfassung von Einzelansprüchen, für die mehrere Grundstücke selbständig haften, zu einem Gesamtbetragsanspruch (insbesondere zur gemeinsamen Geltendmachung gegen den verpflichteten Grundstückseigentümer) begründet Haftung der mehreren Grundstücke für den Anspruch nicht. Keine Haftung der mehreren Grundstücke im Sinne von § 122 besteht daher für Kosten des Verfahrens (§ 109), Zwangsverwaltungsvorschüsse (§ 10 Abs 1 Nr 1) und Litlohnansprüche (§ 10 Abs 1 Nr 2), weil eine gesetzliche Grundlage für gemeinsame Haftung fehlt, ebenso nicht für gemeinsam veranlagte Grundsteuer (Grundsteuergesetz, Textanhang T 21, § 21). Solche nur betragsmäßig zusammengefaßte Ansprüche werden für Feststellung der Einzelbeträge, für die Grundstücke selbständig haften, auf mehrere Grundstücke aufgeteilt (Kosten und Grundsteuer: § 63 Rdn 2.4).

2.3 § 122 gilt auch, wenn mehrere für ein Grundpfandrecht haftende **Grundstücksbruchteile** in demselben Verfahren versteigert worden sind, weil ein Grundpfandrecht, das mehrere Bruchteile belastet (BGB § 1114) Gesamtrecht ist.

2.4 Voraussetzung der Gesamtrechtsverteilung ist, daß **Einzelerlöse** vorliegen, weil mehrere in demselben Verfahren versteigerte Grundstücke (oder Grundstücksbruchteile) einzeln zugeschlagen sind, oder weil ein Gesamterlös bereits aufzuteilen war (§ 112).

2.5 § 122 beruht auf der **Erwägung,** daß gesamtbelastete Grundstücke verhältnismäßig nach ihren Kräften zur Befriedigung des Gesamtrechtsanspruchs beizutragen haben. Die verhältnismäßige Heranziehung bestimmt sich nach den erzielten einzelnen Erlösen, und zwar nach Abzug des zur Befriedigung vorgehender Ansprüche erforderlichen Betrags. Maßstab, nach welchem der zur Befriedigung eines Gesamtgläubigers aus jedem Grundstückserlös zu entnehmende Betrag zu bemessen ist, bildet somit das Verhältnis, in welchem der jeweilige Einzelerlös (nach Abzug der Vorbelastungen) zu der Summe aller Erlöse steht. Nachbelastungen der einzelnen Grundstücke erlangen keine Bedeutung[1].

2.6 Die Aufteilung eines Gesamtanspruchs ist **nur zulässig,** wenn das bare Meistgebot in **bar gezahlt** ist, also nach § 117 verteilt werden kann: Abs 2.

2.7 Das Recht des **Gläubigers** eines Gesamtgrundpfandrechts, nach seinem **Belieben** aus jedem Grundstück ganz oder zu einem Teil Befriedigung zu suchen (BGB § 1132 Abs 1), schmälert § 122 nicht. Die Vorschrift bestimmt für Aufstellung des Teilungsplans eine verhältnismäßige Heranziehung des Erlöses der einzelnen Grundstücke zur Befriedigung des Gesamtgrundpfandrechts daher nur für den Fall, daß der Gläubiger von seinem Wahlrecht keinen Gebrauch macht; er kann das noch im Verteilungstermin bis zur Ausführung des Teilungsplans; seine Erklärung ist unwiderruflich[2].

---

[1] Motive zum ZVG S 300.
[2] Dassler/Schiffhauer § 122 Rdn 4; Steiner/Teufel § 122 Rdn 17.

§ 122 2.8   Verteilung des Erlöses

2.8 Wenn **nur eines** der mit einem Gesamtrecht belasteten Grundstücke versteigert und **zugeschlagen** worden ist, findet § 122 keine Anwendung. Das Gesamtrecht wird zur Befriedigung aus dem Einzelerlös ganz in den Teilungsplan aufgenommen. Folge der Befriedigung aus dem einzelnen gesamtbelasteten Grundstück: BGB § 1181 Abs 2, § 1182.

3 Gesamtanspruchsverteilung im Teilungsplan (Absatz 1)

3.1 Nach Versteigerung mehrerer mit einem Gesamtrecht belasteten Grundstücke (oder Grundstücksbruchteile) im selben Verfahren (also verbunden nach § 18) ist (unter den Rdn 2 dargestellten Voraussetzungen) bei jedem einzelnen versteigerten Grundstück (oder Grundstücksbruchteil) als Erlösanspruch des Gesamtrechts **nur ein Teilbetrag** in den Teilungsplan aufzunehmen: Abs 1 Satz 1. Der Erlösanteil dieses Gesamtrechts ist also nur in Teilen aus jedem versteigerten Objekt zu entnehmen, nicht in voller Höhe aus einem von ihnen. Aufzuteilen zur Aufnahme in den Teilungsplan als Ansprüche an die Einzelerlöse mit den festzustellenden Teilbeträgen ist der **Gesamtanspruch** des Berechtigten, mithin sein aus der **Summe** von Kosten, wiederkehrenden Leistungen und Hauptsache (§ 12) bestehender Anspruch auf Befriedigung aus dem Grundstück.

3.2 Sobald für jedes versteigerte Objekt ein Einzelerlös feststeht (Rdn 2.4) wird der aus dem baren Meistgebot zu zahlende **Erlösanteil eines erlöschenden Gesamtrechts** gemäß § 122 **verteilt,** wenn der Gläubiger des Gesamtrechts nicht sein Wahlrecht (BGB § 1132 Abs 1) ausübt. Die Wahl bedarf keiner besonderen Form, ist also schriftlich oder zu Protokoll möglich. Sie muß spätestens im Verteilungstermin erfolgen (Rdn 2.7) und führt unter Umständen zu einer Änderung des Planes. Ebenso wird der aus den Einzelerlösen zu zahlende jeweilige Teilbetrag des Anspruchs an Kosten und wiederkehrenden Leistungen eines bestehenbleibenden Gesamtrechts festgestellt; die Hauptsache des bestehenbleibenden Rechts wird nicht verteilt; bei Feststellung des geringsten Gebots kann sie nach § 64 Abs 1 aber bereits mit Teilbeträgen berücksichtigt worden sein.

3.3 Hat der Gläubiger eines Gesamtrechts selbst eingesteigert, und zwar unter der $^7/_{10}$-Grenze des § 74 a, so ist auch **§ 114 a zu beachten,** allerdings nicht im Versteigerungsverfahren (§ 114 a Rdn 3).

3.4 Vor Aufteilung des Gesamtrechts nach dem Verhältnis der Einzelerlöse der versteigerten Objekte (Abs 1 Satz 1) müssen **von den Einzelerlösen** jedes Objektes erst die **Ansprüche abgezogen** werden, **die** dem Gesamtrecht **vorgehen:** Abs 1 Satz 2. Die Einzelerlöse müssen so als Nettoerlöse bleiben; bei jedem Objekt sind von seinem Einzelerlös die Verfahrenskosten dieses Objekts (Verfahrenskosten aus § 109, aufgeteilt gemäß den Grundstückswerten; § 122 Rdn 2.2) und die anderen aus diesem Einzelobjekt zu befriedigenden Ansprüche abziehen, die dem Gesamtrecht vorgehen.

Beispiele: a) Gesamtrecht ist Hypothek Nr 1; von den Einzelerlösen abzuziehen sind bei jedem Objekt seine Verfahrenskosten und seine Ansprüche aus den Rangklassen 1–3. b) Gesamtrecht ist Hypothek Nr 4 hinter Einzelhypotheken Nr 1–3; vom Einzelerlös jedes Einzelobjekts sind abzuziehen dessen Verfahrenskosten und dessen Ansprüche aus den Rangklassen 1–3 und dazu die Erlösanteile der nur auf ihm lastenden erlöschenden Einzelhypotheken. c) Gesamtrecht ist ein Anspruch der Rangklasse 1; vom Einzelerlös jedes Objekts sind nur seine Verfahrenskosten abzuziehen.

3.5 Erst die restlichen Einzelerlöse, die **Netto-Einzelerlöse, werden** dann **verteilt.** Die Verteilung erfolgt nach folgender **Formel:**

Nettoerlös des einzelnen Objekts × Gesamtrechtsansprüche (bestehend aus Hauptsache, Zinsen und Kosten des Gesamtrechts) : Summe aller Nettoerlöse = gesuchter Anteil des Einzelobjekts an den Gesamtrechtsansprüchen.

Beispiel: Grundstücke A, B, C; Nettoeinzelerlöse (geboten oder nach § 112 errechnet) 1000 DM, 2000 DM, 3000 DM; Ansprüche des Gesamtrechts 3000 DM. Es wird gerechnet
für Objekt A: 1000 × 3000 : 6000 = X; X = 500 DM;
für Objekt B: 2000 × 3000 : 6000 = X; X = 1000 DM;
für Objekt C: 3000 × 3000 : 6000 = X; X = 1500 DM.
Auf die Gesamtrechtsansprüche entfallen somit hier aus dem baren Meistgebot bei Objekt A 500 DM, bei Objekt B 1000 DM, bei Objekt C 1500 DM, zusammen seine 3000 DM; der Rest der drei Nettoerlöse verbleibt für die folgenden Zuteilungsberechtigten jedes Einzelobjekts.
3.6 Hierzu im ZVG-Handbuch Muster Rdn 552, 553.

Gesamtrecht bei Forderungsübertragung (Absatz 2)

4.1 Ein Gesamtrecht setzt sich nach dem Surrogationsgrundsatz (§ 92 Rdn 2) am Versteigerungserlös fort. An diesem als Haftungsgegenstand besteht die Gesamtberechtigung daher mit dem Wahlrecht des Gläubigers (BGB § 1132 Abs 1) weiter (Rdn 2.7). Sie bleibt (so lange nicht Verteilung des Gesamtanspruchs nach BGB § 1132 Abs 1 Satz 2 erfolgt ist) auch gewahrt, wenn bare Befriedigung des Gläubigers aus dem Versteigerungserlös (§ 117) nicht erfolgen kann.
4.2 Wenn das bare Meistgebot **nicht bar bezahlt**, also Forderungsübertragung nach § 118 nötig ist, muß somit der Gesamtanspruch des Gesamtrechts bei jedem Objekt in voller Höhe zur Forderungsübertragung führen: Abs 2. In diesem Fall ist in den Teilungsplan für jedes Objekt, das für den Gesamtanspruch haftet, dieser voll aufzunehmen und seine Hilfsverteilung nach § 123 vorzunehmen. Soweit also aus einem Einzelerlös eine Zuteilung auf den Gesamtanspruch entfällt, ist bei jedem Objekt die Forderung gegen den Ersteher dem Berechtigten des Gesamtanspruchs bis zur vollen Höhe seines Anspruchs zu übertragen (er hat damit weiter die Wahl, aus welchem Objekt er sich dann befriedigen will), mit der Maßgabe, daß er aus den mehreren ihm übertragenen Forderungen insgesamt nur einmal die Höhe seines Anspruchs befriedigt werden darf[3]. Die für die übertragenen Forderungen einzutragenden Sicherungshypotheken des § 128 sind hier keine Gesamthypotheken, solchen nur äußerlich ähnlich[4]. Dies ist im Eintragungsersuchen aus § 130 ersichtlich zu machen[5], zB: „Sicherungshypothek des ... für eine im Zwangsversteigerungsverfahren ... übertragene Forderung von ... gegen den Ersteher ... aus einer im Grundbuch für ... Band ... Blatt ... und Band ... Blatt ... mitlastenden früheren Gesamthypothek von ... DM". Die Sicherungshypotheken erlöschen an allen Einzelobjekten, soweit der Gläubiger aus einer von ihnen befriedigt wird[5].
4.3 Wird das bare Meistgebot **zum Teil bar bezahlt**, so sind die hieraus noch auf das Gesamtrecht entfallenden Bargebotsanteile nach Abs 1 zu berechnen, während für die nicht bezahlten Teile nach Abs 2 je in voller Höhe des Restanspruchs die Forderung zu übertragen ist.

[Hilfsverteilung bei Forderungsübertragung auf Gesamtrecht]

123 **(1) Soweit auf einen Anspruch, für den auch ein anderes Grundstück haftet, der zugeteilte Betrag nicht gezahlt wird, ist durch den Teilungsplan festzustellen, wie der Betrag anderweit verteilt werden soll, wenn das Recht auf Befriedigung aus dem zugeteilten Betrage nach Maßgabe der besonderen Vorschriften über die Gesamthypothek erlischt.
(2) Die Zuteilung ist dadurch auszuführen, daß die Forderung gegen den Ersteher unter der entsprechenden Bedingung übertragen wird.**

---

[3] Fischer NJW 1956, 1095 (2).
[4] Jaeckel/Güthe § 122 Rdn 7; Steiner/Teufel § 122 Rdn 30; Fischer NJW 1956, 1095 (2).
[5] Fischer NJW 1956, 1095 (2).

§ 123 1   Verteilung des Erlöses

1 Allgemeines zu § 123

1.1 Zweck der Vorschrift: Hilfsweise Feststellung des Berechtigten und Planausführung für den besonderen Fall, daß die Zahlung des auf einen Gesamtrechtsanspruch zugeteilten Betrags unterblieben ist (§ 122 Abs 2 und weitere Fälle). § 123 regelt die Hilfszuteilung für den möglichen Wegfall des mit dem Zuschlag erloschenen Gesamtrechts nach Aufstellung des Teilungsplans und Forderungsübertragung (§ 118). § 125 regelt demgegenüber die Hilfszuteilung bei Erlöschen eines bestehengebliebenen Gesamtrechts, dessen Erlöschen den Ersteher zur Zahlung eines weiteren Betrages (Zuzahlung nach § 50 Abs 2 Nr 2) verpflichtet.

1.2 Anwendungsbereich: Die Vorschrift gilt für alle Versteigerungsverfahren des ZVG.

2 Hilfsverteilung bei Gesamtrechten (Absatz 1)

2.1 § 123 ergänzt und erweitert den § 122. § 122 geht davon aus, daß mehrere gesamtbelastete Objekte im selben Verfahren versteigert werden; § 123 gilt auch, wenn nur eines der gesamtbelasteten Objekte versteigert wird. § 122 regelt, wie das Meistbargebot (bezahlt oder nicht) verteilt wird; § 123 sieht eine Hilfsverteilung nur für den Fall der Forderungsübertragung aus § 122 vor, aber auch für den Fall, daß bei Versteigerung nur eines gesamtbelasteten Objekts Zahlung auf den Gesamtrechtsanspruch unterbleibt, findet also immer Anwendung, wenn der Ersteher den einem Gesamtrecht zugeteilten Betrag nicht bezahlt hat.

2.2 § 123 erfordert, daß die Zuteilung des Versteigerungserlöses auf einen Gesamtrechtsanspruch (Kosten und wiederkehrende Leistungen eines bestehenbleibenden Gesamtrechts oder Gesamterlösanspruch eines erlöschenden Gesamtrechts) nicht durch Zahlung an den Berechtigten ausgeführt werden kann, weil hierfür ein Versteigerungserlös in Geld nicht vorhanden ist. Weil der Gesamtrechtsanspruch aus dem Versteigerungserlös zugeteilte Betrag vor Einziehung der übertragenen Forderung (§ 118) oder Eintritt der Befriedigungswirkung nach § 118 Abs 2 Satz 1 mit Erlöschen des Gesamtanspruchs nach den besonderen Vorschriften über die Gesamthypothek freiwerden kann, ist er nach § 123 weiter zu verteilen.

2.3 § 123 hat **drei Anwendungsmöglichkeiten:**

a) § 123 ist anzuwenden, wenn mehrere mit einem Gesamtrecht belastete Objekte im selben Verfahren einzeln versteigert wurden und dabei infolge Nichtzahlung des baren Meistgebots (§ 118) die Forderungen gegen die Ersteher nach § 122 Abs 2 an jedem Objekt in voller Höhe übertragen wird, wobei die Vorschriften über Gesamthypotheken (BGB § 1143 Abs 2, §§ 1173, 1174, 1181) nicht unmittelbar, nur entsprechend anwendbar sind[1] (§ 122 Rdn 4).

b) § 123 ist anzuwenden, wenn mehrere mit einem Gesamtrecht belastete Objekte auf Grund eines Gesamtmeistgebots zugeschlagen worden sind und eine Verteilung des Barerlöses nach § 112 Abs 1 nicht nötig ist, wobei dann infolge Nichtzahlung des baren Meistgebots (§ 118) die Forderung gegen den Ersteher nach § 122 Abs 2 an jedem Objekt in voller Höhe übertragen wird und die Vorschriften über die Gesamthypotheken (wie vorher) unmittelbar anzuwenden sind.

c) § 123 ist anzuwenden, wenn nur eines von mehreren gesamtbelasteten Objekten versteigert ist und dabei auf die Gesamthypothek ein Betrag entfällt, wobei infolge Nichtzahlung des baren Meistgebots (§ 118) die Forderung gegen den Ersteher nach § 122 Abs 2 an diesem Einzelobjekt in voller Höhe übertragen wird und die Vorschriften über die Gesamthypotheken (wie vorher) wieder nur entsprechend anzuwenden sind[1].

2.4 Ob die Barzahlung im Termin hätte erfolgen müssen **(bedingungswidrige Nichtzahlung)** oder ob es sich um eine Zuzahlung nach §§ 50, 51 handelt **(noch**

---

[1] Jaeckel/Güthe § 123 Rdn 1.

nicht fällig) ist für Anwendung des § 123 gleich. Wenn für den Gesamtanspruch (für den auch ein anderes Objekt haftet) der zugeteilte (im Teilungsplan ausgeworfene) Betrag nicht in der Hand vom Ersteher gezahlt ist, also Forderungsübertragung erfolgt, ist es in all diesen Fällen möglich, daß der Gläubiger nur aus einem von mehreren gesamtbelasteten Objekten oder nur aus einem nicht versteigerten Objekt befriedigt wird und daß nach den Gesamthaftungsbestimmungen ein Erlösanteil frei wird[2]. Für diesen Fall muß der aus dem versteigerten Objekt anfallende, aber für das Gesamtrecht nicht in Anspruch genommene Erlösanteil **hilfsweise** anderweitig **verteilt** werden. Im Plan ist daher festzustellen, wie dieser Betrag anderweitig verteilt werden soll, falls das Recht auf Befriedigung aus ihm wegen der Gesamthypothekenvorschriften erlischt: Abs 1. Die Hilfszuteilung erfolgt an den erstausfallenden Berechtigten, aber mit dessen (schlechterem) Rang. Die Bedingung muß genau dem Wortlaut des Gesetzes entsprechen: Zuteilung also unter der Bedingung, daß der Gesamtrechtsgläubiger nach BGB §§ 1173, 1174, 1175, 1181 anderweitig befriedigt wird oder auf sein Recht verzichtet oder mit seinem Recht ausgeschlossen wird.

2.5 Den Gesamtgläubiger beeinträchtigt die Hilfsverteilung nicht in seiner Berechtigung, die mit Übertragung gegen den Ersteher erlangte Forderung geltend zu machen und (allein) einzuziehen. Verfügungen, die nicht der Befriedigung des Gesamtanspruchs dienen (Abtretung, Verpfändung, Erlaß, Verzicht auf die Sicherungshypothek) sind dem (nicht zustimmenden) Hilfsberechtigten gegenüber bei Bedingungseintritt jedoch unwirksam; Löschung der Sicherungshypothek erfordert daher seine Zustimmung.

2.6 Die dem hilfsweise Berechtigten unter der Bedingung, daß der Gesamtrechtsanspruch erlischt, übertragene Forderungen entfällt, wenn der Gesamtrechtsanspruch aus dem Erlös des haftenden versteigerten Grundstücks Befriedigung erlangt. Das ist mit Einziehung der übertragenen Forderung (§ 118) der Fall, ebenso aber, wenn die Forderungsübertragung nach Fristablauf ohne rechtzeitigen Verzicht oder Versteigerungsantrag Befriedigungswirkung erlangt (§ 118 Abs 2).

Planausführung mit Forderungsübertragung (Absatz 2)   **3**

Die Zuteilung des hilfsweise für den Fall, daß ein nicht gezahlter Gesamtrechtsanspruch erlischt, weiter verteilten Betrags kann nur durch **Übertragung der Forderung** gegen den Ersteher (§ 118) unter der entsprechenden **Bedingung** ausgeführt werden: Abs 2. Unter der entsprechenden Bedingung ist für die Forderung auch die Sicherungshypothek einzutragen (§ 128 Abs 1). Nach Haupt- und Hilfsübertragung sowie Eintragung der entsprechenden Sicherungshypothek ist es Sache der beiden Berechtigten selbst, sich über Eintritt oder Ausfall der Bedingung auseinanderzusetzen und das Grundbuch entsprechend berichtigen zu lassen; das Versteigerungsgericht veranlaßt Grundbuchberichtigung nicht[3].

[Hilfsverteilung bei Widerspruch und im Falle des § 115 Abs 4]

§ 124 (1) **Im Falle eines Widerspruchs gegen den Teilungsplan ist durch den Plan festzustellen, wie der streitige Betrag verteilt werden soll, wenn der Widerspruch für begründet erklärt wird.**

(2) **Die Vorschriften des § 120 finden entsprechende Anwendung; die Art der Anlegung bestimmt derjenige, welcher den Anspruch geltend macht.**

(3) **Das gleiche gilt, soweit nach § 115 Abs 4 die Ausführung des Planes unterbleibt.**

---

[2] Dassler/Gerhardt § 123 Rdn 1.
[3] Jaeckel/Güthe § 123 Rdn 3; Reinhard/Müller § 123 Anm IV 2; Steiner/Teufel § 123 Rdn 15.

§ 124

1 Allgemeines zu § 124

1.1 Zweck der Vorschrift: Vorsorge mit Feststellung der Verteilung bei Aufstellung des Teilungsplans auch für den Fall, daß ein nicht erledigter Widerspruch für begründet erklärt wird oder die Planausführung wegen Sicherheitsleistung des Schuldners unterbleibt.

1.2 Anwendungsbereich: Die Vorschrift gilt für alle Versteigerungsverfahren des ZVG. Über die Anwendung in der Zwangsverwaltung § 146 Rdn 4, § 156 Rdn 5.

2 Hilfsverteilung bei Widerspruch (Absatz 1)

2.1 Bei einem Widerspruch gegen den Teilungsplan (§ 115 Abs 1) **muß** eine Hilfsverteilung erfolgen: Abs 1. Diese bestimmt, wie der fragliche Betrag verteilt werden soll, wenn der Widerspruch (in dem Widerspruchsprozeß) für begründet erklärt wird.

2.2 Hilfsverteilung nach Abs 1 ist festzustellen, wenn der **Widerspruch zulässig** ist (vom Vollstreckungsgericht zu prüfen, § 115 Rdn 3.11) und bei Verhandlung über den Teilungsplan (§ 115 Abs 1, ZPO § 876) sich nicht erledigt hat. Ist der Widerspruch unzulässig, so muß ihn das Vollstreckungsgericht zurückweisen und den Teilungsplan wie vorgesehen ausführen[1] (§ 115 Rdn 3.11).

2.3 Die durch den Widerspruch ausgelöste **Hilfszuteilung** erfolgt allein **an den Widersprechenden**, nicht wie bei §§ 119, 123 an den erstausfallenden Berechtigten. Sind es mehrere Widersprechende, erfolgt die Hilfszuteilung an diese in ihrer Reihenfolge laut Teilungsplan. Zwischenberechtigte, die selbst nicht widersprochen haben, bleiben unberücksichtigt. Wo der Vollstreckungsschuldner, soweit zulässig, Widerspruch mit dem Ziel einer Zuteilung nicht an sich, sondern an einen anderen Berechtigten erhebt (§ 115 Rdn 3.4), erfolgt Hilfszuteilung nicht an den widersprechenden Schuldner, sondern **an denjenigen, zu dessen Gunsten widersprochen ist.**

2.4 Wenn **Zwischenberechtigte vorhanden** sind ist für die Hilfsverteilung an den Widersprechenden selbst nicht zu prüfen, ob er nach materiellem Recht Anspruch auf den streitigen Betrag hat. Das Vollstreckungsgericht kann nur prüfen, ob der Widerspruch zulässig, nicht aber auch, ob er begründet ist (§ 115 Rdn 3.11). Die Hilfsverteilung sagt somit nichts darüber aus, ob der streitige Betrag dem Widersprechenden gebührt, wenn der Erlösanspruch des Erstberechtigten unbegründet ist; sie regelt nur die Erlösverteilung für den Fall, daß der geltend gemachte **Anspruch** des Widersprechenden auf den streitigen Betrag **tatsächlich besteht.** Ob das der Fall ist, ist eine vom Prozeßgericht zu entscheidende Frage der materiellen Berechtigung. Gebührt ein streitiger Betrag materiell einem ausfallenden Zwischenberechtigten, dann kann sich ein Widerspruch nicht als begründet erweisen, die Widerspruchsklage mithin keinen Erfolg haben. Hierzu[2] mit Beispiel.

2.5 Gegen die Hilfszuteilung kann ebenfalls selbständig **Widerspruch** erhoben werden. Die Klagefrist dafür beginnt dann nach ZPO § 878 mit dem Verteilungstermin. Der Berechtigte, der schon der Hauptverteilung widersprochen hat, muß nicht auch nochmals der Hilfsverteilung widersprechen, falls er diese auch für unrichtig hält, kann dies aber.

2.6 Eine vom Vollstreckungsgericht zu Unrecht unterlassene Hilfszuteilung kann das **Prozeßgericht** im Widerspruchsprozeß nachholen, und zwar über ZPO § 880 (Anweisung zur Auszahlung an das Vollstreckungsgericht). Wenn durch den Teilungsplan Hilfsverteilung für den Fall festgestellt ist, daß der Widerspruch begründet ist (Abs 1) kann aber das Prozeßgericht **nicht** davon abweichend ander-

---
[1] Stöber Rpfleger 1969, 203 (Anmerkung).
[2] Stöber, ZVG-Handbuch, Rdn 483 a.

Hilfsverteilung bei Widerspruch 3.3 **§ 124**

weitig zuteilen oder das Vollstreckungsgericht zu anderweitiger Verteilung anweisen (ZPO § 880 Satz 2 kommt infolge der speziellen Regelung von Abs 1 nicht zum Zuge)[3].

2.7 Der **Widerspruch** kann im Widerspruchsprozeß durch Urteil oder einen Prozeßvergleich **für begründet** erklärt werden, durch abweisendes Urteil oder einen Vergleich für unbegründet. Klagerücknahme steht ihrer Abweisung gleich. Wird Klageerhebung nicht fristgemäß nachgewiesen (§ 115 Rdn 5) so wird der Betrag an den laut Teilungsplan Erstberechtigten ausbezahlt. Wird der Widerspruch für begründet erklärt oder der Vollstreckungsabwehrklage stattgegeben, so wird nach Anweisung des Prozeßgerichts ausbezahlt (ZPO § 880), in der Regel also an den Hilfsberechtigten. Wird der Widerspruch **für unbegründet** erklärt oder die Vollstreckungsabwehrklage abgewiesen, so wird an den laut Teilungsplan Erstberechtigten ausbezahlt.

Planausführung bei Widerspruch (Absatz 2) 3

3.1 Ist das **Meistgebot bar bezahlt,** so wird die durch den Widerspruch betroffene Betrag (es kann dies auch ein Teilbetrag sein), **unter den entsprechenden Bedingungen hinterlegt,** also für den Erstberechtigten unter der Bedingung, daß der Widerspruch nicht für begründet erklärt wird, für den Hilfsberechtigten unter der entgegengesetzten Bedingung: Abs 2 mit § 120 Abs 1 Satz 3. Es findet nach Abs 2 auch § 120 Abs 2 Anwendung, so daß der nach dem Plan Erstberechtigte und der nach der Hilfszuteilung bedingt Berechtigte einander verpflichtet sind, zur Einziehung und dazu mitzuwirken, daß das eingezogene Kapital (der streitige Betrag) nach den für die Anlegung von Mündelgeld geltenden Vorschriften verzinslich angelegt wird (§ 120 Rdn 3). Die Art der Anlegung bestimmt hier der Erstberechtigte: Abs 2 (anders als in § 120 Abs 2). Dem Vollstreckungsgericht obliegt die Anlegung nach Mündelgeldvorschriften nicht (§ 120 Rdn 3).

3.2 Wird das **Meistgebot nicht bezahlt,** so erfolgt die **Forderungsübertragung** nach § 118 auf den Erstberechtigten **unter der Bedingung,** daß der Widerspruch nicht für begründet erklärt wird, an den Hilfsberechtigten unter der entgegengesetzten Bedingung: Abs 2 mit § 120 Abs 1 Satz 2, 3. Die Sicherungshypothek des § 128 ist unter diesen Bedingungen einzutragen. Rechtsbeziehung der Berechtigten während der Schwebezeit: Abs 2, § 120 Abs 2 mit BGB §§ 1077–1079 (§ 120 Rdn 3). Die Art der Anlegung des Eingezogenen bestimmt der Erstberechtigte: Abs 2.

3.3 Soweit **Geld** zu hinterlegen ist, richtet sich dies nach den Vorschriften der **HinterlO** §§ 6, 8, 11–13, 15, 20. Hinterlegungsgrund ist Abs 2 mit § 120 Abs 1 Satz 1. Verzicht auf das Rücknahmerecht wird daher nicht erklärt. Die Auszahlung wird vom Vollstreckungsgericht nach Rechtskraft des Urteils im Widerspruchsprozeß oder nach dessen sonstiger Erledigung angeordnet (§ 115 Abs 1 mit ZPO § 882). Die Herausgabeverfügung der Hinterlegungsstelle kann nur auf Grund dieser Anordnung des Vollstreckungsgerichts ergehen (HinterlO §§ 12, 15). Die Hinterlegung nach § 124 kann mit einer nach §§ 119, 121 verbunden werden; dies ist sogar zweckmäßig[4]. Die Anweisung des Vollstreckungsgerichts, daß auf Grund der zu erwartenden Entscheidung über die Widerspruchsklage oder die Vollstreckungsabwehrklage auszuzahlen sei, enthält einen (zulässigen) Vorbehalt des Vollstreckungsgerichts, daß es nach ZPO § 882 berechtigt bleibe, die Hinterlegungsstelle um Auszahlung des hinterlegten Betrags an sich oder an eine von ihm zu benennende Person oder Stelle zu ersuchen. Das Vollstreckungsgericht muß sogar, wenn die Doppelhinterlegung vorliegt, auf Grund der Entscheidung im Prozeß von Amts wegen über die weitere Durchführung des Teilungsplanes entscheiden (§ 115 Abs 1 Satz 1; ZPO § 882).

---

[3] BGH 96, 332 (336) = NJW 1987, 131 (132); Dassler/Gerhardt § 124 Rdn 3.
[4] LG Berlin WM 1958, 267.

§ 124 3.4   Verteilung des Erlöses

3.4 Nach Eintragung einer **Sicherungshypothek** für die Berechtigten der übertragenen Forderung gegen den Ersteher muß das Vollstreckungsgericht (im Gegensatz zu den Vorgängen aus §§ 120, 121, 123), wenn die Klageerhebung nicht rechtzeitig nachgewiesen ist oder die Widerspruchsklage rechtskräftig abgewiesen oder zurückgenommen oder durch Vergleich beendet ist, das **Grundbuchamt** um Löschung der nicht mehr begründeten Forderung und der weggefallenen Bedingungen bei der endgültig begründeten Forderung **ersuchen.**

4 Sicherheitsleistung des Schuldners (Absatz 3)

4.1 Wenn der Vollstreckungsschuldner durch Sicherheitsleistung oder Hinterlegung die Befriedigung eines vollstreckbaren Anspruchs **abwenden** darf und Ausführung des Planes nach § 115 Abs 4 unterbleibt, weil die Sicherheit geleistet oder die Hinterlegung erfolgt ist, hat gleichfalls Hilfsverteilung und Anlegung des betroffenen Erlöses oder Forderungsübertragung an Haupt- und Hilfsberechtigten zu erfolgen: Abs 3. Das gleiche gilt, wenn bei Widerspruch des Schuldners gegen einen vollstreckbaren Anspruch (§ 115 Abs 3) vom Prozeß- oder Vollstreckungsgericht die Einstellung der Zwangsvollstreckung angeordnet (ZPO §§ 769, 770)[5] und dem Vollstreckungsgericht bis zur Planausführung zur Kenntnis gelangt ist. Diese Hilfsverteilung bestimmt, wie der fragliche Betrag zu verteilen ist, wenn der Anspruch des Gläubigers rechtskräftig abgewiesen (§ 115 Abs 4) oder der vollstreckbare Gläubigeranspruch (§ 115 Abs 3 und 4) beseitigt wird.

4.2 Hilfsverteilung erfolgt hier stets an den Schuldner, der den Wegfall des Gläubigeranspruchs betreibt[6].

[Zuteilung der Zuzahlungen nach §§ 50, 51]

125 (1) **Hat der Ersteher außer dem durch Zahlung zu berichtigenden Teile des Meistgebots einen weiteren Betrag nach den §§ 50, 51 zu zahlen, so ist durch den Teilungsplan festzustellen, wem dieser Betrag zugeteilt werden soll. Die Zuteilung ist dadurch auszuführen, daß die Forderung gegen den Ersteher übertragen wird.**

(2) **Ist ungewiß oder streitig, ob der weitere Betrag zu zahlen ist, so erfolgt die Zuteilung und Übertragung unter der entsprechenden Bedingung. Die §§ 878 bis 882 der Zivilprozeßordnung finden keine Anwendung.**

(3) **Die Übertragung hat nicht die Wirkung der Befriedigung aus dem Grundstücke.**

1 Allgemeines zu § 125

1.1 Zweck der Vorschrift: Regelung der Verteilung für den Fall, daß der Ersteher den Wegfall einer Belastung durch Barzahlung auszugleichen hat. Während sich die §§ 117–124 mit den sofort zu zahlenden Beträgen befassen, behandelt § 125 Rechte und Belastungen, die an sich bestehenbleiben, für die aber eine **Zuzahlungspflicht** nach den §§ 50, 51 in Frage kommen kann. Auch diese ist im Teilungsplan zu berücksichtigen, soweit dies schon möglich ist.

1.2 Anwendungsbereich: Die Vorschrift gilt für alle Versteigerungsverfahren des ZVG.

2 Behandlung der feststehenden Zuzahlung aus §§ 50, 51 (Absatz 1)

2.1 Zuzahlungsbeträge **nach §§ 50, 51 sind zu zahlen,** wenn ein als bestehenbleibend ins geringste Gebot aufgenommenes dingliches Recht (Hypothek, Grund-

---

[5] Jaeckel/Güthe § 124 Rdn 2.
[6] Jaeckel/Güthe § 124 Rdn 3.

schuld, Rentenschuld nach § 50; andere dingliche Rechte nach § 51) in Wirklichkeit im Zeitpunkt des Zuschlags nicht besteht, wobei sich für Hypotheken, Grundschulden, Rentenschulden, Zinssatz, Zahlungszeit und Kündigung nach den für dieses Recht bestehenden Bestimmungen richten (§ 50 Abs 1), bei den anderen Rechten aber die Zahlung drei Monate nach Kündigung zu erfolgen hat (§ 51 Abs 1). Die Grundsätze gelten auch, wenn bei einem bedingten Recht die aufschiebende Bedingung wegfällt oder die auflösende eintritt (§ 50 Abs 2 Nr 1) oder wenn ein Recht an dem versteigerten Grundstück auf Grund der Gesamthypothekenvorschriften erlischt (§ 50 Abs 2 Nr 2; Tatbestände, die Erlöschen einer Gesamthypothek bewirken = § 50 Rdn 2).

2.2 Leistet der Ersteher im Verteilungstermin sogleich **Zahlung an das Gericht**, weil die Zuzahlungspflicht nach § 50 oder § 51 feststeht, so wird der Betrag zusammen mit dem sonst vorhandenen Versteigerungserlös verteilt (Denkschrift S 59). Dies wird nur selten vorkommen, weil auch bei feststehender Zuzahlungsverpflichtung der Betrag nach § 50 Abs 1, § 51 Abs 1 am Tage des Verteilungstermins noch nicht fällig sein wird und für den Ersteher gesetzlich keine Verpflichtung zur Zahlung des nach §§ 50, 51 weiter zu leistenden Betrags an das Gericht im Verteilungstermin besteht.

2.3 Die **Forderung gegen den Ersteher** auf Zahlung eines weiteren Betrages nach §§ 50, 51 ist im Verteilungsverfahren mit Rücksicht auf Zahlungszeit und Zahlungsort (§ 50 Abs 1 Satz 2, § 51 Abs 1 Satz 2) wie ein rückständiger Betrag des Bargebots zu verteilen und zu übertragen (Denkschrift S 59): Abs 1. Diese Übertragung hat jedoch nicht die Wirkung der Befriedigung aus dem Grundstück: Abs 3 (Rdn 4). Einbezogen wird die Forderung gegen den Ersteher auf Zahlung eines weiteren Betrages nach §§ 50, 51 in das **Verteilungsverfahren** nur, wenn die sie begründenden Tatsachen dem Vollstreckungsgericht bereits bekannt sind oder (Abs 2) „in dem Verteilungstermin zur Sprache gebracht werden" (Denkschrift S 60; Rdn 3). **Von Amts wegen** hat eine Zuteilung der Zuzahlung nach § 125 daher nur zu erfolgen, wenn spätestens **im Verteilungstermin** entweder objektiv feststeht, daß das im geringsten Gebot berücksichtigte Recht nicht besteht oder die Bedingtheit des bestehenbleibenden Rechts sich aus dem Grundbuch **ergibt** (das Recht als bedingtes eingetragen oder nur durch Vormerkung oder Widerspruch gesichert ist oder die Gesamthaftung aus dem Grundbuch ersichtlich ist.

2.4 Objektiv **fest steht die Zuzahlungspflicht** des Erstehers, wenn dem Vollstreckungsgericht sicher bekannt ist (§ 45 Rdn 6), daß das bei der Feststellung des geringsten Gebots berücksichtigte Recht nicht besteht, infolge Bedingungsausfall oder Bedingungseintritt weggefallen oder nach den besonderen Vorschriften über die Gesamthypothek am versteigerten Grundstück bereits erloschen ist. Einvernehmen der Beteiligten weist Tatsachen für Feststellung des Zuzahlungsfalls nicht aus (anders[1]; ist daher nach Abs 2 zu behandeln); Vorlage der Löschungsurkunden steht vor Grundbucheintragung der Aufhebung des Rechts (BGB § 875) nicht gleich, ist daher gleichfalls nach Abs 2 zu behandeln (anders bei Grundbuchunrichtigkeit, wenn Berichtigungsunterlagen in grundbuchmäßiger Form vorliegen, GBO § 22, und anders auch bei Feststellung des geringsten Gebots, § 45 Rdn 6, weil ein nicht berücksichtigtes löschungsreifes Recht mit dem Zuschlag erlischt, § 91 Abs 1). Verteilung des Zuzahlungsbetrags, gleich ob er schon fällig ist oder nicht, und Ausführung der Zuteilung durch Übertragung der Forderung gegen den Ersteher (§ 118) erfolgen bei feststehender Zuzahlungspflicht ohne Bedingung (Abs 1).

2.5 **Zuzuteilen** ist der Zuzahlungsbetrag (mit den nach §§ 50, 51 zu zahlenden Zinsen) an die **nächstausfallenden Gläubiger** (Berechtigten) in ihrer Reihenfolge laut Teilungsplan. Ihnen wird die Forderung gegen den Ersteher nicht im Rang des wegfallenden Rechts, sondern an (nach den anderen Zuteilungen) nächstfolgender Stelle übertragen. Zuzuteilen und zu übertragen ist jedem Berechtigten der

---

[1] Dassler/Gerhardt § 125 Rdn 5; Steiner/Teufel § 125 Rdn 11.

Ersatzzahlungs**betrag samt Zinsen** mit dem Zinssatz des weggefallenen Rechts (im Falle des § 51 mit 4 vH Zinsen) in Höhe seines ausgefallenen Anspruchs auf Befriedigung aus dem Grundstück. Weil ein verzinslicher Anspruch des Berechtigten hier nicht bereits mit Forderungsübertragung erlischt (damit auch andere wiederkehrende Leistungen nicht enden) (Abs 3), hat die Übertragung der Forderung gegen den Ersteher auch für den Anspruch des Berechtigten auf die im Teilungsplan nicht mehr betragsmäßig festgestellten Zinsen und etwaigen sonstigen Nebenleistungen zu erfolgen, die vom Verteilungstermin an weiterlaufen. Der Berechtigte kann dann die Forderung gegen den Ersteher mit (übertragenen) Zinsen nach dem Zinssatz des weggefallen Rechts (mit 4 vH im Falle des § 51) bis zur Höhe seines bei Befriedigung am späteren Zahltag bestehenden Gesamtanspruchs (an Kosten, Zinsen und sonstigen wiederkehrenden Leistungen sowie anderen Nebenleistungen und Hauptsache) auf Befriedigung aus dem Grundstück geltend machen. Die mit Übertragung erlangte Einziehungsbefugnis eines Berechtigten ist damit durch den Gesamtbetrag seines Anspruchs auf Befriedigung aus dem Grundstück (§ 10) im Zeitpunkt der Erfüllung begrenzt, wenn dieser geringer als der vom Ersteher zu zahlende Betrag mit Zinsen dazu ist.

2.6 Für die übertragene Forderung ist eine **Sicherungshypothek** an dem versteigerten Grundstück einzutragen: § 128. Die Tätigkeit des Vollstreckungsgerichts ist damit beendet; die Erfüllung der Zahlungspflicht durch den Ersteher hat es nicht herbeizuführen. Das Grundbuchersuchen ist auf die Löschung des Rechtes zu richten, dessen Nichtbestehen (objektiv) feststeht: § 130 Abs 2.

2.7 Wurde im Falle des § 51 der **Zuzahlungswert** entgegen dem Gesetz im Versteigerungstermin nicht vom Gericht **festgesetzt** (§ 51 Rdn 5), so muß das Vollstreckungsgericht im Verteilungstermin versuchen, eine Einigung der Beteiligten zu erreichen; sie ist ins Protokoll aufzunehmen. Andernfalls muß das Gericht jetzt den Betrag festsetzen; dies bindet aber die Beteiligten nicht. Die aus der Zuzahlung Berechtigten können Widerspruch erheben, um einen höheren Betrag zu erreichen (falsch nach[2], die hier nur Rechtspflegererinnerung/Beschwerde für zulässig halten; anders auch[3]: die Beteiligten können sich außerhalb des Verfahrens gegen die Höhe wenden). Die Forderung gegen den Ersteher muß bei solchem Widerspruch in Höhe des die gerichtliche Festsetzung übersteigenden Mehrbetrags unter der **doppelten Bedingung übertragen** werden, daß das zuzahlungspflichtige Recht nicht bestehe und daß der Widerspruch gegen die Festsetzung der Zuzahlungshöhe für begründet erklärt werde. Widerspruchsbeklagter hinsichtlich des Mehrbetrags ist hier der Ersteher (der ja mehr als vom Gericht festgesetzt, für ein Recht aus § 51 zuzahlen soll); die Klagefrist hierbei beginnt nach ZPO § 878 mit dem Verteilungstermin (für diesen Sonderfall steht Abs 2 Satz 2 nicht entgegen, Klage also möglich). Statt des Widerspruchs (mit Widerspruchsklage) kann der aus dem Mehrbetrag zum Zuge Kommende auch gegen den Ersteher in Höhe des Mehrbetrags (Unterschied zwischen dem nachträglich gerichtlich festgesetzten und dem nach Ansicht des Klägers angemessenen Zuzahlungswert) Bereicherungsklage erheben[4] (anders[5]).

2.8 Gegen die Zuteilung aus § 125 als solche kann auch **Widerspruch** erhoben werden, der nach §§ 115, 124 zu erledigen ist (Besonderheiten Rdn 2.7).

2.9 Über die Einzelheiten der Zuzahlungsbeträge bei §§ 50, 51.

3 Behandlung einer ungewissen oder streitigen Zuzahlung (Absatz 2)

3.1 Wenn ungewiß oder streitig ist, ob der Ersteher einen weiteren Betrag nach den §§ 50, 51 zu zahlen hat, erfolgt die Zuteilung unter der entsprechenden Be-

---

[2] Dassler/Gerhardt § 125 Rdn 9; Schiffhauer Rpfleger 1975, 187 (II 5).
[3] Steiner/Teufel § 125 Rdn 3.
[4] Dassler/Gerhardt § 125 Rdn 3.
[5] Jaeckel/Güthe §§ 50–51 Rdn 17.

Zuteilung der Zuzahlungen nach §§ 50, 51   4.2   **§ 125**

dingung: Abs 2 Satz 1. **Ungewiß** ist die Zuzahlungspflicht des Erstehers, wenn sie von dem Ausfall einer aufschiebenden Bedingung oder von dem Eintritt einer auflösenden Bedingung (§ 50 Abs 2 Nr 1, auch § 51 Abs 1) oder davon abhängig ist, daß noch an einem anderen Grundstück lastende Recht an dem versteigerten Grundstück nach den besonderen Vorschriften über die Gesamthypothek erlischt (§ 50 Abs 2 Nr 2). Diese mögliche aber ungewisse Zahlungspflicht ist grundbuchersichtlich; sie muß somit **stets von Amts wegen** in das Verteilungsverfahren einbezogen werden (Rdn 2.3). Das gilt auch, wenn ein durch Vormerkung oder Widerspruch gesichertes Recht als bestehen bleibend wie ein eingetragenes Recht berücksichtigt worden ist.

3.2 Streitig ist die Zuzahlungspflicht des Erstehers, wenn sie weder bekannt (objektiv festgestellt, Rdn 2.4) noch grundbuchersichtlich möglich (Rdn 3.1), von einem Beteiligten aber geltend gemacht (behauptet) ist. „Ist also beispielsweise die Ersatzzahlung aus dem Grunde zu leisten, weil ein Recht, dessen Bestehen angenommen war, in Wirklichkeit nicht oder nicht mehr besteht, so ist für das Gericht ein Anlaß, im Teilungsplan eine Zuteilung der Forderung vorzunehmen, nur dann gegeben, wenn auf Grund des behaupteten Sachverhalts gegen den Plan, soweit er das Recht als bestehend aufführt, Widerspruch erhoben wird" (Denkschrift S 60). Dieser **Widerspruch** soll nur bewirken, daß das Verteilungsverfahren auf den Zuzahlungsbetrag ausgedehnt wird[6]. §§ 115, 124 finden somit keine Anwendung; die Bestimmungen in ZPO §§ 878–882 finden gleichfalls keine Anwendung: Abs 2 Satz 2 (also keine Widerspruchsklage).

3.3 Zugeteilt wird der ungewisse oder streitige Zuzahlungsbetrag (mit den nach §§ 50, 51 zu zahlenden Zinsen) **unter der entsprechenden Bedingung** (Abs 2 Satz 1) an die **nächstausfallenden Gläubiger** in deren planmäßiger Reihenfolge. Zu dem durch Zuteilung zu deckenden Gläubigeranspruch gehören auch hier Zinsen und sonstige wiederkehrende Leistungen für die Zeit nach dem Verteilungstermin bis zur Befriedigung (Rdn 2.5).

3.4 Eintragung der **Sicherungshypothek** (§ 128) für die übertragene Forderung gegen den Ersteher erfolgt gleichfalls unter der entsprechenden Bedingung. Die Tätigkeit des Vollstreckungsgerichts ist damit beendet. Den Bedingungseintritt für Feststellung der Zahlungspflicht des Erstehers ermittelt es nicht. Solange Streit oder Ungewißheit besteht, darf sich das Löschungsersuchen nach § 130 nicht auf das Recht erstrecken.

Forderungsübertragung: Geltendmachung und Wirkung (Absatz 3)   **4**

4.1 Die Übertragung der Forderung gegen den Ersteher auf feststehende, ungewisse oder streitige Zahlung eines weiteren Betrages nach den §§ 50, 51 hat **nicht** die Wirkung der **Befriedigung aus dem Grundstück:** Abs 3. Grund: Die Forderung ist nicht ohne weiteres vollstreckbar; ihre Fälligkeit kann Kündigung und Ablauf der Kündigungsfrist voraussetzen. Mit Verweisung auf die Forderung erlangt ein Berechtigter daher keinen Gegenwert, der Befriedigungswirkung wie Barzahlung äußern könnte. Die Bedeutung der Übertragung besteht vielmehr nur darin, „den Beteiligten, die mit ihren Ansprüchen auf die Forderung angewiesen sind, die Legitimation zu verschaffen, deren sie bedürfen, um die Forderung nach dem Eintritt der Fälligkeit gegen den Ersteher geltend machen zu können" (Denkschrift S 59). Die Befriedigung erfolgt erst durch die spätere tatsächliche Zahlung.

4.2 Ist die übertragene Forderung gegen den Ersteher schon fällig (weil die Fälligkeit des erloschenen Rechts grundbuchersichtlich oder gemäß § 54 rechtzeitig angemeldet war), so kann der Gläubiger der übertragenen Forderung **klagen** (im Prozeß wird dann auch über den streitigen oder ungewissen Anspruch entschieden), falls der Ersteher nicht freiwillig leistet. Andernfalls muß er erst **kündigen,**

---

[6] Korintenberg/Wenz § 125 Anm 3.

sei es nach § 50 Abs 1 oder § 51 Abs 1. Bedingt Berechtigte können auch bei nicht gelöschten Rechten durch Klage gegen den Gläubiger dieses Rechts die Grundbuchberichtigung erwirken und sich so dem Ersteher gegenüber als empfangsberechtigt ausweisen. Der Berechtigte kann sich auch über BGB § 899 (Eintragung eines Widerspruchs auf Grund einer einstweiligen Verfügung oder einer Bewilligung) **sichern.** Alle diese Vorgänge spielen sich außerhalb des Versteigerungsverfahrens ab. Es ist Sache des unbedingt Berechtigten oder des bedingt Berechtigten, welchen Weg er wählt und wie er zu seinem Geld kommt.

4.3 Wenn die bedingte oder unbedingte Forderungsübertragung aus einem Zuzahlungsbetrag (bedingt Rdn 3, unbedingt Rdn 2) durch Versehen des Gerichts nicht erfolgt ist, kann sie **nicht** von Amts wegen **nachgeholt** werden. Die hiervon betroffenen Berichtigten, die den Zuzahlungsbetrag beanspruchen, können Bereicherungsklage gegen den Ersteher erheben.

4.4 Wird erst nach dem Verteilungstermin geltend gemacht, daß ein bestehenbleibendes Recht nicht bestehe, daß also eine Zuzahlung in Frage komme, so ist es Sache der laut Teilungsplan Berechtigten, die noch etwas zu bekommen hätten, gegen den Ersteher mit **Klage** vorzugehen, weil eine Nachtragsverteilung nicht stattfinden darf[7] (anders[8]: Nachtragsverteilung zulässig). Als Klagegrund wird der Anspruch aus ungerechtfertigter Bereicherung angenommen[9], aber auch ein unmittelbarer Anspruch aus §§ 50, 51[10]. Auf Grund einer überzeugenden Entscheidung des Bundesgerichtshofs[11] ist der zweite Standpunkt vorzuziehen. Durch die Feststellung des Zuzahlungsbetrags aus § 51 im Versteigerungstermin ist diese zur Versteigerungsbedingung geworden[11]; wird sie nicht durch Zuschlagsanfechtung angefochten, so hat sie die Bedeutung eines Rechtsspruchs, der Ersteher erhält das Eigentum unter dieser Bedingung und ist an den Zuzahlungsbetrag gebunden[11]; wird der Wegfall des Rechts vor dem Ende der Verteilung bekannt, muß das Gericht diesen Zuzahlungsbetrag nach Abs 1 mit zuteilen; bei späterem Wegfall kann nicht anders verfahren werden[11], dann allerdings nicht vom Vollstreckungsgericht, dessen Verfahren beendet ist, sondern von dem mit der Sache befaßten Prozeßgericht.

5 Löschungsanspruch, Löschungsvormerkung

5.1 Zuzahlung hat der Ersteher nach § 50 Abs 2 Nr 1 zu leisten, wenn eine **bestehen gebliebene** Hypothek (Grundschuld, Rentenschuld) als **Eigentümerrecht** nach Erteilung des Zuschlags in Erfüllung eines (vertraglichen oder gesetzlichen) durch Vormerkung nach BGB § 1179 oder nach BGB § 1179 a gesicherten Löschungsanspruchs **gelöscht wird** (aufgehoben wird nach BGB § 875 Abs 1)[12]. Das bestehen gebliebene Eigentümerrecht, das einem (gesicherten) Löschungsanspruch weiterhin ausgesetzt ist (dazu § 114 Rdn 9 und § 130 a Rdn 2, 3), ist durch Geltendmachung und Verwirklichung des Anspruchs (Erfüllung mit Aufhebung des Rechts) auflösend bedingt[13].

5.2 Der **Zuzahlungsbetrag gebührt** dem Gläubiger des nach BGB §§ 1179, 1179 a gesicherten, durchgesetzten Löschungsanspruchs, wenn sein nach § 10 aus dem Grundstück zu befriedigender (dann meist nur teilweise ausgefallener) Anspruch unmittelbar den Rechten folgt, die bereits durch Zuteilung der Teilungs-

---

[7] BGH MDR 1966, 46 = NJW 1966, 154 = Rpfleger 1966, 206; OLG Celle BB 1958, 934 = NJW 1958, 1543; Dassler/Gerhardt § 125 Rdn 12; Jaeckel/Güthe §§ 50–51 Rdn 17.
[8] OLG Hamm JMBlNW 1961, 134 Leitsatz = RpflJahrbuch 1962, 253 Leitsatz; Bruhn Rpfleger 1957, 198 (5); Köster RLA 1954, 121; Vogel BB 1953, 223.
[9] OLG Celle BB 1958, 934 = NJW 1958, 1543; Jaeckel/Güthe § 125 Rdn 9.
[10] BGH NJW 1966, 154 = aaO (Fußn 7); Dassler/Gerhardt § 125 Rdn 12; Korintenberg/Wenz § 125 Anm 4 Fußn 2.
[11] BGH NJW 1966, 154 = aaO (Fußn 7).
[12] RG 57, 209 (212); Jaeckel/Güthe §§ 50, 51 Rdn 3.
[13] RG 57, 209 (212).

masse voll gedeckt sind. Weil sich das Löschungsinteresse dieses Gläubigers mit der Befriedigung seines geschützten Rechts erschöpft (§ 114 Rdn 9.9), ist ein bestehen gebliebenes größeres Eigentümerrecht nur in Höhe des dafür erforderlichen Betrags durch Geltendmachung und Verwirklichung (Erfüllung) des gesicherten Löschungsanspruchs auflösend bedingt. Wegen des Mehrbetrags ist das bestehen gebliebene Eigentümerrecht einem Löschungsanspruch nicht ausgesetzt. Streitige Beträge sind nach Abs 2 zu behandeln. Wenn **Zwischenrechte** vorhanden sind (ausfallende Rechte mit Rang vor dem Grundpfandrecht oder sonstigem Recht des Gläubigers des Löschungsanspruchs) dürfen sie aus dem fremden Löschungsanspruch keinen Vorteil ziehen. Dann darf aber auch der Löschungsberechtigte nicht mehr erhalten, als er bei rechtzeitiger Löschung erhalten hätte (§ 114 Rdn 9.10). Der Gläubiger eines Zwischenrechts erhält daher keinen Zuzahlungsbetrag; vielmehr muß der auf ein Zwischenrecht (rechnerisch) entfallende Betrag dem Eigentümer verbleiben. In Höhe des infolge des Zwischenrechts dem Eigentümer verbleibenden Betrags ist sonach ein bestehen gebliebenes Eigentümerrecht dem (gesicherten) Löschungsanspruch nicht ausgesetzt. Verwirklichung (Erfüllung) des Löschungsanspruchs kann somit nur eine Zuzahlungspflicht in Höhe des rechnerisch um das Zwischenrecht gekürzten Betrags bis zur Höhe des geschützten Anspruchs des Löschungsberechtigten auslösen.

Beispiel: I. Bestehen geblieben ist eine Eigentümergrundschuld in Höhe von 50 000 DM. Nach Befriedigung anderer Ansprüche sind ausgefallen die erloschene Grundschuld des G in Höhe von 30 000 DM und (mit Rang danach) das Wohnungsrecht des W mit einem Ersatzanspruch (§ 121) in Höhe von 50 000 DM. Für die Grundschuld des G besteht nach BGB § 1179 a der gesetzliche, vormerkungsgesicherte Löschungsanspruch; W ist nicht Gläubiger eines durch Löschungsvormerkung (BGB § 1179) gesicherten Löschungsanspruchs. Infolge des gesetzlichen Löschungsanspruchs des G ist das bestehen gebliebene Eigentümerrecht in Höhe des ausfallenden Erlösanspruchs des G (30 000 DM; dazu Kosten und Zinsen) auflösend bedingt. Der nach Löschung des Rechts in dieser Höhe vom Ersteher zuzuzahlende Betrag (§ 50 Abs 2 Nr 1) gebührt dem Grundschuldgläubiger G. W erhält keine Zuteilung.

II. Bestehen geblieben ist eine Eigentümergrundschuld in Höhe von 100 000 DM. Nach Befriedigung anderer Ansprüche sind ausgefallen eine erloschene Hypothek des H in Höhe von 70 000 DM und (mit Rang danach) eine Grundschuld des G in Höhe von 50 000 DM. Nur für die Grundschuld des G besteht nach BGB § 1179 a der gesetzliche, vormerkungsgesicherte Löschungsanspruch. H (Altrecht) ist nicht Gläubiger eines durch Löschungsvormerkung (BGB § 1179) gesicherten Löschungsanspruchs. Infolge des gesetzlichen Löschungsanspruchs des G ist das bestehen gebliebene Eigentümerrecht nur in Höhe des rechnerisch um das Zwischenrecht gekürzten Betrags auflösend bedingt (100 000 − 70 000 DM = 30 000 DM; zu berücksichtigen sind noch Zwischenrechtszinsen, die für dieses Beispiel außer Betracht geblieben sind). Der nach Löschung des Rechts in dieser Höhe vom Ersteher zuzuzahlende Betrag (30 000 DM; § 50 Abs 2 Nr 1) gebührt dem Grundschuldgläubiger G. Hypothekengläubiger H (als Zwischenberechtigter) erhält nichts.

5.3 Durch den **Teilungsplan** festzustellen ist, wem der vom Ersteher zuzuzahlende **weitere Betrag zugeteilt** werden soll, wenn die Zuzahlungspflicht mit Aufhebung (Löschung) des Eigentümerrechts bis zum Verteilungstermin bereits feststeht (Abs 1), zB deshalb, weil das Eigentümerrecht nach dem Zuschlag in Erfüllung des Löschungsanspruchs bereits gelöscht wurde oder weil die Löschungsunterlagen vorliegen.

5.4 Wenn ein Grundpfandrecht als **Eigentümerrecht bestehen geblieben** ist (sein Übergang auf den Eigentümer bis Zuschlag somit feststeht) und der durch Löschungsvormerkung nach BGB § 1179 oder der gesetzliche, mit Vormerkungswirkungen nach BGB § 1179 a gesicherte **Löschungsanspruch** spätestens im

§ 125 5.4 Verteilung des Erlöses

Verteilungstermin **geltend gemacht,** aber noch nicht mit Aufhebung (Löschung) des Eigentümerrechts erfüllt ist, ist die Zuzahlung ungewiß. Sie ist streitig, wenn das Entstehen eines Eigentümerrechts nicht feststeht, aber behauptet wird und der Löschungsanspruch geltend gemacht ist. Zuteilung und Übertragung des weiteren Betrags, über dessen Zuzahlung Ungewißheit oder Streit besteht, hat dann nach Abs 2 unter der entsprechenden Bedingung zu erfolgen[13].

5.5 a) Ob eine Zuzahlungspflicht auch dann als möglich aber ungewiß nach Abs 2 unter der entsprechenden Bedingung zu verteilen ist, wenn ein gesicherter **Löschungsanspruch** grundbuchersichtlich, vom Berechtigten bis zum Verteilungstermin aber **nicht geltend gemacht** ist, ist nicht geklärt; zB[14]: Eventualverteilung der Zuzahlung bei Löschungsvormerkung zu einer im geringsten Gebot bestehen gebliebenen Hypothek nur, wenn der Vormerkungsgläubiger seinen Anspruch geltend macht; auch[15]: Bestehen eines grundbuchersichtlichen (vorgemerkten oder gesetzlichen) Löschungsanspruchs ist (bei bestehendem Eigentümerrecht) möglich und daher ohne besonderen Hinweis nach Abs 2 zu behandeln.

b) Bedingte Zuteilung und Übertragung muß nach Abs 2 kann dann jedenfalls **nicht** erfolgen, wenn das bestehen gebliebene Grundpfandrecht als **Fremdrecht eingetragen** ist und nicht feststeht, daß es bis zum Zuschlag (ganz oder teilweise) Eigentümergrundschuld geworden ist. Nach der Beweisvermutung des BGB § 891 für die Richtigkeit der Grundbucheintragung ist dann davon auszugehen, daß das bestehen gebliebene Grundpfandrecht dem eingetragenen Berechtigten zusteht, sonach nicht Eigentümerrecht und nicht als solches einer (gesicherten) Löschungsverpflichtung ausgesetzt ist. Eine mögliche Löschungsverpflichtung ist dann nicht grundbuchersichtlich, sonach auch nicht als ungewiß nach Abs 2 in das Verteilungsverfahren einzubeziehen. Die (mögliche) Zuzahlungsverpflichtung muß daher geltend gemacht werden (so auch[16]).

c) Wenn feststeht, daß das bestehen gebliebene Grundpfandrecht **Eigentümerrecht** ist, kann ein nicht spätestens im Verteilungstermin geltend gemachter gesetzlicher Löschungsanspruch mit Vormerkungswirkungen (BGB § 1179 a) Ungewißheit über mögliche Zuzahlung nicht bewirken, sonach bedingte Zuteilung nach Abs 2 nicht erfordern (so auch[17]). Denn in diesem Fall werden die Vormerkungswirkungen mit Ausführung des Grundbuchersuchens nach § 130 wegfallen (§ 130 a Abs 1), wenn nicht spätestens im Verteilungstermin Antrag auf Eintragung einer Vormerkung nach § 130 a Abs 2 gestellt ist. Ein dann fortbestehender ungesicherter schuldrechtlicher Anspruch (§ 130 a Rdn 2) rechtfertigt Zuteilung eines Zuzahlungsbetrags nach Abs 2 nicht. Wenn aber Antrag gestellt wird, eine Löschungsvormerkung nach § 130 a Abs 2 zur weiteren Sicherung des Anspruchs einzutragen (§ 130 a Rdn 5), ist damit auch bereits der Löschungsanspruch geltend gemacht, der Zuzahlungsfall sonach als ungewiß oder streitig zu behandeln (so auch[18]).

d) Wenn feststeht, daß das bestehen gebliebene Grundpfandrecht **Eigentümerrecht** ist und nach dem Grundbuchstand bei Eintragung des Versteigerungsvermerks eine durch Vormerkung nach BGB § 1179 gesicherte Löschungsverpflichtung grundbuchersichtlich ist, ist auch die auflösende Bedingung und damit der mögliche Wegfall des bestehen gebliebenen Eigentümerrechts grundbuchersichtlich. Der mögliche Zuzahlungsfall ist damit ungewiß und als grundbuchersichtlich unter der entsprechenden Bedingung bei Erlösverteilung von Amts wegen nach Abs 2 zu behandeln (so auch[19]). Daß der Löschungsanspruch dann auch noch spä-

---

[14] Reinhard Müller § 125 Anm II 2.
[15] Dassler/Gerhardt § 125 Rdn 7; Steiner/Teufel § 125 Rdn 8.
[16] Steiner/Teufel § 125 Rdn 8.
[17] Dassler/Gerhardt § 125 Rdn 8.
[18] Steiner/Teufel § 125 Rdn 21.
[19] Dassler/Gerhardt § 125 Rdn 7; Steiner/Teufel § 125 Rdn 8.

Hilfsverteilung bei unbekanntem Berechtigten 2.1 § 126

testens im Verteilungstermin ausdrücklich geltend gemacht sein müßte, kann nicht verlangt werden. Die Löschungsvormerkung nach BGB § 1179 ist als Nebenrecht der bestehen gebliebenen Eigentümergrundschuld zur künftigen Durchsetzung des Löschungsanspruchs nicht erloschen; sie darf nicht gelöscht werden. Desgleichen kann Sicherstellung des Zuzahlungsbetrags durch bedingte Zuteilung und Übertragung nicht unterbleiben.

5.6 Ein **schuldrechtlicher Anspruch** auf Löschung, der nicht durch Vormerkung nach BGB § 1179 oder mit den Vormerkungswirkungen des BGB § 1179 a gesichert ist, kann Berücksichtigung eines möglichen Zuzahlungsfalls im Verteilungsverfahren nach Abs 2 weder erfordern noch ermöglichen. Ein schuldrechtlicher Löschungsanspruch bewirkt nicht, daß das Eigentümerrecht als auflösend bedingtes Grundpfandrecht bestehen geblieben ist, kann sonach nicht zu Ungewißheit über einen möglichen Zuzahlungsfall führen. Er kann daher auch dann keine Zuteilung eines möglichen Zuzahlungsbetrags unter entsprechender Bedingung nach Abs 2 rechtfertigen, wenn er spätestens im Verteilungstermin (ausdrücklich) geltend gemacht ist.

[Unbekannter Berechtigter: Hilfsverteilung, Hinterlegung]

126 (1) **Ist für einen zugeteilten Betrag die Person des Berechtigten unbekannt, insbesondere bei einer Hypothek, Grundschuld oder Rentenschuld der Brief nicht vorgelegt, so ist durch den Teilungsplan festzustellen, wie der Betrag verteilt werden soll, wenn der Berechtigte nicht ermittelt wird.**

(2) **Der Betrag ist für den unbekannten Berechtigten zu hinterlegen. Soweit der Betrag nicht gezahlt wird, ist die Forderung gegen den Ersteher auf den Berechtigten zu übertragen.**

Allgemeines zu § 126

1.1 Zweck der Vorschrift: Planaufstellung für endgültige Erlösverteilung zum Abschluß des Verfahrens für den Fall, daß ein Berechtigter unbekannt ist. Die Ermittlung des Unbekannten regeln §§ 135–142.

1.2 Anwendungsbereich: Die Vorschrift gilt für **alle Versteigerungsverfahren** des ZVG. Über die Anwendung in der Zwangsverwaltung § 146 Rdn 4, § 156 Rdn 4.

Grund des Unbekanntseins eines Zuteilungsberechtigten

2.1 Das Vollstreckungsgericht hat bei der Verteilung des Erlöses die **gegenwärtige Legitimation** des jeweiligen Anspruchsberechtigten **zu beachten** (§ 117 Rdn 2)[1] und genau zu prüfen, wer berechtigt ist. **Unbekannt** sein kann im Verteilungstermin die Person eines Zuteilungsberechtigten, weil ein Hypotheken-, Grundschuld-, Rentenschuld**brief nicht vorgelegt** wurde (Abs 1). Diese Briefe müssen vorgelegt werden, wenn Zahlungen auf das Kapital erfolgen sollen (BGB § 1160 Abs 1), auch bei Zahlung von Tilgungsbeträgen nicht, wenn nur Kosten, Zinsen und andere Nebenleistungen aus einem Recht zu zahlen sind (BGB §§ 1159, 1160 Abs 3)[2] (anders[3]). Wird bei Vorlagepflicht der Brief nicht vorgelegt, so wird für die gesamte Zuteilung der Berechtigte als unbekannt behandelt, nicht nur für die Zuteilung auf das Kapital. Sind Kosten, Zinsen sowie Nebenleistungen und das Kapital eines erloschenen Rechtes auszuzahlen, dann hat die

---

[1] RG 73, 298.
[2] Jaeckel/Güthe § 126 Rdn 2; Korintenberg/Wenz § 126 Anm 1.
[3] Dassler/Gerhardt § 126 Rdn 4; Steiner/Teufel § 126 Rdn 12; Mohrbutter/Drischler Muster 137 Anm 1.

§ 126   2.1   Verteilung des Erlöses

Nichtvorlage des Briefes also zur Folge, daß der Berechtigte für den Gesamtanspruch (nicht nur für das Kapital) unbekannt ist. Die Briefe sind auch vorzulegen, wenn das Bestehenbleiben des Rechts vereinbart werden soll. Der nicht eingetragene Briefrechtsgläubiger muß außer dem Brief auch die Urkunden nach BGB § 1155 vorlegen (BGB § 1160 Abs 1) (so auch[4]). Erst deren Vorlage begründet die Vermutung (BGB § 891 Abs 1), daß dem Briefbesitzer das Recht zusteht (BGB § 1155) und ermöglicht sonach dem Vollstreckungsgericht für die Leistung (BGB § 893, 1155) die Feststellung des Berechtigten (§ 117 Rdn 2). An den Briefrechtsgläubiger darf also nicht bezahlt werden, wenn der Brief oder wenn beglaubigte Abtretungserklärungen nicht vorliegen, auch wenn der Gläubiger Beteiligter ist[5]. An den legitimierten Zessionar eines solchen Rechts, der den Brief vorlegt, muß bezahlt werden, auch wenn er seine Ansprüche im Verfahren nicht angemeldet hat (das Recht als solches, weil eingetragen, mußte ja nicht angemeldet werden)[5] und auch wenn die Zession erst nach der Verteilung, aber vor der Auszahlung erfolgt ist[5] (hier ist dann abweichend vom Plan auszuzahlen). Das Gericht darf nur unter denselben privatrechtlichen Voraussetzungen zahlen, unter denen der Schuldner selbst zur Zahlung verpflichtet ist[5]. Die Folge ist bei Buchrechten, daß an den bei Erteilung des Zuschlags (entgegen also §§ 114, 45) Eingetragenen zu zahlen ist (also nicht an den bei Eintragung des Versteigerungsvermerks Eingetragenen), auch wenn er seine Ansprüche nicht angemeldet hat (§ 117 Rdn 2). Nach Erlöschen eines Brief- oder Buchrechts mit Erteilung des Zuschlags erfolgt Abtretung des an seine Stelle getretenen Erlösanspruchs nur noch durch Willensäußerung (Einigung zwischen Zedent und Zessionar), nicht mehr aber mit Kundbarmachung durch Briefübergabe oder Grundbucheintragung[6] (auch § 114 Rdn 5). Das durch Abtretung des Erlösanspruchs nach Wirksamkeit des Zuschlags erlangte Gläubigerrecht kann daher nicht mehr durch Grundbucheintragung nachgewiesen werden (Beweisvermutung des BGB § 891 Abs 1 deckt die Verfügung über den Erlösanspruch nicht). Der Berechtigte braucht ebenso nicht durch öffentlich beglaubigte Abtretungserklärungen nachgewiesen zu sein. Die nach dem Zuschlag mit Abtretung des Erlösanspruchs eingetretene Rechtsnachfolge ist daher vom Vollstreckungsgericht zu berücksichtigen, wenn sie ihm zur Kenntnis gelangt ist (§ 117 Rdn 2; so auch[7]). Das erfordert beim Briefrecht, daß die nachgewiesene Zession des Erlösanspruchs nach dem Zuschlag auf einen Berechtigten zurückgeht, der nach § 126 legitimiert ist (so auch[7]), als Gläubiger bei Erteilung des Zuschlags mithin im Grundbuch eingetragen war oder durch öffentlich beglaubigte Abtretungserklärungen (BGB § 1155) als Rechtsnachfolger des Eingetragenen ausgewiesen wird und durch Briefvorlage (die für ihn auch durch den Zessionar des Erlösanspruchs erfolgen kann) die Vermutung für den Erwerb des Rechts mit Briefübergabe darlegt (BGB § 1117 Abs 3, § 1154 Abs 1).

2.2 Ein Zuteilungsberechtigter kann auch **aus anderen Gründen unbekannt** sein, wenn zB der bisherige Berechtigte verstorben ist und seine Erben noch unbekannt sind[8]. Nicht unbekannt im Sinne von § 126 ist der Berechtigte aber, wenn nur fraglich ist, wer von mehreren Bekannten der Berechtigte ist (zB bei der Höchstbetragshypothek, § 114 Rdn 5.13, nach möglicherweise unwirksamer Abtretung) oder wenn der Berechtigte sich nicht gehörig ausweisen kann (§ 117 Rdn 3) oder wenn der Aufenthaltsort des feststehenden Berechtigten unbekannt ist[9] oder wenn der gesetzliche Vertreter des Berechtigten unbekannt ist[9]. § 126 kommt auch nicht in Frage, wenn eine Pflegschaft nach BGB § 1913 besteht,

---

[4] Dassler/Gerhardt § 126 Rdn 2.
[5] RG 73, 298.
[6] Stöber ZIP 1980, 833 (IV).
[7] Dassler/Gerhardt § 126 Rdn 3.
[8] Dassler/Gerhardt § 126 Rdn 1; Mohrbutter/Drischler Muster 137 Anm. 2.
[9] Mohrbutter/Drischler Muster 136 Anm 2.

Hilfsverteilung bei unbekanntem Berechtigten 4.3 § 126

wohl aber bei einer Pflegschaft nach BGB § 1912. Bei unbekanntem Aufenthalt oder unbekanntem gesetzlichen Vertreter ist nach § 117 Abs 2 zu verfahren, also für den zu benennenden Berechtigten zu hinterlegen.

2.3 Hierzu im ZVG-Handbuch Rdn 502–508, Muster für Hinterlegungsantrag Rdn 504.

Hilfsverteilung bei Unbekanntsein des Berechtigten (Absatz 1)   3

3.1 Wenn der Berechtigte einer Zuteilung im Sinne des § 126 unbekannt ist (Rdn 2), dann **muß** das Vollstreckungsgericht im Teilungsplan eine **Hilfsverteilung** vornehmen: Abs 1. Grund: Klarstellung des Aufgebotsrechts (§ 138 Abs 1) und Verteilung des mit Erlaß eines Ausschlußurteils freiwerdenden Betrags (§ 141). **Eventualberechtigte** sind die Berechtigten in der Rangfolge ihrer Ansprüche, die durch Zuteilung noch nicht gedeckt sind, hier bislang ausfallen, schließlich der Eigentümer mit Anspruch auf den Erlösüberschuß.

3.2 Ergibt sich erst **nach dem Verteilungstermin**, daß ein Berechtigter **unbekannt** ist, weil ein überwiesener Betrag zB zurückkommt, und kann dieser Umstand nicht sofort geklärt werden, indem zB die Erben umgehend ermittelt werden, so ist ein neuer Verteilungstermin anzusetzen und in diesem nach § 126 zu verfahren, wobei zu dem Termin der Vollstreckungsschuldner und die ausgefallenen Gläubiger zu laden sind, der Ersteher (ebenso mithaftende Dritte), falls er nicht voll bezahlt hat[10] (hierzu auch im ZVG-Handbuch Rdn 506). Nicht zu laden sind zum Termin die schon befriedigten Berechtigten und der Ersteher, der schon das Bargebot voll bezahlt hat[11]. Es ist dies keine unzulässige Nachtragsverteilung, sondern eine Änderung der Ausführung des Teilungsplanes. Bei nachträglicher Feststellung des wirklichen Berechtigten kann hier wie bei § 124 (im Gegensatz zu §§ 120, 121, 123) das Vollstreckungsgericht den endgültig Berechtigten auch im Grundbuch eintragen lassen.

Planausführung bei Unbekanntsein des Berechtigten (Absatz 2)   4

4.1 Die im Teilungsplan vorgesehene Hilfsverteilung (§ 126 Abs 1) wird nicht unmittelbar ausgeführt (Abs 2), sondern dadurch vorbereitet, daß der Betrag für den Unbekannten **hinterlegt** wird: Abs 2 Satz 1. Die Hinterlegung erfolgt auf Antrag des Vollstreckungsgerichts nach HinterlO §§ 6, 8, 11–13, 15, 20. Hinterlegungsgrund ist Abs 2 Satz 1; Rücknahmeverzicht wird daher im Hinterlegungsantrag nicht erklärt. Die Hinterlegung kann nach den Vorschriften der HinterlO nicht für einen Unbekannten geschehen, es muß immer ein bestimmter Berechtigter benannt werden, der dann als Beteiligter des Hinterlegungsverfahrens (zB HinterlO § 13 Abs 2) in Frage kommt; somit kann nur zur weiteren Verfügung des Vollstreckungsgerichts (HinterlO § 15) hinterlegt werden und erst, wenn der Unbekannte ermittelt ist, Auszahlungsanweisung nach §§ 137, 139, 141 ergehen. Der sich nachträglich ausweisende Berechtigte kann auch nicht zusammen mit dem Eventualberechtigten über das Hinterlegungsgeld verfügen. Das weitere Verfahren läuft nach §§ 135–142.

4.2 Ist das Bargebot nicht bezahlt, so muß die **Forderung** auf den unbekannten Berechtigten **übertragen** werden: Abs 2 Satz 2. In diesem Sinn wird auch die Sicherungshypothek aus § 128 für ihn eingetragen („zugunsten des unbekannten Berechtigten aus dem Recht ..."); hier darf der „Unbekannte" eingetragen werden. Auch hier läuft das weitere Verfahren nach §§ 135–142. Dabei ist zu beachten, daß die Forderungsübertragung nur auf den unbekannten Berechtigten erfolgt, ohne Eventualübertragung, die in § 126 nicht vorgesehen ist.

4.3 Hierzu Muster im ZVG-Handbuch Rdn 501, 504, 505.

---

[10] Dassler/Gerhardt § 126 Rdn 7; Steiner/Teufel § 126 Rdn 17.
[11] Dassler/Gerhardt § 126 Rdn 7.

§ 127

[Grundpfandrechtsbriefe und Vollstreckungstitel]

127 (1) **Wird der Brief über eine infolge der Versteigerung erloschene Hypothek, Grundschuld oder Rentenschuld vorgelegt, so hat das Gericht ihn unbrauchbar zu machen. Ist das Recht nur zum Teil erloschen, so ist dies auf dem Briefe zu vermerken. Wird der Brief nicht vorgelegt, so kann das Gericht ihn von dem Berechtigten einfordern.**

(2) **Im Falle der Vorlegung eines vollstreckbaren Titels über einen Anspruch, auf welchen ein Betrag zugeteilt wird, hat das Gericht auf dem Titel zu vermerken, in welchem Umfange der Betrag durch Zahlung, Hinterlegung oder Übertragung gedeckt worden ist.**

(3) **Der Wortlaut der Vermerke ist durch das Protokoll festzustellen.**

1 Allgemeines zu § 127

Zweck und **Anwendungsbereich**: Behandlung der vorgelegten Grundpfandrechtsbriefe und der Vollstreckungstitel. Die Vorschrift gilt für alle Versteigerungsverfahren des ZVG. Über die Anwendung in der Zwangsverwaltung § 146 Rdn 4.

2 Behandlung der Grundpfandrechtsbriefe (Absatz 1)

2.1 Wenn der Hypotheken-, Grundschuld- oder Rentenschuldbrief für ein durch den Zuschlag **erloschenes** Grundpfandrecht vorgelegt wird, muß ihn das Gericht **unbrauchbar machen**: Abs 1 Satz 1. Erlischt nur ein **Teil** des Rechts, so erhält der Brief einen entsprechenden **Vermerk** hierüber: Abs 1 Satz 2. Den nicht vorgelegten Brief für ein durch den Zuschlag erloschenes Grundpfandrecht kann das Vollstreckungsgericht vor oder nach dem Verteilungstermin vom Berechtigten anfordern: Abs 1 Satz 3. Die Vorlage kann es aber nicht erzwingen[1]. Wo der Berechtigte allerdings Kapitalbeträge, auch Tilgungsbeträge, aus dem Recht erhalten will, ist er durch § 126 zur Vorlage gezwungen, weil er sonst als unbekannt gilt. Nicht vorgelegte Briefe können nicht unbrauchbar gemacht und nicht mit dem Vermerk versehen werden. Im Protokoll ist dann zu vermerken, daß wegen Nichtvorlage der Brief nicht unbrauchbar gemacht werden kann.

2.2 Um einen Brief unbrauchbar zu machen, ist GBO § 69 zu beachten: die mit dem Brief verbundene **Schuldurkunde** ist **abzutrennen**. Weiter ist nach GBV § 53 zu verfahren: Der **Brief** ist **mit Einschnitten** zu versehen und seine Eingangsformel **durchzustreichen**. Zweckmäßig wird außerdem noch ein **Vermerk** über das Erlöschen des Rechts in der Versteigerung angebracht. Dieser Vermerk enthält das Gericht, das Datum, die Unterschrift des Rechtspflegers und das Dienstsiegel[2]. Die Schuldurkunde wird nicht unbrauchbar gemacht[3] (dazu auch Rdn 3). Wenn ein Recht nur teilweise erlischt, also teilweise bestehenbleibt (es kommt nicht darauf an, ob es etwa teilweise aus dem Meistgebot befriedigt wird; es kann ja auch ohne Befriedigung erlöschen), wird auf dem Brief vermerkt (nicht auf der Schuldurkunde), in welchem Umfang das Recht durch den Zuschlag erloschen ist, mit Ort, Datum, Gerichtsbezeichnung, Unterschrift, Siegel[4]. Weitere Berichtigungen sind Sache des Grundbuchamts.

2.3 Der unbrauchbar gemachte Brief wird mit dem Eintragungsersuchen (§ 130) an das **Grundbuchamt abgegeben** (anders[5]: ist zu den Versteigerungsakten zu nehmen; auch[6]: entweder zu den Versteigerungsakten oder Abgabe an das Grund-

---

[1] RG 83, 290; Steiner/Eickmann § 127 Rdn 6; Drischler RpflJahrbuch 1962, 322 (B V 5).
[2] Jaeckel/Güthe § 127 Rdn 3; Steiner/Eickmann § 127 Rdn 8; Drischler RpflJahrbuch 1962, 322 (B V 3).
[3] Mohrbutter/Drischler Muster 133 Anm 3.
[4] Jaeckel/Güthe § 127 Rdn 3.
[5] Dassler/Schiffhauer § 127 Rdn 7.
[6] Mohrbutter/Drischler Muster 133 Anm 3.

buchamt); dort erfolgt Behandlung nach GBV § 53 Abs 2. Unterlassenes Unbrauchbarmachen holt das Grundbuchamt nach.

2.4 Ist ein **gemeinschaftlicher Brief** über mehrere Rechte nach GBO § 66 erteilt und sind nicht alle erloschen oder haftet noch ein nicht versteigertes Grundstück mit, so wird auf dem Brief vermerkt, daß das eine Recht oder daß das Recht auf dem einen Objekt erloschen ist[7]. Ob das Recht auf dem mithaftenden Objekt nach BGB § 1181 erlischt oder nach BGB § 1182 für einen Ersatzberechtigten bestehenbleibt, ist für das Vollstreckungsgericht unerheblich, von ihm auch nicht auf den Briefen zu vermerken. Erstreckt sich das (spätere) Grundbuchersuchen aus § 130 auch auf Rechte, die nicht durch den Zuschlag erloschen sind, sondern im geringsten Gebot bestehenblieben, aber anderweitig nicht entstanden oder erloschen sind (§ 130 Abs 2), so werden die Briefe dem Ersuchen nur beigefügt, sind aber vom Grundbuchamt zu behandeln[8].

2.5 Ist das **Liegenbelassen** eines Rechts vereinbart (§ 91 Abs 2), so wird der Brief über das Recht nicht unbrauchbar gemacht. Ist er schon unbrauchbar gemacht, weil das Liegenbelassen erst nach dem Verteilungstermin nachgewiesen wird, so muß das Grundbuchamt neuen Brief erteilen[9]. Wird das Liegenbelassen eines Gesamtrechts bezüglich einzelner Objekte vereinbart, so ist wegen § 91 Abs 3 Satz 2 mit BGB §§ 1181, 1182 ein entsprechender Vermerk vom Vollstreckungsgericht auf den Brief zu setzen. Der Brief über ein liegenbelassenes Recht, der noch nicht unbrauchbar gemacht wurde, wird dem Gläubiger des Rechts ausgehändigt, kann aber auch mit dem Grundbuchersuchen an das Grundbuchamt geleitet werden; einen Vermerk erhält er nicht (anders[10]), ausgenommen bei Mithaftung[11].

2.6 Wird ein **Brief** nicht mit dem Grundbuchersuchen an das Grundbuchamt geleitet, so **erhält** ihn, wer ihn eingereicht hat[12]. Beansprucht ihn der Schuldner (weil Recht befriedigt oder aus sonstigem Grunde), so hat hierüber nicht das Vollstreckungsgericht zu entscheiden. Die abgetrennte Schuldurkunde erhält auch, wer sie eingereicht hat, falls es sich um eine vollstreckbare Urkunde handelt, nicht nur um eine Abschrift.

2.7 Zur Behandlung der Briefe mit Beispiel im ZVG-Handbuch Rdn 554.

Behandlung der Vollstreckungstitel im Verteilungstermin (Absatz 2) 3

3.1 Wenn der vollstreckbare Titel über einen Anspruch vorgelegt wird, dem aus dem Erlös etwas zugeteilt ist (auch Kosten und Zinsen auf ein bestehenbleibendes Recht), so muß das Vollstreckungsgericht auf ihm **vermerken,** in welchem Umfang der Betrag des Titels (getrennt nach Kosten, Zinsen, Hauptsache) durch Zahlung, Hinterlegung oder Forderungsübertragung **zum Zuge gekommen** ist: Abs 2. Der Vermerk wird datiert und unterschrieben; Dienstsiegel ist nicht nötig (anders beim Brief), aber üblich. Auch das Liegenbelassen ist hier zu vermerken (anders beim Brief) (anders[13]), nicht aber die Folgen aus § 114 a.

3.2 Abzuquittieren sind **alle** Vollstreckungstitel, **die an das Vollstreckungsgericht** in diesem Versteigerungsverfahren **gelangt sind** (natürlich nicht Titel, die zu einem anderen Verfahren, etwa dem Offenbarungsversicherungsverfahren eingereicht sind), auch solche, aus denen das Verfahren nicht betrieben wurde, die etwa als Anlage einer Anmeldung eingereicht sind. Ist ein Titel mit einem Brief verbunden, so werden beide gesondert, je nach ihren Vorschriften behandelt.

---

[7] RG 157, 287.
[8] Mohrbutter/Drischler Muster 133 Anm 3.
[9] Steiner/Eickmann § 127 Rdn 13; Mohrbutter/Drischler Muster 133 Anm 3.
[10] Stoll SchlHA 1953, 234.
[11] Jaeckel/Güthe § 91 Rdn 6; Steiner/Eickmann § 127 Rdn 14.
[12] Mohrbutter/Drischler Muster 133 Anm 2.
[13] Dassler/Schiffhauer § 127 Rdn 15.; Steiner/Teufel § 127 Rdn 18.

§ 127 3.3 Verteilung des Erlöses

3.3 Der abquittierte Vollstreckungstitel ist (ebenso wie alle, auf die nichts entfallen ist und die daher nicht abquittiert werden) an denjenigen **zurückzugeben,** der ihn eingereicht hat[14]. Er kann zB auch von einem Gerichtsvollzieher aus seinen Akten übersandt oder auf Wunsch eines Gläubigers aus anderen Akten übernommen worden sein und muß dann an eben diese Stelle zurück, falls nicht inzwischen der Verfügungsberechtigte anders bestimmt hat. Der Vollstreckungstitel ist keinesfalls an den Vollstreckungsschuldner auszuhändigen, auch nicht bei anscheinend vollständiger Befriedigung des Gläubigers (wo dies der Gerichtsvollzieher nach ZPO § 757 tun muß), weil das Vollstreckungsgericht nicht darüber zu entscheiden hat, wem er zusteht[15]. Bei einer Liegenbelassungsvereinbarung würde die Herausgabe an den Schuldner dem Gläubiger zu Unrecht seinen Titel entziehen, weil ja das Schuldverhältnis je nach Vereinbarung fortbestehen kann, nur der Ersteher in dieses nach BGB § 414 eintreten kann[16]. In den Versteigerungsakten muß vermerkt werden, an wen der Titel übersandt oder ausgehändigt wurde.

3.4 Hierzu im ZVG-Handbuch mit Muster Rdn 555.

4 Protokollvermerke (Absatz 3)

Der **Wortlaut** der auf den Briefen (Abs 1 Satz 2; auch im Falle von § 127 Rdn 2.2) und auf dem vollstreckbaren Titeln (Abs 2) anzubringenden Vermerke ist **im Protokoll** über den Verteilungstermin **festzustellen:** Abs 3. Üblich ist Vermerk mit Datum und Unterschrift. Der Aufnahme in das Protokoll steht die Aufnahme in eine Schrift gleich, die dem Protokoll als Anlage beigefügt und in ihm als solche bezeichnet ist (ZPO § 160 Abs 5); das ermöglicht es, den Vermerk im Durchschreibeverfahren (auch als Ablichtung) herzustellen und dem Protokoll beizufügen. Werden Briefe erst nach dem Verteilungstermin vorgelegt, so kann der Vermerk nicht mehr ins Terminsprotokoll aufgenommen werden; dann ist er in den Versteigerungsakten festzustellen.

[Sicherungshypothek für Forderungen und Übererlös]

128 (1) **Soweit für einen Anspruch die Forderung gegen den Ersteher übertragen wird, ist für die Forderung eine Sicherungshypothek an dem Grundstücke mit dem Range des Anspruchs einzutragen. War das Recht, aus welchem der Anspruch herrührt, nach dem Inhalte des Grundbuchs mit dem Rechte eines Dritten belastet, so wird dieses Recht als Recht an der Forderung miteingetragen.**

(2) **Soweit die Forderung gegen den Ersteher unverteilt bleibt, wird eine Sicherungshypothek für denjenigen eingetragen, welcher zur Zeit des Zuschlags Eigentümer des Grundstücks war.**

(3) **Mit der Eintragung entsteht die Hypothek. Vereinigt sich die Hypothek mit dem Eigentum in einer Person, so kann sie nicht zum Nachteil eines Rechtes, das bestehen geblieben ist, oder einer nach Absätzen 1, 2 eingetragenen Sicherungshypothek geltend gemacht werden.**

(4) **Wird das Grundstück von neuem versteigert, so ist der zur Deckung der Hypothek erforderliche Betrag bar zu berichten.**

1 Allgemeines zu § 128

1.1 Zweck der Vorschrift: Sicherung der Gläubiger der bei Ausführung des Teilungsplans übertragenen Forderungen gegen den Ersteher (§ 118) und des letzten Eigentümers in Ansehung des Überschusses am versteigerten Grundstück.

---

[14] Mohrbutter/Drischler Muster 133 Anm 2.
[15] Steiner/Teufel § 127 Rdn 18; Mohrbutter/Drischler Muster 133 Anm 2.
[16] Stoll SchlHA 1953, 234.

Sicherungshypothek für Forderungen und Übererlös 2.4 § 128

1.2 Anwendungsbereich: Die Vorschrift gilt für alle Versteigerungsverfahren des ZVG (Besonderheiten bei der Teilungsversteigerung § 128 Rdn 2). Bei Schiffs- und Schiffsbauwerkversteigerung heißt dieses einzutragende Recht Schiffshypothek, bei Luftfahrzeugen Registerpfandrecht; zur Vereinfachung wird in den folgenden Ausführungen immer von der Sicherungshypothek gesprochen.

Eintragung von Sicherungshypotheken (Absatz 1 Satz 1, Absatz 3 Satz 1) 2

2.1 Wenn eine Forderung gegen den Ersteher auf Berechtigte übertragen worden ist, weil das bare Meistgebot nicht bezahlt wurde (§ 118), **muß** für jede übertragene Forderung auch eine **Sicherungshypothek** eingetragen werden: Abs 1 Satz 1.

2.2 Die Eintragung der Sicherungshypothek ist **Zwangsmaßregel** gegen den Ersteher[1]. Sie ist aber keine Vollstreckungsmaßnahme gegen den Ersteher[2]. Daher ist sie auch nach Eröffnung des Vergleichsverfahrens für ihn zulässig, ebenso noch Eröffnung des Konkursverfahrens[3] trotz KO § 14 und auch, wenn das Konkursverfahren nach Abgabe des Meistgebot aber vor Erteilung des Zuschlags eröffnet wurde (§ 81 Rdn 3). Hatte ein im Konkursverfahren Befindlicher „mit freiem Vermögen" zum beschlagnahmefreien Grundstückserwerb (nach Konkurseröffnung) geboten und den Zuschlag erhalten, so ist auch Forderungsübertragung und Sicherungshypothek gegen ihn ohne weiteres möglich. Auch ein öffentlich-rechtliches Vollstreckungsverbot hindert die Eintragung nicht. Die Sicherungshypothek ist auch einzutragen, wenn der Staat das Grundstück erstanden hat.

2.3 Eine Sicherungshypothek muß **für jede** einem Berechtigten auf einen aus dem Grundstück zu befriedigenden Anspruch **übertragene Forderung** gegen den Ersteher samt deren Zinsen (normal 4% oder anderer Zinssatz nach § 59) eingetragen werden (Abs 1 Satz 1). Angenommen wurde auch, daß für alle aus einer Versteigerung übertragene Forderungen eine einheitliche Sicherungshypothek eingetragen werden könne, unter Bezeichnung ihrer Teilbeträge[4] nach Gläubiger, Forderungshöhe, Zinsen und Rang. Dem kann nicht zugestimmt werden (wie hier:[5]); schon nach dem Wortlaut des Abs 1 ist eine Sicherungshypothek einzutragen für die einem (damit jedem) Anspruch übertragene Forderung gegen den Ersteher (auch § 130 Abs 1: zu ersuchen ist um Eintragung der Sicherungshypotheken). Eine einheitliche Sicherungshypothek wäre zudem gemeinschaftliches Recht aller; gemeinschaftliche Berechtigung (Angabe nach GBO § 47 wäre erforderlich) besteht jedoch nicht. Auf alle Fälle aber ist es unbedingt vorzuziehen (schon um Unwirksamkeit und auch Verwechslungen zu vermeiden), für jeden einzelnen übertragenen Anspruch eine besondere Sicherungshypothek einzutragen. Auch wenn ein Gläubiger aus mehreren Ansprüchen etwas zugeteilt erhalten hat und somit mehrere Forderungsübertragungen erfolgt sind, sind selbständige (voneinander getrennte) Sicherungshypotheken einzutragen.

2.4 Die Sicherungshypothek ist auch für eine Forderung von **500 DM und weniger** einzutragen. Ihre Eintragung ist Zwangsmaßregel, nicht aber Vollstreckungsmaßnahme gegen den Ersteher (Rdn 2.2); das Gebot von ZPO § 866 Abs 3, daß die Sicherungshypothek 500 DM übersteigen müsse, gilt für sie daher nicht. Die Sicherungshypothek kann auch als Gesamthypothek eingetragen werden, weil auch das Verbot von ZPO § 867 Abs 2 keine Anwendung findet[6].

---

[1] Finger MDR 1969, 617 (II 3 b); Fischer NJW 1956, 1095 (2); Drischler RpflJahrbuch 1962, 322 (E III f 1).
[2] Steiner/Teufel § 128 Rdn 9; Finger und Drischler je aaO (Fußn 1).
[3] OLG Düsseldorf KTS 1989, 717 = MDR 1989, 747 = Rpfleger 1989, 339.
[4] Drischler RpflJahrbuch 1962, 322 (E III f 2).
[5] Dassler/Schiffhauer § 128 Rdn 20; Jaeckel/Güthe §§ 128, 129 Rdn 6; Reinhard/Müller § 128 Anm III.
[6] OLG Düsseldorf aaO (Fußn 3).

§ 128 2.5 Verteilung des Erlöses

2.5 Einzutragen ist eine Sicherungshypothek **nur an dem versteigerten Grundstück** oder Grundstücksbruchteil, auch wenn dieser nicht mehr besteht wie dann, wenn bei Bruchteilsversteigerung der andere Miteigentümer eingesteigert hat und nun Alleineigentümer des ganzen Grundstücks ist, und daher an sich gemäß BGB § 1114 an dem versteigerten Teil keine Hypothek eingetragen werden könnte.

2.6 Die Hypothek darf auch nur an dem Grundstück oder dem Bruchteil entstehen, die dem betreffenden Gläubiger schon vor der Versteigerung gehaftet haben[7], aus dessen Versteigerung also die Forderung entstanden ist, sei es aus dinglichen Ansprüchen, sei es auf Grund einer Beschlagnahme für persönliche Ansprüche oder für Verfahrenskosten oder für Ansprüche der Rangklasse 1–3. War die Forderung aus einem Bruchteil entstanden, so darf die Sicherungshypothek nur auf diesem früheren Bruchteil eingetragen werden, auch wenn kein Bruchteil mehr vorhanden ist, weil der Ersteher Alleineigentümer des Objekts geworden ist[8].

2.7 Hat ein Gläubiger bei **Versteigerung mehrerer Objekte** nur aus einem oder einzelnen etwas zu bekommen, so wird die Sicherungshypothek für seine Forderung nur hierauf eingetragen. Hat er aus mehreren in einem Gesamtausgebot zugeschlagenen Objekten etwas zu bekommen, so wird die Sicherungshypothek, wenn eine Verteilung nach § 112 nicht erfolgt ist, als Gesamthypothek eingetragen[9], sonst mit einem Vermerk, wie in § 122 Rdn 2 ausgeführt ist.

2.8 Um Eintragung der Sicherungshypotheken hat das Vollstreckungsgericht zu **ersuchen:** § 130 Abs 1. Die Sicherung der Ansprüche der Berechtigten übertragener Forderungen durch Eintragung der Sicherungshypotheken ist gesetzliche Folge der Forderungsübertragung nach Nichtberichtigung des Bargebots. Eine gesonderte Anordnung im Verteilungstermin als Grundlage des Ersuchens braucht daher nicht getroffen zu sein (sie ist weitgehend aber üblich). Zum Eintragungsersuchen § 130 Rdn 2.14.

2.9 Einzutragen ist die Sicherungshypothek **für denjenigen, dem** bei der Ausführung des Teilungsplans eine **Forderung** gegen den Ersteher **übertragen** worden ist (Abs 1), auch wenn er mithaftender Meistbietender ist (§ 118 Rdn 3.2). Er ist im Eintragungsersuchen und bei Grundbucheintragung als Gläubiger zu bezeichnen, und zwar nach Maßgabe von GBV § 15. Als **Gläubiger** ist **auch** ein inzwischen **verstorbener** Berechtigter einzutragen[10]. Auch ein **unbekannter** Berechtigter nach § 126 ist einzutragen und bei späterer Ermittlung auf Ersuchen des Vollstreckungsgerichts zu berichtigen[10]; die Tatsache, daß später berichtigt werde, ist nicht einzutragen.

2.10 Waren **Gläubiger** aus einem Recht **gemeinsam berechtigt,** zB in Bruchteilsgemeinschaft, so setzt sich die Gemeinschaft an der unverteilt übertragenen Forderung und der dafür eingetragenen Sicherungshypothek fort[11] (§ 118 Rdn 3.2). Die Sicherungshypothek für die übertragene Forderung ist für die unverändert gemeinschaftlich Berechtigten daher mit ihren Anteilen in Bruchteilen (Bruchteilsgemeinschaft wie bisher) oder mit dem für die Gemeinschaft bestehenden Rechtsverhältnis einzutragen (so auch[11]). Die damit gesicherte Forderung einer Bruchteilsgemeinschaft bleibt dieser bis zur Auseinandersetzung der Gemeinschaft gebunden, sie ist, obwohl auf Geld lautend, eine Forderung auf eine unteilbare Leistung[11]; jeder der Teilhaber kann Zahlung nur an alle fordern; jeder kann über seinen Anteil bei der Bruchteilsgemeinschaft verfügen[11]. Bezeichnung und

---

[7] Fischer NJW 1956, 1095 (2).
[8] RG 94, 154; BayObLG 1968, 104 = DNotZ 1968, 626 = MDR 1968, 842 = NJW 1968, 1431 = Rpfleger 1968, 221; Dassler/Schiffhauer § 128 Rdn 3; Steiner/Teufel § 128 Rdn 12; Fischer NJW 1956, 1095 (2); Haegele Rpfleger 1971, 283 (III 2).
[9] Fischer NJW 1956, 1095 (2).
[10] Kuntze/Ertl/Herrmann/Eickmann, Grundbuchrecht, § 38 Rdn 62 und Rdn 63.
[11] OLG Zweibrücken Rpfleger 1972, 168.

Sicherungshypothek für Forderungen und Übererlös 2.14 **§ 128**

Eintragung des Gemeinschaftsverhältnisses für die (bisherigen) Bruchteilsgemeinschafter als „Mitberechtigte" nach § 432 BGB (so[12]) gebietet und rechtfertigt das nicht (die Forderung besteht unverändert fort).

2.11 Ist die übertragene Forderung abgetreten und wird die Abtretungserklärung mit Umschreibungsbewilligung in grundbuchmäßiger Form dem Vollstreckungsgericht vorgelegt, so fügt dieses sie seinem Grundbuchersuchen aus § 130 bei, darf aber nicht selbst die Abtretung berücksichtigen (so auch[13]), weil es ausschließlich von der erfolgten Forderungsübertragung und der damit verbundenen Anordnung der Sicherungshypothek ausgehen muß. Wurde entgegen der Forderungsübertragung die Sicherungshypothek zu Unrecht auf einen anderen eingetragen, dem die Forderung nicht übertragen ist, so ist Gläubiger der Sicherungshypothek der wahre Berechtigte aus der Forderungsübertragung und das Grundbuch ist insoweit unrichtig[14].

2.12 Die **Sicherungshypothek muß im Grundbuch** als solche bezeichnet werden (BGB § 1184 Abs 2). Bei Eintragung müssen der Gläubiger (mehrere mit ihrem Berechtigungsverhältnis nach GBO § 47), der Geldbetrag der Forderung und der Zinssatz im Grundbuch angegeben werden. Erteilung eines Hypothekenbriefes ist gesetzlich ausgeschlossen (§ 1185 Abs 1); dies ist daher nicht einzutragen. Ersichtlich zu machen ist bei Eintragung im Grundbuch, daß sie „**auf Grund eines Zwangsversteigerungsverfahrens erfolgt** ist" (§ 130 Abs 1 Satz 2). Damit wird erkennbar gemacht, daß für die Sicherungshypothek nach ZVG Besonderheiten (gegenüber der Sicherungshypothek nach BGB § 1184 und ZPO § 867) gelten (Denkschrift S 60) (aus Abs 3 Satz 2, Abs 4; nur beschränkte Geltendmachung nach § 129; Vollstreckbarkeit nach § 132 Abs 1 Satz 1). Mit Rücksicht auf die Bedeutung, die dem Vermerk nach § 130 Abs 1 Satz 2 nach Bestimmung des Gesetzgebers (Denkschrift S 60) zukommt, ist nochmalige Eintragung dieser Besonderheiten mit ausdrücklicher Rangeintragung (für dieses aber[15]), desgleichen mit Eintragung des nach § 129 nur vorläufigen Vorrangs bestimmter Sicherungshypotheken (auch dafür[16]) nicht erforderlich (siehe auch Rdn 2.15).

2.13 Die Sicherungshypothek **entsteht** mit der Eintragung: Abs 3 Satz 1; das ist mit Unterzeichnung (GBO § 44 Abs 1, bei maschineller Grundbuchführung mit Speicherung, GBO § 129 Abs 1).

2.14 a) Eingetragen wird die Sicherungshypothek mit dem **Rang des Anspruchs,** für den die zu sichernde Forderung übertragen ist: Abs 1 Satz 1. Für Gläubigeransprüche **nach** bestehenbleibenden Rechten werden die Sicherungshypotheken daher (mit Rang unter sich wieder nach dem Rang der Ansprüche; auch bei Rangverlust nach § 110) an nächst offener Stelle (mithin mit Rang nach den bestehenbleibenden Rechten) eingetragen. Rang vor bestehenbleibenden Rechten erhält eine Sicherungshypothek, wenn der Anspruch, für den die zu sichernde Forderung übertragen ist, Vorrang hatte (auch als vorweg zu entnehmender Kostenanspruch nach § 109; als Anspruch in Rangklasse 1–3 des § 10 Abs 1; als bar zu zahlender Anspruch eines vorrangigen Grundpfandrechts). Für bare Nebenansprüche (Kosten, Zinsen und andere Nebenleistungen) aus einem bestehengebliebenen Recht wird die Sicherungshypothek mit Rang vor dem Hauptanspruch dieses Rechts eingetragen (§ 12)[17]. Ein nach § 91 Abs 2 durch Liegenbelassung bestehengebliebenes Recht behält seinen Vorrang vor der Sicherungshypothek für einen nachrangigen Anspruch, wobei Abs 3 Satz 2 nicht anzuwenden ist[18]. Die

---

[12] Steiner/Teufel § 128 Rdn 16.
[13] Dassler/Schiffhauer § 128 Rdn 9.
[14] RG 136, 91.
[15] Steiner/Teufel § 128 Rdn 39 und § 130 Rdn 34.
[16] Steiner/Teufel § 129 Rdn 9 und § 130 Rdn 35.
[17] Drischler RpflJahrbuch 1962, 322 (E III f 3); Fischer NJW 1956, 1095 (3).
[18] BGH KTS 1976, 231 = MDR 1976, 131 = NJW 1976, 805 = Rpfleger 1976, 10.

§ 128   2.14

Liegenbelassung geht der Sicherungshypothek vor = Kontinuität des Rechts[18] (§ 91 Rdn 3).

b) Das Rangverhältnis ist **vom Vollstreckungsgericht** festzustellen und im Eintragungsersuchen zu bezeichnen[19]. Die Eintragung in das Grundbuch bestimmt sich nach BGB § 879. Dargestellt wird das Rangverhältnis somit durch die Reihenfolge der Eintragungen (BGB § 879 Abs 1) oder durch einen Rangvermerk (BGB § 879 Abs 3); dieser wird bei allen beteiligten Rechten eingetragen (GBV § 18). Der Rang der Sicherungshypotheken ist auch gegenüber den bestehenbleibenden (auch liegenbelassenen) Rechten im Eintragungsersuchen zu bezeichnen und einzutragen.

2.15   Die Sicherungshypothek muß **wegen § 129** erkennen lassen, ob der Anspruch, für den die zu sichernde Forderung übertragen ist, ein Anspruch aus Rangklasse 1–3 des § 10 Abs 1, sonst ein Kosten-, Zins- oder Hauptanspruch war[20] (enger[21]: Beschränkung bringt bereits Eintragung auf Grund eines Zwangsversteigerungsverfahrens, § 130 Abs 1 Satz 1, zum Ausdruck). Sie sichert zwar die Forderung gegen den Ersteher (Abs 1 Satz 1), nicht die durch Zuschlag erloschene frühere Forderung gegen den Vollstreckungsschuldner (deren Befriedigung die Übertragung bewirkt, § 118 Abs 2 Satz 1). Der Anspruch, für den die Forderung übertragen ist, erlangt nach § 129 aber für die beschränkte Geltendmachung der Sicherungshypothek Bedeutung. Diese Beschränkung ist gesetzlicher Inhalt der Sicherungshypothek; Rangeintragung in das Grundbuch erfordert sie daher nicht (Rdn 2.12). Die für Darstellung der Beschränkung nach § 129 erforderliche Bezeichnung des Anspruchs, für den die Forderung übertragen ist, kann daher auch durch Bezugnahme auf das Eintragungsersuchen in das Grundbuch eingetragen werden. Das Eintragungsersuchen hat auszuweisen, ob der Anspruch, für den die zu sichernde Forderung übertragen ist, Anspruch aus Rangklasse 1–3 des § 10 Abs 1 oder Kosten-, Zins- oder Hauptanspruch war.

2.16   Eintragung der Sicherungshypothek mit dem Rang des Anspruchs gebietet auch Eintragung vor Rechten, die nach der Verkündung des Zuschlags eingetragen wurden (aber nicht zu löschen sind, § 130 Rdn 2). Das gilt auch, wenn der Zuschlag dem Schuldner-Eigentümer erteilt ist (so mit anderer Begründung auch[22]).

2.17   Beispiel für die Eintragung einer Sicherungshypothek bei § 129 Rdn 2.9. Zur Sicherungshypothek im ZVG-Handbuch Rdn 558–563.

2.18   Gegen die Eintragung der § 128-Sicherungshypothek gibt es keine Möglichkeit eines „Vollstreckungsschutzes", weil es sich ja nicht um eine Zwangsvollstreckung handelt (Rdn 2.2).

2.19   Die § 128-Sicherungshypothek hat seit 1. 1. 1978 den **gesetzlichen Löschungsanspruch** aus BGB § 1179 a, da für sie im Gesetz keine Ausnahme vorgesehen ist (wie zB für die Arresthypothek)[23]. Über diesen Löschungsanspruch § 114 Rdn 9.

2.20   Soweit der **Ersteher** selbst etwas **aus dem Erlös zu erhalten** hat, muß auch ohne seine ausdrückliche Befriedigungserklärung sein Anspruch als durch Vereinigung von Forderung und Schuld erloschen behandelt werden; er gilt als befriedigt und es wird mangels einer Forderung **keine Sicherungshypothek** eingetragen[24], ausgenommen dann, wenn gegen diesen Anspruch des Erstehers nach § 115 Widerspruch erhoben ist[24] oder wenn das Recht des Erstehers mit dem Recht eines Dritten belastet war[24]; dann ist dieses Recht mit einzutragen: jedoch

---

[19] Jaeckel/Güthe §§ 128, 129 Rdn 4; Reinhard/Müller § 128 Anm IV.
[20] Reinhard/Müller § 128 Anm IV.
[21] Jaeckel/Güthe §§ 128, 129 Rdn 10.
[22] Meyer-Stolte Rpfleger 1983, 240.
[23] Mohrbutter KTS 1978, 17 (Fußnote 14); Stöber Rpfleger 1977, 425 (V 4 b).
[24] Fischer NJW 1956, 1095 (3).

ist ein Pfändungspfandrecht an einem durch Zuschlag erloschenen Grundpfandrecht, wenn es noch nicht eingetragen war, nicht mit einzutragen[25] (den Nachteil hat der betreffende Pfändungsgläubiger als Folge der unterlassenen Grundbucheintragung zu tragen[25]).

2.21 Wird bei **Teilungsversteigerung** das Grundstück einer Erbengemeinschaft einem Miterben zugeschlagen und die Forderung gegen den Ersteher unter Bestellung einer Sicherungshypothek auf die Erbengemeinschaft übertragen, so steht diese allen zur gesamten Hand zu[26]. Zur Entscheidung[26] sagt ein unrichtiger Leitsatz: „Haben aber die Miterben schon vorher vereinbart, daß jedem von ihnen ein bestimmter Bruchteil an zu übertragender Forderung und Sicherungshypothek zustehen solle, so beruht der Anspruch der übrigen gegen den Ersteher auf der Auseinandersetzung der Miterben; die Hypothek ist in Höhe des Anteils des Erstehers Eigentümerhypothek geworden; in Höhe der Anteile der anderen steht dem Ersteher bis zur Eintragung einer Forderungsauswechslung im Grundbuch (BGB § 1180) gegen die Geltendmachung der Sicherungshypothek durch die Erbengemeinschaft eine Einrede zu". Entgegen diesem Leitsatz lag aber in Wahrheit der Fall so, daß die Miterben sich geeinigt hatten, aus der um der amtlichen Wertermittlung wegen formell durchgeführten Versteigerung solle die Sicherungshypothek des § 128 zwar formell den Anspruch auf Bargebotszahlung sichern, materiell aber in festgelegter Höhe die Erbansprüche der Kinder sichern und in der Resthöhe der Erstehérin (Mutter) zustehen; erst hierdurch ist eine Forderungsauswechslung erfolgt; durch die bloße Einigung, nach der Versteigerung gemäß BGB §§ 2042, 752 teilen zu wollen, wäre dies nicht geschehen. Nur mit dieser Einschränkung ist der Leitsatz anwendbar.

2.22 Die Sicherungshypothek des § 128 kann ohne Zustimmung der nachrangigen Beteiligten in eine **Briefhypothek umgewandelt** werden: BGB § 1186. Auch diese Hypothek behält aber die der Sicherungshypothek anhaftenden Beschränkungen aus Abs 3 Satz 2 und § 129. Ein gutgläubiger Erwerb ohne diese Beschränkungen ist ausgeschlossen, weil die Sicherungshypothek besonders gekennzeichnet wird (§ 130 Abs 1 Satz 2).

2.23 Zur Eintragung der Sicherungshypothek auf einem versteigerten **Erbbaurecht** ist die Zustimmung des Grundstückseigentümers nicht nötig. Das Belastungsverbot aus ErbbauVO § 5 hindert die Eintragung nicht, weil sie eine gesetzliche Folge des zulässigen Versteigerungsverfahrens und das unter den entsprechenden Voraussetzungen erfolgten Zuschlags ist[27]. Auch kann aus der eingetragenen Sicherungshypothek, wenn sonst zur Vollstreckung die Zustimmung nötig wäre, ohne diese Zustimmung vollstreckt werden.

2.24 Eintragung der Sicherungshypothek auf einer (vormaligen) **Reichsheimstätte** war schon früher ohne Zustimmung des Ausgebers möglich. Nach Aufhebung des RHeimstG (§ 15 Rdn 31.2) besteht keine Besonderheit mehr.

2.25 Die Sicherungshypothek ist auch auf einem sogenannten **Entschuldungsbetrieb** (soweit noch vorhanden) zulässig, auch sonst unbeschränkt auf **landwirtschaftlichen** Grundstücken. Für früheres **Heuerlingseigentum** besteht ein besonderer Schutz nicht mehr (§ 15 Rdn 24). Eintragung der Sicherungshypothek aus § 128 ist ohne Einschränkung zulässig.

Grundbucheingetragenes Recht eines Dritten (Absatz 1 Satz 2)

3.1 War das **Recht eines Gläubigers** (der nicht Ersteher ist) auf Befriedigung aus dem Grundstück (an dessen Stelle jetzt die übertragene Forderung mit Siche-

---

[25] RG 60, 221 (223).
[26] BayObLG 1954, 101 = BayJMBl 1954, 125 Leitsatz.
[27] Drischler RpflJahrbuch 1962, 322 (E III f 1) und 1973, 328, (5 i); Pöschl BWNotZ 1956, 41 (2).

§ 128 3.1 Verteilung des Erlöses

rungshypothek getreten ist) **mit dem Recht eines Dritten belastet** (Pfandrecht, Nießbrauch) und ist die Belastung aus dem Grundbuch ersichtlich (Abs 1 Satz 2) oder dem Vollstreckungsgericht nachgewiesen[28], so wird die Belastung mit der Sicherungshypothek eingetragen. Das Recht des Dritten setzt sich (nach dem Surrogationsgrundsatz) an der übertragenen Forderung fort. Die Miteintragung eines grundbuchersichtlichen Rechts zu dessen Wahrung ist Aufgabe des Vollstreckungsgerichts. Das Grundbuchersuchen aus § 130 muß sich daher hierauf erstrecken, muß auch etwaige mehrere Pfändungen desselben Anspruchs im dafür bestehenden Rangverhältnis eintragen lassen[29], ausgenommen, wenn eine anderweitige Vereinbarung der betreffenden Beteiligten oder eine gerichtliche Entscheidung hierüber vorliegt[29].

3.2 Belastung eines Rechts des Erstehers mit dem Recht eines Dritten siehe § 128 Rdn 2.20.

4 Grundstückseigentümer: Sicherungshypothek für Überschuß (Abs 2)

Die Sicherungshypothek wird für den **Eigentümer** des Grundstücks zur Zeit des Zuschlags eingetragen, soweit die Forderung gegen den Ersteher **unverteilt geblieben** ist: Abs 2. Dem bisherigen Eigentümer steht die Forderung auf Zahlung des Bargebots als Gegenwert für den Eigentumserwerb des Erstehers mit Zuschlag zu (§ 118 Rdn 2.1). Sie verbleibt ihm insoweit, als sie nicht nach §§ 118 ff auf einen Berechtigten übertragen wird. Forderungsübertragung erfolgt an den Vollstreckungsschuldner für den Erlösüberschuß nicht (§ 118 Rdn 3.2). In Ansehung des Überschusses hat daher Sicherung des letzten Eigentümers mit Eintragung einer Sicherungshypothek zu erfolgen. **Mehreren** Eigentümern zur Zeit des Zuschlags steht der unverteilte Erlösüberschuß gemeinschaftlich in ihrem bisherigen Rechtsverhältnis zu. Die Sicherungshypothek ist für sie daher mit den Anteilen dieser Berechtigten in Bruchteilen (zu dieser im Rechtssinn ungeteilten Forderung § 118 Rdn 3.2) oder mit dem für ihre Gemeinschaft maßgebenden Rechtsverhältnis einzutragen (GBO § 47).

5 Keine Benachteiligung durch Eigentümerrecht (Absatz 3 Satz 2)

Befriedigt der Ersteher den Gläubiger einer Sicherungshypothek oder erlischt die Forderung aus einem anderen Grund, so geht die Sicherungshypothek auf den **Ersteher** als Eigentümer über: BGB § 1163 Abs 1. Die Sicherungshypothek kann dann aber (ebenso auch in jedem anderen Fall der Vereinigung mit dem Eigentum in einer Person) **nicht zum Nachteil** eines bestehengebliebenen Rechts oder einer anderen Sicherungshypothek dieses Verfahrens geltend gemacht werden: Abs 3 Satz 2. Grund (Denkschrift S 60): Zur Begründung der Sicherungshypothek wäre es gar nicht gekommen, wenn der Ersteher seine Zahlungsverpflichtung rechtzeitig erfüllt hätte; aus der verspäteten Erfüllung sollen ihm daher keine Rechte zum Nachteil der Gläubiger erwachsen, die ihrerseits Anspruch auf Barzahlung im Verteilungstermin hatten oder für die Rechte bestehen geblieben sind. In dieser Weise beschränkt in der Geltendmachung der Sicherungshypothek, die Eigentümergrundschuld geworden ist, ist auch jeder Rechtsnachfolger des Eigentümers (Zessionar, Pfändungsgläubiger).

6 Sicherungshypothek bei bedingter Forderungsübertragung

6.1 Bei **bedingter Übertragung** der Forderung gegen den Ersteher ist zu **unterscheiden,** ob das Bargebot vom Ersteher (unbedingt) geschuldet wird und die (bestehende) Forderung gegen ihn auf mehrere Berechtigte jeweils unter entge-

---

[28] Dassler/Schiffhauer § 128 Rdn 16; Steiner/Eickmann § 128 Rdn 23; Fischer NJW 1956, 1095 (3).
[29] Fischer NJW 1956, 1095 (3).

Sicherungshypothek für Forderungen und Übererlös 6.3 § 128

gengesetzter Bedingung übertragen wird (so in den Fällen der § 119 mit § 120 Abs 1 Satz 2 bei aufschiebend bedingtem Anspruch, § 121 Abs 2 für Deckungskapital, § 123 Abs 2 für Wegfall der Erstberechtigung nach Gesamtrechtsvorschriften und § 124 Abs 2 für den bei Widerspruch streitigen Betrag; diese Vorschriften befassen sich mit den sofort zu zahlenden Beträgen, § 125 Rdn 1.1), oder ob eine (dann weitergehende) Zahlungspflicht des Erstehers ungewiß oder streitig ist (Fall des § 125 Abs 2) und daher Übertragung nur unter der entsprechenden Bedingung erfolgt.

6.2 Wenn Übertragung nur unter der Bedingung erfolgt ist, daß vom Ersteher ein (weiterer) Betrag zu zahlen ist, kann auch die Sicherungshypothek nur unter der entsprechenden Bedingung eingetragen werden. Die bedingte Übertragung hat dann nur eine **bedingte Berechtigung** für die Forderung gegen den Ersteher begründet. Grundstücksbelastung sieht § 128 für deren Sicherstellung vor; diese kann daher nur mit Eintragung einer der Berechtigung entsprechenden Sicherungshypothek erfolgen. Für den durch bedingte Zuteilung eines **Zuzahlungsbetrags** (§ 125 Abs 2) Berechtigten wird daher eine **bedingte Sicherungshypothek** eingetragen. In das Grundbuch selbst muß dabei die Tatsache, daß die Sicherungshypothek bedingt ist, eingetragen werden; auf das Eintragungsersuchen kann wegen der Voraussetzung der Bedingung Bezug genommen werden[30]. Diese Sicherungshypothek ist, wie die Zuteilung, von dem (ungewissen oder streitigen) Wegfall des bestehen gebliebenen Rechts abhängig[31]. Das Grundstück ist damit auch in der Schwebezeit nicht doppelt belastet; an ihm lastet nur entweder das bei Feststellung des geringsten Gebots berücksichtigte Recht oder (wenn dieses nicht besteht oder nicht fortbesteht, §§ 50, 51) die Sicherungshypothek für die dann vom Ersteher zu leistenden Zuzahlungsbetrag.

6.3 In anderen Fällen der bedingten Übertragung ist das vom Ersteher zu zahlende Bargebot übertragen, für die bestehende Forderung gegen den Ersteher somit eine (unbedingte) Sicherungshypothek einzutragen. **Bedingt** ist in diesen Fällen nicht die Sicherungshypothek (als Grundstücksbelastung), sondern mit den Ansprüchen, für die die Forderung gegen den Ersteher übertragen worden ist, die **jeweilige Gläubigerrecht** der unter jeweils entgegengesetzter Bedingung Berechtigten. Es ist die (eine) Forderung gegen den Ersteher auf die (mehreren) Berechtigten unter der (jeweils entgegengesetzten) Bedingung übertragen (siehe den Wortlaut des § 120 Abs 1), für diese Forderung somit **eine** (unbedingte) Sicherungshypothek für jeden Berechtigten „unter der entsprechenden Bedingung" einzutragen (so auch[32]) (nicht also für jeden Berechtigten selbständig eine jeweils entsprechend bedingte Sicherungshypothek). Diese Sicherungshypothek steht bis Eintritt einer aufschiebend bedingten Berechtigung des Hauptberechtigten (zB § 119 mit § 120 Abs 1 Satz 2, § 121 Abs 2) dem Hilfsberechtigten zu, desgleichen ab Wegfall einer auflösend bedingten Berechtigung des zunächst Hauptberechtigten (zB § 123 Abs 2, § 124) mit der Maßgabe, daß während der Schwebezeit nach § 120 Abs 2 nur gemeinschaftliche Empfangsberechtigung gegeben ist (§ 120 Rdn 3) (zur Hypothek für mehrere, zeitlich aufeinanderfolgende Berechtigte unter je entgegengesetzter Bedingung[33]). Eintragungsersuchen und Grundbucheintragung müssen die bedingten Berechtigungen genau erkennen lassen. Ein Hinweis darauf, daß später der endgültig Berechtigte eingetragen werde, ist nicht einzutragen. Sicherzustellen ist in Eintragungsersuchen und bei Grundbucheintragung jedoch, daß Eintragung „jeweils mit dem **Rang** des Anspruchs" erfolgt, für den durch „anderweite" Zuteilung zum Zuge kommenden (sonst ausfallenden) Gläu-

---

[30] Haegele/Schöner/Stöber, Grundbuchrecht, Rdn 266.
[31] Motive zum ZVG S 303.
[32] Jaeckel/Güthe §§ 128, 129 Rdn 3; Korintenberg/Wenz § 120 Anm 3, §§ 122, 123 Anm 2, § 124 Anm 1, 2 und § 128 Anm 2.
[33] Haegele/Schöner/Stöber, Grundbuchrecht, Rdn 1923.

§ 128   6.3   Verteilung des Erlöses

biger somit mit dem Rang seines Anspruchs[34]. Fassung zB: „Für den Fall, daß die Bedingung ausfällt, ist die Forderung dem C übertragen. Die Hypothek hat in diesem Fall den Rang nach der Post . . ."

6.4 Ein **Altenteiler,** dem für seine Drei-Monats-Raten-Ansprüche die Forderung übertragen ist (§ 118 Rdn 2) – bedingte Forderungsübertragung –, kann den jeweils unbedingt fällig gewordenen Betrag auf Grund formlosen Antrags und unter Beifügung einer Lebensbescheinigung als unbedingtes Recht für sich eintragen lassen[35].

6.5 Wenn die Sicherungshypothek für einen bedingt Berechtigten nach Widerspruch gegen den Teilungsplan eingetragen worden ist (§ 124 Abs 2 mit § 120) ist das Grundbuchamt nach Ablauf der Frist aus ZPO § 878 oder nach Feststellung des Berechtigten im Widerspruchsprozeß durch das Vollstreckungsgericht von Amts wegen um Berichtigung zu ersuchen (§ 124 Rdn 3.4).

7   Wiederversteigerung (Absatz 4)

7.1 Die Eintragung der Sicherungshypothek dient der nur vorübergehenden Sicherstellung der Forderung gegen den Ersteher. Bei erneuter Versteigerung des Grundstücks soll die Sicherungshypothek, wenn sie dem Gläubigeranspruch vorgeht und damit in das geringste Gebot aufzunehmen ist (§ 44), daher nicht bestehen bleiben. Bei **jeder** neuen **Versteigerung** desselben Objekts (Grundstück, Grundstücksbruchteil), aus dem die Forderungsübertragung erfolgt ist, also sowohl bei der Wiederversteigerung nach § 133 wie bei einer normalen Versteigerung[36] ist der zur Deckung der Sicherungshypothek erforderliche Betrag deshalb **in bar** zu entrichten: Abs 4 (als Erweiterung von § 49). Das bedeutet, er muß in das geringste Bargebot der neuen Versteigerung aufgenommen werden; die Sicherungshypothek erlischt mit dem Zuschlag (§ 91 Abs 1). Dabei ist gleichgültig, ob das Grundstück bei neuer Versteigerung noch dem Ersteher oder einem Rechtsnachfolger als Eigentümer gehört.

7.2 Es gilt hier also eine **Abweichung von § 49** über die Aufnahme von Ansprüchen in das geringste Bargebot, wenn eine § 128-Sicherungshypothek in das geringste Gebot fällt (weil sie dem bestrangig betreibenden Gläubiger vorgeht) und somit nach § 52 bestehenbleiben müßte[37]. Diese Ausnahme gilt auch, wenn die Sicherungshypothek nachträglich in eine gewöhnliche Sicherungshypothek nach BGB § 1186 umgewandelt worden ist[38] (anders[39]). Die Vorschrift des Abs 4 schließt also die des § 52 aus[39].

7.3 Fällt in der neuen Versteigerung die § 128-Sicherungshypothek **nicht in das geringste Gebot,** weil sie dem bestrangig betreibenden Gläubiger nachgeht oder gleichsteht oder weil aus ihr betrieben wird, dann trifft Abs 4 nicht zu[40] weil hier das Recht (falls es natürlich zum Zuge kommt) ohnehin aus dem Bargebot zu befriedigen ist.

7.4 Abs 4 **will verhindern, daß** die § 128-Sicherungshypothek, deren Betrag schon in der ersten Versteigerung bar hätte bezahlt werden müssen, im neuen geringsten Gebot wieder **bestehenbleibt;** er will erreichen, daß sie dann ins geringste Bargebot kommt; er will aber nicht bewirken, daß alle § 128-Sicherungshypotheken, also auch die in der neuen Versteigerung ganz normal erlöschenden (Rdn 7.3) durch Barzahlung zu sichern seien.

---

[34] Dassler/Schiffhauer § 130 Rdn 30; Korintenberg/Wenz § 120 Anm 3.
[35] Drischler KTS 1971, 145 (XII).
[36] Fischer NJW 1956, 1095 (3).
[37] Fischer NJW 1956, 1095 (3); Drischler RpflJahrbuch 1974, 335 (B IX).
[38] RG 162, 24.
[39] Taeger, Sicherungshypothek § 128 ZVG (1912), S 44.
[40] Drischler RpflJahrbuch 1974, 335 (B IX).

[Beschränkte Geltendmachung der Sicherungshypotheken]

129 Die Sicherungshypothek für die im § 10 Nr 1 bis 3 bezeichneten Ansprüche, für die im § 10 Nr 4 bezeichneten Ansprüche auf wiederkehrende Leistungen und für die im § 10 Abs 2 bezeichneten Kosten kann nicht zum Nachteile der Rechte, welche bestehen geblieben sind, und der übrigen nach § 128 Abs 1, 2 eingetragenen Sicherungshypotheken geltend gemacht werden, es sei denn, daß vor dem Ablaufe von sechs Monaten nach der Eintragung derjenige, welchem die Hypothek zusteht, die Zwangsversteigerung des Grundstücks beantragt. Wird der Antrag auf Zwangsversteigerung zurückgenommen oder das Verfahren nach § 31 Abs 2 aufgehoben, so gilt er als nicht gestellt.

Allgemeines zu § 129　　　　　　　　　　　　　　　　　　　　　　　　　　　　　　1

1.1 Zweck der Vorschrift: Vorsorge für bestehenbleibende Rechte und Hauptsacheansprüchen aus den übrigen Sicherungshypotheken vor dauerndem Nachteil durch den zur Deckung von Kosten, Zinsen und anderen Nebenleistungen bestimmten Teil einer Sicherungshypothek und vor Sicherungshypotheken für die in § 10 Abs 1 Nr 1–3 bezeichneten Ansprüche. Belastungen, die als nur vorübergehende bei ordentlicher Wirtschaft bald weggefertigt werden, sollen zügig beigetrieben werden, bei Säumnis daher den Wert der Kapitalbelastungen nicht dauernd schmälern[1]. Was hier von Sicherungshypotheken gesagt ist, gilt bei Schiffs- und Schiffsbauwerkversteigerungen für die dort (§ 162 Rdn 3) einzutragenden Schiffshypotheken und bei Versteigerung von Luftfahrzeugen für die dort einzutragenden Registerpfandrechte.

1.2 Anwendungsbereich: Die Vorschrift gilt für alle Versteigerungsverfahren des ZVG.

„Rang" der Sicherungshypothek für bestimmte Ansprüche　　　　　　　　　　　　2

2.1 Bestimmte Sicherungshypotheken für übertragene Forderungen **verlieren nach einiger Zeit ihren Rang:** Satz 1. Sie dürfen dann nicht mehr zum Nachteil bestimmter anderer Rechte geltend gemacht werden, sondern treten hinter diese sogenannten „Dauerrechte" zurück. Betroffen werden vom Rangverlust solche Sicherungshypotheken, die aus Ansprüchen der Rangklassen 1–3 oder aus Ansprüchen auf wiederkehrende Leistungen der Rangklasse 4 oder aus Kostenerstattungsansprüchen des § 10 Abs 2 entstanden sind: Satz 1. **Nicht** betroffen vom Rangverlust werden aber die Sicherungshypotheken für die vorweg aus der Masse zu entnehmenden Verfahrenskosten des § 109 (für die Gerichtskasse/Amtskasse oder den Gläubiger, der einen Vorschuß geleistet hatte)[2]. Nicht betroffen werden Sicherungshypotheken, die aus Ansprüchen der Rangklassen 7–8 entstanden sind[2]; man kann hier nicht entgegen dem Gesetz sagen, für sie sei eine Besserstellung nicht beabsichtigt und sie würden trotzdem vom Rangverlust betroffen[3] (anders[4]: das müsse man sogar annehmen); man darf nicht von dem klaren Gesetzeswortlaut hier abweichen. Nicht betroffen sind daher vom Rangverlust auch Sicherungshypotheken für übertragene Forderungen aus früheren Ansprüchen der Rangklasse 6, die das Gesetz hier nicht nennt. Die Ausdrucksweise des ZVG ist nur insoweit nicht ganz richtig, als § 129 von „Sicherungshypotheken für die im § 10 . . . bezeichneten Ansprüche" spricht statt genau von „Sicherungshypotheken für übertragene Forderungen, entstanden für frühere Ansprüche der Rangklasse . . ."[4]; ein Mißverständnis ist aber durch diese abgekürzte Ausdrucksweise nicht möglich.

---

[1] Jaeckel/Güthe §§ 128, 129 Rdn 10.
[2] Drischler RpflJahrbuch 1962, 322 (E III f 5).
[3] Jaeckel/Güthe § 129 Rdn 10.
[4] Dassler/Schiffhauer § 129 Rdn 1; Korintenberg/Wenz § 129 Anm 1 d; Steiner/Teufel § 129 Rdn 3.

§ 129 2.2 — Verteilung des Erlöses

2.2 Um den Rangverlust der betroffenen Ansprüche beachten zu können, ist es nötig, daß Eintragung „auf Grund eines Zwangsversteigerungsverfahrens erfolgt" (§ 130 Abs 1 Satz 2; hierzu § 128 Rdn 2.12) und die Voraussetzungen der Beschränkung der Sicherungshypothek **aus der** Grundbucheintragung **ersichtlich** sind; hierfür ist Bezugnahme auf das Eintragungsersuchen ausreichend (§ 128 Rdn 2.15).

2.3 Die **Frist,** binnen deren zur Wahrung des Ranges etwas geschehen muß, ist sechs Monate ab Eintragung der Sicherungshypothek: Satz 1. Die Frist läuft für jeden Gläubiger gesondert (es ist etwa möglich, daß für einen Gläubiger erst im Wege nachträglicher Berichtigung des Eintragungsersuchens die Sicherungshypothek eingetragen wurde).

2.4 Vor Ablauf der genannten Frist **muß,** wenn der Rangverlust vermieden werden soll, der Berechtigte die Zwangsversteigerung des Grundstücks **beantragen:** Satz 1. Wird der Versteigerungsantrag wieder zurückgenommen oder wird das neue Versteigerungsverfahren aufgehoben, weil Fortsetzungsantrag binnen 6 Monaten nicht gestellt wurde, so gilt der Versteigerungsantrag als nicht gestellt: Satz 2. Dieser Aufhebungstatbestand war früher in § 31 Abs 2 geregelt; die Bestimmung betrifft seit dem Änderungsgesetz 1953 § 31 Abs 1 Satz 2; Anpassung des Wortlauts von Satz 2 (damit auch eine Rechtsänderung) ist jedoch nicht erfolgt (vgl auch § 118 Rdn 4.7). Aufhebung aus anderem Grund (zB nach § 77) beendet die rangwahrende Wirkung des rechtzeitigen Antrags nicht. Rangwahrend wirkt der Antrag nur für denjenigen, der ihn gestellt hat, auch für ihn nur zu der Sicherungshypothek, aus der er gestellt ist. Sobald ein solcher Antrag gestellt ist, können die übrigen Antragsberechtigten, um ihre Frist zu wahren, dem Verfahren beitreten. Wer von den Antragsberechtigten weder anordnen läßt noch beitritt, kommt nach Ablauf seiner Frist durch den **Rangverlust** (irreparabel) hinter die sogenannten „Dauerrechte", die nicht von diesem Rangverlust betroffen werden. Die wegen Rangverlust zurücktretenden Sicherungshypotheken bleiben, wenn es mehrere sind, dabei unter sich im bisherigen Rangverhältnis. Unzulässig wäre der Versteigerungs- oder Beitrittsantrag mit der Erklärung, es solle nur die Frist gewahrt, über den Antrag aber nicht entschieden werden; es muß also wirklich ein Versteigerungsverfahren gewollt sein. Wird der Versteigerungsantrag zurückgenommen, kann er nur, wenn die ursprüngliche Frist noch nicht abgelaufen ist, in dieser Frist neu gestellt werden. Bei Rücknahme des Anordnungsantrags werden natürlich die fristgerechten Beitritte nicht berührt, sie wahren ihre Frist weiterhin.

2.5 Da der Rang der durch Rangverlust bedrohten Rechte durch Versteigerungsantrag noch kurz vor Ablauf der Frist gewahrt werden kann (aber auch nur den Versteigerungsantrag), muß dann, wenn vor Fristablauf die **Zwangsverwaltung** angeordnet wird, in dieser der auf solche Rechte entfallende Zinsbetrag **hinterlegt** werden, bis feststeht, ob durch rechtzeitigen Versteigerungsantrag der Rang gewahrt oder durch versäumten der Rang verloren ist. Nach Fristablauf ohne Versteigerungsantrag ist dann der **Teilungsplan** der Zwangsverwaltung **zu ändern;** die ihres Ranges verlustigen Gläubiger müssen jetzt hinter die anderen zurücktreten und die aus dem früheren Rang hinterlegten Zinsen müssen an die jetzt nächstfolgenden Berechtigten ausbezahlt werden. Wurde der Versteigerungsantrag rangwahrend gestellt, so werden die hinterlegten Zinsen an den Berechtigten ausbezahlt. Er ist dann „an seiner Rangstelle" befriedigt und daher nicht zur Herausgabe nach Bereicherungsrecht verpflichtet, wenn der Zwangsversteigerungsantrag wieder zurückgenommen wird (die Zwangsversteigerung kann nach Befriedigung des Gläubigers ja nicht durchgeführt werden).

2.6 Vorsorglich ist dabei vom Gläubiger einer Sicherungshypothek mit drohendem Rangverlust aber **auch die Frist des** § 118 Abs 2 zu beachten. Er darf nicht zu früh die Versteigerung beantragen. Tut er dies nämlich schon binnen drei Monaten ab der Forderungsübertragung im Verteilungstermin, so wirkt für ihn diese Forderungsübertragung nicht mehr wie die Befriedigung aus dem Grundstück

Beschränkte Geltendmachung der Sicherungshypotheken 2.9 **§ 129**

(§ 118 Abs 2 Satz 2) mit all den Folgen dieses Verlustes (§ 118 Rdn 4). Die Gefahr ist nicht groß, weil in der Regel vom Verteilungstermin bis zur Eintragung der Sicherungshypothek ohnehin mehr als drei Monate verstreichen.

2.7 Der Rangverlust **verschlechtert** für die davon Betroffenen ihren Rang **gegenüber** den **Gläubigern** bestehenbleibender und liegenbelassener Rechte und gegenüber den Gläubigern aller aus demselben Versteigerungsverfahren eingetragenen §-128-Sicherungshypothek (Satz 1). Gegenüber der Letztgenannten gilt das nur, wenn diese ihrerseits ihre Frist gewahrt haben. Kein Rangverlust tritt aber ein gegenüber Ansprüchen auf §-128-Sicherungshypotheken aus einer nachfolgenden Versteigerung, bei der die bedrohte Sicherungshypothek durch die besondere Regel des § 128 Abs 4 ins geringste Gebot aufgenommen werden muß (natürlich an letzter Stelle hinter allen ihr ranglich vorgehenden Rechten).

2.8 Der geschilderte Rangverlust ist **nicht nur formell**, verfahrensrechtlich, er ist **auch materiellrechtlich** endgültig und kann nicht durch eine Bereicherungsklage ausgeglichen werden. Das unrichtig gewordene Grundbuch kann nach GBO § 22 berichtigt werden. Der dem vom Rangverlust bedrohten Recht zunächst gewährte **Rang** seiner Sicherungshypothek ist nur ein vorläufiger, **auflösend bedingt** durch den fruchtlosen Fristablauf.

2.9 Beispiel:
a) Eingetragen waren Hypotheken Nr 1–4; betrieben hat Nr 4; Nr 4 ist erloschen, Nr 1–3 bleiben bestehen. Auf das Bargebot wurde vom Ersteher nichts bezahlt; Sicherheitsleistung war nicht verlangt und nicht erfolgt.

b) Es sind nun Sicherungshypotheken für übertragene Forderungen wegen früherer Ansprüche in nachstehender Reihenfolge einzutragen und zwar als:
Nr 5 SichHyp für Verfahrenskosten der Gerichtskasse (oder des Gläubigers, der dafür Vorschuß geleistet hat, bei Teilvorschüssen erst für die Gerichtskasse, dahinter für den Gläubiger) mit Rang vor Nr 1–3, vor Nr 6 ff.
Nr 6 SichHyp für öffentliche Lasten (bei verschiedenen Ansprüchen wieder entsprechend mehrere, diese unter sich im gleichen Rang nach § 10 Abs 1 Nr 3) mit Rang vor Nr 1–3, nach Nr 5, vor Nr 7 ff.
Nr 7 SichHyp für wiederkehrende Leistungen aus Nr 1, mit Rang vor Nr 1–3, nach Nr 5–6, vor Nr 8 ff.
Nr 8 SichHyp für wiederkehrende Leistungen aus Nr 2, mit Rang vor Nr 2–3, nach Nr 1, 5–7, vor Nr 9 ff.
Nr 9 SichHyp für wiederkehrende Leistungen aus Nr 3, mit Rang vor Nr 3, nach Nr 1, 2, 5–8, vor Nr 10 ff.
Nr 10 SichHyp für Kosten aus Nr 4, mit Rang nach Nr 1–3, 5–9, vor Nr 11 ff.
Nr 11 SichHyp für wiederkehrende Leistungen aus Nr 4, mit Rang nach Nr 1–3, 5–10, vor Nr 12 ff.
Nr 12 SichHyp für Hauptsache aus Nr 4, mit Rang nach Nr 1–3, 5–11, vor Nr 13 ff.

c) In allen Fällen muß natürlich der Eintrag lauten: SichHyp für die im Zwangsversteigerungsverfahren K . . . des AG . . . übertragene Forderung des . . . gegen den Ersteher, entstanden aus . . . Unter Bezugnahme auf das Eintragungsersuchens des Amtsgerichts . . . vom . . . eingetragen am . . . (dazu § 128 Rdn 2); es ist hier nur die abgekürzte Form gebraucht, um die Übersicht zu erleichtern.

d) Die Reihenfolge der eingetragenen Rechte ist dann in den ersten sechs Monaten ab Eintragung der neuen Sicherungshypotheken: 5, 6, 7, 1, 8, 2, 9, 3, 10, 11, 12. Wird binnen sechs Monaten kein Versteigerungsantrag gestellt, so verlieren Nr 6–11 (nicht Nr 5, nicht Nr 12!) ihren Rang und rücken hinter die anderen und die Reihenfolge ist damit: 5, 1, 2, 3, 12, 6, 7, 8, 9, 10, 11. Stellt nur Nr 8 den Versteigerungsantrag, ist die Reihenfolge: 5, 1, 8, 2, 3, 12, 6, 7, 9, 10, 11 (hiervon kommen ins geringste Bargebot gemäß §§ 44, 128 Abs 4 die Nr 5, bestehenbleibt gemäß §§ 44, 52 die Nr 1). Stellt Nr 10 den Antrag, so ist die Reihenfolge: 5, 1,

§ 129 2.9 Verteilung des Erlöses

2, 3, 10, 12, 6, 7, 8, 9, 11 (im geringsten Bargebot Nr 5, bestehenbleibend Nr 1–3). Stellen Nr 8 und 10 den Antrag, so ist die Reihenfolge: 5, 1, 8, 2, 3, 10, 12, 6, 7, 9, 11 (geringstes Bargebot Nr 5, bestehenbleibend Nr 1). Stellt Nr 11 den Antrag, Reihenfolge: 5, 1, 2, 3, 11, 12, 6, 7, 8, 9, 10 (geringstes Bargebot Nr 5, bestehenbleibend Nr 1–3).

[Eintragungs- und Löschungsersuchen]

130 (1) **Ist der Teilungsplan ausgeführt und der Zuschlag rechtskräftig, so ist das Grundbuchamt zu ersuchen, den Ersteher als Eigentümer einzutragen, den Versteigerungsvermerk sowie die durch den Zuschlag erloschenen Rechte zu löschen und die Eintragung der Sicherungshypotheken für die Forderung gegen den Ersteher zu bewirken. Bei der Eintragung der Hypotheken soll im Grundbuch ersichtlich gemacht werden, daß sie auf Grund eines Zwangsversteigerungsverfahrens erfolgt ist.**

(2) **Ergibt sich, daß ein bei der Feststellung des geringsten Gebots berücksichtigtes Recht nicht zur Entstehung gelangt oder daß es erloschen ist, so ist das Ersuchen auch auf die Löschung dieses Rechtes zu richten.**

(3) **Hat der Ersteher, bevor er als Eigentümer eingetragen worden ist, die Eintragung eines Rechtes an dem versteigerten Grundstück bewilligt, so darf die Eintragung nicht vor der Erledigung des im Abs 1 bezeichneten Ersuchens erfolgen.**

Literatur: Helsper, Keine Grundbuchberichtigung ohne Unbedenklichkeitsbescheinigung, NJW 1973, 1485; Herzig, Wer hat im Zwangsversteigerungsverfahren die Unbedenklichkeitsbescheinigung zu beschaffen, wenn der Ersteher sich um sie nicht bemüht? JurBüro 1968, 868; Hornung, Löschung der nach Zuschlagsteilung „unwirksam" eingetragenen Rechte, Rpfleger 1980, 249; Meyer-Stolte, Eintragungen zwischen Zuschlag und Eigentumsberichtigung, Rpfleger 1983, 240; Weber, Grundbuchberichtigung ohne Unbedenklichkeitsbescheinigung, NJW 1973, 2015.

1 Allgemeines zu § 130

1.1 Zweck der Vorschrift: Klarstellende Regelung, daß das Vollstreckungsgericht nach Beendigung der Verteilung von Amts wegen zu veranlassen hat, daß die Veränderungen, die der Zuschlag in den Rechtsverhältnissen am Grundstück herbeigeführt hat, zur Eintragung in das Grundbuch (bei Schiffen, Schiffsbauwerken und Luftfahrzeugen in deren Register) gelangen, und daß bei Übertragung der Forderung gegen den Ersteher für die zu ihrer Geltendmachung Berechtigten eine Sicherungshypothek eingetragen wird (Denkschrift S 60).
1.2 Anwendungsbereich: Die Vorschrift gilt für alle Versteigerungen des ZVG.

2 Grundbuchersuchen zum Verfahrensabschluß (Absatz 1)

2.1 Wenn der **Zuschlagsbeschluß rechtskräftig** und der **Teilungsplan ausgeführt** ist, muß ein Eintragungsersuchen des Vollstreckungsgerichts an das Grundbuchamt ergehen: Abs 1 Satz 1. Die Rechtskraft des Zuschlags hat das Gericht von Amts wegen festzustellen (Einholung eines Notfristzeugnisses beim Beschwerdegericht). Der Teilungsplan ist erst ausgeführt, wenn Zahlung (§ 117) oder Forderungsübertragung (§ 118) an die Berechtigten erfolgt ist; eine abgesonderte Verwertung nach § 65 muß durchgeführt, eine Sicherheit muß nach § 108 verwertet sein. Die Ungewißheit einer Hilfsverteilung steht nicht entgegen. Die **Unbedenklichkeitsbescheinigung** des Finanzamts hinsichtlich der Grunderwerbsteuer muß vorliegen (GrEStG § 22). Nach Abtretung des Rechts aus dem Meistgebot (§ 81 Abs 2) kann die Eintragung erfolgen, wenn die Unbedenklichkeitsbe-

Eintragungs- und Löschungsersuchen 2.5 **§ 130**

scheinigung für den Übergang des Eigentums auf den Ersteher vorliegt; davon, daß auch für die Abgabe des Meistgebots eine Unbedenklichkeitsbescheinigung vorgelegt wird, kann die Eintragung des Erstehers nicht abhängig gemacht werden[1].

2.2 Die mit dem Zuschlag eingetretenen Rechtsänderungen werden **nur** auf Ersuchen des Vollstreckungsgerichts in das Grundbuch eingetragen (GBO § 38). Das Ersuchen ist daher **immer nötig.** Die Eintragungen und Löschungen können nicht etwa auf Antrag und Bewilligung der Beteiligten erfolgen. Für das Grundbuchamt ist allein das Ersuchen des Vollstreckungsgerichts Grundlage der Grundbucheintragung, nicht der Zuschlagsbeschluß oder das Protokoll über den Verteilungstermin. Das Ersuchen ersetzt als Eintragungsgrundlage[2] den sonst (GBO § 13 Abs 1) erforderlichen Eintragungsantrag, eine Eintragungsbewilligung (GBO § 19), Zustimmungen oder Erklärungen Dritter und einen Unrichtigkeitsnachweis nach GBO § 22. Das Ersuchen nach § 130 muß auch dann ausdrücklich gestellt und dem Grundbuchamt zugeleitet werden, wenn an beiden Stellen derselbe Rechtspfleger tätig ist.

2.3 Das Ersuchen hat die Grundbuchstelle zu bezeichnen (GBO § 28 Satz 1). Es muß, wie jedes behördliche Ersuchen nach GBO § 38, in der **Form** von GBO § 29 Abs 3 gestellt werden, somit schriftlich abgefaßt und **unterschrieben** (nicht ausgefertigt) und mit **Siegel** oder Stempel versehen sein[3]. Verwendung eines Vordrucks mit bereits aufgedrucktem Dienstsiegel genügt nicht[3]. Es darf nicht unter einem Vorbehalt gestellt werden (GBO § 16). Zuschlagsbeschluß oder Abschrift des Versteigerungs- oder Verteilungsprotokolls müssen nicht beigefügt werden[4]; unzulässig ist dies aber nicht. Beifügung des Zuschlagsbeschlusses ist zudem zweckmäßig, weil das Grundbuchamt Fehler erkennen könnte, die dem Gericht entgangen sind und auf die es das Grundbuchamt hinweisen muß. Über Briefe § 131 Rdn 2.

2.4 Die **Unbedenklichkeitsbescheinigung** des Finanzamts wegen der Grunderwerbsteuer (Rdn 2.1) muß dem Grundbuchersuchen beigefügt werden, falls sie nicht schon dem Grundbuchamt unmittelbar zugegangen ist (sie sollte unbedingt immer dem Vollstreckungsgericht zugehen, damit dieses überprüfen kann, ob sie mit seinem Zuschlag übereinstimmt, und damit das Grundbuchersuchen nicht verzögert wird). Das Eintragungsersuchen darf auf jeden Fall erst ergehen, wenn diese Bescheinigung erteilt ist und vorliegt. Für den Fall der **Wiederversteigerung** gibt es dabei Erleichterungen (§ 133 Rdn 2). Das Eintragungsersuchen darf nicht etwa „vorbehaltlich der nachzureichenden Unbedenklichkeitsbescheinigung" sofort nach dem Verteilungstermin abgesandt werden. Man muß in Kauf nehmen, daß ein abgeschlossenes Versteigerungsverfahren noch Jahre unerledigt bei Gericht ist. Jeweils nach einigen Monaten sollte man aber den **Ersteher** daran **erinnern,** daß er noch nicht eingetragen werden konnte. Um ein schwieriges Verfahren nicht aus dem Gedächtnis zu verlieren und um nicht insbesondere die Umstände komplizierter Forderungsübertragungen erneut durcharbeiten zu müssen, kann man das Eintragungsersuchen nach dem Verteilungstermin als **Entwurf zu den Akten** bringen, natürlich ohne Unterschrift und als Entwurf gekennzeichnet, damit es nicht aus Versehen abgesandt wird. Bei der endgültigen Fassung sollte es dann nochmals überprüft werden. In der Regel haben ja die Ersteher ein Interesse an baldiger Eintragung, da sie sonst keinen Kredit auf das Objekt aufnehmen können. Notfalls muß eben ein Gläubiger des Erstehers die Wiederversteigerung betreiben.

2.5 Ein **Negativzeugnis** der Gemeinde nach BauGB § 28 Abs 1, ist dem Ersuchen **nicht** beizufügen[5] (§ 81 Rdn 10.6).

---

[1] LG Lüneburg Rpfleger 1987, 105.
[2] Haegele/Schöner/Stöber, Grundbuchrecht, Rdn 199.
[3] Haegele/Schöner/Stöber, Grundbuchrecht, Rdn 201.
[4] Haegele/Schöner/Stöber, Grundbuchrecht, Rdn 997.
[5] Haegele/Schöner/Stöber, Grundbuchrecht, Rdn 998.

§ 130   2.6

2.6 Zweckmäßig wird eine **Abschrift** des Ersuchens sofort dem Ersteher (formlos) **zugeleitet,** bei besonderen Schwierigkeiten auch sonst Betroffenen, zB den Gläubigern der Sicherungshypotheken, um ihnen Hinweise auf Unrichtigkeiten zu ermöglichen. Der Geschädigte, der dann nichts unternimmt, muß sich bei Fehlern Mitverschulden entgegenhalten lassen.

2.7 Das Ersuchen dient der **formellen Abwicklung** des Zwangsversteigerungsverfahrens[6]. Es ist **keine Entscheidung** des Vollstreckungsgerichts (anders[6]), sondern **Verwaltungsmaßnahme**[7] (ähnlich[8]); es ist ein Ersuchen von Behörde zu Behörde, das zwar Rechte der Parteien berührt, aber keine ihnen gegenüber ergangene Entscheidung darstellt. Das Ersuchen ist nur für die formelle Abwicklung des Verfahrens, nicht für den materiellen Fortbestand des Rechts bedeutsam, auch nicht für Entscheidungen des Prozeßgerichts hierüber[9].

2.8 Zu **ersuchen** hat das Vollstreckungsgericht das Grundbuchamt
– den Ersteher als Eigentümer einzutragen,
– den Versteigerungsvermerk zu löschen,
– die durch den Zuschlag erloschenen Rechte zu löschen (ausgenommen die nach § 91 Abs 2 liegenbelassenen), und
– die Eintragung der Sicherungshypotheken für die Forderung gegen den Ersteher zu bewirken.

Falls ein im geringsten Gebot bestehengebliebenes Recht nicht besteht oder erloschen ist, ersucht das Gericht auch, dieses Recht zu löschen (Rdn 3).

2.9 Das Ersuchen geht auf **Berichtigung** des Grundbuchs[10]. Ersucht werden darf daher nur um Eintragung der Änderungen, die auf der Versteigerung beruhen[10]. Das Ersuchen muß genau wiedergeben, was der Zuschlagsbeschluß enthält[11]. Es darf nicht nachträglich Änderungen berücksichtigen, ausgenommen solche nach § 91 Abs 2, § 118 Abs 1, § 130 Abs 2. Andere Rechte als die § 128-Sicherungshypothek darf das Vollstreckungsgericht **nicht neu eintragen** lassen, auch wenn das als Versteigerungsbedingung festgelegt sein sollte. Auch **neue Nebenbestimmungen** liegenbelassener Rechte kann es **nicht** eintragen lassen.

2.10 Die vorzunehmenden Grundbucheintragungen sind in dem Ersuchen **genau zu bezeichnen.** Das Ersuchen darf nicht unter Bezugnahme auf Zuschlagsbeschluß und Teilungsplan die Feststellung, welche Eintragungen im einzelnen zu erfolgen haben, dem Grundbuchamt überlassen. Auch wenn (was nicht erforderlich ist) dem Ersuchen der Zuschlagsbeschluß und andere Unterlagen beigefügt sind, muß das Ersuchen in sich geschlossen sein; auf Anlagen kann es nur ergänzend Bezug nehmen. Allerdings kann nicht einfach auf die ganzen Versteigerungsakten verwiesen werden.

2.11 a) Der **Ersteher** ist in dem Ersuchen genau nach dem Zuschlagsbeschluß (dessen Datum anzugeben ist) zu bezeichnen, ohne Abweichung hiervon[11], und im Grundbuch unter der Angabe „auf Grund Zuschlags vom . . ." einzutragen.
b) Natürliche Personen sind mit Familien- und Vornamen, Stand und Wohnort und weiteren Unterscheidungsmerkmalen zu kennzeichnen. Nicht zweckmäßig ist die Angabe „sen" oder „jun", da nach zehn Jahren etwa der jun schon sen ist. Dafür sollte das **Geburtsdatum** angegeben werden, das jetzt im Grundbuch, wenn es bekannt ist, einzutragen ist (GBV § 15 Abs 1 a); das Vollstreckungsgericht soll es vor dem Zuschlag unbedingt ermitteln (Ausweise werden ihm ohnehin vorgelegt). **Juristische Personen** sind mit ihrer genauen gesetzlichen Bezeichnung zu benennen. Bei **Einzelkaufleuten** muß der bürgerliche Name angegeben werden.

---

[6] OLG Hamm JMBlNW 1961, 136.
[7] OLG Hamm JMBlNW 1961, 136; Jaeckel/Güthe § 130 Rdn 1 und 6.
[8] Dassler/Schiffhauer § 130 Rdn 13.
[9] RG 152, 104.
[10] OLG Hamm Rpfleger 1959, 130 mit zust Anm Stöber.
[11] OLG Hamm JMBlNW 1961, 136.

Eintragungs- und Löschungsersuchen 2.13 § 130

c) Der Ersteher ist in dem Ersuchen auch dann zu bezeichnen und einzutragen, wenn er nach Abgabe seines Meistgebots verstorben ist[12] (anders[13]: Grundbuchamt hat nach GBO § 82 zu verfahren und sogleich den Rechtsnachfolger einzutragen; verzögert Erledigung). Das Vollstreckungsgericht hat nicht von sich aus die Erben zu ermitteln. Anträge der Erben hierzu sind weiterzuleiten. Falls das Vollstreckungsgericht dennoch um Eintragung des Rechtsnachfolgers ersucht, muß das Grundbuchamt diese Rechtsnachfolge von sich aus überprüfen.

d) Der Ersteher ist **auch** dann neu einzutragen, **wenn** er schon vorher als **Eigentümer** oder Miteigentümer eingetragen war[14], wenn also der Vollstreckungsschuldner oder der Antragsteller bzw Antragsgegner der Teilungsversteigerung eingesteigert hat.

e) Bei **mehreren Erstehern** ist das genaue Anteilsverhältnis in Bruchteilen oder das für die Gemeinschaft maßgebende Rechtsverhältnis (zB Gütergemeinschaft) anzugeben.

f) Das **Datum** des Zuschlags ist wegen § 90 Abs 1 wichtig; es muß in dem Ersuchen bezeichnet werden; zur Bezeichnung des Zuschlagsbeschlusses als Eintragungsgrundlage (GBV § 9 Buchst d) wird es in Spalte 4 der Abteilung I eingetragen.

2.12 Um **Löschung des Versteigerungsvermerks** ist zu ersuchen, weil er seinen Zweck erfüllt hat. Zweckmäßig ist Hinweis auf das Eintragungsersuchen (notwendig ist das nicht); Beispiel: „... den nach dem Ersuchen vom ... eingetragenen Versteigerungsvermerk Abteilung II Nr 1 zu löschen". Wenn nur ein Grundstücksbruchteil versteigert worden ist, ist nur um Löschung des an ihm eingetragenen Vermerks zu ersuchen und erforderlichenfalls klarzustellen, daß der Versteigerungsvermerk am weiteren Miteigentum eingetragen bleibt.

2.13 a) Zu ersuchen ist um **Löschung** aller (nach § 91 Abs 1) **erloschenen Rechte,** ausgenommen diejenigen, für die rechtzeitig eine Vereinbarung über das Liegenbelassen (§ 91 Abs 2) vorliegt. Wenn vereinbart ist, daß ein durch den Zuschlag erloschenes Recht nur teilweise bestehen bleiben soll (auch ohne Nebenleistungen), dann ist um Löschung des nicht liegenbelassenen Teils zu ersuchen (ist nicht als Verminderung des Rechts nicht Inhaltsänderung)[15]. Die zu löschenden Rechte müssen einzeln angegeben und genau bezeichnet werden, so genau, daß keine Zweifel möglich sind (so auch[16]). Es darf nicht einfach ersucht werden, alle Rechte zu löschen, die nicht nach dem Zuschlag bestehen bleiben sollen; es darf auch nicht einfach auf das Verteilungsprotokoll verwiesen werden. Für zulässig gehalten wird es mitunter, im Eintragungsersuchen statt der zu löschenden Rechte die bestehenbleibenden aufzuzählen; das ist nicht richtig; wegen möglicher Irrtümer ist zudem hiervon abzuraten.

b) Das Löschungsersuchen muß **auch** die **nach Eintragung des Versteigerungsvermerks,** aber vor Zuschlagserteilung **eingetragenen Rechte** erfassen[17]. Auch sie sind einzeln aufzuführen und es ist nicht dem Grundbuchamt zu überlassen, „alle nach Eintragung des Versteigerungsvermerks bis zur Zuschlagserteilung in Abteilung II und III des Grundbuchs eingetragenen Rechte zu löschen"

---

[12] KG Berlin Rpfleger 1975, 133; Dassler/Schiffhauer § 130 Rdn 19; Haegele/Schöner/Stöber, Grundbuchrecht, Rdn 999; Kuntze/Ertl/Herrmann/Eickmann, Grundbuchrecht, § 38 Rdn 56; Drischler RpflJahrbuch 1962, 322 (J 1); Haegele Rpfleger 1976, 305 (J 4).
[13] Mohrbutter/Drischler Muster 144 Anm 7.
[14] Dassler/Schiffhauer § 130 Rdn 19; Mohrbutter/Drischler Muster 144 Anm 7; Drischler RpflJahrbuch 1962, 322 (J 3).
[15] OLG Köln Rpfleger 1983, 168.
[16] Dassler/Schiffhauer § 130 Rdn 23.
[17] Kuntze/Ertl/Herrmann/Eickmann, Grundbuchrecht, § 38 Rdn 49; Mohrbutter/Drischler Muster 144 Anm 8; Mohrbutter, Handbuch des Vollstreckungsrechts, § 48 (I); Drischler RpflJahrbuch 1962, 322 (J 1).

§ 130 2.13   Verteilung des Erlöses

(anders[18], auch[19]), weil das zu Irrtümern führen kann. Wo das Vollstreckungsgericht solche Eintragungen oder Änderungen nicht vollständig kennt, empfiehlt sich der Zusatz: „Falls weitere Rechte in Abteilung II oder III nach dem Versteigerungsvermerk eingetragen sind, die hier nicht genannt sind, wird um sofortige Mitteilung gebeten". Das Ersuchen kann dann gegebenenfalls nachträglich ergänzt werden.

c) Das Löschungsersuchen darf sich **nicht** auf die **nach der Verkündung des Zuschlags eingetragenen** Rechte erstrecken[20]. Diese sind wegen § 90 nicht entstanden und der Ersteher kann nach GBO § 22 die Grundbuchberichtigung herbeiführen[21]. Anders[22]: sie seien zu löschen, wenn sie auf Bewilligung des Vollstreckungsschuldners oder aus einem Titel gegen ihn eingetragen seien. Anders insbesondere auch[23], weil um Eintragung des Erstehers in der Weise zu ersuchen sei, daß der Buchinhalt mit dem durch den Zuschlag geschaffenen Rechtszustand übereinstimmt. Notwendigkeit für Löschung der nach dem Zuschlag eingetragenen Rechte soll daher aus dem Gesamtzusammenhang der Vorschriften zur Übernahme des Versteigerungsergebnisses in das Grundbuch, wegen Möglichkeit und Gefahr gutgläubigen Erwerbs durch Dritte, aber auch aus der dem Vollstreckungsgericht obliegenden Verfahrensfürsorge folgen. Das Vollstreckungsgericht hat jedoch nur die Eintragung der Veränderungen zu veranlassen, die der Zuschlag in den Rechtsverhältnissen am Grundstück herbeigeführt hat (Denkschrift S 60). Ein nach dem Zuschlag auf Bewilligung eingetragenes Recht kann mit Einwilligung des Erstehers erfolgen oder von ihm genehmigt, sonach wirksam geworden sein (BGB § 185); das Vollstreckungsgericht kann es daher nicht löschen lassen (zumal der Ersteher die Eintragung zur Finanzierung seines Meistgebots veranlaßt haben kann). Eine Zwangshypothek kann als fehlerhafte Vollstreckungsmaßnahme (weil der Titel gegen den früheren Eigentümer, nicht aber gegen den Ersteher als Eigentümer seit Zuschlag lautet) schon deshalb nicht von Amts wegen gelöscht werden (auch Ordnungswidrigkeit für Maßnahmen nach GBO § 53 ist nicht gegeben), weil selbst Beschwerde als Rechtsbehelf gegen die fehlerhafte Vollstreckungsmaßnahme nicht mit dem Ziel der Löschung zulässig ist (GBO § 71 Abs 2). Den Interessen des Erstehers trägt die Möglichkeit der Grundbuchberichtigung (mit Unrichtigkeitsnachweis nach GBO § 22) auch ausreichend Rechnung, jedenfalls dann, wenn man das Grundbuchamt für verpflichtet hält, ihm vor Vollzug des Eintragungsersuchens des Vollstreckungsgerichts (Löschung des Versteigerungsvermerks) Nachricht und Gelegenheit zu geben, Berichtigungsantrag zu stellen oder Eintragung eines Widerspruchs zu veranlassen.

d) Das Gericht kann den **Inhalt** bestehenbleibender (auch liegenbelassener) Rechte **nicht** ändern lassen[24], es hat mit deren Grundbuchinhalt nichts zu tun[25]. Es darf also auch bei den liegenbelassenen nichts ändern, außer daß diese nur zum Teil liegenbelassen werden und dann hinsichtlich des Restes gelöscht werden. Etwaige weitere **Anträge** und Wünsche kann es nur dem **Grundbuchamt zuleiten**. Wird eine Änderung doch eingetragen, so bleibt sie gültig und es ist Sache der Beteiligten, das Richtige herbeizuführen. Das Gericht kann auch nicht eine bedingte Umwandlung von Grundschulden in Sicherungshypotheken (bedingt für

---

[18] Kuntze/Ertl/Herrmann/Eickmann, Grundbuchrecht, § 38 Rdn 49.
[19] Mohrbutter/Drischler Muster 144 Anm 8.
[20] Dassler/Schiffhauer § 130 Rdn 26; Mohrbutter/Drischler Muster 144 Anm 8; Brand/Schnitzler, Grundbuchsachen, § 167 Abschnitt 3; Schiffhauer Rpfleger 1979, § 352 (Anmerkung).
[21] LG Darmstadt MittRhNotK 1979, 139; Mohrbutter/Drischler Muster 144 Anm 8.
[22] Kuntze/Ertl/Herrmann/Eickmann, Grundbuchrecht, § 38 Rdn 50; Steiner/Eickmann, § 130 Rdn 39; Meyer-Stolte Rpfleger 1983, 240 (1).
[23] Hornung Rpfleger 1980, 249.
[24] OLG Hamm MDR 1958, 44.
[25] Mohrbutter NJW 1955, 124 (4).

den Fall, daß der Widerspruch für begründet erachtet wird) eintragen lassen[26]. Es kann nicht, wenn ein Gläubiger auf eine nicht valutierte Grundschuld verzichtet und diese Eigentümergrundschuld wird, diese eintragen lassen.

e) Das Löschungsersuchen kann sich nur auf Objekte beziehen, die versteigert sind. Wenn also **Gesamtbelastungen** an Grundstücken erlöschen (BGB §§ 1181, 1182), so hat an jenen Objekten das Vollstreckungsgericht nichts berichtigen zu lassen, sondern es ist das Sache des Grundbuchamts von Amts wegen (GBO § 48) oder Sache der Beteiligten[27]. Etwaige Erklärungen der Beteiligten hierzu hat das Gericht dem Grundbuchamt zuzuleiten. Eine Ausnahme besteht bei § 64, wenn nach § 64 Abs 1 zugeschlagen wird; hier erlischt die Gesamthypothek auf jedem versteigerten Objekt in der Höhe, in der sie nicht mit einem Teilbetrag berücksichtigt worden ist (§ 64 Rdn 8).

f) Bei einer Bruchteilsversteigerung erlöschen **Grunddienstbarkeiten** und beschränkte persönliche Dienstbarkeiten auch am nicht versteigerten Teil, weil die Dienstbarkeit an einem Bruchteil nicht bestehen kann (§ 91 Rdn 2). Das Vollstreckungsgericht kann aber nur am versteigerten Teil löschen lassen[28]; das Grundbuchamt hat dann nach GBO § 53 von Amts wegen vorzugehen (dazu § 91 Rdn 2).

g) Wird das Grundstück dem daran **Vormerkungsberechtigten zugeschlagen,** so darf eine Auflassungsvormerkung und eine Löschungsvormerkung nicht gelöscht werden, wenn ihr Erlöschen nicht auf dem Zuschlag beruht[29] (anders[30]: werde eine Löschungsvormerkung gegenstandslos, weil sie für den Gläubiger eines nachrangigen Rechts eingetragen und dieser im Verteilungstermin voll befriedigt sei, dann könne sich das Löschungsersuchen auch auf sie erstrecken).

h) **Verfügungsbeschränkungen** des öffentlichen Rechts dürfen nicht gelöscht werden. **Heimstätteneigenschaft** § 15 Rdn 1.7. Der **Entschuldungsvermerk** dagegen (wo noch vorhanden) ist schon unmittelbar nach Rechtskraft des Zuschlags zu löschen, also nicht erst mit dem allgemeinen Ersuchen aus § 130 (hierzu 9. Aufl § 1 Anm 66). Zu löschen ist auch der **Konkursvermerk** und der **Nacherbenvermerk, nicht** aber jetzt schon der **Zwangsverwaltungsvermerk** (dieser erst, wenn das Zwangsverwaltungsverfahren tatsächlich aufgehoben wird, § 161 Rdn 3).

i) **Schiffshypotheken** dürfen dann nicht gelöscht werden, wenn die Schiffsbank selbst das Schiff ersteigert hat und das Nicht-Erlöschen verlangt (§ 91 Rdn 7).

2.14 Die einzutragenden **Sicherungshypotheken** für die Forderung gegen den Ersteher sind in dem Ersuchen einzeln zu bezeichnen jeweils mit Gläubiger (mehrere mit ihrem Gemeinschaftsverhältnis, GBO § 47), Geldbetrag der Forderung und Zinssatz (siehe BGB § 1115 Abs 1), sowie mit dem Rang des Anspruchs. Einzelheiten: § 128 Rdn 2. Das Vollstreckungsgericht hat nach Fertigung des Grundbuchersuchens des § 130 und der § 128 Rdn 6.5 bezeichneten Berichtigung **grundsätzlich nichts mehr** mit den Sicherungshypotheken **zu tun**. Eine Sicherungshypothek wird nicht eingetragen, wenn bis zur Absendung des Ersuchens aus § 130 an das Grundbuchamt entweder eine öffentlich beglaubigte Erklärung des Gläubigers vorgelegt wird, daß er befriedigt sei oder daß er auf die Sicherungshypothek verzichte, oder wenn bis dahin wirksam und unter Rücknahmeverzicht der darauf treffende Betrag hinterlegt wird[31]. Wenn das Erlöschen der übertragenen Forderung vor Eintragung der Sicherungshypothek dem Vollstreckungsgericht nicht

---

[26] OLG Hamm MDR 1958, 44.
[27] Mohrbutter/Drischler Muster 144 Anm 8; Kuntze/Ertl/Herrmann/Eickmann, Grundbuchrecht, § 38 Rdn 51; Drischler RpflJahrbuch 1962, 322 (J 3).
[28] OLG Frankfurt JurBüro 1979, 1232 = MittRhNotK 1979, 175 = Rpfleger 1979, 149.
[29] OLG Hamm aaO (Fußn 10).
[30] Stöber Rpfleger 1959, 131 (Anmerkung).
[31] OLG Oldenburg NdsRpfl 1956, 131; Steiner/Eickmann, § 128 Rdn 7.

§ 130 2.14 Verteilung des Erlöses

in öffentlich-beglaubigter Form zur Kenntnis gebracht worden ist, hat es später nicht mehr um Löschung der eingetragenen Sicherungshypothek zu ersuchen[32].

2.15 a) Das Grundbuchamt hat zu dem Ersuchen nur ein **formelles**, kein sachliches **Prüfungsrecht**[33]. Für Rechtmäßigkeit und Inhalt des Eintragungsersuchens ist allein das **Vollstreckungsgericht verantwortlich**[34]. Für das Grundbuchamt ist der Inhalt des Ersuchens bindend. Das Vollstreckungsgericht entscheidet auch, ob Rechte wirklich erloschen sind, ob die Forderung mit Recht übertragen ist, ob eine bedingte Sicherungshypothek nach § 125 zu Recht beantragt wird[35], welche Änderungen eingetragener Rechte und welche neuen Eintragungen zu erfolgen haben.

b) **Das Grundbuchamt hat zu prüfen,** ob die ersuchende Behörde zuständig ist, ob sich das Ersuchen im Rahmen der gesetzlichen Vorschrift nach §§ 130, 130 a, 131 hält, ob die verlangten Eintragungen den möglichen Inhalt dieses Ersuchens bilden können, in sich klar und eindeutig und ihrem Inhalt nach zulässig sind und ob sich nicht aus dem Inhalt des Grundbuchs Bedenken dagegen ergeben (ähnlich[35]), ob die sonstigen Eintragungsvoraussetzungen vorliegen (Eintragungsfähigkeit nach BGB § 1114), ob das Ersuchen sich auf das versteigerte Grundstück bezieht, ob das Ersuchen Siegel und Unterschrift trägt, auch ob die Unbedenklichkeitsbescheinigung vorliegt.

c) **Das Grundbuchamt hat nicht zu prüfen,** ob das Ersuchen materiell richtig ist[36], ob ein Recht tatsächlich erloschen ist, ob der Zuschlag rechtskräftig ist, ob ein Recht nach § 91 Abs 2 bestehenbleibt, ob eine Eintragung nach § 128 zulässig ist, ob eine Gebotegenehmigung vorliegt, ob für Erteilung des Zuschlags die Veräußerungszustimmung nach ErbbauVO § 5 oder WEG § 12 vorgelegen hat[37], ob sonst nötige Genehmigungen vorliegen. Dazu meint[38], ein offenbar unrichtiges Ersuchen, das den Inhalt des Grundbuchs unrichtig machen würde, könne nicht vom Grundbuchamt berücksichtigt werden (hier einfach kurze Rückfrage).

d) Zu den Amtspflichten des **Grundbuchamts** gehört es, das Vollstreckungsgericht **auf** erkennbare **Unrichtigkeiten,** zB offensichtliche Schreibfehler oder Widersprüche, **aufmerksam** zu **machen**[39]. Auch wird es bei Bedenken und Unklarheiten rückfragen[40].

e) Das Grundbuchamt **muß dem Ersuchen auch dann stattgeben,** wenn die Berechtigten einer vorgesehenen Sicherungshypothek nach dem Eingang des Ersuchens beim Grundbuchamt hierauf verzichtet haben[41] (es kann nur vorher verzichtet werden, § 128 Rdn 2) oder wenn der Ersteher sich im Konkursverfahren befindet oder wenn der Gläubiger eines zu löschenden Rechtes der Löschung widerspricht (seine Rechtspflegererinnerung/Beschwerde gegen die Löschung ist formell zulässig, aber sachlich erfolglos).

f) Das **Ersuchen** kann **nur einheitlich** ergehen und nur einheitlich erledigt oder beanstandet werden, kann also nicht zum Teil abgelehnt werden[41]. Das Vollstrek-

---

[32] AG Bonn DRpflZ 1979, 48.
[33] OLG Hamm Rpfleger 1955, 46 mit zust Anm Bruhn und MDR 1958, 44; Haegele/Schöner/Stöber, Grundbuchrecht, Rdn 219; Kuntze/Ertl/Herrmann/Eickmann, Grundbuchrecht, § 38 Rdn 81; Jaeckel/Güthe §§ 130, 131 Rdn 8; Mohrbutter/Drischler Muster 144 Anm 4; Drischler RpflJahrbuch 1962, 322 (J 3).
[34] OLG Hamm MDR 1958, 44; Haegele/Schöner/Stöber, Grundbuchrecht, Rdn 219.
[35] OLG Hamm MDR 1958, 44.
[36] KG Berlin DNotZ 1975, 105 = MDR 1975, 151 = Rpfleger 1975, 68; Haegele/Schöner/Stöber, Grundbuchrecht, Rdn 219.
[37] Haegele/Schöner/Stöber, Grundbuchrecht, Rdn 998.
[38] KG Berlin Rpfleger 1975, 68 = aaO (Fußn 36).
[39] OLG Hamm Rpfleger 1955, 46 mit zust Anm Bruhn.
[40] Jaeckel/Güthe §§ 130, 131 Rdn 8.
[41] OLG Oldenburg NdsRpfl 1956, 131.

Eintragungs- und Löschungsersuchen　　　　　　　　　　3.1　§ 130

kungsgericht darf darum kein Teilersuchen hinausgeben (etwa nur auf Löschung des Versteigerungsvermerks, weil die Unbedenklichkeitsbescheinigung für die Neueintragungen noch nicht vorliegt). Wenn das Vollstreckungsgericht etwas versäumt hat, muß es eben ergänzen.

2.16 a) Das Grundbuchersuchen kann, solange es nicht vollzogen ist, vom Vollstreckungsgericht von Amts wegen oder auf Antrag **geändert** (berichtigt oder ergänzt) werden[42]. Eine Berichtigung ist nötig, wo aus Versehen vom Zuschlagsbeschluß abgewichen war[43].

b) Das Ersuchen kann aber auch berichtigt werden, wenn es schon vollzogen ist[44] (dies spricht auch dagegen, daß es sich um eine Entscheidung handeln könnte). Wenn bestehenbleibende Rechte aus Versehen gelöscht sind, kann das Vollstreckungsgericht daher um Wiedereintragung ersuchen aber nur an nächstoffener Rangstelle und ohne Eingriff in Rechte Dritter (das Ersuchen ersetzt nicht die Eintragungsbewilligung eines Zwischenberechtigten). Nachtragsersuchen sind auch möglich, um erloschene Rechte zu löschen. Wenn allerdings nach Lage des Grundbuchs Rechte Dritter, die im Vertrauen auf das Grundbuch erworben haben, beeinträchtigt werden können, muß dabei das Grundbuchamt einen Widerspruch eintragen.

c) Wurde ein nach den Versteigerungsbedingungen nicht bestehen gebliebenes Recht auf Grund eines falschen Ersuchens nicht gelöscht, so kann das Vollstreckungsgericht sein Ersuchen insoweit ergänzen, wobei eine Bewilligung des Betroffenen nicht nötig ist; denn das Vollstreckungsgericht hat von Amts wegen für den richtigen Vollzug des Zuschlags zu sorgen.

d) Wurde ein richtiges Ersuchen des Vollstreckungsgerichts vom Grundbuchamt unrichtig vollzogen, so kann die Berichtigung sowohl auf Ersuchen des Vollstreckungsgerichts als auch auf Antrag und Bewilligung der Beteiligten erfolgen; immer aber nur dann, wenn Rechte Dritter hierdurch nicht beeinträchtigt werden.

2.17 Zum Grundbuchersuchen im ZVG-Handbuch Rdn 557–563 b. Besonderheiten beim gesetzlichen Löschungsanspruch: § 130 a.

2.18 Die vom Grundbuchamt dem Vollstreckungsgericht übersandte **Vollzugsmitteilung** hat das Gericht sofort zu prüfen.

2.19 Im Falle eines **Flurbereinigungsverfahrens,** in das die versteigerten Objekte einbezogen sind, darf das Ersuchen erst erfolgen, wenn zuvor die Ersatzgrundstücke an Stelle der alten Einlagegrundstücke im Grundbuch eingetragen sind[45]. Wurde während des Versteigerungsverfahrens ein **Grundstück zugemessen,** so ist zu beachten, was Einl Rdn 11, § 15 Rdn 21 ausgeführt ist.

2.20 Für die Eintragung des Erstehers und der Sicherungshypotheken fallen **Gebühren** nach der KostO an, die der Ersteher zu tragen hat. Die damit verbundenen Löschungen sind gebührenfrei. Ein Vorschuß ist nicht zu zahlen, weil es sich nicht um ein auf Antrag des Betroffenen vorzunehmendes Geschäft handelt, sondern um ein behördliches Ersuchen. Hierzu KostO § 2 Nr 2, § 8 Abs 1 Satz 1, §§ 60, 62, 63, 69 Abs 2.

Löschung eines nichtigen und erloschenen Rechts (Absatz 2)　　　　3

3.1 Ausnahmsweise ist das Ersuchen auch auf die Löschung eines bei Feststellung des geringsten Gebots berücksichtigten Rechts zu richten, wenn es **nicht zur**

---

[42] OLG Hamm JMBlNW 1961, 136; Jaeckel/Güthe § 130 Rdn 1 und 6; Haegele/Schöner/Stöber, Grundbuchrecht, Rdn 203; Kuntze/Ertl/Herrmann/Eickmann, Grundbuchrecht, § 38 Rdn 79.
[43] OLG Hamm JMBlNW 1961, 136.
[44] OLG Hamm JMBlNW 1961, 136; Dassler/Schiffhauer § 130 Rdn 10; Jaeckel/Güthe § 130 Rdn 1 und 6.
[45] OLG Oldenburg KTS 1975, 239.

Entstehung gelangt oder bereits **wieder erloschen** ist: Abs 2. Daß das Vollstreckungsgericht auch die Löschung dieser Rechte herbeiführt, dient der Rücksicht auf den Ersteher. Es muß die Nichtigkeit des Rechts (daß es nicht entstanden ist) oder das Erlöschen des Rechts (außerhalb von § 91 Abs 1) feststehen. Das kann nur der Fall sein, wenn die Zuzahlungspflicht des Erstehers für Einbeziehung in das Verteilungsverfahren (§ 125 Abs 1) dem Vollstreckungsgericht sicher bekannt war (§ 125 Rdn 2.4) oder wenn bis zur Absendung des Grundbuchersuchens die Nichtigkeit oder der Wegfall des Rechts (wie eines höchstpersönlichen Rechts eines Verstorbenen) urkundlich ausgewiesen ist. Wenn Ungewißheit oder Streit über das Bestehen eines Rechts aufkommt, ist Ausdehnung des Ersuchens auf die Löschung des bei Feststellung des geringsten Gebots berücksichtigten Rechts ausgeschlossen.

3.2 Bei bestehenbleibenden **Tilgungsrechten** müssen die getilgten Hauptsacheteilbeträge gelöscht werden, weil diese Rechte auch schon im geringsten Gebot als bestehenbleibend um die aus dem Bargebot getilgten Tilgungsbeträge gekürzt und insoweit erloschen sind (BGB § 1181 Abs 1)[46] (anders[47]).

4 Muster für Grundbuchersuchen

Es ist nicht möglich, alle vorkommenden Fälle auf einmal zu berücksichtigen. Auch die Vorschrift des § 130 a ist hier ausgespart. Es sei angenommen, daß aus dem Recht in Abteilung III Nr 3 des Grundbuchs betrieben wurde, daß also die Rechte Nr 3 und Nr 4 erloschen und die Rechte Nr 1 und Nr 2 bestehengeblieben sind. Dann könnte man etwa folgendes Grundbuchersuchen bekommen:
„. . . Unter Vorlage der Unbedenklichkeitsbescheinigung des Finanzamts . . . vom . . .[48] und der Ausfertigung des rechtskräftigen Zuschlagsbeschlusses vom . . .[49] wird nach Erlösverteilung gemäß ZVG § 130 **ersucht,** im Grundbuch für . . ., Band . . ., Blatt . . ., an Gemarkung . . ., Flurstück Nr . . ., bisher eingetragen auf . . .,
zu löschen:
In Abt II den Zwangsversteigerungsvermerk Nr . . . und . . .,
in Abt III die Hypothek Nr 3 in Höhe von . . . DM der . . . Bank AG und die Grundschuld Nr 4 in Höhe von . . DM des . . ., je mit Nebeneintragungen;
einzutragen:
in Abt I: Maier Josef, geb. am . . ., Maurer in . . ., auf Grund Zuschlagsbeschlusses des Amtsgerichts . . . vom . . ., K . . .;
in Abt III in folgender Reihenfolge:
Nr 5: Sicherungshypothek für dreihundert Deutsche Mark im Zwangsversteigerungsverfahren K . . . des Amtsgerichts . . . übertragene Forderung gegen den Ersteher[50] mit vier vom Hundert Zinsen[51] seit . . .[52] für den Freistaat Bayern (Gerichtskasse München) im Rang vor Nr 1 und 2[53]; soweit sich diese Sicherungshypothek mit dem Eigentum in einer Person vereinigt, kann sie nicht zum Nachteil der Rechte Nr 1–2, 6–17 geltend gemacht werden[54].

---

[46] Drischler RpflJahrbuch 1973, 328 (6 C).
[47] OLG Hamm JMBlNW 1960, 200 = Rpfleger 1960, 92.
[48] Vorlage ist nötig; dazu: 130 Rdn 2.
[49] Vorlage ist nicht nötig, aber ratsam; dazu: § 130 Rdn 2.
[50] § 118.
[51] BGB § 246.
[52] Tag des Verteilungstermins.
[53] § 109 Abs 1: Verfahrenskostenanspruch der Gerichtskasse hat im Rang vor allen bestehengebliebenen Rechten und vor allen anderen Ansprüchen.
[54] § 128 Abs 3 Satz 2: Die Herkunft der übertragenen Forderung aus Verfahrenskosten, Ansprüchen der Rangklassen 1–3, aus Kosten-, Zinsen-, Hauptsacheansprüchen von erlöschenden dinglichen oder von betreibenden persönlichen Rechten braucht nicht besonders

Eintragungs- und Löschungsersuchen 4 **§ 130**

Nr 6: Sicherungshypothek für einhundert Deutsche Mark im Zwangsversteigerungsverfahren K . . . des Amtsgerichts . . . übertragene Forderung gegen den Ersteher mit vier vom Hundert Zinsen seit . . . für Müller Franz, Schneider in . . ., im Rang vor Nr 1 und 2[55]; soweit sich diese Sicherungshypothek mit dem Eigentum in einer Person vereinigt, kann sie nicht zum Nachteil der Rechte Nr 1–2, 5, 7–17 geltend gemacht werden.

Nr 7: Sicherungshypothek für . . . Deutsche Mark im Zwangsversteigerungsverfahren K . . . des Amtsgerichts . . . übertragene Forderung gegen den Ersteher mit vier vom Hundert Zinsen seit . . . für Huber Anna, Hausfrau in . . ., im Rang vor Nr 1 und 2[56]; diese Sicherungshypothek kann nicht zum Nachteil der Rechte Nr 1–2, 5–6, 8–17 geltend gemacht werden, es sei denn, daß vor dem Ablauf von sechs Monaten nach dieser Eintragung derjenige, dem diese Hypothek zusteht, die Zwangsversteigerung des Grundstücks beantragt[57]; soweit sich diese Hypothek mit dem Eigentum in einer Person vereinigt, kann sie auch nach Ablauf der genannten Frist nicht zum Nachteil der Rechte Nr 1–2, 5–6, 8–17 geltend gemacht werden.

Nr 8: . . .[58]

Nr 9: Sicherungshypothek für . . . Deutsche Mark im Zwangsversteigerungsverfahren K . . . des Amtsgerichts . . . übertragene Forderung gegen den Ersteher mit vier vom Hundert Zinsen seit . . . für Bauer Xaver, Landwirt in . . ., im Rang vor Nr 2[59]; diese Sicherungshypothek kann nicht zum Nachteil der Rechte Nr 1–2, 5–8, 10–17 geltend gemacht werden, es sei denn, daß vor dem Ablauf von sechs Monaten nach dieser Eintragung derjenige, dem diese Hypothek, die Zwangsversteigerung des Grundstücks beantragt; soweit sich diese Hypothek mit dem Eigentum in einer Person vereinigt, kann sie auch nach Ablauf der genannten Frist nicht zum Nachteil der Rechte Nr 1–2, 5–8, 10–17 geltend gemacht werden.

Nr 10: . . .[60]

Nr 11: Sicherungshypothek für . . . Deutsche Mark im Zwangsversteigerungsverfahren K . . . des Amtsgerichts . . . übertragene Forderung gegen den Ersteher mit vier vom Hundert Zinsen seit . . . für Stark Georg, Förster in . . .[61]; diese Sicherungshypothek kann nicht zum Nachteil der Rechte Nr 1–2, 5–10, 12–17 geltend gemacht werden, es sei denn, daß vor dem Ablauf von sechs Monaten nach dieser Eintragung derjenige, dem diese Hypothek zusteht, die Zwangsversteigerung des Grundstücks beantragt; soweit sich diese Hypothek mit dem Eigentum in einer

---

gekennzeichnet zu werden, wenn wie hier die daran geknüpfte gesetzliche Beschränkung und der genaue Rang aus der Eintragung ersichtlich ist.

[55] § 109 Abs 1: Verfahrenskosten des betreibenden Gläubigers, der einen Vorschuß geleistet hat, an der Rangstelle der Gerichtskasse, aber hinter dieser.

[56] §§ 10, 12: Ansprüche der Gläubiger des bestehenbleibenden Rechts in der bisherigen Rangfolge, zuerst aus Kosten, dann aus wiederkehrenden Leistungen, je für sich getrennt und im Rang vor dem bestehenbleibenden Hauptsachebetrag selbst (Grundreihenfolge aus § 12: Kosten, Zinsen, Hauptsache); die Herkunft braucht hier nicht besonders gekennzeichnet zu werden, wenn Beschränkung und Rangfolge aus der Eintragung ersichtlich; hier also zunächst die angemeldeten Kosten aus dem Recht Nr 1.

[57] § 129 Satz 1; es ist zu empfehlen, auch diese nur vorübergehende Beschränkung wegen ihrer Bedeutung für den Rangverlust nach sechs Monaten zu kennzeichnen.

[58] Zinsenansprüche des Rechtes Nr 1, sonst wie Fußnoten 56–57; Rang vor dem Hauptanspruch, aber hinter den Kosten; Wortlaut wie bei SichHyp Nr 7, aber keine Nachteile für Rechte Nr 1–2, 5–7, 9–17.

[59] Kostenansprüche des Rechtes Nr 2, im Rang vor dessen Hauptsache, aber hinter dem Recht 1, sonst wie Fußn 56.

[60] Zinsenansprüche aus Recht Nr 2, Rang vor dessen Hauptanspruch, aber hinter den Kosten und hinter dem Recht Nr 1; sonst wie Fußnote 56; Wortlaut wie bei SichHyp Nr 9, aber keine Nachteile für Rechte Nr 1–2, 5–9, 11–17.

[61] Es folgen die Ansprüche der erloschenen Rechte, in der bisherigen Rangfolge, je in der Reihenfolge Kosten, Zinsen, Hauptanspruch; zunächst hier für die Kosten aus Recht Nr 3.

Person vereinigt, kann sie auch nach Ablauf der genannten Frist nicht zum Nachteil der Rechte Nr 1–2, 5–10, 12–17 geltend gemacht werden.
Nr 12: . . .[62]
Nr 13: Sicherungshypothek für . . . Deutsche Mark im Zwangsversteigerungsverfahren K . . . des Amtsgerichts . . . übertragene Forderung gegen den Ersteher mit vier vom Hundert Zinsen seit . . . für Stark Georg, Förster in . . .[63]; soweit sich diese Sicherungshypothek mit dem Eigentum in einer Person vereinigt, kann sie nicht zum Nachteil der Rechte Nr 1– 2, 5–12, 14–17 geltend gemacht werden.
Nr 14: Sicherungshypothek für . . . Deutsche Mark im Zwangsversteigerungsverfahren K . . . des Amtsgerichts . . . übertragene Forderung gegen den Ersteher mit vier vom Hundert Zinsen seit . . . für Hauser Rosa, Hausfrau in . . .[64]; diese Sicherungshypothek kann nicht zum Nachteil der Rechte Nr 1–2, 5–13, 15–17 geltend gemacht werden, es sei denn, daß vor dem Ablauf von sechs Monaten nach dieser Eintragung derjenige, dem diese Hypothek zusteht, die Zwangsversteigerung des Grundstücks beantragt; soweit sich diese Hypothek mit dem Eigentum in einer Person vereinigt, kann sie auch nach Ablauf der genannten Frist nicht zum Nachteil der Rechte Nr 1–2, 5–13, 15– 17 geltend gemacht werden.
Nr 15: . . .[65]
Nr 16: Sicherungshypothek für . . . Deutsche Mark im Zwangsversteigerungsverfahren K des Amtsgerichts . . . übertragene Forderung gegen den Ersteher mit vier vom Hundert Zinsen seit . . . für Hauser Rosa, Hausfrau in . . .[66]; soweit sich diese Sicherungshypothek mit dem Eigentum in einer Person vereinigt, kann sie nicht zum Nachteil der Rechte Nr 1– 2, 5–15, 17 geltend gemacht werden.
Nr 17: Sicherungshypothek für . . . Deutsche Mark im Zwangsversteigerungsverfahren K . . . des Amtsgerichts . . . übertragene Forderung gegen den Ersteher mit vier vom Hundert Zinsen seit . . . für die bisherigen je zu einem Viertel beteiligt gewesenen Grundstückseigentümer[67] Werner Karl, Landwirt in . . ., Strang Ludwig . . .; soweit sich diese Hypothek mit dem Eigentum in einer Person vereinigt, kann sie nicht zum Nachteil der Rechte Nr 1– 2, 5–16 geltend gemacht werden."

5 Rechtsbehelfe

5.1 Das Grundbuchersuchen nach § 130 ist als Verwaltungsmaßnahme (Rdn 2.7) mit **Vollstreckungserinnerung** nach ZPO § 766 anzugreifen[68]. Der frühere Eigentümer des Objekts kann nicht gegen die Eintragung des Erstehers aus einer Teilungsversteigerung einen Amtswiderspruch nach GBO § 53 eintragen lassen, weil die Eintragung des Erstehers unter Ausschluß der Beteiligten allein auf Ersuchen des Vollstreckungsgerichts erfolgt[69].

5.2 Verweigert das Grundbuchamt den **Vollzug** des vollstreckungsgerichtlichen Ersuchens oder stellt es Bedingungen, so ist das Vollstreckungsgericht gegen

---

[62] Wiederkehrende Leistungen aus dem Recht Nr 3, hinter dessen Kosten, sonst wie Fußnote 61.
[63] Hauptsache des erloschenen Rechts Nr 3, hinter dessen Kosten und Zinsen, sonst wie Fußn 61; für Hauptsachehypotheken aber keine Beschränkung nach § 129 Satz 1.
[64] Kosten aus dem Recht Nr 4, wie Fußn 61.
[65] Zinsen aus dem Recht Nr 4, wie Fußn 61; Wortlaut wie bei SichHyp Nr 14, aber keine Nachteile für Rechte Nr 1–2, 5–14, 16–17.
[66] Hauptsache aus dem erloschenen Recht Nr 4, wie Fußn 63.
[67] Es folgt nun der Übererlös, § 128 Abs 2; er geht unverteilt auf alle bisherigen Miteigentümer über; ihnen steht er zur gesamten Hand zu, nicht im alten Miteigentumsverhältnis, das aber zweckmäßig angegeben wird, um die außergerichtliche Auseinandersetzung zu erleichtern (anders: OLG Zweibrücken Rpfleger 1972, 168: im alten Anteilsverhältnis).
[68] AG Bonn DRpflZ 1979, 48 Leitsatz; Dassler/Schiffhauer § 130 Rdn 14; Mohrbutter/Drischler Muster 144 Anm 13.
[69] BayObLG JurBüro 1972, 815.

den Zurückweisungsbeschluß und die Zwischenverfügung (GBO § 18 Abs 1) beschwerdeberechtigt[70] und zwar erst Rechtspflegererinnerung, dann Grundbuchbeschwerde nach GBO § 71, auch weitere Beschwerde nach GBO § 78[71]). Beschwerde kann der Rechtspfleger des Vollstreckungsgerichts erheben; seine Zuständigkeit ist durch eine etwaige Vorlagepflicht (RpflG § 5 Abs 1 Nr 2) nicht eingeschränkt[72]. Auch Ersteher und Betroffene können in dieser Weise vorgehen. Verzögert das Grundbuchamt den Grundbuchvollzug, dann steht dem Vollstreckungsgericht ebenso wie Beteiligten die Dienstaufsichtsbeschwerde zu.

5.3 Wurde das Ersuchen **unrichtig vollzogen,** so kann die Berichtigung auf Ersuchen des Vollstreckungsgerichts wie auf Antrag und Bewilligung der Beteiligten erfolgen (dazu Rdn 2.16).

Zwischenzeitlich bewilligte Eintragung (Absatz 3) 6

6.1 Hat der **Ersteher,** bevor er als Eigentümer eingetragen ist, schon die **Eintragung** oder Änderung eines Rechts **bewilligt,** so darf diese vom Grundbuchamt nicht vor Erledigung des Grundbuchersuchens eingetragen werden: Abs. 3. Das gilt auch, wenn das Grundstück dem (als Eigentümer eingetragenen) Schuldner zugeschlagen wurde. Soweit solche Anträge beim Grundbuchamt vorzeitig eingehen, dürfen sie dort nicht nach GBO § 18 als unvollziehbar zurückgewiesen werden, sondern müssen mit dem Eingangsstempel versehen und **aufbewahrt** werden, bis das Eintragungsersuchen des Vollstreckungsgerichts eintrifft, um sie dann im unmittelbaren Anschluß an dieses zu vollziehen[73]. Auf den Grund, warum das Ersuchen des Vollstreckungsgerichts noch aussteht, kommt es dabei nicht an[74]. Zurückweisung hat daher auch zu unterbleiben, wenn der Ersteher die Unbedenklichkeitsbescheinigung des Finanzamts hinsichtlich der Grunderwerbsteuer noch nicht beigebracht hat[75], desgleichen, wenn das Eintragungsersuchen des Vollstreckungsgerichts zurückgewiesen worden ist[75] (das entspricht der Lage vor Eingang des Eintragungsersuchens). Es darf auch dem Ersteher (oder sonstigen Antragsteller) nicht mit Zwischenverfügung aufgegeben werden, die Voraussetzungen für den Vollzug des Eintragungsersuchens beizubringen[75]. Gleiches gilt für den **Antrag** eines Gläubigers des Erstehers auf Eintragung einer **Zwangs-** oder Arrest**hypothek.** Er darf nicht mit der Begründung zurückgewiesen werden, das Ersuchen des Vollstreckungsgerichts auf Berichtigung des Grundbuchs liege noch nicht vor[76]. Das Grundbuchamt hat einen solchen Antrag entgegenzunehmen, bei den Grundakten zu verwahren und im Anschluß an die Erledigung des Eintragungsersuchens des Vollstreckungsgerichts zu vollziehen[77]. Wenn der Ersteher inzwischen verstorben ist, hat das Grundbuchamt auf den Berichtigungsantrag der Erben auch diese einzutragen, nachdem zunächst, wie vom Vollstreckungsgericht ersucht, der Ersteher eingetragen ist.

6.2 **Erklärungen** und Anträge der Beteiligten über Löschungen oder Änderungen von Rechten (zB bei den liegenbelassenen Rechten) darf das Vollstreckungsgericht **entgegennehmen** und an das Grundbuchamt weiterleiten; es ist allerdings

---

[70] OLG Hamm Rpfleger 1955, 46 mit zust Anm Bruhn; Jaeckel/Güthe §§ 130–131 Rdn 8; Korintenberg/Wenz § 130 Anm 4; Steiner/Eickmann § 130 Rdn 16.
[71] OLG Hamm Rpfleger 1960, 92; Mohrbutter Rpfleger 1960, 203.
[72] BayObLG mitgeteilt Rpfleger 1981, 12.
[73] RG 62, 140 (144); LG Darmstadt MDR 1987, 332 = WM 1987, 636; Dassler/Schiffhauer § 130 Rdn 32; Steiner/Eickmann § 130 Rdn 49.
[74] LG Heilbronn MittBayNot 1982, 134.
[75] LG Darmstadt MDR 1987, 332 = WM 1987, 636.
[76] LG Lahn-Gießen Rpfleger 1979, 352 mit zust Anm Schiffhauer; Dassler/Schiffhauer § 130 Rdn 32.
[77] LG Lahn-Gießen aaO (Fußn 76).

§ 130 a 6.2 Verteilung des Erlöses

hierzu nicht verpflichtet. Eingegangen beim Grundbuchamt (GBO § 13) sind Eintragungsanträge mit Zugang an das Vollstreckungsgericht nicht. Für Erledigung von Eintragungen beim Grundbuchamt bestimmt sich die Reihenfolge (GBO § 17) nicht nach dem Zeitpunkt des Antragseingangs beim Vollstreckungsgericht. Für Beurkundung einer Eintragungsbewilligung oder einer sonstigen zur Eintragung erforderlichen Erklärung (GBO § 29) ist das Vollstreckungsgericht nur im Rahmen eines Prozeßvergleichs zuständig (BGB § 127 a; § 113 Rdn 2.5). Es kann nicht als Gericht der freiwilligen Gerichtsbarkeit eine Eintragungsbewilligung oder andere zur Eintragung erforderliche Erklärung beurkunden (BGB § 128) und Unterschriften nicht öffentlich beglauben (BGB § 129). Aufnahme von Erklärungen in einen Prozeßvergleich unterliegen aber einer Haftungsgefahr; die Beteiligten sollten insoweit an den Notar verwiesen werden (aus Haftungsgründen meint[78]: Aufnahme und Weitergabe dieser Vorgänge sei nicht Sache des Vollstreckungsgerichts). Urkunden, die sich mit Änderungen befassen und die zum Vollstreckungsgericht gelangen, hat dieses nicht erst mit seinem Ersuchen **an das Grundbuchamt zu leiten,** sondern sofort nach Erhalt gesondert[79]. Es hat auch, wenn der Ersteher stirbt, ihm zugehende Berichtigungsanträge der Erben dem Grundbuchamt zuzuleiten. Sein Ersuchen hat aber das Vollstreckungsgericht auf keinen Fall auf solche Vorgänge zu erstrecken[80]. Wird trotzdem auf das Ersuchen hin eingetragen, so können die Beteiligten und das Vollstreckungsgericht irrige Löschungen berichtigen lassen. Eine Liegenbelassungsvereinbarung ermöglicht das Bestehenbleiben eines Rechts nur mit seinem bisherigen Inhalt (§ 91 Rdn 3); die Vereinbarung des Gläubigers und Erstehers, daß für das weiterbestehende Recht teilweise andere Bedingungen gelten sollen, kann daher nicht Inhalt des Eintragungsersuchens sein[80].

[Löschungsanspruch im Eintragungsersuchen]

130 a (1) Soweit für den Gläubiger eines erloschenen Rechts gegenüber einer bestehenbleibenden Hypothek, Grundschuld oder Rentenschuld nach § 1179 a des Bürgerlichen Gesetzbuchs die Wirkungen einer Vormerkung bestanden, fallen diese Wirkungen mit der Ausführung des Ersuchens nach § 130 weg.

(2) **Ist bei einem solchen Recht der Löschungsanspruch nach § 1179 a des Bürgerlichen Gesetzbuchs gegenüber einem bestehenbleibenden Recht nicht nach § 91 Abs 4 Satz 2 erloschen, so ist das Ersuchen nach § 130 auf einen spätestens im Verteilungstermin zu stellenden Antrag des Anspruchsberechtigten jedoch auch darauf zu richten, daß für ihn bei dem bestehenbleibenden Recht eine Vormerkung zur Sicherung des sich aus der erloschenen Hypothek, Grundschuld oder Rentenschuld ergebenden Anspruchs auf Löschung einzutragen ist. Die Vormerkung sichert den Löschungsanspruch vom gleichen Zeitpunkt an, von dem ab die Wirkungen des § 1179 a Abs 1 Satz 3 des Bürgerlichen Gesetzbuchs bestanden. Wer durch die Eintragung der Vormerkung beeinträchtigt wird, kann von dem Berechtigten die Zustimmung zu deren Löschung verlangen, wenn diesem zur Zeit des Erlöschens seines Rechts ein Anspruch auf Löschung des bestehenbleibenden Rechts nicht zustand oder er auch bei Verwirklichung dieses Anspruchs eine weitere Befriedigung nicht erlangen würde; die Kosten der Löschung der Vormerkung und der dazu erforderlichen Erklärungen hat derjenige zu tragen, für den die Vormerkung eingetragen war.**

---

[78] Münchmeyer, Gefahren der Zwangsversteigerung (1901), (I 1) und (I 5).
[79] Brand/Schnitzler, Grundbuchsachen, § 167 Abschnitt 3.
[80] BayObLG mitgeteilte Rpfleger 1981, 12.

2.2 § 130 a

[Löschungsanspruch im Eintragungsersuchen] 1

1.1 Zweck der Vorschrift: Regelung der Wirkungen des gesetzlichen Löschungsanspruchs (BGB § 1179 a) des Gläubigers eines durch den Zuschlag erloschenen Rechts gegenüber einem bestehengebliebenen Grundpfandrecht nach Ausführung des Eintragungsersuchens des Vollstreckungsgerichts. In das ZVG eingefügt ist § 130 a seit 1. 1. 1978 durch das Gesetz vom 22. 6. 1977 (BGBl 1977 I 998). Gesetzesmaterialien[1].

1.2 Anwendungsbereich: Die Vorschrift gilt für alle Versteigerungsverfahren des ZVG, nicht jedoch für die Zwangsversteigerung von Schiffen und Schiffsbauwerken, weil in das Gesetz über Rechte an eingetragenen Schiffen und Schiffsbauwerken (vom 14. 11. 1940, BGBl I 1499) eine Vorschrift über den gesetzlichen Löschungsanspruch mit Vormerkungswirkungen nicht aufgenommen wurde, und ebenso nicht für die Zwangsversteigerung eines Luftfahrzeugs. Über entsprechende Anwendung der Vorschrift bei außergerichtlicher Einigung und Befriedigung: § 145.

Erlöschen der Vormerkungswirkung des Löschungsanspruchs (Abs 1) 2

2.1 (1) Der gesetzliche Löschungsanspruch nach BGB § 1179 a gegenüber einer gleich- oder vorrangigen Hypothek, Grundschuld oder Rentenschuld (künftig: Grundpfandrecht) ist **Inhalt** der begünstigten gleich- oder **nachrangigen** Hypothek, Grundschuld oder Rentenschuld (= Grundpfandrecht). Mit Eintragung des begünstigten Grundpfandrechts ist dieser Löschungsanspruch in gleicher Weise gesichert, als wenn zu seiner **Sicherung** eine **Vormerkung** (BGB § 883) in das Grundbuch eingetragen worden wäre (BGB § 1179 a Abs 1 Satz 3). Dieser **Löschungsanspruch erlischt nicht,** wenn mit dem Zuschlag das begünstigte Grundpfandrecht selbst erlischt und aus dem Grundstück nicht (oder nur teilweise, sonach nicht in voller Höhe) befriedigt wird (§ 91 Abs 4). Wegen jeder zur LöschungverpflichtendenVereinigung des betroffenen Grundpfandrechts mit dem Eigentum in einer Person, die **vor** dem Zuschlag eingetreten ist, besteht der gesetzliche Löschungsanspruch fort. Eine Vereinigung des bestehengebliebenen Grundpfandrechts mit dem Eigentum in einer Person, die nach dem Zuschlag eintritt, gibt dem Gläubiger des mit dem Zuschlag erloschenen begünstigten Rechts dagegen keinen Löschungsanspruch; der Ersteher ist als Eigentümer des Grundstücks dem Löschungsanspruch des mit dem Zuschlag erloschenen Grundpfandrechts nicht ausgesetzt. Bei vor dem Zuschlag bereits eingetretener Vereinigung von Eigentum und betroffenem Grundpfandrecht in einer Person kann der Löschungsberechtigte einen fortbestehenden Löschungsanspruch auch nach dem Zuschlag noch durchsetzen; die Löschung (Aufhebung) eines bestehenbleibenden Grundpfandrechts löst dann die Zuzahlungsverpflichtung nach § 50 Abs 2 Nr 1 aus.

2.2 Schutz vor Vereitelung eines solchen Anspruchs mit vormerkungswidriger Verfügung gewährleisten nach dem Erlöschen mit dem Zuschlag zunächst noch die Vormerkungswirkungen des eingetragenen begünstigten Grundpfandrechts (BGB § 1179 a Abs 1 Satz 3, §§ 883, 888). Wenn dieses Grundpfandrecht jedoch auf Grund des Ersuchens des Gerichts nach § 130 im Grundbuch gelöscht wird, ergeben sich Vormerkungswirkungen aus diesem nicht mehr. Die den gesetzlichen Löschungsanspruch sichernden Wirkungen einer Vormerkung fallen daher weg, wenn das begünstigte Grundpfandrecht in Ausführung des Ersuchens des Voll-

---

[1] Entwurf eines Gesetzes zur Änderung sachen- und grundbuchrechtlicher Vorschriften sowie von Vorschriften der Zivilprozeßordnung, des Gesetzes über die Zwangsversteigerung und die Zwangsverwaltung und der Kostenordnung, Bundestags-Drucksache 8/89 vom 4. 2. 1977; Beschlußempfehlung und Bericht des Rechtsausschusses (6. Ausschuß), Bundestags-Drucksache 8/359 vom 6. 5. 1977.

streckungsgerichts gelöscht wird: Abs 1. Für das Ende der Vormerkungswirkungen zugunsten des gesetzlichen Löschungsanspruchs sind damit klare Rechtsverhältnisse geschaffen.

2.3 Diese Regelung berührt das Fortbestehen des gesetzlichen Löschungsanspruchs selbst jedoch nicht. Als schuldrechtlicher Anspruch kann er auch wieterhin gegen den bisher verpflichteten Berechtigten des bestehengebliebenen Eigentümerrechts geltend gemacht werden. Mit Löschung tritt dann jedoch keine dem bestehengebliebenen Eigentümerrecht anhaftende auflösende Bedingung ein (ein nur schuldrechtlicher Anspruch ist nicht auflösende Bedingung des bestehengebliebenen Eigentümerrechts), so daß auch § 50 Abs 2 Nr 1 nicht mehr Grundlage für eine Zuzahlungspflicht des Erstehers sein kann. Die mit Löschung des bestehengebliebenen Eigentümerrechts eingetretene Entlastung des Erstehers von einer Erwerbspflicht kann daher nur nach Bereicherungsrecht ausgeglichen werden. Weil die Sicherungswirkungen einer Vormerkung (BGB §§ 1179 a Abs 1 Satz 3) nicht mehr bestehen, sind die nach Wegfall der Vormerkungswirkungen vorgenommenen Verfügungen über das Eigentümerrecht auch gegenüber dem Anspruchsberechtigten wirksam (BGB § 883 Abs 2), so daß er von einem Erwerber Zustimmung zu der für Verwirklichung des Anspruchs nötigen Grundbucheintragung nicht mehr verlangen kann (BGB § 888 Abs 1). Auch frühere vormerkungswidrige Verfügungen werden mit dem Erlöschen der Vormerkungswirkungen zugunsten des Löschungsanspruchs wirksam.

3 Ersuchen um Eintragung einer Vormerkung (Absatz 2)

3.1 Mit Eintragung einer **Vormerkung** zur Sicherung des sich aus der erloschenen begünstigten Hypothek, Grundschuld oder Rentenschuld ergebenden **Anspruchs auf Löschung** eines bestehengebliebenen Grundpfandrechts (Abs 2 Satz 1) ist die weitere Wahrung der Rechte des Löschungsberechtigten ermöglicht. Die Vormerkung sichert den Anspruch auf Löschung des bestehengebliebenen Grundpfandrechts weiter; die Vormerkung setzt die mit Eintragung des begünstigten Grundpfandrechts eingetretene Vormerkungssicherung des Löschungsanspruchs (BGB § 1179 a Abs 1 Satz 3) fort; an Stelle des gelöschten bisherigen Grundpfandrechts sichert die Vormerkung den gesetzlichen Löschungsanspruch vom gleichen Zeitpunkt an, von dem ab mit Eintragung des begünstigten Grundpfandrechts Vormerkungswirkungen bestanden (Abs 2 Satz 2; BGB § 1179 a Abs 1 Satz 3). Dem Berechtigten des Löschungsanspruchs gegenüber bleiben damit vormerkungswidrige Verfügungen unwirksam, die vor Erlöschen des begünstigten Grundpfandrechts mit dem Zuschlag oder von da an bis zur Eintragung der Vormerkung vorgenommen wurden; ebenso sind vormerkungswidrige Verfügungen unwirksam, die nach Eintragung der Vormerkung erfolgen.

3.2 Einzutragen ist die Vormerkung zur weiteren Sicherung des Löschungsanspruchs auf **Ersuchen** des Vollstreckungsgerichts: Abs 2 Satz 1. Mit dem Ersuchen um Eintragung der Vormerkung ist der Inhalt des Eintragungsersuchens des § 130 erweitert, so daß es nur einheitlich mit diesem ergehen kann und mit diesem vollzogen werden muß. Auszudehnen auf die Eintragung der Vormerkung ist das Ersuchen des Vollstreckungsgerichts nur auf **Antrag** des Berechtigten des gesetzlichen Löschungsanspruchs. Zu richten ist auf seinen Antrag das Ersuchen darauf, daß für ihn bei dem bestehenbleibenden Grundpfandrecht eine Vormerkung (BGB § 883) zur Sicherung des sich aus der erloschenen Hypothek, Grundschuld oder Rentenschuld ergebenden Anspruchs auf Löschung (BGB § 1179 a) einzutragen ist. Antragsbefugter Berechtigter des Löschungsanspruchs ist der Gläubiger (Berechtigte, § 117 Rdn 2) des gleich- oder nachrangigen Grundpfandrechts. Der Antrag ist beim Vollstreckungsgericht und **spätestens im Verteilungstermin** (vor dessen Abschluß) zu stellen. Auf einen später noch vor Absendung des Ersuchens gestellten Antrag kann das Vollstreckungsgericht um Eintragung der Vormerkung nicht mehr ersuchen (so auch[2]). Der Antrag kann im Verteilungstermin zu Protokoll des Gerichts oder vor dem Termin schriftlich oder zu Niederschrift der Geschäftsstelle gestellt werden. Rechtzeitig ist der Antrag auch dann gestellt, wenn der Antragsteller seine Legitimation als Anspruchsberechtigter (zB durch Vorlage des Briefes für das begünstigte Recht, von Abtretungserklärungen usw) erst nach dem Termin führt (so auch[3]). Für Wirksamkeit des rechtzeitig gestellten Antrags ist Bekanntgabe im Termin nicht vorgesehen; er wird mit Ersuchen um Eintragung der Vormerkung zur Sicherung des Löschungsanspruchs erledigt. Daß das Ersuchen auf Eintragung der Vormerkung auszudehnen ist, braucht im Verteilungstermin nicht angeordnet zu werden; klarstellende Feststellung sollte aber erfolgen. Ebenso braucht ein Antrag, dem nicht stattgegeben werden kann, nicht ausdrücklich zurückgewiesen zu werden (so auch[4]). Dem Antragsteller sollte jedoch vor Absendung des Eintragungsersuchens, das seinen Antrag nicht berücksichtigt, rechtliches Gehör gewährt werden. Rechtsbehelfe: Wie § 130 Rdn 5.

3.3 Auf das Antragsrecht hat das Gericht **hinzuweisen,** auch wenn dies im Gesetz nicht vorgesehen ist (Aufklärungspflicht: Einl Rdn 24)[5].

3.4 Voraussetzung für Erweiterung des Grundbuchersuchens durch Ersuchen um Eintragung einer Vormerkung für den gesetzlichen Löschungsanspruch ist neben dem Antrag des dazu Berechtigten, daß für den Antragsteller als Gläubiger des erloschenen Grundpfandrechts gegenüber dem bestehengebliebenen Grundpfandrecht nach BGB § 1179 a ein gesetzlicher Löschungsanspruch bestanden hat und daß der Anspruch nicht nach § 91 Abs 4 Satz 2 mit Befriedigung des Berechtigten aus dem Versteigerungserlös erloschen ist. Ob das der Fall ist, hat das Vollstreckungsgericht zu **prüfen.** Es hat aber nicht weitergehend auch noch zu prüfen, ob der Löschungsanspruch im Einzelfall durchsetzbar bestand und der Anspruchsberechtigte bei einer Löschung weitere Befriedigung erlangt hätte (anders[6]). Daß das bestehengebliebene Grundpfandrecht bei Erteilung des Zuschlags tatsächlich ganz oder zum Teil Eigentümergrundschuld war, muß daher weder nachgewiesen noch glaubhaft gemacht sein. Wenn der Löschungsanspruch selbst gesetzlich (zB gegenüber einer ursprünglichen offenen Eigentümergrundschuld nach BGB § 1196 Abs 3; beim Briefrecht nie feststellbar, weshalb dem Antrag zu entsprechen ist; gegenüber einer Sicherungshypothek für Inhaber- und Orderpapiere, BGB § 1187 Satz 4; für Altrechte) oder rechtsgeschäftlich mit Grundbucheintragung (BGB § 1179 a Abs 5) ausgeschlossen ist, kann einem Antrag nicht stattgegeben werden. Wenn jedoch der Löschungsanspruch gesetzlich besteht und nur streitig ist, ob er im Einzelfall gegeben ist und durchgesetzt werden kann, weil zB über das Entstehen einer Eigentümergrundschuld vor Erteilung des Zuschlags Ungewißheit besteht, weil Abtretung des Eigentümerrechts vor Entstehen des Löschungsanspruchs behauptet wird, weil der Geltendmachung des Anspruchs als Gegenrecht der Verzicht des Berechtigten entgegengehalten wird oder auch deshalb, weil nicht feststeht, ob der Anspruchsberechtigte mit Löschung weitere Befriedigung erlangen wird (das ist nicht der Fall, wenn ein bei Löschung zuzuzahlender Betrag voll auf Zwischenrechte entfallen würde, § 114 Rdn 9), hat das Vollstreckungsgericht auf Antrag um Eintragung der Vormerkung zu ersuchen. Für das Ersuchen um Eintragung der Vormerkung ist über die Voraussetzungen des § 130 a Abs 2 hinaus nicht bestimmt, daß die Druchsetzbarkeit des gesetzlichen Löschungsanspruchs im Einzelfall geprüft werden muß. Vielmehr ist für einen solchen Fall lediglich ein Anspruch auf Löschung der Vormerkung vorgesehen (§ 130 a Rdn 3.9). Klärung des zwischen den Beteiligten über den Anspruch bestehenden Streits hat daher im

---

[2] Dassler/Schiffhauer § 130 a Rdn 7; Steiner/Eickmann § 130 a Rdn 10.
[3] Dassler/Schiffhauer § 130 a Rdn 6.
[4] Dassler/Schiffhauer § 130 a Rdn 13; Steiner/Eickmann § 130 a Rdn 18.
[5] Mohrbutter KTS 1978, 17 (II 2).
[6] Dassler/Schiffhauer § 130 a Rdn 11.

Rechtsweg zu erfolgen. Das Vollstreckungsgericht hat hierüber nicht zu entscheiden.

3.5 Um Eintragung einer Vormerkung zur Sicherung des sich aus dem erloschenen begünstigten Grundpfandrecht ergebenden gesetzlichen Anspruchs auf Löschung ist auf Antrag auch zu ersuchen, wenn betroffenes Grundpfandrecht eine Hypothek ist, die **noch dem Eigentümer zusteht,** weil die Forderung nicht zur Entstehung gelangt ist (BGB § 1163 Abs 1 Satz 1). Der Löschungsanspruch besteht auch gegenüber einer solchen vor dem Zuschlag eingetretenen Vereinigung. Seiner Sicherung durch Vormerkung steht nicht entgegen, daß der Löschungsanspruch erst geltend gemacht werden kann, wenn sich ergibt, daß die zu sichernde Forderung nicht mehr entstehen wird (BGB § 1179 a Abs 2).

3.6 Wenn das nach dem Zuschlag bestehen gebliebene, vom Löschungsanspruch betroffene vor- oder gleichrangige Grundpfandrecht nicht zur Entstehung gelangt oder erloschen ist und deshalb nach § 130 Abs 2 mit gelöscht wird, scheidet die Eintragung einer Vormerkung zur Sicherung eines Löschungsanspruchs nach Abs 2 aus.

3.7 Zu **ersuchen** ist um **Eintragung einer Vormerkung** für den Anspruchsberechtigten zur Sicherung des sich aus dem erloschenen Grundpfandrecht ergebenden gesetzlichen Anspruchs (BGB § 1179 a) auf Löschung des bestehen gebliebenen Grundpfandrechts. Im Ersuchen sind daher zu bezeichnen: der Berechtigte des Anspruchs, das betroffene bestehenbleibende Grundpfandrecht, bei dem die Vormerkung einzutragen ist, und der zu sichernde gesetzliche Löschungsanspruch mit Angabe des erloschenen Grundpfandrechts, das ihn als begünstigtes Grundpfandrecht begründet hat. Die **Grundbucheintragung** hat den Gläubiger des gesicherten Löschungsanspruchs (den Vormerkungsberechtigten) namentlich (GBV § 15) anzugeben[7] sowie den Leistungsgegenstand mit Bezeichnung der Vormerkung zur Sicherung des Anspruchs auf Löschung eines bestimmten Grundpfandrechts zu nennen. Wenn die Vormerkung für mehrere Berechtigte gemeinschaftlich einzutragen ist, ist Angabe des Gemeinschaftsverhältnisses nach GBO § 47 nötig. Der Löschungsanspruch selbst, seine Anspruchsgrundlage und sein Umfang können durch Bezugnahme auf das Eintragungsersuchen (BGB § 874) bezeichnet werden, wenn in ihr das Grundpfandrecht angegeben ist, das nach BGB § 1179 a seinem Gläubiger den Anspruch gesetzlich begründet hat.

3.8 Vorlegung des über die betroffene Hypothek, Grundschuld oder Rentenschuld erteilten **Briefes** ist zur Eintragung der Vormerkung zur Sicherung des Löschungsanspruchs nicht erforderlich: § 131 Satz 2. Ebenso muß der Brief für die begünstigte Hypothek nicht vorliegen. Auch Voreintragung des Löschungsverpflichteten (GBO § 39 Abs 1) ist, ebenso wie im Falle des BGB § 1179, nicht erforderlich.

3.9 Durch die Eintragung der Löschungsvormerkung wird der davon betroffene Eigentümer mit seiner Verfügungsberechtigung über das Eigentümerrecht **beeinträchtigt,** wenn der Anspruch auf Löschung überhaupt nicht besteht oder wenn im Einzelfall dem Vormerkungsberechtigten zur Zeit des Erlöschens seines Rechts ein Anspruch auf Löschung des bestehen gebliebenen Grundpfandrechts nicht zustand oder wenn vom Vormerkungsberechtigten der Löschungsanspruch nicht mehr geltend gemacht werden kann, weil er auch bei Löschung keine weitere Befriedigung erlangen kann. In gleicher Weise können Dritte beeinträchtigt sein, die vor oder nach dem Zuschlag von dem nach der Vormerkung zur Löschung verpflichteten Eigentümer durch Verfügung (Abtretung, Verpfändung, Pfändung) Rechte an dem bestehenbleibenden Grundpfandrecht erworben haben. Ein demnach durch die Vormerkung Beeinträchtigter kann von dem Vormerkungsberechtigten **Zustimmung zur Löschung** der Vormerkung verlangen (Abs 2 Satz 3). Die durch solche Löschung notwendig entstehenden Kosten, auch Kosten für dazu

---

[7] Stöber Rpfleger 1977, 399 (IV 4).

erforderliche Erklärungen (Notarkosten für Unterschriftsbeglaubigungen) hat der Vormerkungsberechtigte zu tragen. Der Anspruch auf Zustimmung zur Löschung ist im Rechtsweg zu verfolgen; das Vollstreckungsgericht entscheidet über ihn nicht. Der Gläubiger des bestehenbleibenden Grundpfandrechts selbst kann von dem Berechtigten der Vormerkung Zustimmung zu dessen Löschung nicht verlangen; er ist durch die Eintragung der Vormerkung nicht beeinträchtigt. Die Vormerkung schützt vor Verfügungen, die den Löschungsanspruch beeinträchtigen würden, der gegen den (letzten oder einen früheren) Eigentümer besteht, betrifft also (nur) das Eigentümerrecht, richtet sich somit nicht gegen den (Fremd)Gläubiger des Grundpfandrechts und seinen Rechtsnachfolger. Dieser ist durch Eintragung der Vormerkung in der Verfügung über sein Grundpfandrecht nicht beeinträchtigt, von der Eintragung der Vormerkung sonach nicht betroffen und daher durch sie auch nicht beeinträchtigt.

3.10 Bestehen bleibt ein nach den Versteigerungsbedingungen an sich erlöschendes Grundpfandrecht, wenn das **Liegenbelassen** zwischen dem Berechtigten des Rechts und dem Ersteher vereinbart wird: § 91 Abs 2. Die Liegenbelassungsvereinbarung bewirkt, daß das Recht durch den Zuschlag überhaupt nicht erloschen ist; es wird grundsätzlich so behandelt, als ob es schon durch den Zuschlag bestehenbleiben würde (§ 91 Rdn 3). Damit bleibt auch der gesetzliche Lösungsanspruch als Inhalt eines solchen Rechts gegenüber anderen bestehenbleibenden Grundpfandrechten erhalten und nach BGB § 1179 a Abs 1 Satz 3 unverändert mit Vormerkungswirkungen gesichert. Nach Abs 2 kann eine Vormerkung zur Sicherung des Löschungsanspruchs des Gläubigers des infolge Liegenbelassungsvereinbarung bestehengebliebenen Grundpfandrechts daher nicht eingetragen werden. Ein bereits gestellter Antrag auf Eintragung einer solchen Vormerkung wird gegenstandslos, wenn die Liegenbelassungsvereinbarung erst nach dem Verteilungstermin, aber noch vor dem Grundbuchersuchen des § 130 nachgewiesen wird (§ 91 Abs 2). Wenn jedoch nur ein Teil des mit dem Zuschlag erloschenen Rechts infolge der Liegenbelassungsvereinbarung bestehen bleibt, kann Antrag auf Eintragung einer Vormerkung nach Abs 2 zur Sicherung des Löschungsanspruchs für den erloschenen weiteren Teil des Grundpfandrechts verlangt werden. Dazu auch ZVG-Handbuch Rdn 534 m.

3.11 Bleibt das vom Löschungsanspruch **betroffene** gleich- oder vorrangige **Grundpfandrecht,** das nach den Versteigerungsbedingungen erlöschen sollte, infolge **Liegenbelassungsvereinbarung** (§ 91 Abs 2) bestehen, dann ist auf Antrag das Ersuchen auch darauf zu richten, daß bei diesem Grundpfandrecht zur Sicherung eines Löschungsanspruchs eine Vormerkung einzutragen ist. Als rechtzeitiger Antrag (Abs 2 Satz 1) ist bereits die Geltendmachung des Löschungsanspruchs im Verteilungstermin gegen die Zuteilung auf das (zunächst) erloschene Recht zu werten, insbesondere für den Fall, daß die Erklärungen erst zwischen Verteilungstermin und Grundbuchersuchen nachgewiesen werden.

3.12 § 130 a regelt Besonderheiten, die aus dem gesetzlichen, mit Eintragung des begünstigten Grundpfandrechts vormerkungsgesicherten Löschungsanspruch nach BGB § 1179 a folgen. Für die Löschungsvormerkung des BGB § 1179 in der Fassung bis 31. 12. 1977 und in der Fassung ab 1. 1. 1978 ist entsprechende Anwendung nicht möglich.

3.13 Unterbleibt die Eintragung einer **Vormerkung** nach Abs 2, weil der anspruchsberechtigte Antrag nicht oder nicht rechtzeitig gestellt hat, dann bestimmt sich die Sicherung des fortbestehenden (Rdn 1) Löschungsanspruchs nur noch nach den allgemeinen Vorschriften (BGB § 883 Abs 1, § 885). Die Eintragung erfordert dann auch Voreintragung des Betroffenen (GBO § 39) und Briefvorlage (GBO §§ 41, 42). Die vom Betroffenen bewilligte oder auf Grund einer einstweiligen Verfügung einzutragende Vormerkung kann sogleich vollzogen werden; sie gehört nicht zu den vom Ersteher bewilligten Eintragungen, die nach § 130 Abs 3 erst nach Vollzug des Eintragungsersuchens des Gerichts möglich sind. Rückwir-

§ 130 a 3.13 Verteilung des Erlöses

kend auf den Zeitpunkt, von dem ab die Wirkungen des BGB § 1179 a Abs 1 Satz 3 bestanden (Abs 2 Satz 2) hat die bewilligte oder auf Grund einstweiliger Verfügung einzutragende Vormerkung des BGB § 883 nicht.

3.14 Zur Sicherung des Löschungsanspruchs nach BGB § 1179 a durch Eintragung einer Vormerkung mit Antrag des Berechtigten auch ZVG-Handbuch Rdn 534 f–m; Muster für Antrag dort Rdn 534 h.

4 Muster für Antrag und Eintragungsersuchen

4.1 Antrag: „... Als Gläubiger der mit dem Zuschlag erloschenen Hypothek im Betrage von ... DM Abteilung III Nr ... des Grundbuchs, die bei Erlösverteilung aus dem Grundstück nicht befriedigt worden ist, stelle ich *Antrag*, das Eintragungsersuchen des ZVG § 130 auch darauf zu richten, daß für mich bei der bestehenbleibenden Hypothek im Betrag von ... DM Abteilung III Nr ... des Grundbuchs, eingetragen auf den Namen von ... gemäß § 130 a Abs 2 eine Vormerkung zur Sicherung des sich aus der erloschenen Hypothek ergebenden Anspruchs auf Löschung (BGB § 1179 a) einzutragen ist."

4.2 Ersuchen: „... Es wird gemäß §§ 130, 130 a Abs 2 weiter ersucht, für ... (Bezeichnung des Berechtigten) bei der bestehenbleibenden Hypothek im Betrage von ... DM Abteilung III Nr ... des Grundbuchs, eingetragen auf den Namen von ... eine Vormerkung zur Sicherung des sich aus der erloschenen Hypothek zu ... DM, Abteilung III Nr ... des Grundbuchs ergebenden Anspruchs auf Löschung (BGB § 1179 a) einzutragen."

5 Zuzahlung und Sicherungshypothek

Die beantragte und auf Ersuchen des Vollstreckungsgerichts zur Sicherung des Löschungsanspruchs nach Abs 2 einzutragende Vormerkung sichert nur den weiterbestehenden Löschungsanspruch gegen vormerkungswidrige Verfügungen über das zu löschende Eigentümerrecht. Die Sicherungswirkungen ergeben sich aus BGB §§ 883, 888. Wenn der Anspruch mit Löschung des Eigentümerrechts erfüllt wird, fallen auch die Wirkungen der einzutragenden Vormerkung weg. Den **Zuzahlungsanspruch** an den Ersteher (§ 50 Abs 2 Nr 1) sichert die Löschungsvormerkung nicht. Der Zuzahlungsbetrag, den der Ersteher nach Aufhebung (Löschung) des infolge des Löschungsanspruchs auflösend bedingten bestehengebliebenen Grundpfandrechts nach § 50 Abs 2 Nr 1 noch zu leisten hat, ist nach § 125 Abs 1 durch Feststellung im Teilungsplan hilfsweise zu verteilen. Weil ungewiß oder wenn überhaupt streitig ist, ob Löschung des bestehengebliebenen Grundpfandrechts erfolgt oder erfolgen wird und daher ein weiterer Betrag zu zahlen ist, haben Zuteilung und Übertragung unter der entsprechenden Bedingung zu erfolgen (§ 125 Abs 2). Geltendmachung des Löschungsanspruchs, der die Ungewißheit begründet und Verteilung des Zuzahlungsbetrags unter der Bedingung, daß er zu leisten ist, erfordert (§ 125 Abs 2), kann ausdrücklich erfolgen. Geltendmachung des Löschungsanspruchs liegt aber auch bereits in dem Antrag, eine Löschungsvormerkung zur Sicherung des Anspruchs einzutragen (ebenso[8]). Der Antrag auf Eintragung der Vormerkung erfordert daher immer auch **Zuteilung** des noch ungewissen **Zuzahlungsbetrags** und Ausführung mit Übertragung der Forderung gegen den Ersteher (§ 125 Abs 1 und 2) und Eintragung einer Sicherungshypothek für die Forderung mit dem Rang des Anspruchs (§ 128). Der Gläubiger der Sicherungshypothek hat gegen den Ersteher als Eigentümer gegenüber vor- oder gleichrangigen Grundpfandrechten den gesetzlichen Löschungsanspruch des BGB § 1179 a mit Vormerkungswirkung ab Grundbucheintragung[9].

---

[8] Dassler/Schiffhauer § 130 a Rdn 8; Steiner/Eickmann § 130 a Rdn 19.
[9] Stöber Rpfleger 1977, 425 (V 4 b).

Vollstreckbarkeit der übertragenen Forderung 1 § 132

[Vorlegung der Grundpfandrechtsbriefe nicht nötig]

131 In den Fällen des § 130 Abs 1 ist zur Löschung einer Hypothek, einer Grundschuld oder einer Rentenschuld, im Falle des § 128 zur Eintragung des Vorranges einer Sicherungshypothek die Vorlegung des über das Recht erteilten Briefes nicht erforderlich. Das gleiche gilt für die Eintragung der Vormerkung nach § 130 a Abs 2 Satz 1.

Allgemeines zu § 131 1

Zweck und **Anwendungsbereich:** Ausnahme von der Verpflichtung, zu Eintragungen und Löschungen die Hypotheken-, Grundschuld-, Rentenschuldbriefe vorzulegen (GBO §§ 41, 62–70). Die Vorschrift gilt für alle Versteigerungsverfahren des ZVG. Satz 2 der Vorschrift ist seit 1. 1. 1978 durch das Gesetz vom 22. 6. 1977 (BGBl I 1977, 998) eingefügt worden.

Briefvorlage zum Grundbuchersuchen bei Verfahrensende 2

2.1 Die Grundpfandrechtsbriefe braucht das Vollstreckungsgericht **nicht** vorzulegen, **wenn** es nach § 130 Abs 1 um Löschung einer durch den Zuschlag erloschenen Hypothek, Grundschuld, Rentenschuld ersucht oder wenn es um die Eintragung einer Sicherungshypothek aus § 128 ersucht, die Vorrang vor einem Briefrecht haben soll (hierzu sonst GBO § 62) oder wenn es um Eintragung einer Löschungsvormerkung nach § 130 a ersucht.

2.2 Auch das Vollstreckungsgericht ist **nicht** von der Vorlagepflicht **befreit** für die nach § 130 Abs 2 zu löschenden Rechte[1], also für Rechte, die im geringsten Gebot bestehenbleiben, aber nicht mehr bestehen.

2.3 Das Vollstreckungsgericht kann **um Vorlage** der auf das versteigerte Grundstück bezüglichen Briefe **ersuchen** (§ 127 Abs 1 Satz 3), kann diese aber **nicht erzwingen** (§ 127 Rdn 2). Auch das Grundbuchamt kann nach Versteigerung die Besitzer der Briefe entgegen GBO § 62 Abs 2 Satz 1 nicht zur Vorlage anhalten[2].

2.4 Behandlung der Briefe beim Vollstreckungsgericht § 127 Rdn 2.

[Vollstreckbarkeit der übertragenen Forderung]

132 (1) Nach der Ausführung des Teilungsplans ist die Forderung gegen den Ersteher, im Falle des § 69 Abs 4 auch gegen den für mithaftend erklärten Bürgen und im Falle des § 81 Abs 4 auch gegen den für mithaftend erklärten Meistbietenden, der Anspruch aus der Sicherungshypothek gegen den Ersteher und jeden späteren Eigentümer vollstreckbar. Diese Vorschrift findet keine Anwendung, soweit der Ersteher einen weiteren Betrag nach den §§ 50, 51 zu zahlen hat.

(2) **Die Zwangsvollstreckung erfolgt auf Grund einer vollstreckbaren Ausfertigung des Beschlusses, durch welchen der Zuschlag erteilt ist. In der Vollstreckungsklausel ist der Berechtigte sowie der Betrag der Forderung anzugeben; der Zustellung einer Urkunde über die Übertragung der Forderung bedarf es nicht.**

Allgemeines zu § 132 1

Zweck und **Anwendungsbereich:** Vollstreckbarkeit der übertragenen Forderung aus dem Bargebot. § 132 regelt die schuldrechtliche und dingliche Wiedervoll-

---

[1] Dassler/Schiffhauer § 131 Rdn 3; Steiner/Eickmann § 131 Rdn 6.
[2] OLG München JFG 23, 87; Haegele/Schöner/Stöber, Grundbuchrecht, Rdn 1000; Horber/Demharter, GBO, § 62 Anm 5 c.

§ 132 1   Verteilung des Erlöses

streckung, während § 133 sich mit Erleichterungen für Einleitung der Wiedervollstreckung gegen den Ersteher befaßt. Die Vorschrift gilt für alle Versteigerungsverfahren des ZVG.

2 Vollstreckbarkeit übertragener Forderungen (Absatz 1)

2.1 Die **übertragene Forderung** (§ 118) ist gegen den Ersteher und bei Abtretung der Rechte aus dem Meistgebot nach § 81 Abs 2 oder bei verdeckter Vollmacht nach § 81 Abs 3 auch gegen den nach § 81 Abs 4 für mithaftend erklärten Meistbietenden sowie gegen einen für mithaftend erklärten Bürgen aus § 69 Abs 4 **vollstreckbar**: Abs 1 Satz 1. Vollstreckbare Forderung gegen den Ersteher ist auch die eine dem mithaftenden Meistbietenden als Berechtigten übertragene Forderung (§ 118 Rdn 3.2) und der dem Schuldner mit Zuweisung freigegebene Erlösüberschuß (§ 118 Rdn 3.2). **Ausgeschlossen** ist die Wiedervollstreckung einer **Zuzahlung** nach §§ 50, 51: Abs 1 Satz 2; dieser übertragene Anspruch ist einzuklagen. Der Anspruch aus der für die übertragene Forderung eingetragenen **Sicherungshypothek** (§ 128) ist gegen den Ersteher und gegen jeden späteren Eigentümer des Grundstücks **vollstreckbar**: Abs 1 Satz 1; auch hier gilt dies **nicht** für **eine Zuzahlung** aus §§ 50, 51: Abs 1 Satz 2 (wie vorher). Die Vollstreckbarkeit der Sicherungshypothek wird nicht durch einen Eigentumswechsel berührt.

2.2 In das bewegliche Vermögen der Zahlungspflichtigen kann aus der übertragenen Forderung nach den allgemeinen Vorschriften (ZPO §§ 724–863) vollstreckt werden, also durch Mobiliarpfändung, Forderungspfändung, Offenbarungsversicherungsverfahren. In das **nicht aus der Zwangsversteigerung stammende** unbewegliche Vermögen der Zahlungspflichtigen kann ebenfalls aus der übertragenen Forderung nach den allgemeinen Vorschriften (ZPO §§ 864–871) vollstreckt werden, also durch Zwangsversteigerung, Zwangsverwaltung, Zwangshypothek. **In das ersteigerte Grundstück** des Zahlungspflichtigen (Erstehers) kann aus der übertragenen Forderung bzw der dafür eingetragenen Sicherungshypothek unter erleichterten Voraussetzungen durch Wiederversteigerung oder Zwangsverwaltung (§ 133) vollstreckt werden.

2.3 Wird die **Sicherungshypothek** des § 128 in eine gewöhnliche Hypothek oder eine Grundschuld **umgewandelt**, so entfällt damit auch die Vollstreckbarkeit des Anspruchs aus der Sicherungshypothek (anders[1]). Für den (dinglichen) Anspruch aus der Verkehrshypothek oder Grundschuld ist ein neuer Vollstreckungstitel zu erwirken. Die (persönliche) Vollstreckbarkeit der übertragenen Forderung wird davon nicht berührt.

2.4 Zur Vollstreckung im ZVG-Handbuch Rdn 565.

2.5 Einwendungen gegen den Anspruch selbst sind mit Vollstreckungsabwehrklage nach ZPO § 767 möglich. Die Vollstreckungsabwehrklage ist gegen einen rechtskräftigen und nicht mehr anfechtbaren Zuschlagsbeschluß mit dem Ziel, den Zuschlag wieder aufzuheben, nicht möglich; sie ist nur in einzelnen Beziehungen zulässig, indem der Gläubiger einer übertragenen Forderung von seinen Rechten aus dem Zuschlag ausnahmsweise wegen gewährter Stundung oder ähnlicher schuldrechtlicher Verpflichtungen nicht Gebrauch machen darf. Zuständig (örtlich und sachlich) für die Vollstreckungsabwehrklage ist unabhängig vom Streitwert als Prozeßgericht des ersten Rechtszuges das Amtsgericht des Versteigerungsverfahrens, in dem der Vollstreckungstitel geschaffen wurde[2].

3 Vollstreckungstitel und -klausel (Absatz 2)

3.1 Vollstreckungstitel für Vollstreckung der Forderung und des Anspruchs aus der Sicherungshypotek ist der Zuschlagsbeschluß, nicht die Übertragung als

---

[1] Dassler/Gerhardt § 132 Rdn 3.
[2] LG Ulm NJW-RR 1987, 511.

Vollstreckbarkeit der übertragenen Forderung 3.8 **§ 132**

solche. Er ist besonderer Vollstreckungstitel, der aber nicht der materiellen Rechtskraft fähig ist. Trotz der unmittelbaren Vollstreckungsmöglichkeiten aus der übertragenen Forderung oder der Sicherungshypothek hierfür kann der Berechtigte ein Rechtsschutzinteresse daran haben, seine Forderung durch **Leistungsklage** geltend zu machen, wenn etwa mit Sicherheit zu erwarten ist, daß sich der Ersteher der Zwangsvollstreckung aus der übertragenen Forderung oder Sicherungshypothek durch eine Vollstreckungsabwehrklage widersetzen werde[3].

3.2 Vollstreckt wird die übertragene Forderung oder der Anspruch aus der dafür bestellten Sicherungshypothek auf Grund einer **vollstreckbaren Ausfertigung des Zuschlagsbeschlusses**: Abs 2 Satz 1. Diese wird nach den allgemeinen Vorschriften erteilt (ZPO §§ 724–734). Sie kann wegen des Anspruchs aus der Sicherungshypothek gegen den Ersteher auch schon vor deren Eintragung (§ 128) erteilt werden[4]. In der **Vollstreckungsklausel sind** der Berechtigte und der Betrag der Forderung (beide ergeben sich nicht aus dem Wortlaut des Zuschlagsbeschlusses selbst) **anzugeben**: Abs 2 Satz 2. Anzugeben ist in der Klausel auch der Vollstreckungsschuldner (Ersteher, mithaftender Dritter), auch der spätere Eigentümer des Grundstücks, wenn aus der Sicherungshypothek gegen ihn vollstreckt werden soll[4]. Angabe, daß es sich um einen dinglichen Anspruch handelt und Bezeichnung der Sicherungshypothek mit Grundbuchstelle ihrer Eintragung braucht die Vollstreckungsklausel nach Abs 2 Satz 2 nicht zu enthalten[5]. Die Urkunde über die erfolgte Übertragung muß für Erteilung der Klausel **nicht zugestellt** werden: Abs 2 Satz 2.

3.3 Solange ein **Widerspruch** gegen eine Zuteilung **nicht geklärt** ist, kann eine **vollstreckbare Ausfertigung** des Zuschlagsbeschlusses für die übertragene Forderung **nicht erteilt** werden[6], weil die Höhe der Forderung nicht feststeht; es gibt hier keinen vorläufig vollstreckbaren Titel. Mit der Frist in § 118 Abs 2 Satz 2 hat dies nichts zu tun. Es muß also entweder die Frist für den Nachweis der erhobenen Widerspruchsklage fruchtlos abgelaufen oder die erhobene Klage zurückgenommen oder durch Urteil oder Vergleich entschieden sein.

3.4 Wenn eine **Haupt- und Hilfszuteilung** erfolgt ist (§§ 119, 123, 124), ist die Vollstreckungsklausel mit der Maßgabe zu erteilen, daß beizutreibende Betrag zu hinterlegen ist.

3.5 Über die **Erteilung der Vollstreckungsklausel** entscheidet wie sonst der Urkundsbeamte: ZPO § 724[6]. Bei Erteilung für oder gegen den Rechtsnachfolger (ZPO §§ 727 ff) oder anderen Besonderheiten oder über die Erteilung einer weiteren vollstreckbaren Ausfertigung (ZPO § 733) entscheidet der Rechtspfleger: RpflG § 20 Nr 12, 13.

3.6 Gegen die Entscheidung des Urkundsbeamten kann der Gläubiger das Gericht anrufen (ZPO § 576 Abs 1), der Schuldner Einwendungen zum Richter erheben (ZPO § 732). **Gegen die Entscheidung des Rechtspflegers** gibt es für den Gläubiger Erinnerung zum Richter (RpflG § 11 Abs 1 Satz 1), für den Schuldner ebenso (verbunden mit Einwendungen aus ZPO § 732) oder für ihn auch die Klage gegen die Erteilung der Vollstreckungsklausel (ZPO § 768). **Gegen die Entscheidung des Richters** gibt es die einfache Beschwerde (ZPO § 567), weil es sich nicht um eine Zwangsvollstreckungsmaßnahme handelt, sondern um die Voraussetzungen für den Beginn der Zwangsvollstreckung handelt.

3.7 Zur Vollstreckungsklausel im ZVG-Handbuch Rdn 564.

3.8 Bei der Vollstreckung aus der vollstreckbaren Ausfertigung des Zuschlagsbeschlusses muß, wie bei jeder Vollstreckung, vorher oder gleichzeitig der **Voll-**

---

[3] BGH MDR 1961, 486 = NJW 1961, 1116; Riedel JurBüro 1961, 425 (4).
[4] Hornung Rpfleger 1994, 9 (III 2).
[5] Schiffhauer Rpfleger 1994, 403 (V und VI 2).
[6] AG Düsseldorf MDR 1961, 697; Dassler/Gerhardt § 132 Rdn 6.

§ 132 3.8   Verteilung des Erlöses

streckungstitel zugestellt** werden (ZPO § 750 Abs 1). Bei Rechtsnachfolge und anderen Besonderheiten müssen auch die weiteren Urkunden zugestellt werden (ZPO § 750 Abs 2), nicht allerdings hier eine Urkunde über die Übertragung der Forderung (§ 132 Rdn 3.2).

[Wiedervollstreckung]

133 Die Zwangsvollstreckung in das Grundstück ist gegen den Ersteher ohne Zustellung des vollstreckbaren Titels oder der nach § 132 erteilten Vollstreckungsklausel zulässig; sie kann erfolgen, auch wenn der Ersteher noch nicht als Eigentümer eingetragen ist. Der Vorlegung des im § 17 Abs 2 bezeichneten Zeugnisses bedarf es nicht, solange das Grundbuchamt noch nicht um die Eintragung ersucht ist.

Literatur: Hornung, Wiederversteigerung aus der Sicherungshypothek, Rpfleger 1994, 9; Schiffhauer, Wiederversteigerung ohne vorherige Berichtung des Grundbuches?, Rpfleger 1975, 12; Schiffhauer und Hornung, Nochmals: Wiederversteigerung aus der Sicherungshypothek, Rpfleger 1994, 402.

1 Allgemeines zu § 133

Zweck und **Anwendungsbereich:** Erleichterung für Einleitung der Wiedervollstreckung aus übertragenen Forderungen und Sicherungshypotheken gegen den „Ersteher". Die Vorschrift gilt für alle Versteigerungsverfahren des ZVG.

2 Grundsätze der Wiedervollstreckung

2.1 Das Verfahren nach § 133 wird in der Regel als „Wiederversteigerung" bezeichnet. Diesen Begriff kennt das ZVG an sich nicht[1]. Es handelt sich hier um **ein völlig neues** selbständiges (Denkschrift S 59) **Verfahren,** das sich gegen den Ersteher als den nunmehrigen Eigentümer des Grundstücks[2] richtet, nicht gegen den früheren Vollstreckungsschuldner. Es wird nicht das alte Verfahren fortgesetzt. Eine Frist ist für den Wiederversteigerungsantrag nicht vorgesehen.

2.2 Die Wiedervollstreckung kann nicht nur als Wiederversteigerung erfolgen, sie ist **auch als Zwangsverwaltung** unter den Voraussetzungen und Erleichterungen des § 133 möglich.

2.3 Die Regeln aus § 133 gelten nur für die **echte Wiedervollstreckung,** nämlich die Vollstreckung aus der übertragenen (auch der dem Schuldner als Erlösüberschuß freigegebenen) Forderung oder der Sicherungshypothek dafür; sie gelten nicht für die **unechte Wiedervollstreckung,** nämlich eine neue Versteigerung eines versteigerten Grundstücks auf Grund eines bestehengebliebenen Rechts. Die Erleichterungen des § 133 gelten aber **nur** für die Wiedervollstreckung **gegen den Ersteher** (auch seinen Erben als Gesamtrechtsnachfolger, BGB § 1922), **nicht** auch für die Vollstreckung **gegen** dessen (Sonder-)**Rechtsnachfolger** (anders[3]: auch gegenüber Rechtsnachfolger) oder einen späteren Eigentümer (Ausfertigung des Zuschlagsbeschlusses und Vollstreckungsklausel sind ihm zuzustellen[4]).

2.4 Die echte Wiedervollstreckung (Rdn 2.3) kann ohne vorherige Zustellung des Vollstreckungstitels und der gemäß § 132 erteilten **Vollstreckungsklausel** angeordnet werden: Satz 1. Anordnung der Wiedervollstreckung ist sowohl wegen der (persönlichen) Forderung gegen den Ersteher als auch wegen des An-

---

[1] Motive zum ZVG S 179; OLG Karlsruhe Rpfleger 1995, 513; Schiffhauer Rpfleger 1975, 12 (1).
[2] OLG Karlsruhe und Schiffhauer je aaO (Fußn 1).
[3] Fischer NJW 1956, 1095 (4).
[4] Hornung Rpfleger 1994, 9 (III 2).

Wiedervollstreckung 2.5 § 133

spruchs aus der Sicherungshypothek schon möglich, wenn der Ersteher noch nicht als Eigentümer eingetragen ist[5] (anders[6]; auch hier bis 14. Aufl): Satz 1. Dem steht nicht entgegen, daß die Sicherungshypothek erst mit der Eintragung entsteht (§ 128 Abs 3 Satz 1). Das sieht § 133 mit § 132 vor, folgt aber auch aus dem Zweck des § 133, die Einleitung der Wiederversteigerung zu erleichtern und Verzögerungen auszuschließen. § 132 Abs 1 ordnet an, daß nach Ausführung des Teilungsplans die (übertragene) Forderung gegen den Ersteher und gleichermaßen der Anspruch aus der Sicherungshypothek vollstreckbar sind. § 132 Abs 2 bestimmt als Grundlage dieser Zwangsvollstreckung eine vollstreckbare Ausfertigung des Zuschlagsbeschlusses, in der der Berechtigte sowie der Betrag der Forderung, nicht jedoch die Sicherungshypothek, anzugeben ist (§ 132 Rdn 3.2). Erfolgen kann diese Zwangsvollstreckung nach § 133 bereits dann, wenn der Ersteher noch nicht als Eigentümer eingetragen ist. Es kann dann auch die gegen ihn nach § 132 vollstreckbare Sicherungshypothek noch nicht eingetragen (§ 130) und daher auch noch nicht nach § 128 Abs 3 Satz 1 entstanden sein. Daß gleichwohl die Zwangsvollstreckung gegen den Ersteher bereits erfolgen kann, soll dem Gläubiger diese Rechtsverfolgung erleichtern und Verzögerungen sowie Weiterungen abschneiden[7]. Der zahlungsunwillige (oder zahlungsunfähige) Ersteher soll somit keinen zeitlichen Vorteil erlangen, die Befriedigung des Gläubigers der Wiedervollstreckung nicht neuerlich und weiter verzögert werden. Der Verfahrensbeschleunigung dient die bereits im vorweg im Hinblick auf die bevorstehende Eintragung des Erstehers und der Sicherungshypothek (§ 130 Abs 1) zulässige Zwangsvollstreckung in das Grundstück gegen den Ersteher. Verzögerung wird mit Anordnung (§ 15; bewirkt sogleich Beschlagnahme, § 20) und mit Entscheidung über einen Schuldnerschutzantrag (§§ 30 a – c) sowie Wertfestsetzung (§ 74 a Abs 5) abgewendet, so daß bei Entstehen des dinglichen Anspruchs mit Eintragung der Sicherungshypothek das Verfahren sogleich mit Terminsbestimmung ausgeführt werden kann (§§ 35 ff). Solch erleichterte Einleitung für Verfahrensbeschleunigung rechtfertigen Interessen des Gläubigers der vor dem Versteigerungstermin noch einzutragenden Sicherungshypothek ebenso wie Interessen des Gläubigers der übertragenen (persönlichen) Forderung. Urkundliche Grundlage der Zwangsvollstreckung auch wegen eines dinglichen Anspruchs ist im übrigen der Vollstreckungstitel (ZPO §§ 704, 794), nicht jedoch der Grundbuchstand; die materielle Berechtigung des Titelgläubigers hat das Vollstreckungsgericht nicht nachzuprüfen (§ 15 Rdn 40.4). Auch für Verfahrensanordnung wegen des Anspruchs aus der Sicherungshypothek ist Vollstreckungsgrundlage allein die vollstreckbare Ausfertigung des Zuschlags (§ 132). Daß die Ausführung der Versteigerung mit Terminsbestimmung vor Eintragung des Erstehers und der Sicherungshypothek behindert ist (Rdn 2.10), gründet sich darauf, daß der Grundbuchinhalt für ordnungsmäßige Verfahrensdurchführung feststehen muß (§ 36 Rdn 2.3), schmälert aber die Vollstreckbarkeit des Zuschlags als (auch dinglicher) Titel nicht.

2.5 Die Erleichterungen für die Wiedervollstreckung ersetzten **nicht alle Voraussetzungen** des Vollstreckungsverfahrens. Als Erleichterung läßt das ZVG zu, daß die Vollstreckung gegen den Ersteher **ohne Zustellung des Vollstreckungstitels** erfolge (Satz 1; Ausnahme von ZPO § 750) und auch **vor Eintragung** des Erstehers **im Grundbuch** (Satz 1; Ausnahme von § 17 Abs 1), sowie daß vor dem Eingang des Grundbuchersuchens aus § 130 beim Grundbuchamt nicht das Eigentumszeugnis des § 17 Abs 2 vorgelegt werden muß (Satz 2; Ausnahme von § 17 Abs 2). Auch wenn das Grundbuchamt nach § 130 bereits um Eintragung ersucht ist, kann die Wiederversteigerung ohne Eigentumszeugnis nach § 17 Abs 2 angeordnet werden, wenn festgestellt ist, daß die Eintragung des Erste-

---

[5] Hornung, Rpfleger 1994, 9 und 1994, 405.
[6] Schiffhauer Rpfleger 1994, 402.
[7] Motive zum ZVG, S 314 (zu § 179).

§ 133 2.5 Verteilung des Erlöses

hers noch nicht erfolgt ist. Vorgelegt werden muß aber mit dem Wiedervollstreckungsantrag die vollstreckbare Ausfertigung des Zuschlagsbeschlusses (§ 16 Abs 2).

2.6 Da die Wiedervollstreckung ein neues selbständiges Verfahren ist (Rdn 2.1), nicht die Fortsetzung des vorausgegangenen, ist ein **neuer Vollstreckungsvermerk** im Grundbuch einzutragen (§ 19), selbst wenn der frühere Versteigerungsvermerk noch nicht gelöscht ist; es tritt eine **neue Beschlagnahme** ein[8] (Beschlagnahmewirksamkeit neu nach § 22); es muß Bestellung des zuständigen Gerichts (§ 2) und eines Zustellungsvertreters (§ 6) neu erfolgen.

2.7 Für Zwangsvollstreckung in das Grundstück des Erstehers durch den Gläubiger eines bestehen gebliebenen Rechts[8] oder einer persönlichen (durch normalen Vollstreckungstitel ausgewiesenen) Forderung gegen den Ersteher müssen alle Vorschriften für Voraussetzungen des Vollstreckungsbeginns (§ 17) **beachtet** sein, auch ZPO § 750 über die Zustellung des Titels, auch § 17 Abs 2 über die Eintragung im Grundbuch. Wo ein dinglicher Titel etwa nötig ist, ist er es auch hier; er kann aber erst ausgefertigt bzw erwirkt werden, wenn der Ersteher als Eigentümer eingetragen ist.

2.8 Wenn nach Anordnung der Wiederversteigerung ein weiterer Antrag auf Versteigerung des Grundstücks gestellt wird, erfolgt **Zulassung des Beitritts** (§ 27). Dem Verfahren können nicht bloß diejenigen beitreten, die selbst Wiederversteigerungsantrag stellen können, sondern auch Gläubiger bestehen gebliebener Rechte und persönliche Gläubiger des neuen Vollstreckungsschuldners. Ein Wiederversteigerungsantrag ist umgekehrt als Beitrittsantrag zu erledigen, wenn die Zwangsversteigerung des Grundstücks gegen den (im Grundbuch schon eingetragenen) Ersteher als Schuldner bereits auf Antrag eines anderen (dinglichen oder persönlichen) Gläubigers angeordnet ist.

2.9 **Vollstreckungsschutz** aus §§ 30 a–d oder ZPO § 765 a ist auch zur Wiederversteigerung zulässig, in der Regel aber sachlich nicht begründet. Mit jedem Anordnungs- oder Beitrittsbeschluß ist der Ersteher als jetziger Vollstreckungsschuldner daher über sein Antragsrecht zu belehren (§ 30 b).

2.10 Zulässig sind vor Eintragung des Erstehers als Eigentümer **nur die Anordnung** des Verfahrens und damit auch das Einstellungsverfahren nach §§ 30 a–d (auch die Entscheidung über einen Antrag nach ZPO § 765 a) sowie die Festsetzung des Grundstückswerts (§ 74 a Abs 5). **Nicht zulässig** ist aber die **Fortsetzung des Verfahrens** mit Bestimmung des Versteigerungstermins und die weitere Durchführung des Verfahrens (so auch[9], anders[10]). Das gebietet Wahrung der Rechte der aus der Übertragung der Forderung gegen den Ersteher (§ 118) Berechtigten. Deren für die übertragene Forderung gegen den Ersteher einzutragende Sicherungshypotheken müssen für Berücksichtigung im neuen Verfahren (dazu auch § 128 Abs 4) mit Eintragung entstanden sein (§ 128 Abs 3 Satz 1). Die Bestimmung des Versteigerungstermins ist zudem nach ausdrücklicher Regelung (§ 36 Abs 1), von der hier keine Ausnahme vorgesehen ist, erst nach Eingang der Grundbuchmitteilung mit einer beglaubigten Abschrift des Grundbuchblatts (§ 19 Abs 2) möglich, das die durch das frühere Verfahren bewirkten Rechtsänderungen (§§ 90, 91, 128) ausweist[11]. Es würde auch § 91 Abs 2 hinderlich sein, weil eine Liegenbelassungsvereinbarung auch jetzt noch möglich ist[12].

---

[8] Fischer NJW 1956, 1095 (4).
[9] Dassler/Gerhardt § 133 Rdn 7; Jaeckel/Güthe §§ 132, 133 Rdn 16; Steiner/Eickmann § 133 Rdn 11; Drischler KTS 1976, 42 (10) und RpflJahrbuch 1978, 360 (B 12 c); Schiffhauer Rpfleger 1975, 12 (4).
[10] LG Frankenthal Rpfleger 1975, 35; Korintenberg/Wenz §§ 132, 133 Anm 5; Reinhard/Müller § 133 Anm II 8; Reinhard JW 1930, 788.
[11] Schiffhauer Rpfleger 1975, 12 (5 a).
[12] Schiffhauer Rpfleger 1975, 12 (5 b).

Wiedervollstreckung 2.12 § 133

2.11 Als Eigentümer eingetragen werden darf der Ersteher aber erst, wenn die Unbedenklichkeitsbescheinigung des Finanzamts hinsichtlich der **Grunderwerbsteuer** vorliegt (§ 130 Rdn 2.1). Sie zu beschaffen ist Sache des Erstehers. Tut er nichts hierfür, so wird er als Eigentümer nicht eingetragen. Bei drohender Wiedervollstreckung hat er ja auch gar kein Interesse, das Verfahren gegen sich zu beschleunigen oder überhaupt zu ermöglichen. Den Schwierigkeiten, die damit entstehen können, haben die Landesfinanzverwaltungen nach Inkrafttreten des Grunderwerbsteuergesetzes 1983 (zu früheren landesrechtlichen Erleichterungen 11. Auflage § 133 Rdn 2.5) bundeseinheitlich Rechnung getragen. Durch **Erlaß des Nieders. Ministers der Finanzen** (jetzt) vom 30. 8. 1989 (S 4540 – 43 – 32 3) (veröffentlicht BB 1989, 1967; Betrieb 1989, 1899; KTS 1990, 43; NdsRpfl 1989, 224), der im Einvernehmen mit den obersten Finanzbehörden der anderen Bundesländer ergangen ist, ist bestimmt:

„. . . Es kann deshalb, falls die Zwangsversteigerung eines Grundstücks betrieben werden soll
a) aus Forderungen gegen den Ersteher, die wegen Nichtberichtigung des Bargebots aus der vorangegangenen Versteigerung auf die Berechtigten übertragen worden sind (§§ 118, 132 Abs 2 ZVG),
b) wegen eines Anspruchs auf Barauszahlung infolge Nichtbestehens eines bei Feststellung des geringsten Gebots in dem vorangegangenen Versteigerungsverfahren berücksichtigten Rechts (§§ 50, 51, ZVG),
oder
c) aufgrund eines Rechts an dem Grundstück, das gemäß § 91 ZVG bei der vorangegangenen Versteigerung bestehengeblieben ist,
wie folgt verfahren werden:
Bei dem neuen Versteigerungsverfahren erteilt das Finanzamt auf Antrag des Vollstreckungsgerichts dem Grundbuchamt die Unbedenklichkeitsbescheinigung für die Eintragung des Erstehers aus dem vorangegangenen Versteigerungsverfahren. Handelt es sich um eine Wiederversteigerung (vorstehender Buchstabe a) so wird der Erwerb aus dem vorangegangenen Versteigerungsverfahren rückgängig gemacht, sobald die Wiederversteigerung abgeschlossen ist (BFH-Urteil vom 14. 9. 1988, BStBl II 1989, 150). Von der Einziehung der Steuer für diesen Erwerb kann deshalb abgesehen und eine bereits erfolgte Steuerfestsetzung nach Abschluß der Wiederversteigerung gemäß § 16 Abs 2 Nr 3 GrEStG von Amts wegen aufgehoben werden.
Bei einer erneuten Versteigerung (vorstehend Buchstabe b und c) ist § 16 GrEStG nicht anwendbar. In solchen Fällen beschleunigt das Finanzamt die Einziehung der Steuer; ggf. beantragt es die Eintragung einer Sicherungshypothek an bereitester Stelle und beteiligt sich an dem neuen Versteigerungsverfahren."

2.12 Wird die Wiedervollstreckung vor der Eintragung des Erstehers angeordnet, so ist auch das Grundbuchamt um Eintragung dieser Anordnung zu ersuchen (§ 19 Abs 1; ist von der Eintragung des Schuldners nicht abhängig). Dann aber wird das Grundbuchamt zweckmäßig auch veranlaßt, die nötigen Abschriften und Mitteilungen (ausgenommen die Mitteilung über die Eintragung des Vollstreckungsvermerks selbst) bis nach der Grundbuchberichtigung aus § 130 zurückzustellen. Werden dann die Sicherungshypotheken für die übertragenen Forderungen erst nach dem Vollstreckungsvermerk eingetragen und die alten Rechte auch erst dann gelöscht, so ist es doch überall, wo das neue Verfahren an den **Zeitpunkt der Eintragung** des Vollstreckungsvermerks anknüpft (§ 9 Nr 1, § 10 Nr 4–6, § 37 Nr 4, § 45 Abs 1, § 114 Abs 1), so anzusehen, als ob die Grundbucheintragungen mit ihren Eintragungen und Löschungen schon vor der Eintragung des Vollstreckungsvermerks erfolgt wäre. Der Gläubiger einer neu eingetragenen Sicherungshypothek braucht etwa sein Recht nicht anzumelden.

§ 133 2.13   Verteilung des Erlöses

2.13 Die **Beteiligten** in dem selbständigen (Rdn 2.1) Verfahren zur Wiederversteigerung bestimmten sich neu[13] nach § 9. Nicht mehr beteiligt sind die im früheren Verfahren befriedigten oder ausgefallenen Berechtigten. Berechtigte, denen die Forderung gegen den Ersteher übertragen worden ist (§ 118), sind auch vor Eintragung der Sicherungshypothek nach § 9 Nr 1 (ohne Anmeldung) Beteiligte. Für Erlangung der Beteiligtenstellung nach § 9 Nr 2 ist neue Anmeldung erforderlich. Der frühere Eigentümer ist nicht Beteiligter[14] (er hat das Eigentum mit Zuschlag verloren, § 90 Abs 1).

2.14 Ob ein **Bevollmächtigter** seine Bevollmächtigung im Wiederversteigerungsverfahren neu nachzuweisen hat (bei Vertretung durch einen Rechtsanwalt nur auf Rüge hin, ZPO § 88 Abs 2) oder ob die in dem ersten Verfahren mit schriftlicher Vollmacht nachgewiesene Bevollmächtigung (ZPO § 80 Abs 1) auch zur Vertretung im Wiederversteigerungsverfahren ermächtigt, ist nicht geklärt. Nach[15] soll die frühere Vollmacht nicht für die Wiederversteigerung gelten. Es wird aber auch angenommen[16], daß die vom betreibenden oder beigetretenen Gläubiger des ersten Verfahrens erteilte Vollmacht auch für das neue Verfahren gilt. Daß den Bevollmächtigten des Berechtigten, dem die Forderung gegen den Ersteher übertragen ist, die frühere Vollmacht auch zum Antrag auf Wiederversteigerung und zur Vertretung in dem Wiederversteigerungsverfahren ermächtigt, folgt aus ZPO § 81. Beteiligte (§ 9) werden zu dem selbständigen Wiederversteigerungsverfahren neu zugezogen; eine von ihnen für das erste Vollstreckungsverfahren erteilte Vollmacht umfaßt daher nicht die Wiederversteigerung.

2.15 **Anmeldungen** zur Aufnahme in das geringste Gebot (§ 45) und in den Teilungsplan (§ 114) müssen für das Wiederversteigerungsverfahren neu und wieder rechtzeitig (§ 37 Nr 4, § 110) erfolgen (dazu auch Rdn 2.12). Anmeldungen zu dem früheren Verfahren äußern für das selbständige Wiederversteigerungsverfahren keine Wirkungen.

2.16 Die **Terminsfrist** (§ 36 Abs 2) und die **Beschlußzustellungsfrist** vor dem Versteigerungstermin (§§ 43, 44 Abs 2) sind auch im Wiederversteigerungsverfahren zu wahren. Eine Verkürzung der Fristen ist nicht vorgesehen.

2.17 Wiederversteigerung befreit den Ersteher als Schuldner der in dem früheren Verfahren übertragenen Forderungen nicht von seinen Verbindlichkeiten, solange und soweit Gläubiger bei der Wiedervollstreckung Befriedigung nicht erlangt haben. Als Eigentümer (zur Zeit des Zuschlags muß er es noch sein) gebührt ihm aber auch in dem neuen Verfahren erzielter Überschuß (Rdn 3.5).

2.18 Die Wiedervollstreckung nach § 133 ist nicht nur nach einer Vollstreckungsversteigerung zulässig, sondern **auch nach einer Teilungsversteigerung**[17]. Dabei können mehrere Miterben oder andere Gesamthänder, denen die Forderung gemeinsam übertragen war, je für sich allein die Wiedervollstreckung durchsetzen[18] (auch[19] mit Einschränkung für BGB-Gesellschafter), weil es sich hierbei nicht um eine nur gesamtsam zulässige Verfügung wie in BGB § 2040 handelt, sondern um eine Verwaltungshandlung nach BGB § 2039 (anders[20]). Ist der Anteil eines Miterben durch einen anderen Miterben gepfändet, so kann den Anspruch auf Grund der Pfändung und Überweisung der Pfändungsgläubiger geltend machen, jedoch als Träger des gepfändeten Rechts auch weiterhin der Pfändungsschuldner, der aber Leistung nicht an sich, sondern an den Pfändungsgläubiger ver-

---

[13] OLG Karlsruhe Rpfleger 1995, 513.
[14] LG Karlsruhe Rpfleger 1994, 312.
[15] Jaeckel/Güthe §§ 132, 133 Rdn 16.
[16] Dassler/Gerhardt § 133 Rdn 6; Reinhard/Müller § 133 Anm II 5.
[17] LG Saarbrücken RpflJahrbuch 1959, 268 Leitsatz = SRZ 1950, 30.
[18] OLG Frankfurt NJW 1953, 1877.
[19] Dassler/Gerhardt § 133 Rdn 3.
[20] Jaeckel/Güthe § 180 Rdn 9.

Wiedervollstreckung 3.2 § 133

langen muß[21] (dies gilt auch, wenn der Pfändungsgläubiger gleichzeitig Pfändungsschuldner ist[21]).

2.19 Wird der **Zuschlag** des ersten Verfahrens **aufgehoben,** dann muß natürlich das hierauf beruhende Wiedervollstreckungsverfahren ebenfalls aufgehoben werden[22]. Praktisch ist dieser Fall kaum denkbar, weil doch bis zur Ausführung des Teilungsplanes im ersten Verfahren (mit Forderungsübertragung und Anordnung der Sicherungshypotheken) in der Regel der Zuschlag rechtskräftig ist.

2.20 Für die Wiedervollstreckung gelten die normalen **Kosten** wie für das frühere Verfahren. Sie sind also nach den allgemeinen Grundsätzen zu berechnen (Einl Rdn 76 ff).

2.21 Fall aus der Praxis: Der Meistbietende hat seine Rechte aus dem Meistgebot an X abgetreten. Zuschlag wird an X erteilt. Dabei wird der Meistbietende für mithaftend erklärt. Das Bargebot wird nicht bezahlt. Die Forderung wird einem Gläubiger gegen den Ersteher X und gegen den Meistbietenden übertragen. Der Gläubiger erhält eine vollstreckbare Ausfertigung des Zuschlags, dinglich und persönlich gegen X, persönlich gegen den Meistbietenden. Der Meistbietende bezahlt dann an den Gläubiger. Meistbietender und Ersteher waren Gesamtschuldner (BGB § 421); durch die Erfüllung des Meistbietenden ging die Forderung auf diesen über (BGB § 426 Abs 2), samt allen Nebenrechten (BGB §§ 412, 401), also auch mit der Sicherungshypothek nach § 128. Der Meistbietende kann jetzt die Vollstreckungsklausel nach ZPO § 727 umschreiben lassen und die Wiedervollstreckung betreiben.

2.22 Zur Wiedervollstreckung im ZVG-Handbuch Rdn 565.

Muster und praktische Hinweise zur Wiedervollstreckung: 3

3.1 Unbedenklichkeitsbescheinigung: Das Finanzamt kann vom Vollstreckungsgericht nach Eingang eines Antrags auf Wiedervollstreckung etwa wie folgt ersucht:
Das Grundstück der Gemarkung ... Flurstücknummer ... zu ..., ...- straße Nr ..., ist durch Zuschlagsbeschluß vom ... an ... aus ... zugeschlagen worden. Dieser Ersteher hat bisher das Bargebot nicht bezahlt. Es wurden daher im Verteilungstermin vom ... Forderungen gegen ihn auf die Gläubiger übertragen, darunter auf ... aus ... wegen einer Forderung vom ... Dieser Gläubiger hat am ... die Wiederversteigerung (die Wiedervollstreckung in Form der Zwangsverwaltung) beantragt. Alle Voraussetzungen für die Anordnung des Verfahrens sind erfüllt, die Wiederversteigerung (die Zwangsverwaltung) ist mit Beschluß vom ... angeordnet. Das weitere Verfahren darf aber erst durchgeführt werden, wenn zuvor der Ersteher als Eigentümer des Objekts im Grundbuch eingetragen ist. Hierzu ist die Unbedenklichkeitsbescheinigung nötig. Es wird gebeten, die Unbedenklichkeitsbescheinigung raschestmöglich zu erteilen und dem Grundbuchamt ... zu übersenden.

3.2 Anordnung des Verfahrens: Es wird, ohne erst die Unbedenklichkeitsbescheinigung abzuwarten, sofort Anordnungsbeschluß in der sonst üblichen Form erlassen, für die Zwangsversteigerung nach dem Muster in § 15 Rdn 4.2. Als Schuldner ist der Name des Erstehers zu bezeichnen. Zweckmäßig wird man bis zur Grundbucheintragung des Erstehers auch bei der Benennung des Eigentümers sagen: „im Grundbuch noch eingetragen auf ..., durch Zuschlag Eigentümer aber ...". Auch wird man einleitend sagen, es werde die „erneute Zwangsversteigerung" oder die „Wiederversteigerung" angeordnet. Bei der Bezeichnung der Forderung wird man angeben: „wegen ... nicht bezahlten Bargebots in der

---

[21] BGH BB 1968, 1015 = KTS 1969, 81 = MDR 1968, 913 = NJW 1968, 2059 = Rpfleger 1968, 318.
[22] Jaeckel/Güthe §§ 132, 133 Rdn 16.

§ 133 3.2 Verteilung des Erlöses

Zwangsversteigerung K ... übertragene Forderung von ...". Der Anspruch gegen den Ersteher aus der Sicherungshypothek kann, wenn Ersteher und Sicherungshypothek noch nicht eingetragen sind (Rdn 2.4), bezeichnet werden als „dinglicher Anspruch des Gläubigers (Rangklasse 4 des § 10 Abs 1 ZVG) aus der für die übertragene Forderung gegen den Ersteher einzutragenden Sicherungshypothek". Für die Zwangsverwaltung ist entsprechend das Muster in § 146 Rdn 8 mit Abwandlung zu verwenden.

3.3 Beitritt: Dazu Rdn 2.8. Es ist hier zu beachten: Gläubiger, die eine übertragene Forderung haben oder sonst unter den Erleichterungen der §§ 132, 133 das Verfahren beantragen dürften, können auch schon vor der Eintragung des Erstehers im Grundbuch dem von einem anderen Gläubiger beantragten und daraufhin angeordneten Verfahren beitreten. Andere Gläubiger dagegen dürfen nach den normalen Bestimmungen des § 17 erst beitreten, wenn der Ersteher als Eigentümer eingetragen ist.

3.4 Geringstes Gebot: Unter Beachtung von § 129 (beschränkte Geltendmachung bestimmter Sicherungshypotheken) wird das geringste Gebot nach dem betreibenden Gläubiger normal nach §§ 44, 49, 52 aufgestellt, mit der Besonderheit aus § 128 Abs 4: Sicherungshypotheken nach § 128, die dem bestrangig betreibenden Gläubiger vorgehen, normal aus nach § 52 bestehenbleiben müßten, dürfen dies nicht, sondern sind ausnahmsweise ins geringste Bargebot aufzunehmen; dagegen sind alle anderen normal zu behandeln, erlöschen, wenn aus ihnen betrieben wird oder wenn sie dem betreibenden Gläubiger gleichstehen oder nachgehen, kommen nicht ins geringste Gebot und werden nur bei ausreichendem Erlös befriedigt.

3.5 Verteilung: Sie erfolgt nach den normalen Vorschriften unter Beachtung von § 129. Ein Erlösüberschuß (§ 128 Abs 2) steht dem jetzt als Schuldner zu behandelnden Ersteher aus dem ersten Verfahren zu[23] (Rdn 2.17), nicht dem früheren Eigentümer.

134 [aufgehoben]

[Vertreter zur Ermittlung des unbekannten Berechtigten]

135 Ist für einen zugeteilten Betrag die Person des Berechtigten unbekannt, so hat das Vollstreckungsgericht zur Ermittlung des Berechtigten einen Vertreter zu bestellen. Die Vorschriften des § 7 Abs 2 finden entsprechende Anwendung. Die Auslagen und Gebühren des Vertreters sind aus dem zugeteilten Betrage vorweg zu entnehmen.

1 Allgemeines zu § 135

Zweck und **Anwendungsbereich:** Vertreterbestellung zur Ermittlung des unbekannten Berechtigten als Erfordernis für Ermächtigung des Hilfsberechtigten zur Einleitung des Aufgebotsverfahrens zur Ausschließung des Unbekannten. Die Vorschrift gilt für alle Versteigerungsverfahren des ZVG. Über ihre Anwendung in der Zwangsverwaltung § 146 Rdn 4, § 157 Rdn 4.

2 Ermittlungsvertreter für unbekannte Zuteilungsberechtigte

2.1 Der für einen **zugeteilten Betrag** der Person nach **unbekannt** gebliebene Berechtigte (§ 126), muß ermittelt werden. Dies gilt nicht für die unbekannten Berechtigten eines bestehenbleibenden Rechts; hier ist es Sache des Erstehers, der

---

[23] OLG Karlsruhe Rpfleger 1995, 513; LG Karlsruhe Rpfleger 1994, 312.

Kraftloserklärung von Grundpfandrechtsbriefen **§ 136**

das Recht kündigen und auszahlen will, den Unbekannten zu ermitteln, notfalls ein Aufgebotsverfahren durchführen zu lassen. **Nur für den unbekannten Barzuteilungsberechtigten** muß das Vollstreckungsgericht von Amts wegen einen Ermittlungsvertreter bestellen: Satz 1. Muster für die Bestellung im ZVG-Handbuch Rdn 507.

2.2 Der Ermittlungsvertreter wird ähnlich **behandelt wie ein Zustellungsvertreter** nach § 6. Er ist wie jener nicht verpflichtet, das Amt zu übernehmen, ist aber, wenn er es übernimmt, zur Ermittlung verpflichtet: Satz 2, § 7 Abs 2 Satz 1. Das Vollstreckungsgericht kann seine Tätigkeit nicht überprüfen, kann keine Berichte von ihm fordern, kann kein Zwangsgeld gegen ihn verhängen, wohl aber überwachen, ob er überhaupt tätig wird; es kann ihn entlassen und einen anderen bestellen, wenn er nichts tut oder durch Tod oder Krankheit verhindert ist. Der Bestellte kann wegen unterlassener oder unrichtiger Ermittlungen unter Umständen schadensersatzpflichtig sein, ebenso das Gericht, wenn es in den genannten Fällen nicht eingreift. Vor allen Maßnahmen ist der Vertreter erst anzuhören.

2.3 Sobald der Ermittlungsvertreter den Unbekannten **ermittelt** hat, muß er das **dem Gericht mitteilen.** Mit dieser Mitteilung oder mit dem Ausschlußurteil nach § 138 endet die Verpflichtung des Ermittlungsvertreters. Ermittelt er den Unbekannten, so wird der **Teilungsplan** vom Gericht **weiter ausgeführt** (§ 137 Abs 1). Ermittelt er den Unbekannten erst nach der Ermächtigung des Antragstellers zum Aufgebotsverfahren (§ 138 Abs 1), so erlischt die Aufgebotsermächtigung und der Teilungsplan wird vom Gericht weiter ausgeführt (§ 138 Abs 2, § 137 Abs 1). **Ermittelt er** den Unbekannten **nicht binnen drei Monaten** ab dem Verteilungstermin, so kann der Hilfszuteilungsberechtigte sich zum Aufgebotsverfahren ermächtigen lassen (§ 138 Abs 1), das mit einem Ausschlußurteil gegen den Unbekannten endet (§ 140), woraufhin über den früheren Zuteilungsbetrag vom Gericht verfügt wird (§ 141).

2.4 Kosten: a) Die Vergütung des Ermittlungsvetreters richtet sich nach den Vorschriften über den Zustellungsvertreter in § 7 Abs 2 (Satz 2). Der Ermittlungsvertreter kann also vom Ermittelten eine Vergütung und Ersatz seiner Auslagen fordern. Diese sind vorweg aus dem zugeteilten Betrag zu entnehmen (Satz 3); dies gilt auch dann, wenn der Vertreter den Unbekannten nicht ermittelt und wenn der Unbekannte gar ausgeschlossen wird, so daß der Betrag an den Hilfsberechtigten zugeteilt wird[1] (also im Gegensatz zum Zustellungsvertreter, der seine Vergütung nur vom Ermittelten selbst, nur die Auslagen notfalls vom betreibenden Gläubiger erhält; § 7 Abs 3).

b) Über Vergütung und Auslagen entscheidet das Vollstreckungsgericht (Satz 2, § 7 Abs 2 Satz 3), und zwar nach billigem Ermessen.

c) Falls der zugeteilte Betrag nicht bar bezahlt ist, muß dem Vertreter ein entsprechender Teil der Forderung gegen den Ersteher mit Vorrang vor dem Rest übertragen werden, der nach §§ 132, 133 vollstreckbar ist.

d) Gegen den Kostenbeschluß gibt es befristete Rechtspflegererinnerung/sofortige Beschwerde. Muster für die Vergütung § 137 Rdn 3.

e) Einschlägig im ZVG-Handbuch Rdn 507.

[Kraftloserklärung von Grundpfandrechtsbriefen]

136 Ist der Nachweis des Berechtigten von der Beibringung des Briefes über eine Hypothek, Grundschuld oder Rentenschuld abhängig, so kann der Brief im Wege des Aufgebotsverfahrens auch dann für kraftlos erklärt werden, wenn das Recht bereits gelöscht ist.

---

[1] Dassler/Gerhardt § 7 Rdn 5.

§ 136 1 — Verteilung des Erlöses

1 Allgemeines zu § 136

Zweck und **Anwendungsbereich:** Sonderbestimmung für das Aufgebotsverfahren zur Kraftloserklärung eines Grundpfandrechtsbriefes, weil das Grundpfandrecht bei Antragstellung bereits gelöscht sein kann. Die Vorschrift gilt für alle Versteigerungsverfahren des ZVG. Über ihre Anwendung in der Zwangsverwaltung § 146 Rdn 4, § 157 Rdn 4.

2 Kraftloserklärung von Grundpfandrechtsbriefen

2.1 Das Aufgebotsverfahren, um Hypotheken-, Grundschuld- oder Rentenschuldbriefe für kraftlos erklären zu lassen, **richtet sich nach ZPO §§ 946–959, 1003, 1009, 1014–1022.** Antragsberechtigt ist nur der Gläubiger des Rechts (ZPO § 1004). Ein Vertreter zur Einleitung des Aufgebotsverfahrens wird ihm nicht bestellt. Weil das Grundpfandrecht bei Einleitung des Aufgebotsverfahrens bereits gelöscht sein kann (die Löschung erfolgt ohne Vorlage des Briefes, § 131), regelt **§ 136 eine Besonderheit:** soweit der aus dem Recht Berechtigte den Brief zum Nachweis seiner Berechtigung vorzulegen hat (bei Nichtvorlage gilt der Berechtigte eines in bar zugeteilten Betrages als unbekannt, § 126 Abs 1), kann der Brief auch dann durch Aufgebotsverfahren für kraftlos erklärt werden, wenn das Recht schon gelöscht ist.

2.2 Trotz dieser Möglichkeit des § 136 kann (und muß) bei Unbekanntsein des Berechtigten nach § 126 ein **Ermittlungsvertreter bestellt** werden (§ 135). Das Verfahren aus § 136 kann sich daher **mit dem Aufgebotsverfahren** aus §§ 138, 140 **überschneiden.** Sobald der aus dem Recht Berechtigte ein Ausschlußurteil nach § 136, BGB § 1162 vorlegt, ist er als Berechtigter nachgewiesen, der Berechtigte also nicht mehr unbekannt. Dabei entfällt ja, wie erwähnt, die Voraussetzung in BGB § 1162, daß das Recht noch besteht, bei § 136. Auf das Ausschlußurteil hin wird nach § 137 oder § 138 verfahren, je nachdem wie das Aufgebotsverfahren aus §§ 138, 140 gediehen ist. In einem Aufgebotsverfahren aus §§ 138, 140 muß der Briefgläubiger seine Rechte anmelden, damit er nicht mit ihnen ausgeschlossen wird[1].

2.3 Wenn ein Aufgebotsverfahren nach § 136 beantragt ist und so lange es betrieben wird, hat das Vollstreckungsgericht eine Ermächtigung zu einem Verfahren nach § 138 nicht zu erteilen.

2.4 **Landesrechtlich** können Aufgebotsverfahren des ZVG hinsichtlich der Art der Bekanntmachung und der Aufgebotsfrist abweichend von ZPO §§ 948, 950 geregelt werden: EGZVG § 12. Dazu § 140 Rdn 2.

[Nachträgliche Ermittlung des Berechtigten]

137 (1) **Wird der Berechtigte nachträglich ermittelt, so ist der Teilungsplan weiter auszuführen.**

(2) **Liegt ein Widerspruch gegen den Anspruch vor, so ist derjenige, welcher den Widerspruch erhoben hat, von der Ermittlung des Berechtigten zu benachrichtigen. Die im § 878 der Zivilprozeßordnung bestimmte Frist zur Erhebung der Klage beginnt mit der Zustellung der Benachrichtigung.**

1 Allgemeines zu § 137

Zweck und **Anwendungsbereich:** Abschluß des Verteilungsverfahrens bei nachträglicher Ermittlung des unbekannten Berechtigten. Die Vorschrift gilt für alle

---

[1] Dassler/Gerhardt § 136 Rdn 3.

Nachträgliche Ermittlung des Berechtigten 3 § 137

Versteigerungsverfahren des ZVG. Über die Anwendung im Zwangsverwaltungsverfahren § 146 Rdn 4, § 157 Rdn 4.

Ermittlung unbekannter Berechtiger 2

2.1 Wenn der bisher unbekannte Berechtigte nachträglich ermittelt wird (gemäß § 135 oder weil er sich selbst meldet) oder wenn der Brief eines Briefrechts nach § 136 für kraftlos erklärt wird, dann ist der **Teilungsplan weiter auszuführen:** Abs 1. Dazu kann ein Teilungstermin bestimmt werden; doch ist das nicht nötig, weil ja im Teilungsplan schon für diesen Fall vorgesorgt und über den einschlägigen Erlösanteil mit Haupt- und Hilfszuteilung verfügt ist. In Ausführung dieses Planes ist dann entweder der hinterlegte Betrag auszuzahlen oder eine bisher bedingte Übertragung in eine unbedingte umzuwandeln.

2.2 Darüber, ob der Berechtigte ermittelt ist und was nun zu geschehen hat, **entscheidet das Vollstreckungsgericht.** Die Erklärung der Beteiligten dazu sind für das Gericht nicht bindend. Zuzuziehen hat es (schriftlich oder zu dem Teilungstermin, Rdn 2.1) den angeblichen Berechtigten, den Ermittlungsvertreter aus § 135, den Hilfsberechtigten und den letzten Grundstückseigentümer (= Vollstreckungsschuldner in der Vollstreckungsversteigerung), nicht den Ersteher. Liegt ein Widerspruch vor, ist auch der Widersprechende von der Ermittlung zu verständigen (Abs 2 Satz 1). Dessen **Klagefrist** aus ZPO § 878 beginnt dann mit der Zustellung seiner Benachrichtigung. Dabei wird dann zweckmäßig die Ausführung des Planes bis zum Ablauf dieser Klagefrist zurückgestellt. Auf jeden Fall sollte der Ermittlungsentscheidung erst nach ihrer Rechtskraft ausgeführt werden. Zuzustellen ist sie an alle an der Ermittlung Beteiligten[1]. Ausgeführt wird sie durch Auszahlungsanweisung des Vollstreckungsgerichts an die Hinterlegungsstelle.

2.3 Die Entscheidung ergeht als Anordnung der weiteren Ausführung des Teilungsplanes, zweckmäßig in **Form eines Beschlusses**[1] (ähnlich[2]).

2.4 Kosten: Die noch entstandenen Gerichtskosten und die Ermittlungsvertreterkosten sind vorweg aus dem fraglichen Betrag zu entnehmen, bei Forderungsübertragung zu berücksichtigen.

2.5 Rechtsbehelfe: Gegen die Rechtspflegerentscheidung gibt es für alle (vorher angehörten) durch die Enscheidung Beschwerten befristete Rechtspflegererinnerung (sofortige Beschwerde; Beschwerde nur, wenn Beschwerdesumme erreicht), für den Vertreter und den Vertretenen auch hinsichtlich der Vergütung.

Muster für Behandlung nachträglich Ermittelter 3

„Beschluß ... 1. Als Berechtigter für die auf Abschnitt ... des Teilungsplanes vom ... entfallenden Erlösanteile wird ... festgestellt. 2. Die Gebühren und Auslagen des zur Ermittlung des unbekannten Berechtigten bestellten Vertreters ... werden auf ... festgesetzt. Sie sind aus der Masse vorweg zu entnehmen. 3. In weiterer Ausführung des Teilungsplanes vom ... wird über die bisher bei der Hinterlegungsstelle des AG ... unter HL ... wegen Unbekanntseins hinterlegten Beträge von ... nach Rechtskraft dieses Beschlusses wie folgt verfügt werden: Auszuzahlen sind an den Ermittlungsvertreter ... als Gebühren- und Auslagen ..., an ... der Rest von ... (der Rest ist wegen Unbekanntseins des Berechtigten nach BGB § 372 neuerdings zu hinterlegen für ... und für ...). Gründe: Der genannte Betrag war zur Verfügung des Vollstreckungsgerichts gemäß ZVG § 126 hinterlegt. Als Berechtigter wurde nunmehr ... vom Vertreter ermittelt und auf Grund ... vom Gericht nach Anhörung von ... anerkannt. Ihm steht der Betrag zu (ZVG § 137). Vorweg sind aber die Kosten der Ermittlung zu entnehmen

---

[1] Lupprian, ZVG, § 137 Anm 1.
[2] Dassler/Gerhardt § 137 Rdn 4; Steiner/Teufel § 137 Rdn 4, 5.

§ 137 3 Verteilung des Erlöses

(ZVG §§ 135, 7). ... Die Verteilung des Versteigerungserlöses ist damit für das Vollstreckungsgericht abgeschlossen."

[Ermächtigung zum Aufgebot des unbekannten Berechtigten]

138 (1) **Wird der Berechtigte nicht vor dem Ablaufe von drei Monaten seit dem Verteilungstermin ermittelt, so hat auf Antrag das Gericht den Beteiligten, welchem der Betrag anderweit zugeteilt ist, zu ermächtigen, das Aufgebotsverfahren zum Zwecke der Ausschließung des unbekannten Berechtigten von der Befriedigung aus dem zugeteilten Betrage zu beantragen.**

(2) **Wird nach der Erteilung der Ermächtigung der Berechtigte ermittelt, so hat das Gericht den Ermächtigten hiervon zu benachrichtigen. Mit der Benachrichtigung erlischt die Ermächtigung.**

1 Allgemeines zu § 138

Zweck und **Anwendungsbereich:** Aufgebotsermächtigung für den Fall, daß die Ermittlung eines unbekannten Berechtigten zu keinem Ergebnis führt. Die Vorschrift gilt für alle Versteigerungsverfahren des ZVG. Anwendung in der Zwangsverwaltung § 146 Rdn 4, § 157 Rdn 4.

2 Aufgebotsermächtigung zur Ausschließung Unbekannter

2.1 Wenn der Berechtigte einer Barzuteilung nicht gefunden werden kann, **darf** ein **Aufgebotsverfahren stattfinden.** Der zugeteilte Betrag ist inzwischen hinterlegt (§ 126), für den Unbekannten ein Ermittlungsvertreter bestellt (§ 135).

2.2 Wenn der Berechtigte **nicht binnen drei Monaten** ab dem Verteilungstermin **ermittelt** ist, muß auf Antrag das Gericht denjenigen Beteiligten, dem der Betrag hilfsweise zugeteilt ist (§ 126 Abs 1), ermächtigen, daß er ein Aufgebotsverfahren beantragt (Abs 1. Dies ist keine Ermessensentscheidung, das Gericht muß auf Antrag ermächtigen. Es kann höchstens wegen unmittelbar bevorstehender Ermittlung die Ermächtigung etwas zurückstellen (§ 137 Rdn 2).

2.3 Die **Frist läuft ab** dem Verteilungstermin. Ob in dieser Zeit der Ermittlungsvertreter tätig war, ist ohne Bedeutung. Antragsberechtigt ist der Hilfsberechtigte, nicht der Ermittlungsvertreter[1]. Von mehreren Hilfsberechtigten ist jeder allein antragsberechtigt[2]. Die Wirkung der Ermächtigung und des Ausschlußurteils tritt nur für denjenigen Hilfsberechtigten ein, dem die Ermächtigung erteilt ist und der das Urteil erwirkt hat, nicht für weitere Hilfsberechtigte[3]. Den Antrag kann auch ein Nießbraucher oder Pfandgläubiger stellen, dessen Anspruch das Recht des Hilfsberechtigten belastet[4].

2.4 Wird der **Unbekannte** vor der Ermächtigung des Gerichts **ermittelt,** so wird der Teilungsplan ohne Aufgebotsvefahren ausgeführt (§ 137 Abs 1). Wird er nach der Ermächtigung ermittelt, so wird der Teilungsplan gleichfalls ausgeführt, aber auch der Ermächtigte benachrichtigt; seine Ermächtigung erlischt dann (Abs 2), das Aufgebotsverfahren ist einzustellen, außer wenn schon Urteil ergangen ist[5]. Die Wirkungen des Ausschlußurteils treten mit Verkündung ein (kein Rechtsmittel, ZPO § 957 Abs 1), damit scheidet der unbekannt Gewesene als Berechtigter aus.

---

[1] Jaeckel/Güthe § 138 Rdn 2; Mohrbutter/Drischler Muster 139 Anm 1.
[2] Dassler/Gerhardt § 138 Rdn 3.
[3] Mohrbutter/Drischler Muster 139 Anm 1; Luprian, ZVG, § 138 Anm 3.
[4] Jaeckel/Güthe § 138 Rdn 2; Mohrbutter/Drischler Muster 139 Anm 1.
[5] Jaeckel/Güthe § 138 Rdn 5; Steiner/Teufel § 138 Rdn 19; Mohrbutter/Drischler Muster 139 Anm 4.

Termin bei nachträglicher Ermittlung des Berechtigten 2.5 § 139

2.5 Muster für die Ermächtigung zum Aufgebot im ZVG-Handbuch Rdn 509.

2.6 Kosten: Für die gerichtliche Ermächtigung fällt keine besondere Gebühr an, sie wird durch die Versteigerungsverfahrensgebühr (Einl Rdn 80) abgegolten. Im Falle von Abs 2 sind gerichtliche und außergerichtliche Kosten des Ermächtigten aus dem zugeteilten Betrag vorweg zu erstatten.

2.7 Rechtsbehelfe: Gegen die Ermächtigung wie gegen die Zurückweisung des Antrags gibt es befristete Rechtspflegererinnerung/sofortige Beschwerde.

[Termin bei nachträglicher Ermittlung des Berechtigten]

139 (1) **Das Gericht kann im Falle der nachträglichen Ermittlung des Berechtigten zur weiteren Ausführung des Teilungsplans einen Termin bestimmen. Die Terminsbestimmung ist dem Berechtigten und dessen Vertreter, dem Beteiligten, welchem der Betrag anderweit zugeteilt ist, und demjenigen zuzustellen, welcher zur Zeit des Zuschlags Eigentümer des Grundstücks war.**

(2) **Liegt ein Widerspruch gegen den Anspruch vor, so erfolgt die Zustellung der Terminsbestimmung auch an diejenigen, welcher den Widerspruch erhoben hat. Die im § 878 der Zivilprozeßordnung bestimmte Frist zur Erhebung der Klage beginnt mit dem Termine.**

Allgemeines zu § 139 1

Zweck der Vorschrift: Mögliche Termingsbestimmung zur Verhandlung über die Berechtigung des nach Ermächtigung zum Aufgebotsantrag Ermittelten. Die Vorschrift gilt für alle Versteigerungsverfahren des ZVG. Anwendung in der Zwangsverwaltung § 146 Rdn 4, § 157 Rdn 4.

Verteilungstermin bei Ermittlung des Berechtigten 2

2.1 Die Ermächtigung zur Einleitung des Aufgebotsverfahrens erledigt sich mit der Ermittlung des unbekannt gewesenen Berechtigten (§ 138 Rdn 2.4). Der Ermächtigte ist davon zu benachrichtigen. Es wird der Teilungsplan dann weiter ausgeführt (§ 137 Abs 1).

2.2 Das Vollstreckungsgericht **kann,** wenn bei nachträglicher Ermittlung des unbekannten Berechtigten die Ermächtigung aus § 138 schon erteilt war, aber auch zur weiteren Ausführung des Teilungsplanes einen **Termin bestimmen:** Abs 1 Satz 1. Der Termin dient der Verhandlung über die Berechtigung des Ermittelten. In dem Termin kann daher auch dem Anspruch des Berechtigten noch durch diejenigen widersprochen werden, die zu dem Termin zuzuziehen sind (für einen Widerspruch des Schuldners gilt aber auch hier § 115 Abs 3).

2.3 Die Terminsbestimmung muß an den ermittelten Berechtigten, an den Ermtitlungsvertreter, an den Hilfsberechtigten (zweckmäßig zugleich mit der Nachricht über die Ermittlung des Berechtigten) und an den letzten Grundstückseigentümer (= Vollstreckungsschuldner in der Vollstreckungsversteigerung) **zugestellt** werden: Abs 1 Satz 2.

2.4 Vom Termin wird das Gericht nur **absehen,** wenn an der Person des Ermittelten kein Zweifel besteht. Dann muß das Gericht aber den Genannten mitteilen, wen es als Berechtigten behandelt.

2.5 Wenn ein **Widerspruch** gegen den Teilungsplan vorliegt, **muß** Termin angesetzt werden und die Terminsbestimmung muß auch an den Widersprechenden zugestellt werden: Abs 2 Satz 1. Seine Frist zur Widespruchsklage aus ZPO § 878 beginnt dann erst mit dem neuen Termin: Abs 2 Satz 2. Der Widerspruch kann schon im ersten Termin erhoben worden sein, kann aber auch noch in dem neuen Termin erhoben werden.

§ 140

[Aufgebotsverfahren zur Ausschließung des Berechtigten]

140 (1) **Für das Aufgebotsverfahren ist das Vollstreckungsgericht zuständig.**

(2) **Der Antragsteller hat zur Begründung des Antrags die ihm bekannten Rechtsnachfolger desjenigen anzugeben, welcher als letzter Berechtigter ermittelt ist.**

(3) **In dem Aufgebot ist der unbekannte Berechtigte aufzufordern, sein Recht spätestens im Aufgebotstermin anzumelden, widrigenfalls seine Ausschließung von der Befriedigung aus dem zugeteilten Betrag erfolgen werde.**

(4) **Das Aufgebot ist demjenigen, welcher als letzter Berechtigter ermittelt ist, den angezeigten Rechtsnachfolgern sowie dem Vertreter des unbekannten Berechtigten zuzustellen.**

(5) **Eine im Vollstreckungsverfahren erfolgte Anmeldung gilt auch für das Aufgebotsverfahren.**

(6) **Der Antragsteller kann die Erstattung der Kosten des Verfahrens aus dem zugeteilten Betrage verlangen.**

1 Allgemeines zu § 140

Zweck und **Anwendungsbereich:** Besondere Bestimmungen für das Aufgebotsverfahren zur Ausschließung unbekannter Berechtigter. Die Vorschrift gilt für alle Versteigerungsverfahren des ZVG. Über die Anwendung im Zwangsverwaltungsverfahren § 146 Rdn 4, § 157 Rdn 4.

2 Aufgebotsverfahren zur Ausschließung unbekannter Berechtigter

2.1 Berechtigt, das Aufgebotsverfahren zum Ausschluß eines unbekannten Zuteilungsberechtigten zu betreiben, ist derjenige, dem der Betrag gemäß § 126 anderweitig zugeteilt ist, nach vorausgehender Ermächtigung gemäß § 138.

2.2 Das Aufgebotsverfahren richtet sich **nach ZPO §§ 946–959,** soweit nicht § 140 Abweichendes bestimmt.

2.3 Für das Verfahren ist das **Vollstreckungsgericht zuständig** (Abs 1), nicht etwa das Prozeßgericht. Daß es zulässig ist, wird durch Vorlage der Ermächtigung aus § 138 nachgewiesen. Der Antrag ist schriftlich oder zu Protokoll der Geschäftsstelle zu stellen (ZPO § 947). Dabei hat der Antragsteller die ihm bekannten Rechtsnachfolger desjenigen anzugeben, der als letzter Berechtigter ermittelt war (Abs 2).

2.4 Der **Inhalt des Aufgebots** richtet sich nach ZPO § 947 mit ZVG § 140 Abs 3: Es ist das Grundbuchrecht anzugeben, dessen Berechtiger aufgeboten wird, und der darauf entfallende Betrag, und es ist der Unbekannte aufzufordern, seine Rechte spätestens im Versteigerungstermin anzumelden, da er sonst von der Befriedigung aus dem Recht ausgeschlossen werde.

2.5 Die **Aufgebotsfrist** beträgt nach ZPO § 950 sechs Wochen, ist aber manchmal landesrechtlich auf drei Monate erweitert (Textanhang T 48 ff).

2.6 Das **Aufgebot** ist an denjenigen **zuzustellen,** der als letzter Berechtigter ermittelt war, auch an seine vom Antragsteller des Verfahrens gemeldeten Rechtsnachfolger und an den Ermittlungsvertreter (Abs 4). Es wird außerdem öffentlich **bekanntgemacht,** wie dies landesrechtlich geregelt ist. Das Landesrecht kann auch auf die Vorschriften für den Versteigerungstermin (§§ 39, 40) insoweit verweisen, also dann Aushang an der Gerichtstafel und Bekanntmachung im Amtsblatt mit der Möglichkeit aus § 39 Abs 2, von Amtsblattveröffentlichung abzusehen, wenn der zugeteilte Betrag nur gering ist (nicht hier, wenn der Grundstückswert gering ist).

Termin nach Erlaß des Ausschlußurteils 2.2 **§ 141**

2.7 Das mit der Verkündung rechtskräftige **Ausschlußurteil** (kein Rechtsmittel nach ZPO § 957 Abs 1) ergeht nur auf Antrag (ZPO § 952), und zwar dahin, daß der unbekannte Berechtigte von der Befriedigung aus dem zugeteilten Betrag ausgeschlossen wird. Wenn eine Anmeldung vorliegt (eine im Vollstreckungsverfahren schon erfolgte gilt auch für das Aufgebotsverfahren, Abs 5) und das Vollstreckungsgericht den Anmelder nicht als den ermittelten Berechtigten ansieht (andernfalls würde nach § 138 Abs 2, § 139 verfahren), dann werden dem Anmelder seine Rechte im Ausschlußurteil vorbehalten. Näheres in ZPO §§ 951–956.

2.8 Obwohl die Aufgebotsvorschriften sich innerhalb der Vorschriften für das dem Rechtspfleger übertragenen Verteilungsverfahren befinden, führt das Aufgebotsverfahren **nur zum Teil der Rechtspfleger** durch. Nach RpflG § 20 Nr 2 ist er zuständig, ausgenommen für die Wahrnehmung des Aufgebotstermins und der darin ergehenden Entscheidungen. Den Termin samt Urteil hat somit der Richter durchzuführen[1] (anders[2]: für das ganze Aufgebotsverfahren, auch das Urteil, sei der Rechtspfleger zuständig).

2.9 Kosten: Das Aufgebotsverfahren wird nicht durch die Gebühren des Zwangsversteigerungsverfahrens mit abgegolten. Die Kosten werden hier besonders berechnet (GKG-KostVerz Nr 1620). Der Antragsteller, der sie zunächst tragen muß, kann sie aus dem zugeteilten Betrag erstattet verlangen (Abs 6), auch die außergerichtlichen Kosten, auch dann, wenn sich das Aufgebotsverfahren infolge nachträglicher Ermittlung des Berechtigten erledigt, nicht aber, wenn der Antrag aus anderen Gründen zurückgewiesen wird.

[Termin nach Erlaß des Ausschlußurteils]

141 Nach der Erlassung des Ausschlußurteils hat das Gericht einen Termin zur weiteren Ausführung des Teilungsplans zu bestimmen. Die Terminsbestimmung ist dem Antragsteller und den Personen, welchen Rechte in dem Urteile vorbehalten sind, dem Vertreter des unbekannten Berechtigten sowie demjenigen zuzustellen, welcher zur Zeit des Zuschlags Eigentümer des Grundstücks war.

Allgemeines zu § 141   1

Zweck und **Anwendungsbereich:** Regelung des Verfahrens zur Planausführung nach Erlaß eines Ausschlußurteils im Aufgebotsverfahren gegen den unbekannten Berechtigten. Die Vorschrift gilt für alle Versteigerungsverfahren des ZVG. Über die Anwendung in der Zwangsverwaltung § 146 Rdn 4, § 157 Rdn 4.

Verteilungstermin nach Ausschlußurteil im Aufgebotsverfahren   2

2.1 Nach dem Ausschlußurteil gegen den unbekannten Berechtigten kann das Vollstreckungsgericht die **weitere Verteilung** nur **in einem besonderen Verteilungstermin** durchführen: Satz 1. Diesen Termin muß das Gericht von Amts wegen, nicht erst auf Antrag, bestimmen, und zwar sofort nach Erlaß des Urteils, aber nicht im Rahmen des Aufgebotsverfahrens, sondern des Versteigerungsverfahrens und zu den Versteigerungsakten.

2.2 Zuzusellen ist diese **Terminsbestimmung** an bestimmte Personen (nur an diese): an den Antragsteller des Aufgebotsverfahrens aus § 140; an alle Personen, denen im Ausschlußurteil Rechte vorbehalten sind (§ 140 Rdn 2); an den Ermittlungsvertreter des unbekannten Berechtigten; an den Grundstückseigentümer vom Zeitpunkt des Zuschlags (= Vollstreckungsschuldner in der Vollstreckungsverstei-

---

[1] Arnold/Meyer-Stolte, RpflG, § 20 Rdn 10; Dassler/Gerhardt § 140 Rdn 2.
[2] Schiffhauer BlGrBW 1964, 84 (III 8 f).

§ 141 2.2 Verteilung des Erlöses

gerung): Satz 2. Im Amtsblatt wird nichts bekanntgemacht, auch ein Aushang an der Gerichtstafel erfolgt nicht, weil ja außer den durch Zustellung Benachrichtigten niemand teilnehmen darf.

2.3 Das Ausschlußurteil **ermächtigt** denjenigen, der es erwirkt hat, **zur formellen Empfangnahme** des auf das Recht entfallenden Erlösanteils, gibt ihm aber gegenüber dem ausgeschlossenen wahren Berechtigten kein besseres Recht als er es vorher hatte.

2.4 Zugeteilt wird der durch das Ausschlußurteil freigewordene Betrag, der nach der Hilfsverteilung des § 126 Abs 1 dem Eventualberechtigten zusteht, der das Ausschlußurteil erwirkt hat, in folgender **Reihenfolge:** Gerichtskosten der nachträglichen Verteilung; Gebühren und Auslagen des Ermittlungsvertreters; gerichtliche und außergerichtliche Kosten des Aufgebotsverfahrens; Ansprüche der Zuteilungsberechtigten.

2.5 Unbedingt zuteilungsberechtigt aus dem im Verteilungsplan einem Unbekannten zugedachten Betrag sind nur die Hilfsberechtigten, die das Ausschlußurteil erwirkt haben. Weiter ausgeführt wird der Teilungsplan nur hinsichtlich des ihnen nach § 126 Abs 1 hilfsweise zugeteilten Betrags. Für einen weiteren Eventualberechtigten zugeteilten Betrag ist der Unbekannte mit seinem Recht nicht ausgeschlossen. Der für Eventualberechtigte, die kein Aufgebotsverfahren betrieben haben, noch zur Verfügung stehende Erlös bleibt daher unverteilt; er ist durch Aufgebot und Ausschlußurteil nicht freigeworden. Daher kann auch nachträgliche Ermittlung des unbekannten Berechtigten insoweit noch erfolgen, bis ein weiterer Eventualberechtigter hierwegen Ausschlußurteil erwirkt.

2.6 Diejenigen, deren Ansprüche im Ausschlußurteil vorbehalten sind, gelten als **Widersprechende** nach § 115. Sie müssen auf Verlangen ihre Ansprüche glaubhaft machen; tun sie dies nicht, werden sie nicht berücksichtigt. Der Widerspruch wird wie bei § 115 behandelt; die Klagefrist aus ZPO § 878 beginnt mit diesem Termin; an die Hilfsberechtigten wird in diesem Fall bedingt zugeteilt, nämlich dadurch bedingt, daß der Widerspruch für unbegründet erklärt wird.

[Erlöschen der Rechte auf den hinterlegten Betrag]

142 In den Fällen des § 117 Abs 2 und der §§ 120, 121, 124, 126 erlöschen die Rechte auf den hinterlegten Betrag mit dem Ablaufe von dreißig Jahren, wenn nicht der Empfangsberechtigte sich vorher bei der Hinterlegungsstelle meldet; derjenige, welcher zur Zeit des Zuschlags Eigentümer des Grundstücks war, ist zur Erhebung berechtigt. Die dreißigjährige Frist beginnt mit der Hinterlegung, in den Fällen der §§ 120, 121 mit dem Eintritt der Bedingung, unter welcher die Hinterlegung erfolgt ist.

1 Allgemeines zu § 142

Zweck und **Anwendungsbereich:** Erlöschen der Rechte auf hinterlegte Beträge zugunsten des Eigentümers bei Zuschlag. Die Vorschrift gilt für alle Versteigerungsverfahren des ZVG. Über die Anwendung in der Zwangsverwaltung § 146 Rdn 4, § 157 Rdn 4.

2 Erlöschensfrist für Rechte auf hinterlegte Beträge

2.1 Die bei Ausführung des Teilungsplans nach den § 117 Abs 2, §§ 120, 121, 124, 126 hinterlegten Beträge können **nicht unbeschränkt hinterlegt** bleiben. Nach bestimmter Zeit muß darüber verfügt werden. Die Rechte des Empfangsberechtigten auf den hinterlegten Betrag erlöschen mit Ablauf von **dreißig Jahren,** falls sich nicht der Empfangsberechtigte vorher bei der Hinterlegungsstelle meldet: Satz 1.

2.2 Die Frist beginnt mit der Hinterlegung, bei bedingter Hinterlegung aus §§ 120, 121 mit dem Eintritt der Bedingung, unter der hinterlegt ist: Satz 2. Bei Versäumung der Frist gibt es keine Wiedereinsetzung in den vorigen Stand (Frist ist keine Notfrist); es gibt auch keine Bereicherungsklage gegen den Grundstückseigentümer vom Zeitpunkt des Zuschlags, dem der Betrag zufließt.

2.3 Der genannte **Grundstückseigentümer** (= Vollstreckungsschuldner in der Vollstreckungsversteigerung) kann nach Ablauf der dreißig Jahre, aber nur bis zum Ablauf von **einunddreißig Jahren** (also nur im Laufe des einunddreißigsten Jahres) den hinterlegten Betrag erheben. Auch diese Frist beginnt mit der Hinterlegung, bei der genannten bedingten Hinterlegung mit dem Eintritt der Bedingung; falls der Eintritt der Bedingung nicht ermittelt werden kann, beginnt die Frist von einunddreißig Jahren bei der bedingten Hinterlegung mit dem Ablauf von zehn Jahren seit der Hinterlegung oder, wenn die Bedingung erst später eingetreten sein kann, mit dem Ablauf von zehn Jahren ab diesem späteren Zeitpunkt: HinterlO § 20.

2.4 Verstreicht auch die Frist von einunddreißig Jahren ungenützt, so **verfällt** der hinterlegte Betrag **dem Staat**: HinterlO § 23. Ist die Herausgabe vor dem Ablauf von 31 Jahren (vor dem Zeitpunkt, in dem der Herausgabeanspruch erlischt) bei der Hinterlegungsstelle beantragt worden, so wird über diesen Antrag auch noch nach Ablauf der Frist entschieden (HinterlO § 20 Satz 1). Wenn dieser Antrag begründet ist, wird auch noch nach Ablauf der Frist die Herausgabe angeordnet und diese Anordnung ausgeführt.

[Außergerichtliche Einigung über die Erlösverteilung]

143 **Die Verteilung des Versteigerungserlöses durch das Gericht findet nicht statt, wenn dem Gerichte durch öffentliche oder öffentlich beglaubigte Urkunden nachgewiesen wird, daß sich die Beteiligten über die Verteilung des Erlöses geeinigt haben.**

Literatur: Fritz, Die außergerichtliche Verteilung des Versteigerungserlöses, SchlHA 1972, 130.

Allgemeines zu § 143

1.1 Zweck der Vorschrift: Zulassung außergerichtlicher Erlösverteilung, die sich nach früherem Landesrecht praktisch bewährt hat und den Beteiligten eine einfachere, billigere und schnellere Erlösverteilung ermöglichen soll (Denkschrift S 61).

1.2 Anwendungsbereich: Die Vorschrift gilt für alle Versteigerungsverfahren des ZVG. Über die Anwendung in der Zwangsverwaltung § 146 Rdn 4, § 157 Rdn 2, § 160 Rdn 1.

1.3 In der Regel wird der Versteigerungserlös **vom Vollstreckungsgericht verteilt:** §§ 105–142. Es können aber die Beteiligten **auch zwei außergerichtliche Wege** wählen: die außergerichtliche Einigung über die Erlösverteilung nach § 143 oder die außergerichtliche Befriedigung aller Berechtigten nach § 144. Es gibt nur das eine oder das andere Verfahren, kein gemischtes Verfahren. In beiden Fällen sind bestimmte Verfahrensvorschriften des gerichtlichen Verteilungsverfahrens entsprechend anzuwenden (§ 145). Das Verfahren nach § 144 hat umfangreichere Voraussetzungen und eine geringere Tätigkeit des Gerichts.

Außergerichtliche Einigung über die Erlösverteilung

2.1 Auf die außergerichtliche Einigung über die Erlösverteilung (ebenso wie auf die zweite Möglichkeit nach § 144) sind aus den normalen Verteilungsvorschriften gemäß § 145 **entsprechend anzuwenden:** § 105 Abs 2 Satz 2, §§ 127, 130–133; nicht anzuwenden sind insbesondere: §§ 107, 118, 128.

§ 143 2.2 — Verteilung des Erlöses

2.2 Die normale gerichtliche Verteilung nach §§ 105–142 **unterbleibt** dann und ein Verteilungstermin wird dann nicht abgehalten, **wenn** dem Vollstreckungsgericht durch öffentliche oder öffentlich beglaubigte Urkunden **nachgewiesen wird,** daß sich die Beteiligten über die Verteilung des Erlöses geeinigt haben. Dazu im ZVG-Handbuch Rdn 567 und Muster 566.

2.3 Für wirksame außergerichtliche Einigung über die Erlösverteilung nach § 143 müssen die folgenden **Voraussetzungen** erfüllt werden:

a) Es müssen die **formgültigen Einigungserklärungen aller Beteiligten** (§ 9) vorgelegt werden; auch die Erklärungen der ausgefallenen Beteiligten[1], des Vollstreckungsschuldners (der Vollstreckungsversteigerung)[1] bzw aller bisherigen Miteigentümer (der Teilungsversteigerung), eines während des Verfahrens neu eingetretenen Grundstückseigentümers sowie aller derjenigen Berechtigten, die ihre Ansprüche nicht glaubhaft gemacht haben (§ 105 Abs 2 Satz 2 mit § 145), auch eines (mit Anmeldung, § 9 Nr 2) Beteiligten, der Anspruch auf Erlös für ein früher entgegenstehendes Recht (§ 37 Nr 5) erhebt, auch der Gerichtskasse (Amtskasse) wegen der Kostenansprüche (diese nicht nach[2], weil Kosten vorweg zu entnehmen sind, § 109 Abs 1; nicht richtig, weil Termin zur Verteilung des gesamten Versteigerungserlöses, damit auch des für Kosten vorweg zu entnehmenden Erlösteils, zu bestimmen, § 105, und in diesem nach § 109 zu verfahren ist und Termin zur Erlöszahlung auch für Kosten oder dafür Forderungsübertragung, § 118, und Eintragung einer Sicherungshypothek, § 128, nicht ohne Einvernehmen der Berechtigten unterbleiben kann). Statt der Feststellung und Entscheidung des Vollstreckungsgerichts müssen also übereinstimmende Erklärungen aller für die Teilnahme an der Verteilung in Frage Kommenden vorliegen. Nicht beteiligt sind hier (Erklärungen also von ihnen nicht nötig): Gläubiger von bestehenbleibenden Rechten, die aus dem Bargebot weder Kosten noch Zinsen und andere Nebenleistungen beanspruchen können; Mieter und Pächter, die aus dem Erlös nichts erhalten; der Ersteher, falls er aus dem Erlös nichts bekommt; der mithaftende Meistbietende aus § 81 Abs 2 und 3 und der mithaftende Bürge aus § 69 Abs 4.

b) Unbedingt nötig ist die **Angabe, in welcher Form** der Gesamterlös **verteilt** worden ist, nämlich das bare Meistgebot zuzüglich der 4% Zinsen aus § 49 Abs 2 (oder andere Zinsen nach § 59) und auch der Sondererlös nach § 65[3]. Bloße Mitteilung, daß (irgend) eine (also nicht „welche") Einigung erzielt worden ist, genügt nicht[4]. Wenn die Einigung nur einen Teil des Versteigerungserlöses betrifft, findet gerichtliche Verteilung des gesamten Erlöses statt (nicht vorgesehen ist Verteilung teils durch Einigung, teils durch gerichtliches Verfahren).

c) Es muß auch die **Berechtigung** der eine Einigungserklärung abgebenden Personen **nachgewiesen** werden, also durch Vorlage der zugehörigen Hypotheken-, Grundschuld- oder Rentenschuldbriefe[5], der Abtretungsurkunden nach BGB § 1155, ferner der etwaigen Vollmachten in öffentlich beglaubigter Form[5] und der etwa notwendigen Zustimmungen oder Genehmigungen, auch eines einschlägigen Erbscheins[5].

d) Die Einigung kann dem Vollstreckungsgericht nur **bis zum Beginn der Ausführung** des Teilungsplanes (im Verteilungstermin, also noch nach der Aufstellung des Planes) nachgewiesen werden[6] (anders[7]: sogar bis zum Schluß des Verteilungstermins; dies muß aber daran scheitern, daß hier das Gericht dann schon über die Masse verfügt hat).

---

[1] Fritz SchlHA 1972, 130.
[2] Steiner/Teufel § 143 Rdn 6.
[3] Jaeckel/Güthe §§ 143–145 Rdn 3; Fritz SchlHA 1972, 130.
[4] Jaeckel/Güthe §§ 143–145 Rdn 3.
[5] Fritz SchlHA 1972, 130.
[6] Dassler/Gerhardt § 143 Rdn 8.
[7] Jaeckel/Güthe §§ 143–145 Rdn 5.

Außergerichtliche Einigung über die Erlösverteilung 2.8 § 143

2.4 Zeigen sich bei der außergerichtlichen Einigung **Mängel,** die behoben werden können (zB fehlender Brief, fehlende Vollmacht), so können diese durch eine **Zwischenverfügung** des Gerichts abgestellt werden. Können die Mängel nicht behoben werden und sind die genannten Voraussetzungen nicht erfüllt, dann muß das Gericht sein normales Verteilungsverfahren durchführen.

2.5 Sind die **Voraussetzungen** des § 143 nach Ansicht des Gerichts auf Grund gründlicher Prüfung aller Umstände als **erfüllt** anzusehen, so setzt das Gericht keinen Verteilungstermin an, hebt einen etwa angesetzten auf oder unterbricht den schon begonnenen. Entscheidung durch Beschluß ist nicht vorgesehen und erfolgt auch nicht[8]; abweichender Ansicht[9] ist nicht zu folgen. Terminsbestimmung zur Verfahrensfortführung (§ 105) wird nicht durch Beschluß vorbereitet, Terminsablehnung nicht durch Beschluß festgestellt. Bei Ausführung der Verteilung soll zudem gerade das Gericht nicht mitwirken; über diese hat es daher auch nicht Beschluß zu fassen (die vorgesehene oder bereits erfolgte Verteilung hat es nicht durch Beschluß „zu erlauben oder zu versagen"). Unterbleibt unzulässig Terminsbestimmung oder wird trotz Einigung das Verteilungsverfahren durchgeführt, dann steht den Beteiligten gegen die Untätigkeit oder das Vollstreckungshandeln Erinnerung als Rechtsbehelf zur Verfügung (§ 105 Rdn 4.5; § 143 Rdn 2.8). Durch Beschluß ist daher (nur) zu entscheiden, wenn ein Beteiligter Einwendungen (damit Erinnerung nach ZPO § 766) gegen die Verfahrensbehandlung nach Vorlage der Nachweise erhebt. Sonst ist den Beteiligten, desgleichen dem Ersteher und den zahlungspflichtigen Dritten, nur als Eingangsbestätigung Nachricht zu geben, daß die Nachweise vorliegen und nach § 143 Erlösverteilung unterbleibt. Eine hinterlegte Bietersicherheit ist mit Zustimmung des die Sicherheit Leistenden gemäß der Einigung zu verwerten. Sonst kümmert sich das Gericht nicht weiter um die Auszahlung. Hypothekenbriefe werden vom Gericht nach § 127 behandelt[10], Titel vom Gericht abquittiert[10]. Nach Rechtskraft des Zuschlags ersucht das Gericht das Grundbuchamt gemäß § 130 um Eintragung des Erstehers und Löschung der erloschenen Rechte[10], falls diese nicht auf Grund der Einigung liegenbelassen werden sollen (§ 91 Abs 2). Sicherungshypotheken nach § 128 können hier nicht eingetragen werden.

2.6 Die außergerichtliche Einigung des § 143 wirkt wie eine **Befriedigung aus dem Grundstück.** Sie hat die **Wirkung,** daß die Forderung den Beteiligten in der durch die Einigung festgelegten Höhe entgültig zusteht und daß die Beteiligung insoweit als aus dem Grundstück befriedigt gelten. Eine Übertragung der gegen den Ersteher damit begründeten Forderung durch das Gericht (und Sicherstellung durch Sicherhungshypotheken) findet nicht statt (§§ 118, 128 finden keine Anwendung; die Befriedigungswirkung kann nicht nach § 118 Abs 2 Satz 2 rückgängig gemacht werden). Hypothekarische Sicherstellung ist nur auf Bewilligung des Erstehers oder zwangsweise nach ZPO § 866 (aus dem vollstreckbaren Zuschlagsbeschluß) möglich, nicht aber im Ersuchen des Vollstreckungsgerichts aus § 130. Soweit sich nicht aus der Einigung eine Stundung der den Beteiligten gegen den Ersteher oder den Dritten zustehenden Forderung ergibt, ist die Forderung nach §§ 132, 133 vollstreckbar.

2.7 Kosten: Einl Rdn 80.

2.8 Rechtsbehelfe: Nimmt das Gericht an, die Voraussetzungen lägen vor, oder verneint es dies (unter Fortführung seines Verteilungsverfahrens), so gibt es ohne vorherige Anhörung Vollstreckungserinnerung nach ZPO § 766 mit anschließender sofortiger Beschwerde, nach vorheriger Anhörung befristete Rechtspflegererinnerung/sofortige Beschwerde.

---

[8] Dassler/Gerhardt § 143 Rdn 10; Jaeckel/Güthe §§ 143–145 Rdn 6; Korintenberg/Wenz § 143 Anm 4.
[9] Steiner/Teufel § 143 Rdn 9.
[10] Fritz SchlHA 1972, 130.

§ 144   Verteilung des Erlöses

[Außergerichtliche Befriedigung der Berechtigten]

144 (1) **Weist der Ersteher oder im Falle des § 69 Abs 4 der für mithaftend erklärte Bürge dem Gerichte durch öffentliche oder öffentlich beglaubigte Urkunden nach, daß er diejenigen Berechtigten, deren Ansprüche durch das Gebot gedeckt sind, befriedigt hat oder daß er von ihnen als alleiniger Schuldner angenommen ist, so sind auf Anordnung des Gerichts die Urkunden nebst der Erklärung des Erstehers oder des Bürgen zur Einsicht der Beteiligten auf der Geschäftsstelle niederzulegen. Die Beteiligten sind von der Niederlegung zu benachrichtigen und aufzufordern, Erinnerungen binnen zwei Wochen geltend zu machen.**

(2) **Werden Erinnerungen nicht innerhalb der zweiwöchigen Frist erhoben, so beschränkt sich das Verteilungsverfahren auf die Verteilung des Erlöses aus denjenigen Gegenständen, welche im Falle des § 65 besonders versteigert oder anderweit verwertet worden sind.**

1 Allgemeines zu § 144

1.1 Zweck der Vorschrift: Anerkennung auch der außergerichtlichen Befriedigung der Berechtigten als einfachere, billigere und schnellere Erlösverteilung.

1.2 Anwendungsbereich: Die Vorschrift gilt für alle Versteigerungsverfahren des ZVG. Über die Anwendung in der Zwangsverwaltung § 146 Rdn 4, § 160 Rdn 1.

1.3 Die **außergerichtliche Befriedigung** des § 144 ist von der außergerichtlichen Einigung des § 143 völlig **verschieden.** Während bei § 143 alle Beteiligten und die sonst für das Verteilungsverfahren in Frage kommenden teilzunehmen haben, sind bei § 144 nur Erklärungen derjenigen Beteiligten nötig, die etwas zu bekommen haben. Auch in diesem Fall wird kein gerichtliches Verteilungsverfahren durchgeführt; es ist hier aber eine umfangreiche Überwachung nötig. Auch hier sind bestimmte Vorschriften aus dem gerichtlichen Verteilungsverfahren entsprechend anzuwenden (§ 145).

2 Durchführung außergerichtlicher Befriedigung aus dem Erlös

2.1 Das ZVG kennt **nur** die außergerichtliche **Befriedigung aller** durch das Gebot gedeckten **Berechtigten.** Diejenige nur eines Berechtigten ist nicht vorgesehen. Erklärt sich ein Gläubiger für befriedigt, so ist das beim Ersteher eine Befriedigungserklärung, bei den anderen Gläubigern hat das dieselbe Wirkung wie die Zahlung aus dem Versteigerungserlös[1].

2.2 Mit der Wirkung des § 144 kann der **Ersteher,** der mithaftende Bürge (§ 69 Abs 4), aber auch der für **mithaftend erklärte Meistbietende** aus § 81 Abs 2, 3 die Beteiligten befriedigen.

2.3 Im Falle von § 144 muß der Ersteher (mithaftende Meistbietende) oder der für mithaftend erklärte Bürge aus § 69 dem Vollstreckungsgericht **durch öffentliche** oder **öffentlich beglaubigte Urkunden nachweisen,** daß er alle Berechtigten, deren Ansprüche durch das bare Meistgebot gedeckt sind, befriedigt hat oder daß er von ihnen als alleiniger Schuldner (an Stelle des Vollstreckungsschuldners in der Vollstreckungsversteigerung) angenommen worden ist: Abs 1 Satz 1. Nur Erklärung über die Befriedigung (§ 117 Rdn 5), nicht aber Nachweis in der Form des § 144 ist erforderlich für den Betrag, den der Ersteher selbst aus dem Erlös zu bekommen hat[2]. Auf Anordnung des Gerichts sind dann diese Urkunden samt der Erklärung des Erstehers oder des Dritten auf der Geschäftsstelle des Vollstreckungsgerichts zur Einsichtnahme durch die Beteiligten niederzulegen und die Be-

---

[1] OLG Köln OLGZ 1983, 315 = Rpfleger 1983, 121.
[2] Steiner/Teufel § 144 Rdn 11.

Außergerichtliche Befriedigung der Berechtigten   2.6 **§ 144**

teiligten sind hiervon zu benachrichtigen und dabei aufzufordern, etwaige Erinnerungen hiergegen binnen zwei Wochen geltend zu machen: Abs 1 Satz 1 und 2.

2.4 Im Gegensatz zu § 143 sind hier also **formgerechte Erklärungen nur von denjenigen Beteiligten** vorzulegen, die aus dem Meistgebot etwas zu erhalten haben[3], hierbei aber von **allen,** auch von dem Vollstreckungsschuldner (der Vollstreckungsversteigerung), wenn er etwas zu erhalten hat[3]. § 144 ist nämlich nur anwendbar, wenn alle Berechtigten befriedigt sind, auch diejenigen, die ein Recht nach § 37 Nr 5 angemeldet haben, auch die Gerichtskasse/Amtskasse wegen der Verfahrenskosten.

2.5 a) Ob formgerechte Erklärungen über Befriedigung oder Annahme des Erstehers als alleiniger Schuldner von allen Beteiligten vorliegen, deren Ansprüche durch das Gebot gedeckt sind, muß das Gericht prüfen. Es wird daher hierfür (nicht aber bereits vorweg als Zahlungsgrundlage; Feststellung der Berechtigten und ihrer Ansprüche für Befriedigung oder Beschaffung der Erklärungen über Annahme als Schuldner hat der Ersteher, Bürge oder Meistbietende zu treffen) einen **Kontrollteilungsplan** aufstellen. Das geschieht zweckmäßig auch in anscheinend einfacheren Verfahren, nicht nur in schwierigeren; auch einfacher aussehende können im Laufe der Behandlung schwieriger werden. An Hand dieses Planes wird dann geprüft, ob die Befriedigungserklärungen mit den zuzuteilenden Beträgen übereinstimmen.

b) Der Kontrollteilungsplan richtet sich **nach den normalen Regeln** eines Teilungsplanes, umfaßt also Teilungsmasse und Schuldenmasse, enthält Bargebot und Bargebotszinsen (§ 49 Abs 2) sowie (feststehende, ungewisse oder mögliche) Zuzahlungsbeträge (§ 125 Abs 1 und 2).

c) Der Kontrollteilungsplan wird **für einen bestimmten Tag** aufgestellt (wie der normale für den Tag des Verteilungstermins). Die tatsächliche Befriedigung des Berechtigten kann aber schon vorher erfolgt sein oder erst nachher erfolgen (in der Regel vorher). Wie sollen dann die **Bargebotszinsen** berechnet werden? Man könnte sie weglassen, weil die außergerichtliche Befriedigung auf den Zuschlagszeitpunkt zurückwirkt; der Ersteher hätte dann das Bargebot entgegen § 49 Abs 2 nicht zu verzinsen, obwohl er es nicht bei Zuschlag bezahlt hat; die Berechtigten würden ihre Zinsen bis zum Zeitpunkt der Zahlung als die verzinst bekommen (zu Lasten der Teilungsmasse) und dies ginge zu Lasten der Nachrangigen. Man könnte die Zinsen für einen fingierten Zeitpunkt berechnen, etwa den Zeitpunkt des Ablaufs der Erinnerungsfrist nach § 144 Abs 2, der Ersteher müßte dann etwas verzinsen, was er schon vorher bezahlt hat; zu seinen Lasten gingen die Zeit, die für die Berechnung und Abwicklung benötigt wird, auch die Zeit der Erinnerungen und der Zustellungen nach Abs 2. Man könnte aber auch die Bargebotszinsen bis zu dem Tag berechnen, den die einzelne Befriedigungserklärung aufweist; wenn die Befriedigung in Teilen erfolgt, dann zu den verschiedenen Tagen der Teilbefriedigung (so auch[4]); der Ersteher wird so gestellt, als ob er in Teilen das Bargebot an das Gericht bezahlt bzw hinterlegt hätte. Diese dritte Möglichkeit allein entspricht genau dem Gesetz, wobei das Gericht die Tage der Befriedigung (wenn sie sich nicht aus den Urkunden ergeben) zu erfragen hat. Bei den beiden anderen Möglichkeiten gibt es komplizierte Ausgleichungen von Zinsbeträgen.

2.6 Gleich ist, **in welcher Weise die Befriedigung** erfolgt (Zahlung, Aufrechnung, Hinterlegung mit Rücknahmeverzicht usw). Sie muß nur von den Berechtigten formgerecht bestätigt und darf nicht durch Anfechtung dieser Erklärung streitig sein. Wenn das Gericht aus den Erklärungen nicht klar erkennen kann, welche Bedeutung diese, insbesondere die „Annahme als alleiniger Schuld-

---

[3] Fritz SchlHA 1972, 130.
[4] Steiner/Teufel § 144 Rdn 7.

§ 144 2.6 Verteilung des Erlöses

ner" hat, muß es rückfragen. Es kann sich dabei etwa um die Vereinbarung des Liegenbelassens[5] handeln. Kumulative Schuldübernahme ist hier nicht möglich.

2.7 Sieht das Gericht die **Voraussetzungen** des § 144 **nicht** als **erfüllt** an und können die **Mängel** beseitigt werden, so veranlaßt es dies durch **Zwischenverfügung**. Können die Mängel aber nicht beseitigt werden, so muß das Gericht sein normales Verteilungsverfahren durchführen, Termin ansetzen usw. Verfahrensfortgang erfolgt mit Terminsbestimmung (§ 105); ausdrücklicher **Beschluß** darüber ergeht nicht (§ 143 Rdn 2.5; anders[6]). Rechtsbehelfe wie bei § 143 Rdn 2 ausgeführt.

2.8 Sieht das Gericht die **Voraussetzungen** des § 144 als **erfüllt** an, so setzt es keinen Verteilungstermin an, hebt den schon angesetzten wieder auf oder unterbricht einen schon begonnenen. Es muß dann die Beteiligten (auch die Gerichtskasse/Amtskasse wegen der Kostenansprüche aus § 109; anders[7]; dazu § 143 Rdn 2.3) benachrichtigen (Abs 1 Satz 2), und zwar durch Zustellung von Amts wegen (§§ 3–7 finden Anwendung)[8]. Nach Fristablauf ohne Erinnerungen werden die Urkunden zurückgegeben. Das Gericht hat in diesem Fall, weil sich die außergerichtliche Befriedigung nur auf bares Meistgebot samt Bargebotszinsen bezieht, den etwaigen Erlös einer abgesonderten Verwertung nach § 65 von sich aus zu verteilen: Abs 2. Ist ein solches (wie regelmäßig) nicht vorhanden, dann findet überhaupt kein Verteilungsverfahren statt. Briefe und Titel werden nach § 127 behandelt; sobald der Zuschlag rechtskräftig ist (und die Unbedenklichkeitsbescheinigung vorliegt) wird nach § 130 das Grundbuchamt ersucht[9].

2.9 a) Durch rechtzeitige **Erinnerung eines Beteiligten** gegen die Urkunden oder Erklärungen wird das Verfahren aus § 144 vereitelt. Sobald ein Beteiligter Erinnerung einlegt, auch wenn das völlig grundlos geschieht[10], muß gerichtliche Verteilung erfolgen (auch wenn verfrüht um Grundbuchberichtigung schon ersucht und das Grundstück an einen Dritten weiter veräußert ist[11]). Zweckmäßig wird voher das Gericht demjenigen, der außergerichtlich befriedigt hat, Gelegenheit zur Stellungnahme geben (er kann etwa den Erinnerungsführer veranlassen, eine unbegründete Erinnerung zurückzunehmen). Auch eine unbegründete Erinnerung darf vom Gericht nicht zurückgewiesen werden[12], wohl aber eine verspätete[12]. Verfahrensfortgang bei rechtzeitiger Einigung erfolgt mit Terminsbestimmung (§ 105); Beschluß über Zulassung der Erinnerung ergeht nicht.

b) Kommt es infolge einer Erinnerung zu einer gerichtlichen Verteilung, so kann ohne Rücksicht auf eine schon erfolgte Befriedigung **Widerspruch** gegen eine Zuteilung erhoben werden[12]; Gegner der Widerspruchsklage ist dann der Ersteher[13] und zwar auch dann, wenn der Schuldner einem vollstreckbaren Anspruch (§ 115 Abs 3) widerspricht[14].

c) Die Erinnerungen können hier nur **binnen zwei Wochen** ab Zustellung der gerichtlichen Benachrichtigung erhoben werden: Abs 1 Satz 2, Abs 2. Die Frist kann nicht verlängert werden und gegen ihre Versäumung gibt es keine Wiedereinsetzung in den vorigen Stand; denn die Frist ist keine Notfrist, sondern eine

---

[5] Lupprian, ZVG, § 144 Anm 2.
[6] Steiner/Teufel § 144 Rdn 14.
[7] Steiner/Teufel § 144 Rdn 8 und 15.
[8] Drischler JVBl 1965, 225 (g 2).
[9] Fritz SchlHA 1972, 130.
[10] OLG Hamm OLGZ 1970, 491 = Rpfleger 1970, 215; LG Lübeck Rpfleger 1986, 235; RG 101, 117 (121).
[11] LG Lübeck Rpfleger 1986, 235.
[12] OLG Hamm OLGZ 1970, 491 = Rpfleger 1970, 215.
[13] BGH 77, 107 = MDR 1980, 836 = NJW 1980, 2586 = Rpfleger 1980, 339; RG 101, 117 (121).
[14] BGH 77, 107 = aaO (Fußn 13).

Anzuwendende Vorschriften im Falle der §§ 143, 144   2   **§ 145**

Ausschlußfrist. Eine Fristverkürzung, die bei Einverständnis aller für zulässig gehalten wird, sollte besser unterbleiben.

d) Jede **Erinnerung,** auch die unbegründete, **führt zum** normalen Verteilungsverfahrung mit **Verteilungstermin**[15] (auch § 145 Rdn 2.9 zu a).

e) Wenn das Gericht trotz Erinnerung kein Verteilungsverfahren durchführt, ist **Vollstreckungserinnerung** nach ZPO § 766 (anschließend sofortige Beschwerde) zulässig.

2.10 Auch hier ist die **Bietersicherheit** im Einverständnis mit dem die Sicherheit Leistenden zu verwerten. Wenn die Urkunden ergeben, daß die durch das Gebot gedeckten Berechtigten ohne Inanspruchnahme der Bietersicherheit befriedigt worden sind, ist die Bietersicherheit dem, der sie geleistet hat, zurückzugeben. Auch hier wird, wie bei § 143, keine Sicherungshypothek aus § 128 eingetragen.

2.11 Anzuwendende Vorschriften wie bei § 143 Rdn 2. Ein Bereicherungsanspruch wird durch den Verfahrensabschluß nach § 144 nicht ausgeschlossen[16].

2.12 Zu einschlägigen Fragen im ZVG-Handbuch Rdn 569; Muster für eine Gläubigererklärung dort Rdn 568.

2.13 Kosten: Einl Rdn 80.2.

[Anzuwendende Vorschriften im Falle der §§ 143, 144]

145
Die Vorschriften des § 105 Abs 2 Satz 2 und der §§ 127, 130 bis 133 finden in den Fällen der §§ 143, 144 entsprechende Anwendung.

Allgemeines zu § 145   1

Zweck und **Anwendungsbereich:** Bestimmung der bei §§ 143, 144 anzuwendenden Vorschriften. § 145 gilt für alle Versteigerungsverfahren des ZVG. Über die Anwendung in der Zwangsverwaltung § 146 Rdn 4 und § 160 Rdn 1.

Anzuwendende Vorschriften bei Einigung und Befriedigung   2

Bei der außergerichtlichen Einigung über die Erlösverteilung nach § 143 und bei der außergerichtlichen Befriedigung der Berechtigten nach § 144 sind **bestimmte Vorschriften** des normalen gerichtlichen Verteilungsverfahrens **anzuwenden:**

§ 105 Abs 2 Satz 2: Am Verfahren beteiligt sind auch diejenigen, die ihr angemeldetes Recht erst noch glaubhaft zu machen haben.

§ 127: Vorgelegte Hypotheken-, Grundschuld-, Rentenschuldbriefe über erloschene Rechte sind unbrauchbar zu machen, bei zum Teil erloschenen ist ein Vermerk auf den Brief zu setzen; vorgelegte Vollstreckungstitel sind abzuquittieren, wobei der Wortlaut bei § 144-Verfahren im Kontrollteilungsplan festzulegen ist.

§ 130: Grundbuchersuchen ergeht normal. Forderungsübertrag (§ 118) ist jedoch nicht erfolgt; um Eintragung von Sicherungshypotheken für die Forderung gegen den Ersteher wird daher nicht ersucht.

§ 130 a: Um Eintragung einer Vormerkung für Löschungsanspruch ist auf Antrag zu ersuchen (anders[1]: § 130 a hier nicht anwendbar].

§ 131: Zur Löschung eines erloschenen Rechts muß dem Grundbuchersuchen der Brief nicht beigefügt werden.

§ 132: Vollstreckung der Forderung gegen den Ersteher, der bei außergerichtlicher Erlösverteilung (Fall des § 143) seine Meistgebotsverpflichtung nicht erfüllt hat, erfolgt aus dem Zuschlagsbeschluß. Zwangsvollstreckung aus einer Siche-

---
[15] LG Lübeck Rpfleger 1986, 235.
[16] OLG Köln OLGZ 1983, 315 = Rpfleger 1983, 121.
[1] Dassler/Gerhardt/Schiffhauer § 130 a Rdn 15 und § 145 Rdn 1.

§ 145 2
Verteilung des Erlöses

rungshypothek (§ 128) kommt jedoch nicht in Betracht. Wenn der Ersteher im Falle des § 144 von einem Berechtigten als alleiniger Schuldner angenommen ist, kann nach der Vereinbarung die Forderung fällig und vollstreckbar sein. Dem Berechtigten kann dann eine vollstreckbare Ausfertigung in entsprechender Anwendung von § 132 Abs 2 erteilt werden. Rechtsbehelf des Erstehers, der die Vollstreckbarkeit bestreitet: ZPO § 767. Wenn die eingereichten Urkunden ergeben, daß die Forderung nicht vollstreckbar sein soll, darf die Vollstreckungsklausel nicht erteilt werden[2].

§ 133: Wiedervollstreckung ist unter Erleichterungen möglich.

IX. Grundpfandrechte in ausländischer Währung
[Ausländische Währung bei Zwangsversteigerung]

145 a Für die Zwangsversteigerung eines Grundstücks, das mit einer Hypothek, Grundschuld oder Rentenschuld in einer nach § 28 Satz 2 der Grundbuchordnung zugelassenen Währung belastet ist, gelten folgende Sonderbestimmungen:
1. Die Terminbestimmung muß die Angabe, daß das Grundstück mit einer Hypothek, Grundschuld oder Rentenschuld in einer nach § 28 Satz 2 der Grundbuchordnung zugelassenen Währung belastet ist, und die Bezeichnung dieser Währung enthalten.
2. In dem Zwangsversteigerungstermin wird vor der Aufforderung zur Abgabe von Geboten festgestellt und bekannt gemacht, welchen Wert die in der nach § 28 Satz 2 der Grundbuchordnung zugelassenen Fremdwährung eingetragene Hypothek, Grundschuld oder Rentenschuld nach dem amtlich ermittelten letzten Kurs in Deutscher Mark hat. Dieser Kurswert bleibt für das weitere Verfahren maßgebend.
3. Der bar zu zahlende Teil des geringsten Gebots wird in Deutscher Mark festgestellt. Die Gebote sind in Deutscher Mark abzugeben.
4. Der Teilungsplan wird in Deutscher Mark aufgestellt.
5. Wird ein Gläubiger einer in nach § 28 Satz 2 der Grundbuchordnung zulässigen Fremdwährung eingetragenen Hypothek, Grundschuld oder Rentenschuld nicht vollständig befriedigt, so ist der verbleibende Teil seiner Forderung in der Fremdwährung festzustellen. Die Feststellung ist für die Haftung mitbelasteter Gegenstände, für die Verbindlichkeit des persönlichen Schuldners und für die Geltendmachung des Ausfalls im Konkurs maßgebend.

Hinweis: In § 145 a Nr 5 Satz 2 wird ab 1. 1. 1999 das Wort „Konkurs" durch das Wort „Insolvenzverfahren" ersetzt. Art 20 Nr 8 EGInsO (BGBl 1994 I 2911 [2918]).

1 Allgemeines zu § 145 a

Zweck und **Anwendungsbereich:** Vollstreckungsrechtliche Ergänzung der mit GBO § 28 Satz 2 ermöglichten Grundbucheintragung ausländischer Währungen. Die Vorschrift gilt für alle ZVG-Verfahren zur Zwangsversteigerung von Grundstücken, Grundstücksbruchteilen, Wohnungseigentum, Gebäudeeigentum und grundstücksgleichen Rechten, nicht für Schiffe und Schiffsbauwerke (hier § 168 c, § 170 a Abs 2) und nicht für Luftfahrzeuge (hier § 171 e). Sie findet in der Zwangsverwaltung keine Anwendung (Regelung hier § 158 a). In das ZVG eingefügt ist der IX. Abschnitt mit § 145 a seit 25. 12. 1993 durch Art 12 Abs 2 des RegVBG vom 20. 12. 1993 (BGBl 1993 I 2128 [2211]).

---

[2] Jaeckel/Güthe §§ 143–145 Rdn 22.

Anzuwendende Vorschriften, Mitteilung an die Beteiligten 2.2 § 146

Ausländische Währungen 2

Die Regelung entspricht inhaltlich dem für eine Schiffshypothek in ausländischer Währung geltenden § 168 c. Näher dazu die Erläuterungen zu dieser Vorschrift. Eintragung eines Grundpfandrechts in ausländischer Währung nach GBO § 28 Satz 2 ist bislang durch Rechtsverordnung des Bundesministers der Justiz nicht zugelassen worden.

Dritter Titel. Zwangsverwaltung

[Anzuwendende Vorschriften, Mitteilung an die Beteiligten]

146 (1) **Auf die Anordnung der Zwangsverwaltung finden die Vorschriften über die Anordnung der Zwangsversteigerung entsprechende Anwendung, soweit sich nicht aus den §§ 147 bis 151 ein anderes ergibt.**

(2) **Von der Anordnung sind nach dem Eingange der im § 19 Abs 2 bezeichneten Mitteilungen des Grundbuchamts die Beteiligten zu benachrichtigen.**

Übersicht

Allgemeine Übersicht zu §§ 146–161 . 1	Einstellung in der Zwangsverwaltung . 6
Allgemeines zu § 146 und zur Zwangsverwaltung.................... 2	Landschaftliche Kreditanstalten 7
	Mitteilung über Anordnung (Absatz 2) 8
Anordnung und Gegenstand der Zwangsverwaltung.................... 3	Muster für Anordnung und Beitritt..... 9
Anzuwendende Vorschriften (Absatz 1).. 4	Nießbrauch und Altenteil und die Zwangsverwaltung........................ 10
Beschlagnahme in der Zwangsverwaltung...................................... 5	Zwangsverwaltung bei Besitz eines Dritten... 11

Allgemeine Übersicht zu §§ 146–161 1

Die Zwangsverwaltung behandelt das ZVG nach den allgemeinen Vorschriften, die für alle Verfahren gemeinsam gelten (§§ 1–14) und nach den zur Zwangsversteigerung (§§ 15–145) im dritten Titel (§§ 146–161), und zwar: in §§ 146–151 die Einleitung der Zwangsverwaltung, in §§ 152–154 die Tätigkeit des Zwangsverwalters, in §§ 155–160 die Verwendung der Zwangsverwaltungsmasse und in § 161 die Aufhebung.

Allgemeines zu § 146 und zur Zwangsverwaltung 2

2.1 Zweck der Vorschrift: § 146 regelt das Zwangsverwaltungsverfahren zum Teil durch Verweisung auf Vorschriften des zweiten Titels über die Anordnung des Verfahrens, die sich zur unveränderten Anwendung eignen (Denkschrift S 61), und sieht ergänzend eine Benachrichtigung der Beteiligten vor.

2.2 Die Zwangsverwaltung ist neben der Zwangsversteigerung und der Zwangshypothek die **dritte selbständige** und den anderen gleichberechtigte **Art der Immobiliarvollstreckung.** Sie kann allein für sich oder neben einer der anderen Arten der Vollstreckung gewählt werden (ZPO § 866). Den Gläubiger soll sie **aus den Erträgnissen** des Grundstücks (anderen Objekts) befriedigen; darum wird sie als Vollstreckung „minderen" Grades angesehen. Andererseits soll sie den Gläubiger vor Wertminderung des Objekts und sonstigen Beeinträchtigungen schützen. Sie ist angebracht, wenn das Grundstück durch Unfähigkeit oder schlechten Willen des Schuldners schlecht bewirtschaftet wurde. Ihr **Zweck** ist es, durch einen Zwangsverwalter an Stelle des unfähigen oder unwilligen Schuldners aus laufenden Einnahmen laufende Lasten und sodann die Vollstreckungs-

§ 146 2.2 Zwangsverwaltung

forderung des Gläubigers zu decken. Durch die Zwangsverwaltung soll das Grundstück nach Möglichkeit in einen guten Zustand gebracht oder darin erhalten werden. Sie soll nachlässige Bewirtschaftung und unnötiges Anwachsen der im Rang vorgehenden Steuern, Abgaben, Zinsen vermeiden, die Wirtschaftlichkeit verbessern und damit auch mittelbar den Erlös einer Zwangsversteigerung günstig beeinflussen. Zwangsverwaltung zwecks Aufhebung einer Gemeinschaft gibt es nicht.

2.3 Eine Zwangsverwaltung muß **nicht nach starren Regeln,** nicht nach bürokratischen Grundsätzen durchgeführt werden; sie ist vielmehr nach vernünftigen wirtschaftlichen Gesichtspunkten zu gestalten. Gericht und Zwangsverwalter müssen gesetzmäßig verfahren, zugleich aber mit Blick auf das Verfahrensziel wirtschaftlich sinnvoll handeln; sie dürfen sich nicht an Vorschriften klammern, nicht für jeden Vorgang eine gesetzliche Regel oder eine Anweisung suchen. Der Zwangsverwalter und das ihn überwachende Gericht müssen wie ein verantwortungsbewußter Eigentümer handeln. Es wäre verfehlt, den Zwangsverwalter zu sehr einzuschränken.

2.4 Von der **Zwangsverwaltung zu unterscheiden sind:** die gerichtliche Verwaltung auf Rechnung des Erstehers nach § 94, die Sicherung der ordnungsgemäßen Bewirtschaftung nach § 25 und die Bewachung und Verwahrung von Schiffen nach § 165 sowie von Luftfahrzeugen nach § 171 c Abs 3.

3 Anordnung und Gegenstand der Zwangsverwaltung

3.1 Die Zwangsverwaltung beginnt normal mit einem **Anordnungsbeschluß** des Vollstreckungsgerichts. Die Vorschriften über die Anordnung der Zwangsversteigerung sind dabei entsprechend anzuwenden (Abs 1; dazu Rdn 5.1).

3.2 a) Die Zwangsverwaltung kann auch **durch Überleitung** aus einer ergebnislosen Zwangsversteigerung entstehen (§ 77 Abs 2).

b) Die Zwangsverwaltung kann weiter durch eine **Einstweilige Verfügung** eines Prozeßgerichts angeordnet werden (zB im Falle von BGB § 1134 Abs 2). Dabei ist zu unterscheiden zwischen der echten Zwangsverwaltung und der Sequestration nach ZPO § 938 Abs 2. Die Sequestration hat nur Sicherungszweck; weil das Gericht hier die Art der Verwahrung und Verwaltung nach freiem Ermessen bestimmt, kann es dieses Verfahren weitgehend der Zwangsverwaltung annähern, auch anordnen, daß die Vorschriften über die Zwangsverwaltung insoweit sinngemäß anzuwenden seien, als es der Sicherungszweck fordert. Der Sequester hat in diesem Fall keinen Vergütungsanspruch gegen den Fiskus, kann die Vergütung nicht nach § 153 festsetzen lassen, hat aber einen Anspruch gegen den Gläubiger nach BGB § 675. Das Gericht kann auch die echte Zwangsverwaltung anordnen; für sie gelten §§ 146–161 unmittelbar, nicht aber § 158, weil der Gläubiger nur gesichert, nicht befriedigt werden soll; zu zahlen sind hier nur laufende Beträge einschließlich der Ausgaben der Verwaltung und der Kosten nach § 155; es genügt, wenn die Einstweilige Verfügung schlechthin Zwangsverwaltung anordnet (dazu Rdn 5.1.).

3.3 a) **Grundstücke** unterliegen uneingeschränkt der Zwangsverwaltung (ZPO § 864 Abs 1 mit § 866 Abs 1).

b) **Grundstücksbruchteile** (auch das Wohnungseigentum) unterliegen der Zwangsverwaltung (ZPO § 864 Abs 2 mit § 866 Abs 1). Ist im Grundbuch eingetragen, daß der Ausschluß der Auseinandersetzung vereinbart ist (BGB § 1010), so hindert das die Zwangsverwaltung nicht; der Zwangsverwalter ist aber an die nach dieser Vorschrift von den Eigentümern getroffenen Verwaltungs- und Benutzungsregelungen gebunden[1]. Unzulässig ist darum eine Bruchteilszwangsverwaltung,

---

[1] Drischler RpflJahrbuch 1969, 369 (XI B); Brand/Baur, Zwangsversteigerungssachen, § 107 (IV).

Anzuwendende Vorschriften, Mitteilung an die Beteiligten   3.6   § 146

wenn derjenige, dessen Anteil zwangsverwaltet werden soll, keinen Anteil am Fruchtgenuß hat[2]. Die Bruchteilszwangsverwaltung ist im übrigen immer darauf beschränkt, die Rechte des Bruchteilseigentümers, dessen Anteil zwangsverwaltet werden soll, zusammen mit den anderen Miteigentümern auszuüben. Die Bruchteilszwangsverwaltung bereitet darum meist erhebliche Schwierigkeiten (dazu § 152 Rdn 7).

c) **Grundstücksgleiche Rechte** unterliegen der Zwangsverwaltung (ZPO § 864 Abs 1 mit § 866 Abs 1), also auch das Erbbaurecht (Rdn 4). Ein Belastungs- oder Veräußerungsverbot nach ErbbauVO § 5 ist kein Verfahrenshindernis (§ 15 Rdn 13.7). Bruchteile grundstücksgleicher Rechte (ZPO § 864 Abs 2) unterliegen wie Grundstücksbruchteile der Zwangsverwaltung.

d) **Gebäudeeigentum** (Einl Rdn 14.1) unterliegt der Immobiliarvollstreckung und damit der Zwangsverwaltung.

e) **Luftfahrzeuge**: Zwangsverwaltung ist bei ihnen nicht zulässig. Dafür gibt es hier die besondere Bewachung und Verwahrung (§ 171 c Abs 2).

f) **Schiffe, Schiffsbauwerke**: Zwangsverwaltung gibt es bei ihnen nicht (ZPO § 870 a Abs 1), dafür die besondere Bewachung und Verwahrung (§ 165 Abs. 1).

3.4 **Zuständig** für die Zwangsverwaltung ist **das Vollstreckungsgericht** (§ 1). Landesrechtliche Sondervorschriften sind aufgehoben. Besonderheit in Rdn 7.

3.5 Zwangsverwaltung und Zwangsversteigerung sind als **selbständige Vollstreckungsverfahren** bei gleichzeitigem Antrag nicht in einem Beschluß anzuordnen. Die beiden Verfahren sind voneinander unabhängig. Die Verbindung der Verfahren zur Zwangsversteigerung und Zwangsverwaltung eines (des gleichen) Objekts ist nicht zulässig. Es sind getrennte Akten zu führen, getrennte Termine durchzuführen. Beide Verfahren haben ein unterschiedliches Schicksal, häufig auch unterschiedliche Beteiligte.

3.6 a) Treffen Zwangsverwaltung und Zwangsversteigerung zusammen, so sind **beide Verfahren** grundsätzlich **voneinander unabhängig**. Allerdings gibt es zwangsläufig **einige Berührungspunkte**: der die Zwangsverwaltung betreibende Gläubiger hat wegen seiner Kostenvorschüsse in der Zwangsversteigerung ein Befriedigungsvorrecht nach § 10 Rangklasse 1; die Zwangsverwaltungsbeschlagnahme entscheidet auch den Zinslauf in der Zwangsversteigerung gemäß § 13 Abs 4; bei Überleitung der Zwangsversteigerung in die Zwangsverwaltung nach § 77 Abs 2 Satz 2 bleiben die Wirkungen der Versteigerungsbeschlagnahme auch für die Zwangsverwaltung bestehen (§ 77 Abs 2 Satz 3); die Zwangsverwaltung muß mit dem Zuschlag der Zwangsversteigerung enden (§ 161 Rdn 2).

b) Die **Zwangsversteigerung** kann nur gegen den **Grundstückseigentümer** betrieben werden, die **Zwangsverwaltung** auch gegen den **Eigenbesitzer** (§ 147). Die Zwangsversteigerung beläßt dem Schuldner **Verwaltung und Benutzung** des Grundstücks, die Zwangsverwaltung entzieht ihm diese (§ 148 Abs 2). Die Zwangsversteigerung kennt acht **Rangklassen**, die Zwangsverwaltung nur fünf (§ 155 Abs 2). In der Zwangsversteigerung werden **Kapital und Zinsen** bezahlt, in der Zwangsverwaltung erhalten die nicht vollstreckenden Berechtigten grundsätzlich nur Zinsen (§§ 155, 158). In der Zwangsversteigerung werden **laufende und rückständige wiederkehrende Leistungen** bezahlt, in der Zwangsverwaltung nur laufende (§ 155 Abs 2).

c) Der **Erlös** aus beiden Verfahren darf **niemals gemeinsam** verteilt werden. Der in beiden Verfahren Beteiligte darf nicht doppelt befriedigt werden, Zahlung im einen Verfahren ist im anderen zu berücksichtigen. Der Überschuß aus der Zwangsverwaltung gehört nur in bestimmten Fällen dem Vollstreckungsschuldner (§ 161 Rdn 5, 6), in der Zwangsversteigerung immer.

---

[2] Jaeckel/Güthe § 146 Rdn 2.

§ 146 4 — Zwangsverwaltung

4 Anzuwendende Vorschriften (Absatz 1)

4.1 Anzuwendende Vorschriften allgemein
Die allgemeinen Vorschriften **des ersten Titels des ZVG** (§§ 1–14) gelten für die Zwangsverwaltung ebenso wie für die Zwangsversteigerung, also: zuständiges Gericht (§§ 1–2), Zustellungen (§§ 3–8), Beteiligte (§ 9), Rangfolge (§§ 10–12 mit Ausnahmen in § 155 Abs 2), Berechnung wiederkehrender Leistungen (§ 13) und unbestimmte Ansprüche (§ 14).

4.2 Die Vorschriften **des ZVG** über die Anordnung der Versteigerung (§§ 15–27) sind entsprechend anzuwenden, soweit sich nicht aus den §§ 147–151 etwas anderes ergibt: Abs 1. Im übrigen sind Zwangsversteigerung und Zwangsverwaltung nur insoweit unterschiedlich geregelt, als es der verschiedenartige Zweck erfordert[3], nämlich Zwangsversteigerung = Umsetzung des Objekts in Geld, Zwangsverwaltung = Erhebung der Einkünfte zur Befriedigung der Gläubiger. Auch der natürliche Unterschied zwischen Zwangsversteigerung und Zwangsverwaltung bedingt Unterschiede. Dazu im einzelnen unter den verschiedenen Stichworten des § 146 und bei §§ 147–151, 156–158, 160–161. Gegenüber **Anordnung** und **Beitritt** bei der Zwangsversteigerung (§§ 15, 27) sind einige besondere Umstände zu beachten. Eine Belehrung über die Einstellungsmöglichkeit erfolgt hier nicht (Rdn 6). Vielfach sind Umstände, die eine Zwangsversteigerung behindern, kein Hindernis für die Zwangsverwaltung (bei den einzelnen Stichworten).

4.3 a) Als (gemeinsame) allgemeine Vorschriften finden §§ 1–14 Anwendung; entsprechend, mit oder ohne Besonderheiten oder Abweichungen sind **anzuwenden:** §§ 1–23, 25–27, dann nach § 161 Abs 4 die §§ 28, 29, 32 und 34, nach § 156 Abs 2 Satz 4 die § 105 Abs 2 Satz 2, § 113 Abs 1, §§ 114, 115, 124 und 126 sowie nach § 157 Abs 2 die §§ 135–141.

b) § 46 über die Umwandlung von Naturalleistungen in Geld ist nicht anzuwenden, weil das ZVG für die Zwangsverwaltung eine Umrechnung nicht vorgesehen hat (anders[4]). Altenteilsansprüche in Naturalien, Litlohn und andere Naturalverpflichtungen sind vom Zwangsverwalter also in Natur zu leisten, soweit die ihm zur Verfügung stehenden Mittel nicht für vorrangige Ansprüche benötigt werden (er ist an die Rangfolge gebunden) und soweit er dazu in der Lage ist (weil er solche Naturalleistungen überhaupt verfügbar hat).

4.4 Besonderheiten für die Zwangsverwaltung

a) **Aufgaben** des Gerichts: Die (vormalige) allgemeine Verfügung hierüber (Textanhang T 7), soweit nicht landesrechtlich schon aufgehoben, ist nicht mehr von Bedeutung. sie war für das Gericht schon früher nicht bindend, nur als Empfehlung zu behandeln (Einl Rdn 23). Die darin behandelten Grundsätze ergeben sich aus einer vernünftigen Anwendung des Gesetzes aber von selbst, soweit sie nicht durch Rechtsänderungen überholt sind.

b) **Beteiligte:** Auch in der Zwangsverwaltung gilt § 9. Beteiligte sind auch hier also diejenigen, die zB mit einem dinglichen Recht vor der Eintragung des Zwangsverwaltungsvermerkes eingetragen sind oder ein später eingetragenes anmelden (vorausgesetzt, daß dieses überhaupt berücksichtigt werden darf).

c) **Bundesversorgungsgesetz:** Bietet kein Hindernis, § 15 Rdn 7.

d) **Dauerwohnrecht** nach WEG § 40: Die Zwangsverwaltung für ein diesem Recht vorgehendes Grundpfandrecht erstreckt sich auch auf das Entgelt für das Dauerwohnrecht[5]. Dagegen erstreckt sie sich für andere Gläubiger nicht darauf[5]; dies macht Schwierigkeiten, weil der Zwangsverwalter einheitlich das ganze Objekt verwaltet, gleich welche Gläubiger betreiben; er muß dann das genannte Ent-

---

[3] Motive zum ZVG S 322.
[4] Haegele DNotZ 1976, 5 (III 2).
[5] Weitnauer/Hauger, WEG, § 40 Rdn 7–10.

Anzuwendende Vorschriften, Mitteilung an die Beteiligten 4.4 § **146**

gelt in die Verwaltung einbeziehen, sobald dingliche Gläubiger der genannten Art das Verfahren betreiben. Vorausverfügungen über das Entgelt sind wirksam wie bei Mietzins: WEG § 40 Abs 1 Satz 1, BGB §§ 1123, 1124; dazu die Ausführungen über den Mietzins, § 57 b Rdn 2–4; dabei geht WEG § 40 Abs 2 auf Grund besonderer Vereinbarung noch weiter (siehe im Gesetz § 40 Abs 2).

e) **Eigentümergrundpfandrechte:** Das Vollstreckungsverbot für den Eigentümer (BGB § 1197 Abs 1) besteht auch hier. Zinsen: BGB § 1197 Abs 2 (§ 155 Rdn 6.7).

f) **Eigentumswechsel,** der gegen das mit Beschlagnahme bewirkte Veräußerungsverbot verstößt, dem vollstreckenden Gläubiger gegenüber somit unwirksam ist (§ 23 mit Anmerkungen), hat auf den Fortgang des Verfahrens keinen Einfluß[6]. Der neue Grundstückseigentümer wird mit Anmeldung Beteiligter (§ 9 Nr 2; bei Eintragung noch vor dem Vollstreckungsvermerk § 9 Nr 1); die Stellung des (bisherigen) Schuldners erlangt er nicht (§ 9 Rdn 3.5) (anders[6]). Für den Verfahrensfortgang zugunsten des Gläubigers eines eingetragenen Rechts gilt auch § 26; Berücksichtigung grundbuchersichtlich entgegenstehenden Eigentums erfolgt nach § 28.

g) **Erbbaurecht:** Der Grundstückseigentümer gilt bei Zwangsverwaltung des Erbbaurechts als Beteiligter (ErbbauVO § 24).

h) **Gläubigerwechsel:** Ein betreibender Gläubiger muß den Vollstreckungstitel umschreiben (ZPO § 727) und neu zustellen lassen (ZPO § 750 Abs 2; § 15 Rdn 29.5); andere Gläubiger müssen ihre Grundbucheintragung ändern lassen oder bei Briefrechten ihren Brief mit der Abtretung vorlegen; alle aber müssen sich beim Vollstreckungsgericht als neue Gläubiger anmelden. Aufzuheben ist das Verfahren, wenn der (durch Titel und Klausel) noch legitimierte Gläubiger den Verwaltungsantrag zurücknimmt (§ 15 Rdn 29.4). Im übrigen zur Berücksichtigung des Gläubigerswechsels im Verfahren § 15 Rdn 29; für Planausführung § 157 Rdn 3.

i) **Konkurs:** Eine bei Konkurseröffnung mit Anordnung der Zwangsverwaltung schon erfolgte Beschlagnahme bleibt wirksam (KO § 13). Für den Verfahrensfortgang tritt der Konkursverwalter an die Stelle des Schuldners; er nimmt dessen Rechte in eigenem Namen wahr (§ 15 Rdn 23). Nach Eröffnung des Konkursverfahrens kann ein gewöhnlicher Gläubiger das Zwangsverwaltungsverfahren nicht anordnen lassen und ihm nicht beitreten, wohl aber ein dinglicher Gläubiger (§ 15 Rdn 23). Dessen Verfahren richtet sich gegen den Konkursverwalter (Titel gegen ihn § 15 Rdn 23.4); mit Zustellung an ihn als Schuldner des Verfahrens wird die Beschlagnahme (nach § 22 Abs 1 Satz 1) bewirkt; ihm wird die Verwaltung und Benutzung des Grundstücks (auf Grund seines Verwaltungsrechts nach KO § 6 Abs 2) entzogen (§ 148 Abs 2) und gegen ihn hat die Beschlagnahme die Wirkung eines Veräußerungsverbots (§§ 20, 23), das sein Verfügungsrecht nach KO § 6 Abs 2 schmälert (dazu[7]). Übergabe oder Besitzverschaffung an Zwangsverwalter erfolgt nach § 150 Abs 2 auch bei Besitz des Konkursverwalters (KO § 117 Abs 1). Fortführung eines Gewerbebetriebs des Schuldners durch den Zwangsverwalter scheidet (jedenfalls bei Konkurs[8]) aus (§ 152 Rdn 6). Der Konkursverwalter kann in dem besonderen Verfahren § 172 auch die Zwangsverwaltung betreiben.

k) **Kosten:** Zwangsverwaltung und Zwangsversteigerung sind auch hinsichtlich der Kosten voneinander unabhängig. Laufen beide Verfahren nebeneinander, so fallen Gebühren für Gericht und Rechtsanwälte jeweils gesondert an, auch wenn beide Verfahren (unzulässig) in einem Beschluß angeordnet sind. Kosten der Zwangsverwaltung für das Gericht Einl Rdn 76 und 86, für die Anwälte Einl Rdn 89. Prozeßkostenhilfe und Kostenbefreiung (Einl Rdn 41, 45) kommen auch in der Zwangsverwaltung vor.

---

[6] OLG Hamburg KTS 1986, 513 = NJW-RR 1986, 1186.
[7] OLG Köln NJW-RR 1987, 751,
[8] Eickmann ZIP 1986, 1517.

§ 146 4.4 Zwangsverwaltung

l) **Landesrecht:** Ergänzende (frühere) landesrechtliche Vorschriften (über Rechnungslegung, Aktenführung usw) sind bundeseinheitlich durch die Verordnung über die Geschäftsführung und Vergütung des Zwangsverwalters ersetzt.

m) **Mehrere Grundstücke:** Grundsätzlich ist die Zwangsverwaltung für jedes Grundstück getrennt durchzuführen. Über die Möglichkeit der Verfahrensverbindung unten Abs s.

n) **Nacherbschaft:** Daß Nacherbfolge angeordnet ist, hindert Anordnung und Durchführung der Zwangsverwaltung gegen den Vorerben nicht (§ 15 Rn 30.11). Zulässig ist sie als Zwangsvollstreckung in die dem Vorerben zustehenden Nutzungen des Grundstücks (BGB § 2111) mit Vollstreckungstitel gegen ihn als Schuldner (ZPO § 750 Abs 1), daher auch für Eigengläubiger des Vorerben. Mit Eintritt des Nacherbfalls fällt die Erbschaft dem Nacherben an; er wird Erbe des Erblassers, der Vorerbe hört auf, Erbe (und damit Grundstückseigentümer) zu sein (BGB § 2139). Auch der Nacherbe hat jedoch Befriedigung eines Nachlaßgläubigers oder des Gläubigers eines ihm gegenüber wirksamen Rechts am Grundstück (BGB § 2115 Satz 2), somit auch eines Rechts, das der Vorerbe mit Einwilligung des Nacherben bestellt hat, zu dulden. Auf den Fortgang der Zwangsverwaltung, die von einem Nachlaßgläubiger oder dem Gläubiger eines solchen Rechts betrieben wird, hat der Eintritt des Nacherbfalls daher keinen Einfluß. Der für den Verfahrensfortgang erforderliche Vollstreckungstitel gegen den Nacherben (ZPO § 750 Abs 1) kann mit Klauseln nach ZPO § 728 mit § 727 erlangt werden. Entgegen steht das Grundstückseigentum des Nacherben mit Eintritt des Nacherbfalls jedoch der Fortsetzung der Zwangsverwaltung, die von einem Eigengläubiger des Vorerben oder dem Gläubiger eines vom Vorerben bestellten, dem Nacherben gegenüber aber nicht wirksamen Rechts am Grundstück betrieben wird. Der Hinderungsgrund ist, wenn das Eigentum des Nacherben dem Vollstreckungsgericht als grundbuchersichtlich bekannt wird, nach § 28 mit § 146 Abs 1 zu berücksichtigen, sonst mit Widerspruchsklage nach ZPO § 771 geltend zu machen (so auch ZVG-Handbuch Rdn 584).

o) **Rechtsbehelfe:** Gegen den Anordnungs- oder Beitrittsbeschluß ohne vorherige Anhörung des Vollstreckungsschuldners (ist die Regel) hat dieser die Vollstreckungserinnerung nach ZPO § 766 (§ 15 Rdn 5), anschließend die sofortige Beschwerde nach ZPO § 793[9]. In der Zwangsverwaltung ist die Beschwerde nicht wie in der Zwangsversteigerung beschränkt, selbst wenn sie sich gegen die Fortsetzung der Zwangsverwaltung nach einem Zuschlag richtet[10].

p) **Rentenbankrecht:** Wegen der Ansprüche aus einer Reallast (früher Rentenbankgrundschuld) kann die Rentenbank ohne Vollstreckungstitel vollstrecken; Zwangsverwaltung darf von der Bank nicht eingeleitet werden, solange eine gerichtliche Zwangsverwaltung läuft; eine von ihr eingeleitete endet mit der gerichtlichen Anordnung auf Betreiben eines anderen Gläubigers. Dazu 9. Auflage § 146 Anm 43 und die dort im Anhang abgedruckten Texte.

q) **Sicherung der Bewirtschaftung:** Entsprechend anzuwenden nach § 146 Abs 1 (Rdn 4.3) ist auch § 25 über die Sicherung der ordnungsmäßigen Bewirtschaftung des Vollstreckungsgrundstücks bei gefährdendem Verhalten des Vollstreckungsschuldners auf Antrag des betreibenden Gläubigers durch die zur Abwendung der Gefährdung erforderlichen Maßregeln. Diese Vorschrift wird auch in der Zwangsverwaltung angewendet[11]. Anlaß, Art und Umfang, über Voraussetzungen und Anfechtung § 25 Rdn 2–5.

---

[9] OLG Stuttgart JR 1956, 379.
[10] LG Berlin NJW 1958, 1544.
[11] OLG Koblenz MDR 1957, 172; Jaeckel/Güthe § 146 Rdn 7; Steiner/Hagemann § 14 Rdn 4.

Anzuwendende Vorschriften, Mitteilung an die Beteiligten   4.5   § 146

r) **Veräußerungsverbot** nach ZPO § 772, BGB §§ 135, 136, 2115 usw verhindert nur die Zwangsversteigerung, nicht die Zwangsverwaltung (dazu § 15 Rdn 36).

s) **Verbindung** von Verfahren: Auch Zwangs**verwaltungs**verfahren über mehrere Grundstücke (oben Abs m) oder Grundstücksbruchteile können verbunden werden, wenn sie wegen derselben Forderung gegen denselben Schuldner oder wegen eines an jedem der Grundstücke bestehenden dinglichen Rechts oder wegen einer Forderung, für welche die Eigentümer gesamtschuldnerisch haften betrieben werden: § 18 (dazu § 18 Rdn 2). Bei Schwierigkeiten sollte man nie verbinden, so wenn die Objekte unterschiedlich genutzt sind, zB ein Fabrikgrundstück und ein unbebautes. Die Vereinnahmung und Verwendung der Erträgnisse sowie Abrechnungen sind immer getrennt durchzuführen, weil jedes Objekt nur für seine Belastungen haftet und diese nur aus seinen Erträgnissen befriedigt werden dürfen. Die Erlöse müssen stets getrennt gehalten werden. Zur Verbindung im ZVG-Handbuch Rdn 582.

t) **Versicherungen:** Nach Versicherungsvertragsgesetz § 14 kann der Versicherer bei den unter dieses Gesetz fallenden Versicherungszweigen, soweit sie sich auf ein Grundstück beziehen können (Feuer-, Hagel-, Tier-, Haftpflichtversicherung), in der Satzung sich für den Fall der Anordnung einer Zwangsverwaltung über das versicherte Grundstück ausbedingen, daß er das Versicherungsverhältnis mit Frist von einem Monat kündigen kann. Versicherungsforderungen zieht der Zwangsverwalter ein.

u) **Wohnungseigentum** kann der Zwangsverwaltung unterliegen (Rdn 3.3 zu b). Diese ist aber durch § 149 stark behindert (§ 149 Rdn 2), weil dem Vollstreckungsschuldner die Räume zu Wohnzwecken zu überlassen sind, hat daher wenig Aussicht auf Erfolg, falls nicht der Schuldner die Räume nur vermietet statt selbst genutzt hat. Die Zwangsverwaltung mehrerer Eigentumswohnungen muß getrennt erfolgen, Einnahmen und Ausgaben je getrennt für jede[12]; der Zwangsverwalter darf aus den Einnahmen auch für nicht von ihm genutzte Wohnungen an den Hausverwalter zahlen[12]. Die Zwangsverwaltung erfaßt nicht den Anteil der zwangsverwalteten Wohnung am gemeinsamen Reinertrag des Objekts[13].

v) **Wohnungsrecht:** Ein Wohnungsrecht an dem zwangsverwalteten Objekt hindert die Zwangsverwaltung nicht, beschränkt aber den Verwalter auf die Rechte, die dem Vollstreckungsschuldner als Grundstückseigentümer gegen den Wohnberechtigten und gegen Dritte zustehen[14]. Geht der die Zwangsverwaltung betreibende Gläubiger dem Wohnungsrecht im Rang vor, so stehen Besitz und Verwaltung dem Zwangsverwalter zu, wenn ein Titel gegen den Wohnungsberechtigten auf Duldung der Zwangsverwaltung vorliegt[14].

4.5 Nicht anzuwenden ist EGZVG § 9 a über Erstreckung der Beschlagnahme des Grundstücks im Beitrittsgebiet auch auf Gebäudeeigentum. Zwar spricht EGZVG § 9 a Abs 1 Satz 1 nur allgemein von der Beschlagnahme des Grundstücks. Doch fordert die Vorschrift in Abs 3 Satz 1 nur Zustellung des Beschlusses, durch den die Zwangsversteigerung angeordnet wird, und in Abs 3 Satz 3 Eintragung eines Zwangsversteigerungsvermerks auch in das Gebäudegrundbuch. Auch die übrigen Bestimmungen regeln nur Besonderheiten bei Zwangsversteigerung. Die auslaufenden Sondervorschriften in EGBGB Art 233 § 4 Abs 4 und § 5 Abs 2 Satz 3 regeln ebenso nur Besonderheiten bei Zwangsversteigerung. Anschließende Bestimmungen dafür enthält nun EGZVG § 9 a. Die Vorschrift erfüllt die Aufgabe, die Zwangsversteigerungsfähigkeit von bebauten Grundstücken im Beitrittsgebiet wieder herzustellen (EGZVG § 9 Rdn 1.1). Bieter sollen wissen, ob das

---

[12] OLG Stuttgart JurBüro 1976, 1396 = OLGZ 1977, 126.
[13] Weitnauer/Hauger, WEG, § 16 Rdn 6.
[14] Haegele DNotZ 1976, 5 (I 2).

§ 146   4.5   Zwangsverwaltung

Gebäude auf dem zu versteigernden Grundstück mit versteigert wird oder nicht (EGZVG § 9 a Rdn 2.4). Dieser Zweck ermöglicht die nicht vorgesehene Ausdehnung (entsprechende Anwendung) der Vorschrift auf die Zwangsverwaltung nicht. Ob sich die Beschlagnahme mit Anordnung der Zwangsverwaltung des Grundstücks auch auf das Gebäude auf dem Grundstück erstreckt, kann der Zwangsverwalter klären. Er kann das Recht des Gebäudeeigentümers berücksichtigen, wenn es aus dem Grundbuch ersichtlich ist. Erforderlichenfalls kann er, können aber auch Gläubiger oder Schuldner, Weisung des Vollstreckungsgerichts nach § 153 Abs 1 erwirken. Der Gebäudeeigentümer kann darüber hinaus mit Vollstreckungsgegenklage Freigabe seines Gebäudeeigentums erzielen und einstweilige Verfahrenseinstellung erwirken, wenn der Zwangsverwalter das Verfahren dennoch auf (dann wohl nicht grundbuchersichtliches) Gebäudeeigentum ausdehnt. Bei dieser völlig anderen Interessenlage war Anordnung entsprechender Anwendung von EGZVG § 9 auch auf die Zwangsverwaltung nicht geboten; sie ist daher ausgeschlossen. Das schließt natürlich nicht aus, daß das Vollstreckungsgericht bereits bei Anordnung der Zwangsverwaltung das Grundstück als Verfahrensgegenstand in der Weise bezeichnet, daß das fremde Gebäudeeigentum auf dem Grundstück (ersichtlich aus der Grundbucheintragung) nicht dazu gehört (von der Beschlagnahme ausgeschlossen ist). Haben sich Grundstücks- und Gebäudeeigentum in einer Person vereinigt (§ 28 Rdn 4.11), wird – sofern nicht wegen eines dinglichen Anspruchs in den haftenden Einzelgegenstand vollstreckt wird – nur noch die Zwangsverwaltung des Grundstücks und Gebäudeeigentums zusammen (Verbindung nach § 18) angeordnet werden können.

5   Beschlagnahme in der Zwangsverwaltung

5.1 Anordnung: a) Die Vorschriften über die Anordnung der Zwangsversteigerung sind **entsprechend anzuwenden:** Abs 1 (dazu auch Rdn 4). Die Anordnung erfolgt nur auf Antrag (§ 15); auch hier ist ein Vollstreckungstitel mit Zustellungsnachweis nötig und sind die sonstigen Vollstreckungsvoraussetzungen zu erfüllen, wie Sicherheitsleistung, Urkundenvorlage usw (§ 16 Abs 2). Angeordnet werden kann die Zwangsverwaltung nur wegen schon fälliger Ansprüche des Gläubigers (§ 15 Rdn 15); auch Zinsansprüche, die ohne die zugrundeliegende Hauptforderung vollstreckt werden, müssen fällig sein[15]. Der Schuldner muß als Eigentümer eingetragen oder Erbe des Eingetragenen sein (§ 17 Abs 1), ausgenommen bei der Zwangsverwaltung gegen den Eigenbesitzer nach § 147. Auch hier ist ein Zeugnis des Grundbuchamts vorzulegen (§ 17 Abs 2). Gewisse Hindernisse können auch hier bestehen (§§ 15, 28).

b) **Muster** für den Antrag im ZVG-Handbuch Rdn 576, für den Beschluß Rdn 578.

c) Auch eine durch **Einstweilige Verfügung** veranlaßte Zwangsverwaltung (ZPO § 938) hat das Vollstreckungsgericht in deren Vollzug durch Beschluß anzuordnen[16]. Zur **Überleitung aus der Zwangsversteigerung** Rdn 3.2 und § 77 Rdn 3.

5.2 Beitritt: Weitere Gläubiger können auch einem Zwangsverwaltungsverfahren beitreten (§ 27 mit § 146 Abs 1). Es muß nur die Zwangsverwaltung schon und noch anhängig sein (angeordnet, nicht aufgehoben) und es müssen für den Beitrittsgläubiger alle Vollstreckungsvoraussetzungen wie für den Anordnungsgläubiger erfüllt sein. Auch hier gibt es für die mehreren Gläubiger **keine Einheit des Verfahrens** (§ 15 Rdn 4.13, § 27 Rdn 5). Nach jedem Beitritt muß der Teilungsplan, wenn schon aufgestellt, entsprechend ergänzt werden (§ 157 Abs 1 Satz 1).

---

[15] LG Berlin Rpfleger 1981, 364.
[16] RG 92, 18.

5.3 Beschlagnahme selbst

a) **Anordnungs- und Beitrittsbeschluß** gelten als Beschlagnahme **zugunsten des betreibenden Gläubigers** (§ 20 Abs 1, § 27 Abs 2 mit § 146 Abs 1). Sie wirken **als relatives Veräußerungsverbot** (§ 23); der Vollstreckungsschuldner darf aber in der Zwangsverwaltung (im Gegensatz zur Zwangsversteigerung) nicht innerhalb der Grenzen einer ordnungsmäßigen Wirtschaft über beschlagnahmte bewegliche Sachen verfügen (§ 23 Abs 1 Satz 2), weil ihm ja hier die Verwaltung ganz entzogen ist (§ 148 Abs 1 Satz 2, Abs 2).

b) Die Beschlagnahme umfaßt nicht nur das Grundstück mit Zubehör und Bestandteilen und mithaftenden Gegenständen wie bei der Zwangsversteigerung (§ 20), sondern **auch** den **Miet- und Pachtzins und** die **Ansprüche aus** einem mit dem Eigentum am Grundstück **verbundenen Recht** auf wiederkehrende Leistungen (§ 148 Abs 1), sowie **land- und forstwirtschaftliche** Erzeugnisse und die Forderungen aus deren **Versicherung** (§ 148 Abs 1).

c) **Wirksam** wird die Beschlagnahme mit der Zustellung des Anordnungs- oder Beitrittsbeschlusses an den Vollstreckungsschuldner oder mit dem Zugang des Eintragungsersuchens an das Grundbuchamt (§ 22 Abs 1 mit § 146 Abs 1), bei beschlagnahmten Forderungen dem Drittschuldner gegenüber mit dem Zahlungsverbot (§ 22 Abs 2). Wirksam wird die Beschlagnahme bei der Zwangsverwaltung aber auch für die Anordnung durch die Besitzergreifung des Zwangsverwalters (§ 151 Abs 1) und für den Beitritt durch Zustellung des Beitrittsbeschlusses an den Zwangsverwalter, falls er schon den Besitz des Objekts hat (§ 151 Abs 2).

5.4 Grundbuchersuchen: Das Vollstreckungsgericht hat nach der Anordnung der Zwangsverwaltung das Grundbuchamt um Eintragung eines Vermerks zu ersuchen, hier des Zwangs**verwaltungs**vermerks (§ 19 mit § 146 Abs 1). Das gilt auch, wenn schon ein Zwangsversteigerungsvermerk eingetragen ist. Muster für das Grundbuchersuchen im ZVG-Handbuch Rdn 579, für die Grundbucheintragung Rdn 580.

5.5 Grundbuchmitteilungen nach § 19 Abs 2 müssen auch hier erfolgen. Sie müssen auch die seit einer etwa vorausgehenden Eintragung des Zwangsversteigerungsvermerks erfolgten, neuen Eintragungen und sonstigen Änderungen enthalten.

Einstellung in der Zwangsverwaltung 6

6.1 Ein Zwangsverwaltungsverfahren kann grundsätzlich **nicht** eingestellt werden[17]. Es soll und hat nach seiner ganzen Art ein fortdauerndes sein[18]. Die einstweilige Einstellung widerspräche dem Sinn dieses Verfahrens.

6.2 Auf eine **Vollstreckungsabwehr-** oder **Widerspruchsklage** hin kann wie sonst die Vollstreckung auch insoweit vom Prozeßgericht, in dringenden Fällen vom Vollstreckungsgericht, nach **ZPO §§ 769, 771** eingestellt werden[19]. Unter den besonderen Voraussetzungen von **ZPO §§ 775, 776** kann das Verfahren vom Vollstreckungsgericht (unter Fortdauer der Beschlagnahme) eingestellt werden[20] (soweit es nicht nach ZPO § 776 aufgehoben werden muß).

6.3 Es kann auch in dessen Maßnahmen des **Vergleichsgerichts** (VerglO § 48) eingegriffen werden[21]. Wenn während des Zwangsverwaltungsverfahrens ein gerichtliches Vergleichsverfahren eröffnet wird, ist hinsichtlich der Vergleichsgläubiger auch eine Zwangsverwaltung einzustellen und der Ertragsanteil zu hinterlegen.

---

[17] Nußbaum, Zwangsversteigerung, § 9 (I); Pöschl NJW 1956, 372 (Einleitung und 1).
[18] Nußbaum, Zwangsversteigerung, § 9 (I).
[19] LG Frankenthal Rpfleger 1995, 307; Brand/Baur, Zwangsversteigerungssachen, § 121 (I–II).
[20] LG Frankenthal und Brand/Baur je aaO (Fußn 19); Pöschel aaO (Fußn 17).
[21] Mohrbutter/Drischler Muster 162 Anm 3.

§ 146   6.4   Zwangsverwaltung

6.4 Unter den besonderen ZVG-Voraussetzungen **nach** § 28 (Verfahrenshindernisse) kann und muß auch ein Zwangsverwaltungsverfahren eingestellt werden[22].

6.5 In besonderen Ausnahmefällen wird auch eine Zwangsverwaltung nach **ZPO** § 765 a eingestellt. Diese Vorschrift als Generalklausel muß auch hierfür anwendbar sein[23]. Es kann das Verfahren sogar aufgehoben oder vor Beginn untersagt werden. Wenn der Vollstreckungsschuldner aus der Einstellung keinen Vorteil hat (Verwaltungskosten und Beschlagnahme laufen auf jeden Fall weiter), ist kein Raum für § 765 a[24]. Über § 765 a kann dem Schuldner Unterhalt gewährt werden (§ 149 Rdn 4).

6.6 Für zulässig gehalten wird es auch, daß der die Zwangsverwaltung betreibende Gläubiger **nach** § 30 die Einstellung seines Verfahrens bewillige (dafür sind[25]), sogar ohne Beschränkung nach der Zahl der Einstellungen (gemäß § 30 Abs 1 Satz 2) und ohne Fortsetzungsfrist (so[26]) und ohne daß eine Belehrung zur Fortsetzung nötig sei (so[27]). Dem kann aber nicht zugestimmt werden. Das Zwangsverwaltungsverfahren ist im Gegensatz zum Zwangsversteigerungsverfahren seinem ganzen Aufbau nach, wie schon dargelegt, einstellungsfeindlich. Man kann nicht als Gläubiger die Verwaltungsbeschlagnahme erwirken und einen Zwangsverwalter aufstellen lassen, um dann dessen Befugnisse durch Verfahrenseinstellung wieder zu beschränken oder außer Kraft zu setzen. Wenn ein Gläubiger eine Zwangsverwaltung nicht mehr wünscht, mag er seinen Antrag zurücknehmen. Er darf nicht ein Verfahren, aus dem nach seiner Zweckbestimmung laufende Forderungen und der betreibenden Gläubiger so rasch als möglich weggefertigt werden sollen, beliebig lange hinausziehen. Entweder gibt das Verhalten des Schuldners Anlaß zur Zwangsverwaltung, so daß es nötig ist, die laufenden Erträgnisse durch den Verwalter zweckgebunden verwenden zu lassen, oder dieser Anlaß besteht nicht. Andernfalls würde die Zwangsverwaltung, ähnlich wie häufig das Offenbarungsversicherungsverfahren, leicht dazu mißbraucht, den Schuldner dauernd unter einem gewissen Druck zu halten, um den Wünschen des Gläubigers mehr Nachdruck zu verleihen; dies ist nicht Sinn des Zwangsverwaltungsverfahrens.

6.7 Wird in Ausnahmefällen eingestellt, dann kann **nicht** die nur für Zwangsversteigerungsverfahren vom Gesetz vorgesehene **Fortsetzungsfrist** des § 31 gelten, auch nicht die damit zusammenhängende **Belehrungsfrist** nach § 31. Das Vollstreckungsgericht muß vielmehr hier über alle einschlägigen Umstände selbst bestimmen, wie es auch die Art der Fortführung zu regeln hat. Das Verfahren wird ja nicht aufgehoben, der Zwangsverwalter bleibt im Amt, er erhält seine Vergütung, er vereinnahmt die Nutzungen des Objekts, darf sie nur nicht gemäß dem Teilungsplan an die von der Einstellung betroffenen betreibenden Gläubiger ausschütten, sondern muß sie, soweit sie auf solche treffen würden, für sie hinterlegen[28]. Ist also gegenüber einem oder einzelnen betreibenden Gläubigern eingestellt (die Einstellung kann immer nur betreibende Gläubiger betreffen), so erhalten nur diese nichts ausbezahlt (sondern hinterlegt), während alle anderen laut Plan zum Zuge kommen. Nur wenn gegenüber allen betreibenden Gläubigern eingestellt ist

---

[22] Brand/Baur aaO (Fußn 19).
[23] Mohrbutter/Drischler Muster 162 Anm 1; Drischler Rpfleger 1956, 91 und RpflJahrbuch 1969, 369 (X B); Pöschl aaO (Fußn 17).
[24] OLG Hamm MDR 1969, 851 = OLGZ 1969, 473.
[25] Mohrbutter, Handbuch des Vollstreckungsrechts, § 57 (III); Brand/Baur, Zwangsversteigerungssachen, § 121 (I–II); vd Pfordten, ZVG, § 161 (III 1 c); Drischler JurBüro 1964, 471 (A III 7) und RpflJahrbuch 1971, 316 (III 9 sowie IV A 9).
[26] Mohrbutter/Drischler Muster 162 Anm 2; Drischler JurBüro 1964, 471 (A III 7) und RpflJahrbuch 1971, 316 (III 9); Brand/Baur aaO (Fußn 19).
[27] Drischler JurBüro 1964, 471 (A III 7) und RpflJahrbuch 1971, 316 (IV A 9).
[28] OLG Hamm MDR 1969, 851 = OLGZ 1969, 473; Nußbaum, Zwangsversteigerung, § 9 (I); Brand/Baur aaO (Fußn 19); Drischler RpflJahrbuch 1971, 316 (III 9); Pöschl aaO (Fußn 17).

Anzuwendende Vorschriften, Mitteilung an die Beteiligten 8.3 § 146

(was wohl kaum in Frage kommt), erhalten diese alle nichts (sondern hinterlegt). In beiden Fällen muß aber der Zwangsverwalter die übrigen Auslagen planmäßig oder gesetzlich an ihrer Rangstelle erfüllen wie der Eigentümer selbst (dem nach wie vor die Verfügungsgewalt entzogen ist) dies ohne Zwangsverwaltung tun müßte (er würde durch unterlassene Zahlungen geschädigt). Auch die Kosten der Verwaltung einschließlich der Verwaltungsvergütung sind zu erfüllen; der Verwalter ist wirksam bestellt und hat weiterhin alle Rechte und Pflichten. Hierwegen müßte sich der Vollstreckungsschuldner, falls das Verfahren sich später als unberechtigt erweisen sollte und aufgehoben wird, an denjenigen halten, der das Verfahren zu Unrecht betrieben hat; es kann sich dabei nur um fehlende materielle Berechtigung handeln, weil die formellen Voraussetzungen (Titel, Antrag usw) zum Verfahren auf jeden Fall vorliegen müssen. Grundsätzlich gibt es keine Zwangsverwaltung ohne Zwangsverwalter[29] (anders zu Unrecht[30]: bei Einstellung nach § 765 a sei der Verwalter abzuberufen oder anzuweisen, nichts zu tun; dies ist nicht zulässig, solange das Verfahren formell noch läuft).

Landschaftliche Kreditanstalten

7.1 In einigen Gebieten des früheren preußischen Rechts haben nach dem Gesetz vom 3. 8. 1897 (Textanhang T 60) öffentliche landschaftliche (früher auch ritterschaftliche) Kreditanstalten noch ein **eigenes** beschränktes **Vollstreckungsrecht** (dazu § 15 Rdn 38.12). Sie können ein beliehenes Grundstück auch selbst in Zwangsverwaltung nehmen (Gesetz § 3 Abs 2).

7.2 Das Zwangsverwaltungsverfahren ist durch Satzung zu regeln (Gesetz § 5 Abs 2). Diese **Zwangsverwaltung durch die Anstalt** kann dann nicht eingeleitet werden, wenn und solange eine gerichtliche Zwangsverwaltung läuft (Gesetz § 6 Abs 1) und sie endet mit der Anordnung der gerichtlichen Zwangsverwaltung (Gesetz § 6 Abs 2). Der Kreditanstalt können vom Gericht die sonst dem Gericht in §§ 150, 153, 154 zustehenden Befugnisse übertragen werden (Gesetz § 6 Abs 4). Die Zwangsverwaltung kann hier auch im Wege des Arrestes angeordnet werden (Gesetz § 7 Abs 1).

7.3 Die vollstreckbaren Ansprüche der landschaftlichen Kreditanstalten brauchen bei gerichtlicher Zwangsverwaltung und in der Zwangsversteigerung **nicht angemeldet** zu werden, auch soweit sie nicht aus dem Grundbuch ersichtlich sind (Gesetz § 8 Abs 1).

Mitteilung über Anordnung (Absatz 2)

8.1 Alle Beteiligte (§ 9 Nr 1) sind nach dem Eingang der Grundbuchmitteilungen aus § 19 Abs 2 davon **zu benachrichtigen,** daß ein Zwangsverwaltungsverfahren angeordnet worden ist: Abs 2. Der Anordnungsgläubiger selbst und der Schuldner erhalten diese Mitteilung nicht mehr, da sie ja schon den Anordnungsbeschluß erhalten haben. Der Zwangsverwalter, der nicht Beteiligter ist, erhält sie ebenfalls nicht, weil er ja den Anordnungsbeschluß erhalten muß. Alle, die erst kraft Anmeldung Beteiligte werden (§ 9 Nr 2), aber mangels Anmeldung noch nicht sind, erhalten die Mitteilung nicht. Kaminkehrer, Finanzamt, Brandversicherung, Gemeinde muß der Zwangsverwalter im Rahmen seiner Verwaltungspflichten von sich aus verständigen, um die laufenden Verpflichtungen erfüllen zu können, ebenso Mieter und Pächter, von denen er Einnahmen zu ziehen hat.

8.2 Die Mitteilung ergeht bei der Zwangsverwaltung eines Erbbaurechts auch an den Grundstückseigentümer.

8.3 Die Mitteilungen brauchen **nicht zugestellt** zu werden.

---

[29] vd Pfordten, ZVG, § 161 (III 1 c).
[30] Pöschl NJW 1956, 372 (Einleitung und 1).

§ 146   8.4   Zwangsverwaltung

8.4 Der **Inhalt der Mitteilung** ist nicht vorgeschrieben. Es genügt etwa: „Mitteilung im Zwangsverwaltungsverfahren über das Grundstück . . .: Die Zwangsverwaltung des genannten Grundstücks ist am . . . auf Antrag des Gläubigers . . . angeordnet worden. Als Zwangsverwalter ist . . . bestellt." Muster hierzu im ZVG-Handbuch Rdn 585.

8.5 Nach Zulassung eines Beitritts erfolgt eine neuerliche Mitteilung an Beteiligte nicht.

9   Muster für Anordnung und Beitritt

9.1 Die **Beschlüsse** lauten **ähnlich wie in der Zwangsversteigerung** (§ 15 Rdn 4, § 27 Rdn 4), wobei es natürlich statt „Zwangsversteigerung" hier „Zwangsverwaltung" heißt.

9.2 Zusätzlich ist hier nötig: „Durch die Beschlagnahme wird dem Schuldner die Verwaltung und Benutzung des Grundstücks einschließlich der Verfügung über Miet- und Pachtzinsforderungen entzogen. Als Zwangsverwalter wird . . . bestellt, der ermächtigt wird, sich selbst den Besitz des Grundstücks zu verschaffen . . ."

9.3 Eine **Belehrung** nach § 30 b entfällt hier.

9.4 In der Urschrift des Beschlusses sind noch die entsprechenden **Verfügungen** nötig: Zustellung an Schuldner bzw Bevollmächtigten; Zustellung an Gläubiger nur, wenn teilweise abgewiesen, sonst formlose Mitteilung; Zustellung an den Zwangsverwalter (mit Pflichtenbelehrung, wo nötig; mit Bestallung, wo vorgesehen; mit Aufforderung zu einem Übernahmebericht bis . . . oder binnen . . .); Eintragungsersuchen an Grundbuchamt; Kostenberechnung; Wiedervorlage am . . .

10   Nießbrauch und Altenteil und die Zwangsverwaltung

10.1 Die Zwangsverwaltung des mit einem **Nießbrauch** (BGB § 1030) belasteten Grundstücks weist mit dem Zugriffsrecht des Gläubigers bei gleichzeitiger Wahrung der Rechte des Nießbrauchers Besonderheiten auf. Der Nießbraucher hat die dingliche Berechtigung, die Nutzungen des Grundstücks zu ziehen (BGB § 1030 Abs 1) und das Grundstück zu besitzen (BGB § 1036 Abs 1). Gerade diese Rechte sollen aber bei der Zwangsverwaltung dem Zwangsverwalter zustehen.

10.2 a) **Unbeschränkt zulässig** ist die Zwangsverwaltung eines dem Nießbrauch unterliegenden Grundstücks ohne Rücksicht auf diesen auf Antrag eines dem Nießbrauch **im Rang vorgehenden** Grundpfandgläubigers[31]. Für Anordnung dieser Zwangsverwaltung (auch Zulassung des Beitritts) muß jedoch der Eigentümer wegen des dinglichen Anspruchs des Grundpfandgläubigers zur Zahlung aus dem Grundstück und der **Nießbraucher zur Duldung** der Zwangsvollstreckung **verurteilt** sein[32], auch[33] (anders[34]). Ein Duldungstitel wird nur nicht verlangt, wenn der Nießbraucher der Zwangsverwaltung zustimmt[35] oder sie selbst betreibt; er ist nicht erforderlich, wenn der Nießbrauch nur vertraglich vereinbart, aber durch Eintragung noch nicht wirksam entstanden ist[36].

b) Dem rangbesseren Grundpfandrecht haftet das mit einem Nießbrauch nachrangig belastete Grundstück mit seinen wesentlichen und nicht wesentlichen Bestandteilen und mit den nicht getrennten Erzeugnissen, vor allem aber mit den Miet- und Pachtzinsforderungen (BGB § 1123)[37]. Die Haftung der Miet- und Pachtzins-

---

[31] Drischler RpflJahrbuch 1971, 316 (I C 3).
[32] LG Krefeld Rpfleger 1988, 325; Jaeckel/Güthe § 146 Rdn 5; Reinhard/Müller § 146 Anm IV 1; Steiner/Hagemann § 146 Rdn 80; Mohrbutter/Drischler Muster 151 Anm 1.
[33] Staudinger/Frank, BGB, vor §§ 1030 ff Rdn 85–87.
[34] Dassler/Muth vor § 146 Rdn 9.
[35] RG 56, 388; Jaeckel/Güthe § 146 Rdn 5; Steiner/Hagemann § 146 Rdn 80.
[36] LG Krefeld Rpfleger 1988, 325.
[37] RG 93, 121 (124).

Anzuwendende Vorschriften, Mitteilung an die Beteiligten 10.2 § 146

forderungen besteht nicht nur, wenn Vermietung oder Verpachtung durch den Eigentümer erfolgt ist, sondern auch dann, wenn ein anderer, somit auch der Nießbraucher, die Miet- oder Pachtverträge abgeschlossen hat[38]. Rangbessere Grundpfandgläubiger sind daher auch (wegen ihres dinglichen Anspruchs) gegenüber dem Nießbraucher zur Zwangsvollstreckung in das Grundstück und damit zur Beschlagnahme des Grundstücks (unterbindet das Fruchtziehungsrecht des rangschlechteren Nießbrauchers) und dessen Miet- sowie Pachtforderungen befugt. Die Grundstücksbeschlagnahme erstreckt sich jedoch nicht auf ein für Bestellung oder Ausübung des Nießbrauchs vereinbartes Entgelt; es unterliegt dem Zugriff im Wege der Forderungspfändung[39] (für das Nießbrauchsentgelt anders[40]).

c) Für **Beginn der Zwangsvollstreckung** muß der vollstreckbare Anspruch des Gläubigers urkundlich ausgewiesen sein (ZPO § 704); das gilt als Grundsatz des Vollstreckungsrechts bei unmittelbarem Zugriff des Gläubigers auf das haftende Grundstück auch für die **Duldungspflicht** des Nießbrauchers. Ein auch gegen ihn lautender Vollstreckungstitel ist daher Verfahrenserfordernis für Durchsetzung des Anspruchs des Grundpfandgläubigers mit Auswirkung auf die dingliche Berechtigung des Nießbrauchers. Unbeschränkte Anordnung der Zwangsverwaltung erfolgt damit auch gegen den Nießbraucher als Duldungsschuldner (erfordert somit Zustellung des Anordnungsbeschlusses auch an ihn). Für die **Übergabe des Grundbesitzes** an den Zwangsverwalter (§ 150 Abs 2) weist der Duldungstitel gegen den Nießbraucher aus, daß diese Maßnahme der Zwangsvollstreckung durch das Recht des Nießbrauchers nicht beeinträchtigt ist. Daher kann das Grundstück nach § 150 Abs 2 dem Zwangsverwalter auch bei Besitz des Nießbrauchers (BGB § 1036 Abs 1) übergeben werden. Grundstücksübergabe ist auch bei Besitz des (duldungspflichtigen) Nießbrauchers Vollstreckungshandlung, die dem Gericht obliegt (§ 150 Abs 2). Der Zwangsverwalter hat gegen den besitzenden Nießbraucher keinen Herausgabeanspruch, der mit Klage gerichtlich geltend gemacht werden könnte, ebenso nicht der Vollstreckungsgläubiger.

d) Dem im Rang vorgehenden Grundpfandgläubiger kann der **Duldungstitel** gegen den nachrangigen Nießbraucher nach ZPO § 727 erteilt werden; der Nießbraucher ist für den Duldungsanspruch Rechtsnachfolger.

e) Wird das Grundstück vom **Nießbraucher** selbst **genutzt** und bestehen Ansprüche gegen Dritte nicht, auf welche sich die Beschlagnahme erstreckt, dann kann mit Zwangsverwaltung eine Nutzung nach den Regeln einer ordnungsmäßigen Wirtschaft nur in gleicher Weise wie bei Eigennutzung des Grundstücks durch den Schuldner herbeigeführt werden. Für ordnungsmäßige Nutzung ist das Grundstück dann nach Besitzübergabe durch den Verwalter zu vermieten oder zu verpachten. Nach Lage des Einzelfalls (insbesondere bei voraussichtlich nicht langer Dauer der Zwangsverwaltung) kann ordnungsmäßige Grundstücksnutzung zur Erzielung von Erträgnissen Abschluß eines Miet- oder Pachtvertrages auch mit dem (duldungspflichtigen) nachrangigen Nießbraucher nahelegen.

f) Wenn der im Rang vorgehende Grundpfandgläubiger nur einen dinglichen Vollstreckungstitel gegen den Eigentümer, nicht aber auch einen Duldungstitel gegen den Nießbraucher vorgelegt hat, ist er in der Geltendmachung seines Vollstreckungsrechts durch die Berechtigung des Nießbrauchers beschränkt. Die Zwangsverwaltung darf dann das Nutzungs- und Besitzrecht des Nießbrauchers nicht schmälern; sie ist somit nur eingeschränkt (§ 146 Rdn 10.3) möglich[41] (anders[42]: unbeschränkte Anordnung, aber Nießbraucher kann nicht zur Herausgabe des Grund-

---

[38] RG 68, 10 (13) und 81, 146.
[39] OLG München Rpfleger 1991, 331.
[40] Puff Rpfleger 1991, 331 (Anmerkung).
[41] Staudinger/Frank, BGB, vor §§ 1030 ff. Rdn 86.
[42] LG Bielefeld Rpfleger 1991, 75 mit zust Anm Meyer-Stolte; Steiner/Hagemann § 146 Rdn 82.

§ 146   10.2   Zwangsverwaltung

stücks gezwungen werden, bei seiner Weigerung muß daher nach § 28 zur Vorlage des Duldungstitels die über eine beschränkte Zwangsverwaltung hinausgehende Anordnung eingestellt werden; als Vollstreckungshandeln ohne Titel unzulässig).

10.3 a) Die Gläubiger der dem Nießbrauch **im Rang nachgehenden Grundpfandrechte** und die Gläubiger gewöhnlicher Vollstreckungsforderungen (Rangklasse 5 des § 10 Abs 1) sind den aus dem Vorhandensein des Nießbrauchs folgenden Beschränkungen unterworfen. Das Recht auf Miet- und Pachtzinsen ist mit Bestellung des Nießbrauchs aus dem Eigentum ohne weiteres ausgeschieden[43]. Der Nießbraucher hat einen unmittelbaren Anspruch auf den Mietzins, auch wenn nicht er, sondern der Eigentümer den Mietvertrag abgeschlossen hat[43]. Nachrangige Grundpfandgläubiger und persönliche Vollstreckungsgläubiger des Eigentümers sind daher vom Zugriff auf Miet- oder Pachtzinsforderungen ausgeschlossen. Sie können ebenso mit Zwangsverwaltung in das Grundstück das Fruchtziehungsrecht des rangbesseren Nießbrauchers nicht schmälern. Grundstücksbesitz des Nießbrauchers (BGB § 1036 Abs 1) kann eine von ihnen betriebene Zwangsverwaltung nicht beeinträchtigen. Damit ist das Grundstück als unbewegliches Schuldnervermögen der Zwangsvollstreckung durch Zwangsverwaltung (ZPO § 864 Abs 1, § 866 Abs 1) jedoch nicht entzogen. Durchführung der Zwangsverwaltung kann aber nur „ohne Beeinträchtigung der Rechte des Nießbrauchers" erfolgen[44].

b) Wenn Nießbrauch nur **beschränkte Zwangsverwaltung** ermöglicht, hat der Anordnungsbeschluß als hoheitlicher Gerichtsakt die Beschränkung der Zwangsverwaltung als Maßnahme der Zwangsvollstreckung zu enthalten[45] (anders[46]: immer unbeschränkte Anordnung; besserrangiger Nießbraucher muß mit Rechtsbehelfen eine Einschränkung des Verfahrens erreichen). Das gebieten allgemeine Grundsätze des Vollstreckungsrechts; sie erfordern, daß eine Zwangsvollstreckungsmaßnahme Anordnung und Umfang des Vollstreckungszugriffs klar bestimmt bezeichnet, somit auch Anordnung einer nur beschränkten Zwangsverwaltung nennt.

c) Die Verwaltung und Benutzung des Grundstücks verliert bei nur beschränkter Zwangsverwaltung nur der Schuldner. In den **Besitz** des Grundstücks setzt das Vollstreckungsgericht dafür den Zwangsverwalter (§ 150 Abs 2). In das Besitzverhältnis des rangbesseren (nicht duldungspflichtigen) Nießbrauchers darf in diesem Fall nicht eingegriffen werden. Der Zwangsverwalter kann daher nur in den mittelbaren Besitz des Schuldners (BGB § 868) eingewiesen werden. Dem Zwangsverwalter fällt damit bei beschränkter Verwaltung für den Eigentümer die Aufgabe zu, das Objekt und den Nießbraucher zu überwachen[47] und alle Rechte auszuüben, die dem Eigentümer gegenüber dem Nießbraucher und gegenüber Dritten zustehen[48]. Er hat dafür zu sorgen, daß der Nießbraucher sein Recht innerhalb der gesetzlichen und vertragsmäßigen Schranken ausübt[49], auch daß öffentliche Lasten vorweg bezahlt werden[49]. Der Nießbraucher unterliegt also hier der Kontrolle des Zwangsverwalters hinsichtlich gesetzlicher und vertraglicher Pflichten[49]. Im ganzen müssen aber die Rechte des Nießbrauchers unberührt bleiben[50].

10.4 Behindert ein Nießbrauch die Zwangsverwaltung (Rdn 10.3), hat das Vollstreckungsgericht das Verfahren aber gleichwohl unbeschränkt angeordnet, dann ist das der Fortsetzung des Verfahrens entgegenstehende Recht des Nießbrauchers

---

[43] Staudinger/Frank, BGB, § 1030 Rdn 52.
[44] OLG Köln NJW 1957, 1769 mit zust Anm Dempewolf; Staudinger/Hagemann § 146 Rdn 83; Drischler RpflJahrbuch 1971, 316 (I C3).
[45] OLG Köln aaO (Fußn 44); Staudinger/Frank, BGB, vor §§ 1030 ff. Rdn 86; Drischler aaO (Fußn 44).
[46] BGB-RGRK/Rothe § 1030 Rdn 11.
[47] Illner Justiz 1959, 245 (III).
[48] Mohrbutter/Drischler Muster 151 Anm 1; Fraeb, ZVG, § 146 Anm V; Illner aaO.
[49] RG 56, 388.
[50] Drischler RpflJahrbuch 1971, 316 (I C3).

Anzuwendende Vorschriften, Mitteilung an die Beteiligten 10.10 § 146

nach § 28 zu wahren. Legt der Gläubiger in der gesetzlichen Frist Nachweis für Zulässigkeit der unbeschränkten Zwangsverwaltung auch gegen den Nießbraucher (Rdn 10.2) nicht vor, dann wird die Beschränkung der Zwangsverwaltung (Rdn 10.3) angeordnet. Rechtsbehelf des Nießbrauchers, wenn sein grundbuchersichtliches entgegenstehendes Recht nicht berücksichtigt wird, ZPO § 766, dann ZPO § 793; sonst: ZPO § 771.

10.5 Legt der dem Nießbrauch im Rang nachgehende Vollstreckungsgläubiger einen nach Anfechtung nach dem Anfechtungsgesetz oder nach BGB § 1086 (Nießbrauch an Vermögen) erwirkten Duldungstitel vor, dann ist auch für ihn Zwangsverwaltung unbeschränkt anzuordnen[50].

10.6 Eigentümernießbrauch muß auch bei Vorrang dem Vollstreckungsanspruch des Gläubigers weichen[51].

10.7 Das Grundbuchamt muß auf das Eintragungsersuchen hin den **Zwangsverwaltungsvermerk** ohne sachliche Nachprüfung eintragen, wird aber zweckmäßig das Vollstreckungsgericht schon bei seiner Eintragungsbestätigung auf den Nießbrauch hinweisen (den das Vollstreckungsgericht dann aus der ihm übersandten Grundbuchblattabschrift näher ersieht).

10.8 Ein **Nießbraucher** muß unter bestimmten Voraussetzungen dem Grundstückseigentümer **Sicherheit** leisten (BGB § 1051). Der Eigentümer kann, wieder unter bestimmten Voraussetzungen, die Ausübung des Nießbrauchs durch einen gerichtlichen Verwalter verlangen (BGB § 1052 Abs 1). Dieser Verwalter steht unter Aufsicht des Gerichts wie ein Zwangsverwalter (BGB § 1052 Abs 2), unterliegt damit den Vorschriften ZVG §§ 153, 154, ist aber nicht mit dem Zwangsverwalter identisch. Diesen besonderen Antrag zur Ausübung des Nießbrauchs kann wohl an Stelle des Grundstückseigentümers der Zwangsverwalter stellen, der die Rechte des Eigentümers auszuüben hat.

10.9 Zu Zwangsverwaltung und Nießbrauch im ZVG-Handbuch Rdn 584.

10.10 a) Ein (dingliches) **Wohnungsrecht** (BGB § 1093), auch als Bestandteil eines **Altenteils** (Leibgedings, GBO § 49), berechtigt gleichfalls nach BGB § 1036 Abs 1 (mit § 1093 Abs 1 Satz 2) zum Besitz des Grundstücks (der Räume). Ähnliche Beschränkungen des Eigentümers können sich mit dem Nutzungsrecht des Berechtigten einer **beschränkten persönlichen Dienstbarkeit** ergeben. Diese Rechte stehen als solche der Zwangsverwaltung nicht entgegen, gleich ob diese ein dem Recht im Range vor- oder nachgehender Gläubiger betreibt. Auch ist hier EGZVG § 9 kein Hindernis. Die Anordnung der Zwangsverwaltung unterliegt damit keiner Beschränkung. Grundstücksübergabe an den Zwangsverwalter (§ 150 Abs 2) als Vollstreckungshandlung kann jedoch ein Besitzrecht des rangbesseren Wohnungs-/Dienstbarkeitsberechtigten nicht schmälern.

b) Sind die Rechte mit dem **Besitz von Räumen** verbunden und ist der daraus Berechtigte bei Anordnung der Zwangsverwaltung bereits im Besitz des Grundstücks oder einzelner Teile davon, so kann dem Zwangsverwalter der Besitz nach § 150 Abs 2 nur übergeben werden, wenn für die Zwangsverwaltung auch ein diese Vollstreckungshandlung erlaubender Duldungstitel gegen den dinglichen Berechtigten vorliegt[52] (sonst nur mit seiner Zustimmung, Rdn 10.2). Ein klagbarer Herausgabeanspruch des Zwangsverwalters gegen den besitzenden Rechtsinhaber besteht überhaupt nicht (Rdn 10.2). Grundstücksnutzung durch den Zwangsverwalter nach Besitzübergabe zur Erlangung von Erträgnissen: Rdn 10.2 Absatz e. Wenn kein Duldungstitel gegen den (besitzenden) Berechtigten erwirkt ist, ist die Zwangsverwaltung nur unter voller Wahrung seiner Rechte möglich, der Zwangsverwalter somit auf die Ausübung der Rechte des Eigentümers gegen den genannten Berechtigten beschränkt. Dies gilt auch, wenn sich die Rechte und der Besitz

---

[51] MünchKomm/Eickmann, BGB, § 1123 Rdn 11.
[52] Drischler KTS 1971, 145 (XIV).

§ 146   10.10   Zwangsverwaltung

nur auf Teile des Objekts beziehen, hinsichtlich dieser Teile, während für die anderen Teile und Räume die Zwangsverwaltung unbeschränkt ist (über die gemeinsame Verwaltung des Objekts muß sich der Zwangsverwalter wie der Eigentümer mit dem Berechtigten einigen).

c) Ist der Berechtigte bei Anordnung der Zwangsverwaltung **nicht im Besitz** des Objekts oder von Teilen davon, weil er etwa zur Zeit sein Recht nicht ausübt, so kann der Zwangsverwalter das ganze Objekt in Besitz nehmen und nutzen. Das Recht wird im Rahmen des Teilungsplanes berücksichtigt und an der ihm zukommenden Rangstelle. Verlangt also der dem betreibende Gläubiger im Rang vorgehende Berechtigte vom Zwangsverwalter die Besitzüberlassung, so muß dieser wie sonst der Eigentümer dem Berechtigten den Besitz verschaffen, kann dann diese Räume oder Teile nicht mehr anderweitig nutzen. Der dem betreibenden Gläubiger nachgehende kann Besitzüberlassung nicht verlangen, eine etwaige Geldentschädigung nur im Rahmen und an der Rangstelle des Teilungsplanes.

10.11 Sonstige Naturalleistungen hat auch der Zwangsverwalter in Natur zu erbringen, nicht nach § 46 in Geld umgerechnet (§ 46 ist in der Zwangsverwaltung nicht anwendbar, § 146 Rdn 4), aber natürlich nur in ihrem Grundbuchrang und gemäß dem Teilungsplan[52] und soweit an dieser Stelle welche zur Verfügung stehen (sie können ja schon zur Befriedigung vorrangiger Gläubiger in Geld umgesetzt sein); dazu auch § 155 Rdn 6.

11 Zwangsverwaltung bei Besitz eines Dritten

11.1   Zwangsverwaltung soll den Gläubiger aus den Einkünften und Nutzungen befriedigen, die durch Bewirtschaftung des Grundstücks erzielt werden (Rdn 2.2). Dem Verwalter muß das Grundstück daher zur Bewirtschaftung und Nutzung übergeben werden (§ 150 Abs 2). Wenn das Grundstück bereits einem **Mieter** oder **Pächter** überlassen ist (§ 152 Abs 2), sind die Miet- oder Pachtzinsforderungen als Nutzungen des Grundstücks der Beschlagnahme unterworfen. Durchführung der Zwangsverwaltung gegen den Eigentümer mit Geltendmachung und Einziehung der beschlagnahmten Miet- oder Pachtzinsansprüche erfordert nicht, daß der Zwangsverwalter unmittelbaren Besitz des Grundstücks erlangt. Der Zwangsverwalter wird daher nur in den mittelbaren Besitz des Schuldners eingewiesen (§ 150 Rdn 3.6); vom Besitzer kann Räumung des Grundstücks nur nach Maßgabe des Miet- oder Pachtvertrags verlangt werden. Zur Besonderheit, daß das Grundstück nicht vom Schuldner, sondern von einem Dritten vermietet worden ist, dem der Schuldner den Besitz des Grundstücks überlassen hatte, § 152 Rdn 9.

11.2   Der **Besitz eines Dritten** beeinträchtigt jedoch die Durchführung des Verfahrens, soweit damit der Eigentümer und ebenso dann der Zwangsverwalter gehindert ist, mit dem Besitz die Nutzungen des Grundstücks zu erlangen, um sie einem Mieter oder Pächter zu überlassen oder durch eigene Bewirtschaftung die Erträgnisse des Grundstücks (Erzeugnisse und Bestandteile) zu ziehen. Ist der Schuldner mittelbarer Besitzer (BGB § 868), dann kann dieser Besitz dem Zwangsverwalter übertragen werden (§ 150 Abs 2); Grundstücksnutzung durch den Zwangsverwalter zur Befriedigung des Gläubigers gewährleistet das nicht. Ist der Grundstückseigentümer weder unmittelbarer noch mittelbarer Besitzer (und auch der besitzende Dritte zur Herausgabe nicht bereit), dann kann die für Durchführung der Zwangsverwaltung erforderliche Übergabe des Grundstücks an den Verwalter (§ 150 Abs 2) nicht erfolgen.

11.3   Wenn ein Dritter nur Besitzer eines **Teils der Räume** oder sonst einzelner **Teile des Grundstücks** ist, sind Anordnung und Durchführung der Zwangsverwaltung ohne weiteres möglich, letztere unter Wahrung der Rechte des besitzenden Dritten. Dem Zwangsverwalter kann das Grundstück übergeben oder Ermächtigung zur Beschaffung des Besitzes erteilt werden, soweit nicht der Dritte Besitz hat (Rdn 10.10). Auch Besitz eines Dritten (der nicht Mieter oder Pächter ist) **am gesamten Grundstück** ermöglicht Anordnung der Zwangsverwaltung.

Anzuwendende Vorschriften, Mitteilung an die Beteiligten 11.4 § 146

Ausgeführt werden kann dann aber die Zwangsverwaltung nur beschränkt, weil Übergabe und damit Nutzung des Grundstücks durch den Zwangsverwalter nicht erfolgen können (anders[53]: Zwangsverwaltung ist undurchführbar; gemeint sein dürfte praktische Undurchführbarkeit; anders auch[54]: Zwangsverwaltung ist rechtlich undurchführbar). Der Zwangsverwalter ist auf die Ausübung der Rechte des Eigentümers gegen den besitzenden Dritten beschränkt (Rdn 10.10). Besitz (auch Eigenbesitz) eines Dritten ist kein der Verfahrensanordnung (oder -fortsetzung) entgegenstehendes Recht. Zur Wahrung der Rechtsstellung des Besitzers ist das Verfahren daher weder aufzuheben noch nach § 28 einzustellen noch mit Einschränkung des Anordnungsbeschlusses zu beschränken (dafür aber bei Eigenbesitz Dritter[55]). Es ist vielmehr bei Durchführung des Verfahrens (Übergabe des Grundstücks als Zwangsmaßnahme) das Besitzrecht des Dritten zu wahren. Rechtsbehelf des Dritten bei Verstoß: ZPO § 771[56]; die Klage ist gegen den (betreibenden) Gläubiger, nicht gegen den Verwalter zu richten. Eine Auflassungsvormerkung zeigt somit, wenn der in den Grundakten einsehbare Kaufvertrag ergibt, daß der Besitz des Grundstücks schon auf den Käufer (Erwerber) übergegangen ist, keinen rechtlichen Hinderungsgrund auf. Auf Miet- oder Pachtzinsforderungen erstreckt sich die Beschlagnahme (siehe § 148 Rdn 2.3 und § 152 Rdn 9). Eigenbesitz des Erwerbers kann die Durchführung der Zwangsverwaltung jedoch tatsächlich hindern, wenn Erträgnisse nur durch Ziehung der Nutzungen mit eigener Bewirtschaftung zu erzielen sind, diese aber bereits dem Eigenbesitzer als neuen Nutzungsberechtigten zustehen (für dingliche Gläubiger dann § 147). Wenn die bei Besitz eines Dritten nur beschränkt ausführbare Zwangsverwaltung eine sittenwidrige Härte begründet, ist sie auf Antrag nach ZPO § 765 a, sonst gegebenenfalls als unverhältnismäßige Vollstreckungsmaßnahme (Einl Rdn 7) aufzuheben. Praktisch wird die Undurchführbarkeit der Verwaltung Aufhebung nach Antragsrücknahme (§ 29 mit § 161 Abs 4) oder deshalb zur Folge haben, weil ein erforderlicher Geldbetrag nicht vorgeschossen wird. Im Einzelfall kann auch das Rechtsschutzbedürfnis für Anordnung der Zwangsverwaltung gegen den Veräußerer fehlen, wenn ein Käufer (sonstiger Erwerber) bereits Eigenbesitz hat, ihm somit als Nutzungsberechtigten die in der Zwangsverwaltung allein zu ziehenden Nutzungen zustehen.

11.4 Hat ein anderer als der Eigentümer Besitz des Grundstücks und ist er zur Herausgabe bereit, dann kann mit seiner Zustimmung zur Durchführung der Zwangsverwaltung gegen den Eigentümer (als eingetragener Schuldner oder Erbe, § 17 Abs 1; keine Zwangsverwaltung gegen den Dritten) dem Zwangsverwalter das Grundstück nach § 150 Abs 2 übergeben werden[57]. Ist der besitzende Dritte **nicht** zur Herausgabe bereit, dann gibt es folgende Möglichkeiten:

a) Besitz eines **Mieters** oder Pächters: Rdn 11.1;

b) Besitz eines **Nießbrauchers**: Rdn 10;

c) Besitz des Berechtigten einer **beschränkten persönlichen Dienstbarkeit** (auch eines Altenteils, Leibgedings): Rdn 10.10;

d) Besitz auf Grund eines Auftragsverhältnisses, einer Leihe oder auf Grund eines ähnlichen Besitzmittlungsverhältnisses: Pfändung und Geltendmachung des Herausgabeanspruchs des Eigentümers für Zwangsvollstreckung in das Grundstück mit Zwangsverwaltung (ZPO §§ 846, 848 Abs 3) (wie nachfolgend f).

e) **Eigenbesitz eines Dritten** bei Vollstreckung des Anspruchs aus einem eingetragenen Recht: § 147. Vollstreckung eines persönlichen Anspruchs (Rangklasse 5 des § 10 Abs 1) gegen den Eigentümer ist nur mit Pfändung und Geltendmachung des

---

[53] Reinhard/Müller § 147 Anm I 1.
[54] BGH 96, 61 = KTS 1986, 162 = MDR 1986, 140 = NJW 1986, 2438 = NJW-RR 1986, 858 = Rpfleger 1986, 26.
[55] Jaeckel/Güthe § 147 Rdn 5.
[56] RG 127, 8.
[57] BGH 96, 61 = aaO (Fußn 54).

§ 146 11.4 Zwangsverwaltung

Herausgabeanspruchs möglich (wie nachfolgend f); wenn ein solcher nicht besteht, ist die Zwangsverwaltung nur beschränkt ausführbar (Rdn 11.3), praktisch somit nicht durchführbar. Zwangsvollstreckung gegen den Eigenbesitzer: nachfolgend g.

f) **Sonstiger Besitz eines Dritten, Eigentümer ist auch nicht mittelbarer Besitzer:** Es müssen die Voraussetzungen für eine Zwangsvollstreckung in den Besitz des Dritten durch den Gläubiger geschaffen werden[57]. Der Gläubiger muß (auf Grund seines Zahlungstitels gegen den Eigentümer) den **Herausgabeanspruch** des Eigentümers gegen den Besitzer **pfänden** (ZPO § 846) und sich zur Einziehung überweisen lassen und sodann einen Herausgabetitel (Räumungstitel) gegen den Besitzer erwirken[58]. Nach Herausgabe des Grundstücks (an einen Sequester, ZPO § 848 Abs 1) kann die Zwangsverwaltung durchgeführt werden[59]. Der Zwangsverwalter kann anstelle des Gläubigers die rechtlichen Voraussetzungen der Zwangsverwaltung auch nicht auf Grund einer Abtretung oder Ermächtigung schaffen[60]. In solcher Weise kann der Gläubiger des Eigentümers auch vorgehen, wenn der Besitzer Mieter oder Pächter war und zur Herausgabe verpflichtet (zB wegen Ablaufs der Mietzeit), aber nicht bereit ist.

g) **Eigenbesitz** eines Dritten, der **nicht** zur Herausgabe verpflichtet ist (zB der Grundstückserwerber vor Eigentumsübergang): **Aus einem nur persönlichen Titel** gegen den Eigenbesitzer kann der Gläubiger dessen Auflassungs- und Eintragungsanspruch pfänden und überweisen lassen (ZPO §§ 846, 848, 849), Grunderwerbsteuer und Grundbuchgebühren zahlen und unter Mitwirkung eines Sequesters die Eintragung des Eigenbesitzers als Eigentümer herbeiführen, worauf die Zwangsverwaltung normal angeordnet werden; war die Auflassung schon erklärt, so kann auch das Anwartschaftsrecht des Auflassungsempfängers gepfändet werden und nach Zahlung von Grunderwerbsteuer und Grundbuchgebühren ohne Mitwirkung eines Sequesters die Eintragung erfolgen.

[**Zwangsverwaltung gegen den Eigenbesitzer**]

147 (1) **Wegen des Anspruchs aus einem eingetragenen Rechte findet die Zwangsverwaltung auch dann statt, wenn die Voraussetzungen des § 17 Abs 1 nicht vorliegen, der Schuldner aber das Grundstück im Eigenbesitze hat.**

(2) **Der Besitz ist durch Urkunden glaubhaft zu machen, sofern er nicht bei dem Gericht offenkundig ist.**

1 Allgemeines zu § 147

Zweck der Vorschrift: Anordnungsvoraussetzung für den Gläubiger eines eingetragenen Rechts bei Zugriff auf die Grundstücksnutzungen des Eigenbesitzers.

2 **Eigenbesitzer als Schuldner der Zwangsverwaltung** (Absatz 1)

2.1 Auch die Zwangsverwaltung hat (wie die Zwangsversteigerung) **gegen den Grundstückseigentümer** gerichtet zu sein (§ 17 Abs 1 mit § 146 Abs 1; dazu § 146 Rdn 5.1). Dieser muß als Eigentümer des Grundstücks eingetragen (oder Erbe des eingetragenen Eigentümers) sein (§ 17 Abs 1). Weil bei Zwangsverwaltung nur die Nutzungen des Grundstücks den Gegenstand der Zwangsvollstreckung bilden, richtet sich das Verfahren in erster Linie aber gegen den Besitzer. Deshalb bestimmt § 147, daß für den Gläubiger eines eingetragenen Rechts die Anordnung des Verfahrens nicht von den in § 17 Abs 1 bestimmten Voraussetzun-

---

[58] LG Mainz NJW-RR 1988, 978.
[59] BGH 96, 61 = aaO (Fußn 54); Reinhard/Müller § 147 Anm 1 1; Stöber, Forderungspfändung, Rdn 2041, 2042.
[60] BGH 96, 61 = aaO (Fußn 54).

Zwangsverwaltung gegen den Eigenbesitzer 2.5 § **147**

gen abhängig ist. Es genügt in diesem Fall, wenn der **Schuldner** das Grundstück in **Eigenbesitz** hat (Denkschrift S 61).

2.2 Bedeutung kommt der Zwangsverwaltung gegen den Eigenbesitzer zu, wenn ordnungsgemäße Benutzung des Grundstücks und Erzielung der Grundstücksnutzungen (insbesondere der Erzeugnisse und sonstigen Bestandteile) erfordert, daß der **Zwangsverwalter** den **Besitz** des Grundstücks **erlangt**. Denn Eigenbesitz eines Dritten schließt bei Zwangsvollstreckung gegen den Eigentümer Einweisung des Verwalters in den Besitz nach § 150 Abs 2 aus. Eigenbesitz eines Dritten kann somit Erfolglosigkeit der Zwangsverwaltung, die gegen den Eigentümer betrieben wird, bewirken. Gläubigerbefriedigung mit Zwangsverwaltung auch in einem solchen Fall ermöglicht Verfahrensanordnung und -durchführung gegen den Eigenbesitzer. Wenn das Grundstück vermietet oder verpachtet ist und sich im Besitz des Mieters oder Pächters befindet, umfaßt die Beschlagnahme die Miet- und Pachtzinsen (§ 148 Rdn 2.3). Durchführung der Zwangsverwaltung gegen den Eigentümer erfordert in diesem Fall unmittelbaren Besitz des Zwangsverwalters nicht. Zwangsverwaltung ist daher hier wegen eines gegen den Eigentümer gerichteten Titels ohne weiteres möglich.

2.3 Eigenbesitzer ist, wer das Grundstück (den Grundstücksbruchteil) als ihm gehörend besitzt (BGB § 872), ohne Eigentümer zu sein, zB nach Kauf und Übergabe, ohne daß der neue Eigentümer im Grundbuch eingetragen ist[1], aber auch bei Erbschaftsbesitz, wenn das Erbrecht noch nicht glaubhaft gemacht werden kann. Eigenbesitzer ist dagegen nicht, wer nur auf Grund eines dinglichen oder persönlichen Nutzungsrechts besitzt, zB als Mieter, Pächter, Nießbraucher, er besitzt nicht als ihm gehörig, sondern nur abgeleitet vom Recht eines Dritten.

2.4 § 147 regelt (und ermöglicht) die Zwangsverwaltung gegen den **Eigenbesitzer** (Grund: Rdn 2.2), setzt somit voraus, daß der Eigenbesitzer **Schuldner** ist. Die Zwangsvollstreckung gegen den Eigenbesitzer nach § 147 findet daher nur statt, wenn der Gläubiger wegen seines Anspruchs aus dem eingetragenen Recht einen gegen den Eigenbesitzer selbst gerichteten Vollstreckungstitel hat[2] (ZPO § 704) (somit einen Titel auf Duldung der Zwangsvollstreckung[2]). Der Schuldtitel muß gegen den Eigenbesitzer vollstreckbar ausgefertigt und ihm zugestellt sein, weil ZPO § 800 Abs 2 hier versagt (der Eigenbesitzer ist ja nicht, wie dort vorausgesetzt, Eigentümer). Aus einem gegen den Eigentümer gerichteten Vollstreckungstitel kann gegen den Eigenbesitzer die Zwangsverwaltung nicht betrieben werden[2], auch dann nicht, wenn der Eigenbesitzer mit der Zwangsverwaltung aus dem Titel gegen den Eigentümer einverstanden ist[3] (nicht richtig daher[4]; verstößt gegen zwingendes Vollstreckungsrecht, daß ein Titel gegen den Schuldner vorliegen muß; der Eigenbesitzer kann bei Zwangsverwaltung gegen den Eigentümer mit der Besitzübergabe einverstanden sein, § 150 Rdn 3.7).

2.5 Als **Anspruch aus einem eingetretenen Recht** kann nur der dingliche Anspruch aus einer Hypothek (auch Sicherungshypothek), Grundschuld oder Rentenschuld und aus einer Reallast gegen den Eigenbesitzer nach § 147 vollstreckt werden, nicht aber ein Anspruch aus einer Vormerkung auf Eintragung eines solchen Rechts. Für den Gläubiger, der lediglich einen persönlichen Anspruch hat (Rangklasse 5 des § 10), findet Zwangsvollstreckung gegen den Eigenbesitzer nicht statt, desgleichen nicht auf Antrag des Gläubigers einer öffentlichen Last (Rangklasse 3 des § 10)[5]. Einleitung des Verfahrens auf deren Antrag ist nur gegen den eingetragenen Eigentümer (seinen Erben, § 17 Abs 1) zulässig.

---

[1] Drischler RpflJahrbuch 1969, 369 (I b 3).
[2] BGH 96, 61 = KTS 1986, 162 = MDR 1986, 140 = NJW- RR 1986, 858 = Rpfleger 1986, 26.
[3] Steiner/Hagemann § 147 Rdn 7.
[4] Lupprian, ZVG, § 147 Anm 3.
[5] Steiner/Hagemann § 147 Rdn 10.

§ 147 2.6 Zwangsverwaltung

2.6 § 147 setzt das Vorliegen eines (dinglichen) Vollstreckungstitels gegen den Eigenbesitzer voraus, gibt somit nicht Anspruchsgrundlage für Beschaffung eines Titels gegen diesen. Der **Anspruch gegen den Eigenbesitzer** gründet sich auf den Grundsatz, daß ein dinglicher Berechtigter seinen Anspruch aus dem eingetragenen Recht gegen jedermann geltend machen kann, also auch gegen den Besitzer des Grundstücks, soweit dieser Besitz die Befriedigung bei Zwangsvollstreckung gegen den Eigentümer hindert[6]. Mit einem nur persönlichen Vollstreckungstitel gegen den Eigenbesitzer kann in das Grundstück nicht nach § 147 vollstreckt werden.

2.7 Umschreibung eines gegen den Eigentümer gerichteten dinglichen Vollstreckungstitels bei Rechtsnachfolge auf den Eigenbesitzer als Schuldner:[7] ZPO § 727.

2.8 Ein Zwangsverwaltungsvermerk (§ 19 Abs 1) ist auch bei Vollstreckung gegen den Eigenbesitzer in das Grundbuch einzutragen (fehlende Eintragung des Schuldners ist wie sonst fehlende Eigentümereintragung unschädlich). Der (eingetragene) Eigentümer ist im Verfahren gesetzlich nach § 9 Nr 1 Beteiligter.

3 Glaubhaftmachung des Eigenbesitzes (Absatz 2)

Der Eigenbesitz muß bei Gericht **offenkundig** sein oder **durch Urkunden glaubhaft** gemacht werden: § 147 Abs 2. Die Urkunden müssen dem Anordnungsantrag beigefügt werden (§ 16 Abs 2), zB behördliche Bescheinigung[8], notarielle Verkaufsurkunde (Gläubiger erhält sie über ZPO § 792), in der schon der Besitzübergang als erfolgt festgestellt ist. Glaubhaft gemacht werden kann hier auch durch privatschriftliche Urkunden[9] (anders als bei der Titelumschreibung); öffentliche oder öffentlich beglaubigte Urkunden sind nicht vorgeschrieben. Glaubhaft gemacht werden kann jedoch nicht durch eidesstattliche Versicherung des Gläubigers[10], weil ausdrücklich vom Gesetz Urkunden verlangt sind. Das Gericht entscheidet nach freiem Ermessen.

4 Rechtsbehelfe

4.1 Wurde die Zwangsverwaltung, weil das Vollstreckungsgericht den Eigenbesitz eines Dritten nicht kannte, **gegen** den **Eigentümer** angeordnet, so könnte der Eigenbesitzer Widerspruchsklage nach ZPO § 771 erheben. Ob für sie ein Rechtsschutzinteresse besteht, ist jedoch zweifelhaft, weil den Eigenbesitzer der Zwangsverwalter nicht aus dem Besitz verdrängen kann; der Verwalter kann hier nicht den Besitz erlangen und daher auch nicht die Nutzungen ziehen.

4.2 Hat das Vollstreckungsgericht Eigenbesitz des Schuldners als glaubhaft angesehen, ist aber in Wirklichkeit ein **anderer Eigenbesitzer,** so gilt das gleichfalls. Wenn der Käufer zB weiterverkauft und seinerseits den Besitz übertragen hat, kann die gegen den Käufer als Eigenbesitzer angeordnete Zwangsverwaltung nicht durchgeführt werden, weil der wahre Eigenbesitzer nicht verdrängt werden kann. Vollstreckungsgegenklage des nunmehrigen Eigenbesitzers dürfte daher auch hier am Rechtsschutzinteresse scheitern.

4.3 Rechte des **Eigentümers** werden durch die gegen den Besitzer angeordnete Zwangsverwaltung nicht berührt; denn er besitzt und nutzt das Grundstück nicht. Er ist daher, wenn er die Aufhebung des Verfahrens herbeiführen will (zB weil er

---

[6] OLG Rostock OLG 35, 188; Jaeckel/Güthe § 147 Rdn 5; Reinhard/Müller § 147 Anm I 2.
[7] BGH 96, 61 = aaO (Fußn 2).
[8] Drischler RpflJahrbuch 1969, 369 (I b 2).
[9] Steiner/Hagemann § 147 Rdn 8; Drischler aaO (Fußn 8).
[10] Dassler/Muth § 147 Rdn 9; Steiner/Hagemann § 147 Rdn 8; Mohrbutter/Drischler Muster 150 Anm 2.

Beschlagnahme, Verwaltung, Benutzung 2.2 § 148

das eingetragene Recht bestreitet) auf Klage nach ZPO § 771 verwiesen. Bestreitet der Eigentümer Eigenbesitz des Schuldners, dann hat er als Beteiligter (§ 9) Erinnerung (ZPO § 766), anschließend sofortige Beschwerde (ZPO § 793), wenn er geltend macht, daß Eigenbesitz nicht glaubhaft gemacht sei oder sonst eine Vollstreckungsvoraussetzung der Verfahrensanordnung fehle, sonst Klage nach ZPO § 771.

[Umfang der Beschlagnahme, Verwaltung und Benutzung]

148 (1) **Die Beschlagnahme des Grundstücks umfaßt auch die im § 21 Abs 1, 2 bezeichneten Gegenstände. Die Vorschrift des § 23 Abs 1 Satz 2 findet keine Anwendung.**
(2) **Durch die Beschlagnahme wird dem Schuldner die Verwaltung und Benutzung des Grundstücks entzogen.**

Allgemeines zu § 148 1

1.1 Zweck der Vorschrift: Erweiterte **Beschlagnahmewirkung** bei Zwangsverwaltung (gegenüber der Zwangsversteigerung) sowohl hinsichtlich des Umfangs als auch hinsichtlich der Verwaltung und Benutzung des Grundstücks durch den Schuldner.

1.2 Weitere Abweichungen bringen § 149 (Wohnrecht und Unterhalt des Schuldners) und § 152 (Rechte und Pflichten des Zwangsverwalters).

Beschlagnahmeumfang in der Zwangsverwaltung (Absatz 1) 2

2.1 Die Anordnung der Zwangsverwaltung bewirkt (wie bei der Zwangsversteigerung) **zugunsten des Gläubigers** die **Beschlagnahme** des Grundstücks (§ 20 mit § 146 Abs 1). Auch diese Beschlagnahme hat die **Wirkung eines Veräußerungsverbots** (§ 23). Die mit Anordnung der Zwangsverwaltung verbundene Beschlagnahme ist nach dem Verfahrenszweck und -ziel (§ 146 Rdn 2.2) jedoch eine weitergehende als bei der Zwangsversteigerung. Sie erstreckt sich auf alle Gegenstände, die schon die Versteigerungsbeschlagnahme umfaßt (§§ 20, 21 mit § 146 Abs 1; dazu § 20 Rdn 3, § 21 Rdn 2), sowie auch auf folgende Gegenstände:

a) **Land- und forstwirtschaftliche Erzeugnisse** (und die Forderungen aus einer Versicherung solcher Erzeugnisse), die nicht mehr mit dem Boden verbunden oder nicht Zubehör des Grundstücks sind, die aber noch der Haftung unterliegen (§ 20 Abs 2, BGB §§ 1120–1122) (in der Zwangsversteigerung gilt nach § 21 Abs 1 die Beschränkung, daß sie noch verbunden oder noch Zubehör sein müssen);
b) **Miet- und Pachtzinsforderungen** (nach § 21 Abs 2 in der Zwangsversteigerung nicht);
c) Ansprüche aus einem mit dem Eigentum am Grundstück verbundenen Recht auf **wiederkehrende Leistungen** nach BGB § 1126 (in der Zwangsversteigerung nach § 21 Abs 2 nicht).
Für den Eintritt der Beschlagnahmewirkung ist ohne Bedeutung, ob die Zwangsverwaltung aus dinglichen oder persönlichen Ansprüchen betrieben wird.

2.2 Auf **Zubehör** des Grundstücks erstreckt sich die Beschlagnahme, wenn es in das Eigentum des Eigentümers des Grundstücks gelangt ist (§ 20 Abs 2 mit § 146 Abs 1 und BGB § 1120), und zwar auch dann, wenn es bei Beschlagnahme im Eigentum eines Dritten steht, aber nur Veräußerung, nicht jedoch auch Enthaftung mit Entfernung oder Aufhebung der Zubehöreigenschaft erfolgt ist (BGB §§ 1121, 1122 Abs 2)[1]; (zum gleichen Beschlagnahmeumfang bei Zwangsversteigerung § 20 Rdn 4.4). Auf nicht beschlagnahmtes Zubehör im Besitz des Schuld-

---

[1] BGH MDR 1985, 669 = NJW 1986, 59 = Rpfleger 1985, 161.

§ 148 2.2 Zwangsverwaltung

ners (eines neu eingetretenen Eigentümers), das im Eigentum eines Dritten steht (siehe auch BGB § 1120), erstreckt sich die Zwangsverwaltung nicht (§ 55 Abs 2 gilt für die Zwangsverwaltung nicht). Über die Einnahmen aus einem Gewerbebetrieb § 152 Rdn 6. Wo die Beschlagnahme **Versicherungsgelder** umfaßt, muß sie der Zwangsverwalter nach § 152 einziehen. Der **Fruchtgenuß** eines Pächters bleibt auch hier unberührt (§ 21 Abs 3 ist in § 148 nicht von der Anwendung ausgeschlossen). Ist bei landwirtschaftlichen Grundstücken der Schuldner selbst Zwangsverwalter (§ 150 b) und ist dann das Vieh nach der Verkehrssitte nicht Zubehör des Betriebes, so gilt die Besonderheit des § 153 a.

2.3 a) Auf **Miet- und Pachtzinsforderungen** erstreckt sich die Beschlagnahme, weil das Benützungs- und Fruchtziehungsrecht der Mieter und Pächter gemäß § 152 Abs 2 unberührt bleibt.

b) Sie erstreckt sich auf **laufende** Miet- und Pachtzinsforderungen nach Maßgabe von BGB § 1124 Abs 2; rechtsgeschäftliche oder zwangsweise Vorausverfügungen (die schuldbefreiende Hinterlegung[2] ebenso wie nach BGB § 1124 Abs 1 die Einziehung) gelten also gegenüber dem Zwangsverwalter nur für den laufenden Kalendermonat, bei Beschlagnahme nach dem fünfzehnten Tag des Monats noch für den folgenden Kalendermonat (ist die Beschlagnahme, §§ 22, 151, an einem Sonntag, dem 15., erfolgt, die Mitteilung an die Mieter aber erst am Montag, dem 16., ergangen, so gelten ihnen gegenüber die Vorausverfügungen, weil für die Mieter die Beschlagnahme erst am Montag wirksam, § 22 Abs 2 Satz 2, nicht nur für den laufenden Kalendermonat, sondern auch für den nächstfolgenden).

c) Auf **rückständige** Mietzinsforderungen erstreckt sich die Beschlagnahme nach Maßgabe von BGB § 1123 Abs 2 Satz 1; fällige Forderungen bleiben mit dem Ablauf eines Jahres ab ihrer Fälligkeit beschlagnahmefrei.

d) Miet- und Pachtzinsforderungen unterliegen dieser Beschlagnahme auch, wenn der betreibende Gläubiger nicht dinglich, sondern nur persönlich betreibt[3] oder wenn die Forderungen vor der Zwangsverwaltung von einem Gläubiger für länger als den laufenden Kalendermonat gepfändet waren[4] (auch wenn Pfändung von Miet- und Pachtzins wegen öffentlicher Lasten nach dem Gesetz vom 9. 3. 1934, RGBl 1934 I 181, erfolgt war), oder wenn Zahlung nur vor der Beschlagnahme (in einer Summe[5]) zu erbringen war und an einen Zessionar geleistet wurde[6].

e) Auf Miet- und Pachtzinsforderungen erstreckt sich die Beschlagnahme nicht nur, wenn Vermietung und Verpachtung durch den Eigentümer erfolgt ist, sondern auch dann, wenn ein **Nießbraucher** (§ 146 Rdn 10.2; zum rangbesseren Nießbrauch aber auch § 146 Rdn 10.3) oder ein **Eigenbesitzer**[7] (auch[8]), auch der Käufer vor Eigentumsübergang[9], den Miet- oder Pachtvertrag abgeschlossen hat.

f) Auf Mietansprüche des Mieters gegen seinen **Untermieter** (BGB § 549; ebenso für Pächter/Unterpächter) erstreckt sich die Beschlagnahme nicht (so auch[10]). Untermietzinsansprüche sind Forderungen des Untermieters, nicht des Grundstückseigentümers. Der Untermietvertrag ist auch dem Verwalter gegenüber nicht nach § 152 Abs 2 wirksam[11]. Auch dann erfaßt die Beschlagnahme gesetzlich Ansprüche

---

[2] BGH KTS 1989, 461 = NJW-RR 1989, 200.
[3] OLG Celle JR 1955, 267 = NdsRpfl 1956, 16 = WM 1955, 851.
[4] OLG Celle aaO (Fußn 3); LG Braunschweig ZIP 1996, 193; Stöber, Forderungspfändung, Rdn 231.
[5] LG Hamburg Rpfleger 1995, 124.
[6] OLG Hamm WM 1989, 895.
[7] RG 68, 10 (13).
[8] BGB-RGRK/Mattern § 1123 Rdn 4; Staudinger/Scherübl, BGB, § 1123 Rdn 8.
[9] OLG Düsseldorf KTS 1988, 571 = MDR 1988, 592.
[10] Dassler/Muth § 148 Rdn 11; Steiner/Hagemann § 148 Rdn 35.
[11] BGH 96, 61 = KTS 1986, 162 = MDR 1986, 140 = NJW- RR 1986, 858 = Rpfleger 1986 26.

Beschlagnahme, Verwaltung, Benutzung   2.7   **§ 148**

des zur Weitervermietung berechtigten Hauptmieters an seinen (Unter-)Mieter nicht, wenn der Mieter nach Anordnung der Zwangsverwaltung zahlungsunfähig geworden ist[12].

g) Bei Kündigung durch den Konkursverwalter für den in Konkurs gefallenen Mieter (oder Pächter) erstreckt sich die Beschlagnahme auch auf die Ersatzforderung des KO § 19 Satz 3 für den Ausfall beschlagnahmter Miet- oder Pachtzinsen[13].

h) Falls der Vollstreckungsschuldner **zum Nachteil** eines pfändenden Gläubigers mit einem persönlich die Zwangsverwaltung betreibenden Gläubiger **zusammenwirkt** (er veranlaßt selbst die Zwangsverwaltungsbeschlagnahme, um die Pfändung gegenstandslos zu machen), bleiben dem Geschädigten nur Ansprüche aus BGB § 826 und nach dem Anfechtungsgesetz[14].

i) Die Zwangsverwaltungs-Beschlagnahme der Miet- und Pachtzinsforderungen **endet** mit der Rücknahme des Verfahrensantrags (maßgebend ist der Zeitpunkt des Eingangs der Erklärung bei Gericht, wie bei der Zwangsversteigerung) oder mit dem Erlaß eines Aufhebungsbeschlusses aus anderem Anlaß oder im Falle der Versteigerung mit dem Wirksamwerden des Zuschlagsbeschlusses. Eine vorherige Pfändung war durch die Zwangsverwaltung nur gehemmt, nicht aufgehoben[15], läuft also bei Antragsrücknahme oder anderer Aufhebung (nicht im Falle des Zuschlags) weiter.

k) Über die Baukostenzuschüsse und Mietzinsvorauszahlungen besonderer Art bei § 57 b Rdn 7.

2.4 Die betreibenden Gläubiger der Zwangsverwaltung können, auch mit Wirkung für alle nicht betreibenden Beteiligten des Verfahrens, auf einzelne Wirkungen der Beschlagnahme **verzichten** und so insbesondere dem Vollstreckungsschuldner einzelne Nutzungen zur freien Verfügung überlassen (§ 149 Rdn 4.6). Sie können auch Ausgaben des Zwangsverwalters genehmigen, zu denen dieser sonst nicht befugt wäre. Sie können sich auch damit einverstanden erklären, daß ein ihnen nachgehender Gläubiger vor ihnen befriedigt werde. Nicht zulässig ist aber eine von vornherein auf einen Teil der Nutzungen beschränkte Anordnung der Zwangsverwaltung.

2.5 Zur Beschlagnahme im ZVG-Handbuch Rdn 588–590.

2.6 Die weitergehende Beschlagnahme bei Zwangsverwaltung schließt auch **Verfügungen des Schuldners** über **einzelne bewegliche Sachen** innerhalb der Grenzen einer ordnungsgemäßen Wirtschaft aus; § 23 Abs 1 Satz 2 findet keine Anwendung: Abs 1 Satz 2. Unberührt bleiben die Geschäfts- und Prozeßfähigkeit des Schuldners, auch seine Verfügungsgewalt über das sonstige Vermögen. Rechtsgeschäfte des Vollstreckungsschuldners, an die der Zwangsverwalter nicht gebunden ist oder die während der Zwangsverwaltung gegenüber dem Zwangsverwalter unwirksam sind, bleiben dem Vollstreckungsschuldner gegenüber wirksam, insbesondere für die Zeit nach Aufhebung der Zwangsverwaltung. Wird gegen einen Vollstreckungsschuldner das Offenbarungsversicherungsverfahren betrieben, so hat er die Versicherung abzugeben[16], nicht der Zwangsverwalter.

2.7 Auf das sogen **Milchkontingent** (Recht zur abgabefreien Milchanlieferung; zu diesem § 55 Rdn 4.2) erstreckt sich die Beschlagnahme nicht[17] (hierzu auch § 25 Rdn 2.1). Es ist personenbezogen, aber an den Betrieb gebundenes Recht[17] (sogen Betriebsakzessorietät). Bei Zwangsverwaltung eines auf Milcherzeugung

---

[12] LG Bonn ZIP 1981, 730.
[13] OLG Frankfurt NJW 1981, 235; LG Frankfurt NJW 1979, 934.
[14] OLG Celle NdsRpfl 1956, 16 = aaO (Fußn 3).
[15] RG 64, 415.
[16] LG Düsseldorf MDR 1958, 171.
[17] BGH 114, 277 = KTS 1991, 617 = MDR 1991, 1167 = NJW 1991, 3280 = Rpfleger 1991, 429.

§ 148 2.7 Zwangsverwaltung

ausgerichteten landwirtschaftlichen Anwesens gehört die dem Schuldner für den Grundbesitz oder seinen Milchverarbeitungsbetrieb zustehende Abgabevergünstigung daher zu den vom Zwangsverwalter wahrzunehmenden Rechten. Verpachtet der Zwangsverwalter einen gesamten Betrieb (Hof), so geht das Milchkontingent nach dem Grundsatz der Betriebsakzessorietät kraft Gesetzes auf den Pächter über[17].

2.8 Ein **Aufwendungszuschuß** in Form eines Härteausgleichs zur Mietpreisbegrenzung tritt an die Stelle des Teils der Mieteinkünfte, um den die Miete gesenkt ist. Als Mietersatz (Mietzuschuß zur Erhaltung der Ertragslage) wird er der Miete gleichgestellt. Auch darauf erstreckt sich daher die Beschlagnahme[18] (BGB § 1123 in analoger Anwendung). Wohnungsbauförderungsmittel hingegen dienen (zumeist als Kapitalkostenzuschuß) der Schaffung von Mietobjekten (Objektförderung). Sie unterliegen so wenig der Beschlagnahme[18] wie das Wohngeld des Mieters.

2.9 Die Rechte eines Gläubigers aus einem **Früchtepfandrecht** nach dem Düngemittelgesetz (hierzu § 10 Rdn 7) werden durch die Beschlagnahme in der Zwangsverwaltung nicht berührt. Der Früchtepfandrechtsgläubiger kann vom Zwangsverwalter Befriedigung aus den ihm haftenden (aber von der Zwangsverwaltungs-Beschlagnahme erfaßten) Gegenständen verlangen, kann ihn sonst auf Duldung der Zwangsvollstreckung in diese Gegenstände verklagen, weil ja sein Pfandrecht allen übrigen Rechten vorangeht. Der Zwangsverwalter darf, wenn es für die Verwaltung besser ist, die bevorrechtigte Forderung entgegen den sonstigen Grundsätzen aus § 152 bezahlen, um die haftenden Gegenstände dann selbst verwerten zu können. Zum Früchtepfandrecht[19].

3 Verwaltungs- und Benutzungsrecht des Schuldners (Absatz 2)

3.1 Die Verwaltung und Benutzung des Grundstücks ist dem Vollstreckungsschuldner in der Zwangsverwaltung **entzogen:** Abs 2. Auch innerhalb der Grenzen einer ordnungsgemäßen Wirtschaft (§ 24) ist damit dem Schuldner die Verwaltung und Benutzung des Grundstücks versagt. Er kann also insbesondere nicht vermieten und verpachten, auch nicht Miet- und Pachtzins einziehen, auch keine Klagen insoweit erheben. Die dem Schuldner untersagte tatsächliche oder rechtliche Verfügung über das Grundstück wird durch den Zwangsverwalter ausgeübt (§ 152). Der Zwangsverwalter kann den Schuldner allerdings ermächtigen, eine auf Eigenbedarf (BGB § 564 b Abs 2 Nr 2) gestützte Räumungsklage im eigenen Namen zu erheben (so zum früheren Mieterschutzgesetz[20]).

3.2 Über das Wohnrecht des Vollstreckungsschuldners und über die Nutzung gewerblicher Räume durch ihn § 149 Rdn 2.

3.3 Hierzu im ZVG-Handbuch Rdn 587.

[Wohnrecht und Unterhalt des Schuldners]

149 (1) **Wohnt der Schuldner zur Zeit der Beschlagnahme auf dem Grundstücke, so sind ihm die für seinen Hausstand unentbehrlichen Räume zu belassen.**

(2) **Gefährdet der Schuldner oder ein Mitglied seines Hausstandes das Grundstück oder die Verwaltung, so hat auf Antrag das Gericht dem Schuldner die Räumung des Grundstücks aufzugeben.**

(3) **Bei der Zwangsverwaltung eines landwirtschaftlichen, forstwirtschaftlichen oder gärtnerischen Grundstücks hat der Zwangsverwalter aus den**

---

[18] VerwG Düsseldorf Rpfleger 1990, 309.
[19] Drischler Rpfleger 1948/1949, 499.
[20] LG Köln MDR 1954, 361 Leitsatz.

Wohnrecht und Unterhalt des Schuldners 2.2 **§ 149**

Erträgnissen des Grundstücks oder aus deren Erlös dem Schuldner die Mittel zur Verfügung zu stellen, die zur Befriedigung seiner und seiner Familie notwendigen Bedürfnisse erforderlich sind. Im Streitfall entscheidet das Vollstreckungsgericht nach Anhörung des Gläubigers, des Schuldners und des Zwangsverwalters. Der Beschluß unterliegt der sofortigen Beschwerde; eine weitere Beschwerde findet nicht statt.

Literatur: Schiffhauer, Der Unterhaltsanspruch des Schuldners im Zwangsverwaltungsverfahren, BlGrBW 1959, 145.

Allgemeines zu § 149 1

1.1 Zweck der Vorschrift: Wohnrecht und Unterhalt des Schuldners als Ausnahmen von dem grundsätzlichen Entzug aller Verwaltungs- und Benutzungsrechte (§ 148 Abs 2) aus Billigkeitsrücksichten[1].

1.2 In der **Zwangsversteigerung** befaßt sich das Gesetz nicht mit Wohnung und Unterhalt des Schuldners; es **beläßt** ihm den **Besitz** der benützten Räume, bis der Ersteher aus dem Zuschlagsbeschluß räumen läßt (§ 93); es **regelt nicht** seinen **Unterhalt,** sondern überläßt ihm bis zum Zuschlag alle Nutzungen aus dem Grundstück (§ 56) und nach dem Verteilungstermin den Übererlös der Versteigerung.

Besitz des Schuldners an Wohnräumen (Absatz 1) 2

2.1 Der Schuldner **darf,** obwohl ihm die Verwaltung und Benutzung des Grundstücks durch Zwangsverwaltungs-Beschlagnahme entzogen ist (§ 148 Abs 2), in beschränktem Umfang auf dem Grundstück **wohnen.** Wenn er im Zeitpunkt der (ersten) Beschlagnahme (auch wenn das Verfahren nur noch von einem Beitrittsgläubiger betrieben wird) schon dort wohnt, müssen ihm die für seinen Hausstand erforderlichen Räume belassen werden: Abs 1. „Wohnen" ist dabei ein nicht nur vorübergehendes Bewohnen[2]; es genügt also nicht, wenn es sich um einen Sommersitz handelt[3]. Jedem von mehreren Schuldnern (Miteigentümern zu Bruchteilen, in Erbengemeinschaft) steht das Wohnrecht selbständig zu.

2.2 Auf Belassung der für den Hausstand erforderlichen Räume hat der Schuldner einen **Rechtsanspruch**; der Zwangsverwalter hat diesen von sich aus, ohne Antrag und ohne besondere Anweisung, zu erfüllen. Zu den **Wohnräumen** gehören dabei auch die dazu nötigen Nebenräume (Keller, Speicher, Hof, Waschküche usw)[4]. Der Anspruch besteht allerdings nicht gerade auf die bisher innegehabte Wohnung, es können auch andere Räume des Grundstücks zugewiesen werden (weil sich zB dann die restlichen Räume besser durch den Zwangsverwalter nutzen lassen). Der Schuldner kann auf seinen Anspruch **verzichten,** hat dann aber keinen Entschädigungsanspruch hierfür. Er kann seinen Anspruch nicht **abtreten** und einem anderen nicht zur Ausübung überlassen, darf also nicht vermieten. Die zugewiesenen Räume darf er auch nicht **tauschen,** weil durch den Auszug sein Anspruch verlorengeht[5]. **Veräußert** der Schuldner das Objekt während der Zwangsverwaltung (dies kann er), so geht das Wohnrecht nicht auf den Erwerber über[6], selbst dann nicht, wenn der Erwerber zur Zeit der Beschlagnahme schon als Mieter/Pächter auf dem Grundstück gewohnt hat; der bisherige Schuldner verliert hierbei sein Wohnrecht, weil er durch die Zwangsverwaltung nicht mehr Rechte haben kann, als er ohne sie hätte (so auch[6]). Er darf auch nicht während der Zwangsverwaltung in eine frei gewordene Wohnung **neu einziehen;** tut er es

---

[1] BGH NJW 1995, 2846 (2847).
[2] Brand/Baur, Zwangsversteigerungssache § 111 (I).
[3] Dassler/Muth § 149 Rdn 3; Brand/Baur aaO (Fußn 2).
[4] Dassler/Muth § 149 Rdn 5; Brand/Baur aaO (Fußn 2).
[5] Brand/Baur, Zwangsversteigerungssachen, § 111 (II).
[6] Steiner/Hagemann § 149 Rdn 7.

§ 149 2.2 Zwangsverwaltung

widerrechtlich, erwirbt er hieraus kein Wohnrecht nach Abs 1. Wenn er bei der Beschlagnahme nicht auf dem Objekt gewohnt hat, kann er hernach nur als Mieter auf Grund Vertrags mit dem Zwangsverwalter und gegen Mietzinszahlung eine Wohnung in dem Grundstück erhalten; sonst kann er nicht verlangen, daß er eine Wohnung darin erhalte[7]. Für seinen Wohnrechtsanspruch genügt es allerdings, wenn er nicht selbst dort wohnte, sondern seine **Familie dort wohnhaft** war[8]. **Stirbt** der anspruchsberechtigte Schuldner während des Zwangsverwaltungsverfahrens, so können seine zu seinem Hausstand gehörenden Erben weiter im Grundstück wohnen bleiben[9].

2.3 Für die nach Abs 1 überlassenen Wohnräume braucht der Schuldner **kein Entgelt** an den Zwangsverwalter zahlen[10] (anders[11]). Diese Befreiung erstreckt sich aber nicht auf Ernährung, Feuerung, Beleuchtung. Für die **Heizung** muß also der Zwangsverwalter selbst sorgen. Bei zentralgeheizten Räumen muß er hierfür bezahlen[12]. Kann er das nicht und können auch nicht behelfsmäßige Öfen auf Kosten der Zwangsverwaltung aufgestellt werden, so muß man ihm die Wohnung mit der Heizung belassen, darf ihm also nicht die Heizung abstellen. Will aber der Schuldner für die Heizung nur nicht zahlen und gefährdet er dadurch die Zwangsverwaltung, so kann gegen ihn nach Abs 2 vorgegangen werden. Für Versorgung mit **Strom und Gas** muß der Schuldner selbst sorgen; es ist ein Zähler oder Zwischenzähler, je nach Lage des Falles, einzubauen. Das zur Ausstattung der Wohnräume unentbehrliche **Hausgerät** ist beschlagnahmefrei. Auch wenn es Zubehör des Grundstücks ist (und damit der Beschlagnahme unterliegt), muß es der Zwangsverwalter dem Schuldner herausgeben. Auf die Raumüberlassung ist § 57 c nicht anwendbar[13].

2.4 Über das Wohnrecht des Schuldners **entscheidet** zunächst der **Zwangsverwalter** aus eigenem Recht. Er hat dem Gericht darüber zu berichten, auch über den Umfang. Auf Antrag des Schuldners oder des betreibenden Gläubigers (oder soweit sonst erforderlich, § 153 Abs 1) entscheidet das **Gericht,** das die Beteiligten und den Zwangsverwalter vorher anhören muß. Diese Entscheidung ist anfechtbar (befristete Rechtspflegererinnerung/sofortige Beschwerde), allerdings nicht für den Zwangsverwalter, der insoweit den Weisungen des Gerichts untersteht. Klage ist ausgeschlossen. Entbehrliche Wohnräume hat der Verwalter durch Vermietung zu nutzen (Zwangsverwalterverordnung).

2.5 Fall aus der Praxis: Von den in Gütergemeinschaft lebenden Schuldner-Eheleuten lebt nur die Frau im Grundstück und hat einen Teil der Räume „untervermietet". Diese untervermieteten Räume sind nicht unentbehrlich im Sinne des Abs 1. Auf die Mietzinsforderung erstreckt sich die Beschlagnahme (bei möbliert untervermieteten Räumen nur den Mietzins für leere Räume). Der Verwalter, der den mittelbaren Besitz an diesen Räumen nach § 150 Abs 2 erlangt, hat sie nach Beendigung des bestehenden Mietverhältnisses auf Grund seines Verwaltungsrechts (§ 152) selbst zu vermieten. Das kann (bei möbliert vermieteten Räumen) auch einvernehmliches Handeln mit dem Schuldner erfordern.

2.6 Räume, die der Schuldner nicht im Rahmen des Abs 1 zum Wohnen benötigt, dürfen ihm vom Zwangsverwalter nur gegen Entgelt überlassen werden[14].

---

[7] Schmidt-Futterer DWW 1968, 453 (I 1 a).
[8] Jaeckel/Güthe § 149 Rdn 1.
[9] Steiner/Hagemann § 149 Rdn 4; Brand/Baur, Zwangsversteigerungssachen, § 111 (I).
[10] Pöschl NJW 1956, 372 (2).
[11] Dassler/Muth § 149 Rdn 6.
[12] Schmidt-Futterer DWW 1968, 453 (I 2 b).
[13] LG Düsseldorf ZMR 1957, 416.
[14] BGH KTS 1992, 688 = MDR 1992, 1082 = NJW 1992, 2487 = Rpfleger 1992, 402.

Wohnrecht und Unterhalt des Schuldners   3.3 § **149**

2.7 Ist der Schuldner eine **juristische Person,** so dürfen keine Räume unentgeltlich überlassen werden[15]. Es handelt sich hier nicht um Wohnräume, sondern um gewerbliche. Dies gilt auch, wenn der Geschäftsführer einer Schuldner-GmbH dort wohnt; von ihm ist daher eine Nutzungsvergütung zu zahlen[16]. Das gilt analog auch, wenn es sich um den Gesellschafter einer OHG oder KG (keine juristische Person, aber eine selbständige Handelsgesellschaft) handelt; auch hier sind die Räume gewerbliche (zu diesen § 149 Rdn 2.8).

2.8 Gewerberäume: Für sie ist im ZVG keine Ausnahme von dem grundsätzlichen Benützungsverbot des § 148 Abs 2 vorgesehen. Solche Räume darf der Schuldner in der Zwangsverwaltung nicht unentgeltlich weiter benützen; insoweit ist er auch nicht als Mieter im Sinne des § 152 Abs 2 geschützt (Mietverträge sind gegenüber dem Zwangsverwalter wirksam). Der Verwalter kann Gewerberäume dem Schuldner gegen Mietzinszahlung vermieten (er muß ja das Objekt nutzen und mögliche Einnahmen daraus ziehen). Dabei ist ein schriftlicher Mietvertrag abzufassen, der nur mit Zustimmung des Gerichts abgeschlossen werden soll (ZwangsverwalterVO § 6 Abs 1) und auch die Verpflichtung des Schuldners zur Zahlung eines Entgelts für die Zeit von der Beschlagnahme bis Vertragsschluß zu regeln hat (hierfür sonst kein Anspruch). Zahlt der Schuldner als Mieter nicht, so kann der Zwangsverwalter gegen ihn nur wie gegen einen anderen Mieter vorgehen und ihm nicht die Räume nach § 148 Abs 2 oder § 149 Abs 2 entziehen. Er kann gegen den Schuldner auch einen Vollstreckungstitel erwirken und durch Versteigerungsantrag vollstrecken. Gegen seinen Beitritt zur eigenen Zwangsverwaltung bestehen Bedenken, weil sonst der Verwalter gleichzeitig betreibender Gläubiger wäre (Interessenkollision). Er kann die Ansprüche auch einem Dritten abtreten, der daraus dem Zwangsverwaltungsverfahren (mit Titel) beitreten kann. Weil ein Mietvertrag mit dem Schuldner eine Versteigerung erschwert, kann man ihm die Räume auch gegen Nutzungsentschädigung überlassen.

2.9 Über Wohnrecht aus einem Altenteil § 146 Rdn 10. Zum Wohnrecht des Schuldners in der Zwangsverwaltung auch im ZVG-Handbuch Rdn 595–597.

Räumung des Grundstücks bei Gefährdung (Absatz 2)   3

3.1 Gefährdet bei Überlassung von Wohnraum der Schuldner oder ein Mitglied seines Hausstands das Grundstück oder die Zwangsverwaltung, dann muß das Gericht auf Antrag dem Schuldner die **Räume** des Objekts **aufgeben:** Abs 2.

3.2 Es muß eine **Gefährdung** erfolgen. Sie kann darin bestehen, daß der Schuldner die Wohnung vernachlässigt, dem Zwangsverwalter Schwierigkeiten bereitet oder etwa widerrechtlich ihm nicht zustehende Räume bezieht. Es genügt nicht, wenn der Schuldner nur Unfrieden stiftet; es muß der Ertrag des Grundstücks durch sein Verhalten gefährdet werden[17]. Dazu kann auch eine wesentliche Erschwerung der Tätigkeit des Zwangsverwalters beitragen[18] oder eine mangelhafte Beaufsichtigung von Angehörigen des Schuldners[19] oder das Abschrecken von Miet- oder Pachtinteressenten[19].

3.3 Die Gefährdung muß durch den **Schuldner** selbst oder ein **Mitglied seines Hausstands erfolgen.** Für das Verhalten seiner Angehörigen hat somit der Schuldner einzustehen. Notwendig ist aber ein schuldhaftes Verhalten (anders[20]). Weil das Wohnrecht aus Billigkeitsgründen gewährt wird, kann der Schuldner im Falle unverschuldeter Gefährdung (zB bei ansteckenden Krankheiten in der Familie) gerade auf die Wohnung besonders angewiesen sein.

---

[15] BGH VersR 1964, 865 = WM 1964, 789.
[16] LG Mannheim DWW 1969, 81 = WuM 1969, 42 = ZMR 1969, 178.
[17] LG Bremen MDR 1956, 49.
[18] LG Bremen MDR 1956, 49; Jaeckel/Güthe § 149 Rdn 4.
[19] Mohrbutter/Drischler Muster 153 Anm 8.
[20] Jaeckel/Güthe § 149 Rdn 4.

§ 149 3.4 Zwangsverwaltung

3.4 Die Räumung ist nur **auf Antrag** zu beschließen (Abs 2), nicht von Amts wegen. Antragsberechtigt ist der Zwangsverwalter[21], jeder betreibende Gläubiger[21], aber auch jeder sonstige Verfahrensbeteiligte, weil durch die Gefährdung des Grundstücks oder der Verwaltung auch seine Interessen berührt werden[22] (anders[23]).

3.5 Das Gericht kann die **sofortige Räumung** aufgeben, aber auch eine **Frist** dafür **bewilligen**[24]. Mieterschutz genießt der Schuldner dabei nicht; Räumungsschutz nach ZPO § 721 kann nicht verlangt werden. Die Anordnung kann alle überlassenen Räume erfassen oder auch nur einen Teil. Sie kann sich auch darauf beschränken, einer bestimmten Person die Räumung aufzugeben, wenn nur diese gefährdet, zB einem bestimmten Mitglied aus dem Hausstand des Schuldners. Nicht zulässig ist dies allerdings nur gegenüber einem **Ehegatten** (dies halten[25] für zulässig), weil Eheleute zur ehelichen Lebensgemeinschaft verpflichtet sind (BGB § 1353 Abs 1 Satz 2); das Vollstreckungsgericht kann nicht Eheleute trennen, es kann nur dem Schuldner samt Ehegatten die Räumung aufgeben.

3.6 Auch eine **Maßregel nach § 25** (die in der Zwangsverwaltung zulässig ist) kann das Gericht statt der Räumungsanordnung wählen, um die Gefährdung zu beseitigen. Es ist immer das geringere Übel anzuwenden.

3.7 Die Entscheidung des Gerichts erfolgt nach pflichtgemäßem **Ermessen**.

3.8 Der Räumungsbeschluß ist **Vollstreckungstitel** nach ZPO § 794 Abs 1 Nr 3. Er benötigt keine Vollstreckungsklausel und ist sofort vollstreckbar. Zugestellt wurde er schon von Amts wegen durch das Gericht. Ratsam ist es allerdings, die Rechtskraft abzuwarten, außer bei erheblicher Gefährdung des Objekts oder der Verwaltung. Ausgeführt wird der Räumungsbeschluß durch einen vom Zwangsverwalter zu beauftragenden Gerichtsvollzieher. Für Räumungsvollstreckung der Wohnung des Schuldners mit einem vom Rechtspfleger erlassenen Räumungsbeschluß ist noch keine besondere Durchsuchungsanordnung (Vollstreckungsgenehmigung) des Richters erforderlich (§ 93 Rdn 2; anders[26]).

3.9 Gegen den Räumungsbeschluß hat der Schuldner, gegen den ablehnenden Beschluß hat jeder Gläubiger oder sonst Antragsberechtigte die befristete **Rechtspflegererinnerung**/sofortige Beschwerde, auch die weitere Beschwerde unter der Voraussetzung von ZPO § 568 Abs 2. Keinen Rechtsbehelf hat der Zwangsverwalter, der hier ebenfalls den Anweisungen des Gerichts unterliegt. Gegen Maßnahmen des Zwangsverwalters ist im übrigen **Vollstreckungserinnerung** nach ZPO § 766 möglich oder ein formloses Gesuch an den für die Aufsicht zuständigen Rechtspfleger.

3.10 Auch bei dieser Räumungsvollstreckung ist auf Antrag **ZPO § 765 a** zu beachten. Der Schuldner kann das Vollstreckungsgericht gegen die Vollstreckung aus dem Räumungsbeschluß anrufen. Er konnte sich auch schon vor dessen Erlaß bei der gerichtlichen Anhörung hierauf berufen; dann mußte das Gericht schon damals hierüber entscheiden. Regelmäßig geht allerdings bei einer Gefährdung solcher Art das Schutzbedürfnis der Gläubiger einer Rücksichtnahme auf den Schuldner vor. Eine Anordnung aus ZPO § 765 a kommt daher nur in außergewöhnlichen Fällen in Frage, etwa bei einem Todesfall in der Familie.

3.11 Hierzu im ZVG-Handbuch über die Anordnung der Räumung Rdn 597, Muster für die Räumungsanordnung Rdn 598, Vollstreckungstitel Rdn 599, Rechtsbehelfe Rdn 599.

---

[21] Jonas/Pohle, ZwVNotrecht, § 149 Anm 1.
[22] Jaeckel/Güthe § 149 Rdn 4; Steiner/Hagemann § 149 Rdn 27; Jonas/Pohle, ZwVNotrecht, § 149 Anm 1.
[23] Korintenberg/Wenz § 149 Anm 2.
[24] Jonas/Pohle, ZwVNotrecht, § 149 Anm 1.
[25] Dassler/Muth § 149 Rdn 9; Jonas/Pohle, ZwVNotrecht, § 149 Anm 1.
[26] Dassler/Muth § 149 Rdn 10.

Wohnrecht und Unterhalt des Schuldners 4.3 § 149

3.12 Wenn **Wohnungseigentum** einer Zwangsverwaltung unterzogen wird, ist das Verfahren dadurch behindert, daß die Eigentumswohnung in der Regel vom Schuldner selbst genutzt wird, dem auch hier nach § 149 die unentbehrlichen Räume zu belassen sind. Auch hier kann aber wegen Gefährdung die Räumung aufgegeben werden. Auch hier muß der Schuldner für Beheizung selbst sorgen und muß kein Entgelt zahlen, auch nicht das Wohngeld.

Unterhalt des Schuldners während der Zwangsverwaltung (Absatz 3) 4

4.1. Unterhalt wird dem Schuldner in der Zwangsverwaltung grundsätzlich nicht gewährt; es besteht kein Unterhaltsanspruch[27]. Der Schuldner kann nicht einmal ein Existenzminimum aus der Masse verlangen[27]. Er ist notfalls auf Sozialhilfe angewiesen[27]. Der Gläubiger, der zu dem Schuldner in keiner engeren Rechtsbeziehung steht, ist für dessen Lebensunterhalt durchaus nicht vor dem Sozialhilfeträger verantwortlich, er ist dafür überhaupt nicht verantwortlich[27].

4.2 Der Schuldner in der Zwangsverwaltung stellt sich damit schlechter als der Gemeinschuldner im Konkursverfahren, dem nach KO §§ 129, 132 Unterhalt gewährt werden kann. Ist der Schuldner gleichzeitig einem Zwangsverwaltungsverfahren und einem **Konkursverfahren** unterworfen, so wird sein Unterhalt nicht nach § 149 Abs 3 geregelt, sondern ausschließlich nach KO §§ 129, 132. Durch eine zum Konkursverfahren hinzutretende Zwangsverwaltung darf er nicht besser gestellt werden, darf er nicht mehr bekommen, als im Konkursverfahren festgesetzt, darf er, wenn im Konkursverfahren ein Unterhalt abgelehnt ist, überhaupt nichts bekommen[28].

4.3 a) Den Unterhalt des Schuldners regelt das ZVG nur im Falle der Zwangsverwaltung von **land- und forstwirtschaftlich oder gärtnerisch** genutzten Grundstücken: Abs 3. Hier muß der Zwangsverwalter aus den Erträgnissen des Grundstücks oder aus deren Erlös dem Schuldner die Mittel zur Verfügung stellen, die zur Befriedigung seiner eigenen und seiner Familie notwendigen Bedürfnisse erforderlich sind. Es handelt sich dabei um einen Rechtsanspruch[29] (keine Ermessensleistung), über den das Gericht entscheidet; die Entscheidung ist anfechtbar: Abs 3 Satz 2–3. Diese Unterhaltsvorschrift gilt auch für die Zwangsverwaltung, die von einer landschaftlichen Kreditanstalt selbst durchgeführt wird (§ 146 Rdn 7).

b) Es muß sich um landwirtschaftliche Grundstücke usw handeln. Auf den engen **Begriff** des Landwirtschaftsrechts ist jedoch nicht abzustellen. Maßgebend ist auch nicht die Bezeichnung im Grundbuch und im Liegenschaftskataster (sie kann nur Anhalt bieten). Maßgebend ist auch nicht der Beruf des Eigentümers, sondern der Charakter des Grundstücks. Auch ein Objekt, das zur Zeit nicht landwirtschaftlich genutzt wird, aber nach Lage und Beschaffenheit dazu geeignet ist, kann ein landwirtschaftliches sein (anders[30]), ein noch als landwirtschaftlich eingetragenes Baugrundstück dagegen ist nicht mehr landwirtschaftlich[31]. Es fallen hierunter Grundstücke, auf denen Ackerbau, Forstwirtschaft, Weinbau, Obstbau, Fischzucht (nicht aber Hochsee- und Küstenfischerei) betrieben wird, aber auch Viehzucht, Geflügelzucht, Gärtnerei, soweit diese vom Boden abhängig betrieben werden (also nicht zB als Hühnerfarm[32], Tierpension[33] oder Schweinemästerei, bei denen das Futter nicht selbst erzeugt wird, auch nicht als Handelsbetrieb für gärtnerische Erzeugnisse). Bei forstwirtschaftlichen Betrieben müssen es holzerzeugende sein, nicht rein verarbeitende, wie Sägewerke. Auch bei einer Baumschule kommt es

---

[27] LG Saarbrücken Rpfleger 1995, 265.
[28] Jaeckel/Güthe § 149 Rdn 1; Mohrbutter KTS 1956, 107 (5).
[29] Jonas/Pohle, ZwVNotrecht, § 149 Anm 1.
[30] Steiner/Hagemann § 149 Rdn 47.
[31] OLG Oldenburg DNotZ 1956, 489.
[32] Mohrbutter, Handbuch des Vollstreckungsrechts, § 57.
[33] LG Kiel SchlHA 1989, 67.

§ 149 4.3   Zwangsverwaltung

auf den rechtlichen Charakter nach Art des Betriebes an[34]. Es fallen hierunter also ohne Rücksicht auf die Größe des Betriebes alle, die mittelbar oder unmittelbar auf die Erzeugung von mit Grund und Boden zusammenhängenden Produkten gerichtet sind, dagegen nicht Kies- und Tongruben oder Ziegelwerke.

c) Gedeckt werden nur die Bedürfnisse des **Schuldners** und seiner **Familie** (Abs 3 Satz 1). „Familie" sind seine in Hausgemeinschaft mit ihm lebenden Angehörigen. Der Anspruch ist **nicht** auf den Fall **beschränkt,** daß der Schuldner auf dem Grundstück selbst wohnt[35], und wird auch nicht dadurch berührt, daß der Schuldner etwa das Grundstück nach Abs 2 räumen muß.

d) Der Unterhalt erfolgt durch **Hingabe von Erträgnissen** (Obst, Gemüse, Getreide usw) oder von Geld aus deren Erlös, auch beides gemischt. Wenn die Grundstückserträgnisse nicht ausreichen, besteht kein Anspruch hinsichtlich anderer Grundstückseinkünfte (zB Mietzins). Bei Ernteschäden wird die Versicherungssumme als Surrogat gewährt. Alle Natural- und Geldansprüche dieser Art sind gegen anderweitige Pfändung durch ZPO § 850 b Abs 1 Nr 3 und § 851 geschützt[35].

e) Nur für die Befriedigung der **notwendigen Bedürfnisse** darf so vorgegangen werden (Abs 3 Satz 1). Was notwendig ist, richtet sich nach dem Einzelfall, ist niedriger als der angemessene Unterhalt nach BGB § 1610 (früher als der „standesgemäße" bezeichnet) und höher als der Billigkeitsunterhalt aus BGB § 1611 (früher als der „notdürftige" bezeichnet)[36]. Anhaltspunkte bietet ZPO § 850 d, Unterhalt darf nicht höher sein als in ZPO § 850 c.

f) Die **Höhe** des Unterhalts setzt hier zunächst der Zwangsverwalter fest (Rechtsbehelfe Rdn 4.8). Zu empfehlen ist, daß von vornherein ein bestimmter Betrag festgesetzt wird.

g) Zum Unterhalt im ZVG-Handbuch Rdn 600.

4.4 Für **Dienste,** die der Schuldner dem Zwangsverwalter im Rahmen der Zwangsverwaltung leistet, zB als Hausmeister oder Hausverwalter in einem zwangsverwalteten Häuserblock, kann er eine **Entschädigung** erhalten. Sie kann auch in der Weise gewährt werden, daß der Schuldner zur selbständigen Entnahme von Erträgnissen (Einbehaltung eines bestimmten Teiles des von ihm für den Zwangsverwalter eingehobenen Mietzinses) ermächtigt wird.

4.5 Nicht der Zwangsverwaltung unterworfen sind die in ZPO § 811 Nr 2–3 genannten Gegenstände, also Ernährungs-, Feuerungs- und Beleuchtungsmittel für vier Wochen, Kleintiere und eine Milchkuh oder dafür zwei Schweine oder Ziegen oder Schafe samt den Futtermitteln für diese für vier Wochen[37]. Diese Frage ist nur von theoretischer Bedeutung, weil diese Gegenstände ohnehin meistens nicht der Zwangsverwaltungs-Beschlagnahme unterliegen[38], soweit es sich nicht um ein landwirtschaftliches Anwesen handelt, bei dem dann der Unterhalt nach Abs 3, § 150 e gewährt wird.

4.6 In besonderen Fällen kann auf Antrag dem sonst mittellosen Schuldner ausnahmsweise über **ZPO § 765 a** (wenn dessen Voraussetzungen vorliegen, Einl Rdn 54, 55) durch eine teilweise Einschränkung der Vollstreckung ein Teil der laufenden Erträgnisse des Objekts als Unterhalt überlassen werden[39]. Dies muß sich etwa auf einen Betrag in Höhe der Sozialhilfe beschränken, sowie auf die Zeit, in der dem Schuldner noch keine Sozialhilfe oder andere Rente zukommt[40]. Die das

---

[34] BGH 24, 169 = NJW 1957, 1191.
[35] Jonas/Pohle, ZwVNotrecht, § 149 Anm 3.
[36] Jonas/Pohle, ZwVNotrecht, § 149 Anm 3 und § 150 e Anm 1 b.
[37] Jaeckel/Güthe § 149 Rdn 2; Jonas/Pohle, ZwVNotrecht, § 149 Anm 1.
[38] Jonas/Pohle, ZwVNotrecht, § 149 Anm 5 e.
[39] Pöschl NJW 1956, 372; Jonas/Pohle, ZwVNotrecht, § 149 Anm 1.
[40] Pöschl NJW 1956, 372.

Zwangsverwalterbestellung, Grundstücksübergabe 2.4 § **150**

Zwangsverwaltungsverfahren betreibenden Gläubiger (nur auf die betreibenden Gläubiger kommt es an) können auch freiwillig dem Schuldner durch teilweisen Vollstreckungsverzicht (der sich dann auch auf die anderen Verfahrensbeteiligten auswirkt) Unterhalt zukommen lassen (dazu auch Rdn 2).

4.7 Vor jeder Entscheidung über Unterhalt muß das Gericht alle betreibenden Gläubiger, den Zwangsverwalter und den Schuldner **anhören.** In besonders eiligen Fällen, wenn der Schuldner alt, krank, arbeitsunfähig, arbeitslos oder ohne Angehörige ist und durch die Beschlagnahme kurz vor einem Mietzahlungstermin etwa ohne Mittel ist, kann das Gericht auch ohne vorherige Anhörung entscheiden, dann aber nur über eine einmalige Zahlung, bis nach der notwendigen Anhörung weiter entschieden werden kann.

4.8 Rechtsbehelfe: a) Bei Streit über den landwirtschaftlichen Unterhalt (Rdn 4.3) kann der Schuldner, der Zwangsverwalter und jeder betreibende Gläubiger **das Gericht anrufen,** das dann nach Anhörung der Genannten entscheidet (Abs 3 Satz 2), diesen also Gelegenheit zur Äußerung geben muß.

b) Gegen die Entscheidung des Rechtspflegers gibt es befristete **Rechtspflegererinnerung**/sofortige Beschwerde, aber keine weitere Beschwerde (Abs 3 Satz 3). Anfechtungsberechtigt sind neben Schuldner, Zwangsverwalter und betreibenden Gläubigern auch alle durch die Kürzung der Überschüsse infolge Unterhaltsgewährung benachteiligten Beteiligten.

c) **Gegen Maßnahmen des Zwangsverwalters** gibt es im übrigen Vollstreckungserinnerung nach ZPO § 766 zum Gericht oder auch ein formloses Gesuch an den für die Aufsicht zuständigen Rechtspfleger, um eine Anweisung an den Zwangsverwalter zu erreichen (§ 152 Rdn 3).

d) In der von einer **landschaftlichen Kreditanstalt** selbständig durchgeführten Zwangsverwaltung (§ 146 Rdn 7), muß sich der Schuldner zunächst an diese als Vollstreckungsbehörde wenden, soweit nicht die Satzung sofortige Anrufung des Gerichts bestimmt.

[Bestellung des Zwangsverwalters, Übergabe des Grundstücks]

150 (1) **Der Verwalter wird von dem Gerichte bestellt.**
(2) **Das Gericht hat dem Verwalter durch einen Gerichtsvollzieher oder durch einen sonstigen Beamten das Grundstück zu übergeben oder ihm die Ermächtigung zu erteilen, sich selbst den Besitz zu verschaffen.**

Allgemeines zu § 150   1

Zweck der Vorschrift: Es gibt **keine** Zwangsverwaltung **ohne Zwangsverwalter.** Daher ist vom Gericht ein Zwangsverwalter zu bestellen, das ihn auch in den Besitz des Grundstücks setzt.

Bestellung des Zwangsverwalters (Absatz 1)   2

2.1 Der Zwangsverwalter wird vom **Gericht** bestellt: Abs 1.

2.2 Bestellt wird immer nur ein Zwangsverwalter.

2.3 Zweckmäßig ist es, den Zwangsverwalter schon **im Anordnungsbeschluß** zu bestellen. Das ist zwar nicht vorgeschrieben, aber geboten, damit Verwalterhandlungen umgehend aufgenommen werden können. Möglich ist es im Einzelfall auch, weil etwa erst eine geeignete Person ermittelt werden muß, den Verwalter **nachträglich** gesondert zu bestellen.

2.4 Bei der **Auswahl** des Zwangsverwalters ist das Vollstreckungsgericht, abgesehen von den Fällen des § 150 a (Institutsverwalter) und des § 150 b (Schuldner-Zwangsverwalter), **frei.** Es hat nach pflichtgemäßem Ermessen zu handeln. An

Anträge oder Vorschläge ist es nicht gebunden. Niemand hat einen Anspruch, als Zwangsverwalter bestellt zu werden. Bestellt werden kann nach der ganzen Gestaltung der Tätigkeit nur eine natürliche Person, die voll geschäftsfähig sein muß.

2.5 Als Zwangsverwalter ist nur eine Person zu bestellen, die **zur Übernahme** des Amtes **bereit** ist. Verpflichtet zur Übernahme ist niemand. Wer sich aber bestellen läßt, muß dann das Amt ordnungsgemäß ausüben und kann es nicht einfach durch einseitige Erklärung wieder aufgeben. Nur aus dringenden Gründen, und das nicht zur Unzeit, kann er vom Gericht auf Antrag entlassen werden (§ 153 Rdn 8.2), etwa bei längerer Krankheit. Die Rechte und Pflichten enden dann mit Bekanntgabe des Gerichtsbeschlusses.

2.6 Der zu Bestellende muß **von den Beteiligten unabhängig** sein. Es kann zwar auch ein schon im Konkursverfahren über das Vermögen des Schuldners bestellter Konkursverwalter zum Zwangsverwalter bestellt werden[1], doch ist dem wegen drohender Interessenkollision zu widerraten. Unzweckmäßig (allerdings nicht verboten) ist es auch, einen betreibenden Gläubiger (Ausnahme in § 150 a) oder den Schuldner selbst (Ausnahme in § 150 b) oder einen anderen Verfahrensbeteiligten zu bestellen. Der Steuerberater des Schuldners kann wegen Interessenkollision keinesfalls bestellt werden[2]. Für den Nachlaßverwalter gilt, was über den Konkursverwalter gesagt ist, also nicht zu bestellen.

2.7 Eine besondere **Form** für die Bestellung ist nicht vorgeschrieben. Schriftliche Bestellung ist geboten und üblich; wirksam wäre aber auch mündliche Bestellung. Eine besondere Verpflichtung (wie beim Vormund) erfolgt nicht. Auch wenn dies nicht vorgesehen ist, kann man aber eine „Bestallung" aushändigen, um dem Zwangsverwalter den Nachweis seiner Berechtigung zu erleichtern. Nach ZwangsverwalterVO § 2 ist als Ausweis nur eine Ausfertigung des Beschlusses vorgesehen, „durch den die Zwangsverwaltung angeordnet und seine Bestellung erfolgt ist" (es wird also hier vorausgesetzt, daß die Bestellung im Anordnungsbeschluß erfolgt). Der Anordnungsbeschluß muß an den Verwalter nicht zugestellt werden; dies ist aber zweckmäßig (§ 146 Rdn 5). Beitrittsbeschlüsse sollen an den Verwalter zugestellt werden (§ 152 Abs 2); wegen der Folgen hieraus erscheint das zwingend.

2.8 Bevor jemand zum ersten Mal als Zwangsverwalter bestellt wird, sollte er eingehend vom Gericht über sein Amt **belehrt** werden. Möglich ist es auch, eine schriftliche Zusammenfassung der Hauptpunkte vor der ersten Bestellung zu übermitteln, damit Fehler und unnötige Rückfragen vermieden werden und das Verfahren rationell gestaltet wird.

2.9 War die Zwangsverwaltung **zu Unrecht angeordnet**, so bleibt die Bestellung des Verwalters doch wirksam, bis das Verfahren ausdrücklich aufgehoben wird[3]. Alle Handlungen des Verwalters bleiben in diesem Falle wirksam, sogar nach Abschluß des Verfahrens.

2.10 Gegen die Bestellung des Zwangsverwalters als solche gibt es keinen **Rechtsbehelf,** weil sie die notwendige Folge der Verfahrensanordnung ist; nur diese kann angefochten werden. Gegen die **Auswahl** des Verwalters haben Gläubiger[4] und Schuldner sowie jeder Beteiligte (§ 9) ohne vorherige Anhörung hierzu die Vollstreckungserinnerung nach ZPO § 766, nach vorheriger Anhörung die befristete Rechtspflegererinnerung/sofortige Beschwerde. Wird der Verwalter auf Rechtsmittel hin entlassen, hat er sofortige Beschwerde[5], bei Entlassung im Beschwerdeverfahren die weitere.

---

[1] Mohrbutter KTS 1956, 107 (3).
[2] LG Bonn MDR 1964, 768.
[3] BGH 30, 173 = MDR 1959, 743 = NJW 1959, 1873.
[4] OLG Hamm OLGZ 1988, 76 = NJW-RR 1988, 60 = Rpfleger 1988, 36 und OLGZ 1994, 611 (612).
[5] OLG Hamm OLGZ 1994, 611 (612).

Zwangsverwalterbestellung, Grundstücksübergabe 3.5 **§ 150**

2.11 Zur Bestellung des Zwangsverwalters im ZVG-Handbuch Rdn 601, 603, Muster dazu Rdn 602.

Übergabe oder Besitzverschaffung an Zwangsverwalter (Absatz 2) 3

3.1 Dem Zwangsverwalter muß das Grundstück zur Bewirtschaftung und Benutzung **übergeben** werden (§ 146 Rdn 11.1). Damit kann auch die Beschlagnahme wirksam werden (§ 151 Abs 1).

3.2 Das Gericht muß entweder dem Zwangsverwalter das Grundstück **übergeben oder** ihn **ermächtigen,** sich selbst den Besitz zu verschaffen: Abs 2. Es muß also dafür sorgen, daß der Zwangsverwalter den Besitz erhält. Die Besitzeinweisung des Zwangsverwalters steht im Zusammenhang mit § 148 Abs 2; danach wird durch die Beschlagnahme dem Schuldner die Verwaltung und Benutzung des Grundstücks entzogen. Der Zwangsverwalter, der diese Befugnisse ausüben soll, muß dazu vom Schuldner den Besitz erhalten[6]. Durch Vollstreckungshandlung im Rahmen des Zwangsverwaltungsverfahrens wird daher dem Zwangsverwalter das im Schuldnerbesitz stehende Grundstück übergeben oder die Ermächtigung zur eigenen Besitzergreifung erteilt. Auch die Ermächtigung, sich den Besitz an dem Grundstück zu verschaffen, gilt nur für den Besitz des Schuldners[6]. Wo der Schuldner selbst als Zwangsverwalter eingesetzt wird (§ 150 b), ist er schon Besitzer und muß nicht mehr besonders eingewiesen werden.

3.3 Als einfachster und schnellster Weg ist zu empfehlen, die **Ermächtigung** des Zwangsverwalters, sich den Besitz zu verschaffen, in den Anordnungsbeschluß mit aufnehmen (§ 146 Rdn 9). Auch Besitzergreifung durch den Zwangsverwalter auf Grund der Ermächtigung ist Vollstreckungshandlung[7]. Der Zwangsverwalter kann daher auf Grund dieser gerichtlichen Ermächtigung den Widerstand des Schuldners mit Hilfe des Gerichtsvollziehers nach ZPO § 892 beseitigen[8]. Die Ermächtigung begründet für den Zwangsverwalter aber keinen bürgerlichrechtlichen Herausgabeanspruch, der von ihm mit Klage gegen den Schuldner oder einen Dritten (zur Klage gegen den Mieter oder Pächter § 150 Rdn 3.6) gerichtlich geltend gemacht werden könnte[9]. Der Verwalter kann auch einem Konkursverwalter den Besitz entziehen[10].

3.4 Das Gericht kann aber auch das Grundstück durch den Rechtspfleger (auch Richter) dem Verwalter **übergeben.** Es kann dies auch mit Hilfe des Gerichtsvollziehers oder eines Beamten des Gerichts (Abs 2), aber auch mit Hilfe eines sonstigen Beamten, etwa eines Gemeindebeamten. Der Zwangsverwalter berichtet in seinem Übernahmebericht über die Besitzergreifung.

3.5 a) Übergabe des Grundstücks an den Zwangsverwalter und Übernahme mit (erlaubter) Verschaffung des Besitzes durch diesen selbst sind als Vollstreckungshandlungen **nur zulässig,** wenn der **Schuldner Besitzer** des Grundstücks ist. Wenn der Schuldner unmittelbarer Besitzer ist, erlangt der Zwangsverwalter mit Übergabe oder Übernahme des Grundstücks den unmittelbaren Besitz; der Schuldner ist dann mittelbarer Besitzer (BGB § 868).

b) Übergabe des Grundstücks oder Übernahme mit (erlaubter) Verschaffung des Besitzes bereiten keine Schwierigkeiten, wenn der besitzende Schuldner (oder ein besitzender Dritter, § 150 Rdn 3.7) das Objekt **freiwillig** herausgibt. Gibt der Schuldner selbst nicht freiwillig heraus, so hat der **Gerichtsvollzieher** ihn aus

---

[6] BGH 96, 61 = KTS 1986, 162 = MDR 1986, 140 = NJW- RR 1986, 858 = Rpfleger 1986, 26.
[7] Jaeckel/Güthe § 150 Rdn 6; Steiner/Hagemann § 150 Rdn 30.
[8] Drischler DGVZ 1955, 131 (B); Heinz DGVZ 1955, 17 (II); Mohrbutter KTS 1956, 107 (2).
[9] BGH 96, 61 = aaO (Fußn 6); LG Mainz NJW-RR 1988, 978.
[10] Mohrbutter KTS 1956, 107 (2).

§ 150 3.5 Zwangsverwaltung

dem Besitz des Grundstücks (BGB § 854) zu setzen und den Zwangsverwalter in den Besitz einzuweisen (ZPO § 885 Abs 1). Das erfordert zugleich, daß mit dem Schuldner auch Personen seines Hausstandes oder Erwerbsgeschäfts und die in einem ähnlichen Verhältnis unselbständig besitzenden Personen (Besitzdiener, BGB § 855) aus dem Besitz gesetzt werden. Sie haben kein eigenes Besitzrecht, sondern üben die tatsächliche Gewalt für den Schuldner aus, sind somit als Besitzdiener Vollstreckungshandlungen gegen den Schuldner, der nur Besitzer ist (BGB § 855) ausgesetzt. Die der Beschlagnahme unterliegenden beweglichen Sachen hat der Gerichtsvollzieher wegzunehmen und dem Zwangsverwalter zu übergeben (ZPO § 883 Abs 1). Vollstreckungstitel ist der Anordnungsbeschluß[11] zusammen mit der gerichtlichen Ermächtigung zur Besitzergreifung (falls nicht schon im Anordnungsbeschluß enthalten), beides vorzulegen, aber nicht zuzustellen[11] (wurde schon von Amts wegen zugestellt).

c) Die **Besitzergreifung** darf grundsätzlich nicht an Sonn- und Feiertagen (wohl aber am Samstag/Sonnabend) oder zur Nachtzeit (ZPO § 188 Abs 1: vom 1. 4.– 30. 9. von 21–4 Uhr, vom 1. 10.–31. 3. von 21–6 Uhr) erfolgen, außer mit besonderer gerichtlicher Ermächtigung (ZPO § 761)[12]. Bei Widerstand oder dann, wenn der Schuldner oder seine Angehörigen nicht anwesend sind, muß der Gerichtsvollzieher Zeugen zuziehen (ZPO § 759).

3.6 Wenn das Grundstück **vermietet** oder verpachtet ist oder der Schuldner sonst mittelbarer Besitzer ist (BGB § 868), zB deshalb, weil ein Dritter ohne Wissen des Schuldners eingezogen ist[13], kann auch der Zwangsverwalter nur in den **mittelbaren Besitz** des Schuldners (Besitzmittlungsverhältnis = BGB § 868) eingewiesen werden (§ 146 Rdn 11). Von einem Mieter oder Pächter als unmittelbarer Besitzer kann er dann nur nach Maßgabe des Miet- oder Pachtvertrags Räumung verlangen, an den der Zwangsverwalter gebunden ist, wenn das Grundstück vor der Beschlagnahme dem Mieter oder Pächter überlassen ist (§ 152 Abs 2). Der Zwangsverwalter kann somit den Räumungsanspruch nach Maßgabe des Miet- oder Pachtverhältnisses gegen den Mieter oder Pächter gerichtlich geltend machen und den erwirkten Räumungstitel vollstrecken.

3.7 a) Hat ein **Dritter** (bei Vollstreckung des dinglichen Grundschuldanspruchs ist das auch der Gläubiger der gesicherten Forderung[14]) den Besitz des Grundstücks inne und ist dieser **zur Herausgabe bereit,** dann kann Besitzübergabe als Vollstreckungshandlung gegen den Schuldner (nicht gegen den besitzenden Dritten) durch das Gericht oder Besitzverschaffung durch den ermächtigten Verwalter nach Abs 2 erfolgen (siehe[15]).

b) Hat nur ein **nicht herausgabebereiter Dritter** den Besitz des Grundstücks (ist somit der Schuldner auch nicht mittelbarer Besitzer, dazu § 146 Rdn. 3.6), dann kann Besitzübergabe oder Besitzergreifung durch den ermächtigten Verwalter nicht erfolgen[16]; Einweisung des Verwalters in den Besitz eines nicht herausgabebereiten Dritten ist als Vollstreckungshandlung unzulässig[17]. Darauf ob der Dritte ein Recht zum Besitz hat, kommt es nicht an[18]. Dem Verwalter gibt weder eine Anweisung des Vollstreckungsgerichts (§ 153 Abs 1) noch eine Durchsuchungsanordnung (ZPO § 758) das Recht, sich selbst den Besitz gegen den Willen des

---

[11] Heinz DGVZ 1955, 17 (II).
[12] Drischler DGVZ 1955, 131 (13).
[13] OLG München OLGZ 1991, 492.
[14] LG Mainz NJW-RR 1988, 978.
[15] BGH 96, 61 = aaO (Fußn 6); OLG Koblenz DGVZ 1985, 166 = MDR 1985, 856 = Rpfleger 1985, 411.
[16] BGH 96, 61 = aaO (Fußn 6).
[17] BGH 96, 61 = aaO (Fußn 6); OLG Koblenz aaO (Fußn 15); LG Mainz NJW-RR 1988, 978.
[18] OLG Koblenz aaO (Fußn 15).

Instituts-Zwangsverwalter **§ 150 a**

Dritten zu verschaffen[18]. Zu den Möglichkeiten, die es für Zwangsvollstreckung in diesem Fall gibt, § 146 Rdn 11.4.

3.8 Ist die Zwangsverwaltung nur über einen **Grundstücksbruchteil** angeordnet, so kann der Verwalter nur in die Mitbesitzrechte des Vollstreckungsschuldners eingewiesen werden[19]. Über Grundstücksbruchteile § 152 Rdn 7.

3.9 Das **Zubehör** des Grundstücks (BGB §§ 97, 98) und **mithaftende Gegenstände** umfaßt die Beschlagnahme (§ 20 Abs 2 mit § 146 Abs 1; § 146 Rdn 5.3). Übergabe an den Zwangsverwalter oder Besitzverschaffung durch ihn (Abs 2) erstrecken sich daher auch auf diese Gegenstände. Mietverträge und andere Beweisurkunden (Versicherungspolicen usw) gehören nicht dazu. Solche Urkunden im Schuldnerbesitz können nicht nach Abs 2 übergeben werden; an Urkunden im Schuldnerbesitz kann auch der ermächtigte Verwalter sich selbst Besitz nicht (zwangsweise) verschaffen (anders[20]). Die Aufgabe des Verwalters, für Erhaltung und ordnungsgemäße Nutzung des Grundstücks sowie Geltendmachung der beschlagnahmten Ansprüche zu sorgen (§ 152 Abs 1), bedingt aber auch Auslieferung solcher Beweisurkunden (vergleichbar dem Anspruch des Käufers aus BGB § 444). Der Zwangsverwalter ist daher auch für befugt zu erachten, Anspruch auf Herausgabe solcher Beweisurkunden gegen den Schuldner geltend zu machen und erforderlichenfalls im Klageweg zu verfolgen (Urteilsvollstreckung nach ZPO § 883). Für weitergehenden Anspruch auf Auskunft über die rechtlichen Verhältnisse des Grundstücks bieten Übergabe oder Besitzverschaffung keine Handhabe; ein im Zivilprozeß durchsetzbarer Anspruch des Zwangsverwalters gegen den Schuldner auf Auskunft über das beschlagnahmte Grundstück kann daher nicht bestehen (so im Ergebnis auch[21]).

3.10 Über die Inbesitznahme ist nach ZwangsverwalterVO § 3 eine **Niederschrift** aufzunehmen, mit zahlreichen Feststellungen, die notfalls nachzuholen sind. Niederschrift und nachträgliche Ergänzungen sind dem Gericht vorzulegen. Bei der Inbesitznahme muß der Zwangsverwalter den Drittschuldnern (Mietern, Pächtern) bekanntmachen, daß sie beschlagnahmt sind; Abwesenden teilt er dies durch Einschreibebrief mit (ZwangsverwalterVO § 4).

3.11 Wo der Schuldner ausnahmsweise Zwangsverwalter ist (§ 150 b), bleibt er unmittelbarer Besitzer.

3.12 Zur Besitzverschaffung im ZVG-Handbuch Rdn 604.

3.13 Wenn das Grundstück zur künftigen Aufteilung in **Wohnungseigentum** bereits an die Interessenten verkauft und ihnen zum Eigenbesitz überlassen ist, dann ist der Zwangsverwalter hieran gebunden und kann den Besitz nicht entziehen. Es fallen dann keine Nutzungen für den Schuldner an, die der Zwangsverwalter einheben könnte.

3.14 Der **Gerichtsvollzieher** erhält für seine Mitwirkung Gebühren und Auslagen nach dem GVKG §§ 3–5, 22, 24–25, 34–37.

[Instituts-Zwangsverwalter]

150 a (1) **Gehört bei der Zwangsverwaltung eines Grundstücks zu den Beteiligten eine öffentliche Körperschaft, ein unter staatlicher Aufsicht stehendes Institut, eine Hypothekenbank oder ein Siedlungsunternehmen im Sinne des Reichssiedlungsgesetzes, so kann dieser Beteiligte innerhalb einer ihm vom Vollstreckungsgericht zu bestimmenden Frist eine in seinen Diensten stehende Person als Verwalter vorschlagen.**

---

[19] Brand/Baur, Zwangsversteigerungssachen, § 113 (III).
[20] LG Berlin MDR 1992, 274 = Rpfleger 1992, 123; AG Stuttgart Rpfleger 1995, 375.
[21] LG Berlin aaO (Fußn 20).

§ 150 a

(2) **Das Gericht hat den Vorgeschlagenen zum Verwalter zu bestellen, wenn der Beteiligte die dem Verwalter nach § 154 Satz 1 obliegende Haftung übernimmt und gegen den Vorgeschlagenen mit Rücksicht auf seine Person oder die Art der Verwaltung Bedenken nicht bestehen. Der vorgeschlagene Verwalter erhält für seine Tätigkeit keine Vergütung.**

1 Allgemeines zu § 150 a

Zweck der Vorschrift: Zulassung des sogenannten Institutsverwalters. Diese Einrichtung soll es ermöglichen, Verwaltungskosten zu verringern und den betreibenden Gläubiger an der wirtschaftlichen Gestaltung des Zwangsverwaltungsverfahrens unmittelbar zu interessieren[1].

2 Institutsverwalter als Zwangsverwalter (Absatz 1)

2.1 Wenn zu den Beteiligten des Verfahrens bestimmte **Institute** gehören, können diese eine in ihren Diensten stehende Person als Zwangsverwalter **vorschlagen:** Abs 1. Das Gericht muß den Vorgeschlagenen unter bestimmten Voraussetzungen zum Verwalter bestellen: Abs 2 Satz 1.

2.2 a) **Vorschlagsberechtigt** sind öffentliche Körperschaften, unter staatlicher Aufsicht stehende Institute, Hypothekenbanken und Siedlungsunternehmen nach dem Reichssiedlungsgesetz: Abs 1.

b) **Öffentliche Körperschaften** sind Körperschaften des öffentlichen Rechts, gleich ob nach Bundes- oder Landesrecht. Dazu gehören auch Gemeinden, Gemeindeverbände, Sozialversicherungsträger (Ortskrankenkassen, Berufsgenossenschaften, Knappschaften), im übrigen Bund, Länder, kirchliche Körperschaften (soweit öffentlichrechtlich) usw. Für eine Behörde (zB das Finanzamt) ist Beteiligte (und damit vorschlagsberechtigt) die Körperschaft, der sie angehört (zB Abgabenordnung § 252).

c) Zu den unter staatlicher Aufsicht stehenden **Instituten** gehören nach dem Bundesgesetz über das Kreditwesen alle Kreditinstitute, die Bankgeschäfte betreiben und die als Banken oder Sparkassen diesem Gesetz unterliegen (Gesetz §§ 1, 2), ferner nach dem Versicherungsaufsichtsgesetz vom 13. 10. 1983 (BGBl 1983 I 1281, mit Änderungen) alle privaten Versicherungsunternehmungen, sowie nach dem Bausparkassengesetz vom 15. 2. 1991 (BGBl 1991 I 454) alle Bausparkassen.

d) **Nicht vorschlagsberechtigt** sind Institute, die selbst in dem Verfahren Vollstreckungsschuldner sind[2].

2.3 a) Die Bevorrechtigten können ihren **Vorschlag** als Gläubiger schon im Anordnungs- oder Beitrittsantrag machen, aber auch später gesondert. Wenn ihnen das Gericht hierfür eine Frist setzt (Muster im ZVG-Handbuch Rdn 625), können sie den Vorschlag nur in der Frist einreichen (anders[3], gegen Gesetzeswortlaut und -zweck, rasch klare und sichere Verhältnisse zu gewährleisten). Muster für ein Schreiben an das Gericht hierüber im ZVG-Handbuch Rdn 626.

b) **Verpflichtet zu** einem **Vorschlag** ist niemand. Berechtigt sind nicht nur die betreibenden Gläubiger, sondern alle Verfahrensbeteiligten, welche die genannten Voraussetzungen erfüllen.

c) Es wurde gesagt, das Gericht müsse bei jeder Anordnung der Zwangsverwaltung (ebenso wie bei jedem Beitritt) von Amts wegen **prüfen,** ob unter den Verfahrensbeteiligten Vorschlagsberechtigte seien, und müsse dann die **Frist setzen**[4];

---

[1] Jonas/Pohle, ZwVNotrecht, § 150 a Anm 1.
[2] Steiner/Hagemann § 150 a Rdn 6; Mohrbutter/Drischler Muster 148 Anm 1; Jonas/Pohle, ZwVNotrecht, § 150 a Anm 2.
[3] Steiner/Hagemann § 150 a Rdn 8.
[4] Dassler/Muth § 150 a Rdn 6; Steiner/Hagemann § 150 a Rdn 15; Jonas/Pohle, ZwV-Notrecht, § 150 a Anm 4.

Instituts-Zwangsverwalter 3.2 **§ 150 a**

müsse allerdings, um Verzögerungen zu vermeiden, zunächst einen anderen Verwalter bestellen[5], um diesen später gegen den Vorgeschlagenen auszutauschen, weil die dadurch eintretende Verbilligung des Verfahrens ein wichtiger Grund zum Wechsel sei[6]. Bei der großen Zahl von Vorschlagsberechtigten käme das beim größten Teil aller Zwangsverwaltungsverfahren in Frage. Praktisch machen aber nur wenige Vorschlagsberechtigte und auch diese (jedem Gericht aus seinem Bezirk bekannt) nur in besonderen Fällen von dem Vorschlagsrecht Gebrauch. Dies rechtfertigt nicht, in der überwiegenden Zahl der Verfahren nur einen vorläufigen Zwangsverwalter zu bestellen (der dann seine Vergütung zu erhalten hat) und Fristen zu setzen. Das Gericht wird immer, wenn der Anordnungs- oder Beitrittsantrag keinen wirksamen Vorschlag enthält, ganz normal verfahren, also einen endgültigen Verwalter bestellen und keine besondere Frist setzen.

Verwalterbestellung des Vorgeschlagenen (Absatz 2) 3

3.1 Dem Vorschlag **muß** das Gericht (und kann es nur) unter bestimmten Voraussetzungen **stattgeben:**

a) Der Vorgeschlagene muß bei dem Institut usw **fest angestellt** sein. Es genügt nicht, wenn er nur als freier Hausverwalter dafür tätig ist[7].

b) Gegen den Vorgeschlagenen dürfen **keine Bedenken** mit Rücksicht auf seine Person (Zuverlässigkeit, fachliche Eignung) bestehen, aber auch nicht mit Rücksicht auf die Art der Verwaltung (Landwirtschaft, Gewerbegrundstück)[8] (Abs 2 Satz 1).

c) Der Vorgeschlagene darf eine **Vergütung** weder aus der Masse unmittelbar noch vom Schuldner beanspruchen, er erhält keine Vergütung, nur bare Auslagen werden ihm ersetzt[9]. Besoldet wird er von seinem Institut. Ob dieses ihn für die Verwaltertätigkeit zusätzlich entschädigen will, ist Sache des Instituts, das aus der Masse hierfür nichts erhält. Die Kosten dürfen auch nicht bankintern dem Schuldner in Rechnung gestellt werden[10].

d) Es darf sich nicht um den **Fall des § 150 b** handeln, in dem der Schuldner als Verwalter bestellt werden muß (§ 150 b Abs 3).

e) Das vorschlagende Institut muß durch Erklärung gegenüber dem Vollstreckungsgericht im einzelnen Fall (eine generelle Erklärung für alle künftig etwa vorkommenden Fälle kann nicht genügen) die sonst dem Zwangsverwalter gemäß § 154 Abs 1 obliegende **Haftung übernehmen.** Dazu genügt eine einseitige Erklärung gegenüber dem Gericht; eine Vereinbarung zwischen Institut und Beteiligten oder Gericht ist nicht nötig[11]. Diese Erklärung muß unbedingt sein und sich auf alle gegenüber dem Verwalter etwa entstehenden Ansprüche erstrecken[12]. Es genügt nicht, wenn das Institut nur die Mithaftung übernehmen will[13] (anders zu Unrecht[14]). Das Gericht muß sonst den Vorschlag ablehnen.

3.2 Falls von **mehreren Vorschlagsberechtigten** wirksame Vorschläge eingehen, entscheidet das Gericht nach freiem Ermessen, welchem es nachkommen

---

[5] Dassler/Muth § 150 a Rdn 6; Steiner/Hagemann § 150 a Rdn 19; Mohrbutter/Drischler Muster 148 Anm 3; Drischler RpflJahrbuch 1969, 369 (VI A 2).
[6] Jonas/Pohle, ZwVNotrecht, § 150 a Anm 6; Drischler RpflJahrbuch 1969, 369, VI A 2.
[7] Jonas/Pohle, ZwVNotrecht, § 150 a Anm 2.
[8] Jonas/Pohle, ZwVNotrecht, § 150 a Anm 3.
[9] Dassler/Muth § 150 a Rdn 10; Steiner/Hagemann § 150 a Rdn 14; Jonas/Pohle, ZwVNotrecht, § 150 a Anm 5; Drischler RpflJahrbuch 1959, 273 (Fußnote 2).
[10] Jonas/Pohle, ZwVNotrecht, § 150 a Anm 3.
[11] Jonas/Pohle, ZwVNotrecht, § 150 a Anm 5.
[12] Dassler/Muth § 150 a, Rdn 9; Mohrbutter/Drischler Muster 148 Anm 2.
[13] Drischler RpflJahrbuch 1969, 369 (VI A 2); Mohrbutter, Haftung des Zwangsverwalters (Festschrift Verlag Heymann, 1965), S 171.
[14] Steiner/Hagemann § 150 a Rdn 12; Jonas/Pohle, ZwVNotrecht, § 150 a Anm 3 und 5.

§ 150 a 3.2 Zwangsverwaltung

will[15]. Seine Entscheidung ist nicht deshalb anfechtbar, weil einem der mehreren Vorschläge nicht entsprochen wurde; es kann ja nur ein Verwalter bestellt werden. Es ist auch nicht der Vorschlag des Gläubigers oder bei mehreren des besserrangigen daraus vorzuziehen[16], wenn es sich auch empfehlen wird, den des erststelligen Hypothekengläubigers gegenüber dem Vorschlag einer wegen Steuerrückständen betreibenden Gemeinde vorzuziehen[16].

3.3 Über die Durchführung des Verfahrens im ZVG-Handbuch Rdn 627.

3.4 Gegen die Auswahl des Institutsverwalters gibt es für denjenigen, der dazu nicht vorher gehört sein sollte, die Vollstreckungserinnerung nach ZPO § 766, für alle anderen Verfahrensbeteiligten befristete Rechtspflegererinnerung/sofortige Beschwerde, auch für den Schuldner[17]. Der **Rechtsbehelf** kann nur darauf gestützt werden, daß der Bestellte nach seiner Person oder nach der Art der Verwaltung ungeeignet sei oder daß das Institut nicht die Haftung übernommen habe[18]. Dieselben Rechtsbehelfe gibt es auch für betroffenes Institut, Schuldner und alle sonstigen Beteiligten, wenn der Vorschlag eines Vorschlagsberechtigten abgelehnt wird ([19]meint, auch dann, wenn ohne Aufforderung und Fristsetzung des Gerichts ein Verwalter bestellt sei; gemäß den Ausführungen Rdn 2.2 aber abzulehnen). Der Vorgeschlagene selbst hat bei Ablehnung keinen Rechtsbehelf.

3.5 Der Institutsverwalter unterliegt der **Aufsicht,** der Kontrolle und den Weisungen des Vollstreckungsgerichts wie jeder andere Zwangsverwalter[20]. Über seine Entlassung entscheidet das Gericht gemäß § 153 nach pflichtgemäßem Ermessen[20]. Sie ist wie beim „normalen" Verwalter nur aus einem wichtigen Grund möglich, zB bei Übernahme einer zu großen Zahl von Verwaltungen, so daß er sich dem einzelnen Fall nicht mehr widmen kann, oder auch bei unsachgemäßen Verwaltungsmaßnahmen[21].

[Schuldner als Zwangsverwalter]

150 b (1) **Bei der Zwangsverwaltung eines landwirtschaftlichen, forstwirtschaftlichen oder gärtnerischen Grundstücks ist der Schuldner zum Verwalter zu bestellen. Von seiner Bestellung ist nur abzusehen, wenn er nicht dazu bereit ist oder wenn nach Lage der Verhältnisse eine ordnungsmäßige Führung der Verwaltung durch ihn nicht zu erwarten ist.**

(2) **Vor der Bestellung sollen der betreibende Gläubiger und etwaige Beteiligte der in § 150 bezeichneten Art sowie die untere Verwaltungsbehörde gehört werden.**

(3) **Ein gemäß § 150 a gemachter Vorschlag ist nur für den Fall zu berücksichtigen, daß der Schuldner nicht zum Verwalter bestellt wird.**

1 Allgemeines zu § 150 b

Zweck der Vorschrift: Nutzung der Erfahrung und Arbeitskraft des interessierten Schuldners für die mit Grundstücksverwaltung erforderliche Wirtschaftsführung. Würde bei landwirtschaftlichen Grundstücken als Zwangsverwalter ein Fremder bestellt, der die Verhältnisse nicht kennt, so wäre das mit **Nachteilen** verbunden. Der Fremde müßte auch eine **Vergütung** erhalten, während der Schuldner

---

[15] Steiner/Hagemann § 150 a Rdn 23; Drischler RpflJahrbuch 1969, 369 (VI B).
[16] Jonas/Pohle, ZwVNotrecht, § 150 a Anm 3.
[17] Jonas/Pohle, ZwVNotrecht § 150 a Anm 4.
[18] Jonas/Pohle, ZwVNotrecht, § 150 a Anm 4; Drischler RpflJahrbuch 1969, 369 (VI C).
[19] Jonas/Pohle, ZwVNotrecht, § 150 a Anm 4.
[20] OLG Hamm OLGZ 1994, 611 (612) = Rpfleger 1994, 515.
[21] Jonas/Pohle, ZwVNotrecht, § 150 a Anm 4.

Schuldner als Zwangsverwalter 2.7 **§ 150 b**

als Zwangsverwalter nur einen bescheidenen Unterhalt bekommt. Darum ist hier vorgesehen, daß der Schuldner selbst als Zwangsverwalter bestellt wird (§ 150 b), allerdings unter gleichzeitiger Bestellung einer Aufsichtsperson (§ 150 c), mit deren Zustimmung allein der Schuldner-Verwalter über Nutzungen und Erlös verfügen darf (§ 150 d), wobei der Schuldner keine Vergütung erhält, nur Erträgnisse oder deren Erlös für sich verwenden darf (§ 150 e).

Landwirtschaftliche Zwangsverwaltung (Absatz 1) 2

2.1 Bei der Zwangsverwaltung landwirtschaftlicher, forstwirtschaftlicher, gärtnerischer Grundstücke **muß** der **Schuldner** zum Zwangsverwalter **bestellt werden:** Abs 1 Satz 1. Das darf nur unterbleiben und muß unterbleiben, wenn der Schuldner nicht zur Übernahme des Amtes bereit ist oder wenn nach Lage der Verhältnisse eine ordnungsgemäße Führung der Zwangsverwaltung durch ihn nicht zu erwarten ist: Abs 1 Satz 2.

2.2 Die Vorschrift gilt nur für **landwirtschaftliche** usw **Grundstücke** (Begriff § 149 Rdn 4). Auf städtischen Grundbesitz ist sie nicht anwendbar, weil es bei ihm meist nicht auf besondere fachliche und örtliche Kenntnisse des Schuldners ankommt, dabei vielmehr in der Regel nur durchlaufende Gelder zu verwalten sind[1]. Es ist allerdings hier nicht verboten (aber unzweckmäßig, § 150 Rdn 2), den Schuldner zu bestellen.

2.3 Der Bestimmung liegt der **Gedanke zugrunde,** daß die Verwaltung nicht immer deshalb nötig ist, weil der Schuldner seine Verpflichtungen laufender Art aus mangelhafter Wirtschaftsführung heraus nicht erfüllt, so daß eine Besserung nur zu erzielen sei, wenn die Wirtschaftsführung einem anderen übertragen werde[2]. Die Zwangsverwaltung kann vielmehr durchaus auch als Sicherungsmittel gegen nachteilige Vollstreckungshandlungen Dritter und als Mittel zur Wahrung des Ranges bei der Erfüllung laufender Verbindlichkeiten dienen[3]; hierzu braucht aber die Wirtschaftsführung nicht auf einen Dritten übertragen zu werden[3].

2.4 Diese Vorschrift ist nicht anwendbar, wenn das Objekt **verpachtet** ist, weil dann in der Zwangsverwaltung nur der Pachtzins genutzt werden kann, der Betrieb aber nicht der Zwangsverwaltung untersteht (so auch[4]).

2.5 Der Schuldner muß **zur Übernahme bereit** sein. Er ist mit Fristsetzung hierzu vom Gericht zu befragen. Verpflichtet zur Übernahme ist er nicht[5].

2.6 Vom Schuldner muß eine **ordnungsgemäße Führung** der Verwaltung **zu erwarten** sein. Das Gericht hat also zu prüfen, ob nicht nur die allgemeine berufliche und moralische Eignung dafür spricht, sondern auch, ob der Schuldner den besonderen Anforderungen, die sich aus der Größe und der Eigenart dieses Betriebes ergeben, gewachsen ist[6]. Das Gesetz stellt hier einen negativen Tatbestand auf: es ist abzusehen, wenn nicht zu erwarten ist. Dies ist für die Beweislast und die Haftung des Gerichts bedeutsam[6]. Für die Ablehnung genügen begründete Zweifel gegen die Eignung[7].

2.7 Schuldner im Sinne des § 150 b ist ebenso der **Grundstückseigentümer** (§ 17 Abs 1) wie der **Eigenbesitzer** (§ 147 Abs 1)[8], nicht aber ein rechtsgeschäft-

---

[1] Jonas/Pohle, ZwVNotrecht, § 150 b Anm 2.
[2] Jonas/Pohle, ZwVNotrecht, § 150 b Anm 1.
[3] Jonas/Pohle, ZwVNotrecht, § 150 b Anm 2.
[4] LG Kiel SchlHA 1989, 67; Dassler/Muth § 150 b Rdn 2; Steiner/Hagemann §§ 150 b–e Rdn 12.
[5] Jonas/Pohle, ZwVNotrecht, § 150 b Anm 4; Drischler RpflJahrbuch 1969, 369 (VII a).
[6] Jonas/Pohle, ZwVNotrecht, § 150 b Anm 1.
[7] OLG Hamm OLGZ 1988, 76 = NJW-RR 1988, 60 = Rpfleger 1988, 36; Jonas/Pohle, ZwVNotrecht, § 150 b Anm 1.
[8] Jonas/Pohle, ZwVNotrecht, § 150 b Anm 3.

§ 150 b 2.7 Zwangsverwaltung

licher Vertreter (Generalbevollmächtigter) des Schuldners[9]. Sogar der **Nießbraucher** kann in entsprechender Anwendung dieser Vorschriften als Verwalter bestellt werden. Wenn **mehrere Schuldner** vorhanden sind, muß das Gericht einen davon auswählen[10] und dabei prüfen, ob hieraus nicht Unzuträglichkeiten mit den anderen zu befürchten sind, weil das ein wichtiger Grund wäre, einen Dritten zu bestellen.

2.8 Für einen **nicht voll geschäftsfähigen Schuldner** kann der gesetzliche Vertreter als Zwangsverwalter bestellt werden[11]. Es ist zwar nicht mehr der Vater allein gesetzlicher Vertreter eines Minderjährigen, es können aber nicht beide Eltern bestellt werden, weil nur ein Zwangsverwalter zulässig ist. Ist der Minderjährige vom gesetzlichen Vertreter nach BGB § 112 mit Genehmigung des Vormundschaftsgerichts zur selbständigen Betriebsführung ermächtigt, so könnte er als Zwangsverwalter bestellt werden; praktisch kommt das nicht in Frage. Eine juristische Person als Eigentümer oder Eigenbesitzer kann nicht zum Verwalter bestellt werden, nur einer ihrer gesetzlichen Vertreter, ohne daß dieser aber einen Anspruch aus § 150 a herleiten könnte (Anspruch soll bestehen nach[12], nicht überzeugend).

2.9 War der Schuldner zunächst nicht bereit oder geeignet, so kann er noch **nachträglich** in Ablösung eines Dritten **bestellt** werden[13]. Umgekehrt kann auch der Schuldner trotz Abs 1 Satz 1 („ist" zu bestellen) nach § 153 Abs 2 wieder entlassen werden[13]. Seine Abberufung ist nicht bloß aus schwerwiegenden Gründen und nicht erst nach erfolgloser Anwendung milderer Mittel (dazu § 153 Rdn 8.2), sondern schon dann gerechtfertigt, wenn die Voraussetzungen vorliegen, unter denen von der Verwalterbestellung nach Abs 1 Satz 2 von vornherein abzusehen ist[14] (dazu Rdn 2.6).

2.10 Wird der Schuldner nicht schon im Anordnungsbeschluß, sondern nachträglich bestellt, so ergeht darüber ein **besonderer Beschluß,** der wie der Anordnungsbeschluß und zusätzlich allen Angehörten zugestellt wird. Der Behörde wird er nur mitgeteilt, weil sie kein Anfechtungsrecht hat.

2.11 Zu den einschlägigen Fragen im ZVG-Handbuch Ausführungen in Rdn 629, Muster für den Bestellungsbeschluß Rdn 628.

2.12 Die **Landschaftliche Kreditanstalt** führt als Vollstreckungsbehörde selbst die Zwangsverwaltung durch (§ 146 Rdn 7). Verwalter kraft Dienstverhältnisses (nicht aber Zwangsverwalter im Sinne des ZVG) ist die von der Anstalt mit der Wirtschaftsführung betraute Person. Der Schuldner kann hier nicht als Verwalter bestellt werden, wenn auch § 149 Abs 3 anzuwenden ist.

3 Verfahren (Absatz 2), Rechtsbehelf

3.1 Vor der Bestellung des Vollstreckungsschuldners sollen alle betreibenden Gläubiger, die Institute und Körperschaften aus § 150 a und die untere Verwaltungsbehörde **gehört** werden: Abs 2. Auch der Schuldner selbst ist zu hören; er kann ja nur bestellt werden, wenn er bereit ist. Der Gläubiger sollte sich, um Verfahrensverzögerungen zu vermeiden, schon in seinem Verfahrensantrag zu der Angelegenheit äußern. Untere Verwaltungsbehörde ist in der Regel das Landratsamt; doch können landesrechtlich auch andere Behörden bestimmt sein. Die An-

---

[9] LG Kiel SchlHA 1989, 67.
[10] Jaeckel/Güthe § 150 Rdn 2; Steiner/Hagemann §§ 150 b–e Rdn 18; Jonas/Pohle, ZwVNotrecht, § 150 b Anm 3.
[11] Steiner/Hagemann §§ 250 b–e Rdn 19; Jonas/Pohle, ZwVNotrecht, § 150 b Anm 3; Drischler RpflJahrbuch 1969, 369 (VII a).
[12] Steiner/Hagemann §§ 150 b–e Rdn 20.
[13] Jonas/Pohle, ZwVNotrecht, § 150 b Anm 8.
[14] OLG Hamm aaO (Fußn 7).

hörung bedeutet keine Bindung an die Äußerung. Bei abweichender Entscheidung hat die Behörde kein Anfechtungsrecht. Das Gericht kann auch nach seinem Ermessen noch weitere Erkundigungen einziehen.

3.2 Kann nicht sofort angehört werden, so empfiehlt es sich, die Zwangsverwaltung **zunächst ohne Bestellung** eines Verwalters anzuordnen und den Anzuhörenden eine kurze Frist zu setzen; es kann aber auch einstweilen ein Dritter als vorläufiger Zwangsverwalter bestellt werden[15] (einer Anhörung des Schuldners bedarf es hierfür nicht[16]), auch der Schuldner selbst.

3.3 Rechtsbehelfe: a) Wenn beim Zusammentreffen von § 150 a und § 150 b der Schuldner nach Abs 3 zum Zwangsverwalter bestellt wird, weil diese Vorschrift vorgeht (Rdn 3), dann kann das Institut aus § 150 a gegen die Bestellung des Schuldners Vollstreckungserinnerung (ohne vorherige Anhörung) bzw befristete Rechtspflegererinnerung/sofortige Beschwerde (nach vorheriger Anhörung) erheben, gestützt auf mangelnde Eignung des Schuldners, nicht aber darauf, daß für das Institut die Institutsverwaltung vorteilhafter wäre[17].

b) Wird entgegen Abs 1 nicht der Schuldner als Zwangsverwalter bestellt, so haben Schuldner, betreibende Gläubiger und sonstige Beteiligte Vollstreckungserinnerung bzw befristete Rechtspflegererinnerung/sofortige Beschwerde, auch die weitere. Umgekehrt können ebenso betreibende Gläubiger und andere Beteiligte gegen die Bestellung des Schuldners angehen, mit der Begründung, daß die Voraussetzungen des § 150 b nicht vorliegen würden. Wird in diesen Fällen die Vollstreckungserinnerung nicht alsbald erhoben, so kann diese dadurch erfolglos sein, daß ein Wechsel in der Verwaltung ein störender Eingriff wäre.

[Aufsichtsperson für den Schuldner-Zwangsverwalter]

150 c (1) **Wird der Schuldner zum Zwangsverwalter bestellt, so hat das Gericht eine Aufsichtsperson zu bestellen. Aufsichtsperson kann auch eine Behörde oder juristische Person sein.**

(2) **Für die Aufsichtsperson gelten die Vorschriften des § 153 Abs 2 und des § 154 Satz 1 entsprechend.** Gerichtliche Anordnungen, die dem Verwalter zugestellt werden, sind auch der Aufsichtsperson zuzustellen. Vor der Erteilung von Anweisungen im Sinne des § 153 ist auch die Aufsichtsperson zu hören.

(3) **Die Aufsichtsperson hat dem Gericht unverzüglich Anzeige zu erstatten, wenn der Schuldner gegen seine Pflichten als Verwalter verstößt.**

(4) **Der Schuldner führt die Verwaltung unter Aufsicht der Aufsichtsperson. Er ist verpflichtet, der Aufsichtsperson jederzeit Auskunft über das Grundstück, den Betrieb und die mit der Bewirtschaftung zusammenhängenden Rechtsverhältnisse zu geben und Einsicht in vorhandene Aufzeichnungen zu gewähren.** Er hat, soweit es sich um Geschäfte handelt, die über den Rahmen der laufenden Wirtschaftsführung hinausgehen, rechtzeitig die Entschließung der Aufsichtsperson einzuholen.

Allgemeines zu § 150 c

Zweck der Vorschrift: Beaufsichtigung des Schuldners als Verwalter. Der Schuldner-Zwangsverwalter (§ 150 b) braucht eine Aufsichtsperson (Abs 1); er muß mit ihr zusammenarbeiten (Abs 4) und benötigt zu Verfügungen ihre Zustimmung (§ 150 d).

---

[15] Drischler RpflJahrbuch 1969, 369 (VII a).
[16] LG Kiel SchlHA 1989, 67.
[17] Jonas/Pohle, ZwVNotrecht, § 150 b Anm 7.

§ 150 c 2 — Zwangsverwaltung

2 Aufsichtsperson: Bestellung und Aufsicht (Absatz 1)

2.1 Eine **Aufsichtsperson** muß bestellt werden, wenn der Schuldner selbst als Zwangsverwalter bestellt ist, gleich ob er bei landwirtschaftlichen Grundstücken nach § 150 b pflichtgemäß oder bei anderen Grundstücken nach Ermessen des Gerichts (für diesen Fall nicht nach[1]) bestimmt wurde: Abs 1 Satz 1. Die Bestellung der Aufsichtsperson muß alsbald erfolgen, nicht unbedingt gleichzeitig mit der Bestellung des Zwangsverwalters[2].

2.2 Die **Auswahl** der Aufsichtsperson liegt im Ermessen des Gerichts; dieses ist frei und nicht an Vorschläge der Beteiligten gebunden, auch nicht an Vorschläge der Institute aus § 150 a[2]. Es kann die in § 150 b Abs 2 genannten Beteiligten (betreibende Gläubiger, Bevorrechtigte aus § 150 a) und die untere Verwaltungsbehörde vorher anhören (muß dies jedoch nicht)[2]. Es kann auch Vorschläge von ihnen erbitten[2].

2.3 Die auszuwählende Person muß **bereit** und fachlich, räumlich und zeitlich auch **geeignet** sein, den Betrieb zu überwachen. Sie sollte dem Schuldner nicht durch verwandtschaftliche Beziehungen zu nahe stehen[2]. Bedenken könnten auch bei Nachbarn bestehen. Brauchbar sind auch ein Gläubiger oder ein Bediensteter des Schuldners, vorzuziehen sind Gläubiger aus § 150 a[2], ohne daß diese aber ein Recht auf Bestellung hätten[2].

2.4 Aufsichtsperson kann **auch eine Behörde** oder eine juristische Person sein: Abs 1 Satz 2; etwa der Bürgermeister, die Siedlungsaufsichtsbehörde, eine Landeskultur- (Meliorations-) Behörde, der Leiter der landwirtschaftlichen Schule, eine landwirtschaftliche Treuhandgesellschaft[2]. Keiner der Genannten ist zur Übernahme des Amtes verpflichtet[2]. Findet sich niemand bereit, insbesondere auch der Gläubiger nicht, so muß das Zwangsverwaltungsverfahren aufgehoben werden, weil eine zwingende Vorschrift (Abs 1) nicht erfüllt werden kann und die Zwangsverwaltung somit undurchführbar ist[3].

2.5 Bestellt wird die Aufsichtsperson **durch Beschluß,** der wie die Anordnung der Zwangsverwaltung oder die besondere Verwalterbestellung zugestellt wird, zusätzlich allen Angehörten. Bei der Behörde genügt Mitteilung. Zweckmäßig ist es, der Aufsichtsperson eine Bestallung auszuhändigen; vorgeschrieben ist dies nicht.

2.6 Rechtsbehelfe: a) Gegen die Bestellung der Aufsichtsperson können alle Beteiligten Vollstreckungserinnerung (ohne vorherige Anhörung) bzw befristete Rechtspflegererinnerung/sofortige Beschwerde (nach vorheriger Anhörung) einlegen.

b) Die Aufsichtsperson kann gegen Maßnahmen des Gerichts, auch gegen die Anweisungen an den Zwangsverwalter, Vollstreckungserinnerung (ohne vorherige Anhörung) bzw befristete Rechtspflegererinnerung/sofortige Beschwerde (nach vorheriger Anhörung) einlegen.

3 Aufsichtsperson: Rechte und Pflichten (Absätze 2–4)

3.1 Auch ein zum Zwangsverwalter bestellter **Schuldner** kann als Eigentümer nicht mehr über die von der Beschlagnahme erfaßten Gegenstände und Erzeugnisse verfügen (§ 23 mit § 146 Abs 1 und § 148); er kann insoweit nur noch als Zwangsverwalter handeln (§ 152).

3.2 Bestimmte **Verfügungen** über Nutzungen und Erlös sind jedoch von vornherein nur mit Zustimmung der Aufsichtsperson wirksam (§ 150 d; dazu § 150 d Rdn 2). Sonstige Geschäfte führt der Schuldner/Verwalter eigenverantwortlich; er muß aber, soweit sie über den Rahmen der laufenden Wirtschaft hinausgehen,

---

[1] Dassler/Muth § 150 c Rdn 1; Steiner/Hagemann § 150 b–e Rdn 10.
[2] Jonas/Pohle, ZwVNotrecht, § 150 c Anm 1 a.
[3] Drischler RpflJahrbuch 1969, 369 (VIII b).

rechtzeitig die Entschließung der Aufsichtsperson einholen: Abs 4 Satz 2; auch bei schuldrechtlichen Geschäften dieser Art[4].

3.3 Versagt die Aufsichtsperson ihre Zustimmung oder hat der Schuldner nicht rechtzeitig die Zustimmung eingeholt, so bleibt das **Rechtsgeschäft** doch **wirksam** (also anders als bei Verfügungen nach § 150 d; dazu § 150 d Rdn 2); ob aber der Zwangsverwalter zu seiner Erfüllung die Erträgnisse und deren Erlös verwenden darf, hängt davon ab, ob die Erfüllung eine notwendige Verwaltungsausgabe aus § 155 ist[4], außerdem kann das Gericht den Verwalter auf die Anzeige der Aufsichtsperson nach § 153 Abs 1 anweisen, die Erträgnisse nicht in der vorgesehenen Weise zu verwenden[4]. Wird der Verstoß nach Erfüllung entdeckt, so kann der Schuldner-Verwalter entlassen werden (§ 153 Abs 2), er kann auch wegen Untreue strafrechtlich verfolgt werden. Bei Düngemittelkauf oder ähnlich und bei den hierzu eingegangenen Kreditgeschäften ist der gesetzliche Vorrang aus § 10 Nr 1 davon abhängig, daß die Aufsichtsperson dem Rechtsgeschäft zugestimmt hat[4] (dazu § 10 Rdn 3).

3.4 Zur **Prozeßführung** bleibt der Schuldner-Zwangsverwalter wie sonst berechtigt; soweit er aber die Zustimmung der Aufsichtsperson bedarf, gilt das auch für Prozeßhandlungen wie Vergleich, Verzicht, Anerkenntnis[4].

3.5 Im übrigen führt der Schuldner-Zwangsverwalter seine Verwaltung unter **Aufsicht der Aufsichtsperson:** Abs 4 Satz 1. Er ist auch verpflichtet, ihr jederzeit Auskunft über Grundstück, Betrieb, mit der Bewirtschaftung zusammenhängende Rechtsverhältnisse zu geben und Einsicht in die Aufzeichnungen zu gewähren: Abs 4 Satz 2. Dazu muß auch das Betreten des Grundstücks gestattet werden[5].

3.6 Dem Schuldner gegenüber ist die Aufsichtsperson aber nur zu **Ratschlägen**, nicht zu unmittelbaren Weisungen befugt[5]. Der Schuldner ist nicht ihr Untergebener[5]. Stellt die Aufsichtsperson Mängel fest, so hat sie das dem Gericht unverzüglich anzuzeigen: Abs 3. Das gilt natürlich auch, wenn sich der Schuldner gegen die Aufsicht zur Wehr setzt, etwa der Aufsichtsperson das Betreten des Grundstücks verweigert[5].

3.7 Die Aufsichtsperson hat eine aus dem öffentlichrechtlichen Bestellungsakt herrührende ähnliche **Amtsstellung** wie der Zwangsverwalter oder Vergleichsverwalter[5]. Verletzt sie ihre Pflichten durch bewußt sachwidrige Genehmigungen und erwächst hieraus Schaden, so kann sie wegen Untreue strafrechtlich verfolgt werden. Gegenüber Dritten tritt sie nur in Erscheinung, soweit Verfügungen und Rechtsgeschäfte des Schuldner-Zwangsverwalters ihrer Zustimmung bedürfen[6]. Sie ist nicht gesetzlicher Vertreter, auch nicht Bevollmächtigter des Schuldner-Zwangsverwalters, kann nicht für diesen Verträge schließen und kann nicht in die von ihm geführten Prozesse eintreten[6]. Sie hat auch kein Recht zum Besitz des Grundstücks. Sie steht unter Aufsicht des Gerichts wie ein Zwangsverwalter (Abs 2 Satz 1) und haftet allen Beteiligten für den durch nachlässige Aufsicht entstandenen Schaden (Abs 2 Satz 1, § 154 Satz 1). Über den Umfang der Haftung § 154 Rdn 2.

3.8 Gerichtliche Anordnungen, die dem Zwangsverwalter zugestellt werden, sind auch der **Aufsichtsperson zuzustellen:** Abs 2 Satz 2 (Anordnung, Beitritt, Aufhebung, Einstellung, Terminsladung, Verfügungen)[7]. Bevor an den Schuldner-Zwangsverwalter Anweisungen aus 153 erteilt werden, ist auch die Aufsichtsperson zu hören: Abs 2 Satz 3.

3.9 Das Gericht kann der Aufsichtsperson eine **Sicherheitsleistung** auferlegen: Abs 2 Satz 1, § 153 Abs 2; dies gilt nicht gegenüber einer Behörde als Aufsichtsperson[7]. Das Gericht kann auch **Zwangsgeld** verhängen: Abs 2 Satz 1, § 153

---

[4] Jonas/Pohle, ZwVNotrecht, § 150 c Anm 3.
[5] Jonas/Pohle, ZwVNotrecht, § 150 c Anm 2 b.
[6] Jonas/Pohle, ZwVNotrecht, § 150 c Anm 2 c.
[7] Jonas/Pohle, ZwVNotrecht, § 150 c Anm 2 a.

§ 150 c 3.9 Zwangsverwaltung

Abs 2; das gilt nicht gegenüber einer Behörde[7]. Eine Behörde kann das Gericht bei Meinungsverschiedenheiten nur entlassen, wie es auch sonst die Aufsichtsperson aus dem Amt **entlassen** kann: Abs 2 Satz 1, § 153 Abs 2[7]. Anweisungen des Gerichts an die Aufsichtsperson, wie sie gegenüber dem Zwangsverwalter möglich sind (§ 153 Abs 1), sind nicht vorgesehen (anders[7]: sei möglich).

3.10 Für die Aufsichtsperson ist vom Gesetz **grundsätzlich keine Vergütung** vorgesehen. § 153 Abs 1 über die Vergütung für den Zwangsverwalter ist nicht für anwendbar erklärt, aber dennoch anwendbar[8]. Die Vergütung richtet sich also nach § 153. Wo sie gewährt wird, ist sie eine Auslage der Zwangsverwaltung. Sie wird in entsprechender Anwendung von § 153 Abs 1 festgesetzt, nach Art und Umfang der Tätigkeit und der Höhe der Verantwortung. Das Gericht kann aber schon bei der Auswahl eine Aufsichtsperson ausfindig machen, die keine Vergütung beansprucht. Gegen die Festsetzung der Vergütung befristete Rechtspflegererinnerung/sofortige Beschwerde für die Aufsichtsperson und den Vollstreckungsschuldner, für alle übrigen Beteiligten nur dann, wenn durch die Höhe der Vergütung die Verwaltungsüberschüsse beeinträchtigt werden.

[Beschränktes Verfügungsrecht des Schuldner-Verwalters]

150 d **Der Schuldner darf als Verwalter über die Nutzungen des Grundstücks und deren Erlös, unbeschadet der Vorschriften der §§ 155 bis 158, nur mit Zustimmung der Aufsichtsperson verfügen. Zur Einziehung von Ansprüchen, auf die sich die Beschlagnahme erstreckt, ist er ohne diese Zustimmung befugt; er ist jedoch verpflichtet, die Beträge, die zu notwendigen Zahlungen zur Zeit nicht erforderlich sind, nach näherer Anordnung des Gerichts unverzüglich anzulegen.**

1 Allgemeines zu § 150 d

1.1 Zweck der Vorschrift: Einschränkung der Verfügungsbefugnis des Schuldners als Zwangsverwalter.

1.2 Auch wenn der Schuldner als Zwangsverwalter eingesetzt ist, richten sich die **Wirkungen** der Beschlagnahme nach den Vorschriften des ZVG (§§ 20, 21, 148; BGB §§ 1120–1131). Die dem Schuldner als Eigentümer mit Beschlagnahme entzogenen Befugnisse stehen auch hier dem Zwangsverwalter zu im Rahmen der §§ 152, 155–158. Für den Schuldner-Zwangsverwalter sind aber diese Befugnisse durch § 150 c Abs 4 hinsichtlich der laufenden Geschäfte (§ 150 c Rdn 3) und durch § 150 d für bestimmte Verfügungen eingeschränkt.

2 Beschränkungen des Schuldner-Zwangsverwalters

2.1 Der Schuldner darf als Zwangsverwalter unter Beachtung der §§ 155–158 (die jeder Zwangsverwalter einzuhalten hat) über die Nutzungen des Grundstücks und ihren Erlös abweichend von dem sonst für den Zwangsverwalter geltenden Regeln (Rdn 1) nur **mit Zustimmung** der Aufsichtsperson **verfügen:** Satz 1.

2.2 Nutzungen sind Früchte (Erzeugnisse und sonstige Ausbeute, die aus dem Grundstück seiner Bestimmung gemäß gewonnen werden, auch die Erträge, die das Grundstück vermöge eines Rechtsverhältnisses gewährt, zB Miet- und Pachtzins, Notweg- und Überbaurente) und Vorteile, die der Gebrauch des Grundstücks gewährt. Nutzungen des Grundstücks selbst und Nutzungen der Zubehörstücke gehören hierher. Erlös sind dabei die Forderungen aus Veräußerungsgeschäften und das eingenommene Geld (§ 20 Rdn 3, § 21 Rdn 3, § 152 Rdn 10).

---

[8] Dassler/Muth § 150 c Rdn 15; Mohrbutter, Handbuch des Vollstreckungsrechts, § 55; Mohrbutter/Drischler Muster 149 Anm 9; Drischler Rpfleger 1953, 549 (1) und RpflJahrbuch 1959, 273 (275), 1969, 369 (VIII f) sowie JVBl 1964, 181.

Der Erlös überflüssiger Zubehörstücke gehört als Surrogat dem Schuldner (§ 152 Rdn 10) (anders[1]: seien als Nutzungen zu behandeln).

2.3 Verfügungen sind Rechtshandlungen, durch welche die dingliche Rechtslage zuungunsten des Verfügenden verändert wird (Veräußerung, Abtretung, Verpfändung, Dereliktion, Verzicht, Vergleich usw), nicht dagegen das gerichtliche Geltendmachen als solches.

2.4 Von der notwendigen Zustimmung der Aufsichtsperson gibt es eine Reihe **Ausnahmen:**

a) Der Schuldner darf (und muß) selbständig aus den Nutzungen die **Auslagen der Verwaltung und die Kosten** des Verfahrens (nicht die durch Anordnung oder Beitritt entstandenen) vorweg bestreiten (§ 155 Abs 1).

b) Der Schuldner darf (und muß) die laufenden Beträge der **öffentlichen Lasten** ohne weiteres bezahlen (§ 155 Abs 1).

c) Der Schuldner darf (und muß) **nach Maßgabe des** gerichtlichen **Teilungsplanes,** soweit die Mittel jeweils reichen, an die Beteiligten ausschütten (§ 157 Abs 1 Satz 2), jedoch Kapitalbeträge auf Hypotheken usw nur in einem besonderen Termin (§ 158 Abs 1 Satz 1).

d) Der Schuldner darf (und muß nach § 152 Abs 1) Ansprüche, auf die sich die Beschlagnahme erstreckt, **einziehen** (Satz 2), also Miet- und Pachtzinsforderungen und die Ansprüche aus der Veräußerung beschlagnahmter Erzeugnisse[2]; er darf sie aber nur einziehen, nicht dagegen erlassen, aufrechnen, stunden usw[2]. Eingezogenes Geld, das zur Zeit nicht für notwendige Zahlungen nach §§ 155–158 erforderlich ist, muß er nach Anordnung des Gerichts unverzüglich anlegen (Satz 2); die sichere Anlegung ist sorgfältig zu überwachen.

2.5 Die **Zustimmung** der Aufsichtsperson kann vor oder nach der Verfügung erfolgen, sie kann ausdrücklich oder stillschweigend geschehen. Wenn die Aufsichtsperson ablehnt, muß der Schuldner-Zwangsverwalter von der beabsichtigten Verfügung absehen oder beim Gericht eine Anweisung aus § 153 für sich anregen. Diese Anweisung ersetzt die Zustimmung der Aufsichtsperson.

2.6 Zustimmungsbedürftige Verfügungen **ohne Zustimmung** sind **unwirksam:** BGB § 134. Gutgläubiger Erwerb eines Dritten ist aber möglich nach BGB § 135 Abs 2, ZVG § 23 Abs 2, § 146 Abs 1[3]. Der Erwerber ist nur geschützt, wenn er hinsichtlich der Beschlagnahme in gutem Glauben war, wobei die Kenntnis des Zwangsverwaltungsantrags schon der Kenntnis von der Beschlagnahme gleichsteht (§ 23 Abs 2 Satz 1) (also den guten Glauben zerstört) und die Beschlagnahme der mithaftenden beweglichen Sachen mit der Eintragung des Verwaltungsvermerkes im Grundbuch als bekannt gilt (§ 23 Abs 2 Satz 2) (also auch den guten Glauben zerstört). Nach der Eintragung des Zwangsverwaltungsvermerks im Grundbuch ist gutgläubiger Erwerb somit bei den mithaftenden beweglichen Sachen ausgeschlossen. Auf einen guten Glauben hinsichtlich der Zustimmung der Aufsichtsperson kommt es nicht an[4].

[Vergütung des Schuldner-Zwangsverwalters]

150 e Der Schuldner erhält als Verwalter keine Vergütung. Erforderlichenfalls bestimmt das Gericht nach Anhörung der Aufsichtsperson, in welchem Umfange der Schuldner Erträgnisse des Grundstücks oder deren Erlös zur Befriedigung seiner und seiner Familie notwendigen Bedürfnisse verwenden darf.

---

[1] Jonas/Pohle, ZwVNotrecht, § 150 d Anm 3.
[2] Jonas/Pohle, ZwVNotrecht, § 150 d Anm 5.
[3] Drischler RpflJahrbuch 1969, 369 (VIII d 3).
[4] Jonas/Pohle, ZwVNotrecht, § 150 d Anm 7; Drischler aaO (Fußn 3).

§ 150 e 1 — Zwangsverwaltung

1 Allgemeines zu § 150 e

Zweck der Vorschrift: Einschränkung des Grundsatzes, daß jeder Zwangsverwalter für seine Tätigkeit eine Vergütung erhält (§ 153 Abs 1) für den Schuldner-Zwangsverwalter.

2 Keine Vergütung für Schuldner-Zwangsverwalter

2.1 Der Schuldner erhält als Zwangsverwalter keine Vergütung: Satz 1. Er muß sogar dort, wo das Vieh nach der Verkehrssitte nicht Zubehör des Grundstücks ist (die Nutzungen daraus also nicht der Zwangsverwaltung zufließen), für die Ernährung seines Viehs aus den Erträgnissen der Zwangsverwaltung an die Zwangsverwaltungsmasse eine Entschädigung zahlen (§ 153 a). Es soll durch die Aufstellung des Schuldners als Zwangsverwalter das **Verfahren verbilligt** werden und es kann in der Regel dem Schuldner zugemutet werden, ohne Vergütung tätig zu sein, weil er dafür den eigenen Betrieb, wenn auch mit Einschränkungen, in der Hand behält[1].

2.2 Immerhin erscheint es **unbillig**, zwar die Arbeitskraft des Schuldners auf seinem Grundstück im bisherigen Umfang uneingeschränkt in Anspruch zu nehmen, während ein Fremder dafür entschädigt würde und noch dazu einen anderen Beruf daneben ausüben könnte, dem Schuldner aber dabei völlig zu entziehen, wovon er bisher gelebt hat. Daher können doch dem Schuldner-Zwangsverwalter **Erträgnisse** oder ihr Erlös **zugestanden** werden: Satz 2.

2.3 Erträgnisse zu überlassen, kann „erforderlichenfalls" geschehen, also nur, wenn die sonstigen Einkünfte des Schuldners aus unselbständiger Arbeit, aus Kapitalvermögen, aus nicht zwangsverwalteten Grundstücken nicht ausreichend sind, um die notwendigen Bedürfnisse des Schuldner und seiner Familie zu befriedigen[2]. Diese Möglichkeit erweitert also diejenige nach ZPO § 811 Nr 2 (unpfändbar und damit auch nicht der Zwangsverwaltungsbeschlagnahme unterworfen Nahrungs-, Heizungs-, Beleuchtungsmittel für vier Wochen sowie die Kleintiere; § 149 Rdn 4), schränkt sie aber wieder durch den Begriff „notwendig" ein. Notwendig sind nur die Bedürfnisse, die angesichts der Vermögenslage des Schuldners lebenswichtig sind, allerdings nicht nur die notdürftigen[2]. Einschränkungen müssen der Schuldner und seine Familie hinnehmen; der Schuldner darf aber nicht für seine Gläubiger Sklavenarbeit leisten[2]. Einschlägig ist hier, was zu § 149 Abs 3 gesagt ist (§ 149 Rdn 4). Man muß auch im Interesse der Verwaltung und damit der Gläubiger die volle Arbeitskraft des Schuldners erhalten.

2.4. Zur Familie gehören hier wie in ZPO § 811 Nr 2 die in der Hausgemeinschaft des Schuldners lebenden Angehörigen, ohne Unterschied, ob sie nach dem Gesetz unterhaltsberechtigt sind, also auch die beim Schuldner lebenden nicht mehr erwerbsfähigen Eltern oder seine Pflegekinder[2].

2.5 Den **Umfang der Entnahmen** bestimmt das Gericht, nicht die Aufsichtsperson. Sie muß aber vorher angehört werden. Das Gericht entscheidet durch Beschluß. Die überlassenen Erträgnisse oder deren Erlös sind Ausgaben der Zwangsverwaltung nach § 155 Abs 1[3]. Es ist daher gemäß § 150 d Satz 1 nicht zu jeder einzelnen Entnahme die Zustimmung der Aufsichtsperson nötig.

2.6 Die **Forderungen** aus den überlassenen Erträgnissen, soweit der Schuldner diese verkauft, sind **nicht pfändbar**: ZPO § 851 a.

2.7 Rechtsbehelfe: Wird der Antrag des Schuldners auf Überlassung von Erträgnissen abgelehnt, so hat dieser befristete Rechtspflegererinnerung/sofortige Beschwerde. Einen stattgebenden Beschluß können betreibende Gläubiger ebenso anfechten und alle Beteiligten, die durch die Kürzung der Verwaltungsüberschüsse beeinträchtigt würden, nicht dagegen aber die Aufsichtsperson.

---

[1] Jonas/Pohle, ZwVNotrecht, § 150 e Anm 1 a.
[2] Jonas/Pohe, ZwVNotrecht, § 150 c Anm 1 b.
[3] Jonas/Pohle, ZwVNotrecht, § 150 e Anm 3.

[Wirksamwerden der Beschlagnahme, Zahlungsverbot]

151 (1) Die Beschlagnahme wird auch dadurch wirksam, daß der Verwalter nach § 150 den Besitz des Grundstücks erlangt.

(2) Der Beschluß, durch welchen der Beitritt eines Gläubigers zugelassen wird, soll dem Verwalter zugestellt werden; die Beschlagnahme wird zugunsten des Gläubigers auch mit dieser Zustellung wirksam, wenn der Verwalter sich bereits im Besitze des Grundstücks befindet.

(3) Das Zahlungsverbot an den Drittschuldner ist auch auf Antrag des Verwalters zu erlassen.

Allgemeines zu § 151

1.1 Zweck der Vorschrift: Ergänzende Bestimmung für Wirksamwerden der Beschlagnahme bei Zwangsverwaltung.

Beschlagnahmewirksamkeit in Zwangsverwaltung (Absätze 1 und 2)

2.1 Die Beschlagnahme des Grundstücks zugunsten des Gläubigers durch gerichtlichen Beschluß (§ 20 Abs 1, § 146 Abs 1) wird mit der Zustellung an den Schuldner wirksam: § 22 Abs 1, § 27 Abs 1 mit § 146 Abs 1. Der Anordnungsbeschluß wird auch durch Zugang des Eintragungsersuchens an das Grundbuchamt wirksam: § 22 Abs 1, § 146 Abs 1.

2.2 In der Zwangsverwaltung gibt es **zusätzliche Möglichkeiten** für das Wirksamwerden der Beschlagnahme, nämlich: der Zwangsverwalter **erlangt den Besitz** (Abs 1); der Beitrittsbeschluß der Zwangsverwaltung wird an den schon im Besitz des Grundstücks befindlichen Zwangsverwalter zugestellt (Abs 2).

2.3 Insgesamt gibt es somit in der Zwangsverwaltung folgende Möglichkeiten, wie die Beschlagnahme zugunsten des betreibenden Gläubigers wirksam werden kann:

a) Bei Anordnungs- oder Beitrittsbeschluß der Zwangsverwaltung wird die Beschlagnahme durch **Zustellung des Beschlusses** an den Schuldner wirksam: § 22 Abs 1, § 27 Abs 1 mit § 146 Abs 1.

b) Beim Anordnungsbeschluß wird die Beschlagnahme durch **Zugang** des gerichtlichen Ersuchens um Eintragung des Zwangsverwaltungsvermerkes nach § 19 an das **Grundbuchamt** wirksam, falls dieser Zugangszeitpunkt vor dem aus Abs a liegt und falls die Eintragung des Vermerks auf das Ersuchen hin „demnächst erfolgt": § 22 Abs 1 mit § 146 Abs 1 (zur Frage nach „demnächst" § 22 Rdn 2).

c) Beim Anordnungsbeschluß der Zwangsverwaltung wird die Beschlagnahme auch dadurch wirksam, daß der Zwangsverwalter nach § 150 den **Besitz** des Objekts **erlangt**, falls dieser Zeitpunkt vor den in Abs a und b genannten liegt: Abs 1.

d) Bei Beitrittsbeschluß in der Zwangsverwaltung wird die Beschlagnahme auch durch **Zustellung an den Zwangsverwalter** wirksam, falls sich dieser schon im Besitz des Objekts befindet und wenn der Zustellungszeitpunkt vor dem in Abs a genannten liegt: Abs 2.

2.4 Dem Zwangsverwalter soll wegen der Möglichkeit in Rdn 2.3 d jeder **Beitrittsbeschluß zugestellt** werden: Abs 2. Von dieser Zustellung soll man keinesfalls absehen, weil sonst vielleicht die Zustellung an den Vollstreckungsschuldner, die dann allein die Beitritts-Beschlagnahme wirksam machen kann, durch Auslandsaufenthalt, unbekannten Aufenthalt oder andere Hindernisse erheblich verzögert wird (Nachteil für den Gläubiger, Haftung des Gerichts).

2.5 Zu diesen Fragen im ZVG-Handbuch Rdn 591, 592.

Zahlungsverbot für die Zwangsverwaltung (Absatz 3)

3.1 Dem **Drittschuldner** einer beschlagnahmten **Forderung** gegenüber wird die Beschlagnahme wirksam, wenn diesem die Beschlagnahme bekannt wird oder

§ 151 3.1

wenn ihm auf Antrag ein **Zahlungsverbot** zugestellt wird: § 22 Abs 2 Satz 2 mit § 146 Abs 1. Das Zahlungsverbot ergeht auf Antrag des Gläubigers (§ 22 Abs 2 Satz 1). Es ist in der Zwangsverwaltung aber auch auf Antrag des Zwangsverwalters zuzustellen. Vorpfänden aus ZPO § 845 (mit ZVG § 22 Abs 2 Satz 3) kann nur der Gläubiger, nicht der Zwangsverwalter; er muß aber Mieter und Pächter sofort nach seiner Bestellung von der Beschlagnahme verständigen.

3.2 Das Zahlungsverbot an Drittschuldner bei mitbeschlagnahmten Forderungen (auf Antrag des betreibenden Gläubigers oder auch des Zwangsverwalters) ist an alle, die es betrifft, **zuzustellen** und an den Vollstreckungsschuldner und den Zwangsverwalter mitzuteilen. Bei verwickelten Verhältnissen kann ein Hinweis, wie im letzten Satz des nachstehenden Musters vorgeschlagen, insbesondere Mieter vor Schaden bewahren. Bei der Zwangsverwaltung eines Grundstücksbruchteils ist ein Zahlungsverbot nicht möglich, weil ja der Zwangsverwalter hier nur die Rechte des Miteigentümers ausüben und die Forderung nur mit diesem Zusammen einziehen kann. Zu Zahlungsverbot im übrigen § 22 (§ 22 Rdn 3).

3.3 Muster: „Zahlungsverbot im Zwangsverwaltungsverfahren über . . .: Auf Antrag eines Gläubigers ist die Zwangsverwaltung des Grundstücks angeordnet worden. Hierdurch ist dem Grundstückseigentümer die Verwaltung und Benutzung des Grundstücks entzogen. Miet- und Pachtzins darf nur mehr an den Zwangsverwalter bezahlt werden, also an . . ., und zwar auf das von ihm für diesen Zweck errichtete Sonderkonto . . . Als Drittschuldner wird Ihnen daher verboten, die zu leistenden Miet- oder Pachtzinsforderungen an den Schuldner (Grundstückseigentümer) zu zahlen. Dieses Zahlungsverbot geht jeder Abtretung, Pfändung usw. unter gewissen Voraussetzungen vor; darüber wollen Sie sich bitte bei Zwangsverwalter oder Gericht vergewissern, auch über die Wirksamkeit schon geleisteter Vorauszahlungen oder Baukostenzuschüsse und über den Zeitpunkt, zu dem das Verbot wirksam wird."

3.4 Muster im ZVG-Handbuch Rdn 593.

[Aufgaben des Zwangsverwalters, Miet- und Pachtverträge]

152 (1) **Der Verwalter hat das Recht und die Pflicht, alle Handlungen vorzunehmen, die erforderlich sind, um das Grundstück in seinem wirtschaftlichen Bestande zu erhalten und ordnungsmäßig zu benutzen; er hat die Ansprüche, auf welche sich die Beschlagnahme erstreckt, geltend zu machen und die für die Verwaltung entbehrlichen Nutzungen in Geld umzusetzen.**

(2) **Ist das Grundstück vor der Beschlagnahme einem Mieter oder Pächter überlassen, so ist der Miet- oder Pachtvertrag auch dem Verwalter gegenüber wirksam.**

Übersicht

Allgemeines zu § 152	1	Miet- und Pachtverträge	9
Amt des Zwangsverwalters	2	Nutzungen	10
Aufgaben des Zwangsverwalters	3	Prozesse	11
Dienstverträge	4	Steuern und Abgaben	12
Energielieferungsverträge	5	Versicherungen	13
Gewerbliche Tätigkeit; Gewerbebetrieb	6	Vollstreckung gegen den Zwangsverwalter	14
Grundstücksbruchteile	7	Vorschuß	15
Jagdrecht	8	Wohnungseigentum	16

Literatur: Drischler, Stellung und Aufgaben des Zwangsverwalters, RpflJahrbuch 1959, 273; Nix, Grundsätze der Zwangsverwaltung (1992); Schmidt, Geschäftsführung des Zwangsverwalters, 3. Aufl 1953; Speckt, Handbuch für den Zwangsverwalter (1935); Wrobel, Umfang und Grenzen der Prozeßführung durch den Zwangsverwalter, KTS 1995, 19.

Allgemeines zu § 152

1.1 Zweck der Vorschrift: Regelung der Rechte und Pflichten des Zwangsverwalters. § 152 bietet die Grundlagen für die Geschäftsführung des Zwangsverwalters, ergänzt durch § 153 über Aufsicht und Eingriffsrechte des Gerichts, § 154 über Haftung und Rechnungslegung, §§ 155–158 über die Zahlungen laut Teilungsplan, und durch die ZwangsverwalterVO.

Amt des Zwangsverwalters

2.1 Über die **rechtliche Stellung** des Zwangsverwalters gab es schon in der Frühzeit des ZVG Auseinandersetzungen[1]. **Meinungsverschiedenheiten** bestehen auch heute noch, wenn sich auch allmählich eine gefestigte Ansicht herausgebildet hat.

2.2 Es gibt im wesentlichen folgende Ansichten über den Zwangsverwalter wie über die ähnlich gelagerte Tätigkeit des Konkursverwalters:

a) Die jetzt als herrschend anzusehende **Amtstheorie** besagt: Der Zwangsverwalter sei ein Vertrauensmann des Gerichts wie ein Sequester, er sei staatlicher Beauftragter, ein Organ der Rechtspflege, das selbständig, in eigenem Namen und aus eigenem Recht das beschlagnahmte Vermögen des Schuldners für dessen Rechnung verwalte und damit ein vom Gesetz übertragenes privates Amt ausübe; der Verwalter sei, wie der Konkursverwalter (zu diesem[2]), Testamentsvollstrecker, Nachlaßverwalter, Partei kraft Amtes (Begriff kommt in ZPO § 116 vor). In dieser oder ähnlicher Form, zum Teil ihn auch als Treuhänder kraft Gesetzes bezeichnend oder mit sonstigen Abwandlungen, äußern sich[3].

b) Die ältere, vereinzelt immer noch auftretende **Vertretertheorie** besagt: der Zwangsverwalter sei der gesetzliche Vertreter des Vollstreckungsschuldners hinsichtlich des von der Beschlagnahme erfaßten Vermögens, nach Art eines Sondergutspflegers, oder aber auch der Vertreter der Gläubiger oder der parteifähigen Verwaltungsmasse. In dieser oder ähnlicher Form äußern sich[4].

c) Eine **Neutralitätstheorie** besagt: Der Zwangsverwalter (wie der Konkursverwalter) handle neutral, bezogen auf das Objekt, nicht einseitig im Interesse des Gläubigers oder des Schuldners, nicht im staatlichen Interesse, sondern zur Wahrung aller Interessen an dem Vermögen und für dieses Vermögen, er handle mehrseitig fremdbestimmt. So oder ähnlich, mit Abweichungen in Einzelheiten, äußern sich[5].

---

[1] Eckstein, Rechtsstellung des Versteigerungsrichters und Zwangsverwalters (1910); Heller, Stellung des Zwangsverwalters (1910), S 34–35.
[2] BGH 88, 331 = KTS 1984, 275 mit Anm Testke = MDR 1984, 201 = NJW 1984, 739.
[3] BGH 24, 393 = MDR 1957, 734 mit Anm Pohl = NJW 1957, 1361; RG 24, 302 (304); RG 29, 29 (31); RG 80, 311 (315); RG 80, 416; RG 120, 189 (192); RG 121, 107 (109); OLG Celle NdsRpfl 1953, 84; OLG Düsseldorf AnwBl 1954, 217 = JurBüro 1954, 312; Baumbach/Lauterbach/Hartmann, ZPO, Grundz 2 C vor § 50 Rdn 8–12; MünchKomm ZPO/Lindacher, vor § 50 Rdn 40; Wieczorek/Schütze/Hausmann, ZPO, vor § 50 Rdn 40, 46; Zöller/Vollkommer, ZPO, § 51 Rdn 7; Henle, ZVG, § 152 Anm 1; Jaeckel/Güthe § 152 Rdn 1; Korintenberg/Wenz § 152 Anm 2; Lupprian, ZVG, § 152 Anm 1; Nußbaum, Zwangsversteigerung, § 28 (IV a); Drischler RpflJahrbuch 1959, 273 (B I); Riggers JurBüro 1970, 621 (2); Weber KTS 1955, 102.
[4] Bernhardt, Zivilprozeßrecht, § 19 (I 3); Blomeyer, Zwangsvollstreckung, § 20 (IV); Wolff, ZPO, § 152 Anm 1; Lent KTS 1959, 63 (64); Papke KTS 1968, 49.
[5] Mohrbutter, Handbuch des Vollstreckungsrechts, § 54 (I); v Lübtow JZ 1960, 151; Worm KTS 1961, 119.

§ 152 2.2 Zwangsverwaltung

d) Die **Organtheorie** besagt: Der Zwangsverwalter (bzw Konkursverwalter) sei das Organ einer als Rechtsträger zu behandelnden selbständigen Vermögensmasse. So oder ähnlich äußern sich[6].

e) Schließlich meint eine **Theorie „ohne Theorie"**: Die ganze Frage sei für die Praxis völlig belanglos, sie sei von Fall zu Fall unterschiedlich zu behandeln; im Zweifel sei der Zwangsverwalter (wie der Konkursverwalter) als Partei kraft Amtes zu behandeln.

2.3 Die letztgenannte Ansicht genügt für unseren Aufgabenbereich durchaus. Für die Zwecke des Zwangsverwaltungsverfahrens kann der theoretische **Streit unentschieden** bleiben (zur Bedeutungslosigkeit des Theorienstreits auch[7]). In der Regel wird man den Zwangsverwalter als Partei kraft Amtes behandeln. Er ist nicht Angestellter des Schuldners oder der betreibenden Gläubiger oder des Gerichts. Er unterliegt darum auch nicht den gesetzlichen Sozialversicherungen. Er ist auch kein Beamter, ist zwar kraft öffentlicher Gewalt bestellt, übt aber privatrechtliche Befugnisse aus.

3 Aufgaben des Zwangsverwalters

3.1 Der Zwangsverwalter handelt **selbständig**, wird **im eigenen Namen und aus eigenem Recht** tätig, erwirbt aber nicht die Rechte des Schuldners und wird nicht Eigentümer des Grundstücks. Seine (persönlichen) Gläubiger können sich nicht an die Zwangsverwaltungsmasse halten. Er haftet mit seinem eigenen Vermögen nicht für die Zwangsverwaltungsverbindlichkeiten, aber gegenüber Beteiligten (§ 154 Rdn 2). Er ist selbständig (ZwangsverwalterVO § 1 Abs 1) und nicht an die Wünsche oder Anweisungen von Beteiligten gebunden[8], wohl aber durch Anweisungen des Gerichts aus § 153. Gibt er Anregungen der Beteiligten nicht statt, so müssen sich diese an das Gericht wenden, das dort, wo es ihm nötig erscheint, Anweisungen erteilt. Vor wichtigen Maßnahmen hat der Verwalter betreibende Gläubiger und Schuldner zu hören, soweit tunlich und wenn mit dem Aufschub keine Gefahr verbunden ist (Verordnung § 1 Abs 1). Die Wirksamkeit einer Maßnahme des Zwangsverwalters wird jedoch nicht berührt, wenn Anhörung unterlassen wurde[8] (haftungsrechtlich kann unterbliebene Anhörung nach § 154 Bedeutung erlangen).

b) Der als Zwangsverwalter bestellte Schuldner (§ 150 b) darf seine Verwaltung nur unter **Aufsicht der Aufsichtsperson** ausüben, ist vielfach an deren Zustimmung gebunden, allerdings nicht an ihre Anweisungen (nur an die des Gerichts, §§ 150 c, d).

3.2 Der Zwangsverwalter muß die Verwaltung so führen, **wie sie ein sparsamer, ordentlich wirtschaftender Eigentümer** führen würde, der ständig bemüht bleibt, seine Gläubiger zu befriedigen[9]. Er muß diesem Ziel gegenüber auch sonst berechtigte Wünsche zurückstellen. Er muß unwirtschaftliche Maßnahmen vermeiden und darf keinen Raubbau treiben[10]. Er muß wie ein sorgfältiger Eigentümer tätig sein[11]. Er ist berechtigt und verpflichtet, alle Handlungen vorzunehmen, die nötig sind, um das Grundstück in seinem wirtschaftlichen Bestand zu erhalten und ordnungsmäßig zu nutzen[12]. Es ist ihm nicht gestattet, die Substanz der

---

[6] Baumann, Konkurs, § 8 (II 2 b); Baumann/Brehm, Zwangsvollstreckung, § 7 (III 3 b), § 9 (II 2), § 25 (II 2 c); Brand/Baur, Zwangsversteigerungssachen, § 114 (I); Goldschmidt, Zivilprozeßrecht, 32 (3); Stein, Zwangsvollstreckung, § 3; Bötticher ZZP 1958, 314 (318), JZ 1963, 582 und ZZP 1964, 55; Erdmann KTS 1967, 87.
[7] Mohrbutter/Drischler Muster 146 Anm 5; Steiner/Hagemann, § 152 Rdn 16.
[8] BGH KTS 1992, 690 = MDR 1992, 871 = NJW 1992, 3041 = Rpfleger 1992, 403.
[9] Schiffhauer BlGrBW 1968, 205 (XXXI 5); Schmidt-Futterer WuM 1969, 1 (1).
[10] BFH WM 1965, 1199.
[11] OLG Nürnberg KTS 1966, 114 = OLGZ 1966, 317; Schiffhauer aaO (Fußn 9).
[12] RG 103, 244.

Aufgaben des Zwangsverwalters, Miet- und Pachtverträge 3.7 § 152

Masse anzugreifen; die Masse hat er durch Anfechtung der Veräußerung von Gegenständen oder durch Darlehensaufnahme nicht zu vergrößern. Auch eine Umschuldung des Schuldners ist nicht seine Sache. Rechtsansprüche auf Herabsetzung von Grundstückslasten muß er geltend machen[13].

3.3 Aus besonderem Anlaß darf er auch rechtlich nicht ohne weiteres zu begründende Maßnahmen ergreifen und ebensolche Ausgaben leisten. Er darf etwa bei der Zwangsverwaltung eines Waldgrundstücks Brennholz für Minderbemittelte abgeben, er darf eine den Wohnbedürfnissen unserer Zeit nicht mehr entsprechende Wohnung umbauen oder aufteilen. Richtschnur ist für ihn das übereinstimmende Verhalten von nicht unter Zwangsverwaltung stehenden, sich in gleicher Lage befindenden, ordentlich und sparsam wirtschaftenden Grundstückseigentümern. Der Verwalter sollte sich dabei mehr als andere zurückhalten und lieber um eine Anweisung des Gerichts nachsuchen.

3.4 Der Zwangsverwalter hat während der Verwaltung allein die Pflicht, auf dem Grundstück **verkehrsgefährdende Zustände** zu beseitigen, weil dem Schuldner jede Einwirkung auch insoweit untersagt ist[14].

3.5 Das **Vermögen des Schuldners** wird durch die Beschlagnahme **zerlegt** in den beschlagnahmten Grundbesitz (einschließlich der dabei mitbeschlagnahmten beweglichen Gegenstände) und in das beschlagnahmefreie Vermögen[15]. Dem Schuldner, der Eigentümer beider Massen bleibt, ist jede Verfügung über den beschlagnahmten Teil untersagt (§ 148 Abs 2). Der Zwangsverwalter ist bezüglich des von ihm verwalteten Vermögens mit wichtigen Einschränkungen Rechtsnachfolger des Schuldners. Zur Vollstreckung in diese Masse ist der Vollstreckungstitel auf ihn umzuschreiben[16] (s auch Rdn 11).

3.6 Den **Umfang des** seiner Verwaltung unterliegenden **Vermögens** hat der Zwangsverwalter **festzustellen;** er hat dieses **sicherzustellen.** Dazu muß er schon bei der Inbesitznahme (§ 150 Rdn 3) umfangreiche Feststellungen treffen, in einer **Niederschrift** festlegen (zur Beweislast bei Verletzung der Dokumentationspflicht[17]) und diese sofort dem Gericht vorlegen, auch die Beschlagnahme von Forderungen feststellen und den Drittschuldnern und dem Gericht mitteilen (Verordnung §§ 3–4). Auch sonst soll und muß der Zwangsverwalter im Rahmen der gerichtlichen Aufsicht (§ 153) über alle bedeutsamen Vorkommnisse, über Abweichungen von einer Regel oder über Sonderfälle dem Gericht berichten (§ 153 Rdn 2).

3.7 Der Verwalter hat alles zu tun, was nötig ist, um das zwangsverwaltete Objekt **in seinem wirtschaftlichen Bestand** zu **erhalten:** Abs 1. Das bedeutet nicht, daß das Grundstück in dem Zustand bleiben muß, in dem es der Zwangsverwalter vorgefunden hat. Ist es verwahrlost, muß er es vielmehr in einen Zustand bringen, der die ordnungsmäßige Bewirtschaftung ermöglicht. Es bestehen keine Bedenken gegen eine entsprechende, allerdings vorsichtige Anwendung der für den Nießbrauch in BGB §§ 1034–1050 aufgestellten Vorschriften. Verschlechterungen des Objekts sind zu verhüten. Der Verwalter und nicht etwa der Schuldner haftet für einen Schaden, der aus der Vernachlässigung solcher Pflichten entsteht. **Verbesserungen** sind **zulässig,** soweit sie mit den vorhandenen Mitteln erreichbar und mit dem Zweck des Verfahrens (Befriedigung laufender Ansprüche der Gläubiger) vereinbar sind. Zu Altlasten[18] (Duldungspflicht gegenüber notwendig werdenden Vorsorgeuntersuchungen bzw entgültigen Entsorgungsmaß-

---

[13] OLG Celle MDR 1964, 157 = NdsRpfl 1963, 282; Mohrbutter, Haftung des Zwangsverwalters (Festschrift Verlag Heymann, 1965), S 176.
[14] BGH 5, 378 = NJW 1952, 1050 mit Anm Breetzke = VersR 1950, 240.
[15] OLG Hamm OLGZ 1994, 611 (612) = Rpfleger 1994, 515.
[16] AG Bad Schwartau DGVZ 1976, 46.
[17] BGH MDR 1985, 669 = NJW 1986, 59 = Rpfleger 1985, 161.
[18] Dorn Rpfleger 1988, 298.

§ 152 3.7 — Zwangsverwaltung

nahmen öffentlicher Stellen; Pflicht zur Tragung der Sanierungskosten). Im Zweifel ist immer die Genehmigung des Gerichts vorher einzuholen, wobei Erklärungen von Gläubigern und Schuldner dem Gericht vorzulegen sind. Das Gericht hat die Beteiligten anzuhören. Eine wesentliche **Veränderung** des Objekts ist **nicht ratsam,** etwa die Umwandlung eines abgeholzten Waldgrundstückes in einen Acker. Bei der Verwaltung größerer Güter muß allerdings der Verwalter mehr Freiheit (aber im Rahmen einer ordnungsmäßigen Wirtschaft) haben. Die bisherige **Benutzungsart** muß in der Regel **beibehalten** werden (Verordnung § 5 Abs 1); für Abweichungen, die der Verwalter für geboten hält, ist die Entscheidung des Gerichts einzuholen (Verordnung § 5 Abs 3). Sind die Grundstücke verpachtet, soll der Verwalter nicht zur Eigenbewirtschaftung übergehen. Grundstücke, die nicht land- oder forstwirtschaftlich eigengenutzt sind, müssen **vermietet** werden; einzelne Äcker, Gärten, Wiesen können verpachtet werden, auch wenn sie das bisher nicht waren; Abweichungen sind möglich (Verordnung § 5 Abs 2).

3.8 Für Aufwendungen hat der Verwalter **keinen unmittelbaren Ersatzanspruch** gegen die betreibenden Gläubiger. Wo die Mittel der Masse nicht ausreichen, muß er über das Gericht einen genügenden Vorschuß der betreibenden Gläubiger (§ 161 Abs 3) beantragen.

3.9 Zur Erhaltung gehört es auch, das **Grundstück instandzusetzen, Gebäude zu unterhalten,** unter Umständen sogar angefangene Bauten zu vollenden[19] (notfalls mit Gläubigervorschuß über § 161 Abs 3). Dabei macht es keinen Unterschied, ob das Gebäude nahezu vor der Vollendung steht, also nur noch geringfügige Restarbeiten auszuführen sind, oder ob zur Fertigstellung noch erhebliche Investitionen erforderlich sind[20]. Entscheidend ist allein, ob die erforderlichen Aufwendungen in einem angemessenen Verhältnis zu der Höhe der zu erwartenden Nutzungen und der Wertsteigerung des Grundstücks stehen[20]. Dagegen ist der Verwalter nicht berechtigt, das Objekt zu belasten. Wertsteigernde Auslagen haben, falls auch die anderen Voraussetzungen erfüllt sind, Vorrang nach § 10 Rangklasse 1, ohne daß es dabei auf das Ergebnis einer Versteigerung ankommt[21]. Der Zwangsverwalter soll Ausbesserungen und Erneuerungen, die nicht zu der gewöhnlichen Unterhaltung gehören, nur mit Einwilligung des Gerichts vornehmen (ZwangsverwalterVO § 10). Dabei muß er das Objekt so instandsetzen, daß eine wirtschaftliche Nutzung möglich ist[22]. Mietobjekte muß er immer im vertragsgemäßen Zustand erhalten[22]. Zur Erhaltung des wirtschaftlichen Bestandes gehört es auch, auf Einräumung eines Notweges zu klagen[23].

3.10 Der Verwalter kann und muß auch alles tun, was erforderlich ist, um das Objekt **ordnungsgemäß zu benutzen:** Abs 1. Er muß in diesem Rahmen **alle** nur möglichen **Nutzungen** aus ihm **herausholen.** Allerdings muß er dabei die Regeln der Land- oder Forstwirtschaft beachten, darf also nicht Raubbau treiben[24] (über Früchte Rdn 10.2). Er muß alle Ansprüche geltend machen, die von der Beschlagnahme erfaßt werden[25].

3.11 Bei **Besitzstörung** oder Eingriffen Dritter in das Objekt, durch welche die wirtschaftliche Bestanderhaltung oder die ordnungsmäßige Benutzung gefährdet oder behindert wird, hat der Zwangsverwalter alle Rechte des Eigentümers und muß sie auch durchsetzen; er hat auch einen Ersatzanspruch auf **Nutzungsentschädigung** geltend zu machen (hierzu Rdn 11.2).

---

[19] RG 73, 397.
[20] OLG Schleswig KTS 1984, 320 mit Anm Mohrbutter = ZIP 1983, 1133.
[21] RG 73, 397.
[22] Drischler RpflJahrbuch 1970, 365.
[23] LG Landau NJW 1968, 2013.
[24] BFH WM 1965, 1199.
[25] RG 133, 117.

Aufgaben des Zwangsverwalters, Miet- und Pachtverträge 3.17 § 152

3.12 Eine **Verfügung** über das Grundstück (Veräußerung oder Belastung) und die mitbeschlagnahmten Gegenstände gehört **nicht** zur Verwaltung (ausgenommen die über unbrauchbare Zubehörstücke und zur Umsetzung entbehrlicher Nutzungen in Geld)[26]. Zur Verfügung über das Grundstück ist auch weiterhin nur der Eigentümer befugt, wenn auch infolge der Beschlagnahme nicht mehr gegenüber dem betreibenden Gläubiger (§§ 20, 23). Der Zwangsverwalter kann daher die Grundbucheintragung einer Verfügung über das Grundstück weder beantragen (GBO § 13) noch bewilligen (GBO § 19)[27], desgleichen kann er Eintragung einer Grundbuchberichtigung auf dem Schuldnergrundstück nicht beantragen[27]. Der Zwangsverwalter eines Wohnungseigentums kann somit auch Eintragung einer geänderten Teilungserklärung weder bewilligen noch beantragen[27].

3.13 Grundstückslasten: Der Zwangsverwalter ist verpflichtet, dem Schuldner zustehende Ansprüche auf Herabsetzung solcher Lasten mit den entsprechenden Rechtsbehelfen geltend zu machen, nicht aber eine Umschuldung durchzuführen[28].

3.14 Für die Verwaltung entbehrliche Nutzungen (**Naturalien**) sind in Geld umzusetzen: Abs 1. Alle Ansprüche, auf die sich die Beschlagnahme erstreckt, sind geltend zu machen: Abs 1. **Miet- und Pachtzinsen** sind einzuziehen, auch **Versicherungsgelder** (Rdn 13). Ein mit dem Grundstück verbundenes **Vorkaufsrecht** könnte der Verwalter ausüben, keinesfalls ohne gerichtliche Genehmigung, besser überhaupt nicht. Die Unwirksamkeit aller gegen die Beschlagnahme **verstoßenden Verfügungen** des Schuldners hat der Verwalter geltend zu machen, zB wenn der Schuldner nach der Beschlagnahme noch Früchte zieht (Ernte einbringt, Holz fällt, Mietzins kassiert). Die Unzulässigkeit der **Pfändung von Zubehörstücken** durch Dritte muß er geltend machen, gleich ob vor oder nach der Beschlagnahme erfolgt (ZPO § 865 Abs 2). Nicht dagegen hat er für den Schuldner **Rechtshandlungen anzufechten** (BGB §§ 119, 123) oder **Schadensersatzansprüche** aus BGB § 826 für ihn zu erheben. Er darf nichts aus der Masse freigeben. Gegen den Schuldner ergangene **Herausgabeurteile** wirken nach Maßgabe von ZPO § 325 auch gegen ihn.

3.15 Zur Benutzung und Bestanderhaltung gehört es auch, die erforderlichen **Verträge** mit Bediensteten, Käufern von Erzeugnissen, Mietern, Pächtern usw abzuschließen oder in laufende Verträge einzutreten. Dazu im einzelnen Rdn 4. Grundsätzlich ist der Verwalter, abgesehen von Miete und Pacht, an die vom Schuldner geschlossenen Verträge nicht gebunden, ist nicht verpflichtet, in sie einzutreten; er hat dies nach pflichtgemäßem Ermessen zu entscheiden und holt dazu in der Regel die Entscheidung des Gerichts ein. Er ist nicht berechtigt, die vor der Beschlagnahme bereits aus solchen Verträgen an den Schuldner bewirkten Leistungen außerhalb des § 155 zu zahlen. Dies gilt (außer Miete und Pacht) für alle Verträge, gleich ob sie im Zusammenhang mit der Bestanderhaltung oder Benutzung stehen, auch für die vom Schuldner geschlossenen Lieferungsverträge, Werkverträge mit Handwerkern und Taglöhnern, selbst dann, wenn der Schuldner schon rechtskräftig zur Zahlung verurteilt ist. Die Berechtigten können nur dem Zwangsverwaltungsverfahren (mit Titel) beitreten.

3.16 Bei Zwangsverwaltung eines **Erbbaurechts** muß der Zwangsverwalter ebenfalls alles tun, um das Recht in seinem wirtschaftlichen Bestand zu erhalten und ordnungsmäßig zu nutzen. Zahlungen auf den Erbbauzins darf er nur auf Grund des Teilungsplanes und gemäß dessen Rangfolge leisten (§ 155 Rdn 6).

3.17 Konkurs: Gehört ein Grundstück, dessen Zwangsverwaltung angeordnet ist, gleichzeitig zur Masse eines Konkursverfahrens, so gibt es manche Streitpunkte.

---

[26] Mohrbutter KTS 1956, 107 (7).
[27] LG Bonn Rpfleger 1983, 324.
[28] OLG Celle MDR 1964, 157 = NdsRpfl 1963, 288; Mohrbutter aaO (Fußn 13).

§ 152 3.17 Zwangsverwaltung

Regelmäßig gehen die Konkursvorschriften vor, so für den Unterhalt (§ 149 Rdn 4) oder für die Stillegung eines Gewerbebetriebes (Rdn 6). Bei Streit zwischen Konkursverwalter und Zwangsverwalter, zu welcher Masse eine Sache gehört, ist durch Prozeß zu entscheiden, ob etwa die Sache im Konkurs dem Absonderungsrecht des die Zwangsverwaltung betreibenden Gläubigers unterliegt oder nach KO § 1 der gemeinschaftlichen Befriedigung aller Konkursgläubiger dienen muß; Vollstreckungserinnerung nach ZPO § 766 genügt hier nicht[29]. Die Verwaltung und Nutzung des Grundstücks und der Gegenstände (auch Zubehör), auf die sich die Beschlagnahme erstreckt, ist Aufgabe des Zwangsverwalters (Abs 1). Ihm ist das Grundstück zur Bewirtschaftung und Benutzung übergeben (§ 150 Abs 1). Dem Konkursverwalter, der das Verwaltungs- und Verfügungsrecht des Gemeinschuldners über Massegegenstände ausübt (KO § 6 Abs 2), ist durch die Zwangsverwaltungsbeschlagnahme die Verwaltung und Benutzung des Grundstücks entzogen (§ 148 Abs 2). Auch über einzelne Stücke kann er nicht mehr innerhalb der Grenzen einer ordnungsgemäßen Wirtschaft verfügen (§ 23 Abs 1 Satz 2 mit § 148 Abs 1 Satz 2). Der Zwangsverwalter hat nach Abs 1 daher auch das Recht und die Pflicht, Entfernung beschlagnahmter Zubehörstücke durch den Konkursverwalter (oder einen beauftragten Dritten) zu verhindern; hierfür kann er dem Konkursverwalter (einem beauftragten Dritten) auch den Zugang zu den Gebäuden auf dem Grundstück verwehren[30]. Gibt der Konkursverwalter das Grundstück aus der Konkursmasse frei, so erstreckt sich die Freigabe nicht auf ein Eigentümergrundpfandrecht (§ 15 Rdn 11); die Rechte hieraus übt der Konkursverwalter aus, nicht der Zwangsverwalter.

3.18 Rechtsbehelfe: Gegen Maßnahmen des Zwangsverwalters können Vollstreckungsschuldner, betreibende Gläubiger und andere Beteiligte das Gericht durch Vollstreckungserinnerung nach ZPO § 766 anrufen. Sie entscheidet der Richter (RpflG § 20 Nr 17 a); gegen ihn ist sofortige Beschwerde möglich (ZPO § 793), auch weitere (ZPO § 568 Abs 3), wo sie nicht ausgeschlossen ist. Die Genannten können sich aber auch an den für die Aufsicht zuständigen Rechtspfleger wenden und um eine entsprechende Anweisung ersuchen (§ 153). Im übrigen kann man sich im Wege einer Gegenvorstellung (wie bei gerichtlichen Maßnahmen) an den Zwangsverwalter wenden, ohne Anspruch auf Berücksichtigung (Höflichkeitspflicht zur Antwort). In manchen Fällen ist eine „Anrufung" des Gerichts vorgesehen, zB in § 149 Abs 3 über landwirtschaftlichen Unterhalt, die sich an den Rechtspfleger richtet (§ 149 Rdn 4.8).

3.19 Zu einschlägigen Fragen im ZVG-Handbuch Rdn 605, 607, 609.

4 Dienstverträge

4.1 In die Rechtsstellung des Schuldners als Vertragspartei rückt der Zwangsverwalter nicht bereits durch Beschlagnahme ein; er ist **nicht Rechtsnachfolger** des Schuldners. Es steht in seinem pflichtgemäßen Ermessen, ob er in die mit dem Schuldner bestehenden Arbeitsverträge eintreten will (wegen BGB § 613 a siehe aber Rdn 6.12), ob er also mit den alten oder mit neuen Leuten arbeiten will (Teil-Rechtsnachfolge[31]). Vertragspartner und Schuldner können ihn nicht an der Fortsetzung der Verträge hindern[31]. Das Gericht kann ihn anweisen, einen Bediensteten des Schuldners weiter zu beschäftigen[32]. Zu den übrigen Bediensteten des Schuldners hat der Verwalter, wenn er mit ihnen die Verträge nicht fortsetzt, keine Rechtsbeziehungen[33]. Lehnt er die Weiterbeschäftigung ab, so ist das keine fristlose Kündigung (anders[33]). Anspruch auf Fortsetzung des Vertragsver-

---

[29] OLG Neustadt BB 1953, 716 = Betrieb 1953, 821 = Rpfleger 1955, 163.
[30] OLG Köln VersR 1988, 1072.
[31] Papke BB 1968, 797 (IV 2).
[32] Jaeckel/Güthe § 152 Rdn 3; Papke BB 1968, 797 (III).
[33] Papke BB 1968, 797 (I).

hältnisses durch den Zwangsverwalter haben Arbeitnehmer des Schuldners nicht[34]. Vorschriften des Arbeitsrechts sind nicht anwendbar[35], daher kann gegen ihn auch nicht auf Weiterbeschäftigung zum Arbeitsgericht geklagt werden[35]; zuständig ist das Arbeitsgericht für Klagen aus dem Arbeitsverhältnis jedoch bei Betriebsfortführung (BGB § 613 a)[36]. Ein nicht weiterbeschäftigter Arbeitnehmer, der keinen Anspruch auf Fortführung des Arbeitsverhältnisses durch den Zwangsverwalter hat, kann wegen „Entlassung" nicht das Vollstreckungsgericht zur Entscheidung anrufen[36] (anders[37]).

4.2 Wenn ein **Hausmeister** weiter benötigt wird, kann der Zwangsverwalter in die Vertragsbeziehungen ab Beschlagnahme eintreten, ohne aber für frühere Verbindlichkeiten aufzukommen. Es wird in der Regel günstiger sein, eine bestehende Hausmeisterei zu belassen, als eine neue zu bestellen. Der Zwangsverwalter kann auch weiterhin den Mietzins, wo schon üblich, durch den Hausmeister einheben lassen, falls keine Bedenken gegen die Person des Hausmeisters insoweit bestehen, vorausgesetzt allerdings, daß der Hausmeister entweder hierfür keine besondere Vergütung erhält oder im Rahmen seiner übrigen Tätigkeit ohne wesentliche Einbuße für die Verfahrensbeteiligten entschädigt wird. Sonst muß der Zwangsverwalter den Mietzins selbst einheben und den Hausmeister auf die sonstige Tätigkeit beschränken. In den letzten Jahren taucht hier ein neues Problem auf: auch zwangsverwaltete Häuser sind vielfach von Ausländern bewohnt und haben einen der betreffenden Sprache mächtigen Hausmeister; es wäre unzweckmäßig und käme teuer, wenn der Zwangsverwalter diesen entlassen und bei jeder eigenen Tätigkeit einen Dolmetscher mitbringen würde.

4.3 Besteht eine **Hausverwaltung** schon bei der Anordnung der Zwangsverwaltung, so tritt der Zwangsverwalter grundsätzlich nicht in bestehende Verträge ein, er muß vielmehr selbst verwalten. Nur in Ausnahmefällen, etwa bei größeren Häuserblöcken mit vielen Mietern oder bei Objekten mit ausländischen Mietern und einer entsprechend sprachkundigen Hausverwaltung oder bei sonst verwickelten Verhältnissen (schwierige Heizkostenabrechnung zB) kann es für die Zwangsverwaltung vorteilhaft und daher angebracht sein, wenn eine seit Jahren eingeführte und allen Mietern bekannte Hausverwaltung ohne vielleicht nachteilige Unterbrechung tätig bleibt, vorausgesetzt, daß dies dem Verfahren keine wesentlichen Beträge entzieht, aber jedenfalls nur mit Genehmigung des Gerichts.

4.4 **Litlohnansprüche** der zur Grundstücksbewirtschaftung in einem Dienst- oder Arbeitsverhältnis stehenden Personen sind nach Maßgabe von § 10 Abs 1 Nr 2 bevorrechtigt. Der Zwangsverwalter handelt regelmäßig pflichtwidrig, wenn er, obwohl diese Personen erforderlich und geeignet sind, nicht in die mit ihnen bestehenden Dienstverträge eintritt, sondern andere Leute einstellt, da die bevorrechtigten Ansprüche doch erfüllt werden müssen, während für neue Bedienstete Auslagen der Verwaltung entstehen. Die Litlohnberechtigten verlieren ihr Vorrecht, wenn sie dem Zwangsverwalter ihre Dienste verweigern (sie können sich nicht auf BGB § 613 Satz 2, § 399 berufen) oder wenn sie ihm nach arbeitsrechtlichen Grundsätzen berechtigten Anlaß geben, sie nicht zu übernehmen oder nachträglich zu entlassen.

Energielieferungsverträge

5.1 Ohne Strom, Gas, Wasser, Fernwärme geht es meist nicht. Doch ist der Zwangsverwalter auch hier **nicht Rechtsnachfolger** des Schuldners und daher

---

[34] BArbG AP BGB § 613 a Nr 19 mit Anm Vollkommer = KTS 1980, 389 = NJW 1980, 2148.
[35] Papke BB 1968, 797 (II).
[36] BArbG AP BGB § 613 a Nr 19 mit Anm Vollkommer = KTS 1980, 389 = NJW 1980, 2148.
[37] Papke BB 1968, 797 (III).

§ 152 5.1 Zwangsverwaltung

nicht verpflichtet, in die vom Schuldner geschlossenen langfristigen Lieferverträge einzutreten[38] und gar Rückstände zu übernehmen.

5.2 Wenn das Versorgungsunternehmen (wie zumeist) eine Monopolstellung einnimmt, kann der Zwangsverwalter Versorgung mit Strom, Gas, Wasser (dazu[38]) oder Fernwärme über den bestehenden Anschluß verlangen (so[39] für Energiewirtschaftsgesetz § 6 Abs 1). Der Kontrahierungszwang schränkt aber die Befugnis des Versorgungsunternehmens nicht ein, vom Zwangsverwalter mit Vorauszahlungen Sicherstellung seiner Lieferforderungen während der Zwangsverwaltung (auch der Restforderungen über Abschlagszahlungen hinaus) zu verlangen, wenn ihm ungesicherte Versorgung aus wirtschaftlichen Gründen nicht zugemutet werden kann[40]. Durch Verweigerung der Belieferung kann das Versorgungsunternehmen den Zwangsverwalter jedoch nicht zwingen, in den Vertrag mit dem Schuldner einzutreten und dessen Verbindlichkeiten für die aus der Zeit vor der Beschlagnahme liegende Belieferung zu bezahlen oder doch anzuerkennen[41]. Seine Monopolstellung darf das Versorgungsunternehmen nicht dazu ausnutzen, sich entgegen der grundsätzlichen Verpflichtung des Zwangsverwalters, Verbindlichkeiten aus der Zeit vor der Beschlagnahme nur nach Maßgabe des § 155 in der vorgesehenen Rangfolge zu decken, mit der ihm im Verfahren nicht zukommenden vorrangigen Tilgung der Rückstände eine bevorzugte Stellung zu verschaffen[42]. Ein Versorgungsunternehmen mit Monopolstellung handelt vielmehr mit der Weigerung, einen Versorgungsvertrag mit dem Zwangsverwalter frei von den rückständigen Zahlungsverpflichtungen aus dem Vertragsverhältnis des Schuldners zu erfüllen, sittenwidrig[43] (verpflichtet insbesondere bei Abschalten der Versorgung zu Schadenersatz[43] nach BGB § 826).

5.3 Lieferanten für Heizöl, Kohle, Koks gibt es genügend, wenn nicht durch ungewöhnliche Witterungsverhältnisse, Streik oder behördliche Eingriffe Schwierigkeiten entstehen, so daß der Zwangsverwalter, der sonst das Grundstück nicht nutzen kann, gezwungen ist, die Rückstände zu zahlen, diese aber als Ausgaben der Verwaltung und nur mit Genehmigung des Gerichts. Gericht und Verwalter müssen hier beweglich genug sein, wie der Eigentümer zu handeln und größeren Schaden abzuwenden.

5.4 Vorsicht ist geboten, wenn der Zwangsverwalter es dem Schuldner ermöglicht, Heizmaterial selbst zu beschaffen. Wenn der Schuldner notwendiges Heizöl für beschlagnahmte Miethäuser bestellt und der Zwangsverwalter die Ölrechnungen ohne weiteres bezahlt, kann der Lieferant für in der Folgezeit eigenmächtig bestellte weitere Heizöllieferungen von einer konkludenten Zustimmung des Zwangsverwalters ausgehen (so für Vergleichsverwalter[44]). Der Lieferant ist daher darauf hinzuweisen, daß der Schuldner zu weiteren Bestellungen nicht ermächtigt ist.

5.5 Wartungsverträge für Heizanlagen sollten grundsätzlich weitergeführt werden. Auch hier können mit Monopolstellung ausgestattete Unternehmen bei komplizierten Anlagen die Zahlung ihrer Rückstände vor Abschluß eines neuen Vertrages verlangen. Es ist abzuwägen, ob eine Wartung durch Dritte, der Einbau einer neuen Anlage, die Vereinbarung mit den Mietern, diese sollten Öfen aufstellen, oder die Zahlung der alten Schuld für die Verwaltung günstiger ist. Abweichung von der Regel ist nur mit Genehmigung des Gerichts möglich.

---

[38] RG 142, 85 (93).
[39] LG Oldenburg NJW-RR 1992, 53.
[40] OLG Düsseldorf NJW-RR 1989, 1457 und ZIP 1989, 1002.
[41] OLG Düsseldorf und LG Oldenburg je aaO (Fußn 39, 40); Dassler/Muth § 152 Rdn 23; Mohrbutter/Drischler Muster 154 Anm 7; Steiner/Hagemann § 152 Rdn 13.4.
[42] RG 132, 273 (274).
[43] LG Oldenburg NJW-RR 1992, 53.
[44] OLG Celle ZIP 1981, 1233.

Aufgaben des Zwangsverwalters, Miet- und Pachtverträge 6.2 § 152

Gewerbliche Tätigkeit; Gewerbebetrieb 6

6.1 Grundsätzlich hat der Zwangsverwalter **nur das** beschlagnahmte **Grundstück** mit allem, was der Beschlagnahme unterliegt, zu verwalten. Wie steht es aber mit einem auf dem Grundstück ausgeübten Gewerbebetrieb des Schuldners (Gaststätte, Hotel, Kurheim, Werkstätte, Fabrik, Elektrizitätswerk usw)? Er soll **nach einer** (früher verbreiteten) **Ansicht** vom Zwangsverwalter für Rechnung der Masse weiter betrieben werden dürfen, und zwar zeitweise oder dauernd[45], oder auch durch Verpachtung genutzt werden können[46]. Einschränkend wird auch gesagt, der Zwangsverwalter dürfe den Gewerbebetrieb nur mit Gegenständen weiterführen, die von der Beschlagnahme ergriffen seien[47] oder wenn er über die nötigen Kenntnisse und Fähigkeiten verfüge, da er sonst aus schlechter Führung dem Schuldner haftet[48], oder nur mit Zustimmung des Schuldners und der Beteiligten, wenn die Nutzung des Grundstücks den Charakter eines Gewerbebetriebes habe (land- und forstwirtschaftlicher Betrieb) oder wenn mit dem Grundstück eine reale Gewerbeberechtigung (heute meist überholt) verbunden sei[49] oder wenn das Grundstück nur hierdurch möglichst günstig genutzt werden könne[50]. Es wird auch zugegeben, daß gegen die Betriebsführung des Zwangsverwalters öffentlichrechtliche Bedenken bestehen können, in denen der Verwalter nicht immer die Rechte des Schuldners ausüben könne (zB bei einer Apotheke), so daß mindestens die öffentlichrechtlichen Voraussetzungen erfüllt sein müßten[51]. Aus einem gleichzeitig laufenden Konkursverfahren, so meint man, sei ein Beschluß der Gläubigerversammlung über die Schließung oder Fortführung des Betriebes aus KO § 132 auch für den Zwangsverwalter bindend und das Vollstreckungsgericht müsse diesen anweisen, sich daran zu halten[52].

6.2 Rechte und Pflichten des Zwangsverwalters bestimmen sich durch den **Zweck der Verwaltung** (so schon[53]). Als Vollstreckungsverfahren in ein **Grundstück** zielt Zwangsverwaltung auf Befriedigung des Gläubigers nach Wegfertigung der laufenden Ansprüche der Beteiligten aus den Nutzungen des Grundstücks (vgl § 155). Dem Schuldner wird daher durch die Beschlagnahme die Verwaltung und Benutzung des Grundstücks entzogen (§ 148 Abs 2). Der Zwangsverwalter hat demzufolge das Recht und die Pflicht, alle Handlungen vorzunehmen, die erforderlich sind, um **das Grundstück** in seinem wirtschaftlichen Bestande zu erhalten und ordnungsgemäß **zu benutzen** (Abs 1). Solche Grundstücksnutzung des Zwangsverwalters kann ihm Einnahmen bringen, die gewerblichen Charakter haben. Gewerbliche Tätigkeit kann dem Zwangsverwalter daher entfallen, wenn das beschlagnahmte Grundstück dafür Betriebsgrundlage ist (Rdn 6.3 und 6.4). Einer Zwangsverwaltung ist als Vollstreckungsverfahren mit Zugriff auf das Grundstück und mithaftende Gegenstände, insbesondere Zubehör, sowie Grundstücksnutzungen (vgl § 148 Abs 1 mit § 21 Abs 2) jedoch nicht die Aufgabe gesetzt, einen

---

[45] RG 93, 1 und 135, 197; BArbG AP BGB § 613 a Nr 19 mit Anm Vollkommer = KTS 1980, 389 = NJW 1980, 2148; ArbG Lübeck BB 1979, 989 mit Anm Dauenheimer; Jaeckel/Güthe § 152 Rdn 4; Mohrbutter/Drischler Muster 154 Anm 8; Mohrbutter, Haftung des Zwangsverwalters (Festschrift Verlag Heymann, 1965), Seite 163; Mohrbutter, Handbuch des Vollstreckungsrechts, § 54 (II); Berges KTS 1956, 113 (115); Mohrbutter KTS 1956, 107 (5) und KTS 1963, 21; Drischler RpflJahrbuch 1959, 273 (B III c) und RpflJahrbuch 1970, 365 (7 b).
[46] LG Oldenburg DGVZ 1984, 90 = Rpfleger 1984, 195 = ZIP 1984, 888.
[47] Vollkommer AP BGB § 613 a Nr 19 (Anmerkung); Söllner, Der Zwangsverwalter nach dem ZVG zwischen Unternehmer und Vollstreckungsorgan, 1992.
[48] Herold Betrieb 1958, 1063 (2).
[49] Nußbaum, Zwangsversteigerung, § 29 (VII).
[50] Brand/Baur, Zwangsversteigerungssachen, § 114 (V).
[51] Herold Betrieb 1958, 1063 (2).
[52] Mohrbutter/Drischler Muster 154 Anm 8.
[53] Motive zum ZVG S 239 (zu § 197).

Gewerbebetrieb einzurichten (Rdn 6.5). Gleichermaßen hat Zwangsverwaltung als Vollstreckungszugriff auf das Grundstück nicht die Fortführung eines Gewerbebetriebs allein deshalb zum Ziel, weil der Schuldner nicht nur Grundstückseigentümer, sondern zugleich auch Betriebsinhaber ist (Rdn 6.6). Trotz sonach möglicher Abgrenzung können Einzelfälle nicht leicht einzuordnen sein (Rdn 6.7).

6.3 Der Zwangsverwalter hat **grundsätzlich** (nach dem Verfahrensziel, nur) das **Grundstück** mit denjenigen Gegenständen, auf die sich die Beschlagnahme erstreckt (§§ 20, 146) in seinem wirtschaftlichen Bestande zu erhalten und **ordnungsgemäß zu nutzen**. Er hat alle dazu erforderlichen Handlungen vorzunehmen. Zur Verwaltung und Benutzung des Grundstücks erforderliche Handlungen können **auch als gewerbliche Tätigkeit** zu werten sein; dann ist diese Verwalteraufgabe. Dafür kann von der Begriffsbestimmung ausgegangen werden, die Einkommensteuergesetz § 15 Abs 1 Nr 1 für Gewerbebetrieb und gewerbliche Unternehmen gibt. Danach ist Vermietung und Verpachtung von Grundbesitz (auch bei Vermietung gewerblicher Räume) zwar grundsätzlich Vermögensverwaltung. Unter besonderen Umständen sprengt Vermietung aber diesen Rahmen, so wenn ständiger und schneller Wechsel der Mieter eine Tätigkeit erfordert, die über das bei langfristigen Vermietungen übliche Maß hinausgeht oder wenn der Vermieter Verpflichtungen über die bloße Vermietertätigkeit hinaus übernimmt (Reinigung der Räume, Herrichten eines Saales für Veranstaltungen). Ermöglichen und erfordern Verwaltung des Grundstücks und der beschlagnahmten beweglichen Gegenstände solche Tätigkeit (ist mithin das Grundstück Betriebsgrundlage gewerblicher Tätigkeit, so[54]), so hat sie der Zwangsverwalter im Rahmen seiner Aufgaben und Pflichten nach § 152 wahrzunehmen. Dafür kommt es nicht darauf an, ob der Schuldner das Grundstück schon in gleicher Weise gewerblich genutzt hat oder ob der Verwalter die gewerbliche Nutzungsart neu beginnt. Immer kann der Zwangsverwalter Hilfskräfte zu unselbständigen Tätigkeiten unter seiner Verantwortung heranziehen (ZwangsverwalterVO § 1 Abs 2 Satz 3). Gehalten ist er nur, die Art der Benutzung des Grundstücks, die bis zur Anordnung der Verwaltung bestanden hat, in der Regel beizubehalten (ZwangsverwalterVO § 5 Abs 1) und eine Entscheidung des Gerichts einzuholen, wenn eine Abweichung geboten ist (ZwangsverwalterVO § 5 Abs 3). Gewerbliche Tätigkeit solcher Art, die zum Aufgabenkreis des Zwangsverwalters gehört und von ihm unter Heranziehung von Hilfskräften wahrzunehmen ist, kann sein
- kurzfristige Vermietung eines Grundstücks an wechselnde Besitzer (zu solchen Fällen auch[54]), zB durch Betrieb eines Parkhauses, Betrieb eines bewachten Parkplatzes durch Nutzung der Flächen eines unbebauten Grundstücks in der Innenstadt, Betrieb eines Campingplatzes (zB an einem Seegrundstück) mit kurzfristiger Vermietung von Stellplätzen (nicht auch Unterhaltung eines Wirtschafts- und Kantinenbetriebs), Vermietung von Tennisplätzen und damit auch Betrieb einer Tennis- oder Squashhalle,
- bei Übernahme von Verpflichtungen über bloße Verwaltertätigkeit hinaus die Vermietung eines Sitzungssaales oder ähnlicher Räume für regelmäßig kurze Zeit (für einzelne Tage oder auch Stunden), so für Konzerte und andere Veranstaltungen.

6.4 Mit ordnungsmäßiger Grundstücksnutzung kann es bei Grundstücken, deren Benutzung in der **Ausbeute von Bodenbestandteilen** besteht (Lehm, Kies, Torf, Sand, Steine), zu den Verwalteraufgaben gehören, die Gewinnung von Bodenbestandteilen aufzunehmen oder fortzusetzen. Gewonnene, für die Verwaltung aber entbehrliche Bodennutzungen hat der Verwalter dann in Geld umzusetzen (Abs 1). Bodenbewirtschaftung mit Gewinnung von Bodenbestandteilen kann in besonderen Fällen Gewerbetätigkeit sein (Einkommensteuergesetz § 15 Abs 1 Nr 1; auch Bewertungsgesetz § 95 Abs 2). Dann ist diese Verwalterauf-

---

[54] OLG Celle NdsRpfl 1989, 226 = NJW-RR 1989, 1200 = Rpfleger 1989, 519.

Aufgaben des Zwangsverwalters, Miet- und Pachtverträge   6.6   **§ 152**

gabe[55] (zur Abgrenzung der gewerblichen Verwaltertätigkeit zum Gewerbebetrieb des Schuldners siehe das Rdn 6.7 Gesagte).

6.5 Merkmale gewerblicher Tätigkeit sind selbständige und nachhaltige Tätigkeit in der Absicht, durch Beteiligung am allgemeinen Wirtschaftsverkehr Gewinn zu erzielen; Land- und Forstwirtschaft sowie freiberufliche Tätigkeit gehören nicht dazu. **Solche** (gewerbliche) **Tätigkeit** ist nicht Verwalteraufgabe, sofern sie nicht ausnahmsweise (Rdn 6.3 und 6.4) mit Grundstücksnutzung durch den Verwalter zu erfolgen hat. Der Zwangsverwalter hat in dieser Eigenschaft daher nicht das Recht und nicht die Pflicht, einen Gewerbebetrieb zu führen. **Gewerberäume,** die der Zwangsverwalter bei Übernahme des Grundstücks (Besitzverschaffung nach § 150 Abs 2) leer antrifft (einen Laden, Büroräume, eine Werkstätte, eine Tankstelle, Fabrikhallen) kann er daher **durch Vermietung nutzbar** machen, nicht aber für einen erst einzurichtenden Gewerbebetrieb selbst nutzen. Das entspricht dem auf Gläubigerbefriedigung aus den Nutzungen des Grundstücks gerichteten Verfahrensziel. Dieser Zweck der Verwaltung verbietet eine Tätigkeit des Zwangsverwalters, die darauf gerichtet ist, als Gewerbetreibender selbständige Einkünfte zu erstreben. Daher kann der Zwangsverwalter einen Gewerbebetrieb nicht neu organisieren[56], das Grundstück (oder Teile des Grundstücks) mithin auch nicht einem neu zu errichtenden eigenen Gewerbebetrieb widmen. Einrichtung, Aufnahme und Führung des Betriebs eines voll- oder minderkaufmännischen Handelsgewerbes oder eines sonstigen gewerblichen Unternehmens ist nicht Verwaltung und Benutzung des Grundstücks, gehört sonach nicht zum Aufgabenkreis des Verwalters. Verfahrensziel und Beschlagnahmeumfang schließen daher eine gewerbliche Tätigkeit des Zwangsverwalters aus (Ausnahmen Rdn 6.3 und 6.4) und verbieten damit auch, daß der Verwalter das Grundstück dafür (ganz oder teilweise) einem Betriebsvermögen zuführt. Welche gewerbliche Tätigkeit in einem leerstehenden Laden sollte auch Nutzung des Grundstücks erfordern? Betrieb eines Lebensmittelgeschäfts, einer Textilhandlung, einer Eisenwarenhandlung oder eines Spielwarengeschäfts? Und wie sollte der Zwangsverwalter nach Aufhebung des Verfahrens über Grundstück samt Zubehör (§ 161 Rdn 5) hinaus andere zum Betriebsvermögen gehörende Wirtschaftsgüter dem Schuldner zurückgeben, wenn dieser zur Betriebsübernahme nicht bereit ist?

6.6 Gewerbliche Tätigkeit mit **Betriebsfortführung** gehört gleichermaßen nicht zu den Verwalteraufgaben[57]. Die Beschlagnahme sichert den Erfolg des Vollstreckungsverfahrens mit Zugriff auf das Grundstück und mithaftende Gegenstände. Nur dieses Sondervermögen kann als Sondervermögen (vgl Rdn 3.5) nach gesetzlichen Vorschriften der Gläubigerbefriedigung dienen. Auf anderes Schuldnervermögen und demgemäß auf die zu einem Betriebsvermögen gehörenden beweglichen Sachen (die nicht Zubehör des Grundstücks sind), erstreckt sich die Beschlagnahme nicht; diese Vermögenswerte bleiben beschlagnahmefrei. Sie erfaßt daher einen auf dem Grundstück vom Schuldner ausgeübten Gewerbebetrieb als solchen nicht[58] (somit nicht einen vom Grundstück „ablösbaren" Betrieb, so[59]). Zum Vermögen eines Gewerbebetriebs gehören nicht nur Betriebsgrundstücke, sondern alle Teile der wirtschaftlichen Einheit, die dem Betrieb des Gewerbes als Hauptzweck dienen (Bewertungsgesetz § 95 Abs 1), sonach auch der Warenbestand eines auf dem Grundstück betriebenen Einzel- oder Großhandelsgeschäfts, Rohstoffe, Halbfertig- und Fertigerzeugnisse eines

---

[55] OLG Hamm OLGZ 1994, 611 = Rpfleger 1994, 515.
[56] Steiner/Hagemann § 152 Rdn 89.
[57] LArbG Hamm ZIP 1987, 91 (99); Steiner/Hagemann § 152 Rdn 81–85.
[58] BArbGG AP BGB § 613 Nr 19 mit Anm Vollkommer = aaO (Fußn 45); LArbG Bremen Betrieb 1987, 1847 Leitsatz; LArbG Hamm ZIP 1987, 91; Dassler/Muth § 152 Rdn 18; Steiner/Hagemann § 152 Rdn 81–85.
[59] OLG Celle aaO (Fußn 54); OLG Hamm aaO (Fußn 55).

§ 152 6.6   Zwangsverwaltung

Fabrikationsbetriebs, Maschinen, die nicht Zubehör des Grundstücks sind, Außenstände, Geschäftsbücher, Beziehungen zu Lieferanten und zum Kundenkreis usw. Gewerbebetrieb ist somit das Unternehmen des Schuldners mit allen seiner Tätigkeit gewidmeten Sachen und Rechten, Verhältnissen und Beziehungen. Gegenstand von Vollstreckungsmaßnahmen kann ein solches gewerbliches Unternehmen in seiner rechtlichen Gesamtheit überhaupt nicht sein[60]. Daher kann Vollstreckung in ein Betriebsgrundstück als Einzelgegenstand, der zu einem Betriebsvermögen gehört, den Schuldner auch nicht von der Führung seines gewerblichen Betriebs ausschließen. Vollstreckung nur in ein Betriebsgrundstück kann daher auch dem Verwalter den Besitz des Gewerbebetriebs nicht verschaffen, mithin auch eine Betriebsführung durch ihn weder ermöglichen noch rechtfertigen. Grundstück und Gewerbebetrieb sind verschiedene Rechtsgüter (so anschaulich für Entschädigung wegen Einbuße im Gewerbebetrieb[61]). Mit der Beschlagnahme verliert der Schuldner nur die Verwaltung und Benutzung des Grundstücks (§ 148 Abs 2), nicht auch Rechte an seinem Gewerbebetrieb. Nur soweit zum Zwecke der Erhaltung oder ordnungsmäßigen Nutzung eine dem Schuldner demnach untersagte tatsächliche oder rechtliche Verfügung über das Grundstück erforderlich ist, wird sie durch den Verwalter ausgeübt (Denkschrift S 62). Zum Eingriff in den Gewerbebetrieb des Schuldners hat der Zwangsverwalter aber keinerlei Befugnis. Zum Verkauf bestimmte Waren in einem Einzelhandelsgeschäft sind jedenfalls nicht Zubehör des Grundstücks; sie unterliegen daher nicht der Beschlagnahme, so daß der Zwangsverwalter mit ihnen keinesfalls den Gewerbebetrieb fortführen kann. Der Zwangsverwalter kann nur den Besitz des Betriebsgrundstücks (oder der Geschäftsräume des Schuldners im Beschlagnahmegrundstück) erlangen. Aufgaben und Rechte hat er nach § 152 nur für dessen Verwaltung. Deren Erfüllung könnte es erfordern, die Zugehörigkeit des Grundstücks zum Gewerbebetrieb des Schuldners zu lösen. Ob es sinnvoll ist, dem Schuldner ein Betriebsgrundstück (oder Geschäftsräume) wegzunehmen und ob erforderliche Zwangsmaßnahmen bei zu erwartender Dauer der Verwaltung durchführbar sein werden, kann sich nur aus den Umständen des Einzelfalls ergeben. Erweist sich Lösung des Betriebsgrundstücks (der Geschäftsräume) vom Gewerbebetrieb des Schuldners als nicht sachgerecht oder nur schwer durchführbar, so rechtfertigt das aber keinen Eingriff in den nicht beschlagnahmten Gewerbebetrieb (als selbständiges Rechtsgut) durch den Zwangsverwalter. Dann kann der Zwangsverwalter den nicht beschlagnahmten Gewerbebetrieb auch nicht im Einvernehmen mit dem Schuldner zur Weiterführung übernehmen (Rdn 6.8). Räume oder Grundstücksflächen, die vom Schuldner zu Geschäftszwecken benutzt werden, desgleichen (beschlagnahmte) Maschinen[62] und sonstiges Grundstückszubehör, könnten diesem dann jedoch gegen angemessenes Entgelt überlassen werden (ZwangsverwalterVO § 5 Abs 2 Satz 3). Schuldnerschutz nach ZPO § 765 a wäre zudem in Sonderfällen denkbar.

6.7 Die zu einem **gewerblichen Betrieb** des Schuldners gehörenden Wirtschaftsgüter können **im wesentlichen** aus dem **Grundstück** und den Gegenständen bestehen, auf die sich die Zwangsverwaltungsbeschlagnahme erstreckt. Insbesondere kann dann das Beschlagnahmegrundstück für den Betrieb eines bestimmten Gewerbes in besonderer Weise ausgebaut sein[63]. Dann ergeben sich Abgrenzungsschwierigkeiten. Beispiele: Hotel, Gaststätte, Gästehaus mit Gaststätte[64], Kurheim, Kurklinik, Fremdenheim, Freizeitpark (mit Läden und Gaststät-

---

[60] RG 95, 235 (237) und 134, 91 (98); OLG Hamm aaO (Fußn 55); Stöber, Forderungspfändung, Rdn 1540.
[61] BGH BB 1972, 1031 = MDR 1972, 849 = NJW 1972, 1666.
[62] LArbG Hamm ZIP 1987, 91.
[63] OLG Celle aaO (Fußn 54); OLG Hamm aaO (Fußn 55).
[64] LArbG Bremen Betrieb 1987, 1847 Leitsatz.

ten)[65] Altenheim, Pflegeheim, aber auch Konzertsaal und Theatergebäude. Eine Lösung läßt sich hier nicht mit der durchweg anzutreffenden Fragestellung finden, ob der Zwangsverwalter in einem solchen Fall zur Führung des Gewerbebetriebs des Schuldners verpflichtet oder wenigstens berechtigt ist. Das ist nach dem Rdn 6.6 Gesagten ausgeschlossen[65], weil der Gewerbebetrieb selbständiges Rechtsgut ist, auf das sich Beschlagnahme und Verwalterbefugnisse nicht erstrecken. Daraus, daß der Schuldner zur Fortführung seines Gewerbebetriebs selbst nicht mehr in der Lage ist, weil er mit dem Betriebsgrundstück die Verwaltungs- und Verfügungsbefugnis über die gesamten sachlichen (auf dem Grundstück befindlichen) Betriebsmittel verliert (zutreffend so[66]), folgt nicht auch, daß eine Fortführung des Gewerbebetriebs des Schuldners Aufgabe des Zwangsverwalters wäre, daß dieser mithin den Gewerbebetrieb im eigenen Namen für Rechnung der Masse fortführen müsse oder doch dürfe (so aber[66] mit Nachweisen; auch[67] für hotelähnliche Unterkunft für Aussiedler). Dabei kann es nicht darauf ankommen, daß der von der Beschlagnahme ergriffene Vermögensverband so umfassend ist, daß jedenfalls bei einem grundstücksbezogenen Gewerbebetrieb (Hotel, Sanatorium, Ziegelei, Zeche usw) in aller Regel eine Betriebsfortführung möglich wäre, ohne daß mit ihr zwangsläufig in nicht beschlagnahmte Rechte des Schuldners eingegriffen würde (so aber[68]). Vielmehr kann das gewerbliche Unternehmen des Schuldners nicht Gegenstand von Vollstreckungsmaßnahmen sein (Rdn 6.6), sonach in seiner rechtlichen Gesamtheit auch nicht durch Beschlagnahme den Rechten und Pflichten des Zwangsverwalters unterstellt werden. Der Zwangsverwalter kann den Besitz des Betriebsgrundstücks und des ihm dienenden Zubehörs erlangen und dieses in Erfüllung der ihm mit § 152 gesetzten Aufgaben verwalten (Rdn 6.6). Seine Grundstücksverwaltung kann es erfordern, die Art der Benutzung des Grundstücks, die bis zur Anordnung der Verwaltung bestanden hat, beizubehalten (ZwangsverwalterVO § 5 Abs 1). Dann ist gewerbliche Nutzung des Grundstücks (so eines Hotels, einer Pension, eines Übernachtungsheims, eines Kurheims usw durch Vermietung der Räume an wechselnde Gäste) Tätigkeit des Zwangsverwalters, mit der er seine ihm durch Beschlagnahme und Bestellung übertragenen Verwalteraufgaben ausübt (§ 152; so wohl auch[69]), nicht aber Fortführung eines Gewerbebetriebs des Schuldners (anders scheinbar[70]). Der Zwangsverwalter tritt daher auch nicht in betriebliche Schuldverhältnisse ein (allgemeine Ansicht; s Rdn 6.12, auch Rdn 4). Ob es sinnvoll ist, daß der Verwalter ein Grundstück in solcher Weise nutzt oder ob die Räume vermietet[71] oder dem Schuldner zu Geschäftszwecken gegen angemessenes Entgelt überlassen werden sollen[71], müssen die Besonderheiten des Einzelfalls zeigen. Der Verwalter wird hierüber zumeist eine Weisung des Vollstreckungsgerichts (§ 153 Abs 1) herbeiführen. Betrieb eines Hotels und einer Kurklinik mit rund 80 Arbeitnehmern (darunter medizinische Fachkräfte; so der von[72] entschiedene Fall) kann aber wohl nicht mehr zu den Handlungen gerechnet werden, die der Erhaltung und ordnungsgemäßen Benutzung des Grundstücks dienlich sind und daher durch den Aufgabenkreis des Verwalters (§ 152) kaum noch gedeckt sein.

6.8 Verwaltung und Benutzung des Grundstücks und beschlagnahmter Gegenstände durch **gewerbliche Vermietung** (Rdn 6.3 und 6.7) kann nicht nur Zuziehung (Beschäftigung) von Hilfspersonen (Rdn 6.3) und Eintritt in Verträge mit Dritten (Rdn 6.12, auch Rdn 3.15) erfordern, sondern auch vertragliche **Rege-**

---

[65] OLG Hamm aaO (Fußn 55).
[66] Vollkommer AP BGB § 613 a Nr 19 (Anmerkung).
[67] LG Bamberg Rpfleger 1992, 309 mit abl Anm Hintzen.
[68] Vollkommer AP BGB § 613 a Nr 19 (Anmerkung); LG Trier Rpfleger 1989, 76.
[69] OLG Celle aaO (Fußn 54).
[70] LArbG Bremen Betrieb 1977, 1847 Leitsatz.
[71] OLG Hamm aaO (Fußn 55).
[72] BArbG AP BGB § 613 a Nr 19 mit Anm Vollkommer = aaO (Fußn 45).

§ 152 6.8 Zwangsverwaltung

lungen mit dem Schuldner. Beispiele: Übernahme des Warenbestands (Warenvorräte können aber Zubehör sein; dazu[73]), zB der Verpflegungsvorräte und des Getränkelagers einer Fremdenpension, des nicht als Zubehör geltenden Geschirrs, das in der Hotelküche verwendet wird, der Geschäftsbücher und des Schriftwechsels mit Gästen. Mit dem Recht und der Pflicht zur Vornahme aller für Grundstücksverwaltung erforderlichen Handlungen erstrecken sich die Befugnisse des Zwangsverwalters (§ 152) auch darauf, durch Verträge mit dem Schuldner Gegenstände, die nicht der Beschlagnahme unterliegen, in Anspruch zu nehmen (insoweit zutreffend[74]). Das ermöglicht es dem Verwalter jedoch nicht, durch entsprechende Verträge mit dem Schuldner dessen auf dem Grundstück bereits ausgeübten Gewerbebetrieb zur Fortführung zu übernehmen. Auf Schuldnervermögen, das nicht Gegenstand eines Vollstreckungszugriffs ist, kann ein Vollstreckungsverfahren auch nicht durch vertragliches Einvernehmen mit dem Schuldner ausgedehnt werden. Betriebsfortführung, die nicht Verwalteraufgabe ist, kann dieser daher auch nicht vertraglich übernehmen (so auch[75]; anders aber[76]: mit Zustimmung des Schuldners Fortführungs des Gewerbebetriebs). Der in § 152 geregelte Aufgabenkreis des Verwalters legitimiert ihn dazu nicht. Auch mit Zustimmung des Schuldners darf der Zwangsverwalter dessen Gewerbebetrieb nicht fortführen, weil das gesetzlich nicht zu seinen Aufgaben gehört und diese Aufgaben weder vom Zwangsverwalter noch vom Schuldner noch vom Gericht erweitert werden können.

6.9 Ergebnis: Keinesfalls darf der Zwangsverwalter als solcher den Betrieb des Vollstreckungsschuldners in den beschlagnahmten Räumen **fortführen**[77]. Das ist hier ganz anders als beim Konkurs- oder Nachlaßverwalter, die das ganze Vermögen verwalten, während der Zwangsverwalter nur einen bewußt begrenzten Vermögensabschnitt zu betreuen hat, nämlich das Grundstück. Zu diesem aber gehört der Gewerbebetrieb eben nicht. Auch mit Zustimmung des Schuldners darf der Zwangsverwalter den Betrieb nicht fortführen, weil das gesetzlich **nicht zu seinen Aufgaben gehört.** Gegen diese Haltung hat[78] Bedenken, weil eine auch nur vorübergehende Schließung des Betriebs zu wirtschaftlichen Schäden führe, Kunden sich verliefen, technische Schäden entstehen könnten. Ähnlich meint[79], daß die Stillegung nicht im Interesse der Masse liege. Ein pflichtbewußter Zwangsverwalter kann solche Schäden auch vermeiden, wenn er den Betrieb nicht fortführt, indem er rasch und zielbewußt handelt, etwa zunächst den Schuldner selbst seinen Betrieb fortführen läßt, bis er einen besser geeigneten Bewerber hat. Was hier an Nachteilen entsteht, kann genau so eintreten, wenn etwa der Betriebsinhaber plötzlich schwer erkrankt, stirbt oder etwa verhaftet wird. Der Gesetzgeber, der das ZVG schuf, war mit solchen Fragen wohl vertraut. Auch im Jahre 1900 gab es auf zwangsverwalteten Grundstücken Gewerbebetriebe. Zu jener Zeit entstanden auch die Vorschriften der Konkursordnung. In dem logisch aufgebauten ZVG hätte der Gesetzgeber, wenn er gewollt hätte, die Einbeziehung eines Gewerbebetriebes ähnlich regeln können, er hat sich aber bewußt auf das Grundstück beschränkt[80]. Nur dieses untersteht dem Zwangsverwalter. Es gibt keine Gesamtvermögens-Zwangsverwaltung. **Grundstück und Betrieb lassen sich,** wenn auch manchmal mit Schwierigkeiten, durchaus buchungstechnisch und tatsächlich voneinander **trennen.** Gewisse Nachteile müssen dabei als Folgen der Zahlungssäumnis des Schuldners wie bei anderen Vollstreckungsmaßnahmen in Kauf ge-

---

[73] OLG Celle aaO (Fußn 54).
[74] BArbG aaO (Fußn 45).
[75] Steiner/Hagemann § 152 Rdn 85.
[76] OLG Celle aaO (Fußn 54); LG Bamberg aaO (Fußn 67).
[77] Nußbaum, Zwangsversteigerung, § 29 (VII); Schmidt/Futterer DWW 1968, 453 (II):
[78] Mohrbutter/Drischler Muster 154 Anm 8.
[79] Drischler aaO (Fußn 45).
[80] OLG Hamm aaO (Fußn 55).

Aufgaben des Zwangsverwalters, Miet- und Pachtverträge   6.12   § 152

nommen werden (auch andere Vollstreckungsmaßnahmen, die nicht geheim bleiben, können Lieferanten und Kunden vertreiben).

6.10 Wo entgegen dieser Auffassung dem Zwangsverwalter vom Vollstreckungsgericht erlaubt wird, einen Gewerbebetrieb fortzuführen, darf der **Betrieb** vom Zwangsverwalter **keinesfalls umgestaltet,** rationalisiert und modernisiert werden. Schon dieses Problem, erst recht die Fragen von Personaleinstellung, Personalentlassung, Werbung, Erweiterung oder Verringerung des Geschäftskreises usw zeigen, wie unzumutbar es für einen Zwangsverwalter ist, den Betrieb des Schuldners fortzuführen. Wem soll er darüber Rechnung legen (das Gericht geht dies nichts an), was soll er mit Gewinnen tun (den Zwangsverwaltungsgläubigern gebühren sie nicht) usw? Einnahmen der Zwangsverwaltung sind auf jeden Fall **nur die reinen Einnahmen aus dem Verwaltungsobjekt,** nicht die aus dem Betrieb (anders[81]: die Einkünfte aus einem Privatkrankenhaus auf dem zwangsverwalteten Grundstück gehörten in die Zwangsverwaltungsmasse; wo ist die Grundlage im ZVG?).

6.11 Wenn das Grundstück des Schuldners zum Betriebsvermögen des gewerblichen **Betriebs einer BGB-Gesellschaft** oder einer Personenhandelsgesellschaft (offene Handelsgesellschaft, Kommanditgesellschaft) gehört, an der der Schuldner als Gesellschafter beteiligt ist, kann die Betriebsführung nicht Verwalteraufgabe sein. Der Zwangsverwalter ist dann zur Führung des Gewerbebetriebs der Gesellschaft weder verpflichtet noch berechtigt. Grundstücksbesitz der Gesellschaft erfordert dann, daß der Verwalter vom Besitzer Herausgabe des Grundstücks verlangt (§ 150 Rdn 3.6) oder die durch ein Besitzrecht von der Gesellschaft geschuldeten Ansprüche, auf welche sich die Beschlagnahme erstreckt, geltend macht.

6.12 Bedeutung erlangt die Frage der Betriebsfortführung durch den Zwangsverwalter für die den Gewerbebetrieb des Schuldners betreffenden **Schuldverhältnisse** des Schuldners mit Lieferanten, Abnehmern oder Arbeitnehmern (s bereits Rdn 4.1). Diese haben selbst zwar keinen Anspruch gegen den Zwangsverwalter auf Fortführung des Betriebs und Fortsetzung der Vertragsverhältnisse[82]. Wenn man Betriebsfortführung für zulässig erachtet und der Zwangsverwalter sich dazu entschließt, führt das allein auch noch nicht dazu, daß der Zwangsverwalter in betriebliche Schuldverhältnisse eintritt[82]: Der Zwangsverwalter muß daher in die der Fortführung des Gewerbebetriebs dienenden Verträge mit Dritten eintreten, das heißt mit diesen seinen Eintritt in das Vertragsverhältnis jeweils vereinbaren. In der Entscheidung, ob er zur ordnungsgemäßen Nutzung des Grundstücks in bestehende Verträge eintreten oder neue Verträge mit anderen Personen schließen will, ist der Zwangsverwalter frei[82]. In die Rechte und Pflichten aus den im Zeitpunkt der Betriebsübernahme bestehenden Arbeitsverhältnissen mit dem Schuldner soll der Zwangsverwalter mit Betriebsfortführung jedoch nach § 613 a BGB automatisch eintreten[83] ([84]auch zur Vereinbarung, daß das Arbeitsverhältnis nur noch befristet fortgesetzt werde). Hierfür wird Betriebsübergang durch Rechtsgeschäft angenommen, weil der Zwangsverwalter zur Nutzung nicht beschlagnahmter Gegenstände, Betriebsmittel, Materialien, gewerblicher Schutzrechte, Firma und ähnliches mit dem Schuldner entsprechende Rechtsgeschäfte (zumindest stillschweigend) abschließe. Wenn das richtig ist, wären Arbeitnehmer in all den Fällen (Rdn 6.3 und 6.4; zB Personal des Parkhauses; Aufsichtspersonen der Tennishalle) arbeitsrechtlich schutzlos, in denen es für gewerbliche Tätigkeit des Zwangsverwalters keiner rechtsgeschäftlichen Vereinbarung mit dem Schuldner bedarf. Zutreffend wird daher anzunehmen sein (so[85]), daß

---

[81] LG Karlsruhe Rpfleger 1975, 175.
[82] BArbG AP BGB § 613 a Nr 19 mit Anm Vollkommer = aaO (Fußn 45).
[83] BArbG AP BGB § 613 a Nr 19 mit Anm Vollkommer = aaO (Fußn 45); BArbG BB 1984, 1554 = Betrieb 1984, 1306 = WM 1984, 673.
[84] BArbG BB 1984, 1554 = Betrieb 1984, 1306 = WM 1984, 673.
[85] Vollkommer AP BGB § 613 a Nr 19 (Anmerkung).

§ 152 6.12 Zwangsverwaltung

eine dem Verwalter mögliche Betriebsfortführung vollstreckungsrechtlich keiner Einwilligung des Schuldners bedarf und daher infolge der Willensentschließung des Zwangsverwalters, an die Stelle des bisherigen Betriebsinhabers zu treten, als solche bereits ein Fall der rechtsgeschäftlichen Betriebsübernahme im Sinne des BGB § 613 a ist (anders[86]). Soweit die ordnungsgemäße Nutzung des beschlagnahmten Grundstücks die Fortführung des Betriebs geboten erscheinen läßt, gleichzeitig aber eine Beschränkung oder Rationalisierung und damit verbunden auch eine Reduzierung der Belegschaft erforderlich macht, soll der Zwangsverwalter aus dringenden betrieblichen Erfordernissen Arbeitnehmer kündigen können[87]. Nach der hier (Rdn 6.2–6.10) vertretenen Ansicht ist Verwaltertätigkeit Erfüllung der gesetzlichen Rechte und Pflichten, die sich nach dem Zweck der Verwaltung bestimmen und dem Verwalter mit Übernahme seines Amtes aufgetragen sind, nicht aber Betriebsübernahme. Daher kann der Verwalter auch nicht nach BGB § 613 a in Rechte und Pflichten aus bestehenden Arbeitsverhältnissen eintreten. Er kann vielmehr Hilfskräfte zu Tätigkeiten unter seiner Verantwortung heranziehen (ZwangsverwalterVO § 1 Abs 2 Satz 3). Das erfordert jedoch, daß er mit den Personen, die er als Hilfskräfte beschäftigt, Dienstverhältnisse begründet, sonach auch seinen Eintritt in bestehende Arbeitsverhältnisse vertraglich vereinbart.

6.13 Ein **Dritter** soll nach BGB § 613 a in die Rechte und Pflichten aus den Arbeitsverhältnissen eintreten, wenn der Zwangsverwalter den Gewerbebetrieb des Schuldners nicht selbst fortführt, sondern den Schuldunternehmen zur Betriebsfortführung **verpachtet**[88]. Zu beachten ist jedoch, daß der Zwangsverwalter das gewerbliche Unternehmen des Schuldners überhaupt nicht verpachten kann (so auch[89]). Es ist selbständiges Rechtsgut, auf das die Beschlagnahme sich nicht erstreckt (Rdn 6.6). Von Abschluß eines Pachtvertrags, der sich auf nicht beschlagnahmtes Schuldnervermögen bezieht, ist dringend abzuraten (Verpachtung des Gewerbebetriebs des Schuldners als Entlassungsgrund siehe § 153 Rdn 8.2). Der Zwangsverwalter kann nur das Grundstück mit den beschlagnahmten Gegenständen vermieten oder verpachten. Der Pächter kann das ihm auf solcher Grundlage überlassene Objekt gewerblich nutzen, mithin dort einen eigenen Gewerbebetrieb einrichten und betreiben. Er führt dann aber nicht einen durch Rechtsgeschäft erworbenen Gewerbebetrieb des Schuldners fort. Betriebsübergang mit Haftung nach BGB § 613 a kann daher nicht angenommen werden. Das kann anders zu werten sein, wenn die Betriebsverpachtung mit Einverständnis des Schuldners erfolgt. Dann ist Betriebsübergang durch Rechtsgeschäft aber mit Handeln des Schuldners als Betriebsinhaber gegeben.

7 Grundstücksbruchteile

7.1 Grundstücksbruchteile können Gegenstand der Zwangsverwaltung sein (ZPO § 864 Abs 2). Die Zwangsverwaltung eines Bruchteils ist aber **schwierig** und **meist nicht erfolgreich**. Der Verwalter darf ja nur die Rechte aus dem Bruchteil ausüben, wie sie dem Eigentümer zustehen, also das Objekt nur mit den anderen Miteigentümern zusammen verwalten (BGB §§ 743–745), Miet- und Pachtzinsen nur gemeinsam mit ihnen einziehen. Er muß sich auch, abgesehen von dringenden Fällen der laufenden Verwaltung (BGB § 744 Abs 2), mit ihnen über Verwaltung und Benutzung einigen (BGB § 744 Abs 1). An eine schon vor der Beschlagnahme beschlossene Regelung der Verwaltung und Benutzung ist er gebunden (BGB § 746). Dabei hat er gegenüber dem Schuldner noch den Nachteil, daß er nicht

---

[86] Drischler Rpfleger 1988, 443 (III B, IV).
[87] BArbG AP BGB § 613 a Nr 19 mit Anm Vollkommer = aaO (Fußn 45).
[88] BGH Betrieb 1982, 2182 = NJW 1982, 2186; ArbG Lübeck BB 1979, 989 mit Anm Dauenheimer.
[89] Steiner/Hagemann § 152 Rdn 86.

die Aufhebung der Gemeinschaft betreiben kann (es gibt keine Zwangsverwaltung zwecks Aufhebung einer Gemeinschaft).

7.2 Trotzdem **gehen** für den Zwangsverwalter die **Zwangsverwaltungsvorschriften vor;** er darf nicht einfach die bisherigen Zustände fortbestehen lassen, muß bei bisher ungenutzten Objekten für seinen Anteil Nutzung durchsetzen, darf nicht seine Befugnisse einer bisherigen Hausverwaltung überlassen, die Einnahmen und Ausgaben nach ihren Grundsätzen behandeln, während der Zwangsverwalter an den Teilungsplan gebunden ist. Er darf aus den auf seinen Anteil fallenden Einnahmen, die er ohne Abzüge erhalten muß, nur nach Teilungsplan Ausgaben machen, auch wenn darunter Gesamtbelastungen sind und die Miteigentümer hierbei benachteiligt werden können. Der Zwangsverwalter ist nicht Gesamtrechtsnachfolger des Schuldners, er tritt nur in dessen Rechte und Pflichten als Miteigentümer hinsichtlich des verwalteten Anteils ein und hat mit den anderen Miteigentümern zusammen diese Rechte und Pflichten wahrzunehmen, vorbehaltlich der besonderen Zwangsverwaltungsvorschriften.

7.3 In der Praxis muß man so vorgehen, daß **Mieter und Pächter** nur mehr auf ein vom Zwangsverwalter und den Miteigentümern gemeinsam angelegtes Konto einzahlen, daß Verwalter und Miteigentümer hieraus zusammen die gemeinsamen Grundstückslasten (Grundsteuer, Kaminkehrer usw) zahlen, also die Lasten, die der Zwangsverwalter nach § 156 Abs 1 auch sonst schon ohne Teilungsplan zahlen darf, und daß der verbleibende Rest nach dem Verhältnis der Miteigentumsanteile aufgeteilt wird, worauf der Verwalter seinen Anteil genau nach Plan verwertet. Besser wäre es (aber wohl nur theoretisch durchführbar), wenn Mieter und Pächter veranlaßt würden, Miet- und Pachtzins schon verhältnismäßig aufgeteilt an Zwangsverwalter und sonstige Miteigentümer getrennt zu zahlen, woraus dann jede Seite ihren Ausgabenanteil entrichtet und den Rest getrennt verwertet.

Jagdrecht 8

8.1 Dieses als **Teil des Eigentums** an Grund und Boden (Bundesjagdgesetz § 3 Abs 1 Satz 2) steht grundsätzlich dem Grundstückseigentümer zu (Gesetz § 3 Abs 1 Satz 1), falls der zusammenhängende Grundbesitz die vorschriftsmäßige Größe hat und damit einen Eigenjagdbezirk bildet (Gesetz § 7), während sonst das Grundstück zusammen mit anderen einen gemeinschaftlichen Jagdbezirk bildet (Gesetz § 8). Dazu § 57 Rdn 6.

8.2 Im Rahmen der ihm obliegenden ordnungsgemäßen Benutzung hat der Zwangsverwalter auch das **Jagdrecht auszuüben.** Er muß Wildschaden verhüten, in einem Eigenjagdbezirk durch Jäger oder Förster die Jagd ausüben lassen (er selbst sollte es nicht tun) oder den Bezirk verpachten. Bei Zugehörigkeit zu einem gemeinschaftlichen Jagdbezirk oder wenn der Eigenjagdbezirk schon verpachtet war, muß er in die bestehenden Pachtverträge eintreten (§ 152 Abs 2) und die daraus fließenden Nutzungen ziehen. Die von ihm geschlossenen Jagdpachtverträge sind auch über das Ende der Zwangsverwaltung hinaus für den Schuldner bindend[90].

Miet- und Pachtverträge 9

9.1 Wenn das Grundstück vor der Beschlagnahme einem Mieter/Pächter **überlassen** war, so ist der **Vertrag** auch gegenüber dem Zwangsverwalter **wirksam:** Abs 2. Das Objekt muß nicht nur vermietet/verpachtet sein, sondern auch „überlassen" (dazu § 57 Rdn 3). Zur Überlassung ist nicht unbedingt der tatsächliche Besitz des Mieters/Pächters nötig; maßgebend ist, daß es zur Inbesitznahme bereitgestellt war (Mieter will zB vor seinem tatsächlichen Einzug erst die Räume reno-

---

[90] Jaeckel/Güthe § 152 Rdn 3.

§ 152   9.1   Zwangsverwaltung

vieren lassen)[91], wenn bei Pacht dem Pächter die Möglichkeit des Gebrauchs eingeräumt war[92]. Eine bloße Feststellung in einem Protokoll hierüber reicht nicht aus, es müssen auch Schlüssel übergeben oder der Besitzübergang sonst kenntlich gemacht sein[92]. An der Überlassung dürfte es noch fehlen, wenn der Mieter die vor Einzug zu zahlende Kaution noch nicht geleistet hat.

9.2 Abs 2 gilt aber nicht, wenn der Mieter/Pächter das Grundstück nicht von dem Schuldner (oder auch Nießbraucher oder Eigenbesitzer, § 148 Rdn 2.3) gemietet/gepachtet hat[93].

9.3 Der Zwangsverwalter tritt in gültige Verträge in vollem Umfang **ein**. Das Miet/Pachtverhältnis bleibt bestehen. Zu erfüllen hat es fortan der Zwangsverwalter. Er kann auch alle Rechte aus dem fortbestehenden Vertragsverhältnis geltend machen. Er muß die Mieter zur Zahlung an sich auffordern (Rundschreiben im Briefkasten des Mieters genügt[94]).

9.4 Um das Objekt ordnungsgemäß zu nutzen (Abs 1), muß der Zwangsverwalter vermietbare/verpachtbare Grundstücke **vermieten/verpachten** (ZwangsverwalterVO § 5 Abs 1). Die von ihm geschlossenen Verträge binden den Schuldner auch nach dem Ende der Zwangsverwaltung[95]. Der Verwalter hat darum die Verträge oder alle Änderungen dazu schriftlich abschließen (Verordnung § 6 Abs 1). Jedoch führt Nichteinhaltung der in Verordnung § 6 Abs 1 vorgesehenen Schriftform nicht zur Unwirksamkeit des Vertrags (der Änderungsvereinbarung[96]; anders früher[97]). Unberührt bleiben aber die Rechtsfolgen bei Verstoß gegen ein bürgerlich-rechtliches Schriftformerfordernis. Nichteinhaltung der Schriftform nach Verordnung § 6 Abs 1 kann nach § 154 auch haftungsrechtlich Bedeutung erlangen[5]. Mit dem Schuldner selbst soll (nicht darf) der Zwangsverwalter Verträge nur mit Zustimmung des Vollstreckungsgerichts abschließen (Verordnung § 6 Abs 1). Die Dauer der Verträge soll (nicht darf) ohne Zustimmung des Schuldners ein Jahr nicht übersteigen (Verordnung § 6 Abs 2). Bei geplanten Abweichungen von den Regeln hat der Verwalter die Entscheidung des Gerichts einzuholen (Verordnung § 6 Abs 4). Als Makler kann der Zwangsverwalter einen Mietvertrag über das von ihm verwaltete Grundstück nicht vermitteln[98]. Anspruch auf Zahlung einer Maklerprovision steht ihm daher nicht zu[98] (mit Ausnahme für Sondervereinbarungen, an die strenge Anforderungen zu stellen sind).

9.5 In jedem neuen Vertrag hat (zwingend) der Zwangsverwalter **folgende Bedingungen** zu vereinbaren (Verordnung § 6 Abs 3, bei Abweichung ist Entscheidung des Gerichts einzuholen, § 6 Abs 4): a) Der Mieter/Pächter soll nicht berechtigt sein, Ansprüche aus dem Vertrag zu erheben, wenn das Objekt vor der Überlassung zwangsversteigert wird. b) Die gesetzliche Haftung des Vermieters/Verpächters für den vom Ersteher zu ersetzenden Schaden soll ausgeschlossen sein, wenn das Objekt nach der Überlassung zwangsversteigert wird und der Ersteher dann die sich aus dem Mietvertrag/Pachtvertrag ergebenden Verpflichtungen nicht erfüllt. c) Der Vermieter/Verpächter soll auch von einem bei Kündigung nach § 57 sich ergebenden Schadensersatzanspruch freigestellt sein.

9.6 Wo ausnahmsweise gegen Nebenleistungen oder mit **Wertsicherungsklausel** vermietet/verpachtet werden soll, sind auch die einschlägigen Sondervorschriften zu beachten und ist die Entscheidung des Gerichts einzuholen. Wo gesetzli-

---

[91] LG Osnabrück KTS 1977, 127; Schmidt/Futterer WuM 1969, 1.
[92] LG Osnabrück KTS 1977, 127.
[93] BGH 96, 61 = KTS 1986, 162 = MDR 1986, 140 = NJW-RR 1986, 858 = Rpfleger 1986, 26.
[94] LG Berlin GrundE 1978, 286.
[95] BGH KTS 1992, 690 = MDR 1992, 871 = NJW 1992, 3041 = Rpfleger 1992, 403.
[96] BGH NJW 1992, 3041 = aaO (Fußn 95); OLG Schleswig SchlHA 1991, 82.
[97] LG Bamberg JurBüro 1974, 484.
[98] OLG Oldenburg NdsRpfl 1981, 214; Steiner/Hagemann § 152 Rdn 149.

Aufgaben des Zwangsverwalters, Miet- und Pachtverträge   9.12   § **152**

cher **Mieterschutz/Pächterschutz** gilt oder eine sonstige Beschränkung, etwa nach dem Wohnungsbindungsgesetz (§ 57 a Rdn 6), ist auch der Zwangsverwalter hieran gebunden.

9.7 Der Zwangsverwalter muß alle Ansprüche, die der Beschlagnahme unterliegen, also insbesondere **Mietzins/Pachtzins,** rechtzeitig geltend machen (ZwangsverwalterVO § 7 Abs 1). Bleibt ein Mieter/Pächter im Rückstand, so soll (nicht muß) der Verwalter in der Regel ein gesetzliches oder vertragliches Kündigungsrecht ausnützen, wenn nicht inzwischen die Rückstände getilgt sind (Verordnung § 7 Abs 3). Will er mit einer Klage länger als zwei Monate nach Fälligkeit zuwarten oder im Besitz eines Vollstreckungstitels die Vollstreckung hinausschieben oder unterlassen (zB wegen Aussichtslosigkeit), so muß er betreibende Gläubiger und Vollstreckungsschuldner unterrichten, ebenso wenn er eine Klage zurücknehmen oder ruhen lassen will (Verordnung § 7 Abs 2).

9.8 Die gesetzlich zulässigen **Mietzinserhöhungen** muß der Zwangsverwalter durchführen[99], wie er alle rechtlich und tatsächlich möglichen Nutzungen aus dem Grundstück herauszuholen hat, soweit sich dies ohne Benachteiligung einer gleichzeitigen Zwangsversteigerung und der Gläubiger durchführen läßt[100] (anders[101]: Hypothekengläubiger können die Erhöhung nicht verlangen); er haftet sonst auf Schadensersatz[102].

9.9 Kosten für Versorgung mit **Wärme-** und **Warmwasser** hat der Zwangsverwalter zu erfassen und auf die Mieter/Pächter ordnungsgemäß zu verteilen. Hierzu Verordnung über die verbrauchsabhängige Abrechnung der Heiz- und Warmwasserkosten (Verordnung über Heizkostenabrechnung – HeizkostenV) vom 20. Jan. 1989, BGBl I 115. Einen Guthabenbetrag aus einer Betriebskostenabrechnung hat der Zwangsverwalter dem Mieter zu erstatten, auch wenn dieser Vorauszahlungen noch vor Beschlagnahme an den Schuldner als Vermieter erbracht hat[103]

9.10 Prozesse wegen Mietzins/Pachtzins (wie auch andere, dazu Rdn 11) führt der Zwangsverwalter. Er vollstreckt auch. Zu Vollstreckungsschutzanträgen der Gegner muß er Stellung nehmen, nicht der Schuldner[104]. Nimmt der Zwangsverwalter nach vertragswidrigem Verhalten des Mieters für die Kündigung des Mietvertrags und die Durchführung der Räumung die Dienste eines Rechtsanwalts in Anspruch, so stellen die dadurch (notwendig) entstehenden Kosten einen Schaden dar, für den der Mieter dem Zwangsverwalter aus Verzugsgründen (BGB § 286; ggfs auch nach BGB §§ 276, 249) einzustehen hat[105].

9.11 Das außerordentliche **Kündigungsrecht** nach § 57 a für den Ersteher der Zwangsversteigerung hat nur dieser, nicht der Zwangsverwalter. Auch bei noch laufender Zwangsverwaltung kann nur der Ersteher dieses Recht ausüben, hieraus klagen und vollstrecken; hierüber und über neu zu schließende Verträge in solchem Falle und über die Folgen, wenn der Zuschlag aufgehoben wird; § 57 a Rdn 2–5.

9.12 Baukostenzuschüsse und Mietzinsvorauszahlungen: Grundsätzlich werden durch die Beschlagnahme Vorausverfügungen über den Mietzins für eine spätere Zeit als den laufenden (bei Beschlagnahme nach dem fünfzehnten Tag auch für den nächstfolgenden) Kalendermonat unwirksam; dazu § 148 Rdn 2, § 57 b Rdn 2–4. Die vereinbarten und geleisteten Baukostenzuschüsse und Mietzinsvor-

---

[99] KG Berlin KTS 1978, 179 = MDR 1978, 586 = Rpfleger 1978, 335.
[100] OLG Nürnberg KTS 1966, 114 = OLGZ 1966, 317; Steiner/Hagemann § 152 Rdn 160.
[101] OLG Celle NdsRpfl 1952, 169.
[102] KG Berlin Rpfleger 1978, 335 = aaO (Fußn 99).
[103] OLG Hamburg MDR 1990, 248 = NJW-RR 1990, 151 = Rpfleger 1990, 219.
[104] OLG Celle NdsRpfl 1953, 84.
[105] OLG Köln NJW-RR 1987, 593.

auszahlungen sind darüber hinaus aber auch gegenüber dem Zwangsverwalter unter bestimmten Voraussetzungen wirksam, wie gegenüber Konkursverwalter und Ersteher; hierzu § 57 b Rdn 7 und[106]. Eine vertragliche Vereinbarung, daß Mietvorauszahlungen entgegen dem Gesetz und der Rechtsprechung grundsätzlich nach der Anordnung der Zwangsverwaltung nicht mehr verrechnet werden dürften, wird als sittenwidrig angesehen[107]. Ein Mieter von Werkstatträumen kann sich wegen seiner Werklohnforderung für werterhöhende Werkleistungen an dem Grundstück, die er aufgrund selbständiger Aufträge des Vermieters erbracht hat, gegenüber dem die Zwangsverwaltung betreibenden Hypothekengläubiger nicht auf die erweiterte Aufrechnungsmöglichkeit nach den Grundsätzen zur Aufrechnung von Baukostenzuschüssen berufen[108]. Ist eine Vorausverfügung unwirksam, muß der Verwalter dies geltend machen und den vollen Mietzins verlangen, sofern nicht die betreibenden Gläubiger darauf verzichten (ZwangsverwalterVO § 8), wenn zB im Einzelfall das Prozeßrisiko für die Verwaltungsmasse zu groß ist.

9.13 Kaution: a) Wenn der **Zwangsverwalter** bei Abschluß eines Miet- oder Pachtvertrags einen Geldbetrag als **Kaution** zur Sicherung des Vermieters für seine aus dem Vertragsverhältnis etwa erwachsenden Ansprüche verlangt und **erhält**, sollte er über deren Anlegung und Verzinsung klare Vereinbarungen treffen. Sonst hatte der Zwangsverwalter schon bisher jedenfalls bei Vermietung freien, nicht preisgebundenen Wohnraums den als Kaution erhaltenen Geldbetrag ab Empfang in Höhe der jeweils für Spareinlagen mit gesetzlicher Kündigungsfrist marktüblichen Zinsen zu verzinsen[109] (mit zahlreichen Nachweisen). Entsprechendes gilt für die aufgrund eines Mietvertrags über gewerbliche Räume geleistete Mietkaution[110]. Zur Verzinsung der Miet- und Pachtkaution auch[111]; zur Behandlung der Kaution im Konkurs des Vermieters[112]. Bei einem Mietverhältnis über Wohnraum verpflichtet BGB § 550 b dazu, eine als Sicherheit bereitgestellte Geldsumme bei einer öffentlichen Sparkasse oder bei einer Bank zu dem für Spareinlagen mit gesetzlicher Kündigungsfrist üblichen Zinssatz anzulegen. Die Zinsen stehen dem Mieter zu; sie erhöhen die Sicherheit. Eine zum Nachteil des Mieters davon abweichende Vereinbarung ist unwirksam. Bei Ende des Mietverhältnisses hat der Zwangsverwalter die Kautionssumme dem Mieter zu erstatten, soweit nicht fällige Forderungen an den Mieter bestehen.

b) Für eine an den **Grundstückseigentümer** als Vermieter vor Beschlagnahme **geleistete Sicherheit** (Kaution) bleibt dieser Schuldner des Anspruchs auf Rückzahlung der Kautionssumme[113]. Der Zwangsverwalter ist zur Rückerstattung dieser Sicherheit nur verpflichtet, wenn er sie erhalten hat[114], wie BGB § 572 vorsieht, der auch in der Zwangsverwaltung anzuwenden ist[115] (Bedenken gegen Anwendung des BGB § 572 bei[116]). Der Mieter trägt also das Risiko für die Zahlungsunfähigkeit des Vermieters; er kann aber die Aushändigung der Kaution an den Zwangsverwalter fordern[117]. Aufrechnen (oder ein Zurückbehaltungsrecht

---

[106] OLG Düsseldorf MDR 1972, 148 = OLGZ 1972, 279; Ripfel DWW 1951, 38.
[107] AG Kassel Rpfleger 1969, 298; Steiner/Hagemann § 152 Rdn 163.
[108] OLG Frankfurt MDR 1983, 669 = KTS 1983, 489.
[109] BayObLG 1981, 15 = MDR 1981, 498 = NJW 1981, 994; weitergehend LG Hamburg MDR 1979, 759.
[110] BGH 127, 138 = NJW 1994, 3287.
[111] Freund and Barthelmess NJW 1979, 2121.
[112] Gölz ZIP 1981, 127.
[113] BGH Betrieb 1979, 90 = Rpfleger 1979, 53 = WM 1978, 1326.
[114] LG Köln MDR 1990, 1125 = NJW-RR 1991, 80 = Rpfleger 1990, 473; LG Mannheim NJW-RR 1991, 79 = WuM 1990, 293.
[115] BGH Rpfleger 1979, 53 = aaO (Fußn 113); LG Köln NJW-RR 1981, 80 = aaO; (Fußn 114); LG Stuttgart NJW 1977, 1885; AG Köln WuM 1977, 261.
[116] Steiner/Hagemann § 152 Rdn 154.
[117] LG Köln WuM 1987, 351.

Aufgaben des Zwangsverwalters, Miet- und Pachtverträge   10.4   **§ 152**

geltend machen[118]) kann der Mieter gegenüber dem Zwangsverwalter nicht mit seiner Forderung gegen den Grundstückseigentümer (Vermieter) auf Rückzahlung der an diesen geleisteten Sicherheit (Mietkaution) gegen die vom Zwangsverwalter einzuziehende beschlagnahmte Mietforderung[119] und auch nicht mit einem Schadensersatzanspruch wegen nicht gesetzmäßiger Anlage der Mietkaution durch den Vermieter[120].

9.14 Ein Mietvertrag, der bei Beschlagnahme bereits **beendet** ist, fällt nicht unter Abs 2. Wenn der Mieter ausgezogen ist, trifft daher den späteren Zwangsverwalter nicht die Pflicht zur noch ausstehenden Abrechnung der Mietnebenkosten[121].

Nutzungen   10

10.1 Der Zwangsverwalter hat **alle Nutzungen zu ziehen** (Rdn 3), auch solche in Natur, die er, soweit entbehrlich, in Geld umzusetzen hat (Abs 1). Ob Nutzungen für die Verwaltung entbehrlich sind, richtet sich nach dem wirtschaftlichen Bedürfnis, ob zB bei einem landwirtschaftlichen Grundstück die Ernte zur Ernährung des vorhandenen Viehs erforderlich ist oder verkauft werden kann. Der Schuldner- Zwangsverwalter hat abweichend, soweit solche Nutzungen nicht für notwendige Zahlungen erforderlich sind, diese nach Weisung des Gerichts anzulegen (§ 150 d Satz 2).

10.2 Früchte auf dem Halm unterliegen nach § 148 der Beschlagnahme, unbeschadet eines schon vorher entstandenen Früchtepfandrechts (ZPO § 810 Abs 1), das nur nach ZPO § 810 Abs 2 beseitigt werden kann. Bis dahin muß es auch der Zwangsverwalter beachten. Er darf nicht die Widerspruchsklage aus ZPO § 771 erheben. Wenn allerdings die Pfändung nach ZPO § 810 Abs 1 früher als einen Monat vor der gewöhnlichen Reifezeit erfolgt ist (ZPO § 810 Abs 1 Satz 2), kann der Zwangsverwalter die Unwirksamkeit geltend machen. Werden ungetrennte Früchte trotz bestehender Beschlagnahme zu Unrecht gepfändet, so haben Schuldner, Realgläubiger und Zwangsverwalter die Vollstreckungserinnerung nach ZPO § 766, die Realgläubiger außerdem die Widerspruchsklage nach ZPO § 771 oder auch Klage auf vorzugsweise Befriedigung nach ZPO § 805. Im übrigen § 10 Rdn 7, § 21 Rdn 2, § 148 Rdn 2, § 155 Rdn 6.

10.3 Entbehrliche Zubehörstücke darf der Zwangsverwalter im Rahmen einer ordnungsmäßigen Verwaltung veräußern. Ihr Erlös ist das Surrogat, das der Beschlagnahme weiter unterliegt und daher nach Aufhebung der Zwangsverwaltung dem Vollstreckungsschuldner zufließen muß bzw nach der Versteigerung dem Ersteher. Soweit nicht der Erlös für eine Ersatzbeschaffung benötigt wird, ist er verzinslich anzulegen und nur die Zinsen hieraus darf der Zwangsverwalter zur Masse ziehen[122] (zur Gegenmeinung § 150 d Rdn 2). Zurückhaltung ist geboten; der Verwalter kann schadensersatzpflichtig sein, wenn er etwa Maschinen als angeblich nicht mehr benötigt veräußert, der Betrieb aber später vom Schuldner fortgesetzt wird.

10.4 Kann ein zwangsverwaltetes Grundstück nicht genutzt werden, weil ein darauf stehendes Gebäude zu Wohn- oder Gewerbezwecken nicht fertiggebaut ist, so muß je nach Lage des Falles, wenn etwa nur noch geringe Arbeiten zur Fertigstellung nötig sind, mit einem Vorschuß des betreibenden Gläubigers das Gericht dem Zwangsverwalter gestatten können, das **Bauwerk** zu **vollenden** (Rdn 3.9).

---

[118] LG Köln NJW-RR 1991, 80 = aaO (Fußn 114).
[119] BGH Rpfleger 1979, 53 = aaO (Fußn 113); LG Berlin NJW 1978, 1633; LG Krefeld Rpfleger 1994, 224; AG Usingen NJW-RR 1987, 10.
[120] AG Köln WuM 1987, 351.
[121] Bank JurBüro 1982, 1128.
[122] Dassler/Muth § 152 Rdn 32; Jaeckel/Güthe § 152 Rdn 7; Reinhard/Müller § 152 Anm II 8; Steiner/Hagemann § 152 Rdn 51 und 192.

Natürlich ist es nicht möglich, ein Grundstück überhaupt erst einmal durch den Zwangsverwalter bebauen zu lassen.

11 Prozesse

11.1 Der **Schuldner** bleibt auch nach Anordnung der Zwangsverwaltung voll **partei- und prozeßfähig**, soweit er es schon vorher war. Die Bestellung eines Zwangsverwalters ist nicht etwa als Bestellung eines Betreuers oder Pflegers mit der Folge aus ZPO § 53 (Betreuter oder Pflegling prozeßunfähig) anzusehen. Das alleinige aktive und passive **Prozeßführungsrecht** hat aber hinsichtlich aller der Zwangsverwaltung unterliegenden Rechte, Verpflichtungen, Ansprüche der Zwangsverwalter[123], wobei er im eigenen Namen tätig wird[124]. Der Schuldner (Eigentümer) hat nach Anordnung der Zwangsverwaltung (für Mietforderungen) kein Prozeßführungsrecht mehr. Widerklage ist auch zulässig, wenn mit ihr Ansprüche gegen den Zwangsverwalter persönlich geltend gemacht werden, die ihren Grund in der Amtsführung des Zwangsverwalters haben (Schadensersatzansprüche)[125]. Für die dingliche Klage aus einer Hypothek ist nach wie vor der Grundstückseigentümer der Beklagte, der auch weiter verfügungsberechtigt ist, wobei nur die Verfügungen gegenüber dem die Zwangsverwaltung betreibenden Gläubiger unwirksam sind[126]. Über die Ausnahme bei Mietklage § 148 Rdn 3.

11.2 Prozesse führt der **Zwangsverwalter:** a) Soweit es sich darum handelt, das Grundstück im wirtschaftlichen Bestand zu erhalten oder ordnungsgemäß zu benutzen (Abs 1 Halbsatz 1), insbesondere also aus Miet- und Pachtverhältnissen, auch in Mietaufhebungsklagen; in einem Vollstreckungsschutzverfahren eines Mieters kann nur der Verwalter gegen das Schutzbegehren auftreten, auch Beschwerden erheben[127]. Die Aufgabe des Zwangsverwalters, für eine ordnungsgemäße Nutzung des Grundstücks zu sorgen, schließt die Befugnis ein, Ansprüche (auch einen Ersatzanspruch als Nutzungsentschädigung) aus einer rechtsgrundlosen (unberechtigten) Nutzung des Grundstücks (eine sonst der Zwangsverwaltung unterliegende Sache) sowie aus der Verletzung von Besitzrechten gegen den Schuldner[128] (auch gegen seinen Konkursverwalter[128]) oder gegen Dritte[129] (anders[130]; durch[131] überholt) gerichtlich geltend zu machen[132] (auch zu Umfang und Höhe; für Klage gegen Schuldner verneint[133] Rechtsschutzbedürfnis).

b) Wenn Ansprüche geltend gemacht oder abgewehrt werden, auf welche sich die Beschlagnahme erstreckt (Abs 1 Halbsatz 2); das schließt die Prozeßführung in den Fällen ein, in denen der Umfang der Beschlagnahme streitig ist.

c) Wenn die Prozesse aus den vom Zwangsverwalter selbst geschlossenen Geschäften herrühren[134].

d) Zur Geltendmachung eines auf § 154 Satz 1 gegründeten Schadensersatzanspruchs gegen einen früheren Zwangsverwalter (Geltendmachung des Gemeinschaftsschadens)[135].

---

[123] BGH KTS 1992, 688 = MDR 1992, 1082 = NJW 1992, 2487 = Rpfleger 1992, 402; AG Osnabrück WuM 1988, 27.
[124] Wrobel KTS 1995, 19 (II).
[125] OLG Köln ZIP 1980, 102.
[126] RG 99, 199.
[127] OLG Celle NdsRpfl 1953, 84.
[128] BGH NJW 1992, 2487 = aaO (Fußn 123); OLG Stuttgart Rfleger 1992, 124.
[129] OLG München OLGZ 1991, 492.
[130] OLG Düsseldorf NJW 1971, 2081; OLG Hamm ZMR 1993, 568.
[131] BGH NJW 1992, 2487 = aaO (Fußn 123).
[132] OLG Stuttgart Rpfleger 1994, 77.
[133] Wrobel KTS 1995, 19 (III 3).
[134] Jaeckel/Güthe § 152 Rdn 8; Wrobel KTS 1995, 19 (III 2 a).
[135] BGH 109, 171 = KTS 1990, 356 = MDR 1990, 335 = NJW 1990, 454 = Rpfleger 1990, 132; Wrobel KTS 1995, 19 (III 2 c).

Aufgaben des Zwangsverwalters, Miet- und Pachtverträge   11.7   § 152

In den seiner Geschäftsführung unterliegenden Angelegenheiten nimmt der Zwangsverwalter das Prozeßführungsrecht auch wahr (dazu[136]) vor Arbeitsgerichten in arbeitsrechtlichen Streitigkeiten (so aus einem Dienstvertrag, Rdn 4.1), vor Sozialgerichten in sozialrechtlichen Streitigkeiten (zB aus Anlaß eines fortgeführten Dienstvertrags), vor Verwaltungsgerichten in öffentlich-rechtlichen Streitigkeiten und vor Finanzgerichten in steuerrechtlichen Streitigkeiten (soweit Steuern aus Verwaltungsmitteln zu entrichten sind, Rdn 12).

11.3   In den Prozessen des Zwangsverwalters kann der **Schuldner Zeuge** sein.

11.4   Sind bei Anordnung der Zwangsverwaltung (Beschlagnahme des Grundstücks) **Prozesse** des Schuldners (oder seines Konkursverwalters[137]) **schon anhängig,** für die jetzt der Zwangsverwalter zuständig wäre, so werden diese Prozesse nicht nach ZPO § 241 unterbrochen (anders[138]: Unterbrechung und Parteiwechsel analog ZPO § 240). In diese Prozesse kann der Zwangsverwalter nur mit Genehmigung des Prozeßgegners oder dann, wenn das Gericht dies für zweckdienlich erachtet (Parteiänderung nach ZPO § 263) an Stelle des Schuldners eintreten[139] (anders[140]: er könne nicht eintreten). Rügt der Prozeßgegner den Mangel des Prozeßführungsrechts des Schuldners, so muß der Klageantrag geändert, Leistung oder Herausgabe an den Zwangsverwalter beantragt werden[141] (anders[142]: Leistungsansprüche dürfe der Schuldner weiterbetreiben, Gestaltungsansprüche aber nicht). Für den Fall, daß der Klageantrag nicht in vorstehendem Sinne geändert wird (weil der Gegner nicht rügt), tut der Zwangsverwalter gut daran, dem Beklagten des Prozesses ein Zahlungsverbot (§ 22 Abs 2, § 151 Abs 3) zustellen zu lassen, um zu verhindern, daß an den Schuldner bezahlt wird.

11.5   Der Zwangsverwalter wird, soweit er nicht zur Prozeßführung verpflichtet ist, vor Einleitung eines Rechtsstreits zu seiner Deckung bei Gericht anfragen und Weisung (§ 153 Abs 1) einholen. Einen Rechtsstreit gegen einen vermögenslosen Beklagten wird der Zwangsverwalter unterlassen, weil er nur die Masse mit Kosten belasten wird, ohne etwas einzubringen. Über die Frage, ob und wie Prozesse nach Aufhebung der Zwangsverwaltung noch **fortgeführt** werden können, bei § 161 Rdn 7.

11.6   **Wechselt** während eines vom Zwangsverwalter geführten Prozesses der **Zwangsverwalter,** so wird der Prozeß nicht nach ZPO §§ 241, 246 unterbrochen, weil diese Vorschriften hier nicht anwendbar sind (anders[143]; dazu Einl Rdn 27); das Vollstreckungsgericht muß sofort einen neuen Verwalter bestellen, wenn der bisherige wegfällt.

11.7   Aus Vollstreckungstiteln **gegen den Schuldner** kann auch während der Zwangsverwaltung **vollstreckt** werden: durch Beitritt zur Zwangsverwaltung, durch Zwangsversteigerung, Zwangshypothek oder in sonstiges Vermögen des Schuldners, nicht dagegen in die Zwangsverwaltungsmasse (der Beschlagnahme unterliegende Forderungen, Früchte, Zubehörstücke usw oder Gelderlös daraus). Nur ein Gläubiger mit einem gegen den Schuldner oder gegen den Zwangsverwalter ergangenen Titel, der einen der Zwangsverwaltung unterliegenden Anspruch betrifft (zB Mietklage), kann in die Zwangsverwaltungsmasse vollstrecken; lautet der Titel noch gegen den Schuldner, so muß er erst gegen den Zwangsverwalter umgeschrieben und neu zugestellt werden (ZPO §§ 727, 750 Abs 2; siehe auch Rdn 3.5); das kann nur geschehen, wenn er gegen den Zwangsverwalter

---

[136] Wrobel KTS 1995, 19 (III 4).
[137] BGH MDR 1986, 750 = NJW 1986, 3206 = Rpfleger 1986, 274.
[138] Wrobel KTS 1995, 19 (IV 1).
[139] AG Köln WuM 1957, 187 = ZMR 1958, 164.
[140] Drischler RpflJahrbuch 1970, 365 (3).
[141] BGH NJW 1986, 3206 = aaO (Fußn 137).
[142] AG Köln WuM 1957, 187 = ZMR 1958, 164.
[143] Dassler/Muth § 152 Rdn 40; Steiner/Hagemann § 152 Rdn 174.

§ 152 11.7 Zwangsverwaltung

wirksam ist (also zB nicht, wenn jemand während der Zwangsverwaltung zu Unrecht über einen der Zwangsverwaltung unterliegenden Anspruch gegen den Schuldner einen Prozeß beginnt und gewinnt oder wenn in gleicher Lage der Schuldner zu Unrecht selbst prozessiert und verloren hat). Will umgekehrt der Zwangsverwalter aus einem Titel über einen der Zwangsverwaltung unterliegenden Anspruch vollstrecken, so muß entweder der Titel bereits von ihm erwirkt oder der noch für den Schuldner ergangene für ihn umgeschrieben[144] und neu zugestellt sein (ZPO §§ 727, 750 Abs 2). Der Schuldner darf während der Zwangsverwaltung aus einem Titel über einen der Zwangsverwaltung unterliegenden Anspruch nicht selbst vollstrecken. Gegen den Schuldner kann aus einem solchen Titel in sonstiges Vermögen beliebig vollstreckt werden, in die Zwangsverwaltungsmasse nur mit der angegebenen Beschränkung. Der Zwangsverwalter darf nur aus solchen Titel vollstrecken und tut das für die Masse.

11.8 Wenn der **Schuldner selbst Zwangsverwalter** ist (§ 150 c), kann er durch seine Doppelstellung nicht mehr Rechte erhalten, als er vorher hatte. Alle Titel sind für und gegen ihn zu erwirken, in die Masse aber nur vollstreckbar, wenn sie einen der Zwangsverwaltung unterliegenden Anspruch betreffen.

12 Steuern und Abgaben

12.1 Steuern des Schuldners hat der Zwangsverwalter nur insoweit zu zahlen, als sie Ausgaben der Verwaltung oder öffentliche Lasten sind (§ 155 Abs 1, § 156 Abs 1). Im übrigen bleibt die Steuerpflicht des Schuldners unberührt; insbesondere hat dieser Einkommen- und Vermögensteuer aus seinem beschlagnahmefreien Vermögen zu zahlen.

12.2 Nach Abgabenordnung §§ 34–36 haben Steuern und Abgaben auch Personen, die nach Gesetz oder behördlicher Anordnung eine Vermögensverwaltung haben, wie der Zwangsverwalter, vorschriftsmäßig **aus den Verwaltungsmitteln zu entrichten**. Der Zwangsverwalter hat Steuerpflichten zu erfüllen „**soweit seine Verwaltung reicht**" (Abgabenordnung § 34 Abs. 3). Eine weitergehende Verantwortlichkeit für Steuern und Abgaben trifft ihn nicht[145]. Er haftet also nur für Steuern und Abgaben (natürlich mit der Masse, nicht mit seinem eigenen Vermögen), die aus der Zwangsverwaltungsmasse zu entrichten sind, also Grundsteuer und andere öffentliche Grundstückslasten. Wenn ausnahmsweise die Zwangsverwaltung sich auf einen Betrieb erstrecken sollte (Rdn 6), müßte er auch für die aus dem Betrieb sich ergebenden Betriebssteuern aufkommen, Lohnsteuer, Gewerbesteuer, Mehrwertsteuer usw.

12.3 Einen **Steuererstattungsanspruch** (negativen Steueranspruch), der sich bei der Verwaltung des beschlagnahmten und der Verwaltung unterliegenden Grundbesitzes ergeben hat (zB Umsatzsteuer-Vorsteuerbeträge aus Instandsetzungsarbeiten am Grundstück) kann (und hat) der Zwangsverwalter dem Finanzamt gegenüber geltend zu machen[146].

12.4 Umsatzsteuerpflichtig (Steuerschuldner) für unternehmerische Tätigkeit des Zwangsverwalters (bei Vermietung und Verpachtung zB in den in Umsatzsteuergesetz § 4 Nr 12 genannten besonderen Fällen) bleibt der Schuldner (Abgabenordnung § 33 Abs 1). Ihm (nicht dem Zwangsverwalter) sind die Umsätze als Unternehmer zuzurechnen, die der Zwangsverwalter im Rahmen seiner Verwaltungstätigkeit nach § 152 Abs 1 bewirkt[147]. Als Vermögensverwalter hat der Zwangsverwalter nach Abgabenordnung § 34 Abs 3 aber die steuerlichen Pflichten des Schuldners zu erfüllen, soweit seine Verwaltung reicht. Das Vollstreckungsge-

---
[144] BGH NJW 1986, 3206 = aaO (Fußn 137).
[145] OLG Zweibrücken Betrieb 1967, 1129 = JurBüro 1967, 606 = KTS 1967, 175 mit Anm Schriftleit = Rpfleger 1967, 418.
[146] BFH BStBl 1986 II 500 = BB 1986, 1349 = Betrieb 1986, 1756 = ZIP 1986, 991.
[147] BFH BFHE 154, 181 = BB 1988, 2092 = BStBl 1988 II 920 = Betrieb 1988, 2185.

Aufgaben des Zwangsverwalters, Miet- und Pachtverträge   12.5 § 152

richt kann die steuerliche Verwalterpflicht nicht durch Weisung an den Zwangsverwalter (§ 153 Abs 1) einschränken oder (teilweise) aufheben[148]. Die Umsatzsteuer, der die Lieferungen oder sonstigen Leistungen im Rahmen der Verwaltung durch den Zwangsverwalter unterliegen, hat dieser zu entrichten; sie gehört zu den Ausgaben der Verwaltung, die aus den Nutzungen des Grundstücks zu bestreiten sind (§ 155 Abs 1)[149]. Erstattungsansprüche aus solcher Umsatzsteuer gehören zur Zwangsverwaltungsmasse. Beschlagnahme des Grundstücks mit Anordnung der Zwangsverwaltung bewirkt daher getrennte Erfassung und Festsetzung des der Zwangsverwaltung unterliegenden Unternehmensbereichs des Schuldners[150] (kritisch dazu[151]). Die infolge der Verwaltungstätigkeit des Zwangsverwalters begründeten Umsatzsteuer- und Erstattungsansprüche sind gegen den Zwangsverwalter bzw von ihm geltend zu machen[152]. Voranmeldungen und Steuererklärungen für diesen Unternehmensbereich des Schuldners hat daher der Zwangsverwalter abzugeben[153]. An ihn sind Steuerbescheide (auch Vorauszahlungsbescheide) über die Umsatzsteuer aus der Verwaltertätigkeit zu richten[154]. Aus ihnen muß hervorgehen, für wen als Schuldner der Zwangsverwalter in Anspruch genommen wird; sie müssen daher neben der Bezeichnung des der Zwangsverwaltung unterliegenden Grundstücks auch die Person des Schuldners angeben[155]. Für Umsätze aus Unternehmensbereichen des Schuldners außerhalb der Tätigkeit des Zwangsverwalters (auch für steuerpflichtig vermietete weitere Grundstücke, über die Zwangsverwaltung nicht angeordnet ist) ist Steuerschuldner allein der Schuldner[155] Hierfür hat nur er Voranmeldungen und Steuererklärungen abzugeben. Bei getrennter Zwangsverwaltung mehrerer Grundstücke sind diese Unternehmensbereiche getrennt zu behandeln. Jeder Zwangsverwalter hat für das seiner Verwaltungstätigkeit unterliegende Grundstück die steuerlichen Pflichten zu erfüllen und Erstattungsansprüche geltend zu machen. Zu diesen Fragen siehe auch BMF-Schreiben vom 8. 6. 1992 (IV A 3 – S 7340 – 63/92), abgedruckt Betrieb 1992, 1454 und KTS 1992, 379. Steuerbefreiung besteht bei Vermietung und Verpachtung von Grundstücken in den Grenzen des Umsatzsteuergesetz § 4 Nr 12, insbesondere daher nicht für Vermietung von Wohn- und Schlafräumen durch einen Unternehmer zur kurzfristigen Beherbergung von Fremden, nicht für die kurzfristige Vermietung von Plätzen für das Abstellen von Kraftfahrzeugen, nicht für die kurzfristige Vermietung auf Campingplätzen und nicht für die Vermietung und Verpachtung von Maschinen und sonstigen Vorrichtungen aller Art, die zu einer Betriebsanlage gehören. Zu Zwangsverwaltung (Zwangsverwalter) und Umsatzsteuer auch[156].

12.5 Keinesfalls haftet der Zwangsverwalter für die **persönlichen Steuern** des Schuldners, wie Einkommensteuer, Vermögensteuer usw[157]. Allerdings muß der Zwangsverwalter dem Schuldner die dazu nötigen Unterlagen zB über die Grundstückseinnahmen für seine Einkommensteuererklärung zur Verfügung stellen[157]. Das geschieht dadurch, daß er seine regelmäßigen Abrechnungen bei Gericht einreicht[157]. Aus diesen hat der Schuldner selbst die erforderlichen Angaben zu

---

[148] FG München ZIP 1990, 1606.
[149] BFH BFHE 154, 181 = aaO (Fußn 147); FG Schleswig-Holstein EFG 1987, 151; FG Hamburg EFG 1986, 44 = (mitget) Betrieb 1986, 410; FG München ZIP 1990, 1606.
[150] BFH BFHE 154, 181 = aaO (Fußn 147).
[151] Klever Betrieb 1989, 599.
[152] BFH BFHE 154, 181 = aaO (Fußn 147).
[153] FG Rheinland-Pfalz ZIP 1981, 1265; FG Schleswig-Holstein aaO (Fußn 149); Rödder Rpfleger 1990, 6.
[154] BFH BFHE 154, 181 = aaO (Fußn 149); FG Hamburg und FG Rheinland-Pfalz je aaO (Fußn 149) .
[155] BFH BFHE 154, 181 = aaO (Fußn 149).
[156] Forgách Betrieb 1986, 1037 und 1093; Milatz UStR 1984, 229.
[157] OLG Zweibrücken Rpfleger 1967, 418 = aaO (Fußn 145).

entnehmen und, soweit diese nicht ausreichen sollten, vom Zwangsverwalter Auskünfte einzuholen. Der Zwangsverwalter aber hat nicht für ihn die Einkommensteuererklärung oder ähnliche **Steuererklärung** abzugeben oder daraus sich ergebende Verpflichtungen gegenüber den Steuerbehörden zu erfüllen[157].

12.6 Hierzu im ZVG-Handbuch Rdn 624.

13 Versicherungen

13.1 Der Zwangsverwalter hat sofort nach Übernahme seines Amtes zu **prüfen, ob** der Grundbesitz in jeder Beziehung ausreichend **versichert ist**[158] (ZwangsverwalterVO § 3 Abs 1 c). Er hat andernfalls die erforderlichen Versicherungen abzuschließen, je nach Lage des Falles und nach der Art des Grundstücks gegen Feuer, Unfall, Hagel, Einbruch, Wasser, Haftpflicht, Diebstahl, Maschinenschäden usw (Verordnung § 9 Abs 3), nicht aber eine Versicherung zur Absicherung des Mietausfallrisikos[159].

13.2 Für die **Versicherungsprämien** haftet der Zwangsverwalter mit der Masse jedoch nicht für die Zeit vor der Beschlagnahme[160]. Er ist hier nicht Rechtsnachfolger des Schuldners und daher an dessen Verträge nicht gebunden[161], wird aber zweckmäßig die vorhandenen Versicherungsverträge fortführen.

13.3 Nach Aufhebung der Zwangsverwaltung bleibt der Schuldner durch die vom Zwangsverwalter abgeschlossenen Versicherungsverträge gebunden[162]. Unter Umständen liegt dann eine Doppelversicherung vor. Der Schuldner kann nämlich nicht nach Versicherungsvertragsgesetz § 70 Abs 2 kündigen, weil er nicht Erwerber des Grundstücks ist[163]. Der Versicherungsträger seinerseits bleibt an die vom Zwangsverwalter geschlossenen Verträge gebunden[164].

13.4 Fallen **Versicherungsgelder** an, so hat der Zwangsverwalter sie in Empfang zu nehmen. Diese gehören für zerstörte oder beschädigte Früchte zur Masse, für Gebäude und Zubehör zur Wiederherstellung oder Neuanschaffung aber dem Schuldner[165]. Soweit die Wiederherstellung und Neuanschaffung unterbleibt, sind diese Beträge (für Gebäude und Zubehör) verzinslich anzulegen, die Zinsen fallen dann als Nutzungen in die Masse, die Hauptsache gehört dem Schuldner[166] (diese bekommt der Schuldner allerdings erst nach dem Ende des Verfahrens). Wiederherstellung oder Neuanschaffung kann im Rahmen der Zwangsverwaltung nur nach Anhörung der betreibenden Gläubiger und nur auf Entscheidung des Gerichts erfolgen. Über die Frage, in welchem Umfang Versicherungsgelder der Beschlagnahme unterliegen, auch über die Frage des Wiederaufbaues mit solchen Geldern § 20 Rdn 3.

14 Vollstreckung gegen den Zwangsverwalter

14.1 Wenn der Anspruch des Schuldners gegen den Zwangsverwalter **auf Herausgabe des Überschusses** nach Aufhebung des Zwangsverwaltungsverfahrens gepfändet werden soll, ist der Zwangsverwalter Drittschuldner und der Pfändungsbeschluß wird durch Zustellung an ihn wirksam (ZPO § 829 Abs 3)[167]. Dinglich pfändende Gläubiger haben Vorrang vor den persönlich vollstrecken-

---

[158] Jaeckel/Güthe § 152 Rdn 5.
[159] LG Hamburg Rpfleger 1985, 314.
[160] Drischler RpflJahrbuch 1970, 365 (5).
[161] Jaeckel/Güthe § 152 Rdn 2; Steiner/Hagemann § 152 Rdn 136; Drischler AIZ 1957, 75.
[162] Steiner/Hagemann § 152 Rdn 136; Drischler RpflJahrbuch 1970, 365 (5).
[163] LG Berlin VersR 1956, 446.
[164] RG 86, 392.
[165] Mohrbutter in Festschrift für Herbert Schmidt (1981), S 111 (II 1).
[166] Jaeckel/Güthe § 152 Rdn 6; Mohrbutter aaO (Fußn 165).
[167] Dassler/Muth § 152 Rdn 43; Jaeckel/Güthe § 152 Rdn 7; Stöber Rpfleger 1962, 397 (V); Stöber, Förderungspfändung, Rdn 438.

Aufgaben des Zwangsverwalters, Miet- und Pachtverträge 14.4 § 152

den Gläubigern und untereinander Rang nach Maßgabe des Grundbuchrangs ihrer Rechte[168]; ZPO § 804 Abs 3 findet insoweit keine Anwendung. Hierbei ist aber noch zu beachten: Es muß sich um den richtigen „Schuldner" handeln, dem der Überschuß zusteht; ist nämlich während des Zwangsverwaltungsverfahrens das Eigentum am Grundstück auf einen neuen Eigentümer übergegangen (das ist an sich ohne Einfluß auf das Verfahren selbst) und hat der neue Eigentümer seine Stellung als Eigentümer angemeldet (§ 9 Rdn 4), so ist er der Schuldner, dem der Überschuß zusteht, nicht mehr der frühere Eigentümer. Für einen absonderungsberechtigten Gläubiger kann auch der Anspruch des Konkursverwalters des Schuldners gegen den Zwangsverwalter auf Herausgabe des Überschusses nach Aufhebung des Verfahrens gepfändet werden (kein Verstoß gegen § 14 KO)[169].

14.2 Wenn **Ansprüche eines Gläubigers** auf die ihm **aus der Masse zustehenden Beträge** gepfändet werden sollen, so wird häufig auch der Zwangsverwalter als Drittschuldner behandelt, Pfändung sei wirksam mit der Zustellung des Pfändungsbeschlusses an den Verwalter nach ZPO § 829 Abs 3[170]. Hier muß man aber richtig gemäß[171] wie folgt unterscheiden:

a) Betreibt ein Hypothekengläubiger nicht selbst die Zwangsverwaltung, so hat er Anspruch nur auf laufende Leistungen und dieser Anspruch kann nicht nach ZPO § 829 gepfändet werden, weil das durch ZPO §§ 830, 857 Abs 6 verboten ist; eine Ausnahme gilt nur für bereits rückständige Zinsen nach ZPO § 830 Abs 3.

b) So wie in a) ist es auch, wenn der Hypothekengläubiger die Zwangsverwaltung selbst betreibt.

c) Bei persönlichen Ansprüchen ist keine selbständige Pfändung möglich; der Auszahlungsanspruch ist nur ein Nebenrecht der vollstreckbaren Forderung; Nebenrechte sind für sich allein nicht pfändbar, werden nur durch die Pfändung der Hauptforderung erfaßt; Drittschuldner ist dafür der Grundstückseigentümer, es besteht kein Anspruch gegen den Zwangsverwalter, der nur nach dem Plan auszuschütten hat und bei einer trotzdem erfolgenden Pfändung nicht ohne Planänderung des Gerichts vom Plan abweichen darf.

d) Für die zu den Verwaltungsausgaben gehörenden Ansprüche (Verbindlichkeiten, die der Masse durch die Zwangsverwaltung entstehen, wie Verwaltervergütung, Prozeßkosten, Arbeits- und Dienstleistungen im Auftrag des Verwalters) haftet der Zwangsverwalter mit der Masse; insoweit besteht ein Anspruch gegen ihn, der in die Masse vollstreckt werden kann; hier ist der Verwalter Drittschuldner.

14.3 Lautet ein Vollstreckungstitel gegen den Schuldner auf **Herausgabe von Sachen,** die der Zwangsverwalter in Gewahrsam hat, so muß dieser sie an den Gerichtsvollzieher herausgeben, wenn die Vollstreckungsklausel auf den Zwangsverwalter umgeschrieben ist[172]. Er kann sich auch freiwillig zur Herausgabe bereitfinden.

14.4 Bei einer **Mobiliarvollstreckung gegen den Schuldner** ist der Zwangsverwalter nicht beteiligt. Der Schuldner muß auch selbst die Offenbarungsversicherung leisten[173].

---

[168] Jaeckel/Güthe § 155 Rdn 8; Stöber, Forderungspfändung, Rdn 439; LG Freiburg Rpfleger 1988, 422.
[169] LG Freiburg Rpfleger 1988, 422.
[170] Jaeckel/Güthe § 152 Rdn 7; Wieczorek, ZPO, § 829 Anm C II b 8; Bohn, Hypothekenpfändung, Rdn 234.
[171] Stöber Rpfleger 1962, 397 (VI); Zöller/Stöber, ZPO, § 829 Rdn 33 „Zwangsverwaltung"; Stöber, Forderungspfändung, Rdn 434–437.
[172] AG Köln DGVZ 1967, 92.
[173] LG Düsseldorf MDR 1958, 171.

§ 152   15   Zwangsverwaltung

15 Vorschuß

15.1 Der Zwangsverwalter hat **rechtzeitig Vorschüsse** über das Vollstrekkungsgericht vom betreibenden Gläubiger **anzufordern** (erwähnt in § 161 Abs 3), wenn die Fortsetzung des Verfahrens besondere Aufwendungen erfordert, für die in der Masse keine Mittel vorhanden sind (ZwangsverwalterVO § 8 Abs 4). Prozeßkostenhilfe befreit nicht von der Vorschußpflicht. Dem Gläubiger ist vom Gericht eine Frist zu setzen. Der Vorschuß kann **auch von Amts wegen,** ohne Anregung des Zwangsverwalters, angeordnet werden. Bei Nichtzahlung ist das Zwangsverwaltungsverfahren aufzuheben (§ 161 Rdn 2). Aus einem eigenen Vermögen muß und darf der Zwangsverwalter nichts vorschießen; auf Ausgaben der Verwaltung soll er Vorschüsse nur mit Einwilligung des Gerichts zahlen (ZwangsverwalterVO § 9 Abs 5).

15.2 Für den **Beschluß** wird vorgeschlagen: „Auf Antrag des Zwangsverwalters wird dem betreibenden Gläubiger . . . unter Androhung der Verfahrensaufhebung aufgegeben, dem Zwangsverwalter bis spätestens . . . einen Verfahrenskostenvorschuß in Höhe von . . . zur Verfügung zu stellen. Gründe: Der Zwangsverwalter hat Mieteinnahmen erst . . . zu erwarten, da die Beschlagnahme nach dem 15. Tag des Monats . . . erfolgt ist. Er muß aber sofort . . . bezahlen, um nicht die Mieter in ihren Rechten zu beschränken, die sonst den Mietzins zurückbehalten können . . . Dazu benötigt er den genannten Vorschuß. Falls dieser nicht bezahlt wird, ist das Verfahren nicht durchführbar und muß darum dann aufgehoben werden (ZVG § 161 Abs 3)." Der Beschluß ist an den betroffenen Gläubiger zuzustellen, an den Schuldner und Zwangsverwalter mitzuteilen.

16 Wohnungseigentum

Literatur: Barsties, „Wohngeld" als Kosten der Zwangsverwaltung, SchlHA 1986, 146; Steiger, Das „Hausgeld" in der Zwangsverwaltung des Wohnungseigentums, Rpfleger 1985, 474.

16.1 Die Beschlagnahme in der Zwangsverwaltung erstreckt sich auch auf die **Mitgliedschaftsrechte** des Wohnungseigentümers an der Wohnungseigentümergemeinschaft[174]. Sie erfaßt aber nicht den Anteil der einzelnen Wohnungseigentümers an den Geldern, die der Eigentümergemeinschaft gemeinschaftlich zustehen und die der Mobiliarvollstreckung unterliegen[175].

16.2 Für die den Wohnungseigentümern obliegende **Verwaltung** des gemeinschaftlichen Eigentums (WEG §§ 20–25) hat der Zwangsverwalter die **Rechte und Pflichten des Schuldners** zur Erhaltung des Wohnungseigentums in seinem wirtschaftlichen Bestande und zu seiner ordnungsgemäßen Benutzung sowie zur Geltendmachung der beschlagnahmten Ansprüche und Ziehung der Nutzungen auszuüben. Die Befugnis des Zwangsverwalters zur Wahrnehmung der Mitgliedschaftsrechte des Schuldners als Wohnungseigentümer bestimmt sich somit nach seinem durch § 152 begrenzten Aufgabenkreis. Der Verwalter hat für die von ihm wahrzunehmenden Rechte des Schuldners als Wohnungseigentümer auch dessen **Stimmrecht**[176] (kritisch gegen Ausdehnung des Stimmrechts des Verwalters auf alle Miteigentümerrechte des Schuldners[177]); eine Vermutung spricht dafür, daß Beschlußgegenstände die Zwangsverwaltung berühren[178]. Der Zwangsverwalter muß somit an Wohnungseigentümerversammlungen teilnehmen (pflichtwidrige Abwesenheit kann Schadenshaftung begründen). Der Verwalter übt das Stimmrecht aus insbesondere bei Beschlußfassung über Bestellung und Abberufung des WEG-Verwalters[178] sowie über den Wirtschaftsplan, die Abrechnung und Rech-

---

[174] Bärmann/Pick/Merle, WEG, § 1 Rdn 127.
[175] Weitnauer/Hauger, WEG, § 3 Rdn 125, § 16 Rdn 6 und § 27 Rdn 30.
[176] BayObLG 1991, 93 = KTS 1991, 473 = NJW-RR 1991, 723 = Rpfleger 1991, 332.
[177] KG Berlin MDR 1987, 143 = NJW-RR 1987, 77.
[178] KG Berlin WuM 1990, 324 = ZMR 1990, 351.

Aufgaben des Zwangsverwalters, Miet- und Pachtverträge   16.3 § **152**

nunglegung. Wenn ein Wohnungseigentümer für mehrere Wohnungen nur eine Stimme hat und nicht für alle seine Wohnungen ein Zwangsverwalter eingesetzt ist, kann die Stimme nicht gezählt werden, wenn sich beide (Wohnungseigentümer und Zwangsverwalter) über die Stimmabgabe (Ja oder Nein) nicht einig sind[179]. Aus dem Stimmrecht des Zwangsverwalters bei der Beschlußfassung folgt sein Recht, den Eigentümerbeschluß durch Antrag zum Gericht auf Ungültigerklärung anzufechten (WEG § 43 Abs 1 Nr 4)[180] (jedenfalls für Beschlußfassung über die Jahresabrechnung). Wohnungseigentümerrechte außerhalb seines durch § 152 bestimmten Aufgabenkreises kann der Zwangsverwalter nicht wahrnehmen. Er kann zB ein noch vom Wohnungseigentümer selbst eingelegtes Rechtsmittel nicht wirksam zurücknehmen, wenn ein Beschluß der Eigentümerversammlung angefochten ist, durch die eine Genehmigung zur Vornahme baulicher Veränderungen erteilt oder versagt worden ist[181].

16.3 a) Das von der Beschlagnahme an laufende sogen **Wohngeld** als Vorschuß auf die Ausgaben nach dem Wirtschaftsplan der Wohnungseigentümer-Gemeinschaft (WEG § 28 Abs 2) gehört zu den Ausgaben der Verwaltung. Der Zwangsverwalter hat es aus den Nutzungen des verwalteten Wohnungseigentums daher vorweg zu bestreiten[182] (§ 155 Abs 1). Wenn Mieteinnahmen nicht (oder nicht ausreichend) erzielt werden, kann der zur Deckung des Wohngelds erforderliche Geldbetrag vom Gläubiger als Vorschuß nach § 161 Abs 3 eingefordert werden[183].

b) Zu beachten hat aber der Zwangsverwalter: Das Wohngeld enthält die laufenden Verwaltungsausgaben, die auch der Zwangsverwalter zahlen muß, nämlich Betriebskosten, Heizungskosten, Wasserkosten, Reparaturkosten usw, also allgemeine Hausunkosten, außerdem Instandhaltungsrückstellung[184] und einmalige Umlage für unvorhergesehenen Reparaturaufwand[184]. Es enthält auch die Vergütung des Wohnungseigentumsverwalters, wobei sich hier der Zwangsverwalter, der sonst keinen Hausverwalter beschäftigen darf, nicht ausschließen lassen. Schließlich kann aber Wohngeld auch Aufwendungen für die Verzinsung und Tilgung von Gesamt- und Einzelbelastungen enthalten; diese darf der Zwangsverwalter nur im Rahmen seines Verwaltungsplanes aus der von ihm verwalteten Masse zahlen, Kapitalbeträge sogar nur nach § 158. Das gilt auch für ein Grundpfandrecht zur Sicherung von Kreditkosten für laufende Bewirtschaftung (anders[184]), weil der dingliche Anspruch aus diesem Recht nicht zu den gemeinschaftlichen Lasten des WEG § 16 gehört. Den hierauf treffenden Teil des Wohngeldes muß der Zwangsverwalter daher zurückbehalten. Dazu auch § 155 Rdn 4, 6.

c) Wohngeldrückstände des Schuldners aus der Zeit vor Wirksamwerden der Beschlagnahme hat der Zwangsverwalter nicht nachzuzahlen[185]. Die Verpflichtung, den anderen Wohnungseigentümern gegenüber die Lasten und Kosten des gemeinschaftlichen Eigentums anteilig zu tragen (WEG § 16 Abs 2), wird jedoch erst mit der Beschlußfassung über die Jahresabrechnung begründet (§ 56 Rdn 3.10). Den vollen **Nachzahlungsbetrag** für das bei Beschlagnahme laufende Wirtschaftsjahr aus der erst nach der Beschlagnahme beschlossenen Jahresabrechnung hat der Zwangsverwalter als Verwaltungsausgabe (§ 155 Abs 1) daher auch dann zu

---

[179] KG Berlin NJW-RR 1989, 1162 = OLGZ 1989, 423.
[180] BayObLG 1991, 93 = aaO (Fußn 176).
[181] KG Berlin, MDR 1987, 143 = NJW-RR 1987, 77.
[182] BayObLG 1991, 93 = aaO (Fußn 176); OLG Hamburg OLGZ 1993, 431 = WuM 1993, 300 = ZMR 1993, 342; OLG Stuttgart JurBüro 1976, 1396 = OLGZ 1977, 126; LG Darmstadt Rpfleger 1977, 332 = ZMR 1978, 248; LG Köln Rpfleger 1987, 325 mit Anm Meyer-Stolte; AG Dorsten NJW 1977, 1246 Leitsatz = ZMR 1977, 383.
[183] LG Oldenburg Rpfleger 1987, 326.
[184] Steiger Rpfleger 1985, 474.
[185] BayObLG 1991, 93 = aaO (Fußn 176).

§ 152 16.3 Zwangsverwaltung

bestreiten, wenn der Schuldner die vor Beschlagnahme nach dem Wirtschaftsplan fällig gewordenen Wohngeldvorschüsse nicht bezahlt hat[186].

d) Die Kosten und Lasten des gemeinschaftlichen Eigentums für ein **vor der Beschlagnahme abgeschlossenes Wirtschaftsjahr** hat der Zwangsverwalter nicht zu bestreiten. Verpflichtet werden die Wohnungseigentümer für Nachforderungen aus Abrechnungen für ein früheres (vor der Beschlagnahme liegendes) Wirtschaftsjahr und ebenso für eine Sonderumlage, die einen durch Wohngeldrückstand verursachten Fehlbetrag der Gemeinschaft ausgleichen soll (Ausfalldeckung), jedoch erst durch den Beschluß der Eigentümergemeinschaft (§ 56 Rdn 3.10). Der Zwangsverwalter hat die Verbindlichkeit des Schuldners, die in der anteilmäßigen Verpflichtung zur Tragung der Lasten und Kosten (WEG § 16 Abs 2) wurzelt, als Verwaltungsausgabe (§ 155 Abs 1) daher auch dann zu bestreiten, wenn es sich um eine Nachforderung aus einer Abrechnung für ein früheres Jahr oder um eine Sonderumlage[187] handelt, sofern nur der Beschluß der Wohnungseigentümergemeinschaft, durch den die Nachforderung begründet wurde (WEG § 28 Abs 5), erst nach der Beschlagnahme gefaßt worden ist.

e) Ein **Guthaben** aus der Jahresabrechnung wird als Überschuß der nach dem Wirtschaftsplan erbrachten Vorschüsse erstattet. Die Beschlagnahme erfaßt den Schuldneranteil an den gemeinschaftlichen Geldern nicht (Rdn 16.1). Der Erstattungsbetrag wird jedoch erst durch den Beschluß der Eigentümergemeinschaft über die Jahresabrechnung des Verwalters herbeigeführt. Der Erstattungsbetrag aus einer schon vor der Beschlagnahme beschlossenen Jahresabrechnung ist daher dem Schuldner zu leisten. Der Erstattungsbetrag aus einer erst nach der Beschlagnahme beschlossenen Jahresabrechnung wird für Ausgaben der Verwaltung (§ 155 Abs 1) geleistet; er ist dem Zwangsverwalter, der die Mitgliedsrechte des Schuldners wahrnimmt (Rdn 16.1), daher zu den Ausgaben der Verwaltung auch dann zu zahlen, wenn der Schuldner im laufenden Wirtschaftsjahr vor Beschlagnahme noch selbst Wohngeld geleistet hat.

[Rechtsverordnung über Geschäftsführung und Vergütung]

152 a Der Bundesminister der Justiz wird ermächtigt, Stellung, Aufgaben und Geschäftsführung des Zwangsverwalters sowie seine Vergütung (Gebühren und Auslagen) durch Rechtsverordnung mit Zustimmung des Bundesrates näher zu regeln. Die Höhe der Vergütung ist an der Art und dem Umfang der Aufgabe sowie an der Leistung der Zwangsverwalters auszurichten. Es sind Mindest- und Höchstsätze vorzusehen.

Literatur: Mümmler, Vergütung für die Zwangsverwaltung von Grundstücken, JurBüro 1984, 347; Wertenbruch, Die Bindung der Vollstreckungsgerichte an die Zwangsverwalterverordnung bei der Festsetzung der Verwaltervergütung, KTS 1993, 611; Wrobel, Verfassungsrechtliche Probleme um die Zwangsverwalterverordnung und § 152 a ZVG, NJW 1993, 374.

1 Allgemeines zu § 152 a

Zweck ist Schaffung einer Ermächtigungsgrundlage (GrundG Art 80 Abs 1) für Regelung der Aufgaben, Geschäftsführung und Vergütung des Zwangsverwalters an Stelle des (seit 1. 4. 1991 aufgehobenen) früheren EGZVG § 14.

2 Rechtsverordnung nach § 152 a

Regelung durch den Bundesminister der Justiz nach § 152 a ist **noch nicht erfolgt**. Zweifelhaft ist, ob für nähere Regelung der Stellung des Zwangsverwalters

---

[186] BayObLG 1991, 93 = aaO (Fußn 176); OLG Düsseldorf NJW-RR 1991, 724 = Rpfleger 1991, 181 = WM 1990, 459; OLG Karlsruhe ZMR 1990, 189.
[187] OLG Düsseldorf NJW-RR 1991, 724 = aaO (Fußn 186).

Rechtsverordnung über Geschäftsführung und Vergütung   4.3 § 152 a

durch Rechtsverordnung § 152 a eine (ausreichende) Ermächtigungsgrundlage bietet. Der Gesetzgeber hat die Rechtsstellung des Zwangsverwalters nicht bestimmt (§ 152 Rdn 2). Daher wird geltend gemacht[1], für eigenständige Festlegung durch Rechtsverordnung bietet § 152 a keine Grundlage, weil er GrundG Art 80 Abs 1 Satz 2 nicht genüge. Die Aufgaben des Zwangsverwalters regelt bereits § 152. Eine weitere Regelung der Zwangsverwalteraufgaben kann daher (ebenso wie Aussagen zur Rechtsstellung des Zwangsverwalters) nur in diesem gesetzlichen Rahmen die vom Vollstreckungsgericht und Zwangsverwalter bei Verfahrensdurchführung zu wahrenden Sorgfalts- und Amtspflichten darstellen und Einzelpflichten des Zwangsverwalters beschreiben, so beispielsweise über Kontoführung, Aufbewahrung der Belege, Aktenführung, Form der Jahresabrechnung.

Verordnung über Geschäftsführung und Vergütung   3

Die Verordnung über die Geschäftsführung und die Vergütung des Zwangsverwalters vom 16. 2. 1970 (BGBl 1970 I 185; Textanhang T 46) gilt weiterhin[2]. Sie ist mit Aufhebung von EGZVG § 14 nicht unwirksam geworden, sondern bleibt bis zu ihrer Aufhebung in Kraft. Diese Verordnung ist verfassungsmäßig zustande gekommen und daher wirksam[3]; nach anderer Ansicht[4] hat sie nur den Rang einer unverbindlichen Richtlinie (dazu auch[5]).

Zwangsverwaltervergütung (Höhe)   4

4.1 Die **Zwangsverwalterverordnung** (Rdn 3) **bestimmt,** was § 153 Abs 1 als selbstverständlich voraussetzt, daß der Zwangsverwalter einen Anspruch auf Vergütung für seine Geschäftsführung und auf Erstattung angemessener barer Auslagen und der darauf entfallenden Mehrwertsteuer hat (Verordnung § 23 Abs 1), wiederholt dazu, daß der Institutsverwalter keine Vergütung erhält (Verordnung § 23 Abs 2) und daß auf den Schuldner-Zwangsverwalter die Vorschriften nicht anwendbar sind (Verordnung § 30 Abs 1), ebenso nicht auf die landschaftlichen Kreditanstalten (Verordnung § 30 Abs 2). Sie sagt, daß Vergütung und Auslagen vom Gericht festgesetzt werden (Verordnung § 28) und daß dies auf Antrag des Zwangsverwalters geschieht (Verordnung § 28) und daß er vor der Festsetzung mit Einwilligung des Gerichts aus den Einnahmen einen Vorschuß auf Vergütung und Auslagenersatz entnehmen darf (Verordnung § 28).

4.2 Die Vergütung ist **in Prozenten** der Einnahmen an Miet- und Pachtzinsen bestimmt (gleich, ob noch der Schuldner oder der Zwangsverwalter selbst vermietet/verpachtet hat), **gestaffelt** nach der Höhe der Einnahmen, wobei in diese auch die zu verrechnenden Mietzinsvorauszahlungen einzurechnen sind (Verordnung § 24 Abs 1). Wie Mietzinsvorauszahlungen muß man auch die sonstigen Verrechnungen behandeln, gleich wie diese benannt sind (Darlehen, Baukostenzuschüsse usw). Einzurechnen sind auch alle Nebenabgaben (Heizung, Lift, Warmwasser usw), die nur ein gesondert ausgewiesener Teil der Mietentschädigung sind.

4.3 Die **Staffelung** bestimmt für die ersten 3000 DM höhere Beträge, jeweils nach 1000 DM unterschieden. Sind die maßgebenden Einnahmen also zB 4000 DM, so beträgt die Vergütung: 90 DM (aus den ersten 1000 DM) + 80 DM (aus den zweiten 1000 DM) + 70 DM (aus den dritten 1000 DM) + 60 DM (aus

---

[1] Wrobel NJW 1993, 374 (IV).
[2] Wrobel NJW 1993, 374 (II).
[3] LG Bochum Rpfleger 1995, 374; LG Essen Rpfleger 1989, 120; Wertenbruch KTS 1993, 611 (II).
[4] LG Hamburg KTS 1988, 172 = Rpfleger 1988, 200.
[5] Wrobel NJW 1993, 374 (III).

§ 152 a 4.3 Zwangsverwaltung

den vierten 1000 DM), zusammen 300 DM. Die Gebühr wird also nicht aus dem ganzen Betrag nach dem ermäßigten Satz berechnet, sondern von jedem Teilbetrag zu seinem dafür festgesetzten Satz und diese Teilbeträge werden dann zusammengerechnet, wie im Beispiel gezeigt (so auch[6]).

4.4 Ist das **Grundstück in einzelnen Teilen** vermietet (mehrere Wohnungen oder Einzelräume oder Gewerberäume) oder verpachtet, so ist die Vergütung für jeden Teil besonders zu berechnen (Verordnung § 24 Abs 2). Man muß dabei auf die Mietverträge/Pachtverträge abstellen. Hat also ein Mieter/Pächter mit einem Vertrag mehrere Wohnungen usw gemietet/gepachtet, so wird die Vergütung aus seinem Gesamtmietzins/Gesamtpachtzins errechnet, nicht aus den einzelnen Teilen. Ändert sich das Mietverhältnis/Pachtverhältns, indem Teile an andere Mieter/Pächter übergehen, so ist die Vergütung für jeden Mieter/Pächter wieder gesondert zu berechnen. Haben dagegen **mehrere Mieter/**Pächter **gemeinsam** (Ehegatten, Gesellschafter) eine Wohnung, einen Raum usw gemietet/ gepachtet, so ist deren Gesamtmietzins/Gesamtpachtzins maßgebend, nicht der Anteil des einzelnen Mieters/Pächters.

4.5 Die ZwangsverwalterVO geht für die Vergütung von den **Einnahmen eines Kalenderjahres** aus (Verordnung § 24 Abs 1). Beginn und Ende einer Zwangsverwaltung stimmen aber nicht mit dem Kalenderjahr überein. Auch für die angebrochenen Kalenderjahre am Anfang und am Ende (Zugang des Aufhebungsbeschlusses an Verwalter; danach noch eingehende Mieteinnahmen bleiben nach Aufhebung wegen Antragsrücknahme unberücksichtigt[7]) ist die Vergütung „nach Kalenderjahren" zu berechnen; hier sind nur die auf das betreffende Kalenderjahr entfallenden Einnahmen entsprechend geringer. Beginnt die Verwaltung bei einem Jahresmietzins von zB 2400 DM am 1. Oktober, so sind eben die Einnahmen in diesem restlichen Kalenderjahr 600 DM. Als „eingezogen" ist anzusehen, was der Verwalter tatsächlich kassiert oder wenigstens (bei Verzug des Mieters) durch Mahnung oder in anderer Weise zu kassieren sucht[8] (anders[9] : nur die tatsächlich vereinnahmten Beträge, um so den Verwalter anzuhalten, daß er möglichst vollständig einzieht, wobei im Falle eines Mißverhältnisses eine Abweichung nach Verordnung § 25 möglich sei; abzulehnen). Der Zwangsverwalter wird für seine Mühewaltung entschädigt und darf nicht dafür gestraft werden, daß trotz aller Bemühungen der Mieter/Pächter nicht bezahlt. Ist im vorher gebrachten Beispiel der Mietzins halbjährlich nachträglich zahlbar (also erst am 1. 4. des nächsten Jahres), so treffen im Kalenderjahr des Verfahrensbeginns keine Einnahmen, weil es nicht auf den Berechnungszeitraum, sondern auf den Zahlungszeitpunkt (bzw die versuchte Beitreibung) ankommt.

4.6 Ohne Rücksicht auf die eingenommenen Beträge (wenn zB das Objekt noch nicht vermietet oder nicht vermietbar ist) beträgt die **Grundvergütung** des Zwangsverwalters, falls er das Objekt in Besitz genommen hat (§ 150 Abs 2), auf jeden Fall je Kalenderjahr 60 DM, wobei auch angefangene Jahre mitgerechnet werden (Verordnung § 24 Abs 3). Hat der Verwalter den Besitz gerade noch am 31. 12. übernommen, so erhält er für dieses Kalenderjahr die vollen 60 DM. Wurde zwar noch Ende Dezember die Verwaltung angeordnet und wirksam, aber der Besitz erst Anfang Januar übernommen, so erhält er für das alte Kalenderjahr keine Vergütung. Ist das Verfahren schon wieder aufgehoben, bevor er das Grundstück in Besitz nahm, hat er aber eine Tätigkeit für das Objekt entwickelt, so erhält er 30 DM (Verordnung § 24 Abs 4); als Tätigkeit genügt hier nicht die Empfangsnahme des Anordnungsbeschlusses, sondern der Verwal-

---

[6] Mümmler JurBüro 1976, 1017.
[7] AG Hannover Rpfleger 1991, 169.
[8] LG Essen Rpfleger 1989, 120.
[9] LG Bamberg JurBüro 1974, 484; Steiner/Hagemann § 153 Rdn 61; Dassler/Muth § 153 Rdn 19.

Rechtsverordnung über Geschäftsführung und Vergütung   4.8 § 152 a

ter muß von sich aus etwas getan haben, etwa mündlich oder fernmündlich mit dem Gericht über das Objekt verhandelt oder die Akten eingesehen. Wird nach der Inbesitznahme alsbald wieder aufgehoben, so erhält er je Kalenderjahr, wie vorher gesagt, je 60 DM. Wurde also am 20. 12. angeordnet, sogleich in Besitz genommen und am 5. 1. wieder aufgehoben, so ist die Vergütung zweimal 60 DM.

4.7 Ergibt sich im Einzelfall ein **Mißverhältnis** zwischen der Tätigkeit und der Vergütung (zB im soeben erwähnten Fall), so muß das Gericht die Vergütung entsprechend geringer oder höher festsetzen (Verordnung § 25). Eine Ermäßigung der normalen Vergütung kommt in Frage, wenn der Verwalter im letzten Beispiel kaum Arbeit hatte (er wird ja für die Mühewaltung entschädigt) oder wenn er bei einem großen Häuserblock mit hohen Einnahmen, aber eingespielter Hausmeisterei, praktisch nur in geringem Maße überwachen muß. Eine Erhöhung ist nötig, wenn er wegen undurchsichtiger Rechtsverhältnisse, wegen unklarer Verträge und ähnlicher Umstände ungewöhnliche Mühe hat (zB Schwierigkeiten und umfangreiche Mühewaltung im Hinblick auf die Art der Vermietung und die Anzahl der Mieter[10]). Eine Bindung an den Mindestsatz von 60 DM oder 30 DM besteht hier nicht. Abweichung von der Regelvergütung kann nicht nur erfolgen, wenn (ganz besondere, so[11], für enge Auslegung auch[12]; außerdem[13]: besondere Gründe müssen dargetan sein; Arbeitsaufwand bleibt unberücksichtigt; auch[14]: nur bei offensichtlichem Mißverhältnis zwischen Arbeitsaufwand und Regelvergütung) Umstände des Einzelfalls ein Mißverhältnis zwischen der Tätigkeit des Verwalters und der nach den Miet- oder Pachtzinseinnahmen bemessenen Vergütung ergeben (so[15] sowie[16]), sondern auch im Hinblick auf geänderte wirtschaftliche Verhältnisse[17] (anders noch[18]). Ob die Entwicklung der wirtschaftlichen Verhältnisse (die Erhöhung des Berufseinkommens und der Lebenshaltungskosten, aber auch erhöhte Personal- und Sachkosten des Zwangsverwalters) bewirkt, daß die Regelsätze keine angemessene Vergütung der mit der Verwaltung verbundenen Arbeitsleistung und Verantwortung mehr darstellen, ist jedoch auch nach der allgemeinen und besonderen örtlichen Erhöhung der Miet- und Pachtzinsen, somit der Einnahmen zu beurteilen, nach denen sich die Vergütungssätze bestimmen. Für Erhöhung der Regelvergütung (auch bei nicht durch Vermietung oder Verpachtung genutzten Grundstücken) im Hinblick auf die Verfassungswidrigkeit der Verordnung[19]. § 25 bietet jedenfalls Grundlage für Festsetzung einer dem Einzelfall angemessenen und an örtlichen Hausverwaltungskosten orientierten Vergütung, die Arbeitsleistung und Verantwortung des Zwangsverwalters ebenso wie den Grad erforderlicher Sachkunde und besonderen Erschwernissen eines Verfahrens Rechnung trägt. Das Gericht soll nicht zu kleinlich sein, sonst findet es keine Zwangsverwalter mehr.

4.8 Wenn das Grundstück nicht durch Vermieten/Verpachten genutzt wird (zB vom Schuldner selbst bewohntes Einfamilienhaus, dessen sämtliche Räume ihm als unentbehrlich belassen werden müssen; § 149 Rdn 2), so bestimmt das Gericht die Vergütung nach dem **Umfang der Tätigkeit** und den **gezogenen Nutzungen**

---

[10] LG Frankenthal Rpfleger 1993, 416.
[11] LG Kassel KTS 1986, 724.
[12] LG Hamburg Rpfleger 1988, 200.
[13] LG Hannover Rpfleger 1991, 121.
[14] LG Oldenburg Rpfleger 1994, 78.
[15] LG Bochum Rpfleger 1995, 374; AG Hannover Rpfleger 1990, 133.
[16] Wertenbruch KTS 1993, 611.
[17] LG Frankfurt Rpfleger 1991, 333; LG Krefeld Rpfleger 1991, 121 und JurBüro 1993, 35 = Rpfleger 1992, 361; LG Mainz Rpfleger 1996, 37; BundBei KTS 1986, 725 (Anmerkung); Dassler/Muth § 153 Rdn 20.
[18] LG Essen Rpfleger 1989, 120; LG Kiel Rpfleger 1989, 250 = SchlHA 1989, 196.
[19] LG Hamburg Rpfleger 1988, 200.

§ 152 a 4.8 Zwangsverwaltung

(Verordnung § 26). Auch wenn keine Nutzungen anfallen, aber der Verwalter eine Tätigkeit entfalten muß, ist eine Vergütung festzusetzen (Verordnung § 24 Abs 3 findet auf diesen Fall keine Anwendung[20]. Maßgebend wird in erster Linie immer der Umfang der Tätigkeit sein (zur Stundenvergütung, wenn ein Rechtsanwalt zum Zwangsverwalter bestellt ist, zB[20]). Auf jeden Fall ist die Grundvergütung zu gewähren (Rdn 4.6).

4.9 a) „**Angemessene bare Auslagen**" erhält der Zwangsverwalter neben der Vergütung ersetzt (Verordnung § 23 Abs 1), desgleichen die anfallende Mehrwertsteuer (Verordnung § 23 Abs 1). Die auf die Vergütung (und Auslagen) entfallende Mehrwertsteuer ist bei Entnahme aus der Zwangsverwaltungsmasse gesondert in Rechnung zu stellen; bei unternehmerischer Tätigkeit kann sie zum Vorsteuerabzug geltend gemacht werden (§ 152 Rdn 12).

b) **Umsatzsteuerpflichtig** ist der Zwangsverwalter mit seinem Entgelt für Leistungen aus unternehmerischer (selbständiger) Tätigkeit. Der Steuersatz beträgt ab 1. 1. 1993 15 vH (Umsatzsteuergesetz § 12 Abs 1).

c) Für Einführung einer Auslagenpauschale, die (nach örtlichen Verhältnissen erschwerten) Einzelnachweis tatsächlich entstandener Unkosten erübrigt[21].

d) Hinsichtlich der **Auslagen,** die angemessen sein müssen, bleibt manches der Entscheidung des Gerichts überlassen. Durch die Vergütung werden die allgemeinen Geschäftsunkosten abgegolten (Verordnung § 27 Abs 1). Zu diesen gehört nach der Vorschrift der Büroaufwand des Zwangsverwalters. Büroaufwand umfaßt den Schreibaufwand (keine Schreibgebühren zulässig), die Gehälter der im Büro tätigen Angestellten, die im Rahmen der laufenden Arbeiten auch bei einer Zwangsverwaltung beschäftigt werden (die Angestellte schreibt Berichte, Abrechnungen usw) und die Kosten der Haftpflichtversicherung des Verwalters (Verordnung § 27 Abs 1). Zum Büroaufwand gehören auch ohne Ersatz (das steht nicht in der Verordnung) die Kosten der Vordrucke, Kassenbücher und Karteien und die normalen Post- und Fernsprechgebühren (so auch[22]).

e) Nicht zu den allgemeinen Geschäftsunkosten (ohne Ersatz) gehören die **besonderen Unkosten,** die dem Zwangsverwalter im Einzelfall durch Einstellung von Hilfskräften für bestimmte Aufgaben im Rahmen der Zwangsverwaltung erwachsen, soweit sie angemessen sind (Verordnung § 27 Abs 2). Die Hilfskräfte dürfen nicht die Zwangsverwaltung als solche übernehmen; diese obliegt dem Verwalter selbst (Verordnung § 1 Abs 2); auch Abrechnungen, Buchungen, Aktenführung, Briefe an Gericht und Beteiligte gehören zu seinen Aufgaben. Es kann aber bei besonders verwickelten Verhältnissen etwa eine besondere Buchhaltungskraft oder ein Steuerberater nötig werden oder ein Hausmeister. Was angemessen ist, muß das Gericht nach pflichtgemäßem Ermessen entscheiden. Als besondere Geschäftsunkosten auszugleichen sein können auch Kosten für Fertigung von Fotokopien, die entstehen, weil der Zwangsverwalter den Schuldner zur Klärung verwickelter Verhältnisse zuzieht und ihn an der Verwaltung in gewissem Umfang beteiligt[23]. Besonders zu ersetzen sind angemessene Reisekosten, wenn das Objekt auswärts oder in einer Großstadt weitab liegt oder wenn Fahrten zu Behörden unternommen werden müssen; hier sind Kosten öffentlicher Verkehrsmittel, aber auch eigene Fahrzeugkosten ersetzbar. Besonders zu ersetzen sind auch angemessene Fernschreib- und Telegrammkosten und ebenso die Kosten für auswärtige Ferngespräche (so auch[24]).

4.10 Festsetzung der Vergütung und Auslagen: § 153 Abs 1 (dort Rdn 7).

---

[20] LG Kiel aaO (Fußn 18).
[21] LG Hannover ZIP 1986, 1407.
[22] LG Frankfurt Rpfleger 1991, 333.
[23] LG Hannover ZIP 1986, 1407.
[24] LG Frankfurt Rpfleger 1991, 333.

Vollstreckungsgericht und Zwangsverwalter 2.4 **§ 153**

[Vollstreckungsgericht und Zwangsverwalter]

153 (1) **Das Gericht hat den Verwalter nach Anhörung des Gläubigers und des Schuldners mit der erforderlichen Anweisung für die Verwaltung zu versehen, die dem Verwalter zu gewährende Vergütung festzusetzen und die Geschäftsführung zu beaufsichtigen; in geeigneten Fällen ist ein Sachverständiger zuzuziehen.**

(2) **Das Gericht kann dem Verwalter die Leistung einer Sicherheit auferlegen, gegen ihn Zwangsgeld festsetzen und ihn entlassen. Das Zwangsgeld ist vorher anzudrohen.**

Übersicht

Allgemeines zu § 153	1	Rechtsbehelfe bezüglich Vergütung und Anweisungen	5
Aufsicht über den Zwangsverwalter (Absatz 1)	2	Sicherheitsleistung und Versicherung des Zwangsverwalters	6
Erteilung gerichtlicher Anweisungen (Absatz 1)	3	Vergütung des Zwangsverwalters (Absatz 1)	7
Muster für allgemeine Anweisungen an den Zwangsverwalter	4	Zwangsgeld, Entlassung (Absatz 2)	8

Allgemeines zu § 153 1

1.1. Zweck der Vorschrift: Wahrung der berechtigten Interessen von Gläubiger und Schuldner durch das Vollstreckungsgericht mit der Verpflichtung, den Verwalter mit erforderlichen Anweisungen zu versehen[1]. Geschlossene Darstellungen zum Verhältnis des Zwangsverwalters **zum Vollstreckungsgericht,** also der gerichtlichen Aufsicht über ihn, allerdings nach älterem Recht, bringen[2] nach dem jetzt gültigen[3].

1.2 Landschaftliche Kreditanstalten (§ 146 Rdn 7) üben bei von ihnen durchgeführten Zwangsverwaltungen die Befugnisse aus § 153 selbst aus. Die Vorschriften über die gerichtliche Aufsicht gelten hier nicht.

Aufsicht über den Zwangsverwalter (Absatz 1) 2

2.1 Das Vollstreckungsgericht hat regelmäßig die Geschäftsführung des Zwangsverwalters zu **beaufsichtigen:** Abs 1.

2.2 Das Gericht erhält vom Verwalter **Berichte,** fordert Berichte bei ihm an, kann jederzeit über § 154 hinaus von ihm **Rechnungslegung** verlangen, die Bücher und **Belege einsehen,** den Bestand der Konten und den **Bestand** an Bargeld **prüfen.** Zur Offenbarungsversicherung ist dabei der Zwangsverwalter gegenüber dem Gericht nicht verpflichtet. Er muß nur auf Verlangen dem Gericht oder einem gerichtlichen Prüfungsbeamten seine Bücher, Akten, Schriftstücke und die Einnahmen vorlegen, sowie jede Auskunft erteilen (ZwangsverwalterVO § 22). Beim Schuldner-Zwangsverwalter muß die Aufsichtsperson dem Gericht anzeigen, wenn der Schuldner gegen seine Pflichten verstößt (§ 150 c Abs 3).

2.3 Auch bei der Aufsicht soll das Gericht den Verwalter nicht zu sehr beschränken, es hat auf seine **Handlungsfreiheit** zu achten. In erster Linie ist der Zwangsverwalter für das Verfahren verantwortlich. Er ist bei Ausführung der Verwaltung selbständig (Verordnung § 1 Abs 1 Satz 1).

2.4 Die **Geldanlage** ist vom Gericht zu überwachen, damit nicht Beträge, die erst später benötigt werden, zinslos beim Verwalter liegen oder gar für verfahrens-

---

[1] Motive zum ZVG S 330.
[2] Schmidt, Geschäftsführung des Zwangsverwalters, Specht, Handbuch für den Zwangsverwalter (1935).
[3] Riggers JurBüro 1970, 621.

§ 153 2.4   Zwangsverwaltung

fremde Zwecke verwendet werden. Sie müssen ohnehin von den Geldern anderer Verfahren und von sonstigen Geldern getrennt sein.

2.5 Zu **Prüfungen** ist das Vollstreckungsgericht befugt, und zwar zu regelmäßigen und zu Prüfungen außer der Reihe. Die Prüfungen müssen sich darauf beschränken, den ordnungsgemäßen und wirtschaftlich vernünftigen Ablauf der Zwangsverwaltung zu gewährleisten. Es darf nicht dem Zwangsverwalter die eigene Verantwortung hierdurch abgenommen werden. Das Gericht kann neben der regelmäßigen Rechnungslegung (§ 154 Rdn 3) Prüfungen durchführen, indem es ohne vorherige Ankündigung zu wechselnden Zeitpunkten den Zwangsverwalter aufsucht, um Barbestand, Kontenstand, Kassenbücher, Belege einzusehen. Es muß dabei mit Takt vorgehen, um nicht bewährte Zwangsverwalter zu verärgern oder gar gegenüber ihren Angestellten bloßzustellen. Wenn in einer Abrechnung Unklarheiten auftreten oder von Beteiligten Bedenken gegen die Abrechnung vorgetragen werden, ist eine unvermutete Prüfung angezeigt. Sie ist nur dann ordnungsgemäß, wenn sie sich auf alle vom selben Verwalter geführte Zwangsverwaltungen erstreckt[4], um die Zugehörigkeit aller Beträge zu einer bestimmten Verwaltung zu klären. Dabei ist auch darauf zu achten, daß nicht unnötig Geldbeträge beim Zwangsverwalter herumliegen[4].

2.6 Einen Sachverhalt, der die Besorgnis rechtfertigt, daß er an der **Amtsführung verhindert** ist (insbesondere auch eine nicht unbedeutende Interessenkollision) hat der Zwangsverwalter dem Vollstreckungsgericht rechtzeitig (unmißverständlich) anzuzeigen ([5]für Anzeigepflicht des Konkursverwalters). Eine Verletzung dieser Pflicht kann Schadensersatzanspruch nach § 154 begründen.

3 Erteilung gerichtlicher Anweisungen (Absatz 1)

3.1 Das Vollstreckungsgericht **muß** den Zwangsverwalter „mit den erforderlichen Anweisungen für die Verwaltung versehen": Abs 1.

3.2 Die Anweisungen müssen **erforderlich** sein. Das sind sie nicht, wenn der Verwalter auch ohne sie die Verwaltung richtig führen kann. Er soll ja selbständig tätig sein. Trotzdem sind auch bei Verfahren ohne Besonderheiten im Interesse des Gerichts, des Verwalters, des Schuldners und der Gläubiger grundlegende Verfahrensregeln nötig.

3.3 Das Gericht kann für Verfahren aller Art **allgemeine Anweisungen** geben, es kann auch **Einzelanweisungen** erteilen. Schuldner und betreibende Gläubiger sind vor Einzelanweisungen mündlich oder schriftlich zu hören (Abs 2), auch die Aufsichtsperson bei der Schuldner-Zwangsverwaltung (§ 150 c Abs 2). Zweckmäßig ist auch der Zwangsverwalter vorher zu hören. Sachverständige können zugezogen werden (Abs 1); das wird nur ausnahmsweise in Frage kommen, etwa zur Schätzung des angemessenen Mietzinses für neu zu vermietende Räume.

3.4 Gläubiger und Schuldner, aber auch sonst betroffene Beteiligte (§ 9), können **beantragen,** den Zwangsverwalter mit einer bestimmten Weisung zu versehen. Das Gericht hat im Rahmen seiner Aufsichtspflicht den Zwangsverwalter nicht nur zu überwachen und gegen Pflichtwidrigkeiten einzuschreiten, sondern auch dann, wenn zwischen Gläubiger, Schuldner oder einem Beteiligten und dem Verwalter Meinungsverschiedenheit oder Streit über die Führung der Verwaltung besteht, erforderliche Anweisung für die Verwaltung zu erteilen. Beteiligte können daher nicht nur auf erhebliche Tatsachen (zB Zweckmäßigkeit einer Weisung, Pflichtwidrigkeit des Verwalters) hinweisen und veranlassen, Maßnahmen zu veranlassen, sondern erforderliche Anweisung auch beantragen. Hält das Gericht nach Prüfung eine Weisung nicht für erforderlich, dann ist seine ablehnende Verfügung

---

[4] BGH VersR 1964, 865 = WM 1964, 789.
[5] BGH 113, 262 = KTS 1991, 320 = MDR 1991, 525 = NJW 1991, 982 = Rpfleger 1991, 334.

Vollstreckungsgericht und Zwangsverwalter   4 § 153

Ablehnung einer Maßnahme der Zwangsvollstreckung (ZPO § 766); nach Anhörung der Beteiligten ist durch Beschluß zu entscheiden.

3.5 Für den Zwangsverwalter ist die gerichtliche Anweisung **bindend** (ZwangsverwalterVO § 1 Abs 1). Weicht er davon ab, so ist er schadensersatzpflichtig, kann mit Zwangsgeld belegt oder gar entlassen werden. Er darf von der Anweisung abweichen, wenn die Anweisung gesetzwidrig oder pflichtwidrig sein sollte, etwa gegen den Teilungsplan verstößt (bei ordnungsgemäßem Verfahren des Gerichts und Anhörung der Genannten kann dies nicht vorkommen) oder wenn ausnahmsweise anzunehmen ist, das Gericht hätte bei Kenntnis der Sachlage die Abweichung gebilligt (kann bei ordnungsgemäßer Anhörung des Verwalters nicht vorkommen). Zweckmäßig ist es immer, wenn der Verwalter wenigstens fernmündlich bei Gericht rückfragt, da ihm vielleicht dessen besondere Gründe nicht bekannt sind (diese sollte das Gericht aber bei der Anhörung gerade klarstellen).

3.6 Gericht und Zwangsverwalter sollen nicht gegeneinander, sondern miteinander arbeiten. Der Zwangsverwalter muß dabei immer **genügend Freiheit** haben, er darf nicht einfach ausführendes Organ des Gerichts sein; die Verwaltung führt der Zwangsverwalter, nicht das Gericht. Das Gericht wird durch das Aufsichts- und Weisungsrecht nicht befugt, Maßnahmen aus dem Aufgabenbereich des Zwangsverwalters selbst vorzunehmen oder durch einen Dritten vornehmen zu lassen.

3.7 Die Anweisung gilt immer nur im Verhältnis zwischen Gericht und Verwalter und **bindet nicht Dritte.** Diese dürfen darauf vertrauen, daß die Rechte des Verwalters nicht beschränkt sind und daß er alle erforderlichen Genehmigungen hat, außer wenn der Dritte gewußt hat, daß der Zwangsverwalter anweisungswidrig handelt[6], gleich ob es sich um eine Einzelanweisung oder eine allgemeine handelt[6].

3.8 **Anweisungen von Beteiligten** hat der Zwangsverwalter nicht zu beachten (Ausnahme bei § 148 Rdn 2 wegen Teilverzichts der betreibenden Gläubiger auf einzelne Beschlagnahmewirkungen oder wegen Genehmigung sonst nicht zulässiger Ausgaben durch diese; besser Rückfrage bei Gericht). Wünsche der Beteiligten leitet der Zwangsverwalter dem Gericht zu.

3.9 **Verlangt ein Dritter,** das Gericht solle den Zwangsverwalter anweisen, Maschinen herauszugeben, die von den betreibenden Gläubigern freigegeben sind, so ist diese Frage nicht in der Zwangsverwaltung zu klären, sondern mit Klage[7].

3.10 Alle Anweisungen an den Zwangsverwalter **werden wirkungslos,** sobald der Verwalter aus seinem Amt ausscheidet, wobei dann auch Rechtsbehelfe unzulässig sind[8]. Weil die Aufsichtspflicht des Vollstreckungsgerichts nur während der Dauer der Zwangsverwaltung besteht, kann es den Verwalter mit Maßnahmen nach Abs 2 nicht mehr zur Erläuterung und Ergänzung seines Schlußberichts anhalten[9]; wohl aber ist der Verwalter verpflichtet, nach Beendigung der Verwaltung Rechnung zulegen (Rdn 3).

Muster für allgemeine Anweisungen an den Zwangsverwalter   4

Für eine allgemeine Anweisung kann folgendes Merkblatt verwendet werden:

Merkblatt für die Zwangsverwaltung

Die Rechte und Pflichten des Zwangsverwalters bestimmen sich nach den Vorschriften der §§ 146 ff ZVG und der Verordnung über die Geschäftsführung und Vergütung des Zwangsverwalters vom 16. 2. 1970 (BGBl I S 185), kurz VO genannt.

---

[6] OLG Celle DNotZ 1965, 246 = NdsRpfl 1965, 15; Drischler JurBüro 1965, 262.
[7] LG Osnabrück KTS 1977, 195.
[8] LG München II Rpfleger 1977, 455.
[9] LG Berlin Rpfleger 1979, 225.

§ 153 4   Zwangsverwaltung

1. Grundgedanke und Zweck der Zwangsverwaltung

Die Zwangsverwaltung dient nur der Befriedigung der laufenden öffentlichen und privaten Lasten (zB Realsteuern, Hypothekenzinsen) vom letzten vor der ersten Beschlagnahme fällig gewesenen Betrage an. Rückstände werden nur ausnahmsweise berücksichtigt, wenn wegen ihnen die Zwangsverwaltung betrieben wird. Die Zwangsverwaltung ergreift alle Einkünfte aus dem Grundstück.

2. Besitzergreifung

Der Zwangsverwalter hat sich selbst den Besitz des Beschlagnahmeobjekts zu verschaffen, und zwar sofort, da durch die Besitzergreifung uU die Beschlagnahme wirksam wird. Widersetzt sich der Schuldner der Inbesitznahme durch den Zwangsverwalter, so muß dessen Besitzeinweisung durch Vermittlung des Vollstreckungsgerichts, durch den Gerichtsvollzieher oder durch einen sonstigen Beamten geschehen. Ohne besondere Genehmigungen des Vollstreckungsgerichts darf die Besitzergreifung jedoch nicht an Sonn- oder Feiertagen erfolgen (§§ 761, 188 Abs 1 ZPO).

3. Schuldner

Das Verfahren richtet sich nur gegen den im Beschluß bezeichneten Schuldner. Ist ein anderer Eigentümer oder Besitzer des Beschlagnahmeobjektes (zB Nießbraucher, Altenteiler, Konkursverwalter, Testamentsvollstrecker), so hat der Zwangsverwalter von jeder Zwangsmaßnahme abzusehen und eine Entscheidung des Vollstreckungsgerichts herbeizuführen. Besitzdiener (§ 855 BGB) wie zB Hausverwalter, desgleichen Mieter oder Pächter, bleiben jedoch in diesem Zusammenhang ohne Bedeutung.

4. Übergabeprotokoll

Bei der Übergabe des Besitzes ist durch den Zwangsverwalter ein Protokoll aufzunehmen (§ 3 VO) und dem Vollstreckungsgericht vorzulegen. Art und Beschaffenheit, Inventuraufnahmen, Mieter und Pächter usw sind im Protokoll aufzuführen.

5. Einnahmen, Ausgaben

Der Verwalter hat unverzüglich einen Voranschlag über die laufenden Einnahmen und Ausgaben (Gerichts- und Verwaltungskosten, Steuern usw) zu fertigen. Sind Überschüsse zur Verwendung für Grundpfandrechtszinsen zu erwarten, so hat der Verwalter dies umgehend dem Vollstreckungsgericht mitzuteilen, damit dieses einen Teilungsplan aufstellen kann. Der Verwalter hat grundsätzlich nur nach Maßgabe eines Teilungsplans zu zahlen; ausgenommen sind Ausgaben der Verwaltung (§§ 152 f ZVG), laufende Versicherungsgelder, landwirtschaftliche Löhne, laufende notwendige Anschaffungen und Reparaturen (diese hat der Verwalter nach pflichtgemäßem Ermessen durchführen zu lassen; er soll im Zweifelsfall die Zustimmung oder Entscheidung des Vollstreckungsgerichts herbeiführen), Gerichtskosten (nicht Kosten des betreibenden Gläubigers), Verwaltungshonorar und laufende öffentliche (unter sich gleichrangige) Lasten gem § 10 Abs 1 Nummer 3 ZVG.

6. Akten- und Kontoführung

Über jede Verwaltung hat der Verwalter Akten sowie ein Kassen- und Kontobuch zu führen (§ 16 VO). Belege und Unterlagen hat er aufzubewahren. Wegen der Kontoführung und der Rechnungslegung wird auf §§ 17 f VO verwiesen. Der Kassenbestand muß von eigenen Geldern des Verwalters getrennt bleiben. Für jede Verwaltung ist bei einem geeigneten Geldinstitut ein Girokonto oder Postgirokonto einzurichten (§ 13 VO).

7. Vorschüsse

Reichen Einnahmen oder Einkünfte für verwaltungsnotwendige Aufwendungen nicht aus, so hat der Verwalter über das Vollstreckungsgericht entsprechende Vorschüsse zu verlangen.

Vollstreckungsgericht und Zwangsverwalter 6.2 § **153**

8. Schuldnernutzung, Miet- und Pachtverhältnisse
Dem Schuldner sind bereits innegehabte Wohnräume zu belassen, soweit sie für seinen Hausstand unentbehrlich sind. Bestehende Mietverhältnisse sind grundsätzlich zu übernehmen, Mietzinsforderungen erfordern uU ein gerichtliches Zahlungsverbot (§ 151 Abs 3 ZVG). Vorausverfügungen über Mietzins sind zu prüfen, uU ihre Unwirksamkeit einzuwenden. Neue Mietverträge des Verwalters dürfen die Dauer eines Jahres nur mit Zustimmung des Schuldners überschreiten. Mietverträge mit dem Schuldner bedürfen der Genehmigung des Vollstreckungsgerichts. §§ 6 mit 8 VO sind unbedingt zu beachten.

Rechtsbehelfe bezüglich Vergütung und Anweisungen 5

5.1 Gegen die **Festsetzung der Vergütung** gibt es befristete Rechtspflegererinnerung/sofortige Beschwerde, aber nicht die Vollstreckungserinnerung nach ZPO § 766[10]. Weitere Beschwerde ist ausgeschlossen (ZPO § 568 Abs 3), weil die Vergütung wie Prozeßkosten behandelt wird[11]. Für die Beschwerde muß dabei die Beschwerdesumme von 100 DM überschritten werden (ZPO § 567 Abs 2)[12]. Anfechten kann der Zwangsverwalter, wenn ihm nicht voll stattgegeben wurde; anfechten können der Vollstreckungsschuldner und alle, die durch die Festsetzung der Vergütung beeinträchtigt sind (Rdn 7).

5.2 Gegen **Verfahrensanweisungen**, etwa den Auftrag zu einem Prozeß, hat der Zwangsverwalter keinen Rechtsbehelf[13]. Die sich beschwert fühlenden (betreibenden) Gläubiger, der Schuldner und Beteiligte (§ 9) haben befristete Rechtspflegererinnerung/sofortige Beschwerde. Diesen Rechtsbehelf haben auch Zwangsverwalter, Vollstreckungsschuldner, betreibende Gläubiger gegen die **Entlassung** des Zwangsverwalters und der Zwangsverwalter gegen **Zwangsgeld,** beide Male mit zulässiger weiterer Beschwerde. Die Androhung eines Zwangsgeldes bedeutet, solange sie nicht gegenstandslos geworden ist, für den Zwangsverwalter eine Beschwer[14]; er hat daher befristete Rechtspflegererinnerung/sofortige Beschwerde (anders[15]: kein Rechtsmittel gegeben).

Sicherheitsleistung und Versicherung des Zwangsverwalters 6

6.1 Das Vollstreckungsgericht **kann** dem Zwangsverwalter eine Sicherheitsleistung **auferlegen:** Abs 2. Dazu zwingen kann es ihn nicht, es kann bei Weigerung von der Ernennung absehen oder ihn wieder entlassen. Dabei entscheidet es nach pflichtgemäßem Ermessen, ob und welche Sicherheit geleistet werden soll. Die Sicherheit soll die Erfüllung der dem Zwangsverwalter gegenüber allen Beteiligten obliegenden Pflichten sichern, wird aber meist als Mißtrauen aufgefaßt. Eine geleistete Sicherheit wird für alle Beteiligten hinterlegt, die dann für ihre Ansprüche aus § 154 ein Pfandrecht haben. Sie kann daher nicht ohne ihre Zustimmung zurückgegeben werden.

6.2 a) Statt der Sicherheitsleistung, die dazu führen kann, daß niemand mehr das Amt eines Zwangsverwalters übernehmen will, wird eine **Versicherung** empfohlen.

---

[10] LG Lübeck JurBüro 1956, 146 = SchlHA 1956, 20 und Rpfleger 1962, 57 mit Anm Drischler; LG Traunstein MDR 1955, 239 Leitsatz; Jaeckel/Güthe § 153 Rdn 2; Drischler RpflJahrbuch 1970, 365 (3 a).
[11] KG Berlin JurBüro 1980, 1096 = KTS 1980, 157 = MDR 1980, 322 = Rpfleger 1980, 116; OLG Frankfurt Rpfleger 1983, 36; LG Lüneburg Rpfleger 1962, 57 mit Anm Drischler; Jaeckel/Güthe § 153 Rdn 2; Drischler JVBl 1964, 181 (182) und RpflJahrbuch 1970, 365 (3 a).
[12] LG Lübeck und LG Lüneburg je aaO.
[13] Jaeckel/Güthe § 153 Rdn 1; Drischler JVBl 1964, 181 (182).
[14] Mohrbutter und Drischler KTS 1979, 129 (Anmerkung).
[15] LG Lüneburg KTS 1979, 128.

§ 153 6.2 Zwangsverwaltung

b) Manchmal wird eine **Kautionsversicherung** verlangt, die gegen Veruntreuung des Verwalters schützen soll, aber bei sorgfältiger Auswahl und genügender Überwachung überflüssig ist.

c) Zweckmäßig ist es dagegen, daß die Zwangsverwalter gegen mögliche Schäden aus ihrer Tätigkeit eine **Haftpflichtversicherung** abschließen. Es sollte dafür gesorgt werden, daß sie genügend hoch ist und daß die Versicherungsgesellschaft (auf Grund einer Ermächtigung des Versicherten) das Gericht über Prämienrückstand und Kündigung unterrichtet.

7 Vergütung des Zwangsverwalters (Absatz 1)

Literatur: Mümmler, Zur Vergütung des Rechtsanwalts als Zwangsverwalter, JurBüro 1976, 1017.

7.1 Das **Gericht setzt** die Vergütung des Zwangsverwalters fest: Abs 1. Institutsverwalter und Schuldner-Zwangsverwalter erhalten keine Vergütung: § 150 a Abs 2, § 150 e. Zur Höhe der Vergütung § 152 a Rdn 4.

7.2 a) **Festgesetzt** werden Vergütung und Auslagen **auf Antrag** des Zwangsverwalters (ZwangsverwalterVO § 28 Satz 1). Vorher darf der Verwalter auf Vergütung und Auslagen mit Einwilligung des Gerichts einen **Vorschuß** entnehmen (Verordnung § 28 Satz 2).

b) Da sich die Vergütung nach den gezogenen Einnahmen je Kalenderjahr richtet und da erst die gemachten Auslagen auf ihre Angemessenheit zu beurteilen sind, kann die Festsetzung **nicht im voraus** erfolgen, sondern je nach Ablauf eines oder mehrerer Kalenderjahre, theoretisch auch am Ende des Verfahrens. Bei der manchmal sehr langen Dauer der Zwangsverwaltungsverfahren dürfte die Festsetzung je nach Ablauf eines Kalenderjahres am besten sein. Unabhängig von der Jahresabrechnung muß der Verwalter im Vergütungsantrag die gezogenen Einnahmen und seine Auslagen darlegen. In der Jahresabrechnung (§ 154 Rdn 3) erscheinen dann die entnommenen Vorschüsse und die nach Abrechnung der Vorschüsse entnommenen restlichen Vergütungsbeträge.

c) Für die Einwilligung des Gerichts zur **Entnahme eines Vorschusses** auf die Vergütung und Auslagen (Verordnung § 28 Abs 2) sind Voraussetzungen nicht bestimmt. Auf Ausnahmefälle ist die Entnahme eines Vorschusses nicht beschränkt; es kann aber auch nicht angenommen werden, zu prüfen sei lediglich die Höhe des Vorschusses, nicht aber auch die Notwendigkeit (so aber[16]). Die Entnahme des Vorschusses hat vielmehr angemessen zu sein. Das ist der Fall, wenn durch den Vorschuß eine bereits geleistete Verwaltertätigkeit abgegolten werden soll (vornehmlich sonach in periodischen Zeitabständen) und die ungefähre Höhe der Vergütung im Einzelfall bestimmbar ist oder wenn Auslagen in angemessener Höhe bereits entstanden sind oder notwendig anstehen (der Verwalter hat insbesondere höhere Aufwendungen nicht vorzuschießen). Entnahme eines Vorschusses für Vergütung schon vor Aufnahme der Verwaltertätigkeit (Abhängigmachung der Tätigkeit vom Empfang des Vorschusses) und einer nur allgemeinen Auslagenpauschale kann nicht als angemessen angesehen werden.

d) Vor der Festsetzung sind der Zwangsverwalter, der Schuldner und die betreibenden Gläubiger zu hören[17]. Der **Festsetzungsbeschluß** ist zu begründen (weil anfechtbar) und den Genannten zuzustellen, dem Zwangsverwalter auch dann, wenn seinem Antrag voll entsprochen ist (anders[17]), nicht aber den übrigen Beteiligten, die insoweit keinen Anspruch haben. Rechtsbehelfe = Rdn 5.

7.3 Ist Zwangsverwalter ein Rechtsanwalt oder Rechtsbeistand, so erhält er für **Prozesse,** die er zu führen hat, die dafür anfallenden Gebühren und Auslagen

---

[16] AG Ottweiler Rpfleger 1989, 471.
[17] Drischler JVBl 1964, 181 (182).

Vollstreckungsgericht und Zwangsverwalter 7.7 **§ 153**

(samt Umsatzsteuer[18]) **gesondert**[19]. Das gilt auch, wenn er im Rahmen seiner Verwaltertätigkeit in einem Rechtsmittelverfahren tätig wird oder im eigenen Interesse gegen einen Streitwertbeschluß vorgeht. Hätte er, was ja zulässig ist, damit einen anderen Rechtsanwalt oder Rechtsbeistand beauftragt, so hätte dieser den Gebührenanspruch.

7.4 a) Vergütung und Auslagenersatz **entnimmt** der Zwangsverwalter nach der gerichtlichen Festsetzung **selbständig** als Ausgaben der Verwaltung (§ 155 Abs 1) aus der Masse, soweit sie nicht als Vorschuß erhoben sind. Reichen die Einnahmen der Masse hierzu nicht aus, so muß der Verwalter bei Gericht einen ausreichenden **Vorschuß** des Gläubigers (§ 161 Abs 3) **beantragen.** Reicht auch dieser nicht aus oder wurde der Gläubigervorschuß versäumt[20] und ist das Zwangsverwaltungsverfahren wieder aufgehoben, so hat der Verwalter insoweit einen Anspruch **gegen** den **betreibenden Gläubiger.** Der Gläubiger schuldet dann auch die Vergütung für den Abwicklungszeitraum (§ 161 Rdn 6.3), wenn nach Erteilung des Zuschlags die Zwangsverwaltung aufgehoben wurde[20]; wenn Deckung aus der Masse (§ 155 Abs 1) möglich war, vom Verwalter aber versäumt wurde, schließt jedoch die Verwalterhaftung (§ 154) Durchsetzung des Erstattungsanspruchs in diesem Fall aus (anders offenbar[20]). Gegen den Gläubiger kann der Zwangsverwalter nicht aus dem Festsetzungsbeschluß vorgehen, er muß vielmehr einen Vollstreckungstitel gegen ihn erwirken. Dabei ist das Prozeßgericht an die Tatsache und die Höhe der Festsetzung gebunden. Der Staat haftet nicht für Vergütung und Auslagen[20], obwohl er den Verwalter eingesetzt hat. Auch wenn der Vergütungsanspruch gegen Schuldner und Gläubiger nicht durchgesetzt werden kann, besteht kein Ausfallanspruch gegen den Staat. Die Ansprüche sind auch nicht unmittelbar gegen den Vollstreckungsschuldner vollstreckbar.

b) Der **Gläubiger,** der zahlen mußte, **kann** seine Auslagen in einem folgenden Zwangsversteigerungsverfahren bei Vorschußzahlungen nach § 10 Rangklasse 1 **anmelden,** bei sonstiger Zahlung nach § 10 Abs 2 an der Rangstelle seines Rechts. Er kann aber auch seine Auslagen nach ZPO § 788 gegen den Vollstreckungsschuldner **festsetzen lassen** und damit beliebig gegen diesen vollstrecken. Mehrere Gläubiger haften immer samtverbindlich.

c) Wurde ein Zwangsverwaltungsverfahren, in dem der Verwalter bereits Vergütung entnommen hat, auf Abwehrklage hin wieder aufgehoben, so bleibt dem Verwalter die Vergütung und der Schuldner hat nur insoweit **Schadensersatzansprüche** gegen den betreibenden Gläubiger. Hat dabei der Zwangsverwalter seine Vergütung nicht mehr vor der Aufhebung des Verfahrens entnehmen können, so muß er sich an den Gläubiger halten.

7.5 Im Zusammenhang mit der Zwangsverwaltung darf der Verwalter weder vom Schuldner noch von anderen Beteiligten irgendwelche **Vermögensvorteile** annehmen. Er kann sonst entlassen werden.

7.6 Vereinbarungen des Zwangsverwalters mit dem Schuldner über Vergütung und Auslagenersatz sind unzulässig; sie dürften ebenso wie private Vergütungsvereinbarungen des Konkursverwalters[21] nichtig sein.

7.7 Wer den Zwangsverwalter entgegen der in diesem Buch vertretenen Ansicht einen **Gewerbebetrieb** führen läßt (§ 152 Rdn 6), hat sofort zu prüfen, wonach nun die Vergütung zu entrichten sei, etwa nach einem fiktiven Mietzins. Wieder ein Grund, Zwangsverwaltung des Grundstücks und Gewerbebetriebs streng getrennt zu halten.

---

[18] FG Köln ZIP 1983, 220.
[19] LG München II JVBl 1969, 11 Leitsatz = Rpfleger 1968, 293 mit zust Anm Schumann.
[20] OLG Hamm MDR 1991, 358.
[21] BGH NJW 1982, 185 = Rpfleger 1982, 34 Leitsatz; Kilger/K. Schmidt, KO, § 85 Anm 5.

§ 153   7.8   Zwangsverwaltung

7.8 Zur Vergütung des Zwangsverwalters im ZVG-Handbuch Rdn 618; Muster für Vergütungsbeschluß Rdn 619; über Auslagen Rdn 620, über Rechtsbehelfe Rdn 621, über die Vergütung für die Tätigkeit als Anwalt Rdn 622.

8 Zwangsgeld, Entlassung (Absatz 2)

8.1 a) **Zwangsgeld** verhängt das Gericht gegen den Zwangsverwalter (Abs 2), wenn er seinen Pflichten nicht nachkommt, falls Anweisungen oder eine Rüge nicht ausreichen, die Entlassung aber ein zu hartes Mittel wäre. Das Zwangsgeld, auf Antrag oder von Amts wegen verhängt, beträgt 5 bis 1000 DM (EGStGB Art 6).

b) Die Maßnahme kann eine begangene **Pflichtwidrigkeit ahnden** oder eine erst vorzunehmende **Handlung erzwingen**. Der Zwangsverwalter muß vorher angehört werden. Das Zwangsgeld muß angedroht werden (Abs 2 Satz 2). Es kann zur Erzwingung mehrmals verhängt werden, zur Ahndung einer begangenen Pflichtwidrigkeit nur einmal.

c) Der Zwangsgeldbeschluß ist an den Zwangsverwalter zuzustellen. Er ist Vollstreckungstitel nach ZPO § 794 Abs 1 Nr 3 und wird von Amts wegen vollstreckt. Das Vollstreckungsgericht fordert nach Rechtskraft den Zwangsverwalter auf, den Betrag an die Gerichtskasse/Amtskasse einzuzahlen; zahlt er nicht binnen einer Frist, erläßt es eine Vollstreckungsanordnung (VwVG § 3), die durch die Gerichtskasse/Amtskasse vollzogen wird (Justizbeitreibungsordnung §§ 1, 2).

d) Wenn mit Zwangsgeld eine Handlung erwirkt werden soll (zB Vorlage der Abrechnung, Einreichung eines Berichts) und der Zwangsverwalter nach Festsetzung des Zwangsgeldes die Handlung vornimmt, muß dieser Umstand auf befristete Rechtspflegererinnerung/sofortige Beschwerde als neue Tatsache berücksichtigt und die Zwangsgeldfestsetzung aufgehoben werden[22]. In der Erfüllung der Handlung kann auch der Aufhebungsantrag als Rechtsbehelf gegen den Festsetzungsbeschluß gesehen werden. Die Aufhebung des rechtskräftigen Zwangsgeldbeschlusses kann der Zwangsverwalter nicht mehr verlangen[23] (anders[24]; je für Konkursverwalter); daß er den aufgegebenen Verpflichtung nachgekommen ist, kann als veränderter Umstand nicht zur Änderung (Aufhebung) des rechtskräftigen Beschlusses führen (ZPO § 577 Abs 3). Aufhebung des Zwangsgeldbeschlusses ist ebenso ausgeschlossen, wenn die Handlung erst nach Einziehung des Zwangsgeldes vorgenommen wurde.

8.2 a) **Entlassung** des Zwangsverwalters (Abs 2) sollte wegen seinen Willen wegen der damit verbundenen Gefährdung von Ansehen und Kredit des Verwalters nur im äußersten Notfall erfolgen[25], wenn weniger einschneidende Maßnahmen objektiv nicht ausreichend erscheinen oder bereits erfolglos geblieben sind[25], also bei schweren Pflichtwidrigkeiten, etwa Veruntreuung von Geldern, Eingriff in nicht beschlagnahmtes Schuldnervermögen mit Verpachtung des Gewerbebetriebs des Schuldners[26]. Verschulden ist aber zur Entlassung nicht nötig[26], es genügt auch offensichtliche Unfähigkeit oder Unverträglichkeit mit dem Schuldner, wenn durch sie das Verfahren ernsthaft beeinträchtigt wird. Entlassung ist auch möglich, wenn nach Bestellung eines anderen Verwalters im Falle des § 150 a verspätet ein Institutsverwalter vorgeschlagen wird oder wenn im Falle des § 150 b der Schuldner erst nach zeitraubenden Verhandlungen aufgestellt werden kann. Der Zwangsverwalter kann im übrigen auch auf seinen Wunsch, aber nur aus dringenden Gründen (Krankheit, Wechsel des Aufenthaltsortes, starke Belastung), entlassen werden.

b) Falls auf einen Rechtsbehelf hin die **Entlassung rückgängig** gemacht wird, ist ein inzwischen neu bestellter Verwalter wieder zu entlassen. Ratsam ist es aber,

---

[22] Steiner/Hagemann § 153 Rdn 42.
[23] Uhlenbruck Rpfleger 1982, 351 (Anmerkung).
[24] LG Oldenburg Rpfleger 1982, 351.
[25] OLG Hamm OLGZ 1988, 76 = NJW-RR 1988, 60 = Rpfleger 1988, 36.
[26] OLG Hamm OLGZ 1994, 611 = Rpfleger 1994, 515.

Entgelt für Ernährung der Tiere des Schuldners § 153 b

Entlassungen gegen den Willen des Zwangsverwalters immer erst ab Rechtskraft des Beschlusses wirksam werden zu lassen.

[Entgelt für Ernährung der Tiere des Schuldners]

153 a Ist in einem Gebiet das zu dem landwirtschaftlichen Betriebe gehörende Vieh nach der Verkehrssitte nicht Zubehör des Grundstücks, so hat, wenn der Schuldner zum Zwangsverwalter bestellt wird, das Vollstreckungsgericht gemäß § 153 Anordnungen darüber zu erlassen, welche Beträge der Schuldner als Entgelt dafür, daß das Vieh aus den Erträgnissen des Grundstücks ernährt wird, der Teilungsmasse zuzuführen hat und wie die Erfüllung dieser Verpflichtung sicherzustellen ist.

Allgemeines zu § 153 a 1

Zweck der Vorschrift: Regelung einer Besonderheit für Gebiete, in denen Vieh nicht Zubehör des Grundstücks ist, aber durch den Schuldner als Zwangsverwalter seines landwirtschaftlichen Grundstücks (§ 150 b) aus dessen Erträgnissen ernährt wird.

Entgelt für Viehernährung des Schuldners 2

2.1 In einzelnen Gegenden war das zum Wirtschaftsbetrieb eines landwirtschaftlichen Betriebs gehörende Vieh nach der Verkehrsauffassung **nicht Grundstückszubehör** (BGB § 97). Von der Zwangsverwaltungs-Beschlagnahme ist Vieh in einem solchen Fall nicht erfaßt. Es fließen hieraus der Masse keine Nutzungen zu. Da aber die Tiere aus dem Grundstück ernährt werden, wenn der Schuldner selbst als Zwangsverwalter bestellt wird, muß er dafür zahlen. Diese **Verkehrsauffassung** galt früher in Oldenburg und im ostfriesischen Raum. Auch dort kann aber nicht mehr davon ausgegangen werden, daß das Vieh nach der Verkehrsauffassung nicht Zubehör sei (die Rechtslage hat sich geändert[1]).

2.2 Die Zahlung wird **von Amts wegen,** ohne irgendeinen Antrag, angeordnet. Die **Höhe** des Betrags bestimmt das Gericht nach freiem Ermessen. Es kann bei Bedarf dazu gemäß § 153 einen Sachverständigen hören. Schuldner und Gläubiger müssen angehört werden.

2.3 Das Gericht muß auch anordnen, wie die Erfüllung der Verpflichtungen **sicherzustellen** ist. Es hat zB zu bestimmen, daß diese Beträge an die Aufsichtsperson zur Anlegung gemäß § 150 d abzuführen seien[2]. Erfüllt der Schuldner die Zahlungsverpflichtung nicht, ist er als Zwangsverwalter abzusetzen. Der neue Zwangsverwalter wird dann die Ansprüche für die Masse beitreiben. Das Gericht darf nicht von sich aus das Vieh des Schuldners versteigern lassen oder sonst gegen diesen vollstrecken[2].

2.4 Als **Rechtsbehelf** gibt es auch hier befristete Rechtspflegererinnerung/sofortige Beschwerde für Schuldner und Gläubiger.

Hinweis: Mit Wirkung ab 1. 1. 1999 werden nachfolgende neue §§ 153 b und c eingefügt. Art 20 Nr 9 und 10 EGInsO (BGBl 1994 I 2911 [2918, 2919]).

153 b *(1) Ist über das Vermögen des Schuldners das Insolvenzverfahren eröffnet, so ist auf Antrag des Insolvenzverwalters die vollständige oder teilweise Einstellung der Zwangsverwaltung anzuordnen, wenn der Insolvenzverwalter glaubhaft macht, daß durch die Fortsetzung der Zwangsverwaltung eine wirtschaftlich sinnvolle Nutzung der Insolvenzmasse wesentlich erschwert wird.*

---

[1] OLG Oldenburg NdsRpfl 1976, 157 = Rpfleger 1976, 243.
[2] Jonas/Pohle, ZwVNotrecht, § 153 a Anm 2.

§ 153b Zwangsverwaltung

(2) Die Einstellung ist mit der Auflage anzuordnen, daß die Nachteile, die dem betreibenden Gläubiger aus der Einstellung erwachsen, durch laufende Zahlungen aus der Insolvenzmasse ausgeglichen werden.
(3) Vor der Entscheidung des Gerichts sind der Zwangsverwalter und der betreibende Gläubiger zu hören.

153 c *(1) Auf Antrag des betreibenden Gläubigers hebt das Gericht die Anordnung der einstweiligen Einstellung auf, wenn die Voraussetzungen für die Einstellung fortgefallen sind, wenn die Auflagen nach § 153 b Abs 2 nicht beachtet werden oder wenn der Insolvenzverwalter der Aufhebung zustimmt.*

(2) Vor der Entscheidung des Gerichts ist der Insolvenzverwalter zu hören. Wenn keine Aufhebung erfolgt, enden die Wirkungen der Anordnung mit der Beendigung des Insolvenzverfahrens.

[Verantwortlichkeit und Rechnungslegung]

154 Der Verwalter ist für die Erfüllung der ihm obliegenden Verpflichtungen allen Beteiligten gegenüber verantwortlich. Er hat dem Gläubiger und dem Schuldner jährlich und nach der Beendigung der Verwaltung Rechnung zu legen. Die Rechnung ist dem Gericht einzureichen und von diesem dem Gläubiger und dem Schuldner vorzulegen.

Literatur: Mohrbutter, Zur Haftung des Zwangsverwalters, ZIP 1980, 169; Mohrbutter, Zum Beteiligtenbegriff der Zwangsverwalterhaftung, KTS 1987, 47; Mohrbutter, Anpassung des Haftungsrechts für den Zwangsverwalter an die Entwicklung im Konkursrecht, KTS 1988, 465.

1 Allgemeines zu § 154

1.1 Zweck der Vorschrift: Regelung der Verantwortlichkeit und Regelung der Rechnungslegungspflicht.

1.2 Die Haftungsvorschrift gilt im Rahmen ihrer Pflichten und Zuständigkeit auch für die **Aufsichtsperson,** die einem Schuldner-Zwangsverwalter bestellt wird (§ 150 c).

2 Haftung des Zwangsverwalters (Satz 1)

2.1 Der Zwangsverwalter – ob normal bestellt (§ 150), ob Institutsverwalter (§ 150 a), ob Schuldner-Zwangsverwalter (§ 150 b) –, ist für die Erfüllung der ihm obliegenden Verpflichtungen **allen Beteiligten gegenüber** verantwortlich: Satz 1. Diese gesetzliche Verantwortlichkeit begründet eine **Eigenhaftung** des Zwangsverwalters für Pflichtverletzungen (persönliche Haftung mit seinem Vermögen). Als Haftungsbestimmung hat § 154 daher nichts damit zu tun, daß der Zwangsverwalter mit Wahrnehmung seiner Rechte und Pflichten Verwaltungsausgaben verursacht, die aus den Nutzungen des Grundstücks vorweg zu decken sind (§ 155 Abs 1). Die Haftung des Schuldners mit der verwalteten Masse für die Verwaltungsausgaben befreit den Zwangsverwalter nicht von seiner persönlichen Verantwortlichkeit nach § 154; für Beteiligte besteht die persönliche Verwalterhaftung neben der Berechtigung, Deckung aus den Nutzungen des Grundstücks zu beanspruchen. **Beamter** ist der Zwangsverwalter nicht; er untersteht daher nicht Vorschriften über Haftung des Staates an Stelle eines Beamten. Eine zusammenfassende Darstellung über die Haftung des Zwangsverwalters bringt[1].

---

[1] Mohrbutter, Haftung des Zwangsverwalters (Festschrift Verlag Heymann, 1965).

Verantwortlichkeit und Rechnungslegung   2.4 § **154**

2.2 Beteiligte, denen der Zwangsverwalter haftet, sind nur die nach § 9 am Verfahren Beteiligten[2]. Nach weitergehender Ansicht[3] (auch[4]) sollen in entsprechender Heranziehung der Grundsätze zu KO § 82 als „Beteiligte" alle einbezogen werden, zu denen der Verwalter kraft der Zwangsverwaltung in rechtliche Beziehungen tritt, die somit in irgend einer Weise mit dem Verfahren in Berührung kommen. Dem ist nicht zu folgen. Auch eine Eigenhaftung des Konkursverwalters kommt nur in Betracht, wenn er sich aus der Konkursordnung ergebende Pflichten verletzt[5]. Weil er konkursspezifische Pflichten auch gegenüber Dritten zu erfüllen hat, die sich nicht am Verfahren beteiligten, kann er auch solchen Personen haften. Stellung, Aufgaben und damit Pflichten des Zwangsverwalters beziehen und beschränken sich auf das beschlagnahmte Grundstück (§ 152), sind somit von anderer Art. Ihm obliegen auf Grund seines Amtes keine Pflichten gegenüber Dritten, die am Grundstück nicht berechtigt und am Verfahren nicht beteiligt sind. Welche Pflichten dem Zwangsverwalter als Verhandlungs-, Vertrags- und Geschäftspartner gegenüber Dritten obliegen, ergeben nicht die Bestimmungen des ZVG, sondern die allgemeinen Vorschriften (so auch für den Konkursverwalter[5]). Das gilt auch für Pflichten gegenüber Mietern und Pächtern, die schuldrechtlicher Natur sind (§ 152 Abs 2); eine Haftung begründet § 154 daher auch bei Verletzung solcher Pflichten gegenüber einem (mit Anmeldung, § 9 Nr 2) am Verfahren beteiligten Mieter oder Pächter nicht (Vertragspflichten gegenüber dem Mieter/Pächter hat der Zwangsverwalter nicht auf Grund seines Amtes als verwalterspezifische Pflicht, sondern obligatorisch infolge der Wirksamkeit des Miet- oder Pachtvertrags[6], § 152 Abs 2). Haftung des Zwangsverwalters aus anderen Rechtsgründen, zB aufgrund unerlaubter Handlung, schließt § 154 nicht aus ([7]für Konkursverwalter).

2.3 Zunächst haftet der Zwangsverwalter dem **Vollstreckungsschuldner:** Satz 1. Es ist ein Grundsatz des deutschen Rechts, daß ein durch Hoheitsakt bestellter Verwalter fremden Vermögens, damit auch der Zwangsverwalter, vor allem gegenüber dem Inhaber des Vermögens zu einer ordnungsgemäßen Verwaltung verpflichtet ist und für schuldhafte Verletzung dieser Verpflichtungen dem Vermögensinhaber haftet[8]; zwischen dem Verwalter und dem Vermögensinhaber besteht ein gesetzliches Schuldverhältnis, das eine Geschäftsbesorgung zum Gegenstand hat[8]. Dem Schuldner haftet der Zwangsverwalter persönlich für Vorsatz und Fahrlässigkeit[9]: BGB § 276. Er haftet ihm aber auch aus unerlaubter Handlung: BGB §§ 823–826.

2.4 Der Zwangsverwalter haftet auch **allen übrigen Beteiligten:** Satz 1. Auch ihnen haftet er persönlich gemäß BGB § 276 für Vorsatz und Fahrlässigkeit[9], aber auch ihnen aus unerlaubter Handlung. Dabei haftet er für die im Verkehr erforderliche Sorgfalt, nicht für die verkehrsübliche. Gegenüber den Gläubigern haftet er nur für die Zeit, in der jeweils der Gläubiger das Verfahren betrieben hat. Er haftet auch den Beteiligten, die durch Nicht-Glaubhaftmachen ihre Rechte wieder verloren haben (§ 9 Rdn 4). Geltendmachung der Rechte der Beteiligten auf die der Zwangsverwaltungsmasse gehörende Ersatzleistung (sogen Gemeinschaftsscha-

---

[2] BGH 109, 171 = KTS 1990, 356 = MDR 1990, 335 = NJW 1990, 454 = Rpfleger 1990, 132; OLG Köln ZIP 1980, 102 und NJW 1956, 835 = VersR 1956, 229; OLG Schleswig NJW-RR 1986, 1498.
[3] KG Berlin OLG 16, 344; Mohrbutter, Handbuch des Vollstreckungsrechts, § 54 (II); Mohrbutter ZIP 1980, 169 und KTS 1987, 47.
[4] OLG Hamm ZIP 1989, 1592.
[5] BGH 100, 346 = KTS 1987, 494 = MDR 1987, 667 = NJW 1987, 3133 = Rpfleger 1987, 382; BGH KTS 1990, 465 = MDR 1990, 621 = NJW-RR 1990, 411.
[6] LG Berlin NJW-RR 1991, 528.
[7] BGH NJW-RR 1988, 89 = Rpfleger 1987, 516.
[8] BGH 24, 393 = MDR 1957, 734 mit Anm Pohl = NJW 1957, 1361.
[9] OLG Nürnberg KTS 1966, 114 = OLGZ 1966, 317.

§ 154 2.4

den) durch den neuen Zwangsverwalter gegen den haftenden früheren Verwalter siehe § 152 Rdn 11.2.

2.5 a) Der Zwangsverwalter haftet nach allgemeinen Grundsätzen (nicht aus Satz 1; Rdn 2.2) gegenüber **Personen,** die **nicht am Verfahren beteiligt** sind, und zwar vertraglich oder aus unerlaubter Handlung. Er haftet allen, die in Rechtsbeziehungen zu ihm treten[10] (anders[11]). Schließt er einen durch Masseneinkünfte nicht erfüllbaren Vertrag, so haftet er für den Vertrauensschaden (BGB § 249). Er haftet gegenüber allen, denen gegenüber er Pflichten zu erfüllen hat. Bei einer nach dem Zuschlag noch fortgeführten Zwangsverwaltung haftet er auch gegenüber dem Ersteher, der nicht Beteiligter ist. Für die Zeit nach der Aufhebung der Zwangsverwaltung haftet er für die Abwicklungsgeschäfte aus unerlaubter Handlung.

b) Der Verwalter haftet insbesondere, wenn er einen **Betrieb** auf dem Grundstück fortführt, solchen Gläubigern, mit denen er zur Fortführung des Betriebes notwendige Geschäfte abgeschlossen hat, vertraglich[12]. Er haftet auch für die **Verkehrssicherheit** des Grundstücks, für die jeder Verwalter fremden Vermögens aus BGB § 838 einzustehen hat[12]. Er haftet auch für die Sozialversicherungsbeiträge der Arbeiter des Gewerbebetriebes eines zwangsverwalteten Grundstücks[13], falls er diesen Betrieb fortführt (anders[14]: nur dann, wenn der Versicherungsträger Beteiligter sei, also beigetreten oder grundbuchmäßig gesichert). Er haftet auch einem **Prozeßgegner** dafür, daß für die von ihm aktiv oder passiv geführten Prozesse die Kosten sichergestellt sind (indem er diese Kosten aus den Einnahmen bereitstellt oder über das Gericht dafür einen Gläubigervorschuß anfordert oder bei nicht ausreichenden Mitteln den Prozeß nicht beginnt oder eben beendet)[15].

c) Für **Hilfspersonen,** deren er sich zur Erfüllung seiner Verbindlichkeiten bedient, haftet der Zwangsverwalter nach BGB § 278. Er muß die Verwaltung an sich persönlich durchführen, darf sie nicht anderen Personen überlassen. Für andere Hilfskräfte (Hausverwalter, Gutsverwalter, Förster, landwirtschaftliche Arbeiter usw) haftet er nach BGB § 831. Alle Hilfskräfte muß er mit der erforderlichen Sorgfalt auswählen und überwachen.

2.6 Der Zwangsverwalter haftet aber nur für einen Schaden, der sich auf die Verletzung seiner Pflichten **adäquat** zurückführen läßt, zB wenn er einen Mietraum an einen Mieter überläßt, dessen Zahlungsunfähigkeit ihm bekannt ist, oder wenn er einen Anspruch auf Herabsetzung einer Grundstückslast nicht durchsetzt und hierdurch die nicht mehr zum Zuge kommenden Beteiligten oder den Vollstreckungsschuldner schädigt. Beweispflichtig ist, wer Schadensersatz begehrt.

2.7 Für **Klagen** gegen den Zwangsverwalter ist der Gerichtsstand nach ZPO § 31 gegeben.

2.8 Die **Haftung** des Zwangsverwalters **entfällt,** wenn er eine Anweisung des Vollstreckungsgerichts befolgen muß, es sei denn, daß er einen Gesetz- oder Pflichtwidrigkeit erkannte oder erkennen mußte. Falls das Vollstreckungsgericht seine Aufsichtspflicht aus § 153 verletzt, haftet es seinerseits wegen Verletzung der Amtspflicht.

2.9 **Rechtsirrtum** entlastet den Zwangsverwalter nur, wenn er entschuldbar ist. Fahrlässig handelt der Verwalter, wenn er gesetzliche Vorschriften nicht beachtet

---

[10] LG Itzehoe MDR 1956, 177; Jaeckel/Güthe § 154 Rdn 1; Drischler Rpfleger 1957, 212; Mohrbutter KTS 1956, 107; Simon MDR 1957, 203.
[11] RG 97, 11; OLG Köln NJW 1956, 835 = VersR 1956, 229.
[12] BGH 21, 285 = JZ 1956, 761 mit Anm Lent = MDR 1958, 329 mit Anm Bötticher = NJW 1956, 1598.
[13] Mohrbutter KTS 1956, 107.
[14] OLG Köln NJW 1956, 835 = VersR 1956, 229.
[15] LG Hamburg MDR 1958, 698.

Verantwortlichkeit und Rechnungslegung   3.4   § **154**

oder eine klare Rechtslage falsch beurteilt oder wenn er in Zweifelsfällen keine Anweisung des Gerichts einholt.

2.10 Der Schadensersatzanspruch gegen den Zwangsverwalter aus Abs 1 **verjährt** (entsprechend BGB § 852) in drei Jahren[16] (anders[17]: in dreißig Jahren). Der Verwalter kann nach seiner Schlußabrechnung von den Gläubigern und dem Vollstreckungsschuldner eine Anerkennung seiner Rechnungslegung verlangen und damit die Ersatzansprüche, die sich aus der Abrechnung ergeben oder bis dahin geltend gemacht werden konnten, für die Zukunft ausschließen. Diese Anerkennung der Schlußabrechnung ist wohl auch durch schlüssiges Verhalten (Nichterklärung trotz ausdrücklicher Aufforderung) möglich. Allerdings genügt dafür nicht die bei jeder Rechnungslegung des Verwalters übliche Mitteilung des Gerichts an die Beteiligten, daß die Rechnungslegung eingesehen werden könne, auch nicht die gerichtliche Abnahme der Rechnung.

Rechnungslegung des Zwangsverwalters (Sätze 2 und 3)   3

3.1 Der Zwangsverwalter hat Rechnung zu legen: Satz 2. Dies geschieht nicht gegenüber dem Gericht, sondern **gegenüber betreibenden Gläubigern und Vollstreckungsschuldner:** Satz 2. Andere Beteiligte haben kein Recht auf Rechnungslegung[18] (anders[19]), aber sie können Einsichtnahme in die Abrechnung verlangen. Gläubiger, die bereits befriedigt sind, haben kein Recht auf Rechnungslegung; doch verlangt hier das Gericht Schlußrechnung.

3.2 Der grundsätzliche **Inhalt** der Rechnungslegung ergibt sich aus BGB § 259: eine die geordnete Zusammenstellung der Einnahmen und Ausgaben enthaltende Rechnung mit Belegen, soweit solche erteilt zu werden pflegen (BGB § 259 Abs 1). Wenn Grund zur Annahme besteht, daß die Angaben über die Einnahmen nicht mit der erforderlichen Sorgfalt gemacht sind, hat der Zwangsverwalter auf Verlangen der Gläubiger oder des Schuldners die Offenbarungsversicherung zu leisten (BGB § 259 Abs 2). Möglich ist dies, wenn er dazu bereit ist, vor dem Vollstreckungsgericht[20]. Erzwingen läßt es sich nur im Prozeßweg[20], nicht durch Zwangsgeld im Zwangsverwaltungsverfahren selbst. Das Verfahren richtet sich nach ZPO § 889.

3.3 Gläubiger und Schuldner können nur **jährlich und am Ende** der Zwangsverwaltung die Rechnungslegung verlangen (Satz 2), das Gericht auch zu anderen Zeitpunkten (Rdn 3.13).

3.4 Die Abrechnung muß **dem Vollstreckungsgericht eingereicht** und von diesem an Schuldner und Gläubiger (nicht an andere Beteiligte) vorgelegt werden: Satz 3. Das Gericht vermittelt also die Vorlage. Es muß den Zwangsverwalter notfalls durch Zwangsgeld zur fristgemäßen Vorlage anhalten. Das schließt Geltendmachung eines Anspruchs auf Rechnungslegung im Klageweg aus (hierzu[21]). Rechnerisch und sachlich durchgeprüft wird die Abrechnung vom Rechtspfleger. Er hat den Verwalter anzuhalten, daß dieser Unvollständiges und Unklares beseitigt. Gegen Pflichtwidrigkeiten hat das Vollstreckungsgericht einzuschreiten; in die Handlungsfreiheit des Zwangsverwalters, der die Verwaltung selbständig führt, darf bei Rechnungsprüfung jedoch nicht eingegriffen werden (vgl § 153 Rdn 2). Der Zwangsverwalter darf daher nicht unter Androhung von Zwangsgeld zum Schadensersatz aufgefordert werden ([22]für Konkursverwalter). Zur Besprechung der

---

[16] OLG Hamm ZIP 1989, 1592.
[17] Drischler RpflJahrbuch 1969, 369 (IX b 2).
[18] OLG Hamburg KTS 1986, 513 = NJW-RR 1986, 1186.
[19] Dassler/Muth § 154 Rdn 11.
[20] Dassler/Muth § 154 Rdn 16.
[21] OLG Hamburg KTS 1986, 513 = NJW-RR 1986, 1186.
[22] LG Freiburg BB 1980, 909 = Rpfleger 1980, 354.

§ 154 3.4 Zwangsverwaltung

Abrechnung kann auch ein Termin mit Verwalter, Schuldner und Gläubiger abgehalten werden, wobei alle Streitpunkte genau zu protokollieren sind.

3.5 Zu unterscheiden ist zwischen der **Abnahme** einer Rechnungslegung und der Anerkennung ihrer Richtigkeit. Die Abnahme ist die formelle Erklärung des Vollstreckungsgerichts, des Schuldners und der Gläubiger, daß die Rechnung im Sinne von BGB § 259 (rechnerisch richtig, vollständig) formell nicht zu beanstanden sei. Damit wird aber die sachliche Richtigkeit nicht anerkannt, der Verwalter nicht „entlastet". Bei Beanstandungen hat das Gericht vermittelnd einzugreifen und mit den Beteiligten zu klären, ob es im Aufsichtsweg einschreiten oder den Beteiligten den Prozeßweg überlassen will. In der Regel geht es ohne Prozeß.

3.6 Eine Vorschrift entsprechend KO § 86 fehlt hier. Das **Schweigen** von Gläubigern und Schuldner gilt nicht ohne weiteres als Anerkennung der Richtigkeit. Es ist aber anzunehmen, daß dem Recht von Gläubiger und Schuldner auf Rechnungslegung auch ein Recht des Zwangsverwalters auf klare Verhältnisse entspricht, daß also Gläubiger und Schuldner verpflichtet sind, sich darüber zu erklären, ob sie die Rechnung anerkennen oder was sie beanstanden (anders[23]). Äußern sich diese nicht binnen angemessener Frist, so wird man annehmen können, daß sie die Abrechnung anerkennen (anders[23]). Das Gericht wird zweckmäßig mit der Nachricht, daß die Abrechnung vorliege, eine Frist setzen[24] und auf Klärung hinwirken. Später, insbesondere wenn das Zwangsverwaltungsverfahren beendet ist, kann der Verwalter in der Regel nicht mehr nachweisen, daß eine beanstandete Handlung richtig und zweckmäßig gewesen sei. Eine ausdrückliche „Entlastung" durch das Gericht erfolgt nicht[24].

3.7 Das Gesagte gilt für die jährliche Abrechnung wie für die **Schlußrechnung.** Die Schlußrechnung kann auch nach dem offiziellen Verfahrensende das Gericht noch erzwingen, prüfen und an die Gläubiger sowie Schuldner vermitteln[25]; denn das ZVG sagt: „... und nach Beendigung der Verwaltung" (Satz 2). Das muß auch gelten, wenn der Zwangsverwalter entlassen wurde; führt das hier nicht zum Ziel, so müssen Gläubiger oder Schuldner gegen den entlassenen Verwalter auf Rechnungslegung klagen, da der neue Verwalter nicht die Rechnungslegung des früheren nachholen kann (dazu auch § 153 Rdn 3).

3.8 **Bargeld** soll der Zwangsverwalter nur in kleinen Beträgen vorrätig haben, schon wegen des Zinsverlustes und der Gefahr durch Feuer oder Einbruch. Er muß es unbedingt von anderen Geldern, eigenen wie fremden, getrennt halten (ZwangsverwalterVO § 13 Abs 1); ein Zwangsverwalter-Anwalt darf es also nicht in der allgemeinen Kanzleikasse verwahren. Vermengung der Verwaltungsgelder mit eigenen Beständen des Zwangsverwalters (auch Belassung der Verwaltungsgelder auf einem allgemeinen Geschäftskonto über längere Zeit) wäre pflichtwidrig (siehe[26]). Es gibt Verwalter, die ohne Barbestand auskommen, indem sie auch kleinere Ausgaben durch Zahlungsanweisung aus den Konten begleichen.

3.9 Für jede Zwangsverwaltung hat der Verwalter ein **Girokonto** bei einem Geldinstitut oder ein **Postgirokonto** anzulegen, über das der Zahlungsverkehr „tunlichst" abzuwickeln ist (ZwangsverwalterVO § 13 Abs 2). Alle Kontoauszüge und alle Belege über Einnahmen und Ausgaben muß der Verwalter nach der Zeitfolge geordnet aufbewahren, mit Genehmigung des Gerichts auch sachlich geordnet möglich (Verordnung § 13 Abs 3).

3.10 Größere Geldbestände, die voraussichtlich erst später benötigt werden (zB für eine Halbjahres- oder Jahresleistung bei dinglichen Rechten), sind bei einem geeigneten Geldinstitut **verzinslich anzulegen,** jederzeit kündbar, Kündigungs-

---

[23] Dassler/Muth § 154 Rdn 18.
[24] Drischler RpflJahrbuch 1970, 365 (8).
[25] Jaeckel/Güthe § 154 Rdn 5.
[26] AG Karlsruhe ZIP 1983, 101.

Die zu berücksichtigenden Ansprüche § 155

frist nicht über drei Monate (Verordnung § 13 Abs 4). Gegen eine Festgeldanlage für die zur Verfügung stehende Zeit dürften keine Bedenken bestehen.

3.11 Alle Einnahmen und Ausgaben sind **schriftlich zu belegen,** auch eigene Entnahmen für die Vergütung, und auf allen Belegen ist die laufende Nr der Eintragung im Konto- und Kassenbuch zu vermerken (Verordnung § 14).

3.12 Für jede Zwangsverwaltung ist ein **Konto- und Kassenbuch** nach amtlichem Muster zu führen, mit Genehmigung des Gerichts auch als Kartei zulässig (Verordnung § 16 Abs 1). Das Konto ist in diesem Buch jeweils zum 15. 1., 15. 4., 15. 7., 15. 10. abzuschließen, der Überschuß festzustellen, noch offene Einnahmen und Ausgaben zu vermerken usw (Verordnung § 16 Abs 2, § 17).

3.13 a) Jährlich einmal, erstmals einen Monat nach dem Schluß des vierten Rechnungsvierteljahres, ist dem Gericht **Rechnung zu legen,** unter Beifügung der Belege (Verordnung § 18 Abs 1). Die Rechnungseinteilung ist genau vorgeschrieben (Verordnung §§ 19, 20).

b) Das Gericht kann für die Vierteljahreskontenabschlüsse und für die Jahresrechnung **andere Zeitpunkte** bestimmen, auch über Kontenführung, Buchführung, Rechnungslegung anders befinden (Verordnung § 21). Damit können alle örtlichen Besonderheiten und Wünsche genügend berücksichtigt werden. Die ZwangsverwalterVO ist nachgiebiges Recht.

3.14 Alle zu einer Zwangsverwaltung gehörenden **Schriftstücke** sind in Akten zu sammeln, für jede Verwaltung getrennt, Zahlungsbelege gesondert, wobei für nicht in Schriftstücken enthaltene Vorgänge Aktenvermerke anzulegen sind (Verordnung § 15).

3.15 Zu diesen Fragen im ZVG-Handbuch Rdn 613; Muster für Schreiben an die Beteiligten wegen der Rechnungslegung Rdn 614, Prüfung der Rechnung Rdn 615–616, Muster für Schreiben an den Zwangsverwalter Rdn 617.

[Die zu berücksichtigenden Ansprüche]

155 (1) **Aus den Nutzungen des Grundstücks sind die Ausgaben der Verwaltung sowie die Kosten des Verfahrens mit Ausnahme** derjenigen, welche durch die Anordnung des Verfahrens oder den Beitritt eines Gläubigers entstehen, vorweg zu bestreiten.

(2) **Die Überschüsse werden auf die in § 10 Abs 1 Nr 1 bis 5 bezeichneten Ansprüche verteilt. Hierbei werden in der zweiten, dritten und vierten Rangklasse jedoch nur Ansprüche auf laufende wiederkehrende Leistungen, einschließlich der Rentenleistungen, sowie auf diejenigen Beträge berücksichtigt, die zur allmählichen Tilgung einer Schuld als Zuschlag zu den Zinsen zu entrichten sind. Abzahlungsbeträge auf eine unverzinsliche Schuld sind wie laufende wiederkehrende Leistungen zu berücksichtigen, soweit sie fünf vom Hundert des ursprünglichen Schuldbetrages nicht übersteigen.**

(3) **Hat der eine Zwangsverwaltung betreibende Gläubiger für Instandsetzungs-, Ergänzungs- oder Umbauarbeiten an Gebäuden Vorschüsse gewährt, so sind diese zum Satze von einhalb vom Hundert über dem Lombardsatz der Deutschen Bundesbank zu verzinsen. Die Zinsen genießen bei der Zwangsverwaltung und der Zwangsversteigerung dasselbe Vorrecht wie die Vorschüsse selbst.**

(4) **Hat der Zwangsverwalter oder, wenn der Schuldner zum Verwalter bestellt ist, der Schuldner mit Zustimmung der Aufsichtsperson Düngemittel, Saatgut oder Futtermittel angeschafft, die im Rahmen der bisherigen Wirtschaftsweise zur ordnungsmäßigen Aufrechterhaltung des Betriebs benötigt werden, so haben Ansprüche aus diesen Lieferungen**

§ 155 Zwangsverwaltung

den in § 10 Abs 1 Nr 1 bezeichneten Rang. Das gleiche gilt von Krediten, die zur Bezahlung dieser Lieferungen in der für derartige Geschäfte üblichen Weise aufgenommen sind.

Übersicht

Allgemeines zu § 155	1	Laufende Leistungen in Rangklassen 1–4 (Absatz 2)	6
Allgemeine Ausgangsgedanken für Erlösverteilung	2	Vollstreckungsgläubiger in Rangklasse 5 (Absatz 2)	7
Allgemeine Rangordnung in der Zwangsverwaltung	3	Vorschuß-Zinsen (Absatz 3)	8
Ausgaben der Verwaltung (Absatz 1)	4	Zwangsverwalter-Anschaffungen usw (Absatz 4)	9
Kosten des Verfahrens (Absatz 1)	5		

1 Allgemeines zu § 155

Zweck der Vorschrift: Regelung der Verwendung und Verteilung der Einnahmen.

2 Allgemeine Ausgangsgedanken für Erlösverwendung

2.1 Die Zwangsverwaltung **verwertet** im Gegensatz zur Zwangsversteigerung nicht die Substanz eines Grundstücks, sondern seine **Nutzungen**. Das regelt § 155. Auch diese Vorschrift geht von der für alle ZVG-Verfahren maßgebenden grundsätzlichen Rangfolge des § 10 aus, kennt aber eine Reihe Besonderheiten. Einige Ansprüche werden schon ohne Teilungsplan gedeckt (Abs 1, § 156 Abs 1), alle anderen dürfen nur nach dem Plan bezahlt werden (§ 157 Abs 1), der bei Bedarf aufgestellt wird (§ 156 Abs 2), mit einer Besonderheit für bestimmte Kapitalzahlungen (§ 158). Es könnte auch außergerichtlich verteilt werden (§ 160).

2.2 Zwangsverwaltungsmasse sind die der Beschlagnahme unterliegenden **Nutzungen** des Objekts. Das sind alle **Bruttoeinnahmen**[1], also die Früchte oder der Gelderlös dafür und der Mietzins/Pachtzins. Nicht zur Masse gehört das Objekt selbst. Nicht zur Masse gehört der Erlös für verwertete **Zubehörstücke,** der dem Vollstreckungsschuldner verbleibt und von dem nur die Zinsen des anzulegenden Geldbetrags zur Masse fließen (§ 152 Rdn 10). Nicht zur Masse gehören die **Betriebseinnahmen** eines durch den Zwangsverwalter (regelwidrig) fortgeführten Betriebes (§ 152 Rdn 6), sie sind ein Sondervermögen[2].

2.3 Die Zwangsverwaltungsmasse darf **nur nach § 155 verwendet** werden, nämlich für Ausgaben der Verwaltung, für Kosten des Verfahrens und zur Verteilung der „Überschüsse" an die Berechtigten.

2.4 In die Zwangsverwaltungsmasse darf von Dritten nur aus einem gegen die Masse wirksamen Vollstreckungstitel **vollstreckt** werden (§ 152 Rdn 14); nur Massegläubiger können in die Zwangsverwaltungsmasse vollstrecken und insoweit auch den Zwangsverwalter zur Offenbarungsversicherung zwingen[3].

3 Allgemeine Rangordnung in der Zwangsverwaltung

3.1 Nach der **Grundregel** des § 155 werden von den „Nutzungen" des Objekts zuerst die „Ausgaben der Verwaltung" und die „Kosten des Verfahrens" gedeckt: Abs 1. Erst was dann verbleibt, die sogenannten „Überschüsse", werden in der durch § 10 festgelegten Rangordnung und unter Beachtung der Besonderheiten in Abs 2–4 und § 158 verteilt. Das Zwangsverwaltungsobjekt soll sich zuerst selbst erhalten und nur, was darüber hinaus bleibt, darf verwendet werden, um die Gläubiger zu befriedigen (dies mit Einschränkungen).

---

[1] Dassler/Muth § 155 Rdn 4; Jaeckel/Güthe § 155 Rdn 2; Drischler Rpfleger 1957, 212.
[2] LG Lübeck DGVZ 1976, 89.
[3] OLG Hamm DGVZ 1956, 169 = NJW 1956, 125.

Die zu berücksichtigenden Ansprüche 4.2 § 155

3.2 Nutzungen sind alle Bruttoeinnahmen (Rdn 2.2). Überschüsse sind die hieraus nach Entnahme der Ausgaben der Verwaltung und der Kosten des Verfahrens noch bleibenden Beträge. Den **Begriff des Überschusses** erklärt das ZVG weder hier noch in den §§ 109, 112, sondern setzt ihn einfach voraus, zu verstehen aus dem Zusammenhang der Vorschriften. Mit dem bürgerlichrechtlichen oder steuerrechtlichen Begriff des Überschusses oder Gewinns hat er nichts zu tun. Dort versteht man im Gegensatz zum ZVG darunter, daß aus einem bestimmten Vorgang oder Vermögensteil von den Bruttoeinnahmen nach Abzug aller damit zusammenhängenden Ausgaben ein Nettoerlös verbleibt. Im ZVG ist der Begriff des Überschusses verfahrensrechtlich nach dem jeweiligen Zweck der Vorschrift zu verstehen, hier nach § 155, wie Rdn 3.1 gesagt, nämlich: Nutzungen des Objekts brutto, abzüglich der Ausgaben der Verwaltung und abzüglich der Kosten des Verfahrens. Er darf nicht mit dem Betrag verwechselt werden, der nach der Aufhebung der Zwangsverwaltung etwa noch an den Schuldner fällt (bei Aufhebung wegen Antragsrücknahme) oder an den Ersteher (bei Aufhebung wegen Zuschlags) (dazu § 161 Rdn 5, 6), der manchmal auch als Überschuß bezeichnet wird, vom ZVG aber nicht geregelt ist. Er ist auch wesensverschieden von dem „Überschuß" in § 109 Abs 2 und in § 112 Abs 2. Die Überschüsse des § 155 sind keine einmaligen, zu einem bestimmten Zeitpunkt errechneten, sie ergeben sich im laufenden Zwangsverwaltungsverfahren laufend, ändern sich mit jeder Einnahme oder Ausgabe und sind auch laufend zu verwenden (Rdn 6). Was nach der laufenden Verwendung noch verbleibt, fällt nicht, wie der Übererlös in der Zwangsversteigerung, an den Vollstreckungsschuldner, sondern ist für die weiteren Ausgaben der in § 155 genannten Arten zurückzuhalten und dafür unter Umständen verzinslich anzulegen (§ 154 Rdn 3, § 155 Rdn 6). Die Zwangsverwaltung ist ein **Dauerverfahren** und kennt nicht ein nur einmaliges Verteilen der Masse wie die Versteigerung.

3.3 Hierzu im ZVG-Handbuch Rdn 630.

Ausgaben der Verwaltung (Absatz 1) 4

4.1 Sie sind zusammen mit den Kosten des Verfahrens (Rdn 5) aus der Zwangsverwaltungsmasse **vorweg** zu zahlen: Abs 1. Zu diesem Zweck hat der Zwangsverwalter aus den Bruttoeinnahmen die hierfür erforderlichen Beträge zurückzubehalten, bis sie fällig sind (ZwangsverwalterVO § 9 Abs 1).

4.2 Ausgaben der Verwaltung sind:

a) zunächst die **Verwaltungskosten,** die der Zwangsverwalter aufwenden muß, um seine Verpflichtungen als Zwangsverwalter nach § 152 zu erfüllen, also die laufenden Kosten für Gebäudeinstandhaltung, Viehfutter, Löhne und Sozialabgaben der Bediensteten, Versicherungsprämien usw (dazu auch Rdn 9 über Düngemittel usw);

b) dann die **Vergütung** des Zwangsverwalters und seine Auslagen (§ 153 Rdn 7);

c) auch die Ansprüche der **Massegläubiger,** die gegen die Masse als solche vollstrecken können (Rdn 2), insbesondere aus Prozessen[4] oder aus den vom Zwangsverwalter für die Masse abgeschlossenen Miet-, Pacht-, Lieferungs-, Dienst-, Werkverträgen (§ 152 Rdn 4 ff);

d) außerdem die aus landwirtschaftlichen Grundstücken dem Schuldner zufließenden **Unterhaltsleistungen** nach § 149 Abs 3, § 150 e;

e) weiter **Litlohnzahlungen** ab Beschlagnahme[5]. Sie werden in Rangklasse 2 des § 10 aber befriedigt (also aus den Überschüssen nach § 155 Abs 2), wenn sie der Zwangsverwalter nicht zahlt oder wenn er weniger zahlt als verlangt sowie wegen der nach § 13 Abs 1 zwar als „laufend" geltenden, aber nicht vom Zwangsverwalter vorweg zu zahlenden Beträge, die alle nach § 10 Abs 1 Nr 2 anzumelden sind;

---

[4] OLG Hamm NJW 1956, 125.
[5] Drischler RpflJahrbuch 1970, 365(10 c).

§ 155 4.2 Zwangsverwaltung

f) bei der Zwangsverwaltung von Wohnungseigentumseinheiten die Beträge an **„Wohngeld"**, aber ohne die Anteile für Verzinsung und Tilgung von Gesamt- und Einzelbelastungen (hierzu § 152 Rdn 16.3).

4.3 Keine Ausgaben der Verwaltung sind bestimmte andere Leistungen, und zwar:

a) Rückerstattungsansprüche auf **Vorschüsse** der Gläubiger, die auf Verlangen des Gerichts geleistet wurden (§ 161 Abs 3) und die Zinsen daraus (anders[6]; anders auch[7]: nur die Zinsen daraus). Diese Vorschüsse stehen nach dem Wortlaut von Abs 2 Satz 1 und Abs 3 Satz 2 in Rangklasse 1 und dürfen nur laut Teilungsplan (also aus den Überschüssen) bezahlt werden, hier allerdings dann an erster Rangstelle.

b) Die in Abs 4 genannten Ansprüche aus Lieferung von **Düngemitteln**, Saatgut, Futtermitteln, die vom Zwangsverwalter im Rahmen der bisherigen Wirtschaftsweise beschafft werden und nach dem Gesetzeswortlaut von Abs 4 Satz 1 ausdrücklich in Rangklasse 1 gehören, ebenso wie die Kredite zu ihrer Beschaffung (anders[8]). Wenn der Zwangsverwalter sie sofort aus vorhandenen Mitteln der Masse zahlt, sind dies Ausgaben der Verwaltung (Rdn 4.2 a); andernfalls haben ihre Gläubiger nur Anspruch in Rangklasse 1[9], also aus den Überschüssen.

c) **Einkommensteuer** und andere persönliche Steuern des Schuldners, die der Zwangsverwalter nicht von sich aus bezahlen darf, derentwegen nur dem Verfahren beigetreten werden kann (§ 152 Rdn 12). Zur Umsatzsteuer aus Tätigkeit des Zwangsverwalters § 152 Rdn 15.

4.4 Der Zwangsverwalter muß dafür sorgen, daß die für die Ausgaben der Verwaltung (und die Kosten des Verfahrens) laufend erforderlichen **Mittel** stets bei Fälligkeit der Ausgaben **vorhanden** sind (ZwangsverwalterVO § 9 Abs 1); andernfalls muß er dafür **Vorschüsse** über das Gericht anfordern. Er darf auch, abgesehen von den ihm bindenden Anweisungen des Gerichts, keine Verträge schließen, von denen er nicht bestimmt weiß, daß er sie bei Fälligkeit aus vorhandenen Mitteln erfüllen werde können (Verordnung § 9 Abs 2). Arbeiten und Lieferungen und andere Verbindlichkeiten aus der Zeit vor der Beschlagnahme darf er grundsätzlich nicht zahlen (anders[10]) (§ 152 Rdn 4 ff); es kann auch wegen dieser Ansprüche nicht in die Masse als solche vollstreckt werden.

4.5 Die Ausgaben der Verwaltung haben zu den Kosten des Verfahrens kein **Rangverhältnis**. Beide Kostenarten sind als gleichrangig anzusehen (anders[11]: wenn die Mittel nicht für beide voll ausreichen, sind die Ausgaben vor den Kosten zu zahlen).

4.6 Vom **Schuldner-Zwangsverwalter** sind die Ausgaben der Verwaltung ohne Genehmigung der Aufsichtsperson des § 150 c zu leisten.

5 Kosten des Verfahrens (Absatz 1)

5.1 Diese hat der Zwangsverwalter zusammen mit den Ausgaben der Verwaltung zu zahlen: Abs 1. Rangverhältnis Rdn 4.5.

5.2 Kosten des Verfahrens **sind** nur Gerichtskosten, auch diese nicht, soweit sie durch Anordnung oder Beitritt entstanden sind (Abs 1, also wie in § 109 bei der

---

[6] Dassler/Muth § 155 Rdn 10; Jaeckel/Güthe § 155 Rdn 3; Steiner/Hagemann § 155 Rdn 20; Mohrbutter, Handbuch des Vollstreckungsrechts, § 56 (II); Drischler Rpfleger 1957, 212, RpflJahrbuch 1969, 369 (VIII d 2) und 1970, 365 (10 a).
[7] Jonas/Pohle, ZwVNotrecht, § 155 Anm 2.
[8] Jonas/Pohle, ZwVNotrecht, § 155 Anm 2; Drischler Rpfleger 1957, 212, RpflJahrbuch 1969, 369 (VIII d 2) und 1970, 365 (10 b).
[9] Dassler/Muth § 155 Rdn 9.
[10] Jaeckel/Güthe § 155 Rdn 2.
[11] Drischler Rpfleger 1957, 212 und RpflJahrbuch 1969, 369 (VIII d 2).

Die zu berücksichtigenden Ansprüche 6.2 **§ 155**

Zwangsversteigerung). Nicht hierher gehören die Kosten, die im Falle einer vorausgehenden ergebnislosen Zwangsversteigerung mit Überleitung in die Zwangsverwaltung nach § 77 für das Versteigerungsverfahren entstanden sind. Hier gehören also nur die Zwangsverwaltungsverfahrensgebühren (Einl Rdn 86), die das Gericht als Jahresgebühren erhebt, samt etwaigen Auslagen dazu. Was die Gläubiger an Kosten tragen müssen, insbesondere auch die Gerichtsgebühren für die Anordnung des Verfahrens oder den Beitritt dazu, können sie an der Rangstelle ihres Anspruchs (§ 10 Abs 2) verlangen, also erst aus den Überschüssen.

5.3 Bei Zwangsverwaltung durch eine **landschaftliche Kreditanstalt** selbst (§ 146 Rdn 7) hat diese keine Gebühr an das Gericht zu zahlen. Ihre eigenen Kosten und Auslagen für das Verfahren (ausgenommen für die Anordnung) entnimmt die Anstalt ebenfalls hier vorweg.

Laufende Leistungen in Rangklassen 1–4 (Absatz 2) 6

6.1 Die während des Zwangsverwaltungsverfahrens **laufend anfallenden** Überschüsse (zum Begriff Rdn 3) muß der Zwangsverwalter auch **laufend** gemäß §§ 155, 156 **verwenden,** teils unmittelbar nach dem Gesetz, teils nach dem gerichtlichen Teilungsplan. Zahlungen muß der Zwangsverwalter nach dem Zweck der Zwangsverwaltung (§ 146 Rdn 2), an Stelle des unfähigen oder unwilligen Schuldners durch den vom Gericht bestellten Zwangsverwalter alle laufenden Verpflichtungen aus den laufenden Nutzungen zu erfüllen, an ihrer Rangstelle **zum frühestmöglichen Zeitpunkt** bewirken. Kann eine termingemäß fällige Leistung nicht voll aufgebracht werden, so muß der Zwangsverwalter wenigstens den Teil zahlen, für den die Mittel der Masse ausreichen. Im übrigen hat er hierfür die Mittel rechtzeitig anzusammeln; er darf diese nicht für schlechterrangige Ansprüche ausgeben, wenn er dann die nächste Fälligkeit der besserrangigen nicht begleichen kann. Keinesfalls darf er aber die Mittel unter Zurückstellung fälliger Voll- oder Teilzahlungen zusammenkommen lassen, eine Art Sparguthaben anlegen, so daß bei Aufhebung der Verwaltung dann eine größere Summe vorhanden ist, während die vorher fälligen Zahlungen noch rückständig sind. Das Zwangsverwaltungsverfahren ist ein **Dauerverfahren,** bei dem der Zwangsverwalter fortlaufend wie ein sorgfältiger und verantwortungsbewußter Grundstückseigentümer handeln muß, der ständig bemüht ist, anfallende Zahlungen unverzüglich zu bewirken. Das muß durch den Zwangsverwalter fortlaufend nach Maßgabe der ihm verfügbaren Mittel geschehen. Ob er es tut, ergibt sich aus seinen periodischen Abrechnungen. Bei Verstoß ist er vom Gericht zu rügen, anzuweisen oder durch Zwangsgeld zu zwingen, notfalls auch abzusetzen. Die Überschüsse ändern sich mit jeder Einnahme oder Ausgabe. Nur wenn der Zwangsverwalter die ihm obliegenden Pflichten gewissenhaft beachtet und auch Überschüsse unverzüglich zu Auszahlungen nach Planfolge verwendet, handelt er nach seiner Aufgabe.

6.2 a) Die Überschüsse werden auf die Ansprüche der Berechtigten **verteilt:** Abs 2.

b) Ein Recht auf Befriedigung bei Verteilung der Überschüsse haben in der Zwangsverwaltung nicht alle Rangklassen des § 10 Abs 1. Verteilt werden Überschüsse hier **nur** auf Ansprüche der **Rangklassen 1–5:** Abs 2 Satz 1 (die Rangklassen 6–8 fehlen hier). Außerdem werden hier in der 2.–4. Rangklasse **nur** Ansprüche auf **wiederkehrende Leistungen** befriedigt, grundsätzlich keine Hauptsacheansprüche: Abs 2 Satz 2. Kapitalansprüche der Rangklassen 2–4 können nur in der 5. Rangklasse berücksichtigt werden, wenn also aus ihnen das Verfahren betrieben wird (Denkschrift S 63) und dies nur in einem besonderen Termin und unter den besonderen Voraussetzungen des § 158.

c) Auch von den wiederkehrenden Leistungen der Rangklassen 2–4 werden nur die **laufenden** hier berücksichtigt (was laufend ist, sagt § 13 Abs 1), keine rückständigen: Abs 2 Satz 2. Rückständige können nur in Rangklasse 5 zum Zuge

§ 155   6.2   Zwangsverwaltung

kommen, wenn aus ihnen das Verfahren betrieben wird. Für die laufenden wiederkehrenden Leistungen gelten auch noch die Bedingungen, wie sie in § 10 Abs 1 Nr 2–4 aufgestellt sind (unter Beachtung der erwähnten besonderen Zwangsverwaltungsbedingungen).

d) Der **Grundgedanke** von Abs 2 ist: es soll all das, aber auch nur das aus den Überschüssen der Zwangsverwaltung gedeckt werden, was bei ordnungsgemäßer Bewirtschaftung des Objekts aus den laufenden Erträgnissen gedeckt wird. Dabei werden private und öffentliche Gläubiger gleichbehandelt, die Rangklassen 3 und 4 unterschiedslos behandelt (abgesehen von der Rangfolge). An Mieter wird nichts zugeteilt.

6.3 Rangklasse 1: a) **Hierher gehören** die Ansprüche der die Zwangsverwaltung betreibenden Gläubiger auf **Ersatz ihrer Auslagen** zur Erhaltung oder nötigen Verbesserung des Grundstücks (oder sonstigen Zwangsverwaltungsobjekts), gleich ob freiwillig geleistet oder auf Verlangen des Gerichts nach § 161 Abs. 3. Hierzu § 10 Rdn 3.

b) Zinsen für Vorschüsse Rdn 8; Vorrang auch für Ansprüche aus Lieferung von Düngemitteln usw Rdn 9.

c) Alle Ansprüche der Rangklasse 1 haben untereinander gleichen **Rang:** § 10 Abs 1 Satz 1. Sie sind also bei unzureichenden Mitteln nach dem Verhältnis ihrer Beträge zueinander zu befriedigen. Dazu § 11 Rdn 2.

6.4 Rangklasse 2: a) Hierher gehören **Litlohnansprüche** (§ 10 Rdn 4). In der Zwangsverwaltung werden bei ihnen aber nur laufende Ansprüche (was laufend ist, sagt § 13 Abs 1) berücksichtigt: Abs 2 Satz 2. Auch dies gilt nicht, soweit sie der Zwangsverwalter ab Beschlagnahme schon als Ausgaben der Verwaltung (Rdn 4) aus vorhandenen Mitteln vorweg bezahlt hat. Was sonst vom Litlohn nicht in Klasse 2 berücksichtigt wird, kann nur in Klasse 5 betreiben.

b) **Landesrechtlich** sind hier gewisse Ansprüche von Bergwerksarbeitern als bevorrechtigt eingefügt (§ 10 Rdn 5). Auch sie sind nur mit laufenden Beträgen (§ 13 Abs 1) zu berücksichtigen.

c) Alle Ansprüche der Rangklasse 2 haben untereinander gleichen **Rang:** § 10 Abs 1 Satz 1. Sie sind bei unzureichenden Mitteln nach dem Verhältnis ihrer Beträge zueinander zu befriedigen. Dazu § 11 Rdn 2.

6.5 Rangklasse 3: a) **Hierher gehören** alle öffentlichen Lasten des Grundstücks (oder sonstigen Zwangsverwaltungsobjekts). Über diese Lasten § 10 Rdn 6. Auch auf sie darf der Zwangsverwalter nur laufende Beträge (§ 13 Abs 1) der wiederkehrenden Leistungen zahlen: Abs 2 Satz 2. Diese laufenden Beträge darf er ohne Teilungsplan bezahlen: § 156 Abs 1; ZwangsverwalterVO § 11 Abs 1.

b) **Hierher gehören nicht** einmalige öffentliche Lasten, zB die Erschließungskosten (§ 10 Rdn 6), die während einer Zwangsverwaltung fällig werden[12]. Sie sind keine wiederkehrenden Leistungen, die das Gesetz an dieser Rangstelle nur zuläßt: Abs 2 Satz 2; eine Ausnahme gilt, wenn die Erschließungskosten in eine Rente umgewandelt sind (BauGB § 135 Abs 3). Wiederkehrende Leistungen waren dabei auch die in Renten umgewandelten früheren Anliegerbeträge nach Landesrecht (die Vorgänger der jetzigen Erschließungskosten).

c) Hierher gehören bei öffentlichen Lasten auch Beträge, die zur allmählichen Tilgung der Hauptsacheschuld als Zuschlag zu den Zinsen zu entrichten sind: Abs 2 Satz 2.

d) Alle Ansprüche der Rangklasse 3 untereinander haben gleichen **Rang:** § 10 Abs 1 Nr 3. Bei unzureichenden Mitteln sind sie nach dem Verhältnis der Beträge zueinander zu befriedigen. Dazu § 11 Rdn 2. Ausnahme uU für Geldleistungen nach Umlegungsplan (§ 10 Rdn 6.19).

---

[12] Jaeckel/Güthe § 155 Rdn 9.

Die zu berücksichtigenden Ansprüche 6.7 **§ 155**

e) Was an öffentlichen Lasten nicht in Klasse 3 fällt, kann nur in Klasse 5 betreiben.

6.6 Rangklasse 3/4: In dieser Zwischenklasse steht bei landwirtschaftlichen Grundstücken das gesetzliche **Früchtepfandrecht** nach dem Düngemittelgesetz. Dazu § 10 Rdn 7. Es konkurriert mit den Düngemittelbeschaffungskosten des Zwangsverwalters als Ausgaben der Verwaltung und mit den Vorschüssen der Gläubiger hierzu als Ansprüche der Rangklasse 1 sowie mit den auch in Rangklasse 1 eingeordneten Verbindlichkeiten der Masse aus Beschaffungen solcher Art (dazu Rdn 4 und Rdn 9.3).

6.7 Rangklasse 4: a) Hierher gehören alle dinglichen **Rechte am Grundstück** (bzw sonstigen Objekt), die nicht durch eine Beschlagnahme einem betreibenden Gläubiger gegenüber unwirksam sind (§ 23; dazu § 10 Rdn 8). Rangklassen 6 und 8 kommen für die Zwangsverwaltung nicht in Frage: Abs 2 Satz 1.

b) In Rangklasse 4 werden bei der Zwangsverwaltung nur **laufende wiederkehrende Leistungen** (§ 13 Abs 1) berücksichtigt: Abs 2 Satz 2. Dazu gehören hier (im Gegensatz zur Zwangsversteigerung, § 10 Rdn 8) auch Rentenleistungen: Abs 2 Satz 2. Dazu gehören hier auch die Beträge, die zur allmählichen **Tilgung** der Hauptschuld als Zuschlag zu den Zinsen zu zahlen sind: Abs 2 Satz 2 (Amortisationshypothek; § 10 Rdn 8). Abzahlungsbeträge auf eine unverzinsliche Schuld (es gibt wohl in der Praxis keine unverzinslichen Hypotheken oder Grundschulden, wohl aber andere dingliche Rechte ohne Zinsen) werden hier nur bis zu 5% als wiederkehrende Leistung behandelt: Abs 2 Satz 3. Es ist für diese Vorschrift gleich, ob die einzelnen Raten summenmäßig oder in Prozenten festgelegt sind.

c) Tilgungsraten einer **Abzahlungshypothek** (§ 10 Rdn 8), die nach den Bedingungen nicht als Zuschlag zu den Zinsen, sondern als fester Betrag gefordert werden, gehören hier nicht zu den wiederkehrenden Leistungen nach § 10 Abs 1 Nr 4 und § 155 Abs 2, sie sind kein Zuschlag zu den Zinsen und dürfen daher nicht in der Zwangsverwaltung berücksichtigt werden[13].

d) Tilgungsbeträge als **Zuschläge zu den Zinsen** (vorher Abs b) sind hier entgegen § 158 nicht als Kapitalbeträge zu behandeln, sondern als **wiederkehrende Leistungen,** die ohne besonderen Kapitalzahlungstermin regelmäßig bezahlt werden dürfen. In Höhe der einzelnen Tilgungsbeträge aber hat das Gericht dann doch um Löschung des Rechts beim Grundbuchamt zu ersuchen, also insoweit in entsprechender Anwendung von § 158 Abs 2. Bei den Abzahlungshypotheken dagegen (vorher Abs c) können die Tilgungsbeträge nur, wenn aus diesen die Zwangsverwaltung betrieben wird, in den Teilungsplan aufgenommen (= Rangklasse 5) und nur nach § 158 in dem besonderen Kapitalzahlungstermin bezahlt werden. Wenn Gläubiger auf Tilgung **verzichten,** kann dies ein Verzicht oder Teilverzicht auf das Recht sein und so ein Eigentümerrecht oder Teileigentümerrecht entstehen lassen; es kann sich aber auch nur um eine Stundung handeln, eine vorübergehende Aussetzung der Tilgung, so daß der Gläubiger inzwischen nur die reinen Zinsen erhält.

e) Zinsen aus **Eigentümerrechten** werden hier ab Beschlagnahmewirksamkeit bezahlt: BGB § 1197 Abs 2. Dies ist Ausgleich dafür, daß dem Schuldner die Nutzungen des Objekts entzogen sind. Wenn ein berechtigter Gläubiger den Löschungsanspruch geltend macht, sind die Beträge zu hinterlegen. Betreibt ein **Pfändungsgläubiger** aus dem Eigentümerrecht, so erhält er hier in Klasse 4 die laufenden Beträge der wiederkehrenden Leistungen, in Klasse 5 auch die Kapitalforderung samt Kosten und weiteren Zinsen (Kapital nur nach § 158). Betreibt er nicht, erhält er nur in Klasse 4 die laufenden wiederkehrenden Leistungen. Hat in einem gleichzeitigen Konkursverfahren der **Konkursverwalter** das Grundstück aus der Masse freigegeben, so bezieht sich diese Freigabe nicht auf das Eigentümer-

---

[13] LG Duisburg RpflJahrbuch 1959, 269 Leits.

§ 155 6.7 Zwangsverwaltung

recht, aus dem die laufenden wiederkehrenden Leistungen dann ab Beschlagnahmewirksamkeit dem Konkursverwalter zustehen (§ 15 Rdn 11).

f) Bei **Gesamtrechten** wird nur bezahlt, soweit nicht Befriedigung aus dem mithaftenden Grundstück erfolgt. Der Zwangsverwalter wird sich, soweit möglich, hierüber informieren. In den Teilungsplan wird das Gericht den vorher genannten Vorbehalt einsetzen. Falls die gesamthaftenden Objekte alle der Zwangsverwaltung unterliegen (die Verwaltung wird getrennt geführt), kann zwischen den verschiedenen Verfahren entsprechend ausgeglichen werden (zweckmäßig hier nicht nach dem Verhältnis der Grundstückswerte, sondern nach dem Verhältnis der Grundstückseinnahmen).

g) Auf eine **Höchstbetragshypothek** werden keine Zinsen bezahlt, weil bei ihr die Zinsen in den Kapitalbetrag eingerechnet sind (BGB § 1190 Abs 2), also unter § 158 fallen. Ebenso werden Zinsen aus der für eine Kontokorrentschuld unverzinslich eingetragenen Grundschuld hier nicht berücksichtigt.

h) **Verwaltungskosten** sind in Abs 2 im Gegensatz zu § 10 Abs 1 Nr 4 nicht erwähnt. Dies besagt aber nicht, daß sie in der Zwangsverwaltung nicht berücksichtigt werden dürfen. Sie sind Nebenleistungen und als laufende wiederkehrende (nicht nur einmalige) auch aus den Überschüssen zu decken[14].

i) **Kosten** (§ 10 Abs 2) erhält der Gläubiger in der Zwangsverwaltung, wenn sie durch Rechtsverfolgung wegen zu berücksichtigender laufender Beträge entstanden sind. Für die Kostenberechnung sind also betreibende Beträge, die in Rangklasse 4 befriedigt werden, und diejenigen, die nur in Rangklasse 5 befriedigt werden, in Verhältnis zu setzen und die Gesamtkosten entsprechend zu teilen, auf jeden Fall aber die Mindestgebühren anzusetzen. Die in Klasse 4 befriedigten Beträge sind dann bei Klasse 5 abzurechnen, so daß insgesamt nicht mehr als zustehend bezahlt wird.

k) Alle Rechte der Rangklasse 4 haben untereinander den **Grundbuchrang**: § 11 Abs 1. Nichteingetragene Rechte richten sich nach dem Zeitpunkt der Entstehung. Dazu § 11 Rdn 3.

l) Was von den dinglichen Rechten nicht in Klasse 4 fällt, kann nur in Klasse 5 betreiben.

6.8 Relativer Rang 4–6: a) Ein dingliches Recht kann einem betreibenden Gläubiger gegenüber Rangklasse 6 haben, einem anderen gegenüber (relativer Rang) Rangklasse 4, weil es der Beschlagnahme für den Anordnungsgläubiger zwar nachgeht, aber der für den Beitrittsgläubiger (es ist zwischen Anordnung und Beitritt eingetragen) vorgeht; dazu § 10 Rdn 10, § 23 Rdn 2. In der Zwangsverwaltung darf ein solches Recht nicht berücksichtigt werden, wenn es auch nur gegenüber einem betreibenden Gläubiger Rangklasse 6 hat. Erst wenn dann dieser wegfällt (zB durch Rücknahme seines Antrags oder durch seine Befriedigung in der Zwangsverwaltung) und wenn dann das Zwangsverwaltungsverfahren nur noch von den dem dinglichen Recht nachgehenden Beschlagnahmegläubigern betrieben wird (denen gegenüber es Rangklasse 4 hat), darf das Recht, jetzt voll in Rangklasse 4 stehend, in der Zwangsverwaltung berücksichtigt werden und es muß dann der Teilungsplan entsprechend geändert werden.

b) **Beispiel:** Hypothek A eingetragen 1993 (Klasse 4), Anordnung für persönliche Forderungen ergangen 1994 (Klasse 5), Hypothek B eingetragen 1995 (Klasse 6 gegenüber dem Anordnungsgläubiger, Klasse 4 gegenüber jetzt folgenden Beitrittsgläubigern), Beitritt für persönliche Forderung ergangen 1996. Solange der Anordnungsgläubiger die Zwangsverwaltung betreibt, wird B nicht berücksichtigt; wenn er wegfällt, wird es in Klasse 4 berücksichtigt.

6.9 Zu einzelnen Rechten: a) **Ausländische Währung:** Beträge sind in der eingetragenen Währung in dem Teilungsplan einzusetzen, aber in deutscher Wäh-

---

[14] Jonas/Pohle, ZwVNotrecht, § 155 Anm 2.

rung bei Fälligkeit auszuzahlen, wobei wiederkehrende Leistungen der Zwangsverwalter nach dem Kurswert des Zahlungstages bezahlt. Dazu 9. Auflage § 155 Anmerk 5 und an anderen Stellen dort; dazu künftig § 158 a.

b) **Beitrittsgebiet:** Umstellung der noch auf Mark der ehem DDR eingetragenen Grundpfandrechte sowie der Reichsmark- und Goldmarkhypotheken auf Grundstücken im Beitrittsgebiet: Einl Rdn 51.3

c) **Erbbauzins:** Ihn darf der Zwangsverwalter eines Erbbaurechts erst nach Aufstellung des Teilungsplanes und gemäß der Reihenfolge dieses Planes aus den Überschüssen leisten.

d) **Landschaftliche Kreditanstalt** (§ 146 Rdn 7): Gläubiger und Zwangsverwalter sind identisch. Daher sind keine Verfahrensvorschüsse der Gläubiger an den Verwalter möglich. Was die Anstalt zur Verbesserung und Fortführung des Betriebs aufwendet, sind Ausgaben mit Vorrang der Rangklasse 1[15]. Zu den Kosten § 155 Rdn 5.

e) **Naturalleistungen:** Diese Ansprüche zB aus einem Altenteil sind nur in Natur zu erfüllen. Sie werden nicht gemäß § 46 in Geld umgerechnet; § 46 gilt für die Zwangsverwaltung nicht[16]. Auch solche Ansprüche werden aber nur an ihrer Rangstelle nach Maßgabe des Teilungsplanes erfüllt, also erst, wenn nicht ihr Gelderlös für die im Rang vorausgehenden Ansprüche benötigt wird[17]. Dazu auch § 146 Rdn 10, 11.

f) **Überbaurente** und **Notwegrente** gehören mit laufenden wiederkehrenden Leistungen auch hier in Rangklasse 4, ebenso nichteingetragene dingliche Rechte usw (§ 10 Rdn 8).

Vollstreckungsgläubiger in Rangklasse 5 (Absatz 2)

7.1 Alle betreibenden Ansprüche werden in Rangklasse 5 berücksichtigt, auch solche aus Rangklasse 6–8, wenn aus ihnen betrieben wird (sie rücken dann in Klasse 5 auf und unterliegen nicht mehr dem Verbot in Abs 2), soweit sie nicht schon an einer früheren Rangstelle (wenn zB aus Rechten der Klasse 3 betrieben wird) berücksichtigt werden müssen. Hier werden auch Kapitalbeträge berücksichtigt, wenn aus ihnen betrieben wird (nur dann), bei Hypotheken, Grundschulden, Rentenschulden aber nur im besonderen Kapitalzahlungstermin nach § 158, alle anderen Kapitalbeträge dagegen ohne diesen Termin. In diese Klasse 5 gehören auch Abzahlungsbeträge von Abzahlungshypotheken, die keine Zinszuschläge sind, sowie die Kosten der betreibenden Rechte und auch rückständige wiederkehrende Leistungen (falls aus den genannten Abzahlungsbeträgen und den rückständigen Leistungen das Verfahren betrieben wird).

7.2 Mehrere betreibende Gläubiger haben unter sich nicht gleichen Rang.
a) Sie werden **nicht nach der Herkunft** der Ansprüche, ob aus Rangklasse 1–4 oder nur persönlich betreibend, **unterschieden** (so auch[18] und ZVG-Handbuch Rdn 635).

b) **Solche Unterschiede werden im Schrifttum** leider weitgehend gemacht. Koehne[19] will hier für die Rangklasse 5 die Unterklassen 5 II, 5 III, 5 IV, 5 V, je nach der früheren Rangklasse der Ansprüche, bilden. Andere meinen, daß durch einen persönlichen Beitritt ein Gläubiger der Klassen 2–4 nicht zurückgedrängt werden könne, daß nur dessen Kapitalanspruch hinter die laufenden Beträge der betreibenden Gläubiger zurücktreten müsse oder daß gar ein dinglich betreibender

---
[15] Jonas/Pohle, ZwVNotrecht, § 155 Anm 6.
[16] Jaeckel/Güthe § 156 Rdn 4; Drischler RpflJahrbuch 1970, 365 (14); Haegele DNotZ 1976, 5 (III 2).
[17] Korintenberg/Wenz § 156 Anm 4
[18] Jaeckel/Güthe § 155 Rdn 10 und 12; Hintzen, ImmobiliarZwV, Rdn 1135.
[19] Koehne HuW 1954, 405 (2).

§ 155 7.2 Zwangsverwaltung

Gläubiger (insbesondere im Falle seines späteren Beitritts, zeitlich also hinter den persönlich betreibenden Gläubiger liegend) auch mit dem Kapitalbetrag den persönlich betreibenden Gläubigern vorgehen müssen[20].

c) Für diese in Abs b erwähnten Meinungen spricht (entgegen der Auslegung von[21] hierzu) nicht der Standpunkt der **ZVG-Denkschrift** (Seite 63). Diese besagt nur, daß durch einen Beitritt der dingliche Gläubiger erreichen könne, daß er auch seine Kapitalbeträge aus seiner Rangklasse 4 erhalten dürfe, nicht aber, daß betreibende dingliche Gläubiger den betreibenden persönlichen Gläubigern vorgehen würden.

d) Die hier erwähnten Meinungen, auch das Reichsgericht[22], **verstoßen gegen** den insoweit ganz eindeutigen **Wortlaut** des ZVG. Dieses sagt in § 155 Abs 2 Satz 2: „... werden in der zweiten, dritten und vierten Rangklasse jedoch nur Ansprüche auf laufende wiederkehrende Leistungen ... berücksichtigt". Die Folge davon ist, daß Kapitalbeträge nur in der 5. Klasse berücksichtigt werden dürfen. Das ZVG, sehr logisch aufgebaut, sagt nicht, daß Kapitalbeträge zwar in ihrer Rangklasse, aber erst in einem besonderen Termin (§ 158) berücksichtigt werden dürften; es sagt auch nicht, daß in der Rangklasse 5 eine bestimmte Reihenfolge der betreibenden Ansprüche zu gelten habe; es läßt die Grundregel des § 11 Abs 2 unberührt; die aber richtet sich nur nach der Reihenfolge der Beschlagnahmen.

e) Die gegenteiligen Meinungen übersehen auch, daß in der Zwangsverwaltung eben **grundsätzlich laufende Leistungen** aus laufenden Einnahmen zu decken sind, in der Versteigerung dagegen aus der Substanz auch Kapitalien. Der entgegengesetzte (hier abgelehnte) Standpunkt hätte zur Folge, daß durch den Beitritt eines dinglichen Gläubigers (nur durch Betreiben erhält er Kaptialbeträge) die gesamten laufenden Forderungen der persönlich oder nicht betreibenden dinglichen Gläubiger vereitelt würden.

f) Mehrere betreibende Gläubiger haben also in der Zwangsverwaltung ganz normal, wie in der Zwangsversteigerung auch, untereinander den **Rang nach dem Zeitpunkt** des Wirksamwerdens **ihrer Beschlagnahme**[23]: § 11 Abs 2. Dabei hat der einzelne Gläubiger an seiner Rangstelle wieder die Unterteilung in der Rangfolge: Kosten der Rechtsverfolgung, wiederkehrende Leistungen, Hauptanspruch: § 12. Für den Hauptanspruch dinglicher Rechte ist dabei zusätzlich § 158 zu beachten; denn die Zwangsverwaltung berücksichtigt folgerichtig gemäß ihrem Verfahrenszweck im Gegensatz zur Zwangsversteigerung die aus Rangklasse 4 stammenden Kapitalbeträge nur, wenn aus ihnen betrieben wird. In Rangklasse 5 werden alle Ansprüche, die betreiben, gleich welcher Herkunft sie sind, ob sie also aus den Rangklassen 2, 3 oder 4 stammen oder nur persönliche der Klasse 5 sind, nur nach ihrem Beschlagnahmezeitpunkt beurteilt; soweit sie nicht an der früheren Rangstelle in der Zwangsverwaltung berücksichtigt werden dürfen, sondern nur als betreibende der Klasse 5, gehören sie nicht mehr in ihre frühere Rangklasse, sondern eben in die Klasse 5; wo sie an der früheren Rangstelle berücksichtigt werden dürfen, werden sie, auch wenn sie gleichzeitig betreiben, an der früheren Stelle berücksichtigt und nur wegen des dort nicht zulässigen Restes (zB Kosten des Betreibens, rückständige Beträge, Hauptsachebeträge dinglicher Art) in Klasse 5; alle kommen nur einmal zum Zuge, und zwar an der jeweils besseren Rangstelle. Nur dieser Standpunkt stimmt mit dem ZVG wirklich überein.

---

[20] RG 89, 147; Dassler/Muth § 157 Rdn 24; Korintenberg/Wenz § 155 Anm 4; Mohrbutter/Drischler Muster 160 Anm 2 b; Steiner/Hagemann § 155 Rdn 89 und 90; Reinhard/Müller § 155 Anm VI 4.
[21] Reinhard/Müller § 155 Anm VI 4.
[22] RG 89, 147.
[23] Jaeckel/Güthe und Hintzen je aaO (Fußn 18).

7.3 Über Fragen des Ranges auch[24]. Zur Rangklasse 5 im ZVG-Handbuch Rdn 635.

Vorschuß-Zinsen (Absatz 3)

Vorschüsse, die der Gläubiger für Instandsetzungs-, Ergänzungs- oder Umbauarbeiten an Gebäuden gewährt hat (nicht für andere Aufwendungen), müssen in Rangklasse 1 mit einhalb vom Hundert über dem jeweiligen Lombardsatz der Bundesbank **verzinst** werden (Abs 3). Die Arbeiten, zu denen die Vorschüsse geleistet sind, durften erst nach Beschlagnahme des Objekts bestellt worden sein. Die Zinsen haben in Zwangsversteigerung und Zwangsverwaltung den Vorrang des Anspruchs: Abs 3. Der Grundgedanke des Gesetzes hierfür ist: bei bebauten Grundstücken müssen vielfach die Gläubiger Vorschüsse für die genannten Arbeiten geben, um Einnahmen durch Nutzung des Objekts zu ermöglichen. Diese Vorschüsse genießen mit ihrem Kapitalanspruch, aber nicht hinsichtlich der vom Gläubiger selbst für die Beschaffung der Mittel aufgewendeten Zinsen, den Vorrang der Rangklasse 1; es wäre unbillig, dem Gläubiger hierbei neben dem Risiko (er bekommt vielleicht mangels Verwaltungsüberschusses keinen Rückersatz) auch noch die Zinsen aufzubürden; daher erhält er hier Zinsen. Die Zinsen werden ohne Rücksicht darauf gewährt, ob für die Geldbeschaffung Zinsaufwendungen entstanden sind, gleich also, ob die Vorschüsse aus eigenen Mitteln oder aus aufgenommenen Krediten stammen. Die Beteiligten können mit dem Zwangsverwalter auch höhere als die gesetzlich vorgesehenen Zinsen vereinbaren; aber den übersteigenden Betrag nicht mit dem Vorrecht dieser Rangklasse. Weitergehende Unkosten des Gläubigers für Beschaffung von Geldern begründen Anspruch in dieser Rangklasse nicht (anders[25]).

Zwangsverwalter-Anschaffungen usw (Absatz 4)

9.1 Kosten, die der Zwangsverwalter aufwenden muß, um seine Verpflichtungen nach § 152 zu erfüllen und die Viehfutter usw betreffen, können **Ausgaben der Verwaltung** sein (Rdn 4), soweit sie dort bezahlt werden können.

9.2 Ansprüche der **Lieferanten** von Düngemitteln, Saatgut oder Futtermitteln für landwirtschaftliche Grundstücke, die der Zwangsverwalter (der Schuldner-Zwangsverwalter mit Zustimmung der Aufsichtsperson) im Rahmen der bisherigen Wirtschaftsweise als zur ordnungsgemäßen Aufrechterhaltung eines landwirtschaftlichen Betriebs (auf dem zwangsverwalteten Objekt) benötigt anschafft, ebenso die Kredite (von Geldinstituten oder sonstigen Geldgebern), die der Zwangsverwalter zur Bezahlung solcher Lieferungen in der für derartige Geschäfte gewöhnlichen Weise aufgenommen hat, haben Rangklasse 1: Abs 4. Diese Waren mußten zur Aufrechterhaltung des Betriebes benötigt werden (Abs 4 Satz 1), nicht zu seiner Verbesserung, und die Kredite dazu durften nur von Stellen gegeben sein, die sich mit der Kreditgewährung für solche Lieferungen befassen (Abs 4 Satz 2), nicht von beliebigen privaten Geldgebern. Soweit der Verwalter die Beträge im Rahmen der Ausgaben der Verwaltung zahlen konnte, gehören sie schon dorthin. Nur wenn der Zwangsverwalter mangels Mitteln nicht zahlen konnte und auch nicht die Gläubiger dafür Vorschüsse aufbrachten, stehen die Ansprüche der Lieferanten und Kreditgeber an dieser Rangstelle 1, nicht zu verwechseln mit dem in Rangklasse 3/4 (§ 10 Rdn 7) stehenden Früchtepfandrecht. Die von dem die Zwangsverwaltung betreibenden Gläubiger für solche Zwecke geleisteten Vorschüsse sind schon Rdn 6.3 als in Rangklasse 1 berechtigt genannt worden. Die in Rangklasse 1 zu befriedigenden Ansprüche müssen angemeldet werden.

---

[24] Drischler Rpfleger 1957, 212.
[25] Steiner/Hagemann § 10 Rdn 26.

§ 155 9.3 Zwangsverwaltung

9.3 Dieses Vollstreckungsvorrecht der Klasse 1 konkurriert mit dem **Früchtepfandrecht** nach dem Düngemittelgesetz für die Lieferung von Düngemitteln und anerkanntem Saatgut und Kredite daraus (§ 10 Rdn 3, 7 und § 155 Rdn 6.6). Beide Rechte bestehen nebeneinander. Fällt eines aus, kann man es auf dem anderen Wege versuchen. Jedoch besteht bei Futtermitteln und nicht anerkanntem Saatgut nur das Vorrecht der Klasse 1. Es umfaßt also Klasse 1 des § 155 Düngemittel, Futtermittel und Saatgut jeder Art, das Düngemittelgesetz nur Düngemittel und anerkanntes Saatgut.

9.4 Über Düngemittelansprüche usw auch[26].

[Öffentliche Lasten, Verteilungstermin, Teilungsplan]

156 (1) **Die laufenden Beträge der öffentlichen Lasten sind von dem Verwalter ohne weiteres Verfahren zu berichtigen.**

(2) **Ist zu erwarten, daß auch auf andere Ansprüche Zahlungen geleistet werden können, so wird nach dem Eingange der im § 19 Abs 2 bezeichneten Mitteilungen des Grundbuchamts der Verteilungstermin bestimmt. In dem Termine wird der Teilungsplan für die ganze Dauer des Verfahrens aufgestellt. Die Terminsbestimmung ist den Beteiligten sowie dem Verwalter zuzustellen. Die Vorschriften des § 105 Abs 2 Satz 2, des § 113 Abs 1 und der §§ 114, 115, 124, 126 finden entsprechende Anwendung.**

1 Allgemeines zu § 156

Zweck der Vorschrift: Regelung des Verfahrens bei Erlösverteilung. Ausgaben der Verwaltung und Kosten des Verfahrens sind vorweg aus den Einnahmen zu berichtigen; aus den dann verbleibenden Überschüssen sind alle anderen Zahlungen nach Maßgabe des Teilungsplanes zu leisten. Für öffentliche Lasten bringt Abs 1 eine **Ausnahme** für die Zahlung ohne Plan.

2 Öffentliche Lasten in der Zwangsverwaltung (Absatz 1)

2.1 Ergänzend zu § 155 Abs 1, daß Ausgaben der Verwaltung und Kosten des Verfahrens ohne Teilungsplan vorweg aus den Einnahmen zu entnehmen seien, bestimmt Abs 1, daß **auch** die **laufenden Beträge der öffentlichen Lasten** (Begriff § 10 Rdn 6) „**ohne weiteres Verfahren**" zu zahlen sind (so auch ZwangsverwaltungsVO § 11 Abs 1). Das bedeutet: sie dürfen ohne Mitwirkung des Gerichts und ohne vorherige Aufstellung des Teilungsplanes bezahlt werden (vom Schuldner-Zwangsverwalter aus § 150 b auch ohne Genehmigung der dort bestellten Aufsichtsperson[1]). Es muß sich aber ausschließlich um laufende Leistungen handeln (§ 13 Abs 1), nicht um rückständige. Sie müssen auch, im Gegensatz zur Zwangsversteigerung, nicht angemeldet werden, weil sie der Verwalter bei Übernahme des Amtes von sich aus festzustellen hat (Anmeldung ist besser, damit nichts übersehen wird).

2.2 Die genannten Beträge dürfen aber **erst nach den Ausgaben der Verwaltung** und nach den Kosten des Verfahrens bezahlt werden, wenn also diese beglichen sind und bei weiteren Fälligkeiten aus den vorhandenen Mittel beglichen werden können. Die Rangfolge des § 10 ist durch die Ausnahme des Abs 1 nicht geändert. Es sind daher vor den öffentlichen Lasten (Rangklasse 3), falls gegeben, die Ansprüche aus Rangklasse 1 und 2 aus den Überschüssen zu bezahlen, die aber ihrerseits erst nach Aufstellung des Teilungsplanes zum Zuge kommen dürfen. Sobald also Ansprüche der Klassen 1 und 2 gegeben sind, dürfen auch die öffentli-

---

[26] Drischler Rpfleger 1948/1949, 499 (500–501).
[1] Drischler RpflJahrbuch 1969, 369 (VIII d 2); Dassler/Muth § 156 Rdn 3.

Öffentliche Lasten, Verteilungstermin, Teilungsplan   3.5   § 156

chen Lasten doch erst nach Planaufstellung beglichen werden. Sie brauchen dabei nicht in den Plan eingestellt werden (diese können etwa bei Grundstücksgebühren jährlich sich ändern).

2.3 Rückstände der öffentlichen Lasten kommen nur zum Zug, wenn aus ihnen betrieben wird, dann in Rangklasse 5, nicht Klasse 3.

2.4 Die Pfändung eines **Miet-/Pachtzinses** wegen öffentlicher Lasten ruht während der Beschlagnahme[2]. Die laufenden Beträge der öffentlichen Last werden daher vom Verwalter nach Abs 1 berichtigt.

Verteilungstermin (Absatz 2 Sätze 1 und 3)   3

3.1 Zahlungen aus der Masse darf der Zwangsverwalter, von Ausnahmen abgesehen (Rdn 2), nur bewirken, wenn ein Teilungsplan aufgestellt (Abs 2) und eine Auszahlungsanordnung des Gerichts ergangen ist (§ 157 Abs 1): ZwangsverwalterVO § 11 Abs 2.

3.2 Einen **Verteilungstermin** muß das Gericht daher **bestimmen,** wenn nach der Mitteilung des Zwangsverwalters oder nach der eigenen Kenntnis des Gerichts zu erwarten ist, daß sich „Überschüsse" (§ 155 Rdn 3) in der Zwangsverwaltung ergeben, sobald die Grundbuchmitteilungen nach § 19 eingetroffen sind: Abs 2 Satz 1. Zur Mitteilung an das Gericht, daß nach Deckung der Ausgaben der Verwaltung und der Kosten des Verfahrens sowie der laufenden wiederkehrenden Leistungen der öffentlichen Lasten aus den Nutzungen des Objekts Zahlungen an Berechtigte möglich sind, ist der Zwangsverwalter verpflichtet (ZwangsverwalterVO § 11 Abs 2). Der Plan muß unverzüglich aufgestellt, Termin somit umgehend bestimmt werden, sobald Überschüsse vorhanden oder auch nur zu erwarten sind, weil der Zwangsverwalter viele Ausgaben erst auf Grund des Planes leisten darf (ZwangsverwalterVO § 11 Abs 2) und weil auch das Gericht den Verwalter erst auf Grund des Planes ordnungsgemäß überwachen kann[3]. Daher sind auch noch ausstehende Mitteilungen des Grundbuchamts erforderlichenfalls einzufordern (abzumahnen).

3.3 Über den **Inhalt der Terminsbestimmung** trifft das Gesetz keine Bestimmung. Erforderlich sind nach dem Zweck Bezeichnung des Gerichts und des Verfahrens (am besten sachbezogen, Einl Rdn 42), Terminsbezeichnung als Verteilungstermin zur Aufstellung des Teilungsplans für die ganze Dauer des Zwangsverwaltungsverfahrens sowie Angabe von Terminszeit (Tag und Stunde) und Terminsort. Eine ausdrückliche Vorladung (im sonst bei Gericht üblichen Sinn) erfolgt nicht. Es genügt etwa:
„Im Zwangsverwaltungsverfahren über ... wird zur Aufstellung des Teilungsplanes für die ganze Dauer des Verfahrens gemäß § 156 Abs 2 ZVG **Termin** bestimmt auf ..., ... Uhr, in ... Es wird gebeten, alle Ansprüche an die Teilungsmasse mindestens eine Woche vor dem Termin bei Gericht anzumelden."
Zweckmäßig erfolgen ein Hinweis darauf, daß in Rangklassen 2–4 nur Ansprüche auf laufende wiederkehrende Leistungen nach Maßgabe von § 155 Abs 2 berücksichtigt werden können, und ein Hinweis auf § 114 (Anmeldungen). Muster im ZVG-Handbuch Rdn 638.

3.4 Die Terminsbestimmung wird nur den Beteiligten (auch dem Schuldner) und dem Zwangsverwalter **zugestellt:** Abs 2 Satz 3. Die Zustellung erfolgt nach §§ 3–7. Eine Ladungsfrist ist nicht vorgesehen. Öffentliche Bekanntmachung und Aushang an der Gerichtstafel unterbleiben. Als Beteiligte, die zu laden sind, gelten auch diejenigen, die erst ihr Recht glaubhaft zu machen haben: § 105 Abs 2 Satz 2 mit § 156 Abs 2 Satz 4.

3.5 Der Verteilungstermin ist **nicht öffentlich** (§ 105 Rdn 2.5).

---

[2] Stöber, Forderungspfändung, Rdn 246.
[3] BGH VersR 1964, 865 = WM 1964, 789.

§ 156 3.6 Zwangsverwaltung

3.6 Im Verteilungstermin wird der **Teilungsplan** nach Anhörung der anwesenden Beteiligten **aufgestellt** (§ 113 Abs 1 mit § 156 Abs 2 Sätze 2 und 4). Im Termin aufgestellt wird der Plan auch dann, wenn vor dem Termin schon ein Entwurf gefertigt ist. Nach der Aufhebung des Verfahrens kann kein Plan mehr aufgestellt werden, ausgenommen bei Aufhebung nach Zuschlag (§ 161 Rdn 5.13).

3.7 Ein **Rechnungsbeamter** darf auch hier zur Aufstellung des Teilungsplanes „nötigenfalls" zugezogen werden: § 113 Abs 1 mit § 156 Abs 2 Satz 4. Hierzu Einl Rdn 84.5, § 66 Rdn 7.8.

3.8 Der Plan wird am besten als **Anlage zum Terminsprotokoll** genommen (Muster Rdn 4). **Protokollinhalt:** ZPO § 160 (das ZVG gibt dafür keine Anweisungen); es enthält die mitwirkenden Gerichtspersonen, die erschienenen Beteiligten und ihre Bevollmächtigten oder gesetzlichen Vertreter, alle Anträge, Erklärungen, Entscheidungen, den Plan selbst und die Auszahlungsanweisung.

3.9 Über den Teilungsplan wird in dem Verteilungstermin sofort **verhandelt** (§ 115 Abs 1 Satz 1 mit § 156 Abs 2 Satz 4). Auf diese Verhandlung sind die Vorschriften in ZPO §§ 876–882 entsprechend anzuwenden: § 115 Abs 1 Satz 2 mit § 156 Abs 2 Satz 4. Muster für die Verhandlung im ZVG-Handbuch Rdn 645; über Widerspruch als Rechtsbehelf Rdn 5.

3.10 **Zwangsversteigerungs-** und **Zwangsverwaltungsverfahren** müssen **getrennt** durchgeführt, die Verteilungstermine getrennt abgehalten, die Teilungspläne getrennt aufgestellt werden. Sobald in der Zwangsversteigerung der Zuschlag erteilt ist, sollte man in der Zwangsverwaltung unverzüglich den Verteilungstermin abhalten, um noch vor der Verteilung des Versteigerungserlöses die Zwangsverwaltungsverteilung durchzuführen und in der Versteigerungsverteilung entsprechend zu berücksichtigen.

4 Zwangsverwaltungs-Teilungsplan (Absatz 2 Sätze 2 und 4)

4.1 Der Teilungsplan wird für die **ganze Dauer des Verfahrens** aufgestellt (Abs 2 Satz 2), gleich wie lange dieses dauern wird, für alle künftigen Verteilungsmöglichkeiten. Eine zu verteilende Masse wird in ihm nicht festgestellt; weil die zu verteilenden Überschüsse (§ 105 Abs 1) für diese (unbekannte) Verfahrensdauer ohnedies nicht feststehen, ist § 107 Abs 1 nicht für anwendbar erklärt. Es werden keine „bestehenbleibenden Rechte" aufgenommen (hier erlöschen keine Rechte; § 113 Abs 2 ist daher nicht für anwendbar erklärt). Eine Zuteilung der Masse auf die Ansprüche (§ 113 Rdn 3.2) erfolgt nicht; Auszahlungen erfolgen vielmehr nach der gerichtlichen Zahlungsanweisung durch den Verwalter (§ 157 Abs 1), sobald und soweit Verwaltungsüberschüsse vorhanden sind. Der Teilungsplan hat nach Abs 2 Satz 4 mit § 114 daher nur die **Schuldenmasse** für die ganze Dauer des Verfahrens darzustellen. Dabei ist gleich, ob Ansprüche Aussicht auf eine Zuteilung haben. Der Plan ist so aufzustellen, als ob der Zwangsverwalter genügend Mittel hätte, um alle aus dem Grundstück in der Zwangsverwaltung zu befriedigenden Ansprüche wegzufertigen. Spätere Planänderung sehen § 157 Abs 1 Satz 1 und § 159 vor.

4.2 **Ansprüche** sind in den Teilungsplan **aufzunehmen,** wenn ihr Betrag zur Zeit der Eintragung des Zwangsverwaltungsvermerks aus dem **Grundbuch ersichtlich** war, nach dem Inhalt des Grundbuchs, andernfalls nur, wenn sie spätestens im Verteilungstermin selbst **angemeldet** werden: § 114 Abs 1 Satz 1 mit § 156 Abs 2 Satz 4. Dabei gelten auch hier die Ansprüche des betreibenden Gläubigers als angemeldet, soweit sie sich aus dem Verfahrensantrag ergeben: § 114 Abs 1 Satz 2 mit § 156 Abs 2 Satz 4. Laufende Beträge der (grundbuchersichtlichen) wiederkehrenden Leistungen brauchen nicht angemeldet zu werden: § 114 Abs 2 mit § 156 Abs 2 Satz 4; Rechtsverfolgungskosten (§ 10 Abs 2 sind immer anzumelden. § 37 Nr 4 und § 110 sind hier nicht anwendbar. Die Anmeldung in einem gleichzeitigen Versteigerungsverfahren wirkt nicht für das Zwangsverwal-

Öffentliche Lasten, Verteilungstermin, Teilungsplan   4.5   § **156**

tungsverfahren. Eine dem Zwangsverwalter zugegangene Anmeldung hat dieser dem Gericht zu übergeben; Bedeutung für Planaufstellung erlangt sie erst mit Eingang bei Gericht. Minderanmeldung: § 45 Rdn 7.

4.3 Der Plan wird nach der **Rangfolge** des § 10 Abs 1 mit den Besonderheiten aus § 155 aufgestellt. Nicht aufgenommen werden die nach § 155 Abs 1 auch ohne Plan zu erfüllenden Ansprüche (Auslagen der Verwaltung und Kosten des Verfahrens). Üblich (und zulässig) ist die allgemeine Angabe im Plan (ohne betragsmäßige Einzelbezeichnung von Ansprüchen und ohne Bezeichnung von Zahlungsempfängern), daß aus den Nutzungen des Grundstücks die Ausgaben der Verwaltung sowie die Kosten des Verfahrens (ausgenommen Anordnungs- und Beitrittskosten) nach § 155 Abs 1 vorweg zu bestreiten sind. Die zu berücksichtigenden Ansprüche sind im Plan mit ihrem **Betrag**, laufende wiederkehrende Leistungen auch mit ihren **Fälligkeitszeitpunkten** zu bezeichnen. Der **Berechtigte** jedes Anspruchs (im Zeitpunkt der Planaufstellung), wenn er unbekannt ist diese Tatsache, ist im Teilungsplan zu benennen. Berechtigter ist der Gläubiger des Anspruchs, der nach § 10 ein Recht auf Befriedigung aus dem Grundstück gewährt (§ 117 Rdn 2.1). **Naturalleistungen** sind nicht in Geld, sondern in Natur einzusetzen (§ 155 Rdn 6.9).

4.4 Laufende Beträge **öffentlicher Lasten** (§ 10 Abs 1 Nr 3) sind nicht in den Teilungsplan aufzunehmen. Üblich (und zulässig) ist die allgemeine Angabe (ohne betragsmäßige Einzelbezeichnung und ohne Nennung der Abgabeart und des Gläubigers), daß sie (nach § 156 Abs 1) vom Verwalter ohne weiteres Verfahren zu berichtigen sind. Es wird zwar auch ihre Aufnahme in den Plan für erforderlich erachtet[4], sogar ohne Anmeldung[5] (gegen das Gesetz); nach älterer Ansicht[6] (auch[7]) genügt, wenn der Betrag einer Last nicht festgestellt ist, ihre Bezeichnung mit der Angabe, von welchem Zeitpunkt ab sie zu entrichten ist. Das ist nicht richtig. Aus § 156 ergibt sich vielmehr, daß der Plan nur für „andere Ansprüche" aufgestellt wird (eingehend dazu ZVG-Handbuch Rdn 642). Für Aufnahme in den Plan bedürften öffentliche Lasten der Anmeldung; Zahlung durch den Zwangsverwalter ohne weiteres Verfahren (Abs 1) ist aber unabhängig von der Anmeldung bei Gericht. Vielfach sind Beträge öffentlicher Lasten bei Planaufstellung schon (wiederholt) bezahlt; dann besteht für Berücksichtigung getilgter Beträge keine Grundlage; der Berechtigte ist auch weder verpflichtet noch gehalten, bereits getilgte Beträge noch anzumelden (dazu näher ZVG-Handbuch Rdn 642).

4.5 a) Der Berechtigte eines **Briefgrundpfandrechts** muß für Berücksichtigung seines Anspruchs auf Kapitalzahlung und künftige Zinsen den Hypotheken-, Grundschuld- oder Rentenschuld**brief vorlegen** (ähnlich[8]: Briefvorlage zur Zahlung; anders[9]: Zinsen können ohne Briefvorlage gezahlt werden; verwechselt Feststellung des Berechtigten im Plan und Planausführung durch den Verwalter). Der nicht eingetragene Briefrechtsgläubiger muß außer dem Brief die **Urkunden nach BGB § 1155** vorlegen (BGB § 1160 Abs 1; dazu § 126 Rdn 2.1). Kapitalansprüche, für die Brief (und Urkunden) vorzuliegen hat, sind auch Tilgungsbeträge, die in der Zwangsverwaltung als wiederkehrende Leistungen Berücksichtigung finden (§ 155 Rdn 6.7); eine Berechtigung für Tilgungszuschläge darf nicht ohne Briefvorlage festgestellt werden. Allein für Berücksichtigung rückständiger (bei Planaufstellung bereits fälliger) Zinsen wäre Briefvorlage nicht nötig (BGB §§ 1159, 1160 Abs 3). Wenn jedoch bei Vorlagepflicht infolge Berücksichtigung auch künftiger Zinsen oder eines Kapitalbetrags der Brief nicht vorliegt, ist für die

---

[4] Jaeckel/Güthe § 156 Rdn 4; Steiner/Hagemann § 156 Rdn 33.
[5] Steiner/Hagemann § 156 Rdn 34.
[6] Korintenberg/Wenz § 156 Anm 4.
[7] Steiner/Hagemann § 156 Rdn 35.
[8] Mohrbutter/Drischler Muster 159 Anm 8.
[9] Steiner/Hagemann § 156 Rdn 48.

§ 156   4.5   Zwangsverwaltung

gesamte Zuteilung der Berechtigte als unbekannt zu behandeln, nicht nur für Berücksichtigung des Anspruchs auf bereits fällige Zinsen. Feststellung des Berechtigten hat im Plan durch das Vollstreckungsgericht zu erfolgen; spätere Briefvorlage (auch Urkundenvorlage) an den Zwangsverwalter bei Planausführung (§ 157 Abs 1) kann daher nicht vorbehalten werden.

b) Wenn für eine Hypothek, Grundschuld oder Rentenschuld der Brief nicht vorgelegt wird, desgleichen wenn nach BGB § 1155 erforderliche Urkunden nicht vorliegen, ist der **Berechtigte** bei Planaufstellung **unbekannt** (§ 126 Abs 1 mit § 156 Abs 2 Satz 4). Dann ist nach § 126 Abs 1 (mit § 156 Abs 2 Satz 4) durch den Teilungsplan festzustellen, wie der Betrag verteilt werden soll, wenn der Berechtigte nicht ermittelt wird. Unbekanntsein des Berechtigten aus anderen Gründen: § 126 Rdn 2.2. **Hilfsberechtigte** sind die ausfallenden Beteiligten in der Rangfolge ihres Ausfalls. Da sie bei Planaufstellung nicht feststehen, kann die Hilfsverteilung bestimmen, daß, wenn der Berechtigte nicht ermittelt wird, für die Verteilung der Grundstücksertägnisse an die ausfallenden folgenden Gläubiger der für den Unbekannten in den Plan aufgenommene Anspruch unberücksichtigt bleibt (übergangen wird).

4.6 a) Ein **auflösend bedingter** Anspruch wird im Teilungsplan mit seiner gegenwärtigen Berechtigung berücksichtigt. Durch den Teilungsplan ist festzustellen, wie der Betrag verteilt werden soll, wenn der Anspruch wegfällt (§ 119, der in § 156 nicht genannt, aber entsprechend anzuwenden ist[10]). Zahlung erfolgt an den auflösend bedingt Berechtigten bis zum Eintritt der Bedingung (BGB § 158 Abs 2); dann ist die Zahlungsanweisung zu ändern. Ein **aufschiebend bedingter** Anspruch wird als solcher im Teilungsplan festgestellt. Er bleibt jedoch bis zum Eintritt der Bedingung bei Planausführung unberücksichtigt. Daher erfogt auch keine Hilfsverteilung (§ 119 findet keine Anwendung). Nach Eintritt der Bedingung ist die gerichtliche Zahlungsanordnung zu ergänzen (§ 157 Abs 1) und Zahlung durch den Zwangsverwalter auf den Anspruch an seiner Rangstelle zu leisten (ZVG-Handbuch Rdn 655).

b) Der Anspruch aus einer **Gesamthypothek**, -grundschuld oder -rentenschuld wird als solcher unter Bezeichnung des mithaftenden Grundstücks berücksichtigt. Der Anspruch des Berechtigten ist voll in den Teilungsplan einzustellen und aus den Grundstücksertägnissen zu befriedigen (siehe aber auch § 155 Rdn 6.7). Plan und Zahlungsanordnung sind jedoch zu ändern (§ 157 Abs 1), wenn Zahlung von Zinsen (auch Befriedigung eines Hauptanspruchs in Rangklasse 5) aus einem mithaftenden Grundstück erfolgt und bekannt wird. Prüfung und Verständigung des Vollstreckungsgerichts kann die Sorgfaltspflicht des Zwangsverwalters bedingen (ZVG-Handbuch Rdn 656). Wenn auch über das mithaftende Grundstück Zwangsverwaltung angeordnet ist, gehört die Überwachung und Feststellung, daß mit Zahlung aus den Ertägnissen eines Grundstücks ein Gesamtrechtsanspruch im Verfahren über das mithaftende Grundstück entfallen und daher Planänderung erforderlich ist, zu den Sorgfaltspflichten des Vollstreckungsgerichts. Zahlungsmitteilung durch den Zwangsverwalter ist im Rahmen der allgemeinen Aufsichtspflicht (§ 153 Abs 1) sicherzustellen.

c) **Beschränkungen** eines Berechtigten in der Verfügungsbefugnis über sein Recht (zB durch Konkurseröffnung, KO § 6; Veräußerungsverbot, BGB §§ 135, 136, insbesondere Pfändung, ZPO §§ 829, 830, 857, und Verpfändung, BGB §§ 1273–1291, aber auch bei Sicherungsvollstreckung, ZPO § 720 a) müssen ebenso wie die Einziehungsbefugnis eines Dritten (zB des Pfandgläubigers nach Pfandreife, BGB § 1282, oder nach Überweisung zur Einziehung, ZPO § 835) oder die Einziehungsbefugnis eines Testamentsvollstreckers (BGB § 2205) im Teilungsplan festgestellt werden.

---

[10] Jaeckel/Güthe § 156 Rdn 7; Steiner/Hagemann § 156 Rdn 45.

Öffentliche Lasten, Verteilungstermin, Teilungsplan   6.1 § 156

Zwangsverwaltungs-Verteilung: Rechtsbehelfe   5

5.1 Widerspruch gegen den Teilungsplan (§ 115 Abs 1 Satz 2 mit § 156 Abs 2 Satz 4; ZPO § 876) ist für materiell-rechtliche Einwendungen ausschließlicher Rechtsbehelf. Ist ein vor dem Termin angemeldeter Anspruch nicht nach Antrag in den Plan aufgenommen, so gilt die Anmeldung als Widerspruch: § 115 Abs 2 mit § 156 Abs 2 Satz 4 (dazu § 115 Rdn 4). Kein Widerspruch liegt jedoch in der Anmeldung eines Anspruchs, der in der Zwangsverwaltung überhaupt nicht geltend gemacht werden kann, so einer persönlichen Forderung, die kein Recht auf Befriedigung aus dem Grundstück gewährt, oder eines nach § 155 Abs 2 nicht zu berücksichtigenden Hauptanspruchs eines dinglichen Gläubigers (§ 155 Rdn 4)[11]. Zum Widerspruch mit Einzelheiten: § 115 Rdn 3. Verhandlung über den Widerspruch und Erledigung: ZPO § 876. Wenn der Widerspruch sich nicht erledigt, ist durch den Teilungsplan eine **Hilfsverteilung** festzustellen (§ 124 Abs 1 mit § 156 Abs 2 Satz 4). Hilfsberechtigter ist, wenn sich der Widerspruch gegen die Person des Berechtigten richtet, der widersprechende Beteiligte. Wenn der Widerspruch den Wegfall eines vorrangigen Anspruchs verfolgt, bewirkt er im Erfolgsfall, daß der Widersprechende so zum Zuge kommt, wie wenn der bestrittene Anspruch nicht in den Teilungsplan aufgenommen worden wäre. Es erfolgt daher keine Hilfszuteilung unmittelbar an den Widersprechenden (unter Übergehung von Zwischenansprüchen), sondern weitere Verteilung unter Streichung des nach dem Widerspruch unbegründeten Anspruchs[12].

5.2 Widerspruchsklage muß der Widersprechende binnen eines Monats ab Verteilungstermin erheben: § 115 Abs 1 Satz 2 mit § 156 Abs 2 Satz 4; ZPO §§ 876–882. Zur Klage § 115 Rdn 5.

5.3 Der Widerspruch des Schuldners gegen einen **vollstreckbaren Anspruch** kann nur nach ZPO §§ 767, 769, 770 (Vollstreckungsabwehrklage mit prozeßgerichtlicher, auch ausnahmsweise vollstreckungsgerichtlicher befristeter Einstellung) erledigt werden: Abs 2 Satz 4, § 115 Abs 3.

5.4 Der Zwangsverwalter kann keinen Widerspruch erheben.

5.5 Wenn der Schuldner durch Sicherheitsleistung oder Hinterlegung die Befriedigung eines vollstreckbaren Anspruchs abwenden darf, unterbleibt zwar nicht die Aufstellung, aber die Ausführung des Planes, falls Sicherheit geleistet oder hinterlegt ist: Abs 2 Satz 4, § 155 Abs 4.

5.6 Befristete Rechtspflegererinnerung/sofortige Beschwerde gegen den Teilungsplan ist auch in der Zwangsverwaltung Rechtsbehelf für formelle Beanstandung, somit die Rüge, daß bei Planaufstellung verfahrensrechtliche Vorschriften verletzt wurden. Zu Einzelheiten § 115 Rdn 3.1 (auch 3.3).

5.7 Über Verteilungstermin und Teilungsplan im ZVG-Handbuch: Muster für die Terminsbestimmung Rdn 638, Zustellung der Terminsbestimmung Rdn 639, Anmeldungen zum Termin Rdn 640, Ausführung zu den Anmeldungen Rdn 641, Rechtsbehelfe und Widerspruch Rdn 646, Folgen des Widerspruchs Rdn 647, Widerspruchsklage Rdn 648.

Zwangsverwaltungs-Verteilungstermin: Muster   6

6.1 Das **Protokoll** könnte ungefähr wie folgt gefaßt werden:
„... Der Rechtspfleger machte Grundbuchblatt sowie Anordnungs- und Beitrittsbeschlüsse und Anmeldungen bekannt und verlas sodann anliegenden Entwurf des Teilungsplanes. Mit den anwesenden Beteiligten wurde darüber verhandelt. Widerspruch wurde nicht erhoben, schriftliche Widersprüche lagen nicht vor. Der

---

[11] Stöber, ZVG-Handbuch, Rdn 646.
[12] Korintenberg/Wenz § 156 Anm 5; Steiner/Hagemann § 156 Rdn 57; Stöber, ZVG-Handbuch, Rdn 647.

§ 156   6.1   Zwangsverwaltung

Rechtspfleger erließ und verkündete folgenden Beschluß: 1. Der Teilungsplan wird gemäß dem verlesenen Entwurf für die ganze Dauer des Verfahrens aufgestellt. 2. Der Zwangsverwalter wird ermächtigt und angewiesen, nach Maßgabe der vorhandenen Mittel nur gemäß dem Teilungsplan auszuzahlen. Wenn durch Abtretung, Erbfolge oder andere Rechtsgründe sich ein Gläubiger ändert, hat der Zwangsverwalter dies dem Gericht zur Planänderung anzuzeigen. 3. Zu den Abschnitten ... des Planes darf auf das Kapital der Hypotheken und Grundschulden zunächst nichts bezahlt werden, ausgenommen die im Plan aufgeführten Tilgungszahlungen. Falls darüber hinaus Kapitalzahlungen möglich sind, hat der Zwangsverwalter hierfür besonderen Termin zu beantragen. 4. a) Aus Abschnitt ... des Planes sind bei den Briefrechten die angegebenen Beträge an fälligen Zinsen und Nebenleistungen an die im Plan Genannten auszuzahlen. Falls ein anderer sich durch Vorlage von Brief und Abtretungserklärungen als berechtigt ausweist oder im Grundbuch eingetragen wird oder wenn ein Erbfall eintritt, hat dies der Zwangsverwalter zwecks Planänderung dem Gericht anzuzeigen. b) Bei Tilgungsrechten (Abschnitt ... des Planes) dürfen die als Zuschläge zu den Zinsen zu zahlenden Tilgungsbeträge ohne Briefvorlage mit den Zinsen an den im Plan angegebenen Gläubiger bezahlt werden. c) Für Rechte, die keine Tilgungshypotheken sind (Abschnitt ... des Planes) gilt: Die besonderen Tilgungsraten dürfen nur an den durch Brief und Eintragung oder Brief und Abtretungen als berechtigt ausgewiesenen Gläubiger bezahlt werden. Der Zwangsverwalter hat daher die Aufteilung nach Zinsen und Tilgungsraten zu ermitteln und vor jeder Zahlung zu prüfen, ob der Brief vorliegt. Andernfalls hat er dem Gericht zu berichten, damit dieses den Berechtigten als unbekannt feststellt und ihm einen Vertreter bestellt. Der Betrag ist vom Zwangsverwalter wegen Unbekanntseins des Berechtigten zur Verfügung des Gerichts bei der Hinterlegungsstelle zu hinterlegen. Wird der Berechtigte ermittelt, verfügt das Gericht Auszahlung an ihn, andernfalls fällt der Betrag an den Nächstberechtigten des Planes und, wenn keine Gläubiger mehr vorhanden sind, an den Schuldner; Auszahlungen verfügt das Gericht. 5. Wegen Nichtvorlage des Briefes zu Abschnitt ... gilt der Berechtigte als unbekannt. Für ihn wird als Ermittlungsvertreter Herr ... bestellt. Die hier anfallenden Beträge hat der Zwangsverwalter zur Verfügung des Gerichts wegen Unbekanntseins des Berechtigten zu hinterlegen. Wird der Berechtigte ermittelt, verfügt das Gericht Auszahlung an ihn, andernfalls fällt der Betrag an den Nächstberechtigten des Planes und, wenn keine Gläubiger mehr vorhanden sind, an den Schuldner; Auszahlungen verfügt das Gericht."

6.2 Dem Protokoll wird als **Anlage der Planentwurf** angefügt, der etwa wie folgt lauten kann:
„Teilungsplan im Zwangsverwaltungsverfahren über ... I. Allgemeines: Die Beschlagnahme ist erstmals wirksam geworden am ... durch ... Laufende Beträge wiederkehrender Leistungen sind damit jeweils der letzte vor dem genannten Zeitpunkt fällig gewordene Betrag und die später fällig werdenden. Die Rangordnung ist genau einzuhalten. Bevor nicht die fälligen Ansprüche des jeweils vorausgehenden Abschnitts voll bezahlt sind, darf auf nachfolgende Abschnitte nichts bezahlt werden. II. Im einzelnen: 1. Aus den Nutzungen sind vorweg die Ausgaben der Verwaltung einschließlich der Vergütung des Zwangsverwalters, sowie die Kosten des Verfahrens (ausgenommen die durch Anordnung oder Beitritt entstandenen) zu zahlen. Soweit der betreibende Gläubiger die Kosten vorgeschossen hat, sind sie ihm an dieser Rangstelle zu ersetzen. 2. Aus den verbleibenden Überschüssen sind in folgender Rangordnung, bei gleichem Rang nach dem Verhältnis der Beträge zu zahlen: a) Die Ansprüche eines betreibenden Gläubigers aus § 10 Abs 1 Nr 1 wegen der dort genannten Vorschüsse; b) die laufenden Beträge der öffentlichen Lasten, unter sich im Gleichrang (mit Ausnahme der Hypothekengewinnabgabe); c) in folgender Rangfolge die nachgenannten Ansprüche: ..."

Planungsausführung und Ergänzung, unbekannte Berechtigte   2.4   § **157**

6.3 Es empfiehlt sich, Protokoll und Planentwurf so **ausführlich** wie möglich zu halten, um keinerlei Zweifel aufkommen zu lassen, insbesondere immer wieder zu betonen, daß vom Plan nicht abgewichen werden darf. Es wird auch auf § 113 Rdn 3 verwiesen.

6.4 Hierzu im ZVG-Handbuch: Muster eines Planes Rdn 643, Muster für das Protokoll Rdn 645, Muster für Protokoll bei Widerspruch Rdn 649, Änderung des Planes Rdn 650.

[Planungsausführung und Ergänzung, unbekannte Berechtigte]

157 (1) **Nach der Feststellung des Teilungsplans hat das Gericht die planmäßige Zahlung der Beträge an die Berechtigten anzuordnen; die Anordnung ist zu ergänzen, wenn nachträglich der Beitritt eines Gläubigers zugelassen wird. Die Auszahlungen erfolgen zur Zeit ihrer Fälligkeit durch den Verwalter, soweit die Bestände hinreichen.**

(2) **Im Falle der Hinterlegung eines zugeteilten Betrags für den unbekannten Berechtigten ist nach den Vorschriften der §§ 135 bis 141 zu verfahren. Die Vorschriften des § 142 finden Anwendung.**

Allgemeines zu § 157   1

Zweck der Vorschrift: Regelung der Ausführung des Teilungsplans. Kapitalbeträge werden bei dinglichen Rechten nach § 158 bezahlt. Auf Planänderung kann nach § 159 geklagt werden.

Ausführung des Teilungsplans der Zwangsverwaltung (Absatz 1)   2

2.1 Die **Planausführung** erfolgt durch den **Zwangsverwalter** nach Anordnung des Gerichts: Abs 1.

2.2 Das **Gericht** hat nach Feststellung des Teilungsplans „die planmäßige Zahlung der Beträge an die Berechtigten **anzuordnen**": Abs 1 Satz 1. Die Zahlungsanordnung ergeht durch Beschluß. Kapitalzahlungen auf Grundpfandrechte sind von der Anordnung über fortlaufende Auszahlungen auszunehmen; dem Verwalter ist aufgegeben, Terminsbestimmung zu beantragen, sobald Kapitalzahlung geleistet werden kann (§ 158 Abs 1), Besonderheiten der Planausführung (Erfüllung von Naturalien, Hinterlegung für Unbekannte oder bei Widerspruch) hat der Plan darzustellen; die Auszahlungsanordnung hat sie nicht neuerlich wiederzugeben. Die aus den Anmeldungen ersichtlichen Bank- und Postbankgirokonten der Berechtigten (Firma, Bankleitzahl, Kontonummer) sind dem Verwalter mitzuteilen (erfolgt am besten durch Überlassung einer Zweitschrift oder Ablichtung der Anmeldung oder Bezeichnung im Plan).

2.3 Die **Auszahlungen** erfolgen zur Zeit der Fälligkeit **durch den Verwalter,** soweit die Bestände jeweils reichen: Abs 1 Satz 2. Der Zwangsverwalter leistet dann ohne weitere Mitwirkung des Gerichts **nach Plan und Anordnung.** Er richtet sich nach den verfügbaren Mitteln und hat auch die Fälligkeit die einzelnen Anspruchs und die genaue Rangfolge zu beachten (ZwangsverwalterVO § 11 Abs 2). Er muß also jederzeit genügend Mittel für die Ausgaben der Verwaltung und die Kosten des Verfahrens haben und darf auf nachrangige Rechte nur dann leisten, wenn für die vorrangigen zum nächsten Fälligkeitstermin entweder die Mittel schon vorhanden sind oder als sicher und rechtzeitig hereinkommend erwartet werden können (ZwangsverwalterVO § 11 Abs 2). Er muß alle zur Masse fließenden Einnahmen so einteilen, daß er in der vorgeschriebenen Rangfolge die fälligen Ansprüche leisten kann.

2.4 Den **Berechtigten,** an den Zahlung jeweils zu leisten ist (auch seine Anschrift) hat der Teilungsplan (die Zahlungsanweisung des Gerichts) zu bestimmen;

der Zwangsverwalter hat ihn nicht zu ermitteln. Änderungen, die bekannt werden, hat er jedoch dem Vollstreckungsgericht anzuzeigen; dann ist die Auszahlung auch bis zur Beschlußfassung des Gerichts über die Planänderung (Änderung der Auszahlungsanordnung) zurückzustellen. Die **persönliche Berechtigung** (§ 117 Rdn 3) hat der Zwangsverwalter zu prüfen. Ihm obliegt es somit, die Bestallung eines gesetzlichen Vertreters oder einen Handelsregisterauszug einzusehen, eine Geldempfangsvollmacht zu prüfen sowie eine Vormundschaftsgerichts-Genehmigung festzustellen.

2.5 Für Zahlung der Zinsen (anderen Nebenleistungen) an den nach dem Plan berechtigten Gläubiger eines **Briefrechts** ist dem Verwalter der Hypotheken-, Grundschuld- oder Rentenschuldbrief nicht (auch nicht neuerlich bei jeder späteren Fälligkeit) vorzulegen. Der Verwalter hat vielmehr an den im Plan bezeichneten Gläubiger (ebenso wie es der Schuldner könnte) so lange zu zahlen, bis er von dem Übergang des Rechts (sonst einem Gläubigerwechsel) Kenntnis erlangt[1]; dann ist dem Vollstreckungsgericht zur Änderung der Zahlungsanweisung Anzeige zu erstatten (Rdn 2.4). Entsprechendes gilt für die Zahlung der Tilgungsbeträge, die als echter Zuschlag zu den Zinsen wie laufende wiederkehrende Leistungen (§ 156 Abs 2) geleistet werden. Feste Tilgungsraten sind jedoch wie Kapital in einem besonderen Termin (§ 158) zu zahlen; dabei muß der Brief vorliegen. Es ist auch nicht Sache des Verwalters, vor jeder Auszahlung an einen betreibenden Gläubiger zu prüfen, ob sich der Vollstreckungs**titel** noch bei den Akten befindet. Das Gericht muß dies überwachen und den Verwalter verständigen. Der Verwalter hält sich an Plan und Anordnung.

2.6 Nur bei **Fälligkeit** darf der Zwangsverwalter im Teilungsplan samt Auszahlungsanordnung berücksichtigte Ansprüche leisten: Abs 1 Satz 2. Er darf dies auch dann nicht früher, wenn er genügend Mittel hierfür hätte. Es könnte ja das Verfahren vor der Fälligkeit aufgehoben oder der Anspruch anderweitig befriedigt sein oder eine Zahlung für einen vorausgehenden Anspruch nötig werden. Die Fälligkeitsangaben des Plans sind also genau zu beachten.

2.7 Der Zwangsverwalter muß etwaige **Devisenvorschriften** beachten und etwa nötige Genehmigungen besorgen. Zu Rechten in ausländischer Währung § 155 Rdn 6.9.

2.8 Der Schuldner-Zwangsverwalter bedarf zur planmäßigen Auszahlung nicht der Genehmigung der Aufsichtsperson.

2.9 Ein **Rechtsbehelf** gegen die (erfolgte) Auszahlung ist nicht gegeben, weil die Zwangsvollstreckung für die (geleistete) Fälligkeit mit Auszahlung beendet ist. Zahlt der Zwangsverwalter pflichtwidrig nicht aus, obwohl er ohne Gefährdung der vorausgehenden Ansprüche leisten könnte, so hat der davon Betroffene Vollstreckungserinnerung (ZPO § 766). Vorausgehende, die infolge Leistung an ihnen Nachrangige mit ihren nächsten fälligen Ansprüchen nicht zum Zuge kommen, können nach (der nicht mehr anfechtbaren Leistung) beantragen, für künftige Zahlungen dem Verwalter Weisung nach § 153 Abs 1 zu erteilen. Das Gericht hat auf Grund der Berichte und Abrechnungen zu überwachen, daß alle Leistungen in der richtigen Reihenfolge und zum richtigen Zeitpunkt erfolgen.

2.10 Zur Auszahlung/Leistung im ZVG-Handbuch: allgemein Rdn 651, Briefvorlage Rdn 652, Tilgungszuschläge Rdn 653, Gesamtrechte Rdn 656.

3 Ergänzung des Teilungsplans (Absatz 1 Satz 1)

3.1 Tritt ein weiterer Gläubiger dem Verfahren **bei,** so ist die Auszahlungsanordnung zu ergänzen: Abs 1 Satz 1. Richtig gesagt ist der Plan samt der Anord-

---

[1] Jaeckel/Güthe § 156 Rdn 6.

nung zu ergänzen[2]; die beiden würden sonst voneinander abweichen; die Anordnung ergänzt nur den Plan.

3.2 Plan und Anordnung müssen, obwohl das ZVG darüber nichts sagt, auch immer ergänzt werden, wenn nach Planaufstellung **neue dingliche Rechte** eingetragen (und angemeldet, § 114 Abs 1 Satz 1) werden und diese gegenüber Beitrittsgläubigern in Klasse 4 berücksichtigt werden müssen. Weil die Zwangsverwaltung ein Dauerverfahren ist und der vorausgehende betreibende Gläubiger (dem gegenüber solche Rechte die nicht zu berücksichtigende Rangklasse 6 haben) wegfallen kann, muß die Planergänzung ausweisen, daß diese Rechte dann zu Rangklasse 4 gehören. Diese Planänderung hat zu erfolgen, sobald Beitrittsgläubiger zu berücksichtigen sind, denen die nacheingetragenen Rechte in Rangklasse 4 vorgehen, nicht erst, wenn der vorausgehende betreibende Gläubiger wegfällt.

3.3 Ebenso sind zu berücksichtigen **Rangänderungen** der im Plan berücksichtigten Rechte, der **Tod** eines Berechtigten[2], **Verzicht** auf ein Recht, **Löschung** eines Rechts oder **Abtretung** eines Rechts[2], Erledigung eines **Widerspruchs**, **Pfändungen** und Überweisungen[2], **Änderungen** des Zinssatzes, **Urteile** aus Klagen nach § 159.

3.4 Bei Streit über eine Änderung verweist das Gericht die daran Beteiligten auf den Weg des § 159.

3.5 Zur Änderung ist **mündliche Verhandlung** nicht vorgeschrieben, aber zweckmäßig, soweit es sich nicht um eine geringfügige oder klar zu übersehende handelt. Änderungen sind an Verwalter und Schuldner **zuzustellen**[2], auch an alle Beteiligte, deren Rechte von der Änderung betroffen werden[2], die zB dadurch an eine andere Stelle kommen. Eine Verschlechterung wäre wohl nur möglich, wenn ein Rangklasse-6-Anspruch durch Wegfall des vorausgehenden betreibenden Gläubigers zum Rangklasse-4-Anspruch wird und nun in den Plan vor die persönlich betreibenden Ansprüche eingesetzt werden muß. Andere Änderungen lassen entweder die anderen Beteiligten unberührt (Gläubigerwechsel, Pfändung; Zinserhöhung, weil der Erhöhungsbetrag den bisherigen Beteiligten nachgehen muß) oder sie verbessern ihre Stellung (Rangrücktritt, Befriedigung, Rücknahme des Antrags eines persönlich betreibenden Gläubigers). Der genaue Rang ist bei der Änderung festzustellen[2].

3.6 Tritt ein Gläubiger wegen eines Anspruchs aus einem **Recht an dem Grundstück** (Rangklasse 4 des § 10 Abs 1) bei, so bleibt er mit den auch in der Zwangsverwaltung in Klasse 4 fallenden Ansprüchen an der Stelle, die er schon im Plan hat, also mit seinen Kosten der Rechtsverfolgung, soweit sie sich auf die betreibenden laufenden Zinsen beziehen (insoweit nach § 10 Abs 2 dinglich) und mit seinen betreibenden **laufenden wiederkehrenden Leistungen** (laufend nach § 13 Abs 4 ab der ersten Beschlagnahme gerechnet). Dagegen nehmen seine sonstigen betreibenden Ansprüche (Prozeßkosten und frühere Vollstreckungskosten, falls ihretwegen betrieben wird, und Kosten der Rechtsverfolgung, die sich auf diese Kosten oder auf rückständige Zinsen oder auf die Hauptsache beziehen, und die **rückständigen Zinsen** selbst sowie die **Hauptsache**) Rangklasse 5 hinter dem letzten betreibenden Gläubiger ein und treten nicht etwa in dieser Rangklasse 5 vor die betreibenden persönlichen Gläubiger (§ 155 Rdn 7). Es kommt bei jedem betreibenden Gläubiger, auch einem dinglichen, auf den Zeitpunkt des Beitritts an, wie in § 11 Abs 2 bestimmt. Die Zwangsverwaltung läßt ja grundsätzlich nur laufende wiederkehrende Leistungen an der dinglichen Rangstelle befriedigen, während die anderen Ansprüche nur durch Betreiben zum Zuge kommen, dann eben in Rangklasse 5. Wenn ein dinglicher Gläubiger beitritt, müssen seine Ansprüche in der genannten Art auf Klasse 4 und 5 aufgeteilt werden.

---

[2] Drischler RpflJahrbuch 1974, 371 (5).

§ 157 3.7 Zwangsverwaltung

3.7 Einschlägig im ZVG-Handbuch: spätere Planergänzung Rdn 666, Muster für Änderungsbeschluß Rdn 667, ebenso nach einem Beitritt Rdn 668.

4 Hinterlegung für unbekannten Berechtigten (Absatz 2)

4.1 Für einen unbekannten Berechtigten hat der Zwangsverwalter auszuzahlende Beträge zu **hinterlegen** (Abs 1, § 126 Abs 2 Satz 1 mit § 156 Abs 2 Satz 4). Die Hinterlegung erfolgt nach der HinterlO; zu beachten sind insbesondere deren §§ 6, 8, 11–13, 15, 20. Der hinterlegte Betrag verfällt nach dreißig Jahren zugunsten des Grundstückseigentümers (§ 142 mit § 157 Abs 2 Satz 2) und nach einunddreißig Jahren zugunsten des Staates (HinterlO § 20).

4.2 Die **Ermittlung** des unbekannt gebliebenen Berechtigten ist nicht Aufgabe des Zwangsverwalters (Wissen hat er gleichwohl dem Gericht mitzuteilen). Das weitere Verfahren richtet sich, wie bei der Zwangsversteigerung, nach §§ 135 bis 141: Abs 2 Satz 1. Das Gericht hat einen Ermittlungsvertreter zu bestellen (§ 135). Ein Hypothekenbrief kann auch nach Löschung des Rechts aufgeboten werden (§ 136). Bei nachträglicher Ermittlung wird der Plan ausgeführt (§ 137). Wenn nicht binnen drei Monaten ab Verteilungsplan ermittelt ist, kann der Hilfsberechtigte sich zum Aufgebotsverfahren ermächtigen lassen (§ 138). Bei nachträglicher Ermittlung wird Termin für die Planausführung angesetzt (§ 139). Das Aufgebotsverfahren erfolgt durch das Vollstreckungsgericht (§ 140). Nach dem Ausschlußurteil wird der Plan im besonderen Termin ausgeführt (§ 141).

[Termin für Zahlungen auf das Kapital von Grundpfandrechten]

158 (1) **Zur Leistung von Zahlungen auf das Kapital einer Hypothek oder Grundschuld oder auf die Ablösungssumme einer Rentenschuld hat das Gericht einen Termin zu bestimmen. Die Terminsbestimmung ist von dem Verwalter zu beantragen.**

(2) **Soweit der Berechtigte Befriedigung erlangt hat, ist das Grundbuchamt von dem Gericht um die Löschung des Rechtes zu ersuchen. Eine Ausfertigung des Protokolls ist beizufügen; die Vorlegung des über das Recht erteilten Briefes ist zur Löschung nicht erforderlich.**

(3) **Im übrigen finden die Vorschriften der §§ 117, 127 entsprechende Anwendung.**

1 Allgemeines zu § 158

Zweck der Vorschrift: Ansetzung eines Termins für Kapitalzahlung mit Rücksicht auf deren Folgen (BGB § 1181) und die notwendige Grundbuchberichtigung.

2 Kapitalzahlungstermin in der Zwangsverwaltung (Absätze 1 und 3)

2.1 Grundpfandrechtsgläubiger erhalten in Rangklasse 4 des § 10 Abs 1 nur laufende Beträge wiederkehrender Leistungen (§ 155 Abs 2). **Zahlungen auf das Kapital** einer Hypothek oder Grundschuld erfolgt nur in Rangklasse 5, wenn der Gläubiger seinen (dinglichen) Hauptsacheanspruch in das Grundstück mit Zwangsverwaltung vollstreckt (§ 155 Rdn 6.7). Kapitalzahlung durch den Zwangsverwalter kann dann nur in einem **gerichtlichen Termin** erfolgen: Abs 1 Satz 1. Grund: Bei Bezahlung der Hauptsache erlischt das Grundpfandrecht; das Grundbuch wird damit unrichtig: BGB § 1181 Abs 1, § 1192 Abs 1. Nicht als Kapitalzahlungen werden die Tilgungszahlungen behandelt, die als Zuschläge zu den Zinsen berechnet und bezahlt und daher wie Zinsen behandelt werden (§ 155 Abs 2 Satz 2).

2.2 Betreibende Gläubiger **mit persönlichem Anspruch** erhalten auch die Hauptsacheforderung ohne Besonderheiten an der Rangstelle des Anspruchs, und

Termin für Zahlungen auf das Kapital von Grundpfandrechten 2.8 **§ 158**

zwar in der Reihenfolge Kosten, Zinsen, Hauptsache (§ 12). Gleiches gilt für Gläubiger der Rangklassen 2 und 3.

2.3 Der Kapitalzahlungsanspruch des dinglichen Gläubigers muß zur Auszahlung **an der Reihe** sein. Der Verwalter muß ja immer die Reihenfolge des Planes einhalten. Es müssen also alle vorausgehenden zur Zeit fälligen Beträge an wiederkehrenden Leistungen befriedigt sein (auch die in Rangklasse 4 des § 10 Abs 1 zu befriedigenden wiederkehrenden Leistungen aus nachrangigen Rechten), auch die Kosten und die betreibenden wiederkehrenden (laufenden und rückständigen) Leistungen des Rechts selbst (wegen § 12), und es müssen dann noch Mittel zur Auszahlung zur Verfügung stehen.

2.4 Kapitalzahlung für Grundpfandrechte darf **nur in einem besonderen Termin** erfolgen: Abs 1 Satz 1. Diesen Termin muß der Zwangsverwalter beantragen: Abs 1 Satz 2, ZwangsverwalterVO § 11 Abs 3; nur er weiß ja, wann eine solche Zahlung möglich ist. Für diesen Termin ist keine Ladungsfrist vorgesehen. Die **Terminsladung** erhalten der Zwangsverwalter, die betreibenden Gläubiger und der Vollstreckungsschuldner; dieser ist zu laden, weil es sich um sein Objekt und seine Schulden handelt; er kann ja auch nachweisen, daß der fragliche Anspruch schon anderweitig bezahlt sei.

2.5 a) Es wird **im Termin** an den Berechtigten **bezahlt**: § 117 Abs 1 mit § 158 Abs 3. Der Zwangsverwalter zahlt, wenn der Zahlungsempfänger im Termin erscheint, nach den entsprechenden Feststellungen des Gerichts den Betrag im Termin **an das Gericht** oder unmittelbar auf dessen Weisung an den Gläubiger[1], also nie unmittelbar und ohne gerichtliches Wissen an den Gläubiger.

b) Erscheint der Zahlungsempfänger nicht im Termin, auch nicht ein zum Geldempfang ermächtigter Vertreter, so wird der vom Zwangsverwalter an das Gericht übergebene Betrag an die Gerichtskasse/Amtskasse geleitet und diese (ebenso wie bei vorheriger Hinterlegung) angewiesen, ihn auszuzahlen oder bargeldlos zu **überweisen:** § 117 Abs 2 mit § 158 Abs 3. Dazu auch § 117 Rdn 4.

c) Kann der Zwangsverwalter zum Termin nicht erscheinen, so liefert er den Betrag vorher an die Gerichtskasse/Amtskasse zur Verfügung des Vollstreckungsgerichts ab (als Verwahrgeld oder als Hinterlegung).

d) Ist die Auszahlung auch über die Gerichtskasse/Amtskasse nicht möglich (Berechtigter unbekannt nach § 126; Anschrift des Berechtigten zur Zeit unbekannt; Devisenrechtsschwierigkeiten usw), so wird der Betrag hinterlegt: Abs 2 Satz 3 mit 158 Abs 3.

2.6 Für **Briefrechte** muß, wie auch sonst zur Auszahlung des Kapitals, der Brief vorgelegt werden, da sonst der Berechtigte als unbekannt gilt: § 126 Abs 1[2], Betrag wird dann hinterlegt: § 126 Abs 2, § 117 Abs 2 Satz 3, § 158 Abs 3.

2.7 Bei Rechten in **ausländischer Währung** setzt das Gericht im Termin den amtlichen Kurswert fest (9. Aufl § 158 Anmerk 4 und andere Stellen). Künftig § 158 a.

2.8 Alle Terminsvorgänge sind im **Protokoll** genau festzuhalten. Die bezahlten Beträge werden (wie in der Versteigerung) auf dem Vollstreckungstitel **abquittiert:** § 127 Abs 3 mit § 158 Abs 3. Der Wortlaut des Vermerks ist im Protokoll festzuhalten: § 127 Abs 3 mit § 158 Abs 3. Wurde der **Brief** vorgelegt, so kann ihn das Gericht vom Gläubiger anfordern: § 127 Abs 1 Satz 3 mit § 158 Abs 3. Wird der Brief nicht vorgelegt, so wird hinterlegt (Berechtigter unbekannt). Wird der Brief vorgelegt, wird er bei voller Zahlung unbrauchbar gemacht und erhält bei Teilzahlung einen Vermerk: § 127 Abs 1 Satz 1 und 2 mit § 158 Abs 3. Alle Vermerke sind ins Protokoll aufzunehmen: § 127 Abs 3 mit § 158 Abs 3.

---

[1] Dassler/Muth § 158 Rdn 6; Mohrbutter/Drischler Muster 161 Anm 3.
[2] Dassler/Muth § 158 Rdn 7; Steiner/Hagemann § 158 Rdn 15; Mohrbutter/Drischler Muster 161 Anm 3.

§ 158 2.9   Zwangsverwaltung

2.9 Zu einschlägigen Fragen im ZVG-Handbuch: Grundsätze Rdn 658, Terminsbestimmung Rdn 659, Ladungen Rdn 660, Protokoll Rdn 661, Vorgänge im Termin Rdn 662, Brief- und Titelbehandlung Rdn 663, Grundbuchfragen Rdn 664, Löschungsersuchen Rdn 665.

3 Löschungsersuchen nach Kapitalzahlung (Absatz 2)

3.1 Soweit das Recht durch teilweise oder vollständige Zahlung erloschen ist, muß das Vollstreckungsgericht anschließend das Grundbuchamt um entsprechende **Löschung ersuchen:** Abs 2 Satz 1. Dabei muß es eine Ausfertigung des Protokolls beifügen, nicht aber den Brief: Abs 2 Satz 2. Wenn der Brief vorgelegt wurde, wird das Gericht auch diesen beifügen. Das Grundbuchamt kann ihn nicht verlangen, es löscht, wie beantragt, auch ohne Brief.

3.2 Das Grundbuchamt darf das Ersuchen nicht sachlich **prüfen,** sondern muß ein formell richtiges Ersuchen vollziehen, es hat eine formelle Prüfungspflicht wie bei § 130. Bei Bedenken sollte es aber beim Gericht rückfragen.

3.3 Bei **Gesamtrechten** wird nur um Löschung an dem zwangsverwalteten Grundstück ersucht.

3.4 Tilgungsraten fallen nicht unter § 158, wenn sie nur Zuschläge zu den Zinsen sind und als wiederkehrende Leistungen behandelt werden. Doch ist auch ihretwegen von Zeit zu Zeit oder mindestens bei Aufhebung des Zwangsverwaltungsverfahrens ein Löschungsersuchen an das Grundbuchamt zu richten.

[Ausländische Währung bei Zwangsverwaltung]

158 a Für die Zwangsverwaltung eines Grundstücks, das mit einer Hypothek, Grundschuld oder Rentenschuld in einer nach § 28 Satz 2 der Grundbuchordnung zugelassenen Währung belastet ist, gelten folgende Sonderbestimmungen:
1. **Die Beträge, die auf ein in der Fremdwährung eingetragenes Recht entfallen, sind im Teilungsplan in der eingetragenen Währung festzustellen.**
2. **Die Auszahlung erfolgt in Deutscher Mark.**
3. **Der Verwalter zahlt wiederkehrende Leistungen nach dem Kurswert des Fälligkeitstages aus. Zahlungen auf das Kapital setzt das Gericht in dem zur Leistung bestimmten Termin nach dem amtlich ermittelten letzten Kurswert fest.**

1 Grundpfandrechte in ausländischer Währung

§ 158 a regelt für die Zwangsverwaltung (zur Zwangsversteigerung § 145 a) die vollstreckungsrechtliche Folge der mit GBO § 28 Satz 2 ermöglichten Grundbucheintragung ausländischer Währungen. Bislang ist durch Rechtsverordnung des Bundesministeriums der Justiz Eintragung eines Grundpfandrechts in ausländischer Währung nach GBO § 28 Satz 2 noch nicht zugelassen worden. Zahlungen auf das Kapital (Nr 3) sind nur die Kapitalzahlungen des § 158 Abs 2.

[Klage auf Abänderung des Teilungsplans]

159 (1) **Jeder Beteiligte kann eine Änderung des Teilungsplans im Wege der Klage erwirken, auch wenn er Widerspruch gegen den Plan nicht erhoben hat.**

(2) **Eine planmäßig geleistete Zahlung kann auf Grund einer späteren Änderung des Planes nicht zurückgefordert werden.**

Außergerichtliche Verteilung 1.2 § **160**

Allgemeines zu § 159 1

Zweck der Vorschrift: Zulassung einer Planänderung unabhängig von der Erhebung eines Widerspruchs im Verteilungstermin. Weil der Teilungsplan für die ganze Dauer des Verfahrens aufgestellt wird (§ 156 Abs 2), somit auch für die Zukunft maßgebend ist, steht es jedem Beteiligten frei, im Wege des Prozesses eine Abänderung zu erwirken[1].

Änderungsklage zum Teilungsplan der Zwangsverwaltung 2

2.1 Eine Änderung des Teilungsplans kann durch **Klage** auch erzwingen, wer keinen Widerspruch erhoben hat: Abs 1. Wie der Kläger sich im bisherigen Verteilungsverfahren verhalten hat, ist gleich. Hat er insbesondere keinen Widerspruch erhoben, so bedeutet das keinen Verzicht auf seine Ansprüche. Er braucht damals ja auch noch nicht beteiligt gewesen zu sein[2]. Eine Frist für die Klage ist nicht vorgesehen, insbesondere gelten nicht die Vorschriften für die Widerspruchsklage in ZPO § 878 Abs 1[3]. Klagen kann jeder Beteiligte: Abs 1. Die Klage richtet sich gegen alle Beteiligte, die im Plan nunmehr schlechter gestellt, deren bisherige Rechte also ganz oder teilweise beseitigt werden sollen, weil sie ganz oder teilweise zum Nachteil des Klägers im Plan berücksichtigt sind[4]. Der Gerichtsstand hierfür ist der allgemeine des Beklagten, er richtet sich nicht nach ZPO § 879[5].

2.2 Der **Teilungsplan** wird trotz der Klage **weiter ausgeführt**, bis ein rechtskräftiges Urteil vorgelegt ist. Durch eine Einstweilige Verfügung kann aber erreicht werden, daß die Ausführung einstweilen ausgesetzt wird[6].

2.3 Nach Vorlage des **rechtskräftigen Urteils** entscheidet dieses über den Inhalt des Planes. Das Vollstreckungsgericht muß daraufhin eine neue Auszahlungsanordnung erlassen. Die Änderung wirkt aber nur **für die Zukunft.** Was bisher planmäßig geleistet wurde, kann auf Grund der Änderung nicht mehr zurückgefordert werden: Abs 2. Unberührt bleibt das Recht, nach ZPO § 878 Abs 2 ein besseres Recht durch Klage geltend zu machen.

2.4 Hierzu im ZVG-Handbuch über die Planänderung Rdn 650.

2.5 Im Einverständnis der (aller betroffenen) Beteiligten kann der Teilungsplan auch ohne Widerspruch nachträglich geändert werden[7]; das Einvernehmen der Beteiligten erübrigt einen Rechtsstreit über die Planänderung.

[Außergerichtliche Verteilung]

160 Die Vorschriften der §§ 143 bis 145 über die außergerichtliche Verteilung finden entsprechende Anwendung

Allgemeines zu § 160 1

1.1 Zweck der Vorschrift: Zulassung außergerichtlicher Erlösverteilung und Anerkennung außergerichtlicher Befriedigung der Berechtigten als vermeintlich einfachere, billigere und schnellere Erlösverteilung.

1.2 Die Vorschrift ist praktisch ohne Bedeutung; sie ist als verfehlt anzusehen. Außergerichtliche Einigung ist in der Zwangsverwaltung nur theoretisch möglich,

---

[1] Motive zum ZVG S 335.
[2] Jaeckel/Güthe § 159 Rdn 1.
[3] Dassler/Muth § 159 Rdn 2; Drischler RpflJahrbuch 1974, 371 (4).
[4] Drischler RpflJahrbuch 1974, 371 (4).
[5] Dassler/Muth § 159 Rdn 4; Drischler RpflJahrbuch 1974, 371 (4).
[6] Dassler/Muth § 159 Rdn 3; Drischler RpflJahrbuch 1970, 365 (12 c 3).
[7] Bruhn Rpfleger 1953, 67 (II F).

§ 160 1.2 Zwangsverwaltung

praktisch aber nicht durchführbar. § 144 ist überhaupt nicht anwendbar, § 143 anzuwenden ist viel zu schwierig. Außergerichtliche Verteilung ist „untunlich, unvorteilhaft und insbesondere in manchen Beziehungen gefährlich"[1].

2 Durchführung der außergerichtlichen Verteilung

2.1 §§ 143–145 über die außergerichtliche Einigung könnten auch in der Zwangsverwaltung entsprechend angewendet werden. In Frage kämen damit zwei Möglichkeiten.

2.2 a) Die **außergerichtliche Einigung** über die Erlösverteilung nach §§ 143, 145. Es müßte hiernach dem Vollstreckungsgericht durch öffentliche oder öffentlich beglaubigte Urkunden nachgewiesen werden, daß sich alle Beteiligte über die Verteilung des Erlöses geeinigt haben (Näheres zur Einigung bei § 143). Die Einigung müßte sich hier auf alle Verwaltungsüberschüsse beziehen. Dabei können aber die Beteiligten nicht in die Rechte und Pflichten des Zwangsverwalters nach § 155 Abs 1 eingreifen. Dieser muß auf jeden Fall die Auslagen der Verwaltung und die Kosten des Verfahrens selbst aus den Einnahmen begleichen. Nur die Überschußverteilung aus § 155 Abs 2 könnte durch die Einigung ersetzt werden, nur dieser Abschnitt des Teilungsplanes. Die Auszahlungsanordnung des Gerichts an den Zwangsverwalter ist trotzdem nötig. Auch ist ein Kapitalzahlungstermin nach § 158 nicht entbehrlich.

b) Die **außergerichtliche Befriedigung** der Beteiligten nach §§ 144, 145. Sie würde verlangen, daß eine dem Ersteher der Zwangsversteigerung gleichstehende Person auch in der Zwangsverwaltung vorhanden wäre. Diese fehlt aber gerade. Es ist das insbesondere nicht der Zwangsverwalter, der neutral über dem Verfahren steht und nicht einseitig Rechte wahrzunehmen hat. Auch eine gleichzeitige Zwangsversteigerung hat hier keinen Einfluß, weil beide Verfahren völlig voneinander getrennt sein müssen. Alle Lösungsversuche zu dieser theoretischen Möglichkeit sind bisher gescheitert.

[Aufhebung der Zwangsverwaltung]

161 (1) **Die Aufhebung des Verfahrens erfolgt durch Beschluß des Gerichts.**

(2) **Das Verfahren ist aufzuheben, wenn der Gläubiger befriedigt ist.**

(3) **Das Gericht kann die Aufhebung anordnen, wenn die Fortsetzung des Verfahrens besondere Aufwendungen erfordert und der Gläubiger den nötigen Geldbetrag nicht vorschießt.**

(4) **Im übrigen finden auf die Aufhebung des Verfahrens die Vorschriften der §§ 28, 29, 32, 34 entsprechende Anwendung.**

Übersicht

Allgemeines zu § 161 1	Folgen der Aufhebung nach Erteilung des Zuschlags 6
Aufhebung der Zwangsverwaltung (Absatz 1, auch Abs 4) 2	Gerichtliche Verfahren (Prozesse) bei Aufhebung 7
Aufhebungsgründe (Absatz 2, auch Abs 4) 3	Muster für Aufhebung der Zwangsverwaltung 8
Aufhebung mangels Vorschußzahlung (Absatz 3) 4	
Folgen der Aufhebung der Zwangsverwaltung 5	

Literatur: Mayer, Zwangsverwaltung zwischen Zuschlag und Aufebung, Rpfleger 1994, 101.

---

[1] vd Pfordten, ZVG, § 160 Anm 3.

Aufhebung der Zwangsverwaltung 2.6 **§ 161**

Allgemeines zu § 161 1

1.1 Zweck der Vorschrift: Regelung der Aufhebungsgründe für Verfahrensbeendigung.

1.2 Die Aufhebung des Zwangsverwaltungsverfahrens wird vom ZVG nur unzureichend behandelt. Es erwähnt insbesondere den häufigen Fall der Aufhebung wegen Zuschlags in der Zwangsversteigerung nicht. Es befaßt sich auch mit den Folgen der Aufhebung nicht, obwohl gerade diese Fragen für die Beteiligten von großer Bedeutung sind. Auch ohne gesetzliche Regelung sind aber die notwendigen Maßnahmen und die Folgen ohne weiteres aus dem sachlichen Zweck heraus zu klären.

Aufhebung der Zwangsverwaltung (Absatz 1, auch Absatz 4) 2

2.1 Aufgehoben wird das Zwangsverwaltungsverfahren, gleich aus welchem Grund, durch **Beschluß** des Gerichts: Abs 1. Der Beschluß muß an betreibende Gläubiger (die jeweils von der Aufhebung betroffen werden) und Schuldner zugestellt werden: § 32 mit § 161 Abs 4. An den Zwangsverwalter wird er (formlos) mitgeteilt. Zustellung an weitere Beteiligte ist nicht vorgeschrieben, (formlose) Mitteilung an die sonstigen Beteiligten ist aber zu empfehlen, auch an die Empfänger eines Zahlungsverbots, bei Aufhebung nach Erteilung des Zuschlags auch an Ersteher.

2.2 Aufgehoben wird das Verfahren immer gegenüber demjenigen **Gläubiger,** der vom Aufhebungsgrund **betroffen** wird, bei Zuschlag und bestimmten anderen Umständen, die alle betreibende Gläubiger betreffen, also gegenüber allen Gläubigern.

2.3 a) Die Aufhebung kann **deklaratorisch** sein (zB nach Zurücknahme des Antrags[1]) oder auch **konstitutiv** (zB nach einem Zuschlag in der Zwangsversteigerung).

b) Bei **Rücknahme** des Verfahrensantrags endet die Beschlagnahme mit dem Eingang der Rücknahmeerklärung bei Gericht (§ 29 Rdn 2.5).

c) Bei Aufhebung der Zwangsverwaltung **wegen Zuschlags** endet mit Erlaß des Aufhebungsbeschlusses die Beschlagnahme rückwirkend auf den Zeitpunkt, in dem der Zuschlag wirksam geworden ist (§§ 89, 104).

d) In allen **übrigen Fällen** der Verfahrensaufhebung endet die Beschlagnahme mit der Zustellung des Aufhebungsbeschlusses an (betreibende) Gläubiger und Vollstreckungsschuldner (es entscheidet die letzte von mehreren Zustellungen), nicht erst mit der Rechtskraft des Beschlusses.

2.4 Nach Aufhebung der Zwangsverwaltung (gegenüber allen Gläubigern) hat das Vollstreckungsgericht sofort (nicht erst nach der tatsächlichen Abwicklung) das Grundbuchamt um **Löschung** des Zwangsverwaltungsvermerks zu **ersuchen:** § 34 mit § 161 Abs 4. Dies geschieht bei Aufhebung wegen Rücknahme des Antrags sogleich mit Erlaß des Beschlusses, in den anderen Fällen erst nach Rechtskraft des Aufhebungsbeschlusses.

2.5 Gegen Aufhebungsbeschluß gibt es befristete **Rechtspflegererinnerung/** sofortige Beschwerde. Sie haben keine aufschiebende Wirkung. Daher sollte man, wenn nicht wegen Zuschlags oder Antragsrücknahme aufgehoben wird, die Wirkung erst ab Rechtskraft des Aufhebungsbeschlusses eintreten lassen.

2.6 Wird ein **neues** Zwangsverwaltungs**verfahren** angeordnet, so beginnt dieses völlig neu, unabhängig von dem vorausgegangenen. Die beiden Verfahren dürfen nicht als ein nur unterbrochenes Verfahren behandelt werden.

---

[1] OLG Köln VersR 1994, 113 (114).

§ 161 2.7 Zwangsverwaltung

2.7 Zu den Folgen der Aufhebung einer Zwangsverwaltung im ZVG-Handbuch Rdn 672, über weitergeltende Befugnisse Rdn 674, über Nutzungen und Lasten Rdn 675, über Vergütung Rdn 676.

3 Aufhebungsgründe (Absatz 2, auch Absatz 4)

3.1 Befriedigung des Gläubigers: Das Zwangsverwaltungsverfahren muß aufgehoben werden, wenn der betreibende Gläubiger befriedigt ist: Abs 2. Er muß natürlich vollständig, auch wegen der Zinsen, Kosten und Vorschüsse befriedigt sein. Diese Befriedigung muß innerhalb des Zwangsverwaltungsverfahrens erfolgt sein. Eine Befriedigung außerhalb dieses Verfahrens führt zur Antragsrücknahme des Gläubigers oder berechtigt andernfalls den Schuldner zur Vollstreckungsabwehrklage gegen den Gläubiger. Die erfolgte Befriedigung in der Zwangsverwaltung muß der Zwangsverwalter dem Vollstreckungsgericht anzeigen, und zwar unverzüglich (ZwangsverwalterVO § 12 Abs 2); er muß sie auch durch Vorlage der Belege dem Gericht nachweisen. Der Verwalter muß es dem Gericht auch unverzüglich anzeigen, wenn ein Gläubiger ihm mitteilt, er sei befriedigt (Verordnung § 12 Abs 2). Das Gericht wird dies dann nachprüfen, falls die Erklärung des Gläubigers nicht als Antragsrücknahme (Rdn 3.6) zu behandeln ist. Aufgehoben wird das Verfahren hier nur gegenüber dem Gläubiger, der befriedigt ist, während die übrigen Verfahren weiterlaufen. Erst wenn alle Gläubiger befriedigt sind (oder der einzige betreibende), ist das Verfahren vollständig aufzuheben. § 75 ist nicht anwendbar.

3.2 Entgegenstehende Rechte: Das Verfahren muß aufgehoben werden, wenn ihm ein Recht nach § 28 dauernd entgegensteht und auch durch eine Zwischenverfügung das Hindernis nicht beseitigt werden kann: § 28 mit § 161 Abs 4. Es sind nicht unbedingt dieselben Rechte, die der Zwangsversteigerung entgegenstehen, weil zB Veräußerungsverbote die Zwangsverwaltung nicht behindern. Rechte, die nicht aus dem Grundbuch ersichtlich sind, können nur durch Widerspruchsklage nach ZPO § 771 durchgesetzt werden. Als entgegenstehendes Recht ist hier (im Gegensatz zur Zwangsversteigerung) ausnahmsweise auch der Besitz eines Dritten anzusehen, gegen den kein Vollstreckungstitel vorliegt und der nicht nur Mieter/Pächter des Objekt ist, weil der Zwangsverwalter hier nicht den Besitz erlangen kann (es kann hier nur nach § 147 vollstreckt werden).

3.3 Hinterlegung: Das Zwangsverwaltungsverfahren muß aufgehoben werden, wenn eine öffentliche Urkunde vorgelegt wird, aus der sich ergibt, daß die zur Abwendung der Vollstreckung gestattete Hinterlegung erfolgt ist: ZPO § 775 Nr 3, § 776.

3.4 Konkursverfahren: Das Zwangsverwaltungsverfahren muß aufgehoben werden, wenn vor der Beschlagnahme das Konkursverfahren schon eröffnet war und wenn dabei das Zwangsverwaltungsverfahren nur wegen eines persönlichen Anspruchs angeordnet war: KO § 14.

3.5 Prozeßvoraussetzungen: Das Zwangsverwaltungsverfahren muß aufgehoben werden, wenn prozessuale Voraussetzungen des Verfahrens fehlen, etwa der Vollstreckungstitel, die Zustellung des Titels, die Prozeßfähigkeit des betreibenden Gläubigers. Ein **Rechtsschutzbedürfnis** ist sachliche allgemeine Prozeßvoraussetzung[2]; es ist von Amts wegen zu prüfen[3]. Fehlt es, so ist das Zwangsverwaltungsverfahren aufzuheben[4]. Im Einzelfall gebietet das sorgsame Prüfung. Daß zunächst Einnahmen zur Gläubigerbefriedigung nicht zu erzielen sind, kann allein nicht genügen. Die Verhältnisse können sich ändern, ein unentgeltliches Wohnrecht des Schuldners kann entfallen, das Objekt kann vielleicht in einen guten Zustand ge-

---

[2] Zöller/Greger, ZPO, vor § 253 Rdn 13 mit 18.
[3] Zöller/Stöber, ZPO, § 765 a Rdn 30.
[4] LG Hechingen Rpfleger 1991, 430.

Aufhebung der Zwangsverwaltung 3.11 **§ 161**

bracht werden oder in überschaubarer Zeit möglicherweise doch einer entgeltlichen Nutzung zugeführt werden. Fehlenden Einnahmen zur Deckung der Aufwendungen für Fortsetzung des Verfahrens ist mit Vorschußanforderung (Abs 3) zu begegnen. Es müssen daher besondere Umstände des Einzelfalls sichere Feststellung ermöglichen, daß zwangsweise Nutzung des Objekts auf Dauer nicht dem Verfahrensziel (dazu Einl Rdn 18.2) dienen kann, laufende Verbindlichkeiten zu befriedigen und betreibende Ansprüche wegzufertigen. Nicht unbeachtet sollte zudem bleiben dürfen, daß mit Aufhebung die Beschlagnahmewirkungen auch für eine gleichzeitige Zwangsversteigerung (§ 13 Abs 4 Satz 2) entfallen und laufende Leistungen des vollstreckenden Gläubigers daher aus Rangklasse 3 oder 4 in Rangklasse 7 oder 8 des § 10 Abs 1 zurückfallen können.

3.6 Rücknahme des Antrags: Das Zwangsverwaltungsverfahren muß aufgehoben werden, wenn der Gläubiger seinen Verfahrensantrag zurücknimmt: § 29 mit § 161 Abs 4. Das Verfahren wird nur gegenüber dem Gläubiger aufgehoben, der seinen Antrag zurückgenommen hat, das gesamte Verfahren, wenn alle ihre Anträge (oder der einzig betreibende seinen) zurückgenommen haben. Die Rücknahme ist unwiderruflich. Geht sie dem Zwangsverwalter zu, so hat dieser dies dem Gericht unverzüglich anzuzeigen (ZwangsverwalterVO § 12 Abs 2), indem er sie dem Gericht zuleitet.

3.7 Sicherheitsleistung: Das Zwangsverwaltungsverfahren muß aufgehoben werden, wenn eine öffentliche Urkunde vorgelegt wird, aus der sich ergibt, daß die zur Abwendung der Vollstreckung gestattete Sicherheitsleistung erfolgt ist: ZPO § 775 Nr 3, § 776.

3.8 Sittenwidrigkeit: Eine Aufhebung des Zwangsverwaltungsverfahrens kann ausnahmsweise auch nach ZPO § 765 a in Frage kommen (§ 146 Rdn 6).

3.9 Untergang: Das Zwangsverwaltungsverfahren muß aufgehoben werden, wenn das Grundstück durch Flurbereinigung oder Enteignung völlig untergeht, ebenso bei Untergang durch Meereseinbruch (Abreißen des Ufergrundstücks) oder wenn das Grundstück durch Bruch oder Zerstörung eines Staubeckens oder durch Dauerüberschwemmung anläßlich einer Flußregulierung oder einer Staubeckenanlage unzugänglich wird oder wenn ein zwangsverwaltetes Erbbaurecht erlischt. Wenn in der Flurbereinigung dagegen Ersatzgrundstücke zugewiesen werden, so geht die Beschlagnahme und das Verfahren auf dieses oder diese über (§ 15 Rdn 17) (anders[5]: auch dies sei ein Untergang; widerspricht aber der dafür getroffenen gesetzlichen Regelung des Flurbereinigungsgesetzes). Brennt ein Gebäude ab oder wird es durch Erdbeben oder ähnlich zerstört, so kann das Grundstück immer noch anderweitig genutzt werden, zB als Lagerplatz; Zwangsverwaltungsverfahren ist hier nicht aufzuheben.

3.10 Vergleichsverfahren: Das Zwangsverwaltungsverfahren muß aufgehoben werden, wenn das Vergleichsgericht nach VerglO § 48 Abs 2 die Aufhebung anordnet oder durch VerglO § 82 das Verfahren unwirksam ist oder nach Eröffnung des Vergleichsverfahrens entgegen VerglO § 47 vollstreckt wurde.

3.11 Zuschlag: Das Zwangsverwaltungsverfahren muß aufgehoben werden (obwohl im ZVG nicht erwähnt), wenn im gleichzeitig laufenden Zwangsversteigerungsverfahren der Zuschlag erteilt wurde, selbst wenn der Zuschlag an den bisherigen Schuldner erteilt ist (der hierdurch originär wie ein Dritter Eigentum erworben hat). Mit dem Zuschlag endet die Zwangsverwaltung nicht von selbst, es ist ein Aufhebungsbeschluß nötig, der hier konstitutiv ist (anders[6]: nur deklaratorisch). Diese Aufhebung darf aber zur Vorsicht erst nach Rechtskraft des Zuschlags erfolgen[7], nicht sofort nach Wirksamkeit des Zuschlags gemäß §§ 89, 104 (an-

---

[5] Drischler JurBüro 1964, 471 (A III 9).
[6] RG 64, 415; Hintzen, ImmobiliarZwV, Rdn 1191.
[7] LG Berlin NJW 1958, 1544; Dassler/Muth § 161 Rdn 20.

§ 161 3.11 Zwangsverwaltung

ders[8]), weil ja der Zuschlag im Rechtsmittelverfahren wieder aufgehoben werden kann. Es gibt sonst in diesem Falle erhebliche Schwierigkeiten; es müßte die Zwangsverwaltung neu angeordnet werden und rückwirkend ist dies nicht möglich. Die Aufhebung wirkt bei Zuschlag auf den Zeitpunkt der Zuschlags-Wirksamkeit zurück[9] (dazu über die Folgen Rdn 6; anders[10]: Aufhebung bewirkt „Entstrickung"). Mißverständlich ist die Ansicht von[11], auch[12], die Zwangsverwaltung dürfe nach einem Zuschlag erst aufgehoben werden, wenn alle vor dem Zuschlag gezogenen Nutzungen verteilt seien. Mit Aufhebung der Zwangsverwaltung wegen Zuschlags enden die Beschlagnahmewirkungen nur für das Grundstück im Eigentum des Erstehers (§ 90 Abs 1). Nutzungen aus der Zeit vor Wirksamkeit des Zuschlags bleiben beschlagnahmt; sie sind nach Maßgabe des Teilungsplans auszukehren (dazu Rdn 5, 6). Aufhebung der Zwangsverwaltung berührt diese weiterdauernde Verfahrenswirkung nicht; sie kann daher auch nicht bis zur Abwicklung aller Nutzungen (das kann jahrelang dauern) zurückgestellt werden. Zur Aufhebung nach Zuschlag im ZVG-Handbuch Rdn 673.

3.12 Zuständigkeit: Das Zwangsverwaltungsverfahren muß aufgehoben werden, wenn sich nach seiner Anordnung die örtliche Unzuständigkeit des Gerichts nach § 1 ergibt.

3.13 Zwangsvollstreckungsmaßnahmen: Das Zwangsverwaltungsverfahren muß aufgehoben werden, wenn die Ausfertigung einer vollstreckbaren Entscheidung vorgelegt wird, aus der sich ergibt, daß der Vollstreckungstitel oder seine vorläufige Vollstreckbarkeit aufgehoben oder die Zwangsvollstreckung für unzulässig erklärt oder die Einstellung der Zwangsvollstreckung angeordnet ist: ZPO § 775 Nr 1, § 776; oder wenn die Ausfertigung einer gerichtlichen Entscheidung vorgelegt wird, aus der sich ergibt, daß die einstweilige Einstellung der Vollstreckung oder einer Maßnahme angeordnet ist und daß auch die Aufhebung der bisherigen Maßnahmen angeordnet ist: ZPO § 775 Nr 2, § 776.

3.14 Nicht aufgehoben werden darf das Zwangsverwaltungsverfahren in bestimmten Fällen:

a) **Außergerichtliche Befriedigung:** Hier darf das Zwangsverwaltungsverfahren nicht aufgehoben werden. Es ist ohne Einfluß auf das Verfahren, wenn durch eine öffentliche oder eine vom Gläubiger ausgestellte Privaturkunde nachgewiesen wird, daß der betreibende Gläubiger nach Erlaß des Titels außergerichtlich befriedigt sei oder daß er gestundet habe, auch dann nicht, wenn ein Postschein über die Einzahlung des Betrags an den Gläubiger vorgelegt wird (ZPO § 775 Nr 5, 6, § 776). In diesem Fall darf nur ausnahmsweise eingestellt werden; im übrigen ist der Vollstreckungsschuldner auf Vollstreckungsabwehrklage angewiesen.

b) **Gläubigerwechsel:** Hier darf die Zwangsverwaltung nicht aufgehoben werden. Es ist ohne Einfluß auf das Verfahren, wenn der Gläubiger seine Forderung abtritt und sich der neue Gläubiger im Verfahren nicht meldet. Zurücknahme des Zwangsverwaltungsantrags durch den (bisherigen) Gläubiger, der weiterhin durch Vollstreckungstitel und -klausel (formell) ausgewiesen ist, gebietet jedoch Verfahrensaufhebung nach § 29 mit § 161 Abs 4. Einzelheiten: § 15 Rdn 29.

c) **Schuldner(Eigentümer-)Wechsel:** Er ist nach der Anordnung des Zwangsverwaltungsverfahrens ohne Einfluß auf dieses. Gegen den bisherigen Vollstreckungsschuldner sind aber mit Vollstreckungstiteln, die gegen ihn gerichtet sind, nach dem Eigentümerwechsel keine neuen Beitritte mehr möglich.

---

[8] Jaeckel/Güthe § 161 Rdn 7; Mohrbutter/Drischler Muster 166 Anm 2; Kretzschmar, ZVG, § 80 (II 5).
[9] LG Berlin und Dassler/Muth je aaO (Fußn 7).
[10] Mayer Rpfleger 1994, 101 (III).
[11] Denkschrift zum ZVG S 63; Henle, ZVG, § 161 Anm 1.
[12] Wrobel KTS 1995, 19 (IV 2 c bb (2)).

Aufhebung der Zwangsverwaltung   5.4   **§ 161**

d) **Zwangsverwalter fehlt:** Daß kein geeigneter und übernahmebereiter Zwangsverwalter gefunden wird, ist jedenfalls dann kein Aufhebungsgrund, wenn das Vollstreckungsgericht nicht alle erdenklichen Anstrengungen zur Auswahl und Bestellung eines Verwalters unternommen und den Gläubiger auch nicht zur Benennung geeigneter Personen unter Hinweis auf die Folgen der Nichtermittlung eines Verwalters aufgefordert hat[13].

Aufhebung mangels Vorschußzahlung (Absatz 3)   4

Das Zwangsverwaltungsverfahren **kann** (muß hier aber nicht; Ermessen) aufgehoben werden, wenn der vom Zwangsverwalter angeforderte und vom Gericht beschlossene **Vorschuß** für die Verfahrensaufwendungen vom Gläubiger, dem er auferlegt ist, **nicht** fristgemäß **bezahlt** wird: Abs 3. Zur Frage des Vorschusses § 152 Rdn 15. Vor der Aufhebung müssen hier der Gläubiger und der Zwangsverwalter gehört werden. Auch durch nachträgliche Zahlung nach Fristablauf kann der Gläubiger die noch nicht beschlossene Aufhebung gerade noch abwenden. Prozeßkostenhilfe befreit ihn nicht von der Vorschußpflicht. Wenn in der Zwangsverwaltung § 25 über Maßnahmen zur Sicherung der ordnungsgemäßen Bewirtschaftung angewendet wird (was zulässig ist, § 146 Rdn 4), so wird der dort vorgesehene Vorschuß (§ 25 Satz 2) bei Nichtzahlung zwar zur Aufhebung jener Maßnahmen führen, nicht aber zur Aufhebung des Zwangsverwaltungsverfahrens, wenigstens nicht über § 25, höchstens dann, wenn dies als gleichzeitige Vorschußverweigerung nach § 161 Abs 3 anzusehen ist.

Folgen der Aufhebung der Zwangsverwaltung   5

5.1 Wenn die Beschlagnahme der Zwangsverwaltung endet, ist damit nicht sofort auch die Tätigkeit des Zwangsverwalters beendet. Er muß vielmehr, je nach Art der Aufhebung, erst noch das **Verfahren abwickeln**[14]. Die Aufhebung erfolgt ja überhaupt nur mit der Maßgabe, daß die Verwaltung rein äußerlich für die Abwicklung der laufenden Geschäfte noch fortbesteht[15]. Auf keinen Fall darf der Zwangsverwalter (falls er nicht aus seinem Amt entlassen wurde) die Zwangsverwaltung mit sofortiger Wirkung einstellen, schon gar nicht darf er das, bevor das Gericht überhaupt die Aufhebung verfügt hat (ZwangsverwalterVO § 12 Abs 1).

5.2 **Einzustellen** hat der Zwangsverwalter seine **Verwaltertätigkeit** schon ab Zustellung des Aufhebungsbeschlusses an ihn (Ausnahme Rdn 6). Er hat keine Einnahmen mehr zu erheben, keine Ausgaben mehr zu decken, das Grundstück samt Zubehör, Bestandteilen usw an den Schuldner herauszugeben, ebenso den vorhandenen Verfahrensüberschuß, unter Abzug der Gerichtskosten und seiner Vergütung und Auslagen[16]. Schuldner dem der Verfahrensüberschuß gebührt, ist der Grundstückseigentümer[17] (ggfs ein neuer Eigentümer, Rdn 5.7; zur Aufhebung nach Zuschlag aber Rdn 6.2). Die Vergütung und die Gerichtskosten laufen bis zur Zustellung des Beschlusses zu Lasten der Verwaltungsmasse.

5.3 Das gilt auch bei Aufhebung des Zwangsverwaltungsverfahrens **wegen Sittenwidrigkeit** nach ZPO § 765 a. Jedoch ist hier maßgebender Zeitpunkt das Inkrafttreten des Aufhebungsbeschlusses (ZPO § 765 a Abs 4), also dessen Rechtskraft. Vergütung und Gerichtskosten laufen hier bis zur Rechtskraft weiter.

5.4 Aus den Handlungen des Zwangsverwalters bis zum Ende des Verfahrens bleibt der **Schuldner verpflichtet.** Darüber, ob der Schuldner nach Aufhebung

---

[13] LG Tübingen Rpfleger 1982, 33.
[14] BGH 71, 216 = FamRZ 1978, 496 = MDR 1978, 915 = NJW 1978, 1529 = Rpfleger 1978, 305.
[15] OLG Frankfurt MDR 1971, 226; OLG Hamm NJW 1956, 125.
[16] RG 59, 87.
[17] OLG Köln VersR 1994, 113; LG Heilbronn JurBüro 1995, 608 = Rpfleger 1996, 37.

§ 161 5.4 Zwangsverwaltung

der Zwangsverwaltung die vom Verwalter abgeschlossenen Versicherungen kündigen kann, § 152 Rdn 13.3.

5.5 Der Verwalter darf hierbei **keine Schäden** für den Schuldner entstehen lassen, muß also zB eine fällige Versicherungsprämie zur Aufrechterhaltung des Versicherungsschutzes noch aus der Masse zahlen, wie er überhaupt Geschäfte, mit deren Aufschub Gefahr verbunden wäre (Heizung im Winter), noch zu erledigen hat (BGB § 672). Dagegen darf und muß er nicht etwa für diesen noch die öffentlichen Lasten zahlen.

5.6 Die Wirksamkeit eines **Miet- oder Pachtvertrags** dem Zwangsverwalter gegenüber (§ 152 Abs 2) endet mit Aufhebung der Verwaltung. Mit der Verwaltung und Benutzung des Grundstücks erlangt der Schuldner auch wieder die Befugnis zur Wahrnehmung der Rechte und Erfüllung der Pflichten des Vermieters/Verpächters. Ein vom Zwangsverwalter geschlossener Miet-/Pachtvertrag bindet den Schuldner auch nach dem Ende der Zwangsverwaltung (§ 152 Rdn 9.4). Die Vertragspflicht zur Abrechnung von Mietnebenkosten (zB Heizungs- und Betriebskostenvorauszahlungen) und Erstattung nicht verbrauchter Vorauszahlungen des Mieters/Pächters hat daher der Schuldner, nicht mehr aber der Zwangsverwalter zu erfüllen[18].

5.7 Schuldner, wie mehrfach genannt, ist der **Grundstückseigentümer** (siehe bereits Rdn 5.2). Das ist zunächst derjenige, gegen den die Zwangsverwaltung angeordnet war. Hat aber während des Zwangsverwaltungsverfahrens das Eigentum gewechselt und hat der neue Eigentümer sich angemeldet (§ 9 Rdn 3), so ist er an die Stelle des früheren Eigentümers als Schuldner getreten und hat jetzt den Überschuß usw zu beanspruchen. Aus Haftungsgründen ist es allerdings besser, wenn der Zwangsverwalter hier nur im Einvernehmen mit dem Vollstreckungsgericht tätig wird (Rdn 5.11).

5.8 Nach Aufhebung der Zwangsverwaltung, gleich aus welchem Grund, muß der Zwangsverwalter dem Gericht eine **Schlußabrechnung** vorlegen: § 154 Satz 1 (ZwangsverwalterVO § 18 Abs 2). Dies kann auch durch Zwangsgeld erzwungen werden (§ 153 Rdn 3). Sogar zur Offenbarungsversicherung ist der Verwalter dabei verpflichtet (BGB § 259). Ist er dazu bereit, nimmt sie das Vollstreckungsgericht (als Versteigerungsgericht) selbst ab (BGB § 261); bestreitet er die Verpflichtung, so müssen Vollstreckungsschuldner oder Gläubiger auf Rechnungslegung klagen und das Urteil aus ZPO § 889 vollstrecken lassen.

5.9 Die Abrechnung, die immer **dem Gericht eingereicht** werden muß, wird bei Aufhebung wegen Zuschlags den Gläubigern, dem Schuldner und zugleich dem Ersteher erteilt, in den anderen Fällen der Aufhebung dem Schuldner, je über das Gericht.

5.10 Die Schlußrechnung muß alle **Einnahmen und Ausgaben** der gesamten Verwaltungszeit nachweisen, kann aber auf die schon bei Gericht eingereichten Jahresabrechnungen Bezug nehmen (ZwangsverwalterVO § 18 Abs 2). Auf jeden Fall ist aber das für die Verwaltung geführte **Konto- und Kassenbuch** (§ 154 Rdn 3) samt allen **Belegen** beizufügen (ZwangsverwalterVO §§ 19–21; dazu § 154 Rdn 3).

5.11 Der **Überschuß** ist an den Berechtigten **abzuliefern**. Einer Anweisung des Gerichts bedarf es hierfür nicht[19]. Es kann jedoch zweckmäßig sein, für Auszahlung Einvernehmen mit dem Vollstreckungsgericht herzustellen[19]. Über die Ausführung ist dem Gericht abschließend zu berichten. Zur Pfändung des Überschusses § 152 Rdn 14.

5.12 Der Zwangsverwalter muß auch eine etwa erhaltene **Bestallung** zurückgeben.

---

[18] AG Bergisch Gladbach ZIP 1990, 531.
[19] OLG Köln VersR 1994, 113.

Aufhebung der Zwangsverwaltung 6.4 § 161

5.13 Nach der Verfahrensaufhebung, gleich aus welchem Grund sie erfolgt ist, kann ein **Teilungsplan** nicht mehr aufgestellt und auch nicht mehr ergänzt werden. Nur soweit nach Aufhebung wegen Zuschlags noch Nutzungen aus der Zeit vor Zuschlagswirksamkeit vorhanden sind oder eingehen und auf Ansprüche nach § 155 Abs 2 verteilt werden müssen (Rdn 6), ist hierfür (soweit nicht bereits erfolgt) auch ein Teilungsplan noch aufzustellen.

Folgen der Aufhebung nach Erteilung des Zuschlags 6

6.1 Nach Erteilung des Zuschlags muß der Zwangsverwalter die Verwaltung noch **fortsetzen**. Aus seinen Handlungen nach dem Zeitpunkt der Zuschlagswirksamkeit bis zur Aufhebung der Zwangsverwaltung wird dann der Ersteher berechtigt und verpflichtet; der Verwalter ist diesem für die Erfüllung aller ihm obliegenden Verpflichtungen verantwortlich[20].

6.2 Nach Aufhebung des Verfahrens (Rdn 3.11) hat der Verwalter noch das Recht und die Pflicht, alle **Nutzungen** aus der Zeit vor Zuschlagswirksamkeit einzuziehen und laut Teilungsplan zu verteilen[21]. Er darf nur Rechte geltend machen, auf die sich seine Verwaltung erstreckt hat[22], also nicht die Rechte des Erstehers ab Zuschlagswirksamkeit[23] (falls er nicht von diesem dazu ausdrücklich bevollmächtigt ist). Dem früheren Eigentümer stehen die beim Zwangsverwalter noch eingehenden Grundstücksnutzungen nicht zu (anders[24]; dort war jedoch die Zwangsverwaltung rechtskräftig abgeschlossen; auch ist nicht erkennbar, ob die Klägerin mit dem Rang ihres Rechts nach § 155 Abs 2 Anspruch hatte).

6.3 Für den Abwicklungszeitraum läuft die **Vergütung** des Zwangsverwalters noch weiter[25], ebenso wie die Gerichtsgebühren, beide aus der Verwaltungsmasse zu Lasten des Schuldners (nicht, auch nicht anteilig, zu Lasten des Erstehers[26]; anders:[27] Ersteher hat anteilige Kosten zu tragen). Die verlängerte Verwaltung bezieht sich nicht auf den Ersteher, sondern auf den Schuldner. Der Ersteher unterlag und unterliegt nicht der Zwangsverwaltung, gegen ihn richtet sich auch nicht der Vollstreckungstitel. Ob der Schuldner, weil nach dem Zuschlag auch Geschäfte des Erstehers wahrgenommen werden, dafür einen Ausgleich vom Ersteher verlangen kann, ist nicht Sache des Vollstreckungsgerichts. Der Ersteher darf nicht über den Inhalt des Zuschlagsbeschlusses hinaus mit etwas belastet werden (alle seine Belastungen müssen im Zuschlag stehen). Er ist im Verhältnis zum Zwangsverwalter ebenso zu behandeln wie sonst (bei Versteigerung ohne gleichzeitige Zwangsverwaltung) im Verhältnis zum Schuldner, von dem er Besitz und die Herausgabe des Objekts samt mitversteigerten Gegenständen und einen Ausgleich für kassierte Nutzungen aus „seiner" Zeit verlangen kann, dabei aber auch Lasten für „seine" Zeit anteilmäßig übernehmen muß. Gegenüber dem Zwangsverwalter kann sein Verhältnis nicht anders sein.

6.4 Allerdings läßt sich manche **Folge** der Zwangsverwaltung **nicht** mehr **beseitigen**. Der Ersteher hat nun einmal das Objekt mit einem laufenden Zwangsverwaltungsverfahren eingesteigert und muß daher alle ordnungsgemäßen Handlungen des Zwangsverwalters gegen sich gelten lassen, auch aus der Zeit nach der Zuschlagswirksamkeit (der Zuschlag hätte ja im Rechtsmittelverfahren wieder be-

---

[20] BGH 39, 235 = KTS 1963, 161 = MDR 1963, 580 = NJW 1963, 1499 = Rpfleger 1963, 285.
[21] RG 59, 87; BGH BB 1954, 391 = Betrieb 1954, 412 Leitsatz = LM LASG § 3 a Nr 2 Leitsatz; OLG Stuttgart NJW 1975, 265; LG Berlin NJW 1958, 1544.
[22] OLG Celle NdsRpfl 1959, 241.
[23] BGH BB 1954, 391 = aaO (Fußn 21); OLG Celle NdsRpfl 1959, 241.
[24] AG Köln MDR 1986, 506.
[25] LG Berlin NJW 1958, 1544.
[26] LG Berlin Rpfleger 1990, 267.
[27] Steiner/Hagemann § 161 Rdn 97; Mayer Rpfleger 1994, 101.

§ 161 6.4 Zwangsverwaltung

seitigt werden können). Der Zwangsverwalter ist sogar ihm gegenüber verpflichtet, die Geschäfte fortzuführen, bis der Ersteher in der Lage ist (tatsächlich und rechtlich), das Objekt zu übernehmen[28].

6.5 Es ist nicht richtig, wie[29] meint, daß der Zwangsverwalter das Grundstück sofort nach dem Zuschlag zu **räumen** habe. Er darf das erst nach dem Aufhebungsbeschluß.

6.6 Der Zwangsverwalter hat auch gegenüber dem Ersteher **abzurechnen**, nämlich dahin, daß die Einnahmen und Ausgaben ab Zuschlagswirksamkeit wegen § 56 nur zugunsten und zu Lasten des Erstehers laufen, im Gegensatz zu den Nutzungen und Lasten für die Zeit vorher, über die er dem Gericht gegenüber abzurechnen hat.

7 Gerichtliche Verfahren (Prozesse) bei Aufhebung

7.1 a) Wird die Verwaltung **wegen Zuschlags** aufgehoben, so muß der Zwangsverwalter Prozesse über die aus der Zeit vor Zuschlags-Wirksamkeit angefallenen Nutzungen und Lasten, die zugunsten und zu Lasten der Masse gehen und nicht den Ersteher betreffen, fortführen, notfalls neue beginnen, bis alles restlos abgewickelt ist. Insoweit gelten seine Befugnisse noch weiter[30] (anders[31]). Für Gestaltungsrechte und nicht der Abwicklung unterworfene, sondern weiterwirkende Unterlassungsansprüche, entfällt mit Aufhebung der Zwangsverwaltung nach Erteilung des Zuschlags die Prozeßführungsbefugnis des Zwangsverwalters[32] (Ersteher kann in das Verfahren eintreten[32]; darin liegt ein zulässiger Parteiwechsel).

b) **Fall aus der Praxis:** Der Zuschlag ist noch nicht rechtskräftig, die Zwangsverwaltung noch nicht aufgehoben. Eine dringende Räumungsklage gegen einen Mieter erhob der Zwangsverwalter sowohl im eigenen Namen wie vorsorglich als Bevollmächtigter des Erstehers; er ist noch Partei kraft Amtes (Zuschlag könnte wieder aufgehoben werden), der Ersteher ist aber schon Eigentümer.

7.2 Bei **sonstiger Aufhebung** der Zwangsverwaltung darf (und muß) der Verwalter (unter Umständen) je nach Lage des Falles anhängige Prozesse zu Ende führen[33] (anders[34]), auch einen Räumungsprozeß gegen einen Mieter, wenn er sonst etwa pflichtwidrig handeln würde[35], auch ein einstw Verfügungsverfahren auf Unterlassung von Störungen, wenn sichergestellt sein muß, daß das Verfügungsverfahren keine Verzögerungen erleidet[36]. Solche Prozesse führt er dann im eigenen Namen weiter, muß aber, wenn es sich um die Herausgabe handelt, Herausgabe des Objekts an den Berechtigten verlangen[37]. Der Verwalter kann jedoch Ansprüche, auf die die Beschlagnahme sich erstreckt hat, nicht neu gerichtlich geltend machen (auch[38] für Anspruch aus Gebäudeversicherung) (anders[39], unzutreffend).

---

[28] Pikart WM 1968, 1190 (III).
[29] Nußbaum, Zwangsversteigerung, § 32 (III a).
[30] BGH 71, 216 = FamRZ 1978, 496 = MDR 1978, 915 = NJW 1978, 1529 = Rpfleger 1978, 305; BGH NJW-RR 1990, 1213; BGH KTS 1993, 310 = MDR 1993, 476 = NJW-RR 1993, 442 = Rpfleger 1993, 211 = VersR 1993, 773; OLG Frankfurt MDR 1971, 226; OLG Stuttgart NJW 1975, 265; Steiner/Hagemann § 161 Rdn 96.
[31] Wrobel KTS 1995, 19 (IV 2).
[32] OLG Düsseldorf MDR 1990, 833 = OLGZ 1990, 481 = Rpfleger 1990, 381.
[33] BGH 71, 216 = aaO (Fußn 30); OLG Köln ZIP 1980, 102; Steiner/Hagemann § 161 Rdn 70.
[34] Wrobel KTS 1995, 19 (IV 2).
[35] RG 53, 263; OLG Frankfurt Rpfleger 1960, 409.
[36] LG Bonn WuM 1990, 358.
[37] OLG Frankfurt Rpfleger 1960, 409; Steiner/Hagemann § 161 Rdn 70.
[38] OLG Hamm NJW-RR 1989, 1467 = VersR 1990, 67.
[39] LG Krefeld Rpfleger 1988, 113 und 278 Leitsatz mit abl Anm Hagemann (aufgehoben durch OLG Düsseldorf mitgeteilt in Anm Schriftleit Rpfleger 1988, 279).

Aufhebung der Zwangsverwaltung **8 § 161**

7.3 Angeblich soll der Vollstreckungsschuldner, weil nicht Rechtsnachfolger des Zwangsverwalters, nicht in dessen **Prozesse eintreten** können[40] (anders[41]: mit Zustimmung des Verwalters; auch[42]: Verfahrensunterbrechung und gesetzlicher Parteiwechsel auf den Schuldner entsprechend ZPO §§ 239, 242). Richtig ist es wohl, Prozesse nur mit Einverständnis und auf Weisung des Berechtigten fortzuführen, um diesem nicht einen unerwünschten Prozeß mit Kostenfolgen aufzuzwingen. Wo der Verwalter bei Aufhebung wegen Zuschlags die Prozesse noch für die Masse fortführen muß, ist er natürlich an Weisungen der Beteiligten nicht gebunden.

7.4 Wo der Zwangsverwalter noch selbst **vollstrecken** muß, wie bei Aufhebung wegen Zuschlags hinsichtlich der zurückliegenden Nutzungen, lautet auch die Vollstreckungsklausel auf ihn. Sonst kann nach dem Ende des Verfahrens der von ihm erwirkte Vollstreckungstitel auf den Schuldner bzw Ersteher nach ZPO § 727 umgeschrieben werden[43] (auf den Schuldner bei Aufhebung wegen Antragsrücknahme[44] oder wegen Sittenwidrigkeit).

Muster für Aufhebung der Zwangsverwaltung 8

Es können ungefähr folgende Fassungen verwendet werden:
a) Bei Aufhebung wegen Zuschlags: „1. Das Zwangsverwaltungsverfahren wird auf Grund des jetzt rechtskräftigen Zuschlagsbeschlusses vom 5. 10. 1996 in Verfahren ... aufgehoben. 2. Einnahmen und Ausgaben bis einschließlich 4. 10. 1996 gehen zugunsten und zu Lasten der Masse, für die spätere Zeit zugunsten und zu Lasten des Erstehers. Der Zwangsverwalter hat die Rückstände aus der Zeit vor 5. 10. 1996 beizutreiben. 3. Der Verwalter hat bis spätestens ... gegenüber dem Ersteher über die auf ihn treffenden Einnahmen und Ausgaben abzurechnen, den auf ihn treffenden Überschuß an ihn herauszugeben und dem Gericht zu berichten. 4. Der Verwalter hat unverzüglich alle Mieter über den Eigentumswechsel und das Ende der Verwaltung zu unterrichten, unter Angabe der von ihnen noch zur Masse geschuldeten Beträge. 5. Der Verwalter hat bis ... dem Gericht die Schlußabrechnung vorzulegen. Den daraus ersichtlichen Überschuß hat er nach vorherigem Bericht an das Gericht und unter Berücksichtigung der Verteilung im Versteigerungsverfahren gemäß dem Teilungsplan der Verwaltung auszuschütten und dies dem Gericht nachzuweisen. 6. Im Rahmen dieser Bestimmungen dauern Rechte und Pflichten des Verwalters noch an, läuft seine Vergütung bis zur Ablieferung des Schlußberichts weiter. Gründe: ..."

b) Bei Aufhebung wegen nicht bezahlten Vorschusses: „1. Das Zwangsverwaltungsverfahren wird aufgehoben, weil der Gläubiger ... den ihm auferlegten Vorschuß nicht bezahlt hat. 2. Die Beschlagnahme endet mit der Rechtskraft dieses Beschlusses. 3. Der Verwalter hat nach Rechtskraft alle Mieter ... 4. Der Verwalter hat ab Rechtskraft die Entgegennahme von Zahlungen, die Begleichung von Ausgaben zu unterlassen, soweit nicht Ausnahmen nötig sind, um Schäden abzuwenden. 5. Den anhängigen Prozeß darf der Verwalter nur auf Weisung und mit Vollmacht des Schuldners fortsetzen. 6. Der Verwalter hat Mittel zurückzuhalten für seine Vergütung und Auslagen für seine Tätigkeit im Prozeß, für die voraussichtlichen Gerichtskosten und Kosten des Gegners im Prozeß. Den Restbestand hat er nach Rechtskraft an den Schuldner herauszugeben und dem Gericht dies nachzuweisen, den Rest aus den zurückbehaltenen Mitteln nach besonderer Weisung. 7. Die Vergütung läuft bis zur Rechtskraft dieses Beschlusses weiter. Bis ... hat der Verwalter Schlußabrechnung vorzulegen. Gründe: ..."

---

[40] BGH ZPO § 265 Nr 2 = SchlHA 1954, 145 = ZMR 1954, 172.
[41] BGH 71, 216 = aaO (Fußn 30).
[42] Wrobel KTS 1995, 19 (IV 2 c ff.).
[43] OLG Düsseldorf OLGZ 1977, 250; Steiner/Hagemann § 161 Rdn 73.
[44] OLG Düsseldorf OLGZ 1977, 250.

§ 161 8 — Zwangsverwaltung

c) Je nach Lage des Falles können weitere Weisungen nötig sein. Sie können auch durch vorhandene allgemeine Anweisungen entbehrlich sein. Zwar hat der Verwalter auch den Abschluß selbständig zu erledigen, doch ist es auch in seinem Interesse gut, wenn der den Beteiligten zugehende Beschluß Einzelheiten enthält, um so Widerstände und unbegründete Anträge von ihm fernzuhalten und auch dem Gericht Anfragen zu ersparen. Erfahrungsgemäß wollen insbesondere Schuldner nicht einsehen, daß auch nach Aufhebung noch gewisse Übergangsmaßnahmen nötig sind.

Zweiter Abschnitt. Zwangsversteigerung von Schiffen, Schiffsbauwerken und Luftfahrzeugen im Wege der Zwangsversteigerung

Erster Titel. Zwangsversteigerung von Schiffen und Schiffsbauwerken

[Anzuwendende Vorschriften]

162 Auf die Zwangsversteigerung eines im Schiffsregister eingetragenen Schiffs oder eines Schiffsbauwerks, das im Schiffsbauregister eingetragen ist oder in dieses Register eingetragen werden kann, sind die Vorschriften des Ersten Abschnitts entsprechend anzuwenden, soweit sich nicht aus den §§ 163 bis 170 a etwas anderes ergibt.

1 Allgemeine Übersicht zu §§ 162–171

1.1 Die Zwangsversteigerung von Schiffen, Schiffsbauwerken und Luftfahrzeugen regelt das ZVG in seinem zweiten Abschnitt (§§ 162–171 n). Dessen erster Titel (§§ 162–171) behandelt die Zwangsversteigerung von Schiffen und Schiffsbauwerken. Die Vorschriften waren früher vielfach verteilt. Seit dem Schiffsrechtegesetz (SchiffsRG) werden eingetragene See- und Binnenschiffe und eingetragene oder eintragungsfähige Schiffsbauwerke und Schwimmdocks einheitlich im allgemeinen **den Grundstücken gleichbehandelt**. Nicht eingetragene und nicht eintragungsfähige Objekte richten sich nach Fahrnisrecht.

1.2 Schiffe und Schiffsbauwerke unterliegen der Zwangsvollstreckung in unbewegliches Vermögen (ZPO § 864 Abs 1): eingetragene deutsche Schiffe und Schiffsbauwerke (hierzu auch Schwimmdocks gehörend) oder eintragungsfähige deutsche Schiffsbauwerke (§ 162); ausländische Schiffe, wenn sie als deutsche im Register eintragbar wären (§ 171); Miteigentumsbruchteile von Schiffen und Schiffsbauwerken der genannten Arten (ZPO § 864 Abs 2). Vollstreckt wird in diese Objekte nur durch Eintragung von **Schiffshypotheken** oder durch **Zwangsversteigerung** (ZPO § 870 a Abs 1)[1]. Zwangsverwaltung gibt es hier nicht. Schwimmdocks werden wie Schiffsbauwerke behandelt, auch im Schiffsbauregister eingetragen (SchiffsRG § 81 a; Schiffsregisterordnung §§ 73 a, b). Herrenlose Schiffe sind wie herrenlose Grundstücke zu behandeln (§ 15 Rdn 22).

1.3 Der Gesetzesabschnitt über Schiffe und Schiffsbauwerke **nimmt** im wesentlichen auf die Vorschriften über die Zwangsversteigerung von Grundstücken im ersten Gesetzesabschnitt (§§ 1–145) **Bezug:** § 162. Er bietet dazu in §§ 163–171 Besonderheiten über Zuständigkeit und Beteiligte (§ 163), Antragsvoraussetzungen (§ 164), Bewachung und Verwahrung (§§ 165, 170), Vollstreckung gegen den Schiffer (§ 166), Terminsansetzung und Terminsbekanntmachung (§§ 167–168), Anmeldungen (§ 168 b), Rechte in ausländischer Währung (§ 168 c), Mieter und

---

[1] LG Würzburg JurBüro 1977, 1289.

Anzuwendende Vorschriften 2.3 **§ 162**

Pächter (§ 169 Abs 1), unterlassene Barzahlung des Meistgebots (§ 169 Abs 2), Wert (§ 169 a), Schiffsbauwerke (§ 170 a) und ausländische Schiffe (§ 171).

1.4 Auch für Schiffe und Schiffsbauwerke gibt es die Konkursverwalterversteigerung (§§ 172–174), die Nachlaßversteigerung (§§ 175–179) und die Versteigerung zur Aufhebung einer Gemeinschaft (§§ 180–184; § 185 gilt hier nicht). Über Besonderheiten bei der Reederei § 180 Rdn 2.2.

1.5 Über Einstellungs- und Aufhebungsfälle in den Verfahren über Schiffe und Schiffsbauwerke Einl Rdn 31.

1.6 Im Rahmen des vorliegenden Buches, das sich in erster Linie der Grundstücksvollstreckung widmet, werden die Vorgänge der Schiffsversteigerung in ihren Grundzügen behandelt. Interessenten werden auf[2] und die Abschnitte in den Großkommentaren verwiesen.

Allgemeines zu § 162 2

2.1 Bezugnahme: Grundsätzlich nimmt das ZVG für die Zwangsversteigerung Bezug auf die für Grundstücke geltenden Vorschriften des ersten Abschnitts über die Zwangsversteigerung (§§ 1–145). Zahlreiche Besonderheiten sind jedoch in §§ 163–170 a bestimmt (dazu bei den einzelnen Stichworten). Die zwangsweise Eintragung der Schiffshypothek ist in ZPO § 870 a geregelt (dazu Rdn 8).

2.2 a) Der **Zwangsversteigerung** unterliegen als Gegenstände der Immobiliarvollstreckung (Einl Rdn 15) Schiffe und Schiffsbauwerke (ZPO § 864 Abs 1) und deren Miteigentumsbruchteile (ZPO § 864 Abs 2).

b) **Schiff ist** „jedes schwimmfähige mit Hohlraum versehene Fahrzeug von nicht ganz unbedeutender Größe, dessen Zweckbestimmung es mit sich bringt, daß es sich auf dem Wasser bewegt"[3], also auch Schwimmbagger und Schiffskräne. Nicht hierher gehören aber schwimmende Badeanstalten, Wohnboote, schwimmende Gaststätten, Schiffsbrücken.

c) **Schiffsbauwerke sind** noch in Bau befindliche Schiffe, bei denen zwar schon der Kiel gelegt und das Bauwerk durch Name und Nummer gekennzeichnet ist, die aber noch nicht vom Stapel gelaufen sind[4]. Mit dem Stapellauf werden sie zum Schiff[4].

d) **Schwimmdocks sind** schwimmende Behälter, in denen Schiffe trockengestellt werden. In Bau befindliche und fertiggestellte werden wie Schiffsbauwerke behandelt.

e) Der Versteigerung unterliegen aber nur im Schiffsregister **eingetragene** Schiffe und im Schiffsbauregister **eingetragene oder eintragungsfähige** Schiffsbauwerke (dazu auch Schwimmdocks gehörend), ausländische Schiffe aber nur dann, wenn sie als deutsche Schiffe im Schiffsregister eingetragen sein müßten (§ 171 Abs 1).

f) Nach **Löschung** eines Schiffes im Schiffsregister ist eine Zwangsversteigerung nicht mehr möglich, nur noch die Mobiliarvollstreckung[5].

2.3 a) Nicht angeordnet werden darf die Zwangsversteigerung eines Schiffs im Wege der Zwangsvollstreckung, wenn es sich **auf der Reise** befindet und nicht in einem Hafen liegt: HGB § 482 (Textanhang T 22). Zwangsversteigerung eines „segelfertigen" Schiffs (wenn der Lotse an Bord ist und die zum Auslaufen nötigen Papiere vorhanden sind) kann demnach angeordnet werden[6], dazu auch[7] (es hat die Reise noch nicht angetreten).

---

[2] Röder, Schuldner bei Schiffsversteigerung, 1919.
[3] BGH LM BinSchG § 4 Nr 3 Leitsatz mit Anm Lindenmaier = NJW 1952, 1135 Leitsatz.
[4] Mohrbutter, Handbuch des Vollstreckungsrechts, § 50 (vor I).
[5] Hornung Rpfleger 1970, 117 (I 6 e).
[6] Dassler/Muth § 162 Rdn 4; Steiner/Hagemann § 162 Rdn 46; Mohrbutter/Drischler Einl vor Muster 167 Anm 6.
[7] Mohrbutter KTS 1974, 88 (I).

§ 162 2.3   Zwangsversteigerung von Schiffen und Schiffsbauwerken

b) Beantragt ein Schiffshypothekengläubiger die Zwangsversteigerung, so verhindert er damit die **Abwrackung** des Schiffes durch den Eigentümer, weil diesem durch die gerichtliche Verwaltung (§ 165) jede Einwirkungsmöglichkeit genommen ist[8].

c) Bei **befristetem Flaggenwechsel** (Flaggenrechtsgesetz, BGBl 1994 I 1341, § 7) ist genehmigt, daß das an einen Ausländer vercharterte (vermietete) Schiff an Stelle der Bundesflagge eine andere Nationalflagge führt. Löschung des Schiffs im Seeschiffsregister ist damit nicht verbunden. Das Schiff bleibt ein deutsches Schiff; es unterliegt weiterhin der Zwangsversteigerung nach den für deutsche Schiffe geltenden Vorschriften[9].

d) Bei **Ausflaggung** durch Veränderung in den Eigentumsverhältnissen geht die Eigenschaft als deutsches Schiff verloren. Das Schiff wird im Schiffsregister gelöscht. Es kann nur noch als ausländisches Schiff (§ 171) versteigert werden. Wenn sich die Eigentumsverhältnisse jedoch nach Wirksamwerden der Beschlagnahme geändert haben, wird das Verfahren des beschlagnahmten deutschen Schiffs nach Maßgabe der §§ 162–170 fortgesetzt[9].

e) In eine **Schiffspart** (HGB § 489) wird nur durch Pfändung gemäß ZPO §§ 857, 858 vollstreckt.

2.4 a) Die **Schiffshypothek und** damit die **Vollstreckungsversteigerung erstrecken sich** auch auf Versicherungsforderungen (SchiffsRG § 32) (hierzu[10]) und auf das Zubehör (SchiffsRG § 31). Ausgenommen sind aber Zubehörstücke, die nicht im Eigentum des Schiffseigners stehen (SchiffsRG § 31 Abs 1). Zubehörstücke werden von der Haftung frei, wenn ihre Zubehöreigenschaft in den Grenzen einer ordnungsmäßigen Wirtschaft aufgehoben wird oder die Stücke veräußert und vor der Beschlagnahme vom Schiff entfernt sind (SchiffsRG § 31 Abs 2); nach der Beschlagnahme ist das auch nicht innerhalb der Grenzen einer ordnungsmäßigen Wirtschaft möglich (wegen § 165)[11]. Auch Bestandteile werden von der Haftung frei, wenn sie vom Schiff getrennt und vor der Beschlagnahme entfernt sind, und zwar nicht nur vorübergehend (SchiffsRG § 31 Abs 3). Zum Zubehör gehören: Pumpen, Lot, Kompaß, Signalapparate, Taue und Trossen als lose Reserve, Seekarten, Schiffspapiere, Schiffsapotheke, Kajüteninventar (das nicht zum persönlichen Gebrauch der einzelnen Besatzungsmitglieder bestimmt ist), Fanggeräte, Reservemotor, Radar- und Funkanlage[12]. Bestandteil dagegen sind zB eingebaute Motore.

b) **Nicht** von der Beschlagnahme **erfaßt** werden hier Miet- und Pachtzinsforderungen (§§ 162, 21 Abs 2); wohl aber jetzt auch Schadensersatzforderungen gegen Dritte wegen Beschädigung oder Zerstörung und bei Binnenschiffen die Frachtgelder (HGB § 756, BinSchG § 104) (anders[13]).

c) Bei Schiffsbauwerken erstreckt sich die Beschlagnahme auf das **Werk in seinem jeweiligen Bauzustand** und auf die Bauteile, die sich auf der Bauwerft befinden, zum Einbau bestimmt und als solche gekennzeichnet sind (SchiffsRG § 79), entsprechend auch bei Schwimmdocks (SchiffsRG § 81 a).

2.5 Schiffsgläubiger sind diejenigen, die laut HGB oder BinSchG so bezeichnet sind und mit dem Schiffsbetrieb zusammenhängende Forderungen haben, die ihnen ein gesetzliches Pfandrecht gewähren, das den eingetragenen Schiffshypo-

---

[8] Mohrbutter/Drischler Einl vor Muster 167 Anm 8 a; Hornung Rpfleger 1970, 117 (III 1 b).
[9] Drischler KTS 1980, 111.
[10] Drischler AIZ 1957, 75.
[11] Jaeckel/Güthe § 165 Rdn 4; Korintenberg/Wenz § 165 Anm 4; Hornung Rpfleger 1970, 117 (Fußn 102).
[12] Weimar WM 1963, 154.
[13] Steiner/Hagemann § 162 Rdn 68.

Anzuwendende Vorschriften 4.2 § **162**

theken vorgeht (Rdn 7). Mit Schiffsgläubigern befassen sich HGB §§ 754–764, BinSchG.

2.6 Schuldner des Vollstreckungsversteigerungsverfahrens ist grundsätzlich auch hier der Eigentümer wie beim Grundstück: § 166 (Abweichung von § 17 durch § 164). Die Beschlagnahme kann hier aber auch gegen den Schiffer erfolgen: § 166 Abs 1 (Schiffer = HGB § 511); bei Binnenschiffen ist sie gegen den Schiffseigner möglich: BinSchG, Textanhang T 12, § 6 Abs 1. Schiffsgläubigerrechte können gegen jeden Besitzer des Schiffes verfolgt werden: HGB § 755 Abs 1, BinSchG § 103 Abs 2. Bei ausländischen Schiffen ist das Verfahren nur gegen den Eigenbesitzer möglich: § 171 Abs 2 Satz 2.

Anzuwendende Vorschriften (allgemein für Schiffe) 3

3.1 Über die Anwendung des dritten Abschnitts des ZVG (§§ 172–185) bei § 162 Rdn 1, § 172 Rdn 4, § 176 Rdn 2, § 180 Rdn 7.

3.2 In der Vollstreckungsversteigerung sind aus dem ersten Abschnitt des ZVG (§§ 1–161) gemäß § 162 **anwendbar** bzw **nicht anwendbar** oder nur **beschränkt anwendbar** (wobei an Stelle des Grundbuchs überall das Schiffs- oder Schiffsbauregister zu setzen ist) folgende Vorschriften (die §§ ohne Erklärung sind ohne weiteres anwendbar):
§§ 1–2 ersetzt durch §§ 163, 170 a, 171 Abs 2; §§ 3–8; § 9 ergänzt durch § 163 Abs 3, § 166 Abs 2 und § 168 b; §§ 10–13 nur beschränkt wegen der Sondervorschriften in HGB §§ 754–764 für Seeschiffe und in BinSchG §§ 102, 106–109 für Binnenschiffe; §§ 14–16; § 17 eingeschränkt durch § 164 (soweit nämlich Ausnahmen durch HGB und BinSchG vorgesehen sind), durch § 163 Abs 2 (Schiffsregister statt Grundbuch) und § 170 a (Schiffsbauregister statt Grundbuch), für ausländische ersetzt durch § 171 Abs 2; § 18; § 19 richtet sich hier an das Registergericht und ist ergänzt durch §§ 168 b und 170 a Abs 2, gilt nicht für ausländische Schiffe; §§ 20 und 21 Abs 2; § 22 ergänzt durch § 165 Abs 1, § 170 a Abs 2 und § 171 Abs 5; § 23; §§ 24–25 ersetzt durch §§ 165, 170 a Abs 2, § 171 Abs 5; §§ 26–35; §§ 36–40 geändert oder eingeschränkt für Seeschiffe durch §§ 167, 168, 168 c, 170 a Abs 2, § 171 Abs 3, ohne Fristverkürzung nach § 36 Abs 2; §§ 41–42; § 43 wie §§ 36–40; §§ 44–52 beschränkt durch § 171 Abs 4 und ergänzt durch § 168 c; §§ 53–57; § 57 a–57 d sinngemäß nach § 169 mit Abweichungen aus BGB § 580 a; § 57 b ersetzt durch BGB § 580 a und ZVG § 169 Abs 1; §§ 58–65; § 66 ergänzt durch § 168 c und Binnenschiffahrtsvollstreckungsschutzgesetz § 15 Abs 2; §§ 67–74; §§ 74 a–74 b auch für Schiffsbauwerke, aber nicht für Binnenschiffe (für diese Binnenschiffahrtsvollstreckungsschutzgesetz § 13) und nicht für Seeschiffe (= § 169 a), auch nicht für ausländische Seeschiffe (= § 171 Abs 5, § 169 a); §§ 75–93; § 94 ersetzt durch § 170, 170 a Abs 2, § 171 Abs 5; §§ 95–114 (zu § 110 auch Rdn 6.2); § 114 a wie §§ 74 a–74 b, aber für Seeschiffe nicht ausgeschlossen (= § 169 a); §§ 115–117; § 118; §§ 119–127 (ohne § 125); §§ 128–129 ersetzt durch § 169 Abs 2, § 170 a Abs 2, § 171 Abs 4, § 168 c; §§ 130–145 (ohne §§ 130 a, 131, 136); §§ 146–161 nicht anwendbar, weil keine Zwangsverwaltung möglich. Dazu auch § 162 Rdn 4 und im Sachverzeichnis.

Anzuwendende Vorschriften: Besonderheiten für Schiffe 4

4.1 Anmeldungen erfolgen wie bei Grundstücken, mit der Besonderheit aus § 168 b (Näheres dort). Es gelten also entsprechend (an Stelle des Grundbuchs steht das Schiffs- oder Schiffsbauregister) § 9 Nr 2, § 37 Nr 4 und 5, §§ 45, 110, 114 Abs 1.

4.2 Anordnung des Verfahrens erfolgt auch hier grundsätzlich nach §§ 15–17, beschränkt durch § 164 (Näheres dort). Der Anordnungsbeschluß ist auch hier auf Antrag bei Vorlage eines Vollstreckungstitels zu erlassen und an Gläubiger und Schuldner zuzustellen bzw mitzuteilen. Der Beschluß muß aber hier immer gleich-

§ 162 4.2 Zwangsversteigerung von Schiffen und Schiffsbauwerken

zeitig eine Maßnahme nach § 165 Abs 1 über die Bewachung und Verwahrung enthalten.

4.3 Beitritt (§ 27) erfolgt unter den Voraussetzungen von § 17, beeinflußt durch § 164. Eine nochmalige Maßnahme nach § 165 entfällt hier, sonst ist alles wie bei der Anordnung.

4.4 Beteiligte wie in § 9, außerdem wie in § 163 Abs 3 (Träger der Sozialversicherung) und § 166 Abs 2 (Schiffer, solange er das Schiff führt).

4.5 Einstellung: Auf Schiffe und Schiffsbauwerke sind die Einstellungsvorschriften der §§ 30–31 voll anwendbar: § 162[14]. Außerdem gibt es auch hier die Möglichkeiten aus ZPO § 765 a.

4.6 Geringstes Gebot gibt es auch bei der Zwangsversteigerung von inländischen Schiffen und von Schiffsbauwerken, aufgestellt nach §§ 44, 49, 52 (§ 162). Für ausländische Schiffe gilt das geringste Gebot nicht und das Meistgebot ist dort bar zu zahlen: § 171 Abs 4. Im übrigen ist zu beachten, daß die berechtigten Ansprüche hier zum Teil andere sind. Hierzu Rdn 2.

4.7 Handelsschiffe: Ein Gebot bedurfte früher nach dem Handelsschiffdarlehensgesetz der Genehmigung des Bundesministers für Verkehr. Das Gesetz ist aufgehoben.

4.8 Kosten für die Zwangsversteigerung von Schiffen und Schiffsbauwerken entstehen wie bei Grundstücken. Dazu Einl Rdn 76 ff.

4.9 Sittenwidrigkeit: ZPO § 765 a ist auch auf die Versteigerung von Schiffen und Schiffsbauwerken anwendbar[15].

4.10 Versteigerungstermin: Die Terminsbestimmung erfolgt normal mit Abweichungen nach §§ 167, 170 a Abs 2, § 171 Abs 3. Die Terminsbekanntmachung erfolgt normal mit Abweichungen in §§ 168, 170 a Abs 2, § 171 Abs 3. Die in § 168 genannten Schiffahrtsfachblätter sind jetzt meist landesrechtlich bestimmt. Dazu Hinweis auf alten Text im Textanhang T 39.

4.11 Verteilungstermin: Zur Rangfolge Rdn 7. Gemäß § 162 sind anwendbar: §§ 105–111, 114–124, 135, 137–145; nicht anwendbar sind: §§ 125, 128, 129, 130 a, 131, 136; mit Abweichungen nur sind anwendbar: §§ 112, 113, 126, 127, 130, 132, 133, 134. Besonderheiten bieten § 163 Abs 3, § 169 Abs 2, §§ 170, 170 a Abs 2, § 171 Abs 5. Hierzu auch Rdn 3.

4.12 Wertfestsetzung: Sie erfolgt nach § 74 a bei Schiffsbauwerken (§ 74 a Rdn 2), nicht bei Seeschiffen (§ 169 a). Für Binnenschiffe gelten die inhaltlich übereinstimmenden Sondervorschriften in BinSchG §§ 13–16.

4.13 Zuschlag: Ihn kann auch ein ausländischer Staatsangehöriger erhalten. Seeschiffe dürfen aber dann nicht mehr die Bundesflagge führen und werden auch im deutschen Seeschiffsregister gestrichen[16]. Im übrigen gelten gemäß § 162 die normalen Vorschriften für den Zuschlag.

5 Arrest in Schiffe usw

Dinglicher Arrest (ZPO §§ 916, 917) wird in ein eingetragenes Schiff oder Schiffsbauwerk durch Pfändung nach den Vorschriften über die Pfändung beweglicher Sachen vollzogen (ZPO § 931 Abs 1); die Pfändung begründet Rechte wie eine Schiffshypothek (§ 931 Abs 2) und wird durch Eintragung einer Vormerkung im Register gesichert (ZPO § 931 Abs 3). Spätere Anordnung der Zwangsversteigerung geht ihr also nach, wenn sie aus persönlichem Anspruch erfolgt; war schon die Versteigerung vorher angeordnet, so gilt deren Beschlagnahme als „erste Pfän-

---

[14] Jonas/Pohle, ZwVNotrecht, Vorbem 1 vor § 162.
[15] Jonas/Pohle, ZwVNotrecht, Vorbem 2 vor § 162.
[16] Mohrbutter/Drischler Muster 170 Anm 8.

Anzuwendende Vorschriften 7.3 **§ 162**

dung" nach ZPO § 826, der Arrestvollzug als zweite oder Anschlußpfändung" nach ZPO §§ 808, 826.

Ausland und Schiffsversteigerung 6

6.1 Für **ausländische Schiffe**, die in der Bundesrepublik Deutschland vollstreckungsversteigert werden sollen, bringt § 171 Besonderheiten.

6.2 Wird dagegen ein **deutsches Schiff im Ausland** versteigert, so ist deutsches Recht für die Bereicherungsansprüche von Schiffsgläubigern und Schiffshypothekengläubigern maßgebend, die darauf gestützt werden, daß bei der Verteilung des Erlöses die sich aus dem deutschen Recht ergebenden Rangverhältnisse dieser Rechte nicht beachtet worden sind[17]; Rangverlust nach §§ 162, 110 wegen Nichtanmeldung aus dem Schiffsregister nicht ersichtlicher Rechte tritt dabei nicht ein; er tritt nur ein, wenn die Terminsbestimmung von einem deutschen Vollstreckungsgericht mit der Aufforderung nach § 37 Nr 4 und § 167 Abs 2 bekanntgemacht worden ist[17].

Rangordnung bei Schiffsversteigerungen 7

7.1 Die Rangfolge richtet sich **grundsätzlich** auch hier **nach § 10**. Hier gibt es aber als eingetragene Rechte bei Schiffen und Schiffsbauwerken nur Nießbrauch und Schiffshypothek (SchiffsRG §§ 8–9). Außerdem gibt es Besonderheiten für Binnenschiffe im BinSchG §§ 102–109, für Seeschiffe im HGB §§ 754–764, im übrigen auch im SchiffsRG samt Durchführungsverordnung vom 21. 12. 1940.

7.2 Rangfolge bei **Seeschiffen**

I. Sie ist im wesentlichen folgende:
a) Verfahrenskosten aus § 109 einschließlich der Kosten aus § 165 und der Gläubigervorschüsse; b) Heuerforderungen des Kapitäns und der sonstigen Schiffsbesatzung (HGB § 754 Nr 1); c) öffentliche Schiffs-, Schiffahrts-, Hafenabgaben, Lotsengelder (HGB § 754 Nr 2); d) Schadensersatzforderungen wegen Tötung oder Verletzung von Menschen, wegen Verlusts oder Beschädigung von Sachen (mit Besonderheiten) (HGB § 754 Nr 3); e) Bergungs- und Hilfskosten, Beiträge zur großen Haverei usw (HGB § 754 Nr 4); f) Forderungen der Träger der Sozialversicherung, einschließlich Arbeitslosenversicherung, gegen den Reeder (HGB § 754 Nr 5).

II. Dazu sind Besonderheiten festgelegt: HGB § 754 II (radioaktive Materialien); HGB § 759 (Rechte erlöschen nach einem Jahr); HGB § 762 (Rangordnung in der genannten Reihenfolge mit Besonderheiten); HGB §§ 763–764 (Gleichrang unter derselben Nr, mit Besonderheiten).

7.3 Rangfolge bei **Binnenschiffen:** Sie ist im wesentlichen folgende:
a) Verfahrenskosten wie oben; b) öffentliche Schiffs-, Schiffahrts- und Hafenabgaben, auch Brücken-, Schleusen-, Kanalgelder (BinSchG § 102 Nr 1); c) Forderungen der Schiffsbesatzung aus Dienstverträgen (BinSchG § 102 Nr 2); d) Lotsengelder, Bergungs- und Hilfskosten und Beiträge zur großen Haverei (BinSchG § 102 Nr 3); e) Forderungen aus Nichtablieferung oder Beschädigung von Ladung oder Reisegepäck (BinSchG § 102 Nr 4); f) Forderungen aus bestimmten Rechtsgeschäften des Schiffers und aus Verschulden von Personen der Schiffsbesatzung (BinSchG § 102 Nr 3 und 5); g) Ansprüche der Träger der Sozialversicherung (auch Arbeitslosenversicherung) (BinSchG § 102 Nr 6); h) Ansprüche aus Schiffshypotheken, mit Vorrang vor e–g, soweit sie früher entstanden sind (BinSchG § 109); i) Ansprüche der betreibenden Gläubiger, soweit sie nicht früher zum Zug kommen; mit der Maßgabe, daß bei b–f die eine spätere Frachtfahrt betreffenden

---

[17] BGH 35, 267 = MDR 1961, 831 und 1003 Leitsatz mit Anmerk Sieg = NJW 1961, 1672.

§ 162 7.3 Zwangsversteigerung von Schiffen und Schiffsbauwerken

Forderungen denjenigen für eine frühere vorgehen (BinSchG § 106), daß die aus b, c, e, f je unter sich gleichrangig sind (BinSchG § 107 Abs 2) und bei d die späteren den früheren vorgehen (BinSchG § 107 Abs 3), bei h die Reihenfolge der Eintragung entscheidet und bei i die Reihenfolge der Beschlagnahme.

7.4 Es liegen vier **wichtige Entscheidungen** des Bundesgerichtshofs vor:

a) [18]Sagt: Der arbeitsrechtliche Freistellungsanspruch des Schiffsführers gegen den Arbeitgeber (er hatte ein Schleusentor angefahren und hierfür verlangte die Bundesrepublik Deutschland hohen Schadensersatz) gewährt ein Schiffsgläubigerrecht nach BinSchG § 102 Nr 2, das allen Schiffshypotheken im Range vorgeht, auch wenn es mehr als sechs Monate vor der Versteigerung entstanden ist, weil § 102 Nr 2 des genannten Gesetzes nur Gehälter und Löhne auf sechs Monate beschränkt.

b) [19]Sagt: Dem Schiffshypothekengläubiger wird durch einen rechtskräftigen, auf Duldung der Zwangsvollstreckung in das Schiff lautenden Vollstreckungstitel, den ein anderer Gläubiger wegen eines behaupteten Schiffsgläubigerrechts gegen den Reeder erwirkt hatte, nicht das Recht genommen, das Vorrecht dieses anderen Gläubigers im Widerspruchsprozeß mit der Behauptung zu bestreiten, das Schiffsgläubigerrecht sei vor Einleitung des Prozesses schon erloschen gewesen.

c) [20]Sagt: Das Schiffsgläubigerrecht, das die Forderung aus dem Verschulden der Besatzung dem Geschädigten gegen den Schiffseigner gewährt, wird auch dann begründet, wenn die Forderung – wegen des zeitlichen Auseinanderfallens von Schadenhandlung und Schadeneintritt – erst zu einem Zeitpunkt entsteht, in dem sich das Schiffsvermögen nicht mehr in den Händen des haftenden Schiffseigners befindet.

d) Kein Schiffsgläubigerrecht (BinSchG § 102) begründet nach[21] die Forderung des Eigentümers einer dem öffentlichen Verkehr gewidmeten Wasserstraße auf Ersatz seiner Aufwendungen für (auftragslose) Suche und Bergung beim Untergang eines Schiffes über Bord gegangener Ladungsteile oder für (auftragslose) Wahrschaumaßnahmen für ein gesunkenes Schiff.

8 Schiffshypothek

8.1 Sie kann **freiwillig** bestellt werden (SchiffsRG § 8 am Schiff, § 76 am Schiffsbauwerk, § 10 Vormerkung dazu, §§ 24–81 Einzelheiten). Der Rang mehrerer bestimmt sich dabei nach der Reihenfolge der Eintragung (SchiffsRG § 25) oder nach einer eingetragenen Rangänderung (SchiffsRG § 26) im Schiffs- bzw Schiffsbauregister.

8.2 Sie kann aber auch **zwangsweise,** entsprechend der Zwangshypothek am Grundstück, bestellt werden, wenn die Forderung mehr als 500 DM beträgt: ZPO § 870 a Abs 1 und 2, § 866 Abs 3. Bei prozeßgerichtlicher Einstellung usw erlischt diese: ZPO § 870 a Abs 3.

8.3 Eigentümerrecht: Die Schiffshypothek erlischt grundsätzlich, wenn sie mit dem Eigentum in einer Person zusammentrifft: SchiffsRG § 64 Abs 1. Sie erlischt aber nicht, wenn eine Forderung dafür besteht: SchiffsRG §§ 59, 64 Abs 2 Satz 1. Jedoch kann der Eigentümer aus der ihm zustehenden Schiffshypothek nicht die Zwangsvollstreckung in das Schiff betreiben und er erhält auch keine Zinsen aus ihr: SchiffsRG § 64 Abs 2 Satz 2. Es ist das also ähnlich geregelt wie für Grundstücke in BGB § 1197. Was dort gesagt ist, muß also auch hier gelten (§ 10 Rdn 8, § 114 Rdn 6).

---

[18] BGH 66, 1 = KTS 1976, 292 = MDR 1976, 646 = NJW 1976, 1402.
[19] BGH 63, 61 = KTS 1975, 107 = MDR 1975, 39 = NJW 1974, 2284 = Rpfleger 1975, 17.
[20] BGH MDR 1983, 911 = VersR 1983, 685.
[21] BGH 96, 332 = MDR 1986, 476 = NJW 1987, 131.

[Zuständiges Vollstreckungsgericht, weitere Beteiligte]

163 (1) Für die Zwangsversteigerung eines eingetragenen Schiffs ist als Vollstreckungsgericht das Amtsgericht zuständig, in dessen Bezirk sich das Schiff befindet; § 1 Abs 2 gilt entsprechend.

(2) Für das Verfahren tritt an die Stelle des Grundbuchs das Schiffsregister.

(3) Die Träger der Sozialversicherung einschließlich der Arbeitslosenversicherung gelten als Beteiligte, auch wenn sie eine Forderung nicht angemeldet haben. Bei der Zwangsversteigerung eines Seeschiffes vertritt die Seeberufsgenossenschaft, bei der Zwangsversteigerung eines Binnenschiffes die Binnenschiffahrts-Berufsgenossenschaft die übrigen Versicherungsträger gegenüber dem Vollstreckungsgericht.

Allgemeines zu § 163   1

Die Vorschrift befaßt sich mit der Zuständigkeit für die Zwangsversteigerung, mit dem Schiffsregister und zusätzlichen Verfahrensbeteiligten.

Amtsgericht als Vollstreckungsgericht (Absatz 1)   2

2.1 Sachlich zuständig für die Zwangsversteigerung eines eingetragenen Schiffs oder Schiffsbauwerks ist das Amtsgericht (GVG § 22) als **Vollstreckungsgericht** (Abs 1).

2.2 Örtlich zuständig ist das Amtsgericht, in dessen Bezirk sich das Schiff oder Schiffsbauwerk befindet (Abs 1). Das gilt auch für ein ausländisches Schiff: § 171 Abs 2 Satz 1.

2.3 Die Landesregierungen oder die ermächtigten Landesjustizverwaltungen können die Versteigerungsverfahren für den Bezirk mehrerer Amtsgerichte **einem Amtsgericht** zuweisen (§ 1 Abs 2 mit § 163 Abs 1 Halbs 2), die aber Schiffsregistergerichte sein müssen. Diese Konzentrationsermächtigung ab 1. 7. 1979 (Gesetz vom 1. 2. 1979, BGBl 1979 I 127) muß durch neue Vorschriften ausgefüllt werden[1] (anders[2], dieser daher auch für Zuständigkeit in **Nordrhein-Westfalen** nach der Verordnung vom 10. 1. 1972, GV. NW 18). Rechtsverordnungen, die am 1. 7. 1979 über die Zusammenfassung der Zwangsversteigerungssachen bei zentralen Amtsgerichten bestanden haben, gelten nicht auch für Schiffsversteigerungen. Die für die Zwangsversteigerung und -verwaltung von Grundstücken nach § 1 Abs 2 ergangenen landesrechtlichen Vorschriften gelten nicht ohne weiteres („entsprechend") auch für Schiffe (anders[2]). § 163 Abs 1 bestimmt eine eigenständige Ermächtigungsgrundlage, nicht die entsprechende Anwendung der für Grundstücke erlassenen landesrechtlichen Vorschriften. Gründe, die für Zusammenfassung der Grundstücksverfahren Anlaß gegeben haben, sprechen nicht zugleich für Zuständigkeit eines so bestimmten Gerichts für Verfahren zur Versteigerung von Schiffen und Schiffsbauwerken bei dem gleichen Gericht. **Landesrechtliche** Vorschriften nach jetzigem Stand:
Baden-Württemberg: Verordnung über die Zuständigkeit der Amtsgerichte für die Zwangsversteigerung von Schiffen und Schiffsbauwerken vom 23. 2. 1987 (Gesetzblatt 1987, 74) – Amtsgerichte Konstanz, Heilbronn und Mannheim;
Hamburg: Verordnung über die Zuständigkeit des Amtsgerichts Hamburg in Zivil- und Handelssachen usw vom 1. 9. 1987, GVBl 1987, 172 (= Slg Hmb Landesrecht Nr 300 – 6) (zuletzt geändert am 4. 7. 1995, GVBl 154).

2.4 Die Zuständigkeit ist eine **ausschließliche.** Daß das Schiff seinen Standort im Gerichtsbezirk hat, ist glaubhaft zu machen. Stellt sich nachträglich heraus, daß

---

[1] Hornung Rpfleger 1979, 365 (VIII 2); Dassler/Muth § 163 Rdn 3; Steiner/Hagemann § 163 Rdn 11.
[2] Rellermeyer Rpfleger 1995, 492 (2).

§ 163 2.4 Zwangsversteigerung von Schiffen und Schiffsbauwerken

dies nicht richtig war, so ist das Verfahren aufzuheben (§ 28). Maßgebend ist also nicht das Gericht des Heimathafens. Maßgebend ist auch nicht der Standort bei Antragstellung und nicht bei Wirksamwerden der Anordnung, sondern bei Erlaß des Anordnungsbeschlusses. Der Anordnungsbeschluß ist also in Ordnung, wenn das Schiff vor seinem Erlaß in den Bezirk des Gerichts eingelaufen und bis zum Erlaß des Beschlusses nicht wieder ausgelaufen ist. Alle späteren Änderungen sind ohne Bedeutung.

3 Beteiligte der Schiffsversteigerung (Absatz 3)

3.1 Wer Beteiligter ist, richtet sich zunächst grundsätzlich **nach § 9. Beteiligte sind außerdem:** die Träger der Sozialversicherung nach Abs 3; der Schiffer im Falle von § 166 Abs 2; alle Schiffsgläubiger (§ 162 Rdn 7).

3.2 Alle Beteiligten, die nicht im Schiffsregister eingetragen sind, müssen ihre Rechte **anmelden,** ausgenommen die Träger der Sozialversicherung (Abs 3 Satz 1). Diese werden kraft Gesetzes vertreten (Abs 3 Satz 2), nämlich: bei der Versteigerung eines Seeschiffes durch die Seeberufsgenossenschaft und bei der Versteigerung eines Binnenschiffes durch die Binnenschiffahrts-Berufsgenossenschaft (Duisburg, Düsseldorfer Straße 193). Zur Anmeldung § 168 b.

[Antragsvoraussetzungen]

164 Die Beschränkung des § 17 gilt für die Zwangsversteigerung eines eingetragenen Schiffs nicht, soweit sich aus den Vorschriften des Handelsgesetzbuchs oder des Gesetzes, betreffend die privatrechtlichen Verhältnisse der Binnenschiffahrt, etwas anderes ergibt; die hiernach zur Begründung des Antrags auf Zwangsversteigerung erforderlichen Tatsachen sind durch Urkunden glaubhaft zu machen, soweit sie nicht dem Gericht offenkundig sind; dem Antrag auf Zwangsversteigerung ist ein Zeugnis der Registerbehörde über die Eintragung des Schiffs im Schiffsregister beizufügen.

1 Allgemeines zu § 164

Die Vorschrift befaßt sich mit den Voraussetzungen für den Versteigerungsantrag bei Schiffen und Schiffsbauwerken.

2 Antragsvoraussetzungen für Schiffsversteigerungen

2.1 Grundsätzlich gelten die Voraussetzungen für den Antrag wie bei Grundstücken **in § 17,** aber zum Teil ohne die dort genannten Beschränkungen. Schuldner muß entweder der im Schiffsregister eingetragene Eigentümer oder der Erbe dieses Eigentümers sein. Manchmal genügt es aber auch, daß er Besitzer oder Schiffer ist (§ 162 Rdn 2).

2.2 Die erforderlichen Tatsachen sind durch **Urkunden** glaubhaft zu machen, soweit sie nicht bei Gericht offenkundig sind. Außerdem ist dem Antrag ein **Zeugnis** der Registerbehörde beizufügen, wenn sich der Antrag gegen den eingetragenen Eigentümer richtet (§ 17 Abs 2); insoweit genügt nicht die Glaubhaftmachung[1].

2.3 Für **Eigentumswechsel** nach der Beschlagnahme sind § 23 Abs 2 und § 26 anzuwenden[2]. Das Verfahren wird also fortgesetzt, wenn es wegen eines eingetragenen Rechtes angeordnet war; sonst kann der Erwerber der Fortsetzung des Verfahrens widersprechen, wenn sein Erwerb vor der Eintragung des Versteigerungs-

---

[1] Röder, Schuldner bei Schiffsversteigerung (1919), Seite 13.
[2] Mohrbutter/Drischler Muster 167 Anm 9.

Bewachung und Verwahrung des Schiffes, Beschlagnahme 2.2 § 165

vermerks im Schiffsregister und ohne Kenntnis des Versteigerungsantrags erfolgt ist[3].

[Bewachung und Verwahrung des Schiffes, Treuhandschaft, zusätzliches Wirksamwerden der Beschlagnahme]

165 (1) **Bei der Anordnung der Zwangsversteigerung hat das Gericht zugleich die Bewachung und Verwahrung des Schiffes anzuordnen. Die Beschlagnahme wird auch mit der Vollziehung dieser Anordnung wirksam.**

(2) **Das Gericht kann zugleich mit der einstweiligen Einstellung des Verfahrens im Einverständnis mit dem betreibenden Gläubiger anordnen, daß die Bewachung und Verwahrung einem Treuhänder übertragen wird, den das Gericht auswählt. Der Treuhänder untersteht der Aufsicht des Gerichts und ist an die ihm erteilten Weisungen des Gerichts gebunden. Das Gericht kann ihn im Einverständnis des Gläubigers auch ermächtigen, das Schiff für Rechnung und im Namen des Schuldners zu nutzen. Über die Verwendung des Reinertrages entscheidet das Gericht. In der Regel soll er nach den Grundsätzen des § 155 verteilt werden.**

Allgemeines zu § 165   1

Ein Schiff wird zwar wie unbewegliches Vermögen behandelt, ist aber sehr beweglich und kann sich den gerichtlichen Verfahren leicht entziehen. Daher sind hier Sicherungsmaßnahmen vorgesehen. Sie sind den Sicherungsmaßnahmen bei Grundstücken nach § 25 verwandt und sollen einen Ausgleich dafür bieten, daß es bei Schiffen und Schiffsbauwerken keine Zwangsverwaltung gibt. Die Maßnahmen sollen außerdem verhindern, daß das Schiff ungenutzt liegenbleibt (wofür unter Umständen hohe Gebühren entstehen), und sollen erreichen, daß es im Interesse aller Beteiligten genutzt wird.

Anordnung der Bewachung und Verwahrung des Schiffes (Absatz 1 Satz 1)   2

2.1 Zugleich mit der Anordnung der Zwangsversteigerung **muß** auch die Bewachung und Verwahrung **beschlossen werden:** Abs 1 Satz 1. Dies geschieht ohne Antrag, von Amts wegen (also anders als in § 25). Die Anordnung ist zwingend. Sie ist ein Bestandteil des Anordnungsbeschlusses.

2.2 Durchgeführt wird die Bewachung und Verwahrung vom Gerichtsvollzieher oder der Polizei oder der Hafenbehörde. Das Gericht kann den Gerichtsvollzieher beauftragen, das Schiff „an die Kette zu legen"[1], die Beschlagnahme kenntlich zu machen, ein Inventar aufzunehmen, die Schiffspapiere wegzunehmen und das Schiff zur Bewachung und Verwahrung der Hafenbehörde oder einer anderen Person zu übergeben[1]. Es kann ihn auch beauftragen, das Schiff selbst zu bewachen und zu verwahren[1]. Der Gerichtsvollzieher kann hierzu als Privatperson bestellt werden und erhält dann eine angemessene Vergütung[2] (hierzu auch § 171 c Rdn 3); er kann aber auch in amtlicher Eigenschaft betraut werden und erhält dann eine Vergütung nach GVKG § 28 (Rdn 5). Dazu meint aber[3], die Tätigkeit sei von nicht geringer Verantwortung, dafür genüge nicht die Entschädigung nach GVKG, es sei besser der erstgenannte Weg, Bezahlung als Privatmann.

---

[3] Dassler/Muth § 164 Rdn 12; Steiner/Hagemann § 164 Rdn 17; Mohrbutter/Drischler aaO.
[1] Mohrbutter KTS 1963, 21 (I).
[2] LG Osnabrück DGVZ 1965, 210 mit zust Anm Mohrbutter.
[3] Mohrbutter DGVZ 1965, 210.

§ 165 2.3 Zwangsversteigerung von Schiffen und Schiffsbauwerken

2.3 Der Schuldner darf **auf dem Schiff wohnen,** soweit er das Verfahren dadurch nicht gefährdet; doch ist § 25 anwendbar[4]. Eine Entschädigung muß der Schuldner für die Unterkunft nicht zahlen. Er kann, wenn er dazu bereit ist, selbst zum Hüter des Schiffes bestellt werden[5]. Das Schiff darf während der Bewachung den **Hafen nicht verlassen.**

2.4 Alle **Maßnahmen enden** mit dem Zuschlag[6].

2.5 Bei dieser Anordnung der Bewachung und Verwahrung ist, im Gegensatz zur Bestellung eines Treuhänders bei Verfahrenseinstellung nach Abs 2, **nicht** vorgesehen, das Schiff auch **zu nutzen** und die Nutzungen zu verwenden.

3 Beschlagnahmewirksamkeit bei Schiffen (Absatz 1 Satz 2)

Die **Beschlagnahme** wird zunächst wie bei Grundstücken wirksam, nämlich durch Zustellung des Anordnungs- oder Beitrittsbeschlusses oder durch Zugang des Eintragungsersuchens an das Registergericht: §§ 22, 162 Abs 1, § 163 Abs 2. **Zusätzlich** kann hier die Beschlagnahme auch dadurch wirksam werden (falls dies vor den vorher genannten Zeitpunkt liegt), daß die Anordnung über die Bewachung und Verwahrung (die mit dem Anordnungsbeschluß verbunden ist) vollzogen wird: Abs 1 Satz 2. Zum Umfang der Beschlagnahme § 162 Rdn 2.

4 Einstellung mit Treuhandschaft bei Schiffen usw (Absatz 2)

4.1 Das Gericht **kann** nach § 165 Abs 2 zugleich mit einer einstweiligen Einstellung des Verfahrens die Bewachung und Verwahrung **einem Treuhänder** übergeben. Es soll hierdurch der unerwünschte Zustand vermieden werden, daß ein Schiff längere Zeit hindurch ungenutzt festliegt[7], obwohl das Versteigerungsverfahren infolge der Einstellung nicht vorankommt. Ein Treuhänder kann bei **See- und Binnenschiffen** und auch bei **Schiffsbauwerken** bestellt werden (Abs 2, § 170 a Abs 2 Satz 1), auch bei **ausländischen** Schiffen (§ 171 Abs 1 und 5).

4.2 Diese Anordnung kann **nur** erfolgen, **wenn** das Zwangsversteigerungsverfahren einstweilen **eingestellt** wird, und zwar gleich aus welchem Grund[8]. Es genügen hier also Einstellungen aus §§ 30, 30 a–d, 77, 86, aus ZPO §§ 707, 719, 765 a, 775. Die Anordnung kann zugleich mit der Einstellung erfolgen (Abs 2 Satz 1), muß aber nicht. Die Einstellung und die Anordnung der Treuhandschaft sind **nicht gekoppelt**[9]. Die Entscheidung ergeht **von Amts wegen**[10]. Anträge der Beteiligten sind nur als Anregung anzusehen[11]. An Anträge und Vorschläge ist das Gericht nicht gebunden[12].

4.3 Sind **mehrere betreibende Gläubiger** zur Zeit der Entscheidung vorhanden, so kann die Treuhandschaft nur angeordnet werden, wenn gegenüber allen Gläubigern eingestellt ist oder wird[13]. Über den Beitritt eines neuen Gläubigers Rdn 4.8.

4.4 Die Treuhandschaft kann das Gericht **nur mit Einverständnis** des betreibenden Gläubigers anordnen (Abs 2 Satz 1), bei mehreren Gläubigern also nur mit

---

[4] Jaeckel/Güthe § 165 Rdn 1; Mohrbutter, Handbuch des Vollstreckungsrechts, § 50 (II g).
[5] Mohrbutter KTS 1963, 21 (1).
[6] Mohrbutter, Handbuch des Vollstreckungsrechts, § 50 (II c).
[7] Jonas/Pohle, ZwVNotrecht, § 165 Anm 1.
[8] Steiner/Hagemann § 165 Rdn 32; Mohrbutter/Drischler Muster 168 Anm 2; Jonas/Pohle, ZwVNotrecht, § 165 Anm 2 a; Mohrbutter KTS 1963, 21.
[9] Jonas/Pohle, ZwVNotrecht, § 165 Anm 2 c.
[10] Jonas/Pohle, ZwVNotrecht, § 165 Anm 2 a.
[11] Steiner/Hagemann § 165 Rdn 35; Mohrbutter KTS 1963, 21.
[12] Mohrbutter/Drischler Muster 168 Anm 3.
[13] Steiner/Hagemann § 165 Rdn 34; Jonas/Pohle, ZwVNotrecht, § 165 Anm 2 a.

Bewachung und Verwahrung des Schiffes, Beschlagnahme 4.7 § 165

Einverständnis aller[14]. Dieses Einverständnis kann nicht widerrufen werden[15]. Es kann auch nicht durch eine andere Stelle ersetzt werden[16]. Wurde es mit Einschränkungen erteilt, so ist der Treuhänder an diese Einschränkungen gebunden[16]. An die Zustimmung ist aber das Gericht nicht gebunden, es kann also auch dann noch frei entscheiden[17].

4.5 Das Gericht entscheidet hier nach **pflichtgemäßem Ermessen**[17]. Auch die Auswahl des Treuhänders ist allein seine Sache; es gibt hier kein Vorschlagsrecht, auch nicht für Institute aus § 150 a[18]. Das Gericht hat die persönliche Zuverlässigkeit und die sachliche Eignung zu beachten. Der Treuhänder erhält zweckmäßig eine **Bestallung**.

4.6 Der Treuhänder hat die Bewachung und Verwahrung wahrzunehmen (Abs 2 Satz 1). Er untersteht dabei der **Aufsicht** des Gerichts und ist an dessen **Weisungen** gebunden (Abs 2 Satz 2). Er haftet für seine Tätigkeit nach § 154[19]. Er kann vom Gericht, wieder mit Einverständnis der betreibenden Gläubiger (anders[20]: für Entlassung Einverständnis nicht erforderlich), auch ausgewechselt werden[21].

4.7 a) Der Treuhänder **kann** vom Gericht, mit Einverständnis der betreibenden Gläubiger nur, auch **ermächtigt werden,** das Schiff für Rechnung und im Namen des Schuldners **zu nutzen:** Abs 2 Satz 3. Für das Einverständnis gilt hier, was vorher gesagt wurde. **Nur bei** der **Einstellung** des Verfahrens kann gemäß Abs 2 die Nutzung erfolgen, nicht dagegen im Falle von Abs 1.

b) Die Nutzung ist **besonders anzuordnen.** Mit der Anordnung der Treuhandschaft selbst erfolgt noch keine Nutzung, nur die Bewachung und Verwahrung[22]. Anlaß zur reinen Bewachung kann etwa sein, daß man Arbeiten am Schiff ausführen oder über die Frage der Nutzung vorverhandeln will[22].

c) Die **Art der Nutzung** ist, abgesehen von (ihn bindenden) Weisungen des Gerichts, dem ermächtigten Treuhänder überlassen[23]. Er handelt hierbei für Rechnung und im Namen des Schuldners; für diesen darf er alles unternehmen, was nach den Umständen des Falles zur sachgemäßen Nutzung gehört, allerdings immer erkennbar als Treuhänder; er darf dabei sogar Prozesse wie ein Zwangsverwalter führen[24].

d) Aus den Nutzungen sind die **Bewachungs- und Verwahrungskosten** vorweg zu entnehmen[25] (dazu § 165 Rdn 5), nicht aber die Kosten des Zwangsversteigerungsverfahrens[25].

e) Der **Reinertrag** wird nach Entscheidung des Gerichts verwendet: § 165 Abs 2 Satz 4. Ein besonderes Verteilungsverfahren, etwa nach § 156 Abs 2, findet nicht statt[26]. In der Regel soll der Reinertrag nach den Grundsätzen des § 155 verteilt

---

[14] Steiner/Hagemann § 165 Rdn 34; Jonas/Pohle, ZwVNotrecht, § 165 Anm 2 a; Mohrbutter KTS 1963, 21.
[15] Steiner/Hagemann § 165 Rdn 33; Jonas/Pohle, ZwVNotrecht, § 165 Anm 2 a; Mohrbutter KTS 1963, 21.
[16] Mohrbutter KTS 1963, 21.
[17] Jonas/Pohle, ZwVNotrecht, § 165 Anm 2 a.
[18] Steiner/Hagemann § 165 Rdn 36; Jonas/Pohle, ZwVNotrecht, § 165 Anm 2 c.
[19] Steiner/Hagemann § 165 Rdn 41; Jonas/Pohle, ZwVNotrecht, § 165 Anm 2 e; Mohrbutter KTS 1963, 21.
[20] Steiner/Hagemann § 165 Rdn 50.
[21] Jonas/Pohle, ZwVNotrecht, § 165 Anm 3 e; Mohrbutter KTS 1963, 21.
[22] Mohrbutter KTS 1963, 21.
[23] Jonas/Pohle, ZwVNotrecht, § 165 Anm 3 b.
[24] Jonas/Pohle, ZwVNotrecht, § 165 Anm 3 b; Mohrbutter KTS 1963, 21.
[25] Jonas/Pohle, ZwVNotrecht, § 165 Anm 3 c.
[26] Steiner/Hagemann § 165 Rdn 75; Mohrbutter/Drischler Muster 168 Anm 11; Jonas/Pohle, ZwVNotrecht, § 165 Anm 3 c; Mohrbutter KTS 1963, 21.

§ 165 4.7 Zwangsversteigerung von Schiffen und Schiffsbauwerken

werden: Abs 2 Satz 5. Es ist aber zulässig, hiervon abzuweichen; das Gericht ist also nicht an § 155 gebunden[27]. Das Gericht „hat innerhalb des gesteckten Rahmens nach allgemein gültigen Rechtssätzen, aus dem Wesen der Treuhandschaft jedoch mit gewisser Anlehnung an die Vorschriften des Zwangsverwaltungsrechts sowie unter Beachtung der Rangordnung des Zwangsversteigerungsrechts seine Entscheidung zu treffen"[28].

f) Die gerichtliche Entscheidung ist hierbei endgültig, sobald sie rechtskräftig ist; es gibt **keinen Widerspruch** nach § 115, auch keine Widerspruchsklage[29]. Natürlich muß das Gericht die Beteiligten vorher unbedingt **anhören**[30], schriftlich oder mündlich, zweckmäßig mündlich. Die **Entscheidung** wird verkündet oder zugestellt (ZPO § 329)[31]. Sie ergeht in der Form eines Verteilungsplanes oder eines Beschlusses, sei es für das gesamte Verfahren oder auch nur für einen bestimmten Zeitabschnitt. Bei streitigen Forderungen kann das Gericht auch eine Hilfsverteilung vornehmen und die Beteiligten auf den Prozeßweg verweisen (aber keine Widerspruchsklage), kann auch den Betrag hinterlegen.

g) Für die **Rangfolge** können nur die Grundzüge aus § 155 entnommen werden, weil sich Abweichungen aus den Besonderheiten des Schiffsversteigerungsrechts (andere Rangfolge) ergeben[32]. Dabei können auch Kapitalbeträge zugeteilt werden[32]. In der Regel besteht kein Anlaß, den Vollstreckungsschuldner selbst am Reinertrag teilnehmen zu lassen[32]. Der Reinertrag soll auf ein Treuhandkonto genommen werden[33].

h) Wegen der Einzelheiten und Besonderheiten wird auf die ausführliche Darstellung von[33] verwiesen.

4.8 Tritt nach der Anordnung der Treuhandschaft ein weiterer **Gläubiger bei,** so hat er dieselben Rechte, wie wenn sie mit seinem Einverständnis angeordnet worden wäre; er muß aber den Verfahrensstand so hinnehmen, wie er im Zeitpunkt seines Beitritts ist[33]. Es ist nicht nötig, daß er nachträglich der Treuhandschaft ausdrücklich zustimmt[34]. Damit aber die für die treuhänderische Nutzung vorausgesetzte Einstellung des Verfahrens vorliegt, muß auch das Versteigerungsverfahren des neuen Beitrittsgläubigers sofort wieder eingestellt werden, mindestens alsbald.

4.9 Die treuhänderische **Nutzung** ist **aufzuheben,** wenn ihre Anordnung sich als unzulässig erweist[35]. Das kann nur nach Lage des Falles entschieden werden. Auf jeden Fall muß das Gericht die Treuhandschaft aufheben, wenn das Versteigerungsverfahren aufgehoben wird oder wenn der Zuschlag erteilt wird, nicht jedoch, wenn die einstweilige Einstellung außer Kraft tritt[35] (nur Anordnung ist an die Einstellung gebunden, nicht unbedingt auch ihre Fortsetzung) (anders[36]).

4.10 Nach Aufhebung der treuhänderischen Nutzung hat der Treuhänder das Schiff zurückzubringen, falls es unterwegs ist, hat es dem Berechtigten (Schuldner oder Ersteher) zu übergeben, hat alle schwebenden Geschäfte (wie ein Zwangsverwalter) abzuwickeln, unaufschiebbare noch fortzusetzen und den Kassenbestand unter Schlußabrechnung an den Berechtigten auszuhändigen, wobei die Treu-

---

[27] Jonas/Pohle, ZwVNotrecht, § 165 Anm 3 c.
[28] Mohrbutter KTS 1963, 21.
[29] Jonas/Pohle, ZwVNotrecht, § 165 Anm 2; Mohrbutter KTS 1963, 21.
[30] Jonas/Pohle, ZwVNotrecht, § 165 Anm 2; Mohrbutter/Drischler Muster 168 Anm 11; Mohrbutter KTS 1963, 21.
[31] Jonas/Pohle, ZwVNotrecht, § 165 Anm 3 f; Mohrbutter KTS 1963, 21.
[32] Jonas/Pohle, ZwVNotrecht, § 165 Anm 3 c.
[33] Mohrbutter KTS 1963, 21.
[34] Mohrbutter/Drischler Muster 168 Anm 6; Jonas/Pohle, ZwVNotrecht, § 165 Anm 2 g; Mohrbutter KTS 1963, 21.
[35] Mohrbutter/Drischler Muster 168 Anm 9; Jonas/Pohle, ZwVNotrecht, § 165 Anm 2 g.
[36] Dassler/Muth § 165 Rdn 10.

handkosten einzubehalten sind. Im Falle des Zuschlags sind die Anprüche von Vollsteckungsschuldner und Ersteher wie bei der Zwangsverwaltung auszugleichen.

Kosten der besonderen Maßnahmen bei Schiffen 5

5.1 Mit dem Stilliegen eines Schiffes sind nicht unerhebliche Kosten verbunden; Hafengebühren, Entschädigung für das Bewachen, Pflege des Schiffes und der Maschinen, Versicherungen usw[37]. Diese Kosten gehören zu den nach § 109 vorweg aus dem Versteigerungserlös **zu entnehmenden** Verfahrenskosten[38]. Sie sind hier vom Antragsteller des Verfahrens **nicht vorzuschießen**; es kann auch nicht die Nichtbezahlung eines Vorschusses zur Aufhebung der Bewachungs- und Verwahrungsmaßnahmen führen, weil ja diese bei einer Schiffsversteigerung immer von Amts wegen angeordnet werden müssen (§ 165 Abs 1 Satz 1) und nicht verzichtbar sind (so auch[39], ähnlich[40], anders aber[41]; anders auch[42]: sogar das ganze Zwangsversteigerungsverfahren sei bei dieser Nichtzahlung aufzuheben).

5.2 Ein Treuhänder kann eine **Vergütung** erhalten, die samt den **Auslagen** aus den Nutzungen zu decken ist[43] (anders[44]: es sei zunächst jemand zu suchen, der die Aufgabe ehrenamtlich übernehme, weil vom Gesetz keine Vergütung vorgesehen sei, und nur dann, wenn dies nicht möglich sei, eine Vergütung entsprechend § 153).

5.3 Für die Anordnung aus Abs 1 fällt keine besondere **Gerichtsgebühr** an; die Maßnahme ist Bestandteil der Verfahrensanordnung. Für die Anordnung aus Abs 2 fällt ebenfalls keine besondere Gerichtsgebühr an; es wird aber die Versteigerungsverfahrensgebühr hierdurch ausgelöst, wenn dies nicht schon durch eine andere Tätigkeit des Gerichts geschehen ist.

5.4 Der **Gerichtsvollzieher** erhält für seine Mitwirkung nach GVKG § 28 das Doppelte der Festgebühr, somit 40 DM (GVKG § 13 Abs 2), bei Nichtdurchführung die Festgebühr mit 20 DM; nachts oder an Sonn- und Feiertagen erhält er die doppelten Gebühren (GVKG § 34); er erhält außerdem Auslagen nach GVKG §§ 35–37. Dazu Einl Rdn 88.

Rechtsbehelfe für und gegen besondere Maßnahmen 6

Gegen die Rechtspflegerentscheidung gibt es hier befristete Rechtspflegererinnerung/sofortige Beschwerde, auch weitere Beschwerde nach ZPO § 568 Abs 2, so gegen die Ablehnung der Anordnung[44], gegen die Entscheidung über die Verwendung der Nutzungen, auch mit weiterer Beschwerde[45]. Vollstreckungserinnerung nach ZPO § 766 dagegen gibt es gegen die Anordnung aus Abs 2 als solche, gegen die Auswahl des Treuhänders, auch gegen ein Unterlassen der Anordnung. Wird bei „Nichtzahlung eines Vorschusses" das Verfahren nicht aufgehoben, so hat der Gläubiger kein Rechtsmittel[46] (Vorschuß gibt es hier nicht, Rdn 5).

---

[37] Mohrbutter KTS 1963, 21.
[38] RG 97, 61; Steiner/Hagemann § 165 Rdn 29; Jonas/Pohle, ZwVNotrecht, § 165 Anm 2; Mohrbutter/Drischler Muster 167 Anm 7.
[39] Mohrbutter/Drischler Muster 167 Anm 7.
[40] Steiner/Hagemann § 165 Rdn 27.
[41] LG Lübeck SchlHA 1964, 23; Dassler/Muth § 165 Rdn 6; Jaeckel/Güthe § 165 Rdn 1.
[42] Korintenberg/Wenz § 165 Anm 1.
[43] Dassler/Muth § 165 Rdn 13; Mohrbutter/Drischler Muster 168 Anm 10.
[44] Jonas/Pohle, ZwVNotrecht, § 165 Anm 2.
[45] Jonas/Pohle, ZwVNotrecht, § 165 Anm 3; Mohrbutter KTS 1963, 21 (7 a).
[46] LG Lübeck SchlHA 1964, 23.

§ 166 Zwangsversteigerung von Schiffen und Schiffsbauwerken

[Beschlagnahme gegen Schiffer, Schiffer als Beteiligter]

166 (1) **Ist gegen den Schiffer auf Grund eines vollstreckbaren Titels, der auch gegenüber dem Eigentümer wirksam ist, das Verfahren angeordnet, so wirkt die Beschlagnahme zugleich gegen den Eigentümer.**

(2) **Der Schiffer gilt in diesem Falle als Beteiligter nur so lange, als er das Schiff führt; ein neuer Schiffer gilt als Beteiligter, wenn er sich bei dem Gerichte meldet und seine Angabe auf Verlangen des Gerichts oder eines Beteiligten glaubhaft macht.**

1 Allgemeines zu § 166

Die Zwangsversteigerung eines Schiffes wird grundsätzlich gegen den Schiffseigentümer als Schuldner betrieben (§ 162 Rdn 2). Ausnahmsweise ist dies aber auch gegen den Schiffer möglich, wobei sich Besonderheiten ergeben.

2 Anordnung gegen den Schiffer (Absatz 1)

2.1 Das Zwangsversteigerungsverfahren über Schiffe wird normal gegen den Schiffseigentümer als Schuldner angeordnet und durchgeführt (§ 162 Rdn 2). Das gesetzliche Pfandrecht eines Schiffsgläubigers kann aber auch gegen jeden Besitzer des Schiffes verfolgt werden (für Seeschiffe: HGB § 755 und 760 Abs 2; für Binnenschiffe BinSchG § 103 Abs 2). Ist demnach das Zwangsversteigerungsverfahren gegen den Schiffer (= Führer des Schiffes, Kapitän) auf Grund eines vollstreckbaren Titels angeordnet worden, der auch gegenüber dem Schiffseigentümer wirksam ist (also vollstreckbar, indem er den Schiffer nur als vom Schiffseigentümer bestellten Führer des Schiffes ausweist), so wirkt die Beschlagnahme zugleich gegen den Eigentümer des Schiffes: Abs 1. Hat der Schiffer noch vor Erlaß des Anordnungsbeschlusses gewechselt, so ist die Vollstreckungsklausel nach ZPO §§ 727, 730 umzuschreiben (vorausgesetzt, daß der Titel gegen den Schiffer als solchen ergangen ist)[1]; bei Wechsel nach der Beschlagnahme ist diese Umschreibung nicht nötig.

2.2 Wurde das Verfahren gegen den Eigentümer angeordnet, so kann ihm mit Titel gegen den Schiffer **beigetreten** werden, ebenso umgekehrt; im Verfahren gegen den Schiffer kann also auch gegen den Eigentümer beigetreten werden.

3 Schiffer als Beteiligter (Absatz 2)

3.1 Der „Schiffer" gilt als **Beteiligter** nur, solange er das Schiff tatsächlich führt: Abs 2. Ein neuer Schiffer gilt als Beteiligter, sobald er sich bei Gericht meldet und seine Angaben auf Verlangen glaubhaft macht: Abs 2.

3.2 Wenn der Schiffer Beteiligter ist, wird ihm die **Terminsbestimmung** zugestellt, einem neuen Schiffer erst, sobald er angemeldet und glaubhaft gemacht hat (Abs 2). Dem neuen ist sie aber vor der Glaubhaftmachung zusätzlich zuzustellen (gemäß § 41 Abs 3).

[Besonderheiten zur Terminsbestimmung]

167 (1) **Die Bezeichnung des Schiffes in der Bestimmung des Versteigerungstermins soll nach dem Schiffsregister erfolgen.**

(2) **Die im § 37 Nr 4 bestimmte Aufforderung muß ausdrücklich auch auf die Rechte der Schiffsgläubiger hinweisen.**

---

[1] Mohrbutter/Drischler Muster 167 Anm 11.

Bekanntmachung der Terminsbestimmung 2.1 **§ 168**

Allgemeines zu § 167 1

Die Vorschrift regelt weitere Erfordernisse der Terminsbestimmung, die sich nach der Natur der Sache ergeben.

Terminsbestimmung bei Schiffen usw 2

2.1 a) Für die Terminsbestimmung gelten zunächst §§ 37, 38 (§ 162 Rdn 3).
b) In der Terminsbestimmung ist das Schiff zu bezeichnen (§ 37 Nr 1 mit § 162), und zwar nach dem Schiffsregister: Abs 1. Letzteres ist (wie § 38) nur eine Ordnungsvorschrift. Genaue Bezeichnung des Schiffes nach § 37 Nr 1 hingegen ist notwendiges Erfordernis der Terminsbestimmung. Dazu gibt die alte Reichs-Verfügung über Schiffsversteigerungstermine (Textanhang T 39) Hinweise, auch das Landesrecht (§ 168 Rdn 2).

2.2 Die Aufforderung gemäß § 37 Nr 4 in der Terminsbestimmung (bestimmte Rechte anzumelden) muß hier ausdrücklich **auf die Rechte** der Schiffsgläubiger **hinweisen;** auch sie müssen spätestens im Versteigerungstermin vor der Aufforderung zur Abgabe von Geboten anmelden: Abs 2, § 37 Nr 4, § 45 Abs 1. Erleichtert wird diese Anmeldeverpflichtung durch § 168 Abs 2, weil die Terminsbestimmung im Schiffahrtsfachblatt weiteren Kreisen zugänglich wird, und durch § 168 b, weil die Anmeldungen bei dem Registergericht auch für das Vollstreckungsgericht gelten.

[Bekanntmachung der Terminsbestimmung]

168 (1) **Die Terminsbestimmung soll auch durch ein geeignetes Schiffahrtsfachblatt bekanntgemacht werden;** der *[Reichsminister der Justiz]* **Bundesminister der Justiz kann hierüber nähere Bestimmungen erlassen.**

(2) **Befindet sich der Heimatshafen oder Heimatsort des Schiffes in dem Bezirk eines anderen Gerichts, so soll die Terminsbestimmung auch durch das für Bekanntmachungen dieses Gerichts bestimmte Blatt bekanntgemacht werden.**

(3) **Die im § 39 Abs 2 vorgesehene Anordnung ist unzulässig.**

Allgemeines zu § 168 1

Ergänzende Vorschriften für Bekanntmachung der Terminsbestimmung.

Bekanntmachung durch Schiffahrtsfachblatt (Absatz 1) 2

2.1 a) Jeder Versteigerungstermin muß im **Amtsblatt** bekanntgemacht werden (§ 39 Abs 1, § 162 Abs 1). Die Terminsbestimmung soll auch an der **Gerichtstafel** angeheftet werden (§ 40 Abs 1, § 162 Abs 1). Das Gericht ist auch zu weiteren Veröffentlichungen befugt (§ 40 Abs 2, § 162 Abs 1). Diese Vorschriften ergänzt der § 168.
b) Die Amtsblätter des Gerichts werden in Schiffahrtsfachkreisen nur selten gelesen und beachtet. Daher soll (nicht muß) die Terminsbestimmung auch durch ein Schiffahrtsfachblatt bekanntgemacht werden. Diese Blätter sind fast überall jetzt landesrechtlich bestimmt. Die Art des Blattes und der Inhalt der Ausschreibung richtet sich nach landesrechtlicher Vorschrift, sonst nach der alten Reichsverfügung vom 7. 3. 1941 (Textanhang T 39).
c) Landesrechtliche Allgemeine Verfügungen ua: Bayern vom 24. 4. 1985 (BayJMBl Seite 63); Niedersachsen vom 15. 1. 1990 (NdsRpfl Seite 37); Nordrhein-Westfalen vom 18. 3. 1985 (JMBl NW Seite 88); Schleswig-Holstein vom 7. 3. 1983 (SchlHA Seite 53).

§ 168 2.2   Zwangsversteigerung von Schiffen und Schiffsbauwerken

2.2 Als **Bekanntmachungsfrist** ist in § 43 Abs 1 für Grundstücke eine Frist von sechs Wochen als Zeitraum zwischen der Bekanntmachung des Termins im Amtsblatt und dem Termin vorgeschrieben. Durch § 168 a (aufgehoben durch Gesetz vom 4. 12. 1968, BGBl I 1968, 1295) war diese Frist für Seeschiffe auf drei Monate verlängert; auch für diese gilt jetzt aber die Frist von sechs Wochen (nach vorausgehender Verfahrenseinstellung nur zwei Wochen). Für Binnenschiffe gilt auch weiterhin die normale Frist (sechs bzw zwei Wochen). Für Schiffsbauwerke dagegen (einschließlich der als Bauwerk zu behandelnden Schwimmdocks) ist diese Frist durch § 170 a Abs 2 abweichend festgesetzt (siehe dort).

3 Bekanntmachung bei Schiffsversteigerung sonst (Absätze 2 und 3)

Befindet sich der Heimathafen oder Heimatort des Schiffes in dem Bezirk eines anderen Gerichts, so soll die Terminsbestimmung auch im Amtsblatt dieses anderen Gerichts bekanntgemacht werden: Abs 2; dies ist nur eine Ordnungsvorschrift, deren Verletzung unschädlich ist. Die Ausschreibung im Amtsblatt darf entgegen § 39 Abs 2 niemals unterbleiben: Abs 3; diese Vorschrift ist zwingend.

168 a [aufgehoben]

[Anmeldung beim Registergericht vor Terminsbekanntmachung]

168 b Hat ein Schiffsgläubiger sein Recht innerhalb der letzten sechs Monate vor der Bekanntmachung der Terminsbestimmung bei dem Registergericht angemeldet, so gilt die Anmeldung als bei dem Versteigerungsgericht bewirkt. Das Registergericht hat bei der Übersendung der im § 19 Abs 2 bezeichneten Urkunden und Mitteilungen die innerhalb der letzten sechs Monate bei ihm eingegangenen Anmeldungen an das Versteigerungsgericht weiterzugeben.

1 Allgemeines zu § 168 b

Anmeldungen beim Vollstreckungsgericht richten sich nach den normalen Vorschriften (§ 162 Rdn 4), hier aber mit einer Besonderheit.

2 Anmeldungen beim Registergericht

2.1 § 168 b bringt, zusätzlich zur normalen Anmeldung von Ansprüchen beim zuständigen Vollstreckungsgericht, eine vorsorgliche **Möglichkeit.** Die Schiffsgläubiger können sich vor überraschenden Versteigerungen (etwa während einer Auslandsreise) schützen und ihre Rechte wahren, indem sie ihre Forderungen beim Registergericht anmelden. Dadurch werden die Gläubiger beim Vollstreckungsgericht als Beteiligte bekannt und müssen eine Terminsbestimmung zugeteilt erhalten. Es handelt sich hierbei um die Anmeldung von Rechten aus HGB § 754, BinSchG § 102. Sie gelten als beim zuständigen Gericht erfolgt, wenn sie innerhalb der letzten sechs Monate vor der Bekanntmachung der Terminsbestimmung (§ 39 Abs 1) beim Registergericht angemeldet sind: Satz 1.

2.2 Maßgebend ist nur das für das Schiff **zuständige Registergericht.**

2.3 Die Anmeldung hat die angegebene **Wirkung nur für sechs Monate.** Danach muß sie wiederholt werden, wenn nicht inzwischen die Terminsbestimmung des Versteigerungsverfahrens bekanntgemacht ist. Beim Registergericht braucht das Recht nicht glaubhaft gemacht zu werden (§ 41 Abs 3). Dies muß aber dann im Versteigerungsverfahren geschehen, da sonst Rangverlust nach § 37 Nr 4 eintritt.

2.4 Das Registergericht muß bei der Übersendung der in § 19 Abs 2 genannten **Mitteilungen** und Urkunden dem Vollstreckungsgericht auch die innerhalb der letzten sechs Monate bei ihm eingegangenen Anmeldungen zuleiten: Satz 2.

Schiffshypothek in ausländischer Währung 2.4 **§ 168 c**

[Schiffshypothek in ausländischer Währung]

168 c Für die Zwangsversteigerung eines Schiffes, das mit einer Schiffshypothek in ausländischer Währung belastet ist, gelten folgende Sonderbestimmungen:
1. Die Terminbestimmung muß die Angabe, daß das Schiff mit einer Schiffshypothek in ausländischer Währung belastet ist, und die Bezeichnung dieser Währung enthalten.
2. In dem Zwangsversteigerungstermin wird vor der Aufforderung zur Abgabe von Geboten festgestellt und bekanntgemacht, welchen Wert die in ausländischer Währung eingetragene Schiffshypothek nach dem amtlich ermittelten letzten Kurs in Deutscher Mark hat. Dieser Kurswert bleibt für das weitere Verfahren maßgebend.
3. Der bar zu zahlende Teil des geringsten Gebots wird in Deutscher Mark festgestellt. Die Gebote sind in Deutscher Mark abzugeben.
4. Der Teilungsplan wird in Deutscher Mark aufgestellt.
5. Wird ein Gläubiger einer in ausländischer Währung eingetragenen Schiffshypothek nicht vollständig befriedigt, so ist der verbleibende Teil seiner Forderung in der ausländischen Währung festzustellen. Die Feststellung ist für die Haftung mitbelasteter Gegenstände, für die Verbindlichkeit des persönlichen Schuldners und für die Geltendmachung des Ausfalls im Konkurs maßgebend.

Hinweis: In § 168 c Nr 5 Satz 2 wird ab 1. 1. 1999 das Wort „Konkurs" durch das Wort „Insolvenzverfahren" ersetzt. Art 20 Nr 11 EGInsO (BGBl 1994 I 2911 [2919].

Allgemeines zu § 168 c 1

1.1 Es gibt noch Hypotheken und Schiffshypotheken in ausländischer Währung (9. Aufl § 1 Anm 384 und Texte 220, 221, 280, 381). Für Schiffshypotheken sind die alten Texte nur noch auf alte Rechte anzuwenden, wobei für neue § 168 c im Jahre 1963 in das ZVG aufgenommen wurde (dazu auch 9. Aufl, bei Text 220). Neue Eintragung in einer ausländischen Währung gestattet Schiffsregisterordnung § 36, soweit sie gesetzlich zugelassen ist.

1.2 Ausländische Währung ist jede Währung, die nicht im Geltungsbereich des Außenwirtschaftsgesetzes (Einl Rdn 30) gilt.

Ausländische Währung bei Schiffshypotheken 2

2.1 Schon **in der Terminsbestimmung** muß, ergänzend zu den zwingenden Angaben aus § 37, **angegeben** sein, daß das Schiff mit einer Schiffshypothek in ausländischer Währung belastet ist: Nr 1. Die Interessenten sollen sich hierdurch rechtzeitig vorbereiten können.

2.2 Im Versteigerungstermin muß dann vor der Aufforderung zur Abgabe von Geboten der letzte amtliche **Kurswert festgestellt** werden: Nr 2 Satz 1. Diese Umrechnung in DM bleibt für das ganze Verfahren maßgebend, auch wenn sich der Kurswert tatsächlich ändert: Nr 2 Satz 2. Den amtlichen Kurswert einer ausländischen Währung in DM entnimmt das Gericht dem letzten Kurszettel der zuständigen Devisenbörse.

2.3 Das **geringste Gebot** wird normal in DM festgestellt: Nr 3 Satz 1. Es kann daneben zur Unterrichtung der Beteiligten und Interessenten auch der ausländische Wert angegeben werden, doch darf hierdurch keine Verwirrung erfolgen.

2.4 Gebote dürfen nur in DM erfolgen: Nr 3 Satz 2. Gebote, die trotzdem in ausländischer Währung erfolgen, sind nicht als unwirksam nach § 71 Abs 1 zu-

§ 168 c 2.4 Zwangsversteigerung von Schiffen und Schiffsbauwerken

rückzuweisen, sondern vom Gericht (das hierzu nach ZPO § 139 verpflichtet ist) sofort richtigzustellen, also in DM umzurechnen. Es ist zweckmäßig, die umgerechnete Zahl vom Bieter ausdrücklich bestätigen zu lassen, um späteren Streit hierüber auszuschließen.

2.5 Der **Teilungsplan** wird in DM aufgestellt: Nr 4. Dabei können die Beträge der ausländischen Währung zusätzlich angegeben werden. Es muß aber völlige Klarheit über die DM-Beträge bestehen.

2.6 Erst der **nicht** aus der Teilungsmasse **zum Zuge gekommene Teil** der Forderung ist in ausländische Währung zurückzurechnen: Nr 5 Satz 1. Es wird dabei derselbe amtliche Kurs, wie Rdn 2.2, verwendet. Die Feststellung der Restschuld bindet für bestimmte Vorgänge Vollstreckungs-, Konkurs- und Prozeßgericht: Nr 5 Satz 2.

[Miet- und Pachtzins, Schiffshypothek gegen Ersteher]

169 (1) **Ist das Schiff einem Mieter oder Pächter überlassen, so gelten die Vorschriften des § 580 a des Bürgerlichen Gesetzbuchs entsprechend. Soweit nach § 580 a Abs 2 für die Wirkung von Verfügungen und Rechtsgeschäften über den Miet- oder Pachtzins der Übergang des Eigentums in Betracht kommt, ist an dessen Stelle die Beschlagnahme des Schiffs maßgebend; ist der Beschluß, durch den die Zwangsversteigerung angeordnet wird, auf Antrag des Gläubigers dem Mieter oder Pächter zugestellt, so gilt mit der Zustellung die Beschlagnahme als dem Mieter oder Pächter bekannt.**

(2) Soweit das Bargebot im Verteilungstermin nicht berichtigt wird, ist für die Forderung gegen den Ersteher eine Schiffshypothek an dem Schiff in das Schiffsregister einzutragen. Die Schiffshypothek entsteht mit der Eintragung, auch wenn der Ersteher das Schiff inzwischen veräußert hat. Im übrigen gelten die Vorschriften des Gesetzes über Rechte an eingetragenen Schiffen und Schiffsbauwerken vom 15. November 1940 (Reichsgesetzbl I S 1499) über die durch Rechtsgeschäft bestellte Schiffshypothek.

1 Allgemeines zu § 169

Die Vorschrift befaßt sich mit Miet- und Pachtzins bei Schiffsversteigerungen und mit der entsprechend § 128 einzutragenden Sicherungshypothek bei Nichtzahlung des baren Meistgebots.

2 Mieter und Pächter bei Schiffen usw (Absatz 1)

2.1 Grundsätzlich sind auch bei der Zwangsversteigerung von Schiffen die §§ 57–57 b **anzuwenden,** soweit hier nicht Ausnahmen bestimmt werden. Statt der in §§ 57 und 57 b erwähnten Vorschriften in BGB §§ 573, 574 gilt hier BGB § 580 a, BGB §§ 571, 572 gelten auch hier: Abs 1 Satz 1.

2.2 Auch hier bleiben **Miet- und Pachtverträge** in der Zwangsversteigerung bestehen (BGB § 571, ZVG §§ 162, 57, 169). **Vorausverfügungen** über den Mietzins sind nur nach Maßgabe von BGB § 580 a Abs 2 wirksam; maßgebend ist jedoch an Stelle des Übergangs des Eigentums die Beschlagnahme des Schiffs: Abs 1. Für die Unwirksamkeit eines Rechtsgeschäfts infolge Kenntnis des Mieters von der Beschlagnahme (BGB § 580 a Abs 2 Satz 2) besteht Kenntnis auch hier unwiderlegbar, wenn der Anordnungs- oder Beitrittsbeschluß zugestellt ist[1] (Abs 1 Satz 2). BGB § 575 gilt sinngemäß.

---

[1] Mohrbutter/Drischler Muster 170 Anm 5; Steiner/Hagemann § 169 Rdn 2.

2.3 Für **Schiffsbauwerke** gelten die bisher behandelten Vorschriften nicht: § 170 a Abs 2 Satz 1. Ein erst im Bau befindliches Schiff kann man ohnehin nicht vermieten.

Nichtbezahlung des Bargebots bei Schiffen usw (Absatz 2)   3

3.1 Statt der für Grundstücke bestimmten Vorschriften des § 128 gilt hier Abs 2. Wenn das Bargebot im Verteilungstermin nicht bezahlt wird, ist für die Forderung gegen den Ersteher, die auch hier nach § 118 übertragen wird, eine **Schiffshypothek** an dem Schiff in das Schiffsregister **einzutragen** (Abs 2 Satz 1), bei Schiffsbauwerken in das Schiffsbauregister (§ 170 a Abs 2 Satz 1). Die Hypothek entsteht mit der Eintragung, sogar dann, wenn das Schiff inzwischen weiter veräußert wurde: Abs 2 Satz 2 (bei Grundstücken wäre dies nicht möglich, weil der Ersteher sie erst weiterveräußern kann, wenn er als Eigentümer eingetragen ist, wobei die Sicherungshypothek zugleich mit seiner Eintragung eingetragen wird).

3.2 Auf die einzutragende Schiffshypothek ist im übrigen das **Schiffsrechtegesetz** hinsichtlich der Vorschriften für die rechtsgeschäftlich bestellte Schiffshypothek **anzuwenden:** Abs 2 Satz 3.

3.3 Der **Rang** ergibt sich für die aus dem Bargebot zu befriedigenden Gläubiger auch hinsichtlich der Schiffshypotheken nach Vorwegnahme der Kosten aus § 109 bei Seeschiffen nach HGB §§ 754–764, BGB § 1261, bei Binnenschiffen nach BinSchG §§ 102, 106–109, BGB § 1261. Dazu auch § 162 Rdn 7.

[Wertfestsetzung und Zuschlagsversagung bei Seeschiff]

169 a   **Auf die Zwangsversteigerung eines Seeschiffes sind die Vorschriften der §§ 74 a, 74 b und 85 a nicht anzuwenden.**

Allgemeines zu § 169 a   1

Die Vorschrift über Wertfestsetzung bei Seeschiffen wurde durch Gesetz vom 4. 12. 1968 eingefügt und hinsichtlich § 85 a durch Gesetz vom 1. 2. 1979 ab 1. 7. 1979 ergänzt.

Wert bei Seeschiffen   2

Auf die Zwangsversteigerung von Seeschiffen (auch ausländische, § 171 Abs 5) sind die **Wertvorschriften** der §§ 74 a, 74 b, 85 a **nicht anwendbar**. Damit gibt es hier keine Zuschlagsversagung wegen Nichterreichung der $5/_{10}$- oder $7/_{10}$-Grenze. Es ist ein Wert nicht festzusetzen[1] (entgegen dem Gesetz meint zu Unrecht[2], der Wert müsse wegen § 66 und § 114 a trotzdem festgesetzt werden). Für Binnenschiffe gelten Sondervorschriften über die Wertfestsetzung. Zum Wert auch § 74 a Rdn 2, § 162 Rdn 4.

[Bewachung und Verwahrung des versteigerten Schiffes]

170 (1) **An die Stelle der nach § 94 Abs 1 zulässigen Verwaltung tritt die gerichtliche Bewachung und Verwahrung des versteigerten Schiffes.**

(2) **Das Gericht hat die getroffenen Maßregeln aufzuheben, wenn der zu ihrer Fortsetzung erforderliche Geldbetrag nicht vorgeschossen wird.**

---

[1] Schiffhauer KTS 1969, 167 (IV 2); Dassler/Muth § 169 a Anm; Steiner/Hagemann § 162 Rdn 79 und § 169 a Rdn 2.
[2] Mohrbutter KTS 1969, 77 (II 2).

§ 170 Zwangsversteigerung von Schiffen und Schiffsbauwerken

1 Allgemeines zu § 170

Die Vorschrift regelt die Bewachung und Verwahrung versteigerter Schiffe.

2 Sicherungsmaßnahmen gegen Ersteher von Schiffen (Absatz 1)

2.1 Wie schon bei Schiffen eine besondere Bewachung und Verwahrung (statt der nicht möglichen Zwangsverwaltung) geschaffen ist (§ 165), so ist auch für die Zeit **nach dem Zuschlag** eine besondere Bewachung und Verwahrung (statt der gerichtlichen Verwaltung des § 94) vorgesehen: Abs 1. Auf diese sind die Vorschriften des § 94, des § 165 und der Zwangsverwaltung entsprechend anzuwenden, soweit sich nicht aus der Sache Unterschiede ergeben. Die Vorschriften gelten auch für ausländische Schiffe (§ 171 Abs 5 Satz 1, hier mit einer Besonderheit) und für Schiffsbauwerke (§ 170 a Abs 2 Satz 1).

2.2 Die Bewachung und Verwahrung gegen den Ersteher nach § 170 kann (im Gegensatz zu der nach § 165) nur **auf Antrag** eines Beteiligten, der voraussichtlich aus dem Bargebot befriedigt werden wird (§ 94 Abs 1 Satz 1), angeordnet werden. Sie erfolgt **für Rechnung** des Erstehers und nur, solange das bare Meistgebot nicht bezahlt oder hinterlegt ist (§ 94 Abs 1 Satz 1). Der Antrag kann schon im Versteigerungstermin gestellt werden (§ 94 Abs 1 Satz 2).

2.3 Es ist möglich, hier Maßnahmen nach § 165 zu treffen. Dabei ist immer zu beachten, daß diese Bewachung voraussichtlich **nur kurze Zeit** dauern wird. Maßnahmen sind hier nicht angebracht, soweit sie auf längere Dauer abgestellt sind. Das Schiff soll nur gegen Verfügungen des Erstehers geschützt sein, solange dieser nicht bezahlt. Die Maßnahmen richten sich gegen den Ersteher, nicht gegen den Vollstreckungsschuldner. Sie enden nicht mit dem Zuschlag, sondern beginnen erst nach ihm.

3 Vorschuß und Aufhebung der Maßnahme (Absatz 2)

3.1 Die gerichtliche Bewachung und Verwahrung wird zunächst ohne Vorschuß angeordnet. Die Fortsetzung der Maßnahme kann aber (anders als im Fall von § 165) von einer **Vorschußzahlung** (des erforderlichen Geldbetrags) abhängig gemacht werden[1]: (§ 170). Zahlungspflichtig ist, wer die Maßnahme beantragt hat.

3.2 Alle angeordneten Maßnahmen müssen (zwingend im Gegensatz zu § 161 Abs 3) **aufgehoben** werden, wenn der zu ihrer Fortsetzung nötige Geldbetrag nicht vorgeschossen wird: Abs 2. Der Ersteher kann die Maßnahmen jederzeit durch Zahlung oder Hinterlegung des baren Meistgebots abwenden.

[Zwangsversteigerung eines Schiffsbauwerks]

170 a (1) Die Zwangsversteigerung eines Schiffsbauwerks darf erst angeordnet werden, nachdem es in das Schiffsbauregister eingetragen ist. Der Antrag auf Anordnung der Zwangsversteigerung kann jedoch schon vor der Eintragung gestellt werden.

(2) § 163 Abs 1, §§ 165, 167 Abs 1, §§ 168 c, 169 Abs 2, § 170 gelten sinngemäß. An die Stelle des Grundbuchs tritt das Schiffsbauregister. Wird das Schiffsbauregister von einem anderen Gericht als dem Vollstreckungsgericht geführt, so soll die Terminsbestimmung auch durch das für Bekanntmachungen dieses Gerichts bestimmte Blatt bekanntgemacht werden. An Stelle der im § 43 Abs 1 bestimmten Frist tritt eine Frist von zwei Wochen, an Stelle der im § 43 Abs 2 bestimmten Frist eine solche von einer Woche.

---

[1] Steiner/Hagemann § 170 Rdn 7.

Zwangsversteigerung ausländischer Schiffe **§ 171**

Allgemeines zu § 170 a 1

Die Bestimmung regelt für Schiffsbauwerke einige Abweichungen in den Verfahrensvorschriften der Zwangsversteigerung, die durch deren besondere Natur und wegen ihres anderen Registers bedingt sind. Über den Begriff des Schiffsbauwerks § 162 Rdn 2. Auch ein Schwimmdock wird als Schiffsbauwerk behandelt (§ 162 Rdn 1).

Anordnung der Zwangsversteigerung eines Schiffsbauwerkes (Absatz 1) 2

2.1 Die Zwangsversteigerung eines Schiffsbauwerks kann nur angeordnet werden, wenn es im Schiffsbauregister eingetragen ist: Abs 1 Satz 1. Der Antrag dazu kann allerdings schon vorher gestellt werden: Abs 1 Satz 2. Das Schiffsbauwerk muß also (für den Antrag) eintragungsfähig sein.

2.2 Schwimmdocks werden wie Schiffsbauwerke behandelt (§ 162 Rdn 1); Antrag ist daher schon vor Registereintragung möglich; Anordnung darf erst nach Registereintragung erfolgen: Abs 1. In Bau befindliche Schiffsbauwerke werden auf den Versteigerungsantrag hin eingetragen[1], dann ist die Anordnung möglich.

Anzuwendende Vorschriften und Besonderheiten (Absatz 2) 3

3.1 Aus der Schiffsversteigerung sind gemäß Abs 2 Satz 1 anzuwenden: § 163 Abs 1 (zuständiges Gericht mit der Möglichkeit der Zuweisung an ein zentrales Gericht); § 165 (besondere Bewachung und Verwahrung und Treuhandschaft vor dem Zuschlag); § 167 Abs 1 (Bezeichnung in der Terminsbestimmung); § 168 c (Schiffshypotheken in ausländischer Währung); § 169 Abs 2 (Nichtzahlung des baren Meistgebots); § 170 (Bewachung und Verwahrung nach dem Zuschlag). An die Stelle des Grundbuchs oder Schiffsregisters tritt hier das Schiffsbauregister: Abs 2 Satz 2. Mit der Anordnung der Versteigerung muß auch hier die besondere Bewachung und Verwahrung angeordnet werden (§ 165 Abs 1 Satz 1). Mit deren Vollzug wird auch hier die Beschlagnahme zusätzlich wirksam (§ 165 Abs 1 Satz 2).

3.2 Fristen: Die Frist für die Terminsbekanntmachung im Amtsblatt nach § 43 Abs 1 (dort sechs Wochen) ist auf zwei Wochen abgekürzt: Abs 2 Satz 4. Die Frist für die Zustellung des Beschlagnahmebeschlusses nach § 43 Abs 2 und für die Zustellung der Terminsladung ebenda (dort vier Wochen) ist auf eine Woche abgekürzt: Abs 2 Satz 4. Dadurch soll das Verfahren beschleunigt werden. Es handelt sich aber um Mindestfristen; das Gericht kann darum auch längere Fristen in beiden Fällen einhalten. Höchstfristen sind hierfür nicht vorgesehen.

3.3 Terminsbekanntmachung: Die Bekanntmachung des § 39 soll dann, wenn das Schiffsbauregister von einem anderen Gericht als dem für die Versteigerung zuständigen Vollstreckungsgericht geführt wird, zusätzlich auch in dem Amtsblatt dieses Gerichts erfolgen: Abs 2 Satz 3. Es handelt sich nur um eine Ordnungsvorschrift. Zusätzliche Bekanntgabe in einem Schiffahrtsfachblatt ist hier nicht vorgeschrieben, aber zu empfehlen (§ 168 Rdn 2).

[Zwangsversteigerung ausländischer Schiffe]

171 (1) **Auf die Zwangsversteigerung eines ausländischen Schiffs, das, wenn es ein deutsches Schiff wäre, in das Schiffsregister eingetragen werden müßte, sind die Vorschriften des Ersten Abschnitts entsprechend anzuwenden, soweit sie nicht die Eintragung im Schiffsregister voraussetzen und sich nicht aus den folgenden Vorschriften etwas anderes ergibt.**

---

[1] Mohrbutter KTS 1969, 77 (I).

§ 171 Zwangsversteigerung von Schiffen und Schiffsbauwerken

(2) **Als Vollstreckungsgericht ist das Amtsgericht zuständig in dessen Bezirk sich das Schiff befindet; § 1 Abs 2 gilt entsprechend. Die Zwangsversteigerung darf, soweit sich nicht aus den Vorschriften des Handelsgesetzbuchs oder des Gesetzes, betreffend die privatrechtlichen Verhältnisse der Binnenschiffahrt, etwas anderes ergibt, nur angeordnet werden, wenn der Schuldner das Schiff im Eigenbesitz hat; die hiernach zur Begründung des Antrags auf Zwangsversteigerung erforderlichen Tatsachen sind durch Urkunden glaubhaft zu machen, soweit sie nicht beim Gericht offenkundig sind.**

(3) **Die Terminsbestimmung muß die Aufforderung an alle Berechtigten, insbesondere an die Schiffsgläubiger, enthalten, ihre Rechte spätestens im Versteigerungstermin vor der Aufforderung zur Abgabe von Geboten anzumelden und, wenn der Gläubiger widerspricht, glaubhaft zu machen, widrigenfalls die Rechte bei der Verteilung des Versteigerungserlöses dem Anspruch des Gläubigers und den übrigen Rechten nachgesetzt werden würden. Die Terminsbestimmung soll, soweit es ohne erhebliche Verzögerung des Verfahrens tunlich ist, auch den aus den Schiffspapieren ersichtlichen Schiffsgläubigern und sonstigen Beteiligten zugestellt und, wenn das Schiff im Schiffsregister eines fremden Staates eingetragen ist, der Registerbehörde mitgeteilt werden.**

(4) **Die Vorschriften über das geringste Gebot sind nicht anzuwenden. Das Meistgebot ist in seinem ganzen Betrag durch Zahlung zu berichtigen.**

(5) **Die Vorschriften der §§ 165, 166, 168 Abs 1 und 3, §§ 169 a, 170 Abs 1 sind anzuwenden. Die vom Gericht angeordnete Überwachung und Verwahrung des Schiffs darf erst aufgehoben und das Schiff dem Ersteher erst übergeben werden, wenn die Berichtigung des Meistgebots oder die Einwilligung der Beteiligten nachgewiesen wird.**

1 Allgemeines zu § 171

Wird das Schiff in Deutschland versteigert, findet deutsches Recht Anwendung[1]. Auch die Erlösverteilung wird nach Inlandsrecht vorgenommen[1]. Sonderbestimmungen für ausländische Schiffe sind jedoch nötig, weil sie nicht im deutschen Schiffsregister eingetragen sind. Ausländisch ist ein Seeschiff, wenn es nicht im ausschließlichen Eigentum von deutschen Staatsangehörigen steht[2], und ein Binnenschiff, wenn es keinen inländischen Heimatort hat, von dem aus die Schiffahrt betrieben wird[3]. Ein deutsches Zwangsversteigerungsverfahren über ein ausländisches Schiff ist nur möglich, wenn das Schiff sich in einem Hafen der Bundesrepublik Deutschland befindet.

2 Auf ausländische Schiffe anzuwendende Vorschriften (Absätze 1 und 5)

2.1 Anzuwenden sind für Anordnung (damit auch Zulässigkeit) und Durchführung der Zwangsversteigerung eines **ausländischen Schiffs** die Vorschriften über die Zwangsversteigerung von Grundstücken im ersten Gesetzesabschnitt (§§ 1–145), wenn das Schiff als deutsches im Schiffsregister eingetragen werden müßte: Abs 1. Ob es im Ausland eingetragen ist, macht nichts aus.

2.2 Grundsätzlich **anzuwenden** sind die Vorschriften über die Grundstücksversteigerung wie bei deutschen Schiffen, also §§ 1–145, und die Sondervorschriften für deutsche Schiffe, also §§ 162–170, soweit nicht die Schiffsregistereintragung an jenen Vorschriften vorausgesetzt ist und soweit nicht etwas Abweichendes bestimmt ist: Abs 1 (hierzu auch § 162 Rdn 3).

---

[1] BGH NJW-RR 1991, 1211 (1213).
[2] Steiner/Hagemann § 171 Rdn 18.
[3] Mohrbutter/Drischler Muster 170 Anm 9.

Zwangsversteigerung ausländischer Schiffe   5.1   **§ 171**

2.3 Ausdrücklich gemäß Abs 5 Satz 1 **anzuwenden** sind: § 165 (Bewachung und Verwahrung, auch Treuhandschaft), § 166 (Beschlagnahme auch gegen den Schiffer), § 168 Abs 1 und 3 (Schiffahrtsfachblatt und zwingende Bekanntmachung), § 169 a (keine Anwendung von §§ 74 a, 74 b und § 85 a bei ausländischem Seeschiff, Anwendung aber bei ausländischem Binnenschiff[4]), § 170 Abs 1 (Bewachung nach dem Zuschlag). Dabei darf die angeordnete Bewachung und Verwahrung (nach § 165 und § 170) erst aufgehoben und das Schiff dem Ersteher erst übergeben werden, wenn das Meistgebot bezahlt ist oder die Beteiligten laut Nachweis eingewilligt haben: Abs 5 Satz 2. Es ist ohne Bedeutung, daß das Gesetz hier statt „Bewachung" den Ausdruck „Überwachung" gebraucht.

2.4 Die **Beschlagnahme** kann nur dadurch wirksam werden, daß der Anordnungsbeschluß an den Vollstreckungsschuldner zugestellt wird (§ 22 Abs 1) oder daß die Bewachung und Verwahrung vollzogen wird (§ 165 Abs 1 Satz 2)[5].

2.5 Nicht anwendbar sind aus den §§ 162 ff folgende: § 163 (Zuständigkeit), ersetzt durch Abs 2 Satz 1; § 164 (Antragsvoraussetzungen), ersetzt durch Abs 2 Satz 2; § 167 (Besonderheiten zur Terminsbestimmung), ersetzt durch Abs 3; § 168 b (Anmeldung beim Registergericht); § 168 c (ausländische Währung); § 169 (Mieter, Pächter, nichtbezahltes Bargebot).

2.6 Versteigerung eines ausländischen Seeschiffes mit Erlöshinterlegung im Arrestverfahren bei Gefahr beträchtlicher Wertverringerung[6].

Eigenbesitz und Zuständigkeit (Absatz 2)   3

3.1 Zuständig ist ein deutsches Gericht für die Zwangsversteigerung eines ausländischen Schiffes nur, wenn sich das Schiff in einem Hafen der Bundesrepublik Deutschland befindet. Vollstreckungsgericht ist dabei dasjenige Amtsgericht, in dessen Bezirk sich das Schiff befindet: Abs 2 Satz 1. Die Landesregierungen bzw Landesjustizverwaltungen, können diese Versteigerungsverfahren bestimmten Amtsgerichten zuweisen, die aber nicht Schiffsregistergerichte sein müssen: Abs 2 Satz 1, der jetzt auf § 1 Abs 2 verweist (dazu § 162 Rdn 2).

3.2 Nur bei **Eigenbesitz** des Schuldners kann (mangels Eintragung in ein deutsches Register) die Zwangsversteigerung angeordnet werden: Abs 2 Satz 2. Zum Begriff Eigenbesitz: § 147 Rdn 2.3. Dies gilt nicht nur gegenüber Schiffsgläubigern aus HGB § 755 Abs 1, aus BinSchG § 103 Abs 2, sondern gegenüber allen Gläubigern. Der Eigenbesitz ist durch Urkunden glaubhaft zu machen, wenn er nicht bei Gericht offenkundig ist: Abs 2 Satz 2. Schuldner kann wegen entsprechender Anwendbarkeit der Vorschriften hier aber auch der Schiffer sein: Abs 5 Satz 1, § 166 Abs 1.

Schiffspfandrechte   4

Der Rang der Rechte an einem ausländischen Schiff ist nach deutschem Recht zu beurteilen[7]. Ein im Ausland wirksam an einem ausländischen Schiff begründetes Schiffspfandrecht ist auch dann anzuerkennen, wenn es weder in einem Register eingetragen ist noch nach dem maßgeblichen Auslandsrecht einen bestimmten Rang hat[7].

Terminsbestimmung (Absatz 3)   5

5.1 Alle Berechtigte, insbesondere die Schiffsgläubiger, müssen darin **aufgefordert** werden, spätestens im Versteigerungstermin vor der Aufforderung zur Ab-

---

[4] Steiner/Hagemann § 171 Rdn 41 und 53.
[5] Dassler/Muth § 171 Rdn 11; Mohrbutter/Drischler Muster 170 Anm 9.
[6] LG Hamburg KKZ 1979, 114.
[7] BGH MDR 1991, 1151 = NJW-RR 1991, 1211 (1212, 1213).

§ 171 5.1 Zwangsversteigerung von Schiffen und Schiffsbauwerken

gabe von Geboten ihre Rechte **anzumelden** und, wenn der betreibende Gläubiger der Anmeldung widerspricht, auch glaubhaft zu machen, da sonst ihre Rechte bei der Verteilung des Erlöses hinter alle anderen zurücktreten: Abs 3 Satz 1. Es handelt sich hier um den Rangverlust wie in § 37 Nr 4, § 110.

5.2 Die Terminsbestimmung muß normal allen Beteiligten **zugestellt** werden. Sie soll aber hier, wenn dies ohne erhebliche Verzögerung des Verfahrens möglich ist, auch allen aus den Schiffspapieren ersichtlichen Schiffsgläubigern und sonstigen Beteiligten zugestellt werden und, falls das Schiff in einem ausländischen Register eingetragen ist, auch der ausländischen Registerbehörde: Abs 3 Satz 2. Es handelt sich hierbei um eine Ordnungsvorschrift, deren Nichtbeachtung allerdings Haftungsansprüche auslösen könnte. An den für Schiffe geltenden Fristen (§ 168 Rdn 2) ist nichts geändert.

6 Weitere Besonderheiten: Geringstes Gebot und Meistgebot (Absatz 4)

6.1 Ein **geringstes Gebot** gibt es hier nicht: Abs 4 Satz 1. Das **Meistgebot** ist in voller Höhe bar zu zahlen: Abs 4 Satz 2 (es gibt hier also keine bestehenbleibenden Rechte, auch keine wegen Nichtzahlung des Bargebots einzutragende Schiffshypothek). Durch den Zuschlag erlöschen alle Rechte, wenn nicht Änderungen nach § 59 vereinbart werden[8]; eingetragene Rechte gibt es dabei nicht.

6.2 Erhält ein deutscher Staatsangehöriger den **Zuschlag,** dann muß das Schiff im Schiffsregister eingetragen werden; dies ist aber nicht mehr Sache des Vollstreckungsgerichts.

Zweiter Titel. Zwangsversteigerung von Luftfahrzeugen

[Anzuwendende Vorschriften]

171 a Auf die Zwangsversteigerung eines in der Luftfahrzeugrolle eingetragenen Luftfahrzeugs sind die Vorschriften des Ersten Abschnitts entsprechend anzuwenden, soweit sich nicht aus den §§ 171 b bis 171 g etwas anderes ergibt. Das gleiche gilt für die Zwangsversteigerung eines in dem Register für Pfandrechte an Luftfahrzeugen eingetragenen Luftfahrzeugs, dessen Eintragung in der Luftfahrzeugrolle gelöscht ist.

1 Allgemeine Übersicht zu §§ 171 a–171 n

1.1 In **Luftfahrzeuge** wurde bis zum Inkrafttreten des Gesetzes über Rechte an Luftfahrzeugen (= LuftfzRG; Textanhang T 33) am 1. 4. 1959 wie in bewegliche Sachen vollstreckt. Grundsätzlich unterliegen sie auch weiterhin dem **Fahrnisrecht,** zB beim Eigentumsübergang, werden dabei also wie bewegliche Sachen behandelt[1]. Unter bestimmten Voraussetzungen unterliegen sie aber **der Immobiliarvollstreckung:** LuftfzRG § 88 Abs 1; ZPO § 864, 865, 870 a; ZVG §§ 171 a–171 n. Die nach dem Absturz eines Luftfahrzeugs und nach seiner Löschung in der Luftfahrzeugrolle noch vorhandenen Wrackteile unterliegen der Mobiliarvollstreckung, weil kein eingetragenes Luftfahrzeug mehr vorhanden ist; die im Pfandrechtsregister eingetragenen Gläubiger können dann nur noch nach ZPO § 805 vorgehen[2].

1.2 Die Sondervorschriften über **Immobiliarvollstreckung** gelten:
a) für Luftfahrzeuge, die in die Luftfahrzeugrolle eingetragen sind: Satz 1;

---

[8] Dassler/Muth § 171 Rdn 5; Mohrbutter/Drischler Muster 170 Anm 9; Steiner/Hagemann § 171 Rdn 7 (2).
[1] Haupt NJW 1974, 1457.
[2] LG Braunschweig DGVZ 1972, 72.

Anzuwendende Vorschriften 3.2 **§ 171 a**

b) für Luftfahrzeuge, die in der Luftfahrzeugrolle gelöscht, aber im Register für Pfandrechte an Luftfahrzeugen eingetragen sind: Satz 2;
c) sinngemäß auch für ausländische Luftfahrzeuge, aber für diese nur, soweit nicht die Vorschriften ihre Eintragung in der Luftfahrzeugrolle oder im Register für Pfandrechte an Luftfahrzeugen voraussetzen: § 171 l.

1.3 Luftfahrzeuge sind: Flugzeuge, Drehflügler (= Hubschrauber), Luftschiffe, Segelflugzeuge, Motorsegler, Frei- und Fesselballone, Drachen, Flugmodelle und sonstige für die Benutzung des Luftraums bestimmte Geräte, auch Raumfahrzeuge, Raketen und ähnliche Flugkörper: Luftverkehrsgesetz § 1 Abs 2. Sie werden in die Luftfahrzeugrolle eingetragen, wenn sie im ausschließlichen Eigentum deutscher Staatsangehörigerstehen (Luftverkehrsgesetz § 3 Abs 1 Satz 1); bei juristischen Personen oder Handelsgesellschaften muß das überwiegende Vermögen oder Kapital sowie die tatsächliche Kontrolle darüber deutschen Staatsangehörigen zustehen (Luftverkehrsgesetz § 3 Abs 1 Satz 2). Die Luftfahrzeugrolle führt das Luftfahrtbundesamt in Braunschweig (Gesetz vom 30. 11. 1954, BGBl 1954 I 354, § 2 Abs 1 Nr 3).

1.4 Die übernationalen Beziehungen der Luftfahrt machen eine internationale Verständigung auch über die Behandlung von Rechten an Luftfahrzeugen nötig. Dem **Genfer Abkommen** vom 19. 6. 1946 ist die Bundesrepublik Deutschland durch Gesetz vom 26. 2. 1959 (BGBl 1959 I 127) beigetreten. Die in dem Abkommen begründeten Verpflichtungen werden durch das deutsche Recht erfüllt.

1.5 Darlegungen zu diesem Abschnitt des ZVG, der in diesem Kommentar nur in Grundzügen behandelt werden kann, bieten außer dem Großkommentar von[3] die Abhandlungen[4].

Allgemeines zu § 171 a 2

Die Vorschrift befaßt sich mit den auf die Zwangsversteigerung eines Luftfahrzeugs anzuwendenden Bestimmungen. Eine Zwangsverwaltung für Luftfahrzeuge gibt es nicht (nur die besondere Bewachung und Verwahrung, wie bei Schiffen, § 171 c Abs 3). Es gibt bei ihnen nur die **Zwangsversteigerung** (ZPO §§ 864, 865, LuftfzRG § 99, ZVG § 171 a) und zwangsweise Eintragung eines **Registerpfandrechts** (ZPO §§ 864, 865, 870 a, LuftfzRG § 99).

Anzuwendende Vorschriften für Luftfahrzeugversteigerung 3

3.1 §§ 1–145 über die Zwangsversteigerung von Grundstücken sind **entsprechend anzuwenden**, soweit sich nicht aus §§ 171 b–g etwas anderes ergibt: § 171 a. Statt „Grundbuch" ist dabei „Register für Pfandrechte an Luftfahrzeugen" zu lesen: § 171 b Abs 2; statt „Hypothek" ist „Registerpfandrecht" zu lesen: LuftfzRG § 99 Abs 1.

3.2 Das gilt jedoch mit den **Besonderheiten** aus §§ 171 b–171 n. Ausnahmen gelten für die Zuständigkeit (§ 171 b), dafür, daß statt der Zwangsverwaltung die Bewachung und Verwahrung und auch ein Treuhänder bestellt werden kann (§ 171 c), dafür, daß das Fahrzeug nach dem Register bezeichnet werden soll und die Ausschreibung im Amtsblatt nicht unterbleiben darf (§ 171 d), wie Registerpfandrechte in ausländischer Währung zu behandeln sind (§ 171 e), daß Mieter und Pächter eine besondere Behandlung erfahren (§ 169, 171 f), daß bei nicht bezahltem barem Meistgebot für die Forderung ein Registerpfandrecht einzutragen ist (§§ 169, 171 f), daß das Fahrzeug auch nach der Versteigerung entsprechend § 94 zu verwahren ist (§ 171 g), welche Rechte und Ansprüche in der 3. und 4. Rangklasse zu befriedigen sind (§ 171 i), weiter über unwirksame Verfügungen

---

[3] Steiner/Hagemann, ZVG, 9. Aufl 1986.
[4] Bauer JurBüro 1974, 1; Haupt NJW 1974, 1457; Mümmler DGVZ 1962, 1; Rehm NJW 1959, 709; Wendt MDR 1963, 448.

§ 171 a 3.2   Zwangsversteigerung von Luftfahrzeugen

(§ 171 k), über Nachrichten (§ 171 l), über die Beschwerdefrist (§ 171 m) und ausländische Mieterrechte (§ 171 n).

3.3 Anwendungen **aus dem Grundstücksrecht** gemäß § 171 a: §§ 3–9; § 10 ergänzt durch § 171 i; § 17 mit Änderung; § 18; § 19 richtet sich an das Registergericht; § 20; § 21 Abs 2; §§ 22, 23; §§ 24, 25 ersetzt durch Sondervorschriften; §§ 26–35; § 36 ergänzt durch § 171 l; §§ 37–39; §§ 40, 43 ergänzt durch § 171 d, 171 e, 171 l; §§ 41–42; §§ 44–52 ergänzt durch § 171 e; §§ 53–57; §§ 57 a–d sinngemäß nach § 171 f; §§ 58–65; § 66 ergänzt durch § 171 e; §§ 67–93; § 94 ersetzt durch § 171 g; § 95; § 96 ergänzt durch § 171 a; §§ 97, 98 ergänzt durch § 171 m; § 99; § 100 ergänzt durch § 171 m; §§ 101–114; §§ 115–145 ergänzt durch § 171 e. Hierzu auch an den einzelnen Kommentarstellen und im Sachverzeichnis.

3.4 Anzuwenden **aus dem Schiffsrecht** gemäß § 171 f: § 169 (Mieter, Pächter, Nichtzahlung des baren Meistgebots); doch ist statt „Schiffshypothek" zu lesen „Registerpfandrecht", statt „Schiffsregister" zu lesen „Register für Pfandrechte an Luftfahrzeugen".

3.5 Kosten für die Zwangsversteigerung von Luftfahrzeugen entstehen wie bei Grundstücken (GKG § 31). Dazu Einl Rdn 76 ff.

4 Registerpfandrecht bei Luftfahrzeugen

4.1 Behandelt wird es rechtlich wie eine Schiffshypothek, ist aber nicht als Hypothek benannt. Das Luftfahrzeug ist ein verhältnismäßig **kurzlebiges Pfandobjekt**. Das Registerpfandrecht an ihm unterscheidet sich von der Schiffshypothek dadurch, daß es auch auf Ersatzteile erstrecken werden kann, die an einer örtlich bezeichneten Stelle (Ersatzteillager) im Inland oder Ausland lagern (LuftfzRG § 68).

4.2 Der **Rang** des Rechts richtet sich nach der Reihenfolge der Eintragung: LuftfzRG § 25 Abs 1. Dabei können Rangabweichungen eingetragen werden: LuftfzRG § 25 Abs 2. Auf Grund des Registerpfandrechts haftet das Luftfahrzeug auch für die gesetzlichen Zinsen und die Kosten: LuftfzRG § 29.

4.3 Registergericht ist das Amtsgericht, in dessen Bezirk das Luftfahrtbundesamt seinen Sitz hat, also das AG Braunschweig.

4.4 Zwangs-Registerpfandrecht: Wie bei Grundstücken und Schiffen ist seine Eintragung nicht durch das ZVG geregelt. Die Zwangseintragung auf Grund eines ordnungsgemäßen und zugestellten Vollstreckungstitels (alle Vollstreckungsvoraussetzungen sind wie bei Grundstücken und Schiffen) oder im Verwaltungszwangsverfahren auf Grund eines ordnungsgemäßen Vollstreckungsantrags erfolgt in das Register für Pfandrechte an Luftfahrzeugen, wenn die zu sichernde Forderung mehr als 500 DM beträgt: LuftfzRG § 99 Abs 1, ZPO § 870 a Abs 2, § 866 Abs 3. Das Registerpfandrecht ist ein besitzloses Pfandrecht nach dem Vorbild der Schiffshypothek.

[Zuständiges Amtsgericht – Vollstreckungsgericht]

171 b (1) **Für die Zwangsversteigerung des Luftfahrzeugs ist als Vollstreckungsgericht das Amtsgericht zuständig, in dessen Bezirk das Luftfahrt-Bundesamt seinen Sitz hat.**

(2) **Für das Verfahren tritt an die Stelle des Grundbuchs das Register für Pfandrechte an Luftfahrzeugen.**

1 Gericht für Luftfahrzeugversteigerungen

Registergericht ist das Amtsgericht am Sitz des Luftfahrtbundesamts (s § 171 a Rdn 1.3), also **Braunschweig**: LuftfzRG § 78. Vollstreckungsgericht ist dasselbe Amtsgericht: Abs 1.

Anordnung, Bewachung und Verwahrung 2.5 **§ 171 c**

[Antrag und Anordnung, Bewachung und Verwahrung, Treuhandschaft, Beschlagnahme]

171 c (1) Die Zwangsversteigerung darf erst angeordnet werden, nachdem das Luftfahrzeug in das Register für Pfandrechte an Luftfahrzeugen eingetragen ist. Der Antrag auf Anordnung der Zwangsversteigerung kann jedoch schon vor der Eintragung gestellt werden.

(2) Bei der Anordnung der Zwangsversteigerung hat das Gericht zugleich die Bewachung und Verwahrung des Luftfahrzeugs anzuordnen. Die Beschlagnahme wird auch mit der Vollziehung dieser Anordnung wirksam.

(3) Das Gericht kann zugleich mit der einstweiligen Einstellung des Verfahrens im Einverständnis mit dem betreibenden Gläubiger anordnen, daß die Bewachung und Verwahrung einem Treuhänder übertragen wird, den das Gericht auswählt. Der Treuhänder untersteht der Aufsicht des Gerichts und ist an die ihm erteilten Weisungen des Gerichts gebunden. Das Gericht kann ihn im Einverständnis mit dem Gläubiger auch ermächtigen, das Luftfahrzeug für Rechnung und im Namen des Schuldners zu nutzen. Über die Verwendung des Reinertrages entscheidet das Gericht. In der Regel soll er nach den Grundsätzen des § 155 verteilt werden.

Allgemeines zu § 171 c 1

Die Vorschrift behandelt die besonderen Voraussetzungen für Anordnung, Beschlagnahme, Bewachung usw bei Luftfahrzeugen.

Anordnung und Beitritt bei Luftfahrzeugversteigerung (Absatz 1) 2

2.1 Der **Antrag** auf Zwangsversteigerung ist bereits zulässig, bevor das Luftfahrzeug in das Register für Pfandrechte an Luftfahrzeugen eingetragen ist: Abs 1 Satz 2. Der **Anordnungsbeschluß** darf aber erst nach der Eintragung ergehen: Abs 1 Satz 1.

2.2 Eintragung in diesem Register erfolgt auf Antrag. Antragsberechtigt ist der Eigentümer und derjenige, der auf Grund eines vollstreckbaren Titels die Eintragung verlangen kann, sowie derjenige, zu dessen Gunsten ein Schutzvermerk eingetragen ist: LuftfzRG § 79. Der Vollstreckungstitel berechtigt zur Eintragung nach LuftfzRG § 99 Abs 1, ZPO §§ 870 a, 867.

2.3 Bei der **Anmeldung zum Register** sind nach LuftfzRG § 80 anzugeben: Nr des Blattes der Luftfahrzeugrolle, Staatsangehörigkeits- und Eintragungszeichen, Art und Muster des Fahrzeugs, Werk-Nr der Zelle, Name und Wohnsitz oder Sitz des Eigentümers. Es ist nachzuweisen, daß die Angaben mit den Eintragungen in der Rolle übereinstimmen. Macht der anmeldende Gläubiger nicht glaubhaft, daß der in der Rolle eingetragene Eigentümer der wirkliche Eigentümer ist, so wird von Amts wegen ein Widerspruch gegen die Eigentumseintragung eingetragen (LuftfzRG § 82). Für die Eintragung in das Register sind laut LuftfzRG § 86 die Vorschriften der Schiffsregisterordnung sinngemäß anzuwenden. Anmeldungen nach LuftfzRG §§ 79, 89 und Anträge nach § 93 bedürfen aber nicht der in Schiffsregisterordnung § 37 vorgeschriebenen Form.

2.4 Für Anordnungs- und Beitrittsantrag sind die erforderlichen Tatsachen durch Urkunden **glaubhaft zu machen,** soweit sie nicht bei Gericht offenkundig sind: §§ 164 mit 171 a Satz 1.

2.5 Der **Verkäufer** eines dem Käufer noch nicht übereigneten Luftfahrzeugs kann aus einem Vollstreckungstitel wegen der Kaufpreisforderung nicht in das verkaufte Luftfahrzeug **vollstrecken,** solange dieses nicht im Register für Pfandrechte

§ 171 c 2.5   Zwangsversteigerung von Luftfahrzeugen

an Luftfahrzeugen und dazu in der Luftfahrzeugrolle auf den im Titel genannten Vollstreckungsschuldner eingetragen ist, der Eigentümer sein muß (§§ 171 c, 17 für die Versteigerung, ZPO §§ 870 a, 866, 867 für das Zwangsregisterpfandrecht)[1]. Anders als bei der Mobiliarvollstreckung kann hier nicht gegen einen anderen als den Eingetragenen „wegen Offenkundigkeit der Eigentumsverhältnisse" vollstreckt werden[1].

3 Bewachung und Verwahrung von Luftfahrzeugen (Absatz 2)

Bei Anordnung der Zwangsversteigerung eines Luftfahrzeugs muß das Gericht (wie bei Schiffen und Schiffsbauwerken) zugleich die Bewachung und Verwahrung anordnen: Abs 2 Satz 1. Wie dort wird die Beschlagnahme (neben der Wirksamkeit durch Zustellung des Beschlusses an den Vollstreckungsschuldner oder durch Zugang des Eintragungsersuchens an das Registergericht) durch den Vollzug der Bewachungsanordnung wirksam: Abs 2 Satz 2. Wenn mit der Flughafengesellschaft die sichere Unterbringung des Luftfahrzeugs in einer Halle vereinbart, eine Stillegungskaskoversicherung abgeschlossen und Sicherungsmaßnahmen zur Einhaltung des Startverbots getroffen sind, sind tägliche Kontrollgänge nicht mehr erforderlich[1] (für stichprobenweise Flugplatzbesuche zweimal in der Woche). Der als Privatperson bestellte Gerichtsvollzieher hat Anspruch auf eine angemessene Vergütung „wie ein Zwangsverwalter"[1]. Die Festsetzung erfolgt durch das Vollstreckungsgericht (Rechtspfleger)[1]. Rechtsbehelf: Befristete Rechtspflegererinnerung[2]. Einzelheiten zum Verfahren im übrigen wie in § 165 Rdn 3, 6.

4 Einstellung mit Treuhandschaft bei Luftfahrzeugen (Absatz 3)

4.1 Zugleich mit einer einstweiligen Einstellung des Zwangsversteigerungsverfahrens kann das Gericht (wie bei Schiffen) einen **Treuhänder** bestellen: Abs 3 Satz 1. Auch der untersteht der Aufsicht des Gerichts und ist an erteilte Weisungen gebunden: Abs 3 Satz 2. Das Gericht kann ihn im Einvernehmen mit dem Gläubiger ermächtigen, das Luftfahrzeug zu nutzen: Abs 3 Satz 3. Auch hier entscheidet das Gericht über die Verwendung des Reinertrags, in der Regel nach den Grundsätzen über die Aufstellung eines Teilungsplans in § 155: Abs 3 Satz 4 und 5. Einzelheiten zum Verfahren wie in § 165 Rdn 4, 6.

4.2 Kosten: Der Gerichtsvollzieher erhält hier eine angemessene Vergütung für Bewachung und Verwahrung eines Luftfahrzeugs[3]. Im übrigen wie in § 165 Rdn 5.

[Besonderheiten zur Terminsbestimmung]

171 d (1) **In der Bestimmung des Versteigerungstermins soll das Luftfahrzeug nach dem Register für Pfandrechte an Luftfahrzeugen bezeichnet werden.**

(2) **Die in § 39 Abs 2 vorgesehene Anordnung ist unzulässig.**

1 Termin für Luftfahrzeugversteigerung

1.1 Die Vorschrift bringt Besonderheiten für die Terminbestimmung bei der Zwangsversteigerung von Luftfahrzeugen.

1.2 Das Luftfahrzeug soll nach der Registereintragung bezeichnet werden: Abs 1. Auf jeden Fall muß es eindeutig gekennzeichnet werden. Im übrigen gelten die

---

[1] LG Braunschweig NdsRpfl 1974, 105.
[2] LG Braunschweig DGVZ 1990, 121.
[3] AG Braunschweig DGVZ 1973, 47.

Registerpfandrechte in ausländischer Währung   2.2   § **171 e**

Vorschriften wie bei Grundstücken, also §§ 35–43, insbesondere auch hinsichtlich der Ladungsfristen.

1.3 Von der Veröffentlichung im Amtsblatt darf hier entgegen § 39 Abs 2 nicht abgesehen werden: Abs 2. Sie muß also normal erfolgen, auch mit den Fristen wie bei Grundstücken; dazu bei §§ 39, 43. Besonderheiten für ausländische Luftfahrzeuge: § 171 l.

[Registerpfandrechte in ausländischer Währung]

171 e Für die Zwangsversteigerung eines Luftfahrzeugs, das mit einem Registerpfandrecht in ausländischer Währung belastet ist, gelten folgende Sonderbestimmungen:

1. Die Terminbestimmung muß die Angabe, daß das Luftfahrzeug mit einem Registerpfandrecht in ausländischer Währung belastet ist, und die Bezeichnung dieser Währung enthalten.
2. In dem Zwangsversteigerungstermin wird vor der Aufforderung zur Abgabe von Geboten festgestellt und bekanntgemacht, welchen Wert das in ausländischer Währung eingetragene Registerpfandrecht nach dem amtlich ermittelten letzten Kurs in Deutscher Mark hat. Dieser Kurswert bleibt für das weitere Verfahren maßgebend.
3. Der bar zu zahlende Teil des geringsten Gebots wird in Deutscher Mark festgestellt. Die Gebote sind in Deutscher Mark abzugeben.
4. Der Verteilungsplan wird in Deutscher Mark aufgestellt.
5. Wird ein Gläubiger eines in ausländischer Währung eingetragenen Registerpfandrechts nicht vollständig befriedigt, so ist der verbleibende Teil seiner Forderung in der ausländischen Währung festzustellen. Die Feststellung ist für die Haftung mitbelasteter Gegenstände, für die Verbindlichkeit des persönlichen Schuldners und für die Geltendmachung des Ausfalls im Konkurs maßgebend.

Hinweis: In § 171 e Nr 5 Satz 2 wird ab 1. 1. 1999 das Wort „Konkurs" durch das Wort „Insolvenzverfahren" ersetzt. Art 20 Nr 11 EGInsO (BGBl 1994 I 2911 [2919]).

Allgemeines zu § 171 e   1

Während für Grundstücke und Schiffe mit Einschränkungen noch einige alte Texte gelten (9. Auflage Texte 220, 221, 380, 381), ist für Luftfahrzeuge hier eine entsprechende Regelung getroffen, ähnlich dem § 168 c für Schiffe.

Ausländische Währung bei Registerpfandrechten   2

2.1 Die **Terminsbestimmung** muß (wie bei Grundstücken und Schiffen) ersehen lassen, daß ein Registerpfandrecht in ausländischer Währung vorhanden ist: Nr 1. Im Versteigerungstermin muß auch hier vor der Aufforderung zur Abgabe von Geboten der letzte amtliche **Kurswert bekanntgemacht** werden, der für das ganze weitere Verfahren gilt: Nr 2. **Geringstes Gebot** und **Verteilungsplan** werden auch hier in DM aufgestellt. Gebote werden in DM abgegeben: Nr 3 und 4. Die **Restforderung** eines nicht vollständig befriedigten Gläubigers ist wieder in die ausländische Währung zurückzurechnen: Nr 5 (verbindlich für Prozeßgericht, Konkursgericht usw).

2.2 Ausländische Währung in diesem Sinne ist jede, die nicht im Geltungsbereich des Außenwirtschaftsgesetzes (Einl Rdn 30) gilt.

§ 171 f Zwangsversteigerung von Luftfahrzeugen

[Miet- und Pachtzins, Registerpfandrecht gegen Ersteher]

171 f § 169 gilt für das Luftfahrzeug entsprechend.

1 Allgemeines zu § 171 f

Die Vorschrift befaßt sich (durch Verweisung) mit der Vorausverfügung über Miet- und Pachtzins und der Nichtzahlung des Bargebots.

2 Mieter und Pächter bei Luftfahrzeugen

§ 169 Abs 1 ist hier **entsprechend anzuwenden,** wobei statt des Schiffsrechtegesetzes natürlich das Luftfahrzeugrechtegesetz in Frage kommt. Auch hier gelten also die §§ 57–57 b; jedoch ist statt der in § 57 b erwähnten Vorschriften in BGB §§ 573, 574 auch hier BGB § 580 a anzuwenden. Dazu im einzelnen bei § 169 Rdn 2.

3 Nichtbezahlung des Bargebots bei Luftfahrzeugen

§ 169 Abs 2 ist **entsprechend anzuwenden,** wobei an Stelle der Schiffshypothek hier das Registerpfandrecht, an Stelle des Schiffsrechtegesetzes hier das Luftfahrzeugrechtegesetz steht. Bei Nichtzahlung des baren Meistgebots ist daher für die insoweit zu übertragende Forderung (§ 118) ein Registerpfandrecht einzutragen, das mit der Eintragung entsteht, selbst wenn der Ersteher inzwischen das Luftfahrzeug wieder veräußert hat. Dazu § 169 Rdn 3.

[Bewachung und Verwahrung des versteigerten Luftfahrzeugs]

171 g (1) **An die Stelle der nach § 94 Abs 1 zulässigen Verwaltung tritt die gerichtliche Bewachung und Verwahrung des versteigerten Luftfahrzeugs.**

(2) **Das Gericht hat die getroffenen Maßregeln aufzuheben, wenn der zu ihrer Fortsetzung erforderliche Geldbetrag nicht vorgeschossen wird.**

1 Sicherungsmaßnahmen gegen Ersteher

1.1 Für die Zeit nach dem Zuschlag kann (wie bei den versteigerten Schiffen) die **gerichtliche Bewachung und Verwahrung** des Luftfahrzeugs angeordnet werden: Abs 1 (statt der nach § 94 bei Grundstücken vorgesehenen gerichtlichen Verwaltung). Dabei gilt alles, was bei den Schiffen hierzu gesagt ist (§ 170). Auch hier müssen (im Gegensatz zu § 161 Abs 3) die Maßregeln aufgehoben werden, wenn der zu ihrer Fortführung nötige Vorschuß nicht bezahlt wird: Abs 2.

1.2 Kosten des mitwirkenden Gerichtsvollziehers § 171 c Rdn 4.

[Zwangsversteigerung ausländischer Luftfahrzeuge]

171 h Auf die Zwangsversteigerung eines ausländischen Luftfahrzeugs sind die Vorschriften in §§ 171 a bis 171 g entsprechend **anzuwenden, soweit sich nicht aus den §§ 171 i bis 171 n anderes ergibt.**

1 Allgemeines zu § 171 h

1.1 Für ausländische Luftfahrzeuge bringt das ZVG im Abschnitt über die Zwangsversteigerung von Luftfahrzeugen in den §§ 171 h bis 171 n eine Reihe Sondervorschriften. § 171 h befaßt sich mit den anzuwendenden Vorschriften.

Veräußerung und Belastung ausländischer Luftfahrzeuge § 171 k

1.2 Ausländische Luftfahrzeuge sind alle, die nicht inländische sind, die also nicht als Eigentum deutscher Staatsangehöriger in die Luftfahrzeugrolle bzw in das Register für Pfandrechte für Luftfahrzeuge eingetragen sind (§ 171 a).

Besonderheiten für ausländische Luftfahrzeuge 2

2.1 Die Vorschriften für inländische Luftfahrzeuge (§§ 171 a–171 g) sind **entsprechend anzuwenden**, soweit sich nicht aus §§ 171 i–171 n etwas anderes ergibt (§ 171 h). Unanwendbar sind alle Vorschriften, die sich auf die Eintragung in das Register gründen.

2.2 Anwendung finden also: § 171 a (Verweisung auf das Recht der Schiffe und Grundstücke; dazu: § 171 Rdn 2); § 171 b (zuständiges Gericht); § 171 c Abs 2 und 3 (Bewachung und Verwahrung, sowie Treuhänder); § 171 d Abs 2 (Bekanntmachung immer im Amtsblatt); § 171 f (Mieter und Pächter), ergänzt durch § 171 n; § 171 g (Bewachung und Verwahrung).

[Rangklasse 3 und 4 bei ausländischen Luftfahrzeugen]

171 i (1) **In der dritten Klasse (§ 10 Abs 1 Nr 3) werden nur befriedigt Gebühren, Zölle, Bußen und Geldstrafen auf Grund von Vorschriften über Luftfahrt, Zölle und Einwanderung.**

(2) In der vierten Klasse (§ 10 Abs 1 Nr 4) genießen Ansprüche auf Zinsen aus Rechten nach § 103 des Gesetzes über Rechte an Luftfahrzeugen vom 26. Februar 1959 (Bundesgesetzbl I S 57) das Vorrecht dieser Klasse wegen der laufenden und der aus den letzten drei Geschäftsjahren rückständigen Beträge.

Besonderheiten für Rangklassen 3 und 4 1

1.1 Bei ausländischen Luftfahrzeugen kann die normale Rangordnung des § 10 nicht angewendet werden (anders[1]: entsprechend anzuwenden). § 171 i bietet eine Sonderregelung.

1.2 Hier fehlen die Rangklassen 1–3 des § 10. In der **Rangklasse 3** stehen hier auf Grund des verbindlichen Luftrechtsabkommens (§ 171 a Rdn 1) Gebühren, Zölle, Bußen und Geldstrafen auf Grund von Vorschriften über Luftfahrt, Zölle und Einwanderung: Abs 1.

1.3 In der **Rangklasse 4** des § 10 haben gemäß dem Luftrechtsabkommen Zinsansprüche aus Rechten nach Luftrechtegesetz § 103 das Vorrecht dieser Rangklasse wegen der laufenden Beträge (§ 13 Abs 1) und wegen der aus den letzten drei Geschäftsjahren (des Flugzeugbetriebs) rückständigen Beträge (§ 10 kennt nur Rückstände für zwei Jahre und bezieht sich auf Beschlagnahmejahre). Ein in das amerikanische Luftfahrtregister eingetragenes Pfandrecht („mortgage") an einem Privatflugzeug ist im Inland anzuerkennen und wie ein nach deutschem Recht bestelltes Registerpfandrecht zu behandeln[2].

[Veräußerung und Belastung ausländischer Luftfahrzeuge nach der Beschlagnahme]

171 k Wird das Luftfahrzeug nach der Beschlagnahme veräußert oder mit einem Recht nach § 103 des Gesetzes über Rechte an Luftfahrzeugen belastet und ist die Veräußerung oder Belastung nach Artikel VI des Genfer Abkommens vom 19. Juni 1948 (Bundesgesetzbl

---

[1] Steiner/Hagemann § 171 i Rdn 2.
[2] BGH KTS 1992, 118 = MDR 1991, 1208 = NJW 1992, 362.

§ 171 k — Zwangsversteigerung von Luftfahrzeugen

1959 II S 129) **anzuerkennen, so ist die Verfügung dem Gläubiger gegenüber wirksam, es sei denn, daß der Schuldner im Zeitpunkt der Verfügung Kenntnis von der Beschlagnahme hatte.**

1 Allgemeines zu § 171 k

Die Vorschrift befaßt sich mit der Veräußerung und Belastung ausländischer Luftfahrzeuge nach der Beschlagnahme.

2 Gutgläubige Verfügungen bei ausländischen Luftfahrzeugen

2.1 Die Vorschrift nimmt Bezug einerseits auf das Luftverkehrsabkommen (§ 171 a Rdn 1), andererseits auf LuftfzRG § 103.

2.2 Eine **Verfügung des Schuldners** in Unkenntnis der Beschlagnahme ist dem betreibenden Gläubiger gegenüber wirksam, wenn das Luftfahrzeug veräußert oder mit einem bestimmten Recht belastet wird, falls dieser Vorgang nach dem Luftrechtsabkommen anzuerkennen ist.

2.3 Bei den **bestimmten Rechten** nach LuftfzRG § 103 handelt es sich um: a) das Recht des Besitzers des Luftfahrzeugs, Eigentum durch Kauf zu erwerben, b) das Recht zum Besitz des Luftfahrzeugs auf Grund eines für sechs Monate oder mehr geschlossenen Mietvertrags, c) ein besitzloses Pfandrecht, eine Hypothek oder ein ähnliches Recht, das vertraglich zur Sicherung einer Forderung bestellt ist. Die Rechte a) und b) gewähren dem Käufer ein dinglich gesichertes Recht auf Eigentumsübertragung und dem Mieter ein dinglich gesichertes Recht auf Gebrauchsüberlassung; beides dem deutschen Recht fremd.

2.4 Läßt das **Heimatrecht** des Luftfahrzeugs eine Verfügung über das beschlagnahmte Luftfahrzeug zu, so ist diese Verfügung nach dem Luftrechtsabkommen anzuerkennen, außer wenn nachgewiesen wird, daß der Schuldner in Kenntnis des Verfahrens gehandelt hat. Nach dem jeweils maßgebenden nationalen Recht kann auch noch die Kenntnis oder Unkenntnis des Erwerbers bedeutsam sein.

[Benachrichtigung der ausländischen Registerbehörde und Beteiligten, öffentliche Bekanntmachung im Ausland]

171 l (1) **Das Vollstreckungsgericht teilt die Anordnung der Zwangsversteigerung tunlichst durch Luftpost der Behörde mit, die das Register führt, in dem die Rechte an dem Luftfahrzeug eingetragen sind.**

(2) **Der Zeitraum zwischen der Anberaumung des Termins und dem Termin muß mindestens sechs Wochen betragen. Die Zustellung der Terminsbestimmung an Beteiligte, die im Ausland wohnen, wird durch Aufgabe zur Post bewirkt. Die Postsendung muß mit der Bezeichnung „Einschreiben" versehen werden. Sie soll tunlichst durch Luftpost befördert werden. Der betreffende Gläubiger hat die bevorstehende Versteigerung mindestens einen Monat vor dem Termin an dem Ort, an dem das Luftfahrzeug eingetragen ist, nach den dort geltenden Bestimmungen öffentlich bekanntzumachen.**

1 Allgemeines zu § 171 l

Die Vorschrift regelt Bekanntmachung und Benachrichtigung über Versteigerungstermine für ausländische Luftfahrzeuge, sowie Fristen.

2 Bekanntmachungen, Nachrichten und Fristen

2.1 Außer den allgemein vorgeschriebenen Bekanntmachungen wie bei Grundstücken und Schiffen sind hier **Besonderheiten für** den **Anordnungsbeschluß**

Beschwerde gegen Zuschlag ausländischer Luftfahrzeuge 2.2 § 171 m

(nicht für Beitrittsbeschlüsse) geboten. Damit die ausländischen Register für Luftfahrzeuge nach den dort geltenden Vorschriften rasch gesperrt werden können, ist die ausländische Registerbehörde von der Anordnung der Zwangsversteigerung eines Luftfahrzeugs umgehend zu benachrichtigen, tunlichst durch Luftpost: Abs 1. Dieser unmittelbare Briefverkehr vermeidet den sonst für Auslandsmitteilungen vorgeschriebenen Weg über den Rechts- und Rechtshilfeverkehr mit dem Ausland. Der abgekürzte Weg ist durch das Luftrechtsabkommen (§ 171 a Rdn 1) ausdrücklich zugelassen.

2.2 Die Versteigerungs-**Terminsbestimmung** wird an im Ausland wohnende Beteiligte durch Aufgabe zur Post per Einschreiben (also wie in § 4) zugestellt, auch tunlichst mit Luftpost: Abs 2 Sätze 2–4.

2.3 Zusätzlich nötig (zwingend) ist eine öffentliche **Terminsbekanntmachung** durch den betreibenden Gläubiger des Zwangsversteigerungsverfahrens (nicht durch das Gericht) an dem Ort, an dem das zu versteigernde Luftfahrzeug im Ausland registriert ist, und zwar nach den dort geltenden ausländischen Bestimmungen und mindestens einen vollen Monat vor dem Versteigerungstermin: Abs 2 Satz 5.

2.4 Zwischen der Anberaumung des Versteigerungstermins durch das deutsche Vollstreckungsgericht und dem Termin müssen **mindestens sechs Wochen** liegen: Abs 2 Satz 1; hier muß außerdem aber die Frist, wie Rdn 2.3 behandelt, eingehalten sein. Das Gericht darf darum nicht zu knapp ansetzen, damit der betreibende Gläubiger seine Verpflichtung fristgerecht erfüllen kann.

[Beschwerde gegen Zuschlag ausländischer Luftfahrzeuge]

171 m Die Beschwerde gegen die Erteilung des Zuschlags ist binnen sechs Monaten einzulegen. Sie kann auf die Gründe des § 100 nur binnen einer Notfrist von zwei Wochen, danach nur noch darauf gestützt werden, daß die Vorschriften des § 171 l Abs 2 verletzt sind.

Allgemeines zu § 171 m   1

Die Vorschrift befaßt sich mit Frist und Gründen bei Beschwerden gegen den Zuschlag ausländischer Luftfahrzeuge.

Zuschlagsanfechtung bei ausländischen Luftfahrzeugen   2

2.1 § 171 m berücksichtigt eine entsprechende Vorschrift im Luftverkehrsabkommen (§ 171 a Rdn 1).

2.2 Ein Zuschlagsbeschluß kann **normal** nur binnen der Notfrist von **zwei Wochen** angefochten werden, und zwar durch befristete Rechtspflegererinnerung/sofortige Beschwerde (§ 96, ZPO § 577, RpflG § 11), Fristbeginn nach § 98. Begründet werden kann die Anfechtung nur nach § 100. Die Frist von zwei Wochen ist eine Notfrist, gegen deren Versäumung die Wiedereinsetzung möglich ist. Wegen der Besonderheiten bei ausländischen Luftfahrzeugen kann hier die Anfechtung der Zuschlagserteilung **ausnahmsweise** auch noch binnen **sechs Monaten** erfolgen (Fristbeginn auch nach § 98), aber nur mit der Begründung, daß die Fristen-, Zustellungs- und Bekanntmachungsvorschriften des § 171 l Abs 2 (dazu § 171 l Rdn 2) verletzt seien. Sätze 1 und 2. Diese Frist von sechs Monaten ist keine Notfrist, gegen Versäumung ist keine Wiedereinsetzung möglich. Diese zusätzliche Anfechtung kann also nur erfolgen, wenn der Zeitraum zwischen Terminsansetzung und Termin nicht mindestens sechs Wochen betragen hat (§ 171 l Abs 2 Satz 1) oder wenn die Zustellung an im Ausland wohnhafte Beteiligte nicht durch Aufgabe zur Post per Einschreiben erfolgt ist (§ 171 l Abs 2 Sätze 2–3) oder wenn der betreibende Gläubiger nicht den Versteigerungstermin

§ 171 m 2.2   Zwangsversteigerung von Luftfahrzeugen

nach den im Ausland (Ort, wo das Luftfahrzeug registriert ist) geltenden Vorschriften mindestens einen Monat vor dem Termin öffentlich bekanntgemacht hat (§ 171 l Abs 2 Satz 5).

[Wertersatz für Mietrecht an ausländischem Luftfahrzeug]

171 n Erlischt durch den Zuschlag das Recht zum Besitz eines Luftfahrzeugs auf Grund eines für einen Zeitraum von sechs oder mehr Monaten abgeschlossenen Mietvertrages, so gelten die Vorschriften über den Ersatz für einen Nießbrauch entsprechend.

1 Mietverträge bei ausländischen Luftfahrzeugen

1.1 Die Vorschrift bestimmt einen Wertersatz für gewisse durch die Versteigerung eines ausländischen Luftfahrzeugs erlöschende Mietrechte.

1.2 Zuschlagserteilung kann bewirken, daß das Besitzrecht eines Mieters an einem ausländischen Luftfahrzeug erlischt. Wenn er einen Mietvertrag über sechs oder mehr Monate geschlossen hatte, der ihn zum Besitz berechtigte, ist er für den Verlust wie ein Nießbraucher zu entschädigen: § 171 n. Das bedeutet, daß hier der Wertersatz nach § 92 Abs 2 in Frage kommt (Geldrente für jeweils drei Monate aus dem Jahreswert des kapitalisierten Rechts, § 92 Abs 2, § 121 Abs 1) (§ 92 Rdn 4, § 121 Rdn 2). Für sonstige Verluste gilt § 92 Abs 1 (§ 92 Rdn 2, 3).

Dritter Abschnitt.
Zwangsversteigerung und Zwangsverwaltung in besonderen Fällen

[Versteigerung und Verwaltung auf Konkursverwalterantrag]

172 Wird die Zwangsversteigerung oder die Zwangsverwaltung von dem Konkursverwalter beantragt, so finden die Vorschriften des ersten und zweiten Abschnitts entsprechende Anwendung, soweit sich nicht aus den §§ 173, 174 ein anderes ergibt.

Hinweis: In § 172 wird ab 1. 1. 1999 das Wort „Konkursverwalter" durch das Wort „Insolvenzverwalter" ersetzt. Art. 20 Nr. 12 EGInsO (BGBl 1994 I 2911 [2919])

Übersicht

Allgemeine Übersicht zu §§ 172–185 . 1	Konkursversteigerung und Vollstreckungsversteigerung.......................... 6
Allgemeines zu § 172........................... 2	Zwangsverwaltung............................. 7
Antrag des Konkursverwalters, Verfahren 3	Gesamtvollstreckung........................... 8
Anzuwendende Vorschriften (allgemein) 4	Konkurseröffnung im Ausland 9
	Österreichisches Konkursverfahren 10
Anzuwendende Vorschriften (Einzelheiten) 5	

1 Allgemeine Übersicht zu §§ 172–185

1.1 In seinem letzten (dritten) Abschnitt (§§ 172–185) regelt das ZVG die Zwangsversteigerung und Zwangsverwaltung in solchen Fällen, in denen bundesrechtlich die Versteigerung oder die Verwaltung eines Grundstücks (desgleichen eines grundstücksgleichen Rechtes, Schiffs, Schiffsbauwerks oder Luftfahrzeugs) im Wege des **rechtlichen Zwanges** zugelassen ist, ohne daß eine Zwangsvollstrek-

Versteigerung/Verwaltung auf Konkursverwalterantrag 1.3 § 172

kung (wegen einer Geldforderung) in Frage steht (Denkschrift S 66). Es handelt sich um drei verschiedene Verfahren: die Konkursverwalter-Zwangsversteigerung und -Zwangsverwaltung (§§ 172–174), die Nachlaß-Zwangsversteigerung (§§ 175–179) und die Teilungsversteigerung (§§ 180–185).

1.2 Die Vorschriften der beiden ersten Abschnitte des ZVG (§§ 1–161 und §§ 162 ff) kommen auch in diesen Verfahren grundsätzlich zur Anwendung (Denkschrift S 66). Abweichungen in der Verfahrensgestaltung sind daher selbständig nur vorgesehen, soweit der besondere Zweck, dem in diesen Fällen die Anwendung des rechtlichen Zwangs dient, sie jeweils erforderlich macht (Denkschrift S 66).

1.3 a) Geregelt sind auch die Zwangsversteigerungen in den Verfahrensarten der besonderen Fälle und die Zwangsverwaltung auf Konkursverwalterantrag im ZVG **nach ZPO § 869** als Teil ihres 8. Buchs über **„Zwangsvollstreckung"** (Einl Rdn 19). Zwangsvollstreckungs**verfahren** als Verfahren zur Rechtsverwirklichung sind die Zwangsversteigerung und Zwangsverwaltung in diesen besonderen Fällen auch ihrem Wesen nach[1]. In den als Zwangsvollstreckung geregelten Rechtsschutzverfahren wird mit staatlichem Zwang auf Konkursverwalterantrag sein Verfügungs- und Verwaltungsrecht verwirklicht (§§ 172–175; so auch[2]) oder dem Erben auf Antrag Kenntnis vom Schuldenstand und damit eine Grundlage für seine Entschließung verschafft, ob er seine beschränkte Haftung geltend machen will (§§ 175–179). Den mit Rechten am Grundstück Beteiligten (§ 10 Abs 1 Nr 4) kann der Verfahrenszwang in diesen Fällen mit abweichender Feststellung des geringsten Gebots Erlöschen und (vollen) Ausfall ihrer Rechte am Grundstück bringen (§§ 174, 176)[3]. Bei Zwangsversteigerung zur Aufhebung einer Gemeinschaft (§§ 180–185) wird der schuldrechtliche Anspruch auf Auseinandersetzung (zu diesem § 180 Rdn 2) mit rechtlichem Zwang durchgesetzt[4]. Zwangsvollstreckung regelt nicht nur das Verfahren zur Geldvollstreckung; Verfahrensregelung und Verfahrensgestaltung als Zwangsvollstreckung schließt alle Verfahren zur Rechtsverwirklichung (= Durchsetzung eines materiellen Anspruchs mit staatlichem Zwang) ein.

b) Mitversteigerung von Zubehörstücken im „Eigentümer"-Besitz (§ 55 Abs 2) bewirkt auch in den Zwangsversteigerungsverfahren nach §§ 172–185 – gleichermaßen wie Versteigerung eines nicht dem Gemeinschuldner, § 172, nicht zum Nachlaß, § 175, oder nicht den Gemeinschaftern, § 180, sondern einem Dritten gehörenden Grundstücks (siehe § 28 Rdn 3) – mit Eigentumserwerb des Erstehers **Eigentumsverlust des Dritten**. Solcher Eingriff in das durch GrundG Art 14 Abs 1 Satz 1 geschützte Fremdeigentum rechtfertigt überhaupt nur das Zwangsvollstreckungsrecht als Verfahrensrecht zur Durchsetzung eines materiellen Anspruchs mit staatlichem Zwang. Gegenüber Dritten als Zubehöreigentümer wie überhaupt gegenüber dem infolge Grundbuchunrichtigkeit nicht grundbuchersichtlichen (wirklichen) Eigentümer des Grundstücks handelt der Staat auch in den Zwangsversteigerungsverfahren nach §§ 172–185 als Inhaber des Zwangsmonopols durch das Vollstreckungsgericht hoheitlich. Dritte haben daher auch Rechtsschutz gegen die aus materiellen Gründen unzulässige Ausdehnung des Vollstreckungshandelns mit Widerspruchsklage nach ZPO § 771 (ZVG § 37 Nr 5), somit auf dem Klageweg zu suchen, der für Rechtsschutz gegen unberechtigte Vollstreckungsmaßnahmen eröffnet ist.

c) Abweichendes läßt sich nicht deshalb annehmen, weil (nur) für die Abgrenzung eines Vorkaufsfalls nach BGB § 512 die Veräußerung „im Wege der Zwangsversteigerung zum Zwecke der Aufhebung einer Gemeinschaft gemäß ZVG § 180" dem „Erwerb nach der einhelligen Ansicht im Schrifttum einem freihändigen Kauf

---

[1] Stöber MDR 1989, 12 (III).
[2] LG Krefeld NJW-RR 1992, 1535 = ZIP 1992, 1407.
[3] Stöber MDR 1989, 12 (III).
[4] Stöber Rpfleger 1960, 238 (II).

§ 172 1.3 Zwangsversteigerung auf Antrag des Konkursverwalters

gleich" ist (so[5]). Diese schon nach den Motiven zum BGB[6] auf dem Gebiet des Schuldrechts für den engen Bereich des obligatorischen Vorkaufsrechts sowie (infolge Verweisung in BGB § 1098 Abs 1 Satz 1 auf § 512) für das dingliche Vorkaufsrecht gebotene Beschränkung des Vorkaufsfalls bietet keine Handhabe für Bewertung des Vollstreckungsverfahrensrechts. **Zwangsvollstreckung als Verfahren zur Rechtsverwirklichung** unterscheidet nicht zwischen Geldvollstreckung als „echter" Zwangsvollstreckung und anderen Maßnahmen rechtlichen Zwangs durch ein staatliches Vollstreckungsorgan nach Vollstreckungsverfahrensrecht. Verfehlt ist daher die Annahme, es handle sich bei Zwangsversteigerung und Zwangsverwaltung in den besonderen Fällen des dritten Abschnitts des ZVG (oder auch nur bei der Teilungsversteigerung) um keine[7] oder doch keine echte[8] (um unechte[9]) oder jedenfalls um keine „eigentliche"[10] Zwangsvollstreckung oder auch, die Versteigerung sei „kein Akt der Zwangsvollstreckung", aber „in den Formen der Vollstreckungsversteigerung durchzuführen"[11] sowie, das Verfahren nach § 172 sei nicht schlechthin Zwangsvollstreckung[12], stehe dem Vollstreckungsversteigerungsverfahren aber nahe[13] oder in ihren Wirkungen gleich[14] (zum Begriffswirrwarr siehe den Hinweis bei[15]).

d) Unbedachte Abgrenzung der Verfahren zur Zwangsversteigerung in den besonderen Fällen des 3. Abschnitts des ZVG (§§ 172–185) von Grundstücksveräußerung im Wege der Zwangsvollstreckung verkennt zudem Bedeutung (dazu § 79 Rdn 3) und Wirkungen des Zuschlags als konstitutiv wirkender Staatshoheitsakt und übersieht noch dazu, daß Bestimmungen des materiellen Rechts Grundstücksveräußerung auch bei solcher Zwangsversteigerung stets als „Verfügung **im Wege der Zwangsvollstreckung**" behandeln. Sie tragen damit der Selbstverständlichkeit Rechnung, daß insbesondere bei Zwangsversteigerung zur Aufhebung einer Gemeinschaft (§§ 180–185) nicht vertragliche und damit einvernehmliche Veräußerung erfolgt, sondern gerade die Unstimmigkeit der Miteigentümer zur unfreiwilligen Veräußerung in dem staatlichen Zwangsverfahren mit Ungewißheit über den Erwerber führt[16]. Weil in keinem Fall durch den oder die Miteigentümer rechtsgeschäftlich (so auch[17]; hierfür BGB § 883 Abs 2 Satz 1), sondern immer durch das Vollstreckungsgericht „im Wege der Zwangsvollstreckung" verfügt wird, gewährleistet daher BGB § 883 Abs 2 **Satz** 2 Schutz eines durch Vormerkung gesicherten Anspruchs (zur „vorrangigen" Auflassungsvormerkung zB § 28 Rdn 3.8) vor Rechtsverlust mit Zuschlag in der Konkursverwalter-, Nachlaß- und Teilungsversteigerung ebenso wie in der Forderungsversteigerung. Befriedigung des Gläubigers einer durch Zuschlag bei Konkursverwalter-, Nachlaß- oder Teilungsversteigerung erloschenen Gesamthypothek aus dem Erlös hat daher ebenso wie bei Forderungsversteigerung zur Folge, daß auch die (nicht versteigerten) mitbelasteten Grundstücke frei werden, weil in allen Fällen die „Befriedigung des

---

[5] BGH 13, 133 = DNotZ 1954, 385 = NJW 1954, 1035.
[6] Motive zum BGB, Band II, S 350.
[7] Steiner/Eickmann § 172 Rdn 1 mit Fußn 2; Mohrbutter, Handbuch des Vollstreckungsrechts, Einleitung vor § 61; Mohrbutter KTS 1961, 103 (I); OLG Karlsruhe KTS 1984, 159 = OLGZ 1983, 333; BFH BB 1960, 1127 = Betrieb 1960, 1202 = BStBl 1960 III 426.
[8] OLG Celle NdsRpfl 1958, 90; LG Berlin MDR 1959, 47; Dassler/Schiffhauer Vorbem vor § 172; Mohrbutter/Drischler Einführung vor Muster 176.
[9] Drischler JurBüro 1964, 471 (II) und 1981, 1441 (I 2).
[10] Schiffhauer ZIP 1982, 526 (II).
[11] Steiner/Teufel § 180 Rdn 6, 7.
[12] Kilger/K. Schmidt, Konkursordnung, § 126 Anm 1
[13] Worm KTS 1961, 119.
[14] Kilger/K. Schmidt aaO (Fußn 12).
[15] Stöber MDR 1989, 12 (I Fußn 6).
[16] OLG Celle NJW 1962, 1869.
[17] LG Berlin MDR 1989, 466 = NJW-RR 1989, 1151.

Versteigerung/Verwaltung auf Konkursverwalterantrag 3.2 § **172**

Gläubigers ... im Wege der Zwangsvollstreckung" erfolgt (BGB § 1181 Abs 2 mit § 1147). Ebenso bewirkt Berücksichtigung von Tilgungsleistungen einer Annuitätenhypothek im geringsten Gebot als bar zu zahlende Leistungen (§ 49 Rdn 5) und Barzahlung bei Erlösverteilung in allen Versteigerungsverfahren gleichermaßen, daß in Höhe dieser Beträge das Recht nach BGB § 1181 Abs 1 durch Befriedigung des Gläubigers aus dem Grundstück „im Wege der Zwangsvollstreckung" (BGB § 1147) erlischt. Für materiellrechtliche Zuschlagswirkungen ist es damit ebenso wie für Verfahrensgestaltung (dazu[18]) gleichgültig, ob es sich um eine Versteigerung im Wege der Forderungsvollstreckung oder um ein Verfahren zur Zwangsversteigerung in besonderen Fällen des 3. Abschnitts des ZVG (§§ 172–185) handelt. Die Versteigerung ist in allen Fällen **Zwangsvollstreckungsverfahren** (so auch[19], ähnlich[20]).

Allgemeines zu § 172 2

Literatur: Drischler, Das Grundstück im Konkurs, RpflJahrbuch 1985, 331.

Zweck der Vorschrift: Regelung des Verfahrens in der Weise, daß auch auf Antrag des Konkursverwalters die Gegenstände der Immobiliarvollstreckung in der Form der Vollstreckung (§§ 1–171 n) zwangsversteigert und zwangsverwaltet werden und daß Abweichungen bestimmt sind in § 173 (Beschlagnahmewirkung) und § 174 (geringstes Gebot und Doppelausgebot).

Antrag des Konkursverwalters, Verfahren 3

3.1 a) Der Konkursverwalter hat das zur Konkursmasse gehörenden Vermögen des Gemeinschuldners zu verwalten und **zu verwerten**: KO § 117 Abs 1. Er kann daher die Zwangsverwaltung beantragen; Verwertung der unbeweglichen Gegenstände kann durch Freiverkauf oder durch Zwangsversteigerung erfolgen: KO § 126, ZVG § 172. Welche Art der Verwertung der Konkursverwalter wählt, steht in seinem pflichtgemäßen Ermessen.

b) Zur **Konkursmasse gehören** als Gegenstände eines Verfahrens nach § 172 alle Grundstücke, grundstücksgleichen Rechte (alle, nicht nur das Erbbaurecht), Schiffe und Schiffsbauwerke (beide aber ohne Zwangsverwaltung) sowie auch Luftfahrzeuge (keine Zwangsverwaltung) des Gemeinschuldners (KO § 1), soweit diese nicht der Konkursverwalter aus der Konkursmasse freigibt. Auch Bruchteile von Grundstücken (anderen Objekten) unterliegen dem Verfahren nach § 172, nicht jedoch Schiffsparten (deren Versteigerung sich nach Mobiliarrecht richtet).

c) Die **Zwangsversteigerung** hat für den Konkursverwalter gewisse **Vorteile:** Die beim Freiverkauf bestehenden Gewährleistungsansprüche sind ausgeschlossen (§ 56); Vorkaufsrechte können nicht ausgeübt werden (§ 81 Rdn 10); Schadensersatzansprüche gegen den Konkursverwalter wegen zu niedrigen Erlöses sind nicht möglich[21]. In der Regel bringt die Versteigerung auch einen höheren Erlös.

d) Auch wenn schon ein Verfahren nach § 172 anhängig ist, **kann** der Konkursverwalter immer **noch** freihändig **veräußern**; ebenso kann er das Objekt noch belasten; beides kann er nur bis unmittelbar vor Zuschlagsverkündung, wobei er den Verfahrensantrag zurücknehmen muß.

3.2 In einem Verfahren nach § 172 ist der Konkursverwalter gleichzeitig **betreibender Gläubiger und Vollstreckungsschuldner**[22]. Genau genommen wird er nur verfahrensrechtlich als „betreibender Gläubiger" behandelt. Seine Tätigkeit ist ja mehrseitig, sein Handeln ist neutral, bezogen auf das ihm anvertraute Objekt[23].

---

[18] BVerfG 51, 150 (156) = KTS 1979, 275 = Rpfleger 1979, 296.
[19] AG Göttingen NdsRpfl 1995, 41.
[20] Hintzen, ImmobiliarZwV, Rdn 957.
[21] Mohrbutter, Handbuch des Vollstreckungsrechts, § 61 (I); Worm KTS 1961, 119.
[22] Mohrbutter JurBüro 1956, 355 (3) und KTS 1958, 81.
[23] Mohrbutter, Handbuch des Vollstreckungsrechts, § 61 (II).

§ 172 3.3 Zwangsversteigerung auf Antrag des Konkursverwalters

3.3 Der **Gemeinschuldner** ist in den Verfahren nach § 172 nicht Beteiligter; Zustellungen müssen nicht an ihn, sondern an den Konkursverwalter erfolgen. Rechtbehelfe kann nicht er, sondern nur der Konkursverwalter einlegen[24], Verfassungsbeschwerde kann er nicht erheben (§ 9 Rdn 3.15). Es empfiehlt sich allerdings, Zustellungen vorsorglich auch an den Gemeinschuldner ergehen zu lassen (mit Zusatz „Zustellung trotz Konkurses"), weil dieser durch Konkursende oder durch Freigabe des Objekts aus der Masse jederzeit in die Lage kommen kann, das Verfahren fortführen zu müssen[25]. Während des Konkursverfahrens aber und solange das Objekt nicht freigegeben ist, werden alle Rechte des Eigentümers nur vom Konkursverwalter wahrgenommen (KO § 6).

3.4 Das Verfahren nach § 172 ist nicht mehr möglich, sobald der Konkursverwalter das Objekt aus der Konkursmasse freigegeben hat. Die **Freigabe** erfolgt durch eine an den Gemeinschuldner gerichtete empfangsbedürftige, unwiderrufliche Willenserklärung. Nach Freigabe hat das Vollstreckungsgericht ein laufendes Verfahren nach § 172 nicht von Amts wegen gemäß § 28 aufzuheben; es muß vielmehr hier der Gemeinschuldner (falls der Konkursverwalter nicht von sich aus den Verfahrensantrag zurücknimmt, wozu ihn das Vollstreckungsgericht anregen kann) nach ZVG § 37 Nr 5, ZPO § 771 geltend machen, daß das Objekt nicht mehr zur Konkursmasse gehöre.

4 Anzuwendende Vorschriften (allgemein)

4.1 Die Vorschriften des ersten und zweiten Abschnitts des ZVG (§§ 1–171 n) sind **entsprechend anzuwenden,** soweit nicht §§ 173, 174 etwas anderes bestimmen. Auch die Vorschriften der ZPO über die Immobiliarvollstreckung gelten entsprechend.

4.2 Entsprechend **gelten also:** ZPO § 864 Abs 2, §§ 865, 866 Abs 2, §§ 870, 870 a Abs 1; ZVG §§ 1–12; § 13 ergänzt durch § 173; §§ 14–19 (dabei § 16 mit Besonderheiten), 28–30 (dabei § 28 mit Einschränkungen), 31–36; § 37 ergänzt; §§ 38–43; §§ 44–52 ergänzt durch § 174; §§ 53–54; § 55 ergänzt durch § 173; §§ 56–74 b, 77–146, 149, 150, 152–161 Abs 1 und 3.

4.3 Über die Frage, ob der Konkursverwalter **Versagungsantrag** nach § 74 a stellen kann: § 74 a Rdn 3.

4.4 Hierzu auch an verschiedenen Kommentarstellen und im Sachverzeichnis.

5 Anzuwendende Vorschriften (Einzelheiten)

5.1 Antrag und **Beschluß:** a) Für das Verfahren nach § 172 benötigt der Konkursverwalter **keinen Vollstreckungstitel,** auch nicht den Konkurseröffnungsbeschluß, aber zum Nachweis des Antragsrechts seine Bestallung[26].

b) Nötig ist, daß das Objekt als **zur Konkursmasse gehörend** nachgewiesen wird. Zum Nachweis genügt der Konkursvermerk im Grundbuch oder Register[27]. Der Konkursverwalter darf aber das Objekt nicht aus der Masse freigegeben haben (in diesem Falle würde nicht genügen, daß der Konkursvermerk noch eingetragen ist). Die Freigabe des Objekts vor Verfahrensanordnung (sonst Rdn 3.4) kann der Eigentümer im Erinnerungswege durch Vorlage der Freigabeerklärung des Konkursverwalters nachweisen, worauf wieder aufgehoben werden muß.

c) Nötig ist, daß der **Gemeinschuldner** als Grundstückseigentümer **eingetragen** oder Erbe des Eingetragenen ist (§ 17 Abs 1)[28]. Die Eintragung eines Dritten ge-

---

[24] Jaeckel/Güthe § 172 Rdn 2; Mohrbutter KTS 1961, 103 (II) und aaO (Fußn 22).
[25] Mohrbutter KTS 1958, 81.
[26] Mohrbutter KTS 1958, 81; Worm KTS 1961, 119.
[27] Worm KTS 1961, 119.
[28] Mohrbutter und Worm je aaO (Fußn 26).

nügt nur dann, wenn der Konkursverwalter die Übertragung an diesen Dritten erfolgreich angefochten hat, gegen den Dritten also einen Titel auf Duldung der Zwangsvollstreckung in das Objekt hat; in diesem Falle muß der Gemeinschuldner nicht vorher wieder eingetragen werden[29].

d) Der Anordnungsbeschluß ist an den **Konkursverwalter zuzustellen.** Ratsam ist außerdem Zustellung an den Gemeinschuldner; dazu Rdn 3.3.

e) Beschlagnahmewirkung des Anordnungsbeschlusses: § 173. Der Anordnungsbeschluß hat diese nur eingeschränkte Beschlagnahme ersehen zu lassen.

f) Zum Anordnungsbeschluß im ZVG-Handbuch: Muster für Anordnungsbeschluß Rdn 680, Ausführungen dazu Rdn 681.

5.2 Beendet wird das Verfahren nach § 172 durch Rücknahme des Antrags (§ 29), durch Nichteinhaltung der Fortsetzungsfrist (§ 31), durch Aufhebung des Konkursverfahrens, durch freihändige Veräußerung des Objekts seitens des Konkursverwalters oder durch Freigabe des Objekts aus der Konkursmasse[30] (dazu Rdn 5.1), wobei in diesen drei Fällen der Konkursverwalter seinen Antrag zurücknehmen muß.

5.3 Eigentümergrundpfandrecht: Betreibt der Konkursverwalter aus ihm, handelt es sich um eine Vollstreckungsversteigerung, nicht um ein Verfahren aus § 172. Bei § 172 betreibt der Konkursverwalter, auch wenn ein Eigentümergrundpfandrecht vorhanden ist, nicht aus diesem[31]. Dazu § 15 Rdn 11.3.

5.4 Einstellung

a) Der Konkursverwalter kann als Antragsteller die einstweilige **Einstellung** seines Verfahrens nach § 30 **bewilligen,** ist dann nach § 31 zu belehren und muß nach § 31 fortsetzen.

b) §§ 30 a, c sind nicht anwendbar, weil der Konkursverwalter das Verfahren betreibt und **nicht** gegen sich selbst einen **Einstellungsantrag** stellen kann[32].

c) Der **Gemeinschuldner** selbst kann keinen Einstellungsantrag stellen[33], auch nicht aus ZPO § 765 a[34]. Dazu Einl Rdn 52.4.

5.5 Auch auf ein **Erbbaurecht** kann sich das Verfahren aus § 172 beziehen. Die Beschränkungen aus ErbbauVO § 5 gelten auch hier[35]. Auch hier muß also, wo dies nötig ist, die Zustimmung des Grundstückseigentümers zum Zuschlag vorliegen[36] und es kann die verweigerte Zustimmung auch hier ersetzt werden, und zwar auf Antrag des Konkursverwalters[37].

5.6 Ein **Gebot** kann in der Konkursverwalterversteigerung auch der Gemeinschuldner abgeben[38]. Auch der Konkursverwalter kann dies, und zwar persönlich oder auch für die Konkursmasse, hier ohne Nachweis der Zustimmung der Gläubigerversammlung aus KO § 134. Über die Sicherheitsleistung hierbei Rdn 5.13. Wo nicht geboten wird, ist § 77 anzuwenden[39].

5.7 Gerichtsferien: Einl Rdn 33.

---

[29] RG 56, 142 (143); Steiner/Eickmann § 172 Rdn 14; Mohrbutter und Worm je aaO (Fußn 26).
[30] Drischler JurBüro 1964, 713 (B 6).
[31] Jaeckel/Güthe § 172 Rdn 3; Lorenz KTS 1962, 28 (A); Mohrbutter KTS 1958, 81.
[32] Steiner/Eickmann § 172 Rdn 20; Jonas/Pohle, ZwVNotrecht, § 30 c Anm 1 a; Mohrbutter KTS 1961, 103; Worm KTS 1961, 119.
[33] Jonas/Pohl, ZwVNotrecht, § 30 c Anm. 1 a; Mohrbutter KTS 1961, 103.
[34] Dassler/Schiffhauer § 172 Rdn 18.
[35] Mohrbutter KTS 1958, 81.
[36] Kalter KTS 1966, 137 (145); Mohrbutter KTS 1958, 81.
[37] Mohrbutter KTS 1958, 81.
[38] Steiner/Eickmann § 172 Rdn 21; Mohrbutter KTS 1958, 81.
[39] Mohrbutter KTS 1958, 81.

§ 172 5.8 Zwangsversteigerung auf Antrag des Konkursverwalters

5.8 Grundbuchvermerk: Ein Zwangsversteigerungs- oder Zwangsverwaltungsvermerk muß auch hier eingetragen werden (§ 19). Läuft gleichzeitig eine Vollstreckungsversteigerung oder ein Verfahren nach § 175 oder § 180, so wird für jedes ein gesonderter Vermerk eingetragen. Zweckmäßig erfolgt bei § 172 der Zusatz „auf Antrag des Konkursverwalters", da sich das Verfahren von den anderen unterscheidet und als solches aus dem Grundbuchvermerk ersichtlich sein soll.

5.9 Kosten: Sie sind normal wie für jede Zwangsversteigerung oder Zwangsverwaltung (Einl Rdn 76 ff). Der Konkursverwalter erhält für seine Mitwirkung keine besondere Vergütung, er wird im Rahmen des Konkursverfahrens entlohnt.

5.10 Mieter, Pächter: Die Vorschriften aus §§ 57–57 d gelten auch für die Versteigerung aus § 172[40]. Ihre Anwendung ist im Gegensatz zur Teilungsversteigerung hier nicht ausgeschlossen.

5.11 Nachlaßkonkurs: Er ist wie ein anderes Konkursverfahren hier zu behandeln; Besonderheit bei § 178.

5.12 Rechtsbehelfe: Sie gelten wie in jeder Zwangsversteigerung und Zwangsverwaltung, stehen hier aber dem Konkursverwalter an Stelle des Gemeinschuldners zu. Gegen die Bestellung des Konkursverwalters als Zwangsverwalter hat der Gemeinschuldner im Konkursverfahren ein Anfechtungsrecht.

5.13 Sicherheitsleistung

a) Bei **Geboten des Gemeinschuldners** kann wie bei der Vollstreckungsversteigerung für Gebote des Schuldners Sicherheit verlangt werden; es gilt dann auch § 68 Abs 3 über die erhöhte Sicherheitsleistung. Sicherheit kann auch der Konkursverwalter verlangen, und zwar die erhöhte[41].

b) Bei **Geboten des Konkursverwalters** für die Konkursmasse, nicht im eigenen Namen, gelten ebenfalls die normalen Vorschriften über die Sicherheitsleistung des „Schuldners", einschließlich § 68 Abs 3[42]; Schuldner ist hier der Konkursverwalter.

5.14 Teilungsversteigerung

a) Der Konkursverwalter **kann** an Stelle des Gemeinschuldners für diesen auch die Teilungsversteigerung aus § 180 **betreiben,** weil er dessen Rechte ausübt. Dazu § 180 Rdn 15.

b) Im übrigen muß man hier unterscheiden:

I. Nur ein **Grundstücksbruchteil** gehört zur Konkursmasse: Teilungsversteigerung ist noch nicht anhängig, Konkursverwalter kann sie betreiben. Teilungsversteigerung war bei Konkurseröffnung schon anhängig; nun tritt der Konkursverwalter an die Stelle des Gemeinschuldners als Antragsteller oder Antragsgegner, stellt für ihn Anträge, erhält alle Zustellungen, kann dem Verfahren beitreten als Antragsteller, kann als Antragsgegner Einstellungsanträge stellen und kann eingestellte Verfahren fortsetzen lassen.

II. Das **gesamte Grundstück** gehört zur Konkursmasse (zB bei einem Nachlaßkonkurs): Die Teilungsversteigerung ist bei Konkurseröffnung noch nicht anhängig, der Konkursverwalter kann nur das Verfahren nach § 172 betreiben, die Teilhaber haben kein Antragsrecht. Die Teilungsversteigerung war bei Konkurseröffnung schon anhängig; das Verfahren ist auf Antrag des Konkursverwalters aufzuheben, er betreibt dann nach § 172; nur wenn er das Objekt aus der Masse freigibt, kann die Teilungsversteigerung fortgeführt werden.

5.15 Terminbestimmung: Anzugeben ist in ihr nach § 37 Nr 3, daß die Zwangsversteigerung „auf Antrag des Konkursverwalters" erfolgt. Auch ist in der Terminbestimmung bei der Aufforderung nach § 37 Nr 4 zu sagen: „. . .

---

[40] Mohrbutter KTS 1965, 107 (9) und ZMR 1954, 161.
[41] Steiner/Eickmann § 172 Rdn 25; Mohrbutter KTS 1958, 81.
[42] Jaeckel/Güthe § 68 Rdn 11; Mohrbutter KTS 1958, 81.

Versteigerung/Verwaltung auf Konkursverwalterantrag   6.1   § 172

Rechte anzumelden und glaubhaft zu machen, wenn der Konkursverwalter widerspricht"[43]. Die Terminsbestimmung muß hier nicht zusätzlich an Finanzamt und Gemeinde wegen der „Betriebsteuerrückstände" gesandt werden (§ 15 Rdn 34.8).

5.16 Übererlös: Diesen erhält bei einem Verfahren aus § 172 der Konkursverwalter für die Konkursmasse[44], nicht der Gemeinschuldner.

5.17 Vergleichsverfahren: Der Vergleichsverwalter hat nicht die Rechte des Konkursverwalters; das Verahren aus § 172 kann er nicht betreiben.

5.18 Wertfestsetzung: a) Der Grundstückswert (Verkehrswert) ist nach § 74 a Abs 5 jetzt in allen Verfahren rechtzeitig vor dem Versteigerungstermin festzusetzen. Auch im Verfahren nach § 172 ist (wie bei der Vollstreckungsversteigerung) Wertfestsetzung wegen § 85 a nötig (§ 74 a Rdn 2.1). An Stelle des Schuldners muß hier der Konkursverwalter zum Wert gehört werden; er kann auch Rechtsmittel einlegen. Der Konkursverwalter kann Versagungsantrag aus § 74 a hinsichtlich eines von der $7/10$-Grenze betroffenen Eigentümerrechts stellen (§ 74 a Rdn 3.12) (anders[45], er könne dies als „Betreibender" ebenso nicht wie der Gläubiger in der Vollstreckungsversteigerung; diese Ansicht ist wie dort abzulehnen, weil sie vom Gesetz nicht gedeckt wird).

b) Bei Konkursverwalterversteigerung wurde Wertfestsetzung früher nicht für erforderlich erachtet, weil alle Belastungen des Objekts bestehenblieben und darum eine Entscheidung nach § 74 a Abs 1 nicht anfiel. Diese Ansicht ist (wegen § 85 a) überholt.

5.19 Die **Zuständigkeit** des Vollstreckungsgerichts richtet sich nach den normalen Vorschriften für jede Zwangsversteigerung oder Zwangsverwaltung. (§§ 1, 2 mit § 172). Landesrechtliche Zusammenfassung der Verfahren bei einem zentralen Amtsgericht (§ 1 Abs 2, § 163 Abs 2, § 163 Abs 1) gilt auch für die Zwangsversteigerung und Zwangsverwaltung auf Konkursverwalterantrag[46].

Konkursversteigerung und Vollstreckungsversteigerung   6

6.1 Der **Beitritt** des Konkursverwalters mit Antrag nach § 172 zu einer Vollstreckungsversteigerung ist **nicht möglich** (so auch[47]; anders[48]), desgleichen nicht der Beitritt eines Vollstreckungsgläubigers (vorausgesetzt, daß er während des Konkursverfahrens überhaupt vollstrecken darf) zu einem Konkursverwalterverfahren nach § 172 (so auch[49]; anders[50]). Vollstreckungsversteigerung und Verfahren nach § 172 sind völlig voneinander getrennt; es handelt sich um zwei ganz verschiedene Verfahrensarten; diese können und müssen unabhängig voneinander laufen.

---

[43] Steiner/Eickmann § 172 Rdn 26; Mohrbutter KTS 1958, 81.
[44] Mohrbutter KTS 1958, 81.
[45] LG Göttingen NdsRpfl 1957, 135 = NJW 1956, 428; Mohrbutter KTS 1958, 81; Worm KTS 1961, 119.
[46] Rellermeyer Rpfleger 1995, 492 (3.).
[47] Steiner/Eickmann § 172 Rdn 31; Mohrbutter/Drischler Muster 24 Anm 6 und Muster 176 Anm 10.
[48] Dassler/Schiffhauer § 172 Rdn 15; Jaeckel/Güthe § 172 Rdn 3; Korintenberg/Wenz § 172–174 Vorbem 2; Kilger/K. Schmidt Konkursordnung, § 126 Anm 2; Drischler Rpfl Jahrbuch 1967, 275 (VIII); Mohrbutter KTS 1956, 107 (1).
[49] Steiner/Eickmann § 172 Rdn 31; Mohrbutter/Drischler aaO (Fußn 47); Hess BWNotZ 1975, 140.
[50] Dassler/Schiffhauer, Jaeckel/Güthe, Korintenberg/Wenz, Kilger/K. Schmidt und Mohrbutter je aaO (Fußn 48); Drischler Rpfl Jahrbuch 1967, 275 (VIII); Mohrbutter, Handbuch des Vollstreckungsrechts § 61 (IV); Mohrbutter KTS 1961, 103 (II) und JurBüro 1956, 355 (3); Nußbaum, Zwangsversteigerung, § 37 III.

§ 172 6.2 Zwangsversteigerung auf Antrag des Konkursverwalters

6.2 Das Konkursverwalterverfahren des § 172 kann mit einem Vollstreckungsversteigerungsverfahren oder mit einem Nachlaßversteigerungsverfahren des § 175 oder mit einer Teilungsversteigerung des § 180 wie folgt **zusammentreffen:**
a) Schon vor der Konkurseröffnung war die Zwangsversteigerung oder Zwangsverwaltung für dingliche oder persönliche Gläubiger angeordnet. Der Konkursverwalter läßt dann daneben ein Verfahren nach § 172 einleiten und durchführen.

b) Nach der Konkurseröffnung und nach der Anordnung eines Verfahrens aus § 172 betreibt ein absonderungsberechtigter dinglicher Gläubiger auf Grund eines gegen den Konkursverwalter gerichteten Vollstreckungstitels die Vollstreckungsversteigerung oder die Zwangsverwaltung.

c) Nach Konkurseröffnung und Anordnung eines Verfahrens aus § 172 betreibt ein Massegläubiger auf Grund eines Titels gegen den Konkursverwalter.

d) Vor oder nach der Konkurseröffnung und Anordnung eines Verfahrens aus § 172 wird ein Verfahren aus § 175 oder § 180 angeordnet.

6.3 Die Verfahren stören sich gegenseitig nicht, sie laufen **unabhängig nebeneinander.** Es steht keines der Verfahren den anderen nach § 28 im Wege (Besonderheit bei § 178). Sie können nicht miteinander verbunden werden; weil zwei verschiedene Verfahrensarten vorliegen, ist Verbindung ebenso wie gegenseitiger Beitritt (§ 172 Rdn 6.1; § 175 Rdn 4 und § 180 Rdn 15.6) ausgeschlossen; § 18 ermöglicht Verbindung nicht, weil nicht die Zwangsversteigerung mehrerer Grundstücke unter den dort genannten Voraussetzungen betrieben wird. In jedem der Verfahren wird ein besonderer Grundbuchvermerk eingetragen. In den Vollstreckungsverfahren und in den Verfahren nach § 175 und § 180 tritt aber ab Konkurseröffnung der Konkursverwalter als Schuldner, Antragsteller, Antragsgegner in die Verfahren ein, stellt Anträge, erhebt Rechtsbehelfe und erhält alle Ladungen und Zustellungen (ratsam ist es, Zustellungen und Ladungen auch dem Gemeinschuldner zukommen zu lassen, Rdn 3.3).

6.4 Laufen Vollstreckungsversteigerung und Konkursverwalterversteigerung gleichzeitig, so empfiehlt es sich, **erst die Vollstreckungsversteigerung** durchzuführen und erst, wenn diese nicht zum Erfolg führt, die Konkursverwalterversteigerung[51]. Von einer gemeinsamen Durchführung in einem Termin ist abzuraten, weil Beteiligte und Bietinteressenten sonst keine Übersicht mehr haben (anders[52]: im Termin getrennte geringste Gebote aufzustellen, dann zunächst die Vollstreckungsversteigerung durchzuführen und, wenn hierbei kein Erfolg, im selben Termin die Konkursverwalterversteigerung).

7 Zwangsverwaltung

7.1 Der Konkursverwalter kann nach § 172 **auch die Zwangsverwaltung** betreiben (KO § 126). Ihre Voraussetzungen sind ebenso wie bei der Versteigerung (Rdn 5).

7.2 Der Konkursverwalter kann aber hier die Zwangsverwaltung **nicht** gemäß § 147 **gegen den Eigenbesitzer** betreiben; dieses besondere Verfahren ist nur für Gläubiger dinglicher Rechte zum Zwecke der Vollstreckung vorgesehen. Es muß aber ausnahmsweise zulässig sein, wenn der Konkursverwalter aus einem Eigentümerrecht die Zwangsverwaltung betreiben will, vorausgesetzt ist, daß insoweit ein Titel gegen den Eigenbesitzer vorliegt.

7.3 Zwangsverwaltung eines zur Konkursmasse gehörenden Objekts kommt in Frage, wo etwa der Konkursverwalter der eigenen Konkursverwaltung nicht gewachsen ist (dann sollte er aber dort gewechselt werden); sie soll auch in Be-

---

[51] Steiner/Eickmann § 172, Rdn 33; Mohrbutter, Handbuch des Vollstreckungsrechts, § 61 (IV); Mohrbutter KTS 1958, 81.
[52] Drischler RpflJahrbuch 1967, 275 (VIII).

tracht kommen, wenn auf dem Grundstück ein Gewerbebetrieb ist, dessen Verwaltung in der Zwangsverwaltung zweckmäßig erscheint, weil der Konkursverwalter für die Konkursmasse durch diese Vorteile erwarten kann (eine Zwangsverwaltung mit Gewerbebetrieb ist aber nicht zulässig, § 152 Rdn 6).

7.4 Der Konkursverwalter kann auch selbst **zum Zwangsverwalter bestellt** werden; doch ist das wegen des Interessenwiderstreits nicht ratsam.

7.5 Auf jeden Fall bleiben die **Massen** der beiden Verfahren (Konkursverwaltung und Zwangsverwaltung) **getrennt**. Alle anfallenden Grundstückslasten gehen zu Lasten der Zwangsverwaltungsmasse, nicht der Konkursmasse.

7.6 Auch in einem Zwangsverwaltungsverfahren nach § 172 hat der Schuldner (Gemeinschuldner) ein **Wohnrecht** aus § 149, allerdings dann eingeschränkt, wenn schon im Konkursverfahren darüber entschieden ist (§ 149 Rdn 2).

Gesamtvollstreckung 8

Ein Gesamtvollstreckungsverfahren erfaßt auch das Schuldnervermögen im Geltungsbereich der Konkursordnung (§ 15 Rdn 23.13). Das Verwaltungs- und Verwertungsrecht des Verwalters (GesO §§ 5, 17 Abs 1) schließt die Befugnis ein, Zwangsversteigerung und Zwangsverwaltung zu betreiben (KO § 126, entspr Anwendung). Der Verwalter kann daher Antrag auf Zwangsversteigerung und Zwangsverwaltung nach §§ 172–174 stellen (Berechtigung beruht auf deutscher [inländischer] Eröffnung des Gesamtvollstreckungsverfahrens).

Konkurseröffnung im Ausland 9

Konkurseröffnung im Ausland erfaßt auch das Inlandsvermögen des Gemeinschuldners[53]. Der ausländische Konkursverwalter ist daher berechtigt, solche Vermögen zur Konkursmasse zu ziehen[53] (auch zu den Schranken der Anerkennung des Auslandskonkurses). Gleichwohl ist der von dem ausländischen Konkursgericht ernannte Konkursverwalter nicht als berechtigt anzusehen, gemäß § 172 die Zwangsversteigerung (damit auch die Zwangsverwaltung) eines in der Bundesrepublik belegenen Grundstücks des Gemeinschuldners zu betreiben (anders[54]). Die Berechtigung des Konkursverwalters, die Zwangsversteigerung und die Zwangsverwaltung eines unbeweglichen Gegenstands zu betreiben, begründet KO § 126; das ZVG regelt in §§ 172–174 lediglich das Verfahren für die auf Antrag des Konkursverwalters vorzunehmende Zwangsversteigerung und Zwangsverwaltung unbeweglicher Gegenstände (§ 172 Rdn 2). Als Inlandsverfahren kann ein Zwangsverfahren auf Grund ausländischer Berechtigung und damit auch Zwangsversteigerung oder Zwangsverwaltung auf Antrag des ausländischen Konkursverwalters (Rdn 2) nach deutschem Vollstreckungsrecht jedoch nur betrieben werden, wenn die Zulässigkeit durch Staatshoheitsakt eines inländischen Gerichts (sonst einer inländischen Behörde) ausgesprochen (für Vollstreckungstitel nach ZPO § 722: § 15 Rdn 41.2) oder durch Übereinkommen zugestanden ist (für Österreich zB Rdn 10). Das ist für Zwangsversteigerung oder Zwangsverwaltung auf Antrag eines ausländischen Konkursverwalters nicht der Fall. Die Einzelzwangsvollstreckung in das Inlandsgrundstück ist auch bei Auslandskonkurs zulässig[55] (KO § 237 Abs 1).

Österreichisches Konkursverfahren 10

Die Wirkungen eines in **Österreich** eröffneten Konkursverfahrens erstrecken sich nach Artikel 1 des **Vertrags zwischen der Bundesrepublik Deutschland und**

---

[53] BGH 95, 256 = KTS 1986, 97 = MDR 1985, 1021 = NJW 1985, 2896 = Rpfleger 1985, 412.
[54] LG Krefeld NJW-RR 1992, 1535 = ZIP 1992, 1407.
[55] BGH 95, 256 = aaO (Fußn 53).

§ 172 10 Zwangsversteigerung auf Antrag des Konkursverwalters

der Republik Österreich auf dem Gebiet des Konkurs- und Vergleichs-(Ausgleichs-)Rechts (vom 25. 5. 1979, BGBl 1985 II 410) nach Maßgabe der Bestimmungen dieses Vertrags auch auf das Gebiet des Bundesrepublik Deutschland. Gründstücksverwertung mit Zwangsversteigerung ermöglicht dem Masseverwalter eines in Österreich eröffneten Konkursverfahrens.

Artikel 8 Abs 2 **des Vertrags,** der lautet:

(2) Der Masseverwalter (Konkursverwalter) ist auch berechtigt, auf Grund einer mit der Bestätigung der Rechtskraft versehenen Ausfertigung des Beschlusses über die Eröffnung des Konkursverfahrens das im anderen Vertragsstaat befindliche Vermögen des Gemeinschuldners im Wege der Zwangsvollstreckung zu verwerten; diese Ausfertigung ersetzt den Exekutionstitel (Vollstreckungstitel).

Dazu bestimmt das **Ausführungsgesetz** zum deutsch-österreichischen Konkursvertrag (DöKVAG; vom 8. 3. 1985, BGBl I 535) in **§ 10**

(1) Soll Vermögen des Schuldners im Wege der Zwangsvollstreckung verwertet werden (Artikel 8 Abs 2 des Vertrags), ist das Verfahren von dem Masseverwalter zu betreiben. Die Zustellung des Beschlusses über die Eröffnung des Konkursverfahrens braucht nicht nachgewiesen zu werden; einer Vollstreckungsklausel bedarf der Beschluß nicht.

(2) ... (3) Für die Verwertung unbeweglicher Gegenstände gelten §§ 172 bis 174 des Gesetzes über die Zwangsversteigerung und die Zwangsverwaltung entsprechend.

(4) Mit Anträgen, Einwendungen und Erinnerungen, welche die Art und Weise der Zwangsvollstreckung ... betreffen, sowie mit der sofortigen Beschwerde gegen Entscheidungen des Vollstreckungsgerichts kann auch geltend gemacht werden, die Wirkungen des Konkursverfahrens erstreckten sich nicht nach Maßgabe der Bestimmungen des Vertrags auf den Geltungsbereich dieses Gesetzes.

[Beschlagnahmewirkung nur im Sinne von ZVG §§ 13, 55]

173 Der Beschluß, durch welchen das Verfahren angeordnet wird, gilt nicht als Beschlagnahme. Im Sinne der §§ 13, 55 ist jedoch die Zustellung des Beschlusses an den Konkursverwalter als Beschlagnahme anzusehen.

Hinweis: In § 173 Satz 2 wird ab 1. 1. 1999 das Wort „Konkursverwalter" durch das Wort „Insolvenzverwalter" ersetzt. Art. 20 Nr. 12 EGInsO (BGBl 1994 I 2911 [2919])

1 Allgemeines zu § 173

Zweck der Vorschrift: Klarstellung der nur beschränkten Beschlagnahmewirkung des Anordnungsbeschlusses bei Zwangsversteigerung und Zwangsverwaltung auf Antrag des Konkursverwalters (Einschränkung des § 20).

2 Beschlagnahme im Konkursverwalterverfahren

2.1 Dem Eigentümer ist mit der Konkurseröffnung bereits als Gemeinschuldner die Verfügung über sein Vermögen entzogen (KO § 6 Abs 1). Infolge der Tragweite dieser konkursrechtlichen Beschlagnahme bleibt für die mit Anordnung der Zwangsversteigerung oder Zwangsverwaltung eintretende Beschlagnahme nur noch ein geringes Anwendungsgebiet (Denkschrift S 66). Diese gilt daher im Grundsatz nicht als Beschlagnahme des Grundstücks: Satz 1. Wie eine Beschlagnahme des Grundstücks wirkt die Zustellung des Anordnungsbeschlusses an den

Beschlagnahmewirkung im Sinne von ZVG §§ 13, 55   2.5   **§ 173**

Konkursverwalter nur für die Abgrenzung der laufend wiederkehrenden Leistungen von den Rückständen (§ 13) und für die Bestimmung der von der Versteigerung erfaßten Gegenstände (§ 55): Satz 2.

2.2 Bei der Zwangsverwaltung besteht hier allerdings ein **Widerspruch** mit § 148 Abs 2[1]. Bei ihr wird nämlich die Verwaltung des Objekts dem Konkursverwalter entzogen und dem Zwangsverwalter übertragen.

2.3 Der Anordnungsbeschluß enthält **kein Veräußerungsverbot** nach § 23. Der Konkursverwalter ist ja weiterhin zu Verfügungen berechtigt; er kann das ganze Objekt veräußern (dann wird das Verfahren nach § 28 aufgehoben) oder belasten[1] (die Belastung muß dann nach § 45 Abs 1 vom Gläubiger angemeldet werden); er kann auch über Zubehör, Erzeugnisse und Bestandteile auch außerhalb der Grenzen einer ordnungsgemäßen Wirtschaft verfügen (Absonderungsberechtigte müssen ihre Rechte nach BGB §§ 1133–1135 geltend machen); er kann in der Versteigerung Miet- und Pachtzinsen einziehen und abtreten. Gegen ihn ist § 25 (Maßnahmen der Sicherung) nicht anwendbar.

2.4 Bei Zwangsverwaltung aus § 172 geht das Recht, die **Nutzungen** zu ziehen und über Miet- und Pachtzinsen zu verfügen, wie bei jeder Zwangsverwaltung auf den **Zwangsverwalter** über. Der Konkursverwalter darf die Befugnis, die nicht beschlagnahmten Miet- und Pachtzinsen (ganz oder teilweise) einzuziehen, selbst nicht mehr ausüben, weil sonst die von ihm beantragte Tätigkeit des Zwangsverwalters erschwert oder vereitelt würde.

2.5 Eine **Ausnahme** davon, daß der Anordnungsbeschluß nicht als Beschlagnahme gilt, ist für die Anwendung der §§ 13 und 55 bestimmt: § 173 Satz 2. Für die Berechnung der laufenden oder rückständigen Beträge der wiederkehrenden Leistungen nach § 13 nämlich gilt als Zeitpunkt der Beschlagnahme die Zustellung des Anordnungsbeschlusses an den Konkursverwalter selbst (nicht auch der Eingang des Eintragungsersuchens beim Grundbuchamt). Auch für § 55 Abs 1, der von der Beschlagnahme ausgeht, gilt das. Damit erstreckt sich die Versteigerung (ebenso wie der Eigentumserwerb des Erstehers, § 90 Abs 2) auf alle Gegenstände, „auf die sich die Beschlagnahme erstreckt haben würde, wenn das Verfahren auf Antrag eines Gläubigers angeordnet worden wäre, mit Ausnahme derjenigen, welche der Konkursverwalter in der Zwischenzeit bis zum Versteigerungstermine kraft seiner gesetzlichen Befugnisse anderweit veräußert hat" (Denkschrift S 66). Eine Verfügungsbeschränkung des Konkursverwalters bewirkt § 173 Satz 2 somit nicht[2]; er kann über Zubehör und sonst mithaftende Gegenstände (wie dargelegt) frei verfügen. Für Mitversteigerung der Gegenstände nach § 55 Abs 1 wirkt die Zustellung des Anordnungsbeschlusses an den Konkursverwalter wie eine Beschlagnahme jedoch bis zur Enthaftung mit Veräußerung und Entfernung (§ 20 Abs 2 mit BGB § 1121) (so wohl auch[3]) oder Enthaftung nur mit Entfernung nach BGB § 1122 Abs 1 bzw Aufhebung der Zubehöreigenschaft nach BGB § 1122 Abs 2. Betriebsstillegung allein beendet Zubehöreigenschaft jedoch nicht (erfolgt nicht in den Grenzen einer ordnungsgemäßen Wirtschaft)[4]. § 55 Abs 2 (Versteigerung erstreckt sich auf Zubehörstücke, die im Besitz, nicht im Eigentum des Schuldners stehen) gilt mit der Maßgabe, daß es auf den Besitz des Konkursverwalters ankommt[5] (anders[6]: auch Schuldnerbesitz muß genügen).

---

[1] Drischler RpflJahrbuch 1967, 275 (IV 3 a und Fußnote 30).
[2] Steiner/Eickmann § 173 Rdn 8.
[3] Jaeckel/Güthe § 173 Rdn 4; Reinhard/Müller § 173 Anm III 3; Steiner/Eickmann § 173 Rdn 6.
[4] Steiner/Eickmann § 173 Rdn 6.
[5] Korintenberg/Wenz § 173 Anm 2 b.
[6] Steiner/Eickmann § 173 Rdn 11.

§ 174 Zwangsversteigerung auf Antrag des Konkursverwalters

[Abweichendes geringstes Gebot, Doppelausgebot]

174 Hat ein Gläubiger für seine Forderung gegen den Gemeinschuldner ein von dem Konkursverwalter anerkanntes Recht auf Befriedigung aus dem Grundstücke, so kann er bis zum Schlusse der Verhandlung im Versteigerungstermine verlangen, daß bei der Feststellung des geringsten Gebots nur die seinem Anspruche vorgehenden Rechte berücksichtigt werden; in diesem Falle ist das Grundstück auch mit der verlangten Abweichung auszubieten.

Hinweis: In § 174 werden ab 1. 1. 1999 das Wort „Gemeinschuldner" durch das Wort „Schuldner des Insolvenzverfahrens" und das Wort „Konkursverwalter" durch das Wort „Insolvenzverwalter" ersetzt. Art. 20 Nr. 13 EGInsO (BGBl 1994 I 2911 [2919]).

1 Allgemeines zu § 174

Zweck der Vorschrift: Besonderheit bei Feststellung des geringsten Gebots für den Fall, daß der Gemeinschuldner für einen Anspruch, der dem Gläubiger ein Recht auf Befriedigung aus dem Grundstück gewährt, persönlich haftet.

2 Geringstes Gebot in der Konkursverwalterversteigerung

2.1 Ein geringstes Gebot ist auch bei der Konkursverwalterversteigerung aufzustellen. Es besteht auch hier aus den **bestehen bleibenden Rechten** (§ 52) und dem **bar zu zahlenden Teil** (= geringstes Bargebot) nach § 49 Abs 1. Das geringste Bargebot deckt die Kosten des Verfahrens (§ 109), die in § 10 Abs 1 Nrn 1 bis 3 und Nr 7 bezeichneten Ansprüche, und die Kosten (§ 10 Abs 2) sowie die wiederkehrenden Leistungen und anderen Nebenleistungen (§ 12 Nrn 1 und 2) der bestehenbleibenden Rechte, und zwar auch die in § 10 Abs 1 Nr 8 bezeichneten älteren Rückstände.

2.2 In der vom **Deckungsgrundsatz** beherrschten Zwangsversteigerung (§ 44 Rdn 4.1) sind in das geringste Gebot **sämtliche** an dem Grundstück bestehenden **Rechte** aufzunehmen, die durch das Verwertungsrecht des Konkursverwalters (KO § 117 Abs 1) nicht beeinträchtigt werden können. Grundstücksverwertung auf Antrag des Konkursverwalters hat nur den Zweck, dasjenige zur Konkursmasse einzuziehen, was nach Berichtigung der aus dem Grundstück zu befriedigenden Ansprüche von dem Erlös übrigbleibt[1]. Für die entsprechende Anwendung (§ 172) der Vorschriften über das geringste Gebot hat der Konkursverwalter daher die Stellung eines betreibenden Gläubigers (§ 44). Das geringste Gebot wird in einer Versteigerung aus § 172 mithin **so aufgestellt**, als ob das Verfahren von einem persönlich vollstreckenden Gläubiger betrieben würde[2] mit der Besonderheit, daß auch die älteren Rückstände aus Rangklassen 7 und 8 in das geringste Gebot aufgenommen werden[3].

2.3 Aufgenommen werden in das geringste Gebot alle bei Eintragung des Versteigerungsvermerkes bestehenden Belastungen als bestehenbleibend. Es dürfen an sich wegen KO § 15 nur Belastungen aufgenommen werden, die schon vor der Eröffnung des Konkursverfahrens bestanden hatten[4]; doch geht das Vollstreckungsgericht auch hier (weil es im Verfahren nach § 172 keine Beschlagnahme gibt) von dem formellen Inhalt des Grundbuchs bei Eintragung des Vermerks aus und überläßt es dem Konkursverwalter, gegen verspätete Eintragungen anzugehen.

---

[1] Jaeckel/Güthe § 174 Rdn 1.
[2] Mohrbutter/Drischler Muster 176 Anm 7 A; Drischler RpflJahrbuch 1967, 275 (IV 3 d B); Mohrbutter JurBüro 1956, 355 (3) und KTS 1958, 81; Worm KTS 1961, 119.
[3] Dassler/Schiffhauer § 174 Rdn 2.
[4] Jaeckel/Güthe § 174 Rdn 1; Mohrbutter KTS 1958, 81.

Abweichendes geringstes Gebot, Doppelausgebot　3.7　**§ 174**

Geringstes Gebot nach Gläubigerantrag; Doppelausgebot　3

3.1 Dem Interesse eines Gläubigers, dem der Gemeinschuldner auch persönlich haftet, mit baldiger Feststellung seines Ausfalls Klarheit für verhältnismäßige Befriedigung aus der Konkursmasse zu erlangen (KO § 64), trägt § 174 Rechnung (Denkschrift S 76, 77). Der Berechtigte ist befugt, im Versteigerungstermin zu verlangen, daß bei der Feststellung des geringsten Gebotes nur die seinem Anspruch **vorgehenden Rechte** berücksichtigt, somit auch solche Gebote zugelassen werden, die sein Recht nicht decken. Auf Antrag eines Berechtigten werden daher bei der Feststellung des geringsten Gebots nur die diesem Antragsteller vorgehenden Rechte berücksichtigt, also in dieses bar oder bestehenbleibend aufgenommen, wie wenn der Antragsteller bestrangig betreibender Gläubiger in der Vollstreckungsversteigerung wäre. Mittelbar ist damit zugleich der Tatsache Rechnung getragen, daß in der Regel bei Konkursverfahren der Grundbesitz so hoch belastet ist, daß mit **normalem** geringsten Gebot **kein Versteigerungsergebnis** zu erzielen wäre.

3.2 Antragsberechtigt ist nur, wer für seine Forderung gegen den Gemeinschuldner ein Recht auf Befriedigung aus dem Grundstück hat. Er muß also eine persönliche und eine dingliche Forderung haben. Hierzu gehören auch Ansprüche der Rangklasse 2–4, die Grundschuld, wenn sie eine Forderung gegen den Gemeinschuldner sichert. Haftet der Gemeinschuldner nur dinglich, nicht auch persönlich, so hat der Gläubiger **kein** solches **Antragsrecht**[5], weil § 174 ausdrücklich von einer Forderung spricht. Daß sie auch dinglich sein muß, ergibt sich daraus, daß sie ein Recht auf Befriedigung aus dem Objekt nach § 174 gewähren muß. Der Anspruch muß nach § 174 vom Konkursverwalter anerkannt sein; nicht nötig ist das ausdrückliche Anerkenntnis zur Konkurstabelle[6]; es genügt auch ein stillschweigendes oder ein teilweises Anerkenntnis.

3.3 Der Antrag kann sich auf einen **letztrangigen Teil** des Anspruchs oder einen anderen bestimmten Teilanspruch daraus beschränken, so daß dann der diesem Teil vorgehende Teil des Rechts des Antragstellers (wenn es ein im Grundbuch eingetragenes ist) als bestehenbleibend ins geringste Gebot kommt, oder (wenn es nicht im Grundbuch eingetragen ist, etwa aus Rangklasse 3 stammt) ins geringste Bargebot aufgenommen wird.

3.4 Zustimmung der beeinträchtigten Beteiligten ist hier – entgegen dem Verfahren bei Änderung der Versteigerungsbedingungen nach § 59 – **nicht nötig.** Ist aber das Recht des Antragstellers mit dem Recht eines Dritten belastet, so ist dessen Zustimmung nötig.

3.5 Steht das **Antragsrecht mehreren** zu, so kann jeder den Antrag allein stellen. Miterben in ungeteilter Erbengemeinschaft können dies allerdings nur gemeinsam (BGB § 2039). Bei mehreren Anträgen aus § 174 richtet sich das Verfahren nach dem **weitergehenden Antrag** (der natürlich nach dem Gesetz alle Voraussetzungen erfüllen muß), also nach demjenigen, bei dem das geringste Gebot am niedrigsten wird[7]. Den Vorzug hat so der im Rang Bestberechtigte[8].

3.6 Für den Antrag ist kein Vollstreckungstitel nötig (es gibt ja hier keinen betreibenden Gläubiger), nicht einmal eine Konkursanmeldung (die Voraussetzungen sind in beiden Verfahren unterschiedlich). Das **Antragsrecht erlischt,** sobald der Konkursverwalter seinen Verfahrensantrag aus § 172 zurücknimmt[9].

3.7 Möglich ist der Antrag aus § 174 **bis zum Schluß der Verhandlung** im Versteigerungstermin (§ 74), wie § 174 festlegt. Möglich ist er also zwar noch nach

---

[5] Dassler/Schiffhauer § 174 Rdn 4; Steiner/Eickmann § 174 Rdn 5; Mohrbutter/Drischler Muster 176 Anm 7B; Worm KTS 1961, 119.
[6] Steiner/Eickmann § 174 Rdn 8; Mohrbutter/Drischler Muster 176 Anm 7 B.
[7] Steiner/Eickmann § 174 Rdn 15; Mohrbutter/Drischler Muster 176 Hinweis.
[8] Jaeckel/Güthe § 174 Rdn 8; Schmidt, Grundpfandrechte und geringstes Gebot, S 56.
[9] RG 75, 138.

dem Ende der Bietstunde (§ 73), aber nicht mehr nach der Zuschlagsentscheidung. Wird er erst nach dem Ende der Bietstunde gestellt, so ist hier ausnahmsweise eine neue Bietstunde zu eröffnen und einzuhalten. Der Antrag ist formlos möglich, also schriftlich oder zu Protokoll der Geschäftsstelle oder zu Protokoll des Versteigerungstermins.

3.8 Der Antragsteller **wird** durch seinen Antrag **nicht betreibender Gläubiger**[10]. Er hat also nicht dessen Rechte, kann nicht das Widerspruchsrecht nach § 37 Nr 4 ausüben, kann keine Sicherheitsleistung nach § 67 Abs 2 verlangen und kann sich auch nicht gegen eine Rücknahme des Verfahrensantrags durch den Konkursverwalter wehren.

3.9 a) Wenn der Antrag zulässig und rechtzeitig ist, führt er zwingend nach § 174 zu einem **Doppelausgebot:** das Objekt muß einerseits normal ausgeboten werden (alle zu berücksichtigenden Rechte bar oder bestehenbleibend ins geringste Gebot aufzunehmen), andererseits mit der verlangten Abweichung (nur die dem Antragsteller vorgehenden Rechte werden bar oder bestehenbleibend ins geringste Gebot aufgenommen). Das gilt auch dann, wenn die normale Versteigerung vorher schon geschlossen war, die Bietstunde hierfür also vorbei ist (weil ja der Antrag bis zum Ende der Verhandlung möglich ist). Entgegen den sonstigen Grundsätzen muß hier eine neue Bietstunde durchgeführt werden, weil sonst ein normales Ausbieten neben dem abweichenden, also ein Doppelausgebot nicht mehr möglich wäre[11]. Der Antrag ist für das in der früheren Bietstunde abgegebene Meistgebot jedoch kein Erlöschensgrund nach § 72 (vgl § 59 Rdn 3). Das Gebot bleibt deshalb wirksam (so auch[12]). Für das Ausgebot zu den gesetzlichen Bedingungen kann daher nur die Bietstunde wieder aufgenommen und fortgesetzt werden. Erst mit einem Gebot über dem bisherigen Meistgebot hinaus erlischt dieses (§ 72 Abs 1).

b) Bei Doppelausgebot ist die **Reihenfolge der Ausgebotsmöglichkeiten** gleich. Zu empfehlen ist aber gleichzeitige Durchführung beider Ausgebotsarten und gleichzeitiger Schluß der Versteigerung hierzu. Andernfalls gibt es Verwirrung bei den Anwesenden.

3.10 Entscheidung über den Zuschlag bei Doppelausgebot

a) Gebote auf **beide Ausgebotsarten:**

I. Wird bei Doppelausgebot auf beide Möglichkeiten geboten, so wird (abweichend von § 81) grundsätzlich **auf das abweichende** des § 174 zugeschlagen[13]. Nur dann ist (im Konkursverfahren) feststellbar, ob der Antragsteller einen Ausfall erleidet (KO §§ 64, 153).

II. Wenn hierbei der Antragsteller des § 174 seinen Abweichungsantrag nach dem Schluß der Bietstunde wieder **zurücknimmt** (dies ist in § 174 nicht verboten), kann nur auf das normale Gebot zugeschlagen werden (so auch[14]).

III. Alle hiervon abweichenden Ansichten sind überholt und **abzulehnen,** nämlich: daß der Zuschlag immer auf das höhere Gebot zu erteilen sei[15]; oder daß er sich nach der Wahl des Antragstellers richtet[16].

---

[10] Dassler/Schiffhauer § 174 Rdn 5; Mohrbutter/Drischler Muster 176 Hinweis; Mohrbutter KTS 1961, 103 (I); Worm KTS 1961, 119.

[11] Steiner/Eickmann § 174 Rdn 19; Schmidt, Grundpfandrechte und geringstes Gebot, Seite 58.

[12] Steiner/Eickmann § 174 Rdn 19.

[13] RG 75, 138; Dassler/Schiffhauer § 174 Rdn 8; Jaeckel/Güthe § 174 Rdn 10; Korintenbert/Wenz § 174 Anm 5; Steiner/Eickmann § 174 Rdn 23; Mohrbutter/Drischler Muster 176 Anm 8; Siegelmann AIZ 1955, 153 (I) = BlGrBW 1961, 67 (I) = GrundE 1962, 153 (I).

[14] Dassler/Schiffhauer § 174 Rdn 8; Steiner/Eickmann § 174 Rdn 24.

[15] Henle, ZVG, § 174 Anm 5; Reinhard/Müller § 174 Anm III 5; Wolff, ZVG, § 174 Anm 6.

[16] vd Pfordten, ZVG, § 174 Anm III 6; Schmidt Grundpfandrechte und geringstes Gebot, Seite 580.

b) Wird nur auf **eine der beiden** Ausgebotsarten geboten, auf die normale oder die abweichende, so kann nur dieses Meistgebot den Zuschlag erhalten[17].

c) Wird auf **keine der beiden** Ausgebotsarten ein zulässiges Gebot abgegeben, so wird ganz normal nach § 77 bzw § 33 verfahren, also: wenn kein Gebot, § 77[18]; wenn nur ein unwirksames Gebot, falls nicht schon nach § 71 zurückgewiesen, dann § 33 (mit § 86). In beiden Fällen ist der Versteigerungstermin ergebnislos geblieben und es kann ein Ausfall der Konkursgläubiger nach KO §§ 64, 153 nicht festgestellt werden.

3.11 Dingliche Gläubiger, deren Rechte auf Grund eines Abweichungsantrags aus § 174 nicht in das geringste Gebot aufgenommen werden, stehen in der Gefahr des Rechtsverlustes und sind daher zur **Ablösung** nach BGB § 268 berechtigt (§ 15 Rdn 20). Abzulösen haben sie wohl den Antragsteller, der sie bedroht.

3.12 Die Vorschrift aus KO § 65, daß bei betagten Forderungen ein **Zinsabzug** erfolgen müsse, gilt im Verfahren des § 174 nicht.

Hinweis: Mit Wirkung ab 1. 1. 1999 wird nachfolgender neuer § 174 a eingefügt. Art. 20 Nr. 14 EGInsO (BGBl 1994 I 2911 [2919])

174 a *Der Insolvenzverwalter kann bis zum Schluß der Verhandlung im Versteigerungstermin verlangen, daß bei der Feststellung des geringsten Gebots nur die den Ansprüchen aus § 10 Abs 1 Nr 1 a vorgehenden Rechte berücksichtigt werden; in diesem Fall ist das Grundstück auch mit der verlangten Abweichung auszubieten.*

[Zwangsversteigerung auf Antrag des Erben]

175 (1) Hat ein Nachlaßgläubiger für seine Forderung ein Recht auf Befriedigung aus einem zum Nachlasse gehörenden Grundstücke, so kann der Erbe nach der Annahme der Erbschaft die Zwangsversteigerung des Grundstücks beantragen. Zu dem Antrag ist auch jeder andere berechtigt, welcher das Aufgebot der Nachlaßgläubiger beantragen kann.

(2) Diese Vorschriften finden keine Anwendung, wenn der Erbe für die Nachlaßverbindlichkeiten unbeschränkt haftet oder wenn der Nachlaßgläubiger im Aufgebotsverfahren ausgeschlossen ist oder nach den §§ 1974, 1989 des Bürgerlichen Gesetzbuchs einem ausgeschlossenen Gläubiger gleichsteht.

Allgemeines zu § 175

Zweck der Vorschrift: Regelung des Antragsrechts für Zwangsversteigerung eines zum Nachlaß gehörenden Grundstücks. Das Aufgebot der Nachlaßgläubiger versagt nach BGB § 1971 gegenüber solchen Gläubigern, die für ihre Forderungen einen dinglichen Anspruch an einem Nachlaßgrundstück haben. Der Erbe kann daher den Umfang seiner persönlichen Haftung erst dann bestimmen, wenn feststeht, ob und in welcher Höhe ein Gläubiger einen Ausfall erleidet. Dies festzustellen ist in erster Linie **Zweck des Verfahrens** aus § 175. Es ergänzt das Aufgebot der Nachlaßgläubiger nach ZPO §§ 991–1000 und ist darum grundsätzlich an dieselben Voraussetzungen geknüpft[1]. Eine Zwangsverwaltung gibt es nach § 175 nicht.

---

[17] Dassler/Schiffhauer § 174 Rdn 8; Steiner/Eickmann § 174 Rdn 25; Mohrbutter/Drischler Muster 176 Anm 8.
[18] Dassler/Schiffhauer § 174 Rdn 8; Steiner/Eickmann § 174 Rdn 28.
[1] Mohrbutter, Handbuch des Vollstreckungsrechts, § 62.

§ 175   2   Zwangsversteigerung auf Antrag des Erben

2   Antragsrecht zur Nachlaßversteigerung

2.1 Voraussetzungen für dieses Verfahren sind: Es muß eine Nachlaßverbindlichkeit vorliegen, für die der Erbe nach BGB § 1967 haftet; der Gläubiger muß ein Recht auf Befriedigung aus dem Nachlaßgrundstück haben; die Erbschaft muß vom Erben angenommen sein; ein Berechtigter muß das Verfahren beantragen.

2.2   Antragsberechtigte:
I. der Erbe;
II. bei Miterben jeder von ihnen allein;
III. der Testamentsvollstrecker, wenn ihm die Verwaltung des Nachlaßgrundstücks zusteht (ZPO § 991 Abs 2), wobei er nicht das Antragsrecht der Erben ausschließt;
IV. der Nachlaßpfleger, falls ihm die Verwaltung des Nachlaßgrundstücks zusteht (ZPO § 991 Abs 2);
V. der Nachlaßverwalter;
VI. wenn das Nachlaßgrundstück zum Gesamtgut einer Gütergemeinschaft gehört, der Ehegatte, der nicht Erbe ist, aber das Gesamtgut allein oder mitverwaltet, und der andere Ehegatte, der Erbe ist, jeweils ohne Zustimmung des Partners (ZPO § 999);
VII. der Erbschaftskäufer (ZPO § 1000).

2.3 Das Verfahren aus § 175 ist aber **nicht zulässig** (Abs 2), wenn der Erbe bereits unbeschränkt (also unbeschränkbar) haftet, weil ihm dann eine Entscheidung darüber, ob er beschränkt haften will, nicht mehr zusteht, oder wenn die Nachlaßgläubiger schon im Aufgebotsverfahren ausgeschlossen sind (BGB § 1970, ZPO §§ 989–1000) oder wenn diese nach BGB §§ 1974, 1989 einem ausgeschlossenen Gläubiger gleichstehen oder wenn der Nachlaßkonkurs durchgeführt und durch Zwangsvergleich oder Ausschüttung der Masse beendet ist.

2.4   Fallen die bisher genannten **Voraussetzungen** nachträglich **weg**, so ist das Verfahren aufzuheben, nicht etwa nur einzustellen.

2.5 Hierzu im ZVG-Handbuch: Muster für Anordnungsbeschluß Rdn 687 und Ausführungen dazu Rdn 688–691.

[Anzuwendende Vorschriften nach Antrag des Erben]

176 Wird die Zwangsversteigerung nach § 175 beantragt, so finden die Vorschriften des ersten und zweiten Abschnitts sowie der §§ 173, 174 entsprechende Anwendung, soweit sich nicht aus den §§ 177, 178 ein anderes ergibt.

1   Allgemeines zu § 176

1.1   Zweck der Vorschrift: Regelung des Verfahrens auf Antrag des Erben in der Weise, daß die Gegenstände der Immobiliarvollstreckung in der Form der Vollstreckung (§§ 1–171 n) zwangsversteigert werden und daß Abweichungen sich ergeben aus der entsprechenden Anwendung der § 173 (Beschlagnahmewirkung) und § 174 (geringstes Gebot und Doppelausgebot) sowie § 177 (Glaubhaftmachung des Antragsrechts) und § 178 (Einfluß des Nachlaßkonkurses).

1.2 Das Verfahren nach § 175 gleicht somit weitgehend demjenigen nach §§ 172–174, jedoch mit Abweichungen hinsichtlich der nötigen Glaubhaftmachung (§ 177); hinsichtlich des Einflusses eines Nachlaßkonkurses (§ 178) und hinsichtlich des Ausschlusses des Nachlaßgläubigers bei unterlassenem Antrag (§ 179). Es gibt keinen betreibenden Gläubiger und keinen Schuldner. Soweit ein Erbe den Antrag stellt, wird er, wo dies verfahrensrechtlich nötig ist, als Vollstreckungsschuldner behandelt.

Anzuwendende Vorschriften nach Antrag des Erben 3.10 **§ 176**

Anzuwendende Vorschriften (allgemein für Nachlaßverfahren) 2

Soweit sich nicht aus §§ 177, 178 etwas anderes ergibt, sind entsprechend anzuwenden: die Vorschriften des ersten ZVG-Abschnitts (§§ 1–145) über die Zwangsversteigerung von Grundstücken, des zweiten ZVG-Abschnitts (§§ 162–171 n) über die Zwangsversteigerung von Schiffen, Schiffsbauwerken, Luftfahrzeugen und die §§ 173, 174 aus der Konkursverwalterversteigerung. Entsprechend anzuwenden sind somit: ZPO § 864 Abs 2, §§ 865, 870, 870 a; ZVG §§ 1–12; § 13 ergänzt durch § 173; §§ 14–15; § 16 mit Besonderheiten; § 17 ergänzt durch § 177; §§ 18–19, 28–30 (dabei § 28 mit Einschränkungen), 31–43 (dabei § 37 mit Besonderheit); §§ 44–52 ergänzt durch § 174; §§ 53–74 b, 77–145 (dabei § 55 ergänzt durch § 176), 173, 174. Hierzu auch an verschiedenen Kommentarstellen und im Sachverzeichnis.

Im Nachlaßverfahren anzuwendende Vorschriften (Einzelheiten) 3

3.1 Anordnungsbeschluß: Er ist an den Antragsteller des Verfahrens unter Beachtung von § 8 zuzustellen, weil dieser insoweit als Vollstreckungsschuldner zu behandeln ist, soweit er Erbe ist (Rdn 1). Er ist außerdem an etwaige Miterben zuzustellen.

3.2 Beitritt: Ein Miterbe oder ein anderer nach § 175 Antragsberechtigter kann dem schon auf Antrag eines anderen Berechtigten angeordneten Verfahren beitreten. Nicht beitreten kann ein Vollstreckungsgläubiger; dazu Rdn 4.

3.3 Beschlagnahme: Der Anordnungsbeschluß wirkt nicht als Beschlagnahme, weil die Rechte denen des Konkursverwalters nach § 172 entsprechen (dazu § 173 Rdn 2).

3.4 Beteiligte: Außer den in § 9 Genannten sind auch die nicht den Verfahrensantrag stellenden Erben und Miterben Beteiligte. Sie müssen ihr Erbrecht anmelden und gegebenenfalls glaubhaft machen.

3.5 Bruchteile von Grundstücken, grundstücksgleichen Rechten, Schiffen, Schiffsbauwerken unterliegen ebenfalls dem Verfahren aus § 175, nicht jedoch Schiffsparten, deren Versteigerung der Mobiliarvollstreckung unterliegt.

3.6 Einstellung: §§ 30 a–d sind nicht anwendbar (wie bei der Konkursverwalterversteigerung des § 172), weil der Antragsteller nach § 30 die Einstellung bewilligen kann und bei Antrag eines anderen Antragsberechtigten der Erbe in dem Verfahren keinen Vollstreckungsschutz beanspruchen kann. Auch ZPO § 765 a scheidet aus, wie auch bei den Verfahren nach § 172.

3.7 Erbbaurecht: Es unterliegt wie andere grundstücksgleiche Rechte (§ 176 Rdn 3.12) dem Verfahren nach § 175. Die Veräußerungsbeschränkung aus ErbbauVO § 5 gilt auch hier. Der Zuschlag darf, wo einschlägig, nur mit Zustimmung des Grundstückseigentümers erfolgen; die Zustimmung kann auch hier ersetzt werden (§ 15 Rdn 13).

3.8 Gebot: Auch der Antragsteller des Verfahrens kann bieten, ebenso jeder sonst Antragsberechtigte.

3.9 Gerichtsferien: Einl Rdn 33.

3.10 Geringstes Gebot a) Es wird **grundsätzlich** so **berechnet**, als ob ein persönlicher Gläubiger das Verfahren betreiben würde, es bleiben also (wie bei der Konkursverwalterversteigerung) alle dinglichen Belastungen bestehen, und zwar diejenigen, die vor Eintragung des Versteigerungsvermerks eingetragen waren, ohne Anmeldung, die später eingetragenen nur auf Anmeldung (§ 9 Nr 2, § 37 Nr 4, § 45) (dazu: § 174 Rdn 2).

b) Der **Ersteher haftet** nach § 53 für die eingetragenen Nachlaßverbindlichkeiten. Die Nachlaßgläubiger brauchen die Schuldübernahme nicht zu genehmigen, jedoch ist hier § 179 zu beachten.

§ 176 3.10 Zwangsversteigerung auf Antrag des Erben

c) Auch hier kann aber ein Antrag aus § 174 gestellt werden, mit der Folge des **Doppelausgebots,** weil unter Umständen durch zu hohe Belastungen sonst nicht versteigert werden könnte. Auch hier darum die Abweichung von § 44. Auf Antrag werden nur die dem Antragsteller vorgehenden Rechte im geringsten Gebot berücksichtigt.

d) **Antragsberechtigt** ist, wer für seine Forderung gegen den Erben ein von allen Erben und von dem das Verfahren Betreibenden anerkanntes Recht auf Befriedigung aus dem Grundstück hat. Er muß also eine persönliche und dingliche Forderung haben, der Erbe muß persönlich, das Grundstück dinglich haften, beide Rechte müssen anerkannt sein. Es genügt ein stillschweigendes oder ein Teilanerkenntnis. Zustimmung anderer Beteiligter ist entgegen § 59 nicht nötig. Ist das Recht des Antragstellers mit dem Recht eines Dritten belastet, so muß der Dritte zustimmen. Steht das Antragsrecht aus § 174 mehreren zu, so kann jeder für sich den Antrag stellen, Miterben in ungeteilter Erbengemeinschaft allerdings nur gemeinsam. Bei mehreren berechtigten Anträgen richtet sich das Verfahren nach dem weitergehenden, bei dem das geringste Gebot am niedrigsten ist. Der Antrag kann auch auf einen Teilanspruch beschränkt werden, so daß ein Teil des Rechts des Antragstellers bestehenbleibt. Vollstreckungstitel ist nicht nötig. Der Antragsteller wird auch nicht betreibender Gläubiger. Das Antragsrecht entfällt, wenn der Verfahrensantrag aus § 175 zurückgenommen wird. Hierzu und zu weiteren Fragen: § 174 Rdn 3.

e) Wird auf beide Möglichkeiten geboten, so erfolgt der **Zuschlag** auf das Gebot, das dem Antrag des Nachlaßgläubigers entspricht[1]. Beispiele hierzu bietet[2].

f) Zu einschlägigen Fragen im ZVG-Handbuch Rdn 690.

3.11 Grundbuchvermerk: Er ist auch hier nach § 19 einzutragen, zweckmäßig mit dem Zusatz: „... auf Antrag des Erben" oder „auf Antrag des Miterben ..."

3.12 Grundstücksgleiche Rechte: Sie unterliegen ebenfalls diesem Verfahren (dazu auch Rdn 3.7).

3.13 Kosten Sie sind ebenso wie bei der Vollstreckungsversteigerung (Einl Rdn 76 ff).

3.14 Luftfahrzeuge: Sie unterliegen, auch wenn hier nicht besonders genannt, dem Verfahren aus § 175.

3.15 Mieter, Pächter: Es gelten hier die Vorschriften §§ 57–57 d, weil sie im Gegensatz zur Teilungsversteigerung (§ 183) nicht ausgeschlossen sind.

3.16 Nachlaßverwaltung: Sie hat keinen Einfluß auf Verfahren nach § 175. Antragsrecht des Nachlaßverwalters § 175 Rdn 2.

3.17 Rechtsbehelfe: Sie gelten wie in den anderen Versteigerungsverfahren, also befristete Rechtspflegererinnerung/sofortige Beschwerde bzw Vollstreckungserinnerung.

3.18 Schiffe, Schiffsbauwerke: Sie unterliegen diesem Verfahren.

3.19 Sicherheitsleistung: Sie erfolgt hier auch bei Geboten des das Verfahren Betreibenden nach § 67, nicht nach § 68 Abs 3, weil der Erbe insoweit nicht als Vollstreckungsschuldner gilt, also anders als bei der Konkursverwalterversteigerung.

3.20 Terminbestimmung: Sie muß die besondere Verfahrensart erkennen lassen, daß nämlich die Versteigerung „auf Antrag des Erben" (bzw des Nachlaßpflegers usw) erfolge. In der Anmeldungsaufforderung dabei aus § 37 Nr 4 ist zu sagen: „... falls der Antragsteller widerspricht ..." Die Terminbestimmung ist

---

[1] Mohrbutter, Handbuch des Vollstreckungsrechts, § 62.
[2] Schmidt, Grundpfandrechte und geringstes Gebot, S 59–60.

Glaubhaftmachung bei Erbenantrag 2.1 § 177

hier zusätzlich wegen möglicher „Betriebssteuerrückstände" an Finanzamt, Hauptzollamt, Gemeindesteuerstelle mit dem Ersuchen „um Angabe etwaiger Betriebssteuerrückstände" zu übersenden (MiZi XI 2); eingehende Anmeldungen sind im Versteigerungstermin bekanntzumachen. Hierzu aber: § 180 Rdn 7.25, § 15 Rdn 34.8.

3.21 Verbindung: Mehrere nach § 175 stattfindende Verfahren können nach § 18 verbunden werden, auch wenn die Grundstücke unterschiedlich belastet sind.

3.22 Vorkaufsrecht: § 81 Rdn 10.

3.23 Wertfestsetzung: In allen Verfahren ist jetzt vor dem Versteigerungstermin der Wert nach § 74 a Abs 5 (wie in der Vollstreckungsversteigerung) festzusetzen. An Stelle des Vollstreckungsschuldners ist ein Antragsgegner zu hören, der auch Rechtsbehelfe einlegen kann. Dies gilt ebenso für etwaige Miterben. Der Antragsteller des Verfahrens kann nach § 74 a Versagung beantragen, wie bei der Konkursverwalterversteigerung der Konkursverwalter (entgegen der in diesem Buch abgelehnten Ansicht, daß der ein Verfahren Betreibende nicht Zuschlagsversagung verlangen könne, § 172 Rdn 5.18). Früher kam Wertfestsetzung aus § 74 a bei einem Verfahren nach § 175 ohne ausdrücklichen Antrag aus § 174 nicht in Frage, weil dann alle Belastungen bestehenblieben.

3.24 Zuständigkeit des Vollstreckungsgerichts. Sie richtet sich nach den normalen Vorschriften jeder Zwangsversteigerung. Landesrechtliche Zuständigkeitskonzentration (§ 1 Abs 2): wie § 172 Rdn 5.19.

Nachlaßversteigerung und Vollstreckungsversteigerung 4

Verfahren aus § 175 und andere können zusammentreffen, indem etwa vor oder nach der Anordnung aus § 175 bereits eine Vollstreckungsversteigerung oder Konkursverwalterversteigerung oder Teilungsversteigerung angeordnet wird. Die Verfahren laufen unabhängig nebeneinander. Es ist kein gegenseitiger Beitritt möglich; ausgeschlossen ist der Beitritt eines nach § 175 Antragsberechtigten zu einer Vollstreckungsversteigerung ebenso wie der Beitritt eines Vollstreckungsgläubigers zu einem Verfahren nach § 175 (hierzu § 172 Rdn 6). Keines der Verfahren steht dem anderen im Sinne von § 28 im Wege. Es ist hier wie beim Zusammentreffen von Konkursverwalterversteigerung und Teilungsversteigerung (§ 172 Rdn 6). Auch die Verbindung solcher Verfahren ist nicht möglich.

[Glaubhaftmachung bei Versteigerung auf Erbenantrag]

177 Der Antragsteller hat die Tatsachen, welche sein Recht zur Stellung des Antrags begründen, durch Urkunden glaubhaft zu machen, soweit sie nicht bei dem Gericht offenkundig sind.

Allgemeines zu § 177 1

Zweck der Vorschrift: Erfordernis für Darlegung des Antragsrechts. Jeder Verfahrensantrag im ZVG, auch der nach § 175, soll grundsätzlich das Grundstück, den Eigentümer, den Anspruch und den Vollstreckungstitel bezeichnen: § 16 Abs 1. Titel und Anspruch entfallen hier und statt des Eigentümers ist der Erblasser zu bezeichnen. Im übrigen ist durch § 177 eine Ergänzung vorgesehen.

Glaubhaftmachen des Antragsrechts zur Nachlaßversteigerung 2

2.1 Der **Antragsteller** (Erbe oder sonstige Antragsberechtigte) **muß** alle Tatsachen, die sein Antragsrecht begründen, durch Urkunden **glaubhaft machen,** soweit sie nicht bei Gericht offenkundig sind. Dazu gehören: Die Eigenschaft als Erbe (Erbschein), als Nachlaßpfleger (Bestallung) oder Testamentsvollstrecker

1333

§ 177 2.1　　　　　　　　　　　　　　　Zwangsversteigerung auf Antrag des Erben

(Zeugnis), der Tod des Erblassers und die Erbfolge (Testament, Erbschein), die persönliche Haftung des Erben (Grundakten), die Annahme der Erbschaft (Ablauf der Ausschlagungsfrist).

2.2 Ergibt sich nach der Anordnung des Verfahrens aus § 175, daß die glaubhaft gemachten **Tatsachen nicht zutreffen**, so können alle Beteiligten beantragen, das Verfahren aufzuheben. Stellt das Gericht von sich aus fest, daß die Tatsachen nicht zutreffen, so muß es von Amts wegen das Verfahren aufheben.

[Einfluß des Nachlaßkonkurses bei Antrag des Erben]

178 (1) Die Zwangsversteigerung soll nicht angeordnet werden, wenn die Eröffnung des Nachlaßkonkurses beantragt ist.

(2) **Durch die Eröffnung des Nachlaßkonkurses wird die Zwangsversteigerung nicht beendigt; für das weitere Verfahren gilt der Konkursverwalter als Antragsteller.**

Hinweis: § 178 wird ab 1. 1. 1999 wie folgt geändert (Art 20 Nr 15 EGInsO, BGBl 1994 I 2911 [2919])

a) In Absatz 1 werden die Worte "des Nachlaßkonkurses" durch die Worte "des Nachlaßinsolvenzverfahrens" ersetzt.

b) In Absatz 2 werden die Worte "des Nachlaßkonkurses" durch die Worte "des Nachlaßinsolvenzverfahrens" und das Wort "Konkursverwalter" durch das Wc. "Insolvenzverwalter" ersetzt.

1　Allgemeines zu § 178

Zweck der Vorschrift: Regelung des Einflusses der Nachlaßkonkurseröffnung.

2　Nachlaßkonkurs und Nachlaßversteigerung

2.1　Nach Eröffnung des Nachlaßkonkurses **kann der Erbe verlangen**, daß die Vollstreckungsmaßnahmen eines Nachlaßgläubigers in das nicht zum Nachlaß gehörende Vermögen aufgehoben werden: ZPO § 784 Abs 1.

2.2　Nach Eröffnung des Nachlaßkonkurses kann ein **persönlicher Gläubiger**, der die Vollstreckungsversteigerung in ein Nachlaßgrundstück betreibt, keine abgesonderte Befriedigung mehr verlangen, wenn die Versteigerungsbeschlagnahme erst nach dem Erbfall erfolgt ist: KO § 221 Abs 1; das gilt auch dann, wenn der persönliche Gläubiger nach dem Erbfall eine Sicherungszwangshypothek hat eintragen lassen.

2.3　Nach Eröffnung des Nachlaßkonkurses wird ein vorher angeordnetes Versteigerungsverfahren aus § 175 fortgeführt, doch gilt für das weitere Verfahren der **Konkurverwalter als Antragsteller:** Abs 2. Der bisherige Antragsteller des Verfahrens aus § 175 scheidet aus und das Verfahren wird durchgeführt, als ob der Konkursverwalter Antragsteller nach § 172 wäre. Das Verfahren aus § 175 wird also ein ein Verfahren nach § 172 übergeleitet. Umschreibung des Grundbuchvermerks erscheint nicht nötig. Die bisherigen Beteiligten sind aber zweckmäßig durch Zustellung einer gerichtlichen Feststellung hierüber von der Veränderung des Verfahrens zu verständigen. Der Konkursverwalter kann den Verfahrensantrag nun auch zurücknehmen[1].

2.4　Nach Eröffnung des Nachlaßkonkurses **darf** ein Verfahren aus § 175 **nicht mehr angeordnet** werden, weil es überflüssig und unzulässig ist, indem die Nachlaßverbindlichkeiten nun im Konkurs festgestellt werden und der Konkursverwalter nach § 172 vorgehen kann[1]. Hat das Gericht trotz Konkurseröff-

---

[1] Mohrbutter, Handbuch des Vollstreckungsrechts, § 62.

Ausschluß des Nachlaßgläubigers vom übrigen Nachlaß 2.4 **§ 179**

nung angeordnet, so muß es nach § 28 aufheben; es wird aber am besten vorher beim Konkursverwalter anfragen, ob er etwa das Grundstück aus der Masse freigeben wolle. Der Konkursverwalter kann durch Erinnerung nach ZPO § 766 (anschließend sofortige Beschwerde) Aufhebung des Verfahrens aus § 175 verlangen.

2.5 Sobald ein Antrag auf Eröffnung des Nachlaßkonkurses gestellt ist, **soll** die Versteigerung aus § 175 **nicht mehr angeordnet** werden: Abs 1. Man muß dann bis zur Entscheidung über die Eröffnung des Nachlaßkonkurses die Entscheidung über das Nachlaßversteigerungsverfahren aus § 175 zurückstellen[1] (vorausgesetzt daß das Gericht von dem anderen Antrag weiß).

2.6 Wird der Nachlaßkonkurs vor Abschluß des Verfahrens aus § 175 wegen Verteilung der Konkursmasse oder Zwangsvergleich aufgehoben, so muß das **Verfahren** des § 175 von Amts wegen nach § 175 Abs 2 **aufgehoben** werden, weil für die Haftung des Erben dann BGB § 1973 gilt und die Nachlaßgläubiger den im Wege des Aufgebotsverfahrens ausgeschlossenen Gläubigern gleichstehen (BGB § 1989). Das gilt auch, wenn der Konkurs in diesem Falle nach Konkursordnung § 204 mangels Masse eingestellt wurde.

[Ausschluß des Nachlaßgläubigers vom übrigen Nachlaß]

179 Ist ein Nachlaßgläubiger, der verlangen konnte, daß das geringste Gebot nach Maßgabe des § 174 ohne Berücksichtigung seines Anspruchs festgestellt werde, bei der Feststellung des geringsten Gebots berücksichtigt, so kann ihm die Befriedigung aus dem übrigen Nachlasse verweigert werden.

Allgemeines zu § 179 1

Zweck der Vorschrift: Ausschluß der Befriedigung bestimmter Gläubiger aus dem sonstigen Nachlaß.

Sonstiger Nachlaß bei Nachlaßversteigerung 2

2.1 Einem Nachlaßgläubiger, der den Antrag aus § 174 stellen konnte (nämlich auf Berücksichtigung nur der ihm vorgehenden Ansprüche im geringsten Gebot), es aber nicht tat und daher im geringsten Gebot berücksichtigt wird, kann die Befriedigung aus dem übrigen Nachlaß vom Erben verweigert werden: **Einrede des Erben.**

2.2 Den **Antrag** aus § 174 **konnte** der Nachlaßgläubiger nicht stellen, wenn ein Verfahren aus § 175 anhängig war oder wenn der Anspruch des Gläubigers nicht anerkannt wurde oder wenn in der Terminsbestimmung nicht gemäß § 37 Nr 3 gesagt war, daß die Versteigerung auf Antrag des Erben usw stattfinde.

2.3 Berücksichtigt im geringsten Gebot ist der Gläubiger auch dann, wenn das geringste Gebot nicht erreicht wird und es deshalb nicht zum Zuschlag kommt. Das gilt sogar dann, wenn zwar ein Antrag aus § 174 gestellt war, aber ein zulässiges Gebot nicht abgegeben wurde[1]. Wenn der Erbe durch Zurücknahme des Antrags aus § 174 einen Zuschlag vereitelte, muß er sich den Einwand der allgemeinen Arglist entgegenhalten lassen.

2.4 Die persönliche **Forderung** des Nachlaßgläubigers **geht** durch § 179 **nicht unter,** seine Hypothek wird auch nicht zur Grundschuld; die Forderung ist nur mit der Einrede behaftet und auf diese kann sich neben dem Erben auch der Bürge oder der Pfandschuldner berufen (BGB § 768 Abs 1, § 1211 Abs 1)[2].

---

[1] Jaeckel/Güthe § 179 Rdn 2.
[2] Mohrbutter, Handbuch des Vollstreckungsrechts, § 62.

§ 180

[Teilungsversteigerung; anzuwendende Vorschriften, Einstellung]

180 (1) Soll die Zwangsversteigerung zum Zwecke der Aufhebung einer Gemeinschaft erfolgen, so finden die Vorschriften des Ersten und Zweiten Abschnitts entsprechende Anwendung, soweit sich nicht aus den §§ 181 bis 185 ein anderes ergibt.

(2) Die einstweilige Einstellung des Verfahrens ist auf Antrag eines Miteigentümers auf die Dauer von längstens sechs Monaten anzuordnen, wenn dies bei Abwägung der widerstreitenden Interessen der mehreren Miteigentümer angemessen erscheint. Die einmalige Wiederholung der Einstellung ist zulässig. § 30 b gilt entsprechend.

(3) Betreibt ein Miteigentümer die Zwangsversteigerung zur Aufhebung einer Gemeinschaft, der außer ihm nur sein Ehegatte oder sein früherer Ehegatte angehört, so ist auf Antrag dieses Ehegatten oder früheren Ehegatten die einstweilige Einstellung des Verfahrens anzuordnen, wenn dies zur Abwendung einer ernsthaften Gefährdung des Wohls eines gemeinschaftlichen Kindes erforderlich ist. Die mehrfache Wiederholung der Einstellung ist zulässig. § 30 b gilt entsprechend. Das Gericht hebt seinen Beschluß auf Antrag auf oder ändert ihn, wenn dies mit Rücksicht auf eine Änderung der Sachlage geboten ist.

(4) Durch Anordnungen nach Absatz 2, 3 darf das Verfahren nicht auf mehr als fünf Jahre insgesamt einstweilen eingestellt werden.

Übersicht

Allgemeines zu § 180	1
Allgemeines zur Aufhebung einer Gemeinschaft	2
Antragsberechtigung	3
Antragsinhalt	4
Antrag: Entscheidung; Anordnungsbeschluß	5
Aufhebungsversteigerung: Allgemeine Verfahrensgrundsätze	6
Aufhebungsversteigerung: Anzuwendende Vorschriften	7
Beitritt (§ 27 mit § 180 Abs 1)	8
Entgegenstehende Rechte; Ausschluß der Auseinandersetzung	9
Muster für Anordnung und Beitritt in der Teilungsversteigerung	10
Pfändung und Verpfändung	11
Schutz des Antragsgegners (Absatz 2)	12
Schutz im Interesse des Kindeswohls (Absätze 3 und 4)	13
Teilungsversteigerung und Forderungsversteigerung	14
Teilungsversteigerung und Konkursverwalterversteigerung	15
Teilungsversteigerung und Nachlaßversteigerung	16
Verteilung des Erlöses in der Teilungsversteigerung	17

Literatur: *(Allgemein)* Drescher, Die Zwangsversteigerung zum Zwecke der Aufhebung der Gemeinschaft an einem Grundstück, Dissertation, 1908; Drischler, Die Zwangsversteigerung zum Zwecke der Aufhebung der Gemeinschaft, RpflJahrbuch 1966, 325; Drischler, Die Aufhebung der ungeteilten Erbengemeinschaft durch Zwangsversteigerung des Nachlaßgrundstücks, JurBüro 1963, 241 und 501; Drischler, Die Zwangsversteigerung zum Zwecke der Aufhebung der Gemeinschaft, JurBüro 1981, 1441, 1601 und 1765; Schiffhauer, Soziale Aspekte im Zwangsversteigerungsverfahren, Rpfleger 1978, 397; Schiffhauer, Besonderheiten der Teilungsversteigerung, ZIP 1982, 526 und 660; Stöber, Das Verteilungsverfahren bei der Teilungsversteigerung und die Auseinandersetzung unter den Grundstückseigentümern, Rpfleger 1958, 73.

(Zu Einzelfragen) Drischler, Voreintragung der Erben bei der Teilungsversteigerung, MDR 1960, 466; Drischler, Neuerungen zum Vollstreckungsschutz in den Verfahren der Zwangsversteigerung zum Zwecke der Aufhebung der Gemeinschaft, NJW 1986, 1853; Drischler, Der Einfluß familienrechtlicher Bestimmungen in der Teilungsversteigerung, RpflJahrbuch 1987, 359; Ebeling, Teilungs- und Vollstreckungsversteigerung, Rpfleger 1991, 349; Hill, Kann ein Miterbe, dessen Miterbenanteil gepfändet ist, im Zwangsversteigerungsverfahren zum Zwecke der Aufhebung der Gemeinschaft einen Einstellungsantrag gemäß § 180 Abs 2 ZVG stellen?, MDR 1959, 92; Jansen, Zwei Fragen zur Teilungsversteigerung, Rpfleger 1954, 435; Metzger, Rechtliches Gehör bei der Teilungsversteigerung?, NJW 1966, 2000; Mohrbutter, Zur Auslegung des § 180 Abs 2 ZVG neuer Fassung, Rpfleger 1954, 235;

Quardt, Kann der Schuldner, dessen Miterbenanteil an einem Grundstück gepfändet worden ist, die Teilungsversteigerung gemäß § 180 ZVG betreiben?, JurBüro 1963, 262; Rellermeyer, DDR-Güterstand und Teilungsversteigerung, Rpfleger 1995, 321; Schalhorn, Gibt es im Verfahren der Teilungs-(Auseinandersetzungs-)Versteigerung nach den §§ 180 ff ZVG eine Kostenerstattung? Gegebenenfalls nach welchem Wert?, JurBüro 1970, 137; Schiffhauer, Ist § 1365 Abs 1 BGB n. F. auf den Teilungsversteigerungsantrag anwendbar?, FamRZ 1960, 185; Schneider, Zur Kostenerstattung bei der Teilungsversteigerung nach §§ 180 ff ZVG, JurBüro 1966, 730; Schneider, Zwangsversteigerung auf Antrag eines Miterben ohne Beteiligung des Testamentsvollstreckers, Rpfleger 1976, 384; Stöber, Ist § 765 a ZPO bei der Zwangsversteigerung zur Aufhebung einer Gemeinschaft anwendbar?, Rpfleger 1960, 237; Stöber, Antrag auf Teilungsversteigerung nach Pfändung eines Miterbenanteils und Einstellungsantrag nach § 180 Abs 2 ZVG des Pfändungsschuldners, Rpfleger 1963, 337; Teufel, § 765 a ZPO in der Teilungsversteigerung, Rpfleger 1976, 86.

Allgemeines zu § 180   1

Zweck der Vorschrift: Regelung des Verfahrens in der Weise, daß auch zum Zwecke der Aufhebung einer Gemeinschaft die Gegenstände der Immobiliarvollstreckung in der Form der Vollstreckung (§§ 1–145 mit Besonderheiten für Schiffe, Schiffsbauwerke und Luftfahrzeuge nach §§ 162 ff) zwangsversteigert werden und daß Abweichungen bestimmt sind in § 181 (Anordnungsvoraussetzungen), § 182 (geringstes Gebot) sowie §§ 183–185 (kein Ausnahmekündigungsrecht, Sicherheitsleistung und Besonderheit für landwirtschaftlichen Betrieb). Sodann auch selbständige Regelung des zeitweiligen Verfahrensaufschubs zur Wahrung berechtigter Interessen des Antragsgegners (Abs 2) und im Interesse gemeinschaftlicher Kinder von Ehegatten (Abs 3).

Allgemeines zur Aufhebung einer Gemeinschaft   2

2.1 Zum Zwecke der **Aufhebung der Gemeinschaft** erfolgt die Zwangsversteigerung, wenn die Teilung eines mehreren Miteigentümern gehörenden Grundstücks (anderen Objekts) in Natur nicht möglich ist[1]. Zwangsversteigerung zur Teilung eines gemeinschaftlichen Gegenstandes der Immobiliarvollstreckung findet bei **Bruchteils-** und bei **Gesamthandsgemeinschaft** statt.

2.2 Der Zwangsversteigerung zum Zwecke der Aufhebung einer Gemeinschaft unterliegen als **Gegenstände** der Immobiliarvollstreckung Grundstücke, Gebäudeeigentum, grundstücksgleiche Rechte (insbesondere Erbbaurecht, Rdn 7.9), Schiffe, Schiffsbauwerke und Luftfahrzeuge (zu ausländischen § 181 Rdn 4.4). **Bruchteile** von Grundstücken, Gebäudeeigentum und grundstücksgleichen Rechten unterliegen dem Teilungsversteigerungsverfahren, auch von Schiffen, Schiffsbauwerken, Luftfahrzeugen, nicht aber Schiffsparten, deren Teilung und Versteigerung sich nach der Mobiliarvollstreckung richtet. Bei Bruchteilen ist natürlich vorausgesetzt, daß an ihnen wieder eine Gemeinschaft besteht, daß zB ein Hälfteanteil seinerseits in Erbengemeinschaft steht. Bei der **Reederei** ist (Kündigung und) Teilungsversteigerung ausgeschlossen: HGB § 505 Abs 3. Reederei liegt vor, wenn mehrere Personen ein ihnen gemeinschaftlich zustehendes Schiff zum Erwerb durch die Seefahrt für gemeinschaftliche Rechnung verwenden: HGB § 489 Abs. 1; das müssen aber nicht unbedingt die Eigentümer sein: HGB § 510. Die Reederei kann nur durch Mehrheitsbeschluß aufgelöst werden, worauf das Schiff öffentlich verkauft werden muß: HGB § 506.

2.3 Die Aufhebung einer Bruchteilsgemeinschaft an einem Grundstück (anderen Objekt der Immobiliarvollstreckung) und Aufhebung der Gemeinschaft an dem Miteigentümern in Gesamthandsgemeinschaft gehörenden Grundstück (anderen Objekt) bei deren Auseinandersetzung erfolgen durch **Einigung** der Miteigentü-

---

[1] BVerfG 42, 64 = FamRZ 1976, 436 = KTS 1976, 287 = MDR 1976, 820 = NJW 1976, 1391 = Rpfleger 1976, 389.

mer (erfordert Auflassung, BGB § 925), **Teilung in Natur** (BGB § 752; kommt bei Grundstücken in der Regel nicht in Frage) **oder** durch **Zwangsversteigerung** „zum Zwecke der Aufhebung der Gemeinschaft" und Teilung des Versteigerungserlöses (siehe BGB §§ 752, 753 Abs 1). Das Recht auf Aufhebung und Auseinandersetzung umfaßt also immer das Recht auf Teilungsversteigerung[2] (wie das Verfahren genannt wird). Verfahrensziel der Teilungsversteigerung ist, an die Stelle des in Natur nicht teilbaren Gegenstandes eine unter die Miteigentümer aufteilbare Geldsumme treten zu lassen[3]. Die Teilungsversteigerung unterscheidet sich von der **Nachlaßauseinandersetzung** vor dem Nachlaßgericht gemäß FGG §§ 86–99, die über den gesamten Nachlaß unter Einschluß von Grundstücken auf freiwilliger Grundlage erfolgt, ebenso von dem **Zuweisungsverfahren** vor dem Landwirtschaftsgericht, das bei landwirtschaftlichen Anwesen Vorrang vor der Teilungsversteigerung hat (§ 185). Durch Umwandlung in Wohnungseigentum (auch in Teileigentum) (WEG § 1) kann eine Gemeinschaft an einem bebauten (oder bebaubaren) Grundstück nur durch Vertrag aller Miteigentümer (WEG § 3; auch § 8) geändert, nicht aber aufgehoben[4] werden. Zur nicht mehr auseinandersetzbaren Wohnungseigentümergemeinschaft Rdn 2.9.

2.4 Durch Zwangsversteigerung des Grundstücks (anderen Objekts) und Teilung des Erlöses werden aufgehoben

a) die **Gemeinschaft nach Bruchteilen** (BGB §§ 741–758), früher auch „schlichte Gemeinschaft" genannt[5] (BGB § 753 Abs 1). Bei ihr kann Miteigentum zu gleichen oder zu ungleichen Anteilen bestehen; sie sind ziffernmäßig oder prozentual bestimmt. Teilhaber einer Bruchteilsgemeinschaft können natürliche und juristische Personen (auch eine Offene Handelsgesellschaft oder Kommanditgesellschaft als Personenhandelsgesellschaft, HGB § 124 Abs 1, eine Partnerschaft oder EWIV) sein. Vielfach besteht Bruchteilsgemeinschaft zwischen Eheleuten, die ein Grundstück gemeinschaftlich als Eigentümer haben und nicht in Gütergemeinschaft leben. Jeder Teilhaber der Bruchteilsgemeinschaft kann deren Aufhebung jederzeit verlangen (BGB § 749 Abs 1). Auf die Größe des Anteils kommt es dabei nicht an[6].

b) die **Erbengemeinschaft** (BGB §§ 2032–2063; Aufhebungsanspruch BGB § 2042 Abs 1; Zwangsversteigerung BGB § 2042 Abs 2 mit § 753 Abs 1). Deren Auseinandersetzung kann jeder Miterbe jederzeit verlangen (BGB § 2042 Abs 1), sofern nicht ein Fall der §§ 2043–2045 gegeben ist (dazu Rdn 9.3). Wenn ein Testamentsvollstrecker ernannt ist, kann von ihm die Auseinandersetzung unter mehreren Erben zu bewirken sein (BGB § 2204 Abs 1; dazu Rdn 3.15 und 9.3).

c) die **Gesellschaft des bürgerlichen Rechts** (BGB §§ 705–740) nach ihrer Auflösung (BGB § 730 Abs 1, § 731), sofern nicht anders nach einer Vereinbarung der Gesellschafter oder nach BGB §§ 732, 733 zu verfahren ist. Vor Auflösung der Gesellschaft kann Teilung nicht verlangt werden (BGB § 719 Abs 1). Für Auseinandersetzung gibt es einige Sondervorschriften (BGB §§ 732–735); im übrigen sind die Vorschriften der Bruchteilsgemeinschaft (BGB §§ 741–758) anzuwenden (BGB § 731 Satz 2).

d) die **eheliche Gütergemeinschaft** (BGB §§ 1415–1482) nach Beendigung des Güterstandes (BGB § 1471 Abs 1), soweit nichts anderes vereinbart (BGB § 1474) oder gesetzlich bestimmt ist (BGB § 1475–1481); siehe BGB § 1477 Abs 1.

e) die **fortgesetzte Gütergemeinschaft** (BGB §§ 1483–1518) nach Beendigung (BGB § 1497); siehe BGB § 1477 Abs 1 mit § 1498.

---

[2] LG Tübingen NJW 1958, 1303 mit krit Anm Riedel.
[3] BVerfG aaO (Fußn 1); BGH 4, 84 = NJW 1952, 263 = Rpfleger 1952, 415.
[4] OLG München DNotZ 1953, 147 = JZ 1953, 148 mit zust Anm Raiser = NJW 1952, 1297; Haegele Rpfleger 1955, 175 (176).
[5] Kretzschmar, Zwangsversteigerung, § 2 (1 b).
[6] OLG Schleswig MDR 1959, 46.

Anzuwendende Vorschriften, Einstellung 2.6 **§ 180**

f) nur ausnahmsweise eine **Offene Handelsgesellschaft** und eine **Kommanditgesellschaft**. Nach Auflösung findet bei diesen Handelsgesellschaften die Liquidation statt (HGB § 145 Abs 1, § 161 Abs 2), die durch Liquidatoren erfolgt (HGB § 146 Abs 1); eine Teilungsversteigerung findet daher nicht statt. Jedoch kann Teilungsversteigerung als andere Art der Auseinandersetzung von den Gesellschaftern vereinbart sein (HGB § 145 Abs 1, § 161 Abs 2); sie kann dann von einem der Gesellschafter (oder von allen) betrieben werden. Teilungsversteigerung kann außerdem auch von den (allen) Liquidatoren gemeinschaftlich beantragt werden[7].

g) nur ausnahmsweise auch eine **Partnerschaft** sowie eine **Europ wirtschaftliche Interessenvereinigung**. Auf die Liquidation der Partnerschaft nach Auflösung sind die Vorschriften über die Liquidation einer Offenen Handelsgesellschaft entsprechend anwendbar (PartGG § 10 Abs 1). Abwicklung einer Europ wirtschaftlichen Interessenvereinigung nach Auflösung (VO [EWG] über die Schaffung einer EWIV Art 35) erfolgt durch die Geschäftsführer, wenn sie nicht durch den Gründungsvertrag oder durch Beschluß der Mitglieder anderen Personen übertragen ist (EWIV-AusfG § 10). Anwendung findet im übrigen über EWIV-AusfG § 1 OHG-Recht, somit HGB §§ 145 ff. Teilungsversteigerung ermöglicht das in beiden Fällen ausnahmsweise ebenso wie bei der Offenen Handelsgesellschaft (vorst f).
Zu den vertraglichen und gesetzlichen Ausschlußgründen Rdn 9.

2.5 Wenn der Eigentümer eines ideellen Miteigentumsanteils (zum Beispiel eines Hälftebruchteils) den anderen Miteigentumsanteil nur als **Vorerbe** hinzuerwirbt, ist er rechtlich (bis zum Eintritt des Nacherbfalls; BGB § 2139) zwar Alleineigentümer. Der Nachlaß bildet in der Hand des Vorerben jedoch in gewisser Hinsicht ein Sondervermögen. In seiner Hand als Alleineigentümer dauert mit verschieden stark ausgestalteter Verfügungsmacht doch die bisher geteilte Zuordnung des Eigentums in abgeschwächter Erscheinungsform an; eine Verfügung über den zum Nachlaß gehörenden Grundstücksmiteigentumsanteil ist bei Eintritt des Nacherbfalls nach Maßgabe von BGB §§ 2113, 2115 unwirksam. Das Grundstück ist daher dem Alleineigentümer in einem solchen Fall doch nicht ungeteilt zugeordnet. Das ermöglicht Einzelbelastung des dem Eigentümer schon vor dem Vorerbfall gehörenden ideellen Grundstücksmiteigentumsanteils[8]; ebenso sollte das aber auch Teilungsversteigerung (unter Zuziehung des Nacherben) ermöglichen (anders[9]).

2.6 Mögliche **Teilung in Natur** zur Aufhebung einer Gemeinschaft (BGB § 752) schließt Zwangsversteigerung und Erlösteilung als Verfahren zur Gemeinschaftsaufhebung aus (BGB §§ 752, 753). Teilung in Natur erfolgt, wenn der gemeinschaftliche Gegenstand sich **ohne Verminderung des Wertes** in gleichartige, den Anteilen der Teilhaber entsprechende Teile zerlegen läßt: BGB § 752 Satz 1. Die Teile müssen also von gleicher Art sein; gleichartig sie sind aber auch nur, wenn sie auch gleichwertig sind und die Summe der Einzelwerte den Gesamtwert erreicht[10]. Bei Anteilen zu je ½ müssen sich also zwei gleichgroße und gleichwertige Flächen ergeben oder bei Aufteilung in kleinere Parzellen wertmäßig gleiche Teilungsposten, die auch gleichartig sind, also gleiche Verwendungsmöglichkeit aufweisen. Nur wenn alle Voraussetzungen erfüllt sind, ist das Objekt in Natur teilbar. Bei Beurteilung der Zulässigkeit der Realteilung sind hohe An-

---

[7] LG Kaiserslautern Rpfleger 1985, 121; Jackel/Güthe § 180 Rdn 3; Korintenberg/Wenz Vorbem zu §§ 180–184; Reinhard/Müller § 180 Anm II 4 c.
[8] BayObLG 1968, 104 = DNotZ 1968, 626 = MDR 1968, 842 = NJW 1968, 1431 = Rpfleger 1968, 221.
[9] Schiffhauer ZIP 1982, 526 (IV 2).
[10] OLG Nürnberg BWNotZ 1960, 147 Leits = RdL 1960, 22; OLG Stuttgart BWNotZ 1984, 172.

§ 180 2.6 Aufhebung einer Gemeinschaft

forderungen zu stellen[11]. Durch Teilung kann sich der Wert eines Grundstücks vermindern. Teilung in Natur ist darum auch bei einem als Bauplatz geeigneten Grundstück nur beschränkt möglich, bei einem zur Bebauung vorgesehenen nicht, wenn die neuen Teilgrundstücke nicht mehr bebaubar wären[12]. Dabei müssen bei Bauland auch vor der Teilung die Straßenflächen ausgeschieden sein. Ungleichartige Teile sind selbst dann nicht zulässig, wenn derjenige, der die Teilung in Natur verlangt, sich mit dem kleineren oder geringerwertigen Teil zufriedengeben will, falls der andere Partner nicht zustimmt. Da die Voraussetzungen für **Teilung in Natur** sehr streng sind, ist diese bei Grundstücken entgegen der gesetzlichen Regel **Ausnahme** und die **Teilungsversteigerung die Regel**[13]. Teilung eines bebauten Grundstücks in der Weise, daß die bebaute Grundstücksfläche herausgemessen und versteigert und die restliche Grundstücksfläche in Natur geteilt wird, ist als Form der Auseinandersetzung nicht vorgesehen[14].

2.7 Eine **Gesamthandsgemeinschaft** (Erbengemeinschaft, BGB-Gesellschaft, eheliche und fortgesetzte Gütergemeinschaft, Offene Handelsgesellschaft und Kommanditgesellschaft) muß grundsätzlich im ganzen aufgehoben werden. Die Auseinandersetzung muß sich somit auf das gesamte gemeinsame Vermögen erstrecken, bei mehreren zu einer Gemeinschaft gehörenden Grundstücken auf alle (auch eine persönlich beschränkte Teilauseinandersetzung nur in bezug auf ihn kann einer von mehreren Miterben nicht mit der Maßgabe verlangen, daß die Erbengemeinschaft im übrigen fortbestehen soll[15]). Teilungsversteigerung eines Nachlaßgrundstücks (anderen Objekts einer Gesamthandsgemeinschaft) muß aber nicht erst eingeleitet weden, wenn der übrige Nachlaß auseinandergesetzt ist[16]. Im Zweifel gibt der Antragsteller mit seinem Versteigerungsantrag den Willen kund, die Auseinandersetzung bezüglich des ganzen Vermögens herbeizuführen[17]. In der Regel ist daher anzunehmen, daß volle Auseinandersetzung erstrebt wird[18]. Das Vollstreckungsgericht hat aber die Gesamtauseinandersetzung als Voraussetzung der Verfahrensanordnung nicht zu prüfen[19]; es muß auch dann das Verfahren anordnen (und durchführen), wenn zu seiner Kenntnis sich die Teilungsversteigerung nur auf eines oder einige von mehreren Grundstücken erstreckt. Abhilfe ist nur durch Widerspruchsklage möglich. Zur Frage einer Teilauseinandersetzung[20].

2.8 Auch nach Zuschlag in **freiwilliger Versteigerung** gemäß Landesrecht ist noch Teilungsversteigerung möglich. Einwendungen sind durch Widerspruchsklage geltend zu machen[21].

2.9 a) **Wohnungseigentum** ist Gemeinschaft nach Bruchteilen am gemeinsamen Grundstück. Es **kann** aber **kein Wohnungseigentümer** (nicht einmal aus wichtigem Grunde) die **Aufhebung** dieser Gemeinschaft **verlangen:** WEG § 11 Abs 1. Teilungsversteigerung ist daher unzulässig. Das gilt auch für Pfändungsgläubiger und Konkursverwalter (die bei normalen Grundstücken sonst nach BGB § 751 und KO § 16 Abs 2 selbst bei Ausschluß der Auseinandersetzung berechtigt sind)[22]: WEG § 11 Abs 2. Dieser gesetzliche Ausschluß in § 11 ist unabdingbar.

---

[11] OLG Stuttgart BWNotZ 1984, 172.
[12] OLG Stuttgart BWNotZ 1955, 74 Leitsatz.
[13] OLG Hamm JMBlNW 1963, 237 = Rpfleger 1964, 341 mit zust Anm Haegele.
[14] OLG München NJW-RR 1991, 1097.
[15] BGH FamRZ 1984, 688 = MDR 1984, 917 = NJW 1985, 51.
[16] Drischler JurBüro 1963, 241.
[17] Jaeckel/Güthe § 180 Rdn 2; Drischler JurBüro 1963, 241.
[18] Petzold, Teilauseinandersetzung bei Miterbengemeinschaft (1973), 1. Teil A I 2 b.
[19] Drischler RpflJahrbuch 1966, 325 (C Anfang).
[20] Maidl MittBayNot 1960, 53.
[21] LG Osnabrück Rpfleger 1956, 102 mit Anm Mohrbutter
[22] Weimar KTS 1978, 82 (83).

b) Von diesem Verbot wird aber nicht berührt die **mögliche** Teilungsversteigerung eines einzelnen **Wohnungseigentumsanteils,** wenn an ihm eine Untergemeinschaft (Bruchteilsgemeinschaft, Erbengemeinschaft, andere Gesamthandgemeinschaft) besteht, die aufgehoben werden soll[23]. **Beispiel** hierzu: Eine Eigentumswohnung (zB 20/100 Anteil am Grundstück verbunden mit dem Sondereigentum an der Wohnung Nr . . .) steht Ehegatten zu je ½ oder einer Erbengemeinschaft unverteilt zu. Die Teilungsversteigerung dieser einzelnen Einheit ist zulässig. Die Wohnungseigentümergemeinschaft am Gesamtobjekt wird dadurch nicht anders berührt als durch einen rechtsgeschäftlichen Wechsel im einzelnen Anteil.

2.10 Zwangsverwaltung zur Aufhebung einer Gemeinschaft gibt es nicht. Zwangsverwaltung kann auch nicht zur gemeinschaftlichen Verwaltung des den Miteigentümern gehörenden Grundstücks (BGB § 744 Abs 1) verlangt werden[24].

2.11 Von einem Alleineigentümer als **Anfechtungsgegner,** dem der Schuldner seinen Miteigentumsanteil an einem Grundstück nach AnfG § 3 anfechtbar übertragen hat, kann der Gläubiger auch ohne vorherige Pfändung und Überweisung der Ansprüche auf Aufhebung der Gemeinschaft sowie auf Teilung und Auskehrung des Erlöses die Duldung der Zwangsversteigerung des ganzen Grundstücks verlangen, allerdings nur zwecks Befriedigung aus dem Teil des Versteigerungserlöses, der dem Schuldner ohne die anfechtbare Rechtshandlung zugestanden hätte[25] (ebenso[26] auch für den Fall, daß das Grundstück mit wertausschöpfenden, aber nur teilweise valutierten Grundschulden belastet ist; so auch[27] für Übertragung des Miterbenanteils an den einzigen anderen Miterben jedenfalls dann, wenn der Nachlaß nur aus einem Grundstück besteht). Weil die Anfechtung im Wege der Klage zu erfolgen hat, ist für die Zwangsversteigerung des im Alleineigentum des Anfechtungsgegners stehenden Grundstücks jedoch erforderlich, daß dieser als (nunmehriger) Alleineigentümer zur Duldung dieser Versteigerung verurteilt ist (somit kein Fall des § 181 Abs 1). Dem Anfechtungsgegner, der den Wert des anfechtbar erworbenen Gegenstandes unter Einsatz eigener Mittel wesentlich erhöht hat, steht bei der Verteilung des Erlöses nach der von ihm zu duldenden Zwangsvollstreckung ein Anspruch auf Ersatz seiner Aufwendungen zu[28]. Zur Gläubigeranfechtung bei Übertragung eines belasteten Miteigentumsanteils auch[29].

2.12 a) Der Güterstand der **Eigentums- und Vermögensgemeinschaft** des Familiengesetzbuchs der ehem DDR (§§ 13–16 FGB-DDR) wurde am 3. 10. 1992 in den gesetzlichen Güterstand der Zugewinngemeinschaft übergeleitet (EGBGB Art 234 § 4 Abs 1; Ausnahme nachf b). Grundstückseigentum der Ehegatten als bisher gemeinschaftliches Eigentum (FGB-DDR § 13 Abs 1) ist nun Eigentum zu gleichen Bruchteilen (EGBGB Art 234 § 4a Abs 1 Satz 1; Besonderheit für Anteile in Abs 1 Satz 2). Die Auseinandersetzung erfolgt mithin nach BGB §§ 749 ff (Rdn 2.3 und 2.4). Es besteht damit ein mit Teilungsversteigerung verfolgbarer Auseinandersetzungsanspruch (enger[30]: auf Verlangen eines Ehegatten erfolgt bei „Altvermögen" wegen EGBGB Art 234 § 4 Abs 4 vorrangig reale Verteilung nach FGB-DDR § 39).

---

[23] LG Berlin Rpfleger 1976, 149.
[24] Schiffhauer ZIP 1982, 526 (I 2).
[25] BGH 90, 207 = KTS 1984, 512 = MDR 1984, 485 = NJW 1984, 1968 = Rpfleger 1984, 283.
[26] BGH DNotZ 1985, 669 = KTS 1985, 319 = MDR 1985, 841 = NJW 1985, 2031 Leitsatz = Rpfleger 1985, 205.
[27] BGH MDR 1992, 880 = NJW-RR 1992, 733 = Rpfleger 1992, 361.
[28] BGH KTS 1984, 469 = MDR 1984, 1020.
[29] Gerhardt ZIP 1984, 397.
[30] Rellermeyer Rpfleger 1995, 321 (3 c).

§ 180 2.12 Aufhebung einer Gemeinschaft

b) Der Güterstand der Eigentums- und Vermögensgemeinschaft besteht weiter, wenn bis 2. 10. 1992 (einschließlich) ein Ehegatte dem Kreisgericht gegenüber erklärt hat, daß für die Ehe der bisherige Güterstand fortgelten soll (EGBGB Art 234 § 4 Abs 2). Auf das gemeinschaftliche Eigentum finden die Vorschriften über das durch beide Ehegatten verwaltete Gesamtgut einer Gütergemeinschaft entsprechende Anwendung (EGBGB Art 234 § 4a Abs 2 Satz 1). Für die Auflösung der Gemeinschaft im Falle der Scheidung (auch Nichtigerklärung[31]) sind die Vorschriften des FGB-DDR anzuwenden (EGBGB Art 234 § 4a Abs 2 Satz 2). Verteilung des gemeinschaftlichen Eigentums erfolgt damit nach FGB-DDR § 39. Ein mit Teilungsversteigerung verfolgbarer Auseinandersetzungsanspruch besteht daher nicht (anders[31]: Teilungsversteigerung ausnahmsweise, wenn Ehegatten sich auf dieses Auseinandersetzungsverfahren einigen). Das wird auch bei Beendigung der Ehe durch Tod eines Ehegatten[32] und bei vorzeitiger Aufhebung der Eigentums- und Vermögensgemeinschaft gelten müssen (Aufhebung durch Urteil FGB-DDR § 41) (anders[33]: Teilungsversteigerung während bestehender Ehe nach Aufhebung des Güterstands durch Ehevertrag oder Urteil).

c) Sind die Ehegatten vor dem Wirksamwerden des Beitritts geschieden worden, bleibt für die Auseinandersetzung das bisherige Recht maßgebend (EGBGB Art 234 § 4 Abs 5). Teilungsversteigerung ist damit in diesem Fall ausgeschlossen[34].

3 Antragsberechtigung

3.1 Angeordnet wird die Teilungsversteigerung nur auf **Antrag** (§ 15 mit § 180 Abs 1).

3.2 Die Teilungsversteigerung zu betreiben sind berechtigt: a) Die Beteiligten einer Bruchteilsgemeinschaft, Erbengemeinschaft, aufgelösten Gesellschaft, aufgelösten Gütergemeinschaft; b) Eltern, Vormund, Pfleger, Betreuer; c) Nießbraucher; d) Erbteilserwerber; e) Konkursverwalter, Nachlaßverwalter, Testamentsvollstrecker; f) Liquidator einer Offenen Handelsgesellschaft oder Kommanditgesellschaft; g) Liquidator einer Partnerschaft sowie Abwickler einer Europ wirtschaftlichen Interessenvereinigung; h) Pfandgläubiger und Pfändungsgläubiger. Über Voraussetzungen, Beschränkungen und sonstige Einzelheiten bei den betreffenden Stichworten.

3.3 Von **mehreren Miteigentümern,** Erben oder sonstigen Antragsberechtigten kann jeder für sich allein den Verfahrensantrag stellen. Zum Antragsrecht des Miterben nach Erbteilspfändung Rdn 11.

3.4 Antrag auf Zwangsversteigerung zum Zwecke der Aufhebung einer **Gemeinschaft nach Bruchteilen** (BGB § 741) kann jeder Miteigentümer (auch ein Ehegatte; dazu auch Rdn 3.13) **jederzeit** stellen: BGB § 749 Abs 1. Er kann dies, ohne daß er Gründe für sein Verlangen, die Aufhebung der Gemeinschaft herbeizuführen, angeben müßte. Vorherige Klage auf Zustimmung zur Aufhebung der Gemeinschaft ist grundsätzlich nicht nötig (§ 181 Abs 1). Jeder Bruchteils-Miteigentümer kann also gegen die anderen grundsätzlich die Teilungsversteigerung betreiben.

3.5 Der grundsätzliche Auseinandersetzungsanspruch der Teilhaber einer Bruchteilsgemeinschaft kann **ausnahmsweise beschränkt** sein. Dazu Rdn 9.

3.6 Antrag auf Zwangsversteigerung eines zu einer **Erbengemeinschaft** gehörenden Grundstücks kann jeder Miterbe jederzeit stellen (BGB § 2042 Abs 1). Ein Verfahren nach FGG §§ 86 ff muß nicht vorausgegangen sein; ein solches Verfahren kann aber auch nicht abgelehnt werden, weil bereits die Teilungsversteigerung

---

[31] Rellermeyer Rpfleger 1995, 321 (3a).
[32] Peters FamRZ 1994, 673 (III 4); Rellermeyer Rpfleger 1995, 321 (3a).
[33] Rellermeyer Rpfleger 1995, 321 (3a).
[34] OLG Brandenburg DtZ 1995, 449 = FamRZ 1995, 1429 = Rpfleger 1995, 373.

Anzuwendende Vorschriften, Einstellung 3.7 **§ 180**

des Nachlaßgrundstücks angeordnet ist[35]. Ein Erbschaftskäufer (BGB §§ 2371 ff) ist mit **Erbteilsübertragung** (BGB § 2033 Abs 1) außerhalb des Grundbuchs (oder anderen Registers) durch notariellen Vertrag in die Rechte des Miterben eingetreten, der seinen Nachlaßanteil veräußert hat. Er kann daher auch die Teilungsversteigerung betreiben, weil er die Rechte dieses Miterben ausübt (§ 181 Abs 2 Satz 1). Ein Gesellschaftsgläubiger kann die Teilungsversteigerung eines Nachlaßgrundstücks beantragen, wenn er einen Miterbenanteil des Gesellschafters einer Offenen Handelsgesellschaft gepfändet hat, selbst wenn die Haftung dieses Gesellschafters nach VerglO § 109 begrenzt ist[36]. Zu den gesetzlichen Hinderungsgründen Rdn 9. Zum Nachlaßpfleger und Nachlaßverwalter § 181 Rdn 6; zum Testamentsvollstrecker Rdn 3.15.

3.7 a) **Großes und kleines Antragsrecht:** Besteht an einem Grundstück eine **Bruchteilsgemeinschaft** und an einem der Bruchteile wieder eine Erbengemeinschaft (zB ½ Miteigentum A, ½ Miteigentum A und B in Erbengemeinschaft), so kann jeder am erbengemeinschaftlichen Bruchteil beteiligte Miterbe **nicht nur** die Teilungsversteigerung dieses erbengemeinschaftlichen **Bruchteils** verlangen (= kleines Antragsrecht), **sondern auch** allein und ohne Zustimmung aller anderen Miterben die des **gesamten Grundstücks** (= großes Antragsrecht). Dieses Verlangen stellt keine durch BGB § 2040 Abs 1 für den einzelnen Miterben verbotene Verfügung dar, sondern verfolgt nur die Umwandlung des Objekts in den Erlös (über den dann erst die Auseinandersetzung stattfinden muß), ist also nur das Geltendmachen eines Anspruchs nach BGB § 2039. Das Recht auf Auseinandersetzung ist kein Gestaltungsrecht, sondern schuldrechtlicher Anspruch, der vorher dem Erblasser zustand und dann auf die Erbengemeinschaft übergegangen ist und jetzt von jedem zu ihr gehörenden Miterben als gesamthänderischer Anspruch geltend gemacht werden kann. Man würde sonst den Antragsteller zwingen, zum Schaden seiner Miterben und zu seinem eigenen Schaden nur den erbengemeinschaftlichen Hälfteanteil versteigern zu lassen, für den sich in der Regel, falls überhaupt ein Erfolg erzielt wird, nur ein geringer Erlös ergibt. Man würde weiter die Erben zwingen, in einem zweiten Verfahren die Aufhebung der Bruchteilsgemeinschaft am ganzen Objekt durchzusetzen.

b) **Für das große Antragsrecht** sind[37] (hierzu im ZVG-Handbuch Rdn 699). Manche von ihnen zitieren dabei zu Unrecht das Reichsgericht[38], das sich aber nur mit prozessualer Durchsetzung des Anspruchs durch einen Miterben befaßt hat. **Für das kleine Antragsrecht** sind[39].

c) Besteht an einem Grundstück eine Erbengemeinschaft (zB A, B und [vormals] C in Erbengemeinschaft) und an **einem der Miterbenanteile eine Bruchteilsgemeinschaft,** weil ein Miterbe seinen Erbanteil an mehrere Personen zu Bruchteilen oder weil er ihn nur teilweise – nur zu einem Bruchteil – abgetreten hat (zB D und E in Bruchteilsgemeinschaft an dem [vormaligen] Miterbenanteil C), so kann jeder am Miterbenanteil mitberechtigte Bruchteils„eigentümer" (im Beispiel D und E) allein und ohne die Zustimmung der anderen Bruchteilsmitbe-

---

[35] OLG Frankfurt Rpfleger 1993, 505.
[36] LG Aschaffenburg MDR 1959, 135.
[37] OLG Hamm JMBlNW 1958, 69 = Rpfleger 1958, 269 mit zust Anm Haegele; OLG Hamm JMBlNW 1963, 237 = Rpfleger 1964, 351 mit zust Anm Haegele; OLG Schleswig MDR 1959, 46; OLG Stuttgart WürttNotV 1951, 116 Leitsatz; LG Aachen DNotZ 1952, 36; LG Lübeck SchlHA 1965, 66; Dassler/Schiffhauer § 181 Rdn 8; Korintenbert/Wenz § 181 Anm 2; Steiner/Teufel § 180 Rdn 63; Bartholomeyczik NJW 1955, 1558 (Anmerkung); Drischler JurBüro 1963, 241; RpflJahrbuch 1966, 325 (Ca 4); Rpfleger 1967, 357 (14) und JurBüro 1981, 1441 (I 3 e); Jansen Rpfleger 1954, 435 (III) und NJW 1956, 1061 (Buchbesprechung); Schiffhauer ZIP 1982, 526 (IV 11).
[38] RG 108, 422 (424).
[39] OLG Hamburg MDR 1958, 45; LG Darmstadt NJW 1955, 1558 mit abl Am Bartholomeyczik; Jaeckel/Güthe § 181 Rdn 6; Drescher, Teilungsversteigerung (1908), § 2 (III 1 a).

rechtigten und ohne Zustimmung der Miterben die Teilungsversteigerung des gesamten Grundstücks verlangen. Grund: Er kann Leistung (Erfüllung) des Anspruchs auf Auseinandersetzung (BGB § 2042) an alle Mitberechtigte des Bruchteils nach BGB § 432 Abs 1 Satz 1 und an alle Erben gemeinschaftlich (BGB § 2039 Satz 1) fordern. Er kann jedoch nicht nur die Teilungsversteigerung des erbengemeinschaftlichen „Grundstücks"anteils der Bruchteilsberechtigten (im Beispiel D und E an Stelle des C) beantragen. Der Miterbenanteil, an dem der Bruchteils"eigentümer" mitberechtigt ist, ist als Vermögensrecht nicht Gegenstand des unbeweglichen Vermögens und damit nicht Gegenstand der Immobiliarvollstreckung (ZPO § 864), somit auch nicht Gegenstand der Zwangsversteigerung zur Aufhebung einer Gemeinschaft (Rdn 2.2). Als anderes Vermögensrecht unterliegt der Miterbenanteil der Gemeinschafter zu Bruchteilen der Zwangsvollstreckung nach ZPO § 857 Abs 1; für Aufhebung der Gemeinschaft ist er demzufolge als Recht nach den Vorschriften über den Pfandverkauf zu veräußern (BGB § 753 Abs 1).

3.8 a) Die Teilungsversteigerung ist **auch** dann möglich, **wenn** die Erbengemeinschaft **schon auseinandergesetzt** ist und die einzelnen Miterben bereits als Bruchteilseigentümer im Grundbuch eingetragen sind. Auf Verlangen eines Beteiligten erfolgt dann die Teilungsversteigerung zur Aufhebung dieser jetzt bestehenden Bruchteilsgemeinschaft.

b) Hat bei der Miterbengemeinschaft einer der **Miterben** einen **Mietvertrag** über das Objekt (mit den anderen Miterben) und hat er ein Bauwerk (zB eine Werkstätte) darauf errichtet, so sind, wenn nun der Mietvertrag gekündigt wird, die vorübergehend angebrachten Einrichtungen des Mieters nicht wesentliche Bestandteile (BGB § 95 Abs 1); das gilt allerdings nicht für massive Gebäude, deren Wiederbeseitigung nicht beabsichtigt war[40] (zu entscheiden hat das Prozeßgericht). Dabei hält sich das Versteigerungsgericht an den Antrag des Antragstellers, kann also nach seinem Antrag im Anordnungsbeschluß oder nachträglich in einer Teileinstellung die Gebäude von der Versteigerung ausnehmen und dies als Versteigerungsbedingung verkünden, während es bei Nichtfreigabe sie mitversteigert; dazu § 55 Rdn 3.

3.9 Die Teilungsversteigerung eines **zum Gesamtgut** der (ehelichen) **Gütergemeinschaft** gehörenden Objektes kann gegen den anderen Ehegatten erst nach rechtskräftiger Scheidung der Ehe oder nach Aufhebung der Gütergemeinschaft (durch rechtskräftiges Urteil oder durch notariellen Vertrag) betrieben werden. Während bestehender Gütergemeinschaft kann keiner der Ehegatten Teilung verlangen (BGB § 1419 Abs 1). Die Auseinandersetzung darf **erst nach dem Ende** der Gütergemeinschaft erfolgen (BGB § 1471 Abs 1).

3.10 Antrag auf Zwangsversteigerung eines zum Gesamtgut einer **fortgesetzten Gütergemeinschaft** gehörenden Grundstücks kann erst nach Beendigung des Güterstandes gestellt werden (BGB § 1497). Für Teilung des Überschusses nach den Vorschriften über die Gemeinschaft (BGB § 1498 mit § 1477 Abs 1) kann nach BGB § 753 Abs 1 Zwangsversteigerung vom überlebenden Ehegatten und von jedem gemeinschaftlichen Abkömmling beantragt werden.

3.11 Bei **Gütergemeinschaft** werden Rechte des Gesamtguts von dem Ehegatten gerichtlich geltend gemacht, der das Gesamtgut verwaltet (BGB § 1422). Wenn zum Gesamtgut ein **Bruchteilsanteil oder** eine **Gesamthandsbeteiligung** an einem Objekt gehört, so ist der Antrag auf Teilungsversteigerung dieses Objekts, weil es sich dabei um eine Verfügung (= Rechtsgeschäft, dessen Rechtswirkungen auf eine Sache oder ein Recht unmittelbar gerichtet sind) handelt, durch den das Gesamtgut verwaltenden Ehegatten **im Rahmen der Gesamtgutsverwaltung** möglich (BGB § 1422; anders[41]: Ehegattenzustimmung entspre-

---

[40] OLG Hamburg MDR 1950, 285.
[41] Steiner/Teufel § 180 Rdn 102.

Anzuwendende Vorschriften, Einstellung 3.13 § 180

chend BGB § 1424 erforderlich), bei gemeinschaftlicher Verwaltung durch beide Ehegatten gemeinsam (BGB § 1450). Es wird hier (im Gegensatz zur Teilungsversteigerung der Ehegatten gegeneinander) nur ein Vermögensbestandteil in Geld umgewandelt, das dann seinerseits Bestandteil des Gesamtguts ist.

3.12 Der Güterstand der **Gütertrennung** (BGB § 1414) bringt für Ehegatten keine Beschränkung des Auseinandersetzungsanspruchs und damit des Antragsrechts. Jeder Ehegatte kann jederzeit die Teilungsversteigerung durchführen, weil das Vermögen keiner gegenseitigen Einwilligungspflicht unterliegt (anders[42]: das Verhalten könne auch hier in besonderen Fällen sittenwidrig sein, es müsse ehemäßig sein, allerdings seien die Einzelumstände zu berücksichtigen).

3.13 Für Ehegatten, die im (gesetzlichen) Güterstand der **Zugewinngemeinschaft** leben (BGB §§ 1363–1390) gilt folgendes:

a) Jeder Ehegatte kann Antrag auf Teilungsversteigerung stellen, weil das Vermögen des Mannes und das Vermögen der Frau nicht gemeinschaftliches Vermögen der Eheleute sind (BGB § 1363 Abs 2) und jeder Ehegatte sein Vermögen selbständig verwaltet (BGB § 1364).

b) Über sein **Vermögen im ganzen** kann ein Ehegatte jedoch nur mit **Einwilligung** des anderen Ehegatten verfügen (BGB § 1365 Abs 1). Die Zustimmung kann unter den weiteren Voraussetzungen des BGB § 1365 Abs 2 durch das Vormundschaftsgericht für Geschäfte, die den Grundsätzen einer ordnungsmäßigen Verwaltung entsprechen, ersetzt werden. Zweck dieser Vorschrift ist es zu verhindern, daß das gesamte Vermögen eines Ehegatten, das die Lebensgrundlage der ehelichen Gemeinschaft bildet und damit auch dem anderen Ehegatten dient, ohne dessen Zustimmung der ehelichen Gemeinschaft entzogen wird und daß die möglichen Zugewinnausgleichsansprüche durch solche Verfügungen gefährdet werden[43]. Vermögen im ganzen ist Grundstücksmiteigentum des Mannes oder der Frau, wenn der Bruchteils- oder Gesamthands-Miteigentumsanteil des Ehegatten an dem Grundstück objektiv sein ganzes oder nahezu sein ganzes Vermögen darstellt ([44] mit Einzelheiten und Nachweisen). Wegen der Einzelheiten wird auf die einschlägigen BGB- Kommentare verwiesen.

c) Wenn ein Antrag auf Zwangsversteigerung zum Zwecke der Aufhebung einer Gemeinschaft demnach **nicht** das Vermögen des antragstellenden Ehegatten im ganzen erfaßt, ergeben sich keine Besonderheiten. Der in Zugewinngemeinschaft lebende Ehegatte kann dann jederzeit die Teilungsversteigerung durchführen; er benötigt keine Einwilligung des anderen Ehegatten.

d) Ob die **Zustimmung des anderen Ehegatten** zu dem Antrag auf Anordnung der Zwangsversteigerung zur Aufhebung der Gemeinschaft vorliegen oder hierfür nach BGB § 1365 Abs 2 vom Vormundschaftsgericht ersetzt sein muß ist jedoch bedeutsam, wenn der Miteigentumsanteil des Antragstellers an einem Grundstück, das beiden Ehegatten allein oder zusammen mit einem (oder mehreren) Dritten gehört oder das Eigentum des Antragstellers und eines Dritten ist, sein **ganzes Vermögen** im Sinne von BGB § 1365 ist. Das war lange sehr umstritten. **Gegen** die Annahme, daß bereits der Antrag auf Teilungsversteigerung als eine zustimmungspflichtige Verfügung anzusehen sei (Einzelheiten 12. Auflage § 180 Rdn 3.13 zu d), haben sich u. a. ausgesprochen[45] (zum früheren

---

[42] BGH 37, 38 = FamRZ 1962, 295 = MDR 1962, 551 = NJW 1962, 1244.
[43] OLG Hamm DNotZ 1979, 98 = FamRZ 1979, 128 = JurBüro 1979, 1221 = MDR 1979, 229 = OLGZ 1979, 81 = Rpfleger 1979, 20; Haegele/Schöner/Stöber, Grundbuchrecht, Rdn 3352.
[44] Haegele/Schöner/Stöber, Grundbuchrecht, Rdn 3354.
[45] KG Berlin NJW 1971, 711; OLG Hamburg MDR 1965, 748; LG Karlsruhe FamRZ 1966, 355; LG Konstanz MDR 1966, 2115; LG München I FamRZ 1965, 511; LG Wuppertal FamRZ 1960, 500 Leitsatz = NJW 1960, 1468 = Rpfleger 1960, 291 mit Anm Haegele; Drischler RpflJahrbuch 1966, 325 (C a 3 III) und 1971, 316 (I B c 8); Haegele Rpfleger

1345

§ 180 3.13 Aufhebung einer Gemeinschaft

Eherecht, daß keine Verfügung vorliegt[46]). Zustimmungspflichtig wäre demnach der Zuschlag.

e) Nach **nun** einhelliger obergerichtlicher Rechtsprechung bedarf **bereits der Antrag** eines Ehegatten auf Anordnung der Zwangsversteigerung zum Zweck der Aufhebung einer Gemeinschaft nach BGB § 1365 Abs 1 **der Zustimmung** des anderen Ehegatten[47] (auch[48]; zum alten Recht ebenso[49]). Dafür ist unerheblich, ob die Eheleute überhaupt nicht, vorübergehend oder dauernd getrennt leben. Auch wenn die Scheidung der Ehe bereits ausgesprochen, das Urteil aber noch nicht rechtskräftig ist, muß eine nach BGB § 1365 Abs 1 nötige Zustimmung des anderen Ehegatten erteilt sein[50]. Diese Rechtsprechung erachtet übereinstimmend als nicht entscheidend, daß der Antrag auf Anordnung der Teilungsversteigerung verfahrensrechtlicher Natur ist, er mithin weder den Begriff einer Verfügung über das Grundstück (und damit den Miteigentumsanteil des Antragstellers hieran) erfüllt noch eine rechtsgeschäftliche Verpflichtung dazu begründet. Abgestellt wird vielmehr darauf, daß der Zweck des BGB § 1365, die wirtschaftliche Grundlage der Familie gegenüber einseitigen Maßnahmen eines Ehegatten zu schützen, auf andere Weise nicht zu erreichen wäre und daher die Vorschrift entsprechend angewendet werden muß. Dafür wird herausgestellt, daß der Antrag auf Anordnung der Teilungsversteigerung auf die Veräußerung des Grundstücks zielt. Der Antrag wird als der für BGB § 1365 Abs 1 maßgebliche Bezugspunkt angesehen, weil er einzige erforderliche Rechtshandlung des Ehegatten innerhalb des Verfahrens ist, das mit dem Zuschlag zur Rechtsänderung führt. Deshalb wird er als einer vertraglichen Verpflichtung zur Veräußerung wirtschaftlich vergleichbar und rechtlich ähnlich angesehen. Es wird hervorgehoben, daß dann, wenn ein Ehegatte auf dem Umweg über die Versteigerung sein ganzes Vermögen zustimmungsfrei veräußern könnte, darin eine Umgehung der vom Gesetz aus guten Gründen angeordneten

---

1966, 232 (D I 6), Rpfleger 1967, 200 (V 2) und Rpfleger 1969, 69; Mohrbutter, Handbuch des Vollstreckungsrechts, § 63 (I); Schiffhauer FamRZ 1960, 185 (II, IV) und FamRZ 1966, 338; Schippel DNotZ 1961, 24 (2); Siegelmann DWW 1962, 15 = GrundE 1962, 561 und ZMR 1968, 33.

[46] RG 67, 396; RG 136, 353; Korintenberg/Wenz § 181 Anm 3.

[47] BGH 35, 135 = BB 1961, 654 mit Anm Tiefenbacher = FamRZ 1961, 302 und 1961, 363 Leitsatz mit Anm Meyer-Stolte = JR 1961, 339 mit Anm Beitzke = MDR 1961, 673 = NJW 1961, 1301 = Rpfleger 1961, 233 mit Anm Haegele; BayObLG 1979, 8 = FamRZ 1979, 290 = MDR 1979, 494 = Rpfleger 1979, 135 und FamRZ 1981, 46 = MDR 1981, 53 = MittBayNotZ 1981, 80 = Rpfleger 1980, 470, sowie FamRZ 1985, 1040; OLG Bremen FamRZ 1984, 272 = Rpfleger 1984, 156 mit Anm Meyer-Stolte; OLG Celle DNotZ 1981, 526 Leitsatz = FamRZ 1961, 30 = MDR 1961, 242 = NdsRpfl 1961, 15 und Rpfleger 1981, 69; OLG Düsseldorf FamRZ 1981, 879 = NJW 1982, 1543 = Rpfleger 1981, 408 und FamRZ 1995, 309; OLG Frankfurt FamRZ 1976, 152 = JurBüro 1975, 1242 = Rpfleger 1975, 330; OLG Hamburg FamRZ 1970, 407 = MDR 1970, 419 = NJW 1970, 952 und MDR 1982, 330 Leitsatz; OLG Hamm Rpfleger 1979, 20 = aaO (Fußn 43); OLG Karlsruhe FamRZ 1964, 573 Leitsatz und FamRZ 1970, 194; OLG Koblenz NJW 1967, 1139 = Rpfleger 1979, 202 sowie 203; OLG Köln FamRZ 1968, 603 Leitsatz = NJW 1968, 2250 = OLGZ 1968, 353 und FamRZ 1972, 136 Leitsatz = MDR 1971, 1013 = NJW 1971, 2312; OLG Schleswig FamRZ 1973, 32 Leitsatz = SchlHA 1972, 184; OLG Zweibrücken OLGZ 1976, 455; LG Augsburg Rpfleger 1965, 15; LG Bielefeld Rpfleger 1986, 271 mit Anm Böttcher; LG Hildesheim MDR 1961, 63; LG Hildesheim MDR 1961, 64; LG Köln MDR 1970, 418 und FamRZ 1995, 1144; LG Krefeld MDR 1976, 843 = Rpfleger 1976, 330 und Rpfleger 1987, 472; LG Saarbrücken Rpfleger 1974, 275; LG Stuttgart FamRZ 1968, 311 = Justiz 1967, 31; AG Freiburg FamRZ 1988, 950; AG Karlsruhe BWNotZ 1963, 82 und 220; Lange JZ 1965, 425 (V 7); Riedel MDR 1962, 4 (II); Weimar NJW 1959, 1478.

[48] Dassler/Schiffhauer § 181 Rdn 41; Steiner/Teufel § 180 Rdn 20.

[49] Jaeckel/Güthe § 181 Rdn 6.

[50] BayObLG FamRZ 1981, 46 = MDR 1981, 53 = MittBayNot 1981, 80 = Rpfleger 1980, 470.

Zustimmungsbedürftigkeit solcher Rechtsgeschäfte liegen würde. Die daher angenommene Gesetzeslücke wird durch entsprechende Anwendung des BGB § 1365 ausgefüllt.

f) Dieser jetzt in der Rechtsprechung gefestigten Ansicht ist zu folgen. Damit wird der Antrag auf Teilungsversteigerung nicht als Verfügung (unmittelbare Rechtsänderung durch Rechtsgeschäft) verstanden, sondern der vorrangigen gesetzgeberischen Schutzfunktion des BGB § 1365 insgesamt sinnvoll und in prozeßökonomisch zweckmäßiger Weise Rechnung getragen. Nach der Schutzfunktion des BGB § 1365 (oben b) kommt es für das Zustimmungserfordernis und die Entschließung des anderen Ehegatten oder Ersetzung seiner Zustimmung grundsätzlich nicht auf das Versteigerungsergebnis an; es ist dafür auch allgemein nicht von Bedeutung, wer als Meistbietender Anspruch auf den Zuschlag haben, mithin das Grundstück erwerben wird. Für Zustimmung des Grundstückseigentümers bei Versteigerung eines Erbbaurechts ist nach dem Schutzzweck von ErbbauVO §§ 5, 8 aber gerade wesentlich, daß ein bestimmter Erwerber feststeht. Gründe, die bei Versteigerung eines Erbbaurechts Zustimmung erst für Erteilung des Zuschlags gebieten (§ 15 Rdn 13), können daher angesichts des ganz anders gearteten Gesetzeszwecks des BGB § 1365 nicht in gleichem Maße Bedeutung erlangen und bewirken, daß die Zustimmung erst für Erteilung des Zuschlags vorliegen müsse.

g) Die Zustimmung des anderen Ehegatten ist **formlos** gültig. Sie muß nur unzweideutig sein und dem Versteigerungsgericht zugehen (schriftlich oder zu Protokoll der Geschäftsstelle). Die Verfügung des Vormundschaftsgerichts, die die Einwilligung ersetzt (BGB § 1365 Abs 2), muß rechtskräftig sein oder die Anordnung der sofortigen Wirksamkeit enthalten (FGG § 53).

h) Zumeist wird die Zustimmung des anderen Ehegatten für einen Antrag auf Teilungsversteigerung **nicht** erteilt oder weder noch nicht durch das Vormundschaftsgericht ersetzt sein. Das Vollstreckungsgericht hat dann **nicht zu ermitteln,** ob der Antrag etwa der Zustimmung des anderen Ehegatten nach BGB § 1365 Abs 1 deshalb bedarf, weil der Grundstücksanteil des Antragstellers dessen ganzes Vermögen darstellt (so auch[51]). Das Verfahren des Vollstreckungsgerichts knüpft an die formale Grundbuchlage an (§ 17 Abs 1 mit § 180 Abs 1 und § 181 Abs 2). Die Versteigerung ist auch auf Antrag eines in Zugewinngemeinschaft lebenden Ehegatten daher anzuordnen, wenn die verfahrensmäßigen Antragsvoraussetzungen für die Teilungsversteigerung (§ 181 Rdn 2–6) gegeben sind (so auch[52]). Es gibt keinen vom Versteigerungsgericht zu beachtenden Erfahrungssatz, wonach der Miteigentumsanteil eines Ehegatten an einem Grundstück sein gesamtes Vermögen darstellt und demgemäß bei einem Antrag auf Teilungsversteigerung stets mit Einwendungen aus BGB § 1365 Abs 1 zu rechnen wäre[53]. Nur wenn das Versteigerungsgericht bei Entscheidung über den Anordnungsantrag das Vorliegen der **Voraussetzungen** des BGB § 1365 Abs 1 **kennt** (wenn sie offen zutage liegen[54]) oder doch nach Lage des Falles begründete Zweifel in dieser Richtung hat[55], kann es dem Antrag nicht entsprechen. Dabei kann seine Prüfungspflicht nicht über Prüfungspflicht und -recht des Grundbuchamts hinausgehen[56]. Wie dieses (hier-

---

[51] LG Hannover Rpfleger 1995, 308; LG Kassel JurBüro 1995, 498 = Rpfleger 1993, 473; LG Köln FamRZ 1995, 1144; LG Krefeld Rpfleger 1990, 523; AG Nordhorn Rpfleger 1995, 224; Steiner/Teufel § 180 Rdn 25.
[52] LG Krefeld Rpfleger 1990, 523.
[53] OLG Hamm Rpfleger 1979, 20 = aaO (Fußn 43); OLG Karlsruhe FamRZ 1970, 194; LG Kassel JurBüro 1995, 498 = Rpfleger 1993, 473; LG Krefeld Rpfleger 1990, 523; AG Nordhorn Rpfleger 1995, 224.
[54] OLG Bremen FamRZ 1984, 272 = Rpfleger 1984, 156 mit Anm Meyer-Stolte; OLG Karlsruhe FamRZ 1964, 573 Leitsatz.
[55] LG Krefeld Rpfleger 1990, 523.
[56] OLG Hamm Rpfleger 1979, 20 = aaO (Fußn 43).

zu[57]) hat das Vollstreckungsgericht eine Verfügungs- und damit Antragsbeschränkung nach BGB § 1365 Abs 1 daher nur zu berücksichtigen, wenn es vom Vorliegen der Voraussetzungen dieser Vorschriften Kenntnis hat (oder sie zwischen den Miteigentümern unstreitig sind[58]), oder wenn es nach Lage des Falles begründeten Anlaß zu der auf konkrete Tatsachen gestützten Vermutung hat, daß ein Fall des BGB § 1365 Abs 1 gegeben ist[59]. Kann sich das Vollstreckungsgericht trotz begründeter Zweifel im Antragsverfahren (Aufklärung nach ZPO § 139) Kenntnis vom Vorliegen der Voraussetzungen des BGB § 1365 Abs 1 nicht verschaffen, dann hat es davon auszugehen, daß dem Ehegatten die freie Verfügungsgewalt zusteht[60], mithin das Verfahren nach Antrag anzuordnen; Einwendungen müssen dann auf dem Prozeßweg (unten i) geltend gemacht werden. Wäre in einem solchen Fall oder gar für jeden Antrag auf Teilungsversteigerung vom Antragsteller der Nachweis zu erbringen, daß die Voraussetzungen des BGB § 1365 Abs 1 nicht gegeben sind, dann würde der Grundsatz der Verfügungsfreiheit des BGB § 1365 in sein Gegenteil verkehrt[61].

i) Das **Fehlen der Einwilligung** des Ehegatten nach BGB § 1365 Abs 1 kann als materiell-rechtliche Einwendung grundsätzlich nur mit **Drittwiderspruchsklage** geltend gemacht werden[62] (das Verfahren ist Familiensache)[63] (aA[64], s auch Rdn 9.9). Nur wenn das Vollstreckungsgericht ausnahmsweise die fehlende Einwilligung bereits als Antragsmangel hätte beachten müssen (oben Abs h) oder wenn es begründete Zweifel in dieser Richtung unbeachtet gelassen hat, die sich auf bestimmte Anhaltspunkte stützen (nicht aber bereits, wenn das Erfordernis der Einwilligung zwischen den Ehegatten streitig ist[65]), liegt zugleich ein Verfahrensmangel vor, der auch mit Erinnerung/sofortiger Beschwerde (ZPO §§ 766, 793; § 180 Rdn 7.20; anwendbar dann neben ZPO § 771[66]; anders[67]: für Klage kein Rechtsschutzbedürfnis) geltend gemacht werden kann[68] (anders[69]: Erinnerung ist zulässig; die nicht grundbuchersichtlichen Voraussetzungen von BGB § 1365 bleiben aber auch bei neuem Tatsachenvortrag, ZPO § 570, nicht grundbuchersichtliche materielle Einwendung gegen das Verfahren, dessen formelle Anordnungsvoraussetzungen fortbestehen).

k) Das Vormundschaftsgericht kann die **Zustimmung ersetzen**[70] (das Verfahren ist keine Familiensache[71]). Der Ersetzungsantrag kann auch vor Einleitung des Zwangsversteigerungsverfahrens gestellt werden[72]. Ersetzt werden kann die Zu-

---

[57] OLG Koblenz NJW 1967, 1139; Haegele/Schöner/Stöber, Grundbuchrecht, Rdn 3394.
[58] OLG Düsseldorf FamRZ 1981, 879 = NJW 1982, 1543 = Rpfleger 1981, 408; OLG Frankfurt FamRZ 1976, 152 = JurBüro 1975, 1242 = Rpfleger 1975, 330; OLG Hamburg MDR 1982, 330 Leitsatz; OLG Koblenz Rpfleger 1979, 203.
[59] OLG Hamm Rpfleger 1979, 20 = aaO (Fußn 43); LG Krefeld Rpfleger 1987, 472.
[60] OLG Koblenz Rpfleger 1979, 203.
[61] OLG Hamm Rpfleger 1979, 20 = aaO (Fußn 43); OLG Koblenz Rpfleger 1979, 202.
[62] OLG Celle Rpfleger 1981, 69; OLG Hamburg MDR 1982, 330 Leitsatz; OLG Hamm Rpfleger 1979, 20 = aaO (Fußn 43); OLG Karlsruhe FamRZ 1970, 194; OLG Koblenz Rpfleger 1979, 202 und 203; LG Braunschweig Rpfleger 1985, 76.
[63] OLG Hamm FamRZ 1995, 1072.
[64] OLG Zweibrücken FamRZ 1979, 839.
[65] OLG Koblenz Rpfleger 1979, 202.
[66] OLG Hamm Rpfleger 1979, 20 = aaO (Fußn 43).
[67] Sudhof FamRZ 1994, 1152 (I 2).
[68] OLG Hamm Rpfleger 1979, 20 = aaO (Fußn 43); OLG Koblenz Rpfleger 1979, 203.
[69] LG Bielefeld Rpfleger 1986, 271 mit Anm Böttcher.
[70] BayObLG FamRZ 1972, 643 = Rpfleger 1972, 368 und BayOblGZ 1979, 8 = aaO (Fußn 47).
[71] BGH FamRZ 1982, 785 = JurBüro 1982, 1664 = NJW 1982, 2556 = Rpfleger 1982, 344.
[72] BayObLG FamRZ 1985, 1040.

Anzuwendende Vorschriften, Einstellung 3.13 **§ 180**

stimmung aber nur, wenn die Teilungsversteigerung den Grundsätzen einer ordnungsgemäßen Vermögensverwaltung entspricht[73] und wenn der andere Ehegatte die Zustimmung ohne ausreichenden Grund verweigert. Das Interesse am Besitz der Ehewohnung allein gibt noch keinen ausreichenden Grund zur Verweigerung der Zustimmung[74]. Den Grundsätzen ordnungsgemäßer Verwaltung entspricht die Teilungsversteigerung nur dann, wenn ein sorgfältiger Wirtschafter mit rechter ehelicher Gesinnung sie vornehmen würde[75]. Maßgebend sind also wirtschaftliche Zweckmäßigkeitserwägungen[76] unter Berücksichtigung des Wesens der Ehe[77]. Die Vermögensgrundlage der Familie muß gesichert und die Familie davor bewahrt werden, daß ihre finanzielle und wirtschaftliche Grundlage gefährdet werde. Es ist unter Berücksichtigung aller Umstände und unter Abwägung der beiderseitigen Interessen zu entscheiden[78]. Wirksamkeit der Verfügung des Vormundschaftsgerichts: FGG § 53.

l) Nach rechtskräftiger **Scheidung** der Ehe oder nach **Beendigung des Güterstands** der Zugewinngemeinschaft auf andere Weise (BGB § 1372) genießt ein Ehegatte, auch wenn er Anspruch auf Zugewinnausgleich hat, nicht mehr den weitgehenden Schutz des BGB § 1365 Abs 1. Zustimmung des früheren (anderen) Ehegatten zu einem neuen Antrag auf Zwangsversteigerung zum Zwecke der Aufhebung einer Gemeinschaft ist daher nach BGB § 1365 Abs 1 nicht mehr erforderlich. Wenn die Zwangsversteigerung zum Zwecke der Aufhebung der Gemeinschaft während der Ehe ohne eine nach BGB § 1365 Abs 1 nötige Zustimmung des anderen Ehegatten angeordnet wurde, entfällt das Zustimmungserfordernis mit Eintritt der Rechtskraft der zwischenzeitlich ausgesprochenen Ehescheidung oder mit sonstiger Beendigung des Güterstandes. Die Versteigerung kann dann unbehindert durchgeführt werden[79]; Klage nach ZPO § 771 kann den Verfahrensfortgang nicht mehr hindern. Der gegenteiligen Ansicht von[80], die Zustimmungsbedürftigkeit entfalle nicht, sie bestehe grundsätzlich auch nach der Scheidung fort, ist nicht zu folgen. Insbesondere ergibt sich nicht aus Sinn und Zweck des BGB § 1365, daß die Zustimmungsbedürftigkeit fortbestehe. Vielmehr besteht ein grundlegender Unterschied zu dem ohne Zustimmung abgeschlossenen und bei Beendigung des Güterstands schwebend unwirksamen Rechtsgeschäft. Für dieses hat[81] nach dem Gesetzeszweck angenommen, daß mit Scheidung die Zustimmungsbedürftigkeit nicht entfällt, weil der ausgleichsberechtigte Ehegatte nun für Durchsetzung seines Ausgleichsanspruchs sorgen muß und Voraussetzung hierfür ist, daß für ihn wenigstens die Möglichkeit besteht, nach Beendigung seines gesetzlichen Güterstandes seinen Ausgleichsanspruch durchzusetzen. Diese Möglichkeit wäre ihm genommen, wenn mit Rechtskraft der Scheidung die Zustimmungsbedürftigkeit entfiele, weil dann Entstehung des Ausgleichsanspruchs und

---

[73] BayObLG 1979, 8 = FamRZ 1979, 290 = MDR 1979, 494 = Rpfleger 1979, 135 und FamRZ 1985, 1040.
[74] OLG Stuttgart OLGZ 1982, 180 = NJW 1983, 634.
[75] BayObLG 1979, 8 = aaO (Fußn 73) und BayObLGZ 1968, 97 = FamRZ 1968, 315 = MDR 1968, 586 = NJW 1968, 1335.
[76] OLG Köln FamRZ 1972, 136 Leitsatz = MDR 1971, 1013 = NJW 1971, 2312; AG Karlsruhe BWNotZ 1963, 220.
[77] OLG Hamm FamRZ 1967, 752 = JMBlNW 1967, 231 = MittBayNot 1967, 371.
[78] BGH FamRZ 1972, 363 = LM BGB § 242 (Cd) Nr 154 = MDR 1973, 124; BayObLG 1979, 8 = FamRZ 1979, 290 = MDR 1979, 494 = Rpfleger 1979, 135 und FamRZ 1985, 1040; OLG Schleswig FamRZ 1973, 32 Leitsatz = SchlHA 1972, 184; OLG Stuttgart OLGZ 1982, 180 = NJW 1983, 634.
[79] OLG Celle FamRZ 1983, 591; Reinicke NJW 1973, 305 (I); LG Braunschweig Rpfleger 1985, 76.
[80] BayObLG Rpfleger 1980, 470 = aaO (Fußn 50); Steiner/Teufel § 180 Rdn 21; Schiffhauer ZIP 1982, 526 (IV 8).
[81] BGH FamRZ 1978, 396 = MDR 1978, 649 = NJW 1978, 1380 = Rpfleger 1978, 207.

Wirksamwerden der rechtsgeschäftlichen Vermögensverfügung nicht in einer zeitlichen Aufeinanderfolge stehen, sondern unmittelbar zusammenfallen würden. Das aber ist gerade bei Teilungsversteigerung infolge Veräußerung erst mit dem Zuschlag in dem fortzuführenden und durchweg noch längere Zeit andauernden Verfahren grundlegend anders. Für den ausgleichsberechtigten Ehegatten besteht infolge der Dauer dieses Verfahrens noch immer die Möglichkeit, nach Beendigung des gesetzlichen Güterstands den Ausgleichsanspruch durch Zugriff auf den Miteigentumsanteil am Grundstück und sodann am Versteigerungserlös durchzusetzen. So wenig wie BGB § 1365 Abs 1 gegen alsbaldige Neuverfügung nach Beendigung des Güterstandes schützt, kann die Bestimmung weiteren Schutz eines ausgleichsberechtigten Ehegatten in dem andauernden und fortzuführenden Versteigerungsverfahren gewähren. Schon auf den Verfahrensantrag findet BGB § 1365 Abs 1 nur deshalb entsprechende Anwendung, weil für den wirtschaftlich vergleichbaren und rechtlich ähnlichen Fall verhindert werden soll, daß ein Ehegatte auf dem Umweg über die Versteigerung sein ganzes Vermögen zustimmungsfrei veräußert (oben Abs e). Wenn ihm dies mit Beendigung des Güterstandes wieder möglich ist, ist daher auch eine entsprechende Anwendung des BGB § 1365 ausgeschlossen; der Verfahrensfortsetzung steht dann die frühere Zustimmungsbedürftigkeit des Antrags nicht mehr im Wege.

m) Wenn die Zwangsversteigerung ohne eine nach BGB § 1365 Abs 1 nötige Zustimmung des anderen Ehegatten angeordnet wurde, entfällt das Zustimmungserfordernis auch mit dem **Tod** des zustimmungsberechtigten Ehegatten, unabhängig davon, ob der Zugewinnausgleich nach der sogenannten erbrechtlichen oder der sogenannten güterrechtlichen Lösung durchzuführen ist (so auch bereits für schwebend unwirksames Gesamtvermögensgeschäft[82]).

n) Durch die Teilungsversteigerung könnte allerdings ein **Druck** hinsichtlich einer Ehescheidung **auf den anderen** Ehegatten ausgeübt werden, indem diesem die Wohnung oder die Grundlage seines Gewerbebetriebes entzogen wird. Hier ist unter Umständen schon die sofortige Versteigerung als „zur Unzeit" gefordert anzusehen und daher durch eine **Einstellung** nach § 180 Abs 2 abzuhelfen (zur Einstellung Rdn 12). So könnte auch der Antrag eines Ehegatten während bestehender Ehe seiner Verpflichtung zur ehelichen Lebensgemeinschaft (BGB § 1353 Abs 1) zuwiderlaufen (und so die Verweigerung der Zustimmung rechtfertigen). Aus **besonderen Gründen** kann auch nach der Scheidung eine Teilungsversteigerung unzulässig sein und einer der Ehegatten berechtigt sein, die Übereignung des Anteils des anderen zu verlangen[83] (weil etwa die während der Ehe erfolgte Zuwendung dieses Grundstücksanteils an den anderen Teil wegen Wegfalls der Grundlage für die Zuwendung den Versteigerungsantrag des anderen als unzulässige Rechtsausübung nach BGB § 242 erscheinen ließe[84]), es muß sich aber dabei um Ausnahmefälle handeln, wenn also die Versteigerung dem anderen schlechthin unzumutbar ist[85]. Dies zu beurteilen (sei es im Zustimmungsersetzungsverfahren, sei es auf eine Widerspruchsklage des anderen Teils hin), ist eine Tatfrage, etwa unter den Umständen, daß ein Teil alle Kosten des Hauses getragen habe, alle Arbeiten geleistet habe, vielleicht gar das Haus als Altersversorgung geschaffen habe[86] (hierzu auch[87]).

---

[82] BGH FamRZ 1982, 249 = MDR 1982, 470 = NJW 1982, 1099 = Rpfleger 1982, 144.
[83] BGH 68, 299 = FamRZ 1977, 458 = KTS 1977, 247 = MDR 1977, 823 = NJW 1977, 1234 = Rpfleger 1977, 245; BGH JR 1982, 235 mit Anm Kühne = NJW 1982, 1093.
[84] BGH 68, 299 = aaO (Fußn 83).
[85] BGH 68, 299 und NJW 1982, 1093 = je aaO (Fußn 83 und 82).
[86] BGH 68, 299 = aaO (Fußn 83).
[87] OLG München FamRZ 1989, 980 = NJW-RR 1989, 715; Riggers JurBüro 1977, 1669 (2).

Anzuwendende Vorschriften, Einstellung 3.14 **§ 180**

o) Sind Ehegatten, die im gesetzlichen Güterstand leben, im Grundbuch als **Gesellschafter** des bürgerlichen Rechts eingetragen, so steht BGB § 1365 nicht entgegen[88], weil sie hier nicht als Eheleute Miteigentümer sind[88]. Dem Widerstrebenden bleibt hier nur die Widerspruchsklage aus ZPO § 771[88]. Eine weitere Frage ist, ob ein Ehegatte im gesetzlichen Güterstand auf das zu seinem Vermögen gehörende **zugrunde liegende Rechtsverhältnis** (aus dem heraus er am Grundstück beteiligt ist) ohne Zustimmung des anderen Ehegatten einwirken kann, wenn dieses sein ganzes Vermögen ist; ob er also etwa eine Gesellschaft, der er mit einem Dritten oder dem anderen Ehegatten angehört, kündigen kann. Zu solchen Verfügungen braucht er natürlich nach der Regel von BGB § 1365 und unter deren Voraussetzungen die Zustimmung des anderen Ehegatten. Bei einer Bruchteils- oder Erbengemeinschaft ist diese Kündigung oder eine ähnliche Verfügung nicht nötig, hier kann jederzeit jeder Teil die Auseinandersetzung verlangen (BGB § 749 Abs 1, § 2042 Abs 1).

p) Hat ein Gläubiger den Auseinandersetzungsanspruch eines Ehegatten **pfänden** und sich überweisen lassen, so soll er ohne Zustimmung des anderen Ehegatten die Teilungsversteigerung betreiben können, auch wenn der gepfändete Ehegatte sie benötigen würde, weil für den Gläubiger der Schutzzweck nicht mehr zutrifft[89]. Der widersprechende Ehegatte soll hier nicht mit einer Widerspruchsklage verhindern können, daß der Gläubiger die Teilungsversteigerung betreibt, weil BGB § 1365 nicht einschlägig ist[90]. Dem kann nicht gefolgt werden (so auch[91]). Der Pfandgläubiger macht den ihm zur Einziehung überwiesenen Auseinandersetzungsanspruch des in Zugewinngemeinschaft lebenden Ehegatten geltend. Er unterliegt damit allen dem Pfandschuldner selbst gesetzten gesetzlichen Beschränkungen. Der güterrechtliche Schutz des anderen Ehegatten nach BGB § 1365 Abs 1 geht nicht dadurch verloren, daß an Stelle des in Zugewinngemeinschaft lebenden Ehegatten sein Antragsrecht durch einen seiner dazu ermächtigten Gläubiger verfolgt wird. Prüfung durch das Vollstreckungsgericht erfolgt aber auch in diesem Fall regelmäßig nicht[92] (wie vorst h). Als höchstpersönliches, unvererbliches Recht kann das Zustimmungsrecht selbst nicht gepfändet werden (ZPO § 851).

q) Im **Ehescheidungsverfahren** (früher nachher im Hausratsverfahren) kann die Ehewohnung einem der Ehegatten gegen Zahlung einer Nutzungsentschädigung an den anderen Teil **zugewiesen** werden. Hierdurch wird die Teilungsversteigerung aber nicht verhindert.

r) Veräußerung des Miteigentumsanteils durch einen Ehegatten während des Scheidungsverfahrens an den neuen Lebensgefährten zur Umgehung von BGB § 1365 (Erleichterung der Teilungsversteigerung) kann als sittenwidrig nichtig sein[93].

3.14 a) **Eltern** benötigen für den Antrag auf Teilungsversteigerung eines Grundstücks, an dem ein ihrer Vermögensverwaltung unterstehendes Kind beteiligt ist, **keine Genehmigung** des Vormundschaftsgerichts.

b) Für Kinder ist ein **Pfleger** nach BGB 1909 zu bestellen, wenn die Eltern an ihrer gesetzlichen Vertretung behindert sind. Sind Eltern und Kinder Miterben und wird der Erbanteil der Eltern gepfändet, so ist der **Pfändungsbeschluß** den Drittschuldnern zuzustellen; Drittschuldner sind die Kinder, gesetzlich vertreten durch

---

[88] OLG Hamburg MDR 1965, 748.
[89] OLG Düsseldorf MDR 1991, 251 = NJW 1991, 851 = Rpfleger 1991, 215; KG Berlin FamRZ 1992, 846 = MDR 1992, 679 = OLGZ 1992, 241 = Rpfleger 1992, 211; OLG Köln NJW-RR 1989, 325; LG Bielefeld Rpfleger 1989, 518; LG Braunschweig NJW 1969, 1675; AG Schwäbisch-Hall Rpfleger 1991, 520.
[90] OLG Hamburg MDR 1982, 330 Leitsatz; LG Braunschweig NJW 1969, 1675; Schiffhauer ZIP 1982, 526 (IV 14).
[91] Steiner/Teufel § 180 Rdn 22.
[92] LG Kassel JurBüro 1995, 498 = Rpfleger 1993, 473.
[93] OLG Schleswig FamRZ 1995, 735 und NJW-RR 1995, 900.

die Eltern; der Zustellungsempfang durch die Eltern ist nur eine tatsächliche Annahme, keine Willenserklärung, Eltern sind nicht behindert. Betreibt der Pfändungsgläubiger sodann die Teilungsversteigerung, so ist er Antragsteller, Antragsgegner sind die Kinder, gesetzlich vertreten durch die Eltern und diese selbst; im Verfahren keine Interessenkollision, die Eltern sind nicht behindert, erst zur Erlösverteilung ist ein Pfleger nötig.

c) Wenn sonst Eltern und Kinder Beteiligte sind und bei der Auseinandersetzung, ohne daß Ausgleichsansprüche bestehen, sich über die **Teilung des Erlöses** gemäß einer gesetzlichen Erbfolge einig sind, sind die Eltern nicht durch BGB § 181 gehindert, weil es sich um die Erfüllung einer gesetzlichen Verpflichtung handelt (BGB § 181 letzter Halbsatz). Auch ist die Erlösverteilung keine genehmigungsbedürftige Verfügung nach BGB § 1821 Abs 1 Nr 1, § 1643 Abs 1. Trotzdem kann hier, insbesondere wenn mehrere Kinder zu vertreten sind, eine Interessenkollision und damit ein Bedürfnis für eine Pflegschaft bestehen.

3.15 a) Der **Testamentsvollstrecker übt die Rechte des Erben aus** (BGB §§ 2203–2206). Bei einem zum Nachlaß gehörenden Grundstück entscheidet er, ob er frei verkaufen oder die Teilungsversteigerung betreiben will (ebenso bei anderen Objekten der Immobiliarvollstreckung), selbst wenn die Erben dem Freiverkauf widersprechen[94]. Er muß jedenfalls den höchstmöglichen Erlös erzielen[95]. Bei landwirtschaftlichen Grundstücken kann er dies in der Regel nur durch die Versteigerung, weil hier keine behördliche Genehmigung wie beim Freiverkauf nötig ist, wird daher diesen Weg vorziehen.

b) Die **Teilungsversteigerung** betreibt er als Antragsteller[96]; auch die Rücknahme des Verfahrensantrags ist seine Sache. Er ist Antragsteller, alle Erben sind Antragsgegner[97].

c) Ob der Testamentsvollstrecker nach **pflichtgemäßem Ermessen** tätig ist, berührt nicht den Verfahrensantrag und die Antragsrücknahme, kann nur Schadensersatzansprüche auslösen oder zu seiner Entlassung führen.

d) **Mehrere** Testamentsvollstrecker können den Teilungsversteigerungsantrag nur **gemeinsam** stellen[98].

e) Die **Erben können** hier das Teilungsversteigerungsverfahren **nicht betreiben**. Ihr Antrag ist abzulehnen, wenn das Hindernis aus dem Grundbuch (oder anderen Register) ersichtlich ist. Zwar ist der Antrag keine Verfügung, wie beim ehelichen Güterrecht und beim Erbbaurecht klargestellt (Rdn 3.13 und § 15 Rdn 13); doch stehen auch alle Verwaltungsrechte hier nur dem Testamentsvollstrecker zu. Der Erbe hat hier keine Verwaltungsrechte. Betreibt ein Erbe trotzdem (weil das Gericht von der Testamentsvollstreckung keine Kenntnis hatte), so kann der Testamentsvollstrecker Vollstreckungserinnerung aus ZPO § 766 gegen die Anordnung erheben, anschließend sofortige Beschwerde, aber auch Widerspruchsklage nach ZPO § 771.

f) Der Testamentsvollstrecker muß die ihm zustehenden **Aufgaben selbst erledigen**[99], mindestens soweit es sich um ausschließliche Aufgaben des Testamentsvollstreckers handelt. Jedoch kann er auch zustimmen, daß ein Miterbe die Teilungsversteigerung selbst betreibe[99], mithin auch eine fehlerhaft auf Antrag eines Miterben angeordnete Teilungsversteigerung genehmigen, auch in diesem Verfahren muß er aber Antragsteller sein, er kann nicht Antragsgegner sein.

---

[94] Schiffhauer ZIP 1982, 526 (IV 14); Klingenstein BWNotZ 1965, 25.
[95] Klingenstein BWNotZ 1965, 25.
[96] Haegele/Winkler, Testamentsvollstrecker, Fußnote 4 zu Rdn 512; Schneider Rpfleger 1976, 384.
[97] Schneider Rpfleger 1976, 384; Schiffhauer ZIP 1982, 526 (IV 4).
[98] Haegele/Winkler aaO (Fußn 96).
[99] LG Lübeck SchlHA 1970, 231.

Anzuwendende Vorschriften, Einstellung   5.3 **§ 180**

g) **Fall aus der Praxis:** Auf Antrag von Miterben wurde mit Zustimmung des Testamentsvollstreckers die Teilungsversteigerung angeordnet. Der Testamentsvollstrecker nahm dann trotz Protestes der Erben den Verfahrensantrag zurück. Das Verfahren mußte aufgehoben werden. Die Zustimmung des Testamentsvollstreckers war rechtlich ein Verfahrensantrag und diesen kann er zurücknehmen.

3.16 Einer Genehmigung bedürfen zum Antrag auf Teilungsversteigerung Vormund, Pfleger, Betreuer, Nachlaßpfleger und Nachlaßverwalter (§ 181 Abs 2 Satz 2).

Antragsinhalt 4

4.1 Der Antrag kann **schriftlich** oder zu Protokoll der Geschäftsstelle gestellt werden.

4.2 Der Antrag muß sich **gegen alle anderen** Miteigentümer oder die Erben eines Antragsgegners richten (zur Anteilsveräußerung siehe Rdn 6.5). Es müssen ihre **Anschriften** angegeben werden. Erben usw müssen angegeben werden. Wenn Erben eines Miteigentümers unbekannt sind, muß der Nachlaßpfleger angegeben werden; dessen Bestellung kann der Antragsteller für Geltendmachung seines Auseinandersetzungsanspruchs beantragen (BGB § 1961)[100].

4.3 Während sonst der Verfahrensantrag das Grundstück, den Eigentümer, den Anspruch und den Vollstreckungstitel bezeichnen soll (§ 16 Abs 1), kommt das hier nur zum Teil in Frage: Titel und vollstreckbaren Anspruch gibt es hier nicht; dafür ist das **Gemeinschaftsverhältnis** genau zu bezeichnen (Bruchteils-, Erbengemeinschaft, aufgelöste Gesellschaft, beendete Gütergemeinschaft usw). Die für den Verfahrensbeginn nötigen **Urkunden** (zB Erbschein) sind auch hier dem Antrag beizufügen (§ 16 Abs 2).

4.4 Der Antragsteller **muß nicht nachweisen,** daß die Aufhebung der Gemeinschaft oder die Versteigerung zulässig ist; er muß auch nicht durch Klage sein Recht feststellen lassen[101] (§ 181 Abs 1). Nur gesetzliche oder aus dem Grundbuch ersichtliche Gründe behindern ihn (Rdn 9). Der Antragsteller muß auch nicht nachweisen, daß Teilung in Natur ausgeschlossen ist[102]. Vollstreckungsgericht hat diese Fragen nicht zu prüfen[103].

4.5 Zu diesen Fragen im ZVG-Handbuch; Muster für einen Anordnungsantrag Rdn 693.

Antrag: Entscheidung; Anordungsbeschluß 5

5.1 Angeordnet wird die Zwangsversteigerung eines Grundstücks (anderen Objekts) zum Zwecke der Aufhebung einer Gemeinschaft vom Vollstreckungsgericht durch **Beschluß** (§ 15 mit § 180 Abs 1). Der Beschluß muß Antragsteller und Antragsgegner als Parteien des Zwangsversteigerungsverfahrens bezeichnen. Er muß die Zwangsversteigerung unter Bezeichnung des Grundstücks (sonstigen Objekts) als Gegenstand des Verfahrens (Gemarkung, Grundbuchstelle, Flurstücknummer, Wirtschaftsart und Lage, Größe) anordnen und mit Angabe des Gemeinschaftsverhältnisses den Auseinandersetzungsanspruch des Antragstellers kennzeichnen (§ 15 mit § 16 und § 180 Abs 1). Zum Inhalt des Anordnungsbeschlusses allgemein § 15 Rdn 4; Muster § 180 Rdn 10.

5.2 Im Anordnungsbeschluß kann der Kreis der Bieter noch nicht auf einen bestimmten Personenkreis beschränkt werden (Rdn 7.11).

5.3 Zum Anordnungsbeschluß Muster auch im ZVG-Handbuch Rdn 694.

---

[100] KG Berlin OLGZ 1981, 151.
[101] OLG Hamm JMBlNW 1963, 237 = Rpfleger 1964, 341 mit zust Anm Haegele.
[102] Drescher, Teilungsversteigerung (1908), § 2 (I).
[103] OLG Hamm aaO (Fußn 101).

§ 180 5.4 Aufhebung einer Gemeinschaft

5.4 a) Zugestellt werden muß der Anordnungsbeschluß an die Antragsgegner (die ja wie Vollstreckungsschuldner behandelt werden); an den/die Antragsteller (als betreibende Gläubiger zu behandeln) wird der Beschluß nur mitgeteilt, wenn ihrem Antrag voll stattgegeben ist. **Verzicht** auf Zustellung ist unzulässig (§ 3 Rdn 2, § 15 Rdn 47.1).

b) Als Einzelproblem aus der Praxis sei hier erwähnt: Wenn der Anordnungsbeschluß einen **im Ausland** wohnenden Miteigentümer nicht auf dem ordnungsgemäßen Weg zugestellt wurde (§ 3 Rdn 1.3, § 8 Rdn 2), sondern etwa durch Einschreibebrief gegen Rückschein, so handelt es sich hierbei um einen unheilbaren Zustellungsmangel und das Verfahren ist nicht wirksam angeordnet[104].

c) Zustellung des Anordnungsbeschlusses hat an den Berechtigten eines vermögensrechtlichen **Rückerstattungsanspruchs** nach Vermögensgesetz § 3 b Abs 2 und an einen Gebäudeeigentümer (Nutzer, EGZVG § 9 a Abs 3; dort Rdn 7) zu erfolgen.

5.5 Mitteilung des Anordnungsbeschlusses an weitere Personen und Stellen: § 15 Rdn 47.

5.6 Wenn der Antrag **Mängel** oder Lücken aufweist, also berichtigt oder ergänzt werden muß, ist auf sachdienliche Antragstellung mit **Aufklärungsverfügung** nach ZPO § 139 hinzuwirken. Gelegenheit zur Äußerung vor Entscheidung ist dem Antragsteller zu geben, wenn er einen rechtlichen Gesichtspunkt übersehen oder für unerheblich gehalten hat (ZPO § 287 Abs 3). Dazu § 15 Rdn 3.

5.7 Bei einem aus dem Grundbuch ersichtlichen Antragshindernis ist schon die Anordnung des Verfahrens abzulehnen. Zu Hinderungsgründen im übrigen Rdn 9.

5.8 Rechtliches Gehör: a) Es wurde vertreten, **vor der Anordnung** der Teilungsversteigerung müsse der Antragsgegner gehört werden, und zwar durch Mitteilung des Antrags, weil sonst das rechtliche Gehör aus GrundG Art 103 Abs 1 verletzt sei[105]. Das ist nicht zu billigen (so auch[106]). Es stellt keinen Verfahrensfehler dar, wenn der Antragsgegner vor Anordnung der Versteigerung nicht (durch Übersendung einer Abschrift des Antrags) gehört wird[107]. Gewährung rechtlichen Gehörs (GrundG Art 103 Abs 1) mit vorheriger Anhörung ist in den Regelfällen der (normalen) gerichtlichen Verfahren geboten und sinnvoll, damit der Betroffene Gelegenheit wahrnehmen kann, auf eine bevorstehende gerichtliche Entscheidung Einfluß zu nehmen[108]. Dem Antragsgegner eines Teilungsversteigerungsverfahrens bietet sich aber schon praktisch kaum einmal die Möglichkeit, auf den beantragten Verfahrensbeginn Einfluß zu nehmen, weil die Teilungsversteigerung Folge der Gemeinschaft mit gesetzlichem Auseinandersetzungsanspruch ist[109] und das Verfahren an die formale Grundbuchlage anknüpft (§ 17 Abs 1 mit § 180 Abs 1 und § 181 Abs 2). Gerichtliche Prüfung des Anordnungsantrags ist aber für den Miteigentümer, der als Antragsgegner an der erst anzuordnenden Zwangsversteigerung beteiligt sein wird, auch noch kein gerichtliches Verfahren mit Recht auf Gehör. Anspruch auf rechtliches Gehör hat nicht schon **vor** Verfahrensbeginn ein an dem späteren Verfahren Beteiligter, sondern derjenige, der nach der maßgeblichen Verfahrensordnung an einem gerichtlichen Verfahren als Partei (oder in ähnlicher Stellung) beteiligt ist[110]. Das jedoch ist der Antragsgegner der Teilungsversteigerung erst von der Verfahrensanordnung an. Die Teilungsversteigerung beginnt,

---

[104] LG Koblenz Rpfleger 1972, 183.
[105] Eickmann Rpfleger 1982, 449 (VI 4.3); Dassler/Schiffhauer § 181 Rdn 27; Steiner/Teufel § 180 Rdn 87; Kunz ZZP 94 (1981) 358 (IV; Buchbesprechung); Metzger NJW 1966, 2000 (2001); Schiffhauer ZIP 1982, 526 (IV 12).
[106] LG Frankenthal Rpfleger 1985, 250; Drischler JurBüro 1981, 1441 (I 6).
[107] OLG Hamm FamRZ 1979, 128 = JurBüro 1979, 1221 = OLGZ 1979, 81 = Rpfleger 1979, 20.
[108] BVerfG 57, 346 (359) = DGVZ 1981, 149 = NJW 1981, 2111.
[109] OLG Hamm aaO (Fußn 107).
[110] BVerfG 13, 132 (140) und 17, 356 (361) = NJW 1964, 1412.

wie jedes Immobiliarvollstreckungsverfahren, erst mit Erlaß der das Verfahren einleitenden Maßnahme (Einl Rdn 20); damit erst beginnt für den Antragsgegner das Verfahren vor Gericht mit Recht auf Gehör nach GrundG Art 103 Abs 1. Das rechtliche Gehör muß in diesem Verfahren gewährt werden. GrundG Art 103 Abs 1 verlangt rechtliches Gehör vor Gericht, nicht aber vor Beginn des gerichtlichen Verfahrens. Daher wird auch im Rechtsstreit rechtliches Gehör nicht vor (und für) Zustellung der Klage (ZPO § 253 Abs 1) gewährt, die Rechtshängigkeit begründet (ZPO § 261 Abs 1), sondern erst in dem damit eingeleiteten gerichtlichen Verfahren. Ebenso ist rechtliches Gehör nicht vor Zustellung des die Teilungsversteigerung anordnenden Beschlagnahmebeschlusses, sondern erst in dem mit diesem eingeleiteten Verfahren zu gewähren. Ebenso wie Erfordernis der Klagezustellung, die Rechtshängigkeit begründet, nur die Klageschrift mit vorgeschriebenem Inhalt ist (ZPO § 253 Abs 2), erfordert Einleitung des Versteigerungsverfahrens nur, daß die formalisierten Verfahrensvoraussetzungen (für Teilungsversteigerung §§ 15–17 mit § 180 Abs 1 und § 181) erfüllt sind. Materielle Einwendungen können im Anordnungsverfahren nicht berücksichtigt und mit Widerspruchsklage erst nach Verfahrensanordnung geltend gemacht werden (Rdn 3 und 9). Daß das beantragte Verfahren ohne Verzug eingeleitet wird, wenn alle für seinen Beginn erforderten Voraussetzungen erfüllt sind, kann der Antragsteller ebenso erwarten, wie eine Klage unverzügliche Zustellung der Klageschrift gebietet (ZPO § 271 Abs 1). Die Verfahrensanordnung stellt zudem für den Miteigentümer, der Antragsgegner wird, keine gerichtliche Entscheidung dar, vor der er rechtliches Gehör erhalten müßte. Anordnung der Teilungsversteigerung ist ebenso eine dem Vollstreckungsgericht zugewiesene Maßnahme rechtlichen Zwangs, die nach den Verfahrensgrundsätzen des Vollstreckungsrechts vorgenommen wird, wie Anordnung der Vollstreckungsversteigerung (einseitige) Vollstreckungsmaßregel ist. Durch Anordnung des Verfahrens geschieht damit nichts Endgültiges; der das Verfahren einleitende Beschluß hat insbesondere nicht Entscheidungscharakter. Er bringt nur zum Ausdruck, daß die formellen Verfahrensvoraussetzungen erfüllt sind und hat Beginn des beantragten Verfahrens zur Folge (Denkschrift S 38). Dem trägt das Verfahrensrecht unmittelbar mit der Regelung sinnvoll Rechnung, daß formelle Einwendungen gegen die Anordnung der Teilungsversteigerung (wie gegen Vollstreckungsmaßnahmen überhaupt) mit Erinnerung nach ZPO § 766 geltend zu machen sind. Diese sollen sonach nicht schon in das nur einseitige Anordnungsverfahrens einbezogen, sondern erst nach Verfahrensbeginn mit Rechtsbehelf gegen die Anordnungsmaßnahme geltend gemacht werden. Das Vollstreckungsgericht soll mithin Einwendungen gegen die Zulässigkeit seiner das Verfahren einleitenden Maßnahme selbst erst prüfen und damit nach Anhörung der Beteiligten über die Rechtmäßigkeit dieser Maßnahme entscheiden[111], wenn das nach Verfahrensanordnung mit Rechtsbehelf verlangt wird. Dem entspricht § 28, der den Besonderheiten des nur einseitigen Anordnungsverfahrens dem Grundsatz nach mit der Bestimmung Rechnung trägt, daß selbst grundbuchersichtliche entgegenstehende Rechte nicht zu ermitteln, sondern erst nach Verfahrensanordnung zu berücksichtigen sind. Anhörung des Miteigentümers sogleich noch vor Verfahrensanordnung würde zudem seine prozessuale Lage verschlechtern, weil er mit Einwendungen durch die kurze Rechtsmittelfrist für befristete Rechtspflegererinnerung/sofortige Beschwerde (Rdn 7.20) zeitlich eingeschränkt würde. Das aber kann nicht Zweck des rechtlichen Gehörs vor Verfahrensanordnung sein. Rechtliches Gehör müßte zudem zu jedem Beitrittsantrag eines Miteigentümers gewährt werden. Es würde sich auch in solchen Fällen überhaupt nicht als verfahrensdienlich und nicht als interessengerecht erweisen. Darüber hinaus verbietet Dringlichkeit der Beschlagnahmeanordnung Anhörung der Miteigentümer zu einem Beitrittsantrag, wenn bereits Versteigerungstermin anbe-

---

[111] Stöber, Forderungspfändung, Rdn 715.

raumt ist (Fristenwahrung; §§ 43, 44). Desgleichen verbietet Dringlichkeit der Beschlagnahme vorherige Anhörung der Miteigentümer, wenn ein im Grundbuch nicht eingetragener Pfandgläubiger die Teilungsversteigerung (oder Beitrittszulassung) beantragt hat (Risiko der Grundstücksveräußerung durch die Miteigentümer, die für den Pfandgläubiger zu Rechtsverlust mit gutgläubigem Erwerb führen kann).

b) Miteigentümer sind sonach vor Verfahrensanordnung zu dem Antrag auf Teilungsversteigerung nicht zu hören. Das schließt nicht aus, daß das Vollstreckungsgericht ihnen zur Sachaufklärung (ZPO § 139, soweit erforderlich) Gelegenheit gibt, sich schon vor Verfahrensbeginn zu den tatsächlichen Angaben des Antragstellers zu äußern und Rechtsausführungen vorzutragen. Das Gesetz verbietet Anhörung nicht. Anhörung der Miteigentümer darf jedoch nicht zu ungerechtfertigter Verzögerung der Entscheidung über den Anordnungsantrag führen.

6 Aufhebungsversteigerung: Allgemeine Verfahrensgrundsätze

6.1 Die Zwangsversteigerung erfolgt „zum Zwecke der Aufhebung einer Gemeinschaft". Sie ist noch nicht die Auseinandersetzung; sie erfolgt zur **Vorbereitung der Auseinandersetzung** (Rdn 2.3). Die Gemeinschaft setzt sich nach Versteigerung am Erlös fort (Rdn 17.5). Zweck des Verfahrens ist es, an die Stelle des (in Natur nicht teilbaren) Grundstücks (anderen Objekts) eine Geldsumme treten zu lassen (Rdn 2.3). Die Auseinandersetzung über den Erlös durch Verteilung ist nicht Sache des Vollstreckungsgerichts, sondern der Miteigentümer (dazu Rdn 17).

6.2 Art des Verfahrens: Die Teilungsversteigerung ist Zwangsvollstreckung zur **Durchsetzung** des (schuldrechtlichen) **Anspruchs** auf „Aufhebung der Gemeinschaft". Sie wird nach den Regeln der für Beitreibung einer Geldforderung bestimmten Zwangsversteigerung durchgeführt, deren Verfahrensvorschriften entsprechend anzuwenden sind. Dazu § 172 Rdn 1.3.

6.3 Bezeichnet wird das Verfahren aus § 180 allgemein als **„Teilungsversteigerung"**, obwohl an sich nichts geteilt, sondern die Teilung des Objekts in Anteile beseitigt werden soll. Zweckmäßig würde man es Aufhebungs- oder Auseinandersetzungsversteigerung nennen. Der Begriff der Teilungsversteigerung hat sich aber so durchgesetzt, daß er nicht mehr verdrängt werden kann.

6.4 Anordnung des Verfahrens (Zulassung des Beitritts): § 181 mit Anm.

6.5 Antragsteller ist der (sind die) Miteigentümer (sonstigen Antragsberechtigten), der das Verfahren anordnen läßt (oder ihm beigetreten ist), alle anderen Miteigentümer sind **Antragsgegner,** auch wenn sie das Verfahren nicht mißbilligen. Der Antragsteller übernimmt (für die entsprechende Anwendung der Vorschriften des ersten und zweiten Abschnitts des ZVG, Abs 1) in diesem Verfahren des § 180 die **Rolle des betreibenden Gläubigers**, der Antragsgegner die **Rolle des Vollstreckungsschuldners** aus jenem Verfahren[112], wenn auch mit Besonderheiten. Antragsgegner ist jeder Miteigentümer, der nicht Antragsteller ist[113], auch wenn er nichts gegen das Verfahren unternimmt. Betreibende „Gläubiger" sind die Antragsteller nicht; sie haben nur die Rolle des betreibenden Gläubigers[114]. Die Antragsgegner sind nicht „Schuldner"; sie haben nur die Rolle des Vollstreckungsschuldners[115]. Stellen alle Miteigentümer den

---

[112] BGH 51, 301 = DNotZ 1969, 503 = MDR 1969, 572 = NJW 1969, 929; BGH 79, 249 = JurBüro 1981, 1176 mit Anm Mümmler = KTS 1981, 428 = MDR 1981, 482 = NJW 1981, 2065 = Rpfleger 1981, 187; OLG Stuttgart OLGZ 1970, 361 = Rpfleger 1970, 102.
[113] BGH 51, 301 und 79, 249 = je aaO (Fußn 112).
[114] BGH 79, 249 = aaO (Fußn 112); OLG Celle NdsRpfl 1958, 90.
[115] BGH 79, 249 aaO (Fußn 112); BGH 64, 170 = JR 1975, 377 mit krit Anm Kaehler = JurBüro 1975, 899 = KTS 1975, 224 = MDR 1975, 566 = NJW 1975, 1126 = Rpfleger 1975, 220; OLG Hamm JMBlNW 1963, 237 = Rpfleger 1964, 341 mit zust Anm Haegele.

Anzuwendende Vorschriften, Einstellung   6.7   **§ 180**

Verfahrensantrag gemeinsam, so sind sie alle Antragsteller, Antragsgegner sind dann keine vorhanden. Betreiben zunächst nur einige von ihnen als Antragsteller und treten dann die anderen bei, so sind alle gleichzeitig Antragsteller und Antragsgegner[116]. Ein Miterbe, der seinen Erbanteil veräußert hat (BGB § 2033 Abs 1), ist aus der Erbengemeinschaft ausgeschieden; er ist daher nicht mehr Antragsgegner (und nicht mehr Erbteiligter nach § 9). Mit Erbteilsübertragung ist der Erwerber an Stelle des veräußernden Miterben in die Mitberechtigung am Nachlaß getreten; er ist somit Antragsgegner (und Beteiligter). Solange die Erbteilsübertragung nicht offengelegt ist (zB mit Grundbucheintragung, Anzeige an das Nachlaßgericht BGB § 2384) und die Miterben sowie das Vollstreckungsgericht sie nicht kennen, kann (auch im Hinblick auf BGB § 2365) jedoch nur der veräußernde Miterbe als Antragsgegner und Beteiligter angesehen werden.

6.6 a) Als **Beschlagnahme** des Grundstücks gilt der Beschluß, durch welchen die Zwangsversteigerung zum Zwecke der Aufhebung der Gemeinschaft angeordnet wird (§ 20 Abs 1 mit § 180 Abs 1), desgleichen zugunsten eines beitretenden Miteigentümers der Beschluß, mit dem der Beitritt zugelassen wird (§ 27 mit § 180 Abs 1). Die Beschlagnahme hat hier jedoch nicht dieselbe Wirkung wie bei der Vollstreckungsversteigerung[117]. Die Beschlagnahmewirkung ist zwar nicht ausdrücklich eingeschränkt (wie nach §§ 173, 176, die hier nicht gelten). Das Grundstück (und später die Forderung gegen den Ersteher) ergreift die Beschlagnahme aber nur, soweit das für Durchführung des Verfahrens erforderlich ist[118]. Beschlagnahme mit Anordnung der Zwangsversteigerung zum Zwecke der Aufhebung der Gemeinschaft gibt dem Antragsteller nicht, wie einem betreibenden Gläubiger, ein Recht auf abgesonderte Befriedigung; sie bewirkt auch keine Beschlagnahme nach BGB §§ 1121, 1122. Zur Verfügung über das Grundstück als ganzes und über beschlagnahmte mithaftende Gegenstände waren schon vor dem Teilungsversteigerungsverfahren nur alle Miteigentümer gemeinschaftlich berechtigt. Sie bleiben auch während der Teilungsversteigerung zur gemeinsamen Verfügung über das Grundstück und mitbeschlagnahmte Gegenstände sowie zur Veräußerung ihrer Miteigentumsanteile befugt[119]. Die Veräußerung des Miteigentumsanteils des Antragstellers oder eines Antragsgegners hat keinen Einfluß auf das Verfahren; der Erwerber tritt durch seine Anmeldung an die Stelle des Veräußerers und nimmt dann wie dieser am Verfahren teil.

b) Diese Grundsätze gelten auch, wenn ein **Pfändungsgläubiger** die Teilungsversteigerung betreibt, weil er nicht mehr Rechte haben kann als der Miteigentümer, dessen Anspruch er gepfändet hat. Betreibt der Gläubiger, der einen Miterbenanteil gepfändet hat, die Zwangsversteigerung zum Zwecke der Aufhebung der Erbengemeinschaft, dann kommt der Beschlagnahme jedoch insofern Bedeutung zu, als folgende Grundstücksbelastungen ihm gegenüber unwirksam bleiben und daher nicht in das geringste Gebot kommen (§ 182 Rdn 2).

c) Beschlagnahmewirkungen, die mit Aufhebung des Anordnungsbeschlusses (Beitrittsbeschlusses) **weggefallen** sind, können auch in der Teilungsversteigerung nicht rückwirkend wieder hergestellt (dazu § 15 Rdn 5.4), sondern nur durch neuerliche Verfahrensanordnung (Zulassung des Beitritts) wieder neu begründet werden[120].

6.7 Das **Grundbuchamt** ist auch bei Anordnung der Zwangsversteigerung zum Zwecke der Aufhebung einer Gemeinschaft **um Eintragung** der Anordnung in das Grundbuch zu **ersuchen** (§ 19 Abs 1 mit § 180 Abs 1). Es wird empfohlen, in

---

[116] BGH 79, 249 = aaO (Fußn 112).
[117] Schiffhauer ZIP 1982, 526 (VI 2); Drischler JurBüro 1981, 1441 (I 4).
[118] BGH 4, 84 = NJW 1952, 263 = Rpfleger 1952, 415; Schiffhauer Rpfleger 1985, 248 (Anmerkung).
[119] BGH 4, 84 = aaO (Fußn 118).
[120] LG Frankenthal Rpfleger 1983, 120.

§ 180 6.7 Aufhebung einer Gemeinschaft

dem Ersuchen und bei Grundbucheintragung mit einem Zusatz zu kennzeichnen, daß die Versteigerung erfolgt „... zum Zwecke der Aufhebung der Gemeinschaft". Damit wird hervorgehoben, daß es sich nicht um eine die Kreditwürdigkeit schmälernde Vollstreckungsversteigerung handelt.

6.8 Beteiligte der Teilungsversteigerung sind unter den in § 9 Nr 1 und 2 genannten Antragsteller und Antragsgegner, somit alle Teilhaber der Gemeinschaft[121] (zur Anteilsveräußerung siehe Rdn 6.5). Antragsteller ist, wer den Verfahrensantrag gestellt hat. Antragsgegner sind alle, die nicht den Verfahrensantrag gestellt haben, aber an der Gemeinschaft teilnehmen[122]. Betreibt ein Miterbe die Teilungsversteigerung eines erbengemeinschaftlichen Bruchteils (Rdn 3.7), dann sind auch die Miteigentümer der anderen Bruchteile Beteiligte (dazu § 9 Rdn 3.19). Betreibt ein Pfändungsgläubiger als Antragsteller, so ist auch er Beteiligter, ebenso aber auch der Miteigentümer, dessen Anteil gepfändet ist.

6.9 Eigentumswechsel: a) Wird nach Anordnung des Verfahrens an Stelle eines **Antragsgegners** ein **anderer** als **Miteigentümer** im Grundbuch eingetragen oder veräußert ein nicht eingetragener Antragsgegner (als Miterbe) seinen Erbanteil, so wird die Teilungsversteigerung fortgeführt. Von der neuen Eintragung an steht der neue Miteigentümer an der Stelle des bisherigen (bei Rechtsveränderung außerhalb des Grundbuchs ab dem Zeitpunkt des Vorgangs) und erhält alle Ladungen und sonstigen Zustellungen.

b) Wird an Stelle des **Antragstellers** ein **anderer** als **Miteigentümer** im Grundbuch eingetragen oder veräußert der nicht eingetragene Antragsteller (Miterbe) seinen Erbanteil oder tritt der Rechte des Antragstellers Ausübende (zB Pfändungsgläubiger) die ihm zustehenden Rechte ab (zB aus dem Vollstreckungstitel), so tritt von der Grundbucheintragung oder von der Wirksamkeit des Ereignisses an der neue Miteigentümer oder Miterbe an Stelle des bisherigen und übernimmt auch seine Verfahrensstellung als Antragsteller. Auch für ihn besteht ja der Auseinandersetzungsanspruch unverändert fort.

c) In beiden Fällen ist ein besonderer **Zulassungsbeschluß** nicht nötig, ebenso nicht eine Belehrung des neuen Beteiligten, es gibt auch keinen neuen Einstellungsantrag aus Abs 2.

d) **Meldet sich** bei Wechsel des Antragstellers der neue **nicht** bei Gericht, so wird man wie beim Gläubigerwechsel der Vollstreckungsversteigerung verfahren müssen (dazu § 15 Rdn 29). Man wird hier die Untätigkeit des bisherigen Antragstellers als Einstellungsbewilligung aus § 30 ansehen können.

e) Die bisher behandelten Regeln können nicht gelten, wenn der bisherige **Antragsteller** sein **Antragsrecht durch** einen **Zuschlag** (in einer gleichzeitig laufenden, aber terminlich vorausgehenden Vollstreckungsversteigerung) **verliert**. Hier ist der Ersteher dann nicht Rechtsnachfolger des bisherigen Antragstellers; hier muß das Teilungsversteigerungsverfahren nach § 28 aufgehoben werden. Der Ersteher kann dann, sobald er im Grundbuch als Eigentümer eingetragen ist, neuen Antrag aus § 180 stellen.

6.10 Rücknahme des Antrags: a) Das Teilungsversteigerungsverfahren wird nach § 29 für den zurücknehmenden Antragsteller nach Maßgabe seiner Rücknahme **aufgehoben.** Er kann seinen vollen Versteigerungsantrag zurücknehmen, also über das ganze etwa in Bruchteils- und Erbengemeinschaft stehende Grundstück, aber auch unter bestimmten Umständen den Antrag über einen Teil des Verfahrens.

b) **Beispiele:** a) ½ Alleineigentum A, ½ Erbengemeinschaft BC; Antragsteller A als Alleineigentümer zu ½ kann das gesamte Grundstück versteigern lassen (Aufhebung der Bruchteilsgemeinschaft); er kann auch seinen gesamten Verfahrensantrag

---

[121] OLG Hamm JMBlNW 1953, 175 = RpflJahrbuch 1959, 265 Leitsatz.
[122] LG Frankenthal Rpfleger 1983, 120.

Anzuwendende Vorschriften, Einstellung 7.3 **§ 180**

zurücknehmen, nicht aber wegen einer Grundstückhälfte, weil für ihn nur eine Gemeinschaft am ganzen Grundstück besteht. b) ½ Alleineigentum A, ½ Erbengemeinschaft BC; Antragsteller B als erbengemeinschaftlicher Miteigentümer an ½ kann das gesamte Grundstück (Aufhebung der Bruchteils- und Erbengemeinschaft) oder nur seine erbengemeinschaftliche Hälfte (Aufhebung der Erbengemeinschaft) versteigern lassen; er kann seinen Verfahrensantrag ganz zurücknehmen oder bezüglich der nicht erbengemeinschaftlichen Hälfte, so daß nur die erbengemeinschaftliche versteigert wird. c) ½ Alleineigentum A, ½ Erbengemeinschaft AB; Antragsteller A kann das ganze Grundstück (Aufhebung der Bruchteils- und Erbengemeinschaft) oder die erbengemeinschaftliche Hälfte (Aufhebung der Erbengemeinschaft) versteigern lassen; er kann seinen Verfahrensantrag ganz zurücknehmen oder bezüglich der nicht erbengemeinschaftlichen Hälfte, so daß nur die erbengemeinschaftliche versteigert wird. d) ½ Erbengemeinschaft AB; ½ Erbengemeinschaft AC; Antragsteller A kann eine der beiden erbengemeinschaftlichen Hälften (Aufhebung der Erbengemeinschaft) oder das ganze Grundstück (Aufhebung der Bruchteils- und Erbengemeinschaft) versteigern lassen; er kann seinen Verfahrensantrag ganz zurücknehmen oder bezüglich einer der beiden erbengemeinschaftlichen Hälften, so daß dann nur die andere versteigert wird. e) ½ Erbengemeinschaft AB, ½ Erbengemeinschaft AC; Antragsteller C wie A in Beispiel c zu behandeln.

c) Wenn ein Antragsteller durch Rücknahme seines Verfahrensantrags zum Antragsgegner wird, muß ihm nicht jetzt der Anordnungsbeschluß mit Einstellungsbelehrung **zugestellt** werden (er hat ja die Anordnung als Antragsteller mitbewirkt), erst ein etwaiger **Fortsetzungsbeschluß,** weil er dabei Antragsgegner ist. Es ist kein Beschluß nötig, daß der Antragsteller wegen Antragsrücknahme nun als Antragsgegner gelte.

d) Nimmt der Antragsteller im **Versteigerungstermin** den Antrag zurück und ist Antragsgegner nicht rechtzeitig (§ 43 Abs 2) beigetreten, so ist kein Zuschlag möglich (§ 180 Rdn 7.10 und 8.5).

Aufhebungsversteigerung: Anzuwendende Vorschriften 7

7.1 a) Die Vorschriften des ersten und zweiten Abschnitts des ZVG (§§ 1–145 a, 162–171 n) sind **entsprechend** anzuwenden, soweit sich nicht durch §§ 181–185 etwas anderes ergibt: § 180 Abs 1.

b) Weil bei Teilungsversteigerung keine Geldforderung vollstreckt wird (§ 172 Rdn 1.3), **scheiden** für die entsprechende Anwendung des ersten und zweiten Abschnitts des ZVG alle diejenigen Vorschriften **aus,** die eine zwangsweise Beitreibung einer Gläubigerforderung voraussetzen.

7.2 Bei den Einzelvorschriften ist in diesem Kommentar regelmäßig angegeben, ob eine Vorschrift der Vollstreckungsversteigerung auch auf die Versteigerungsverfahren des dritten Abschnitts des ZVG (§§ 172–185), anzuwenden ist. **Zusammenfassend** kann hier gesagt werden, daß in der Teilungsversteigerung anzuwenden sind: ZPO § 864; ZVG §§ 1–9; § 10 Abs 1 Nr 1–4, 7–8 und Abs 2; § 11 Abs 1; §§ 12–15; §§ 16, 17 nur mit Einschränkungen; §§ 18, 19; §§ 20–22 nur mit Einschränkungen; § 24 nicht; §§ 27– 30, 30 b, 31–43, 44 Abs 2, §§ 45–57 (dabei §§ 28, 37 mit Einschränkungen); nicht §§ 57 a, b, außer Kraft durch § 183; §§ 58–66; § 67 mit Besonderheit in § 184; § 68 Abs 1 und Abs 2; nicht § 68 Abs 3, ersetzt durch § 184; §§ 69–74 b, 77 Abs 1; § 77 Abs 2 ohne die Überleitungsmöglichkeit in die Zwangsverwaltung; §§ 78–113, 114 Abs 1 Satz 1 und Abs 2, §§ 115–126, 127 Abs 1 und Abs 3; §§ 128–145 a, 162–165, 167–170 a, 171 a–171 g. Einzelheiten finden sich bei den einzelnen Stichworten, an den verschiedenen Kommentarstellen und im Sachverzeichnis.

7.3 Altenteil a) Es bietet bei Aufhebung einer **Gesamthandsgemeinschaft** (Rdn 2) keine Besonderheiten. Es bleibt wie die anderen dinglichen Rechte immer im geringsten Gebot bestehen.

§ 180 7.3   Aufhebung einer Gemeinschaft

b) Bei Aufhebung einer **Bruchteilsgemeinschaft** ist auch darauf § 182 Abs 1 anzuwenden. Das Altenteil bleibt also, wenn es den Anteil des Antragstellers belastet, mitbelastet oder vorgehend belastet, normal bestehen, während es andernfalls erlischt und dabei mit Ausgleichsbeträgen nach Abs 2 bedacht wird[123] oder Wertersatz (§ 92) aus dem Erlösanteil des belasteten Bruchteils erhält.

c) EGZVG § 9 ist auch in der Teilungsversteigerung anzuwenden[124]. Diese Vorschrift hat für die Teilungsversteigerung keine Ausnahme vorgesehen. Wo das Landesrecht das **Bestehenbleiben des Altenteils** anordnet, bleibt auch in der Teilungsversteigerung das sonst erlöschende bestehen (EGZVG § 9 Abs 1); andererseits kann der Antragsteller des Verfahrens (als betreibender Gläubiger behandelt) beantragen, daß das Altenteil ausnahmsweise erlöschen soll, wenn durch sein Fortbestehen der Anspruch (also hier der Auseinandersetzungsanspruch) des Antragstellers vereitelt würde[124]. Dazu EGZVG § 9 Rdn 3.8.

7.4 Aussetzung des Verfahrens: Auch die Teilungsversteigerung kann nicht nach den allgemeinen Vorschriften der ZPO ausgesetzt oder unterbrochen werden, weil auch hier Sondervorschriften über Einstellung und Aufhebung des Verfahrens vorhanden sind (Einl Rdn 27). Nicht einmal beim Tode des Antragsgegners ist eine Aussetzung (aus ZPO § 246) zulässig; der Tod eines Beteiligten berührt den Fortgang des Verfahrens nicht, weil es nicht auf die Person, sondern auf das Grundstück ankommt. Das Gericht hat dann für notwendige Zustellungen durch Bestellung eines Zustellungsvertreters (§ 6) zu sorgen, falls nicht ein Bevollmächtigter vorhanden ist, dessen Vollmacht durch den Tod nicht endet.

7.5 Baugesetzbuch: Während eines Enteignungs-, Grenzregelungs-, Sanierungs- (hierzu[125]) oder Umlegungsverfahrens (BauGB §§ 45 ff) ist für die Teilungsversteigerung keine Genehmigung nötig (§ 15 Rdn 6).

7.6 Belehrungs- und Aufklärungspflicht des Gerichts: Diese Pflichten gelten für alle ZVG-Verfahren, auch für die Teilungsversteigerung. Anlaß zu den verschärften Forderungen war gerade ein Fall der Teilungsversteigerung, der zu der Entscheidung des BVerfG[126] führte (Einl Rdn 7 und 8). Die Entscheidung verlangt, daß bei Wahrung der Unparteilichkeit des Gerichts für ein faires Gerichtsverfahren zu sorgen ist, daß nicht ein Teil (im Fall die Antragstellerin) durch das Verfahren überfahren werden darf; sie fordert, daß Entscheidungen des Vollstreckungsgerichts nicht willkürlich sein dürfen. Das Willkürverbot ist hier objektiviert[127]. Um diesen Anforderungen gerecht zu werden, genügt es nicht, wenn in der den Beteiligten oft fremden juristischen „Fachsprache" die Versteigerungsbedingungen einfach verlesen werden[127]. Das Gericht muß seiner prozessualen Fürsorgepflicht auch hier genügen[127] und prüfen, ob die rechtlichen Gesichtspunkte von den Beteiligten erkannt worden sind[127]. Die Neutralität des Gerichts darf nicht so weit gehen, daß ein Beteiligter sich bei Unkenntnis wirtschaftlich ruiniert[127]. Den Beteiligten muß das angewendete Recht erklärt werden, damit sie wissen, welche rechtliche Bedeutung ihr Verhalten überhaupt hat[127]. Hierzu Einl Rdn 7.

7.7 Benutzungsregelung der bisherigen Miteigentümer, eingetragen in Abteilung II des Grundbuchs (BGB § 1010), steht in einem Rangverhältnis zu den Eintragungen in Abteilung III[128]. Wo sie bestehenbleibt, ist sie, falls auch nach der Versteigerung noch Miteigentum besteht (weil zB nur ein erbengemeinschaftlicher Bruchteil versteigert wurde), auch für die Ersteher bindend.

---

[123] Drischler KTS 1971, 145 (XIII).
[124] Haegele DNotZ 1976, 5 (IV 1).
[125] LG Berlin MDR 1989, 466 = NJW-RR 1989, 1151.
[126] BVerfG 42, 64 = FamRZ 1976, 436 mit richtigstellender Anm Schriftl = KTS 1976, 287 = MDR 1976, 820 = NJW 1976, 1391 = Rpfleger 1976, 389 mit zust, den Sachverhalt ergänzender Anm Stöber und verfassungsrechtl Anm Vollkommer.
[127] Schneider MDR 1977, 353.
[128] LG Zweibrücken Rpfleger 1965, 56 mit zust Anm Haegele.

Anzuwendende Vorschriften, Einstellung   7.11 § 180

7.8 Bundesversorgungsgesetz: Der nach dem BVersG § 75 im Grundbuch eingetragene Sperrvermerk (§ 15 Rdn 7) macht die Vollstreckungsversteigerung von einer behördlichen Genehmigung abhängig. Für die Teilungsversteigerung kann das nur gelten, wenn der Sperrvermerk auf dem ganzen Grundstück ruht. Liegt er nur auf einem Bruchteil, so kann er sich nicht gegen den anderen Bruchteilseigentümer richten, der nicht der Sperre unterliegt, und kann diesen nicht hindern, die Teilungsversteigerung zu betreiben (gilt auch für seine Pfändungsgläubiger), wie ja seine Gläubiger auch unbehindert in seinen (nicht von der Sperre betroffenen) Bruchteil vollstrecken können.

7.9 Erbbaurecht: Als grundstücksgleiches Recht kann es Gegenstand der Teilungsversteigerung sein (Rdn 2.2). Der Grundstückseigentümer ist Verfahrensbeteiligter (ErbbauVO § 24). Die Zustimmung des Grundstückseigentümers nach ErbbauVO § 5 ist erst zum Zuschlag nötig. Der Ersteher erwirbt das Erbbaurecht mit seinem gesetzlichen oder gesetzlich zulässigen vertraglichen Inhalt. Dazu § 15 Rdn 13.

7.10 Fristen: Die Fristen aus der Vollstreckungsversteigerung sind auch hier einzuhalten, insbesondere die Fristen des § 43 (§ 180 Abs 1), um Überraschungen des Antragsgegners auszuschließen. Dazu auch Rdn 6.10 zu d und Rdn 8.5.

7.11 Gebote

a) Jeder **Miteigentümer** kann bieten. Über Sicherheitsleistung § 184.

b) Bleibt der Versteigerungstermin **ergebnislos,** so wird das Verfahren der Antragsteller, für die der Termin durchgeführt wurde (§ 44 Abs 2), eingestellt: § 77 Abs 1. Bleibt auch ein zweiter Versteigerungstermin ergebnislos, so wird das Verfahren diesen Antragstellern gegenüber aufgehoben: § 77 Abs 2 Satz 1. Eine Überleitung in die Zwangsverwaltung gibt es hier nicht. Wurde das Verfahren aufgehoben, so kann jeder Miteigentümer neu beantragen, hat im Erfolg eintritt (BGB § 753 Abs 2), muß allerdings die Kosten eines erfolglosen Wiederholungsversuchs tragen (BGB § 753 Abs 2). Bedeutsam ist das nur im Innenverhältnis gegenüber den Miteigentümern, weil im Verhältnis zum Gericht immer der Antragsteller die Kosten zu tragen hat.

c) Bei Teilungsversteigerung zur Aufhebung einer **Bruchteils**gemeinschaft an **einem** Grundstück kann nur dieses als Gegenstand des Verfahrens ausgeboten werden. Versteigert zum Zwecke der Aufhebung der Gemeinschaft wird das Grundstück als gemeinschaftlicher Gegenstand (BGB § 753 Abs 1). Es wird die Gemeinschaft nicht am Bruchteil, sondern am ganzen Grundstück aufgehoben; es handelt sich also nicht um mehrere verbundene Verfahren, wie bei Vollstreckungsversteigerung von Bruchteils-Grundstücken, sondern um ein Verfahren. Ein Einzelausgebot der Miteigentumsbruchteile kommt daher nicht in Betracht (so auch[129]). Bei Teilungsversteigerung zur Aufhebung einer Gesamthandsgemeinschaft an mehreren Grundstücken gibt es für jedes Grundstück Einzelausgebot, auf Antrag auch Gruppen- und Gesamtausgebot.

d) Wenn die **Veräußerung an einen Dritten** unstatthaft ist, ist das Grundstück (andere Objekt) nur unter den Teilhabern der Gemeinschaft zu versteigern (BGB § 753 Abs 1 Satz 2). Die Unzulässigkeit der Veräußerung an einen Dritten kann auf einer Vereinbarung der Gemeinschafter beruhen (BGB § 749 Abs 2, § 751 und § 2042 Abs 2), für die Erbengemeinschaft auch auf einer letztwilligen Anordnung der Erblassers (BGB § 2044). Es kann in dieser Weise auch statt der (vollen) Unzulässigkeit der Veräußerung an Dritte nur der Kreis der Bieter auf bestimmte Personen (zB Familienangehörige) beschränkt werden. Diese Beschränkung des Bieterkreises auf die Teilhaber der Gemeinschaft oder auch auf einen sonst bestimmten

---

[129] Dassler/Schiffhauer § 180 Rdn 84; Steiner/Storz/Teufel § 63 Rdn 7 und § 180 Rdn 162; Schiffhauer ZIP 1982, 526 und 660 (XIV 4.2); Drischler JurBüro 1981, 1441 und 1765 (III 20).

§ 180 7.11 Aufhebung einer Gemeinschaft

Personenkreis (somit Ausschluß Dritter vom Bieten) ist gesetzliche Versteigerungsbedingung nach BGB § 753 Abs 1 Satz 2; diese ist im Versteigerungstermin festzustellen[130] (§ 66 Abs 1). Es handelt sich um keine Abweichung, die nach § 59 verlangt werden müßte und bestimmt werden könnte (§ 59 Rdn 5.2). Zu berücksichtigen bei Feststellung der Versteigerungsbedingungen ist die Beschränkung des Kreises der Erwerbsinteressenten von Amts wegen, wenn sie sich aus dem Grundbuch ergibt oder wenn alle Miteigentümer Einvernehmen über die Unzulässigkeit der Veräußerung an einen Dritten (oder an Dritte außerhalb eines bestimmten Personenkreises) erklären (hat jedenfalls die Wirkung einer Vereinbarung der Gemeinschafter), sonst auf prozeßrechtliche Entscheidung über eine Widerspruchsklage (Rdn 9). Gebote von Dritten sind dann unwirksam und zurückzuweisen (§ 71 Abs 1). Lehnt es das Gericht ab, Dritte auszuschließen, so können die Miterben den Zuschlag anfechten. Abweichend nach § 59 kann der Kreis der Bieter nicht beschränkt werden (§ 59 Rdn 5.2).

e) **Fall** aus der Praxis: Eheleute sind Bruchteilseigentümer, Frau betreibt die Teilungsversteigerung, Anteil des Mannes ist stark belastet, daher Ausgleich auf dem Anteil der Frau nötig (§ 182 Abs 2). Das Recht eines Dritten auf den Bruchteil des Mannes erlischt durch die Versteigerung; dieser will nun selbst bieten, um sein Recht zu retten, soll aber durch Änderungsantrag aus § 59 (Beschränkung des Bieterkreises) gehindert werden. Das ist unzulässig; zur Änderung nach § 59 wäre zudem die Zustimmung des Dritten (als Gläubiger des Grundstücksrechts) nötig (§ 59 Abs 1 Satz 2). Einvernehmen der Miteigentümer über den Ausschluß des Dritten erst nach Anteilsbelastung in der Versteigerung kann nicht als zulässig erachtet werden.

7.12 Gerichtliche Verwaltung für Rechnung des Erstehers nach § 94 ist auch bei Teilungsversteigerung möglich (§ 94 Rdn 1.2).

7.13 Gerichtsferien Einl Rdn 33.

7.14 Kosten

a) Sie sind bei der Teilungsversteigerung für Gericht und Rechtsanwalt **wie** in der **Vollstreckungsversteigerung** (Einl Rdn 76–85 und 89). Zur Prozeßkostenhilfe Einl Rdn 45.

b) Im Teilungsversteigerungsverfahren werden die Anordnungs- und Beitrittsgebühren unter den Miteigentümern **nicht ausgeglichen**[131], sie sind anteilmäßig nach BGB § 753 Abs 2, § 756[132] außerhalb des Verfahrens zu erstatten[133], außer wenn sich die Beteiligten darüber einigen. Die eigentlichen Verfahrenskosten (§ 109 Rdn 2) werden wie sonst aus dem Versteigerungserlös vorweg entnommen (§ 109 Abs 1).

c) Bei **Rücknahme des Antrags** können Kosten dem Antragsteller nicht nach ZPO § 269 Abs 3 auferlegt werden[134], weil es sich dabei nicht um Prozeßkosten handelt. Kostenausgleich bzw Kostenerstattung erfolgen hier außerhalb des Verfahrens. Das muß auch für die Kosten sonstiger Beteiligter bei Antragsrücknahme gelten, soweit sie überhaupt zu erstatten sind[135].

d) Ein bisheriger Miteigentümer als Ersteher hat für die **Grundbucheintragung** als Eigentümer keine Gebührenbefreiung wie sonst die Erben sie nach KostO § 60 Abs 4 haben[136].

---

[130] RG 52, 174; Steiner/Teufel § 180 Rdn 51 und 59; Drischler JurBüro 1963, 241.
[131] Schneider JurBüro 1966, 730 (2).
[132] LG Düsseldorf JurBüro 1981, 1415 mit zust Anm Mümmler; Drischler RpflJahrbuch 1966, 325 (C f 3).
[133] Schalhorn JurBüro 1970, 137; Schneider JurBüro 1966, 730 (2).
[134] LG Düsseldorf aaO (Fußn 132).
[135] Dassler/Schiffhauer § 180 Rdn 74.
[136] Schalhorn JurBüro 1970, 137.

Anzuwendende Vorschriften, Einstellung 7.17 **§ 180**

7.15 Mehrere Grundstücke: Sie können in einem Verfahren versteigert werden (Verbindung nach § 18), wenn die Eigentümer dieselben sind und wenn für jedes Grundstück alle Voraussetzungen erfüllt sind[137]; dabei ist ohne Bedeutung, ob die Anteile gleich groß sind[137] oder ob dieselbe Gemeinschaftsform vorliegt[137] (es kann also ein Grundstück in Bruchteilsgemeinschaft stehen, ein anderes in Erbengemeinschaft, wenn nur die Miteigentümer dieselben sind). Mehrere Grundstücke, die in demselben Verfahren zu versteigern sind, sind einzeln auszubieten (§ 63 Abs 1). Gesamt- und Gruppenausgebot: Rdn 7.11.

7.16 Nacherbschaft

a) Der im Grundbuch eingetragene Nacherbenvermerk ist **kein Hindernis** für die Teilungsversteigerung, weil auch der Nacherbe diese gegen sich ergehen lassen muß und die für oder gegen den Vorerben betriebene gegen sich gelten lassen muß; die Teilungsversteigerung ist keine durch BGB §§ 2113, 2115 verbotene Verfügung[138].

b) BGB § 2115 Satz 1 trifft nicht die Teilungsversteigerung[139], weil es sich bei ihr **nicht** um eine Zwangsvollstreckung wegen einer Geldforderung handelt. Diese Vorschrift schützt den Nacherben nur davor, daß Schulden des Vorerben, die den Nacherben nicht treffen, aus dem Nachlaß beglichen werden (daher keine Teilungsversteigerung durch Gläubiger des Vorerben zulässig[140]), aber sie schützt ihn nicht gegen Verpflichtungen, die dem Nachlaß als solchem eigentümlich sind und in der Stellung eines Miterben begründet sind[141], also auch nicht gegen den Auseinandersetzungsanspruch[141].

c) Der Nacherbenvermerk ist eine Verfügungsbeschränkung des Vorerben, fällt nicht ins geringste Gebot und ist auf Grund des **Zuschlags zu löschen**[142]. Dazu § 44 Rdn 5.

d) Der dem Vorerben verbleibende **Erlösüberschuß** (Rdn 17.5) fällt als Surrogat (BGB § 2111 Abs 1) in den Nachlaß[143] (auch § 128 Rdn 4).

e) In den Nachlaß fällt auch eine **Eigentümergrundschuld,** die durch Tilgung einer hypothekengesicherten Gläubigerforderung durch den Vorerben aus Mitteln der Erbschaft entstanden ist[144]. Eine Eigentümergrundschuld, die dadurch entstanden ist, daß der Vorerbe mit freien Mitteln ein schon beim Erbfall bestehendes Fremdgrundpfandrecht getilgt hat, fällt in sein freies, nicht der Nacherbfolge unterliegendes Vermögen[144].

7.17 Nießbrauch

a) Besteht der Nießbrauch **am ganzen Grundstück,** das einer Bruchteils- oder Gesamthandsgemeinschaft gehört, dann wird er durch eine Teilungsversteigerung des Objekts nicht berührt, sondern bleibt gemäß § 182 bestehen. Die Teilungsversteigerung kann daher ohne Mitwirkung des Nießbrauchers beantragt werden[145] (anders anscheinend[146]). Der Nießbraucher ist als Grundbuchberechtigter Verfahrensbeteiligter.

---

[137] Drescher, Teilungsversteigerung (1908), § 2 (II 4).
[138] BayObLG 1965, 212 = MDR 1965, 749 = NJW 1965, 1966; OLG Celle MDR 1968, 249 = NJW 1968, 801: OLG Hamm JurBüro 1968, 1021 = MDR 1969, 56 = NJW 1969, 516 = OLGZ 1969, 63 = Rpfleger 1968, 403.
[139] BayObLG 1965, 212 = aaO (Fußn 138).
[140] OLG Celle MDR 1968, 249 = NJW 1968, 801.
[141] BayObLG 1965, 212 = aaO (Fußn 138).
[142] OLG Hamm NJW 1969, 516 = aaO (Fußn 138).
[143] BGH 40, 115 = NJW 1963, 2320.
[144] BGH DNotZ 1995, 699 = FamRZ 1993, 1311 = KTS 1994, 147 = MDR 1993, 985 = NJW 1993, 3198.
[145] Steiner/Teufel § 180 Rdn 112.
[146] Haegele DNotZ 1976, 5 (II 1).

§ 180   7.17

b) Besteht der Nießbrauch dagegen **am Miteigentumsbruchteil** eines Miteigentümers, so kann dieser Bruchteilsmiteigentümer nur mit dem Nießbraucher gemeinsam und umgekehrt der Nießbraucher nur mit dem Bruchteilsmiteigentümer gemeinsam die Teilungsversteigerung des ganzen Objekts betreiben, weil durch den Zuschlag in der Teilungsversteigerung der Bruchteil und damit auch der Nießbrauch daran untergeht (BGB § 1066 Abs 2[147]) (anders[148]). Für die anderen Miteigentümer (deren Anteile nicht vom Nießbrauch belastet sind) ist die Teilungsversteigerung hierdurch nicht beschränkt[149]; dabei sind der Nießbraucher und der betroffene Bruchteilsmiteigentümer zusammen Antragsgegner und Beteiligte (anders[150]).

c) Wo der Nießbrauch an einem Bruchteil (weil dieser durch die Teilungsversteigerung nicht mehr besteht) nicht bestehenbleibt, **überträgt er sich auf den Erlösanteil**[151]. Hierzu auch § 182 Rdn 2.

d) Wo Nießbraucher und Miteigentümer zusammenwirken müssen (sei es als Antragsteller, sei es als Antragsgegner), können sie **Anträge und Erklärungen nur gemeinsam** abgeben; jedoch kann jeder unabhängig vom anderen Sicherheit nach § 67 verlangen oder eine den anderen Teil nicht berührende Abänderung der Versteigerungsbedingungen nach § 59[152].

7.18   Rangfolge: Sie ist hier wie in der Vollstreckungsversteigerung nach § 10 bestimmt. Jedoch entfallen hier die Rangklasse 5 (es gibt ja keine betreibenden Ansprüche) und 6 (dingliche Rechte können nicht durch Beschlagnahme gegenüber dem Antragsteller, der ja keinen „Anspruch" hat, unwirksam werden). Hierzu § 182 Rdn 2.

7.19   Räumungsvollstreckung aus § 93: Sie ist auch für den Ersteher der Teilungsversteigerung möglich, allerdings dann nicht, wenn er nur einen Bruchteilsanteil ersteigert hat[153].

7.20   Rechtsbehelfe

a) Sie gelten **wie** in der **Vollstreckungsversteigerung** (siehe § 15 Rdn 5). Der Antragsgegner hat gegen den Anordnungs- und Beitrittsbeschluß, wenn er vorher (wie regelmäßig) **nicht gehört** wurde, die Vollstreckungserinnerung nach ZPO § 766. Die Entscheidung über diese Erinnerung ist mit sofortiger Beschwerde nach ZPO § 793 anfechtbar (dazu § 95 Rdn 2 und 5). Wenn Anordnungs- oder Beitrittsbeschluß **nach vorheriger Anhörung** des (der) Antragsgegner ergehen, ist der Beschluß Entscheidung (§ 95 Rdn 2.1). Anfechtung durch einen Miteigentümer hat dann mit befristeter Rechtspflegererinnerung/sofortiger Beschwerde zu erfolgen (nicht mit unbefristeter Erinnerung nach ZPO § 766). Erinnerung/Beschwerde findet statt, wenn geltend gemacht wird, daß eine Verfahrensvoraussetzung für Anordnung der Zwangsversteigerung oder Zulassung des Beitritts nicht bestehe, auch etwa, daß Ausschluß der Auseinandersetzung im Grundbuch eingetragen ist[154] oder ein sonstiges aus dem Grundbuch ersichtliches Hindernis vorliegt[155]. Die **Zwischenverfügung** (zur Behebung von Hindernissen durch den Antragsteller) ist mit befristeter Rechtspflegererinnerung/sofortiger Beschwerde anfechtbar (§ 95 Rdn 5.1). Gegen die **Ablehnung** des Versteigerungsantrags hat

---

[147] Dassler/Schiffhauer § 181 Rdn 25; Jaeckel/Güthe § 181 Rdn 9; Korintenberg/Wenz § 181 Anm 4 g; Reinhard/Müller § 181 Anm VIII; Schiffhauer ZIP 1982, 526 und 660 (IV 7).
[148] Steiner/Teufel § 180 Rdn 112.
[149] Haegele DNotZ 1976, 5 (II 1).
[150] Steiner/Teufel § 180 Rdn 112.
[151] Haegele DNotZ 1976, 5 (II 1).
[152] Jaeckel/Güthe § 181 Rdn 9.
[153] LG München II NJW 1955, 189.
[154] LG Darmstadt MDR 1958, 928.
[155] LG Tübingen NJW 1958, 1303 mit krit Anm Riedel.

der Antragsteller die befristete Rechtspflegererinnerung/sofortige Beschwerde (§ 95 Rdn 5.1), keine Vollstreckungserinnerung. Sofortige (weitere) Beschwerde (nicht einfache Beschwerde) gegen die Entscheidung des Landgerichts ist nur bei neuem, selbständigem Beschwerdegrund gegeben (ZPO § 568 Abs 2). Die mit Aufhebung eines Anordnungs- oder Beitrittsbeschlusses weggefallene Beschlagnahme kann in der Beschwerdeinstanz nicht rückwirkend wieder hergestellt werden; es kann nur das Verfahren neu angeordnet oder der Beitritt wieder zugelassen werden. Mit der Beschwerde ist diese neue Beschlagnahme (nicht Aufhebung des angefochtenen Beschlusses) zu begehren (siehe § 15 Rdn 5.4). Eine (weitere) Beschwerde mit dem ausschließlichen Ziel, den Beschlagnahmebeschluß wieder herzustellen, weil seine Voraussetzungen nur zum Zeitpunkt des Erlasses vorgelegen, jetzt aber nicht mehr gegeben sind, ist unzulässig (§ 15 Rdn 5.4).

b) Befristete Rechtspflegererinnerung/sofortige Beschwerde gegen, die Entscheidung über einen **Einstellungsantrag**: § 30 b Abs 3 mit § 180 Abs 2 Satz 3 und Abs 3 Satz 3.

c) Materielle Einwendungen gegen die Teilungsversteigerung (damit gegen den Auseinandersetzungsanspruch) sind mit Widerspruchsklage nach ZPO § 771 geltend zu machen (§ 180 Rdn 9; anders[156]: auch Erinnerung zulässig).

7.21 (Vormalige) Reichsheimstätte

a) Die Teilungsversteigerung auf Antrag eines Miteigentümers ist uneingeschränkt zulässig; RHeimstG § 20 (Übergangsregelung bis 31. 12. 1998 siehe § 15 Rdn 31.3) steht nicht entgegen, weil keine Vollstreckung erfolgt[157]. Die Teilungsversteigerung ist aber hier auf **Antrag eines Gläubigers,** der den Auseinandersetzungsanspruch gepfändet hat, nicht möglich[158].

b) Für die **Erbfolge** war bei der Reichsheimstätte eine Sonderregelung getroffen (RHeimstG-AusfVO § 25), nämlich eine besondere Heimstättenerbfolge (Verordnung § 26). Diese Sonderregelung ist auf Erbfälle aus der Zeit vor dem 1. 10. 1993 weiter anzuwenden (Gesetz vom 17. 6. 1993, BGBl I 912, Art 6 § 4). Grundsätzlich soll demnach einer der Miterben Alleineigentümer werden (Heimstättenfolge nach Verordnung § 26). Das Nachlaßgericht muß (Verordnung § 40) von Amts wegen alles tun, um eine der gesetzlichen Möglichkeiten herbeizuführen (§ 40 sagt nicht, daß es von Amts wegen die Auseinandersetzung zu bewirken habe, sondern nur, daß es von Amts wegen alles zu tun habe, eine der gesetzlichen Möglichkeiten herbeizuführen[159]): es hat zu prüfen, ob der Erblasser einen Heimstättenfolger bestimmt hat (Verordnung § 26 Nr 1) oder ob eine Einigung der Erben möglich ist (Verordnung § 26 Nr 2); es hat ein Verfahren nach § 26 Nr 3 binnen einer Frist auf Antrag durchzuführen, kann dies auch selbst anregen. Erst wenn alle drei Wege versagen, erfolgt die Auseinandersetzung der Miterben durch Veräußerung der Heimstätte (Verordnung § 35 Abs 1). Diese überwacht das Nachlaßgericht, kann auch Anregungen dazu geben, hat aber keine Zwangsmittel dabei. Die Veräußerung ist wieder auf zwei Arten möglich, durch freihändigen Verkauf oder durch Teilungsversteigerung[160]. Die Teilungsversteigerung ist also nicht verboten, jedoch erst zulässig, wenn feststeht, daß eine Heim-

---

[156] Jaeckel/Güthe § 181 Rdn 4.
[157] OLG Celle NdsRpfl 1958, 90; LG Bremen NJW 1955, 1642; LG Darmstadt NJW 1955, 1558 mit abl Anm Bartholomeyczik; LG Frankenthal MDR 1954, 749 (Leitsatz berichtigt MDR 1955, 51) = NJW 1955, 190; LG Köln DNotZ 1956, 487 = JMBlNW 1956, 176 = ZZP 1956, 456; LG Lübeck SchlHA 1965, 66; Dassler/Schiffhauer § 181 Rdn 18.
[158] OLG Köln NJW 1957, 834 = Rpfleger 1957, 253 mit zust Anm Bruhn; LG Aachen Rpfleger 1967, 219 mit zust Anm Hannig; Dassler/Schiffhauer § 181 Rdn 18; Drischler RpflJahrbuch 1961, 292 (C III); Richert JurBüro 1970, 1029 (7–8); Riggers JurBüro 1971, 665 (668) (4 a).
[159] Wormit/Ehrenforth, Reichsheimstättengesetz, § 11 Anm 3 a–b.
[160] Wormit/Ehrenforth, Reichsheimstättengesetz, § 12 Anm 3 d und § 24 Anm 4 b.

stättenfolge nach Verordnung § 26 nicht stattfindet und daher Veräußerung nach Verordnung § 35 erfolgen kann.

c) Für Erbfälle ab 1. 10. 1993 sind mit Aufhebung des RHeimstG (§ 15 Rdn 31) diese besonderen erbrechtlichen Vorschriften entfallen.

d) Vorkaufsrecht und Heimfallanspruch des Heimstättenausgebers gibt es auch in der Teilungsversteigerung (ab 1. 10. 1993) nicht mehr (§ 15 Rdn 31.2). Daher müssen nun auch Anordnung der Versteigerung und Meistgebot dem **Heimstättenausgeber nicht mehr zugestellt** werden.

7.22 Schuldübernahme
Sie tritt auch in der Teilungsversteigerung nach § 53 ein[161]. Diese Vorschrift setzt keine zwangsweise Beitreibung einer Forderung durch einen Gläubiger voraus; Sinn der §§ 53, 54 ist es vielmehr, eine ähnliche Regelung wie in BGB §§ 414 ff für den Grundstückskauf zutreffen, weil sonst das persönliche Schuldverhältnis durch die Zwangsversteigerung nicht berührt würde. Die Vorschrift gilt daher für alle Versteigerungsverfahren des ZVG. Der Schuldner des dinglichen Rechts soll aus Billigkeitsgründen gegen den Fortbestand der persönlichen Verpflichtung geschützt werden. Auch in der Teilungsversteigerung werden bestehenbleibende Rechte vom Ersteher übernommen; folgerichtig regelt die persönliche Schuldverpflichtung auch hier § 53.

7.23 Sicherungsmaßregeln nach § 25: Solche, insbesondere die Bestellung eines Sequesters, sind auch hier möglich, und zwar auf Antrag des Antragstellers, wenn der Antragsgegner durch sein Verhalten die ordnungsgemäße Bewirtschaftung (und damit den Bestand des Grundstücks) gefährdet. Zwangsverwaltung gibt es ja hier nicht. Es muß allerdings für die Maßnahme ein schutzwürdiges Interesse bestehen. Dieses fehlt, wenn der Antragsteller als Miteigentümer selbst die Maßnahmen treffen kann, die zur Abwendung der Gefährdung nötig sind. Zulässig sind nur echte Sicherungsmaßnahmen, wie Verhindern von Gebäudeschäden, Sorge für die Versicherung; nicht dagegen zulässig sind auf diesem Wege Nutzungsmaßnahmen, wie Vermieten oder Kassieren des Mietzinses, weil dies allein den Miteigentümern obliegt und der Mietzins nicht der Versteigerungsbeschlagnahme unterliegt (hier bei fehlender Einigung Prozeßentscheidung nötig).

7.24 Stockwerkseigentum
a) Dies gibt es noch (Einl Rdn 12.12).

b) In **Bayern** gilt es seit 1900 als Miteigentum an dem Grundstück in der Weise, daß jeder Miteigentümer die ausschließliche Nutzung seiner Gebäudeteile hat und diese zu unterhalten hat, wobei der Anspruch auf Aufhebung der Gemeinschaft ausgeschlossen ist (AGBGB, BayRS 400–1–J, Artikel 62).

c) Im früheren Landesteil **Baden** von Baden-Württemberg war Teilungsversteigerung bei Stockwerkseigentum nicht zulässig, das Grundstück war unteilbar; allerdings erlischt das Stockwerkseigentum mit der Zerstörung des Gebäudes und dann ist Teilungsversteigerung zulässig[162]. Nunmehr gelten für das nach badischem Landesrecht begründete Stockwerkseigentum die Bestimmungen des ehemaligen württembergischen Landesrechts[163]. Auch danach kann ein Mitberechtigter nicht jederzeit, sondern nur unter besonderen Voraussetzungen nach württ AGBGB Art 230, 231 die Aufhebung des Stockwerkseigentums im Wege der Zwangsversteigerung verlangen. Dazu[163]. Möglich ist dort auch ein Kellerrecht (Stockwerkseigentum ohne Miteigentum am Grundstück), das durch Teilungsversteigerung aufgehoben werden kann[164].

---

[161] Korintenberg/Wenz § 180 Anm 1; Steiner/Teufel § 181 Rdn 18.
[162] OLG Karlsruhe BWNotZ 1957, 334.
[163] OLG Karlsruhe KTS 1984, 159 = OLGZ 1983, 333.
[164] Hammer BWNotZ 1967, 20 (II, III).

7.25 Terminsbestimmung

a) Es muß nach § 37 Nr 3 (mit § 180 Abs 1) angegeben werden, daß die Versteigerung „**zwecks Aufhebung der Gemeinschaft**" erfolgt[165]. Ein Verstoß führt zur Zuschlagsversagung nach § 83 Nr 7 (richtige Terminsbestimmung fehlt). Darüber hinaus kann dieser Fehler Ruf und Kredit der Miteigentümer schädigen. Abzuraten ist von der (irreführenden) Ausdrucksweise „im Wege der Zwangsvollstreckung und zwecks Aufhebung der Gemeinschaft". Vertretbar ist höchstens noch „Zwangsweise zwecks Aufhebung der Gemeinschaft".

b) In der **Anmeldungsaufforderung** nach § 37 Nr 4 ist zu sagen: „. . . Rechte . . . anzumelden und wenn der Antragsteller widerspricht, glaubhaft zu machen . . ."

c) Eine **Mitteilung** nach § 41 Abs 2 ist hier nötig; sie ist nicht entbehrlich[166]; auch in der Teilungsversteigerung hat sie den Beteiligten die Vorbereitung auf den Termin zu ermöglichen. Von besonderer Bedeutung ist sie für Berechtigte, deren Rechte nur einzelne Miteigentumsanteile belasten oder wenn Pfandgläubiger das Verfahren betreiben für Feststellung, ob ein Recht in das geringste Gebot fällt.

d) Für die **Fristen** gelten die normalen Vorschriften der §§ 43, 44, für die Bekanntmachung auch §§ 39, 40.

e) Hierzu im ZVG-Handbuch Rdn 727; Aufforderung zur Anmeldung von Rechten Rdn 728; Muster für die Mitteilung des § 41 Rdn 729.

f) Die Terminbestimmung ist hier wegen angeblich möglicher „Betriebssteuerrückstände" **zusätzlich** an Finanzamt, Hauptzollamt, Gemeindesteuerstelle **mitzuteilen**, mit dem Ersuchen „um Angabe etwaiger **Rückstände an Betriebssteuern**" (MiZi XI 2 idF ab 1. 8. 1978); folgerichtig müssen etwaige Anmeldungen im Versteigerungstermin vom Gericht bekanntgemacht werden. Diese Regelung für die Verfahren nach § 175 (§ 176 Rdn 3.20) und § 180 ist verfehlt; das Versteigerungsgericht ist aber daran gebunden. Die Regelung geht auf die Allgemeine Verfügung vom 5. 5. 1937 (8./9. Auflage Text 400) zurück, die zu Unrecht aus Reichsabgabenordnung § 116 hergeleitet war; weder diese Vorschrift noch die neue (Abgabenordnung § 75) macht den Ersteher für Steuerrückstände des Grundstückseigentümers haftbar (weil er ja nicht dessen Rechtsnachfolger ist); bestimmt ist, daß bei Übereignung eines Unternehmens oder Betriebs im ganzen der Erwerber für gewisse Steuerrückstände des Betriebes hafte, wobei aber der Erwerb „im Vollstreckungsverfahren" ausgenommen ist. Erwerb im Vollstreckungsverfahren ist auch der Zuschlag bei Verfahren nach §§ 175, 180 (§ 172 Rdn 1.3). Vor allem aber wird durch den Zuschlag niemals ein Unternehmen oder Betrieb übereignet, sondern das Grundstück mit dem, was der Beschlagnahme unterliegt oder mitversteigert wird (§ 90 Rdn 2, 5). Zum Betrieb gehören Kundenbeziehungen, Geschäftsbücher, Warenvorräte usw (§ 152 Rdn 6), die alle nicht der Versteigerung unterliegen. Ob ein Ersteher des Grundstücks durch zusätzlichen Vertrag mit dem bisherigen Betriebsinhaber dessen Betrieb übernimmt, hat nichts mit der Versteigerung zu tun. Das Gericht muß diese Mitteilung mit Anfrage und die Bekanntmachung (nur in den zwei Verfahren nach §§ 175, 180) erledigen, sollte aber im Termin darauf hinweisen, welche Bedenken bestehen, daß es nicht darüber entscheidet und daß es nicht für die Mitteilungen der Steuerbehörden haftet. Die Pflicht des Gerichts bezieht sich (unlogisch) nicht auf **Grundsteuerrückstände** (GrStG § 11 Abs 2): der Erwerber haftet nämlich hier für gewisse Rückstände, wieder ausgenommen „im Vollstreckungsverfahren"; danach muß jeder Erwerb durch Zuschlag haftungsfrei sein, auch in Verfahren nach §§ 175, 180. Die Ersteher sollten gegen solche Steueransprüche alle verfügbaren Rechtsbehelfe ausschöpfen. Zu diesen Fragen auch § 15 Rdn 34.8 und § 66 Rdn 6.5.

---

[165] OLG Koblenz NJW 1959, 1833; OLG Schleswig SchlHA 1958, 10.
[166] Dassler/Schiffhauer § 180 Rdn 77; Schiffhauer ZIP 1982, 526 und 660 (XI 2).

§ 180 7.26

7.26 Veräußerungsverbot nach BVersG § 75 (auch RVersO § 610): Es hindert die Teilungsversteigerung nur, wenn es auf dem Anteil des Antragstellers lastet (Rdn 7.8).

7.27 Verbindung

a) **Mehrere Teilungsversteigerungsverfahren** über verschiedene Grundstücke oder Grundstücksbruchteile können bei gleichen Antragstellern und Antragsgegnern verbunden werden, ohne Unterschied, welches von ihnen früher angeordnet war. Die Verfahren sollen nur gleichweit gediehen sein, um nicht durch Zuwarten bei dem einen Verfahren das andere, das schon terminreif ist, zu verzögern. Siehe auch Rdn. 7.15.

b) Verbindung von **Teilungsversteigerung und Forderungs-,** Konkursverwalter oder Nachlaßversteigerung ist nicht möglich (§ 180 Rdn 14–16).

7.28 Vergleich: Einl Rdn 49.

7.29 Vorkaufsrechte

a) Vertragliches oder dingliches Vorkaufsrecht: § 81 Rdn 10.

b) Auch bei der Teilungsversteigerung besteht aber **kein Vorkaufsrecht,** wenn der Zuschlag einem bisherigen Miteigentümer erteilt wird, weil dieser nicht Dritter im Sinne von BGB § 504 ist[167] (anders[168]: er sei Dritter, weil er ja nicht Verpflichteter und nicht Berechtigter sei, daher Vorkaufsrecht möglich). Das Vorkaufsrecht gilt sogar dann nicht, wenn dieser erstehende Miteigentümer erst durch Erwerb eines Nachlaßanteils in die Erbengemeinschaft eingetreten ist, ausgenommen, wenn diese Veräußerung nur den Zweck hatte, das Vorkaufsrecht zu vereiteln[169] (dies kann, wenn überhaupt, nur das Prozeßgericht feststellen). Belastet das Vorkaufsrecht nur einen Bruchteil, so ist es nicht ausübbar, wenn einem Miteigentümer, dessen Anteil nicht dem Vorkaufsrecht unterliegt, das ganze Grundstück zugeschlagen wird[170].

c) Ein Vorkaufsrecht des **Heimstättenausgebers** (vormals RHeimstG § 11 Abs 1) besteht ab 1. 10. 1993 nicht mehr (§ 15 Rdn 31.2).

d) Eine Siedlungsgenossenschaft (nach dem **Reichssiedlungsgesetz**), die ein Wiederkaufsrecht am Grundstück eines Genossen hat, kann nicht die Teilungsversteigerung durch den Miterben eines Genossen verhindern[171]. Nach dem Reichssiedlungsgesetz besteht für die Zwangsversteigerung kein Vorkaufsrecht mehr, auch nicht für die Teilungsversteigerung.

e) Vorkaufsrecht nach **Baugesetzbuch:** § 81 Rdn 10.

f) Das gesetzliche **Vorkaufsrecht der Miterben** am Nachlaß gemäß BGB § 2034 (nicht aber nach Erbteilsveräußerung[172]) erstreckt sich nicht auf die Miteigentumsanteile nach Auseinandersetzung der Erbengemeinschaft und kann dem Versteigerungsantrag eines Erwerbers eines Miteigentumsanteils nicht entgegengesetzt werden[173].

g) Zum Vorkaufsrecht auch im ZVG-Handbuch Rdn 744–744 b.

7.30 Wertfestsetzung Wie § 176 Rdn 3.23.

7.31 Zubehör das nicht allen Miteigentümern in der an dem Grundstück bestehenden Gemeinschaft gehört, erfaßt die Teilungsversteigerung als fremdes Zube-

---

[167] BGH 13, 133 = DNotZ 1954, 385 = NJW 1954, 1035; BGH BB 1957, 731 = DNotZ 1957, 654; BGH 48, 1 = DNotZ 1968, 25 = MDR 1967, 662 = NJW 1967, 1607.
[168] Schmid MDR 1975, 191 (III 1, 4) und (V).
[169] BGH BB 1957, 731 = DNotZ 1957, 654.
[170] BGH DNotZ 1968, 25 = aaO (Fußn 167); Schmid MDR 1975, 191 (V und I C 2 c).
[171] OLG Hamburg MDR 1963, 509.
[172] BGH FamRZ 1993, 420 = MDR 1993, 356.
[173] BGH MDR 1972, 765 = NJW 1972, 1199 = Rpfleger 1972, 250; OLG Hamm RdL 1953, 52 Leitsatz.

Anzuwendende Vorschriften, Einstellung 8.4 § 180

hör. Darauf erstrecken sich Versteigerung nach § 55 Abs 2 und Zuschlag nach § 90 Abs 2. Will einer (wollen mehrere) der Grundstückseigentümer als Eigentümer des Zubehörs dessen Mitversteigerung abwenden, so muß er sein der Versteigerung entgegenstehendes Recht nach § 37 Nr 5 rechtzeitig geltend machen.

7.32 Zuschlag: Nur an einen Miteigentümer darf zugeschlagen werden wenn die Veräußerung an einen Dritten nicht gestattet ist: BGB § 753 Abs 1 Satz 2. In den Versteigerungsbedingungen ist dies festzulegen (Rdn 7.11). Zuschlag an einen Dritten ist anfechtbar. Ein Negativzeugnis nach BauGB ist nicht nötig (§ 81 Rdn 10.6). § 85 über Versagung des Zuschlags auf Antrag ist auch für die Teilungsversteigerung anwendbar (§ 85 Rdn 1.2).

7.33 Die **Zuständigkeit** des Vollstreckungsgerichts richtet sich nach den allgemeinen Vorschriften des ersten Titels des ersten Abschnitts (§§ 1, 2).

Beitritt (§ 27 mit § 180 Abs 1) 8

8.1 Beitreten kann dem Teilungsversteigerungsverfahren jeder bisherige Antragsgegner (§ 27 mit § 180 Abs 1). Er wird damit ebenfalls Antragsteller. Als solcher ist er nicht mehr allein von den Verfahrensanträgen des (bisherigen) Antragstellers abhängig, sondern kann selbst entscheiden ob das Verfahren eingreifen, etwa wenn der ursprüngliche Antragsteller einstellt oder seinen Antrag zurücknimmt, um dann seinerseits versteigern zu lassen. Betreibt nur ein Antragsteller, so kann dieser, wenn der Antragsgegner oder ein Dritter so hoch bietet, daß er ihn nicht überbieten kann oder will, einfach die Einstellung bewilligen (§ 30 mit § 180 Abs 1) und so den Zuschlag verhindern. Betreiben aber beide, so kann der andere Teil oder ein Dritter, weil der Termin dann durchgeführt werden muß, bieten, wie er will.

8.2 a) Zu beachten ist beim Beitritt (wie in der Vollstreckungsversteigerung), daß er sich auf **dasselbe Grundstück** oder denselben Bruchteil beziehen muß wie die Anordnung. Beispiel: ½ Anteil des X, ½ Anteil des X und des Y in Erbengemeinschaft; betreibt X nur in die erbengemeinschaftliche Hälfte und verlangt Y dann die Versteigerung des ganzen Grundstücks, so ist denkbar Beitritt zur angeordneten Hälfte, neue Anordnung zur anderen; richtig ist in diesem Falle Neuanordnung über das gesamte Grundstück, weil die Teilungsversteigerung des ganzen Grundstücks von der Versteigerung der erbengemeinschaftlichen Hälfte völlig verschieden ist und an der Bruchteilshälfte des X keine Gemeinschaft bestehen würde, die für sich durch Neuanordnung erfaßt und aufgehoben werden könnte. Das ursprüngliche Verfahren ist eine Teilungsversteigerung über den erbengemeinschaftlichen Hälfteanteil XY zur Aufhebung der Erbengemeinschaft, das neue Verfahren aber eine Teilungsversteigerung über das ganze Grundstück zur Aufhebung der Bruchteilsgemeinschaft. Das muß auch gelten, wenn der Antragsteller des ersten Verfahrens später das ganze Grundstück versteigern lassen will; auch hier Neuanordnung über das ganze Grundstück. In solchen Fällen sind auch zwei Versteigerungsvermerke nötig.

b) Umgekehrt möglich wäre, wenn in dem Beispiel erst X über das ganze Grundstück anordnen hätte lassen, ein Beitritt des Y hinsichtlich des erbengemeinschaftlichen Hälfteanteils. Richtiger ist es auch hier, wie im vorigen Abs die beiden Verfahren getrennt zu halten.

8.3 Wenn ein Antragsgegner beitritt, sind beide Seiten Antragsteller und Antragsgegner (siehe Rdn 6.5).

8.4 Zugestellt sein muß der Beitrittsbeschluß auch hier 4 Wochen vor dem Versteigerungstermin (§ 44 Abs 2, § 180 Abs 1), wenn er dem Termin noch zugrunde gelegt werden soll (anders[174]: § 44 Abs 2 sei nicht anwendbar, weil er ein Rangverhältnis voraussetze, das es hier nicht gebe). Über die Berechnung des

---

[174] Jaeckel/Güthe § 180 Rdn 6.

§ 180   8.4   Aufhebung einer Gemeinschaft

geringsten Gebots in diesem Falle § 182 Rdn 2, 3. Tritt der bisherige Antragsgegner **nach** dem Versteigerungstermin, aber vor der Zuschlagsverkündung bei und **nimmt** der bisherige Antragsteller seinen Verfahrensantrag **zurück** (oder bewilligt er die Einstellung seines Verfahrens), so ist kein Zuschlag möglich, sondern es muß neuer Termin für den neuen Antragsteller angesetzt und durchgeführt werden, weil der Beitretende im ersten Termin noch nicht „Betreibender" war[175].

8.5   Zum Beitritt im ZVG-Handbuch Rdn 709, 711, Muster Rdn 710.

8.6   Nicht möglich ist wegen der völlig verschiedenen Verfahrensarten ein **Vollstreckungsbeitritt** zur Teilungsversteigerung (Rdn 14).

9   Entgegenstehende Rechte; Ausschluß der Auseinandersetzung

9.1   Der grundsätzliche Auseinandersetzungsanspruch kann im Einzelfall durch **Vereinbarung** der Miteigentümer oder aus anderen **Gründen des materiellen Rechts** auf Zeit (auch für immer) **ausgeschlossen** sein (darüber bereits Rdn 2). Es kann für Geltendmachung des Aufhebungsanspruchs auch eine Kündigungsfrist bestimmt sein (BGB § 751).

9.2   Durch **Vereinbarung** können die Teilhaber einer **Bruchteilsgemeinschaft** ihr Recht, die Aufhebung der Gemeinschaft zu verlangen, für immer oder auf Zeit **ausgeschlossen** oder auch von einer **Kündigungsfrist** abhängig gemacht haben: BGB § 751 Satz 1. Entsprechendes gilt für die **Erbengemeinschaft** (BGB § 2044 Abs 1). Solange diese Vereinbarung wirksam ist, kann Teilungsversteigerung nicht betrieben werden; sie ist unzulässig. Wo Kündigung vorgesehen ist (BGB § 751 Satz 1), muß die Frist vor der Anordnung des Verfahrens abgelaufen sein. Aus einem wichtigen Grund aber wiederum kann sie dennoch auch hier gefordert werden (Rdn 9.10). Eine Vereinbarung auf Zeit tritt im Zweifel immer mit dem Tod eines der Teilhaber außer Kraft: BGB § 750. Die Vereinbarung über den Ausschluß wirkt auch für und gegen die **Sondernachfolger:** BGB § 751 Satz 1. Sie wirkt nicht gegen die Pfändungsgläubiger (Rdn 11). Auch gegen die Sondernachfolger wirkt sie nur, wenn sie im Grundbuch eingetragen ist (BGB § 1010 Abs 1; bzw im entsprechenden anderen Register). Die Vereinbarung kann auch dahin lauten, daß die Veräußerung an Außenstehende (Personen, die bisher nicht Miteigentümer sind) nicht erfolgen darf: BGB § 753 Abs 1 Satz 2; hier kann bei Teilungsversteigerung nur ein Miteigentümer bieten; dies muß in den Versteigerungsbedingungen festgelegt werden (Rdn 7.11).

9.3   Die Auseinandersetzung einer **Erbengemeinschaft** ist in weiteren vier Fällen ausgeschlossen:

a) Ausgeschlossen ist sie, wenn die Erbanteile wegen **familienrechtlicher** Ereignisse noch unbestimmt sind: BGB § 2043.

b) Ausgeschlossen ist sie bis das **Aufgebotsverfahren** zur Ermittlung von Gläubigern durchgeführt ist: BGB § 2045.

c) Ausgeschlossen ist sie, wenn die Auseinandersetzung durch **letztwillige Verfügung** des Erblassers ausgeschlossen oder beschränkt ist: BGB § 2044; in der Regel höchstens bis zu dreißig Jahren nach dem Erbfall: BGB § 2044 Abs 2 Satz 1. Dabei kann auch der Verkauf an Außenstehende verboten sein (Versteigerungsbedingungen dann: Rdn 7.11). Wer entgegen dieser Anordnung des Erblassers die Teilungsversteigerung betreibt, um Miterben zu schädigen, ist schadensersatzpflichtig nach BGB § 826, und zwar in der Weise (Ersatz in Natur), daß er die Teilungsversteigerung zu unterlassen hat[176]. Eine Bestimmung des Erblassers aber, daß das Grundstück nicht gegen den Willen der Mehrheit der Erben verkauft werden

---

[175] BGH 79, 249 = JurBüro 1981, 1176 mit Anm Mümmler = KTS 1981, 428 = MDR 1981, 482 = NJW 1981, 2065 = Rpfleger 1981, 187; OLG Stuttgart OLGZ 1970, 361 = Rpfleger 1970, 102.
[176] BGH Betrieb 1966, 817 = FamRZ 1966, 348 = MDR 1966, 652 = WM 1966, 620.

Anzuwendende Vorschriften, Einstellung 9.5 **§ 180**

dürfe, genügt nicht als Verbot und steht der Teilungsversteigerung nicht entgegen[177].

d) Ausgeschlossen ist die Auseinandersetzung der Erbengemeinschaft, wenn sich die Auseinandersetzung **nicht auf den gesamten Nachlaß** erstreckt (Rdn 2.7), sondern nur auf das Grundstück oder eines von mehreren Grundstücken. In dem Antrag auf Teilungsversteigerung liegt aber regelmäßig die Absicht zur vollständigen Auseinandersetzung. Für die Gesamtauseinandersetzung ist keine Reihenfolge vorgesehen, so daß mit der Teilungsversteigerung auch dann begonnen werden kann, wenn noch andere Nachlaßgegenstände vorhanden sind[178]. Eine Teilauseinandersetzung der Miterbengemeinschaft ist freiwillig möglich, bei besonderen Umständen auch gegen den Willen eines Miterben[179] Jeder Miterbe kann zur Vorbereitung der Auseinandersetzung auch die Versteigerung eines Grundstücks verlangen: dabei kommt es auf den Umfang der Beteiligung nicht an[180]. Das Nachlaßteilungsverfahren nach FGG § 86 kommt dann nicht in Frage, wenn auch nur einer der Miterben daran nicht mitwirken will und das zu erkennen gibt, indem er die Teilungsversteigerung betreibt. Dieses Nachlaßteilungsverfahren muß nicht vor der Teilungsversteigerung versucht werden. Auch eine Auseinandersetzungsklage ist (mit Ausnahmen, wie Rdn 9.10 behandelt) nicht vorher nötig.

e) Wenn ein **Testamentsvollstrecker** die Auseinandersetzung zu bewirken hat kann durch die Erben, somit auf Antrag eines von ihnen, die Teilungsversteigerung eines Nachlaßgrundstücks nicht betrieben werden (Rdn 3.15).

9.4 Der Zwangsversteigerung eines **Gesamtgutsgrundstücks** steht das Übernahmerecht eines Ehegatten gemäß BGB § 1477 Abs 2 entgegen[181].

9.5 a) Der Auseinandersetzungsanspruch kann in besonderen Ausnahmefällen nach BGB § 242 aus **Treu und Glauben** als rechtsmißbräuchlich ausgeschlossen sein. Das erfordert, daß durch die Teilungsversteigerung dem Miteigentümer bewußt Nachteile zugefügt werden, ohne daß der Antragsteller durch seine Rechtsausübung einen rechtlichen oder wirtschaftlichen Vorteil erlangen könnte. Bejaht wurde das von[182] für den Antrag eines Ehegatten als Miteigentümer zur Hälfte auf Versteigerung eines Wohnungserbbaurechts, das der Antragsteller wegen des Heimfallanspruchs des Ausgebers nicht selbst erwerben konnte und an dem wegen einer vorzuziehenden Vollstreckungsversteigerung ohnedies die Veräußerung des belasteten Miteigentumsanteils des Antragstellers anstand, sowie von[183] für den Antrag eines Kindes gegen den 83jährigen kranken (und gefährdeten) Vater. Billigkeitserwägungen allein rechtfertigen es nicht, einem Miteigentümer sein Recht auf Aufhebung der Gemeinschaft zu versagen[184].

b) Ein Gemeinschafter, der die Aufhebung der Gemeinschaft betreibt, kann unter besonderen Umständen nach **Treu und Glauben** auch gehalten sein, auf die Teilungsversteigerung zu verzichten und sich mit einem auch seinen Interessen gerecht werdenden und zumutbaren Realteilungsvorschlag der anderen Teilhaber abzufinden[185] (zu berücksichtigen nur nach Entscheidung in einem Widerspruchs-

---

[177] OLG Hamm RdL 1953, 52 Leitsatz.
[178] Schiffhauer ZIP 1982, 526 (IV 13).
[179] Petzold, Teilauseinandersetzung bei Miterbengemeinschaft (1973), S 1 ff.
[180] OLG Köln MDR 1958, 517.
[181] BGH FamRZ 1985, 903 = MDR 1985, 1010 = NJW 1985, 3066 = Rpfleger 1985, 360; BGH DNotZ 1987, 304 = FamRZ 1987, 43 = MDR 1987, 215 = NJW-RR 1987, 69; BayObLG 1971, 293 = FamRZ 1972, 137 Leitsatz = MDR 1972, 53 Leitsatz = NJW 1971, 2314 = Rpfleger 1971, 430.
[182] LG Essen FamRZ 1981, 457.
[183] AG Meppen Rpfleger 1992, 266.
[184] OLG Karlsruhe Justiz 1993, 224 = Rpfleger 1992, 266.
[185] BGH 58, 146 = FamRZ 1972, 446 Leitsatz = KTS 1972, 180 = MDR 1972, 487 = NJW 1972, 818 = Rpfleger 1972, 212.

§ **180** 9.5   Aufhebung einer Gemeinschaft

prozeß). Aus bloßen Billigkeitserwägungen kann einem Miteigentümer jedoch nicht durch Richterspruch sein Recht auf Aufhebung der Gemeinschaft zugunsten einer anderen Teilungsart versagt werden[186]. Siehe hierzu auch Rdn 3.13 n.

c) Einwendungen gegen die Teilungsversteigerung können auch aus einem anläßlich der Ehescheidung zwischen Ehegatten geschlossenen Vertrag hergeleitet werden, gemeinschaftlichen Grundbesitz nicht für sich selbst zu verwerten, sondern Kindern zu übereignen, um das Wohngrundstück als deren häuslichen Mittelpunkt zu erhalten[187].

9.6   Ausgeschlossen ist die Auseinandersetzung durch Teilungsversteigerung und Teilung des Erlöses auch dann, wenn die Gemeinschaftsteilhaber bereits rechtswirksam eine **andere Art** der Auseinandersetzung **vereinbart** haben. Berücksichtigung erfolgt aber nur auf Widerspruchsklage (ZPO § 771); das Verfahren wird durch eine solche Vereinbarung formell nicht behindert (siehe Rdn 9.8).

9.7   Von Amts wegen wird der Ausschluß des Rechts, die Aufhebung der Gemeinschaft zu verlangen, vom Vollstreckungsgericht berücksichtigt, wenn er sich als Belastung des Anteils eines (antragstellenden) Miteigentümers (BGB § 1010) **aus dem Grundbuch ergibt** (§ 28)[188]. Es ist erforderlichenfalls durch Aufklärungsverfügung (ZPO § 139; nach Verfahrensanordnung § 28) eine Frist zu setzen, damit der Antragsteller eine prozeßgerichtliche Entscheidung über die dennoch zulässige Geltendmachung des Auseinandersetzungsanspruchs (Rdn 9.10) vorlegen kann. Zu grundbuchersichtlichen Hindernissen gehört auch die Beendigung der Gemeinschaft mit Veräußerung des Grundstücks an einen Dritten oder an einen Miteigentümer, der infolge Auflassung nach rechtsgeschäftlicher Auseinandersetzung während des Verfahrens als Alleineigentümer eingetragen wird[189]. **Rechtsbehelf** bei Nichtbeachtung der grundbuchersichtlichen Unzulässigkeit des Teilungsverlangens, somit bei Verstoß gegen § 28: Erinnerung[190] nach ZPO § 766, dann sofortige Beschwerde nach ZPO § 793.

9.8   Ist der (zeitweilige oder dauernde) Ausschluß des Aufhebungsrechts **nicht** im Grundbuch eingetragen, so besteht für das Vollstreckungsgericht kein Verfahrenshindernis. Der Antragsgegner, der den Ausschluß des Auseinandersetzungsanspruchs aus materiellrechtlichen Gründen geltend macht, muß das aus dem Grundbuch nicht ersichtliche, der Versteigerung entgegenstehende materielle Recht im Wege der **Klage nach ZPO § 771** verfolgen (Denkschrift S 68 sowie[191]; Einstellung durch das Prozeßgericht Einl Rdn 31.2 zu E). Die Drittwiderspruchsklage ist Rechtsbehelf für diese sachlichen Einwendungen gegen die Zulässigkeit der Teilungsversteigerung, obwohl diese keine (Geld-)Vollstreckung und der widersprechende Miteigentümer nicht Dritter ist; weil die Teilungsversteigerung in prozeßrechtlicher Beziehung wie eine Vollstreckungsversteigerung zu behandeln ist und sich die in § 37 Nr 5 vorgeschriebene Aufforderung auch auf das entgegenstehende Recht eines Teilhabers bezieht (entsprechende Anwendung der Vorschriften über die Vollstreckungsversteigerung nach Abs 1), wird der widersprechende Teilhaber mit seinen Einwendungen wie ein Dritter behandelt, der ein die Veräußerung hin-

---

[186] OLG München FamRZ 1989, 980 = NJW-RR 1990, 715.
[187] BGH FamRZ 1984, 563.
[188] OLG Hamm Rpfleger 1964, 341 mit zust Anm Haegele.
[189] Schiffhauer ZIP 1982, 526 (IV 2).
[190] OLG Hamm Rpfleger 1964, 341 mit zust Anm Haegele.
[191] BGH FamRZ 1972, 363 = MDR 1973, 124; BGH FamRZ 1984, 563; BGH FamRZ 1985, 278; BGH NJW 1985, 3066 = aaO (Fußn 181); BayObLG 1971, 293 = aaO (Fußn 181); OLG Hamm Rpfleger 1964, 341 mit zust Anm Haegele; OLG Hamburg NJW 1961, 610; KG OLG 40, 405; OLG Karlsruhe KTS 1984, 159 = OLGZ 1983, 333; OLG Nürnberg RdL 1960, 22; OLG Schleswig Rpfleger 1979, 471 und SchlHA 1989, 44; LG Darmstadt MDR 1958, 928; LG Osnabrück Rpfleger 1956, 102 mit Anm Mohrbutter; LG Tübingen NJW 1958, 1303 mit krit Anm Riedel.

derndes Recht am Gegenstand der Vollstreckung beansprucht. Mit Vollstreckungserinnerung (ZPO § 766; dann sofortige Beschwerde nach ZPO § 793) kann der Miteigentümer den nicht grundbuchersichtlichen Ausschluß des Auseinandersetzungsanspruchs nicht geltend machen[192]; das Vollstreckungsgericht kann ihn nicht prüfen und nicht beachten (anders[193]: Erinnerung sei in zweifellosen Fällen möglich; das Vollstreckungsgericht habe aber nicht materiell zu entscheiden). Die Nichtbeachtung etwaiger materiellrechtlicher Einwendungen gegen die Teilungsversteigerung in diesem Verfahren steht mit rechtsstaatlicher Verfahrensführung (Einl Rdn 7) in Einklang[194]. Die mit Geltendmachung der nach materiellem Recht einer Aufhebungsversteigerung entgegenstehenden Gründe durch Drittwiderspruchsklage (ZPO § 771) gegebene Rechtsschutzmöglichkeit gewährleistet ein faires Verfahren, das den Interessen aller Beteiligten gerecht wird[194]. Einstellung sowie ggfs Aufhebung des Versteigerungsverfahrens nach prozeßgerichtlicher Entscheidung erfolgen nach ZPO § 775, 776 (Einl Rdn 31.2; zu deren Anwendung[195]).

9.9 Familiensache ist die Widerspruchsklage, mit der die Teilungsversteigerung verhindert werden soll, wenn das der Versteigerung entgegengehaltene Recht im ehelichen Güterrecht wurzelt[196] (zB das Übernahmerecht nach BGB § 1477 Abs 2; s auch Rdn 3.13 i). Keine Familiensache ist der Streit zwischen geschiedenen Eheleuten, die in Zugewinngemeinschaft gelebt haben, gegen Zulässigkeit der Teilungsversteigerung, weil die Auseinandersetzung anläßlich der Ehescheidung durch Vereinbarung auf Zeit ausgeschlossen worden sein soll[197].

9.10 Aus **wichtigem Grund** kann trotz des Ausschlusses des Rechts auf Auseinandersetzung die Aufhebung einer Gemeinschaft doch **verlangt** (BGB § 749 Abs 2, § 2044 Abs 1) und damit die Zwangsversteigerung zum Zwecke der Aufhebung einer Gemeinschaft betrieben werden, und zwar auch dann, wenn der Ausschluß des Aufhebungsrechts im Grundbuch als Anteilsbelastung (BGB § 1010 Abs 1) eingetragen ist. Ein wichtiger Grund liegt vor, wenn einem Teilhaber das Verbleiben in der Gemeinschaft nicht zuzumuten ist[198]. Was wichtiger Grund ist, ist Tatfrage. Zerstörung des Vertrauensverhältnisses oder persönliche Verfeindung allein begründen im allgemeinen nicht schon einen wichtigen Grund, insbesondere dann nicht, wenn sich das Grundstück weiterhin ordnungsgemäß verwalten und nutzen läßt (zB durch das Zwischenschalten eines neutralen Dritten)[199]. Ausschlaggebend kann sein, daß zwischen zerstrittenen Miteigentümern, die ein Zweifamilienhaus selbst nutzen, Absprachen schlechthin nicht mehr möglich sind, die bei der Art der Nutzung des Grundstücks im Interesse einer ordnungsgemäßen Verwaltung und eines gemeinschaftlichen Gebrauchs des Grundstücks unumgänglich sind[199]. Das vermögensrechtliche Interesse des Gläubigers eines Teilhabers (Miterben[200]), der sich an den Anteil halten will, das Interesse, sein Geld zu erhalten, ist kein wichtiger Grund. Wer den wichtigen Grund behauptet, muß, wenn der Ausschluß im Grundbuch eingetragen ist, vor der Teilungsversteigerung klagen und dabei obsiegen. Ob die Auseinandersetzung ausgeschlossen ist oder ausnahmsweise ein wichtiger Grund vorliegt, entscheidet also nicht das Vollstreckungsgericht, sondern das Prozeßgericht. Das Vollstreckungsge-

---

[192] OLG Hamm aaO (Fußn 191); OLG Schleswig Rpfleger 1979, 471.
[193] Jaeckel/Güthe § 181 Rdn 4.
[194] OLG Schleswig Rpfleger 1979, 471.
[195] LG Hannover Rpfleger 1993, 505.
[196] BGH NJW 1985, 3066 = aaO (Fußn 181).
[197] BayObLG FamRZ 1981, 376 = MDR 1981, 506.
[198] BGH BB 1962, 427.
[199] BGH DNotZ 1986, 143 = WM 1984, 873.
[200] OLG Hamburg NJW 1961, 610; LG Saarbrücken RpflJahrbuch 1959, 271 Leitsatz = SRZ 1951, 16.

§ 180 9.10 Aufhebung einer Gemeinschaft

richt hält sich an die Grundbucheintragung oder das Urteil des Prozeßgerichts (dazu auch § 181 Rdn 2.3).

9.11 Der in Abteilung II des Grundbuchs **eingetragene Ausschluß** der Auseinandersetzung hat zu den Eintragungen in Abteilung III ein **Rangverhältnis**[201]. Über sein Bestehenbleiben als Belastung bei der Vollstreckungsversteigerung § 52 Rdn 2.

9.12 Zu einschlägigen Fragen im ZVG-Handbuch Rdn 708.

9.13 Unter Berufung auf ein **Zurückbehaltungsrecht** nach BGB § 273 kann der Teilhaber einer Gemeinschaft der Teilungsversteigerung nicht widersprechen[202]. Das aber schließt nicht aus, daß im Einzelfall aus besonderen Gründen die Teilungsversteigerung eine unzulässige Rechtsausübung sein kann[202].

9.14 Im **Ehescheidungsverfahren** (früher nachher im Hausratsverfahren) kann die Ehewohnung einem der Ehegatten gegen Zahlung einer Nutzungsentschädigung an den anderen Teil zugewiesen werden. Hierdurch wird die Teilungsversteigerung aber nicht verhindert.

9.15 Mögliche **Teilung in Natur** zur Aufhebung der Gemeinschaft (BGB § 752) als Ausschluß der Zwangsversteigerung zur Gemeinschaftsaufhebung (Rdn 2.6) muß von Miteigentümern als entgegenstehendes Recht mit Widerspruchsklage (ZPO § 771) geltend gemacht werden[203]. Anordnung und Durchführung der Teilungsversteigerung sind also nicht unzulässig, wenn Teilung in Natur möglich ist, weil sich das der Versteigerung entgegenstehende Recht nicht aus dem Grundbuch ergibt[204]. Der Widerspruchkläger muß dann im Prozeß beweisen, daß in Natur teilbar ist[205]. Mit Vollstreckungserinnerung gegen den Anordnungsbeschluß kann dies nicht geltend gemacht werden, weil durch Erinnerung nur Verfahrensverstöße oder aus dem Grundbuch ersichtliche Hindernisse gerügt werden können.

9.16 Der **Rückerstattungsanspruch** nach dem Gesetz zur Regelung offener Vermögensfragen (Vermögensgesetz – VermG) idF vom 2. 12. 1994 (BGBl I 3611) steht auch der Anordnung und Durchführung der Teilungsversteigerung nicht entgegen (§ 28 Rdn 4.19). Abweichender Ansicht[206], daß der Rückübertragungsanspruch in diesem Fall ein die Veräußerung hinderndes Recht darstelle und nach Geltendmachung mit Drittwiderspruchsklage bei der Versteigerung nach § 28 zu beachten sei, kann nicht gefolgt werden; sie verkennt, daß VermG § 3 Abs 3 den Verfügungsberechtigten lediglich schuldrechtlich[207] verpflichtet, dingliche Rechtsgeschäfte (ohne Zustimmung des Berechtigten) zu unterlassen, und damit kein nach § 28 entgegenstehendes Recht begründet (das zudem grundbuchersichtlich sein müßte), sowie außerdem, daß die in der früheren Grundstücksverkehrverordnung enthaltenen Genehmigungstatbestände „Erwerb eines Grundstücks im Wege der gerichtlichen Verkaufs" und „Teilung des Nachlasses durch Entscheidung des staatlichen Notariats" durch das Hemmnisbeseitigungsgesetz (dazu § 28 Rdn 4.19) aufgehoben worden sind (so auch[208]). Vorläufiger Rechtsschutz gegen Veräußerung mit Teilungsversteigerung kann daher nur mit einstweiliger Verfügung (ZPO §§ 935 ff) erreicht werden (Berücksichtigung des Veräußerungsverbots § 15 Rdn 36.1). Das Vollstreckungsgericht wird sich zudem bei dem Vermögensamt der belegenen Sache zu vergewissern haben, ob eine Anmel-

---

[201] LG Zweibrücken Rpfleger 1965, 56 mit zust Anm Haegele.
[202] BGH 63, 348 = FamRZ 1975, 576 Leitsatz = NJW 1975, 687 = Rpfleger 1975, 150.
[203] OLG Stuttgart BWNotZ 1984, 172.
[204] OLG Hamm aaO (Fußn 191); OLG Nürnberg RdL 1960, 22.
[205] Krönig MDR 1951, 602 (I).
[206] BezG Potsdam VIZ 1993, 77 mit zust Anm Reichenbach.
[207] Haegele/Schöner/Stöber, Grundbuchrecht, Rdn 4224.
[208] Haegele/Schöner/Stöber, Grundbuchrecht, Rdn 4233.

Anzuwendende Vorschriften, Einstellung 11.3 § 180

dung iS von VermG § 3 Abs 3 vorliegt. Ist das der Fall, gebietet Aufklärungspflicht Erörterung im Versteigerungstermin (§ 66 Abs 1) und Hinweis auf die mit Veräußerung des Grundstücks verbundene Schadensersatzverpflichtung. Zustellung des Anordnungsbeschlusses und der Terminbestimmung sowie Anmeldung der Ansprüche aus der Rückübertragung (Folge: EGZVG § 9a Abs 1 Satz 3): wie § 28 Rdn 4.19.

Muster für Anordnung und Beitritt in der Teilungsversteigerung 10

10.1 Die Muster sind hier verwendbar **wie in der Vollstreckungsversteigerung** (§ 15 Rdn 4, § 27 Rdn 6), aber mit entsprechenden Abweichungen, also: „Auf Antrag wird zwecks Aufhebung der Gemeinschaft die Zwangsversteigerung ... angeordnet ... (... der Beitritt zur Zwangsversteigerung ... zugelassen ...). Dieser Beschluß gilt zugunsten des genannten Antragstellers als Beschlagnahme des Grundstücks."

10.2 Belehrung des Antragsgegners = § 30 b Rdn 2; Belehrung des Antragstellers bei Einstellung über die Fortsetzung = § 31 Rdn 2.

10.3 Hierzu im ZVG-Handuch: Muster für Belehrung der Antragsgegner Rdn 714; Muster für Einstellungsbeschluß Rdn 717; Muster für Beitrittsbeschluß Rdn 710; Muster für Anordnungsbeschluß Rdn 694.

Pfändung und Verpfändung 11

11.1 Bei Miteigentums**bruchteilen** kommt als Vollstreckungsmaßnahme die Pfändung des Miteigentumsbruchteils nicht in Frage; Miteigentum ist Eigentum am unbeweglichen Vermögen; in solches kann **nur nach ZPO §§ 864, 866** (Zwangsversteigerung, Zwangsverwaltung, Zwangshypothek) vollstreckt werden; eine Rechtspfändung nach ZPO § 857 ist hier nicht möglich; diese würde ein Recht voraussetzen, das nicht Gegenstand der Immobiliarvollstreckung ist.

11.2 Möglich sind bei Miteigentumsbruchteilen des unbeweglichen Vermögens folgende Vollstreckungsmaßnahmen:

a) Der **Miteigentumsbruchteil** kann wie ein Grundstück vollstreckungsversteigert oder zwangsverwaltet werden (ZPO § 864 Abs 2, § 866 Abs 1).

b) Es kann eine **Zwangshypothek** an dem Bruchteil eingetragen werden (ZPO § 864 Abs 2, § 866 Abs 1 und 3). Aus dieser kann dann die Vollstreckungsversteigerung in den Bruchteil betrieben werden (Einl Rdn 69). Es kann aber nicht unmittelbar aus ihr die Teilungsversteigerung betrieben werden.

c) Es kann der **Anteil an den Früchten** der gemeinsamen Sache (BGB § 743 Abs 1) gepfändet werden[209]:

d) Das **Recht auf Aufhebung** der Gemeinschaft aus BGB § 749 Abs 1 sowie Teilung und Auszahlung des Erlöses kann **gepfändet** und zur Einziehung überwiesen werden[210].

11.3 Die Vollstreckungsmöglichkeit Rdn 11.2 zu d ist im Rahmen der Teilungsversteigerung allein interessant. Das Recht auf Aufhebung der Gemeinschaft umfaßt zwar **nicht** als **selbständigen Anspruch,** der für sich allein, losgelöst vom Eigentum, übertragen werden könnte; der Anspruch steht mit anderen Teilansprüchen zusammen in unlösbarem Zusammenhang mit dem Miteigentum, so daß an sich ZPO § 851 entgegenstehen würde (ein Recht ist nicht pfändbar,

---

[209] Furtner NJW 1957, 1620.
[210] BGH 90, 207 = KTS 1984, 512 = MDR 1984, 485 = NJW 1984, 1968 = Rpfleger 1984, 283; BGH DNotZ 1986, 699 = KTS 1985, 319 = Rpfleger 1985, 205; OLG Hamm NJW-RR 1992, 665; OLG Köln OLGZ 1969, 338 = Rpfleger 1969, 170; LG Aurich Rpfleger 1962, 412 mit zust Anm Berner; LG Bremen Rpfleger 1955, 107 mit krit Anm Berner; Stöber, Forderungspfändung, Rdn 1545; Schiffhauer ZIP 1982, 526 (IV 14.1).

§ 180   11.3   Aufhebung einer Gemeinschaft

wenn es nicht übertragbar ist). Die Pfändbarkeit ergibt sich aber aus ZPO § 857 Abs 3 (ein unveräußerliches Recht ist pfändbar, soweit seine **Ausübung einem anderen überlassen werden kann**). Zwar ist das Miteigentum als solches übertragbar, nicht aber der bloße Aufhebungsanspruch aus ihm; dieser ist Bestandteil des ihn begründenden dinglichen Rechts und daher nicht selbständig pfändbar, jedoch wird durch die Pfändung der Gläubiger ermächtigt, neben dem Inhaber des Rechts dessen Einzelrechte auszuüben. Es macht dabei nichts aus, daß der Aufhebungsanspruch ein schuldrechtlicher ist, weil auch hierbei ein anderer zur Ausübung ermächtigt werden kann (anders auch[211]: zu pfänden sei nur der Anteil an einer Gemeinschaft; gerade dies ist aber hier nicht möglich).

11.4 a) Die Pfändung des Auseinandersetzungsanspruchs wird **nicht dadurch gehindert, daß** zwischen den Miteigentümern durch Vereinbarung der Anspruch auf Auseinandersetzung gemäß BGB § 749 Abs 2, §§ 750, 751 **ausgeschlossen oder** von einer **Kündigung** abhängig ist und daß dies im Grundbuch eingetragen ist (BGB § 1010). BGB § 751 Satz 2 bestimmt ja, daß ein Gläubiger, der „die Pfändung des Anteils des Teilhabers erwirkt" habe, trotzdem die Aufhebung verlangen könne, wenn er einen nicht nur vorläufig vollstreckbaren Vollstreckungstitel habe. Das gilt auch für den Gläubiger, der den Anspruch auf Auseinandersetzung und Teilung gepfändet hat[212].

b) Das muß auf jeden Fall gelten, wenn die Aufhebung an eine **Kündigungsfrist** gebunden ist, weil hier der Aufhebungsanspruch besteht, nur erst nach Ablauf einer Frist geltend gemacht werden kann, wobei der Aufschub wegen BGB § 751 Satz 2 nicht gegenüber pfändenden Gläubigern gilt[213].

c) Das muß aber auch gelten, wenn der Aufhebungsanspruch auf Zeit **ausgeschlossen ist**[214]. Hier kann mindestens der künftige Auseinandersetzungsanspruch gepfändet werden[215]. Darauf ist BGB § 751 Satz 2 anwendbar. Es besteht der Auseinandersetzungsanspruch auch hier, er ist nur vorübergehend gehemmt. Diese Hemmung aber wirkt nicht gegenüber dem Pfändungsgläubiger (anders noch[215]).

d) BGB § 751 Satz 2 muß aber **auch** dann anwendbar sein, **wenn** der Ausschluß der Auseinandersetzung für **dauernd** bestimmt ist, weil auch hier die Hemmung den Anspruch selbst nicht berührt und gegenüber dem Pfändungsgläubiger nicht gilt.

e) Daß es sich **nur** um die **Hemmung** eines an sich bestehenden Anspruchs handelt, ergibt BGB § 749 Abs 2, weil ja trotz des Ausschlusses bei wichtigem Grund die Auseinandersetzung verlangt werden kann (anders[215]).

11.5 a) Bei einer **Erbengemeinschaft** unterliegt nur der Anteil des Erben am Nachlaß der Pfändung und Überweisung, nicht der Anteil an den einzelnen Nachlaßgegenstand: ZPO § 859 Abs 2. Der Gläubiger, der den Nachlaßanteil seines Schuldners gegenüber den Miterben pfänden und sich zur Einziehung überweisen hat lassen, muß allerdings die Auseinandersetzung des ganzen Nachlasses betreiben[216], dies hat das Vollstreckungsgericht nicht zu prüfen.

b) Es genügt dabei die **Pfändung des Miterbenanteils** als solchem; die besondere Pfändung des Auseinandersetzungsanspruchs ist nicht nötig[217]. Die Pfändung muß auch nicht im Grundbuch eingetragen sein[218].

---

[211] KG Berlin NJW 1953, 1832.
[212] OLG Hamm NJW-RR 1992, 665.
[213] Furtner NJW 1957, 1620.
[214] LG Braunschweig NJW 1969, 1675; Stöber, Forderungspfändung, Rdn 1545; Furtner NJW 1969, 871 (1 und 3).
[215] Furtner NJW 1957, 1620.
[216] AG Nürtingen MDR 1961, 606.
[217] KG Berlin NJW 1953, 1832.
[218] RG 40, 230 (232).

Anzuwendende Vorschriften, Einstellung 11.7 **§ 180**

c) **Drittschuldner** bei dieser Pfändung sind die übrigen Miterben; wirksam wird die Pfändung mit der Zustellung an den letzten der Miterben (ZPO § 829 Abs 3)[219].

d) **Zustellung** an die Miterben wurde auch **im Ausland** unmittelbar für möglich gehalten, nicht erst im Wege eines Rechtshilfeersuchens an die zuständigen ausländischen Behörden gemäß ZPO § 791[220]. Pfändung und Überweisung sind hier keine Vollstreckungsakte gegen den Drittschuldner (Vollstreckungsakte im Ausland durch deutsche Behörden sind nicht zulässig), sondern nur die Wirksamkeitsvoraussetzung für den Forderungsübergang[220]. Die Zustellung im Ausland an den Schuldner ist in ZPO § 829 Abs 2 Satz 4 geregelt, die an Drittschuldner nicht. Die Zustellung an Drittschuldner im Ausland erfolgt nach den allgemeinen Zustellungsvorschriften, also nach ZPO § 199. Ob der ersuchte Staat diese Zustellung bewirkt, liegt allerdings in seinem Ermessen[220]. Manche Staaten lehnen sie ab. Wird sie aber zugelassen, ist sie wirksam[220].

e) Diese Pfändung und Einziehungsüberweisung des Auseinandersetzungsanspruchs eines Miterben ist die einzige Möglichkeit der Immobiliarvollstreckung, wenn der Schuldner an einer **nicht auseinandergesetzten Erbengemeinschaft** beteiligt ist. Es kann nur in den Nachlaß vollstreckt werden, nicht in das Grundstück oder einen Grundstücksbruchteil, auch wenn diese den ganzen Nachlaß darstellen sollten. Nachlaßanteil und Grundstücksanteil sind nicht identisch. Wer einen Titel nur gegen einen Miterben hat, kann nur in dessen Nachlaßanteil vollstrecken (BGB § 2042, ZPO § 859 Abs 2, §§ 857, 835, 829) und dann an seiner Stelle die Auseinandersetzung betreiben. Der Pfändungsgläubiger hat dabei vor der Auseinandersetzung über den Erlös kein Recht an einem entsprechenden Teil des Erlöses oder an der Forderung gegen die Hinterlegungsstelle; beides steht allen Miterben und dem Pfändungsgläubiger zur gesamten Hand zu[221].

f) Entstand erst ein **Vertragspfandrecht,** dann ein **Pfändungspfandrecht** an einem Miterbenanteil, so gehört der Erlös vorrangig dem Vertragspfandrecht[222] (anders[223]; kritisch hierzu[224]).

11.6 Bei **Bruchteilsgemeinschaft** und bei **Erbengemeinschaft** ist nötig **zu pfänden** und zu überweisen entweder **den Auseinandersetzungsanspruch** des Bruchteilsmiteigentümers **oder den Miterbenanteil** des eingetragenen Miterben oder des noch nicht eingetragenen Miterben des noch eingetragenen Eigentümers. In diesen Fällen wird entweder das Recht des Eingetragenen oder das Recht des Erben des Eingetragenen ausgeübt, wie § 181 Abs 2 verlangt.

11.7 Bei einer **BGB-Gesellschaft** kann der Gesellschaftsanteil gepfändet werden, nicht aber der Anteil an den einzelnen Gegenständen des Gesellschaftsvermögens: ZPO § 859 Abs 1. Der Gläubiger kann dann nach BGB § 725 die Gesellschaft kündigen und sie damit zur Auflösung bringen. Er kann dann (nach Überweisung zur Einziehung) auch das Recht des Schuldners als Gesellschafter auf Durchführung der (aus Gesetz oder Gesellschaftsvertrag abzuleitenden) Auseinandersetzung ausüben[225] (in Abweichung von[226]). Daher muß er auch (sofern der Schuldtitel nicht bloß vorläufig vollstreckbar ist, BGB § 725 Abs 1) befugt sein, das

---

[219] Stöber, Forderungspfändung, Rdn 1670.
[220] LG München I Entscheidungsanhang E 24.
[221] BGH JurBüro 1967, 51 = MDR 1967, 209 = NJW 1967, 200 = Rpfleger 1967, 171.
[222] BGH 52, 99 = DNotZ 1969, 673 = FamRZ 1969, 535 Leitsatz = KTS 1970, 192 = MDR 1969, 750 = NJW 1969, 1347 und 1969, 1903 Leitsatz mit krit Anm Wellmann; Rpfleger 1969, 290
[223] RG 84, 395 (397).
[224] Wellmann NJW 1969, 1903 (Anmerkung).
[225] BGH 116, 222 = MDR 1992, 294 = NJW 1992, 830 = Rpfleger 1992, 260 mit Anm Hintzen; ZZP 105 (1992) 487 mit Anm Brehm.
[226] RG 95, 231 (233).

§ 180   11.7   Aufhebung einer Gemeinschaft

Recht seines Schuldners als Gesellschafter auf Anordnung der Teilungsversteigerung auszuüben (so auch[227]; schon bisher so[228]; anders früher[229]; dazu auch[230]: nicht als Gläubiger eines rechtskräftigen Wechsel-Vorbehaltsurteils). Die Auflösung der Gesellschaft muß hierfür nachgewiesen werden (§ 181 Rdn 2.5). Daß im Einzelfall das Aufhebungsverlangen und damit das Antragsrecht des Schuldners ausgeschlossen ist, müssen die Mitglieder der aufgelösten BGB-Gesellschaft im Prozeßweg mit Widerspruchsklage geltend machen (§ 181 Rdn 2.5). Ein Gesellschaftsgläubiger, der einen Miterbenanteil des Gesellschafters einer Offenen Handelsgesellschaft gepfändet hat, kann die Teilungsversteigerung über ein Nachlaßgrundstück des Gesellschafters auch dann betreiben, wenn die Haftung des Gesellschafters nach VerglO § 109 begrenzt[231] ist.

11.8   Bei der **Gütergemeinschaft** kann der Anteil am Gesamtgut erst nach dem Ende der Gütergemeinschaft gepfändet werden: ZPO § 860 Abs 2. Der Gläubiger kann dann nach BGB § 1471 Abs 2 die Auseinandersetzung des Gesamtguts verlangen.

11.9   a) Die **Verpfändung** ist bei einem **Miteigentumsbruchteil** nur in der Weise möglich, daß eine Hypothek oder Grundschuld an dem Bruchteil bestellt wird. Aus diesem Recht kann dann der Gläubiger die Vollstreckungsversteigerung oder Zwangsverwaltung betreiben, nicht aber die Teilungsversteigerung.

b) Ein **Nachlaßanteil** kann **verpfändet** werden: BGB § 2033 Abs 1. Dies muß öffentlich beurkundet werden (BGB §§ 1274, 2371), muß aber nicht im Grundbuch eingetragen sein.

c) Die Teilungsversteigerung betreiben können bei Verpfändung **vor der Pfandreife** der Schuldner und der Pfandgläubiger gemeinsam (BGB § 1258 Abs 2 mit § 1273 Abs 2) oder der Gläubiger mit Zustimmung des Schuldners, **nach der Pfandreife** der Pfandgläubiger allein[232]. Verwertung nach Pfandreife (damit auch Antrag auf Teilungsversteigerung) erfordert vollstreckbaren (dinglichen) Titel (BGB § 1277) gegen den Schuldner als den Berechtigten des verpfändeten Nachlaßanteils (vgl BGB § 1233 Abs 2) und erfolgt nach den für die Zwangsvollstreckung geltenden Vorschriften (BGB §1277). Für nötig erachtet wird daher den Beginn der Zwangsvollstreckung mit Pfändung[233] (ZPO § 859 Abs 2) (Rang aber nach BGB § 1209) und Überweisung (ZPO § 835). Ein vertraglicher Ausschluß der Auseinandersetzung steht nicht entgegen (BGB § 1273 Abs 2, § 1258).

11.10   a) Durch Pfändung und Überweisung **tritt** der Pfändungsgläubiger **in die Rechte** desjenigen ein, dessen Ansprüche er gepfändet hat; er tritt nicht an die Stelle des Pfändungsschuldners, sondern erlangt neben diesem die Rechtsstellung, daß zu seinem Nachteil nicht mehr verfügt werden kann.

b) Der Pfändungs- und Überweisungs-Gläubiger **kann** die **Teilungsversteigerung** beantragen, weil dies Ausfluß seines Einziehungsrechtes ist[234]. Der Vertreter des Gläubigers, der im Pfändungs- und Überweisungsbeschluß (auch in dem zugrundeliegenden Vollstreckungstitel) bezeichnet ist, hat für den Antrag auf Tei-

---

[227] Stöber, Forderungspfändung, Rdn 1572; Hintzen Rpfleger 1992, 262 (6 c) (Anmerkung).
[228] LG Konstanz NJW-RR 1987, 1023 = Rpfleger 1987, 427; Dassler/Schiffhauer § 181 Rdn 53.
[229] LG Hamburg JurBüro 1983, 304 = MDR 1982, 1028 = Rpfleger 1983, 35 mit abl Anm Behr; LG Hamburg Rpfleger 1989, 519.
[230] LG Lübeck Rpfleger 1986, 315.
[231] LG Aschaffenburg MDR 1959, 135.
[232] Jaeckel/Güthe § 181 Rdn 8; Stöber Rpfleger 1963, 337 (III 1).
[233] RG 103, 137 (139); BGB-RGRK/Kregel § 1277 Rdn 1; MünchKomm-BGB/Damrau § 1277 Rdn 4.
[234] OLG Hamm Rpfleger 1961, 201 mit Anm Haegele; LG Braunschweig NJW 1965, 1675; LG Wuppertal NJW 1961, 785; Stöber Rpfleger 1963, 337 (III 2).

Anzuwendende Vorschriften, Einstellung 11.10 **§ 180**

lungsversteigerung seine Bevollmächtigung durch schriftliche Vollmacht nachzuweisen und diese zu den Akten abzugeben (ZPO § 80 Abs 1)[235]; wenn ein Rechtsanwalt als Bevollmächtigter auftritt, wird ein Vollmachtsmangel aber auch hier nicht von Amts wegen, sondern nur auf Rüge eines Antragsgegners geprüft (ZPO § 88)[236]. Der Antrag auf Teilungsversteigerung und die Vertretung in diesem Verfahren sind Prozeßhandlungen in einem neuen gerichtlichen Verfahren (auch mit anderen Parteien), nicht aber Prozeßhandlungen in der mit Rechtspfändung erfolgten Zwangsvollstreckung; die für das Pfändungsverfahren erteilte Vollmacht ermächtigt daher nicht auch noch zur Vertretung im Teilungsversteigerungsverfahren (kein Fall von ZPO § 81).

c) **Solange nur gepfändet,** nicht auch überwiesen ist, kann der Pfändungspfandgläubiger (wie der Vertragspfandgläubiger vor der Pfandreife) nur gemeinschaftlich mit dem Vollstreckungsschuldner oder mit dessen Zustimmung die Teilungsversteigerung beantragen[237].

d) Haben **mehrere** den Erbanteil und den Auseinandersetzungsanspruch **gepfändet,** so kann jeder von ihnen ohne Mitwirkung der anderen Pfändungsgläubiger die Teilungsversteigerung betreiben, nur mit der Einschränkung, daß sie sich aus dem Erlös nur in der Reihenfolge der Pfändungen befriedigen dürfen.

e) Der Pfandgläubiger betreibt dabei eine Teilungsversteigerung, nicht eine Vollstreckungsversteigerung. Er muß dazu einen wirksamen **Pfändungsbeschluß** mit Zustellungsnachweis vorlegen.

f) Derjenige, dessen Anspruch gepfändet ist, ist noch Inhaber seines Anteils geblieben, er ist nur **durch** dessen **Pfändung beschränkt.** Das gegen ihn gemäß ZPO § 859 Abs 2, §§ 857, 829 erlassene Gebot, jeder Verfügung über das gepfändete Recht zu enthalten, hat zur Folge, daß er keine Maßnahmen ergreifen darf, die das Pfandrecht beeinträchtigen oder die Einziehungsbefugnis des Pfändungsgläubigers verletzen[238]. Der Pfändungsgläubiger steht also nicht einem Zessionar gleich; er erhält aus ZPO § 836 Abs 1 durch die Überweisung das ausschließliche Recht auf Befriedigung; aber der Anteilseigentümer behält alle Rechte, die von dem Befriedigungsanspruch des Gläubigers nicht berührt werden[239].

g) Der Anteilseigentümer wird **nicht völlig ausgeschaltet;** trotz Pfändung seines Anteils bleibt er Rechtsinhaber (oben Absatz a). Als Miteigentümer ist er daher auch Antragsgegner in dem von seinem Pfändungsgläubiger beantragten Teilungsversteigerungsverfahren. Als Inhaber seines Miteigentumsanteils ist er Beteiligter nach § 9[240]. Er kann als Beteiligter auch ohne Zustimmung des Pfändungsgläubigers Anträge stellen und Rechtsmittel einlegen, ausgenommen solche, die das Recht des Pfändungspfandgläubigers vereiteln würden[241]. Er erhält auch alle Zustellungen[242].

h) Der Pfändungsgläubiger hat das Recht zur **Ausübung aller nicht höchstpersönlichen Rechte,** die dem Pfändungsschuldner zustehen, und zwar neben diesem[243]. Der Pfändungsschuldner behält seine Rechte, darf aber nicht zum

---

[235] LG Saarbrücken Rpfleger 1987, 211 mit Anm Mayer.
[236] Mayer Rpfleger 1987, 211 (Anmerkung).
[237] Stöber Rpfleger 1963, 337 (III 1).
[238] OLG Hamm JMBlNW 1958, 69 = Rpfleger 1958, 269 mit zust Anm Haegele; OLG Köln JR 1955, 225; LG Wuppertal NJW 1961, 785.
[239] RG 65, 414 (416); RG 73, 306 (308); RG 77, 141 (146); RG 83, 116 (118).
[240] LG Osnabrück Rpfleger 1956, 102 mit Anm Mohrbutter; LG Wuppertal NJW 1961, 785; Schiffhauer ZIP 1982, 526 (IV 15.1); Stöber Rpfleger 1963, 337 (III 2).
[241] RG 158, 40 (43); LG Osnabrück und LG Wuppertal je aaO (Fußn 240); Hill MDR 1959, 92.
[242] AG Bad Kreuznach RpflBlatt 1966, 42 = RpflJahrbuch 1967, 200 Leitsatz.
[243] BayObLG 1982, 459 (462); LG Osnabrück aaO (Fußn 240); Stöber Rpfleger 1963, 337 (I).

§ 180   11.10   Aufhebung einer Gemeinschaft

Nachteil des Pfändungsgläubigers verfügen, er ist relativ verfügungsbeschränkt[244]. Die Befugnisse des Anteilseigentümers auf Grund seiner ihm verbliebenen Rechtsinhaberschaft und die des Pfändungsgläubigers schließen sich nur dann aus, wenn durch irgendwelche Maßnahmen des Pfändungsschuldners das Pfandrecht des Pfändungsgläubigers benachteiligt oder seine Einziehungsbefugnis verletzt würde[245].

i) Folgerichtig muß man dem Anteilseigentümer das Recht, selbst die Teilungsversteigerung zu beantragen, versagen[246] (anders[247]). Den Verfahrensantrag kann der **Anteilseigentümer** höchstens **gemeinsam mit dem Pfändungsgläubiger** oder mit dessen ausdrücklicher Zustimmung stellen[248]. Eine vor der Pfändung schon laufende Teilungsversteigerung bleibt durch die Pfändung unberührt; der Pfändungsgläubiger kann den Teilungsversteigerungsantrag seines Schuldners nicht zurücknehmen[249]; auch der Schuldner selbst kann dies nicht mehr, weil dadurch sein Pfändungsgläubiger benachteiligt würde. Der Gläubiger muß zum Verfahren hinzugezogen werden[250]. Alle Beitritte und sonstigen Entscheidungen, auch die Terminsbestimmung, müssen dem Pfändungsgläubiger zugestellt werden.

k) Ein **Ablösungsrecht** (BGB §§ 1249, 1273 mit § 268) wird den anderen **Miterben** nicht zugestanden, wenn nach Verpfändung[251] oder Pfändung eines Miterbenanteils der Gläubiger die Teilungsversteigerung betreibt. Ein Recht der Miterben, die Gläubigerforderung abzulösen, wird jedoch für den Fall angenommen, daß die Auseinandersetzung ausgeschlossen ist (so[252] für vertraglichen Ausschluß der Aufhebung auf Dauer). Dann geht mit Ablösung auf den leistenden Miterben die Gläubigerforderung[252] und damit auch die Rechtsstellung des Gläubigers als Antragsteller der Teilungsversteigerung über (§ 15 Rdn 20.22), so daß er die Einstellung bewilligen (§ 30) oder den Versteigerungsantrag zurücknehmen (§ 29) kann (§ 15 Rdn 20.23).

l) Ein **Ablösungsrecht** (BGB §§ 1249, 1273 mit § 268) der (Bruchteils-)**Miteigentümer** kann nicht angenommen werden, wenn nach Verpfändung oder Pfändung des Aufhebungsanspruchs der Gläubiger die Teilungsversteigerung betreibt (dazu [und zum Sonderfall] auch vorst k; anders[253]). Gegenüber dem Schuldner-Miteigentümer und bei Anteilsveräußerung (BGB § 747 Satz 1) gegenüber dem Erwerber besteht kein Ablösungsrecht; etwas anderes kann daher auch nicht gelten, wenn der Pfandgläubiger den Auseinandersetzungsanspruch des Schuldners verfolgt. Das gemeinschaftliche Grundstück ist nicht „Pfand" (BGB § 1249), die Teilungsversteigerung nicht „Zwangsvollstreckung in den Gegenstand" (BGB § 268 Abs 1). Schutz der Miteigentümer vor jederzeitiger Aufhebung der Gemeinschaft (BGB § 749 Abs 1) bietet das rechtsgeschäftliche Teilungsverbot (BGB § 749 Abs 2). Gegenüber dem trotz Ausschluß der Auseinandersetzung gleichwohl bestehenden Sonderaufhebungsrecht eines Vollstreckungsgläubigers (BGB § 751 Satz 2) ist ein Ablösungsrecht der Miteigentümer anzunehmen (vorst k; so wohl

---

[244] OLG Hamm Rpfleger 1961, 201 mit Anm Haegele.
[245] Hill MDR 1959, 92.
[246] OLG Hamburg MDR 1958, 45; LG Frankenthal Rpfleger 1985, 500; Stöber, Forderungspfändung, Rdn 1545, 1670 und 1696; Hill MDR 1959, 92; Stöber Rpfleger 1963, 337 (II 1).
[247] OLG Hamm aaO (Fußn 238); LG Wuppertal NJW 1961, 785; Schiffhauer ZIP 1982, 526 (IV 15.2).
[248] Stöber Rpfleger 1963, 337 (II 8); Haegele BWNotZ 1975, 129 (III 3).
[249] LG Wuppertal NJW 1961, 785.
[250] OLG Hamm Rpfleger 1961, 201 mit Anm Haegele.
[251] RG 167, 298.
[252] OLG Karlsruhe MDR 1992, 588 = NJW-RR 1992, 713.
[253] Storz, Praxis der Teilungsversteigerung, Rdn 1.6.2.1; wohl auch Palandt/Thomas, BGB, § 751 Rdn 2.

Anzuwendende Vorschriften, Einstellung   11.12   § 180

auch[254]). Leistung durch die Miteigentümer nach BGB § 267 Abs 1 (Ausnahme Abs 2) bleibt stets zulässig.

m) Gesellschafter einer **BGB-Gesellschaft** laufen Gefahr, mit Kündigung durch einen Pfandgläubiger ihre Gesellschafterrechte zu verlieren. Sie werden daher für berechtigt angesehen, durch Befriedigung des Gläubigers (BGB § 268) die Auflösung der Gesellschaft (nicht lediglich die Teilungsversteigerung des Grundstücks) abzuwenden[255].

11.11 Eine **Verfügungsbeschränkung** nach § 28 liegt vor, wenn der Anteil eines Miterben gepfändet oder verpfändet ist und wenn dies im Grundbuch eingetragen ist. Ein **Dritter**, der in das Grundstück vollstrecken will, braucht nun einen **Duldungstitel** gegen den Pfändungsgläubiger oder dessen Zustimmung (dazu § 15 Rdn 27). Die (nicht gepfändeten) Miterben aber benötigen hier für ihren Teilungsversteigerungsantrag beides nicht[256]; ebensowenig die Gläubiger solcher Miterben; beide Gruppen aber benötigen die Zustimmung des Pfändungsgläubigers zur Auseinandersetzung über den Erlös[257]; für beide Gruppen ist der Pfändungsgläubiger Antragsgegner.

11.12 Einstellungsantrag aus § 180 Abs 2

a) Ob ihn der **Pfändungsschuldner** (= Anteilseigentümer) in dem vom Pfändungsgläubiger betriebenen Teilungsversteigerungsverfahren stellen darf, ist bestritten. Wegen ZPO §§ 829, 857, 859 soll er das **nicht** dürfen, weil er damit das Pfandrecht verletzen und die Befriedigung des Gläubigers mindestens hinausschieben würde[258]. Im Gegensatz hierzu meinen[259]: er könne den Einstellungsantrag stellen, weil das Verfahren für ihn eine Vollstreckung sei, allerdings seien dabei die Belange des Pfändungsgläubigers besonders zu berücksichtigen. Vermittelnd meinen[260]: der Pfändungsschuldner nehme nur mittelbar am Teilungsversteigerungsverfahren teil und habe, wenn der Einstellungsantrag eines anderen Miteigentümers abgelehnt werde, ein Rechtsmittel. Richtig ist der Pfändungsschuldner weiterhin Miteigentümer (Miterbe), weil er noch Inhaber seines Anteils geblieben und nur durch dessen Pfändung beschränkt ist. Als Miteigentümer aber ist er nach Wortlaut und Zweck des § 180 Abs 2 berechtigt, die einstweilige Verfahrenseinstellung zu beantragen. Abwägung der widerstreitenden Interessen gebietet Berücksichtigung auch seiner Miteigentümerinteressen an der zeitweiligen Zurückstellung der Auseinandersetzungsversteigerung.

b) Bei (zulässigem) Einstellungsantrag eines anderen (nicht gepfändeten) Miteigentümers aus Abs 2 sind **nicht** die gegen die Versteigerung sprechenden wirtschaftlichen **Belange des Pfändungsschuldners** zu berücksichtigen (sie sind ja nur im Verhältnis zu seinem Pfändungsgläubiger bedeutsam), sondern die Interessen der anderen Miteigentümer, wie wenn der Pfändungsschuldner das Verfahren betreiben würde[261].

---

[254] MünchKomm/K. Schmidt, BGB, § 751 Rdn 6.
[255] Clasen NJW 1965, 2141 (2142); Furtner MDR 1965, 613 (615).
[256] AG Bad Kreuznach aaO (Fußn 242).
[257] BayObLG 1959, 50 = NJW 1959, 1780 = Rpfleger 1960, 157; AG Bad Kreuznach aaO (Fußn 242).
[258] RG 65, 414 (416); OLG Hamburg MDR 1958, 45; LG Berlin Rpfleger 1991, 107; LG Osnabrück Rpfleger 1960, 409 mit zust Anm Mohrbutter; Drischler JurBüro 1964, 471 (II 2); Hill MDR 1959, 52; Mohrbutter, Handbuch des Vollstreckungsrechts, § 63 (II).
[259] OLG Hamm JMBlNW 1958, 69 = Rpfleger 1958, 269 mit zust Anm Haegele; LG Braunschweig NdsRpfl 1956, 74 = WM 1956, 475; LG Kempten NJW 1976, 299; Dassler/Schiffhauer § 180 Rdn 53; Steiner/Teufel § 180 Rdn 135; Schiffhauer ZIP 1982, 526 (IV 15.37 und VIII 1); Stöber Rpfleger 1963, 337 (IV 2 und 7).
[260] Jonas/Pohle, ZwVNotrecht, § 180 Anm 2 b; Mohrbutter Rpfleger 1960, 409 (Anmerkung).
[261] Jonas/Pohle aaO (Fußn 260).

§ 180   11.12 — Aufhebung einer Gemeinschaft

c) **Schutz** kann dem Pfändungsschuldner gegenüber seinem Pfändungsgläubiger auch über ZPO § 765 a gewährt werden, und zwar durch Einstellung der Vollstreckungsmaßnahmen des Pfändungsgläubigers gegen ihn, aus denen sich der Teilungsversteigerungsantrag des Pfändungsgläubigers erst ergeben hat, weil nach Einstellung der Vollstreckung dieser das Recht des Pfändungsschuldners auf Auseinandersetzung nicht mehr ausüben kann[262]. Diese Einstellung hat das Vollstreckungsgericht nicht als Versteigerungsgericht, also in einem besonderen Verfahren außerhalb der Teilungsversteigerung, zu bearbeiten.

d) **Fall aus der Praxis:** Eheleute sind Miteigentümer. Die Frau hat Geldansprüche gegen den Mann und befürchtet, daß er zu ihren Lasten über seinen künftigen Erlösanteil verfüge. Sie pfändet den ihrem Mann gegen sie zustehenden Auseinandersetzungsanspruch (samt Anspruch auf Erlösanteil), läßt den Pfändungs- und Überweisungsbeschluß hierüber an sich selbst als Drittschuldnerin zustellen, kann dann die Teilungsversteigerung hieraus betreiben und kann in der Erlösverteilung dann für sich und trotz BGB § 181 auch für den Mann die Einigung über die Erlösauseinandersetzung erklären, allerdings nur bis zur Höhe ihrer Forderungspfändung; Mitwirkung des Mannes ist dabei nicht nötig. Sie kann hier auch aus dem eigenen Anteil das Verfahren betreiben (dann ist der Mann normal beteiligt, kann auch Einstellungsanträge stellen) und auf Grund der Pfändung bei der Erlösverteilung die Einigungserklärung für sich und den Mann abgeben, wie dargelegt.

11.13 Zur Frage der Pfändung im ZVG-Handbuch Rdn 700–701.

12 Schutz des Antragsgegners (Absatz 2)

12.1 Einstweilige Einstellung des Verfahrens ist auf **Antrag** eines Miteigentümers auf die Dauer von längstens sechs Monaten anzuordnen, wenn dies bei Abwägung der widerstreitenden Interessen der mehreren Miteigentümer angemessen erscheint: Abs 2 Satz 1. Wiederholung der Einstellung ist einmal zulässig: Abs 2 Satz 2. Die Höchstdauer der Einstellung ist also bei zwei Einstellungen ein Jahr. Auf mehr als fünf Jahre insgesamt darf das Verfahren auch bei Verbindung mit Einstellungen nach Abs 3 zur Abwendung einer Kindesgefährdung nicht ausgedehnt werden: Abs 4.

12.2 a) **Voraussetzung** für die Einstellung nach Abs 2 ist, daß diese bei Abwägung der widerstreitenden Interessen der mehreren Miteigentümer **angemessen** erscheint: Abs 2 Satz 1. Es handelt sich um eine **Ermessensentscheidung** des Gerichts.

b) Die Einstellung des Teilungsversteigerungsverfahrens soll nach ihrem Grundgedanken durch Abwägung der widerstreitenden Interessen verhindern, daß ein wirtschaftlich Stärkerer unter Ausnutzung vorübergehender Umstände die Versteigerung „zur Unzeit" durchsetzt, um den wirtschaftlich Schwächeren zu ungünstigen Bedingungen aus dem Grundstück zu drängen[263]. Gegenüber dem grundsätzlichen Auseinandersetzungsanspruch kann der Wunsch eines Beteiligten nach Aufschub nur **in Ausnahmefällen** zu einer Einstellung führen[264]. Es muß sich um besondere Umstände handeln, die einen befristeten Aufschub angemessen erscheinen lassen. Das ist der Fall, wenn die sofortige oder alsbaldige Versteigerung **„zur Unzeit"** erfolgen würde[265], weil in der Einstellungszeit mit einer Veränderung wichtiger Umstände gerechnet werden kann. Ob die Versteigerung zur Unzeit

---

[262] Mohrbutter, Handbuch des Vollstreckungsrechts, § 63 (II).
[263] BGH 79, 249 = JurBüro 1981, 1176 mit Anm Mümmler = KTS 1981, 428 = MDR 1981, 482 = NJW 1981, 2065 = Rpfleger 1981, 187.
[264] LG Berlin Rpfleger 1993, 297.
[265] LG Braunschweig Rpfleger 1985, 76; LG Düsseldorf FamRZ 1955, 303; Jonas/Pohle, ZwVNotrecht, § 180 Anm 1.

Anzuwendende Vorschriften, Einstellung 12.3 § 180

wäre, kann nur unter Berücksichtigung der besonderen Umstände des Einzelfalles gesagt werden.

c) Bei der **Abwägung der widerstreitenden Interessen** ist ohne Bedeutung, ob die Erben auf den Versteigerungserlös angewiesen sind oder ob ein Erbe mit dem Erblasser verfeindet war und jetzt den Grundbesitz in die Hand eines bestimmten Interessenten bringen will. Ohne Bedeutung ist auch der allgemeine Hinweis auf steigende Grundstückspreise, weil das bei der Entwicklung des Grundstücksmarktes auf nicht absehbare Zeit jede Teilungsversteigerung verhindern würde.

d) Gemäß dem Grundsatz der nur vorübergehenden Einstellung darf es sich nur um solche **Umstände** handeln, die sich auf die Zeit des Aufschubs beziehen, die nicht für einen dauernden Ausschluß der Versteigerung sprechen würden, also nur um solche Umstände, **die** in sechs, höchstens zwölf Monaten voraussichtlich **behebbar sind**[266], die das Versteigerungsergebnis nur zur Zeit ungünstig beeinflussen, wobei es auf alle Umstände des Einzelfalles ankommt[267], oder die eine Versteigerung unnötig machen. Es können Umstände nicht verwertet werden, die gegen die Teilung als solche sprechen, zB drohender Verlust der Existenz bei Versteigerung des Hauses oder die über das gemeinsame Objekt abgeschlossenen Mietverträge. Es darf auch nicht auf ausländisches Recht dabei zurückgegriffen werden.

e) Es **genügt nicht,** wenn entgegen der Grundbuchlage die Antragsberechtigung des Antragstellers abgestritten wird (auch mit Verstoß gegen Treu und Glauben[268]); dies ist nur mit Widerspruchsklage geltend zu machen (Rdn 9.8). Es genügt nicht, daß ein Prozeß dieser Art angekündigt wird; es genügt nicht einmal, daß er schon anhängig ist, wenn sein Ende noch gar nicht abzusehen ist, wenn also die gesetzlich höchstmögliche Einstellungszeit von insgesamt einem Jahr auf jeden Fall überschritten werden wird. Es genügt auch nicht, wenn der Antragsgegner etwa ein Erbrecht für sich allein beansprucht oder behauptet, daß er Forderungen gegen Miterben oder Nachlaß habe. All dies darf im Einstellungsverfahren nicht berücksichtigt werden, es ist nur in einem Widerspruchsprozeß zu prüfen.

12.3 Einstellung kann angemessen sein:

a) wenn eine **Werterhöhung** durch Ausführung von Reparaturen oder Renovierung **bevorsteht**[269];

b) wenn ein aus besonderen Gründen nur **vorübergehend gesunkener Wert** sich voraussichtlich in Kürze wieder erhöhen wird, etwa bei plötzlichem Auftreten von ungewissen, preisdrückenden Ereignissen[269] (drohende Enteignung für öffentliche Zwecke, die dann doch nicht erfolgt; Nachbarschaft eines geplanten, dann nicht gebauten Flughafens oder Industrieprojekts);

c) wenn zur **Erhaltung alten Familienbesitzes** sich der Antragsgegner in Kürze glaubhaft die Mittel verschaffen kann, um den Antragsteller wegen seiner der Höhe nach ungefähr schon feststehenden oder zur Einstellungszeit feststellbaren Ansprüche abzufinden[270];

d) wenn bei Verwandten vorübergehende sich aus dem **Verwandtschaftsverhältnis** ergebende Gesichtspunkte auftreten;

e) wenn die **Klage** eines geschiedenen Ehegatten aus ungerechtfertigter Bereicherung gegen Antragsteller auf Herausgabe eines diesem geschenkten Grundstücksan-

---

[266] LG Frankenthal Rpfleger 1985, 315.
[267] Jonas/Pohle, ZwVNotrecht, § 180 Anm 2a.
[268] LG Berlin Rpfleger 1993, 297.
[269] BGH 79, 249 = aaO (Fußn 263).
[270] Mohrbutter, Handbuch des Vollstreckungsrechts, § 63 (II).

§ 180   12.3   Aufhebung einer Gemeinschaft

teils voraussichtlich zum Erfolg führt, nicht dagegen, wenn es sich um bloße Geldansprüche der Geschiedenen gegeneinander handelt;

f) wenn der Antragsgegner glaubhaft in Kürze einen **Kredit** erhält, mit dem er den Miteigentumsanteil des Antragstellers erwerben kann und wenn dieser gar damit einverstanden ist, daß der Versteigerungstermin nicht rasch angesetzt werden solle;

g) wenn der Antragsgegner glaubhaft in Kürze die Ansprüche eines die Teilungsversteigerung betreibenden Pfändungsgläubigers (ausnahmsweise, Rdn 11.10 k) **ablösen** kann, um so den gemeinsamen Besitz zu erhalten;

h) wenn ernsthafte **Vergleichsverhandlungen** zwischen den Beteiligten schweben, etwa in einem schon abhängigen Prozeß, und wenn dabei gar noch der Antragsteller dem Antragsgegner eine Frist zur Entscheidung über einen Zahlungsvorschlag einräumt oder sonst ein Zuwarten billigt oder wegen Vergleichsverhandlungen nichts gegen die Verfahrenseinstellung hat[271], wegen bereits zweimaliger Einstellung nach § 30 eine erneute Einstellung aber nicht bewilligt.[271]

i) wenn der Antragsgegner mit diesem **Verfahren überrascht** worden ist, ohne vorausgehende Verhandlungen oder Ankündigung, und wenn er nun eine gewisse Zeit benötigt, um sich auf die Auseinandersetzung einzustellen[272], insbesondere auf die eigene Übernahme des fremden Anteils.

12.4 Es gibt andererseits zahlreiche Umstände, die **gegen eine Einstellung** sprechen:

a) Einstellung ist nicht angemessen, wenn der gemeinschaftliche Besitz die **Lasten nicht mehr trägt** und dem Antragsteller die auf ihn treffenden Zuschüsse nicht mehr zugemutet werden können[273].

b) Nicht angemessen ist eine Einstellung, wenn der Antragsteller zur Erhaltung seiner Existenz **dringend Geldmittel benötigt,** die er sich auf andere Weise nicht beschaffen kann[273].

c) Einstellung ist nicht angemessen, wenn der Antragsgegner zwar in dem **Grundstück wohnt,** aber noch eine andere Wohnung hat, oder wenn er geltend macht, die Räumung seiner Wohnung werde wegen seines Alters zu ernsthaften Gesundheitsschäden führen[274] (in Einstellungsfrist nicht behebbar).

d) Nicht angemessen ist die Einstellung, wenn der Antragsgegner jetzt eine **freiwillige Teilung** anbietet, die aber aussichtslos ist, weil der Antragsgegner die Mittel zur Abfindung der Miteigentümer weder hat noch sich verschaffen kann oder weil die Vorstellungen der Miteigentümer über die Höhe des Ausgleichsbetrags nicht übereinstimmen[275].

e) Das Verfahren kann nicht schon deshalb eingestellt werden, weil die Beteiligten **Ehegatten** im gesetzlichen Güterstand sind. Es ist zwar auf Erhaltung des Familienbesitzes hier zu achten, doch müssen zusätzliche Gesichtspunkte gegeben sein, etwa ein zur Zeit besonders ungünstiger Grundstückswert oder die bald mögliche Beschaffung eines Kredits zur Ablösung oder zum Mitbieten. Diese Verhältnisse dürfen dabei nicht über die mögliche Einstellungszeit hinaus unverändert fortbestehen. Die Ehewohnung als solche genießt keinen besonderen Schutz. Gegen die Einstellung spricht bei Ehegatten insbesondere, wenn sie die Ehe nicht mehr erhalten wollen, sie beide als zerrüttet ansehen, nur jeder das Alleineigentum erwerben will, um den anderen hinauszubringen.

f) Einstellung ist nicht angemessen, wenn zwischen Antragsteller und Antragsgegner **Streitigkeiten** über ein Auseinandersetzungsguthaben bestehen.

---

[271] LG Nürnberg-Fürth JurBüro 1980, 1906.
[272] LG Koblenz KTS 1965, 47.
[273] Jonas/Pohle, ZwVNotrecht, § 180 Anm 2a.
[274] LG Frankenthal Rpfleger 1985, 315.
[275] LG Berlin Rpfleger 1993, 297.

Anzuwendende Vorschriften, Einstellung 12.6 **§ 180**

g) Einstellung kann nicht schon deshalb verlangt werden, weil zwischen der Antragsgegnerin und ihrem geschiedenen Ehemann (Antragsteller) ein Unterhaltsrechtsstreit anhängig ist[276].

h) Einstellung kommt nicht in Frage, wenn überhaupt **keine „widerstreitenden Interessen"** vorliegen, weil die fraglichen Umstände sowohl den Antragsteller wie den Antragsgegner treffen, indem etwa unklar ist, ob das Objekt wegen bestehender Baubeschränkungen überhaupt verwertbar ist.

i) Einstellung hat keinen Sinn, wenn die Beteiligten schon **Jahre** hindurch **vergebens versucht** haben, eine Einigung zu erzielen.

k) Für Einstellung genügt nicht, daß der Antragsgegner, der sein **Geschäft im Hause** betreibt, durch Auszug in der Existenz gefährdet wird, weil dies ein Dauerumstand ist.

l) Einstellung ist nicht geboten bei **Tod** eines der Beteiligten, insbesondere des Antragsgegners, weil der Tod den Fortgang des Verfahrens nicht berührt. Es geht nicht um die Person, sondern um das Grundstück dabei. Allerdings kann es bei Tod des Antragsgegners geboten sein, ausnahmsweise einzustellen, wenn seinen überraschten Erben eine gewisse Zeit der Überlegung gewährt werden muß.

12.5 a) **Fall aus der Praxis:** Eheleute sind Miteigentümer zu je ½. Mann betreibt die Teilungsversteigerung. Er hat seine Hälfte von den Eltern der Frau geschenkt erhalten. Diese klagen wegen Widerrufs auf Rückauflassung. Einstellungsgrund ist dies nur, wenn der Prozeß gute Aussichten bietet (zB erfolgreiche Beweisaufnahme durchgeführt) und wenn der Anspruch nahe vor der Verwirklichung steht (nur noch etwa Schriftsätze zu wechseln sind), weil dann der Mann bald sein Antragsrecht verlieren würde, nicht wenn der Prozeß noch für längere Zeit völlig offen ist, weil der Mann den Grundstückswert durch Einbauten erheblich erhöht hat und weil die Entscheidung des Gerichts nach Prozeßlage nicht in zweimal sechs Monaten ergehen wird (ähnlich auch der Fall von[277]). Das Prozeßgericht könnte hier a) eine Einstweilige Verfügung gegen die Fortsetzung der Teilungsversteigerung erlassen (so auch im Fall[277]).

b) **Fall aus der Praxis:** Antragsteller und Antragsgegner sind zu je ½ eingetragen. Antragsteller hat seinen Anteil von einer angeblichen Miterbin erworben, über deren Erbrecht ein Prozeß kurz vor dem Abschluß steht, wobei schon ein Widerspruch gegen ihr Eigentum im Grundbuch eingetragen wurde, so daß der Antragsteller, trotzdem eingetragen, nicht berechtigt erworben hätte und das Grundbuch berichtigen lassen müßte. Die Einwände sind aber sachenrechtlich nur mit Widerspruchsklage durchsetzbar. Selbst wenn der jetzige Prozeß erfolgreich ausgeht, muß dann erst noch ein Prozeß gegen den Antragsteller geführt werden, was mehr als ein Jahr benötigt. Die Umstände genügen nicht für eine Einstellung.

12.6 Wenn mehrere oder alle Miteigentümer das Verfahren als Antragsteller **betreiben,** und zwar nicht zu einem Anordnungsbeschluß, sondern aus Anordnungsbeschluß für einen oder einige von ihnen, aus Beitritten der anderen, ist ein Einstellungsantrag der einen Seite zum Verfahren der anderen Seite durchaus möglich[278], weil die Verfahren voneinander unabhängig sind. Der Miteigentümer, der das Verfahren selbst betreibt, kann einstweilige Einstellung zwar nach § 30 mit § 180 Abs 1 bewilligen; er ist für sein eigenes Verfahren jedoch nicht auf einen Antrag nach Abs 2 angewiesen[279]. Da sich die Befugnis, eine Einstellung zu bewilligen, aber auf das Verfahren beschränkt, in dem der Miteigentümer die Rolle des Gläubigers hat, ergibt sich die Notwendigkeit, ihm das Antragsrecht nach Abs 2 für alle von anderen Miteigentümern betriebenen Verfahren zuzuerkennen, in de-

---

[276] LG Braunschweig Rpfleger 1985, 76.
[277] LG Bonn NJW 1970, 2303.
[278] BGH 79, 249 = aaO (Fußn 263); Steiner/Teufel § 180 Rdn 133.
[279] BGH 79, 249 = aaO (Fußn 263).

§ 180 12.6   Aufhebung einer Gemeinschaft

nen er die Rolle des Antragsgegners hat[279]. Aussicht auf Erfolg wird er mit seinem Einstellungsantrag nach Abs 2 allerdings nur dann haben, wenn er auch in seinem eigenen Verfahren die Einstellung (nach § 30 mit § 180 Abs 1) bewilligt[279], denn ein Miteigentümer kann nicht gleichzeitig sein Verfahren betreiben, das des Gegners jedoch aufhalten.

12.7 Betreibt der **Konkursverwalter** eines Miteigentümers die Teilungsversteigerung, so sind auf der Seite des Betreibenden nicht die Interessen des Gemeinschuldners, sondern die des Konkursverwalters an einer zügigen Abwicklung abzuwägen[280].

12.8 Der Antrag, den **Versteigerungstermin** wegen einer möglichen Einigung **abzusetzen,** ist beim Antragsteller des Verfahrens eine Einstellungsbewilligung; vom Antragsgegner gestellt ist es ein Einstellungsantrag, vorausgesetzt, daß die dafür geltende Frist noch läuft, weil der Antragsgegner nicht nur den Termin, sondern die ganze Versteigerung vermeiden will.

12.9 Über die Frage, ob derjenige, dessen Auseinandersetzungsanspruch von seinem Gläubiger gepfändet ist, noch einen Einstellungsantrag stellen kann, Rdn 11.12.

12.10 a) **Für das Verfahren ist** § 30 b anzuwenden: Abs 2 Satz 3.

b) Die einstweilige Einstellung ist demnach binnen einer **Notfrist von zwei Wochen** zu beantragen, die mit Zustellung der Verfügung beginnt, in welcher der Antragsgegner auf das Recht zur Stellung des Einstellungsantrags, den Fristbeginn und die Rechtsfolgen eines fruchtlosen Fristablaufs hingewiesen wird[281] (§ 30 b Abs 1 mit Abs 2 Satz 3). Dieser Hinweis ist möglichst zugleich mit dem Beschluß, durch den die Zwangsversteigerung angeordnet oder der Beitritt zugelassen wird, zuzustellen (§ 30 b Abs 1 mit Abs 2 Satz 3). Das Antragsrecht wird für jeden Anordnungs- und Beitrittsbeschluß für den (die) jeweiligen Antragsgegner des damit eingeleiteten Beschlagnahmeverfahrens mit Zustellung der auf das Antragsrecht hinweisenden Verfügung gesondert begründet. Es muß daher bei jedem Anordnungs- und Beitrittsbeschluß[282] der jeweilige Antragsgegner über die Möglichkeit des Einstellungsantrags und die Notfrist hingewiesen werden[283]. Der Antrag kann jeweils nur in der für ihn laufenden Notfrist gestellt werden, nicht nach deren Ablauf[284], wenn etwa die Frist zu einem anderen Beitrittsbeschluß noch läuft. Die Notfrist gilt auch bereits für den ersten Antrag auf einstweilige Einstellung nach § 180 Abs 2[285]. Die Gründe, die bereits im Zeitpunkt der Zustellung des Anordnungs- oder Beitrittsbeschlusses bekannt oder voraussehbar sind, sollen innerhalb der kurzen Frist von zwei Wochen geltend gemacht werden, damit das Verfahren gestrafft und nicht unnötig verzögert wird[285]. Auch für einen Miteigentümer, der selbst bereits als Antragsteller die Teilungsversteigerung betreibt, beginnt bei Zulassung des Beitritts eines anderen Miteigentümers in seiner Eigenschaft als Antragsgegner in dem nun von dem anderen Miteigentümer betriebenen Verfahren die Antragsfrist mit der Zustellung der auf das Antragsrecht hinweisenden Verfügung (die nach § 30 b Abs 1 mit Abs 2 Satz 3 möglichst zugleich mit dem Beitrittsbeschluß erfolgen soll). Dieser Zeitraum für die Stellung eines zulässigen Einstellungsantrags wird für den Miteigentümer, der als Antragsteller selbst die Teilungsversteigerung betreibt, bei Zulassung des Beitritts eines anderen Miteigentümers nicht dadurch hinausgeschoben, daß er zunächst sein Verfahren weiter betreibt[285]. Wenn der Miteigentümer später erst seinen Verstei-

---

[280] LG Koblenz KTS 1965, 47.
[281] BGH 79, 249 = aaO (Fußn 263).
[282] Drischler Rpfleger 1956, 91; Jonas/Pohle, ZwVNotrecht, § 30 b Anm 3.
[283] BGH 79, 249 = aaO (Fußn 263).
[284] Mümmler JurBüro 1973, 689 (II A 1 b).
[285] BGH 79, 249 = aaO (Fußn 263).

Anzuwendende Vorschriften, Einstellung 12.11 § 180

gerungsantrag zurücknimmt oder die einstweilige Einstellung seines Verfahrens beantragt, kann er daher nach Ablauf der Antragsfrist, die für ihn bereits mit Zustellung des durch den Beitrittsbeschluß veranlaßten Hinweises auf das Einstellungsrecht zu laufen begonnen hat, nicht mehr Antrag auf einstweilige Einstellung nach Abs 2 gegen den Beitrittsgläubiger stellen[285].

c) **Anzuhören** sind vor der Entscheidung als Antragsteller der Miteigentümer, der die Teilungsversteigerung betreibt (der sonstige Antragsteller) und als Antragsgegner der Miteigentümer, der die Einstellung beantragt hat (§ 30 b Abs 2 Satz 2 mit § 180 Abs 2 Satz 3), nicht auch die anderen Antragsgegner der Teilungsversteigerung (auch deren Anhörung ist aber nicht verboten; sie ist nicht unzweckmäßig, weil durch ihren Vortrag vielleicht wichtige Umstände bekanntwerden können). Es kann auch eine mündliche Verhandlung darüber angesetzt werden (§ 30 b Abs 2 Satz 2). Dabei kann auch das persönliche Erscheinen angeordnet werden (ZPO § 141). Häufig gibt es dann Vergleiche. Hierzu Einl Rdn 23, 49, § 30 b Rdn 4. Angaben sind auf Verlangen des Gerichts glaubhaft zu machen (dazu § 30 b Rdn 4.1). Zur Rücknahme des Antrags: § 30 b Rdn 4.7.

d) Angeordnet werden darf die Einstellung bei jedem Einstellungsfall bis zu **höchstens sechs Monaten:** Abs 2 Satz 1. Sie darf nur einmal wiederholt werden: Abs 2 Satz 2. Diese Vorschriften beziehen sich auf das Verfahren zu jedem einzelnen Anordnungs- oder Beitrittsbeschluß; diese Verfahren sind selbständig.

e) Zur **Form** der Entscheidung § 30 b Rdn 5, aber mit anderer Parteibezeichnung und anderen Gründen. Eine **Kostenentscheidung** erfolgt bei der Einstellungsentscheidung nicht (s Einl Rdn 39). Die Tätigkeit des Gerichts wie des Rechtsanwalts sind durch die Verfahrensgebühr abgegolten.

f) Der Einstellungsbeschluß muß wegen § 32 auch den anderen Miteigentümern (Antragsgegner des Verfahrens, die selbst Einstellungsantrag nicht gestellt haben) **zugestellt** werden (auch sie sind dadurch begünstigt), nicht allerdings die die Einstellung ablehnende Beschluß.

g) Die **Belehrung** des Antragstellers im Falle der Einstellung **über die Fortsetzung** des Verfahrens gemäß § 31 gilt auch hier. Zwar ist in § 180 Abs 2 nur auf § 30 b Bezug genommen, nicht auf § 31, doch ergibt sich die Anwendung des § 31 aus Abs 1[286]. Die Antragsfrist des § 31 Abs 1 Satz 2 beginnt entsprechend § 31 Abs 2 b mit dem Zeitpunkt, bis zu dem die Einstellung aus § 180 Abs 2 angeordnet ist[287]. Zustimmung des Miteigentümers, auf dessen Antrag das Verfahren eingestellt wurde, zu vorzeitiger Fortsetzung des Verfahrens (Fortsetzung vor Ablauf der Einstellungsfrist) ist nicht vorgesehen (dazu § 30 a Rdn 8).

h) Die Einstellungsentscheidung des Rechtspflegers, positive wie negative, ist wie sonst **anfechtbar,** aber ohne weitere Beschwerde[288]. Dazu § 30 b Rdn 9.

i) Nach **Fristablauf** oder nach rechtskräftiger Ablehnung des ersten Antrags kann (etwa bei einem unzureichenden Meistgebot) ein Einstellungsantrag nicht „aus einem neuen Grund" gestellt werden (anders[289]: bei drohender Verschleuderung als eine Art Generalklausel; verstößt gegen den eindeutigen Gesetzeswortlaut).

12.11 Für das **Verhältnis** einer Einstellungsbewilligung des Antragstellers nach § 30 zu einem Einstellungsantrag des Antragsgegners aus § 180 Abs 2 gilt das, was für das Verhältnis von § 30 zu § 30 a gesagt ist; hierzu § 30 Rdn 6. Einstellungen anderer Art als aus Abs 2 werden auf die zwei möglichen Fälle somit **nicht angerechnet,** auch nicht eine Einstellung durch das Prozeßgericht aus ZPO §§ 771,

---

[286] Mohrbutter BlGrBW 1953, 324 (IV).
[287] LG Lübeck SchlHA 1960, 178.
[288] OLG München NJW 1955, 149.
[289] OLG Hamm KTS 1973, 143 = OLGZ 1972, 316; OLG Oldenburg KTS 1974, 240 mit krit Anm Mohrbutter; LG Augsburg MDR 1976, 231; LG Bielefeld Rpfleger 1983, 168; Mohrbutter DRiZ 1977, 39 (II 3).

§ 180 12.11 Aufhebung einer Gemeinschaft

769 oder im Wege einer Einstweiligen Verfügung, auch nicht eine Einstellung (oder zwei[290]) auf Bewilligung des Antragstellers nach § 30 (die in der Teilungsversteigerung möglich ist). Der Antragsteller des Verfahrens kann (wie der betreibende Gläubiger der Vollstreckungsversteigerung) nach § 30 **zweimal** die Einstellung **bewilligen,** ohne daß dies aber auf Einstellungsanträge nach § 180 Abs 2 angerechnet wird, weil hier schon bisher § 30 b, nicht § 30 d für anwendbar erklärt war[291]. Es können also zwei Einstellungen nach § 30 und zwei Einstellungen aus Abs 2 zusammentreffen[292], immer aber vorausgesetzt, daß bei Verfahrensfortsetzung nach bewilligter Einstellung Antrag auf Einstellung nach Abs 2 in der dafür bestimmten Zweiwochenfrist noch gestellt werden kann (dazu § 30 b Rdn 10).

12.12 Bei den vom Antragsteller bewilligten Einstellungen gilt auch hier die **dritte Bewilligung** als Rücknahme des Antrags[293].

12.13 Zu ZPO § 765 a Einl Rdn 52.6.

12.14 Zur Einstellungsfrage im ZVG-Handbuch: Grundsätze Rdn 715, Muster für die Belehrung der Antragsgegner Rdn 714, Interessenabwägung Rdn 716, Muster für Einstellungsbeschluß Rdn 717.

13 Schutz im Interesse des Kindeswohls (Absätze 3 und 4)

13.1 Im Interesse eines gemeinschaftlichen Kindes ist auf Antrag die Zwangsversteigerung zur Aufhebung einer Gemeinschaft an einem Grundstück (anderen Objekt), die zwischen Ehegatten oder früheren Ehegatten besteht, einstweilen einzustellen, wenn dies zur **Abwendung einer ernsthaften Gefährdung des Kindeswohls** erforderlich ist: Abs 3 Satz 1. Die Bestimmung beruht auf der Erwägung, daß Ehegatten und geschiedene Ehegatten bei der Durchsetzung ihrer Ansprüche, somit auch bei Verfolgung eines Anspruchs auf Aufhebung einer Gemeinschaft im Wege der Zwangsversteigerung, in besonderer Weise auf die Interessen gemeinschaftlicher Kinder Rücksicht nehmen müssen[294].

13.2 Längere Einstellung im Kindesinteresse erfordert, daß **Miteigentümer** des Grundstücks (anderen Objekts) nur der **Ehegatte** oder **frühere Ehegatte** des Antragstellers des Teilungsversteigerungsverfahrens ist. Gleichgültig ist, ob Miteigentum nach Bruchteilen oder in Gesamthandsgemeinschaft (insbesondere Erbengemeinschaft) besteht. Einstellung im Kindesinteresse kann jedoch nicht erfolgen, wenn der Gemeinschaft noch weitere Miteigentümer angehören, auch wenn das Angehörige (Eltern, Geschwister) eines der Ehegatten sind. Auf die Größe des Anteils des Dritten kommt es dabei nicht an. Daß das gemeinschaftliche Kind selbst neben den Ehegatten einziger weiterer Miteigentümer ist, kann Einstellung aus dem Grund des Abs 3 jedoch nicht ausschließen. Maßgeblich ist das Miteigentum zur Zeit des Verfahrensbeginns mit Anordnung der Zwangsversteigerung (oder Zulassung des Beitritts). Wenn danach ein neuer Miteigentümer die Verfahrensstellung als Antragsteller übernimmt (Rdn 6.9) bleibt Einstellung nach Abs 3 möglich. Bei Eigentumswechsel vor Verfahrensanordnung (Ehegatte veräußert seinen Miteigentumsanteil; Erwerber betreibt die Zwangsversteigerung) ist Miteigentum von Eheleuten als Einstellungsvoraussetzung nicht gegeben, Einstellung im Kindesinteresse somit nicht möglich. Jedoch kann Berufung eines Antragstellers, der den Anteil eines Ehegatten erworben hat, darauf, daß es für Einstellung nach Abs 3 an Ehegatteneigentum fehlt, aus besonderen Gründen nach Treu und Glauben unzulässig sein. Das ist der Fall, wenn Anteilserwerb nur (oder im wesentlichen nur)

---
[290] LG Nürnberg-Fürth JurBüro 1980, 1906.
[291] Mohrbutter Rpfleger 1954, 235 (a); Schiffhauer BlGrBW 1961, 65 (III).
[292] Mohrbutter Rpfleger 1954, 235 (a).
[293] LG Kassel Rpfleger 1950, 564.
[294] Begründung des Gesetzentwurfs, BT-Drucksache 10/2888, vom 21. 2. 1985, Seiten 12, 35 und 36.

Anzuwendende Vorschriften, Einstellung 13.4 § 180

erfolgt ist, um die Voraussetzungen einer längerdauernden Verfahrenseinstellung auszuschließen. Erwerb des Miteigentumsanteils eines Dritten nach Verfahrensanordnung durch den Ehegatten, der Antragsgegner ist, kann, wenn damit nur noch Grundstückseigentum der Ehegatten besteht, den Einstellungsgrund des Abs 3 nicht neu schaffen. Für zulässig muß Einstellung im Interesse des Kindeswohls nach Abs 3 jedoch auch erachtet werden, wenn die Gemeinschaft zwischen Ehegatten oder früheren Ehegatten bestanden hat, Miteigentümer bei Anordnung der Zwangsversteigerung nach dem Tod eines Ehegatten aber sein Erbe ist (seine Erben sind). Das gebietet der Normzweck der Bestimmung, die sicherstellen will, daß Kindern das Familienheim, das oft Ehegatten zu Miteigentum gehört, nicht sogleich verloren geht und sich nicht damit ihre Wohnverhältnisse oder sonstigen Lebensverhältnisse nachhaltig verschlechtern[294].

13.3 Zur Abwendung einer Kindesgefährdung sieht Abs 3 die Einstellung der Zwangsversteigerung zur Aufhebung einer Gemeinschaft vor, die ein Ehegatte oder früherer Ehegatte betreibt. Dem stehen aber Antragsteller gleich, die das **Recht des Ehegatten** oder früheren Ehegatten auf Aufhebung der Gemeinschaft **ausüben** (so auch[295]). Sie können nicht mehr Rechte haben als der Miteigentümer, dessen Recht auf Aufhebung der Gemeinschaft sie verfolgen, müssen somit wie dieser den Auseinandersetzungsanspruch dem Kindesinteresse unterordnen. Längere Einstellung nach Abs 3 kann daher auch in dem auf Antrag eines Pfandgläubigers (nach Pfändung oder Verpfändung) eines Ehegatten-Miteigentümers betriebenen Verfahrens erfolgen, desgleichen in dem Verfahren auf Antrag des Erben eines Ehegatten, der Miteigentümer war (auch auf Testamentsvollstreckerantrag), in dem Verfahren auf Antrag des Konkursverwalters eines Ehegatten und in vergleichbaren Fällen.

13.4 Längere Einstellung nach Abs 3 setzt voraus, daß sie „zur **Abwendung** einer ernsthaften **Gefährdung des Wohls** eines gemeinschaftlichen Kindes **erforderlich** ist". Mit Durchsetzung seines Auseinandersetzungsanspruchs hat ein Ehegatte damit in besonderer Weise auf die Interessen gemeinschaftlicher Kinder Rücksicht zu nehmen[296]. Veräußerung des Familienheims, die bewirken würde, daß sich die Wohn- oder sonstigen Lebensverhältnisse eines gemeinschaftlichen Kindes **nachhaltig** verschlechtern, ist zurückzustellen. Das Interesse eines Ehegatten oder früheren Ehegatten an der alsbaldigen Aufhebung der Gemeinschaft an dem Grundstück muß bei ernsthafter Gefährdung des Kindeswohls zurückstehen. Ernsthafte Gefährdung des Wohls eines gemeinschaftlichen Kindes erfordert, daß das Kind durch die Zwangsversteigerung in seinen Lebensverhältnissen erheblich benachteiligt wird und damit in seiner Entwicklung erheblich beeinträchtigt zu werden droht[297]. Es müssen besondere Umstände eine begründete gegenwärtige Besorgnis der Gefährdung des körperlichen, geistigen oder seelischen Kindeswohls nahelegen[298]. Das kann etwa der Fall sein, wenn die anderweitige Unterbringung einer kinderreichen Familie mit zumutbarem Aufwand nicht möglich erscheint[299], wenn das Haus nach den Bedürfnissen eines behinderten Kindes gebaut ist[6], wenn noch Ungewißheit über den späteren Aufenthalt eines (8jährigen) Kindes (oder auch mehrerer Kinder) besteht, weil die Eltern über die elterliche Sorge streiten, und wiederholter Wechsel der ihm anvertrauten Umgebung seine gedeihliche Entwicklung stören könnte[300]. Auch Gefährdung der schulischen Entwicklung kann

---

[295] Dassler/Schiffhauer § 180 Rdn 56.
[296] Begründung aaO (Fußn 294).
[297] LG Berlin Rpfleger 1992, 170 mit Anm Meyer-Stolte.
[298] LG Berlin FamRZ 1987, 1066 = Rpfleger 1987, 514; LG Frankenthal Rpfleger 1987, 124; LG Heidelberg FamRZ 1991, 588 = Rpfleger 1991, 215 mit Anm Meyer-Stolte; LG Limburg a. d. Lahn FamRZ 1987, 1065.
[299] Diederichsen NJW 1986, 1283 (II 2 c).
[300] LG Berlin aaO (Fußn 297 und 298).

§ 180   13.4   Aufhebung einer Gemeinschaft

genügen[301] (kein Einstellungsgrund daher bei günstiger schulischer Entwicklung eines 17 jährigen Kindes)[302]. Unbeachtlich ist, ob der die Einstellung beantragende Ehegatte (Antragsgegner des Verfahrens) die Gefährdung des Kindeswohls (mit) zu verantworten hat[303] Eine nur allgemeine, nicht wesentliche Beeinträchtigung des Kindesinteresses, auch die mit dem Verlust des bisherigen Familienheims notwendig verbundenen Unzuträglichkeiten (auch Schulwechsel, Verlust der Spielgefährten oder einer Betreuungsperson in der Nachbarschaft[304]) oder nur der Wunsch nach Beibehaltung des bisherigen Lebensstandards (eines eigenen Zimmers für jedes Kind) rechtfertigen Einstellung nicht[305] (aA[306]: Abs 3 ist weit auszulegen; wesentliche Beeinträchtigung durch Verlust des Familienheims kann genügen). Einbuße einer nur vermögensrechtlichen Erwartung (Verlust des Grundstücks als künftigen Nachlaßgegenstand) genügt nicht, desgleichen auch nicht die mit einem Umzug oder Ortswechsel verbunde Unzuträglichkeit[307] und nicht bereits ein Schulwechsel. Nur das Interesse eines **gemeinschaftlichen Kindes** kann Berücksichtigung finden, nicht auch das Interesse anderer Kinder des Ehegatten, gegen den die Teilungsversteigerung betrieben wird, und auch nicht das Interesse eines leiblichen (erstehelichen) Kindes nur des Ehegatten, der die Teilungsversteigerung betreibt (ZVG-Handbuch Rdn 721 a gegen[308]). Auch hier gilt, daß die Unehelichkeit nur nach rechtskräftiger Feststellung geltend gemacht werden kann (BGB § 1593). Gemeinschaftliches Kind ist auch das von Ehegatten gemeinschaftlich angenommene Kind (BGB § 1741 Abs 2). Auf das Alter des Kindes ist nicht abgestellt. Abs 3 dient auch dem Schutz eines gemeinschaftlichen volljährigen Kindes (so auch[309]). Sein Interesse kann etwa Einstellung rechtfertigen, wenn es noch in Ausbildung steht oder gebrechlich ist (Gefährdung eines geistig behinderten Kindes[310]). Nur noch wirtschaftliche Interessen eines volljährigen, selbständigen Kindes (so wenn der 40jährige Sohn im elterlichen Anwesen seinen Gewerbebetrieb hat oder seine freie Berufstätigkeit ausübt) können ernsthafte Gefährdung des Kindeswohls nicht rechtfertigen. Darauf, daß der Ehegatte, der Einstellung beantragt, gesetzlicher Vertreter des Kindes oder doch personensorgeberechtigt ist, ist nicht abgestellt. Ernsthafte Gefährdung des Kindeswohls genügt. Erfordert es Einstellung, dann sind (anders als im Falle des Abs 2) widerstreitende Interessen des Miteigentümers, der die Versteigerung betreibt, nicht abzuwägen. Wirtschaftliche und persönliche Interessen der Eheleute erlangen für den Einstellungsgrund des Abs 3 keine Bedeutung[311]. Außer Betracht muß somit auch bleiben, daß die Eltern wegen der Belastungen das Haus (vielleicht) ohnedies nicht halten können (anders[312]).

13.5 Die Einstellung erfolgt nur auf **Antrag**. Antragsberechtigt ist nur der Ehegatte, gegen den als Antragsgegner die Teilungsversteigerung betrieben wird. Kinder sind nicht antragsberechtigt.

13.6 Beantragt werden muß auch die Einstellung nach Abs 3 binnen einer **Notfrist von zwei Wochen**[313] (§ 30 b Abs 1 Satz 1 mit § 180 Abs 3 Satz 3). Diese beginnt mit Zustellung der Verfügung, in welcher der Antragsgegner auf dieses

---

[301] LG Heidelberg aaO (Fußn 298).
[302] LG Frankenthal aaO (Fußn 298).
[303] LG Offenburg FamRZ 1994, 1274 = Rpfleger 1994, 177.
[304] LG Berlin aaO (Fußn 297).
[305] LG Essen FamRZ 1988, 1191.
[306] LG Offenburg FamRZ 1994, 1274 = Rpfleger 1994, 177.
[307] LG Berlin FamRZ 1987, 1067 = NJW-RR 1988, 253 = Rpfleger 1987, 515 und FamRZ 1987, 1066 = Rpfleger 1987, 514; LG Frankenthal Rpfleger 1987, 124.
[308] AG Hamburg Rpfleger 1990, 523 mit Anm Meyer-Stolte.
[309] LG Berlin NJW-RR 1988, 253 = aaO (Fußn 307); Diederichsen aaO (Fußn 299).
[310] LG Berlin NJW-RR 1988, 253 = aaO (Fußn 307).
[311] LG Berlin NJW-RR 1988, 253 = aaO (Fußn 307); LG Frankenthal aaO (Fußn 307).
[312] Diederichsen aaO (Fußn 299); Gerhardt JZ 1987, 1074 (Buchbesprechung).
[313] LG Essen FamRZ 1988, 1191.

Anzuwendende Vorschriften, Einstellung 13.11 § 180

Einstellungsrecht, den Fristbeginn und die Rechtsfolgen eines fruchtlosen Fristablaufs hingewiesen wird (§ 30 b Abs 1 Satz 2 mit § 180 Abs 3 Satz 3). Dieser Hinweis ist möglichst zugleich mit dem Beschluß, durch den die Zwangsversteigerung angeordnet (oder der Beitritt zugelassen) wird, zuzustellen. Das Antragsrecht wird für jeden Anordnungs- und Beitrittsbeschluß für den jeweiligen Antragsgegner des damit eingeleiteten Beschlagnahmeverfahrens gesondert begründet. Dazu Rdn 12.10.

13.7 Einstellungsmöglichkeiten regeln **Abs 2** und **Abs 3** unter verschiedenen Voraussetzungen **selbständig**. Die beiden Vorschriften sind somit **gleichzeitig** anwendbar, nicht nacheinander. Beantragt werden muß in der Antragsfrist von zwei Wochen daher sogleich auch Einstellung aus dem Grund des Abs 3. Antrag aus diesem Grund kann auch nach dem Vorbringen des Ehegatten-Miteigentümers gewollt sein. Wenn jedoch Antrag (ausdrücklich oder nach dem eindeutigen Vorbringen des Miteigentümers, der Vorhandensein eines gemeinschaftlichen Kindes oder dessen Interessen nicht geltend macht) nur aus den Gründen des Abs 2 gestellt ist, kann nach Ablauf der Notfrist Einstellung nach Abs 3 nicht mehr verlangt, somit nicht neu beantragt werden. Einstellung nach Abs 3 kann daher auch nicht erst im Anschluß an eine Einstellung nach Abs 2 verlangt werden, desgleichen nicht (in anderer Reihenfolge) Einstellung nach Abs 2 erstmals im Anschluß an eine Einstellung nach Abs 3. Einstellungsantrag aus den Gründen des Abs 2 und ebenso längere Einstellung nach Abs 3 muß jeweils in der Notfrist von zwei Wochen (§ 30 b Abs 1 Satz 1) gestellt werden.

13.8 Verfahren im übrigen: § 30 b Abs 2, der entsprechend gilt (Abs 3 Satz 3; dazu Rdn 12.10). Form der Entscheidung und Zustellung: Rdn 12.10. Auch bei längerer Einstellung nach Abs 3 muß im Einstellungsbeschluß die **Einstellungsdauer** bezeichnet werden. Sie ist Ermessenssache. Einzustellen ist für die voraussichtliche Dauer der ernsthaften Gefährdung des Wohls des gemeinschaftlichen Kindes, längstens aber auf die Dauer von fünf Jahren (Abs 4).

13.9 Über den Antrag auf einstweilige Einstellung des Verfahrens **sowohl nach Abs 2** als **auch nach Abs 3** ist gleichzeitig zu entscheiden. Wenn in einem solchen Fall nur die Einstellungsvoraussetzungen des Abs 2 erfüllt sind, ist aus diesem Grund einstweilen einzustellen und der weitergehende Antrag als unbegründet zurückzuweisen. In gleicher Weise ist die Entscheidung zu fassen, wenn nur die Voraussetzungen der längeren Einstellung erfüllt sind, der Antrag auf Einstellung aus den Gründen des Abs 2 (zB wegen der widerstreitenden Interessen des Antragsteller-Miteigentümers) jedoch unbegründet ist. Es kann aber einstweilige Einstellung auch aus den Gründen des Abs 2 und **zugleich** aus den Gründen des Abs 3 zum Schutz des Kindeswohls anzuordnen sein. Dann ist aus beiden Gründen einzustellen. Als **Zeit der Einstellung** kann dann jedoch nur die Höchstdauer bestimmt, nicht aber für jeden Einstellungsgrund eine Einstellungszeit gesondert festgelegt werden. Abs 3 erweitert die Möglichkeit zur Verfahrenseinstellung im Interesse eines gemeinschaftlichen Kindes, setzt der Verfahrenseinstellung somit nicht die zeitliche Grenze von sechs Monaten nach Abs 2. Daß gleichwohl die Einstellung (zutreffendenfalls) nicht nur nach Abs 3, sondern auch nach Abs 2 angeordnet wird, gebieten die unterschiedlichen Wirkungen der selbständigen Einstellungsgründe: eine nach Abs 2 angeordnete Einstellung kann nur einmal wiederholt werden, die Einstellung nach Abs 3 kann aufgehoben oder abgeändert werden.

13.10 Der Antragsteller der Teilungsversteigerung ist auch bei Verfahrenseinstellung nach Abs 3 über den Fristbeginn für den Fortsetzungsantrag und die Rechtsfolgen eines fruchtlosen Fristablaufs zu **belehren** (§ 31 Abs 3; dazu Rdn 12.10). **Rechtsbehelf:** Rdn 12.10. Vorrang der **Einstellungsbewilligung** nach § 30: Rdn 12.11. Versteigerungstermin erst nach Rechtskraft des eine einstweilige Einstellung ablehnenden Beschlusses: § 30 b Abs 4 mit § 180 Abs 3 Satz 3.

13.11 Fortgesetzt werden darf auch das nach Abs 3 eingestellte Verfahren nur auf Antrag (§ 31 Abs 1 Satz 1 mit § 180 Abs 1). Der Antrag ist binnen sechs Mo-

§ 180   13.11   Aufhebung einer Gemeinschaft

naten zu stellen; die Frist beginnt, auch wenn die Einstellung zugleich aus den Gründen des Abs 2 erfolgt war, einheitlich mit dem Zeitpunkt, bis zu dem die Einstellung angeordnet war (§ 31 Abs 2 Buchst b), frühestens aber mit Zustellung des Hinweises auf das Antragsrecht (§ 31 Abs 3).

13.12 Nach Fortsetzung eines **nur** oder auch **nach Abs 3** eingestellt gewesenen Verfahrens ist die **Wiederholung der Einstellung** mehrfach zulässig (Abs 3 Satz 2). Auch die erneute Einstellung muß in einer Notfrist von zwei Wochen beantragt werden (§ 30 b mit § 180 Abs 3 Satz 3); nach fruchtlosem Ablauf dieser Frist kann erneute Einstellung aus dem Grund des Abs 3 nicht mehr verlangt und nicht mehr angeordnet werden. **Höchstdauer** der Einstellung: 5 Jahre (Abs 4). Diese Höchstdauer bestimmt sich nach der Summe der Einstellungszeiten, rechnet somit nicht ab Verfahrensbeginn. Die Verfahren zur Entscheidung über einen Einstellungsantrag und die Zeit vom Ende der zunächst angeordneten Einstellung bis zur Verfahrensfortsetzung auf Antrag und Entscheidung über den neuen Einstellungsantrag rechnen somit nicht mit.

13.13 Nach Fortsetzung eines **nur** aus den Gründen des **Abs 2** eingestellt gewesenen Verfahrens kann einstweilige Einstellung nach Abs 3 zur Abwendung einer ernsthaften Gefährdung des Kindeswohls nicht neu beantragt werden (Antragsfrist des § 30 b ist für diesen Einstellungsfall bereits abgelaufen; dazu auch Rdn 13.7). Zulässig ist nur Wiederholung der Einstellung nach Abs 2, nicht aber erstmalige Einstellung im Interesse des Kindeswohls im Anschluß an eine Verfahrenseinstellung aus anderem Grund. Begrenzung der Einstellungsdauer auf höchstens 5 Jahre in Abs 4 eröffnet kein neues Antragsrecht aus dem Grund des Abs 3 erst nach Ablauf eines aus Abs 2 eingestellten Verfahrens. Einstellungsantrag muß vielmehr erstmals immer in der Notfrist von zwei Wochen (§ 30 b Abs 1 S 1) bei Verfahrensbeginn gestellt werden (Zustellung des Hinweises mit dem Anordnungsbeschluß vorausgesetzt). Zulässig ist Einstellung aus dem Grund des Abs 3 neu jedoch, wenn der Einstellungsgrund der Geburt eines gemeinsamen Kindes erst nach Ablauf der ursprünglichen Antragsfrist oder Zurückweisung des ersten Antrags entstanden ist.

13.14 Nach Fortsetzung eines aus den Gründen des **Abs 2** und zugleich zur Abwendung einer ernsthaften Gefährdung des Kindeswohls nach Abs 3 eingestellten Verfahrens kann auch die einmalige **Wiederholung der Einstellung** nach Abs 2 beantragt und angeordnet werden. Das gilt auch, wenn Einstellung mit gemeinsamer Höchstdauer (Rdn 13.9) bereits längere Zeit (zB drei Jahre) erfolgt war. Es darf nur das Verfahren insgesamt nicht auf mehr als fünf Jahre einstweilen eingestellt werden (Abs 4). Nochmalige Wiederholung der Einstellung nach Abs 2 kann Bedeutung erlangen, wenn bei Verfahrensfortsetzung der Einstellungsgrund aus Abs 3 nicht mehr fortbesteht (Kindeswohl ist nicht mehr gefährdet; Kind ist gestorben usw).

13.15 Änderungen der Sachlage nach Einstellung im Interesse des Kindeswohls (nicht aber aus den Gründen des Abs 2) kann mit **Aufhebung** oder **Änderung des Einstellungsbeschlusses** Rechnung getragen werden (Abs 3 Satz 4). Die Regelung ist der Vorschrift von ZPO § 765 a Abs 3 nachgebildet. Die Aufhebung oder Änderung des Beschlusses erfolgt nur auf Antrag. Antragsberechtigt ist der Antragsteller der Teilungsversteigerung, aber auch der Antragsgegner. Änderung der Sachlage ist gegeben, wenn sich die der abzuändernden Entscheidung zugrunde liegenden Tatsachen geändert haben, nicht jedoch bei anderer Beurteilung der unveränderten Tatsachen. Mit der Möglichkeit der Aufhebung (Änderung) entfällt die Bindung des Vollstreckungsgerichts an eine Beschwerdeentscheidung des übergeordneten Landgerichts. Zuständig für die Aufhebung (Änderung) ist der Rechtspfleger (kein Fall von ZPO § 766). Verfahren über den Antrag auf Aufhebung oder Änderung der Entscheidung: § 30 c Rdn 8. Aufhebung der Einstellungsentscheidung nach Abs 3 enthält bereits die Entscheidung, daß ein Einstellungsgrund nicht mehr besteht. Es kann daher bei Verfahrensfortsetzung nicht Antrag auf Wiederholung der Einstellung nach Abs 3 beantragt werden (daher auch keine

Belehrung über ein Antragsrecht nach § 30 b). Nochmalige Wiederholung der Einstellung kann dann aber einmal unter Umständen nach Abs 2 beantragt und angeordnet werden (Rdn 13.14).

13.16 Wahrung der Interessen eines gemeinschaftlichen Kindes ermöglicht Abs 3 auf Antrag eines Elternteils als **Schutzvorschrift des Versteigerungsverfahrensrechts**. Das Einstellungsverfahren ist daher (wie alle Schutzverfahren des ZVG) im Rahmen des Versteigerungsverfahrens als besonderes Verfahren mit eigenem Rechtsmittelzug ausgestaltet. Verfahrensbeteiligte sind nur Antragsteller und Antragsgegner als Parteien der Teilungsversteigerung. Über Einstellung oder Fortgang des Teilungsversteigerungsverfahrens trifft das Vollstreckungsgericht (Rechtspfleger) „Zwischen"entscheidung durch Beschluß. Ein der Gemeinschaftsaufhebung zeitweilig entgegenstehendes Recht (es kann daneben bestehen, vgl Rdn 9.5) oder gar ein (materieller) Einstellungsanspruch des Kindes als an der Teilungsversteigerung nicht beteiligter Dritter ist nicht Gegenstand dieser Entscheidung. Seltene Bedenken[314] (in steter Wiederholung, so noch[315]) und[316] gegen dieses prozessuale und ebenso zweckdienlich wie sachgerecht geregelte Einstellungsverfahren erweisen sich als nicht erwägenswert. Sie sind mit dem Bestreben, die Rechtspflegerzuständigkeit für Entscheidungen nach Abs 3 in Frage zu stellen (so[316]) oder auf eine abgespaltene Verfahrensregelung als Familiensache durch Gesetzesänderung hinzuwirken[317] sachlich nicht fundiert. Gesetzwidrig wäre es, den Einstellungsantrag nach Abs 3 als Hausratssache zu betrachten und an das Familiengericht abzugeben (so aber unrichtig[318]).

Teilungsversteigerung und Forderungsversteigerung 14

14.1 Die beiden Verfahren können **nebeneinander** über dasselbe Objekt **laufen**[319]. Sie sind voneinander ganz unabhängig (Gegenansicht Rdn 14.2). Es handelt sich um eine **grundverschiedene rechtliche Struktur**[320]. Schon § 27 über den Beitritt läßt nur gleichartige Verfahren zu[321], und auch die Vorschriften der Teilungsversteigerung über den Anordnungsbeschluß (§ 181), über das geringste Gebot (§ 182), über Mieter/Pächter (§ 183) und über die Sicherheitsleistung (§ 184) sind ganz anders als bei der Vollstreckungsversteigerung.

14.2 a) Weil es sich um verschiedenartige Verfahren handelt, ist **kein Vollstreckungsbeitritt** zur Teilungsversteigerung möglich[322] (anders[323]).

b) Es ist auch umgekehrt **kein Teilungsversteigerungsbeitritt** zur Vollstreckungsversteigerung möglich[324] (anders[325]).

---

[314] Meyer-Stolte Rpfleger 1987, 515 (Anmerkung).
[315] Meyer-Stolte Rpfleger 1992, 171 (Anmerkung); Meyer-Stolte Rpfleger 1990, 524, sowie Rpfleger 1991, 216 (Anmerkung).
[316] Maurer FamRZ 1991, 1141.
[317] Meyer-Stolte aaO (Fußn 314 und 315).
[318] Meyer-Stolte Rpfleger 1992, 171 (Anmerkung).
[319] Mohrbutter, Handbuch des Vollstreckungsrechts, § 63 (VIII); Schmidt, Grundpfandrechte und geringstes Gebot (1953), S 65.
[320] LG Berlin MDR 1959, 47.
[321] LG Hamburg KTS 1970, 235.
[322] LG Berlin MDR 1959, 47; Jaeckel/Güthe § 180 Rdn 16–18; Steiner/Teufel § 180 Rdn 95, 96; vd Pfordten, ZVG, § 180 Anm 4 d; Mohrbutter aaO (Fußn 319); Mohrbutter/Drischler Muster 179 Anm 18; Ebeling Rpfleger 1991, 349 (II 2).
[323] LG Hamburg KTS 1970, 235; Dassler/Schiffhauer § 180 Rdn 113; Nußbaum, Zwangsversteigerung, § 39 (II b); Wolff, ZVG, § 180 Anm 6; Kretzschmar, ZVG, § 86 (II); Drischler JVBl 1965, 153 (155) und JurBüro 1981, 1765 (III 24 A); Pfaff JR 1961, 209 (4 e); Schiffhauer ZIP 1982, 526 (VII 2).
[324] Jaeckel/Güthe, Steiner/Teufel und vd Pfordten je aaO (Fußn 322).
[325] Dassler/Schiffhauer § 180 Rdn 113; Schiffhauer ZIP 1982, 526 (VII 2).

§ 180 14.2 Aufhebung einer Gemeinschaft

c) Es sind für beide Verfahren **verschiedene Grundbuchvermerke** nötig[326].

d) Die beiden Verfahren **behindern sich** gegenseitig **nicht** gemäß § 28[327] (anders[328]: der Vollstreckungsbeitritt zur Teilungsversteigerung führe zur Aussetzung der Teilungsversteigerung[329]; wenn Vollstreckungsversteigerung angeordnet sei, sei Teilungsversteigerung nicht mehr möglich, sogar aufzuheben[330]; nach Anordnung der Vollstreckungsversteigerung könne die Teilungsversteigerung nicht mehr angeordnet und auch nicht mehr fortgesetzt werden[331]; die Teilungsversteigerung ruhe während der Vollstreckungsversteigerung).

e) Ein Beschluß des Gerichts über die **Reihenfolge** der beiden Verfahren ist nicht nötig[332].

f) Es wird zum Teil empfohlen, die Teilungsversteigerung nach ZPO § 251 zum **Ruhen** zu bringen oder nach ZPO §§ 148 ff. **auszusetzen**[333]. Beides ist nicht möglich (Einl Rdn 27). Beides ist auch ganz unnötig, weil das Gericht im Rahmen seines Ermessens etwa den einen Termin ganz knapp ansetzen kann, wie es die Fristen gerade zulassen, den anderen aber so weit hinaussetzen, daß für ihn Ausschreibung, Ladungen usw erst nach dem Zeitpunkt des anderen Termins anfallen würden, falls dieser wirklich ergebnislos verlaufen sollte.

14.3 a) Die beiden Verfahren sollen und können **nicht gemeinsam** bis zum Versteigerungstermin **geführt** werden[334] (anders[335]). Ein gemeinsamer Versteigerungstermin ist nicht möglich[336]. Die Verfahren sollen daher schon gar nicht miteinander verbunden werden[336] (§ 18 Rdn 2).

b) In München wurde, entgegen der wohlbegründeten Ansicht von[336], etwa 1956 **einmal versucht,** in einem verbundenen Termin beide Verfahren durchzuführen. Es mußten zwei verschiedene geringste Gebote aufgestellt werden mit unterschiedlichen bestehenbleibenden Rechten. Bieter und Beteiligte gerieten hierdurch in Verwirrung. Eine Lösung ergab sich nur, als der Vollstreckungsversteigerungsgläubiger in der Teilungsversteigerung einsteigerte und der bisherige Miteigentümer ausdrücklich billigten, daß er sich aus dem Erlös wegen seiner Forderung vorweg durch teilweise Nichtzahlung des Bargebots befriedige. Es wird dringend von solchen Versuchen abgeraten (so auch[337]).

14.4 a) Grundsätzlich soll dasjenige Verfahren, das **zuerst terminsreif** ist, auch zuerst mit seinem Versteigerungstermin durchgeführt werden (so auch[338]).

b) Wenn beide Verfahren **zur selben Zeit terminsreif** sind, ist zu überlegen:

I. Es ist je nach **Sachlage** zu entscheiden, bestimmte Regeln lassen sich nicht allgemein aufstellen.

II. Die **Vollstreckungsversteigerung** ist **vorzuziehen,** wenn durch sie die Teilungsversteigerung gegenstandslos wird[339] (anders[340]: dies sei immer der Fall; das

---

[326] Jaeckel/Güthe § 180 Rdn 16–17; Mohrbutter/Drischler Muster 179 Anm 18.
[327] Drischler JurBüro 1963, 501.
[328] LG Berlin MDR 1959, 47.
[329] Krech/Fischer, ZVG, § 180 Anm 2.
[330] Henle, ZVG, § 180 Anm 1.
[331] Brand/Baur, Zwangsversteigerungssachen (1930), § 129 (III A).
[332] OLG Schleswig SchlHA 1963, 280.
[333] LG Berlin MDR 1959, 47.
[334] Jaeckel/Güthe § 180 Rdn 16–17.
[335] Kretzschmar, ZVG, § 86 (II); Drischler RpflJahrbuch 1960, 347 (B III);
[336] Jaeckel/Güthe § 180 Rdn 16–17.
[337] Schiffhauer ZIP 1982, 526 (VII 2).
[338] Ebeling Rpfleger 1991, 349 (II 3).
[339] Mohrbutter/Drischler Muster 179 Anm 18.
[340] Drischler JurBüro 1963, 501; Ebeling Rpfleger 1991, 349 (II 2); Siegelmann AIZ 1955, 153 = BlGrBW 1961, 67 = GrundE 1962, 153.

stimmt nicht; anders auch[341]: „Forderungsversteigerung wird zweckmäßig zunächst durchgeführt").

III. Die **Teilungsversteigerung** wird auf solche Weise **gegenstandslos,** wenn die Vollstreckungsversteigerung sich auf das ganze Objekt richtet (also in das Grundstück einer Gesamthandsgemeinschaft oder aus einem dinglichen Gesamtrecht in das Objekt einer Bruchteilsgemeinschaft) und die Teilungsversteigerung ebenso. Bei erfolgreichem Termin wird das Objekt in der Vollstreckungsversteigerung als ganzes zugeschlagen und es besteht keine aufzulösende Gemeinschaft mehr (höchstens, wenn mehrere zusammen einsteigern, eine neu begründete, die mit der bisherigen aber nicht identisch ist, selbst wenn die bisherigen Miteigentümer theoretisch einsteigern sollten); die Teilungsversteigerung aus der bisherigen Gemeinschaft ist gegenstandslos. Nur theoretisch ist auch bei dieser Vollstreckungsversteigerung in ein Bruchteilsobjekt getrennter Zuschlag der verschiedenen Bruchteile an verschiedene Ersteher möglich, wegen der hohen Gesamtbelastungen, die an jedem Bruchteil voll bestehenbleiben, ist das praktisch unmöglich.

IV. Was zu III gesagt ist, gilt genau so, wenn sich beide Verfahren auf einen seinerseits in Gemeinschaft stehenden Bruchteil erstrecken.

V. Richtet sich dagegen die Vollstreckungsversteigerung nur gegen einen **Grundstücksbruchteil** (gleich ob dieser in Alleineigentum oder seinerseits wieder in Gemeinschaftseigentum steht), die Teilungsversteigerung aber gegen das ganze (aus mehreren Bruchteilen bestehende) Gesamtgrundstück, so kann man je nach Sachlage das eine oder andere Verfahren vorziehen. Besteht etwa die begründete Aussicht, daß in der Vollstreckungsversteigerung der andere Miteigentümer den Teil einsteigere, wird man die Vollstreckungsversteigerung vorziehen, weil dann die Teilungsversteigerung entbehrlich ist. Ersteht wider Erwarten ein Dritter den Teil, muß eben die Teilungsversteigerung mit dem neuen Beteiligten weiterlaufen.

VI. Die **Vollstreckungsversteigerung wird von**[342] **vorgezogen,** weil sie in der Regel, wenn auch nicht immer, die Teilungsversteigerung überflüssig mache.

VII. Wer die **Teilungsversteigerung vorzieht,** muß den Vollstreckungsversteigerungsvermerk im geringsten Gebot bestehenlassen, so daß der Ersteher das Objekt mit dieser Beschränkung erwirbt[343]. Auch dies gilt aber nicht immer, sondern hängt ganz vom Einzelfall ab und läßt sich nur an Hand von Beispielen beurteilen.

14.5 Beispiele

a) A und B Miteigentümer zu je ½; Anteil des A unbelastet, Anteil des B mit 50 000 DM Grundschuld belastet. Grundschuldgläubiger betreibt die VollstrV, die TeilV betreiben beide Miteigentümer oder der belastete B allein.

I. Wird nun die TeilV vorweg erledigt, bleibt die Grundschuld auf dem früheren Bruchteil bestehen (§ 182 Abs 1). Aus ihr wird vom Grundschuldgläubiger dann nur in den früheren Bruchteil weiter vollstreckungsversteigert, der Vermerk mußte bestehenbleiben.

II. Wird bei Vollstreckung des Grundschuldgläubigers in den Bruchteil die VollstrV vorgezogen: falls Bruchteil überbelastet, kein Gebot, Verfahren erst eingestellt, dann aufgehoben (§ 77), TeilV normal fortzusetzen; falls Bruchteil zugeschlagen, tritt der Ersteher an Stelle des bisherigen Miteigentümers in die Gemeinschaft und die TeilV ein, die normal weiterläuft.

---

[341] Schiffhauer ZIP 1982, 526 (VII 2).
[342] OLG Schleswig SchlHA 1963, 280; LG Berlin MDR 1959, 47; Dassler/Schiffhauer § 180 Rdn 114; Korintenberg/Wenz § 180 Anm 1 und 3; Mohrbutter, Handbuch des Vollstreckungsrechts, § 63 (VIII); Mohrbutter/Drischler Muster 179 Anm 18; vd Pfordten, ZVG, § 180 Anm 4 d; Drischler RpflJahrbuch 1960, 347 (B III); Siegelmann aaO (Fußn 340).
[343] Jaeckel/Güthe § 180 Rdn 16–17; Schmidt aaO (Fußn 319); Drischler RpflJahrbuch 1960, 347 (B III); Siegelmann aaO (Fußn 340).

§ 180 14.5   Aufhebung einer Gemeinschaft

b) Die TeilV betreibt der nicht belastete A allein:

I. TeilV wird vorgezogen, die Grundschuld auf dem Anteil B erlischt, aus ihr kann nicht mehr vollstreckungsversteigert werden, dieses Verfahren ist nach § 28 aufzuheben.

II. Hat in diesem Fall ein hinter der Grundschuld stehender persönlicher Gläubiger betrieben, so kann er, der erst durch die Beschlagnahme ein Recht auf dingliche Befriedigung aus dem Grundstück hat (§ 20 Rdn 2), nicht gegenüber einem dinglichen Gläubiger bevorzugt werden; es muß wie das dingliche Recht sein Befriedigungsrecht im Falle I durch die Teilungsversteigerung erlöschen.

III. Erlöschende dingliche und erlöschende betreibende persönliche Ansprüche können sich nur an den an die Stelle des Bruchteils als Surrogat getretenen Erlösanteil halten, das VollstrV-Verfahren als solches kann nicht mehr fortgesetzt werden[344]. Der VollstrV-Vermerk bleibt hier in der TeilV also nicht bestehen.

IV. Wird hier die VollstrV vorgezogen, so gilt, was oben zu a II gesagt ist.

15 Teilungsversteigerung und Konkursverwalterversteigerung

15.1 Gehört ein **Grundstücksanteil zur Konkursmasse,** so erfolgt die Auseinandersetzung mit den anderen Teilhabern außerhalb des Konkursverfahrens: KO § 16 Abs. 1. Sowohl der Konkursverwalter wie auch die anderen Teilhaber können die Teilungsversteigerung durchführen oder fortsetzen. In diesem Fall gilt ein von den Teilhabern vereinbarter oder vom Erblasser verfügter Ausschluß nicht: KO § 16 Abs 2.

15.2 War bei Konkurseröffnung die **Teilungsversteigerung schon anhängig,** so kann der Konkursverwalter das Verfahren fortsetzen[345]. Er tritt ab der Konkurseröffnung in dem anhängigen Verfahren an die Stelle des Gemeinschuldners als Antragsteller oder Antragsgegner, stellt die Anträge, erhebt die Rechtsbehelfe und erhält die Ladungen und Zustellungen (§ 172 Rdn 5.14); er kann den Antrag auch zurücknehmen.

15.3 War bei Konkurseröffnung Teilungsversteigerung **noch nicht anhängig,** so kann der Konkursverwalter an Stelle des Gemeinschuldners die Teilungsversteigerung betreiben (§ 172 Rdn 5.14). Er kann, wenn ein Grundstücksanteil zur Konkursmasse gehört, die Teilungsversteigerung des ganzen Objekts oder die Konkursverwalterversteigerung des zur Konkursmasse gehörenden Bruchteils nach § 172 betreiben[346]. Er kann sie auch fortsetzen, wenn der Gemeinschuldner später den anderen Anteil konkursfrei erwirbt[347].

15.4 Gehört das ganze **Grundstück zur Konkursmasse** (zB bei Nachlaßkonkurs) und war bei Konkurseröffnung schon eine Teilungsversteigerung anhängig, so kann diese nur fortgesetzt werden, wenn der Konkursverwalter das Objekt aus der Masse freigibt[348]; andernfalls ist sie aufzuheben, weil nach KO § 13 gegenüber den Konkursgläubigern unzulässig; der Konkursverwalter kann dann (wenn er nicht frei verwertet) die Versteigerung nach § 172 betreiben[349].

15.5 Sind unabhängig voneinander die **mehreren** Miteigentümer eines Grundstücks in **getrennten Konkursverfahren,** so kann für jeden sein Konkursverwal-

---

[344] Reinhard/Müller § 180 Anm IV 2 b.
[345] Drischler JurBüro 1981, 1765 (III 24 B); Mohrbutter KTS 1958, 81.
[346] Drischler und Mohrbutter je aaO (Fußn 345); Mohrbutter, Handbuch des Vollstreckungsrechts, § 63 (VII); Worm KTS 1961, 119 (126).
[347] LG Bayreuth KTS 1977, 188.
[348] Drischler RpflJahrbuch 1967, 275 (XIII b).
[349] Jaeckel/Güthe § 180 Rdn 14; Mohrbutter, Handbuch des Vollstreckungsrechts, (§ 63 (VII); Drischler aaO (Fußn 348); Mohrbutter KTS 1958, 81.

Anzuwendende Vorschriften, Einstellung 17.4 § 180

ter für den zu seiner Masse gehörenden Anteil die Teilungsversteigerung betreiben oder fortsetzen.

15.6 Teilungs- und Konkursverwalterversteigerung können **nicht** miteinander **verbunden** werden (§ 172 Rdn 6.3).

Teilungsversteigerung und Nachlaßversteigerung 16

Die Verfahren laufen **unabhängig nebeneinander**. Gegenseitiger Beitritt ist nicht möglich (anders[350]), weil es sich um zwei völlig verschiedene Verfahren handelt und insbesondere das geringste Gebot unterschiedlich aufzustellen ist (§ 176 Rdn 4). Die beiden Verfahrensarten können **nicht** miteinander **verbunden** werden.

Verteilung des Erlöses in der Teilungsversteigerung 17

17.1 Mit dem **Zuschlag** ist der **Zweck** der Teilungsversteigerung **erreicht**, nämlich die Auseinandersetzung durch Umwandlung des Versteigerungsobjektes in den teilbaren Erlös vorzubereiten (Rdn 2.3)[351].

17.2 Auch in der Teilungsversteigerung muß ein **Verteilungstermin angesetzt** werden (§ 105 mit Abs 1)[352]. Dies ist sogar dann nötig, wenn sich ein Überschuß für die bisherigen Eigentümer nicht ergeben sollte. Nur im Verteilungstermin können ja bestimmte Vorgänge erfolgen. Im Termin ist das Meistgebot spätestens zu zahlen[353], auch dann in voller Höhe, wenn einer der Miterben Ersteher ist[354]. Im Termin wird festgestellt, welche Bargebotszinsen nach § 49 Abs 2 zu zahlen sind und wieviel die zu verteilende Masse beträgt (§ 107 Abs 1). Im Termin werden die Verfahrenskosten festgestellt und vorweg aus dem Erlös entnommen (§ 109 mit Abs 1)[355]. Im Termin wird festgestellt, welche Ansprüche der Rangklassen 1–4 zu befriedigen sind[356], und zwar Rangklasse 1–3, wie in § 10 vorgesehen, aus Rangklasse 4 nur die wiederkehrenden Leistungen und die Kosten aus bestehenbleibenden und erlöschenden Rechten sowie die Hauptsachebeträge aus erlöschenden Rechten. Der Termin ist für alle genannten Vorgänge Ausgangspunkt.

17.3 In den **Teilungsplan** (§ 113 mit Abs 1) sind aufzunehmen: das bare Meistgebot samt Zinsen aus § 49 Abs 2 als Teilungsmasse (§ 107 Abs 1); alle bestehenbleibenden Rechte (§ 113 Abs 2); die Schuldmasse (Verfahrenskosten und Rangklasse 1–4) (§ 109 Abs 1, § 114); der Betrag des Überschusses. Die Zinsen aus § 49 Abs 2 sind dabei auch dann in voller Höhe einzusetzen, wenn durch die Einigung der Miteigentümer der einsteigernde Miteigentümer das Bargebot in dem auf ihn selbst treffenden Teil nicht bezahlen muß.

17.4 Bei **Bruchteilseigentum** ist § 112 zu beachten. Bei unterschiedlicher Belastung der Bruchteile muß nämlich zwecks Auszahlung der auf die einzelnen Bruchteile treffenden Leistungen der Rangklasse 1–4 der Erlös erst rechnerisch auf diese Bruchteile aufgeteilt werden, weil die genannten Leistungen nur jeweils aus dem Erlös des für sie haftenden Bruchteils gedeckt werden können[357]. Es ist also nach §§ 112, 122 zu verteilen, soweit die genannten Belastungen zu decken sind[357]. Bei Gesamthandseigentum werden die zu deckenden Kosten, Zinsen usw einfach aus der Gesamtmasse genommen und befriedigt.

---

[350] Dassler/Schiffhauer § 180 Rdn 119.
[351] Stöber Rpfleger 1958, 73 (II).
[352] OLG Hamm OLGZ 1970, 491 = Rpfleger 1970, 215; Schiffhauer ZIP 1982, 660 (XVIII 1); Stöber aaO (Fußn 351).
[353] Drischler JurBüro 1963, 241.
[354] RG 136, 19; Drischler JurBüro 1963, 241.
[355] LG Hamburg MDR 1963, 320; Stöber aaO (Fußn 351); Drischler aaO (Fußn 354).
[356] LG Hamburg MDR 1963, 320; Drischler aaO (Fußn 354).
[357] Stöber Rpfleger 1958, 73 (V).

§ 180 17.5 Aufhebung einer Gemeinschaft

17.5 Der ganze dann verbleibende Rest des Erlöses ist **Überschuß**. Dieser bleibt grundsätzlich **unverteilt**[358]. Der Überschuß tritt als Surrogat an die Stelle des versteigerten Objekts, an die Stelle der Beteiligung an diesem; an diesem Surrogat setzt sich die bisherige Gemeinschaft fort, selbst dann, wenn der rechnerische Anteil durch die Belastungen aufgebracht sein sollte[359] und auch dann, wenn in ihm ein Ausgleichsbetrag nach § 182 Abs 2 enthalten ist (§ 182 Rdn 4).

17.6 Bezüglich der Ansprüche aus den Rangklassen 1–4 ist **Widerspruch** wie sonst nach § 115 möglich. Bezüglich des Überschusses ist kein Widerspruch nach § 115 und keine Klage nach ZPO § 878 möglich[360]. Erhebt der frühere Miteigentümer gleichwohl Widerspruch mit dem Ziel, den Erlösüberschuß ihm zuzuteilen, dann ist dieser Widerspruch als unzulässig zurückzuweisen[361]. Dazu auch § 115 Rdn 1.

17.7 Der Überschuß darf nur an alle bisherigen Miteigentümer **gemeinsam ausbezahlt** werden[362]. Das gilt nicht nur bei einer bisherigen Gesamthandsgemeinschaft, sondern auch bei einer bisherigen Bruchteilsgemeinschaft, bei der entgegen BGB § 420 die Leistung als unteilbar zu behandeln ist, so daß hier BGB § 432 gilt[363] (anders[364]: hier sei nach Bruchteilen zu verteilen; verstößt gegen das Verteilungsverbot).

17.8 a) Das Vollstreckungsgericht hat sich grundsätzlich nur auf die **Ermittlung des Erlösüberschusses** in seiner Gesamthöhe zu beschränken. Die Verteilung dieses Erlösüberschusses ist nicht seine Sache[365]. Dies gilt auch, wenn einer der bisherigen Miteigentümer selbst einsteigert[366].

b) Die Überschußverteilung ist Sache der **Auseinandersetzung** unter den bisherigen **Teilhabern**, und zwar außerhalb des Versteigerungsverfahrens[367], und zwar durch freiwillige Vereinbarung. Bei Erben- oder Gütergemeinschaft ist dies auch nach FGG §§ 86–99 möglich[368]. Kommt eine Einigung zwischen den Miteigentümern nicht zustande, muß auf Erlösteilung (in Natur, BGB § 752) geklagt werden. Dann handelt es sich bei Streit zwischen Eheleuten um die Ver-

---

[358] OLG Hamm OLGZ 1970, 491 = Rpfleger 1970, 215; Stöber Rpfleger 1958, 73 (II); Drischler JurBüro 1963, 241 und RpflJahrbuch 1966, 325 (C d 2–3); Schiffhauer ZIP 1982, 660 (XVIII 2).

[359] BGH BB 1966, 601 = WM 1966, 577; BayObLG 1956, 363 = NJW 1957, 386; OLG Hamm OLGZ 1970, 491 = Rpfleger 1970, 215; Stöber Rpfleger 1958, 73 (II und V); Drischler Jurbüro 1963, 241 und RpflJahrbuch 1962, 322 (G); Jansen Rpfleger 1954, 435 (II):

[360] LG Hamburg MDR 1963, 320; Drischler RpflJahrbuch 1966, 325 (C d 6).

[361] LG Lüneburg ZIP 1981, 914.

[362] Stöber Rpfleger 1958, 73 (IV); Drischler RpflJahrbuch 1962, 322 (G) und 1966, 325 (C d 2–3) Schiffhauer FamRZ 1960, 185 (V).

[363] BGH BB 1966, 601 = WM 1966, 577; Steiner/Teufel § 180 Rdn 189; Stöber Rpfleger 1958, 73 (II); Drischler RpflJahrbuch 1966, 325 (C d 2–3).

[364] Kretzschmar, ZVG, § 86 (V).

[365] RG 119, 321; BayObLG 1956, 363 = NJW 1957, 386; BayObLG 1959, 50 = NJW 1959, 1780 = Rpfleger 1960, 157; OLG Köln FamRZ 1991, 1334; OLG Neustadt JR 1952, 212; LG Hamburg MDR 1963, 320; Dassler/Schiffhauer § 180 Rdn 98; Fraeb, ZVG, § 180 Anm XI 1; Henle, ZVG, § 180 Anm 4; Jaeckel/Güthe § 180 Rdn 9; Steiner/Teufel § 180 Rdn 179; Brand/Baur, Zwangsversteigerungssachen, § 129 (II 11); Mohrbutter/Drischler Muster 183 Anm 1; Drischler JurBüro 1963, 241 und RpflJahrbuch 1966, 325 (Cd 2–3); Jansen Rpfleger 1954, 435 (II); Pikart WM 1955, 506 (6); Stöber Rpfleger 1958, 73 (II), Rpfleger 1962, 113 und Forderungspfändung Rdn 1698.

[366] Stöber Rpfleger 1958, 73 (II).

[367] BGH 4, 84 = NJW 1952, 263 = Rpfleger 1952, 415; OLG Köln MDR 1958, 517 und MDR 1974, 240; Drischler RpflJahrbuch 1962, 322 (G) und 1966, 325 (Cd 2–3); Schiffhauer FamRZ 1960, 185 (V); Stöber Rpfleger 1958, 73 (II) und Forderungspfändung Rdn 1698.

[368] BGH 4, 84 = NJW 1952, 263 = Rpfleger 1952, 415; BayObLG 1956, 363 = aaO (Fußn 365); Stöber Rpfleger 1958, 73 (II).

Anzuwendende Vorschriften, Einstellung 17.9 § 180

teilung des Erlöses für das gemeinsame Hausgrundstück um keine Familiensache[369].

c) Es ist allerdings **Anstandspflicht** des Vollstreckungsgerichts, den Beteiligten bei einer Einigung und Verteilung behilflich zu sein und eine Einigung herbeizuführen[370].

d) Auf jeden Fall ist das Vollstreckungsgericht **berechtigt,** in solcher Weise bei der Überschußverteilung **mitzuwirken**[371]. Dann erfolgt Mitwirkung bei Überschußverteilung jedoch nur für Planausführung zur Zahlung an die Berechtigten (§ 117); auch dann darf die Auseinandersetzung nicht in den Teilungsplan hereingenommen werden[372]. Dabei müssen aber übereinstimmende Erklärungen aller bisherigen Teilhaber vorliegen, wie ausbezahlt werden soll[373]. Es müssen daher entweder alle im Verteilungstermin anwesend sein oder sich vorher schriftlich einverstanden erklärt haben (öffentliche oder öffentlich beglaubigte Urkunde ist dazu nicht nötig); dabei genügt es, wenn sie erklären, es solle nach Maßgabe der bisherigen Anteile verteilt werden.

e) Wenn auch nur einer der bisherigen Teilhaber nicht einverstanden ist, muß für alle Fälle der Erlös nach § 117 Abs 2 Satz 3 in ungeteilter Gemeinschaft hinterlegt werden[374]. Es bleibt dann zwischen ihnen nur der Prozeßweg[375]. Verteilung ohne Zuziehung sämtlicher Teilhaber ist unwirksam[376].

f) Verteilt das Vollstreckungsgericht zu Unrecht, so kann jeder dadurch Benachteiligte in entsprechender Anwendung der für die Vollstreckungsversteigerung geltenden Grundsätze **Bereicherungsansprüche** erheben[377].

g) Ist unter den Teilhabern ein Ehegatte aus einer **Zugewinngemeinschaft,** so bedarf die Auseinandersetzungseinigung als Verfügung der Zustimmung des anderen Ehegatten nach BGB § 1365 unter den Voraussetzungen dieser Vorschrift.

17.9 Der den bisherigen Miteigentümern gemeinschaftlich zustehende **Überschuß** wird nach § 117 Abs 2 Satz 3 **hinterlegt,** wenn nicht alle gemeinsam Berechtigte Überschußverteilung mit Auseinandersetzung erklärt haben und eine Einigung über die gemeinsame Empfangsberechtigung (§ 117 Rdn 3) dem Vollstreckungsgericht nicht bekanntgemacht ist. Der hinterlegte Betrag ist gemeinschaftlicher Gegenstand; über ihn können die Teilhaber der Gemeinschaft zusammen verfügen (HinterlO § 13) oder die Auseinandersetzung (mit Berichtigung der Verbindlichkeiten nach BGB §§ 755, 756; dabei auch ein Befreiungsanspruch wegen Anteilsmitbelastung zur Absicherung einer allein von einem der Miteigentümer geschuldeten Forderung[378]) als Ausgleich nach der materiellen Rechtslage durch rechtskräftige Verurteilung herbeiführen[379]. Wenn aus dem hinterlegten (ge-

---

[369] BayObLG FamRZ 1980, 275 Leitsatz und 468 = NJW 1979, 194 = Rpfleger 1980 23; OLG München FamRZ 1982, 942.
[370] RG 119, 321; BayObLG 1956, 363 = NJW 1957, 386; OLG Hamm OLGZ 1970, 491 = Rpfleger 1970, 215; Stöber Rpfleger 1958, 73 (IV).
[371] BGH 4, 84 = NJW 1952, 263 = Rpfleger 1952, 415; RG 119, 321; Drischler Rpfl-Jahrbuch 1966, 325 (Cd 2-3) und JurBüro 1963, 241; Schiffhauer FamRZ 1960, 185 (V).
[372] Stöber Rpfleger 1958, 73 (III).
[373] BGH 4, 84 = aaO (Fußn 371); LG Hamburg MDR 1963, 320; Brand/Baur, Zwangsversteigerungssachen, § 129 (II 11); vd Pfordten, ZVG, § 180 Anm 8; Drischler RpflJahrbuch 1962, 322 (G) und JurBüro 1963, 241.
[374] OLG Köln MDR 1974, 240; Jaeckel/Güthe § 180 Rdn 9; Drischler JurBüro 1963, 241 und RpflJahrbuch 1966, 325 (Cd 2-3); Jansen Rpfleger 1954, 435 (II); Schiffhauer FamRZ 1960, 185 (V); Stöber Rpfleger 1958, 73 (IV).
[375] Stöber Rpfleger 1958, 73 (V); Drischler JurBüro 1963, 241.
[376] Jansen Rpfleger 1954, 435 (II).
[377] BGH 4, 84 = aaO (Fußn 371); Pikart WM 1955, 506 (6).
[378] OLG Köln FamRZ 1991, 1334.
[379] BGH MDR 1987, 842 = NJW-RR 1987, 890 = Rpfleger 1987, 426.

meinsamen) Erlös keine Verbindlichkeiten zu berichtigen sind, steht die Forderung gegen die Hinterlegungsstelle auf Herausgabe des Erlöses jedem Teilhaber anteilig gemäß seiner Beteiligungsquote an der Grundstücksgemeinschaft zu[380]. Zur Teilung bedarf es dann nicht erst gemeinsamer Einziehung der Forderung gegen die Hinterlegungsstelle und der anschließenden Auseinandersetzung hinsichtlich des herausgegebenen Erlöses[380]. Jeder Teilhaber hat vielmehr gemäß seiner Beteiligungsquote an der (bisherigen) Grundstücksgemeinschaft anteilmäßig Anspruch an die Hinterlegungsstelle auf Herausgabe des Erlöses und gegen die übrigen Gemeinschafter Anspruch auf Einwilligung in diese Abwicklung des hinterlegten Erlöses (HinterlO § 13 Abs 2)[380]. Wenn ein Teilhaber der Gemeinschaft von einem anderen Mitberechtigten Einwilligung in die Auszahlung seines Erlösanteils durch die Hinterlegungsstelle verlangt, es aber selbst ablehnt, der Auszahlung des Erlösanteils an diesen anderen Teilhaber zuzustimmen, so hat dieser an der von ihm abzugebenden Einwilligungserklärung ein Zurückbehaltungsrecht[380]. Dieses bewirkt Verurteilung zur Abgabe der verlangten Einwilligung Zug um Zug gegen die Zustimmungserklärung (BGB § 274 Abs 1)[380]. Dem Anspruch eines Teilhabers der Gemeinschaft auf Einwilligung in die Auszahlung seines Erlösanteils kann jedoch nicht entgegengehalten werden, der Anspruchsteller schulde aus einem anderen Rechtsverhältnis ebenfalls eine Leistung[381]. Ein Zurückbehaltungsrecht gegenüber dem Anspruch auf Zustimmung zur Auszahlung des hinterlegten Erlöses hat ein Teilhaber der Gemeinschaft auch dann nicht, wenn er nur Ansprüche geltend machen kann, die keine Zuteilung aus dem Versteigerungserlös rechtfertigen[382]. Doch muß ein Ehegatte die Zustimmung zur Erlösauszahlung an den anderen Ehegatten (gem BGB § 273) insoweit verweigern können, wie sein fälliger Anspruch auf Zugewinnausgleich noch nicht erfüllt ist[383] (Erlöshinterlegung beendet das Versteigerungsverfahren und ist der von[383] behandelten einvernehmlichen treuhänderischen Verwaltung oder Verwahrung auf Notaranderkonto gleich; anders scheinbar[384]). Ist die Auszahlungsforderung des mitberechtigten Teilhabers der Gemeinschaft an die Hinterlegungsstelle gepfändet, dann braucht in die Auszahlung des Erlösanteils an ihn nur vorbehaltlich der Rechte an der Pfändung eingewilligt zu werden[385]. Pfändung (und Überweisung) des Herausgabeanspruchs durch einen der bisherigen Miteigentümer kann für Nachweis der Empfangsberechtigung genügen[386].

17.10 a) Wird das Meistgebot nicht bar bezahlt, so wird nach §§ 118, 128 die **Forderung übertragen** und Sicherungshypothek dafür angeordnet. Bezüglich des Überschusses geschieht das zugunsten der ungeteilten Gemeinschaft, die sich an der übertragenen Forderung und der Sicherungshypothek fortsetzt[387].

b) Aus der **Sicherungshypothek** kann dann jeder daran Beteiligte ohne Mitwirkung der anderen die Wiederversteigerung verlangen[388] (anders[389]: nur gemeinschaftlich). Hierzu § 133 Rdn 2.

c) **Einigen sich** die Teilhaber über die Art ihrer Beteiligung, so kann die übertragene Forderung (und die Hypothek) ihnen zu entsprechenden Teilen (untereinander aber im gleichen Rang) übertragen werden.

---

[380] BGH 90, 194 = KTS 1984, 510 = MDR 1984, 736 = NJW 1984, 2526 = Rpfleger 1984, 284.
[381] BGH 90, 194 = aaO (Fußn 380); BGH FamRZ 1990, 254 = NJW-RR 1990, 133; BGH NJW-RR 1990, 1202.
[382] BGH NJW-RR 1987, 890 = aaO (Fußn 379).
[383] BGH FamRZ 1990, 254 = NJW-RR 1990, 133.
[384] BGH NJW-RR 1990, 1202.
[385] BGH 90, 194 = aaO (Fußn 380).
[386] OLG Frankfurt MDR 1993, 799 = OLGZ 1993, 468 = Rpfleger 1993, 360.
[387] RG 119, 321 und 136, 19; OLG Neustadt JR 1952, 212; Jaeckel/Güthe § 180 Rdn 9; Drischler JurBüro 1963, 241 und RpflJahrbuch 1962, 322 (G) sowie 1966, 325 (C d 4).
[388] OLG Frankfurt NJW 1953, 1877.
[389] Jaeckel/Güthe § 180 Rdn 9.

d) Soweit die **Forderung** gegen den **Ersteher** als Erlösüberschuß unverteilt den Eigentümern gebührt, ist sie von der Beschlagnahme nicht erfaßt (Rdn 6.6). Daher kann der Ersteher gegen den Überschußanspruch mit Forderungen gegen die Gemeinschaft **aufrechnen,** sobald ihm der Zuschlag erteilt ist[390].

17.11 An dem Überschuß setzen sich auch die **Pfandrechte** fort, die vorher an den Anteilen bestanden[391], und mit dem Rang des früheren Pfandrechts[391]. Die Pfandgläubiger können sich aus dem Überschuß befriedigen, aber nur außerhalb des Versteigerungsverfahrens[392].

17.12 Zu dem für Aufhebung der Gemeinschaft nach BGB § 753 Abs 1 Satz 1 nach Zwangsversteigerung zu teilenden Erlös wird dann, wenn einer der Miteigentümer bei der Auseinandersetzung das bis dahin gemeinschaftliche Grundstück ersteigert hat, auch eine in das geringste Gebot aufgenommene, **nur den Miteigentumsanteil** des Erstehers **belastende Eigentümergrundschuld** gerechnet[393]. Sie ist daher bei der Teilung auf den Erlösanteil des Ersteigerers anzurechnen[394]. Diese für einen Einzelfall (Ausnahmefall[395]) getroffene Ausgleichung darf nicht verallgemeinert werden. Grundstück und Grundschuld als Grundstücksbelastung sind selbständige Vermögensrechte. An die Stelle des in Natur nicht teilbaren Grundstücks tritt bei Zwangsversteigerung unter Wahrung der daran lastenden Rechte nur der vom Ersteher bar zu zahlende Verwertungserlös[396]. Das bestehenbleibende Recht (somit auch eine Eigentümergrundschuld[396]) besteht für seinen bisherigen Berechtigten an dem versteigerten Grundstück im Eigentum des Erstehers fort. Wenn es mehreren Gläubigern gehört, bleiben sie mit ihren Anteilen in Bruchteilen oder mit dem für ihre Gemeinschaft maßgebenden Rechtsverhältnis wie bisher berechtigt. Aufhebung der Gemeinschaft an diesem Grundpfandrecht als (selbständiger) Gegenstand der gemeinschaftlichen Berechtigung hat wiederum (gesondert) nach BGB § 752 zu erfolgen[396]. Bei Gesamthandsgemeinschaft ist das Grundpfandrecht Gegenstand des Gesamthandsvermögens, das insgesamt nach den Vorschriften über die Gesamthandsgemeinschaft (zB Erbengemeinschaft, BGB §§ 2042 ff) aufzuteilen ist. Dafür macht es keinen Unterschied, ob ein Miteigentümer oder ein Dritter das Grundstück ersteigert hat[397]. Eine Aufteilung der Gemeinschaft an dem Grundpfandrecht (Grundschuld) derart, daß ein Gemeinschafter als Ersteher und nunmehriger Alleineigentümer des Grundstücks gegen Zahlung des Wertes den Grundschuldanteil des bisherigen Miteigentümers übernehmen muß, sieht das Gesetz nicht vor. Anrechnung einer nur auf dem Miteigentumsanteil des Erstehers lastenden Eigentümergrundschuld hat aber auch dann nicht zu erfolgen, wenn bei ungleicher Anteilsbelastung Gleichstellung bereits im Rahmen der Berücksichtigung des Ausgleichsbetrages im geringsten Gebot (§ 182 Abs 2) erfolgt ist. Besonderheit in dem von[398] entschiedenen Fall war, daß kein Ausgleichsbetrag in das geringste Gebot aufgenommen, sondern die Grundschuld als Gesamtrecht auf den Anteilen der beiden Miteigentümer als bestehenbleibend festgestellt worden war. Daß sie nur noch am Anteil des Ersteigerers lastete, am Anteil des weiteren Miteigentümers jedoch bereits nach den Vorschriften über die Gesamthypothek erloschen war, hatte sich erst nach Erteilung des Zuschlags herausgestellt. Weil der Ersteher noch immer mit dem vollen Betrag des Rechts belastet war, war Zuzahlung (§ 50 Abs 2 Nr 2) nicht zu leisten. Für diesen Fall war die unterschiedliche

---

[390] BGH 4.84 = aaO (Fußn 371); Pikart WM 1955, 506 (6).
[391] OLG Saarbrücken JBlSaar 1962, 138.
[392] BayObLG 1959, 50 = NJW 1959, 1780 = Rpfleger 1960, 157.
[393] BGH MDR 1984, 656 = NJW 1984, 2527 = Rpfleger 1984, 244; BGH FamRZ 1990, 975.
[394] BGH NJW 1984, 2527 = aaO (Fußn 393).
[395] BGH DNotZ 1986, 476 = MDR 1986, 315 = NJW-RR 1986, 233 = Rpfleger 1986, 58.
[396] BGH NJW-RR 1986, 233 = aaO (Fußn 395); BGH FamRZ 1990, 975.
[397] BGH FamRZ 1990, 975.
[398] BGH NJW 1984, 2527 = aaO (Fußn 393).

§ 180   17.12   Aufhebung einer Gemeinschaft

Belastung der Miteigentumsanteile bei Erlösverteilung auszugleichen[399]. Das hat aber nicht durch Erweiterung des Verwertungserlöses um den Betrag des bestehengebliebenen Grundpfandrechts zu erfolgen. Vielmehr ist der bare Verwertungserlös in einem solchen Fall der bei Versteigerung des nur anteilig belasteten Grundstücks erzielte Gesamterlös. Dessen Verteilung hat somit auf die Miteigentümer entsprechend ihrer Miteigentumsanteile unter Berücksichtigung ihrer unterschiedlichen Belastung zu erfolgen[400]. Die demnach erforderliche Verteilung auf die Miteigentumsanteile kann nach § 112 (entsprechende Anwendung) vorgenommen werden. Das ermöglicht die erforderliche Ausgleichung bei Teilung des Erlöses auch dann, wenn ein Dritter Ersteher ist, und ebenso, wenn Gläubiger des einseitig bestehengebliebenen Grundpfandrechts ein Dritter ist. Zum Ausgleich unterschiedlicher Belastungen erst bei Auseinandersetzung des Erlösüberschusses auch § 182 Rdn 4.11.

17.13 Eine bestehenbleibende **Grundschuld** besteht für ihren bisherigen Berechtigten an dem versteigerten Grundstück im Eigentum des Erstehers auch dann fort (wie Rdn 17.12), wenn (soweit) die nach schuldrechtlicher Abrede gesicherte Forderung nicht entstanden oder wieder erloschen ist (dazu § 114 Rdn 7.2). Der schuldrechtliche Rückgewähranspruch des Sicherungsgebers (seines Rechtsnachfolgers; zu diesem Anspruch § 114 Rdn 7.7; zur Abtretung § 114 Rdn 7.8) wird durch die Zwangsversteigerung und den Zuschlag nicht berührt (aber keine Erfüllung mehr durch Verzicht oder Aufhebung). Als selbständiges Vermögensrecht besteht er auch dann fort, wenn Gläubiger des Rückgewähranspruchs die bisherigen Grundstückseigentümer gemeinschaftlich sind[401]; ihr Verhältnis als Sicherungsgeber (oder Rechtsnachfolger oder auch als Gläubiger nach BGB § 812) zu dem Grundschuldgläubiger (durchweg zugleich Darlehensgeber) berührt und verändert der Zuschlag nicht. Auch dafür macht es keinen Unterschied, ob ein Miteigentümer oder ein Dritter das Grundstück ersteigert hat. Der Rückgewähranspruch kann weiterhin von den gemeinschaftlich Berechtigten bisherigen Grundstücksgläubigern realisiert werden[401]. Auch Aufhebung der Gemeinschaft an dem Rückgewähranspruch als (selbständiger) Gegenstand gemeinschaftlicher Berechtigung hat wiederum (gesondert) nach BGB § 752 zu erfolgen.

17.14 Zu den einschlägigen Fragen im ZVG-Handbuch: allgemeine Ausführungen Rdn 745–755; Muster für die Aufforderung in der Terminbestimmung, sich zu einigen, Rdn 748; Muster für die Erklärung über die Einigung zu Protokoll Rdn 750; Auszahlung an alle gemeinsam Rdn 752; Ersteher und Zahlungspflicht Rdn 753; Auszahlung bei Pfändung Rdn 755.

[Voraussetzungen für Antrag auf Teilungsversteigerung]

181
(1) **Ein vollstreckbarer Titel ist nicht erforderlich.**
(2) **Die Zwangsversteigerung eines Grundstücks, Schiffes, Schiffsbauwerkes oder Luftfahrzeugs darf nur angeordnet werden, wenn der Antragsteller als Eigentümer im Grundbuch, im Schiffsregister, im Schiffsbauregister oder im Register für Pfandrechte an Luftfahrzeugen eingetragen oder Erbe eines eingetragenen Eigentümers ist oder wenn er das Recht des Eigentümers oder des Erben auf Aufhebung der Gemeinschaft ausübt. Von dem Vormund oder dem Betreuer eines Miteigentümers kann der Antrag nur mit Genehmigung des Vormundschaftsgerichts gestellt werden.**

(3) *[Aufgehoben]*

---

[399] BGH NJW 1984, 2527 und NJW-RR 1986, 233 = je aaO (Fußn 393 und 395).
[400] BGH NJW 1984, 2527 = aaO (Fußn 393).
[401] BGH NJW-RR 1990, 1202.

Antrag auf Teilungsversteigerung 2.4 **§ 181**

(4) Die Vorschrift des § 17 Abs 3 findet auch auf die Erbfolge des Antragstellers Anwendung.

Allgemeines zu § 181 1

Zweck der Vorschrift: Bestimmung der besonderen Voraussetzungen für Anordnung des Verfahrens.

Antragstellung ohne Vollstreckungstitel (Absatz 1) 2

2.1 Das Recht auf Teilungsversteigerung ist **nicht** durch einen **vollstreckbaren Titel** über die Verpflichtung der anderen Miteigentümer, die Teilung im Wege der Zwangsvollstreckung zu dulden, nachzuweisen: Abs 1. Grund (Denkschrift S 68): Die Frage, ob die Teilung zulässig ist, wird zwischen den Beteiligten kaum einmal streitig sein, so daß Verweisung des Antragstellers zunächst auf den Prozeßweg in den weitaus meisten Fällen auf eine überflüssige und für die Beteiligten kostspielige Formvorschrift hinausgelaufen wäre. Damit ist es dem Miteigentümer, der eine (nicht grundbuchersichtliche; hierzu § 180 Rdn 9) Unzulässigkeit der Teilung behauptet, überlassen, die Unzulässigkeit eines Teilungsverlangens mit Klage gegen den Antragsteller geltend zu machen (Denkschrift S 68).

2.2 Für eine **Klage** auf Aufhebung der Gemeinschaft fehlt in der Regel das Rechtsschutzbedürfnis, weil der Erfolg ohne Vollstreckungstitel (§ 181 Abs 1) durch Teilungsversteigerungsantrag erreichbar ist[1]. Das Rechtsschutzbedürfnis fehlt damit auch einer Klage, die zur Vorbereitung der Auseinandersetzung lediglich die Zustimmung des anderen Teilhabers zur Durchführung der Versteigerung erreichen will[2]; es liegt aber dann vor, wenn bestimmt vorauszusehen ist, daß gegen die Anordnung der Versteigerung Widerspruch erhoben werden wird oder wenn von vornherein erhebliche Zweifel am Antragsrecht gegeben sind[3] oder wenn jemand trotz Ausschlusses der Auseinandersetzung einen wichtigen Grund zu haben glaubt. Unnötige Prozesse trifft das Kostenrisiko in ZPO § 93.

2.3 Durch Vorlage einer **Entscheidung** des Prozeßgerichts muß **ausnahmsweise** aber doch nachgewiesen werden, daß die Aufhebung der Gemeinschaft verlangt werden kann. Das ist Antragserfordernis, wenn die Aufhebung der Gemeinschaft aus wichtigem Grund verlangt wird, obwohl das Aufhebungsrecht (für immer oder auf Zeit) ausgeschlossen ist und dies als Belastung des Miteigentumsanteils des Antragstellers im Grundbuch eingetragen ist (BGB § 1010). Dieser grundbuchersichtliche Hinderungsgrund wird von Amts wegen berücksichtigt (§ 28) und zwar auch bereits im Anordnungsverfahren (§ 180 Rdn 5.7). Daß die Auseinandersetzung aus wichtigem Grund dennoch möglich ist, entscheidet das Prozeßgericht (§ 180 Rdn 9.10). Für Anordnung des Verfahrens ist dem Vollstreckungsgericht durch Vorlage der Entscheidung des Prozeßgerichts daher das Antragsrecht nachzuweisen. Die Entscheidung des Prozeßgerichts ist Duldungstitel; sie muß rechtskräftig (vorläufig vollstreckbar) sein, in vollstreckbarer Ausfertigung (ZPO § 724) vorgelegt werden und dem duldungspflichtigen Antragsgegner zugestellt sein.

2.4 Ist für Geltendmachung des Auseinandersetzungsrechts eine **Kündigungsfrist** bestimmt und dieses Hindernis als grundbuchersichtlich (BGB § 1010) von Amts wegen zu berücksichtigen, dann genügt für Antragstellung Nachweis, daß Kündigung erfolgt und die Kündigungsfrist abgelaufen ist. Glaubhaftmachung ist nicht vorgesehen und daher auch nicht ausreichend. Erforderlich ist daher Urkundennachweis (Vorlage des Zustellungsnachweises des Gerichtsvollziehers für Zugang der Kündigung). Der Nachweis entfällt, wenn die Kündigung bei dem Ge-

---
[1] LG Münster FamRZ 1960, 117; Steiner/Teufel § 181 Rdn 73.
[2] BGH KTS 1988, 565 = NJW-RR 1988, 1156 (1157 reSp unten).
[3] Drescher, Teilungsversteigerung (1908), § 2 (I).

§ 181 2.4 Aufhebung einer Gemeinschaft

richt offenkundig oder von dem Antragsgegner (von allen Miteigentümern) zugestanden ist (ZPO § 288).

2.5 Auseinandersetzung des Gesellschaftsvermögens einer **BGB-Gesellschaft** findet nur nach Auflösung der Gesellschaft statt (BGB § 730); Auseinandersetzung des Gesamtguts einer ehelichen oder fortgesetzten **Gütergemeinschaft** erfolgt nur nach Beendigung des Güterstandes (§ 180 Rdn 3). Auflösung der Gesellschaft oder Beendigung der Gütergemeinschaft sind somit gesetzliche Erfordernisse der Gemeinschaftsaufhebung und damit der Teilungsversteigerung. Mit Eintragung der Gemeinschaft im Grundbuch (sonstigen Register) sind sie als Antragserfordernis grundbuchersichtlich, bereits bei Entscheidung über den Antrag auf Verfahrensanordnung daher von Amts wegen zu berücksichtigen[4] (§ 180 Rdn 5.7). Es muß deshalb für Anordnung der Teilungsversteigerung die Auflösung der Gesellschaft oder die Beendigung der Gütergemeinschaft durch Urteil, Ehevertrag, Handelsregisterauszug, Güterrechtsregisterauszug usw nachgewiesen werden. Nachweis hat durch öffentliche (oder öffentlich beglaubigte) Urkunde zu erfolgen weil Glaubhaftmachung nicht vorgesehen ist und daher auch nicht genügt. Ein vollstreckbarer Titel gegen die Miteigentümer über den Auseinandersetzungsanspruch ist auch in diesen Fällen nicht erforderlich (Abs 1). Daß das Grundstück nach Berichtigung der gemeinschaftlichen Schulden und sonstigen Leistungen den BGB-Gesellschaftern (BGB § 734), Ehegatten (BGB § 1476 Abs 1, § 1477) oder Mitgliedern der fortgesetzten Gütergemeinschaft (BGB § 1498) als Überschuß zur Teilung verbleiben und damit Zwangsversteigerung zum Zwecke der Aufhebung der Gemeinschaft zulässig ist, wird im Anordnungsverfahren nicht geprüft. Als Grundstücksmiteigentümer müssen die Mitglieder einer aufgelösten BGB-Gesellschaft oder beendeten Gütergemeinschaft vielmehr im Prozeßweg mit Widerspruchsklage (ZPO § 771) als der Versteigerung entgegenstehendes Recht geltend machen, daß Aufhebungsverlangen und damit Antragsrecht des Antragstellers ausgeschlossen sind, wenn Auseinandersetzung zur Feststellung des nach den Vorschriften über die Gemeinschaft zu teilenden Überschusses noch nicht erfolgt oder noch nicht abgeschlossen ist (§ 180 Rdn 9).

3 Antragsteller als eingetragener Miteigentümer (Absatz 2 Satz 1)

3.1 Der **Antragsteller** des Verfahrens muß als Eigentümer **im Grundbuch** (Schiffsregister, Schiffsbauregister, Luftfahrzeugpfandrechtsregister) mit seinem Anteil in Bruchteilen oder dem für die Gemeinschaft maßgebenden Rechtsverhältnis (GBO § 47) **eingetragen** sein **oder** er muß der Erbe eines Eingetragenen sein oder er muß das Recht des Eigentümers oder des Erben auf Aufhebung der Gemeinschaft ausüben: Abs 2 Satz 1. Eingetragen sein als Bruchteilsmiteigentümer muß auch der Antragsteller, dessen Güterstand der Eigentums- und Vermögensgemeinschaft in den gesetzlichen Güterstand der Zugewinngemeinschaft übergeleitet wurde (§ 180 Rdn 2.12). Fortbestehende Eintragung in Eigentums- und Vermögensgemeinschaft genügt nicht (anders[5] wegen der Vermutung von EGBGB Art 234 § 4a Abs 3; aber die widerlegliche gesetzliche Vermutung halbseitigen Bruchteilseigentums ersetzt die nach Abs 2 erforderliche Eintragung nicht). Das **Recht des Eingetragenen oder Erben** übt der Antragsteller in sein Konkursverwalter, als Nachlaßverwalter, Erbteilserwerber (BGB § 2033 Abs 1), Testamentsvollstrecker, Liquidator einer Handelsgesellschaft, Nießbraucher, Vertragspfandrechtsgläubiger, Pfändungspfandgläubiger.

3.2 Übt der Antragsteller das **Recht des Eigentümers** oder des Erben auf Aufhebung der Gemeinschaft **aus,** dann darf die Zwangsversteigerung nur angeordnet werden, wenn der Eigentümer oder der Erbe, dessen Antragsrecht der Antragstel-

---

[4] LG Kaiserslautern Rpfleger 1985, 121.
[5] Rellermeyer Rpfleger 1995, 321 (5).

Antrag auf Teilungsversteigerung 5.2 § 181

ler verfolgt, im Grundbuch (Schiffsregister, Schiffsbauregister oder im Register für Pfandrechte an Luftfahrzeugen) eingetragen oder als Erbe eines eingetragenen Eigentümers ausgewiesen ist (Abs 2 Satz 1). Für Eintragung der Antragsgegner als Miteigentümer gilt auch in diesem Fall § 17 Abs 1 (Rdn 4).

3.3 Die **Berechtigung** des Antragstellers zur Ausübung des Rechts des Eigentümers oder Erben, die Aufhebung der Gemeinschaft zu verlangen, ist, wenn sie nicht bei dem Gericht offenkundig ist, durch öffentliche Urkunden **nachzuweisen**. Glaubhaftmachung ist nicht vorgesehen und daher auch nicht ausreichend. Erforderlich ist daher Urkundennachweis durch Vorlage des Testamentsvollstreckerzeugnisses, der Ausfertigung des Pfändungsbeschlusses mit Zustellungsnachweisen usw.

3.4 Die Eintragung des Antragstellers oder des Erblassers als Eigentümer im Grundbuch (sonstigen Register) ist durch ein **Zeugnis** des Grundbuchamts (der Registerbehörde) nachzuweisen (§ 17 Abs 2 Satz 1 mit § 180 Abs 1). Gehören Vollstreckungsgericht und Grundbuchamt demselben Amtsgericht an, dann genügt die **Bezugnahme** auf das Grundbuch (§ 17 Abs 2 Satz 2 mit § 180 Abs 1). Hierzu Anmerkungen zu § 17.

3.5 Für **Beitritt** gelten dieselben Voraussetzungen wie für die Anordnung.

3.6 Einschlägig im ZVG-Handbuch Rdn 703, 704.

Eintragung des Antragsgegners (§ 17 Absatz 1 mit § 180 Absatz 1) 4

4.1 Angeordnet werden darf die Aufhebungs-Zwangsversteigerung außerdem nur dann, wenn **alle Miteigentümer,** die Antragsgegner sind (§ 180 Rdn 4.2), als Eigentümer des Grundstücks (sonstigen Objekts) **im Grundbuch** (Schiffsregister, Schiffsbauregister oder im Register für Pfandrechte an Luftfahrzeugen) mit ihren Anteilen in Bruchteilen oder dem für die Gemeinschaft maßgebenden Rechtsverhältnis (GBO § 47) **eingetragen** oder wenn sie **Erben** des eingetragenen Eigentümers sind. Das bestimmt § 17 Abs 1 mit § 180 Abs 1, weil für die entsprechende Anwendung des § 17 Abs 1 der (jeder) Antragsgegner die Rolle des Vollstreckungsschuldners aus der Vollstreckungsversteigerung hat (§ 180 Rdn 6.5). Eingetragen sein als Bruchteilseigentümer muß auch der Antragsgegner, dessen Güterstand der Eigentums- und Vermögensgemeinschaft in den gesetzlichen Güterstand der Zugewinngemeinschaft übergeleitet wurde (wie Rdn 3.1). Der Erwerber eines Erbanteils ist durch Verfügung des Miterben über seinen Nachlaßanteil (BGB § 2033 Abs 1) an Stelle des veräußernden Miterben in die Mitberechtigung am Nachlaß getreten, nicht jedoch als Erbe des eingetragenen Erblassers; er hat deshalb als Antragsgegner eingetragen zu sein.

4.2 Nachweis der Eintragung der Antragsgegner als Miteigentümer durch Bezugnahme auf das Grundbuch (sonstige Register) desselben Amtsgerichts oder durch ein Zeugnis des Grundbuchamts (der Registerbehörde): § 17 Abs 2 mit § 180 Abs 1.

4.3 Das Vollstreckungsgericht darf hier nicht prüfen, ob das Grundbuch unrichtig ist. Es ist an die formelle Grundbuchlage gebunden (§ 28 Rdn 3).

4.4 Nicht möglich ist mangels Eintragung die Teilungsversteigerung bei **ausländischen** Schiffen oder Luftfahrzeugen (§ 171 Abs 1, § 171 l).

Glaubhaftmachung der Erbfolge (Absatz 4) 5

5.1 Jede im Grundbuch (anderen Register) nicht eingetragene **Erbfolge** ist sowohl bezüglich der Antragsteller (Abs 4) wie bezüglich der Antragsgegner (§ 17 Abs 3) durch Urkunden glaubhaft zu machen, soweit sie nicht schon bei Gericht offenkundig sind.

5.2 Die **Urkunden** müssen dem Verfahrensantrag **beigefügt** werden: § 16 Abs 2 mit § 180 Abs 1. Als Urkunden genügen Erbschein, Testament, notarielles

Zeugnis, nicht aber eine eidesstattliche Versicherung[6]. Reine Privaturkunden hat das Gericht in ihrem Beweiswert dabei frei zu würdigen (ZPO §§ 286, 294). Das gilt auch für ein privatschriftliches Testament[6].

5.3 Die nötigen **Urkunden** kann der Antragsteller in entsprechender Anwendung von ZPO § 792 sich **ausstellen lassen**, ohne daß er aber den für diese Vorschrift sonst vorausgesetzten Vollstreckungstitel haben müßte (§ 181 Abs 1)[7] (anders[8]). Der Miterbe kann sogar, weil er dies für die Teilungsversteigerung zum Nachweis der beteiligten Antragsgegner benötigt, auch einen Erbschein nach einem anderen Miterben (hinter dem er nicht selbst Erbe ist) ausstellen lassen[9]. Beispiel: A, B, C sind Miteigentümer; C ist gestorben; A will Teilungsversteigerung gegen B und die Erben des C betreiben und muß durch Urkunden nachweisen, wer die Erben des C sind (§ 17 Abs 1 und 3).

6 Genehmigung des Vormundschaftsgerichts (Absatz 2 Satz 2)

6.1 Der **Vormund** eines Miteigentümers benötigt zu einem Antrag auf Teilungsversteigerung für sein Mündel eine Genehmigung des Vormundschaftsgerichts: Abs 2 Satz 2. Gleiches gilt für den **Pfleger** (BGB § 1915) und für den Betreuer (BGB § 1896). Diese Genehmigung kann vom Vormundschaftsgericht nur dem Vormund (Pfleger, Betreuer) gegenüber erklärt werden (BGB § 1828 entsprechend), muß somit von diesem eingereicht sein (ungenügend wäre unmittelbare Zuleitung der Genehmigung durch das Vormundschaftsgericht zu den Versteigerungsakten).

6.2 Das Vormundschaftsgericht entscheidet nach pflichtgemäßem Ermessen, hat nur das Wohl und die Interessen des Mündels zu wahren, nicht die Belange Dritter[10]. Die Genehmigung kann vom Vormundschaftsgericht vor der Verkündung der Zuschlagsentscheidung wieder zurückgenommen werden.

6.3 Mehrere Vormünder (Pfleger) müssen den Versteigerungsantrag gemeinsam stellen.

6.4 Die Genehmigung zum Versteigerungsantrag schließt eine Bietgenehmigung (zu ihr § 71 Rdn 7) nicht mit ein.

6.5 Der **Nachlaßpfleger** (BGB § 1961) unterliegt als Pfleger den für den Vormund geltenden Vorschriften (BGB § 1915 Abs 1), benötigt also zum Teilungsversteigerungsantrag, falls der Pflegschaft ein Grundstücksbruchteil oder Gesamthandsanteil unterliegt, die **Genehmigung** des Nachlaßgerichts (das insoweit an Stelle des Vormundschaftsgerichts steht, BGB § 1962): Abs 2 Satz 2. Allerdings ist es nicht Aufgabe des Nachlaßpflegers, die Auseinandersetzung zu betreiben, sondern den Nachlaß zu sichern und bei der gerichtlichen Geltendmachung eines Anspruchs gegen den Nachlaß diejenigen, welche Erben werden (BGB § 1960 Abs 2), gesetzlich zu vertreten. Eine Teilungsversteigerung durch ihn kann nur in besonderen Fällen in Frage kommen, gegen ihn (zB Hälfteanteil Eigentum A, Hälfteanteil Eigentum der unbekannten Erben des B, gesetzlich vertreten durch den Nachlaßpfleger) ist sie ohne weiteres möglich.

6.6 Der **Nachlaßverwalter** (BGB §§ 1975–1980) hat in einer der Tätigkeit des Konkursverwalters angenäherten Weise (BGB § 1984 Abs 1 Satz 2) den Nachlaß zu verwalten und die Verbindlichkeiten aus dem Nachlaß zu berichtigen (BGB § 1985 Abs 1). Dabei muß er, wenn zum Nachlaß ein Grundstücksbruchteil oder ein Gesamthandsanteil gehört, entweder freihändig verwerten oder insoweit die

---

[6] Schiffhauer ZIP 1982, 526 (IV 10).
[7] OLG Hamm JMBlNW 1961, 51 = MDR 1960, 1018; LG Marburg NJW 1952, 149.
[8] Wieczorek, ZPO, § 792 Anm B 1.
[9] BayObLG 1994, 158 = FamRZ 1995, 119 = NJW-RR 1995, 272 = Rpfleger 1995, 103; LG Essen Rpfleger 1986, 387; LG Marburg NJW 1952, 149.
[10] BayObLG 1971, 293 = MDR 1972, 53 = NJW 1971, 2314 = Rpfleger 1971, 430.

Geringstes Gebot und Ausgleichsbetrag 2.2 § 182

Teilungsversteigerung betreiben. Es handelt sich bei der Nachlaßverwaltung um eine Nachlaßpflegschaft mit bestimmtem Zweck (BGB § 1975); daher unterliegt der Nachlaßverwalter auch den Pflegschaftsvorschriften (BGB §§ 1909 ff) und damit den Vorschriften über die Vormundschaft (BGB § 1915 Abs 1). Er benötigt darum zu einem Teilungsversteigerungsantrag die **Genehmigung** des Nachlaßgerichts, das für die Nachlaßpflegschaft (und damit auch für die Nachlaßverwaltung) an Stelle des Vormundschaftsgerichts steht (BGB § 1962), wie der Vormund (Abs 2 Satz 2).

[Geringstes Gebot und Ausgleichsbetrag]

182 (1) **Bei der Feststellung des geringsten Gebots sind die den Anteil des Antragstellers belastenden oder mitbelastenden Rechte an dem Grundstücke sowie alle Rechte zu berücksichtigen, die einem dieser Rechte vorgehen oder gleichstehen.**

(2) **Ist hiernach bei einem Anteil ein größerer Betrag zu berücksichtigen als bei einem anderen Anteile, so erhöht sich das geringste Gebot um den zur Ausgleichung unter den Miteigentümern erforderlichen Betrag.**

(3) *[Aufgehoben]*

Literatur: Drischler, Der Ausgleichsbetrag nach § 182 Abs 2 ZVG in der Teilungsversteigerung, ZIP 1982, 921; Niederée, Das „Räumungsprinzip" des § 182 I ZVG, DRpflZ 1984, 94; Otto und Seyffert, Blockade der Teilungsversteigerung durch Beitritt eines bestimmten Miteigentümers?, Rpfleger 1979, 1; Schiffhauer, Der Ausgleichsbetrag des § 182 Abs 2 ZVG, Rpfleger 1984, 81.

Allgemeines zu § 182 1

Zweck der Vorschrift: Klarstellung, welche Rechte als dem Auseinandersetzungsanspruch des Antragstellers vorgehend anzusehen und demgemäß durch das geringste Gebot zu decken sind (Denkschrift S 68), und Berücksichtigung der Ausgleichung bei ungleicher Anteilsbelastung.

Geringstes Gebot in der Teilungsversteigerung (Absatz 1) 2

2.1 Ein **geringstes Gebot** (§ 44) ist auch bei der Zwangsversteigerung zur Aufhebung einer Gemeinschaft aufzustellen. Auch die Teilungsversteigerung wird vom **Deckungsgrundsatz** (§ 44 Rdn 4.1) beherrscht. Sie darf nur unter Sicherung der Verfahrenskosten (§ 109 Abs 1) und Wahrung derjenigen Rechte am Grundstück (anderen Objekt) erfolgen, die dem Auseinandersetzungsanspruch des antragstellenden Miteigentümers vorgehen. Das geringste Gebot besteht auch hier aus den **bestehenbleibenden Rechten** (§ 52) und dem **bar zu zahlenden Teil** (= geringstes Bargebot) nach § 49 Abs 1. Das geringste Bargebot deckt die Kosten des Verfahrens (§ 109), die in § 10 Abs 1 Nrn 1 bis 3 bezeichneten Ansprüche, und die Kosten (§ 10 Abs 2) sowie die wiederkehrenden Leistungen und anderen Nebenleistungen (§ 12 Nrn 1 und 2) der bestehenbleibenden Rechte.

2.2 Ein Grundstückseigentümer und damit auch jeder Miteigentümer kann sein Grundstück und damit auch seinen Miteigentumsanteil „nur unbeschadet der darauf haftenden Rechte veräußern" (Denkschrift S 68, 69). Solche Rechte müssen daher auch in der Teilungsversteigerung „als dem Auseinandersetzungsanspruch des Antragstellers vorgehend" (Denkschrift aaO) mit Feststellung im geringsten Gebot gegen Beeinträchtigung bei Zwangsversteigerung Schutz finden. Durch Aufnahme in das geringste Gebot zu decken als dem „nachrangigen Auseinandersetzungsanspruch" vorgehend sind nach der Klarstellung des Abs 1:

a) die den **Anteil des Antragstellers belastenden Rechte** an dem Grundstück. Es sind dies alle Rechte, die nur den Antragstelleranteil belasten (BGB § 1114;

ZPO § 864 Abs 2). Sie müssen bestehenbleiben, weil der antragstellende Miteigentümer seinen Grundstücksanteil nur belastet mit diesen Rechten veräußern kann.

b) die den **Anteil des Antragstellers mitbelastenden Rechte** an dem Grundstück. Es sind dies alle Rechte, die das ganze Grundstück belasten oder die den Antragstelleranteil und weitere – nicht aber alle – Miteigentumsanteile als Gesamtrechte belasten. Auch Rechte gehören hierher (Ausnahmefall), die einen den Antragstelleranteil mitumfassenden Teil des Grundstücks belasten (Denkschrift S 68, 69).

c) alle **Rechte** an dem Grundstück, die einem den Anteil des Antragstellers belastenden oder mitbelastenden Recht im Rang **vorgehen oder gleichstehen**. Die Notwendigkeit ihrer Berücksichtigung ergibt sich daraus, daß ihre Deckung eine unerläßliche Vorbedingung für die Deckung der nach- oder gleichstehenden Rechte am Antragstelleranteil ist (Denkschrift aaO).

2.3 Sonstige, **ausschließlich einen fremden Anteil** belastende Rechte bleiben unberücksichtigt. Grund (Denkschrift aaO): Das Recht eines jeden Miteigentümers auf Aufhebung der Gemeinschaft entsteht zugleich mit der Begründung des Miteigentums; es darf somit durch spätere Belastung eines einzelnen Anteils eines anderen Miteigentümers nicht beeinträchtigt werden.

2.4 Berücksichtigt werden bei Feststellung des geringsten Gebots auch in der Teilungsversteigerung Ansprüche, die nach **§ 10 ein Recht** auf Befriedigung aus dem Grundstück gewähren. Den Anteil des Antragstellers belasten oder mitbelasten oder andere Anteile vor- oder gleichrangig belasten können Ansprüche mit Recht auf Befriedigung **in Rangklassen 1–4** sowie 7 und 8 des § 10 Abs 1. Die Rangklassen 5 und 6 des § 10 Abs 1 können nicht vorkommen. Die Zurücksetzung älterer Rückstände in Rangklassen 7 und 8 kann regelmäßig keine Bedeutung erlangen.

2.5 Berücksichtigt wird auch in der Teilungsversteigerung ein Recht bei der Feststellung des geringsten Gebots nur, wenn es zur Zeit der Eintragung des Versteigerungsvermerks **aus dem Grundbuch ersichtlich** war, nach dem Inhalt des Grundbuchs, im übrigen nur dann, wenn es **rechtzeitig angemeldet** und erforderlichenfalls glaubhaft gemacht ist (§ 45 Abs 1 mit § 180 Abs 1). Von den nach dem Inhalt des Grundbuchs (nach dem Stand zur Zeit der Eintragung des Versteigerungsvermerks) zu entrichtenden wiederkehrenden Leistungen brauchen die laufenden nicht angemeldet, die rückständigen nicht glaubhaft gemacht zu werden (§ 45 Abs 2 mit § 180 Abs 1). Einzelheiten zur Anmeldung: § 45 Rdn 2. Nicht rechtzeitig angemeldete oder glaubhaft gemachte Rechte stehen auch hier bei der Erlösverteilung im Rang nach (§ 110 mit § 180 Abs 1). Ein den Anteil des Antragstellers belastendes oder mitbelastendes oder das einem solchen Recht vorgehende (gleichstehende) Recht ist (bei Anmeldung) in das geringste Gebot voll auch dann aufzunehmen, wenn es erst nach dem Zwangsversteigerungsvermerk in das Grundbuch eingetragen worden ist[1]. Das Gesetz unterscheidet hier nicht zwischen den vor und nach dem Versteigerungsvermerk eingetragenen Grundstücksrechten. Auszugehen ist vom Stand des Grundbuchs und der Anmeldungen bei Aufstellung des geringsten Gebots im Versteigerungstermin. Besonderheit, wenn ein Erbteilspfandgläubiger die Teilungsversteigerung betreibt: Rdn 2.12.

2.6 Bei Zwangsversteigerung des Grundstücks zum Zwecke der Aufhebung einer **Gesamthandsgemeinschaft** (Erbengemeinschaft, BGB-Gesellschaft, Handelsgesellschaft, Gütergemeinschaft) bestehen unterschiedlich belastete Miteigentumsanteile nicht (Ausnahme nur bei Einzelbelastung von Bruchteilen vor Übergang in die Gesamthandsgemeinschaft und für einen Teil des Grundstücks bei Einzelbelastung vor Vereinigung oder Bestandteilszuschreibung, BGB § 890; aber

---

[1] Schiffhauer ZIP 1982, 660 (XIV 1) und (XIV 2).

Geringstes Gebot und Ausgleichsbetrag   2.9   § **182**

auch BGB § 1131). Es sind alle auf dem Grundstück lastenden Ansprüche in das geringste Gebot aufzunehmen[2] (auch Vormerkungen, nicht aber Pfandvermerke an den Eigentumsanteilen). Sie müssen nur entweder bei Eintragung des Versteigerungsvermerks eingetragen gewesen oder rechtzeitig angemeldet worden sein. Ausnahmsweise kann hier die Berechnung nach § 182 in Frage kommen, wenn bei der Pfändung eines Miterbenanteils eine spätere Belastung gegenüber dem Pfändungsgläubiger nach BGB § 136, ZPO § 829 Abs 1 Satz 1, § 857 nicht wirksam ist (§ 182 nicht unmittelbar, sondern entsprechend anzuwenden) (Rdn 2.12).

2.7 Gleiches gilt bei der **Bruchteilsgemeinschaft,** wenn bei ihr alle Anteile gleichhoch belastet sind[3]. § 182 ist ja nur für den Fall unterschiedlicher Belastung der Bruchteile gedacht. Versteigert zur Aufhebung der Bruchteilsgemeinschaft wird das Grundstück als gemeinschaftlicher Gegenstand (BGB § 753 Abs 1). Einzelausgebote der Miteigentumsbruchteile kommen deshalb nicht in Betracht (§ 180 Rdn 7.11 zu c).

2.8 Wenn bei einer Bruchteilsgemeinschaft die einzelnen **Anteile unterschiedlich belastet** sind, ist für die Aufstellung des geringsten Gebots von dem Anteil des Antragstellers auszugehen: Abs 1 (über den dabei vielleicht nötigen Ausgleich Rdn 4). In das geringste Gebot sind (als bar zu zahlen oder als bestehenbleibend, §§ 49, 52) alle Ansprüche aufzunehmen, die nur den Anteil des Antragstellers belasten; ferner alle, die einen Anteil eines Antragsgegners belasten, aber wegen samtverbindlicher Haftung auch den Anteil des Antragstellers mitbelasten; schließlich noch alle, die einem der beiden eben genannten vorgehen oder gleichstehen, also solche, die einem nur den Anteil des Antragstellers belastenden Recht vorgehen und gleichstehen, und auch solche, die einem den Anteil des Antragstellers mitbelastenden Recht vorgehen oder gleichstehen.

2.9 Beispiel 1: A ½, B ½; A betreibt.

a) Auf A: Hypothek X; auf B: Hypothek Y; keine Gesamtbelastung. Ins geringste Gebot kommt nur X auf A. Y auf B hat dazu kein Rangverhältnis, kann also nicht vorgehen oder gleichstehen, gleich in welcher zeitlicher Folge beide Hypotheken eingetragen sind. Die beiden Bruchteile sind wie gesonderte Grundstücke hierfür anzusehen:

A:	B:
X	Y

b) Auf A: Hypothek X, Gesamthypothek Z; auf B: Hypothek Y, Gesamthypothek Z. War auf B die Hypothek Y vor Z eingetragen, dann geht sie dem Gesamtrecht vor und es bleiben bestehen: auf A die Rechte X und Z, auf B Y und Z, weil A von X belastet, von Z mitbelastet wird und weil auf B dem mitbelastenden Z das Recht Y vorgeht:

A:	B:	oder	A:	B:
–	Y		X	–
X	–		–	Y
Z	Z		Z	Z

c) War aber auf B das Recht Y nach Z eingetragen, so bleiben bestehen: auf A die Rechte X und Z, auf B nur Z, weil A von X belastet, von Z mitbelastet wird und auf B das Recht Y dem mitbelastenden Z nicht vorgeht:

A:	B:	oder	A:	B:
X	–		Z	Z
Z	Z		X	Y
–	Y		–	–

---

[2] Schiffhauer ZIP 1982, 660 (XIV 1).
[3] Schiffhauer ZIP 1982, 660 (XIV 2).

§ 182 2.10 Aufhebung einer Gemeinschaft

2.10 Sind es mehr als zwei Bruchteile, so müssen auch Rechte berücksichtigt werden, die zwar nur auf dem Anteil eines nicht betreibenden Miteigentümers ruhen, aber auf diesem einem Recht vorgehen oder gleichstehen, das wieder auf einem anderen Anteil einem den Anteil des Antragstellers mitbelastenden Recht vorgeht oder gleichsteht.

Beispiel 2: A $^1/_3$, B $^1/_3$, C $^1/_3$; A betreibt.

a) Auf A: Hypothek X; auf B: Hypothek Y; auf C: Hypothek Z, keine Gesamtbelastung. Ins geringste Gebot kommt nur X auf A (wie Beispiel 2.9 Fall a)

A:	B:	C:
X	Y	Z

b) Auf A: Hypothek X, Gesamthypothek Y; auf B Gesamthypothek Y und Gesamthypothek Z; auf C: Hypothek W und Gesamthypothek Z, eingetragen in der zeitlichen Folge: X, W (oder W, X; auch beide gleichzeitig), Z, Y. Ins geringste Gebot kommen: Auf A als belastend X, als mitbelastend Y; auf B als mitbelastend Y, als vorgehend Z, auf C als einem mitbelastenden vorgehend Z, als diesem wieder vorgehend W:

A:	B:	C:	oder	A:	B:	C:	oder	A:	B:	C:
X	–	–		–	–	W		X	–	W
–	–	W		X	–	–		–	–	Z
–	Z	Z		–	Z	Z		Y	Y	–
Y	Y	–		Y	Y	–				

2.11 Unter „vorausgehend" ist also hier gemeint: im rechtlichen Sinne (BGB § 879) vorgehend, es muß ein echtes **Rangverhältnis** bestehen. Das ist nicht der Fall, wenn die Bruchteile völlig verschieden belastet sind, weil die Belastungen, gleich in welcher zeitlichen Reihenfolge eingetragen, nur jeweils an ihrem Anteil lasten, mit dem anderen nichts zu tun haben (Beispiel a). Vorgehen bedeutet hier also nicht: in zeitlicher Reihenfolge der Eintragung. Ein Rangverhältnis können nur die Rechte haben, die auf dem gleichen Grundstück oder dem gleichen Grundstücksbruchteil eingetragen sind. Zwischen den Rechten, die nur den Anteil des Antragstellers bei der Bruchteilsgemeinschaft belasten, und den Rechten, die einen nur anderen Bruchteil belasten, gibt es kein Rangverhältnis.

2.12 Von dem Grundsatz, daß alle bei Aufstellung des geringsten Gebots aus Grundbuch oder Anmeldung sich ergebenden Rechte zu berücksichtigen seien, gibt es eine Ausnahme: betreibt ein **Erbteilspfandgläubiger** die Teilungsversteigerung (zwecks Aufhebung einer Erbengemeinschaft), so sind nachträglich eingetragene, ihm gegenüber unwirksame Zwangshypotheken im geringen Gebot nicht zu berücksichtigen, weil auch bei der Teilungsversteigerung aus dem Deckungsgrundsatz des § 44 nur Rechte berücksichtigt werden dürfen, die stärker sind als der Auseinandersetzungsanspruch der Betreibenden[4]. Gleiches gilt für andere nachrangige Belastungen des Grundstücks, die dem Erbteilspfandgläubiger gegenüber unwirksam sind.

2.13 Nießbrauch

a) Ruht er auf dem **gesamten Grundstück,** so bleibt er von der Teilungsversteigerung unberührt und bleibt bestehen[5] (§ 180 Rdn 7.17).

b) Ruht der Nießbrauch nur auf dem **Anteil des Antragsgegners,** so erlischt er nach der Regel des Abs 1 (wie andere Sonderbelastungen dieses Anteils; so auch[6]) und wird durch Wertsatz abgefunden, und zwar durch eine aus einem

---

[4] BayObLG 1959, 50 = NJW 1959, 1780 = Rpfleger 1960, 157; Drischler JurBüro 1981, 1601 (II 16 a); Ebeling Rpfleger 1991, 349 (IV 3); Schiffhauer ZIP 1982, 660 (XIV 1).
[5] Bünger BWNotZ 1963, 100 (3).
[6] Steiner/Teufel § 180 Rdn 112.

Deckungskapital zu entnehmende laufende Geldrente nach § 92 Abs 2, § 121 Abs 1.

c) Ruht der Nießbrauch nur auf dem Miteigentumsanteil des Antragstellers, so kann er entgegen der allgemeinen Regel des Abs 1 nicht bestehenbleiben (anders[6]). Er erlischt zwar nicht nach § 91 Abs 1 mit Wertersatz, aber er überträgt sich auf den an die Stelle des Grundstücks bzw Grundstücksanteils durch Zuschlag tretenden Erlösanteil; denn bei Aufhebung einer Gemeinschaft „gebührt dem Nießbraucher der Nießbrauch an den Gegenständen, welche an die Stelle des Anteils treten": BGB § 1066 Abs 3. Er muß dazu nicht erst an dem Versteigerungserlösanteil neu bestellt werden; denn der Erlösanteil besteht ja in Geld und Geld ist eine verbrauchbare Sache (BGB § 92 Abs 1) und an dieser erwirbt der Nießbraucher sogar Eigentum: BGB § 1067 Abs 1 Satz 1. Der Nießbraucher wird also mit der Umwandlung des belastet gewesenen Anteils in den Erlös dessen Eigentümer, natürlich nach Vorwegnahme der Verfahrenskosten und der sonst laut Teilungsplan als dem Nießbrauch vorgehend vor ihm aus dem Erlös zu deckenden Ansprüche (so auch[7]; anders[8]: es seien auch hier §§ 92, 121 anzuwenden, also Rente aus Deckungskapital zu zahlen).

d) War das mit Nießbrauch belastete Grundstück oder der mit dem Nießbrauch belastete Anteil hinter dem Nießbrauch **noch mit weiteren Rechten belastet,** so müssen die bei Erlöschen dieser Belastungen an ihre Stelle als Surrogat tretenden Ansprüche auf Befriedigung aus dem Erlös in der richtigen Rangfolge und unter Beachtung des ihnen vorgehenden Nießbrauchs weiterbestehen, können allerdings erst nach dem Ende des Nießbrauchs aus dem restlichen Erlös befriedigt werden. Man muß dies im Teilungsplan festlegen und auch bestimmen, daß in diesem Falle der Nießbraucher nach dem Ende seines Rechts den etwaigen Resterlös an die Befriedigungsberechtigten je bis zur Höhe ihrer festgelegten Ansprüche und in der festgelegten Rangfolge herauszugeben hat, den etwaigen Überschuß an die früheren Eigentümer (soweit nicht der Nießbraucher ohnehin nur eine Rente erhält, wobei dann der Rest des Deckungskapitals in dieser Weise an die genannten Berechtigten geht).

2.14 Versteigerungsbedingungen, abweichende, nach § 59: Sie sind hier auf Antrag möglich[9]; insbesondere wenn bei gesetzlicher Berechnung der bestehenbleibenden Belastungen nach Abs 1 und bei Einsetzung eines Ausgleichsbetrags nach Abs 2 das geringste Gebot so hoch wird, daß niemand mehr bieten kann oder will. Die Voraussetzungen des § 59 sind aber zu beachten.

2.15 Einschlägig im ZVG-Handbuch Rdn 731–736.

Mehrere Miteigentümer als Antragsteller 3

3.1 Wenn das Verfahren zur Aufhebung einer Gemeinschaft **von mehreren** (auch allen) Miteigentümern betrieben wird – entweder, weil sie gleichzeitig haben anordnen lassen oder weil Miteigentümer später beigetreten sind – sind alle betreibenden Miteigentümer (soweit nicht ein Verfahren eingestellt ist) Antragsteller nach Abs 1. Jeder dieser Antragsteller kann jedoch der Feststellung des geringsten Gebots nur dann zugrunde gelegt werden, wenn der wegen seines Auseinandersetzungsanspruchs ergangene Beschluß **vier Wochen** vor dem Versteigerungstermin **zugestellt** worden ist (§ 44 Abs 2 mit § 180 Abs 1). Zugestellt sein muß der Anordnungs- oder Beitrittsbeschluß oder ein Fortsetzungsbeschluß (§ 44 Rdn 7.4) vier Wochen vor dem Termin den (allen) übrigen Gemeinschaftern, also beispielsweise auch den anderen Miteigentümern, die selbst als Antragsteller die Teilungsversteigerung betreiben. Rechtzeitige Zustellung nur an einen Teil der Miteigentümer

---

[7] Jaeckel/Güthe § 181 Rdn 9.
[8] Dassler/Schiffhauer § 181 Rdn 25.
[9] Drischler RpflJahrbuch 1973, 335 (C).

§ 182 3.1 Aufhebung einer Gemeinschaft

genügt nicht. Antragsteller, nach dessen Anteilsbelastung das geringste Gebot festzustellen ist (§ 180 Abs 1), ist ein Miteigentümer daher nicht, wenn sein Beschlagnahme- oder Fortsetzungsbeschluß auch nur einem der übrigen Miteigentümer verspätet zugestellt ist.

3.2 Daß mehrere Miteigentümer die Teilungsversteigerung betreiben, erlangt bei der Zwangsversteigerung zur Aufhebung einer **Gesamthandsgemeinschaft** für Feststellung des geringsten Gebots keine Bedeutung, wenn unterschiedlich belastete Anteile nicht bestehen. Es sind dann (ohnedies) alle auf dem Grundstück lastenden Ansprüche in das geringste Gebot aufzunehmen (Rdn 2.6).

3.3 Bei Zwangsversteigerung zur Aufhebung einer **Gemeinschaft nach Bruchteilen** (BGB § 741) auf Antrag mehrerer oder aller Miteigentümer bereitet die Feststellung des geringsten Gebots nur dann keine Besonderheiten, wenn das Grundstück lastenfrei oder lediglich mit Gesamtrechten oder auch nach einem an den Anteilen aller Antragsteller lastenden Gesamtrecht nicht mehr einzeln belastet ist. Dann sind in Rangklasse 4 des § 10 Abs 1 keine oder alle auf dem Grundstück lastenden Ansprüche in das geringste Gebot aufzunehmen (Rdn 2), nämlich das Gesamtrecht (alle Gesamtrechte) und die dem ranglezten Gesamtrecht auf den Anteilen aller Miteigentümer vorgehenden Rechte.

3.4 Die Feststellung des geringsten Gebots bei Zwangsversteigerung zur Aufhebung einer **Gemeinschaft nach Bruchteilen** (BGB § 741) auf Antrag mehrerer oder aller Miteigentümer bereitet Schwierigkeiten, wenn die Anteile nicht gleich (nicht alle mit den gleichen Rechten) und auch nicht mit einem ranglezten Gesamtrecht belastet sind. Es gibt fünf verschiedene Ansichten:

a) Aus dem Deckungsgrundsatz seien (erste Ansicht) alle Rechte zu berücksichtigen, die den Anteil irgendeines Antragstellers belasten, mitbelasten usw, also alle diese Rechte auf den Anteilen aller Antragsteller[10] (hier könnte der einzelne Teilhaber durch Überbelastung seines Anteils, indem er dann betreibt, die Versteigerung verhindern, weil niemand das hohe geringste Gebot überbieten kann[11]).

Beispiel 1:   A: B: C:
                    X   Y   Z

Betreiben A und B, so bleiben X auf A und Y auf B bestehen.

b) Zu berücksichtigen seien (zweite Ansicht) nur die Rechte, die gleichzeitig die Anteile aller betreibenden Miteigentümer belasten usw, also nur die Gesamtbelastungen bzw die ihnen vorgehenden[12]. Das soll zumindest dann gelten, wenn ein Miteigentümer in Kenntnis des Versteigerungsantrags seinen Miteigentumsanteil weit über den Grundstückswert hinaus belastet hat und sodann dem Verfahren beigetreten ist[13].

Beispiel 2:   A: B: C:
                    X   –   –
                    –   Y   –
                    –   Z   Z
                    W   –   W

Betreiben hier A und B so bleibt nichts bestehen, weil weder X noch Y noch Z noch W auf beiden Anteilen (A und B) ruhen.

---

[10] Jaeckel/Güthe § 182 Rdn 6; Lupprian, ZVG, § 182 Anm 4; Wolff, ZVG, § 182 Anm 2
[11] Mohrbutter, Handbuch des Vollstreckungsrechts, § 63 (IV); Schmidt, Grundpfandrechte und geringstes Gebot (1953), Seite 63–64.
[12] Mohrbutter/Drischler Muster 183 Vorbem II; Mohrbutter und Schmidt je aaO (Fußn 11); Drischler JurBüro 1981, 1761 (2) und JurBüro 1981, 1765 (III 21).
[13] LG Heidelberg Rpfleger 1979, 472.

Geringstes Gebot und Ausgleichsbetrag   3.5 § 182

c) Für jeden Betreibenden (dritte Ansicht) werde das geringste Gebot gesondert berechnet; dabei werde entweder das niedrigste dann ausgewählt (so[14]) oder Doppelausgebot beider vorgenommen (so[15]) oder erst das hohe ausgeboten und bei Erfolglosigkeit nach § 59 das niedrige[16], oder doch der Zuschlag erteilt, wenn doppelt ausgeboten wurde und zu den Versteigerungsbedingungen unter Berücksichtigung aller Einzelbelastungen nicht geboten, aber auf ein (ohne Zustimmung erfolgtes) Ausgebot ohne Berücksichtigung der übermäßigen Einzelbelastung geboten wurde, mithin nur dieses Ausgebot die Verwirklichung des Auseinandersetzungsanspruchs des Miteigentümers des gering belasteten Anteils gewährleistet[17].

d) Es seien zwar (vierte Ansicht) alle Rechte zu berücksichtigen (Ansicht a), aber bei übermäßiger Belastung eines Anteils nach § 59 auf Antrag eines anderen Betreibenden so auszubieten, wie wenn der andere nicht betreiben würde, wobei die Zustimmung eines Beigetretenen zur Abweichung nicht nötig sei (so dieses Buch in 5. Aufl 1959, § 182 Anm 4).

e) Es verdränge (Ansicht fünf) das für jeden Antragsteller begründete Räumungsprinzip den Deckungsgrundsatz der Gegenseite (so[18]). Dieses Räumungsprinzip ergebe sich aus der Bestimmung, daß die auf dem Anteil eines Antragsgegners eingetragenen „Fremdrechte" zugunsten des Antragstellers zu weichen haben. Der Deckungsgrundsatz könne nur so lange Geltung beanspruchen, wie er von der Gegenseite nicht durch Antragstellung beseitigt (nach dem Räumungsprinzip damit verdrängt) werde. Wenn am Anteil des A das Recht III 1, am Anteil des B das Recht III 2 (einzeln) eingetragen sei, so gelte: Wenn A Antragsteller ist, erlischt das Recht III 2, wenn B den Versteigerungsantrag stellt, erlischt das Recht III 1. Stellen A und B einen Versteigerungsantrag, so erlöschen folglich auf Grund des Räumungsprinzips die Rechte III 1 und III 2.

3.5 a) Bis zur 11. Aufl (1983) wurde in diesem Buch die Ansicht Rdn 3.4 zu a vertreten, weil das Gesetz zwischen Anordnung und Beitritt bei der Teilungsversteigerung nicht unterscheidet und die Grundsätze in § 182 ohne Zulassung einer Ausnahme aufstellt. Folge: Ins geringste Gebot müßten alle Rechte kommen, die den Anteil irgendeines Betreibenden belasten, mitbelasten oder einem belastenden oder mitbelastenden Recht vorgehen oder gleichstehen.

b) Hierfür **Beispiel 3**: Auf vier verschiedenen Bruchteilsanteilen sind eingetragen:

A:	B:	C:	D:
X	–	–	–
–	Y	–	–
–	–	–	W
–	Z	–	Z
V	V	–	V
–	–	T	–
S	–	S	–
–	R	–	–
–	–	Q	–
–	–	–	P

5 a) A betreibt, bestehenbleiben: auf A: SVX, auf B: VZY; auf C: ST; auf D: VZW.
5 b) A und B betreiben, bestehenbleiben: auf A: SVX; auf B: RVZY; auf C: ST; auf D: VZW.

---

[14] Dassler/Schiffhauer § 182 Rdn 14; Freund, Zwangsvollstreckung in Grundstücke, § 102; Reinhard/Müller § 182 Anm III 3–4; Steiner/Teufel § 182 Rdn 12, 13, Schiffhauer ZIP 1982, 660 (XIV) und Rpfleger 1984, 81 (II).
[15] Drischler RpflJahrbuch 1960, 347, (B II 3).
[16] Otto und Seyffert Rpfleger 1979, 1.
[17] LG Düsseldorf Rpfleger 1987, 29.
[18] Niederée DRpflZ 1984, 94.

5 c) A und C betreiben, bestehenbleiben: auf A: SVX; auf B: VZY; auf C: QST; auf D: VZW.
5 d) A und D betreiben, bestehenbleiben: auf A: SVX; auf B: VZY; auf C: ST; auf D: PVZW.
5 e) B und C betreiben, bestehenbleiben: auf A: SVX; auf B: RVZY; auf C: QST; auf D: VZW.
5 f) B und D betreiben, bestehenbleiben: auf A: VX; auf B: RVZY; auf C: –; auf D: PVZW.
5 g) C und D betreiben, bestehenbleiben: auf A: SVX; auf B: VZY; auf C: QST; auf D: PVZW.

c) Hat ein Miteigentümer hier seinen Anteil hoch belastet und ist dann beigetreten, würde die Versteigerung ergebnislos bleiben; in einem solchen Fall sollte mit § 59 abgeholfen[19], die Regel aber nicht aufgegeben werden.

3.6 Richtig muß sich das geringste Gebot nach dem von mehreren antragstellenden Miteigentümern bestimmen, für den es **am niedrigsten** ist (so auch[20] und ZVG-Handbuch Rdn 736). Zu erwägen ist:

a) Der Anspruch auf Teilung ist Miteigentümerrecht. Mit seinem Anspruch auf Aufhebung der Gemeinschaft verwirklicht jeder Miteigentümer gegenüber den anderen Teilhabern der Gemeinschaft sein mit Begründung des Miteigentums entstehendes Auseinandersetzungsrecht. Als Inhalt des Miteigentums ist der Anspruch auf Teilung dinglicher Natur. Er kann daher durch die Belastung eines anderen, einzelnen Anteils nicht beeinträchtigt werden (Denkschrift S 68). Der Verwirklichung dieses materiellen Teilungsrechts dient die Immobiliarvollstreckung als Verfahrensrecht (Einl Rdn 3). Eine nach materiellem Recht ausgeschlossene Beeinträchtigung des Auseinandersetzungsanspruchs können daher auch Verfahrensregeln der Zwangsversteigerung nicht bewirken. Weil der Anteil eines antragstellenden Miteigentümers nur unbeschadet der darauf haftenden Rechte veräußert werden kann (Rdn 2.2), sind sie nach dem Deckungsgrundsatz mit Feststellung des geringsten Gebots zu wahren. Weitergehender Einschränkung unterliegt ein Miteigentümer bei Verwirklichung seines Auseinandersetzungsanspruchs nicht, somit auch nicht deshalb, weil zugleich (in einem gemeinsamen Verfahren) auch ein anderer (oder mehrere) Teilhaber der Gemeinschaft mit Geltendmachung des seinem Miteigentumsanteil selbständig entspringenden Auseinandersetzungsrechts die Grundstücksversteigerung zur Aufhebung der Gemeinschaft betreibt. Daher kann durch Berücksichtigung der Belastung eines anderen, einzelnen Anteils im geringsten Gebot der Auseinandersetzungsanspruch eines Miteigentümers auch nicht deshalb geschmälert werden, weil der weitere (oder mehrere) Miteigentümer zugleich die Teilungsversteigerung betreibt. Das entspricht dem für Bildung des geringsten Gebots in der Vollstreckungsversteigerung geltenden Grundsatz, daß dann, wenn mehrere Gläubiger das Verfahren betreiben, das geringste Gebot sich nach dem bestbetreibenden von ihnen richtet (§ 44 Rdn 7). Mit entsprechender Anwendung (§ 180 Abs 1) der Vorschriften über die Bildung des geringsten Gebots (§ 44) gilt das auch, wenn das Teilungsversteigerungsverfahren wegen mehrerer Auseinandersetzungsansprüche betrieben wird. Entsprechende Anwendung erfordert nicht, daß diese mehreren Ansprüche, wegen der das Verfahren betrieben wird, verschiedenen Rang (nach materiellem Recht, BGB § 879) haben. Entsprechende Anwendung des § 44 über die Bildung des geringsten Gebots bedeutet vielmehr, daß Durchführung des Verfahrens und Grundstücksveräußerung nach dem Anspruch eines Antragstellers von mehreren, für den sich das niedrigste geringste Gebot ergibt, nicht deshalb erschwert und beeinträchtigt sein kann, weil die Versteigerung auch wegen des Anspruchs eines anderen Antragstellers betrie-

---

[19] Otto und Seyffert Rpfleger 1979, 1.
[20] Dassler/Schiffhauer, Reinhard/Müller, Freund und Schiffhauer je aaO (Fußn 14); Ebeling Rpfleger 1991, 349 (II 4).

Geringstes Gebot und Ausgleichsbetrag 3.7 § **182**

ben wird, der durch selbständige Einzelbelastung in der Grundstücksveräußerung umfassender beschränkt ist.

b) Das **geringste Gebot** in dem von mehreren Miteigentümern betriebenen Verfahren ist daher immer **nach dem Miteigentümer** als Antragsteller festzustellen, dessen Anteilsbelastungen **das niedrigste geringste Gebot** ergeben.

c) Hierfür **Beispiel 4:**
	A	B
	lastenfrei	100 000 DM

Betrieben wird das Verfahren von A und B. Es bleibt nichts bestehen (geringstes Gebot nach Antragsteller A); Ansprüche aus dem Recht zu 100 000 DM sind nicht in das geringste Gebot aufzunehmen (auch nicht in das bare geringste Gebot). Der Auseinandersetzungsanspruch des A wird durch die Einzelbelastung des Anteils B auch nicht deshalb beeinträchtigt, weil dieser Miteigentümer das Verfahren gleichfalls betreibt.

d) Hierfür **Beispiel 5:**
	A	B
	50 000 DM	20 000 DM

Betrieben wird das Verfahren von A und B. Bestehen bleibt das Recht zu 20 000 DM auf Anteil B; in den bar zu zahlenden Teil des geringsten Gebots sind Kosten und Zinsen sowie andere wiederkehrende Leistungen aus diesem Recht aufzunehmen. Ansprüche aus dem Recht zu 50 000 DM auf dem Anteil A sind nicht in das geringste Gebot aufzunehmen. Ausgleichsbetrag: § 180 Abs 2.

e) Nicht zutreffend sind die Rdn 3.4 bezeichneten Ansichten a (Überbelastung durch nur einen Teilhaber kann Versteigerung insgesamt verhindern), b (verletzt die Rechte der Einzelbelastungen bei allen Antragstellern, trägt dem Deckungsgrundsatz somit nicht Rechnung), und c (soweit das höchste Gebot angewendet wird). Die vierte Ansicht ist bereits in früheren Auflagen dieses Buches aufgegeben worden. Das Räumungsprinzip (Ansicht e) verkehrt den Deckungsgrundsatz (ohne Gesetzesgrundlage) in sein Gegenteil. Miteigentümer eines belasteten Grundstücks zusammen könnten dieses lastenfrei versteigern lassen; kein einem Auseinandersetzungsanspruch vorgehendes Recht wird mit Feststellung des geringsten Gebots gewahrt.

3.7 a) Durch Einzelbelastungen der Anteile kann sich eine **gleich umfassende Beschränkung** der Miteigentümer in der Grundstücksveräußerung zur Gemeinschaftsaufhebung ergeben.

Beispiel 6:

	A	B
	½	½
Hypothek I	100 000 DM	–
Grundschuld II	–	100 000 DM

A und B betreiben. Würde **nur A** das Verfahren betreiben, dann müßte als Belastung seines Antragstelleranteils die Hypothek I zu 100 000 DM bestehenbleiben. Er könnte seinen Anteil nur unbeschadet dieser darauf lastenden Hypothek veräußern. Die Grundschuld II auf dem Anteil B würde erlöschen (dafür aber Ausgleichsbetrag nach § 180 Abs 2). Würde **nur B** das Verfahren betreiben, dann müßte als Belastung seines Antragstelleranteils die Grundschuld II zu 100 000 DM bestehenbleiben. Er könnte seinen Anteil nur unbeschadet dieser darauf lastenden Grundschuld veräußern. Die Hypothek I auf dem Anteil A würde erlöschen (dafür aber Ausgleichsbetrag nach § 180 Abs 2). Jeder Miteigentümer ist mit seinem Auseinandersetzungsanspruch durch eine Einzelbelastung von 100 000 DM und einem daraus folgenden Ausgleichsbetrag in gleicher Höhe (§ 182 Abs 2) beschränkt. Diese Beschränkungen entfallen nicht, wenn alle Miteigentümer die Versteigerung des Grundstücks zur Aufhebung der Gemeinschaft betreiben (sonst könnten sie gemeinsam das Grundstück lastenfrei veräußern). Daß **beide** Miteigentümer das Verfahren betreiben, hat somit nicht zur Folge, daß kein Recht bestehenbleibt (alle Belastungen erlöschen).

§ 182 3.7 Aufhebung einer Gemeinschaft

b) Für **jeden** der Miteigentümer **gilt** vielmehr, daß er zum Zwecke der Aufhebung der Gemeinschaft Veräußerung des Grundstücks **nur unbeschadet** der auf seinem Miteigentumsanteil haftenden Rechte betreiben und durch Belastung des anderen einzelnen Anteils **nicht beeinträchtigt** werden kann. Einzelbelastungen bleiben bei Feststellung des geringsten Gebots nach dem Grundgedanken des § 180 Abs 1 nur unberücksichtigt, wenn sie das Recht des (somit eines) Antragstellers auf Aufhebung der Gemeinschaft beeinträchtigen Rdn 2.3). Wenn das nicht der Fall ist, brauchen sie dem Auseinandersetzungsanspruch des anderen Miteigentümers nicht weichen. Das gilt auch, wenn der Teilungsanspruch eines Miteigentümers durch die Belastung des anderen Anteils **nicht stärker** als bereits durch die eigene Anteilsbelastung beeinträchtigt ist. Die gleich hohen Einzelbelastungen der Anteile finden bei Versteigerung auf Antrag (hier) beider Miteigentümer somit Aufnahme in das geringste Gebot. Das entspricht auch dem Grundgedanken des Abs 2, nach dem auf jeden Miteigentumsanteil ein seiner Größe entsprechender Bruchteil des Versteigerungserlöses zu entfallen hat (Denkschrift S 68). Wahrung dieses Grundsatzes gebietet hier nicht, daß für eine bare Ausgleichung gesorgt werden muß; weil keiner der gleichzeitig verfolgten Auseinandersetzungsansprüche durch Einzelbelastungen eines anderen Anteils beeinträchtigt wird, brauchen solche vielmehr nicht zu weichen. Nach dem Deckungsgrundsatz haben somit in diesem Fall alle Rechte in das geringste Gebot Aufnahme zu finden. Das muß hier nach § 182 Abs 1 für die Belastungen der Anteile der Antragsteller auch gelten, wenn unterschiedlich hohe Zinsen oder andere Nebenleistungen der einzelnen Rechte zu (dann meist geringen) Abweichungen bei Berechnung des baren geringsten Gebots führen (dafür Ausgleichung nach Abs 2).

3.8 Die Beeinträchtigung des Rechts eines Antragstellers (von mehreren) auf Aufhebung der Gemeinschaft durch Belastung eines anderen einzelnen Anteils kann (wie bei Feststellung des Ausgleichsbetrags nach Abs 2; dazu Rdn 4) nur nach dem **Verhältnis der Anteilsgrößen** der mehreren antragstellenden Miteigentümer bemessen werden.

Beispiel 7:   A   B
                       $^1/_3$ $^2/_3$
                  100 000 DM   –
                        –   100 000 DM.

Betrieben wird das Verfahren von A und B. Geringstes Gebot als das niedrigste (nach den Grundsätzen Rdn 3.6): Recht auf Anteil B mit 100 000 DM bleibt bestehen (ein Drittel ist nur mit 50 000 DM belastet); Recht auf Anteil A kommt nicht in das geringste Gebot (dafür Ausgleichsbetrag nach § 180 Abs 2).

Beispiel 8:   A   B
                       $^1/_3$ $^2/_3$
                   50 000 DM   –
                        –   100 000 DM.

Betrieben wird das Verfahren von A und B. Gleich umfassende Beschränkung der Auseinandersetzungsansprüche. Geringstes Gebot (nach den Grundsätzen Rdn 3.7) daher: Keine Einzelbelastung muß weichen. Somit Aufnahme der Einzelbelastung A mit 50 000 DM und der Einzelbelastung B mit 100 000 DM in das geringste Gebot.

4 Ungleiche Anteilsbelastung: Ausgleichsbetrag (Absatz 2)

4.1 Abs 2 verlangt für die Teilungsversteigerung **Erhöhung** des geringsten Gebots um **bare** Ausgleichsbeträge, wenn die nach Abs 1 im geringsten Gebot zu berücksichtigenden Beträge bei einem Anteil höher sind als bei anderen. Berücksichtigung dieser Ausgleichung beruht auf der Erwägung, daß auch dann, wenn die bei Feststellung des geringsten Gebots berücksichtigten Rechte die Miteigentumsan-

Geringstes Gebot und Ausgleichsbetrag   4.6   § 182

teile ungleichmäßig belasten, auf jeden Anteil ein seiner Größe entsprechender Bruchteil des Versteigerungserlöses zu entfallen hat (Denkschrift S 68).

4.2 Auszugleichen ist ein bei Feststellung des geringsten Gebots „bei einem Anteil" berücksichtigter größerer Betrag. Im geringsten Gebot als Ausgleichung zu berücksichtigen sind daher die Beträge, um welche die **bestehenbleibenden Rechte** (§ 52) und die **bar zu zahlenden Beträge** (§ 49) als Belastungen des am stärksten belasteten Anteils die Belastungen des anderen Anteils (der anderen Anteile) (verhältnismäßig) übersteigen.

4.3 Für den Ausgleichsbetrag gilt die gesetzliche Versteigerungsbedingung der **Barzahlung** (§ 49 Abs 1 mit § 180 Abs 1) (Denkschrift S 68). In das geringste Gebot ist der Ausgleichsbetrag somit als weiterer bar zu zahlender Teil aufzunehmen.

4.4 Bei **Gesamthandsgemeinschaften** fällt ein Ausgleichsbetrag (durchweg) nicht an, weil hier keine unterschiedlich beteiligten Grundstücksanteile vorhanden sind; Ausnahme: Rdn 2.6.

4.5 a) Bei einer **Bruchteilsgemeinschaft** können auf die einzelnen Grundstücksanteile **gleiche Beträge** des geringsten Gebots entfallen, wenn etwa zwei Hälfteanteile je gleichhoch am geringsten Gebot beteiligt sind, mit gleichhohen bestehen bleibenden Rechten, mit gleichhohen Anteilen an Verfahrenskosten, öffentlichen Lasten, Zinsen und Kosten der bestehenbleibenden Rechte. Ein Ausgleich ist dann **nicht nötig**.

b) **Beispiel 1:**

	Hälfteanteil A	Hälfteanteil B
Verfahrenskosten	100	100
Öffentliche Lasten	100	100
Gesamthypothekenanteil	500	500
Zinsen und Kosten daraus	50	50
	750	750

Wenn A und B betreiben, werden im geringsten Gebot alle aufgeführten Ansprüche berücksichtigt; dabei sind beide gleichhohen Anteile (je ½) absolut (in der tatsächlichen Höhe der Belastung) und relativ (Belastung im Verhältnis zur Höhe des Anteils) gleichhoch beteiligt. Ausgleich ist nicht nötig. Würde hier A oder B betreiben, wäre die Lage ebenso, weil ein Gesamtrecht und auch sonst Gesamtansprüche gegeben sind.

c) **Beispiel 2:**

	Hälfteanteil A	Hälfteanteil B
Verfahrenskosten	100	100
Öffentliche Lasten	100	100
Hypothek auf A	500	–
Hypothek auf B	–	500
Zinsen daraus	50	50
	750	750

Die Beträge sind wie vorher, die Lage ist anders. Betreiben A und B, so werden alle Posten berücksichtigt (§ 182 Rdn 3.7), wie vorher sind dann beide Anteile absolut und relativ gleichhoch belastet.

4.6 a) **Beispiel 3:** Wie vorher, es betreibt aber nur A oder nur B: es kommt dann nur die eine Hypothek ins geringste Gebot (samt Zinsen), aus dem anderen Anteil nur Kosten, öffentliche Lasten; wenn zB A betreibt:

	Hälfteanteil A	Hälfteanteil B
Verfahrenskosten	100	100
Öffentliche Lasten	100	100
Hypothek auf A	500	–
Zinsen daraus	50	—
	750	200

§ 182   4.6   Aufhebung einer Gemeinschaft

b) Hier sind die gleichhohen Anteile absolut und relativ **ungleich belastet.** Es muß ein Ausgleich erfolgen. Es würde nämlich normal von dem Erlös bei gleichen Eigentumsanteilen auf jeden Teilnehmer der gleiche Erlösanteil treffen; dabei würde B benachteiligt, weil sein Anteil geringer belastet wäre, trotzdem aber nur den gleichen Betrag bekäme wie A. Bei einem Erlös von zB 2000 (bar und bestehenbleibend) würden auf A entfallen als bestehenbleibend 500, in bar 250, auf B in bar 200, zusammen 950; vom Rest zu 1050 würden dann A und B je 525 erhalten. So könnte ein Miteigentümer durch hohe Belastung seines Anteils die anderen benachteiligen. Darum ist Ausgleich nötig.

4.7 Durch den Ausgleich müssen alle Anteile **auf gleiche Höhe** gebracht werden[21]. Das gilt aber nur für die bei jedem Anteil im geringsten Gebot gemäß Abs 1 berücksichtigten Beträge, für die bestehenbleibenden Belastungen wie für die bar zu zahlenden Teile; also Kapitalbetrag, Zinsen und Kosten der bestehenbleibenden dinglichen Rechte aus Rangklassen 4 und 8, Verfahrenskosten und Ansprüche der Rangklassen 1–3, 7. Zwischen den Rangklassen selbst wird dabei nicht unterschieden.

4.8 a) Den im geringsten Gebot gemäß Abs 1 schon berücksichtigten Beträgen müssen **diejenigen Beträge** als Ausgleich hinzugerechnet werden, um welche der Anteil des **am höchsten** im geringsten Gebot berücksichtigten Grundstücksanteils an diesem geringsten Gebot jeweils die im geringsten Gebot berücksichtigten Beträge jedes einzelnen anderen Grundstücksanteils überschreitet[22]. Dabei ist bei jedem Grundstücksanteil nicht die Höhe seiner Berücksichtigung (der tatsächliche Betrag, der im geringsten Gebot steht) für die Ausgleichsrechnung zugrundezulegen, sondern der Betrag seiner **relativen Berücksichtigung,** also die Höhe im Verhältnis zur Größe des Grundstücksanteils[23].

b) Beispiel 4:   ²/₃-Anteil A   ¹/₃-Anteil B
im geringsten Gebot   600   300

Absolut berücksichtigt sind also bei A hier 600, bei B 300, relativ aber je ¹/₃-Anteil bei A mit 300, bei B mit 300. Ausgleich wäre hier nicht nötig.

c) Die Grundstücksanteile müssen daher zunächst auf gleichen Nenner der Grundstücksbruchteile gebracht werden, weil der Ausgleich nur unter gleichhohen Grundstücksanteilen erfolgen kann:

Beispiel 5:   ¹/₂ A   ¹/₄ B   ¹/₈ C   ¹/₈ D
auf gleichen Nenner   ⁴/₈ A   ²/₈ B   ¹/₈ C   ¹/₈ D

d) Für jeden Grundstücksanteil ist dann die Höhe der Berücksichtigung im geringsten Gebot festzustellen, zunächst absolut, dann relativ:

Beispiel 6: ausgehend von Beispiel 5 seien als absolut berücksichtigt angenommen:

               A 500   B 1000   C 100   D 100.

Relativ, dh je ¹/₈ Grundstücksanteil, ergeben sich dann:
A 500 : 4 = 125, B 1000 : 2 = 500, C 100 : 1 = 100, D 100 : 1 = 100
Relativ am höchsten belastet ist also B, bei dem auf je ¹/₈ 500 treffen. Von ihm aus ist gegenüber den anderen auszugleichen.

e) Dabei wird allgemein nach der **Freund'schen Formel** verfahren (Freund war Amtsrichter in Breslau und hat für diesen Ausgleich eine abgekürzte Berechnung

---

[21] Jaeckel/Güthe § 182 Rdn 3; Schmidt, Grundpfandrechte und geringstes Gebot (1953), S 62.

[22] Schmidt, Grundpfandrechte und geringstes Gebot (1953), S 62.

[23] Drischler RpflJahrbuch 1960, 347 (B I).

Geringstes Gebot und Ausgleichsbetrag   4.9 § 182

geschaffen) ([24]mit Beispielen, erläutert zB von[25]): der am stärksten belastete Anteil vervielfacht mit dem gemeinsamen Nenner ergibt nach Abzug der bestehenbleibenden Rechte und des Bargebots den Ausgleichsbetrag. Dieser Gesamtausgleichsbetrag verteilt sich (bei der späteren Auseinandersetzung auf die einzelnen Grundstücksbruchteile) wie folgt: der je Grundstückseinheit (in unseren Beispielen: $1/8$) am höchsten im geringsten Gebot berücksichtigte Betrag wird bei den anderen Grundstücksanteilen je mit der Zahl ihrer Einheiten (zB 4 oder 2 oder 1 in Beispiel 5) vervielfacht; davon wird dann bei jedem der Betrag der bestehenbleibenden Rechte und der bar zu zahlende Betrag abgezogen; das Ergebnis ist der Anteil jedes Grundstücksanteils am Gesamtausgleich; die zusammengezählten Einzelbeträge müssen wieder den Gesamtausgleich ergeben.

4.9 Beispiel 7: Miteigentümer A $1/4$, B $1/2$, C $1/8$, D $1/8$; A und C betreiben; Kosten 320; Rangklassen 1–3 160; Hypotheken: Nr 1 auf B 300 (30 Kosten und Zinsen), Nr 2 auf B und C gesamt 500 (50 Kosten und Zinsen), Nr 3 auf A bis D gesamt 1600 (240 Kosten und Zinsen), Nr 4 auf A 500 (50 Kosten und Zinsen), Nr 5 auf A bis D gesamt 800 (80 Kosten und Zinsen), Nr 6 auf D 400 (50 Kosten und Zinsen). Bestehen bleiben Nr 1–5, es erlischt Nr 6; bestehenbleiben dabei 1 auf B, 2 auf B und C, 3 auf A bis D, 4 auf A, 5 auf A bis D. Es ergibt sich folgende Berechnung:

Grundstücksanteile	A $1/4 = 2/8$	B $1/2 = 4/8$	C $1/8$	D $1/8$
bar zu zahlen:				
Kosten: 320 (2:4:1:1)	80	160	40	40
Rang 1–3: 160 (2:4:1:1)	40	80	20	20
Zinsen Nr 1: 30	–	30	–	–
Zinsen Nr 2: 50 (4:1)	–	40	10	–
Zinsen Nr 3: 240 (2:4:1:1)	60	120	30	30
Zinsen Nr 4: 50	50	–	–	–
Zinsen Nr 5: 80 (2:4:1:1)	20	40	10	10
Zinsen Nr 6: –	–	–	–	–
bar zusammen: 930	250	470	110	100
bestehenbleibend:				
Nr 1: 300	–	300	–	–
Nr 2: 500 (4:1)	–	400	100	–
Nr 3: 1600 (2:4:1:1)	400	800	200	200
Nr 4: 500	500	–	–	–
Nr 5: 800 (2:4:1:1)	200	400	100	100
Nr 6: –	–	–	–	–
bestehenbleibend: 3700	1100	1900	400	300
bar wie oben: 930	250	470	110	100
berücksichtigt absolut	1350	2370	510	400
relativ je 1/8	675	592,50	510	400

Höchster berücksichtigter Betrag relativ auf $1/8$ also bei A der Betrag von 675. Der Gesamtausgleich errechnet sich also:

675 × 8 =		5400
ab bestehenbleibend	3700	
ab bar zu zahlen	930	4630
Gesamtausgleich		770

---

[24] Freund, Zwangsvollstreckung im Grundstücke (1901), Seite 226–228.
[25] Dassler/Schiffhauer § 182 Rdn 9; Jaeckel/Güthe § 182 Rdn 3; Mohrbutter/Drischler Muster 183 Vorbem I.

§ 182 4.9   Aufhebung einer Gemeinschaft

Der Gesamtausgleich verteilt sich bei der späteren Verteilung auf die einzelnen Grundstücksanteile wie folgt:

$$\begin{aligned}
A\,(2 \times 675) - 1350 &= 1350 - 1350 = 0 \\
B\,(4 \times 675) - 2370 &= 2700 - 2370 = 330 \\
C\,(1 \times 675) - 510 &= 675 - 510 = 165 \\
D\,(1 \times 675) - 400 &= 675 - 400 = \underline{275} \\
& \qquad\qquad\qquad\quad 770.
\end{aligned}$$

Man hätte den Gesamtausgleich und seine Teile auch wie folgt berechnen können: berücksichtigt wurden je $^1/_8$ bei A 675, bei B 592,50, bei C 510, bei D 400; zum Ausgleich sind daher nötig:

$$\begin{aligned}
A\,2 \times (675 - 675) &= 2 \times 0 &&= 0 \\
B\,4 \times (675 - 592{,}50) &= 4 \times 82{,}50 &&= 330 \\
C\,1 \times (675 - 510) &= 1 \times 165 &&= 165 \\
D\,1 \times (675 - 400) &= 1 \times 275 &&= \underline{275} \\
& && 770.
\end{aligned}$$

Das geringste Gebot wird also nunmehr endgültig wie folgt berechnet:

bar zu zahlen	930
Ausgleichsbetrag bar	<u>770</u>
bar insgesamt	1700
bestehenbleibend	<u>3700</u>
insgesamt	5400.

4.10 Die Ausgleichsbeträge sind nur **Rechnungsposten** für das geringste Gebot[26]. Sie werden **nicht an den Anteilseigentümer** vorweg ausbezahlt[27], sie müssen nur rechnerisch das geringste Gebot erhöhen, damit bei der späteren Verteilung des Überschusses (die das Vollstreckungsgericht nicht durchführt, nur vorbereitet; dazu: § 180 Rdn 17) die einzelnen Anteile in der ihnen wirklich zustehenden Höhe zum Zuge kommen können. Ein früherer Miteigentümer kann nicht Widerspruch gegen den Teilungsplan mit dem Ziel erheben, ihm den Ausgleichsbetrag zuzuteilen[27]. Zu Unrecht meinen hier[28], die Ausgleichsbeträge seien den Ausgleichsberechtigten zuzuteilen, der Rest den bisherigen Miteigentümern nach dem Verhältnis ihrer Anteile. Aus der Bestimmung eines rechnerischen Ausgleichsbetrags zur Gleichstellung der Anteile am Grundstück folgt noch nicht, daß die Teilhaber anteilig am Grundstückserlös berechtigt sind. Ebenso wie bei gleicher Belastung der Anteile das Vollstreckungsgericht nicht durch Teilung des Erlöses die Auseinandersetzung der Grundstücksmiteigentümer herbeiführen kann (§ 180 Rdn 17) ist das bei ungleicher Belastung nicht gestattet. Das ist nicht deshalb anders, weil bei Versteigerung für die Anteile barer Erlös nicht in gleicher Weise erzielt worden ist. Insbesondere schließt die bei Aufhebung der Gemeinschaft notwendige Berücksichtigung der Forderung eines Teilhabers gegen einen anderen, die sich auf die Gemeinschaft gründet (BGB § 756), es aus, daß das Vollstreckungsgericht Erlösüberschuß einzeln an einen Teilhaber auszahlt. Auch der Ausgleichsbetrag ist Grundstückssurrogat, an dem sich die Gemeinschaft der Grundstückseigentümer fortsetzt, dessen Teilung und Auszahlung in Teilbeträgen an die einzelnen Gemeinschafter Auseinandersetzung der am Versteigerungserlös fortbestehenden Gemeinschaft erfordert, die durch die Teilhaber rechtsgeschäftlich (oder durch das Prozeßgericht) zu erfolgen hat, nicht aber durch das Vollstreckungsgericht im Versteigerungsverfahren vorgenommen werden kann.

---

[26] LG Lüneburg ZIP 1981, 914; Dassler/Schiffhauer § 182 Rdn 10; Steiner/Teufel § 182 Rdn 19; Schiffhauer ZIP 1982, 660 (XIV 2) und Rpfleger 1984, 81 (III 4).
[27] LG Lüneburg ZIP 1981, 914; Schiffhauer aaO (Fußn 26).
[28] Nußbaum, Zwangsversteigerung, § 39 (IV c); Drischler ZIP 1982, 921.

4.11 Bei Auseinandersetzung des Erlösüberschusses und auch noch im Rechtsstreit der Miteigentümer um die Verteilung des Erlöses ist auch dann zu berücksichtigen, daß Miteigentumsanteile ungleich belastet waren, wenn entgegen Abs 2 in das geringste Gebot kein Ausgleichsbetrag aufgenommen worden ist[29] (dazu auch[30]). Das erlangt Bedeutung, wenn ein Grundpfandrecht als Gesamtrecht im geringsten Gebot berücksichtigt ist, sich dann aber (nach dem Zuschlag) ergibt, daß es nur noch an dem Anteil eines Miteigentümers lastet, an dem Anteil des anderen (oder der weiteren) Miteigentümer aber schon vor dem Zuschlag nach den Vorschriften über die Gesamthypothek erloschen ist. Dazu auch § 180 Rdn 17.12.

4.12 Falls der Ausgleichsbetrag allein oder zusammen mit dem vollständigen oder teilweisen geringsten Bargebot und Mehrgebot nicht in bar bezahlt wird, muß auch hier die **Forderung** gegen den Ersteher **übertragen** (§ 118) und eine Sicherungshypothek eingetragen werden (§ 128). Als Grundstückssurrogat gebührt die unverteilt bleibende Forderung gegen den Ersteher den Grundstückseigentümern als Teilhaber der fortbestehenden Gemeinschaft (Rdn 4.10), auch soweit mit dem baren Meistgebot der Ausgleichsbetrag nicht bezahlt wurde. Es wird daher eine Sicherungshypothek an dem versteigerten Grundstück (insgesamt, nicht nur an dem minderbelasteten Anteil, für den sich ein Ausgleichsbetrag ergab) eingetragen, und zwar mit Rang nach den für Gläubigeransprüche einzutragenden Sicherungshypotheken (§ 128 Abs 2). Über den (nicht bezahlten) Ausgleichsbetrag darf nicht gesondert (von den anderen Teilen des Meistgebots) zugunsten des bisherigen Eigentümers des minder belastet gewesenen Anteils verfügt werden. Eine Aufteilung wäre eine unzulässige Vorwegnahme der Auseinandersetzung über den Erlös.

4.13 Die Berechnung des geringsten Gebots mit Ausgleichsbeträgen kann in Einzelfällen außerordentlich kompliziert werden. Es wird daher empfohlen, im Falle von Schwierigkeiten sich **auch** noch **mit anderen Beispielen** zu befassen, so in[31].

4.14 Zu einschlägigen Fragen im ZVG-Handbuch: allgemein Rdn 737, Beispiele für Ausgleich Rdn 738–739.

[Kein Sonderkündigungsrecht für Miet- und Pachtverträge]

183 **Im Falle der Vermietung oder Verpachtung des Grundstücks finden die in den §§ 57 a und 57 b vorgesehenen Maßgaben keine Anwendung.**

Allgemeines zu § 183

Zweck der Vorschrift: Sonderregelung für das Verhältnis des Erstehers zu Mietern/Pächtern.

Mieter und Pächter in der Teilungsversteigerung

2.1 Der Ersteher tritt auch bei Teilungsversteigerung nach Maßgabe von BGB § 571 in die sich während der Dauer seines Eigentums aus dem **Mietverhältnis/Pachtverhältnis** ergebenden Rechte und Verpflichtungen ein: § 57 mit § 180 Abs 1 (Versteigerung bricht nicht Miete). Ein Sonderkündigungsrecht für den ersten zulässigen Termin nach § 57 a hat der Ersteher aber nicht (§ 183). In der Teilungsversteigerung bleibt es bei den vertraglichen und den sonstigen ge-

---

[29] BGH FamRZ 1983, 797 = KTS 1983, 480 = MDR 1983, 1020 = NJW 1983, 2449 = Rpfleger 1984, 109.
[30] Schiffhauer aaO (Fußn 26).
[31] Jaeckel/Güthe § 182 Rdn 3; Steiner/Teufel § 182 Rdn 22; Brand/Baur, Zwangsversteigerungssachen, Seite 523; vd Pfordten, ZVG, § 182 Anm 2; Reinhard/Müller § 182 Anm II; Wolff, ZVG, § 182 Anm 1; Schmidt aaO (Fußn 21).

§ 183 2.1   Aufhebung einer Gemeinschaft

setzlichen Kündigungsbestimmungen. Nicht anwendbar sind in der Teilungsversteigerung auch die zu § 57 a für die Vollstreckungsversteigerung erlassenen Besonderheiten in §§ 57 c–57 d (sie beziehen sich ja nur auf das hier nicht geltende Sonderkündigungsrecht).

2.2 Eine **Verfügung** über den Miet- oder Pachtzins vor dem Übergang des Eigentums muß auch der Ersteher in der Teilungsversteigerung nur in den Grenzen von BGB § 573 Satz 1 gegen sich gelten lassen. Auch wenn der Ersteher die Verfügung über den Miet- oder Pachtzins für eine spätere Zeit bei Abgabe des Meistgebots gekannt hat, ist sie ihm gegenüber nicht wirksam (BGB § 573 Satz 2 findet nach § 57 mit § 180 Abs 1 keine Anwendung).

2.3 Für die entsprechende Anwendung von BGB § 573 Satz 1, §§ 574, 575 über die Wirkung von Verfügungen und Rechtsgeschäften über den Miet- oder Pachtzins kommt in der Teilungsversteigerung der Beschlagnahme des Grundstücks keine Bedeutung zu (§ 57 b gilt nicht). Dem Ersteher gegenüber finden diese Vorschriften des Bürgerlichen Gesetzbuchs somit in gleicher Weise Anwendung, wie sie bei freihändigem Erwerb des Grundstücks gegenüber dem Erwerber gelten. Maßgeblich bleibt somit als Übergang des Eigentums (§ 90 Abs 1) der Zeitpunkt der Zuschlagswirksamkeit (§§ 89, 104) oder der Kenntnis davon.

2.4 § 183 gilt auch dann, wenn ein Dritter die Teilungsversteigerung betrieben hat, der das Recht eines Miteigentümers auf Aufhebung der Gemeinschaft ausgeübt hat (zB ein Pfandgläubiger, der Testamentsvollstrecker).

2.5 Vollstreckung: Die Vollstreckung aus dem Zuschlagsbeschluß nach § 93 gegen frühere Miteigentümer, die ohne besonderen Mietvertrag in dem versteigerten Grundstück wohnen, wird durch § 183 nicht berührt.

[Sicherheitsleistung der Miteigentümer]

184 Ein Miteigentümer braucht für sein Gebot keine Sicherheit zu leisten, wenn ihm eine durch das Gebot ganz oder teilweise gedeckte Hypothek, Grundschuld oder Rentenschuld zusteht.

1 Allgemeines zu § 184

Zweck der Vorschrift: Einschränkung der Verpflichtung zur Sicherheitsleistung für Miteigentümer mit Ausschluß des § 67 Abs 2 Satz 2, weil der Grund, auf dem diese für den Schuldner geltende Vorschrift beruht, hier nicht zutrifft.

2 Bietersicherheit in der Teilungsversteigerung

2.1 Auch in der Teilungsversteigerung **kann jeder,** dessen Recht durch Nichterfüllung eines Gebots beeinträchtigt würde, der also aus dem Gebot (falls es Meistgebot bleibt und den Zuschlag erhält) etwas zu erwarten hätte, sofort nach Abgabe des Gebots **Sicherheitsleistung verlangen:** § 67 Abs 1 Satz 1 mit § 180 Abs 1.

2.2 Auch hier braucht ein Bieter, dem eine durch das Gebot ganz oder zum Teil gedeckte Hypothek usw zusteht, nur **auf Verlangen des Antragstellers** Sicherheit zu leisten: § 67 Abs 2 Satz 1 mit § 180 Abs 1. Die Ausnahme in § 67 Abs 2 Satz 2 ist aber hier durch eine Sonderregelung ersetzt (Rdn 3).

2.3 Auch hier sind Bund, Länder usw von **Sicherheitsleistung** immer **befreit:** § 67 Abs 3 mit § 180 Abs 1.

2.4 Auch hier wird **Sicherheit in Höhe** von $1/10$ des Bargebots geleistet, mindestens in Höhe der Verfahrenskosten: § 68 Abs 1 mit § 180 Abs 1. Auch hier kann ein Beteiligter, dessen Recht nach § 52 bestehenbleibt, erhöhte Sicherheit verlangen: § 68 Abs 2 mit § 180 Abs 1. Der im geringsten Gebot bar berücksichtigte Ausgleichsbetrag (§ 182 Abs 2) kann für die erhöhte Sicherheitsleistung keine Bedeutung erlangen. Er gehört als Teil des Erlösüberschusses der Miteigentümer

Sicherheitsleistung der Miteigentümer 3.4 **§ 184**

(§ 182 Rdn 4.12) nicht zu den dem Recht des Beteiligten vorgehenden Ansprüchen, die mit erhöhter Sicherheit nach § 68 Abs 2 Satz 2 zu decken sind. Die Ausnahmevorschrift des § 68 Abs 3 ist hier aber durch die Sonderregelung ersetzt.

2.5 Auch hier erfolgt **Sicherheitsleistung durch Bargeld,** Wertpapiere, Bundesbankscheck oder durch selbstschuldnerische Bürgschaft: § 69 mit § 180 Abs 1, EGZVG § 10.

Sicherheitsleistung in der Teilungsversteigerung 3

3.1 Auch ein **Miteigentümer** hat als Bieter auf Antrag eines Beteiligten, dessen Recht durch Nichterfüllung des Gebots beeinträchtigt würde (§ 67 Abs 1), wie jeder andere Bieter Sicherheit zu leisten. Antragsberechtigt ist demnach auch jeder weitere Miteigentümer, für den das Gebot einen Erlösüberschuß ergeben würde (§ 67 Rdn 2). Daß ein (selbst mitbietender) Miteigentümer von einem anderen Miteigentümer Sicherheit verlangt, verstößt nicht gegen Treu und Glauben[1]. Besonderheiten ergeben sich für Anwendung der Vorschriften über Sicherheitsleistung (§§ 67, 68 mit 180 Abs 1), weil ein antragstellender Miteigentümer nicht Gläubiger ist, der einen durch Zahlung zu deckenden Anspruch verfolgt, und weil die übrigen Miteigentümer nicht Schuldner sind, sondern diese Rolle nur für die entsprechende Anwendung der Vorschriften der Vollstreckungsversteigerung übernehmen (§ 180 Rdn 6.5). In der Teilungsversteigerung keine Anwendung findet daher § 68 Abs 3 über erhöhte Sicherheitsleistung des Schuldners (oder eines neu eintretenden Eigentümers)[2]. Der Antragsteller des Verfahrens kann von Miteigentümern erhöhte Sicherheit nach § 68 Abs 3 nicht verlangen; die **Miteigentümer** sind **für** die Verpflichtung zur **Sicherheitsleistung** einander **gleichgestellt**[3]. Sicherheit hat somit auch ein Miteigentümer zu leisten für ein Zehntel des Bargebots, mindestens aber für die Kosten (§ 68 Abs 1) oder auf Antrag eines Beteiligten, dessen Recht nach § 52 bestehen bleibt, bis zur Höhe des Betrags, welcher zur Deckung der seinem Recht vorgehenden Ansprüche durch Zahlung zu berichtigen ist (§ 68 Abs 2).

3.2 Ein Miteigentümer kann die Sicherheit **nicht** entsprechend seiner Beteiligung am Grundstück **kürzen**[4]. Die Höhe der Sicherheitsleistung ermäßigt sich nicht etwa auf zB die Hälfte, wenn der Bieter, der Sicherheit leisten muß, schon Miterbe zur Hälfte des Objekts ist[5].

3.3 Keine Sicherheit braucht ein Miteigentümer jedoch für ein Gebot zu leisten, wenn ihm eine durch das Gebot ganz oder teilweise gedeckte Hypothek, Grundschuld oder Rentenschuld zusteht (§ 184). In diesem Fall entfällt für den Miteigentümer, der Antragsteller des Verfahrens ist, die Verpflichtung zur Sicherheitsleistung schon nach § 67 Abs 2 Satz 1 mit § 180 Abs 1, weil (außer ihm selbst) dann niemand berechtigt ist, Sicherheit von ihm zu verlangen. Die ergänzende Bestimmung des § 184 erstreckt die damit für das Gebot des Antragstellers, der zugleich Realberechtigter ist, sich ergebende Ausnahme von der Verpflichtung zur Sicherheitsleistung auch auf den Realberechtigten, der Antragsgegner ist und daher im Verfahren die Rolle des Schuldners einnimmt[6]; **§ 67 Abs 2 Satz 2 findet** sonach hier **keine Anwendung**[7].

3.4 § 184 gilt für Teilungsversteigerung bei Bruchteilseigentum ebenso wie bei Gesamthandseigentum. Gleichgültig ist, ob die durch das Gebot gedeckte Hypo-

---

[1] OLG Düsseldorf Rpfleger 1989, 167.
[2] Dassler/Schiffhauer § 184 Rdn 3; Jaeckel/Güthe § 184 Rdn 2; Steiner/Teufel § 184 Rdn 6; Schiffhauer ZIP 1982, 660 (XV 3).
[3] Korintenberg/Wenz § 184 Anm 1.
[4] Steiner/Teufel § 184 Rdn 9; Schiffhauer ZIP 1982, 660 (XV 4).
[5] LG Mannheim Justiz 1973, 23 = ZMR 1973, 331.
[6] Schiffhauer ZIP 1982, 660 (XV 2).
[7] Steiner/Teufel § 184 Rdn 6; Ripfel BWNotZ 1968, 49 (I).

thek (auch Sicherungshypothek, § 67 Rdn 3), Grundschuld oder Rentenschuld auf dem Anteil des Bieters oder auf dem Anteil eines anderen Miteigentümers oder auf dem gesamten Grundstück lastet[8]. Als **Ausnahme** von § 67 Abs 2 Satz 2 soll § 184 es dem Miteigentümer auch als Antragsgegner (in der Rolle des Schuldners) erleichtern, das Grundstück mit Rücksicht auf seinen zu deckenden Anspruch zu ersteigern. **Voraussetzung** für die Befreiung des Miteigentümers (des Antragstellers nach § 67 Abs 2 Satz 1; des Antragsgegners nach § 184) von der Verpflichtung zur Sicherheitsleistung ist (wie für den Grundpfandgläubiger im Falle des § 67 Abs 2 Satz 1; dazu § 67 Rdn 3), daß durch das Bargebot des Miteigentümers mindestens wiederkehrende Leistungen zu decken sind[9] (dazu § 67 Rdn 3.4); auf die Höhe der Forderung kommt es nicht an[9]. Die Ausnahme des § 184 gilt dagegen nicht (ebenso wie keine Befreiung nach § 67 Abs 2 Satz 1 besteht), wenn das Grundpfandrecht in das geringste Gebot als bestehenbleibend aufgenommen ist[10] (anders[11]), weil ihm dann ja aus dem gebotenen Betrag nichts zufließt (wenn nicht, wie erwähnt, Zinsen). Demnach befreit nur eine nicht im geringsten Gebot stehende Eigentümergrundschuld (Eintragung der Eigentümer als Gläubiger nicht erforderlich; Nachweis genügt, insbesondere daß bei Hypothek Forderung nicht entstanden oder wieder erloschen ist) von der Verpflichtung zur Sicherheitsleistung, weil Zinsen aus einer Eigentümergrundschuld im geringsten Gebot bar nicht berücksichtigt werden (BGB §§ 1178, 1197 Abs 2). Dann kann es jedoch nicht darauf ankommen, ob die Eigentümergrundschuld dem Miteigentümer, der bietet, allein oder zusammen mit den weiteren Miteigentümern (gleich in welchem Gemeinschaftsverhältnis) zusteht. Die Ausnahme des § 184 gilt auch wenn das Recht nur vorgemerkt[12] oder durch einen Widerspruch gesichert ist[13], auch wenn das Recht des Bieters mit einem Pfandrecht oder Nießbrauch belastet ist[14], auch wenn das Recht außerhalb des Grundbuchs übergegangen ist, so durch Erbschaft, Abtretung oder Pfändung (eines Briefrechts)[15], auch wenn das Recht nur am eigenen Grundstücksbruchteil des Sicherheit Verlangenden zusteht[16], und auch, wenn das Gebot über den Anspruch des Bieters (Miteigentümers) hinausgeht[17] (er kann nach voller Deckung seines Anspruchs aus der Hypothek, Grundschuld oder Rentenschuld ohne Sicherheitsleistung weiter bieten[17]).

[Zuweisung eines landwirtschaftlichen Betriebs]

185 (1) **Ist ein Verfahren über einen Antrag auf Zuweisung eines landwirtschaftlichen Betriebes nach § 13 Abs 1 des Grundstücksverkehrsgesetzes vom 28. Juli 1961 (Bundesgesetzbl I S 1091) anhängig und erstreckt sich der Antrag auf ein Grundstück, dessen Zwangsversteigerung nach § 180 angeordnet ist, so ist das Zwangsversteigerungsverfahren wegen dieses Grundstücks auf Antrag so lange einzustellen, bis über den Antag auf Zuweisung rechtskräftig entschieden ist.**

(2) Ist die Zwangsversteigerung mehrerer Grundstücke angeordnet und bezieht sich der Zuweisungsantrag nur auf eines oder einzelne dieser

---

[8] Jaeckel/Güthe §§ 67–70 Rdn 7; Mohrbutter, Handbuch des Vollstreckungsrechts, § 64 (IV Fußn 3).
[9] Ripfel BWNotZ 1968, 49 (I).
[10] Jaeckel/Güthe § 184 Rdn 2.
[11] Dassler/Schiffhauer § 184 Rdn 4; Korintenberg/Wenz § 184 Anm 2; Steiner/Teufel § 184 Rdn 7; Mohrbutter aaO (Fußn 8).
[12] Dassler/Schiffhauer § 184 Rdn 4; Jaeckel/Güthe, §§ 67–70 Rdn 7.
[13] Dassler/Schiffhauer § 184 Rdn 4; Drischler JurBüro 1965, 329 (Jb).
[14] Jaeckel/Güthe § 184 Rdn 2; Drischler aaO (Fußn 13).
[15] Jaeckel/Güthe § 184 Rdn 2; Ripfel BWNotZ 1968, 49 (II).
[16] Ripfel BWNotZ 1968, 49 (III).
[17] Jaeckel/Güthe §§ 67–70 Rdn 7.

Grundstücke, so kann das Vollstreckungsgericht anordnen, daß das Zwangsversteigerungsverfahren auch wegen der nicht vom Zuweisungsverfahren erfaßten Grundstücke eingestellt wird.

(3) Wird dem Zuweisungsantrag stattgegeben, so ist das Zwangsversteigerungsverfahren, soweit es die zugewiesenen Grundstücke betrifft, aufzuheben und im übrigen fortzusetzen.

(4) Die Voraussetzungen für die Einstellung und die Aufhebung des Zwangsversteigerungsverfahrens sind vom Antragsteller nachzuweisen.

Allgemeines zu § 185

Zweck der Vorschrift: Regelung des Verhältnisses der Teilungsversteigerung zum landwirtschaftlichen Zuweisungsverfahren.

Zuweisungsverfahren landwirtschaflticher Grundstücke

2.1 Gehört **ein landwirtschaftlicher** (nicht forstwirtschaftlicher[1]) **Betrieb** einer durch gesetzliche Erbfolge (nicht durch letztwillige Verfügung) entstandenen **Erbengemeinschaft,** so **kann jeder Miterbe beantragen,** daß die ganzen Betriebsgrundstücke **ungeteilt** vom Landwirtschaftsgericht (in Bay: Bauerngericht) einem Miterben **zugewiesen werden:** Grundstücksverkehrsgesetz § 13 Abs 1 Satz 1 (mit Einzelheiten). Die Zuweisung erstreckt sich auch auf erbgemeinschaftliche Zubehörstücke, Miteigentums-, Kapitals- und Geschäftsanteile, dingliche Nutzungsrechte und ähnliche Rechte, die zur ordnungsgemäßen Bewirtschaftung des Betriebs nötig sind: Gesetz § 13 Abs 1 Satz 3. Die Miterben, denen nicht zugewiesen wird, erhalten eine Abfindung in Geld: Gesetz § 16 Abs 1 Satz 1. Das weitere Verfahren richtet sich nach Gesetz §§ 13–17.

2.2 Sobald ein Zuweisungsverfahren anhängig ist, muß (zwingend[2]) das **Teilungsversteigerungsverfahren** bis zur rechtskräftigen Entscheidung über den Zuweisungsantrag **eingestellt** werden: Abs 1. Die Einstellung ist aber nur auf **Antrag** möglich: Abs 1; nie von Amts wegen durch das Vollstreckungsgericht[3]. Sie erfolgt erst nach Anordnung der Teilungsversteigerung, die Anordnung wird also nicht behindert[4]. Nach früherem Landesrecht war dagegen ein Zuweisungsantrag nach § 28 ein Verfahrenshindernis[5].

2.3 Erstreckt sich die Teilungsversteigerung auf **mehrere Grundstücke,** der Zuweisungsantrag aber nur auf eines oder einzelne von ihnen, so kann (muß aber nicht) das Vollstreckungsgericht auf den Einstellungsantrag hin auch wegen der nicht vom Zuweisungsverfahren erfaßten Grundstücke einstellen: Abs 2.

2.4 Einstellungsantrag können Antragsteller und Antragsgegner des Teilungsverfahrens stellen, andere Beteiligte wohl nicht, da die Vorschrift im Interesse der Miteigentümer geschaffen ist. Wer die Einstellung beantragt, muß deren Voraussetzungen nachweisen: Abs 4.

2.5 Wenn die Grundstücke nicht zugewiesen werden (Antrag wird zurückgenommen, ganz oder zum Teil abgelehnt, Zuweisung wird in der Beschwerde aufgehoben), ist das Teilungsversteigerungsverfahren **fortzusetzen.** Hierzu ist kein Antrag nötig[6]. Daher entfällt auch bei Einstellung eine Belehrung über die Fortsetzung[7]. Zulässig ist der Antrag.

---

[1] Dassler/Schiffhauer § 185 Rdn 2; 2 Steiner/Teufel § 185 Rdn 1.
[2] OLG München Rpfleger 1984, 363.
[3] Drischler RpflJahrbuch 1966, 325 (L).
[4] Mohrbutter, Handbuch des Vollstreckungsrechts, § 63 (VII).
[5] LG Bielefeld RdL 1959, 319 = RpflJahrbuch 1961, 259 Leitsatz.
[6] Drischler aaO (Fußn 3).
[7] Dassler/Schiffhauer § 185 Rdn 5.

§ 185 2.6 Aufhebung einer Gemeinschaft

2.6 Wiederholte Einstellung ist zulässig[8], wenn nach Erledigung eines Zuweisungsverfahrens erneut Antrag auf Zuweisung des landwirtschaftlichen Betriebs nach Grundstücksverkehrsgesetz § 13 Abs 1 gestellt wird[8]. Der wiederholte Antrag auf Einstellung der Zwangsversteigerung ist jedoch als unzulässige Rechtsausübung zu beurteilten, wenn Zuweisungsanträge bereits erfolglos geblieben sind und bleiben werden, weil gesetzliche Hinderungsgründe (zB Gesetz § 33 Abs 3) entgegenstehen[8].

2.7 Aufgehoben werden muß das Teilungsversteigerungsverfahren, sobald und soweit dem Zuweisungsantrag stattgegeben ist: Abs 3. Dazu ist kein Antrag nötig. Das Gesetz sagt zwar auch, der Antragsteller habe auch die Voraussetzungen der Aufhebung nachzuweisen (Abs 4); doch ist zur Aufhebung kein Antrag nötig: diese Voraussetzungen sind also von Amts wegen (Anfrage beim Landwirtschaftsgericht, Beiziehung der Akten) zu überprüfen.

2.8 Wenn kein Berechtigter einen Antrag stellt, wird das Teilungsversteigerungsverfahren ungehindert durchgeführt. Es ist nur aufzuheben, sobald und soweit zugewiesen ist. Nach dem Zuschlag ist eine Zuweisung nicht mehr möglich.

---

[8] OLG München Rpfleger 1984, 363.

Einführungsgesetz
zu dem Gesetz über die Zwangsversteigerung und die Zwangsverwaltung

BGBl III Gliederungsnummer 310–13,
zuletzt geändert durch Artikel 12 Absatz 1
des Gesetzes vom 20. Dez 1993 (BGBl I 2182 [2210])

[Inkrafttreten des ZVG; allgemeine Vorschriften]

EG 1 (1) Das Gesetz über die Zwangsversteigerung und die Zwangsverwaltung tritt, soweit es die Schiffe betrifft, gleichzeitig mit dem Bürgerlichen Gesetzbuch, im übrigen für jeden Grundbuchbezirk mit dem Zeitpunkt in Kraft, in welchem das Grundbuch als angelegt anzusehen ist.

(2) Die Artikel 1 Abs 2, Artikel 2, 50, 55 des Einführungsgesetzes zum Bürgerlichen Gesetzbuche finden entsprechende Anwendung.

Inkrafttreten des ZVG (Absatz 1)   1

Das ZVG ist in Kraft getreten: Für **Schiffe** mit dem BGB am 1. Jan 1900 (Abs 1 mit EGBGB Art 1 Abs 1). Sonst: Mit **Erstanlegung des Grundbuchs** (Abs 1); der Zeitpunkt wurde nach EGBGB Art 186 Abs 1 durch landesrechtliche Verordnung bestimmt. Im **Beitrittsgebiet** (Einl Rdn 14.1) ist das ZVG mit dem Bundesrecht am 3. Okt 1990 (Beitritt gemäß GrundG Art 23; Einigungsvertrag [BGBl 1990 II 889] Art 1) wieder in Kraft getreten (Einigungsvertrag Art 8 als Generalklausel für die Überleitung des Bundesrechts). Maßgaben zum Bundesrecht waren zunächst bestimmt in Anlage I Kapitel III Sachgebiet A Abschnitt III Nr 15 (iVm Nr 28 und – für Berlin – Abschnitt IV Nr 4). Buchst a dieser Maßgaben (Beschränkung der weiteren Beschwerde) ist nicht mehr anzuwenden (BGBl 1992 I 1150); Buchst b (vor dem Beitritt anhängig gewordene Vollstreckungen nach der GrundstücksvollstreckungsVO) ist überholt.

Landesrecht im Beitrittsgebiet bis 3. Okt 1990   2

Im Beitrittsgebiet war die Vollstreckung von Zahlungsansprüchen in Grundstücke durch die Verordnung über die Vollstreckung in Grundstücke (Grundstücksvollstreckungsverordnung) vom 6. Juni 1990 (GBl-DDR S 288) geregelt. Diese Verordnung ist auf Grund von Einigungsvertrag Art 8 (Rdn 1) außer Kraft getreten. Eine bereits vor dem Wirksamwerden des Beitritts anhängig gewordene Vollstreckung in Grundstücke war noch nach dieser Grundstücksvollstreckungsverordnung zu erledigen (Maßgabe des Einigungsvertrags s Rdn 1). Altes Landesrecht, das nach den Landesvorbehalten des EGZVG im Gebiet der Länder Brandenburg, Mecklenburg-Vorpommern, Sachsen, Sachsen-Anhalt und Thüringen erlassen war, dürfte das Recht der vormaligen DDR außer Kraft gesetzt haben (Aufhebung spätestens mit Inkrafttreten der Zivilprozeßordnung der ehem DDR). Durch den Landesgesetzgeber wurde es nicht wieder in Kraft gesetzt. Daß es mit dem ZVG (Rdn 1) wieder in Kraft getreten wäre, kann nicht angenommen werden; Einigungsvertrag Art 8 ist Generalklausel für die Überleitung nur des Bundesrechts; für Wiederinkrafttreten des früheren Landesrechts konnte ein Anhalt nicht festgestellt werden.

Vorschriften des EGBGB (Absatz 2)   3

EGBGB Art 1 Abs 2: Vorbehalt für Landesgesetze, bedeutet, daß bestehende landesgesetzliche Vorschriften in Kraft blieben und neue landesgesetzliche Vorschriften erlassen werden können. **EGBGB Art 2:** Gesetz ist jede Rechtsnorm. **EGBGB Art 50:** Vorschriften der Reichsgesetze bleiben in Kraft, sind jedoch außer Kraft getreten, soweit sich aus dem ZVG und dem EGZVG die Aufhebung ergibt. **EGBGB Art 55:** Entsprechendes gilt für die privatrechtlichen Vorschriften der Landesgesetze.

[Fortgeltung des Landesrechts allgemein]

EG 2 (1) **Soweit in dem Einführungsgesetze zum Bürgerlichen Gesetzbuche zugunsten der Landesgesetze Vorbehalte gemacht sind, gelten sie auch für die Vorschriften der Landesgesetze über die Zwangsversteigerung und die Zwangsverwaltung.**

(2) **Es treten jedoch die landesgesetzlichen Vorschriften außer Kraft, nach welchen den landschaftlichen und ritterschaftlichen Kreditanstalten für den Anspruch auf ältere als zweijährige Rückstände wiederkehrender Leistungen ein Vorrecht vor den in § 10 Abs 1 Nr 1 bis 6 des Gesetzes über die Zwangsversteigerung und die Zwangsverwaltung bezeichneten Ansprüchen beigelegt ist.**

1 Landesgesetzliche Vorbehalte des EGBGB (Absatz 1)

Vorbehalte zugunsten der Landesgesetzgebung über Zwangsversteigerung und Zwangsverwaltung blieben nur für solche Gegenstände des unbeweglichen Vermögens bestehen, für die das EGBGB die privatrechtlichen Vorschriften der Landesgesetze aufrecht erhalten hat. Das bestimmte EGBGB Art 59 für Familienfideikommisse (aufgehoben) und regelt noch EGBGB Art 67 für Bergrechte (soweit sie nicht unter das BBergG [Einl Rdn 13.2] fallen).

2 Landschaftliche und ritterschaftliche Kreditanstalten (Abs 2)

Landesgesetzliche Vorschriften sind nach EGBGB Art 167 in Kraft geblieben. Einschränkung haben sie durch Abs 2 erfahren. Zu solchen Vorschriften Textanhang T 60.

[Landesgesetzliche Entschädigungsansprüche]

EG 3 **Die im Artikel 113 des Einführungsgesetzes zum Bürgerlichen Gesetzbuche bezeichneten Vorschriften bleiben auch insoweit unberührt, als sie für den Anspruch des Entschädigungsberechtigten oder des Dritten, welcher die Entschädigung geleistet hat, ein Recht auf Befriedigung aus dem Grundstück gewähren und den Rang dieses Rechtes bestimmen. Jedoch kann dem Anspruch auf Rückstände wiederkehrender Leistungen ein Vorrecht nur mit der im § 2 Abs 2 bezeichneten Einschränkung beigelegt werden.**

1 Landesgesetzliche Vorschriften über einen **Entschädigungsanspruch** auf Grund eines Verfahrens der in EGBGB Art 113 bezeichneten Art blieben in Kraft (sind durch das FlurbG, Textanhang T 18, jedoch weitgehend überholt), auch insoweit, als sie ein Recht auf Befriedigung aus dem Grundstück gewähren und dessen Rang bestimmen (Satz 1). Einschränkung für rückständige wiederkehrende Leistungen nach Satz 2.

[Rang öffentlicher Lasten]

EG 4 (1) **Durch Landesgesetz kann bestimmt werden, daß gewisse öffentliche Lasten anderen im Range vorgehen.**

(2) [überholt]

1 Ist durch ZVG § 10 Abs 1 Nr 3 überholt.

Nicht eintragungspflichtige Rechte, Altenteil

[Katasterauszug]

EG 5 Durch Landesgesetz kann bestimmt werden, daß dem Antrag auf Zwangsversteigerung ein Auszug aus einem Steuerbuche beigefügt werden soll.

Landesrechtliche Vorbehalte in Textanhang T 48 ff. Praktische Bedeutung hat die Vorschrift nicht mehr. Dazu ZVG § 16 Rdn 4.5.

[Zusätzlicher Inhalt der Terminsbestimmung]

EG 6 Durch die Landesjustizverwaltung kann angeordnet werden, daß die Bestimmung des Versteigerungstermins noch andere als die im § 38 des Gesetzes über die Zwangsversteigerung und die Zwangsverwaltung vorgeschriebenen Angaben über das Grundstück enthalten soll.

Landesrechtliche Vorbehalte in Textanhang T 48 ff. Dazu § 38 Rdn 6.

[Weitere Terminsveröffentlichungen]

EG 7 Unberührt bleiben die bestehenden landesgesetzlichen Vorschriften, nach welchen noch andere als die in den §§ 39, 40 des Gesetzes über die Zwangsversteigerung und die Zwangsverwaltung bezeichneten Veröffentlichungen der Terminsbestimmung zu erfolgen haben.

Landesrechtliche Vorbehalte in Textanhang T 48 ff. Dazu § 40 Rdn 3.5.

[Anmeldung alter Hypotheken]

EG 8 (1) Durch Landesgesetze kann für die Zwangsversteigerung bestimmt werden, daß die vor dem Inkrafttreten des Bürgerlichen Gesetzbuchs eingetragenen Hypotheken bei der Feststellung des geringsten Gebots und bei der Aufstellung des Teilungsplans nur auf Grund einer Anmeldung zu berücksichtigen sind.

(2) In einem solchen Falle muß die in § 37 Nr 4 des Gesetzes über die Zwangsversteigerung und die Zwangsverwaltung vorgeschriebene Aufforderung auf die Anmeldung der Ansprüche aus den bezeichneten Hypotheken ausgedehnt werden.

Ist als vormalige Übergangsvorschrift nicht mehr von Bedeutung.

[Nicht eintragungspflichtige Rechte, Altenteil]

EG 9 (1) Soweit ein nach Landesgesetz begründetes Recht an einem Grundstücke, das nicht in einer Hypothek besteht, zur Wirksamkeit gegen Dritte der Eintragung nicht bedarf oder soweit eine Dienstbarkeit oder eine Reallast als Leibgedinge, Leibzucht, Altenteil oder Auszug eingetragen ist, bleibt das Recht nach Maßgabe des Landesgesetzes von der Zwangsversteigerung unberührt, auch wenn es bei der Feststellung des geringsten Gebots nicht berücksichtigt ist.

(2) Das Erlöschen eines solchen Rechtes ist auf Verlangen eines Beteiligten als Versteigerungsbedingung zu bestimmen, wenn durch das Fortbestehen ein dem Rechte vorgehendes oder gleichstehendes Recht des Beteiligten beeinträchtigt werden würde; die Zustimmung eines anderen Beteiligten ist nicht erforderlich.

Literatur: Bengel, Das Leibgeding in der Zwangsversteigerung, MittBayNot 1970, 133; Böhringer, Die Wohnungsgewährung als Leibgeding, BWNotZ 1987, 129; Drischler, Altenteil und Zwangsversteigerung, KTS 1971, 145; Drischler, Das Altenteil in der Zwangsversteigerung, Rpfleger 1983, 229; Haegele, Wohnungsrecht, Leibgeding und ähnliche Rechte in Zwangsvollstreckung, Konkurs und Vergleich, DNotZ 1976, 5; Hagena, Das Leibgeding und sein Schutz in der Zwangsversteigerung, BWNotZ 1975, 73; Hagena, Probleme des Doppelausgebots nach § 9 Abs 2 EGZVG, Rpfleger 1975, 73; Kahlke, Erlöschen des Altenteils in der Zwangsversteigerung?, Rpfleger 1990, 233; Schiffhauer, Die Grunddienstbarkeit in der Zwangsversteigerung, Rpfleger 1975, 187 (Abschn VI).

1 Allgemeines zu § 9

1.1 Zweck: Schonung alter, nicht buchungspflichtiger landesrechtlicher Dienstbarkeiten und der als Leibgeding, Altenteil usw eingetragenen Versorgungsrechte. Geschützt sind diese Rechte wegen Abs 2 allerdings nur in beschränktem Umfang.

1.2 Anwendungsbereich: Die Vorschrift gilt für alle Versteigerungsverfahren, für Schiffe und Luftfahrzeuge ihrer Natur nach jedoch nicht.

2 Altrechtliche Dienstbarkeiten (Absatz 1)

Zur Wirksamkeit gegenüber Dritten bedürfen altrechtliche **Grunddienstbarkeiten,** die zur Zeit der Anlegung des Grundbuchs bestanden, nicht der Eintragung (EGBGB Art 187 Abs 1 Satz 1). Ihre Feststellung kann (noch immer) erhebliche Zeit in Anspruch nehmen. Den Realkredit und Interessen des Erstehers gefährden sie im Grund nicht. Sie unterliegen nach dem Vorbild früherer landesrechtlicher Regelung daher nicht dem Anmeldezwang nach ZVG § 45 Abs. 1; ebenso finden sie Schonung mit Bestandswahrung bei Zwangsversteigerung. Unerheblich ist, ob das Recht dem betreibenden Gläubiger im Rang vorgeht, gleichsteht oder nachfolgt. Ausnahme: Abs. 2. Anwendung findet § 9 aber auch, wenn Eintragung verlangt und erfolgt ist (EGBGB Art 187 Abs 1 Satz 2). Ist ein Recht demnach eingetragen oder auch ein nicht eingetragenes Recht angemeldet und ggfs glaubhaft gemacht (ZVG § 45 Abs 1), kommt es bei **Rang vor** dem bestbetreibenden Gläubiger nach ZVG § 44 ins geringste Gebot ([1]für das angemeldete vorrangige Recht) und bleibt nach ZVG § 52 Abs 1 Satz 1 bestehen (Zuzahlungspflicht[1] nach ZVG § 51). Es bleibt aber auch dann nach Abs 1 **gesetzlich bestehen,** wenn es dem bestbetreibenden Gläubiger im Rang gleichsteht oder nachgeht, und ebenso, wenn es vorrangig angemeldet, aber bei der Versteigerung übersehen oder nicht erwähnt[1] wird (daher keine Rechtsbeeinträchtigung des Rechtsinhabers im Sinne von ZVG § 84[1]). Wenn das Recht erlöschen soll, muß das ausdrücklich in den Versteigerungsbedingungen festgestellt sein. Das Erlöschen eines nach ZVG §§ 44, 45 bestehenbleibenden (dem bestrangig betreibenden Gläubiger vorgehenden) Rechts kann nur nach ZVG § 59 mit Einwilligung des Berechtigten zur abgeänderten Versteigerungsbedingung gemacht werden. Nicht zu den nach Abs 1 schonungsbedürftigen Rechten gehört eine Dienstbarkeit jedoch, wenn durch Landesgesetz nach EGBGB Art 187 Abs 2 bestimmt ist, daß sie zur Wirksamkeit gegenüber dem öffentlichen Glauben des Grundbuchs eingetragen werden muß (und die Frist für die Eintragung abgelaufen ist). Ein solches Recht bleibt nicht mehr nach dem Vorbehalt des Abs 1 unberücksichtigt bestehen[2]. Landesrecht: siehe die BGB-Kommentare zu EGBGB Art 187.

3 Leibgeding (Altenteil, Leibzucht oder Auszug) (Absatz 1)

3.1 Schonung des Altenteils (Leibgedings usw) bestimmt Abs 1 als Ausnahmeregelung mit Rücksicht auf den Versorgungscharakter des Rechts, dessen Herkommen und seine Bedeutung vorwiegend in Gebieten mit bäuerlichem Grundbesitz.

---

[1] OLG Hamm OLGRep 1995, 132.
[2] Reinhard/Müller Anm I 2b zu EGZVG § 9.

3.2 Die als **Leibgeding**, Leibzucht, Altenteil oder Auszug (es handelt sich nur um verschiedene Begriffe derselben Berechtigung) eingetragene (beschränkte persönliche) Dienstbarkeit und Reallast schützt Abs 1 nach Maßgabe der Landesgesetze (Anhang T 49 ff) vor Beeinträchtigung durch Zwangsversteigerung. Maßgeblich ist damit allein der Inhalt des Rechts; unerheblich ist, ob für den (schuldrechtlichen) Leibgedingvertrag des EGBGB Art 96 und das sich aus ihm ergebende Schuldverhältnis engere Anforderungen zu stellen sind. Als Leibgeding enthalten Dienstbarkeit und Reallast Ansprüche auf Sach- und Dienstleistungen, die aus und auf einem Grundstück zu gewähren sind, der allgemeinen und persönlichen (zumindest teilweisen[4], etwa als Ergänzung zu einer Sozialversicherungsrente) Versorgung des Berechtigten dienen und − regelmäßig lebenslängliche[4] − Verknüpfung des Berechtigten mit dem belasteten Grundstück bezwecken[5] (für den gleichartigen Leibgedingbegriff von GBO § 49). Diese Ansprüche ruhen als Reallast und Dienstbarkeit auf dem Grundstück, aus dem sie zu befriedigen sind[5]. In der Verknüpfung miteinander bilden sie das Leibgeding[6] (Altenteil usw). Zusammenfassung der durch Dienstbarkeit und Reallast zu gewährenden Leistungen mit Eintragung als Leibgeding (Altenteil usw) rechtfertigt der wegen seines durch den Versorgungszweck bedingte und damit typisierte Inhalt der dinglichen Rechte[7]. Erheblich ist damit, daß es sich um Rechte (eine Bündelung von Dienstbarkeit und Reallast) handelt, die typischerweise zu Versorgungszwecken als Leibgeding (Altenteil usw) bestellt werden[7] (Versorgungszweck des Leibgedings mit örtlicher Bindung des Berechtigten an das Grundstück[8]). Der Rechtsgrund, dem das Altenteil im Einzelfall seine Entstehung verdankt, ist für seine Begriffsbestimmung damit nicht wesentlich[9]. Überlassung eines Grundstücks ist nicht Begriffsmerkmal, regelmäßig aber doch Anlaß für die Bestellung eines Leibgedings (Altenteils usw). Erfordernisse sind daher auch nicht die Zweckbestimmung des überlassenen Grundstücks und seine Eignung zur Sicherung wenigstens eines Teils der wirtschaftlichen Existenz des Übernehmers[9]. Möglich ist ein Leibgeding auch an einem städtischen Grundstück[10] (Wohnrecht bei Übergabe eines Gaststättenbetriebs als Altenteil[11]). Verwandtschaftliche Beziehungen zwischen dem Berechtigten und dem Verpflichteten bestehen vielfach, sind jedoch nicht nötig[12]. Auch zugunsten eines an einem Überlassungsvertrag nicht Beteiligten kann ein Leibgeding ausbedungen sein[13]; Bestellung kann unter Umständen auch ohne Verbindung mit einem Grundstücksüberlassungsvertrag (erst später) erfolgt sein[14]. Bloße Verrentung des Grundstückskaufpreises begründet jedoch kein Leibgeding[15]. Tritt

---

[3] BGH BGHWarn 1964, 431 = MDR 1964, 741 = MittRhNotK 1965, 1 = RdL 1964, 299; BayObLG 1964, 344 = MittBayNot 1965, 303 = RdL 1965, 51.
[4] BGH 125, 69 = DNotZ 1994, 881 = NJW 1994, 1158 = Rpfleger 1994, 347; RG 162, 52; BayObLG 1964, 344 = aaO (Fußn 3) und BayObLG 1975, 132 = JurBüro 1976, 524 = Rpfleger 1975, 314.
[5] BGH 125, 69 = aaO (Fußn 4).
[6] BGH 125, 69 = aaO (Fußn 4); BayObLG 1964, 344 = aaO (Fußn 3); OLG Zweibrücken MittBayNot 1994, 334.
[7] BGH 125, 69 = aaO (Fußn 4).
[8] BayObLG 1975, 132 = aaO (Fußn 4).
[9] BGH 125, 69 = aaO; OLG Zweibrücken aaO (Fußn 6).
[10] BGH FamRZ 1963, 37 Leitsatz = MDR 1963, 38 = NJW 1962, 2249; BGH MDR 1964, 741 = aaO (Fußn 3); RG 152, 104 (106) und 162, 52; BayObLG 1964, 344 = aaO (Fußn 3); BayObLG 1975, 132 = aaO (Fußn 4); LG Kiel SchlHA 1957, 307.
[11] OLG Hamm Rpfleger 1986, 270 und 1987, 76 Leitsatz mit Anm Fuchs.
[12] OLG Köln DNotZ 1990, 513.
[13] BGH NJW 1962, 2249 = aaO (Fußn 10).
[14] RG 162, 52.
[15] KG Berlin MDR 1960, 234; OLG Hamm DNotZ 1970, 659 = MittBayNot 1969, 301 = Rpfleger 1969, 396.

somit in einer schuldrechtlichen Vereinbarung der Charakter eines gegenseitigen Vertrages mit beiderseits gleichwertigen Leistungen in den Vordergrund, so kann im allgemeinen nicht angenommen werden, es handele sich um eine Leibgedingsvereinbarung[16].

3.3 Dienstbarkeit zur dinglichen Sicherung der Einzelleistungen eines Leibgedingsvertrags ist insbesondere das **Wohnungsrecht** (BGB § 1093); es kann auch allein Gegenstand eines Leibgedings sein[17]. Ein **Nießbrauch** kann Leibgedingsbestandteil sein, wenn er nur auf einem (auf einzelnen) Grundstück(en) des übergebenen Grundbesitzes bestellt ist und damit dem Berechtigten lediglich einen Restbestand eigenwirtschaftlicher Betätigung (zB Gartenbau, landwirtschaftliche Nutzung) beläßt[18]. Ein Nießbrauch an dem gesamten übergebenen Grundbesitz (Totalnießbrauch) widerspricht dem Wesen des Leibgedingvertrags[18] (verwehrt das Nachrücken in eine die Existenz begründende Wirtschaftseinheit). Inhalt einer Leibgedings**reallast** können neben wiederkehrenden Leistungen (Naturalleistungen, Rente, Dienste; zur Rentenreallast als Altenteil[19]) auch ergänzende einmalige Verpflichtungen sein[20] (zB Ausstattung der Geschwister, Begräbniskosten).

3.4 Für Dienstbarkeit und/oder Reallast regelt § 9 **Besonderheiten**, wenn sie **als Leibgeding eingetragen** sind. Weil das Leibgeding kein dingliches Recht ist, ist Verwendung des Wortes Leibgeding bei Eintragung jedoch nicht Wirksamkeitserfordernis. GBO § 49 ermöglicht als Verfahrensvorschrift Eintragung als Leibgeding nur für erweiterte Bezugnahme auf die Eintragungsbewilligung auch zur Bezeichnung des Rechts selbst. Eintragung als Leibgeding im Sinne von § 9 kann daher nur erfordern, daß den Altenteilscharakter von Dienstbarkeit und/oder Reallast der Inhalt der Grundbucheintragung und der zulässig (BGB § 874; GBO § 49) in Bezug genommenen Urkunden ausweisen müssen. Das ist der Fall, wenn Eintragung als Leibgeding nach GBO § 49 unter Bezugnahme auf die Eintragungsbewilligung erfolgt ist, und ebenso, wenn sich sonst aus der Eintragung oder der in Bezug genommenen Bewilligung der rechtliche Charakter als Leibgeding mit hinreichender Deutlichkeit ergibt[21]. Dafür ist ausreichend, daß eingetragene Rechte charakteristischerweise den Inhalt eines Leibgedings ausmachen[22].

3.5 Das **Landesrecht bestimmt, ob** Rechte nach Maßgabe von § 9 von der Zwangsversteigerung unberührt bleiben und welche Rechte hierunter fallen, ob sie immer bestehenbleiben oder nur auf Anmeldung hin. Zu den landesrechtlichen Bestimmungen Textanhang T 48 ff. Ein Verstoß gegen diese Landesgesetze ist ein Zuschlagsversagungsgrund nach § 83 Nr 1.

3.6 Bei **Rang vor** dem bestbetreibenden Gläubiger kommt das Leibgeding nach ZVG § 44 ins geringste Gebot und bleibt nach ZVG § 52 Abs 1 Satz 1 bestehen (Zuzahlungspflicht nach § 51). Nach Abs 1 gesetzlich bleibt es bestehen, wenn es dem bestbetreibenden Gläubiger im Rang gleichsteht oder nachgeht (oder die Reallast selbst das Verfahren betreibt[23]) und ebenso, wenn es bei der Versteigerung übersehen oder nicht erwähnt wurde. Wenn das Recht erlöschen soll, muß das ausdrücklich in den Versteigerungsbedingungen festgestellt sein (dazu Rdn 2).

---

[16] BGH MDR 1964, 741 = aaO (Fußn 3); BGH 53, 41 = MDR 1970, 128 = NJW 1970, 282 = Rpfleger 1970, 59; BGH MittBayNot 1989, 81 = NJW-RR 1989, 451.
[17] OLG Hamm Rpfleger 1986, 270 = aaO (Fußn 11); LG Frankenthal Rpfleger 1989, 324.
[18] BayObLG 1975, 132 = aaO (Fußn 4).
[19] BGH KTS 1984, 720 = MDR 1984, 1021 = Rpfleger 1984, 364.
[20] BayObLG 1970, 100 = DNotZ 1970, 415 = Rpfleger 1970, 202.
[21] BGH FamRZ 1963, 37 Leitsatz = MDR 1963, 38 = NJW 1962, 2249; RG 152, 104 (106); RG 162, 52; OLG Hamm DNotZ 1970, 37 = OLGZ 1969, 380; LG Frankenthal Rpfleger 1989, 324.
[22] OLG Hamm DNotZ 1970, 37 = OLGZ 1969, 380.
[23] BGH Rpfleger 1984, 364 = aaO (Fußn 19).

Nicht eintragungspflichtige Rechte, Altenteil 4.3 **EG 9**

3.7 Nicht unter die Ausnahmeregelung des Abs 1 (Bestehenbleiben) **fallen** Rechte, die erst nach dem Versteigerungsvermerk in das Grundbuch eingetragen worden sind[24], weil sonst der Schuldner durch nachträgliche Eintragungen dieser Art die Versteigerung behindern könnte (anders aber[25]: auch bei ihnen Ausnahmeregelung anwendbar).

3.8 Die Ausnahmeregelung von Abs 1 ist auch auf die **Teilungsversteigerung** anwendbar[26] (auch § 180 Rdn 7.3). Wenn der Miteigentumsanteil des nicht betreibenden Miteigentümers (Antragsgegners) mit einem solchen Recht belastet ist, so kann durch dessen Fortbestehen das Recht des Antragstellers auf Auseinandersetzung beeinträchtigt sein. Kommt das fragliche Recht nicht nach ZVG § 182 ins geringste Gebot (weil der Anteil des Antragstellers nicht damit belastet ist), so muß man es als „nachgehendes Recht" behandeln (obwohl in der Teilungsversteigerung ja kein Rangverhältnis zwischen den Belastungen an den verschiedenen Miteigentumsanteilen vorliegt) und muß dann dem Antragsteller die Möglichkeit nach § 9 zugestehen[26].

Versteigerungsbedingung: Erlöschen des Rechts (Absatz 2)   4

4.1 Ein Recht soll nicht zum Nachteil eines am Grundstück im Rang gleichstehenden oder vorgehenden Berechtigten bestehenbleiben[27] Jeder gleich oder besser Berechtigte, der durch das Bestehenbleiben eines Rechts nach Abs 1 (Rdn 2 und 3) benachteiligt werden würde, darf daher verlangen, daß das Grundstück bei der Versteigerung frei von dem Recht ausgeboten wird[27].

4.2 Das **Erlöschen** des Rechts kann nach Abs 2 (entgegen dem grundsätzlichen gesetzlichen Wunsch, es bestehenzulassen) ausnahmsweise auf Verlangen eines Verfahrensbeteiligten (also auch des betreibenden Gläubigers[28]) als besondere Versteigerungsbedingung festgesetzt werden. Dies ist aber nur möglich, wenn durch das Fortbestehen eines Rechts ein ihm vorgehendes oder gleichstehendes Recht des Beteiligten (Antragstellers) beeinträchtigt werden würde. Zustimmung eines anderen Beteiligten ist zu dem Abweichungsantrag (anders als bei ZVG § 59) nicht nötig (auch nicht die Zustimmung des Inhabers des betroffenen Rechts[29]): § 9 Abs 2. Der Antrag auf Erlöschen kann bis zum Schluß der Versteigerung (Ende der Bietstunde) gestellt werden. Geschieht dies während der Bietstunde, so ist ein neues geringstes Gebot aufzustellen. Der Berechtigte aus dem bevorzugten Recht kann Antrag auf Erlöschen nicht selbst stellen (offen gelassen von[30]). Erlischt das Recht auf solche Weise, so wandelt es sich in ein Befriedigungsrecht um Erlös nach ZVG § 92 Abs 2 an der grundbuchmäßigen Rangstelle um (Surrogationsgrundsatz, § 92 Rdn 2).

4.3 Das Vollstreckungsgericht trifft die Amtspflicht gegenüber beteiligten Gläubigern und den Bietern, darauf **hinzuweisen,** daß das Altenteilsrecht nur dann erlischt, wenn dies ausdrücklich in den Versteigerungsbedingungen und im Zuschlagsbeschluß festgehalten ist[31]. Die nach § 9 Abs 2 Antragsberechtigten müssen damit auf ihr Antragsrecht aufmerksam gemacht werden[31]. Einem Bieter hat der Hinweis Schutz vor der Gefahr zu gewähren, daß er aus Unkenntnis der gesetzlichen Bestimmungen entgegen seinen Ansichten das mit dem Altenteilsrecht belastete Grundstück erwirbt[31].

---

[24] Steiner/Eickmann § 52 Rdn 23; vdPfordten, ZVG, Anm 4–5 zu § 9 EGZVG.
[25] Krezschmer, ZVG, § 29 (Seite 100).
[26] Haegele DNotZ 1976, 5 (IV 1).
[27] Motive zum ZVG S 372.
[28] Hagena Rpfleger 1975, 73 (II 3a).
[29] LG Arnsberg Rpfleger 1984, 427.
[30] BGH Rpfleger 1984, 364 = aaO (Fußn 19).
[31] BGH FamRZ 1991, 929 = KTS 1991, 471 = MDR 1991, 1171 = NJW-RR 1991, 2759 = Rpfleger 1991, 329.

4.4 Nötig für den Antrag ist eine **Beeinträchtigung** durch das Fortbestehen des bevorzugten Rechts, und zwar (anders als bei ZVG § 59) eine Beeinträchtigung des dem Recht vorgehenden oder gleichstehenden Antragstellers, nicht eine Beeinträchtigung anderer Beteiligter. Der Antrag ist somit nicht möglich (das bevorzugte Recht muß vielmehr bestehenbleiben, wie gesetzlich vorgesehen), wenn der Antragsteller entweder voll gedeckt wird oder weder mit Erlöschen noch mit Bestehenbleiben aus dem Erlös etwas erhalten würde. Nicht beeinträchtigt wird auch ein im geringsten Gebot aufgenommener Beteiligter; nicht beeinträchtigt wird der Schuldner. Beeinträchtigt ist aber, wer aus dem Meistgebot mit Erlöschen des Rechts zum Zuge kommt, aus dem Meistgebot mit Bestehenbleiben des Rechts aber nichts oder weniger erhalten würde. Nicht beeinträchtigt sein kann, wer dem Recht nachgeht, da nur der vorgehende oder gleichstehende Berechtigte das Antragsrecht hat. Die Ansprüche des Beeinträchtigten sind dabei nur mit dem Nominal- oder Effektivbetrag zur Zeit des Zuschlags zu berechnen, nicht mit dem im Grundbuch eingetragenen. Zessionare und Ablösungsberechtigte werden nur bei eigener Beeinträchtigung in Rechnung gesetzt.

4.5 Weitergehend fordert[32] „materielle Abwägung" der widerstreitenden Interessen des Altenteilers und des beeinträchtigten Gläubigers; demnach soll das Erlöschen eines Altenteils nur bestimmt werden dürfen, wenn sein Bestehenbleiben nach der Regelung von § 9 für den betroffenen Gläubiger vergleichbar existentiell einschneidend und daher nicht zumutbar sei. Dem ist nicht zu folgen (so auch[33]), weil dabei Selbstverständlichkeiten des Sachenrechts und des Rechtsschutzes unberücksichtigt bleiben und die Berufung auf verfassungsrechtliche Garantien für „rangloses Schutz" des Altenteilers bereits im Ansatz verfehlt ist. Ein Grundstücksrecht mit besserem (jeweils auch für gleichen) Rang (BGB § 879) wirkt absolut auch gegenüber dem nachrangigen Altenteil. Schutzinteressen des Altenteilers wahrt § 9 Abs 1 mit Bestehenbleiben des Rechts auch bei Nichtaufnahme in das geringste Gebot, wenn der rangbessere Gläubiger unbeeinträchtigt bleibt. Schonung des nachrangigen Altenteilers auch noch bei Beeinträchtigung des rangbesseren Gläubigers würde dessen gleichermaßen verfassungsrechtlich (GrundG Art 14 Abs 1) geschütztes Grundpfandrecht schutzlos stellen. Der Nachrang des Altenteilrechts ist von seinem Berechtigten bei Rechtserwerb erstrebt (BGB § 873 mit § 879) oder später mit Rangänderung herbeigeführt (BGB § 880). Ein rangbesserer Gläubiger wirkt an späterer und damit nachrangiger Belastung des Grundstücks mit dem Altenteil nicht mit; er wird dazu nicht einmal gehört. Rangänderung ist für ihn Grundlage der Bonität seines Grundstücksrechts und damit Voraussetzung für Beleihung des Grundstücks (des sonstigen Grundgeschäfts und seiner wirtschaftlichen Auswirkungen). Das schließt nachträgliche Rechtsbeeinträchtigung und damit auch aus, daß später Abwägung sozialer Interessen des Altenteilers gegen solche des Gläubigers erfolgt (bei der für einen „begünstigten" Altenteiler auch noch Tatsachen berücksichtigt werden könnten, die erst nach Grundstücksbelastung eingetreten sind).

4.6 Weil die Beeinträchtigung in der Regel nicht voraussehbar ist, muß **regelmäßig ein Doppelausgebot** stattfinden[34], also unter der gesetzlichen Bedingung, daß das bevorzugte Recht bestehenbleibe, und unter der entgegengesetzten beantragten, daß es erlösche. Hierzu meint[35]: wenn schon bei gesetzlichem Ausgebot so viel geboten werde, daß der Antragsteller voll zum Zuge komme, könne er keinen Änderungsantrag mehr stellen; dies läßt sich kaum voraussehen.

4.7 Der **Zuschlag** erfolgt auch im Falle des Doppelausgebots grundsätzlich auf das gesetzliche Ausgebot, also mit Bestehenbleiben des bevorzugten Rechts. Hier-

---

[32] Kahlke Rpfleger 1990, 233.
[33] Dassler/Schiffhauer Rdn 18 zu § 9 EGZVG.
[34] Nußbaum, Zwangsversteigerung, § 15 (III b).
[35] LG Arnsberg Rpfleger 1984, 427; Dassler/Schiffhauer Rdn 21 zu § 9 EGZVG.

bei ist aber vorausgesetzt, daß der Antragsteller durch dieses Ausgebot entweder voll gedeckt wird oder mindestens nicht weniger (äußerstens also gleichviel) erhält als bei dem von ihm beantragten abweichenden Ausgebot mit Erlöschen des bevorzugten Rechts[36]. Das Gesetz bevorzugt ja das gesetzliche Ausgebot. Aber es ist ohne Bedeutung für die Zuschlagsentscheidung, ob das abweichende Ausgebot mit Erlöschen ein höheres Ergebnis hätte. Es kommt also nicht auf das höhere Versteigerungsergebnis an, sondern nur darauf, ob der Antragsteller bei gesetzlichem Ausgebot mit Bestehenbleiben beeinträchtigt würde. Nur dann, wenn er aus dem gesetzlichen Ausgebot nicht voll gedeckt würde oder weniger bekäme (mindestens nicht gleichviel) oder auch dann, wenn auf das gesetzliche Ausgebot mit Bestehenbleiben des Rechts überhaupt nicht geboten wird[37], darf der Zuschlag (und muß er) auf das beantragte abweichende Ausgebot mit Erlöschen des Rechts erfolgen[38].

4.8 Die **beiden Arten** des Ausgebots müssen (wenn die Abweichung beantragt ist, sonst nur die gesetzliche) **gleichzeitig** erfolgen. Dazu meint[39]: zunächst erfolge Doppelausgebot, sobald aber der Antragsteller durch das normale gedeckt sei, nur noch dieses; ist abzulehnen, weil durch Einstellungen oder Antragsrücknahmen sich die Verhältnisse immer noch ändern könnten; [40]meint: erst nur normales Ausgebot und erst, wenn dies erfolglos sei, dann das abweichende; abzulehnen, weil dies die Beteiligten und Interessenten verwirren und das Ergebnis drücken kann.

4.9 Wenn ein Recht des betreibenden Gläubigers nach § 9 Abs 1 unberührt bleibt und deshalb für jeden anderen Interessenten die Abgabe eines Gebots nicht in Betracht kommt, verstößt der Gläubiger, wenn er das Grundstück zum geringsten Gebot ersteigert, um es sogleich lastenfrei zu einem höheren Preis zu veräußern, jedenfalls dann nicht gegen Treu und Glauben, wenn dessen Erträge nicht ausreichen, seine Forderung zu erfüllen, und er keine Aussicht hat, diese in absehbarer Zeit gegen den persönlichen Schuldner durchzusetzen[41].

[Bebaute Grundstücke im Beitrittsgebiet]

EG 9 a (1) **In dem in Artikel 3 des Einigungsvertrages genannten Gebiet umfaßt die nach dem 31. Dezember 1996 angeordnete Beschlagnahme des Grundstücks auch das in Artikel 233 §§ 2 b, 4 und 8 des Einführungsgesetzes zum Bürgerlichen Gesetzbuche bezeichnete Gebäudeeigentum. Nach Ablauf der in Satz 1 bezeichneten Frist erlöschen durch den Zuschlag auch die in Artikel 233 § 2 c Abs 2 des Einführungsgesetzes zum Bürgerlichen Gesetzbuche bezeichneten Ansprüche, es sei denn, daß für diese ein Vermerk im Grundbuch eingetragen ist oder diese im Verfahren nach Absatz 2 angemeldet worden sind. Satz 2 gilt für Ansprüche auf Rückübertragung nach dem Vermögensgesetz sinngemäß.**

(2) Dem Inhaber des Gebäudeeigentums stehen die in § 28 des Gesetzes über die Zwangsversteigerung und die Zwangsverwaltung bezeichneten Rechte zu. Die in Artikel 233 § 2 c Abs 2 des Einführungsgesetzes zum Bürgerlichen Gesetzbuche bezeichneten Ansprüche sind, sofern sie nicht

---

[36] RG 148, 310; Bengel MittBayNot 1970, 133 (II b); Haegele DNotZ 1976, 5 (IV 1); Hagena Rpfleger 1975, 73 (II 2); Scheyhing SchlHA 1965, 122; Schiffhauer Rpfleger 1975, 187 (IV 6).
[37] LG Arnsberg Rpfleger 1984, 427.
[38] LG Flensburg SchlHA 1964, 146.
[39] Wolff, ZVG, Anm 5 zu § 9 EG.
[40] Hagena Rpfleger 1975, 73 (II 2).
[41] BGH Rpfleger 1984, 364 = aaO (Fußn 19).

in dem für das Grundstück angelegten Grundbuch vermerkt sind, spätestens im Versteigerungstermin vor der Aufforderung zur Abgabe von Angeboten anzumelden. § 3 b Abs 2 des Vermögensgesetzes bleibt unberührt.

(3) Der Beschluß, durch den die Zwangsversteigerung angeordnet wird, ist dem Nutzer zuzustellen. Ist dieser nicht bekannt, so ist, wenn nicht ein Pfleger bestellt wird, auf Ersuchen des Gerichts in entsprechender Anwendung des Artikels 233 § 2 Abs 3 des Einführungsgesetzes zum Bürgerlichen Gesetzbuche ein Vertreter zu bestellen. Ein Zwangsversteigerungsvermerk ist auch in ein bestehendes Gebäudegrundbuch für Gebäudeeigentum auf dem Grundstück einzutragen.

Bitte beachten: Die in EGZVG § 9 a Abs 1 bestimmte **Frist** und die in EGBGB Art 233 § 4 Abs 2 und 4 (Rdn 2.2) sowie in § 5 Abs 2 (Rdn 4.2) bestimmten Fristen **können** durch Rechtsverordnung des Bundesministeriums der Justiz (mit Zustimmung des Bundesrats) bis längstens zum Ablauf des 31. Dez 2005 **verlängert werden** (RegVBG Art 18 Abs 4 Nr 3). Es kann möglich sein, daß Verlängerung dieser Fristen noch erfolgt. Näheres ist bei Abschluß der Korrekturarbeiten für diese Ausgabe Mitte Aug. 1996 noch nicht bekannt. Den nachstehenden Erläuterungen liegt daher die Rechtslage zu diesem Zeitpunkt zugrunde.

Übersicht

Allgemeines zu § 9 a	1	Vermögensgesetz-Rückübertragungsanspruch (Abs 1 Satz 3 und Abs 2 Satz 3)	6
Beschlagnahme auch des Gebäudeeigentums (Absatz 1 Satz 1)	2		
Entgegenstehendes Gebäudeeigentum (Absatz 2 Satz 1)	3	Zustellung des Anordnungsbeschlusses (Absatz 3 Sätze 1 und 2)	7
Mitbenutzungsrecht	4	Vermerk auch im Gebäudegrundbuch (Abs 3 Satz 3)	8
Sachenrechtsbereinigungs-Ansprüche (Abs 1 Satz 2 und Abs 2 Satz 2)	5		

Literatur: Keller, Gebäudeeigentum und Grundstücksversteigerung, Rpfleger 1994, 194.

1 Allgemeines zu § 9 a

1.1 Zweck: Sicherstellung der Zwangsversteigerungsfähigkeit bebauter Grundstücke im Beitrittsgebiet.

1.2 § 9 a gilt für alle Verfahren des ZVG zur Versteigerung eines bebauten Grundstücks im Beitrittsgebiet, auch für die Konkursverwalter-, Nachlaß- und Teilungsversteigerung. Für die Zwangsverwaltung gilt die Vorschrift nicht (§ 146 Rdn 4.5).

2 Beschlagnahme auch des Gebäudeeigentums (Absatz 1 Satz 1)

2.1 Gebäudeeigentum, Anlegung und Führung von Gebäudegrundbüchern sowie Eintragung des Nutzungsrechts im Grundbuch des belasteten Grundstücks und des Gebäudeeigentums ohne Nutzungsrecht im Grundbuch des betroffenen Grundstücks: Einl Rdn 14.

2.2 Bis 31. Dez 1996 gilt **EGBGB Art 233 § 4 Abs 4,** der lautet:

(4) Besteht am Gebäude selbständiges Eigentum nach § 288 Abs 4 und § 292 Abs 3 des Zivilgesetzbuchs der Deutschen Demokratischen Republik, so bleibt bei bis zum Ablauf des 31. Dezember 1996 angeordneten Zwangsversteigerungen ein nach jenem Recht begründetes Nutzungsrecht am Grundstück bei dessen Versteigerung auch dann bestehen, wenn es bei der Feststellung des geringsten Gebots nicht berücksichtigt ist.

2.3 Das **Nutzungsrecht** an dem Grundstück gilt als wesentlicher Bestandteil des Gebäudes (EGBGB Art 231 § 5 Abs 2). Das Gebäudeeigentum als Hauptsache ist persönliches Eigentum des Nutzungsberechtigten (Einl Rdn 14.1). Als Eigentumsform des unbeweglichen Vermögens unterliegt es selbständig der Immobiliarvoll-

streckung. Es ist weder Bestandteil noch Zubehör des Grundstücks. Beschlagnahme (ZVG § 20) und Versteigerung (ZVG § 55) des Grundstücks erstrecken sich daher nicht auf das Gebäudeeigentum; der Ersteher des Grundstücks erwirbt mit dem Zuschlag (ZVG § 90) das Gebäudeeigentum daher nicht. Ob ein auf dem Grundstück errichtetes Gebäude Bestandteil des Grundstücks ist oder Gegenstand besonderen Gebäudeeigentums, war oft jedoch nicht hinreichend festzustellen. Die Zwangsversteigerung bebauter Grundstücke nach dem bis 31. 12. 1996 geltenden Recht hat daher Schwierigkeiten bereitet. Durch folgende Maßnahmen (hierzu[1]) hat das Registerverfahrensbeschleunigungsgesetz vom 20. 12. 1993 (BGBl I 2182) die Zwangsversteigerungsfähigkeit bebauter Grundstücke wieder gewährleistet:
– Dingliche Nutzungsrechte, Mitbenutzungsrechte und Gebäudeeigentum haben aus dem Grundbuch des Grundstücks ersichtlich zu sein (regelt insbesondere EGBGB Art 233 § 2 a);
– Der Zuschlag in der Zwangsversteigerung des Grundstücks führt zum Erlöschen der im geringsten Gebot nicht berücksichtigten dinglichen Nutzungsrechte, Mitbenutzungsrechte und von Gebäudeeigentum (regelt § 9 a);
– Gutgläubiger Erwerb von dinglichen Nutzungsrechten, Mitbenutzungsrechten und Gebäudeeigentum ist davon abhängig, daß diese im Grundbuch des Grundstücks eingetragen sind (bestimmt insbesondere EGBGB Art 231 § 5 Abs 3–5).

2.4 Ab 1. Jan 1997 regelt § 9 a Abs 1 und 2 die Zwangsversteigerungsfähigkeit bebauter Grundstücke im Beitrittsgebiet. Die Bestimmung beruht auf der Erwägung (dazu[1]), daß Versteigerungsgericht und Beteiligte, vor allem aber Bieter, wissen müssen, ob das Gebäude auf dem zu versteigernden Grundstück mit versteigert wird oder nicht. Das wird auf folgendem Weg gewährleistet:
– Die Beschlagnahme des Grundstücks umfaßt im Interesse einer erleichterten Verfahrensdurchführung zunächst auch das Gebäudeeigentum (Abs 1);
– Schuldnerfremdes Gebäudeeigentum wird aus dieser weit reichenden Beschlagnahme entlassen, wenn es grundbuchersichtlich ist (dazu Rdn 2.1) nach ZVG § 28 (Abs 2);
– Der Nutzer wird von der Versteigerungsanordnung durch Zustellung in Kenntnis gesetzt (Abs 3).

2.5 Nach Abs 1 Satz 1 bestimmen sich Beschlagnahmeumfang und Versteigerungsfolgen in Verfahren, wenn die **Beschlagnahme** des Grundstücks im Beitrittsgebiet (nach EGBGB Art 233 § 4 Abs 4 die „Zwangsversteigerung") **nach dem 31. Dez 1996 angeordnet** ist. Die Sondervorschrift von EGBGB Art 233 § 4 Abs 4 läuft damit aus; sie gilt noch für Verfahren, in denen die Zwangsversteigerung bis zu diesem Zeitpunkt angeordnet worden ist. Weil auf die Anordnung abgestellt ist (nicht auf den Zeitpunkt der Wirksamwerdens der Beschlagnahme), ist das Datum des Anordnungsbeschlusses maßgeblich. Zulassung eines Beitritts erfolgt zu einem schon und noch anhängigen Verfahren (ZVG § 27 Rdn 2.2), so daß für die zeitliche Abgrenzung unerheblich bleibt, daß zu einem bereits bis zum 31. Dez 1996 angeordneten Verfahren der Beitritt eines oder mehrerer Gläubiger (auch des später bestbetreibenden Gläubigers) erst danach zugelassen wurde. Versteigerungs- und Zuschlagswirkungen bestimmen sich daher auch dann nach dem bei Verfahresanordnung bis 31. Dez 1996 geltenden Recht, wenn danach das Verfahren für den Anordnungsgläubiger wieder aufgehoben wurde und die Versteigerung nur noch von einem (mehreren) Beitrittsgläubiger betrieben wird, der dem Verfahren nach dem 31. Dez 1966 beigetreten ist.

Entgegenstehendes Gebäudeeigentum (Absatz 2 Satz 1) 3

3.1 Als persönliches Eigentum seines Inhabers (Einl Rdn 14.1) steht **fremdes Gebäudeeigentum**, das (zunächst) in die Beschlagnahme einbezogen ist (Rdn 2.4), der Zwangsversteigerung zusammen mit dem Schuldnergrundstück **entgegen**.

---

[1] Begründung zum RegVBG BT-Drucks 12/5553, Seiten 49 und 123–124 sowie Seite 125.

Wahrung dieses das Verfahren hindernden Rechts erfolgt, wenn es grundbuchersichtlich ist (Rdn 2.3), nach **ZVG § 28** (Abs 2 Satz 1). Das ist der Fall, wenn in der zweiten Abteilung des für das beschlagnahmte belastete Grundstück bestehenden Grundbuchblatts das dem Gebäudeeigentum zugrunde liegende Nutzungsrecht eingetragen ist. Nach Eingang der Grundbuchblattabschrift (ZVG § 19 Abs 2) hat das Vollstreckungsgericht daher von Amts wegen die Verfahrensanordnung **aufzuheben,** soweit die Beschlagnahmewirkungen nach Abs 1 Satz 1 auch das Gebäudeeigentum erfaßt haben (dürfte die Regel sein; einstweilige Einstellung unter Fristbestimmung ist kaum denkbar; Anhörung des Gläubigers ist gleichwohl nicht ausgeschlossen). Zum Beschluß § 28 Rdn 6.3. Zustellung des Aufhebungsbeschlusses erfolgt (ZVG § 32 entsprechend) an Gläubiger, an Schuldner und an den Nutzer (Folge von Abs 3 Satz 1). Das weitere Verfahren, damit insbesondere auch Versteigerung (ZVG § 55 Abs 1) und Zuschlag (ZVG § 90) erstrecken sich nach Aufhebung auf das Gebäudeeigentum nicht mehr. Wenn um Eintragung des Zwangsversteigerungsvermerks auch in das Gebäudegrundbuch ersucht worden ist (Abs 3 Satz 3), ist um Löschung dieses Vermerks zu ersuchen (ZVG § 34 entsprechend).

3.2 Das Verfahren kann vereinfacht werden, wenn dem Vollstreckungsgericht bereits bei Entscheidung über den Anordnungsantrag das der Mitversteigerung entgegenstehende fremde Gebäudeeigentum und seine Grundbucheintragung in Abteilung II des Grundstücksgrundbuchs bekannt sind (Einsicht in das Grundbuch oder Inhalt des Grundzeugnisses, ZVG § 17 Abs 2). Dann ist das entgegenstehende fremde Gebäudeeigentum von Amts wegen bereits bei Entscheidung über den Anordnungsantrag zu berücksichtigen. Anordnung des Verfahrens mit der weitgehenden Beschlagnahmewirkung des Abs 1 und Verfahrensaufhebung, soweit die Beschlagnahme auch das Gebäudeeigentum erfaßt, können daher auch in einem (einheitlichen) Beschluß zusammengefaßt werden. Er kann diese Anordnungen in der Weise zusammengefaßt zum Ausdruck bringen, daß von der Verfahrensanordnung die Beschlagnahme des (zu bezeichnenden) Gebäudeeigentums ausgeschlossen ist. Diese eingeschränkte Anordnung ist zu begründen.

3.3 Der Gläubiger kann durch **Einschränkung seines Antrags nicht** erwirken, daß die Beschlagnahme nur des Grundstücks unter Ausschluß von Gebäudeeigentum angeordnet oder im Anordnungsbeschluß bestimmt wird, daß die Beschlagnahme nicht eingetragenes Gebäudeeigentum nicht umfaßt. Erstreckung der Beschlagnahme auf das Gebäudeeigentum (Abs 1 Satz 1) ist gesetzliche Beschlagnahmefolge im öffentlichen Interesse[2]. Sie steht daher nicht zur Disposition des Gläubigers. Verfahrensaufhebung erfordert, daß das Recht des Inhabers des Gebäudeeigentums aus dem Grundbuch ersichtlich ist (Rdn 3.1). Auch mit Drittwiderspruchsklage wird der Gebäudeeigentümer sein entgegenstehendes Recht erfolgreich nur geltend machen können, wenn Grundbucheintragung möglich ist und erfolgen wird. Ist Gebäudeeigentum als vom Grundstückseigentum unabhängiges Eigentum nicht im Grundbuch eingetragen, hat das Vollstreckungsgericht davon auszugehen, daß Gebäude und Baulichkeiten wesentliche Bestandteile des Grundstücks sind (BGB § 94). Diese durch Freigabe, Antragsbeschränkung oder auf sonstige Weise von einer Zwangsversteigerungsbeschlagnahme auszunehmen, steht nicht in der Gestaltungsbefugnis des Gläubigers. Doch kann der Gläubiger schon ins einem Antrag auf bestehendes Gebäudeeigentum hinweisen, damit das Vollstreckungsgericht bei Anordnung nach dem Rdn 3.2 Gesagten verfahren kann.

3.4 Die Beschlagnahme des Grundstücks für einen **Beitrittsgläubiger** (ZVG § 27 mit § 20) umfaßt fremdes Gebäudeeigentum nicht wieder, wenn bei Wirksamwerden des Beitritts mit Zustellung des Beschlusses an den Schuldner (§ 22 Rdn 2.3) Verfahrensaufhebung bereits erfolgt ist, soweit die Beschlagnahmewirkungen des Anordnungsbeschlusses nach Abs 1 Satz 1 auch das Gebäudeeigentum erfaßt hatten. Zugelassen wird der Beitritt „zu dem Verfahren". Er kann daher als

---

[2] Begründung aaO (Fußn 1) S 125.

Gegenstand des Verfahrens nur das (noch) beschlagnahmte Grundstück erfassen, nicht mehr aber darüber hinaus auch das aus der weiterreichenden Anordnungsbeschlagnahme bereits entlassene (aus dem Verfahren bereits ausgeschiedene) Gebäudeeigentum. Es gilt Gleiches wie für die Auswirkung der Beitrittsbeschlagnahme auf ausgeschiedene mithaftende Gegenstände (ZVG § 27 Rdn 9.1). Das Verfahren ist daher nicht nach jedem Beitritt erneut hinsichtlich des Gebäudeeigentums nach Abs 2 Satz 1 aufzuheben. Daß sich die Beitrittsbeschlagnahme nicht mehr auf das Gebäudeeigentum erstreckt, kann jedoch im Beitrittsbeschluß zum Ausdruck gebracht werden. Das dient der (bestimmten) Bezeichnung des Verfahrensgegenstands im Beitrittsbeschluß (dazu ZVG § 16 Rdn 3). **Beispiel:** Die Beschlagnahme umfaßt nicht das Gebäudeeigentum auf Grund des in Abt II Nr 1 des Grundstücksgrundbuchs eingetragenen dinglichen Nutzungsrechte (eingetragen im Gebäudegrundbuch ...), für das Verfahrensaufhebung bereits mit Beschluß vom ... erfolgt ist.

3.5 Gebäudeeigentum ist als entgegenstehendes fremdes Recht auch dann von Amts wegen mit Verfahrensaufhebung nach Abs 2 Satz 1 zu wahren, wenn das ihm zugrundeliegende Nutzungsrecht in die 2. Abteilung des Grundstücksgrundbuchs erst nach Beschlagnahme und **nach dem Versteigerungsvermerk eingetragen** und dem Vollstreckungsgericht bekannt geworden ist.

3.6 Ist (fremdes) Gebäudeeigentum **nicht aus dem Grundbuch ersichtlich**, dann muß es vom Gebäudeeigentümer als entgegenstehendes Recht mit Drittwiderspruchsklage (ZPO § 771) geltend gemacht werden. Einstellung der Zwangsvollstreckung mit einstweiliger Anordnung: ZPO § 769.

3.7 Gebäudeeigentum, das sich mit dem Grundstückseigentum **in einer Person vereinigt** hat, ist kein der Versteigerung nach ZVG § 28 entgegenstehendes Recht (§ 28 Rdn 4.11). Besonderheit jedoch: Veräußerung im Wege der Zwangsversteigerung oder zu deren Abwendung (SachenRBerG § 78 Abs 1 Satz 1), mit der Eigentum am Grundstück und Eigentum am Gebäude wieder auseinanderfallen (ZVG § 28 Rdn 4.11 zu d). Fraglich ist jedoch, wie verfahren werden soll, wenn nach Vereinigung Gläubiger dinglicher Rechte am Gebäudeeigentum vorhanden sind, deren Befugnis zur Veräußerung im Wege der Zwangsversteigerung unberührt bleibt und die damit auch die Schuldnerbefugnis zur Veräußerung zur Abwendung der Zwangsvollstreckung unberührt lassen (SachenRBerG § 78 Abs 1 Satz 2; ZVG § 28 Rdn 4.11 zu c), Veräußerung aber noch nicht erfolgt ist. Das Gebäudeeigentum des Schuldners wird auch in einem solchen Fall nicht als nach ZVG § 28 entgegenstehendes Recht angesehen werden können.

3.8 Auf Gebäudeeigentum, dessen Beschlagnahme (Zwangsversteigerung) nicht aufgehoben oder einstweilen eingestellt worden ist, erstrecken sich Zwangsversteigerung (ZVG § 55 Abs 1) und Zuschlag (ZVG § 90). Der Ersteher erwirbt damit mit dem Grundstück auch das Gebäudeeigentum. Er kann es dann aufgeben; das Gebäude wird damit Bestandteil des Grundstücks.

3.9 Wenn Gebäudeeigentum von der Zwangsversteigerung des Grundstücks ausgeschlossen ist (Rdn 2.2 und 3), muß das im **Zuschlagsbeschluß** nicht notwendig erwähnt werden (ZVG § 55 Rdn 3.9). Zu empfehlen ist Angabe auf jeden Fall jedoch, daß sich Versteigerung und Zuschlag nicht auf das Gebäudeeigentum erstrecken. Wesentlicher Inhalt des Zuschlagsbeschlusses ist zudem Bezeichnung des Grundstücks (ZVG § 82). Für diese Bezeichnung ist Angabe für geboten zu erachten, daß das Grundstück ohne das Gebäudeeigentum Verfahrensgegenstand ist und dem Ersteher zugeschlagen wird.

3.10 In das **geringste Gebot** ist das Nutzungsrecht (Rdn 2.3) bei Versteigerung des Grundstücks aufzunehmen, wenn es zur Zeit der Eintragung des Versteigerungsvermerks aus dem Grundbuch ersichtlich war oder rechtzeitig angemeldet und erforderlichenfalls glaubhaft gemacht wurde (ZVG § 44 Rdn 5.18). Das nicht in das geringste Gebot aufgenommene Nutzungsrecht erlischt.

4 Mitbenutzungsrecht

4.1 Ein Mitbenutzungsrecht kann als Recht an einem Grundstück im Beitrittsgebiet bestehen (EGBGB § 233 § 5 Abs 1) nach
- ZGB-DDR § 321 Abs. 1-3 als Recht zur vorübergehenden oder dauernden Mitbenutzung in bestimmter Weise (wie Lagerung von Baumaterial, Aufstellen von Gerüsten, aber auch Unterlassung bestimmter Handlungen)
- ZGB-DDR § 322 als Wege- oder Überfahrsrecht.

4.2 Bis 31. Dez 1996 gilt **EGBGB Art 233 § 5 Abs 2 Satz 3**, der lautet:

(2) ... ³ In der Zwangsversteigerung des Grundstücks ist bei bis zum Ablauf des 31. Dezember 1996 angeordneten Zwangsversteigerungen auf die in Absatz 1 bezeichneten Rechte § 9 des Einführungsgesetzes zu dem Gesetz über die Zwangsversteigerung und die Zwangsverwaltung in der ... Fassung ... entsprechend anzuwenden.

Auch ein Mitbenutzungsrecht kommt als Grundstücksrecht bei **Rang vor** dem bestbetreibenden Gläubiger ins geringste Gebot (ZVG § 44) und bleibt nach ZVG § 52 Abs 1 Satz 1 bestehen, wenn es grundbuchsichtlich oder rechtzeitig angemeldet ist (ZVG § 45 Abs 1; dazu EGZVG § 9 Rdn 2). Es bleibt in einem „Alt"verfahren nach **EGZVG § 9 Abs 1** aber auch dann bestehen, wenn es bei der Feststellung des geringsten Gebots nicht berücksichtigt ist; dann ist es wegen EGZVG § 9 Abs 2 jedoch nur in beschränktem Umfang geschützt. Die entsprechende Anwendung von EGZVG § 9 beruht unmittelbar auf EGBGB Art 233 § 5 Abs 2 Satz 3; besonderer landesrechtlicher Anordnung bedarf es daher nicht.

4.3 Diese Sondervorschrift über die Wirkung des Zuschlags auf ein nicht eingetragenes Mitbenutzungsrecht läuft mit der Übergangszeit aus. In allen ab **1. Jan 1997 angeordneten** Verfahren (zu diesem Zeitpunkt Rdn 2.5) werden Mitbenutzungsrechte wie alle anderen Rechte an Grundstücken behandelt. Sie bleiben somit nur bestehen, wenn sie bei der Feststellung des geringsten Gebots als bestehenbleibend berücksichtigt sind (ZVG § 52 Abs 1 Satz 1) und erlöschen im übrigen (ZVG § 52 Abs 1 Satz 2) mit Anspruch auf Wertersatz (ZVG § 92).

5 Sachenrechtsbereinigungsgesetz-Ansprüche (Abs 1 Satz 2 und Abs 2 Satz 2)

5.1 Der Nutzer (Begriff: SachenRBerG § 6) hat zur **Bereinigung der Rechtsverhältnisse** an einem Grundstück im Beitrittsgebiet **Anspruch** auf Bestellung eines Erbbaurechts (SachenRBerG § 32; auch als Wohnungserbbaurecht, SachenRBerG § 40) oder auf Ankauf des Grundstücks (SachenRBerG § 61; auch Begründung von Wohnungs- oder Teileigentum, SachenRBerG § 67) (SachenRBerG § 3 Abs 1). Zur Sicherung dieser Ansprüche wird auf Antrag des Nutzers bei Besitzrecht ein **Vermerk** in Abteilung II des Grundbuchs für das betroffene Grundstück eingetragen (EGBGB Art 233 § 2 c Abs 2 Satz 1). Der Vermerk hat nach Satz 3 von EGBGB Art 233 § 2 c Abs 2 die Wirkung einer Vormerkung, Berücksichtigung bei Feststellung des geringsten Gebots erfolgt daher bei Rang vor dem Gläubiger (ZVG §§ 44, 48), wenn der Vermerk bei Eintragung des Versteigerungsvermerks grundbuchsichtlich war oder angemeldet ist (ZVG § 45).

5.2 Gewahrt bleiben Ansprüche aus dem Sachenrechtsbereinigungsgesetz bei Erteilung des Zuschlags (hier nicht: Anordnung der Zwangsversteigerung) **vom 1. Jan 1997 an** nur, wenn der Vermerk nach EGBGB Art 233 § 2 c Abs 2 Satz 1 im Grundbuch eingetragen ist oder Anmeldung der Ansprüche im Verfahren erfolgt ist (Abs 1 Satz 2). Abzustellen ist nach den Grundsätzen des Versteigerungsrechts auf den Grundbuchinhalt zur Zeit der Eintragung des Versteigerungsvermerks (ZVG § 19 Abs. 1). Wenn der Vermerk nach EGBGB Art 233 § 2 c erst danach eingetragen wurde, muß er oder müssen die Ansprüche zur Rechtswahrung (rechtzeitig) angemeldet werden (Abs 2 Satz 2). Die Anmeldung hat spätestens im Versteigerungstermin vor der Aufforderung zur Abgabe von Geboten zu erfolgen. Sie ist zur Wahrung der Rechte ausreichend, auch wenn für die Ansprüche kein Vermerk in das Grundbuch eingetragen wurde.

Bebaute Grundstücke im Beitrittsgebiet 8.1 **EG 9 a**

Vermögensgesetz-Rückübertragungsanspruch (Abs 1 Satz 3 und Abs 2 Satz 3) 6

6.1 Vermögenswerte, die schädigenden Maßnahmen unterlagen und in Volkseigentum überführt oder an Dritte veräußert wurden, sind auf Antrag an die Berechtigten (Begriff VermG § 2: Anmeldung und Ausschlußfrist VermG §§ 30, 30a) **zurückzuübertragen** (VermG § 3 Abs 1 Satz 1 mit Ausnahme). Der Rückübertragungsanspruch steht der Versteigerung nicht entgegen (ZVG § 28 Rdn 4.19).

6.2 Gewahrt bleibt ein Anspruch auf Rückübertragung nach dem Vermögensgesetz bei Erteilung des Zuschlags vom 1. Jan 1997 an nur, wenn Anmeldung im Zwangsversteigerungsverfahren erfolgt ist (Abs 1 Satz 3 mit Satz 2: siehe auch VermG § 3b Abs 1 Satz 1). Die Anmeldung muß spätestens Versteigerungstermin vor der Aufforderung zur Abgabe von Geboten erfolgt sein.

6.3 Absatz 1 Satz 3 stellt klar, daß vermögensrechtliche Ansprüche mit dem Zuschlag vom 1. Jan 1997 an (wie Rdn 5.2) **erlöschen,** wenn sie im Zwangsversteigerungsverfahren **nicht** rechtzeitig **angemeldet** wurden ([3]mit wohl irrigem Hinweis auf Abs 2 Satz 3). Damit der Berechtigte seine Rechte wahrnehmen kann, sieht VermG § 3b Abs 2 (bleibt unberührt, Abs 2 Satz 3) Zustellung des Anordnungsbeschlusses (ZVG § 15 Rdn 47.5) und der Terminsbestimmung (ZVG § 41 Rdn 2.7) an ihn vor.

6.4 Bleibt der Anspruch auf Rückübertragung gewahrt (Rdn 6.2), dann ist der Ersteher zur Duldung der Rückübertragung verpflichtet. Der Ersteher unterliegt bis zur Entscheidung über die Rückübertragung auch den Beschränkungen von VermG § 3 Abs 3.

Zustellung des Anordnungsbeschlusses (Absatz 3 Satz 1 und 2) 7

Dem Gebäudeeigentümer als **Nutzer** (Begriff: SachenRBerG § 9), somit auch dem Eigentümer eines Gebäudeeigentums ohne Nutzungsrecht, ist der **Anordnungsbeschluß zuzustellen** (Abs 3 Satz 1). Er soll von der angeordneten Zwangsversteigerung erfahren[4]. Wenn ein Nutzungsrecht an dem Grundstück nicht im Grundbuch eingetragen ist, hat der Nutzer sein Recht nach ZPO § 771 geltend zu machen (Rdn 3.6). Zustellung des Anordnungsbeschlusses an ihn kann dann nicht erfolgen. Ist der Nutzer nicht bekannt und ihm auch ein Pfleger nicht bestellt (dem dann zuzustellen ist), so hat das Vollstreckungsgericht um Bestellung eines Vertreters in entsprechender Anwendung von EGBGB Art 233 § 2 Abs 3 zu ersuchen. Zustellung erfolgt dann an den bestellten Vertreter. Ein Beitrittsbeschluß wird dem Nutzer nicht mehr (gesondert) zugestellt.

Zwangsversteigerungsvermerk auch im Gebäudegrundbuch (Absatz 3 Satz 3) 8

8.1 Beschlagnahme eines Grundstücks im Beitrittsgebiet umfaßt (bei Anordnung vom 1. Jan 1997 an) auch das Gebäudeeigentum (Abs 1 Satz 1). Ein Zwangsversteigerungs**vermerk** ist daher auch in ein bestehendes **Gebäudegrundbuch** für Gebäudeeigentum auf dem Grundstück **einzutragen** (Abs 3 Satz 3). Diese Eintragung erfordert kein besonderes darauf gerichtetes Ersuchen (daher auch kein Wirksamwerden der Beschlagnahme mit Eingang eines dennoch an das Gebäudegrundbuchblatt gerichtetes Ersuchen nach ZVG § 22 Abs 1 Satz 2); sie hat das Grundbuchamt vorzunehmen, wenn die Zwangsversteigerung des Grundstücks angeordnet und „um Eintragung dieser Anordnung in das Grundbuch" (Wortlaut von § 19 Abs 1) ersucht worden ist. Das folgt aus Abs 1 Satz 1, wonach die Beschlagnahme des Grundstücks auch das Gebäudeeigentum umfaßt, und Abs 3 Satz 3, wonach der Vermerk auch in ein bestehendes Gebäudegrundbuch einzutragen ist (nicht, wie ZVG § 19 Abs 1, um Eintragung dort zu ersuchen ist).

---

[3] Begründung aaO (Fußn 1) S 125 liSp.
[4] Begründung aaO (Fußn 1) S 125.

Löschung des im Gebäudegrundbuchblatt eingetragenen Vermerks erfolgt stets auf Ersuchen des Vollstreckungsgerichts, und zwar nach Aufhebung des Verfahrens zur Versteigerung des Grundstücks (ZVG § 34) oder nach Versteigerung (ZVG § 130 Abs 1), aber auch bereits vorzeitig, wenn nur die Beschlagnahme des Gebäudeeigentums auf Grund des entgegenstehenden Rechts des Gebäudeeigentümers (§ 28) aufgehoben ist (Rdn 3). Wenn die Beschlagnahme des Grundstücks unter Ausschluß des Gebäudeeigentums angeordnet ist (Rdn 3.2), hat das Eintragungsersuchen das zum Ausdruck zu bringen; Eintragung eines Zwangsversteigerungsvermerks im Gebäudegrundbuch unterbleibt dann.

8.2 Das **Grundbuchamt** hat nach der Eintragung des Vermerks (auch) in das Gebäudegrundbuch dem Vollstreckungsgericht auch **beglaubigte Abschrift** dieses Grundblattes zu übersenden (ZVG § 19 Abs 2 Satz 1), Zustellungsbevollmächtigte zu bezeichnen und Nachricht über Wohnort und Wohnung der eingetragenen Beteiligten und deren Vertreter zu geben (ZVG § 19 Abs 2 Satz 1); Grund: Beschlagnahme und Versteigerung erstrecken sich auch auf das Gebäudeeigentum. Für Erteilung beglaubigter Urkundenabschriften genügt auch hier Beifügung der Grundakten (ZVG § 19 Abs 2 Satz 2), die besser erst auf ausdrückliche Anforderungen des Vollstreckungsgerichts übersandt werden (ZVG § 19 Rdn 5.5).

[Landesrecht zur Sicherheitsleistung]

EG 10 Unberührt bleiben die landesgesetzlichen Vorschriften, nach welchen bei der Zwangsversteigerung für Gebote kommunaler Körperschaften sowie bestimmter Kreditanstalten und Sparkassen Sicherheitsleistung nicht verlangt werden kann.

1 Abweichung von ZVG § 67 Abs 1 und Erweiterung von § 67 Abs 3. Siehe hierzu ZVG § 67 Rdn 4.4 Die Erweiterung gilt auch für die Sicherheit zum Antrag auf Versagung des Zuschlags nach ZVG § 85 Abs 1 (§ 85 Rdn 2.3 zu c).

[Landesrecht zur Feststellung des Grundstückswertes]

EG 11 Durch Landesgesetz kann für die Zwangsversteigerung, unbeschadet des § 112 Abs 2 Satz 4 des Gesetzes über die Zwangsversteigerung und die Zwangsverwaltung bestimmt werden, daß und nach welchen Grundsätzen der Wert des Grundstücks festgestellt werden soll.

1 Überholt durch ZVG § 74 a; siehe dort Rdn 2.6 und 7.2

[Landesrecht zum Aufgebotsverfahren]

EG 12 Die Landesgesetze können für die Fälle, in welchen bei der Zwangsversteigerung oder der Zwangsverwaltung ein Aufgebotsverfahren erforderlich wird, die Art der Bekanntmachung des Aufgebots und die Aufgebotsfristen abweichend von den Vorschriften der §§ 948, 950 der Zivilprozeßordnung bestimmen.

1 Ein Aufgebotsverfahren wird erforderlich nach ZVG § 136 zur Kraftloserklärung von Grundpfandrechtsbriefen (zu Landesrecht ZVG § 136 Rdn 2.4) und nach §§ 136–141 zum Ausschluß unbekannter Berechtigter (zu Landesrecht § 140 Rdn 2.6).

Übergangsvorschriften EG 15

[Übertragung der Verfahrensdurchführung auf andere Stellen]

EG 13 Aufgehoben, ausgenommen für Baden-Württemberg; seit 1. Jan 1972 auch dort außer Kraft.

[Anordnungen für Zwangsverwalter]

EG 14 Aufgehoben

[Übergangsvorschriften]

EG 15 Gegenstandslos

Anhang

A. Textanhang

I. Bundesrecht

T 1. Zwangsversteigerungsgesetz

Gesetz über die Zwangsversteigerung und die Zwangsverwaltung
vom 24. 3. 1897, RGBl 1897, 97

[Neufassung durch Bek vom 20. 5. 1898, RGBl 1898, 713; zahlreiche
Änderungen, wie beim Textabdruck in Schönfelder Nr 108 angegeben]
[Der Text ist im Kommentarteil S. 151 ff abgedruckt]

T 2. ZVG-Einführungsgesetz

Einführungsgesetz zu dem Gesetz über die Zwangsversteigerung und die
Zwangsverwaltung idF vom 20. 5. 1898, BGBl III, Sachgebiet 310–13
[Der Text ist mit Änderung im Kommentarteil Seite 1427 ff abgedruckt]

T 3. Abgabenordnung (AO)

Abgabenordnung vom 16. 3. 1976, BGBl I 613,
zuletzt geändert durch Art 14 des Gesetzes vom 18. 12. 1995, BGBl I 1959
Abgedruckt in: Steuergesetze Nr 800
[Auszug]

§ 1 Anwendungsbereich. (1) Dieses Gesetz gilt für alle Steuern einschließlich der Steuervergütungen, die durch Bundesrecht oder Recht der Europäischen Gemeinschaften geregelt sind, soweit sie durch Bundesfinanzbehörden oder durch Landesfinanzbehörden verwaltet werden.

(2) Für die Realsteuern gelten, soweit ihre Verwaltung den Gemeinden übertragen worden ist, die folgenden Vorschriften dieses Gesetzes entsprechend: ...

(3) Auf steuerliche Nebenleistungen sind die Vorschriften dieses Gesetzes sinngemäß anzuwenden. ... [§§ 155–217] jedoch nur, soweit dies besonders bestimmt wird.

§ 3 Steuern, steuerliche Nebenleistungen. (1) Steuern sind Geldleistungen, die nicht eine Gegenleistung für eine besondere Leistung darstellen und von einem öffentlich-rechtlichen Gemeinwesen zur Erzielung von Einnahmen allen auferlegt werden, bei denen der Tatbestand zutrifft, an den das Gesetz die Leistungspflicht knüpft; die Erzielung von Einnahmen kann Nebenzweck sein. Zölle und Abschöpfungen sind Steuern im Sinne dieses Gesetzes.

(2) Realsteuern sind die Grundsteuer und die Gewerbesteuer.

(3) Steuerliche Nebenleistungen sind Verspätungszuschläge (§ 152), Zinsen (§§ 233 bis 237), Säumniszuschläge (§ 240), Zwangsgelder (§ 329) und Kosten (§ 178, §§ 337 bis 345).

(4) Das Aufkommen der Zinsen steht den jeweils steuerberechtigten Körperschaften zu. Die übrigen steuerlichen Nebenleistungen fließen den verwaltenden Körperschaften zu.

§ 30 Steuergeheimnis. (1) Amtsträger haben das Steuergeheimnis zu wahren.
(4) Die Offenbarung der nach Absatz 2 erlangten Kenntnisse ist zulässig, soweit
2. sie durch Gesetz ausdrücklich zugelassen ist,
5. für sie ein zwingendes öffentliches Interesse besteht; . . .

§ 34 Pflichten der gesetzlichen Vertreter und der Vermögensverwalter.
(1) Die gesetzlichen Vertreter natürlicher und juristischer Personen . . . . . haben deren steuerliche Pflichten zu erfüllen. Sie haben insbesondere dafür zu sorgen, daß die Steuern aus den Mitteln entrichtet werden, die sie verwalten.

(3) Steht eine Vermögensverwaltung anderen Personen als den Eigentümern des Vermögens oder deren gesetzlichen Vertretern zu, so haben die Vermögensverwalter die in Absatz 1 bezeichneten Pflichten, soweit ihre Verwaltung reicht.

§ 37 Ansprüche aus dem Steuerschuldverhältnis. (1) Ansprüche aus dem Steuerschuldverhältnis sind der Steueranspruch, der Steuervergütungsanspruch, der Haftungsanspruch, der Anspruch auf eine steuerliche Nebenleistung, der Erstattungsanspruch nach Absatz 2 sowie die in Einzelsteuergesetzen geregelten Steuererstattungsansprüche.

§ 75 Haftung des Betriebsübernehmers. (1) Wird ein Unternehmen oder ein in der Gliederung eines Unternehmens gesondert geführter Betrieb im ganzen übereignet, so haftet der Erwerber für Steuern, bei denen sich die Steuerpflicht auf den Betrieb des Unternehmens gründet, und für Steuerabzugsbeträge, vorausgesetzt, daß die Steuern seit dem Beginn des letzten, vor der Übereignung liegenden Kalenderjahres entstanden sind und bis zum Ablauf von einem Jahr nach Anmeldung des Betriebes durch den Erwerber festgesetzt oder angemeldet werden. Die Haftung beschränkt sich auf den Bestand des übernommenen Vermögens. . . .
(2) Absatz 1 gilt nicht für . . . Erwerbe im Vollstreckungsverfahren.

§ 77 Duldungspflicht. (1) Wer kraft Gesetzes verpflichtet ist, eine Steuer aus Mitteln, die seiner Verwaltung unterliegen, zu entrichten, ist insoweit verpflichtet, die Vollstreckung in dieses Vermögen zu dulden.
(2) Wegen einer Steuer, die als öffentliche Last auf Grundbesitz ruht, hat der Eigentümer die Zwangsvollstreckung in den Grundbesitz zu dulden. Zugunsten der Finanzbehörde gilt als Eigentümer, wer als solcher im Grundbuch eingetragen ist . . .

§ 152 Verspätungszuschlag. (1) Gegen denjenigen, der seiner Verpflichtung zur Abgabe einer Steuererklärung nicht oder nicht fristgemäß nachkommt, kann ein Verspätungszuschlag festgesetzt werden . . .

§ 191 Haftungsbescheide, Duldungsbescheide. (1) Wer kraft Gesetzes für eine Steuer haftet (Haftungsschuldner), kann durch Haftungsbescheid, wer kraft Gesetzes verpflichtet ist, die Vollstreckung zu dulden, kann durch Duldungsbescheid in Anspruch genommen werden. Die Bescheide sind schriftlich zu erteilen.

§ 225 Reihenfolge der Tilgung. (3) Wird die Zahlung im Verwaltungswege erzwungen (§ 249) und reicht der verfügbare Betrag nicht zur Tilgung aller Schulden aus, derentwegen die Vollstreckung . . . erfolgt ist, so bestimmt die Finanzbehörde die Reihenfolge der Tilgung.

Abgabenordnung   Anh T 3

§ 228 Gegenstand der Verjährung, Verjährungsfrist. Ansprüche aus dem Steuerschuldverhältnis unterliegen einer besonderen Zahlungsverjährung. Die Verjährungsfrist beträgt fünf Jahre.

§ 232 Wirkung der Verjährung. Durch die Verjährung erlöschen der Anspruch aus dem Steuerschuldverhältnis und die von ihm abhängigen Zinsen.

§ 233 Grundsatz. Ansprüche aus dem Steuerschuldverhältnis (§ 37) werden nur verzinst, soweit dies gesetzlich vorgeschrieben ist. Ansprüche auf steuerliche Nebenleistungen (§ 3 Abs. 3) und die entsprechenden Erstattungsansprüche werden nicht verzinst.

§ 233 a Verzinsung von Steuernachforderungen und Steuererstattungen.
(1) Führt die Festsetzung der Einkommen-, Körperschaft-, Vermögen-, Umsatz- oder Gewerbesteuer zu einer Steuernachforderung oder Steuererstattung, ist diese nach Maßgabe der folgenden Absätze zu verzinsen. . . .

§ 234 Stundungszinsen. (1) Für die Dauer einer gewährten Stundung von Ansprüchen aus dem Steuerschuldverhältnis werden Zinsen erhoben. . . .

§ 235 Verzinsung von hinterzogenen Steuern. (1) Hinterzogene Steuern sind zu verzinsen. . . .

§ 238 Höhe und Berechnung der Zinsen. (1) Die Zinsen betragen für jeden Monat einhalb vom Hundert. Sie sind von dem Tage an, an dem der Zinslauf beginnt, nur für volle Monate zu zahlen; angefangene Monate bleiben außer Ansatz.

(2) Für die Berechnung der Zinsen wird der zu verzinsende Betrag jeder Steuerart auf volle hundert Deutsche Mark nach unten abgerundet.

§ 240 Säumniszuschläge. (1) Wird eine Steuer nicht bis zum Ablauf des Fälligkeitstages entrichtet, so ist für jeden angefangenen Monat der Säumnis ein Säumniszuschlag von eines vom Hundert des rückständigen auf hundert Deutsche Mark nach unten abgerundeten Steuerbetrages zu entrichten. . . .

(2) Säumniszuschläge entstehen nicht bei steuerlichen Nebenleistungen.

§ 249 Vollstreckungsbehörden. (1) Die Finanzbehörden können Verwaltungsakte, mit denen eine Geldleistung, eine sonstige Handlung, eine Duldung oder Unterlassung gefordert wird, im Verwaltungsweg vollstrecken. Dies gilt auch für Steueranmeldungen (§ 168). Vollstreckungsbehörden sind die Finanzämter und die Hauptzollämter; § 328 Abs 1 Satz 3 bleibt unberührt.

§ 251 Vollstreckbare Verwaltungsakte. (1) Verwaltungsakte können vollstreckt werden, soweit nicht ihre Vollziehung ausgesetzt oder die Vollziehung durch Einlegung eines Rechtsbehelfs gehemmt ist (§ 361; § 69 der Finanzgerichtsordnung).

§ 252 Vollstreckungsgläubiger. Im Vollstreckungsverfahren gilt die Körperschaft als Gläubigerin der zu vollstreckenden Ansprüche, der die Vollstreckungsbehörde angehört.

§ 253 Vollstreckungsschuldner. Vollstreckungsschuldner ist derjenige, gegen den sich ein Vollstreckungsverfahren nach § 249 richtet.

§ 254 Voraussetzungen für den Beginn der Vollstreckung. (1) Soweit nichts anderes bestimmt ist, darf die Vollstreckung erst beginnen, wenn die Lei-

1447

stung fällig ist und der Vollstreckungsschuldner zur Leistung oder Duldung oder Unterlassung aufgefordert worden ist (Leistungsgebot) und seit der Aufforderung mindestens eine Woche verstrichen ist. ...
(2) Eines Leistungsgebotes wegen der Säumniszuschläge und Zinsen bedarf es nicht, wenn sie zusammen mit der Steuer beigetrieben werden. Dies gilt sinngemäß für die Vollstreckungskosten, wenn sie zusammen mit dem Hauptanspruch beigetrieben werden.

§ 256 Einwendungen gegen die Vollstreckung. Einwendungen gegen den zu vollstreckenden Verwaltungsakt sind außerhalb des Vollstreckungsverfahrens mit den hierfür zugelassenen Rechtsbehelfen zu verfolgen.

§ 322 Verfahren. (1) Der Vollstreckung in das unbewegliche Vermögen unterliegen außer den Grundstücken die Berechtigungen, für welche die sich auf Grundstücke beziehenden Vorschriften gelten, die im Schiffsregister eingetragenen Schiffe, die Schiffsbauwerke und Schwimmdocks, die im Schiffbauregister eingetragen sind oder in dieses Register eingetragen werden können, sowie die Luftfahrzeuge, die in der Luftfahrzeugrolle eingetragen sind oder nach Löschung in der Luftfahrzeugrolle noch in dem Register für Pfandrechte an Luftfahrzeugen eingetragen sind. Auf die Vollstreckung sind die für die gerichtliche Zwangsvollstreckung geltenden Vorschriften, namentlich die §§ 864 bis 871 der Zivilprozeßordnung und das Gesetz über die Zwangsversteigerung und die Zwangsverwaltung anzuwenden. Bei Stundung und Aussetzung der Vollziehung geht eine im Wege der Vollstreckung eingetragene Sicherungshypothek jedoch nur dann nach § 868 der Zivilprozeßordnung auf den Eigentümer über und erlischt eine Schiffshypothek oder ein Registerpfandrecht an einem Luftfahrzeug jedoch nur dann nach § 870a Abs 3 der Zivilprozeßordnung sowie § 99 Abs 1 des Gesetzes über Rechte an Luftfahrzeugen, wenn zugleich die Aufhebung der Vollstreckungsmaßnahme angeordnet wird.
(2) Für die Vollstreckung in ausländische Schiffe gilt § 171 des Gesetzes über die Zwangsversteigerung und die Zwangsverwaltung, für die Vollstreckung in ausländische Luftfahrzeuge § 106 Abs 1, 2 des Gesetzes über Rechte an Luftfahrzeugen sowie die §§ 171h bis 171n des Gesetzes über die Zwangsversteigerung und die Zwangsverwaltung.
(3) Die für die Vollstreckung in das unbewegliche Vermögen erforderlichen Anträge des Gläubigers stellt die Vollstreckungsbehörde. Sie hat hierbei zu bestätigen, daß die gesetzlichen Voraussetzungen für die Vollstreckung vorliegen. Diese Fragen unterliegen nicht der Beurteilung des Vollstreckungsgerichts oder des Grundbuchamts. Anträge auf Eintragung einer Sicherungshypothek, einer Schiffshypothek oder eines Registerpfandrechts an einem Luftfahrzeug sind Ersuchen im Sinne des § 38 der Grundbuchordnung und des § 45 der Schiffsregisterordnung.
(4) Zwangsversteigerung und Zwangsverwaltung soll die Vollstreckungsbehörde nur beantragen, wenn festgestellt ist, daß der Geldbetrag durch Vollstreckung in das bewegliche Vermögen nicht beigetrieben werden kann.
(5) Soweit der zu vollstreckende Anspruch gemäß § 10 Abs 1 Nr 3 des Gesetzes über die Zwangsversteigerung und die Zwangsverwaltung den Rechten am Grundstück im Rang vorgeht, kann eine Sicherungshypothek unter der aufschiebenden Bedingung in das Grundbuch eingetragen werden, daß das Vorrecht wegfällt.

§ 323 Vollstreckung gegen den Rechtsnachfolger. Ist nach § 322 eine Sicherungshypothek, eine Schiffshypothek oder ein Registerpfandrecht an einem Luftfahrzeug eingetragen worden, so bedarf es zur Zwangsversteigerung aus diesem Recht nur dann eines Duldungsbescheides, wenn nach der Eintragung dieses Rechts ein Eigentumswechsel eingetreten ist. Satz 1 gilt sinngemäß für die Zwangsverwaltung aus einer nach § 322 eingetragenen Sicherungshypothek.

Apothekengesetz **Anh T 6**

§ 337 Kosten der Vollstreckung. (1) Die Kosten der Vollstreckung (Gebühren und Auslagen) fallen dem Vollstreckungsschuldner zur Last. ...

T 4. Abgabenordnung-Einführungsgesetz (EGAO)

Einführungsgesetz zur Abgabenordnung vom 14. 12. 1976, BGBl I 3341 zuletzt geändert durch Art 15 des Gesetzes vom 18. 12. 1995, BGBl I 1959
Abgedruckt in: Steuergesetze Nr 800 a
[Auszug]

Artikel 97 Übergangsvorschriften

§ 1 Begonnene Verfahren. (1) Verfahren, die am 1. Januar 1977 anhängig sind, werden nach den Vorschriften der Abgabenordnung zu Ende geführt, soweit in den nachfolgenden Vorschriften nichts anderes bestimmt ist.

§ 3 Grunderwerbsteuer, Feuerschutzsteuer. (1) Die Abgabenordnung und ... gelten auch für die Grunderwerbsteuer und die Feuerschutzsteuer; abweichende landesrechtliche Vorschriften bleiben unberührt. Soweit die Grunderwerbsteuer nicht von Landesfinanzbehörden verwaltet wird, gilt § 1 Abs 2 der Abgabenordnung sinngemäß.

T 5.

Ist derzeit nicht belegt

T 6. Apothekengesetz

Gesetz über das Apothekenwesen i. d. F. vom 15. 10. 1980, BGBl I 1993 zuletzt geändert durch Gesetz vom 23. 8. 1994, BGBl I 2189
Abgedruckt in: Sartorius, Band I Nr 275
[Auszug]

§ 1 [Betriebserlaubnis] (2) Wer eine Apotheke betreiben will, bedarf der Erlaubnis der zuständigen Behörde.

§ 26 [Alte Apothekenrechte] (1) Personalkonzessionen, Realkonzessionen und sonstige persönliche Betriebserlaubnisse, die vor dem Inkrafttreten dieses Gesetzes erteilt worden sind, gelten als Erlaubnisse im Sinne des § 1 ...

§ 27 [Alte Apothekenrechte] (1) Inhaber von anderen als den in § 26 bezeichneten Apothekenbetriebsberechtigungen bedürfen zum Betreiben der Apotheke einer Erlaubnis nach § 1. Soweit sie beim Inkrafttreten dieses Gesetzes eine Apotheke auf Grund einer solchen Berechtigung betreiben, gilt die Erlaubnis als erteilt.
(2) Soweit eine solche Berechtigung nach Maßgabe der Verleihungsurkunde und der bis zum Inkrafttreten dieses Gesetzes geltenden landesrechtlichen Bestimmungen von einer Person, die nicht einer der Voraussetzungen des § 2 Nr 3 erfüllt, genutzt werden durfte, verbleibt es dabei. Die Nutzung hat durch Verpachtung zu erfolgen; ...

T 7. Aufgaben-des-Vollstreckungsgerichts-Verfügung

(Vormalige) Allgemeine Verfügung des Reichsjustizmin über die Aufgaben der Vollstreckungsgerichte bei der Zwangsvollstreckung in das unbewegliche Vermögen vom 3. 1. 1935, Deutsche Justiz 1935, 45.

Die Zwangsvollstreckung in das unbewegliche Vermögen stellt die Vollstreckungsgerichte gegenwärtig vor weit schwierigere und verantwortungsvollere Aufgaben als früher. Der Vollstreckungsrichter *darf sich nicht*, wie es ehedem die Regel war, darauf beschränken, die Verfahren formell zu leiten und die jeweils an ihn herantretenden Einzelentscheidungen zu treffen. *Er muß sich*, wenn er den ihm vom Gesetz zugewiesenen Aufgaben voll gerecht werden will, vor allem auch der wirtschaftlichen Seite der Verfahren zuwenden, und in dieser Hinsicht selbständige Anregungen geben, um als Führer und Berater der Beteiligten auf eine wirtschaftlich zweckvolle und gerechte Abwicklung der Verfahren hinzuwirken. Besonders bedeutsam ist die Stellung des *Vollstreckungsrichters* bei der Zwangsverwaltung. Die Zwangsverwaltung kann nur dann zielbewußt und nutzbringend geführt werden, wenn sowohl die Beteiligten wie der Zwangsverwalter und vor allem auch der *Richter* sich über das mit dem Verfahren Erstrebte und das in ihm Erreichbare sobald als möglich Klarheit verschaffen. Dazu ist notwendig, daß nach Anordnung der Verwaltung, sobald irgend angängig, die Rentabilitätsverhältnisse des zwangsverwalteten Besitzes geklärt werden. Der *Richter* muß hierüber von dem Zwangsverwalter beschleunigt einen gutachtlichen Bericht einholen. Dieser wird in der Regel zweckmäßig alsbald zum Gegenstande einer mündlichen Aussprache mit den beteiligten Gläubigern, dem Schuldner und dem Verwalter zu machen sein. Es sind dabei insbesondere die Möglichkeiten zu erörtern, in welcher Weise die Erträgnisse zu heben und die Lasten zu senken sind, und ob etwa durch eine Umstellung des Betriebes, Umbauten, Wohnungsteilungen u. ä. eine Besserung der Rentabilität erreicht werden kann. *Weiter ist besonders zu erörtern, inwieweit durch zeitweiligen Zinsnachlaß, Aussetzung von Tilgungsraten oder sonstiges Entgegenkommen einzelner Gläubiger Aussicht besteht, dem notleidenden Grundbesitz über die Krisenzeit hinwegzuhelfen.*
Der *Richter* muß sich dessen bewußt sein, daß sich die verschiedenen Gläubiger, der Schuldner und der Verwalter zumeist völlig fremd und nicht selten mißtrauisch gegenüberstehen und zu einer erfolgversprechenden Zusammenarbeit erst zusammengeführt werden müssen. *Die Erfahrung hat gezeigt, daß z. B. Gläubiger sehr wohl zum Nachgeben bereit sind, wenn sie sehen, daß das, was sie tun, im Rahmen einer planvollen Zusammenarbeit mit den anderen Beteiligten unter der Obhut und sachkundigen Leitung des Richters geschieht. Gerade hier eröffnet sich für den Vollstreckungsrichter ein Feld besonders nutzbringender Betätigung. Erforderlichenfalls sind derartige Aussprachen von Zeit zu Ziet zu wiederholen.*
Ebenso werden die Entscheidungen über die Fortsetzung oder Einstellung der Zwangsversteigerungsverfahren ..... am zweckmäßigsten im Wege mündlicher Verhandlung unter Zuziehung sämtlicher beteiligter Gläubiger vorzubereiten sein. Läuft neben dem Zwangsversteigerungsverfahren eine Zwangsverwaltung, so werden die in diesem Verfahren angestellten Ermittlungen in aller Regel wertvolle Unterlagen für die dort zu treffenden Entschließungen der Beteiligten und die gerichtliche Entscheidung geben. *Gelangt das Gericht zu dem Ergebnis, daß Sanierungsmöglichkeiten nicht bestehen, so wird die Aussprache mit den Beteiligten zweckmäßig auch darauf zu erstrecken sein, welcher der dinglichen Gläubiger gegebenenfalls zur Übernahme des Grundstücks bereit ist und welche Möglichkeiten sich für ein Stehenlassen vorgehender Kapitalien, Nachlaß oder Festschreibung rückständiger Zinsen usw. ergeben. Auch hier hat die Erfahrung gezeigt, daß die offene Aussprache der beteiligten Gläubiger unter sachkundiger Leitung des Richters uU Möglichkeiten eröffnet, die ohne eine derartige Aussprache überhaupt nicht erwogen worden wären.*

T 8. Außenwirtschaftsgesetz

Außenwirtschaftsgesetz vom 28. 4. 1961, BGBl I 481 (BGBl III Sachgebiet 7400-1), zuletzt geändert durch Art 3 des Gesetzes vom 28. 4. 1995, BGBl I 582
[Auszug]

§ 1 Grundsatz. (1) Der Waren-, Dienstleistungs-, Kapital-, Zahlungs- und sonstige Wirtschaftsverkehr mit fremden Wirtschaftsgebieten sowie der Verkehr mit Auslandswerten und Gold zwischen Gebietsansässigen (Außenwirtschaftsverkehr) ist grundsätzlich frei. Er unterliegt den Einschränkungen, die dieses Gesetz enthält oder die durch Rechtsverordnung auf Grund dieses Gesetzes vorgeschrieben werden.

§ 4 Begriffsbestimmungen. (1) Im Sinne dieses Gesetzes sind:
1. Wirtschaftsgebiet: der Geltungsbereich dieses Gesetzes; die österreichischen Gebiete Jungholz und Mittelberg gelten als Teil des Wirtschaftsgebiets; . . .
5. Gebietsansässige: natürliche Personen mit Wohnsitz oder gewöhnlichem Aufenthalt im Wirtschaftsgebiet, juristische Personen und Personenhandelsgesellschaften mit Sitz oder Ort der Leitung im Wirtschaftsgebiet; . . .
7. Gebietsfremde: natürliche Personen mit Wohnsitz oder gewöhnlichem Aufenthalt in fremden Wirtschaftsgebieten, juristische Personen und Personenhandelsgesellschaften mit Sitz oder Ort der Leitung in fremden Wirtschaftsgebieten; . . .

T 9. Bahnunternehmengesetz

Gesetz über Maßnahmen zur Aufrechterhaltung des Betriebes von Bahnunternehmen des öffentlichen Verkehrs vom 7. 3. 1934 (BGBl III Sachgebiet 932-1)
[Auszug]

§ 3 [Zwangsversteigerung, Zustimmung der Aufsichtsbehörde] (1) Die Zwangsversteigerung unbeweglicher Gegenstände, die dem Betrieb eines Bahnunternehmens des öffentlichen Verkehrs gewidmet sind, darf bis zum Erlöschen der für das Bahnunternehmen erteilten Betriebsgenehmigung nur mit Zustimmung der Aufsichtsbehörde durchgeführt werden. Bis zum Erlöschen der Betriebsgenehmigung oder bis zur Erteilung der Zustimmung ist die Zwangsversteigerung, auch wenn sie nach Inkrafttreten dieses Gesetzes angeordnet wird, einstweilen eingestellt.

(2) Als dem Betrieb eines Bahnunternehmens gewidmete unbewegliche Gegenstände gelten der Bahnkörper und die übrigen Grundstücke, die dauernd unmittelbar oder mittelbar den Zwecken des Bahnunternehmens zu dienen bestimmt sind.

(3) Ist eine Zwangsversteigerung gemäß Abs 1 einstweilen eingestellt, so beginnt die im § 31 Abs 2 des Zwangsversteigerungsgesetzes vorgesehene Frist mit dem Zeitpunkt, in dem die Einstellung nach Abs 1 dieses Paragraphen endet.

(4) Enthalten landesgesetzliche Vorschriften über die Behandlung der einem Bahnunternehmen des öffentlichen Verkehrs gewidmeten Grundstücke und sonstiger Vermögensgegenstände als Bahneinheit besondere Bestimmungen für die Befriedigung aus dieser Bahneinheit, so richtet sich die Vollstreckung in unbewegliche Gegenstände, die dem Betrieb eines Bahnunternehmens gewidmet sind, nach diesen landesgesetzlichen Vorschriften.

§ 5 [Aufsichtsbehörde] Aufsichtsbehörde ist die für die Aufsicht zuständige Landesbehörde. Wenn die Bahn mehrere Länder berührt, so bestimmt sich die Aufsichtsbehörde nach § 5 des allgemeinen Eisenbahngesetzes.

§ 6 [Deutsche Bundesbahn] Dieses Gesetz gilt nicht für die Deutsche *Reichsbahngesellschaft* [Bundesbahn].

T 10. Baugesetzbuch (BauGB)

Baugesetzbuch (BauGB) vom 8. 12. 1986, BGBl I 2253, zuletzt geändert durch Art 2 Abs 2 des Gesetzes vom 23. 11. 1994, BGBl I 3486
Abgedruckt in: Sartorius, Band I Nr 300
[Auszug]

§ 24 Allgemeines Vorkaufsrecht. (1) Der Gemeinde steht ein Vorkaufsrecht zu beim Kauf von Grundstücken
1. im Geltungsbereich eines Bebauungsplans, soweit es sich um Flächen handelt, für die nach dem Bebauungsplan eine Nutzung für öffentliche Zwecke oder für Ausgleichs- und Ersatzmaßnahmen nach § 8 a des Bundesnaturschutzgesetzes festgesetzt ist,
2. in einem Umlegungsgebiet,
3. in einem förmlich festgelegten Sanierungsgebiet und städtebaulichen Entwicklungsbereich sowie
4. im Geltungsbereich einer Erhaltungssatzung.

(2) Das Vorkaufsrecht steht der Gemeinde nicht zu beim Kauf von Rechten nach dem Wohnungseigentumsgesetz und von Erbbaurechten.

(3) Das Vorkaufsrecht darf nur ausgeübt werden, wenn das Wohl der Allgemeinheit dies rechtfertigt. Bei der Ausübung des Vorkaufsrechts hat die Gemeinde den Verwendungszweck des Grundstücks anzugeben.

§ 28 Verfahren und Entschädigung. (1) . . . (2) Das Vorkaufsrecht kann nur binnen zwei Monaten nach Mitteilung des Kaufvertrags durch Verwaltungsakt gegenüber dem Verkäufer ausgeübt werden. Die §§ 504, 505 Abs 2, §§ 506 bis 509 und 512 des Bürgerlichen Gesetzbuchs sind anzuwenden. . . .

§ 45 Zweck der Umlegung. (1) Im Geltungsbereich eines Bebauungsplans (§ 30) und innerhalb der im Zusammenhang bebauten Ortsteile (§ 34) können zur Erschließung oder Neugestaltung bestimmter Gebiete bebaute und unbebaute Grundstücke durch Umlegung in der Weise neugeordnet werden, daß nach Lage, Form und Größe für die bauliche oder sonstige Nutzung zweckmäßig gestaltete Grundstücke entstehen. Innerhalb der im Zusammenhang bebauten Ortsteile kann eine Umlegung durchgeführt werden, wenn sich aus der Eigenart der näheren Umgebung hinreichende Kriterien für die Neuordnung der Grundstücke ergeben.

§ 51 Verfügungs- und Veränderungssperre. (1) Von der Bekanntmachung des Umlegungsbeschlusses bis zur Bekanntmachung nach § 71 dürfen im Umlegungsgebiet nur mit schriftlicher Genehmigung der Umlegungsstelle
1. ein Grundstück geteilt oder Verfügungen über ein Grundstück und über Rechte an einem Grundstück getroffen oder Vereinbarungen abgeschlossen werden, durch die einem anderen ein Recht zum Erwerb, zur Nutzung oder Bebauung eines Grundstücks oder Grundstücksteils eingeräumt wird, oder Baulasten neu begründet, geändert oder aufgehoben werden;
2. –4. . . .
Einer Genehmigung nach Satz 1 bedarf es im förmlich festgelegten Sanierungsgebiet nur, wenn und soweit eine Genehmigungspflicht nach § 144 nicht besteht.

§ 54 Benachrichtigungen und Umlegungsvermerk. (1) Die Umlegungsstelle teilt dem Grundbuchamt und . . . die Einleitung (§ 47) des Umlegungsverfahrens und die nachträglichen Änderungen des Umlegungsgebiets (§ 52) mit. Das

Grundbuchamt hat in die Grundbücher der umzulegenden Grundstücke einzutragen, daß das Umlegungsverfahren eingeleitet ist (Umlegungsvermerk).

(3) Ist im Grundbuch die Anordnung der Zwangsversteigerung oder Zwangsverwaltung eingetragen, so gibt die Umlegungsstelle dem Vollstreckungsgericht von dem Umlegungsbeschluß Kenntnis, soweit dieser das Grundstück betrifft, das Gegenstand des Vollstreckungsverfahrens ist.

§ 61 Aufhebung, Änderung und Begründung von Rechten. (1) Grundstücksgleiche Rechte sowie andere Rechte an einem im Umlegungsgebiet gelegenen Grundstück oder an einem das Grundstück belastenden Recht . . . können durch den Umlegungsplan aufgehoben, geändert oder neu begründet werden. . . .

§ 63 Übergang von Rechtsverhältnissen auf die Abfindung. (1) Die zugeteilten Grundstücke treten hinsichtlich der Rechte an den alten Grundstücken und der diese Grundstücke betreffenden Rechtsverhältnisse, die nicht aufgehoben werden, an die Stelle der alten Grundstücke. . . .

§ 64 Geldleistungen. (1) Die Gemeinde ist Gläubigerin und Schuldnerin der im Umlegungsplan festgesetzten Geldleistungen.

(3) Die Verpflichtungen des Eigentümers oder des Erbbauberechtigten zu Geldleistungen nach den §§ 57 bis 61 gelten als Beitrag und ruhen als öffentliche Last auf dem Grundstück oder dem Erbbaurecht.

(4) Wird zur Sicherung eines Kredits, der
1. der Errichtung von Neubauten, dem Wiederaufbau zerstörter Gebäude oder dem Ausbau oder der Erweiterung bestehender Gebäude oder
2. der Durchführung notwendiger außerordentlicher Instandsetzungen an Gebäuden
auf dem belasteten Grundstück dient, ein Grundpfandrecht bestellt, so kann für dieses auf Antrag ein Befriedigungsvorrecht vor der öffentlichen Last nach Absatz 3 oder einem Teil derselben für den Fall der Zwangsvollstreckung in das Grundstück bewilligt werden, wenn dadurch die Sicherheit der öffentlichen Last nicht gefährdet wird und die Zins- und Tilgungssätze für das Grundpfandrecht den üblichen Jahresleistungen für erststrangige Tilgungshypotheken entsprechen. Die Bewilligung kann von der Erfüllung von Bedingungen abhängig gemacht werden.

(6) Die öffentlichen Lasten (Absatz 3) sind im Grundbuch zu vermerken.

§ 70 Zustellung des Umlegungsplans. (3) Ist im Grundbuch die Anordnung der Zwangsversteigerung oder Zwangsverwaltung eingetragen, so gibt die Umlegungsstelle dem Vollstreckungsgericht von dem Umlegungsverzeichnis Kenntnis, soweit dieses das Grundstück, das Gegenstand des Vollstreckungsverfahrens ist, und die daran bestehenden Rechte betrifft.

§ 72 Wirkungen der Bekanntmachung. (1) Mit der Bekanntmachung nach § 71 wird der bisherige Rechtszustand durch den in dem Umlegungsplan vorgesehenen neuen Rechtszustand ersetzt. . . .

§ 74 Berichtigung der öffentlichen Bücher. (1) Die Umlegungsstelle übersendet dem Grundbuchamt und . . . eine beglaubigte Abschrift der Bekanntmachung nach § 71 sowie eine beglaubigte Ausfertigung des Umlegungsplans und ersucht diese, die Rechtsänderungen in das Grundbuch . . . einzutragen sowie den Umlegungsvermerk im Grundbuch zu löschen. . . .

(2) Bis zur Berichtigung des Liegenschaftskatasters dienen die Umlegungskarte und das Umlegungsverzeichnis als amtliches Verzeichnis der Grundstücke im Sinne des § 2 Abs 2 der Grundbuchordnung, wenn die für die Führung des Liegenschaftska-

tasters zuständige Stelle auf diesen Urkunden bescheinigt hat, daß sie nach Form und Inhalt zur Übernahme in das Liegenschaftskataster geeignet sind. ...

§ 80 Zweck [der Grenzregelung], **Voraussetzungen und Zuständigkeit.**
(1) Zur Herbeiführung einer ordnungsmäßigen Bebauung einschließlich Erschließung oder zur Beseitigung baurechtswidriger Zustände kann die Gemeinde im Geltungsbereich eines Bebauungsplans oder innerhalb der im Zusammenhang bebauten Ortsteile durch Grenzregelung
1. benachbarte Grundstücke oder Teile benachbarter Grundstücke gegeneinander austauschen, wenn dies dem überwiegenden öffentlichen Interesse dient,
2. ...

§ 81 Geldleistungen. (1) Wertänderungen der Grundstücke, die durch die Grenzregelung bewirkt werden, oder Wertunterschiede ausgetauschter Grundstücke sind von den Eigentümern in Geld auszugleichen. ...
(2) Gläubigerin und Schuldnerin der Geldleistungen ist die Gemeinde. ... Die Geldleistungen werden mit der Bekanntmachung nach § 83 Abs 1 fällig. § 64 Abs 3, 4 und 6 über Beitrag und öffentliche Last ist entsprechend anzuwenden, wenn die Gemeinde Gläubigerin der Geldleistung ist.

§ 84 Berichtigung der öffentlichen Bücher. (1) Die Gemeinde übersendet dem Grundbuchamt und ... eine beglaubigte Abschrift des Beschlusses über die Grenzregelung, ... und ersucht diese, die Rechtsänderungen in das Grundbuch ... einzutragen. § 74 Abs 2 gilt entsprechend.

§ 85 Enteignungszweck. (1) Nach diesem Gesetzbuch kann nur enteignet werden, um ...

§ 108 Einleitung ... ; **Enteignungsvermerk.** (6) Die Enteignungsbehörde teilt dem Grundbuchamt die Einleitung des Enteignungsverfahrens mit. Sie ersucht das Grundbuchamt, in das Grundbuch des betroffenen Grundstücks einzutragen, daß das Enteignungsverfahren eingeleitet ist (Enteignungsvermerk); ist das Enteignungsverfahren beendigt, ersucht die Enteignungsbehörde das Grundbuchamt, den Enteignungsvermerk zu löschen. ...
(7) Ist im Grundbuch die Anordnung der Zwangsversteigerung oder Zwangsverwaltung eingetragen, gibt die Enteignungsbehörde dem Vollstreckungsgericht von der Einleitung des Enteignungsverfahrens Kenntnis, soweit dieses das Grundstück betrifft, das Gegenstand des Vollstreckungsverfahren ist.

§ 113 Enteignungsbeschluß. (5) Ist im Grundbuch die Anordnung der Zwangsversteigerung oder der Zwangsverwaltung eingetragen, gibt die Enteignungsbehörde dem Vollstreckungsgericht von dem Enteignungsbeschluß Kenntnis, wenn dem Enteignungsantrag stattgegeben worden ist.

§ 117 Ausführung des Enteignungsbeschlusses. (5) Mit dem in der Ausführungsanordnung festzusetzenden Tag wird der bisherige Rechtszustand durch den im Enteignungsbeschluß geregelten neuen Rechtszustand ersetzt. ...
(7) Die Enteignungsbehörde übersendet dem Grundbuchamt eine beglaubigte Abschrift des Enteignungsbeschlusses und der Ausführungsanordnung und ersucht es, die Rechtsänderungen in das Grundbuch einzutragen.

§ 122 Vollstreckbarer Titel. (1) Die Zwangsvollstreckung nach den Vorschriften der Zivilprozeßordnung über die Vollstreckung von Urteilen in bürgerlichen Rechtsstreitigkeiten findet statt

1. aus der Niederschrift über eine Einigung wegen der in ihr bezeichneten Leistungen;
2. aus nicht mehr anfechtbarem Enteignungsbeschluß wegen der zu zahlenden Geldentschädigung oder einer Ausgleichszahlung;
3. aus einem Beschluß über die vorzeitige Besitzeinweisung oder deren Aufhebung wegen der darin festgesetzten Leistungen.

Die Zwangsvollstreckung wegen einer Ausgleichszahlung ist erst zulässig, wenn die Ausführungsanordnung wirksam und unanfechtbar geworden ist.

(2) Die vollstreckbare Ausfertigung...

§ 123 Erschließungslast. (1) Die Erschließung ist Aufgabe der Gemeinde, soweit sie nicht nach anderen gesetzlichen Vorschriften oder öffentlich-rechtlichen Verpflichtungen einem anderen obliegt.

(2) Die Erschließungsanlagen sollen entsprechend den Erfordernissen der Bebauung und des Verkehrs hergestellt werden und spätestens bis zur Fertigstellung der anzuschließenden baulichen Anlagen benutzbar sein.

§ 127 Erhebung des Erschließungsbeitrags. (1) Die Gemeinden erheben zur Deckung ihres anderweitig nicht gedeckten Aufwands für Erschließungsanlagen einen Erschließungsbeitrag nach Maßgabe der folgenden Vorschriften.

(2) Erschließungsanlagen im Sinne dieses Abschnitts sind
1. die öffentlichen zum Anbau bestimmten Straßen, Wege und Plätze;
2. die öffentlichen aus rechtlichen oder tatsächlichen Gründen mit Kraftfahrzeugen nicht befahrbaren Verkehrsanlagen innerhalb der Baugebiete (z.B. Fußwege, Wohnwege);
3. Sammelstraßen innerhalb der Baugebiete; ...
4. Parkflächen und Grünanlagen mit Ausnahme von Kinderspielplätzen, ...;
5. Anlagen zum Schutz von Baugebieten gegen schädliche Umwelteinwirkungen im Sinne des Bundes-Immissionsschutzgesetzes, auch wenn sie nicht Bestandteil der Erschließungsanlagen sind.

(4) Das Recht, Abgaben für Anlagen zu erheben, die nicht Erschließungsanlagen im Sinne dieses Abschnitts sind, bleibt unberührt. Das gilt insbesondere für Anlagen zur Ableitung von Abwasser sowie zur Versorgung mit Elektrizität, Gas, Wärme und Wasser.

§ 133 Gegenstand und Entstehung der Beitragspflicht. (1) Der Beitragspflicht unterliegen Grundstücke, für die eine bauliche oder gewerbliche Nutzung festgesetzt ist, sobald sie bebaut oder gewerblich genutzt werden dürfen. Erschlossene Grundstücke, für die eine bauliche oder gewerbliche Nutzung nicht festgesetzt ist, unterliegen der Beitragspflicht, wenn sie nach der Verkehrsauffassung Bauland sind und nach der geordneten baulichen Entwicklung der Gemeinde zur Bebauung anstehen. Die Gemeinde gibt bekannt, welche Grundstücke nach Satz 2 der Beitragspflicht unterliegen; die Bekanntmachung hat keine rechtsbegründende Wirkung.

(2) Die Beitragspflicht entsteht mit der endgültigen Herstellung der Erschließungsanlagen, für Teilbeträge, sobald die Maßnahmen, deren Aufwand durch die Teilbeträge gedeckt werden soll, abgeschlossen sind. Im Falle des § 128 Abs 1 Nr 3 entsteht die Beitragspflicht mit der Übernahme durch die Gemeinde.

(3) Für ein Grundstück, für das eine Beitragspflicht noch nicht oder nicht in vollem Umfang entstanden ist, können Vorausleistungen auf den Erschließungsbeitrag bis zur Höhe des voraussichtlichen endgültigen Erschließungsbeitrags verlangt werden, wenn ein Bauvorhaben auf diesem Grundstück genehmigt wird ...

Anh T 10 BauGB

§ 134 Beitragspflichtiger. (1) Beitragspflichtig ist derjenige, der im Zeitpunkt der Bekanntgabe des Beitragsbescheids Eigentümer des Grundstücks ist. Ist das Grundstück mit einem Erbbaurecht belastet, so ist der Erbbauberechtigte anstelle des Eigentümers beitragspflichtig. Ist das Grundstück mit einem dinglichen Nutzungsrecht nach Artikel 233 § 4 des Einführungsgesetzes zum Bürgerlichen Gesetzbuche belastet, so ist der Inhaber dieses Rechts anstelle des Eigentümers beitragspflichtig. Mehrere Beitragspflichtige haften als Gesamtschuldner; bei Wohnungs- und Teileigentum sind die einzelnen Wohnungs- und Teileigentümer nur entsprechend ihrem Miteigentumsanteil beitragspflichtig.

(2) Der Beitrag ruht als öffentliche Last auf dem Grundstück, im Falle des Absatzes 1 Satz 2 auf dem Erbbaurecht, im Falle des Absatzes 1 Satz 3 auf dem dinglichen Nutzungsrecht, im Falle des Absatzes 1 Satz 4 auf dem Wohnungs- oder Teileigentum.

§ 135 Fälligkeit und Zahlung des Beitrags. (1) Der Beitrag wird einen Monat nach der Bekanntgabe des Beitragsbescheids fällig.

(2) Die Gemeinde kann zur Vermeidung unbilliger Härten im Einzelfall, . . ., zulassen, daß der Erschließungsbeitrag in Raten oder in Form einer Rente gezahlt wird. . . .

(3) Läßt die Gemeinde nach Absatz 2 eine Verrentung zu, so ist der Erschließungsbeitrag durch Bescheid in eine Schuld umzuwandeln, die in höchstens zehn Jahresleistungen zu entrichten ist. In dem Bescheid sind Höhe und Zeitpunkt der Fälligkeit der Jahresleistungen zu bestimmen. Der jeweilige Restbetrag ist mit höchstens 2 vom Hundert über dem Diskontsatz der Deutschen Bundesbank jährlich zu verzinsen. Die Jahresleistungen stehen wiederkehrenden Leistungen im Sinne des § 10 Abs 1 Nr 3 des Zwangsversteigerungsgesetzes gleich.

(4)–(6) . . .

§ 136 Städtebauliche Sanierungsmaßnahmen. (1) Städtebauliche Sanierungsmaßnahmen in Stadt und Land, deren einheitliche Vorbereitung und zügige Durchführung im öffentlichen Interesse liegen, werden nach den Vorschriften dieses Teils vorbereitet und durchgeführt.

§ 143 Anzeige . . ., Sanierungsvermerk. (4) Die Gemeinde teilt dem Grundbuchamt die rechtsverbindliche Sanierungssatzung mit und hat hierbei die von der Sanierungssatzung betroffenen Grundstücke einzeln aufzuführen. Das Grundbuchamt hat in die Grundbücher dieser Grundstücke einzutragen, daß eine Sanierung durchgeführt wird (Sanierungsvermerk). § 54 Abs 2 und 3 ist entsprechend anzuwenden. Die Sätze 1 bis 3 sind nicht anzuwenden, wenn in der Sanierungssatzung die Genehmigungspflicht nach § 144 Abs 2 ausgeschlossen ist.

§ 144 Genehmigungspflichtige Vorhaben, Teilungen und Rechtsvorgänge. (1) Im förmlich festgelegten Sanierungsgebiet bedürfen der schriftlichen Genehmigung der Gemeinde
1. . . .

§ 154 Ausgleichsbetrag des Eigentümers. (4) Die Gemeinde fordert den Ausgleichsbetrag durch Bescheid an; . . . Der Ausgleichsbetrag ruht nicht als öffentliche Last auf dem Grundstück.

§ 169 Besondere Vorschriften . . . (1) Im städtebaulichen Entwicklungsbereich sind entsprechend anzuwenden
1. die §§ 144 und 145 (Genehmigungspflichtige Vorhaben, Teilungen und Rechtsvorgänge; Genehmigung),
2. –7. . . .

§ 192 Gutachterausschuß. (1) Zur Ermittlung von Grundstückswerten und für sonstige Wertermittlungen werden selbständige, unabhängige Gutachterausschüsse gebildet.

§ 193 Aufgaben des Gutachterausschusses. (1) Der Gutachterausschuß erstattet Gutachten über den Verkehrswert von bebauten und unbebauten Grundstücken sowie Rechten an Grundstücken, wenn
1. ...
2. ...
3. die Eigentümer, ihnen gleichstehende Berechtigte, Inhaber anderer Rechte am Grundstück und Pflichtteilsberechtigte, für deren Pflichtteil der Wert des Grundstücks von Bedeutung ist, oder
4. Gerichte und Justizbehörden
es beantragen. ...

(3) Der Gutachterausschuß führt eine Kaufpreissammlung, wertet sie aus und ermittelt Bodenrichtwerte und sonstige zur Wertermittlung erforderliche Daten.

(4) Die Gutachten haben keine bindende Wirkung, soweit nichts anderes bestimmt ist.

§ 194 Verkehrswert. Der Verkehrswert wird durch den Preis bestimmt, der in dem Zeitpunkt, auf den sich die Ermittlung bezieht, im gewöhnlichen Geschäftsverkehr nach den rechtlichen Gegebenheiten und tatsächlichen Eigenschaften, der sonstigen Beschaffenheit und der Lage des Grundstücks oder des sonstigen Gegenstands der Wertermittlung ohne Rücksicht auf ungewöhnliche oder persönliche Verhältnisse zu erzielen wäre.

§ 195 Kaufpreissammlung. (1) Zur Führung der Kaufpreissammlung ist jeder Vertrag, durch den sich jemand verpflichtet, Eigentum an einem Grundstück gegen Entgelt, auch im Wege des Tausches, zu übertragen oder ein Erbbaurecht zu begründen, von der beurkundenden Stelle in Abschrift dem Gutachterausschuß zu übersenden. Dies gilt auch für ... sowie entsprechend für ... und für den Zuschlag in einem Zwangsversteigerungsverfahren.

T 11. BauGB-MaßnahmenG
(Maßnahmengesetz zum Baugesetzbuch)
in der Fassung vom 28. 4. 1993, BGBl I 623
[Auszug]

§ 3 Allgemeines Vorkaufsrecht der Gemeinde (1) Der Gemeinde steht ein Vorkaufsrecht beim Kauf von unbebauten Grundstücken zu, soweit es sich um Flächen handelt, für die nach dem Flächennutzungsplan eine Nutzung als Wohnbaufläche oder Wohngebiet dargestellt ist oder die nach den §§ 30, 33 oder 34 des Baugesetzbuchs vorwiegend mit Wohngebäuden bebaut werden ...

(2) § 25 Abs 2, die §§ 26 und 27 Abs 1, § 28 Abs 1, 2, 5 und 6 und § 89 des Baugesetzbuchs sind entsprechend anzuwenden. Die gesetzlichen Vorkaufsrechte der Gemeinde nach den §§ 24 und 25 des Baugesetzbuchs bleiben unberührt; ...

(3) Der von der Gemeinde zu zahlende Betrag bemißt sich abweichend von § 28 Abs 2 Satz 2 des Baugesetzbuchs nach dem Verkehrswert des Grundstücks (§ 194 des Baugesetzbuchs) im Zeitpunkt des Verkaufsfalls, wenn der vereinbarte Kaufpreis den Verkehrswert in einer dem Rechtsverkehr erkennbaren Weise deutlich überschreitet. ...

T 12. Binnenschiffahrtsgesetz (BinSchG)

Gesetz betreffend die privatrechtlichen Verhältnisse der Binnenschiffahrt in der Fassung vom 20. 5. 1898, BGBl III Sachgebiet 4103-1, zuletzt geändert durch Art 64 des Gesetzes vom 26. 5. 1994, BGBl I 1014[Auszug]

§ 2 [Schiffseigner] (1) Wer ein ihm nicht gehöriges Schiff zur Binnenschiffahrt verwendet und es entweder selbst führt oder die Führung einem Schiffer anvertraut, wird Dritten gegenüber als Schiffseigner im Sinne dieses Gesetzes angesehen.

(2) Der Eigentümer kann denjenigen, welcher aus der Verwendung des Schiffes einen Anspruch als Schiffsgläubiger (§§ 102 bis 115) herleitet, an der Durchführung des Anspruchs nicht hindern, sofern er nicht beweist, daß die Verwendung ihm gegenüber eine widerrechtliche und der Gläubiger nicht in gutem Glauben war.

§ 6 [Gerichtsstand des Heimatorts] (1) Das Gericht des Ortes, von dem aus die Schiffahrt mit dem Schiffe betrieben wird (Heimatort), ist vorbehaltlich des § 3 Abs 1 des Gesetzes über das gerichtliche Verfahren in Binnenschiffahrts- und Rheinschiffahrtssachen vom 27. September 1952 (Bundesgesetzbl I S 641), für alle gegen den Schiffseigner als solchen zu erhebenden Klagen zuständig ohne Unterschied, ob er persönlich oder nur mit Schiff und Fracht haftet.

(2) Unter mehreren hiernach in Betracht kommenden Orten gilt als Heimatort der Ort, wo die Geschäftsniederlassung, bei mehreren Niederlassungen die Hauptniederlassung und in Ermangelung einer Geschäftsniederlassung der Wohnsitz des Schiffseigners sich befindet.

(3) Ist ein Heimatort nicht festzustellen, so gilt als solcher der Ort, wo der Schiffseigner zur Gewerbesteuer oder Einkommensteuer veranlagt wird.

§ 97 [Bergungs- und Hilfkosten] (1) Wegen der Bergungs- und Hilfkosten, einschließlich des Berge- und Hilfslohnes, stehen dem Gläubiger im Falle der Rettung des Schiffes die Rechte der Schiffsgläubiger (§§ 102 bis 115) und im Falle der Rettung von Gütern ein Pfandrecht an diesen zu. Geborgene Gegenstände können bis zur Sicherheitsleistung zurückbehalten werden.

§ 102 [Forderungen der Schiffsgläubiger] Die nachstehenden Forderungen gewähren die Rechte eines Schiffsgläubigers:
1. die öffentlichen Schiffs- und Schiffahrtsabgaben, insbesondere die Brücken-, Schleusen-, Kanal- und Hafengelder;
2. die aus den Dienstverträgen herrührenden Forderungen der Schiffsbesatzung, Gehalts- und Lohnforderungen für die Vergangenheit, jedoch höchstens für den Zeitraum von sechs Monaten, gerechnet von der im Zwangsversteigerungsverfahren erfolgenden Beschlagnahme des Schiffes ab;
3. Lotsengelder sowie die Bergungs- und Hilfkosten einschließlich des Berge- und Hilfslohnes;
die Beiträge des Schiffes zur großen Haverei;
die Forderungen aus Geschäften, welche der Schiffer außerhalb der in § 15 bezeichneten Orte zur Abwendung einer dringenden Gefahr von Schiff oder Ladung geschlossen hat, auch wenn der Schiffer Eigentümer oder Miteigentümer des Schiffes ist;
4. Ansprüche auf Ersatz des Schadens aus der Tötung oder Verletzung von Reisenden (§ 4a Abs 1) sowie Ansprüche wegen Nichtablieferung oder Beschädigung der Ladungsgüter und des im § 77 bezeichneten Gepäcks;
5. die nicht unter eine der vorigen Nummern fallenden Forderungen aus Rechtsgeschäften, welche der Schiffer als solcher kraft seiner gesetzlichen Befugnisse

(§§ 15 und 16) und nicht mit Bezug auf eine Vollmacht geschlossen hat, sowie die nicht unter eine der vorigen Nummern fallenden Forderungen wegen Nichterfüllung oder wegen unvollständiger oder mangelhafter Erfüllung eines von dem Schiffseigner geschlossenen Vertrages, insofern dessen Ausführung zu den Dienstobliegenheiten des Schiffes gehört hat (§ 4 Abs 1 Nr 2); die Forderungen aus dem Verschulden einer Person der Schiffsbesatzung (§§ 3 und 4 Abs 1 Nr 3), auch wenn dieselbe Eigentümer oder Miteigentümer des Schiffes ist;

6. die Forderungen der Träger der Sozialversicherung einschließlich der Arbeitslosenversicherung gegen den Schiffseigner.

§ 103 [Pfandrecht der Schiffsgläubiger] (1) Die Schiffsgläubiger haben an den Schiffen nebst Zubehör ein Pfandrecht.

(2) Das Pfandrecht ist gegen jeden dritten Besitzer des Schiffes verfolgbar.

(3) Die Befriedigung aus dem Pfande erfolgt auf Grund eines vollstreckbaren Titels nach den Vorschriften über die Zwangsvollstreckung.

§ 105 [Pfandrecht für Kapital, Zinsen, Kosten] Das einem Schiffsgläubiger zustehende Pfandrecht gilt in gleichem Maße für Kapital, Zinsen und Kosten.

§ 106 [Vorrangige Forderungen] (1) Von den in § 102 Nummer 1 bis 5 aufgeführten Forderungen gehen die eine spätere Frachtfahrt betreffenden denjenigen vor, welche eine frühere Frachtfahrt betreffen. Zu den die letzte Frachtfahrt betreffenden Forderungen werden auch diejenigen gerechnet, welche nach Beendigung dieser Frachtfahrt entstanden sind.

(2) Für die in § 102 unter Nummer 2 aufgeführten Forderungen der Schiffsbesatzung bestimmt sich das Vorzugsrecht nach der letzten Frachtfahrt, welche unter den Dienstvertrag fällt, aus dem die Forderungen entstanden sind.

§ 107 [Grundsätzliche Rangordnung der Forderungen] (1) Die Rangordnung der Forderungen, welche dieselbe Frachtfahrt betreffen oder als dieselbe Frachtfahrt betreffend anzusehen sind (§ 106), bestimmt sich durch die Nummernfolge, in welcher die Forderungen in § 102 aufgeführt sind.

(2) Von den unter Nummer 1, 2, 4 und 5 bezeichneten Forderungen haben die unter derselben Nummer aufgeführten den gleichen Rang ohne Rücksicht auf die Zeit ihrer Entstehung.

(3) Von den unter Nummer 3 bezeichneten Forderungen geht die später entstandene der früher entstandenen vor; die gleichzeitig entstandenen sind gleichberechtigt. Forderungen, welche aus Anlaß eines und desselben Notfalles entstanden sind, gelten als gleichzeitig entstanden.

§ 108 [Nachrangige Forderungen] Die in § 102 unter Nummer 6 bezeichneten Forderungen stehen allen übrigen Forderungen von Schiffsgläubigern, ohne Rücksicht auf die Zeit ihrer Entstehung, nach.

§ 109 [Vorrangige Pfandrechte] (1) Das Pfandrecht des Schiffsgläubigers hat den Vorrang vor den sonstigen Pfandrechten an Schiff oder Fracht, für die in § 102 unter Nummer 4 bis 6 aufgeführten Forderungen jedoch hinsichtlich des Schiffes nur insoweit, als jene Pfandrechte nicht früher entstanden sind.

(2) Soweit hiernach die sonstigen Pfandrechte an dem Schiffe der Forderung eines Schiffsgläubigers vorgehen, haben sie zugleich den Vorrang vor den dieser Forderung nachstehenden Forderungen anderer Schiffsgläubiger.

(3) Erleidet ein Schiffsgläubiger, welchem der Schiffseigner nur mit Schiff und Fracht haftet, dadurch einen Ausfall an seiner Forderung, daß seinem Pfandrecht

an dem Schiffe das Pfandrecht eines Gläubigers vorgeht, der nicht Schiffsgläubiger ist, so wird der Schiffseigner in Höhe dieses Ausfalles persönlich verpflichtet.

§ 113 [Haftung des Schiffseigners für erloschene Rechte]. Insoweit bei der Zwangsversteigerung ... des Schiffes der Schiffseigner das Kaufgeld eingezogen hat, haftet er den Schiffsgläubigern, deren Pfandrechte infolge der Zwangsversteigerung ... erloschen sind, persönlich in gleicher Weise, wie im Falle der Einziehung der Fracht.

T 13. Binnenschiffahrt-Vollstreckungsschutzgesetz
Gesetz über Vollstreckungsschutz für die Binnenschiffahrt
vom 24. 5. 1933, BGBl III Sachgebiet 310–15,
zuletzt geändert durch Art 3 des Gesetzes vom 1. 2. 1979, BGBl I 127
[Auszug]

§ 13 [Mindestgebot bei der Zwangsversteigerung] (1) Bleibt bei der Zwangsversteigerung eines im Register für Binnenschiffe eingetragenen Schiffes das abgegebene Meistgebot einschließlich des Kapitalwerts der nach den Versteigerungsbedingungen etwa bestehenbleibenden Rechte hinter sieben Zehnteilen des Schiffswertes zurück, so kann ein Berechtigter, dessen Anspruch ganz oder teilweise durch das Meistgebot nicht gedeckt wird, aber bei einem Gebote in der vorbezeichneten Höhe voraussichtlich gedeckt sein würde, die Versagung des Zuschlags beantragen. Der Antrag ist abzulehnen, wenn der betreibende Gläubiger widerspricht und glaubhaft macht, daß ihm durch die Versagung des Zuschlags ein unverhältnismäßiger Nachteil erwachsen würde.

(2) Der Antrag auf Versagung des Zuschlags kann nur bis zum Schluß der Verhandlung über den Zuschlag (§§ 74, 162 des Zwangsversteigerungsgesetzes) gestellt werden; das gleiche gilt von der Erklärung des Widerspruchs.

(3) Wird der Zuschlag auf Grund des Absatzes 1 versagt, so ist von Amts wegen ein neuer Versteigerungstermin anzusetzen. Sofern nicht besondere Verhältnisse ein anderes zweckmäßig erscheinen lassen, soll der Zeitraum zwischen den beiden Terminen mindestens zwei Monate betragen, aber drei Monate nicht übersteigen.

(4) In dem neuen Versteigerungstermin kann der Zuschlag weder auf Grund der Vorschrift des Absatzes 1 noch auf Grund der Vorschrift des § 13 a Abs 1 versagt werden.

§ 13 a [Zuschlagsversagung bei Meistgebot unter 50%] (1) Der Zuschlag ist zu versagen, wenn das abgegebene Meistgebot einschließlich des Kapitalwerts der nach den Versteigerungsbedingungen etwa bestehenbleibenden Rechte die Hälfte des Schiffswerts nicht erreicht.

(2) § 13 Abs 3 ist entsprechend anzuwenden. In dem neuen Versteigerungstermin kann der Zuschlag weder auf Grund der Vorschrift des Absatzes 1 noch auf Grund der Vorschrift des § 13 Abs 1 versagt werden.

(3) Ist das Meistgebot von einem zur Befriedigung aus dem Schiff Berechtigten abgegeben worden, so ist Absatz 1 nicht anzuwenden, wenn das Gebot einschließlich des Kapitalwerts der nach den Versteigerungsbedingungen bestehenbleibenden Rechte zusammen mit dem Betrage, mit dem der Meistbietende bei der Verteilung des Erlöses ausfallen würde, die Häfte des Schiffswerts erreicht.

§ 14 [Erweiterte Befriedigung des Erstehers] Ist der Zuschlag einem zur Befriedigung aus dem Schiff Berechtigten zu einem Gebot erteilt, das einschließlich des Kapitalwerts der nach den Versteigerungsbedingungen etwa bestehenbleibenden Rechte hinter sieben Zehnteilen des Schiffswerts zurückbleibt, so gilt der Ersteher auch insoweit als aus dem Schiff befriedigt, als sein Anspruch durch das abgebene Meistgebot nicht gedeckt ist, aber bei einem Gebot in der vorbezeichneten Höhe gedeckt sein würde. Hierbei sind dem Anspruch des Erstehers vorgehende oder gleichstehende Rechte, die erlöschen, nicht zu berücksichtigen.

§ 15 [Wertfestsetzung] (1) Als Schiffswert im Sinne der §§ 13, 13a ist der Verkehrswert anzusehen, den das Gericht nach Anhörung eines Sachverständigen festsetzt.

(2) Der festgesetzte Wert ist im Versteigerungstermin vor der Aufforderung zur Abgabe von Geboten bekanntzugeben. Der Zuschlag oder die Versagung des Zuschlags kann nicht mit der Begründung angefochten werden, daß der Wert unrichtig festgesetzt worden sei.

. . . . .

T 14. Brennrechte-Verfügung

(Vormalige) Allgemeine Verfügung des Reichsjustizmin über Berücksichtigung des Brennrechts bei der Zwangsversteigerung von Brennereigrundstücken vom 16. 1. 1940, Deutsche Justiz 1940, 123

Mit zahlreichen – insbesondere gutswirtschaftlichen – Betrieben sind Brennereien verbunden, für die die Reichsfinanzverwaltung „Brennereirechte" festgesetzt hat. Bei diesen Brennrechten handelt es sich . . . nicht um dingliche Berechtigungen, sondern lediglich um eine steuerliche Bevorzugung des jeweiligen Inhabers des Brennereibetriebes. Für eine bestimmte Menge des Branntweines (ausgedrückt in Litern Weingeists), der im Lauf eines Betriebsjahres in der Brennerei hergestellt wird, erhält er von der Reichsmonopolverwaltung für Branntwein einen höheren Preis als für die über das Brennrecht hinaus hergestellte Weingeistmenge (sog „Überbrand"). Das Brennrecht wird hiernach von der Zwangsversteigerung des Brennereigrundstücks nicht umfaßt; sein wirtschaftlicher Wert kann bei der Aufstellung des geringsten Gebots nicht berücksichtigt werden und kann sich somit auch nicht ohne weiteres auf die Höhe der auf das Grundstück abgegebenen Gebote auswirken. Um der damit verbundenen wirtschaftlichen Benachteiligung des Eigentümers des Brennereigrundstücks entgegenzutreten, ordne ich im Einvernehmen mit dem Herrn Reichsminister der Finanzen folgendes an:
Ist in einem Versteigerungsverfahren aus den dem Versteigerungsgericht vorliegenden Urkunden ersichtlich, daß auf dem zur Versteigerung gelangenden Grundstück eine Brennerei betrieben wurde oder noch betrieben wird, so hat das Versteigerungsgericht unverzüglich durch unmittelbare Rückfrage beim örtlich zuständigen Hauptzollamt festzustellen, ob mit dieser Brennerei ein Brennrecht, bejahendenfalls in welcher Höhe verbunden ist. Ferner hat das Versteigerungsgericht durch Anfrage bei der *Wirtschaftsgruppe Spiritusindustrie in Berlin* . . . den ungefähren Marktwert des Brennrechts zu ermitteln. Im Versteigerungstermin selbst hat der Versteigerungsrichter bei Bekanntgabe der Versteigerungsbedingungen auf das Vorhandensein eines Brennrechts hinzuweisen und hierbei die Höhe sowie den ungefähren Marktwert des Brennrechts bekanntzugeben; in die gerichtliche Niederschrift über den Versteigerungstermin sind entsprechende Vermerke aufzunehmen.

T 15.
Ist derzeit nicht belegt

T 16. Bundesbankgesetz
Gesetz über die Deutsche Bundesbank i. d. F. vom 22. 10. 1992, BGBl I 1783, zuletzt geändert durch das Gesetz vom 8. 7. 1994, BGBl I 1465
Abgedruckt in: Sartorius, Band 1 Nr 855
[Auszug]

§ 23 Bestätigung von Schecks. (1) Die Deutsche Bundesbank darf Schecks, die auf sie gezogen sind, nur nach Deckung bestätigen. Aus dem Bestätigungsvermerk wird sie dem Inhaber zur Einlösung verpflichtet; für die Einlösung haftet sie auch dem Aussteller und dem Indossanten.

(2) Die Einlösung des bestätigten Schecks darf auch dann nicht verweigert werden, wenn inzwischen über das Vermögen des Ausstellers der Konkurs eröffnet worden ist.

(3) Die Verpflichtung aus der Bestätigung erlischt, wenn der Scheck nicht binnen acht Tagen nach der Ausstellung zur Zahlung vorgelegt wird. Für den Nachweis der Vorlegung gilt Artikel 40 des Scheckgesetzes.

(4) Der Anspruch aus der Bestätigung verjährt in zwei Jahren vom Ablauf der Vorlegungsfrist an.

(5) Auf die gerichtliche Geltendmachung von Ansprüchen auf Grund der Bestätigung sind die für Wechselsachen geltenden Zuständigkeits- und Verfahrensvorschriften entsprechend anzuwenden.

T 17. Bundesversorgungsgesetz (BVG)
Gesetz über die Versorgung der Opfer des Krieges
i. d. F. vom 22. 1. 1982, BGBl 1982 I 21,
zuletzt geändert durch Art 13 des Gesetzes vom 15. 12. 1995, BGBl I 1824
[Auszug]

§ 72 [Kapitalabfindung] (1) Beschädigten, die Rente erhalten, kann zum Erwerb oder zur wirtschaftlichen Stärkung eigenen Grundbesitzes eine Kapitalabfindung gewährt werden.

§ 75 [Sperrvermerk] (1) Die bestimmungsmäßige Verwendung des Kapitals ist durch die Form der Auszahlung und in der Regel durch Maßnahmen zur Verhinderung alsbaldiger Veräußerung des Grundstücks, Erbbaurechts, Wohnungseigentums, Wohnungserbbaurechts oder Dauerwohnrechts zu sichern. Zu diesem Zweck kann insbesondere angeordnet werden, daß die Veräußerung und Belastung des mit der Kapitalabfindung erworbenen oder wirtschaftlich gestärkten Grundstücks, Erbbaurechts, Wohnungseigentums oder Wohnungserbbaurechts innerhalb einer Frist bis zu fünf Jahren nur mit Genehmigung der zuständigen Verwaltungsbehörde zulässig sind. Diese Anordnung wird mit der Eintragung in das Grundbuch wirksam. Die Eintragung erfolgt auf Ersuchen der zuständigen Verwaltungsbehörde.

T 18. Flurbereinigungsgesetz (FlurbG)
Flurbereinigungsgesetz i. d. F. vom 16. 3. 1976, BGBl 1976 I 546,
zuletzt geändert durch Gesetz vom 23. 8. 1994, BGBl I 2187
Abgedruckt in: Sartorius, Band I Nr 860 [Auszug]

§ 2 [Durchführung der Flurbereinigung] (1) Die Flurbereinigung wird in einem behördlich geleiteten Verfahren innerhalb eines bestimmten Gebietes (Flurbereinigungsgebiet) unter Mitwirkung der Gesamtheit der beteiligten Grundeigen-

FlurbG **Anh T 18**

tümer und der Träger öffentlicher Belange sowie der landwirtschaftlichen Berufsvertretung . . . durchgeführt.

§ 10 [Beteiligte] Am Flurbereinigungsverfahren sind beteiligt (Beteiligte)
1. als Teilnehmer die Eigentümer der zum Flurbereinigungsgebiet gehörenden Grundstücke sowie die den Eigentümern gleichstehenden Erbbauberechtigten;
2. als Nebenbeteiligte:
a) . . . d) Inhaber von Rechten an den zum Flurbereinigungsgebiet gehörenden Grundstücken oder von Rechten an solchen Rechten
f) Eigentümer von nicht zum Flurbereinigungsgebiet gehörenden Grundstükken, denen ein Beitrag zu den Unterhaltungs- oder Ausführungskosten auferlegt wird (§ 42 Abs 3 und § 106) . . .

§ 15 [Erwerb eines Grundstücks im Flurbereinigungsgebiet] Wer ein Grundstück erwirbt, das im Flurbereinigungsgebiet liegt, muß das bis zu seiner Eintragung im Grundbuch oder bis zur Anmeldung des Erwerbs durchgeführte Verfahren gegen sich gelten lassen. Das gilt entsprechend für denjenigen, der durch Erwerb eines Rechts Beteiligter wird.

§ 16 [Teilnehmergemeinschaft] Die Beteiligten nach § 10 Nr 1 bilden die Teilnehmergemeinschaft. Sie entsteht mit dem Flurbereinigungsbeschluß und ist eine Körperschaft des öffentlichen Rechtes.

§ 19 [Beiträge zur Teilnehmergemeinschaft] (1) Die Teilnehmergemeinschaft kann die Teilnehmer nur zu Beiträgen in Geld (Geldbeträge) oder in Sachen, Werken, Diensten oder in anderen Leistungen (Sachbeiträge) heranziehen . . .

§ 20 [Öffentliche Last der Grundstücke] Die Beitrags- und Vorschußpflicht ruht als öffentliche Last auf den im Flurbereinigungsgebiet liegenden Grundstükken. Die einzelnen Grundstücke haften jedoch nur in der Höhe der auf sie entfallenden Anteile der berechneten Beiträge und Vorschüsse . . .

§ 42 [Gemeinschaftliche Anlagen] (1) . . . (3) Eigentümern von Grundstükken, die nicht zum Flurbereinigungsgebiet gehören, aber durch Anlagen wesentliche Vorteile haben, kann durch den Flurbereinigungsplan in den Vorteilen entsprechender Anteil an den Kosten der Unterhaltung solcher Anlagen auferlegt werden. Der Kostenanteil ist an den Unterhaltspflichtigen zu zahlen. Er haftet als öffentliche Last auf den Grundstücken, für die er festgesetzt ist.

§ 61 [Rechtskraft des Flurbereinigungsplans] . . . Zu dem in der Ausführungsanordnung zu bestimmenden Zeitpunkt tritt der im Flurbereinigungsplan vorgesehene neue Rechtszustand an die Stelle des bisherigen.

§ 62 [Ausführungsanordnung] (1) Die Ausführungsanordnung und der Zeitpunkt des Eintritts des neuen Rechtszustandes (§ 61 Satz 2) sind öffentlich bekanntzumachen.

§ 65 [Vorläufige Besitzeinweisung] (1) Die Beteiligten können in den Besitz der neuen Grundstücke vorläufig eingewiesen werden . . .

§ 68 [Übergang von Grundstücksrechten] (1) Die Landabfindung tritt hinsichtlich der Rechte an den alten Grundstücken und der diese Grundstücke betreffenden Rechtsverhältnisse, . . . an die Stelle der alten Grundstücke. Die örtlich gebundenen öffentlichen Lasten, die auf den alten Grundstücken ruhen, gehen auf die in deren örtlicher Lage ausgewiesenen neuen Grundstücke über.

Anh T 18 FlurbG

§ 72 [Geldabfindung] (1) Wird ein Teilnehmer nur in Geld abgefunden, so sind die Inhaber von Hypotheken, Grundschulden, Rentenschulden und Reallasten an den alten Grundstücken sowie die Gläubiger von Rückständen öffentlicher Lasten oder als öffentliche Last auf den alten Grundstücken ruhender Renten auf die Geldabfindung angewiesen.

§ 74 [Geldabfindung und Grundstücksrechte] Wird ein Teilnehmer nur in Geld abgefunden, so sind die Rechte nach § 72 Abs 1, soweit sie aus dem Grundbuch ersichtlich oder sonst bekannt sind, nach folgenden Bestimmungen zu wahren: ...

§ 75 [Verteilungsverfahren] (1) Nach Eintritt des neuen Rechtszustandes kann jeder Hinterlegungsbeteiligte sein Recht an der hinterlegten Summe gegen einen Mitbeteiligten, der dieses Recht bestreitet, vor den ordentlichen Gerichten geltend machen oder die Einleitung eines gerichtlichen Verteilungsverfahrens beantragen.

(2) Auf das Verteilungsverfahren sind die Vorschriften über die Verteilung des Erlöses im Falle der Zwangsversteigerung mit folgenden Abweichungen sinngemäß anzuwenden: ...

§ 81 [Grundstücksverzeichnis] (1) Bis zur Berichtigung des Liegenschaftskatasters dient der Flurbereinigungsplan als amtliches Verzeichnis der Grundstücke (§ 2 Abs 2 der Grundbuchordnung).

§ 91 [Zusammenlegung] Um ... kann ... eine Zusammenlegung nach Maßgabe der folgenden Vorschriften stattfinden.

§ 100 [Zusammenlegungsplan] An die Stelle des Flurbereinigungsplanes tritt der Zusammenlegungsplan. ...

§ 106 [Beitragspflicht Nichtbeteiligter] Eigentümern von Grundstücken, die nicht zum Flurbereinigungsgebiet gehören, aber von der Flurbereinigung wesentliche Vorteile haben, ist durch den Flurbereinigungsplan in den Vorteilen entsprechender Beitrag zu den Ausführungskosten aufzuerlegen. Der Beitrag haftet als öffentliche Last auf den Grundstücken, für die er festgesetzt ist.

§ 135 [Rechts- und Amtshilfe] (1) Die Gerichte und die Behörden des Bundes, der Länder ... gewähren den Flurbereinigungsbehörden die erforderliche Rechts- und Amtshilfe, insbesondere bei der Vollstreckung ...

§ 136 [Vollstreckung von Geldforderungen] (1) Für die Vollstreckung von Geldforderungen sind die §§ 1 bis 5 des Verwaltungs-Vollstreckungsgesetzes ... vom 27. April 1953 ... sinngemäß anzuwenden. Geldforderungen der Teilnehmergemeinschaft werden im Verwaltungszwangsverfahren wie Gemeindeabgaben vollstreckt.

(2) Vollstreckungsbehörde ... ist die Flurbereinigungsbehörde.

T 19. Grundbücher-Wiederherstellungs-Verordnung
Verordnung über die Wiederherstellung zerstörter oder abhanden gekommener Grundbücher und Urkunden vom 26. 7. 1940, BGBl III Sachgebiet 315-11-4
[Auszug]

§ 16 [Zwangsversteigerung] (1) Die Zwangsversteigerung eines Grundstücks, dessen Grundbuch ganz oder teilweise zerstört oder abhanden gekommen ist, kann vor der Wiederherstellung des Grundbuchs angeordnet werden, wenn durch Urkunden glaubhaft gemacht wird, daß der Schuldner als Eigentümer des Grundstücks eingetragen war oder daß er Erbe des eingetragenen Eigentümers ist.

(2) Im Falle des § 22 Abs 1 Satz 2 des Gesetzes über die Zwangsversteigerung und die Zwangsverwaltung genügt es, wenn die Eintragung des Versteigerungsvermerks nach der Wiederherstellung des Grundbuchs erfolgt.

(3) Der Versteigerungstermin darf erst nach der Wiederherstellung des Grundbuchblatts bestimmt werden.

T 20. Grunderwerbsteuergesetz (GrEStG 1983)
Vom 17. 12. 1982, BGBl 1982 I 1777, zuletzt geändert durch
Art 9 des Gesetzes vom 15. 12. 1995, BGBl I 1783
[Auszug]

Erster Abschnitt: Gegenstand der Steuer

§ 1 Erwerbsvorgänge. (1) Der Grunderwerbsteuer unterliegen die folgenden Rechtsvorgänge, soweit sie sich auf inländische Grundstücke beziehen:
1. ein Kaufvertrag oder ein anderes Rechtsgeschäft, das den Anspruch auf Übereignung begründet;
2. die Auflassung, wenn kein Rechtsgeschäft vorausgegangen ist, das den Anspruch auf Übereignung begründet;
3. der Übergang des Eigentums, wenn kein den Anspruch auf Übereignung begründendes Rechtsgeschäft vorausgegangen ist und es auch keiner Auflassung bedarf. Ausgenommen sind
a) ... b) ... c) der Übergang des Eigentums im Zwangsversteigerungsverfahren;
4. das Meistgebot im Zwangsversteigerungsverfahren;
5. ein Rechtsgeschäft, das den Anspruch auf Abtretung eines Übereignungsanspruchs oder der Rechte aus einem Meistgebot begründet;
7. die Abtretung eines der in den Nummern 5 und 6 bezeichneten Rechte, wenn kein Rechtsgeschäft vorausgegangen ist, das den Anspruch auf Abtretung der Rechte begründet.

(6) Ein in den Absätzen 1, 2 oder 3 bezeichneter Rechtsvorgang unterliegt der Steuer auch dann, wenn ihm ein in einem anderen dieser Absätze bezeichneter Rechtsvorgang vorausgegangen ist. Die Steuer wird jedoch nur insoweit erhoben, als die Bemessungsgrundlage für den späteren Rechtsvorgang den Betrag übersteigt, von dem beim vorausgegangenen Rechtsvorgang die Steuer berechnet worden ist.

§ 2 Grundstücke. (1) Unter Grundstücken im Sinne dieses Gesetzes sind Grundstücke im Sinne des bürgerlichen Rechts zu verstehen. Jedoch werden nicht zu den Grundstücken gerechnet:
1. Maschinen und sonstige Vorrichtungen aller Art, die zu einer Betriebsanlage gehören,
2. Mineralgewinnungsrechte und sonstige Gewerbeberechtigungen.

(2) Den Grundstücken stehen gleich
1. Erbbaurechte,
2. Gebäude auf fremdem Boden;
3. dinglich gesicherte Sondernutzungsrechte im Sinne des § 15 des Wohneigentumsgesetzes und des § 1010 des Bürgerlichen Gesetzbuchs.

(3) Bezieht sich ein Rechtsvorgang auf mehrere Grundstücke, die zu einer wirtschaftlichen Einheit gehören, so werden diese Grundstücke als ein Grundstück behandelt. Bezieht sich ein Rechtsvorgang auf einen oder mehrere Teile eines Grundstücks, so werden diese Teile als ein Grundstück behandelt.

Zweiter Abschnitt. Steuervergünstigungen . . .
Drittter Abschnitt. Bemessungsgrundlage

§ 8 Grundsatz. (1) Die Steuer bemißt sich nach dem Wert der Gegenleistung.
(2) Die Steuer wird nach dem Wert des Grundstücks bemessen:
1. wenn eine Gegenleistung nicht vorhanden oder nicht zu ermitteln ist;
2. in den Fällen des § 1 Abs. 3.

§ 9 Gegenleistung. (1) Als Gegenleistung gelten
4. beim Meistgebot im Zwangsversteigerungsverfahren:
das Meistgebot einschließlich der Rechte, die nach den Versteigerungsbedingungen bestehen bleiben;
5. bei der Abtretung der Rechte aus dem Meistgebot:
die Übernahme der Verpflichtung aus dem Meistgebot. Zusätzliche Leistungen, zu denen sich der Erwerber gegenüber dem Meistbietenden verpflichtet, sind dem Meistgebot hinzuzurechnen. Leistungen, die der Meistbietende dem Erwerber gegenüber übernimmt, sind abzusetzen;
(2) Zur Gegenleistung gehören auch . . .

Vierter Abschnitt. Steuerberechnung

§ 11 Steuersatz, Abrundung. (1) Die Steuer beträgt 2 vom Hundert.
(2) Die Steuer ist auf volle Deutsche Mark nach unten abzurunden.

Fünfter Abschnitt. Steuerschuld

§ 13 Steuerschuldner. Steuerschuldner sind
1. regelmäßig:
die an einem Erwerbsvorgang als Vertragsteile beteiligten Personen;
4. beim Meistgebot im Zwangsversteigerungsverfahren: der Meistbietende;

**Siebenter Abschnitt. Örtliche Zuständigkeit,
Feststellung von Besteuerungsgrundlagen, Anzeigepflichten und
Erteilung der Unbedenklichkeitsbescheinigung**

§ 18 Anzeigepflicht der Gerichte, Behörden und Notare. (1) Gerichte, Behörden und Notare haben dem zuständigen Finanzamt Anzeige nach amtlich vorgeschriebenem Vordruck zu erstatten über
1. Rechtsvorgänge, die sie beurkundet oder über die sie eine Urkunde entworfen und darauf eine Unterschrift beglaubigt haben, wenn die Rechtsvorgänge ein Grundstück im Geltungsbereich dieses Gesetzes betreffen;
3. Zuschlagsbeschlüsse im Zwangsversteigerungsverfahren, Enteignungsbeschlüsse und andere Entscheidungen, durch die ein Wechsel im Grundstückseigentum bewirkt wird;
4. nachträgliche Änderungen oder Berichtigungen eines der unter Nummer 1 bis 3 aufgeführten Vorgänge.
Der Anzeige ist eine Abschrift der Urkunde über den Rechtsvorgang, den Antrag, den Beschluß oder die Entscheidung beizufügen.
(2) Die Anzeigepflicht bezieht sich auch auf Vorgänge, die ein Erbbaurecht oder ein Gebäude auf fremdem Boden betreffen . . .
(3) Die Anzeigen sind innerhalb von zwei Wochen nach der Beurkundung oder der Unterschriftsbeglaubigung oder der Bekanntgabe der Entscheidung zu erstat-

ten, und zwar auch dann, wenn die Wirksamkeit des Rechtsvorgangs vom Eintritt einer Bedingung, vom Ablauf einer Frist oder von einer Genehmigung abhängig ist. Sie sind auch dann zu erstatten, wenn der Rechtsvorgang von der Besteuerung ausgenommen ist.

(4) Die Absendung der Anzeige ist auf der Urschrift der Urkunde, in den Fällen, in denen eine Urkunde entworfen und darauf eine Unterschrift beglaubigt worden ist, auf der zurückbehaltenen beglaubigten Abschrift zu vermerken.

(5) Die Anzeigen sind an das für die Besteuerung, in den Fällen des § 17 Abs 2 und 3 an das für die gesonderte Feststellung zuständige Finanzamt zu richten.

§ 20 Inhalt der Anzeigen. (1) Die Anzeigen müssen enthalten:
1. Vorname, Zuname und Anschrift des Veräußerers und des Erwerbers, gegebenenfalls auch, ob und um welche begünstigte Person im Sinne des § 3 Nr 3 bis 7 es sich bei dem Erwerber handelt;
2. die Bezeichnung des Grundstücks nach Grundbuch, Kataster, Straße und Hausnummer;
3. die Größe des Grundstücks und bei bebauten Grundstücken die Art der Bebauung;
4. die Bezeichnung des anzeigepflichtigen Vorgangs und den Tag der Beurkundung, bei einem Vorgang, der einer Genehmigung bedarf, auch die Bezeichnung desjenigen, dessen Genehmigung erforderlich ist;
5. den Kaufpreis oder die sonstige Gegenleistung (§ 9);
6. den Namen der Urkundsperson.

(2) Die Anzeigen, die sich auf Anteile an einer Gesellschaft beziehen, müssen außerdem enthalten:
1. die Firma und den Ort der Geschäftsleitung der Gesellschaft,
2. die Bezeichnung des oder der Gesellschaftsanteile.

§ 21 Urkundenaushändigung. Die Gerichte, Behörden und Notare dürfen Urkunden, die einen anzeigepflichtigen Vorgang betreffen, den Beteiligten erst aushändigen und Ausfertigungen oder beglaubigte Abschriften den Beteiligten erst erteilen, wenn sie die Anzeigen an das Finanzamt abgesandt haben.

§ 22 Unbedenklichkeitsbescheinigung. (1) Der Erwerber eines Grundstücks darf in das Grundbuch erst dann eingetragen werden, wenn eine Bescheinigung des für die Besteuerung zuständigen Finanzamts vorgelegt wird (§ 17 Abs 1 Satz 1) oder Bescheinigungen der für die Besteuerung zuständigen Finanzämter (§ 17 Abs 1 Satz 2) vorgelegt werden, daß der Eintragung steuerliche Bedenken nicht entgegenstehen.

(2) Das Finanzamt hat die Bescheinigung zu erteilen, wenn die Grunderwerbsteuer entrichtet, sichergestellt oder gestundet worden ist oder wenn Steuerfreiheit gegeben ist. Es darf die Bescheinigung auch in anderen Fällen erteilen, wenn nach seinem Ermessen die Steuerforderung nicht gefährdet ist.

Achter Abschnitt. Übergangs- und Schlußvorschriften

§ 24 Aufhebung bundesrechtlicher Vorschriften. (1) Vorbehaltlich des § 23 Abs 2 werden mit dem Inkrafttreten dieses Gesetzes aufgehoben:
7. Artikel 97 § 3 Abs. 2 und §§ 4 bis 7 des Einführungsgesetzes zur Abgabenordnung vom 14. Dezember 1976 (BGBl I S 3341);

§ 28 Inkrafttreten. Dieses Gesetz tritt am 1. Januar 1983 in Kraft.

T 21. Grundsteuergesetz (GrStG)

Grundsteuergesetz vom 7. 8. 1973, BGBl 1973 I 965, zuletzt geändert durch Art 12 Abs 43 des Gesetzes vom 14. 9. 1994, BGBl I 2325 (2389)
Abgedruckt in: Steuergesetze Nr 420
[Auszug]

§ 1 Heberecht (1) Die Gemeinde bestimmt, ob von dem in ihrem Gebiet liegenden Grundbesitz Grundsteuer zu erheben ist.

§ 10 Steuerschuldner. (1) Schuldner der Grundsteuer ist derjenige, dem der Steuergegenstand bei der Feststellung des Einheitswertes zugerechnet ist.

(2) Derjenige, dem ein Erbbaurecht, ein Wohnungserbbaurecht oder ein Teilerbbaurecht zugerechnet ist, ist auch Schuldner der Grundsteuer für die wirtschaftliche Einheit des belasteten Grundstücks.

(3) Ist der Steuergegenstand mehreren Personen zugerechnet, so sind sie Gesamtschuldner.

§ 11 Persönliche Haftung. (2) Wird ein Steuergegenstand ganz oder zu einem Teil einer anderen Person übereignet, so haftet der Erwerber neben dem früheren Eigentümer für die auf dem Steuergegenstand oder Teil des Steuergegenstandes entfallende Grundsteuer, die für die Zeit seit dem Beginn des letzten vor der Übereignung liegenden Kalenderjahres zu entrichten ist. Das gilt nicht ... für Erwerbe im Vollstreckungsverfahren.

§ 12 Dingliche Haftung. Die Grundsteuer ruht auf dem Steuergegenstand als öffentliche Last.

§ 28 Fälligkeit. (1) Die Grundsteuer wird zu je einem Viertel ihres Jahresbetrags am 15. Februar, 15. Mai, 15. August und 15. November fällig.

(2) Die Gemeinden können bestimmen, daß Kleinbeträge wie folgt fällig werden:
1. am 15. August mit ihrem Jahresbetrag, wenn dieser dreißig Deutsche Mark nicht übersteigt;
2. am 15. Februar und 15. August zu je einer Hälfte ihres Jahresbetrags, wenn dieser sechzig Deutsche Mark nicht übersteigt.

(3) Auf Antrag des Steuerschuldners kann die Grundsteuer abweichend ... am 1. Juli in einem Jahresbetrag entrichtet werden. ...

T 22. Handelsgesetzbuch (Seerecht)

Handelsgesetzbuch vom 10. 5. 1897, BGBl III Sachgebiet 4100–1 (mit Änderungen) §§ 1–460 abgedruckt in Schönfelder Nr 50; §§ 474–905 = Seehandel als Sonderdruck hierzu
[Auszug]

§ 478 [Zubehör eines Schiffes] (1) Zubehör eines Schiffs sind auch die Schiffsboote.

(2) Im Zweifel werden Gegenstände, die in das Schiffsinventar eingetragen sind, als Zubehör des Schiffes angesehen.

§ 482 [Unzulässigkeit der Zwangsversteigerung] Die Anordnung der Zwangsversteigerung eines Schiffes im Wege der Zwangsvollstreckung ... ist nicht zulässig, wenn sich das Schiff auf der Reise befindet und nicht in einem Hafen liegt.

Handelsgesetzbuch **Anh T 22**

§ 754 [Schiffsgläubigerrechte] (1) Folgende Forderungen gewähren die Rechte eines Schiffsgläubigers:
1. Heuerforderungen des Kapitäns und der übrigen Personen der Schiffsbesatzung;
2. öffentliche Schiffs-, Schiffahrts- und Hafenabgaben sowie Lotsengelder;
3. Schadensersatzforderungen wegen der Tötung oder Verletzung von Menschen sowie wegen des Verlustes oder der Beschädigung von Sachen, sofern diese Forderungen aus der Verwendung des Schiffes entstanden sind, ausgenommen sind jedoch Forderungen wegen des Verlustes oder der Beschädigung von Sachen, die aus einem Vertrag hergeleitet werden oder auch aus einem Vertrag hergeleitet werden können;
4. Bergungs- und Hilfskosten, auch im Falle des § 743; Beiträge des Schiffes und der Fracht zur großen Haverei; Forderungen wegen der Beseitigung des Wracks;
5. Forderungen der Träger der Sozialversicherung einschließlich der Arbeitslosenversicherung gegen den Reeder.

(2) Absatz 1 Nr 3 findet keine Anwendung auf Ansprüche, die auf die radioaktiven Eigenschaften oder eine Verbindung der radioaktiven Eigenschaften mit giftigen, explosiven oder sonstigen gefährlichen Eigenschaften von Kernbrennstoffen oder radioaktiven Erzeugnissen oder Abfällen zurückzuführen sind.

§ 755 [Pfandrecht der Schiffsgläubiger] (1) Die Schiffsgläubiger haben für ihre Forderungen ein gesetzliches Pfandrecht an dem Schiff. Das Pfandrecht kann gegen jeden Besitzer des Schiffs verfolgt werden.

(2) Das Schiff haftet auch für die gesetzlichen Zinsen der Forderungen sowie für die Kosten der die Befriedigung aus dem Schiff bezweckenden Rechtsverfolgung.

§ 756 [Mithaftende Gegenstände] (1) Das Pfandrecht der Schiffsgläubiger erstreckt sich auf das Zubehör des Schiffes mit Ausnahme der Zubehörstücke, die nicht in das Eigentum des Schiffseigentümers gelangt sind.

(2) Das Pfandrecht erstreckt sich auch auf einen Ersatzanspruch, der dem Reeder wegen des Verlustes oder der Beschädigung des Schiffes gegen einen Dritten zusteht. Das gleiche gilt hinsichtlich der Vergütung für Schäden am Schiff in Fällen der großen Haverei.

(3) Das Pfandrecht erstreckt sich nicht auf eine Forderung aus einer Versicherung, die der Reeder für das Schiff genommen hat.

§ 757 [Haftung einer Reederei] Gehört das Schiff einer Reederei, so haftet es den Schiffsgläubigern in gleicher Weise, als wenn es nur einem Reeder gehörte.

§ 758 [Erlöschen des Pfandrechts bei Erlöschen der Forderung] Erlischt die durch das Pfandrecht eines Schiffsgläubigers gesicherte Forderung, so erlischt auch das Pfandrecht.

§ 759 [Erlöschen des Pfandrechts durch Zeitablauf] (1) Das Pfandrecht eines Schiffsgläubigers erlischt nach Ablauf eines Jahres seit der Entstehung der Forderung.

(2) Das Pfandrecht erlischt nicht, wenn der Gläubiger innerhalb der Frist des Absatzes 1 die Beschlagnahme des Schiffes wegen des Pfandrechts erwirkt, sofern das Schiff später im Wege der Zwangsvollstreckung veräußert wird, ohne daß das Schiff in der Zwischenzeit von einer Beschlagnahme zugunsten dieses Gläubigers frei geworden ist. Das gleiche gilt für das Pfandrecht eines Gläubigers, der wegen seines Pfandrechts dem Zwangsvollstreckungsverfahren innerhalb dieser Frist beitritt.

1469

(3) Ein Zeitraum, während dessen ein Gläubiger rechtlich daran gehindert ist, sich aus dem Schiff zu befriedigen, wird in die Frist nicht eingerechnet. Eine Hemmung oder Unterbrechung der Frist aus anderen Gründen findet nicht statt.

§ 760 [Zwangsvollstreckung] (1) Die Befriedigung des Schiffsgläubigers aus dem Schiff erfolgt nach den Vorschriften über die Zwangsvollstreckung.

(2) Die Klage auf Duldung der Zwangsvollstreckung kann außer gegen den Eigentümer des Schiffes auch gegen den Ausrüster oder gegen den Kapitän gerichtet werden. Das gegen den Ausrüster oder gegen den Kapitän gerichtete Urteil ist auch gegenüber dem Eigentümer wirksam.

(3) Bei der Verfolgung des Pfandrechts des Schiffsgläubigers gilt zugunsten des Gläubigers als Eigentümer, wer im Schiffsregister als Eigentümer eingetragen ist. Das Recht des nicht eingetragenen Eigentümers, die ihm gegen das Pfandrecht zustehenden Einwendungen geltend zu machen, bleibt unberührt.

§ 761 [Vorrang der Schiffsgläubiger] Die Pfandrechte der Schiffsgläubiger haben den Vorrang vor allen anderen Pfandrechten am Schiff.

§ 762 [Rangordnung der Pfandrechte] (1) Die Rangordnung der Pfandrechte der Schiffsgläubiger bestimmt sich nach der Reihenfolge der Nummern, unter denen die Forderungen in § 764 aufgeführt sind.

(2) Die Pfandrechte für die in § 764 Abs 1 Nr 4 aufgeführten Forderungen haben jedoch den Vorrang vor den Pfandrechten aller anderen Schiffsgläubiger, deren Forderungen früher entstanden sind.

(3) Beitragsforderungen zur großen Haverei gelten als im Zeitpunkt des Havereifalles, Forderungen auf Bergungs- und Hilfskosten als im Zeitpunkt der Beendigung des Bergungs- oder Hilfsleistungswerks und Forderungen wegen der Beseitigung des Wracks als im Zeitpunkt der Beendigung der Wrackbeseitigung entstanden.

§ 763 [Rang der Pfandrechte] (1) Von den Pfandrechten für die in § 754 Abs 1 Nr 1 bis 3, 5 aufgeführten Forderungen haben die Pfandrechte für die unter derselben Nummer genannten Forderungen ohne Rücksicht auf den Zeitpunkt ihrer Entstehung den gleichen Rang.

(2) Pfandrechte für die in § 754 Abs 1 Nr 3 aufgeführten Forderungen wegen Personenschäden gehen jedoch Pfandrechten für die unter derselben Nummer aufgeführten Forderungen wegen Sachschäden vor.

§ 764. Von den Pfandrechten für die in § 754 Abs 1 Nr 4 aufgeführten Forderungen geht das für die später entstandene Forderung dem für die früher entstandene Forderung vor. Pfandrechte wegen gleichzeitig entstandener Forderungen sind gleichberechtigt.

§ 901 [Verjährung] Folgende Forderungen verjähren in einem Jahr:
1. öffentliche Schiffs-, Schiffahrts- und Hafenabgaben;
2. Lotsengelder;
3. Beiträge zur großen Haverei;
4. ... 5. ...

§ 902 [Zweijährige Verjährung] Folgende Forderungen verjähren in zwei Jahren:
3. Bergungs- und Hilfskosten, insbesondere auch der Berge- und Hilfslohn, sowie Forderungen aus der Beseitigung eines Wracks.

Handwerksordnung   **Anh T 24**

§ 903 [Beginn der Verjährung] (1) Die Verjährung beginnt mit dem Schluß des Jahres, in welchem die Forderung fällig geworden ist.

(3) Die Verjährung der Forderungen auf Bergungs- und Hilfskosten sowie der Beseitigung eines Wracks (§ 902 Nr 3) beginnt mit dem Ablauf des Tages, an welchem das Bergungs- und Hilfsleistungswerk oder die Wrackbeseitigung beendet worden ist.

T 23.
Ist derzeit nicht belegt

T 24. Handwerksordnung
Gesetz zur Ordnung des Handwerks i. d. F. vom 28. 12. 1965, BGBl 1966 I 1, zuletzt geändert durch Gesetz vom 20. 12. 1993, BGBl I 2256
Abgedruckt in: Sartorius, Band I Nr 815
[Auszug]

§ 52 [Handwerksinnung] (1) Selbständige Handwerker des gleichen Handwerks oder solcher Handwerke, die sich fachlich oder wirtschaftlich nahestehen, können zur Förderung ihrer gemeinsamen gewerblichen Interessen innerhalb eines bestimmten Bezirks zu einer Handwerksinnung zusammentreten. . . .

§ 61 [Grundstückserwerb der Handwerksinnung] (1) Die Innungsversammlung beschließt über alle Angelegenheiten der Handwerksinnung, . . . Die Innungsversammlung besteht aus den Mitgliedern der Handwerksinnung . . .
(2) Der Innungsversammlung obliegt im besonderen
7. Die Beschlußfassung über
   a) den Erwerb, die Veräußerung oder die dingliche Belastung von Grundeigentum.
(3) Die nach Absatz 2 Nr . . . 7 . . . gefaßten Beschlüsse bedürfen der Genehmigung durch die Handwerkskammer.

§ 79 [Landesinnungsverband] (1) Der Landesinnungsverband ist der Zusammenschluß von Handwerksinnungen des gleichen Handwerks oder sich fachlich oder wirtschaftlich nahestehender Handwerke im Bezirk eines Landes. Für mehrere Bundesländer kann ein gemeinsamer Landesinnungsverband gebildet werden.

§ 83 [Grundstückserwerb durch den Landesinnungsverband] (1) Auf den Landesinnungsverband finden entsprechende Anwendung:
2. §§ . . . 61 Abs 1 und Abs 2 . . . Nummern . . .

§ 85 [Bundesinnungsverband, Grundstückserwerb] (1) Der Bundesinnungsverband ist der Zusammenschluß von Landesinnungsverbänden des gleichen Handwerks oder sich fachlich oder wirtschaftlich nahestehender Handwerke im Bundesgebiet.
(2) Auf den Bundesinnungsverband finden die Vorschriften dieses Abschnitts sinngemäß Anwendung. . . .

§ 86 [Kreishandwerkerschaft] Die Handwerksinnungen, die in einem Stadt- oder Landkreis ihren Sitz haben, bildet die Kreishandwerkerschaft . . .

§ 89 [Grundstückserwerb der Kreishandwerkerschaft] (1) Auf die Kreishandwerkerschaft finden entsprechende Anwendung:

Anh T 24

Handwerksordnung

3. ... § 61 Abs 1, Abs 2 Nr ... 7 ...; die nach § 66 Abs 2 Nr ... 7 ... gefaßten Beschlüsse bedürfen der Genehmigung der Handwerkskammer.

§ 90 [Handwerkskammer] (1) Zur Vertretung der Interessen des Handwerks werden Handwerkskammern errichtet; sie sind Körperschaften des öffentlichen Rechts.

§ 106 [Grundstückserwerb der Handwerkskammer] (1) Der Beschlußfassung der Vollversammlung bleibt vorbehalten
7. der Erwerb, die Veräußerung und die dingliche Belastung von Grundeigentum.

T 25.
Ist derzeit nicht belegt

T 26. Heuerlingswohnungen-Verordnung
Verordnung zur beschleunigten Förderung des Baues von Heuerlings- und Werkwohnungen sowie von Eigenheimen für ländliche Arbeiter und Handwerker vom 10. 3. 1937, BGBl III Sachgebiet 2330–7 (mit Änderungen)
[Auszug]

§ 6 [Landesrentenbankrente] *(1) Die Landesrentenbankrente lastet auf den zur Beleihung kommenden Grundstücken an erster Stelle* .....

(2) Werden Heuerlings- oder Werkwohnungen auf Grundstücken errichtet, die zugunsten anderer Gläubiger belastet sind, so hat die Landesrentenbankrente mit dem erstrangig eingetragenen Grundpfandrecht den gleichen Rang, soweit dieses zugunsten einer öffentlichen oder privaten Kreditanstalt, die unter Staatsaufsicht steht, oder eines Versicherungsträgers oder Versicherungsunternehmens eingetragen ist und diese Darlehensgeber sich mit ihren Vermögensanlagen in Grundpfandrechten nach reichs- oder landesrechtlichen Vorschriften innerhalb einer bestimmten Sicherheitsgrenze halten müssen; sind auf dem Grundstück für einen Gläubiger mehrere im Range unmittelbar aufeinanderfolgende Grundpfandrechte eingetragen, so gelten diese als ein Grundpfandrecht im Sinne dieser Vorschrift, soweit sie innerhalb der vorgeschriebenen Sicherheitsgrenze liegen. Soweit die Grundpfandrechte zugunsten anderer Gläubiger bestehen, hat die Landesrentenbankrente den gleichen Rang nur insoweit, als diese Grundpfandrechte innerhalb von 50 vom Hundert des für den 1. Januar 1935 festgestellten steuerlichen Einheitswert liegen. Im übrigen hat die Landesrentenbankrente den Vorrang vor allen anderen dinglichen Rechten. Die Landesrentenbankrente ist ohne Rangvermerke und unter Hinweis auf diese Verordnung einzutragen.

(3) Die Landesrentenbankrente hat den Vorrang vor den übrigen öffentlichen Lasten.

Die Heuerlingswohnungen-Verordnung ist außer Kraft getreten; **Wohnungsbauänderungsgesetz 1980**, BGBl 1980 I 159, Artikel 4 Abs 1 Nr 1. Bestimmt ist übergangsweise in diesem Gesetz.

Artikel 4 Abs 2

(2) Soweit bei Inkrafttreten dieses Gesetzes Landesbankrenten nach den in Absatz 1 genannten Verordnungen im Grundbuch eingetragen sind, richtet sich deren Rang weiterhin nach § 6 Abs 1 bis 3 der in Absatz 1 Nr 1 genannten Verordnung und § 1 Abs 1 bis 4 Satz 1 und 2 der in Absatz 1 Nr 3 genannten Verordnung [Abgedruckt nachfolgend T 27]

T 27. Heuerlingswohnungen Durchführungsverordnung

Zweite Durchführungsverordnung über die beschleunigte Förderung des Baues von Heuerlings- und Werkwohnungen sowie von Eigenheimen für ländliche

KabelpfandG **Anh T 29**

Arbeiter und Handwerker vom 27. 1. 1938, BGBl III Sachgebiet 2330–7–2 (mit Änderungen)
Außer Kraft getreten mit Art 4 Abs 1 Nr 3 des T 26 genannten Wohnungsbauänderungsgesetzes 1980. Dort auch zur Übergangsbestimmung.

§ 1 [Landesrentenbankrente in der Zwangsversteigerung] *(1) Die Landesrentenbankrente bleibt im Zwangsversteigerungsverfahren auch dann bestehen, wenn sie bei der Feststellung des geringsten Gebotes nicht berücksichtigt wird. Für ein Gebot der Deutschen Landesrentenbank [Siedlungs- und Landesrentenbank] im Zwangsversteigerungsverfahren kann Sicherheitsleistung nicht verlangt werden.*

(2) Die Landesrentenbankrente hat nach § 6 Abs 1 der Verordnung vom 10. März 1937 [Heuerlingsverordnung] auch gegenüber bereits bestehenden Auflassungsvormerkungen, Vorkaufsrechten, Wiederkaufsrechten und ähnlichen Rechten den ersten Rang.

(3) Eigentümergrundschulden sind nicht als Grundpfandrechte im Sinne des § 6 Abs 2 der Verordnung vom 10. März 1937 [Heuerlingsverordnung] anzusehen.

(4) Das Rangverhältnis der Landesrentenbankrente zu bereits eingetragenen Rechten gemäß § 6 Abs 2 Satz 1 und 2 der Verordnung vom 10. März 1937 [Heuerlingsverordnung] bezieht sich nur auf Rechte, die vor Eintragung des Rangsicherungsvermerks gemäß § 1 Abs 3 der genannten Verordnung in Verbindung mit § 21 Abs 2 des Preußischen Landesrentenbankgesetzes grundbuchlich gesichert sind. Rechte, die erst nach Eintragung dieses Rangsicherungsvermerks eingetragen werden, haben den Rang nach der Landesrentenbankrente, auch wenn die Rente später als diese Rechte zur Entstehung gelangt. Die Landesrentenbankrente ist unter Hinweis auf die genannte Verordnung und diese Vorschrift ohne Rangvermerke einzutragen.

T 28. Hypothekenbankgesetz

Hypothekenbankgesetz i d. F. vom 19. 12. 1990, BGBl I 2899, zuletzt geändert durch Art 13 des Gesetzes vom 15. 12. 1995, BGBl I 1783
Abgedruckt in: Sartorius, Band I Nr857
[Auszug]

§ 1 [Begriff der Hypothekenbanken] Hypothekenbanken sind privatrechtliche Kreditinstitute, deren Geschäftsbetrieb darauf gerichtet ist,
1. inländische Grundstücke zu beleihen und auf Grund der erworbenen Hypotheken Schuldverschreibungen (Hypothekenpfandbriefe) auszugeben,
2. . . .

§ 5 [Erwerb von Grundstücken] (4) Der Erwerb von Grundstücken ist den Hypothekenbanken nur zur Verhütung von Verlusten an Hypotheken und zur Beschaffung von Geschäftsräumen sowie von Wohnräumen für ihre Betriebsangehörigen gestattet.

T 29. Kabelpfandgesetz

Kabelpfandgesetz vom 31. 3. 1925, BGBl III Sachgeb 403–10

Das Gesetz ist außer Kraft getreten (Art 13 § 1 Nr 1 des Gesetzes vom 14. 9. 1994, BGBl I 2323 (2396).

T 30.
Ist derzeit nicht belegt

T 31. Landesrechtliche-Schuldtitel-Verordnung
Verordnung über die Vollstreckung landesrechtlicher Schuldtitel vom 15. 4. 1937, BGBl III Sachgebiet 310–9
[Auszug]

Aus Schuldtiteln, die nach Landesrecht im Gebiet eines deutschen Landes nach den Vorschriften der Zivilprozeßordnung vollstreckbar sind, kann auch im übrigen *Reichs*gebiet vollstreckt werden.

T 32. Landesrentenbankgesetz
Gesetz über die Deutsche Landesrentenbank vom 7. 12. 1939 BGBl III Sachgebiet 7625–2
[Auszug]

[Nicht zu verwechseln mit Rentenbank und Landwirtschaftlicher Rentenbank. Die Deutsche Landesrentenbank ist durch Gesetz vom 27. 8. 1965, BGBl 1965 I 1001, mit der Deutschen Siedlungsbank zu einer bundesunmittelbaren selbständigen Anstalt „Deutsche Siedlungs- und Landesrentenbank" vereinigt worden. Ihre Rechtsverhältnisse regelt jetzt das Gesetz vom 11. 7. 1989 (BGBl I 1421). Diese Körperschaft des öffentlichen Rechtes kann ihre (vor dem 1. Januar 1981 begründeten) Forderungen (§ 18 Gesetz vom 11. 7. 1989) im Wege des Verwaltungszwangsverfahrens beitreiben, und zwar durch die von den Ländern für zuständig erklärten Vollstreckungsbehörden. Vom alten Landesrentenbankgesetz bleibt nur noch der nachstehende § 14 bestehen.]

§ 14 [Zwangsversteigerung] (1) Die Landesrentenbankrente steht den öffentlichen Lasten gleich und geht den am Grundstück bestehenden Rechten im Range vor.

(3) In der Zwangsversteigerung des Grundstücks bleibt die Landesrentenbankrente bestehen, auch wenn sie bei Feststellung des geringsten Gebots nicht berücksichtigt ist. Für ein Gebot der Deutschen *Landesrentenbank* [Siedlungs- und Landesrentenbank] kann Sicherheitsleistung nicht verlangt werden.

T 33. Luftfahrzeugrechtegesetz
Gesetz über Rechte an Luftfahrzeugen vom 26. 2. 1959, BGBl III 403–9, zuletzt geändert durch Gesetz vom 3. 12. 1976, BGBl I 2381
[Auszug]

§ 1 [Registerpfandrecht] Ein in der Luftfahrzeugrolle eingetragenes Luftfahrzeug kann zur Sicherung einer Forderung in der Weise belastet werden, daß der Gläubiger berechtigt ist, wegen einer bestimmten Geldsumme Befriedigung aus dem Luftfahrzeug zu suchen (Registerpfandrecht).

§ 4 [Forderung] Das Recht des Gläubigers aus dem Registerpfandrecht bestimmt sich nur nach der Forderung.

§ 25 [Rangverhältnisse] (1) Ist ein Luftfahrzeug mit mehreren Registerpfandrechten belastet, so bestimmt sich ihr Rangverhältnis nach der Reihenfolge der Eintragungen. Die Eintragung ist für das Rangverhältnis auch dann maßgebend, wenn die nach § 5 zur Bestellung des Registerpfandrechts erforderliche Einigung erst nach der Eintragung zustande gekommen ist.

(2) Eine abweichende Bestimmung des Rangverhältnisses muß in das Register eingetragen werden.

§ 29 [Zinsen und Kosten] Kraft des Registerpfandrechts haftet das Luftfahrzeug auch für die gesetzlichen Zinsen der Forderung sowie für die Kosten der Kündigung und der Befriedigung aus dem Luftfahrzeug bezweckenden Rechtsverfolgung.

§ 31 [Haftung des Zubehörs] (1) Das Registerpfandrecht erstreckt sich auf das Zubehör des Luftfahrzeugs mit Ausnahme der Zubehörstücke, die nicht in das Eigentum des Eigentümers des Luftfahrzeugs gelangt sind. Die Zubehöreigenschaft einer Sache wird dadurch nicht ausgeschlossen, daß diese nur vorübergehend für den Betrieb des Luftfahrzeugs benutzt wird.

(2) Zubehörstücke werden von der Haftung frei, wenn sie veräußert und von dem Luftfahrzeug entfernt werden, bevor sie zugunsten des Gläubigers in Beschlag genommen worden sind. § 1121 Abs 2 des Bürgerlichen Gesetzbuchs gilt sinngemäß.

(3) Zubehörstücke werden von der Haftung frei, wenn ihre Zubehöreigenschaft in den Grenzen einer ordnungsmäßigen Wirtschaft aufgehoben wird oder wenn sie in ein Ersatzteillager eingebracht werden.

(4) Die Vorschriften der Absätze 2 und 3 gelten für die Bestandteile des Luftfahrzeugs sinngemäß mit der Maßgabe, daß an Stelle der Aufhebung der Zubehöreigenschaft die Trennung und Entfernung von dem Luftfahrzeug tritt, sofern nicht die Entfernung nur zu einem vorübergehenden Zweck erfolgt.

§ 47 [Zwangsvollstreckung] (1) Der Gläubiger kann seine Befriedigung aus dem Luftfahrzeug und den Gegenständen, auf die sich das Registerpfandrecht erstreckt, nur im Wege der Zwangsvollstreckung suchen.

(2) Bei einem Gesamtregisterpfandrecht kann der Gläubiger die Befriedigung aus jedem der Luftfahrzeuge ganz oder zu einem Teil suchen.

§ 68 [Haftung der Ersatzteile] (1) Das Registerpfandrecht an einem in der Luftfahrzeugrolle eingetragenen Luftfahrzeug kann auf die Ersatzteile erweitert werden, die an einer örtlich bezeichneten bestimmten Stelle (Ersatzteillager) im Inland oder im Ausland jeweils lagern. Als Ersatzteile gelten alle zu einem Luftfahrzeug gehörenden Teile, Triebwerke, Luftschrauben, Funkgeräte, Ausrüstungen und Ausstattungsgegenstände sowie Teile dieser Gegenstände, ferner allgemein alle sonstigen Gegenstände irgendwelcher Art, die zum Einbau in ein Luftfahrzeug als Ersatz entfernter Teile bereitgehalten werden.

(2) Zu der Erweiterung ist die Einigung des Eigentümers und des Gläubigers sowie die Eintragung der Erweiterung in das Register für Pfandrechte an Luftfahrzeugen erforderlich. § 5 Abs 2, 3 gilt sinngemäß.

§ 75 [Rechte aus Bergungs- und Erhaltungsmaßnahmen] Begründet ein Anspruch wegen Entschädigung für die Bergung eines in der Luftfahrzeugrolle eingetragenen Luftfahrzeugs oder wegen außerordentlicher, zur Erhaltung eines solchen Luftfahrzeugs erforderlichen Aufwendungen nach den Gesetzen des Staates, in dem diese Maßnahmen zum Abschluß gekommen sind, ein mit Vorrang ausgestattetes dingliches Recht an dem Luftfahrzeug, so gelten die Vorschriften der §§ 76, 77, sofern der Vorrang des Rechtes nach Artikel IV des Genfer Abkommens vom 19. Juni 1948 (Bundesgesetzbl 1959 II S 129) anzuerkennen ist.

§ 76 [Rangverhältnis des Rechtes aus § 75] Das Recht gewährt dem Berechtigten im Verhältnis zu anderen Rechten an dem Luftfahrzeug dieselben Rechte wie ein Registerpfandrecht. Es geht jedoch allen anderen Rechten an dem Luftfahrzeug im Range vor. Bestehen mehrere Rechte der in § 75 genannten Art an demselben Luftfahrzeug, so bestimmt sich ihr Rangverhältnis untereinander nach der umgekehrten Reihenfolge der Ereignisse, durch die sie entstanden sind; sind sie durch dasselbe Ereignis entstanden, so haben sie untereinander den gleichen Rang.

Anh T 33 LuftfahrzeugrechteG

§ 78 [Registergericht] Das Register für Pfandrechte an Luftfahrzeugen wird von dem Amtsgericht, in dessen Bezirk das Luftfahrt-Bundesamt seinen Sitz hat, als Registergericht geführt.

§ 79 [Anmeldung] Ein in der Luftfahrzeugrolle eingetragenes Luftfahrzeug wird in das Register eingetragen, wenn es ordnungsmäßig zur Eintragung angemeldet wird. Anmeldeberechtigt ist, wer als Eigentümer des Luftfahrzeugs in der Luftfahrzeugrolle eingetragen ist oder auf Grund eines vollstreckbaren Titels eine Eintragung in das Register verlangen kann, sowie der, zu dessen Gunsten ein Schutzvermerk nach § 77 einzutragen ist.

§ 87 [Ausländische Währung] Wird für eine Forderung, die auf ausländische Währung lautet und deren Gläubiger seinen Wohnsitz oder Sitz außerhalb des Geltungsbereichs dieses Gesetzes hat, ein Registerpfandrecht in das Register eingetragen, so kann der Geldbetrag der Forderung und etwaiger Nebenleistungen oder der Höchstbetrag, bis zu dem das Luftfahrzeug haften soll, in ausländischer Währung angegeben werden.

§ 99 [Anzuwendende Vorschriften] (1) Die Vorschriften in §§ . . . 787 . . . 864, 865, 870 a, ausgenommen dessen Absatz 3 Satz 1 zweiter Halbsatz, . . . der Zivilprozeßordnung gelten sinngemäß mit der Maßgabe, daß an die Stelle des eingetragenen Schiffes das in der Luftfahrzeugrolle eingetragene Luftfahrzeug und an die Stelle der Schiffshypothek das Registerpfandrecht an einem Luftfahrzeug tritt; § 98 Abs 2 Satz 2 gilt auch hierbei [„Hierbei steht ein im Register für Pfandrechte an Luftfahrzeugen eingetragenes Luftfahrzeug, dessen Eintragung in der Luftfahrzeugrolle gelöscht ist, einem in der Luftfahrzeugrolle eingetragenen Luftfahrzeug gleich."] Die Zwangsvollstreckung in das Luftfahrzeug umfaßt nicht Ersatzteile, auf die sich ein Registerpfandrecht an dem Luftfahrzeug nach § 71 erstreckt.

§ 103 [Ausländische Luftfahrzeuge, Besitz und Pfandrecht] Besteht an einem ausländischen Luftfahrzeug
1. ein Recht des Besitzers dieses Luftfahrzeugs, Eigentum durch Kauf zu erwerben,
2. ein Recht zum Besitz dieses Luftfahrzeugs auf Grund eines für einen Zeitraum von sechs oder mehr Monaten abgeschlossenen Mietvertrages oder
3. ein besitzloses Pfandrecht, eine Hypothek oder ein ähnliches Recht, das vertraglich zur Sicherung einer Forderung bestellt ist,

so geht es allen anderen Rechten an dem Luftfahrzeug vor, sofern es nach dem Recht des Staates, in dem das Luftfahrzeug zur Zeit der Begründung des Rechtes als staatszugehörig eingetragen war, gültig entstanden und in einem öffentlichen Register dieses Staates eingetragen ist.

§ 104 [Ausländische Luftfahrzeuge, Bergungs- und Erhaltungskosten] Besteht an einem ausländischen Luftfahrzeug ein Recht wegen Entschädigung für dessen Bergung oder wegen außerordentlicher, zur Erhaltung des Luftfahrzeugs erforderlicher Aufwendungen, so geht das Recht allen anderen Rechten, auch den Rechten nach § 103, vor, sofern der Vorrang des Rechtes nach Artikel IV des Genfer Abkommens vom 19. Juni 1948 . . . anzuerkennen ist. Bestehen mehrere solcher Rechte an demselben Luftfahrzeug, so bestimmt sich ihr Rangverhältnis untereinander nach der umgekehrten Reihenfolge der Ereignisse, durch die sie entstanden sind; sind sie durch dasselbe Ereignis entstanden, so haben sie untereinander den gleichen Rang.

§ 106 [Ausländische Luftfahrzeuge, anzuwendende Vorschriften] (1) Es sind sinngemäß anzuwenden

1. auf die Zwangsvollstreckung in ausländische Luftfahrzeuge die Vorschriften für Luftfahrzeuge, die in der Luftfahrzeugrolle eingetragen sind,
2. auf die Zwangsvollstreckung in Ersatzteile, auf die sich das Recht an einem ausländischen Luftfahrzeug erstreckt, die Vorschriften für Ersatzteile, auf die sich das Registerpfandrecht an einem inländischen Luftfahrzeug nach § 71 erstreckt,
3. auf die Zwangsvollstreckung in eine Forderung, für die ein Recht an einem ausländischen Luftfahrzeug besteht, die Vorschriften über die Zwangsvollstreckung in eine Forderung, für die ein Registerpfandrecht im Register für Pfandrechte an Luftfahrzeugen eingetragen ist,
soweit sie nicht die Eintragung in der Luftfahrzeugrolle oder im Register für Pfandrechte an Luftfahrzeugen voraussetzen.

(2) Die Zwangsvollstreckung durch Eintragung eines Registerpfandrechts für die Forderung ist ausgeschlossen.

(5) Wird über ein Recht im Sinne des § 103 nach der Beschlagnahme verfügt und ist die Verfügung nach Artikel IV des Genfer Abkommens vom 19. Juni 1948 ..... anzuerkennen, so ist sie dem Gläubiger gegenüber wirksam, es sei denn, daß der Schuldner im Zeitpunkt der Verfügung Kenntnis von der Beschlagnahme hatte.

T 34. Mitteilungen-in-Zivilsache-(MiZi)-Anordnung

Bundeseinheitliche Anordnung über Mitteilungen in Zivilsachen vom 1. 10. 1967
[Auszug]

[In den Amtsblättern der Bundesländer, meist unter Anfügung landesrechtlicher Sonderbestimmungen, bekanntgemacht; mit Änderungen.]

XI. Mitteilungen in Zwangsversteigerungssachen

1 Mitteilungen über die Anordnung der Zwangsversteigerung von Heimstätten. Die Bestimmung ist mit Aufhebung des Reichsheimstättengesetzes (§ 15 Rdn 31.2) gegenstandslos geworden.

2 Mitteilungen über die Bestimmung des Versteigerungstermins.

(1) Mitzuteilen ist bei der Zwangsversteigerung von Grundstücken und grundstücksgleichen Rechten die Bestimmung des Versteigerungstermins.

(2) Die Mitteilungen müssen den Namen und die Anschrift des Vollstreckungsschuldners enthalten, soweit diese Angaben nicht schon aus der zu übersendenden Abschrift der Terminbestimmung hervorgehen. In Zwangsversteigerungsverfahren auf Antrag eines Erben (§ 175 ZVG) oder zum Zwecke der Aufhebung einer Gemeinschaft (§ 180 ZVG) ist bei den Mitteilungen an die in Absatz 3 Nrn 1 bis 3 genannten Stellen um Angabe etwaiger Rückstände an Betriebssteuern zu ersuchen, für die der Ersteher gegebenenfalls nach § 75 Abs 1 AO 1977 haften würde.

(3) Die Mitteilungen sind zu richten an
1. das Finanzamt;
2. das Hauptzollamt;
3. die Gemeindesteuerstelle;
4. die anderen Stellen, die öffentliche Lasten einziehen, soweit feststeht, daß derartige Abgaben in Betracht kommen; zu diesen Lasten gehören insbesondere
 a) Kirchspielsumlagen sowie Abgaben und Leistungen, die aus dem Kirchen- und Pfarrverband entspringen oder an Kirchen, Pfarreien oder Kirchenbedienstete zu entrichten sind;

b) Beiträge, die an Stiftungen, Anstalten und Körperschaften des öffentlichen Rechts, die einen gemeinnützigen Zweck verfolgen, sowie an öffentlich-rechtliche Brandversicherungsanstalten zu entrichten sind;
c) Beiträge, die an öffentlich-rechtliche Genossenschaften, deren Zweck in der Verbesserung der Bodenverhältnisse besteht, zu entrichten sind;
d) Beiträge und Gebühren zu öffentlichen Wege-, Siel-, Wasser- und Uferbauten.

3 Mitteilungen über das Meistgebot. (1) Mitzuteilen ist das Meistgebot, das bei der Zwangsversteigerung einer Heimstätte abgegeben wird; dabei sind der Tag der Versteigerung, die Höhe des Meistgebots sowie der Name und die Anschrift des Bieters anzugeben (§ 15 RHeimstAusfV).

(2) Die Mitteilungen sind an den Ausgeber der Heimstätte zu richten und diesem zuzustellen.

4 Mitteilungen über den Zuschlag zu steuerlichen Zwecken. (1) Mitzuteilen sind alle Zuschlagsbeschlüsse in Zwangsversteigerungsverfahren über Grundstücke und grundstücksgleiche Rechte ohne Rücksicht darauf, ob der Rechtsübergang grunderwerbsteuerpflichtig ist (§ 18 Abs 1 Nr 3 und Abs 3 Satz 2 GrEStG 1983).

(2) Die Mitteilungen sind nach amtlich vorgeschriebenem Vordruck (§ 18 Abs. 1 Satz 1 GrEStG 1983) binnen zwei Wochen nach der Verkündung des Zuschlagsbeschlusses zu bewirken. Ihnen ist eine Abschrift des Zuschlagsbeschlusses beizufügen. Die Absendung der Mitteilung ist auf der Urschrift des Zuschlagsbeschlusses zu vermerken (§ 18 Abs 3 und 4 GrEStG 1983).

(3) Die Mitteilungen sind zu richten
1. bei einem Zuschlagsbeschluß, der sich auf ein Grundstück (Erbbaurecht) bezieht, an das Finanzamt, in dessen Bezirk das Grundstück (Erbbaurecht) oder der wertvollste Teil des Grundstücks (Erbbaurechts) liegt (§ 17 Abs 1 GrEStG 1983);
2. bei einem Zuschlagsbeschluß, der sich auf mehrere Grundstücke (Erbbaurechte) bezieht,
   a) die im Bezirk eines Finanzamts liegen, an dieses Finanzamt,
   b) die in den Bezirken verschiedener Finanzämter liegen, an das Finanzamt, in dessen Bezirk der wertvollste Grundstücksteil (Erbbaurecht) oder das wertvollste Grundstück (Erbbaurecht) oder der wertvollste Bestand an Grundstücksteilen (Erbaurechten) oder Grundstücken (Erbbaurechten liegt (§ 17 Abs 2 GrEStG 1983).

Anmerkung:
In Nordrhein-Westfalen kann aufgrund einer Vereinbarung mit dem Finanzministerium abweichend von Absatz 2 von der Verwendung des amtlichen Vordrucks abgesehen und statt dessen eine Abschrift des Zuschlagsbeschlusses mit einem kurzen Anschreiben übersandt werden.

5 Mitteilungen über den Zuschlag zu Wertermittlungszwecken des Gutachterausschusses. (1) Mitzuteilen sind alle Zuschlagsbeschlüsse in Zwangsversteigerungsverfahren (§ 195 Abs 1, § 200 BBauG).

(2) Die Mitteilungen sind an den zuständigen Gutachterausschuß zu richten.

Anmerkung:
Die Gutachterausschüsse (Absatz 2) sind in der Anmerkung zu III/4 aufgeführt.

Sondervorschriften Bayern

XI. Mitteilungen in Zwangsversteigerungs- und Zwangsverwaltungssachen

1. Mitteilungen über die Bestimmung des Versteigerungstermins.

(1) Mitzuteilen ist bei der Zwangsversteigerung eines Grundstücks oder grundstücksgleichen Rechts die Bestimmung des Versteigerungstermins, wenn nicht ausgeschlossen erscheint, daß das Grundstück in ein Flurbereinigungsverfahren einbezogen ist.

(2) Die Mitteilungen sind an die zuständige Flurbereinigungsdirektion zu richten.

(3) Mit der Mitteilung ist die Anfrage zu verbinden, ob das Grundstück in ein Flurbereinigungsverfahren einbezogen ist.

T 35. Reichssiedlungsgesetz
Reichssiedlungsgesetz vom 11. 8. 1919, BGBl III Sachgebiet 2331–1, zuletzt geändert durch Art 2 Nr 24 des Gesetzes vom 8. 12. 1986, BGBl I 2191.

Abgedruckt in Sartorius, Band I Nr 370

[Auszug]

§ 4 [Vorkaufsrecht des Siedlungsunternehmens] (1) Wird ein landwirtschaftliches Grundstück oder Moor- und Ödland, das in landwirtschaftliche Kultur gebracht werden kann, in Größe von zwei Hektar aufwärts durch Kaufvertrag veräußert, so hat das gemeinnützige Siedlungsunternehmen, in dessen Bezirk die Hofstelle des Betriebes liegt, das Vorkaufsrecht, wenn die Veräußerung einer Genehmigung nach dem Grundstückverkehrsgesetz vom 28. Juli 1961 . . . bedarf und die Genehmigung nach § 9 des Grundstücksverkehrsgesetzes nach Auffassung der Genehmigungsbehörde zu versagen wäre; ist keine Hofstelle vorhanden, so steht das Vorkaufsrecht dem Siedlungsunternehmen zu, in dessen Bezirk das Grundstück ganz oder zum größten Teil liegt.

§ 20 [Wiederkaufsrecht des Siedlungsunternehmens] (1) Das gemeinnützige Siedlungsunternehmen hat ein Wiederkaufsrecht für die von ihm begründete Ansiedlerstelle, wenn der Ansiedler sie ganz oder teilweise veräußert oder aufgibt, oder wenn er sie nicht dauernd bewohnt oder bewirtschaftet. . . .

(2) Die Dauer des Wiederkaufsrechts, der Preis und die näheren Bedingungen sind in dem Ansiedlungsvertrage festzusetzen. Das Recht ist als Belastung des Grundstücks im Grundbuch einzutragen. . . .

§ 29 [Gebührenfreiheit] (1) Alle Geschäfte und Verhandlungen, die zur Durchführung von Siedlungsverfahren im Sinne dieses Gesetzes dienen, sind soweit sie nicht im Wege des ordentlichen Rechtsstreits vorgenommen werden, von allen Gebühren . . . befreit. . . .

(2) Die Gebühren- . . . freiheit ist durch die zuständigen Behörden ohne weitere Nachprüfung zuzugestehen, wenn das gemeinnützige Siedlungsunternehmen . . . versichert, daß ein Siedlungsverfahren . . . vorliegt und daß der Antrag oder die Handlung zur Durchführung eines solchen Verfahrens erfolgt. Die Versicherung unterliegt nicht der Nachprüfung . . .

T 36. Reichsversicherungsordnung

Reichsversicherungsordnung in der Fassung der Bekanntmachung vom 15. 12. 1924, RGBl 1924 I 779 = BGBl III Sachgebiet 820–1 (mit Änderungen)
[Auszug]

§ 610 [Sperrvermerk] (1) Die bestimmungsgemäße Verwendung der Abfindungssumme ist durch die Form der Auszahlung und in der Regel durch Maßnahmen zu sichern, die eine alsbaldige Weiterveräußerung des Grundstücks oder des grundstücksgleichen Rechts verhindern.

(2) Zu diesem Zwecke kann insbesondere angeordnet werden, daß die Weiterveräußerung und Belastung des mit der Abfindungssumme erworbenen Grundstücks oder grundstücksgleichen Rechts innerhalb einer Frist bis zu fünf Jahren nur mit Genehmigung des Trägers der Unfallversicherung zulässig sind. Diese Anordnung wird mit der Eintragung in das Grundbuch wirksam. Die Eintragung erfolgt auf Ersuchen des Trägers der Unfallversicherung.

(3) Ferner kann die Abfindung davon abhängig gemacht werden, daß der Berechtigte die Eintragung einer Sicherungshypothek für die Forderung auf Rückzahlung der Abfindungssumme nach den §§ 611 und 612 bewilligt.

T 37. Schiffsbankgesetz

Schiffsbankgesetz in der Fassung vom 8. 5. 1963, BGBl III Sachgebiet 7628–2, zuletzt geändert durch Gesetz vom 5. 10 1994, BGBl I 2911
[Auszug]

§ 5 Geschäftskreis der Bank. (4) Der Erwerb von Schiffen oder Schiffsbauwerken ist der Schiffspfandbriefbank nur zur Verhütung von Verlusten an Schiffshypotheken gestattet.

(5) Der Erwerb von Grundstücken ist der Bank nur zur Beschaffung von Geschäftsräumen sowie von Wohnräumen für ihre Betriebsangehörigen oder zur Verhütung von Verlusten an Hypotheken gestattet, welche die Bank aus besonderen Gründen neben der Schiffshypothek als Sicherung für ihre Darlehensforderung hat bestellen lassen.

§ 6 Deckung der Schiffspfandbriefe. (2) Hat die Bank ein Schiff oder ein Schiffsbauwerk zur Verhütung eines Verlustes an einer ihr daran zustehenden Schiffshypothek erworben, so kann sie, sofern die Schiffshypothek nach den allgemeinen Vorschriften erlöschen würde, . . . beim Erwerb in der Zwangsversteigerung durch Erklärung gegenüber dem Vollstreckungsgericht bestimmen, daß die Schiffshypothek bestehen bleiben soll; die Erklärung muß . . . abgegeben werden, im Falle des Erwerbs in der Zwangsversteigerung spätestens, bevor das Registergericht um die Berichtigung des Schiffsregisters ersucht wird. Die Erklärung bedarf, wenn sie nicht vor dem zuständigen Gericht zur Niederschrift des Richters abgegeben wird, der öffentlichen Beglaubigung; ihr Inhalt ist im Schiffsregister einzutragen. Soweit die Bank das Bestehenbleiben der Schiffshypothek bestimmt, gilt diese als nicht erloschen; § 64 Ab 2 Satz 2 des Gesetzes über Rechte an eingetragenen Schiffen und Schiffsbauwerken vom 15. November 1940 . . . [Schiffsrechtegesetz] gilt sinngemäß . . .

T 38. Schiffsversteigerungstermine-Verfügung

(Vormalige) Allgemeine Verfügung des Reichsjustizmin betreffend Bekanntmachung der Termine der Zwangsversteigerung von Schiffen vom 7. 3. 1941, Deutsche Justiz 1941, 335

Diese Allgemeine Verfügung ist noch in der 11. Auflage (1983) abgedruckt. In den Bundesländern wurde sie inzwischen durchweg aufgehoben so in **Bayern** durch Bekanntmachung vom 24. 4. 1985, BayJMBl Seite 63; **Schleswig-Holstein** durch Bekanntmachung vom 7. 3. 1983 SchlHA Seite 53.

T 39. Schornsteinfegergesetz (SchfG)

Gesetz über das Schornsteinfegerwesen vom 15. 9. 1969, BGBl 1969 I 1634, zuletzt geändert durch Gesetz vom 20. 7. 1994, BGBl I 1624
[Auszug]

§ 25 Einziehung der Gebühren (2) Den Gebühren ist die Mehrwertsteuer hinzuzurechnen, die nach § 12 des Umsatzsteuergesetzes auf die Tätigkeit entfällt. Das gilt nicht, wenn die Umsatzsteuer nach § 19 Abs 1 des Umsatzsteuergesetzes unerhoben bleibt.

(4) Die Gebühr nach der Kehr- und Überprüfungsgebührenordnung ist eine öffentliche Last des Grundstücks und ist vom Grundstückseigentümer oder im Falle von Wohnungseigentum von der Gemeinschaft der Wohnungseigentümer zu tragen. Sie verjährt in drei Jahren. Privatrechtliche Verhältnisse zwischen dem Grundstückseigentümer oder Wohnungseigentümer und Dritten sowie zwischen der Gemeinschaft der Wohnungseigentümer und dem einzelnen Wohnungseigentümer werden dadurch nicht berührt. Rückständige Gebühren und Auslagen, die trotz Mahnung nicht entrichtet worden sind, werden von der zuständigen Verwaltungsbehörde auf Antrag des Bezirksschornsteinfegermeisters durch Bescheid festgestellt und nach den für sie geltenden Vorschriften der Verwaltungsvollstreckung beigetrieben; der Schuldner ist vorher zu hören. Soweit die Kosten der Zwangsvollstreckung aus den eingegangenen Geldern nicht gedeckt werden, sind sie von demjenigen zu tragen, für dessen Rechnung die Zwangsvollstreckung erfolgt.

(5) Mehrere Eigentümer eines Grundstücks haften für die Gebühren nach der Kehr- und Überprüfungsgebührenordnung und für die Auslagen als Gesamtschuldner.

T 40. Sozialgesetzbuch (SGB) – Verwaltungsverfahren –

Vom 18. 8. 1980, BGBl 1980 I 1469, zuletzt geändert durch Art 3 Nr 1 des Gesetzes vom 15. 12. 1995, BGBl I 1824
[Auszug]

Zehntes Buch (X)

§ 66 Vollstreckung. (1) Für die Vollstreckung zugunsten der Behörden des Bundes, der bundesunmittelbaren Körperschaften, Anstalten und Stiftungen des öffentlichen Rechts gilt das Verwaltungs-Vollstreckungsgesetz in der im Bundesgesetzblatt Teil III, Gliederungsnummer 201–4, veröffentlichten bereinigten Fassung, zuletzt geändert durch ... In Angelegenheiten des § 51 des Sozialgerichtsgesetzes ist für die Anordnung der Ersatzzwangshaft das Sozialgericht zuständig. Die oberste

Verwaltungsbehörde kann bestimmen, daß die Aufsichtsbehörde nach Anhören der in Satz 1 genannten Behörden die geschäftsleitenden Bediensteten als Vollstreckungsbeamte und sonstige Bedienstete dieser Behörde als Vollziehungsbeamte bestellen darf.

(2) Absatz 1 gilt auch für die Vollstreckung durch Verwaltungsbehörden der Kriegsopferversorgung; das Land bestimmt die Vollstreckungsbehörde.

(3) Für die Vollstreckung zugunsten der übrigen Behörden gelten die jeweiligen landesrechtlichen Vorschriften über das Verwaltungsvollstreckungsverfahren. Absatz 1 Satz 2 und 3 gilt entsprechend.

(4) Aus einem Verwaltungsakt kann auch die Zwangsvollstreckung in entsprechender Anwendung der Zivilprozeßordnung stattfinden. Der Vollstreckungsschuldner soll vor Beginn der Vollstreckung mit einer Zahlungsfrist von einer Woche gemahnt werden. Die vollstreckbare Ausfertigung erteilt der Behördenleiter, sein allgemeiner Vertreter oder ein anderer auf Antrag eines Versicherungsträgers von der Aufsichtsbehörde ermächtigter Angehöriger des öffentlichen Dienstes. Bei den Versicherungsträgern und der Bundesanstalt für Arbeit tritt in Satz 3 an die Stelle der Aufsichtsbehörden der Vorstand.

T 41. Vermögensgesetz

Gesetz zur Regelung offener Vermögensfragen (VermG)

in der Fassung vom 2. 12. 1994, BGBl I 3611

[Auszug]

§ 3 b Gesamtvollstreckungsverfahren, Zwangsversteigerungsverfahren.
(2) Beschlüsse, durch die die Zwangsversteigerung eines Grundstücks oder Gebäudes angeordnet wird, sowie Ladungen zu Terminen in einem Zwangsversteigerungsverfahren sind dem Berechtigten zuzustellen.

T 42. Versteigerungsterminsvordrucke-Verfügung

(Vormalige) Allgemeine Verfügung des Reichsjustizmin betreffend Vordrucke für die Bestimmung des Versteigerungstermins in Zwangsversteigerungssachen vom 16. 8. 1938, Deutsche Justiz 1938, 1294.

Bei der Zwangsversteigerung von Grundstücken haben sich Unzuträglichkeiten daraus ergeben, daß die Aufforderung nach § 37 Nr 5 ZVG nicht deutlich genug erkennen ließ, daß auch ein an Zubehörstücken bestehendes Recht besonders geltend gemacht werden muß.
Ich bestimme deshalb, daß in den Vordrucken für die Anberaumung des Versteigerungstermins (§§ 36 ff ZVG) die Aufforderung, der Versteigerung entgegenstehende Rechte geltend zu machen (§ 37 Nr 5 ZVG), folgendermaßen gefaßt wird:
Wer ein Recht hat, das der Versteigerung des Grundstücks oder des nach § 55 ZVG mithaftenden Zubehörs entgegensteht, wird aufgefordert, vor der Erteilung des Zuschlags die Aufhebung oder einstweilige Einstellung des Verfahrens herbeizuführen, widrigenfalls für das Recht der Versteigerungserlös an die Stelle des versteigerten Gegenstandes tritt.

T 43. Verwaltungsvollstreckungsgesetz

Verwaltungsvollstreckungsgesetz vom 27. 4. 1953, BGBl III Sachgebiet 201–4, zuletzt geändert durch Art 40 des Gesetzes vom 14. 12. 1976, BGBl I 3341.

Abgedr in: Sartorius, Band I Nr 112
[Auszug]

§ 1 Vollstreckbare Geldforderungen. (1) Die öffentlich-rechtlichen Geldforderungen des Bundes und der bundesunmittelbaren juristischen Personen des öffentlichen Rechts werden nach den Bestimmungen dieses Gesetzes im Verwaltungswege vollstreckt.

(2) Ausgenommen sind solche öffentlich-rechtlichen Geldforderungen, die im Wege des Parteistreites vor den Verwaltungsgerichten verfolgt werden oder für die ein anderer Rechtsweg als der Verwaltungsrechtsweg begründet ist.

(3) Die Vorschriften der Abgabenordnung, des Sozialversicherungsrechts einschließlich der Arbeitslosenversicherung und der Justizbeitreibungsordnung bleiben unberührt.

§ 3 Vollstreckungsanordnung. (1) Die Vollstreckung wird gegen den Vollstreckungsschuldner durch Vollstreckungsanordnung eingeleitet; eines vollstreckbaren Titels bedarf es nicht.

(2) Voraussetzungen für die Einleitung der Vollstreckung sind:
a) der Leistungsbescheid, durch den der Schuldner zur Leistung aufgefordert worden ist;
b) die Fälligkeit der Leistung;
c) der Ablauf einer Frist von einer Woche seit Bekanntgabe des Leistungsbescheides oder, wenn die Leistung erst danach fällig wird, der Ablauf einer Frist von einer Woche nach Eintritt der Fälligkeit.

(3) Vor Anordnung der Vollstreckung soll der Schuldner ferner mit einer Zahlungsfrist von einer weiteren Woche besonders gemahnt werden.

(4) Die Vollstreckungsanordnung wird von der Behörde erlassen, die den Anspruch geltend machen darf.

§ 4 Vollstreckungsbehörden. Vollstreckungsbehörden sind:
a) die von einer obersten Bundesbehörde im Einvernehmen mit dem Bundesminister des Innern bestimmten Behörden des betreffenden Verwaltungszweiges;
b) die Vollstreckungsbehörden der Bundesfinanzverwaltung, wenn eine Bestimmung nach Buchstabe a nicht getroffen worden ist.

§ 5 Anzuwendende Vollstreckungsvorschriften. (1) Das Verwaltungszwangsverfahren und der Vollstreckungsschutz richten sich im Falle des § 4 nach den Vorschriften der Abgabenordnung (§§ 77, 249 bis 258, 260, 262 bis 267, 281 bis 317, 318 Abs 1 bis 4, §§ 319 bis 327).

(2) Wird die Vollstreckung im Wege der Amtshilfe von Organen der Länder vorgenommen, so ist sie nach landesrechtlichen Bestimmungen durchzuführen.

§ 20 Außerkrafttreten früherer Bestimmungen. Soweit die Vollstreckung in Bundesgesetzen abweichend von diesem Gesetz geregelt ist, sind für Bundesbehörden und bundesunmittelbare juristische Personen des öffentlichen Rechts die Bestimmungen dieses Gesetzes anzuwenden; § 1 Abs 3 bleibt unberührt.

T 43a. Wasserverbandsgesetz
Gesetz über Wasser- und Bodenverbände (WVG)
vom 12. 2. 1991, BGBl I 405
[Auszug]

§ 29 Öffentliche Last. Verbandsbeiträge sind öffentliche Abgaben. Die Beitragspflicht der dinglichen Verbandsmitglieder ruht als öffentliche Last auf den Grundstücken, Bergwerken und Anlagen, mit denen die dinglichen Verbandsmitglieder am Verband teilnehmen.

T 44. Wohnungsbindungsgesetz (WoBindG)
Gesetz zur Sicherung der Zweckbestimmung von Sozialwohnungen (Wohnungsbindungsgesetz) i. d. F. vom 19. 8. 1994, BGBl I 2167 (2319).
Abgedr in: Sartorius, Band I Nr 387
[Auszug]

§ 1 Anwendungsbereich. (1) Dieses Gesetz gilt für neugeschaffene öffentlich geförderte Wohnungen.

(2) Neugeschaffen sind Wohnungen, wenn sie durch Neubau, durch Wiederaufbau zerstörter oder Wiederherstellung beschädigter Gebäude oder durch Ausbau oder Erweiterung bestehender Gebäude geschaffen worden sind und nach dem 20. Juni 1948 bezugsfertig geworden sind oder bezugsfertig werden.

(3) Öffentlich gefördert sind Wohnungen, . . .

§ 2 b Vorkaufsrecht des Mieters bei der Umwandlung von Mietwohnungen in Eigentumswohnungen. (1) Wird eine öffentlich geförderte Mietwohnung, die in eine Eigentumswohnung umgewandelt worden ist oder werden soll, an einen Dritten verkauft, so steht dem von der Umwandlung betroffenen Mieter das Vorkaufsrecht zu. . . .

(2) Das Vorkaufsrecht ist nicht übertragbar. . . . Im übrigen gelten die Vorschriften der §§ 504 bis 509, 510 Abs 1, §§ 511 bis 513 des Bürgerlichen Gesetzbuchs.

§ 4 Überlassung an Wohnberechtigte. (2) Der Verfügungsberechtigte darf die Wohnung einem Wohnungssuchenden nur zum Gebrauch überlassen, wenn dieser ihm vor der Überlassung eine Bescheinigung über die Wohnberechtigung im öffentlich geförderten sozialen Wohnungsbau (§ 5) übergibt . . .

§ 5a Sondervorschriften für Gebiete mit erhöhtem Wohnungsbedarf. Die Landesregierungen werden ermächtigt, für Gebiete mit erhöhtem Wohnungsbedarf Rechtsverordnungen zu erlassen, die befristet oder unbefristet bestimmen, daß der Verfügungsberechtigte eine frei- oder bezugsfertig werdende Wohnung nur einem von der zuständigen Stelle benannten Wohnungssuchenden zum Gebrauch überlassen darf. . . .

§ 6 Selbstbenutzung, Nichtvermietung. (1) Der Verfügungsberechtigte darf eine ihm gehörige Wohnung nur mit Genehmigung der zuständigen Stelle selbst benutzen. . . .

(5) Der Verfügungsberechtigte darf eine Wohnung nur mit Genehmigung der zuständigen Stelle leerstehen lassen, wenn eine Vermietung möglich wäre.

§ 15 Ende der Eigenschaft „öffentlich gefördert".

(1) Eine Wohnung, für die die öffentlichen Mittel als Darlehen bewilligt worden sind, gilt, soweit sich aus dem § 16 oder § 17 nichts anderes ergibt, als öffentlich gefördert
a) im Falle einer Rückzahlung der Darlehen nach Maßgabe der Tilgungsbedingungen bis zum Ablauf des Kalenderjahres, in dem die Darlehen vollständig zurückgezahlt worden sind,
b) im Falle einer vorzeitigen Rückzahlung auf Grund einer Kündigung wegen Verstoßes gegen Bestimmungen des Bewilligungsbescheides oder des Darlehensvertrages bis zum Ablauf des Kalenderjahres, in dem die Darlehen nach Maßgabe der Tilgungsbedingungen vollständig zurückgezahlt worden wären, längstens jedoch bis zum Ablauf des zwölften Kalenderjahres nach dem Jahr der Rückzahlung.

Sind neben den Darlehen Zuschüsse zur Deckung der laufenden Aufwendungen oder Zinszuschüsse aus öffentlichen Mitteln bewilligt worden, so gilt die Wohnung mindestens bis zum Ablauf des Kalenderjahres als öffentlich gefördert, in dem der Zeitraum endet, für den sich die laufenden Aufwendungen durch die Gewährung der Zuschüsse vermindern (Förderungszeitraum).

(2) ...

(3) Sind die öffentlichen Mittel für eine Wohnung lediglich als Zuschuß zur Deckung der für den Bau der Wohnung entstandenen Gesamtkosten bewilligt worden, so gilt die Wohnung als öffentlich gefördert bis zum Ablauf des zehnten Kalenderjahres nach dem Jahr der Bezugsfertigkeit.

(4) ...

§ 16 Ende der Eigenschaft „öffentlich gefördert" bei freiwilliger vorzeitiger Rückzahlung. (1) – (7) ...

§ 17 Ende der Eigenschaft bei Zwangsversteigerung.

(1) Bei einer Zwangsversteigerung des Grundstücks gelten die Wohnungen, für die öffentliche Mittel als Darlehen bewilligt worden sind, bis zum Ablauf des dritten Kalenderjahres nach dem Kalenderjahr, in dem der Zuschlag erteilt worden ist, als öffentlich gefördert, sofern die wegen der öffentlichen Mittel begründeten Grundpfandrechte mit dem Zuschlag erlöschen; abweichend hiervon gilt ein Eigenheim, eine Eigensiedlung oder eine eigengenutzte Eigentumswohnung im Sinne von § 16 Abs 5 nur bis zum Zuschlag als öffentlich gefördert, sofern die wegen der öffentlichen Mittel begründeten Grundpfandrechte mit dem Zuschlag erlöschen. Sind die öffentlichen Mittel lediglich als Zuschüsse bewilligt worden, so gelten die Wohnungen bis zum Zuschlag als öffentlich gefördert. Soweit nach den Vorschriften des § 15 oder § 16 die Wohnungen nur bis zu einem früheren Zeitpunkt als öffentlich gefördert gelten, ist dieser Zeitpunkt maßgebend.

(2) Sind die wegen der öffentlichen Mittel begründeten Grundpfandrechte mit dem Zuschlag nicht erloschen, so gelten die Wohnungen bis zu dem sich aus § 15 oder § 16 ergebenden Zeitpunkt als öffentlich gefördert.

T 45. Zahlungen-aus-öffentlichen-Kassen-Gesetz

Gesetz über Zahlungen aus öffentlichen Kassen vom 21. 12. 1938
BGBl III Sachgebiet 402–1
[Auszug]

Das Gesetz ist abgedruckt in der 12. Auflage 1987, T 45. Als Bundesrecht ist das Gesetz aufgehoben; Artikel 18 des Gesetzes vom 16. 12. 1986, BGBl I 2441 (2444).

Anh T 45   Zahlungen-aus-öffentlichen-Kassen-Gesetz

Es ist aufgehoben außerdem u. a. in
- Bremen durch Gesetz vom 13. 6. 1989 (GBl S 231)
- Hamburg durch Gesetz vom 16. 1. 1989 (GBl S 5) Art 1 Nr 13
- Rheinland-Pfalz durch Rechtsbereinigungsgesetz vom 16. 2. 1987 (GVBl S 39) § 1 Abs 3.

T 46. Zwangsverwalterverordnung
Verordnung über die Geschäftsführung und die Vergütung des Zwangsverwalters vom 16. 2. 1970, BGBl I 185

§ 1 Stellung des Verwalters. (1) Der Verwalter ist bei der Ausführung der Verwaltung selbständig. Er ist jedoch an die ihm vom Gericht erteilten Weisungen gebunden. Vor wichtigen Maßnahmen hat er den betreibenden Gläubiger und den Schuldner zu hören, soweit dies tunlich und mit dem Aufschub keine Gefahr verbunden ist.

(2) Der Verwalter darf die Verwaltung nicht einem anderen übertragen. Ist er verhindert, die Verwaltung zu führen, so hat er dies dem Gericht unverzüglich anzuzeigen. Zur Besorgung einzelner Geschäfte, die keinen Aufschub dulden, kann sich jedoch der Verwalter im Falle seiner Verhinderung anderer Personen bedienen. Ihm ist auch gestattet, Hilfskräfte zu unselbständigen Tätigkeiten unter seiner Verantwortung heranzuziehen.

(3) Das Gericht kann dem Verwalter den Abschluß einer Haftpflichtversicherung aufgeben.

§ 2 Ausweis. Der Verwalter erhält als Ausweis eine Ausfertigung des Beschlusses, durch den Zwangsverwaltung angeordnet und seine Bestellung erfolgt ist.

§ 3 Inbesitznahme des Grundstücks, Feststellungen. (1) Der Verwalter hat, wenn er das Grundstück in Besitz nimmt, eine Niederschrift aufzunehmen; Schuldner und Gläubiger sollen tunlichst zugezogen werden. In der Niederschrift sind möglichst genau festzustellen
a) der Zeitpunkt, zu dem der Verwalter den Besitz erlangt;
b) die Beschaffenheit, die bisherige Art der Benutzung und der gegenwärtige Zustand des Grundstücks, die darauf befindlichen Gebäude unter Angabe ihrer Bestimmung und ihres baulichen Zustandes sowie die mit dem Boden zusammenhängenden Erzeugnisse unter Angabe etwaiger Pfändungen;
c) diejenigen Gegenstände, auf die sich die Beschlagnahme des Grundstücks erstreckt, insbesondere
die von dem Grundstück getrennten Erzeugnisse und sonstigen Bestandteile sowie das Zubehör des Grundstücks,
die Miet- und Pachtzinsforderungen einschließlich der Rückstände unter Angabe der Vertragsverhältnisse sowie etwaiger Pfändungen und Verfügungen über die Forderungen,
die mit dem Eigentum an dem Grundstück verbundenen Rechte auf wiederkehrende Leistungen,
die Forderungen aus der Versicherung von Gegenständen, die der Beschlagnahme unterliegen, mit Angaben über den Stand der Versicherungen (Prämienzahlung, Rückstände);
d) die öffentlichen Lasten des Grundstücks unter Angabe der laufenden Beträge, welche von dem Verwalter aus den Nutzungen des Grundstücks ohne weiteres Verfahren zu berichtigen sind;
e) die Räume, die dem Schuldner für seinen Hausstand belassen werden;
f) die voraussichtlichen Ausgaben der Verwaltung, insbesondere die Ansprüche der in einem Dienst- oder Arbeitsverhältnis stehenden Personen auf Lohn, Kostgeld oder andere Bezüge seit dem Beginn der Verwaltung;

g) die zu erwartenden Einnahmen und die Höhe des für die Verwaltung erforderlichen Kostenvorschusses;
h) alle sonstigen für die Verwaltung wesentlichen Verhältnisse.

(2) Die Niederschrift ist vom Verwalter dem Gericht vorzulegen. Soweit die in Absatz 1 bezeichneten Verhältnisse nicht schon bei der Inbesitznahme festgestellt werden können, hat der Verwalter die Feststellungen unverzüglich nachzuholen und dem Gericht anzuzeigen.

§ 4 Mitteilungspflicht des Verwalters. Erstreckt sich die Beschlagnahme auf Forderungen, so ist dies bei der Inbesitznahme von dem Verwalter den anwesenden Drittschuldnern bekanntzumachen. Den abwesenden Drittschuldnern hat der Verwalter die Beschlagnahme unverzüglich durch eingeschriebenen Brief mitzuteilen. Außerdem kann der Verwalter den Erlaß von Zahlungsverboten an die Drittschuldner bei dem Gericht beantragen. Die getroffenen Maßnahmen sind in der Niederschrift oder in dem Bericht des Verwalters zu vermerken.

§ 5 Nutzung des Grundstücks. (1) Der Verwalter hat die Art der Benutzung des Grundstücks, die bis zur Anordnung der Verwaltung bestand, in der Regel beizubehalten.

(2) Grundstücke, die nicht landwirtschaftlich oder forstwirtschaftlich genutzt werden, sind durch Vermietung nutzbar zu machen. Das gleiche gilt für Wohnräume, soweit sie nicht dem Schuldner als unentbehrlich für seinen Hausstand zu belassen sind. Räume, die von dem Schuldner zu Geschäftszwecken benutzt werden, sind diesem nur gegen ein angemessenes Entgelt zu belassen. Einzelne Äcker, Gärten und Wiesen können verpachtet werden, auch wenn sie bis dahin nicht verpachtet waren.

(3) Hält der Verwalter eine Abweichung von den Vorschriften der Absätze 1 und 2 für geboten, so soll er die Entscheidung des Gerichts einholen.

§ 6 Miet- und Pachtverträge. (1) Miet- oder Pachtverträge sowie Abänderungen solcher Verträge sind vom Verwalter schriftlich abzuschließen. Mit dem Schuldner soll der Verwalter solche Verträge nur mit Zustimmung des Gerichts abschließen.

(2) Die Dauer der von dem Verwalter abzuschließenden Miet- oder Pachtverträge soll ohne Zustimmung des Schuldners die Zeit von einem Jahr nicht überschreiten.

(3) Der Verwalter hat in Miet- oder Pachtverträgen zu bedingen,
a) daß der Mieter oder Pächter nicht berechtigt sein soll, Ansprüche aus dem Vertrag zu erheben, wenn das Grundstück vor der Überlassung an den Mieter oder Pächter im Wege der Zwangsversteigerung veräußert wird;
b) daß die gesetzliche Haftung des Vermieters oder Verpächters für den von dem Ersteher zu ersetzenden Schaden ausgeschlossen sein soll, wenn das Grundstück nach der Überlassung an den Mieter oder Pächter im Wege der Zwangsversteigerung veräußert wird und der an die Stelle des Vermieters oder Verpächters tretende Ersteher die sich aus dem Miet- oder Pachtverhältnis ergebenden Verpflichtungen nicht erfüllt;
c) daß der Vermieter oder Verpächter auch von einem sich im Falle einer Kündigung (§ 57 a Satz 1 des Gesetzes über die Zwangsversteigerung und die Zwangsverwaltung) möglicherweise ergebenden Schadensersatzanspruch freigestellt sein soll.

(4) Hält der Verwalter eine Abweichung von den Bestimmungen des Absatzes 1 Satz 1 oder der Absätze 2 oder 3 für geboten, so hat er die Entscheidung des Gerichts einzuholen.

§ 7 Geltendmachung der Ansprüche. (1) Der Verwalter hat für die rechtzeitige Geltendmachung der Ansprüche, auf die sich die Beschlagnahme erstreckt, zu sorgen.

(2) Will der Verwalter von der Erhebung einer Klage wegen rückständiger Leistungen länger als zwei Monate nach der Fälligkeit absehen oder nach Erlangung eines vollstreckbaren Schuldtitels die Zwangsvollstreckung hinausschieben oder unterlassen, so hat er hiervon den Gläubiger und den Schuldner zu unterrichten. Dasselbe gilt, wenn der Verwalter nach Erhebung der Klage das Verfahren ruhen lassen oder die Klage zurücknehmen will.

(3) Bleibt ein Mieter oder Pächter mit der Zahlung des Miet- oder Pachtzinses im Rückstand, so soll der Verwalter in der Regel von dem gesetzlich oder vertraglich begründeten Recht der Kündigung oder der Aufhebung des Vertrages Gebrauch machen, wenn nicht inzwischen alle Rückstände getilgt worden sind.

§ 8 Vorausverfügungen. (1) Behauptet ein Mieter oder Pächter, daß der Miet- oder Pachtzins vor der Beschlagnahme des Grundstücks für eine spätere Zeit als den zur Zeit der Beschlagnahme laufenden Kalendermonat – oder, wenn die Beschlagnahme nach dem 15. Tage des Monats wirksam geworden ist, für eine spätere Zeit als den folgenden Kalendermonat – eingezogen oder daß darüber für diese Zeit in anderer Weise verfügt worden sei, so hat der Verwalter, sofern die Einziehung oder Verfügung dem Gläubiger gegenüber unwirksam ist, diese Unwirksamkeit geltend zu machen und den Miet- oder Pachtzins einzuziehen, sofern nicht der Gläubiger auf die Einziehung verzichtet.

(2) Das gleiche gilt, wenn mit dem Eigentum an dem Grundstück ein Recht auf wiederkehrende Leistungen verbunden und vor der Beschlagnahme des Grundstücks über den Anspruch auf eine Leistung verfügt ist, die erst drei Monate nach der Beschlagnahme fällig wird.

§ 9 Ausgaben der Verwaltung. (1) Der Verwalter hat von den Einnahmen die Beträge zurückzubehalten, die zur Bestreitung der Ausgaben der Verwaltung, einschließlich der ihm selbst zustehenden Vergütung, sowie der Kosten des Verfahrens erforderlich sind.

(2) Der Verwalter soll keine Verpflichtungen eingehen, die nicht aus bereits vorhandenen Mitteln oder aus sicheren Einnahmen des laufenden Miet-, Pacht- oder Wirtschaftsabschnitts erfüllt werden können.

(3) Zur Versicherung von Gegenständen der Verwaltung gegen Brandschaden oder sonstige Unfälle ist der Verwalter, soweit eine solche durch eine ordnungsmäßige Verwaltung geboten erscheint, ohne Rücksicht auf die in Absatz 2 bezeichnete Beschränkung verpflichtet.

(4) Werden Ausgaben erforderlich, die in der in Absatz 2 angegebenen Weise nicht gedeckt werden können, so hat dies der Verwalter dem Gericht anzuzeigen.

(5) Vorschüsse soll der Verwalter nur mit Einwilligung des Gerichts zahlen.

§ 10 Ausbesserungen und Erneuerungen. Der Verwalter soll Ausbesserungen und Erneuerungen auf dem verwalteten Grundstück, die nicht zu der gewöhnlichen Unterhaltung gehören, nur mit Einwilligung des Gerichts vornehmen.

§ 11 Auszahlungen durch den Verwalter. (1) Aus den nach Bestreitung der Ausgaben der Verwaltung sowie der Kosten des Verfahrens (vgl § 155 Abs 1 des Gesetzes über die Zwangsversteigerung und die Zwangsverwaltung) verbleibenden Überschüssen der Einnahmen darf der Verwalter ohne weiteres Verfahren nur die laufenden Beträge der öffentlichen Lasten nach der gesetzlichen Rangfolge berichtigen.

(2) Sonstige Zahlungen an die Berechtigten darf der Verwalter nur auf Grund der von dem Gericht nach der Feststellung des Teilungsplans getroffenen Anordnung leisten. Ist zu erwarten, daß solche Zahlungen geleistet werden können, so hat dies der Verwalter dem Gericht unter Angabe des voraussichtlichen Betrages der Überschüsse und der Zeit ihres Eingangs anzuzeigen. An einen im Range nachstehenden Berechtigten darf nur gezahlt werden, wenn als sicher vorauszusehen ist, daß die Zahlungen an die vorgehenden Berechtigten aus Einnahmen geleistet werden können, die bis zur Fälligkeit dieser Zahlungen eingehen.

(3) Sollen Auszahlungen auf das Kapital einer Hypothek oder Grundschuld oder auf die Ablösungssumme einer Rentenschuld geleistet werden, so hat der Verwalter zu diesem Zweck die Anberaumung eines Termins bei dem Gericht zu beantragen.

§ 12 Beendigung der Verwaltung. (1) Der Verwalter darf, abgesehen von seiner Entlassung, die Verwaltung nicht einstellen, bevor das Gericht die Aufhebung des Verfahrens angeordnet hat. Dies gilt auch im Falle der Beendigung der Zwangsverwaltung nach Erteilung des Zuschlags in der Zwangsversteigerung.

(2) Hat der Verwalter die Forderung des Gläubigers einschließlich der Kosten der Zwangsvollstreckung bezahlt, so hat er dies dem Gericht unverzüglich anzuzeigen. Dasselbe gilt, wenn der Gläubiger ihm mitteilt, daß er befriedigt sei oder in die Aufhebung der Verwaltung einwillige.

§ 13 Kassenführung. (1) Der Kassenbestand ist von den eigenen Beständen des Verwalters getrennt zu halten.

(2) Der Verwalter hat für jede Zwangsverwaltung ein Girokonto bei einem geeigneten Geldinstitut oder ein Postscheckkonto einzurichten, über das der mit der Verwaltung verbundene Zahlungsverkehr tunlichst abzuwickeln ist. Das Kontoguthaben bildet einen Teil des Kassenbestandes. Das Konto darf nicht für den persönlichen Geldverkehr des Verwalters benutzt werden. Der Verwalter hat ein Kontogegenbuch zu führen, wenn das Gericht dies anordnet.

(3) Die Kontoauszüge sowie die Belege für die über das Konto abgewickelten Ausgaben und Einnahmen sind vom Verwalter nach der Zeitfolge geordnet gesondert aufzubewahren. Einnahme- und Ausgabebelege dürfen mit Einverständnis des Gerichts auch sachlich geordnet aufbewahrt werden.

(4) Größere Kassenbestände, die voraussichtlich erst später verwendet werden, sind bei einem geeigneten Geldinstitut verzinslich anzulegen. Die Kündigung muß jederzeit möglich sein; eine Kündigungsfrist darf drei Monate nicht überschreiten.

§ 14 Belege. Der Verwalter hat Einnahmen und Ausgaben schriftlich zu belegen. Auf den Belegen ist die laufende Nummer der Eintragung im Konto- und Kassenbuch zu vermerken.

§ 15 Aktenführung. (1) Der Verwalter hat alle Schriftstücke, die sich auf die Verwaltung beziehen, in Akten zu sammeln. Vorgänge der Verwaltung, über die aus den Akten nicht anderweitig Auskunft zu erlangen ist, sind in den Akten zu vermerken.

(2) Verwalter, die mehrere Verwaltungen führen, haben über jede Verwaltung gesonderte Akten zu führen.

(3) Die Einnahme- und Ausgabebelege sind von den übrigen Schriftstücken getrennt zu halten.

§ 16 Konto- und Kassenbuch. (1) Der Verwalter hat für jede Verwaltung ein Konto- und Kassenbuch (Konto) nach anliegendem Muster zu führen. Mit Genehmigung des Gerichts kann das Konto in Karteiform geführt werden.

(2) Das Konto ist jeweils zum Fünfzehnten der Monate Januar, April, Juli und Oktober abzuschließen. Der Überschuß der Einnahmen über die Ausgaben (Bestand) ist in dem abzuschließenden Konto in Ausgabe zu stellen. Alle noch nicht erfolgten Einnahmen oder Ausgaben sind als Rest auszuweisen.

§ 17 Kontenführung. (1) In die Solleinnahme und Sollausgabe des Kontos sind am Anfange der Verwaltung und am Anfange jedes Vierteljahres die in dem Vierteljahr fällig werdenden Beträge, die etwa verbliebenen Reste und der bei Abschluß des Kontos des letzten Vierteljahres verbliebene Bestand einzutragen.

(2) Die bei Beginn der Verwaltung vorhandenen Resteinnahmen sowie die im Laufe eines Vierteljahres entstehenden Solleinnahmen und Sollausgaben sind einzutragen, sobald sie dem Verwalter bekannt werden, die Solleinnahmen jedoch nicht vor Beginn des Vierteljahres, in dem die Beträge fällig oder bezahlt werden.

(3) Zahlungen, die auf Weisung des Gerichts an die Gläubiger geleistet werden sollen, sind erst nach erfolgter Leistung als Sollausgabe einzutragen.

(4) Isteinnahmen – einschließlich des Bestandes – und Istausgaben sind unverzüglich einzutragen.

§ 18 Jahresrechnung, Schlußrechnung. (1) Die jährlich zu legende Rechnung hat der Verwalter dem Gericht zum ersten Mal einen Monat nach Abschluß des vierten Rechnungsvierteljahres einzureichen. In die Rechnung sind nur diejenigen Einnahmen und Ausgaben aufzunehmen, welche noch zu dem Konto des letzten vollendeten Vierteljahres (§ 16 Abs 2) gehören. Die Belege über Einnahmen und Ausgaben sind beizufügen.

(2) Die Schlußrechnung muß sämtliche Einnahmen und Ausgaben nachweisen. Es kann jedoch auf die Jahresrechnungen Bezug genommen werden. Der Schlußrechnung ist auch das Konto samt Belegen beizufügen.

§ 19 Einteilungsordnung für die Einnahmen. (1) Die Soll- und Isteinnahmen sind in der Rechnung in folgenden Abschnitten nachzuweisen:
1. Bestand der vorigen Rechnung;
2. Erinnerungen aus der vorigen Rechnung;
3. Reste aus der vorigen Rechnung;
4. Miet- und Pachtzinsen
5. andere Einnahmen.

(2) Bei Miet- und Pachtzinsen (Absatz 1 Nr 3, 4) sind die Einnahmen für jeden besonders vermieteten oder verpachteten Teil eines Grundstücks unter dessen Bezeichnung zusammenzustellen. Ist ein zu vermietender oder zu verpachtender Teil eines Grundstücks nicht vermietet oder verpachtet gewesen oder ist ein im Laufe des Rechnungsjahres fällig gewordener Miet- oder Pachtzins in einer früheren Rechnung als Einnahme aufgeführt, so ist dies zu vermerken.

§ 20 Einteilungsanordnung für die Ausgaben. (1) Die Soll- und Istausgaben sind in der Rechnung in folgenden Abschnitten nachzuweisen:
1. Erinnerungen aus der vorigen Rechnung;
2. Reste aus der vorigen Rechnung;
3. Unterhaltung des verwalteten Grundstücks und Erstattung der hierzu geleisteten Vorschüsse;
4. öffentliche Lasten;
5. Zahlungen an die Gläubiger;
6. Gerichtskosten der Verwaltung;
7. Vergütung des Verwalters;
8. andere Ausgaben.

(2) Bei den öffentlichen Lasten und den Zahlungen an die Gläubiger sind die Berechtigten in der gesetzlichen oder festgestellten Rangordnung aufzuführen und die auf dieselbe Forderung geleisteten Zahlungen zusammenzustellen.

§ 21 Abweichende Bestimmungen durch das Gericht. Das Gericht kann die Zeiten für den Abschluß des Kontos nach § 16 und die Einreichung der Jahresrechnung nach § 18 Abs 1 anderweitig bestimmen. Es kann auch abweichende Bestimmungen über die Art der Kassen- und Buchführung sowie der Rechnungslegung treffen.

§ 22 Auskunftspflicht. Der Verwalter hat zu jeder Zeit dem Gericht oder einem mit der Prüfung seiner Geschäftsführung beauftragten Beamten des Gerichts die von ihm geführten Bücher, die sich auf seine Geschäftsführung beziehenden Akten und sonstigen Schriftstücke sowie die in seinen Händen befindlichen Einnahmen aus der Verwaltung auf Verlangen vorzulegen und jede weitere zur Prüfung seiner Geschäftsführung verlangte Auskunft zu erteilen.

§ 23 Vergütung und Auslagenersatz. (1) Der Verwalter hat Anspruch auf eine Vergütung für seine Geschäftsführung, auf Erstattung angemessener barer Auslagen und auf Ersatz der darauf entfallenden Umsatzsteuer.

(2) Der nach § 150a Abs 2 Satz 1 des Gesetzes über die Zwangsversteigerung und die Zwangsverwaltung bestellte Verwalter erhält für seine Tätigkeit keine Vergütung (§ 150a Abs 2 Satz 2 des Gesetzes über die Zwangsversteigerung und die Zwangsverwaltung).

§ 24 Regelvergütung. (1) Bei der Verwaltung von Grundstücken, die durch Vermieten oder Verpachten genutzt werden, erhält der Verwalter als Vergütung von dem im Kalenderjahr an Miet- oder Pachtzinsen eingezogenen Betrag

bis zu 1000,– DM	9 v. H.
und von den Beträgen	
über 1000,– DM bis 2000,– DM	8 v. H.,
über 2000,– DM bis 3000,– DM	7 v. H.,
über 3000,– DM	6 v. H.,

Als eingezogen gelten auch die auf das Kalenderjahr zu verrechnenden Mietvorauszahlungen.

(2) Ist das Grundstück in einzelnen Teilen vermietet oder verpachtet, so werden die Hundertsätze von den Miet- oder Pachteinnahmen für jeden Teil besonders berechnet.

(3) Ist das Grundstück von dem Verwalter in Besitz genommen, so beträgt die Vergütung des Verwalters, sofern die vorstehenden Bestimmungen nicht einen höheren Betrag ergeben, für jedes angefangene Kalenderjahr 60,– DM.

(4) Ist das Verfahren der Zwangsverwaltung aufgehoben worden, bevor der Verwalter das Grundstück in Besitz genommen hat, so erhält er eine Vergütung von 30,– DM, sofern er bereits tätig geworden ist.

§ 25 Abweichende Festsetzung der Vergütung. Ergibt sich im Einzelfall ein Mißverhältnis zwischen der Tätigkeit des Verwalters und der Vergütung nach § 24, so ist eine entsprechende geringere oder höhere Vergütung festzusetzen.

§ 26 Vergütung in besonderen Fällen. Für die Verwaltung von Grundstücken, die nicht durch Vermieten oder Verpachten genutzt werden, bestimmt sich die Vergütung des Verwalters nach dem Umfang seiner Tätigkeit und den gezogenen Nutzungen.

§ 27 Geschäftsunkosten. (1) Durch die Vergütung sind die allgemeinen Geschäftsunkosten abgegolten. Zu den allgemeinen Geschäftsunkosten gehört der Büroaufwand des Verwalters. Schreibgebühren und Gehälter von Angestellten, die im Rahmen ihrer laufenden Arbeiten auch bei der Zwangsverwaltung beschäftigt werden, können daher nicht – auch nicht anteilig – in Rechnung gestellt werden. Gleiches gilt für die Kosten einer Haftpflichtversicherung.

(2) Zu den allgemeinen Geschäftsunkosten gehören nicht die besonderen Unkosten, die dem Verwalter im Einzelfall (zB durch die Einstellung von Hilfskräften für bestimmte Aufgaben im Rahmen der Zwangsverwaltung oder durch Reisen) erwachsen. Durch Absatz 1 wird nicht ausgeschlossen, daß diese besonderen Unkosten als Auslagen erstattet werden, soweit sie angemessen sind.

§ 28 Festsetzung. Die Vergütung und die dem Verwalter zu erstattenden Beträge werden auf seinen Antrag vom Gericht festgesetzt. Vor der Festsetzung kann der Verwalter mit Einwilligung des Gerichts aus den Einnahmen einen Vorschuß auf die Vergütung und die Auslagen entnehmen.

§ 29 Grundstücksgleiche Rechte. Die vorstehenden Bestimmungen sind auf die Zwangsverwaltung von Berechtigungen, für welche die Vorschriften über die Zwangsverwaltung von Grundstücken gelten, entsprechend anzuwenden.

§ 30 Nichtanwendbarkeit der Verordnung. (1) Die Vorschriften dieser Verordnung gelten nicht, falls der Schuldner zum Verwalter bestellt ist (§§ 150b bis 150e des Gesetzes über die Zwangsversteigerung und die Zwangsverwaltung).

(2) Die Vorschriften dieser Verordnung gelten ferner nicht, falls die durch §§ 150, 153, 154 des Gesetzes über die Zwangsversteigerung und die Zwangsverwaltung dem Gericht zugewiesene Tätigkeit nach landesgesetzlichen Vorschriften von einer landschaftlichen oder ritterschaftlichen Kreditanstalt übernommen worden ist.

§ 31 Außerkrafttreten von Vorschriften. (1) Mit dem Inkrafttreten dieser Verordnung treten alle bisherigen Vorschriften über die Geschäftsführung und die Vergütung des Zwangsverwalters außer Kraft, insbesondere. . . .

(2) Für Zwangsverwaltungen, die im Zeitpunkt des Inkrafttretens dieser Verordnung bereits angeordnet sind, bleiben die früheren Bestimmungen anwendbar.

§ 32 Geltung in Berlin. Diese Verordnung gilt auch im Land Berlin, sofern sie im Land Berlin in Kraft gesetzt wird.

§ 33 Inkrafttreten. Diese Verordnung tritt am 1. März 1970 in Kraft.

T 47.

Ist derzeit nicht belegt

Muster des Konto- und Kassenbuchs

Vierteljahr vom .... bis ....

Einnahme

Laufende Nr	Soll-Einnahme		Bezeichnung der Einnahme	Ist-Einnahme			Rest		Bemerkungen (zB Bezeichnung des Zahlenden)	Laufende Nr des Belegs
	DM	Pf		Tag	DM	Pf	DM	Pf		

Ausgabe

Laufende Nr	Soll-Ausgabe		Bezeichnung der Ausgabe	Ist-Ausgabe			Rest		Bemerkungen (zB Bezeichnung des Empfängers)	Laufende Nr des Belegs
	DM	Pf		Tag	DM	Pf	DM	Pf		

II. Landesrecht

T 48. [Bad]Württ BGB-Ausführungsgesetz

Württ Ausführungsgesetz zum BGB und zu anderen Reichsjustizgesetzen vom 29. 12. 1931 Regierungsblatt 1931, 545
[Auszug]

Seit 1. 1. 1978 gilt nur noch ein Teil des Artikels 293, wie hier abgedruckt, sowie der Abschnitt über Stockwerkseigentum, der auch für den ehemals bad Landesteil gilt (BadWürtt BGB-Ausführungsgesetz vom 26. 11. 1974, Gesetzblatt 1974, 498, § 36 mit Anlage, § 51 Abs 1 Nr 6)

[I. Für Baden-Württemberg]

Art 226 Rechte und Pflichten der Stockwerkseigentümer. (1) Die mit dem Sondereigentum an einzelnen Gebäudeteilen (Stockwerkseigentum) verbundene Gemeinschaft umfaßt im Zweifel die zum gemeinsamen Gebrauch bestimmten Bestandteile und Rechte.

(2) Der Anteil an den gemeinschaftlichen Rechten und Lasten bemißt sich, soweit nichts anderes bestimmt ist, nach dem Verhältnis des Werts der Stockwerksrechte.

(3) Auf das Gemeinschaftsverhältnis finden die §§ 743, 744, 745 Abs 2 und 3, 746, 748 und auf die sonstigen Beziehungen unter den Stockwerkseigentümern die §§ 745 Abs 2, 746 BGB entsprechende Anwendung. Im Falle des § 744 Abs 2 zweiter Halbsatz ist jeder Teilhaber zur Sicherheitsleistung in Höhe des auf ihn entfallenden Anteils an den Kosten verpflichtet.

Art 227 Vereinigung von Stockwerksrechten. Beim Zusammentreffen mehrerer Stockwerksrechte in einer Hand vereinigen sich diese zu einem einheitlichen Recht unbeschadet der an den bisher getrennten Eigentumsrechten begründeten besonderen Rechte.

Art 228 Vorkaufsrecht. (1) Wird ein Stockwerkseigentum an andere Personen als an Ehegatten, Abkömmlinge, angenommene Kinder oder Mitstockwerkseigentümer verkauft, so sind die anderen Stockwerkseigentümer nach den Verhältnissen ihrer Stockwerksrechte zum Vorkauf berechtigt. Handelt es sich um eine Bruchteils- oder sonstige Gemeinschaft an einem Stockwerkseigentum, so steht das Vorkaufsrecht zunächst den Teilhabern an der Gemeinschaft zu.

(2) Auf das Vorkaufsrecht finden die Vorschriften der §§ 1096, 1098 bis 1102 BGB entsprechende Anwendung. Die Frist zur Ausübung des Vorkaufsrechts beträgt drei Wochen.

(3) Das Vorkaufsrecht erstreckt sich auf einen Verkauf im Weg der Zwangsversteigerung oder durch den Konkursverwalter. Im Falle der Zwangsversteigerung darf der Zuschlag nicht vor Ablauf der für die Ausübung des Vorkaufsrechts geltenden Frist erteilt werden, es sei denn, daß der Vorkaufsberechtigte sein Recht vorher ausgeübt oder dem Vollstreckungsgericht gegenüber erklärt hat, es nicht ausüben zu wollen.

(4) Das Vorkaufsrecht und die daraus sich ergebenden Befugnisse gehen auf den Rechtsnachfolger im Stockwerkseigentum über.

Art 229 Untergang des Gebäudes. Beim Untergang des Gebäudes verwandelt sich das bisherige Sondereigentum an den einzelnen Gebäudeteilen in Miteigentum an der Grundfläche. Dasselbe gilt bei teilweisem Untergang, sofern eine Wiederherstellung des früheren Zustandes untunlich ist.

Baden-Württemberg **Anh T 49**

Art 230 Voraussetzung der Aufhebung. Ein Stockwerkseigentümer kann die Aufhebung des Stockwerkseigentums verlangen, wenn die Verhältnisse in dem Gebäude so unhaltbar geworden sind, daß ihm die Weiterführung des Stockwerkseigentums nicht mehr zugemutet werden kann.

Art 231 Durchführung der Aufhebung. (1) Die Aufhebung des Stockwerkseigentums erfolgt durch Verkauf des ganzen Gebäudes im Wege der Zwangsversteigerung und durch Teilung des Erlöses im Verhältnis des Werts der Stockwerksrechte. Bei der Feststellung des geringsten Gebots sind außer den aus dem Versteigerungserlös zu entnehmenden Kosten des Verfahrens alle die einzelnen Stockwerksrechte belastenden Rechte zu berücksichtigen. In jedem Fall wird bei der Versteigerung nur ein Gebot zugelassen, durch das der amtliche Schätzungswert sämtlicher an dem Gebäude bestehender Stockwerksrechte gedeckt wird.

(2) Geht auf Grund einer Versteigerung das Eigentum an dem ganzen Gebäude auf einen Erwerber über, so verwandeln sich die bisher auf den einzelnen Stockwerksrechten ruhenden Hypotheken, Grundschulden, Rentenschulden, Reallasten, Nießbrauchs- und Vorkaufsrechte in solche Rechte an einem dem Wertverhältnis der belasteten Stockwerksrechte entsprechenden Bruchteil des Eigentums am ganzen Grundstück.

(3) Das Wertverhältnis der bisherigen Stockwerksrechte für die Fälle des Absatzes 1 Satz 1 und des Absatzes 2 ist im Zwangsversteigerungsverfahren durch einen vor dem Versteigerungstermin den Beteiligten zuzustellenden Beschluß festzustellen. Der Beschluß unterliegt der Anfechtung, die sich nach den Vorschriften des Zwangsversteigerungsverfahrens bestimmt.

[II. Für den ehemaligen württembergischen Landesteil
von Baden-Württemberg]

Art 293 Fortbestehen von Rechten außerhalb des geringsten Gebots. Eine als Leibgeding, Leibzucht, Altenteil oder Auszug eingetragene persönliche Dienstbarkeit oder Reallast bleibt von der Zwangsversteigerung unberührt, auch wenn sie bei der Feststellung des geringsten Gebots nicht berücksichtigt ist.

T 49. BadWürtt GVG-Ausführungsgesetz

Bad Württ Gesetz zur Ausführung des Gerichtsverfassungsgesetzes und von Verfahrensgesetzen der ordentlichen Gerichtsbarkeit vom 16. 12. 1975, Gesetzbl 868, zuletzt geändert durch Gesetz vom 28. 6. 1993, Gesetzbl 505
[Auszug]

Zweiter Teil. Ausführung der ZPO

§ 25 Aufgebot von Grundpfandbriefen. (1) Bei Aufgeboten auf Grund des § 1162 des Bürgerlichen Gesetzbuches und des § 136 ZVG gelten für die Veröffentlichung des Aufgebots und für die Aufgebotsfrist abweichend von § 1009 Abs 1 und 2 und § 1015 Satz 1 ZPO die Vorschriften des § 30.

(2) Abweichend von § 1014 ZPO ist der Aufgebotstermin so zu bestimmen, daß seit dem Verfalltag drei Monate abgelaufen sind.

(3) Das Ausschlußurteil sowie das in § 1017 Abs 3 ZPO bezeichnete Urteil ist seinem wesentlichen Inhalt nach abweichend von § 1017 Abs 2 Satz 1 ZPO gemäß § 18 Abs 1 bekanntzumachen.

§ 28 Aufgebot im Zwangsversteigerungsverfahren. Bei Aufgeboten zum Zwecke der Ausschließung eines unbekannten Berechtigten von der Befriedigung

1495

aus dem zugeteilten Betrag (§ 140 ZVG) gelten für die Veröffentlichung des Aufgebots und für die Aufgebotsfrist abweichend von den §§ 948 und 950 ZPO die Vorschriften des § 30.

§ 30 Veröffentlichung des Aufgebots, Aufgebotsfrist. Soweit hierauf verwiesen ist, gelten für das Aufgebotsverfahren die folgenden Vorschriften:
1. Das Aufgebot wird durch Anschlag an der Gerichtstafel und durch einmalige Veröffentlichung gemäß § 18 Abs 1 öffentlich bekanntgemacht.
2. Zwischen dem Tag der ersten Veröffentlichung gemäß § 18 Abs 1 und dem Aufgebotstermin muß ein Zeitraum (Aufgebotsfrist) von mindestens drei Monaten liegen.

Dritter Teil. Ausführung des ZVG

§ 31 Vorrang öffentlicher Grundstückslasten. (1) Öffentliche Lasten eines Grundstücks im Sinne des § 10 Abs 1 Nr 3 und des § 156 Abs 1 ZVG sind die Abgaben und Leistungen, die auf dem Grundstück lasten und nicht auf einer privatrechtlichen Verpflichtung beruhen.

(2) Zu den öffentlichen Lasten im Sinne des Absatzes 1 gehören insbesondere:
1. Beiträge im Sinne des § 10 des Kommunalabgabengesetzes;
2. Kirchensteuern, die aus den Grundsteuermeßbeträgen erhoben werden.

§ 32 Veröffentlichung der Terminsbestimmung. (1) Die Bestimmung des Versteigerungstermins soll neben den Bekanntmachungen nach den §§ 39 Abs 1, 40 ZVG in der Gemeinde, in deren Bezirk das Grundstück gelegen ist, in der für öffentliche Bekanntmachungen der Gemeinde bestimmten Form bekanntgemacht werden, soweit diese
1. durch Einrücken in das eigene Amtsblatt oder
2. durch Anschlag an einer hierfür bestimmten Stelle
durchgeführt werden.

(2) Auf Ersuchen des Gerichts hat die Gemeinde die Terminsbestimmung
1. im Falle des Absatzes 1 Nr 1 einmal in das Amtsblatt einzurücken und dem Gericht die Einrückung nachzuweisen;
2. im Falle des Absatzes 1 Nr 2 bis zur Versteigerung anzuschlagen, auf der Terminsbestimmung den Zeitpunkt des Anschlags und der Abnahme zu vermerken und die Terminsbestimmung nach der Abnahme dem Gericht zurückzugeben.

(3) Absatz 2 Nr 2 gilt im Falle des § 39 Abs 2 ZVG entsprechend.

§ 33 Unberührt bleibende Altenteile. Eine Reallast oder eine beschränkte persönliche Dienstbarkeit, die zur Sicherung eines Anspruchs oder eines Rechts aus einem Vertrag nach Artikel 96 des Einführungsgesetzes zum Bürgerlichen Gesetzbuch im Grundbuch eingetragen ist, bleibt, unbeschadet der Vorschrift des § 9 Abs 2 des Einführungsgesetzes zu dem Gesetz über die Zwangsversteigerung und die Zwangsverwaltung, von der Zwangsversteigerung unberührt, auch wenn sie bei der Feststellung des geringsten Gebotes nicht berücksichtigt ist.

§ 34 Feststellung des Grundstückswerts. (1) Nach Anordnung der Zwangsversteigerung hat das Gericht den Verkehrswert des Grundstücks durch eine amtliche Schätzung ermitteln zu lassen. Mehrere Grundstücke, die in demselben Verfahren versteigert werden, sind einzeln, bei wirtschaftlichem Zusammenhang auch als Einheit zu schätzen.

(2) Von der amtlichen Schätzung kann das Gericht absehen, wenn das Grundstück innerhalb der letzten zwei Jahre amtlich geschätzt worden ist und weder ein Gläubiger noch der Schuldner eine neue Schätzung beantragen.

(3) Für die Ermittlung des Verkehrswertes von grundstücksgleichen Rechten gelten die Absätze 1 und 2 entsprechend.

(4) Das Gericht kann auch den Wert eines Rechts an dem Grundstück und von Nutzungen aus dem Grundstück sowie des Grundstückszubehörs durch eine amtliche Schätzung ermitteln und dabei die Zubehörstücke aufzeichnen lassen.

(5) Für die amtliche Schätzung gelten die §§ 44 und 45 des Landesgesetzes über die freiwillige Gerichtsbarkeit entsprechend. Die für die Wertermittlung maßgeblichen Gesichtspunkte sind dem Gericht mitzuteilen.

(6) Mit der Ermittlung des Verkehrswertes kann das Gericht auch einen öffentlich bestellten Sachverständigen beauftragen.

§ 35 [Außer Kraft]

§ 36 Befreiung von der Sicherheitsleistung. Für Gebote einer Gemeinde, eines Gemeindeverbandes oder einer Kreditanstalt oder Sparkasse des öffentlichen Rechts kann Sicherheitsleistung nicht verlangt werden.

T 50. Bay BGB-Ausführungsgesetz

Bay Gesetz zur Ausführung des Bürgerlichen Gesetzbuchs und anderer Gesetzte (AGBGB) vom 20. 9. 1982, BayRS 400-1-J
[Auszug]

Elfter Abschnitt. Öffentlich-rechtliche Ansprüche

Art 70 Haftung des Grundstücks. (1) Für öffentliche Lasten eines Grundstücks haftet das Grundstück.

(2) Die Haftung des Grundstücks für fällige wiederkehrende Leistungen erlischt mit dem Ablauf von zwei, für fällige einmalige Leistungen mit dem Ablauf von vier Jahren nach dem Eintritt des Zeitpunkts, von dem an die Leistung gefordert werden kann, sofern das Grundstück nicht vorher beschlagnahmt worden ist. Das Grundstück haftet jedoch nicht über den Zeitpunkt hinaus, in dem die persönliche Schuld erlischt.

T 51. Bay GVG-Ausführungsgesetz

Bay Gesetz zur Ausführung des Gerichtsverfassungsgesetzes und von Verfahrensgesetzen des Bundes (AGGVG) vom 23. 6. 1981, BayRS 300- 1-1-J, zuletzt geändert durch Gesetz vom 26. 7. 1995, BayGVBl 392
[Auszug]

Zweiter Teil, Abschnitt II. Ausführung des Gesetzes über die Zwangsversteigerung und die Zwangsverwaltung

Art 29 Öffentliche Lasten. Öffentliche Lasten des Grundstücks sind bei einem landwirtschaftlichen Grundstück auch die Beiträge für Tierlebensversicherung und Schlachtviehversicherung, die für die Versicherung des zum Zubehör gehörenden Viehes an die Bayerische Landestierversicherungsanstalt zu entrichten sind.

Art 30 Leibgedingsrechte und nicht eingetragene Rechte. (1) Ist eine Dienstbarkeit oder eine Reallast als Leibgeding (Leibzucht, Altenteil, Auszug) eingetragen, so bleibt das Recht, unbeschadet der Vorschrift des § 9 Abs 2 des Einführungsgesetzes zu dem Gesetz über die Zwangsversteigerung und die Zwangsverwaltung, von der Zwangsversteigerung unberührt, auch wenn es bei der Feststellung des geringsten Gebots nicht berücksichtigt ist.

(2) Das gleiche gilt für Grunddienstbarkeiten, die zur Erhaltung der Wirksamkeit gegenüber dem öffentlichen Glauben des Grundbuchs der Eintragung nicht bedürfen.

Art 31 Veröffentlichung der Terminsbestimmung. Die Terminsbestimmung soll stets auch in der Gemeinde, in deren Bezirk das Grundstück liegt, an der für amtliche Bekanntmachungen bestimmten Stelle angeheftet werden. § 39 Abs 2 des Gesetzes über die Zwangsversteigerung und die Zwangsverwaltung bleibt unberührt.

Art 32 Sicherheitsleistung. Für Gebote der Bayerischen Landesbank Girozentrale, der Bayerischen Landesanstalt für Aufbaufinanzierung, der Gebietskörperschaften sowie der öffentlichen Sparkassen kann Sicherheitsleistung nicht verlangt werden.

Art 33 Aufgebotsverfahren. Das in § 138 des Gesetzes über die Zwangsversteigerung und die Zwangsverwaltung bezeichnete Aufgebot wird durch Anheftung an die Gerichtstafel und einmalige Veröffentlichung in dem für die Bekanntmachungen des Gerichts bestimmten Blatt öffentlich bekanntgemacht. Die Aufgebotsfrist beginnt mit der Veröffentlichung in diesem Blatt.

Siebenter Teil. Übergangs-, Änderungs- und Schlußvorschriften

Art 55 Übergangsvorschriften. (4) Ist ein Grundstück vor dem Inkrafttreten des Bürgerlichen Gesetzbuchs einem Mieter oder Pächter überlassen worden, so finden die Vorschriften des § 57 des Gesetzes über die Zwangsversteigerung und die Zwangsverwaltung Anwendung.

(5) Für die vor Inkrafttreten des Bundesberggesetzes vom 13. August 1980 (BGBl I S 1310) entstandenen Bergwerke und unbeweglichen Kuxe, die nach dem Bundesberggesetz noch für eine Übergangszeit fortbestehen, gelten bis zu ihrem Erlöschen oder ihrer Aufhebung die Art 17 Abs 1, Art 18, Art 37 bis 51 des Ausführungsgesetzes zur Grundbuchordnung und zum Gesetz über die Zwangsversteigerung und die Zwangsverwaltung vom 9. Juni 1899 (BayBS III S 127) fort. Die Gebrauchs- und Nutzungsrechte nach den §§ 8 und 160 des coburgischen Berggesetzes vom 23. Oktober 1899 (Gesetzessammlung für das Herzogtum Coburg Nr 1299) und die Hülfsbaue nach § 54 desselben Gesetzes bleiben auch dann bestehen, wenn sie bei der Feststellung des geringsten Gebots nicht berücksichtigt sind.

T 52. Bay Geschäftsstellen-Geschäftsanweisung

Bay Bekanntmachung über die Geschäftsanweisung für die Geschäftsstellen der Gerichte in Zivilsachen (GAnwZ) vom 23. 1. 1980, Bay JMBl 1980, 17 (Änderung vom 30. 4. 1992, BayJMBl 1992, 94)
[Auszug]

Zweiter Teil. Zwangsvollstreckungsverfahren

3. Abschnitt. Zwangsversteigerung und Zwangsverwaltung

§ 86 Einholung eines Zeugnisses des Grundbuchamts über die Eintragung des Schuldners im Grundbuch. Legt der Antragsteller ein Zeugnis des Grundbuchamts, daß der Schuldner als Eigentümer im Grundbuch eingetragen ist, nicht vor, so ist das Zeugnis oder eine Grundbuchblattabschrift vom Urkundsbeamten der Geschäftsstelle einzuholen.

Berlin **Anh T 53**

§ 87 Öffentliche Bekanntmachungen. (1) Der Urkundsbeamte hat für die unverzügliche Ausführung der angeordneten öffentlichen Bekanntmachungen einschließlich der Anheftung an die Gemeinde- oder Gerichtstafel zu sorgen.

(2) Bei Erteilung eines Auftrags zu einer Veröffentlichung in einem Blatt soll, sofern entsprechende Vereinbarungen nicht bereits allgemein getroffen wurden, vereinbart werden, daß
1. alsbald nach der Ausgabe des die Veröffentlichung enthaltenden Blattes dem Gericht ein Belegstück zuzusenden ist,
2. der Anspruch auf Zahlung der Veröffentlichungskosten erlischt, wenn sie dem Gericht nicht bis zu einem zu bestimmenden Termin mitgeteilt werden.

T 53. Berl ZVG-Ausführungsgesetz
Berl [früheres Preuß] Ausführungsgesetz zum Gesetz über die Zwangsversteigerung und die Zwangsverwaltung vom 23. 9. 1899, GVBl für Berlin, Sonderband I Nr 3210–2, geändert durch Gesetz vom 1. 2. 1979 (BGBl I 127 [351]; Übernahmegesetz GVBl für Berlin 1979, 346)

Erster Abschnitt. Zwangsversteigerung und Zwangsverwaltung von Grundstücken im Wege der Zwangsvollstreckung

Art 1 [Öffentliche Lasten] (1) Öffentliche Lasten eines Grundstücks im Sinne des § 10 Abs 1 Nr 3 und des § 156 Abs 1 des . . . [ZVG] sind:
1. die zur Erfüllung der Deichpflicht erforderlichen Beiträge und Leistungen, ohne Unterschied, ob sie von der zuständigen Staatsbehörde ausgeschrieben sind oder aus der auf einem Deichverbande beruhenden Deichpflicht entspringen;
2. die auf einem nicht privatrechtlichen Titel beruhenden Abgaben und Leistungen, die auf dem Grundstücke nach Gesetz oder Verfassung haften (gemeine Lasten).

(2) [gegenstandslos]

Art 2 [Gemeine Lasten]. Zu den gemeinen Lasten gehören namentlich:
1. Abgaben und Leistungen, die aus dem Kommunal-, Kirchen-, Pfarr- oder Schulverband entspringen oder an Kirchen, Pfarren, Schulen, Kirchen- oder Schulbediente zu entrichten sind;
2. Beiträge, die aus der Verpflichtung zu öffentlichen Wege-, Wasser- oder Uferbauten entstehen;
3. Beiträge, die an öffentliche Meliorationsgenossenschaften [Flurbereinigungsgenossenschaften] oder andere einen gemeinnützigen Zweck verfolgende Körperschaften des öffentlichen Rechtes, insbesondere an Verbände, welche die Versicherung ihrer Mitglieder gegen den durch Brand, Hagelschlag oder Viehsterben entstehenden Schaden bezwecken, zu entrichten sind.

Art 3 [Öffentlichen Lasten gleichstehend] (1) In Ansehung des Rechtes auf Befriedigung aus dem Grundstücke stehen den öffentlichen Lasten gleich:
1. die an die Rentenbanken oder die Tilgungskassen abgetretenen Renten, die Landesrentenbankrenten der *Preußischen Landesrentenbank* [jetzt: Deutschen Landesrentenbank] sowie die an die Staatskasse zu entrichtenden Ablösungsrenten;
2. wenn das Grundstück bei einer Auseinandersetzung beteiligt ist, die im § 7 Nr 6 des Gesetzes über das Kostenwesen in Auseinandersetzungssachen vom 24. Juni 1875 bezeichneten Kosten und Terminalvorschüsse auch außerhalb des ursprünglichen Geltungsbereichs des genannten Gesetzes.

(2) [gegenstandslos]

Anh T 53 Landesrecht

Art 4 [Vorlage von Katasterauszügen] (1) Dem Antrag auf Zwangsversteigerung soll ein das Grundstück betreffender neuester Auszug aus der Grundsteuermutterrolle und der Gebäudesteuerrolle beigefügt werden, soweit er nach Lage der Rollen erteilt werden kann.

(2) [gegenstandslos]

Art 5 [Bekanntmachung der Terminsbestimmung] Für die Bekanntmachung der Terminsbestimmung wird der *Anzeiger des Amtsblatts* bestimmt.

Art 6 [Nicht eingetragene Grundbuchrechte, Altenteil] (1) Die Rechte an dem Grundstücke, die nach ... landesgesetzlichen Vorschriften zur Wirksamkeit gegenüber dem öffentlichen Glauben des Grundbuchs der Eintragung nicht bedürfen, bleiben auch dann bestehen, wenn sie bei der Feststellung des geringsten Gebots nicht berücksichtigt sind.

(2) Das gleiche gilt, unbeschadet der Vorschrift des § 9 Abs 2 des Einführungsgesetzes zum Reichsgesetze, von den im Grundbuch als Leibgedinge, Leibzucht, Altenteil oder Auszug eingetragenen Dienstbarkeiten und Reallasten sowie von Grunddienstbarkeiten, die zur Wirksamkeit gegenüber dem öffentlichen Glauben des Grundbuchs der Eintragung nicht bedürfen.

Art 7 [aufgehoben]

Art 8 [Grundstückswert] (1) In den Fällen der §§ 64, 112 des Gesetzes ... ist der Wert der Grundstücke auf den vierzigfachen Betrag des staatlich ermittelten Grundstücksreinertrages und den fünfundzwanzigfachen Betrag des staatlich ermittelten Gebäudesteuernutzungswerts zu bestimmen. Ergeben sich begründete Bedenken gegen die Richtigkeit dieser Bestimmung oder sind die Grundstücke nicht zur Grundsteuer oder zur Gebäudesteuer staatlich, veranlagt so hat das Gericht den Wert nach freiem Ermessen, nötigenfalls unter Zuziehung eines Sachverständigen, zu bestimmen.

(2) [aufgehoben]

Art 9 [Befreiung von Sicherheitsleistung] Für ein Gebot einer Gemeinde oder eines Gemeindeverbandes, der *Preußischen* Staatsbank *(Seehandlung),* der *Preußischen* [Deutschen] Zentralgenossenschaftskasse, der *Preußischen Landesrentenbank* [Deutschen Landesrentenbank], der *Preußischen* [Deutschen] Landespfandbriefanstalt, einer landschaftlichen, *ritterschaftlichen,* städtischen, stadtschaftlichen, *provinzialen* oder sonstigen öffentlich-rechtlichen Kreditanstalt oder einer öffentlichen Sparkasse kann Sicherheitsleistung nicht verlangt werden.

Art 10 [Außer Kraft]

Art 11 [Auszahlung des Versteigerungserlöses] (1) [aufgehoben]

(2) Auf Antrag des Berechtigten ist die Auszahlung durch ein ersuchtes Gericht zu bewirken ... [Rest aufgehoben].

Art 12 [Vollstreckung landschaftlicher Kreditanstalten] (1) Im Falle des § 6 Abs 2 des Gesetzes, betreffend die Zwangsvollstreckung aus Forderungen landschaftlicher *(ritterschaftlicher)* Kreditanstalten ... findet die Vorschrift des § 155 Abs 1 des ... [ZVG] auch auf die Ausgaben und Kosten der durch die Kreditanstalt eingeleiteten Zwangsverwaltung Anwendung.

(2) Der Kreditanstalt steht wegen ihrer Ausgaben zur Erhaltung oder nötigen Verbesserung des Grundstückes ein Recht auf Befriedigung nach § 10 Abs 1 Nr 1 des ... [ZVG] auch insoweit zu, als sie die Ausgaben während der von ihr eingeleiteten Zwangsverwaltung aufgewendet hat. Im Falle der Zwangsversteigerung

Berlin   **Anh T 53**

gilt dies auch dann, wenn die von der Kreditanstalt eingeleitete Zwangsverwaltung bis zum Zuschlage fortdauert.

(3) Die Kreditanstalt ist berechtigt, von den im Abs 2 bezeichneten Ausgaben seit der Zeit der Aufwendung Zinsen mit dem Range des Anspruches auf Ersatz der Ausgaben in Ansatz zu bringen.

Art 13 [Zwangsverwaltungs-Verteilung] Ist bei der Verteilung eines im Zwangsverwaltungsverfahren erzielten Überschusses ein Anspruch aus einem eingetragenen Rechte zu berücksichtigen, wegen dessen der Berechtigte Befriedigung aus dem Grundstücke lediglich im Wege der Zwangsverwaltung suchen kann, so ist in den Teilungsplan der ganze Betrag des Anspruchs aufzunehmen.

Art 14 [Aufgebotsverfahren] (1) In dem Aufgebotsverfahren zum Zwecke der Ausschließung eines unbekannten Berechtigten von der Befriedigung aus einem zugeteilten Betrag erfolgt die öffentliche Bekanntmachung des Aufgebots nach den für die öffentliche Bekanntmachung eines Versteigerungstermins geltenden Vorschriften. Die Befugnis des Gerichts zu einer Anordnung gemäß § 39 Abs 2 des ... [ZVG] besteht jedoch in diesem Falle ohne Rücksicht auf den Wert des Grundstücks.

(2) Die Aufgebotsfrist muß mindestens drei Monate betragen.

Zweiter Abschnitt. Zwangsversteigerung und Zwangsverwaltung von Bergwerkseigentum, unbeweglichen Bergwerksanteilen und selbständigen Kohlenabbaugerechtigkeiten im Wege der Zwangsvollstreckung

Art 15–21 [aufgehoben]

Dritter Abschnitt. Zwangsversteigerung und Zwangsverwaltung in besonderen Fällen

Art 22–27 [aufgehoben]

Art 28 [Zwangsverkauf eines Grundstücks] Auf den Verkauf eines Grundstücks nach den §§ 40, 58, 60 Teil I Titel 8 des Allgemeinen Landrechts finden die Vorschriften, die für die Zwangsversteigerung im Wege der Zwangsvollstreckung gelten, entsprechende Anwendung, soweit sich nicht aus den Artikeln 29 bis 32 ein anderes ergibt.

Art 29 [Antrag zu Art 28] (1) Antragsberechtigt ist die *Ortspolizeibehörde*.

(2) Der Antrag soll das Grundstück, den Eigentümer und die Tatsachen bezeichnen, welche das Recht zur Stellung des Antrags begründen. Die Vorschriften des Artikel 24 finden entsprechende Anwendung.

Art 30 [Befriedigungsrang bei Aufwendungen] Der Anspruch auf Ersatz der im § 43 Teil I Titel 8 des Allgemeinen Landrechts bezeichneten Verwendungen gewährt ein Recht auf Befriedigung aus dem Grundstücke vor allen anderen Ansprüchen.

Anmerkung: 1) Art 30 erweitert den in ZVG §§ 9, 10 festgesetzten Kreis der Beteiligten und Berechtigten (OLG Kiel JW 1930, 725; LG Berlin Rpfleger 1991, 519). Die berechtigte Behörde kann ihren Anspruch daher in jedem schon laufenden Versteigerungsverfahren geltend machen (OLG Kiel und LG Berlin je aO). Das Recht auf Befriedigung aus dem Grundstück vor allen anderen Ansprüchen (vor Rangklasse 1 von ZVG § 10 Abs 1) kann daher auch geltend gemacht werden, wenn schon ein von einem anderen Gläubiger betriebenes allgemeines Zwangsversteigerungsverfahren läuft (LG Berlin aaO). Die Behörde, der ein

1501

Anh T 53 Landesrecht

vorrangig zu befriedigender Anspruch zusteht, muß kein weiteres („besonderes") Zwangsversteigerungsverfahren (Zwangsverkauf) einleiten, um eine vorrangige Befriedigung zu erreichen (LG Berlin aaO). Berücksichtigung des Rechts auf Befriedigung vor allen anderen Ansprüchen erfordert (rechtzeitige, ZVG § 110) Anmeldung (ZVG §§ 9, 37 Nr. 4, §§ 45, 114); Beitritt (ZVG § 27) ist deswegen nicht erforderlich (offen gelassen von LG Berlin aaO).

2) Teil I Titel 8 § 43 PreußALR begründet für den Staat ein Recht auf vorrangige Befriedigung aus dem Versteigerungserlös nur für solche Verwendungen, die zur Abwendung dringender Gefahr aufgewendet sind, weil der Eigentümer eines Gebäudes seine Pflicht zur Unterhaltung und Wiederherstellung versäumt hat und eine Einsturzgefahr oder eine Gefahr für das Publikum bestanden hat. Eine analoge Anwendung auf Kosten für die behördliche Beseitigung sonstiger Gefahren, die von einem Grundstück ausgehen, wird nicht für möglich erachtet (LG Berlin aaO). Ein Recht auf vorrangige Befriedigung für Sanierungskosten beim Bodenaustausch eines ölverseuchten Geländes (Boden- und Grundwassersanierung) besteht daher nicht (LG Berlin aaO).

Art 31 [Kein geringstes Gebot, Versteigerungsbedingung] (1) Die Vorschriften über das geringste Gebot finden keine Anwendung.

(2) Das Gericht hat die Übernahme der Wiederherstellung des Gebäudes von Amts wegen als Versteigerungsbedingung zu bestimmen.

Art 32 [Angebote, ergebnislose Versteigerung] (1) Angebote nach den §§ 45 bis 47 Teil I Titel 8 des Allgemeinen Landrechts sind nur zu berücksichtigen, wenn sie im Versteigerungstermine geltend gemacht werden.

(2) Bleibt die Versteigerung ergebnislos, so ist der Zuschlag nach Maßgabe der §§ 45 bis 48 des bezeichneten Titels zu erteilen. Die Beschwerde gegen die Entscheidung über den Zuschlag kann auch auf die Verletzung einer dieser Vorschriften gestützt werden.

Vierter Abschnitt. Schluß- und Übergangsbestimmungen

Art 33 [gegenstandslos]

Art 34 [Satzungen der Kreditanstalten] Die Verfassungen und Satzungen der landschaftlichen *(ritterschaftlichen)* Kreditanstalten und der ... werden, auch soweit sie den Anstalten weitergehende Befugnisse gewähren, durch die Vorschriften dieses Gesetzes nicht berührt.

Art 35 [Verteilungsverfahren bei Zwangsenteignung] ... (Hier nicht abgedruckt)

Art 36–Art 41 ... (Die Vorschriften über das Verteilungs- und Vermittlungsverfahren sind hier nicht abgedruckt)

Art 42–47 [gegenstandslos]

T 54. Brandenburg

Landesgesetze über die Zwangsversteigerung und die Zwangsverwaltung wurden bislang nicht erlassen.

T 55. Brem ZVG-Ausführungsgesetz

Brem Gesetz zur Ausführung der Zivilprozeßordnung, der Konkursordnung und des Zwangsversteigerungsgesetzes vom 19. 3. 1963.
Brem GBl S 51 = Sammlung des Brem Rechts Nr 310–a–1
[Auszug]

Dritter Teil. Ausführung des Gesetzes über die Zwangsversteigerung und die Zwangsverwaltung

§ 5 [Öffentliche Lasten] (1) Öffentliche Lasten eines Grundstücks im Sinne des § 10 Absatz 1 Nr 3 und des § 156 Absatz 1 des . . . [ZVG] sind die Abgaben und Leistungen, die auf einem Grundstück ruhen und nicht auf einer privatrechtlichen Verpflichtung beruhen.

(2) Zu den öffentlichen Lasten gehören insbesondere die Leistungen zur Erfüllung der Deichpflicht, die Reallasten, welche den Grundbesitzern als Mitgliedern politischer oder kirchlicher Gemeinden zu den gemeinschaftlichen Anstalten und Einrichtungen obliegen, sowie die Verbindlichkeiten in Beziehung auf Straßen, Wege, Leinpfade, Flüsse, Gräben, Fleete, Brücken, Siele, Kanalisationsanlagen und dergleichen, die nach Gesetz, Satzung oder Herkommen zugunsten des Staates oder einer Gemeinde auf einem Grundstück ruhen.

§ 6 [Keine Sicherheitsleistung] Für Gebote von kommunalen Körperschaften, von Kreditanstalten des öffentlichen Rechts, von öffentlichen Sparkassen und für Gebote der Sparkasse in Bremen kann keine Sicherheitsleistung verlangt werden.

§ 7 [Aufgehoben]

T 56. Hamb ZVG-Ausführungsgesetz

Hamb Gesetz zur Ausführung des Gesetzes über die Zwangsversteigerung und die Zwangsverwaltung (HmbAGZVG) vom 17. 3. 1969.
Hmb GVBl S 33 = Sammlung des Hmb Landesrechts Nr 3101–1.

§ 1 [Grunddienstbarkeit] Eine Grunddienstbarkeit, die am 1. Februar 1900 bestanden hat, bleibt von der Zwangsversteigerung unberührt, auch wenn sie bei der Feststellung des geringsten Gebots nicht berücksichtigt ist. Für eine zur Zeit der Eintragung des Versteigerungsvermerks aus dem Grundbuch nicht ersichtliche Grunddienstbarkeit gilt diese Bestimmung nur dann, wenn entweder die Grunddienstbarkeit spätestens im Versteigerungstermin vor der Aufforderung zur Abgabe von Geboten angemeldet ist oder wenn mit der Grunddienstbarkeit das Halten einer dauernden Anlage verbunden ist.

§ 2 [Aufgehoben]

§ 3 [Wasserkosten] Die für die Wasserversorgung durch die Hamburger Wasserwerke Gesellschaft mit beschränkter Haftung zu entrichtenden Beträge sind öffentliche Lasten der Grundstücke. Solange an einem Grundstück ein Erbbaurecht besteht, ruht die öffentliche Last auf diesem.

§ 4 [Marschentwässerung] § 10 des Gesetzes über die Ent- und Bewässerung im Marschgebiet vom 7. März 1936 (Sammlung des bereinigten hamburgischen Landesrechts 232–q) erhält folgende Fassung:
„§ 10 Öffentliche Lasten der Grundstücke
Die Verpflichtungen der Grundeigentümer (§§ 3 bis 7) und die von ihnen zu erstattenden Kosten (§ 9) sind öffentliche Lasten der Grundstücke."

T 57. Hess ZVG-Ausführungsgesetz

Hess Ausführungsgesetz zur Zivilprozeßordnung und zum Gesetz über die Zwangsversteigerung und die Zwangsverwaltung vom 20. 12. 1960.
GVBl S 238 = Teil II Nr 210–15
[Auszug]

Zweiter Teil. Ausführung des Gesetzes über die Zwangsversteigerung und die Zwangsverwaltung

Erster Abschnitt. Zwangsversteigerung und Zwangsverwaltung von Grundstücken im Wege der Zwangsvollstreckung

Art 2 [Öffentliche Lasten] (1) Öffentliche Lasten eines Grundstücks im Sinne des § 10 Abs 1 Nr 3 und des § 156 Abs 1 des . . . [ZVG] sind die Abgaben und Leistungen, die auf dem Grundstück lasten und nicht auf einer privatrechtlichen Verpflichtung beruhen.

(2) Zu den öffentlichen Lasten gehören insbesondere:
1. Abgaben und Leistungen, die auf der Zugehörigkeit zu einer Gemeinde oder einem Gemeindeverband beruhen;
2. Kirchspielsumlagen sowie Abgaben und Leistungen, die aus dem Kirchen- und Pfarrverband entspringen oder an Kirchen, Pfarreien oder Kirchendienste zu entrichten sind;
3. Beiträge, die an Stiftungen, Anstalten und Körperschaften des öffentlichen Rechts, die einen gemeinnützigen Zweck verfolgen, sowie an öffentlich-rechtliche Brandversicherungsanstalten zu entrichten sind;
4. Beiträge, die an öffentlich-rechtliche Genossenschaften, deren Zweck in der Verbesserung der Bodenverhältnisse besteht, zu entrichten sind;
5. Beiträge und Gebühren zu öffentlichen Wege-, Wasser- und Uferbauten.

Art 3 [Vorlegung der Flurkarte] Dem Antrag auf Zwangsversteigerung soll für das betreffende Grundstück eine Abzeichnung der Flurkarte nach dem neuesten Stande beigefügt werden.

Art 4 [Nicht eingetragene Grundstücksrechte, Altenteil] (1) Die Rechte an dem Grundstück, die nach landesrechtlichen Vorschriften zur Wirksamkeit gegenüber dem öffentlichen Glauben des Grundbuchs der Eintragung nicht bedürfen, bleiben auch dann bestehen, wenn sie bei der Feststellung des geringsten Gebotes nicht berücksichtigt sind.

(2) Das gleiche gilt . . .[1] unbeschadet der Vorschrift des § 9 Abs 2 des Einführungsgesetzes zu dem . . . [ZVG] für die im Grundbuch als Leibgedinge, Leibzucht, Altenteil oder Auszug eingetragenen Dienstbarkeiten und Reallasten sowie für Grunddienstbarkeiten, die zur Wirksamkeit gegenüber dem öffentlichen Glauben des Grundbuchs der Eintragung nicht bedürfen.

Art 5 [Befreiung von der Sicherheitsleistung] Für ein Gebot einer Gemeinde, eines Gemeindeverbandes, des Landeswohlfahrtsverbandes Hessen, einer öffentlich-rechtlichen Kreditanstalt oder einer inländischen öffentlichen Sparkasse, die zur Anlegung von Mündelgeldern für geeignet erklärt ist, kann keine Sicherheitsleistung verlangt werden.

Art 6 [Außer Kraft]

---

[1] Auslassung gegestandslos durch die Neuregelungen des BBergG.

Hessen Anh T 57

Art 7 [Auszahlung des Erlöses] Ist in dem Termin zur Verteilung des Versteigerungserlöses oder eines im Zwangsversteigerungsverfahren erzielten Überschusses ein Berechtigter, dem nach dem Teilungsplan ein Betrag zugeteilt ist, nicht erschienen, so wird ihm der Betrag auf seine Kosten und Gefahr durch die Post an seinen Wohnsitz übersandt oder auf ein auf seinen Namen lautendes Postscheck- oder Bankkonto überwiesen.

Art 8 [Verteilung im Zwangsverwaltungsverfahren] Ist bei der Verteilung eines im Zwangsverwaltungsverfahren erzielten Überschusses ein Anspruch aus einem eingetragenen Recht zu berücksichtigen, wegen dessen der Berechtigte Befriedigung aus dem Grundstück lediglich im Wege der Zwangsverwaltung suchen kann, so ist in den Teilungsplan der ganze Betrag des Anspruchs aufzunehmen.

Art 9 [Aufgebotsverfahren] (1) In dem Aufgebotsverfahren zum Zwecke der Ausschließung eines unbekannten Berechtigten von der Befriedigung aus einem zugeteilten Betrag gelten für die öffentliche Bekanntmachung des Aufgebots die gleichen Vorschriften wie für die öffentliche Bekanntmachung eines Versteigerungstermins. Ist der zugeteilte Betrag gering, so kann das Gericht anordnen, daß das Einrücken unterbleibt und das Aufgebot lediglich an der Gerichtstafel angeheftet und in der Gemeinde, in deren Bezirk das Grundstück gelegen ist, ortsüblich bekanntgemacht wird.

(2) Die Aufgebotsfrist beträgt sechs Wochen. Die Frist beginnt mit dem ersten Einrücken in das Blatt, das der Minister der Justiz im Verwaltungswege bestimmt. Ordnet das Gericht an, daß das Einrücken unterbleibt, beginnt die Frist mit dem Anheften an die Gerichtstafel.

Zweiter Abschnitt. Zwangsversteigerung und Zwangsverwaltung von Bergwerkseigentum[2] und unbeweglichen Bergwerksanteilen

Erster Titel. Zwangsversteigerung und Zwangsverwaltung
im Wege der Zwangsvollstreckung

Art 10 [Besondere Vorschriften] Für die Zwangsversteigerung und Zwangsverwaltung eines Bergwerkseigentums . . . oder eines unbeweglichen Bergwerksanteils gelten die besonderen Vorschriften des Artikel 11 bis 15.

Art 11 [Beteiligte] Zu den Beteiligten gehört der Repräsentant oder Grubenvorstand.

Art 12 [Lohnansprüche] Die Ansprüche der im Bergbau Beschäftigten auf Lohn und andere Bezüge gewähren wegen der laufenden und der aus dem letzten Jahre rückständigen Beträge ein Recht auf Befriedigung in der zweiten Klasse.

Art 13 [Vorlage der Verleihungsurkunde] Dem Antrag auf Zwangsversteigerung oder Zwangsverwaltung ist eine oberbergamtlich, gerichtlich oder notariell beglaubigte Abschrift der Verleihungsurkunde des Bergwerkseigentums beizufügen, sofern der Beibringung nicht unüberwindliche Hindernisse entgegenstehen.

Art 14 [Umfang der Beschlagnahme] Die Beschlagnahme im Zwangsversteigerungsverfahren umfaßt nicht die bereits gewonnenen Mineralien.

Art 15 [Inhalt der Terminsbestimmung] Ist ein Bergwerkseigentum oder ein unbeweglicher Bergwerksanteil zu versteigern, so soll die Terminsbestimmung

---

[2] Auslassungen bei den Art 10, 16 und 19 durch die Neuregelungen des BBergG gegenstandslos.

außer dem Grundbuchblatt den Namen des Bergwerks sowie die Mineralien, auf die das Bergwerkseigentum verliehen ist, bezeichnen und im Falle der Versteigerung eines unbeweglichen Bergwerksanteils auch die Zahl der Kuxen angeben, in die das Bergwerk geteilt ist. Außerdem soll die Terminsbestimmung die Größe des Feldes angeben und seine Lage näher bezeichnen.

Zweiter Titel. Zwangsversteigerung in besonderen Fällen

Art 16 [Anzuwendende Vorschriften] Auf die Zwangsversteigerung eines Bergwerks oder eines unbeweglichen Bergwerksanteils nach den §§ . . .234 und 235 g des Allgemeinen Berggesetzes für das Land Hessen finden die Vorschriften, die für die Zwangsversteigerung von Grundstücken im Wege der Zwangsvollstreckung gelten, entsprechende Anwendung, soweit sich nicht aus den Art 17 bis 20 ein anderes ergibt.

Art 17 [Glaubhaftmachung, Zustellungen] (1) Der Antragsteller hat die Tatsachen, die sein Recht zur Stellung des Antrags begründen, durch Urkunden glaubhaft zu machen, soweit diese Tatsachen nicht bei dem Gericht offenkundig sind.

(2) Ist der Antrag von einem nach § 159 Abs 1 des Allgemeinen Berggesetzes für das Land Hessen Berechtigten gestellt, so sind mit dem Beschluß, durch den die Zwangsversteigerung angeordnet wird, der Antrag und, wenn der Berechtigte nicht im Grundbuch eingetragen ist, die im Abs 1 bezeichneten Urkunden dem Bergwerkseigentümer zuzustellen.

Art 18 [Antrag des Bergwerkseigentümers] Auf Antrag des Bergwerkseigentümers darf die Zwangsversteigerung nur angeordnet werden, wenn der Antragsteller als Eigentümer im Grundbuch eingetragen oder wenn er der Erbe des eingetragenen Eigentümers ist.

Art 19 [Keine Beschlagnahmewirkung] Ist die Zwangsversteigerung eines Bergwerks auf Antrag des Bergwerkseigentümers oder die Zwangsversteigerung eines unbeweglichen Bergwerksanteils auf Antrag der Gewerkschaft angeordnet . . . so gilt der Beschluß, durch den das Verfahren angeordnet wird, nicht als Beschlagnahme. Im Sinne der §§ 13 und 55 des Gesetzes über die Zwangsversteigerung und die Zwangsverwaltung ist jedoch die Zustellung des Beschlusses an den Antragsteller als Beschlagnahme anzusehen.

Art 20 [Kein geringstes Gebot, Barzahlung des Meistgebots] Die Vorschriften über das geringste Gebot finden keine Anwendung. Das Meistgebot ist in seinem ganzen Betrag durch Zahlung zu berichtigen.

T 58. Mecklenburg-Vorpommern

Landesgesetze über die Zwangsversteigerung und Zwangsverwaltung wurden bislang nicht erlassen.

T 59. Niedersächs ZVG-Ausführungsgesetz

Niedersächs [früheres Preuß] Ausführungsgesetz zum Gesetz über die Zwangsversteigerung und die Zwangsverwaltung vom 23. 9. 1899.
NdsGVBl Sonderband III S 172.

[In Teilgebieten von Niedersachsen gelten außerdem noch andere Gesetze weiter, nämlich: für ehem braunschweigische Gebiete: Ausführungsgesetz zum Reichsgesetz über die Zwangsversteigerung und Zwangsverwaltung, vom 12. 6. 1899,

Niedersachsen   Anh T 59

NdsGVBl Sonderband III S 182 (mit Änderungen), für ehem oldenburgische Gebiete Gesetz für das Herzogthum Oldenburg zur Ausführung der Civilprozeßordnung und des Gesetzes über die Zwangsversteigerung und die Zwangsverwaltung, vom 15. 5. 1899, NdsGVBl Sonderband III S 183, sowie für ehem hamburgische Gebiete Gesetz betr Ausführung des Reichsgesetzes über die Zwangsversteigerung und die Zwangsverwaltung, vom 14. 7. 1899, NdsGVBl Sonderband III S 184]

Erster Abschnitt. Zwangsversteigerung und Zwangsverwaltung von Grundstücken im Wege der Zwangsvollstreckung

Art 1 [Öffentliche Lasten] (1) Öffentliche Lasten eines Grundstücks im Sinne des § 10 Abs 1 Nr 3 und des § 156 Abs 1 des... [ZVG] sind:
1. die zur Erfüllung der Deichpflicht erforderlichen Beiträge und Leistungen, ohne Unterschied, ob sie von der zuständigen Staatsbehörde ausgeschrieben sind oder aus der auf einem Deichverbande beruhenden Deichpflicht entspringen;
2. die auf einem nicht privatrechtlichen Titel beruhenden Abgaben und Leistungen, die auf dem Grundstücke nach Gesetz oder Verfassung haften (gemeine Lasten).

(2) [gegenstandslos]

Art 2 [Gemeine Lasten] Zu den gemeinen Lasten gehören namentlich:
1. Abgaben und Leistungen, die aus dem Kommunal-, Kirchen-, Pfarr- oder Schulverband entspringen oder an Kirchen, Pfarren, Schulen, Kirchen- oder Schulbediente zu entrichten sind;
2. Beiträge, die aus der Verpflichtung zu öffentlichen Wege-, Wasser- oder Uferbauten entstehen;
3. Beiträge, die an öffentliche Meliorationsgenossenschaften [Flurbereinigungsgenossenschaften] oder andere einen gemeinnützigen Zweck verfolgende Körperschaften des öffentlichen Rechts, insbesondere an Verbände, welche die Versicherung ihrer Mitglieder gegen den durch Brand, Hagelschlag oder Viehsterben entstehenden Schaden bezwecken, zu entrichten sind;
4. diejenigen Beiträge zur Entschädigung oder zu den Kosten der Schutzanlagen, welche nach Maßgabe des Gesetzes, betreffend Schutzwaldungen und Waldgenossenschaften,[3] vom 6. Juli 1875 den Eigentümern gefährdeter oder gefahrbringender Grundstücke auferlegt sind.

Art 3 [Öffentlichen Lasten gleichstehend] (1) In Ansehung des Rechtes auf Befriedigung aus dem Grundstücke stehen den öffentlichen Lasten gleich:
1. die an den Rentenbanken oder die Tilgungskassen abgetretenen Renten, die Landesrentenbankrenten der *Preußischen Landesrentenbank* [jetzt: Deutschen Landesrentenbank] sowie die an die Staatskasse zu entrichtenden Ablösungsrenten;
2. wenn das Grundstück bei einer Auseinandersetzung beteiligt ist, die im § 7 Nr 6 des Gesetzes über das Kostenwesen in Auseinandersetzungssachen vom 24. Juni 1875 bezeichneten Kosten und Terminalvorschüsse auch außerhalb des ursprünglichen Geltungsbereichs des genannten Gesetzes.

(2) [gegenstandslos]

Art 4 [Vorlage von Katasterauszügen] (1) Dem Antrag auf Zwangsversteigerung soll ein das Grundstück betreffender neuester Auszug aus der Grundsteuermutterrolle und der Gebäudesteuerrolle beigefügt werden, soweit er nach Lage der Rollen erteilt werden kann.

(2) [gegenstandslos]

---

[3] Dieses Gesetz ist aufgehoben. Jetzt Landeswaldgesetz vom 19. 7. 1978, NdsGVBl Seite 595, geändert durch Gesetz vom 20. 3. 1981 (§ 68), NdsGVBl Seite 31.

Anh T 59 Landesrecht

Art 5 [Bekanntmachung der Terminsbestimmung] Für die Bekanntmachung der Terminsbestimmung wird der Anzeiger des Amtsblatts bestimmt.

Art 6 [Nicht eingetragene Grundbuchrechte, Altenteil] (1) Die Rechte an dem Grundstücke, die nach . . . landesgesetzlichen Vorschriften zur Wirksamkeit gegenüber dem öffentlichen Glauben des Grundbuchs der Eintragung nicht bedürfen, bleiben auch dann bestehen, wenn sie bei der Feststellung des geringsten Gebots nicht berücksichtigt sind.

(2) Das gleiche gilt, unbeschadet der Vorschrift des § 9 Abs 2 des Einführungsgesetzes zum Reichsgesetze, von dem im Grundbuch als Leibgedinge, Leibzucht, Altenteil oder Auszug eingetragenen Dienstbarkeiten und Reallasten sowie von Grunddienstbarkeiten, die zur Wirksamkeit gegenüber dem öffentlichen Glauben des Grundbuchs der Eintragung nicht bedürfen.

Art 7 [Mieter, Pächter] (1) Ist das Grundstück vor dem Inkrafttreten des Bürgerlichen Gesetzbuchs einem Mieter oder Pächter überlassen, so finden die Vorschriften des § 57 des . . . [ZVG] Anwendung.

(2) Weitergehende Rechte eines Mieters oder Pächters, die sich aus den bisherigen Gesetzen ergeben, bleiben unberührt.

Art 8 [gegenstandslos]

Art 9 [Befreiung von Sicherheitsleistung] Für ein Gebot einer Gemeinde oder eines Gemeindeverbandes, der *Preußischen* Staatsbank *(Seehandlung),* der *Preußischen* [Deutschen] Zentralgenossenschaftskasse, der *Preußischen Landesrentenbank* [Deutschen Landesrentenbank], der *Preußischen* [Deutschen] Landespfandbriefanstalt, einer landschaftlichen, *ritterschaftlichen,* städtischen, stadtschaftlichen, *provinzialen* oder sonstigen öffentlich-rechtlichen Kreditanstalt oder einer öffentlichen Sparkasse kann Sicherheitsleistung nicht verlangt werden.

Art 10 [Außer Kraft]

Art 11 [Auszahlung des Versteigerungserlöses] (1) [aufgehoben]

(2) Auf Antrag des Berechtigten ist die Auszahlung durch ein ersuchtes Gericht zu bewirken . . . [Rest aufgehoben].

Art 12 [Vollstreckung landschaftlicher Kreditanstalten] (1) Im Falle des § 6 Abs 2 des Gesetzes, betreffend die Zwangsvollstreckung aus Forderungen landschaftlicher *(ritterschaftlicher)* Kreditanstalten . . . findet die Vorschrift des § 155 Abs 1 des . . . [ZVG] auch auf die Ausgaben und Kosten der durch die Kreditanstalt eingeleiteten Zwangsverwaltung Anwendung.

(2) Der Kreditanstalt steht wegen ihrer Ausgaben zur Erhaltung oder nötigen Verbesserung des Grundstücks ein Recht auf Befriedigung nach § 10 Abs 1 Nr 1 des . . . [ZVG] auch insoweit zu, als sie die Ausgaben während der von ihr eingeleiteten Zwangsverwaltung aufgewendet hat. Im Falle der Zwangsversteigerung gilt dies auch dann, wenn die von der Kreditanstalt eingeleitete Zwangsverwaltung bis zum Zuschlage fortdauert.

(3) Die Kreditanstalt ist berechtigt, von den im Abs 2 bezeichneten Ausgaben seit der Zeit der Aufwendung Zinsen mit dem Range des Anspruchs auf Ersatz der Ausgaben in Ansatz zu bringen.

Art 13 [Zwangsverwaltungs-Verteilung] Ist bei der Verteilung eines im Zwangsverwaltungsverfahren erzielten Überschusses ein Anspruch aus einem eingetragenen Rechte zu berücksichtigen, wegen dessen der Berechtigte Befriedigung aus dem Grundstücke lediglich im Wege der Zwangsverwaltung suchen kann, so ist in den Teilungsplan der ganze Betrag des Anspruchs aufzunehmen.

Art 14 [außer Kraft]

Zweiter Abschnitt. Zwangsversteigerung und Zwangsverwaltung von Bergwerkseigentum, unbeweglichen Bergwerksanteilen und *selbständigen Kohlenabbaugerechtigkeiten* im Wege der Zwangsvollstreckung

Art 15 [Besondere Vorschriften] Für die Zwangsversteigerung und die Zwangsverwaltung eines Bergwerkseigentums, eines unbeweglichen Bergwerksanteils ... [sonst gegenstandslos] gelten die besonderen Vorschriften der Artikel 16 bis 21.

Art 16 [Zusätzliche Beteiligte] Zu den Beteiligten gehört in jedem Falle der Repräsentant oder Grubenvorstand.

Art 17 [Lohnansprüche, Knappschafts-, Krankenkassenbeiträge] (1) Die Ansprüche der zum Betriebe des Bergbaues angenommen, in einem Dienst- oder Arbeitsverhältnis stehenden Personen, insbesondere der Bergleute und der Betriebsbeamten, auf Lohn und andere Bezüge gewähren wegen der laufenden und der aus dem letzten Jahre rückständigen Beträge ein Recht auf Befriedigung in der zweiten Klasse.

(2) [aufgehoben]

Art 18 [Vorlage der Verleihungsurkunde] Dem Antrag auf Zwangsversteigerung oder Zwangsverwaltung ist eine oberbergamtlich, gerichtlich oder notariell beglaubigte Abschrift der Verleihungsurkunde des Bergwerkes ... [Rest gegenstandslos] beizufügen ... [Rest gegenstandslos].

Art 19 [Umfang der Beschlagnahme] Die Beschlagnahme im Zwangsversteigerungsverfahren umfaßt nicht die bereits gewonnenen Mineralien.

Art 20 [Inhalt der Terminsbestimmung] (1) Ist ein Bergwerkseigentum oder ein unbeweglicher Bergwerksanteil zu versteigern, so soll die Terminsbestimmung außer dem Grundbuchblatte den Namen des Bergwerkes sowie die Mineralien, auf die das Bergwerkseigentum verliehen ist, bezeichnen und im Falle der Versteigerung eines Bergwerksanteils auch die Zahl der Kuxe angeben, in welche das Bergwerk geteilt ist.

(2) Außerdem soll die Terminsbestimmung eine Angabe der Feldgröße, des Kreises, in welchem das Feld liegt, und der dem Werke zunächst gelegenen Stadt enthalten ... [Rest gegenstandslos]

Art 21 [Wert des Verfahrensgegenstands] Ist der Wert des Gegenstandes des Verfahrens festzustellen, so erfolgt die Feststellung durch das Gericht nach freiem Ermessen, nötigenfalls unter Zuziehung des zuständigen Revierbeamten.

Dritter Abschnitt. Zwangsversteigerung und Zwangsverwaltung in besonderen Fällen

Art 22 [Anzuwendende Vorschriften] Die Vorschriften der §§ 172 bis 184 des ... [ZVG] gelten mit den Änderungen, die sich aus dem ersten und zweiten Abschnitte dieses Gesetzes ergeben, auch für Bergwerkseigentum, unbewegliche Bergwerksanteile *und selbständige Gerechtigkeiten*.

Art 23 [Besondere Versteigerungen] Auf die Zwangsversteigerung eines Bergwerks oder eines Bergwerksanteils nach den §§ *159, 161, 162, 234, 235 g des Allgemeinen Berggesetzes* finden die Vorschriften, die für die Zwangsversteigerung im Wege der Zwangsvollstreckung gelten, entsprechende Anwendung, soweit sich nicht aus den Artikel 24 bis 27 ein anderes ergibt.

Art 24 [Glaubhaftmachung, Zustellung von Urkunden] (1) Der Antragsteller hat die Tatsachen, welche sein Recht zur Stellung dieses Antrags begründen, soweit sie nicht bei dem Gericht offenkundig sind, durch Urkunden glaubhaft zu machen.

(2) Ist der Antrag von einem nach § *159 Abs 1 des Allgemeinen Berggesetzes* Berechtigten gestellt, so sind mit dem Beschlusse, durch den die Zwangsversteigerung angeordnet wird, wenn der Antrag und, wenn der Berechtigte nicht im Grundbuch eingetragen ist, die im Abs 1 bezeichneten Urkunden dem Bergwerkseigentümer zuzustellen.

Art 25 [Versteigerung auf Antrag des Eigentümers] Auf Antrag des Bergwerkseigentümers darf die Zwangsversteigerung nur angeordnet werden, wenn der Antragsteller als Eigentümer im Grundbuch eingetragen oder wenn er Erbe des eingetragenen Eigentümers ist.

Art 26 [Keine Beschlagnahmewirkung] Ist die Zwangsversteigerung eines Bergwerkes auf Antrag des Bergwerkseigentümers oder die Zwangsversteigerung eines Bergwerksanteils auf Antrag der Gewerkschaft angeordnet oder hat der Bergwerkseigentümer nach den §§ *161, 162 des Allgemeinen Berggesetzes* auf das Bergwerkseigentum verzichtet, so gilt der Beschluß, durch den das Verfahren angeordnet wird, nicht als Beschlagnahme. Im Sinne der §§ 13, 55 des . . . [ZVG] ist jedoch die Zustellung des Beschlusses an den Antragsteller als Beschlagnahme anzusehen.

Art 27 [Kein geringstes Gebot, Barzahlung des Meistgebots] Die Vorschriften über das geringste Gebot finden keine Anwendung. Das Meistgebot ist in seinem ganzen Betrage durch Zahlung zu berichtigen.

Art 28 [Zwangsverkauf eines Grundstücks] Auf den Verkauf eines Grundstücks nach den §§ 40, 58, 60 Teil I Titel 8 des Allgemeinen Landrechts finden die Vorschriften, die für die Zwangsversteigerung im Wege der Zwangsvollstreckung gelten, entsprechende Anwendung, soweit sich nicht aus den Artikeln 29 bis 32 ein anderes ergibt.

Art 29 [Antrag zu Art 28] (1) Antragsberechtigt ist die *Ortspolizeibehörde*.
(2) Der Antrag soll das Grundstück, den Eigentümer und die Tatsachen bezeichnen, welche das Recht zur Stellung des Antrags begründen. Die Vorschriften des Artikel 24 finden entsprechende Anwendung.

Art 30 [Befriedigungsrang bei Aufwendungen] Der Anspruch auf Ersatz der im § 43 Teil I Titel 8 des Allgemeinen Landrechts bezeichneten Verwendungen gewährt ein Recht auf Befriedigung aus dem Grundstücke vor allen anderen Ansprüchen.

Art 31 [Kein geringstes Gebot, Versteigerungsbedingung] (1) Die Vorschriften über das geringste Gebot finden keine Anwendung.
(2) Das Gericht hat die Übernahme der Wiederherstellung des Gebäudes von Amts wegen als Versteigerungsbedingung zu bestimmen.

Art 32 [Angebote, ergebnislose Versteigerung] (1) Angebote nach den §§ 45 bis 47 Teil I Titel 8 des Allgemeinen Landrechts sind nur zu berücksichtigen, wenn sie im Versteigerungstermine geltend gemacht werden.

Nordrhein-Westfalen **Anh T 60**

(2) Bleibt die Versteigerung ergebnislos, so ist der Zuschlag nach Maßgabe der §§ 45 bis 48 des bezeichneten Titels zu erteilen. Die Beschwerde gegen die Entscheidung über den Zuschlag kann auch auf die Verletzung einer dieser Vorschriften gestützt werden.

Vierter Abschnitt. Schluß- und Übergangsbestimmungen

Art 33 [gegenstandslos]

Art 34 [Satzungen der Kreditanstalten] Die Verfassungen und Satzungen der landschaftlichen *(ritterschaftlichen)* Kreditanstalten und der ... werden, auch soweit sie den Anstalten weitergehende Befugnisse gewähren, durch die Vorschriften dieses Gesetzes nicht berührt.

Art 35 [Verteilungsverfahren bei Zwangsenteignung] ... (Hier nicht abgedruckt)

Art 36–Art 41 ... (Die Vorschriften über das Verteilungs- und Vermittlungsverfahren sind hier nicht abgedruckt)

Art 42–47 [gegenstandslos]

Art 48 [Inkrafttreten] (1) Dieses Gesetz tritt zugleich mit dem ... [ZVG] in Kraft.
(2) [gegenstandslos]

T 60. Nordrhein Westfäl Landschaftliche-Kreditanstalten–Gesetz

Nordrhein Westfäl [früheres Preuß] Gesetz, betreffend die Zwangsvollstreckung aus Forderungen landschaftlicher ... Kreditanstalten vom 3. 8. 1897 Sammlung des in Nordrhein-Westfalen geltenden preußischen Rechts – PrGS. NW. – Nr 760.

[Gilt entsprechend in **Schleswig-Holstein**, Sammlung des SchleswHolst Landesrechts Nr B 762][4]

§ 1 [Vollstreckungsrecht] (1) Für öffentliche landschaftliche ... Kreditanstalten kann mit Genehmigung der Landesregierung durch Satzung bestimmt werden:
1. daß der Anstalt als Vollstreckungsbehörde ein Zwangsvollstreckungsrecht nach Maßgabe dieses Gesetzes zustehen soll;
2. [Aufgehoben]
(2) ...
(3) Beruht die Verfassung der Anstalt unmittelbar auf Gesetz, so können die im Absatz 1 erwähnten Bestimmungen durch Verordnung der Landesregierung getroffen werden.

§ 2 [Beschränkung des Vollstreckungsrechts] Das Zwangsvollstreckungsrecht ist auf die Beitreibung fälliger Forderungen an Darlehenskapitalien und Zinsen, an Tilgungsbeiträgen und auf sonstige durch die Satzung vorgesehene Leistungen beschränkt. Es kann nur gegen Schuldner, welche Eigentümer des beliehenen Grundstückes sind, geltend gemacht werden.

§ 3 [Befugnisse] (1) Kraft des Zwangsvollstreckungsrechtes ist die Anstalt befugt, die Zwangsvollstreckung in das bewegliche Vermögen des Schuldners zu betreiben.

---

[4] Aufgehoben in Niedersachsen durch das NVwVG vom 2. Juni 1982, Nieders. GVBl 139.

(2) Der Anstalt kann auch die Befugnis beigelegt werden, das beliehene Grundstück in Zwangsverwaltung zu nehmen. In diesem Falle ist die Anstalt befugt, die Zwangsvollstreckung in das bewegliche Vermögen und die Zwangsverwaltung zusammen oder einzeln zur Ausführung zu bringen.

§ 4 [Gerichtliche Zwangsversteigerung] Gleichzeitig mit den im § 3 bezeichneten Maßregeln kann die Anstalt die gerichtliche Zwangsversteigerung des beliehenen Grundstückes betreiben. Der vollstreckbare Schuldtitel wird durch den Antrag auf Zwangsversteigerung ersetzt. Der Antrag soll das Grundstück, den Eigentümer und den Anspruch bezeichnen.

§ 5 [Anzuwendende Vorschriften] (1) Die Zwangsvollstreckung in das bewegliche Vermögen des Schuldners erfolgt nach den Vorschriften des Verwaltungsvollstreckungsgesetzes für das Land Nordrhein-Westfalen [jetzt] vom 13. 5. 1980 . . .

(2) Das Verfahren der Zwangsverwaltung ist, soweit nicht hierüber in diesem Gesetz Bestimmungen getroffen sind, durch Satzung zu regeln. Die Regelung soll im Anschluß an die Vorschriften des . . . [ZVG] erfolgen.

(3) Bestreitet der Schuldner die Verbindlichkeit zur Entrichtung der geforderten Geldbeträge, so bleibt ihm überlassen, seine Rechte im Wege der Klage geltend zu machen.

§ 6 [Einleitung und Ende der Zwangsverwaltung] (1) Die Einleitung einer Zwangsverwaltung durch die Anstalt ist ausgeschlossen, solange eine gerichtliche Zwangsverwaltung anhängig ist.

(2) Eine durch die Anstalt eingeleitete Zwangsverwaltung endigt, wenn wegen des Anspruchs eines anderen Gläubigers die gerichtliche Zwangsverwaltung angeordnet wird.

(3) [Gegenstandslos]

(4) Die Anstalt kann auf Ersuchen des Gerichts die dem letzteren durch §§ 150, 153, 154 des . . . [ZVG] zugewiesene Tätigkeit bezüglich land- oder forstwirtschaftlicher Grundstücke übernehmen; bezüglich der von ihr beliehenen Grundstücke kann ihr mit Genehmigung der Landesregierung durch Satzung ein Recht auf Überweisung dieser Tätigkeit beigelegt werden.

§ 7 [Arrest] (1) Liegen die Voraussetzungen vor, unter denen nach §§ 1134 und 1135 des Bürgerlichen Gesetzbuches das Gericht gegen den Schuldner einzuschreiten haben würde, so ist die Anstalt befugt, unter entsprechender Anwendung der Vorschriften des Verwaltungsvollstreckungsgesetzes für das Land Nordrhein-Westfalen . . . den Arrest in das bewegliche Vermögen des Schuldners vollziehen zu lassen. Steht der Anstalt die Befugnis zu, das beliehene Grundstück in Zwangsverwaltung zu nehmen, so kann sie auch diese Maßregel im Wege des Arrestes zur Ausführung bringen.

(2) Wird von dem Schuldner die Rechtmäßigkeit des Arrestes bestritten, so ist der Widerspruch im Wege der Klage geltend zu machen.

§ 8 [Keine Anmeldepflicht für die Anstaltsansprüche] (1) Bei einer Zwangsverwaltung oder Zwangsversteigerung, bei welcher eine landschaftliche . . . Kreditanstalt beteiligt ist, brauchen Ansprüche, welche nach § 2 dem Zwangsvollstreckungsrechte der Anstalt unterliegen, auch insoweit, als sie aus dem Grundbuche nicht hervorgehen, weder zum Zwecke ihrer Berücksichtigung bei Feststellung des geringsten Gebotes, noch zum Zwecke ihrer Aufnahme in den Teilungsplan glaubhaft gemacht zu werden.

(2) Durch den Widerspruch, welchen bei der Verhandlung über den Teilungsplan ein anderer Beteiligter gegen einen Anspruch der bezeichneten Art erhebt, wird

die Ausführung des Planes nicht aufgehalten. Dem widersprechenden Beteiligten bleibt es überlassen, seine Rechte nach erfolgter Auszahlung im Wege der Klage geltend zu machen.

§ 9 [Anwendung des § 8 auf § 5] Führt die von einer landschaftlichen ... Kreditanstalt in Gemäßheit des § 5 Abs 1 betriebene Zwangsvollstreckung zu einem Verteilungsverfahren, so finden die Vorschriften des § 8 entsprechende Anwendung.

§ 10 [Gerichtliche Zwangsvollstreckung aus § 1] (1) Auf die gerichtliche Zwangsvollstreckung aus den im § 1 Absatz 1 Ziffer 2 vorgesehenen Urkunden finden die Vorschriften über die Zwangsvollstreckung aus notariellen Urkunden entsprechende Anwendung.

(2) In den Fällen des § 726 Abs 1, der §§ 727 bis 729, 738, 742, 744, des 745 Abs 2 und des § 749 der Zivilprozeßordnung ist die vollstreckbare Ausfertigung nur auf Anforderung des Amtsgerichts zu erteilen, in dessen Bezirk die Anstalt ihren Sitz hat.

§ 11 [Altes Vollstreckungsrecht] Die Vorschriften der §§ 7 bis 9 können mit Genehmigung der Landesregierung durch Satzung auch für solche landschaftliche ... Kreditanstalten eingeführt werden, denen schon vor dem Inkrafttreten dieses Gesetzes ein Zwangsvollstreckungsrecht im Sinne des § 1 Ziffer 1 zustand.

§ 12 [Alte Satzungen] Die beim Inkrafttreten dieses Gesetzes geltenden Verfassungen und Satzungen der landschaftlichen ... Kreditanstalten werden, auch soweit sie den Anstalten weitergehende Befugnisse gewähren, durch die Vorschriften dieses Gesetzes nicht berührt.

§ 13 [Alte Kreditanstalten] Die Vorschriften dieses Gesetzes über die Zwangsversteigerung und die gerichtliche Zwangsverwaltung von Grundstücken gelten nach dem Inkrafttreten des Bürgerlichen Gesetzbuches nur für die zur Zeit dieses Inkrafttretens bestehenden Kreditanstalten.

T 61. Nordrhein Westfäl ZVG-Ausführungsgesetz

Nordrhein Westfäl [früheres Preuß] Ausführungsgesetz zum Reichsgesetz
über die Zwangsversteigerung und die Zwangsverwaltung vom 23. 9. 1899.
Sammlung des in Nordrhein-Westfalen geltenden preußischen Rechts –
PrGS. NW. – Nr 321
geändert durch Art 1 des RBG 1984 vom 18. 12. 1984 (GV. NW. 806)

Erster Abschnitt. Zwangsversteigerung und Zwangsverwaltung von Grundstücken im Wege der Zwangsvollstreckung

Art 1 [Öffentliche Lasten] (1) Öffentliche Lasten eines Grundstücks im Sinne des § 10 Abs 1 Nr 3 und des § 156 Abs 1 des ... [ZVG] sind:
1. die zur Erfüllung der Deichpflicht erforderlichen Beiträge und Leistungen, ohne Unterschied, ob sie von der zuständigen Staatsbehörde ausgeschrieben sind oder aus der auf einem Deichverbande beruhenden Deichpflicht entspringen;
2. die auf einem nicht privatrechtlichen Titel beruhenden Abgaben und Leistungen, die auf dem Grundstücke nach Gesetz oder Verfassung haften (gemeine Lasten).

(2) [Gegenstandslos]

Art 2 [Gemeine Lasten] Zu den gemeinen Lasten gehören namentlich:
1. Abgaben und Leistungen, die aus dem Kommunal-, Kirchen-, Pfarr- oder Schulverband entspringen oder an Kirchen, Pfarren, Schulen, Kirchen- oder Schulbediente zu entrichten sind;
2. Beiträge, die aus der Verpflichtung zu öffentlichen Wege-, Wasser- oder Uferbauten entstehen;
3. Beiträge, die an öffentliche Meliorationsgenossenschaften oder andere einen gemeinnützigen Zweck verfolgende Körperschaften des öffentlichen Rechtes, insbesondere an Verbände, welche die Versicherung ihrer Mitglieder gegen den durch Brand, Hagelschlag oder Viehsterben entstehenden Schaden bezwecken, zu entrichten sind;
4. diejenigen Beiträge zur Entschädigung oder zu den Kosten der Schutzanlagen, welche nach Maßgabe des Gesetzes, betreffend Schutzwaldungen und Waldgenossenschaften, vom 6. Juli 1875 den Eigentümern gefährdeter oder gefahrbringender Grundstücke auferlegt sind.

Art 3 [Öffentlichen Lasten gleichstehend] (1) In Ansehung des Rechtes auf Befriedigung aus dem Grundstücke stehen den öffentlichen Lasten gleich:
1. die an die Rentenbanken oder die Tilgungskassen abgetretenen Renten, die Landesrentenbankrenten der *Preußischen Landesrentenbank* [jetzt: Deutschen Landesrentenbank] sowie die an die Staatskasse zu entrichtenden Ablösungsrenten;
2. wenn das Grundstück bei einer Auseinandersetzung beteiligt ist, die im § 7 Nr 6 des Gesetzes über das Kostenwesen in Auseinandersetzungssachen vom 24. Juni 1875 bezeichneten Kosten und Terminalvorschüsse auch außerhalb des ursprünglichen Geltungsbereichs des genannten Gesetzes.

(2) [Gegenstandslos]

Art 4 [Vorlage von Katasterauszügen] (1) Dem Antrag auf Zwangsversteigerung soll ein das Grundstück betreffender neuester Auszug aus der Grundsteuermutterrolle und der Gebäudesteuerrolle beigefügt werden, soweit er nach Lage der Rollen erteilt werden kann.

(2) [Gegenstandslos]

Art 5 [Bekanntmachung der Terminsbestimmung] Für die Bekanntmachung der Terminsbestimmung wird der Anzeiger des Amtsblatts bestimmt.

Art 6 [Nicht eingetragene Grundbuchrechte, Altenteil] (1) Die Rechte an dem Grundstücke, die nach Artikel 22 des Ausführungsgesetzes zum Bürgerlichen Gesetzbuch [Bereinigte Sammlung des Nordrhein Westfäl Landesrechts Nr 40] oder nach sonstigen landesgesetzlichen Vorschriften zur Wirksamkeit gegenüber dem öffentlichen Glauben des Grundbuchs der Eintragung nicht bedürfen, bleiben auch dann bestehen, wenn sie bei der Feststellung des geringsten Gebots nicht berücksichtigt sind.

(2) Das gleiche gilt, unbeschadet der Vorschrift des § 9 Abs 2 des Einführungsgesetzes zum Reichsgesetze, von den im Grundbuch als Leibgedinge, Leibzucht, Altenteil oder Auszug eingetragenen Dienstbarkeiten und Reallasten sowie von Grunddienstbarkeiten, die zur Wirksamkeit gegenüber dem öffentlichen Glauben des Grundbuchs der Eintragung nicht bedürfen.

Art 7 [Mieter, Pächter] (1) Ist das Grundstück vor dem Inkrafttreten des Bürgerlichen Gesetzbuchs einem Mieter oder Pächter überlassen, so finden die Vorschriften des § 57 des Reichsgesetzes Anwendung.

(2) Weitergehende Rechte eines Mieters oder Pächters, die sich aus den bisherigen Gesetzen ergeben, bleiben unberührt.

Nordrhein-Westfalen **Anh T 61**

Art 8 [Gegenstandslos]

Art 9 [Befreiung von Sicherheitsleistung] Für ein Gebot einer Gemeinde oder eines Gemeindeverbandes, der Preußischen Staatsbank *(Seehandlung)*, der Preußischen [Deutschen] Zentralgenossenschaftskasse, der *Preußischen Landesrentenbank* [Deutschen Landesrentenbank], der *Preußischen* [Deutschen] Landespfandbriefanstalt, einer landschaftlichen, *ritterschaftlichen,* stadtschaftlichen, städtischen, *provinzialen* oder sonstigen öffentlich-rechtlichen Kreditanstalt oder einer öffentlichen Sparkasse kann Sicherheitsleistung nicht verlangt werden.

Art 10 [Gestrichen]

Art 11 [Auszahlung des Versteigerungserlöses] (1) [aufgehoben]
(2) Auf Antrag des Berechtigten ist die Auszahlung durch ein ersuchtes Gericht zu bewirken . . . [Rest aufgehoben].

Art 12 [Vollstreckung landschaftlicher Kreditanstalten] (1) Im Falle des § 6 Abs 2 des Gesetzes, betreffend die Zwangsvollstreckung aus Forderungen landschaftlicher *(ritterschaftlicher)* Kreditanstalten . . . findet die Vorschrift des § 155 Abs 1 des . . . [ZVG] auch auf die Ausgaben und Kosten der durch die Kreditanstalt eingeleiteten Zwangsverwaltung Anwendung.

(2) Der Kreditanstalt steht wegen ihrer Ausgaben zur Erhaltung oder nötigen Verbesserung des Grundstücks ein Recht auf Befriedigung nach § 10 Abs 1 Nr 1 des Reichsgesetzes auch insoweit zu, als sie die Ausgaben während der von ihr eingeleiteten Zwangsverwaltung aufgewendet hat. Im Falle der Zwangsversteigerung gilt dies auch dann, wenn die von der Kreditanstalt eingeleitete Zwangsverwaltung bis zum Zuschlage fortdauert.

(3) Die Kreditanstalt ist berechtigt, von den im Abs 2 bezeichneten Ausgaben seit der Zeit der Aufwendung Zinsen mit dem Range des Anspruchs auf Ersatz der Ausgaben in Ansatz zu bringen.

Art 13 [Zwangsverwaltungs-Verteilung] Ist bei der Verteilung eines im Zwangsverwaltungsverfahren erzielten Überschusses ein Anspruch aus einem eingetragenen Rechte zu berücksichtigen, wegen dessen der Berechtigte Befriedigung aus dem Grundstücke lediglich im Wege der Zwangsverwaltung suchen kann, so ist in den Teilungsplan der ganze Betrag des Anspruchs aufzunehmen.

Art 14 [Aufgebotsverfahren] (1) In dem Aufgebotsverfahren zum Zwecke der Ausschließung eines unbekannten Berechtigten von der Befriedigung aus einem zugeteilten Betrag erfolgt die öffentliche Bekanntmachung des Aufgebots nach den für die öffentliche Bekanntmachung eines Versteigerungstermins geltenden Vorschriften. Die Befugnis des Gerichts zu einer Anordnung gemäß § 39 Abs 2 des . . . [ZVG] besteht jedoch in diesem Falle ohne Rücksicht auf den Wert des Grundstücks.
(2) Die Aufgebotsfrist muß mindestens drei Monate betragen.

Zweiter Abschnitt. Zwangsversteigerung und Zwangsverwaltung von Bergwerkseigentum, unbeweglichen Bergwerksanteilen *und selbständigen Kohlenabbaugerechtigkeiten* im Wege der Zwangsvollstreckung

Art 15 [Besondere Vorschriften] Für die Zwangsversteigerung und die Zwangsverwaltung eines Bergwerkseigentums, eines unbeweglichen Bergwerksanteils . . . [sonst gegenstandslos] gelten die besonderen Vorschriften der Artikel 16 bis 21.

Art 16 [Zusätzliche Beteiligte] Zu den Beteiligten gehört in jedem Falle der Repräsentant oder Grubenvorstand.

Art 17 [Lohnansprüche, Knappschafts-, Krankenkassenbeiträge] (1) Die Ansprüche der zum Betriebe des Bergbaues angenommen, in einem Dienst- oder Arbeitsverhältnis stehenden Personen, insbesondere der Bergleute und der Betriebsbeamten, auf Lohn und andere Bezüge gewähren wegen der laufenden und der aus dem letzten Jahre rückständigen Beträge ein Recht auf Befriedigung in der zweiten Klasse.

(2) Die Beiträge, die der Werksbesitzer nach . . . [Knappschaftsgesetz §§ 117, 127] zu den Knappschafts- und Krankenkassen zu leisten hat, gelten als gemeine Lasten im Sinne des Artikels 1 Abs 1 Nr 2 dieses Gesetzes.

Art 18 [Vorlage der Verleihungsurkunde] Dem Antrag auf Zwangsversteigerung oder Zwangsverwaltung ist eine oberbergamtlich, gerichtlich oder notariell beglaubigte Abschrift der Verleihungsurkunde des Bergwerkes . . . [Rest gegenstandslos] beizufügen . . . [Rest gegenstandslos].

Art 19 [Umfang der Beschlagnahme] Die Beschlagnahme im Zwangsversteigerungsverfahren umfaßt nicht die bereits gewonnenen Mineralien.

Art 20 [Inhalt der Terminsbestimmung] (1) Ist ein Bergwerkseigentum oder ein unbeweglicher Bergwerksanteil zu versteigern, so soll die Terminsbestimmung außer dem Grundbuchblatte den Namen des Bergwerkes sowie die Mineralien, auf die das Bergwerkseigentum verliehen ist, bezeichnen und im Falle der Versteigerung eines Bergwerksanteils auch die Zahl der Kuxe angeben, in welche das Bergwerk geteilt ist.

(2) Außerdem soll die Terminsbestimmung eine Angabe der Feldgröße, des Kreises, in welchem das Feld liegt, und der dem Werke zunächst gelegenen Stadt enthalten . . . [Rest gegenstandslos]

Art 21 [Wert des Verfahrensgegenstands] Ist der Wert des Gegenstandes des Verfahrens festzustellen, so erfolgt die Feststellung durch das Gericht nach freiem Ermessen, nötigenfalls unter Zuziehung des zuständigen Bergamts.

Dritter Abschnitt. Zwangsversteigerung und Zwangsverwaltung in besonderen Fällen

Art 22 [Anzuwendende Vorschriften] Die Vorschriften der §§ 172 bis 184 des . . . [ZVG] gelten mit den Änderungen, die sich aus dem ersten und zweiten Abschnitte dieses Gesetzes ergeben, auch für Bergwerkseigentum, unbewegliche Bergwerksanteile *und selbständige Gerechtigkeiten.*

Art 23 [Besondere Versteigerungen] Auf die Zwangsversteigerung eines Bergwerkes oder eines Bergwerksanteils nach den §§ 159, 161, 162, 234, 235 g des Allgemeinen Berggesetzes [Bereinigte Sammlung des NordrheinWestfäl Landesrechts Nr 75] finden die Vorschriften, die für die Zwangsversteigerung im Wege der Zwangsvollstreckung gelten, entsprechende Anwendung, soweit sich nicht aus den Artikeln 24 bis 27 ein anderes ergibt.

Art 24 [Glaubhaftmachung, Zustellung von Urkunden] (1) Der Antragsteller hat die Tatsachen, welche sein Recht zur Stellung dieses Antrags begründen, soweit sie nicht bei dem Gericht offenkundig sind, durch Urkunden glaubhaft zu machen.

Nordrhein-Westfalen **Anh T 61**

(2) Ist der Antrag von einem nach § *159 Abs 1 des Allgemeinen Berggesetzes* Berechtigten gestellt, so sind mit dem Beschlusse, durch den die Zwangsversteigerung angeordnet wird, der Antrag und, wenn der Berechtigte nicht im Grundbuch eingetragen ist, die im Abs 1 bezeichneten Urkunden dem Bergwerkseigentümer zuzustellen.

Art 25 [Versteigerung auf Antrag des Eigentümers] Auf Antrag des Bergwerkseigentümers darf die Zwangsversteigerung nur angeordnet werden, wenn der Antragsteller als Eigentümer im Grundbuch eingetragen oder wenn er Erbe des eingetragenen Eigentümers ist.

Art 26 [Keine Beschlagnahmewirkung] Ist die Zwangsversteigerung eines Bergwerkes auf Antrag des Bergwerkseigentümers oder die Zwangsversteigerung eines Bergwerksanteils auf Antrag der Gewerkschaft angeordnet oder hat der Bergwerkseigentümer nach den §§ *161, 162 des Allgemeinen Berggesetzes* auf das Bergwerkseigentum verzichtet, so gilt der Beschluß, durch den das Verfahren angeordnet wird, nicht als Beschlagnahme. Im Sinne der §§ 13, 55 des... [ZVG] ist jedoch die Zustellung des Beschlusses an den Antragsteller als Beschlagnahme anzusehen.

Art 27 [Kein geringstes Gebot, Barzahlung des Meistgebots] Die Vorschriften über das geringste Gebot finden keine Anwendung. Das Meistgebot ist in seinem ganzen Betrage durch Zahlung zu berichtigen.

Art 28 [Zwangsverkauf eines Grundstücks] Auf den Verkauf eines Grundstücks nach den §§ 40, 58, 60 Teil I Titel 8 des Allgemeinen Landrechts finden die Vorschriften, die für die Zwangsversteigerung im Wege der Zwangsvollstreckung gelten, entsprechende Anwendung, soweit sich nicht aus den Artikeln 29 bis 32 ein anderes ergibt.

Art 29 [Antrag zu Art 28] (1) Antragsberechtigt ist die *Ortspolizeibehörde.*
(2) Der Antrag soll das Grundstück, den Eigentümer und die Tatsachen bezeichnen, welche das Recht zur Stellung des Antrags begründen. Die Vorschriften des Artikel 24 finden entsprechende Anwendung.

Art 30 [Befriedigungsrang bei Aufwendungen] Der Anspruch auf Ersatz der im § 43 Teil I Titel 8 des Allgemeinen Landrechts bezeichneten Verwendungen gewährt ein Recht auf Befriedigung aus dem Grundstücke vor allen anderen Ansprüchen.

Art 31 [Kein geringstes Gebot, Versteigerungsbedingung] (1) Die Vorschriften über das geringste Gebot finden keine Anwendung.
(2) Das Gericht hat die Übernahme der Wiederherstellung des Gebäudes von Amts wegen als Versteigerungsbedingung zu bestimmen.

Art 32 [Angebote, ergebnislose Versteigerung] (1) Angebote nach den §§ 45 bis 47 Teil I Titel 8 des Allgemeinen Landrechts sind nur zu berücksichtigen, wenn sie im Versteigerungstermine geltend gemacht werden.
(2) Bleibt die Versteigerung ergebnislos, so ist der Zuschlag nach Maßgabe der §§ 45 bis 48 des bezeichneten Titels zu erteilen. Die Beschwerde gegen die Entscheidung über den Zuschlag kann auch auf die Verletzung einer dieser Vorschriften gestützt werden.

Vierter Abschnitt. Schluß- und Übergangsbestimmungen

Art 33 [gegenstandslos]

Art 34 [Satzungen der Kreditanstalten] Die Verfassungen und Satzungen der landschaftlichen *(ritterschaftlichen)* Kreditanstalten und der ... werden, auch soweit sie den Anstalten weitergehende Befugnisse gewähren, durch die Vorschriften dieses Gesetzes nicht berührt.

Art 35 [Verteilungsverfahren bei Zwangsenteignung] ... (Hier nicht abgedruckt)

Art 36–Art 41 ... (Die Vorschriften über das Verteilungs- und Vermittlungsverfahren sind hier nicht abgedruckt)

Art 42–48 [gegenstandslos]

T 62. RheinlPfälz ZVG-Ausführungsgesetz

Landesgesetz zur Ausführung der Zivilprozeßordnung, des Gesetzes über die Zwangsversteigerung und die Zwangsverwaltung und der Konkursordnung vom 30. 8. 1974, GVBl S 371 = BS Nr 3210-2
[Auszug]

Zweiter Teil: Ausführung des Gesetzes über die Zwangsversteigerung und die Zwangsverwaltung

§ 4 Öffentliche Lasten. Öffentliche Lasten eines Grundstücks im Sinne des § 10 Abs 1 Nr 3 und des § 156 Abs 1 des ... [ZVG] sind, soweit sie nicht bereits in anderen Rechtsvorschriften als solche bestimmt sind, Abgaben und Leistungen, die auf dem Grundstück lasten und nicht auf einer privatrechtlichen Verpflichtung beruhen.

§ 5 Bestehenbleibende Rechte. (1) Die Rechte an dem Grundstück, die nach landesrechtlichen Vorschriften zur Wirksamkeit gegenüber dem öffentlichen Glauben des Grundbuches der Eintragung nicht bedürfen, bleiben auch dann bestehen, wenn sie bei der Feststellung des geringsten Gebots nicht berücksichtigt sind.

(2) Das gleiche gilt, unbeschadet der Vorschrift des § 9 Abs 2 des Einführungsgesetzes zu dem ... [ZVG], für die im Grundbuch als Leibgeding, Leibzucht, Altenteil oder Auszug eingetragenen Dienstbarkeiten und Reallasten sowie für Grunddienstbarkeiten, die zur Wirksamkeit gegenüber dem öffentlichen Glauben des Grundbuches der Eintragung nicht bedürfen.

§ 6 Befreiung von der Sicherheitsleistung. Für ein Gebot einer Gemeinde, eines Gemeindeverbandes, einer öffentlich-rechtlichen Kreditanstalt oder einer öffentlich-rechtlichen Sparkasse kann keine Sicherheitsleistung verlangt werden.

§ 7 [Aufgehoben]

§ 8 Aufgebot eines unbekannten Berechtigten. (1) In dem Aufgebotsverfahren zum Zwecke der Ausschließung eines unbekannten Berechtigten von der Befriedigung aus einem zugeteilten Betrag erfolgt die öffentliche Bekanntmachung des Aufgebots durch Anheften an die Gerichtstafel und einmalige Einrückung in

Saarland Anh T 63

das für Bekanntmachungen des Gerichts bestimmte Blatt. Das Gericht ist befugt, noch andere und wiederholte Veröffentlichungen zu veranlassen. Ist der zugeteilte Betrag gering, so kann das Gericht anordnen, daß die Einrückung unterbleibt; in diesem Fall muß die Bekanntmachung dadurch erfolgen, daß das Aufgebot an die Gerichtstafel angeheftet und in der Gemeinde, in deren Gebiet das Grundstück belegen ist, nach den für öffentliche Bekanntmachungen der Gemeinde geltenden Vorschriften veröffentlicht wird.

(2) Die Aufgebotsfrist muß mindestens sechs Wochen betragen. Sie beginnt mit der ersten Einrückung in das für Bekanntmachungen des Gerichts bestimmte Blatt. Ordnet das Gericht an, daß die Einrückung unterbleibt, so beginnt die Frist mit dem Anheften an die Gerichtstafel.

T 63. Saarl ZVG-Ausführungsgesetz

Saarl [früheres Preuß] Ausführungsgesetz zum Reichsgesetz über die Zwangsversteigerung und die Zwangsverwaltung vom 23. 9. 1899. Sammlung des bereinigten Saarl Landesrechts, Band II Nr 310-5, zuletzt geändert durch das Vierte Rechtsbereinigungsgesetz (4. RBG) vom 26. 1. 1994 (Amtsbl. 509).

Es gelten darüber hinaus noch
a) in den ehemals birkenfeldischen Landesteilen das Gesetz für das Fürstentum Birkenfeld zur Ausführung der Zivilprozeßordnung und des Gesetzes über die Zwangsversteigerung und die Zwangsverwaltung vom 15. 5. 1899 (BS Nr 310–3)
b) in den ehemals bayerischen Landesteilen das bayerische Ausführungsgesetz zu der Grundbuchordnung und zu dem Gesetz über die Zwangsversteigerung und die Zwangsverwaltung vom 9. 6. 1899 (BS Nr 315–4), beide zuletzt gleichfalls geändert durch das 4. RBG.

Das preußische Gesetz vom 12. 4. 1888 (BS Nr 315–8) wurde durch Nichtaufnahme in die Anlage zum 4. RBG aufgehoben.

Hinweis: Durch das im Landtag des Saarlandes eingebrachte 5. Rechtsbereinigungsgesetz sollen die derzeit noch geltenden landesrechtlichen Rechtsvorschriften aufgehoben werden.

Landesrechtliche Ausführungsvorschriften zum ZVG soll nach Inkrafttreten des 5. RGB das Gesetz zur Ausführung bundesrechtlicher Justizgesetze (AG-JusG, Art 1 des 5. RBG, Kapitel 2) regeln.

Erster Abschnitt. Zwangsversteigerung und Zwangsverwaltung von Grundstücken im Wege der Zwangsvollstreckung

Art 1 [Öffentliche Lasten] Öffentliche Lasten eines Grundstücks im Sinne des § 10 Abs 1 Nr 3 und des § 156 Abs 1 des . . . [ZVG] sind:
1. die zur Erfüllung der Deichpflicht erforderlichen Beiträge und Leistungen, ohne Unterschied, ob sie von der zuständigen Staatsbehörde ausgeschrieben sind oder aus der auf einem Deichverbande beruhende Deichpflicht entspringen;
2. die auf einem nicht privatrechlichen Titel beruhenden Abgaben und Leistungen, die auf dem Grundstücke nach Gesetz oder Verfassung haften (gemeine Lasten).

Art 2 [Gemeine Lasten] Zu den gemeinen Lasten gehören namentlich:
1. Abgaben und Leistungen, die aus dem Kommunal-, Kirchen-, Pfarr- oder Schulverband entspringen oder an Kirchen, Pfarren, Schulen, Kirchen- oder Schulbediente zu entrichten sind;
2. Beiträge, die aus der Verpflichtung zu öffentlichen Wege-, Wasser- oder Uferbauten entstehen;

Anh T 63 Landesrecht

3. Beiträge, die an öffentliche Meliorationsgenossenschaften [Flurbereinigungsgenossenschaften] oder andere einen gemeinnützigen Zweck verfolgende Körperschaften des öffentlichen Rechtes, insbesondere an Verbände, welche die Versicherung ihrer Mitglieder gegen den durch Brand, Hagelschlag ober Viehsterben entstehenden Schaden bezwecken, zu entrichten sind.

Art 3 [Öffentlichen Lasten gleichstehend] In Ansehung des Rechtes auf Befriedigung aus dem Grundstücke stehen den öffentlichen Lasten gleich:
1. die an die Rentenbanken oder die Tilgungskassen abgetretenen Renten, die Landesrentenbankrenten der *Preußischen Landesrentenbank* [jetzt: Deutschen Landesrentenbank] sowie die an die Staatskasse zu entrichtenden Ablösungsrenten;
2. wenn das Grundstück bei einer Auseinandersetzung beteiligt ist, die im § 7 Nr 6 des Gesetzes über das Kostenwesen in Auseinandersetzungssachen vom 24. Juni 1875 bezeichneten Kosten und Terminalvorschüsse auch außerhalb des ursprünglichen Geltungsbereichs des genannten Gesetzes.

Art 4 [Vorlage von Katasterauszügen] Dem Antrag auf Zwangsversteigerung soll ein das Grundstück betreffender neuester Auszug aus der *Grundsteuermutterrolle* und der *Gebäudesteuerrolle* beigefügt werden, soweit er nach Lage der Rollen erteilt werden kann.

Art 5 [Bekanntmachung der Terminsbestimmung] Für die Bekanntmachung der Terminsbestimmung wird der Anzeiger des Amtsblatt bestimmt.

Art 6 [Nicht eingetragene Grundbuchrechte, Altenteil] (1) Die Rechte an dem Grundstücke, die nach Artikel 22 des Ausführungsgesetzes zum Bürgerlichen Gesetzbuch oder nach sonstigen landesgesetzlichen Vorschriften zur Wirksamkeit gegenüber dem öffentlichen Glauben des Grundbuchs der Eintragung nicht bedürfen, bleiben auch dann bestehen, wenn sie bei der Feststellung des geringsten Gebots nicht berücksichtigt sind.

(2) Das gleiche gilt, unbeschadet der Vorschrift des § 9 Abs 2 des Einführungsgesetzes zum Reichsgesetze, von dem im Grundbuch als Leibgedinge, Leibzucht, Altenteil oder Auszug eingetragenen Dienstbarkeiten und Reallasten sowie von Grunddienstbarkeiten, die zur Wirksamkeit gegenüber dem öffentlichen Glauben des Grundbuchs der Eintragung nicht bedürfen.

Art 7 [durch Zeitablauf überholt]; **Art 8** [Außer Kraft getreten]

Art 9 [Befreiung von Sicherheitsleistung] Für ein Gebot einer Gemeinde oder eines Gemeindeverbandes, der *Preußischen* Staatsbank *(Seehandlung),* der *Preußischen* [Deutschen] Zentralgenossenschaftskasse, der *Preußischen Landesrentenbank* [Deutschen Landesrentenbank], der *Preußischen* [Deutschen] Landespfandbriefanstalt, einer landschaftlichen, *ritterschaftlichen,* städtischen, stadtschaftlichen, *provinzialen* oder sonstigen öffentlich-rechtlichen Kreditanstalt oder einer öffentlichen Sparkasse kann Sicherheitsleistung nicht verlangt werden.

Art 10 [Außer Kraft]

Art 11 [Auszahlung des Versteigerungserlöses] Auf Antrag des Berechtigten ist die Auszahlung durch ein ersuchtes Gericht zu bewirken.

Art 12 [Außer Kraft getreten]

Art 13 [Zwangsverwaltungs-Verteilung] Ist bei der Verteilung eines im Zwangsverwaltungsverfahren erzielten Überschusses ein Anspruch aus einem eingetragenen Rechte zu berücksichtigen, wegen dessen der Berechtigte Befriedi-

Saarland

gung aus dem Grundstücke lediglich im Wege der Zwangsverwaltung suchen kann, so ist in den Teilungsplan der ganze Betrag des Anspruchs aufzunehmen.

Art 14 [Aufgebotsverfahren] (1) In dem Aufgebotsverfahren zum Zwecke der Ausschließung eines unbekannten Berechtigten von der Befriedigung aus einem zugeteilten Betrag erfolgt die öffentliche Bekanntmachung des Aufgebots nach den für die öffentliche Bekanntmachung eines Versteigerungstermins geltenden Vorschriften. Die Befugnis des Gerichts zu einer Anordnung gemäß § 39 Abs 2 des ... [ZVG] besteht jedoch in diesem Falle ohne Rücksicht auf den Wert des Grundstücks.

(2) Die Aufgebotsfrist muß mindestens drei Monate betragen.

Zweiter Abschnitt. Zwangsversteigerung und Zwangsverwaltung von Bergwerkseigentum, unbeweglichen Bergwerksanteilen *und selbständigen Kohlenabbaugerechtigkeiten* im Wege der Zwangsvollstreckung

Art 15 [Besondere Vorschriften] Für die Zwangsversteigerung und die Zwangsverwaltung eines Bergwerkeigentums, eines unbeweglichen Bergwerksanteils ... [sonst gegenstandslos] gelten die besonderen Vorschriften der Artikel 16 bis 21.

Art 16 [Zusätzliche Beteiligte] Zu den Beteiligten gehört in jedem Falle der Repräsentant oder Grubenvorstand.

Art 17 [Lohnansprüche, Knappschafts-, Krankenkassenbeiträge] Die Ansprüche der zum Betriebe des Bergbaues angenommenen, in einem Dienst- oder Arbeitsverhältnis stehenden Personen, insbesondere der Bergleute und der Betriebsbeamten, auf Lohn und andere Bezüge gewähren wegen der laufenden und der aus dem letzten Jahre rückständigen Beträge ein Recht auf Befriedigung in der zweiten Klasse.

Art 18 [Vorlage der Verleihungsurkunde] Dem Antrag auf Zwangsversteigerung oder Zwangsverwaltung ist eine oberbergamtlich, gerichtlich oder notariell beglaubigte Abschrift der Verleihungsurkunde des Bergwerkes beizufügen.

Art 19 [Umfang der Beschlagnahme] Die Beschlagnahme im Zwangsversteigerungsverfahren umfaßt nicht die bereits gewonnenen Mineralien.

Art 20 [Inhalt der Terminsbestimmung] (1) Ist ein Bergwerkseigentum oder ein unbeweglicher Bergwerksanteil zu versteigern, so soll die Terminsbestimmung außer dem Grundbuchblatte den Namen des Bergwerkes sowie die Mineralien, auf die das Bergwerkseigentum verliehen ist, bezeichnen und im Falle der Versteigerung eines Bergwerksanteils auch die Zahl der Kuxe angeben, in welche das Bergwerk geteilt ist.

(2) Außerdem soll die Terminsbestimmung eine Angabe der Feldgröße, des Kreises, in welchem das Feld liegt, und der dem Werke zunächst gelegenen Stadt enthalten.

Art 21 [Wert des Verfahrensgegenstands] Ist der Wert des Gegenstandes des Verfahrens festzustellen, so erfolgt die Feststellung durch das Gericht nach freiem Ermessen, nötigenfalls unter Zuziehung des zuständigen Bergamts.

Dritter Abschnitt. Zwangsversteigerung und Zwangsverwaltung in besonderen Fällen

Art 22 [Anzuwendende Vorschriften] Die Vorschriften der §§ 172 bis 184 des . . . [ZVG] gelten mit den Änderungen, die sich aus dem ersten und zweiten Abschnitte dieses Gesetzes ergeben, auch für Bergwerkseigentum, unbewegliche Bergwerksanteile *und selbständige Gerechtigkeiten.*

Art 23 [Besondere Versteigerungen] Auf die Zwangsversteigerung eines Bergwerks oder eines Bergwerksanteils nach den §§ 159, 161, 162, 234, 235 g des *Allgemeinen Berggesetzes* finden die Vorschriften, die für die Zwangsversteigerung im Wege der Zwangsvollstreckung gelten, entsprechende Anwendung, soweit sich nicht aus den Artikeln 24 bis 27 ein anderes ergibt.

Art 24 [Glaubhaftmachung, Zustellung von Urkunden] (1) Der Antragsteller hat die Tatsachen, welche sein Recht zur Stellung dieses Antrags begründen, soweit sie nicht bei dem Gericht offenkundig sind, durch Urkunden glaubhaft zu machen.

(2) Ist der Antrag von einem nach § 159 Abs 1 des *Allgemeinen Berggesetzes* Berechtigten gestellt, so sind mit dem Beschlusse, durch den die Zwangsversteigerung angeordnet wird, der Antrag und, wenn der Berechtigte nicht im Grundbuch eingetragen ist, die im Abs 1 bezeichneten Urkunden dem Bergwerkseigentümer zuzustellen.

Art 25 [Versteigerung auf Antrag des Eigentümers] Auf Antrag des Bergwerkseigentümers darf die Zwangsversteigerung nur angeordnet werden, wenn der Antragsteller als Eigentümer im Grundbuch eingetragen oder wenn er Erbe des eingetragenen Eigentümers ist.

Art 26 [Beschlagnahmewirkung] Ist die Zwangsversteigerung eines Bergwerkes auf Antrag des Bergwerkeigentümers oder die Zwangsversteigerung eines Bergwerksanteils auf Antrag der Gewerkschaft angeordnet oder hat der Bergwerkseigentümer nach den §§ 161, 162 des *Allgemeinen Berggesetzes* auf das Bergwerkseigentum verzichtet, so gilt der Beschluß, durch den das Verfahren angeordnet wird, nicht als Beschlagnahme. Im Sinne der §§ 13, 55 des . . . . . [ZVG] ist jedoch die Zustellung des Beschlusses an den Antragsteller als Beschlagnahme anzusehen.

Art 27 [Kein geringstes Gebot, Barzahlung des Meistgebots] Die Vorschriften über das geringste Gebot finden keine Anwendung. Das Meistgebot ist in seinem ganzen Betrage zur Zahlung zu berichtigen.

Art 28–32 [Außer Kraft getreten]

Vierter Abschnitt. Schluß- und Übergangsbestimmungen

Art 33 [Außer Kraft getreten]

Art 34 [Satzungen der Kreditanstalten] Die Verfassungen und Satzungen der landschaftlichen *(ritterschaftlichen)* Kreditanstalten und der . . . werden, auch soweit sie den Anstalten weitergehende Befugnisse gewähren, durch die Vorschriften dieses Gesetzes nicht berührt.

Art 35 [Verteilungsverfahren bei Zwangsenteignung] . . . (Hier nicht abgedruckt)

Schleswig-Holstein **Anh T 66**

Art 36–41 ... (Die Vorschriften über das Verteilungs- und Vermittlungsverfahren sind hier nicht abgedruckt; Art 40 ist außer Kraft getreten)

Art 42–47 [Außer Kraft getreten]

Art 48 [Inkrafttreten] Dieses Gesetz tritt zugleich mit dem ... [ZVG] in Kraft.

T 64. Sachsen
Sächsisches Verfahrensausführungsgesetz – SächsVerfAG

Sächs Gesetz zur Ausführung von Verfahrensgesetzen (Sächsisches Verfahrensausführungsgesetz – SächsVerfAG) vom 24. 5. 1994, GVBl S 1011 = BS Freistaat Sachsen Nr 300–6)
[Auszug]

§ 10 Aufgebotsverfahren. (1) Soweit die Bestimmungen der Zivilprozeßordnung und des Gesetzes über die Zwangsversteigerung und Zwangsverwaltung dies zulassen und sonstige bundesrechtliche Vorschriften dem nicht entgegenstehen, werden Aufgebote, vorgeschriebene Bekanntmachungen und, soweit angeordnet, der wesentliche Inhalt von Ausschlußurteilen, durch Anheftung an die Gerichtstafel und durch Veröffentlichung in dem für die Bekanntmachungen des Gerichts bestimmten Blatt öffentlich bekanntgemacht. Wenn dies dem Zweck des Aufgebots dienlich ist, kann das Gericht eine Einrückung in den Bundesanzeiger oder die Bekanntmachung in weiteren Blättern anordnen.

(2) Die Aufgebotsfrist in den Fällen des Absatzes 1 muß mindestens drei Monate betragen. Die Frist beginnt mit dem Tag der ersten Veröffentlichung.

T 65. Sachsen-Anhalt

Landesgesetze über die Zwangsversteigerung und die Zwangsverwaltung wurden bislang nicht erlassen.

T 66. SchleswHolst ZVG-Ausführungsgesetz

SchleswHolst ZVG-Ausführungsgesetz vom 23. 9. 1899.
Sammlung des SchleswHolst Landesrechts Nr B 310-2

[In einigen Landesteilen gelten noch abweichende Fassungen, das Gesetz vom 18. 12. 1899 der Freien und Hansestadt Lübeck und das Oldenburgische Gesetz vom 15. 5. 1899]

Erster Abschnitt. Zwangsversteigerung und Zwangsverwaltung von Grundstücken im Wege der Zwangsvollstreckung

Art 1 [Öffentliche Lasten] (1) Öffentliche Lasten eines Grundstücks im Sinne des § 10 Abs 1 Nr 3 und des § 156 Abs 1 des ... [ZVG] sind:
1. die zur Erfüllung der Deichpflicht erforderlichen Beiträge und Leistungen, ohne Unterschied, ob sie von der zuständigen Staatsbehörde ausgeschrieben sind oder aus der auf einem Deichverbande beruhenden Deichpflicht entspringen;
2. die auf einem nicht privatrechtlichen Titel beruhenden Abgaben und Leistungen, die auf dem Grundstücke nach Gesetz oder Verfassung haften (gemeine Lasten).

(2) [Gegenstandslos]

Anh T 66 Landesrecht

Art 2 [Gemeine Lasten] Zu den gemeinen Lasten gehören namentlich:
1. Abgaben und Leistungen, die aus dem Kommunal-, Kirchen-, Pfarr- oder Schulverband entspringen oder an Kirchen, Pfarren, Schulen, Kirchen- oder Schulbediente zu entrichten sind;
2. Beiträge, die aus der Verpflichtung zu öffentlichen Wege-, Wasser- oder Uferbauten entstehen;
3. Beiträge, die an öffentliche Meliorationsgenossenschaften [Flurbereinigungsgenossenschaften] oder andere einen gemeinnützigen Zweck verfolgende Körperschaften des öffentlichen Rechtes, insbesondere an Verbände, welche die Versicherung ihrer Mitglieder gegen den durch Brand, Hagelschlag oder Viehsterben entstehenden Schaden bezwecken, zu entrichten sind;
4. diejenigen Beiträge zur Entschädigung oder zu den Kosten der Schutzanlagen, welche nach Maßgabe des Gesetzes, betreffend Schutzwaldungen und Waldgenossenschaften, vom 6. Juli 1875 den Eigentümern gefährdeter oder gefahrbringender Grundstücke auferlegt sind.

Art 3 [Öffentlichen Lasten gleichstehend] (1) In Ansehung des Rechtes auf Befriedigung aus dem Grundstücke stehen den öffentlichen Lasten gleich:
1. die an die Rentenbanken oder die Tilgungskassen abgetretenen Renten, die Landesrentenbankrenten der *Preußischen Landesrentenbank* [jetzt: Deutschen Landesrentenbank] sowie die an die Staatskasse zu entrichtenden Ablösungsrenten;
2. wenn das Grundstück bei einer Auseinandersetzung beteiligt ist, die im § 7 Nr 6 des Gesetzes über das Kostenwesen in Auseinandersetzungssachen vom 24. Juni 1875 bezeichneten Kosten und Terminalvorschüsse auch außerhalb des ursprünglichen Geltungsbereichs des genannten Gesetzes.

(2) [Gegenstandslos]

Art 4 [Vorlage von Katasterauszügen] (1) Dem Antrag auf Zwangsversteigerung soll ein das Grundstück betreffender neuester Auszug aus der Grundsteuermutterrolle und der Gebäudesteuerrolle beigefügt werden, soweit er nach Lage der Rollen erteilt werden kann.

(2) [Gegenstandslos]

Art 5 [Bekanntmachung der Terminsbestimmung] Für die Bekanntmachung der Terminsbestimmung wird der Anzeiger des Amtsblatts bestimmt.

Art 6 [Nicht eingetragene Grundbuchrechte, Altenteil] (1) Die Rechte an dem Grundstücke, die nach *Artikel 22* des Ausführungsgesetzes zum Bürgerlichen Gesetzbuch oder nach sonstigen landesgesetzlichen Vorschriften zur Wirksamkeit gegenüber dem öffentlichen Glauben des Grundbuchs der Eintragung nicht bedürfen, bleiben auch dann bestehen, wenn sie bei der Feststellung des geringsten Gebots nicht berücksichtigt sind.

(2) Das gleiche gilt, unbeschadet der Vorschrift des § 9 Abs 2 des Einführungsgesetzes zum Reichsgesetze, von dem im Grundbuch als Leibgedinge, Leibzucht, Altenteil oder Auszug eingetragenen Dienstbarkeiten und Reallasten sowie von Grunddienstbarkeiten, die zur Wirksamkeit gegenüber dem öffentlichen Glauben des Grundbuchs der Eintragung nicht bedürfen.

Art 7, 8 [Gegenstandslos]

Art 9 [Befreiung von Sicherheitsleistung] Für ein Gebot einer Gemeinde oder eines Gemeindeverbandes, der *Preußischen* Staatsbank *(Seehandlung),* der *Preußischen* [Deutschen] Zentralgenossenschaftskasse, der *Preußischen Landesrentenbank* [Deutschen Landesrentenbank], der *Preußischen* [Deutschen] Landespfandbriefanstalt, einer landschaftlichen, *ritterschaftlichen,* städtischen, stadtschaftlichen, pro-

Schleswig-Holstein **Anh T 66**

vinzialen oder sonstigen öffentlich-rechtlichen Kreditanstalt oder einer öffentlichen Sparkasse kann Sicherheitsleistung nicht verlangt werden.

Art 10 [Außer Kraft]

Art 11 [Aufgehoben]

Art 12 [Vollstreckung landschaftlicher Kreditanstalten] (1) Im Falle des § 6 Abs 2 des Gesetzes, betreffend die Zwangsvollstreckung aus Forderungen landschaftlicher *(ritterschaftlicher)* Kreditanstalten ... findet die Vorschrift des § 155 Abs 1 des ... [ZVG] auch auf die Ausgaben und Kosten der durch die Kreditanstalt eingeleiteten Zwangsverwaltung Anwendung.

(2) Der Kreditanstalt steht wegen ihrer Ausgaben zur Erhaltung oder nötigen Verbesserung des Grundstücks ein Recht auf Befriedigung nach § 10 Abs 1 Nr 1 des ... [ZVG] auch insoweit zu, als sie die Ausgaben während der von ihr eingeleiteten Zwangsverwaltung aufgewendet hat. Im Falle der Zwangsversteigerung gilt dies auch dann, wenn die von der Kreditanstalt eingeleitete Zwangsverwaltung bis zum Zuschlage fortdauert.

(3) Die Kreditanstalt ist berechtigt, von den im Abs 2 bezeichneten Ausgaben seit der Zeit der Aufwendung Zinsen mit dem Range des Anspruchs auf Ersatz der Ausgaben in Ansatz zu bringen.

Art 13 [Zwangsverwaltungs-Verteilung] Ist bei der Verteilung eines im Zwangsverwaltungsverfahren erzielten Überschusses ein Anspruch aus einem eingetragenen Rechte zu berücksichtigen, wegen dessen der Berechtigte Befriedigung aus dem Grundstücke lediglich im Wege der Zwangsverwaltung suchen kann, so ist in den Teilungsplan der ganze Betrag des Anspruchs aufzunehmen.

Art 14 [Aufgebotsverfahren] (1) In dem Aufgebotsverfahren zum Zwecke der Ausschließung eines unbekannten Berechtigten von der Befriedigung aus einem zugeteilten Betrag erfolgt die öffentliche Bekanntmachung des Aufgebots nach den für die öffentliche Bekanntmachung eines Versteigerungstermins geltenden Vorschriften. Die Befugnis des Gerichts zu einer Anordnung gemäß § 39 Abs 2 des ... [ZVG] besteht jedoch in diesem Falle ohne Rücksicht auf den Wert des Grundstücks.

(2) Die Aufgebotsfrist muß mindestens drei Monate betragen.

Zweiter Abschnitt. Zwangsversteigerung und Zwangsverwaltung von Bergwerkseigentum, unbeweglichen Bergwerksanteilen *und selbständigen Kohlenabbaugerechtigkeiten* im Wege der Zwangsvollstreckung

Art 15–21 [Aufgehoben]

Dritter Abschnitt. Zwangsversteigerung und Zwangsverwaltung in besonderen Fällen

Art 22 [Anzuwendende Vorschriften] Die Vorschriften der §§ 172 bis 184 des Reichsgesetzes [ZVG] gelten mit den Änderungen, die sich aus dem ersten ... Abschnitte dieses Gesetzes ergeben, auch für Bergwerkseigentum, unbewegliche Bergwerksanteile und selbständige Gerechtigkeiten.

Art 23 [Besondere Versteigerungen] Auf die Zwangsversteigerung eines Bergwerks oder eines Bergwerksanteils nach den §§ *159, 161, 162, 234, 235 g des Allgemeinen Berggesetzes* finden die Vorschriften, die für die Zwangsversteigerung im Wege der Zwangsvollstreckung gelten, entsprechende Anwendung, soweit sich nicht aus den Artikeln 24 bis 27 ein anderes ergibt.

Anh T 67 Landesrecht

Art 24 [Glaubhaftmachung, Zustellung von Urkunden] (1) Der Antragsteller hat die Tatsachen, welche sein Recht zur Stellung dieses Antrags begründen, soweit sie nicht bei dem Gericht offenkundig sind, durch Urkunden glaubhaft zu machen.

(2) Ist der Antrag von einem nach § 159 Abs 1 des *Allgemeinen Berggesetzes* Berechtigten gestellt, so sind mit dem Beschlusse, durch den die Zwangsversteigerung angeordnet wird, der Antrag und, wenn der Berechtigte nicht im Grundbuch eingetragen ist, die im Abs 1 bezeichneten Urkunden dem Bergwerkseigentümer zuzustellen.

Art 25 [Versteigerung auf Antrag des Eigentümers] Auf Antrag des Bergwerkseigentümers darf die Zwangsversteigerung nur angeordnet werden, wenn der Antragsteller als Eigentümer im Grundbuch eingetragen oder wenn er Erbe des eingetragenen Eigentümers ist.

Art 26 [Keine Beschlagnahmewirkung] Ist die Zwangsversteigerung eines Bergwerkes auf Antrag des Bergwerkeigentümers oder die Zwangsversteigerung eines Bergwerksanteils auf Antrag der Gewerkschaft angeordnet oder hat der Bergwerkseigentümer nach den §§ 161, 162 des *Allgemeinen Berggesetzes* auf das Bergwerkseigentum verzichtet, so gilt der Beschluß, durch den das Verfahren angeordnet wird, nicht als Beschlagnahme. Im Sinne der §§ 13, 55 des ..... [ZVG] ist jedoch die Zustellung des Beschlusses an den Antragsteller als Beschlagnahme anzusehen.

Art 27 [Kein geringstes Gebot, Barzahlung des Meistgebots] Die Vorschriften über das geringste Gebot finden keine Anwendung. Das Meistgebot ist in seinem ganzen Betrage durch Zahlung zu berichtigen.

Art 28–32 [Aufgehoben]

Vierter Abschnitt. Schluß- und Übergangsbestimmungen

Art 33 [Gegenstandslos]

Art 34 [Satzungen der Kreditanstalten] Die Verfassungen und Satzungen der landschaftlichen *(ritterschaftlichen)* Kreditanstalten und der ... werden, auch soweit sie den Anstalten weitergehende Befugnisse gewähren, durch die Vorschriften dieses Gesetzes nicht berührt.

Art 35 [Verteilungsverfahren bei Zwangsenteignung] ... (Hier nicht abgedruckt)

Art 36–41 ... (Die Vorschriften über das Verteilungs- und Vermittlungsverfahren sind hier nicht abgedruckt)

Art 42–47 [Gegenstandslos]

Art 48 [Inkrafttreten] (1) Dieses Gesetz tritt zugleich mit dem ... [ZVG] in Kraft.
(2) [Gegenstandslos]

T 67. Thüringen

Landesgesetze über die Zwangsversteigerung und die Zwangsverwaltung wurden bislang nicht erlassen.

B. Tabellenanhang

1. Diskont- und Lombardsätze

Diskont- und Lombardsätze der Deutschen Bundesbank (vorher Bank Deutscher Länder bzw Landeszentralbanken).

Zur Erleichterung ist jeweils die Zahl der Kalendertage und der Bankzinstage (Jahr = 360, Monat = 30 Tage) angegeben, in denen die genannten Sätze gegolten haben.

	Diskontsatz	Lombardsatz	Kal.-Tage	Bank-Tage
1. 1. 1947–19. 12. 1974	12. Auflage 1987, Seite 1753			
20. 12. 1974– 6. 2. 1975	6 %	8 %	49	47
7. 2. 1975– 6. 3. 1975	5½%	7½%	28	30
7. 3. 1975–24. 4. 1975	5 %	6½%	49	48
25. 4. 1975–22. 5. 1975	5 %	6 %	28	28
23. 5. 1975–14. 8. 1975	4½%	5½%	84	82
15. 8. 1975–11. 9. 1975	4 %	5 %	28	27
12. 9. 1975–14. 7. 1977	3½%	4½%	672	663
15. 7. 1977–15. 12. 1977	3½%	4 %	154	151
16. 12. 1977–18. 1. 1979	3 %	3½%	399	393
19. 1. 1979–29. 3. 1979	3 %	4 %	70	71
30. 3. 1979–31. 5. 1979	4 %	5 %	63	61
1. 6. 1979–12. 7. 1979	4 %	5½%	42	42
13. 7. 1979–31. 10. 1979	5 %	6 %	111	108
1. 11. 1979–28. 2. 1980	6 %	7 %	120	118
29. 2. 1980– 1. 5. 1980	7 %	8½%	63	63
2. 5. 1980–18. 9. 1980	7½%	9½%	140	137
19. 9. 1980–26. 8. 1982	7½%	9 %	707	698
27. 8. 1982–21. 10. 1982	7 %	8 %	56	55
22. 10. 1982– 2. 12. 1982	6 %	7 %	42	41
3. 12. 1982–17. 3. 1983	5 %	6 %	105	105
18. 3. 1983– 8. 9. 1983	4 %	5 %	175	171
9. 9. 1983–28. 6. 1984	4 %	5½%	294	290
29. 6. 1984–31. 1. 1985	4½%	5½%	217	212
1. 2. 1985–15. 8. 1985	4½%	6 %	196	195
16. 8. 1985– 6. 3. 1986	4 %	5½%	203	202
7. 3. 1986–22. 1. 1987	3½%	5½%	322	316
23. 1. 1987– 5. 11. 1987	3 %	5 %	287	283
6. 11. 1987– 3. 12. 1987	3 %	4½%	28	28
4. 12. 1987–30. 6. 1988	2½%	4½%	210	207
1. 7. 1988–28. 7. 1988	3 %	4½%	28	28
29. 7. 1988–25. 8. 1988	3 %	5 %	28	27
26. 8. 1988–15. 12. 1988	3½%	5 %	112	110
16. 12. 1988–19. 1. 1989	3½%	5½%	35	34
20. 1. 1989–20. 4. 1989	4 %	6 %	91	91
21. 4. 1989–29. 6. 1989	4½%	6½%	70	69
30. 6. 1989– 5. 10. 1989	5 %	7 %	98	96
6. 10. 1989– 1. 11. 1990	6 %	8 %	392	386
2. 11. 1990–31. 1. 1991	6 %	8½%	91	89
1. 2. 1991–15. 8. 1991	6½%	9 %	196	195
16. 8. 1991–19. 12. 1991	7½%	9¼%	126	124
20. 12. 1991–16. 7. 1992	8 %	9¾%	210	207
17. 7. 1992–14. 9. 1992	8¾%	9¾%	60	58
15. 9. 1992– 4. 2. 1993	8¼%	9½%	143	140
5. 2. 1993–18. 3. 1993	8 %	9 %	42	44
19. 3. 1993–22. 4. 1993	7½%	9 %	35	34

Tab 1

Diskont- und Lombardsätze

	Diskontsatz	Lombardsatz	Kal.-Tage	Bank-Tage
23. 4. 1993– 1. 7. 1993	7¼%	8½%	70	69
2. 7. 1993–29. 7. 1993	6¾%	8¼%	28	28
30. 7. 1993– 9. 9. 1993	6¾%	7¾%	42	40
10. 9. 1993–21. 10. 1993	6¼%	7¼%	42	42
22. 10. 1993–17. 2. 1994	5¾%	6¾%	119	116
18. 2. 1994–14. 4. 1994	5¼%	6¾%	56	57
15. 4. 1994–12. 5. 1994	5 %	6½%	28	28
13. 5. 1994–30. 3. 1995	4½%	6 %	322	318
31. 3. 1995–24. 8. 1995	4 %	6 %	147	144
25. 8. 1995–14. 12. 1995	3½%	5½%	112	110
15. 12. 1995–18. 4. 1996	3 %	5 %	126	124
19. 14. 1996–	2½%	4½%		

2. Lebenserwartung

Für die Berechnung des Wertes wiederkehrender Leistungen, die einer Person auf Lebenszeit zustehen, ist deren Lebenserwartung von Bedeutung.

Die zuletzt festgestellten Werte ergeben sich aus der „Abgekürzten Sterbetafel 1992/94" (Deutschland) des Statistischen Bundesamts in Wiesbaden (Az VIII B). Sie sind nachstehend wiedergegeben. Für die Überlassung danke ich dem Statistischen Bundesamt. In abgekürzter Form ist die Sterbetafel jeweils abgedruckt im Statistischen Jahrbuch 199.. für die Bundesrepublik Deutschland.

Durchschnittliche Lebenserwartung

vollendetes Alter	Männlich	Weiblich	vollendetes Alter	Männlich	Weiblich
0	72,77	79,30	29	45,15	51,18
1	72,25	78,71	30	44,20	50,21
2	71,29	77,75	31	43,26	49,23
3	70,32	76,77	32	42,31	48,26
4	69,34	75,79	33	41,37	47,28
5	68,36	74,80	34	40,43	46,32
6	67,37	73,81	35	39,50	45,35
7	66,38	72,83	36	38,57	44,38
8	65,40	71,83	37	37,64	43,42
9	64,41	70,84	38	36,71	42,46
10	63,42	69,85	39	35,79	41,50
11	62,43	68,86	40	34,87	40,55
12	61,44	67,87	41	33,96	39,60
13	60,45	66,88	42	33,06	38,65
14	59,46	65,89	43	32,15	37,71
15	58,48	64,90	44	31,25	36,77
16	57,50	63,91	45	30,36	35,84
17	56,53	62,93	46	29,47	34,91
18	55,57	61,95	47	28,58	33,98
19	54,62	60,98	48	27,71	33,06
20	53,69	60,00	49	26,84	32,14
21	52,75	59,02	50	25,99	31,23
22	51,80	58,04	51	25,14	30,32
23	50,86	57,06	52	24,30	29,41
24	49,91	56,08	53	23,47	28,51
25	48,96	55,10	54	22,64	27,61
26	48,01	54,12	55	21,83	26,72
27	47,06	53,14	56	21,03	25,83
28	46,11	52,16	57	20,24	24,95

Zwischenzinsabzug   **Tab 3**

vollendetes Alter	Männlich	Weiblich	vollendetes Alter	Männlich	Weiblich
58	19,47	24,07	75	8,64	10,86
59	18,71	23,21	76	8,13	10,20
60	17,97	22,35	77	7,64	9,57
61	17,25	21,50	78	7,18	8,97
62	16,53	20,67	79	6,74	8,40
63	15,84	19,84	80	6,33	7,84
64	15,17	19,02	81	5,94	7,31
65	14,50	18,21	82	5,56	6,81
66	13,85	17,41	83	5,21	6,34
67	13,21	16,62	84	4,87	5,89
68	12,57	15,84	85	4,56	5,47
69	11,96	15,08	86	4,27	5,08
70	11,35	14,33	87	4,00	4,72
71	10,77	13,59	88	3,75	4,39
72	10,20	12,88	89	3,49	4,07
73	9,67	12,19	90	3,25	3,77
74	9,14	11,51			

3. Zins- und Diskontierungsformeln

Zins- und Diskontierungsformeln zur Errechnung von Zwischenzinsabzügen und zur Kapitalisierung von wiederkehrenden Leistungen.

a) Zwischenzinsabzug (Abzinsung) bei Kapitalbeträgen

Einführung

In der Zwangsversteigerung gelten nach ZVG § 111 bestimmte Ansprüche als vorzeitig fällig; falls sie unverzinslich sind, wird dem Berechtigten bei vorzeitiger Fälligkeit das Kapital im Verteilungstermin nur unter Abzug von Zwischenzinsen ausgezahlt, wobei Zinseszinsen vom Gesetz nicht vorgesehen sind.
Für die Berechnung dieser Zwischenzinsen gibt es mathematisch verschiedene Möglichkeiten, hier die Hoffmannsche Methode (dazu: § 111 Randnr 2 und Handbuch Randnr 500).

Gebrauchsanweisung

Gesuchtes um die Zwischenzinsen verringertes (abgezinstes) Kapital	= K
Ursprünglicher Nennbetrag des Kapitals ohne Zinsabzug	= N
Zahl der Jahre zwischen dem Tag der ursprünglichen Fälligkeit (dieser einschließlich) und dem Tag der vorzeitigen Auszahlung (dieser ausschließlich)	= J
Zahl der Tage zwischen dem Tag der ursprünglichen Fälligkeit (dieser einschließlich) und dem Tag der vorzeitigen Auszahlung (dieser ausschließlich)	= T
Zinsfuß in %	= Z

Formel für Berechnung nach Jahren:
Die Zahl der Jahre muß keine ganze Zahl sein, sie kann auch mit Brüchen oder Dezimalstellen zusammengesetzt sein, zB 1 1/4 oder 1,25 Jahre usw. Das Jahr kann bei dieser Berechnung mit 360 oder 365 Tagen zugrundegelegt werden. Der Zinssatz kann nach Belieben sein, 4%, 5% usw.

$$K = \frac{100 \times N}{100 + (Z \times J)}$$

Tab 3   Zins- und Diskontierungsformeln

Beispiel:

Nennbetrag 1200 DM,
ursprüngliche Fälligkeit 1. 10. 1998,
vorzeitige Auszahlung 1. 10. 1993,
Zahl der Jahre somit 5,
Zinsfuß 4%:

$$K = \frac{100 \times 1200}{100 + (4 \times 5)} = \frac{120000}{100 + 20} = \frac{120000}{120} = 1000 \text{ DM}$$

Formel für die Berechnung nach Tagen:
Zinssatz nach Belieben. Eingesetzt ist das Jahr zunächst mit 365 Tagen. Wer 360 vorzieht, muß die damit zusammengesetzte Zahl entsprechend ändern (also statt 36 500: 36 000).

$$K = \frac{36500 \times N}{36500 + (Z \times T)}$$

Beispiel:

Nennbetrag 1000 DM,
ursprüngliche Fälligkeit 26. Oktober,
vorzeitige Auszahlung 1. Oktober,
Zahl der Tage vom 1. 10. einschließlich bis 26. 10. ausschließlich somit 25 Tage,
Zinssatz 4%:

$$K = \frac{36500 \times 1000}{36500 + (4 \times 25)} = \frac{36500000}{36600} = 997{,}267 = 997{,}27 \text{ DM}$$

b) Zwischenzinsabzug (Abzinsung) bei kapitalisierten wiederkehrenden Leistungen

Einführung

Erlischt durch den Zuschlag in der Zwangsversteigerung ein auf Kapitalzahlung gerichtetes Recht (Hypothek, Grundschuld), so wird aus dem Versteigerungserlös, soweit er ausreicht, der Betrag des Kapitals bezahlt, bei ablösbaren Rechten die Ablösungssumme (ZVG § 92 Abs 3).

Erlischt durch den Zuschlag ein Recht, das nicht auf Zahlung eines Kapitals gerichtet ist und für das auch keine Ablösungssumme bestimmt ist, so ist aus dem Versteigerungserlös, soweit er ausreicht, der Wert des Rechts zu ersetzen (ZVG § 92 Abs 1). Solche nicht auf Zahlung eines Kapitals gerichtete Rechte können Ansprüche auf wiederkehrende Leistungen sein (Nießbrauch, Reallast usw) oder andere (Vorkaufsrechte, Auflassungsvormerkungen usw).

Wir befassen uns hier nur mit den Ansprüchen auf wiederkehrende Leistungen.

Für einige von ihnen, die in ZVG § 92 Abs 2 genannt sind (Nießbrauch, beschränkte persönliche Dienstbarkeit, Reallast von unbestimmter Dauer) schreibt ZVG § 121 Abs 1 die Art der Wertberechnung vor: Zusammenrechnung aller künftigen Leistungen (wobei gegebenenfalls die Lebenserwartungstabelle anzuwenden ist) unter Beschränkung auf eine Höchstdauer von 25 Jahren. Ein Abzug von Zwischenzinsen ist hier im Gesetz nicht vorgesehen.

Für die übrigen Ansprüche auf wiederkehrende Leistungen (zB Erbbauzins, Reallast von bestimmter Dauer) ist die Art der Wertberechnung vom Gesetz nicht geregelt. Bei ihnen muß man, um den gegenwärtigen im Verteilungstermin als Kapital auszuzahlenden Wert (ZVG § 92 Abs 1) zu erhalten, die wiederkehrenden Leistungen nach finanzmathematischen

Zwischenzinsabzug **Tab 3**

Grundsätzen kapitalisieren, also unter Abzug von Zwischenzinsen samt Zinseszinsen (die hier im Gegensatz zu ZVG § 111 nicht verboten sind) errechnen.

Dabei ist die Berechnung unterschiedlich, je nachdem, ob die wiederkehrenden Leistungen jeweils am Anfang einer Zahlungsperiode (im voraus) fällig geworden wären oder am Ende der Zahlungsperiode (nachträglich); die Berechnung ist ferner unterschiedlich, je nachdem, ob die wiederkehrenden Leistungen nach Jahren, Halbjahren, Vierteljahren oder Monaten zu zahlen gewesen wären. Wir verstehen: es muß ein anderer Zwischenzins abgezogen werden, wenn die einzelnen Leistungen immer am 1. Januar voraus für 1 Jahr gezahlt worden wären oder immer am 31. Dezember nachträglich oder gar nicht in Jahresbeträgen, sondern etwa an jedem Monatsanfang voraus oder an jedem Monatsende nachträglich. Der Zwischenzins soll ja eine Entschädigung dafür sein, daß der Berechtigte einen Betrag früher bekommt, als er ihn bei Abwarten der vorgesehenen Fälligkeitstermine bekommen hätte. Diese Vorverlegung der Fälligkeit heißt Diskontierung, im Gegensatz zum Hinausschieben einer Fälligkeit (= Prolongation).

Bei vorzeitig fälligen (= diskontierten) unverzinslichen Kapitalbeträgen erfolgt die Zwischenzinsabzug verhältnismäßig einfach nach der Hoffmannschen Formel in Abschnitt a) (bei vorzeitig fälligen verzinslichen Kapitalbeträgen erfolgt kein Zwischenzinsabzug, weil der Berechtigte ohnehin die Zinsen vom Zeitpunkt der vorzeitigen Auszahlung an verliert). Bei vorzeitig fälligen wiederkehrenden Leistungen ist die Berechnung des Zwischenzinsabzuges schon wesentlich schwieriger. Es gibt dafür zahlreiche umfangreiche Tabellensammlungen (August Schlimbach, Simon Spitzer, Heinrich Murai, G. Schinkenberger usw). Sie weisen unterschiedliche Methoden auf, stellen zumeist erhebliche mathematische Anforderungen und sind für die meisten Leser dieses Buches kaum greifbar. Uns kann nur eine erhebliche Vereinfachung für unsere Zwecke helfen: wir begnügen uns mit Zinsen zu 4% und 5%; wir setzen voraus, daß die wiederkehrenden Leistungen in ihren Einzelbeträgen immer gleichhoch gewesen wären, sich also nicht während ihrer Laufzeit allmählich erhöhen oder verringern; wir begnügen uns mit einer Laufzeit bis zu 100 Jahren; wir berechnen weniger Dezimalstellen. Wer größere Anforderungen stellt, bedarf der Hilfe eines Versicherungs- oder Bankmathematikers, wenn er nicht einen Elektronenrechner verwendet.

Gebrauchsanweisung

Begriffe:

Die einzelne vom Tag des Verteilungstermins an (also im Sinn des Gesetzes „künftig") fällig werdende, ihrer Höhe nach gleichbleibende, in Geld ausgedrückte **„wiederkehrende Leistung"** (in den mathematischen Tabellen „Rente" genannt) = Rate (im Teilungsplan werden wiederkehrende Leistungen bis zum Tag vor dem Verteilungstermin einschließlich als schon fällig in voller Höhe aus dem Versteigerungserlös entnommen, als künftige, durch Wertersatz mit Abzinsung zu berechnende werden die am Tag des Verteilungstermins oder später fällig werdenden behandelt), je nach dem Zeitpunkt, zu dem sie „wiederkehren": Jahresrate, Halbjahresrate, Vierteljahresrate, Monatsrate (diese Abschnitte müssen nicht mit dem Kalender-Jahr, -Halbjahr, -Vierteljahr, -Monat übereinstimmen).
Zahl der vom Verteilungsterminstag an (diesen eingeschlossen) in Jahresabständen wiederkehrenden Raten (Laufzeit) = n
Im Verteilungstermin zu berechnender und auszuzahlender abgezinster (diskontierter) **Kapitalwert** aller künftigen wiederkehrenden Leistungen (Raten) = K

Grundregel (Tabelle A):

Um für den Verteilungstermin den nach ZVG § 92 Abs 1 auszuzahlenden (also abgezinsten = diskontierten) Kapitalwert K einer immer in ihren Einzelbeträgen gleichbleibenden Reihe von künftig (ab dem Tag des Verteilungstermins, diesen eingeschlossen) fällig werdenden wiederkehrenden Leistungen (Raten), und zwar von Jahresraten (ursprünglichen oder erst durch besondere Berechnung aus Monats- usw Raten zurückgeführten), bei einer Laufzeit (Zahl der Jahresraten) von 1–100 Jahren und bei wahlweise 4% oder 5% Zinsen (mit entsprechenden Zinseszinsen) zu berechnen, muß man den Betrag einer Jahresrate mit dem Diskontierungsfaktor aus Tabelle A vervielfältigen:

K = 1 Jahresrate × Diskontierungsfaktor.

Tab 3

Zins- und Diskontierungsformeln

Formel „nachträglich" und Formel „voraus" (Tabelle A):
Der Diskontierungsfaktor ist unterschiedlich, je nachdem ob die einzelne Rate nachträglich oder im voraus zahlbar ist. Diese Einteilung bezieht sich nicht auf den Zeitabschnitt, für den die Rate bestimmt war, sondern auf den Zeitpunkt des Verteilungstermins: 1. Rate am Tag des Verteilungstermins fällig = voraus zahlbar; wenn erst 1 Jahr nach dem Verteilungstermin fällig = nachträglich zahlbar. Die voraus zahlbare 1. Rate wird im Verteilungstermin zum Zeitpunkt ihrer Fälligkeit bezahlt und wird darum nicht abgezinst; die nachträglich zahlbare wird 1 Jahr vor ihrer Fälligkeit bezahlt und wird darum abgezinst. Die **Tabelle** der Diskontierungsfaktoren ist grundsätzlich **für nachträgliche Fälligkeit** aufgestellt; bei Vorausfälligkeit muß daher 1 Jahr der Laufzeit (= n) abgezogen werden (also: n−1).
Nach der Berechnung dieser Abzinsung darf natürlich nicht übersehen werden, die nicht abzuzinsende 1. Rate dem Ergebnis hinzuzurechnen (siehe nachstehendes Beispiel).
Diskontierungsformel „nachträglich": Die 1. Rate wäre 1 Jahr nach dem Verteilungstermin fällig geworden.
Diskontierungsformel „voraus": Die 1. Rate ist am Tag des Verteilungstermins selbst fällig.
1. Rate: nicht die nach dem Vertrag erste, sondern die auf den Verteilungstermin bezogene erste.
Beispiel: Bei einer Laufzeit n = 14 Jahre und einem Jahresbetrag von 35 DM ist bei einem Zinssatz von 4% zu rechnen:
Formel nachträglich: n = 14, Diskontierungsfaktor laut Tabelle 10,563, multipliziert mit dem Jahresbetrag ergibt 369,71 DM.
Formel voraus: n−1 = 14−1 = 13, Diskontierungsfaktor laut Tabelle 9,986, multipliziert mit dem Jahresbetrag ergibt 349,51 DM; dazu die 1. Rate unabgezinst zu 35 DM ergibt 384,51 DM. Man kann auch gleich so rechnen, daß man dem hier festgestellten Diskontierungsfaktor 9,986 den Faktor 1 für die nicht abgezinste 1. Rate zurechnet, also damit den Diskontierungsfaktor 10,986 erhält und hiermit den Jahresbetrag multipliziert, was ebenfalls 384,51 DM ergibt. Wichtig ist nur, daß die sogenannte 1. Rate nicht vergessen wird.

Ausgleich der Berechnungszeitabschnitte (Tabelle B):

Den Idealfall (1. Rate am Tag des Verteilungstermins oder genau 1 Jahr nachher) wird man selten haben. Fast immer wird die 1. Rate im Laufe eines Jahres nach dem Verteilungstermin fällig werden.
Beispiel: Verteilungstermin 1. 4. 1993, 1. Jahresrate fällig am 1. 1. 1994. Hier ist unser Diskontierungs-Jahr um 3 Monate zu kurz. Es muß erst auf die volle Länge gebracht werden: der Fälligkeitszeitpunkt 1. 1. 1994 muß entweder auf den 1. 4. 1993 vorverlegt (diskontiert) oder auf den 1. 4. 1994 hinausgeschoben (prolongiert) werden.
Wählen wir zunächst den 1. Weg: Fälligkeit vorverlegen. Weil auf diese Weise die Rate um $^9/_{12}$ Jahr oder $^3/_4$ Jahr zu früh bezahlt wird, muß ein Zinsabzug in Form der Diskontierungszahl erfolgen, und zwar für Vorauszahlung, weil ja die Rate jetzt am Verteilungstermintag fällig sein soll: Tabelle B „voraus". Wir finden dort bei 5% Zinsen (die wir diesmal nehmen wollen; wenn wir uns an die gesetzlichen Zinsen halten, BGB § 246, müssen wir immer 4% nehmen) in Spalte $^9/_{12}$ oder $^3/_4$ die Ausgleichszahl 0,9641. Vervielfältigen wir mit ihr unsere Jahresrate, zB 100 DM, so erhalten wir eine um die Zeitverschiebung ausgeglichene, diskontierte (zum 1. 4. 1993 fällige Rate von) 96,41 DM. Mit diesem berichtigten Betrag müssen wir also die Jahresrate in unsere vorher geschilderte Diskontierungsrechnung einsetzen, mit der Diskontierungsformel „voraus" und mit der entsprechenden Laufzeit, zB bei 10 Jahresfälligkeiten:
K = 96,41 × Diskontierungsfaktor (n−1) [= 10−1 = 9]
K = 96,41 × 7,108 [bei 5%], K = 685,28 DM.
Wählen wir jetzt den 2. Weg: Fälligkeit hinausschieben. Weil auf diese Weise die Rate um $^3/_{12}$ Jahr oder $^1/_4$ Jahr verspätet bezahlt würde, muß eine Zinsvergütung erfolgen. Wir entnehmen aus der Tabelle B „nachträglich" die Ausgleichszahl für $^3/_{12}$ oder $^1/_4$: bei 5% = 1,0123. Unsere Rate von 100.− DM beträgt somit zum 1. 4. 1994 (und alle folgenden Jahre) 101,23 DM. Dieser Betrag wird nun in unsere Diskontierungsrechnung eingesetzt, mit der Diskontierungsformel „nachträglich" (weil 1 Jahr nach dem Verteilungstermin) und mit der entsprechenden Laufzeit, zB bei 10 Jahresfälligkeiten:

Zwischenzinsabzug   **Tab 3**

K = 101,23 × Diskontierungsfaktor n [= 10]
K = 101,23 × 7,722 [bei 5%], K = 781,70 DM.
Laufzeit ist in beiden Fällen die Zahl der in Jahresabständen fälligen Raten, aber bei der Formel „voraus" gemindert um 1 Fälligkeit, also hier der Diskontierungsfaktor nicht „n", sondern „n–1".

Zurückführung der Monatsraten, Vierteljahresraten, Halbjahresraten auf Jahresraten (Tabelle B):

Die Diskontierungsrechnung ist auf Jahresraten aufgebaut. Sind aber die Raten nicht als Jahresraten bestimmt, sondern als Monats-, Vierteljahrs-, Halbjahresraten, so müssen sie auf einen Jahresraten-Termin prolongiert oder diskontiert werden, um in die Berechnung zu passen: vorauszahlbare müssen, jede einzelne für sich, auf den vorhergehenden Jahresratentermin vorverlegt (diskontiert), nachträglich zahlbare müssen, wieder jede einzelne für sich, auf den nächstfolgenden Jahresratentermin hinausgeschoben (prolongiert) werden. Erst die hierdurch gefundene Jahresrate kann ihrerseits diskontiert werden. Bei Monatsraten muß man also die 12 einzelnen Monatsraten je mit der zugehörigen Ausgleichszahl aus Tabelle B vervielfachen und die 12 Ergebnisse je für sich diskontieren: die zusammengezählten Ergebnisse bilden dann den gesuchten Wert K. Bei Vierteljahresraten sind also je 4, bei Halbjahresraten je 2 Zurückführungen und Diskontierungen auszuführen und die 4 oder 2 Ergebnisse zusammenzuzählen. Man könnte natürlich auch die Monats- usw Raten je auf die Jahresrate zurückführen, zusammenzählen und dieses Ergebnis als Jahresrate diskontieren. Das geht aber nur, wenn die ganze Laufzeit hindurch alle Monatsraten gleichmäßig anfallen. Es ist aber durchaus möglich, ja sogar wahrscheinlich, daß die Laufzeit nicht gerade am Ende eines Jahres endet, sondern mitten im Jahr, so daß die einen Monate um 1 × weniger vorkommen als die anderen. Beispiel: Beginn 1. 1. 1993, Ende 1. 7. 1998; hier kommen die Monatsraten für Januar bis Juli 6 ×, aber die für August bis Dezember nur je 5 × vor. Daher ist die erstgenannte Art der Berechnung immer vorzuziehen, weil man dabei nicht versehentlich zu viele Raten berechnet.

Beachten Sie bitte: unter Jahresratentermin verstehen wir natürlich den Zeitpunkt des Verteilungstermins oder von 1 Jahr nach dem Verteilungstermin, je nachdem, ob wir die einzelne Monats- usw- Rate vorverlegt oder hinausgeschoben haben, wie wir es schon beim Ausgleich der Berechnungszeitabschnitte gelernt haben.

Beispiel:

Verteilungstermin: 1. 6. 1993
Monatsraten 100 DM, nachträglich zahlbar 1. 7., 1. 8. usw.
Laufzeitende: (letzte Rate): 1. 12. 1995, Zinsen nehmen wir 4%.
Lösungshinweis:
Raten nachträglich zahlbar, also alle prolongieren auf 1. 6. 1994 (Tag 1 Jahr nach Verteilungstermin), und zwar aus Tabelle B „nachträglich": es müssen immer so viele $^{1}/_{12}$ Ausgleichszahlen gerechnet werden, als die zu verschiebende Monatsrate vom neuen Termin entfernt ist, also: Monatsrate vom 1. 7. 1993: verschiebt sich um $^{11}/_{12}$Jahr, also aus Tabelle B „nachträglich" Ausgleichszahl für $^{11}/_{12}$ entnehmen: 1,0366; mit unserem Ratenbetrag von 100 vervielfachen, gibt für diese Monatsrate den zurückgeführten Wert von: 103,66. So werden alle anderen Monatsraten auch behandelt, jede einzelne um $^{1}/_{12}$ weniger; die letzte vom 1. 6. 1994 braucht keinen Ausgleich (Tabelle B „nachträglich" = 1), weil sie ja nicht mehr verschoben wird, sondern schon auf den maßgebenden Termin trifft. Nun wird jedes einzelne zurückgeführte Monatsergebnis, auch das unveränderte Ergebnis des letzten Monats (Sie müssen wieder 12 Monate zusammenbringen!), je für sich diskontiert, unter Beachtung, wieviele Jahresraten für den betreffenden Monat gegeben sind: die bisherigen Monatsraten vom 1. 7. bis 1. 12. wären vom 1. 7. 1993 bis 1. 12. 1995 je 3 × angefallen, die bisherigen Monatsraten vom 1. 1. bis 1. 6. wären in der gleichen Zeit nur je 2 × angefallen. Daher bei den erstgenannten aus Tabelle A Formel „nachträglich" Diskontierungsfaktor n = 3, für die anderen n = 2. Also:
Rate vom 1. 7. 1993 (die sich wiederholt am 1. 7. 1994 und 1. 7. 1995), zurückgeführt auf 103,66 DM, zu vervielfachen mit dem Diskontierungsfaktor 2,775, ergibt als diskontierten Kapitalwert K dieser Monatsrate: 287,66 DM. So machen Sie es mit allen zurückgeführten

1533

Tab 3

Zins- und Diskontierungsformeln

Monatsraten und zählen dann alle gefundenen K-Werte zusammen und haben damit den für den Verteilungstermin benötigten Kapitalwert K der ganzen Ratenreihe, den Sie auszahlen müssen.

Ausgleich der Tagesunterschiede:

Wir haben unsere Berechnungen bisher darauf aufgebaut, daß die Tagesdaten des Verteilungstermins (oder von 1 Jahr nach ihm) mit den Tagesdaten der Raten-Fälligkeiten übereinstimmen: Raten immer am 1. des Monats fällig, Verteilungstermin auch am 1. Sie sollten also vorsorglich, wenn ein solcher Berechnungsfall heransteht, den Verteilungstermin entsprechend ansetzen. Falls das nicht möglich ist oder übersehen wurde, müßte man an sich auch noch diesen Zeitunterschied ausgleichen, zB: Raten am 1. fällig, Verteilungstermin am 10. des Monats; auszugleichen 10 Tage bzw 20 (je nach Zurückverlegung oder Hinausschiebung). Es würde aber unser Buch zu sehr belasten, wollten wir auch diese Ausgleichszahlen noch aufnehmen. Da die Beträge, um die unser Ergebnis zu hoch oder zu niedrig wird, auch nicht sehr bedeutend sein werden, lassen wir einfach diesen Fehler unberücksichtigt. Sind die Raten am 1. fällig, der Verteilungstermin aber in der Zeit vom 2. bis zum 15., so gehen wir auf den 1. zurück, andernfalls auf den nächsten 1. und berechnen alles so, als ob der Verteilungstermin an diesem 1. stattfinden würde. Wer es aber ganz genau ausrechnen will, benütze die mathematischen Tabellen oder setze eben den Verteilungstermin auf den Tag der Ratenfälligkeit an.

Tabelle A

Diskontierungsformeln:

Formel „nachträglich": K = 1 Rate × Diskontierungsfaktor n;
Formel „voraus": K = 1 Rate × Diskontierungsfaktor (n–1) zuzüglich der 1. Rate.

Diskontierungsfaktoren:

Laufzeit (Zahl der in Jahresabständen fälligen Raten) = n	bei 4%	bei 5%
n = 100	24,505	19,848
n = 99	24,485	19,840
n = 98	24,465	19,832
n = 97	24,443	19,824
n = 96	24,421	19,815
n = 95	24,398	19,806
n = 94	24,374	19,796
n = 93	24,349	19,786
n = 92	24,323	19,775
n = 91	24,295	19,764
n = 90	24,267	19,752
n = 89	24,238	19,740
n = 88	24,207	19,727
n = 87	24,176	19,713
n = 86	24,143	19,699
n = 85	24,109	19,684
n = 84	24,073	19,668
n = 83	24,036	19,651
n = 82	23,997	19,634
n = 81	23,957	19,616
n = 80	23,915	19,596
n = 79	23,872	19,576
n = 78	23,827	19,555
n = 77	23,780	19,533
n = 76	23,731	19,509
n = 75	23,680	19,485

Zwischenzinsabzug Tab 3

Laufzeit (Zahl der in Jahresabständen fälligen Raten) = n	bei 4%	bei 5%
n = 74	23,628	19,459
n = 73	23,573	19,432
n = 72	23,516	19,404
n = 71	23,456	19,374
n = 70	23,395	19,343
n = 69	23,330	19,310
n = 68	23,264	19,275
n = 67	23,194	19,239
n = 66	23,122	19,201
n = 65	23,047	19,161
n = 64	22,969	19,119
n = 63	22,887	19,075
n = 62	22,803	19,029
n = 61	22,715	18,980
n = 60	22,623	18,929
n = 59	22,528	18,876
n = 58	22,430	18,820
n = 57	22,327	18,761
n = 56	22,220	18,699
n = 55	22,109	18,633
n = 54	21,993	18,565
n = 53	21,873	18,493
n = 52	21,748	18,418
n = 51	21,617	18,339
n = 50	21,482	18,256
n = 49	21,341	18,169
n = 48	21,195	18,077
n = 47	21,043	17,981
n = 46	20,885	17,880
n = 45	20,720	17,774
n = 44	20,549	17,663
n = 43	20,371	17,546
n = 42	20,186	17,423
n = 41	19,993	17,294
n = 40	19,793	17,159
n = 39	19,584	17,017
n = 38	19,368	16,868
n = 37	19,143	16,711
n = 36	18,908	16,547
n = 35	18,665	16,374
n = 34	18,411	16,193
n = 33	18,148	16,003
n = 32	17,874	15,803
n = 31	17,588	15,593
n = 30	17,292	15,372
n = 29	16,984	15,141
n = 28	16,663	14,898
n = 27	16,330	14,643
n = 26	15,983	14,375
n = 25	15,622	14,094
n = 24	15,247	13,799
n = 23	14,857	13,489
n = 22	14,451	13,163
n = 21	14,029	12,821
n = 20	13,590	12,462

Tab 3   Zins- und Diskontierungsformeln

Laufzeit (Zahl der in Jahresabständen fälligen Raten) = n	bei 4%	bei 5%
n = 19	13,134	12,085
n = 18	12,659	11,690
n = 17	12,166	11,274
n = 16	11,652	10,838
n = 15	11,118	10,380
n = 14	10,563	9,899
n = 13	9,986	9,394
n = 12	9,385	8,863
n = 11	8,760	8,306
n = 10	8,111	7,722
n = 9	7,435	7,108
n = 8	6,733	6,463
n = 7	6,002	5,786
n = 6	5,242	5,076
n = 5	4,452	4,329
n = 4	3,630	3,546
n = 3	2,775	2,723
n = 2	1,886	1,859
n = 1	0,962	0,952

Tabelle B

Ausgleichsfaktoren (Prolongierungs- und Diskontierungszahlen zur Ausgleichung der Berechnungs-Zeitabschnitte)

Tabelle B „nachträglich":
Berechnet wird der Wert im Verteilungstermin, genau 1 Jahr vor der 1. Fälligkeit

Monate nach dem Verteilungstermin	Ausgleich um ..... Jahr	Ausgleichsfaktor 4%	5%
1	$^{11}/_{12}$	1,0366	1,0457
2	$^{10}/_{12}$	1,0332	1,0415
3	$^{9}/_{12} = ^{3}/_{4}$	1,0299	1,0373
4	$^{8}/_{12}$	1,0265	1,0331
5	$^{7}/_{12}$	1,0231	1,0289
6	$^{6}/_{12} = ^{2}/_{4} = ^{1}/_{2}$	1,0198	1,0247
7	$^{5}/_{12}$	1,0165	1,0205
8	$^{4}/_{12}$	1,0132	1,0164
9	$^{3}/_{12} = ^{1}/_{4}$	1,0099	1,0123
10	$^{2}/_{12}$	1,0066	1,0082
11	$^{1}/_{12}$	1,0033	1,0001
12	$^{0}/_{12}$	1,0000	1,0000

Zwischenzinsabzug Tab 3

Tabelle B „voraus":
Berechnet wird der Wert im Verteilungstermin, genau im Zeitpunkt der 1. Fälligkeit.

Monate nach dem Verteilungstermin	Ausgleich um ..... Jahr	Ausgleichsfaktor 4%	5%
0	$0/12$	1,0000	1,0000
1	$1/12$	0,9967	0,9959
2	$2/12$	0,9935	0,9919
3	$3/12 = 1/4$	0,9902	0,9879
4	$4/12$	0,9870	0,9839
5	$5/12$	0,9838	0,9799
6	$6/12 = 2/4 = 1/2$	0,9806	0,9759
7	$7/12$	0,9774	0,9719
8	$8/12$	0,9742	0,9680
9	$9/12 = 3/4$	0,9710	0,9641
10	$10/12$	0,9678	0,9602
11	$11/12$	0,9647	0,9563

Sachregister

Vorbemerkung

Die Zahl vor der Klammer bezieht sich auf den Paragraphen des ZVG, die Zahl in der Klammer bezeichnet die Randnummer. Einl. bedeutet Einleitung, EG Einführungsgesetz zum ZVG.

I. Einl 11.1 = Einleitung (Buchseiten 1–150) Rdn 11.1
II. 15 (4.8) = ZVG § 15 Rdn 4.8
III. EG 9 (4) = Einführungsgesetz zum ZVG § 9 Rdn 4
IV. Die Angaben beziehen sich auf den Kommentarteil des Buches.
V. Soweit nichts anderes angegeben ist beziehen sich die Angaben auf die Vollstreckungsversteigerung von Grundstücken (anderen Objekten). Über die Anwendbarkeit der Vorschriften auf die Vollstreckungsversteigerung von Schiffen und Luftfahrzeugen, auf die Konkursverwalterversteigerung, Konkursverwalterzwangsverwaltung, Nachlaßversteigerung und Teilungsversteigerung geben die allgemeinen Bemerkungen zu den einzelnen Paragraphen Auskunft.

Abdeckereigerechtigkeit Einl 13.4
Abgabe bei Unzuständigkeit 1 (3.7)
Abgaben und Nebenleistungen: als öffentliche Last 10 (6.14) – Übergang der Verpflichtung auf Ersteher 56 (3.8) – auch: Steuern
Abgaben und Steuern bei Zwangsverwaltung 152 (12)
Abgabenordnung 1977: 15 (34.1) – Allgemeine Verwaltungsvorschrift über Durchführung der Vollstreckung 15 (34.11)
Abgeltungshypothek bzw Abgeltungslast 10 (6.2)
Abgesonderte Versteigerung bzw anderweitige Verwertung 65 (1–5)
Ablehnung von Gerichtspersonen Einl 26 – von Sachverständigen 74 a (10.8)
Ablösung des Gläubigers 15 (20) – nach Verpfändung/Pfändung eines Miterbenanteils 180 (11.10 k und 12.3 g) – nach Verpfändung/Pfändung eines Miteigentümer-Aufhebungsanspruchs 180 (11.10 l)
Ablösungssumme bei erlöschenden Rechten 92 (5)
Abschlußprovision als Nebenleistung 12 (3.3)
Abschriften aus den Akten 42 (2.6)
Absolutes Mindestgebot: Zuschlagsversagung 85 a (1–2) – Besonderheit bei Meistgebot eines am Grundstück Berechtigten 85 a (4)
Abtretung von Ansprüchen: Anmeldung zum geringsten Gebot 45 (3.4) – der Eigentümergrundschuld und Erlösverteilung 114 (6.12) – von Grundpfandrechten 114 (5.1) – des Grundschuld-Erlösanspruchs 114 (7) – des Meistgebots 81 (4) – sonstiger Grundstücksrechte 114 (5.2) – des Rückübertragungsanspruchs 114 (7.8)

Abtretungsurkunde: Zustellung zum Vollstreckungstitel 15 (40.25)
Abweichende Rangfolge, Vereinbarung 12 (4)
Abweichendes geringstes Gebot siehe abweichende Versteigerungsbedingungen
Abweichende Versteigerungsbedingungen: Abweichung von gesetzlichen Vorschriften 59 (2) – Allgemein 59 (1) – Antrag auf abweichende Feststellung 59 (3) – Beeinträchtigung 59 (4) – Bestehenbleiben eines Rechts 59 (7) – Doppelausgebot 59 (4) – Einzelne Abweichungen 59 (5) – Feststellung 59 (3) – Zuschlag bei Abweichungsanträgen 59 (6)
Abzahlungshypothek: Begriff 10 (8.8)
Ackerschlepper als Zubehör 20 (3.4)
Akteneinsicht 42 (1–2)
Aktenvermerk über die Zustellung durch Aufgabe zur Post 4 (2.4)
Aktiengesellschaft: Vollstreckung gegen sie 15 (19.3) – Vertretung im Bieten 71 (6.4)
Aktienkommanditgesellschaft: Vollstreckung gegen sie 15 (19.3) – Vertretung beim Bieten 71 (6.4)
Alarmanlage als Zubehör 20 (3.4)
Allgemeine wirtschaftliche Verhältnisse: bei Antrag des Schuldners auf Einstellung 30 a (3.1)
Allgemeinkundige Tatsachen: Begriff 17 (4.4)
Altenheimvertrag 57 (3.14)
Altenteil: Bestehenbleiben EG 9 (1, 3) – Erlöschen auf Antrag EG 9 (4) – Ersatzanspruch für erlöschendes 92 (6.1) – im geringsten Gebot 44 (5.1) – in der Zwangsverwaltung 146 (10)

1539

Register

Beispiel: § 15 (4.8) =

Altenteilerhaus, Veräußerungsbeschränkung 15 (6.6)
Altersheimeinrichtung: als Zubehör 20 (3.4)
Altrechtliche Grunddienstbarkeit: Bestehenbleiben kraft Gesetzes EG 9 (2) – Berechtigter = Beteiligter 9 (2.7) – Rangklasse vier 10 (8.1)
Altrechtliche Hypothek: Anmeldepflicht 37 (7.1)
Amortisationsfälligkeit: Beitritt hierwegen 27 (3.5)
Amortisationshypothek 10 (8.7)
Amt des Zwangsverwalters: Theorien hierüber 152 (2)
Amtsbetrieb in der Immobiliarvollstreckung: Einl 9.2
Amtsblatt für die Versteigerung: Art des Blattes 39 (2.2) – Belegstücke 39 (2.4) – geringwertige Grundstücke 39 (3) – Inhalt der Veröffentlichung 39 (2.3) – bei Terminsaufhebung 39 (2.6) – Zeit der Veröffentlichung 39 (2.5)
Amtskasse = Gerichtskasse
Amtstheorie beim Zwangsverwalter: 152 (2)
Anbau an Kommunmauer: 55 (5.2–3)
Anderweitige Verwertung 65 (1–5)
Anfang des ZVG-Verfahrens: Einl 20
Anfechtung: von Geboten 71 (3) – des Zuschlags = Zuschlagsanfechtung – der Zwangshypothek bei Vollstreckungsmängeln Einl 71.3 – auch: Rechtsbehelfe
Anhörung: der Beteiligten = Rechtliches Gehör
Ankaufsrecht: kein Anordnungshindernis 15 (42.2) – außerdem unter Vorkaufsrecht, Zuschlag
Anmeldepflichtigkeit 37 (5.4)
Anmeldung: Begriff 9 (4.1); 37 (5.1 und 5.3) – betreibende Ansprüche 10 (9.6) – der Beteiligten 9 (4) – dingliche Rechte 10 (8.6) – entgegenstehende Rechte 37 (6) – Erforderlichkeit 37 (5.2) – Form 37 (5.12) – Glaubhaftmachung dazu 9 (4.3), 45 (4) – durch Gerichtskasse/Amtskasse Einl 41.2 – nicht grundbuchersichtliche Rechte 37 (5) – der Kosten 10 (15.8–9) – der Mieter zum Versteigerungstermin 57 d (3) – Minderanmeldung 45 (7) – als Prozeßhandlung 37 (5.10) – Rangverlust bei nicht rechtzeitiger 110 (1–2) – Rechtsverfolgungskosten 10 (15.8–15.9) – der Schiffsgläubiger beim Registergericht 168 b (1–2) – zum Versteigerungstermin für Aufnahme in das geringste Gebot 45 (2 und 3) – durch Vertreter 37 (5.14) – vorbereitende zum Verteilungstermin 106 (1) – des einmaligen Wertersatzes 92 (3) – des Wertersatzes mit Geldrente 92 (4) – Zurücknahme 37 (5.17) – auch: Versteigerungstermin
Anmeldungsausschluß: Hinweis 66 (8)
Anmeldungsbeteiligte: 9 (2.5–2.6)
Annuitätenhypothek im geringsten Gebot 44 (5.25) und 49 (5)
Anordnung der Teilungsversteigerung 180 (5) – Muster 180 (10)
Anordnungsantrag in der Zwangsversteigerung 15 (3) – Bezeichnung des Anspruchs und Titels 16 (3.4–3.7) – Bezeichnung des Eigentümers 16 (3.2) – Bezeichnung des Grundstücks 16 (3.1) – Form 16 (2.1) – Hypothekenbrief 16 (4.4) – mehrere gleichzeitig zu entscheidende Anträge 15 (4.13) – Prüfung 15 (3.5) – Urkunden zum Antrag 16 (4)
Anordnungsbeschluß in der Zwangsversteigerung 15 (4) – Muster dafür 15 (4.2) – Unterzeichnung 15 (4.12) – Zustellung an Schuldner 8 (1–2) und 15 (47.1)
Anordnungsentscheidung, Einzelheiten: Baugesetzbuch 15 (6) – Bundesversorgungsgesetz 15 (7) – Dinglicher Titel, Duldungstitel 15 (9) – Eheliches Güterrecht 15 (10) – Eigenschaft als Erbe 17 (4) – Eigentum des Schuldners 17 (2) – Eintragung im Grundbuch 17 (3) – Eigentümergrundpfandrecht 15 (11) – Eisenbahnrecht 15 (12) – Erbbaurecht 15 (13) – Fälligkeit der Ansprüche 15 (15) – Fiskus 15 (16) – Flurbereinigung 15 (17) – Gerichtskasse/Amtskasse 15 (18) – Gesellschaften 15 (19) – Gläubigerablösung 15 (20) – Grundstücksbruchteile, Gemeinderechte, Straßenflächen 15 (21) – Handelsgesellschaften 15 (19) – Herrenlose Immobilien 15 (22) – Konkursverfahren 15 (23.1–23.8) – Körperschaften, Anstalten, Stiftungen 15 (16) – Landwirtschaft 15 (24) – Name und Firma 15 (25) – Nießbrauch 15 (26) – Pfandrecht 15 (27) – Rechtliches Gehör 15 (28) – Rechtsbehelfe 15 (5) – Rechtsnachfolge 15 (29–30) – Reichsheimstätte 15 (31.1–31.5) – Reichssiedlungsgesetz 15 (31.8) – Reichsversicherungsordnung 15 (7.6) – Sozialleistungsansprüche 15 (33) – Steuerforderungen 15 (34) – Tod des Gläubigers oder Schuldners 15 (29–30) – Truppenstatut 15 (35) – Veräußerungsverbot 15 (36) – Vergleichsverfahren 15 (23.9–12) – Verwaltungszwangsverfahren 15 (38) – Vollstreckungshindernisse, Vollstreckungsmängel 15 (39) – Vollstreckungstitel, Vollstreckungsklausel 15 (40) – Vorkaufsrecht 15 (42) – Vormundschaftsgerichtliche Genehmigung 15 (41.3–6) – Wartefrist 15

(43) – Wechselurteil 15 (44) – Wiederkaufsrecht 15 (42.3) – Wohnungseigentum 15 (45) – Zug-um-Zug-Leistung 15 (46) – Zustellung an Gebäudeeigentümer EG 9 a (7) – Zwangsverwaltung gleichzeitig 15 (36.2)
Anordnungsgebühr Einl 76
Anspruch auf Befriedigung aus dem Grundstück 10 (1 ff)
Anspruch von unbestimmtem Betrag: Art 14 (2) – Berücksichtigung 14 (1) – Berücksichtigung als „aufschiebend bedingter Anspruch" 14 (3)
Antrag: Allgemeines Einl 21 – auf Eintragung einer Zwangshypothek Einl 63 – auf Zwangsversteigerung 16 (2 ff) – im Verwaltungszwangsverfahren 16 (2.2) – auf Schiffsversteigerung 164 (1–2) – auf Teilungsversteigerung 180 (4) – Abgabe 1 (3.7) – Behandlung unverzüglich (Einl 23.2) – Grundsätze Einl 21 – zu Protokoll Einl 21.6 – auf Verteilung eines Gesamtgrundpfandrechts 64 (3) – auf abgesonderte Versteigerung 65 (2) – zur Zuschlagsentscheidung 74 (2) – auf Versagung des Zuschlags nach § 74 a ZVG 74 a (4) – auf Zuschlagsversagung außerhalb des § 74 a ZVG 85 (1–3)
Antragsberechtigung für Teilungsversteigerung: Stellung 180 (3)
Antragsform 16 (2)
Antragsgegner in Teilungsversteigerung 180 (6.5)
Antragsgrundsatz Einl 21.1
Antragsrecht, großes oder kleines bei Erbengemeinschaft in der Teilungsversteigerung: 180 (3.7)
Antragsrücknahme s Rücknahme usw
Antragsteller: Herr des Verfahrens Einl 9.1 – in der Teilungsversteigerung 180 (6.5)
Anwalt = Rechtsanwälte
Anwaltszwang: allgemein Einl 22
Anwartschaft auf Eigentum an Zubehör: Beschlagnahme 20 (3.5) – in der Versteigerung 55 (3.12)
Anweisungen des Gerichts an den Zwangsverwalter 153 (3) – Muster dazu 153 (4)
Anzuwendende Vorschriften: unter Teilungsversteigerung, Zwangsverwaltung usw
Apothekenrealrecht Einl 13.5
Armenrecht: früher bewilligtes weiter anzuwenden Einl 45.8 – Kosten für Gerichtskasse/Amtskasse Einl 41.2
Arrest in Schiffe 162 (5)
Arresthypothek: Teilungsplan der Zwangsversteigerung 114 (5.3) – als Zwangshypothek Einl 74

Register

Arten der Immobiliarvollstreckung Einl 18
Aufbauhypothek in 4. Rangklasse 10 (8.1)
Aufenthalt unbekannt: Zustellungsvertreter 6 (2)
Aufforderung: zu Geboten im Versteigerungstermin 66 (8) – an Mieter/Pächter zur Anmeldung 57 d (2) – zur Verteilungsterminanmeldung 106 (2)
Aufgaben des Vollstreckungsgerichts: Einl 23; des Zwangsverwalters 152 (3)
Aufgabe zur Post zwecks Zustellung 4 (1–2)
Aufgebotsverfahren: zum Ausschluß unbekannter Zuteilungsberechtigter: 138 (2); 140 (2); 141 (2) – zur Kraftloserklärung von Grundpfandrechtsbriefen = Kraftloserklärung – Landesrecht dazu EG 12 (1)
Aufhebung (Ende): von ZVG-Verfahren Einl 20 – Fälle der Aufhebung Einl 20.4 – nach Rücknahme des Versteigerungsantrags 29 (1.1); 29 (2.6) – nach Schluß der Versteigerung 33 (1–2) – durch Versagung des Zuschlags 86 (1–2) – Wirkung der Aufhebung Einl 20.4–20.6 – Zwangsverwaltung 161 (2–4)
Aufhebung einer Gemeinschaft: Allgemein 180 (2) – Pfändung des Rechts bei Bruchteilsgemeinschaft 180 (11) – im übrigen siehe Teilungsversteigerung
Aufhebung: des Versteigerungstermins 43 (7) – Auswirkung auf Gebote 72 (4)
Aufhebungsbeschluß: Zustellung 32 (1–2)
Aufklärungspflicht, Grundsätze Einl 8.1 – im einzelnen Einl 24
Aufklärungsverfügung 15 (3.6)
Auflagen: nicht bei Einstellungsbewilligung des Gläubigers 30 (2.11) – möglich bei Einstellungsantrag des Schuldners 30 a (6)
Auflassungsvormerkung: kein entgegenstehendes Recht Einl 28 (4.2) – nach Eigentumsübergang in Erfüllung des Anspruchs Einl 28 (3.8) – Ersatzanspruch 92 (7) – geringstes Gebot 48 (3.2)
Auflösend bedingte Rechte: Zuzahlungspflicht 50 (3) – auch: Bedingte Rechte
Aufrechnung: bei Forderungsübertragung 118 (4.10) – des Mieters/Pächters 57 b (4) – des Schuldners 95 (3)
Aufruf des Versteigerungstermins 66 (4)
Aufschiebend bedingte Rechte: Zuzahlungspflicht 50 (3) – auch: Bedingte Rechte
Aufschiebende Wirkung des Aufhebungsbeschlusses 15 (5.5)
Aufsicht über Zwangsverwalter = Zwangsverwalter
Aufsichtsbehörde: Zustellung für eine Körperschaft 6 (4)

1541

Register

Aufsichtsperson: für Schuldner-Zwangsverwalter 150 c (2–3) – als Sicherungsmaßregel in der Versteigerung 25 (4.2)
Auftrag für Grundstückserwerb 71 (6.8)
Aufwertung 1924: Einl 51.1
Aufzüge: wesentlicher Bestandteil 20 (3.2)
Ausbietungsgarantie 71 (8)
Ausbietungsvertrag 71 (8.7)
Auseinandersetzung: Ausschlußgründe 180 (9) – Pfändung des Anspruchs 180 (11) – Überschußauseinandersetzung in der Teilungsversteigerung 180 (17.8)
Ausflaggung 162 (2.3 d)
Ausführung des Teilungsplans bei Nichtzahlung des Bargebots: Allgemein 118 (1) – Forderungsübertragung (Anlaß und Grund) 118 (2) – Forderungsübertragung bei Nichtzahlung des Bargebots 118 (3) – Übertragungswirkung 118 (4)
Ausführung des Teilungsplans bei Zahlung des Bargebots: Allgemein 117 (1) – Auszahlung an Zahlungsempfänger 117 (3) – Befriedigungserklärung 117 (4) – Berechtigter 117 (2) – Hinterlegung der Teilungsmasse 117 (6) – Hinterlegungsanweisung 117 (7) – Zahlung an abwesenden Empfangsberechtigten 117 (4)
Ausführungsbeschluß zur prozeßgerichtlichen Einstellung: Einl 31.8
Ausgaben der Verwaltung in der Zwangsverwaltung: 155 (4)
Ausgleichsbetrag bei der Teilungsversteigerung: 182 (4)
Auskunftspflicht des Zwangsverwalters: 153 (2.2)
Ausländer in ZVG-Verfahren Einl 25 – Abgabe eines Gebots 71 (7.1) – Güterstand Einl 25.3
Ausländische Schuldtitel 15 (41.2)
Ausländisches Luftfahrzeug: Versteigerung 171 h (1–2) – Benachrichtigung der ausländischen Registerbehörde 171 l (1–2) – Beschwerde gegen Zuschlag 171 m (1–2) – Rangklasse 3 und 4 bei ihm 171 i (1) – Veräußerung und Belastung 171 k (1–2)
Ausländisches Schiff: Versteigerung 162 (6); 171 (1–2)
Ausländische Währung: Grundpfandrechte 145 a (1–2) – Registerpfandrecht an Luftfahrzeug 171 e (1–2) – bei Schiffshypothek 168 c (2) – im Teilungsplan 114 (5.4) – bei Zwangshypothek Einl 67.5 – in Zwangsverwaltung 155 (6.9) und 158 a
Auslagen des Gerichts Einl 84 – der Rechtsanwälte: Einl 89.20–89.24 – des Zustellungsvertreters: 7 (3) – des Zwangsverwalters: 152 a (4.9)
Ausland und Schiffsversteigerung 162 (6)

Beispiel: § 15 (4.8) =

Auslandszustellung: Kosten des Gerichts Einl 84.2
Auslegung des Vollstreckungstitels: 15 (40.6–8)
Ausnahmekündigungsrecht des Erstehers siehe Sonderkündigungsrecht
Ausnützung gesetzlicher Möglichkeiten: Einl 21.5
Ausschließung von Gerichtspersonen Einl 26
Ausschluß der Auseinandersetzung 180 (9)
Ausschluß von Anmeldungen im Versteigerungstermin: 66 (8)
Ausschlußurteil: Aufgebotsverfahren zwecks Ausschließung unbekannter Berechtigter 140 (2.7) – auch: Verteilungstermin
Außenwirtschaftsgesetz Einl 30
Außergerichtliche Befriedigung des Berechtigten 144 (1–2) – anzuwendende Vorschriften 145 (1–2)
Außergerichtliche Einigung über Erlösverteilung 143 (1–2) – anzuwendende Vorschriften 145 (1–2)
Außergerichtliche Verteilung in der Zwangsverwaltung 160 (1–2)
Außerordentliche Anfechtung (Beschwerde) bei Zuschlag 96 (3) – auch: Zuschlagsanfechtung
Aussetzung des Verfahrens: Allgemein Einl 27 – auch: Ruhen, Unterbrechung
Aussichtslose Ansprüche: Allgemein Einl 48.8 – Beitritt hierfür 27 (3.4) – Härtefall (ZPO § 765 a) Einl 55.2
Auszahlungsanweisung: Teilungsplan der Zwangsversteigerung 113 (3.1) – Teilungsplan der Zwangsverwaltung 157 (2)

Badeeinrichtung als Zubehör: 55 (3.2)
Baden-Württemberg: Zuständigkeit für ZVG-Verfahren 1 (3.3); für Schiffsversteigerung 1632 (2.3)
Bagatellforderung: Rechtsschutzbedürfnis Einl 48.4
Bahneinheiten: Vollstreckung nach Landesrecht Einl 15.1
Bahnunternehmengesetz: Beschränkung der Vollstreckung 15 (12)
Bankbürgschaft als Gebotesicherheit = Bürgschaft
Banken: Terminskosten 10 (15.7) – Vollstreckung gegen sie 15 (16) – Vorschlagsrecht für Institutsverwalter 150 a (2.2)
Bankquittung als Einstellungsunterlage Einl 31.11
Bankschecks als Gebotesicherheit 69 (5.2)
Bankzinstage für Verzinsung des Bargebots: 49 (3.4)

1542

= § 15 Randnr. 4.8

Bannrechte: Einl 13.4
Bares Meistgebot: Begriff 44 (3.2 g) – im Verteilungstermin 107 (2.2 a)
Bargebot: Allgemeiner Begriff 44 (3.2 f) – Allgemeines 49 (1) – gesetzliche Zinsen von ihm 49 (3) – Hinterlegung als Zahlung 49 (4) – Leistung im Verteilungstermin 107 (3) – Nichtzahlung bei Luftfahrzeugen 171 f (3) – Nichtzahlung bei Schiffen 169 (3) – Verwendung des Sicherheitsbetrags 49 (4.3) und 70 (6)
Bargeld zur Sicherheitsleistung 69 (2)
Baubehördliche Beschränkungen: Ermittlung durch Sachverständigen 74 a (8.2) – Sollinhalt der Terminsbestimmung des Versteigerungstermins 38 (7.1)
Baudarlehen: Begriff, Behandlung 57 b (7)
Baugeräte als Zubehör: 20 (3.4)
Baugesetzbuch und Anordnungsentscheidung: 15 (6) – Vorkaufsrecht 81 (10.5)
Bauhütten nicht wesentliche Bestandteile: 20 (3.2)
Baukostenzuschüsse: Begriff, Behandlung 57 b (7) – als Kündigungsaufschub 57 c (3) – in der Zwangsverwaltung 152 (9.12)
Baulast 66 (6.4)
Baumaterialien als Zubehör: 20 (3.4)
Baumschulpflanzen nicht wesentliche Bestandteile: 20 (3.2)
Bausparkassen: Abgabe von Geboten 71 (7.25 b) – Terminskosten 10 (15.7) – Vorschlagsrecht für Institutsverwalter 150 a (2.2)
Bauten des Mieters nicht wesentliche Bestandteile: 20 (3.2)
Bauunternehmer: Sicherungshypothek Einl 62.5
Bauvollendung in der Zwangsverwaltung: 152 (3.9)
Bayern: Zuständigkeit für ZVG-Verfahren 1 (3.3)
Bedingte Rechte und Ansprüche: Im geringsten Gebot [allgemeiner Grundsatz 48 (2.1–2.2) – betagte Ansprüche als Gegensatz 48 (2.3) – Höchstbetragshypothek 48 (2.4) – Vormerkung 48 (3) – Widerspruch 48 (4)] – im Teilungsplan der Zwangsversteigerung 111 (2); 119 (1–3); 120 (2, 3) – im Teilungsplan der Zwangsverwaltung 156 (4.6) – auch: Hilfszuteilung
Bedingungen: Keine bei Einstellungsbewilligung des Gläubigers 30 (2.11)
Beeren: Früchtepfändung 21 (2.4)
Befangenheit des Rechtspflegers: Einl 26
Befriedigung des Ersteher = erweiterte Befriedigung
Befriedigungsberechtigte: Beteiligte 9 (2.7)

Register

Befriedigungserklärung zum Teilungsplan 117 (5)
Befriedigungskosten: Kosten der Rechtsverfolgung 10 (15)
Befriedigungswirkung: Forderungsübertragung 118 (4) – Liegenbelassung 91 (5)
Befristete Rechte: Zuzahlungspflicht 50 (3); 51 (2.2)
Beginn des ZVG-Verfahrens Einl 20
Begriffe in der Zwangsversteigerung: 44 (3); 105 (3)
Begründung: gerichtlicher Beschlüsse Einl 28 – Anordnungsbeschluß 15 (4.9) – Beschwerde 95 (5.5) – Einstellungsantrag des Schuldners 30 b (3.2) – Einstellungsbeschluß auf Bewilligung des Gläubigers 30 (2.9) – Einstellungsbewilligung des Gläubigers 30 (2.3) – Einstellungsentscheidung nach Antrag des Schuldners 30 b (5.1) – Grundstückswert 74 a (7.17) – Verbindung von Verfahren 18 (3.2) – Zuschlag 82 (3) – Zuschlagsanfechtung 98 (2.6); 100 (2.2)
Begründungspflicht Einl 28
Behelfsheime nicht wesentliche Bestandteile: 20 (3.2)
Behörden: Beteiligte 9 (3.1)
Beispiele und Muster für ZVG-Verfahren Einl 42
Beitritt: Allgemein 27 (2.1) – zu anhängigem Verfahren 27 (2.3) – nach Anordnung der Zwangsversteigerung 27 (2.2) – Antrag 27 (3.1) – aussichtslose Forderung 27 (3.4) – Belehrung des Schuldners/Antragsgegners und Einstellung 27 (7.3); 30 b (2) – Beschlagnahmewirkung 27 (2.8) – Grundbuchersuchen 27 (5) – Grundstücke 27 (4.8) – Hindernisse 27 (3.6) – Konkursverwalterverfahren 172 (6) – Kosten Einl 76 – mehrere Gläubiger 27 (6) – Muster 27 (4.2) – Nachlaßverfahren 176 (3.2) – Rechtsbehelfe 27 (4.4) – nicht mehr nach Rechtskraft 27 (2.5) – nach Schluß der Versteigerung 27 (2.4) – Teilungsversteigerung 180 (8, 10, 14–16) – Termin und Grundstückswert 27 (9.2) – Verfahren muß anhängig sein 27 (2.2) – Versteigerungstermin und Wertfestsetzung 27 (9) – wiederkehrende Leistungen 27 (3.5) – Wirksamwerden 27 (8.1) – Zeitpunkt des Beitritts 27 (2.3–2.5) – Zubehör und sonst mithaftende Gegenstände 27 (10) – Zubehörfreigabe 27 (10) – Zuständigkeit 27 (4.3) – Zuzahlungsfragen 8 (1–2); 27 (7); auch: Anordnung
Beitrittsgebiet Einl 14.1 – Altrechte Einl 51.3 – Beteiligte 9 (3.37) – Erbrecht 17 (4.3) – Umfang der Beschlagnahme 20 (5) – Zwangsversteigerungsfähigkeit be-

1543

Register

bauter Grundstücke EG 9a (1) – s auch Gebäudeeigentum
Beitrittsgebühr Einl 76
Bekanntgabe der Mieter-/Pächter-Anmeldungen im Versteigerungstermin 57 d (4)
Bekanntmachung: Kosten der Bekanntmachung Einl 84.3 – der Terminsbestimmung zum Versteigerungstermin 39 (2) – Fristen vor dem Termin 43 (3) – geringwertige Grundstücke 39 (3) – Terminsaufhebung 39 (2.6) – auch: Versteigerungstermin
Bekanntmachungsfrist 43 (3)
Belehrung: des Schuldners zur Einstellung 30b (2) – Konkursverwalter über Einstellung oder erneute Einstellung 30c (4) – in der Teilungsversteigerung 180 (12.10) – über die Fortsetzung durch Gläubiger/Antragsteller 31 (2) – über Fristen allgemein Einl 32.7 – der Mieter/Pächter 57 d (2)
Belehrungspflicht Einl 24.2
Beliehener Unternehmer 10 (6.9)
Benutzungsrecht des Schuldners in der Zwangsversteigerung 24 (2) – in der Zwangsverwaltung 148 (3)
Benutzungsregelung der Eigentümer in der Teilungsversteigerung 180 (7.7)
Beratungspflicht des Gerichts Einl 24.9
Berechnungsformel für nicht rechtzeitig freigegebene mithaftende Gegenstände 92 (8.2)
Berechnungszeitraum wiederkehrender Leistungen = wiederkehrende Leistungen
Berechtigter: im Teilungsplan 114 (3) – bei Ausführung des Teilungsplans 117 (2) – des Grundschulderlöses 114 (7.5) – nachträglicher Ermittlung 137 (1–3) – Termin bei nachträglicher Ermittlung 139 (1–2) – auch unbekannte Berechtigte
Bereicherungsansprüche, Bereicherungsklage: bei stehenbleibender Grundschuld, Rentenschuld 125 (4) – bei mithaftenden Gegenständen ohne rechtzeitige Freigabe 92 (8.5) – zum Teilungsplan der Zwangsversteigerung 115 (5.19)
Bereitstellungsgebühr als Nebenleistung: 12 (3.3)
Bergbauschäden, Schadensersatzforderung 20 (3.7)
Bergwerke: Beteiligte 9 (3.2) – landesrechtliche Ansprüche der Beschäftigten 10 (5) – Zwangsvollstreckung in Bergwerke Einl 13.2
Bergwerkseigentum als Verfahrensgegenstand Einl 13.2 – altes Einl 13.4
Berichte des Zwangsverwalters 153 (2.2)
Berichtigung: Amtsblattbekanntmachung 43 (3.5) – Anordnungsbeschluß 15 (4.15) – gerichtliche Beschlüsse Einl 29 –

Beispiel: § 15 (4.8) = Grundbuchersuchen 130 (2.16) – Protokoll des Versteigerungstermins 78 (3) – Vollstreckungstitel 15 (40.9) – Zuschlag 82 (4)
Berlin: Befreiung von Kosten Einl 87.2 – Befreiung von Sicherheitsleistung für Gebote 67 (4.2)
Berufsgenossenschaft: Beiträge als öffentliche Abgaben 15 (31.5)
Berufshaftpflichtversicherung für Richter/Rechtspfleger Einl 37.5
Beschlagnahme: Bedeutung (Wirkung) 23 (1–7) – Besonderheiten des Beschlagnahmeumfangs 21 (1) – Erlöschen mit Aufhebung 15 (5.4) – Gegenstand 20 (3) – eines Grundstücks (Gebäudeeigentum) im Beitrittsgebiet 20 (5) – bei Konkursverwalterverfahren 173 (1–2) – landwirtschaftlicher Erzeugnisse 21 (2) – Mietzins 21 (3) – Pachtzins 21 (3) – in der Teilungsversteigerung 180 (6.6) – Umfang 20 (3) – als Veräußerungsverbot 23 (2) – Veräußerung nach Beschlagnahme 26 (1–3) – mit Verfahrensanordnung 15 (1.4); 20 (1) – Verfahrensbehandlung der Verfügungen bei Beschlagnahme 23 (7) – Zeitpunkt der Beschlagnahme gegenüber Mieter/Pächter 57b (5) – Beschlagnahme bei Zwangsverwaltung 146 (5); 148 (2) – Wirksamwerden der Zwangsverwaltungsbeschlagnahme 151 (1–2) – auch Wirksamwerden der Beschlagnahme
Beschlagnahmeansprüche in der 5. Rangklasse 10 (9)
Beschlagnahmebeschluß: grundsätzliche Wirkung 20 (2)
Beschlagnahmeende: 22 (2.7); 29 (2.5)
Beschlagnahmekenntnis: 23 (4)
Beschlagnahmeumfang 20 (3, 4)
Beschlagnahmewegfall: Unwiderruflichkeit 15 (5.4)
Beschlagnahmewirksamkeit 22 (2) – gegenüber Mieter/Pächter 22 (3.2); 57b (5) – bei Schiffen 165 (3) – in Zwangsverwaltung 151 (2)
Beschlagnahmewirkung: Allgemein [Begriff 23 (2) – getrennt nach Gläubigern 20 (2.1) und 23 (2.6)] – bei Anordnung 20 (2) – bei Beitritt 27 (8)
Beschlagnahmezeit 22 (2) – Bekanntmachung im Versteigerungstermin 66 (5.2 c)
Beschluß: Allgemeiner Kopf, Muster Einl 42 – Begründung Einl 28 – Berichtigung Einl 29
Beschlußzustellungsfrist 43 (4)
Beschränkte Geschäftsfähigkeit, Abgabe von Geboten: 71 (7.2)
Beschränkte persönliche Dienstbarkeit: im geringsten Gebot 44 (5.3) – Gläubiger

= § 15 Randnr 4.8

als Beteiligter 9 (2.3) – Rangklasse vier 10 (8.1) – Wertersatz mit Geldrente 92 (4 und 6.2) – Zuzahlung 51 (4.3) – in der Zwangsverwaltung, Beschränkungen 146 (10.10) – auch Deckungskapital
Beschränkte Zwangsverwaltung: bei Nießbrauch 146 (10)
Beschwerde: Gerichtskosten Einl 83.3 – Gründe bei Zuschlagsanfechtung 100 (1–4) – rechtliches Gehör Einl 46.6 – sofortige 95 (5) – sofortige weitere 95 (6) – Verbindung mehrerer 99 (3) – vor Zuschlagsentscheidung 95 (1–2) – gegen Zuschlagsentscheidung 96 (1–2) – Zuschlagsentscheidung auf Beschwerde 101 (1–3) – gegen ZVG-Entscheidungen 95 (2) – zusätzliche weitere nach Erlösverteilung 102 (1–2) – auch: Weitere Beschwerde; Zuschlagsanfechtung
Beschwerdeberechtigte bei Zuschlagsentscheidung 97 (1–2)
Beschwerdeentscheidung: Zustellung 103 (1–2)
Beschwerdefrist bei Zuschlagsentscheidung 98 (1–2)
Beschwerdegegner, Zuziehung bei Zuschlagsanfechtung 99 (1–2)
Beschwerdegebühr des Rechtsanwalts Einl 89.15
Beschwerdegründe: Beschränkung 100 (1–2) – rechtliches Interesse des Beschwerdeführers 100 (3) – von Amts wegen zu berücksichtigende Versagungsgründe 100 (4)
Besichtigung des Grundstücks: 42 (3)
Besitzberechtigter aus Sachenrechtsbereinigung, Beteiligter 9 (3.37)
Besitzeinweisung: Flurbereinigung 15 (17.6)
Besitzer: Beteiligter 9 (3.3) – Vollstreckung aus Zuschlag 93 (2.2) – Dritter als Besitzer und Zwangsverwaltung 146 (11) – Recht zum Besitz 92 (3) – auch: Zwangsverwaltung gegen Eigenbesitzer
Besitzstörung und Zwangsverwaltung: 152 (3.11)
Besitzübertragung durch Gerichtsvollzieher: Kosten Einl 88.4
Besitzverschaffung an Zwangsverwalter: 150 (3)
Bestanderhaltung in der Zwangsverwaltung: 152 (3.7)
Bestandteile: Beschlagnahme 20 (3) – als Gegenstand der Versteigerung 55 (3) – Pfändung Einl 17.2
Bestandteilszuschreibung von Grundstücken Einl 11.4 – nach Beschlagnahme Einl 11.5

Register

Bestehenbleiben von Rechten und Belastungen: Allgemeiner Begriff 44 (3.2 c) – außerhalb des geringsten Gebots [allgemein 52.7 und EG 9, 9a – Landesrecht hierzu EG 9a] – im geringsten Gebot [allgemeiner Übernahmegrundsatz 52 (2.1) – Auflassungsvormerkung 52 (2.6) – Dauerwohnrecht 52 (2.7) – Eigentümergrundpfandrecht 52 (2.8) – Erbbaurecht 52 (2.9) – Früchtepfandrecht 52 (2.10) – Gesamtrechte 52 (2.11) – Grundstücksbruchteile 52 (2.12) – Rangvorbehalt 52 (2.13) – Tilgungshypothek 52 (2.14) – Vorkaufsrecht 52 (2.15)] – Zwangshypothek 52 (2.16) – Teilungsplanfeststellung 113 (4)
Bestimmung des zuständigen Gerichts 2 (1–4)
Betagte Ansprüche: im geringsten Gebot 48 (2.3) – im Verteilungstermin 111 (1–2)
Beteiligte: Allgemeiner Begriff 9 (1.1) – Anmeldung 9 (4) – Aufklärungspflicht ihnen gegenüber Einl 2 – Beteiligte bei Eigentumswechsel 9 (3.5) – Grundfälle 9 (2) – Sonderfälle 9 (3) – Teilungsversteigerung 180 (6.8) – Verzeichnis der Beteiligten 9 (5) – Zustellung der Terminsbestimmung 41 (2.2) – Zuziehung Einl 9.3 – in der Zwangsverwaltung 9 (3.36); 146 (4.4)
Beteiligtenkosten 10 (15.2)
Beteiligtenverzeichnis 9 (5)
Beteiligtenzuziehung als Verfahrensgrundsatz Einl 9.3
Betreibende Gläubiger: Begriff 9 (2.1) – sind Beteiligte 9 (3.10)
Betreuer, Betreute: Gebote 71 (7.2 b) – Prozeßfähigkeit/Vertretung Einl 44.4 – Teilungsversteigerungsantrag 181 (6.1)
Betriebsführung durch Zwangsverwalter 152 (6)
Betriebssteuerrückstände: Allgemeine Grundsätze über Ermittlung und Mitteilungen hierüber 15 (34.8) – Aufforderung zur Anmeldung 41 (4.3) – Bekanntmachung im Termin 66 (6.5) – Haftung des Erstehers, Lastenübergang 56 (3.8) – im Konkursverwalterverfahren 172 (5.15) – im Nachlaßverfahren 176 (3.20) – in der Teilungsversteigerung 180 (7.25 f) – Terminsbestimmung mitteilen 41 (4.3)
Beurteilungsspielraum: Einl 7.2 – bei Aufklärung Einl 24.5
Bevollmächtigte: Protokoll des Versteigerungstermins 78 (2.2) – Zustellungen an sie 3 (3.1)
Bewachung bei Luftfahrzeugen 171 c (3) – nach Versteigerung 171 g (1)

1545

Register

Beispiel: § 15 (4.8) =

Bewachung und Verwahrung von Schiffen und Schiffsbauwerken 165 (2) – nach Versteigerung 170 (1–2)
Beweiskraft des Protokolls = Protokoll
Bewilligte Eintragung durch Ersteher vor Vollzug des Grundbuchersuchens 130 (6)
Bewilligung des Gläubigers siehe einstweilige Einstellung
Bewirtschaftung (Sicherung) 25 (2)
Bezirksschornsteinfegermeister: Mitteilung der Terminsbestimmung zum Versteigerungstermin 41 (4.4) – Mitteilung des Zuschlags 88 (2.4)
Bezugnahme auf Grundbuch statt Grundbuchzeugnis bei Anordnungsantrag 17 (5.5)
BGB-Gesellschaft als Bieterin 71 (7.15 g) – Vollstreckung gegen sie 15 (19.1) – Teilungsversteigerung 180 (2.4)
Bierausschankanlage als Zubehör 20 (3.2; 3.4)
Biersteuer: Keine öffentliche Last 10 (6.25)
Bietabkommen: 71 (8)
Bietergemeinschaft: 71 (4)
Bieterkonkurrenz Einl 10
Bietsicherheit: Behandlung und Verwertung im Verteilungstermin 107 (4); 108 (2) – in der Teilungsversteigerung 184 (1–3) – sonst: Sicherheitsleistung
Bietervertretung: Kosten des Rechtsanwalts Einl 89.16
Bietervollmacht: Abgabe von Geboten 71 (6.3)
Bietstunde: Allgemeines 73 (1) – Anfang 73 (2) – Dauer 73 (2) – Schluß der Versteigerung 73 (3) – Unterbrechung 73 (2) – Ende 73 (2)
Bindung an Gebote 71 (2.4) – an Bestimmung des zuständigen Gerichts 2 (5) – an Anordnungsantrag 15 (3.4)
Binnenschiffahrtsberufsgenossenschaft: Vertreter der Sozialversicherungsträger 163 (3.2)
Bodenerzeugnisse: Wesentliche Bestandteile 20 (3.2)
Bodenverbände: Beiträge als öffentliche Last 10 (6.16)
Boote: Zubehör 20 (3.2)
Bootshäuser: nicht wesentlicher Bestandteil 20 (3.2)
Bootsstege: wesentliche Bestandteile 20 (3.2)
Brandmauer in Versteigerung 55 (5)
Brandversicherungsurkunde: Bekanntmachung im Versteigerungstermin 66 (5.2 a)
Branntweinbrennerei als landwirtschaftlicher Nebenbetrieb: 10 (4.2)

Brauerei als landwirtschaftlicher Nebenbetrieb: 10 (4.2)
Brauereigerechtsame: Einl 13.4
Brennrechte: Begriff und Behandlung 55 (4.1) – Mitteilung im Versteigerungstermin 66 (6.7)
Briefmarken: Sicherheit für Gebote 69 (5.2)
Bruchteile: Grundstücke, grundstücksgleiche Rechte usw = Grundstücksbruchteile
Bruchteilsgemeinschaft: Aufhebung 180 (2.1)
Bruchteilszwangsverwaltung = Grundstücksbruchteile
Bruttolohnurteil Einl 66.5
Büdnerrecht: Landesrecht Einl 13.3
Bürge: Sicherheitsleistung durch ihn 69 (4)
Bürgermeister: Abgabe von Geboten 71 (7.7)
Bürgschaft: Sicherheitsleistung für und gegen die Zwangsvollstreckung 15 (32.5; 32.8)
Büroeinrichtung: Zubehör 20 (3.4)
Bundesbank: Befreiung von Sicherheitsleistung 67 (4.2) – Schecks als Sicherheitsleistung für Gebote 69 (3)
Bundesbaugesetz siehe jetzt Baugesetzbuch
Bundesrepublik Deutschland: Befreiung von Sicherheitsleistung für Gebote 67 (4.2) – Vollstreckung gegen sie 15 (16) – Vorschlagsrecht für Institutszwangsverwalter 150 a (2.2)
Bundesverfassungsgericht: Vorlage nicht Rechtspflegeraufgabe Einl 47.6
Bundesversorgungsgesetz: Sperrvermerk zur Sicherung einer Kapitalabfindung 15 (7)
Bundeswehrangehörige: Vollstreckung gegen sie 15 (35.2)

Carpzow: Zwischenzinsberechnung 111 (2.11)

Damnum: Nebenleistung 10 (8.9); 12 (3.3)
Datum des Zuschlags: 82 (2.12)
Dauerdienstverhältnis nach § 10 Rangklasse 1: 10 (4.3)
Dauernutzungsrecht: Beteiligte 9 (3.4) – geringstes Gebot 44 (5.29 e) – Rangklasse vier 10 (8.1)
Dauerwohnrecht: Beteiligte 9 (3.4) – geringstes Gebot 44 (5.29 e) – Rangklasse vier 10 (8.1) – nach dem Zuschlag 57 (5)
DDR-Schuldtitel 15 (8)
Deckung des Gläubigers aus einem Grundstück als Einstellungsgrund 76 (2)

1546

Deckungsgrundsatz in der Versteigerung: 44 (4) bei Teilungsversteigerung 182 (2) – als Verfahrensgrundsatz Einl 9.4
Deckungskapital für Nießbrauch, beschränkte persönliche Dienstbarkeit sowie Reallast von unbestimmter Dauer: Allgemein 121 (1) – Aufnahme in Teilungsplan 121 (2) – Hilfsverteilung 121 (3) – Kapitalanlegung 121 (3)
Deichlasten: Öffentliche Last 10 (6.10)
Deutsche Genossenschaftsbank: Befreiung von Sicherheit für Gebote 67 (4.2)
Deutsche Girozentrale: Befreiung von Sicherheit für Gebote 67 (4.2)
Deutsche Siedlungs- und Landesrentenbank: Befreiung von Sicherheit für Gebote 67 (4.3) – Rente als öffentliche Last 10 (6.11)
Deutsches Verfahrensrecht: Einl 25.2
Devisenrecht Einl 30
Dienendes Grundstück Buchung nach § 3 Abs 6 GBO Einl 12.2
Dienstbarkeit: Wertersatz mit Geldrente 92 (4) – altrechtliche EG 9 (2)
Dienstleistungsentschädigung des Schuldners in der Zwangsverwaltung: 149 (4.4)
Dienstsiegel: Anordnungsantrag 16 (2.2) – Grundbuchersuchen 19 (2.2); 130 (2.3)
Dienstverträge in der Zwangsverwaltung: 152 (4)
Difformitätsgrundsatz: 95 (6.1)
Dinglich Anmeldende = Beteiligte: 9 (2.6)
Dinglich Berechtigte = Beteiligte: 9 (2.3)
Dingliche Rechte: Begriff 9 (2.3) – Rangklasse vier 10 (8) – relativ unwirksam = Rangklasse sechs 10 (10) – Rückstände; ältere = Rangklasse acht 10 (12)
Dinglicher Titel: bei Anordnung 15 (9) – Zwangshypothek Einl 69
Disagio als Nebenleistung: 10 (8, 9); 12 (3.3)
Dolmetscher: Rechtliches Gehör Einl 46.6 – Vereidigung Einl 47.1
Doppelausgebot: Abweichende Versteigerungsbedingungen 59 (4) – Bietstunde 73 (2.7) – Konkursverwalterverfahren 174 (3) – Nachlaßverfahren 176 (3.10) auch: abweichende Versteigerungsbedingungen
Doppelbuchung von Grundstücken im Grundbuch: 37 (6.10)
Drachen = Luftfahrzeuge: 171 a (1.3)
Drehflügler = Luftfahrzeuge: 171 a (1.3)
Drei-Monatsbetrag der Geldrente 92 (4.6)
Dreschmaschinenverleiher: Kein Vorrecht 10 (4.3)
Dritteigentum: entgegenstehendes Recht 28 (3) – Recht am Versteigerungserlös 92 (8)

Dritter: Zwangsverwaltung bei Besitz eines Dritten 146 (11)
Drittwiderspruchsklage: Allgemein 95 (3) – entgegenstehende Rechte 37 (6.3) – Teilungsversteigerung 180 (9.8) – auch: Widerspruchsklage
Düngemittel: Ausgaben der Verwaltung in der Zwangsverwaltung 155 (4.3) – Früchtepfandrecht 10 (7) – Vorschüsse und Kredite als Zwangsverwaltungsvorschüsse 10 (3.4) – Zuteilung in der Zwangsverwaltung 155 (9.2)
Duldungsbescheid bei Steuern: 15 (34.5)
Duldungstitel siehe dinglicher Titel
Durchgriffserinnerung 95 (2.4)

Ehegatten: Antrag auf Teilungsversteigerung bei Zugewinngemeinschaft 180 (3.13) – Geboteabgabe 71 (7.3)
Eheliches Güterrecht: Allgemein in der Vollstreckung 15 (10) – Teilungsversteigerung 180 (3.9–3.13)
Eidesstattliche Versicherung: Glaubhaftmachen bei Anordnung des Verfahrens 17 (4.2)
Eigenbesitz: kein entgegenstehendes Recht für die Versteigerung 28 (4.5), für die Zwangsverwaltung 147 (2) – auch: Zwangsverwaltung
Eigengrenzüberbau 55 (6.3)
Eigentliche Fristen Einl 32.5
Eigentümer: Bezeichnung im Antrag 16 (3.2) – Bezeichnung in der Terminsbestimmung 38 (2) – des Erbbaugrundstücks als Beteiligter 9 (3.7) – des Grundstücks (nicht) Beteiligter bei Gebäudeeigentumsversteigerung 9 (3.37 zu b) – neuer als Beteiligter 9 (3.5)
Eigentümergrundpfandrechte: geringstes Gebot 44 (5.4) – Zwangsvollstreckung 15 (11) – Zwangsvollstreckung durch Konkursverwalter 15 (11.3) – Zwangsvollstreckung durch Pfand- und Pfändungsgläubiger 15 (11.2) – Zwangsvollstreckung nach Zession 15 (11.4)
Eigentümergrundschuld (-hypothek) im Teilungsplan 114 (6) – Zinsen 114 (6.9)
Eigentümerrecht aus Zwangshypothek Einl 73 – in Rangklasse 4, 10 (8.2)
Eigentum: Anordnungsvoraussetzung 17 (2) – Entgegenstehendes Recht 28 (3) – Garantie durch Grundgesetz Einl 10 – auch Dritteigentum
Eigentums- und Vermögensgemeinschaft: Auseinandersetzung 180 (2.12) – Vollstreckung 15 (10.5) – Zwangshypothek Einl 64.8
Eigentumserwerb durch Zuschlag 90 (2)

Register

Beispiel: § 15 (4.8) =

Eigentumsverschaffungsvormerkung = Auflassungsvormerkung 28 (4.2)
Eigentumsvormerkung = Auflassungsvormerkung 48 (3.2)
Eigentumswechsel: Auswirkung auf Beteiligtenstellung 9 (3.5) – nach Beschlagnahme 26 (1–3) – während Teilungsversteigerung 180 (6.9)
Einbauküche als wesentlicher Bestandteil oder Zubehör 20 (3.2)
Eingang: Rücknahme des Verfahrensantrags damit wirksam 29 (2.5)
Einheitswert: Gegenstandswert für Versteigerungsverfahrensgebühr des Gerichts Einl 77.7–8 – keine Bekanntmachung im Versteigerungstermin 66 (5.2)
Einkommensteuer: Keine öffentliche Last 10 (6.25)
Einleitende Verfügung als Anfang des Verfahrens: Einl 20.1
Einmalige Leistungen einer öffentlichen Last Einl 10 (6.17)
Einmaligkeit des Antrags: aus § 74a 74a (6.3) – aus § 85 85 (5) – aus § 85a 85a (3.3)
Einschreibebrief: Aufgabe zur Post 4 (2.1)
Einstellung bei Luftfahrzeugen mit Treuhandschaft 171c (4); bei Schiffen mit Treuhandschaft 165 (4)
Einstellung der Vollstreckung und Erlösverteilung 114 (5.5)
Einstellung: Begriff Einl 31.1 – der Zwangsverwaltung 146 (6) – in ZVG-Verfahren Einl 31
Einstellung des Verfahrens (Auswirkung auf Gebote): 72 (4)
Einstellung nach Schluß der Versteigerung: 33 (1–2)
Einstellungsantrag: Rechtzeitige Entscheidung über ihn Einl 8.4 – Schuldnerantrag 30b (3)
Einstellungsbeschluß: Zustellung 32 (1–2)
Einstellungsfälle Einl 31.2
Einstellungsgebühr des Gerichts Einl 77.6
Einstweilige Anordnung: bei Einstellungsanträgen 30b (4.6)
Einstweilige Einstellung des Verfahrens: Allgemeiner Begriff Einl 31 – durch Versagung des Zuschlags 33 (2); 86 (1–2) – auch erneute Einstellung
Einstweilige Einstellung auf Antrag des Schuldners: Allgemeines 30a (1) – Antragsbelehrung des Schuldners 30b (2) – Befristung des Antragsrechts 30b (1) – Berücksichtigung der Gläubigerinteressen 30a (5) – Einstellungsantrag des Schuldners 30b (3) – Einstellungsverfahren 30b (4) – Einstellungsvoraussetzungen 30a (3) – Entscheidung über den Antrag 30b (5) – Frist für Einstellung 30a (4) – Grundsätze 30a (2) – Mehrere Gläubiger und mehrere Verfahren eines Gläubigers 30b (6) – Mehrere Grundstücke 30b (7) – Muster für Entscheidung 30b (8) – Rechtsbehelfe 30b (9) – Schuldnerantrag nach bewilligter (anderer) Einstellung 30b (10) – Schuldnerzahlungen und Auflagen 30a (6) – Verhältnis von § 30a zu anderen Einstellungen 30a (7) – Verzicht des Schuldners auf Vollstreckungsschutz 30a (8) – Wiederholung eines abgelehnten Antrags 30b (12)
Einstweilige Einstellung auf Bewilligung des Gläubigers: Allgemeines 30 (1) – Bewilligung der Einstellung 30 (2) – erneute und dritte Einstellungsbewilligung 30 (3) – Muster für Einstellungsbeschluß 30 (4) – Teileinstellung 30 (5) – Verhältnis von § 30 zu anderen Einstellungen 30 (6)
Einstweilige Einstellung auf Konkursverwalterantrag: Allgemeines 30c (1) – Einstellungsvoraussetzungen 30c (2) – Gläubigerinteressen gegen Einstellung 30c (3) – Konkursverwalter-Belehrung 30c (4) – Konkursverwalter-Einstellungsverfahren 30c (5) – Schuldnerantrag nach Konkursbeendigung 30c (9) – Zulässige Verfahrensfortsetzung 30c (8) – Verhältnis von § 30c zu anderen Einstellungen 30c (10)
Einstweilige Einstellung der Teilungsversteigerung auf Antrag eines Miteigentümers: 180 (12) – im Interesse eines gemeinschaftlichen Kindes 180 (13) – Verfahren 180 (12.10) – Voraussetzung 180 (12.2–12.7)
Einstweilige Einstellung bei ergebnisloser Versteigerung: 77 (1–2)
Einstweilige Einstellung nach Zahlung: im Termin 75 (1–2) – bei Deckung aus Einzelausgebot 76 (1–3)
Einstweilige Verfügung: entgegenstehendes Recht 28 (4.7)
Eintragung des Grundstücks: Anordnungsvoraussetzung 17 (3.1)
Eintragung des Schuldners als Eigentümer als Voraussetzung der Verfahrensanordnung 17 (3)
Eintragungsersuchen = Grundbuchersuchen
Einzelausgebot: 63 (2) – Deckung aus ihm als Einstellungsgrund 76 (1–2)
Einzelgebot: Begriff 44 (3.2h)
Einzelversteigerung 63 (1.3)
Eltern: Abgabe von Geboten 71 (7.4) – Teilungsversteigerung 180 (3.14)

= § 15 Randnr. 4.8

Ende und Aufhebung Einl 20
Energielieferungsverträge in der Zwangsverwaltung: 152 (5)
Enteignungsbehörde: nicht Beteiligte 9 (3.6)
Enteignungsverfahren: 15 (6.1)
Enteignungsvermerk 44 (5.5)
Entgegenstehende grundbuchmäßige Rechte: Allgemein 28 (2) – Aufforderung zur Geltendmachung in Terminsbestimmung 37 (6) – Eigentum eines Dritten 28 (3) – sonstige 28 (4) – Maßnahmen 28 (6) – in Teilungsversteigerung 180 (9)
Entgelt für Viehernährung: 153 a (1–2)
Entlassung des Zwangsverwalters 153 (8.2)
Entschädigungsansprüche, landesgesetzliche EG 3 (1)
Entscheidung: Begriff 95 (2.1) – Existenz Einl 20.2 – über Kosten Einl 39 – Versteigerungsterminsprotokoll 78 (2.2)
Entschuldung, landwirtschaftliche: – Einfluß auf geringstes Gebot 44 (5.6) – Rente als öffentliche Last 10 (6.3) – Unbedenklichkeitsbescheinigung für Bieter 71 (7.5)
Entwicklungsmaßnahmen nach BauGB: 15 (6.3)
Entwicklungsvermerk 15 (6.3)
Erbbaurecht: als Verfahrensgegenstand Einl 13.2 – altes 15 (13.1) – neues 15 (13.2–13.15) – im Beitrittsgebiet 15 (13.15) – Beteiligte 9 (3.7) – geringstes Gebot 15 (14) – Heimfallanspruch 15 (13.17) – nichtiges 15 (13.14) – Wertersatz für erlöschendes 92 (6.4) – Zustimmung des Grundstückseigentümers 15 (13.5)
Erbbaurechtsbauwerk in der Versteigerung: 15 (14.3)
Erbbaurechtsgrundstück: 15 (14)
Erbbaurechtsversteigerung: Grundstückseigentümer Beteiligter 9 (3.7)
Erbbauzins: Vollstreckung 15 (13.16) – Bestehenbleiben bei Berücksichtigung im geringsten Gebot 52 (5) – Bestehenbleiben bei Vereinbarung 52 (6) – Vormerkung auf Erhöhung 52 (6.7)
Erbe: Antrag auf Zwangsversteigerung 175 (1–2) – anzuwendende Vorschriften 176 (1–3) – Art des Verfahrens 172 (1.3) – Einfluß des Nachlaßkonkurses 178 (1–2)
Erbe bei Anordnung des Verfahrens: Allgemeiner Grundsatz 17 (4.1) – Glaubhaftmachung 17 (4.2) – Nachweis 17 (4.2) – Offenkundigkeit 17 (4.3) – Vollstreckung gegen ihn 15 (30)
Erbengemeinschaft: Aufhebung 180 (2.4) – Glaubhaftmachung der Erbfolge 181 (5)
Erbpachtrecht, landesrechtliches: Einl 13.3
Erbrecht im Beitrittsgebiet 17 (4.3)

Register

Erbschaft als Anordnungsvoraussetzung: 17 (4)
Erfüllungsanspruch nach SachenRBerG 28 (4.11 zu e)
Ergebnisloser Versteigerungstermin: 77 (1–2) – Überleitung in Zwangsverwaltung 77 (3)
Erhöhung des geringsten Gebots um Mehrbetrag 63 (4) – bei verteiltem Grundpfandrecht 64 (6)
Erinnerung: siehe Kosten(Erinnerung), Rechtspflegererinnerung, Vollstreckungserinnerung
Erklärungen im Versteigerungstermin: zu Protokoll 78 (2.2; 2.3)
Erledigung des Verfahrens; Kostenentscheidung Einl 39.6
Erlöschen der Beschlagnahme mit Beschlußaufhebung 15 (5.4) – Aufschub bis Rechtskraft 15 (5.5)
Erlöschen der Rechte auf einen hinterlegten Betrag: 142 (1–2)
Erlöschen eines Gebots: 72 (1–4)
Erlöschen und Bestehenbleiben von Rechten im Zuschlag: 91 (1–2) – auch Liegenbelassungsvereinbarung
Erlöschen von Rechten: 52 (3)
Erlöschende Rechte: Allgemeine Behandlung 92 (1–2); Anspruch auf Wertersatz 92 (3) – Ersatzanspruch für einzelne Rechte 92 (6) – Wertersatz mit Geldrente 92 (4)
Erlösüberschuß in Teilungsversteigerung 180 (17.8)
Erlösverteilung: allgemeine Übersicht 105 (1) – Allgemeines zum Verteilungstermin 105 (2) – außergerichtliche Befriedigung 144 (1–2) – außergerichtliche Einigung 143 (1–2) – auf ein Gesamtrecht 122 (1–2) – beim Gesamtausgebot siehe Gesamterlösverteilung – in Teilungsversteigerung 180 (17) – Verteilung der Masse im Verteilungstermin 109 (3)
Erlösverwendung in Zwangsverwaltung 155 (1–2)
Erloschene Rechte im geringsten Gebot 45 (6)
Ermahnung des Schuldners: Maßnahme zur Sicherung ordnungsmäßiger Bewirtschaftung 25 (4.2)
Ermessens- und Beurteilungsspielraum Einl 7.2 – bei Aufklärung Einl 24.5
Ermittlungsvertreter: bei Kraftloserklärung von Grundpfandbriefen 136 (2) – bei unbekannten Berechtigten 135 (2)
Ernährungsmittel in der Zwangsverwaltung für Schuldner: 149 (4)
Erneute Einstellung auf Antrag des Schuldners oder Konkursverwalters: An-

1549

Register

Beispiel: § 15 (4.8) =

tragsmöglichkeit 30 d (2) – Belehrung 30 d (4) – Einstellungsvoraussetzungen 30 d (3) – Muster 30 d (6) – Sittenwidrigkeit 30 d (7) – Verfahren 30 d (5)
Ernte: Früchtepfandrecht 10 (7)
Erörterungen: vorbereitende 62 (2)
Ersatzansprüche im Teilungsplan: 121 (2) – Behandlung in der Schwebezeit 121 (3.7)
Ersatzbeschaffung bei versicherten Gegenständen: 20 (3.6)
Ersatzgrundstücke der Flurbereinigung: 15 (17.5; 17.6)
Ersatzwert bei erlöschenden Rechten: 92 (2)
Erschließungskosten: Öffentliche Last 10 (6.4)
Ersteher: nicht Beteiligter 9 (3.8) – Bezeichnung im Zuschlag 82 (2.3–4) – Eintragungskosten Einl 79.7 – Forderungsübertragung 118 (2) – Grundbucheintragung 130 (2.8) – Haftung für Steuerrückstände 15 (34.8) – Zuschlagsanfechtung 97 (2.7) – Zuschlagszustellung 88 (2.1 a)
Ertragswert bei Grundstückswert: 74 a (7.4)
Erweiterte Befriedigung des Erstehers: Auswirkung von Zwischenrechten 114 a (5); Besonderheit bei Schiffen 114 a (4) – materiellrechtliche Zuschlagsfolge 114 a (2) – Wirkung 114 a (3)
Erzeugnisse: Beschlagnahme 20 (3.3) – Pfändung Einl 17.2
Essigherstellung als landwirtschaftlicher Nebenbetrieb: 10 (4.2)
Europäische Gemeinschaft: Abgabe von Geboten 71 (7.1 und 7.13)
Europäische wirtschaftliche Interessenvereinigung (EWIV): Abgabe von Geboten 71 (7.15 d) – Teilungsversteigerung 180 (2.4 g) – Vollstreckung gegen sie 15 (19.7)
Euroschecks: Annahme als Sicherheit 69 (5.4)
Existenz einer Entscheidung: Einl 20.2
Exterritoriale: Einl 25.2

Fachverbandszeitschriften: Veröffentlichung der Terminsbestimmung 40 (3.2)
Fährrecht: Einl 13.4
Fälligkeit: bestehenbleibender Grundpfandrechte 54 (1–3) – Vollstreckung nur wegen fälliger Ansprüche 15 (15) – Zuzahlungspflicht 50 (5.2); 51 (6.2) – auch: Kalendertagsfälligkeit
Fälligkeitszeitpunkt: 13 (2.5)
Faires Verfahren als „allgemeines Prozeßgrundrecht" Einl 7.3
Fair play: Einl 24.6
Faksimile bei Anordnungsantrag: 16 (2.1)

Familienangehörige: Vollstreckung aus Zuschlag 93 (2.2)
Feiertage: Allgemein bei Fristen Einl 32.2 – Besitzergreifung durch Zwangsverwalter 150 (3.5)
Fenster als wesentliche Bestandteile: 20 (3.2)
Feriensachen siehe Gerichtsferien
Fernwärme: Anschluß-, Benützungs-, Bezugskosten 10 (6.9) – Ersteher 56 (3.8) – Zwangsverwaltung 152 (5)
Fertiggarage als wesentlicher Bestandteil 20 (3.2)
Fesselballon: Luftfahrzeug 171 a (1.3)
Festsetzung: Kostenfestsetzung Einl 40 – Vergütung des Zustellungsvertreters 7 (3) – Vergütung des Zwangsverwalters 153 (7)
Feststellung des Betrags der unbestimmten Geldrente 92 (4.12 ff)
Feuerungsmittel des Schuldners bei Zwangsverwaltung: 149 (2.3)
Feuerversicherungsforderung: Beschlagnahme 20 (3.6)
Feuerwehrbeiträge: keine öffentliche Last 10 (6.25)
Fiktives Meistgebot: 44 (3.2 p)
Finanzamt: Mitteilung der Terminsbestimmung 41 (4.3) – Vollstreckungsbehörde 15 (34.4) – Zuschlag mitteilen 81 (7.9) – Zwangshypothek Einl 75
Firma: Bedeutung und Begriff 15 (25) – bei Zwangshypothek Einl 67.2 – auch: Name
Fischereigerechtsame: Einl 13.4
Fiskus: Vollstreckung gegen 15 (16) – Zustellung an Aufsichtsbehörde 6 (4) – Zwangshypothek Einl 75.4
Flaggenwechsel: 162 (2.3)
Flugmodell = Luftfahrzeug: 171 a (1.3)
Flurbereinigung: Allgemeine Grundlagen (Zweck, Begriff, Verfahrensträger) 15 (17) – entgegenstehendes Recht, keines 15 (17.4) – Geldbeträge der Teilnehmer öffentliche Last 10 (6.5) – Staat nicht Beteiligter 9 (3.8) – Vollstreckungshindernis, keines 15 (17.4) – Zuschlag 90 (4)
Flurstücknummer: Einl 11.2
Flußregulierung: Zwangsverwaltung 161 (3.9)
Forderungen: Einzug in der Schuldnerzwangsverwaltung 150 d (2.4 d) – Sicherheit für Gebote 69 (5.2) – Vollstreckung aus Zuschlag 132 (2) – Zwangshypothek Einl 66
Forderungsbeschlagnahme: nur bei Zwangsverwaltung 22 (3.1) – Zahlungsverbot 22 (3)
Forderungsübertragung: siehe Ausführung des Teilungsplans bei Nichtzahlung des Bargebots

1550

= § 15 Randnr 4.8

Forderungsversteigerung und Teilungsversteigerung 180 (14) – im übrigen Vollstreckungsversteigerung
Form: Anmeldung zum Versteigerungstermin 37 (5.12) – Anordnungsantrag 16 (2) – Anordnungsbeschluß 15 (4) – Einstellungsbewilligung des Gläubigers 30 (2.3) – Gebote 71 (2.2) – Rücknahme des Versteigerungsantrags 29 (2.2)
Formaler Charakter der Immobiliarvollstreckung Einl 4
Forstwirtschaftliche Grundstücke: Ansprüche der Bediensteten 10 (4.1) – und Zwangsvollstreckung 15 (24)
Fortgesetzte Gütergemeinschaft, Aufhebung 180 (2.4)
Fortsetzung: allgemein für eingestellte Verfahren [Art der Fortsetzung 31 (5) – Antrag 31 (4) – Belehrung über Fortsetzung 31 (2) – Frist für Antrag 31 (3); mehrere Gläubiger 31 (6); mehrere Grundstücke 31 (7); Muster 31 (8) – Rechtsbehelfe 31 (9) – Voraussetzungen der Fortsetzung 31 (3)] – Belehrung des Schuldners/Antragsgegners über erneuten Einstellungsantrag 30 d (4) – Beschluß 31 (5.5)
Fortsetzungsantrag nach § 76 Abs 2: 76 (3)
Fortsetzungsbeschluß: 31 (5.4; 5.5) – Muster 31 (8)
Freiballone = Luftfahrzeuge: 171 a (1.3)
Freigabe: aus Konkursmasse 15 (23.6); 172 (5.1) – mithaftende Gegenstände 37 (6) – Ersatz aus dem Versteigerungserlös 37 (6.6–11) auch: Zubehör, Freigabe
Freiwillige Gerichtsbarkeit bei Zwangshypothek: Einl 62.2
Fristen: Allgemein in ZVG-Verfahren Einl 32 – für Bekanntmachung der Terminsbestimmung = Bekanntmachungsfrist – Berechnung vor dem Versteigerungstermin 43 (2) – auch: Beschlußzustellungsfrist – für Einstellungsantrag des Schuldners 30 b (3.4) – vor dem Versteigerungstermin 36 (3) – für die Zustellung der Terminsbekanntmachung = Terminsladungsfrist
Früchte: Begriff 21 (2.4) – Pfändung 21 (2.4) – Pfändung auf Halm Einl 17.3 – auf Halm und Zwangsverwaltung 152 (10.2)
Früchtepfandrecht: Beteiligte = Berechtigte 9 (2.7) – Rangklasse drei/vier 10 (7) – Teilungsplan der Zwangsversteigerung 114 (5.8) – in Zwangsverwaltung 148 (2.9)
Früchtepfändung: Anmeldung der Ansprüche, Rechtsbehelfe 21 (2.4–6) – Art der Früchte, Verfahren 21 (2.4)

Register

Fünf-Zehntel-Grenze: Wie Sieben-Zehntel-Grenze und § 85 a (1–2)
Fürsorgepflicht, prozessuale: Einl 24.2
Futtermittel: für Tiere des Schuldners in der Zwangsverwaltung 153 a (2) – Vorschüsse und Kredite als Zwangsverwaltungsvorschüsse 10 (3.4)

Gärtnereipflanzen: nicht wesentliche Bestandteile 20 (3.2)
Gärtnerisch genutzte Grundstücke und Zwangsvollstreckung: 15 (24)
Garantiefunktionen des Grundgesetzes Einl 7.1
Gartenerzeugnisse, Gewinnung als landwirtschaftlicher Nebenbetrieb 10 (4.2)
Gas: Anlagen als wesentliche Bestandteile 20 (3.2) – Anschluß-, Benützungs-, Bezugskosten als öffentliche last 10 (6.9) – Lieferung in der Zwangsverwaltung 152 (5)
Gaststätteneinrichtung: Zubehör 20 (3.4)
Gastwirtschaftsgerechtsame: Einl 13.4
Gebäude als wesentliche Bestandteile: 20 (3.2)
Gebäudeeigentümer, Beteiligter 9 (3.37); Zustellung des Anordnungsbeschlusses EG 9 a (9)
Gebäudeeigentum: Begriff Einl 14.1 und 14.2; als Gegenstand der Immobiliarvollstreckung Einl 14.1 und 14.2 – als Gegenstand der Zwangsverwaltung 146 (3.3); ist nicht Grundstücksbestandteil Einl 14.3 – Umfang der Beschlagnahme 20 (5) – Entgegenstehendes Recht EG 9 a (3) – Grundstückseigentümer bei Versteigerung nicht Beteiligter 9 (3.37) – Beschlagnahme bei Versteigerung des Grundstücks 20 (5.1) und EG 9 a (2) – keine Beschlagnahme bei Zwangsverwaltung des Grundstücks 146 (4.5) – Vereinigung mit Grundstückseigentum 28 (4.11)
Gebäudeentschuldungssteuerabgeltungshypothek: Allgemein 10 (6.2) – geringstes Gebot 44 (5.8)
Gebäudegrundbuchblatt Einl 14.4 – Eintragung des Zwangsversteigerungsvermerks EG 9 a (8)
Gebäudeversicherungsforderung: Beschlagnahme 20 (3.6)
Gebietsansässige laut Außenwirtschaftsgesetz: Einl 30
Gebietsfremde laut Außenwirtschaftsgesetz: Einl 30
Gebot von Handlungen: Maßnahmen zur Sicherung der ordnungsmäßigen Bewirtschaftung 25 (4.2)
Gebote in der Versteigerung: Abgabe im Versteigerungstermin 71 (2.2) – Allge-

1551

Register

meiner Grundsatz 71 (2.1) – Anfechtung 71 (3) – Ausbietungsgarantie 71 (8) – Begriff 71 (2) – Bietabkommen 71 (8) – Bietergemeinschaft 71 (4) – Bindung 71 (2.4) – Einzelfragen 71 (7) – Erlöschen grundsätzlich 72 (1.3) – Erlöschen durch Übergebot 72 (2) – Erlöschen durch Zurückweisung 72 (3) – Form der Gebote 71 (2.2) – gleichhohe Gebote 72 (2.3) – Höhe des Gebots 71 (2.2) – letztes Gebot 73 (3) – Nachlaßversteigerung 176 (3.8) – Nachweis der Vertretung durch Registerzeugnis 71 (6.4) – Personalien 71 (2.3) – Protokollfragen 78 (2.2); 78 (2.8) – Prüfung des Gebots durch das Gericht 71 (2.8) – Rechtsmißbrauch 71 (2.10) – Schiffe mit ausländischer Währung 168 c (2.4) – keine schriftlichen 71 (2.2) – aus Spaß 71 (2.5) – Strohmann 71 (2.9) – unwirksame Gebote 71 (2.6); – durch Vertreter 71 (6) – Vollmacht 71 (6.3) – Widerspruch für und gegen Gebote 72 (5) – Zulassung 71 (2.5) – Zurückweisung unzulässiger 71 (2.7 und 6.5)
Gebührenfreiheit: Einl 87
Geburtsdatum: Bieter bei Personalienfeststellung 71 (2.3) – Ersteher im Grundbuchersuchen 130 (2.11)
Gefährdung des Grundstücks: Versteigerung, Sicherungsmaßregeln 25 (2) – Zwangsverwaltung 149 (3)
Gefahrübergang bei Zuschlag: Allgemein 56 (2)
Gegenantrag des Gesamtgrundpfandrechtsgläubigers: 64 (5)
Gegenleistung bei Auflassungsvormerkung: 51 (4.2); 52 (2.6)
Gegenstände der Immobiliarvollstreckung Einl 11–15 – Grundstücke Einl 11 – Grundstücksbruchteile Einl 12 – grundstücksgleiche Rechte Einl 13
Gegenstand der Versteigerung: Allgemeine Übersicht Einl 11–15 und 55.2 – Bestandteile und Zubehör 55 (3)
Gegenvorstellung: Allgemeiner Rechtsbehelf 95 (2.6) – Zuschlagsanfechtung 101 (2.9)
Geld: als Sicherheit für Gebote 69 (2)
Geldbeschaffungskosten als Nebenforderungen: 12 (3.3)
Geldbetrag im Anordnungsantrag: 16 (3.4)
Geldempfangsvollmacht bei Ausführung des Teilungsplanes: 117 (3.2)
Geldrente als Wertersatz 92 (4)
Geldwert wiederkehrender Naturalleistungen: 46 (2)
Gelöschte Rechte im Teilungsplan der Zwangsversteigerung: 114 (5.10)
Gemarkung: Begriff Einl 11.2

Gemeinden: Abgabe von Geboten 71 (7.7) – Anmeldungen öffentlicher Lasten für vierzehn Tage nach Versteigerung 10 (6.22) – Liegenbelassung 91 (3.9) – Mitteilung der Terminsbestimmung 41 (4.5) – Mitteilung des Zuschlags 88 (2.4) – Nutzungsrechte = Gemeinderechte – Vollstreckung gegen 15 (16) – Vorschlagsrecht für Institutszwangsverwalter 150 a (2.2)
Gemeinderechte: Anordnung der Versteigerung 15 (21.2)
Gemeindeverbände: Vollstreckung gegen 15 (16) – Vorschlagsrecht für Institutsverwalter 150 a (2.2)
Gemeinsame Gerichte für Versteigerung und Zwangsverwaltung: Allgemein 1 (3.2–3.3) – Bezugnahme auf Grundbuch statt Grundbuchzeugnis 17 (5.5)
Gemeinsames höheres Gericht bei Zuständigkeitsbestimmung: 2 (4.1)
Gemeinschaften an Grundstücken: Arten 180 (2.4)
Gemeinschuldner: nicht Beteiligter 9 (3.15) – Einstellungsverfahren 30 c (9) – Konkursverwalterverfahren 172 (5.4) – Zustellungen 3 (3.5)
Gemüse: Früchtepfändung 21 (2.4)
Genehmigung: Gebote 71 (6–7) – eines Verfahrensmangels 84 (3) – auch: Zuschlagsversagung
Generalklausel: ZPO § 765 a Einl 52.1
Genossenschaften: als Schuldner 15 (19.3) – Vertretung beim Bieten 71 (6.4)
Gerechtes Verfahren: Einl 24.2
Gerichtliche Aufforderung in der Terminsbestimmung zur Anmeldung 37 (5) – zur Geltendmachung entgegenstehender und nicht grundbuchersichtlicher Rechte: 37 (6)
Gerichtliche Pflichten in ZVG-Verfahren: Einl 37
Gerichtliche Verwaltung gegen den Ersteher: 94 (1–3) – Teilungsversteigerung 94 (1.2) u 180 (7.12)
Gerichtsferien: Einl 33
Gerichtskasse/Amtskasse: Anmeldung, Beitritt, Kostenentnahme: Einl 41 – Verteilungstermin 109 (2.4) – Vollstreckung durch sie 15 (18) – Zwangshypothek Einl 75
Gerichtskosten: Einl 76–87 – Gebühr für Anordnung Einl 76 – Gebühr für Beitritt Einl 76 – Fälligkeit Einl 76.11 – Kostenschuldner Einl 76.11
Gebühr für Eintragung des Erstehers und der Sicherungshypotheken Einl 79.7
Gebühr für Erteilung des Zuschlags Einl 79 – Fälligkeit Einl 79.6 – Ge-

= § 15 Randnr 4.8

Register

schäftswert Einl 79.3–5 – Kostenschuldner Einl 79.6 – Gebühr für Versteigerungstermin Einl 78 – Fälligkeit Einl 78.4 – Geschäftswert Einl 78.3 – Kostenschuldner Einl 78.4 – Gebühr für Versteigerungsverfahren Einl 77 – Fälligkeit Einl 77.11 – Geschäftswert Einl 77.7–77.9 – Kostenschuldner Einl 77.11 – Gebühr für Verteilungsverfahren Einl 80 – Fälligkeit Einl 80.5 – Geschäftswert Einl 80.3 – Kostenschuldner Einl 80.5 – Gebühr für Vergleichsabschluß Einl 81.1 – Kostenbeschwerde Einl 85.1 – Kostenerinnerung Einl 85.1 – mehrere betreibende Gläubiger (gesamtschuldnerische Kostenhaftung) Einl 82 – Nichterhebung von Gerichtskosten Einl 85.2 – Rechtsbehelfe gegen Kostenansatz Einl 85.1 – Verfahrensauslagen des Gerichts Einl 84 – Zwangsverwaltungskosten Einl 86
Gerichtskundige Tatsachen: Begriff 17 (4.4)
Gerichtsstand im ZVG-Verfahren: 1 (3)
Gerichtstafelanheftung: allgemein bei Terminsbestimmung 40 (2) – bei Schiffen 168 (2.1) – Verteilungstermin 105 (6)
Gerichtsvollzieher: Beiziehung bei Maßnahmen zur Sicherung der ordnungsgemäßen Bewirtschaftung 25 (4.2) – Grundstücksübergabe an Zwangsverwalter 150 (3.5) – Kosten Einl 88
Gerichtswachtmeister: Zustellung 4 (2.3)
Geringstes Gebot: Allgemeine Grundsätze 44 (4.1) – Altenteil 44 (5.1) – Annuitätenhypothek 44 (5.25); 49 (5) – Auflassungsvormerkung 48 (3) – bedingte Rechte 48 (1–2) – Begriffe 44 (3.2) – beschränkte persönliche Dienstbarkeit (5.3) – betreibender Gläubiger 44 (4.1) – Deckungsgrundsatz 44 (4.1) – dinglich und persönlich betreibende Besserrangige 44 (4.5) – Eigentümergrundpfandrechte 44 (5.4) – Enteignungsvermerk 44 (5.5) – Entschuldung landwirtschaftliche 44 (5.6) – Erbbaurecht 15 (14) – Erhöhung bei Gesamt- und Gruppenausgebot 63 (4) – erloschene Rechte 45 (6) – Feststellung und Verlesung 66 (7) – Gesamtrechte 44 (5.9) – Grunddienstbarkeit 44 (5.10) – Höchstbetragshypothek 44 (5.12) – Hypothek 44 (5.13) – Hypothek im Beitrittsgebiet 44 (5.14) – Konkursverwalterverfahren 174 (2) – Kosten 45 (5) – löschungsreife Rechte 45 (6) – Löschungsvormerkung 44 (5.15) – mehrere Gläubiger betreiben 44 (7) – mehrere Grundstücke 44 (8) – Mitbenutzungsrecht 44 (5.15 a) – Muster 44 (9) – Nacherbenvermerk 44 (5.16) – Nachlaßversteigerung 176 (3.10) – Nebenrechte 44 (5.17) – nichtige Rechte 45 (6) – Nießbrauch 44 (5.18) – Nutzungsrecht 44 (5.18 a) – Rang, Rangänderung 44 (6) – Rangtausch 44 (6.2) – Rangvorbehalt 44 (6.5) – Reallast 44 (5.19) – Rechnungsbeamter 66 (7.8) – Rechtsbehelfe 44 (10) – Reichsheimstätte 15 (31.7) – relative Unwirksamkeit 45 (5.21) – Rentenschuld 44 (5.22) – Sanierungsvermerk 44 (5.23) – Schiffe ausländische 171 (6.1) – Schiffe mit ausländischer Währung 168 c (2.3) – Sicherungsgrundschuld 44 (5.24) – Teilungsversteigerung 182 (1–4) – Tilgungshypothek 44 (5.25); 49 (5) – Umlegungsvermerk 44 (5.26) – Verlesen im Termin 66 (7.1) – vorbereitende Erörterungen 62 (2) – Vorbereitung und Rechnungsarbeiten 44 (13) – Vorkaufsrechte 44 (5.27) – Vormerkung 44 (5.28) – Widerspruch 44 (5.28) – Wohnungseigentum (Dauerwohnrecht, Dauernutzungsrecht) 44 (5.29) – Zinsen 44 (5.30) – Zwangshypothek 44 (5.31)
Geringwertige Grundstücke: keine Amtsblattveröffentlichung 39 (3)
Gesamtausgebot: 63 (3)
Gesamtbelastung und geringstes Gebot: 44 (5.9)
Gesamterlösverteilung: Anlaß für Verteilung 112 (2) – Entnahme für gemeinsame Belastungen 112 (3) – Fehlbetrags-Ausgleichung 112 (5) – Grundsätze für Verteilung 112 (2) – Überschuß für Einzelgrundstücke 112 (4)
Gesamtgebot: Begriff 44 (3.2 k) – Erlöschen 72 (4.2)
Gesamtgrundpfandrechte: Allgemein 64 (1) – Anlaß für Verteilung 64 (2) – Antrag auf Verteilung 64 (3) – Gegenantrag des Gesamtgrundpfandrechts 64 (5) – Gläubiger-Wahlrecht 64 (7) – Mehrbetrag bei Einzelausgebot 64 (6) – Verteilung nach § 64 ZVG 64 (4) – Verteiltes Gesamtgrundpfandrecht nach Zuschlag 86 (8) – Verteilung nach § 1132 Abs 2 BGB 64 (9)
Gesamthandsgemeinschaft: Aufhebung 180 (2.1)
Gesamthypothek: Bestehenbleibendes Recht 52 (2.11)
Gesamtrecht: bei Forderungsübertragung 122 (4) – geringstes Gebot 44 (5.9) – Hilfsverteilung nach Forderungsübertragung 123 (1–3) – Verteilung des Erlöses auf ein erlöschendes Gesamtrecht 122 (1–2) – Gesamtrecht bei Zwangshypothek Einl 68

1553

Register

Gesamtrechtsbefriedigung aus den Erlösen mehrerer Grundstücke: 122 (1–2)
Gesamtrechtsgläubiger: Gegenantrag 64 (5) – Wahlrecht 64 (7)
Gesamtschuldnerische Haftung des Meistbietenden und Erstehers 81 (6) – im Vollstreckungstitel 15 (40.8)
Gesamtvollstreckung 15 (23.13) – Einstellung der Zwangsversteigerung 30 c (11) – Versteigerung auf Verwalterantrag 172 (8)
Geschäftsfähigkeit: wird vermutet Einl 44.6 – bei Schuldnerzwangsverwalter 150 b (2.8)
Geschäftsführung des Zwangsverwalters 152 a (1–3)
Geschäftsstelle und Zustellung: 3 (1.4)
Geschäftsunfähigkeit: Abgabe von Geboten 71 (7.8) – Meistbietender nach Bieterstunde 81 (3.4)
Geschäftswert für Gerichtskosten: – Beschwerdegebühr Einl 83.10 – Versteigerungsverfahrensgebühr Einl 77.7–8 – Versteigerungsterminsgebühr Einl 78.3 – Verteilungsverfahrensgebühr Einl 80.3 – Zuschlagsgebühr Einl 79.3–5 – Zwangsverwaltungsverfahrensgebühr Einl 86.2
Gesellschaft des bürgerlichen Rechts: Abgabe von Geboten 71 (7.15) – Auseinandersetzung, Teilungsversteigerung 180 (2.4) – Vollstreckung gegen 15 (19) – Vollstreckung durch Anteilspfändung 180 (11.7)
Gesellschaft mbH siehe GmbH
Gesetzesänderung und Zuschlagsanfechtung: 100 (2.8)
Gesetzlicher Güterstand und Teilungsversteigerung: 180 (3.13)
Gesetzlicher Richter/Rechtspfleger: Einl Rdn 47.2
Gesetzlicher Vertreter: Allgemein in ZVG-Verfahren Einl 34 mit Einl 44.2–44.8 – rechtliches Gehör Einl 46.4 – Schuldnerzwangsverwalter 150 b (2.8) – Zustellungen Einl 44.4; 3 (3.2)
Gesindelohn 10 (4.3)
Gesuch für Bestimmung des zuständigen Gerichts 2 (3)
Getreide: Früchtepfändung 21 (2.4)
Getränkesteuer: keine öffentliche Last 10 (6.25)
Gewährleistungsausschluß: 56 (4)
Gewerbebetrieb: Grundsatz für Zwangsverwaltung 152 (6)
Gewerbefreiheit: Einl 13.4
Gewerbegerechtsame: Einl 13.4
Gewerberäume in der Zwangsverwaltung: 149 (2.8)
Gewerbesteuer: Begriff und Verfahren 15 (34.7) – Haftung für Rückstände 15 (34.8) – keine öffentliche Last 10 (6.25)

Beispiel: § 15 (4.8) =

Giebelmauer in der Versteigerung: 55 (5)
Gläubiger: Ablösung 15 (20) – Begriff 9 (2.1) – betreibender Gläubiger 9 (3.10) – Beteiligter 9 (2.1 und 3.10) – Haftung Einl 35 – Herr des Verfahrens Einl 21.2 – Rechtsnachfolge bei Vollstreckung 15 (29) – Wahrung seiner schutzwürdigen Belange Einl 8.4 – auch: Tod des Gläubigers
Gläubigeranspruch: Bezeichnung im Antrag 16 (3.4) – Bezeichnung im Anordnungsbeschluß 15 (4.4)
Gläubigerinteressen als Ablehnungsgrund bei Einstellungsantrag des Schuldners 30 a (5)
Glaubhaftmachen: Anmeldung allgemein 9 (4.3) – Anmeldung zum geringsten Gebot 45 (4) – Einstellungsantrag des Konkursverwalters 30 c (6.3) – Einstellungsantrag des Schuldners 30 b (4.1) – der Erbfolge 17 (4.2) – bei Widerspruch gegen Versagungsantrag nach § 74 a 74 a (5.4)
Gleichrangige Rechte: Teilungsplan der Zwangsversteigerung 114 (5.11)
GmbH: Vollstreckung 15 (19.3 u 19.4) – Vertretung beim Bieten 71 (6.4)
Gobelins als Zubehör: 20 (3.4)
Gold als Sicherheit für Gebote: 69 (5.2)
Goldmarkhypothek im Beitrittsgebiet Einl 51.4
Gondeln im Gasthausteich als Zubehör: 20 (3.4)
Gras: Früchtepfändung 21 (2.4)
Grenzmauer in der Versteigerung: 55 (5)
Grenzregelungsverfahren: Gemeinde als Beteiligter 9 (3.11) – kein Verfahrenshindernis 15 (6.2)
Großes Antragsrecht bei Erbengemeinschaft in der Teilungsversteigerung: 180 (3.7)
Gründe = Begründung
Gründungsgesellschaft: Abgabe von Geboten 71 (7.15) – Vollstreckung gegen sie 15 (19.4)
Grundakten: Übersendung 19 (5.5)
Grundbuchamt als Vollstreckungsbehörde Einl 62 (2) und 64 (1)
Grundbuchamtliche Prüfung: Eintragungsersuchen § 19 19 (3) – Eintragungsersuchen § 130 130 (2.15) – Zwangshypothek Einl 64
Grundbuchauszug: Kosten 10 (15.4)
Grundbuchbeschwerde: bei Ersuchen § 19 19 (6) – bei Zwangshypothek Einl 72
Grundbuchblattabschrift bei Mitteilung § 19: 19 (5.4) – Bekanntmachung im Versteigerungstermin 66 (6.12)

Grundbucheingetragene als Beteiligte 9 (3.12)
Grundbucheintragung: Anordnungsvoraussetzung 17 (3) – des Antragsgegners bei Teilungsversteigerung 181 (4) – des Antragstellers bei Teilungsversteigerung 181 (3)
Grundbuchersichtliche entgegenstehende Rechte: 28 (5)
Grundbuchersuchen § 19: Allgemeiner Grundsatz 19 (1) – Beschlagnahmewirksamkeitszeitpunkt 22 (2.5) – Form 19 (2.2–2.3) – getrennte Vermerke für Versteigerung und Zwangsverwaltung 19 (3.4) – Grundakten 19 (2.4) – mehrere Eintragungen 19 (4) – Mitteilung an das Vollstreckungsgericht 19 (5) – Prüfung 19 (3) – Rechtsbehelfe 19 (6) – Rangverhältnis 19 (4.8) – Reihenfolge 19 (4) – Teilungsversteigerung 180 (6.7) – Überwachung des Vollzugs mit Rechtsbehelfen 19 (2.7) – Wiedervollstreckung 133 (2.6) – Zwangsverwaltung 146 (5.4) – in Zwangsverwaltung nach Kapitalzahlung 158 (3) – Zwischenverfügung 19 (4.5)
Grundbuchersuchen § 130: Allgemeiner Grundsatz 130 (1) – Inhalt 130 (2) – bewilligte Eintragung 130 (6) – Löschung eines nichtigen und erloschenen Rechts 130 (3) – Muster 130 (4) – Rechtsbehelfe 130 (5) – durch das Vollstreckungsgericht 130 (2)
Grundbuchgesicherte = Beteiligte: 9 (2.4)
Grundbuchhindernisse: bei Zwangshypothek Einl 64.4 – auch: Entgegenstehende Rechte
Grundbuchinhalt: Grundstücksnachweis im Versteigerungstermin 66 (5.2 a)
Grundbuchmitteilungen § 19: Allgemeiner Grundsatz 19 (5.1) – Bestätigung des Eingangs 19 (5.3) – Blattabschrift 19 (5.4) – Mitteilung von Anschriften 19 (5.6) – spätere Eintragungen 19 (5.7) – Urkundenübersendung 19 (5.5) – Zwangsverwaltung 146 (5.5)
Grundbuchsperre: keine durch Beschlagnahme 23 (2.5)
Grundbuchvermerk: Konkursverwalterverfahren 172 (5.8) – Nachlaßversteigerung 176 (3.11) – Teilungsversteigerung 180 (6.7) – Vollstreckungsversteigerung 19 (2.1) – Wiederversteigerung 133 (2.6) – Zwangsverwaltung 146 (5.4)
Grundbuchwiederherstellung: Einl 11.1
Grundbuchzeugnis: Allgemeiner Grundsatz, Anordnung 17 (5.1) – Beitritt 27 (3.2) – Bezugnahme statt Zeugnis 17 (5.5) – Inhalt 17 (5.1–5.2) – Zwangsverwaltung 17 (5.9)

Grundbuch-Zustellungsvertreter: 5 (2)
Grunddienstbarkeit: im geringsten Gebot 44 (5.10) – Gläubiger = Beteiligter 9 (2.3) – Rangklasse vier 10 (8.1) – Wertersatz 92 (3.1 und 6.5) – Zuzahlung 51 (4.9) – altrechtliche EG 9 (2)
Grunderwerbsteuer: Anzeige des Zuschlags an Finanzamt 81 (7.9) – Grunderwerbsteuer beim Zuschlag 81 (7) – Hinweis im Versteigerungstermin 66 (6.13) – keine öffentliche Last 10 (6.25)
Grundgesetz: Garantiefunktionen Einl 7.1 – und Verfahrensrecht Einl 7.1
Grundpfandrechte siehe Fälligkeit, Schuldübernahme, Verteilung von Grundpfandrechten – auch: Grundschuld, Hypothek, Zuzahlung usw.
Grundpfandrechtsbriefe zum Grundbuchersuchen bei Verfahrensende nicht nötig: 131 (1–2) – Kraftloserklärung 136 (1–2) – auch Hypotheken-, Grundschuld-, Rentenschuldbrief
Grundpfandrechtszessionar: Beteiligter 9 (3.13)
Grundrechte nach dem Grundgesetz: Einl 46.1 – Garantien des Grundgesetzes Einl 7
Grundschuld: Dinglicher Titel 15 (9.1) – im geringsten Gebot 44 (5.24) – des Meistbietenden 85 a (4.3) – Nebenleistungen im geringsten Bargebot 49 (2.5) – Nebenleistungen bei Liegenbelassung 91 (4.4) – Rangklasse vier 10 (8.1) – Rückgewähranspruch 114 (7.7) – Schuldübernahme bei bestehenbleibender 53 (3) – Teilungsplan der Zwangsversteigerung 114 (7)
Grundschuldbrief: Behandlung der vorgelegten 127 (1–2) – Verwahrung 16 (4.4) – Vorlage im Verteilungsverfahren 126 (2)
Grundschuldgläubiger: Beteiligter 9 (2.3)
Grundsteuer: öffentliche Last 10 (6.6)
Grundstücke: als Verfahrensgegenstand Einl 11 – Begriff Einl 11.1 – Bestandteilszuschreibung Einl 11.4 und 11.5 – Bezeichnung in Anordnungsantrag 16 (3.1) – Bezeichnung im Anordnungsbeschluß 15 (4.3) – Bezeichnung in Terminsbestimmung 37 (2) – Vereinigung Einl 11.3 und 11.5 – Zwangsverwaltung 146 (3.3)
Grundstücksbruchteile: als Verfahrensgegenstand Einl 12 – Anordnung 15 (21.1) – Gegenstand der Immobiliarvollstreckung Einl 12 – als Gegenstand der Zwangsverwaltung 146 (3.3); 152 (7)
Grundstückseigentümer, siehe Eigentümer
Grundstückserträgnisse, Grundstückserzeugnisse: Schuldnerzwangsverwaltung 150 e (2) – auch: Bodenerzeugnisse

Register

Grundstücksgleiche Rechte: Als Verfahrensgegenstand Einl 13 – Gegenstand der Immobiliarvollstreckung Einl 13 – Konkursverwalterverfahren 172 (5.5) – Nachlaßversteigerung 176 (3.12) – Teilungsversteigerung 180 (2.2) – Zwangsverwaltung 146 (3.3)
Grundstücksgröße: Bezeichnung in Terminsbestimmung 38 (4)
Grundstückslasten: 10.6 – Anmeldung für vierzehn Tage nach Versteigerung 10 (6.22) – landesrechtliche 10 (6.10) – Zwangsverwaltung 152 (3.13) – auch: öffentliche Grundstückslasten
Grundstücksnachweise im Versteigerungstermin: 66 (5.2)
Grundstücksteile, reale: Einl 11.7
Grundstücksvereinigung: Einl 11.3 – nach Beschlagnahme Einl 11.5
Grundstücksverkehrsrecht: Kein entgegenstehendes Recht 15 (24.2)
Grundstückswert: Allgemeiner Grundsatz 74a (7) – Bekanntmachung im Versteigerungstermin 66 (6.14) – Ermittlung 74a (7.9) – bei Verteilung eines Gesamtgrundpfandrechts 64 (4.8) – Sachverständige zur Ermittlung 74a (10) – Verhältnis des § 74a bzw 85a zu anderen Vorschriften 74a (11) – Zeitpunkt der Ermittlung und Festsetzung 74a (7.11 ff) – auch Wertfestsetzung
Gruppenausgebot 63 (3) – Erhöhung des geringsten Gebots dabei 63 (4)
Gütergemeinschaft: Abgabe von Geboten 71 (7.3) – Teilungsversteigerung 180 (2.4) – Vollstreckung 15 (10.2)
Güterrecht = eheliches Güterrecht
Güterstand, gesetzlicher: Abgabe von Geboten 71 (7.3) – früherer und Vollstreckung 15 (10.4) – eines Ausländers Einl 25.3
Gütertrennung: Vollstreckung 15 (10.3)
Gütliche Einigung, Güteversuch: Einl 23.5
Gutachterausschuß nach Baugesetzbuch: als Sachverständige 74a (10.4) – Zuschlag mitteilen 88 (2.4)
Gute Sitten: Begriff Einl 54
Gutgläubiger Erwerb nach Beschlagnahme: 23 (4, 6)

Härte und Sittenwidrigkeit: Einl 54
Häufung der Vollstreckungsmöglichkeiten: Einl 18.3 und 48.4
Häuslerrecht: Landesrecht Einl 13.3
Haftpflichtversicherung: für Rechtspfleger/Richter – Berufshaftpflichtversicherung – für Zwangsverwalter 153 (6.2)
Haftung: Gläubiger bei ZVG-Verfahren Einl 35 – gesamtschuldnerische des Meistbietenden und Erstehers 81 (6) – Institutszwangsverwalter 150a (1 e) – Prozeßbevollmächtigte in ZVG-Verfahren Einl 36 – Rechtspfleger und Richter in ZVG-Verfahren Einl 37 – Zwangsverwalter 154 (2)
Hagelversicherung: Beschlagnahme 20 (3.6)
Hamburg: Zuständigkeit für Schiffsversteigerung 163 (2.3)
Handelsgesellschaften: Abgabe von Geboten 71 (7.15 b) – Auseinandersetzung und Teilungsversteigerung 180 (2.4) – Vollstreckung gegen 15 (19)
Handelsregisterauszug: Abgabe von Geboten 71 (6.4) – zum Teilungsplan 117 (3.2)
Handelsschiffe: Gebote 71 (7.9)
Handwerksinnung: Abgabe von Geboten 71 (7.12)
Handwerkskammern: Abgabe von Geboten 71 (7.0)
Harzgewinnung als landwirtschaftlicher Nebenbetrieb: 10 (4.2)
Hauptzollamt: Mitteilung der Terminsbestimmung 44 (4.3) – Vollstreckungsbehörde 15 (34.4)
Hauptsache erledigt, Kosten: Einl 39.6
Hausanschluß 56 (3.10)
Hausmeister in der Zwangsverwaltung: 152 (4.2)
Haus-Nummer im Versteigerungstermin: 66 (6.15)
Hausverwaltung in der Zwangsverwaltung: 152 (4.3)
Heilung von Verfahrensmängeln 84 (1–2)
Heimfallanspruch: bei Erbbaurecht 15 (13.17)
Heimkehrerrecht (ehemaliges) Einl 38
Heimstätteneigenschaft siehe Reichsheimstätte
Heizanlagen, Heizkessel als wesentliche Bestandteile: 20 (3.2)
Heizkörper, Heizöl als Zubehör: 20 (3.4)
Heizung der vom Schuldner bewohnten Räume in der Zwangsverwaltung 149 (2.3)
Herausgabevollstreckung: aus Zuschlagsbeschluß 93 (2) – Besitzrecht Dritter 93 (3) – Rechtsbehelfe dabei 93 (4) – Vollstreckungsschutz des Schuldners 93 (5)
Herr des Verfahrens: Gläubiger, Antragsteller Einl 21.2
Herrenlose Immobilien: früherer Eigentümer nicht Beteiligter 9 (3.14) – Zwangsvollstreckung in sie 15 (22)
Heuerlingsrecht: 15 (24.3)
Hilfskräfte: Haftung des Zwangsverwalters 154 (2.5)

1556

Register

Hilfsverteilung, Hilfszuteilung: Bedingte Ansprüche 119 (2) – Deckungskapital 121 (3) – Gesamtrechte, Forderungsübertragung 123 (2) – Rechte aus § 92 121 (3) – Unbekanntsein des Berechtigten 126 (1–4) – bei Widerspruch 124 (1–3)
Hinausgabe von Beschlüssen, Verfügungen als Anfang: Einl 20.2
Hinterlegung: Bargebot 49 (4.1) – Frist für Erlöschen des Anspruchs 142 (2) – als Sicherheit zur Vollstreckung oder Abwendung 15 (32.5) – Teilungsmasse in der Zwangsversteigerung 117 (6) – bei Unbekanntsein des Berechtigten = Hilfsverteilung – in der Zwangsverwaltung bei unbekanntem Berechtigten 157 (4) – bei Kapitalzahlungstermin 158 (2.5)
Hinweise: Allgemein laut ZVG und gemäß Aufklärungspflicht Einl 24.6–7 – Ausschluß weiterer Anmeldungen im Versteigerungstermin 66 (8.1) – Unterbrechung der Bietstunde 73 (2.6) – im Versteigerungsterminsprotokoll 78 (2.2) – auch: Versteigerungstermin
Höchstbetrag: Dienstbarkeit, Reallast, Vorkaufsrecht, Dauerwohnrecht, Dauernutzungsrecht 92 (3.3; 4.8) – Teilungsplan für Zwangsversteigerung 114 (5.12)
Höchstbetragshypothek: Geringstes Gebot 44 (5.12) – nach ZGB-DDR 44 (5.14); 48 (2.4) – Teilungsplan 114 (5.13) – Zwangsverwaltung 155 (6.7 g)
Höchstgebot: Begriff 44 (3.2 o)
Höchstpersönliche Rechte: Zuzahlungspflicht 51 (4.10)
Höfeordnung: Vollstreckung 15 (24.2)
Hoffmannsche Methode für Zwischenzinsabzug: 111 (2.11–12)
Holz, keine Früchtepfändung: 21 (2.4)
Holzfertighaus als wesentlicher Bestandteil 20 (3.2)
Holzkohleherstellung: landwirtschaftlicher Nebenbetrieb 10 (4.2)
Holzlager der Möbelfabrik: kein Zubehör 20 (3.4)
Hopfen: Früchtepfändung 21 (2.4)
Hotel: Auto als Zubehör 20 (3.4) – Einrichtung als Zubehör 20 (3.4)
Hubschrauber: Luftfahrzeuge 171 a (1.3)
Hufschmiedsgerechtsame: Einl 13.4
Hypothek: in ausländischer Währung 14 (2.3) u 145 a – dinglicher Titel 15 (9.1) – geringstes Gebot 44 (5.13) – Rangklasse vier 10 (8.1) – Schuldübernahme bei Bestehenbleiben 53 (2) – Teilungsplan 114 (5.14)
Hypothekenbank: Abgabe von Geboten 71 (7.11) – Vorschlagsrecht für Institutsverwalter 150 a (2.2)

Hypothekenbriefe: Behandlung des vorgelegten 127 (1–2) – Verwahrung 16 (4.4) – Vorlage im Verteilungsverfahren 126 (2) – Unbekanntsein des Berechtigten 126 (2) – auch: Urkundenbehandlung
Hypothekengewinnabgabe allgemein Einl 51.2
Hypothekengläubiger: Beteiligte 9 (2.3)

Ideelle Grundstücksteile als Verfahrensgegenstand: Einl 12.1
Immobiliarvollstreckung: Arten Einl 18 – Begriff Einl 1 – Liegenschaftsrecht Einl 2 – formaler Charakter Einl 4 – Probleme und Schwierigkeiten Einl 5, 6 – Gegenstände Einl 11–15 – Möglichkeiten Einl 18 – Umfang Einl 16 – Verfahrensregeln Einl 10 – Verhältnis zur Vollstreckung in bewegliches Vermögen Einl 17 – Zweck Einl 1, 3
Inflation 1923: Einl 51.1
Inkrafttreten des ZVG EG 1 (1)
Innung: Abgabe von Geboten 71 (7.12)
Insolvenzordnung 15 (23.14)
Instandsetzung von Gebäuden durch Zwangsverwalter 152 (3.9)
Institute: Vorschlagsrecht für Institutszwangsverwalter 150 a (2.2)
Institutsverwalter: 150 a (1–3)
Interesse, rechtliches: bei Zuschlagsanfechtung 100 (3.1)
Interessenabwägung: Sittenwidrigkeit Einl 54.6
Interventionsklage = Widerspruchsklage
Irrtum: Ausnützung Einl 35.3 – bei Gebotteabgabe 71 (3.1)

Jagdgerechtsame: Einl 13.4
Jagdrecht: Zuschlag 57 (6) – Zwangsverwaltung 152 (8)
Jahresfrist: Einl 32.3
Jahresrechnung des Zwangsverwalters: 154 (3.13)
Jahreswert bei Ersatzwert nach § 92: 121 (2.2)
Juristische Personen: Abgabe von Geboten 71 (7.13) – Schuldnerzwangsverwaltung 150 b (2.8) – Vollmacht Einl 50.2 – kein Wohnrecht bei der Zwangsverwaltung 149 (2.7)
Justizbeitreibungsordnung: 15 (18) und 15 (38.3)

Kabelpfandrecht: Einl 15.2
Kähne im Gasthausteich als Zubehör: 20 (3.4)
Käserei als landwirtschaftlicher Nebenbetrieb: 10 (4.2)

1557

Register

Beispiel: § 15 (4.8) =

Kalendertagsfälligkeit: Anordnung des Verfahrens 15 (15) – Vollstreckungsklausel 15 (40.16)
Kalenderzinstage für Bargebotszinsen: 49 (3.4)
Kalkgewinnung als landwirtschaftlicher Nebenbetrieb: 10 (4.2)
Kaminkehrgebühren: Berechnungszeitraum im geringsten Gebot 47 (3) – öffentliche Last 10 (6.13)
Kaminkehrrechte: Einl 13.4
Kapitalisierung bei erlöschenden Rechten: 92 (3)
Kapitalmarktlage: Einstellungsantrag des Schuldners 30 a (3.3)
Kapitalzahlung in der Zwangsverwaltung 158 (1–2)
Kartellgesetz und Bietabkommen: 71 (8.8)
Kartoffeln: Früchtepfändung 21 (2.4)
Kassatorische Klausel: Begriff 15 (40.15) – zum Versteigerungstermin anmelden 54 (3.2)
Kassenbuch in der Zwangsverwaltung: 154 (3.12)
Kauf bricht nicht Miete: 57 (1.2); 57 (3.1); 57 a (2.2)
Kaufmann: Abgabe von Geboten 71 (7.15) – Firmierung 15 (25.10)
Kaution des Mieters = Mietkaution
Kautionsversicherung des Zwangsverwalters: 153 (6.2)
Kenntnis der Beschlagnahme: 23 (4–6)
Kies: Gewinnung als landwirtschaftlicher Nebenbetrieb 10 (4.2) – keine Früchtepfändung 21 (2.4)
Kinder: Dienstleistung gegenüber Eltern 10 (4.3)
Kinderspielplatz: 15 (21.3)
Kindeswohl: Einstellungsgrund bei Teilungsversteigerung 180 (13)
Kirchen: Abgabe von Geboten 71 (7.16) – Vorschlagsrecht für Institutszwangsverwalter 150 a (2.2)
Kirchenlasten: Öffentliche Lasten 10 (6.10) – Umrechnung in Geld 46 (2.1)
Klage: bei Teilungsversteigerung 181 (2) – gegen Teilungsversteigerung 180 (9.8) – auf Abänderung des Teilungsplans in der Zwangsverwaltung 159 (1–2) – bei Zuzahlung 50 (4); 125 (4)
Klavier im Gasthaus als Zubehör: 20 (3.4)
Klee: Früchtepfändung 21 (2.4)
Kleines Antragsrecht bei Erbengemeinschaft, Teilungsversteigerung 180 (3.7)
Kleingärtner: Kündigungsschutz 57 a (6.6)
Knappschaftsbeiträge: Öffentliche Last 10 (6.8)

Körperschaften: an Aufsichtsbehörde zustellen 6 (4.2) – Vollstreckung gegen 15 (16)
Körperschaftssteuer: keine öffentliche Last 10 (6.25)
Kohle: keine Früchtepfändung 21 (2.4)
Kohlenabbaugerechtigkeit: Einl 13.4
Kohlenvorräte einer Fabrik als Zubehör: 20 (3.4)
Kolonialgesellschaft: Vollstreckung gegen 15 (19.5)
Kommanditgesellschaft: Abgabe von Geboten 71 (7.15 b) – Auseinandersetzung, Teilungsversteigerung 180 (2.4) – Vertretung beim Bieten 71 (6.4) – Vollstreckung gegen 15 (19.2)
Kommunalabgaben: Bay Gesetz 10 (6.9) – öffentliche Last 10 (6.9)
Kommunale Körperschaften und Kreditanstalten: Befreiung von Sicherheit für Gebote 67 (4.4)
Kommunmauer in der Versteigerung: 55 (5)
Kongreßhallen, nicht wesentliche Bestandteile: 20 (3.2)
Konkurrenz der Bieter: Einl 10
Konkursverfahren: Einfluß auf die Anordnung 15 (23.1–8) – entgegenstehendes Recht 15 (23) – Masse 172 (3.1 b) – Meistbietender nach der Bietstunde 81 (3.4) – Teilungsplan 114 (5.16) – Zuschlag 82 (2.10) – Zustellung der Terminsbestimmung 41 (2.5) – Zwangsverwaltung 146 (4.4 i); 152 (3.17)
Konkursverwalter: Beteiligter 9 (3.15) – Bieter 7 (7.17) – Verfahren gegen ihn 15 (23.4); 17 (3.5) – aus Eigentümergrundpfandrecht 15 (11.3) – Einstellungen = einstweilige Einstellung auf Antrag des Konkursverwalters – Geboteabgabe 71 (7.17) – Sittenwidrigkeit Einl 53.1
Konkursverwalterverfahren §§ 172–174: Antrag 172 (3) – anzuwendende Vorschriften 172 (4–5) – Art des Verfahrens 172 (1.3) – Beschlagnahmewirkung 173 (1–2) – geringstes Gebot 174 (1–3) – und Teilungsversteigerung 180 (15) – und Vollstreckungsversteigerung 172 (6) – bei Konkurseröffnung im Ausland 172 (9)
Konkursverwalter-Zwangsverwaltung: §§ 172–174 – Anwendung der anderen Vorschriften, allgemeine Übersicht: 172 (7) – Anwendung im einzelnen: bei den allgemeinen Bemerkungen zu den einzelnen Paragraphen
Kontinuität des Rechts bei Liegenbelassen: 91 (3.5)
Kontobuch der Zwangsverwaltung: 154 (3.12)

1558

= § 15 Randnr 4.8

Kontrollteilungsplan bei außergerichtlicher Befriedigung: 144 (3.5)
Kosten: Einl 76–91 – abgesonderte Versteigerung oder anderweitige Verwertung 65 (4) – Anmeldung 10 (15.8–15.9) – Aufnahme in das geringste Gebot 45 (5) – im Anordnungsbeschluß 15 (4.6) – Aufforderung zur Anmeldung 37 (5.4) – Befreiung allgemein Einl 87 – Beitreibung Einl 39.1 und 40.1 – besonderer Versteigerung/-Verwertung 65 (4) – betreibender Gläubiger = Rechtsverfolgungskosten 10 (15) – Einstellungsbewilligung des Gläubigers 30 (2.18) – Entnahme aus der Masse 109 (2) – Entscheidung Einl 39 – Gerichtskasse/-Amtskasse bei ZVG-Verfahren Einl 41 – Gerichtsvollzieher Einl 88 – geringstes Gebot 44 (12) – Konkursverwalterverfahren 172 (5.9) – Luftfahrzeuge 171 a (3.5); 171 c (4.2) – Nachlaßversteigerungsverfahren 176 (3.13) – Nichterhebung (früher Niederschlagung) Einl 85.2 – notwendige Kosten 10 (15) – Rang 12 (2) – Rechtsanwalt = Rechtsanwaltskosten – Rechtsbeistände Einl 90 – Rechtsverfolgung 10 (15) – Sachverständige Einl 91 – Schiffe [besondere Maßnahmen 165 (5) – Sicherungsmaßnahmen 170 (2.2) – treuhänderische Nutzung 165 (4.7)] – Sicherungsmaßnahmen § 25 (5) – zu Steuern und Abgaben 10 (6.14) – Teilungsversteigerung 180 (7.14) – Terminskosten von Banken usw 10 (15.7) – unbekannte Berechtigte 135 (2.4); 137 (2.4) – Verbindung und Trennung von Verfahren 18 (3.9) – Verfahrenskosten 109 (2) – vollmachtlose Vertreter Einl 50.7 – Vortermin 62 (3.3) – Wiedervollstreckung 133 (2.20) – Zuschlag 58 (2) – Zuständigkeitsbestimmung 2 (4.10) – für Zustellungen Einl 84.5 – Zwangshypothek Einl 70 – in der Zwangsverwaltung 155 (5) – siehe auch Gerichtskosten und Rechtsverfolgungskosten
Kostenbefreiung: Einl 87
Kostenentscheidung in ZVG-Verfahren: Einl 39 – im Beschwerdeverfahren Einl 39.10 – im Einstellungsverfahren nach §§ 30 a Einl 39.2 – in der Erbenversteigerung Einl 39.8 – bei Erledigung Einl 39.6 – im Konkursverwalterverfahren Einl 39.8 – „Kosten fallen nicht an" Einl 39.7 – im Schutzverfahren nach ZPO § 765a Einl 60 – bei Vollstreckungserinnerung Einl 39.9 – bei Zurücknahme/Zurückweisung eines Anordnungs/Beitrittsantrags Einl 39.4–39.5
Kostenfestsetzung in ZVG-Verfahren Einl 40

Register

Kostgeldansprüche landwirtschaftlicher Bediensteter: 10 (4.4)
Kraftfahrzeuge eines Betriebes als Zubehör: 20 (3.4)
Kraftloserklärung von Grundpfandrechtsbriefen: 136 (1–2)
Krankheit: Einstellungsantrag des Schuldners 30 a (3.3)
Kredite für Düngemittel, Saatgut, landwirtschaftliche Geräte, Vieh, Lohn in Zwangsverwaltung 10 (3.4); 155 (6.3)
Kreditanstalten = Landschaftliche Kreditanstalten
Kreditanstalten, öffentlich-rechtliche: Vollstreckung gegen 15 (16)
Kreditbeschränkungen: Einstellungsantrag des Schuldners 30 a (3.3)
Kreditgebühren als Nebenleistungen: 12 (3.3)
Kreditinstitute: Vorschlagsrecht für Institutszwangsverwalter 150 a (2.2)
Kühlmaschinen als Zubehör: 20 (3.4)
Kündigung: Anmeldung bei bestehenbleibenden Rechten zum Versteigerungstermin 54 (2) – Behandlung und Nachweis vor Vollstreckungsbeginn 15 (15) – Kosten als Kosten der Rechtsverfolgung 10 (15.3–4) – gegenüber Mietern/Pächtern durch Ersteher 57a (2) – während Zwangsverwaltung 152 (9.11) – bei Zuzahlungspflicht 50 (5.2); 51 (6.2) – auch: Sonderkündigungsrecht gegenüber Mietern
Kündigungsaufschub: Verzicht des Mieters/Pächters darauf 57 c (9)
Kündigungsberechtigung des Erstehers: 57 (2)
Kündigungsfrist für Auseinandersetzungsanspruch: 181 (2.4) – für Ersteher 57 a (4)
Künftige Leistungen: Vollstreckung allgemein 15 (15) – Zwangshypothek Einl 67.3
Kundendienstfahrzeuge als Zubehör: 20 (3.4)
Kurzausschreibung der Terminsbestimmung: 40 (3.3)

Länder: Befreiung von Sicherheitsleistung 67 (4.2) – Vollstreckung gegen 15 (16) – Vorschlagsrecht für Institutszwangsverwalter 150 a (2.2)
Lagerkosten für freigegebenes Zubehör nach Zuschlag: 81 (11.2)
Landbeschaffungsgesetz: nicht Beteiligte 9 (3.22) – Entschädigung im Verleihungsverfahren 105 (1.5)
Landesgesetzliche Vorbehalte EG 2 (1, 2)
Landesrecht: über Bestehenbleiben von Rechten EG 9 – über Mitteilung der

1559

Register

Beispiel: § 15 (4.8) =

Terminsbestimmung 41 (4.4) – über Mußinhalt der Terminsbestimmung 37 (7) – über Sollinhalt der Terminsbestimmung 38 (6) – Zuständigkeit 1 (3.3) – Zwangsverwaltung 146 (4.4 l)
Landesrechtliche Grundstückslasten: Öffentliche Lasten 10 (6.10)
Landesrechtliche Schuldtitel: Vollstreckung aus ihnen 15 (41.1)
Landesrentenbankrente: außerhalb des geringsten Gebots bestehenbleibend 52 (7.2 e) – öffentliche Last 10 (6.11)
Landeszentralbank = Bundesbank
Landschaftliche Kreditanstalten: Allgemein zum Vollstreckungsrecht 15 (38.12); 146 (7)
Landwirtschaft: kein Einfluß auf Verfahren 15 (24); 71 (7.18) – Hinweis in der Terminsbestimmung 37 (9.3)
Landwirtschaftliche Entschuldung = Entschuldung
Landwirtschaftliche (und forstwirtschaftliche) **Erzeugnisse** = Beschlagnahme
Landwirtschaftliche Geräte, Kredite = Kredite
Landwirtschaftliche Grundstücke: Anordnung 15 (24) – Ansprüche der Bediensteten 10 (4) – Geboteabgabe 71 (7.18) – Unterhalt des Schuldners in der Zwangsverwaltung 149 (4) – Zuweisungsverfahren 185 (1–2) – auch Schuldnerzwangsverwalter
Landwirtschaftliche Nebenbetriebe: Litlohnansprüche 10 (4)
Landwirtschaftliche Rentenbank: Anordnung 15 (24.2) – Beteiligte 9 (3.26) – Reallast als öffentliche Last 10 (6.12)
Landwirtschaftliches Vieh: Zubehör 20 (3.4) – in der Zwangsverwaltung Ernährung 153 a (2)
Landwirtschaftliches Zuweisungsverfahren und Teilungsversteigerung: 185 (2)
Landwirtschaftsbehörde: nicht beteiligt 9 (3.16)
Lasten bei Zuschlag: 56 (3)
Lastenaufzüge als wesentliche Bestandteile: 20 (3.2)
Lastenausgleich Einl 51.2
Lastfahrzeuge als Zubehör: 20 (3.4)
Laufende Beträge wiederkehrender Leistungen: Begriff 13 (2) – mehrere Beschlagnahmen 13 (3) – Stundung 13 (2.7–8) – Zwangsverwaltung 13 (3)
Lebensdauer bei erlöschenden Rechten: 92 (4.4)
Lebenserwartung: Erlöschende Rechte 92 (4.4) – auch: statistische Lebenserwartung
Lebensversicherungsprämie als Nebenleistung: 12 (3.3)

Leibgedinge = Altenteil
Leibnitz, Zwischenzinsberechnung: 111 (2.11)
Leistungsbescheid: Verwaltungszwangsverfahren 15 (38.4)
Leistungsgebot bei Steuern und Abgaben: 15 (38.4)
Letztes Gebot im Versteigerungstermin: Aufruf 73 (3) – Protokoll 78 (2.8)
Lieferanten: Kein Vorrecht 10 (4.3)
Lieferrecht 55 (4.3)
Lieferwagen als Zubehör: 20 (3.4)
Liegenbelassungsvereinbarung: Allgemeiner Grundsatz 91 (3) – Minderung 91 (4) – Schiffshypothek 91 (7) – Teilungsplan 114 (8) – Verminderung der Zahlung 91 (4) – Wirkung als Befriedigung 91 (5)
Liegenschaftskatasterauszug: 16 (4.5)
Liegenschaftsrecht und Immobiliarvollstreckung Einl 2
Litlohn: Allgemein 10 (4.1) – Berechtigte = Beteiligte 9 (2.7) – Rangklasse zwei 10 (4) – Umrechnung in Geld 46 (2.1) – in der Zwangsverwaltung 155 (4.2)
Löschung: Handelsgesellschaften und Genossenschaften 15 (19.2) – Vollstreckungsvermerk bei Verfahrensaufhebung 34 (2); 161 (2.4) – auch: Grundbuchersuchen, Kapitalzahlung
Löschungsanspruch/Löschungsvormerkung: Allgemeiner Begriff 114 (9.1) – Arresthypothek Einl 74.1 – erlöschendes Recht 91 (2.3); 91 (6) – geltend machen = anmelden 114 (9.15–16) – geringstes Gebot 44 (5.15) – bei bestehenbleibendem Recht 125 (5) – Erlöschen der Vormerkungswirkungen 130 a (2) – Grundbuchersuchen § 130 130 a (3) – Sicherungshypothek § 128 128 (2.19) – Teilungsplan 114 (9) – zusätzliche Eintragung Löschungsreife = Rechtzeitkeit des geringsten Gebot 45 (6) – im Teilungsplan 114 (2.4)
Lösungssumme bei Arresthypothek: Einl 74.3
Lohn landwirtschaftlicher Bediensteter: Allgemein 10 (4.1)
Losentscheid bei Geboten: 72 (2.3)
Luftfahrzeuge: Allgemeiner Begriff 171 a (1.3) – Abkommen, internationales 171 a (1.4) – Anordnung und Beitritt 171 c (2) – anzuwendende Vorschriften 171 a (3) – Bewachung und Verwahrung 171 c (3) – Gegenstand der Immobiliarvollstreckung Einl 15.1 – Registerpfandrecht 171 a (3) – Rolle für 171 a (1.3) – Teilungsversteigerung 180 (2.2) – Treuhänder 171 c (4) – zuständiges Gericht 171 b (1) – Zwangsregisterpfandrecht Einl 62.4; 171 a (4.4) –

= § 15 Randnr 4.8

Zwangsverwaltung keine 146 (3.3e); 171a (2)
Luftschiffe als Luftfahrzeuge: 171 a (1.3)

Mängel: Anordnungsantrag 15 (3.6) – Begründung fehlt Einl 28.5 – Beschädigung des Grundstücks durch den Schuldner 56 (4.3) – Haftung gegenüber dem Ersteher 56 (4.1–2) – Rückerstattung 56 (4.4) – Zustellungsmängel 3 (2.2–4) – der Zwangssicherungshypothek Einl Rdn 71
Mahngebühren: Nebenleistungen 12 (3.3)
Maklerprovision 90 (2.6)
Mark der (ehem) DDR, Umstellung Einl 51.3
Maschinen: als wesentliche Bestandteile 20 (3.2) – als Zubehör 20 (3.4)
Massegläubiger: Ansprüche als Ausgaben der Verwaltung in der Zwangsverwaltung 155 (4.2c)
Maßnahmen gegen Zwangsverwalter 153 (1–2)
Meereseinbruch: Aufhebung der Zwangsverwaltung 161 (3.9)
Mehrere Anordnungsanträge 15 (4.13)
Mehrere Gläubiger: Beitritt 27 (6) – Einstellungsbewilligung 30 (2.14) – Einstellungsverfahren 30b (6) – Rücknahme des Verfahrensantrags 29 (2.9) – Deckung aus Einzelausgebot 76 (2.5) – Kostenhaftung Einl 82
Mehrere Grundstücke: Deckung aus einem von ihnen 76 (2) – Einstellungsverfahren 30b (7) – Einzel-, Gruppen- und Gesamtausgebot 63 (1–5) – bei Aufstellung des geringsten Gebots 44 (8) – keine Gesamtzwangshypothek Einl Rdn 68
Mehrere Verfahren: Termine hierfür 66 (10)
Mehrgebot: Begriff 44 (3.2 n)
Mehrwertsteuer: bei Anwälten Einl 89.21
– statt Grunderwerbsteuer bei Zuschlag 81 (7.10) – keine öffentliche Last 10 (6.25) – zu Kosten 10 (15.11) – Zustellungsvertreter 7 (3.3) – Zwangsverwalter 152a (4.9)
Meistbietender: nicht Beteiligter 81 (3.8) – Pfändung, Verpfändung seines Anspruchs 81 (3.7) – Recht auf Zuschlag 81 (3.1–3.3) – Tod, Geschäftsunfähigkeit, Vergleichsverfahren, Konkurs nach Bieterstunde 81 (3.4) – Zustellung des Zuschlags 88 (2.1) – auch: Zuschlag
Meistgebot: Abtretung 81 (4) – Anfechtung 71 (3) – Aufruf 73 (3.1) – Begriff 44 (3.2 e) und 81 (3.2) – fingiertes 85 (4.2) – unter halbem Grundstückswert (Zuschlagversagung) 85a (1–2) – Zuschlag 81 (2)

Register

Meliorationsanlagen-Dienstbarkeit 52 (7.2)
Merkzettel für die Vorbereitung des Versteigerungstermins: 35 (3.2)
Mieter/Pächter: Ablösungsrecht 15 (20.5)
– abweichende Versteigerungsbedingungen 57a (8) und 57c (8) sowie 59 (5.11) – Anmeldungen zum Versteigerungstermin 57d (3) – Aufforderung und Belehrung 57d (2) – bei Beitritt 27 (7.4) – Beschlagnahmewirksamkeit 22 (3) – Beteiligte 9 (2.9) – Darlehen 57b (7) – Erklärungen im Versteigerungstermin 66 (6.17) – für Ersteher anzuwendende Vorschriften 57b (1.2) – Feststellung, Gerichtsvollzieher 57b (6.4) und 57d (2.2) – Konkursverwalterverfahren 172 (5.10) – Luftfahrzeuge 171f (3) – als Miteigentümer 57 (3.12) – Nachlaßversteigerung 176 (3.15) – Rechte und Pflichten gegenüber Ersteher 57 (3.6) – Sachen kein Zubehör 55 (3.2) – bei Schiffen 169 (2) – Teilungsversteigerung, keine Ausnahmekündigung 183 (2) – Vollstreckung aus Zuschlag 93 (3.2) – Wegnahmerecht 57 (3.6) – Zubehör 55 (3.2) – Zustellung des Beschlagnahmebeschlusses 57b (6) – auch: Anmeldung, Aufforderung, Bauten, Belehrung, Vorausverfügung
Mieterschutz: gesetzlicher gegenüber Sonderkündigungsrecht 57a (6) – für den Schuldner bei Vollstreckung aus Zuschlag 93 (5) – in der Zwangsverwaltung 152 (9.6)
Mietkaution 57 (4) – in der Zwangsverwaltung 152 (9.13)
Mietverträge § 57 (3) – bei Zwangsverwaltung (alte und neue Verträge, Mietzins, Kündigung, Prozesse, Vorauszahlung, Baukostenzuschuß, Kaution) 152 (9) – auch: Ersteher usw
Mietvorauszahlung: Begriff, Behandlung 57b (2) – Zwangsverwaltung 152 (9.12)
Mietwohnräume: Mieterschutz 57a (6)
Mietzins: Beschlagnahme 21 (3); 22 (3.1) – Einziehung in der Schuldnerzwangsverwaltung 150d (2.4d) – Pfändung für öffentliche Lasten 156 (2.4) – Schiffe 162 (2.4) – Zwangsverwaltung 148 (2.3) – auch: Vorausverfügung, Rechtsgeschäfte usw
Milchkontingent 55 (4.2) – Aufgabe der Milcherzeugung 25 (2.2) – Begriff 55 (4.2) – in Versteigerung 55 (4.2) – in Zwangsverwaltung 148 (2.7)
Milchkuh des Schuldners in der Zwangsverwaltung: 149 (4.5)
Minderanmeldung 45 (7); – und Rangverlust 110 (2.7)

1561

Register

Beispiel: § 15 (4.8) =

Minderjährige: gesetzliche Vertretung Einl 44.8 – Schuldnerzwangsverwaltung 150 b (2.8) – Zustellung 3 (3.2)
Minderung der Ersteherzahlungspflicht bei Liegenbelassungsvereinbarung 91 (4)
Mindestgebot: Begriff 74 a (1.3); 85 a (1.3) – Allgemeines 74 a (1) – 7/10-Antrag 74 a (3) – Antragsberechtigung 74 a (3) – Antragstellung 74 a (4) – Einschränkung des Versagungsgrundes bei Gleichrangrecht 74 b (1–2) – Entscheidung über den Versagungsantrag 74 a (6) – Versagung des Zuschlags 74 a (3) – Widerspruch des betreibenden Gläubigers 74 a (5)
Mineralien: Früchtepfändung nicht 21 (2.4) – landesrechtliches Gewinnungsrecht Einl 13.4
Mitbenutzungsrecht im Beitrittsgebiet EG 9 a (4) – Berechtigter als Beteiligter 9 (3,37 zu e) – Rangklasse 4 10 (8.1)
Miteigentümervereinbarung (BGB § 1010): Wertersatz 92 (6.6)
Miteigentum, Miteigentümer: Beteiligte 9 (3.19) – zur gesamten Hand Einl 12.6 – Vollstreckung aus Zuschlag 93 (2.7) – auch: Grundstücksbruchteil
Miterbenanteil: Pfändung 180 (11)
Mithaftende Gegenstände: Allgemein 20 (3.3, 3.4) – gutgläubiger Erwerb 23 (6) – Kenntnis der Beschlagnahme 23 (5) – erlaubte Verfügung 23 (3) – auch: Mitversteigerte Gegenstände
Mitteilungen: Allgemein 3 (2.1) – im Anordnungsverfahren 15 (47) – bei Beitritt 27 (7) – über die Betreibenden nach § 41 41 (3) – bei Einstellungsbewilligung des Gläubigers 30 (2.17) – Grundbuchamt an Vollstreckungsgericht 19 (5) – Terminsbestimmung an Versteigerungstermin 41 (4) – des Zuschlags 88 (2) – über Anordnung der Zwangsverwaltung 146 (8)
Mitversteigerte Gegenstände: 55 (3); 90 (5) auch: Vollstreckung in
MiZi = Mitteilungen
Mobiliarpfändung Einl 17
Molkerei als landwirtschaftlicher Nebenbetrieb: 10 (4.2)
Monatsfrist: Begriff Einl 32.3
Mühle: Landwirtschaftlicher Nebenbetrieb 10 (4.2) – nicht wesentlicher Bestandteil die Einrichtung 20 (3.2)
Müllereigerechtsame: Einl 13.4
Mündliche Verhandlung: Allgemeiner Grundsatz Einl 23.4 – bei Einstellungsantrag des Konkursverwalters 30 c (6.4) – bei Einstellungsantrag des Schuldners 30 b (4.4) – bei Antrag wegen Sittenwidrigkeit Einl 58.2 – bei Teilungsplanänderung in der Zwangsverwaltung 157 (3.5)

Münzen als Sicherheit für Gebote: 69 (5.2)
Mußinhalt der Terminsbestimmung = Versteigerungstermin
Muster und Beispiele für ZVG-Verfahren: Einl 42 – für Anordnungsbeschluß 15 (4.2) – für Aufhebungsbeschluß 29 (3) – für Einstellungsbeschluß 30 (4) und 30 b (8) – für Erbbaurechts-Anordnung 15 (13.3) – für Grundbuchsuchen 130 (4) – für Teilungsversteigerung 180 (10) – für Versteigerungstermin 66 (9) – für Verteilungstermin 113 (5) – für Wertermittlung und -festsetzung 74 a (8) – für Zuschlagsbeschluß 82 (5) – für Zwangsverwaltungs-Anordnung 146 (9) – für Zwangsverwaltungs-Aufhebung 161 (8) – für Zwangsverwaltungs-Verteilung 156 (6)

Nacherbe: 15 (30.9)
Nacherbschaft: entgegenstehende Rechte 15 (30.8) – geringstes Gebot 44 (5.16) – und Teilungsversteigerung: 180 (7.16) – Zwangsverwaltung 146 (4.4 n) – auch: Vorerbschaft
Nachforschungen des Gerichts bei unbekanntem Aufenthalt: 6 (2.3–4)
Nachlaßgerichtliche Genehmigung in der Teilungsversteigerung 181 (6.5–6.6)
Nachlaßkonkurs: und Konkursverfahren 172 (5.11) – und Nachlaßversteigerung 178 (2)
Nachlaßkonkursverwalter: Partei kraft Amtes 15 (30.7)
Nachlaßpfleger: Begriff 15 (30.2) – Teilungsversteigerung 181 (6.5)
Nachlaßversteigerung §§ 175–179: Allgemeines Einl 3 – Antragsberechtigte 175 (2) – Einfluß des Nachlaßkonkurses 178 (1–2) – Glaubhaftmachung des Antragsrechts 177 (2.1) – sonstiger Nachlaß 179 (1–2) – und Teilungsversteigerung 180 (16) – und Vollstreckungsversteigerung 176 (4)
Nachlaßverwalter: Partei kraft Amtes 15 (30.7) – Teilungsversteigerung 181 (6.6) – Verhältnis zur Nachlaßversteigerung 176 (3.16) – Zustellung des Zuschlags 88 (2.2)
Nachlaßvollstreckung: Fortsetzung, wenn begonnen 15 (30.4)
Nachtragsverteilung: keine in der Versteigerung allgemein 113 (2.6) – keine bei Zuzahlung 50 (6); 125 (4.4)
Name und Firma in der Vollstreckung: 15 (25)
Nato-Truppen = Truppenstatut
Naturalleistungen: Altenteil in Zwangsverwaltung 146 (10) – im geringsten Gebot 46 (1) – Teilungsplan der Zwangsversteigerung 114 (5.17) – Teilungsplan der

1562

= § 15 Randnr 4.8

Zwangsverwaltung 156 (4.3) – auch Geldwert
Nebenbetriebe, land- und forstwirtschaftliche: 10 (4.2)
Nebenleistungen: Anmeldung zum geringsten Gebot 45 (3.5 c) – Begriff 12 (3.2) – geringstes Gebot 44 (5.13) – geringstes Bargebot 49 (2.4) – Grundschuld 49 (2.5) – Grundschuld bei Liegenbelassung 91 (4.4) – Hypothek 10 (8.9) – Rang 12 (3) – zu Steuern und Abgaben als öffentliche Last 10 (6.14) – Zwangshypothek Einl 67.3 – auch: Steuern
Nebenrechte im geringsten Gebot 44 (5.17)
Neubaukosten als Zwangsverwaltungsvorschüsse: 10 (3.1)
Neutralitätstheorie für das Amt des Zwangsverwalters: 152 (2.2 c)
Nichtbeteiligten-Vertretungsgebühr des Rechtsanwalts Einl 89.17
Nichterhebung von Kosten: Einl 85.2
Nicht-grundbuchersichtliche Tatsachen: Anmeldung 54 (3)
Nichtige Rechte bei Aufstellung des geringsten Gebots 45 (6)
Nichtigkeit von Staatsakten: Allgemein 15 (39.2–3) Zwangshypothek Einl 71
Nichtigkeitsbeschwerde = außerordentliche Anfechtung
Nichtigkeitsklage und Zuschlag: 96 (2.6); 96 (3.1)
Nichtöffentlicher Termin: Verteilungstermin 105 (2.5) – Verteilungstermin Zwangsverwaltung 156 (3.5) – Vortermin 62 (3.3)
Nichtzahlung des Bargebots, bedingungswidrige: Allgemeiner Grundsatz 118 (2.2) – Forderungsübertragung 118 (3) – Luftfahrzeuge 171 f (3) – Schiffe 169 (3) – Verzicht auf die Rechte bzw Versteigerungsantrag 118 (4) – Zinsen 118 (3.3)
Niederschlagung von Kosten = Nichterhebung
Nießbrauch: Anordnung 15 (26) – entgegenstehendes Recht, nicht 15 (26) – erlöschendes Recht 92 (4) – Ersatzwert und Deckungskapital 92 (4 und 6.7) – geringstes Gebot 44 (5.18) – geringstes Gebot der Teilungsversteigerung 182 (2.13) – Gläubiger = Beteiligter 9 (2.3) – Rangklasse vier 10 (8.1) – Teilungsplan 114 (5.18) mit 92 (4) – Teilungsversteigerung 180 (7.17) – Wertersatz mit Geldrente 92 (4) – Zuschlag 57 (7) – Zuzahlung 51 (4.11) – Zwangsverwaltung 146 (10) – auch: Ersatzansprüche
Nordrhein-Westfalen: Zuständigkeit für ZVG-Verfahren 1 (3.3)

Register

Notar, Vollmacht zu Verfahren: Einl 50.2
Notarielle Urkunde: Dinglicher Titel 15 (9.4) – Unterwerfung durch Vertreter 15 (40.18) – Vollstreckungsklausel 15 (40.19) – Wartefrist 15 (43.1 a)
Notarkammern: Zustellung der Anordnung 15 (47.5)
Notarkostenrechnung: Wartefrist 15 (43.1 a)
Notfristen Einl 32.4
Notwegrente: Anmeldepflicht, keine 37 (5.7) – außerhalb des geringsten Gebots 52 (4) – Beteiligte 9 (3.20) – Rangklasse vier 10 (8.1) – Zwangsverwaltung 155 (6.9 f)
Notwendige Kosten: 10 (15.5)
Nutzer als Beteiligter 9 (3.37)
Nutzungen: Schiffe durch Treuhänder 165 (4) – bei Zuschlag 56 (3) – Zwangsverwaltung 152 (10)
Nutzungsberechtigter als Beteiligter 9 (3.37)
Nutzungsentschädigung, Geltendmachung durch Zwangsverwalter 152 (3.11)
Nutzungsrecht an Grundstücken im Beitrittsgebiet bei Beschlagnahme 20 (5) – Bestehenbleiben EG 9 a (2) – Eintragung im Grundstücksgrundbuch Einl 14.4 – Rangklasse vier 10 (8.1)
Nutzungsrechte, erbliche: Einl 13.4; an Grundstücken in Rangklasse vier 10 (8.1)

Obst: Früchtepfändung 21 (2.4)
Obstweinbereitung als landwirtschaftlicher Nebenbetrieb: 10 (4.2)
Öfen: Wesentlicher Bestandteil 20 (3.2) – Zubehör 55 (3.2)
Öffentliche Abgaben: Begriff 15 (31.5)
Öffentliche Grundstückslasten: Allgemeiner Begriff 10 (6.1) – Anmeldung 10 (6.21); 45 (3.5 b) – Beteiligte 9 (3.21) – einmalige Leistungen 10 (6.17) – Rangklasse drei 10 (6) – Rückstände 10 (6.17) – Rangklasse sieben 10 (11) – Schuldnerzwangsverwaltung 150 d (2.4 b) – wiederkehrende Leistungen 10 (6.18) – Zwangshypothek Einl 75.7 – Zwangsverwaltung 156 (2)
Öffentliche Körperschaften: Vorschlagsrecht für Institutszwangsverwalter 150 a (2.2)
Öffentliche Lasten: Pfändung des Mietzinses/Pachtzinses für sie in der Zwangsverwaltung 156 (2.4) – auch: öffentliche Grundstückslasten
Öffentliche Verhandlung: zu Protokoll des Versteigerungstermins 78 (2.2)
Öffentliche Zustellung: Anordnung, Beitritt 8 (2.3) – Zustellungsvertreter 6 (2.5)

1563

… Beispiel: § 15 (4.8) =

Öffentlicher Termin: Versteigerungstermin 66 (3) – Zuschlagsverkündungstermin 87 (3.6)
Öffentlich-rechtliche Forderungen: Begriff und Verwaltungszwangsverfahren 15 (38.2)
Öffentlich-rechtliche Inanspruchnahme: Beteiligte (9 (3.22)
Österreichisches Konkursverfahren 172 (10)
Offene Handelsgesellschaft: Abgabe von Geboten 71 (7.15 b) – Auseinandersetzung und Teilungsversteigerung 180 (2.4) – Vertretung beim Bieten 71 (6.4) – Vollstreckung 15 (19.2)
Offenkundigkeit bei Anordnung: 17 (4.4) – auch: Vollmacht
Opferausgleich bei landwirtschaftlicher Entschuldung: im geringsten Gebot 44 (5.6)
Ordnungsgeld: Versteigerungstermin 66 (3.1)
Ordnungsgemäße Wirtschaft: Verfügung während der Versteigerung 23 (3) – auch: Sicherung
Organtheorie für das Amt des Zwangsverwalters: 152 (2.2 d)
Ort der Versteigerung: Bestimmung 36 (4) – Bezeichnung 37 (3) – im Termin 66 (3.2)

Pacht, Pächter: Ablösungsrecht 15 (20.5) – abweichende Versteigerungsbedingungen 59 (5.11) – Aufforderung und Belehrung 57 d (2) – Beschlagnahmewirksamkeit 22 (3) – Beteiligte 9 (2.9) – bei Luftfahrzeugen 171 f (2) – des Nießbrauchers 21 (4) – bei Schiffen 169 (1–2) – in der Teilungsversteigerung 183 (2) – Zuschlagsvollstreckung nicht 93 (3.2) – auch: Mieter
Pachtrecht bei Beschlagnahme 21 (4)
Pachtvertrag: in der Zwangsverwaltung 152 (9)
Pachtzins: Beschlagnahme 21 (3) – bei Zwangsverwaltung 148 (2) – auch: Mietzins
Partei kraft Amtes: Begriff, Zustellung 3 (3.1) – Vollstreckung 15 (40.22) – Zwangsverwalter 152 (2.2 b)
Parteibezeichnung im Vollstreckungstitel, auch Berichtigung: 15 (25)
Parteifähigkeit in ZVG-Verfahren: Einl 44 – eines Ausländers Einl 25.1
Parteiherrschaft Einl 9.1
Partnerschaft: Abgabe von Geboten 71 (7.15 c) – Teilungsversteigerung 180 (2.4 g) – Vollstreckung gegen sie 15 (19.6)
Patronatslasten: Öffentliche Lasten 10 (6.10)

Pauschalbeträge für Kosten: Rechtsverfolgungskosten allgemein 10 (15.9) – Teilungsplan 114 (4.1 g) – Zwangshypothek Einl 70 (3)
Pavillonbau als wesentlicher Bestandteil 20 (3.2)
Pechgewinnung als landwirtschaftlicher Nebenbetrieb: 10 (4.2)
Persönlich betreibende Gläubiger: Ablösungsrecht 15 (20.9) – geringstes Bargebot 49 (2.7) – Rangklasse fünf 10 (9)
Persönliche Kostenbefreiung: Einl 87.2
Personalangaben bei Geboten: 71 (2.3)
Personalausweis: bei Geboten 71 (2.3) – bei Teilungsplanausführung 117 (3.2 c) – im Versteigerungstermin 66 (3.4)
Personenaufzüge als wesentliche Bestandteile: 20 (3.2)
Personengesellschaften: Umwandlung, Vollstreckung 15 (19.1; 19.2)
Pfändungen: Allgemein in ZVG-Verfahren Einl 43 – sonstiger Bestandteile Einl 17.2 – der Erzeugnisse Einl 17.2; der Früchte auf dem Halm Einl 17.3 – Meistbieten-Anspruch 81 (3.7) – Mietervorausverfügung 57 b (2) – Mietzins für öffentliche Lasten bei Zwangsverwaltung 156 (2.4) – Teilungsplan 114 (5.20) – Teilungsplanausführung 117 (3.5) – Teilungsversteigerung 180 (11) – keine des Zubehörs Einl 17.1 – Zwangsverwaltung 157 (3.3)
Pfändungspfandgläubiger: Beteiligter 9 (3.24) – Eigentümergrundpfandrechte 15 (11.2) – Teilungsversteigerung 180 (11)
Pfändungsvermerk: Berechtigter = Beteiligter 9 (2.4)
Pfandgläubiger: Aufklärung Einl 24.10 – Beteiligte 9 (3.24) – Eigentümergrundpfandrechte 15 (11.2) – Teilungsversteigerung 180 (11) – Widerspruch gegen Teilungsplan 115 (3.4 d)
Pfandrechte: 15 (27)
Pferde als Zubehör: 20 (3.4)
Pflanzen als wesentliche Bestandteile: 20 (3.2)
Pfleger, Geboteabgabe 71 (7.19)
Pflichten des Gerichts in ZVG-Verfahren: Einl Rdn 37
Postanweisungsabschnitt zur Einstellung: Einl 31.11
Posteinlieferungsbuch zur Einstellung: Einl 31.11
Posteinzahlungsschein zur Einstellung: Einl 31.11
Postgebühren: Gericht siehe Telekommunikationsdienstleistungen – Rechtsanwälte Einl 89.22

= § 15 Randnr 4.8

Postgirokonto: Lastschrift zur Einstellung Einl 31.11 – des Zwangsverwalters 154 (3.9)
Postzustellgebühr: Einl 84.5
Preisrecht ohne Einfluß: 66 (6.18)
PreußALR Teil I Titel 8 § 43: Anlage T 53 Art 30 Anm
Privattestament zum Glaubhaftmachen bei Anordnung: 17 (4.2)
Protokoll: Aufnahme aufklärender Hinweise Einl 24.11 – Beweiskraft bei Zuschlagsentscheidung 80 (1–2) – Kapitalzahlungstermin 158 (2.8) – Verkündungstermin 87 (3.9) – Versteigerungstermin 78 (2) – Verteilungstermin 105 (2.6); 113 (5); 127 (4) – Vortermin 62 (3.3) – Zuschlagsverkündung 82 (2.13) – Zwangsverwaltung 156 (3.8)
Protokollberichtigung 78 (3)
Protokollführer: Ausschluß von Geboten 71 (5.1) – im Versteigerungstermin 66 (9.1); 78 (2.2)
Prozeßbevollmächtigte: Haftung Einl 36 – Zustellung allgemein 3 (3.1) – Zustellung Anordnung 15 (47.2) – Zustellung Beitritt 27 (7.1–2) – Zustellung Titel 15 (40.30)
Prozesse und Zwangsverwaltung: Allgemein 152 (11) – gegen Zwangsverwalter 154 (2.7) – nach Verfahrensaufhebung 161 (7) – auch: Prozeßführung, Prozeßgebühren
Prozeßfähigkeit in ZVG-Verfahren: Einl 44 – eines Ausländers Einl 25.1
Prozeßführung des Schuldners bei Schuldnerzwangsverwaltung 150 c (3.4)
Prozeßgebühren des Zwangsverwalters: 153 (7.3)
Prozeßgerichtliche Einstellung: Allgemein Einl 31 – nach Zuschlagsverkündung 100 (2.9)
Prozeßkosten: Haftung des Zwangsverwalters 154 (2.5 b) – bei Zwangshypothek Einl 67.3
Prozeßkostenhilfe: – Kosten für Gerichtskasse/Amtskasse Einl 41.2 – in ZVG-Verfahren Einl 45 – in Zwangsverwaltung Einl 45.7 – in Teilungsversteigerung Einl 45.7
Prozeßvollmacht = Vollmacht
Prozeßzinsen: Teilungsplan 114 (5.30)
Prüfung: des Anordnungsantrags 15 (3.5) – Grundbuchersuchens bei Verfahrensschluß durch das Grundbuchamt 130 (2.15) – der Rechtsverfolgungskosten 10 (15.10) – bei Zwangshypothek Einl 64
Prüfungen beim Zwangsverwalter: 153 (2.2); 153 (2.5)

Register

Querulatorische Verfahrensverzögerung Einl 8.5
Radaranlage bei Schiffen als Zubehör: 20 (3.2)
Räumung: des Grundstücks durch Schuldner bei Gefährdung der Zwangsverwaltung 149 (3)
Räumungsvollstreckung aus Zuschlag 93 (2) – Recht zum Besitz 93 (3) – Teilungsversteigerung 180 (7.19) – Vollstreckungsschutz des Schuldners 93 (5)
Raketen als Luftfahrzeuge: 171 a (1.3)
Rang: Ablösung 12 (1.4) – Abtretung 12 (1.3) – ausländische Schiffe 171 (4) – Eigentümerrechte 11 (3.5) – geringstes Gebot 44 (6) – Kosten 12 (2) – Nebenleistungen 12 (3) – persönlich betreibende Ansprüche 10 (9.5) – Rangklasse eins 10 (3.1) – Rangklasse drei 11 (2.2) – Rangklassen vier, sechs, acht 11 (3) – Rangklasse fünf 11 (4) – nach Verbraucherkreditgesetz 12 (1.5) – Versteigerungsbedingungen abweichende 12 (4)
Rangänderung: 11 (5) – bei geringstem Gebot 44 (6)
Rangfolge: in derselben Rangklasse 11 (1–4) – von Haupt- und Nebenansprüchen 12 (1–4) – Vereinbarung abweichender 12 (4)
Rangklassen in Zwangsversteigerung: Allgemein § 10 10 (1–14) – null 10 (2) – eins 10 (3) – zwei 10 (4) – zwei/drei 10 (5) – drei 10 (6) – drei/vier 10 (7) – vier 10 (8) – fünf 10 (9) – sechs 10 (10) – sieben 10 (11) – acht 10 (12)
Rangklassen in Zwangsverwaltung: eins 155 (6.3) – zwei 155 (6.4) – drei 155 (6.5) – drei/vier 155 (6.6) – vier 155 (6.7) – fünf 155 (7)
Rangordnung der Ansprüche 10 (1 ff) – bei Binnenschiffen 162 (7.3) – bei Seeschiffen 162 (7.2) – in der Zwangsverwaltung 155 (3)
Rangtausch: Allgemein 11 (5)
Rangverhältnis: in 4., 6. und 8. Rangklasse 11 (3) – in der 5. Rangklasse 11 (4)
Rangverlust bei nicht rechtzeitiger Anmeldung 110 (1–2)
Rangvorbehalt: Allgemein 11 (5) – bestehenbleibende Rechte 52 (2.13) – bei geringstem Gebot 44 (6.5) – Teilungsplan 114 (5.22) – Zwangshypothek Einl 67.6
Raumfahrzeuge als Luftfahrzeuge: 171 a (1.3)
Realberechtigte, Realbeteiligte: Begriff, Beteiligte 9 (2.4)
Reale Grundstücksteile Einl 11.7

Register

Realgemeindeanteile: Grundstücksgleiche Rechte Einl 13.2
Realgewerbeberechtigungen, landesrechtliche Einl 13.4
Reallasten: Dinglicher Titel 15 (9.1) – Ersatzwert und Deckungskapital 92 (4 und 6.9) – geringstes Gebot 44 (5.19) – Gläubiger = Beteiligte 9 (2.3) – Rangklasse vier 10 (8.1) – Umrechnung in Geld 46 (2) – Vereinbarung abweichender Befriedigungsreihenfolge 12 (4.3) – wiederkehrende Leistungen 56 (3.6)
Realsteuern: Begriff und Verfahren 15 (34.7)
Rechenfehler: Berichtigung allgemein Einl 29
Rechnungsbeamter: Geringstes Gebot und Versteigerungstermin 44 (13.2) – Teilungsplan und Verteilungstermin 113 (2.4) – Zwangsverwaltung 156 (3.7)
Rechnungsgebühren des Gerichts: Einl 84.6
Rechnungslegung des Zwangsverwalters: 154 (3)
Recht auf Befriedigung aus dem Grundstück: 10 (1 ff)
Rechtliche Schwierigkeiten: Vorlage des Rechtspflegers an den Richter Einl 47.5
Rechtliches Gehör: Allgemeine Bedeutung Einl 9.5 – in ZVG-Verfahren Einl 46 – als Verfahrensgrundsatz Einl 9.5 – Anordnung des Verfahrens 15 (28) – Einstellungsantrag des Schuldners 30 b (4.2) – Grundstückswert 74 a (7.15) – Maßnahmen zur Sicherung der ordnungsmäßigen Bewirtschaftung 25 (3.2) – Sitzungsleitung 66 (3.1) – Teilungsversteigerung 180 (5.8) – Verfahrensverbindung 18 (3.2) – Verkündungstermin 87 (3.7–8) – Zuständigkeitsbestimmung 2 (4.3)
Rechtsanwälte: Allgemein in ZVG-Verfahren Einl 22 – Aufklärungspflicht ihm gegenüber Einl 24.3 – Haftung Einl 36 – Pflichten allgemein Einl 22.2 – Pflichten in ZVG-Verfahren Einl 36 – Vollmacht Einl 50
Rechtsanwaltskosten: Einl 89
Rechtsauskünfte des Gerichts: Einl 24.9
Rechtsbehelfe: Allgemein in ZVG-Verfahren 95 (1) – Anordnung und Beitritt 15 (5) – Aufhebung der Zwangsverwaltung 161 (2.5) – Beitritt 27 (4.4) – Beschwerde 95 (2) – Einstellung oder Aufhebung durch Zuschlagsversagung 33 (4) – Eintragungsersuchen § 130 130 (5) – entgegenstehende Rechte 28 (6.8) – Entscheidung über Einstellungsantrag des Schuldners oder Antragsgegners 30 b (9) –

Beispiel: § 15 (4.8) =

Konkursverwalterverfahren 172 (5.12) – Kosten Einl 83 – gegen Kostenansatz Einl 85.1 – Nachlaßversteigerung 176 (3.17) – Rechtspflegererinnerung 95 (2.4) – Sittenwidrigkeit Einl 59 – Sitzungsleitung 66 (3.1) – sofortige Beschwerde 95 (5) – sofortige weitere Beschwerde 95 (6) – Teilungsplan der Zwangsversteigerung 113 (6) – Teilungsplan der Zwangsverwaltung 156 (5) – Teilungsversteigerung 180 (7.20) – Verfahrensverbindung und - Trennung 18 (3.10) – Wertfestsetzung und Zuschlagsentscheidung 74 a (9) – Widerspruch gegen den Teilungsplan 115 (2.3) – Zwangshypothek Einl 72 – Zwangsverwaltung 146 (4.4 o) – Zwischenverfügung 15 (5.2) – auch: Rechtsmittel
Rechtsbeistände: Kosten Einl 90
Rechtsgeschäfte über Mietzins = Vorausverfügungen
Rechtshängigkeit von Ansprüchen aus Grundpfandrechten und Reallasten: Anmeldung zum Versteigerungstermin 54 (4) – Mitteilung im Termin 66 (6.19)
Rechtsirrtum des Zwangsverwalters: 154 (2.9)
Rechtskraft: absolute, relative bei Grundstückswert 74 a (7.12) – Beschlüsse ab Rechtskraft erst wirksam 15 (5.5) – eines Urteils, Anmeldung zum Versteigerungstermin 54 (4) – auch: Zuschlag
Rechtsmißbrauch: bei Einstellungsbewilligung vorrangiger Gläubiger 30 (2.15) – durch Schuldneranträge Einl 8.5
Rechtsmittel: Allgemein in ZVG-Verfahren 95 (1) – rechtliches Gehör Einl 46.6 – auch: Rechtsbehelfe, Rechtspflegererinnerung
Rechtsnachfolge: Gläubiger bei Anordnung 15 (29) – Schuldner bei Vollstreckung 15 (30)
Rechtspfleger: Ausschluß von Geboten 71 (5.1) – Befangenheit Einl 26 – Haftung in ZVG-Verfahren Einl 37 – im Protokoll 78 (2.2) – Selbständigkeit Einl 47.4 – Verantwortung Einl 6 – Vergleichsabschluß Einl 49.4 – Verhältnis zum Richter Einl 47 – Zuständigkeit Einl 47.1 – auch: Zwischenentscheidung
Rechtspflegererinnerung: Allgemein 95 (2) – Gerichtskosten Einl 83.2 – Verbindung mehrerer Verfahren 99 (3.2) – Zuziehung eines Gegners 99 (2.6) – auch: Zuschlagsanfechtung
Rechtsschutzbedürfnis im ZVG-Verfahren: Einl 48 – für Zwangsverwaltung 161 (3.5)

= § 15 Randnr 4.8

Rechtsstaatliche Verfahrensgestaltung: Einl 7.1 und 8.1
Rechtsverfolgungskosten: Allgemein 10 (15) – Berücksichtigung erfordert Anmeldung 10 (15.8–9) – Glaubhaftmachung 10 (15.10) – Kostenpflicht bei Verfahrensaufhebung 10 (15.12) – Kündigungskosten 10 (15.2–15.3) – Notwendigkeit 10 (15.5) – Prüfung 10 (15.10) – Reisekosten 10 (15.7) – Terminsteilnahmekosten 10 (15.6)
Reederei: Begriff 180 (2.2)
Registergericht: Luftfahrzeuge 171 a (4.3) – für Schiffe Anmeldungen 168 b (2) – bei Schiffen Zeugnis 164 (2.2)
Registerpfandrecht bei Luftfahrzeugen 171 a (4)
Reichsbankschecks = Bundesbank (Schecks)
Reichsheimstätte: Anordnung des Verfahrens 15 (31) – entgegenstehendes Recht 15 (31 – Teilungsversteigerung 180 (7.21) – Zwangshypothek Einl 64.7
Reichsmarkhypothek im Beitrittsgebiet Einl 51.3
Reichssiedlungsgesetz: Anordnung 15 (31.8) – Vorkaufsrecht 81 (10.4) – auch: Wiederkaufsrecht
Reichsversicherungsordnung: Sperrvermerk 15 (7.6)
Reinertrag bei treuhänderischer Nutzung von Schiffen: 165 (4.7 e)
Reisespesen: Beteiligte 10 (15.7) – Gericht Einl 84.7 – Rechtsanwälte Einl 89.24
Relative Unwirksamkeit und geringstes Gebot: 44 (5.21) – Rechte in Rangklasse sechs 10 (10)
Religionsgesellschaft: Vollstreckung gegen 15 (16)
Rentenbank, landwirtschaftliche = Landwirtschaftliche Rentenbank
Rentenbankreallast: Außerhalb des geringsten Gebots bestehenbleibend 52 (7.2 k) – öffentliche Last 10 (6.12) – Zwangsverwaltung 146 (4.4 p)
Rentenschuld: geringstes Gebot 44 (5.22) – Rangklasse vier 10 (8.1) – Schuldübernahme 53 (3) – Teilungsplan der Zwangsversteigerung 114 (5.23)
Rentenschuldbrief: Vorlage im Verteilungsverfahren 126 (2) – Behandlung des vorgelegten 127 (1–2)
Restitutionsklage bei Zuschlag: 96 (3.1)
Rheinland-Pfalz: Zuständigkeit für ZVG-Verfahren 1 (3.3)
Richter: Ausschluß von Geboten 71 (5.1) – Haftung in ZVG-Verfahren Einl 37 – Verantwortung Einl 6 – Verhältnis zum

Register

Rechtspfleger Einl 47 – Zuständigkeit in ZVG-Verfahren Einl 47.1
Rolläden als wesentliche Bestandteile: 20 (3.2)
Rubrum: Berichtigung 15 (40.9)
Rüben: Früchtpfändung 21 (2.4)
Rückerstattungsanspruch nach VermG: kein entgegenstehendes Recht 28 (4.19) – bei Teilungsversteigerung 180 (9.16) – Wahrung mit Anmeldung EG 9 a (6)
Rückerstattungsberechtigter: als Beteiligter 9 (3.37); 28 (4.19) – Zustellung des Anordnungsbeschlusses an ihn 15 (47.5)
Rückerstattungsrecht: kein entgegenstehendes Recht 28 (4.19)
Rückfragen bei Gericht: Einl 21.3
Rückgabe von Urkunden zum Anordnungsantrag 16 (4.3) – der Sicherheit 70 (5)
Rückgewähranspruch = Rückübertragungsanspruch
Rücknahme: Abtretung der Rechte aus dem Meistgebot 81 (4.5) – Einstellungsbewilligung durch den Gläubiger 30 (2.7) – Versagungsantrag § 74 a 74 a (4.5) – Teilungsversteigerung 180 (6.10) – Versteigerungsantrag [Aufhebung: 29 (2.6) – Begriff der Rücknahme 29 (2.2) – nach der Bietstunde 29 (2.7) – mehrere Gläubiger 29 (2.9) – Muster 29 (3) – Rechtsbehelfe 29 (2.10) – Teilrücknahme 29 (4) – unwiderruflich 29 (2.3) – wirksame mit Eingang 29 (2.5) – Zwangsverwaltung 161 (2.3); 161 (3.6)
Rückschlagsperre: im Vergleichsverfahren 15 (23.11)
Rückstände: Anmeldung bei dinglichen Rechten 18 (8.6) – Begriff 10 (8.3); 13 (1.2) – wiederkehrenden Leistungen 13 (2)
Rückübertragungsanspruch: Beteiligter 9 (2.8) – Geringstes Gebot 48 (3.3) – Teilungsplan 114 (7.7 ff)
Rückübertragungsberechtigter nach Vermögensgesetz, Beteiligter 9 (3.37 zu d)
Ruhen des Verfahrens: Einl 27.2 – auch: Aussetzung, Unterbrechung

Saatgut: Früchtepfandrecht 10 (7) – Vorschüsse und Kredite als Zwangsverwaltungsvorschüsse 10 (3.4) – Zwangsverwaltungsleistung 155 (4.3)
Sachenrechtsbereinigung und Zwangsversteigerung: 15 (48), 28 (4.11) und EG 9 a (5)
Sachsen, Zuständigkeit für ZVG-Verfahren 1 (3.3)
Sachverständige: Zur Ermittlung des Grundstückswerts 74 a (10) – Kosten

1567

Register

Einl 91 – Mitteilung des Zuschlags 88 (2.4)
Sägewerk als landwirtschaftlicher Nebenbetrieb: 10 (4.2)
Säumniszuschläge bei Steuern und Abgaben: 10 (6.14); 15 (34.3)
Saftherstellung als landwirtschaftlicher Nebenbetrieb: 10 (4.2)
Samen als wesentliche Bestandteile: 20 (3.2)
Samstag: (Sonnabend) bei Fristen: Einl 32 (2)
Sand: keine Früchtepfändung 21 (2.4) – Gewinnung als landwirtschaftlicher Nebenbetrieb 10 (4.2)
Sanierungsmaßnahmen nach BauGB: 15 (6.3)
Sanierungsfähigkeit des Schuldners bei Einstellungsantrag 30 a (3.2)
Sanierungsvermerk 15 (6.3) und 44 (5.23)
Schadensersatzansprüche: Arbeitsverhältnis 10 (4.4) – Beschlagnahmeumfang 20 (3.7) – nach Erlösverteilung 115 (5.20) – auch: Haftung
Schecks: als Vollstreckungsunterlage 15 (44) – Sicherheitsleistung für Gebote 69 (3) – auch: Euroschecks
Scheckurteil: Vollstreckung 15 (44)
Scheinbestandteile: 20 (3.2)
Schiefergewinnung als landwirtschaftlicher Nebenbetrieb: 10 (4.2)
Schiffahrtsfachblätter: 168 (2.1)
Schiffe: Allgemeiner Begriff 162 (2.2 b) – Anmeldungen 162 (4.1) – Anmeldungen beim Registergericht 168 b (2) – Anordnung des Verfahrens 162 (4.2) – Antragsvoraussetzungen 164 (2) – anzuwendende Vorschriften 162 (3) – Arrest, dinglicher 162 (5) – Ausflaggung 162 (2.3 d) – im Ausland 162 (6.2) – Beschlagnahmeumfang 162 (2.4) – Beteiligte 162 (4.4); 163 (3) – Beitritt 162 (4.3) – eingetragene 162 (2.2 e) – Einstellung 162 (4.5) – Flaggenwechsel 162 (2.3 c) – Gegenstand der Immobiliarvollstreckung Einl 15.1 – geringstes Gebot 162 (4.6) – Rangordnung 162 (7) – auf Reise 162 (2.3 a) – segelfertig 162 (2.3 a) – Sittenwidrigkeit 162 (4.9) – Sozialversicherungsträger als Beteiligte 163 (3) – Teilungsversteigerung 180 (2.2) – Terminsbestimmung 167 (2) – Versteigerungstermin 162 (4.10) – Verteilungstermin 162 (4.10) – Wertfestsetzung 162 (4.12) – Zuschlag 162 (4.13) – zuständiges Gericht 163 (2) – Zwangsschiffshypothek Einl 62.4 – Zwangsverwaltung keine 162 (1.2)
Schiffer: Beteiligte 9 (3.27); 166 (3) – Verfahren gegen sie 166 (2)
Schiffsanker als Zubehör: 20 (3.2)

Beispiel: § 15 (4.8) =

Schiffsbanken: Abgabe von Geboten 71 (7.21)
Schiffsbauregister: 162 (2.2 e)
Schiffsbauwerke: Allgemeiner Begriff 162 (2.2 c) – Anordnung 170 a (2.1) – anzuwendende Vorschriften 170 a (3) – Bekanntmachungsfrist vor Versteigerungstermin 43 (3) – Beschlagnahmeumfang 162 (2.4) – Beschlußzustellungsfrist vor Versteigerungstermin 43 (4) – Fristen 170 a (3) – Gegenstand der Immobiliarvollstreckung Einl 15.1 – Schwimmdocks 170 a (2.2) – Teilungsversteigerung 180 (2.2) – Terminsbekanntmachung 170 a (3) – Zwangsverwaltung keine 162 (1.2)
Schiffsbrücke: kein Schiff 162 (2.2 b)
Schiffsgläubiger: Begriff 162 (2.5) – Beteiligte 9 (3.27)
Schiffsglocke als Zubehör: 20 (3.2)
Schiffshypotheken: Ausländische Währung [ausgefallene Forderungen 168 c (2.6) – Gebote 168 c (2.4) – geringstes Gebot 168 c (2.3) – Teilungsplan 168 c (2.5) – Terminsbestimmung 168 c (2.1) – Versteigerungstermin 168 c (2.2)] – Bestellung freiwillig 162 (8.1) – Eigentümerrechte 162 (8.3) – Haftung 162 (2.4) – Widerspruch gegen Teilungsplan 115 (3.4 h) – zwangsweise Eintragung 162 (8.2); 169 (3.1)
Schiffskessel als wesentliche Bestandteile: 20 (3.2)
Schiffskran = Schiff: 162 (2.2 b)
Schiffsmotor als wesentlicher Bestandteil: 20 (3.2)
Schiffsmühlenrechte: Einl 13.4
Schiffspart: Vollstreckung 162 (2.3 e)
Schiffsruder als wesentlicher Bestandteil: 20 (3.2)
Schiffsschraube als wesentlicher Bestandteil: 20 (3.2)
Schiffswinde als wesentlicher Bestandteil: 20 (3.2)
Schikane: Sittenwidrigkeit Einl 55.1
Schleswig-Holstein: Zuständigkeit für ZVG-Verfahren 1 (3.3)
Schluß der Versteigerung: Grundsatz 73 (3) – Verkündung im Termin, Protokoll 78 (2.2)
Schlußrechnung des Zwangsverwalters: 154 (3.7); 161 (5.8 und 6.6)
Schmuck als Sicherheit für Gebote: 69 (5.2)
Schornsteinfeger: Gebühren als öffentliche Last 10 (6.13)
Schreibauslagen: Gericht Einl 84.9 – Rechtsanwälte Einl 89.23
Schreibfehler: Berichtigung allgemein Einl 29.1

1568

= § 15 Randnr 4.8

Schreibmaschine im Betrieb als Zubehör: 20 (3.4)
Schuldenmasse im Teilungsplan der Zwangsversteigerung: Alle Schulden aufzunehmen 114 (2.3) – Anmeldung 114 (2) – Kenntnis des Gerichts 114 (2.6) – mit Anmeldung aufzunehmen 114 (2.1) – ohne Anmeldung aufzunehmen 114 (2.2); 114 (4)
Schuldner: Begriff (= Vollstreckungsschuldner) 9 (2.2); 9 (3.28) – Beteiligter 9 (3.28) – Bezeichnung in Vollstreckungstitel 15 (25) – Eigentum als Anordnungsvoraussetzung 17 (2) – Eintragung als Anordnungsvoraussetzung 17 (3) – Parteifähigkeit, Prozeßfähigkeit Einl 44 – Rechtsnachfolge (Tod) bei Vollstreckung 15 (30) – bei Schiffen 162 (2.6) – im Versteigerungstermin 66 (4.5)
Schuldnerschutz nach ZPO § 765 a: Einl 52–61 – Ablehnung als Schutzmaßnahme Einl 56.4 – Änderung/Aufhebung einer Schutzmaßnahme Einl 58.8 – Antrag des Schuldners Einl 53 und Einl 57 – Antrag als Schutzvoraussetzung Einl 53.2 – Antragsberechtigung Einl 53.1 – Anwendungsbereich Einl 52.2 – bei Aufhebung einer Gemeinschaft Einl 52.6 – Aufhebung als Schutzmaßnahme Einl 56.3 – Aufhebung erst nach Rechtskraft Einl 58.6 – Beschwerdeverfahrenskosten Einl 60.2 – Einstellung als Schutzmaßnahme Einl 56.1–56.2 – einstweilige Anordnung Einl 58.7 – Entscheidung Einl 58.3–58.4 – Generalklausel des Vollstreckungsschutzes Einl 52.1 – Härte als Schutzvoraussetzung Einl 54 – Härtefälle im einzelnen Einl 55 – in Konkursverwalterversteigerung Einl 52.4 – Kosten Einl 60 – Maßregeln des Schuldnerschutzes Einl 56 – bei Nachlaßversteigerung Einl 52.5 – Rechtspflegererinnerung Einl 59 – Schuldnerantrag Einl 53.2 und Einl 57 – Schuldnerantrag nicht mehr nach Erteilung des Zuschlags Einl 59.10 – Sittenwidrigkeit der Härte Einl 54.1, 54.4–54.6 – sofortige Beschwerde Einl 59 – bei Teilungsversteigerung Einl 52.6 – Untersagung des Verfahrens als Schutzmaßnahme Einl 56.4 – Verfahren nach Antragstellung Einl 58 – Verfahrenskosten Einl 60 – Verhältnis zu anderen Vorschriften Einl 61 – bei drohender Verschleuderung des Grundstücks Einl 55.3 – bei Zwangsverwaltung Einl 52.3
Schuldner-Zwangsverwalter: Bestellung 150 b (1–3) – Aufsichtsperson 150 c (2–3) – Beschränkungen 150 d (1–2) – Vergütung 150 e (1–2)

Register

Schuldübernahme: bei bestehenbleibenden Grundpfandrechten: Allgemeines 53 (1) – bei Hypothek 53 (2) – bei Grundschuld 53 (3) – bei Rentenschuld 53 (3) – in Teilungsversteigerung 180 (7.22)
Schuldurkunde = Urkundenbehandlung
Schullasten: Öffentliche Last 10 (6.10) – Umrechnung in Geld 46 (2.1)
Schwimmbagger als Schiff: 162 (2.2 b)
Schwimmdocks: Allgemeiner Begriff (wie Schiffsbauwerk) 162 (2.2 d) – Versteigerung 170 a (2.2) – auch: Schiffsbauwerke
Seeberufsgenossenschaft: Sozialversicherungsträger und Vertretung bei Seeschiffen 163 (3)
Seeschiffe: Rangordnung 162 (7.1) – Wert 169 a (2) – Zuschlagsversagung 169 a (2)
Segelflugzeuge als Luftfahrzeuge: 171 a (1.3)
Selbständigkeit des Rechtspflegers = Rechtspfleger
Sequestration: Maßnahme zur Sicherung der ordnungsmäßigen Bewirtschaftung 25 (4.2) – Verhältnis zur Versteigerung 15 (36.3)
Sicherheit: als Bargebotszahlung 107 (4) – Verwertung im Verteilungstermin 108 (1–2)
Sicherheitsleistung in ZVG-Verfahren: durch Bürgschaft 15 (32.8) – für und gegen die Zwangsvollstreckung 15 (32) – des Mieters 57 (4)
Sicherheitsleistung für Gebote (Art): Allgemeines 69 (1) – durch Bürgen 69 (4) – Euroscheck 69 (5.4) – Geld 69 (5) – Schecks der Bundesbank 69 (5) – sonstige Werte 69 (5) – Wertpapiere 69 (2)
Sicherheitsleistung für Gebote (Entscheidung über sie): 70 (2) – Rückgabe der Sicherheit 70 (5) – sofortige Leistung 70 (3) – Widerspruch gegen Gebot ohne Sicherheitsleistung 70 (4) – als Zahlung des Bargebots 49 (4.3) und 70 (6)
Sicherheitsleistung für Gebote (Höhe): Allgemeines 68 (1) – „ein Zehntel des Bargebots" 68 (2) – mindestens Verfahrenskosten 68 (2) – Höhe auf Sonderantrag 68 (3) – Gebote des Schuldners (neuen Eigentümers) 68 (4)
Sicherheitsleistung für Gebote (Teilungsversteigerung): Besonderheit für Miteigentümer 184 (1–3)
Sicherheitsleistung für Gebote (Verlangen): Allgemeines 67 (1) – Antrag 67 (2) – Grundpfandgläubiger als Bieter 67 (3) – Befreite Bieter 67 (4) – Landesrecht dazu EG 10 (1)
Sicherheitsleistung des Zwangsverwalters: 153 (6.1)

1569

Register

Sicherung ordnungsgemäßer Bewirtschaftung nach Beschlagnahme 25 (1–6)
Sicherungsgrundschuld: bestehenbleibende, Schuldübernahme 53 (3) – geringstes Gebot 44 (5.24) – Teilungsplan der Zwangsversteigerung 114 (7)
Sicherungshöchstbetragshypothek: Arresthypothek Einl 74.1 – Hilfszuteilung 119 (2.8) – Rangklasse vier 10 (8.1) – im Teilungsplan 114 (5.13)
Sicherungshypothek: Rangklasse vier 10 (8.1) – Teilungsplan 114 (5.24)
Sicherungshypothek für Forderungen und Übererlös: Allgemeines 128 (1) – bei bedingter Forderungsübertragung 128 (6) – keine Benachteiligung durch Eigentümerrecht 128 (5) – Beschränkte Geltendmachung 129 (1–2) – Eintragung 128 (2) – des Grundstückseigentümers für Überschuß 128 (4) – Miteintragung des Rechts eines Dritten 128 (3) – „Rang" für bestimmte Ansprüche 129 (2) – bei Wiederversteigerung 128 (7)
Sicherungsmaßnahmen zwecks ordnungsmäßiger Bewirtschaftung während der Versteigerung: Grundsätze, Maßnahmen, Verfahren 25 (1–6) – bei Luftfahrzeugen 171 g (1) – bei Schiffen 170 (2) – Teilungsversteigerung 180 (7.23) – in der Zwangsverwaltung 146 (4.4 q)
Sicherungsvertrag bei Grundschuld 114 (7.6)
Sicherungsvollstreckung bei Zwangshypothek Einl 64.3 – Besonderheit bei Erlösverteilung 114 (5.31)
Sieben-Zehntel-Grenze (Mindestgebot): Allgemeiner Begriff 44 (3.2 d) – Ausnahmen 74 b (2) – Versagungsantrag 74 a (3) – auch: Grundstückswert, Mindestgebot, Vers-Antrag, Fünf-Zehntel-Grenze
Siedlerstelle nach Reichssiedlungsgesetz: kein entgegenstehendes Recht 15 (31.8)
Siedlungsunternehmen: Vorschlagsrecht für Institutszwangsverwalter 150 a (2.2)
Siegel, Stempel für Grundbuchersuchen 19 (2.2); 130 (2.3)
Sittenwidrigkeit: Sittenwidrige Härte siehe Schuldnerschutz nach ZPO § 765 a – Bietabkommen 71 (8.8) – Erschleichung des Zuschlags Einl 10 – Finanzamt 15 (34.10) – bei unlauterem Verhalten allgemein Einl 10 – Unterhalt des Schuldners in der Zwangsverwaltung 149 (4.6)
Sitzungsleitung: Versteigerungstermin 66 (3.1) – Verteilungstermin 105 (2.7) – Vortermin 62 (3.3)
Soldaten, Vollstreckung: 15 (35.2)
Sollinhalt der Terminsbestimmung = Versteigerungstermin

Beispiel: § 15 (4.8) =

Sonderkündigungsrecht gegenüber Mietern/Pächter: 57 a (1–8) – Aufschub wegen Mieterleistungen 57 c (1–2) – Aufschub wegen Baukostenzuschuß 57 b (3) – Aufschub wegen Mieterdarlehen 57 c (4) – Aufschub wegen Mietzinsvorauszahlung 57 c (5) – Aufschub wegen Mietzuschüsse verschiedener Art 57 c (6) – entfällt in Teilungsversteigerung 183 (1–2)
Sonderzuwendungen bei Geboten: 71 (8.8)
Sonnabend (Samstag) bei Fristen: Einl 32.2
Sonntag: bei Fristen Einl 32.2 – keine Besitzergreifung durch Zwangsverwalter 150 (3.5)
Sonstige Veröffentlichung der Terminsbestimmung: 40 (3)
Sozialleistungsansprüche: Vollstreckung 15 (33)
Sozialversicherungsbeiträge: Haftung des Zwangsverwalters 154 (2.5 b) – keine öffentliche Last 10 (6.25) – Vorrecht nach Rangklasse zwei 10 (4.4)
Sozialversicherungsträger: Beteiligte bei Schiffen 163 (3) – Geboteabgabe 71 (7.22) – Vollstreckung durch sie 15 (33) – Vollstreckung gegen sie 15 (16) – Vorschlagsrecht für Institutszwangsverwalter 150 a (2.2)
Sparguthaben, Sparkassenbücher: Sicherheit für Gebote 69 (5.2–3) – Verwertung im Verteilungstermin 108 (2.4)
Sparkassen: Befreiung von Sicherheitsleistung 67 (4.4) – Vorschlagsrecht für Institutszwangsverwalter 150 a (2.2)
Spaß beim Bieten: 71 (2.6)
Speiseeismaschine als Zubehör: 20 (3.4)
Sperrvermerk zur Sicherung einer Kapitalabfindung 15 (7)
Staatshoheitsakt: Zuschlag 90 (2.1)
Staatsrechtliche Beschränkungen: Zuschlag 90 (1.2)
Staatsrechtliche Inanspruchnahme: nicht Beteiligte 9 (3.22)
Staatsschuldbuchforderung als Sicherheit für Gebote: 69 (5.2)
Städtebauliche Entwicklungs- oder Sanierungsmaßnahmen: Gemeinde nicht Beteiligte 9 (3.29)
Statistische Lebenserwartung: Erlöschende Rechte 92 (4.4) – Zuzahlung 15 (4.1)
Staubecken: Aufhebung der Zwangsverwaltung 161 (3.9)
Steine: Keine Ruchtopfpfändung 21 (2.4)
Stellvertreter siehe Vertretung
Steuerabzug vom Arbeitslohn: nicht Rangklasse zwei 10 (4.4)

1570

= § 15 Randnr 4.8

Register

Steuerberater: Kein Vorrang nach Klasse zwei 10 (4.3)
Steuerbuchauszug zum Anordnungsantrag: 16 (4.5)
Steuergläubiger: 15 (34.4)
Steuerliche Nebenleistungen: 15 (34.2 und 9)
Steuern und Abgaben: Abgabenordnung 15 (34.1) – Begriff 15 (34.2) – öffentliche Last 10 (6.14) – Realsteuern, Grundsteuer, Gewerbesteuer 15 (34.7) – Säumnis 15 (34.3) – Übergang der Verpflichtung auf Ersteher 56 (3.8) – Vollstreckungsbehörde 15 (34.4) – Vollstrekkungsvoraussetzungen 15 (34.6) – Zuschläge 15 (34.3) – Zwangshypothek Einl 75 – Zwangsverwaltung 152 (12) – auch: Betriebssteuerrückstände
Steuerrückstände und Ersteher: 15 (34.8)
Stiftungen: Vollstreckung gegen sie 15 (16) – Zustellung an Aufsichtsbehörde 6 (4.2)
Stimmrecht bei Wohnungseigentum in der Zwangsverwaltung: 152 (16.2)
Stockwerkseigentum: Allgemein Einl 12.9 – als grundstücksgleiches Recht Einl 13.2 – Teilungsversteigerung 180 (7.24)
Störungen: Bieterstunde 83 (4.2 b) – Versteigerungstermin 71 (8.10)
Strafzinsen als Nebenleistungen: 12 (3.3)
Straßenbaukosten siehe Erschließungskosten
Straßenreinigungsgebühren als öffentliche Last: 10 (6.9)
Straßen- und Wegeflächen: Anordnung des Verfahrens 15 (21.3)
Streitkräfte, fremde: Vollstreckung gegen sie Einl 25.2
Strohmann: beim Bieten 71 (2.9) – beim Zuschlag 81 (5.1)
Strom: Anlagen als wesentliche Bestandteile 20 (3.2) – Anschluß-, Benutzungs-, Bezugskosten als öffentliche Lasten 10 (6.9) – Lieferung in der Zwangsverwaltung 152 (5) – Übergang der Verpflichtung auf Ersteher 56 (3.8)
Stundung: Vorausverfügung des Mieters 57 b (3.3) – wiederkehrende Leistungen 13 (2.7–8) – Zinsen bei Steuern 15 (34.3)
Sturmversicherungsforderung: Beschlagnahme 20 (3.6)
Subhastat = Schuldner: 9 (3.28)
Surrogat: Allgemeiner Grundsatz bei erlöschenden Rechten Einl 9.6; 92 (2.1) – Teilungsmasse 114 (1.4) – Zuschlag 91 (2.5)
Surrogationsgrundsatz als Verfahrensgrundsatz Einl 9.6

Tabak: Früchtepfändung 21 (2.4)
Tabaksteuer: keine öffentliche Last 10 (6.25)
Täuschung des Gerichts und Zuschlag: 83 (2.3)
Tafelwasser: Herstellung als landwirtschaftlichen Nebenbetrieb 10 (4.2)
Tagelöhner: Vorrang 10 (4.3)
Tagesfrist: Einl 32.3
Tageszeit: Besitzergreifung durch Zwangsverwalter 150 (3.5)
Tankstellendienstbarkeit: Zuzahlung 51 (4.3)
Teile = reale Grundstücksteile
Teilaufhebung: Teilrücknahme 29 (4) – Zuschlagsversagung 33 (5)
Teileigentum: als Grundstücksbruchteil Verfahrensgegenstand Einl 12.8 – Beteiligte 9 (3.35) – Vollstreckung 15 (45)
Teileinstellung: auf Bewilligung des Gläubigers 30 (5) – Zuschlagsversagung 33 (5)
Teilerbbaurecht nach WEG: als Verfahrensgegenstand Einl 13.2 – Beteiligte 9 (3.35) – Rangklasse vier 10 (8.1)
Teilrücknahme: Versteigerungsantrag 29 (4) – Vollstreckungsforderung 29 (4.4)
Teilschuldner im Vollstreckungstitel: 15 (40.8)
Teilung des Grundstücks: 16 (3.8) – Begründung von Wohnungseigentum 16 (3.11)
Teilung in Natur und Teilungsversteigerung: 180 (2.6)
Teilungsmasse: Begriff, Verfügung darüber 114 (1.4) – Feststellung im Verteilungstermin 107 (2); 113 (3.3) – Liegenbelassung und Befriedigungserklärung 107 (2.3) – Rechtsbehelfe 107 (2.5) – Überschüsse der Zwangsverwaltung 107 (2.4) – Umfang 107 (2)
Teilungsplan Zwangsversteigerung: Allgemeine Grundsätze zu ihm 113 (2) – Anmeldung oder Grundbucheintragung 114 (2) – Ansprüche und Berechtigte 114 (3) – Anzumeldende/nicht anzumeldende Ansprüche 114 (4) – Aufnahme der Ansprüche 114 (1) – und Aufrechnung 117 (5) – Aufstellung im Verteilungstermin 113 (3) – Ausführung unterbleibt bei Sicherheitsleistung oder Hinterlegung durch Schuldner 115 (7) – Aussetzung der Ausführung bis zur Rechtskraft des Zuschlags 116 (1–2) – und Befriedigungserklärung 117 (2) – Berechtigte und Ansprüche 114 (3) – bestehenbleibende Rechte, Bezeichnung 113 (4) – Einzelheiten zur Aufnahme der Ansprüche 114 (5) – als Grundlage der Erlösverteilung 113 (1) – Protokoll-Muster 113 (5) – Rechtsbehelfe 113 (6) –

1571

Register

in Teilungsversteigerung 180 (17.3) – Verhandlung über ihn 115 (1–2) – Widerspruch und andere Rechtshelfe 115 (3) – außerdem Ausführung des Teilungsplans und Widerspruch

Teilungsplan Zwangsverwaltung: 156 (4) – Klage auf Abänderung 159 (1–2) – Planausführung 157 (1–2) – Planergänzung 157 (3)

Teilungsversteigerung: §§ 180–185 Allgemeines zu § 180: 180 (1) – Allgemeines zur Aufhebung einer Gemeinschaft 180 (2) – Allgemeine Verfahrensgrundsätze 180 (6) – Antragsberechtigte 180 (3) – Antragsgegner als eingetragener Miteigentümer 181 (4) – Antragsinhalt 180 (4) – Antragssteller als eingetragener Miteigentümer 181 (3) – Antragstellung ohne Vollstreckungstitel 181 (2) – Anzuwendende Vorschriften 180 (7) – Anordnungsbeschluß 180 (5) – Art des Verfahrens 172 (1.3) – Ausschluß 180 (9) – Beitritt 180 (8) – Beschlagnahme 180 (6.6) – Einfluß der Gerichtsferien Einl 33 – entgegenstehende Rechte 180 (9) – Entscheidung über den Antrag 180 (5) – Erlösverteilung 180 (17) – und Forderungsversteigerung 180 (14) – Gerichtsferien Einl 33 – geringstes Gebot 182 (1–4) – Genehmigung des Vormundschaftsgerichts 181 (6) – und Konkursverwalterversteigerung 180 (15) – Kosten 180 (7.14) – Mieter und Pächter 183 (1–3) – Muster für Anordnung und Beitritt 180 (10) – und Nachlaßversteigerung 180 (16) – Pfändung und Verpfändung 180 (11) – Schutz des Antragsgegners 180 (12) – Schutz im Interesse des Kindeswohls 180 (13) – Sicherheitsleistung der Miteigentümer 184 (1–3) – und Zuweisungsverfahren 185 (1–2)

Telefaxentgelte als Auslagen des Gerichts: Einl 84.4

Telekommunikationsdienstleistungen, Entgelte als gerichtliche Auslagen, Einl 84.3 und 84.4

Teppichboden als wesentlicher Bestandteil oder Zubehör 20 (3.2)

Termin für Zahlungen auf Kapital von Grundpfandrechten in Zwangsverwaltung 158 (1–2)

Terminsaufhebung: Auswirkung auf Gebote 72 (4)

Terminsbestimmung: Allgemeines zum Muß-Inhalt 37 (1) – Amtsblattveröffentlichung 39 (2) – Bekanntmachung bei geringem Grundstückswert 39 (3) – Bekanntmachung bei Schiffsversteigerung 168 (1–2) – Bezeichnung des Grundstücks 37 (2) – Bezeichnung von Ort und Zeit

Beispiel: § 15 (4.8) =

37 (3) – Gerichtliche Aufforderung zur Anmeldung 37 (5) – Gerichtliche Aufforderung zur Geltendmachung entgegenstehender Rechte 37 (6) – Gerichtstafelanheftung 40 (1–2) – Hinweise in der Terminsbestimmung 37 (9) – Luftfahrzeugversteigerung 171 d (1–2) – Mitteilungen 41 (3, 4) – Rechtsbehelfe bei mangelhafter Terminsbestimmung 37 (8) – Schiffsversteigerung 167 (1–2) – Sollinhalt 38 (1–7) – Sonstige Veröffentlichungen an 38 (1–7) – Sonstige Veröffentlichungen 39 (1) – Vordrucke 37 (10) – Zustellung 41 (1–2) – auch: Amtsblatt, Bekanntmachung, Gerichtstafelanheftung, sonstige Veröffentlichung, Zustellungen

Terminsbestimmung, Verteilungstermin: 105 (4)

Terminzustellungsfrist 43 (5)

Terrassenplatten als wesentliche Bestandteile: 20 (3.2)

Testamentsvollstrecker: Geboteabgabe 71 (7.23) – Partei kraft Amtes 15 (30.7) – Teilungsversteigerung 180 (3.15)

Thüringen: Zuständigkeit für ZVG-Verfahren 1 (3.3)

Tierärzte: kein Vorrang 10 (4.3)

Tilgungshypotheken: Begriff 10 (8.7) – geringstes Gebot 44 (5.25) und 49 (5) – Teilungsplan 114 (5.14 e)

Tilgungsraten und Löschungsersuchen bei Kapitalzahlung in Zwangsverwaltung: 158 (3.4)

Tilgungsrechte: in Rangklasse vier der Zwangsverwaltung 155 (6.7)

Tilgungszuschläge bei dinglichen Rechten: 10 (8.7)

Tod: Gläubiger 15 (29) – des Schuldners 15 (30) – Meistbietender nach Bieterstunde 81 (3.4) – Vertreter nach ZPO § 779 15 (30.4) – Zwangsverwaltung, Teilungsplan 157 (3.3)

Tongewinnung als landwirtschaftlicher Nebenbetrieb: 10 (4.2)

Tonwarenfabrikation als landwirtschaftlicher Nebenbetrieb 10 (4.2)

Torf: keine Früchtepfändung 21 (2.4) – Gewinnung in landwirtschaftlicher Nebenbetrieb 10 (4.2)

Torferzeugnisse-Herstellung als landwirtschaftlicher Nebenbetrieb: 10 (4.2)

Trennung von Verfahren: 18 (3.8)

Treuhänder, Geboteabgabe 71 (7.24)

Treuhandschaft: Luftfahrzeuge 171 c (4) – Schiffe 165 (4)

Truppenstatut: Allgemein Einl 25.2 – Beteiligte 9 (3.22) – Vollstreckung 15 (35.1)

Türen als wesentliche Bestandteile: 20 (3.2)

= § 15 Randnr 4.8

Überbau: Berechtigter nach Anmeldung Beteiligter 9 (3.30) – in der Versteigerung 55 (6)
Überbaurente 52 (4) – s auch Notwegrente
Übererlös im Teilungsplan 114 (10)
Übergabe des Grundstücks an Zwangsverwalter: 150 (3)
Übergebot: Abweichende Versteigerungsbedingung 59 (5.14) – Begriff 44 (3.2 l) – Erlöschen von Geboten 72 (2)
Überleitung aus Zwangsversteigerung in Zwangsverwaltung: 146 (3.2 a); 77 (3)
Übermaßverbot: Einl 7.1 – und Bagatellforderung Einl 48.6
Übernahmegrundsatz: 52 (2.1)
Überschuß: Gerichtliche Verwaltung gegen den Ersteher 94 (3.3) – Teilungsversteigerung 180 (17.7 ff) – Verteilungstermin 109 (3.1) – Zwangsverwaltung 155 (3)
Übersicht über das ZVG 1 (1)
Überziehungsgebühren als Nebenleistungen: 12 (3.3)
Uhrzeit in der Bietstunde: Beginn und Ende im Protokoll 78 (2.2) – bei falscher Zuschlagsversagung 83 (4.1 k)
Umbaukosten als Zwangsverwaltungsvorschüsse: 10 (3.1)
Umlegungsverfahren nach Baugesetzbuch: Allgemein 15 (6.4) – Beteiligte 9 (3.31) – Geldleistungen als öffentliche Lasten 10 (6.15) – Teilungsversteigerung 180 (7.5)
Umlegungsvermerk 15 (6.4) und 44 (5.26)
Umrechnungskurs bei Vollstreckung aus DDR-Titeln: 15 (8)
Umrechnungswert = Geldwert wiederkehrender Nebenleistungen: 46 (2.3)
Umsatzprovision als Nebenleistung: 12 (3.3)
Umsatzsteuer = Mehrwertsteuer
Umstellungsgrundschuld: Einl 51.2
Umwandlung: Arresthypothek in Zwangshypothek Einl 74.5 – Sicherungshypothek § 128 in Briefhypothek 128 (2.22) – Zwangshypothek in Hypothek oder Grundschuld Einl 67.7
Unabhängigkeit des Zwangsverwalters: 150 (2.6)
Unbedenklichkeitsbescheinigung: Grundbuchersuchen § 130 130 (2.4) – Hinweis im Versteigerungstermin 66 (6.13) – Wiedervollstreckung 133 (2.11)
Unbekannte Berechtigte: im Verteilungsverfahren 126 (1–4) – Aufgebotsverfahren zur Ausschließung 140 (1–2) – Ermittlungsvertreter 135 (1–2 – nachträgliche Ermittlung 137 (1–2) – Zwangsverwaltung 157 (4) – auch Hilfsverteilung
Unbestimmte Ansprüche: Allgemeiner Begriff 14 (2) – Anmeldung zum gering-

Register

sten Gebot 45 (4.3) – Art der Ansprüche 14 (2) – erlöschende Rechte 92 (3.3; 4.8) – Feststellung der unbestimmten Geldrente 92 (4.12 ff) – grundsätzliche Behandlung 14 (3)
Unbewegliches Vermögen: Gegenstand Einl 11 ff
Unbrauchbarmachen von Briefen = Urkundenbehandlung
Uneigentliche Fristen: Einl 32.6
Ungerechtfertigte Bereicherung = Bereicherungsansprüche
Unmöglichkeit der Leistung beim Zuschlag: 81 (9.1)
Unparteilichkeit des Gerichts: Einl 24.4 – als Ablehnungsgrund Einl 26.2
Unterbrechung: Allgemein Verfahren Einl 27 – Bietstunde 73 (2.6) – Versteigerungstermin Einl 8.3 und 43 (8.4); 66 (11) – auch: Aussetzung, Ruhen
Untergang des Grundstücks: Zuschlag versagen 83 (4.1 h) – Zwangsverwaltung aufheben 161 (3.9)
Untergebot: Begriff 44 (3.2 m)
Unterhalt des Schuldners in der Zwangsverwaltung: 149 (4)
Unterhaltsansprüche: keine unbestimmten Ansprüche 14 (2.3)
Unterhaltsbeschlüsse: Wartefrist für Vollstreckung 15 (43.1)
Unterhaltstiteländerung mit Kostenfestsetzungsbeschluß: Wartefrist für Vollstreckung 15 (43.1)
Unterlagen zu: Grundbuchersuchen § 130 130 (2.4–6)
Untermieter: Sonderkündigungsrecht des Erstehers 57 a (7) – Beteiligte 9 (2.9)
Unterpächter = Untermieter
Unterschrift: Anordnungsantrag 16 (2.1) – Anordnungsbeschluß 15 (4.12) – Grundbuchersuchen § 19 19 (2.3) – Grundbuchersuchen § 130 130 (2.3) – Protokoll des Versteigerungstermins 78 (2.2) – Protokoll des Verteilungstermins 113 (5) – Zuschlag 82 (2.12)
Unverzinsliche Ansprüche: Bargebot 49 (3.2) – Verteilung 111 (2.8)
Unzuständigkeit des Gerichts: Verfahren allgemein 1 (3.7) – Zuschlag versagen 83 (4.1 b) – Zwangsverwaltung aufheben 161 (3.12)
Urkunden: zum Anordnungsantrag 16 (4) – vom Grundbuchamt zu übersenden 19 (5) – Schiffe 164 (2.2) – Teilungsversteigerung 181 (5) – Behandlung im Verteilungstermin 127 (2–3) – Wegnahme aus Zuschlag 93 (2.5) – Zustellung zum Titel 15 (40.23–30)

Register

Urkundsbeamter und Rechtspfleger: Einl 47.3
Urteil: Wirksam gegen Ersteher 53 (2.6)
Veräußerung nach der Beschlagnahme 26 (2.1)
Veräußerungsbeschränkung: für Altenteilerhaus 15 (6.6) – als Inhalt des Erbbaurechts 15 (13.5)
Veräußerungsverbot: Allgemein in der Vollstreckung 15 (36) – Beschlagnahmewirkung 23 (2.1); 146 (5.3 a) – Verhältnis Versteigerung/Zwangsverwaltung 15 (36.2) – vor Konkurseröffnung 15 (23.5) – gegen Vergleichsschuldner 15 (23.10)
Verantwortung des Richters/Rechtspflegers Einl 6
Verbesserung des Grundstücks in der Zwangsverwaltung 152 (3.7)
Verbindung von Verfahren: Allgemeiner Grundsatz 18 (1) – Aktenführung 18 (3.6–3.7) – Antrag von Amts wegen 18 (3.1) – Entscheidung 18 (3.1) – Gesamtschuldner 18 (2.3) – Identität des Rechts 18 (2.2) – Identität des Schuldners 18 (2.1) – Kosten 18 (3.9) – Möglichkeiten 18 (2) – Rechtliches Gehör 18 (3.2) – Rechtsbehelfe 18 (3.10) – Teilungsversteigerung 180 (7.27) – Trennung 18 (3.8) – Voraussetzungen 18 (2) – Zuständigkeitsbestimmung 2 (5.1) – Zwangsverwaltung 146 (4.4 s)
Verbote von Handlungen: Maßnahmen zur Sicherung der ordnungsmäßigen Bewirtschaftung 25 (4.2)
Verbraucherkreditgesetz, Rang der Ansprüche 12 (1.5); Tilgungsreihenfolge im Anordnungsbeschluß 15 (4.4)
Verbrauchsteuern: keine öffentliche Last 10 (6.25)
Verdeckte Vollmacht = Zuschlag
Verein: Abgabe von Geboten 71 (7.15 f) – an Aufsichtsbehörde zustellen 6 (4.2) – Vertretung beim Bieten 71 (6.4) – Vollstreckung gegen 15 (19.8)
Vereinigung von Grundstücken: Einl 11.3 – nach Beschlagnahme Einl 11.5; 16 (3.9) – Vollstreckungstitel 16 (3.9)
Verfahrensbeginn: Einl 20
Verfahrensende: Einl 20.6
Verfahrensgrundsätze: Einl 1 – allgemeine Einl 9, 10
Verfahrenshindernisse = entgegenstehende Rechte
Verfahrenskosten: Entnahme aus der Masse 109 (2) – im geringsten Gebot 44 (12) – Rangklasse Null 10 (2) – nicht die Vergütung des Zustellungsvertreters 7

Beispiel: § 15 (4.8) =

(3.7) – Verteilungstermin 109 (2) – Vorwegentnahme Einl 41.1 – Vorwegbefriedigung in Zwangsverwaltung 155 (5) – auch: Kosten
Verfahrensrecht: Grundstücksvollstreckung als – Einl 1–10, 19
Verfahrensregeln der Zwangsversteigerung Einl 10 – Heilung 84 (1–3)
Verfahrensverbindung siehe Verbindung
Verfahrensziel der Zwangsversteigerung/Zwangsverwaltung Einl 1, 3
Verfall von hinterlegten Beträgen: 142 (2.4)
Verfallklausel und Fälligkeit wiederkehrender Leistungen 13 (2.6)
Verfassungsbeschwerde: bei Aufklärungspflicht Einl 24.13 – bei rechtlichem Gehör Einl 46.1 – gegen Zuschlag 81 (9.5)
Verfügung: Begriff 23 (2.2 und 2.4) – bei Beschlagnahme (Verfahrensbehandlung) 23 (7) – Schuldner-Zwangsverwalter 150 d (2.3) – von Todes wegen zum Glaubhaftmachen bei Anordnung 17 (4.2) – zulässige über mithaftende einzelne bewegliche Sachen 23 (3)
Verfügungsverbote: Berechtigte = Beteiligte 9 (3.32) – Beschlagnahmewirkung 23 (2.1)
Vergleich: Allgemein in ZVG-Verfahren Einl 49 – Gebühren für Rechtsanwalt Einl 89.18 – Gebühr des Gerichts Einl 81 – Protokoll des Gerichts 78 (2.2); 96 (2.8) – vor Rechtspfleger Einl 49.4 – Teilungsversteigerung 180 (7.28) – im Versteigerungsterminsprotokoll 78 (2.2) – im Verteilungstermin 113 (2.5)
Vergleichsverfahren: Anordnung, Einfluß auf 15 (23.9) – Einstellungsfälle Einl 31.2 – entgegenstehendes Recht 15 (23.9) – Konkursverwalterverfahren 172 (5.17) – des Meistbietenden nach der Bieterstunde 81 (3.4) – nach Zuschlagsverkündung 100 (2.9) – Zwangsverwaltung 146 (6.3); 161 (3.10)
Vergleichsverwalter: Nicht Partei kraft Amtes 15 (23.12)
Vergütung: Aufsichtsperson bei Schuldner-Zwangsverwaltung 150 c (3.10) – Ermittlungsvertreter für unbekannte Zuteilungsberechtigte 135 (2.4) – keine für Institutsverwalter 150 a (3.1) – keine für Schuldner als Zwangsverwalter 150 e (2) – Treuhänder bei Schiffen 165 (5.2) – Zustellungsvertreter 7 (3) – Zwangsverwalter 152 a (4); 153 (7)
Verhältnismäßigkeitsgrundsatz Einl 7.1 – und Bagatellforderung Einl 48.6 – bietet Eigentümerschutz Einl 10

= § 15 Randnr 4.8

Verhandlung: über den Teilungsplan 115 (2) – über den Zuschlag 74 (1–2)
Verjährung: Schadensersatzansprüche gegen Zwangsverwalter 154 (2.10) – Vollstreckung 15 (37)
Verkaufsverbot: in der Teilungsversteigerung 180 (7.11)
Verkehrsgefährdender Zustand in der Zwangsverwaltung: 152 (3.4); 154 (2.5 b)
Verkehrswert bei Grundstückswert 74 a (7)
Verkündungstermin für Zuschlagsentscheidung: 87 (3) – für Maßnahmen zum Eigentumsschutz Einl 8.2
Verlegung des Versteigerungstermins: 43 (8)
Verlesen von Feststellungen im Versteigerungstermin: 66 (12); 78 (2.2)
Vermögensgesetz siehe Rückerstattungsanspruch
Vermögenssteuer: keine öffentliche Last 10 (6.25)
Veröffentlichung: der Terminsbestimmung 39 (2) – durch Schuldner 40 (3.4) – sonstige 40 (3)
Verpfändungen: Anmeldung zum geringsten Gebot 45 (3.5 c) – Ausführung des Teilungsplans 117 (2.1) – Teilungsversteigerung 180 (11) – auch andere Stichworte
Versäumnisurteil Vollstreckung 15 (40.2)
Versagung des Zuschlags nach Schluß der Versteigerung 33 (2) – bei Meistgebot unter halbem Grundstückswert 85 a (1–2) – Wirkung 86 (1–2)
Versagungsantrag § 74 a: Allgemeines 74 a (1.1); 85 a (1.4) – Ablehnung des Antrags wegen Widerspruchs 74 a (5) – Antragsberechtigte 74 a (3) – betreibende Gläubiger 74 a (3.7; 5.1) – Binnenschiffe 74 a (2.4) – Entscheidung 74 a (6) – Folgen der Versagung 74 a (6.2) – Grundsatz der Einmaligkeit 74 a (6.3) – Konkursverwalter 74 a (3.12) – Kosten 74 a (6.4) – mehrere Grundstücke 74 a (3.4) – Meistbietender 74 a (3.9) – Mieter/Pächter 74 a (3.13) – Miteigentümer 74 a (3.11) – neuer Termin 74 a (6.2) – persönlicher Gläubiger 74 a (3.10) – Pfandgläubiger, Pfändungsgläubiger, Zessionar 74 a (3.15) – Rücknahme des Antrags 74 a (4.5) – Schuldner 74 a (3.6) – Verhältnis zu § 77 74 a (11.1) – Verhältnis zu § 85 74 a (11.2) – Verhältnis zu § 85 a 85 a (2.10) – Verhältnis zu ZPO § 765 a 74 (11.4) – Versteigerungsbedingungen abweichende 74 a (12)
Versagungsantrag § 85: Antrag = Gebot 85 (4.2) – Antragsberechtigter 85 (2.1) – Binnenschiffe 85 (2.6) – Entscheidung über den Antrag 85 (3) – Form des Antrags, Vollmacht 85 (2.2) – neuer Termin 85 (4) – Verhältnis zu § 74 a 74 a (11.2) – Voraussetzungen des Antrags 85 (2)
Verschleuderung und Sittenwidrigkeit: Einl 55.3
Versicherungen: Beschlagnahme der Forderungen 20 (3.6) – Kündigung der Verträge bei Zuschlag 90 (8) – keine öffentliche Last, Beiträge 10 (6.25) – Seeschiffe 90 (8.3); 162 (2.4) – in abweichenden Versteigerungsbedingungen 59 (5.15) – Übergang auf Ersteher 56 (3.9) – Gelder im Verteilungstermin 107 (2.2 e) – bei Zuschlag Entschädigungs- und Wiederherstellungsansprüche 90 (8) – Zwangsverwalter 153 (6.2) – Zwangsverwaltung (Verwaltungsvorschüsse) 10 (3.1) – bei Zwangsverwaltung (sonst) 146 (4.4 t); 152 (13)
Versicherungsgesellschaften: Abgabe von Geboten 71 (7.25 a) – Vorschlagsrecht für Institutszwangsverwalter 150 a (2.2) – auch: Versicherungen
Versicherungsverein auf Gegenseitigkeit: Zustellung an Aufsichtsbehörde 6 (4.2)
Verspätungszuschläge zu Steuern: 10 (6.14); 15 (34.3)
Versteigerung durch das Vollstreckungsgericht 35 (1–2) – auch Gegenstand der Versteigerung
Versteigerungsantrag, Kenntnis 23 (5) – s im übrigen Antrag
Versteigerungsbedingungen allgemein: Begriff 59 (2.2) – in der Bieterstunde geändert 73 (2.9) – Feststellung im Versteigerungstermin 66 (7) – Muster zum geringsten Gebot 44 (9) – im Zuschlag 82 (2.5)
Versteigerungsbedingungen, abweichende = abweichende Versteigerungsbedingungen
Versteigerungsbezirk: 2 (2.2)
Versteigerungsschluß 73 (3)
Versteigerungstermin: Abschnitte 66 (3.6) – Absetzung bei Einstellungsbewilligung 30 (2.10) – Allgemeines zur Terminsbestimmung 36 (1) – Allgemeines zum Versteigerungstermin 66 (3) – Anmeldungen 66 (5.2) – Anmeldungsschluß 66 (8) – Anwesenheit des Schuldners 66 (4.5) – Aufforderung zur Abgabe von Geboten 66 (8) – Aufhebung 43 (7) – Aufruf 66 (4) – Bekanntmachungen, Hinweise, Anmeldungen 66 (5) – Bestimmung des Versteigerungstermins 36 (2) – Fristen vor dem Termin 36 (3) – ohne Ergebnis 77 (2) – Hinausschiebung auf Wunsch des bietenden Gläubigers 30 (2.6) – mehrere Termine gleichzeitig 66 (10) – Merkzettel für Termin 35 (3) – Mußinhalt der Ter-

1575

Register

minsbestimmung 37 (1–6) – Muster für Terminsprotokoll 66 (9) – nach der Einstellungsentscheidung Termin ansetzen 30 b (11) – Neubestimmung nach Aufhebung 43 (7) – neuer Termin bei Versagung des Zuschlags auf Antrag 85 (3, 4) – neuer Termin bei Versagung des Zuschlags nach § 85 a 85 a (3) – neuer Termin nach Zuschlagsversagung gemäß § 74 a 74 a (6.2; 6.3) – Ort des Termins 36 (4); 66 (3.2) – Protokoll 66 (9) und 78 (2) – Sollinhalt der Terminsbestimmung 38 (1–7) – Unterbrechung 43 (8.4); 66 (11) – Verlegung 43 (8) – Vertagung 43 (8) – Vorbereitung des Termins 35 (3) – Zahlung in ihn als Einstellungsgrund 75 (1–2) – Zuschlagsverkündung 87 (2) – auch Terminsbestimmung

Versteigerungstermin bis zur Bietstunde: Abschnitte 66 (3.6) – Allgemeines 66 (1, 2) – Allgemeines zum Versteigerungstermin 66 (3) – Aufforderung zu Geboten 66 (8) – Aufruf 66 (4) – Bekanntmachungen 66 (5) – einzelne Bekanntmachungen 66 (6) – Feststellung des geringsten Gebots 66 (7) – Feststellung der Versteigerungsbedingungen 66 (7) – für mehrere Verfahren 66 (10) – Hinweis auf Anmeldungsausschluß 66 (8) – Muster für Durchführung 66 (9) – Unterbrechung 66 (11) – Verlesen von Feststellungen 66 (12)

Versteigerungsterminsgebühr: des Gerichts Einl 78 – des Rechtsanwalts Einl 89.9

Versteigerungsterminsprotokoll 78 (2)

Versteigerungsumfang: 55 (3)

Versteigerungsverfahrensgebühr: Einl 77 – des Rechtsanwalts Einl 89.6

Versteigerungsvermerk = Vollstreckungsvermerk

Vertagung: Versteigerungstermin 43 (8) – im Interesse eines nach § 74 a Antragsberechtigten 74 a (13) – Verteilungsgermin 105 (7.4)

Verteilung: des Erlöses bei Gesamtangebot 112 (1–5) – der Forderung bei Zwangshypothek Einl 68 – der Einnahmen in der Zwangsverwaltung 155 (1–2)

Verteilung von Grundpfandrechten: nach BGB 64 (9) – nach ZVG 64 (1–7)

Verteilungstermin: Ansetzung des Termins 105 (4.1) – nach Ausschließung im Aufgebotsverfahren 141 (2) – Bekanntmachung 105 (5) – Inhalt der Terminsbestimmung 105 (4.4) – Ladung 105 (5) – Ladungsfrist 105 (7) – Masseverteilung 109 (3) – nachträgliche Ermittlung unbekannter Berechtigter 139 (2) – nichtöffentlich 105 (2.5) – Protokoll 105 (2.6) –

Beispiel: § 15 (4.8) =

Protokollmuster 113 (5) – Rechtsbehelfe 105 (4.5) – Rechtskraft des Zuschlags nicht nötig 105 (4.1) – Teilungsversteigerung 180 (17.2) – Terminsort 105 (4.3) – Vertagung 105 (7.4) – vorbereitende Anmeldungen 106 (1–2) – Zwangsverwaltung 156 (3) – Zweck des Termins 105 (2.2) – auch: Erlösverteilung, Masseverteilung, Vertagung, wiederkehrende Leistungen

Verteilungsverfahren: Begriffe 105 (3) – Gerichtskosten Einl 80

Verteilungsverfahrensgebühr: des Gerichts Einl 80 – des Rechtsanwalts Einl 89.10

Verträge in der Zwangsverwaltung: Übernahme, Neuabschluß 152 (4)

Vertreter: zur Ermittlung des unbekannten Berechtigten 135 (1–2) – siehe auch gesetzlicher Vertreter

Vertretertheorie für das Amt des Zwangsverwalters: 152 (2.2 b)

Vertretung: bei Abgabe von Geboten 71 (6) – bei Anmeldungen 37 (5.14) – Erteilung des Zuschlags bei Vertretung 81 (5) – bei ZwV-Unterwerfung 15 (40.18)

Verwahrung: Schiffe, Schiffsbauwerke, Luftfahrzeuge = Bewachung – Urkunden zum Anordnungsantrag 16 (4.1–4.4)

Verwaltereinsetzung als Maßnahme zur Sicherung der ordnungsmäßigen Bewirtschaftung 25 (4.2)

Verwaltung des beschlagnahmten Grundstücks durch den Schuldner 24 (1–2) – auch gerichtliche Verwaltung

Verwaltungsakte in Sozialleistungsbereichen: Vollstreckung 15 (33.3)

Verwaltungsausgaben: Vorwegbefriedigung in Zwangsverwaltung 155 (4)

Verwaltungsentziehung als Maßnahme zur Sicherung der ordnungsmäßigen Bewirtschaftung 25 (4.2)

Verwaltungskostenbeiträge und – Zuschläge als Nebenleistungen: 12 (3.3)

Verwaltungsrecht des Schuldners während der Versteigerung: 24 (2)

Verwaltungs- und Benutzungsrecht des Schuldners in der Zwangsverwaltung 148 (3)

Verwaltungsvollstreckung: 15 (38) – nach AO 15 (34) – auch: Verwaltungszwangsverfahren

Verwaltungsvorschrift: Allgemeine über Vollstreckung nach Abgabenordnung 15 (34.11)

Verwaltungszwangsverfahren: Allgemeiner Grundsatz 15 (38.1) – Art der Forderung 15 (38.2) – Bundes- und Landesrecht 15 (38.3) – dinglicher Anspruch 15

1576

= § 15 Randnr 4.8

(9.6) – bei Steuern 15 (34) – Verfahren 15 (38) – Zwangshypothek Einl 75
Verweisung bei Unzuständigkeit: 1 (3.7)
Verwendungsersatz 93 (6)
Verwertungsmoratorium bei Einstellung: 30 a (2.1)
Verzeichnis der Beteiligten (Beteiligtenverzeichnis): 9 (5)
Verzicht: betreibender Gläubiger auf einzelne Beschlagnahmewirkungen in der Zwangsverwaltung 148 (2.4) – Erlöszuteilung im Teilungsplan 114 (11) – Forderungsübertragung 118 (4) – auf Grundschuld-Erlösanspruch 114 (7.4) – Konkursverwalter auf Vollstreckungsschutz 30 c (5.5) – Mieter/Pächter auf Anrechnung von Vorausleistungen 57 b (7.13) – Mieter/Pächter auf Kündigungsschutz gegenüber Ausnahmekündigungsrecht 57 c (9) – Schuldner auf Vollstreckungsschutz 30 a (8) – Schuldner bei Sittenwidrigkeit Einl 57.3 – Schuldner auf Einhaltung der Wartefrist 15 (43.2) – Schuldner auf Zustellung 15 (40.28) – Schuldner auf Zustellung der Anordnung 15 (47.1) – im Teilungsplan der Zwangsverwaltung 157 (3.3) – im Versteigerungstermin zu Protokoll 78 (2.2) – auch: Rechtsmittel
Verzugsgebühren als Nebenleistungen: 12 (3.3)
Verzugszinsen im Teilungsplan 114 (5.30)
Vieh: Ernährung des Schuldner-Viehs in der Zwangsverwaltung 153 a (2) – als Grundstückszubehör 153 a (2) – Vorschüsse und Kredite dafür als Zwangsverwaltungsvorschüsse 10 (3.4)
Völkerrechtliche Beschränkungen und Zuschlag: 90 (1.2)
Völkerrechtliche Inanspruchnahme: nicht Beteiligte 9 (3.22)
Vollmacht: Allgemein in ZVG-Verfahren Einl 50 – für Anmeldungen 37 (5.14) – beifügen zum Anordnungsantrag 16 (4.2) – zum Beitritt 27 (7.2) – bei Geboten 71 (6.3) – Urkunde darüber Einl 50.4 – verdeckte Vollmacht und Zuschlag 81 (5) – im Versteigerungstermin 66 (4.1) – für Zwangshypothek Einl 63.2 – für ZwV-Unterwerfung 15 (40.18)
Vollmachtloser Vertreter: Allgemein Einl 50.6 – Kosten dabei Einl 50.7
Vollstreckbarer Titel: bei Teilungsversteigerung nicht erforderlich 181 (2)
Vollstreckung: aus Arresthypothek Einl 74.4 – in Grundstücksmiteigentum Einl 12 – in mitversteigerte Sachen aus Zuschlag 93 (2.5) – Name und Firma 15 (25) – von Sozialleistungsansprüchen 15 (33) – der übertragenen Forderung 132 (1–3) – auf Räumung/Herausgabe aus Zuschlag 93 (1–2) – aus Zwangshypothek Einl 69 – gegen den Zwangsverwalter 152 (14) – in der Zwangsverwaltung für und gegen den Schuldner 152 (11.7)
Vollstreckungsabwehrklage: materielle Einwendungen 95 (3) – gegen Zuschlag 81 (9.9) – bei Zuschlagsvollstreckung 132 (2.5)
Vollstreckungsantrag: Finanzamt, Hauptzollamt 15 (34.4–6) – Gerichtskasse/-Amtskasse 15 (18.2) – Verwaltungszwangsverfahren allgemein 15 (38.5)
Vollstreckungsanweisung (VollstrA) 15 (34.11)
Vollstreckungsausschluß durch Vertrag: 95 (3)
Vollstreckungsbehörde: Allgemein Verwaltungszwangsverfahren 15 (38.5) – Steuern 15 (34.4)
Vollstreckungserinnerung: 95 (2) – Kostenfreiheit Einl 83.1 – Teilungsversteigerung 180 (7.20) – auch: Erinnerung, Rechtsbehelfe
Vollstreckungsgegenklage = Vollstreckungsabwehrklage
Vollstreckungsgericht: Aufgaben Einl 1 – als Versteigerungsgericht 35 (1–3)
Vollstreckungshindernisse: bei Anordnung 15 (39) – beim Beitritt 27 (3.6) – auch: Entgegenstehende Rechte
Vollstreckungsklausel: Allgemeiner Grundsatz und Ausnahmen 15 (40.11) – Anordnung des Verfahrens 15 (40) – Einwendungen gegen die Erteilung bei Zuschlag 132 (3.6) – gesetzlicher Vertreter 15 (40.20) – Kalendertagsfälligkeit 15 (40.16) – Kündigung vorher 15 (40.14) – mehrere Entscheidungen 15 (40.19) – Prüfung 15 (40.13) – Rechtsnachfolge 15 (40.22) – Sinn der Klausel 15 (40.12) – uneingeschränkt und eingeschränkt 15 (40.19) – Unterwerfung unter Vollstreckung 15 (40.17) – Wiedervollstreckung aus Zuschlag 132 (2) – Zustellung 15 (40.24)
Vollstreckungsmängel: Anordnung 15 (39) – Beitritt 27 (4.5) – Erinnerung 95 (2.2) – Zwangshypothek Einl 71
Vollstreckungsmaßnahmen: Begriff 95 (2.1) – bei Miteigentumsbruchteilen mögliche 180 (11.1–11.4)
Vollstreckungsreife bezeugt durch Klausel: 15 (40.12)
Vollstreckungsschuldner = Schuldner
Vollstreckungsschutz: Wiedervollstreckung 133 (2.9) – Zuschlagsvollstreckung 93 (5) – auch: Einstweilige Einstellung, Sittenwidrigkeit usw

1577

Register

Beispiel: § 15 (4.8) =

Vollstreckungstitel: bei Ablösung 15 (20.24) – bei Anordnung 15 (40) – Aufhebung 15 (40.3) – ausländische 15 (41.2) – beifügen zum Anordnungsantrag 16 (4.2) – Berichtigung 15 (40.7) – Bezeichnung im Anordnungsantrag 16 (3.5) – gegen Eigenbesitzer 157 (2.6) – Inhalt 15 (40.5) – bei Konkurs 15 (23.4) – materielle Berechtigung 15 (40.4) – für und gegen mehrere 15 (40.8) – Name und Firma 15 (25) – Sittenwidrigkeit (erschlichen, fehlerhaft, unrichtig) Einl 55.7 – Sonderfälle 15 (41) – Teilungsversteigerung 181 (2) – übertragene Forderung 132 (3) – im Verteilungstermin behandeln 127 (3) – vorläufig vollstreckbare 15 (40.2–3) – Zustellung 15 (40.22–29) – Zwangsverwaltung [Auszahlung 157 (2.5) – Kapitalzahlungstermin 158 (2.8)]

Vollstreckungsvermerk: Anordnung 19 (2) – Beitritt 27 (5) – Eintragung in Gebäudegrundbuchblatt EG 9a (8) – Konkursverwalterverfahren 172 (5.8) – Löschung bei Aufhebung des Verfahrens 34 (2) – Löschung auf Grundbuchersuchen § 130 nach Zuschlag 130 (2.12) – Nachlaßversteigerung 176 (3.11) – Teilungsversteigerung 180 (6.7) – Überleitung aus Zwangsversteigerung in Zwangsverwaltung 77 (3.6) – Wiedervollstreckung 133 (2.6) – Zwangsverwaltung 146 (5.4) – auch: Löschung

Vollstreckungsversteigerung: Allgemein §§ 1–145 – allgemeine Übersicht 15 (1) – Bezeichnung der Versteigerungsart in der Terminsbestimmung 37 (4) – und Teilungsversteigerung 180 (14) – Zweck Einl 18.1 – auch: Konkursverwalterversteigerung, Nachlaßversteigerung, Teilungsversteigerung

Vollstreckungsversteigerung Luftfahrzeuge: §§ 171a–171n – Anwendung der anderen Vorschriften, allgemeine Übersicht: 171a (3) – Anwendung im einzelnen: bei den allgemeinen Bemerkungen zu den einzelnen Paragraphen

Vollstreckungsversteigerung Schiffe, Schiffsbauwerke: §§ 161–171 – Anwendung der anderen Vorschriften, allgemeine Übersicht 162 (2) – Anwendung im einzelnen: bei den allgemeinen Bemerkungen zu den einzelnen Paragraphen

Vollstreckungsverträge: Einwendungen aus ihnen 95 (3)

Vollstreckungsvoraussetzungen: Anordnung 15 (3.5); 15 (40) – Prüfung durch den Gläubiger 15 (3.2)

Vorausverfügungen und Rechtsgeschäfte über Mietzins: 57b (1–4)

Vorbereitende Erörterungen zum geringsten Gebot und zu den Versteigerungsbedingungen: 62 (2)

Vorbereitung: des Versteigerungstermins 35 (3) – zum Versteigerungstermin 66 (3.4) – des Verteilungstermins 106 (1–2)

Vordruck für Terminsbestimmung des Versteigerungstermins: 37 (10)

Vorentscheidungen zum Zuschlag: Anfechtung 95 (4) – Bindung oder keine Bindung 79 (4)

Vorerbschaft: Vollstreckung gegen Vorerben 15 (30.8 ff) – auch Nacherbschaft

Vorfälligkeitsentschädigung: Allgemeiner Begriff 49 (2.6) – Liegenbelassen 91 (3.4) – Nebenleistungen 12 (3.3)

Vorführung des Schuldners zum Versteigerungstermin: 66 (4.5)

Vorgesellschaft (Vor-GmbH) als Schuldnerin 15 (19.4) – als Bieterin 71 (7.15)

Vorkaufsrechte: kein Anordnungshindernis 15 (42) – bestehenbleibend 52 (2.15) – Baugesetzbuch 81 (10.5) – dingliche in Rangklasse vier 10 (8.1) – deren Wirkung 81 (10.2) – entgegenstehende Rechte 15 (42) – geringstes Gebot 44 (5.27) – Rangklasse vier 10 (8.1) – schuldrechtliches 81 (10.1) – des Nutzers 81 (10.7) – Reichsheimstätte 15 (31.3) – Reichssiedlungsgesetz 81 (10.4) – sonstige 81 (10.8) – Teilungsversteigerung 180 (7.29) – bei Wohnungseigentum 81 (10.6) – und Zuschlag 81 (10)

Vorläufige Vollstreckbarkeit: Allgemein 15 (40.2–3) – Zwangshypothek Einl 64.3

Vorlage des Rechtspflegers an den Richter: Einl 47.4

Vormerkung: Berechtigte = Beteiligte 9 (3.33) – erlöschendes Recht 92 (6.11) – geringstes Gebot 44 (5.28); 48 (3) – für gesetzlichen Löschungsanspruch 130a (3) – Rückübertragungsvormerkung 144 (7.8c) – Teilungsplan 114 (5.27) – Wertersatz 92 (6.11) – Zwangshypothek Einl 67.8

Vormund: Abgabe von Geboten 71 (7.26) – Liegenbelassen 91 (3.7) – Rücknahme des Verfahrensantrags 29 (2.4) – Teilungsversteigerung 181 (6.1)

Vormundschaftsbehörde: Zustellungen 6 (4)

Vormundschaftsgerichtliche Genehmigung: Allgemein 15 (41.3–41.6) – Liegenbelassung 91 (3.7) – zu Teilungsplan 117 (3.2) – Teilungsversteigerung 181 (6) – Zwangshypothek Einl 64.6

Vorpfändung gegenüber Mietern/Pächtern: 22 (3.4)

= § 15 Randnr. 4.8

Vorrangige Befriedigung nach Preuß-ALR: Anhang T 53 Art 30 Anm
Vorschüsse: Düngemittel, Saatgut, Vieh, Löhne 10 (3.4) – Zwangsverwaltung 152 (15)
Vortermin 62 (1–3)

Währungsreform 1948: Einl 51.2
Wahlrecht des Gesamtgrundpfandrechtsgläubigers bei Verteilung auf mehrere Grundstücke 64 (7)
Warmwasserbereiter als wesentliche Bestandteile: 20 (3.2)
Wartefrist ein Monat 15 (43.1 c) – Heilung von Mängeln 15 (43.3) – Verzicht 15 (43.2) – Zwangshypothek oder Schiffshypothek aus vorläufig vollstreckbarem Titel ohne Sicherheit 15 (32.1)
Wartungsverträge in der Zwangsverwaltung: 152 (5.5)
Waschmaschine als Zubehör: 20 (3.4)
Wasser: Anschluß-, Bezugs-, Benutzungskosten 10 (6.9) – Lieferung in der Zwangsverwaltung 152 (5)
Wasserverbände: Beiträge als öffentliche Last 10 (6.16)
Wechselurteil: Vollstreckung 15 (44)
Wegebaulasten: Umrechnung in Geld 46 (2.1)
Wegeflächen = Straßen- und Wegeflächen
Wegnahmerecht des Mieters 57 (3.6)
Wegnahmevollstreckung aus Zuschlag: 93 (2)
Weisungen: Institutszwangsverwalter 150 a (3.5) – Treuhänder für Schiffe 165 (4.6) – Zwangsverwalter allgemein 153 (3)
Weitere Beschwerde: 95 (6) – bei Einstellungsentscheidungen keine 30 b (9.3) – bei Wertfestsetzung keine 74 a (9.6)
Wert = Beschwerdewert, Grundstückswert, Wertfestsetzung
Wertbeständige Hypothek Einl 51.4
Wertbeständige Rechte: Teilungsplan 114 (5.28) – nicht unbestimmte Ansprüche 14 (2.3)
Wertermittlungsverordnung 74 a (7.4)
Wertersatz: durch Ablösungssumme 92 (5) – für Eigentumsvormerkung 92 (7) – einmaliger für erlöschende Rechte 92 (3) – Geldrente für Dienstbarkeit-, Nießbrauch-, Reallast 92 (4) – für Mietrechte 171 n (1)
Wertfestsetzung: in ZVG-Verfahren 74 a (7.8 ff) – Beitritt 27 (9) – für Binnenschiffe 74 a (2.4) – Einstellung § 30 a 30 a (6.3) – Konkursverwalterversteigerung 74 a (2.1); 172 (5.18) – für Luftfahrzeuge 74 a (2.4) – Muster 74 a (8) – Nachlaßversteigerung 74 a (2.2); 176 (3.23) – Rechtsbe-

Register

helfe 74 a (9) – Seeschiffe 74 a (2.4); 169 a (2) – Sollinhalt der Terminsbestimmung 38 (7.4) – in Teilungsversteigerung 74 a (2.3) – Zeitpunkt 74 a (7.11 ff)
Wertpapiere: für Gebotesicherheit 69 (2) – Sicherheit zur Vollstreckung oder Abwehr 15 (32.5) – Verwertung im Verteilungstermin 108 (2.2)
Wertsicherungsklausel: Allgemein Einl 51.5 – Teilungsplan 114 (5.28) – unbestimmte Ansprüche 14 (2.3)
Wesentliche Bestandteile = Bestandteile
Widerruf: Abtretung der Rechte aus Meistgebot 81 (4.5)
Widerspruch im geringsten Gebot: 44 (5.28); 48 (4)
Widerspruch: Berechtigte – Beteiligte 9 (3.34) – des betreibenden Gläubigers als Ablehnungsgrund 74 a (5) – entgegenstehendes Recht, keines 28 (4.22) – für/- gegen Gebote im Versteigerungstermin 72 (5) – bei Sicherheitsleistung für Gebote 70 (4) – gegen Versagungsantrag 74 a (5)
Widerspruch gegen Teilungsplan: Allgemein 115 (3) – bei abweichender Anmeldung 115 (4) – Hilfsverteilung 124 (1–3) – Klage 115 (5) – des Schuldners gegen vollstreckbaren Anspruch 115 (6)
Widerspruchsklage 115 (5) – gegen Auseinandersetzung 180 (7.20 c); 180 (9) – bei materiellen Einwendungen Dritter 95 (3.4) – Teilungsversteigerung 180 (7.20 c); 180 (9)
Wiederaufnahmeverfahren und Zuschlag: 81 (9.4)
Wiedereinsetzung bei Fristversäumung: Allgemein Einl 32.2
Wiederherstellung versicherter Gegenstände: 20 (3.6)
Wiederkaufsrecht: Entgegenstehendes Recht 15 (42.3) – erlöschendes 92 (6.12) – nach RSiedlG 48 (3.4)
Wiederkehrende Leistungen: Anmeldung zum geringsten Gebot 45 (3) – Berechnungszeit im geringsten Gebot 47 (2–4) – Berechnungszeit im Verteilungstermin 47 (2.4) – Beschlagnahme 22 (3.1) – laufende und rückständige Beträge 13 (1–3) – in Naturalien, Umrechnung 46 (2) – Rang 12 (3) – Teilungsplan 114 (4.1 e) – Wert für geringstes Gebot 46 (1–2) – Zwangsverwaltung 148 (2.1 c)
Wiedervollstreckung: Allgemeine 133 (1) – Grundsätze 133 (2) – Muster und praktische Hinweise 133 (3)
Wirksamwerden der Beschlagnahme 22 (1–3) – als Anfang des Verfahrens Einl 20.2 – auch: Beschlagnahme, Beschlagnahmewirksamkeit

1579

Register

Beispiel: § 15 (4.8) =

Wirksamwerden des Zuschlags 89 (2) – Beschwerdegericht mit Zustellung 104 (1–2)
Wirkung der Beschlagnahme = Beschlagnahmewirkung
Wirtschaftliche Beweggründe beachten: Einl 23.7
Wochenendhäuser im Beitrittsgebiet Einl 14.6 und 20 (5.3) – bei Beschlagnahme 20 (5)
Wochenfrist: Einl 32.3
Wohnbesitz: 15 (45.14)
Wohnboot: kein Schiff 162 (2.2 b)
Wohnlauben: nicht wesentliche Bestandteile 20 (3.2)
Wohnrecht des Schuldner in Zwangsverwaltung 149 (1–2) – auch: Wohnungsrecht
Wohnungsbindung: Abweichende Versteigerungsbedingungen 59 (5.16) – Beschränkung gegenüber Ausnahmekündigungsrecht des Erstehers 57 a (6.7) – keine öffentliche Last 10 (6.25)
Wohnungseigentum: als Grundstücksbruchteil Verfahrensgegenstand Einl 12.8 – Aufteilung in Einheiten, Zuschlagsversagung 83 (4.1 h) – Beteiligte 9 (3.35) – Bezeichnung in Terminsbestimmung 37 (2.8) – Bildung nach Beschlagnahme 23 (2.2 b) – geringstes Gebot 44 (5.29) – Lasten und Nutzungen 56 (5) – Teilungsversteigerung 180 (2.9) – Terminsbestimmung zustellen 41 (2.8) – Übergabe oder Besitzverschaffung an Zwangsverwalter 150 (3.13) – Umwandlung in Wohnungseigentum oder Teileigentum 180 (2.3) – Versteigerungstermin, Erörterungen 66 (6.24) – Vollstreckung in Anteil 15 (45.1) – Zuschlagswirkung 56 (5) – Zustimmung 15 (45.5) – Zwangsverwalter, Mitgliedschaftsrecht, Stimmrecht, Wohngeld 152 (16) – Zwangsverwaltung 146 (4.4 u); 152 (16)
Wohnungserbbaurecht: als Verfahrensgegenstand Einl 13.2 – Beteiligte 9 (2.3); 9 (3.35) – Rangklasse vier 10 (8.1) – Vollstreckung 15 (45.9)
Wohnungsrecht und Zwangsverwaltung: 146 (4.4 v); 146 (10.10)
Wohnwagen nicht wesentliche Bestandteile: 20 (3.2)

Zahlkartenabschnitt zur Einstellung: Einl 31.11
Zahlung: des Bargebots im Verteilungstermin 107 (2) – bei Einstellung auf Schuldnerantrag 30 a (6) – im Termin 75 (2.2) – im Versteigerungsterminsprotokoll 78 (2.3)
Zahlungstag: bei Hinterlegung für das Gericht 49 (4.1)
Zahlungsverbot: für Forderungsbeschlagnahme 22 (3) – in Zwangsverwaltung 22 (3); 151 (3)
Zeit der Versteigerung: Beachtung im Versteigerungstermin 66 (3.3) – Bezeichnung in der Terminsbestimmung 37 (3)
Zeitungen: Veröffentlichung der Terminsbestimmung 40 (3)
Zentralheizungsanlage als wesentlicher Bestandteil: 20 (3.2)
Zession: Eigentümergrundpfandrechte 15 (11.4) – Teilungsplan 114 (5.1); 117 (2.5) – Vorausverfügung über Mieten 57 b (2)
Zeugnis über Grundbucheintragung: 17 (5)
Ziegelei als landwirtschaftlicher Nebenbetrieb: 10 (4.2)
Zinsen: Abweichende Versteigerungsbedingungen für Bargebot 59 (5.19) – abweichende Versteigerungsbedingungen bei Sicherungshypothek § 128 59 (5.20) – Änderung und Teilungsplan der Zwangsverwaltung 157 (3.3) – Bargebot allgemein 49 (3) – Berechnungszeit im geringsten Gebot 47 (2) – Eigentümergrundpfandrechte 114 (6.9); 155 (6.7) – der Eigentümergrundschuld bei Rechtsverteilung 114 (6.8–6.12) – Forderungsübertragung 118 (3.9–3.10) – geringstes Gebot 45.30) – Grundschuld 114 (7.6 e–g) – als Nebenleistungen 12 (3.2) – Sicherungshypothek für übertragene Forderung 128 (2.3) – Teilungsplan 114 (5.30) – Vollstreckung wegen 15 (15.2) – Vollstreckungstitel 15 (40.5) – wiederkehrende Leistungen 12 (3.2) – Zuzahlung 50 (5.2); 51 (6.1) – Zwangshypothek Einl 66.2; 67.3 – für Zwangsverwaltungsvorschüsse 155 (8)
Zinseszinsen: Forderungsübertragung 118 (3.10) – Nebenleistungen 12 (3.3)
ZPO: Anwendung in ZVG-Verfahren Einl 19 – Einstellung in ZVG-Verfahren Einl 31 – Einstellungsfälle Einl 31 – ZPO § 765 a = Schuldnerschutz
ZPO und ZVG: Einl 19
Zubehör: Arten, Beschlagnahmeumfang 20 (3.4) – auf Bewilligung des Gläubigers teileingestellt 30 (5.2) – unter Eigentumsvorbehalt 55 (3.11) – Erlösanspruch nach Zuschlag 92 (8) – Freigabe vor Beitritt 27 (10.2) – Freigabe = Teilrücknahme 29 (4.2) – Gegenstand der Immobiliarvollstreckung Einl 17.1 – Gegenstand der Versteigerung 55 (3) – Mobiliarvollstreckung Einl 17.1 – bei Schiffen 162 (2.4) – im Zuschlag 81 (11) – Zwangsverwaltungs-Beschlagnahme 148 (2.2); 150 (3.9)

Zuchthengst als Zubehör 20 (3.4)
Zuflurstück: Einl 11.5 und 11.7
Zugewinngemeinschaft: Abgabe von Geboten 71 (7.3) – Teilungsversteigerung 180 (3.13) – Vollstreckung 15 (10.1)
Zug-um-Zug-Titel: 15 (46)
Zumutbarkeit für Gläubiger: bei Einstellungsantrag des Konkursverwalters 30 c (3) – des Schuldners 30 a (5) – bei erneuter Einstellung 30 d (3.3)
Zurückbehaltungsrecht kein entgegenstehendes Recht 28 (4.24)
Zurücknahme des Versteigerungsantrags = Rücknahme
Zurücksetzung nicht rechtzeitig angemeldeter Ansprüche 110 (1–2)
Zurückverweisung an das Vorgericht: keine bei Zuschlagsanfechtung 101 (2.2)
Zurückweisung eines Gebots: Erlöschensgrund 72 (3)
Zuschlag: Allgemeiner Begriff und Bedeutung 79 (3) – nach Abtretung des Meistgebots 81 (4) – Begründung 82 (3) – Berichtigung 82 (4) – bei Beschlußfassung keine Bindung an Vorentscheidungen 79 (4) – Eigentumserwerb durch Zuschlag 90 (1–2) – Erfordernisse der Erteilung 81 (2) – auf Gesamtmeistgebot 63 (5) – hoheitlicher Vollstreckungsakt 79 (3) – Inhalt 82 (1–2) – an Meistbietenden 81 (4) – Muster für Beschluß 82 (5) – Rechtskraft 81 (9) – bei verdeckter Vertretung 81 (5) – Verhandlung über ihn 74 (1–2) – Versagung auf Antrag nach § 74 a 74 a (6) – Versagung auf Antrag sonst 85 (3) – Versagung bei Meistgebot unter halbem Grundstückswert 85 a (1–2) – Wirksamwerden 89 (1–2) – Wirksamwerden des vom Beschwerdegericht erteilten 104 (1–2)
Zuschlagsanfechtung: bei ausländischen Luftfahrzeugen 171 m (3) – außerordentliche 96 (3) – regelmäßige 95 (3)
Zuschlagsberechtigte: 81 (1–5)
Zuschlagsbeschluß: Anzeige an Finanzamt nach GrEStG 81 (7.9) – als Vollstreckungstitel 93 (1–2) – als Vollstreckungstitel für Forderung gegen Ersteher und Anspruch aus Sicherungshypothek 132 (2) – Zustellung 88 (1–2)
Zuschlagsentscheidung: auf Beschwerde 101 (1–3) – Verkündung 87 (1–3)
Zuschlagserteilungsgebühr des Gerichts: Einl 79
Zuschlagskosten: trägt Ersteher 58 (1–3)
Zuschlagsversagung: zur Aufhebung und Einstellung nach Schluß der Versteigerung 33 (1–2) – mehrere Gläubiger dabei 33 (3) – Rechtsbehelfe dabei 33 (4) – Bezeichnung in der Terminsbestimmung 38 (5) – Teilaufhebung 33 (5) – Teileinstellung 33 (5) – Zustellung bei Versagung 33 (6) – Zuschlagsversagung außerhalb des § 74 a: 85 (2) – bei Meistgebot unter 50% 85 a (2) – Entscheidung über den Antrag 85 (3) – Wirkung 86 (2)
Zuschlagsversagungsgründe: 83 (1–4) – Heilung 84 (1–2)
Zuschreibung eines Grundstücks: 16 (3.10)
Zuständigkeit: in ZVG-Verfahren 1 (3) – Anordnungsentscheidung 15 (3.3) – Beitrittsentscheidung 27 (4.3) – Bestimmung durch das höhere Gericht 2 (1–4) – Bindung an Bestimmung 2 (5) – Konkursverwalterverfahren 172 (5.19) – Landesrecht 1 (3.3) – Luftfahrzeuge 171 b (1) – Nachlaßversteigerung 176 (3.24) – örtliche 1 (3.2) – sachliche 1 (3.1) – Schiffe, Schiffsbauwerke 163 (2); 171 (3.1) – Teilungsversteigerung 180 (7.33) – Zwangsverwaltung 146 (3.4)
Zustellungen: Allgemein 3 (1.1) – von Amts wegen 3 (1) – Anordnungsbeschluß 8 (1–2) – Anordnungsbeschluß an Gebäudeeigentümer EG 9 a (8) – Anordnungsverfahren 15 (47) – Aufgabe zur Post per Einschreiben 4 (1–2) – Aufsichtsbehörde für Körperschaften 6 (4) – Aufsichtsperson in Schuldnerzwangsverwaltung 16 c (3.8) – Ausland 1 (3.3) – Beitrittsbeschluß 8 (1–2); 27 (7) – Belehrung des Schuldners oder Antragsgegners über Einstellungsmöglichkeit 30 b (2.1) – Beschlagnahmewirksamkeitszeitpunkt 22 (2) – der Beschwerdeentscheidung 103 (1–3) – an Bevollmächtigten 3 (3.1) – Einstellungs- und Aufhebungsbeschlüsse 32 (2) – Einstellung oder Aufhebung durch Zuschlagsversagung 33 (6) – Form und Mängel 3 (2) – an Gemeinschuldner 3 (3.5) – Geschäftsstellentätigkeit dabei 3 (1.4) – gesetzliche Vertreter Einl 44.3 – an Grundbuch-Zustellungsvertreter 3 (1–2) – Kosten für Zuschlagszustellung 58 (3) – für Minderjährige 3 (3.2) – Mitteilungen 3 (2.1) – MiZi 3 (1.3) – für Prozeßunfähige 3 (3.2) – an Soldaten der Bundeswehr 15 (35.2) – Terminsbestimmung zum Versteigerungstermin 41 (2) – Vertreter und Bevollmächtigte 3 (3) – Vollstreckungstitel und Vollstreckungsklausel 15 (40.23–27) – Vormundschaftsbehörde 6 (4) – Zuschlag 88 (2) – auch: öffentliche Zustellung und folgendes Stichwort
Zustellungsbevollmächtigter: Allgemein 3 (3.1) – beim Grundbuchamt 5 (2)
Zustellungsfristen für Versteigerung 43 (4, 5) – für Verteilungstermin 105 (7)

Register

Zustellungskosten Einl 84.5 – für Zustellung der Zuschlag zu Ersteher 58 (3)
Zustellungsnachweis: zum Anordnungsantrag beifügen 16 (4.2)
Zustellungs- und Bekanntmachungsfristen: Allgemeines 43 (1) – Beachtung und Berechnung 43 (2) – Bekanntmachungsfrist 43 (3) – Beschlußzustellungsfrist 43 (4) – im Verfahren auf Antrag mehrerer Gläubiger 43 (6) – Terminszustellungsfrist 43 (5)
Zustellungsurkunde: Formalien 3 (2.3)
Zustellungsvertreter: Allgemeiner Grundsatz 6 (1.3) – Aufgaben des Vertreters 7 (2) – Auslagen 7 (3) – Bestellung 6 (2–3) – Vergütung 7 (3)
Zustimmung zu Geboten: 71 (6–7)
Zuteilung im Verteilungstermin: 113 (3.5) – auch: Teilungsplan, Verteilungstermin
Zuweisungsverfahren, landwirtschaftliches und Teilungsversteigerung: 185 (2)
Zuzahlung für nichtbestehende Grundpfandrechte: Allgemeines 50 (1) – Anfall 50 (2) – bei bedingtem Recht 50 (3) – bei Gesamtrecht 50 (4) – Betrag 50 (5) – Klage auf Zahlung 50 (4) – Zahlungspflicht 50 (6) – Zins 50 (5)
Zuzahlung für nichtbestehende sonstige Rechte: Allgemeines 51 (1) – Anfall 51 (2) – Betrag 51 (3) – einzelne Rechte für Zuzahlung 51 (4) – Feststellung des Betrags 51 (5) – Verzinsung 51 (6) – Zahlung 51 (6)
Zuzahlung, Behandlung bei Erlösverteilung: Allgemeines 125 (1) – feststehende Zuzahlung 125 (2) – Forderungsübertragung 125 (4) – bei Löschungsanspruch/-vormerkung 125 (5) – ungewisse oder streitige Zuzahlung 125 (3)
ZVG: Teil der ZPO Einl 19
Zwangsgeld: Androhung als Maßnahme zur Sicherung der ordnungsmäßigen Bewirtschaftung 25 (4.2) – Aufsichtsperson der Schuldnerzwangsverwaltung 150 c (3.9) – gegen Zwangsverwalter 153 (8)
Zwangshypothek: Einl 62–75 – Anfechtungsgesetz Einl 64.6 – Anmeldung zum geringsten Gebot 45 (3.5 c) – Antrag Einl 63 – Antragsrücknahme Einl 63.7 – Arresthypothek Einl 74 – ausländische Währung 75.5 – Baugesetzbuch Einl 64.6 – Beanstandung Einl 65 – bestehenbleibendes Recht 52 (2.16) – Betrag der Gläubigerforderung Einl 66 – dinglicher Titel, Duldungstitel Einl 69 – Eigentümergrundpfandrecht Einl 73 – Eintragung Einl 67 – Eintragungshindernis Einl 65 – Eintragungskosten Einl 70 – Forderung Einl 66 – Gegenstand der Vollstreckung

Beispiel: § 15 (4.8) =

Einl 18 – geringstes Gebot 44 (5.31) – Gesamtrechte Einl 68 – grundbuchamtliche Prüfung allgemein Einl 64 – grundbuchamtliche Prüfung bei Verwaltungszwangsverfahren Einl 75.2 – Grundbuchhindernisse Einl 64.4 und 65.2 – Inhalt der Eintragung Einl 67 – Kosten Einl 70 – Kosten als Gläubigerforderung Einl 66.3 – landwirtschaftliche Grundstücke Einl 64.6 – Löschungsanspruch Einl 18.3 – Mängel Einl 71 – mehrere Vollstreckungstitel Einl 66.4 – Prüfung des Antrags Einl 64 – Rangklasse vier 10 (8.1) – Rangvorbehalt Einl 67.6 – Rechtsbehelfe Einl 72 – Reichsheimstätte Einl 64.7 – als Sicherungshypothek Einl 62.1 – bei Sicherungsvollstreckung Einl 64.3 – im Teilungsplan 114 (5.31) – Umwandlung in Hypothek oder Grundschuld Einl 67.7 – Verteilung der Forderung Einl 68.1 – Verwaltungszwangsverfahren Einl 75 – Vollmacht für Antrag Einl 63.2 – Vollstreckungsmängel Einl 71 – als Vollstreckungsmaßnahme Einl 62 – Vormerkung Einl 67.8 – Zinsen Einl 66.2 – Zweck Einl 18.2
Zwangsrechte: Einl 13.4
Zwangs-Schiffshypothek: 162 (8.2)
Zwangsvergleichsvorschlag als Einstellungsvoraussetzung: allgemein 30 c (2.5 und 2.7) – Belehrung über neue Einstellung 30 d (4.4)
Zwangsversteigerung = Vollstreckungsversteigerung und alle möglichen Stichworte
Zwangsversteigerung zwecks Aufhebung der Gemeinschaft = Teilungsversteigerung
Zwangsversteigerung/Zwangsverwaltung: Beteiligte am anderen Verfahren 9 (3.36) – kein entgegenstehendes Recht gegenseitig 15 (36.2) – Verhältnis der Verfahren 146 (3.6) – auch: Zwangsversteigerung/Zwangsverwaltung
Zwangsversteigerungsgesetz: Allgemeines zu ihm 1 (1)
Zwangsversteigerungsvermerk = Vollstreckungsvermerk
Zwangsverwalter: Amt 152 (2) – Anschaffungen 155 (9) – Aufgaben allgemein 152 (3) – Aufgaben (Einzelheiten) 152 (4 ff) – Aufsicht des Vollstreckungsgerichts über ihn 153 (1–2) – Bestellung durch das Gericht 150 (1–2) – Besitzverschaffung 150 (3) – als Bieter 71 (7.28) – Entlassung 153 (8.2) – Geboteabgabe 71 (7.29) – gerichtliche Anweisungen 153 (3) – Haftung 154 (2) – Maßnahmen gegen ihn 153 (1–2) – Rechte und Pflichten 152 (1) – Rech-

1582

nungslegung 154 (3) – Schuldner als Zwangsverwalter 150b (1–3) – Sicherheitsleistung 153 (6.1) – Übergabe 150 (3) – Verantwortlichkeit 154 (1) – Vergütung 152a (4); 153 (7) – Versicherung 153 (6.2) – Verfügungen über Miete/Pacht 57b (9) – Vollstreckung gegen ihn 152 (11.7) – Zwangsgeld 153 (8.1) – auch: Institutszwangsverwalter und Schuldnerzwangsverwalter
Zwangsverwaltung: Altenteil bei ihr 146 (10) – Anordnung 146 (3) – Anzuwendende Vorschriften 146 (4) – Aufhebung 161 (1–4) – Ausführung des Teilungsplans 157 (1–2) – Beschlagnahme 146 (5) und 148 (2) – Besitz eines Dritten 146 (11) – Beteiligte 9 (3.36) – gegen Eigenbesitzer 147 (1–4) – Einstellung 146 (6) – Gegenstände des Verfahrens 146 (3) – als Immobiliarvollstreckung 146 (1–2) – auf Konkursverwalterantrag 172 (1) – Kosten Einl 86 – Mitteilung über Anordnung 146 (8) – Muster für Anordnung 146 (9) – Nießbrauch bei ihr 146 (10) – Teilungsplan 156 (4) – Überleitung in sie nach ergebnisloser Versteigerung 77 (3) – kein Versteigerungshindernis 15 (36.2) – Wirksamwerden der Beschlagnahme 151 (1–2) – Zusammentreffen mit Zwangsversteigerung 146 (3.6) – Zweck Einl 18.2
Zwangsverwaltungsanordnungsgebühr: des Gerichts Einl 76 – des Rechtsanwalts Einl 89.13
Zwangsverwaltungsverfahrensgebühr: des Gerichts Einl 86 – des Rechtsanwalts Einl 89.14
Zwangsverwaltungsvorschüsse als Ansprüche in der 1. Rangklasse: 10 (3)
Zwangsvollstreckung: als ZPO-Verfahrensrecht Einl 19 – Begriff 15 (1.2) – Zweck Einl 1
Zweigniederlassung, Gebot unter ihrer Firma 71 (7.15 e)
Zwischenfristen: Einl 32.5
Zwischenrecht: ausfallendes bei Gebot unter 50% 85a (4.5)
Zwischenverfügung: zum Anordnungsantrag 15 (3.6) – Grundbuchamt zum Eintragungsersuchen 19 (3.3) – bei Zwangshypotheken Einl 65
Zwischenzins – Abzug: 111 (2.8 ff)